# AGENTE E ESCRIVÃO POLÍCIA CIVIL DE PERNAMBUCO PCPE

## 4ª EDIÇÃO

EDITORA
AlfaCon
Concursos Públicos

**Proteção de direitos**

Todos os direitos autorais desta obra são reservados e protegidos pela Lei nº 9.610/1998. É proibida a reprodução de qualquer parte deste material didático, sem autorização prévia expressa por escrito do autor e da editora, por quaisquer meios empregados, sejam eletrônicos, mecânicos, videográficos, fonográficos, reprográficos, microfílmicos, fotográficos, gráficos ou quaisquer outros que possam vir a ser criados. Essas proibições também se aplicam à editoração da obra, bem como às suas características gráficas.

**Diretor Geral**: Evandro Guedes
**Diretor de TI**: Jadson Siqueira
**Diretor Editorial**: Javert Falco
**Gerente Editorial**: Mariana Passos
**Editor(a)**: Mateus Ruhmke Vazzoller
**Gerente de Editoração**: Alexandre Rossa
**Diagramador(a)**: Emilly Lazarotto

**Língua Portuguesa**
Adriano Pacciclo, Giancarla Bombonato, Glaucia Cansian, Pablo Jamilk, Priscila Conte

**Redação**
Rachel Ribeiro

**Noções de Informática**
João Paulo, Kátia Quadros, Luiz Rezende

**Noções de Direito Constitucional**
Daniel Sena, Gustavo Muzy

**Noções de Direito Administrativo**
Evandro Guedes, Guilherme de Luca

**Noções de Direito Penal**
André Adriano, Eduardo Labruna, Evandro Guedes, Filipe Ávila, Fabyanne Cavaggioni, Guilherme de Luca, Rafael Medeiros, Lucas Favero, Maurício Cazarotto Norberto Junior

**Noções de Direito Processual Penal**
André Adriano, Norberto Junior, Roberto Fernandes

Dados Internacionais de Catalogação na Publicação (CIP)
Jéssica de Oliveira Molinari CRB-8/9852

A21

Agente e escrivão : polícia civil de Pernambuco : PCPE / Equipe de professores Alfacon. – 4. ed. - Cascavel, PR : AlfaCon, 2023.
600 p.

Bibliografia
ISBN 978-65-5918-527-6

1. Agente e escrivão - Concursos - Brasil 2. Língua portuguesa 3. Informática 4. Direito

23-0704                                                                                           CDD 351.81076

Índices para catálogo sistemático:
1. Serviço público - Brasil - Concursos

**Dúvidas?**
Acesse: www.alfaconcursos.com.br/atendimento

Núcleo Editorial:
Rua: Paraná, nº 3193, Centro - Cascavel/PR
CEP: 85810-010

Núcleo Comercial/Centro de Distribuição:
Rua: Dias Leme, nº 489, Mooca - São Paulo/SP
CEP: 03118-040

 SAC: (45) 3037-8888

Data de fechamento
1ª impressão:
23/02/2023

www.alfaconcursos.com.br/apostilas

**Atualizações e erratas**
Esta obra é vendida como se apresenta. Atualizações - definidas a critério exclusivo da Editora AlfaCon, mediante análise pedagógica – e erratas serão disponibilizadas no site www.alfaconcursos.com.br/codigo, por meio do código disponível no final do material didático Ressaltamos que há a preocupação de oferecer ao leitor uma obra com a melhor qualidade possível, sem a incidência de erros técnicos e/ou de conteúdo. Caso ocorra alguma incorreção, solicitamos que o leitor, atenciosamente, colabore com sugestões, por meio do setor de atendimento do AlfaCon Concursos Públicos.

# APRESENTAÇÃO

A sua chance de fazer parte do Serviço Público chegou, e a oportunidade está no concurso para **Agente e Escrivão – Polícia Civil de Pernambuco – PCPE – 4ª Edição**. Neste universo dos concursos públicos, estar bem-preparado faz toda a diferença e para ingressar nesta carreira, é fundamental que esteja preparado com os conteúdos que o AlfaCon julga mais importante cobrados na prova:

Aqui, você encontrará os conteúdos básicos de

> Língua Portuguesa
> Redação
> Noções de Informática
> Noções de Direito Constitucional
> Noções de Direito Administrativo
> Noções de Direito Penal
> Noções de Direito Processual Penal

O AlfaCon preparou todo o material com explicações, reunindo os principais conteúdos relacionados a prova, dando ênfase aos tópicos mais cobrados. ESTEJA ATENTO AO CONTEÚDO ONLINE POR MEIO DO CÓDIGO DE RESGATE, para que você tenha acesso a todo conteúdo do solicitado pelo edital.

Desfrute de seu material o máximo possível, estamos juntos nessa conquista!

**Bons estudos e rumo à sua aprovação!**

# APRESENTAÇÃO

A sua chance de fazer parte do Serviço Público chegou, e a oportunidade está no concurso para **Agente e Escrivão – Polícia Civil de Pernambuco – PCPE – 4ª Edição**. Neste universo dos concursos públicos, estar bem-preparado faz toda a diferença e para ingressar nesta carreira, é fundamental que esteja preparado com os conteúdos que o AlfaCon julga mais importante cobrados na prova.

Aqui, você encontrará os conteúdos básicos de

> Língua Portuguesa
> Redação
> Noções de Informática
> Noções de Direito Constitucional
> Noções de Direito Administrativo
> Noções de Direito Penal
> Noções de Direito Processual Penal

O AlfaCon preparou todo o material com explicações, reunindo os principais conteúdos relacionados a prova, dando ênfase aos tópicos mais cobrados. ESTEJA ATENTO AO CONTEÚDO ONLINE POR MEIO DO CÓDIGO DE RESGATE, para que você tenha acesso a todo conteúdo do solicitado pelo edital.

Desfrute de seu material o máximo possível, estamos juntos nessa conquista!

Bons estudos e rumo à sua aprovação!

# COMO ESTUDAR PARA UM CONCURSO PÚBLICO!

Para se preparar para um concurso público, não basta somente estudar o conteúdo. É preciso adotar metodologias e ferramentas, como plano de estudo, que ajudem o concurseiro em sua organização.

As informações disponibilizadas são resultado de anos de experiência nesta área e apontam que estudar de forma direcionada traz ótimos resultados ao aluno.

**Curso on-line GRATUITO**
- Como montar caderno
- Como estudar
- Como e quando fazer simulados
- O que fazer antes, durante e depois de uma prova!

Ou pelo link: alfaconcursos.com.br/cursos/material-didatico-como-estudar

## ORGANIZAÇÃO

Organização é o primeiro passo para quem deseja se preparar para um concurso público.

Conhecer o conteúdo programático é fundamental para um estudo eficiente, pois os concursos seguem uma tendência e as matérias são previsíveis. Usar o edital anterior - que apresenta pouca variação de um para outro - como base é uma boa opção.

Quem estuda a partir desse núcleo comum precisa somente ajustar os estudos quando os editais são publicados.

## PLANO DE ESTUDO

Depois de verificar as disciplinas apresentadas no edital, as regras determinadas para o concurso e as características da banca examinadora, é hora de construir uma tabela com seus horários de estudo, na qual todas as matérias e atividades desenvolvidas na fase preparatória estejam dispostas.

## PASSO A PASSO

### VEJA AS ETAPAS FUNDAMENTAIS PARA ORGANIZAR SEUS ESTUDOS

**PASSO 1**
Selecionar as disciplinas que serão estudadas.

**PASSO 2**
Organizar sua rotina diária: marcar pontualmente tudo o que é feito durante 24 horas, inclusive o tempo que é destinado para dormir, por exemplo.

**PASSO 3**
Organizar a tabela semanal: dividir o horário para que você estude 2 matérias por dia e também destine um tempo para a resolução de exercícios e/ou revisão de conteúdos.

**PASSO 4**
Seguir rigorosamente o que está na tabela, ou seja, destinar o mesmo tempo de estudo para cada matéria. Por exemplo: 2h/dia para cada disciplina.

**PASSO 5**
Reservar um dia por semana para fazer exercícios, redação e também simulados.

Esta tabela é uma sugestão de como você pode organizar seu plano de estudo. Para cada dia, você deve reservar um tempo para duas disciplinas e também para a resolução de exercícios e/ou revisão de conteúdos. Fique atento ao fato de que o horário precisa ser determinado por você, ou seja, a duração e o momento do dia em que será feito o estudo é você quem escolhe.

## TABELA SEMANAL

| SEMANA | SEGUNDA | TERÇA | QUARTA | QUINTA | SEXTA | SÁBADO | DOMINGO |
|---|---|---|---|---|---|---|---|
| 1 | | | | | | | |
| 2 | | | | | | | |
| 3 | | | | | | | |
| 4 | | | | | | | |

**AlfaCon**
Concursos Públicos

# SUMÁRIO

**LÍNGUA PORTUGUESA** ................................................................. **25**
  **1 FONOLOGIA** ........................................................................... **26**
    1.1 Partição silábica ................................................................. 26
  **2 ACENTUAÇÃO GRÁFICA** ........................................................ **27**
    2.1 Padrões de tonicidade ........................................................ 27
    2.2 Encontros vocálicos ........................................................... 27
    2.3 Regras gerais ..................................................................... 27
  **3 ACORDO ORTOGRÁFICO DA LÍNGUA PORTUGUESA** ........... **28**
    3.1 Trema .................................................................................. 28
    3.2 Regras de acentuação ........................................................ 28
    3.3 Hífen com compostos ......................................................... 28
    3.4 Uso do hífen com palavras formadas por prefixos ............. 29
  **4 ORTOGRAFIA** ........................................................................ **32**
    4.1 Alfabeto .............................................................................. 32
    4.2 Emprego da letra H ............................................................. 32
    4.3 Emprego de E e I ................................................................ 32
    4.4 Emprego de O e U .............................................................. 32
    4.5 Emprego de G e J ............................................................... 33
    4.6 Orientações sobre a grafia do fonema /s/ ......................... 33
    4.7 Emprego da letra Z ............................................................. 34
    4.8 Emprego do X e do CH ....................................................... 34
    4.9 Escreveremos com X .......................................................... 34
    4.10 Escreveremos com CH ..................................................... 34
  **5 NÍVEIS DE ANÁLISE DA LÍNGUA** ........................................... **35**
  **6 ESTRUTURA E FORMAÇÃO DE PALAVRAS** .......................... **36**
    6.1 Estrutura das palavras ........................................................ 36
    6.2 Radicais gregos e latinos .................................................... 36
    6.3 Origem das palavras de Língua Portuguesa ...................... 36
    6.4 Processos de formação de palavras ................................... 37
    6.5 Acrônimo ou sigla ............................................................... 37
    6.6 Onomatopeia ou reduplicação ........................................... 37
  **7 MORFOLOGIA** ....................................................................... **38**
    7.1 Substantivos ....................................................................... 38
    7.2 Artigo .................................................................................. 38
    7.3 Pronome ............................................................................. 39
    7.4 Verbo .................................................................................. 43
    7.5 Adjetivo ............................................................................... 48
    7.6 Advérbio ............................................................................. 50
    7.7 Conjunção .......................................................................... 50
    7.8 Interjeição ........................................................................... 51

## Sumário

    7.9 Numeral ..... 51
    7.10 Preposição ..... 53
**8 SINTAXE BÁSICA** ..... **54**
    8.1 Período simples (oração) ..... 54
    8.2 Termos integrantes da oração ..... 55
    8.3 Termos acessórios da oração ..... 55
    8.4 Período composto ..... 55
**9 FUNÇÕES DO "SE"** ..... **58**
    9.1 Partícula apassivadora ..... 58
    9.2 Pronome reflexivo ..... 58
    9.3 Pronome recíproco ..... 58
    9.4 Partícula expletiva (de realce) ..... 58
    9.5 Pronome indeterminador do sujeito ..... 58
    9.6 Parte do verbo pronominal ..... 58
    9.7 Conjunção ..... 58
**10 FUNÇÕES DO "QUE"** ..... **59**
    10.1 Substantivo ..... 59
    10.2 Pronome ..... 59
    10.3 Interjeição ..... 59
    10.4 Preposição ..... 59
    10.5 Advérbio ..... 59
    10.6 Conjunção ..... 59
    10.7 Conjunção subordinativa ..... 59
    10.8 Partícula expletiva (de realce) ..... 59
**11 CONCORDÂNCIA VERBAL E NOMINAL** ..... **60**
    11.1 Concordância verbal ..... 60
    11.2 Concordância nominal ..... 61
**12 REGÊNCIA VERBAL E NOMINAL** ..... **62**
    12.1 Regência verbal ..... 62
    12.2 Regência nominal ..... 63
**13 PARALELISMO** ..... **64**
    13.1 Paralelismo sintático ..... 64
    13.2 Paralelismo semântico ..... 64
**14 COLOCAÇÃO PRONOMINAL** ..... **65**
    14.1 Regras de próclise ..... 65
    14.2 Regras de mesóclise ..... 65
    14.3 Regras de ênclise ..... 65
    14.4 Casos facultativos ..... 65
**15 CRASE** ..... **66**
    15.1 Crase proibitiva ..... 66
    15.2 Crase obrigatória ..... 66
    15.3 Crase facultativa ..... 66

**16 PONTUAÇÃO** .................................................................................................. **67**
    16.1 Principais sinais e usos ............................................................................. 67
**17 PARÁFRASE** .................................................................................................. **69**
    17.1 Passos da paráfrase ................................................................................... 69
**18 REESCRITURA DE FRASES** ........................................................................ **70**
    18.1 Substituição de palavras ou de trechos de texto ........................................ 70
    18.2 Conectores de mesmo valor semântico ...................................................... 70
    18.3 Retextualização de diferentes gêneros e níveis de formalidade ................. 70
**19 FIGURAS DE LINGUAGEM** ........................................................................ **73**
    19.1 Vícios de linguagem .................................................................................... 74
    19.2 Funções da linguagem ................................................................................ 74
**20 TIPOLOGIA TEXTUAL** .................................................................................. **75**
    20.1 Texto narrativo ............................................................................................. 75
    20.2 Texto dissertativo ......................................................................................... 75
    20.3 Texto descritivo ............................................................................................ 76
    20.4 Conotação × denotação .............................................................................. 76
**21 GÊNEROS TEXTUAIS** .................................................................................. **77**
    21.1 Gêneros textuais e esferas de circulação ................................................... 77
    21.2 Exemplos de gêneros textuais .................................................................... 77
**22 COMPREENSÃO E INTERPRETAÇÃO DE TEXTOS** ................................. **79**
    22.1 Ideias preliminares sobre o assunto ............................................................ 79
    22.2 Semântica ou pragmática? .......................................................................... 79
    22.3 Questão de interpretação ............................................................................ 79
    22.4 Dicas para interpretação ............................................................................. 79
    22.5 Dicas para organização ............................................................................... 80
**23 INTERPRETAÇÃO DE TEXTO POÉTICO** ................................................... **82**
    23.1 Tradução de sentido .................................................................................... 82
    23.2 Organização de texto .................................................................................. 82
    23.3 Significação das palavras ............................................................................ 83
    23.4 Inferência ..................................................................................................... 83
**24 TIPOS DE DISCURSO** ................................................................................... **85**
    24.1 Discurso direto ............................................................................................. 85
    24.2 Discurso indireto .......................................................................................... 85
    24.3 Discurso indireto livre ................................................................................... 85
**25 REDAÇÃO DE CORRESPONDÊNCIAS OFICIAIS** ..................................... **86**
    25.1 Aspectos Gerais da Redação Oficial ........................................................... 86
    25.2 Redação das Comunicações Oficiais .......................................................... 88

# REDAÇÃO .................................................................................................. 104
**1 REDAÇÃO PARA CONCURSOS PÚBLICOS** ............................................. **105**
    1.1 Por que tenho que me preparar com antecedência para a redação? ... 105

# Sumário

    1.2 Os primeiros passos .................................................. 105
    1.3 Orientações para o texto definitivo ........................... 106
    1.4 Temas e textos motivadores ...................................... 107
    1.5 Título ............................................................................ 107
    1.6 O texto dissertativo ..................................................... 107
    1.7 Estrutura do texto dissertativo .................................... 108

**2 DISSERTAÇÃO EXPOSITIVA E ARGUMENTATIVA ............ 109**
    2.1 Dissertação expositiva ................................................ 109
    2.2 Estrutura do texto dissertativo-expositivo ................. 109
    2.3 Propostas de dissertação expositiva ......................... 109
    2.4 Dissertação argumentativa ......................................... 112
    2.5 Estrutura do texto dissertativo-argumentativo .......... 112
    2.6 Propostas de dissertação argumentativa .................. 112
    2.7 Elementos de coesão ................................................. 114
    2.8 Critérios de avaliação das bancas ............................. 115

# NOÇÕES DE INFORMÁTICA ............................................... 117

**1 LINUX ................................................................................ 118**
    1.1 Dual boot .................................................................... 118
    1.2 Distribuições ............................................................... 118
    1.3 Estrutura de diretórios ................................................ 118
    1.4 Gerenciadores de arquivos ........................................ 118
    1.5 Terminal Linux ............................................................ 119
    1.6 Comandos Linux ......................................................... 119

**2 WINDOWS 10 .................................................................... 120**
    2.1 Requisitos mínimos .................................................... 120
    2.2 Diferenças em relação à versão anterior .................. 120
    2.3 Estrutura de diretórios ................................................ 128
    2.4 Ferramentas administrativas ..................................... 128
    2.5 Configurações ............................................................ 131
    2.6 Sistema ....................................................................... 131
    2.7 Dispositivos ................................................................ 131
    2.8 Rede e internet .......................................................... 132
    2.9 Personalização ........................................................... 132
    2.10 Facilidade de acesso ............................................... 133
    2.11 Atualização e segurança ......................................... 134
    2.12 Backup no Windows 10 ........................................... 135
    2.13 Explorador de arquivos ............................................ 137

**3 WORD 365 ........................................................................ 138**
    3.1 Extensões ................................................................... 138
    3.2 Selecionando texto .................................................... 140
    3.3 Guia página inicial ...................................................... 140
    3.4 Inserir .......................................................................... 144
    3.5 Guia Design ................................................................ 147

3.6 Guia Layout ......................................................................... 147
3.7 Guia Referências ................................................................ 148
3.8 Guia Correspondências ...................................................... 149
3.9 Revisão .............................................................................. 149
3.10 Exibir ................................................................................ 149
3.11 Barra de Status ................................................................ 150
3.12 Visualização do Documento ............................................ 150
3.13 Atalhos ............................................................................. 150

## 4 EXCEL 365 .................................................................................. 152
4.1 Características do Excel ..................................................... 152
4.2 Interface ............................................................................. 152
4.3 Seleção de células ............................................................. 153
4.4 Página Inicial ...................................................................... 153
4.5 Formatação condicional ..................................................... 154
4.6 Validação de dados – Guia dados ..................................... 154
4.7 Funções .............................................................................. 158
4.8 Aninhar uma função dentro de outra função ..................... 164
4.9 Recursos automatizados do Excel ..................................... 170
4.10 Endereço absoluto e endereço relativo ........................... 170
4.11 Erros do Excel .................................................................. 171

## 5 POWERPOINT 365 ..................................................................... 172
5.1 Arquivo ............................................................................... 172
5.2 Imprimir .............................................................................. 172
5.3 Página Inicial ...................................................................... 172
5.4 Inserir ................................................................................. 173
5.5 Transições ......................................................................... 174
5.6 Animações ......................................................................... 174
5.7 Apresentação de slides ..................................................... 174
5.8 Guia Exibir ......................................................................... 174

## 6 REDES DE COMPUTADORES .................................................. 176
6.1 Paradigma de comunicação ............................................... 176
6.2 Dispositivos de rede ........................................................... 176
6.3 Topologia de rede ............................................................... 176
6.4 Firewall ............................................................................... 177
6.5 Tipos de redes ................................................................... 178
6.6 Padrões de infraestrutura .................................................. 178
6.7 Correio eletrônico ............................................................... 178
6.8 URL (Uniform Resource Locator) ...................................... 179
6.9 Navegadores ...................................................................... 179
6.10 Conceitos relacionados à internet .................................... 180

## 7 CLOUD COMPUTING ................................................................. 181
7.1 Características ................................................................... 181

# Sumário

**8 SEGURANÇA DA INFORMAÇÃO** ..................................................................**183**
    8.1 Princípios básicos da segurança da informação ........................... 183
    8.2 Criptografia ................................................................................. 184
    8.3 Ataques ....................................................................................... 185

**DIREITO CONSTITUCIONAL** ............................................................**186**

**1 INTRODUÇÃO AO DIREITO CONSTITUCIONAL** ...................................**187**
    1.1 Noções gerais ............................................................................. 187

**2 PRINCÍPIOS FUNDAMENTAIS** ..............................................................**188**
    2.1 Princípio da tripartição dos poderes .......................................... 188
    2.2 Princípio federativo ..................................................................... 188
    2.3 Princípio republicano .................................................................. 189
    2.4 Presidencialismo ......................................................................... 189
    2.5 Regime democrático ................................................................... 189
    2.6 Fundamentos da República Federativa do Brasil ....................... 190
    2.7 Objetivos fundamentais da República Federativa do Brasil ...... 190
    2.8 Princípios que regem as relações internacionais do Brasil ....... 190

**3 TEORIA GERAL DA CONSTITUIÇÃO** ...................................................**192**
    3.1 Conceito de constituição e princípio da supremacia da constituição .. 192
    3.2 Classificação das constituições .................................................. 192
    3.3 Poder constituinte ....................................................................... 193
    3.4 Classificação das normas constitucionais quanto à sua eficácia ........ 193
    3.5 Emendas constitucionais ............................................................ 194

**4 DIREITOS FUNDAMENTAIS – REGRAS GERAIS** ................................**195**
    4.1 Conceito ..................................................................................... 195
    4.2 Classificação .............................................................................. 195
    4.3 Características ............................................................................ 195
    4.4 Dimensões dos direitos fundamentais ....................................... 195
    4.5 Titulares dos direitos fundamentais ............................................ 196
    4.6 Cláusulas pétreas fundamentais ................................................. 196
    4.7 Eficácia dos direitos fundamentais ............................................. 196
    4.8 Força normativa dos tratados internacionais ............................. 197
    4.9 Tribunal Penal Internacional (TPI) ............................................... 197
    4.10 Direitos e garantias ................................................................... 197

**5 DIREITOS E DEVERES INDIVIDUAIS E COLETIVOS** ..........................**198**
    5.1 Direito à vida .............................................................................. 198
    5.2 Direito à igualdade ..................................................................... 198
    5.3 Direito à liberdade ...................................................................... 199
    5.4 Direito à propriedade ................................................................. 201
    5.5 Direito à segurança .................................................................... 202
    5.6 Remédios constitucionais ........................................................... 208

# Sumário

**6 DIREITOS SOCIAIS E NACIONALIDADE** .................................................................. **210**
   6.1 Direitos sociais ................................................................................................ 210
   6.2 Direitos de nacionalidade ................................................................................ 212

**7 DIREITOS POLÍTICOS E PARTIDOS POLÍTICOS** ..................................................... **215**
   7.1 Direitos políticos .............................................................................................. 215
   7.2 Partidos políticos ............................................................................................. 217

**8 ORGANIZAÇÃO POLÍTICO-ADMINISTRATIVA** ......................................................... **218**
   8.1 Princípio federativo: entes federativos ........................................................... 218
   8.2 Intervenção ..................................................................................................... 225

**9 ADMINISTRAÇÃO PÚBLICA** ................................................................................... **228**
   9.1 Conceito .......................................................................................................... 228
   9.2 Princípios expressos da Administração Pública ............................................. 228
   9.3 Princípios implícitos da Administração Pública .............................................. 229
   9.4 Regras aplicáveis aos servidores públicos ..................................................... 231
   9.5 Direitos sociais dos servidores públicos ......................................................... 232
   9.6 Regras para servidores em exercício de mandato eletivo ............................. 234
   9.7 Regras de remuneração dos servidores públicos .......................................... 234
   9.8 Regras de aposentadoria ................................................................................ 236
   9.9 Militares dos estados, Distrito Federal e territórios ........................................ 237

**10 ORGANIZAÇÃO DOS PODERES DO ESTADO** ...................................................... **238**
   10.1 Princípio da tripartição dos poderes ............................................................. 238
   10.2 Princípio federativo ....................................................................................... 238

**11 PODER LEGISLATIVO** ........................................................................................... **239**
   11.1 Funções típicas do Legislativo ...................................................................... 239
   11.2 Processo legislativo ...................................................................................... 241
   11.3 Função fiscalizadora ..................................................................................... 246

**12 PODER EXECUTIVO** .............................................................................................. **247**
   12.1 Princípios constitucionais ............................................................................. 247
   12.2 Presidencialismo ........................................................................................... 247

**13 PODER JUDICIÁRIO** .............................................................................................. **252**
   13.1 Disposições gerais ........................................................................................ 252
   13.2 Composição dos órgãos do Poder Judiciário ............................................... 253
   13.3 Análise das competências dos órgãos do Poder Judiciário ........................ 259

**14 FUNÇÕES ESSENCIAIS À JUSTIÇA** ..................................................................... **262**
   14.1 Ministério Público .......................................................................................... 262
   14.2 Advocacia Pública ......................................................................................... 267
   14.3 Advocacia ...................................................................................................... 269

**15 DEFESA DO ESTADO E DAS INSTITUIÇÕES DEMOCRÁTICAS** ........................ **270**
   15.1 Sistema constitucional de crises ................................................................... 270
   15.2 Forças Armadas ............................................................................................ 272
   15.3 Órgãos de segurança pública ....................................................................... 273

# Sumário

**NOÇÕES DE DIREITO ADMINISTRATIVO .................................................. 276**

**1 INTRODUÇÃO AO DIREITO ADMINISTRATIVO ........................................... 277**
    1.1 Ramos do Direito ........................................................................................ 277
    1.2 Conceito de Direito Administrativo ............................................................. 277
    1.3 Objeto do Direito Administrativo ................................................................ 277
    1.4 Fontes do Direito Administrativo ................................................................ 277
    1.5 Sistemas Administrativos ............................................................................ 278
    1.6 Regime jurídico administrativo ................................................................... 278
    1.7 Noções de Estado ....................................................................................... 278
    1.8 Noções de governo ..................................................................................... 279

**2 ADMINISTRAÇÃO PÚBLICA ........................................................................ 280**
    2.1 Classificação de Administração Pública ..................................................... 280
    2.2 Organização da Administração .................................................................. 280
    2.3 Administração Direta .................................................................................. 280
    2.4 Administração Indireta ................................................................................ 281

**3 ATO ADMINISTRATIVO ............................................................................... 285**
    3.1 Conceito de ato administrativo ................................................................... 285
    3.2 Elementos de validade do ato administrativo ............................................ 285
    3.3 Atributos do ato administrativo .................................................................. 285
    3.4 Classificação dos atos administrativos ...................................................... 286
    3.5 Extinção dos atos administrativos .............................................................. 288

**4 DEVERES E PODERES ADMINISTRATIVOS ............................................. 289**
    4.1 Deveres ........................................................................................................ 289
    4.2 Poderes administrativos .............................................................................. 289

**5 PRINCÍPIOS FUNDAMENTAIS DA ADMINISTRAÇÃO PÚBLICA ............. 293**
    5.1 Classificação ............................................................................................... 293
    5.2 Princípios explícitos da Administração Pública .......................................... 293
    5.3 Princípios implícitos da Administração Pública ......................................... 294

**6 RESPONSABILIDADE CIVIL DO ESTADO ................................................ 297**
    6.1 Teoria do risco administrativo .................................................................... 297
    6.2 Teoria da culpa administrativa .................................................................... 297
    6.3 Teoria do risco integral ............................................................................... 297
    6.4 Danos decorrentes de obras públicas ........................................................ 297
    6.5 Responsabilidade civil decorrente de atos legislativos .............................. 297
    6.6 Responsabilidade civil decorrente de atos jurisdicionais .......................... 297
    6.7 Ação de reparação de Danos ..................................................................... 298
    6.8 Ação regressiva .......................................................................................... 298

**7 SERVIÇOS PÚBLICOS ................................................................................ 299**
    7.1 Base constitucional ..................................................................................... 299
    7.2 Elementos definidores de uma atividade como serviço público ............... 299
    7.3 Classificação dos serviços públicos ........................................................... 299
    7.4 Princípios dos serviços públicos ................................................................ 300

7.5 Formas de prestação dos serviços públicos .................................................. 300
7.6 Concessão e permissão de serviço público ................................................... 300
7.7 Competência para a edição de normas ......................................................... 301

## 8 ÓRGÃO PÚBLICO ........................................................................................307
8.1 Teorias ............................................................................................................ 307
8.2 Características ................................................................................................ 307
8.3 Classificação ................................................................................................... 307
8.4 Estrutura ......................................................................................................... 307
8.5 Atuação funcional/composição ..................................................................... 308
8.6 Paraestatais .................................................................................................... 308
8.7 Organizações da Sociedade Civil (OSC) ....................................................... 308
8.8 Organizações Não Governamentais (ONGs) ................................................ 309

## 9 CONTROLE DA ADMINISTRAÇÃO PÚBLICA ...............................................310
9.1 Classificação ................................................................................................... 310
9.2 Controle administrativo ................................................................................. 311
9.3 Controle legislativo ........................................................................................ 311
9.4 Controle judiciário .......................................................................................... 313

## 10 IMPROBIDADE ADMINISTRATIVA ............................................................314
10.1 Sujeitos ......................................................................................................... 314
10.2 Regras gerais ................................................................................................ 314
10.3 Atos de improbidade administrativa .......................................................... 314
10.4 Efeitos da lei ................................................................................................. 315
10.5 Sanções ........................................................................................................ 315
10.6 Prescrição ..................................................................................................... 316

## 11 PROCESSO ADMINISTRATIVO FEDERAL ..................................................317
11.1 Abrangência da lei ....................................................................................... 317
11.2 Princípios ...................................................................................................... 317
11.3 Direitos e deveres dos administrados ........................................................ 317
11.4 Início do processo e legitimação ativa ....................................................... 318
11.5 Interessados e competência ....................................................................... 318
11.6 Impedimento e suspeição ........................................................................... 318
11.7 Forma, tempo e lugar dos atos do processo ............................................. 318
11.8 Recurso administrativo e revisão ............................................................... 318
11.9 Prazos da Lei nº 9.784/1999 ....................................................................... 319

## 12 LEI Nº 14.133/2021 – NOVA LEI DE LICITAÇÕES ....................................320
12.1 Aplicabilidade ............................................................................................... 320
12.2 Princípios ...................................................................................................... 320
12.3 Objetivos da licitação .................................................................................. 320
12.4 Fases da licitação ......................................................................................... 320
12.5 Modalidades de licitação ............................................................................. 320
12.6 Critérios de julgamento ............................................................................... 321
12.7 Inexigibilidade e dispensa de licitação – contratação direta .................... 321

# Sumário

**13 CONTRATOS ADMINISTRATIVOS** .................................................. 324
- 13.1 Conceito .................................................. 324
- 13.2 Normas constitucionais .................................................. 324
- 13.3 Leis nº 8.666/1993 e nº 14.133/2021 .................................................. 324
- 13.4 Outras leis sobre contratos .................................................. 324
- 13.5 Características .................................................. 325
- 13.6 Obrigatoriedade e exceção dos contratos .................................................. 325
- 13.7 Contratos de adesão .................................................. 326
- 13.8 Pessoalidade/intuitu personae .................................................. 326
- 13.9 Cláusulas exorbitantes .................................................. 326
- 13.10 Poder de alteração unilateral do contrato (mutabilidade) .................................................. 326
- 13.11 Fiscalização da execução do contrato .................................................. 327
- 13.12 Deveres do contratado quanto à fiscalização .................................................. 327
- 13.13 Aplicação de sanções .................................................. 327
- 13.14 Ocupação temporária .................................................. 328
- 13.15 Exceção do contrato não cumprido/exceptio non adimpleti contractus .................................................. 328
- 13.16 Exigência de garantia .................................................. 328
- 13.17 Prazo de duração dos contratos administrativos .................................................. 328
- 13.18 Recebimento do objeto do contrato .................................................. 329
- 13.19 Dispensa do recebimento provisório .................................................. 329
- 13.20 Extinção do contrato .................................................. 329
- 13.21 Tipos de contrato .................................................. 331
- 13.22 Contratação temporária .................................................. 332
- 13.23 Extinção do contrato (sem direito a indenizações) .................................................. 334

**14 LEI Nº 10.520/2002 - MODALIDADE DE LICITAÇÃO DENOMINADA PREGÃO 335**
- 14.1 Fase preparatória do pregão .................................................. 335
- 14.2 Regras específicas aplicáveis aos contratos celebrados no âmbito do RDC .................................................. 340
- 14.3 Pedidos de esclarecimento, impugnações e recursos .................................................. 340
- 14.4 Sanções administrativas .................................................. 341

**15 PORTARIA INTERMINISTERIAL Nº 424/2016** .................................................. 342

**16 DECRETO Nº 6.170/2007 – CONTRATOS DE REPASSE** .................................................. 343
- 16.1 Designações .................................................. 343
- 16.2 Normas de celebração - vedações .................................................. 343
- 16.3 Cadastramento .................................................. 344
- 16.4 Chamamento público .................................................. 344
- 16.5 Cláusulas necessárias no convênio ou contrato de repasse .................................................. 344
- 16.6 Documentos necessários .................................................. 344
- 16.7 Autoridades .................................................. 344
- 16.8 Contrapartida .................................................. 344
- 16.9 Contrato de repasse .................................................. 344
- 16.10 Movimentação de recursos .................................................. 344

16.11 Prestação de contas .................................................................. 344
16.12 Despesas administrativas ........................................................ 345
16.13 Contratação de equipe ............................................................. 345
16.14 Outras disposições ................................................................... 345
16.15 Sistema de gestão de convênios e contratos de repasse – SICONV e do portal dos convênios ................................................................. 345
16.16 Padronização dos objetos ....................................................... 345
16.17 Disposições finais .................................................................... 345

**17 DECRETO Nº 7.892/2013 - SISTEMA DE REGISTRO DE PREÇOS .............. 346**
17.1 Disposições gerais .................................................................... 346
17.2 Competências do órgão gerenciador ...................................... 346
17.3 Competências do órgão participante ...................................... 347
17.4 Licitação para registro de preços ............................................ 347
17.5 Registro de preços e da validade da ata ................................. 347
17.6 Assinatura da ata e da contratação com fornecedores registrados ... 348
17.7 Revisão e do cancelamento dos preços registrados ............. 348
17.8 Utilização da ata de registro de preços por órgão ou entidades não participantes .................................................................. 348
17.9 Disposições finais e transitórias .............................................. 349

**18 LEI Nº 12.462/2011 - REGIME DIFERENCIADO DE CONTRATAÇÕES PÚBLICAS ................................................................................................ 350**
18.1 Regime diferenciado de contratações públicas - RDC ......... 350
18.2 Aspectos gerais ......................................................................... 350
18.3 Objetivos do RDC ...................................................................... 350
18.4 Regras aplicáveis às licitações no âmbito do RDC ............... 351
18.5 Regras específicas aplicáveis aos contratos celebrados no âmbito do RDC ................................................................................. 355
18.6 Pedidos de esclarecimento, impugnações e recursos ......... 356
18.7 Sanções administrativas .......................................................... 356

# NOÇÕES DE DIREITO PENAL .............................................................. 357

**1 TEORIA DA LEI PENAL ......................................................................... 358**
1.1 Introdução ao estudo do Direito Penal ..................................... 358
1.2 Teoria do crime ............................................................................ 358
1.3 Interpretação da lei penal ........................................................... 359
1.4 Conflito aparente de normas penais ......................................... 360
1.5 Lei penal no tempo ...................................................................... 361
1.6 Crimes permanentes ou continuados ...................................... 361
1.7 Lei excepcional ou temporária .................................................. 362
1.8 Tempo do crime ........................................................................... 362
1.9 Lugar do crime ............................................................................. 362
1.10 Lei penal no espaço .................................................................. 363
1.11 Pena cumprida no estrangeiro ................................................ 365
1.12 Eficácia de sentença estrangeira ............................................ 365

# Sumário

    1.13 Contagem de prazo .................................................................................. 365
    1.14 Frações não computáveis da pena ........................................................ 365
    1.15 Legislação especial ................................................................................... 365

**2 TEORIA GERAL DO CRIME ............................................................................. 366**
    2.1 Relação de causalidade ............................................................................. 366
    2.2 Consumação e tentativa ............................................................................ 366
    2.3 Desistência voluntária e arrependimento eficaz ................................... 367
    2.4 Arrependimento posterior ........................................................................ 368
    2.5 Crime impossível ("quase crime") ............................................................ 368
    2.6 Crime doloso ............................................................................................... 368
    2.7 Crime culposo ............................................................................................. 368
    2.8 Preterdolo .................................................................................................... 369
    2.9 Erro sobre elemento do tipo .................................................................... 369
    2.10 Erro sobre a pessoa ................................................................................. 370
    2.11 Erro sobre a ilicitude do fato .................................................................. 370
    2.12 Coação irresistível e obediência hierárquica ...................................... 370
    2.13 Exclusão da ilicitude ................................................................................ 371
    2.14 Imputabilidade penal ............................................................................... 372
    2.15 Concurso de pessoas ............................................................................... 373
    2.16 Circunstâncias incomunicáveis .............................................................. 374

**3 TEORIA GERAL DA PENA ............................................................................... 375**
    3.1 Espécies de pena ........................................................................................ 375
    3.2 Penas privativas de liberdade .................................................................. 375
    3.3 Penas restritivas de direitos ..................................................................... 375
    3.4 Pena de multa ............................................................................................. 376
    3.5 Cominação das penas ................................................................................ 376
    3.6 Aplicação da pena ...................................................................................... 377

**4 CONCURSO DE CRIMES ................................................................................. 378**
    4.1 Concurso material ...................................................................................... 378
    4.2 Concurso formal ......................................................................................... 378
    4.3 Crime continuado ....................................................................................... 379
    4.4 Multas no concurso de crimes ................................................................. 379
    4.5 Erro na execução ........................................................................................ 379
    4.6 Resultado diverso do pretendido ............................................................ 379
    4.7 Limite das penas ......................................................................................... 379
    4.8 Concurso de infrações ............................................................................... 379
    4.9 Suspensão condicional da pena .............................................................. 379
    4.10 Livramento condicional .......................................................................... 380
    4.11 Efeitos da condenação ............................................................................ 380
    4.12 Reabilitação .............................................................................................. 381

**5 CRIMES CONTRA A PESSOA .......................................................................... 382**
    5.1 Crimes contra a vida .................................................................................. 382
    5.2 Lesões corporais ......................................................................................... 391

5.3 Periclitação da vida e da saúde .................................................................. 395
5.4 Rixa .............................................................................................................. 397
## 6 CRIMES CONTRA A HONRA ................................................................................ 399
6.1 Calúnia ........................................................................................................ 399
6.2 Difamação ................................................................................................... 400
6.3 Injúria .......................................................................................................... 400
## 7 CRIMES CONTRA LIBERDADE INDIVIDUAL .................................................. 404
7.1 Constrangimento ilegal .............................................................................. 404
7.2 Ameaça ....................................................................................................... 404
7.3 Perseguição ................................................................................................ 404
7.4 Violência psicológica contra a mulher ...................................................... 404
7.5 Sequestro e cárcere privado ...................................................................... 404
7.6 Redução à condição análoga à de escravo ............................................. 405
7.7 Tráfico de pessoas ..................................................................................... 405
## 8 CRIMES CONTRA O PATRIMÔNIO ................................................................... 406
8.1 Furto ............................................................................................................ 406
8.2 Roubo .......................................................................................................... 409
8.3 Extorsão ...................................................................................................... 411
8.4 Extorsão mediante sequestro .................................................................... 412
8.5 Extorsão indireta ........................................................................................ 414
8.6 Usurpação ................................................................................................... 414
8.7 Dano ............................................................................................................ 414
8.8 Introdução ou abandono de animais em propriedade alheia ................. 415
8.9 Dano em coisa de valor artístico, arqueológico ou histórico .................. 415
8.10 Alteração de local especialmente protegido .......................................... 416
8.11 Apropriação indébita ................................................................................ 416
8.12 Estelionato e outras fraudes .................................................................... 419
8.13 Duplicata simulada .................................................................................. 422
8.14 Abuso de incapazes ................................................................................ 422
8.15 Induzimento à especulação .................................................................... 422
8.16 Fraude no comércio ................................................................................. 422
8.17 Outras fraudes .......................................................................................... 422
8.18 Fraudes e abusos na fundação ou administração de sociedade por ações ............................................................................................................... 422
8.19 Emissão irregular de conhecimento de depósito ou warrant ............... 423
8.20 Fraude à execução ................................................................................... 423
8.21 Receptação ............................................................................................... 423
8.22 Disposições gerais ................................................................................... 424
## 9 CRIMES CONTRA A DIGNIDADE SEXUAL ...................................................... 426
9.1 Crimes contra a liberdade sexual ............................................................. 426
9.2 Crimes sexuais contra vulnerável ............................................................. 427
9.3 Rapto ........................................................................................................... 428
9.4 Disposições gerais ..................................................................................... 428

# Sumário

9.5 Lenocínio e tráfico de pessoa para fim de prostituição ou outra forma de exploração sexual..................................................................... 428
9.6 Ultraje público ao pudor ............................................................ 429
9.7 Disposições gerais .................................................................... 429

## 10 CRIMES CONTRA A FÉ PÚBLICA ......................................................... 430
10.1 Moeda falsa ............................................................................. 430
10.2 Falsidade de títulos e outros papéis públicos ............................. 430
10.3 Falsidade documental ............................................................... 431
10.4 Outras falsidades ..................................................................... 434
10.5 Fraudes em certames de interesse público ................................ 435

## 11 CRIMES CONTRA A ADMINISTRAÇÃO PÚBLICA ........................................ 436
11.1 Crimes praticados por funcionário público contra a administração em geral ............................................................................ 436

## 12 CRIMES PRATICADOS POR PARTICULAR CONTRA A ADMINISTRAÇÃO EM GERAL ............................................................................................... 447
12.1 Usurpação de função pública ................................................... 447
12.2 Resistência .............................................................................. 447
12.3 Desobediência ......................................................................... 447
12.4 Desacato .................................................................................. 448
12.5 Tráfico de influência ................................................................ 449
12.6 Corrupção ativa ....................................................................... 449
12.7 Contrabando e descaminho ..................................................... 450

## 13 CRIMES EM LICITAÇÕES E CONTRATOS ADMINISTRATIVOS ..................... 453
13.1 Contratação direta ilegal ......................................................... 453
13.2 Frustração do caráter competitivo de licitação ......................... 453
13.3 Patrocínio de contratação indevida .......................................... 453
13.4 Modificação ou pagamento irregular em contrato administrativo ..... 453
13.5 Perturbação de processo licitatório .......................................... 453
13.6 Violação de sigilo em licitação ................................................. 454
13.7 Afastamento de licitante .......................................................... 454
13.8 Fraude em licitação ou contrato ............................................... 454
13.9 Contratação inidônea .............................................................. 454
13.10 Impedimento indevido ........................................................... 454
13.11 Omissão grave de dado ou de informação por projetista ........ 454

## 14 CRIMES CONTRA A ADMINISTRAÇÃO DA JUSTIÇA ................................. 456
14.1 Reingresso de estrangeiro expulso ........................................... 456
14.2 Denunciação caluniosa ............................................................ 456
14.3 Comunicação falsa de crime ou contravenção .......................... 456
14.4 Autoacusação falsa .................................................................. 457
14.5 Falso testemunho ou falsa perícia ............................................ 457
14.6 Corrupção ativa de testemunha ou perito ................................ 459
14.7 Coação no curso do processo ................................................... 459
14.8 Exercício arbitrário das próprias razões ................................... 459
14.9 Subtração ou dano de coisa própria em poder de terceiro ....... 460

14.10 Fraude processual .................................................................. 460
14.11 Favorecimento pessoal ........................................................... 461
14.12 Favorecimento real ................................................................. 461
14.13 Favorecimento real impróprio ................................................. 462
14.14 Exercício arbitrário ou abuso de poder ................................... 462
14.15 Fuga de pessoa presa ou submetida à medida de segurança ........ 462
14.16 Evasão mediante violência contra a pessoa ........................... 462
14.17 Arrebatamento de preso ......................................................... 463
14.18 Motim de presos ..................................................................... 463
14.19 Patrocínio infiel ....................................................................... 463
14.20 Sonegação de papel ou objeto de valor probatório ................. 463
14.21 Exploração de prestígio .......................................................... 463
14.22 Violência ou fraude em arrematação judicial .......................... 464
14.23 Desobediência à decisão judicial sobre perda ou suspensão de direito ........................................................................................... 464

## 15 LEI Nº 8.072/1990 – LEI DE CRIMES HEDIONDOS .................... 465
15.1 Crimes equiparados a hediondos .............................................. 465
15.2 Privilégios não aplicados aos crimes hediondos ....................... 466
15.3 Regime inicial ............................................................................ 466
15.4 Prisão temporária ...................................................................... 466
15.5 Alterações no Código Penal ..................................................... 466

## 16 LEI Nº 13.869/2019 – ABUSO DE AUTORIDADE ...................... 467
16.1 Aspectos gerais ........................................................................ 467
16.2 Sujeitos do crime e características gerais ................................. 467
16.3 Bem jurídico e sujeito passivo .................................................. 468
16.4 Elemento subjetivo ................................................................... 468
16.5 Ação penal e competência ....................................................... 468
16.6 Efeitos da condenação e penas restritivas de direitos .............. 468
16.7 Sanções de natureza civil e administrativa ............................... 469
16.8 Divergência na interpretação de lei ou na avaliação de fatos e provas ........................................................................................... 470
16.9 Procedimento ............................................................................ 470
16.10 Crimes em espécie ................................................................. 470

## 17 CRIMES E INFRAÇÕES ADMINISTRATIVAS DO ECA ................ 480
17.1 Crimes em espécie .................................................................... 480
17.2 Infrações administrativas .......................................................... 482

## 18 LEI Nº 10.826/2003 – ESTATUTO DO DESARMAMENTO .......... 484
18.1 Conceitos introdutórios ............................................................. 484
18.2 Dos crimes e das penas ........................................................... 489

## 19 LEI Nº 9.605/1998 – CRIMES CONTRA O AMBIENTE ............... 497
19.1 Apreensão do produto e do instrumento de infração administrativa ou de crime ................................................................................... 497
19.2 Crimes contra o meio ambiente ................................................ 497

# Sumário

19.3 Crimes contra a flora ............................................................. 500
19.4 Poluição e outros crimes ambientais ..................................... 502
19.5 Crimes contra o ordenamento urbano e o patrimônio cultural ........... 504
19.6 Crimes contra a administração ambiental .............................. 504

**20 LEI Nº 11.340/2006 - LEI MARIA DA PENHA ........................... 506**

20.1 Origem da Lei Maria da Penha ............................................. 506
20.2 Objetivos ............................................................................. 506
20.3 Direitos das mulheres .......................................................... 506
20.4 Sujeitos da violência doméstica e familiar contra a mulher ........... 506
20.5 Alcance da Lei ..................................................................... 507
20.6 Formas de violência doméstica e familiar contra a mulher ........... 507
20.7 Requisitos para aplicar a Lei Maria da Penha ........................ 508
20.8 Da assistência à mulher em situação de violência doméstica e familiar ......................................................................................... 508
20.9 Aspectos processuais relevantes ......................................... 510
20.10 Medidas protetivas de urgência .......................................... 511
20.11 Da equipe de atendimento multidisciplinar ......................... 514
20.12 Disposições transitórias ..................................................... 514
20.13 Disposições finais .............................................................. 514
20.14 Alterações legislativas ....................................................... 515

**21 LEI Nº 11.343/2006 - LEI DE DROGAS (SISNAD) .................... 516**

21.1 Sistema nacional de políticas públicas sobre drogas ............ 516
21.2 Formulação das políticas sobre drogas ................................ 517
21.3 Atividades de prevenção do uso indevido, Fique ligado e reinserção social de usuários e dependentes de drogas .......................... 517
21.4 Repressão à produção não autorizada e ao tráfico ilícito de drogas . 520
21.5 Cooperação internacional .................................................... 524

**22 DOS CRIMES DE TRÂNSITO ................................................... 525**

22.1 Crimes em espécie .............................................................. 525

**23 LEI Nº 9.613/1998 – CRIMES DE LAVAGEM DE BENS ............ 527**

23.1 Crimes de "lavagem" ou ocultação de bens, direitos e valores ........ 527

**NOÇÕES DE DIREITO PROCESSUAL PENAL ............................... 537**

**1 INTRODUÇÃO AO DIREITO PROCESSUAL PENAL ................... 538**

1.1 Lei Processual Penal no espaço .............................................. 538
1.2 Lei Processual Penal no tempo ............................................... 538
1.3 Interpretação da Lei Processual Penal .................................... 538

**2 INQUÉRITO POLICIAL ............................................................... 539**

2.1 Conceito de inquérito policial ................................................. 539
2.2 Natureza jurídica .................................................................... 539
2.3 Características do inquérito policial ........................................ 539
2.4 Valor probatório do inquérito policial ...................................... 540
2.5 Vícios ..................................................................................... 540

2.6 Procedimento investigatório face aos servidores vinculados aos órgãos da segurança da pública (art. 144, CF/1988) .................. 540
2.7 Incomunicabilidade ........................................................................ 541
2.8 Notícia crime .................................................................................. 541
2.9 Prazos para conclusão do inquérito policial ................................. 541

## 3 AÇÃO PENAL .......................................................................................... 543
3.1 Condições da ação penal ............................................................. 543
3.2 Espécies de ação penal ................................................................ 543
3.3 Ação penal incondicionada ........................................................... 543
3.4 Princípios que regem a ação penal incondicionada .................... 543
3.5 Ação penal pública condicionada ................................................. 543
3.6 Ação penal privada exclusiva ....................................................... 544
3.7 Ação penal privada subsidiária da pública ................................... 544
3.8 Ação penal personalíssima ........................................................... 544
3.9 Denúncia e queixa ........................................................................ 544
3.10 Acordo de não persecução penal .............................................. 544

## 4 COMPETÊNCIA ...................................................................................... 546
4.1 Competência em razão da matéria ............................................... 546
4.2 Competência em razão da pessoa ............................................... 546
4.3 Competência territorial .................................................................. 546
4.4 Conexão e continência .................................................................. 547
4.5 Competência criminal do STF ....................................................... 547
4.6 Competência criminal do STJ ....................................................... 548
4.7 Competência criminal da Justiça Federal .................................... 548

## 5 PROVAS ................................................................................................. 549
5.1 Conceito ......................................................................................... 549
5.2 Cadeia de custódia ....................................................................... 549
5.3 Classificação das provas ............................................................... 550

## 6 LEI Nº 9.296/1996 – LEI DE INTERCEPTAÇÃO TELEFÔNICA ........ 553
6.1 Conceito e aplicabilidade da interceptação ................................. 553
6.2 Requisitos legais da interceptação .............................................. 553
6.3 Procedimento da interceptação telefônica .................................. 554
6.4 Captação ambiental de sinais eletromagnéticos, ópticos ou acústicos 555
6.5 Descarte de material irrelevante .................................................. 555
6.6 O Crime previsto no art. 10 da Lei Nº 9.296/1996 ....................... 555

## 7 SUJEITOS PROCESSUAIS .................................................................. 556
7.1 Juiz ................................................................................................. 556
7.2 Ministério Público .......................................................................... 556
7.3 Acusado e seu defensor ............................................................... 556
7.4 Assistentes ..................................................................................... 557
7.5 Funcionários da Justiça ................................................................ 557
7.6 Peritos e intérpretes ...................................................................... 557

# Sumário

**8 PRISÕES** ........................................................................................................ **558**
    8.1 Conceito ................................................................................................. 558
    8.2 Espécies de prisão cautelar.................................................................... 558

**9 *HABEAS CORPUS* E SEU PROCESSO** ........................................................ **561**
    9.1 Espécies de HC ....................................................................................... 561
    9.2 Outra denominação ................................................................................ 561
    9.3 Cabimento............................................................................................... 561
    9.4 Sujeitos.................................................................................................... 561
    9.5 Formalidades.......................................................................................... 561

**10 LEI Nº 9.099/1995 – JUIZADOS ESPECIAIS CÍVEIS E CRIMINAIS**................ **563**
    10.1 Juizados Especiais Criminais (JECRIM)................................................ 563

**11 LEI Nº 12.830/2013 – INVESTIGAÇÃO CRIMINAL CONDUZIDA PELO DELEGADO** ........................................................................................................ **566**

**12 LEI Nº 12.850/2013 – LEI DE ORGANIZAÇÃO CRIMINOSA**......................... **567**
    12.1 Breve histórico da organização criminosa............................................. 567
    12.2 Convenção de Palermo ......................................................................... 567
    12.3 Conceito de organização criminosa ...................................................... 567
    12.4 Meios de obtenção de prova.................................................................. 569
    12.5 Ação controlada ..................................................................................... 572
    12.6 Infiltração de agentes ............................................................................ 572
    12.7 Acesso a registros, dados cadastrais, documentos e informações ... 574
    12.8 Crimes ocorridos na investigação e na obtenção da prova ................. 574

**QUESTÕES COMENTADAS PARA PCPE** ........................................................ **575**

# LÍNGUA PORTUGUESA

# FONOLOGIA

## 1 FONOLOGIA

Para escrever corretamente, dentro das normas aplicadas pela gramática, é preciso estudar o menor elemento sonoro de uma palavra: o fonema. A fonologia, então, é o estudo feito dos fonemas.

Os fonemas podem ser classificados em vogais, semivogais e consoantes. Esta qualificação ocorre de acordo com a forma como o ar passa pela boca e/ou nariz e como as cordas vocais vibram para produzir o som deles.

Cuidado para não confundir fonema com letra! A letra é a representação gráfica do fonema. Uma palavra pode ter quantidades diferentes de letras e fonemas.

Por exemplo:

Manhã: 5 letras

m/ /a/ /nh/ /ã/: 4 fonemas

- **Vogais:** existem **vogais nasais**, quando ocorre o movimento do ar saindo pela boca e pelo nariz. Tais vogais acompanham as letras m e n, ou também podem estar marcadas pelo til (~). No caso das **vogais orais**, o som passa apenas pela boca.

    Por exemplo:

    Mãe, lindo, tromba → vogais nasais

    Flor, calor, festa → vogais orais

- **Semivogais:** os fonemas /i/ e /u/ acompanhados por uma vogal na mesma sílaba da palavra constituem as semivogais. O som das semivogais é mais fraco do que o das vogais.

    Por exemplo: automóvel, história.

- **Consoantes:** quando o ar que sai pela boca sofre uma quebra formada por uma barreira como a língua, os lábios ou os dentes. São elas: b, c, d, f, g, j, k, l, lh, m, n, nh, p, rr, r, s, t, v, ch, z.

Lembre-se de que estamos tratando de fonemas, e não de letras. Por isso, os dígrafos também são citados como consoantes: os dígrafos são os encontros de duas consoantes, também chamados de encontros consonantais.

O encontro de dois sons vocálicos, ou seja, vogais ou semivogais, chama-se encontro vocálico. Eles são divididos em: ditongo, tritongo e hiato.

- **Ditongo:** na mesma sílaba, estão uma vogal e uma semivogal.

    Por exemplo: p**ai** (**A** → vogal, **I** → semivogal).

- **Tritongo:** na mesma sílaba, estão juntas uma semivogal, uma vogal e outra semivogal.

    Por exemplo: Urug**uai** (**U** → semivogal, **A** → vogal, **I** → semivogal).

- **Hiato:** são duas vogais juntas na mesma palavra, mas em sílabas diferentes.

    Por exemplo: juíza (ju-í-za).

## 1.1 Partição silábica

Quando um fonema é falado em uma só expiração, ou seja, em uma única saída de ar, ele recebe o nome de sílaba. As palavras podem ser classificadas de diferentes formas, de acordo com a quantidade de sílabas ou quanto à sílaba tônica.

Pela quantidade de sílabas, as palavras podem ser:

- Monossílaba: 1 sílaba.

    Por exemplo: céu (monossílaba).

- Dissílaba: 2 sílabas.

    Por exemplo: jovem (jo-vem).

- Trissílaba: 3 sílabas.

    Por exemplo: palhaço (pa-lha-ço).

- Polissílaba: 4 ou mais sílabas.

    Por exemplo: dignidade (dig-ni-da-de,), particularmente (par-ti-cu-lar-men-te).

Pela tonicidade, ou seja, pela força com que a sílaba é falada e sua posição na palavra:

- **Oxítona:** a última sílaba é a tônica.
- **Paroxítona:** a penúltima sílaba é a tônica.
- **Proparoxítona:** a antepenúltima sílaba é a tônica.

A identificação da posição da sílaba tônica de uma palavra é feita de trás para frente. Desta forma, uma palavra oxítona possui como sílaba tônica a sílaba final da palavra.

Para realizar uma correta divisão silábica, é preciso ficar atento às regras.

- Não separe ditongos e tritongos.

    Por exemplo: sau-da-de, sa-guão.

- Não separe os dígrafos **CH, LH, NH, GU, QU**.

    Por exemplo: ca-**ch**o, a-be-**lh**a, ga-li-**nh**a, Gui-**lh**er-me, **qu**e-ri-do.

- Não separe encontros consonantais que iniciam sílaba.

    Por exemplo: **ps**i-có-lo-go, a-**gl**u-ti-nar.

- Separe as vogais que formam um hiato.

    Por exemplo: pa-ra-í-so, sa-ú-de.

- Separe os dígrafos **RR, SS, SC, SÇ, XC**.

    Por exemplo: ba**r**-**r**i-ga, a**s**-**s**a-do, pi**s**-**c**i-na, cre**s**-ço, e**x**-**c**e-der.

- Separe as consoantes que estejam em sílabas diferentes.

    Por exemplo: a**d**-**j**un-to, sub**s**-tan-ti-vo, pra**g**-**m**á-ti-co.

# 2 ACENTUAÇÃO GRÁFICA

Antes de começar o estudo, é importante que você entenda quais são os padrões de tonicidade da Língua Portuguesa e quais são os encontros vocálicos presentes na Língua. Assim, fica mais fácil entender quais são as regras e como elas surgem.

## 2.1 Padrões de tonicidade

- **Palavras oxítonas:** última sílaba tônica (so-**fá**, ca-**fé**, ji-**ló**).
- **Palavras paroxítonas:** penúltima sílaba tônica (fer-**ru**-gem, a-**du**-bo, sa-**ú**-de).
- **Palavras proparoxítonas:** antepenúltima sílaba tônica (**â**-ni-mo, **ví**-ti-ma, **ó**-ti-mo).

## 2.2 Encontros vocálicos

- **Hiato:** encontro vocálico que se separa (pi-a-no, sa-ú-de).
- **Ditongo:** encontro vocálico que permanece unido na sílaba (cha-**péu**, to-**néis**).
- **Tritongo:** encontro vocálico que permanece unido na sílaba (sa-**guão**, U-ru-**guai**).

## 2.3 Regras gerais

### 2.3.1 Quanto às proparoxítonas

Acentuam-se todas as palavras proparoxítonas:
- Por exemplo: **ví**-ti-ma, **â**-ni-mo, hi-per-**bó**-li-co.

### 2.3.2 Quanto às paroxítonas

Não se acentuam as paroxítonas terminadas em **A, E, O** (seguidas ou não de **S**) **M** e **ENS**.
- Por exemplo: cas**te**lo, gra**na**da, pa**ne**la, pe**pi**no, **pa**jem, i**ma**gens etc.

Acentuam-se as terminadas em **R, N, L, X, I** ou **IS, US, UM, UNS, PS, Ã** ou **ÃS** e ditongos.

Por exemplo: susten**tá**vel, **tó**rax, **hí**fen, **tá**xi, **ál**bum, **bí**ceps, prin**cí**pio etc.

Fique de olho em alguns casos particulares, como as palavras terminadas em **OM, ON, ONS**.
- Por exemplo: i**ân**dom; **pró**ton, **nêu**trons etc.

Com a reforma ortográfica, deixam de se acentuar as paroxítonas com **OO** e **EE**:
- Por exemplo: v**oo**, enj**oo**, perd**oo**, mag**oo**, le**em**, ve**em**, de**em**, cre**em** etc.

### 2.3.3 Quanto às oxítonas

São acentuadas as terminadas em:
- **A** ou **AS**: so**fá**, Pa**rá**.
- **E** ou **ES**: ra**pé**, ca**fé**.
- **O** ou **OS**: a**vô**, ci**pó**.
- **EM** ou **ENS**: tam**bém**, para**béns**.

### 2.3.4 Acentuação de monossílabos

Acentuam-se os monossílabos tônicos terminados em **A, E O**, seguidos ou não de **S**.
- Por exemplo: **pá, pó, pé, já, lá, fé, só**.

### 2.3.5 Acentuação dos hiatos

Acentuam-se os hiatos quando forem formados pelas letras **I** ou **U**, sozinhas ou seguidas de **S**:
- Por exemplo: sa**ú**va, ba**ú**, bala**ús**tre, pa**ís**.

**Exceções:**
- Seguidas de **NH**: ta**i**nha.
- Paroxítonas antecedidas de ditongo: fe**i**ura.
- Com o **I** duplicado: xi**i**ta.

### 2.3.6 Ditongos abertos

Serão acentuados os ditongos abertos **ÉU, ÉI** e **ÓI**, com ou sem **S**, quando forem oxítonos ou monossílabos.
- Por exemplo: cha**péu**, **réu**, to**néis**, he**rói**, pas**téis**, ho**téis**, len**çóis** etc.

Com a reforma ortográfica, caiu o acento do ditongo aberto em posição de paroxítona.
- Por exemplo: id**ei**a, onomatop**ei**a, jib**oi**a, paran**oi**a, her**oi**co etc.

### 2.3.7 Formas verbais com hífen

Para saber se há acento em uma forma verbal com hífen, deve-se analisar o padrão de tonicidade de cada bloco da palavra:
- Aju**dá**-lo (oxítona terminada em "a" → monossílabo átono).
- Con**tar**-lhe (oxítona terminada em "r" → monossílabo átono).
- Convi**dá**-la-íamos (oxítona terminada em "a" → proparoxítona).

### 2.3.8 Verbos "ter" e "vir"

Quando escritos na 3ª pessoa do singular, não serão acentuados:
- Ele **tem/vem**.

Quando escritos na **3ª pessoa do plural**, receberão o **acento circunflexo**:
- Eles **têm/vêm**.

Nos verbos derivados das formas apresentadas anteriormente:
- Acento agudo para singular: con**tém**, con**vém**.
- Acento circunflexo para o plural: con**têm**, con**vêm**.

### 2.3.9 Acentos diferenciais

Alguns permanecem:
- Pôde/pode (pretérito perfeito/presente simples).
- Pôr/por (verbo/preposição).
- Fôrma/forma (substantivo/verbo ou ainda substantivo).

Caiu o acento diferencial de:
- Para/pára (preposição/verbo).
- Pelo/pêlo (preposição + artigo/substantivo).
- Polo/pólo (preposição + artigo/substantivo).
- Pera/pêra (preposição + artigo/substantivo).

# ACORDO ORTOGRÁFICO DA LÍNGUA PORTUGUESA

## 3 ACORDO ORTOGRÁFICO DA LÍNGUA PORTUGUESA

O Acordo Ortográfico busca simplificar as regras ortográficas da Língua Portuguesa e unificar a nossa escrita e a das demais nações de língua portuguesa: Portugal, Angola, Moçambique, Cabo Verde, Guiné-Bissau, São Tomé e Príncipe e Timor-Leste.

Sua implementação no Brasil passou por algumas etapas:
- **2009:** vigência ainda não obrigatória.
- **2010-2015:** adaptação completa às novas regras.
- **A partir de 1º de janeiro de 2016:** emprego obrigatório. O acordo ortográfico passa a ser o único formato da língua reconhecido no Brasil.

Entre as mudanças na língua portuguesa decorrentes da reforma ortográfica, podemos citar o fim do trema, alterações na forma de acentuar palavras com ditongos abertos e que sejam hiatos, supressão dos acentos diferenciais e dos acentos tônicos, novas regras para o emprego do hífen e inclusão das letras w, k e y ao idioma.

### 3.1 Trema

Não se usa mais o trema (¨), sinal colocado sobre a letra u para indicar que ela deve ser pronunciada nos grupos **gue, gui, que, qui**.
- Por exemplo: aguentar, bilíngue, cinquenta, delinquente, eloquente, ensanguentado, frequente, linguiça, quinquênio, sequência, sequestro, tranquilo etc.

*Obs.:* o trema permanece apenas nas palavras estrangeiras e em suas derivadas. Exemplos: Müller, mülleriano.

### 3.2 Regras de acentuação

#### 3.2.1 Ditongos abertos em paroxítonas

Não se usa mais o acento dos ditongos abertos **EI** e **OI** das palavras paroxítonas (palavras que têm acento tônico na penúltima sílaba).
- Por exemplo: alcat**ei**a, andr**oi**de, ap**oi**a, ap**oi**o (verbo), aster**oi**de, b**oi**a, celul**oi**de, clarab**oi**a, colm**ei**a, Cor**ei**a, debil**oi**de, epop**ei**a, est**oi**co, estr**ei**a, gel**ei**a, her**oi**co, id**ei**a, jib**oi**a, j**oi**a, odiss**ei**a, paran**oi**a, paran**oi**co, plat**ei**a, tram**oi**a etc.

*Obs.:* a regra vale somente para palavras paroxítonas. Assim, continuam a ser acentuadas as palavras oxítonas e os monossílabos tônicos terminados em ÉI(**S**), ÓI(**S**).
- Por exemplo: papéis, herói, heróis, dói (verbo doer), sóis etc.

A palavra **ideia** não leva mais acento, assim como **heroico**, mas o termo **herói** é acentuado.

#### 3.2.2 I e U tônicos depois de um ditongo

Nas palavras paroxítonas, não se usa mais o acento no **I** e no **U** tônicos quando vierem depois de um ditongo.
- Por exemplo: bai**u**ca, bocai**u**va (tipo de palmeira), cau**i**la (avarento).

*Obs.:*
- Se a palavra for oxítona e o I ou o U estiverem em posição final (ou seguidos de S), o acento permanece. Exemplos: tuiuiú, tuiuiús, Piauí.
- Se o I ou o U forem precedidos de ditongo crescente, o acento permanece. Exemplos: guaíba, Guaíra.

#### 3.2.3 Hiatos EE e OO

Não se usa mais acento em palavras terminadas em **EEM** e **OO(S)**.
- Abenç**oo**, cr**eem**, d**eem**, d**oo**, enj**oo**, l**eem**, mag**oo**, perd**oo**, pov**oo**, v**eem**, v**oos**, z**oo**.

#### 3.2.4 Acento diferencial

Não se usa mais o acento que diferenciava os pares pára/para, péla(s)/pela(s), pêlo(s)/pelo(s), pólo(s)/polo(s) e pêra/pera. Por exemplo:
Ele para o carro.
Ele foi ao polo Norte.
Ele gosta de jogar polo.
Esse gato tem pelos brancos.
Comi uma pera.

*Obs.:*
- Permanece o acento diferencial em **pôde/pode**. **Pôde** é a forma do passado do verbo poder (pretérito perfeito do indicativo), na 3ª pessoa do singular. **Pode** é a forma do presente do indicativo, na 3ª pessoa do singular.
  - Por exemplo: Ontem, ele não **pôde** sair mais cedo, mas hoje ele **pode**.
- Permanece o acento diferencial em **pôr/por**. **Pôr** é verbo. **Por** é preposição.
  - Por exemplo: Vou **pôr** o livro na estante que foi feita **por** mim.
- Permanecem os acentos que diferenciam o singular do plural dos verbos ter e vir, assim como de seus derivados (manter, deter, reter, conter, convir, intervir, advir etc.). Por exemplo:
  Ele **tem** dois carros. Eles **têm** dois carros.
  Ele **vem** de Sorocaba. Eles **vêm** de Sorocaba.
  Ele **mantém** a palavra. Eles **mantêm** a palavra.
  Ele **convém** aos estudantes. Eles **convêm** aos estudantes.
  Ele **detém** o poder. Eles **detêm** o poder.
  Ele **intervém** em todas as aulas. Eles **intervêm** em todas as aulas.
- É facultativo o uso do acento circunflexo para diferenciar as palavras **forma/fôrma**. Em alguns casos, o uso do acento deixa a frase mais clara. Por exemplo: Qual é a forma da fôrma do bolo?

#### 3.2.5 Acento agudo no U tônico

Não se usa mais o acento agudo no **U** tônico das formas (tu) arguis, (ele) argui, (eles) arguem, do presente do indicativo dos verbos **arguir** e **redarguir**.

### 3.3 Hífen com compostos

#### 3.3.1 Palavras compostas sem elementos de ligação

Usa-se o hífen nas palavras compostas que não apresentam elementos de ligação.
- Por exemplo: guarda-chuva, arco-íris, boa-fé, segunda-feira, mesa-redonda, vaga-lume, joão-ninguém, porta-malas, porta-bandeira, pão-duro, bate-boca etc.

**Exceções**: não se usa o hífen em certas palavras que perderam a noção de composição, como girassol, madressilva, mandachuva, pontapé, paraquedas, paraquedista, paraquedismo.

### 3.3.2 Compostos com palavras iguais

Usa-se o hífen em compostos que têm palavras iguais ou quase iguais, sem elementos de ligação.

- Por exemplo: reco-reco, blá-blá-blá, zum-zum, tico-tico, tique-taque, cri-cri, glu-glu, rom-rom, pingue-pongue, zigue-zague, esconde-esconde, pega-pega, corre-corre.

### 3.3.3 Compostos com elementos de ligação

Não se usa o hífen em compostos que apresentam elementos de ligação.

- Por exemplo: pé de moleque, pé de vento, pai de todos, dia a dia, fim de semana, cor de vinho, ponto e vírgula, camisa de força, cara de pau, olho de sogra.

*Obs.*: incluem-se nesse caso os compostos de base oracional.

- Por exemplo: Maria vai com as outras, leva e traz, diz que diz que, Deus me livre, Deus nos acuda, cor de burro quando foge, bicho de sete cabeças, faz de conta.

**Exceções**: água-de-colônia, arco-da-velha, cor-de-rosa, mais-que-perfeito, pé-de-meia, ao deus-dará, à queima-roupa.

### 3.3.4 Topônimos

Usa-se o hífen nas palavras compostas derivadas de topônimos (nomes próprios de lugares), com ou sem elementos de ligação. Por exemplo:

- Belo Horizonte: belo-horizontino.
- Porto Alegre: porto-alegrense.
- Mato Grosso do Sul: mato-grossense-do-sul.
- Rio Grande do Norte: rio-grandense-do-norte.
- África do Sul: sul-africano.

## 3.4 Uso do hífen com palavras formadas por prefixos

### 3.4.1 Casos gerais

#### Antes de H

Usa-se o hífen diante de palavra iniciada por **H**.

- Por exemplo: anti-higiênico, anti-histórico, macro-história, mini-hotel, proto-história, sobre-humano, super-homem, ultra-humano.

#### Letras iguais

Usa-se o hífen se o prefixo terminar com a mesma letra com que se inicia a outra palavra.

- Por exemplo: micro-ondas, anti-inflacionário, sub-bibliotecário, inter-regional.

#### Letras diferentes

Não se usa o hífen se o prefixo terminar com letra diferente daquela com que se inicia a outra palavra.

- Por exemplo: aeroespacial agroindustrial autoescola, antiaéreo, intermunicipal, supersônico, superinteressante, semicírculo.

*Obs.*: se o prefixo terminar por vogal e a outra palavra começar por **R** ou **S**, dobram-se essas letras.

- Por exemplo: minissaia, antirracismo, ultrassom, semirreta.

### 3.4.2 Casos particulares

#### Prefixos SUB- e SOB-

Com os prefixos **SUB-** e **SOB-**, usa-se o hífen também diante de palavra iniciada por **R**.

- Por exemplo: sub-região, sub-reitor, sub-regional, sob-roda.

#### Prefixos CIRCUM- e PAN-

Com os prefixos **CIRCUM-** e **PAN-**, usa-se o hífen diante de palavra iniciada por **M, N** e vogal.

- Por exemplo: circum-murado, circum-navegação, pan-americano.

#### Outros prefixos

Usa-se o hífen com os prefixos **EX-, SEM-, ALÉM-, AQUÉM-, RECÉM-, PÓS-, PRÉ-, PRÓ-, VICE-**.

- Por exemplo: além-mar, além-túmulo, aquém-mar, ex-aluno, ex-diretor, ex-hospedeiro, pós-graduação, pré-história, pré-vestibular, pró-europeu, recém-casado, recém-nascido, sem-terra, vice-rei.

#### Prefixo CO

O prefixo **CO** junta-se com o segundo elemento, mesmo quando este se inicia por **O** ou **H**. Neste último caso, corta-se o **H**. Se a palavra seguinte começar com **R** ou **S**, dobram-se essas letras.

- Por exemplo: coobrigação, coedição, coeducar, cofundador, coabitação, coerdeiro, corréu, corresponsável, cosseno.

#### Prefixos PRE- e RE-

Com os prefixos **PRE-** e **RE-**, não se usa o hífen, mesmo diante de palavras começadas por **E**.

- Por exemplo: preexistente, reescrever, reedição.

#### Prefixos AB-, OB- e AD-

Na formação de palavras com **AB-, OB-** e **AD-**, usa-se o hífen diante de palavra começada por **B, D** ou **R**.

- Por exemplo: ad-digital, ad-renal, ob-rogar, ab-rogar.

### 3.4.3 Outros casos do uso do hífen

#### NÃO e QUASE

Não se usa o hífen na formação de palavras com **não** e **quase**.

- Por exemplo: (acordo de) não agressão, (isto é, um) quase delito.

#### MAL

Com **mal**, usa-se o hífen quando a palavra seguinte começar por vogal, **H** ou **L**.

- Por exemplo: mal-entendido, mal-estar, mal-humorado, mal-limpo.

*Obs.*: quando **mal** significa doença, usa-se o hífen se não houver elemento de ligação.

- Por exemplo: mal-francês.

Se houver elemento de ligação, escreve-se sem o hífen.

- Por exemplo: mal de Lázaro, mal de sete dias.

#### Tupi-guarani

Usa-se o hífen com sufixos de origem tupi-guarani que representam formas adjetivas: **açu, guaçu, mirim**.

- Por exemplo: capim-açu, amoré-guaçu, anajá-mirim.

# ACORDO ORTOGRÁFICO DA LÍNGUA PORTUGUESA

## Combinação ocasional

Usa-se o hífen para ligar duas ou mais palavras que ocasionalmente se combinam, formando não propriamente vocábulos, mas encadeamentos vocabulares.

- Por exemplo: ponte Rio-Niterói, eixo Rio-São Paulo.

## Hífen e translineação

Para clareza gráfica, se no final da linha a partição de uma palavra ou combinação de palavras coincidir com o hífen, ele deve ser repetido na linha seguinte.

- Por exemplo: O diretor foi receber os ex-
 -alunos.

### 3.4.4 Síntese das principais regras do hífen

| Síntese do hífen | | Exemplos |
|---|---|---|
| Letras diferentes | Não use hífen | Infraestrutura, extraoficial, supermercado |
| Letras iguais | Use hífen | Anti-inflamatório, contra-argumento, inter-racial, hiper-realista |
| Vogal + R ou S | Não use hífen (duplique R ou S) | Corréu, cosseno, minissaia, autorretrato |
| Bem | Use hífen | Bem-vindo, bem-humorado |

### 3.4.5 Quadro resumo do emprego do hífen com prefixos

| Prefixos | Letra que inicia a palavra seguinte |
|---|---|
| Ante-, anti-, contra-, entre-, extra-, infra-, intra-, sobre-, supra-, ultra- | H/VOGAL IDÊNTICA À QUE TERMINA O PREFIXO<br>Exemplos com H:<br>ante-hipófise, anti-higiênico, anti-herói, contra-hospitalar, entre-hostil, extra-humano, infra-hepático, sobre-humano, supra-hepático, ultra-hiperbólico.<br>Exemplos com vogal idêntica:<br>anti-inflamatório, contra-ataque, infra-axilar, sobre-estimar, supra-auricular, ultra-aquecido. |
| Ab-, ad-, ob-, sob- | B/R/D (Apenas com o prefixo "Ad")<br>Exemplos: ab-rogar (pôr em desuso), ad-rogar (adotar), ob-reptício (astucioso), sob-roda, ad-digital |
| Circum-, pan- | H/M/N/VOGAL<br>Exemplos: circum-meridiano, circum-navegação, circum-oral, pan-americano, pan-mágico, pan-negritude. |
| Ex- (no sentido de estado anterior), sota-, soto-, vice-, vizo- | DIANTE DE QUALQUER PALAVRA<br>Exemplos: ex-namorada, sota-soberania (não total), soto-mestre (substituto), vice-reitor, vizo-rei. |
| Hiper-, inter-, super- | H/R<br>Exemplos: hiper-hidrose, hiper-raivoso, inter-humano, inter-racial, super-homem, super-resistente. |
| Pós-, pré-, pró- (tônicos e com significados próprios) | DIANTE DE QUALQUER PALAVRA<br>Exemplos: pós-graduação, pré-escolar, pró-democracia.<br>Obs.: se os prefixos não forem autônomos, não haverá hífen. Exemplos: predeterminado, pressupor, pospor, propor. |
| Sub- | B/H/R<br>Exemplos: sub-bloco, sub-hepático, sub-humano, sub-região.<br>Obs.: "subumano" e "subepático" também são aceitas. |
| Pseudoprefixos (diferem-se dos prefixos por apresentarem elevado grau de independência e possuírem uma significação mais ou menos delimitada, presente à consciência dos falantes.)<br>Aero-, agro-, arqui-, auto-, bio-, eletro-, geo-, hidro-, macro-, maxi-, mega-, micro-, mini-, multi-, neo-, pluri-, proto-, pseudo-, retro-, semi-, tele- | H/VOGAL IDÊNTICA À QUE TERMINA O PREFIXO<br>Exemplos com H: geo-histórico, mini-hospital, neo-helênico, proto-história, semi-hospitalar.<br>Exemplos com vogal idêntica:<br>arqui-inimigo, auto-observação, eletro-ótica, micro-ondas, micro-ônibus, neo-ortodoxia, semi-interno, tele-educação. |

**Não** se utilizará o hífen:
- Em palavras iniciadas pelo prefixo **CO-**.
  - Por exemplo: Coadministrar, coautor, coexistência, cooptar, coerdeiro corresponsável, cosseno.
- Em palavras iniciadas pelos prefixos **DES-** ou **IN-** seguidos de elementos sem o "h" inicial.
  - Por exemplo: desarmonia, desumano, desumidificar, inábil, inumano etc.
- Com a palavra não.
  - Por exemplo: Não violência, não agressão, não comparecimento.
- Em palavras que possuem os elementos **BI, TRI, TETRA, PENTA, HEXA** etc.
  - Por exemplo: bicampeão, bimensal, bimestral, bienal, tridimensional, trimestral, triênio, tetracampeão, tetraplégico, pentacampeão, pentágono etc.
- Em relação ao prefixo **HIDRO-**, em alguns casos pode haver duas formas de grafia.
  - Por exemplo: hidroelétrica e hidrelétrica.
- No caso do elemento **SOCIO**, o hífen será utilizado apenas quando houver função de substantivo (= de associado).
  - Por exemplo: sócio-gerente / socioeconômico.

## 4 ORTOGRAFIA

A ortografia é a parte da Gramática que estuda a escrita correta das palavras. O próprio nome da disciplina já designa tal função. É oriunda das palavras gregas *ortho* que significa "correto" e *graphos* que significa "escrita".

### 4.1 Alfabeto

As letras **K**, **W** e **Y** foram inseridas no alfabeto devido a uma grande quantidade de palavras que são grafadas com tais letras e não podem mais figurar como termos exóticos em relação ao português. Eis alguns exemplos de seu emprego:

- Em abreviaturas e em símbolos de uso internacional: **kg** - quilograma / **w** - watt.
- Em palavras estrangeiras de uso internacional, nomes próprios estrangeiros e seus derivados: Kremlin, Kepler, Darwin, Byron, byroniano.

O alfabeto, também conhecido como abecedário, é formado (a partir do novo acordo ortográfico) por 26 letras.

| FORMA MAIÚSCULA | FORMA MINÚSCULA | FORMA MAIÚSCULA | FORMA MINÚSCULA |
|---|---|---|---|
| A | a | N | n |
| B | b | O | o |
| C | c | P | p |
| D | d | Q | q |
| E | e | R | r |
| F | f | S | s |
| G | g | T | t |
| H | h | U | u |
| I | i | V | v |
| J | j | W | w |
| K | k | X | x |
| L | l | Y | y |
| M | m | Z | z |

### 4.2 Emprego da letra H

A letra **H** demanda um pouco de atenção. Apesar de não possuir verdadeiramente sonoridade, ainda a utilizamos por convenção histórica. Seu emprego, basicamente, está relacionado às seguintes regras:

- No início de algumas palavras, por sua origem: hoje, hodierno, haver, Helena, helênico.
- No fim de algumas interjeições: Ah! Oh! Ih! Uh!
- No interior de palavra compostas que preservam o hífen, nas quais o segundo elemento se liga ao primeiro: super-homem, pré-história, sobre-humano.
- Nos dígrafos **NH**, **LH** e **CH**: tainha, lhama, chuveiro.

### 4.3 Emprego de E e I

Existe uma curiosidade a respeito do emprego dessas letras nas palavras que escrevemos: o fato de o "e", no final da palavra, ser pronunciado como uma semivogal faz com que muitos falantes pensem ser correto grafar a palavra com **I**.

Aqui, veremos quais são os principais aspectos do emprego dessas letras.

- Escreveremos com "e" palavras formadas com o prefixo **ANTE-** (que significa antes, anterior).
  - Por exemplo: antebraço, antevéspera, antecipar, antediluviano etc.
- A sílaba final de formas conjugadas dos verbos terminados em **–OAR** e **–UAR** (quando estiverem no subjuntivo).
  - Por exemplo: abençoe (abençoar), continue (continuar), pontue (pontuar).
- Algumas palavras, por sua origem.
  - Por exemplo: arrepiar, cadeado, creolina, desperdiçar, desperdício, destilar, disenteria, empecilho, indígena, irrequieto, mexerico, mimeógrafo, orquídea, quase, sequer, seringa, umedecer etc.
- Escreveremos com "i" palavras formadas com o prefixo **ANTI-** (que significa contra).
  - Por exemplo: antiaéreo, anticristo, antitetânico, anti-inflamatório.
- A sílaba final de formas conjugadas dos verbos terminados em **-AIR**, **-OER** e **-UIR**.
  - Por exemplo: cai (cair), sai (sair), diminui (diminuir), dói (doer).
- Os ditongos AI, OI, ÓI, UI.
  - Por exemplo: pai, foi, herói, influi.
- As seguintes palavras: aborígine, chefiar, crânio, criar, digladiar, displicência, escárnio, implicante, impertinente, impedimento, inigualável, lampião, pátio, penicilina, privilégio, requisito etc.

Vejamos alguns casos em que o emprego das letras **E** e **I** pode causar uma alteração semântica:

- Escrito com **E**:
    Arrear = pôr arreios.
    Área = extensão de terra, local.
    Delatar = denunciar.
    Descrição = ação de descrever.
    Descriminação = absolver.
    Emergir = vir à tona.
    Emigrar = sair do país ou do local de origem.
    Eminente = importante.
- Escrito com **I**:
    Arriar = abaixar, desistir.
    Ária = peça musical.
    Dilatar = alargar, aumentar.
    Discrição = separar, estabelecer diferença.
    Imergir = mergulhar.
    Imigrar = entrar em um país estrangeiro.
    Iminente = próximo, prestes a ocorrer.

O Novo Acordo Ortográfico explica que, agora, escreve-se com **I** antes de sílaba tônica. Veja alguns exemplos: acriano (admite-se, por ora, acreano, de Acre), rosiano (de Guimarães Rosa), camoniano (de Camões), nietzschiano (de Nietzsche) etc.

### 4.4 Emprego de O e U

Apenas por exceção, palavras em português com sílabas finais átonas (fracas) terminam por **US**; o comum é que se escreva com **O** ou **OS**. Por exemplo: carro, aluno, abandono, abono, chimango etc.

Exemplos das exceções a que aludimos: bônus, vírus, ônibus etc.

Em palavras proparoxítonas ou paroxítonas com terminação em ditongo, são comuns as terminações em **-UA**, **-ULA**, **-ULO**: tábua, rábula, crápula, coágulo.

As terminações em **-AO, -OLA, -OLO** só aparecem em algumas palavras: mágoa, névoa, nódoa, agrícola, vinícola, varíola etc.

Fique de olho na grafia destes termos:
- **Com a letra O:** abolir, boate, botequim, bússola, costume, engolir, goela, moela, moleque, mosquito etc.
- **Com a letra U:** bulício, buliçoso, bulir, camundongo, curtume, cutucar, jabuti, jabuticaba, rebuliço, urtiga, urticante etc.

## 4.5 Emprego de G e J

Essas letras, por apresentarem o mesmo som, eventualmente, costumam causar problemas de ortografia. A letra **G** só apresenta o som de **J** diante das letras **E e I**: gesso, gelo, agitar, agitador, agir, gíria.

### 4.5.1 Escreveremos com G

- Palavras terminadas em **-AGEM, -IGEM, -UGEM**. Por exemplo: garagem, vertigem, rabugem, ferrugem, fuligem etc.
    **Exceções:** pajem, lambujem (doce ou gorjeta), lajem (pedra da sepultura).
- Palavras terminadas em **-ÁGIO, -ÉGIO, -ÍGIO, -ÓGIO, -ÚGIO:** contágio, régio, prodígio, relógio, refúgio.
- Palavras derivadas de outras que já possuem a letra **G**. Por exemplo: **viagem** – viageiro; **ferrugem** – ferrugento; **vertigem** – vertiginoso; **regime** – regimental; **selvagem** – selvageria; **regional** – regionalismo.
- Em geral, após a letra "r". Por exemplo: aspergir, divergir, submergir, imergir etc.
- Palavras:
    **De origem latina:** agir, gente, proteger, surgir, gengiva, gesto etc.
    **De origem árabe:** álgebra, algema, ginete, girafa, giz etc.
    **De origem francesa:** estrangeiro, agiotagem, geleia, sargento etc.
    **De origem italiana:** gelosia, ágio etc.
    **Do castelhano:** gitano.
    **Do inglês:** gim.

### 4.5.2 Escreveremos com J

- Os verbos terminados em **-JAR** ou **-JEAR** e suas formas conjugadas:
    **Gorjear:** gorjeia (lembre-se das "aves"), gorjeiam, gorjearão.
    **Viajar:** viajei, viaje, viajemos, viajante.

> Cuidado para não confundir os termos **viagem** (substantivo) com **viajem** (verbo "viajar"). Vejamos o emprego:
> Ele fez uma bela viagem.
> Tomara que eles viajem amanhã.

- Palavras derivadas de outras terminadas em **-JA**. Por exemplo: **granja:** granjeiro, granjear; **loja:** lojista, lojinha; **laranja:** laranjal, laranjeira; **lisonja:** lisonjeiro, lisonjeador; **sarja:** sarjeta.
- Palavras cognatas (raiz em comum) ou derivadas de outras que possuem o J. Por exemplo:
    **Laje:** lajense, lajedo.
    **Nojo:** nojento, nojeira.
    **Jeito:** jeitoso, ajeitar, desajeitado.
- Palavras de origem ameríndia (geralmente tupi-guarani) ou africana: canjerê, canjica, jenipapo, jequitibá, jerimum, jia, jiboia, jiló, jirau, Moji, pajé.

- Palavras: conjetura, ejetar, injeção, interjeição, objeção, objeto, objetivo, projeção, projeto, rejeição, sujeitar, sujeito, trajeto, trajetória, trejeito, beringela, cafajeste, jeca, jegue, Jeremias, jerico, jérsei, majestade, manjedoura, ojeriza, pegajento, rijeza, sujeira, traje, ultraje, varejista.

## 4.6 Orientações sobre a grafia do fonema /s/

Podemos representar o fonema /s/ por:
- **S:** ânsia, cansar, diversão, farsa.
- **SS:** acesso, assar, carrossel, discussão.
- **C, Ç:** acetinado, cimento, açoite, açúcar.
- **SC, SÇ:** acréscimo, adolescente, ascensão, consciência, nasço, desça.
- **X:** aproximar, auxiliar, auxílio, sintaxe.
- **XC:** exceção, exceder, excelência, excepcional.

### 4.6.1 Escreveremos com S

- A correlação **ND – NS**:
    **Pretender** – pretensão, pretenso.
    **Expandir** – expansão, expansivo.
- A correlação **RG – RS**:
    **Aspergir** – aspersão.
    **Imergir** – imersão.
    **Emergir** – emersão.
- A correlação **RT – RS**:
    **Divertir** – diversão.
    **Inverter** – inversão.
- O sufixo **-ENSE**:
    Paranaense.
    Cearense.
    Londrinense.

### 4.6.2 Escreveremos com SS

- A correlação **CED – CESS**:
    **Ceder** – cessão.
    **Interceder** – intercessão.
    **Retroceder** – retrocesso.
- A correlação **GRED – GRESS**:
    **Agredir** – agressão, agressivo.
    **Progredir** – progressão, progresso.
- A correlação **PRIM – PRESS**:
    **Imprimir** – impressão, impresso.
    **Oprimir** – opressão, opressor.
    **Reprimir** – repressão, repressivo.
- A correlação **METER – MISS**:
    **Submeter** – submissão.
    **Intrometer** – intromissão.

### 4.6.3 Escreveremos com C ou com Ç

- Palavras de origem tupi ou africana. Por exemplo: açaí, araçá, Iguaçu, Juçara, muçurana, Paraguaçu, caçula, cacimba.
- **O Ç só será usado antes das vogais A, O e U.**
- Com os sufixos:
    **-AÇA:** barcaça.
    **-AÇÃO:** armação.
    **-ÇAR:** aguçar.
    **-ECER:** esmaecer.

# ORTOGRAFIA

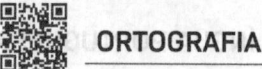

-IÇA: carniça.
-NÇA: criança.
-UÇA: dentuça.

- Palavras derivadas de verbos terminados em -TER (não confundir com a regra do –METER–-MISS):
    Abster: abstenção.
    Reter: retenção.
    Deter: detenção.
- Depois de ditongos:
    Feição; louça; traição.
- Palavras de origem árabe:
    Açúcar; açucena; cetim; muçulmano.

## 4.6.4 Emprego do SC

Escreveremos com **SC** palavras que são termos emprestados do latim. Por exemplo: adolescência; ascendente; consciente; crescer; descer; fascinar; fescenino.

## 4.6.5 Grafia da letra S com som de /z/

Escreveremos com S:
- Terminações em -ÊS, -ESA e -ISA, que indicam nacionalidade, título ou origem:
    **Japonês** – japonesa.
    **Marquês** – marquesa.
    **Camponês** – camponesa.
- Após ditongos: causa; coisa; lousa; Sousa.
- As formas dos verbos **pôr** e **querer** e de seus compostos:
    Eu pus, nós pusemos, pusésseis etc.
    Eu quis, nós quisemos, quisésseis etc.
- Terminações **-OSO** e **-OSA**, que indicam qualidade. Por exemplo: gostoso; garboso; fervorosa; talentosa.
- Prefixo **TRANS-**: transe; transação; transoceânico.
- Em diminutivos cujo radical termine em **S**:
    **Rosa** – rosinha.
    **Teresa** – Teresinha.
    **Lápis** – lapisinho.
- Na correlação **D – S**:
    **Aludir** – alusão, alusivo.
    **Decidir** – decisão, decisivo.
    **Defender** – defesa, defensivo.
- Verbos derivados de palavras cujo radical termina em **S**:
    **Análise** – analisar.
    **Presa** – apresar.
    **Êxtase** – extasiar.
    **Português** – aportuguesar.
- Substantivos com os sufixos gregos **-ESE**, **-ISA** e **-OSE**: catequese, diocese, poetisa, virose, (obs.: "catequizar" com **Z**).
- Nomes próprios: Baltasar, Heloísa, Isabel, Isaura, Luísa, Sousa, Teresa.
- Palavras: análise, cortesia, hesitar, reses, vaselina, avisar, defesa, obséquio, revés, vigésimo, besouro, fusível, pesquisa, tesoura, colisão, heresia, querosene, vasilha.

## 4.7 Emprego da letra Z

Escreveremos com **Z**:
- Terminações **-EZ** e **-EZA** de substantivos abstratos derivados de adjetivos:
    **Belo** – beleza.
    **Rico** – riqueza.
    **Altivo** – altivez.
    **Sensato** - sensatez.
- Verbos formados com o sufixo **-IZAR** e palavras cognatas: balizar, inicializar, civilizar.
- As palavras derivadas em:
    **-ZAL**: cafezal, abacaxizal.
    **-ZEIRO**: cajazeiro, açaizeiro.
    **-ZITO**: avezita.
    **-ZINHO**: cãozinho, pãozinho, pezinho
- Derivadas de palavras cujo radical termina em **Z**: cruzeiro, esvaziar.
- Palavras: azar, aprazível, baliza, buzina, bazar, cicatriz, ojeriza, prezar, proeza, vazamento, vizinho, xadrez, xerez.

## 4.8 Emprego do X e do CH

A letra X pode representar os seguintes fonemas:
    /ch/: xarope.
    /cx/: sexo, tóxico.
    /z/: exame.
    /ss/: máximo.
    /s/: sexto.

## 4.9 Escreveremos com X

- Em geral, após um ditongo. Por exemplo: caixa, peixe, ameixa, rouxinol, caixeiro. **Exceções**: recauchutar e guache.
- Geralmente, depois de sílaba iniciada por **EN-**: enxada; enxerido; enxugar; enxurrada.
- Encher (e seus derivados); palavras que iniciam por **CH** e recebem o prefixo **EN-**. Por exemplo: encharcar, enchumaçar, enchiqueirar, enchumbar, enchova.
- Palavras de origem indígena ou africana: abacaxi, xavante, xará, orixá, xinxim.
- Após a sílaba **ME** no início da palavra. Por exemplo: mexerica, mexerico, mexer, mexida. **Exceção**: mecha de cabelo.
- Palavras: bexiga, bruxa, coaxar, faxina, graxa, lagartixa, lixa, praxe, vexame, xícara, xale, xingar, xampu.

## 4.10 Escreveremos com CH

- As seguintes palavras, em razão de sua origem: chave, cheirar, chuva, chapéu, chalé, charlatão, salsicha, espadachim, chope, sanduíche, chuchu, cochilo, fachada, flecha, mecha, mochila, pechincha.
- **Atente para a divergência de sentido com os seguintes elementos:**
    Bucho – estômago.
    Buxo – espécie de arbusto.
    Cheque – ordem de pagamento.
    Xeque – lance do jogo de xadrez.
    Tacha – pequeno prego.
    Taxa – imposto.

# LÍNGUA PORTUGUESA

## 5 NÍVEIS DE ANÁLISE DA LÍNGUA

A Língua Portuguesa possui quatro níveis de análise. Veja cada um deles:

- **Nível fonético/fonológico:** estuda a produção e articulação dos sons da língua.
- **Nível morfológico:** estuda a estrutura e a classificação das palavras.
- **Nível sintático:** estuda a função das palavras dentro de uma sentença.
- **Nível semântico:** estuda as relações de sentido construídas entre as palavras.

Na **Semântica**, entre outras coisas, estuda-se a diferença entre linguagem de sentido denotativo (ou literal, do dicionário) e linguagem de sentido conotativo (ou figurado).

- Rosa é uma flor.
    - **Morfologia:**
        *Rosa:* substantivo;
        *É:* verbo ser;
        *Uma:* artigo;
        *Flor:* substantivo
    - **Sintaxe:**
        *Rosa:* sujeito;
        *É uma flor:* predicado;
        *Uma flor:* predicativo do sujeito.
    - **Semântica:**
        Rosa pode ser entendida como uma pessoa ou como uma planta, depende do sentido.

# 6 ESTRUTURA E FORMAÇÃO DE PALAVRAS

## 6.1 Estrutura das palavras

Para compreender os termos da Língua Portuguesa, deve-se observar, nos vocábulos, a presença de algumas estruturas como **raiz**, **desinências** e **afixos**:

- **Raiz ou radical (morfema lexical):** parte que guarda o sentido da palavra.
  > **Pedr**eiro.
  > **Pedr**ada.
  > Em**pedr**ado.
  > **Pedr**egulho.
- **Desinências:** fazem a flexão dos termos.
  > **Nominais:**
  > **Gênero:** jogador/jogadora.
  > **Número:** aluno/alunos.
  > **Grau:** cadeira/cadeirinha.
  > **Verbais:**
  > **Modo-tempo:** cant**áva**mos, vend**êra**mos.
  > **Número-pessoa:** fize**mos**, compra**stes**.
- **Afixos: conectam-se às raízes dos termos.**
  > **Prefixos:** colocados antes da raiz.
  > **In**feliz, **des**fazer, **re**tocar.
  > **Sufixos:** colocados após a raiz.
  > Feliz**mente**, capac**idade**, igual**dade**.

Também é importante atentar aos termos de ligação. São eles:
- **Vogal de ligação:**
  > Gas**ô**metro, bar**ô**metro, cafe**i**cultura, carn**í**voro.
- **Consoante de ligação:**
  > Gira**ss**ol, cafe**t**eira, pau**l**ada, cha**l**eira.

## 6.2 Radicais gregos e latinos

O conhecimento sobre a origem dos radicais é, muitas vezes, importante para a compreensão e memorização de inúmeras palavras.

### 6.2.1 Radicais gregos

Os radicais gregos têm uma importância expressiva para a compreensão e fácil memorização de diversas palavras que foram criadas e vulgarizadas pela linguagem científica.

Podemos observar que esses radicais se unem, geralmente, a outros elementos de origem grega e, frequentemente, sofrem alterações fonéticas e gráficas para formarem palavras compostas.

Seguem alguns radicais gregos, seus respectivos significados e algumas palavras de exemplo:

- *Ácros* **(alto):** acrópole, acrobacia, acrofobia.
- *Álgos* **(dor):** algofilia, analgésico, nevralgia.
- *Ánthropos* **(homem):** antropologia, antropófago, filantropo.
- *Astér, astéros* **(estrela):** asteroide, asterisco.
- *Ástron* **(astro):** astronomia, astronauta.
- *Biblíon* **(livro):** biblioteca, bibliografia, bibliófilo.
- *Chéir, cheirós* **(mão – cir –, quiro):** cirurgia, cirurgião, quiromante.
- *Chlorós,* **(verde):** cloro, clorofila, clorídrico.
- *Chróma, chrómatos,* **(cor):** cromático, policromia.
- *Dáktylos* **(dedo):** datilografia, datilografar.
- *Déka* **(dez):** decálogo, decâmetro, decassílabo.
- *Gámos,* **(casamento):** poligamia, polígamo, monogamia.
- *Gastér, gastrós,* **(estômago):** gastrite, gastrônomo, gástrico.
- *Glótta, glóssa,* **(língua):** poliglota, epiglote, glossário.
- *Grámma* **(letra, escrito):** gramática, anagrama, telegrama.
- *Grápho* **(escrevo):** grafia, ortografia, caligrafia.
- *Heméra* **(dia):** herneroteca, hernerologia, efêmero.
- *Hippos* **(cavalo):** hipódromo, hipismo, hipopótamo.
- *Kardía* **(coração):** cardíaco, cardiologia, taquicardia.
- *Mésos,* **(meio, do meio):** mesocarpo, mesóclise, mesopotâmia.
- *Mnéme* **(memória, lembrança):** mnemônico, amnésia, mnemoteste.
- *Morphé* **(forma):** morfologia, amorfo, metamorfose.
- *Nekrós* **(morto):** necrotério, necropsia, necrológio.
- *Páis, paidós* **(criança):** pedagogia, pediatria, pediatra.
- *Pyr, pyrós* **(fogo):** pirosfera, pirotécnico, antipirético.
- *Rhis, rhinós* **(nariz):** rinite, rinofonia, otorrino.
- *Theós* **(deus):** teologia, teólogo, apoteose.
- *Zóon* **(animal):** zoologia, zoológico, zoonose.

### 6.2.2 Radicais latinos

Outras palavras da língua portuguesa possuem radicais latinos. A maioria delas entrou na língua entre os séculos XVIII e XX. Seguem algumas das que vieram por via científica ou literária:

- *Ager, agri* **(campo):** agrícola, agricultura.
- *Ambi* **(de ambo, ambos):** ambidestro, ambíguo.
- *Argentum, argenti* **(prata):** argênteo, argentífero, argentino.
- *Capillus, capilli* **(cabelo):** capilar, capiliforme, capilaridade.
- *Caput, capitis* **(cabeça):** capital, decapitar, capitoso.
- *Cola-, colere* **(habitar, cultivar):** arborícola, vitícola.
- *Cuprum, cupri* **(cobre):** cúpreo, cúprico, cuprífero.
- *Ego* **(eu):** egocêntrico, egoísmo,ególatra.
- *Equi-, aequus* **(igual):** equivalente, equinócio, equiângulo.
- *-fero, ferre* **(levar, conter):** aurífero, lactífero, carbonífero.
- *Fluvius* **(rio):** fluvial, fluviômetro.
- *Frigus, frigoris* **(frio):** frigorífico, frigomóvel.
- *Lapis, lapidis* **(pedra):** lápide, lapidificar, lapidar.
- *Lex, legis* **(lei):** legislativo, legislar, legista.
- *Noceo, nocere* **(prejudicar, causar mal):** nocivo, inocente, inócuo.
- *Pauper, pauperis* **(pobre):** pauperismo, depauperar.
- *Pecus* **(rebanho):** pecuária, pecuarista, pecúnia.
- *Pluvia* **(chuva):** pluvial, pluviômetro.
- *Radix, radieis* **(raiz):** radical, radicar, erradicar.
- *Sidus, sideris* **(astro):** sideral, sidéreo, siderar.
- *Stella* **(estrela):** estelar, constelação.
- *Triticum, tritici* **(trigo):** triticultura, triticultor, tritícola.
- *Vinum, vini* **(vinho):** vinicultura, vinícola.
- *Vitis* **(videira):** viticultura, viticultor, vitícola.
- *Volo, volare* **(voar):** volátil, noctívolo.
- *Vox, vocis* **(voz):** vocal, vociferar.

## 6.3 Origem das palavras de Língua Portuguesa

As palavras da Língua Portuguesa têm múltiplas origens, mas a maioria delas veio do latim vulgar, ou seja, o latim que era falado pelo povo duzentos anos antes de Cristo.

No geral, as palavras que formam o nosso léxico podem ser de origem latina, de formação vernácula ou de importação estrangeira.

Quanto às palavras de origem latina, sabe-se que algumas datam dos séculos VI e XI, aproximadamente, e outras foram introduzidas na língua por escritores e letrados ao longo do tempo, sobretudo no período áureo, o século XVI, e de forma ainda mais abundante durante os séculos que o seguiram, por meios literário e científico. As primeiras, as formas populares, foram grandemente alteradas na fala do povo rude, mas as formas eruditas tiveram leves alterações.

Houve, ao longo desses séculos, com incentivo do povo luso-brasileiro, a criação de palavras que colaboraram para enriquecer o vocabulário. Essas palavras são chamadas criações vernáculas.

Desde os primórdios da língua, diversos termos estrangeiros entraram em uso, posteriormente enriquecendo definitivamente o patrimônio léxico, porque é inevitável que palavras de outros idiomas adentrem na língua por meio das relações estabelecidas entre os povos e suas culturas.

Devido a isso, encontramos, no vocabulário português, palavras provenientes:

- Do grego: por influência do cristianismo e do latim literário: anjo, bíblia, clímax. E por criação de sábios e cientistas: nostalgia, microscópio.
- Do hebraico: veiculadas pela Bíblia: aleluia, Jesus, Maria, sábado.
- Do alemão: guerra, realengo, interlância.
- Do árabe: algodão, alfaiate, algema.
- Do japonês: biombo, micado, samurai.
- Do francês: greve, detalhe, pose.
- Do inglês: bife, futebol, tênis.
- Do turco: lacaio, algoz.
- Do italiano: piano, maestro, lasanha.
- Do russo: vodca, esputinique.
- Do tupi: tatu, saci, jiboia, pitanga.
- Do espanhol: cavalheiro, ninharia, castanhola.
- De línguas africanas: macumba, maxixe, marimbondo.

Atualmente, o francês e o inglês são os idiomas com maior influência sobre a língua portuguesa.

## 6.4 Processos de formação de palavras

Há dois processos mais fortes (presentes) na formação de palavras em Língua Portuguesa: a composição e a derivação. Vejamos suas principais características.

### 6.4.1 Composição

É uma criação de vocábulo. Pode ocorrer por:

- **Justaposição:** sem perda de elementos.
  Guarda-chuva, girassol, arranha-céu etc.
- **Aglutinação:** com perda de elementos.
  Embora, fidalgo, aguardente, planalto, boquiaberto etc.
- **Hibridismo:** união de radicais oriundos de línguas distintas.
  Automóvel (latim e grego); sambódromo (tupi e grego).

### 6.4.2 Derivação

É uma transformação no vocábulo. Pode ocorrer das seguintes maneiras:

- **Prefixal (prefixação):** reforma, anfiteatro, cooperação.
- **Sufixal (sufixação):** pedreiro, engenharia, florista.
- **Prefixal – sufixal:** infelizmente, ateísmo, desordenamento.
- **Parassintética:** prefixo e sufixo simultaneamente, sem a possibilidade de remover umas das partes.
  Avermelhado, anoitecer, emudecer, amanhecer.
- **Regressão (regressiva) ou deverbal:** advinda de um verbo.
  Abalo (abalar), luta (lutar), fuga (fugir).
- **Imprópria (conversão):** mudança de classe gramatical.
  O jantar, um não, o seu sim, o pobre.

### 6.4.3 Estrangeirismo

Pode-se entender como um empréstimo linguístico.

- **Com aportuguesamento:** abajur (do francês *abat-jour*), algodão (do árabe *al-qutun*), lanche (do inglês *lunch*) etc.
- **Sem aportuguesamento:** *networking, software, pizza, show, shopping* etc.

## 6.5 Acrônimo ou sigla

- **Silabáveis:** podem ser separados em sílabas.
  Infraero (Infraestrutura Aeroportuária), **Petrobras** (Petróleo Brasileiro) etc.
- **Não-silabáveis:** não podem ser separados em sílabas.
  FMI, MST, SPC, PT, INSS, MPU etc.

## 6.6 Onomatopeia ou reduplicação

- **Onomatopeia:** tentativa de representar um som da natureza.
  Pow, paf, tum, psiu, argh.
- **Reduplicação:** repetição de palavra com fim onomatopaico.
  Reco-reco, tique-taque, pingue-pongue.
- **Redução ou abreviação:** eliminação do segmento de alguma palavra.
  Fone (telefone), cinema (cinematógrafo), pneu (pneumático) etc.

# 7 MORFOLOGIA

Antes de adentrar nas conceituações, veja a lista a seguir para facilitar o estudo. Nela, temos uma classe de palavra seguida de um exemplo.

**Artigo:** o, a, os, as, um, uma, uns, umas.
**Adjetivo:** legal, interessante, capaz, brasileiro, francês.
**Advérbio:** muito, pouco, bem, mal, ontem, certamente.
**Conjunção:** que, caso, embora.
**Interjeição:** Ai! Ui! Ufa! Eita!
**Numeral:** sétimo, vigésimo, terço.
**Preposição:** a, ante, até, após, com, contra, de, desde, em, entre.
**Pronome:** cujo, o qual, quem, eu, lhe.
**Substantivo:** mesa, bicho, concursando, Pablo, José.
**Verbo:** estudar, passar, ganhar, gastar.

## 7.1 Substantivos

É a palavra variável que designa qualidades, sentimentos, sensações, ações etc.

Quanto à sua classificação, o substantivo pode ser:

- **Primitivo** (sem afixos): pedra.
- **Derivado** (com afixos): pedreiro/empedrado.
- **Simples** (1 núcleo): guarda.
- **Composto** (mais de 1 núcleo): guarda-roupas.
- **Comum** (designa ser genérico): copo, colher.
- **Próprio** (designa ser específico): Maria, Portugal.
- **Concreto** (existência própria): cadeira, lápis.
- **Abstrato** (existência dependente): glória, amizade.

### 7.1.1 Substantivos concretos

Designam seres de existência própria, como: padre, político, carro e árvore.

### 7.1.2 Substantivos abstratos

Nomeiam qualidades ou conceitos de existência dependente, como: beleza, fricção, tristeza e amor.

### 7.1.3 Substantivos próprios

São sempre concretos e devem ser grafados com iniciais maiúsculas. Alguns substantivos próprios, no entanto, podem vir a se tornar comuns pelo processo de derivação imprópria que, geralmente, ocorre pela anteposição de um artigo e a grafia do substantivo com letra minúscula (um judas = traidor/um panamá = chapéu). As flexões dos substantivos podem se dar em gênero, número e grau.

### 7.1.4 Gênero dos substantivos

Quanto à distinção entre masculino e feminino, os substantivos podem ser:

- **Biformes:** quando apresentam uma forma para o masculino e outra para o feminino. Por exemplo: gato, gata, homem, mulher.
- **Uniformes:** quando apresentam uma única forma para ambos os gêneros. Nesse caso, eles estão divididos em:
    - **Epicenos:** usados para animais de ambos os sexos (macho e fêmea). Por exemplo: besouro, jacaré, albatroz.
    - **Comum de dois gêneros:** aqueles que designam pessoas. Nesse caso, a distinção é feita por um elemento ladeador (artigo, pronome). Por exemplo: o/a terrícola, o/a estudante, o/a dentista, o/a motorista.
    - **Sobrecomuns:** apresentam um só gênero gramatical para designar seres de ambos os sexos. Por exemplo: o indivíduo, a vítima, o algoz.

Em algumas situações, a mudança de gênero altera também o sentido do substantivo:

- O cabeça (líder).
- A cabeça (parte do corpo).

### 7.1.5 Número dos substantivos

Tentemos resumir as principais regras de formação do plural nos substantivos.

| TERMINAÇÃO | VARIAÇÃO | EXEMPLO |
|---|---|---|
| vogal ou ditongo | acréscimo do S | barco – barcos |
| M | NS | pudim – pudins |
| ÃO (primeiro caso) | ÕES | ladrão – ladrões |
| ÃO (segundo caso) | ÃES | pão – pães |
| ÃO (terceiro caso) | S | cidadão – cidadãos |
| R | ES | mulher – mulheres |
| Z | ES | cartaz – cartazes |
| N | ES | abdômen – abdômenes |
| S (oxítonos) | ES | inglês – ingleses |
| AL, EL, OL, ULI | IS | tribunal – tribunais |
| IL (oxítonos) | S | barril – barris |
| IL (paroxítonos) | EIS | fóssil – fósseis |
| ZINHO, ZITO | S | anelzinho – aneizinhos |

Alguns substantivos são grafados apenas no plural: alvíssaras, anais, antolhos, arredores, belas-artes, calendas, cãs, condolências, esponsais, exéquias, fastos, férias, fezes, núpcias, óculos, pêsames.

### 7.1.6 Grau do substantivo

Aumentativo/diminutivo

**Analítico:** quando se associam os adjetivos ao substantivo. Por exemplo: carro grande, pé pequeno.

**Sintético:** quando se adiciona ao substantivo sufixos indicadores de grau, carrão, pezinho.

- **Sufixos:**
    - **Aumentativos:** -ÁZIO, -ORRA, -OLA, -AZ, -ÃO, -EIRÃO, -ALHÃO, -ARÃO, -ARRÃO, -ZARRÃO.
    - **Diminutivos:** -ITO, -ULO-, -CULO, -OTE, -OLA, -IM, -ELHO, -INHO, -ZINHO. O sufixo -ZINHO é obrigatório quando o substantivo terminar em vogal tônica ou ditongo: cafezinho, paizinho etc.

O aumentativo pode exprimir tamanho (casarão), desprezo (sabichão, ministraço, poetastro) ou intimidade (amigão); enquanto o diminutivo pode indicar carinho (filhinho) ou ter valor pejorativo (livreco, casebre), além das noções de tamanho (bolinha).

## 7.2 Artigo

O artigo é a palavra variável que tem por função individualizar algo, ou seja, possui como função primordial indicar um elemento, por meio de definição ou indefinição da palavra que, pela anteposição do artigo, passa a ser substantivada. Os artigos se subdividem em:

- **Artigos definidos (O, A, OS, AS):** definem o substantivo a que se referem. Por exemplo:

    Hoje à tarde, falaremos sobre **a** aula da semana passada.
    Na última aula, falamos **do** conteúdo programático.

- **Artigos indefinidos (um, uma, uns, umas):** indefinem o substantivo a que se referem. Por exemplo:

    Assim que eu passar no concurso, eu irei comprar **um** carro.

    Pela manhã, papai, apareceu **um** homem da loja aqui.

É importante ressaltar que os artigos podem ser contraídos com algumas preposições essenciais, como demonstrado na tabela a seguir:

| PREPOSIÇÕES | ARTIGO | | | | | | | |
| --- | --- | --- | --- | --- | --- | --- | --- | --- |
| | DEFINIDO | | | | INDEFINIDO | | | |
| | O | A | OS | AS | UM | UMA | UNS | UMAS |
| A | ao | à | aos | às | - | - | - | - |
| De | do | da | dos | das | dum | duma | duns | dumas |
| Em | no | na | nos | nas | num | numa | nuns | numas |
| Per | pelo | pela | pelos | pelas | - | - | - | - |
| Por | polo | pola | polos | polas | - | - | - | - |

O artigo é utilizado para substantivar um termo. Ou seja, quer transformar algo em um substantivo? Coloque um artigo em sua frente.

**Cantar** alivia a alma. (Verbo)

O **cantar** alivia a alma. (Substantivo)

### 7.2.1 Emprego do artigo com a palavra "todo"

Quando inserimos artigos ao lado da palavra "todo", em geral, o sentido da expressão passa a designar totalidade. Como no exemplo abaixo:

Pobreza é um problema que acomete **todo país**. (todos os países)

Pobreza é um problema que acomete **todo o país**. (o país em sua totalidade).

## 7.3 Pronome

Em uma definição breve, podemos dizer que pronome é o termo que substitui um substantivo, desempenhando, na sentença em que aparece, uma função coesiva. Podemos dividir os pronomes em sete categorias, são elas: pessoais, tratamento, demonstrativos, relativos, indefinidos, interrogativos, possessivos.

Antes de partir para o estudo pormenorizado dos pronomes, vamos fazer uma classificação funcional deles quando empregados em uma sentença:

- **Pronomes substantivos:** são aqueles que ocupam o lugar do substantivo na sentença. Por exemplo:

    **Alguém** apareceu na sala ontem.

    **Nós** faremos todo o trabalho.

- **Pronomes adjetivos:** são aqueles que acompanham um substantivo na sentença. Por exemplo:

    **Meus** alunos são os mais preparados.

    Pessoa **alguma** fará tal serviço por **esse** valor.

### 7.3.1 Pronomes substantivos e adjetivos

É chamado **pronome substantivo** quando um pronome substitui um substantivo.

É chamado **pronome adjetivo** quando determina o substantivo com o qual se encontra.

### 7.3.2 Pronomes pessoais

**Referem-se às pessoas do discurso, veja:**

- Quem fala (1ª pessoa).
- Com quem se fala (2ª pessoa).
- De quem se fala (3ª pessoa).

Classificação dos pronomes pessoais (caso **reto** × caso **oblíquo**):

| PESSOA GRAMATICAL | RETOS | OBLÍQUOS | |
| --- | --- | --- | --- |
| | | ÁTONOS | TÔNICOS |
| 1ª – Singular | eu | me | mim, comigo |
| 2ª – Singular | tu | te | ti, contigo |
| 3ª – Singular | ele, ela | o, a, lhe, se | si, consigo |
| 1ª – Plural | nós | nos | nós, conosco |
| 2ª – Plural | vós | vos | vós, convosco |
| 3ª – Plural | eles, elas | os, as, lhes, se | si, consigo |
| Função | Sujeito | Complemento/Adjunto | |

Veja a seguir o emprego de alguns pronomes (**certo** × **errado**).

#### Eu e tu × mim e ti

**1ª regra:** depois de preposição essencial, usa-se pronome oblíquo. Observe:

**Entre** mim e ti, não há acordo.

**Sobre** Manoel e ti, nada se pode falar.

Devo **a** ti esta conquista.

O presente é **para** mim.

Não saia **sem** mim.

Comprei um livro **para** ti.

Observe a preposição essencial destacada nas sentenças.

**2ª regra:** se o pronome utilizado na sentença for sujeito de um verbo, deve-se empregar os do caso reto.

Não saia sem **eu** deixar.

Comprei um livro para **tu** leres.

O presente é para **eu** desfrutar.

Observe que o pronome desempenha a função de sujeito do verbo destacado. Ou seja: "mim" não faz nada!

Não se confunda com as sentenças em que a ordem frasal está alterada. Deve-se, nesses casos, tentar colocar a sentença na ordem direta.

Para mim, fazer exercícios é muito bom. → Fazer exercícios é muito bom para mim.

Não é tarefa para mim realizar esta revisão. → Realizar esta revisão não é para mim.

#### Com causativos e sensitivos

Regra com verbos causativos (mandar, fazer, deixar) ou sensitivos (ver, ouvir, sentir): quando os pronomes oblíquos átonos são empregados com verbos causativos ou sensitivos, pode haver a possibilidade de desempenharem a função de sujeito de uma forma verbal próxima. Veja os exemplos:

Fiz **Juliana** chorar. (Sentença original).

Fi-**la** chorar. (Sentença reescrita com a substituição do termo Juliana pelo pronome oblíquo).

Em ambas as situações, a "Juliana é a chorona". Isso quer dizer que o termo feminino que está na sentença é sujeito do verbo "chorar". Pensando dessa maneira, entenderemos a primeira função da forma pronominal "la" que aparece na sentença reescrita.

# MORFOLOGIA

Outro fator a ser considerado é que o verbo "fazer" necessita de um complemento, portanto, é um verbo transitivo. Ocorre que o complemento do verbo "fazer" não pode ter outro referente senão "Juliana". Então, entendemos que, na reescrita da frase, a forma pronominal "la" funciona como complemento do verbo "fazer" e sujeito do verbo "chorar".

## Si e consigo

Esses pronomes somente podem ser empregados se se referirem ao sujeito da oração, pois possuem função reflexiva. Observe:
   Alberto só pensa em si. ("Si" refere-se a "Alberto": sujeito do verbo "pensar").
   O aluno levou as apostilas consigo. ("consigo" refere-se ao termo "aluno").

Estão erradas, portanto, frases como estas:
   Creio muito em si, meu amigo.
   Quero falar consigo.

**Corrigindo:**
   Creio muito em você, meu amigo.
   Quero falar contigo.

## Conosco e convosco

As formas **"conosco"** e **"convosco"** são substituídas por **"com nós"** e **"com vós"** quando os pronomes pessoais são reforçados por palavras como **outros, mesmos, próprios, todos, ambos** ou **algum numeral**. Por exemplo:
   Ele disse que iria com nós três.

## Ele(s), ela(s) × o(s), a(s)

É muito comum ouvirmos frases como: "vi **ela** na esquina", "não queremos **eles** aqui". De acordo com as normas da Língua Portuguesa, é errado falar ou escrever assim, pois o pronome em questão está sendo utilizado fora de seu emprego original, ou seja, como um complemento (ao passo que deveria ser apenas sujeito). O certo é: "vi-**a** na esquina", "não **os** queremos aqui".

## "O" e "a"

São complementos diretos, ou seja, são utilizados juntamente aos verbos transitivos diretos, ou nos bitransitivos, como no exemplo a seguir:
   Comprei **um carro** para minha namorada = Comprei-**o** para ela. (Ocorreu a substituição do objeto direto)

É importante lembrar que há uma especificidade em relação à colocação dos pronomes "o" e "a" depois de algumas palavras:
- Se a palavra terminar em **R, S** ou **Z**: tais letras devem ser suprimidas e o pronome será empregado como **lo, la, los, las**.
   Fazer as tarefas = fazê-**las**.
   Querer o dinheiro = querê-**lo**.
- Se a palavra terminar com **ÃO, ÕE** ou **M**: tais letras devem ser mantidas e o pronome há de ser empregado como **no, na, nos, nas**.
   Compraram a casa = compraram-**na**.
   Compõe a canção = compõe-**na**.

## Lhe

É um complemento indireto, equivalente a "a ele" ou "a ela". Ou seja, é empregado juntamente a um verbo transitivo indireto ou a um verbo bitransitivo, como no exemplo:
- Comprei um carro **para minha namorada** = comprei-**lhe** um carro. (Ocorreu a substituição do objeto indireto).

Muitas bancas gostam de trocar as formas "o" e "a" por "lhe", o que não pode ser feito sem que a sentença seja totalmente reelaborada.

## 7.3.3 Pronomes de tratamento

São pronomes de tratamento **você, senhor, senhora, senhorita, fulano, sicrano, beltrano** e as expressões que integram o quadro seguinte:

| PRONOME | ABREVIATURA SINGULAR | ABREVIATURA PLURAL |
|---|---|---|
| Vossa Excelência(s) | V. Ex.ª | V. Ex.ªs |
| **USA-SE PARA:** | | |
| Presidente (sem abreviatura), ministro, embaixador, governador, secretário de Estado, prefeito, senador, deputado federal e estadual, juiz, general, almirante, brigadeiro e presidente de câmara de vereadores. | | |
| PRONOME | ABREVIATURA SINGULAR | ABREVIATURA PLURAL |
| Vossa(s) Magnificência(s) | V. Mag.ª | V. Mag.ªs |
| **USA-SE PARA:** | | |
| Reitor de universidade para o qual também se pode usar V. Ex.ª. | | |

| PRONOME | ABREVIATURA SINGULAR | ABREVIATURA PLURAL |
|---|---|---|
| Vossa(s) Senhoria(s) | V. Sª | V. S.ªs |
| **USA-SE PARA:** | | |
| Qualquer autoridade ou pessoa civil não citada acima. | | |
| PRONOME | ABREVIATURA SINGULAR | ABREVIATURA PLURAL |
| Vossa(s) Santidade(s) | V. S | VV. SS. |
| **USA-SE PARA:** | | |
| Papa. | | |
| PRONOME | ABREVIATURA SINGULAR | ABREVIATURA PLURAL |
| Vossa(s) Eminência(s) | V. Em.ª | V.Em.ªs |
| **USA-SE PARA:** | | |
| Cardeal. | | |
| PRONOME | ABREVIATURA SINGULAR | ABREVIATURA PLURAL |
| Vossa(s) Excelência(s) Reverendíssima(s) | V. Exª. Rev.ma | V. Ex.ªs. Rev.mas |
| **USA-SE PARA:** | | |
| Arcebispo e bispo. | | |
| PRONOME | ABREVIATURA SINGULAR | ABREVIATURA PLURAL |
| Vossa(s) Reverendíssima(s) | V. Rev.ma | V.Rev.mas |
| **Usa-se para:** | | |
| Autoridade religiosa inferior às acima citadas. | | |
| PRONOME | ABREVIATURA SINGULAR | ABREVIATURA PLURAL |
| Vossa(s) Reverência(s) | V. Rev.ª | V. Rev.mas |
| **USA-SE PARA:** | | |
| Religioso sem graduação. | | |
| PRONOME | ABREVIATURA SINGULAR | ABREVIATURA PLURAL |
| Vossa(s) Majestade(s) | V. M. | VV. MM. |
| **USA-SE PARA:** | | |
| Rei e imperador. | | |
| PRONOME | ABREVIATURA SINGULAR | ABREVIATURA PLURAL |
| Vossa(s) Alteza(s) | V. A. | VV. AA. |
| **USA-SE PARA:** | | |
| Príncipe, arquiduque e duque. | | |

Todas essas expressões se apresentam também com "Sua" para cujas abreviaturas basta substituir o "V" por "S".

## Emprego dos pronomes de tratamento

- **Vossa Excelência** etc. × **Sua Excelência** etc.

Os pronomes de tratamento iniciados com "Vossa(s)" empregam-se em uma relação direta, ou seja, indicam o nosso interlocutor, pessoa com quem falamos:

Soube que V. Ex.ª, Senhor Ministro, falou que não estava interessado no assunto da reunião.

Empregaremos o pronome com a forma "sua" quando a relação não é direta, ou seja, quando falamos sobre a pessoa:

A notícia divulgada é de que Sua Excelência, o Presidente da República, foi flagrado em uma boate.

## Utilização da 3ª pessoa

Os pronomes de tratamento são de 3ª pessoa; portanto, todos os elementos relacionados a eles devem ser empregados também na 3ª pessoa, para que se mantenha a uniformidade:

É preciso que V. Ex.ª **diga** qual será o **seu** procedimento no caso em questão, a fim de que seus assessores possam agir a tempo.

# MORFOLOGIA

## Uniformidade de tratamento

No momento da escrita ou da fala, não é possível ficar fazendo "dança das pessoas" com os pronomes. Isso quer dizer que se deve manter a uniformidade de tratamento. Para tanto, se for utilizada 3ª pessoa no início de uma sentença, ela deve permanecer ao longo de todo o texto. Preste atenção para ver como ficou estranha a construção abaixo:

Quando **você** chegar, eu **te** darei o presente.

"Você" é de 3ª pessoa e "te" é de 2ª pessoa. Não há motivo para cometer tal engano. Tome cuidado, portanto. Podemos corrigir a sentença:

Quando tu chegares, eu te darei o presente.
Quando você chegar, eu lhe darei o presente.

### 7.3.4 Pronomes possessivos

São os pronomes que atribuem posse de algo às pessoas do discurso.

Eles podem estar em:

- **1ª pessoa do singular:** meu, minha, meus, minhas.
- **2ª pessoa do singular:** teu, tua, teus, tuas.
- **3ª pessoa do singular:** seu, sua, seus, suas.
- **1ª pessoa do plural:** nosso, nossa, nossos, nossas.
- **2ª pessoa do plural:** vosso, vossa, vossos, vossas.
- **3ª pessoa do plural:** seu, sua, seus, suas.

### Emprego

- Ambiguidade: "seu", "sua", "seus" e "suas" são os reis da ambiguidade (duplicidade de sentido).

    O policial prendeu o maconheiro em **sua** casa. (casa de quem?).
    Meu pai levou meu tio para casa em **seu** carro. (no carro de quem?).

- Corrigindo:

    O policial prendeu o maconheiro na casa **deste**.
    Meu pai, em **seu** carro, levou meu tio para casa.

- Emprego especial: não se usam os possessivos em relação às partes do corpo ou às faculdades do espírito. Devemos, pois, dizer:

    Machuquei a mão. (E não "a minha mão").
    Ele bateu a cabeça. (E não "a sua cabeça").
    Perdeste a razão? (E não "a tua razão").

### 7.3.5 Pronomes demonstrativos

São os que localizam ou identificam o substantivo ou uma expressão no espaço, no tempo ou no texto.

- **1ª pessoa:**

    **Masculino:** este(s).
    **Feminino:** esta(s).
    **Neutro:** isto.
    **No espaço:** com o falante.
    **No tempo:** presente.
    **No texto:** o que se pretende dizer ou o imediatamente retomado.

- **2ª pessoa**

    **Masculino:** esse(s).
    **Feminino:** essa(s).
    **Neutro:** isso.
    **No espaço:** pouco afastado.
    **No tempo:** passado ou futuro próximos.
    **No texto:** o que se disse anteriormente.

- **3ª pessoa**

    **Masculino:** aquele(s).
    **Feminino:** aquela(s).
    **Neutro:** aquilo.
    **No espaço:** muito afastado.
    **No tempo:** passado ou futuro distantes.
    **No texto:** o que se disse há muito ou o que se pretende dizer.

Quando o pronome retoma algo já mencionado no texto, dizemos que ele possui função **anafórica**. Quando aponta para algo que será dito, dizemos que possui função **catafórica**. Essa nomenclatura começou a ser cobrada em algumas questões de concurso público, portanto, é importante ter esses conceitos na ponta da língua.

Exemplos de emprego dos demonstrativos:

Veja **este** livro que eu trouxe, é muito bom.
Você deve estudar mais! **Isso** é o que eu queria dizer.
Vê **aquele** mendigo lá na rua? Terrível futuro o aguarda.

Há outros pronomes demonstrativos: **o, a, os, as**, quando antecedem o relativo que e podem ser permutados por **aquele(s), aquela(s), aquilo**. Veja os exemplos:

Não entendi o que disseste. (Não entendi aquilo que disseste.).
Esta rua não é a que te indiquei. (Esta rua não é aquela que te indiquei.).

**Tal:** quando puder ser permutado por qualquer demonstrativo:

Não acredito que você disse **tal** coisa. (Aquela coisa).

**Semelhante:** quando puder ser permutado por qualquer demonstrativo:

Jamais me prestarei a **semelhante** canalhice. (Esta canalhice).

**Mesmo:** quando modificar os pronomes eu, tu, nós e vós:

Eu **mesmo** investiguei o caso.

De modo análogo, classificamos o termo "**próprio**" (eu próprio, ela própria).

O termo "**mesmo**" pode ainda funcionar como pronome neutro em frases como: "é o mesmo", "vem a ser o mesmo".

Vejamos mais alguns exemplos:

**José** e **João** são alunos do ensino médio. Este gosta de matemática, **aquele** gosta de português.

Veja que a verdadeira relação estabelecida pelos pronomes demonstrativos focaliza, por meio do "este" o elemento mais próximo, por meio do "aquele" o elemento mais afastado.

**Esta** sala precisa de bons professores.
Gostaria de que esse órgão pudesse resolver meu problema.

**Este(s), esta(s), isto** indicam o local de onde escrevemos. **Esse(s), essa(s), isso** indicam o local em que se encontra o nosso interlocutor.

### 7.3.6 Pronomes relativos

São termos que relacionam palavras em um encadeamento. Os relativos da Língua Portuguesa são:

- **Que:** quando puder ser permutado por "o qual" ou um de seus termos derivados. Utiliza-se o pronome "que" para referências a pessoas ou coisas.

    O peão a **que** me refiro é Jonas.

- **O qual:** empregado para referência a coisas ou pessoas.

    A casa **na qual** houve o tiroteio foi interditada.

- **Quem:** é equivalente a dois pronomes: "aquele" e "que".

    O homem para **quem** se enviou a correspondência é Alberto.

- **Quanto:** será relativo quando seu antecedente for o termo "tudo".

    Não gastes tudo **quanto** tens.

- **Onde:** é utilizado para estabelecer referência a lugares, sendo permutável por "em que" ou "no qual" e seus derivados.

    O estado para **onde** vou é Minas Gerais.

- **Cujo:** possui um sentido possessivo. Não permite permuta por outro relativo. Também é preciso lembrar que o pronome "cujo" não admite artigo, pois já é variável (cujo/cuja, jamais "cujo o", "cuja a").

    Cara, o pedreiro em **cujo** serviço podemos confiar é Marcelino.

> A preposição que está relacionada ao pronome é, em grande parte dos casos, oriunda do verbo que aparece posteriormente na sentença.

### 7.3.7 Pronomes indefinidos

São os pronomes que se referem, de forma imprecisa e vaga, à 3ª pessoa do discurso.

Eles podem ser:

- **Pronomes indefinidos substantivos:** têm função de substantivo: alguém, algo, nada, tudo, ninguém.
- **Pronomes indefinidos adjetivos:** têm função de adjetivo: cada, certo(s), certa (s).
- **Que variam entre pronomes adjetivos e substantivos:** variam de acordo com o contexto: algum, alguma, bastante, demais, mais, qual etc.

| VARIÁVEIS | | | | INVARIÁVEIS |
|---|---|---|---|---|
| MASCULINO | | FEMININO | | |
| SINGULAR | PLURAL | SINGULAR | PLURAL | |
| Algum | Alguns | Alguma | Algumas | Alguém |
| Certo | Certos | Certa | Certas | Algo |
| Muito | Muitos | Muita | Muitas | Nada |
| Nenhum | Nenhuns | Nenhuma | Nenhumas | Ninguém |
| Outro | Outros | Outra | Outras | Outrem |
| Qualquer | Quaisquer | Qualquer | Quaisquer | Cada |
| Quando | Quantos | Quanta | Quantas | - |
| Tanto | Tantos | Tanta | Tantas | - |
| Todo | Todos | Toda | Todas | Tudo |
| Vário | Vários | Vária | Várias | - |
| Pouco | Poucos | Pouca | Poucas | - |

Fique bem atento para as alterações de sentido relacionadas às mudanças de posição dos pronomes indefinidos.

Alguma pessoa passou por aqui ontem. (Alguma pessoa = ao menos uma pessoa).

Pessoa alguma passou por aqui ontem. (Pessoa alguma = ninguém).

Locuções pronominais indefinidas

"Cada qual", "cada um", "seja qual for", "tal qual", "um ou outro" etc.

### 7.3.8 Pronomes interrogativos

Chamam-se interrogativos os pronomes que, quem, qual e quanto, empregados para formular uma pergunta direta ou indireta:

**Que** conteúdo estão estudando?
Diga-me **que** conteúdo estão estudando.
**Quem** vai passar no concurso?
Gostaria de saber **quem** vai passar no concurso.
**Qual** dos livros preferes?
Não sei **qual** dos livros preferes.
**Quantos** de coragem você tem?
Pergunte **quanto** de coragem você tem.

## 7.4 Verbo

É a palavra com que se expressa uma ação (cantar, vender), um estado (ser, estar), mudança de estado (tornar-se) ou fenômeno da natureza (chover).

Quanto à noção que expressam, os verbos podem ser classificados da seguinte maneira:

- **Verbos relacionais:** exprimem estado ou mudança de estado. São os chamados verbos de ligação.
- **Verbos de ligação:** ser, estar, continuar, andar, parecer, permanecer, ficar, tornar-se etc.
- **Verbos nocionais:** exprimem ação ou fenômeno da natureza. São os chamados verbos significativos.

Os verbos nocionais podem ser classificados da seguinte maneira:

- **Verbo Intransitivo (VI):** diz-se daquele que não necessita de um complemento para que se compreenda a ação verbal. Por exemplo: "morrer", "cantar", "sorrir", "nascer", "viver".
- **Verbo Transitivo (VT):** diz-se daquele que necessita de um complemento para expressar o afetado pela ação verbal. Divide-se em três tipos:
    - **Diretos (VTD):** não possuem preposição para ligar o complemento verbal ao verbo. São exemplos os verbos "querer", "comprar", "ler", "falar" etc.
    - **Indiretos (VTI):** possuem preposição para ligar o complemento verbal ao verbo. São exemplos os verbos "gostar", "necessitar", "precisar", "acreditar" etc.
    - **Diretos e Indiretos (VTDI) ou bitransitivos:** possuem dois complementos, um não preposicionado, outro com preposição. São exemplos os verbos "pagar", "perdoar", "implicar" etc.

Preste atenção na dica que segue:

João morreu. (Quem morre, morre. Não é preciso um complemento para entender o verbo).

Eu quero um aumento. (Quem quer, quer alguma coisa. É preciso um complemento para entender o sentido do verbo).

Eu preciso de um emprego. (Quem precisa, precisa "de" alguma coisa. Deve haver uma preposição para ligar o complemento ao seu verbo).

Mário pagou a conta ao padeiro. (Quem paga, paga algo a alguém. Há um complemento com preposição e um complemento sem preposição).

# MORFOLOGIA

## 7.4.1 Estrutura e conjugação dos verbos

Os verbos possuem:
- **Raiz:** o que lhes guarda o sentido (**cant**ar, **corr**er, **sorr**ir).
- **Vogal temática:** o que lhes garante a família conjugacional (**AR, ER, IR**).
- **Desinências:** o que ajuda a conjugar ou nominalizar o verbo (cant**ando**, cant**á**v**amos**).

Os verbos apresentam três conjugações, ou seja, três famílias conjugacionais. Em função da vogal temática, podem-se criar três paradigmas verbais. De acordo com a relação dos verbos com esses paradigmas, obtém-se a seguinte classificação:

- **Regulares:** seguem o paradigma verbal de sua conjugação sem alterar suas raízes (amar, vender, partir).
- **Irregulares:** não seguem o paradigma verbal da conjugação a que pertencem. As irregularidades podem aparecer na raiz ou nas desinências (ouvir – ouço/ouve, estar – estou/estão).
- **Anômalos:** apresentam profundas irregularidades. São classificados como anômalos em todas as gramáticas os verbos "ser" e "ir".
- **Defectivos:** não são conjugados em determinadas pessoas, tempo ou modo, portanto, apresentam algum tipo de "defeito" ("falir", no presente do indicativo, só apresenta a 1ª e a 2ª pessoa do plural). Os defectivos distribuem-se em grupos:
  - Impessoais.
  - Unipessoais: vozes ou ruídos de animais, só conjugados nas terceiras pessoas.
  - Antieufônicos: a sonoridade permite confusão com outros verbos – "demolir"; "falir", "abolir" etc.
- **Abundantes:** apresentam mais de uma forma para uma mesma conjugação.

Existe abundância **conjugacional** e **participial**. A primeira ocorre na conjugação de algumas formas verbais, como o verbo "haver", que admite "nós havemos/hemos", "vós haveis/heis". A segunda ocorre com as formas nominais de particípio.

A seguir segue uma lista dos principais abundantes na forma participial.

| VERBOS | PARTICÍPIO REGULAR – EMPREGADO COM OS AUXILIARES "TER" E "HAVER" | PARTICÍPIO IRREGULAR – EMPREGADO COM OS AUXILIARES "SER", "ESTAR" E "FICAR" |
|---|---|---|
| aceitar | aceitado | aceito |
| acender | acendido | aceso |
| benzer | benzido | bento |
| eleger | elegido | eleito |
| entregar | entregado | entregue |
| enxugar | enxugado | enxuto |
| expressar | expressado | expresso |
| expulsar | expulsado | expulso |
| extinguir | extinguido | extinto |
| matar | matado | morto |
| prender | prendido | preso |
| romper | rompido | roto |
| salvar | salvado | salvo |
| soltar | soltado | solto |
| suspender | suspendido | suspenso |
| tingir | tingido | tinto |

## 7.4.2 Flexão verbal

Relativamente à flexão verbal, anotamos:
- **Número:** singular ou plural.
- **Pessoa gramatical:** 1ª, 2ª ou 3ª.

Tempo: referência ao momento em que se fala (pretérito, presente ou futuro). O modo imperativo só tem um tempo, o presente.
- **Voz:** ativa, passiva, reflexiva e recíproca (que trabalharemos mais tarde).
- **Modo:** indicativo (certeza de um fato ou estado), subjuntivo (possibilidade ou desejo de realização de um fato ou incerteza do estado) e imperativo (expressa ordem, advertência ou pedido).

## 7.4.3 Formas nominais do verbo

As três formas nominais do verbo (infinitivo, gerúndio e particípio) não possuem função exclusivamente verbal.
- **Infinitivo:** assemelha-se ao substantivo, indica algo atemporal – o nome do verbo, sua desinência característica é a letra R: am**ar**, realç**ar**, ung**ir** etc.
- **Gerúndio:** equipara-se ao adjetivo ou advérbio pelas circunstâncias que exprime de ação em processo. Sua desinência característica é -**NDO**: am**ando**, realç**ando**, ung**indo** etc.
- **Particípio:** tem valor e forma de adjetivo – pode também indicar ação concluída, sua desinência característica é -**ADO** ou -**IDO** para as formas regulares: am**ado**, realç**ado**, ung**ido** etc.

## 7.4.4 Tempos verbais

Dentro do **modo indicativo**, anotamos os seguintes tempos:
- **Presente do indicativo:** indica um fato situado no momento ou época em que se fala.
  
  Eu amo, eu vendo, eu parto.
- **Pretérito perfeito do indicativo:** indica um fato cuja ação foi iniciada e concluída no passado.
  
  Eu amei, eu vendi, eu parti.
- **Pretérito imperfeito do indicativo:** indica um fato cuja ação foi iniciada no passado, mas não foi concluída ou era uma ação costumeira no passado.
  
  Eu amava, eu vendia, eu partia.
- **Pretérito mais-que-perfeito do indicativo:** indica um fato cuja ação é anterior a outra ação já passada.
  
  Eu amara, eu vendera, eu partira.
- **Futuro do presente do indicativo:** indica um fato situado em momento ou época vindoura.
  
  Eu amarei, eu venderei, eu partirei.
- **Futuro do pretérito do indicativo:** indica um fato possível, hipotético, situado num momento futuro, mas ligado a um momento passado.
  
  Eu amaria, eu venderia, eu partiria.

Dentro do **modo subjuntivo**, anotamos os seguintes tempos:
- Presente do subjuntivo: indica um fato provável, duvidoso ou hipotético, situado no momento ou época em que se fala. Para facilitar a conjugação, utilize a conjunção "que".
    Que eu ame, que eu venda, que eu parta.
- Pretérito imperfeito do subjuntivo: indica um fato provável, duvidoso ou hipotético, cuja ação foi iniciada, mas não concluída no passado. Para facilitar a conjugação, utilize a conjunção "se".
    Se eu amasse, se eu vendesse, se eu partisse.
- Futuro do subjuntivo: indica um fato provável, duvidoso, hipotético, situado num momento ou época futura. Para facilitar a conjugação, utilize a conjunção "quando".
    Quando eu amar, quando eu vender, quando eu partir.

## 7.4.5 Tempos compostos da voz ativa

Constituem-se pelos verbos auxiliares "**ter**" ou "**haver**" + particípio do verbo que se quer conjugar, dito principal.

No **modo indicativo**, os tempos compostos são formados da seguinte maneira:
- **Pretérito perfeito:** presente do indicativo do auxiliar + particípio do verbo principal (tenho amado).
- **Pretérito mais-que-perfeito:** pretérito imperfeito do indicativo do auxiliar + particípio do verbo principal (tinha amado).
- **Futuro do presente:** futuro do presente do indicativo do auxiliar + particípio do verbo principal (terei amado).
- **Futuro do pretérito:** futuro do pretérito indicativo do auxiliar + particípio do verbo principal (teria amado).

No **modo subjuntivo**, a formação se dá da seguinte maneira:
- **Pretérito perfeito:** presente do subjuntivo do auxiliar + particípio do verbo principal (tenha amado).
- **Pretérito mais-que-perfeito:** imperfeito do subjuntivo do auxiliar + particípio do verbo principal (tivesse amado).
- **Futuro composto:** futuro do subjuntivo do auxiliar + particípio do verbo principal (tiver amado).

Quanto às **formas nominais**, elas são formadas da seguinte maneira:
- **Infinitivo composto:** infinitivo pessoal ou impessoal do auxiliar + particípio do verbo principal (ter vendido/teres vendido).
- **Gerúndio composto:** gerúndio do auxiliar + particípio do verbo principal (tendo partido).

## 7.4.6 Vozes verbais

Quanto às vozes, os verbos apresentam voz:
- **Ativa:** o sujeito é agente da ação verbal.
    **O corretor** vende casas.
- **Passiva:** o sujeito é paciente da ação verbal.
    Casas são vendidas **pelo corretor**.
- **Reflexiva:** o sujeito é agente e paciente da ação verbal.
    A garota feriu-**se** ao cair da escada.
- **Recíproca:** há uma ação mútua descrita na sentença.
    Os amigos entreolh**aram-se**.

**Voz passiva:** sua característica é possuir um sujeito paciente, ou seja, que é afetado pela ação do verbo.
- **Analítica:** verbo auxiliar + particípio do verbo principal. Isso significa que há uma locução verbal de voz passiva.
    Casas **são *vendidas*** pelo corretor.
    Ele fez o trabalho – O trabalho **foi feito** por ele (mantido o pretérito perfeito do indicativo).
    O vento ia levando as folhas – As folhas iam **sendo levadas** pelo vento (mantido o gerúndio do verbo principal em um dos auxiliares).
    Vereadores entregarão um prêmio ao gari – Um prêmio **será entregue** ao gari por vereadores (veja como a flexão do futuro se mantém na locução).
- **Sintética:** verbo apassivado pelo termo "se" (partícula apassivadora) + sujeito paciente.
    Roubou-se **o dinheiro do povo**.
    Fez-se **o trabalho** com pressa.

É comum observar, em provas de concurso público, questões que mostram uma voz passiva sintética como aquela que é proveniente de uma ativa com sujeito indeterminado.

Alguns verbos da língua portuguesa apresentam **problemas de conjugação**:
    Compraram um carro novo (ativa).
    Comprou-se um carro novo (passiva sintética).

## 7.4.7 Verbos com a conjugação irregular

**Abolir:** defectivo – não possui a 1ª pessoa do singular do presente do indicativo, por isso não possui presente do subjuntivo e o imperativo negativo. (= banir, carpir, colorir, delinquir, demolir, descomedir-se, emergir, exaurir, fremir, fulgir, haurir, retorquir, urgir).

**Acudir:** alternância vocálica O/U no presente do indicativo – acudo, acodes etc. Pretérito perfeito do indicativo com U. (= bulir, consumir, cuspir, engolir, fugir).

**Adequar:** defectivo – só possui a 1ª e a 2ª pessoa do plural no presente do indicativo.

**Aderir:** alternância vocálica E/I no presente do indicativo – adiro, adere etc. (= advertir, cerzir, despir, diferir, digerir, divergir, ferir, sugerir).

**Agir:** acomodação gráfica G/J no presente do indicativo – ajo, ages etc. (= afligir, coagir, erigir, espargir, refulgir, restringir, transigir, urgir).

**Agredir:** alternância vocálica E/I no presente do indicativo – agrido, agrides, agride, agredimos, agredis, agridem. (= prevenir, progredir, regredir, transgredir).

**Aguar:** regular. Presente do indicativo – águo, águas etc. Pretérito perfeito do indicativo – aguei, aguaste, aguou, aguamos, aguastes, aguaram. (= desaguar, enxaguar, minguar).

**Aprazer:** irregular. Presente do indicativo – aprazo, aprazes, apraz etc. Pretérito perfeito do indicativo – aprouve, aprouveste, aprouve, aprouvemos, aprouvestes, aprouveram.

**Arguir:** irregular com alternância vocálica O/U no presente do indicativo – arguo (ú), arguis, argui, arguimos, arguis, arguem. Pretérito perfeito – argui, arguiste etc.

**Atrair:** irregular. Presente do indicativo – atraio, atrais etc. Pretérito perfeito – atraí, atraíste etc. (= abstrair, cair, distrair, sair, subtrair).

**Atribuir:** irregular. Presente do indicativo – atribuo, atribuis, atribui, atribuímos, atribuís, atribuem. Pretérito perfeito – atribuí, atribuíste, atribuiu etc. (= afluir, concluir, destituir, excluir, instruir, possuir, usufruir).

**Averiguar:** alternância vocálica O/U no presente do indicativo – averiguo (ú), averiguas (ú), averigua (ú), averiguamos, averiguais, averiguam (ú). Pretérito perfeito – averiguei, averiguaste etc. Presente do subjuntivo – averigue, averigues, averigue etc. (= apaziguar).

**Cear:** irregular. Presente do indicativo – ceio, ceias, ceia, ceamos, ceais, ceiam. Pretérito perfeito indicativo – ceei, ceaste, ceou, ceamos,

# MORFOLOGIA

ceastes, cearam. (= verbos terminados em -ear: falsear, passear... - alguns apresentam pronúncia aberta: estreio, estreia...).

**Coar:** irregular. Presente do indicativo – coo, côas, côa, coamos, coais, coam. Pretérito perfeito – coei, coaste, coou etc. (= abençoar, magoar, perdoar).

**Comerciar:** regular. Presente do indicativo – comercio, comerciais etc. Pretérito perfeito – comerciei etc. (= verbos em -iar, exceto os seguintes verbos: mediar, ansiar, remediar, incendiar, odiar).

**Compelir:** alternância vocálica E/I. Presente do indicativo – compilo, compeles etc. Pretérito perfeito indicativo – compeli, compeliste.

**Compilar:** regular. Presente do indicativo – compilo, compilas, compila etc. Pretérito perfeito indicativo – compilei, compilaste etc.

**Construir:** irregular e abundante. Presente do indicativo – construo, constróis, constrói, construímos, construís, constroem. Pretérito perfeito indicativo – construí, construíste etc.

**Crer:** irregular. Presente do indicativo – creio, crês, crê, cremos, credes, creem. Pretérito perfeito indicativo – cri, creste, creu, cremos, crestes, creram. Imperfeito indicativo – cria, crias, cria, críamos, críeis, criam.

**Falir:** defectivo. Presente do indicativo – falimos, falis. Pretérito perfeito indicativo – fali, faliste etc. (= aguerrir, combalir, foragir-se, remir, renhir).

**Frigir:** acomodação gráfica G/J e alternância vocálica E/I. Presente do indicativo – frijo, freges, frege, frigimos, frigis, fregem. Pretérito perfeito indicativo – frigi, frigiste etc.

**Ir:** irregular. Presente do indicativo – vou, vais, vai, vamos, ides, vão. Pretérito perfeito indicativo – fui, foste etc. Presente subjuntivo – vá, vás, vá, vamos, vades, vão.

**Jazer:** irregular. Presente do indicativo – jazo, jazes etc. Pretérito perfeito indicativo – jázi, jazeste, jazeu etc.

**Mobiliar:** irregular. Presente do indicativo – mobílio, mobílias, mobília, mobiliamos, mobiliais, mobíliam. Pretérito perfeito indicativo – mobiliei, mobiliaste.

**Obstar:** regular. Presente do indicativo – obsto, obstas etc. Pretérito perfeito indicativo – obtei, obtaste etc.

**Pedir:** irregular. Presente do indicativo – peço, pedes, pede, pedimos, pedis, pedem. Pretérito perfeito indicativo – pedi, pediste etc. (= despedir, expedir, medir).

**Polir:** alternância vocálica E/I. Presente do indicativo – pulo, pules, pule, polimos, polis, pulem. Pretérito perfeito indicativo – poli, poliste etc.

**Precaver-se:** defectivo e pronominal. Presente do indicativo – precavemo-nos, precaveis-vos. Pretérito perfeito indicativo – precavi-me, precaveste-te etc.

**Prover:** irregular. Presente do indicativo – provejo, provês, provê, provemos, provedes, proveem. Pretérito perfeito indicativo – provi, proveste, proveu etc.

**Reaver:** defectivo. Presente do indicativo – reavemos, reaveis. Pretérito perfeito indicativo – reouve, reouveste, reouve etc. (verbo derivado do haver, mas só é conjugado nas formas verbais com a letra v).

**Remir:** defectivo. Presente do indicativo – remimos, remis. Pretérito perfeito indicativo – remi, remiste etc.

**Requerer:** irregular. Presente do indicativo – requeiro, requeres etc. Pretérito perfeito indicativo – requeri, requereste, requereu etc. (Derivado do querer, diferindo dele na 1ª pessoa do singular do presente do indicativo e no pretérito perfeito do indicativo e derivados, sendo regular).

**Rir:** irregular. Presente do indicativo – rio, ris, ri, rimos, rides, riem. Pretérito perfeito indicativo – ri, riste. (= sorrir).

**Saudar:** alternância vocálica. Presente do indicativo – saúdo, saúdas etc. Pretérito perfeito indicativo – saudei, saudaste etc.

**Suar:** regular. Presente do indicativo – suo, suas, sua etc. Pretérito perfeito indicativo – suei, suaste, sou etc. (= atuar, continuar, habituar, individuar, recuar, situar).

**Valer:** irregular. Presente do indicativo – valho, vales, vale etc. Pretérito perfeito indicativo – vali, valeste, valeu etc.

Também merecem atenção os seguintes verbos irregulares:

▷ **Pronominais:** apiedar-se, dignar-se, persignar-se, precaver-se.

- **Caber**

    **Presente do indicativo:** caibo, cabes, cabe, cabemos, cabeis, cabem.
    **Presente do subjuntivo:** caiba, caibas, caiba, caibamos, caibais, caibam.
    **Pretérito perfeito do indicativo:** coube, coubeste, coube, coubemos, coubestes, couberam.
    **Pretérito mais-que-perfeito do indicativo:** coubera, couberas, coubera, coubéramos, coubéreis, couberam.
    **Pretérito imperfeito do subjuntivo:** coubesse, coubesses, coubesse, coubéssemos, coubésseis, coubessem.
    **Futuro do subjuntivo:** couber, couberes, couber, coubermos, couberdes, couberem.

- **Dar**

    **Presente do indicativo:** dou, dás, dá, damos, dais, dão.
    **Presente do subjuntivo:** dê, dês, dê, demos, deis, deem.
    **Pretérito perfeito do indicativo:** dei, deste, deu, demos, destes, deram.
    **Pretérito mais-que-perfeito do indicativo:** dera, deras, dera, déramos, déreis, deram.
    **Pretérito imperfeito do subjuntivo:** desse, desses, desse, déssemos, désseis, dessem.
    **Futuro do subjuntivo:** der, deres, der, dermos, derdes, derem.

- **Dizer**

    **Presente do indicativo:** digo, dizes, diz, dizemos, dizeis, dizem.
    **Presente do subjuntivo:** diga, digas, diga, digamos, digais, digam.
    **Pretérito perfeito do indicativo:** disse, disseste, disse, dissemos, dissestes, disseram.
    **Pretérito mais-que-perfeito do indicativo:** dissera, disseras, dissera, disséramos, disséreis, disseram.
    **Futuro do presente:** direi, dirás, dirá etc.
    **Futuro do pretérito:** diria, dirias, diria etc.
    **Pretérito imperfeito do subjuntivo:** dissesse, dissesses, dissesse, disséssemos, dissésseis, dissessem.
    **Futuro do subjuntivo:** disser, disseres, disser, dissermos, disserdes, disserem.

- **Estar**

    **Presente do indicativo:** estou, estás, está, estamos, estais, estão.
    **Presente do subjuntivo:** esteja, estejas, esteja, estejamos, estejais, estejam.
    **Pretérito perfeito do indicativo:** estive, estiveste, esteve, estivemos, estivestes, estiveram.
    **Pretérito mais-que-perfeito do indicativo:** estivera, estiveras, estivera, estivéramos, estivéreis, estiveram.

# LÍNGUA PORTUGUESA

**Pretérito imperfeito do subjuntivo:** estivesse, estivesses, estivesse, estivéssemos, estivésseis, estivessem.

**Futuro do subjuntivo:** estiver, estiveres, estiver, estivermos, estiverdes, estiverem.

- **Fazer**

    **Presente do indicativo:** faço, fazes, faz, fazemos, fazeis, fazem.

    **Presente do subjuntivo:** faça, faças, faça, façamos, façais, façam.

    **Pretérito perfeito do indicativo:** fiz, fizeste, fez, fizemos, fizestes, fizeram.

    **Pretérito mais-que-perfeito do indicativo:** fizera, fizeras, fizera, fizéramos, fizéreis, fizeram.

    **Pretérito imperfeito do subjuntivo:** fizesse, fizesses, fizesse, fizéssemos, fizésseis, fizessem.

    **Futuro do subjuntivo:** fizer, fizeres, fizer, fizermos, fizerdes, fizerem.

Seguem esse modelo os verbos: desfazer, liquefazer e satisfazer.

**Os particípios destes verbos e seus derivados são irregulares:** feito, desfeito, liquefeito, satisfeito etc.

- **Haver**

    **Presente do indicativo:** hei, hás, há, havemos, haveis, hão.

    **Presente do subjuntivo:** haja, hajas, haja, hajamos, hajais, hajam.

    **Pretérito perfeito do indicativo:** houve, houveste, houve, houvemos, houvestes, houveram.

    **Pretérito mais-que-perfeito do indicativo:** houvera, houveras, houvera, houvéramos, houvéreis, houveram.

    **Pretérito imperfeito do subjuntivo:** houvesse, houvesses, houvesse, houvéssemos, houvésseis, houvessem.

    **Futuro do subjuntivo:** houver, houveres, houver, houvermos, houverdes, houverem.

- **Ir**

    **Presente do indicativo:** vou, vais, vai, vamos, ides, vão.

    **Presente do subjuntivo:** vá, vás, vá, vamos, vades, vão.

    **Pretérito imperfeito do indicativo:** ia, ias, ia, íamos, íeis, iam.

    **Pretérito perfeito do indicativo:** fui, foste, foi, fomos, fostes, foram.

    **Pretérito mais-que-perfeito do indicativo:** fora, foras, fora, fôramos, fôreis, foram.

    **Pretérito imperfeito do subjuntivo:** fosse, fosses, fosse, fôssemos, fôsseis, fossem.

    **Futuro do subjuntivo:** for, fores, for, formos, fordes, forem.

- **Poder**

    **Presente do indicativo:** posso, podes, pode, podemos, podeis, podem.

    **Presente do subjuntivo:** possa, possas, possa, possamos, possais, possam.

    **Pretérito perfeito do indicativo:** pude, pudeste, pôde, pudemos, pudestes, puderam.

    **Pretérito mais-que-perfeito do indicativo:** pudera, puderas, pudera, pudéramos, pudéreis, puderam.

    **Pretérito imperfeito do subjuntivo:** pudesse, pudesses, pudesse, pudéssemos, pudésseis, pudessem.

    **Futuro do subjuntivo:** puder, puderes, puder, pudermos, puderdes, puderem.

- **Pôr**

    **Presente do indicativo:** ponho, pões, põe, pomos, pondes, põem.

    **Presente do subjuntivo:** ponha, ponhas, ponha, ponhamos, ponhais, ponham.

    **Pretérito imperfeito do indicativo:** punha, punhas, punha, púnhamos, púnheis, punham.

    **Pretérito perfeito do indicativo:** pus, puseste, pôs, pusemos, pusestes, puseram.

    **Pretérito mais-que-perfeito do indicativo:** pusera, puseras, pusera, puséramos, puséreis, puseram.

    **Pretérito imperfeito do subjuntivo:** pusesse, pusesses, pusesse, puséssemos, pusésseis, pusessem.

    **Futuro do subjuntivo:** puser, puseres, puser, pusermos, puserdes, puserem.

Todos os derivados do verbo pôr seguem exatamente este modelo: antepor, compor, contrapor, decompor, depor, descompor, dispor, expor, impor, indispor, interpor, opor, pospor, predispor, pressupor, propor, recompor, repor, sobrepor, supor, transpor são alguns deles.

- **Querer**

    **Presente do indicativo:** quero, queres, quer, queremos, quereis, querem.

    **Presente do subjuntivo:** queira, queiras, queira, queiramos, queirais, queiram.

    **Pretérito perfeito do indicativo:** quis, quiseste, quis, quisemos, quisestes, quiseram.

    **Pretérito mais-que-perfeito do indicativo:** quisera, quiseras, quisera, quiséramos, quiséreis, quiseram.

    **Pretérito imperfeito do subjuntivo:** quisesse, quisesses, quisesse, quiséssemos, quisésseis, quisessem.

    **Futuro do subjuntivo:** quiser, quiseres, quiser, quisermos, quiserdes, quiserem.

- **Saber**

    **Presente do indicativo:** sei, sabes, sabe, sabemos, sabeis, sabem.

    **Presente do subjuntivo:** saiba, saibas, saiba, saibamos, saibais, saibam.

    **Pretérito perfeito do indicativo:** soube, soubeste, soube, soubemos, soubestes, souberam.

    **Pretérito mais-que-perfeito do indicativo:** soubera, souberas, soubera, soubéramos, soubéreis, souberam.

    **Pretérito imperfeito do subjuntivo:** soubesse, soubesses, soubesse, soubéssemos, soubésseis, soubessem.

    **Futuro do subjuntivo:** souber, souberes, souber, soubermos, souberdes, souberem.

- **Ser**

    **Presente do indicativo:** sou, és, é, somos, sois, são.

    **Presente do subjuntivo:** seja, sejas, seja, sejamos, sejais, sejam.

    **Pretérito imperfeito do indicativo:** era, eras, era, éramos, éreis, eram.

    **Pretérito perfeito do indicativo:** fui, foste, foi, fomos, fostes, foram.

    **Pretérito mais-que-perfeito do indicativo:** fora, foras, fora, fôramos, fôreis, foram.

    **Pretérito imperfeito do subjuntivo:** fosse, fosses, fosse, fôssemos, fôsseis, fossem.

    **Futuro do subjuntivo:** for, fores, for, formos, fordes, forem.

As segundas pessoas do imperativo afirmativo são: sê (tu) e sede (vós).

## MORFOLOGIA

- **Ter**

    **Presente do indicativo:** tenho, tens, tem, temos, tendes, têm.

    **Presente do subjuntivo:** tenha, tenhas, tenha, tenhamos, tenhais, tenham.

    **Pretérito imperfeito do indicativo:** tinha, tinhas, tinha, tínhamos, tínheis, tinham.

    **Pretérito perfeito do indicativo:** tive, tiveste, teve, tivemos, tivestes, tiveram.

    **Pretérito mais-que-perfeito do indicativo:** tivera, tiveras, tivera, tivéramos, tivéreis, tiveram.

    **Pretérito imperfeito do subjuntivo:** tivesse, tivesses, tivesse, tivéssemos, tivésseis, tivessem.

    **Futuro do subjuntivo:** tiver, tiveres, tiver, tivermos, tiverdes, tiverem.

Seguem esse modelo os verbos: ater, conter, deter, entreter, manter, reter.

- **Trazer**

    **Presente do indicativo:** trago, trazes, traz, trazemos, trazeis, trazem.

    **Presente do subjuntivo:** traga, tragas, traga, tragamos, tragais, tragam.

    **Pretérito perfeito do indicativo:** trouxe, trouxeste, trouxe, trouxemos, trouxestes, trouxeram.

    **Pretérito mais-que-perfeito do indicativo:** trouxera, trouxeras, trouxera, trouxéramos, trouxéreis, trouxeram.

    **Futuro do presente:** trarei, trarás, trará etc.

    **Futuro do pretérito:** traria, trarias, traria etc.

    **Pretérito imperfeito do subjuntivo:** trouxesse, trouxesses, trouxesse, trouxéssemos, trouxésseis, trouxessem.

    **Futuro do subjuntivo:** trouxer, trouxeres, trouxer, trouxermos, trouxerdes, trouxerem.

- **Ver**

    **Presente do indicativo:** vejo, vês, vê, vemos, vedes, veem.

    **Presente do subjuntivo:** veja, vejas, veja, vejamos, vejais, vejam.

    **Pretérito perfeito do indicativo:** vi, viste, viu, vimos, vistes, viram.

    **Pretérito mais-que-perfeito do indicativo:** vira, viras, vira, víramos, víreis, viram.

    **Pretérito imperfeito do subjuntivo:** visse, visses, visse, víssemos, vísseis, vissem.

    **Futuro do subjuntivo:** vir, vires, vir, virmos, virdes, virem.

Seguem esse modelo os derivados antever, entrever, prever, rever. Prover segue o modelo acima apenas no presente do indicativo e seus tempos derivados; nos demais tempos, comporta-se como um verbo regular da segunda conjugação.

- **Vir**

    **Presente do indicativo:** venho, vens, vem, vimos, vindes, vêm.

    **Presente do subjuntivo:** venha, venhas, venha, venhamos, venhais, venham.

    **Pretérito imperfeito do indicativo:** vinha, vinhas, vinha, vínhamos, vínheis, vinham.

    **Pretérito perfeito do indicativo:** vim, vieste, veio, viemos, viestes, vieram.

    **Pretérito mais-que-perfeito do indicativo:** viera, vieras, viera, viéramos, viéreis, vieram.

    **Pretérito imperfeito do subjuntivo:** viesse, viesses, viesse, viéssemos, viésseis, viessem.

    **Futuro do subjuntivo:** vier, vieres, vier, viermos, vierdes, vierem.

    **Particípio e gerúndio:** vindo.

### 7.4.8 Emprego do infinitivo

Apesar de não haver regras bem definidas, podemos anotar as seguintes ocorrências:

▷ Usa-se o **impessoal**:
- Sem referência a nenhum sujeito:

    É proibido **estacionar** na calçada.
- Nas locuções verbais:

    Devemos **pensar** sobre a sua situação.
- Se o infinitivo exercer a função de complemento de adjetivos:

    É uma questão fácil de **resolver**.
- Se o infinitivo possuir valor de imperativo:

    O comandante gritou: "**marchar**!"

▷ Usa-se o **pessoal**:
- Quando o sujeito do infinitivo é diferente do sujeito da oração principal:

    Eu não te culpo por **seres** um imbecil.
- Quando, por meio de flexão, se quer realçar ou identificar a pessoa do sujeito:

    Não foi bom **agires** dessa forma.

## 7.5 Adjetivo

É a palavra variável que expressa uma qualidade, característica ou origem de algum substantivo ao qual se relaciona.

- Meu terno é azul, elegante e italiano.

**Analisando, entendemos assim:**

Azul: característica.
Elegante: qualidade.
Italiano: origem.

### 7.5.1 Estrutura e a classificação dos adjetivos

Com relação à sua formação, eles podem ser:

- **Explicativos:** quando a característica é comum ao substantivo referido.

    Fogo **quente**, homem **mortal**. (Todo fogo é quente, todo homem é mortal).
- **Restritivos:** quando a característica não é comum ao substantivo, ou seja, nem todo substantivo é assim caracterizado.

    Terno **azul**, casa **grande**. (Nem todo terno é azul, nem toda casa é grande).
- **Simples:** quando possui apenas uma raiz.

    Amarelo, brasileiro, competente, sagaz, loquaz, inteligente, grande, forte etc.
- **Composto:** quando possui mais de uma raiz.

    Amarelo-canário, luso-brasileiro, verde-escuro, vermelho-sangue etc.
- **Primitivo:** quando pode dar origem a outra palavra, não tendo sofrido derivação alguma.

    Bom, legal, grande, rápido, belo etc.
- **Derivado:** quando resultado de um processo de derivação, ou seja, oriundo de outra palavra.

    Bondoso (de bom), grandioso (de grande), maléfico (de mal), esplendoroso (de esplendor) etc.

Os adjetivos que designam origem de algum termo são denominados adjetivos pátrios ou gentílicos.

**Adjetivos pátrios de estados:**

Acre: acriano.
Alagoas: alagoano.

Amapá: amapaense.
Aracaju: aracajuano ou aracajuense.
Amazonas: amazonense ou baré.
Belém (PA): belenense.
Belo Horizonte: belo-horizontino.
Boa Vista: boa-vistense.
Brasília: brasiliense.
Cabo Frio: cabo-friense.
Campinas: campineiro ou campinense.
Curitiba: curitibano.
Espírito Santo: espírito-santense ou capixaba.
Fernando de Noronha: noronhense.
Florianópolis: florianopolitano.
Fortaleza: fortalezense.
Goiânia: goianiense.
João Pessoa: pessoense.
Macapá: macapaense.
Maceió: maceioense.
Manaus: manauense.
Maranhão: maranhense.
Marajó: marajoara.
Natal: natalense ou papa-jerimum.
Porto Alegre: porto alegrense.
Ribeirão Preto: ribeiropretense.
Rio de Janeiro (estado): fluminense.
Rio de Janeiro (cidade): carioca.
Rio Branco: rio-branquense.
Rio Grande do Norte: rio-grandense-do-norte, norte-riograndense ou potiguar.
Rio Grande do Sul: rio-grandense-do-sul, sul-rio-grandense ou gaúcho.
Rondônia: rondoniano.
Roraima: roraimense.
Salvador: salvadorense ou soteropolitano.
Santa Catarina: catarinense ou barriga verde.
Santarém: santarense.
São Paulo (estado): paulista.
São Paulo (cidade): paulistano.
Sergipe: sergipano.
Teresina: teresinense.
Tocantins: tocantinense.

**Adjetivos pátrios de países:**
Croácia: croata.
Costa Rica: costarriquense.
Curdistão: curdo.
Estados Unidos: estadunidense, norte-americano ou ianque.
El Salvador: salvadorenho.
Guatemala: guatemalteco.
Índia: indiano ou hindu (os que professam o hinduísmo).
Israel: israelense ou israelita.
Irã: iraniano.
Moçambique: moçambicano.
Mongólia: mongol ou mongólico.
Panamá: panamenho.
Porto Rico: porto-riquenho.
Somália: somali.

Na formação de adjetivos pátrios compostos, o primeiro elemento aparece na forma reduzida e, normalmente, erudita.

**Observe alguns exemplos de adjetivos pátrios compostos:**
África: afro-americana.
Alemanha: germano- ou teuto-: competições teutoinglesas.
América: Américo-: companhia américo-africana.
Ásia: ásio-: encontros ásio-europeus.
Áustria: austro-: peças austro-búlgaras.
Bélgica: belgo-: acampamentos belgo-franceses.
China: sino-: acordos sino-japoneses.
Espanha: hispano- + mercado: hispano-português.
Europa: euro + negociações euro-americanas.
França: franco- ou galo-: reuniões franco-italianas.
Grécia: greco-: filmes greco-romanos.
Índia: indo-: guerras indo-paquistanesas.
Inglaterra: anglo-: letras anglo-portuguesas.
Itália: ítalo-: sociedade ítalo-portuguesa.
Japão: nipo-: associações nipo-brasileiras.
Portugal: luso-: acordos luso-brasileiros.

### 7.5.2 Locução adjetiva

Expressão que tem valor adjetival, mas que é formada por mais de uma palavra. Geralmente, concorrem para sua formação uma preposição e um substantivo. Veja alguns exemplos de locução adjetiva seguida de adjetivo:

De águia: aquilino.
De aluno: discente.
De anjo: angelical.
De bispo: episcopal.
De cabelo: capilar.
De cão: canino.
De dedo: digital.
De estômago: estomacal ou gástrico.
De fera: ferino.
De gelo: glacial.
De homem: viril ou humano.
De ilha: insular.
De lago: lacustre.
De madeira: lígneo.
De neve: níveo ou nival.
De orelha: auricular.
De paixão: passional.
De quadris: ciático.
De rio: fluvial.
De serpente: viperino.
De trigo: tritício.
De urso: ursino.
De velho: senil.

### 7.5.3 Flexão do adjetivo

O adjetivo pode ser flexionado em gênero, número e grau.

#### Flexão de gênero (masculino/feminino)

Com relação ao gênero, os adjetivos podem ser classificados de duas formas:

- Biformes: quando possuem uma forma para cada gênero.
   Homem **belo**/mulher **bela**.
   Contexto **complicado**/questão **complicada**.

## MORFOLOGIA

- Uniformes: quando possuem apenas uma forma, como se fossem elementos neutros.

    Homem **fiel**/mulher **fiel**.
    Contexto **interessante**/questão **interessante**.

### Flexão de número (singular/plural)

Os adjetivos simples seguem a mesma regra de flexão que os substantivos simples. Serão, por regra, flexionados os adjetivos compostos que, em sua formação, possuírem dois adjetivos. A flexão ocorrerá apenas no segundo elemento da composição.

Guerra greco-**romana** – Guerras greco-**romanas**.
Conflito **socioeconômico** – Análises **socioeconômicas**.

Por outro lado, se houver um substantivo como elemento da composição, o adjetivo fica invariável.

Blusa **amarelo-canário** – Blusas **amarelo-canário**.
Mesa **verde-musgo** – Mesas **verde-musgo**.

O caso em questão também pode ocorrer quando um substantivo passa a ser, por derivação imprópria, um adjetivo, ou seja, também serão invariáveis os "substantivos adjetivados".

Terno cinza – Ternos cinza.
Vestido rosa – Vestidos rosa.

E também:

Surdo mudo – surdos mudos.
Pele vermelha – peles vermelhas.

> Azul-marinho e azul-celeste são invariáveis.

### 7.5.4 Flexão de grau (comparativo e superlativo)

Há duas maneiras de se estabelecer o grau do adjetivo: por meio do **grau comparativo** e por meio do **grau superlativo**.

**Grau comparativo:** estabelece um tipo de comparação de características, sendo estabelecido de três maneiras:

- **Inferioridade:** o açúcar é **menos** doce (do) **que** os teus olhos.
- **Igualdade:** o meu primo é **tão** estudioso **quanto** o meu irmão.
- **Superioridade:** gramática **é mais legal** (do) **que** matemática.

**Grau superlativo:** reforça determinada qualidade em relação a um referente. Pode-se estabelecer o grau superlativo de duas maneiras:

▷ **Relativo:** em relação a um grupo.
- **De superioridade:** José é o **mais** inteligente dos alunos.
- **De inferioridade:** o presidente foi o **menos** prestigiado da festa.

▷ **Absoluto:** sem relações, apenas reforçando as características:
- **Analítico:** com auxílio de algum termo:
    Pedro é muito magro.
    Pedro é magro, magro, magro.
- **Sintético** (com o acréscimo de -íssimo ou -érrimo):
    Pedro é macérrimo.
    Somos todos estudiosíssimos.

Veja, agora, alguns exemplos de superlativos sintéticos:

Ágil: agilíssimo.
Bom: ótimo ou boníssimo.
Capaz: capacíssimo.
Difícil: dificílimo.
Eficaz: eficacíssimo.
Fiel: fidelíssimo.
Geral: generalíssimo.
Horrível: horribilíssimo.
Inimigo: inimicíssimo.
Jovem: juveníssimo.
Louvável: laudabilíssimo.
Mísero: misérrimo.
Notável: notabilíssimo.
Pequeno: mínimo ou pequeníssimo.
Sério: seríssimo.
Terrível: terribilíssimo.
Vão: vaníssimo.

Atente à mudança de sentido provocada pela alteração de posição do adjetivo.

Homem **grande** (alto, corpulento).
**Grande** homem (célebre).

Mas isso nem sempre ocorre. Se você analisar a construção "giz azul" e "azul giz", perceberá que não há diferença semântica.

### 7.6 Advérbio

É a palavra invariável que se relaciona ao verbo, ao adjetivo ou a outro advérbio para atribuir-lhes uma circunstância. Veja os exemplos:

Os alunos saíram **apressadamente**.
O caso era muito **interessante**.
Resolvemos **muito bem** o problema.

### 7.6.1 Classificação do advérbio

- **Afirmação:** sim, certamente, efetivamente etc.
- **Negação:** não, nunca, jamais.
- **Intensidade:** muito, pouco, assaz, bastante, mais, menos, tão, tanto, quão etc.
- **Lugar:** aqui, ali, aí, aquém, acima, abaixo, atrás, dentro, junto, defronte, perto, longe, algures, alhures, nenhures etc.
- **Tempo:** agora, já, depois, anteontem, ontem, hoje, jamais, sempre, outrora, breve etc.
- **Modo:** assim, bem, mal, depressa, devagar, melhor, pior e a maior parte das palavras formadas de um adjetivo, mais a terminação "mente" (leve + mente = levemente; calma + mente = calmamente).
- **Inclusão:** também, inclusive.
- **Designação:** eis.
- **Interrogação:** onde, como, quando, por que.

Também existem as chamadas locuções adverbiais que vêm quase sempre introduzidas por uma preposição: à farta (= fartamente), às pressas (= apressadamente), à toa, às cegas, às escuras, às tontas, às vezes, de quando em quando, de vez em quando etc.

Existem casos em que utilizamos um adjetivo como forma de advérbio. É o que chamamos de adjetivo adverbializado. Veja os exemplos:

Aquele orador fala **belamente**. (Advérbio de modo).
Aquele orador fala **bonito**. (Adjetivo adverbializado que tenta designar modo).

### 7.7 Conjunção

É a palavra invariável que conecta elementos em algum encadeamento frasal. A relação em questão pode ser de natureza lógico-semântica (relação de sentido) ou apenas indicar uma conexão exigida pela sintaxe da frase.

### 7.7.1 Coordenativas

São as conjunções que conectam elementos que não possuem dependência sintática, ou seja, as sentenças que são conectadas por meio desses elementos já estão com suas estruturas sintáticas (sujeito / predicado / complemento) completas.

- **Aditivas:** e, nem (= e não), também, que, não só..., mas também, não só... como, tanto ... como, assim... como etc.

    José não foi à aula **nem** fez os exercícios.
    Devemos estudar **e** apreender os conteúdos.

- **Adversativas:** mas, porém, contudo, todavia, no entanto, entretanto, senão, não obstante, aliás, ainda assim.

    Os países assinaram o acordo, **mas** não o cumpriram.
    A menina cantou bem, **contudo** não agradou ao público.

- **Alternativas:** ou... ou, já ... já, seja... seja, quer... quer, ora... ora, agora... agora.

    **Ora** diz sim, **ora** diz não.
    **Ou** está feliz, **ou** está no ludibriando.

- **Conclusivas:** logo, pois (depois do verbo), então, portanto, assim, enfim, por fim, por conseguinte, conseguintemente, consequentemente, donde, por onde, por isso.

    O **concursando** estudou muito, **logo**, deverá conseguir seu cargo.
    É professor, **por conseguinte** deve saber explicar o conteúdo.

- **Explicativas:** isto é, por exemplo, a saber, ou seja, verbi gratia, pois (antes do verbo), pois bem, ora, na verdade, depois, além disso, com efeito, que, porque, ademais, outrossim, porquanto etc.

    Deve ter chovido, **pois** o chão está molhado.
    O homem é um animal racional, **porque** é capaz de raciocinar.
    Não converse agora, **que** eu estou explicando.

### 7.7.2 Subordinativas

São as conjunções que denotam uma relação de subordinação entre orações, ou seja, a conjunção subordinativa evidencia que uma oração possui dependência sintática em relação a outra. O que se pretende dizer com isso é que uma das orações envolvidas nesse conjunto desempenha uma função sintática para com sua oração principal.

Integrantes

- Que, se:

    Sei **que** o dia do pagamento é hoje.
    Vejamos **se** você consegue estudar sem interrupções.

Adverbiais

▷ **Causais:** indicam a causa de algo.
- Já que, porque, que, pois que, uma vez que, sendo que, como, visto que, visto como, como etc.

    Não teve medo do perigo, **já que** estava protegido.
    Passou no concurso, **porque** estudou muito.

▷ **Comparativas:** estabelecem relação de comparação:
- Como, mais... (do) que, menos... (do) que, tão como, assim como, tanto quanto etc.

    **Tal como** procederes, receberás o castigo.
    Alberto é aplicado **como** quem quer passar.

▷ **Concessivas (concessão):** estabelecem relação de quebra de expectativa com respeito à sentença à qual se relacionam.
- Embora, ainda que, dado que, posto que, conquanto, em que, quando mesmo, mesmo que, por menos que, por pouco que, apesar de (que).

    **Embora** tivesse estudado pouco, conseguiu passar.
    **Conquanto** estudasse, não conseguiu aprender.

▷ **Condicionais:** estabelecem relação de condição.
- Se, salvo se, caso, exceto se, contanto que, com tal que, caso, a não ser que, a menos que, sem que etc.

    **Se** tudo der certo, estaremos em Portugal amanhã.
    **Caso** você tenha dúvidas, pergunte a seu professor.

▷ **Consecutivas:** estabelecem relação de consequência.
- Tanto que, de modo que, de sorte que, tão...que, sem que etc.

    O aluno estudou **tanto que** morreu.
    Timeto Amon era **tão feio que** não se olhava no espelho.

▷ **Conformativas:** estabelecem relação de conformidade.
- Conforme, consoante, segundo, da mesma maneira que, assim como, como que etc.

    Faça a prova **conforme** teu pai disse.
    Todos agem **consoante** se vê na televisão.

▷ **Finais:** estabelecem relação de finalidade.
- Para que, a fim de que, que, porque.

    Estudou muito **para que** pudesse ter uma vida confortável.
    Trabalhei **a fim de que** o resultado seja satisfatório.

▷ **Proporcionais:** estabelecem relação de proporção.
- À proporção que, à medida que, quanto mais... tanto mais, quanto menos... tanto menos, ao passo que etc.

    **À medida que** o momento de realizar a prova chegava, a ansiedade de todos aumentava.
    **Quanto mais** você estudar, **tanto mais** terá a chance de ser bem-sucedido.

▷ **Temporais:** estabelecem relação de tempo.
- Quando, enquanto, apenas, mal, desde que, logo que, até que, antes que, depois que, assim que, sempre que, senão quando, ao tempo que, apenas que, antes que, depois que, sempre que etc.

    **Quando** todos disserem para você parar, continue.
    **Depois que** terminar toda a lição, poderá descansar um pouco.
    **Mal** chegou, já quis sair.

## 7.8 Interjeição

É o termo que exprime, de modo enérgico, um estado súbito de alma. Sem muita importância para a análise a que nos propomos, vale apenas lembrar que elas possuem uma classificação semântica:

- **Dor:** ai! ui!
- **Alegria:** ah! eh! oh!
- **Desejo:** oxalá! tomara!
- **Admiração:** puxa! cáspite! safa! quê!
- **Animação:** eia! sus! coragem!
- **Aplauso:** bravo! apoiado!
- **Aversão:** ih! chi! irra! apre!
- **Apelo:** ó, olá! psit! pitsiu! alô! socorro!
- **Silêncio:** psit! psiu! caluda!
- **Interrogação, espanto:** hem!

Há, também, locuções interjeitivas: **minha nossa! Meu Deus!**

A despeito da classificação acima, o que determina o sentido da interjeição é o seu uso.

## 7.9 Numeral

É a palavra que indica uma quantidade, multiplicação, fração ou um lugar em uma série. Os numerais podem ser divididos em:

# MORFOLOGIA

- **Cardinais:** quando indicam um número básico: um, dois, três, cem mil etc.
- **Ordinais:** quando indicam um lugar numa série: primeiro, segundo, terceiro, centésimo, milésimo etc.
- **Multiplicativos:** quando indicam uma quantidade multiplicativa: dobro, triplo, quádruplo etc.
- **Fracionários:** quando indicam parte de um inteiro: meio, metade, dois terços etc.

| ALGARISMO | | CARDINAIS | ORDINAIS |
|---|---|---|---|
| ROMANOS | ARÁBICOS | | |
| I | 1 | um | primeiro |
| II | 2 | dois | segundo |
| III | 3 | três | terceiro |
| IV | 4 | quatro | quarto |
| V | 5 | cinco | quinto |
| VI | 6 | seis | sexto |
| VII | 7 | sete | sétimo |
| VIII | 8 | oito | oitavo |
| IX | 9 | nove | nono |
| X | 10 | dez | décimo |
| XI | 11 | onze | undécimo ou décimo primeiro |
| XII | 12 | doze | duodécimo ou décimo segundo |
| XIII | 13 | treze | décimo terceiro |
| XIV | 14 | quatorze ou catorze | décimo quarto |
| XV | 15 | quinze | décimo quinto |
| XVI | 16 | dezesseis | décimo sexto |
| XVII | 17 | dezessete | décimo sétimo |
| XVIII | 18 | dezoito | décimo oitavo |
| XIX | 19 | dezenove | décimo nono |
| XX | 20 | vinte | vigésimo |
| XXI | 21 | vinte e um | vigésimo primeiro |
| XXX | 30 | trinta | trigésimo |
| XXXL | 40 | quarenta | quadragésimo |
| L | 50 | cinquenta | quinquagésimo |
| LX | 60 | sessenta | sexagésimo |
| LXX | 70 | setenta | septuagésimo ou setuagésimo |
| LXXX | 80 | oitenta | octogésimo |
| XC | 90 | noventa | nonagésimo |
| C | 100 | cem | centésimo |
| CC | 200 | duzentos | ducentésimo |
| CCC | 300 | trezentos | trecentésimo |
| CD | 400 | quatrocentos | quadringentésimo |
| D | 500 | quinhentos | quingentésimo |
| DC | 600 | seiscentos | seiscentésimo ou sexcentésimo |
| DCC | 700 | setecentos | septingentésimo |
| DCCC | 800 | oitocentos | octingentésimo |
| CM | 900 | novecentos | nongentésimo ou noningentésimo |
| M | 1.000 | mil | milésimo |
| X' | 10.000 | dez mil | dez milésimos |
| C' | 100.000 | cem mil | cem milésimos |
| M' | 1.000.000 | um milhão | milionésimo |
| M'' | 1.000.000.000 | um bilhão | bilionésimo |

Lista de numerais multiplicativos e fracionários:

| Algarismos | Multiplicativos | Fracionários |
|---|---|---|
| 2 | duplo, dobro, dúplice | meio ou metade |
| 3 | triplo, tríplice | terço |
| 4 | quádruplo | quarto |
| 5 | quíntuplo | quinto |
| 6 | sêxtuplo | sexto |
| 7 | sétuplo | sétimo |
| 8 | óctuplo | oitavo |
| 9 | nônuplo | nono |
| 10 | décuplo | décimo |
| 11 | undécuplo | onze avos |
| 12 | duodécuplo | doze avos |
| 100 | cêntuplo | centésimo |

## 7.9.1 Cardinais

Para realizar a leitura dos cardinais, é necessário colocar a conjunção "e" entre as centenas e dezenas, assim como entre as dezenas e a unidade.

Exemplo: 3.068.724 = três milhões, sessenta **e** oito mil, setecentos **e** vinte **e** quatro.

## 7.9.2 Ordinais

Quanto à leitura do numeral ordinal, há duas possibilidades: quando é inferior a 2.000, lê-se inteiramente segundo a forma ordinal.

- 1.766º = milésimo septingentésimo sexagésimo sexto.

Acima de 2.000, lê-se o primeiro algarismo como cardinal e os demais como ordinais. Hodiernamente, entretanto, tem-se observado a tendência a ler os números redondos segundo a forma ordinal.

- 2.536º = dois milésimos quingentésimo trigésimo sexto.
- 8 000º = oitavo milésimo.

## 7.9.3 Fracionários

O numerador de um numeral fracionário é sempre lido como cardinal. Quanto ao denominador, há dois casos:

- Primeiro: se for inferior ou igual a 10, ou ainda for um número redondo, será lido como ordinal 2/6 = dois sextos; 9/10 = nove décimos; centésimos (se houver). São exceções: 1/2 = meio; 1/3 = um terço.

- Segundo: se for superior a 10 e não constituir número redondo, é lido como cardinal, seguido da palavra "avos". 1/12 = um doze avos; 4/25 = quatro vinte e cinco avos.

Ao se fazer indicação de reis, papas, séculos, partes de uma obra, usam-se os numerais ordinais até décimo. A partir daí, devem-se empregar os cardinais. Século V (século quinto), século XX (vinte), João Paulo II (segundo), Bento XVI (dezesseis).

## 7.10 Preposição

É a palavra invariável que serve de ligação entre dois termos de uma oração ou, às vezes, entre duas orações. Costuma-se denominar "regente" o termo que exige a preposição e "regido" aquele que recebe a preposição:

Ele comprou um livro **de** poesia.
Ele tinha medo **de** ficar solitário.

Como se vê, a preposição "de", no primeiro caso, liga termos de uma mesma oração; no segundo, liga orações.

### 7.10.1 Preposições essenciais

São aquelas que têm como função primordial a conexão das palavras:

- a, ante, até, após, com contra, de, desde, em, entre, para, per, perante, por, sem, sob, sobre, trás.

Veja o emprego de algumas preposições:

Os manifestantes lutaram **contra** a polícia.
O aluno chegou **ao** salão rapidamente.
Aguardo sua decisão **desde** ontem.
**Entre** mim e ti, não há qualquer problema.

### 7.10.2 Preposições acidentais

São palavras que pertencem a outras classes, empregadas, porém, eventualmente como preposições: conforme, consoante, durante, exceto, fora, agora, mediante, menos, salvante, salvo, segundo, tirante.

O emprego das preposições acidentais é mais comum do que parece, veja os exemplos:

Todos saíram da sala, **exceto** eu.
**Tirante** as mulheres, o grupo que estava na sala parou de falar.
Escreveu o livro **conforme** o original.

### 7.10.3 Locuções prepositivas

Além das preposições simples, existem também as chamadas locuções prepositivas, que terminam sempre por uma preposição simples:

- abaixo de, acerca de, acima de, a despeito de, adiante de, a fim de, além de, antes de, ao lado de, a par de, apesar de, a respeito de, atrás de, através de, de acordo com, debaixo de, de cima de, defronte de, dentro de, depois de, diante de, embaixo de, em cima de, em frente de(a), em lugar de, em redor de, em torno de, em vez de, graças a, junto a (de), para baixo de, para cima de, para com, perto de, por baixo de, por causa de, por cima de, por detrás de, por diante de, por entre, por trás de.

### 7.10.4 Conectivos

Os conectivos têm a função de ligar palavras ou orações. Eles podem ser coordenativos (ligam orações coordenadas) ou subordinativos (ligam orações subordinadas).

#### Coordenativos

- Conjunções coordenativas que iniciam as orações coordenadas:
    **Aditivas:** e.
    **Adversativas:** mas.
    **Alternativas:** ou.
    **Conclusivas:** logo.
    **Explicativas:** pois.

#### Subordinativos

- Pronomes relativos que iniciam as orações adjetivas:
    Que.
    Quem.
    Cujo/cuja.
    O qual/a qual.
- Conjunções subordinativas que iniciam as orações adverbiais:
    **Causais:** porque.
    **Comparativas:** como.
    **Concessivas:** embora.
    **Condicionais:** se.
    **Conformativas:** conforme.
    **Consecutivas:** (tão) que.
    **Finais:** para que.
    **Proporcionais:** à medida que.
    **Temporais:** quando.
- **Conjunções subordinativas que iniciam as orações substantivas:**
    **Integrantes:** que, se.

### 7.10.5 Formas variantes

Algumas palavras possuem mais de uma forma, ou seja, junto à forma padrão existem outras formas variantes.

Em algumas situações, é irrelevante a variação utilizada, mas em outros deve-se escolher a variação mais generalizada.

Exemplos:
Assobiar, assoviar.
Coisa, cousa.
Louro, loiro.
Lacrimejar, lagrimejar.
Infarto, enfarte.
Diabete, diabetes.
Transpassar, traspassar, trespassar.

# 8 SINTAXE BÁSICA

Sintaxe é a parte da Gramática que estuda a função das palavras ou das expressões em uma oração ou em um período.

Antes de iniciar o estudo da sintaxe, faz-se necessário definir alguns conceitos, tais como: frase, oração e período (conceitos essenciais).

- **Frase**: qualquer sentença dotada de sentido.
    Eu adoro estudar português!
    Fogo! Socorro!
- **Oração**: frase organizada em torno de uma forma verbal.
    Os alunos farão a prova amanhã!
- **Período**: conjunto de orações.
    - Período simples: 1 oração.
        Ex.: **Estudarei** português.
    - Período composto: mais de 1 oração.
        Ex.: **Estudarei** português e **farei** a prova.

## 8.1 Período simples (oração)

A oração é dividida em termos. Assim, o estudo fica organizado e impossibilita a confusão. São os termos da oração:

- Essenciais.
- Integrantes.
- Acessórios.

### 8.1.1 Termos essenciais da oração

Sujeito e predicado: são chamados de essenciais, porque são os elementos que dão vida à oração. Quer dizer, sem um deles (o predicado, ao menos) não se pode formar oração.

- O **Brasil** caminha para uma profunda transformação social.
    O Brasil: sujeito.
    Para uma profunda transformação social: predicado.

### Sujeito

Sujeito é o termo sintático sobre o qual se declara ou se constata algo. Deve-se observar que há uma profunda relação entre o verbo que comporá o predicado e o sujeito da oração. Usualmente, o sujeito é formado por um substantivo ou por uma expressão substantivada.

**O sujeito pode ser:** simples; composto; oculto, elíptico ou desinencial; indeterminado; inexistente ou oracional.

- **Sujeito simples:** aquele que possui apenas um núcleo.
    O **país** deverá enfrentar difíceis rivais na competição.
    **A perda de fôlego de algumas das grandes economias** também já foi notada por outras gigantes do setor.
- **Sujeito composto:** é aquele que possui mais de um núcleo.
    **João e Maria** são amigos inseparáveis.
    **Eu**, meus **amigos** e todo o **resto** dos alunos faremos a prova.
- **Sujeito oculto, elíptico ou desinencial:** aquele que não se encontra expresso na oração, porém é facilmente subentendido pelo verbo apresentado.
    Acord**amos** cedo naquele dia. (Nós)
    Ab**ri** o blusão, tirei o 38, e perguntei com tanta raiva que uma gota de meu cuspe bateu na cara dele. (R. Fonseca) (eu)
    Vanderlei caminh**ou** pela manhã. À tarde pass**eou** pelo lago municipal, onde encont**rou** a Anaconda da cidade. (Ele, Vanderlei)

Perceba que o sujeito não está grafado na sentença, mas é facilmente recuperável por meio da terminação do verbo.

- ▷ **Sujeito indeterminado:** ocorre quando o verbo não se refere a um núcleo determinado. São situações de indeterminação do sujeito:
    - Terceira pessoa do plural sem um referente:
        Nunca lhe **deram** nada.
        **Fizeram** comentários maldosos a seu respeito.
    - Com verbos transitivos indiretos, intransitivo e relacionais (de ligação) acompanhados da partícula "se" que, no caso, será classificada como índice de indeterminação de sujeito:
        Vive-**se** muito bem.
        Precisa-**se** de força e coragem na vida de estudante.
        Nem sempre **se está** feliz na riqueza.
- ▷ **Sujeito inexistente ou oração sem sujeito:** ocorre em algumas situações específicas.
    - Com verbos impessoais (principalmente os que denotam fenômeno da natureza).
        Em setembro **chove** muito.
        **Nevava** em Palotina.
    - Com o verbo haver, desde que empregado nos sentidos de existir, acontecer ou ocorrer.
        **Há** poemas perfeitos, não **há** poetas perfeitos.
        Deveria **haver** soluções para tais problemas.
    - Com os verbos ir, haver e fazer, desde que empregado fazendo alusão a tempo transcorrido.
        **Faz** um ano que não viajo. (verbo "fazer" no sentido de "tempo transcorrido")
        **Há** muito tempo que você não aparece. (verbo "haver" no sentido de "tempo")
        **Vai** para dois meses que não recebo salário. (verbo "ir" no sentido de "tempo")
    - Com os verbos ser ou estar indicando tempo.
        **Era** noite fechada.
        **É** tarde, eles não vêm!
    - Com os verbos bastar e chegar indicando cessamento.
        **Basta** de tanta corrupção no Senado!
        **Chega** de ficar calado quando a situação aperta!
    - Com o verbo ser indicando data ou horas.
        **São** dez horas no relógio da torre.
        Amanhã **serão** dez de dezembro.
- ▷ **Sujeito oracional:** ocorre nas análises do período composto, quando se verifica que o sujeito de um verbo é uma oração.
    É preciso **que você estude Língua Portuguesa**.

### Predicado

É o termo que designa aquilo que se declara acerca do sujeito. É mais simples e mais prudente para o aluno buscar identificar o predicado antes do sujeito, pois, se assim o fizer, terá mais concretude na identificação do sujeito.

O predicado pode ser nominal, verbal ou verbo-nominal.

- **Predicado Nominal:** o predicado nominal é formado por um verbo relacional (de ligação) + predicativo.

Principais verbos de ligação: ser, estar, permanecer, continuar, ficar, parecer, andar e torna-se.

A economia da Ásia parecia derrotada após a crise.
O deputado, de repente, virou patriota.
Português é legal.

- **Predicado Verbal:** o predicado verbal tem como núcleo um verbo nocional.

    Empresários **investirão R$ 250 milhões em novo berço para o Porto de Paranaguá**.

- **Predicado Verbo-nominal:** ocorre quando há um verbo significativo (nocional) + um predicativo do sujeito.

    O trem chegou atrasado. ("atrasado" é uma qualidade do sujeito que aparece após o verbo, portanto, é um predicativo do sujeito).

    Pedro Paladino já nasceu rico.

    Acompanhei a indignação de meus alunos preocupado.

### Predicativo

O predicativo é um termo componente do predicado. Qualifica sujeito ou objeto.

   Josefina era **maldosa, ruim, sem valor**. (predicativo do sujeito)

   Leila deixou o garoto **louco**. (predicativo do objeto)

   O diretor nomeou João **chefe da repartição**. (predicativo do objeto)

## 8.2 Termos integrantes da oração

Os termos integrantes da oração são: objeto direto (complemento verbal); objeto indireto (complemento verbal); complemento nominal e agente da passiva.

- **Objeto Direto:** é o complemento de um verbo transitivo direto.

    Os bons cidadãos cumprem **as leis**. (quem cumpre, cumpre algo)

    Em resumo: ele queria **uma mulher**. (quem quer, quer algo)

- **Objeto Indireto:** é o complemento de um verbo transitivo indireto.

    Os bons cidadãos obedecem **às leis**. (quem obedece, obedece a algo)

    Necessitamos **de manuais mais práticos** nos dias de hoje. (quem necessita, necessita de algo)

- **Complemento Nominal:** é o complemento, sempre preposicionado, de adjetivos, advérbios e substantivos que, em determinadas circunstâncias, pedem complemento, assim como os verbos transitivos indiretos.

    O filme era impróprio para crianças.

    Finalizou-se a construção do prédio.

    Agiu favoravelmente ao réu.

- **Agente da Passiva:** é o complemento que, na voz passiva, designa o ser praticante da ação sofrida ou recebida pelo sujeito. Veja os exemplos:

    Voz ativa: o zagueiro executou a jogada.

    Voz passiva: a jogada foi executada **pelo zagueiro**. (**Agente da passiva***)*

    Conversas foram interceptadas pela **Polícia Federal**. (Agente da passiva)

## 8.3 Termos acessórios da oração

Os termos acessórios da oração são: adjunto adnominal; adjunto adverbial; aposto e vocativo.

▷ **Adjunto Adnominal:** a função do adjunto adnominal é desempenhada por qualquer palavra ou expressão que, junto de um substantivo ou de uma expressão substantivada, modifica o seu sentido. Vejamos algumas palavras que desempenham tal função.

- **Artigos: as** alunas serão aprovadas.
- **Pronomes adjetivos: aquela** aluna será aprovada.
- **Numerais adjetivos: duas** alunas serão aprovadas.
- **Adjetivos:** aluno **estudioso** é aprovado.
- **Locuções adjetivas:** aluno **de gramática** passa no concurso.

▷ **Adjunto Adverbial:** o adjunto adverbial é o termo acessório (que não é exigido por elemento algum da sentença) que exprime circunstância ao verbo e, às vezes, ao adjetivo ou mesmo ao advérbio.

- **Advérbios:** os povos antigos trabalhavam mais.
- **Locuções Adverbiais:** li vários livros **durante as férias**.
- **Alguns tipos de adjuntos adverbiais:**

    Tempo: **ontem**, choveu muito.

    Lugar: gostaria de que me encontrasse **na esquina da padaria**.

    Modo: Alfredo executou a aria **fantasticamente**.

    Meio: fui para a escola **a pé**.

    Causa: **por amor**, cometem-se loucuras.

    Instrumento: quebrou a **vidraça com uma pedra**.

    Condição: **se estudar muito**, será aprovado.

    Companhia: faremos sucesso **com essa banda**.

▷ **Aposto:** o aposto é o termo sintático que, possuindo equivalência semântica, esclarece seu referente. Tipos de aposto:

   Explicativo: Alencar, **escritor romântico**, possui uma obra vastíssima.

   Resumitivo ou recapitulativo: estudo, esporte, cinema, **tudo** o chateava.

   Enumerativo: preciso de duas coisas: **saúde e dinheiro**.

   Especificativo: a notícia foi publicada na revista **Veja**.

   Distributivo: havia grupos interessados: **o da direita e o da esquerda**.

   Oracional: desejo só uma coisa: **que vocês passem no concurso**.

   Vocativo: é uma interpelação, é um chamamento. Normalmente, indica com quem se fala.

▷ **Ó mar**, por que não me levas contigo?
- Vem, **minha amiga**, abraçar um vitorioso.

## 8.4 Período composto

O período composto possui dois processos: coordenação e subordinação.

- **Coordenação:** ocorre quando são unidas orações independentes sintaticamente. Ou seja, são autônomas do ponto de vista estrutural. Vamos a um exemplo:
    - Altamiro pratica esportes e estuda muito.
- **Subordinação:** ocorre quando são unidas orações que possuem dependência sintática. Ou seja, não estão completas em sua estrutura. O processo de subordinação ocorre de três maneiras:
    - **Substantiva:** quando a oração desempenhar a função de um substantivo na sentença (**sujeito, predicativo, objeto direto, objeto indireto, complemento nominal ou aposto**).
    - **Adjetiva:** quando a oração desempenhar a função de adjunto adnominal na sentença.
    - **Adverbial:** quando a oração desempenhar a função de adjunto adverbial na sentença.

    Eu quero **que vocês passem no concurso**. (Oração subordinada substantiva objetiva direta – a função de objeto direto está sendo desempenhada pela oração)

    O Brasil, **que é um belíssimo país**, possui vegetação exuberante. (Oração subordinada adjetiva explicativa)

    **Quando José entrou na sala**, Manoel saiu. (Oração subordinada adverbial temporal)

# SINTAXE BÁSICA

## 8.4.1 Processo de coordenação

Há dois tipos de orações coordenadas: **assindéticas** e **sindéticas**.

- **Assindéticas:**

O nome vem da palavra grega *sýndetos*, que significa conjunção, união. Ou seja, oração que não possui conjunção quando está colocada ao lado de outra.

> Valdevino **correu (oração coordenada assindética), correu (oração coordenada assindética), correu (oração coordenada assindética)** o dia todo.

Perceba que não há conjunções para ligar os verbos, ou seja, as orações estão colocadas uma ao lado da outra sem síndeto, portanto, são **orações coordenadas assindéticas**.

- **Sindéticas:**

Contrariamente às assindéticas, as sindéticas possuem conjunção para exprimir uma relação lógico-semântica. Cada oração recebe o nome da conjunção que a introduz. Por isso é necessário decorar as conjunções.

- **Aditivas:** são introduzidas pelas conjunções e, nem, mas também, também, como (após "não só"), como ou quanto (após "tanto"), mais etc., dando a ideia de adição à oração anterior.

> A seleção brasileira venceu a Dinamarca / **e empatou com a Inglaterra.** (Oração coordenada assindética / **oração coordenada sindética aditiva**)

- **Adversativas:** são introduzidas pelas conjunções: mas, porém, todavia, contudo, entretanto, no entanto, não obstante, senão, apesar disso, embora etc., indicando uma relação de oposição à sentença anterior.

> O time batalhou muito, / **mas não venceu o adversário.** (Oração coordenada assindética / **oração coordenada sindética adversativa**)

- **Alternativas:** são introduzidas pelas conjunções ou... ou, ora... ora, já... já, quer... quer, seja... seja, nem... nem etc., indicando uma relação de alternância entre as sentenças.

> Ora estuda, / ora trabalha. (**Oração coordenada sindética alternativa** / **oração coordenada sindética alternativa**)

- **Conclusivas:** são introduzidas pelas conjunções: pois (posposto ao verbo), logo, portanto, então, por conseguinte, por consequência, assim, desse modo, destarte, com isso, por isto, consequentemente, de modo que, indicando uma relação de conclusão do período anterior.

> Comprei a carne e o carvão, / **portanto podemos fazer o churrasco.** (Oração coordenada assindética / **oração coordenada sindética conclusiva**)

> Estou muito doente, / **não posso, pois, ir à aula.** (Oração coordenada assindética/ **oração coordenada sindética conclusiva**)

- **Explicativas:** são introduzidas pelas conjunções que, porque, porquanto, por, portanto, como, pois (anteposta ao verbo), ou seja, isto é, indicando uma relação de explicação para com a sentença anterior.

> Não converse, / **pois estou estudando.** (Oração coordenada assindética / **oração coordenada sindética explicativa**)

## 8.4.2 Processo de subordinação

As orações subordinadas substantivas se dividem em seis tipos, introduzidas, geralmente, pelas conjunções "**que**" e "**se**".

- **Subjetiva:** exerce função de sujeito do verbo da oração principal.

> É interessante / **que todos joguem na loteria.** (Oração principal / **oração subordinada substantiva subjetiva**)

- **Objetiva direta:** exerce função de objeto direto.

> Eu quero / **que você entenda a matéria.** Quem quer, quer algo ou alguma coisa. (Oração principal / **oração subordinada substantiva objetiva direta**)

- **Objetiva indireta:** exerce função de objeto indireto.

> Os alunos necessitam / **de que as explicações fiquem claras.** Quem necessita, necessita de algo. (Oração principal / **oração subordinada substantiva objetiva indireta**)

- **Predicativa:** exerce função de predicativo.

> O bom é / **que você faça exercícios todos os dias.** (Oração principal / **oração subordinada substantiva predicativa**)

- **Completiva nominal:** exerce função de complemento nominal de um nome da oração principal.

> Jonas tem vontade / **de que alguém o mande calar a boca.** (Oração principal / **oração subordinada substantiva completiva nominal**)

- **Apositivas:** possuem a função de aposto da sentença principal, geralmente são introduzidas por dois-pontos (:).

> Eu quero apenas isto: / **que você passe no concurso.** (Oração principal / **oração subordinada substantiva apositiva**)

- **Orações subordinadas adjetivas:** dividem-se em dois tipos. Quando desenvolvidas, são introduzidas por um pronome relativo.

O nome oração subordinada adjetiva se deve ao fato de ela desempenhar a mesma função de um adjetivo na oração, ou seja, a função de adjunto adnominal. Na Gramática de Portugal, são chamadas de orações relativas pelo fato de serem introduzidas por pronome relativo.

- **Restritivas:** restringem a informação da oração principal. Não possuem vírgulas.

> O homem / **que mora ao lado** / é mal-humorado. (Oração principal / **oração subordinada adjetiva restritiva** / oração principal)

Para entender basta perguntar: qualquer homem é mal-humorado? Não. Só o que mora ao lado.

- **Explicativas:** explicam ou dão algum esclarecimento sobre a oração principal.

> João, / **que é o ex-integrante da comissão,** / chegou para auxiliar os novos contratados. (Oração principal / **oração subordinada adjetiva explicativa** /oração principal)

- **Orações subordinadas adverbiais:** dividem-se em nove tipos. Recebem o nome da conjunção que as introduz. Nesse caso, teremos uma principal (que não está negritada) e uma subordinada adverbial (que está em negrito).

Essas orações desempenham a função de adjunto adverbial da oração principal.

- **Causais:** exprimem a causa do fato que ocorreu na oração principal. Introduzidas, principalmente, pelas conjunções porque, visto que, já que, uma vez que, como que, como.

> **Já que precisamos de dinheiro**, vamos trabalhar.

- **Comparativas:** representam o segundo termo de uma comparação. Introduzidas, na maior parte dos casos, pelas conjunções que, do que, como, assim como, (tanto) quanto.

> Tiburcina fala **como uma gralha** (fala - o verbo está elíptico).

- **Concessivas:** indica uma concessão entre as orações. Introduzidas, principalmente, pelas conjunções embora, a menos que, ainda que, posto que, conquanto, mesmo que, se bem que, por mais que, apesar de que. Fique de olho na relação da conjunção com o verbo.

    **Embora não tivesse tempo disponível**, consegui estudar.

- **Condicionais:** expressa ideia de condição. Introduzidas, principalmente, pelas conjunções se, salvo se, desde que, exceto, caso, desde, contanto que, sem que, a menos que.

    **Se ele não se defender**, acabará como "boi-de-piranha" no caso.

- **Conformativas:** exprimem acordo, concordância entre fatos ou ideias. Introduzidas, principalmente, pelas conjunções como, consoante, segundo, conforme, de acordo com etc.

    Realize as atividades **conforme eu expliquei**.

- **Consecutivas:** indicam a consequência ou o efeito daquilo que se diz na oração principal. Introduzidas, principalmente, pelas conjunções que (precedida de tal, tão, tanto, tamanho), de sorte que, de modo que.

    Estudei tanto, **que saiu sangue dos olhos**.

- **Finais:** exprimem finalidade da ação primeira. Introduzidas, em grande parte dos casos, pelas conjunções para que, a fim de que, que e porque.

    Estudei muito **para que pudesse fazer a prova**.

- **Proporcionais:** expressa uma relação de proporção entre as orações. Introduzidas, principalmente, pelas conjunções (locuções conjuntivas) à medida que, quanto mais... mais, à proporção que, ao passo que, quanto mais.

    - José piorava, **à medida que abandonava seu tratamento**.

- **Temporais:** indicam circunstância de tempo. Introduzidas, principalmente, pelas conjunções quando, antes que, assim que, logo que, até que, depois que, mal, apenas, enquanto etc.

    **Logo que iniciamos o trabalho** os alunos ficaram mais tranquilos.

# 9 FUNÇÕES DO "SE"

A palavra "se", assim como o "que", possui diversas funções e costuma gerar muitas dúvidas. Por isso, para entender cada função e identificá-las, observe os exemplos a seguir.

## 9.1 Partícula apassivadora

Vendem-**se** plantas. (É possível passar a oração para a voz passiva analítica: plantas são vendidas).

Neste caso, o "se" nunca será seguido por preposição.

## 9.2 Pronome reflexivo

Nesse caso, o pronome expressa a igualdade entre o sujeito e o objeto da ação, exercendo a função de complemento verbal.

Penteou-**se** com capricho.

## 9.3 Pronome recíproco

Denota a ocorrência de que houve uma ação trocada entre os elementos do sujeito.

Amaram-**se** durante anos.

## 9.4 Partícula expletiva (de realce)

Tem o papel de realçar ou enfatizar um vocábulo ou um segmento da frase. Pode ser retirada da frase sem prejuízo sintático ou semântico.

Foi-**se** o tempo em que confiávamos nos políticos. (Não possui função na oração, apenas realça o que foi dito).

## 9.5 Pronome indeterminador do sujeito

O pronome "se" serve como índice de indeterminação do sujeito. O sujeito indeterminado é o sujeito que não quer ou não se pode identificar.

Precisa-**se** de secretária. (Não se pode passar a oração para a voz passiva analítica).

Nessa casa, come-**se** muito.

## 9.6 Parte do verbo pronominal

Alguns verbos exigem a presença da partícula "se" para indicar que a ação é referente ao sujeito que a pratica. Veja os exemplos:

Arrependeu-**se** de ter ligado.

Outros exemplos de verbos pronominais: lembrar-**se**, queixar-**se**, enganar-**se**, suicidar-**se**.

## 9.7 Conjunção

**A conjunção "se" pode assumir várias funções, veja alguns exemplos:**

Vou chegar no horário **se** não chover. (Conjunção condicional).

Não sei **se** dormirei em casa hoje. (Conjunção integrante).

**Se** vai ficar aqui, então fale comigo. (Conjunção adverbial causal).

**Se** queria ser mãe, nunca demonstrou amor pelas crianças. (Conjunção concessiva).

# 10 FUNÇÕES DO "QUE"

A palavra "que" possui diversas funções e costuma gerar muitas dúvidas. Por isso, para entender cada função e identificá-las, observe os exemplos a seguir:

## 10.1 Substantivo

Senti um **quê** de falsidade naquela fala.

Neste caso, o que está precedido por um determinante – um artigo –, e é acentuado, pois assume o papel de um substantivo. Poderia ser substituído por outro substantivo:

Senti um **ar** de falsidade naquela fala.

Quanto atua como substantivo, o quê será sempre acentuado e precedido por um artigo, pronome ou numeral.

## 10.2 Pronome

Exemplos:

**Que** beleza de festa! (Pronome exclamativo)
O livro **que** comprei estava em promoção. (Pronome relativo)
**Que** dia é a prova? (Pronome interrogativo)

## 10.3 Interjeição

Exemplos:

**Quê**? Não entendi.
**Quê**! Ela sabe sim!

## 10.4 Preposição

Temos **que** chegar cedo.

Observe que a regência do verbo ter exige a preposição "de": *temos de chegar cedo*. No entanto, na fala coloquial, já é aceito o uso do "que" como preposição.

## 10.5 Advérbio

**Que** bela está a casa!

Neste caso, antecede um adjetivo, modificando-o: **como** a casa está bela!

**Que** longe estava da cidade!

Neste caso, antecede um advérbio, intensificando-o: Estava **muito longe** da cidade.

## 10.6 Conjunção

Exemplos:

**Que** gostem ou **que** não gostem, tomei minha decisão. (Conjunção alternativa).
Pode entrar na fila **que** não será atendida. (Conjunção adversativa).
Não falte à aula **que** o conteúdo é importante. (Conjunção explicativa).

## 10.7 Conjunção subordinativa

Exemplos:

Estava tão cansada **que** não quis recebê-lo. (Conjunção subordinativa consecutiva).
Gostei da viagem, cara **que** tenha sido. (Conjunção subordinativa concessiva).
Não corra **que** o chão está molhado! (Conjunção subordinativa causal).

## 10.8 Partícula expletiva (de realce)

Que bonito **que** está o seu cabelo! (Não tem função na oração, apenas realça o que está sendo falado)

# 11 CONCORDÂNCIA VERBAL E NOMINAL

Trata-se do processo de flexão dos termos a fim de se relacionarem harmoniosamente na frase. Quando se pensa sobre a relação do verbo com os demais termos da oração, o estudo focaliza a concordância verbal. Quando a análise se volta para a relação entre pronomes, substantivos, adjetivos e demais termos do grupo nominal, diz-se que o foco é concordância nominal.

## 11.1 Concordância verbal

### 11.1.1 Regra geral

O verbo concorda com o sujeito em número e pessoa.

O **primeiro-ministro** russo **acusou** seus inimigos.
Dois **parlamentares rebateram** a acusação.
**Contaram**-se **mentiras** no telejornal.
**Vós sois** os responsáveis por vosso destino.

Regras para sujeito composto

▷ Anteposto se colocado antes do verbo, o verbo vai para o plural:

Eu e meus irmãos **vamos** à praia.

▷ Posposto se colocado após o verbo, o verbo concorda com o mais próximo ou vai para o plural:

**Morreu (morreram)**, no acidente, o prefeito e o vereador.

▷ Formado por pessoas (gramaticais) diferentes: plural da predominante.

Eu, você e os alunos **estudaremos** para o concurso. (a primeira pessoa é a predominante, por isso, o verbo fica na primeira pessoa do plural).

▷ Com núcleos em correlação, a concordância se dá com o mais próximo ou fica no plural:

O professor assim como o monitor **auxilia(m)** os estudantes.

▷ **Ligado por NEM o verbo concordará:**
- No singular: se houver exclusão.

Nem Josias nem Josué **percebeu** o perigo iminente.

- No singular: quando se pretende individualizar a ação, aludindo a um termo em específico.

Nem os esportes nem a leitura **o entretém**.

- No plural: quando não houver exclusão, ou seja, quando a intenção for aludir ao sujeito em sua totalidade.

Nem a minha rainha nem o meu mentor **serão** tão convincentes a ponto de me fazerem mudar de ideia.

▷ **Ligado por COM o verbo concorda com o antecedente do COM ou vai para o plural:**

O vocalista com os demais integrantes da banda **realizaram (realizou)** o show.

▷ **Ligado por OU o verbo fica no singular (se houver exclusão) ou no plural (se não houver exclusão):**

Ou Pedro Amorim ou Jurandir Leitão **será** eleito vereador da cidade.

*O aviso ou o ofício* **deveriam** ser expedidos antes da data prevista.

▷ **Se o sujeito for construído com os termos:** um e outro, nem um nem outro, o verbo fica no singular ou plural, dependendo do sentido pretendido.

Um e outro **passou (passaram)** no concurso.
Um ou outro: verbo no singular.
Um ou outro fez a lição.

▷ **Expressões partitivas seguidas de nome plural:** verbo no singular ou plural.

A maior parte das pessoas **fez (fizeram)** o exercício recomendado.

▷ **Coletivo geral:** verbo no singular.

O cardume **nadou** rio acima.

▷ **Expressões que indicam quantidade aproximada seguida de numeral:** o verbo concorda com o substantivo.

Aproximadamente 20% dos eleitores **compareceram** às urnas.
Aproximadamente 20% do eleitorado **compareceu** às urnas.

▷ **Pronomes (indefinidos ou interrogativos) seguidos dos pronomes "nós" e/ou "vós":** o verbo fica no singular ou plural.

Quem de nós **fará (faremos)** a diferença?

▷ **Palavra QUE (pronome relativo):** o verbo concorda com o antecedente do pronome "que".

Fui eu que **fiz** a diferença.

▷ **Palavra QUEM:** verbo na 3ª pessoa do singular.

Fui eu *quem* **fez** a diferença.

Pela repetida utilização errônea, algumas gramáticas já toleram a concordância do verbo com a pessoa gramatical distinta da terceira, no caso de se utilizar um pronome pessoal como antecedente do "quem".

▷ **Um dos que:** verbo no singular ou plural.

Ele foi *um dos que* **fez (fizeram)** a diferença.

▷ **Palavras sinônimas:** verbo concorda com o mais próximo ou fica no plural.

*A ruindade, a maldade, a vileza* **habita (habitam)** a alma do ser humano.

▷ **Quando os verbos estiverem acompanhados da palavra "SE":** fique atento à função da palavra "SE".

- **SE na função de pronome apassivador:** o verbo concorda com o sujeito paciente.

**Vendem**-se casas e sobrados em Alta Vista.
**Presenteou**-se o aluno aplicado com uma gramática.

- **SE na função de índice de indeterminação do sujeito:** o verbo fica sempre na 3ª pessoa do singular.

**Precisa**-se de empregados com capacidade de aprender.
**Vive**-se muito bem na riqueza.

A dica é ficar de olho na transitividade do verbo. Se o verbo for VTI, VI ou VL, o termo "SE" será índice de indeterminação do sujeito.

▷ **Casos de concordância com o verbo "ser":**

- **Quando indicar tempo ou distância:** concorda com o predicativo.

Amanhã **serão** 7 de fevereiro.
São 890 quilômetros daqui até Florianópolis.

- **Quando houver sujeito que indica quantidade e predicativo que indica suficiência ou excesso:** concorda com o predicativo.

Vinte milhões **era** muito por aquela casa.
Sessenta centavos **é** pouco por aquele lápis.

- **O verbo "dar", no sentido de "bater" ou "soar", acompanhado do termo "hora(s)":** concorda com o sujeito.

**Deram** cinco horas no relógio do juiz.
**Deu** cinco horas o relógio juiz.

- **Verbo "parecer" somado a infinitivo:** flexiona-se um dos dois.

Os alunos **pareciam** estudar novos conteúdos.
Os alunos **pareciam estudarem** novos conteúdos.

- **Quando houver sujeito construído com nome no plural,** com artigo no singular ou sem artigo: o verbo fica no singular.

    *Memórias Póstumas de Brás Cubas* **continua** sendo lido por jovens estudantes.

    *Minas Gerais* **é** um lindo lugar.

- Com artigo plural: o verbo fica no plural.

    *Os Estados Unidos* **aceitaram** os termos do acordo assinado.

## 11.2 Concordância nominal

A concordância nominal está relacionada aos termos do grupo nominal. Ou seja, relaciona-se com o substantivo, o pronome, o artigo, o numeral e o adjetivo. Vamos à regra geral para a concordância.

### 11.2.1 Regra geral

O artigo, o numeral, o adjetivo e o pronome adjetivo devem concordar com o substantivo a que se referem em gênero e número.

**Meu belíssimo** e **antigo** carro **amarelo** quebrou, ontem, em **uma** rua **estreita.**

Os termos destacados acima, mantém uma relação harmoniosa com o núcleo de cada expressão. Relação essa que se estabelece em questões de gênero e de número.

A despeito de a regra geral dar conta de grande parte dos casos de concordância, devemos considerar a existência de casos particulares, que merecem atenção.

### 11.2.2 Casos que devem ser estudados

Dependendo da intencionalidade de quem escreve, pode-se realizar a concordância atrativa, primando por concordar com apenas um termo de uma sequência ou com toda a sequência. Vejamos:

Vi um carro e uma **moto** *vermelha*. (concordância apenas com o termo "moto")

Vi um carro e uma **moto** *vermelhos*. (concordância com ambos os elementos)

A palavra "**bastante**", por exemplo, varia de acordo com o contexto. Se "bastante" é pronome adjetivo, será variável; se for advérbio (modificando o verbo), será invariável, ou seja, não vai para o plural.

Há *bastantes* **motivos** para sua ausência. (adjetivo)

Os alunos **falam** *bastante*. (advérbio)

Troque a palavra "bastante" por "muito". Se "muito" for para o plural, "bastante" também irá.

**Anexo, incluso, apenso, obrigado, mesmo, próprio: são adjetivos que devem concordar com o substantivo a que se referem.**

O *relatório* segue **anexo** ao documento.

Os *documentos* irão **apensos** ao relatório.

A expressão "em anexo" é invariável (não vai para plural nem para o feminino).

As planilhas irão **em anexo.**

**É bom, é necessário, é proibido, é permitido: variam somente se o sujeito vier antecedido de um artigo ou outro termo determinante.**

Maçã **é bom** para a voz. / A maçã **é boa** para a voz.

É necessário **aparecer** na sala. / É necessária **sua aparição** na sala.

"**Menos**" e "**alerta**" são sempre invariáveis, contanto que respeitem sua classe de origem - advérbio: se forem derivadas para substantivo, elas poderão variar.

Encontramos **menos** alunos na escola. / Encontramos **menos** alunas na escola.

O policial ficou **alerta**. / Os policiais ficaram **alerta**.

"**Só**" e "**sós**" variam apenas quando forem adjetivos: quando forem advérbios, serão invariáveis.

Pedro apareceu **só** (sozinho) na sala. / Os meninos apareceram **sós** (sozinhos) na sala. (adjetivo)

Estamos **só** (somente) esperando sua decisão. (advérbio)

- A expressão "a sós" é invariável.

    A menina ficou **a sós** com seus pensamentos.

Troque "só" por "sozinho" (vai para o plural) ou "somente" (fica no singular).

## 12 REGÊNCIA VERBAL E NOMINAL

Regência é a parte da Gramática Normativa que estuda a relação entre dois termos, verificando se um termo serve de complemento a outro e se nessa complementação há uma preposição.

Dividimos a regência em:
- Regência verbal (ligada aos verbos).
- Regência nominal (ligada aos substantivos, adjetivos ou advérbios).

### 12.1 Regência verbal

Deve-se analisar, nesse caso, a necessidade de complementação, a presença ou ausência da preposição e a possibilidade de mudança de sentido do texto.

Vamos aos casos:

- **Agradar e desagradar:** são transitivos indiretos (com preposição a) nos sentidos de satisfazer, contentar.

    A biografia de Aníbal Machado **agradou/desagradou** à maioria dos leitores.

    A criança **agradava** ao pai por ser muito comportada.

- **Agradar:** pode ser transitivo direto (sem preposição) se significar acariciar, afagar.

    **Agradar** a esposa.

    Pedro passava o dia todo **agradando** os seus gatos.

- **Agradecer:** transitivo direto e indireto, com a preposição a, no sentido de demonstrar gratidão a alguém.

    **Agradecemos** a Santo Antônio o milagre alcançado.

    **Agradecemos-lhes** a benesse concedida.

    O verbo em questão também pode ser transitivo direto no sentido de mostrar gratidão por alguma coisa:

    **Agradeço** a dedicação de todos os estudantes.

    Os pais **agradecem** a dedicação dos professores para com os alunos.

- **Aspirar:** é transitivo indireto (preposição "a") nos sentidos de desejar, pretender ou almejar.

    Sempre **aspirei** a um cargo público.

    Manoel **aspirava** a ver novamente a família na Holanda.

- **Aspirar:** é transitivo direto na acepção de inalar, sorver, tragar, ou seja, mandar para dentro.

    **Aspiramos** o perfume das flores.

    Vimos a empregada **aspirando** a poeira do sofá.

- **Assistir:** é transitivo direto no sentido de ajudar, socorrer etc.

    O professor **assistia** o aluno.

    Devemos **assistir** os mais necessitados.

- **Assistir:** é transitivo indireto (complemento regido pela preposição "a") no sentido de ver ou presenciar.

    **Assisti** ao comentário da palestra anterior.

    Você deve **assistir** às aulas do professor!

- **Assistir:** é transitivo indireto (complemento regido pela preposição "a") no sentido de "ser próprio de", "pertencer a".

    O direito à vida **assiste** ao ser humano.

    Esse comportamento **assiste** às pessoas vitoriosas.

- **Assistir:** é intransitivo no sentido de morar ou residir.

    Maneco **assistira** em Salvador.

- **Chegar:** é verbo intransitivo e possui os adjuntos adverbiais de lugar introduzidos pela preposição "a".

    **Chegamos** a Cascavel pela manhã.

    Este é o ponto a que pretendia **chegar**.

    Caso a expressão indique posição em um deslocamento, admite-se a preposição em:

    **Cheguei** no trem à estação.

Os verbos ir e vir têm a mesma regência de chegar:

    Nós **iremos** à praia amanhã.

    Eles **vieram** ao cursinho para estudar.

- **Custar no sentido de** ter valor ou preço: verbo transitivo direto.

    O avião **custa** 100 mil reais.

- **Custar no sentido de** ter como resultado certa perda ou revés é verbo transitivo direto e indireto:

    Essa atitude **custou**-lhe a vida.

- **Custar no sentido de** ser difícil ou trabalhoso é intransitivo:

    **Custa** muito entender esse raciocínio.

- **Custar no sentido de** levar tempo ou demorar é intransitivo:

    **Custa** a vida para aprender a viver.

- **Esquecer/lembrar:** possuem a seguinte regra – se forem pronominais, terão complemento regido pela preposição "de"; se não forem, não haverá preposição.

    **Lembrei-me de** seu nome.

    **Esqueci-me de** seu nome.

    **Lembrei** seu nome.

    **Esqueci** seu nome.

- **Gostar:** é transitivo indireto no sentido de apreciar (complemento introduzido pela preposição "de").

    **Gosto** de estudar.

    **Gosto** muito de minha mãe.

- **Gostar:** como sinônimo de experimentar ou provar é transitivo direto.

    **Gostei** a sobremesa apenas uma vez e já adorei.

    **Gostei** o chimarrão uma vez e não mais o abandonei.

- **Implicar** pode ser:
    - **Transitivo direto** (sentido de acarretar):

        Cada escolha **implica** uma renúncia.

    - **Transitivo direto e indireto** (sentido de envolver alguém em algo):

        **Implicou** a irmã no crime.

    - **Transitivo indireto** (sentido de rivalizar):

        Joana estava **implicando** com o irmão menor.

- **Informar:** é bitransitivo, ou seja, é transitivo direto e indireto. Quem informa, informa:

    Algo a alguém: **informei** o acontecido para Jonas.

    Alguém de algo: **informei**-o do acontecido.

    Alguém sobre algo: **informei**-o sobre o acontecido.

- **Morar/residir:** verbos intransitivos (ou, como preconizam alguns dicionários, transitivo adverbiado), cujos adjuntos adverbiais de lugar são introduzidos pela preposição "em".

    José **mora** em Alagoas.

    Há boas pessoas **residindo** em todos os estados do Brasil.

- **Obedecer:** é um verbo transitivo indireto.

    Os filhos **obedecem** aos pais.

    **Obedeça** às leis de trânsito.

Embora transitivo indireto, admite forma passiva:

    Os pais são obedecidos pelos filhos.

O antônimo "desobedecer" também segue a mesma regra.

- **Perdoar:** é transitivo direto e indireto, com objeto direto de coisa e indireto de pessoa.

    Jesus **perdoou** os pecados aos pecadores.

    **Perdoava**-lhe a desconsideração.

Perdoar admite a voz passiva:

    Os pecadores foram perdoados por Deus.

- **Precisar:** é transitivo indireto (complemento regido pela preposição de) no sentido de "necessitar".
  
  **Precisaremos** de uma nova Gramática.

- **Precisar:** é transitivo direto no sentido de indicar com precisão.
  
  Magali não soube **precisar** quando o marido voltaria da viagem.

- **Preferir:** é um verbo bitransitivo, ou seja, é transitivo direto e indireto, sempre exigindo a preposição a (preferir alguma coisa à outra).
  
  Adelaide **preferiu** o filé ao risoto.
  
  **Prefiro** estudar a ficar em casa descansando.
  
  **Prefiro** o sacrifício à desistência.

É incorreto reforçar o verbo "preferir" ou utilizar a locução "do que".

- **Proceder:** é intransitivo na acepção de "ter cabimento":
  
  Suas críticas são vazias, não **procedem**.

- **Proceder:** é também intransitivo na acepção de "portar-se":

Todas as crianças **procederam** bem ao lavarem as mãos antes do lanche.

- **Proceder:** no sentido de "ter procedência" é utilizado com a preposição de:
  
  Acredito que a dúvida **proceda** do coração dos curiosos.

- **Proceder:** é transitivo indireto exigindo a preposição a no sentido de "dar início":
  
  Os investigadores **procederam** ao inquérito rapidamente.

- **Querer:** é transitivo direto no sentido de "desejar":
  
  Eu **quero** um carro novo.

- **Querer:** é transitivo indireto (com o complemento de pessoa) no sentido de "ter afeto":
  
  **Quero** muito a meus alunos que são dedicados.

- **Solicitar:** é utilizado, na maior parte dos casos, como transitivo direto e indireto. Nada impede, entretanto, que se construa como transitivo direto.
  
  O juiz **solicitou** as provas ao advogado.
  
  **Solicito** seus documentos para a investidura no cargo.

- **Visar:** é transitivo direto na acepção de mirar.
  
  O atirador **visou** o alvo e disparou um tiro certeiro.

- **Visar:** é transitivo direto também no sentido de "dar visto", "assinar".
  
  O gerente havia **visado** o relatório do estagiário.

- **Visar:** é transitivo indireto, exigindo a preposição a, na acepção de "ter em vista", "pretender", "almejar".
  
  Pedro **visava** ao amor de Mariana.
  
  As regras gramaticais **visam** à uniformidade da expressão linguística.

## 12.2 Regência nominal

Alguns nomes (substantivos, adjetivos e advérbios) são comparáveis aos verbos transitivos indiretos: precisam de um complemento introduzido por uma preposição.

Acompanhemos os principais termos que exigem regência especial.

| SUBSTANTIVO | | |
|---|---|---|
| Admiração a, por | Devoção a, para, com, por | Medo a, de |
| Aversão a, para, por | Doutor em | Obediência a |
| Atentado a, contra | Dúvida acerca de, em, sobre | Ojeriza a, por |
| Bacharel em | Horror a | Proeminência sobre |
| Capacidade de, para | Impaciência com | Respeito a, com, para com, por |
| Exceção a | Excelência em | Exatidão de, em |
| Dissonância entre | Divergência com, de, em, entre, sobre | Referência a |
| Alusão a | Acesso a | Menção a |

| ADJETIVOS | | |
|---|---|---|
| Acessível a | Diferente de | Necessário a |
| Acostumado a, com | Entendido em | Nocivo a |
| Afável com, para com | Equivalente a | Paralelo a |
| Agradável a | Escasso de | Parco em, de |
| Alheio a, de | Essencial a, para | Passível de |
| Análogo a | Fácil de | Preferível a |
| Ansioso de, para, por | Fanático por | Prejudicial a |
| Apto a, para | Favorável a | Prestes a |
| Ávido de | Generoso com | Propício a |
| Benéfico a | Grato a, por | Próximo a |
| Capaz de, para | Hábil em | Relacionado com |
| Compatível com | Habituado a | Relativo a |
| Contemporâneo a, de | Idêntico a | Satisfeito com, de, em, por |
| Contíguo a | Impróprio para | Semelhante a |
| Contrário a | Indeciso em | Sensível a |
| Curioso de, por | Insensível a | Sito em |
| Descontente com | Liberal com | Suspeito de |
| Desejoso de | Natural de | Vazio de |
| Distinto de, em, por | Dissonante a, de, entre | Distante de, para |

| ADVÉRBIOS | | |
|---|---|---|
| Longe de | Perto de | Relativamente a |
| Contemporaneamente a | Impropriamente a | Contrariamente a |

É provável que você encontre muitas listas com palavras e suas regências, porém a maneira mais eficaz de se descobrir a regência de um termo é fazer uma pergunta para ele e verificar se, na pergunta, há uma preposição. Havendo, descobre-se a regência.

- A descoberta era **acessível** a todos.

Faz-se a pergunta: algo que é acessível é acessível? (a algo ou a alguém). Descobre-se, assim, a regência de acessível.

# PARALELISMO

## 13 PARALELISMO

Ocorre quando há uma sequência de expressões com estrutura idêntica.

### 13.1 Paralelismo sintático

O paralelismo sintático é possível quando a estrutura de termos coordenados entre si é idêntica. Nesse caso, entende-se que "termos coordenados entre si" são aqueles que desempenham a mesma função sintática em um período ou trecho.

> João comprou **balas** e **biscoitos**.

Perceba que "balas" e "biscoitos" têm a mesma função sintática (objeto direto). Além disso, ambas são expressões nominais. Assim, apresentam, na sentença, uma estrutura sintática idêntica.

> Os formandos **estão pensando na carreira, isto é, no futuro.**

Tanto "na carreira" quanto "no futuro" são complementos do verbo pensar. Ademais, as duas expressões são formadas por preposição e substantivo.

### 13.2 Paralelismo semântico

Estrutura-se pela coerência entre as informações.

> Lucélia **gosta de maçã e de pera**.

Percebe-se que há uma relação semântica entre maçã e pera, pois ambas são frutas.

> Lucélia **gosta de livros de ação e de pizza**.

Observa-se que os termos "livros de ação" e "pizza" não possuem sentidos semelhantes que garantam a sequência lógica esperada no período.

# 14 COLOCAÇÃO PRONOMINAL

Esta parte do conteúdo é relativa ao estudo da posição dos pronomes oblíquos átonos em relação ao verbo. Antes de iniciar o estudo, memorize os pronomes em questão.

| PRONOMES OBLÍQUOS ÁTONOS |
|---|
| me |
| te |
| o, a, lhe, se |
| nos |
| vos |
| os, as, lhes, se |

Quatro casos de colocação:
- **Próclise** (anteposto ao verbo):
    Nunca **o** vi.
- **Mesóclise** (medial em relação ao verbo):
    Dir-**te**-ei algo.
- **Ênclise** (posposto ao verbo):
    Passa-**me** a resposta.
- **Apossínclise** (intercalação de uma ou mais palavras entre o pronome e o verbo):
    - Talvez tu **me** já não creias.

## 14.1 Regras de próclise
- Palavras ou expressões negativas:
    Não **me** deixe aqui neste lugar!
    Ninguém **lhe** disse que seria fácil.
- Pronomes relativos:
    O material de que **me** falaste é muito bom.
    Eis o conteúdo que **me** causa nojo.
- Pronomes indefinidos:
    Alguém **me** disse que você vai ser transferido.
    Tudo **me** parece estranho.
- Conjunções subordinativas:
    Confiei neles, assim que **os** conheci.
    Disse que **me** faltavam palavras.
- Advérbios:
    Sempre **lhe** disse a verdade.
    Talvez **nos** apareça a resposta para essa questão.
- Pronomes interrogativos:
    Quem **te** contou a novidade?
    Que **te** parece essa situação?
- "Em + gerúndio"
    Em **se** tratando de Gramática, eu gosto muito!
    Nesta terra, em **se** plantando, tudo há de nascer.
- Particípio
    Ele havia avisado-**me**. (errado)
    Ele **me** havia avisado. (certo)
- Sentenças optativas:
    Deus **lhe** pague!
    Deus **o** acompanhe!

## 14.2 Regras de mesóclise
Emprega-se o pronome oblíquo átono no meio da forma verbal, quando ela estiver no futuro do presente ou no futuro simples do pretérito do indicativo.
    Chamar-**te**-ei, quando ele chegar.
    Se houver tempo, contar-**vos**-emos nossa aventura.
    Contar-**te**-ia a novidade.

## 14.3 Regras de ênclise
Não se inicia sentença, em Língua Portuguesa, por pronome oblíquo átono. Ou seja, o pronome átono não deve ficar no início da frase.
Formas verbais:
- Do **infinitivo impessoal** (precedido ou não da preposição "a");
- Do **gerúndio**;
- Do **imperativo afirmativo**:
    Alcança-**me** o prato de salada, por favor!
    Urge obedecer-**se** às leis.
    O garoto saiu da sala desculpando-**se**.
    Tratando-**se** desse assunto, não gosto de pensar.
    Dá-**me** motivos para estudar.

Se o gerúndio vier precedido da preposição "em", deve-se empregar a próclise.
    Em **se** tratando de Gramática, eu gosto muito.

## 14.4 Casos facultativos
Sujeito expresso, próximo ao verbo.
    O menino se machucou (-se).
    Eu me refiro (-me) ao fato de ele ser idiota.
Infinitivo antecedido de "não" ou de preposição.
    Sabemos que não se habituar (-se) ao meio causa problemas.
    O público o incentivou a se jogar (-se) do prédio.

## 15 CRASE

O acento grave é solicitado nas palavras quando há a união da preposição "a" com o artigo (ou a vogal dependendo do caso) feminino "a" ou com os pronomes demonstrativos (aquele, aquela, aquilo e "a").

- Mário foi **à** festa ontem.
  > Tem-se o "a" preposição e o "a" artigo feminino.
  > Quem vai, vai a algum lugar. "Festa" é palavra feminina, portanto, admite o artigo "a".
- Chegamos **àquele** assunto (a + aquele).
- A gravata que eu comprei é semelhante **à** que você comprou (a + a).

Decore os casos em que não ocorre crase, pois a tendência da prova é perguntar se há crase ou não. Sabendo os casos proibitivos, fica muito fácil.

### 15.1 Crase proibitiva

Não se pode usar acento grave indicativo de crase:

- Antes de palavras masculinas.
  > Fez uma pergunta **a** Mário.
- Antes de palavras de sentido indefinido.
  > Não vai **a** festas, **a** reuniões, **a** lugar algum.
- Antes de verbos.
  > Todos estão dispostos **a** colaborar.
- Antes de pronomes pessoais.
  > Darei um presente **a ela**.
- Antes de nomes de cidade, estado ou país que não utilizam o artigo feminino.
  > Fui **a** Cascavel.
  > Vou **a** Pequim.
- Antes da palavra "casa" quando tem significado de próprio lar, ou seja, quando ela aparecer indeterminada na sentença.
  > Voltei a casa, pois precisava comer algo.

> Quando houver determinação da palavra casa, ocorrerá crase.
> "Voltei à casa de meus pais."

- Da palavra "terra" quando tem sentido de solo.
  > Os tripulantes vieram a terra.

> A mesma regra da palavra "casa" se aplica à palavra terra.

- De expressões com palavras repetidas.
  > Dia a dia, mano a mano, face a face, cara a cara etc.
- Diante de numerais cardinais referentes a substantivos que não estão determinados pelo artigo.
  > Assistirei a duas aulas de Língua Portuguesa.

> No caso de locuções adverbiais que exprimem hora determinada e nos casos em que o numeral estiver precedido de artigo, acentua-se:
> "Chegamos às oito horas da noite."
> "Assisti às duas sessões de ontem."

> No caso dos numerais, há uma dica para facilitar o entendimento dos casos de crase. Se houver o "a" no singular e a palavra posterior no plural, não ocorrerá o acento grave. Do contrário, ocorrerá.

### 15.2 Crase obrigatória

Deve-se usar acento grave indicativo de crase:

- Antes de locução adverbial feminina.
  > À noite, à tarde, às pressas, às vezes, à farta, à vista, à hora certa, à esquerda, à direita, à toa, às sete horas, à custa de, à força de, à espera de, à vontade, à toa.
- Antes de termos femininos ou masculinos com sentido da expressão "à moda de" ou "ao estilo de".
  > Filé à milanesa, servir à francesa, brigar à portuguesa, gol à Pelé, conto à Machado de Assis, discurso à Rui Barbosa etc.
- Antes de locuções conjuntivas proporcionais.
  > À medida que, à proporção que.
- Antes de locuções prepositivas.
  > À procura de, à vista de, à margem de, à beira de, à custa de, à razão de, à mercê de, à maneira de etc.
- Para evitar ambiguidade: receberá o acento o termo afetado pela ação do verbo (objeto direto preposicionado).
  > Derrubou a menina **à panela**.
  > Matou a vaca **à cobra**.
  > Diante da palavra distância quando houver determinação da distância em questão:
  > Achava-se à **distância de cem** (ou de alguns) **metros**.
- Antes das formas de tratamento "senhora", "senhorita" e "madame" = não há consenso entre os gramáticos, no entanto, opta-se pelo uso.
  > Enviei lindas flores **à senhorita**.
  > Josias remeteu uma carta **à senhora**.

### 15.3 Crase facultativa

- Após a preposição até.
  > As crianças foram até **à escola**.
- Antes de pronomes possessivos femininos.
  > Ele fez referência **à nossa causa!**
- Antes de nomes próprios femininos.
  > Mandei um SMS **à Joaquina**.
- Antes da palavra "Dona".
  > Remeti uma carta à **Dona Benta**.
  > Não se usa crase antes de nomes históricos ou sagrados.
  > O padre fez alusão a Nossa Senhora.
  > Quando o professor fez menção a Joana D'Arc, todos ficaram entusiasmados.

# 16 PONTUAÇÃO

A pontuação assinala a melodia de nossa fala, ou seja, as pausas, a ênfase etc.

## 16.1 Principais sinais e usos

### 16.1.1 Vírgula

É o sinal mais importante para concurso público.

Usa-se a vírgula para:

- Separar termos que possuem mesma função sintática no período.
    **José**, **Maria**, **Antônio** e **Joana** foram ao mercado. (Função de núcleo do sujeito).
- Isolar o vocativo.
    Então, **minha cara,** não há mais o que se dizer!
- Isolar um aposto explicativo (cuidado com essa regra, veja que não há verbo no aposto explicativo).
    O João, **ex-integrante da comissão**, veio fazer parte da reunião.
- Isolar termos antecipados, como: complemento, adjunto ou predicativo.
    **Na semana passada,** comemos camarão no restaurante português. (Antecipação de adjunto adverbial).
- Separar expressões explicativas, conjunções e conectivos.
    Isto é, ou seja, por exemplo, além disso, pois, porém, mas, no entanto, assim etc.
- Separar os nomes dos locais de datas.
    Cascavel, 2 de maio de 2012.
- Isolar orações adjetivas explicativas (pronome relativo + verbo + vírgula).
    O Brasil, **que é um belíssimo país,** possui ótimas praias.
- Separar termos de uma enumeração.
    Vá ao mercado e traga **cebola**, **alho**, **sal**, **pimenta e coentro**.
- Separar orações coordenadas.
    Esforçou-se muito, **mas não venceu o desafio**. (Oração coordenada sindética adversativa).
    Roubou todo o dinheiro, **e ainda apareceu na casa**. (Oração coordenada sindética aditiva).

A vírgula pode ser utilizada antes da conjunção aditiva "e" caso se queira enfatizar a oração por ela introduzida.

- Omitir um termo, elipse (no caso da elipse verbal, chamaremos "zeugma").
    - De dia era um anjo, de noite um **demônio**. (Omissão do verbo "ser").
- Separar termos de natureza adverbial deslocados dentro da sentença.
    **Na semana passada**, trinta alunos foram aprovados no concurso. (Locução adverbial temporal)
    **Se estudar muito**, você será aprovado no concurso. (Oração subordinada adverbial condicional)

### 16.1.2 Ponto final

Usa-se o ponto final:

- Ao final de frases para indicar uma pausa total; é o que marca o fim de um período.
    Depois de passar no concurso, comprarei um carro.

Em abreviaturas:
    Sr., a. C., Ltda., num., adj., obs., máx., *bat.*, *brit.* etc.

### 16.1.3 Ponto e vírgula

Usam-se ponto e vírgula para:

- Separar itens que aparecem enumerados.
    - Uma boa dissertação apresenta:
        Coesão;
        Coerência;
        Progressão lógica;
        Riqueza lexical;
        Concisão;
        Objetividade;
        Aprofundamento.
- Separar um período que já se encontra dividido por vírgulas.
    Não gostava de trabalhar; queria, no entanto, muito dinheiro no bolso.
- Separar partes do texto que se equilibram em importância.
    Os pobres dão pelo pão o trabalho; os ricos dão pelo pão a fazenda; os de espíritos generosos dão pelo pão a vida; os de nenhum espírito dão pelo pão a alma. (Vieira)
    O capitalismo é a exploração do homem pelo homem; o socialismo é exatamente o contrário.

### 16.1.4 Dois pontos

São usados dois pontos quando:

- Se vai fazer uma citação ou introduzir uma fala.
    José respondeu:
    – Não, muito obrigado!
- Se quer indicar uma enumeração.
    Quero apenas uma coisa: que vocês sejam aprovados no concurso!

### 16.1.5 Aspas

São usadas aspas para indicar:

- Citação presente no texto.
    "Há distinção entre categorias do pensamento" – disse o filósofo.
- Expressões estrangeiras, neologismos, gírias.
    Na parede, haviam pintado a palavra "love". (Expressão estrangeira).
    Ficava "bailarinando", como diria Guimarães. (Neologismo).
    "Velho", esconde o "cano" aí e "deixa baixo". (Gíria).

### 16.1.6 Reticências

São usadas para indicar supressão de um trecho, interrupção na fala, ou dar ideia de continuidade ao que se estava falando.
    [...] Profundissimamente hipocondríaco. Este ambiente me causa repugnância. Sobe-me à boca uma ânsia análoga à ânsia. Que se escapa pela boca de um cardíaco [...]
    Eu estava andando pela rua quando...
    Eu gostei da nova casa, mas da garagem...

### 16.1.7 Parênteses

- São usados quando se quer explicar melhor algo que foi dito ou para fazer simples indicações.
    Foi o homem que cometeu o crime (o assassinato do irmão).

## PONTUAÇÃO

### 16.1.8 Travessão

- Indica a fala de um personagem.
    Ademar falou.
    Amigo, preciso contar algo para você.
- Isola um comentário no texto.
    O estudo bem realizado – **diga-se de passagem, que quase ninguém faz** – é o primeiro passo para a aprovação.
- Isola um aposto na sentença.
    A Semântica – **estudo sobre as relações de sentido** – é importantíssima para o entendimento da Língua.
- Reforçar a parte final de um enunciado.
    Para passar no concurso, é preciso estudar muito – **muito mesmo.**

### 16.1.9 Trocas

A banca, eventualmente, costuma perguntar sobre a possibilidade de troca de termos, portanto, atenção!

Vírgulas, travessões e parênteses, quando isolarem um aposto, podem ser trocados sem prejuízo para a sentença.

Travessões podem ser trocados por dois pontos, a fim de enfatizar um enunciado.

### 16.1.10 Regra de ouro

Na ordem natural de uma sentença, é proibido:

- Separar sujeito e predicado com vírgulas:
    Aqueles maravilhosos velhos ensinamentos de meu pai foram de grande utilidade. (Certo)
    Aqueles maravilhosos velhos ensinamentos de meu pai, foram de grande utilidade. (Errado)
- Separar verbo de objeto:
    "O presidente do maravilhoso país chamado Brasil assinou uma lei importante. (Certo)
    O presidente do maravilhoso país chamado Brasil assinou, uma lei importante. (Errado)

# 17 PARÁFRASE

Parafrasear, em sentido lato, significa reescrever uma sequência de texto sem alterar suas informações originais. Isso quer dizer que o texto resultante deve apresentar o mesmo sentido do texto original, modificando, evidentemente, apenas a ordem frasal ou o vocabulário. Há algumas exigências para uma paráfrase competente. São elas:

- Usar a mesma ordem das ideias que aparecem no texto original.
- Em hipótese alguma é possível omitir informações essenciais.
- Não tecer comentários acerca do texto original, apenas parafrasear, sem frescura.
- Usar construções sintáticas e vocabulares que, apesar de manterem o sentido original, sejam distintas das do texto base.

## 17.1 Passos da paráfrase

Há alguns recursos para parafrasear um texto:

- Utilização de termos sinônimos.

    O presidente assinou o documento, **mas** esqueceu-se de pegar sua caneta.

    O presidente assinou o documento, **contudo** esqueceu-se de pegar sua caneta.

- Uso de palavras antônimas, valendo-se de palavra negativa.

    José era um **covarde.**

    José **não** era um **valente.**

- Emprego de termos anafóricos.

    São Paulo e Palmeiras são dois times brasileiros. O São Paulo venceu o Palmeiras na semana passada.

    São Paulo e Palmeiras são dois times brasileiros. **Aquele** (São Paulo) venceu **este** (Palmeiras) na semana passada.

- Permuta de termo verbal por nominal, e vice-versa.

    É importante que chegue cedo.

    **Sua chegada** é importante.

- Deixar termos elípticos.

    Eu preciso da colaboração de todos.

    Preciso da colaboração de todos.

- Alteração da ordem frasal.

    Adalberto venceu o último desafio de sua vida ontem.

    Ontem, Adalberto venceu o último desafio de sua vida.

- Transposição de voz verbal.

    Joel cortou a seringueira centenária. A seringueira centenária foi cortada por Joel.

- Troca de discurso.

    Naquela manhã, Oséas dirigiu-se ao pai dizendo: "Cortarei a grama sozinho." (Discurso direto).

    Naquela manhã, Oséas dirigiu-se ao pai dizendo que cortaria a grama sozinho. (Discurso indireto).

- Troca de palavras por expressões perifrásticas.

    **O Rei do Futebol** esteve presente durante as celebrações.

    **Pelé** esteve presente durante as celebrações.

- Troca de locuções por palavras de mesmo sentido.

    A turma **da noite** está comprometida com os estudos.

    A turma **noturna** está mais comprometida com os estudos.

# 18 REESCRITURA DE FRASES

A reescrita de frases é uma paráfrase que visa à mudança da forma de um texto. Para que o novo período esteja correto, é preciso que sejam respeitadas a correção gramatical e o sentido do texto original. Desse modo, quando há qualquer inadequação do ponto de vista gramatical e/ou semântico, o trecho reescrito deve ser considerado incorreto.

Assim, para resolver uma questão que envolve reescrita de trechos ou períodos, é necessário verificar os aspectos gramaticais (principalmente, pontuação, elementos coesivos, ortografia, concordância, emprego de pronomes, colocação pronominal, regência etc.) e aspectos semânticos (significação de palavras, alteração de sentido etc.).

Existem diversas maneiras de se parafrasear uma frase, por isso cada banca examinadora pode formular questões a partir de muitas formas. Nesse sentido, é essencial conhecer e dominar as variadas estruturas que uma sentença pode assumir quando ela é reescrita.

## 18.1 Substituição de palavras ou de trechos de texto

No processo de reescrita, pode haver a substituição de palavras ou trechos. Ao se comparar o texto original e o que foi reestruturado, é necessário verificar se essa substituição mantém ou altera o sentido e a coerência do primeiro texto.

### 18.1.1 Locuções × palavras

Em muitos casos, há locuções (expressões formadas por mais de uma palavra) que podem ser substituídas por uma palavra, sem alterar o sentido e a correção gramatical. Isso é muito comum com verbos.

>Os alunos **têm buscado** formação profissional. (Locução: têm buscado).
>
>Os alunos **buscam** formação profissional. (Uma palavra: buscam).

Ambas as frases têm sentido atemporal, ou seja, expressam ações constantes, que não têm fim.

### 18.1.2 Significação das palavras

Ao avaliarmos a significação das palavras, devemos ficar atentos a alguns aspectos: sinônimos, antônimos, polissemia, homônimos e parônimos.

#### Sinônimos

Palavras que possuem significados próximos, mas não são totalmente equivalentes.

>Casa – lar – moradia – residência.
>
>Carro – automóvel.

Para verificar a validade da substituição, deve-se também ficar atento ao significado contextual. Por exemplo, na frase "as fronteiras entre o bem e o mal", não há menção a limites geográficos, pois a palavra "fronteira" está em sentido conotativo (figurado).

Além disso, nem toda substituição é coerente. Por exemplo, na frase "eu comprei uma casa", fica incoerente reescrever "eu comprei um lar".

#### Antônimos

Palavras que possuem significados diferentes, opostos, contrários.

>Mal – bem.
>
>Ausência – presença.
>
>Subir – descer.
>
>Cheio – vazio.
>
>Possível – impossível.

#### Polissemia

Ocorre quando uma palavra apresenta mais de um significado em diferentes contextos.

>Banco (instituição comercial financeira; assento).
>
>Manga (parte da roupa; fruta).

A polissemia está relacionada ao significado contextual, ou seja, uma palavra tem um sentido específico apenas no contexto em que está inserida. Por exemplo:

>A eleição foi marcada por debates explosivos (ou seja: debates acalorados, e não com sentido de explodir algo).

#### Homônimos

Palavras com a mesma pronúncia (algumas vezes, a mesma grafia), mas com significados diferentes.

>**A**cender: colocar fogo. **As**cender: subir.
>
>Con**c**erto: sessão musical. Con**s**erto: reparo.

#### Homônimos perfeitos

Palavras com a mesma grafia e o mesmo som.

>Eu **cedo** este lugar você. (**Cedo** = verbo).
>
>Cheguei **cedo** para jantar. (**Cedo** = advérbio de tempo).

Percebe-se que o significado depende do contexto em que a palavra aparece. Portanto, deve-se ficar atento à ortografia quando a questão é de reescrita.

#### Parônimos

Palavras que possuem significados diferentes, mas são muito parecidas na pronúncia e na escrita.

>Absolver: perdoar, inocentar. Absorver: aspirar.
>
>**C**omprimento: extensão. **Cu**mprimento: saudação.

## 18.2 Conectores de mesmo valor semântico

Há palavras, principalmente as conjunções, que possuem valores semânticos específicos, os quais devem ser levados em conta no momento de fazer uma substituição.

Logo, pode-se reescrever um período, alterando a conjunção. Para tanto, é preciso que a outra conjunção tenha o mesmo valor semântico. Além disso, é importante verificar como ficam os tempos verbais após a substituição.

>**Embora** fosse tarde, fomos visitá-lo. (Conjunção subordinativa concessiva).
>
>**Apesar de** ser tarde, fomos visitá-lo. (Conjunção subordinativa concessiva).

No exemplo anterior, o verbo também sofreu alteração.

>Toque o sinal **para que** todos entrem na sala. (Conjunção subordinativa final).
>
>Toque o sinal **a fim de que** todos entrem na sala. (Conjunção subordinativa final).

No exemplo anterior, o verbo permaneceu da mesma maneira.

## 18.3 Retextualização de diferentes gêneros e níveis de formalidade

Na retextualização, pode-se alterar o nível de linguagem do texto, dependendo de qual é a finalidade da transformação proposta. Nesse caso, são possíveis as seguintes alterações: linguagem informal para a formal; tipos de discurso; vozes verbais; oração reduzida para desenvolvida; inversão sintática; dupla regência.

## 18.3.1 Linguagem formal × linguagem informal

Um texto pode estar escrito em linguagem coloquial (informal) ou formal (norma padrão). A proposta de reescrita pode mudar de uma linguagem para outra. Veja o exemplo:

**Pra** que serve a política? (Informalidade)
**Para** que serve a política? (Formalidade)

A oralidade, geralmente, é mais informal. Portanto, fique atento: a fala e a escrita são diferentes, ou seja, a escrita não reproduz a fala e vice-versa.

## 18.3.2 Tipos de discurso

**Discurso** está relacionado à construção de textos, tanto orais quanto escritos, portanto, ele é considerado uma prática social.

Em um texto, podem ser encontrados três tipos de discurso: o discurso direto, o indireto e o indireto livre.

### Discurso direto

São as falas das personagens. Esse discurso pode aparecer em forma de diálogos e citações, e vêm marcados com alguma pontuação (travessão, dois pontos, aspas etc.). Ou seja, o discurso direto reproduz fielmente a fala de alguém.

O médico disse à paciente:
Você precisa fazer exercícios físicos regularmente.

### Discurso indireto

É a reprodução da fala de alguém, a qual é feita pelo narrador. Normalmente, esse discurso é escrito em terceira pessoa.

O médico disse à paciente que ela precisava fazer exercícios regulamente.

### Discurso indireto livre

É a ocorrência do discurso direto e indireto ao mesmo tempo. Ou seja, o narrador conta a história, mas as personagens também têm voz própria.

No exemplo a seguir, há um discurso direto: "que raiva", que mostra a fala da personagem.

*Retirou as asas e estraçalhou-a. Só tinham beleza. Entretanto, qualquer urubu... que raiva...*

(Ana Maria Machado)

No trecho a seguir, há uma fala da personagem, mesclada com a narração: "Para que estar catando defeitos no próximo?".

*D. Aurora sacudiu a cabeça e afastou o juízo temerário. Para que estar catando defeitos no próximo? Eram todos irmãos. Irmãos.*

(Graciliano Ramos)

Exemplo de uma transposição de discurso direto para indireto:
Ana perguntou:
– Qual é a resposta correta?
Ana perguntou qual era a resposta correta.

Nas questões de reescrita que tratam da transposição de discursos, é mais frequente a substituição do direto pelo indireto. Nesse caso, deve-se ficar atento aos tempos verbais.

## 18.3.3 Voz verbal

Um verbo pode apresentar-se na voz ativa, passiva ou reflexiva.

### Ativa

Ocorre quando o sujeito é agente, ou seja, pratica a ação expressa pelo verbo.

O aluno resolveu o exercício.

### Passiva

Ocorre quando o sujeito é paciente, ou seja, recebe a ação expressa pelo verbo.

O exercício foi resolvido pelo aluno.

### Reflexiva

Ocorre quando o sujeito é agente e paciente ao mesmo tempo, ou seja, pratica e recebe a ação.

A criança feriu-se com a faca.

Não confunda o emprego reflexivo do verbo com a reciprocidade. Por exemplo:

Os lutadores de MMA feriram-se. (Um ao outro)

### Formação da voz passiva

A voz passiva pode ocorrer de forma analítica ou sintética.

- **Voz passiva analítica:** verbo SER + particípio do verbo principal.

    A academia de polícia **será pintada**.
    O relatório é **feito** por ele.

- A variação de tempo é determinada pelo verbo auxiliar (SER), pois o particípio é invariável.

    João **fez** a tarefa. (Pretérito perfeito do indicativo)
    A tarefa **foi** feita por João. (Pretérito perfeito do indicativo)
    João **faz** a tarefa. (Presente do indicativo)
    A tarefa **é** feita por João. (Presente do indicativo)
    João **fará** a tarefa. (Futuro do presente)
    A tarefa **será** feita por João. (Futuro do presente)

- **Voz passiva sintética:** verbo na 3ª pessoa, seguido do pronome apassivador SE.

    **Abriram-se** as inscrições para o concurso.

### Transposição da voz ativa para a voz passiva

Pode-se mudar de uma voz para outra sem alterar o sentido da frase.

Os médicos brasileiros **lançaram** um tratamento para o câncer.
Um tratamento para o câncer **foi lançado** pelos médicos brasileiros.

Nas questões de concursos, costuma-se cobrar a transposição da voz ativa para a passiva, e da voz passiva sintética para a analítica.

Veja os exemplos:

A fiscalização exige o passaporte.
O passaporte é exigido pela fiscalização.
Exige-se comprovante de pagamento.
É exigido comprovante de pagamento.

## 18.3.4 Oração reduzida × oração desenvolvida

As orações subordinadas podem ser reduzidas ou desenvolvidas. Não há mudança de sentido se houver a substituição de uma pela outra. Veja os exemplos:

Ao terminar a aula, todos podem sair. (Reduzida de infinitivo)
Quando terminarem a prova, todos podem sair. (Desenvolvida)
Os vizinhos ouviram uma criança chorando na rua. (Reduzida de gerúndio)
Os vizinhos ouviram uma criança que chorava na rua. (Desenvolvida)
Terminada a reforma, a família mudou-se para a nova casa. (Reduzida de particípio)
Assim que terminou a reforma, a família mudou-se para a nova casa. (Desenvolvida)

## REESCRITURA DE FRASES

### 18.3.5 Inversão sintática

Um período pode ser escrito na ordem direta ou indireta. Nesse caso, quando ocorre a inversão sintática, a correção gramatical é mantida. Apenas é necessário ficar atento ao sentido do período.

- Ordem direta: sujeito – verbo – complementos/adjuntos adverbiais.

    Os documentos foram levados para o gerente. (Direta)
    Foram levados os documentos para o gerente. (Indireta)

### 18.3.6 Dupla regência

Há verbos que exigem a presença da preposição e outros não. Deve-se ficar atento ao fato de que a regência pode influenciar no significado de um verbo.

#### Verbos transitivos diretos ou indiretos

Sem alterar o sentido, alguns verbos admitem duas construções: uma transitiva direta e outra indireta. Portanto, a ocorrência ou não da preposição mantém um trecho com o mesmo sentido.

- Almejar

    Almejamos **a** paz entre os países que estão em guerra.
    Almejamos **pela** paz entre os países que estão em guerra.

- Atender

    O gerente atendeu **os** meus pedidos.
    O gerente atendeu **aos** meus pedidos.

- Necessitar

    Necessitamos algumas horas para organizar o evento.
    Necessitamos **de** algumas horas para organizar o evento.

#### Transitividade e mudança de significado

Existem alguns verbos que, conforme a mudança de transitividade, têm o sentido alterado.

- **Aspirar:** é **transitivo direto** no sentido de sorver, inspirar (o ar), inalar.

    Aspirava o suave perfume. (Aspirava-o.)

- **Aspirar:** é **transitivo indireto** no sentido de desejar, ter como ambição.

    Aspirávamos ao cargo de diretor.

# 19 FIGURAS DE LINGUAGEM

As figuras de linguagem (também chamadas de figuras de pensamento) são construções que se relacionam com a função **poética da linguagem**, ou seja, estão articuladas em razão de modificar o código linguístico para dar ênfase no sentido de uma frase.

É comum vermos exemplos de figuras de linguagem em propagandas publicitárias, poemas, músicas etc. Essas figuras estão presentes em nossa fala cotidiana, principalmente na fala de registro **informal**.

O registro dito informal é aquele que não possui grande preocupação com a situação comunicativa, uma vez que não há tensão para a comunicação entre os falantes. Gírias, erros de concordância e subtração de termos da frase são comuns nesse baixo nível de formalidade comunicativa. Até grandes poetas já escreveram textos sobre esse assunto, veja o exemplo do escritor Oswald de Andrade, que discute a norma gramatical em relação à fala popular do brasileiro:

> Pronominais
> 
> Dê-me um cigarro
> Diz a gramática
> Do professor e do aluno
> E do mulato sabido
> Mas o bom negro e o bom branco
> Da Nação Brasileira
> Dizem todos os dias
> Deixa disso camarada
> Me dá um cigarro

ANDRADE, Oswald de Andrade. **Os Cem Melhores Poemas Brasileiros do Século** - Seleção e Organização de Ítalo Moriconi. Rio de Janeiro: Editora Objetiva, 2001.

Vejamos agora algumas das principais figuras de linguagem que costumam ser cobradas em provas de concursos públicos:

- **Metáfora:** uma figura de linguagem, que consiste na comparação de dois termos sem o uso de um conectivo.

    > Rosa **é uma flor**. (A pessoa é como uma flor: perfumada, delicada, bela etc.).
    > 
    > Seus olhos **são dois oceanos**. (Os olhos possuem a profundidade do oceano, a cor do oceano etc.).
    > 
    > João **é fera**. (João é perito em alguma coisa, desempenha determinada tarefa muito bem etc.).

- **Metonímia:** figura de linguagem que consiste em utilização de uma expressão por outra, dada a semelhança de sentido ou a possibilidade de associação lógica entre elas.

Há vários tipos de metonímia, vejamos alguns deles:

**Efeito pela causa:** O carrasco ergueu **a morte**. (O efeito é a morte, a causa é o machado)

**Marca pelo produto: Vá ao mercado e traga um Nescau.** (Achocolatado em pó)

**Autor pela obra: Li Camões com entusiasmo.** (Quem leu, leu a obra, não o autor)

**Continente pelo conteúdo: Comi dois pratos de feijão.** (Comeu o feijão, ou seja, o conteúdo do prato)

**Parte pelo todo:** Peço sua **mão** em casamento. (Pede-se, na verdade, o corpo todo)

**Possuidor pelo possuído:** Mulher, vou **ao médico**. (Vai-se ao consultório que pertence ao médico, não ao médico em si)

- **Antítese:** figura de linguagem que consiste na exposição de ideias opostas.

    > Nasce o **Sol** e não dura mais que um dia
    > Depois da **Luz** se segue à **noite escura**
    > Em **tristes sombras** morre a formosura,
    > Em contínuas **tristezas** e **alegrias**.
    > 
    > (Gregório de Matos)

Os termos em negrito evidenciam relações semânticas de distinção (oposição). Nascer é o contrário de morrer, assim como sombra é o contrário de luz. Essa figura foi muito utilizada na poesia brasileira, em especial pelo autor dos versos citados anteriormente: Gregório de Matos Guerra.

- **Paradoxo:** expressão que contraria o senso comum. Ilógica.

    > Amor é fogo que **arde sem se ver**;
    > É ferida que **dói e não se sente**;
    > É um **contentamento descontente**;
    > É dor que **desatina sem doer**.
    > 
    > (Luís de Camões)

A construção semântica apresentada é totalmente ilógica, pois é impossível uma ferida doer e não ser sentida, assim como não é possível o contentamento ser descontente.

- **Perífrase:** expressão que tem por função substituir semanticamente um termo:

    > **A última flor do Lácio** anda muito judiada. (Português é a última flor do Lácio)
    > 
    > **O país do futebol** é uma grande nação. (Brasil)
    > 
    > **O Bruxo do Cosme Velho** foi um grande escritor. (Machado de Assis era conhecido como o Bruxo do Cosme Velho)
    > 
    > **O anjo de pernas tortas** foi o melhor jogador do mundo. (Garrincha)

- **Eufemismo:** figura que consiste em atenuar uma expressão desagradável:

    > José **pegou emprestado sem avisar**. (Roubou)
    > 
    > Maurício **entregou a alma a Deus.** (Morreu)
    > 
    > Coitado, só porque **é desprovido de beleza**. (Feio)

- **Disfemismo:** contrário ao eufemismo, é a figura de linguagem que consiste em tornar uma expressão desagradável em algo ainda pior.

    > O homem **abotoou o paletó de madeira**. (Morreu)
    > 
    > **Está chupando cana pela raiz**. (Morreu)
    > 
    > **Sentou no colo do capeta**. (Morreu)

- **Prosopopeia:** atribuição de características animadas a seres inanimados.

    > **O vento sussurrou em meus ouvidos**.
    > 
    > Parecia que a **agulha odiava o homem**.

- **Hipérbole:** exagero proposital de alguma característica.

    > **Estou morrendo de rir**.
    > 
    > **Chorou rios de lágrimas**.

- **Hipérbato:** inversão sintática de efeito expressivo.

    > Ouviram do Ipiranga as margens plácidas. / De um povo heroico o brado e retumbante.

    - **Colocando na ordem direta:**

        > As margens plácidas do Ipiranga ouviram o brado retumbante de um povo heroico.

- **Gradação:** figura que consiste na construção de uma escala de termo que fazem parte do mesmo campo semântico.

    > Plantou **a semente**, zelou pelo **broto**, regou a **planta** e colheu o **fruto**. (A gradação pode ser do campo semântico da palavra semente – broto, planta e fruto – ou da palavra plantar – zelar, regar, colher)

- **Ironia:** figura que consiste em dizer o contrário do que se pensa.

    > **Lamento por ter sido eu o vencedor dessa prova.** (Evidentemente a pessoa não lamenta ser o vencedor de alguma coisa)

- **Onomatopeia:** tentativa de representar um som da natureza. Figura muito comum em histórias em quadrinhos.

    > Pof, tic-tac, click, bum, vrum!

# FIGURAS DE LINGUAGEM

- **Sinestesia:** confusão dos sentidos do corpo humano para produzir efeitos expressivos.

    Ouvi uma **voz suave** saindo do quarto.

    O seu **perfume doce** é extremamente inebriante.

## 19.1 Vícios de linguagem

Em âmbito geral, vício de linguagem é toda expressão contrária à lógica da norma gramatical. Vejamos quais são os principais deslizes que se transformam em vícios.

- **Pleonasmo vicioso:** consiste na repetição desnecessária de ideias.

    Subir para cima.
    Descer para baixo.
    Entrar para dentro.
    Cardume de peixes.
    Enxame de abelhas.
    Elo de ligação.
    Fato real.

> **OBSERVAÇÃO**
>
> Pode existir o plágio expressivo em um texto poético. Na frase "ele penetrou na escura treva" há pleonasmo, mas não é vicioso.

- **Ambiguidade:** ocorre quando a construção frasal permite que a sentença possua dois sentidos.

    Tenho de buscar **a cadela da sua irmã**.

    A empregada disse para o chefe que o cheque estava sobre **sua mesa**.

- **Cacofonia:** ocorre quando a pronúncia de determinadas palavras permite a construção de outra palavra.

    Dei um beijo na bo**ca dela**. (Cadela)
    Nos**so hino** é belo. (Suíno)
    Na **vez passada**, esca**pei de** uma. (Vespa assada)

- **Barbarismo:** é um desvio na forma de falar ou grafar determinada palavra.

    Mortandela (em vez de mortadela).
    Poblema (em vez de problema).
    Mindingo (em vez de mendigo).
    Salchicha (em vez de salsicha).

Esse conteúdo costuma ser simples para quem pratica a leitura de textos poéticos, portanto, devemos sempre ler poesia.

## 19.2 Funções da linguagem

Deve-se a Roman Jakobson a discriminação das seis funções da linguagem na expressão e na comunicação humanas, conforme o realce particular que cada um dos componentes do processo de comunicação recebe no enunciado. Por isso mesmo, é raro encontrar em uma única mensagem apenas uma dessas funções, ou todas reunidas em um mesmo texto. O mais frequente é elas se superporem, apresentando-se uma ou outra como predominante.

Em que pese tal fato, é preciso considerar que há particularidades com relação às funções da linguagem, ou seja, cada função descreve algo em particular. Com isso, pretendo dizer que, antes de o estudante se ater às funções em si, é preciso que ele conheça o sistema que é um pouco mais amplo, ou seja, o ato comunicativo. Afinal, a teoria de Roman Jakobson se volta à descrição do ato comunicativo em si.

Na obra *Linguística e comunicação*, o linguista Roman Jakobson, pensando sobre o ato comunicativo e seus elementos, identifica seis funções da linguagem.

- Nesse esquema, identificamos:
    - **Emissor:** quem enuncia.
    - **Mensagem:** aquilo que é transmitido pelo emissor.
    - **Receptor:** quem recebe a mensagem.
    - **Código:** o sistema em que a mensagem é codificada. O código deve ser comum aos polos da comunicação.
    - **Canal:** meio físico porque ocorre a comunicação.

Pensando sobre esses elementos, Jakobson percebeu que cada função da linguagem está centrada em um elemento específico do ato comunicativo. É o que veremos agora.

As funções da linguagem são:

- **Referencial:** centrada na mensagem, ou seja, na transmissão do conteúdo. Como possui esse caráter, a objetividade é uma constante para a função referencial. É comum que se busque a imparcialidade quando dela se faz uso. É também conhecida como função denotativa. Como a terceira pessoa do singular é predominante, podem-se encontrar exemplos de tal função em textos científicos, livros didáticos, textos de cunho apenas informativo etc.
- **Emotiva:** centrada no emissor, ou seja, em quem enuncia a mensagem. Basicamente, a primeira pessoa predomina quando o texto se apoia sobre a função emotiva. É muito comum a observarmos em depoimentos, discursos, em textos sentimentais, e mesmo em textos líricos.
- **Apelativa:** centrada no receptor, ou seja, em quem recebe a mensagem. As características comuns a manifestações dessa função da linguagem são os verbos no modo imperativo, a tentativa de persuadir o receptor, a utilização dos pronomes de tratamento que tangenciem o interlocutor. É comum observar a função apelativa em propaganda, em discursos motivacionais etc.
- **Poética:** centrada na transformação da mensagem, ou seja, em como modificar o conteúdo da mensagem a fim de torná-lo mais expressivo. As figuras de linguagem são abundantes nessa função e, por sua presença, convencionou-se chamar, também, função poética de função conotativa. Textos literários, poemas e brincadeiras com a mensagem são fontes em que se pode verificar a presença da função poética da linguagem.
- **Fática:** centrada no canal comunicativo. Basicamente, busca testar o canal para saber se a comunicação está ocorrendo. Expressões como "olá", "psiu" e "alô você" são exemplos dessa função.
- **Metalinguística:** centrada no código. Quando o emissor se vale do código para explicar o próprio código, ou seja, num tipo de comunicação autorreferente. Como exemplo, podemos citar um livro de gramática, que se vale da língua para explicar a própria língua; uma aula de didática (sobre como dar aula); ou mesmo um poema que se refere ao processo de escrita de um poema. O poema a seguir é um ótimo exemplo de função metalinguística.

*Catar feijão*

*Catar feijão se limita com escrever:*
*jogam-se os grãos na água do alguidar*
*e as palavras na da folha de papel;*
*e depois, joga-se fora o que boiar.*
*Certo, toda palavra boiará no papel,*
*água congelada, por chumbo seu verbo:*
*pois para catar esse feijão, soprar nele,*
*e jogar fora o leve e oco, palha e eco.*
*Ora, nesse catar feijão entra um risco:*
*o de que entre os grãos pesados entre*
*um grão qualquer, pedra ou indigesto,*
*um grão imastigável, de quebrar dente.*
*Certo não, quando ao catar palavras:*
*a pedra dá à frase seu grão mais vivo:*
*obstrui a leitura fluviante, flutual,*
*açula a atenção, isca-a com risco.*

MELO NETO, João Cabral de. **Obra completa**. Rio de Janeiro: Nova Aguilar, 1995.

# 20 TIPOLOGIA TEXTUAL

O primeiro item que se deve ter em mente na hora de analisar um texto segundo sua tipologia é o caráter da predominância. Isso quer dizer que um mesmo agrupamento textual pode possuir características de diversas tipologias distintas, porém as questões costumam focalizar qual é o "tipo" predominante, o que mais está evidente no texto. Um pouco de bom-senso e uma pequena dose de conhecimento relativo ao assunto são necessários para obter sucesso nesse conteúdo.

Trabalharemos com três tipologias básicas: **narração, dissertação e descrição**.

## 20.1 Texto narrativo

Facilmente identificável, a tipologia narrativa guarda uma característica básica: contar algo, transmitir a ocorrência de fatos e/ou ações que possuam um registro espacial e temporal. Quer dizer, a narração necessita, também, de um espaço bem-marcado e de um tempo em que as ações narradas ocorram. Discorramos sobre cada aspecto separadamente.

**São elementos de** uma narração:

- **Personagem:** quem pratica ação dentro da narrativa, é claro. Deve-se observar que os personagens podem possuir características físicas (altura, aparência, cor do cabelo etc.) e psicológicas (temperamento, sentimentos, emoções etc.), as quais podem ser descritas ao longo do texto.
- **Espaço:** trata-se do local em que a ação narrativa ocorre.
- **Tempo:** é o lapso temporal em que a ação é descrita. O tempo pode ser enunciado por um simples "era uma vez".
- **Ação:** não existe narração sem ação! Ou seja, os personagens precisam fazer algo, ou sofrer algo para que haja ação narrativa.
- **Narrador:** afinal, como será contada uma estória sem uma voz que a narre? Portanto, este é outro elemento estruturante da tipologia narrativa. O narrador pode estar inserido na narrativa ou apenas "observar" e narrar os acontecimentos.

Note-se que, na tipologia narrativa, os verbos flexionados no pretérito são mais evidentes.

Eis um exemplo de narração, tente observar os elementos descritos anteriormente, no texto a seguir:

*Um apólogo*
*Era uma vez uma agulha, que disse a um novelo de linha:*
*— Por que está você com esse ar, toda cheia de si, toda enrolada, para fingir que vale alguma cousa neste mundo?*
*— Deixe-me, senhora.*
*— Que a deixe? Que a deixe, por quê? Por que lhe digo que está com um ar insuportável? Repito que sim, e falarei sempre que me der na cabeça.*
*— Que cabeça, senhora? A senhora não é alfinete, é agulha. Agulha não tem cabeça. Que lhe importa o meu ar? Cada qual tem o ar que Deus lhe deu. Importe-se com a sua vida e deixe a dos outros.*
*— Mas você é orgulhosa.*
*— Decerto que sou.*
*— Mas por quê?*
*— É boa! Porque coso. Então os vestidos e enfeites de nossa ama, quem é que os cose, senão eu?*
*— Você? Esta agora é melhor. Você é que os cose? Você ignora que quem os cose sou eu e muito eu? – Você fura o pano, nada mais; eu é que coso, prendo um pedaço ao outro, dou feição aos babados...*
*— Sim, mas que vale isso? Eu é que furo o pano, vou adiante, puxando por você, que vem atrás obedecendo ao que eu faço e mando...*
*— Também os batedores vão adiante do imperador.*
*— Você é imperador?*
*— Não digo isso. Mas a verdade é que você faz um papel subalterno, indo adiante; vai só mostrando o caminho, vai fazendo o trabalho obscuro e ínfimo. Eu é que prendo, ligo, ajunto...*

*Estavam nisto, quando a costureira chegou à casa da baronesa. Não sei se disse que isto se passava em casa de uma baronesa, que tinha a modista ao pé de si, para não andar atrás dela. Chegou à costureira, pegou do pano, pegou da agulha, pegou da linha, enfiou a linha na agulha, e entrou a coser. Uma e outra iam andando orgulhosas, pelo pano adiante, que era a melhor das sedas, entre os dedos da costureira, ágeis como os galgos de Diana – para dar a isto uma cor poética. E dizia a agulha:*
*— Então, senhora linha, ainda teima no que dizia há pouco? Não repara que esta distinta costureira só se importa comigo; eu é que vou aqui entre os dedos dela, unidinha a eles, furando abaixo e acima...*
*A linha não respondia; ia andando. Buraco aberto pela agulha era logo enchido por ela, silenciosa e ativa, como quem sabe o que faz, e não está para ouvir palavras loucas. A agulha, vendo que ela não lhe dava resposta, calou-se também, e foi andando. E era tudo silêncio na saleta de costura; não se ouvia mais que o plic-plic-plic-plic da agulha no pano. Caindo o sol, a costureira dobrou a costura, para o dia seguinte. Continuou ainda nessa e no outro, até que no quarto acabou a obra, e ficou esperando o baile.*
*Veio a noite do baile, e a baronesa vestiu-se. A costureira, que a ajudou a vestir-se, levava a agulha espetada no corpinho, para dar algum ponto necessário. E enquanto compunha o vestido da bela dama, e puxava de um lado ou outro, arregaçava daqui ou dali, alisando, abotoando, acolchetando, a linha para mofar da agulha, perguntou-lhe:*
*— Ora, agora, diga-me, quem é que vai ao baile, no corpo da baronesa, fazendo parte do vestido e da elegância? Quem é que vai dançar com ministros e diplomatas, enquanto você volta para a caixinha da costureira, antes de ir para o balaio das mucamas? Vamos, diga lá.*
*Parece que a agulha não disse nada; mas um alfinete, de cabeça grande e não menor experiência, murmurou à pobre agulha:*
*— Anda, aprende, tola. Cansas-te em abrir caminho para ela e ela é que vai gozar da vida, enquanto aí ficas na caixinha de costura. Faze como eu, que não abro caminho para ninguém. Onde me espetam, fico.*
*Contei esta história a um professor de melancolia, que me disse, abanando a cabeça:*
*— Também eu tenho servido de agulha a muita linha ordinária!*
ASSIS, Machado de. Um apólogo. In: **Para Gostar de Ler**. v. 9, Contos. São Paulo: Ática, 1984, p. 59.

## 20.2 Texto dissertativo

O texto dissertativo, também chamado por alguns de informativo, possui a finalidade de discorrer sobre determinado assunto, apresentando fatos, opiniões de especialistas, dados quantitativos ou mesmo informações sobre o assunto da dissertação. É preciso entender que nem sempre a dissertação busca persuadir o seu interlocutor, ela pode simplesmente transmitir informações pertinentes ao assunto dissertado.

Quando a persuasão é objetivada, o texto passa a ter também características argumentativas. A rigor, as questões de concurso público focalizam a tipologia, não seus interstícios, portanto, não precisa ficar desesperado com o fato de haver diferença entre texto dissertativo-expositivo e texto dissertativo-argumentativo. Importa saber que ele é dissertativo.

Ressalta-se que toda boa dissertação possui a **introdução** do tema, o **desenvolvimento** coeso e coerente, que está vinculado ao que se diz na introdução, e uma **conclusão** lógica do texto, evidenciando o que se permite compreender por meio da exposição dos parágrafos de desenvolvimento.

A tipologia dissertativa pode ser facilmente encontrada em editoriais, textos de divulgação acadêmica, ou seja, com caráter científico, ensaios, resenhas, artigos científicos e textos pedagógicos.

**Exemplo de dissertação:**

*Japão foi avisado sobre problemas em usinas dois anos antes, diz Wikileaks*
*O Wikileaks, site de divulgação de informações consideradas sigilosas, vazou um documento que denuncia que o governo japonês já havia sido avisado pela vigilância nuclear internacional que suas usinas poderiam não ser capazes de resistir a terremotos. O relatório, assinado pelo embaixador Thomas Schieffer obtido pelo WikiLeaks foi publicado hoje pelo jornal britânico, The Guardian.*

# TIPOLOGIA TEXTUAL

O documento revela uma conversa de dezembro de 2008 entre o então deputado japonês, Taro Kono, e um grupo diplomático norte-americano durante um jantar. Segundo o relatório, um membro da Agência Internacional de Energia Atômica (AIEA) disse que as normas de segurança estavam obsoletas para aguentar os fortes terremotos, o que significaria "um problema grave para as centrais nucleares". O texto diz ainda que o governo do Japão encobria custos e problemas associados a esse ramo da indústria.

Diante da recomendação da AIEA, o Japão criou um centro de resposta de emergência em Fukushima, capaz de suportar, apenas, tremores até magnitude 7,0.

Como visto anteriormente, conceituar, polemizar, questionar a lógica de algum tema, explicar ou mesmo comentar uma notícia são estratégias dissertativas. Vamos dividir essa tipologia textual em dois tipos essencialmente diferentes: o **dissertativo-expositivo** e o **dissertativo-argumentativo**.

## Padrão dissertativo-expositivo

A característica fundamental do padrão expositivo da dissertação é utilizar a estrutura da prosa não para convencer alguém de alguma coisa, e sim para apresentar uma ideia, apresentar um conceito. O princípio do texto expositivo não é a persuasão, é a informação e, justamente por tal fato, ficou conhecido como informativo. Para garantir uma boa interpretação desse padrão textual, é importante buscar a ideia principal (que deve estar presente na introdução do texto) e, depois, entender quais serão os aspectos que farão o texto progredir.

- **Onde posso encontrar esse tipo de texto?** Jornais revistas, sites sobre o mundo de economia e finanças. Diz-se que esse tipo de texto focaliza a função referencial da linguagem.
- **Como costuma ser o tipo de questão relacionada ao texto dissertativo-expositivo?** Geralmente, os elaboradores questionam sobre as informações veiculadas pelo texto. A tendência é que o elaborador inverta as informações contidas no texto.
- **Como resolver mais facilmente?** Toda frase que mencionar o conceito ou a quantidade de alguma coisa deve ser destacada para facilitar a consulta.

## Padrão dissertativo-argumentativo

No texto do padrão dissertativo-argumentativo, existe uma opinião sendo defendida e existe uma posição ideológica por detrás de quem escreve o texto. Se analisarmos a divisão dos parágrafos de um texto com características argumentativas, perceberemos que a introdução apresenta sempre uma tese (ou hipótese) que é defendida ao longo dos parágrafos.

Uma vez feito isso, o candidato deve entender qual é a estratégia utilizada pelo produtor do texto para defender seu ponto de vista. Na verdade, agora é o momento de colocar "a mão na massa" para valer, uma vez que aqueles enunciados que iniciam com "infere-se da argumentação do texto", "depreende-se dos argumentos do autor" serão vencidos caso se observem os fatores de interpretação corretos:

- Conexão entre as ideias do texto (atenção para as conjunções).
- Articulação entre as ideias do texto (atenção para a combinação de argumentos).
- Progressão do texto.

## Recursos argumentativos

Quando o leitor interage com uma fonte textual, deve observar – tratando-se de um texto com o padrão dissertativo-argumentativo – que o autor se vale de recursos argumentativos para construir seu raciocínio dentro do texto. Vejamos alguns recursos importantes:

- **Argumento de autoridade:** baseado na exposição do pensamento de algum especialista ou alguma autoridade no assunto. Citações, paráfrases e menções ao indivíduo podem ser tomadas ao longo do texto. É importante saber diferenciar se a opinião colocada em foco é a do autor ou se é a do indivíduo que ele cita ao longo do texto.
- **Argumento com base em consenso:** parte de uma ideia tomada como consensual, o que leva o leitor a entender apenas aquilo que o elaborador mostra. Sentenças do tipo "todo mundo sabe que", "é de conhecimento geral que" identificam esse tipo de argumentação.
- **Argumento com fundamentação concreta:** basear aquilo que se diz em algum tipo de pesquisa ou fato que ocorre com certa frequência.
- **Argumento silogístico (com base em um raciocínio lógico):** do tipo hipotético – "Se ... então".
- **Argumento de competência linguística:** consiste em adequar o discurso ao panorama linguístico de quem é tido como possível leitor do texto.
- **Argumento de exemplificação:** utilizar casos ou pequenos relatos para ilustrar a argumentação do texto.

## 20.3 Texto descritivo

Em um texto descritivo, faz-se um tipo de retrato por escrito de um lugar, uma pessoa, um animal ou um objeto. Os adjetivos são abundantes nessa tipologia, uma vez que a sua função de caracterizar os substantivos é extremamente exigida nesse contexto. É possível existir um texto descritivo que enuncie características de sensações ou sentimentos, porém não é muito comum em provas de concurso público. Não há relação temporal na descrição. Os verbos relacionais são mais presentes para poder evidenciar aspectos e características. Significa "criar" com palavras uma imagem.

**Exemplo de texto descritivo:**

*Texto extraído da prova do BRB (2010) – Banca CESPE/UnB*

**Nome científico:** *Ginkgo biloba L.*
**Nome popular:** *Nogueira-do-japão*
**Origem:** *Extremo Oriente*
**Aspecto:** *as folhas dispõem-se em leque e são semelhantes ao trevo; a altura da árvore pode chegar a 40 metros; o fruto lembra uma ameixa e contém uma noz que pode ser assada e comida*

## 20.4 Conotação × denotação

É interessante, quando se estuda o conteúdo de tipologia textual, ressaltar a distinção conceitual entre o sentido conotativo e o sentido denotativo da linguagem. Vejamos como se opera essa distinção:

**Sentido conotativo:** figurado, ou abstrato. Relaciona-se com as figuras de linguagem.

- Adalberto **entregou sua alma a Deus**.

    A ideia de entregar a alma a Deus é figurada, ou seja, não ocorre literalmente, pois não há um serviço de entrega de almas. Essa é uma figura que convencionamos chamar de **metáfora**.

**Sentido denotativo:** literal, ou do dicionário. Relaciona-se com a função **referencial** da linguagem.

- Adalberto **morreu**.

    Quando dizemos função referencial, entende-se que o falante está preocupado em transmitir precisamente o fato ocorrido, sem apelar para figuras de pensamento. Essa frase do exemplo serviu para mostrar o sinônimo da figura de linguagem anterior.

# 21 GÊNEROS TEXTUAIS

Os gêneros textuais podem ser textos orais ou escritos, formais ou informais. Eles possuem características em comum, como a intenção comunicativa, mas há algumas características que os distinguem uns dos outros.

## 21.1 Gêneros textuais e esferas de circulação

Cada gênero textual está vinculado a uma esfera de circulação, ou seja, um lugar comum em que ele pode ser encontrado.

**Cotidiana:** adivinhas, diário, álbum de família exposição oral, anedotas, fotos, bilhetes, músicas, cantigas de roda, parlendas, carta pessoal, piadas, cartão, provérbios, cartão postal, quadrinhas, causos, receitas, comunicado, relatos de experiências vividas, convites, trava-línguas, *curriculum vitae*.

**Literária/artística:** autobiografia, letras de músicas, biografias, narrativas de aventura, contos, narrativas de enigma, contos de fadas, narrativas de ficção, contos de fadas contemporâneos, narrativas de humor, crônicas de ficção, narrativas de terror, escultura, narrativas fantásticas, fábulas, narrativas míticas, fábulas contemporâneas, paródias, haicais, pinturas, histórias em quadrinhos, poemas, lendas, romances, literatura de cordel, tankas, memórias, textos dramáticos.

**Científica:** artigos, relatos históricos, conferências, relatórios, debates, palestras, verbetes, pesquisas.

**Escolar:** atas, relatos históricos, cartazes, relatórios, debates, regrados, relatos de experiências, diálogos/discussões argumentativas científicas, exposições orais, resenhas, júris simulados, resumos, mapas, seminários, palestras, textos argumentativos, pesquisas, textos de opinião, verbetes de enciclopédias.

**Jornalística:** imprensas, agendas culturais, fotos, anúncios de emprego, horóscopos, artigos de opinião, infográficos, caricaturas, manchetes, cartas ao leitor, mapas, mesas redondas, cartuns, notícias, charges, reportagens, classificados, resenhas críticas, crônicas jornalísticas, sinopses de filmes, editoriais, tiras, entrevistas (orais e escritas).

**Publicidade:** anúncios, músicas, caricaturas, **paródias**, cartazes, placas, comerciais para televisão, publicidades comerciais, *e-mails*, publicidades institucionais, *folders*, publicidades oficiais, fotos, textos políticos, *slogans*.

**Política:** abaixo-assinados, debates regrados, assembleias, discursos políticos, cartas de emprego, fóruns, cartas de reclamação, manifestos, cartas de solicitação, mesas redondas, debates, panfletos.

**Jurídica:** boletins de ocorrência, estatutos, constituição brasileira, leis, contratos, ofícios, declaração de direitos, procurações, depoimentos, regimentos, discursos de acusação, regulamentos, discursos de defesa, requerimentos.

**Social:** bulas, relatos históricos, manuais técnicos, relatórios, placas, relatos de experiências científicas, resenhas, resumos, seminários, textos argumentativos, textos de opinião, verbetes de enciclopédias.

**Midiática:** *blogs, realities show, chats, talks show*, desenhos animados, telejornais, e-mails, telenovelas, entrevistas, torpedos, filmes, vídeos clip, fotoblogs, videoconferências, *home page*.

## 21.2 Exemplos de gêneros textuais

**Artigo:** o artigo de opinião é um gênero textual que faz parte da esfera jornalística e tem por finalidade a exposição do ponto de vista sobre um determinado assunto. Assim como a dissertação, ele também se compõe de um título, uma introdução, um desenvolvimento e uma conclusão.

**Ata:** a ata tem como finalidade registrar ocorrências, resoluções e decisões de reuniões, sessões realizadas por algum órgão, setor, entidade etc.

Estrutura da ata:
- Dia, mês, ano e hora (por extenso);
- Local da reunião;
- Pessoas presentes, devidamente qualificadas;
- Ordem do dia (pauta);
- Fecho.

Observações:
- Não há disposição quanto à quantidade de pessoas que deve assinar a ata; pode ser assinada apenas pelo presidente e pelo secretário.
- A ata deve ser redigida de modo que não sejam possíveis alterações posteriores à assinatura (há o emprego de expressões "digo" e "em tempo").
- Não há parágrafos ou alíneas.
- A ata é o registro fiel.

**Atestado:** atestado é o documento mediante o qual a autoridade comprova um fato ou situação de que tenha conhecimento em razão do cargo que ocupa ou da função que exerce. Destina-se à comprovação de fatos ou situações passíveis de modificações frequentes. É uma mera declaração, ao passo que a certidão é uma transcrição. Ato administrativo enunciativo, o atestado é, em síntese, afirmação oficial de fatos.

**Partes:**
- **Título ou epígrafe:** denominação do ato (atestado).
- **Texto:** exposição do objeto da atestação. Pode-se declarar, embora não seja obrigatório, a pedido de quem e com que finalidade o documento é emitido.
- **Local e data:** cidade, dia, mês e ano da emissão do ato, podendo também citar, preferentemente sob forma de sigla, o nome do órgão em que a autoridade signatária do atestado exerce suas funções.
- **Assinatura:** nome e cargo ou função da autoridade que atesta.

**Apostila:** apostila é a averbação, feita abaixo dos textos ou no verso de decretos e portarias pessoais (nomeação, promoção, ascensão, transferência, readaptação, reversão, aproveitamento, reintegração, recondução, remoção, exoneração, demissão, dispensa, disponibilidade e aposentadoria), para que seja corrigida flagrante inexatidão material do texto original (erro na grafia de nomes próprios, lapso na especificação de datas etc.), desde que essa correção não venha a alterar a substância do ato já publicado.

Tratando-se de erro material em decreto pessoal, a apostila deve ser feita pelo Ministro de Estado que o propôs. Se o lapso houver ocorrido em portaria pessoal, a correção por apostilamento estará a cargo do ministro ou secretário signatário da portaria. Nos dois casos, a apostila deve sempre ser publicada no Boletim de Serviço ou Boletim Interno correspondente e, quando se tratar de ato referente a ministro de Estado, também no Diário Oficial da União.

A finalidade da correção de inexatidões materiais por meio de apostila é evitar que se sobrecarregue o Presidente da República com a assinatura de atos repetidos, e que se onere a Imprensa Nacional com a republicação de atos.

**Forma e estrutura:**
- Título, em maiúsculas e centralizado sobre o texto.
- Texto, no qual deve constar a correção que está sendo feita, a ser iniciada com a remissão ao decreto que autoriza esse procedimento.
- Local e data, por extenso:
  - Por exemplo: Brasília, em 12 de novembro de 1990.
- Identificação do signatário, abaixo da assinatura:
  - Por exemplo: NOME (em maiúsculas)
    Secretário da Administração Federal

No original do ato normativo, próximo à apostila, deverá ser mencionada a data de publicação da apostila no Boletim de Serviço ou no Boletim Interno.

**Carta:** pode ter caráter argumentativo quando se trata de uma carta aberta ou carta do leitor. Quando se trata de carta pessoal, há a presença de aspectos narrativos ou descritivos.

## GÊNEROS TEXTUAIS

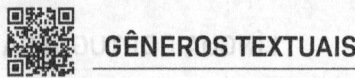

**Charge:** é um gênero textual em que é feita uma ilustração cômica, irônica, por meio de caricaturas, com o objetivo de satirizar, criticar ou fazer um comentário sobre algum acontecimento, que é atual, em sua grande maioria.

A charge é um dos gêneros textuais mais cobrados em questões de concurso. Deve-se dar atenção à crítica feita pelo autor, a qual pode ser percebida pela relação texto verbal e não verbal (palavras e imagens).

**Certidão:** certidão é o ato pelo qual se procede à publicidade de algo relativo à atividade Cartorária, a fim de que não haja dúvidas. Possui formato padrão próprio, termos essenciais que lhe dão suas características. Exige linguagem formal, objetiva e concisa.

**Termos essenciais da certidão:**
- **Afirmação:** certidão e dou fé que.
- **Identificação do motivo de sua expedição:** a pedido da parte interessada.
- **Ato a que se refere:** revendo os assentamentos constantes deste cartório, não logrei encontrar ação movida contra (nome).
- **Data:** de sua expedição.
- **Assinatura:** do escrivão.

**Circular:** é utilizada para transmitir avisos, ordens, pedidos ou instruções, dar ciência de leis, decretos, portarias etc.
- Destina-se a uma ou mais de uma pessoa/órgão/empresa. No caso de mais de um destinatário, todas as vias distribuídas devem ser iguais.
- A paragrafação pode seguir o estilo americano (sem entradas de parágrafo), ou estilo tradicional. No caso de estilo americano, todo o texto, a data e a assinatura devem ser alinhados à margem esquerda. No estilo tradicional, devem ser centralizados.

**Partes:**
- **Timbre:** impresso no alto do papel.
- **Título e número:** cerca de três linhas do timbre e no centro da folha. O número pode vir seguido do ano.
- **Data:** deve estar próxima do título e número, ao lado ou abaixo, podendo se apresentar de várias formas:
  - Por exemplo:
  - CIRCULAR Nº 01, DE 2 MARÇO DE 2002
  - CIRCULAR Nº 01
  - De 2 de março de 2002
  - CIRCULAR Nº 01/02
  - Rio de Janeiro, 2 de março de 2002
- **Ementa (opcional):** deve vir abaixo do título e data, cerca de três linhas.
  - Ementa: Material de consumo.
  - Ref.: Material de consumo.
- **Invocação:** cerca de quatro linhas do título. Dependendo do assunto e destinatários, a invocação é dispensável.
  - Excelentíssimo Senhor:
  - Senhor Prefeito:
  - Senhores Pais:
- **Texto:** cerca de três linhas do título. Deve conter:
  - Exposição do assunto, desenvolvida a partir dos objetivos.
  - A sensibilização do receptor/destinatário;
  - Convite a agir.
  - Cumprimento final:
  - Respeitosamente,
  - Atenciosamente,
- **Assinatura:** cerca de quatro linhas do cumprimento final. É composta do nome do emissor (só as iniciais maiúsculas) e cargo ou função (todo em maiúscula):
  - Por exemplo:
  - Herivelto Nascimento
  - DIRETOR
- **Anexos:** quando houver documentos a anexar, escreve-se a palavra anexo à margem esquerda, seguida da relação do que está anexado:
  - Por exemplo:
    - Anexo: quadro de horários.
    - Anexa: cópia do documento.
    - Anexas: tabela de horários e cópia dos documentos.
- **Iniciais:** na última linha útil do papel, à esquerda, devemos escrever as iniciais de quem elaborou o texto (redator), seguidas das iniciais de quem a datilografou/digitou (em maiúscula ou minúscula, tanto faz). Quando o redator e o datilógrafo forem a mesma pessoa, basta colocar a barra seguida das iniciais:
  - PPS/AZ
  - Pps/az
  - /pps
  - /PPS
- **Declaração:** a declaração deve ser fornecida por pessoa credenciada ou idônea que nele assume a responsabilidade sobre uma situação ou a concorrência de um fato. Portanto, é uma comprovação escrita com caráter de documento. A declaração pode ser manuscrita em papel almaço simples ou digitada. Quanto ao aspecto formal, divide-se nas seguintes etapas:
  - **Timbre:** impresso com cabeçalho, contendo o nome do órgão ou empresa. Nas declarações particulares, usa-se papel sem timbre.
  - **Título:** no centro da folha, em caixa alta.
  - **Texto:**
    - Identificação do emissor.
    - O verbo atestar ou declarar deve aparecer no presente do indicativo, terceira pessoa do singular ou do plural.
    - Finalidade do documento: em geral, costuma-se usar o termo "para os devidos fins". Também se pode especificar: "para fins de trabalho", "para fins escolares" etc.
    - Nome e dados de identificação do interessado.
    - Citação do fato a ser atestado.
  - **Local e data:** deve-se escrevê-lo acerca de três linhas do texto.

**Editorial:** é um gênero textual dissertativo-argumentativo que apresenta o posicionamento de uma empresa, revista, jornal sobre determinado assunto.

**Entrevista:** é um gênero textual em que aparece o diálogo entre o entrevistador e o(s) entrevistado(s), para obter informações sobre o entrevistado ou algum assunto. Podem aparecer elementos expositivos, argumentativos e narrativos.

**Edital:** é um documento em que são apresentados avisos, citações, determinações.

São diversos os tipos de editais, de acordo com o objetivo: pode comunicar uma citação, um proclame, um contrato, uma exoneração, uma licitação de obras, serviços, tomada de preço etc.

Entre eles, os editais mais comuns são os de concursos públicos, que determinam as etapas dos processos seletivos e as competências necessárias para a sua execução.

# 22 COMPREENSÃO E INTERPRETAÇÃO DE TEXTOS

## 22.1 Ideias preliminares sobre o assunto

Para interpretar um texto, o indivíduo precisa de muita atenção e de muito treino. Interpretar pode ser comparado com o disparar de uma arma: apenas temos chance de acertar o alvo se treinarmos muito e soubermos combinar todos os elementos externos ao disparo: velocidade do ar, direção, distância etc.

Quando o assunto é texto, o primordial é estabelecer uma relação contextual com aquilo que estamos lendo. Montar o contexto significa associar o que está escrito no texto-base com o que está disposto nas questões. Lembre-se de que as questões são elaboradas com a intenção de testar os concursandos, ou seja, deve ficar atento para todas as palavras e para todas as possibilidades de mudança de sentido que possa haver nas questões.

É preciso, para entender as questões de interpretação de qualquer banca, buscar o raciocínio que o elaborador da questão emprega na redação da questão. Usualmente, objetiva-se a depreensão dos sentidos do texto. Para tanto, destaque os itens fundamentais (as ideias principais contidas nos parágrafos) para poder refletir sobre tais itens dentro das questões.

## 22.2 Semântica ou pragmática?

Existe uma discussão acadêmica sobre o que possa ser considerado como semântica e como pragmática. Em que pese o fato de os universitários divergirem a respeito do assunto, vamos estabelecer uma distinção simples, apenas para clarear nossos estudos.

- **Semântica:** disciplina que estuda o **significado** dos termos. Para as questões relacionadas a essa área, o comum é que se questione acerca da troca de algum termo e a manutenção do sentido original da sentença.
- **Pragmática:** disciplina que estuda o **sentido** que um termo assume dentro de determinado contexto. Isso quer dizer que a identificação desse sentido depende do entorno linguístico e da intenção de quem exprime a sentença.

Para exemplificar essa situação, vejamos o exemplo a seguir:

- **Pedro está na geladeira.**

Nesse caso, é possível que uma questão avalie a capacidade de o leitor compreender que há, no mínimo, dois sentidos possíveis para essa sentença: um deles diz respeito ao fato de a expressão "na geladeira" poder significar algo como "ele foi até a geladeira buscar algo", o que – coloquialmente – significaria uma expressão indicativa de lugar.

O outro sentido diz respeito ao fato de "na geladeira" significar que "foi apartado de alguma coisa para receber algum tipo de punição".

A questão sobre **semântica** exigiria que o candidato percebesse a possibilidade de trocar a palavra "geladeira" por "refrigerador" – havendo, nesse caso, uma relação de sinonímia.

A questão de **pragmática** exigiria que o candidato percebesse a relação contextualmente estabelecida, ou seja, a criação de uma figura de linguagem (um tipo de metáfora) para veicular um sentido particular.

## 22.3 Questão de interpretação

Como se faz para saber que uma questão de interpretação é uma questão de interpretação?

Respondendo a essa pergunta, entende-se que há pistas que identificam a questão como pertencente ao rol de questões para interpretação. Os indícios mais precisos que costumam aparecer nas questões são:

- Reconhecimento da intenção do autor.
- Ponto de vista defendido.
- Argumentação do autor.
- Sentido da sentença.

Apesar disso, não são apenas esses os indícios de que uma questão é de interpretação. Dependendo da banca, podemos ter a natureza interpretativa distinta, principalmente porque o critério de intepretação é mais subjetivo que objetivo. Algumas bancas podem restringir o entendimento do texto; outras podem extrapolá-lo.

## 22.4 Dicas para interpretação

Há três elementos fundamentais para boa interpretação:

- Eliminação dos vícios de leitura.
- Organização.
- Sagacidade.

### 22.4.1 Vícios de leitura

A pior coisa que pode acontecer com o concursando, quando recebe um texto complexo para ler e interpretar, é cair num vício de leitura. Veja se você possui algum deles. Caso possua, tente eliminar o quanto antes.

Movimento

Como tudo inicia. O indivíduo pega o texto para ler e não para quieto. Troca a maneira de sentar, troca a posição do texto, nada está bom, nada está confortável. Em casa, senta para estudar e o que acontece? Fome. Depois? Sede. Então, a pessoa fica se mexendo para pegar comida, para tomar água, para ficar mais sossegado e o fluxo de leitura vai para o espaço. Fique quieto! O conceito é militar! Sente-se e permaneça assim até acabar a leitura, do contrário, vai acabar com a possibilidade de entender o que está escrito. Estudar com televisão, rádio, redes sociais e qualquer coisa dispersiva desse gênero só vai atrapalhar você.

Apoio

Não é aconselhável utilizar apoios para a leitura, tais como: réguas, acompanhar a linha com a caneta, ler em voz baixa, passar o dedo pelo papel etc. Basta pensar que seus olhos são muito mais rápidos que qualquer movimento ou leitura em voz alta.

"Garoto da borboleta"

Se você possui os vícios anteriores, certamente é um "garoto da borboleta" também. Isso quer dizer que é desatento e fica facilmente (fatalmente) disperso. Tudo chama sua atenção: caneta batendo na mesa, o concorrente barulhento, a pessoa estranha que está em sua frente, o tempo passando etc. Você vai querer ficar voltando ao início do texto porque não conseguiu compreender nada e, finalmente, vai perder as questões de interpretação.

### 22.4.2 Organização da leitura

Para que ocorra organização, é necessário compreender que todo texto possui:

- **Posto:** aquilo que é dito no texto. O conteúdo expresso.
- **Pressuposto:** aquilo que não está dito, mas que é facilmente compreendido.
- **Subentendido:** o que se pode interpretar por uma soma de dito com não-dito.

# COMPREENSÃO E INTERPRETAÇÃO DE TEXTOS

Veja um exemplo:

Alguém diz: "felizmente, meu tio parou de beber." É certo que o dito se compõe pelo conteúdo da mensagem: o homem parou de beber. O não-dito, ou pressuposto, fica a cargo da ideia de que o homem bebia e, agora, não bebe mais. Por sua vez, o subentendido pode ser abstraído como "meu tio possuía problemas com a bebida e eu assumo isso por meio da sentença que profiro". Não é difícil! É necessário, no entanto, possuir uma certa "malandragem linguística" para perceber isso de início.

## 22.5 Dicas para organização

As dicas de organização não são novas, mas são eficazes, vamos lá:

- **Ler mais de uma vez o texto (quando for curto, é lógico)**

A primeira leitura é para tomar contato com o assunto, a segunda, para observar como o texto está articulado.

Ao lado de cada parágrafo, escreva a principal ideia (tópico frasal) ou argumento mais forte do trecho. Isso ajuda você a ter clareza da temática e como ela está sendo desenvolvida.

Se o texto for muito longo, recomenda-se ler primeiro a questão de interpretação, para, então, buscá-la na leitura.

- **Observar as relações entre parágrafos**

Observar que há relações de exemplificação, oposição e causalidade entre os parágrafos do texto, por isso, tente compreender as relações intratextuais nos parágrafos.

Ficar de olho aberto para as conjunções adversativas: *no entanto, contudo, entretanto* etc.

- **Atentar para o comando da questão**

Responda àquilo que foi pedido.

- **Dica:** entenda que modificar e prejudicar o sentido não são a mesma coisa.

- **Palavras de alerta (polarizadoras)**

Sublinhar palavras como: *erro, incorreto, correto* e *exceto*, para não se confundir no momento de responder à questão.

*Inaceitável, incompatível* e *incongruente* também podem aparecer.

- **Limitar os horizontes**

Não imaginar que você sabe o que o autor quis dizer, mas sim entender o que ele disse: o que ele escreveu. Não extrapolar a significação do texto. Para isso, é importante prestar atenção ao significado das palavras.

Pode até ser coerente o que você concluiu, mas se não há base textual, descarte.

O homem **pode** morrer de infarto. / O homem **deve** morrer de infarto.

- **Busque o tema central do texto**

Geralmente aparece no primeiro parágrafo do texto.

- **Desenvolvimento**

Se o enunciado mencionar a argumentação do texto, você deve buscar entender o que ocorre com o desenvolvimento dos parágrafos.

Verificar se o desenvolvimento ocorre por:
- Causa e consequência.
- Enumeração de fatos.
- Retrospectiva histórica.
- Fala de especialista.
- Resposta a um questionamento.
- Sequência de dados.
- Estudo de caso.
- Exemplificação.

- **Relatores**

Atentar para os pronomes relativos e demonstrativos no texto. Eles auxiliam o leitor a entender como se estabelece a coesão textual.

Alguns deles: *que, cujo, o qual, onde, esse, este, isso, isto* etc.

- **Entender se a questão é de interpretação ou de compreensão**
  - Interpretação

Parte do texto para uma conclusão. As questões que solicitam uma inferência costumam apresentar as seguintes estruturas:

"É possível entender que..."
"O texto possibilita o entendimento de que..."
"O texto encaminha o leitor para..."
"O texto possibilita deduzir que..."
"Depreende-se do texto que..."
"Com apoio no texto, infere-se que..."
"Entende-se que..."
"Compreende-se que..."
"Compreensão"

Buscam-se as informações solicitadas pela questão no texto. As questões dessa natureza possuem as seguintes estruturas:

"De acordo com o texto, é possível afirmar..."
"Segundo o texto..."
"Conforme o autor..."
"No texto..."
"Conforme o texto..."

- **Tome cuidado com as generalizações**

Na maior parte das vezes, o elaborador da prova utiliza a generalização para tornar a questão incorreta.

Atenção para as palavras: *sempre, nunca, exclusivamente, unicamente, somente.*

| O que você não deve fazer! |
|---|
| **"Viajar" no texto**: interpretar algo para além do que o texto permite. |
| Interpretar apenas um trecho do texto. |
| **Entender o contrário:** fique atento a palavras como "pode", "não", "deve" etc. |

### 22.5.1 Astúcia da banca

Talvez seja essa a característica mais difícil de se desenvolver no concursando, pois ela envolve o conhecimento do tipo de interpretação e dos limites estabelecidos pelas bancas. Só há uma maneira de ficar esperto estudando para concurso público: realizando provas! Pode parecer estranho, mas depois de resolver 200 questões da mesma banca, você já consegue prever como será a próxima questão. Prever é garantir o acerto! Então, faça exercícios até cansar e, quando cansar, faça mais um pouco.

Vamos trabalhar com alguns exemplos agora:

- **Exemplo I**

*Entre os maiores obstáculos ao pleno desenvolvimento do Brasil, está a educação. Este é o próximo grande desafio que deve ser enfrentado com paciência, mas sem rodeios. É a bola da vez dentro das políticas públicas prioritárias do Estado. Nos anos 1990 do século passado, o país derrotou a inflação – que corroía salários, causava instabilidade política e irracionalidade econômica. Na primeira década deste século, os avanços deram-se em direção a uma agenda social, voltada para a redução da pobreza e da desigualdade estrutural. Nos próximos anos, a questão da melhoria da qualidade do ensino deve ser uma obrigação dos governantes, sejam quais forem os ungidos pelas decisões das urnas.*

**Jornal do Brasil**, Editorial, 21/1/2010 (com adaptações).

Agora o mesmo texto, devidamente marcado.

> Entre **os maiores obstáculos** ao pleno desenvolvimento do Brasil, está a educação. Este é o **próximo grande desafio** que deve ser enfrentado com paciência, mas sem rodeios. É a **bola da vez** dentro das políticas públicas prioritárias do Estado. **Nos anos 90 do século passado**, o país derrotou a inflação – que corroía salários, causava instabilidade política e irracionalidade econômica. **Na primeira década deste século**, os avanços deram-se em direção a uma agenda social, voltada para a redução da pobreza e da desigualdade estrutural. **Nos próximos anos**, a questão da melhoria da qualidade do ensino deve ser uma **OBRIGAÇÃO DOS GOVERNANTES**, sejam quais forem os ungidos pelas decisões das urnas.

Observe que destacamos para você elementos que podem surgir, posteriormente como questões. O texto inicia falando que há mais obstáculos além da educação. Também argumenta, posteriormente, que já houve outros desafios além desse que ele chama de "próximo grande desafio". Utilizando uma expressão de sentido **conotativo** (bola da vez), o escritor anuncia que a educação ocupa posição de destaque quando o assunto se volta para as políticas públicas prioritárias do Estado.

No decorrer do texto, que se desenvolve por um tipo de retrospectiva histórica (veja o que está destacado), o redator traça um panorama dessas políticas públicas ao longo da história do país, fazendo uma previsão para os anos vindouros (o que foi destacado em caixa alta).

- **Exemplo II**

> Um passo fundamental para que não nos enganemos quanto à **natureza do capitalismo contemporâneo** e o significado das políticas empreendidas pelos países centrais para enfrentar a recente **crise econômica** é problematizarmos, com cuidado, o termo **neoliberalismo**: "começar pelas palavras talvez não seja coisa vã", escreve Alfredo Bosi em Dialética da Colonização.
>
> **A partir da década de 1980**, buscando exprimir a natureza do capitalismo contemporâneo, muitos, principalmente os críticos, utilizaram esta palavra que, por fim, se generalizou. Mas o que, de fato, significa? O prefixo neo quer dizer novo; portanto, novo liberalismo. Ora, durante o século **XIX deu-se a construção de um liberalismo** que viria encontrar a sua crise definitiva na I Guerra Mundial em 1914 e na crise de 1929. Mas desde o período entre guerras e, sobretudo, depois, com o término da II Guerra Mundial, em 1945, tomou corpo um novo modelo, principalmente na Europa, que de certa forma se contrapunha ao velho liberalismo: era **o mundo da socialdemocracia**, da presença do Estado na vida econômica, das ações políticas inspiradas na reflexão teórica do economista britânico John Keynes, um crítico do liberalismo econômico clássico que viveu na primeira metade do século XX. Quando esse modelo também entrou em crise, no princípio da década de 1970, surgiu a perspectiva de **reconstrução da ordem liberal**. Por isso, novo liberalismo, neoliberalismo.

Grupo de São Paulo, disponível em: http://www.correiocidadania.com.br/content/view/5158/9/. Acesso em: 28/10/2010. (Adaptado)

- **Exemplo III**

    *Em Defesa do Voto Obrigatório*

> O voto, direito duramente conquistado, **deve ser considerado um dever** cívico, sem o exercício do qual o **direito se descaracteriza ou se perde**, afinal liberdade e democracia são fins e não apenas meios. Quem vive em uma comunidade política não pode estar **desobrigado** de opinar sobre os rumos dela. Nada contra a desobediência civil, recurso legítimo para o protesto cidadão, que, no caso eleitoral, se pode expressar no voto nulo (cuja tecla deveria constar na máquina utilizada para votação). Com o **voto facultativo**, o direito de votar e o de não votar ficam inscritos, em pé de igualdade, no corpo legal. Uma parte do eleitorado deixará voluntariamente de opinar sobre a constituição do poder político. O desinteresse pela política e a descrença no voto são registrados como mera "escolha", sequer como desobediência civil ou protesto. **A consagração da alienação política** como um direito legal interessa aos conservadores, reduz o peso da soberania popular e desconstitui o sufrágio como universal.
>
> Para o **cidadão ativo**, que, além de votar, se organiza para garantir os direitos civis, políticos e sociais, o enfoque é inteiramente outro. O tempo e o **trabalho dedicado ao acompanhamento continuado da política não se apresentam como restritivos da liberdade individual**. Pelo contrário, são obrigações auto assumidas no esforço de construção e aprofundamento da democracia e de vigília na defesa das liberdades individuais e públicas. A ideia de que a democracia se constrói nas lutas do dia a dia se contrapõe, na essência, ao modelo liberal. O cidadão escolado na disputa política sabe que a liberdade de não ir votar é uma armadilha. Para que o sufrágio continue universal, para que todo poder emane do povo e não, dos donos do poder econômico, o voto, além de ser um direito, **deve conservar a sua condição de dever cívico**.

# 23 INTERPRETAÇÃO DE TEXTO POÉTICO

Cada vez mais comum em provas de concursos públicos, o texto poético possui suas particularidades. Nem todas as pessoas possuem a capacidade de ler um texto poético, quanto mais interpretá-lo. Justamente por esse fato, ele tem sido o predileto dos examinadores que querem dificultar a vida dos candidatos.

Antes de passar à interpretação propriamente dita, é preciso identificar a nomenclatura das partes de um poema. Cada "linha" do poema é chamada de **"verso"**, o conjunto de versos é chamado de **"estrofe"**. A primeira sugestão para quem pretende interpretar um poema é segmentar a interpretação por estrofe e anotar o sentido trazido ao lado e cada trecho.

Geralmente, as bancas pecam ao diferenciar **autor** de **eu-lírico**. O primeiro é realmente a pessoa por detrás da caneta, ou seja, é quem efetivamente escreve o texto; o segundo é a "voz" do poema, a "pessoa" fictícia, abstrata que figura como quem traz o poema para o leitor.

Outra dificuldade muito comum é a leitura do texto. Como o texto está em uma disposição que não é mais tão usual, as pessoas têm dificuldade para realizar a leitura. Eis uma dica fundamental: só interrompa a leitura quando chegar a um ponto ou a uma vírgula, porque é dessa maneira que se lê um texto poético. Além disso, é preciso que, mesmo mentalmente, o indivíduo tente dar ênfase na leitura, pois isso pode ajudar na interpretação.

Comumente, o vocabulário do texto poético não é acessível e, em razão disso, costuma haver notas explicativas com o significado das palavras, jamais ignore essa informação! Pode ser a salvação para a interpretação do texto lido.

Veja um exemplo:

**Nel mezzo del camin**

*Cheguei. Chegaste. Vinhas fatigada*
*E triste, e triste e fatigado eu vinha.*
*Tinhas a alma de sonhos povoada,*
*E a alma de sonhos povoada eu tinha...*

*E paramos de súbito na estrada*
*Da vida: longos anos, presa à minha*
*A tua mão, a vista deslumbrada*
*Tive da luz que teu olhar continha.*

*Hoje, segues de novo... Na partida*
*Nem o pranto os teus olhos umedece,*
*Nem te comove a dor da despedida.*
*E eu, solitário, volto a face, e tremo,*
*Vendo o teu vulto que desaparece*
*Na extrema curva do caminho extremo.*

(Olavo Bilac)

Existe outro fator extremamente importante na hora de tentar entender o conteúdo de um texto poético: o **título**! Nem todo poema possui um título, é claro, mas os que possuem ajudam, e muito, na compreensão do "assunto" do poema.

É claro que ter conhecimento do autor e do estilo de escrita por ele adotado é a ferramenta mais importante para que o candidato compreenda com profundidade o que está sendo veiculado pelo texto, porém, como grande parte das bancas ainda não chegou a esse nível de aprofundamento interpretativo, apenas o reconhecimento da superfície do texto já é suficiente para responder às questões.

Vejamos alguns textos para explanar melhor:

**Bem no fundo**

*No fundo, no fundo,*
*Bem lá no fundo,*
*A gente gostaria*
*De ver nossos problemas*
*Resolvidos por decreto*

*A partir desta data,*
*Aquela mágoa sem remédio*
*É considerada nula*
*E sobre ela – silêncio perpétuo*

*Extinto por lei todo o remorso,*
*Maldito seja quem olhar pra trás,*
*Lá pra trás não há nada,*
*E nada mais*

*Mas problemas não se resolvem,*
*Problemas têm família grande,*
*E aos domingos saem todos passear*
*O problema, sua senhora*
*E outros pequenos probleminhas*

(Paulo Leminski)

**Interpretação:** por mais que trabalhemos para resolvermos nossos problemas, a única certeza é a de que eles continuarão existindo, pois é isso o que nos move.

## 23.1 Tradução de sentido

As questões de tradução de sentido costumam ser o "calcanhar de Aquiles" dos candidatos. A maneira mais eficaz de resolvê-las é buscar relações de sinonímia em ambos os lados da sentença. Com isso, fica mais fácil acertar a questão.

Consideremos a relação de sinonímia presente entre "alegria" e "felicidade". Esses dois substantivos não significam, rigorosamente, a mesma coisa, mas são considerados sinônimos contextuais, se considerarmos um texto. Disso, entende-se que o sinônimo é identificado contextualmente e não depende, necessariamente, do conhecimento do sentido de todas as palavras.

Seria bom se fosse sempre dessa maneira. Ocorre que algumas bancas tentam selecionar de maneira não rigorosa os candidatos, cobrando deles o chamado "conhecimento que não é básico". O melhor exemplo é pedir o significado da palavra "adrede", o qual pouquíssimas pessoas conhecem.

## 23.2 Organização de texto

Em algumas bancas, é comum haver questões que apresentam um texto desordenado, para que o candidato o reordene, garantido a **coesão** e a **coerência**. Além disso, não é raro haver trecho de texto com lacunas para preencher com alguns parágrafos. Para que isso ocorra, é mister saber o que significa coesão e coerência. Vamos a algumas definições simples.

### 23.2.1 Coesão

**Coesão** é o conjunto de procedimentos e mecanismos que estabelecem conexão dentro do texto, o que busca garantir a progressão daquilo que se escreve nas sentenças. Pronomes, perífrases e sinônimos estão entre os mecanismos de coesão que podem ser empregados na sentença.

## 23.2.2 Coerência

**Coerência** diz respeito à organização de significância do texto, ou seja, o sentido daquilo que se escreve. A sequência temporal e o princípio de não contradição são os dispostos mais emergentes da coerência.

Em questões dessa natureza, busque analisar as sequências de entrada e saída dos textos. Veja se há definições e conectivos que encerram ideias, ou se há pronomes que buscam sequenciar as sentenças. Desse modo, fica mais fácil acertar a questão.

## 23.3 Significação das palavras

### 23.3.1 Compreensão, interpretação e intelecção

O candidato que é concurseiro de longa data sabe que, dentre as questões de interpretação de texto, é muito comum surgirem nomenclaturas distintas para fenômenos não tão distintos assim. Quer dizer que, se no seu edital há elementos como leitura, compreensão, intelecção ou interpretação de texto, no fundo, o conceito é o mesmo. Ocorre que, dentro desse processo de interpretação, há elementos importantes para a resolução dos certames.

### O que se diz e o que se pode ter dito

Sempre que há um momento de enunciação, o material linguístico serve de base para que os interlocutores negociem o sentido daquilo que está na comunicação. Isso ocorre por meio de vários processos. É possível destacar alguns mais relevantes:

- **Dito:** consiste na superfície do enunciado. O próprio material linguístico que se enuncia.
- **Não-dito:** consiste naquilo que se identifica imediatamente, quando se trabalha com o que está posto (o dito).
- **Subentendido:** consiste nos sentidos ativados por um processo inferencial de análise e síntese do material linguístico somado ao não-dito.

Vejamos isso em uma sentença para compreendermos a teoria.

- "A eleição de Barack Obama não é um evento apenas americano."
    - **Dito:** é o próprio conteúdo da sentença – o fato de a eleição em questão não ser um evento apenas americano.
    - **Não-dito:** alguém poderia pensar que a eleição teria importância apenas para os americanos.
    - **Subentendido:** pode-se concluir que a eleição em questão terá grandes repercussões, a um nível global.

## 23.4 Inferência

Para a finalidade dos concursos públicos, vamos considerar que a inferência é o resultado do processamento na leitura, ou seja, é aquilo que se pode "concluir" ou "depreender" da leitura de um texto.

No momento de responder a uma questão dessa natureza, recomenda-se prudência. Existe um conceito que parece fundamental para facilitar a resolução dessas questões. Ele se chama **ancoragem lexical**. Basicamente, entende-se como ancoragem lexical a inserção de algum elemento que dispara pressuposições e fomenta inferências, ou seja, se alguma questão pedir se é possível inferir algo, o candidato só poderá responder afirmativamente, se houver uma palavra ou uma expressão (âncora lexical) que permita associar diretamente esses elementos.

### Semântica (sentido)

Evidentemente, o conteúdo relativo à significação das palavras deve muito a uma boa leitura do dicionário. Na verdade, o vocabulário faz parte do histórico de leitura de qualquer pessoa: quanto mais você lê, maior é o número de palavras que você vai possuir em seu vocabulário. Como é impossível receitar a leitura de um dicionário, podemos arrolar uma lista com palavras que possuem peculiaridades na hora de seu emprego. Falo especificamente de **sinônimos, antônimos, homônimos e parônimos**. Mãos à obra!

▷ **Sinônimos:**
- Sentido aproximado: não existem sinônimos perfeitos:
    - Feliz – alegre – contente.
    - Palavra – vocábulo.
    - Professor – docente.
    - O **professor** Mário chegou à escola. O **docente** leciona matemática.

▷ **Antônimos:**
- Oposição de sentido:
    - Bem – mal.
    - Bom – mau.
    - Igual – diferente.

▷ **Homônimos:** são palavras com escrita ou pronúncia iguais (semelhantes), porém com significado (sentido) diferente.
- Adoro comer **manga** com sal.
- Derrubei vinho na **manga** da camisa.

Há três tipos de homônimos: homógrafos, homófonos e homônimos perfeitos.

- **Homógrafos** – palavras que possuem a mesma grafia, mas o som é diferente.
    - O meu **olho** está doendo.
    - Quando eu **olho** para você, dói.
- **Homófonos** – apresentam grafia diferente, mas o som é semelhante.
    - A **cela** do presídio foi incendiada.
    - A **sela** do cavalo é novinha.
- **Homônimos perfeitos** – possuem a mesma grafia e o mesmo som.
    - O **banco** foi assaltado.
    - O **banco** da praça foi restaurado ontem.
    - Ele não **para** de estudar.
    - Ele olhou **para** a prova.
- **Parônimos:** são palavras que possuem escrita e pronúncia semelhantes, mas com significado distinto.
    - O professor fez a **descrição** do conteúdo.
    - Haja com muita **discrição**, Marivaldo.

Aqui vai uma lista para você se precaver quanto aos sentidos desses termos:

- **Ascender** (subir) e **acender** (pôr fogo, alumiar).
    - Quando Nero **ascendeu** em Roma, ele **acendeu** Roma.
- **Acento** (sinal gráfico) e **assento** (lugar de sentar-se).
    - O **acento** grave indica crase.
    - O **assento** 43 está danificado.
- **Acerca de** (a respeito de) e **cerca de** (aproximadamente).
    - Há cerca de (faz aproximadamente).
    - Falamos **acerca de** Português ontem.
    - José mora **cerca de** mim.
    - Há **cerca de** 10 anos, leciono Português.
- **Afim** (semelhante a) e **a fim de** (com a finalidade de).
    - Nós possuímos ideias **afins**.
    - Nós estamos estudando **a fim** de passar.

## INTERPRETAÇÃO DE TEXTO POÉTICO

- **Aprender** (instruir-se) e **apreender** (assimilar).
    Quando você **apreender** o conteúdo, saberá que **aprendeu** o conteúdo.
- **Área** (superfície) e **ária** (melodia, cantiga).
    O tenor executou a **ária**.
    A polícia cercou a **área**.
- **Arrear** (pôr arreios) e **arriar** (abaixar, descer).
    Precisamos **arrear** o cavalo.
    Joaquim **arriou** as calças.
- **Caçar** (apanhar animais) e **cassar** (anular).
    O veado foi **caçado**.
    O deputado teve sua candidatura **cassada**.
- **Censo** (recenseamento) e **senso** (raciocínio).
    Finalizou-se o **censo** no Brasil.
    Argumentou com bom-**senso**.
- **Cerração** (nevoeiro) **serração** (ato de serrar).
    Nos dias de chuva, pode haver **cerração**.
    Rolou a maior **serração** na madeireira ontem.
- **Cerrar** (fechar) e **serrar** (cortar).
    **Cerrou** os olhos para a verdade.
    Marina **serrou**, acidentalmente, o nariz na serra.
- **Cessão** (ato de ceder), **seção** (divisão), **secção** (corte) e **sessão** (reunião).
    O órgão pediu a **cessão** do espaço.
    Compareça à **seção** de materiais.
    Fez-se uma **secção** no azulejo.
    Assisti à **sessão** de cinema ontem. Passava "A Lagoa Azul".
- **Concerto** (sessão musical) e **conserto** (reparo).
    Vamos ao **concerto** hoje.
    Fizeram o **conserto** do carro.
- **Mal** (antônimo de bem) e **mau** (antônimo de bom).
    O homem **mau** vai para o inferno.
    O **mal** nunca prevalece sobre o bem.
- **Ratificar** (confirmar) e **retificar** (corrigir).
    O documento **ratificou** a decisão.
    O documento **retificou** a decisão.
- **Tacha** (pequeno prego, mancha) e **taxa** (imposto, percentagem).
    Comprei uma **tacha**.
    Paguei outra **taxa**.
    **Bucho** (estômago) e **buxo** (arbusto)
- **Calda** (xarope) e **cauda** (rabo)
- **Cela** (pequeno quarto) e **sela** (arreio)
- **Chá** (bebida) e **xá** (título do soberano da Pérsia, atual Irã, antes da revolução islâmica)
- **Cheque** (ordem de pagamento) e **xeque** (lance do jogo de xadrez)
- **Comprimento** (extensão) e **cumprimento** (saudação)
- **Conjetura** (hipótese) e **conjuntura** (situação)
- **Coser** (costurar) e **cozer** (cozinhar)
- **Deferir** (costurar) e **diferir** (distinguir-se)
- **Degredado** (desterrado, exilado) e **degradado** (rebaixado, estragado)
- **Descrição** (ato de descrever) e **discrição** (reserva, qualidade de discreto)
- **Descriminar** (inocentar) e **discriminar** (distinguir)

- **Despensa** (lugar de guardar mantimentos) e **dispensa** (isenção, licença)
- **Despercebido** (não notado) e **desapercebido** (desprovido, despreparado)
- **Emergir** (vir à tona) e **imergir** (mergulhar)
- **Eminente** (notável, célebre) e **iminente** (prestes a acontecer)
- **Esbaforido** (ofegante, cansado) e **espavorido** (apavorado)
- **Esperto** (inteligente) e **experto** (perito)
- **Espiar** (observar) e **expiar** (sofrer castigo)
- **Estada** (ato de estar, permanecer) e **estadia** (permanência, estada por tempo limitado)
- **Estático** (imóvel) e **extático** (pasmo)
- **Estrato** (tipo de nuvem) e **extrato** (resumo)
- **Flagrante** (evidente) e **fragrante** (perfumado)
- **Fluir** (correr) e **fruir** (gozar, desfrutar)
- **Incidente** (episódio) e **acidente** (acontecimento grave)
- **Incipiente** (principiante) e **insipiente** (ignorante)
- **Inflação** (desvalorização do dinheiro) e **infração** (violação, transgressão)
- **Infligir** (aplicar castigo) e **infringir** (transgredir)
- **Intercessão** (ato de interceder) e **interseção ou intersecção** (ato de cortar)
- **Laço** (nó) e **lasso** (frouxo)
- **Mandado** (ordem judicial) e **mandato** (período político)
- **Ótico** (relativo ao ouvido) e **óptico** (relativo à visão)
- **Paço** (palácio) e **passo** (passada)
- **Peão** (empregado/peça de xadrez) e **pião** (brinquedo)
- **Pequenez** (pequeno) e **pequinês** (ração de cão, de Pequim)
- **Pleito** (disputa) e **preito** (homenagem)
- **Proeminente** (saliente) e **preeminente** (nobre, distinto)
- **Prescrição** (ordem expressa) e **proscrição** (eliminação, expulsão)
- **Prostrar-se** (humilhar-se) e **postar-se** (permanecer por muito tempo)
- **Ruço** (grisalho, desbotado) e **russo** (da Rússia)
- **Sexta** (numeral cardinal), **cesta** (utensílio) e **sesta** (descanso depois do almoço)
- **Sortido** (abastecido) e **surtido** (produzido, causado)
- **Sortir** (abastecer) e **surtir** (efeito ou resultado)
- **Sustar** (suspender) e **suster** (sustentar)
- **Tilintar** (soar) e **tiritar** (tremer)
- **Tráfego** (trânsito) e **tráfico** (comércio ilícito)
- **Vadear** (passa a pé ou a cavalo, atravessar o rio) e **vadiar** (vagabundear)
- **Viagem** (substantivo) e **viajem** (verbo)
- **Vultoso** (volumoso, grande vulto) e **vultuoso** (inchado)

# 24 TIPOS DE DISCURSO

**Discurso** está relacionado à construção de textos, tanto orais quanto escritos, portanto, ele é considerado uma prática social.

Em um texto, podem ser encontrados três tipos de discurso: o discurso **direto**, o **indireto** e o **indireto livre**.

## 24.1 Discurso direto

São as falas das personagens. Esse discurso pode aparecer em forma de diálogos e citações, e vem marcado com alguma pontuação (travessão, dois pontos, aspas etc.). Ou seja, o discurso direto reproduz fielmente a fala de alguém.

- Por exemplo:
    O médico disse à paciente:
    Você precisa fazer exercícios físicos regularmente.

## 24.2 Discurso indireto

É a reprodução da fala de alguém, a qual é feita pelo narrador. Normalmente, esse discurso é escrito em terceira pessoa.

- Por exemplo:
    O médico disse à paciente que ela precisava fazer exercícios regulamente.

## 24.3 Discurso indireto livre

É a ocorrência do discurso direto e indireto ao mesmo tempo. Ou seja, o narrador conta a história, mas as personagens também têm voz própria.

No exemplo a seguir, há um discurso direto: "que raiva", que mostra a fala da personagem.

"Retirou as asas e estraçalhou-a. Só tinham beleza. Entretanto, qualquer urubu... que raiva..." (Ana Maria Machado)

No trecho a seguir, há uma fala da personagem, mesclada com a narração: "Para que estar catando defeitos no próximo?".

"D. Aurora sacudiu a cabeça e afastou o juízo temerário. Para que estar catando defeitos no próximo? Eram todos irmãos. Irmãos." (Graciliano Ramos)

Exemplo de uma transposição de discurso direto para indireto:

Ana perguntou:
– Qual a resposta correta?
Ana perguntou qual era a resposta correta.

Ressalta-se que nas questões de reescrita que tratam da transposição de discursos, é mais frequente a substituição do direto pelo indireto.

# 25 REDAÇÃO DE CORRESPONDÊNCIAS OFICIAIS

## 25.1 Aspectos Gerais da Redação Oficial

### 25.1.1 Panorama da comunicação oficial

A finalidade da língua é comunicar, quer pela fala, quer pela escrita. Para que haja comunicação, são necessários:

a) alguém que comunique;
b) algo a ser comunicado;
c) alguém que receba essa comunicação.

No caso da redação oficial, quem comunica é sempre o serviço público (este/esta ou aquele/aquela Ministério, Secretaria, Departamento, Divisão, Serviço, Seção); o que se comunica é sempre algum assunto relativo às atribuições do órgão que comunica; e o destinatário dessa comunicação é o público, uma instituição privada ou outro órgão ou entidade pública, do Poder Executivo ou dos outros Poderes. Além disso, deve-se considerar a intenção do emissor e a finalidade do documento, para que o texto esteja adequado à situação comunicativa.

A necessidade de empregar determinado nível de linguagem nos atos e nos expedientes oficiais decorre, de um lado, do próprio caráter público desses atos e comunicações; de outro, de sua finalidade. Os atos oficiais, aqui entendidos como atos de caráter normativo, ou estabelecem regras para a conduta dos cidadãos, ou regulam o funcionamento dos órgãos e entidades públicos, o que só é alcançado se, em sua elaboração, for empregada a linguagem adequada. O mesmo se dá com os expedientes oficiais, cuja finalidade precípua é a de informar com clareza e objetividade.

### 25.1.2 O que é redação oficial

Em uma frase, pode-se dizer que redação oficial é a maneira pela qual o Poder Público redige comunicações oficiais e atos normativos. Neste Manual, interessa-nos tratá-la do ponto de vista da administração pública federal.

A redação oficial não é necessariamente árida e contrária à evolução da língua. É que sua finalidade básica – comunicar com objetividade e máxima clareza – impõe certos parâmetros ao uso que se faz da língua, de maneira diversa daquela da literatura, do texto jornalístico, da correspondência particular etc.

Apresentadas essas características fundamentais da redação oficial, passemos à análise pormenorizada de cada um de seus atributos.

### 25.1.3 Atributos da redação oficial

▷ A redação oficial deve caracterizar-se por:
- clareza e precisão;
- objetividade;
- concisão;
- coesão e coerência;
- impessoalidade;
- formalidade e padronização; e
- uso da norma padrão.

Fundamentalmente, esses atributos decorrem da Constituição, que dispõe, no art. 37: "A administração pública direta, indireta, de qualquer dos Poderes da União, dos Estados, do Distrito Federal e dos Municípios obedecerá aos princípios de legalidade, impessoalidade, moralidade, publicidade e eficiência (...)". Sendo a publicidade, a impessoalidade e a eficiência princípios fundamentais de toda a administração pública, devem igualmente nortear a elaboração dos atos e das comunicações oficiais.

### Clareza e precisão

#### Clareza

A clareza deve ser a qualidade básica de todo texto oficial. Pode-se definir como claro aquele texto que possibilita imediata compreensão pelo leitor. Não se concebe que um documento oficial ou um ato normativo de qualquer natureza seja redigido de forma obscura, que dificulte ou impossibilite sua compreensão. A transparência é requisito do próprio Estado de Direito: é inaceitável que um texto oficial ou um ato normativo não seja entendido pelos cidadãos. O princípio constitucional da publicidade não se esgota na mera publicação do texto, estendendo-se, ainda, à necessidade de que o texto seja claro.

▷ Para a obtenção de clareza, sugere-se:
- utilizar palavras e expressões simples, em seu sentido comum, salvo quando o texto versar sobre assunto técnico, hipótese em que se utilizará nomenclatura própria da área;
- usar frases curtas, bem estruturadas; apresentar as orações na ordem direta e evitar intercalações excessivas. Em certas ocasiões, para evitar ambiguidade, sugere-se a adoção da ordem inversa da oração;
- buscar a uniformidade do tempo verbal em todo o texto;
- não utilizar regionalismos e neologismos;
- pontuar adequadamente o texto;
- explicitar o significado da sigla na primeira referência a ela; e
- utilizar palavras e expressões em outro idioma apenas quando indispensáveis, em razão de serem designações ou expressões de uso já consagrado ou de não terem exata tradução. Nesse caso, grafe-as em itálico, conforme orientações do subitem 10.2 deste Manual.

#### Precisão

▷ O atributo da precisão complementa a clareza e caracteriza-se por:
- articulação da linguagem comum ou técnica para a perfeita compreensão da ideia veiculada no texto;
- manifestação do pensamento ou da ideia com as mesmas palavras, evitando o emprego de sinonímia com propósito meramente estilístico; e
- escolha de expressão ou palavra que não confira duplo sentido ao texto.

É indispensável, também, a releitura de todo o texto redigido. A ocorrência, em textos oficiais, de trechos obscuros provém principalmente da falta da releitura, o que tornaria possível sua correção. Na revisão de um expediente, deve-se avaliar se ele será de fácil compreensão por seu destinatário. O que nos parece óbvio pode ser desconhecido por terceiros. O domínio que adquirimos sobre certos assuntos, em decorrência de nossa experiência profissional, muitas vezes, faz com que os tomemos como de conhecimento geral, o que nem sempre é verdade. Explicite, desenvolva, esclareça, precise os termos técnicos, o significado das siglas e das abreviações e os conceitos específicos que não possam ser dispensados.

A revisão atenta exige tempo. A pressa com que são elaboradas certas comunicações quase sempre compromete sua clareza. "Não há assuntos urgentes, há assuntos atrasados", diz a máxima. Evite-se, pois, o atraso, com sua indesejável repercussão no texto redigido.

A clareza e a precisão não são atributos que se atinjam por si sós: elas dependem estritamente das demais características da redação oficial, apresentadas a seguir.

### Objetividade

Ser objetivo é ir diretamente ao assunto que se deseja abordar, sem voltas e sem redundâncias. Para conseguir isso, é fundamental que o redator saiba de antemão qual é a ideia principal e quais são as secundárias.

Procure perceber certa hierarquia de ideias que existe em todo texto de alguma complexidade: as fundamentais e as secundárias. Essas últimas podem esclarecer o sentido daquelas, detalhá-las, exemplificá-las; mas existem também ideias secundárias que não acrescentam informação alguma ao texto, nem têm maior relação com as fundamentais, podendo, por isso, ser dispensadas, o que também proporcionará mais objetividade ao texto.

A objetividade conduz o leitor ao contato mais direto com o assunto e com as informações, sem subterfúgios, sem excessos de palavras e de ideias. É errado supor que a objetividade suprime a delicadeza de expressão ou torna o texto rude e grosseiro.

## Concisão

A concisão é antes uma qualidade do que uma característica do texto oficial. Conciso é o texto que consegue transmitir o máximo de informações com o mínimo de palavras. Não se deve de forma alguma entendê-la como economia de pensamento, isto é, não se deve eliminar passagens substanciais do texto com o único objetivo de reduzi-lo em tamanho. Trata-se, exclusivamente, de excluir palavras inúteis, redundâncias e passagens que nada acrescentem ao que já foi dito.

Detalhes irrelevantes são dispensáveis: o texto deve evitar caracterizações e comentários supérfluos, adjetivos e advérbios inúteis, subordinação excessiva. A seguir, um exemplo1 de período mal construído, prolixo:

> Exemplo:
> Apurado, com impressionante agilidade e precisão, naquela tarde de 2009, o resultado da consulta à população acriana, verificou-se que a esmagadora e ampla maioria da população daquele distante estado manifestou-se pela efusiva e indubitável rejeição da alteração realizada pela Lei nº 11.662/2008. Não satisfeita, inconformada e indignada, com a nova hora legal vinculada ao terceiro fuso, a maioria da população do Acre demonstrou que a ela seria melhor regressar ao quarto fuso, estando cinco horas a menos que em Greenwich.

Nesse texto, há vários detalhamentos desnecessários, abusou-se no emprego de adjetivos (impressionante, esmagadora, ampla, inconformada, indignada), o que lhe confere carga afetiva injustificável, sobretudo em texto oficial, que deve primar pela impessoalidade. Eliminados os excessos, o período ganha concisão, harmonia e unidade:

> Exemplo:
> Apurado o resultado da consulta à população acreana, verificou-se que a maioria da população manifestou-se pela rejeição da alteração realizada pela Lei no 11.662/2008. Não satisfeita com a nova hora legal vinculada ao terceiro fuso, a maioria da população do Acre demonstrou que a ela seria melhor regressar ao quarto fuso, estando cinco horas menos que em Greenwich.

## Coesão e coerência

É indispensável que o texto tenha coesão e coerência. Tais atributos favorecem a conexão, a ligação, a harmonia entre os elementos de um texto. Percebe-se que o texto tem coesão e coerência quando se lê um texto e se verifica que as palavras, as frases e os parágrafos estão entrelaçados, dando continuidade uns aos outros.

Alguns mecanismos que estabelecem a coesão e a coerência de um texto são: referência, substituição, elipse e uso de conjunção.

A referência diz respeito aos termos que se relacionam a outros necessários à sua interpretação. Esse mecanismo pode dar-se por retomada de um termo, relação com o que é precedente no texto, ou por antecipação de um termo cuja interpretação dependa do que se segue.

> Exemplos:
> O Deputado evitou a instalação da CPI da corrupção. Ele aguardou a decisão do Plenário. O TCU apontou estas irregularidades: falta de assinatura e de identificação no documento.

A substituição é a colocação de um item lexical no lugar de outro(s) ou no lugar de uma oração.

> Exemplos:
> O Presidente assinou o acordo. O Chefe do Poder Executivo federal propôs reduzir as alíquotas.
>
> O memorando está pronto. O documento trata da exoneração do servidor.
>
> Os governadores decidiram acatar a decisão. Em seguida, os prefeitos fizeram o mesmo.

A elipse consiste na omissão de um termo recuperável pelo contexto.

> Exemplo:
> O decreto regulamenta os casos gerais; a portaria, os particulares. (Na segunda oração, houve a omissão do verbo "regulamenta").

Outra estratégia para proporcionar coesão e coerência ao texto é utilizar conjunção para estabelecer ligação entre orações, períodos ou parágrafos.

> Exemplo:
> O Embaixador compareceu à reunião, pois identificou o interesse de seu Governo pelo assunto.

## Impessoalidade

A impessoalidade decorre de princípio constitucional (Constituição, art. 37), e seu significado remete a dois aspectos: o primeiro é a obrigatoriedade de que a administração pública proceda de modo a não privilegiar ou prejudicar ninguém, de que o seu norte seja, sempre, o interesse público; o segundo, a abstração da pessoalidade dos atos administrativos, pois, apesar de a ação administrativa ser exercida por intermédio de seus servidores, é resultado tão-somente da vontade estatal.

A redação oficial é elaborada sempre em nome do serviço público e sempre em atendimento ao interesse geral dos cidadãos. Sendo assim, os assuntos objetos dos expedientes oficiais não devem ser tratados de outra forma que não a estritamente impessoal.

Percebe-se, assim, que o tratamento impessoal que deve ser dado aos assuntos que constam das comunicações oficiais decorre:

- da ausência de impressões individuais de quem comunica: embora se trate, por exemplo, de um expediente assinado por Chefe de determinada Seção, a comunicação é sempre feita em nome do serviço público. Obtém-se, assim, uma desejável padronização, que permite que as comunicações elaboradas em diferentes setores da administração pública guardem entre si certa uniformidade;
- da impessoalidade de quem recebe a comunicação: ela pode ser dirigida a um cidadão, sempre concebido como público, ou a uma instituição privada, a outro órgão ou a outra entidade pública. Em todos os casos, temos um destinatário concebido de forma homogênea e impessoal; e
- do caráter impessoal do próprio assunto tratado: se o universo temático das comunicações oficiais se restringe a questões que dizem respeito ao interesse público, é natural não caber qualquer tom particular ou pessoal.

Não há lugar na redação oficial para impressões pessoais, como as que, por exemplo, constam de uma carta a um amigo, ou de um artigo assinado de jornal, ou mesmo de um texto literário. A redação oficial deve ser isenta da interferência da individualidade de quem a elabora. A concisão, a clareza, a objetividade e a formalidade de que nos valemos para elaborar os expedientes oficiais contribuem, ainda, para que seja alcançada a necessária impessoalidade.

## Formalidade e padronização

As comunicações administrativas devem ser sempre formais, isto é, obedecer a certas regras de forma (BRASIL, 2015a). Isso é válido tanto para as comunicações feitas em meio eletrônico (por exemplo, o e-mail, o documento gerado no SEI!, o documento em html etc), quanto para os eventuais documentos impressos.

É imperativa, ainda, certa formalidade de tratamento. Não se trata somente do correto emprego deste ou daquele pronome de tratamento para uma autoridade de certo nível, mais do que isso: a formalidade diz respeito à civilidade no próprio enfoque dado ao assunto do qual cuida a comunicação.

A formalidade de tratamento vincula-se, também, à necessária uniformidade das comunicações. Ora, se a administração pública federal é una, é natural que as comunicações que expeça sigam o mesmo padrão. O estabelecimento desse padrão, uma das metas deste Manual, exige que se atente para todas as características da redação oficial e que se cuide, ainda, da apresentação dos textos.

A digitação sem erros, o uso de papéis uniformes para o texto definitivo, nas exceções em que se fizer necessária a impressão, e a correta diagramação do texto são indispensáveis para a padronização. Consulte o Capítulo II, "As comunicações oficiais", a respeito de normas específicas para cada tipo de expediente.

Em razão de seu caráter público e de sua finalidade, os atos normativos e os expedientes oficiais requerem o uso do padrão culto do idioma, que acata os preceitos da gramática formal e emprega um léxico compartilhado pelo conjunto dos usuários da língua. O uso do padrão culto é, portanto, imprescindível na redação oficial por estar acima das diferenças lexicais, morfológicas ou sintáticas, regionais; dos modismos vocabulares e das particularidades linguísticas.

▷ Recomendações:
- a língua culta é contra a pobreza de expressão e não contra a sua simplicidade;
- o uso do padrão culto não significa empregar a língua de modo rebuscado ou utilizar figuras de linguagem próprias do estilo literário;
- a consulta ao dicionário e à gramática é imperativa na redação de um bom texto.

Pode-se concluir que não existe propriamente um padrão oficial de linguagem, o que há é o uso da norma padrão nos atos e nas comunicações oficiais. É claro que haverá preferência pelo uso de determinadas expressões, ou será obedecida certa tradição no emprego das formas sintáticas, mas isso não implica, necessariamente, que se consagre a utilização de uma forma de linguagem burocrática. O jargão burocrático, como todo jargão, deve ser evitado, pois terá sempre sua compreensão limitada.

## 25.2 Redação das Comunicações Oficiais

### 25.2.1 Introdução

A redação das comunicações oficiais deve, antes de tudo, seguir os preceitos explicitados no Capítulo I, "Aspectos gerais da redação oficial". Além disso, há características específicas de cada tipo de expediente, que serão tratadas em detalhe neste capítulo. Antes de passarmos à sua análise, vejamos outros aspectos comuns a quase todas as modalidades de comunicação oficial.

### 25.2.2 Pronomes de tratamento

Tradicionalmente, o emprego dos pronomes de tratamento adota a segunda pessoa do plural, de maneira indireta, para referenciar atributos da pessoa à qual se dirige. Na redação oficial, é necessário atenção para o uso dos pronomes de tratamento em três momentos distintos: no endereçamento, no vocativo e no corpo do texto. No vocativo, o autor dirige-se ao destinatário no início do documento. No corpo do texto, pode-se empregar os pronomes de tratamento em sua forma abreviada ou por extenso. O endereçamento é o texto utilizado no envelope que contém a correspondência oficial.

A seguir, alguns exemplos de utilização de pronomes de tratamento no texto oficial.

| Autoridade | Endereçamento | Vocativo | Tratamento no corpo do texto | Abreviatura |
|---|---|---|---|---|
| Presidente da República | A Sua Excelência o Senhor | Excelentíssimo Senhor Presidente da República, | Vossa Excelência | Não se usa |
| Presidente do Congresso Nacional | A Sua Excelência o Senhor | Excelentíssimo Senhor Presidente do Congresso Nacional, | Vossa Excelência | Não se usa |
| Presidente do Supremo Tribunal Federal | A Sua Excelência o Senhor | Excelentíssimo Senhor Presidente do Supremo Tribunal Federal, | Vossa Excelência | Não se usa |
| Vice-Presidente da República | A Sua Excelência o Senhor | Senhor Vice-Presidente da República, | Vossa Excelência | V. Exa. |
| Ministro de Estado | A Sua Excelência o Senhor | Senhor Ministro, | Vossa Excelência | V. Exa. |
| Secretário-Executivo de Ministério e demais ocupantes de cargos de natureza especial | A Sua Excelência o Senhor | Senhor Secretário-Executivo, | Vossa Excelência | V. Exa. |

| Autoridade | Endereçamento | Vocativo | Tratamento no corpo do texto | Abreviatura |
|---|---|---|---|---|
| Embaixador | A Sua Excelência o Senhor | Senhor Embaixador, | Vossa Excelência | V. Exa. |
| Oficial-General das Forças Armadas | A Sua Excelência o Senhor | Senhor + Posto, | Vossa Excelência | V. Exa. |
| Outros postos militares | Ao Senhor | Senhor + Posto, | Vossa Senhoria | V. Sa. |
| Senador da República | A Sua Excelência o Senhor | Senhor Senador, | Vossa Excelência | V. Exa. |
| Deputado Federal | A Sua Excelência o Senhor | Senhor Deputado, | Vossa Excelência | V. Exa. |
| Ministro do Tribunal de Contas da União | A Sua Excelência o Senhor | Senhor Ministro do Tribunal de Contas da União, | Vossa Excelência | V. Exa. |
| Ministro dos Tribunais Superiores | A Sua Excelência o Senhor | Senhor Ministro, | Vossa Excelência | V. Exa. |

Os exemplos acima são meramente exemplificativos. A profusão de normas estabelecendo hipóteses de tratamento por meio do pronome "Vossa Excelência" para categorias específicas tornou inviável arrolar todas as hipóteses.

### 25.2.3 Concordância com os pronomes de tratamento

Exemplo:

Vossa Senhoria designará o assessor.

Os pronomes de tratamento apresentam certas peculiaridades quanto às concordâncias verbal, nominal e pronominal. Embora se refiram à segunda pessoa gramatical (à pessoa com quem se fala), levam a concordância para a terceira pessoa. Os pronomes Vossa Excelência ou Vossa Senhoria são utilizados para se comunicar diretamente com o receptor.

Da mesma forma, os pronomes possessivos referidos a pronomes de tratamento são sempre os da terceira pessoa.

Exemplo:

Vossa Senhoria designará seu substituto. (E não "Vossa Senhoria designará vosso substituto")

Já quanto aos adjetivos referidos a esses pronomes, o gênero gramatical deve coincidir com o sexo da pessoa a que se refere, e não com o substantivo que compõe a locução.

Exemplos:

Se o interlocutor for homem, o correto é: Vossa Excelência está atarefado.

Se o interlocutor for mulher: Vossa Excelência está atarefada.

O pronome Sua Excelência é utilizado para se fazer referência a alguma autoridade (indiretamente).

Exemplo:

A Sua Excelência o Ministro de Estado Chefe da Casa Civil (por exemplo, no endereçamento do expediente)

### 25.2.4 Signatário

Cargos interino e substituto

Na identificação do signatário, depois do nome do cargo, é possível utilizar os termos interino e substituto, conforme situações a seguir: interino é aquele nomeado para ocupar transitoriamente cargo público durante a vacância; substituto é aquele designado para exercer as atribuições de cargo público vago ou no caso de afastamento e impedimentos legais ou regulamentares do titular. Esses termos devem ser utilizados depois do nome do cargo, sem hífen, sem vírgula e em minúsculo.

Exemplos:

Diretor-Geral interino Secretário-Executivo substituto

Signatárias do sexo feminino

Na identificação do signatário, o cargo ocupado por pessoa do sexo feminino deve ser flexionado no gênero feminino.

Grafia de cargos compostos

Exemplos:

Ministra de Estado Secretária-Executiva interina Técnica Administrativa

Coordenadora Administrativa

▷ Escrevem-se com hífen:
- cargos formados pelo adjetivo "geral": diretor-geral, relator-geral, ouvidor-geral;

- postos e gradações da diplomacia: primeiro-secretário, segundo-secretário;
- postos da hierarquia militar: tenente-coronel, capitão-tenente;

Atenção: nomes compostos com elemento de ligação preposicionado ficam sem hífen: general de exército, general de brigada, tenente-brigadeiro do ar, capitão de mar e guerra;

- cargos que denotam hierarquia dentro de uma empresa: diretor-presidente, diretor-adjunto, editor-chefe, editor-assistente, sócio-gerente, diretor-executivo;
- cargos formados por numerais: primeiro-ministro, primeira-dama;
- cargos formados com os prefixos "ex" ou "vice": ex-diretor, vice-coordenador.

O novo Acordo Ortográfico tornou opcional o uso de iniciais maiúsculas em palavras usadas reverencialmente, por exemplo para cargos e títulos (exemplo: o Presidente francês ou o presidente francês). Porém, em palavras com hífen, após se optar pelo uso da maiúscula ou da minúscula, deve-se manter a escolha para a grafia de todos os elementos hifenizados: pode-se escrever "Vice-Presidente" ou "vice-presidente", mas não "Vice-presidente".

### 25.2.5 Vocativo

O vocativo é uma invocação ao destinatário. Nas comunicações oficiais, o vocativo será sempre seguido de vírgula.

Em comunicações dirigidas aos Chefes de Poder, utiliza-se a expressão Excelentíssimo Senhor ou Excelentíssima Senhora e o cargo respectivo, seguidos de vírgula.

Exemplos:
Excelentíssimo Senhor Presidente da República,
Excelentíssimo Senhor Presidente do Congresso Nacional,
Excelentíssimo Senhor Presidente do Supremo Tribunal Federal,

As demais autoridades, mesmo aquelas tratadas por Vossa Excelência, receberão o vocativo Senhor ou Senhora seguido do cargo respectivo.

Exemplos:
Senhora Senadora, Senhor Juiz, Senhora Ministra,

Na hipótese de comunicação com particular, pode-se utilizar o vocativo Senhor ou Senhora e a forma utilizada pela instituição para referir-se ao interlocutor: beneficiário, usuário, contribuinte, eleitor etc.

Exemplos:
Senhora Beneficiária, Senhor Contribuinte,

Ainda, quando o destinatário for um particular, no vocativo, pode-se utilizar Senhor ou Senhora seguido do nome do particular ou pode-se utilizar o vocativo "Prezado Senhor" ou "Prezada Senhora".

Exemplos:
Senhora [Nome], Prezado Senhor,

Em comunicações oficiais, está abolido o uso de Digníssimo (DD) e de Ilustríssimo (Ilmo.).

Evite-se o uso de "doutor" indiscriminadamente. O tratamento por meio de Senhor confere a formalidade desejada.

### O padrão ofício

Até a segunda edição deste Manual, havia três tipos de expedientes que se diferenciavam antes pela finalidade do que pela forma: o ofício, o aviso e o memorando. Com o objetivo de uniformizá-los, deve-se adotar nomenclatura e diagramação únicas, que sigam o que chamamos de padrão ofício.

▷ A distinção básica anterior entre os três era:
- aviso: era expedido exclusivamente por Ministros de Estado, para autoridades de mesma hierarquia;
- ofício: era expedido para e pelas demais autoridades; e
- memorando: era expedido entre unidades administrativas de um mesmo órgão.

Atenção: Nesta nova edição ficou abolida aquela distinção e passou-se a utilizar o termo ofício nas três hipóteses.

A seguir, será apresentada a estrutura do padrão ofício, de acordo com a ordem com que cada elemento aparece no documento oficial.

### 25.2.6 Partes do documento no padrão ofício

#### Cabeçalho

O cabeçalho é utilizado apenas na primeira página do documento, centralizado na área determinada pela formatação (ver subitem "5.2 Formatação e apresentação").

▷ No cabeçalho deverão constar os seguintes elementos:
- brasão de Armas da República2: no topo da página. Não há necessidade de ser aplicado em cores. O uso de marca da instituição deve ser evitado na correspondência oficial para não se sobrepor ao Brasão de Armas da República.
- nome do órgão principal;
- nomes dos órgãos secundários, quando necessários, da maior para a menor hierarquia; e
- espaçamento: entrelinhas simples (1,0).

Exemplo:

[Nome do órgão] [Secretaria/Diretoria]
[Departamento/Setor/Entidade]

Os dados do órgão, tais como endereço, telefone, endereço de correspondência eletrônica, sítio eletrônico oficial da instituição, podem ser informados no rodapé do documento, centralizados.

#### Identificação do expediente

Os documentos oficiais devem ser identificados da seguinte maneira:
- nome do documento: tipo de expediente por extenso, com todas as letras maiúsculas;
- indicação de numeração: abreviatura da palavra "número", padronizada como No;
- informações do documento: número, ano (com quatro dígitos) e siglas usuais do setor que expede o documento, da menor para a maior hierarquia, separados por barra (/); e
- alinhamento: à margem esquerda da página.

Exemplo:
OFÍCIO No 652/2018/SAA/SE/MT

#### Local e data do documento

Na grafia de datas em um documento, o conteúdo deve constar da seguinte forma:
- composição: local e data do documento;
- informação de local: nome da cidade onde foi expedido o documento, seguido de vírgula. Não se deve utilizar a sigla da unidade da federação depois do nome da cidade;
- dia do mês: em numeração ordinal se for o primeiro dia do mês e em numeração cardinal para os demais dias do mês. Não se deve utilizar zero à esquerda do número que indica o dia do mês;
- nome do mês: deve ser escrito com inicial minúscula;
- pontuação: coloca-se ponto-final depois da data; e
- alinhamento: o texto da data deve ser alinhado à margem direita da página.

Exemplo:
Brasília, 2 de fevereiro de 2018.

## Endereçamento

O endereçamento é a parte do documento que informa quem receberá o expediente.

▷ Nele deverão constar os seguintes elementos:
- vocativo: na forma de tratamento adequada para quem receberá o expediente (ver subitem "4.1 Pronomes de tratamento");
- nome: nome do destinatário do expediente;
- cargo: cargo do destinatário do expediente;
- endereço: endereço postal de quem receberá o expediente, dividido em duas linhas:

Primeira linha: informação de localidade/logradouro do destinatário ou, no caso de ofício ao mesmo órgão, informação do setor;

Segunda linha: CEP e cidade/unidade da federação, separados por espaço simples. Na separação entre cidade e unidade da federação pode ser substituída a barra pelo ponto ou pelo travessão. No caso de ofício ao mesmo órgão, não é obrigatória a informação do CEP, podendo ficar apenas a informação da cidade/unidade da federação; e

- alinhamento: à margem esquerda da página.

O pronome de tratamento no endereçamento das comunicações dirigidas às autoridades tratadas por Vossa Excelência terá a seguinte forma: "A Sua Excelência o Senhor" ou "A Sua Excelência a Senhora".

Quando o tratamento destinado ao receptor for Vossa Senhoria, o endereçamento a ser empregado é "Ao Senhor" ou "À Senhora". Ressalte-se que não se utiliza a expressão "A Sua Senhoria o Senhor" ou "A Sua Senhoria a Senhora".

Exemplos:

A Sua Excelência o Senhor

[Nome]

Ministro de Estado da Justiça
Esplanada dos Ministérios
Bloco T 70064-900 Brasília/
DF 70070-030 Brasília. DF
Brasília — DF

À Senhora

[Nome]

Diretora de Gestão de Pessoas
SAUS Q. 3 Lote 5/6 Ed Sede
I Diretoria de Material, Seção

Ao Senhor

[Nome]

Chefe da Seção de Compras
I Diretoria de Material, Seção
70064-900 Brasília/DF

## Assunto

O assunto deve dar uma ideia geral do que trata o documento, de forma sucinta. Ele deve ser grafado da seguinte maneira:
- título: a palavra Assunto deve anteceder a frase que define o conteúdo do documento, seguida de dois-pontos;
- descrição do assunto: a frase que descreve o conteúdo do documento deve ser escrita com inicial maiúscula, não se deve utilizar verbos e sugere-se utilizar de quatro a cinco palavras;
- destaque: todo o texto referente ao assunto, inclusive o título, deve ser destacado em negrito;
- pontuação: coloca-se ponto-final depois do assunto; e
- alinhamento: à margem esquerda da página.

Exemplos:
Assunto: Encaminhamento do Relatório de Gestão julho/2018.
Assunto: Aquisição de computadores.

## Texto do documento

O texto do documento oficial deve seguir a seguinte padronização de estrutura:

▷ nos casos em que não seja usado para encaminhamento de documentos, o expediente deve conter a seguinte estrutura:
- introdução: em que é apresentado o objetivo da comunicação. Evite o uso das formas: Tenho a honra de, Tenho o prazer de, Cumpre-me informar que. Prefira empregar a forma direta: Informo, Solicito, Comunico;
- desenvolvimento: em que o assunto é detalhado; se o texto contiver mais de uma ideia sobre o assunto, elas devem ser tratadas em parágrafos distintos, o que confere maior clareza à exposição; e
- conclusão: em que é afirmada a posição sobre o assunto.

▷ quando forem usados para encaminhamento de documentos, a estrutura é modificada:
- introdução: deve iniciar com referência ao expediente que solicitou o encaminhamento. Se a remessa do documento não tiver sido solicitada, deve iniciar com a informação do motivo da comunicação, que é encaminhar, indicando a seguir os dados completos do documento encaminhado (tipo, data, origem ou signatário e assunto de que se trata) e a razão pela qual está sendo encaminhado; e

Exemplos:
Em resposta ao Ofício nº 12, de 1º de fevereiro de 2018, encaminho cópia do Ofício nº 34, de 3 de abril de 2018, da Coordenação-Geral de Gestão de Pessoas, que trata da requisição do servidor Fulano de Tal.

Encaminho, para exame e pronunciamento, cópia do Ofício nº 12, de 1º de fevereiro de 2018, do Presidente da Confederação Nacional da Indústria, a respeito de projeto de modernização de técnicas agrícolas na região Nordeste.

- desenvolvimento: se o autor da comunicação desejar fazer algum comentário a respeito do documento que encaminha, poderá acrescentar parágrafos de desenvolvimento. Caso contrário, não há parágrafos de desenvolvimento em expediente usado para encaminhamento de documentos.

▷ tanto na estrutura I quanto na estrutura II, o texto do documento deve ser formatado da seguinte maneira:
- alinhamento: justificado;
- espaçamento entre linhas: simples;
- parágrafos:
    *i espaçamento entre parágrafos: de 6 pontos após cada parágrafo;*
    *ii recuo de parágrafo: 2,5 cm de distância da margem esquerda;*
    *iii numeração dos parágrafos: apenas quando o documento tiver três ou mais parágrafos, desde o primeiro parágrafo. Não se numeram o vocativo e o fecho;*
- fonte: Calibri ou Carlito;
    *corpo do texto: tamanho 12 pontos;*
    *citações recuadas: tamanho 11 pontos; e iii notas de Rodapé: tamanho 10 pontos;*
- símbolos: para símbolos não existentes nas fontes indicadas, pode-se utilizar as fontes
    *Symbol e Wingdings;*

## REDAÇÃO DE CORRESPONDÊNCIAS OFICIAIS

### Fechos para comunicações

O fecho das comunicações oficiais objetiva, além da finalidade óbvia de arrematar o texto, saudar o destinatário. Os modelos para fecho anteriormente utilizados foram regulados pela Portaria nº 1, de 1937, do Ministério da Justiça, que estabelecia quinze padrões.

Com o objetivo de simplificá-los e uniformizá-los, este Manual estabelece o emprego de somente dois fechos diferentes para todas as modalidades de comunicação oficial:

- Para autoridades de hierarquia superior a do remetente, inclusive o Presidente da República:
    Respeitosamente,
- Para autoridades de mesma hierarquia, de hierarquia inferior ou demais casos:
    Atenciosamente,

Ficam excluídas dessa fórmula as comunicações dirigidas a autoridades estrangeiras, que atendem a rito e tradição próprios.

O fecho da comunicação deve ser formatado da seguinte maneira:
- alinhamento: alinhado à margem esquerda da página;
- recuo de parágrafo: 2,5 cm de distância da margem esquerda;
- espaçamento entre linhas: simples;
- espaçamento entre parágrafos: de 6 pontos após cada parágrafo; e
- não deve ser numerado.

### Identificação do signatário

Excluídas as comunicações assinadas pelo Presidente da República, todas as demais comunicações oficiais devem informar o signatário segundo o padrão:
- nome: nome da autoridade que as expede, grafado em letras maiúsculas, sem negrito. Não se usa linha acima do nome do signatário;
- cargo: cargo da autoridade que expede o documento, redigido apenas com as iniciais maiúsculas. As preposições que liguem as palavras do cargo devem ser grafadas em minúsculas; e
- alinhamento: a identificação do signatário deve ser centralizada na página.

Para evitar equívocos, recomenda-se não deixar a assinatura em página isolada do expediente. Transfira para essa página ao menos a última frase anterior ao fecho.

    Exemplo:
    (espaço para assinatura)
    NOME
    Ministro de Estado Chefe da Casa Civil da Presidência da República
    (espaço para assinatura)
    NOME
    Coordenador-Geral de Gestão de Pessoas

### Numeração das páginas

A numeração das páginas é obrigatória apenas a partir da segunda página da comunicação.

Ela deve ser centralizada na página e obedecer à seguinte formatação:
- posição: no rodapé do documento, dentro da área de 2 cm da margem inferior; e
- fonte: Calibri ou Carlito.

### Formatação e apresentação

Os documentos do padrão ofício devem obedecer à seguinte formatação:
- tamanho do papel: A4 (29,7 cm x 21,0 cm);
- margem lateral esquerda: no mínimo, 3 cm de largura;
- margem lateral direita: 1,5 cm;
- margens superior e inferior: 2 cm;
- área de cabeçalho: na primeira página, 5 cm a partir da borda superior do papel;
- área de rodapé: nos 2 cm da margem inferior do documento;
- impressão: na correspondência oficial, a impressão pode ocorrer em ambas as faces do papel. Nesse caso, as margens esquerda e direita terão as distâncias invertidas nas páginas pares (margem espelho);
- cores: os textos devem ser impressos na cor preta em papel branco, reservando-se, se necessário, a impressão colorida para gráficos e ilustrações;
- destaques: para destaques deve-se utilizar, sem abuso, o negrito. Deve-se evitar destaques com uso de itálico, sublinhado, letras maiúsculas, sombreado, sombra, relevo, bordas ou qualquer outra forma de formatação que afete a sobriedade e a padronização do documento;
- palavras estrangeiras: palavras estrangeiras devem ser grafadas em itálico;
- arquivamento: dentro do possível, todos os documentos elaborados devem ter o arquivo de texto preservado para consulta posterior ou aproveitamento de trechos para casos análogos. Deve ser utilizado, preferencialmente, formato de arquivo que possa ser lido e editado pela maioria dos editores de texto utilizados no serviço público, tais como DOCX, ODT ou RTF.
- nome do arquivo: para facilitar a localização, os nomes dos arquivos devem ser formados da seguinte maneira:
- tipo do documento + número do documento + ano do documento (com 4 dígitos) + palavras-chaves do conteúdo

Exemplo:
Ofício 123_2018_relatório produtividade anual
Seguem exemplos de Ofício:

Presidência da República
Casa Civil
Subchefia para Assuntos Jurídicos

OFÍCIO Nº 197/2022/SAJ/CC

Brasília, 8 de agosto de 2022.

Ao Senhor
[Nome]
Chefe de Gabinete Ministério dos Transportes
Esplanada dos Ministérios, Bloco R
70044-902 - Brasília/DF

Assunto: Apresentação de novas funcionalidades do Sidof – Módulo I.

Senhor Chefe de Gabinete,

1. A Subchefia para Assuntos Jurídicos da Casa Civil da Presidência da República aprimorou o Sistema de Geração e Tramitação de Documentos Oficiais – Sidof, com a inserção de novas funcionalidades. Os novos recursos do sistema serão apresentados aos servidores em módulos organizados por esta Subchefia.

2. Convido os servidores do [nome do Ministério] para assistir à apresentação do primeiro módulo, a ser realizada em 10 de setembro de 2022, às 9h30, no Auditório desta Subchefia.

3. Para assegurar o credenciamento, solicito a esse órgão a indicação dos servidores que trabalham com o Sidof, até 28 de agosto de 2022, por meio do endereço eletrônico [endereço eletrônico]:

  a) nome completo do servidor;
  b) número de Cadastro de Pessoa Física;
  c) *e-mail* institucional, unidade/órgão em que atua; e
  d) *login* no Sidof (caso esteja cadastrado no Sistema).

**4.**     Caso o servidor ainda não esteja cadastrado no Sistema, será necessário o envio de autorização da chefia imediata. O envio das informações solicitadas supracitadas é fundamental para garantir a inscrição do servidor no evento.

Atensiosamente,

(espaço para assinatura)

**[NOME DO SIGNATÁRIO]**
[Cargo do signatário]

2
[Endereço] – Telefone: (xx) xxxx-xxxx
CEP 00000-000 Cidade/UF – http://www.xxxxxxxxxxxxxxxxxx.gov.br

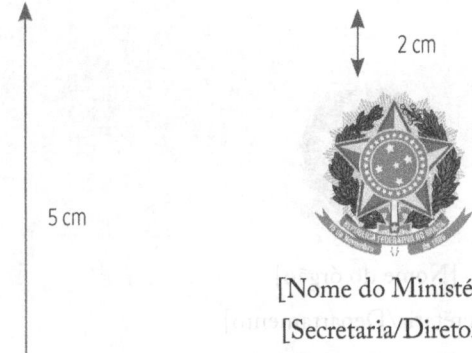

[Nome do Ministério]
[Secretaria/Diretoria]
[Departamento/Setor/Entidade]

OFÍCIO Nº 10.457/2022/MDH

Brasília, 3 de março de 2022.

A Sua Excelência o Senhor [Nome]
Ministro de Estado
Esplanada dos Ministérios, Bloco X 70064-900 - Brasília/DF

Assunto: Debates sobre o Plano Nacional da Pessoa com Deficiência.

Senhor Ministro,

Convido Vossa Excelência a participar do lançamento do Ciclo de Debates sobre a Execução do Plano Nacional da Pessoa com Deficiência, a ser realizado em 15 de março de 2022, às 9 horas, no Auditório da Escola Nacional de Administração Pública (Enap), no Setor de Áreas Isoladas Sul, em Brasília/DF.

O debate inicial faz parte de uma sequência de cinco encontros, com o objetivo de acompanhar o desenvolvimento das diversas ações contidas no referido Plano.

Atenciosamente,

(espaço para assinatura)

[NOME DO SIGNATÁRIO]
[Ministro de Estado]

[Nome do órgão]
[Secretaria/Departamento]
[Setor/Entidade]

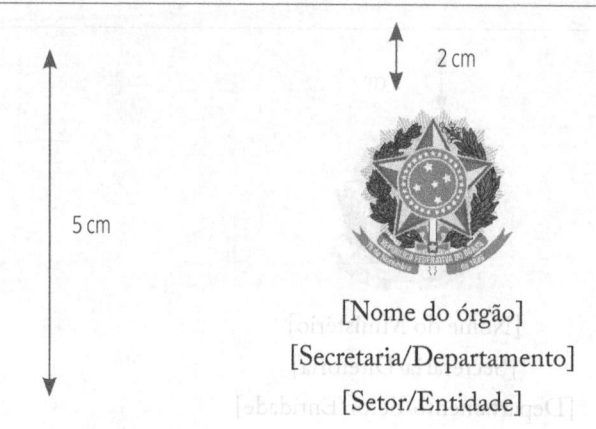

OFÍCIO Nº 257/2022/CODOC/CC

Brasília, 3 de março de 2022

À Senhora
[Nome]
Diretora de Tecnologia da Presidência da República
Palácio do Planalto, Anexo II, Ala B, sala 100
Brasília/DF

Senhora Diretora,

Solicito a criação de software para mensurar os índices de produtividade no âmbito desta Coordenação-Geral, de modo a disponibilizar informações gerenciais completas para todos os cadastros, como dados quantitativos de tempo de entrada e conclusão de tarefas, por usuário, por equipe, por tipo de ato, além de dados quantitativos e gráficos referentes às tarefas atribuídas e concluídas por usuário em determinado período de tempo e outras informações que possibilitem a produção de relatórios gerenciais, conforme especificação completa em anexo.

Respeitosamente,

(espaço para assinatura)

[NOME DO SIGNATÁRIO]
[Cargo do Signatário]

### 25.2.7 Tipos de documentos

Variações dos documentos oficiais

Os documentos oficiais podem ser identificados de acordo com algumas possíveis variações:
- [NOME DO EXPEDIENTE] + CIRCULAR: Quando um órgão envia o mesmo expediente para mais de um órgão receptor. A sigla na epígrafe será apenas do órgão remetente.
- [NOME DO EXPEDIENTE] + CONJUNTO: Quando mais de um órgão envia, conjuntamente, o mesmo expediente para um único órgão receptor. As siglas dos órgãos remetentes constarão na epígrafe.
- [NOME DO EXPEDIENTE] + CONJUNTO CIRCULAR: Quando mais de um órgão envia, conjuntamente, o mesmo expediente para mais de um órgão receptor. As siglas dos órgãos remetentes constarão na epígrafe.

Exemplos:
OFÍCIO CIRCULAR Nº 652/2018/MEC
OFÍCIO CONJUNTO Nº 368/2018/SECEX/SAJ
OFÍCIO CONJUNTO CIRCULAR Nº 795/2018/CC/MJ/MRE

Nos expedientes circulares, por haver mais de um receptor, o órgão remetente poderá inserir no rodapé as siglas ou nomes dos órgãos que receberão o expediente.

Exposição de Motivos

Definição e finalidade

Exposição de motivos (EM) é o expediente dirigido ao Presidente da República ou ao Vice- Presidente para:
- propor alguma medida;
- submeter projeto de ato normativo à sua consideração; ou
- informá-lo de determinado assunto.

A exposição de motivos é dirigida ao Presidente da República por um Ministro de Estado. Nos casos em que o assunto tratado envolva mais de um ministério, a exposição de motivos será assinada por todos os ministros envolvidos, sendo, por essa razão, chamada de interministerial.

Independentemente de ser uma EM com apenas um autor ou uma EM interministerial, a sequência numérica das exposições de motivos é única. A numeração começa e termina dentro de um mesmo ano civil.

Forma e estrutura

As exposições de motivos devem, obrigatoriamente:
- apontar, na introdução: o problema que demanda a adoção da medida ou do ato normativo proposto; ou informar ao Presidente da República algum assunto;
- indicar, no desenvolvimento: a razão de aquela medida ou de aquele ato normativo ser o ideal para se solucionar o problema e as eventuais alternativas existentes para equacioná-lo; ou fornecer mais detalhes sobre o assunto informado, quando for esse o caso; e
- na conclusão: novamente, propor a medida a ser tomada ou o ato normativo a ser editado para solucionar o problema; ou apresentar as considerações finais no caso de EMs apenas informativas.

As Exposições de Motivos que encaminham proposições normativas devem seguir o prescrito no Decreto nº 9.191, de 1º de novembro de 2017. Em síntese, elas devem ser instruídas com parecer jurídico e parecer de mérito que permitam a adequada avaliação da proposta.

O atendimento dos requisitos do Decreto nº 9.191, de 2017, nas exposições de motivos que proponham a edição de ato normativo, tem como propósito:
- permitir a adequada reflexão sobre o problema que se busca resolver;
- ensejar avaliação das diversas causas do problema e dos efeitos que podem ter a adoção da medida ou a edição do ato, em consonância com as questões que devem ser analisadas na elaboração de proposições normativas no âmbito do Poder Executivo;
- conferir transparência aos atos propostos;
- resumir os principais aspectos da proposta; e
- evitar a devolução a proposta de ato normativo para complementação ou reformulação da proposta.

A exposição de motivos é a principal modalidade de comunicação dirigida ao Presidente da República pelos ministros. Além disso, pode, em certos casos, ser encaminhada cópia ao Congresso Nacional ou ao Poder Judiciário.

Exemplo de exposição de motivos:

EM nº 38/2022/MTB/MS

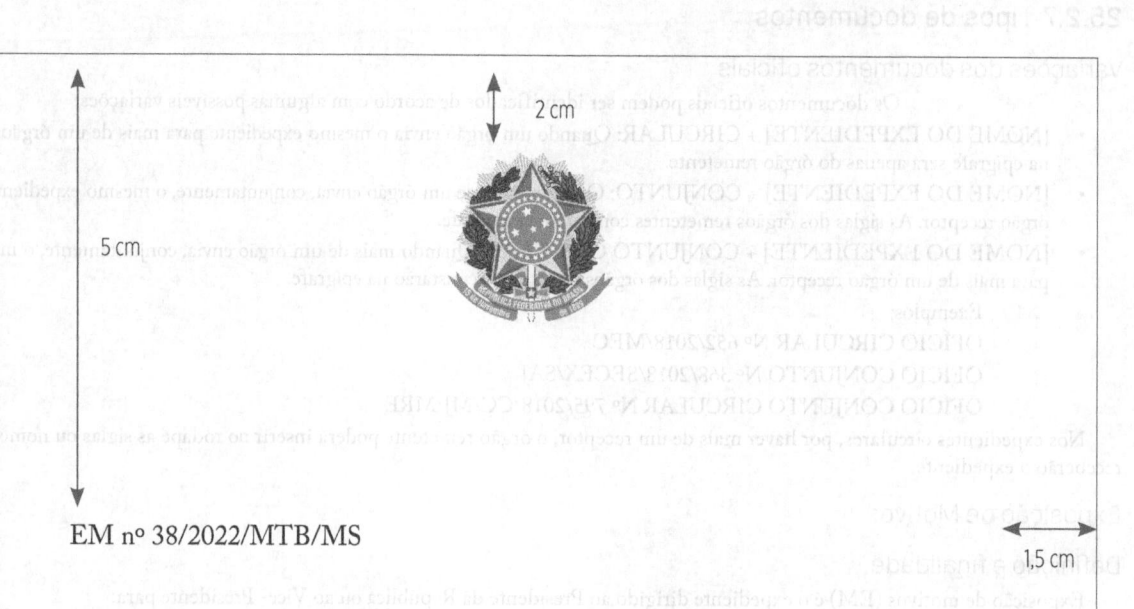

Brasília, 6 de novembro de 2022.

Excelentíssimo Senhor Presidente da República,

1.     Submetemos à consideração de Vossa Excelência a proposta de Medida Provisória que tem por objetivo de efetivar as operações de financiamento destinadas a entidades hospitalares filantrópicas e sem fins lucrativos que participem de forma complementar do Sistema Único de Saúde (SUS).

2.     A Medida Provisória nº 848, de 16 de agosto de 2018, autorizou o Fundo de Garantia do Tempo de Serviço (FGTS) a realizar operações de crédito destinadas às entidades hospitalares filantrópicas e sem fins lucrativos que participem de forma complementar do SUS.

3.     No entanto, em discussões no âmbito do Conselho Curador do FGTS foi observada a falta de previsão legal para determinar quem seria o órgão do Poder Executivo federal que deveria regulamentar, acompanhar a execução, subisidiar o Conselho Curador com estudos técnicos necessários ao seu aprimoramento operacional e definir as metas a serem alcançadas nas operações de crédito destinadas às entidades hospitalares filantrópicas e sem fins lucrativos que participem de forma complementar do SUS.

4.     Com efeito, a disposição sobre a necessidade de autorização do órgão de educação responsável para o fechamento de escolas do campo, exigindo-se diagnóstico sobre o impacto da ação e manifestação da comunidade escolar, visa a assegurar o acesso da população rural à educação, sem ferir a autonomia dos entes federativos.

5. O presente Projeto de Lei representa medida importante para institucionalizar instrumentos de gestão voltados para a melhoria da qualidade da educação básica das populações do campo.

6. Essas, Excelentíssimo Senhor Presidente, são as razões que justificam o encaminhamento da presente proposta de ato normativo à consideração de Vossa Excelência.

Respeitosamente,

(espaço para assinatura)

[NOME DO SIGNATÁRIO]
[Ministro de Estado]

# REDAÇÃO DE CORRESPONDÊNCIAS OFICIAIS

## Sistema de Geração e Tramitação de Documentos Oficiais (Sidof)

O Sistema de Geração e Tramitação de Documentos Oficiais (Sidof) é a ferramenta eletrônica utilizada para a elaboração, a redação, a alteração, o controle, a tramitação, a administração e a gerência das exposições de motivos com as propostas de atos a serem encaminhadas pelos Ministérios à Presidência da República.

Ao se utilizar o Sidof, a assinatura, o nome e o cargo do signatário, apresentados no exemplo do item 6.2.2, são substituídos pela assinatura eletrônica que informa o nome do ministro que assinou a exposição de motivos e do consultor jurídico que assinou o parecer jurídico da Pasta.

## Mensagem

### Definição e finalidade

A Mensagem é o instrumento de comunicação oficial entre os Chefes dos Poderes Públicos, notadamente as mensagens enviadas pelo Chefe do Poder Executivo ao Poder Legislativo para informar sobre fato da administração pública; para expor o plano de governo por ocasião da abertura de sessão legislativa; para submeter ao Congresso Nacional matérias que dependem de deliberação de suas Casas; para apresentar veto; enfim, fazer comunicações do que seja de interesse dos Poderes Públicos e da Nação.

Minuta de mensagem pode ser encaminhada pelos ministérios à Presidência da República, a cujas assessorias caberá a redação final.

As mensagens mais usuais do Poder Executivo ao Congresso Nacional têm as seguintes finalidades:

- Encaminhamento de proposta de emenda constitucional, de projeto de lei ordinária, de projeto de lei complementar e os que compreendem plano plurianual, diretrizes orçamentárias, orçamentos anuais e créditos adicionais:

Os projetos de lei ordinária ou complementar são enviados em regime normal (Constituição, art. 61) ou de urgência (Constituição, art. 64, §§ 1º a 4º). O projeto pode ser encaminhado sob o regime normal e, mais tarde, ser objeto de nova mensagem, com solicitação de urgência.

Em ambos os casos, a mensagem se dirige aos membros do Congresso Nacional, mas é encaminhada com ofício do Ministro de Estado Chefe da Casa Civil da Presidência da República ao Primeiro-Secretário da Câmara dos Deputados, para que tenha início sua tramitação (Constituição, art. 64, caput).

Quanto aos projetos de lei que compreendem plano plurianual, diretrizes orçamentárias, orçamentos anuais e créditos adicionais, as mensagens de encaminhamento dirigem-se aos membros do Congresso Nacional, e os respectivos ofícios são endereçados ao Primeiro-Secretário do Senado Federal. A razão é que o art. 166 da Constituição impõe a deliberação congressual em sessão conjunta, mais precisamente, "na forma do regimento comum". E, à frente da Mesa do Congresso Nacional, está o Presidente do Senado Federal (Constituição, art. 57, § 5º), que comanda as sessões conjuntas.

- Encaminhamento de medida provisória:

Para dar cumprimento ao disposto no art. 62 da Constituição, o Presidente da República encaminha Mensagem ao Congresso, dirigida a seus Membros, com ofício para o Primeiro- Secretário do Senado Federal, juntando cópia da medida provisória.

- Indicação de autoridades:

As mensagens que submetem ao Senado Federal a indicação de pessoas para ocuparem determinados cargos (magistrados dos tribunais superiores, ministros do Tribunal de Contas da União, presidentes e diretores do Banco Central, Procurador-Geral da República, chefes de missão diplomática, diretores e conselheiros de agências etc.) têm em vista que a Constituição, incisos III e IV do caput do art. 52, atribui àquela Casa do Congresso Nacional competência privativa para aprovar a indicação.

O curriculum vitae do indicado, assinado, com a informação do número de Cadastro de Pessoa Física, acompanha a mensagem.

- Pedido de autorização para o Presidente ou o Vice-Presidente da República se ausentarem do país por mais de 15 dias:

Trata-se de exigência constitucional (Constituição, art. 49, caput, inciso III e art. 83), e a autorização é da competência privativa do Congresso Nacional. O Presidente da República, tradicionalmente, por cortesia, quando a ausência é por prazo inferior a 15 dias, faz uma comunicação a cada Casa do Congresso, enviando-lhes mensagens idênticas.

- Encaminhamento de atos de concessão e de renovação de concessão de emissoras de rádio e TV:

A obrigação de submeter tais atos à apreciação do Congresso Nacional consta no inciso XII do caput do art. 49 da Constituição. Somente produzirão efeitos legais a outorga ou a renovação da concessão após deliberação do Congresso Nacional (Constituição, art. 223, § 3º). Descabe pedir na mensagem a urgência prevista na Constituição, art. 64, uma vez que o § 1º do art. 223 já define o prazo da tramitação. Além do ato de outorga ou renovação, acompanha a mensagem o correspondente processo administrativo.

- Encaminhamento das contas referentes ao exercício anterior:

O Presidente da República tem o prazo de 60 dias após a abertura da sessão legislativa para enviar ao Congresso Nacional as contas referentes ao exercício anterior (Constituição, art. 84, caput, inciso XXIV), para exame e parecer da Comissão Mista permanente (Constituição, art. 166,

*§ 1º, sob pena de a Câmara dos Deputados realizar a tomada de contas (Constituição, art. 51,*

*caput, inciso II) em procedimento disciplinado no art. 215 do seu Regimento Interno.*

- Mensagem de abertura da sessão legislativa:

Deve conter o plano de governo, exposição sobre a situação do País e a solicitação de providências que julgar necessárias (Constituição, art. 84, inciso XI). O portador da mensagem é o Chefe da Casa Civil da Presidência da República. Esta mensagem difere das demais, porque vai encadernada e é distribuída a todos os congressistas em forma de livro.

- Comunicação de sanção (com restituição de autógrafos):

Esta mensagem é dirigida aos Membros do Congresso Nacional, encaminhada por ofício ao Primeiro-Secretário da Casa onde se originaram os autógrafos. Nela se informa o número que tomou a lei e se restituem dois exemplares dos três autógrafos recebidos, nos quais o Presidente da República terá aposto o despacho de sanção.

- Comunicação de veto:

Dirigida ao Presidente do Senado Federal (Constituição, art. 66, § 1º), a mensagem informa sobre a decisão de vetar, se o veto é parcial, quais as disposições vetadas, e as razões do veto. Seu texto é publicado na íntegra no Diário Oficial da União, ao contrário das demais mensagens, cuja publicação se restringe à notícia do seu envio ao Poder Legislativo.

▷ Outras mensagens remetidas ao Legislativo:
- Apreciação de intervenção federal (Constituição, art. 36, § 2º).
- Encaminhamento de atos internacionais que acarretam encargos ou compromissos gravosos (Constituição, art. 49, caput, inciso I);
- Pedido de estabelecimento de alíquotas aplicáveis às operações e prestações interestaduais e de exportação (Constituição, art. 155, § 2º, inciso IV);
- Proposta de fixação de limites globais para o montante da dívida consolidada (Constituição, art. 52, caput, inciso VI);
- Pedido de autorização para operações financeiras externas (Constituição, art. 52, caput, inciso V);
- Convocação extraordinária do Congresso Nacional (Constituição, art. 57, § 6º);
- Pedido de autorização para exonerar o Procurador-Geral da República (Constituição, art. 52, inciso XI, e art. 128, § 2º);
- Pedido de autorização para declarar guerra e decretar mobilização nacional (Constituição, art. 84, inciso XIX);
- Pedido de autorização ou referendo para celebrar a paz (Constituição, art. 84, inciso XX);
- Justificativa para decretação do estado de defesa ou de sua prorrogação (Constituição, art. 136, § 4º);
- Pedido de autorização para decretar o estado de sítio (Constituição, art. 137);
- Relato das medidas praticadas na vigência do estado de sítio ou de defesa (Constituição, art. 141, parágrafo único);
- Proposta de modificação de projetos de leis que compreendem plano plurianual, diretrizes orçamentárias, orçamentos anuais e créditos adicionais (Constituição, art. 166, § 5º);
- Pedido de autorização para utilizar recursos que ficarem sem despesas correspondentes, em decorrência de veto, emenda ou rejeição do projeto de lei orçamentária anual (Constituição, art. 166, § 8º);
- Pedido de autorização para alienar ou conceder terras públicas com área superior a 2.500 ha (Constituição, art. 188, § 1º).

## Forma e estrutura

As mensagens contêm:
- brasão: timbre em relevo branco
- identificação do expediente: MENSAGEM No, alinhada à margem esquerda, no início do texto;
- vocativo: alinhado à margem esquerda, de acordo com o pronome de tratamento e o cargo do destinatário, com o recuo de parágrafo dado ao texto;
- texto: iniciado a 2 cm do vocativo; e
- local e data: posicionados a 2 cm do final do texto, alinhados à margem direita.

A mensagem, como os demais atos assinados pelo Presidente da República, não traz identificação de seu signatário.

Exemplo de mensagem:

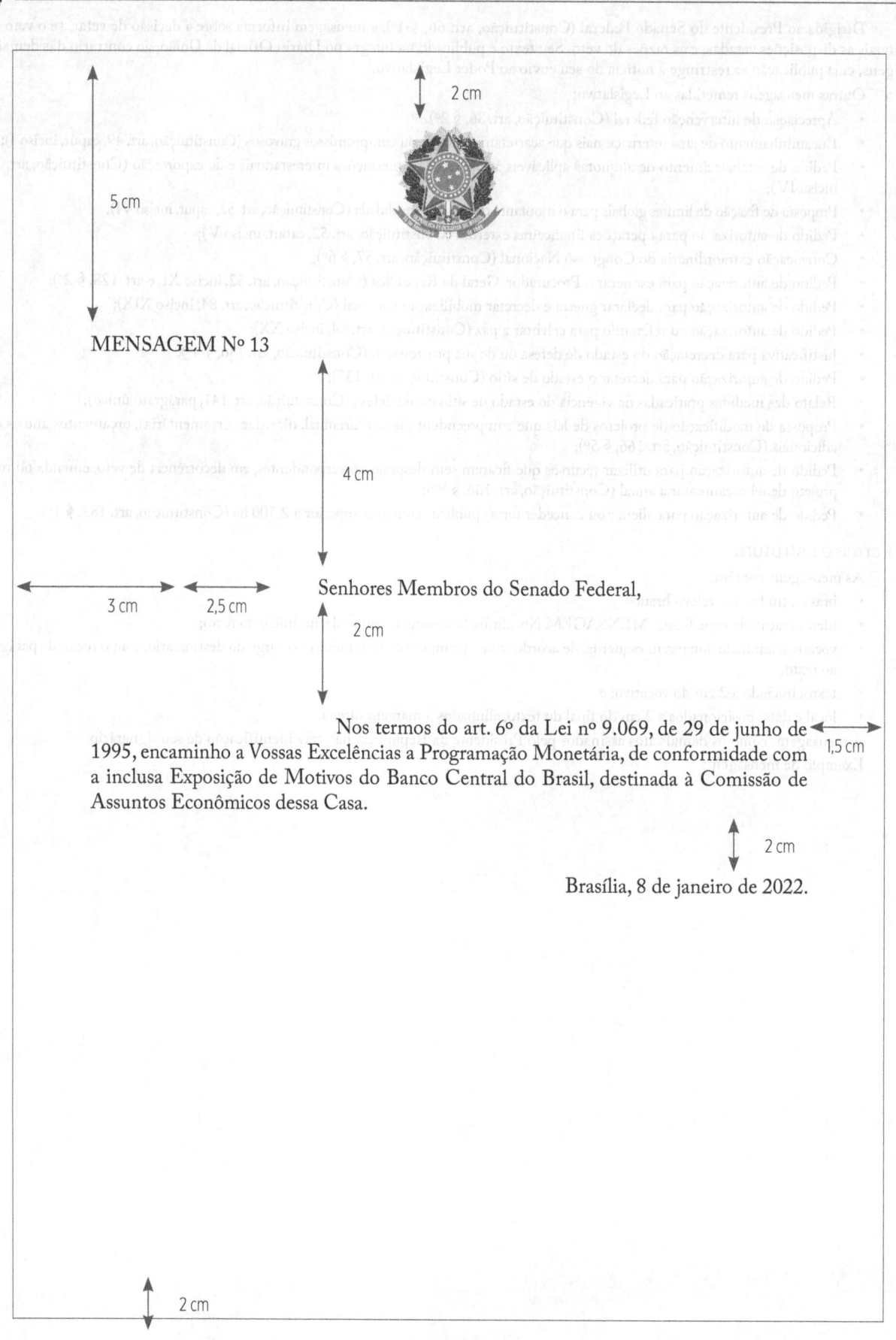

# REDAÇÃO DE CORRESPONDÊNCIAS OFICIAIS

MENSAGEM Nº 13

Senhores Membros do Senado Federal,

Nos termos do art. 6º da Lei nº 9.069, de 29 de junho de 1995, encaminho a Vossas Excelências a Programação Monetária, de conformidade com a inclusa Exposição de Motivos do Banco Central do Brasil, destinada à Comissão de Assuntos Econômicos dessa Casa.

Brasília, 8 de janeiro de 2022.

## Correio eletrônico (e-mail)

### Definição e finalidade

A utilização do e-mail para a comunicação tornou-se prática comum, não só em âmbito privado, mas também na administração pública. O termo e-mail pode ser empregado com três sentidos. Dependendo do contexto, pode significar gênero textual, endereço eletrônico ou sistema de transmissão de mensagem eletrônica.

Como gênero textual, o e-mail pode ser considerado um documento oficial, assim como o ofício e o memorando. Portanto, deve-se evitar o uso de linguagem incompatível com uma comunicação oficial.

Como endereço eletrônico utilizado pelos servidores públicos, o e-mail deve ser oficial, utilizando-se a extensão ".gov.br", por exemplo.

Como sistema de transmissão de mensagens eletrônicas, por seu baixo custo e celeridade, transformou-se na principal forma de envio e recebimento de documentos na administração pública.

### Valor documental

Nos termos da Medida Provisória nº 2.200-2, de 24 de agosto de 2001, para que o e-mail tenha valor documental, isto é, para que possa ser aceito como documento original, é necessário existir certificação digital que ateste a identidade do remetente, segundo os parâmetros de integridade, autenticidade e validade jurídica da Infraestrutura de Chaves Públicas Brasileira – ICP- Brasil.

O destinatário poderá reconhecer como válido o e-mail sem certificação digital ou com certificação digital fora ICP-Brasil; contudo, caso haja questionamento, será obrigatório a repetição do ato por meio documento físico assinado ou por meio eletrônico reconhecido pela ICP-Brasil.

Salvo lei específica, não é dado ao ente público impor a aceitação de documento eletrônico que não atenda os parâmetros da ICP-Brasil.

### Forma e estrutura

Um dos atrativos de comunicação por correio eletrônico é sua flexibilidade. Assim, não interessa definir padronização da mensagem comunicada. No entanto, devem-se observar algumas orientações quanto à sua estrutura.

### Campo "Assunto"

O assunto deve ser o mais claro e específico possível, relacionado ao conteúdo global da mensagem. Assim, quem irá receber a mensagem identificará rapidamente do que se trata; quem a envia poderá, posteriormente, localizar a mensagem na caixa do correio eletrônico.

Deve-se assegurar que o assunto reflita claramente o conteúdo completo da mensagem para que não pareça, ao receptor, que se trata de mensagem não solicitada/lixo eletrônico. Em vez de "Reunião", um assunto mais preciso seria "Agendamento de reunião sobre a Reforma da Previdência".

### Local e data

São desnecessários no corpo da mensagem, uma vez que o próprio sistema apresenta essa informação.

### Saudação inicial/vocativo

Exemplos:
Senhor Coordenador, Prezada Senhora,

O texto dos correios eletrônicos deve ser iniciado por uma saudação. Quando endereçado para outras instituições, para receptores desconhecidos ou para particulares, deve-se utilizar o vocativo conforme os demais documentos oficiais, ou seja, "Senhor" ou "Senhora", seguido do cargo respectivo, ou "Prezado Senhor", "Prezada Senhora".

### Fecho

Atenciosamente é o fecho padrão em comunicações oficiais. Com o uso do e-mail, popularizou-se o uso de abreviações como "Att.", e de outros fechos, como "Abraços", "Saudações", que, apesar de amplamente usados, não são fechos oficiais e, portanto, não devem ser utilizados em e-mails profissionais.

O correio eletrônico, em algumas situações, aceita uma saudação inicial e um fecho menos formais. No entanto, a linguagem do texto dos correios eletrônicos deve ser formal, como a que se usaria em qualquer outro documento oficial.

### Bloco de texto da assinatura

Sugere-se que todas as instituições da administração pública adotem um padrão de texto de assinatura. A assinatura do e-mail deve conter o nome completo, o cargo, a unidade, o órgão e o telefone do remetente.

Exemplo:
Maria da Silva
Assessora
Subchefia para Assuntos Jurídicos da Casa Civil
(61)118772-118772

### Anexos

A possibilidade de anexar documentos, planilhas e imagens de diversos formatos é uma das vantagens do e-mail. A mensagem que encaminha algum arquivo deve trazer informações mínimas sobre o conteúdo do anexo.

Antes de enviar um anexo, é preciso avaliar se ele é realmente indispensável e se seria possível colocá-lo no corpo do correio eletrônico.

Deve-se evitar o tamanho excessivo e o reencaminhamento de anexos nas mensagens de resposta.

Os arquivos anexados devem estar em formatos usuais e que apresentem poucos riscos de segurança. Quando se tratar de documento ainda em discussão, os arquivos devem, necessariamente, ser enviados, em formato que possa ser editado.

### Recomendações

- Sempre que necessário, deve-se utilizar recurso de confirmação de leitura. Caso não esteja disponível, deve constar da mensagem pedido de confirmação de recebimento;
- Apesar da imensa lista de fontes disponíveis nos computadores, mantém-se a recomendação de tipo de fonte, tamanho e cor dos documentos oficiais: Calibri ou Carlito, tamanho 12, cor preta;
- Fundo ou papéis de parede eletrônicos não devem ser utilizados, pois não são apropriados para mensagens profissionais, além de sobrecarregar o tamanho da mensagem eletrônica;
- A mensagem do correio eletrônico deve ser revisada com o mesmo cuidado com que se revisam outros documentos oficiais;
- O texto profissional dispensa manifestações emocionais. Por isso, ícones e emoticons não devem ser utilizados;
- Os textos das mensagens eletrônicas não podem ser redigidos com abreviações como "vc", "pq", usuais das conversas na internet, ou neologismos, como "naum", "eh", "aki";
- Não se deve utilizar texto em caixa alta para destaques de palavras ou trechos da mensagem pois denota agressividade de parte do emissor da comunicação.
- Evite-se o uso de imagens no corpo do e-mail, inclusive das Armas da República Federativa do Brasil e de logotipos do ente público junto ao texto da assinatura.
- Não devem ser remetidas mensagem com tamanho total que possa exceder a capacidade do servidor do destinatário.

# REDAÇÃO

# 1 REDAÇÃO PARA CONCURSOS PÚBLICOS

A questão discursiva (redação) assusta muitos candidatos. Afinal, escrever de acordo com a norma culta da Língua Portuguesa, respeitando as inúmeras regras gramaticais, é tarefa que exige muita atenção. Além disso, é necessário que o candidato apresente bons argumentos dentro de uma estrutura na qual as ideias tenham coesão e façam sentido (coerência). Por isso, é importante que a redação seja estudada e treinada ao longo da preparação para o concurso almejado.

## 1.1 Por que tenho que me preparar com antecedência para a redação?

Quando a redação (questão discursiva) é solicitada, em geral, é uma etapa eliminatória (se o candidato não alcançar a nota mínima, é eliminado do concurso). Então, por ter peso significativo, podendo colocá-lo na lista de classificação ou tirá-lo dela, merece atenção especial.

Entretanto, não se pode dar início ao estudo para concurso pela redação. É necessário que o aluno tenha conhecimento das regras gramaticais, da estrutura sintática das orações e dos períodos, dos elementos de coesão textual, ou seja, é essencial uma maturidade para, então, produzir um texto. Além do domínio da norma culta, deve-se dedicar à disciplina de Atualidades, que, muitas vezes, já vem prevista no edital. Quem tem conhecimento do assunto se sente mais confortável para escrever.

## 1.2 Os primeiros passos

Antes de começar a praticar a produção de textos, é importante ler o edital de abertura do concurso (quando já tiver sido publicado; quando não, leia o último) para entender os critérios de avaliação da sua prova discursiva e sobre qual assunto o tema versará.

Veja aguns exemplos:

| CONCURSO | EDITAL – PROVA DISCURSIVA | ASSUNTO COBRADO - TEMA | A PROPOSTA |
|---|---|---|---|
| DEPEN - 2015 | A prova discursiva valerá 20,00 pontos e consistirá da redação de texto dissertativo, de até 30 linhas, acerca de tema de atualidades, constantes do subitem 22.2 deste edital. | Os assuntos que o tema pode abordar foram disponibilizados no edital. Atualidades: 1 Sistema de justiça criminal. 2 Sistema prisional brasileiro. 3 Políticas públicas de segurança pública e cidadania. | **SEGURANÇA PÚBLICA: POLÍCIA E POLÍTICAS PÚBLICAS**<br>Ao elaborar seu texto, faça o que se pede a seguir.<br>> Disserte a respeito da segurança como condição para o exercício da cidadania. [valor: 25,50 pontos]<br>> Dê exemplos de ação do Estado na luta pela segurança pública. [valor: 25,50 pontos]<br>> Discorra acerca da ausência do poder público e a presença do crime organizado. [valor: 25,00 pontos] |
| PC-PR - 2018 | A Redação, com no mínimo 15 e no máximo 25 linhas, versará sobre um tema da atualidade | Tema da atualidade, ou seja, pode ser cobrado qualquer assunto. | Com base na coletânea e nos conhecimentos sobre o tema, redija um texto dissertativo-argumentativo que coloque em discussão **a importância da correta emissão e decodificação da mensagem, bem como o repasse dessa mensagem ao interlocutor, seja na modalidade escrita ou oral.** |
| PF-2018 PERITO CRIMINAL | Para o cargo de Perito Criminal Federal, a prova discursiva, de caráter eliminatório e classificatório, valerá 13,00 pontos e consistirá da redação de texto dissertativo, de até 30 linhas, a respeito de temas relacionados aos conhecimentos específicos para cada cargo/área. | O tema tratará das matérias de conhecimentos específicos do cargo, ou seja, será um assunto do conteúdo programático. | Considerando que o texto precedente tem caráter unicamente motivador, redija um texto dissertativo acerca do **impacto da LRF na gestão pública**, abordando, necessariamente, os seguintes aspectos:<br>1. o processo de planejamento; [valor: 4,10 pontos]<br>2. as receitas e a renúncia fiscal; [valor: 4,10 pontos]<br>3. as despesas com pessoal. [valor: 4,20 pontos] |
| PRF - 2018 | A prova discursiva valerá 20,00 pontos e consistirá da redação de texto dissertativo, de até 30 linhas, a respeito de temas relacionados aos objetos de avaliação. | O tema tratará de algum assunto relacionado ao conteúdo programático. | **O COMBATE ÀS INFRAÇÕES DE TRÂNSITO NAS RODOVIAS FEDERAIS BRASILEIRAS**<br>Ao elaborar seu texto, aborde os seguintes aspectos:<br>1. medidas adotadas pela PRF no combate às infrações; [valor: 7,00 pontos]<br>2. ações da sociedade que auxiliem no combate às infrações; [valor: 6,00 pontos]<br>3. atitudes individuais para a diminuição das infrações. [valor: 6,00 pontos] |
| PM-SP - 2019 - SOLDADO | Prova Dissertativa (Parte II), de caráter eliminatório e classificatório, visa avaliar a capacidade do candidato de produzir uma redação que atenda ao tema e ao gênero/tipo de texto propostos, além de seu domínio da norma culta da língua portuguesa e dos mecanismos de coesão e coerência textual; | Não foi informado o tema nem o tipo de texto (dissertativo, narrativo, descritivo). | A popularização da internet ameaça o poder de influência da televisão? |

A partir disso, o aluno deve direcionar a sua leitura para temas da atualidade, para matéria do conteúdo programático (conhecimentos específicos) ou para assunto relacionado ao cargo ou à instituição a que está concorrendo. É crucial que conheça a banca examinadora e que tenha contato com as provas anteriores a fim de observar o perfil das propostas de redação.

Em geral, as bancas de concursos públicos exigem textos dissertativos e apontam qual assunto o tema abordará (atualidades ou conteúdo programático). Quando isso não ocorrer, deve-se levar em consideração o perfil da banca e as provas anteriores para o mesmo cargo.

## 1.3 Orientações para o texto definitivo

**a)** Não use a 1ª pessoa do singular: os textos formais exigem a impessoalização da linguagem. Isso significa que, às vezes, é necessário omitir os agentes do discurso e as diversas vozes que compõem um texto. Então, empregue a terceira pessoa do singular ou do plural.

Ex.: **Eu acredito** que a pena de morte deve ser aplicada em casos de crimes hediondos. (Incorreto)

**Acredita-se** que a pena de morte deve ser aplicada em casos de crimes hediondos. (Correto)

**Devemos analisar** alguns fatores que contribuem para esse problema. (incorreto)

Alguns fatores que contribuem para esse problema devem ser analisados. (Correto)

> **Atenção!**
>
> A primeira pessoa do plural deve ser um sujeito socialmente considerado, como em "Nós (brasileiros) devemos entender que o voto é uma importante ferramenta para se alcançar uma mudança." Não empregue de forma indiscriminada.

**Como impessoalizar a linguagem do texto dissertativo-argumentativo?**

▷ **Oculte o agente:**

Para deixar o discurso mais objetivo, prefira por ocultar o agente sempre que possível. Isso pode ser feito por meio de expressões como: é importante, é preciso, é indispensável, é urgente, é crucial, é necessário, já que elas não revelam o agente da ação:

Ex.: É necessário discutir alguns aspectos relacionados a essa temática.

É essencial investir em educação para minimizar tais problemas.

▷ **Indetermine o sujeito:**

Indeterminar o sujeito também é uma estratégia de ocultar o agente da ação verbal. A melhor forma de empregar essa técnica é por meio do pronome indeterminador do sujeito (se).

| Muito **se** tem discutido sobre a redução da maioridade penal.

Acredita-se que a desigualdade social contribui para o aumento da violência.

▷ **Empregue a voz passiva:**

Na voz passiva, o sujeito da oração torna-se paciente, isto é, ele sofre a ação expressa pelo fato verbal. Empregá-la é um recurso que também oculta o agente da ação.

Ex.: Devem ser analisados alguns fatores que contribuem para o aumento da violência.

Medidas devem ser tomadas para a pacificação da sociedade.

**a)** Jamais se dirija ao leitor: o leitor é o examinador e o candidato não deve estabelecer um diálogo com ele.

**b)** Não use gírias; clichês, provérbios e citações sem critério. você pode acabar errando o autor da expressão (o que pega muito mal), ou até mesmo usá-la fora de contexto, o que pode direcionar a sua redação para um lado que você não quer. Os ditados populares empobrecem o texto. Os examinadores não gostam de ver o senso comum se repetindo.

| Desde os primórdios da humanidade; fechar com chave de ouro.

**a)** Evite a construção de períodos longos: pode prejudicar a clareza textual. Além disso, procure escrever na ordem direta.

**b)** Respeite as margens da folha de redação: não ultrapasse o limite estipulado na folha do texto definitivo.

**c)** Não use corretivo: se errar alguma palavra, risque (com um traço penas) e prossiga. Não use parênteses nem a palavra "digo".

| A sociadade sociedade deve se conscientizar do seu papel.

**a)** Evite algarismos, a não ser que se trate de anos, décadas, séculos ou referências a textos legais (artigos, decretos, etc.).

**b)** A letra deve ser legível: pode ser letra cursiva ou de imprensa. Não se esqueça de fazer a distinção entre maiúscula e minúscula.

**c)** Cuidado com a separação silábica.

**Translineação:** é a divisão das palavras no fim da linha. Eva em conta não apenas critérios de correção gramatical, mas também recomendações estilísticas (estética textual).

1) Não se isola sílaba forma apenas por uma vogal;

2) Não se isola elemento cacofônico;

3) Na partição de palavras hifenizadas, recomenda-se repetir o hífen na linha seguinte.

> Maria foi secretária, ministra e era muito **a-miga** do antigo presidente. Quando entrou na dis-**puta** eleitoral, todos nós esperávamos que, lançando-**se** candidata, facilmente ganharia as eleições.
> INADEQUADO

> Maria foi secretária, ministra e era muito **amiga** do antigo presidente. Quando entrou na **disputa** eleitoral, todos nós esperávamos que, lançando--**se** candidata, facilmente ganharia as eleições.
> ADEQUADO

**a)** Não use as palavras generalizadoras, afinal sempre há uma exceção, um exemplo contrário ou algo assim.

| "Todos jogam lixo no chão" ou "Ninguém faria isso" ou "Isso jamais vai acontecer, é impossível."

**a)** Não invente dados estatísticos, pesquisas, mentiras convincentes.

**b)** Não use a ironia. A ironia é uma figura de linguagem que não deve ser utilizada no texto dissertativo argumentativo. Nele nada deve ficar subentendido. A escrita deve ser sempre clara, sem nada oculto, sem gracinha e de forma argumentativa.

**c)** Não é uma boa ideia usar palavras rebuscadas. Seu texto pode ficar sem fluência e clareza, dificultando a compreensão do corretor. Lembre-se: linguagem formal não é sinônimo de linguagem complicada.

| Hodiernamente, mister, mormente, dessarte, etc.

**a)** Evite estrangeirismo: empregar palavras estrangeiras em meio à nossa língua de forma desnecessária. Não é necessário fazer isso se há no português uma palavra correspondente que pode ser usada.

| Ex.: Stress em vez de estresse

**b)** Não se utilize de pergunta retórica.

**Pergunta retórica:** é uma interrogação que não tem como objetivo obter uma resposta, mas sim estimular a reflexão do indivíduo sobre determinado assunto.

## 1.4 Temas e textos motivadores

Os textos motivadores - um grupo de textos apresentados junto à proposta de redação - têm a função de situar o candidato acerca do tema proposto, fornecendo elementos que possam ajudá-lo a refletir sobre o assunto abordado. Tais textos servem para estimular ideias para o desenvolvimento do tema e são úteis por ajudar a manter o foco temático.

O papel dos textos motivadores da prova de redação é o de motivar, inspirar e contextualizar o candidato em relação ao tema proposta.

Esses textos não estão ali por acaso, então devem ser utilizados, e podem evitar que o candidato escreva uma redação genérica. Contudo, não podem ser copiados, pois as provas que contêm cópias terão as linhas desconsideradas e podem, quando em excesso, levar à nota zero.

Então, a intenção não é que o aluno reproduza as informações contidas nos textos motivadores. O que se deseja é que o candidato leia os textos, interprete-os e reelabore-os, interligando-os à sua discussão. Assim sendo, o ideal é retirar de cada texto motivador as ideias principais e que podem ser utilizadas na sua produção escrita.

Leia todos com atenção e não se esqueça de procurar estabelecer uma relação entre eles, ou seja, busque os pontos em comum, e os conecte de uma maneira que defina argumentos consistentes para sua redação. Escreva as principais ideias em forma de tópicos e com as suas palavras.

### 1.4.1 Tipos de textos motivadores

Os textos motivadores podem ser de vários tipos

▷ Matérias jornalísticas/ Reportagens

Um dos tipos mais comuns de textos motivadores são as matérias jornalísticas. Para que haja maior entendimento sobre elas, análise:

O que acontece?
Com quem acontece?
Em que lugar acontece?
Quando acontece?
De que modo acontece?
Por que acontece?
Para que acontece?

▷ Charges/Tirinhas

As charges ou as tirinhas são uma forma curta e, muitas vezes, descontraída de apresentar informações relevantes para a produção do texto. Repare nelas:

Os personagens;
O ambiente;
O assunto principal;
A linguagem utilizada (formal, informal, com figuras de linguagem ou não, com marcas de regionalismo ou não etc.).

▷ Gráficos

Os gráficos possibilitam uma leitura mais ágil das informações. Ao se deparar com eles, observe o seguinte:

O título;
As informações na horizontal e na vertical;
A forma como os índices foram representados (colunas, fatias etc.);
O uso de cores diferentes (caso haja);
A fonte da qual as informações foram coletadas.

▷ Imagens

Muitas vezes as imagens podem vir sem nenhuma palavra. Se isso ocorrer, note:

O que é a imagem (foto, quadro etc.)?
Quem é o autor dela?
Qual é o assunto principal?
O que está sendo retratado?
Há marcas temporais ou regionais na imagem?

Se o aluno não souber nada sobre a temática apresentada, os textos motivadores podem ser um ótimo suporte. Além dos dados expostos, tais textos também provocam a reflexão sobre outros aspectos do problema e jamais devem ser ignorados.

## 1.5 Título

O título só é obrigatório se for solicitado nas instruções da prova de redação.

Pode ser que a Banca examinadora deixe o espaço para o título, nesse caso, ele também é obrigatório.

Se puser o título e não for obrigatório (não for exigido), não receberá mais pontos por isso e só terá pontos descontados se contiver algum erro nele.

Caso se esqueça de colocar título quando for obrigatório, a redação não será anulada, mas poderá ter pontos (poucos) descontados.

Dicas:
- Nunca utilize tema como título;
- Não coloque ponto final;
- Não escreva todas as palavras com letra maiúscula;
- Não pule linha depois do título;
- Construa-o quando terminar o texto.

## 1.6 O texto dissertativo

Dissertar significa expor algum assunto. Dependendo da maneira como o esse assunto seja abordado, a dissertação poder ser **expositiva** ou **argumentativa**.

▷ **Dissertação expositiva: apresenta informações sobre assuntos, expõe, explica, reflete ideias de modo objetivo, imparcial.** O autor é o porta-voz de uma opinião, ou seja, a intenção é expor fatos, dados estatísticos, informações científicas, argumentos de autoridades etc. Este tipo de texto pode ter duas abordagens: Estudo de Caso (em que é apresentada uma solução para a situação hipotética apresentada) e Questão Teórica (em que é preciso apresentar conceitos, normas, regras, diretrizes de um determinado conteúdo).

Vejamos um exemplo do tipo expositivo.

A forma temporária como tratam os vídeos criados reflete outro aspecto característico desses apps. Em oposição à noção de que tudo o que é postado na internet fica registrado para a eternidade (e tem potencial de se transformar em viral), os aplicativos querem passar a sensação de efêmero. Quem não viu a transmissão ao vivo dificilmente terá nova chance. Nisso, eles se assemelham a outro app de sucesso, o Snapchat, serviço de troca de mensagens pelo qual o conteúdo é destruído segundos após ser recebido pelo destinatário.

(VEJA, 2015, p. 98)

▷ **Dissertação argumentativa:** defende uma tese (ideia, ponto de vista) por meio de estratégias argumentativas. Tem a intenção de persuadir (convencer) o interlocutor. Em geral, há o predomínio da linguagem denotativa, de conectores de causa-efeito, de verbos no presente.

Vejamos agora um exemplo do tipo argumentativo.

Fazer pesquisa crítica envolve difíceis decisões de cunho ético e político a fim de que, não importa quais sejam os resultados de nossos estudos, nosso compromisso com os sujeitos pesquisados seja mantido. A questão é complexa por causa das múltiplas realidades dos múltiplos participantes envolvidos na pesquisa naturalística da visa social. Por exemplo, no projeto de pesquisa de referência neste artigo, havia um componente que envolvia a observação participante da sala de aula, isto é, a observação à procura das unidades e elementos significativos para os próprios participantes da situação.

(KLEIMAN, 2001, p. 49)

Quando o texto dissertativo se dedica mais a expor ideias, a fazer que o leitor/ouvinte tome conhecimento de informações ou interpretações dos fatos, tem caráter expositivo e podemos classificá-lo como expositivo. Quando as interpretações expostas pelo texto dissertativo vão mais além nas intenções e buscam explicitamente convencer o leitor/ouvinte sobre a validade dessas explicações, classifica-se o texto como argumentativo (COROA, 2008b, p. 121).

Vale mencionar que, muitas, vezes, nos editais, não fica claro se o texto será expositivo ou argumentativo. Quando isso ocorrer, o candidato deve analisar as provas anteriores para traçar o perfil da banca examinadora. Mas não se preocupe, pois a estrutura de ambos é igual, ou seja, os dois tipos de texto devem conter introdução, desenvolvimento e conclusão. Além disso, no primeiro parágrafo, deve haver a apresentação da ideia central que será desenvolvida.

Veja as propostas a seguir:

Foi recentemente publicado no Americam Journal of Preventive Medicine um estudo com adultos jovens, de 19 a 32 anos de idade, apontando que quanto maior o tempo dispendido em mídias sociais de relacionamento, maior a sensação de solidão das pessoas. Além disso, esse estudo demonstrou também que quanto maior a frequência de uso, maior a sensação de isolamento social.

(Adaptado de: ESCOBAR, Ana. Disponível em: http://g1.globo.com)

Com base nas ideias do texto acima, redija uma dissertação sobre o tema:

Isolamento social na era da comunicação virtual

A partir da proposta apresentada, pode-se inferir que o examinador quer saber o ponto de vista (opinião) do candidato em relação ao assunto. A intenção é que seja apontado o que ele pensa a respeito do tema, e não que ele apresente de forma objetiva informações a fim de esclarecer determinado assunto. Então, resta claro que a dissertação terá caráter argumentativo.

Agora veja a proposta seguinte:

A segurança jurídica tem muita relação com a ideia de respeito à boa-fé. Se a administração adotou determinada interpretação como a correta e a aplicou a casos concretos, não pode depois vir a anular atos anteriores, sob o pretexto de que os mesmos foram praticados com base em errônea interpretação. Se o administrado teve reconhecido determinado direito com base em interpretação adotada em caráter uniforme para toda a administração, é evidente que a sua boa-fé deve ser respeitada. Se a lei deve respeitar o direito adquirido, o ato jurídico perfeito e a coisa julgada, por respeito ao princípio da segurança jurídica, não é admissível que os direitos do administrado fiquem flutuando ao sabor de interpretações jurídicas variáveis no tempo.

Maria Sylvia Zanella Di Pietro. Direito administrativo. p. 85 (com adaptações).

Considerando que o texto apresentado tem caráter estritamente motivador, elabore uma dissertação a respeito dos atos administrativos e da segurança jurídica no direito administrativo brasileiro, abordando, necessariamente, os seguintes aspectos:

1. os elementos de validade do ato administrativo e os critérios para sua convalidação; [valor: 14,00 pontos]

2. distinção entre ato administrativo nulo, anulável e inexistente; [valor: 10,00 pontos]

3. o controle exercido de ofício pela administração pública sobre os seus atos e o dever de agir e de prestar contas. [valor: 14,00 pontos]

Considerando o tema proposto e os tópicos apresentados, pode-se perceber que o candidato deve, necessariamente, produzir um texto expositivo, já que o examinador avaliará o conhecimento técnico dele sobre o assunto, e não o seu ponto de vista, a sua opinião. Para isso, deverá fundamentar suas ideias por meio de leis, doutrina, jurisprudência, citação de uma autoridade no assunto.

## 1.7 Estrutura do texto dissertativo

Não há dúvida de que todo texto dissertativo (expositivo ou argumentativo) deve ter início, meio e fim, ou seja, introdução, desenvolvimento e conclusão.

▷ **Introdução:** a importância da introdução é evidente, pois é ela que determina o tom do texto, o encaminhamento do desenvolvimento e sua estrutura. Então, ela deve ser vista como um compromisso que o autor assume com o restante do desenvolvimento. Nela haverá a contextualização do assunto que será desenvolvido ao longo do texto, ou seja, apresentação da ideia que será defendida (argumentação) ou esclarecida (exposição).

▷ **Desenvolvimento:** é a parte da redação em que há o desenvolvimento da ideia apresentada no primeiro parágrafo. Vai ocorrer a comprovação da tese por meio de argumentos – texto argumentativo – ou a exposição de informações a fim de esclarecer um assunto – texto expositivo.

**Estrutura dos parágrafos de desenvolvimento:**

Tópico frasal: apresentação da ideia-núcleo que será desenvolvida(introdução);

Comprovação da ideia-núcleo (desenvolvimento);

Fechamento do parágrafo (conclusão).

Jamais construa parágrafos com apenas um período. Os parágrafos de desenvolvimento devem ter, no mínimo, três períodos.

▷ **Conclusão:** consiste no fechamento das ideias apresentadas. Não podem ser expostos argumentos novos nesse parágrafo. O que ocorre é a retomada da ideia central (tese ou tema) e a apresentação das considerações finais.

# 2 DISSERTAÇÃO EXPOSITIVA E ARGUMENTATIVA

## 2.1 Dissertação expositiva

A dissertação expositiva tende à simples exposição de ideias, de informações, de definições e de conceitos, sem necessidade de um forte convencimento do leitor.

Quando o texto dissertativo se dedica mais a expor ideias, a fazer que o leitor/ouvinte tome conhecimento de informações ou interpretações dos fatos, tem caráter expositivo e podemos classificá-lo como expositivo. (COROA, 2008b, p. 121).

## 2.2 Estrutura do texto dissertativo-expositivo

Na introdução, há a apresentação do tema (parágrafo mais curto). Como não há tese, o candidato deve fazer a apresentação do tema (ideia central do texto).

▷ **Tipos de introdução:**
- **Definição:** tem por objetivo expor uma definição, uma ideia, uma expressão. Para isso, é importante ter como referência os sentidos expostos em dicionários, leis, doutrinas, etc.
- **Paráfrase:** é uma reescritura do tema e dos tópicos apresentados na proposta de redação. Não pode haver alteração de sentido e deve ser respeitada a simetria (paralelismo) sintático e semântico.
- **Citações e estatísticas:** neste tipo de introdução, o candidato traz uma frase (citação) de algum especialista no assunto, ou estatísticas a respeito do tema. Importante tomar cuidado para não trazer citações "vazias", que não sejam relacionadas ao assunto, e também se preocupar em fazer uma análise a respeito das estatísticas trazidas, para que elas não fiquem deslocadas.

▷ No desenvolvimento, há a apresentação de informações sobre assuntos, exposição, explicação de ideias de modo objetivo, fundamentação por meio de leis, citação de autores, exemplos etc. Segundo fulano de tal, ...; Segundo a Lei Tal,..., Conforme entendimento do STF, ... Em outras palavras, há presença de dados polifônicos. Não há opinião do candidato aqui, e sim apresentação do seu conhecimento técnico sobre determinado assunto.

**ELEMENTOS COESIVOS PARA INCIAR OS PARÁGRAFOS DE DESENVOLVIMENTO**

| | |
|---|---|
| A primeira delas... / A primeira dessas questões... / O primeiro desses pontos... / Em primeiro lugar,... | → 1º PARÁGRAFO DE DESENVOLVIMENTO |
| Outra questão importante é... / Também é de suma importância... / O segundo dos aspectos... / Além disso,... / Em segundo lugar,... | → 2º PARÁGRAFO DE DESENVOLVIMENTO |
| Há de se considerar também,... / Há de se considerar, por último,... / O terceiro dos aspectos,... | → 3º PARÁGRAFO DE DESENVOLVIMENTO |

▷ Na conclusão, ocorrerá a retomada da ideia central.

Tipos de conclusão:
- **Síntese:** consiste em sintetizar as ideias que foram abordadas ao longo da dissertação, confirmando a ideia central que aparece na introdução do texto.
- **Proposta de intervenção:** elaborar uma sugestão para solucionar o problema posto em debate na proposta de redação. Essas sugestões precisam ter três características muito importantes. Em primeiro lugar, é preciso que elas sejam aplicáveis ao tema e ao que foi dito no texto. Além disso, as sugestões precisam ser detalhadas.

A proposta bem elaborada deve conter um detalhamento do que fazer, como fazer, os meios e os participantes da proposta. Por último, proposta apresentada deve ser executável, ou seja, possível de ser realizada. Não adianta apresentar soluções utópicas e fantasiosas, pois elas não serão realizadas.

- **Dedução:** trata-se de um processo de raciocínio em que a conclusão é alcançada a partir de um conjunto de premissas abordadas em uma afirmação e que constroem um pensamento lógico. Isso se chama "regras de inferência". O candidato vai explorar nos parágrafos dedicados ao desenvolvimento da dissertação, tudo aquilo que sabe sobre o tema, fazer as devidas relações e, no momento da conclusão, manifestar o que se pode deduzir dessas informações.

**ELEMENTOS COESIVOS PARA INCIAR O ÚLTIMO PARÁGRAFO**

Por fim, ...
Por último, ...
Finalmente, ...
Em último lugar, ...

## 2.3 Propostas de dissertação expositiva

**PROPOSTA I**

A remição de pena, ou seja, o direito do condenado de abreviar o tempo imposto em sua sentença penal, pode ocorrer mediante trabalho, estudo e, de forma mais recente, pela leitura, conforme disciplinado pela Recomendação n.º 44/2013 do CNJ. A remição de pena, prevista na Lei de Execução Penal, está relacionada ao direito constitucional de individualização da pena. Dessa forma, as penas devem ser justas e proporcionais, além de particularizadas, levando-se em conta a aptidão à ressocialização demonstrada pelo apenado por meio do estudo ou do trabalho.

A possibilidade de remir a pena por meio da leitura já é realidade em diversos presídios do país. De acordo com a Recomendação n.º 44/2013 do CNJ, deve ser estimulada a remição pela leitura como forma de atividade complementar, especialmente para apenados aos quais não sejam assegurados os direitos ao trabalho, à educação e à qualificação profissional. Para isso, há necessidade de elaboração de um projeto pela autoridade penitenciária estadual ou federal com vistas à remição pela leitura, assegurando-se, entre outros critérios, a participação voluntária do preso e a existência de um acervo de livros dentro da unidade penitenciária. Segundo a norma, o preso deve ter o prazo de 21 a 30 dias para a leitura de uma obra, apresentando, ao final do período, uma resenha a respeito do assunto, que deverá ser avaliada pela comissão organizadora do projeto. Cada obra lida possibilita a remição de quatro dias de pena, com o limite de doze obras por ano, ou seja, no máximo 48 dias de remição por leitura a cada doze meses.

Internet: <www.cnj.jus.br> (com adaptações).

A Assembleia Legislativa do Ceará aprovou projeto de lei que altera o art. 4.º da Lei n.º 15.718/2014, elaborada conforme recomendação do CNJ. O projeto de lei torna expressa a possibilidade da leitura de livros religiosos proporcionarem a remição da pena em execução penal. Segundo a Secretaria de Administração Penitenciária (SAP), atualmente, no projeto Livro Aberto, são 5.100 detentos que leem mensalmente em 17 unidades prisionais do Ceará. O preso escolhe, a cada mês, uma obra literária dentre os títulos selecionados para a leitura, o que agora poderá incluir livros religiosos. Em seguida, o apenado redigirá relatório de leitura ou resenha — a ser elaborados de forma individual, presencial e em local adequado —, devendo atingir nota igual ou superior a 6,0 para ser aprovado pela Secretaria de Educação do Estado do Ceará (SEDUC). Depois, isso é levado para a vara judicial, para ser avaliada a redução da pena.

Internet: <www.ceara.gov.br> (com adaptações).

É indiscutível que a obra literária tem o poder de reorganizar a nossa visão de mundo, nossa mente e nossos sentimentos, tocando nosso espírito por meio das palavras, que não são apenas a forte presença do nosso código; elas comunicam sempre alguma coisa que nos toca, porque obedece a certa ordem. O caos originário dá lugar à ordem e, por conseguinte, a mensagem pode atuar. Uma boa notícia é que toda obra

# DISSERTAÇÃO EXPOSITIVA E ARGUMENTATIVA

literária pressupõe essa superação do caos, determinada por um arranjo especial das palavras, fazendo uma proposta de sentido.

Maria Luzineide P. da C. Ribeiro e Maria do Rosário C. Rocha. Olhando pelo avesso: reflexões sobre a remição de pena pela leitura e a escolarização nas prisões brasileiras. In: Fernanda Marsaro dos Santos et al. (Org.). Educação nas prisões. 1.ª ed. Jundiaí: Paco, 2019, p. 203 (com adaptações).

A leitura é um poderoso instrumento de ascensão social, de amadurecimento do ser em relação à sua função dentro de uma complexa sociedade, de absorção da sua cultura ao redor (...) é uma atividade essencial a qualquer área do conhecimento e mais essencial ainda à própria vida do ser humano.

Fernanda M. dos Santos, Gesuína de F. E. Leclerc e Luciano C. Barbosa. Leitura que liberta: uma experiência para remição de pena no Distrito Federal. In: Fernanda Marsaro dos Santos et al. (Org.). Educação nas prisões. 1.ª ed. Jundiaí: Paco, 2019, p. 21.

Considerando que os textos anteriormente apresentados têm caráter unicamente motivador, redija um texto dissertativo abordando os seguintes aspectos acerca da remição de pena pela leitura.

1 A remição de pena pela leitura como forma de ressocialização. [valor: 9,50 pontos]

2 A importância da leitura como forma de reorganização da visão de mundo do detento. [valor: 9,50 pontos]

3 Possibilidades e desafios da implementação de projetos de leitura no sistema prisional brasileiro. [valor: 9,50 pontos]

**Padrão de resposta da banca**

O candidato deve redigir um texto dissertativo em que aborde os aspectos propostos, acerca da remição de pena pela leitura, de maneira clara e coerente, empregando mecanismos de coesão textual. O candidato deve demonstrar conhecer a atualidade do tema da remição de pena pela leitura como forma de ressocialização, bem como discorrer sobre a importância da leitura como possibilidade de ampliação da visão de mundo do participante do projeto dentro do estabelecimento prisional. Para tanto, pode, por exemplo, mencionar a Jornada da Leitura no Cárcere, evento cuja primeira edição ocorreu em fevereiro de 2020, com apoio do CNJ, a fim de identificar, refletir e disseminar as boas práticas de leitura no sistema carcerário. Por fim, o candidato deve discorrer sobre possibilidades de projetos de leitura que podem ser implementados no sistema penitenciário brasileiro e os desafios para que projetos dessa natureza sejam colocados em prática.

## PROPOSTA II

Lei n.º 12.305, de 2 de agosto de 2010

Art. 6.º São princípios da Política Nacional de Resíduos Sólidos: (...)

VI – a cooperação entre as diferentes esferas do poder público, o setor empresarial e demais segmentos da sociedade;

VII – a responsabilidade compartilhada pelo ciclo de vida dos produtos;

VIII – o reconhecimento do resíduo sólido reutilizável e reciclável como um bem econômico e de valor social, gerador de trabalho e renda e promotor de cidadania;

IX – o respeito às diversidades locais e regionais;
(...)

Internet: <mma.gov.br> (com adaptações).

**Média da composição gravimétrica dos resíduos sólidos gerados no Brasil resíduos participação**

| Resíduos | Participação (%) | Quantidade (t por dia) |
|---|---|---|
| Material reciclável | 31,9 | 58.527,40 |
| metais | 2,9 | 5.293,50 |
| aço | 2,3 | 4.213,70 |
| alumínio | 0,6 | 1.079,90 |
| papel, papelão e tetrapak | 13,1 | 23.997,40 |
| plástico total | 13,5 | 24.847,90 |
| plástico firme | 8,9 | 16.399,60 |
| plástico rígido | 4,6 | 8.449,30 |
| vidro | 2,4 | 4.388,60 |
| material orgânico | 51,4 | 94.335,10 |
| outros | 16,7 | 30.618,90 |
| total | 100 | 183.481,50 |

Internet: <www.politize.com.br> (com adaptações).

À proporção em que aumenta o número de habitantes nas cidades, cresce a geração de lixo. Observa-se que as cidades, cada vez mais, apresentam dificuldades para implantar, ordenar e gerenciar de modo sustentável os resíduos por elas gerados. Nesse contexto, em 12/8/2010, foi instituída a Política Nacional de Resíduos Sólidos (PNRS), pela Lei n.º 12.305/2010, que definiu princípios, objetivos, instrumentos e diretrizes relativos à gestão e ao gerenciamento de resíduos sólidos, incluídos os perigosos, em âmbito nacional.

Entre os conceitos introduzidos está o de responsabilidade compartilhada pelo ciclo de vida dos produtos: "conjunto de atribuições individualizadas e encadeadas dos fabricantes, importadores, distribuidores e comerciantes, dos consumidores e dos titulares dos serviços públicos de limpeza urbana e de manejo dos resíduos sólidos, para minimizar o volume de resíduos sólidos e rejeitos gerados, bem como para reduzir os impactos causados à saúde humana e à qualidade ambiental decorrentes do ciclo de vida dos produtos, nos termos desta Lei". Isso quer dizer que a lei exige que as empresas assumam o retorno de seus produtos descartados e cuidem da adequada destinação ao final de seu ciclo de vida útil.

Internet: <oeco.org.br> (com adaptações).

Cerca de 80% do impacto de um produto na natureza está relacionado ao seu design e a toda a cadeia logística. Assim, torna-se necessário rever os tipos de materiais produzidos e repensar suas formas de produção, para que seu destino final seja o começo de um novo ciclo, e não os aterros sanitários e os oceanos. O principal objetivo da economia circular é acabar com os resíduos, ou seja, não gerar desperdício.

Internet: <positiva.eco.br> (com adaptações).

Considerando que os fragmentos de texto precedentes têm caráter motivador, redija um texto dissertativo sobre o seguinte tema.

## O DESCARTE DE RESÍDUOS SÓLIDOS NO BRASIL NO SÉCULO XXI

Ao elaborar seu texto, responda aos seguintes questionamentos.

1. Por que o modelo de descarte de resíduos sólidos predominante até o início do século XXI deve ser substituído? [valor: 9,50 pontos]

2. Em que consistem a economia circular e a responsabilidade compartilhada e de que forma esses novos conceitos podem impactar a economia do país? [valor: 19,00 pontos]

**Padrão de resposta da banca**

Com relação ao aspecto 1, o candidato pode mencionar que o modelo de descarte de resíduos sólidos predominante até o início do século XXI acarreta as consequências como as mencionadas a seguir:

– para o meio ambiente: nos lixões, os resíduos são depositados a céu aberto, sem tratamento ou controle ambiental, o que contribui para o aumento da poluição; há agravamento do efeito estufa em razão da produção de gás metano e contaminação do lençol freático por meio do chorume que é produzido;

– para a saúde pública: os lixos expostos atraem animais vetores de doenças; os catadores de lixo, nos lixões, ficam expostos ao contato direto com agentes físicos, químicos e biológicos potencialmente nocivos; o sentimento de marginalização dos indivíduos que sobrevivem do descarte alheio é intensificado, o que agrava os problemas sociais existentes;

– para a economia: parte da população marginalizada do mercado formal busca a sobrevivência nos restos produzidos pela sociedade; com isso, prejudica-se a economia que gira em torno do mercado formal e aumentam-se os gastos públicos para a recuperação da saúde das pessoas submetidas a essas condições de insalubridade.

Por essas e por outras razões, o modelo de descarte de resíduos sólidos predominante até o início do século XXI precisa ser substituído por outro, que seja sustentável para o planeta.

Com relação ao aspecto 2, o candidato deve explicitar em que consiste a economia circular e a responsabilidade compartilhada. Pode mencionar, por exemplo, que a economia circular visa ao máximo aproveitamento dos materiais, de forma que se produza o mínimo de resíduos (diferentemente da economia linear, em que algo é produzido, consumido e descartado), e que a responsabilidade compartilhada, que envolve o recolhimento de um produto pela empresa fabricante após o seu ciclo de uso, para que se dê a destinação adequada a ele, favorece o reaproveitamento de materiais e a diminuição da produção de resíduos. Assim, a economia circular e a responsabilidade compartilhada impactam o modo de fabricação de produtos, uma vez que visam cada vez mais ao reaproveitamento dos materiais que já existem e cada vez menos ao emprego de novas matérias-primas, o que se reverte em menos danos ao meio ambiente. A economia circular e a responsabilidade compartilhada impactam, ainda, o modo como um produto é consumido e a valorização de suas características: um produto de vida útil mais longa, fabricado com materiais que podem ser reaproveitados ou que se decompõem mais rapidamente, é mais valorizado, em detrimento daquele que não compartilha dessas características, como o produto gerado sob condição de obsolescência programada, por exemplo.

### PROPOSTA III

O Estado, como pessoa jurídica, é um ser intangível. Somente se faz presente no mundo jurídico por meio de seus agentes, pessoas físicas cuja conduta é a ele imputada. O Estado, por si só, não pode causar danos a ninguém. Segundo o direito positivo, o Estado é civilmente responsável pelos danos que seus agentes causarem a terceiros. Sendo-o, incumbe-lhe reparar os prejuízos causados, mediante obrigação de pagar as devidas indenizações.

José dos Santos Carvalho Filho. Manual de direito administrativo. 32.ª ed. São Paulo: Atlas, 2018 (com adaptações).

Considerando que o fragmento de texto anteriormente apresentado tem caráter unicamente motivador, redija um texto dissertativo acerca da responsabilidade civil do Estado, abordando, necessariamente, os seguintes tópicos:

1 a teoria da responsabilidade civil do Estado atualmente aplicada no direito brasileiro; [valor: 9,00 pontos]

2 requisitos da responsabilidade civil; [valor: 20,00 pontos]

3 direito de regresso. [valor: 9,00 pontos]

**Padrão de resposta da banca**

1 A teoria da responsabilidade civil do Estado aplicada atualmente no direito brasileiro é a teoria da responsabilidade objetiva do Estado. Ela dispensa o fator culpa em relação ao fato danoso, ou seja, a culpa é desconsiderada com pressuposto da responsabilidade. Esta teoria é informada pela teoria do risco administrativo e pela teoria do risco integral. Na primeira, é possível aplicar as causas excludentes da responsabilidade do Estado (culpa da vítima, culpa de terceiros ou força maior). Na segunda, não.

2 Os requisitos da responsabilidade civil do Estado são: a) fato administrativo, que é considerado qualquer conduta, comissiva ou omissiva, legítima ou ilegítima, singular ou coletiva, atribuída ao poder público; b) dano, pois não há responsabilidade sem que haja o dano, seja material, seja moral; e c) nexo causal, pois somente haverá responsabilidade se houver uma relação de causalidade entre o fato administrativo e o dano. Ao lesado cabe demonstrar que o prejuízo sofrido se originou da conduta estatal.

3 O direito de regresso é garantido ao Estado no sentido de dirigir sua pretensão indenizatória contra o agente responsável pelo dano, se ele tiver agido com dolo ou culpa, conforme dispõe o § 6.º do art. 37 da Constituição Federal de 1988: "Art. 37. (...) § 6.º As pessoas jurídicas de direito público e as de direito privado prestadoras de serviços públicos responderão pelos danos que seus agentes, nessa qualidade, causarem a terceiros, assegurado o direito de regresso contra o responsável nos casos de dolo ou culpa".

### PROPOSTA IV

Art. 215. O Estado garantirá a todos o pleno exercício dos direitos culturais e acesso às fontes da cultura nacional, e apoiará e incentivará a valorização e a difusão das manifestações culturais. § 1.º O Estado protegerá as manifestações das culturas populares, indígenas e afro-brasileiras, e das de outros grupos participantes do processo civilizatório nacional.

Brasil. Constituição da República Federativa do Brasil. Brasília - DF: Senado Federal, 1988.

Os direitos culturais protegem o potencial que cada pessoa possui — individualmente, em comunidade com outros e como grupo de pessoas — para desenvolver e expressar sua humanidade e visão de mundo, os significados que atribui a sua experiência e a maneira como o faz. Os direitos culturais podem ser considerados como algo que protege o acesso ao patrimônio e aos recursos culturais que permitem a ocorrência desses processos de identificação e de desenvolvimento.

Entrevista com Farida Shaheed, da ONU. In: Revista Observatório Itaú Cultural, n.º 11, jan.-abr./2011 (com adaptações).

Integrar os direitos culturais ao rol de direitos humanos — ou seja, considerá-los direitos inerentes ao ser humano — traz consequências importantes ao tratamento desses direitos, que não podem, por exemplo, sofrer nenhum tipo de distinção de raça, cor, sexo, língua, religião, opinião política, origem social ou nacional ou condição de nascimento ou riqueza. Tais direitos incorporam, ainda, outras características dos direitos humanos: são fundados no respeito pela dignidade e no valor de cada pessoa; são universais, ou seja, são aplicados de forma igual e sem discriminação a todas as pessoas; são inalienáveis, de modo que ninguém pode ser privado de seus direitos humanos (apesar de eles poderem ser limitados em situações específicas); são indivisíveis, inter-relacionados e interdependentes, já que não é suficiente respeitar apenas parte dos direitos humanos; e devem ser vistos como de igual importância entre si.

*Nicolas Allen. Os direitos culturais como direitos humanos: breve sistematização de tratados internacionais. Internet: <http://institutodea.com> (com adaptações).*

Considerando que os fragmentos de textos apresentados anteriormente têm caráter unicamente motivador, redija um texto dissertativo abordando:

1 a importância da cultura para a formação integral do ser humano; [valor: 14,00 pontos]

2 a relação entre cultura e cidadania; [valor: 12,00 pontos]

3 o dever do Estado de garantir o acesso à cultura bem como incentivar a difusão e preservação das manifestações culturais. [valor: 12,00 pontos]

**Padrão de resposta da banca**

Espera-se que o candidato seja capaz de apresentar argumentos coerentes e determinantes para a defesa do importante papel das manifestações culturais na formação integral do ser humano, mostrando como a cultura é um meio essencial de enriquecimento da maneira como o sujeito enxerga a si mesmo e ao mundo que o cerca. Também se espera que o candidato seja capaz de relacionar a cultura à cidadania, mostrando, mediante argumentos e exemplos consistentes, que fazer da cultura um aspecto de destaque nas sociedades é relevante para a convivência social e para o pleno exercício dos direitos dos cidadãos. Por fim, espera-se que o candidato seja capaz de discorrer acerca do dever do Estado de garantir o acesso à cultura bem como incentivar a difusão e preservação das manifestações culturais, como forma de assegurar o pleno exercício da cidadania pelo povo.

# DISSERTAÇÃO EXPOSITIVA E ARGUMENTATIVA

### PROPOSTA V

A Lei n.º 11.705/2008, conhecida como Lei Seca, por reduzir a tolerância com motoristas que dirigem embriagados, colocou o Brasil entre os países com legislação mais severa sobre o tema. No entanto, a atitude dos motoristas pouco mudou nesses dez anos. Um levantamento, por meio da Lei de Acesso à Informação, indicou mais de 1,7 milhão de autuações, com crescimento contínuo desde 2008. O avanço das infrações nos últimos cinco anos ficou acima do aumento da frota de veículos e de pessoas habilitadas: o número de motoristas flagrados bêbados continua crescendo, em vez de diminuir com o endurecimento das punições ao longo desses anos.

Internet: <g1.globo.com> (com adaptações).

Nas estradas federais que cortam o estado de Pernambuco, durante o feriadão de Natal, a PRF registrou cento e três acidentes de trânsito, com cinquenta e dois feridos e sete mortos. Segundo a corporação, seis motoristas foram presos por dirigir bêbados e houve oitenta e sete autuações pela Lei Seca. Os números são parte da Operação Integrada Rodovia, deflagrada pela PRF. Em 2017, foram registrados noventa acidentes. No ano passado, a ação da polícia teve um dia a menos.

Internet: <g1.globo.com> (com adaptações).

Considerando que os fragmentos de texto acima têm caráter unicamente motivador, redija um texto dissertativo acerca do seguinte tema.

### O COMBATE ÀS INFRAÇÕES DE TRÂNSITO NAS RODOVIAS FEDERAIS BRASILEIRAS

Ao elaborar seu texto, aborde os seguintes aspectos:

1 medidas adotadas pela PRF no combate às infrações; [valor: 7,00 pontos]

2 ações da sociedade que auxiliem no combate às infrações; [valor: 6,00 pontos]

3 atitudes individuais para a diminuição das infrações. [valor: 6,00 pontos]

**Padrão de resposta da banca**

Quanto ao desenvolvimento do tema, o candidato deve, a partir dos textos motivadores, abordar o tema e os aspectos propostos, de maneira clara e coerente, empregando os mecanismos de coesão textual. A abordagem dada ao tema pode variar, mas o candidato deve demonstrar conhecer a atualidade do tema das infrações nas rodovias, que vitimam inúmeras pessoas, além dos próprios ilícitos cometidos.

Com relação ao aspecto 1, espera-se que o candidato aborde medidas que podem ser implementadas ou que já são adotadas pela Polícia Rodoviária Federal no combate às infrações nas rodovias, como o aumento de efetivo, a ampliação do uso de equipamentos eletrônicos, o incremento de operações integradas no combate aos ilícitos, as campanhas institucionais, entre outras.

No aspecto 2, espera-se que o candidato aborde ações que podem ser feitas pela sociedade para diminuição das infrações, como campanhas de iniciativa privada para aumento da conscientização da conduta a ser praticada, palestras em entidades privadas com ampla divulgação, envolvimento com escolas públicas e privadas em busca da conscientização da sociedade, entre outras.

No que se refere ao aspecto 3, espera-se que o candidato aborde atitudes que o indivíduo pode realizar para combater as infrações, como a própria conscientização da conduta correta a ser praticada, a participação de atividades educativas de trânsito, o envolvimento em atividades de ajuda a vítimas de trânsito, entre outras.

Observação: foram citadas algumas medidas, ações e atitudes neste padrão de resposta apenas como exemplos.

## 2.4 Dissertação argumentativa

A dissertação argumentativa tem o objetivo de convencer o leitor sobre uma tese, por meio de fortes articulações lógicas entre os significados.

Quando as interpretações expostas pelo texto dissertativo vão mais além nas intenções e buscam explicitamente convencer o leitor/ouvinte sobre a validade dessas explicações, classifica-se o texto como argumentativo (COROA, 2008b, p. 121).

## 2.5 Estrutura do texto dissertativo-argumentativo

Na Introdução, deve haver a contextualização do tema. Em seguida, deve ser apresentada a tese que será desenvolvida (ponto de vista). Por fim, podem ser apresentados os argumentos para a defesa dessa opinião (opcional).

**Tipos de introdução**

- O candidato pode utilizar a definição ou citações e estatísticas, mas deve, em seguida, apresentar a tese (opinião).
- **Roteiro:** tem por objetivo apresentar ao leitor o roteiro que será seguido durante o desenvolvimento do seu texto tese + argumentos); assim, ao citar o roteiro na introdução, o autor deve segui-lo até o final, para que não haja incoerências.
- **Exemplo:** Em virtude da onda de conservadorismo que o Brasil vive na atualidade, tornam-se comuns as discussões sobre direitos coletivos. Nesse cenário, é importante analisar as causas do conservadorismo moderno e os reflexos dele nos direitos da coletividade.
- **Alusão histórica:** representa um tipo de introdução em que um fato passado se relaciona de algum modo a um fato presente, servindo de ponto de reflexão ou ela semelhanças entre eles, ou pelas diferenças. Após a contextualização, deve ser apresentada a tese.
- **Exemplo:** Por ter pecado nos excessos do liberalismo, a Revolução Francesa foi talvez a que mais contribuiu com o surgimento do conservadorismo. Do mesmo modo, no Brasil esse mesmo processo volta a emergir depois de anos de governo liberal no poder.

▷ O desenvolvimento é o parágrafo em que serão desenvolvidos argumentos para comprovar a tese exposta na introdução. Na primeira frase do parágrafo, ou seja, no tópico frasal é apresentada a ideia central do parágrafo (o argumento). Depois do tópico frasal (introdução), há a comprovação dessa ideia (desenvolvimento) e, por fim, o fechamento do parágrafo (conclusão).

Os diversos argumentos deverão ser sustentados com exemplos e provas que os validem, tornando-os indiscutíveis, como:

- Exemplos;
- Enumeração de fatos;
- Causa e efeito;
- Dados estatísticos;
- Citações de autores renomados;
- Depoimentos de personalidades renomadas;
- Alusões históricas.

▷ Na conclusão há a retomada e a reafirmação da tese inicial, já defendida pelos diversos argumentos apresentados no desenvolvimento.

▷ **Retomada da tese:** a melhor forma de fazer isso é parafraseando a sua tese, ou seja, passando exatamente a mesma ideia, mas com outras palavras.

▷ Os mesmos tipos de conclusão do texto expositivo podem ser usados aqui.

## 2.6 Propostas de dissertação argumentativa

### PROPOSTA I

A partir da leitura do Texto Motivador abaixo e com base em seu conhecimento de mundo, escolha um dos temas e desenvolva um texto dissertativo-argumentativo. Seu texto deverá ser produzido em prosa e conter no mínimo 20 e no máximo 30 linhas.

**TEMA: O excesso de imagens e sua relação com a realidade**

O mundo das imagens

Talvez se possa dizer que o que predomina na mídia mundial é a imagem. Com frequência, as outras "linguagens" aparecem de maneira complementar [...] ou propriamente subordinada à imagem. Tanto assim que a mídia apresenta aspectos e fragmentos das configurações e movimentos da sociedade global como se fosse um vasto espetáculo de videoclipe [...] Ao lado da montagem, colagem, bricolagem, simulacro e virtualidade, muitas vezes combinando tudo isso, a mídia parece priorizar o espetáculo do videoclipe. Tanto é assim que guerras e genocídios parecem festivais pop, departamentos do shopping center global, cenas da Disneylândia mundial. Os mais graves e dramáticos acontecimentos da vida de indivíduos e coletividades aparecem, em geral, como um videoclipe eletrônico informático, desterritorializado entretenimento de todo o mundo.

Fonte: IANNI, Octávio. O mundo do trabalho. In: FREITAS, Marcos Cezar de. (Org.).A reinvenção do futuro. São Paulo: Cortez, 1996. p. 39

## PROPOSTA II

A partir da leitura do Texto Motivador abaixo e com base em seu conhecimento de mundo, escolha um dos temas e desenvolva um texto dissertativo-argumentativo. Seu texto deverá ser produzido em prosa e conter no mínimo 20 e no máximo 30 linhas.

**Tema: O cuidado com o corpo e com a mente e sua relação com o trabalho**

Cuidar do corpo e da mente

Conciliar trabalho, estudo, rotina doméstica e os cuidados com o corpo e a mente pode, à primeira vista, parecer impossível. Por isso, o G1 conversou com especialistas para apontar passos essenciais para quem quer levar uma vida mais equilibrada. Eles concordaram em três pontos: fazer exercícios, comer bem, cuidar da saúde mental e buscar acompanhamento médico.

[...] Faça exercícios físicos. Fazer exercícios é a primeira recomendação. É simples: mexa-se. "Só de você não ser sedentário já está mil pontos à frente da pessoa sedentária", diz o clínico geral e médico de família Alfredo Salim Helito, do Hospital Sírio-Libanês, em São Paulo. "Se você tiver a opção entre ser magro e fazer atividade física, escolha a atividade física. O sedentarismo não pode acompanhar o ser humano", frisa.

Alimente-se bem. A alimentação saudável e equilibrada também é essencial. A alimentação foi outro ponto de consenso entre os especialistas ouvidos pelo G1 como chave para uma vida melhor. E a primeira dica de como nutrir melhor o corpo é: beber água.[...]

Cuide da saúde mental. Terapias, tradicionais ou alternativas, ajudam a melhorar a saúde mental. As intervenções tradicionais — como a psicoterapia ou a psicanálise — podem ajudar a prestar mais atenção às próprias emoções, pensamentos ou padrões de comportamento. Para a psicóloga Gláucia Flores, que atende em Brasília, o momento de buscar ajuda profissional é quando a pessoa percebe que está tendo prejuízos na vida.

"Vamos pensar nossa vida como uma pizza: uma fatia é o trabalho, uma é a família, uma é o casamento, os filhos, o lazer. Quando a gente dá mais importância pra uma do que pra outra, essa balança fica desigual. É importante, sim, que a gente encontre prazer no trabalho, mas também ter outros interesses para também aprender outras coisas", analisa Gláucia.

Vá ao médico. Encontrar um médico de confiança também é essencial. Além de adotar bons hábitos, fazer um acompanhamento médico pelo menos uma vez por ano também é recomendável, explica a clínica geral Sílvia Souto, da Aliança Instituto de Oncologia, em Brasília. Para começar, ela recomenda procurar, primeiro, um médico generalista.

Fonte: https://g1.globo.com/ciencia-e-saude/vivavoce/noticia/2019/02/01/cuidar-do-corpo-e-da-mente-veja-4-passos-paralevar-uma-vida-saudavel-e-equilibrada.ghtml. Adaptado. Acessado em 06/12/19

## PROPOSTA III

Motivado pela leitura dos textos seguintes, sem, contudo, copiá-los ou parafraseá-los, redija um texto DISSERTATIVO-ARGUMENTATIVO com, no mínimo, 20 e no máximo 30 linhas, em modalidade e limites solicitados.

**Tema: DESAFIOS DAS POLÍTICAS DE SEGURANÇA PÚBLICA PARA COMBATER A VIOLÊNCIA NA SOCIEDADE.**

TEXTO 1

Constituições Federais e contexto político-institucional

O termo segurança "pública" parece ter sido usado pela primeira vez na Constituição Federal (CF) de 1937. Em outras Constituições, como a de 1934, aparece o termo segurança "interna" para tratar com matérias atinentes ao controle da ordem, fato que irá gerar vários dilemas organizacionais no país e em seu pacto federativo. É interessante constatar que, na CF de 1937, cabia exclusivamente à União a competência de regular a matéria e garantir "o bemestar, a ordem, a tranquilidade e a segurança públicas, quando o exigir a necessidade de uma regulamentação uniforme" (artigo 16, inciso V).

Nota-se aqui uma primeira tensão conceitual e que terá impacto direto nos mandatos e atribuições das polícias brasileiras. A Lei nº 192, de 17 de janeiro de 1936 regulava as atividades das polícias militares e as vinculava às unidades da federação, cabendo à União apenas um papel de supervisão e controle, por meio do Exército. Por essa lei, as polícias militares eram as responsáveis pela segurança "interna", enquanto a CF de 1937 fala de segurança "pública", atividade que formalmente não foi assumida por nenhuma instituição até a CF de 1988. O significativo é que essa lei só foi revogada pelo Decreto-Lei nº 317, de 13 de março de 1967, que regulamentou a CF de 1967 no que tange à atuação das polícias. O conceito criado pela CF de 1937 parece não ter conseguido se institucionalizar e não teve força para mudar, mesmo após o Estado Novo, as estruturas que organizavam as polícias estaduais. E ainda mais emblemático dessa dificuldade é que a CF de 1967 restabeleceu a competência das polícias militares para a "manutenção da ordem e segurança interna nos Estados, nos Territórios e no Distrito Federal" (grifo nosso).

Será somente a CF de 1988 que irá resgatar o conceito de 1937 e trará um capítulo específico sobre segurança "pública", não obstante repetir a CF de 1937 e não definir o significado desse conceito. A CF de 1988, em seu artigo 144, definirá tão somente quais são as instituições públicas encarregadas de prover segurança "pública" (LIMA, 2011). Em suma, nossa atual Constituição não define o que vem a ser segurança pública, apenas delimita quais organizações pertencem a esse campo.

Disponível em: <http://www.scielo.br/pdf/rdgv/v12n1/1808-2432-rdgv-12-10049.pdf> Acesso em: 20 de junho de 2019. Texto adaptado

TEXTO 2

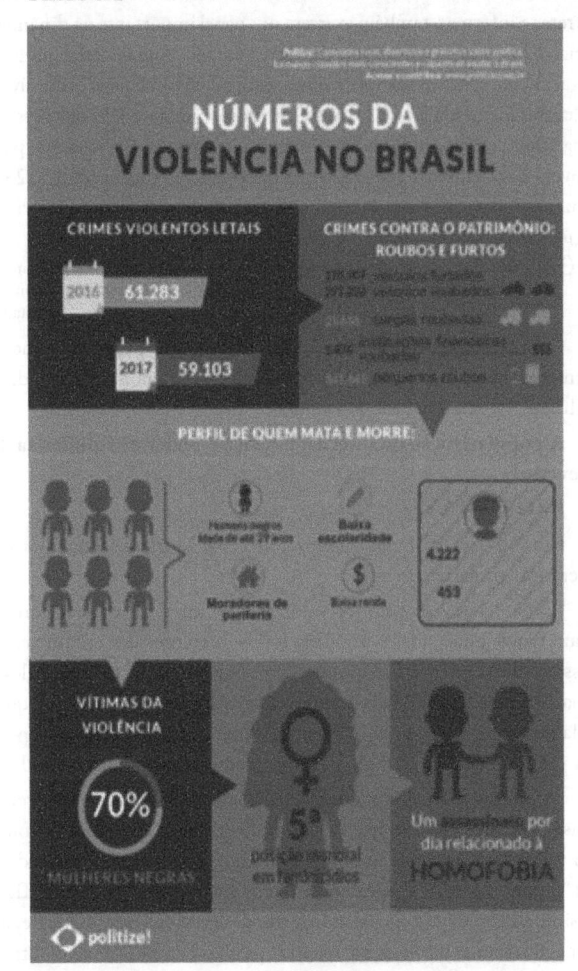

**NÚMEROS DA VIOLÊNCIA NO BRASIL**

CRIMES VIOLENTOS LETAIS
2016 — 61.283
2017 — 59.103

CRIMES CONTRA O PATRIMÔNIO: ROUBOS E FURTOS

PERFIL DE QUEM MATA E MORRE:
Homens negros de idade de até 29 anos
Baixa escolaridade
Moradores de periferia
Baixa renda
4.222
453

VÍTIMAS DA VIOLÊNCIA
70% MULHERES NEGRAS
5ª posição mundial em feminicídios
Um assassinato por dia relacionado à HOMOFOBIA

politize!

Disponível em: https://www.politize.com.br/seguranca-publica-brasileiraentenda. Acesso em 20 de junho de 2019. Texto adaptado.

# DISSERTAÇÃO EXPOSITIVA E ARGUMENTATIVA

## PROPOSTA IV
### Texto 01

Pela primeira vez, a população deve consumir mais conteúdo midiático na internet do que pela TV, de acordo com relatório da agência de mídia Zenith. Conforme a previsão, já em 2019 as pessoas devem passar mais horas navegando pela internet, fazendo compras, assistindo a filmes, séries e vídeos, conversando ou ouvindo música, do que assistindo à televisão.

("Internet irá ultrapassar TV já em 2019, indica relatório", 18.06.2018. https://epoca-negocios.globo.com. Adaptado)

### Texto 02

De acordo com estudo divulgado pela empresa Morrison Foster, as pessoas passam, em média, sete horas por dia nas redes sociais. E é exatamente esse o local ocupado pelos influenciadores, que também estão conectados e produzindo conteúdos para seus seguidores a todo tempo. Segundo uma outra pesquisa, publicada pela Sprout Social, 74% dos consumidores guiam suas decisões de compra com base nas redes sociais. Ou seja, o público está atento às opiniões da internet e, principalmente, aos depoimentos de canais influentes e de credibilidade.

("A contribuição dos influenciadores digitais para a decisão de compra". 02.02.2018. https://franpress.com.br. Adaptado)

### Texto 03

Nos últimos 10 anos, o tempo médio de consumo domiciliar de televisão passou de 8h18 para 9h17. Um crescimento de 12%. Vale ressaltar que esse foi um período de forte ascensão da internet como plataforma de distribuição de conteúdo. Os conteúdos da TV, além de entreter e informar, também exercem um papel importante na dinâmica social. Eles influenciam a pauta de conversas tanto com material que gera engajamento entre os telespectadores, como com publicidades criativas. O levantamento da Kantar IBOPE Media aponta que 51% das pessoas acham que a propaganda na TV é interessante e proporciona assunto para conversar. E, entre os que acessam a internet enquanto veem TV, 23% comentam nas redes sociais o que assistem – mostrando que a televisão segue marcando presença no dia a dia do brasileiro.

(João Paulo Reis. "Televisão: a abrangência e a influência do meio mais presente na vida dos brasileiros", 24.12.2018. https://observatoriodatelevisao.bol.uol.com.br. Adaptado)

Com base nas informações dos textos e em seus próprios conhecimentos, escreva um texto dissertativo, de acordo com a norma-padrão da língua portuguesa, sobre o tema:

**A popularização da internet ameaça o poder de influência da televisão?**

### PROPOSTA V

Em visita aos Estados Unidos, em 1970, Margaret Thatcher fez o seguinte pronunciamento:

"Uma das razões por que valorizamos indivíduos não é porque sejam todos iguais, mas porque são todos diferentes. Permitamos que nossos filhos cresçam, alguns mais altos que outros, se tiverem neles a capacidade de fazê-lo. Pois devemos construir uma sociedade na qual cada cidadão possa desenvolver plenamente seu potencial, tanto para seu próprio benefício quanto para o da comunidade como um todo."

A premissa crucial que leva a afirmação de Thatcher a parecer quase evidente em si mesma – a suposição de que a "comunidade como um todo" seria adequadamente servida por todo cidadão dedicado a seu "próprio benefício" – acabou por ser admitida como ponto pacífico. Assim, no fim do século passado, tornou-se aceita a noção de que, ao agir egoisticamente, de algum modo as pessoas beneficiariam as outras.

(Adaptado de: ZYGMUNT, Bauman. A riqueza de poucos beneficia todos nós? Rio de Janeiro: Zahar, 2015, p.30)

### II

Segundo a ortodoxia econômica, uma boa dose de desigualdade leva a economias mais eficientes e crescimento mais rápido. Isso se dá porque retornos mais altos e impostos menores no topo da escala – segundo afirmam – fomentariam o empreendedorismo e engendrariam um bolo econômico maior.

Assim, terá dado certo a experiência de fomento da desigualdade? Os indícios sugerem que não. A disparidade de riqueza atingiu dimensões extraordinárias, mas sem o progresso econômico prometido.

(Adaptado de: LANSEY, Stewart apud ZYGMUNT, Bauman. A riqueza de poucos beneficia todos nós? Rio de Janeiro: Zahar, 2015, p.24-25)

Considerando os textos acima, escreva uma dissertação argumentativa em que você discuta a seguinte questão:

**A realização individual fomentaria maior igualdade social?**

## 2.7 Elementos de coesão

**Prioridade, relevância**: em primeiro lugar, antes de mais nada, antes de tudo, em princípio, primeiramente, acima de tudo, principalmente, primordialmente, sobretudo.

**Tempo**: atualmente, hoje, frequentemente, constantemente às vezes, eventualmente, por vezes, ocasionalmente, sempre, raramente, não raro, ao mesmo tempo, simultaneamente, nesse ínterim, enquanto, quando, antes que, depois que, logo que, sempre que, assim que, desde que, todas as vezes que, cada vez que, então, enfim, logo, logo depois, imediatamente, logo após, a princípio, no momento em que, pouco antes, pouco depois, anteriormente, posteriormente, em seguida, afinal, por fim, finalmente, agora.

**Semelhança, comparação, conformidade**: de acordo com, segundo, conforme, sob o mesmo ponto de vista, tal qual, tanto quanto, como, assim como, como se, bem como, igualmente, da mesma forma, assim também, do mesmo modo, semelhantemente, analogamente, por analogia, de maneira idêntica, de conformidade com.

**Condição, hipótese**: se, caso, desde que, eventualmente.

**Adição, continuação**: além disso, demais, ademais, outrossim, ainda mais, por outro lado, também, e, nem, não só ... mas também, não só... como também, não apenas ... como também, não só ... bem como, com, ou (quando não for excludente).

**Dúvida**: talvez, provavelmente, possivelmente, quiçá, quem sabe, é provável, não é certo, se é que.

**Certeza, ênfase**: certamente, decerto, por certo, inquestionavelmente, sem dúvida, inegavelmente, com toda a certeza.

**Ilustração, esclarecimento**: por exemplo, só para ilustrar, só para exemplificar, isto é, quer dizer, em outras palavras, ou por outra, a saber, ou seja, aliás.

**Propósito, intenção, finalidade**: com o fim de, a fim de, com o propósito de, com a finalidade de, com o intuito de, para que, a fim de que, para.

**Resumo, recapitulação, conclusão**: em suma, em síntese, em conclusão, enfim, em resumo, portanto, assim, dessa forma, dessa maneira, desse modo, logo, dessa forma, dessa maneira, assim sendo.

**Explicação**: por consequência, por conseguinte, como resultado, por isso, por causa de, em virtude de, assim, de fato, com efeito, tão (tanto, tamanho)... que, porque, porquanto, pois, já que, uma vez que, visto que, como (= porque), portanto, logo, que (= porque), de tal sorte que, de tal forma que, haja vista.

**Contraste, oposição, restrição**: pelo contrário, em contraste com, salvo, exceto, menos, mas, contudo, todavia, entretanto, no entanto, embora, apesar de, apesar de que, ainda que, mesmo que, posto que, conquanto, se bem que, por mais que, por menos que, só que, ao passo que, por outro lado, em contrapartida, ao contrário do que se pensa, em compensação.

**Contraposição**: é possível que... no entanto... É certo que... entretanto... É provável que ... porém...

**Sequenciação dos parágrafos**: em primeiro lugar ..., em segundo ..., por último ...; por um lado ..., por outro ...; primeiramente, ...,em seguida, ..., finalmente, ....

**Enumeração**: é preciso considerar que ...; Também não devemos esquecer que ...; Não podemos deixar de lembrar que...

**Reafirmação/Retomada**: compreende-se, então, que ... É bom acrescentar ainda que ... É interessante reiterar ...

## 2.8 Critérios de avaliação das bancas

### Banca Cespe

Aspectos Macroestruturais

1. Apresentação (legibilidade, respeito às margens e indicação de parágrafos) e estrutura textual (organização das ideais em texto estruturado).

2. Desenvolvimento do tema: tópicos da proposta

Aspectos Microestruturais

Ortografia

Morfossintaxe

Propriedade vocabular

Quando forem apresentados tópicos, deve-se construir 1 (um) parágrafo para cada tópico.

### Banca FCC

O candidato deverá desenvolver texto dissertativo a partir de proposta única, sobre assunto de interesse geral. Considerando que o texto é único, os itens discriminados a seguir serão avaliados em estreita correlação:

▷ **Conteúdo: até 40 (quarenta) pontos:**

perspectiva adotada no tratamento do tema;

capacidade de análise e senso crítico em relação ao tema proposto;

consistência dos argumentos, clareza e coerência no seu encadeamento.

Obs.: A nota será prejudicada, proporcionalmente, caso ocorra abordagem tangencial, parcial ou diluída em meio a divagações e/ou colagem de textos e de questões apresentados na prova.

▷ **Estrutura: até 30 (trinta) pontos:**

respeito ao gênero solicitado;

progressão textual e encadeamento de ideias;

articulação de frases e parágrafos (coesão textual).

▷ **Expressão: até 30 (trinta) pontos:**

▷ **A avaliação da expressão não será feita de modo estanque ou mecânico, mas sim de acordo com sua estreita correlação com o conteúdo desenvolvido. A avaliação será feita considerando-se:**

desempenho linguístico de acordo com o nível de conhecimento exigido para o cargo/área/especialidade;

adequação do nível de linguagem adotado à produção proposta e coerência no uso;

domínio da norma culta formal, com atenção aos seguintes itens: estrutura sintática de orações e períodos, elementos coesivos; concordância verbal e nominal; pontuação; regência verbal e nominal; emprego de pronomes; flexão verbal e nominal; uso de tempos e modos verbais; grafia e acentuação.

### Banca Cesgranrio

A Redação será avaliada conforme os critérios a seguir:

▷ adequação ao tema proposto;

▷ adequação ao tipo de texto solicitado;

▷ emprego apropriado de mecanismos de coesão (referenciação, sequenciação e demarcação das partes do texto);

▷ capacidade de selecionar, organizar e relacionar de forma coerente argumentos pertinentes ao tema proposto; e

▷ pleno domínio da modalidade escrita da norma-padrão (adequação vocabular, ortografia, morfologia, sintaxe de concordância, de regência e de colocação).

### Banca Vunesp

Na avaliação da Prova Dissertativa (Parte II), serão considerados os critérios a seguir:

▷ **Tema:** considera-se se o texto do candidato atende ao tema proposto. A fuga completa ao tema proposto é motivo suficiente para que a redação não seja corrigida em qualquer outro de seus aspectos, recebendo nota 0 (zero);

▷ **Estrutura (gênero/tipo de texto e coerência): consideram-se aqui, conjuntamente, os aspectos referentes ao gênero/tipo de texto proposto e à coerência das ideias. A fuga completa ao gênero/tipo de texto é motivo suficiente para que a redação não seja corrigida em qualquer outro de seus aspectos, recebendo nota 0 (zero). Avalia-se aqui como o candidato sustenta sua tese em termos argumentativos e como essa argumentação está organizada, considerando-se a macroestrutura do texto dissertativo (introdução, desenvolvimento e conclusão). No gênero/tipo de texto, avalia-se também o tipo de interlocução construída: por se tratar de uma dissertação, deve-se prezar pela objetividade, sendo assim, o uso de primeira pessoa do singular e de segunda pessoa (singular e plural) poderá ser penalizado. Será considerado aspecto negativo a referência direta à situação imediata de produção textual (ex.: como afirma o autor do primeiro texto/da coletânea/do texto I; como solicitado nesta prova/proposta de redação).** Na coerência, será observada, além da pertinência dos argumentos mobilizados para a defesa do ponto de vista, a capacidade do candidato de encadear as ideias de forma lógica e coerente (progressão textual). Serão considerados aspectos negativos a presença de contradições entre as ideias, a falta de partes da macroestrutura dissertativa, a falta de desenvolvimento das ideias ou a presença de conclusões não decorrentes do que foi previamente exposto;

▷ **Expressão (coesão e modalidade):** consideram-se neste item os aspectos referentes à coesão textual e ao domínio da norma-padrão da língua portuguesa. Na coesão, avalia-se a utilização dos recursos coesivos da língua (anáforas, catáforas, substituições, conjunções etc.) de modo a tornar a relação entre frases e períodos e entre os parágrafos do texto mais clara e precisa. Serão considerados aspectos negativos as quebras entre frases ou parágrafos e o emprego inadequado de recursos coesivos. Na modalidade, serão examinados os aspectos gramaticais como ortografia, morfologia, sintaxe e pontuação, bem como a escolha lexical (precisão vocabular) e o grau de formalidade/informalidade expressa em palavras e expressões.

### Banca IBFC

Para o desenvolvimento da Redação, o candidato deverá redigir, observando os critérios de correção estabelecidos no quadro abaixo:

# DISSERTAÇÃO EXPOSITIVA E ARGUMENTATIVA

Critérios de Correção

1 Conhecimento do tema (cobertura dos tópicos apresentados: domínio e inter-relação entre os conceitos centrais do tema proposto);

2 Habilidade argumentativa (atualização, originalidade e relevância das informações);

3 Sequência lógica e de organização do pensamento (introdução, desenvolvimento e considerações finais);

4 Coerência e Coesão (pontuação, continuidade e progressão de ideias, uso apropriado de articuladores);

5 Morfossintaxe (relação entre as palavras, concordância verbal e nominal, regência verbal e nominal, organização e estruturação dos períodos e orações, emprego dos tempos e modos verbais e colocação de pronome);

6 Acentuação e ortografia.

**Banca FGV**

Na avaliação da Prova Escrita Discursiva, a redação será corrigida segundo os critérios a seguir:

PARTE 1 – ESTRUTURA TEXTUAL GLOBAL

(A) ABORDAGEM DO TEMA

Considera a capacidade de o candidato selecionar argumentos convenientes, dentro do perfil esperado, assim como a boa seleção desses argumentos.

(B) PROGRESSÃO TEXTUAL

Considera a capacidade de o candidato mostrar coesão e coerência entre os parágrafos componentes do texto por ele redigido, assim como a distribuição do tema por uma evolução adequada de suas partes.

PARTE 2 – CORREÇÃO GRAMATICAL

A correção gramatical será considerada sob o aspecto da melhor expressão escrita do ponto de vista comunicativo, ou seja, de sua adequação à situação comunicativa.

(A) SELEÇÃO VOCABULAR

Considera problemas de inadequação vocabular, troca entre parônimos, emprego de palavras gerais por específicas, emprego de vocábulos de variação linguística inadequada, marcas de oralidade.

(B) NORMA CULTA

Considera problemas gerais de construção frasal do ponto de vista comunicativo.

# NOÇÕES DE INFORMÁTICA

# 1 LINUX

Trata-se de um sistema operacional (SO) criado por Linus Torvald, com base na plataforma UNIX. Nesta seção são abordados os conceitos relacionados diretamente a algumas funcionalidades e definições deste sistema.

## 1.1 Dual boot

É possível instalar em um mesmo computador múltiplos sistemas operacionais, de forma que, ao ligar o computador, o usuário escolhe qual sistema deseja utilizar. A etapa de escolha do sistema é controlada por gerenciadores de boot; quando se instala o Linux, ele instala automaticamente um gerenciador de boot, como o GRUB e o LILO.

## 1.2 Distribuições

Uma distribuição Linux é uma cópia modificada e compartilhada com a comunidade. Isso se deve ao fato de ele ser um software livre e, assim, é permitido alterar uma distribuição e repassar a outras pessoas que, por sua vez, também podem efetuar as suas alterações.

Há sites, como o https://distrowatch.com/, por exemplo, em que existem mais de 300 distribuições Linux registradas. As principais são:

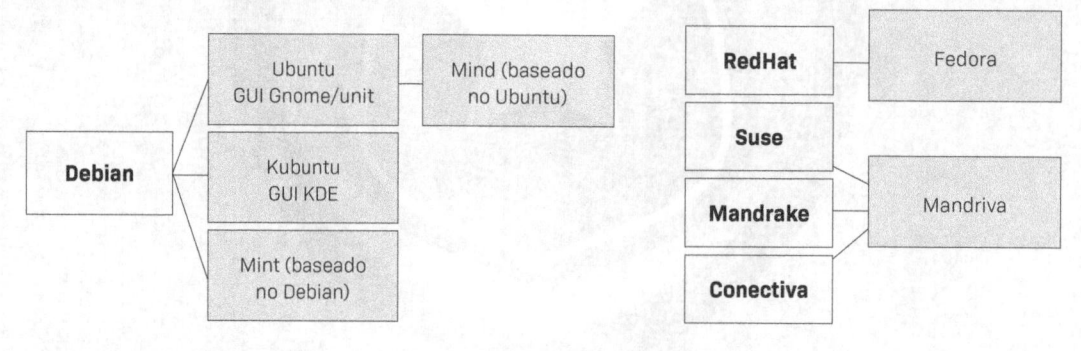

- **Debian**
  - Ubuntu GUI Gnome/unit → Mind (baseado no Ubuntu)
  - Kubuntu GUI KDE
  - Mint (baseado no Debian)
- **RedHat** → Fedora
- **Suse**
- **Mandrake** → Mandriva
- **Conectiva**

## 1.3 Estrutura de diretórios

A estrutura de diretórios define quais são as pastas do sistema e quais são as suas finalidades perante os programas e o próprio SO.

A estrutura de diretório do Linux, assim como a do Windows, possui caráter hierárquico, que toma como partida a raiz do sistema – no caso do Linux, a raiz do SO é o diretório / (barra). O termo raiz é atribuído, pois a estrutura de diretórios observada de forma inversa apresenta características de uma árvore que, a partir da raiz, possui seus galhos, as pastas e, por fim, suas folhas, os arquivos.

| Diretórios | Funções |
|---|---|
| /dev | (devices): armazena os drivers/dev dos dispositivos. |
| /bin | (binaries): armazena os binários essenciais para o funcionamento do sistema. Como também comandos básicos do SO como rm, pwd, su, tar, entre outros. |
| /Sbin | (binaries): armazena os binários essenciais para o funcionamento do sistema que sejam vinculados ao Super Usuário (administrador). |
| /mnt | (Mount): conhecido como ponto de montagem padrão, é o local por meio do qual se tem acesso às unidades de armazenamento conectados no computador. |
| /etc | Armazena os arquivos de configuração do sistema operacional. |
| /boot | Arquivos necessários para o boot do sistema. |
| /tmp | Arquivos temporários. |
| /home | Armazena as pastas dos usuários. |
| /root | Diretório do administrador. |

## 1.4 Gerenciadores de arquivos

O gerenciador de arquivo é o programa que permite navegar entre as pastas do computador, como também realizar tarefas do tipo copiar, recortar, colar, renomear e mover arquivos e pastas.

O Nautilus é o gerenciador de arquivos utilizado nas distribuições Linux que trabalham com a interface gráfica Gnome, enquanto as distribuições que utilizam o KDE têm como gerenciador de arquivos o Konqueror, que também pode ser utilizado como navegador de internet (o Nautilus tem essa opção desabilitada por segurança).

## 1.5 Terminal Linux

O Shell é o aplicativo que permite operar com o sistema operacional Linux por meio de linhas de comandos, ou seja, é o responsável por ler e interpretar um comando do usuário. Ele é similar ao Prompt de comandos no Windows (DOS).

## 1.6 Comandos Linux

Embora o Linux possua várias interfaces gráficas que podem ser utilizadas, a boa e velha linha de comando ainda é o caminho mais prático e rápido para a execução de muitas tarefas. Para facilitar o entendimento, a tabela a seguir contém os principais comandos suas ações:

| Comandos | Funções |
|---|---|
| cd | Permite navegar entre as pastas. |
| ls | Lista arquivos e pastas do diretório atual. |
| clear | Limpa a tela. |
| exit | Sai do terminal. |
| cp | Copia um arquivo ou pasta especificado. |
| rm | Remove um arquivo ou pasta especificado. |
| init 0 | Desliga o computador (é necessário ser administrador para executar este comando). |
| init 6 | Reinicia o computador (é necessário ser administrador para executar este comando). |
| chmod | Permite alterar as permissões de arquivos e pastas. |
| mv | Move arquivos e pastas. Também pode ser utilizado para renomear um arquivo ou pasta. |
| pwd | Mostra o diretório em que você está. |
| mkdir | Cria um diretório. |
| reboot | Reinicia o sistema operacional. |
| tar | Empacota os arquivos e pastas em um único arquivo (não compacta). |
| gzip | Compacta os arquivos e/ou pastas em um mesmo arquivo. |

## 2 WINDOWS 10

O Microsoft Windows 10 é um sistema operacional lançado em 29 de julho de 2015. Essa versão trouxe inúmeras novidades, principalmente por conta da sua portabilidade para celulares e tablets.

### 2.1 Requisitos mínimos

Para instalar o Windows 10, o computador deve ter no mínimo 1 GB de memória RAM para computadores com processador 32 bits de 1 GHz, e 2 GB de RAM para processadores de 32 bits de 1 GHz. Todavia, recomenda-se pelo menos 4 GB.

A versão 32 bits do Windows necessita, inicialmente, de 16 GB de espaço livre em disco, enquanto o Windows 64 bits utiliza 20 GB. A resolução mínima recomendada para o monitor é de 1.024 × 768.

### 2.2 Diferenças em relação à versão anterior

O Windows 10 nasceu com a promessa de ser o último Windows lançado pela Microsoft, o que não significa que não será atualizado. A proposta da fabricante é não lançar mais versões, a fim de tornar as atualizações mais constantes, sem a necessidade de aguardar para atualizar junto com uma versão numerada. Em de outubro de 2021, o Windows 11 foi lançado e conta com um visual mais limpo e minimalista, incluindo ícones remodelados, janelas translúcidas, nova iconografia e um Menu Iniciar centralizado.

O objetivo do projeto do novo Windows foi baseado na interoperabilidade entre os diversos dispositivos como tablets, smartphones e computadores, de modo que a integração seja transparente, sem que o usuário precise, a cada momento, indicar o que deseja sincronizar.

A Charms Bar, presente no Windows 8 e 8.1, foi removida, e a tela inicial foi fundida ao botão (menu) Iniciar. Algumas outras novidades apresentadas pela Microsoft são:

▷ Xbox Live e novo Xbox app proporcionam novas experiências de jogo no Windows 10. No Xbox, é possível que jogadores e desenvolvedores acessem à rede de jogos do Xbox Live, tanto nos computadores quanto no Xbox One. Os jogadores podem capturar, editar e compartilhar seus melhores.
▷ Momentos no jogo com o Game DVR e disputar novos jogos com os amigos nos dispositivos, conectando a outros usuários do mundo todo. Os jogadores também podem disputar jogos no seu computador, transmitidos por stream diretamente do console Xbox One para o tablet ou computador Windows 10, dentro de casa.
▷ Sequential mode: em dispositivos 2 em 1, o Windows 10 alterna facilmente entre teclado, mouse, toque e tablet. À medida que detecta a transição, muda convenientemente para o novo modo.
▷ Novos apps universais: o Windows 10 oferece novos aplicativos de experiência, consistentes na sequência de dispositivos, para fotos, vídeos, música, mapas, pessoas e mensagens, correspondência e calendário. Esses apps integrados têm design atualizado e uniformidade de app para app e de dispositivo para dispositivo. O conteúdo é armazenado e sincronizado por meio do OneDrive, e isso permite iniciar uma tarefa em um dispositivo e continuá-la em outro.

#### 2.2.1 Área de Trabalho

A barra de tarefas apresenta como novidade a busca integrada.

#### 2.2.2 Cortana

Esse recurso opera junto ao campo de pesquisa localizado na barra de tarefas do Windows. É uma ferramenta de execução de comandos por voz, porém, ainda não conta com versão para o português do Brasil.

#### 2.2.3 Continue de onde parou

Esse recurso permite uma troca entre computador, tablet e celular sem que o usuário tenha de salvar os arquivos e os enviar para os aparelhos; o próprio Windows se encarrega da sincronização.

Ao abrir um arquivo em um computador e editá-lo, basta abri-lo em outro dispositivo, de modo que as alterações já estarão acessíveis (a velocidade e disponibilidade dependem da conexão à internet).

#### 2.2.4 Desbloqueio imediato de usuário

Trata-se de um recurso disponível que permite ao usuário que possua webcam usar uma forma de reconhecimento facial para *logar* no sistema, sem a necessidade de digitar senha.

#### 2.2.5 Múltiplas áreas de trabalho

Uma das novidades do Windows 10 é a possibilidade de manipular "múltiplas Áreas de Trabalho", uma característica que já estava há tempos presente no Linux e no MacOS. Ao usar o atalho Windows + Tab, é possível criar uma Área de Trabalho e arrastar as janelas desejadas para ela.

## NOÇÕES DE INFORMÁTICA

### 2.2.6 Iniciar

Com essa opção em exibição, ao arrastar o mouse ligeiramente para baixo, são listados os programas abertos pela tela inicial. Programas abertos dentro do desktop não aparecem na lista, conforme ilustrado a seguir.

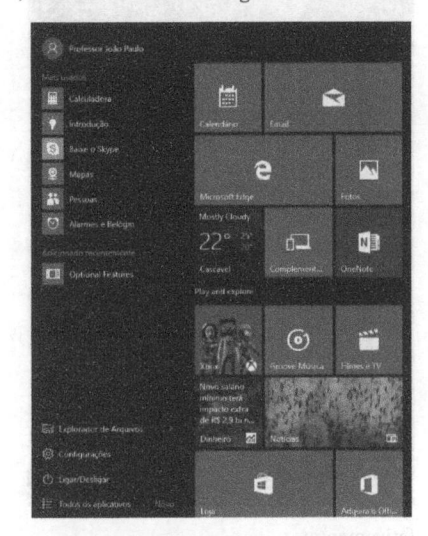

### 2.2.7 Aplicativos

Os aplicativos podem ser listados clicando-se no botão presente na parte inferior do botão Iniciar, mais à esquerda.

## 2.2.8 Acessórios

O Windows 10 reorganizou seus acessórios ao remover algumas aplicações para outro grupo (sistema do Windows).

Os aplicativos listados como acessórios são, efetivamente:

- Bloco de notas;
- Conexão de área de trabalho remota;
- Diário do Windows;
- Ferramenta de captura;
- Gravador de passos;
- Internet Explorer;
- Mapa de caracteres;
- Notas autoadesivas;
- Painel de entrada de expressões matemática;
- Paint;
- Visualizador XPS;
- Windows Fax and Scan;
- Windows Media Player;
- WordPad.

## 2.2.9 Bloco de notas

O bloco de notas é um editor de texto simples, e apenas texto, ou seja, não aceita imagens ou formatações muito avançadas e são possíveis apenas algumas formatações de fonte: tipo/nome da fonte, estilo de fonte (negrito, itálico) e tamanho da fonte. A imagem a seguir ilustra a janela do programa.

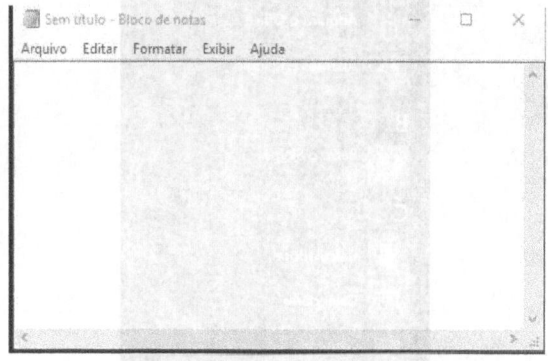

A cor da fonte não é uma opção de formatação presente. A janela a seguir ilustra as opções.

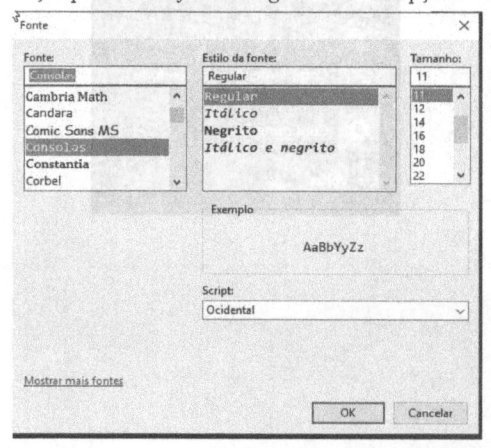

## 2.2.10 Conexão de área de trabalho remota

A conexão remota do Windows não fica ativa por padrão, por questões de segurança. Para habilitar a conexão, é necessário abrir a janela de configuração das Propriedades do Sistema, ilustrada a seguir. Essa opção é acessível pela janela Sistema do Windows.

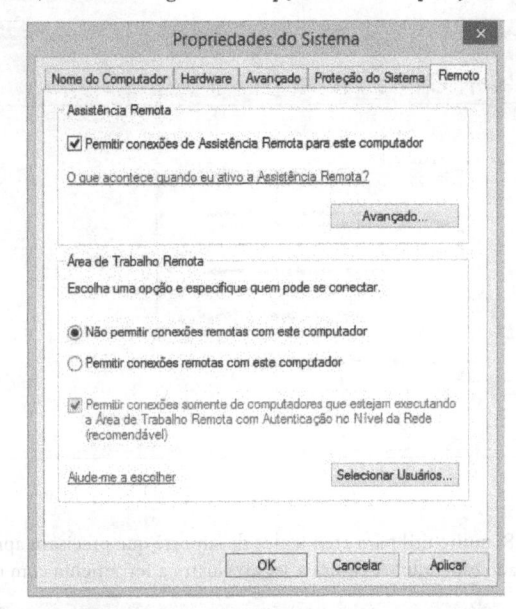

A conexão pode ser limitada à rede por restrição de autenticação em nível de rede, ou pela internet, usando contas de e-mail da Microsoft. A figura a seguir ilustra a janela da Conexão de Área de Trabalho Remota.

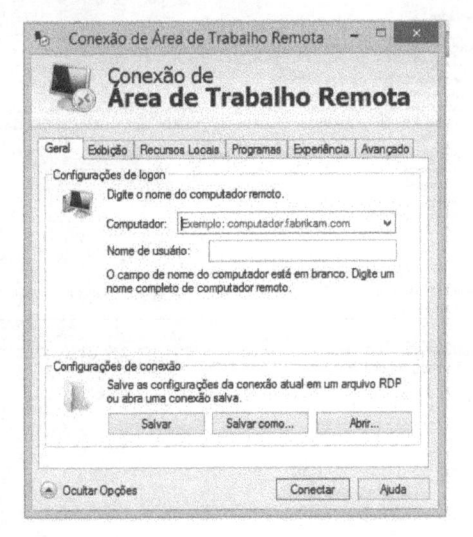

## 2.2.11 Diário do Windows

A ferramenta Diário do Windows é uma novidade no Windows 8. Ela permite que o usuário realize anotações como em um caderno. Os recursos de formatação são limitados, de modo que o usuário pode escrever com fonte manuscrita ou por meio de caixas de texto.

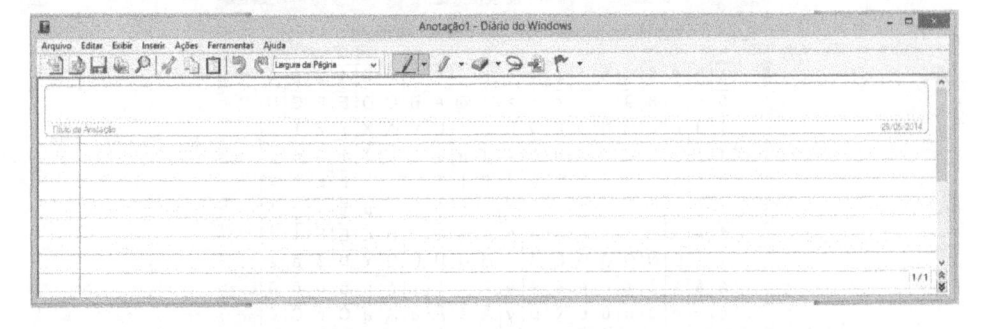

## 2.2.12 Ferramenta de captura

A ferramenta de captura, presente desde o Windows 7, permite o print de partes da tela do computador. Para tanto, basta selecionar a parte desejada usando o aplicativo.

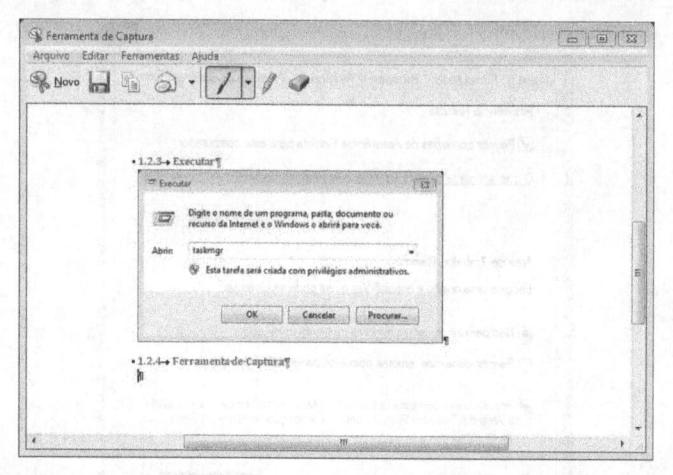

## 2.2.13 Gravador de passos

É um recurso vindo desde o Windows 8, muito útil para atendentes de suporte que precisam apresentar o passo a passo das ações que um usuário precisa executar para obter o resultado esperado. A figura a seguir ilustra a ferramenta com um passo gravado para exemplificação.

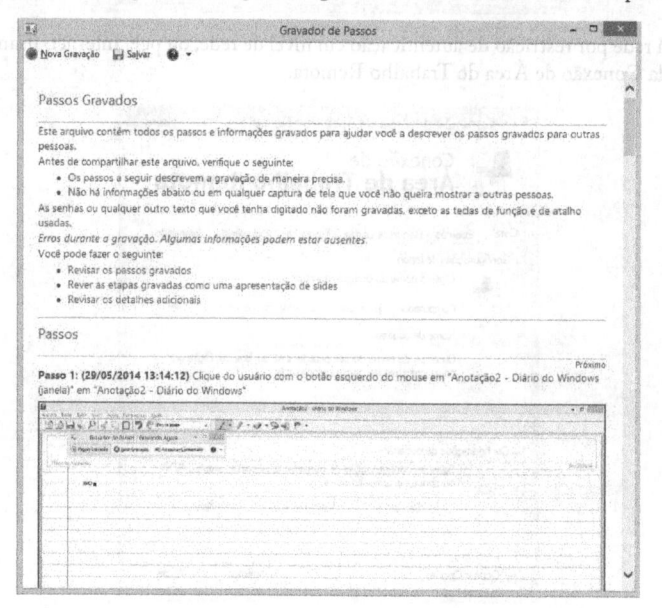

## 2.2.14 Mapa de caracteres

Frequentemente, faz-se necessário utilizar alguns símbolos diferenciados. Esses símbolos são chamados de caracteres especiais e esse recurso consegue listar os caracteres não presentes no teclado para cada fonte instalada no computador e copiá-los para a área de transferência do Windows.

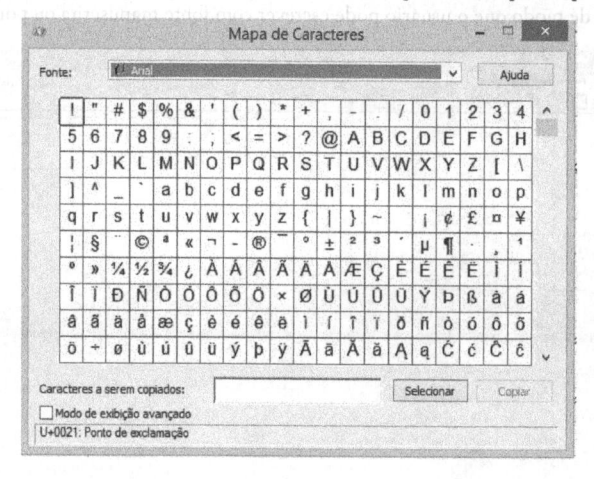

## 2.2.15 Notas autoadesivas

Por padrão, as notas autoadesivas são visíveis na Área de Trabalho, elas se parecem com post-its.

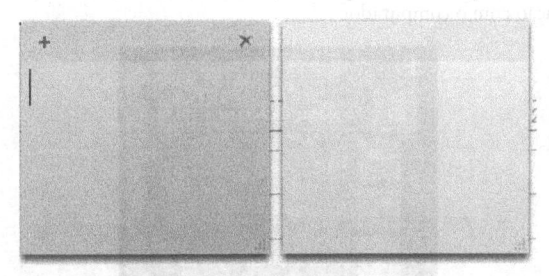

## 2.2.16 Painel de entrada de expressões matemáticas

Essa ferramenta possibilita o usuário de desenhar fórmulas matemáticas como integrais e somatórios, e ainda colar o resultado produzido em documentos. É possível fazer isso utilizando o mouse ou outro dispositivo de inserção como tablet canetas e mesas digitalizadoras.

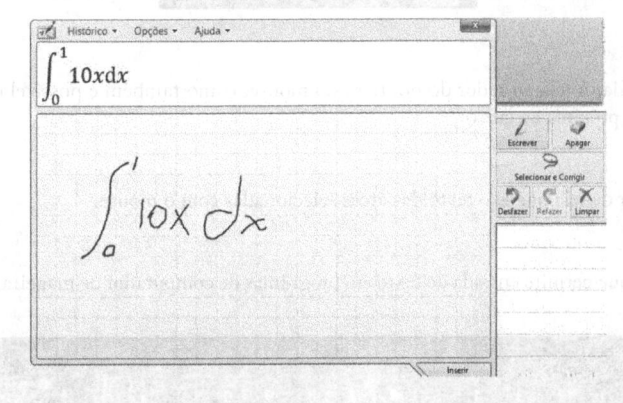

## 2.2.17 Paint

O tradicional editor de desenho do Windows, que salva seus arquivos no formato PNG, JPEG, JPG, GIF, TIFF e BMP (Bitmap), não sofreu mudanças em comparação com a versão presente no Windows 7.

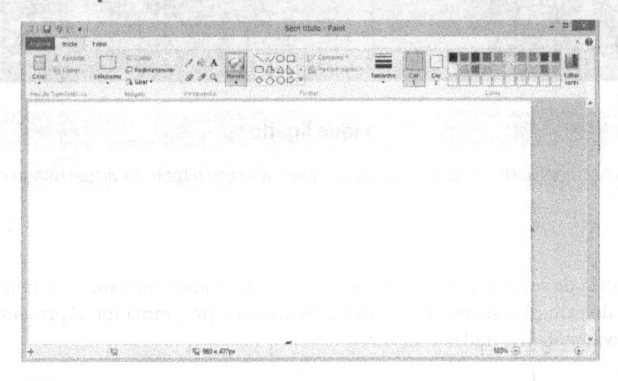

## 2.2.18 WordPad

É um editor de texto que faz parte do Windows, ao contrário do MS Word, com mais recursos que o Bloco de Notas.

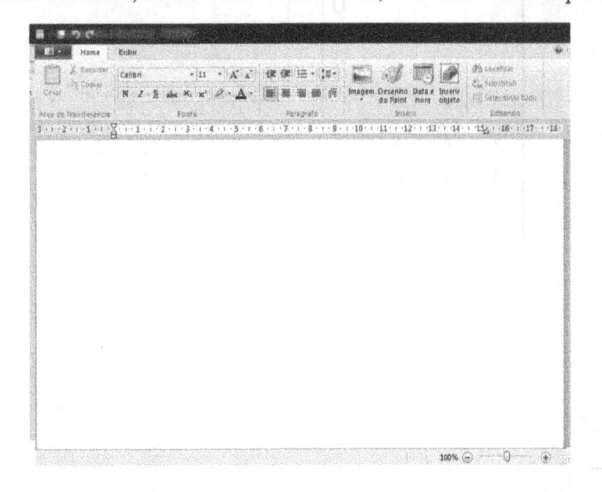

# WINDOWS 10

## 2.2.19 Facilidade de acesso

Anteriormente conhecida como ferramentas de acessibilidade, são recursos que têm por finalidade auxiliar pessoas com dificuldades para utilizar os métodos tradicionais de interação com o computador.

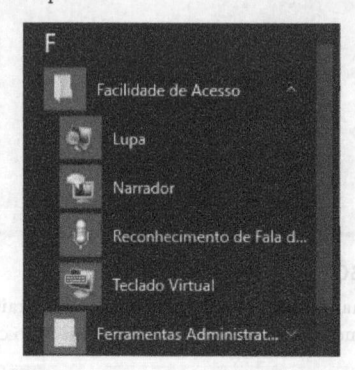

### Lupa

Ao utilizar a lupa, pode-se ampliar a tela ao redor do ponteiro do mouse, como também é possível usar metade da tela do computador exibindo a imagem ampliada da área próxima ao cursor.

### Narrador

O narrador é uma forma de leitor de tela que lê o texto das áreas selecionadas com o mouse.

### Teclado virtual

O teclado virtual é um software que permite entrada de texto em programas de computador de maneira alternativa ao teclado convencional.

**Fique ligado**

É preciso ter muito cuidado para não confundir o teclado virtual do Windows com o teclado virtual usado nas páginas de internet Banking.

## 2.2.20 Calculadora

A calculadora do Windows 10 deixa de ser associada aos acessórios. Outra grande mudança é o fato de que sua janela pode ser redimensionada, bem como perde um modo de exibição, sendo eles: padrão, científica e programador. Apresenta inúmeras opções de conversões de medidas, conforme ilustrado respectivamente ilustradas a seguir.

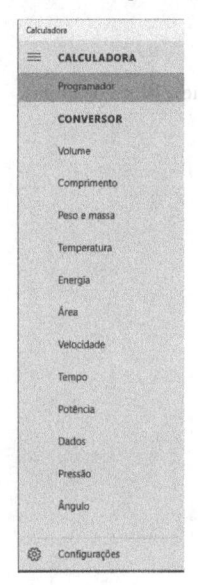

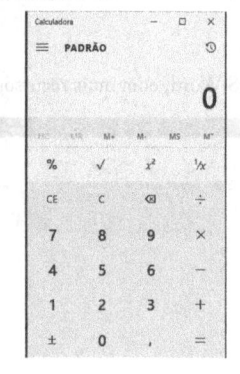

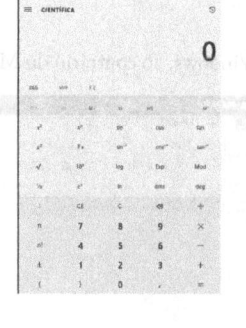

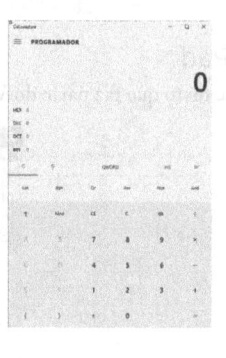

## NOÇÕES DE INFORMÁTICA

### 2.2.21 Painel de Controle

É o local onde se encontram as configurações do sistema operacional Windows e pode ser visualizado em dois modos: ícones ou categorias. As imagens a seguir representam, respectivamente, o modo ícones e o modo categorias.

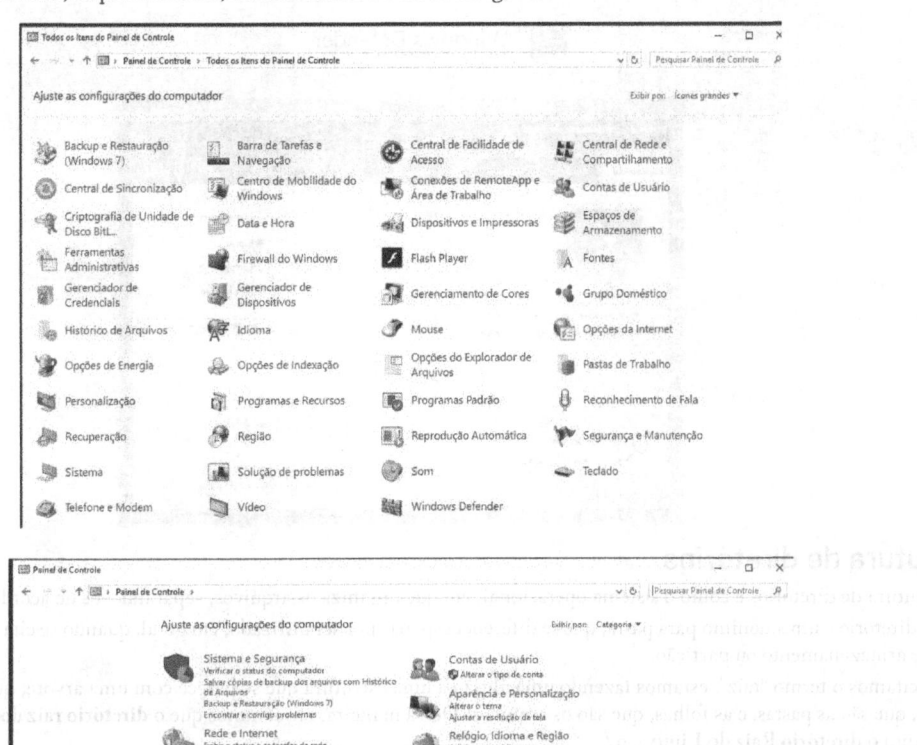

No modo categorias, as ferramentas são agrupadas de acordo com sua similaridade, como "Sistema e segurança", o que envolve o "Histórico de arquivos" e a opção "Corrigir problemas".

A opção para remover um programa possui uma categoria exclusiva chamada "Programas".

Na categoria "Relógio, idioma e região", temos acesso às opções de configuração do idioma padrão do sistema. Por consequência, é possível também o acesso às unidades métricas e monetárias, bem como alterar o layout do teclado ou botões do mouse.

Algumas das configurações também podem ser realizadas pela janela de configurações acessível pelo botão Iniciar.

### 2.2.22 Segurança e manutenção

Nessa seção, é possível verificar o nível de segurança do computador em relação ao sistema ou à possibilidade de invasão.

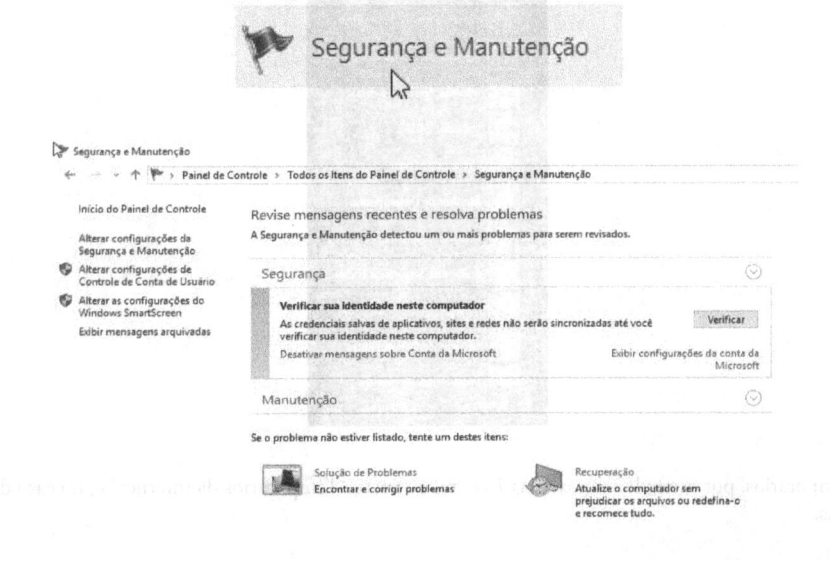

## 2.2.23 Windows Defender

No Windows 10, o Windows Defender passou a ser antivírus, além de ser antispyware.

## 2.3 Estrutura de diretórios

Uma estrutura de diretórios é como o sistema operacional, em que organiza os arquivos, separando-os de acordo com sua finalidade.

O termo diretório é um sinônimo para pasta, que se diferencia apenas por ser utilizado, em geral, quando se cita alguma pasta "raiz" de um dispositivo de armazenamento ou partição.

Quando citamos o termo "raiz", estamos fazendo uma alusão a uma estrutura que se parece com uma árvore, que parte de uma raiz e cria vários galhos, que são as pastas, e as folhas, que são os arquivos. Dessa maneira, observamos que o **diretório raiz do Windows** é o diretório **C:** ou **C:\**, enquanto o **diretório Raiz do Linux** é o /.

## 2.4 Ferramentas administrativas

Compreende ferramentas como agendador de tarefas, limpeza de disco, monitoramento de desempenho, entre muitos outros, que auxiliam na manutenção e no bom funcionamento da máquina.

### Limpeza de disco

Apaga os arquivos temporários, por exemplo, arquivos da Lixeira, da pasta "Temporários da internet" e, no caso do Windows, a partir da versão Vista, as miniaturas.

## NOÇÕES DE INFORMÁTICA

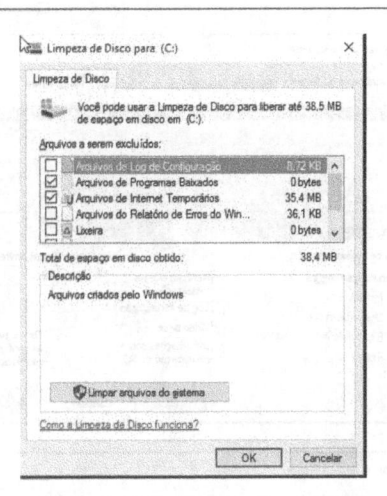

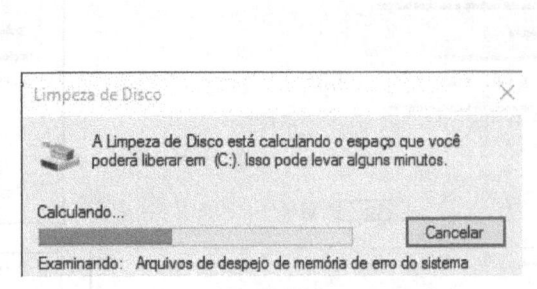

### Lixeira

A capacidade da Lixeira do Windows é calculada. Assim, para HDs de até 40 GB, a capacidade é de 10%. Todavia, para discos rígidos maiores que 40 GB, o cálculo não é tão direto. Vamos a um exemplo: caso um HD possua o tamanho de 200 GB, é necessário descontar 40 GB, pois até 40 GB a lixeira possui capacidade de 10%; assim, sobram 160 GB. A partir desse valor, deve-se calcular mais 5%, ou seja, 8 GB. Com isso, a capacidade total da lixeira do HD de 200 GB fica com 4 GB + 8 GB = 12 GB.

> **Fique ligado**
>
> É importante, ainda, destacar que a capacidade da lixeira é calculada para cada unidade de armazenamento. Desse modo, se um HD físico de 500 GB estiver particionado, é necessário calcular separadamente a capacidade da lixeira para cada unidade.

A Lixeira é um local, e não uma pasta. Ela lista os arquivos que foram excluídos, porém nem todos aqueles que foram excluídos vão para a Lixeira. Vejamos a lista de situações em que um arquivo não será movido para a lixeira:

▷ Arquivos maiores do que a capacidade da Lixeira;
▷ Arquivos que estão compartilhados na rede;
▷ Arquivos de unidades removíveis;
▷ Arquivos que foram removidos de forma permanente pelo usuário.

### Desfragmentar e otimizar unidades

É responsabilidade do Desfragmentador organizar os dados dentro do HD de maneira contínua/contígua para que o acesso às informações em disco seja realizado mais rapidamente.

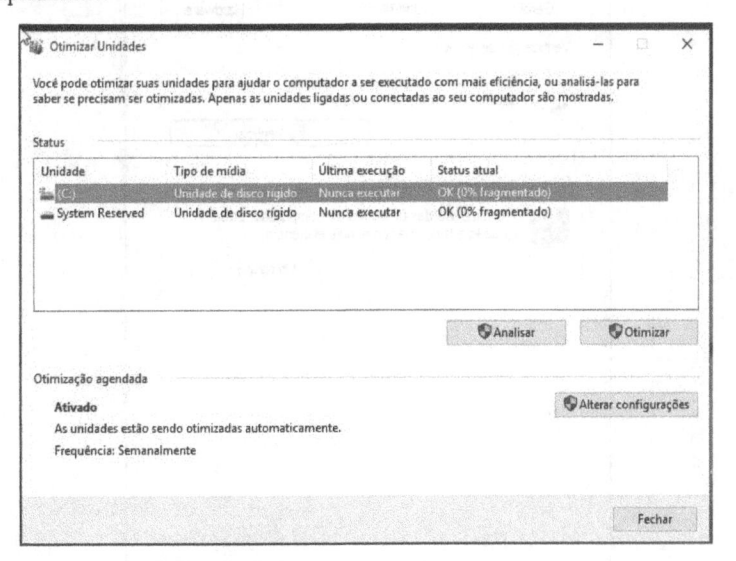

### Configuração do sistema

A Configuração do Sistema é também acessível ao ser digitado o comando msconfig na janela "Executar". Essa ação permite configurar quais serviços serão carregados com o Sistema. No entanto, para fazer essa configuração, deve-se proceder ao acesso pelo "Gerenciador de tarefas".

# WINDOWS 10

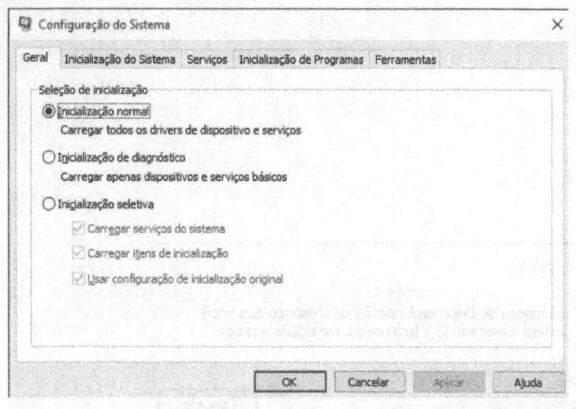

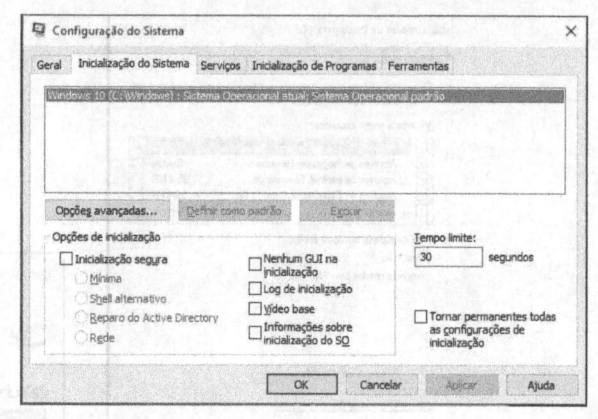

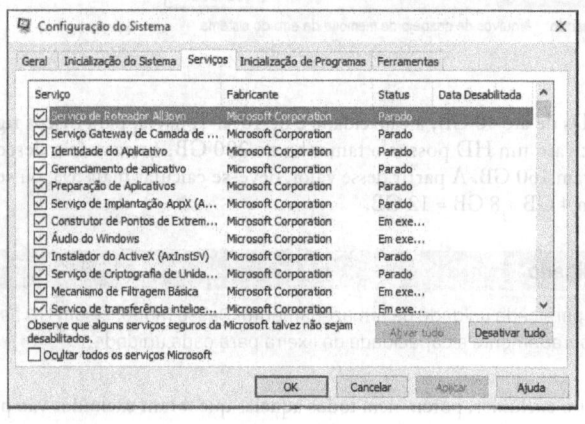

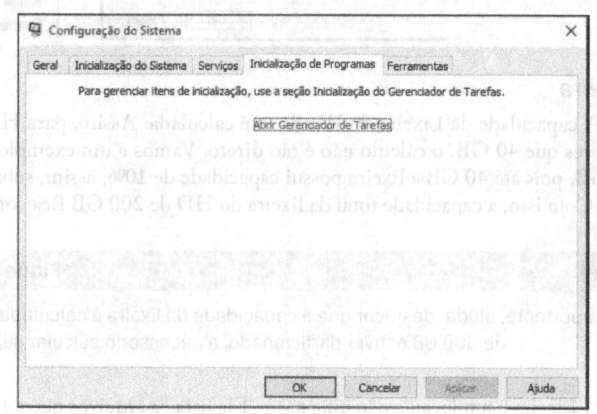

## Monitor de recursos

Permite monitorar os recursos do computador e qual o uso que está sendo realizado.

## ScanDisk

O ScankDisk é o responsável por verificar o HD em busca de falhas de disco. Muitas vezes, ele consegue corrigi-las.

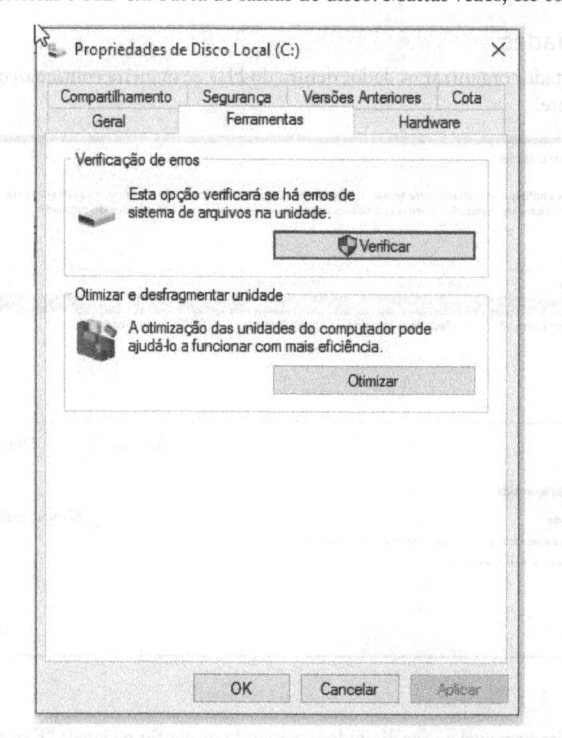

# NOÇÕES DE INFORMÁTICA

## 2.5 Configurações

Uma novidade do Windows 10 é a opção "Configurações", presente no botão Iniciar, que apresenta uma estrutura similar ao Painel de Controle, realizando a separação por categorias de ferramentas, conforme ilustra a figura a seguir.

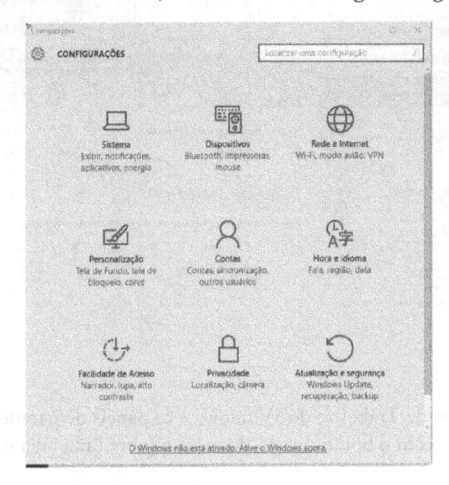

## 2.6 Sistema

Nessa opção, são apresentadas as ferramentas de configuração de resolução de tela, definição de monitor principal (caso possua mais de um), modos de gestão de energia (mais utilizados em notebooks).

Também é possível encontrar a opção "Mapas offline", que permite o download de mapas para a pesquisa e o uso por GPS, principalmente usado em dispositivos móveis ou dotados de GPS.

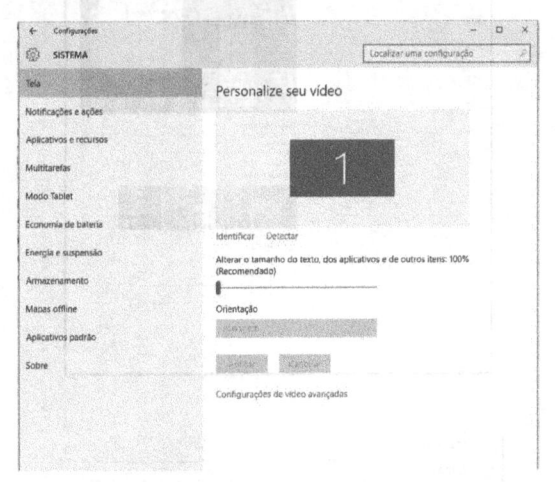

## 2.7 Dispositivos

Esse recurso lista os dispositivos que foram instalados em algum momento no sistema, como as impressoras.

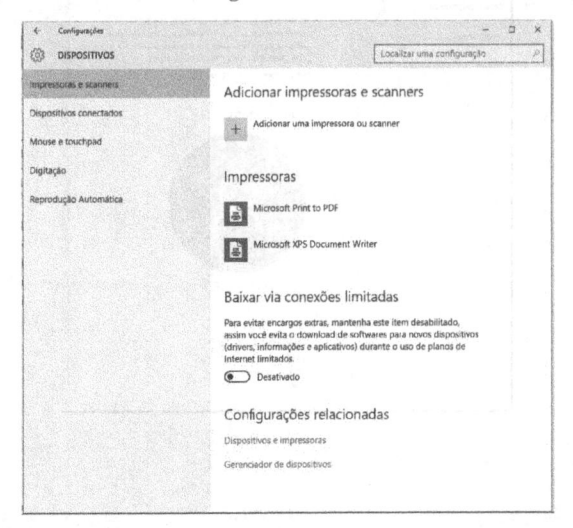

## 2.8 Rede e internet

Esse recurso serve para configurar rapidamente o proxy de uma rede, ou ativar/desativar a rede wi-fi, incluindo a opção para configurar uma rede VPN.

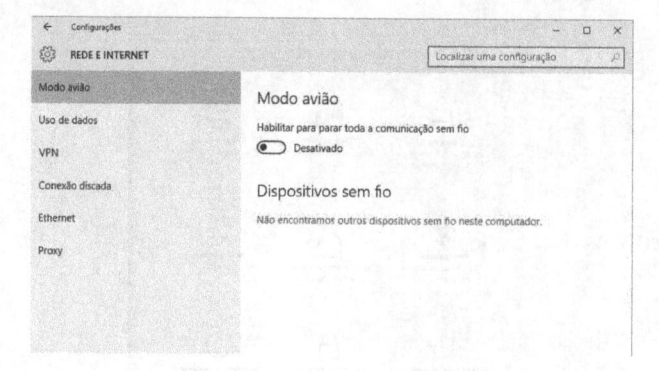

## 2.9 Personalização

Para personalizar os temas de cores da Área de Trabalho do Windows e os papéis de parede, a opção de personalização pode ser acessada pelas Configurações. Também é possível clicar com o botão direito do mouse sobre uma área vazia da Área de Trabalho e selecionar a opção "Personalizar".

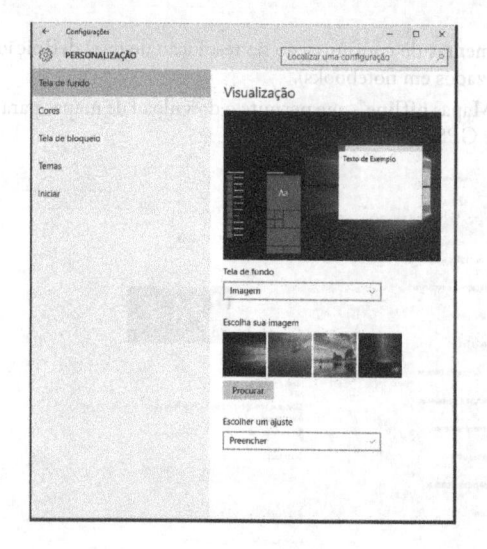

### 2.9.1 Contas

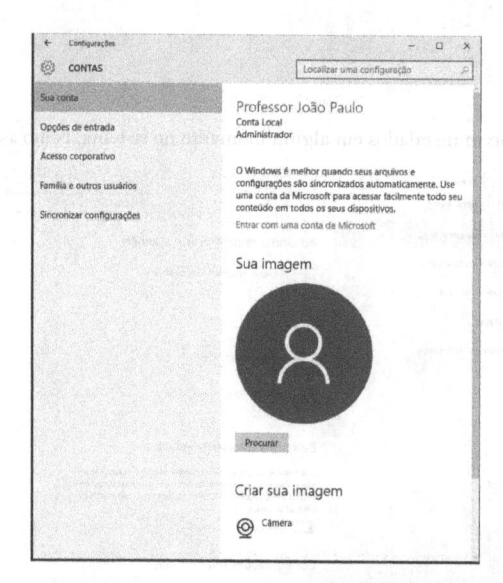

## 2.9.2 Hora e idioma

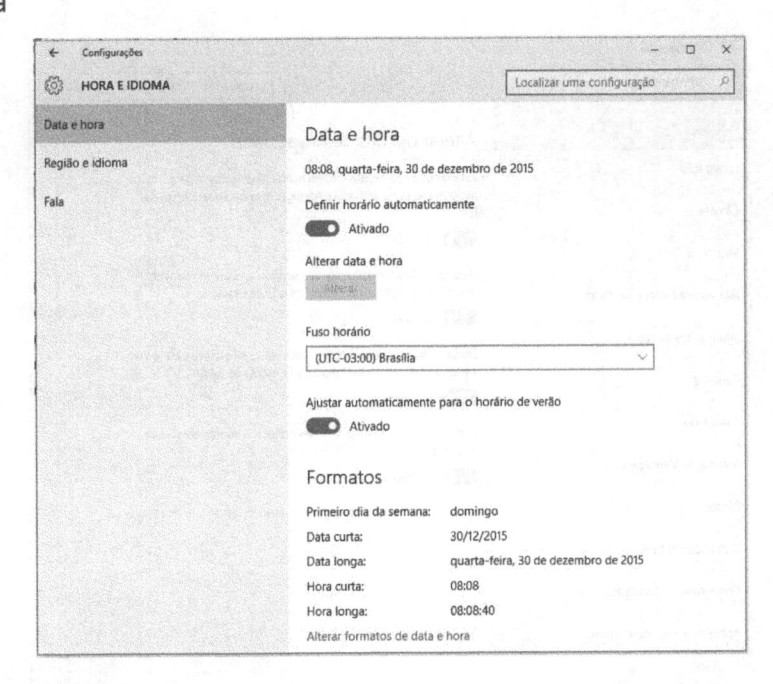

## 2.10 Facilidade de acesso

Além de contar com as ferramentas para acessibilidade, é possível configurar algumas características com alto contraste para melhorar o acesso ao uso do computador.

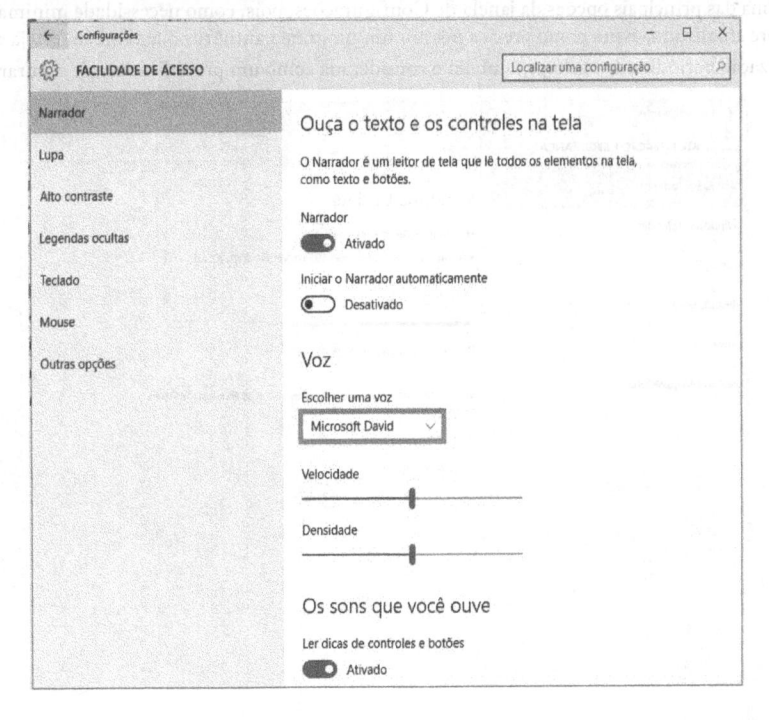

## 2.10.1 Privacidade

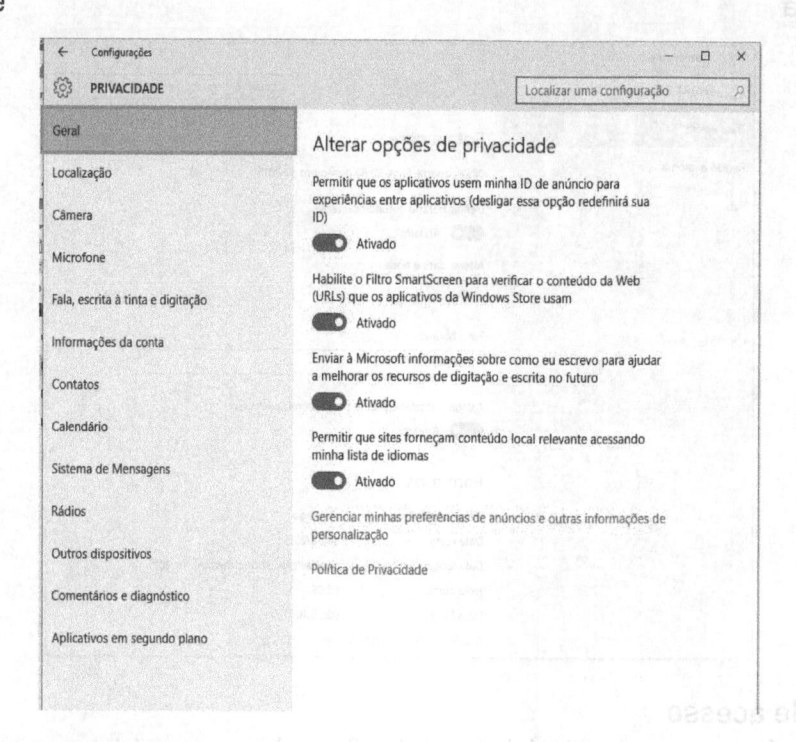

## 2.11 Atualização e segurança

Essa opção talvez seja uma das principais opções da janela de Configurações, pois, como necessidade mínima para a segurança, o sistema operacional deve estar sempre atualizado, assim como precisa possuir um programa antivírus que também esteja atualizado.

Vale lembrar que a realização periódica de backups também é considerada como um procedimento de segurança.

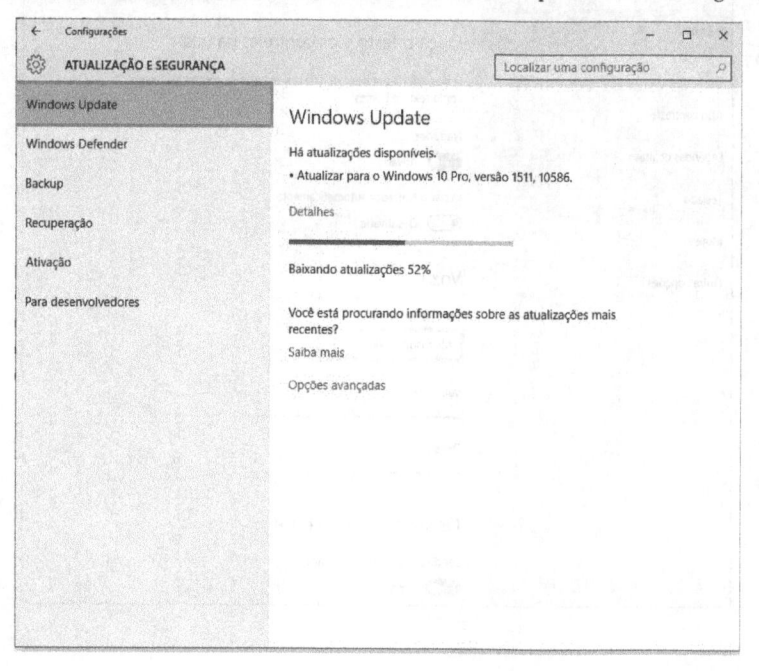

# NOÇÕES DE INFORMÁTICA

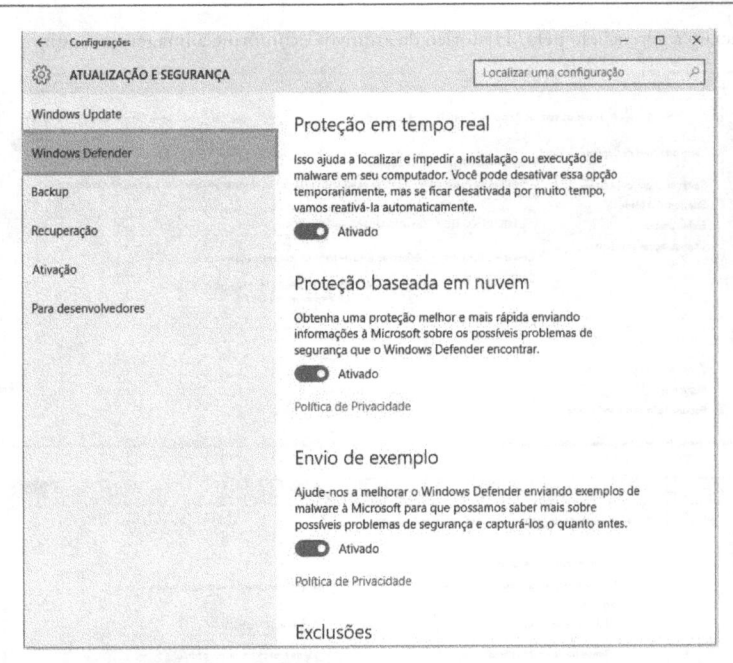

O Windows 10 realiza o backup dos arquivos usando a ferramenta "Histórico de arquivos", embora ainda permita realizar backups como no Windows 7.

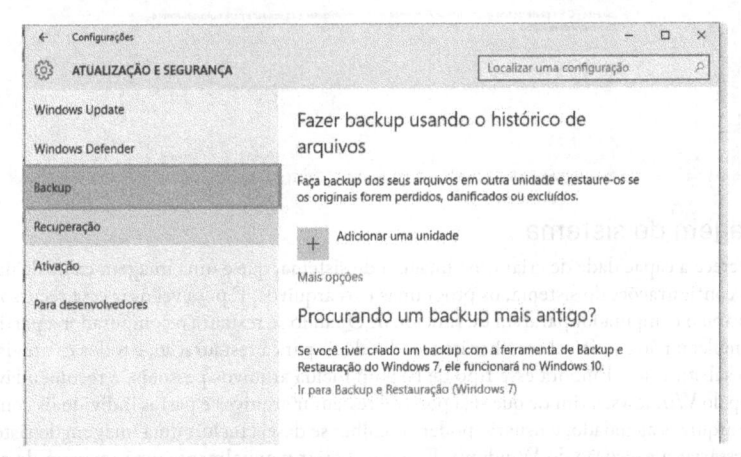

A opção "Para desenvolvedores" é uma novidade do Windows que assusta alguns usuários desavisados, pois, ao tentarem instalar algum aplicativo que não seja originário da loja da Microsoft, não conseguem. Esse impedimento ocorre por segurança. De qualquer forma, para poder instalar aplicativos "externos", basta selecionar a opção "Sideload" ou "Modo desenvolvedor".

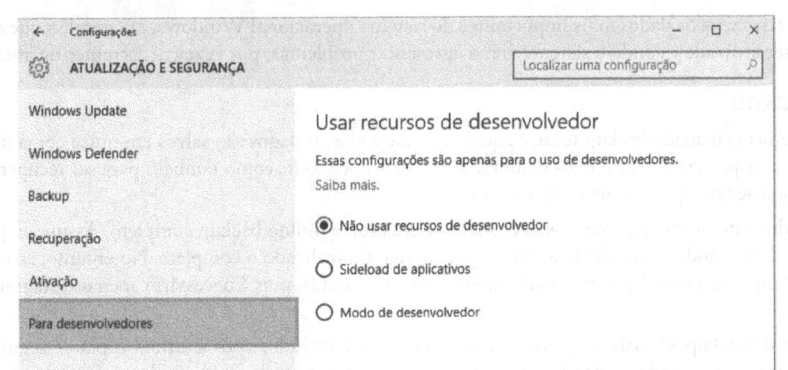

## 2.12 Backup no Windows 10

Um backup consiste em uma cópia de segurança dos arquivos, que deve ser feita periodicamente, preferencialmente em uma unidade de armazenamento separada do computador.

Apesar do nome cópia de segurança, um backup não impede que os dados sejam acessados por outros usuários. Ele é apenas uma salvaguarda dos dados para amenizar os danos de uma perda.

# WINDOWS 10

Nos Windows 8 e 10, o backup é gerenciado pelo "Histórico de arquivos", conforme a imagem a seguir.

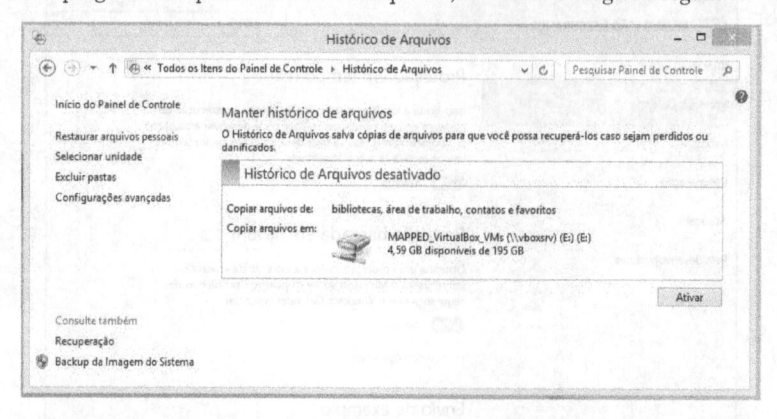

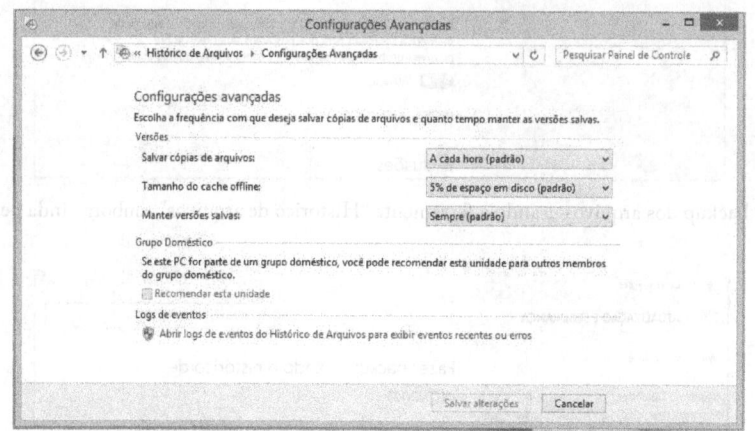

## 2.12.1 Backup da imagem do sistema

O Backup do Windows oferece a capacidade de criar uma imagem do sistema, que é uma imagem exata de uma unidade. Uma imagem do sistema inclui o Windows e as configurações do sistema, os programas e os arquivos. É possível usar esse recurso para restaurar o conteúdo do computador, caso o disco rígido ou o computador pararem de funcionar. Quando se restaura o computador a partir de uma imagem do sistema, trata-se de uma restauração completa; não é possível escolher itens individuais para a restauração, e todos os atuais programas, as configurações do sistema e os arquivos serão substituídos. Embora esse tipo de backup inclua arquivos pessoais, é recomendável fazer backup dos arquivos regularmente, usando o Backup do Windows, a fim de que seja possível restaurar arquivos e pastas individuais conforme a necessidade. Quando for configurado um backup de arquivos agendado, o usuário poderá escolher se deseja incluir uma imagem do sistema. Essa imagem do sistema inclui apenas as unidades necessárias à execução do Windows. É possível criar manualmente uma imagem do sistema, caso o usuário queira incluir unidades de dados adicionais.

## 2.12.2 Disco de restauração

O disco de restauração armazena os dados mais importantes do sistema operacional Windows, em geral, o que é essencial para seu funcionamento. Esse disco pode ser utilizado quando o sistema vier a apresentar problemas, por vezes decorrentes de atualizações.

## 2.12.3 Tipos de backup

▷ **Completo/Normal:** também chamado backup total, é aquele em que todos os dados são salvos em única cópia de segurança. Ele é indicado para ser feito com menor frequência, pois é o mais demorado para ser processado, como também para ser recuperado. Contudo, localizar um arquivo fica mais fácil, pois se tem apenas uma cópia dos dados.

▷ **Diferencial:** esse procedimento de backup grava os dados alterados desde o último backup completo. Assim, no próximo backup diferencial, somente serão salvos os dados modificados desde a última vez em que foi realizado o completo. No entanto, esse backup é mais lento de ser processado do que o backup incremental, porém é mais rápido de ser restaurado, pois é necessário apenas restaurar o último backup completo e o último diferencial.

▷ **Incremental:** nesse tipo de backup, são salvos apenas os dados que foram alterados após a última cópia de segurança realizada. Este procedimento é mais rápido de ser processado, porém leva mais tempo para ser restaurado, pois envolve restaurar todos os backups anteriores. Os arquivos gerados são menores do que os gerados pelo backup diferencial.

▷ **Diário:** um backup diário copia todos os arquivos selecionados que foram modificados no dia de execução do backup diário. Os arquivos não são marcados como aqueles passaram por backup (o atributo de arquivo não é desmarcado).

▷ **De cópia:** um backup de cópia copia todos os arquivos selecionados, mas não os marca como arquivos que passaram por backup (ou seja, o atributo de arquivo não é desmarcado). A cópia é útil caso o usuário queira fazer backup de arquivos entre os backups normal e incremental, pois ela não afeta essas outras operações.

## 2.13 Explorador de arquivos

Conhecido até o Windows 7 como Windows Explorer, o gerenciador de arquivos do Windows usa a chamada Interface Ribbon (por faixas) no Windows 8 e 10. Com isso, torna mais acessíveis algumas ferramentas como a opção para exibir as pastas e os arquivos ocultos.

A figura a seguir ilustra a janela "Computador", que apresenta os dispositivos e unidades de armazenamento locais como HDs e Drives de mídias ópticas, bem como as mídias removíveis.

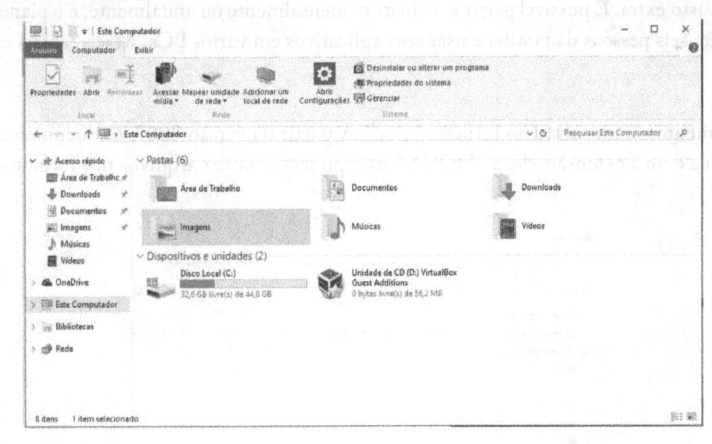

Um detalhe interessante sobre o Windows 10 é que as bibliotecas, conforme é possível verificar na imagem, não estão visíveis por padrão; o usuário precisa ativar sua exibição.

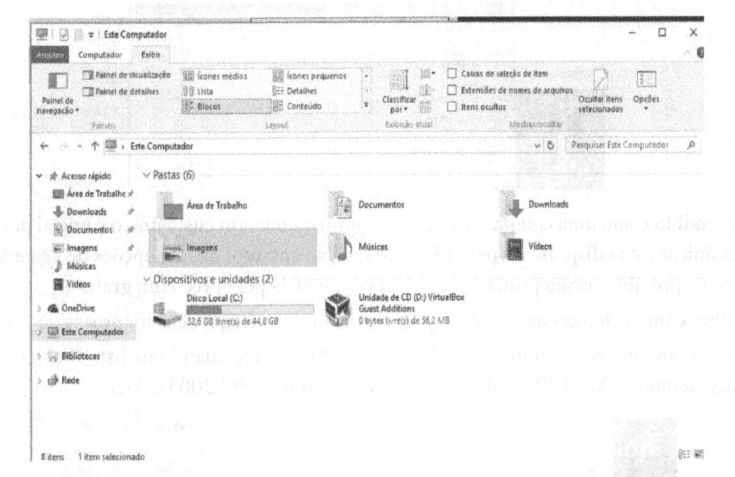

Ao selecionar arquivos ou pastas de determinados tipos, como imagens, algumas guias são exibidas como ilustra a série de figuras a seguir.

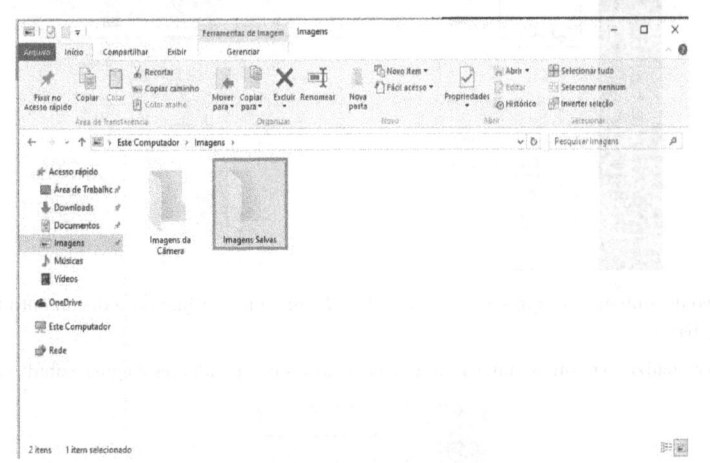

É possível notar que há opções específicas para facilitar o compartilhamento dos arquivos e pastas.

## 3 WORD 365

O Microsoft 365 é uma assinatura que possui os recursos mais colaborativos e atualizados em uma experiência integrada e perfeita, como os do Office que possui o Word, o PowerPoint e o Excel. Possui ainda armazenamento *on-line* extra e recursos conectados à nuvem que permitem editar arquivos em tempo real entre várias pessoas, além de sempre ter correções e atualizações de segurança mais recentes e suporte técnico contínuo, sem nenhum custo extra. É possível pagar a assinatura mensalmente ou anualmente, e o plano Microsoft 365 *Family* permite compartilhar a assinatura com até seis pessoas da família e usar seus aplicativos em vários PCs, Macs, tablets e telefones.

### 3.1 Extensões

Até a versão 2003, os documentos eram salvos no formato ".doc". A partir da versão 2007, os documentos são salvos na versão ".docx". O padrão do Word 2019 continua com a extensão .docx "DOCX", mas podemos salvar arquivos nos formatos .odt (Writer), PDF, .doc, .rtf, entre outros.

O Office 2019 é, também, vendido como uma compra única, o que significa tem um custo único e inicial para obter os aplicativos do Office para um computador. Compras únicas estão disponíveis para PCs e Macs. No entanto, não há opções de *upgrade*, o que significa que, caso seja necessário fazer um upgrade para a próxima versão principal, precisará comprá-la pelo preço integral.

Preste atenção a esses detalhes como extensão de arquivos, pois eles caem com frequência em provas de concurso.

Você poderá salvar os arquivos em uma versão anterior do Microsoft Office selecionando na lista "Salvar como", na caixa de diálogo. Por exemplo, é possível salvar o documento do Word 2013 (.docx) como um documento 97-2003 (.doc).

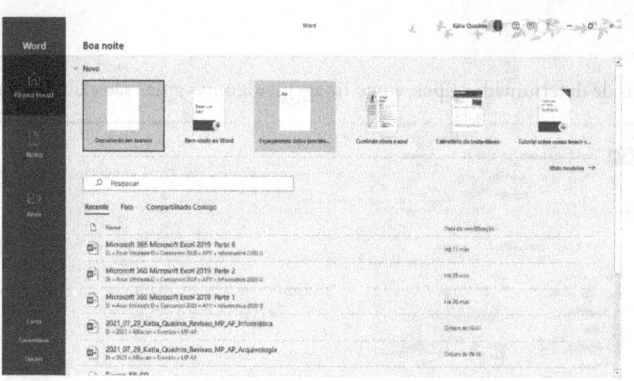

▷ **Barra de título:** em um novo documento, ela apresenta como título "Documento1". Quando o documento for salvo, ele apresentará o nome do documento nesta mesma barra.

▷ **Barra de acesso rápido:** é personalizável e contém um conjunto de comandos independentes da guia exibida no momento na "Faixa de opções".

▷ **Menu arquivo:** possui comandos básicos, que incluem – embora não estejam limitados a – Abrir, Salvar e Imprimir.

Note as entradas da coluna da esquerda, que, na prática, funciona como um painel. Elas prestam os clássicos serviços auxiliares de um menu "Arquivo" convencional, ou seja, Salvar, Salvar como, Abrir e Fechar o arquivo de trabalho.

Outras conhecidas como Novo: cria um arquivo e permite escolher entre centenas de modelos (*templates*) oferecidos.

## NOÇÕES DE INFORMÁTICA

▷ **Imprimir:** refere-se à impressão do documento.

Ao clicar em Imprimir, abrirá um menu dropdown, que mostra a impressora selecionada no momento. Um clique na lista suspensa mostrará outras impressoras disponíveis.

É possível imprimir tudo ou parte de um documento. As opções para escolher qual parte imprimir podem ser encontradas na guia "Imprimir", no modo de exibição do Microsoft Office *Backstage*. Em "Configurações", clique em Imprimir "Todas as páginas" para ver essas opções.

Quando há a necessidade de imprimir páginas alternadas no Word, é preciso digitar no formulário o intervalo desejado, como ˜Páginas: 3-6;8˜, em que "-"(aspas) significam "até" e ";" ou "e".

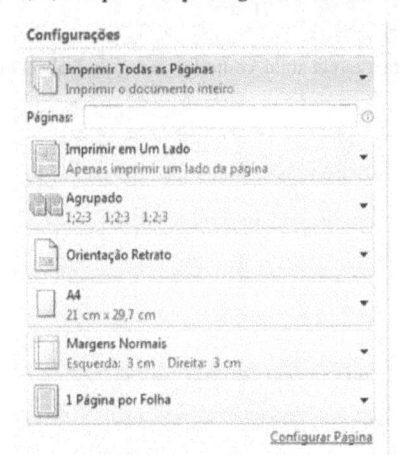

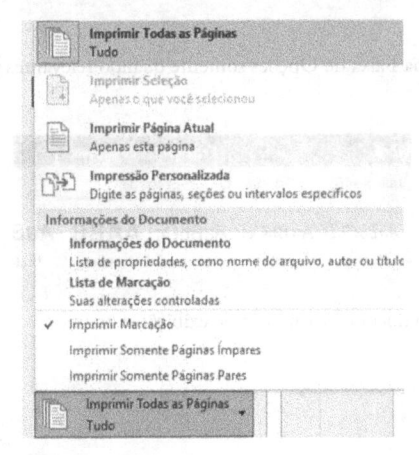

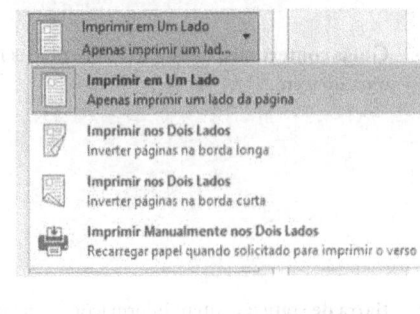

Ainda na opção "Imprimir", é possível visualizar como será feita impressão ao lado da lista de opções.

▷ **Arquivo/Opções:** esse comando traz muitas funcionalidades de configuração que estavam no menu Ferramentas do Word 2003.

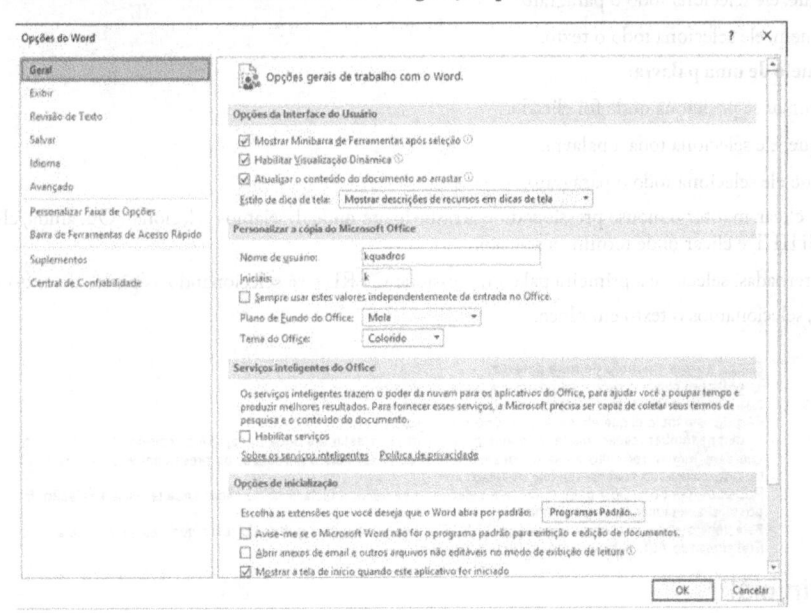

▷ **Autocorreção:** é possível corrigir automaticamente o arquivo, ou seja, o Word faz uma análise do documento e consegue resolver problemas como palavras duplicadas ou sem acento, ou mesmo o uso acidental da tecla Caps Lock.

A diferença trazida na versão 2013 é poder abrir documentos PDF e editá-los. Basta clicar em "Abrir" e escolher o arquivo. A seguinte mensagem é exibida pelo word:

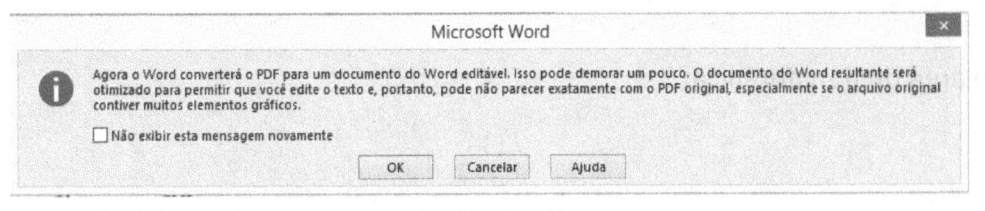

▷ **Abas ou guias:** todos os comandos e funcionalidades do Word 2013 estão dispostos em Guias. As Guias são divididas por Grupos de ferramentas. Alguns grupos possuem um pequeno botão na sua direita inferior que dão acesso a janelas de diálogo.

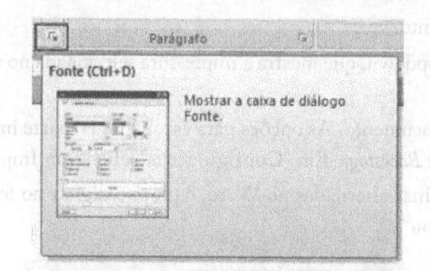

▷ **Guias contextuais:** essas guias são exibidas na Faixa de Opções somente quando relevantes para a tarefa atual, como formatar uma tabela ou uma imagem.

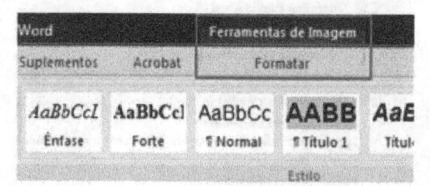

▷ **Barra de status:** contém informações sobre o documento, modos de exibição e zoom.

## 3.2 Selecionando texto

**Selecionando pelo mouse:** ao posicionar o mouse mais à esquerda do texto, o cursor, em forma de flecha branca, aponta para a direita:
▷ Ao dar um clique, ele seleciona toda a linha.
▷ Ao dar um duplo clique, ele seleciona todo o parágrafo.
▷ Ao dar um triplo cliquem, ele seleciona todo o texto.

**Com o cursor no meio de uma palavra:**
▷ Ao dar um clique, o cursor se posiciona onde foi clicado.
▷ Ao dar um duplo clique, ele seleciona toda a palavra.
▷ Ao dar um triplo clique ele seleciona todo o parágrafo.

É possível também clicar, manter o mouse pressionado e arrastá-lo até onde desejamos selecionar. Ou, ainda, clicar onde começa a seleção, pressionar a tecla SHIFT e clicar onde termina a seleção.
▷ Selecionar palavras alternadas: selecione a primeira palavra, pressione CTRL e vá selecionando as partes do texto que deseja modificar.

Pressionando ALT, selecionamos o texto em bloco:

## 3.3 Guia página inicial

Preste muita atenção nesta guia: é uma das mais cobradas em Word.

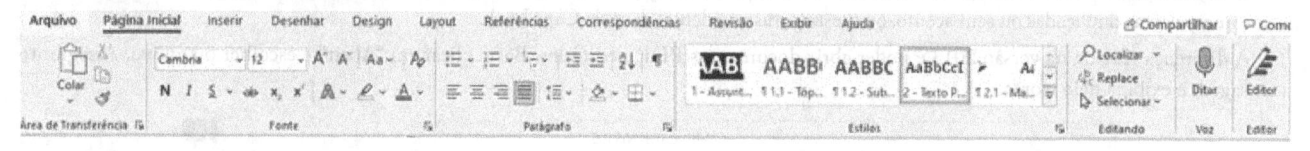

### 3.3.1 Grupo área de transferência

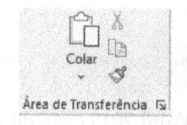

## 3.3.2 Copiar, Recortar e Colar

Copiar e Recortar enviam um texto ou um objeto selecionado para a área de transferência. Copiar permite que o texto ou objeto selecionado fique no local de origem também, e Recortar faz o contrário: o texto ou objeto selecionado é retirado do local de origem. Colar busca o que está na área de transferência.

Podem-se utilizar as teclas de atalho CTRL + C (copiar), CTRL + X (Recortar) e CTRL + V (Colar), ou o primeiro grupo na Guia Página Inicial.

## 3.3.3 Opções de colagem

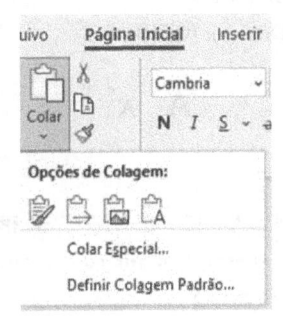

▷ **Manter formatação original**: preserva a aparência do texto original.
▷ **Mesclar formatação**: altera a formatação para que ela corresponda ao texto ao redor.
▷ **Imagem**: cola imagem.
▷ **Manter somente texto**: remove toda a formatação original do texto. Se você usar a opção Manter Somente Texto para colar conteúdo que inclui imagens e uma tabela, as imagens serão omitidas do conteúdo colado, e a tabela será convertida em uma série de parágrafos.

## 3.3.4 Colar especial

▷ **CTRL + ALT + V**: cola um texto ou objeto, que esteja na área de transferência, sem formatação, no formato RTF ou no formato HTML.

## 3.3.5 Área de Transferência

▷ **CTRL + CC – Importante**: abre o painel de tarefa Área de Transferência. Você pode armazenar até 24 itens na área de transferência.

Para abrir o painel, clique no botão ou use o atalho CTRL + CC, que deve estar configurado em Opções da Área de Transferência.

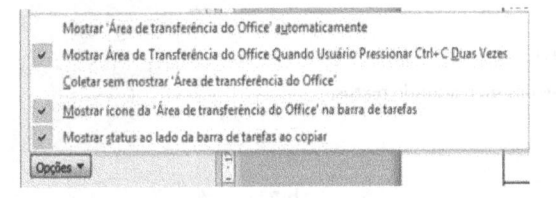

A Área de Transferência é uma área de armazenamento temporário de informações onde o que foi copiado ou movido de um lugar fica armazenado temporariamente. É possível selecionar o texto ou os elementos gráficos e, em seguida, usar os comandos Recortar ou Copiar para mover a seleção para a Área de Transferência, onde ela será armazenada até que o comando Colar seja acionado para inseri-la em algum outro lugar.

Quando são acionados o "Cortar" (CTRL + X) ou o "Copiar" (CTRL + C) de um elemento, este é conservado temporariamente na área de transferência.

## 3.3.6 Pincel de formatação

Este comando é amplamente cobrado em provas. Ele copia a formatação (fonte, cor, tamanho etc.) de um texto para aplicá-la a outro.

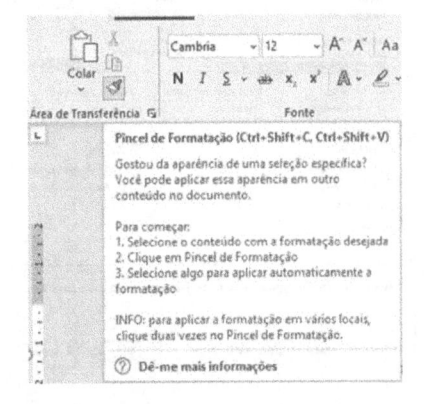

### 3.3.7 Fonte

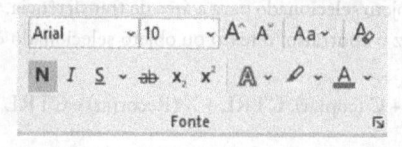

Para usar esse recurso, é possível usar os seguintes atalhos:
- **Abrir caixa de diálogo:** CTRL + D ou CTRL + SHIFT + P
- **Tipo e tamanho da fonte:** aumentar (CTRL + >) e Diminuir (CTRL + <)

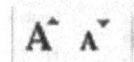

### 3.3.8 Maiúsculas e minúsculas

Para usar esse recurso, é possível usar os seguintes atalhos:
- **Abrir caixa de diálogo:** CTRL + SHIFT + A

- **Negrito:** CTRL + N
- **Itálico:** CTRL + I
- **Sublinhado:** CTRL + S (na seta ao lado do botão há opções de sublinhado).
- **Tachado:** efeito de texto com uma linha no meio: TEXTO
- **Subscrito:** H2O – CTRL + =
- **Sobescrito:** 22 – CTRL + SHIFT + +
- **Cor do realce do texto:** como se fosse um marcador de textos.

### 3.3.9 Cor da fonte

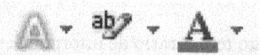

Ao pressionar o atalho CTRL + D, ou atalho CTRL + SHIFT + P ou ainda clicar no botão (Iniciador de caixa de diálogo) na parte inferior da guia, no grupo Fonte, a janela de diálogo FONTE é aberta.

## 3.3.10 Parágrafo

▷ **Marcadores:** ativa ou desativa marcadores (bullets points).
▷ **Numeração:** ativa ou desativa numeração, que pode ser com algarismos romanos, arábicos ou mesmo com letras maiúsculas e minúsculas.
▷ **Lista de vários níveis:** ativa ou desativa numeração de vários níveis, estilo tópicos e subtópicos.
▷ **Classificar:** abre caixa de diálogo onde podemos ordenar em ordem crescente ou decrescente os parágrafos do texto.
▷ **Mostrar tudo:** mostra marcas de parágrafo e outros símbolos de formatação ocultos. Esses símbolos não são imprimíveis.

## 3.3.11 Botões de alinhamento

É possível usar os seguintes recursos:
- **Alinhamento à esquerda:** CTRL + Q
- **Alinhamento centralizado:** CTRL + E
- **Alinhamento à direita:** CTRL + G
- **Alinhamento justificado:** CTRL + J
- **Botão sombreamento:** para colorir plano de fundo.
- **Botão bordas:** para inserir ou retirar bordas.

Na aba Quebra de linha e de página, temos o controle de linhas órfãs e viúvas.

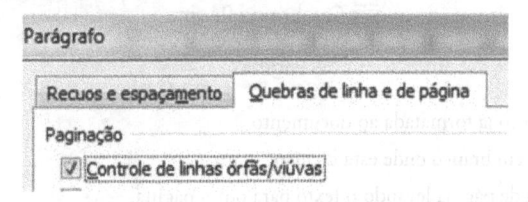

▷ **Linhas órfãs:** são as primeiras linhas dos parágrafos que têm as linhas subsequentes passadas para outra página.
▷ **Linhas viúvas:** são as linhas que ficam sozinhas em outra página, com o restante do parágrafo na página anterior.

## 3.3.12 Estilos

É possível fazer a maioria das alterações no texto pelo grupo Fonte, mas é trabalhoso. Uma maneira de fazer todas as alterações com um único comando é por meio dos estilos. Estilos é um conjunto de formatações predefinido, onde é possível fazer várias formatações em um texto com apenas um clique no botão do estilo escolhido.

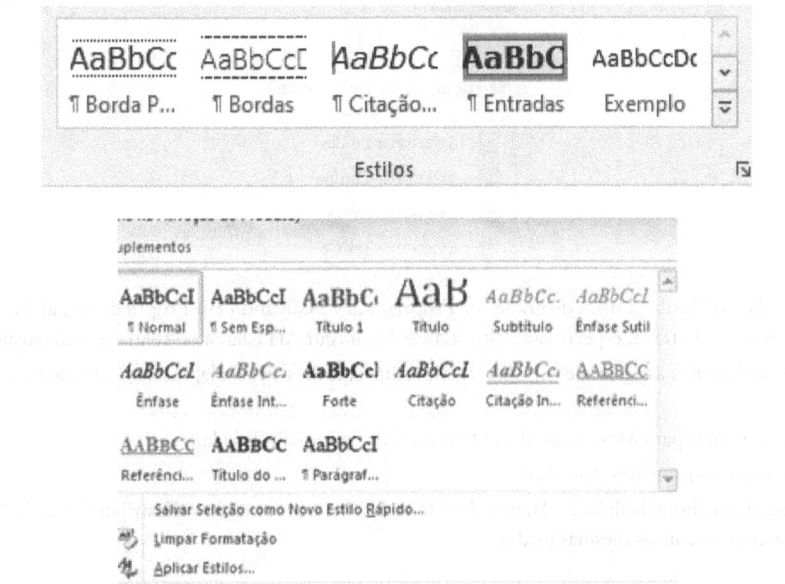

### 3.3.13 Editando

- **Localizar:** abre o painel de navegação para que se digite um texto para ser procurado no Word.
- **Localização avançada:** abre caixa de diálogo com opções avançadas para procurar um texto.
- **Ir Para:** permite ir para determinada página, tabela, gráfico, entre outros.
- **Substituir:** usado para substituir palavras em um texto. Você pode substituir uma palavra ou todas em uma única operação.
- **Selecionar:** seleciona textos ou objetos no documento.

## 3.4 Inserir

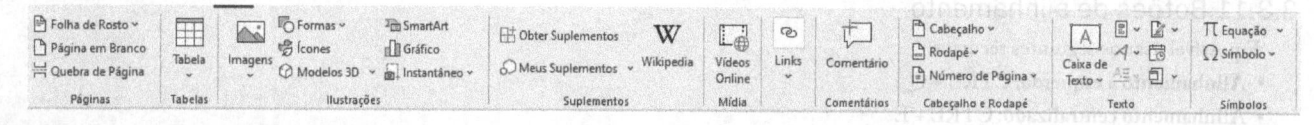

### 3.4.1 Páginas

- **Folha de rosto:** insere uma folha de rosto já formatada ao documento.
- **Página em branco:** insere uma página em branco onde está o cursor.
- **Quebra de página:** insere uma quebra de página levando o texto para outra página.

### 3.4.2 Tabelas

Com o botão "Tabela", temos as funções Inserir Tabela, Desenhar Tabela, Converter Texto em Tabela, Inserir Planilha do Excel e Tabelas Rápidas. Quando o cursor é colocado dentro da tabela ou seleciona alguma área, aparece a guia de ferramentas de tabela, juntamente com o grupo Design e Layout.

Na guia Design é onde terão as opções para tratar as cores de sombreamento, bordas, linhas de cabeçalho da tabela. Na guia Layout, é possível trabalhar com inúmeras funcionalidades, como o botão Selecionar:

Ainda nesse grupo, há o botão "Exibir linhas de grade" e "Propriedades". Clicando em Propriedades, abrir, uma caixa de diálogo para configurar alinhamento, disposição do texto, especificar a altura da linha, largura da coluna ou célula será disposta na tela.

No grupo "Linhas e colunas", temos as opões de excluir células, colunas, linhas ou tabela, inserir linhas acima e abaixo e colunas esquerda e à direita.

No grupo Mesclar estão os botões para Mesclar células, Dividir células e Dividir Tabela.

Há, ainda alguns outros recursos presentes. São eles:

- **Tamanho da célula:** especifica a altura da linha e a largura da coluna. Há também os botões "Distribuir linhas" e "Distribuir colunas", que faz com que todas as linhas e colunas com as mesmas medidas.

# NOÇÕES DE INFORMÁTICA

▷ **Alinhamento:** alinhar parte superior à esquerda, alinhar parte superior no centro, alinhar parte superior à direita, centralizar à esquerda, centralizar, centralizar à direita, alinhar parte Inferior à esquerda, alinhar parte Inferior no centro, alinhar parte Inferior à direita. Depois, temos o botão de Direção do Texto e Margens da célula.

▷ **Classificar:** coloca o texto selecionado em ordem alfabética ou classifica dados numéricos.

▷ **Converter em texto:** muito importante para as provas. Possibilita converter uma tabela em um texto. É possível também converter texto em tabela, mas, para isso, é preciso clicar na Guia Inserir, no botão Tabela/Converter Texto em Tabela.

▷ **Movimentação na tabela:** movimente-se na tabela por meio das teclas setas, TAB, ou clicando com o mouse. A tecla ENTER não passará o cursor para outra célula da tabela, mas deixará a linha mais larga, logo, não é utilizada para a movimentação. **Contudo, preste atenção:** caso a tabela esteja no início de um documento, sem linha nenhuma anterior a ela (em branco ou não), posicionando o cursor na primeira célula da tabela e teclando ENTER, o Word criará uma linha em branco antes da tabela, movendo-a para baixo.

Dica: ao pressionar a tecla TAB, se o cursor estiver na última célula da tabela, será adicionada uma nova linha na tabela.

## 3.4.3 Ilustrações

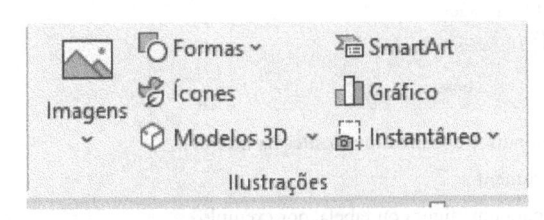

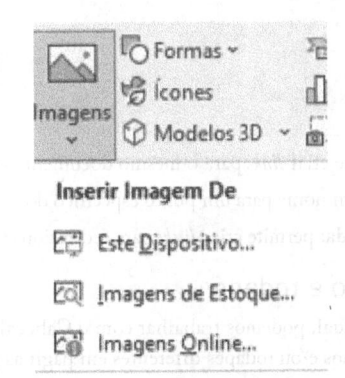

▷ **Opções de layout de uma imagem:** ao selecionar uma imagem, surge um botão, e, ao clicar nele, abre um menu com opções de Layout, no qual é possível escolher a maneira como seu objeto interage com o texto. Abre, ainda, lista com opção de formas para inserir no documento. Veja exemplos:

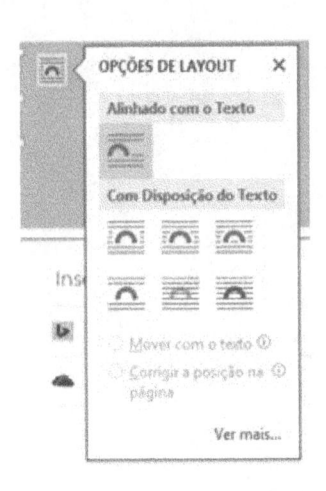

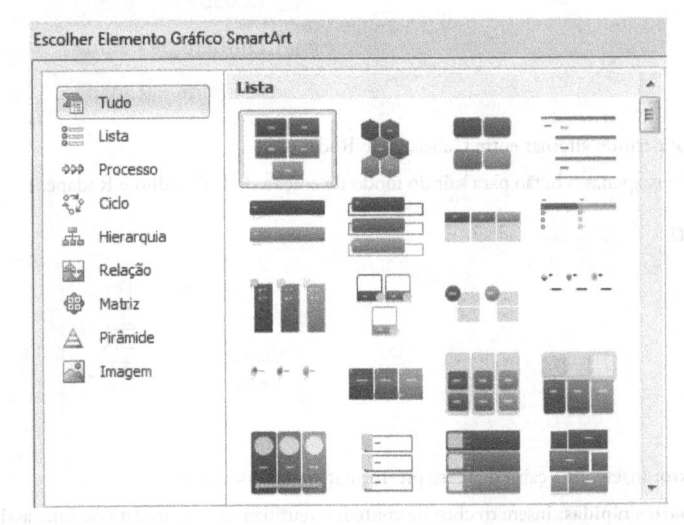

Abre caixa de diálogo para escolher um elemento gráfico como Fluxogramas, Organogramas, entre outros. Veja os tipos na imagem abaixo:

▷ **Instantâneo:** funciona como um *print screen* e possibilita selecionar a imagem que você quer colar em seu documento.

▷ **Gráfico:** botão para inserir gráfico com o auxílio do Excel.

## 3.4.4 Suplementos

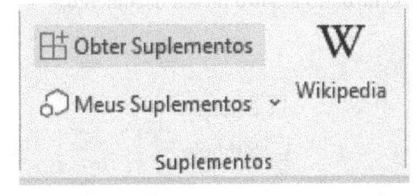

▷ **Obter suplementos:** é possível adicionar ou comprar aplicativos, como um dicionário, por exemplo. Para começar a usar um novo aplicativo, clique em Meus Suplementos.

### 3.4.5 Mídia

▷ **Vídeo online:** é possível adicionar vídeos on-line também. Para isso, acesse o grupo Média. Insira vídeos on-line para assistir diretamente no Word sem ter que sair do documento.

### 3.4.6 Links

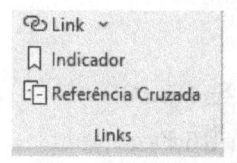

▷ **Hiperlink:** permite criar *links* para o mesmo documento ou outros documentos ou sites da internet.
▷ **Indicador:** cria um nome para um ponto específico do documento.
▷ **Referência cruzada:** permite criar *links* para redirecionar para uma figura ou tabela, por exemplo.

### 3.4.7 Cabeçalho e rodapé

Na Guia Contextual, podemos trabalhar com o Cabeçalho e Rodapé. Podemos inserir Número de Páginas, Data e Hora, Imagens, assim como inserir cabeçalhos e/ou rodapés diferentes em páginas pares e ímpares ou somente na primeira página.

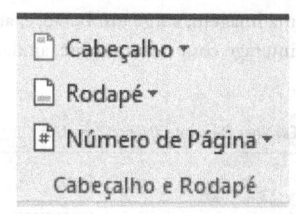

▷ **Navegação:** permite alternar entre Cabeçalho e Rodapé.
▷ **Fechar:** temos apenas o botão para sair do modo de edição do Cabeçalho e Rodapé.

### 3.4.8 Texto

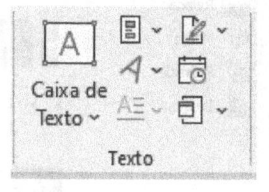

▷ **Caixa e texto:** insere uma caixa de texto pré-formatada no documento.
▷ **Explorar partes rápidas:** insere trechos de conteúdo reutilizáveis, como data ou uma assinatura.
▷ **WordArt:** insere um texto decorativo no documento.
▷ **Capitular:** cria uma letra maiúscula, grande, no início do parágrafo.
▷ **Adicionar uma linha de assinatura:** insere uma linha de assinatura para identificar quem vai assinar.
▷ **Data e hora:** inserir Data e hora atual no documento.
▷ **Objeto:** para aplicar um objeto ou texto inserido de outro arquivo no seu documento

### 3.4.9 Grupo símbolos

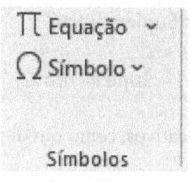

> **Equação:** permite inserir equações matemáticas ou desenvolver suas próprias equações usando uma biblioteca de símbolos matemáticos.
> **Símbolo:** utilizado para inserir símbolos que não constam no teclado, como símbolos de copyright, símbolo de marca registrada e outros.

## 3.5 Guia Design

> **Temas:** botões para alterar o design geral do documento inteiro, incluindo cores, fontes e efeitos.

## 3.6 Guia Layout

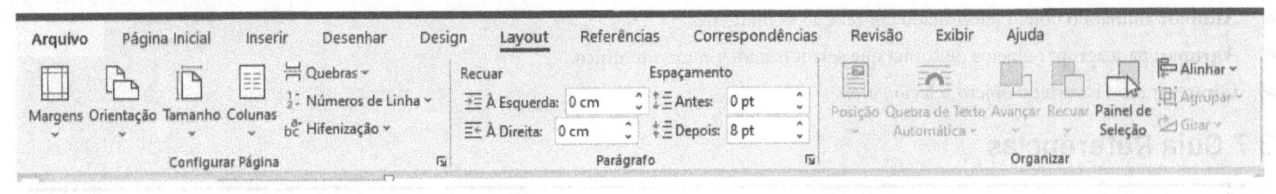

Botões para definir margens, orientação do papel (retrato ou paisagem) e tamanho do papel.

Em Margens personalizadas (acessível ao clicar no botão Margens), há uma caixa de diálogo

"Configurar Página, igual a velha conhecida do Office 2003, lembra? Lá temos configurações como margens, orientação do papel, layout entre outras.

> **Colunas:** para formatar o documento em colunas, com ou sem linha entre elas.
> **Quebras:** para adicionar páginas, seção ou quebras de colunas ao documento.
> **Número de linha:** para adicionar número de linhas à margem lateral de cada linha do documento.
> **Hifenização:** permite o word quebrar linhas entre as sílabas das palavras.
> **Configuração de página:** esse botão abre a caixa de diálogo Configurar Página.

### 3.6.1 Grupo Parágrafo

Permite configurações de Recuo do parágrafo e espaçamento entre linhas. Preste atenção aos botões dessas funcionalidades.

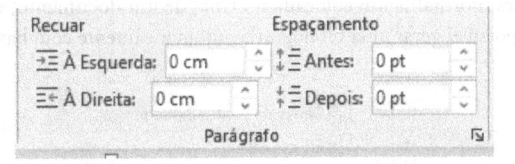

> **Parágrafo:** abre a caixa de diálogo parágrafo.

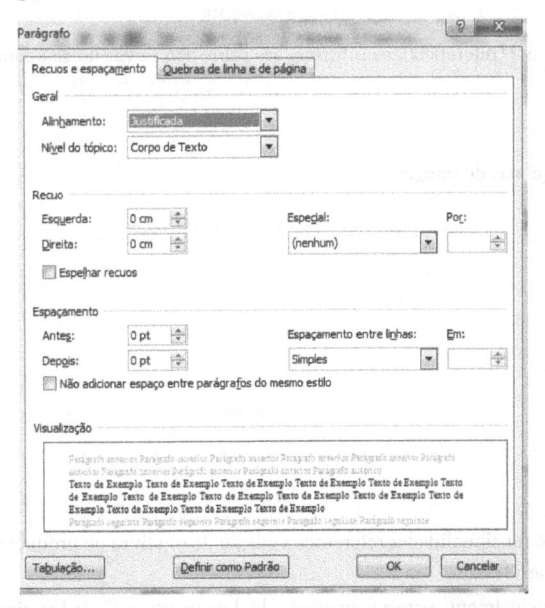

### 3.6.2 Organizar

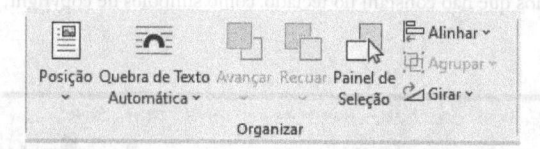

▷ **Posição:** configura o alinhamento da imagem no documento.
▷ **Quebra de texto automática:** altera a disposição do texto ao redor do objeto selecionado.
▷ **Avançar:** trará o objeto selecionado para a frente para que menos objetos fiquem à frente dele.
▷ **Recuar:** enviará o objeto selecionado para trás para que ele fique oculto atrás dos objetos à frente dele.
▷ **Painel de seleção:** mostra Painel de Seleção.
▷ **Alinhar:** alinhará o objeto selecionado em relação às margens.
▷ **Agrupar:** para agrupar objetos de forma que sejam tratados como um único.
▷ **Girar:** girar ou inverter o objeto selecionado.

## 3.7 Guia Referências

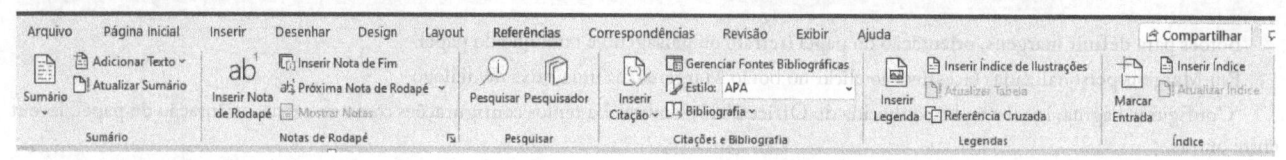

▷ **Sumário:** permite criar e editar um sumário para o documento ativo. Para isso acesse a guia Referências/Grupo Sumário/ Botão Sumário e escolha o tipo de sumário desejado.
▷ **Inserir nota de rodapé:** adiciona uma nota de rodapé. Para isso cursor após a palavra ou texto que deseje acrescentar na Nota de rodapé.
▷ **Inserir nota de fim:** adiciona uma nota de fim ao documento.
▷ **Próxima nota de rodapé:** útil para navegar até a próxima nota de rodapé do documento.
▷ **Mostrar notas:** mostra as notas inseridas no documento.

### 3.7.1 Citações e bibliografia

Uma bibliografia é uma lista de fontes, normalmente colocada no final de um documento, que você consultou ou citou na criação do documento. No Microsoft Word 2019, é possível gerar uma bibliografia automaticamente com base nas informações sobre a fonte fornecidas para o documento.

Toda vez que é criada é uma nova fonte (referência), as informações sobre são salvas no seu computador, para que você possa localizar e usar qualquer fonte que criou.

### 3.7.2 Legendas

Utilizado para inserir e gerenciar legendas de imagens.

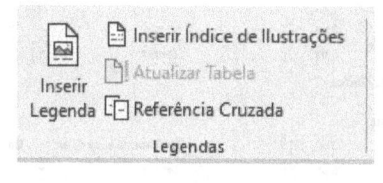

### 3.7.3 Índice

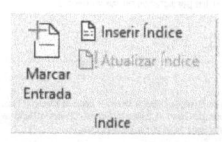

Perceba que Guia Referências oferece funcionalidades referentes a edição de um livro ou produção de uma monografia ou um TCC. Basta dar uma olhada: sumário, citações, bibliografias.

A Guia Página Inicial é utilizada principalmente para a formatação do documento, a Guia Inserir para inserir elementos e assim por diante.

## 3.8 Guia Correspondências

Essa guia permite a criação de preenchimento envelopes de correspondência, etiquetas de endereçamento e de mala direta.

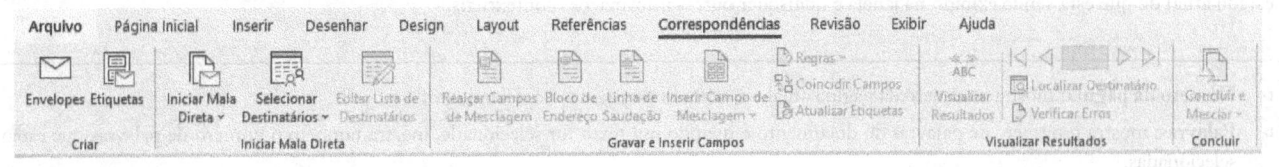

## 3.9 Revisão

Esta aba é destinada à revisão textual, por exemplo, verificação de ortografia, substituição por sinônimos, ajuste de idioma, tradução, entre outros.

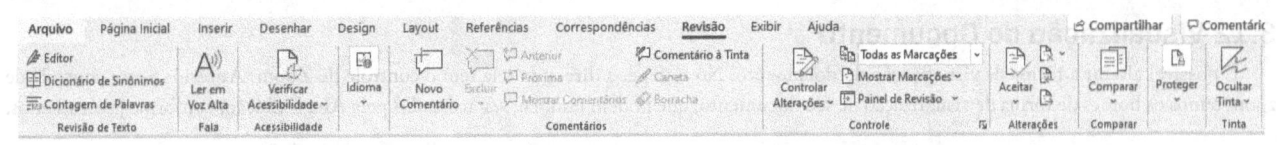

### 3.9.1 Revisão de texto

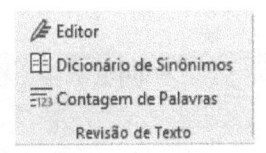

▷ **Editor/Ortografia e gramática:** inicia a correção ortográfica e gramatical do documento.
▷ **Dicionário de sinônimos:** sugere outras palavras com significado semelhante ao da palavra selecionada
▷ **Contagem de palavras:** para saber o número de palavras, caracteres, parágrafos e linhas no documento.

### 3.9.2 Idioma

Você pode traduzir texto escrito em outro idioma, como frases ou parágrafos e palavras individuais (com o Minitradutor), ou pode traduzir o arquivo inteiro.

Se esta for a primeira utilização dos serviços de tradução, é preciso clicar em OK para instalar os dicionários bilíngues e habilitar o serviço de tradução no painel Pesquisa. Também é possível ver quais dicionários bilíngues e serviços de tradução automática foram habilitados, basta clicar no link Opções de tradução no painel Pesquisa.

## 3.10 Exibir

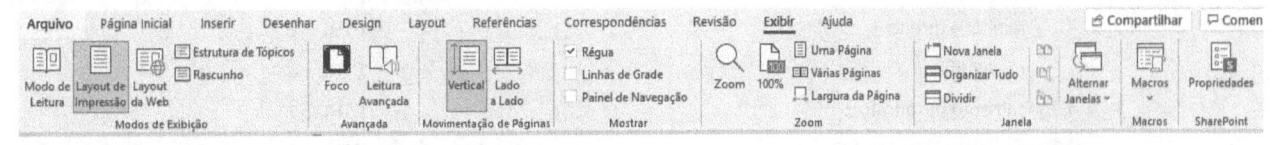

▷ **Modo de Leitura:** oculta as barras do documento, facilitando a leitura em tela.
▷ **Layout de impressão:** formato atual do documento - como ficará na folha impressa-. Esse modo de exibição é útil para editar cabeçalhos e rodapés, para ajustar margens e para trabalhar com colunas e objetos de desenho.
▷ **Layout da web: aproxima** o documento de uma visualização na internet. Esse formato existe, pois muitos usuários postam textos produzidos no Word em sites e blogs.
▷ **Estrutura de tópicos:** permite visualizar seu documento em tópicos, o formato terá melhor compreensão quando trabalharmos com marcadores.
▷ **Rascunho:** é o formato bruto, permite aplicar diversos recursos de produção de texto, porém não visualiza como impressão nem outro tipo de meio.

### 3.10.1 Janela

▷ **Nova janela:** abre o documento em uma nova janela.
▷ **Organizar tudo:** organiza as janelas abertas.
▷ **Dividir:** divide a janela de modo que fica com dupla barra de rolagem, dupla régua. Ideal para trabalhar com cabeçalhos de textos.

## 3.11 Barra de Status

A barra de status, que é uma área horizontal na parte inferior da janela do documento no Microsoft Word, fornece informações sobre o estado atual do que está sendo exibido na janela e quaisquer outras informações contextuais.

▷ **Número da página:** mostra o número da página atual e o número de páginas no documento.
▷ **Palavras:** mostra o número de palavras do documento e quando um texto for selecionado, mostra também o número de palavras que estão selecionadas.

Esta opção, mostra o status da verificação de ortografia e gramática. Quando o Word faz a verificação de erros, uma caneta animada aparece sobre o livro. Se nenhum erro for encontrado, será exibida uma marca de seleção. Se um erro for encontrado, será exibido um "X". Para corrigir o erro, clique duas vezes nesse ícone.

## 3.12 Visualização do Documento

É possível alterar a forma de visualização do documento. No rodapé, a direta da tela tem o controle de Zoom. Anterior a este controle de zoom temos os botões de forma de visualização de seu documento, que podem também ser acessados pela Aba Exibição, conforme já estudamos.

## 3.13 Atalhos

| Arquivo | |
|---|---|
| Recurso | Teclas de atalho |
| Novo documento | CTRL + O |
| Abrir | CTRL + A |
| Salvar | CTRL + B |
| Salvar como | F12 |
| Imprimir | CTRL + P |
| Visualizar impressão | CTRL + F2 |
| Fechar | CTRL + W ou CTRL + F4 |
| Sair | ALT + F4 |
| Desfazer | CTRL + Z |

| Parágrafo | |
|---|---|
| Recurso | Teclas de atalho |
| Alinhar à esquerda | CTRL + Q |
| Centralizar | CTRL + E |
| Alinhar à direita | CTRL + G |
| Justificar | CTRL + J |
| Espaçamento parágrafo 1 | CTRL + 1 |
| Espaçamento parágrafo 1,5 | CTRL + 5 |
| Espaçamento parágrafo 1,5 | CTRL + 2 |

| Fonte | |
|---|---|
| Recurso | Teclas de atalho |
| Fonte | CTRL + D ou CTRL + SHIFT + P |
| Aumentar fonte | CTRL + SHIFT + > |
| Diminuir fonte | CTRL + SHIFT + < |
| Negrito | CTRL + N |
| Itálico | CTRL + I |

## NOÇÕES DE INFORMÁTICA

| | |
|---|---|
| Sublinhado | CTRL + S |
| Duplo sublinhado | CTRL + SHIFT + D |
| Maiúscula e minúscula | SHIFT + F3 |
| Todas maiúsculas | CTRL + SHIFT + A |
| Realce | CTRL + ALT + H |
| Sobrescrito | CTRL + SHIFT + + |
| Subscrito | CTRL + = |

| Outros | |
|---|---|
| **Recurso** | **Teclas de atalho** |
| Ajuda | F1 |
| Quebra de página | CTRL + Enter |
| Dicionário de sinônimos | SHIFT + F7 |
| Verificação ortográfica | F7 |
| Hipelink | CTRL + K |

| Edição | |
|---|---|
| **Recurso** | **Teclas de atalho** |
| Localizar | CTRL + L |
| Ir para | ALT + CTRL + G ou ALT + CTRL + F5 |

| Geral | |
|---|---|
| **Recurso** | **Teclas de atalho** |
| Substituir | CTRL + U |
| Selecionar tudo | CTRL + T |

## 4 EXCEL 365

O Microsoft 365 é uma assinatura que inclui os recursos mais colaborativos e atualizados em uma experiência integrada e perfeita, pois inclui os aplicativos robustos de trabalho do Office, como Word, PowerPoint e Excel. Com ele, também é possível também obter armazenamento on-line extra e recursos conectados à nuvem que permitem colaborar com arquivos em tempo real.

O objetivo da assinatura é disponibilizar os recursos, correções e atualizações de segurança mais recentes, além de suporte técnico contínuo, sem nenhum custo extra. É possível optar por pagar a assinatura mensal ou anual, e o plano Microsoft 365 Family permite compartilhar a assinatura com até seis pessoas e usar os aplicativos em vários PCs, Macs, tablets e telefones.

Há também a possibilidade de adquirir o Office 2019 como uma compra única, o que significa pagar um custo único e inicial para obter os aplicativos do Office para um computador. Compras únicas estão disponíveis para PCs e Macs. No entanto, não há opções de upgrade

Segundo a Microsoft, o Excel: é um programa de planilhas do sistema Microsoft Office. Pode ser usado para criar e formatar pastas de trabalho (um conjunto de planilhas), para analisar dados e tomar decisões de negócios mais bem informadas. Especificamente, o Excel é muito utilizado para acompanhar dados, criar modelos de análise de dados, criar fórmulas para fazer cálculos desses dados, organizar dinamicamente de várias maneiras e apresentá-los em diversos tipos de gráficos profissionais.

### 4.1 Características do Excel

▷ **Planilha eletrônica:** sistema composto de 1.048.576 linhas e 16.384 colunas.
▷ **Pastas de trabalho abertas:** limitado pela memória disponível e pelos recursos do sistema (o padrão é 1 planilha).
▷ **Intervalo de zoom:** 10% a 400% por cento.
▷ **Extensão:** .xlsx
▷ **Trabalhando com pastas de trabalho:** cada pasta de trabalho do MS-Excel **consiste em um documento com uma ou mais planilhas**, ou seja, uma pasta no sentido literal, contendo diversos documentos.

### 4.2 Interface

A interface do Excel segue o padrão dos aplicativos Office, com ABAS, botão Office, controle de Zoom na direita etc. O que muda são alguns grupos e botões exclusivos do Excel e as guias de planilha no rodapé.

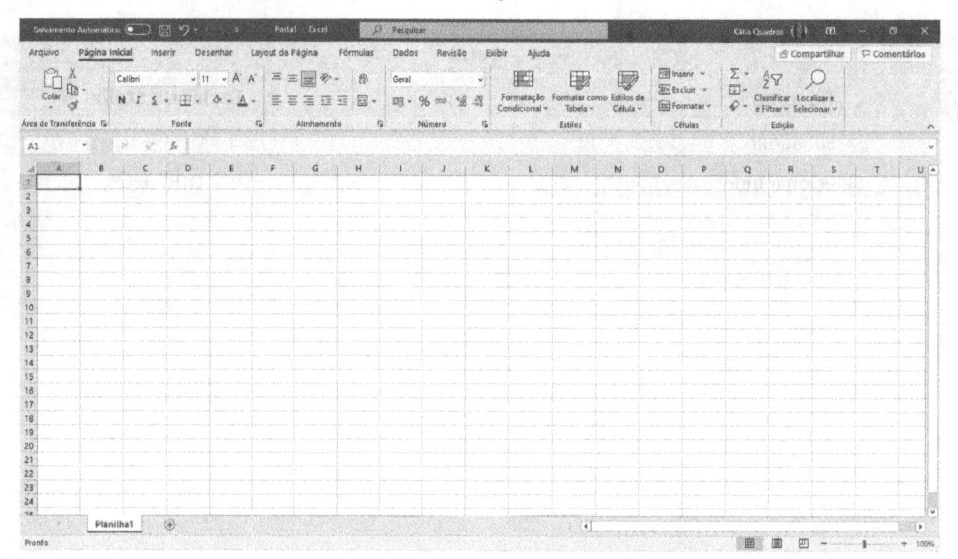

As linhas são identificadas por números e as colunas por letras. Desse modo, a junção de uma coluna e uma linha tem como resultado uma célula.

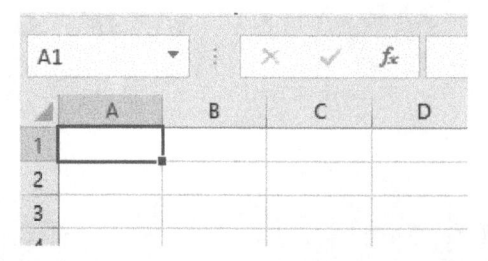

Na imagem mostrada, temos a célula A1 selecionada e podemos perceber uma caixa logo acima com o endereço da célula. Esta é a Caixa de Nome.

Ao lado temos a Barra de Fórmulas com os botões cancelar, inserir e inserir função.

## 4.3 Seleção de células

Se caso seja necessário selecionar mais de uma célula, basta manter pressionado o mouse e arrastar selecionando as células em sequência. Também, para selecionar células em sequência, clique na primeira célula, selecionando-a e em seguida pressione a tecla SHIFT e clique na última célula da sequência desejada.

Se precisar selecionar células alternadamente, clique sobre a primeira célula a ser selecionada, pressione CTRL e vá clicando nas que você quer selecionar. É possível também selecionar usando a combinação das setas do teclado com a tecla SHIFT.

## 4.4 Página Inicial

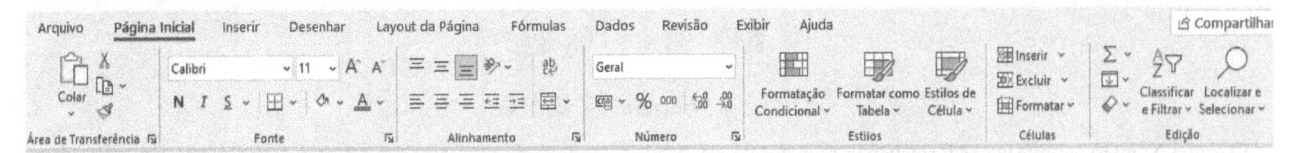

Nessa guia, temos recursos para a formatação das células. Nela é possível encontrar o grupo Fonte, que permite alterar a fonte a ser utilizada, o tamanho, aplicar negrito, itálico e sublinhado, linhas de grade, cor de preenchimento e cor de fonte. Ao clicar na faixa "Fonte", será mostrada a janela, conforme a imagem a seguir:

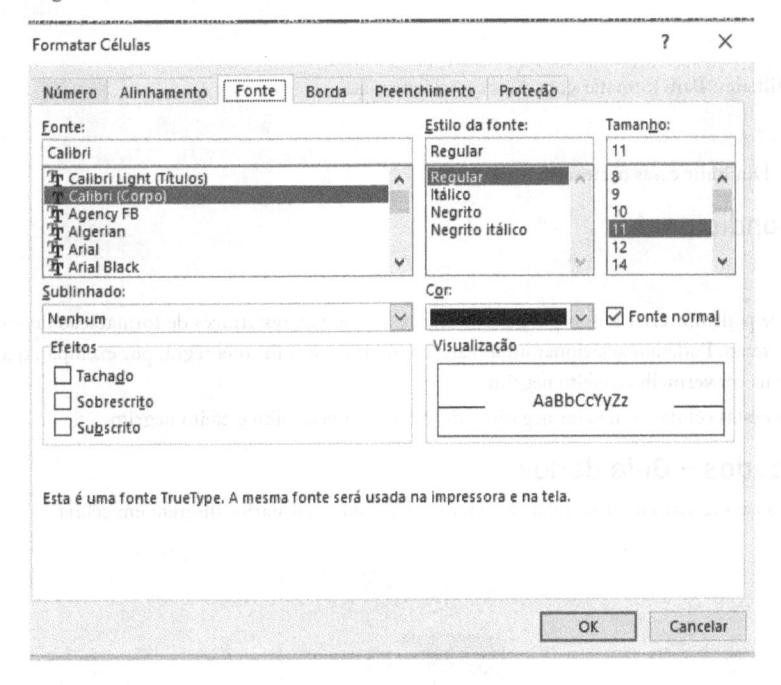

### 4.4.1 Alinhamento

O grupo Alinhamento permite definir o alinhamento do conteúdo da célula na horizontal e vertical, quebrar texto automaticamente, mesclar e centralizar.

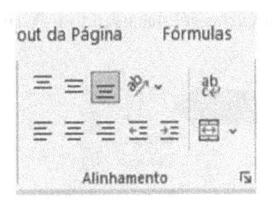

▷ **Botão Orientação:** permite girar o texto.

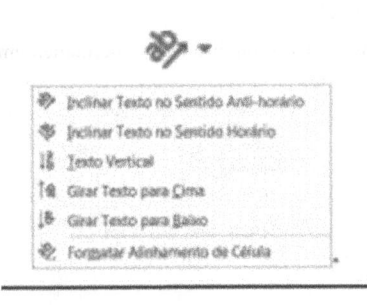

**EXCEL 365**

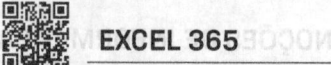

▷ **Mesclar e Centralizar:** torna duas ou mais células selecionadas em uma, centralizando o conteúdo da célula.
▷ **Mesclar através:** mescla somente em linha.
▷ **Mesclar célula:** apenas mescla sem centralizar.
▷ **Desfazer mesclagem de células:** desfaz a mesclagem das células.

### 4.4.2 Número

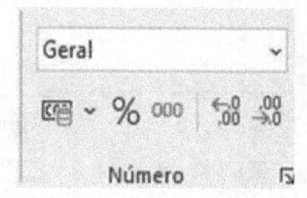

O grupo Número permite que se formatem os números de suas células. Ele dividido em categorias e dentro de cada categoria, possui exemplos de utilização e algumas personalizações, por exemplo, na categoria Moeda em que é possível definir o símbolo a ser usado e o número de casas decimais.

Formato de número de contabilização: Para formatar como moeda. Ex: R$ 40,00.

000 | Separador de Milhares: Para formatar com duas casas decimais.

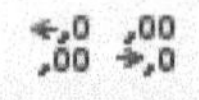

Aumentar e Diminuir casas decimais.

## 4.5 Formatação condicional

### 4.5.1 Página Inicial

Com essa funcionalidade podemos criar regras para evidenciar textos ou valores através de formatação de fonte ou preenchimento/sombreamento da célula, por exemplo. Podemos selecionar uma planilha inteira e definir uma regra, por exemplo, que números negativos ficarão automaticamente com fonte na cor vermelho e efeito negrito.

Tudo o que for digitado nestas células com valor negativo, ficarão na cor vermelho e efeito negrito.

## 4.6 Validação de dados – Guia dados

Use a validação de dados para restringir o tipo de dados ou os valores que os usuários inserem em células.

### 4.6.1 Texto para Colunas – Guia Dados

Pegue o texto em uma ou mais células e divida-o em várias células usando o Assistente para Converter Texto em Colunas.

### 4.6.2 Remover Duplicatas – Guia Dados

Quando você usa o recurso Remover Duplicatas, os dados duplicados são permanentemente excluídos.

### 4.6.3 Obter Dados – Guia Dados

O principal benefício da conexão com dados externos é que você pode analisar periodicamente esses dados no Microsoft Office Excel sem copiar repetidamente os dados, que é uma operação que pode ser demorada e propensa a erros. Depois de se conectar a dados externos, você também pode atualizar automaticamente (ou atualizar) sua Excel de trabalho da fonte de dados original sempre que a fonte de dados for atualizada com novas informações.

### 4.6.4 Atingir Meta – Guia Dados

Se você conhece o resultado que deseja obter de uma fórmula, mas não tem certeza sobre o valor de entrada necessário para chegar a esse resultado, use o recurso Atingir Meta.

Por exemplo, suponha que você precise pedir algum dinheiro emprestado. Você sabe quanto dinheiro quer, quanto tempo deseja usar para pagar o empréstimo e quanto pode pagar a cada mês. Você pode usar o recurso Atingir Meta para determinar qual taxa de juros você precisará garantir para atingir seu objetivo de empréstimo.

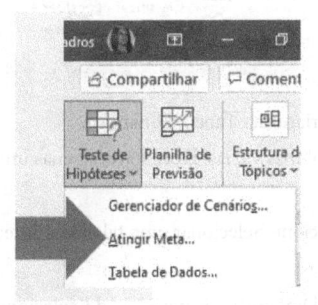

### 4.6.5 Impressão – Guia Arquivo

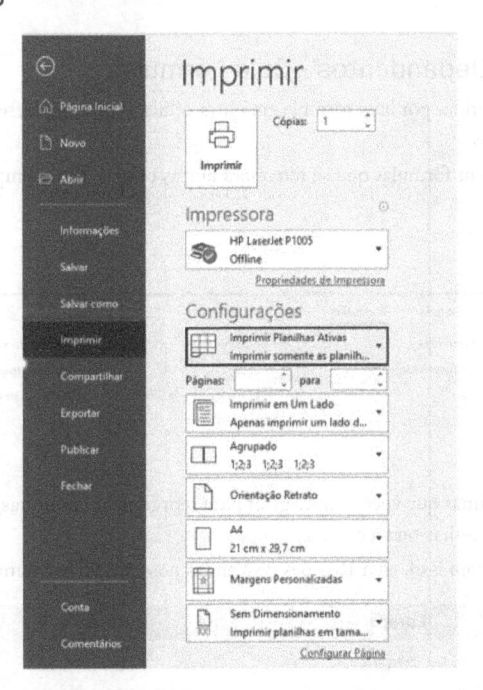

### 4.6.6 Classificar - Guia Página Inicial e Guia Dados

Permite classificar dados em ordem crescente ou decrescente. Pode ser com texto (alfabeticamente) ou números.

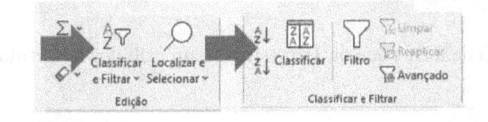

## 4.6.7 Filtrar – Guia Página Inicial e Guia dados

Organiza os dados para que seja mais fácil analisá-los. Por exemplo: Se tenho uma planilha com Homens e Mulheres, posso filtrar para que apareçam apenas as Mulheres. Perceba que as informações referentes aos Homens não são excluídas, apenas ficam ocultas, facilitando analisar apenas as informações referentes às mulheres.

Também posso filtrar por valores, pedindo para ocultar valores inferiores a R$ 1.000,00, por exemplo.

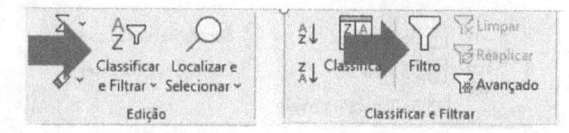

## 4.6.8 Tabela Dinâmica

Uma Tabela Dinâmica é uma ferramenta poderosa para calcular, resumir e analisar os dados que lhe permitem ver comparações, padrões e tendências nos dados.

**Criar uma tabela dinâmica**

- Selecione as células a partir das quais você deseja criar uma Tabela Dinâmica.
- Observação: seus dados não devem ter linhas ou colunas vazias. Deve haver apenas uma única linha de título.
- Selecione Inserir > Tabela Dinâmica.
- Em Escolha os dados que você deseja analisar, selecione Selecionar uma tabela ou intervalo.
- Em Tabela/Intervalo, verifique o intervalo de células.
- Em Escolha onde deseja que o relatório da Tabela Dinâmica seja posicionado, selecione Nova Planilha para posicionar a Tabela Dinâmica em uma nova planilha, ou escolha Planilha Existente e selecione o local em que deseja exibir a Tabela Dinâmica.
- Selecione OK.

## 4.6.9 Rastrear Precedentes e Dependentes - Guia Fórmulas

- **Células precedentes**: células que são referidas por uma fórmula em outra célula. Por exemplo, se a célula D10 contiver a fórmula =B5, a célula B5 será um precedente para a célula D10.
- **Células dependentes**: essas células contêm fórmulas que se referem a outras células. Por exemplo, se a célula D10 contiver a fórmula =B5, a célula D10 é dependente da célula B5.

## 4.6.10 Guia Fórmula

## 4.6.11 Transpor

Se tiver uma planilha com dados em colunas que você precisa girar para reorganizar em linhas, use o recurso Transpor. Com ele, você pode alternar rapidamente dados de colunas para linhas ou vice-versa.

Por exemplo, se seus dados se parecem com isso, com Regiões de Vendas nos títulos de coluna e Trimestres no lado esquerdo:

| Vendas por região | Europa | Ásia | América do Norte |
|---|---|---|---|
| 1º trim. | 21.704.714 | 8.774.099 | 12.094.215 |
| 2º trim. | 17.987.034 | 12.214.447 | 10.873.099 |
| 3º trim. | 19.485.029 | 14.356.879 | 15.689.543 |
| 4º trim. | 22.567.894 | 15.763.492 | 17.456.723 |

O recurso Transpor reorganizará a tabela de forma que os Trimestres sejam exibidos nos títulos de coluna e as Regiões de Vendas possam ser vistas à esquerda, assim:

| Vendas por região | 1º trim. | 2º trim. | 3º trim. | 4º trim. |
|---|---|---|---|---|
| Europa | 21.704.714 | 17.987.034 | 19.485.029 | 22.567.894 |
| Ásia | 8.774.099 | 12.214.447 | 14.356.879 | 15.763.492 |
| América do Norte | 12.094.215 | 10.873.099 | 15.689.543 | 17.456.723 |

## 4.6.12 Congelar Painéis

Quando você congela painéis, o Excel mantém linhas ou colunas específicas visíveis durante a rolagem na planilha. Por exemplo, se a primeira linha da planilha contiver rótulos, será possível congelá-la para garantir que os rótulos das colunas permaneçam visíveis enquanto você rola para baixo na planilha.

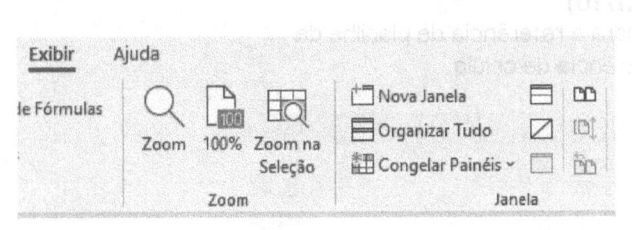

## 4.6.13 Dividir

▷ **Dividir**: Ao dividir divide painéis, o Excel cria duas ou quatro áreas separadas da planilha que podem ser roladas individualmente, enquanto as linhas e colunas da área não rolada permanecem visíveis.

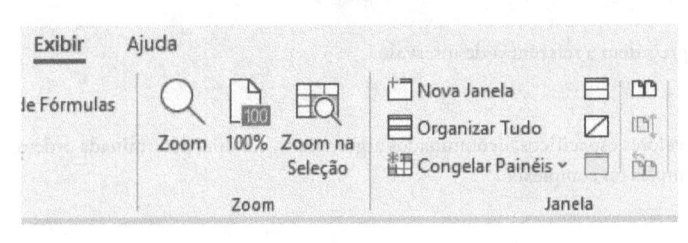

## 4.6.14 Utilização de fórmulas

A planilha do Excel reconhece um cálculo ou fórmula quando se inicializa a célula com o sinal de igual (=). E, além do sinal de = uma fórmula também pode ser precedida por: + (mais) ou - (menos).

Assim, é possível, por exemplo, somar em uma célula C3, o valor de uma célula A3 mais o valor de uma célula B3, como também, pode-se multiplicar, dividir, subtrair ou inserir outras fórmulas.

## 4.6.15 Operadores

| OPERADOR ARITMÉTICO | SIGNIFICADO | EXEMPLO |
|---|---|---|
| + (sinal de mais) | Adição | 3+3 |
| – (sinal de menos) | Subtração<br>Negação | 3–1<br>–1 |
| * (asterisco) | Multiplicação | 3*3 |
| / (sinal de divisão) | Divisão | 3/3 |
| % (sinal de porcentagem) | Porcentagem | 20% |
| ^ (acento circunflexo) | Exponenciação | 3^2 |

| OPERADOR DE COMPARAÇÃO | SIGNIFICADO | EXEMPLO |
|---|---|---|
| = (sinal de igual) | Igual a | A1=B1 |
| > (sinal de maior que) | Maior que | A1>B1 |
| < (sinal de menor que) | Menor que | A1<B1 |
| >= (sinal de maior ou igual a) | Maior ou igual a | A1>=B1 |
| <= (sinal de menor ou igual a) | Menor ou igual a | A1<=B1 |
| <> (sinal de diferente de) | Diferente de | A1<>B1 |

| OPERADOR DE TEXTO | SIGNIFICADO | EXEMPLO |
|---|---|---|
| & (E comercial) | Conecta, ou concatena, dois valores para produzir um valor de texto contínuo | ("North"&"wind") |

## EXCEL 365

É importante ressaltar que o Excel trabalha com os parênteses, quando se pretende fazer vários cálculos em uma mesma célula, a fim de priorizar aqueles que devem ser realizados primeiramente.

| |
|---|
| 1ª prioridade - % e ^ |
| 2ª prioridade - * e / |
| 3ª prioridade - + e - |

O valor médio do intervalo B1:B10 na planilha denominada Marketing na mesma pasta de trabalho.

Nome da planilha | Referência à célula ou ao intervalo de células na planilha

=MÉDIA(Marketing!B1:B10)

Separa a referência de planilha da referência de célula

| PARA SE REFERIR A | USE |
|---|---|
| A célula na coluna A e linha 10 | A10 |
| O intervalo de células na coluna A e linhas 10 a 20 | A10:A20 |
| O intervalo de células na linha 15 e colunas B até E | B15:E15 |
| Todas as células na linha 5 | 5:5 |
| Todas as células nas linhas 5 a 10 | 5:10 |
| Todas as células na coluna H | H:H |
| Todas as células nas colunas H a J | H:J |
| O intervalo de células nas colunas A a E e linhas 10 a 20 | A10:E20 |

Observe que o nome da planilha e um ponto de exclamação (!) precedem a referência de intervalo.

## 4.7 Funções

Funções são fórmulas predefinidas que efetuam cálculos usando valores específicos, denominados argumentos, em uma determinada ordem ou estrutura. As funções podem ser usadas para executar cálculos simples ou complexos.

### 4.7.1 SOMA

    =SOMA(arg1;arg2;...;arg30)
    =soma(a1:a5)
    =soma(a1:a5;5)
    =soma(a3;5;c1:c20)

| | B6 | | $f_x$ | =SOMA(B3:B5) |
|---|---|---|---|---|
| | A | B | C | D | E |
| 1 | | | | | |
| 2 | Turma | Meninos | Meninas | Total | |
| 3 | 2504B | 16 | 17 | | |
| 4 | 7001A | 14 | 20 | | |
| 5 | 3602A | 21 | 19 | | |
| 6 | Total | 51 | | | |
| 7 | | | | | |

**Fique ligado**

Essa função soma dois ou mais números. É importante notar que a referência: (dois pontos) significa "ATÉ" e a referência ; (ponto e vírgula) significa "E". É possível usar os dois sinais numa mesma função.

### 4.7.2 MÉDIA

    =MÉDIA(arg1;arg2;...;arg30)
    =média(a1:a5)
    =média(a1:a5;6)
    =média(a3;2;c1:c10)

|   | B6 |  | fx | =MÉDIA(B3:B5) |
|---|---|---|---|---|
|   | A | B | C | D | E |
| 1 |   |   |   |   |   |
| 2 | Turma | Meninos | Meninas | Total |   |
| 3 | 2504B | 16 | 17 |   |   |
| 4 | 7001A | 14 | 20 |   |   |
| 5 | 3602A | 21 | 19 |   |   |
| 6 | Total | 17 |   |   |   |
| 7 |   |   |   |   |   |

**Fique ligado**

A função MÉDIA soma os argumentos e divide pelo número de argumentos somados.
Por exemplo: MÉDIA(a1:a5)
A média, nesse exemplo, será a soma de a1, a2, a3, a4 e a5 dividido por 5.

## 4.7.3 MÁXIMO

Mostra o maior valor no intervalo.
| =MÁXIMO(arg1;arg2;...arg30)
| =máximo(c1:c10)
| =máximo(c1:c10;3)

|   | B6 |  | fx | =MÁXIMO(B3:B5) |
|---|---|---|---|---|
|   | A | B | C | D | E |
| 1 |   |   |   |   |   |
| 2 | Turma | Meninos | Meninas | Total |   |
| 3 | 2504B | 16 | 17 |   |   |
| 4 | 7001A | 14 | 20 |   |   |
| 5 | 3602A | 21 | 19 |   |   |
| 6 | Total | 21 |   |   |   |
| 7 |   |   |   |   |   |

## 4.7.4 MÍNIMO

Mostra o menor valor no intervalo.
| =MÍNIMO(arg1;arg2;...arg30)
| =mínimo(c1:c10)
| =mínimo(c1:c10;3)

|   | B6 |  | fx | =MÍNIMO(B3:B5) |
|---|---|---|---|---|
|   | A | B | C | D | E |
| 1 |   |   |   |   |   |
| 2 | Turma | Meninos | Meninas | Total |   |
| 3 | 2504B | 16 | 17 |   |   |
| 4 | 7001A | 14 | 20 |   |   |
| 5 | 3602A | 21 | 19 |   |   |
| 6 | Total | 14 |   |   |   |
| 7 |   |   |   |   |   |

## 4.7.5 MAIOR

Você pode usar esta função para selecionar um valor de acordo com a sua posição relativa. Por exemplo, você pode usar MAIOR para obter o primeiro, o segundo e o terceiro resultado e assim por diante.

Neste caso, o EXCEL deve mostrar o terceiro maior valor encontrado no intervalo A1:C3. O número 3 após o ";" é que indica essa posição.
| =MAIOR(a1:c3;3)

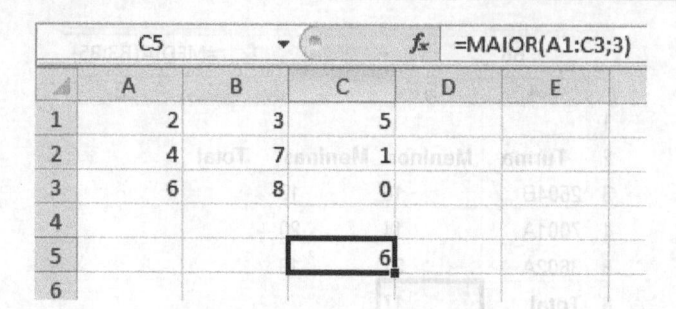

|   | A | B | C | D | E |
|---|---|---|---|---|---|
| 1 | 2 | 3 | 5 |   |   |
| 2 | 4 | 7 | 1 |   |   |
| 3 | 6 | 8 | 0 |   |   |
| 4 |   |   |   |   |   |
| 5 |   |   | 6 |   |   |
| 6 |   |   |   |   |   |

C5   fx  =MAIOR(A1:C3;3)

## 4.7.6 MENOR

Você pode usar esta função para selecionar um valor de acordo com a sua posição relativa. Por exemplo, você pode usar MENOR para obter o primeiro, segundo e terceiro resultados para obter o primeiro, o segundo e o terceiro resultado e assim por diante.

| =MENOR(a1:c3;3)

Neste caso quero que o EXCEL mostre o terceiro menor valor encontrado no intervalo A1:C3.

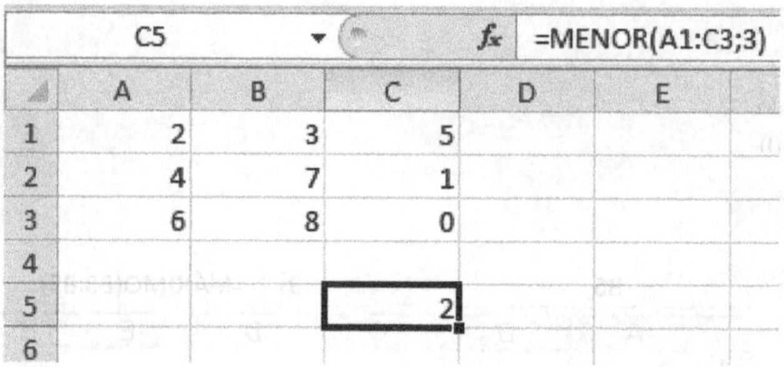

C5   fx  =MENOR(A1:C3;3)

|   | A | B | C | D | E |
|---|---|---|---|---|---|
| 1 | 2 | 3 | 5 |   |   |
| 2 | 4 | 7 | 1 |   |   |
| 3 | 6 | 8 | 0 |   |   |
| 4 |   |   |   |   |   |
| 5 |   |   | 2 |   |   |
| 6 |   |   |   |   |   |

## 4.7.7 CONT.SE

Realiza a contagem de todas as células de um intervalo que satisfazem uma determinada condição.

| =CONT.SE(intervalo;condição)

=cont.se(c3:c8;">=2")

| =cont.se(c3:c8;a2)

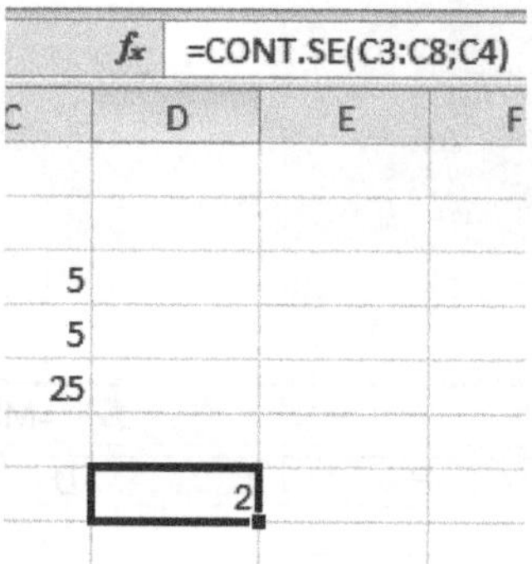

fx  =CONT.SE(C3:C8;C4)

| C | D | E | F |
|---|---|---|---|
|   |   |   |   |
|   |   |   |   |
| 5 |   |   |   |
| 5 |   |   |   |
| 25 |   |   |   |
|   |   |   |   |
|   | 2 |   |   |

Perceba que no exemplo queremos que o Excel conte o número de células que contenham o valor referido em C4 (condição), ou seja, o valor 5. As células que o Excel deve procurar e contar esse valor são as células C3 até C8 (intervalo). Nesse caso temos o resultado 2.

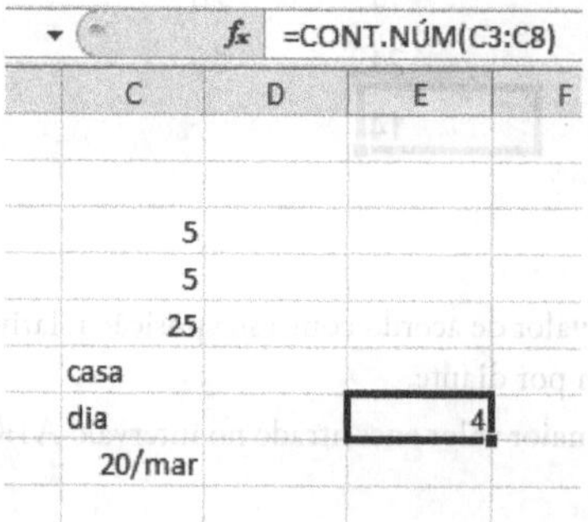

fx  =CONT.NÚM(C3:C8)

| C | D | E | F |
|---|---|---|---|
|   |   |   |   |
|   |   |   |   |
| 5 |   |   |   |
| 5 |   |   |   |
| 25 |   |   |   |
| casa |   |   |   |
| dia |   | 4 |   |
| 20/mar |   |   |   |

## 4.7.8 CONT.NÚM

Conta quantas células contêm números.
| =CONT.NÚM(intervalo)

## 4.7.9 CONT.VALORES

Conta o número de células que não estão vazias em um intervalo.
| =CONT.VALORES(intervalo)

|   | C | D | E | F |
|---|---|---|---|---|
|   |   |   | =CONT.VALORES(C3:C8) | |
|   | 5 |   |   |   |
|   | 5,3333 |   |   |   |
|   |   |   |   |   |
|   | casa |   |   |   |
|   | dia |   | 5 |   |
|   | 20/mar |   |   |   |

## 4.7.10 CONCATENAR

A função **CONCATENAR** agrupa cadeias de texto. Os itens agrupados podem ser texto, números, referências de células ou uma combinação desses itens. Por exemplo, se sua planilha contiver o nome de uma pessoa na célula A1 e o sobrenome da pessoa na célula B1, você poderá combinar os dois valores em outra célula usando a seguinte fórmula:

=CONCATENAR(A1;" ";B1)

O segundo argumento neste exemplo (" ") é um caractere de espaço. É preciso especificar quaisquer espaços ou pontuação que você deseja que sejam exibidos nos resultados como um argumento entre aspas.

Você também pode usar o caractere **&** para concatenar:

=CONCATENAR(A2&B2&" -"&C2&"anos")

**ou**

=A2&" "&B2&" - "&C2&" "&"anos"

**ou ainda**

=CONCATENAR(A2&" ";B2;"-"&C2&"anos")

Todas as formas estão corretas.

No exemplo abaixo, o examinador pediu que na célula C4 aparecesse o nome que está em A2, mais o sobrenome que está em B2 e a idade que está em C3, com devidos espaços e a palavra anos.

Os espaços e a palavra anos estão entre aspas, pois não são conteúdo de nenhuma célula e são textos. Textos devem ficar entre aspas nas fórmulas do Excel.

|   | C4 |   |   | =A2&" "&B2&" - "&C2&" "&"anos" |   |   |
|---|---|---|---|---|---|---|
|   | A | B | C | D | E | F |
| 1 |   |   |   |   |   |   |
| 2 | antonio | sutir | 43 |   |   |   |
| 3 |   |   |   |   |   |   |
| 4 | & |   | antonio sutir - 43 anos |   |   |   |

Podemos usar a função **CONCATENAR**:

|   | C4 |   |   | =CONCATENAR(A2;" ";B2;" - "; C2;" anos") |   |   |   |
|---|---|---|---|---|---|---|---|
|   | A | B | C | D | E | F | G |
| 1 |   |   |   |   |   |   |   |
| 2 | antonio | sutir | 43 |   |   |   |   |
| 3 |   |   |   |   |   |   |   |
| 4 | Concatenar e ; |   | antonio sutir - 43 anos |   |   |   |   |
| 5 |   |   |   |   |   |   |   |

Podemos usar a função **CONCATENAR** e o operador de texto &:

| | C4 | | | $f_x$ | =CONCATENAR(A2&" "&B2&" - "&C2&" anos") | |
|---|---|---|---|---|---|---|
| | A | B | C | D | E | F | G |
| 1 | | | | | | | |
| 2 | antonio | sutir | 43 | | | | |
| 3 | | | | | | | |
| 4 | & e concatenar | | antonio sutir - 43 anos | | | | |

Podemos usar a função **CONCATENAR,** o operador de texto & e;.

| | C4 | | | $f_x$ | =CONCATENAR(A2&" ";B2;" - "&C2&" anos") | |
|---|---|---|---|---|---|---|
| | A | B | C | D | E | F | G |
| 1 | | | | | | | |
| 2 | antonio | sutir | 43 | | | | |
| 3 | | | | | | | |
| 4 | &, Concatenar e ; | | antonio sutir - 43 anos | | | | |
| 5 | | | | | | | |

## 4.7.11 E

TODOS os argumentos devem ser verdadeiros.
=E(E2>=7;F2>=75)

Então, temos a função E e as condições separadas por ";".

| =E(E2>=7;F2>=75) | | | | |
|---|---|---|---|---|
| | C | D | E | F |
| | | | Nota | Freq |
| 75 | | | 7 | 75 |
| 70 | | | 8 | 70 |
| 80 | | | 5 | 80 |
| 50 | | | 5 | 50 |
| | | | | |
| | | | VERDADEIRO | |
| | | | FALSO | |
| | | | FALSO | |
| | | | FALSO | |

## 4.7.12 OU

Apenas um dos argumentos precisa ser verdadeiro.
=OU(E2>=7;F2>=75)

Então, temos a função OU e as condições separadas por ";".

| =OU(E2>=7;F2>=75) | | | | | |
|---|---|---|---|---|---|
| | C | D | E | F | G |
| | | | Nota | Freq | |
| 75 | | | 7 | 75 | |
| 70 | | | 8 | 70 | |
| 30 | | | 5 | 80 | |
| 50 | | | 5 | 50 | |
| | | | | | |
| | | | VERDADEIRO | | |
| | | | VERDADEIRO | | |
| | | | VERDADEIRO | | |
| | | | FALSO | | |

## NOÇÕES DE INFORMÁTICA

### 4.7.13 SOMASE

| =SOMASE(intervalo;condição)
| =SOMASE(c1:c10;">5")

Nesse caso, o Excel realizará a soma apenas das células no intervalo C1 até C10 que contenham valores maiores que 5. Outros números são ignorados. Realiza a soma de todos os valores de um intervalo que satisfazem uma determinada condição.

A função SOMASE pode assumir a seguinte sintaxe:

| SOMASE(intervalo, critérios, [intervalo_soma])

*fx =SOMASE(C1:C10;">5")*

| C | D | E |
|---|---|---|
| 3 | | |
| 3 | | |
| 3 | | |
| 3 | | |
| 3 | | |
| 3 | | |
| 33 | | |
| 3 | | |
| 8 | | |
| 4 | | |
| **41** | | |

Uma planilha do Microsoft Excel apresenta os valores a seguir.

| | A | B |
|---|---|---|
| 1 | 23 | 5 |
| 2 | 12 | 8 |
| 3 | 32 | 7 |
| 4 | 17 | 9 |
| 5 | 11 | 3 |

Assinale a alternativa que apresenta, corretamente, o resultado gerado pela fórmula =SOMASE(A1:A5; ">15";B1:B5).

a) 0
b) 21
c) 32
d) 72
e) 95

Veja o resultado diretamente em uma planilha do Excel:

*A7    fx =SOMASE(A1:A5; ">15";B1:B5)*

| | A | B | C | D | E | F | G |
|---|---|---|---|---|---|---|---|
| 1 | 23 | 5 | | | | | |
| 2 | 12 | 8 | | | | | |
| 3 | 32 | 7 | | | | | |
| 4 | 17 | 9 | | | | | |
| 5 | 11 | 3 | | | | | |
| 6 | | | | | | | |
| 7 | **21** | | | | | | |
| 8 | | | | | | | |

Agora vamos entender este resultado!

| =SOMASE(A1:A5; ">15";B1:B5)

A função Somase, neste caso em que tenho o intervalo da soma definido, irá fazer com que o Excel selecione o intervalo indicado: A1:A5, obedeça a condição que é: >15, mas some os valores que constam nas células correspondentes: B1:B5.

Então o Excel irá somar os valores 5, 7 e 9, pois esses valores estão no intervalo B1:B5 e correspondem aos valores 23, 32 e 17 que estão no intervalo A1:A5 e que obedecem a condição: ser >5.

### 4.7.14 MÉDIASE

=MÉDIASE(B2:B5;"<23000")

Retorna a média (média aritmética) de todas as células em um intervalo que satisfazem um determinado critério.

### 4.7.15 SE

Retorna valores diferentes dependendo do resultado de uma expressão.

É usada para testar condições, ou seja, se a condição especificada equivaler à verdadeira e a outra se equivaler a falsa.

**=SE(teste_lógico;valor_se_verdadeiro;valor_se_falso)**

# EXCEL 365

> **Fique ligado**
>
> O "SE" funciona como todos os "SEs" da nossa vida: SE chover não vou à praia, SE eu tiver dinheiro vou à festa, SE eu tiver média final igual ou maior que 7,0 sou aprovado no colégio. Sim, SE você estudar com certeza vai passar no concurso! É lógica pura!

No exemplo a seguir temos um boletim escolar, em que o aluno que tiver nota igual ou maior a 7,0 será aprovado, senão será reprovado.

| | F | G |
|---|---|---|
| | G7 | fx =SE(F7>=7;"Aprovado";"Reprovado") |
| 1 | de médi | |
| 6 | Média | Situação |
| 7 | 8,0 | Aprovado |
| 8 | 7,0 | Aprovado |
| 9 | 3,8 | Reprovado |
| 10 | 8,5 | Aprovado |
| 11 | 7,5 | Aprovado |
| 12 | 7,8 | Aprovado |
| 13 | 8,8 | Aprovado |

Vamos entender:

**=SE** -> aqui tenho a função

A função SE é uma pergunta com duas possíveis respostas: SIM ou NÃO:

**F7>=7** -> Aqui tenho a pergunta: F7 é igual ou maior a 7?

Ao verificar a célula F7, ela contém a média 8,0. Logo, 8,0 é maior que 7, então, a resposta da pergunta anterior é SIM. Ao responder SIM à pergunta (condição), o Excel mostra a resposta especificada na função que está logo após o ";", neste caso a palavra "Aprovado". Ao responder NÃO à pergunta, o Excel mostra a segunda resposta especificada na função, após o ";", neste caso a palavra "Reprovado".

## 4.8 Aninhar uma função dentro de outra função

As funções aninhadas usam uma função como um dos argumentos de outra função.

A fórmula a seguir soma um conjunto de números (G2:G5) somente se a média de outro conjunto de números (F2:F5) for maior que 50. Caso contrário, ela retorna 0. Analise também a planilha.

| | F | G |
|---|---|---|
| 1 | 5 | 5 |
| 2 | 2 | 2 |
| 3 | 2 | 2 |
| 4 | 2 | 2 |
| 5 | 2 | 2 |
| 6 | | |

**=SE(MÉDIA(F2:F5)>50;SOMA(G2:G5);0)**

As funções MÉDIA e SOMA são aninhadas na função SE.

Como resolver essa função? **Por partes!**

Primeiro devemos lembrar que a função Se é uma pergunta que pode ter apenas dois tipos de resposta: Ou SIM, ou NÃO. E que a pergunta está antes do primeiro ";". Caso a resposta seja SIM o EXCEL retornará o que estiver entre os dois ";". Caso a resposta seja NÃO o EXCEL retornará o que estiver após o segundo ";".

Vamos em busca da pergunta:

**=SE(MÉDIA(F2:F5)>50;SOMA(G2:G5);0)**

A pergunta é: MÉDIA(F2:F5)>50

Na planilha fornecida devemos observar os valores e calcular a Média:

Média(F2:F5) => (2 + 2 + 2 + 2)/4 = 2

A média é 2.

A pergunta é: 2>50?

A resposta é NÃO.

Então o EXCEL retornará o que está após o segundo ";" que é 0 (zero).

## 4.8.1 SE Aninhado

A função SE nos permite definir apenas 2 valores de retorno, porém muitas vezes precisamos de 3, 4 ou mais valores de retorno. Nestes casos utilizamos a função SE Aninhado.

| | A | B | C | D |
|---|---|---|---|---|
| 1 | Salario | Faltas | Gratificação | Total |
| 2 | | | | |
| 3 | 1280 | 0 | 128 | 1408 |
| 4 | | | | |
| 5 | | | | |
| 6 | | | | |
| 7 | | | | |
| 8 | | | | |
| 9 | Gratificação | Faltas | | |
| 10 | 10% | 0 | | |
| 11 | 5% | 1 | | |
| 12 | 0% | 2 ou mais | | |

Fórmula em C3: =SE(B3=0;A3*A10;SE(B3=1;A3*A11;SE(B3>=2;0)))

Nesse exemplo temos uma empresa e sua folha de pagamentos. A empresa oferece gratificação aos funcionários que não faltam ou faltam apenas uma vez.

Dessa forma a pergunta que faço para começar a desenvolver a função é: Se o funcionário não faltar quanto ele recebe de gratificação? Basta olhar na célula A10 onde tenho o valor da gratificação que é de 10% sobre o salário. Então veja:

- Se o funcionário não faltar recebe salário acrescido de 10% de gratificação.
- Se o funcionário faltar apenas 1 vez ele recebe salário acrescido de 5% de gratificação.
- Se o funcionário faltar 2 ou mais vezes, recebe apenas o salário.

Agora é colocar essas regras na função. Perceber que o número de faltas está na célula B3, o salário na A3 e as regras para Gratificação nas células A9:B12. Certo?

Feito isso, vamos à função:

=SE(B3=0;A3*A10;SE(B3=1;A3*A11;SE(B3>=2;0)))

Ou seja: SE(B3 {número de faltas) =0;A3 {Salário}) *A10 {Valor da Gratificação}) ;SE {Senão, caso não atenda a condição anterior}(B3 {número de faltas) =1;A3 {Salário}) *A11{Valor da Gratificação});SE(B3 {número de faltas}) >=2;0 {Não recebe nada de gratificação})))

Obs.: O texto em vermelho entre chaves refere-se a comentários sobre dados da função. Não fazem parte da função.

Ainda podemos escrever a função dessa forma:

=SE(B3=0;A3*A10;SE(B3=1;A3*A11;0))

Nesse caso, não desenvolvemos o último SE. Colocamos um ";" que se comporta como um SENÃO. Ou seja, se não forem satisfeitas as condições dos SEs anteriores o Excel fará o que houver após este último ";".

## 4.8.2 SES

A função SES verifica se uma ou mais condições são satisfeitas e retorna um valor que corresponde à primeira condição VERDADEIRO. A função SES pode ser usada como substituta de várias instruções SE aninhadas, além de ser muito mais fácil de ser lida quando condições múltiplas são usadas.

=SES(F2=1;D2;F2=2;D3;F2=3;D4;F2=4;D5;F2=5;D6;F2=6;D7;F2=7;D8)

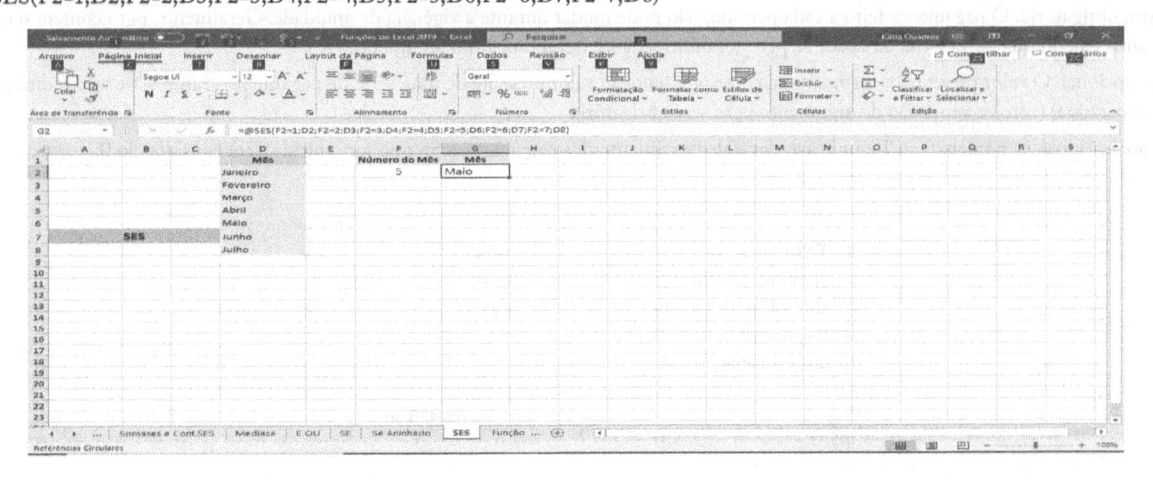

### 4.8.3 PROCV

Use a função PROCV, uma das funções de pesquisa e referência, quando precisar localizar algo em linhas de uma tabela ou de um intervalo. Por exemplo, para pesquisar o preço de uma peça automotiva pelo número da peça.

=PROCV(Valor que você deseja pesquisar, intervalo no qual você deseja pesquisar o valor, o número da coluna no intervalo contendo o valor de retorno, Correspondência Exata ou Correspondência Aproximada – indicado como 0/FALSO ou 1/VERDADEIRO).

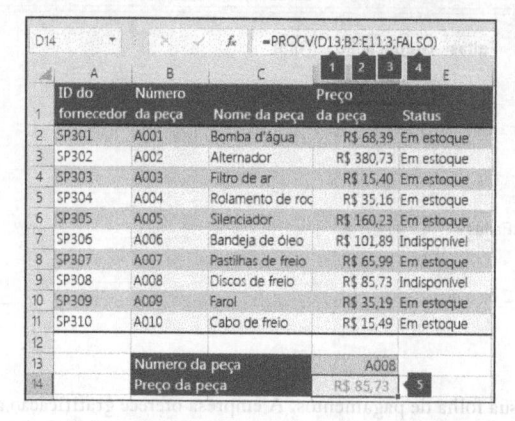

▷ D13 é o valor_procurado ou o valor que você deseja pesquisar.
▷ B2 a E11 (realçados em amarelo na tabela) é a matriz_tabela ou o intervalo onde o valor de pesquisa está localizado.
▷ 3 é o núm_índice_coluna ou o número de coluna na matriz_tabela que contém o valor de retorno. Neste exemplo, a terceira coluna da matriz de tabela é Preço da Peça, portanto, o resultado da fórmula será um valor da coluna Preço da Peça.
▷ FALSO é o intervalo_pesquisa, portanto, o valor de retorno será uma correspondência exata.
▷ O resultado da fórmula PROCV é 85,73, o preço dos Rotores de freio.

Há quatro informações que serão necessárias para criar a sintaxe da função PROCV:

▷ O valor que você deseja pesquisar, também chamado valor de pesquisa.
▷ O intervalo onde o valor de pesquisa está localizado. Lembre-se de que o valor de pesquisa deve estar sempre na primeira coluna no intervalo para que a função PROCV funcione corretamente. Por exemplo, se o valor de pesquisa estiver na célula C2, o intervalo deve começar com C.
▷ O número da coluna no intervalo que contém o valor de retorno. Por exemplo, se você especificar B2:D11 como o intervalo, deverá contar B como a primeira coluna, C como a segunda e assim por diante.
▷ Se preferir, você pode especificar VERDADEIRO se quiser uma correspondência aproximada ou FALSO se quiser que uma correspondência exata do valor de retorno. Se você não especificar nada, o valor padrão será sempre VERDADEIRO ou correspondência aproximada.

### 4.8.4 VF

=VF(taxa,nper,pgto,[vp],[tipo])

Retorna o valor futuro de um investimento de acordo com os pagamentos periódicos e constantes e com uma taxa de juros constante.

| =VF(2%;10;38,96)

A sintaxe da função VF tem os seguintes argumentos:

▷ **Taxa**: obrigatório. A taxa de juros por período.
▷ **Nper**: obrigatório. O número total de períodos de pagamento em uma anuidade.
▷ **Pgto**: obrigatório. O pagamento feito a cada período; não pode mudar durante a vigência da anuidade. Geralmente, pgto contém o capital e os juros e nenhuma outra tarifa ou taxas. Se pgto for omitido, você deverá incluir o argumento vp.
▷ **Vp**: opcional. O valor presente ou a soma total correspondente ao valor presente de uma série de pagamentos futuros. Se vp for omitido, será considerado 0 (zero) e a inclusão do argumento pgto será obrigatória.
▷ **Tipo**: opcional. O número 0 ou 1 e indica as datas de vencimento dos pagamentos. Se tipo for omitido, será considerado 0.

## 4.8.5 VP

=VP(taxa, nper, pgto, [vf], [tipo])

Retorna o valor presente de um investimento. O valor presente é o valor total correspondente ao valor atual de uma série de pagamentos futuros. Por exemplo, quando você toma uma quantia de dinheiro emprestada, a quantia do empréstimo é o valor presente para o concessor do empréstimo.

**=VP(2%;10;38,96)**

A sintaxe da função VP tem os seguintes argumentos:

▷ **Taxa**: necessário. A taxa de juros por período. Por exemplo, se você tiver um empréstimo para um automóvel com taxa de juros de 10% ano e fizer pagamentos mensais, sua taxa de juros mensal será de 10%/12 ou 0,83%. Você deverá inserir 10%/12 ou 0,83%, ou 0,0083, na fórmula como taxa.

▷ **Nper**: necessário. O número total de períodos de pagamento em uma anuidade. Por exemplo, se você fizer um empréstimo de carro de quatro anos e fizer pagamentos mensais, seu empréstimo terá 4*12 (ou 48) períodos. Você deverá inserir 48 na fórmula para nper.

▷ **Pgto**: necessário. O pagamento feito em cada período. Geralmente, pgto inclui o principal e os juros e nenhuma outra taxa ou tributo. Por exemplo, os pagamentos mensais de R$ 10.000 de um empréstimo de quatro anos para um carro serão de R$ 263,33. Você deverá inserir -263,33 na fórmula como pgto. Se pgto for omitido, você deverá incluir o argumento vf.

▷ **Vf**: opcional. O valor futuro, ou o saldo, que você deseja obter depois do último pagamento. Se vf for omitido, será considerado 0 (o valor futuro de um empréstimo, por exemplo, é 0). Por exemplo, se você deseja economizar R$ 50.000 para pagar um projeto em 18 anos, então o valor futuro será de R$ 50.000. Você poderia então fazer uma estimativa na taxa de juros e concluir quanto economizaria por mês. Se vf for omitido, você deverá incluir o argumento pgto.

▷ **Tipo**: opcional. O número 0 ou 1 e indica as datas de vencimento.

|   | A | B | C |
|---|---|---|---|
| 1 | Taxa de Juros | Taxa | 2% |
| 2 | Número de Parcelas | Nper | 10 |
| 3 | Valor Parcela Inicial | Pgto | 38,96 |
| 4 | Pagamento de cada Período | | |
| 5 | que é a parcela inicial | | |
| 6 | | | |
| 7 | | | R$ 426,60 |
| 8 | | | |

## 4.8.6 NPER

=NPER(taxa;pgto;vp;vf;tipo)

Retorna o número de períodos para investimento de acordo com pagamentos constantes e periódicos e uma taxa de juros constante.

**=NPER(2%;10;350)**

A sintaxe da função NPER tem os seguintes argumentos:

▷ **Taxa**: é a taxa de juros por período.

▷ **Pgto**: é o pagamento feito em cada período; não pode mudar durante a vigência da anuidade. Geralmente, pgto contém o capital e os juros, mas nenhuma outra tarifa ou taxas.

▷ **Vp**: é o valor presente ou atual de uma série de pagamentos futuros.

▷ **Vf**: é o valor futuro, ou o saldo, que você deseja obter depois do último pagamento. Se vf for omitido, será considerado 0 (o valor futuro de um empréstimo, por exemplo, é 0).

▷ **Tipo**: é o número 0 ou 1 e indica as datas de vencimento.

## 4.8.7 Taxa

=TAXA(nper, pgto, vp, [vf], [tipo], [estimativa])

Retorna a taxa de juros por período de uma anuidade.

**=TAXA(10;-38,96;426,65)**

A sintaxe da função TAXA tem os seguintes argumentos:

▷ **Nper**: obrigatório. O número total de períodos de pagamento em uma anuidade.

▷ **Pgto**: obrigatório. O pagamento feito em cada período e não pode mudar durante a vigência da anuidade. Geralmente, pgto inclui o principal e os juros e nenhuma outra taxa ou tributo. Se pgto for omitido, você deverá incluir o argumento vf.

▷ **Vp: obrigatório.** O valor presente — o valor total correspondente ao valor atual de uma série de pagamentos futuros.

▷ **Vf**: opcional. O valor futuro, ou o saldo, que você deseja obter depois do último pagamento. Se vf for omitido, será considerado 0 (o valor futuro de um empréstimo, por exemplo, é 0).

**Tipo**: opcional. O número 0 ou 1 e indica as datas de vencimento.

## 4.8.8 PGTO

=PGTO(taxa, nper, vp, [fv], [tipo])

Retorna o pagamento periódico de uma anuidade de acordo com pagamentos constantes e com uma taxa de juros constante.

**=PGTO(2%;36;350)**

A sintaxe da função PGTO tem os seguintes argumentos:

- **Taxa:** obrigatório. A taxa de juros para o empréstimo.
- **Nper:** obrigatório. O número total de pagamentos pelo empréstimo.
- **Vp:** obrigatório. O valor presente, ou a quantia total agora equivalente a uma série de pagamentos futuros; também conhecido como principal.
- **Vf:** opcional. O valor futuro, ou o saldo, que você deseja obter após o último pagamento. Se vf for omitido, será considerado 0 (zero), ou seja, o valor futuro de um empréstimo é 0.
- **Tipo:** opcional. O número 0 (zero) ou 1 e indica o vencimento dos pagamentos.

## 4.8.9 ABS

=ABS(núm)

Retorna o valor absoluto de um número.

=ABS(-4)

## 4.8.10 AGORA

Retorna a data e hora.

=AGORA()

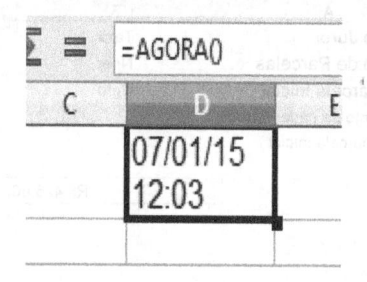

**HOJE**

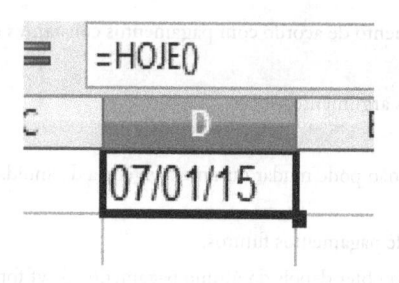

Retorna a data atual.

=HOJE()

## 4.8.11 DIA DA SEMANA

Fornece o dia da semana a que uma data corresponde. O Excel nos dará como resultado um número que equivale a um dia da semana. Por padrão o n.1 corresponde ao domingo.

=DIA.DA.SEMANA(data ou célula que contém a data)

=DIA.DA.SEMANA("10/11/1975")

=DIA.DA.SEMANA(B6)

## 4.8.12 DIAS360

Com esta função teremos o número de dias que há entre uma data inicial e uma data final.

=DIAS360(datainicial;datafinal)

=DIAS360("10/11/1975";"10/12/1975")

=DIAS360(A1;A2)

## 4.8.13 MULT

A função MULT multiplica todos os números especificados como argumentos e retorna o produto. Por exemplo, se as células A1 e A2 contiverem números, você poderá usar a fórmula =MULT(A1;A2) para multiplicar esses dois números juntos. A mesma operação também pode ser realizada usando o operador matemático de multiplicação (*); por exemplo, =A1 * A2.

A função MULT é útil quando você precisa multiplicar várias células ao mesmo tempo. Por exemplo, a fórmula =MULT(A1:A3;C1:C3) equivale a =A1 * A2 * A3 * C1 * C2 * C3.

## 4.8.14 MOD

Retorna o resto de uma divisão.

Sintaxe: (Valor a ser dividido; divisor)

Exemplo:

=MOD(10;3)

O resultado retornado pelo Excel será 1.

## 4.8.15 ESCOLHER

Use núm_índice para retornar um valor da lista de argumentos de valor. Use ESCOLHER para selecionar um valor entre 254 valores que se baseie no número de índice.

=ESCOLHER(3;A1;A2;A3;A4;A5;A6;A7)

## 4.8.16 CORRESP

A função CORRESP procura um item especificado em um intervalo de células e retorna à posição relativa desse item no intervalo. Por exemplo, se o intervalo A1:A3 contiver os valores 5, 25 e 38, a fórmula =CORRESP(25,A1:A3,0) retornará o número 2, porque 25 é o segundo item no intervalo.

=CORRESP(25;A1:A3)

## 4.8.17 TRUNCAR E INT

TRUNCAR e INT são semelhantes pois ambos retornam inteiros.

TRUNCAR remove a parte fracionária do número.

INT arredonda números para baixo até o inteiro mais próximo com base no valor da parte fracionária do número.

INT e TRUNCAR são diferentes apenas ao usar números negativos: TRUNCAR(-4.3) retorna -4, mas INT(-4.3) retorna -5 pois -5 é o número mais baixo.

## 4.8.18 ARRED

A função ARRED arredonda um número para um número especificado de dígitos. Por exemplo, se a célula A1 contiver 23,7825 e você quiser arredondar esse valor para duas casas decimais, poderá usar a seguinte fórmula:

=ARRED(A1;2)

O resultado dessa função é 23,78

## 4.8.19 PRI.MAIUSCULA

Coloca em maiúscula a primeira letra e todas as outras letras que seguem um caractere que não seja uma letra em uma cadeia de texto. Converte todas as outras letras da cadeia de texto em letras minúsculas.

PRI.MAIÚSCULA(texto)

## 4.8.20 MAIÚSCULA

Converte o texto em maiúsculas.

MAIÚSCULA(texto)

## EXCEL 365

### 4.9 Recursos automatizados do Excel

#### 4.9.1 Autopreenchimento

Este recurso é utilizado para digitar sequências de texto ou números.

Perceba na imagem abaixo que há uma célula qualquer selecionada e que em seu canto direito inferior existe um pequeno quadradinho. É nele que vamos clicar e manter pressionado o mouse para utilizar este recurso. Esta é a alça de preenchimento.

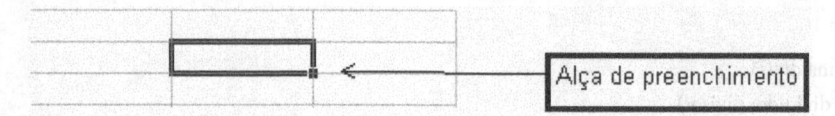

Como exemplo, digite na célula A1 a palavra **Janeiro**. Posicione a seta do mouse sobre a Alça de Preenchimento. Ela irá se transformar em uma cruz. Clique com o botão esquerdo do mouse e arraste a cruz até a célula E1. Ao chegar na coluna E, libere o botão do mouse. O Autopreenchimento reconhece letras maiúsculas e minúsculas, datas, dias de semana, sequências como Mês 1 etc.

### 4.10 Endereço absoluto e endereço relativo

Um recurso presente em qualquer planilha é o endereçamento ou referenciamento relativo. Dá-se o nome de referenciamento relativo ao fato de que quando se atribui, por exemplo, "=A2 + 1", na célula "a5" e se copia a fórmula para a célula "A6", esta irá referenciar o valor "=A3 + 1" (observe o incremento na fórmula). O mesmo pode ser feito através da Alça de Preenchimento, que copia a fórmula, mas a incrementa conforme você arrasta no sentido Linha ou Coluna.

Nem sempre este é o comportamento desejável. Veja o exemplo:

Na imagem, temos uma planilha do Excel com dados de uma empresa que empresta dinheiro, ou seja, trabalha com financiamento.

Se a pessoa emprestar qualquer valor dentre os oferecidos poderá pagar em 12 parcelas sob o juro de 36% ou em 24 parcelas sob o juro de 74,40%.

Então, trabalhamos nessa empresa, criamos a planilha com os dados especificados e que um cliente empresta R$ 1.000,00, então calculamos os juros conforme as especificações: =(A9*B3) + A9. Até aqui tudo certo!

Digamos que um segundo cliente empreste R$ 2.000,00 e para sermos mais rápidos e eficientes, apenas copiamos a fórmula da célula B9 para a B10, ou a arrastamos pela alça de preenchimento. Nesse caso, teremos um erro! Pois ao fazermos isso a função será incrementada e ficará assim: =(A10*B4) + A10, cobrando juros de 74,40% em vez de 36%.

Para lidar com esta situação precisamos fixar, ancorar a fórmula inserindo um $ em frente a especificação de Linha e/ou Coluna que desejamos fixar, que não queremos que seja alterada: =(A9*$B$3) + A9.

Dessa forma, quando copiarmos a função para outras células, a célula B3 não irá incrementar.

Em um endereço, quando se fixa a coluna e a linha simultaneamente, estamos perante um endereço absoluto.

| Se a célula A3 tiver a fórmula =$A$1*A2, ao copiar a fórmula para as células B3 e C3 terão respectivamente as fórmulas: =$A$1*B2 e =$A$1*C2.

## 4.11 Erros do Excel

| | Significado |
|---|---|
| #DIV/0! | A função ou fórmula está efetuando uma divisão por zero. |
| #N/DN | Não existe valor disponível. |
| #NOME? | O Excel não reconhece um dos itens da fórmula. Pode ser: Função digitada incorretamente. Inclusão do texto sem aspas. Omissão de pontos que especifiquem intervalos de valores e outros. |
| #NULO | Interseção de valores que não se referenciam. |
| #NUM! | Algum número da fórmula está incorreto. |
| #REF! | Referência inválida na fórmula. |
| #VALOR! | Argumento inserido de forma errada na fórmula ou função. |

### 4.11.1 Referência circular

Quando uma fórmula volta a fazer referência à sua própria célula, tanto direta como indiretamente, este processo chama-se referência circular. Ou seja: Você não pode digitar a função =soma(A1:A3) na célula A1, pois ela faz parte da função.

# 5 POWERPOINT 365

O PowerPoint 365 é um aplicativo visual e gráfico, usado principalmente para criar apresentações. Com ele, você pode criar, visualizar e mostrar apresentações de slides que combinam texto, formas, imagens, gráficos, animações, tabelas e vídeos.

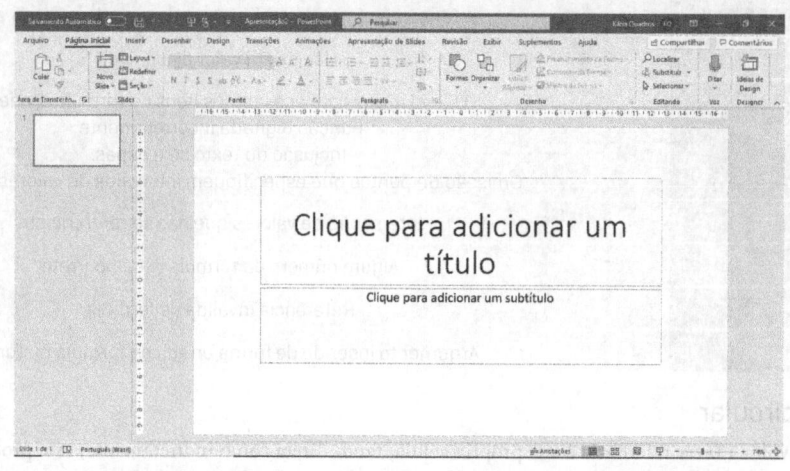

A parte principal do PowerPoint é a janela localizada à direita do aplicativo, em que é exibido o primeiro slide como padrão, perceba que este slide apresenta uma estrutura para inserção de conteúdo por meio de textos, imagens etc.

Principais extensões de arquivos:

▷ .pptx – extensão padrão.
▷ .ppsx – extensão de apresentação de slides.
▷ .potx – extensão modelo de arquivo.
▷ .odp – salva, abre, edita arquivos do LibreOffice Impress.

## 5.1 Arquivo

A Guia ou Menu Arquivo contém funcionalidades como Salvar, Salvar Como, Abrir, Fechar e que se comportam da mesma maneira conforme estudamos no Editor de Textos Microsoft Word 2019.

## 5.2 Imprimir

Na opção Imprimir, vamos trabalhar com Slides ao invés de páginas. Vamos escolher entre Imprimir Todos os Slides, Imprimir Seleção, Imprimir Slide Atual ou Imprimir um Intervalo Personalizado de Slides.

Em Folhetos, você poderá escolher o número de Slides em cada página.

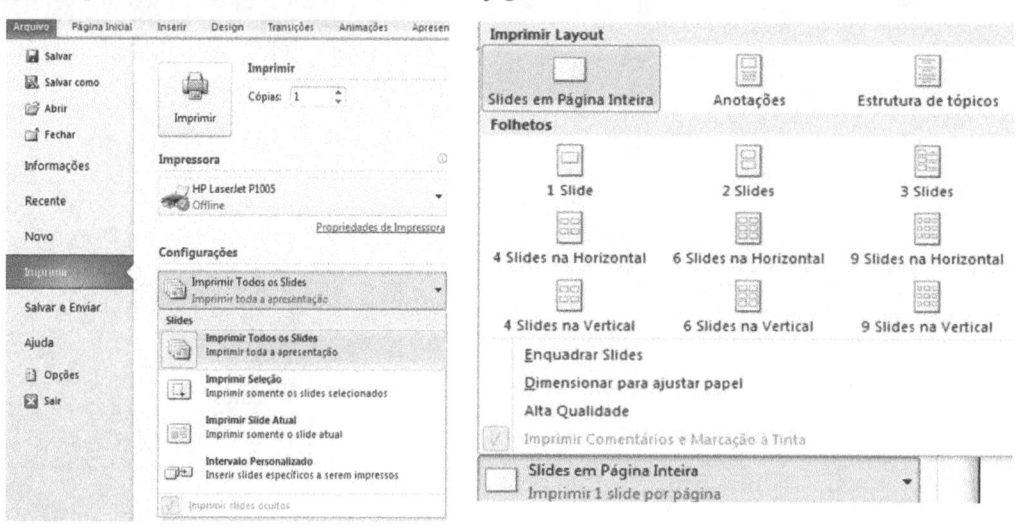

## 5.3 Página Inicial

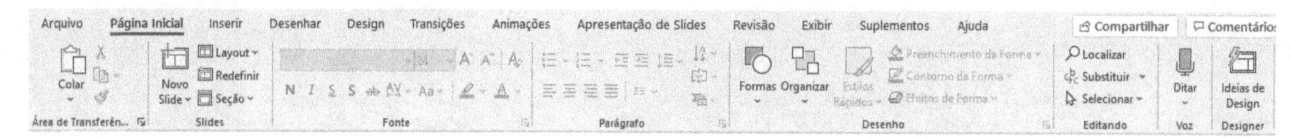

# NOÇÕES DE INFORMÁTICA

Na Guia Inicial, temos os seguintes grupos de ferramentas: Área de Transferência, Slides, Fonte, Parágrafo, Desenho e Edição.

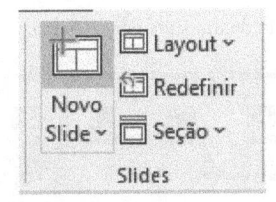

O Grupo **Slides** permite gerenciar o layout das apresentações e a inserção de novos slides personalizados. Com o botão Novo Slide, podemos inserir Novo Slide ou duplicar um slide existente.

## 5.4 Inserir

Aqui, temos os seguintes grupos de ferramentas: Novo Slide, Tabelas, Imagens, Ilustrações, Aplicativos, Links, Comentários, Texto, Símbolos e Mídia.

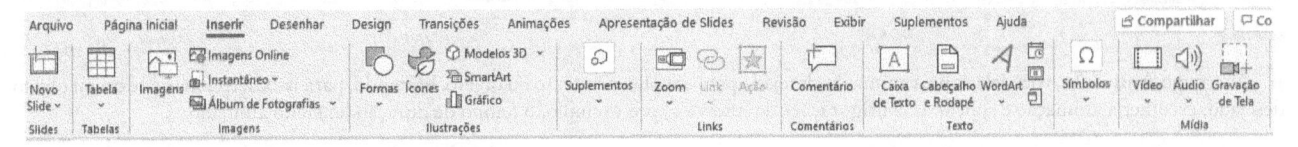

### 5.4.1 Álbum de Fotografias

No Grupo Imagens, temos Álbum de Fotografias. O Microsoft PowerPoint cria uma apresentação quando você usa o recurso Álbum de Fotografias. Qualquer apresentação que esteja aberta no momento no PowerPoint não será afetada por essa tarefa.

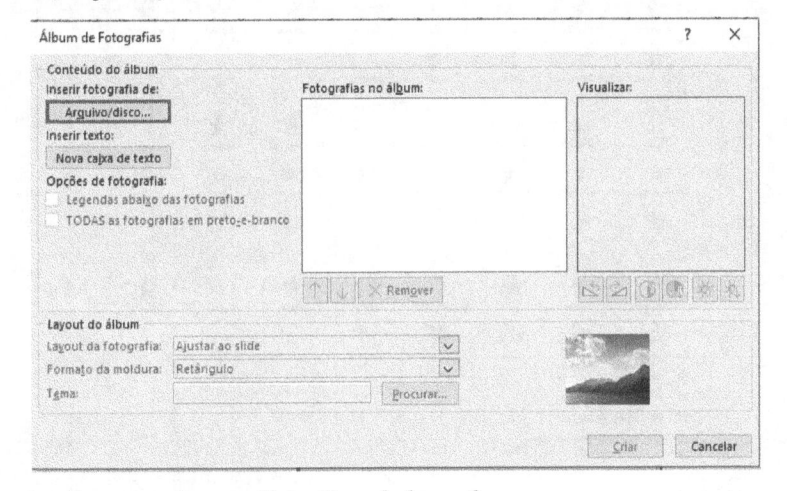

No menu Inserir, aponte para Imagem e clique em Novo álbum de fotografias.

Na caixa de diálogo Álbum de fotografias, adicione as fotos que devem aparecer no seu álbum de fotografias.

No Grupo Ilustrações / Formas temos uma funcionalidade importante: **Botões de Ação.** Um botão de ação consiste em um botão já existente que você pode inserir na sua apresentação e para o qual pode definir hiperlinks. Os botões de ação contêm formas, como setas para direita e para esquerda e símbolos de fácil compreensão referentes às ações de ir para o próximo, anterior, primeiro e último slide, além de executarem filmes ou sons.

Preste atenção ao Botão SmartArt, que permite inserir organogramas, fluxogramas e outros tipos de gráficos, conforme estudamos no Word 2019.

No grupo de ferramentas Texto temos Caixa de Texto, Cabeçalho e Rodapé, WordArt, Data e Hora, Número do Slide e Objetos.

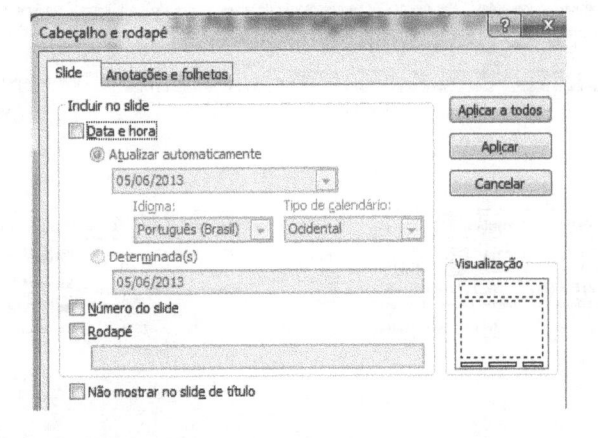

## 5.5 Transições

Nesta guia, configuramos o efeito durante a transição de um slide para o outro.

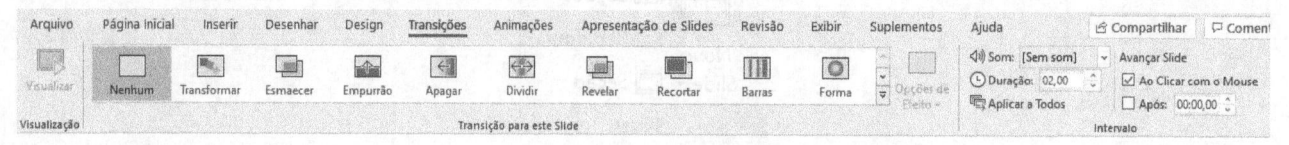

## 5.6 Animações

Na guia Animações, você irá escolher animações para textos e objetos das apresentações em slides.

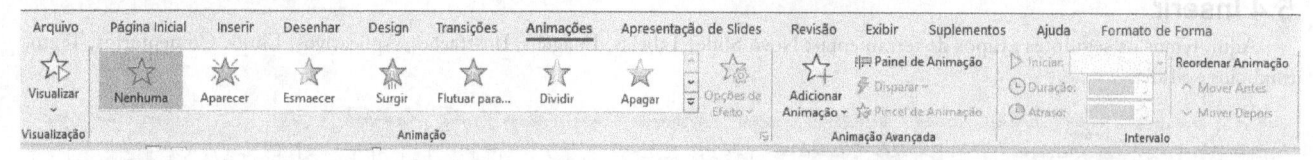

No grupo Animação, você seleciona a animação desejada para se aplicar ao texto ou objeto, bastando, para isso, selecionar o texto ou objeto desejado, escolher a animação e aplicar as configurações de intervalo, por exemplo, o tempo de duração do efeito animado.

No grupo Animação Avançada, temos o botão Adicionar Animação, Painel de Animação, Disparar e Pincel de Animação que copia a animação de um objeto para outro.

No grupo Intervalo, você irá configurar a Duração e Atraso das animações.

## 5.7 Apresentação de slides

Esta guia contém os seguintes grupos de ferramentas: Iniciar Apresentação de Slides, Configurar e Monitores.

No grupo **Iniciar Apresentação de Slides, você poderá iniciar sua apresentação através do Botão do Começo, ou do Botão do Slide Atual.**

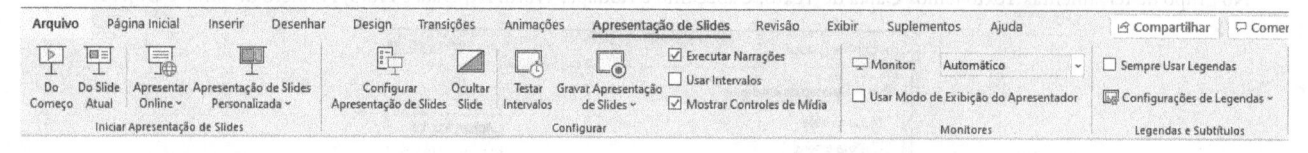

## 5.8 Guia Exibir

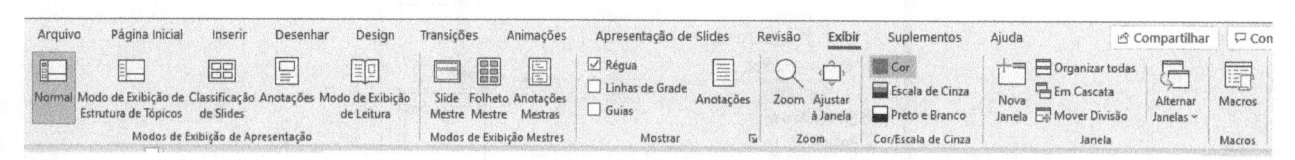

▷ **Modo de exibição normal:** é o principal modo de exibição de edição, no qual você pode escrever e criar sua apresentação. O modo de exibição Normal tem quatro áreas de trabalho:

Área do Modo de Exibição Normal:

▷ **Guia slides:** exiba os slides da sua apresentação na forma de imagens em miniatura enquanto realiza a edição. As miniaturas facilitam a navegação pela apresentação e permitem que você veja os efeitos de qualquer alteração no design. Aqui também é possível reorganizar, adicionar ou excluir slides com facilidade.

▷ **Guia estrutura de tópicos:** a guia Estrutura de Tópicos mostra o texto do slide na forma de uma estrutura de tópicos.

▷ **Painel de slides:** na seção superior direita da janela do PowerPoint, o Painel de Slide exibe uma imagem ampla do slide atual. Com o slide nesse modo de exibição, é possível adicionar texto e inserir imagens, tabelas, elementos gráficos SmartArt, gráficos, objetos de desenho, caixas de texto, filmes, sons, hiperlinks e animações.

▷ **Painel de anotações:** no painel Anotações, abaixo do painel Slide, é possível digitar anotações que se apliquem ao slide atual. Mais tarde, você poderá imprimir suas anotações e consultá-las ao fornecer a apresentação. Você também poderá imprimir as anotações para distribuí-las ao público ou incluir as anotações em uma apresentação que enviar para o público ou publicar em uma página da web.

### 5.8.1 Classificação de slides

O modo de exibição Classificação de Slides mostra os slides em forma de miniaturas.

▷ **Anotações:** é possível digitar anotações que se apliquem ao slide atual.

▷ **Modos de exibição mestres:** tem a função de alterar o design e layout dos slides por meio dos próprios slides, folhetos ou anotações. Esta guia possui as funções Slide Mestre, Folheto Mestre, Anotações Mestras e podem ser utilizadas separadamente. Um slide mestre é o slide principal em uma hierarquia de slides que armazena informações sobre o tema e os layouts dos slides de uma apresentação, incluindo o plano de fundo, a cor, as fontes, os efeitos, os tamanhos dos espaços reservados e o posicionamento. Como os slides mestres afetam a aparência de toda a apresentação, ao criar e editar um slide mestre ou os layouts correspondentes, você trabalha no modo de exibição Slide Mestre.

▷ **Usar vários slides mestres (cada um com um tema diferente) em uma apresentação:** para que a sua apresentação contenha dois ou mais estilos ou temas diferentes (como planos de fundo, cores, fontes e efeitos), você precisa inserir um slide mestre para cada tema.

▷ **Prática recomendada para criar e trabalhar com slides mestres:** o ideal é criar um slide mestre antes de começar a criar slides individuais, e não depois. Quando você cria o slide mestre primeiro, todos os slides adicionados à apresentação são baseados nesse slide mestre e nos layouts associados. Quando começar a fazer alterações, faça-as no slide mestre.

# 6 REDES DE COMPUTADORES

Dois computadores conectados entre si já caracterizam uma rede. Contudo, ela normalmente é composta por diversificados dispositivos como: celulares, smartphones, tablets, computadores, servidores, impressoras, roteadores, switches, hubs, modens etc. e, devido à essa grande variedade de dispositivos, o nome genérico HOST é atribuído aos dispositivos conectados na rede.

Todo host possui um endereço que o identifica na rede, que é o endereço IP. Mas também cada peça possui um número único de fábrica que o identifica, o MAC Address.

## 6.1 Paradigma de comunicação

Paradigma é um padrão a ser seguido e, no caso das redes, é o modelo Cliente/Servidor. Nesse modelo, o usuário é o cliente que envia uma solicitação ao servidor; ao receber a solicitação, o servidor a analisa e, se é de sua competência, provê a informação/dado.

## 6.2 Dispositivos de rede

Os dispositivos de rede são citados até mesmo em provas cujo conteúdo programático não cita a matéria de hardware. E na maioria das vezes em que aparecem questões sobre o assunto, se questiona em relação à finalidade de cada dispositivo na rede, portanto, nesta seção são descritos alguns dos principais dispositivos de rede:

| | |
|---|---|
| Modem | Modulador/demulador | Responsável por converter o sinal analógico da linha telefônica em um sinal digital para o computador e vice-versa. |
| Hub | Conecta vários dispositivos em rede, mas não oferece muita segurança, pois envia as informações para todos na rede. |
| Switch | É um dispositivo que permite interligar vários dispositivos de forma mais inteligente que o Hub, pois no switch os dados são direcionados aos destinos corretos. |
| Roteador | Um roteador já trabalha no nível de rede; em um mesmo roteador podemos definir várias redes diferentes. Ele também cria uma rota para os dados. |
| Access Point | Um Ponto de Acesso opera de forma similar a um Switch, só que em redes sem fio. |
| Backbone | É a estrutura principal dentro de uma rede, na internet é a espinha dorsal que a suporta, ou seja, as principais ligações internacionais. |

## 6.3 Topologia de rede

Topologia diz respeito à estrutura de organização dos dispositivos em uma rede.

### 6.3.1 Barramento

Na Topologia de Barramento, todos os dispositivos estão conectados no mesmo canal de comunicação, o que torna o tráfego de dados mais lento e, se o barramento se rompe, pode isolar parte da rede.

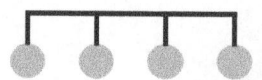

### 6.3.2 Anel

A estrutura em Anel conecta um dispositivo no outro; para que todos os computadores estejam conectados, é necessário que estejam ligados. Se o anel for simples, ou seja, de única via de dados, um computador desligado já é suficiente para tornar a rede inoperante para algum outro computador; o problema pode ser resolvido em partes, utilizando o anel duplo, trafegando dados em duas direções da rede, porém, se dois pontos forem desconectados, pode-se chegar à situação de duas redes isoladas.

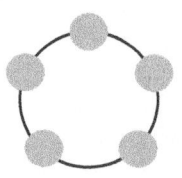

### 6.3.3 Estrela

Uma rede organizada em forma de estrela possui um nó centralizador. Esse modelo é um dos mais utilizados, pois um nó pode estar desconectado sem interferir no resto da rede, porém, o centro é o ponto crítico.

### 6.3.4 Estrela estendida

A Estrela Estendida é utilizada em situações como em uma universidade multicampi, em que um nó central é a conexão principal, a partir da qual se conecta com a internet, enquanto os outros *campi* possuem centrais secundárias como conexão entre seus computadores. A estrutura entre o nó principal e as centrais secundárias é o que chamamos de Backbone dessa rede.

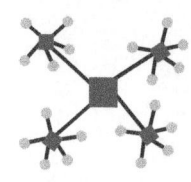

## 6.3.5 Malha

A conexão em malha é o modelo da internet, em que encontramos vários nós principais, mas também várias ligações entre diversos nós.

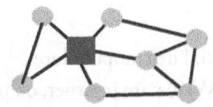

## 6.3.6 Pilhas de protocolos

Também colocadas pelas bancas examinadoras como modelos, as pilhas de protocolos definem um conjunto de protocolos e em quais camadas de rede devem operar.

Neste tópico temos dois tipos de questões que podem ser associados na prova. Questões que fazem relação com os tipos de redes e questões que tratam da finalidade dos principais protocolos utilizados em uma navegação na internet.

As pilhas de protocolos são:

| TCP/IP | OSI |
|---|---|

O modelo TCP/IP é o **padrão utilizado nas redes**. Mas, em redes privadas, mesmo o TCP/IP sendo padrão, pode ser implantado o modelo OSI. Como o modelo TCP/IP é o padrão na seção seguinte são destacados os principais protocolos de navegação.

## 6.3.7 Principais protocolos

Um protocolo é uma regra de comunicação em redes, portanto, a transferência de arquivos, mesmo entre computadores de uma mesma rede, utiliza um protocolo como forma de padronizar o entendimento entre os dois.

### HTTP

**HTTP (Hyper Text Transport Protocol):** é o protocolo de transferência de hipertexto. É o mais utilizado pelo usuário em uma navegação pela internet. Hipertexto consiste em um arquivo no formato HTML (HyperText Markup Language) - Linguagem de Marcação de Hipertexto.

**HTML:** é um arquivo que pode ser gerado por qualquer editor de texto, pois, quando é aberto no Bloco de Notas ou Wordpad, ele apresenta apenas informações de texto. No entanto, quando é aberto pelo navegador, este interpreta o código em HTML e monta o conteúdo Multimídia na página. Entende-se por conteúdo multimídia: textos, áudio, vídeos e imagens.

### HTTPS

**HTTPS (Hyper Text Transport Protocol Secure)**, também conhecido como HTTP Seguro, é um protocolo que tem como diferença entre o HTTP apenas a segurança que oferece, pois, assim como o HTTP, serve para visualizar o conteúdo multimídia.

O que se questiona em relação a sua segurança é como ela é feita. O protocolo HTTPS utiliza o processo de Criptografia para manter sigilo sobre os dados transferidos entre o usuário e o servidor, para isso, são utilizados os protocolos TLS ou SSL.

Um detalhe muito importante é o de saber identificar se a navegação está sendo realizada por meio do protocolo HTTP ou pelo protocolo HTTPS. A forma mais confiável é observar a barra de endereços do navegador:

**Firefox 10.02**

M google.com https://mail.google.com/

**IE 9**

M https://mail.google.com/mail/html/pt-BR/noactivex.html

**Google Chrome**

🔒 https://mail.google.com/

Logo no início da barra, observamos a indicação do protocolo HTTPS, que, sempre que estiver em uso, deverá aparecer. Porém, deve-se ter muita atenção, pois, quando é utilizado o HTTP, alguns navegadores atuais têm omitido a informação no começo da barra de endereços.

Outra informação que nos ajuda a verificar se o acesso é por meio de uma conexão segura é o símbolo do cadeado fechado.

### FTP

**FTP** (File Transport Protocol) é o protocolo de transferência de arquivos utilizado quando um usuário realiza download ou upload de um arquivo na rede.

O protocolo FTP tem como diferencial o fato de operar sobre duas portas: uma para tráfego dos dados e outra para autenticação e controle.

## 6.4 Firewall

O firewall pode ser software, hardware ou ambos. Ele é o responsável por **monitorar as portas da rede/computador**, permitindo ou negando a passagem dos dados na rede, seja na entrada ou saída.

É o monitor que fica na porta olhando para uma lista na qual contém as regras que um dado tem de cumprir para passar por ela. Essa lista são os protocolos, por exemplo, o Firewall monitorando a porta 80, relativa ao protocolo HTTP, o qual só trabalha com conteúdo multimídia. Então, se um arquivo .EXE tentar passar pela porta 80, ele deve ser barrado; essa é a função do Firewall.

# REDES DE COMPUTADORES

## 6.5 Tipos de redes

Podemos classificar as redes de acordo com sua finalidade; neste tópico expõe-se a diferença entre as redes: internet × intranet × extranet.

### 6.5.1 internet

É a rede das redes, também conhecida como rede mundial de computadores.

Muitas provas citam o sinônimo WWW (World Wide Web) para internet, ou por vezes apenas web. Ela é definida como uma **rede pública** a qual todos com computador e servidor de acesso podem conectar-se.

### 6.5.2 intranet

É uma rede empresarial, também chamada de rede corporativa. Tem como principal característica ser uma **rede privada**, portanto, possui controle de acesso, o qual é restrito somente a pessoas autorizadas.

Uma intranet geralmente é constituída com o intuito de compartilhar recursos entre os funcionários de uma empresa, de maneira que pessoas externas não tenham acesso a eles. Os recursos compartilhados podem ser: impressoras, arquivos, sistemas, entre outros.

### 6.5.3 Extranet

É quando parte de uma intranet é disponibilizada por meio da internet. Também dizemos que extranet é quando duas empresas com suas distintas intranets possuem um sistema comum que acessam apenas parte de cada uma das intranets.

### 6.5.4 VPN

VPN é uma forma de criar uma intranet entre localizações geograficamente distantes, com um custo mais baixo do que ligar cabos entre os pontos. Para isso, emprega-se o processo de criptografia nos dados antes de enviá-los por meio da internet e, quando o dado chega na outra sede, passa pelo processo de descriptografia. Dessa maneira, quem está navegando na internet não tem acesso às informações da empresa, que continuam restritas; esse processo também é chamado tunelamento.

## 6.6 Padrões de infraestrutura

São padrões que definem como deve ser organizada e quais critérios precisam ser seguidos para montar uma estrutura de rede de acordo com os padrões estabelecidos pelo Instituto de Engenheiros Eletricistas e Eletrônicos (IEEE).

O padrão Ethernet define as regras para uma infraestrutura cabeada, como tipos de cabos que devem ser utilizados, distância máxima, tipos e quantidade de dispositivos, entre outras. Já o padrão 802.11 define as regras para uma estrutura wi-fi, ou seja, para a rede sem fio.

## 6.7 Correio eletrônico

O serviço de e-mail é outro ponto bastante cobrado nos concursos públicos. Em essência, o que se pede é se o concursando sabe sobre as diferentes formas de se trabalhar com ele.

O e-mail é uma forma de comunicação assíncrona, ou seja, no momento do envio apenas o emissor precisa estar conectado.

### 6.7.1 Formas de acesso

Podemos ler e escrever e-mail utilizando duas formas diferentes. O webmail ganhou mais espaço no mercado e se tornou majoritário no ramo de e-mails, mas muitas empresas utilizam ainda os clientes de e-mail.

#### Webmail

O webmail é uma interface de acesso para o e-mail via Browser (navegador de internet), ou seja, uma forma de visualizar o e-mail via uma página de web. Diante disso, é possível destacar que usamos os protocolos HTTP ou HTTPS para visualizar páginas da internet. Dessa forma, ao acessar sites de e-mail como Gmail, Hotmail, Yahoo! e Outlook, fazemos uso desses protocolos, sendo o HTTPS o mais usado atualmente pelos grandes serviços de e-mail, pois confere ao usuário maior segurança no acesso.

Dizemos que o webmail é uma forma de ler e escrever e-mails, dificilmente citado como forma de enviar e receber, uma vez que quem realmente envia é o servidor e não o computador do usuário.

Quando um e-mail é enviado, ele parte diretamente do servidor no qual o remetente possui conta para o servidor do serviço de e-mail do destinatário.

#### Cliente de e-mail

Um cliente de e-mail é um programa específico para enviar e receber mensagens de e-mail e que é, necessariamente, instalado no computador do usuário. Como exemplo temos: o Microsoft Outlook, o Mozilla Thunderbird, o Outlook Express, e o Windows Live Mail.

Os programas clientes de e-mail usam protocolos específicos para envio e recebimento das mensagens de e-mail.

##### Protocolos utilizados pelos clientes de e-mail

Para o envio, um cliente de e-mail utiliza o protocolo SMTP (Simple Mail Transport Protocol – Protocolo de transporte de mensagens simples). Como todo protocolo, o SMTP também opera sobre uma porta específica, que pode ser citada como sendo a porta 25, correspondente ao padrão, mas atualmente ela foi bloqueada para uso dos usuários, vindo a ser substituída pela 587.

Com isso, em questões de Certo e Errado, apenas 587 é a correta, quando abordado sobre o usuário, pois entre servidores a 25 ainda é utilizada. Já nas questões de múltipla escolha, vale o princípio da menos errada, ou seja, se não tiver a 587, a 25 responde à questão.

Mesmo que a mensagem de e-mail possua arquivos anexos a ela, envia-se por SMTP; assim o protocolo FTP não é utilizado.

Já para o recebimento, o usuário pode optar em utilizar o protocolo POP ou o protocolo IMAP, contudo, deve ser observada a diferença entre os dois, pois essa diferença é ponto para muitas questões.

O protocolo POP tem por característica baixar as mensagens de e-mail para o computador do usuário, mas por padrão, ao baixá-las, elas são apagadas do servidor. Portanto, as mensagens que um usuário está lendo estão, necessariamente, em seu computador.

Por outro lado, se o usuário desejar, ele pode configurar o protocolo de forma que sejam mantidas cópias das mensagens no servidor, no entanto, a que o usuário está lendo, efetivamente, está em seu computador. Sobre essa característica são citadas questões relacionando à configuração a uma espécie de backup das mensagens de e-mail.

Atualmente o protocolo POP encontra-se na versão 3; dessa forma ele pode aparecer nos textos de questão como POP3, não afetando a compreensão dela. Uma vez que o usuário necessita conectar na internet apenas para baixar as mensagens, é possível que ele se desconecte da internet e mesmo assim leia seus e-mails. E, uma vez configurado o SMTP, também é possível redigir as respostas off-line, sendo necessário, no entanto, conectar-se novamente para que as mensagens possam ser enviadas.

Ao invés de utilizar o POP, o usuário pode optar em fazer uso do protocolo IMAP, que é para acesso a mensagens de e-mail, as quais, por sua vez, residem no servidor de e-mails. Portanto, se faz necessário estar conectado à internet para poder ler o e-mail por meio do protocolo IMAP.

### Spam

Spam é uma prática que tem como finalidade divulgar propagandas por e-mail, ou mesmo utilizar-se de e-mails que chamem a atenção do usuário e o incentivem a encaminhar para inúmeros outros contatos, para que, com isso, levantem uma lista de contatos que pode ser vendida na internet ou mesmo utilizada para encaminhar mais propagandas.

Geralmente um spammer utiliza-se de e-mail com temas como: filantropia, hoax (boatos), lendas urbanas, ou mesmo assuntos polêmicos.

## 6.8 URL (Uniform Resource Locator)

É um endereço que identifica um site, um serviço, ou mesmo um endereço de e-mail. A seguir, temos um exemplo de URL; observe que podemos dividi-la em várias partes.

http://www.site.com.br
↑           ↑         ↑
Protocolo   Pasta    Domínio

### 6.8.1 Domínio

É o nome registrado de um site para que possa ser acessado por meio da internet. Assim como a URL, um domínio também pode ser dividido em três partes.

site.com.br

O .br indica que esse site está registrado no conjunto de domínios do Brasil, que é administrado e regulamentado pelo Registro.Br, componente do Comitê Gestor de internet no Brasil (CGI).

O Registro.Br define várias normas em relação à criação de um domínio, como o tamanho máximo de 26 caracteres, a limitação para apenas letras e números e recentemente a opção de criar domínios com letras acentuadas e o caractere ç.

Também compete ao Registro.Br a normatização da segunda parte do domínio, representado na figura pelo .com. Essa informação diz respeito ao ramo de atividade a que se destina o domínio, mas não nos garante qual a real finalidade do site. A última parte, por fim, é o próprio nome do site que se deseja registrar.

### 6.8.2 Protocolo IP

Cada equipamento na rede ganha o nome genérico de Host, o qual deve possuir um endereço para que seja localizado na rede. Esse é o endereço IP.

O protocolo IP é o responsável por trabalhar com essa informação, para tanto, um endereço IP possui versões: IPv4 e IPv6.

Um IP também é um endereço, portanto, pode ser inserido diretamente na barra de endereços de um navegador.

O IPv4 é composto por até quatro grupos de três dígitos que atingem valor máximo de 255 cada grupo, suportando, no máximo, cerca de 4 bilhões (4.294.967.296) de endereços.

O IPv6 é uma proposta que está gradativamente substituindo o IPv4, justamente pela pouca quantidade de endereço que ele oferece. O IPv6 é organizado em 8 grupos de 4 dígitos hexadecimais, suportando cerca de 3,4 × 1038, aproximadamente 3,6 undecilhões de endereços IP.

| 0123:4567:89AB:CDEF:1011:1314:5B6C:88CC

### 6.8.3 DNS (Domain Name System)

O Domain Name System (em português, Sistema de Nomes de Domínios) é o responsável por traduzir (resolver por meio de consultas aos servidores Raiz da internet) um domínio para o endereço IP do servidor que hospeda (armazena) o site desejado. Esse processo ocorre em questão de segundos e obedece a uma estrutura hierárquica.

## 6.9 Navegadores

Navegadores são programas que permitem acesso às páginas da internet, são muitas vezes citados em provas pelo termo em inglês Browser. Como exemplo, temos: internet Explorer, Mozilla Firefox e Google Chrome. Também são cobrados os conceitos dos tipos de dados de navegação que estão relacionados aos navegadores.

# REDES DE COMPUTADORES

## 6.9.1 Cache

É um armazenamento temporário. No caso dos navegadores, trata-se de uma pasta onde são armazenados os conteúdos multimídias como imagens, vídeos, áudio e inclusive textos, para que, no segundo momento em que o mesmo conteúdo for acessado, ele possa ser mostrado ao usuário mais rapidamente.

## 6.9.2 Cookies

São pequenas informações que alguns sites armazenam no computador do usuário. Exemplos de informações armazenadas nos cookies: senhas, obviamente que são armazenadas criptografadas; também são muito utilizados em sites de compras, para armazenar o carrinho de compras.

## 6.9.3 Dados de formulários

Quando preenchemos um formulário, os navegadores oferecem opção para armazenar os dados digitados em cada campo, assim, quando necessário preencher o mesmo formulário ou ainda outro formulário com campos de mesmo nome, o navegador sugere os dados já usados a fim de autocompletar o preenchimento do campo.

## 6.10 Conceitos relacionados à internet

Nesta seção são apresentados alguns conceitos, tecnologias e ferramentas relacionadas à internet que são cobrados nas provas dos concursos.

### 6.10.1 Motores de busca

Os Motores de Busca são normalmente conhecidos por buscadores. Dentre os principais estão Google, Bing (MSN) e Yahoo!.

É importante observar que, nos navegadores atuais, os motores de busca são integrados, com isso podemos definir qual se deseja utilizar, por exemplo: o Google Chrome e o Mozilla Firefox utilizam como motor de busca padrão o Google, já o internet Explorer utiliza o Bing. Essa informação é relevante, pois é possível nesses navegadores digitar os termos buscados diretamente na barra de endereços, ao invés de acessar previamente o site do motor de busca.

#### Busca avançada

Os motores de busca oferecem alguns recursos para otimizar a busca, como operadores lógicos, também conhecidos como operadores booleanos[1]. Dentre eles podemos destacar a negação (-). Ao realizar uma busca na qual se deseja encontrar resultados que sejam relacionados a determinado assunto, porém os termos usados são comuns a outro, podemos utilizar o sinal de menos precedendo o termo do assunto irrelevante, como o exemplo de uma questão que já caiu em prova: realizar a busca por leite e cão, contudo, se for inserido apenas estes termos na busca, muitos resultados serão relacionados a gatos e leite. Para que as páginas que contenham a palavra gato não sejam exibidas na lista de páginas encontradas, basta digitar o sinal de menos (-) antes da palavra gato (sem espaço entre o sinal e a palavra), assim a pesquisa a ser inserida no buscador fica **Cão Leite -Gato**.

Também é possível realizar a busca por uma frase exata, assim, somente serão listados os sites que contenham exatamente a mesma expressão. Para isso, basta digitar a frase desejada entre aspas duplas.

▷ Busca por/em domínio específico: para buscar sites que possuam determinado termo em seu nome de domínio, basta inserir o texto site: seguido da palavra desejada, lembrando que não deve haver espaço entre site: e o termo desejado. De forma similar, também pode-se utilizar **inurl: termo** para buscar sites que possuam o termo na URL.

Quando o domínio já é conhecido, é possível realizar a busca por determinado termo apenas nas páginas do domínio. Para tanto, deve-se digitar **site:Dominiodosite termo**.

▷ **Calculadora**: é possível, ainda, utilizar o Google como uma calculadora, bastando digitar a expressão algébrica que se deseja resolver como 2 + 2 e, como resultado da "pesquisa", é apresentado o resultado da operação.

▷ **Operador**: quando não se sabe exatamente qual é a palavra para completar uma expressão, pode-se completar a lacuna com um asterisco, assim o motor de busca irá entender que naquele espaço pode ser qualquer palavra.

▷ **Busca por tipo de arquivo**: podemos refinar as buscas a resultados que consistam apenas em determinado formato de arquivo. Para tanto, podemos utilizar o operador filetype: assim, para buscar determinado tema, mas que seja em PDF, por exemplo, pode-se digitar **filetype: pdf tema**.

#### Tipos de busca

Os principais motores de busca permitem realizar as buscas de forma orientada a conteúdos gerais da web, como refinar a busca para exibir apenas imagens, vídeos ou mapas relacionados aos termos digitados.

### 6.10.2 Chat

Um chat é normalmente citado como um bate-papo em tempo real; é a forma de comunicação em que ambos os interlocutores estão conectados (on-line) simultaneamente. Muitos chats operam com salas de bate-papo. Um chat pode ser em um site específico como o chat do UOL. Conversas pelo MSN ou Facebook podem ser consideradas como chat, desde que ambos os interlocutores estejam conectados.

### 6.10.3 Fórum

Também conhecidos como Listas de Discussão, os fóruns funcionam como debates sobre determinados assuntos. Em um fórum não é necessário que os envolvidos estejam conectados para receberem os comentários, pois estes ficam disponíveis para acesso futuro pelo usuário ou mesmo por pessoas que não estejam cadastradas no fórum, contudo, existem muitos fóruns fechados, nos quais só se entra por convite ou mediante aquisição. A maioria deles vincula o e-mail dos envolvidos a uma discussão, alertando-os assim, caso um novo comentário seja acrescentado.

### 6.10.4 Moodle

O Moodle é uma ferramenta fortemente utilizada pelo setor público, e privado, para dar suporte ao Ensino a Distância (EAD).

---

1 Em referência à lógica de Boole, ou seja, a lógica que você estuda para o concurso.

# 7 CLOUD COMPUTING

Cloud Computing ou Computação em Nuvem é o nome usual para identificar o paradigma de computação em que as infraestruturas, serviços e aplicações ficam nas redes, principalmente na internet. No entanto, também pode ser empregado para distinguir serviços de processamento dos serviços de armazenamento.

Pode-se dizer que o cloud computing é uma forma de evolução do conceito de **mainframes**, que são supercomputadores usados, normalmente, em redes privadas (intranets) e são responsáveis pelo trabalho pesado de processamento de informações. De forma geral, quando se emprega o uso de mainframes, associa-se o uso de thin clients pelos usuários, ou seja, terminais burros, apenas pontas para interação do usuário, pois os dados coletados e apresentados a ele são processados e armazenados nos mainframes.

O cloud computing é uma ideia similar ao feito com uso de computadores (servidores) localizados na internet, otimizando assim seu uso em vez de manter supercomputadores dentro das empresa.

A figura abaixo ilustra um serviço em que os dados são processados na nuvem e os resultados são exibidos no computador do usuário.

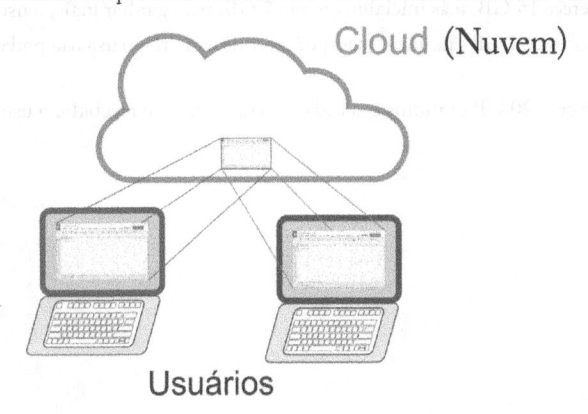

Cloud (Nuvem)

Usuários

## 7.1 Características

Ao utilizar os serviços da nuvem não é preciso instalar aplicativos, porém, é possível que seja feito também dessa forma.

Com isso, os serviços da nuvem se tornam uma prática alternativa, pois o usuário precisa do básico em seu computador para acessar aos serviços. Assim, basta ter um computador conectado à internet e que seja dotado de um browser para utilizar os serviços da nuvem.

Contudo, uma característica negativa é a dependência dos servidores e provedores de serviço, pois, uma vez que não se tenha acesso à internet ou o serviço esteja fora do ar, o usuário não tem condições de utilizar os serviços da nuvem, salvo exceção do modelo "on premise".

É importante observar que, dentre os pré-requisitos básicos, o sistema operacional não foi citado, porque os serviços da nuvem independem do sistema instalado, pois, normalmente, são serviços que utilizam protocolos de navegação como HTTP e HTTPS, dentre outros.

Assim, como também não dependem de hardware específico para funcionar, podem inclusive ser citadas como multiplataforma, tanto no sentido de diferentes hardwares como no de diferentes sistemas operacionais. É comum usar serviços da nuvem também em tablets e smartphones, além dos computadores pessoais.

Outra característica dos serviços em nuvem diz respeito à segurança dos dados, em que o usuário não precisa se preocupar em fazer backups, controlar a segurança ou ter que realizar manutenção, pois essas são atribuições do fornecedor do serviço contratado.

A cloud computing também oferece praticidade no compartilhamento de informações, além de eximir o usuário de ter conhecimento sobre como funciona o serviço, possibilitando utilizá-lo sem preocupações.

Com todos esses detalhes, pode-se ainda destacar que a nuvem possibilita iniciar um trabalho em um computador e dar continuidade em outro computador.

### 7.1.1 Processamento na nuvem

É o processamento realmente dito nos termos de Cloud Computing, em que os dados são processados na nuvem.

É bastante comum hoje nos aparelhos celulares, smartphones e tablets, em aplicações como o "talk to text" (fale para escrever). Lembre-se de que a instalação não é obrigatória, mas pode ser feita. Nos aparelhos em que o usuário pode simplesmente pronunciar próximo a eles o texto que deseja escrever, o recurso usado precisa que o aparelho esteja conectado à internet para poder funcionar.

Isso ocorre porque os aparelhos atuais, por mais que possuam alta tecnologia e capacidade de processamento, ainda não são suficientes para processar dados como identificação de texto em falas. Com isso, a alternativa é usar servidores localizados na internet (nuvem) que recebem o áudio que os aparelhos gravam e processam a informação, oferecendo ao usuário o resultado na forma de texto.

Outro exemplo são os serviços do Google e da Microsoft, conhecidos, respectivamente, como Google Docs e Microsoft WebApps. Mas atenção às nomenclaturas, pois Google Drive/Disco ou Skydrive/OneDrive são serviços de outra natureza.

No Google Docs WebApps, o usuário encontra recursos como editores de texto, planilhas, apresentação, formulários e desenhos on-line usando a computação em nuvem. Ao utilizar esses serviços, o usuário não precisa possuir em seu computador editores similares, uma vez que basta executar o navegador de internet e nele acessar o site do serviço; ao logar, terá acesso aos recursos.

## CLOUD COMPUTING

### 7.1.2 Armazenamento na nuvem

Já o armazenamento na nuvem, em inglês Cloud Storage, identifica os serviços que têm por característica armazenar os dados do usuário, de modo que, para acessá-los, seja necessário apenas um dispositivo (computador, smartphone ou tablet) conectado à internet e que possua um browser. Com a ascensão desse tipo de serviço, pode-se apostar na queda da venda de dispositivos para transporte de dados como os Pendrives.

São exemplos citados nas provas o Google Drive/Disco, o Microsoft Skydrive, atualmente chamado de OneDrive, o Dropbox, Mega, Minus e Copy. A maioria deles oferece contas gratuitas com limite de armazenamento, a fim de demonstrar seus serviços. Mas, caso o usuário deseje e/ou precise de mais espaço de armazenamento, ele pode adquirir mediante a assinatura.

A grande maioria dos serviços de Storage possui uma aplicação (opcional) que o usuário pode instalar em vários dispositivos, com o intuito de manter seus dados sincronizados. Ao instalar o aplicativo, ele criará uma pasta no dispositivo que estará em sincronia com a pasta on-line do usuário. Desse modo, todo arquivo salvo na referida pasta, automaticamente (quando conectado à internet) será enviado para a pasta on-line.

O Google Drive oferece gratuitamente aos usuários 15 GB de espaço, no entanto, ele é compartilhado com a caixa de entrada de e-mails.

O One Drive também oferece 15 GB, mas inicialmente são 7 GB; para ganhar mais, o usuário deve enviar convites.

O Dropbox inicialmente oferece 2 GB gratuitos, mas, por meio de convites, o usuário pode ter até 18 GB; recebendo um convite, o usuário ganha 500 MB.

Já o Copy oferece inicialmente 20 GB gratuitos e, a cada convite enviado e recebido, o usuário ganha mais 5 GB de espaço.

# 8 SEGURANÇA DA INFORMAÇÃO

A Segurança da Informação é um ponto crucial para muitas bancas examinadoras de concurso público e, também, de interesse da instituição que irá receber os aprovados. Afinal, ao ser aprovado, o candidato fará parte do quadro de funcionários de uma instituição pública que possui uma intranet e sistemas sobre os quais há necessidade de manter uma boa política de segurança.

Segundo o Comitê Gestor de internet no Brasil (CGI), para um sistema ser classificado como seguro, ele deve atentar a três requisitos básicos: confidencialidade, integridade e disponibilidade.

Faz-se necessário que sejam atendidos alguns requisitos mínimos para uma segurança do microcomputador, que dependem tanto de recursos tecnológicos como de bom senso e discernimento por parte dos usuários.

Para manter um computador com o mínimo de segurança deve-se:

▷ Manter o **sistema operacional sempre atualizado**, pois a maioria dos malwares exploram as vulnerabilidades do SO.
▷ Possuir um sistema **antivírus** e manter tanto o aplicativo quanto as assinaturas de vírus[1] atualizadas.
▷ Manter o Firewall sempre ativo.
▷ Para se proteger contra os spywares também é indicada a instalação de um antispyware. Atualmente, a maioria dos antivírus já possui esse recurso integrado a eles.

## 8.1 Princípios básicos da segurança da informação

Os Princípios Básicos de Segurança em Tecnologia da Informação (TI) incluem os processos que devem ser garantidos para manter um sistema de informações seguro. Podemos destacar quatro conceitos como principais:

- D • Disponibilidade
- I • Integridade
- C • Confidencialidade
- A • Autenticidade

### 8.1.1 Disponibilidade

Deve garantir que os serviços ou recursos que forem necessários para uma tarefa, principalmente relacionados ao próprio processo de segurança, estejam sempre disponíveis. Um bom exemplo é na situação de entrega da declaração de imposto de renda, em que o serviço deve suportar a alta demanda que possa surgir sem afetar o usuário.

Podemos estreitar esse princípio sobre a garantia de que as chaves públicas do processo de Certificação Digital (estes conceitos são abordados na seção sobre Certificados Digitais) estejam sempre disponíveis para quem precisar delas.

### 8.1.2 Integridade

A Integridade garante a **não alteração** de uma informação/dado tanto no armazenamento quanto durante a troca dessas informações por algum meio. Com o princípio da integridade, verificamos se, durante o tráfego de uma informação, ela não foi alterada por alguém ou mesmo por falhas do processo de transmissão. No armazenamento ela garante que o dado não foi corrompido.

O processo que protege a integridade consiste na geração de um código de cerca de 20 caracteres, o **código HASH**, também conhecido como **resumo** de um dado; um exemplo é o MD5. O processo é realizado em uma via única, em que, a partir de um dado, gera-se o resumo dele. Porém, a partir do resumo, não é possível gerar o dado novamente.

Para verificar se houve alteração em um arquivo, deve-se comparar dois códigos HASH: um gerado por quem disponibiliza o dado e outro por quem o recebe. Se uma vírgula for alterada, os códigos gerados ficam completamente diferentes e é possível que dois dados diferentes gerem o mesmo HASH, mas é uma possibilidade ínfima.

### 8.1.3 Confidencialidade

O princípio da Confidencialidade é a garantia de que há sigilo sobre uma informação, de forma que o processo deve garantir que um dado não seja acessado por pessoas diferentes daquelas às quais ele se destina.

Para garantir a confidencialidade, utilizamos processo de criptografia de informações.

### 8.1.4 Autenticidade

A Autenticidade garante o autor de uma informação, ou seja, por meio dela podemos confirmar se uma mensagem é de autoria de quem diz. Assim como a confidencialidade, a autenticidade é garantida por meio de criptografia.

---

1 Assinatura de vírus: é uma sequência de caracteres que identifica a presença do vírus em um arquivo.

# SEGURANÇA DA INFORMAÇÃO

## 8.2 Criptografia

A criptografia é a arte ou ciência de escrever em códigos, quer dizer, transformar um texto em algo ilegível de forma que possa ser armazenado ou enviado por um canal de comunicação. Assim, se alguém interceptá-lo, não conseguirá entender o que está escrito e o destinatário, ao receber a informação, deve fazer o processo inverso: decifrar o dado, para que consiga lê-lo.

Há dois principais métodos de criptografia: a de chave simétrica e a de chaves assimétricas.

### 8.2.1 Criptografia de chave simétrica

Uma chave de criptografia é uma informação a partir da qual seja possível transcrever uma mensagem criptografada.

A de chave simétrica é também conhecida como criptografia de chave única, em que a mesma chave é usada tanto para codificar uma mensagem quanto para decifrá-la. Um bom exemplo desse modelo é a criptografia maçônica.

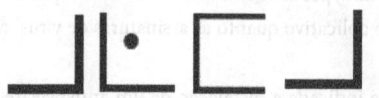

A informação apresentada está criptografada. Para decifrar o que ela diz, precisamos da chave de criptografia que, na simétrica, é a mesma usada para gerar a mensagem. A seguir, temos a chave que abre a mensagem.

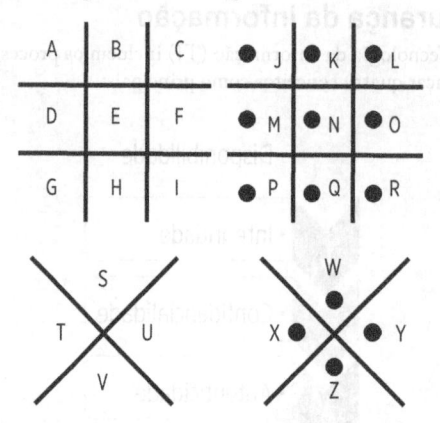

Ao substituirmos os símbolos pelas letras correspondentes, obtemos a palavra ALFA.

### 8.2.2 Criptografia de chaves assimétricas

Na criptografia de chaves assimétricas, em vez de uma chave como na simétrica, são usadas duas chaves que são diferentes entre si. Elas são chamadas de **Chave Pública** e a outra de **Chave Privada,** por conta da característica de cada uma.

A Chave Pública é uma informação (código) que fica disponível em um servidor de Chaves Públicas na internet, para quem precisar dela, enquanto a Chave Privada é um código que somente o dono deve conhecer.

O par de Chaves é único e correspondente, ou seja, uma mensagem/dado cifrada pela chave pública de um usuário só pode ser aberta pela chave privada do mesmo usuário. E o inverso também, uma mensagem cifrada com a chave privada de um usuário só pode ser descriptografada pela chave pública dele próprio.

### 8.2.3 Certificado digital

Um certificado digital é um documento eletrônico assinado digitalmente e cumpre o papel de associar um usuário a uma chave pública, pode ser comparado ao CPF ou CNPJ para empresas.

Ele também apresenta junto com a chave pública algumas informações essenciais como:

▷ Nome do dono da chave pública;

▷ Prazo de validade do certificado, que varia de 1 a 3 anos dependendo da classe contratada;

▷ Um número de série, critério de correspondência para identificar o usuário;

▷ E, juntamente, o certificado possui a assinatura da entidade de certificação, para comprovar sua validade.

Para adquirir um certificado digital, o usuário ou entidade deve procurar uma Autoridade Certificadora (AC), é a responsável por criar o par de Chaves de um usuário, ou uma Autoridade de Registro (AR), que é um intermediário entre o usuário e uma AC. Cabe a AR a responsabilidade de verificar os dados do usuário e encaminhar o pedido do certificado para a AC, entretanto, o usuário também pode se dirigir direto à AC. A Caixa Econômica Federal é a única instituição financeira que é uma AC.

### 8.2.4 Assinatura digital

Uma Assinatura Digital é um procedimento similar a uma assinatura de um documento impresso. Quando assinamos um contrato, normalmente ele possui mais de uma página, rubricamos[2] todas elas exceto a última, pois a assinatura precisa ser completa. A rubrica não prova que o documento foi lido, mas sim para que aquela folha não seja substituída. Além disso, é preciso recorrer a um cartório para reconhecer e certificar a assinatura na última página.

Esse procedimento realizado no papel, juntamente com as garantias, foi adaptado para o mundo digital, afinal, papel ocupa espaço.

---

2  Rubrica: assinatura abreviada.

Quando falamos sobre a rubrica garantir a não alteração de um documento, citamos o princípio da Integridade. Portando, uma Assinatura Digital deve garantir também esse princípio, enquanto a certificação de quem assinou é o princípio da Autenticidade, que também deve ser garantido pela Assinatura Digital. Ou seja, garante os princípios da Autenticidade e da Integridade.

## 8.3 Ataques

Nem todos os ataques são realizados por malwares, atualmente existem duas práticas muito comuns utilizadas pelos criminosos cibernéticos para obter dados do usuário e realizar invasões.

### 8.3.1 Phishing

Phishing é uma expressão derivada do termo "pescar" em inglês, pois o que esse tipo de ataque faz é induzir o usuário a informar seus dados pessoais por meio de páginas da internet ou e-mails falsos.

Podemos identificar a página do tipo Phishing pelo endereço do site na barra de endereços do navegador, porque a página de phishing possui um endereço parecido, mas ligeiramente diferente do que o endereço desejado. Por exemplo, você certamente já deve ter visto ou ouvido falar de alguém que teve sua conta do Facebook[3] hackeada[4]; esse ataque procede a partir de um recado que o usuário recebe em sua conta.

Imagine o seguinte cenário: um usuário está navegando no site www.facebook.com.br, conectado em sua conta e clica no recado que normalmente traz um anúncio chamativo como "veja as fotos/vídeos do fim de semana passado", "cara, olha o que vc aprontou no fds", entre outros tantos. Quando clicado, uma nova aba ou janela é carregada no navegador, apenas como uma distração para o usuário, pois, enquanto ele fica vendo a nova aba carregar, a anterior muda, ligeiramente, para um endereço do gênero www.facebooks.com.br ou www.facebooki.com.br e mostra uma página idêntica à página de login de usuário do Facebook.

Sem perceber, ao clicar no recado, acabou saindo de sua conta e redigita seu usuário e senha novamente e é redirecionado novamente para sua conta, porém, o usuário em nenhum momento havia saído. A página de login que lhe foi mostrada era uma página falsa que capturou suas informações de login; cerca de dois dias depois o perfil invadido começa a enviar propagandas para os amigos e o mesmo recado etc., até o usuário não conseguir mais entrar na conta.

### 8.3.2 Pharming

O Pharming é uma evolução do Phishing, uma forma de deixar este mais difícil de ser identificado. O Pharming, na maioria das questões, é cobrado com relação aos seus sinônimos: DNS Poisoning, Cache Poisoning, sequestro de DNS, sequestro de Cache, Envenenamento de DNS e Envenenamento de Cache.

### 8.3.3 Negação de serviço (DoS e DDoS)

Um ataque de negação de serviço se dá quando um servidor ou serviço recebe mais solicitações do que é capaz de suprir.
- **DoS** (Denial of Service) é um ataque individual, geralmente com o intuito de tornar um serviço inoperante para o usuário.
- **DDoS** (Distributed Denial of Service) é um ataque realizado em massa. Utiliza-se de vários computadores contaminados com um malware que dispara solicitações de acesso a determinados serviços ou sites, derrubando o serviço. Muitas vezes, enquanto o servidor tenta suprir a demanda, ele se torna vulnerável a inserções de códigos maliciosos. Um grupo intitulado Anonymous realizou vários ataques de DDoS em sites de governos em protesto às suas ações, por exemplo, em retaliação à censura do WikiLeaks[5] e do The Pirate Bay.[6]

---

3  Facebook: mídia social, definida erroneamente como rede social, assim como as demais.
4  Hackear: termo utilizado como sinônimo para invasão ou roubo.
5  WikiLeaks: portal com postagens de fontes anônimas com documentos, fotos e informações confidenciais, vazadas de governos ou empresas, sobre assuntos sensíveis.
6  The Pirate Bay: um dos maiores portais de compartilhamento, *peer to peer*.

# DIREITO CONSTITUCIONAL

# DIREITO CONSTITUCIONAL

## 1 INTRODUÇÃO AO DIREITO CONSTITUCIONAL

### 1.1 Noções gerais

Para iniciarmos o estudo do Direito Constitucional, alguns conceitos precisam ser esclarecidos.

Primeiramente, faz-se necessário conhecer qual será o objeto de estudo desta disciplina jurídica: **Constituição Federal**.

A Constituição Federal é a norma mais importante de todo o ordenamento jurídico brasileiro. Ela é a norma principal, a norma fundamental.

Se pudéssemos posicionar as espécies normativas na forma de uma pirâmide hierárquica, a Constituição Federal apareceria no topo desta pirâmide, ao passo que as outras espécies normativas estariam todas abaixo dela, como na ilustração:

```
       CF/1988
      LEI, MP
     DECRETO
   PRESIDENCIAL
      PORTARIA
```

Para que sua preparação seja adequada, é necessário ter em vista uma Constituição atualizada. Isso por conta de que a Constituição Federal atual foi promulgada em 1988, mas já sofreu diversas alterações. Significa dizer, numa linguagem mais jurídica, que ela foi **emendada**.

As emendas constitucionais são a única forma de alteração do texto constitucional. Portanto, uma lei ou outra espécie normativa hierarquicamente inferior à Constituição jamais poderá alterar o seu texto.

Neste ponto, caberia a seguinte pergunta: o que torna a Constituição Federal a norma mais importante do direito brasileiro? A resposta é muito simples: a Constituição possui alguns elementos que a distinguem das outras espécies normativas, por exemplo:

- **Princípios constitucionais;**
- **Direitos fundamentais;**
- **Organização do Estado;**
- **Organização dos Poderes.**

De nada adiantaria possuir uma Constituição Federal com tantos elementos essenciais ao Estado se não existisse alguém para protegê-la. O próprio texto constitucional previu um Guardião para a Constituição: o **Supremo Tribunal Federal (STF)**.

O STF é o órgão de cúpula do Poder Judiciário e possui como atribuição principal a guarda da Constituição. Ele é tão poderoso que, se alguém editar uma norma que contrarie o disposto no texto constitucional, o STF a declarará inconstitucional. Uma norma declarada inconstitucional pelo STF não produzirá efeitos na sociedade.

Além de guardião da Constituição Federal, o STF possui outra atribuição: a de intérprete do texto fundamental. É o STF quem define a melhor interpretação para esta ou aquela norma constitucional. Quando um Tribunal manifesta sua interpretação, dizemos que ele revelou sua **jurisprudência** (o pensamento dos tribunais), sendo a do STF a que mais interessa para o estudo do Direito Constitucional.

É exatamente neste ponto que se encontra a maior importância do STF para o objetivo que se tem em vista: é essencial conhecer sua jurisprudência, pois costuma cair em prova. Para se ter ideia da importância dessa matéria, é possível que alguma jurisprudência do STF seja contrária ao próprio texto constitucional. Dessa forma, o aluno precisa ter uma dupla percepção: conhecer o texto da Constituição e conhecer a jurisprudência do STF.

Contudo, ainda existe outra fonte de conhecimento essencial para o aprendizado em Direito Constitucional: a **doutrina**. A doutrina é o pensamento produzido pelos estudiosos do Direito Constitucional. Conhecer a doutrina também faz parte de sua preparação.

Em suma, para estudar Direito Constitucional é necessário estudar:
- **A Constituição Federal;**
- **A jurisprudência do Supremo Tribunal Federal;**
- **A doutrina do Direito Constitucional.**

Neste estudo, apresentaremos o conteúdo de Direito Constitucional atualizado, objetivo e necessário para prova, de forma que se tenha à mão um material suficiente ao estudo para concurso público.

> **Atenção**
>
> **Metodologia de Estudo**
> A preparação em Direito Constitucional precisa observar três passos:
> 1. Leitura da Constituição Federal;
> 2. Leitura de material teórico;
> 3. Resolução de exercícios.
> O aluno que seguir esses passos certamente chegará à aprovação em concurso público. Essa é a melhor orientação para quem está iniciando os estudos.

### 1.1.1 Classificações

A partir de algumas **características** que possuem as constituições, é possível classificá-las, agrupá-las. As classificações a seguir não são as únicas possíveis, realçando apenas aqueles elementos mais comumente cobrados nos concursos públicos.

- **Quanto à origem:** a Constituição Federal pode ser promulgada ou outorgada. A **promulgada** é aquela decorrente de um verdadeiro processo democrático para a sua elaboração, fruto de uma Assembleia Nacional Constituinte. A **outorgada** é aquela imposta, unilateralmente, por um governante ou por um grupo de pessoas, ao povo.

- **Quanto à possibilidade de alteração, mutação:** podem ser **flexíveis**, **rígidas** ou **semirrígidas**. As **flexíveis** não exigem, para a sua alteração, qualquer processo legislativo especial. As **rígidas**, contudo, dependem de um processo legislativo de alteração mais difícil do que aquele utilizado para as normas ordinárias. Já as constituições **semirrígidas** são aquelas cuja parte de seu texto só pode ser alterada por um processo mais difícil, sendo que outra parte pode ser mudada sem qualquer processo especial.

- **Quanto à forma adotada:** podem ser **escritas/dogmáticas** e **costumeiras**. As **dogmáticas** são aquelas que apresentam um único texto, no qual encontramos sistematizadas e organizadas todas as disposições essenciais do Estado. As **costumeiras** são aquelas formadas pela reunião de diversos textos esparsos, reconhecidos pelo povo como fundamentais, essenciais.

- **Quanto à extensão:** podem ser **sintéticas** ou **analíticas**. As **sintéticas** são aquelas concisas, enxutas e que só trazem as disposições políticas essenciais a respeito da forma, organização, fundamentos e objetivos do Estado. As analíticas são aquelas que abordam diversos assuntos, não necessariamente relacionados com a organização do Estado e dos poderes.

A partir das classificações apresentadas acima, temos que a Constituição Federal de 1988 pode ser considerada por **promulgada, rígida, escrita** e **analítica**.

## 2 PRINCÍPIOS FUNDAMENTAIS

Os Princípios fundamentais, também chamados de Princípios constitucionais, formam a **base de toda a organização do Estado Brasileiro**. Como bem citado por José Afonso da Silva, na obra *Curso de Direito Constitucional Positivo*, "os Princípios Fundamentais visam essencialmente definir e caracterizar a coletividade política e o Estado e enumerar as principais opções político-constitucionais".

Exatamente em razão de sua importância, a Constituição Federal os colocou logo no início, pois eles são a base de todo o texto. O que se segue a partir desses princípios é mero desdobramento de seu conteúdo.

Quem se prepara para concurso público deve saber que, quando esse tema é abordado, costuma-se trabalhar questões com o conteúdo previsto nos arts. 1º ao 4º do texto constitucional. Geralmente, aparece apenas texto constitucional puro, mas, dependendo do concurso, as bancas costumam cobrar questões doutrinárias mais difíceis.

Quais princípios serão abordados?

- Princípio da tripartição dos poderes;
- Princípio federativo;
- Princípio republicano;
- Presidencialismo;
- Princípio democrático;
- Fundamentos da República Federativa do Brasil;
- Objetivos fundamentais da República Federativa do Brasil;
- Princípios que regem as relações internacionais do Brasil.

### 2.1 Princípio da tripartição dos poderes

Esse princípio, também chamado de princípio da separação dos poderes, originou-se, historicamente, numa tentativa de limitar os poderes do Estado. Alguns filósofos perceberam que, se o poder do Estado estivesse dividido entre três entidades diferentes, seria possível que a sociedade exercesse um maior controle de sua utilização.

Na verdade, a divisão não é do poder estatal, haja vista ser ele uno, indivisível e indelegável, mas apenas uma divisão das suas funções. Nos dizeres de José Afonso da Silva, na obra *Curso de Direito Constitucional Positivo*:

> O poder político, uno, indivisível e indelegável, se desdobra e se compõe de várias funções, fato que permite falar em distinções das funções, que fundamentalmente são três: a legislativa, a executiva e a jurisdicional.

A previsão constitucional desse princípio encontra-se no art. 2º, que diz:

> *Art. 2º São Poderes da União, independentes e harmônicos entre si, o Legislativo, o Executivo e o Judiciário.*

Esses são os três poderes, cada qual responsável pelo desenvolvimento de uma função principal do Estado:

- **Poder Executivo:** função principal (típica) de administrar o Estado.
- **Poder Legislativo:** função principal (típica) de legislar e fiscalizar as contas públicas.
- **Poder Judiciário:** função principal (típica) jurisdicional.

Além da sua própria função, a Constituição criou uma sistemática que permite a cada um dos poderes o exercício da função do outro poder. Essa função acessória chamamos de **função atípica**:

- **Poder Executivo:** função atípica de legislar e julgar.
- **Poder Legislativo:** função atípica de administrar e julgar.
- **Poder Judiciário:** função atípica de administrar e legislar.

Dessa forma, pode-se dizer que além da própria função, cada poder exerce de forma acessória a função do outro poder.

Uma pergunta sempre surge na cabeça dos candidatos: qual dos três poderes é mais importante?

A única resposta possível é a inexistência de poder mais importante. Cada poder possui sua própria função de forma que não se pode afirmar que exista hierarquia entre os poderes do Estado.

Eles são independentes e harmônicos entre si, e para se garantir essa harmonia, a doutrina norte-americana desenvolveu um sistema que mantém a igualdade entre os poderes: **sistema de freios e contrapesos** *(checks and balances)*.

O sistema de freios e contrapesos adotado pela nossa Constituição, revela-se nas inúmeras medidas previstas no texto constitucional que condicionam a competência de um poder à apreciação de outro poder de forma a garantir o equilíbrio entre os três poderes. A seguir estão alguns exemplos delas:

- **Necessidade de sanção do chefe do Poder Executivo** para que um projeto de lei aprovado pelo Poder Legislativo possa entrar em vigor.
- **Processo do chefe do Poder Executivo** por crime de responsabilidade a ser realizado no Senado Federal, cuja sessão de julgamento é presidida pelo presidente do STF.
- **Necessidade de apreciação** pelo Poder Legislativo das Medidas Provisórias editadas pelo chefe do Poder Executivo.
- **Nomeação dos ministros** do STF é feita pelo Presidente da República depois de aprovada pelo Senado Federal.

Em todas as hipóteses acima apresentadas, faz-se necessária a participação de mais de um Poder para a consecução de um ato administrativo. Isso cria uma verdadeira relação de interdependência entre os poderes, o que garante o equilíbrio entre eles.

Por último, não se pode esquecer que a separação dos poderes é uma das cláusulas pétreas por força do art. 60, § 4º, inciso III, da Constituição Federal.

Significa dizer que a separação dos poderes não pode ser abolida do texto constitucional por meio de emenda:

> *Art. 60 [...]*
> *§ 4º Não será objeto de deliberação a proposta de emenda tendente a abolir: [...]*
> *III – A separação dos Poderes.*

### 2.2 Princípio federativo

Esse princípio apresenta a forma de Estado adotada no Brasil: federação. A forma de Estado reflete o modo de exercício do poder político em função do território. É uma forma composta ou complexa, visto que prevalece a pluralidade de poderes políticos internos. Está baseada na descentralização política do Estado, cuja representação se dá por meio de quatro entes federativos:

- União;
- Estados;
- Distrito Federal;
- Municípios.

Cada ente federativo possui sua **própria autonomia política**, o que **não** pode ser confundido com o atributo da soberania, pertencente ao Estado Federal.

A autonomia de cada ente confere-lhe a capacidade política de, inclusive, criar sua própria Constituição. Apesar de cada ente federativo possuir essa independência, não se pode esquecer que a existência do pacto federativo pressupõe a existência de uma Constituição Federal e da impossibilidade de separação (princípio da indissolubilidade do vínculo federativo). Havendo quebra do pacto federativo, a Constituição Federal prevê como instrumento de manutenção da forma de Estado a chamada Intervenção Federal, a qual será estudada em momento oportuno.

Não existe hierarquia entre os entes federativos. O que os distingue é a competência que cada um recebeu da Constituição Federal. Deve-se ressaltar que os estados e o Distrito Federal possuem direito de participação na formação da vontade nacional ao possuírem representantes no Senado Federal. Os municípios não possuem representantes no Senado Federal. Caracteriza-se, ainda, pela existência de um guardião da Constituição Federal, o Supremo Tribunal Federal (STF). A doutrina tem apontado para algumas características da forma federativa brasileira:

- **Tricotômica:** a Federação é constituída em três níveis: federal, estadual e municipal. O Distrito Federal não é considerado nessa classificação, haja vista possuir competência híbrida, ou seja, ora age como estado ora como município.
- **Centrífuga:** essa característica reflete a formação da federação brasileira. É a formação "de dentro para fora". A força de criação do estado federal brasileiro surgiu a partir de um Estado Unitário para a criação de um estado federado, ou seja, o poder centralizado que se torna descentralizado. O poder político era concentrado nas mãos de um só ente e, depois, passa a fazer parte de vários entes federativos.
- **Por desagregação:** ocorre quando um estado unitário resolve se descentralizar politicamente, desagregando o poder central em favor de vários entes titulares de poder político.

Como última observação, não menos importante, a **forma federativa de Estado** também é uma **cláusula pétrea.**

Depois de estudar os princípios da tripartição dos poderes e o poder federativo, passa-se a ver como eles estão estruturados dentro da República Federativa do Brasil. Uma informação importante antes disso: a autonomia política existente em cada ente federativo pode ser percebida por meio de existência dos poderes em cada um.

- União
  - Poder Executivo – Presidente da República.
  - Poder Legislativo – Congresso Nacional.
  - Poder Judiciário – STF e demais órgãos judiciais federais.
- Estados
  - Poder Executivo – Governador.
  - Poder Legislativo – Assembleia Legislativa.
  - Poder Judiciário – Tribunal de Justiça.
- Municípios
  - Poder Executivo – Prefeito.
  - Poder Legislativo – Câmara de Vereadores.
  - Poder Judiciário – Não existe.
- Distrito Federal
  - Poder Executivo – Governador.
  - Poder Legislativo – Câmara Legislativa.
  - Poder Judiciário – Tribunal de Justiça.

## 2.3 Princípio republicano

O princípio republicano representa a **forma de governo** adotada no Brasil. A forma de governo reflete o modo de aquisição e exercício do poder político, além de medir a relação existente entre o governante e o governado.

A melhor forma de entender esse instituto é conhecendo suas características. A primeira característica decorre da análise etimológica da expressão *res publica*. Essa expressão, que dá origem ao princípio ora estudado, significa coisa pública, ou seja, em um Estado republicano, o governante cuida da coisa pública, governa para o povo.

Outra característica importante é a temporariedade. Esse atributo revela o caráter temporário do exercício do poder político. Por causa desse princípio, em nosso Estado, o governante permanece no poder por tempo determinado.

Em uma República, o governante é escolhido pelo povo. Essa é a chamada eletividade. O poder político é adquirido pelas eleições, sendo que a vontade popular se concretiza nas urnas.

Por fim, em um Estado republicano, o governante pode ser responsabilizado por seus atos.

A forma de governo republicana se contrapõe à monarquia, cujas características são opostas às estudadas aqui.

É importante destacar que o princípio republicano não é uma cláusula pétrea, pois esse princípio não se encontra listado no rol das cláusulas pétreas do art. 60, § 4º, da Constituição Federal. Apesar disso, a Constituição o considerou como princípio sensível. Princípios sensíveis são aqueles que, se tocados, ensejarão a chamada Intervenção Federal, conforme previsto no art. 34, inciso VII, da Constituição Federal de 1988:

> *Art. 34 A União não intervirá nos Estados nem no Distrito Federal, exceto para: [...]*
>
> *VII – assegurar a observância dos seguintes princípios constitucionais: a) forma republicana, sistema representativo e regime democrático.*

## 2.4 Presidencialismo

O Presidencialismo é o sistema de governo adotado no Brasil. O sistema de governo rege a relação entre o Poder Executivo e o Legislativo medindo o grau de dependência entre eles. No presidencialismo, prevalece a separação entre os Poderes Executivo e Legislativo, os quais são independentes e harmônicos entre si.

A Constituição Federal de 1988 declara, em seu art. 76, que:

> *O Poder Executivo é exercido pelo Presidente da República, auxiliado pelos Ministros de Estado.*

O Presidencialismo possui uma característica muito importante, que é a concentração das funções executivas em uma só pessoa, o Presidente, o qual é eleito pelo povo, e exerce ao mesmo tempo três funções: chefe de Estado, chefe de governo, e chefe da Administração Pública.

A função de chefe de Estado diz respeito a todas as atribuições do presidente nas relações externas do País. Como chefe de governo, o presidente possui inúmeras atribuições internas no que tange à governabilidade do país. Já como chefe da Administração Pública, o presidente exercerá as funções relacionadas com a chefia da Administração Pública federal.

## 2.5 Regime democrático

Este princípio revela o regime de governo adotado no Brasil. Caracteriza-se pela existência do Estado Democrático de Direito e pela preservação da dignidade da pessoa humana.

## PRINCÍPIOS FUNDAMENTAIS

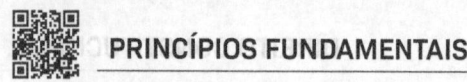

A democracia significa o governo do povo, pelo povo e para o povo. É a chamada soberania popular. Sua fundamentação constitucional encontra-se no art. 1º da CF/1988/1988:

> **Art. 1º** [...]
>
> **Parágrafo único.** Todo o poder emana do povo, que o exerce por meio de representantes eleitos ou diretamente, nos termos desta Constituição.

Esse princípio também é conhecido como princípio sensível e, no Brasil, caracteriza-se por seu exercício se dar de forma direta e indireta. Por esse motivo, a democracia brasileira é conhecida como semidireta ou participativa. Esse tema, porém, será abordado na seção sobre **Direitos Políticos**.

- Forma de Estado → Federativa
- Forma de Governo → Republicana
- Sistema de Estado → Presidencialista
- Regime de Estado → Democrático

### 2.6 Fundamentos da República Federativa do Brasil

Entre os Princípios Constitucionais mais importantes, destacam-se os Fundamentos da República Federativa do Brasil, os quais estão elencados no art. 1º da Constituição Federal de 1988:

> **Art. 1º** A República Federativa do Brasil, formada pela união indissolúvel dos Estados e Municípios e do Distrito Federal, constitui-se em Estado Democrático de Direito e tem como fundamentos:
>
> I – A soberania;
>
> II – A cidadania;
>
> III – A dignidade da pessoa humana;
>
> IV – Os valores sociais do trabalho e da livre iniciativa;
>
> V – O pluralismo político.

- **Soberania:** é um fundamento que possui estreita relação com o Poder do Estado. É a capacidade que o Estado tem de impor sua vontade. Esse princípio possui uma dupla acepção: soberania interna e externa.
- **A soberania interna** é a capacidade de impor o poder estatal no âmbito interno, perante os administrados, sem se sujeitar a qualquer outro poder.
- **A soberania externa** é percebida pelo reconhecimento dos outros Estados soberanos de que o Estado Brasileiro possui sua própria autonomia no âmbito internacional.
- **Cidadania:** como princípio revela a condição jurídica de quem é titular de direitos políticos. Ela permite ao indivíduo que possui vínculo jurídico com o Estado participar de suas decisões e escolher seus representantes. O exercício da cidadania guarda estreita relação com a democracia, pois essa autoriza a participação popular na formação da vontade estatal.
- **Dignidade da pessoa humana:** é considerada o princípio com maior hierarquia axiológica da Constituição. Sua importância se traduz na medida em que deve ser assegurada, primordialmente, pelo Estado, mas também deve ser observada nas relações particulares. Como fundamento, embasa toda a gama de direitos fundamentais, os quais estão ligados em sua origem a esse princípio. A dignidade da pessoa humana representa o núcleo mínimo de direitos e garantias que devem ser assegurados aos seres humanos.
- **Valor social do trabalho e da livre iniciativa:** revela a adoção de uma economia capitalista ao mesmo tempo em que elege o trabalho como elemento responsável pela valorização social. Ao mesmo tempo em que a Constituição garante uma liberdade econômica, protege o trabalho como elemento relacionado à dignidade do indivíduo como membro da sociedade.
- **Pluralismo político:** ao contrário do que parece, não está relacionado apenas com a pluralidade de partidos políticos, devendo ser entendido sob um sentido mais amplo, pois revela uma sociedade em que pluralidade de ideias se torna um ideal a ser preservado. Liberdades, como de expressão, religiosa ou política estão entre as formas de manifestação desse princípio.

### 2.7 Objetivos fundamentais da República Federativa do Brasil

Outro grupo de princípios constitucionais que costuma ser cobrado em prova é o dos objetivos da República Federativa do Brasil, os quais estão previstos em um rol exemplificativo no art. 3º da Constituição Federal de 1988:

> **Art. 3º** Constituem objetivos fundamentais da República Federativa do Brasil:
>
> I – Construir uma sociedade livre, justa e solidária;
>
> II – Garantir o desenvolvimento nacional;
>
> III – Erradicar a pobreza e a marginalização e reduzir as desigualdades sociais e regionais;
>
> IV – Promover o bem de todos, sem preconceitos de origem, raça, sexo, cor, idade e quaisquer outras formas de discriminação.

Os objetivos são verdadeiras metas a serem perseguidas pelo Estado com o fim de garantir os ditames constitucionais. Deve-se ter muita atenção em relação a esses dispositivos, pois eles costumam ser cobrados em prova fazendo-se alterações dos termos constitucionais.

Outra característica que distingue os fundamentos dos objetivos é o fato de os fundamentos serem nominados com substantivos ao passo que os objetivos se iniciam com verbos. Essa diferença pode ajudar a perceber qual a resposta correta na prova.

### 2.8 Princípios que regem as relações internacionais do Brasil

Têm-se os princípios que regem as relações internacionais, os quais estão previstos no art. 4º da Constituição Federal de 1988:

> **Art. 4º** A República Federativa do Brasil rege-se nas suas relações internacionais pelos seguintes princípios:
>
> I – Independência nacional;
>
> II – Prevalência dos direitos humanos;
>
> III – Autodeterminação dos povos;
>
> IV – Não intervenção;
>
> V – Igualdade entre os Estados;
>
> VI – Defesa da paz;
>
> VII – Solução pacífica dos conflitos;
>
> VIII – Repúdio ao terrorismo e ao racismo;
>
> IX – Cooperação entre os povos para o progresso da humanidade;
>
> X – Concessão de asilo político.
>
> **Parágrafo único.** A República Federativa do Brasil buscará a integração econômica, política, social e cultural dos povos da América Latina, visando à formação de uma comunidade latino-americana de nações.

Esses princípios revelam características muito interessantes do Brasil, ressaltando sua soberania e independência em relação aos outros Estados do mundo.

- **Independência nacional:** destaca, no âmbito da soberania externa, a relação do país com os demais estados, uma relação de igualdade, sem estar subjugado a outro Estado.
- **Prevalência dos direitos humanos:** vai ao encontro do fundamento da dignidade da pessoa humana, característica muito importante que se revela por meio do grande rol de direitos e garantias fundamentais previstos na Constituição Federal.

- **Autodeterminação dos povos:** por esse princípio, respeitam-se as decisões e escolhas de cada povo. Entende-se que cada povo é capaz de escolher o seu próprio caminho político e de resolver suas crises internas sem necessidade de intervenção externa de outros países.
- **Não intervenção:** no mesmo sentido de preservação e respeito à soberania dos demais Estados.
- **Igualdade entre os Estados:** sendo que cada país é reconhecido como titular de soberania na mesma proporção que os demais, sem hierarquia entre eles.
- **Defesa da paz:** princípio fundamental que funciona como bandeira defendida pelo Brasil em suas relações internacionais.
- **Solução pacífica dos conflitos:** revela o lado conciliador do governo brasileiro, que por vezes intermedeia relações conturbadas entre outros chefes de estado.
- **Repúdio ao terrorismo e ao racismo:** é princípio decorrente da dignidade da pessoa humana; terrorismo e racismo são tomados como inaceitáveis em sociedades modernas.
- **Cooperação entre os povos para o progresso da humanidade:** envolvimento em pesquisas científicas para cura de doenças, bem como na defesa e preservação do meio ambiente, entre outros.
- **Concessão de asilo político:** como princípio constitucional, fundamenta a decisão brasileira de amparar estrangeiros que estejam sendo perseguidos em seus países por questões políticas ou de opinião.

Destaca-se, entre os princípios que regem as relações internacionais, um mandamento para que a República Federativa do Brasil busque a integração econômica, política, social e cultural dos povos da América Latina, visando à formação de uma comunidade latino-americana de nações. Repare que o texto constitucional mencionou América Latina, não América do Sul. Parece não haver muita diferença, mas esse tema já foi cobrado em prova e a troca dos termos é considerada errada.

# 3 TEORIA GERAL DA CONSTITUIÇÃO

## 3.1 Conceito de constituição e princípio da supremacia da constituição

Costuma-se dizer que a origem das constituições seria a chamada *Magna Charta Libertatum*, ou simplesmente *Magna Carta*, que foi assinada em 1215, pelo Rei João Sem Terra da Inglaterra, a qual aceitava limitações impostas à autoridade do rei por parte dos nobres locais.

Esse documento é considerado o embrião das constituições atuais porque, pela primeira vez, entendia-se que até mesmo o próprio rei teria de se submeter a um documento jurídico.

No entanto, embora se considere que essa seria a origem remota das constituições, o constitucionalismo, como ramo do Direito, surgiu juntamente com as constituições escritas e rígidas, sendo que as primeiras foram a dos Estados Unidos, em 1787, após a independência das 13 colônias inglesas, e a da França, em 1791, após a Revolução Francesa de 1789.

Essas duas constituições apresentam dois traços marcantes: organização do Estado e limitação do poder estatal, por meio da previsão de direitos e garantias fundamentais.

Mas, o que vem a ser uma constituição?

A palavra "constituição" tem o significado de estrutura, formação, organização.

Pode ser definida como a lei fundamental e suprema de um Estado, que contém normas referentes à estruturação do Estado, forma de governo e aquisição do poder, direitos e garantias dos cidadãos.

Ou seja, a constituição vai definir, em normas gerais, o funcionamento do Estado, bem como os direitos fundamentais de seus cidadãos.

É o principal documento jurídico de uma nação e todas as leis lhe devem obediência, sendo que aquelas que contradisserem a constituição serão consideradas como aberrações jurídicas, e não devem produzir efeitos.

Essa ideia de superioridade da constituição em relação às leis é o que se chama de princípio da supremacia da constituição.

Para garantir tal supremacia, o Poder Judiciário se utiliza do chamado mecanismo de controle de constitucionalidade, afastando do ordenamento jurídico aquelas normas consideradas inconstitucionais.

### 3.1.1 Conceito ideal de constituição

Durante o século XIX, tendo em vista o surgimento de movimentos liberais em praticamente toda a Europa, exigindo que os respectivos monarcas de cada país aceitassem submeter-se a uma constituição, surgiram muitos textos com esse nome, mas que, na prática, serviam para legitimar o poder real.

Ou seja, funcionavam como "falsas constituições" para reforçar a autoridade dos reis.

Para combater isso, os constitucionalistas criaram o que ficou conhecido como "conceito ideal de Constituição".

Dessa forma, para que uma constituição possa ser considerada como tal, deve:
- Consagrar um sistema de garantias da liberdade (mecanismos de defesa do cidadão contra arbítrios estatais);
- Conter o princípio da divisão de poderes, permitindo o controle sistêmico do Estado por si mesmo;
- Ser escrita.

## 3.2 Classificação das constituições

As constituições podem ser classificadas por diversos critérios. Vejamos os principais deles.

### 3.2.1 Quanto ao conteúdo

Na verdade, não se trata de um critério de classificação de constituições, mas sim de normas constitucionais.

Por ele, as normas constitucionais podem ser agrupadas em dois grupos: **constituição material** e **constituição formal**.

- **Constituição material:** conjunto de regras substancialmente constitucionais, ou seja, são aquelas normas que tratam de assuntos propriamente constitucionais, como organização do Estado, direitos fundamentais etc.
- **Constituição formal:** o conjunto de todas as regras constantes da constituição escrita, consubstanciada em um documento solene, mesmo que algumas dessas regras tratem de matéria não propriamente constitucional. Ou seja, é tudo o que consta em uma constituição.

Existem normas que são formalmente constitucionais, porém materialmente não o são, porque tratam de assunto que poderia muito bem não estar da Constituição. Exemplo disso é a disposição constante no art. 242, § 2º:

> *§ 2º O Colégio Pedro II, localizado na cidade do Rio de Janeiro, será mantido na órbita federal.*

### 3.2.2 Quanto à forma

Quanto à sua forma, as constituições dividem-se em **escritas** e **costumeiras**.

- **Escritas:** conforme o próprio nome indica, caracterizam-se por se encontrarem consubstanciadas em textos legais formais. A maioria dos países ocidentais adota essa forma.
    - Por exemplo: constituição brasileira, americana, francesa, alemã, portuguesa etc.).
- **Costumeiras:** são aquelas que não estão codificadas somente em textos legais formais, mas são formadas pelos costumes e decisões dos tribunais (a chamada jurisprudência) e em textos constitucionais esparsos.
    - Seu maior exemplo é o da Constituição Inglesa, pois aquele país não possui um documento intitulado "Constituição", sendo as normas organizadoras do Estado Inglês formadas ao longo de um extenso período.

### 3.2.3 Quanto ao modo de elaboração

Quanto a esse critério, podem as constituições ser **dogmáticas** ou **históricas**. Na verdade, essa classificação está muito ligada à classificação quanto à forma da constituição.

- **Dogmáticas:** são sempre escritas e são elaboradas por um órgão constituinte em um momento preciso e determinado, produzindo um documento que pode ser datado e que refletirá as ideias predominantes na sociedade em um determinado momento.
- Toda constituição escrita é dogmática e vice-versa.
- **Históricas:** estão associadas às constituições costumeiras, têm sua formação dispersa no tempo, sendo consolidadas por meio de um lento processo histórico, não havendo um momento em que se possa dizer: "eis a nossa Constituição pronta!", estando em um processo de contínua formação e alteração, uma vez que não estão consubstanciadas em um único documento.
- Uma vez mais, quem nos fornece o exemplo é a Constituição Inglesa.

### 3.2.4 Quanto à origem

Sob esse ponto de vista, as constituições podem ser **populares**, **outorgadas** ou **cesaristas**.

- **Populares:** são elaboradas por um órgão eleito pela vontade popular, chamado normalmente de Assembleia Constituinte, que assim delibera e aprova o documento como representante da vontade dos nacionais. Exemplo desse tipo é a nossa Constituição atual.
- **Outorgadas:** caracterizam-se por serem elaboradas sem a participação do povo, mas são impostas (outorgadas) por alguém ou um grupo que não recebeu do povo o poder constituinte originário.

Exemplo dessas constituições são as constituições brasileiras de 1824, 1937 e 1967.

**Cesaristas ou plebiscitárias:** representam um meio-termo entre os dois primeiros tipos, pois são elaboradas por alguém que não recebeu do povo a incumbência de elaborar a constituição, porém são submetidas posteriormente a um processo de aprovação popular (plebiscito).

### 3.2.5 Quanto à possibilidade de alteração

Nesse aspecto, as constituições podem ser: **imutáveis**, **rígidas**, **flexíveis** ou **semirrígidas**.

- **Imutáveis:** não admitem qualquer modificação por qualquer meio, tendo sempre o mesmo texto perpetuamente. Como se pode logo concluir, estão fadadas a uma existência de curta duração, uma vez que não podem ser alteradas para adaptarem-se às mudanças da sociedade.
- **Rígidas:** são aquelas que somente podem ser alteradas mediante um processo especial, mais solene e mais difícil do que o utilizado na elaboração das leis. A Constituição Brasileira de 1988 é rígida.
- **Flexíveis:** caracterizam-se por poderem ser modificadas sem a exigência de um processo qualificado diferente do adotado para a legislação ordinária. Ou seja, são aquelas que são alteradas da mesma forma que as leis.
- **Semirrígidas ou semiflexíveis:** são aquelas que contêm uma parte rígida, que somente pode ser alterada por um processo diferenciado, e uma parte flexível, que pode ser alterada por leis comuns. Quanto à extensão

De acordo com esse critério, as constituições podem ser **analíticas** ou **sintéticas**.

- **Analíticas:** também chamadas de dirigentes, têm esse nome por serem mais detalhadas, regendo todos os assuntos que entendam relevantes à formação, destinação e funcionamento do Estado. Por essa razão, são chamadas também de dirigentes. As constituições mais recentes tendem a ser analíticas.
- **Sintéticas:** também chamadas de negativas, preocupam-se somente com os princípios e as normas gerais de regência do Estado, organizando-o e limitando seu poder através dos direitos e garantias individuais. Ou seja, praticamente só possuem normas materialmente constitucionais. São chamadas de sintéticas por serem resumidas e tratarem somente dos assuntos materialmente constitucionais.

Um exemplo de constituição analítica é a nossa atual e um exemplo de constituição sintética é a norte-americana.

## 3.3 Poder constituinte

O poder constituinte pode ser definido como a manifestação soberana da suprema vontade política de um povo, social e juridicamente organizado, que se manifesta na elaboração e alteração da Constituição.

Ou seja, é o poder constituinte que elabora e altera a Constituição.

### 3.3.1 Titularidade

Em uma democracia, o poder constituinte pertence ao povo. Assim, a vontade constituinte é a vontade do próprio povo.

Porém, embora o povo seja o titular do direito, quem o exerce são seus representantes, uma vez que o exercício direto do poder constituinte pelo povo é inviável. Essa titularidade (mas não exercício direto) fica claro no preâmbulo de nossa Constituição: *"Nós, representantes do povo brasileiro, reunidos..."* e no parágrafo único do art. 1º. *"Todo o poder emana do povo, que o exerce por meio de representantes eleitos ou diretamente, nos termos desta Constituição"*.

### 3.3.2 Espécies de poder constituinte

O poder constituinte classifica-se em:

- **Poder constituinte originário**

O poder constituinte originário elabora a Constituição do Estado, organizando-o e criando seus poderes.

O exercício desse poder se manifesta na elaboração de uma nova constituição.

Pode-se identificar duas formas de expressão desse poder: através de uma Assembleia Constituinte eleita pelo povo, ato chamado de convenção (constituições populares, tendo como um dos exemplos a Constituição Federal de 1988) ou de um Movimento Revolucionário, através de um ato de outorga, como ocorreu com a Constituição de 1824.

O poder constituinte originário caracteriza-se por ser inicial (dá início ao ordenamento jurídico), ilimitado (não é limitado por qualquer norma jurídica anterior) e incondicionado (forma livre de exercício).

- **Poder constituinte derivado**

Tem esse nome porque deriva das normas estabelecidas pelo Poder Constituinte originário.

Além de derivado do Poder Constituinte originário, apresenta as características de subordinado ou limitado (encontra-se limitado pelas normas do texto constitucional, às quais deve obedecer, sob pena de inconstitucionalidade) e condicionado, uma vez que seu exercício deve seguir as regras estabelecidas pelo Poder Constituinte originário.

Por sua vez, o poder constituinte derivado subdivide-se em:

**Poder constituinte derivado reformador:** consiste na possibilidade de alterar-se o texto constitucional, respeitando-se os limites e a forma estabelecidos na Constituição.

**Poder constituinte derivado decorrente:** consiste na capacidade, em um Estado federal, de os estados membros se auto-organizarem por meio de constituições estaduais, respeitando as regras contidas na Constituição Federal.

Assim, no Brasil, por exemplo, cada estado possui a sua própria Constituição, e os municípios podem elaborar suas leis orgânicas.

## 3.4 Classificação das normas constitucionais quanto à sua eficácia

As normas constitucionais podem ser classificadas de acordo com sua aplicabilidade, ou seja, de acordo com sua capacidade de produzirem efeitos.

A classificação tradicional é do jurista José Afonso da Silva, que divide as normas constitucionais em três categorias: normas de eficácia plena, de eficácia contida e de eficácia limitada.

- **Normas de eficácia plena:** são aquelas que, desde a entrada em vigor da Constituição, produzem ou podem produzir todos os seus efeitos essenciais, nos termos propostos pelo constituinte (por exemplo: os remédios constitucionais).
- **Normas de eficácia contida:** são aquelas que, embora produzam seus efeitos desde logo, foi deixada margem, pelo constituinte, de restrição, pelo legislador ordinário, de seus efeitos. Por exemplo: art. 5º, inciso XIII.
- **Normas de eficácia limitada:** somente produzem seus efeitos plenamente após a edição de lei ordinária ou complementar que lhes desenvolva a aplicabilidade. Ou seja, precisam ser regulamentadas. Por exemplo: art. 7º, inciso XI.

Além desses três tipos, podemos citar também as normas programáticas:

- **Normas programáticas:** caracterizam-se por expressarem valores que devem ser respeitados e perseguidos pelo legislador. Não têm a pretensão de serem de aplicação imediata, mas, sim, de aplicação diferida, paulatina, constituindo um norte ao legislador. Por isso, normalmente, trazem conceitos vagos e abertos. Um exemplo de norma programática seria o art. 7º, inciso IV, de nossa Constituição Federal, que trata do salário-mínimo:

    *Art. 7º São direitos dos trabalhadores urbanos e rurais, além de outros que visem à melhoria de sua condição social: [...]*

# TEORIA GERAL DA CONSTITUIÇÃO

*IV – Salário mínimo, fixado em lei, nacionalmente unificado, capaz de atender a suas necessidades vitais básicas e às de sua família com moradia, alimentação, educação, saúde, lazer, vestuário, higiene, transporte e previdência social, com reajustes periódicos que lhe preservem o poder aquisitivo, sendo vedada sua vinculação para qualquer fim;*

## 3.5 Emendas constitucionais

No exercício do **poder constituinte derivado**, o Estado pode alterar o texto constitucional, respeitados os limites impostos pelo **poder constituinte originário**.

Estas alterações se dão por meio das chamadas emendas constitucionais, as quais, uma vez aprovadas, passam a compor o texto original da Magna Carta, em pé de igualdade com as demais normas.

A emenda constitucional é expressamente prevista como espécie normativa no art. 59 da Constituição Federal.

No entanto, para sua aprovação, uma proposta de emenda constitucional não pode incidir em alguma das restrições previstas pelo constituinte.

### 3.5.1 Restrições às emendas constitucionais

As restrições às emendas constitucionais podem ser de dois tipos: materiais (também chamadas de cláusulas pétreas), temporais e formais.

- **Restrições materiais**

Têm esse nome porque são restrições de conteúdo (matéria). Ou seja, a Constituição proíbe a aprovação de emendas que tratem de determinadas matérias.

Essas matérias que não podem ser objeto de emendas estão previstas no art. 60, § 4º, e são chamadas pela doutrina de cláusulas pétreas.

Vejamos o texto deste dispositivo:

*Art. 60 [...]*
*§ 4º Não será objeto de deliberação a proposta de emenda tendente a abolir:*
*I – A forma federativa de Estado;*
*II – O voto direto, secreto, universal e periódico;*
*III – A separação dos Poderes;*
*IV – Os direitos e garantias individuais.*

> **Atenção**
>
> **Teoria da dupla revisão**
> O constitucionalista português José Gomes Canotilho, na obra *Direito Constitucional e Teoria da Constituição*, defendia ser possível a alteração das cláusulas pétreas, desde que antes fosse alterado o texto constitucional que as defina (teoria da dupla revisão). Ou seja, primeiro altera-se o rol das cláusulas pétreas e depois altera-se a constituição no particular.
> No entanto, a maioria dos doutrinadores brasileiros rejeita esta tese por ser uma forma de burlar a vontade soberana do Constituinte Originário.

- **Restrições temporais**

O art. 60, § 1º, estabelece que a Constituição não poderá ser emendada: na vigência de intervenção federal; na vigência de estado de defesa; na vigência de estado de sítio.

- **Restrições formais**

As restrições formais nada mais são do que os procedimentos necessários para que a emenda constitucional possa ser votada e aprovada.

Pelo fato de a nossa constituição ser rígida, a elaboração de emendas exige um processo legislativo mais rígido e dificultoso do que o ordinário.

Ou seja, as restrições formais são os requisitos que deverão ser observados para a aprovação da emenda. Estão ligados à iniciativa para a propositura da emenda, ao rito e ao quórum necessários para sua aprovação.

### 3.5.2 Iniciativa

De acordo com o art. 60 da Constituição Federal de 1988, ela poderá ser emendada mediante proposta:

*I – De um terço, no mínimo, dos membros da Câmara dos Deputados ou do Senado Federal;*
*II – Do Presidente da República;*
*III – De mais da metade das Assembleias Legislativas das unidades da Federação, manifestando-se, cada uma delas, pela maioria relativa de seus membros.*

Ou seja, uma Proposta de Emenda Constitucional (PEC) somente pode ser apresentada por uma dessas pessoas ou entidades.

### 3.5.3 Rito e quórum de aprovação

A PEC terá sua constitucionalidade examinada pela Comissão de Constituição e Justiça da Casa onde foi proposta. Após isso, será colocada em plenário e será votada em dois turnos, sendo que, em cada um deles, deverá ser aprovada por três quintos dos votos dos membros daquela Casa (maioria qualificada de 60% dos membros).

Se a PEC for aprovada nestes dois turnos, será enviada para votação na outra Casa legislativa, onde também deverá ser aprovada em dois turnos com três quintos de aprovação.

Após isso, se aprovada, será então promulgada pelas mesas da Câmara dos Deputados e do Senado Federal.

# DIREITO CONSTITUCIONAL

## 4 DIREITOS FUNDAMENTAIS – REGRAS GERAIS

### 4.1 Conceito

Os direitos e garantias fundamentais são institutos jurídicos que foram criados no decorrer do desenvolvimento da humanidade e se constituem de normas protetivas que formam um núcleo mínimo de prerrogativas inerentes à condição humana.

#### 4.1.1 Amplitude horizontal e amplitude vertical

Possuem como objetivo principal a proteção do indivíduo diante do poder do Estado. Mas não só do Estado. Os direitos e garantias fundamentais também constituem normas de proteção do indivíduo em relação aos outros indivíduos da sociedade.

E é exatamente nesse ponto que surgem os conceitos de **amplitude vertical e amplitude horizontal**.

- **Amplitude vertical:** é o efeito protetor que as normas definidoras de direitos e garantias fundamentais produzem para um indivíduo diante do Estado.
- **Amplitude horizontal:** é o efeito protetor que as normas definidoras de direitos e garantias fundamentais produzem para um indivíduo diante dos outros indivíduos.

### 4.2 Classificação

A Constituição Federal, quando se refere aos direitos fundamentais, classifica-os em cinco grupos:

- Direitos e deveres individuais e coletivos;
- Direitos sociais;
- Direitos de nacionalidade;
- Direitos políticos;
- Partidos políticos.

Essa classificação encontra-se distribuída entre os arts. 5º e 17 do texto constitucional e é normalmente chamada pela doutrina de Conceito Formal dos Direitos Fundamentais. O Conceito Formal é o que a Constituição Federal resolveu classificar como sendo Direito Fundamental. É o rol de direitos fundamentais previstos expressamente no texto constitucional.

Costuma-se perguntar nas provas: "O rol de direitos fundamentais é um rol exaustivo? Ou melhor, taxativo?" O que se quer saber é se o rol de direitos fundamentais é só aquele que está expresso na Constituição ou não.

Responde-se a essa questão com o § 2º do art. 5º, que diz:

> § 2º Os direitos e garantias expressos nesta Constituição não excluem outros decorrentes do regime e dos princípios por ela adotados, ou dos tratados internacionais em que a República Federativa do Brasil seja parte.

Isso significa que o rol não é taxativo, mas exemplificativo. A doutrina costuma chamar esse parágrafo de cláusula de abertura material, que é exatamente a possibilidade de existirem outros direitos fundamentais, ainda que fora do texto constitucional. Esse seria o conceito material dos direitos fundamentais, ou seja, todos os direitos fundamentais que possuem a essência fundamental, ainda que não estejam expressos no texto constitucional.

### 4.3 Características

O elemento jurídico acima abordado, além de explicar a possibilidade de se inserirem novos direitos fundamentais no rol dos que já existem expressamente na Constituição Federal, também constitui uma das características que serão abordadas a seguir:

- **Historicidade:** essa característica revela que os direitos fundamentais são frutos da evolução histórica da humanidade. Significa que eles evoluem com o passar do tempo.
- **Inalienabilidade:** os direitos fundamentais não podem ser alienados, não podem ser negociados, não podem ser transigidos.
- **Irrenunciabilidade:** os direitos fundamentais não podem ser renunciados.
- **Imprescritibilidade:** os direitos fundamentais não se sujeitam aos prazos prescricionais. Não se perde um direito fundamental pelo decorrer do tempo.
- **Universalidade:** os direitos fundamentais pertencem a todas as pessoas, independentemente da sua condição.
- **Máxima Efetividade:** essa característica é mais uma imposição ao Estado, que está coagido a garantir a máxima efetividade dos direitos fundamentais. Esses direitos não podem ser ofertados de qualquer forma. É necessário que eles sejam garantidos da melhor forma possível.
- **Concorrência:** os direitos fundamentais podem ser utilizados em conjunto com outros direitos. Não é necessário abandonar um para usufruir outro direito.
- **Complementariedade:** um direito fundamental não pode ser interpretado sozinho. Cada direito deve ser analisado juntamente com outros direitos fundamentais, bem como com outros institutos jurídicos.
- **Proibição do retrocesso:** essa característica proíbe que os direitos já conquistados sejam perdidos.
- **Limitabilidade:** não existe direito fundamental absoluto. São direitos relativos.
- **Não Taxatividade:** essa característica, já tratada anteriormente, diz que o rol de direitos fundamentais é apenas exemplificativo, tendo em vista a possibilidade de inserção de novos direitos.

### 4.4 Dimensões dos direitos fundamentais

As dimensões, também conhecidas por gerações de direitos fundamentais, são uma classificação adotada pela doutrina que leva em conta a ordem cronológica de reconhecimento desses direitos. São cinco as dimensões atualmente reconhecidas:

- **1ª dimensão:** foram os primeiros direitos conquistados pela humanidade. São direitos relacionados à liberdade, em todas as suas formas. Possuem um caráter negativo diante do Estado, tendo em vista ser utilizado como uma verdadeira limitação ao poder estatal, ou seja, o Estado, diante dos direitos de primeira dimensão, fica impedido de agir ou interferir na sociedade. São verdadeiros direitos de defesa com caráter individual. Estão entre estes direitos as liberdades públicas, civis e políticas.
- **2ª dimensão:** estes direitos surgem na tentativa de reduzirem as desigualdades sociais provocadas pela primeira dimensão. Por isso, são conhecidos como direitos de igualdade. Para reduzir as diferenças sociais, o Estado precisa interferir na sociedade: essa interferência reflete a conduta positiva adotada por meio de prestações sociais. São exemplos de direitos de segunda dimensão: os direitos sociais, econômicos e culturais.
- **3ª dimensão:** aqui estão os conhecidos direitos de fraternidade. São direitos que refletem um sentimento de solidariedade entre os povos na tentativa de preservarem os direitos de toda a coletividade. São de terceira geração o direito ao meio ambiente saudável, o direito ao progresso da humanidade, ao patrimônio comum, entre outros.
- **4ª dimensão:** esses direitos ainda não possuem um posicionamento pacífico na doutrina, mas costuma-se dizer que nesta dimensão ocorre a chamada globalização dos direitos fundamentais. São direitos que rompem com as fronteiras entre os Estados. São direitos de todos os seres humanos, independentemente de sua condição, como o direito à democracia, ao pluralismo político. São também considerados direitos de 4ª geração os direitos mais novos, que estão em construção, como o direito genético ou espacial.
- **5ª dimensão:** essa é a mais nova dimensão defendida por alguns doutrinadores. É formado basicamente pelo direito à paz. Esse seria o direito mais almejado pelo homem e que consubstancia a reunião de todos os outros direitos.

# DIREITOS FUNDAMENTAIS – REGRAS GERAIS

Deve-se ressaltar que esses direitos, à medida que foram sendo conquistados, complementavam os direitos anteriores, de forma que não se pode falar em substituição ou superação de uma geração sobre a outra, mas em cumulação, de forma que hoje podemos usufruir de todos os direitos pertencentes a todas as dimensões.

Para não se esquecer das três primeiras dimensões é só lembrar-se do lema da Revolução Francesa: Liberdade (1ª dimensão), Igualdade (2ª dimensão) e Fraternidade (3ª dimensão).

## 4.5 Titulares dos direitos fundamentais

### 4.5.1 Quem são os titulares dos direitos fundamentais?

A própria Constituição Federal responde a essa pergunta quando diz no *caput* do art. 5º que são titulares "os brasileiros e estrangeiros residentes no país". Mas será que é necessário residir no país para que o estrangeiro tenha direitos fundamentais?

Imaginemos um avião cheio de alemães que está fazendo uma escala no Aeroporto Municipal de Cascavel-PR.

Nenhum dos alemães reside no país. Seria possível entrar no avião e matar todas aquelas pessoas, haja vista não serem titulares de direitos fundamentais por não residirem no país? É claro que não. Para melhor se compreender o termo "residente", o STF o tem interpretado de forma mais ampla no sentido de abarcar todos aqueles que estão no país. Ou seja, todos os que estão no território brasileiro, independentemente de residirem no país, são titulares de direitos fundamentais.

Mas será que, para ser titular de direitos fundamentais, é necessário ter a condição humana? Ao contrário do que parece, não é necessário. Tem-se reconhecido como titulares de direitos fundamentais as pessoas jurídicas. Ressalta-se que não só as pessoas jurídicas de direito privado, mas também as pessoas jurídicas de direito público.

Os animais não são considerados titulares de direitos fundamentais, mas isso não significa que seja possível maltratá-los. Na prática, a Constituição Federal de 1988 os protege contra situações de maus-tratos. O STF já se pronunciou sobre a "briga de galo" e a "farra do boi", declarando-as inconstitucionais. Quanto à "vaquejada", o Supremo se manifestou acerca da admissibilidade parcial, desde que não figure flagelação do animal. Por fim, o tema de "rodeios" ainda não foi pleiteado. De outro lado, mortos podem ser titulares de direitos fundamentais, desde que o direito seja compatível (por exemplo: honra).

## 4.6 Cláusulas pétreas fundamentais

O art. 60, § 4º da Constituição Federal de 1988, traz o rol das chamadas **Cláusulas Pétreas:**

> *§ 4º Não será objeto de deliberação a proposta de emenda tendente a abolir:*
> *I – A forma federativa de Estado;*
> *II – O voto direto, secreto, universal e periódico;*
> *III – A separação dos Poderes;*
> *IV – Os direitos e garantias individuais.*

As Cláusulas Pétreas são núcleos temáticos formados por institutos jurídicos de grande importância, os quais não podem ser retirados da Constituição. Observe-se que o texto proíbe a abolição desses princípios, mas não impede que eles sejam modificados, no caso, para melhor. Isso já foi cobrado em prova. É importante notar que o texto constitucional prevê no inciso IV como sendo Cláusulas Pétreas apenas os direitos e garantias individuais. Pela literalidade da Constituição, não são todos os direitos fundamentais que são protegidos por esse instituto, mas apenas os de caráter individual. Parte da doutrina e da jurisprudência entende que essa proteção deve ser ampliada, abrangendo os demais direitos fundamentais. Deve-se ter atenção com esse tema em prova, pois já foram cobrados os dois posicionamentos.

## 4.7 Eficácia dos direitos fundamentais

O § 1º do art. 5º da Constituição Federal de 1988 prevê que:

> *§ 1º As normas definidoras dos direitos e garantias fundamentais têm aplicação imediata.*

Quando a Constituição Federal de 1988 se refere à aplicação de uma norma, na verdade está falando da sua eficácia.

Esse tema é sempre cobrado em provas de concurso. Com o intuito de obter uma melhor compreensão, é necessário conceituar, classificar e diferenciar os vários níveis de eficácia das normas constitucionais.

Para que uma norma constitucional seja aplicada é indispensável que a ela possua eficácia, a qual é a capacidade que uma norma jurídica tem de produzir efeitos.

Se os efeitos produzidos se restringem ao âmbito normativo, tem-se a chamada **eficácia jurídica**, ao passo que, se os efeitos são concretos, reais, tem-se a chamada **eficácia social.** Eficácia jurídica, portanto, é a capacidade que uma norma constitucional tem de revogar todas as outras normas que com ela apresentem divergência. Já a eficácia social, também conhecida como efetividade, é a aplicabilidade na prática, concreta, da norma. Todas as normas constitucionais possuem eficácia jurídica, mas nem todas possuem eficácia social. Logo, é possível afirmar que todas as normas constitucionais possuem eficácia. O problema surge quando uma norma constitucional não pode ser aplicada na prática, ou seja, não possui eficácia social.

Para explicar esse fenômeno, foram desenvolvidas várias classificações acerca do grau de eficácia de uma norma constitucional. A classificação mais adotada pela doutrina e mais cobrada em prova é a adotada pelo professor José Afonso da Silva, na obra *Curso de Direito Constitucional Positivo*. Para esse estudioso, a eficácia social se classifica em:

- **Eficácia plena:** são aquelas **autoaplicáveis.** São normas que possuem aplicabilidade direta, imediata e integral. Seus efeitos práticos são plenos. É uma norma que não depende de complementação legislativa para produzir efeitos. Veja os exemplos: art. 1º; art. 5º, *caput* e incisos XXXV e XXXVI; art. 19; art. 21; art. 53; art. 60, § 1º e 4º; art. 69; art. 128, § 5º, incisos I e II; art. 145, § 2º; entre outros.
- **Eficácia contida:** também são **autoaplicáveis**. Assim como as normas de eficácia plena, elas possuem **aplicabilidade direta e imediata**. Contudo, sua aplicação não é integral. É neste ponto que a eficácia contida se diferencia da eficácia plena. A norma de eficácia contida nasce plena, mas pode ser restringida por outra norma.
- Daí a doutrina chamá-la de norma contível, restringível ou redutível. Essas espécies permitem que outra norma reduza a sua aplicabilidade. São normas que produzem efeitos imediatos, mas esses efeitos podem ser restringidos. Por exemplo: art. 5º, incisos VII, XII, XIII, XV, XXVII e XXXIII; art. 9º; art. 37, inciso I; art. 170, parágrafo único; entre outros.
- **Eficácia limitada:** são desprovidas de eficácia social. Diz-se que as normas de eficácia limitada não são autoaplicáveis, possuem aplicabilidade indireta, mediata e reduzida ou diferida.
- São normas que dependem de outra para produzirem efeitos. O que as difere das normas de eficácia contida é a dependência de outra norma para que produza efeitos sociais. Enquanto as de eficácia contida produzem efeitos imediatos, os quais poderão ser restringidos posteriormente, as de eficácia limitada dependem de outra norma para produzirem efeitos. Deve-se ter cuidado para não pensar que essas espécies normativas não possuem eficácia. Como se afirmou anteriormente, elas possuem eficácia jurídica, mas não possuem eficácia social. As normas de eficácia limitada são classificadas, ainda, em:
- **Normas de eficácia limitada de princípio institutivo:** são aquelas que dependem de outra norma para organizar ou instituir estruturas, entidades ou órgãos. Por exemplo: art. 18, § 2º; art. 22, parágrafo único; art. 25, § 3º; art. 33; art. 88; art. 90, § 2º; art. 102, § 1º; art. 107, § 1º; art. 113; art. 121; art. 125, § 3º; art. 128, § 5º; art. 131; entre outros.

- **Normas de eficácia limitada de princípio programático:** são aquelas que apresentam verdadeiros objetivos a serem perseguidos pelo Estado, programas a serem implementados. Em regra, possuem fins sociais. Por exemplo: art. 7º, incisos XI, XX e XXVII; art. 173, § 4º; arts. 196; 205; 215; 218; 227; entre outros.

O Supremo Tribunal Federal (STF) possui algumas decisões que conferiram o grau de eficácia limitada aos seguintes dispositivos: art. 5º, inciso LI; art. 37, inciso I; art. 37, inciso VII; art. 40, § 4º; art. 18, § 4º.

Feitas as considerações iniciais sobre esse tema, resta saber o que o § 1º do art. 5º da Constituição Federal de 1988 quis dizer com "aplicação imediata". Para traduzir essa expressão, basta analisar a explicação apresentada anteriormente. Segundo a doutrina, as normas que possuem aplicação imediata ou são de eficácia plena ou contida. Ao que parece, o texto constitucional quis restringir a eficácia dos direitos fundamentais em plena ou contida, não existindo, em regra, normas definidoras de direitos fundamentais com eficácia limitada. Entretanto, pelos próprios exemplos aqui apresentados, não é essa a realidade do texto constitucional. Certamente, existem normas de eficácia limitada entre os direitos fundamentais (art. 7º, incisos XI, XX e XXVII). A dúvida que surge então é: como responder na prova?

A doutrina e o STF têm entendido que, apesar do texto expresso na Constituição Federal, existem normas definidoras de direitos fundamentais que não possuem aplicabilidade imediata, as quais são de eficácia limitada. Diante dessa contradição, a doutrina tem orientado no sentido de se conferir a maior eficácia possível aos direitos fundamentais. Em prova, pode ser cobrada tanto uma questão abordando o texto puro da Constituição Federal quanto o posicionamento da doutrina. Deve-se responder conforme for perguntado.

A Constituição previu dois instrumentos para garantir a efetividade das normas de eficácia limitada: **Ação Direta de Inconstitucionalidade por Omissão** e o **Mandado de Injunção**.

## 4.8 Força normativa dos tratados internacionais

Uma regra muito importante para a prova é a que está prevista no § 3º do art. 5º da Constituição Federal de 1988:

> *§ 3º Os tratados e convenções internacionais sobre direitos humanos que forem aprovados, em cada Casa do Congresso Nacional, em dois turnos, por três quintos dos votos dos respectivos membros, serão equivalentes às emendas constitucionais.*

Esse dispositivo constitucional apresenta a chamada força normativa dos tratados internacionais.

Segundo o texto constitucional, é possível que um tratado internacional possua força normativa de emenda constitucional, desde que preencha os seguintes requisitos:

- Deve falar de direitos humanos;
- Deve ser aprovado nas duas casas legislativas do Congresso Nacional, ou seja, na Câmara dos Deputados e no Senado Federal;
- Deve ser aprovado em dois turnos em cada casa;
- Deve ser aprovado por 3/5 dos membros em cada turno de votação, em cada casa.

Preenchidos esses requisitos, o Tratado Internacional terá força normativa de **Emenda à Constituição**.

Mas surge a seguinte questão: e se o Tratado Internacional for de Direitos Humanos e não preencher os requisitos constitucionais previstos no § 3º do art. 5º da Constituição? Qual será sua força normativa? Segundo o STF, caso o Tratado Internacional fale de direitos humanos, mas não preencha os requisitos do § 3º do art. 5º da CF/1988/1988, ele terá força normativa de **norma supralegal**.

Ainda há os tratados internacionais que não falam de direitos humanos. São tratados que falam de outros temas, por exemplo, o comércio. Esses tratados possuem força normativa de **lei ordinária.**

Em suma, são três as forças normativas dos Tratados Internacionais:
- Emenda à Constituição;
- Norma supralegal;
- Lei ordinária.

## 4.9 Tribunal Penal Internacional (TPI)

Há outra regra muito interessante prevista no § 4º do art. 5º da Constituição Federal de 1988:

> *§ 4º O Brasil se submete à jurisdição de Tribunal Penal Internacional a cuja criação tenha manifestado adesão.*

É o chamado **Tribunal Penal Internacional**. Mas o que é o Tribunal Penal Internacional? É uma corte permanente, localizada em Haia, na Holanda, com competência de julgamento dos crimes contra a humanidade.

É um Tribunal, pois tem função jurisdicional; é penal porque só julga crimes; é internacional, haja vista sua competência não estar restrita à fronteira de um só Estado.

Mas uma coisa deve ser esclarecida. O TPI não julga qualquer tipo de crime. Só os crimes que tenham repercussão para toda a humanidade. Geralmente, são crimes de guerra, agressão estrangeira, genocídio, dentre outros.

Apesar de ser um tribunal com atribuições jurisdicionais, o TPI não faz parte do Poder Judiciário brasileiro. Sua competência é complementar à jurisdição nacional, não ofendendo, portanto, a soberania do Estado brasileiro. Isso significa que o TPI só age quando a Justiça Brasileira se omite ou é ineficaz.

## 4.10 Direitos e garantias

Muitos questionam se direitos e garantias são a mesma coisa, mas a melhor doutrina tem diferenciado esses dois institutos.

Os direitos são os próprios direitos previstos na Constituição Federal de 1988. São os bens jurídicos tutelados pela Constituição. Eles representam por si só esses bens.

As garantias são instrumentos de proteção dos direitos. São ferramentas disponibilizadas pela Constituição para a fruição dos direitos.

Apesar da diferença entre os dois institutos é possível afirmar que **toda garantia é um direito.**

# 5 DIREITOS E DEVERES INDIVIDUAIS E COLETIVOS

A Constituição Federal, ao disciplinar os direitos individuais, os coloca basicamente no art. 5º. Logo no *caput* desse artigo, já aparece uma classificação didática dos direitos ali previstos:

> *Art. 5º Todos são iguais perante a lei, sem distinção de qualquer natureza, garantindo-se aos brasileiros e aos estrangeiros residentes no País a inviolabilidade do direito à vida, à liberdade, à igualdade, à segurança e à propriedade, nos termos seguintes:*

Para estudarmos os direitos individuais, utilizaremos os cinco grupos de direitos previstos no *caput* do art. 5º:

- **Direito à vida;**
- **Direito à igualdade;**
- **Direito à liberdade;**
- **Direito à propriedade;**
- **Direito à segurança.**

Percebe-se que os 78 incisos do art. 5º, de certa forma, decorrem de um desses direitos que podem ser chamados de **"direitos raízes"**. Utilizando essa divisão, a seguir serão abordados os incisos mais importantes desse artigo, tendo em vista a preparação para a prova. Logicamente, não conseguiremos abordar todos os incisos, o que não tira a responsabilidade de lê-los.

## 5.1 Direito à vida

Ao falar desse direito, que é considerado pela doutrina como o **direito mais fundamental de todos**, por ser um pressuposto para o exercício dos demais direitos, enfrenta-se um primeiro desafio: esse direito é absoluto?

Assim como os demais direitos, o direito à vida não é absoluto. São várias as justificativas existentes para considerá-lo um direito passível de flexibilização.

### 5.1.1 Pena de morte

Existe pena de morte no Brasil? A resposta é sim. A alínea "a" do inciso XLVII do art. 5º traz essa previsão expressamente:

> *XLVII – Não haverá penas:*
> *a) de morte, salvo em caso de guerra declarada, nos termos do art. 84, XIX;*

Todas as vezes que a Constituição traz uma negação acompanhada de uma exceção, estamos diante de uma possibilidade.

### 5.1.2 Aborto

A prática de aborto no Brasil é permitida? O art. 128 do Código Penal Brasileiro apresenta duas possibilidades de prática de aborto que são verdadeiras excludentes de ilicitude:

> *Art. 128 Não se pune o aborto praticado por médico:*
> *Aborto necessário*
> *I – Se não há outro meio de salvar a vida da gestante;*
> *Aborto sentimental*
> *II – Se a gravidez resulta de estupro e o aborto é precedido de consentimento da gestante ou, quando incapaz, de seu representante legal.*

São os **abortos necessário** e **sentimental**. Aborto necessário é aquele praticado para salvar a vida da gestante e o aborto sentimental é utilizado nos casos de estupro. Essas duas exceções à prática do crime de aborto são hipóteses em que se permite a sua prática no direito brasileiro. Além dessas duas hipóteses previstas expressamente na legislação brasileira, o STF também reconhece a possibilidade da prática de aborto do feto anencéfalo (feto sem cérebro). Mais uma vez, o direito à vida encontra-se flexibilizado.

### 5.1.3 Legítima defesa e estado de necessidade

Esses dois institutos, também excludentes de ilicitude do crime, são outras possibilidades de limitação do direito à vida, conforme disposto no art. 23 do Código Penal Brasileiro:

> *Art. 23 Não há crime quando o agente pratica o fato:*
> *I – Em estado de necessidade;*
> *II – Em legítima defesa;*

Em linhas gerais e de forma exemplificativa, o estado de necessidade permite que, diante de uma situação de perigo, uma pessoa possa, para salvar uma vida, tirar a vida de outra pessoa. Na legítima defesa, caso sua vida seja ameaçada por alguém, existe legitimidade em retirar a vida de quem o ameaçou.

Outro ponto que deve ser ressaltado é que o direito à vida não está subordinado apenas ao fato de se estar vivo. Quando a constituição protege o direito à vida, a faz em suas diversas acepções. Existem dispositivos constitucionais que protegem o direito à vida no que tange a sua preservação da integridade física e moral (art. 5º, incisos III, V, XLVII e XLIX; art. 199, § 4º). A Constituição também protege o direito à vida no que tange à garantia de uma vida com qualidade (arts. 6º; 7º, inciso IV; 196; 205; 215).

## 5.2 Direito à igualdade

### 5.2.1 Igualdade formal e igualdade material

Possui como sinônimo o termo Isonomia. A doutrina classifica esse direito em:

- **Igualdade formal:** traduz-se no termo "todos são iguais perante a lei, sem distinção de qualquer natureza". É o previsto no *caput* do art. 5º. É uma igualdade jurídica, que não se preocupa com a realidade, mas apenas evita que alguém seja tratado de forma discriminatória.
- **Igualdade material:** também chamada de igualdade efetiva ou substancial. É a igualdade que se preocupa com a realidade. Traduz-se na seguinte expressão: "tratar os iguais com igualdade e os desiguais com desigualdade, na medida das suas desigualdades". Esse tipo de igualdade confere um tratamento com justiça para aqueles que não a possuem.

A igualdade formal é a regra utilizada pelo Estado para conferir um tratamento isonômico entre as pessoas. Contudo, por diversas vezes, um tratamento igualitário não consegue atender a todas as necessidades práticas. Faz-se necessária a utilização da igualdade em seu aspecto material para que se consiga produzir um verdadeiro tratamento isonômico.

Imaginemos as relações entre homens e mulheres. A regra é que homem e mulher são tratados da mesma forma conforme previsto no inciso I do art. 5º:

> *I – Homens e mulheres são iguais em direitos e obrigações, nos termos desta Constituição;*

Contudo, em diversas situações, homens e mulheres serão tratados de forma diferente:

- **Licença-maternidade:** tem duração de 120 dias para a mulher. Para o homem, apenas 5 dias de licença-paternidade;
- **Aposentadoria:** a mulher se aposenta 5 anos mais cedo que o homem;
- **Serviço militar obrigatório:** só o homem está obrigado.

Essas são algumas das situações em que são permitidos tratamentos desiguais entre as pessoas. As razões que justificam essa discriminação são as diferenças efetivas que existem entre os homens e as mulheres em cada uma das hipóteses. Exemplificando, a mulher tem mais tempo para se recuperar em razão da nítida distinção do desgaste feminino para o masculino no que tange ao parto. É indiscutível que, por mais desgastante que seja o nascimento de um filho para o pai, nada se compara ao sofrimento suportado pela mãe. Por essa razão, a licença-maternidade é maior que a licença-paternidade.

## 5.2.2 Igualdade nos concursos públicos

O tema diz respeito à igualdade nos concursos públicos. Seria possível restringir o acesso a um cargo público em razão do sexo de uma pessoa? Ou por causa de sua altura? Ou ainda, pela idade que possui?

Essas questões encontram a mesma resposta: sim! É possível, desde que os critérios discriminatórios preencham alguns requisitos:

- **Deve ser fixado em lei:** não basta que os critérios estejam previstos no edital, precisam estar previstos em lei, no seu sentido formal.
- **Deve ser necessário ao exercício do cargo:** o critério discriminatório deve ser necessário ao exercício do cargo. A título de exemplo: seria razoável exigir para um cargo de policial militar, altura mínima ou mesmo, idade máxima, que representam vigor físico, tendo em vista a natureza do cargo que exige tal condição. As mesmas condições não poderiam ser exigidas para um cargo de técnico judiciário, por não serem necessárias ao exercício do cargo.

Em suma, podem ser exigidos critérios discriminatórios desde que previstos em lei e que sejam necessários ao exercício do cargo, observados os critérios de proporcionalidade e razoabilidade.

Esse tema sempre tem sido alvo de questões em prova, principalmente sob o aspecto jurisprudencial.

## 5.2.3 Ações afirmativas

Como formas de concretização da igualdade material foram desenvolvidas políticas públicas de compensação dirigidas às minorias sociais chamadas de **ações afirmativas ou discriminações positivas**. São verdadeiras ações de cunho social que visam a compensar possíveis perdas que determinados grupos sociais tiveram ao longo da história de suas vidas. Quem nunca ouviu falar nas "quotas para os pobres nas Universidades" ou ainda, "reserva de vagas para deficientes em concursos públicos"? Essas são algumas das espécies de ações afirmativas desenvolvidas no Brasil.

Mas por que reservar vagas para deficientes em concursos públicos? O deficiente, qualquer que seja sua deficiência, quando se prepara para um concurso público possui muito mais dificuldade que uma pessoa que tem a plenitude de seu vigor físico. Em razão dessa diferença, o Estado, na tentativa de reduzir a desigualdade existente entre os concorrentes, resolveu compensar a limitação de um portador de necessidades especiais reservando-lhe vagas especiais.

Perceba que, ao contrário do que parece, quando se reservam vagas num concurso público para deficientes estamos diante de um nítido tratamento discriminatório, que nesse caso é justificável pelas diferenças naturais entre o concorrente sadio e o concorrente deficiente. Lembre-se de que igualdade material é tratar iguais com igualdade e desiguais com desigualdade. O que se faz por meio dessas políticas de compensação é tratar os desiguais com desigualdade, na medida de suas desigualdades. Só dessa forma é possível alcançar um verdadeiro tratamento isonômico entre os candidatos.

Por fim, destaca-se o fato de o STF ter declarado constitucional a política de cotas étnico-raciais para seleção de estudantes em universidades públicas pacificando uma discussão antiga sobre esse tipo de ação afirmativa.

## 5.3 Direito à liberdade

O direito à liberdade pertence à primeira geração de direitos fundamentais por expressarem os direitos mais ansiados pelos indivíduos como forma de defesa diante do Estado. O que se verá a seguir são algumas das acepções desse direito que podem ser cobradas em prova.

### 5.3.1 Liberdade de ação

O inciso II do art. 5º apresenta aquilo que a doutrina chama de liberdade de ação:

> II – Ninguém será obrigado a fazer ou deixar de fazer alguma coisa senão em virtude de lei;

Essa é a liberdade por excelência. Segundo o texto constitucional, a liberdade só pode ser restringida por lei. Por isso, dizemos que esse inciso também apresenta o **princípio da legalidade.**

A liberdade pode ser entendida de duas formas, a depender do destinatário da mensagem:

- **Para o particular:** liberdade significa "fazer tudo que não for proibido".
- **Para o agente público:** liberdade significa "poder fazer tudo o que for determinado ou permitido pela lei".

### 5.3.2 Liberdade de locomoção

Uma das liberdades mais almejadas pelos indivíduos durante as lutas sociais é o grande carro-chefe na limitação dos poderes do Estado. O inciso XV do art. 5º já diz:

> XV – É livre a locomoção no território nacional em tempo de paz, podendo qualquer pessoa, nos termos da lei, nele entrar, permanecer ou dele sair com seus bens;

Perceba-se que o direito explanado nesse inciso não possui caráter absoluto, haja vista ter sido garantido em tempo de paz. Isso significa que em momentos sem paz seriam possíveis restrições às liberdades de locomoção. Destaca-se o Estado de Sítio que pode ser decretado nos casos previstos no art. 137 da Constituição Federal de 1988. Nessas circunstâncias, seriam possíveis maiores restrições à chamada liberdade de locomoção por meio de medidas autorizadas pela própria Constituição Federal:

> **Art. 137** O Presidente da República pode, ouvidos o Conselho da República e o Conselho de Defesa Nacional, solicitar ao Congresso Nacional autorização para decretar o estado de sítio nos casos de:
> I – Comoção grave de repercussão nacional ou ocorrência de fatos que comprovem a ineficácia de medida tomada durante o estado de defesa;
> II – Declaração de estado de guerra ou resposta a agressão armada estrangeira.

> **Art. 139** Na vigência do estado de sítio decretado com fundamento no art. 137, I, só poderão ser tomadas contra as pessoas as seguintes medidas:
> I – Obrigação de permanência em localidade determinada;
> II – Detenção em edifício não destinado a acusados ou condenados por crimes comuns;

Outro ponto interessante refere-se à possibilidade de qualquer pessoa entrar, permanecer ou sair do país com seus bens. Esse direito também não pode ser encarado de forma absoluta, haja vista a possibilidade de se exigir declaração de bens ou pagamento de imposto quando da entrada no país com bens. Nesse caso, liberdade de locomoção não se confunde com imunidade tributária.

Caso a liberdade de locomoção seja restringida por ilegalidade ou abuso de poder, a Constituição reservou um poderoso instrumento garantidor, o chamado *Habeas corpus*.

> Art. 5º [...]
> LXVIII – conceder-se-á "Habeas corpus" sempre que alguém sofrer ou se achar ameaçado de sofrer violência ou coação em sua liberdade de locomoção, por ilegalidade ou abuso de poder;

### 5.3.3 Liberdade de pensamento

Essa liberdade serve de amparo para uma série de possibilidades no que tange ao pensamento. Assim como os demais direitos fundamentais, a manifestação do pensamento não possui caráter absoluto, sendo restringido pela própria Constituição Federal, que proíbe seu exercício de forma anônima:

> Art. 5º [...]
> IV – É livre a manifestação do pensamento, sendo vedado o anonimato;

A vedação ao anonimato, além de ser uma garantia ao exercício da manifestação do pensamento, possibilita o exercício do direito de resposta caso alguém seja ofendido.

# DIREITOS E DEVERES INDIVIDUAIS E COLETIVOS

Sobre Denúncia Anônima, é importante fazer uma observação. Diante da vedação constitucional ao anonimato, poder-se-ia imaginar que essa ferramenta de combate ao crime fosse considerada inconstitucional. Contudo, não tem sido esse o entendimento do STF. A denúncia anônima pode até ser utilizada como ferramenta de comunicação do crime, mas não pode servir como amparo para a instauração do Inquérito Policial, muito menos como fundamento para condenação de quem quer que seja.

## 5.3.4 Liberdade de consciência e crença religiosa

Uma primeira pergunta deve ser feita acerca da liberdade religiosa em nosso país: qual a religião oficial do Brasil? A única resposta possível: é nenhuma. A liberdade religiosa do Estado brasileiro é incompatível com a existência de uma religião oficial. É o que apresenta o inciso VI do art. 5º:

> VI – É inviolável a liberdade de consciência e de crença, sendo assegurado o livre exercício dos cultos religiosos e garantida, na forma da lei, a proteção aos locais de culto e a suas liturgias;

Esse inciso marca a liberdade religiosa existente no Brasil. Por esse motivo, dizemos que o Brasil é um Estado laico, leigo ou não confessional. Isso significa, basicamente, que no Brasil existe uma relação de separação entre Estado e Igreja. Essa relação entre o Estado e a Igreja encontra, inclusive, vedação expressa no texto constitucional:

> Art. 19 É vedado à União, aos Estados, ao Distrito Federal e aos Municípios:
> I – Estabelecer cultos religiosos ou igrejas, subvencioná-los, embaraçar-lhes o funcionamento ou manter com eles ou seus representantes relações de dependência ou aliança, ressalvada, na forma da lei, a colaboração de interesse público;

Por causa da liberdade religiosa, é possível exercer qualquer tipo de crença no país. É possível ser católico, protestante, mulçumano, ateu ou satanista. Isso é liberdade de crença ou consciência. Liberdade de crer ou não crer. Perceba que o inciso VI, além de proteger as crenças e cultos, também protege as suas liturgias. Apesar do amparo constitucional, não se pode utilizar esse direito para praticar atos contrários às demais normas do direito brasileiro como, por exemplo, sacrificar seres humanos como forma de prestar culto a determinada divindade. Isso a liberdade religiosa não ampara.

Outro dispositivo importante é o previsto no inciso VII:

> Art. 5º [...]
> VII – É assegurada, nos termos da lei, a prestação de assistência religiosa nas entidades civis e militares de internação coletiva;

Nesse inciso, a Constituição Federal de 1988 garantiu a assistência religiosa nas entidades de internação coletivas, sejam elas civis ou militares. Entidades de internação coletivas são quartéis, hospitais ou hospícios. Em razão dessa garantia constitucional, é comum encontrarmos nesses estabelecimentos capelas para que o direito seja exercido.

Apesar da importância dos dispositivos analisados anteriormente, nenhum é mais cobrado em prova que o inciso VIII:

> Art. 5º [...]
> VIII – Ninguém será privado de direitos por motivo de crença religiosa ou de convicção filosófica ou política, salvo se as invocar para eximir-se de obrigação legal a todos imposta e recusar-se a cumprir prestação alternativa, fixada em lei;

Estamos diante do instituto da Escusa de Consciência. Esse direito permite a qualquer pessoa que, em razão de sua crença ou consciência, deixe de cumprir uma obrigação imposta sem que com isso sofra alguma consequência em seus direitos. Tal permissivo constitucional encontra uma limitação prevista expressamente no texto em análise. No caso de uma obrigação imposta a todos, se o indivíduo se recusar ao seu cumprimento, ser-lhe-á oferecida uma prestação alternativa. Não a cumprindo também, a Constituição permite que direitos sejam restringidos. O art. 15 prescreve que os direitos restringidos serão os direitos políticos:

> Art. 15 É vedada a cassação de direitos políticos, cuja perda ou suspensão só se dará nos casos de: [...]
> IV – Recusa de cumprir obrigação a todos imposta ou prestação alternativa, nos termos do art. 5º, VIII;

## 5.3.5 Liberdade de reunião

Acerca dessa liberdade, é importante ressaltar as condições estabelecidas pelo texto constitucional:

> Art. 5º [...]
> XVI – Todos podem reunir-se pacificamente, sem armas, em locais abertos ao público, independentemente de autorização, desde que não frustrem outra reunião anteriormente convocada para o mesmo local, sendo apenas exigido prévio aviso à autoridade competente;

Enumerando-as, de forma a facilitar o estudo, tem-se que as condições estabelecidas para o exercício do direito à reunião são:

- **Reunião pacífica:** não se legitima uma reunião que tenha fins não pacíficos.
- **Sem armas:** para evitar a violência ou coação por meio de armas.
- **Locais abertos ao público:** encontra-se subentendida a reunião em local fechado.
- **Independente de autorização:** não precisa de autorização.
- **Necessidade de prévio aviso.**
- **Não frustrar outra reunião convocada anteriormente para o mesmo local:** garantia de isonomia no exercício do direito prevalecendo o de quem exerceu primeiro.

Sobre o exercício da liberdade de reunião é importante saber que ele não depende de autorização, mas necessita de prévio aviso.

Outro ponto que já foi alvo de questão de prova é a possibilidade de restrição desse direito no Estado de Sítio e no Estado de Defesa. O problema está na distinção entre as limitações que podem ser adotadas em cada uma das medidas:

> Art. 136 [...]
> § 1º O decreto que instituir o estado de defesa determinará o tempo de sua duração, especificará as áreas a serem abrangidas e indicará, nos termos e limites da lei, as medidas coercitivas a vigorarem, dentre as seguintes:
> I – Restrições aos direitos de:
> a) reunião, ainda que exercida no seio das associações;
> Art. 139. Na vigência do estado de sítio decretado com fundamento no art. 137, I, só poderão ser tomadas contra as pessoas as seguintes medidas: [...]
> IV – Suspensão da liberdade de reunião;

Ao passo que no **estado de defesa** ocorrerão **restrições** ao direito de reunião, no **estado de sítio** ocorrerá a **suspensão** desse direito.

## 5.3.6 Liberdade de associação

São vários os dispositivos constitucionais que regulam a liberdade de associação:

> Art. 5º [...]
> XVII – É plena a liberdade de associação para fins lícitos, vedada a de caráter paramilitar;
> XVIII – A criação de associações e, na forma da lei, a de cooperativas independem de autorização, sendo vedada a interferência estatal em seu funcionamento;
> XIX – As associações só poderão ser compulsoriamente dissolvidas ou ter suas atividades suspensas por decisão judicial, exigindo-se, no primeiro caso, o trânsito em julgado;
> XX – Ninguém poderá ser compelido a associar-se ou a permanecer associado;
> XXI – As entidades associativas, quando expressamente autorizadas, têm legitimidade para representar seus filiados judicial ou extrajudicialmente;

O primeiro ponto que dever ser lembrado é que a liberdade de associação só poderá ser usufruída para fins lícitos sendo proibida a criação de associação paramilitar.

Entende-se como associação de caráter paramilitar toda organização paralela ao Estado, sem legitimidade, com estrutura e organização tipicamente militar. São as facções criminosas, milícias ou qualquer outra organização que possua fins ilícitos e alheios aos do Estado.

Destaca-se, com a mesma importância, a dispensa de autorização e interferência estatal no funcionamento e criação das associações.

Maior destaque deve ser dado ao inciso XIX, que condiciona qualquer limitação às atividades associativas a uma decisão judicial. As associações podem ter suas atividades **suspensas** ou **dissolvidas**. Em qualquer um dos casos deve haver **decisão judicial**. No caso da **dissolução**, por ser uma medida mais grave, não basta qualquer decisão judicial, tem que ser **transitada em julgado**. Isso significa uma decisão definitiva, à qual não caiba mais recurso.

O inciso XX tutela a chamada liberdade associativa, pela qual ninguém será obrigado a se associar ou mesmo a permanecer associado a qualquer entidade associativa.

Por fim, temos o inciso XXI, que permite às associações que representem seus associados tanto na esfera judicial quanto na administrativa desde que possuam expressa autorização. Expressa autorização significa por escrito, por meio de instrumento legal que comprove a autorização.

Vale destacar que, para suspender as atividades de uma associação, basta qualquer decisão judicial; para dissolver, tem que haver decisão judicial transitada em julgado.

## 5.4 Direito à propriedade

Quando se fala em direito à propriedade, alguns atributos que lhe são inerentes aparecem imediatamente. Propriedade é a faculdade que uma pessoa tem de usar, gozar dispor de um bem. O texto constitucional garante esse direito de forma expressa:

*Art. 5º [...]*
*XXII – É garantido o direito de propriedade.*

Apesar de esse direito aparentar possuir um caráter absoluto, quando se investiga mais a fundo esse tema, percebe-se que ele possui vários limitadores no próprio texto constitucional. E é isso que se passa a analisar agora.

### 5.4.1 Limitações

Dentre as limitações existentes na Constituição, estão: função social, requisição administrativa, desapropriação, bem de família, propriedade imaterial e direito à herança.

### 5.4.2 Função social

A Constituição Federal de 1988 exige, em seu art. 5º, que a propriedade atenda a sua função social:

*XXIII – A propriedade atenderá a sua função social;*

Isso significa que a propriedade não é tão individual quanto pensamos. A necessidade de observância da função social demonstra que a propriedade é muito mais que uma titularidade privada. Esse direito possui reflexos em toda a sociedade. É só imaginar uma propriedade imóvel, um terreno urbano, que, apesar de possuir um proprietário, fica abandonado. Cresce o mato, as pessoas começam a jogar lixo naquele lugar, alguns criminosos começam a utilizar aquele ambiente para prática de atividades ilícitas. Veja quantas coisas podem acontecer numa propriedade e que importarão em consequências gravosas para o meio social mais próximo. É por isso que a propriedade tem que atender a sua função social.

### 5.4.3 Requisição administrativa

Consta no inciso XXV do art. 5º:

*XXV – No caso de iminente perigo público, a autoridade competente poderá usar de propriedade particular, assegurada ao proprietário indenização ulterior, se houver dano;*

Essa é a chamada Requisição Administrativa. Esse instituto permite que a propriedade seja limitada pela necessidade de se solucionar situação de perigo público. Não se trata de uma forma de desapropriação, pois o dono da propriedade requisitada não a perde, apenas a empresta para uso público, sendo garantido, posteriormente, havendo dano, direito a indenização. Esse instituto limita o caráter absoluto da propriedade.

### 5.4.4 Desapropriação

É a perda da propriedade. Esse é o limitador por excelência do direito, restringindo o caráter perpétuo da propriedade. A seguir, estão exemplificadas as três modalidades de desapropriação.

- **Desapropriação pelo mero interesse público:** essa modalidade é utilizada pelo Estado quando o interesse social ou a utilidade pública prevalecem sobre o direito individual. Nesse tipo de desapropriação, destaca-se que o proprietário nada fez para merecê-la, contudo, o interesse público exige que determinada área seja desapropriada. É o caso de construção de uma rodovia que exige a desapropriação de várias propriedades para o asfaltamento da via.
- Deve ser destacado que essa modalidade de desapropriação gera direito à indenização, que deve ser paga em dinheiro, previamente e com valor justo.
- Conforme o texto da Constituição Federal de 1988:

  *Art. 5º [...]*
  *XXIV – A lei estabelecerá o procedimento para desapropriação por necessidade ou utilidade pública, ou por interesse social, mediante justa e prévia indenização em dinheiro, ressalvados os casos previstos nesta Constituição;*

- **Desapropriação-sanção:** nesta modalidade, o proprietário, por algum motivo, não observou a função social da propriedade. Por esse motivo, é chamada de Desapropriação-sanção, haja vista ser uma verdadeira punição. Segundo a Constituição Federal de 1988, essa desapropriação gera direito à indenização, que deverá ser paga em títulos da dívida pública ou agrária. Segundo os arts. 182, § 4º, inciso III e 184 da Constituição Federal de 1988:

  *Art. 182 [...]*
  *§ 4º É facultado ao Poder Público municipal, mediante lei específica para área incluída no plano diretor, exigir, nos termos da lei federal, do proprietário do solo urbano não edificado, subutilizado ou não utilizado, que promova seu adequado aproveitamento, sob pena, sucessivamente, de:*
  *I – Parcelamento ou edificação compulsórios;*
  *II – Imposto sobre a propriedade predial e territorial urbana progressivo no tempo;*
  *III – Desapropriação com pagamento mediante títulos da dívida pública de emissão previamente aprovada pelo Senado Federal, com prazo de resgate de até dez anos, em parcelas anuais, iguais e sucessivas, assegurados o valor real da indenização e os juros legais.*
  *Art. 184 Compete à União desapropriar por interesse social, para fins de reforma agrária, o imóvel rural que não esteja cumprindo sua função social, mediante prévia e justa indenização em títulos da dívida agrária, com cláusula de preservação do valor real, resgatáveis no prazo de até vinte anos, a partir do segundo ano de sua emissão, e cuja utilização será definida em lei.*

- **Desapropriação confiscatória:** *é a desapropriação que ocorre com a propriedade utilizada para cultivo de plantas psicotrópicas. Nesse caso, não haverá indenização, mas o proprietário poderá ser processado pela prática de ilícito penal.*

  *Art. 243 As propriedades rurais e urbanas de qualquer região do País onde forem localizadas culturas ilegais de plantas psicotrópicas ou a exploração de trabalho escravo na forma da lei serão expropriadas e destinadas à reforma agrária e a programas de habitação popular, sem qualquer indenização ao proprietário e sem prejuízo de outras sanções previstas em lei, observado, no que couber, o disposto no art. 5º.*
  *Parágrafo único. Todo e qualquer bem de valor econômico apreendido em decorrência do tráfico ilícito de entorpecentes e drogas afins e da exploração de trabalho escravo será confiscado e reverterá a fundo especial com destinação específica, na forma da lei.*

# DIREITOS E DEVERES INDIVIDUAIS E COLETIVOS

> **Atenção!**
> **Desapropriação por interesse público** → indenizada em dinheiro.
> **Desapropriação-sanção** → indenizada em títulos da Dívida Pública.
> **Desapropriação confiscatória** → não tem direito à indenização.

## 5.4.5 Bem de família

A Constituição consagra uma forma de proteção às pequenas propriedades rurais chamada de bem de família:

*Art. 5º [...]*

*XXVI – A pequena propriedade rural, assim definida em lei, desde que trabalhada pela família, não será objeto de penhora para pagamento de débitos decorrentes de sua atividade produtiva, dispondo a lei sobre os meios de financiar o seu desenvolvimento; =*

O mais importante para prova é atentar para os requisitos estabelecidos no inciso, quais sejam:

- **Pequena propriedade rural:** não se trata de qualquer propriedade.
- **Definida em lei:** não em outra espécie normativa.
- **Trabalhada pela família:** não por qualquer pessoa.
- **Débitos decorrentes da atividade produtiva:** não por qualquer débito.

## 5.4.6 Propriedade imaterial

Além das propriedades sobre bens materiais, a Constituição também consagra normas de proteção sobre a propriedade de bens imateriais. São duas as propriedades consagradas: autoral e industrial.

- **Propriedade autoral:** encontra-se protegida nos incisos XXVII e XXVIII do art. 5º:

  *XXVII – Aos autores pertence o direito exclusivo de utilização, publicação ou reprodução de suas obras, transmissível aos herdeiros pelo tempo que a lei fixar;*

  *XXVIII – São assegurados, nos termos da lei:*

  *a) a proteção às participações individuais em obras coletivas e à reprodução da imagem e voz humanas, inclusive nas atividades desportivas;*

  *b) o direito de fiscalização do aproveitamento econômico das obras que criarem ou de que participarem aos criadores, aos intérpretes e às respectivas representações sindicais e associativas;*

- **Propriedade industrial:** encontra-se protegida no inciso XXIX:

  *XXIX – A lei assegurará aos autores de inventos industriais privilégio temporário para sua utilização, bem como proteção às criações industriais, à propriedade das marcas, aos nomes de empresas e a outros signos distintivos, tendo em vista o interesse social e o desenvolvimento tecnológico e econômico do País;*

Uma relação muito interessante entre a propriedade autoral e a industrial está no tempo de proteção previsto na Constituição Federal de 1988. Observe-se que na propriedade autoral o direito do autor é vitalício, tendo em vista a previsão de possibilidade de transmissão desses direitos aos herdeiros. Contudo, quando nas mãos dos sucessores, a proteção será pelo tempo que a lei fixar, ou seja, temporário.

Já na propriedade industrial, a proteção do próprio autor já possui caráter temporário.

## 5.4.7 Direito à herança

De nada adiantaria tanta proteção à propriedade se esse bem jurídico não pudesse ser transmitido por meio da sucessão de bens aos herdeiros após a morte. O direito à herança, consagrado expressamente na Constituição, traduz-se no coroamento do direito de propriedade. É a grande força motriz desse direito. Só faz sentido ter direito à propriedade se esse direito possa ser transferido aos herdeiros.

*Art. 5º [...]*

*XXX – É garantido o direito de herança;*

*XXXI – A sucessão de bens de estrangeiros situados no País será regulada pela lei brasileira em benefício do cônjuge ou dos filhos brasileiros, sempre que não lhes seja mais favorável a lei pessoal do de cujus;*

Destaque especial deve ser dado ao inciso XXXI, que prevê a possibilidade de aplicação de lei estrangeira no país em casos de sucessão de bens de pessoa estrangeira desde que esses bens estejam situados no Brasil. A Constituição Federal permite que seja aplicada a legislação mais favorável aos herdeiros, quer seja a lei brasileira, quer seja a lei estrangeira.

## 5.5 Direito à segurança

Ao se referir à segurança como direito individual, o art. 5º pretende significar "segurança jurídica "que trata de normas de pacificação social e que produzem uma maior segurança nas relações sociais. Esse é o ponto alto dos direitos individuais. Sem dúvida, aqui está a maior quantidade de questões cobradas em prova.

### 5.5.1 Princípio da segurança nas relações jurídicas

Este princípio tem como objetivo garantir a estabilidade das relações jurídicas. Veja o que diz a Constituição:

*Art. 5º [...]*

*XXXVI – A lei não prejudicará o direito adquirido, o ato jurídico perfeito e a coisa julgada;*

Os três institutos aqui protegidos encontram seu conceito formalizado na **Lei de Introdução às Normas do Direito brasileiro**.

*Art. 6º [...]*

*§ 1º Reputa-se ato jurídico perfeito o já consumado segundo a lei vigente ao tempo em que se efetuou.*

*§ 2º Consideram-se adquiridos assim os direitos que o seu titular, ou alguém por ele, possa exercer, como aqueles cujo começo do exercício tenha termo pré-fixo, ou condição pré-estabelecida inalterável, a arbítrio de outrem.*

*§ 3º Chama-se coisa julgada ou caso julgado a decisão judicial de que já não caiba recurso.*

Em linhas gerais, pode-se assim conceituá-los:

- **Direito adquirido:** direito já incorporado ao patrimônio do titular.
- **Ato jurídico perfeito:** ato jurídico que já atingiu seu fim. Ato jurídico acabado, aperfeiçoado, consumado.
- **Coisa julgada:** sentença judicial transitada em julgado. Aquela sentença em relação à qual não cabe mais recurso.

De uma coisa não se pode esquecer: a proibição de retroatividade da lei nos casos aqui estudados não se aplica às leis mais benéficas, ou seja, uma lei mais benéfica poderá produzir efeitos em relação ao direito adquirido, ao ato jurídico perfeito e à coisa julgada.

### 5.5.2 Devido processo legal

O devido processo legal possui como objetivo principal limitar o poder do Estado. Esse princípio condiciona a restrição da liberdade ou dos bens de um indivíduo à existência de um procedimento estatal que respeite todos os direitos e garantias processuais previstos na lei. É o que diz o inciso LIV do art. 5º:

*LIV – Ninguém será privado da liberdade ou de seus bens sem o devido processo legal;*

A exigência constitucional de existência de processo aplica-se tanto aos processos judiciais quanto aos procedimentos administrativos.

Desse princípio, surge a garantia constitucional à **proporcionalidade** e **razoabilidade.** Da mesma forma, é durante o devido processo legal que poderão ser exercidos os direitos ao contraditório e à ampla defesa, que serão analisados a seguir.

## 5.5.3 Contraditório e ampla defesa

Essas garantias constitucionais, conforme já salientado, decorrem do devido processo legal. São utilizadas como ferramenta de defesa diante das acusações impostas pelo Estado ou por um particular nos processos judiciais e administrativos:

> *Art. 5º [...]*
> *LV – Aos litigantes, em processo judicial ou administrativo, e aos acusados em geral são assegurados o contraditório e ampla defesa, com os meios e recursos a ela inerentes;*

Mas o que significam o contraditório e a ampla defesa?

**Contraditório** é o direito de contradizer, contrariar, contraditar. Se alguém diz que você é ou fez alguma coisa, o contraditório lhe permite dizer que não é e que não fez o que lhe foi imputado. É simplesmente o direito de contrariar. Já a **ampla defesa** é a possibilidade de utilização de todos os meios admitidos em direito para se defender de uma acusação.

Em regra, o contraditório e a ampla defesa são garantidos em todos os processos judiciais ou administrativos, contudo, a legislação brasileira previu alguns procedimentos administrativos incompatíveis com o exercício desse direito:

- Inquérito policial.
- Sindicância investigativa.
- Inquérito civil.

Em suma, nos procedimentos investigatórios que não possuem o condão de punir o investigado não serão garantidos o contraditório e a ampla defesa.

Observem-se as Súmulas Vinculantes do Supremo Tribunal Federal que versam sobre esse tema:

> *Súmula Vinculante nº 3 – STF Nos processos perante o Tribunal de Contas da União asseguram-se o contraditório e a ampla defesa quando da decisão puder resultar anulação ou revogação de ato administrativo que beneficie o interessado, excetuada a apreciação da legalidade do ato de concessão inicial de aposentadoria, reforma e pensão.*
>
> *Súmula Vinculante nº 5 – STF A falta de defesa técnica por advogado no processo administrativo disciplinar não ofende a Constituição.*
>
> *Súmula Vinculante nº 14 – STF É direito do defensor, no interesse do representado, ter acesso amplo aos elementos de prova que, já documentados em procedimento investigatório realizado por órgão com competência de polícia judiciária, digam respeito ao exercício do direito de defesa.*
>
> *Súmula Vinculante nº 21 – STF É inconstitucional a exigência de depósito ou arrolamento prévios de dinheiro ou bens para admissibilidade de recurso administrativo.*

## 5.5.4 Proporcionalidade e razoabilidade

Eis uma garantia fundamental que não está expressa no texto constitucional apesar de ser um dos institutos mais utilizados pelo Supremo em suas decisões atuais. Trata-se de um princípio implícito, cuja fonte é o princípio do devido processo legal. Esses dois institutos jurídicos são utilizados como parâmetro de ponderação quando adotadas medidas pelo Estado, principalmente no que tange à restrição de bens e direitos dos indivíduos. Duas palavras esclarecem o sentido dessas garantias: necessidade e adequação.

Para saber se um ato administrativo observou os critérios de proporcionalidade e razoabilidade, deve-se questionar se o ato foi necessário e se foi adequado à situação.

Para exemplificar, imaginemos que um determinado fiscal sanitário, ao inspecionar um supermercado, depara-se com um pote de iogurte com a data de validade vencida há um dia. Imediatamente, ele prende o dono do mercado, dá dois tiros para cima, realiza revista manual em todos os clientes e funcionários do mercado e aplica uma multa de dois bilhões de reais. Pergunta-se: será que a medida adotada pelo fiscal foi necessária? Foi adequada? Certamente que não. Logo, a medida não observou os princípios da razoabilidade e proporcionalidade.

É importante deixar claro que os princípios da proporcionalidade e da razoabilidade estão implícitos no texto constitucional, ou seja, não estão previstos expressamente.

## 5.5.5 Inadmissibilidade das provas ilícitas

Uma das garantias mais importantes do direito brasileiro é a inadmissibilidade das provas ilícitas. Encontra-se previsto expressamente no inciso LVI do art. 5º:

> *LVI – São inadmissíveis, no processo, as provas obtidas por meios ilícitos.*

Em razão dessa garantia, é proibida a produção de provas ilícitas num processo sob pena de nulidade processual. Em regra, a prova ilícita produz nulidade de tudo o que a ela estiver relacionado. Esse efeito decorre da chamada **Teoria dos Frutos da Árvore Envenenada**. Segundo a teoria, se a árvore está envenenada, os frutos também o serão. Se uma prova foi produzida de forma ilícita, as demais provas dela decorrentes também serão ilícitas (ilicitude por derivação). Contudo, deve-se ressaltar que essa teoria é aplicada de forma restrita no direito brasileiro, ou seja, encontrada uma prova ilícita num processo, não significa que todo o processo será anulado, mas apenas os atos e demais provas que decorreram direta ou indiretamente daquela produzida de forma ilícita.

Caso existam provas autônomas produzidas em conformidade com a lei, o processo deve prosseguir ainda que tenham sido encontradas e retiradas as provas ilícitas. Logo, é possível afirmar que a existência de uma prova ilícita no processo não anula de pronto todo o processo.

Deve-se destacar, ainda, a única possibilidade já admitida de prova ilícita nos tribunais brasileiros: a produzida em legítima defesa.

## 5.5.6 Inviolabilidade domiciliar

Essa garantia protege o indivíduo em seu recinto mais íntimo: a casa. A Constituição dispõe que:

> *Art. 5º [...]*
> *XI – A casa é asilo inviolável do indivíduo, ninguém nela podendo penetrar sem consentimento do morador, salvo em caso de flagrante delito ou desastre, ou para prestar socorro, ou, durante o dia, por determinação judicial.*

Como regra, só se pode entrar na casa de uma pessoa com o seu consentimento. Excepcionalmente, a Constituição Federal admite a entrada sem consentimento do morador nos casos de:

- Flagrante delito.
- Desastre.
- Prestar socorro.
- Determinação Judicial – só durante o dia.

No caso de determinação judicial, a entrada se dará apenas durante o dia. Nos demais casos, a entrada será permitida a qualquer hora.

Alguns conceitos importantes: o que é casa? O que pode ser entendido como casa para efeito de inviolabilidade? A jurisprudência tem interpretado o conceito de casa de forma ampla, em consonância com o disposto nos arts. 245 e 246 do Código de Processo Penal:

> *Art. 245 As buscas domiciliares serão executadas de dia, salvo se o morador consentir que se realizem à noite, e, antes de penetrarem na casa, os executores mostrarão e lerão o mandado ao morador, ou a quem o represente, intimando-o, em seguida, a abrir a porta.*
>
> *Art. 246 Aplicar-se-á também o disposto no artigo anterior, quando se tiver de proceder a busca em compartimento habitado ou em aposento ocupado de habitação coletiva ou em compartimento não aberto ao público, onde alguém exercer profissão ou atividade.*

O STF já considerou como casa, para efeitos de inviolabilidade, oficina mecânica, quarto de hotel ou escritório profissional.

Outra questão relevante é saber o que é dia? Dois são os posicionamentos adotados na doutrina:

- Das 6 h às 18 h.
- Da aurora ao crepúsculo.

# DIREITOS E DEVERES INDIVIDUAIS E COLETIVOS

Segundo a jurisprudência, isso deve ser resolvido no caso concreto, tendo em vista variação de fusos horários existentes em nosso país, bem como a ocorrência do horário de verão. Na prática, é possível entrar na casa independentemente do horário, desde que seja durante o dia.

*Em caso de flagrante delito, desastre ou para prestar socorro, pode-se entrar a qualquer momento*

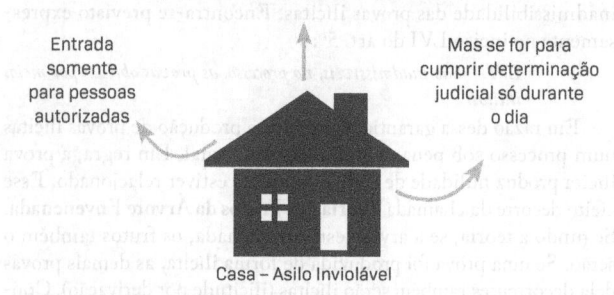

*Entrada somente para pessoas autorizadas*

*Mas se for para cumprir determinação judicial só durante o dia*

Casa – Asilo Inviolável

## 5.5.7 Princípio da inafastabilidade da jurisdição

Esse princípio, também conhecido como princípio do livre acesso ao poder judiciário ou direito de ação, garante, nos casos de necessidade, o acesso direto ao Poder Judiciário. Também, decorre desse princípio a ideia de que não é necessário o esgotamento das vias administrativas para ingressar com uma demanda no Poder Judiciário. Assim prevê a Constituição Federal:

*Art. 5º [...]*
*XXXV – A lei não excluirá da apreciação do Poder Judiciário lesão ou ameaça a direito;*

Perceba que a proteção possui sentido duplo: lesão ou ameaça à lesão. Significa dizer que a garantia pode ser utilizada tanto de forma preventiva como de forma repressiva. Tanto para prevenir a ofensa a direito como para reprimir a ofensa já cometida.

Quanto ao acesso ao Judiciário independentemente do esgotamento das vias administrativas, há algumas peculiaridades previstas na legislação brasileira:

- **Justiça desportiva:** a Constituição Federal de 1988 prevê no art. 217 que o acesso ao Poder Judiciário está condicionado ao esgotamento das vias administrativas.

  *Art. 217 [...]*
  *§ 1º O Poder Judiciário só admitirá ações relativas à disciplina e às competições desportivas após esgotarem-se as instâncias da justiça desportiva, regulada em lei.*

- **Compromisso arbitral:** a Lei nº 9.307/1996 prevê que as partes, quando em discussão patrimonial, poderão optar pela arbitragem como forma de resolução de conflito. Não se trata de uma instância administrativa de curso forçado, mas de uma opção facultada às partes.

- *Habeas data:* o art. 8º da Lei nº 9.507/1997 exige, para impetração do *habeas data*, a comprovação da recusa ao acesso à informação. Parte da doutrina não considera isso como exigência de prévio esgotamento da via administrativa, mas condição da ação. Veja-se a súmula nº 2 do STJ:

  *Súmula nº 2 – STJ Não cabe "Habeas Data" se não houve recusa de informações por parte da autoridade administrativa.*

- **Reclamação Constitucional:** o art. 7º, § 1º da Lei nº 11.417/2006, que regula a edição de Súmulas Vinculantes, prevê que só será possível a Reclamação Constitucional nos casos de omissão ou ato da Administração Pública que contrarie ou negue vigência à Súmula Vinculante, após o esgotamento das vias administrativas.

## 5.5.8 Gratuidade das certidões de nascimento e de óbito

A Constituição Federal de 1988 traz expressamente que:

*Art. 5º, LXXVI. São gratuitos para os reconhecidamente pobres, na forma da lei:*
*a) o registro civil de nascimento;*
*b) a certidão de óbito;*

Observe-se que o texto constitucional condiciona o benefício da gratuidade do registro de nascimento e da certidão de óbito apenas para os reconhecidamente pobres. Entretanto, a Lei nº 6.015/1973 prevê que:

*Art. 30 Não serão cobrados emolumentos pelo registro civil de nascimento e pelo assento de óbito, bem como pela primeira certidão respectiva.*
*§ 1º Os reconhecidamente pobres estão isentos de pagamento de emolumentos pelas demais certidões extraídas pelo cartório de registro civil.*

Perceba que essa lei amplia o benefício garantido na Constituição para todas as pessoas no que tange ao registro e à aquisição da primeira certidão de nascimento e de óbito. Quanto às demais vias, só serão garantidas aos reconhecidamente pobres. Deve-se ter cuidado com essa questão em prova, pois deve ser levado em conta se a pergunta tem como referência a Constituição ou não.

## 5.5.9 Celeridade processual

Traz o texto constitucional:

*Art. 5º [...]*
*LXXVIII – A todos, no âmbito judicial e administrativo, são assegurados a razoável duração do processo e os meios que garantam a celeridade de sua tramitação.*

Essa é a garantia da celeridade processual. Decorre do princípio da eficiência que obriga o Estado a prestar assistência em tempo razoável. Celeridade quer dizer rapidez, mas uma rapidez com qualidade. Esse princípio é aplicável nos processos judiciais e administrativos, visa dar maior efetividade a prestação estatal. Deve-se garantir o direito antes que o seu beneficiário deixe de precisar. Após a inclusão desse dispositivo entre os direitos fundamentais, várias medidas para acelerar a prestação jurisdicional foram adotadas, dentre as quais destacam-se:

- Juizados especiais;
- Súmula vinculante;
- Realização de inventários e partilhas por vias administrativas;
- Informatização do processo.

Essas são algumas das medidas que foram adotadas para trazer mais celeridade ao processo.

## 5.5.10 Erro judiciário

Dispositivo de grande utilidade social que funciona como limitador da arbitrariedade estatal. O Estado, no que tange à liberdade do indivíduo, não pode cometer erros sob pena de ter que indenizar o injustiçado. Isso é o que prevê o inciso LXXV do art. 5º:

*LXXV – O Estado indenizará o condenado por erro judiciário, assim como o que ficar preso além do tempo fixado na sentença;*

## 5.5.11 Publicidade dos atos processuais

Em regra, os atos processuais são públicos. Essa publicidade visa a garantir maior transparência aos atos administrativos bem como permite a fiscalização popular. Além disso, atos públicos possibilitam um exercício efetivo do contraditório e da ampla defesa. Entretanto, essa publicidade comporta algumas exceções:

*Art. 5º [...]*
*LX – A lei só poderá restringir a publicidade dos atos processuais quando a defesa da intimidade ou o interesse social o exigirem;*

Nos casos em que a intimidade ou o interesse social exigirem, a publicidade poderá ser restringida apenas aos interessados. Imaginemos uma audiência em que estejam envolvidas crianças; nesse caso, como forma de preservação da intimidade, o juiz poderá restringir a participação na audiência apenas aos membros da família e demais interessados.

### 5.5.12 Sigilo das comunicações

Uma das normas mais importantes da Constituição Federal que versa sobre segurança jurídica é esta:

> *Art. 5º [...]*
> *XII – É inviolável o sigilo da correspondência e das comunicações telegráficas, de dados e das comunicações telefônicas, salvo, no último caso, por ordem judicial, nas hipóteses e na forma que a lei estabelecer para fins de investigação criminal ou instrução processual penal;*

Esse dispositivo prevê quatro formas de comunicação que possuem proteção constitucional:

- Sigilo da correspondência;
- Comunicação telegráfica;
- Comunicação de dados;
- Comunicações telefônicas.

Dessas quatro formas de comunicação, apenas uma obteve autorização de violação do sigilo pelo texto constitucional: as comunicações telefônicas. Deve-se tomar cuidado com esse tema em prova. Segundo o texto expresso, só as comunicações telefônicas poderão ter o seu sigilo violado. E só o juiz poderá fazê-lo, com fins definidos também pela Constituição, os quais são para investigação criminal e instrução processual penal.

Entretanto, considerando a inexistência de direito fundamental absoluto, a jurisprudência tem considerado a possibilidade de quebra dos demais sigilos, desde que seja determinada por ordem judicial.

No que tange ao sigilo dos dados bancários, fiscais, informáticos e telefônicos, a jurisprudência tem permitido sua quebra por determinação judicial, determinação de Comissão Parlamentar de Inquérito, requisição do Ministério Público, solicitação da autoridade fazendária.

### 5.5.13 Tribunal do Júri

O Tribunal do Júri é uma instituição pertencente ao Poder Judiciário, que possui competência específica para julgar determinados tipos de crime. O Júri é formado pelo Conselho de Sentença, que é presidido por um Juiz Togado e por sete jurados que efetivamente farão o julgamento do acusado. A ideia do Tribunal do Júri é que o acusado seja julgado por seus pares.

A Constituição Federal apresenta alguns princípios que regem esse tribunal:

> *Art. 5º [...]*
> *XXXVIII – É reconhecida a instituição do júri, com a organização que lhe der a lei, assegurados:*
> *a) a plenitude de defesa;*
> *b) o sigilo das votações;*
> *c) a soberania dos veredictos;*
> *d) a competência para o julgamento dos crimes dolosos contra a vida.*

Segundo esse texto, o Tribunal do Júri é regido pelos seguintes princípios:

- **Plenitude de defesa:** esse princípio permite que no júri sejam utilizadas todas as provas permitidas em direito. Aqui, o momento probatório é bastante explorado haja vista a necessidade de se convencer os jurados que são pessoas comuns da sociedade.
- **Sigilo das votações:** o voto é sigiloso. Durante o julgamento não é permitido que um jurado converse com o outro sobre o julgamento sob pena de nulidade;
- **Soberania dos veredictos:** o que for decidido pelos jurados será considerado soberano. Nem o Juiz presidente poderá modificar o julgamento. Aqui quem decide são os jurados;
- **Competência para julgar os crimes dolosos contra a vida:** o júri não julga qualquer tipo de crime, mas apenas os dolosos contra a vida. Crimes dolosos, em simples palavras, são aqueles praticados com intenção, com vontade. São diferentes dos crimes culposos, os quais são praticados sem intenção.

### 5.5.14 Princípio da anterioridade

O inciso XXXIX do art. 5º da Constituição Federal de 1988 apresenta o chamado princípio da anterioridade penal:

> *XXXIX – Não há crime sem lei anterior que o defina, nem pena sem prévia cominação legal.*

Esse princípio decorre na necessidade de se prever antes da aplicação da pena, a conduta que é considerada como crime e a pena que deverá ser cominada. Mais uma regra de segurança jurídica.

### 5.5.15 Princípio da irretroatividade

Esse princípio também possui sua importância ao prever que a lei penal não poderá retroagir, salvo se for para beneficiar o réu.

> *Art. 5º [...]*
> *XL – A lei penal não retroagirá, salvo para beneficiar o réu.*

### 5.5.16 Crimes imprescritíveis, inafiançáveis e insuscetíveis de graça e anistia

Os dispositivos a seguir estão entre os mais cobrados em prova. O ideal é que sejam memorizados na ordem proposta no quadro abaixo:

> *Art. 5º [...]*
> *XLII – A prática do racismo constitui crime inafiançável e imprescritível, sujeito à pena de reclusão, nos termos da lei;*
> *XLIII – A lei considerará crimes inafiançáveis e insuscetíveis de graça ou anistia a prática da tortura, o tráfico ilícito de entorpecentes e drogas afins, o terrorismo e os definidos como crimes hediondos, por eles respondendo os mandantes, os executores e os que, podendo evitá-los, se omitirem;*
> *XLIV – Constitui crime inafiançável e imprescritível a ação de grupos armados, civis ou militares, contra a ordem constitucional e o Estado Democrático.*

| Atenção |
|---|
| **Crimes imprescritíveis** → racismo; ação de grupos armados. |
| **Crimes inafiançáveis** → racismo; ação de grupos armados; tráfico; terrorismo, tortura; crimes hediondos. |
| **Crimes insuscetíveis de graça e anistia** → tráfico; terrorismo; tortura; crimes hediondos. |

Os crimes inafiançáveis englobam todos os crimes previstos no art. 5º, incisos XLII, XLIII e XLIV.

Os crimes que são insuscetíveis de graça e anistia não são imprescritíveis, e vice e versa. Dessa forma, nunca pode existir, na prova, uma questão que trabalhe com as duas classificações ao mesmo tempo.

Nunca, na prova, pode haver uma questão em que se apresentem as três classificações ao mesmo tempo.

### 5.5.17 Princípio da personalidade da pena

Assim diz o inciso XLV, do art. 5º da Constituição Federal de 1988:

> *XLV – Nenhuma pena passará da pessoa do condenado, podendo a obrigação de reparar o dano e a decretação do perdimento de bens ser, nos termos da lei, estendidas aos sucessores e contra eles executadas, até o limite do valor do patrimônio transferido.*

Esse inciso diz que a pena é pessoal, quem comete o crime responde pelo crime, de forma que não é possível que uma pessoa cometa

# DIREITOS E DEVERES INDIVIDUAIS E COLETIVOS

um crime e outra responda pelo crime em seu lugar, porque a pena é pessoal.

É necessário prestar atenção ao tema, pois já apareceu em prova tanto na forma de um problema quanto com a modificação do próprio texto constitucional. Esse princípio da personalidade da pena diz que a pena é pessoal, isto é, a pena não pode passar para outra pessoa, mas permite que a responsabilidade pelos danos civis possa passar para seus herdeiros. Para exemplificar, imaginemos que uma determinada pessoa assalta uma padaria e consegue roubar uns R$ 50.000,00.

Em seguida, a polícia prende o ladrão por ter roubado a padaria. Em regra, todo crime cometido gera uma responsabilidade penal prevista no Código Penal brasileiro. Ainda, deve-se ressarcir os danos causados à vítima. Se ele roubou R$50.000,00, tem que devolver, no mínimo, esse valor à vítima.

É muito difícil conseguir o montante voluntariamente, por isso, é necessário entrar com uma ação civil *ex delicto* para reaver o dinheiro referente ao crime cometido. O dono da padaria entra com a ação contra o bandido pedindo os R$ 50.000,00 acrescidos juros e danos morais. Enquanto ele cumpre a pena, a ação está tramitando. Ocorre que o preso se envolve numa confusão dentro da penitenciária e acaba morrendo.

O preso possui alguns filhos, os quais são seus herdeiros. Quando os bens passam aos herdeiros, chamamos isso de sucessão. Quando foram contabilizar os bens que o bandido tinha, perceberam que sobraram apenas R$ 30.000,00, valor que deve ser dividido entre os herdeiros. Pergunta:

O homem que cometeu o crime estava cumprindo pena, mas ele morreu. Qual filho assume o lugar dele? O mais velho ou o mais novo?

Nenhum dos dois, porque a pena é personalíssima. Só cumpre a pena quem praticou o crime.

É possível que a responsabilidade de reparar os danos materiais exigidos pelo dono da padaria recaia sobre seus herdeiros?

Sim. A Constituição diz que os herdeiros respondem com o valor do montante recebido, até o limite da herança recebida.

O dono da padaria pediu R$ 50.000,00, mas só sobraram R$ 30.000,00. Os filhos terão que inteirar esse valor até completar os R$ 50.000,00?

Não, pois a Constituição diz que os sucessores respondem até o limite do patrimônio transferido. Ou seja, se só são transferidos R$ 30.000,00, então os herdeiros só vão responder pela indenização com esses R$ 30.000,00. E o os outros R$ 20.000,00, quem vai pagar? Ninguém. O dono da padaria fica com esse prejuízo.

## 5.5.18 Penas proibidas e permitidas

Vejamos agora dois incisos do art. 5º da Constituição Federal de 1988, que sempre caem em prova juntos: incisos XLVI e XLVII. Há no inciso XLVI as penas permitidas e no XLVII as penas proibidas. Mas como isso cai em prova? O examinador pega uma pena permitida e diz que é proibida ou pega uma proibida e diz que é permitida. Conforme os incisos:

> *Art. 5º [...]*
>
> *XLVI – A lei regulará a individualização da pena e adotará, entre outras, as seguintes:*
>
> *a) privação ou restrição da liberdade;*
>
> *b) perda de bens;*
>
> *c) multa;*
>
> *d) prestação social alternativa;*
>
> *e) suspensão ou interdição de direitos.*

Aqui há o rol de penas permitidas. Memorize essa lista para lembrar quais são as penas permitidas. Atenção para uma pena que é pouco comum e que geralmente em prova é colocada como pena proibida, que é a pena de perda de bens.

Veja o próximo inciso com o rol de penas proibidas:

> *XLVII – Não haverá penas:*
>
> *a) de morte, salvo em caso de guerra declarada, nos termos do art. 84, XIX;*
>
> *b) de caráter perpétuo;*
>
> *c) de trabalhos forçados;*
>
> *d) de banimento;*
>
> *e) cruéis.*

Essas são as penas que não podem ser aplicadas no Brasil. E, na prova, é cobrado da seguinte forma: existe pena de morte no Brasil? Deve-se ter muita atenção com esse tema, pois apesar de a Constituição ter dito que é proibida, existe uma exceção: no caso de guerra declarada. Essa exceção é uma verdadeira possibilidade, de forma que se deve afirmar que existe pena de morte no Brasil. Apesar de a regra ser a proibição, existe a possibilidade de sua aplicação. Só como curiosidade, a pena de morte no Brasil é regulada pelo Código Penal Militar, a qual será executada por meio de fuzilamento.

A próxima pena proibida é a de caráter perpétuo. Não existe esse tipo de pena no Brasil, pois as penas aqui são temporárias. No Brasil, uma pessoa só fica presa por, no máximo, 40 anos.

A outra pena é a de trabalhos forçados. É aquela pena em que o sujeito é obrigado a trabalhar de forma a denegrir a sua condição como ser humano. Esse tipo de pena não é permitido no Brasil.

Há ainda a pena de banimento, que é a expulsão do brasileiro, tanto nato como naturalizado.

Por fim, a Constituição veda a aplicação de penas cruéis. Pena cruel é aquela que denigre a condição humana, expõe o indivíduo a situações desumanas, vexatórias, que provoquem intenso sofrimento.

## 5.5.19 Princípio da individualização da pena

Nos termos do art. 5º, inciso XLVIII, da Constituição Federal de 1988:

> *XLVIII – A pena será cumprida em estabelecimentos distintos, de acordo com a natureza do delito, a idade e o sexo do apenado;*

Esse dispositivo traz uma regra muito interessante, o princípio da individualização da pena. Significa que a pessoa, quando cumprir sua pena, deve cumpri-la em estabelecimento e condições compatíveis com a sua situação. Se mulher, deve cumprir com mulheres; se homem, cumprirá com homens; se reincidente, com reincidentes; se réu primário, com réus primários; e assim por diante. O ideal é que cada situação possua um cumprimento de pena adequado que propicie um melhor acompanhamento do poder público e melhores condições para a ressocialização.

## 5.5.20 Regras sobre prisões

São vários os dispositivos constitucionais previstos no art. 5º, da Constituição Federal de 1988, que se referem às prisões:

> *LXI – Ninguém será preso senão em flagrante delito ou por ordem escrita e fundamentada de autoridade judiciária competente, salvo nos casos de transgressão militar ou crime propriamente militar, definidos em lei;*
>
> *LXII – A prisão de qualquer pessoa e o local onde se encontre serão comunicados imediatamente ao juiz competente e à família do preso ou à pessoa por ele indicada;*
>
> *LXIII – O preso será informado de seus direitos, entre os quais o de permanecer calado, sendo-lhe assegurada a assistência da família e de advogado;*
>
> *LXIV – O preso tem direito à identificação dos responsáveis por sua prisão ou por seu interrogatório policial;*
>
> *LXV – A prisão ilegal será imediatamente relaxada pela autoridade judiciária;*
>
> *LXVI – Ninguém será levado à prisão ou nela mantido, quando a lei admitir a liberdade provisória, com ou sem fiança;*
>
> *LXVII – Não haverá prisão civil por dívida, salvo a do responsável pelo inadimplemento voluntário e inescusável de obrigação alimentícia e a do depositário infiel.*

Como destaque para provas, é importante enfatizar o disposto no inciso LXVII, o qual prevê duas formas de prisão civil por dívida:

- **Devedor de pensão alimentícia;**
- **Depositário infiel.**

Apesar de a Constituição Federal de 1988 apresentar essas duas possibilidades de prisão civil por dívida, o STF tem entendido que só existe uma: a prisão do devedor de pensão alimentícia. Isso significa que o depositário infiel não poderá ser preso. Essa é a inteligência da Súmula Vinculante nº 25:

*Súmula Vinculante nº 25 É ilícita a prisão civil de depositário infiel, qualquer que seja a modalidade do depósito.*

Em relação a esse assunto, deve-se ter muita atenção ao resolver a questão. Se a Banca perguntar conforme a Constituição Federal, responde-se segundo a Constituição Federal. Mas se perguntar à luz da jurisprudência, responde-se conforme o entendimento do STF.

> **Atenção**
>
> **Constituição Federal** → duas formas de prisão civil → depositário infiel e devedor de pensão alimentícia.
> **STF** → uma forma de prisão civil → devedor de pensão alimentícia.

## 5.5.21 Extradição

Fruto de acordo internacional de cooperação, a extradição permite que determinada pessoa seja entregue a outro país para que seja responsabilizada pelo cometimento de algum crime. Existem duas formas de extradição:

- **Extradição ativa:** quando o Brasil pede para outro país a extradição de alguém.
- **Extradição passiva:** quando algum país pede para o Brasil a extradição de alguém.

A Constituição Federal preocupou-se em regular apenas a extradição passiva por meios dos incisos LI e LII do art. 5º:

*LI – Nenhum brasileiro será extraditado, salvo o naturalizado, em caso de crime comum, praticado antes da naturalização, ou de comprovado envolvimento em tráfico ilícito de entorpecentes e drogas afins, na forma da lei;*

*LII – Não será concedida extradição de estrangeiro por crime político ou de opinião.*

De acordo com a inteligência desses dispositivos, três regras podem ser adotadas em relação à extradição passiva:

- **Brasileiro nato:** nunca será extraditado.
- **Brasileiro naturalizado:** será extraditado em duas hipóteses: crime comum cometido antes da naturalização comprovado envolvimento com o tráfico ilícito de drogas, antes ou depois da naturalização.
- **Estrangeiro:** poderá ser extraditado salvo em dois casos: **crime político e crime de opinião.**

Na **extradição ativa**, qualquer pessoa pode ser extraditada, inclusive o brasileiro nato. Deve-se ter muito cuidado com essa questão em prova. Lembre-se de que a extradição ativa ocorre quando o Brasil pede a extradição de um criminoso para outro país. Isso pode ser feito pedindo a extradição de qualquer pessoa que o Brasil queira punir.

Quais princípios que regem a extradição no país?

- **Princípio da reciprocidade:** o Brasil só extradita ao país que extradita para o Brasil. Deve haver acordo ou tratado de extradição entre o país requerente e o Brasil.
- **Princípio da especialidade:** o extraditando só poderá ser processado e julgado pelo crime informado no pedido de extradição.
- **Comutação da pena:** o país requerente deverá firmar um compromisso de comutar a pena prevista em seu país quando a pena a ser aplicada for proibida no Brasil.
- **Dupla tipicidade ou dupla incriminação:** só se extradita se a conduta praticada for considerada crime no Brasil e no país requerente.

Deve-se ter muito cuidado para não confundir extradição com entrega, deportação, expulsão ou banimento.

- **Extradição:** a extradição, como se viu, é instituto de cooperação internacional entre países soberanos para a punição de criminosos. Pela extradição, um país entrega o criminoso a outro país para que ele seja punido pelo crime praticado.
- **Entrega:** é o ato por meio do qual o país entrega uma pessoa para ser julgada no Tribunal Penal Internacional.
- **Deportação:** é a retirada do estrangeiro que tenha entrado de forma irregular no território nacional.
- **Expulsão:** é a retirada do estrangeiro que tenha praticado um ato ofensivo ao interesse nacional conforme as regras estabelecidas no Estatuto do Estrangeiro (art. 65, Lei nº 6.815/1980).
- **Banimento:** é uma das penas proibidas no direito brasileiro que consiste na expulsão de brasileiros para fora do território nacional.

## 5.5.22 Princípio da presunção da inocência

Também conhecido como princípio da não culpabilidade, essa regra de segurança jurídica garante que ninguém poderá ser condenado sem antes haver uma sentença penal condenatória transitada em julgado. Ou seja, uma sentença judicial condenatória definitiva:

*Art. 5º [...]*

*LVII – Ninguém será considerado culpado até o trânsito em julgado de sentença penal condenatória.*

## 5.5.23 Identificação criminal

*Art. 5º [...]*

*LVIII – O civilmente identificado não será submetido a identificação criminal, salvo nas hipóteses previstas em lei.*

A Constituição garante que não será identificado criminalmente quem possuir identificação pública capaz de identificá-lo. Contudo, a Lei nº 12.037/2009 prevê hipóteses nas quais será possível a identificação criminal mesmo de quem apresentar outra identificação:

*Art. 3º Embora apresentado documento de identificação, poderá ocorrer identificação criminal quando:*

*I – O documento apresentar rasura ou tiver indício de falsificação;*

*II – O documento apresentado for insuficiente para identificar cabalmente o indiciado;*

*III – O indiciado portar documentos de identidade distintos, com informações conflitantes entre si;*

*IV – A identificação criminal for essencial às investigações policiais, segundo despacho da autoridade judiciária competente, que decidirá de ofício ou mediante representação da autoridade policial, do Ministério Público ou da defesa;*

*V – Constar de registros policiais o uso de outros nomes ou diferentes qualificações;*

*VI – O estado de conservação ou a distância temporal ou da localidade da expedição do documento apresentado impossibilite a completa identificação dos caracteres essenciais.*

## 5.5.24 Ação penal privada subsidiária da pública

*Art. 5º [...]*

*LIX – Será admitida ação privada nos crimes de ação pública, se esta não for intentada no prazo legal.*

Em regra, nos crimes de ação penal pública, o titular da ação penal é o Ministério Público. Contudo, havendo omissão ou mesmo desídia por parte do órgão ministerial, o ofendido poderá promover a chamada ação penal privada subsidiária da pública. Esse tema encontra-se disciplinado no art. 29 do Código de Processo Penal:

*Art. 29 Será admitida ação privada nos crimes de ação pública, se esta não for intentada no prazo legal, cabendo ao Ministério Público aditar a queixa, repudiá-la e oferecer denúncia substitutiva, intervir em todos os termos do processo, fornecer elementos de prova, interpor recurso e, a todo tempo, no caso de negligência do querelante, retomar a ação como parte principal.*

# DIREITOS E DEVERES INDIVIDUAIS E COLETIVOS

## 5.6 Remédios constitucionais

Os remédios constitucionais são espécies de garantias constitucionais que visam a proteger determinados direitos e até outras garantias fundamentais. São poderosas ações constitucionais que estão disciplinadas no texto da Constituição.

### 5.6.1 Habeas corpus

Sem dúvida, esse remédio constitucional é o mais importante para prova, haja vista a sua utilização para proteger um dos direitos mais ameaçados do indivíduo: a liberdade de locomoção. Vejamos o que diz o texto constitucional:

> *Art. 5º [...]*
> *LXVIII – Conceder-se-á "Habeas corpus" sempre que alguém sofrer ou se achar ameaçado de sofrer violência ou coação em sua liberdade de locomoção, por ilegalidade ou abuso de poder.*

É essencial, conhecer os elementos necessários para a utilização dessa ferramenta.

Deve-se compreender que o *Habeas corpus* é utilizado para proteger a liberdade de locomoção. Em relação a isso, é preciso estar atento, pois ele não tutela qualquer liberdade, mas apenas a liberdade de locomoção.

Outro ponto fundamental é que ele poderá ser utilizado tanto de forma preventiva quanto de forma repressiva.

- *Habeas corpus* **preventivo**: é aquele utilizado para prevenir a violência ou coação à liberdade de locomoção.
- *Habeas corpus* **repressivo**: é utilizado para reprimir à violência ou coação a liberdade de locomoção, ou seja, é utilizado quando a restrição da liberdade de locomoção já ocorreu.

Percebe-se que não é a qualquer tipo de restrição à liberdade de locomoção que caberá o remédio, mas apenas àquelas cometidas com ilegalidade ou abuso de poder.

Nas relações processuais que envolvem a utilização do *Habeas corpus*, é possível identificar a participação de três figurantes: o impetrante, o paciente e a autoridade coatora.

- **Impetrante:** o impetrante é a pessoa que impetra a ação. Quem entra com a ação. A titularidade dessa ferramenta é Universal, pois qualquer pessoa pode impetrar o HC. Não precisa sequer de advogado. Sua possibilidade é tão ampla que não precisa possuir capacidade civil ou mesmo qualquer formalidade. Esse remédio é desprovido de condições que impeçam sua utilização da forma mais ampla possível. Poderá impetrar essa ação tanto uma pessoa física quanto jurídica.
- **Paciente:** o paciente é quem teve a liberdade de locomoção restringida. Ele será o beneficiário do *Habeas corpus*. Pessoa jurídica não pode ser paciente de *Habeas corpus*, pois a liberdade de locomoção é um direito incompatível com sua natureza jurídica.
- **Autoridade coatora:** é quem restringiu a liberdade de locomoção com ilegalidade ou abuso de poder. Poderá ser tanto uma autoridade privada quanto uma autoridade pública.

Outra questão interessante que está prevista na Constituição é a gratuidade dessa ação:

> *Art. 5º [...]*
> *LXXVII – São gratuitas as ações de Habeas corpus e Habeas Data, e, na forma da lei, os atos necessários ao exercício da cidadania.*

A Constituição Federal de 1988 proíbe a utilização desse remédio constitucional em relação às punições disciplinares militares. É o que prevê o art. 142, § 2º:

> *§ 2º Não caberá "Habeas corpus" em relação a punições disciplinares militares.*

Contudo, o STF tem admitido o remédio quando impetrado por razões de ilegalidade da prisão militar. Quanto ao mérito da prisão, deve-se aceitar a vedação Constitucional, mas em relação às legalidades da prisão, prevalece o entendimento de que o remédio seria possível.

Também não cabe *Habeas corpus* em relação às penas pecuniárias, multas, advertências ou, ainda, nos processos administrativos disciplinares e no processo de *Impeachment*. Nesses casos, o não cabimento deve-se ao fato de que as medidas não visam restringir a liberdade de locomoção.

Por outro lado, a jurisprudência tem admitido o cabimento para impugnar inserção de provas ilícitas no processo ou quando houver excesso de prazo na instrução processual penal.

Por último, cabe ressaltar que o magistrado poderá concedê-lo de ofício.

### 5.6.2 Habeas data

O *habeas data* cuja previsão está no inciso LXXII do art. 5º tem como objetivo proteger a liberdade de informação:

> *LXXII – conceder-se-á "Habeas Data":*
> *a) para assegurar o conhecimento de informações relativas à pessoa do impetrante, constantes de registros ou bancos de dados de entidades governamentais ou de caráter público;*
> *b) para a retificação de dados, quando não se prefira fazê-lo por processo sigiloso, judicial ou administrativo.*

Duas são as formas previstas na Constituição para utilização desse remédio:

- **Para conhecer a informação.**
- **Para retificar a informação.**

É importante ressaltar que só caberá o remédio em relação às informações do próprio impetrante.

As informações precisam estar em um banco de dados governamental ou de caráter público, o que significa que seria possível entrar com um *habeas data* contra um banco de dados privado desde que tenha caráter público.

Da mesma forma que o *habeas corpus*, o *habeas data* também é gratuito:

> *Art. 5º [...]*
> *LXXVII – São gratuitas as ações de "Habeas corpus" e "Habeas Data", e, na forma da lei, os atos necessários ao exercício da cidadania.*

### 5.6.3 Mandado de segurança

O mandado de segurança é um remédio muito cobrado em prova em razão dos seus requisitos:

> *Art. 5º, CF/1988/1988 [...]*
> *LXIX – Conceder-se-á mandado de segurança para proteger direito líquido e certo, não amparado por "Habeas corpus" ou "Habeas Data", quando o responsável pela ilegalidade ou abuso de poder for autoridade pública ou agente de pessoa jurídica no exercício de atribuições do Poder Público.*

Como se pode ver, o mandado de segurança será cabível proteger direito líquido e certo desde que não amparado por *Habeas corpus* ou *habeas data*. O que significa dizer que será cabível desde que não seja para proteger a liberdade de locomoção e a liberdade de informação. Esse é o chamado caráter subsidiário do mandado de segurança.

O texto constitucional exigiu também para a utilização dessa ferramenta a ilegalidade e o abuso de poder praticado por autoridade pública ou privada, desde que esteja no exercício de atribuições do poder público.

O mandado de segurança possui prazo decadencial para ser utilizado: 120 dias.

Existe também o mandado de segurança coletivo:

> *Art. 5º [...]*
> *LXX – O mandado de segurança coletivo pode ser impetrado por:*
> *a) partido político com representação no Congresso Nacional;*
> *b) organização sindical, entidade de classe ou associação legalmente constituída e em funcionamento há pelo menos um ano, em defesa dos interesses de seus membros ou associados.*

Observadas as regras do mandado de segurança individual, o mandado de segurança coletivo possui alguns requisitos que lhe são peculiares: os legitimados para propositura.

São legitimados para propor o mandado de segurança coletivo:
- **Partidos políticos com representação no Congresso Nacional:** para se ter representação no Congresso Nacional, basta um membro em qualquer uma das casas.
- **Organização sindical.**
- **Entidade de classe.**
- **Associação.**

Desde que legalmente constituída e em funcionamento há, pelo menos, um ano. Segundo o STF, a necessidade de estar constituída e em funcionamento há pelo menos um ano só se aplica às associações. A Banca FCC entende que esse requisito se aplica a todas as entidades.

### 5.6.4 Mandado de injunção

O mandado de injunção é uma ferramenta mais complexa para se entender. Vejamos o que diz a Constituição Federal de 1988:

> *Art. 5º [...]*
> *LXXI – Conceder-se-á mandado de injunção sempre que a falta de norma regulamentadora torne inviável o exercício dos direitos e liberdades constitucionais e das prerrogativas inerentes à nacionalidade, à soberania e à cidadania.*

O seu objetivo é suprir a omissão legislativa que impede o exercício de direitos fundamentais. Algumas normas constitucionais para que produzam efeitos dependem da edição de outras normas infraconstitucionais. Essas normas são conhecidas por sua eficácia como normas de eficácia limitada. O mandado de injunção visa a corrigir a ineficácia das normas com eficácia limitada.

Todas as vezes que um direito deixar de ser exercido pela ausência de norma regulamentadora, será cabível esse remédio.

No que tange à efetividade da decisão, deve-se esclarecer a possibilidade de adoção por parte do STF de duas correntes doutrinárias:
- **Teoria concretista geral:** o Poder Judiciário concretiza o direito no caso concreto aplicando seu dispositivo com efeito *erga omnes*, para todos os casos iguais;
- **Teoria concretista individual:** o Poder Judiciário concretiza o direito no caso concreto aplicando seu dispositivo com efeito *inter partes*, ou seja, apenas com efeito entre as partes.

### 5.6.5 Ação popular

A ação popular é uma ferramenta fiscalizadora utilizada como espécie de exercício direto dos direitos políticos. Por isso, só poderá ser utilizada por cidadãos. Segundo o inciso LXXIII do art. 5º da Constituição Federal de 1988:

> *LXXIII – Qualquer cidadão é parte legítima para propor ação popular que vise a anular ato lesivo ao patrimônio público ou de entidade de que o Estado participe, à moralidade administrativa, ao meio ambiente e ao patrimônio histórico e cultural, ficando o autor, salvo comprovada má-fé, isento de custas judiciais e do ônus da sucumbência.*

Além da previsão constitucional, essa ação encontra-se regulamentada pela Lei nº 4.717/1965. Percebe-se que seu objetivo consiste em proteger o patrimônio público, a moralidade administrativa, o meio ambiente e o patrimônio histórico e cultural.

O autor não precisa pagar custas judiciais ou ônus de sucumbência, salvo se houver má-fé.

# 6 DIREITOS SOCIAIS E NACIONALIDADE

## 6.1 Direitos sociais

### 6.1.1 Prestações positivas

Os direitos sociais encontram-se previstos a partir do art. 6º até o art. 11 da Constituição Federal de 1988. São normas que se concretizam por meio de prestações positivas por parte do Estado, haja vista objetivarem reduzir as desigualdades sociais.

Deve-se dar destaque para o art. 6º, que foi alterado pela Emenda Constitucional nº 90/2015 e que possivelmente será objeto de questionamento em concurso público:

> **Art. 6º** *São direitos sociais a educação, a saúde, a alimentação, o trabalho, a moradia, o transporte, o lazer, a segurança, a previdência social, a proteção à maternidade e à infância, a assistência aos desamparados, na forma desta Constituição.*
>
> **Parágrafo único.** *Todo brasileiro em situação de vulnerabilidade social terá direito a uma renda básica familiar, garantida pelo poder público em programa permanente de transferência de renda, cujas normas e requisitos de acesso serão determinados em lei, observada a legislação fiscal e orçamentária. (Incluído pela EC nº 114/2021)*

Boa parte dos direitos aqui previstos necessita de recursos financeiros para serem implementados, o que acaba por dificultar sua plena eficácia.

No entanto, antes de avançar nessa parte do conteúdo, faz-se necessário dizer que costumam ser cobradas questões de provas que abordam apenas o texto puro da Constituição Federal de 1988. A principal orientação, portanto, é que se dedique tempo à leitura da Constituição Federal, mais precisamente, do art. 7º, que possui vários dispositivos que podem ser trabalhados em prova.

### 6.1.2 Reserva do possível

Seria possível exigir do Estado a concessão de um direito social quando tal direito não fosse assegurado de forma condizente com sua previsão constitucional? A título de exemplo, veremos um dispositivo dos direitos sociais dos trabalhadores:

> **Art. 7º** *[...]*
> *IV – Salário-mínimo, fixado em lei, nacionalmente unificado, capaz de atender a suas necessidades vitais básicas e às de sua família com moradia, alimentação, educação, saúde, lazer, vestuário, higiene, transporte e previdência social, com reajustes periódicos que lhe preservem o poder aquisitivo, sendo vedada sua vinculação para qualquer fim.*

Observe-se que a Constituição Federal de 1988 garante que o salário-mínimo deve atender às necessidades vitais básicas do trabalhador e de sua família com moradia, alimentação, educação, saúde, lazer, vestuário, higiene, transporte e previdência social. Entendendo que os direitos sociais são espécies de direitos fundamentais e, analisando-os sob o dispositivo previsto no § 1º do art. 5º, segundo o qual "as normas definidoras de direitos e garantias fundamentais têm aplicação imediata", pergunta-se: seria possível entrar com uma ação visando a garantir o disposto no inciso IV, que está sendo analisado?

Certamente não. Para se garantir tudo o que está previsto no referido inciso, seria necessário que o salário-mínimo valesse, em média, por volta de R$ 3.000,00. Agora, imagine se algum trabalhador conseguisse esse benefício por meio de uma decisão judicial, o que não fariam todos os demais trabalhadores do país.

Se o Estado fosse obrigado a pagar esse valor para todos os trabalhadores, os cofres públicos rapidamente quebrariam. Para se garantir essa estabilidade, foi desenvolvida a **Teoria da Reserva do Possível**, por meio da qual o Estado pode alegar essa impossibilidade financeira para atender algumas demandas, como o aumento do salário-mínimo. Quando o poder público for demandado para garantir algum benefício de ordem social, poderá ser alegada, previamente, a impossibilidade financeira para concretização do direito sob o argumento da reserva do possível.

### 6.1.3 Mínimo existencial

Por causa da Reserva do Possível, o Estado passou a se esconder atrás dessa teoria, eximindo-se da sua obrigação social de garantia dos direitos tutelados na Constituição Federal. Tudo o que era pedido para o Estado era negado sob o argumento de que "não era possível". Para trazer um pouco de equilíbrio a essa relação, foi desenvolvida outra teoria chamada de Mínimo Existencial. Essa teoria permite que os poderes públicos deixem de atender algumas demandas em razão da reserva do possível, mas exige que seja garantido o mínimo existencial.

### 6.1.4 Princípio da proibição ou retrocesso ou efeito cliquet

Uma regra que funciona com caráter de segurança jurídica é a proibição do retrocesso. Esse dispositivo proíbe que os direitos sociais já conquistados sejam esvaziados ou perdidos sob pena de desestruturação social do país.

### 6.1.5 Salário-mínimo

Feitas algumas considerações iniciais sobre a doutrina social, segue-se à análise de alguns dispositivos que se encontram no art. 7º da Constituição Federal de 1988:

> *IV – Salário-mínimo, fixado em lei, nacionalmente unificado, capaz de atender a suas necessidades vitais básicas e às de sua família com moradia, alimentação, educação, saúde, lazer, vestuário, higiene, transporte e previdência social, com reajustes periódicos que lhe preservem o poder aquisitivo, sendo vedada sua vinculação para qualquer fim.*

Vários pontos são relevantes nesse inciso. Primeiramente, é importante comentar o trecho "fixado em lei". Segundo o texto constitucional, o salário-mínimo só poderá ser fixado em Lei; entretanto, no dia 25 de fevereiro de 2011 foi publicada a Lei nº 12.382, que prevê a possibilidade de fixação do salário-mínimo por meio de Decreto do Poder Executivo. Questionado no STF, o guardião da Constituição considerou constitucional a fixação de salário-mínimo por meio de Decreto Presidencial.

Outro ponto interessante diz respeito ao salário-mínimo ser nacionalmente unificado. Muitos acham que alguns estados da federação fixam valores referentes ao salário-mínimo maiores do que o fixado nacionalmente. O STF já afirmou que os Estados não podem fixar salário-mínimo diferente do nacionalmente unificado. O que cada Estado pode fixar é o piso salarial da categoria de trabalhadores com valor maior que o salário-mínimo.

Algumas súmulas vinculantes do STF são importantes, pois se referem ao salário-mínimo:

> **Súmula Vinculante nº 4** *Salvo nos casos previstos na Constituição, o salário-mínimo não pode ser usado como indexador de base de cálculo de vantagem de servidor público ou de empregado, nem ser substituído por decisão judicial.*
>
> **Súmula Vinculante nº 6** *Não viola a Constituição o estabelecimento de remuneração inferior ao salário-mínimo para as praças prestadoras de serviço militar inicial.*
>
> **Súmula Vinculante nº 15** *O cálculo de gratificações e outras vantagens do servidor público não incide sobre o abono utilizado para se atingir o salário-mínimo.*

**Súmula Vinculante 16:** *Os Arts. 7º, IV, e 39, § 3º (redação da EC nº 19/1998) da Constituição referem-se ao total da remuneração percebida pelo servidor público.*

## 6.1.6 Prescrição trabalhista

Um dos dispositivos previstos no art. 7º da Constituição Federal de 1988 mais cobrados em prova é o inciso XXIX:

*XXIX – Ação, quanto aos créditos resultantes das relações de trabalho, com prazo prescricional de cinco anos para os trabalhadores urbanos e rurais, até o limite de dois anos após a extinção do contrato de trabalho.*

Imaginemos, por exemplo, uma pessoa que tenha exercido sua função no período noturno, em uma empresa, durante 20 anos. Contudo, em todos esses anos de trabalho, ela não recebeu nenhum adicional noturno. Ao ter seu contrato de trabalho rescindido, ela poderá ingressar em juízo pleiteando as verbas trabalhistas não pagas. Tendo em vista a existência de prazo prescricional para reaver seus direitos, o trabalhador terá o prazo de 2 anos para entrar com a ação, e só terá direito aos últimos 5 anos de adicional noturno.

Ressalta-se que esses 5 anos são contados a partir do dia em que se entrou com a ação. Se ele entrar com a ação no último dia do prazo de 2 anos, só terá direito a 3 anos de adicional noturno.

Nesse exemplo, se o trabalhador entrar com a ação no dia 01/01/2021, receberá os últimos 5 anos de adicional noturno, ou seja, até o dia 01/01/2016. Mas se o trabalhador entrar com a ação no dia 01/01/2023, último dia do prazo prescricional de 2 anos, ele terá direito aos últimos 5 anos de adicional noturno a contar do dia em que entrou com a ação. Isso significa que se depare o adicional noturno até o dia 01/01/2018. Perceba que, se o trabalhador demorar a entrar com a ação, ele perde os direitos trabalhistas anteriores ao prazo dos últimos 5 anos.

## 6.1.7 Proibição do trabalho noturno, perigoso e insalubre

Este inciso também é muito cotado para ser cobrado em prova. É importante lê-lo para que, em seguida, se possa responder a uma pergunta que fará entender o motivo de ele ser tão abordado em testes:

*Art. 7º [...]*

*XXXIII – Proibição de trabalho noturno, perigoso ou insalubre a menores de dezoito e de qualquer trabalho a menores de dezesseis anos, salvo na condição de aprendiz, a partir de quatorze anos.*

A pergunta é muito simples: a partir de qual idade pode trabalhar no Brasil? Você deve estar em dúvida: entre 16 e 14 anos. Isso é o que acontece com a maioria dos candidatos. Por isso, nunca esqueça: se temos uma regra e essa regra está acompanhada de uma exceção; temos, então, uma possibilidade.

Se a Constituição diz que é proibido o trabalho para os menores de 16 e, em seguida, excepciona essa regra dizendo que é possível a partir dos 14, na condição de aprendiz, ela quis dizer que o trabalho no Brasil se inicia aos 14 anos. Esse entendimento se fortalece à luz do art. 227, § 3º, inciso I:

*Art. 227 [...]*

*§ 3º O direito a proteção especial abrangerá os seguintes aspectos:*

*I – Idade mínima de quatorze anos para admissão ao trabalho, observado o disposto no art. 7º, XXXIII.*

## 6.1.8 Direitos dos empregados domésticos

O parágrafo único, do art. 7º, da Constituição Federal de 1988 assegurava ao trabalhador doméstico um número reduzido de direitos, se comparado com os demais empregados, urbanos ou rurais.

Nos termos da CF/1988/1988, estariam garantidos à categoria dos trabalhadores domésticos apenas os direitos previstos nos incisos IV, VI, VIII, XV, XVII, XVIII, XIX, XXI e XXIV, do art. 7º, bem como a sua integração à previdência social.

Com a promulgação da Emenda Constitucional nº 72, de 2 de abril de 2013, aquele parágrafo foi alterado para estender aos empregados domésticos praticamente todos os demais direitos constantes nos incisos, do art. 7º, da CF/1988.

A nova redação do parágrafo único, do art. 7º, da CF/1988 dispõe:

*Art. 7º [...]*

*Parágrafo único. São assegurados à categoria dos trabalhadores domésticos os direitos previstos nos incisos IV, VI, VII, VIII, X, XIII, XV, XVI, XVII, XVIII, XIX, XXI, XXII, XXIV, XXVI, XXX, XXXI e XXXIII e, atendidas as condições estabelecidas em lei e observada a simplificação do cumprimento das obrigações tributárias, principais e acessórias, decorrentes da relação de trabalho e suas peculiaridades, os previstos nos incisos I, II, III, IX, XII, XXV e XXVIII, bem como a sua integração à previdência social.*

## 6.1.9 Direitos coletivos dos trabalhadores

São basicamente os direitos relacionados à criação e organização das associações e sindicatos que estão previstos no art. 8º.

- **Princípio da unicidade sindical**

O primeiro direito coletivo refere-se ao princípio da unicidade sindical. Esse dispositivo proíbe a criação de mais de uma organização sindical, representativa de categoria profissional ou econômica, em uma mesma base territorial:

*Art. 8º [...]*

*II – É vedada a criação de mais de uma organização sindical, em qualquer grau, representativa de categoria profissional ou econômica, na mesma base territorial, que será definida pelos trabalhadores ou empregadores interessados, não podendo ser inferior à área de um Município.*

Em cada base territorial (federal, estadual, municipal ou distrital) só pode existir um sindicato representante da mesma categoria, lembrando que a base territorial mínima se refere à área de um município.

Exemplificando: só pode existir **um** sindicato municipal de pescadores no município de Cascavel. Só pode existir **um** sindicato estadual de pescadores no estado do Paraná. Só pode existir **um** sindicato federal de pescadores no Brasil. Contudo, é possível existirem vários sindicatos municipais de pescadores no Estado do Paraná.

- **Contribuição confederativa e sindical**

Essa questão costuma enganar até mesmo os mais preparados. Vejamos o que diz a Constituição Federal de 1988 no art. 8º, inciso IV:

*IV – A assembleia geral fixará a contribuição que, em se tratando de categoria profissional, será descontada em folha, para custeio do sistema confederativo da representação sindical respectiva, independentemente da contribuição prevista em lei.*

A primeira coisa que se deve perceber é a existência de duas contribuições nesse inciso. Uma chamada de **contribuição confederativa** a outra de **contribuição sindical**.

A **contribuição confederativa** é a prevista nesse inciso, fixada pela assembleia geral, descontada em folha para custear o sistema confederativo. Essa contribuição é aquela paga às organizações sindicais e que só é obrigada aos filiados e aos sindicatos. Não possui natureza

# DIREITOS SOCIAIS E NACIONALIDADE

tributária, por isso obriga apenas as pessoas que voluntariamente se filiam a uma entidade sindical.

A **contribuição sindical**, que é a contribuição prevista em lei, mais precisamente na Consolidação das Leis Trabalhistas (Decreto-Lei nº 5.452/1943), deve ser paga por todos os trabalhadores ainda que profissionais liberais. Sua natureza é tributária, não possuindo caráter facultativo.

| CONTRIBUIÇÃO | |
|---|---|
| **Confederativa** | **Sindical** |
| Fixada pela Assembleia | Fixada pela CLT |
| Natureza não tributária | Natureza tributária |
| Obrigada apenas aos filiados a sindicatos | Obrigada a todos os trabalhadores |

- **Liberdade de associação**

Esse inciso costuma ser cobrado em prova devido às inúmeras possibilidades de se modificar o seu texto:

> *Art. 8º [...]*
> *V – Ninguém será obrigado a filiar-se ou a manter-se filiado a sindicato.*

É a liberdade de associação que permite aos trabalhadores escolherem se desejam ou não se filiar a um determinado sindicato. Ninguém será obrigado a filiar-se ou a manter-se filiado.

- **Participação do aposentado no sindicato**

Esse inciso também possui aplicação semelhante ao anterior, portanto, deve haver uma leitura atenta aos detalhes que podem ser modificados em prova:

> *Art. 8º [...]*
> *VII – O aposentado filiado tem direito a votar e ser votado nas organizações sindicais.*

- **Estabilidade sindical**

A estabilidade sindical constitui norma de proteção aos dirigentes sindicais que possui grande utilidade ao evitar o cometimento de arbitrariedades por partes das empresas em retaliação aos representantes dos empregados:

> *Art 8º [...]*
> *VIII – É vedada a dispensa do empregado sindicalizado a partir do registro da candidatura a cargo de direção ou representação sindical e, se eleito, ainda que suplente, até um ano após o final do mandato, salvo se cometer falta grave nos termos da lei.*

O importante aqui é entender o período de proteção que a Constituição Federal de 1988 garantiu aos dirigentes sindicais. A estabilidade se inicia com o registro da candidatura e permanece, com o candidato eleito, até um ano após o término do seu mandato. Ressalte-se que essa proteção contra despedida arbitrária não prospera diante do cometimento de falta grave.

## 6.2 Direitos de nacionalidade

A nacionalidade é um vínculo jurídico existente entre um indivíduo e um Estado. Esse vínculo jurídico é a ligação existente capaz de gerar direitos e obrigações entre a pessoa e o Estado.

A aquisição da nacionalidade decorre do nascimento ou da manifestação de vontade. Quando a nacionalidade é adquirida pelo nascimento, estamos diante da chamada **nacionalidade originária**. Mas, se for adquirida por meio da manifestação de vontade, estamos diante de uma **nacionalidade secundária**.

A **nacionalidade originária**, também chamada de aquisição de nacionalidade primária, é aquela involuntária. Decorre do nascimento desde que preenchidos os requisitos previstos na legislação. Um brasileiro que adquire nacionalidade originária é chamado de nato.

Dois critérios foram utilizados em nossa Constituição para se conferir a nacionalidade originária: *jus solis* e *jus sanguinis*.

- ***Jus solis:*** esse é critério do solo, critério territorial. Serão considerados brasileiros natos as pessoas que nascerem no território nacional. Esse é o critério adotado como regra no texto constitucional.
- ***Jus sanguinis:*** esse é o critério do sangue. Serão considerados brasileiros natos os descendentes de brasileiros, ou seja, aqueles que possuem o sangue brasileiro.

A **nacionalidade secundária** ou adquirida é a aquisição que depende de uma manifestação de vontade. É voluntária e, quem a adquire, possui a qualificação de naturalizado.

### 6.2.1 Conflito de nacionalidade

Alguns países adotavam apenas o critério *jus sanguinis*, outros somente o critério *jus solis*, e isso gerou alguns problemas que a doutrina nominou de conflito de nacionalidade. O conflito de nacionalidade pode ser de duas formas: positivo e negativo.

- **Conflito positivo:** ocorre quando o indivíduo adquire várias nacionalidades. Ele será chamado de polipátrida.
- **Conflito negativo:** ocorre quando o indivíduo não adquire qualquer nacionalidade. Esse será chamado de apátrida (*heimatlos*).

Para evitar a ocorrência desses tipos de conflito, os países têm adotado critérios mistos de aquisição de nacionalidade originária, a exemplo do próprio Brasil.

A seguir, serão analisadas várias hipóteses previstas no art. 12 da Constituição Federal de aquisição de nacionalidade tanto originária quanto secundária.

### 6.2.2 Nacionalidade originária

As hipóteses de aquisição da nacionalidade originária estão previstas no art. 12, I da Constituição Federal, e são:

> *Art. 12 São brasileiros:*
> *I – Natos:*
> *a) os nascidos na República Federativa do Brasil, ainda que de pais estrangeiros, desde que estes não estejam a serviço de seu país;*
> *b) os nascidos no estrangeiro, de pai brasileiro ou mãe brasileira, desde que qualquer deles esteja a serviço da República Federativa do Brasil;*
> *c) os nascidos no estrangeiro de pai brasileiro ou de mãe brasileira, desde que sejam registrados em repartição brasileira competente ou venham a residir na República Federativa do Brasil e optem, em qualquer tempo, depois de atingida a maioridade, pela nacionalidade brasileira.*

A primeira hipótese, prevista na alínea "a", adotou para aquisição o critério *jus solis*, ou seja, serão considerados brasileiros natos aqueles que nascerem no país ainda que de pais estrangeiros, desde que, os pais não estejam a serviço do seu país. Para que os filhos de pais estrangeiros fiquem impedidos de adquirirem a nacionalidade brasileira, é preciso que ambos os pais sejam estrangeiros, mas basta que apenas um deles esteja a serviço do seu país. Se os pais estrangeiros estiverem a serviço de outro país, a doutrina tem entendido que não se aplicará a vedação.

Já a segunda hipótese, adotada na alínea "b", utilizou o critério *jus sanguinis* para fixação da nacionalidade originária. Serão brasileiros natos os nascidos fora do país, filho de pai ou mãe brasileira, desde que qualquer deles esteja a serviço da República Federativa do Brasil. Estar a serviço do país significa estar a serviço de qualquer ente federativo

(União, estados, Distrito Federal ou municípios) incluídos os órgãos e entidades da administração indireta (fundações, autarquias, empresas públicas e sociedades de economia mista).

A terceira hipótese, prevista na alínea "c", apresenta, na verdade, duas possibilidades: uma depende do registro a outra depende da opção confirmativa.

Primeiro, temos a regra aplicada aos nascidos no estrangeiro, filho de pai brasileiro ou mãe brasileira, condicionada à aquisição da nacionalidade ao registro em repartição brasileira competente. Nessa hipótese, adota-se o critério *jus sanguinis* acompanhado do registro em repartição brasileira.

Em seguida, temos a segunda possibilidade destinada aos nascidos no estrangeiro de pai brasileiro ou de mãe brasileira, que venham a residir na República Federativa do Brasil e optem (opção confirmativa), em qualquer tempo, depois de atingida a maioridade, pela nacionalidade brasileira.

Essa é a chamada nacionalidade protestativa, pois depende da manifestação de vontade por parte do interessado. Deve-se ter cuidado com a condição para a manifestação da vontade que só pode ser exercida depois de atingida a maioridade, apesar de não existir tempo limite para o exercício desse direito.

### 6.2.3 Nacionalidade secundária

A seguir, serão apresentadas as hipóteses de aquisição de nacionalidade secundária:

> *Art. 12 [...]*
> 
> *II – Naturalizados:*
> 
> *a) Os que, na forma da lei, adquiram a nacionalidade brasileira, exigidas aos originários de países de língua portuguesa apenas residência por um ano ininterrupto e idoneidade moral;*
> 
> *b) os estrangeiros de qualquer nacionalidade, residentes na República Federativa do Brasil há mais de quinze anos ininterruptos e sem condenação penal, desde que requeiram a nacionalidade brasileira.*

A primeira hipótese de naturalização, prevista na alínea "a" do inciso II, é a chamada naturalização ordinária. Essa naturalização apresenta uma forma de aquisição prevista em lei. Esta Lei é a nº 6.815/1980, que traz algumas regras para aquisição de nacionalidade, as quais não serão estudadas neste momento. O que interessa agora para a prova é a segunda parte da alínea, que confere um tratamento diferenciado para os originários de países de língua portuguesa, para quem será exigida apenas residência por um ano ininterrupto e idoneidade moral. Entende-se país de língua portuguesa qualquer país que possua a língua portuguesa como língua oficial (Angola, Portugal, Timor Leste, entre outros). Essa forma de naturalização não gera direito subjetivo ao estrangeiro, o que significa que ele poderá pleitear sua naturalização e essa poderá ser indeferida pelo Chefe do Poder Executivo, haja vista se tratar de um ato discricionário.

A alínea "b" do inciso II apresenta a chamada naturalização extraordinária ou quinzenária. Essa hipótese é destinada a qualquer estrangeiro e será exigida residência ininterrupta pelo prazo de 15 anos e não existência de condenação penal. Nessa espécie, não há discricionariedade em conceder a naturalização, pois ela gera direito subjetivo ao estrangeiro que tenha preenchido os requisitos.

O melhor é não esquecer que a ausência temporária da residência não quebra o vínculo ininterrupto exigido para a naturalização no país. Também deve ser ressaltado que não existe naturalização tácita ou automática, sendo exigido requerimento de quem desejar se naturalizar no Brasil.

### 6.2.4 Português equiparado

> *Art. 12 [...]*
> 
> *§ 1º Aos portugueses com residência permanente no País, se houver reciprocidade em favor de brasileiros, serão atribuídos os direitos inerentes ao brasileiro, salvo os casos previstos nesta Constituição.*

Trata-se do chamado português equiparado ou quase nacional. Segundo o dispositivo, a Constituição assegura aos portugueses tratamento diferenciado, como se fossem brasileiros. Não se trata de uma hipótese de naturalização, nesse caso são atribuídos os mesmos direitos inerentes ao brasileiro.

Essa condição depende de reciprocidade por parte de Portugal. O Brasil possui um acordo internacional com Portugal por meio do Decreto nº 3.927/2001 que promulgou o Tratado de Cooperação, Amizade e Consulta Brasil/Portugal. Havendo o mesmo tratamento a um brasileiro quando estiver no país português, serão garantidos tratamentos diferenciados aos portugueses que aqui estiverem desde que manifestem interesse no recebimento desse tratamento diferenciado. Ressalta-se que para requerer esse tipo de tratamento será necessária, além do requerimento, a constituição de residência permanente no Brasil.

Por fim, não se pode esquecer de que o tratamento dado aos portugueses os equipara aos brasileiros naturalizados.

### 6.2.5 Tratamento diferenciado entre brasileiros

O § 2º do art. 12 proíbe o tratamento diferenciado entre brasileiros natos e naturalizados:

> *§ 2º A lei não poderá estabelecer distinção entre brasileiros natos e naturalizados, salvo nos casos previstos nesta Constituição.*

O próprio dispositivo excepciona a regra permitindo que a Constituição Federal estabeleça tratamento diferenciado entre brasileiros natos e naturalizados. São quatro os tratamentos diferenciados estabelecidos pelo texto constitucional:

- **Cargos privativos de brasileiros natos;**
- **Funções privativas de brasileiros natos;**
- **Regras de extradição;**
- **Propriedade de empresas de jornalística ou de radiodifusão.**

O § 3º apresenta a primeira hipótese de distinção dentre brasileiros natos e naturalizados:

> *§ 3º São privativos de brasileiro nato os cargos:*
> 
> *I – De Presidente e Vice-Presidente da República;*
> 
> *II – De Presidente da Câmara dos Deputados;*
> 
> *III – De Presidente do Senado Federal;*
> 
> *IV – De Ministro do Supremo Tribunal Federal;*
> 
> *V – Da carreira diplomática;*
> 
> *VI – de oficial das Forças Armadas;*
> 
> *VII – De Ministro de Estado da Defesa.*

Os cargos privativos aos brasileiros natos são muito incidentes em provas. Por esse motivo, sugere-se que sejam memorizados. Dois critérios foram utilizados para escolha desses cargos. O primeiro está relacionado com os cargos que sucedem o Presidente da República (presidente e vice-Presidente da República, presidente da Câmara dos Deputados, presidente do Senado Federal e ministro do Supremo Tribunal Federal). O segundo critério diz respeito à segurança nacional (carreira diplomática, oficial das forças armadas e ministro do Estado da Defesa).

As funções privativas de brasileiros natos estão previstas no art. 89, inciso VII da Constituição Federal de 1988:

# DIREITOS SOCIAIS E NACIONALIDADE

*Art. 89 O Conselho da República é órgão superior de consulta do Presidente da República, e dele participam:*

*I – O Vice-Presidente da República;*

*II – O Presidente da Câmara dos Deputados;*

*III – O Presidente do Senado Federal;*

*IV – Os líderes da maioria e da minoria na Câmara dos Deputados;*

*V – Os líderes da maioria e da minoria no Senado Federal;*

*VI – O Ministro da Justiça;*

*VII – Seis cidadãos brasileiros natos, com mais de trinta e cinco anos de idade, sendo dois nomeados pelo Presidente da República, dois eleitos pelo Senado Federal e dois eleitos pela Câmara dos Deputados, todos com mandato de três anos, vedada a recondução.*

A terceira possibilidade de tratamento diferenciado diz respeito às regras de extradição previstas no inciso LI do art. 5º da Constituição Federal de 1988:

*LI – Nenhum brasileiro será extraditado, salvo o naturalizado, em caso de crime comum, praticado antes da naturalização, ou de comprovado envolvimento em tráfico ilícito de entorpecentes e drogas afins, na forma da lei.*

A quarta previsão está no art. 222 da Constituição Federal de 1988:

*Art. 222 A propriedade de empresa jornalística e de radiodifusão sonora e de sons e imagens é privativa de brasileiros natos ou naturalizados há mais de dez anos, ou de pessoas jurídicas constituídas sob as leis brasileiras e que tenham sede no País.*

## 6.2.6 Perda da nacionalidade

A seguir serão trabalhadas as hipóteses de perda da nacionalidade. Uma pergunta: brasileiro nato pode perder a nacionalidade?

Vejamos o que diz a Constituição Federal:

*Art. 12, § 4º Será declarada a perda da nacionalidade do brasileiro que:*

*I – Tiver cancelada sua naturalização, por sentença judicial, em virtude de atividade nociva ao interesse nacional;*

*II – Adquirir outra nacionalidade, salvo nos casos:*

*a) de reconhecimento de nacionalidade originária pela lei estrangeira;*

*b) de imposição de naturalização, pela norma estrangeira, ao brasileiro residente em estado estrangeiro, como condição para permanência em seu território ou para o exercício de direitos civis.*

Ao se analisar o dispositivo do *caput* desse parágrafo, é possível concluir que as regras são para os brasileiros natos ou naturalizados.

Mas vale a pena verificar cada hipótese:

- O inciso I deixa claro que é uma hipótese aplicada apenas aos brasileiros naturalizados (cancelamento de naturalização). Se o indivíduo tem seu vínculo com o Estado cancelado por decisão judicial, não há que se falar em permanência da nacionalidade brasileira;

- O inciso II já não permite a mesma conclusão, haja vista ter considerado qualquer brasileiro. Logo, ao brasileiro, seja ele nato ou naturalizado, que adquirir outra nacionalidade, será declarada a perda da nacionalidade, pelo menos em regra. Essa regra possui duas exceções: nos casos de reconhecimento de nacionalidade originária estrangeira ou de imposição de naturalização, não será declarada a perda da nacionalidade brasileira. É nestas hipóteses que se encontram permitidas as situações de dupla nacionalidade que conhecemos.

Uma questão interessante surge: seria possível a reaquisição da nacionalidade brasileira?

Uma vez perdida a nacionalidade, tem-se entendido que é possível a sua reaquisição dependo da forma que foi perdida.

Se o indivíduo perde a nacionalidade com fundamento no inciso I, por cancelamento de naturalização, só seria possível a reaquisição por meio de ação rescisória.

Caso o indivíduo perca a nacionalidade por ter adquirido outra, que revela a hipótese do inciso II, também será possível a reaquisição por decreto presidencial (art. 36, Lei nº 818/1949).

Apesar da divergência doutrinária, prevalece o entendimento de que o brasileiro, após a reaquisição, volta à condição anterior, ou seja, se era brasileiro nato, volta a ser nato, se era naturalizado, volta como naturalizado.

# DIREITO CONSTITUCIONAL

## 7 DIREITOS POLÍTICOS E PARTIDOS POLÍTICOS

### 7.1 Direitos políticos

Os direitos políticos são um conjunto de direitos fundamentais que permitem ao indivíduo participar da vontade política do Estado. Para se falar de direitos políticos, alguns conceitos são indispensáveis.

#### 7.1.1 Cidadania, democracia e soberania popular

A Cidadania é a condição conferida ao indivíduo que possui direito político. É o exercício desse direito. Essa condição só é possível em nosso país por causa do regime de governo adotado, a Democracia. A democracia parte do pressuposto de que o poder do Estado decorre da vontade popular, da Soberania Popular. Conforme o parágrafo único do art. 1º da Constituição:

> *Art. 1º [...]*
> *Parágrafo único. Todo o poder emana do povo, que o exerce por meio de representantes eleitos ou diretamente, nos termos desta Constituição.*

A democracia brasileira é classificada como semidireta ou participativa, haja vista poder ser exercida tanto de forma direta como de forma indireta. Como forma de exercício direto temos o previsto no art. 14 da CF/1988/1988:

> *Art. 14 A soberania popular será exercida pelo sufrágio universal e pelo voto direto e secreto, com valor igual para todos, e, nos termos da lei, mediante:*
> *I – Plebiscito;*
> *II – Referendo;*
> *III – Iniciativa popular.*

Mas ainda há a ação popular que também é forma de exercício direto dos direitos políticos:

> *Art. 5º [...]*
> *LXXIII – Qualquer cidadão é parte legítima para propor ação popular que vise a anular ato lesivo ao patrimônio público ou de entidade de que o Estado participe, à moralidade administrativa, ao meio ambiente e ao patrimônio histórico e cultural, ficando o autor, salvo comprovada má-fé, isento de custas judiciais e do ônus da sucumbência.*

Entendamos o que significa cada uma das formas de exercício direto dos direitos políticos.

- **Plebiscito:** consulta popular realizada antes da tomada de decisão. O representante do poder público quer tomar uma decisão, mas, antes de tomá-la, ele pergunta para os cidadãos quem concorda. O que os cidadãos decidirem será feito.
- **Referendo:** consulta popular realizada depois da tomada de decisão. O representante do poder público toma uma decisão e depois pergunta o que os cidadãos acharam.
- **Iniciativa Popular:** essa é uma das formas de se iniciar o processo legislativo no Brasil. A legitimidade para propor criação de lei pelo eleitorado encontra amparo no art. 61, § 2º da CF/1988:

> *Art. 61 [...]*
> *§ 2º A iniciativa popular pode ser exercida pela apresentação à Câmara dos Deputados de projeto de lei subscrito por, no mínimo, um por cento do eleitorado nacional, distribuído pelo menos por cinco Estados, com não menos de três décimos por cento dos eleitores de cada um deles.*

- **Ação popular:** remédio constitucional previsto no inciso LXXIII que funciona como instrumento de fiscalização dos poderes públicos nos termos do inciso citado.

Quando se fala em exercício indireto, significa exercício por meio dos representantes eleitos que representarão a vontade popular.

Todas essas ferramentas disponibilizadas acima constituem formas de exercício dos direitos políticos no Brasil.

#### 7.1.2 Classificação dos direitos políticos

A doutrina costuma classificar os direitos políticos em **direitos políticos positivos e direitos políticos negativos.**

- **Direitos políticos positivos**

Os direitos políticos positivos se mostram pela possibilidade de participação na vontade política do Estado. Esses direitos políticos se materializam por meio da Capacidade Eleitoral Ativa e da Capacidade Eleitoral Passiva. O primeiro é a possibilidade de votar. O segundo, de ser votado.

Para que se possa exercer a capacidade eleitoral ativa, faz-se necessário o chamado alistamento eleitoral. É, simplesmente, inscrever-se como eleitor, o que acontece quando obtemos o título de eleitor. A Constituição apresenta três regras para o alistamento e o voto:

- **Voto Obrigatório:** maiores de 18 anos.
- **Voto Facultativo:** maiores de 16 e menores de 18; analfabetos e maiores de 70 anos.
- **Voto Proibido:** estrangeiros e conscritos.

Vejamos estas regras previstas no texto constitucional:

> *Art. 14. [...]*
> *§ 1º O alistamento eleitoral e o voto são:*
> *I – Obrigatórios para os maiores de dezoito anos;*
> *II – Facultativos para:*
> *a) os analfabetos;*
> *b) os maiores de setenta anos;*
> *c) os maiores de dezesseis e menores de dezoito anos.*
> *§ 2º Não podem alistar-se como eleitores os estrangeiros e, durante o período do serviço militar obrigatório, os conscritos.*

A capacidade eleitoral passiva é a capacidade de ser eleito. É uma das formas de participação política em que o cidadão aceita a incumbência de representar os interesses dos seus eleitores. Para que alguém possa ser eleito se faz necessário o preenchimento das condições de elegibilidade. São condições de elegibilidade as previstas no art. 14, § 3º da Constituição Federal de 1988:

> *Art. 14 [...]*
> *§ 3º São condições de elegibilidade, na forma da lei:*
> *I – a nacionalidade brasileira;*
> *II – o pleno exercício dos direitos políticos;*
> *III – o alistamento eleitoral;*
> *IV – o domicílio eleitoral na circunscrição;*
> *V – a filiação partidária;*
> *VI – a idade mínima de:*
> *a) trinta e cinco anos para Presidente e Vice-Presidente da República e Senador;*
> *b) trinta anos para Governador e Vice-Governador de Estado e do Distrito Federal;*
> *c) vinte e um anos para Deputado Federal, Deputado Estadual ou Distrital, Prefeito, Vice-Prefeito e juiz de paz;*
> *d) dezoito anos para Vereador.*

- **Direitos políticos negativos**

Os direitos políticos negativos são verdadeiras vedações ao exercício da cidadania. São inelegibilidades, hipóteses de perda ou suspensão dos direitos políticos que se encontram previstos expressamente no texto constitucional. Só não se pode esquecer a possibilidade prevista no § 9º do art. 14 da Constituição, que admite que sejam criadas outras

# DIREITOS POLÍTICOS E PARTIDOS POLÍTICOS

inelegibilidades por Lei Complementar, desde possuam caráter relativo. Inelegibilidade absoluta, segundo a doutrina, só na Constituição Federal de 1988.

A primeira inelegibilidade está prevista no art. 14, § 4º:

> *Art. 14 [...]*
> *§ 4º São inelegíveis os inalistáveis e os analfabetos.*

Trata-se de uma inelegibilidade absoluta que impede os inalistáveis e analfabetos a concorrerem a qualquer cargo eletivo. Nota-se primeiramente que a Constituição se refere aos inalistáveis como "inelegíveis". Todas as vezes que se encontrar o termo inalistável, deve-se pensar automaticamente em estrangeiros e conscritos. Logo, são inelegíveis os estrangeiros, conscritos e analfabetos.

Quanto aos analfabetos, uma questão merece atenção: os analfabetos podem votar, mas não podem receber votos.

Em seguida, tem-se o § 5º, que traz a chamada regra da reeleição. Trata-se de uma espécie de inelegibilidade relativa por meio do qual alguns titulares de cargos políticos ficam impedidos de se reelegerem por mais de duas eleições consecutivas, ou seja, é permitida apenas uma reeleição:

> *Art. 14 [...]*
> *§ 5º O Presidente da República, os Governadores de Estado e do Distrito Federal, os Prefeitos e quem os houver sucedido, ou substituído no curso dos mandatos poderão ser reeleitos para um único período subsequente.*

O primeiro ponto interessante desse parágrafo está na restrição que só ocorre para os membros do Poder Executivo (presidente, governador e prefeito). Logo, um membro do Poder Legislativo poderá se reeleger quantas vezes ele quiser, enquanto o membro do Poder Executivo só poderá se reeleger uma única vez. Ressalte-se que o impedimento se aplica também a quem suceder ou substituir o titular dos cargos supracitados.

Mais uma regra de inelegibilidade relativa encontra-se no § 6º:

> *Art. 14 [...]*
> *§ 6º Para concorrerem a outros cargos, o Presidente da República, os Governadores de Estado e do Distrito Federal e os Prefeitos devem renunciar aos respectivos mandatos até seis meses antes do pleito.*

Estamos diante da chamada regra de **desincompatibilização**. Da mesma forma que o dispositivo anterior só se aplica aos membros do Poder Executivo, e essa norma exige que os representantes desse Poder, para que possam concorrer a outro cargo, devem renunciar os respectivos mandatos até seis meses antes do pleito.

Ainda há a chamada inelegibilidade reflexa, ou em razão do parentesco. Essa hipótese gera um impedimento, não ao titular do cargo político, mas aos seus parentes até segundo grau. Também se aplica apenas aos membros do Poder Executivo:

> *Art. 14 [...]*
> *§ 7º São inelegíveis, no território de jurisdição do titular, o cônjuge e os parentes consanguíneos ou afins, até o segundo grau ou por adoção, do Presidente da República, de Governador de Estado ou Território, do Distrito Federal, de Prefeito ou de quem os haja substituído dentro dos seis meses anteriores ao pleito, salvo se já titular de mandato eletivo e candidato à reeleição.*

**O impedimento gerado está relacionado ao território de jurisdição do titular da seguinte forma:**

- O prefeito gera inelegibilidade aos cargos de Prefeito e vereador do mesmo município;
- O governador gera inelegibilidade aos cargos de prefeito, vereador, deputado estadual, deputado federal, senador da República e governador do mesmo Estado Federativo;
- O Presidente gera inelegibilidade a todos os cargos eletivos do país.

São parentes de 1º grau: pai, mãe, filho, sogro. São parentes de 2º grau: avô, irmão, neto, cunhado.

O STF editou a Súmula Vinculante nº 18, que diz:

> **Súmula Vinculante nº 18** *A dissolução da sociedade ou do vínculo conjugal, no curso do mandato, não afasta a inelegibilidade prevista no § 7º do art. 14 da Constituição Federal.*

Lei complementar pode estabelecer novas hipóteses de inelegibilidade relativa. É o que dispõe o § 9º do art. 14:

> *Art. 14 [...]*
> *§ 9º Lei complementar estabelecerá outros casos de inelegibilidade e os prazos de sua cessação, a fim de proteger a probidade administrativa, a moralidade para exercício de mandato considerada vida pregressa do candidato, e a normalidade e legitimidade das eleições contra a influência do poder econômico ou o abuso do exercício de função, cargo ou emprego na administração direta ou indireta.*

Com base no texto, é possível concluir que o rol de inelegibilidades relativas previstas na Constituição Federal de 1988 é meramente exemplificativo. Há ainda a Lei Complementar nº 64/1990 que traz várias hipóteses de inelegibilidade.

### 7.1.3 Condições para eleição do militar

O militar pode se candidatar a cargo político eletivo desde que observadas as regras estabelecidas no § 8º do art. 14:

> *Art. 14 [...]*
> *§ 8º O militar alistável é elegível, atendidas as seguintes condições:*
> *I – se contar menos de dez anos de serviço, deverá afastar-se da atividade;*
> *II – se contar mais de dez anos de serviço, será agregado pela autoridade superior e, se eleito, passará automaticamente, no ato da diplomação, para a inatividade.*

Primeiramente, deve-se ressaltar que a Constituição veda a filiação partidária aos militares:

> *Art. 142 [...]*
> *§ 3º [...]*
> *V – O militar, enquanto em serviço ativo, não pode estar filiado a partidos políticos.*

Recordando as condições de elegibilidade, tem-se que é necessária a filiação partidária para ser elegível, contudo, no caso do militar, o TSE tem entendido que o registro da candidatura supre a falta de prévia filiação partidária.

Um segundo ponto interessante decorre da própria interpretação do § 8º, que prevê duas regras para eleição dos militares em razão do tempo de serviço:

- **Militar com menos de dez anos:** deve se afastar da atividade;
- **Militar com mais de dez anos:** deve ficar agregado pela autoridade superior e se eleito, passado para inatividade.

Esse prazo de dez anos escolhido pela Constituição decorre da garantia de estabilidade para os militares.

### 7.1.4 Impugnação de mandato eletivo

Estes parágrafos dispensam explicação e, quando aparecem em prova, costumam cobrar o próprio texto constitucional. Deve-se ter cuidado com o prazo de 15 dias para impugnação:

> *Art. 14 [...]*
> *§ 10 O mandato eletivo poderá ser impugnado ante a Justiça Eleitoral no prazo de quinze dias contados da diplomação, instruída a ação com provas de abuso do poder econômico, corrupção ou fraude.*

# DIREITO CONSTITUCIONAL

*§ 11 A ação de impugnação de mandato tramitará em segredo de justiça, respondendo o autor, na forma da lei, se temerária ou de manifesta má-fé.*

## 7.1.5 Cassação, suspensão e perda dos direitos políticos

Uma coisa é certa: não existe cassação de direitos políticos no Brasil. Isso não pode ser esquecido, pois sempre é cobrado em prova. Apesar dessa norma protetiva, são permitidas a perda e a suspensão desses direitos, conforme disposto no art. 15 da Constituição:

*Art. 15 É vedada a cassação de direitos políticos, cuja perda ou suspensão só se dará nos casos de:*

*I – Cancelamento da naturalização por sentença transitada em julgado;*

*II – Incapacidade civil absoluta;*

*III – Condenação criminal transitada em julgado, enquanto durarem seus efeitos;*

*IV – Recusa de cumprir obrigação a todos imposta ou prestação alternativa, nos termos do art. 5º, VIII;*

*V – Improbidade administrativa, nos termos do art. 37, § 4º.*

Observe-se que o texto constitucional não esclareceu muito bem quais são as hipóteses de perda ou suspensão, trabalho esse que ficou a cargo da doutrina fazer. Seguem abaixo as hipóteses de perda ou suspensão:

- **Cancelamento da naturalização por sentença transitada em julgado:** trata-se de perda dos direitos políticos. Ora, se o indivíduo teve cancelado seu vínculo com o Estado Brasileiro, não há sentido em lhe garantir os direitos políticos.
- **Incapacidade civil absoluta:** apesar de ser absoluta, essa incapacidade civil pode cessar dependendo da situação. Logo, é hipótese de suspensão dos direitos políticos.
- **Condenação criminal transitada em julgado, enquanto durarem seus efeitos:** condenação criminal é suspensão, pois dura enquanto durar a pena. Deve-se ter cuidado com essa questão em prova. O efeito da suspensão sobre os direitos políticos independe do tipo de pena aplicada ao cidadão.
- **Recusa de cumprir obrigação a todos imposta ou prestação alternativa, nos termos do art. 5º, inciso VIII:** essa é a famosa hipótese da escusa de consciência. Em relação a esse tema, existe divergência na doutrina. Parte da doutrina Constitucional entende que é hipótese de perda, outra parte da doutrina, principalmente eleitoral, entende que seja hipótese de suspensão.
- **Improbidade administrativa, nos termos do art. 37, § 4º, CF/1988/1988:** essa é mais uma hipótese de suspensão dos direitos políticos.

## 7.1.6 Princípio da anterioridade eleitoral

Este princípio exige o prazo de um ano para aplicação de lei que altere processo eleitoral. Isso visa a evitar que os candidatos sejam pegos de surpresa com as regras eleitorais. O art. 16 da Constituição Federal de 1988 diz:

*Art. 16 A lei que alterar o processo eleitoral entrará em vigor na data de sua publicação, não se aplicando à eleição que ocorra até um ano da data de sua vigência.*

## 7.2 Partidos políticos

### 7.2.1 Natureza jurídica dos partidos políticos

Os partidos políticos, segundo previsão expressa da Constituição Federal de 1988, possuem natureza jurídica de direito privado. Segundo o disposto no art. 17, § 2º:

*§ 2º Os partidos políticos, após adquirirem personalidade jurídica, na forma da lei civil, registrarão seus estatutos no Tribunal Superior Eleitoral.*

Quando a Constituição determina que os partidos devem adquirir sua personalidade jurídica na forma da lei civil, praticamente, afirma que é uma pessoa jurídica de direito privado apesar de ser exigido seu registro no TSE.

### 7.2.2 Direitos dos partidos

Os partidos possuem vários direitos previstos expressamente na Constituição Federal de 1988, dentre os quais destacam-se:

- **Recursos do fundo partidário;**
- **Acesso gratuito ao rádio e à televisão (Lei nº 9.096/1995).**

### 7.2.3 Limitações aos partidos

Apesar da liberdade estampada no *caput* do art. 17 da CF/1988/1988, é possível perceber que a criação dos partidos políticos possui algumas limitações:

*Art. 17 É livre a criação, fusão, incorporação e extinção de partidos políticos, resguardados a soberania nacional, o regime democrático, o pluripartidarismo, os direitos fundamentais da pessoa humana e observados os seguintes preceitos:*

*I – Caráter nacional;*

*II – Proibição de recebimento de recursos financeiros de entidade ou governo estrangeiros ou de subordinação a estes;*

*III – Prestação de contas à Justiça Eleitoral;*

*IV – Funcionamento parlamentar de acordo com a lei. [...]*

*§ 4º É vedada a utilização pelos partidos políticos de organização paramilitar.*

### 7.2.4 Verticalização

Antes da Emenda Constitucional nº 52/2006, era utilizada a chamada Verticalização, que significava a necessidade de vinculação das candidaturas do nível nacional, estadual, distrital ou municipal. Vejamos como está escrito agora:

*§ 1º É assegurada aos partidos políticos autonomia para definir sua estrutura interna e estabelecer regras sobre escolha, formação e duração de seus órgãos permanentes e provisórios e sobre sua organização e funcionamento e para adotar os critérios de escolha e o regime de suas coligações nas eleições majoritárias, vedada a sua celebração nas eleições proporcionais, sem obrigatoriedade de vinculação entre as candidaturas em âmbito nacional, estadual, distrital ou municipal, devendo seus estatutos estabelecer normas de disciplina e fidelidade partidária.*

Significa dizer que não é mais preciso haver vinculação das candidaturas nos diversos níveis federativos (União, Estados, Distrito Federal e Municípios).

# 8 ORGANIZAÇÃO POLÍTICO-ADMINISTRATIVA

Para que se possa compreender a organização político-administrativa do Estado brasileiro, faz-se necessário, primeiramente, entender como se deu essa formação. Para isso, será abordado o princípio federativo.

## 8.1 Princípio federativo: entes federativos

A forma de Estado adotada no Brasil é a federativa. Quando se afirma que o nosso Estado é uma Federação, quer-se dizer como se dá o exercício do poder político em função do território. Em um Estado Federal, existe pluralidade de poderes políticos internos, os quais se organizam de forma descentralizada. No Brasil, são quatro poderes políticos, também chamados de entes federativos:

- União;
- Estados;
- Distrito Federal;
- Municípios.

Essa organização é baseada na autonomia política de cada ente federativo. Deve-se estar atento a esse tema em prova, pois as bancas gostam de trocar autonomia por soberania. Cada ente possui sua própria autonomia, enquanto o Estado Federal possui a soberania. A autonomia de cada ente federativo se dá no âmbito político, financeiro, orçamentário, administrativo e em qualquer outra área permitida pela Constituição Federal:

> *Art. 18 A organização político-administrativa da República Federativa do Brasil compreende a União, os Estados, o Distrito Federal e os Municípios, todos autônomos, nos termos desta Constituição.*

Deve-se destacar, inclusive, que o pacto federativo sobrevive em torno da Constituição Federal, que impede sua dissolução sob pena de se decretar Intervenção Federal:

> *Art. 34 A União não intervirá nos Estados nem no Distrito Federal, exceto para:*
> *I – Manter a integridade nacional.*

A proibição de secessão, que impede a separação de um ente federativo, também é conhecida como princípio da indissolubilidade.

Outro ponto muito cobrado em prova diz respeito à inexistência de hierarquia entre os entes federativos. O que distingue um ente federativo do outro não é a superioridade, mas a distribuição de competências feita pela própria Constituição Federal de 1988. Não se deve esquecer também que as Unidades da Federação possuem representação junto ao Poder Legislativo da União, mais precisamente, no Senado Federal.

Em razão dessa organização completamente diferenciada, a doutrina classifica a federação brasileira de várias formas:

- **Tricotômica:** federação constituída em três níveis: federal, estadual e municipal. O Distrito Federal não é considerado nessa classificação, haja vista possuir competência híbrida, agindo tanto como um Estado quanto como Município.
- **Centrífuga:** característica que reflete a formação da federação brasileira. É a formação "de dentro para fora". O movimento é de centrifugadora. A força de criação do estado federal brasileiro surgiu a partir de um Estado Unitário para a criação de um estado federado, ou seja, o poder centralizado que se torna descentralizado. O poder político era concentrado nas mãos de um só ente e depois passa a fazer parte de vários entes federativos.
- **Por desagregação:** ocorre quando um Estado Unitário resolve se descentralizar politicamente, desagregando o poder central em favor de vários entes titulares de poder político.

Mais uma característica que não pode ser ignorada em prova: a forma Federativa de Estado é uma **cláusula pétrea**, conforme dispõe o art. 60, § 4º, inciso I:

> *Art. 60 [...]*
> *§ 4º Não será objeto de deliberação a proposta de emenda tendente a abolir:*
> *I – A forma federativa de Estado.*

Cumpre lembrar de que a capital do Brasil é Brasília. Deve-se ter cuidado: há questão de prova que diz que a capital é o Distrito Federal. O Distrito Federal é um ente federativo, ao passo que Brasília é uma região administrativa dentro do Distrito Federal:

> *Art. 18 [...]*
> *§ 1º Brasília é a Capital Federal.*

Outra coisa com a qual se deve ter cuidado diz respeito aos territórios federais:

> *Art. 18 [...]*
> *§ 2º Os Territórios Federais integram a União, e sua criação, transformação em Estado ou reintegração ao Estado de origem serão reguladas em lei complementar.*

Esses não são entes federativos, pois não possuem autonomia política. São pessoas jurídicas de direito público que possuem apenas capacidade administrativa. Sua natureza jurídica é de autarquia federal e só podem ser criados por lei federal. Para sua criação se faz necessária a aprovação das populações diretamente envolvidas, por meio de plebiscito, parecer da Assembleia Legislativa e lei complementar federal. Os territórios são administrados por governadores escolhidos pelo Presidente da República e podem ser divididos em municípios. Cada território elegerá quatro deputados federais, mas não poderá eleger Senador da República. Seguem abaixo vários dispositivos da Constituição Federal de 1988 que regulamentam os territórios:

> *Art. 18 [...]*
> *§ 3º Os Estados podem incorporar-se entre si, subdividir-se ou desmembrar-se para se anexarem a outros, ou formarem novos Estados ou Territórios Federais, mediante aprovação da população diretamente interessada, através de plebiscito, e do Congresso Nacional, por lei complementar.*
>
> *Art. 45 [...]*
> *§ 2º Cada Território elegerá quatro Deputados.*
>
> *Art. 48 Cabe ao Congresso Nacional, com a sanção do Presidente da República, não exigida esta para o especificado nos Arts. 49, 51 e 52, dispor sobre todas as matérias de competência da União, especialmente sobre:[...]*
> *VI – Incorporação, subdivisão ou desmembramento de áreas de Territórios ou Estados, ouvidas as respectivas Assembleias Legislativas.*
>
> *Art. 84 Compete privativamente ao Presidente da República: [...]*
> *XIV – Nomear, após aprovação pelo Senado Federal, os Ministros do Supremo Tribunal Federal e dos Tribunais Superiores, os Governadores de Territórios, o Procurador-geral da República, o presidente e os diretores do banco central e outros servidores, quando determinado em lei.*

A Constituição Federal autoriza a divisão dos Territórios em Municípios. Os Territórios com mais de 100.000 habitantes possuirão Poder Judiciário próprio, bem como membros do Ministério Público e Defensores Públicos Federais. Poderão ainda eleger membros para Câmara Territorial:

> *Art. 33 [...]*
> *§ 1º Os Territórios poderão ser divididos em Municípios, aos quais se aplicará, no que couber, o disposto no Capítulo IV deste Título. [...]*
> *§ 3º Nos Territórios Federais com mais de cem mil habitantes, além do Governador nomeado na forma desta Constituição, haverá órgãos judiciários de primeira e segunda instância, membros do Ministério Público e defensores públicos federais; a lei disporá sobre as eleições para a Câmara Territorial e sua competência deliberativa.*

## 8.1.1 Vedações constitucionais

A Constituição Federal de 1988 fez questão de estabelecer algumas vedações expressas aos entes federativos, as quais estão previstas no art. 19:

> **Art. 19** É vedado à União, aos Estados, ao Distrito Federal e aos Municípios:
> I – Estabelecer cultos religiosos ou igrejas, subvencioná-los, embaraçar-lhes o funcionamento ou manter com eles ou seus representantes relações de dependência ou aliança, ressalvada, na forma da lei, a colaboração de interesse público;
> II – Recusar fé aos documentos públicos;
> III – Criar distinções entre brasileiros ou preferências entre si.

A primeira vedação decorre da laicidade do Estado brasileiro, ou seja, não possuímos religião oficial no Brasil, em razão da situação de separação entre Estado e Igreja. A segunda vedação decorre da presunção de veracidade dos documentos públicos. E, por último, contemplando o princípio da isonomia, o qual será tratado em momento oportuno, fica vedado estabelecer distinções entre brasileiros ou preferências entre si. Atente-se a esta questão.

## 8.1.2 Características dos entes federativos

- **União**

Muitos sentem dificuldade em visualizar a União, tendo em vista ser um ente meio abstrato. O que se precisa saber é que a União é uma pessoa jurídica de direito público interno ao mesmo tempo em que é pessoa jurídica de direito público externo. É o Poder Central responsável por assuntos de interesse geral do Estado e que representa os demais entes federativos. Apesar de não possuir o atributo de soberania, a União exerce essa soberania em nome do Estado Federal. É só pensar na representação internacional do Estado. Quem celebra tratados internacionais? É o chefe do executivo da União, o Presidente da República.

Um dos temas mais cobrados em prova são os Bens da União. Os bens da União estão previstos no art. 20 da Constituição Federal:

> **Art. 20** São bens da União:
> I – Os que atualmente lhe pertencem e os que lhe vierem a ser atribuídos;
> II – As terras devolutas indispensáveis à defesa das fronteiras, das fortificações e construções militares, das vias federais de comunicação e à preservação ambiental, definidas em lei;
> III – Os lagos, rios e quaisquer correntes de água em terrenos de seu domínio, ou que banhem mais de um Estado, sirvam de limites com outros países, ou se estendam a território estrangeiro ou dele provenham, bem como os terrenos marginais e as praias fluviais;
> IV – As ilhas fluviais e lacustres nas zonas limítrofes com outros países; as praias marítimas; as ilhas oceânicas e as costeiras, excluídas, destas, as que contenham a sede de Municípios, exceto aquelas áreas afetadas ao serviço público e a unidade ambiental federal, e as referidas no art. 26, II;
> V – Os recursos naturais da plataforma continental e da zona econômica exclusiva;
> VI – O mar territorial;
> VII – Os terrenos de marinha e seus acrescidos;
> VIII – os potenciais de energia hidráulica;
> IX – Os recursos minerais, inclusive os do subsolo;
> X – As cavidades naturais subterrâneas e os sítios arqueológicos e pré-históricos;
> XI – As terras tradicionalmente ocupadas pelos índios.
> § 1º É assegurada, nos termos da lei, à União, aos Estados, ao Distrito Federal e aos Municípios a participação no resultado da exploração de petróleo ou gás natural, de recursos hídricos para fins de geração de energia elétrica e de outros recursos minerais no respectivo território, plataforma continental, mar territorial ou zona econômica exclusiva, ou compensação financeira por essa exploração. (Redação dada pela Emenda Constitucional nº 102/2019)
> § 2º A faixa de até cento e cinquenta quilômetros de largura, ao longo das fronteiras terrestres, designada como faixa de fronteira, é considerada fundamental para defesa do território nacional, e sua ocupação e utilização serão reguladas em lei.

Esse artigo, quando cobrado em prova, costuma ser trabalhado apenas com o texto literal da Constituição. A dica de estudo é a memorização dos bens que são considerados da União. Contudo, alguns bens necessitam de uma explicação maior para que sejam compreendidos.

- **Terras devolutas**

O inciso II fala das chamadas terras devolutas, mas o que significa terras devolutas? São terras que estão sob o domínio da União sem qualquer destinação, nem pública nem privada. Serão da União apenas as terras devolutas indispensáveis à defesa das fronteiras, das fortificações e construções militares, das vias federais de comunicação e à preservação ambiental, conforme definição em lei. As demais terras devolutas serão de propriedade dos Estados Membros nos termos do art. 26, incisos IV:

> **Art. 26** Incluem-se entre os bens dos Estados: [...]
> IV – As terras devolutas não compreendidas entre as da União.

- **Mar Territorial, Plataforma Continental e Zona Econômica Exclusiva (ZEE)**

Os incisos IV e V apresentam três bens que são muito interessantes e que se confundem nas cabeças dos alunos: mar territorial, plataforma continental e Zona Econômica Exclusiva. A Lei nº 8.617/1993 esclarece as diferenças entre esses institutos.

O mar territorial é formado por uma faixa de água marítima ao longo da costa brasileira, com uma dimensão de 12 milhas marítimas, contadas a partir da linha base. A plataforma continental é o prolongamento natural do território terrestre, compreendidos o leito e o subsolo do mar até a distância de 200 milhas marítimas ou até o bordo exterior da margem continental.

A ZEE é a extensão situada além do mar territorial até o limite das 200 milhas marítimas.

Acerca desse tema sempre há confusão. O mar territorial é extensão do território nacional sobre qual o Estado exerce sua soberania. Já a plataforma continental e a zona econômica exclusiva são águas internacionais onde o direito à soberania do Estado se limita à exploração e ao aproveitamento, à conservação e a gestão dos recursos naturais, vivos ou não vivos, das águas sobrejacentes ao leito do mar, do leito do mar e seu subsolo, e no que se refere a outras atividades com vistas à exploração e ao aproveitamento da zona para fins econômicos.

- **Estados**

Os estados são pessoas jurídicas de direito público interno, entes federativos detentores de autonomia própria. Essa autonomia se percebe pela sua capacidade de auto-organização, autogoverno, autoadministração. Destaca-se, ainda, o seu poder de criação da própria Constituição Estadual, bem como das demais normas de sua competência:

> **Art. 25** Os Estados organizam-se e regem-se pelas Constituições e leis que adotarem, observados os princípios desta Constituição.

Percebe-se, ainda, o seu autogoverno à medida que cada Estado organiza seus próprios Poderes: Poder Legislativo (Assembleia Legislativa), Poder Executivo (Governador) e Poder Judiciário (Tribunal de Justiça). Destacam-se também suas autonomias administrativa, tributária e financeira.

# ORGANIZAÇÃO POLÍTICO-ADMINISTRATIVA

Segundo o art. 18, § 3º, da Constituição Federal de 1988:

*Art. 18* [...]

*§ 3º Os Estados podem incorporar-se entre si, subdividir-se ou desmembrar-se para se anexarem a outros, ou formarem novos Estados ou Territórios Federais, mediante aprovação da população diretamente interessada, através de plebiscito, e do Congresso Nacional, por lei complementar.*

O que se precisa lembrar para a prova é que, para se criar outro Estado, faz-se necessária a aprovação da população diretamente interessada por meio de plebiscito e que essa criação depende de lei complementar federal. A Constituição Federal de 1988 prevê ainda a oitiva das Assembleias Legislativas envolvidas na modificação:

*Art. 48 Cabe ao Congresso Nacional, com a sanção do Presidente da República, não exigida esta para o especificado nos Arts. 49, 51 e 52, dispor sobre todas as matérias de competência da União, especialmente sobre:* [...]

*IV – Incorporação, subdivisão ou desmembramento de áreas de Territórios ou Estados, ouvidas as respectivas Assembleias Legislativas.*

Em razão de sua autonomia, a Constituição Federal de 1988 apresentou um rol de bens que pertencem aos Estados:

*Art. 26 Incluem-se entre os bens dos Estados:*

*I – As águas superficiais ou subterrâneas, fluentes, emergentes e em depósito, ressalvadas, neste caso, na forma da lei, as decorrentes de obras da União;*

*II – As áreas, nas ilhas oceânicas e costeiras, que estiverem no seu domínio, excluídas aquelas sob domínio da União, Municípios ou terceiros;*

*III – As ilhas fluviais e lacustres não pertencentes à União;*

*IV – As terras devolutas não compreendidas entre as da União.*

Algumas regras em relação à Organização dos Poderes Legislativo e Executivo no âmbito dos Estados também aparecem na Constituição Federal de 1988. Quando cobradas em prova, a leitura e memorização dos artigos abaixo se tornam essenciais:

*Art. 27 O número de Deputados à Assembleia Legislativa corresponderá ao triplo da representação do Estado na Câmara dos Deputados e, atingido o número de trinta e seis, será acrescido de tantos quantos forem os Deputados Federais acima de doze.*

*§ 1º Será de quatro anos o mandato dos Deputados Estaduais, aplicando-se-lhes as regras desta Constituição sobre sistema eleitoral, inviolabilidade, imunidades, remuneração, perda de mandato, licença, impedimentos e incorporação às Forças Armadas.*

*§ 2º O subsídio dos Deputados Estaduais será fixado por lei de iniciativa da Assembleia Legislativa, na razão de, no máximo, setenta e cinco por cento daquele estabelecido, em espécie, para os Deputados Federais, observado o que dispõem os Arts. 39, § 4º, 57, § 7º, 150, II, 153, III, e 153, § 2º, I.*

*§ 3º Compete às Assembleias Legislativas dispor sobre seu regimento interno, polícia e serviços administrativos de sua secretaria, e prover os respectivos cargos.*

*§ 4º A lei disporá sobre a iniciativa popular no processo legislativo estadual.*

*Art. 28 A eleição do Governador e do Vice-Governador de Estado, para mandato de quatro anos, realizar-se-á no primeiro domingo de outubro, em primeiro turno, e no último domingo de outubro, em segundo turno, se houver, do ano anterior ao do término do mandato de seus antecessores, e a posse ocorrerá em primeiro de janeiro do ano subsequente, observado, quanto ao mais, o disposto no art. 77.*

*§ 1º Perderá o mandato o Governador que assumir outro cargo ou função na Administração Pública direta ou indireta, ressalvada a posse em virtude de concurso público e observado o disposto no art. 38, I, IV e V.*

*§ 2º Os subsídios do Governador, do Vice-Governador e dos Secretários de Estado serão fixados por lei de iniciativa da Assembleia Legislativa, observado o que dispõem os Arts. 37, XI, 39, § 4º, 150, II, 153, III, e 153, § 2º, I.*

- **Municípios**

Os municípios são elencados pela Constituição Federal de 1988 como entes federativos dotados de autonomia, a qual se percebe pela sua capacidade de auto-organização, autogoverno e autoadministração. São regidos por lei orgânica e possui Executivo e Legislativo próprio, os quais são representados, respectivamente, pela Prefeitura e pela Câmara Municipal e que são regulamentados pelos arts. 29 e 29-A da Constituição Federal de 1988. O examinador pode explorar, em prova de concurso público, questões que requeiram a memorização desses artigos. Para entender por que ele faria isso, recomenda-se a leitura:

*Art. 29 O Município reger-se-á por lei orgânica, votada em dois turnos, com o interstício mínimo de dez dias, e aprovada por dois terços dos membros da Câmara Municipal, que a promulgará, atendidos os princípios estabelecidos nesta Constituição, na Constituição do respectivo Estado e os seguintes preceitos:*

*I – Eleição do Prefeito, do Vice-Prefeito e dos Vereadores, para mandato de quatro anos, mediante pleito direto e simultâneo realizado em todo o País;*

*II – Eleição do Prefeito e do Vice-Prefeito realizada no primeiro domingo de outubro do ano anterior ao término do mandato dos que devam suceder, aplicadas as regras do art. 77, no caso de Municípios com mais de duzentos mil eleitores;*

*III – Posse do Prefeito e do Vice-Prefeito no dia 1º de janeiro do ano subsequente ao da eleição;*

*IV – Para a composição das Câmaras Municipais, será observado o limite máximo de:*

*a) 9 (nove) Vereadores, nos Municípios de até 15.000 (quinze mil) habitantes;*

*b) 11 (onze) Vereadores, nos Municípios de mais de 15.000 (quinze mil) habitantes e de até 30.000 (trinta mil) habitantes;*

*c) 13 (treze) Vereadores, nos Municípios com mais de 30.000 (trinta mil) habitantes e de até 50.000 (cinquenta mil) habitantes;*

*d) 15 (quinze) Vereadores, nos Municípios de mais de 50.000 (cinquenta mil) habitantes e de até 80.000 (oitenta mil) habitantes;*

*e) 17 (dezessete) Vereadores, nos Municípios de mais de 80.000 (oitenta mil) habitantes e de até 120.000 (cento e vinte mil) habitantes;*

*f) 19 (dezenove) Vereadores, nos Municípios de mais de 120.000 (cento e vinte mil) habitantes e de até 160.000 (cento sessenta mil) habitantes;*

*g) 21 (vinte e um) Vereadores, nos Municípios de mais de 160.000 (cento e sessenta mil) habitantes e de até 300.000 (trezentos mil) habitantes;*

*h) 23 (vinte e três) Vereadores, nos Municípios de mais de 300.000 (trezentos mil) habitantes e de até 450.000 (quatrocentos e cinquenta mil) habitantes;*

*i) 25 (vinte e cinco) Vereadores, nos Municípios de mais de 450.000 (quatrocentos e cinquenta mil) habitantes e de até 600.000 (seiscentos mil) habitantes;*

*j) 27 (vinte e sete) Vereadores, nos Municípios de mais de 600.000 (seiscentos mil) habitantes e de até 750.000 (setecentos cinquenta mil) habitantes;*

*k) 29 (vinte e nove) Vereadores, nos Municípios de mais de 750.000 (setecentos e cinquenta mil) habitantes e de até 900.000 (novecentos mil) habitantes;*

*l) 31 (trinta e um) Vereadores, nos Municípios de mais de 900.000 (novecentos mil) habitantes e de até 1.050.000 (um milhão e cinquenta mil) habitantes;*

*m) 33 (trinta e três) Vereadores, nos Municípios de mais de 1.050.000 (um milhão e cinquenta mil) habitantes e de até 1.200.000 (um milhão e duzentos mil) habitantes;*

*n) 35 (trinta e cinco) Vereadores, nos Municípios de mais de 1.200.000 (um milhão e duzentos mil) habitantes e de até 1.350.000 (um milhão e trezentos e cinquenta mil) habitantes;*

o) 37 (trinta e sete) Vereadores, nos Municípios de 1.350.000 (um milhão e trezentos e cinquenta mil) habitantes e de até 1.500.000 (um milhão e quinhentos mil) habitantes;

p) 39 (trinta e nove) Vereadores, nos Municípios de mais de 1.500.000 (um milhão e quinhentos mil) habitantes e de até 1.800.000 (um milhão e oitocentos mil) habitantes;

q) 41 (quarenta e um) Vereadores, nos Municípios de mais de 1.800.000 (um milhão e oitocentos mil) habitantes e de até 2.400.000 (dois milhões e quatrocentos mil) habitantes;

r) 43 (quarenta e três) Vereadores, nos Municípios de mais de 2.400.000 (dois milhões e quatrocentos mil) habitantes e de até 3.000.000 (três milhões) de habitantes;

s) 45 (quarenta e cinco) Vereadores, nos Municípios de mais de 3.000.000 (três milhões) de habitantes e de até 4.000.000 (quatro milhões) de habitantes;

t) 47 (quarenta e sete) Vereadores, nos Municípios de mais de 4.000.000 (quatro milhões) de habitantes e de até 5.000.000 (cinco milhões) de habitantes;

u) 49 (quarenta e nove) Vereadores, nos Municípios de mais de 5.000.000 (cinco milhões) de habitantes e de até 6.000.000 (seis milhões) de habitantes;

v) 51 (cinquenta e um) Vereadores, nos Municípios de mais de 6.000.000 (seis milhões) de habitantes e de até 7.000.000 (sete milhões) de habitantes;

w) 53 (cinquenta e três) Vereadores, nos Municípios de mais de 7.000.000 (sete milhões) de habitantes e de até 8.000.000 (oito milhões) de habitantes; e

x) 55 (cinquenta e cinco) Vereadores, nos Municípios de mais de 8.000.000 (oito milhões) de habitantes;

V – Subsídios do Prefeito, do Vice-Prefeito e dos Secretários Municipais fixados por lei de iniciativa da Câmara Municipal, observado o que dispõem os Arts. 37, XI, 39, § 4º, 150, II, 153, III, e 153, § 2º, I;

VI – O subsídio dos Vereadores será fixado pelas respectivas Câmaras Municipais em cada legislatura para a subsequente, observado o que dispõe esta Constituição, observados os critérios estabelecidos na respectiva Lei Orgânica e os seguintes limites máximos:

a) em Municípios de até dez mil habitantes, o subsídio máximo dos Vereadores corresponderá a vinte por cento do subsídio dos Deputados Estaduais;

b) em Municípios de dez mil e um a cinquenta mil habitantes, o subsídio máximo dos Vereadores corresponderá a trinta por cento do subsídio dos Deputados Estaduais;

c) em Municípios de cinquenta mil e um a cem mil habitantes, o subsídio máximo dos Vereadores corresponderá a quarenta por cento do subsídio dos Deputados Estaduais;

d) em Municípios de cem mil e um a trezentos mil habitantes, o subsídio máximo dos Vereadores corresponderá a cinquenta por cento do subsídio dos Deputados Estaduais;

e) em Municípios de trezentos mil e um a quinhentos mil habitantes, o subsídio máximo dos Vereadores corresponderá a sessenta por cento do subsídio dos Deputados Estaduais;

f) em Municípios de mais de quinhentos mil habitantes, o subsídio máximo dos Vereadores corresponderá a setenta e cinco por cento do subsídio dos Deputados Estaduais;

VII – O total da despesa com a remuneração dos Vereadores não poderá ultrapassar o montante de cinco por cento da receita do Município;

VIII – Inviolabilidade dos Vereadores por suas opiniões, palavras e votos no exercício do mandato e na circunscrição do Município;

IX – Proibições e incompatibilidades, no exercício da vereança, similares, no que couber, ao disposto nesta Constituição para os membros do Congresso Nacional e na Constituição do respectivo Estado para os membros da Assembleia Legislativa;

X – Julgamento do Prefeito perante o Tribunal de Justiça;

XI – Organização das funções legislativas e fiscalizadoras da Câmara Municipal;

XII – Cooperação das associações representativas no planejamento municipal;

XIII – Iniciativa popular de projetos de lei de interesse específico do Município, da cidade ou de bairros, através de manifestação de, pelo menos, cinco por cento do eleitorado;

XIV – Perda do mandato do Prefeito, nos termos do art. 28, parágrafo único.

**Art. 29-A** O total da despesa do Poder Legislativo Municipal, incluídos os subsídios dos Vereadores e excluídos os gastos com inativos, não poderá ultrapassar os seguintes percentuais, relativos ao somatório da receita tributária e das transferências previstas no § 5º do art. 153 e nos arts. 158 e 159, efetivamente realizado no exercício anterior: (Conforme Emenda Constitucional nº 109/2021) [...]

I – 7% (sete por cento) para Municípios com população de até 100.000 (cem mil) habitantes;

II – 6% (seis por cento) para Municípios com população entre 100.000 (cem mil) e 300.000 (trezentos mil) habitantes;

III – 5% (cinco por cento) para Municípios com população entre 300.001 (trezentos mil e um) e 500.000 (quinhentos mil) habitantes;

IV – 4,5% (quatro inteiros e cinco décimos por cento) para Municípios com população entre 500.001 (quinhentos mil e um) e 3.000.000 (três milhões) de habitantes;

V – 4% (quatro por cento) para Municípios com população entre 3.000.001 (três milhões e um) e 8.000.000 (oito milhões) de habitantes;

VI – 3,5% (três inteiros e cinco décimos por cento) para Municípios com população acima de 8.000.001 (oito milhões e um) habitantes.

§ 1º A Câmara Municipal não gastará mais de setenta por cento de sua receita com folha de pagamento, incluído o gasto com o subsídio de seus Vereadores.

§ 2º Constitui crime de responsabilidade do Prefeito Municipal:

I – Efetuar repasse que supere os limites definidos neste artigo;

II – Não enviar o repasse até o dia vinte de cada mês; ou

III – Enviá-lo a menor em relação à proporção fixada na Lei Orçamentária.

§ 3º. Constitui crime de responsabilidade do Presidente da Câmara Municipal o desrespeito ao § 1º deste artigo.

Mesmo sendo dotada de autonomia federativa, sua organização possui algumas limitações impostas pela própria Constituição. Entre essas limitações, deve-se destacar a ausência de Poder Judiciário no âmbito municipal, cuja função jurisdicional é exercida pelos órgãos do Judiciário federal e estadual. É importante lembrar que não existe representante municipal no Congresso Nacional.

A Constituição Federal de 1988 permite que sejam criados novos municípios, conforme as regras estabelecidas no art. 18, § 4º:

*Art. 18* [...]

*§ 4º A criação, a incorporação, a fusão e o desmembramento de Municípios, far-se-ão por lei estadual, dentro do período determinado por Lei Complementar Federal, e dependerão de consulta prévia, mediante plebiscito, às populações dos Municípios envolvidos, após divulgação dos Estudos de Viabilidade Municipal, apresentados e publicados na forma da lei.*

Perceba que as regras são um pouco diferentes das necessárias para a criação de Estados. A primeira coisa que deve ser lembrada é que a criação será por lei ordinária estadual, desde que haja autorização emanada de lei complementar federal. As populações diretamente envolvidas na modificação devem ser consultadas por meio de plebiscito. E, por último, não se pode esquecer a exigência de Estudo de Viabilidade Municipal. Para prova, memorize essas condições.

Um fato curioso é que apesar de não existir ainda uma Lei Complementar Federal autorizando o período de criação de Municípios, vários Municípios foram criados na vigência de Constituição Federal, o que obrigou o Congresso Nacional a aprovar a Emenda Constitucional nº

57/2008, que acrescentou o art. 96 ao Ato das Disposições Constitucionais Transitórias (ADCT), convalidando a criação dos Municípios até 31 de dezembro de 2006:

> **Art. 96** *Ficam convalidados os atos de criação, fusão, incorporação e desmembramento de Municípios, cuja lei tenha sido publicada até 31 de dezembro de 2006, atendidos os requisitos estabelecidos na legislação do respectivo Estado à época de sua criação.*

- **Distrito Federal**

Se questionarem se o Distrito Federal é um Estado ou é um Município, a resposta será: "O Distrito Federal não é Estado nem Município, é Distrito Federal."

A Constituição Federal afirma que o Distrito Federal é ente federativo assim como a União, os Estados e os Municípios. Esse ente federativo é conhecido pela sua autonomia e por sua competência híbrida. Quando se fala em competência híbrida, quer-se dizer que o DF pode exercer competências tanto de Estado quanto de Município:

> **Art. 32** [...]
> § 1º *Ao Distrito Federal são atribuídas as competências legislativas reservadas aos Estados e Municípios.*

Caracteriza a sua autonomia o fato de poder criar a sua própria lei orgânica, bem como a existência do Poder Executivo (governador), Legislativo (Câmara Legislativa) e Judiciário (Tribunal de Justiça do Distrito Federal e Territórios):

> **Art. 32** *O Distrito Federal, vedada sua divisão em Municípios, reger-se-á por lei orgânica, votada em dois turnos com interstício mínimo de dez dias, e aprovada por dois terços da Câmara Legislativa, que a promulgará, atendidos os princípios estabelecidos nesta Constituição.*
> § 2º *A eleição do Governador e do Vice-Governador, observadas as regras do art. 77, e dos Deputados Distritais coincidirá com a dos Governadores e Deputados Estaduais, para mandato de igual duração.*
> § 3º *Aos Deputados Distritais e à Câmara Legislativa aplica-se o disposto no art. 27.*

Como se pode depreender da leitura do artigo, a autonomia do DF possui algumas limitações, por exemplo, a vedação da sua divisão em Municípios. Nesse mesmo sentido, deve-se lembrar que o Distrito Federal não possui competência para organizar e manter as Polícias Civil e Militar, o Corpo de Bombeiros Militar, o Poder Judiciário, o Ministério Público e a Defensoria Pública. Nesses casos, a competência foi conferida à União:

> **Art. 32** [...]
> § 4º *Lei federal disporá sobre a utilização, pelo Governo do Distrito Federal, da polícia civil, da polícia penal, da polícia militar e do corpo de bombeiros militar. (Redação dada pela Emenda Constitucional nº 104/2019)*
>
> **Art. 21** *Compete à União:*[...]
> XIII – *organizar e manter o Poder Judiciário, o Ministério Público do Distrito Federal e dos Territórios e a Defensoria Pública dos Territórios;*
> XIV – *organizar e manter a polícia civil, a polícia penal, a polícia militar e o corpo de bombeiros militar do Distrito Federal, bem como prestar assistência financeira ao Distrito Federal para a execução de serviços públicos, por meio de fundo próprio; (Redação dada pela Emenda Constitucional nº 104/2019)*

Por fim, é importante lembrar que o Distrito Federal não se confunde com Brasília. Isso é facilmente percebido pela leitura do art. 18:

> **Art. 18** *A organização político-administrativa da República Federativa do Brasil compreende a União, os Estados, o Distrito Federal e os Municípios, todos autônomos, nos termos desta Constituição.*
> § 1º *Brasília é a Capital Federal.*

O Distrito Federal é ente federativo, ao passo que Brasília é a capital federal. Sob a ótica da organização administrativa do DF, pode-se afirmar que Brasília é uma das regiões administrativas do Distrito Federal, haja vista não poder o DF ser dividido em municípios.

### 8.1.3 Competências dos entes federativos

Como já foi visto, entre os entes federativos não existe hierarquia. Mas o que diferencia um ente federativo do outro? A diferença está na distribuição das competências pela Constituição. Cada ente federativo possui sua parcela de responsabilidades estabelecidas dentro da Constituição Federal de 1988.

Para a fixação dessas competências, a Constituição fez uso do princípio da predominância de interesse. Esse princípio define a abrangência das competências de cada ente com base na predominância de interesse. Para a União, em regra, foram previstas competências de interesse geral, de toda a coletividade. Para os Estados, a Constituição reservou competências de interesse regional. Aos municípios, competências de interesse local. E, por fim, ao Distrito Federal, foram reservadas competências de interesse local e regional, razão pela qual a doutrina chama de competência híbrida.

As competências são classificadas em dois tipos:

- **Competências materiais ou administrativas:** são aquelas que preveem ações a serem desempenhadas pelos entes federativos.
- **Competências legislativas:** estão relacionadas com a capacidade que um ente federativo possui de criar leis, inovar o ordenamento jurídico. Primeiramente, serão analisadas as competências administrativas de todos os entes federativos. De início, será abordada a União.

### 8.1.4 Competências administrativas

A União possui duas formas de competências materiais: exclusiva e comum. As competências exclusivas estão previstas no art. 21 da Constituição Federal de 1988:

> **Art. 21** *Compete à União:*
> I – *Manter relações com Estados estrangeiros e participar de organizações internacionais;*
> II – *Declarar a guerra e celebrar a paz;*
> III – *Assegurar a defesa nacional;*
> IV – *Permitir, nos casos previstos em lei complementar, que forças estrangeiras transitem pelo território nacional ou nele permaneçam temporariamente;*
> V – *Decretar o estado de sítio, o estado de defesa e a intervenção federal;*
> VI – *Autorizar e fiscalizar a produção e o comércio de material bélico;*
> VII – *Emitir moeda;*
> VIII – *Administrar as reservas cambiais do País e fiscalizar as operações de natureza financeira, especialmente as de crédito, câmbio e capitalização, bem como as de seguros e de previdência privada;*
> IX – *Elaborar e executar planos nacionais e regionais de ordenação do território e de desenvolvimento econômico e social;*
> X – *Manter o serviço postal e o correio aéreo nacional;*
> XI – *Explorar, diretamente ou mediante autorização, concessão ou permissão, os serviços de telecomunicações, nos termos da lei, que disporá sobre a organização dos serviços, a criação de um órgão regulador e outros aspectos institucionais;*
> XII – *Explorar, diretamente ou mediante autorização, concessão ou permissão:*
> a) *os serviços de radiodifusão sonora, e de sons e imagens;*
> b) *os serviços e instalações de energia elétrica e o aproveitamento energético dos cursos de água, em articulação com os Estados onde se situam os potenciais hidroenergéticos;*
> c) *a navegação aérea, aeroespacial e a infraestrutura aeroportuária;*

*d) os serviços de transporte ferroviário e aquaviário entre portos brasileiros e fronteiras nacionais, ou que transponham os limites de Estado ou Território;*

*e) os serviços de transporte rodoviário interestadual e internacional de passageiros;*

*f) os portos marítimos, fluviais e lacustres;*

*XIII – organizar e manter o Poder Judiciário, o Ministério Público do Distrito Federal e dos Territórios e a Defensoria Pública dos Territórios;*

*XIV – organizar e manter a polícia civil, a polícia penal, a polícia militar e o corpo de bombeiros militar do Distrito Federal, bem como prestar assistência financeira ao Distrito Federal para a execução de serviços públicos, por meio de fundo próprio; (Redação dada pela Emenda Constitucional nº 104/2019)*

*XV – Organizar e manter os serviços oficiais de estatística, geografia, geologia e cartografia de âmbito nacional;*

*XVI – Exercer a classificação, para efeito indicativo, de diversões públicas e de programas de rádio e televisão;*

*XVII – Conceder anistia;*

*XVIII – Planejar e promover a defesa permanente contra as calamidades públicas, especialmente as secas e as inundações;*

*XIX – Instituir sistema nacional de gerenciamento de recursos hídricos e definir critérios de outorga de direitos de seu uso;*

*XX – Instituir diretrizes para o desenvolvimento urbano, inclusive habitação, saneamento básico e transportes urbanos;*

*XXI – Estabelecer princípios e diretrizes para o sistema nacional de viação;*

*XXII – Executar os serviços de polícia marítima, aeroportuária e de fronteiras;*

*XXIII – Explorar os serviços e instalações nucleares de qualquer natureza e exercer monopólio estatal sobre a pesquisa, a lavra, o enriquecimento e reprocessamento, a industrialização e o comércio de minérios nucleares e seus derivados, atendidos os seguintes princípios e condições:*

*a) toda atividade nuclear em território nacional somente será admitida para fins pacíficos e mediante aprovação do Congresso Nacional;*

*b) sob regime de permissão, são autorizadas a comercialização e a utilização de radioisótopos para pesquisa e uso agrícolas e industriais; (Redação dada pela Emenda Constitucional nº 118, de 2022)*

*c) sob regime de permissão, são autorizadas a produção, a comercialização e a utilização de radioisótopos para pesquisa e uso médicos; (Redação dada pela Emenda Constitucional nº 118, de 2022)*

*d) a responsabilidade civil por danos nucleares independe da existência de culpa;*

*XXIV – organizar, manter e executar a inspeção do trabalho;*

*XXV – estabelecer as áreas e as condições para o exercício da atividade de garimpagem, em forma associativa.*

*XXVI – organizar e fiscalizar a proteção e o tratamento de dados pessoais, nos termos da lei. (Incluído pela Emenda Constitucional nº 115/2022)*

Essas competências são exclusivas, pois a União exclui a possibilidade de outro ente federativo realizá-la. Por isso, diz-se que são indelegáveis. Só a União pode fazer.

A outra competência material da União é a comum. Ela é comum a todos os entes federativos, União, estados, Distrito Federal e municípios. Vejamos o que diz o art. 23 da Constituição Federal de 1988:

**Art. 23** *É competência comum da União, dos Estados, do Distrito Federal e dos Municípios:*

*I – Zelar pela guarda da Constituição, das leis e das instituições democráticas e conservar o patrimônio público;*

*II – Cuidar da saúde e assistência pública, da proteção e garantia das pessoas portadoras de deficiência;*

*III – Proteger os documentos, as obras e outros bens de valor histórico, artístico e cultural, os monumentos, as paisagens naturais notáveis e os sítios arqueológicos;*

*IV – Impedir a evasão, a destruição e a descaracterização de obras de arte e de outros bens de valor histórico, artístico ou cultural;*

*V – Proporcionar os meios de acesso à cultura, à educação, à ciência, à tecnologia, à pesquisa e à inovação;*

*VI – Proteger o meio ambiente e combater a poluição em qualquer de suas formas;*

*VII – Preservar as florestas, a fauna e a flora;*

*VIII – Fomentar a produção agropecuária e organizar o abastecimento alimentar;*

*IX – Promover programas de construção de moradias e a melhoria das condições habitacionais e de saneamento básico;*

*X – Combater as causas da pobreza e os fatores de marginalização, promovendo a integração social dos setores desfavorecidos;*

*XI – Registrar, acompanhar e fiscalizar as concessões de direitos de pesquisa e exploração de recursos hídricos e minerais em seus territórios;*

*XII – Estabelecer e implantar política de educação para a segurança do trânsito.*

**Parágrafo único.** *Leis complementares fixarão normas para a cooperação entre a União e os Estados, o Distrito Federal e os Municípios, tendo em vista o equilíbrio do desenvolvimento e do bem-estar em âmbito nacional.*

Agora vejamos as competências materiais dos Estados. A primeira de que já se falou, é a competência comum prevista no art. 23, analisada anteriormente.

Os Estados também possuem a chamada competência residual, reservada ou remanescente. Está prevista no art. 25, § 1º, o qual cita que estão reservadas aos Estados as competências que não lhe sejam vedadas pela Constituição. Significa dizer que os Estados poderão fazer tudo aquilo que não for competência da União ou do Município:

**Art. 25** *[...]*

*§ 1º São reservadas aos Estados as competências que não lhes sejam vedadas por esta Constituição.*

Em relação às competências administrativas dos Municípios, a Constituição previu duas espécies: Comum e Exclusiva. A competência comum está prevista no art. 23 e já foi vista anteriormente. A competência exclusiva está no art. 30, incisos III a IX da Constituição Federal de 1988:

**Art. 30** *Compete aos Municípios:[...]*

*III – Instituir e arrecadar os tributos de sua competência, bem como aplicar suas rendas, sem prejuízo da obrigatoriedade de prestar contas e publicar balancetes nos prazos fixados em lei;*

*IV – Criar, organizar e suprimir distritos, observada a legislação estadual;*

*V – Organizar e prestar, diretamente ou sob regime de concessão ou permissão, os serviços públicos de interesse local, incluído o de transporte coletivo, que tem caráter essencial;*

*VI – Manter, com a cooperação técnica e financeira da União e do Estado, programas de educação infantil e de ensino fundamental;*

*VII – Prestar, com a cooperação técnica e financeira da União e do Estado, serviços de atendimento à saúde da população;*

*VIII – Promover, no que couber, adequado ordenamento territorial, mediante planejamento e controle do uso, do parcelamento e da ocupação do solo urbano;*

*IX – Promover a proteção do patrimônio histórico-cultural local, observada a legislação e a ação fiscalizadora federal e estadual.*

No âmbito das competências administrativas, temos as competências do Distrito Federal que são chamadas de híbridas. O Distrito Federal pode fazer tudo o que for de competência dos Estados ou dos Municípios.

# ORGANIZAÇÃO POLÍTICO-ADMINISTRATIVA

## 8.1.5 Competências legislativas

Vejamos agora as competências legislativas de cada ente federativo. Primeiramente, no que diz respeito às competências legislativas da União, elas podem ser privativas ou concorrentes.

As competências privativas da União estão previstas no art. 22 da Constituição Federal de 1988 e possuem como característica principal a possibilidade de delegação mediante Lei Complementar aos Estados:

*Art. 22 Compete privativamente à União legislar sobre:*

*I – Direito civil, comercial, penal, processual, eleitoral, agrário, marítimo, aeronáutico, espacial e do trabalho;*

*II – Desapropriação;*

*III – Requisições civis e militares, em caso de iminente perigo e em tempo de guerra;*

*IV – Águas, energia, informática, telecomunicações e radiodifusão;*

*V – Serviço postal;*

*VI – Sistema monetário e de medidas, títulos e garantias dos metais;*

*VII – Política de crédito, câmbio, seguros e transferência de valores;*

*VIII – Comércio exterior e interestadual;*

*IX – Diretrizes da política nacional de transportes;*

*X – Regime dos portos, navegação lacustre, fluvial, marítima, aérea e aeroespacial;*

*XI – Trânsito e transporte;*

*XII – Jazidas, minas, outros recursos minerais e metalurgia;*

*XIII – Nacionalidade, cidadania e naturalização;*

*XIV – Populações indígenas;*

*XV – Emigração e imigração, entrada, extradição e expulsão de estrangeiros;*

*XVI – Organização do sistema nacional de emprego e condições para o exercício de profissões;*

*XVII – Organização judiciária, do Ministério Público do Distrito Federal e dos Territórios e da Defensoria Pública dos Territórios, bem como organização administrativa destes;*

*XVIII – Sistema estatístico, sistema cartográfico e de geologia nacionais;*

*XIX – Sistemas de poupança, captação e garantia da poupança popular;*

*XX – Sistemas de consórcios e sorteios;*

*XXI – normas gerais de organização, efetivos, material bélico, garantias, convocação, mobilização, inatividades e pensões das polícias militares e dos corpos de bombeiros militares; (Redação dada pela Emenda Constitucional nº 103/2019)*

*XXII – Competência da polícia federal e das polícias rodoviária e ferroviária federais;*

*XXIII – Seguridade social;*

*XXIV – Diretrizes e bases da educação nacional;*

*XXV – Registros públicos;*

*XXVI – Atividades nucleares de qualquer natureza;*

*XXVII – Normas gerais de licitação e contratação, em todas as modalidades, para as administrações públicas diretas, autárquicas e fundacionais da União, Estados, Distrito Federal e Municípios, obedecido o disposto no art. 37, XXI, e para as empresas públicas e sociedades de economia mista, nos termos do art. 173, § 1º, III;*

*XXVIII – Defesa territorial, defesa aeroespacial, defesa marítima, defesa civil e mobilização nacional;*

*XXIX – Propaganda comercial.*

*XXX – proteção e tratamento de dados pessoais. (Incluído pela Emenda Constitucional nº 115/2022)*

***Parágrafo único.*** *Lei complementar poderá autorizar os Estados a legislar sobre questões específicas das matérias relacionadas neste artigo.*

As competências concorrentes, previstas no art. 24 da Constituição, podem ser exercidas de forma concorrentes pela União, pelos Estados e pelo Distrito Federal. Atenção: Município não possui competência concorrente. Vejamos o que diz o citado artigo:

*Art. 24 Compete à União, aos Estados e ao Distrito Federal legislar concorrentemente sobre:*

*I – Direito tributário, financeiro, penitenciário, econômico e urbanístico;*

*II – Orçamento;*

*III – Juntas comerciais;*

*IV – Custas dos serviços forenses;*

*V – Produção e consumo;*

*VI – Florestas, caça, pesca, fauna, conservação da natureza, defesa do solo e dos recursos naturais, proteção do meio ambiente e controle da poluição;*

*VII – Proteção ao patrimônio histórico, cultural, artístico, turístico e paisagístico;*

*VIII – Responsabilidade por dano ao meio ambiente, ao consumidor, a bens e direitos de valor artístico, estético, histórico, turístico e paisagístico;*

*IX – Educação, cultura, ensino, desporto, ciência, tecnologia, pesquisa, desenvolvimento e inovação;*

*X – Criação, funcionamento e processo do juizado de pequenas causas;*

*XI – Procedimentos em matéria processual;*

*XII – Previdência social, proteção e defesa da saúde;*

*XIII – Assistência jurídica e Defensoria pública;*

*XIV – Proteção e integração social das pessoas portadoras de deficiência;*

*XV – Proteção à infância e à juventude;*

*XVI – Organização, garantias, direitos e deveres das polícias civis.*

*§ 1º No âmbito da legislação concorrente, a competência da União limitar-se-á a estabelecer normas gerais.*

*§ 2º A competência da União para legislar sobre normas gerais não exclui a competência suplementar dos Estados.*

*§ 3º Inexistindo lei federal sobre normas gerais, os Estados exercerão a competência legislativa plena, para atender a suas peculiaridades.*

*§ 4º A superveniência de lei federal sobre normas gerais suspende a eficácia da lei estadual, no que lhe for contrário.*

No âmbito das competências concorrentes, algumas regras são fundamentais para a prova. Aqui, a participação da União é no sentido de fixar normas gerais, ficando os Estados com a competência de suplementar a legislação federal. Caso a União não legisle sobre determinada matéria de competência concorrente, nasce para o Estado o direito de legislar de forma plena sobre a matéria. Contudo, resolvendo a União legislar sobre matéria já regulada pelo Estado, a lei estadual ficará com sua eficácia suspensa pela lei federal nos pontos discordantes. Deve-se ter cuidado com esse último ponto. Não ocorre revogação da lei estadual pela lei federal, haja vista não existir hierarquia entre leis de entes federativos distintos. O que ocorre, como bem explicitou a Constituição Federal, é a suspensão da eficácia.

Quanto às competências dos Estados, há as seguintes espécies: residual, por delegação da União, concorrente suplementar e expressa.

A competência residual dos Estados é também chamada de competência remanescente ou reservada. Está prevista no art. 25, § 1º, que prevê que aos estados serão reservadas todas as competências que não sejam previstas a União ou aos municípios. Deve-se lembrar que esse dispositivo fundamenta tanto as competências materiais quanto as legislativas:

*Art. 25 [...]*

*§ 1º São reservadas aos Estados as competências que não lhes sejam vedadas por esta Constituição.*

Outra competência dos Estados é a por delegação da União, que decorre da possibilidade de serem delegadas as competências privativas

# DIREITO CONSTITUCIONAL

da União mediante Lei Complementar. Encontra-se prevista no art. 22, parágrafo único:

> **Art. 22 [...]**
> **Parágrafo único.** *Lei complementar poderá autorizar os Estados a legislar sobre questões específicas das matérias relacionadas neste artigo.*

Temos ainda as competências concorrentes suplementares previstas no art. 24, § 2º da Constituição Federal de 1988. Essas suplementam a competência legislativa da União no âmbito das competências concorrentes permitindo, inclusive, que os Estados legislem de forma plena quando não existir lei federal sobre o assunto:

> **Art. 24 [...]**
> *§ 2º A competência da União para legislar sobre normas gerais não exclui a competência suplementar dos Estados.*
> *§ 3º Inexistindo lei federal sobre normas gerais, os Estados exercerão a competência legislativa plena, para atender a suas peculiaridades.*

Há também as competências expressas dos Estados, as quais podem ser encontradas nos art. 18, § 4º e 25, §§ 2º e 3º da Constituição Federal:

> **Art. 18 [...]**
> *§ 4º A criação, a incorporação, a fusão e o desmembramento de Municípios, far-se-ão por lei estadual, dentro do período determinado por Lei Complementar Federal, e dependerão de consulta prévia, mediante plebiscito, às populações dos Municípios envolvidos, após divulgação dos Estudos de Viabilidade Municipal, apresentados e publicados na forma da lei.*
> **Art. 25, § 2º** *Cabe aos Estados explorar diretamente, ou mediante concessão, os serviços locais de gás canalizado, na forma da lei, vedada a edição de medida provisória para a sua regulamentação.*
> *§ 3º Os Estados poderão, mediante lei complementar, instituir regiões metropolitanas, aglomerações urbanas e microrregiões, constituídas por agrupamentos de municípios limítrofes, para integrar a organização, o planejamento e a execução de funções públicas de interesse comum.*

Para os Municípios, a Constituição previu dois tipos de competência legislativa: exclusiva e suplementar. A legislativa exclusiva dos Municípios está prevista no art. 30, I, o qual menciona que os Municípios possuem competência para legislar sobre assuntos de interesse local:

> **Art. 30** *Compete aos Municípios:*
> *I – Legislar sobre assuntos de interesse local.*

A competência legislativa suplementar está prevista no art. 30, II, que permite aos Municípios legislar de forma suplementar a Legislação Federal e Estadual:

> **Art. 30** *Compete aos Municípios: [...]*
> *II – Suplementar a legislação federal e a estadual no que couber.*

Por fim, nós há a competência legislativa do Distrito Federal que, conforme já dito, é híbrida, permitindo ao Distrito Federal legislar sobre as matérias de competência dos estados e dos municípios. Apesar dessa competência ampla, a Constituição resolveu estabelecer algumas limitações a sua autonomia legislativa excluindo algumas matérias de sua competência. Segundo o art. 21, incisos XIII e XIV da Constituição Federal de 1988, o Distrito Federal não possui competência para organizar e legislar sobre alguns dos seus órgãos: Poder Judiciário, Polícia Militar, Corpo de Bombeiros Militar e Polícia Civil.

> **Art. 21** *Compete à União:[...]*
> *XIII – Organizar e manter o Poder Judiciário, o Ministério Público do Distrito Federal e dos Territórios e a Defensoria Pública dos Territórios.*
> *XIV – organizar e manter a polícia civil, a polícia penal, a polícia militar e o corpo de bombeiros militar do Distrito Federal, bem como prestar assistência financeira ao Distrito Federal para a execução de serviços públicos, por meio de fundo próprio;*

---

**Dicas para os concursos**

Não se deve confundir as competências exclusivas com as privativas da União. **Competência exclusiva** é administrativa e indelegável. **Competência privativa** é legislativa e delegável. Não se deve confundir as **competências comuns** com as **concorrentes**. **Competência comum** é comum a todos os entes e é administrativa. **Competência concorrente** é só para União, estados e o Distrito Federal além de ser legislativa. Município tem competência comum, mas não tem concorrente.

---

**Competências administrativas**
- União
  - Exclusiva (art. 21)
  - Comum (art. 23)
- Estados
  - Comum (art. 23)
  - Residual, reservada, remanescente (art. 25, §1º)
- Municípios
  - Comum (art. 23)
  - Exclusiva (art. 30, III-IX)
- Distrito Federal
  - Competência híbrida

**Competências legislativas**
- União
  - Privativa (art. 22)
  - Concorrente (art. 24)
- Estados
  - Concorrente suplementar (art. 24)
  - Residual reservada remanescente (art. 25, §1º)
  - Por delegação da União (art. 22, parágrafo único)
  - Expressos (art. 25, §§2º e 3º)
- Municípios
  - Exclusiva (art. 30, I)
  - Suplementar ao Estado (art. 30, II)
- Distrito Federal
  - Competência híbrida (Estados e Municípios)

## 8.2 Intervenção

A Constituição Federal de 1988 está assentada no princípio federativo como forma de Estado adotada no Brasil. O fato de sermos uma federação reflete inúmeras características, dentre as quais se destaca a autonomia de cada ente federativo. A autonomia é atributo inerente aos entes federativos que exclui a possibilidade de hierarquia entre eles bem como a possibilidade de intervenção de um ente federativo no outro.

A regra constitucional é a da não intervenção. Contudo, excepcionalmente, a Constituição Federal de 1988 previu hipóteses taxativas que permitem a um ente federativo intervir em outro ente em situações que visem à preservação da unidade do pacto federativo, a garantia da soberania nacional e de princípios fundamentais.

A União poderá intervir nos estados e no Distrito Federal e os estados poderão intervir em seus Municípios. A União não pode intervir em município, salvo se for um município pertencente a Território Federal. Destaca-se, novamente, que a possibilidade de intervenção é uma exceção e só poderá ocorrer nas hipóteses taxativamente elencadas na Constituição Federal de 1988.

# ORGANIZAÇÃO POLÍTICO-ADMINISTRATIVA

Outra regra comum às intervenções é que a competência para as decretar é exclusiva do chefe do Poder Executivo. Se a intervenção é federal, a competência para decretar é do Presidente da República. Se a intervenção é estadual, a competência é do Governador de Estado.

A seguir serão abordadas as espécies de intervenção.

## 8.2.1 Intervenção federal

A intervenção federal é a intervenção da União nos Estados ou nos Municípios pertencentes aos Territórios Federais e será decretada pelo Presidente da República.

Como dito anteriormente, a possibilidade de intervenção federal constitui exceção prevista em rol taxativo, conforme disposto no art. 34:

> *Art. 34 A União não intervirá nos Estados nem no Distrito Federal, exceto para:*
> 
> *I – Manter a integridade nacional;*
> 
> *II – Repelir invasão estrangeira ou de uma unidade da Federação em outra;*
> 
> *III – Pôr termo a grave comprometimento da ordem pública;*
> 
> *IV – Garantir o livre exercício de qualquer dos Poderes nas unidades da Federação;*
> 
> *V – Reorganizar as finanças da unidade da Federação que:*
> 
> *a) suspender o pagamento da dívida fundada por mais de dois anos consecutivos, salvo motivo de força maior;*
> 
> *b) deixar de entregar aos Municípios receitas tributárias fixadas nesta Constituição, dentro dos prazos estabelecidos em lei;*
> 
> *VI – Prover a execução de lei federal, ordem ou decisão judicial;*
> 
> *VII – Assegurar a observância dos seguintes princípios constitucionais:*
> 
> *a) forma republicana, sistema representativo e regime democrático;*
> 
> *b) direitos da pessoa humana;*
> 
> *c) autonomia municipal;*
> 
> *d) prestação de contas da Administração Pública, direta e indireta;*
> 
> *e) aplicação do mínimo exigido da receita resultante de impostos estaduais, compreendida a proveniente de transferências, na manutenção e desenvolvimento do ensino e nas ações e serviços públicos de saúde.*

A partir desse artigo, a doutrina classificou a intervenção federal em dois tipos:

- **Intervenção federal espontânea:** ou de ofício, é aquela em que o Chefe do Poder Executivo, de forma discricionária, decreta a intervenção independentemente de provocação de outros órgãos. A decretação de ofício ocorrerá nas hipóteses previstas nos incisos I, II, III do art. 34:

    > *Art. 34 A União não intervirá nos Estados nem no Distrito Federal, exceto para:*
    > 
    > *I – Manter a integridade nacional;*
    > 
    > *II – Repelir invasão estrangeira ou de uma unidade da Federação em outra;*
    > 
    > *III – Pôr termo a grave comprometimento da ordem pública.*

- **Intervenção federal provocada:** é aquela que depende da provocação dos órgãos legitimados pela Constituição Federal de 1988, conforme o art. 36:

    > *Art. 36 A decretação da intervenção dependerá:*
    > 
    > *I – No caso do art. 34, IV, de solicitação do Poder Legislativo ou do Poder Executivo coacto ou impedido, ou de requisição do Supremo Tribunal Federal, se a coação for exercida contra o Poder Judiciário;*
    > 
    > *II – No caso de desobediência a ordem ou decisão judiciária, de requisição do Supremo Tribunal Federal, do Superior Tribunal de Justiça ou do Tribunal Superior Eleitoral;*
    > 
    > *III – De provimento, pelo Supremo Tribunal Federal, de representação do Procurador-geral da República, na hipótese do art. 34, VII, e no caso de recusa à execução de lei federal.*

A provocação se dá por meio de solicitação ou requisição. A solicitação não obriga o Presidente da República a decretar a medida, ao contrário da requisição, que está revestida de obrigatoriedade na qual caberá ao presidente apenas executá-la.

A decretação de intervenção federal por solicitação ocorrerá na hipótese do art. 34, inciso IV, a qual compete ao Poder Executivo ou Legislativo das Unidades da Federação solicitar a execução da medida quando se acharem coagidos ou impedidos de executarem suas atribuições constitucionais.

A decretação de intervenção federal por requisição ocorrerá nas hipóteses previstas no art. 34, incisos IV, VI e VII. No inciso IV, a requisição caberá ao Supremo Tribunal Federal quando a coação for exercida contra o Poder Judiciário. No inciso VI, a requisição virá do STF, STJ ou do TSE quando houver desobediência de ordem judicial. Nos incisos VI e VII, a requisição será do Supremo quando houver representação interventiva feita pelo Procurador Geral da República nos casos de recusa de execução de lei federal ou ofensa aos princípios sensíveis.

O decreto interventivo especificará todas as condições em que ocorrerá a medida e terá eficácia imediata após a sua decretação pelo Presidente da República. Após sua decretação, a medida será submetida a apreciação do Congresso Nacional no prazo de 24 horas:

> *Art. 36 [...]*
> 
> *§ 1º O decreto de intervenção, que especificará a amplitude, o prazo e as condições de execução e que, se couber, nomeará o interventor, será submetido à apreciação do Congresso Nacional ou da Assembleia Legislativa do Estado, no prazo de vinte e quatro horas.*
> 
> *§ 2º Se não estiver funcionando o Congresso Nacional ou a Assembleia Legislativa, far-se-á convocação extraordinária, no mesmo prazo de vinte e quatro horas.*

Caberá ao Congresso Nacional aprovar ou suspender a execução da Intervenção:

> *Art. 49 É da competência exclusiva do Congresso Nacional:[...]*
> 
> *IV – Aprovar o estado de defesa e a intervenção federal, autorizar o estado de sítio, ou suspender qualquer uma dessas medidas.*

Nas hipóteses de intervenção decretada por requisição do Poder Judiciário previstas no art. 34, VI e VII, a Constituição dispensou a necessidade e apreciação do Congresso Nacional, destacando que, nesses casos, o decreto limitar-se-á à suspensão do ato impugnado, caso essa medida seja suficiente para conter a crise. Se a mera suspensão do ato não restabelecer a normalidade, poderão ser adotadas outras medidas com o mesmo objetivo:

> *Art. 36 [...]*
> 
> *§ 3º Nos casos do art. 34, VI e VII, ou do art. 35, IV, dispensada a apreciação pelo Congresso Nacional ou pela Assembleia Legislativa, o decreto limitar-se-á a suspender a execução do ato impugnado, se essa medida bastar ao restabelecimento da normalidade.*

Não podemos esquecer que nos casos de intervenção espontânea ou provocada por solicitação, o Presidente deverá consultar, antes da decretação, o Conselho da República e o Conselho da Defesa Nacional que emitirão parecer opinativo sobre a situação:

> *Art. 90 Compete ao Conselho da República pronunciar-se sobre:*
> 
> *I – Intervenção federal, estado de defesa e estado de sítio;*
> 
> *Art. 91 [...]*
> 
> *§ 1º Compete ao Conselho de Defesa Nacional:[...]*
> 
> *II – Opinar sobre a decretação do estado de defesa, do estado de sítio e da intervenção federal.*

Cessando a crise, a ordem será restabelecida, inclusive com o retorno das autoridades públicas afastadas, caso não possuam outra incompatibilidade:

*Art. 36 [...]*
*§ 4º Cessados os motivos da intervenção, as autoridades afastadas de seus cargos a estes voltarão, salvo impedimento legal.*

Apesar de a Constituição Federal não mencionar sobre a possibilidade de controle judicial da intervenção, seria possível que ocorresse este controle caso os limites constitucionais estabelecidos fossem desrespeitados. Ressalta-se que contra a intervenção em si não cabe atuação do Poder Judiciário, considerando ser essa uma medida de natureza política.

### 8.2.2 Intervenção estadual

A intervenção estadual poderá ocorrer nos Municípios localizados em seu território mediante decreto do Governador do Estado nas hipóteses previstas no art. 35:

*Art. 35 O Estado não intervirá em seus Municípios, nem a União nos Municípios localizados em Território Federal, exceto quando:*

*I – Deixar de ser paga, sem motivo de força maior, por dois anos consecutivos, a dívida fundada;*

*II – Não forem prestadas contas devidas, na forma da lei;*

*III – Não tiver sido aplicado o mínimo exigido da receita municipal na manutenção e desenvolvimento do ensino e nas ações e serviços públicos de saúde;*

*IV – O Tribunal de Justiça der provimento a representação para assegurar a observância de princípios indicados na Constituição Estadual, ou para prover a execução de lei, de ordem ou de decisão judicial.*

Devem ser atendidos os mesmos requisitos da intervenção federal: temporariedade, controle político pelo legislativo e decreto do Chefe do Executivo.

Na hipótese do inciso IV, a intervenção dependerá de representação interventiva do Procurador-geral de Justiça, sendo dispensada a apreciação da Assembleia Legislativa. Segundo o STF, essa decisão do Tribunal de Justiça que autoriza a intervenção do Estado no Município possui natureza político-administrativa e tem caráter definitivo, sendo insuscetível de recurso extraordinário para o STF.

# 9 ADMINISTRAÇÃO PÚBLICA

## 9.1 Conceito

Primeiramente, faz-se necessário conceituar a Administração Pública, remetendo ao *caput* do art. 37, Constituição Federal de 1988.

> *Art. 37 A Administração Pública direta e indireta de qualquer dos Poderes da União, dos Estados, do Distrito Federal e dos Municípios obedecerá aos princípios de legalidade, impessoalidade, moralidade, publicidade e eficiência e, também, ao seguinte:*

Neste primeiro momento, deve-se entender que alguns termos que aparecem no art. 37. O conceito da Administração Pública deve ser visto sob dois aspectos. Sob a perspectiva objetiva, a Administração Pública constitui a atividade desenvolvida pelo poder público, que tem como função a satisfação do interesse público. Sob a perspectiva subjetiva, Administração Pública é o conjunto de órgãos e pessoas jurídicas que desempenham a atividade administrativa. Interessa aqui conhecer a Administração Pública sob essa última perspectiva, a qual se classifica em Administração Direta e Indireta.

- **Administração Pública Direta**: é formada por pessoas jurídicas de direito público, ou pessoas políticas, entes que possuem personalidade jurídica e autonomia própria. São entes da Administração Pública Direta a União, os Estados, o Distrito Federal e os municípios. Esses entes são pessoas jurídicas de Direito Público que exercem as atividades administrativas por meio dos órgãos e agentes pertencentes aos Poderes Executivo, Legislativo e Judiciário. Os órgãos não são dotados de personalidade jurídica própria, pois agem em nome da pessoa jurídica a qual estão vinculados.
- **Administração Pública Indireta:** é formada por pessoas jurídicas próprias, de direito público ou privado, que executam atividades do Estado por meio da descentralização administrativa. São os entes da Administração Indireta as Autarquias, Fundações Públicas, Sociedades de Economia Mista e Empresas Públicas.

Segundo a Constituição Federal de 1988, a Administração Pública, seja ela direta ou indireta, pertencente a qualquer dos Poderes, deverá obedecer aos Princípios da legalidade, impessoalidade, moralidade, publicidade e eficiência, os quais serão estudados agora.

## 9.2 Princípios expressos da Administração Pública

Os princípios que regem a Administração Pública são verdadeiros parâmetros que orientam o desenvolvimento da atividade administrativa, os quais são de observância obrigatória. A Administração é regida por princípios expressos e princípios implícitos. Primeiramente vamos analisar os princípios expressos no texto constitucional, que são: legalidade, impessoalidade, moralidade, publicidade e eficiência.

### 9.2.1 Legalidade

Esse é o primeiro princípio expresso na Constituição Federal para a Administração Pública. Para se entender o princípio da legalidade, é preciso analisar suas duas acepções: a legalidade em relação aos particulares e a legalidade em relação à Administração Pública.

Para os particulares, a legalidade remete ao art. 5º da Constituição: significa que ele poderá fazer tudo o que não for proibido por lei, conforme já previa o art. 5º, inciso II da Constituição Federal de 1988:

> *II – ninguém será obrigado a fazer ou deixar de fazer alguma coisa senão em virtude de lei.*

Já em relação à Administração Pública, a legalidade impõe uma conduta mais rigorosa exigindo que se faça apenas o que estiver determinado por lei ou que seja permitido pela lei: quando se fala em lei, trata-se daquela em sentido estrito, ou em sentido formal, porque há exceções à aplicação do princípio da legalidade que já apareceram em prova, como a medida provisória, o estado de defesa e o estado de sítio; por isso, esse princípio não deve ser encarado de forma absoluta.

A medida provisória é exceção, pois é ato emitido pelo chefe do Poder Executivo, porque com sua publicação já produz efeitos na sociedade; em seguida, temos os sistemas constitucionais de crises, sendo exceções, porque o decreto que rege essas medidas prevê algumas situações excepcionais, com amparo constitucional, então são exceções à legalidade, mas com fundamento constitucional. O agente público, ao agir, deverá pautar sua conduta segundo a lei.

### 9.2.2 Impessoalidade

Esse princípio exige do administrador uma postura isenta de interesses pessoais. Ele não poderá agir com o fim de atender suas próprias vontades. Agir de forma impessoal é agir visando a atender o interesse público. A impessoalidade deve ser enxergada sob duas perspectivas: finalidade da atuação administrativa e proibição da promoção pessoal. A impessoalidade deve ser vista sob duas perspectivas: primeiro, a impessoalidade se confunde com o interesse público; segundo, a impessoalidade é a proibição da autopromoção, ou seja, vedação à promoção pessoal.

A título exemplificativo, para a finalidade da atuação administrativa, que será sempre a satisfação do interesse público em benefício da coletividade, é que se realizam os concursos públicos para contratação de pessoal e licitação para contratação dos serviços pela Administração Pública, são formas exigidas por lei que garantem o referido princípio. Isso impede que o administrador atue satisfazendo seus interesses pessoais.

Nesse sentido, fica proibida a vinculação da imagem do administrador a obras e propagandas não se permitindo também a vinculação da sigla do partido. Ressalte-se ainda o teor da Súmula Vinculante nº 13 do STF, que veda a prática de nepotismo:

> *Súmula Vinculante nº 13 A nomeação de cônjuge, companheiro ou parente em linha reta, colateral ou por afinidade, até o terceiro grau, inclusive, da autoridade nomeante ou de servidor da mesma pessoa jurídica, investido em cargo de direção, chefia ou assessoramento, para o exercício de cargo em comissão ou de confiança, ou, ainda, de função gratificada na Administração Pública direta e indireta, em qualquer dos Poderes da União, dos Estados, do Distrito Federal e dos municípios, compreendido o ajuste mediante designações recíprocas, viola a Constituição Federal.*

A impessoalidade também proíbe a promoção pessoal. O administrador público não poderá se utilizar da máquina administrativa para promover sua própria imagem. Veja o que diz o art. 37, § 1º diz:

> *§1º A publicidade dos atos, programas, obras, serviços e campanhas dos órgãos públicos deverá ter caráter educativo, informativo ou de orientação social, dela não podendo constar nomes, símbolos ou imagens que caracterizem promoção pessoal de autoridades ou servidores públicos.*

Notemos que esse parágrafo tem como objetivo trazer de forma expressa a proibição da vinculação da imagem do agente público com as obras e serviços realizadas durante seu mandato, nesse sentido, já existe proibição da utilização inclusive da sigla do partido.

### 9.2.3 Moralidade

Não é possível se definir o que é, mas é possível compreender por meio da interpretação das normas. Esse princípio prevê que o administrador deve agir conforme os fins públicos. Por esse princípio, ao administrador não basta fazer tudo conforme a lei. É importante o faça de boa-fé, respeitando os preceitos éticos, com probidade e justiça. E aqui não se fala em moral comum, mas em uma moral jurídica ou política.

A não observância do referido princípio poderá ser combatida por meio da Ação Popular, conforme prevê o art. 5º, inciso LXXIII da Constituição Federal de 1988:

> *LXXIII – Qualquer cidadão é parte legítima para propor ação popular que vise a anular ato lesivo ao patrimônio público ou de entidade de que o Estado participe, à moralidade administrativa, ao meio ambiente e ao patrimônio histórico e cultural, ficando o autor, salvo comprovada má-fé, isento de custas judiciais e do ônus da sucumbência.*

Ressalte-se também que, se o agente público agir em desconformidade com o princípio de moralidade, sua conduta poderá ensejar a ação de improbidade administrativa, a qual é punida nos termos do art. 37, § 4º:

> *§ 4º Os atos de improbidade administrativa importarão a suspensão dos direitos políticos, a perda da função pública, a indisponibilidade dos bens e o ressarcimento ao erário, na forma e gradação previstas em lei, sem prejuízo da ação penal cabível.*

### 9.2.4 Publicidade

A publicidade como princípio também poderá ser analisada sob duas acepções: a primeira delas é a publicidade como condição de eficácia do ato administrativo; a segunda, como forma de se garantir a transparência destes mesmos atos.

Como condição de eficácia do ato administrativo, a publicidade muito aparece em prova; o examinador costuma dizer que a publicidade é requisito de validade do ato administrativo, mas isso é errado, porque validade e eficácia são diferentes. A publicidade é necessária, pois é a forma de tornar conhecido o conteúdo do ato, principalmente se esse ato for capaz de produzir efeitos externos ou que ensejem ônus para o patrimônio público. Em regra, a publicidade se dá pelos meios de comunicação oficiais, como o Diário Oficial da União.

A publicidade também tem a função de garantir a transparência do ato administrativo. É uma forma dos administrados fiscalizarem a atuação do poder público. Apesar de sua importância, nesse aspecto a publicidade encontra limitação na própria Constituição que prevê a possibilidade de sigilo dos atos administrativos todas as vezes que for necessário para preservar a segurança da sociedade e do Estado:

> *Art. 5º [...]*
> *XXXIII – Todos têm direito a receber dos órgãos públicos informações de seu interesse particular, ou de interesse coletivo ou geral, que serão prestadas no prazo da lei, sob pena de responsabilidade, ressalvadas aquelas cujo sigilo seja imprescindível à segurança da sociedade e do Estado.*

### 9.2.5 Eficiência

O princípio da eficiência foi o último incluído no rol dos princípios, em razão da reforma administrativa promovida pela Emenda Constitucional nº 19/1998. A sua inserção como princípio expresso está relacionada a necessidade de produção de resultados satisfatórios a sociedade. A Administração Pública deve ter produtividade em suas atividades como se fosse iniciativa privada.

Como forma de garantir uma nova postura na prestação dos seus serviços, esse princípio exige que as ações sejam praticadas com celeridade, perfeição, visando a atingir ótimos resultados, sempre tendo como destinatário o bem-estar do administrado. A celeridade dos processos encontra-se prevista no art. 5º, inciso LXXVIII da Constituição Federal de 1988:

> *LXXVIII – A todos, no âmbito judicial e administrativo, são assegurados a razoável duração do processo e os meios que garantam a celeridade de sua tramitação.*

Em respeito ao princípio da eficiência, a Constituição Federal previu formas de participação do administrado como fiscal da Administração Pública:

> *Art. 37 [...]*
> *§ 3º A lei disciplinará as formas de participação do usuário na Administração Pública direta e indireta, regulando especialmente:*
> *I – As reclamações relativas à prestação dos serviços públicos em geral, asseguradas a manutenção de serviços de atendimento ao usuário e a avaliação periódica, externa e interna, da qualidade dos serviços;*
> *II – O acesso dos usuários a registros administrativos e a informações sobre atos de governo, observado o disposto no art. 5º, X e XXXIII;*
> *III – A disciplina da representação contra o exercício negligente ou abusivo de cargo, emprego ou função na Administração Pública.*

Decorre desse princípio, ainda, a necessidade de avaliação de desempenho para concessão da estabilidade ao servidor público em estágio probatório, bem como a existência da avaliação periódica de desempenho como uma das condições para perda do cargo nos termos do art. 41 da Constituição Federal de 1988:

> *Art. 41 São estáveis após três anos de efetivo exercício os servidores nomeados para cargo de provimento efetivo em virtude de concurso público.*
> *§ 1º O servidor público estável só perderá o cargo:*
> *I – Em virtude de sentença judicial transitada em julgado;*
> *II – Mediante processo administrativo em que lhe seja assegurada ampla defesa;*
> *III – Mediante procedimento de avaliação periódica de desempenho, na forma de lei complementar, assegurada ampla defesa.*
> *§ 2º Invalidada por sentença judicial a demissão do servidor estável, será ele reintegrado, e o eventual ocupante da vaga, se estável, reconduzido ao cargo de origem, sem direito a indenização, aproveitado em outro cargo ou posto em disponibilidade com remuneração proporcional ao tempo de serviço.*
> *§ 3º Extinto o cargo ou declarada a sua desnecessidade, o servidor estável ficará em disponibilidade, com remuneração proporcional ao tempo de serviço, até seu adequado aproveitamento em outro cargo.*
> *§ 4º Como condição para a aquisição da estabilidade, é obrigatória a avaliação especial de desempenho por comissão instituída para essa finalidade.*

**Princípios expressos**

**Legalidade** → fazer aquilo que a lei determina.
**Impessoalidade** → agir conforme fins públicos/vedação à promoção pessoal.
**Moralidade** → agir conforme a ética, a probidade e a justiça.
**Publicidade** → condição de eficácia dos atos/garantia da transparência.
**Eficiência** → gestão de bons resultados.

## 9.3 Princípios implícitos da Administração Pública

Além dos princípios expressamente previstos no *caput* do art. 37 da Constituição Federal de 1988 (legalidade, impessoalidade, moralidade, publicidade e eficiência), a doutrina elenca outros como princípios gerais de direito que decorrem da interpretação constitucional. Vejamos a seguir.

### 9.3.1 Supremacia do interesse público

Esse princípio é tido pela doutrina como um dos pilares do regime jurídico administrativo. Nesse sentido, o Estado representa o interesse

# ADMINISTRAÇÃO PÚBLICA

público ou da coletividade, e a coletividade, em regra, deve prevalecer sobre o interesse privado. A Administração Pública, em sua relação com os administrados tem prevalência sobre o interesse privado.

O Regime Democrático adotado no Estado brasileiro confere à Administração Pública o poder de representar os interesses da sociedade, é nessa relação que vamos desenvolver a supremacia do interesse público, que decorre da relação de verticalidade entre o Estado e os particulares.

Esse princípio não goza de caráter absoluto, pois o Estado também age como se fosse particular em suas relações jurídicas, geralmente econômicas, por exemplo, o Estado não pode abusar da autoridade estatal sobre os direitos e princípios fundamentais dos administrados, já que esses são os limites da supremacia do interesse público.

Decorre desse princípio o poder de império exercido pela Administração Pública, a qual poderá impor sua vontade ao particular de forma coercitiva, podendo inclusive restringir seus direitos e impor obrigações, como ocorre no caso da desapropriação e requisição administrativa. Logicamente, esse princípio não goza de caráter absoluto, não tendo aplicabilidade nos atos praticados de mera gestão administrativa ou quando o poder público atua como particular nas relações econômicas.

## 9.3.2 Indisponibilidade do interesse público

Juntamente com a Supremacia do interesse público, o Princípio da indisponibilidade do interesse público forma a base do regime jurídico-administrativo. Por esse princípio, a Administração Pública não pode ser vista como dona da coisa pública, mas apenas gestora. A coisa pública pertence ao povo, e o Estado é o responsável pelo cuidado ou gestão da coisa pública.

Como limitação a esse princípio, existe o princípio da legalidade, que determina os passos e em que condições a Administração Pública pode se utilizar dos bens públicos, sempre respeitando a indisponibilidade do interesse público. Destaca-se ainda o papel que esse princípio exerce como limitador do princípio da supremacia do interesse público.

Um ponto importante a respeito desse princípio é que os bens públicos são indisponíveis, não pertencendo aos seus administradores ou aos seus agentes os quais estão proibidos, inclusive de renunciar a qualquer direito ou prerrogativa inerente ao Poder Público.

Na desapropriação, a Administração Pública pode retirar o bem de uma pessoa pelo fundamento da Supremacia do interesse público, por outro lado, em razão da Indisponibilidade do interesse público, há vedação à Administração Pública no sentido de não se apropriar de tal bem sem que o particular seja indenizado.

## 9.3.3 Razoabilidade e proporcionalidade

Esses princípios são, por vezes, vistos em separado pela doutrina; eles servem para a limitação da atuação administrativa, e devem ser vistos em conjunto, como unidade. A razoabilidade e a proporcionalidade decorrem do princípio do devido processo legal e são utilizados, principalmente, como limitador da discricionariedade administrativa, ainda mais quando o ato limitado restringe os direitos do administrado. Trata-se, portanto, de uma ferramenta para controle de legalidade que pode gerar a nulidade do ato administrativo. Ao pensar em razoabilidade e proporcionalidade, deve-se pensar em dois elementos que os identificam: adequação e necessidade.

A melhor forma de verificar a sua utilização prática é no caso concreto. Imagine uma fiscalização sanitária realizada pelo poder público em que o administrado é flagrado cometendo um ilícito sanitário, ou seja, encontra um produto com o prazo de validade vencido.

Dependendo da infração cometida, será aplicada uma penalidade administrativa maior ou não. Com a aplicação dos princípios em tela, a penalidade deve ser necessária, adequada e equivalente à infração cometida. Os princípios garantem que a sanção aplicada não seja maior que a necessária para atingir o fim proposto pelo poder público. O que se busca é uma adequação entre os meios e os fins necessários, proibindo o excesso na aplicação das medidas.

Sem dúvida, esses princípios gerais de direito estão entre os mais utilizados atualmente nas decisões do Supremo Tribunal Federal, pois esses princípios são utilizados nas decisões para se adequar à lei ao caso concreto.

Em suma, esses princípios são a adequação dos meios com a finalidade proposta pela Administração Pública, com o fim de evitar os excessos cometidos pelo agente público. Em razão disso, também são conhecidos como a proibição do excesso, por isso, deve-se trabalhar a razoabilidade e a proporcionalidade como unidade.

## 9.3.4 Continuidade dos serviços públicos

Esse princípio se traduz pelo próprio nome. Ele exige que a atividade administrativa seja contínua, não sofra interrupções e seja adequada, com qualidade, para que não ocorram prejuízos tanto para a Administração quanto para os administrados. Apesar disso, há situações excepcionais, em que se permite a interrupção do serviço público. Existem limitações a esse princípio, tanto para a Administração, quanto para o particular que está incumbido de executar o serviço público, e sua atuação pode ser percebida no próprio direito de greve do servidor público que se encontra condicionado à observância da lei para ser exercido.

O poder de vinculação desse princípio é tão grande que o particular, ao prestar o serviço público por delegação, não poderá interrompê-lo ainda que a Administração Pública não cumpra sua parte no contrato. Significa dizer que o particular prejudicado no contrato administrativo **não poderá opor a exceção do contrato não cumprido,** ficando desobrigado apenas por decisão judicial transitada em julgado, ou seja, o particular não pode deixar de cumprir sua obrigação pelo não cumprimento por parte da administração, mas o particular pode deixar de prestar o serviço público quando determinado por decisão judicial.

O responsável pela prestação do serviço público só ficaria desobrigado da sua prestação em caso de emergência e desde que haja aviso prévio em situações de **segurança**, de **ordem técnica** ou mesmo por **inadimplência do usuário**.

## 9.3.5 Autotutela

Esse princípio permite que a Administração avalie e reveja seus próprios atos, tanto em relação à legalidade do ato, quanto ao aspecto do mérito. Essa possibilidade não impede o ato de ser apreciado pelo Poder Judiciário, limitando a verificação da legalidade, nunca o mérito. Quando o ato for revisto em razão de vício de legalidade, ocorre a anulação do ato, se a questão é de mérito (discricionariedade e oportunidade), a administração revoga seus atos.

Este princípio foi consagrado pelo Supremo por meio da Súmula Vinculante nº 473:

> *Súmula Vinculante nº 473, STF A administração pode anular seus próprios atos, quando eivados de vícios que os tornam ilegais, porque deles não se originam direitos; ou revogá-los, por motivo de conveniência ou oportunidade, respeitados os direitos adquiridos, e ressalvada, em todos os casos, a apreciação judicial.*

# DIREITO CONSTITUCIONAL

A autotutela dos atos administrativos não depende de provocação, podendo a administração analisar de ofício seus próprios atos. Essa é a ideia primordial da autotutela.

### 9.3.6 Segurança jurídica

Esse princípio tem fundamento inicial já no art. 5º da Constituição Federal de 1988, que decorre da própria garantia fundamental à Segurança Jurídica; no que tange a sua aplicabilidade na Administração Pública, esse princípio evoca a impossibilidade de a lei nova prejudicar o direito adquirido, o ato jurídico perfeito e a coisa julgada, ou seja, esse princípio veda a aplicação retroativa de nova interpretação da norma administrativa, para que o administrado não seja surpreendido com inovações jurídicas.

Por se tratar de um direito fundamental, a Administração Pública fica obrigada a assegurar o seu cumprimento sob pena de ser responsabilizada.

## 9.4 Regras aplicáveis aos servidores públicos

Passamos agora a analisar as regras aplicáveis aos servidores públicos, as quais estão previstas nos arts. 37 a 41 da Constituição Federal de 1988.

### 9.4.1 Cargos, empregos e funções

Os primeiros dispositivos relacionados aos servidores públicos e que foram apresentados pela Constituição Federal regulamentam o acesso a cargos, empregos e funções públicas. Vejamos o que diz o art. 37, I e II da Constituição Federal de 1988:

> I – Os cargos, empregos e funções públicas são acessíveis aos brasileiros que preencham os requisitos estabelecidos em lei, assim como aos estrangeiros, na forma da lei;
>
> II – A investidura em cargo ou emprego público depende de aprovação prévia em concurso público de provas ou de provas e títulos, de acordo com a natureza e a complexidade do cargo ou emprego, na forma prevista em lei, ressalvadas as nomeações para cargo em comissão declarado em lei de livre nomeação e exoneração.

Ao iniciarmos este estudo, uma distinção se faz necessária: qual a diferença entre cargo, emprego e função pública?

- **Cargo público** é a unidade de competência ofertada por uma pessoa jurídica de direito público e ocupada por um agente público que tenha sido criado por lei com denominação específica e quantidade certa. Quem ocupa um cargo público fez concurso público e é submetido a um regime estatutário e pode ser de provimento efetivo ou em comissão.
- **Emprego público**, por sua vez, é a unidade de competência desempenhada por agentes contratados sob regime celetista, ou seja, quem ocupa um emprego público possui uma relação trabalhista com a Administração Pública.
- **Função pública** é a atribuição ocupada por quem não possui cargo ou emprego público. Ocorre em duas situações: nas contratações temporárias e nas atividades de confiança.

Os cargos, empregos e funções são acessíveis a todos os brasileiros e estrangeiros que preencherem os requisitos previstos em lei. Aos estrangeiros, o acesso é limitado, essa é norma de eficácia limitada, pois depende de regulamentação, como professores ou pesquisadores em universidades e instituições de pesquisa científica e tecnológica. Destaca-se ainda que existem cargos privativos de brasileiros natos, os quais estão previstos no art. 12, § 3º da Constituição Federal de 1988: presidente e vice-Presidente da República, presidente da Câmara dos Deputados, Presidente do Senado Federal, ministro do STF, oficial das forças armadas, carreira diplomática e ministro do estado da defesa.

O acesso aos cargos e empregos públicos depende de aprovação em concurso público de provas ou de provas e títulos dependendo do cargo a ser ocupado. A realização do concurso não será necessária para o preenchimento de cargos em comissão, haja vista serem de livre nomeação e exoneração. Estão obrigados a contratar por meio de concurso toda a Administração Pública direta e indireta, seja do Poder Executivo, Legislativo, ou Judiciário, seja da União, estados, Distrito Federal e municípios.

É importante ressaltar, neste momento, que a função pública aqui tratada não pode ser confundida com a função que todo agente da Administração Pública detém, que é aquele conjunto de atribuições inerentes ao cargo ou emprego; neste momento a função pública foi tratada como diferenciação do cargo e do emprego públicos. Em seguida, é necessário ressaltar que os cargos em comissão dispensam o concurso público, que é meio exigido para que se ocupe um cargo ou empregos públicos.

### 9.4.2 Validade do concurso público

A Constituição Federal de 1988 previu prazo de validade para os concursos públicos. Vejamos o que diz o art. 37, incisos III e IV:

> *Art. 37 [...]*
>
> *III – O prazo de validade do concurso público será de até dois anos, prorrogável uma vez, por igual período;*
>
> *IV – Durante o prazo improrrogável previsto no edital de convocação, aquele aprovado em concurso público de provas ou de provas e títulos será convocado com prioridade sobre novos concursados para assumir cargo ou emprego, na carreira.*

O prazo de validade será de **até dois anos,** podendo ser prorrogado apenas uma vez, por igual período. O prazo de validade passa a ser contado a partir da homologação do resultado. Este é o prazo que a Administração Pública terá para contratar ou nomear os aprovados para o preenchimento do emprego ou do cargo público, respectivamente.

Segundo posicionamento do STF, quem é aprovado dentro do número de vagas previstas no edital possui direito subjetivo à nomeação durante o prazo de validade do concurso. Uma forma de burlar esse sistema encontrado pela Administração Pública tem sido a publicação de edital com cadastro de reserva, que gera apenas uma expectativa de direito para quem foi classificado no concurso público.

Segundo a Constituição Federal de 1988, durante o prazo improrrogável do concurso, os aprovados terão prioridade na convocação diante dos novos concursados, o que não impede a abertura de novos certames apesar de a Lei nº 8.112/1990 proibir a abertura de novo concurso enquanto houver candidato aprovado no concurso anterior e desde que esteja dentro do prazo de validade. Na prova, deve-se responder conforme for perguntado. Se for segundo a Constituição Federal, não há proibição de realização de novo concurso enquanto existir outro com prazo de validade aberto. Se perguntar segundo a Lei nº 8.112/1990, não se abrirá novo concurso enquanto houver candidato aprovado em concurso anterior com prazo de validade não expirado.

### 9.4.3 Reserva de vaga para deficiente

Essa regra sobre concurso público é uma das mais importantes de inclusão social previstas no texto constitucional; é regra de ação afirmativa que visa à inserção social dos portadores de necessidades especiais, e compensar a perda social que alguns grupos têm. Possuindo valor social relevante, diz respeito à reserva de vagas para pessoas com necessidades especiais, que não podem ser tratados da mesma forma que as pessoas que estão em pleno vigor físico. Aqui, a isonomia deve

# ADMINISTRAÇÃO PÚBLICA

ser material observando a nítida diferença entre os deficientes e os que não são. Vejamos o que dispõe a Constituição a respeito desse tema:

> *Art. 37 [...]*
>
> *VIII – A lei reservará percentual dos cargos e empregos públicos para as pessoas portadoras de deficiência e definirá os critérios de sua admissão.*

Por se tratar de norma de eficácia limitada, a Constituição exigiu regulamentação para este dispositivo o que foi feito, no âmbito federal, pela Lei nº 8.112/1990:

> *Art. 5 [...]*
>
> *§ 2º Às pessoas portadoras de deficiência é assegurado o direito de se inscrever em concurso público para provimento de cargo cujas atribuições sejam compatíveis com a deficiência de que são portadoras; para tais pessoas serão reservadas até 20% (vinte por cento) das vagas oferecidas no concurso.*

Esse dispositivo garante a reserva de até 20% das vagas oferecidas no concurso para os deficientes. Complementando esta norma, foi publicado o Decreto Federal nº 3.298/1999 que fixou o mínimo de 5% das vagas para deficientes, exigindo nos casos em que esse percentual gerasse número fracionado, que fosse arredondado para o próximo número inteiro. Essa proteção gerou um inconveniente nos concursos com poucas vagas, fazendo com que o STF interviesse e decidisse no sentido de que se a observância do mínimo de 5% ultrapassar o máximo de 20% não será necessário fazer a reserva da vaga. Isso é perfeitamente visível em concursos com duas vagas. Se fosse reservado o mínimo, ter-se-ia pelo menos 1 vaga para deficiente, o que corresponderia a 50% das vagas, ultrapassando assim o limite de 20% estabelecido em lei.

## 9.4.4 Funções de confiança e cargos em comissão

A Constituição Federal de 1988 prevê a existência das funções de confiança e os cargos em comissão:

> *Art. 37 [...]*
>
> *V – As funções de confiança, exercidas exclusivamente por servidores ocupantes de cargo efetivo, e os cargos em comissão, a serem preenchidos por servidores de carreira nos casos, condições e percentuais mínimos previstos em lei, destinam-se apenas às atribuições de direção, chefia e assessoramento.*

Existem algumas peculiaridades entre esses dois institutos que sempre são cobradas em prova. As funções de confiança são privativas de ocupantes de cargo efetivo, ou seja, para aquele que fez concurso público; já os cargos em comissão podem ser ocupados por qualquer pessoa, apesar de a Constituição estabelecer que deve se reservar um percentual mínimo para os ocupantes de cargo efetivo. Tanto as funções de confiança como os cargos em comissão destinam-se às atribuições de **direção, chefia** e **assessoramento**.

- **Funções de confiança:** livres designação e livres dispensa – são apenas para servidores públicos ocupantes de cargos efetivos, os quais serão designados para seu exercício podendo ser dispensados a critério da Administração Pública.
- **Cargos em comissão:** são de livre nomeação e livre exoneração, podendo ser ocupados por qualquer pessoa, servidor público ou não. A ocupação de um cargo em comissão por pessoa não detentora de cargo de provimento efetivo não gera direito de ser efetivado, muito menos de adquirir a estabilidade.

## 9.4.5 Contratação por tempo determinado

Outra forma de ingresso no serviço público é por meio de contratação por tempo determinado. A Constituição prevê:

> *Art. 37, IX. A lei estabelecerá os casos de contratação por tempo determinado para atender a necessidade temporária de excepcional interesse público.*

Nesse caso, temos uma norma de eficácia limitada, pois a Constituição não regulamenta, apenas prevê que uma lei vai regulamentar. Na contratação por tempo determinado, o contratado não ocupa cargo público nem possui vínculo trabalhista. Ele exercerá função pública de caráter temporário. Essa contratação tem que ser embasada em excepcional interesse público, questão emergencial. Em regra, faz-se o processo seletivo simplificado, podendo ser feito por meio de provas, entrevista ou até mesmo entrega de currículo; esse processo simplificado não pode ser confundido com o concurso público.

O seu contrato com a Administração Pública é regido por norma específica de regime especial que, no caso da esfera federal, será a Lei nº 8.745/1993. A referida lei traz várias hipóteses de contratação temporária para atender a essa necessidade excepcional.

## 9.5 Direitos sociais dos servidores públicos

Quando se fala em direitos sociais aplicáveis aos servidores públicos, significa dizer uma parcela dos direitos de natureza trabalhista prevista no art. 7º da Constituição Federal de 1988. Vejamos quais direitos sociais trabalhistas foram destinados a esses trabalhadores ocupantes de cargos públicos.

### 9.5.1 Direitos trabalhistas

A Constituição Federal não concedeu todos os direitos trabalhistas aos servidores públicos, mas apenas os previstos expressamente no texto constitucional no art. 39, § 3º:

> *Art. 39 [...]*
>
> *§ 3º Aplica-se aos servidores ocupantes de cargo público o disposto no art. 7º, IV, VII, VIII, IX, XII, XIII, XV, XVI, XVII, XVIII, XIX, XX, XXII e XXX, podendo a lei estabelecer requisitos diferenciados de admissão quando a natureza do cargo o exigir.*

Segundo esse dispositivo, foram garantidos os seguintes direitos sociais aos servidores públicos:

> *IV – Salário-mínimo, fixado em lei, nacionalmente unificado, capaz de atender a suas necessidades vitais básicas e às de sua família com moradia, alimentação, educação, saúde, lazer, vestuário, higiene, transporte e previdência social, com reajustes periódicos que lhe preservem o poder aquisitivo, sendo vedada sua vinculação para qualquer fim;*
>
> *VII – Garantia de salário, nunca inferior ao mínimo, para os que percebem remuneração variável;*
>
> *VIII – Décimo terceiro salário com base na remuneração integral ou no valor da aposentadoria;*
>
> *IX – Remuneração do trabalho noturno superior à do diurno;*
>
> *XII – Salário-família pago em razão do dependente do trabalhador de baixa renda nos termos da lei;*
>
> *XIII – Duração do trabalho normal não superior a oito horas diárias e quarenta e quatro semanais, facultada a compensação de horários e a redução da jornada, mediante acordo ou convenção coletiva de trabalho;*
>
> *XV – Repouso semanal remunerado, preferencialmente aos domingos;*
>
> *XVI – Remuneração do serviço extraordinário superior, no mínimo, em cinquenta por cento à do normal;*
>
> *XVII – Gozo de férias anuais remuneradas com, pelo menos, um terço a mais do que o salário normal;*
>
> *XVIII – Licença à gestante, sem prejuízo do emprego e do salário, com a duração de cento e vinte dias;*
>
> *XIX – Licença-paternidade, nos termos fixados em lei;*
>
> *XX – Proteção do mercado de trabalho da mulher, mediante incentivos específicos, nos termos da lei;*
>
> *XXII – Redução dos riscos inerentes ao trabalho, por meio de normas de saúde, higiene e segurança;*
>
> *XXX – Proibição de diferença de salários, de exercício de funções e de critério de admissão por motivo de sexo, idade, cor ou estado civil.*

A experiência de ler os incisos destinados aos servidores públicos é muito importante para que você acerte em prova. O fato de outros direitos trabalhistas do art. 7º não terem sido previstos no art. 39 não significa que tais direitos não sejam concedidos aos servidores públicos. Ocorre que alguns direitos trabalhistas conferidos aos servidores públicos estão disciplinados em outros lugares na própria Constituição ou em leis esparsas. A título de exemplo, pode-se citar o direito à aposentadoria, que apesar de não ter sido referido no art. 39, § 3º, encontra-se previsto expressamente no art. 40 da Constituição Federal de 1988.

### 9.5.2 Liberdade de associação sindical

A Constituição Federal garante aos servidores públicos o direito à associação sindical:

> *Art. 37 [...]*
> *VI – É garantido ao servidor público civil o direito à livre associação sindical.*

A Constituição Federal de 1988 concede ao servidor público civil o direito à associação sindical. Dessa forma, a livre associação profissional ou sindical não é garantida aos militares em razão da peculiaridade do seu regime jurídico, cuja vedação está prevista na própria Constituição Federal:

> *Art. 142 [...]*
> *IV – Ao militar são proibidas a sindicalização e a greve.*

Segundo a doutrina, trata-se de uma norma autoaplicável, a qual não depende de regulamentação para ser exercida, pois o servidor pode prontamente usufruir desse direito.

### 9.5.3 Direito de greve

Segundo o art. 37, inciso VII, da Constituição Federal de 1988:

> *VII – O direito de greve será exercido nos termos e nos limites definidos em lei específica;*

O direito de greve, previsto na Constituição Federal aos servidores públicos, condiciona o seu exercício a uma norma regulamentadora, por isso é uma norma de eficácia limitada.

Como até o presente momento a necessária lei não foi publicada, o Supremo Tribunal Federal adotou a Teoria Concretista Geral, a partir da análise do Mandado de Injunção, e fez com que o direito de greve tivesse efetividade e conferiu efeito *erga omnes* à decisão, ou seja, os seus efeitos atingem todos os servidores públicos, ainda que aquele não tenha ingressado com ação judicial para exercer seu direito de greve.

A partir disso, segundo o STF, os servidores públicos de todo o país poderão se utilizar do seu direito de greve nos termos da Lei nº 7.783/1989, a qual regulamenta o direito de greve dos trabalhadores da iniciativa privada.

Ressalte-se que o direito de greve, juntamente com o de associação sindical, não se aplica aos militares pelos mesmos motivos já apresentados ao analisarmos o direito de liberdade de associação sindical.

### 9.5.4 Vedação à acumulação de cargos, empregos e funções públicas

A Constituição achou por bem regular a acumulação de cargos públicos no art. 37, incisos XVI e XVII:

> *XVI – É vedada a acumulação remunerada de cargos públicos, exceto, quando houver compatibilidade de horários, observado em qualquer caso o disposto no inciso XI:*
> *a) a de dois cargos de professor;*
> *b) a de um cargo de professor com outro técnico ou científico;*
> *c) a de dois cargos ou empregos privativos de profissionais de saúde, com profissões regulamentadas;*
> *XVII – A proibição de acumular estende-se a empregos e funções e abrange autarquias, fundações, empresas públicas, sociedades de economia mista, suas subsidiárias, e sociedades controladas, direta ou indiretamente, pelo poder público;*

Segundo o texto constitucional, em regra, é vedada a acumulação de cargos públicos, ressalvadas as hipóteses previstas na própria Constituição Federal de 1988 e quando houver compatibilidade de horário.

Além dessas hipóteses, a CF/1988/1988 também previu a acumulação lícita em outros casos, observemos:

- **Magistrado + magistério:** é permitida a acumulação de um cargo de juiz com um de professor:
  > *Art. 95 [...]*
  > *Parágrafo único. Aos juízes é vedado:*
  > *I – Exercer, ainda que em disponibilidade, outro cargo ou função, salvo uma de magistério.*

- **Membro do Ministério Público + Magistério:** é permitida a acumulação de um cargo de Membro do Ministério Público com um de professor:
  > *Art. 128 [...]*
  > *§ 5º. Leis complementares da União e dos Estados, cuja iniciativa é facultada aos respectivos Procuradores-Gerais, estabelecerão a organização, as atribuições e o estatuto de cada Ministério Público, observadas, relativamente a seus membros: [...]*
  > *II – As seguintes vedações:*
  > *d) exercer, ainda que em disponibilidade, qualquer outra função pública, salvo uma de magistério.*

- **Cargo Eletivo + cargo, emprego ou função pública:** é permitida a acumulação de um cargo eletivo com um cargo emprego ou função pública:
  > *Art. 38 Ao servidor público da administração direta, autárquica e fundacional, no exercício de mandato eletivo, aplicam-se as seguintes disposições:*
  > *I – Tratando-se de mandato eletivo federal, estadual ou distrital, ficará afastado de seu cargo, emprego ou função;*
  > *II – Investido no mandato de Prefeito, será afastado do cargo, emprego ou função, sendo-lhe facultado optar pela sua remuneração;*
  > *III – Investido no mandato de Vereador, havendo compatibilidade de horários, perceberá as vantagens de seu cargo, emprego ou função, sem prejuízo da remuneração do cargo eletivo, e, não havendo compatibilidade, será aplicada a norma do inciso anterior;*
  > *IV – Em qualquer caso que exija o afastamento para o exercício de mandato eletivo, seu tempo de serviço será contado para todos os efeitos legais, exceto para promoção por merecimento;*
  > *V – Na hipótese de ser segurado de regime próprio de previdência social, permanecerá filiado a esse regime, no ente federativo de origem.*

A proibição de acumular se estende à percepção de remuneração e aposentadoria. Vejamos o que diz o §10º do art. 37:

> *§ 10 É vedada a percepção simultânea de proventos de aposentadoria decorrentes do art. 40 ou dos Arts. 42 e 142 com a remuneração de cargo, emprego ou função pública, ressalvados os cargos acumuláveis na forma desta Constituição, os cargos eletivos e os cargos em comissão declarados em lei de livre nomeação e exoneração.*

Aqui, a acumulação dos proventos da aposentadoria com a remuneração será permitida nos casos em que são autorizadas a acumulação dos cargos, ou, ainda, quando acumular com cargo em comissão e cargo eletivo. Significa dizer ser possível a acumulação dos proventos da aposentadoria de um cargo, emprego ou função pública com a remuneração de cargo, emprego ou função pública.

A Constituição Federal de 1988 também vedou a percepção de mais de uma aposentadoria, ressalvados os casos de acumulação de cargos permitida, ou seja, o indivíduo pode acumular as aposentadorias dos cargos que podem ser acumulados:

# ADMINISTRAÇÃO PÚBLICA

*Art. 40 [...]*

*§ 6º Ressalvadas as aposentadorias decorrentes dos cargos acumuláveis na forma desta Constituição, é vedada a percepção de mais de uma aposentadoria à conta de regime próprio de previdência social, aplicando-se outras vedações, regras e condições para a acumulação de benefícios previdenciários estabelecidas no Regime Geral de Previdência Social.*

## 9.5.5 Estabilidade

Um dos maiores desejos de quem faz concurso público é alcançar a Estabilidade. Essa é a garantia que se dá aos titulares de cargo público, ou seja, ao servidor público. Essa garantia faz que o servidor tenha certa tranquilidade para usufruir do seu cargo com maior tranquilidade; o servidor passa exercer suas atividades sem a preocupação de perder seu cargo por qualquer simples motivo. Vejamos o que diz a Constituição Federal:

*Art. 41 São estáveis após três anos de efetivo exercício os servidores nomeados para cargo de provimento efetivo em virtude de concurso público.*

*§ 1º. O servidor público estável só perderá o cargo:*

*I – Em virtude de sentença judicial transitada em julgado;*

*II – Mediante processo administrativo em que lhe seja assegurada ampla defesa;*

*III – Mediante procedimento de avaliação periódica de desempenho, na forma de lei complementar, assegurada ampla defesa.*

*§ 2º Invalidada por sentença judicial a demissão do servidor estável, será ele reintegrado, e o eventual ocupante da vaga, se estável, reconduzido ao cargo de origem, sem direito a indenização, aproveitado em outro cargo ou posto em disponibilidade com remuneração proporcional ao tempo de serviço.*

*§ 3º Extinto o cargo ou declarada a sua desnecessidade, o servidor estável ficará em disponibilidade, com remuneração proporcional ao tempo de serviço, até seu adequado aproveitamento em outro cargo.*

*§ 4º Como condição para a aquisição da estabilidade, é obrigatória a avaliação especial de desempenho por comissão instituída para essa finalidade.*

O primeiro ponto relevante é que a estabilidade se adquire após três anos de efetivo exercício. Só adquire estabilidade quem ocupa um cargo público de provimento efetivo, após a aprovação em concurso público. Essa garantia não se estende aos titulares de emprego público nem aos que ocupam cargos em comissão de livre nomeação e exoneração.

Não confunda a estabilidade com estágio probatório. Esse é o período de avaliação inicial dentro do novo cargo a que o servidor concursado se sujeita antes de adquirir sua estabilidade. A Constituição Federal de 1988 não fala nada de estágio probatório, mas, para os servidores públicos federais, aplica-se o prazo previsto na Lei nº 8.112/1990. Aqui temos um problema. O referido estatuto dos servidores públicos federais prevê o prazo de 24 meses para o estágio probatório.

Contudo, tem prevalecido, na doutrina e na jurisprudência, o entendimento de que não tem como se dissociar o prazo do estágio probatório da aquisição da estabilidade, de forma que até o próprio STF e o STJ reconhecem que o prazo do estágio probatório foi revogado tacitamente pela Emenda Constitucional nº 19/1998 que alterou o prazo de aquisição da estabilidade para 3 anos. Reforça esse entendimento o fato de que a Advocacia-Geral da União já emitiu parecer vinculante determinando a aplicação do prazo de **três anos para o estágio probatório** em todo o Poder Executivo Federal, o que de fato acontece. Dessa forma, para prova o prazo do estágio probatório é de 3 anos.

Segundo o texto constitucional, é condição para a aquisição da estabilidade a avaliação especial de desempenhos aplicada por comissão instituída para essa finalidade.

O servidor estável só perderá o cargo nas hipóteses previstas na Constituição, as quais são:

- Sentença judicial transitada em julgado.
- Procedimento administrativo disciplinar.
- Insuficiência de desempenho comprovada na avaliação periódica.
- Excesso de despesas com pessoal nos termos do art. 169, § 3º.

## 9.6 Regras para servidores em exercício de mandato eletivo

Para os servidores públicos que estão no exercício de mandato eletivo, aplicam-se as seguintes regras:

*Art. 38 Ao servidor público da administração direta, autárquica e fundacional, no exercício de mandato eletivo, aplicam-se as seguintes disposições:*

*I – Tratando-se de mandato eletivo federal, estadual ou distrital, ficará afastado de seu cargo, emprego ou função;*

*II – Investido no mandato de Prefeito, será afastado do cargo, emprego ou função, sendo-lhe facultado optar pela sua remuneração;*

*III – Investido no mandato de Vereador, havendo compatibilidade de horários, perceberá as vantagens de seu cargo, emprego ou função, sem prejuízo da remuneração do cargo eletivo, e, não havendo compatibilidade, será aplicada a norma do inciso anterior;*

*IV – Em qualquer caso que exija o afastamento para o exercício de mandato eletivo, seu tempo de serviço será contado para todos os efeitos legais, exceto para promoção por merecimento;*

*V – Na hipótese de ser segurado de regime próprio de previdência social, permanecerá filiado a esse regime, no ente federativo de origem.*

Em suma:

- **Mandato Eletivo Federal, Estadual ou Distrital:** afasta-se do cargo, emprego ou função;
- **Mandato Eletivo Municipal**
  - **Prefeito:** Afasta-se do cargo, mas pode optar pela remuneração;
  - **Vereador:** Havendo compatibilidade de horário, pode exercer os dois cargos e cumular as duas remunerações respeitando os limites legais. Não havendo compatibilidade de horário, deverá afastar-se do cargo podendo optar pela remuneração de um dos dois.

Havendo o afastamento, a Constituição Federal de 1988 determina ainda que esse período seja contabilizado como tempo de serviço gerando todos seus efeitos legais, com exceção da promoção de merecimento, além de ser contabilizado para efeito de benefício previdenciário.

## 9.7 Regras de remuneração dos servidores públicos

A Constituição Federal de 1988 previu várias regras referentes a remuneração dos servidores públicos, que consta no art. 37, da CF/1988/1988, as quais são bem interessantes para serem cobradas em sua prova:

*X – A remuneração dos servidores públicos e o subsídio de que trata o § 4º do art. 39 somente poderão ser fixados ou alterados por lei específica, observada a iniciativa privativa em cada caso, assegurada revisão geral anual, sempre na mesma data e sem distinção de índices;*

O primeiro ponto importante sobre a remuneração dos servidores é que ela só pode ser fixada por meio de lei específica, se a Constituição Federal de 1988 não estabelece qualquer outro critério, essa lei é ordinária. Além disso, a iniciativa da lei também é específica, ou seja, cada poder tem competência para propor a lei que altere o quadro

# DIREITO CONSTITUCIONAL

remuneratório dos seus servidores. Por exemplo, no âmbito do Poder Executivo Federal o Presidente da República é quem tem a iniciativa para propor o projeto de lei.

Ainda há que se fazer a revisão geral anual, sem distinção de índices e sempre na mesma data, que serve para suprir as perdas inflacionárias que ocorrem com a remuneração dos servidores. No que tange à revisão geral anual, o STF entende que a competência para a iniciativa é privativa do Presidente da República, com base no art. 61, § 1º, II, "a" da CF/1988:

> § 1º São de iniciativa privativa do Presidente da República as leis que: [...]
> II – Disponham sobre:
> a) criação de cargos, funções ou empregos públicos na administração direta e autárquica ou aumento de sua remuneração.

Outro ponto importante é o **teto constitucional**, que é o limite imposto para fixação das tabelas remuneratórias dos servidores; conforme o inciso XI do art. 37 da Constituição Federal de 1988:

> XI – A remuneração e o subsídio dos ocupantes de cargos, funções e empregos públicos da administração direta, autárquica e fundacional, dos membros de qualquer dos Poderes da União, dos Estados, do Distrito Federal e dos Municípios, dos detentores de mandato eletivo e dos demais agentes políticos e os proventos, pensões ou outra espécie remuneratória, percebidos cumulativamente ou não, incluídas as vantagens pessoais ou de qualquer outra natureza, não poderão exceder o subsídio mensal, em espécie, dos Ministros do Supremo Tribunal Federal, aplicando-se como limite, nos Municípios, o subsídio do Prefeito, e nos Estados e no Distrito Federal, o subsídio mensal do Governador no âmbito do Poder Executivo, o subsídio dos Deputados Estaduais e Distritais no âmbito do Poder Legislativo e o subsídio dos Desembargadores do Tribunal de Justiça, limitado a noventa inteiros e vinte e cinco centésimos por cento do subsídio mensal, em espécie, dos Ministros do Supremo Tribunal Federal, no âmbito do Poder Judiciário, aplicável este limite aos membros do Ministério Público, aos Procuradores e aos Defensores Públicos.

Vamos entender essa regra, analisando os diversos tipos de limites previstos no texto constitucional.

O primeiro limite é o Teto Geral, que, segundo a Constituição, corresponde ao subsídio do Ministro do Supremo Tribunal Federal. Isso significa que nenhum servidor público no Brasil pode receber remuneração maior que o subsídio do Ministro do Supremo Tribunal Federal. Esse limite se aplica a todos os poderes em todos os entes federativos. Ressalte-se que a iniciativa de proposta legislativa para fixação da remuneração dos Ministros pertence aos próprios membros do STF.

Em seguida, nós temos os subtetos, que são limites aplicáveis a cada poder e em cada ente federativo. Vejamos de forma sistematizada as regras previstas na Constituição Federal:

## 9.7.1 Estados e DF

**Poder Executivo:** subsídio do governador.

**Poder Legislativo:** subsídio do deputado estadual ou distrital.

**Poder Judiciário:** subsídio do desembargador do Tribunal de Justiça. Aplica-se este limite aos membros do Ministério Público e da Defensoria Pública dos Estados e Distrito Federal.

## 9.7.2 Municípios

**Poder Executivo:** subsídio do prefeito.

A Constituição Federal de 1988 permite que os estados e o Distrito Federal poderão, por iniciativa do governador, adotar limite único nos termos do art. 37, § 12, mediante emenda à Constituição Estadual ou a lei orgânica do Distrito Federal, o qual não poderá ultrapassar 90,25% do subsídio do ministro do STF. Ressalte-se que, se porventura for criado este limite único, ele não será aplicado a alguns membros do Poder Legislativo, como aos deputados distritais e vereadores.

A seguir, são abordados alguns limites específicos que também estão previstos no texto constitucional, mas em outros artigos, pois são determinados a algumas autoridades:

- **Governador e Prefeito:** subsídio do ministro do STF;
- **Deputado Estadual e Distrital:** 75% do subsídio do Deputado Federal;
- **Vereador:** 75% do subsídio do Deputado Estadual para os municípios com mais de 500.000 habitantes. Nos municípios com menos habitantes, aplica-se a regra proporcional a população conforme o art. 29, VI da Constituição Federal.
- **Magistrados dos Tribunais Superiores:** 95% do subsídio dos ministros do STF. Dos demais magistrados, o subteto é 95% do subsídio dos ministros dos Tribunais Superiores.

> Art. 93 [...]
> V – O subsídio dos Ministros dos Tribunais Superiores corresponderá a noventa e cinco por cento do subsídio mensal fixado para os Ministros do Supremo Tribunal Federal e os subsídios dos demais magistrados serão fixados em lei e escalonados, em nível federal e estadual, conforme as respectivas categorias da estrutura judiciária nacional, não podendo a diferença entre uma e outra ser superior a dez por cento ou inferior a cinco por cento, nem exceder a noventa e cinco por cento do subsídio mensal dos Ministros dos Tribunais Superiores, obedecido, em qualquer caso, o disposto nos Arts. 37, XI, e 39, § 4º.

**Tetos específicos**

**Governador e prefeito** → subsídio do Ministro do STF.
**Deputado estadual e distrital** → 75% do subsídio do Deputado Federal.
**Vereador** → 75% do subsídio do Deputado Estadual (municípios + de 500 mil habitantes).
**Magistrados dos Tribunais Superiores** → 95% do subsídio dos ministros do STF.

Lembre-se de que esses limites se aplicam quando for possível a acumulação de cargos prevista no texto constitucional, ressalvados os seguintes casos:

- **Magistratura + magistério:** a resolução nº 14/2006 do Conselho Nacional de Justiça prevê que não se sujeita ao teto a remuneração oriunda no magistério exercido pelos juízes;
- Exercício cumulativo de funções no Supremo Tribunal Federal e Tribunal Superior Eleitoral.

Os limites aplicam-se as empresas públicas e sociedades de economia mista desde que recebam recursos da União dos Estados e do Distrito Federal para pagamento do pessoal e custeio em geral:

> Art. 37 [...]
> § 9º O disposto no inciso XI aplica-se às empresas públicas e às sociedades de economia mista, e suas subsidiárias, que receberem recursos da União, dos Estados, do Distrito Federal ou dos Municípios para pagamento de despesas de pessoal ou de custeio em geral.

A Constituição Federal também trouxe previsão expressa vedando qualquer equiparação ou vinculação de remuneração de servidor público:

> Art. 37, XIII. É vedada a vinculação ou equiparação de quaisquer espécies remuneratórias para o efeito de remuneração de pessoal do serviço público.

Antes da Emenda Constitucional nº 19/1998, muitos servidores incorporavam vantagens pecuniárias calculadas sobre outras vantagens, gerando aumento desproporcional da remuneração. Isso acabou com a alteração do texto constitucional:

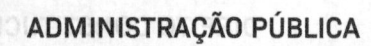

## ADMINISTRAÇÃO PÚBLICA

*Art. 37 [...]*
*XIV – Os acréscimos pecuniários percebidos por servidor público não serão computados nem acumulados para fins de concessão de acréscimos ulteriores.*

Destaque-se, ainda, a regra constitucional que prevê a irredutibilidade da remuneração dos servidores públicos:

*Art. 37 [...]*
*XV – O subsídio e os vencimentos dos ocupantes de cargos e empregos públicos são irredutíveis, ressalvado o disposto nos incisos XI e XIV deste artigo e nos Arts. 39, § 4º, 150, II, 153, III, e 153, § 2º, I.*

A irredutibilidade aqui é meramente nominal, não existindo direito à preservação do valor real em proteção a perda do poder aquisitivo. A irredutibilidade também não impede a alteração da composição remuneratória; significa dizer que podem ser retiradas as gratificações, mantendo-se o valor nominal da remuneração, nem mesmo a supressão de parcelas ou gratificações; é preciso considerar que o STF entende não haver direito adquirido a regime jurídico.

## 9.8 Regras de aposentadoria

Esse tema costuma ser trabalhado em Direito Previdenciário devido às inúmeras regras de transição que foram editadas, além das previstas no texto constitucional. Para as provas de Direito Constitucional, é importante a leitura atenta dos dispositivos abaixo:

*Art. 40 O regime próprio de previdência social dos servidores titulares de cargos efetivos terá caráter contributivo e solidário, mediante contribuição do respectivo ente federativo, de servidores ativos, de aposentados e de pensionistas, observados critérios que preservem o equilíbrio financeiro e atuarial.*

*§ 1º O servidor abrangido por regime próprio de previdência social será aposentado:*

*I – por incapacidade permanente para o trabalho, no cargo em que estiver investido, quando insuscetível de readaptação, hipótese em que será obrigatória a realização de avaliações periódicas para verificação da continuidade das condições que ensejaram a concessão da aposentadoria, na forma de lei do respectivo ente federativo;*

*II – compulsoriamente, com proventos proporcionais ao tempo de contribuição, aos 70 (setenta) anos de idade, ou aos 75 (setenta e cinco) anos de idade, na forma de lei complementar;*

*III – no âmbito da União, aos 62 (sessenta e dois) anos de idade, se mulher, e aos 65 (sessenta e cinco) anos de idade, se homem, e, no âmbito dos Estados, do Distrito Federal e dos Municípios, na idade mínima estabelecida mediante emenda às respectivas Constituições e Leis Orgânicas, observados o tempo de contribuição e os demais requisitos estabelecidos em lei complementar do respectivo ente federativo.*

*§ 2º Os proventos de aposentadoria não poderão ser inferiores ao valor mínimo a que se refere o § 2º do art. 201 ou superiores ao limite máximo estabelecido para o Regime Geral de Previdência Social, observado o disposto nos §§ 14 a 16.*

*§ 3º As regras para cálculo de proventos de aposentadoria serão disciplinadas em lei do respectivo ente federativo.*

*§ 4º É vedada a adoção de requisitos ou critérios diferenciados para concessão de benefícios em regime próprio de previdência social, ressalvado o disposto nos §§ 4º-A, 4º-B, 4º-C e 5º.*

*§ 4º-A Poderão ser estabelecidos por lei complementar do respectivo ente federativo idade e tempo de contribuição diferenciados para aposentadoria de servidores com deficiência, previamente submetidos a avaliação biopsicossocial realizada por equipe multiprofissional e interdisciplinar.*

*§ 4º-B Poderão ser estabelecidos por lei complementar do respectivo ente federativo idade e tempo de contribuição diferenciados para aposentadoria de ocupantes do cargo de agente penitenciário, de agente socioeducativo ou de policial dos órgãos de que tratam o inciso IV do caput do art. 51, o inciso XIII do caput do art. 52 e os incisos I a IV do caput do art. 144.*

*§ 4º-C Poderão ser estabelecidos por lei complementar do respectivo ente federativo idade e tempo de contribuição diferenciados para aposentadoria de servidores cujas atividades sejam exercidas com efetiva exposição a agentes químicos, físicos e biológicos prejudiciais à saúde, ou associação desses agentes, vedada a caracterização por categoria profissional ou ocupação.*

*§ 5º Os ocupantes do cargo de professor terão idade mínima reduzida em 5 (cinco) anos em relação às idades decorrentes da aplicação do disposto no inciso III do § 1º, desde que comprovem tempo de efetivo exercício das funções de magistério na educação infantil e no ensino fundamental e médio fixado em lei complementar do respectivo ente federativo.*

*§ 6º Ressalvadas as aposentadorias decorrentes dos cargos acumuláveis na forma desta Constituição, é vedada a percepção de mais de uma aposentadoria à conta de regime próprio de previdência social, aplicando-se outras vedações, regras e condições para a acumulação de benefícios previdenciários estabelecidas no Regime Geral de Previdência Social.*

*§ 7º Observado o disposto no § 2º do art. 201, quando se tratar da única fonte de renda formal auferida pelo dependente, o benefício de pensão por morte será concedido nos termos de lei do respectivo ente federativo, a qual tratará de forma diferenciada a hipótese de morte dos servidores de que trata o § 4º-B decorrente de agressão sofrida no exercício ou em razão da função.*

*§ 8º É assegurado o reajustamento dos benefícios para preservar-lhes, em caráter permanente, o valor real, conforme critérios estabelecidos em lei.*

*§ 9º O tempo de contribuição federal, estadual, distrital ou municipal será contado para fins de aposentadoria, observado o disposto nos §§ 9º e 9º-A do art. 201, e o tempo de serviço correspondente será contado para fins de disponibilidade.*

*§ 10 A lei não poderá estabelecer qualquer forma de contagem de tempo de contribuição fictício.*

*§ 11 Aplica-se o limite fixado no art. 37, XI, à soma total dos proventos de inatividade, inclusive quando decorrentes da acumulação de cargos ou empregos públicos, bem como de outras atividades sujeitas a contribuição para o regime geral de previdência social, e ao montante resultante da adição de proventos de inatividade com remuneração de cargo acumulável na forma desta Constituição, cargo em comissão declarado em lei de livre nomeação e exoneração, e de cargo eletivo.*

*§ 12 Além do disposto neste artigo, serão observados, em regime próprio de previdência social, no que couber, os requisitos e critérios fixados para o Regime Geral de Previdência Social.*

*§ 13 Aplica-se ao agente público ocupante, exclusivamente, de cargo em comissão declarado em lei de livre nomeação e exoneração, de outro cargo temporário, inclusive mandato eletivo, ou de emprego público, o Regime Geral de Previdência Social.*

*§ 14 A União, os Estados, o Distrito Federal e os Municípios instituirão, por lei de iniciativa do respectivo Poder Executivo, regime de previdência complementar para servidores públicos ocupantes de cargo efetivo, observado o limite máximo dos benefícios do Regime Geral de Previdência Social para o valor das aposentadorias e das pensões em regime próprio de previdência social, ressalvado o disposto no § 16.*

*§ 15 O regime de previdência complementar de que trata o § 14 oferecerá plano de benefícios somente na modalidade contribuição definida, observará o disposto no art. 202 e será efetivado por intermédio de entidade fechada de previdência complementar ou de entidade aberta de previdência complementar.*

*§ 16 Somente mediante sua prévia e expressa opção, o disposto nos §§ 14 e 15 poderá ser aplicado ao servidor que tiver ingressado no serviço público até a data da publicação do ato de instituição do correspondente regime de previdência complementar.*

*§ 17 Todos os valores de remuneração considerados para o cálculo do benefício previsto no § 3º serão devidamente atualizados, na forma da lei.*

*§ 18 Incidirá contribuição sobre os proventos de aposentadorias e pensões concedidas pelo regime de que trata este artigo que superem*

*o limite máximo estabelecido para os benefícios do regime geral de previdência social de que trata o art. 201, com percentual igual ao estabelecido para os servidores titulares de cargos efetivos.*

*§ 19 Observados critérios a serem estabelecidos em lei do respectivo ente federativo, o servidor titular de cargo efetivo que tenha completado as exigências para a aposentadoria voluntária e que opte por permanecer em atividade poderá fazer jus a um abono de permanência equivalente, no máximo, ao valor da sua contribuição previdenciária, até completar a idade para aposentadoria compulsória.*

*§ 20 É vedada a existência de mais de um regime próprio de previdência social e de mais de um órgão ou entidade gestora desse regime em cada ente federativo, abrangidos todos os poderes, órgãos e entidades autárquicas e fundacionais, que serão responsáveis pelo seu financiamento, observados os critérios, os parâmetros e a natureza jurídica definidos na lei complementar de que trata o § 22.*

*§ 21 (Revogado)*

*§ 22 Vedada a instituição de novos regimes próprios de previdência social, lei complementar federal estabelecerá, para os que já existam, normas gerais de organização, de funcionamento e de responsabilidade em sua gestão, dispondo, entre outros aspectos, sobre:*

*I – requisitos para sua extinção e consequente migração para o Regime Geral de Previdência Social;*

*II – modelo de arrecadação, de aplicação e de utilização dos recursos;*

*III – fiscalização pela União e controle externo e social;*

*IV – definição de equilíbrio financeiro e atuarial;*

*V – condições para instituição do fundo com finalidade previdenciária de que trata o art. 249 e para vinculação a ele dos recursos provenientes de contribuições e dos bens, direitos e ativos de qualquer natureza;*

*VI – mecanismos de equacionamento do déficit atuarial;*

*VII – estruturação do órgão ou entidade gestora do regime, observados os princípios relacionados com governança, controle interno e transparência;*

*VIII – condições e hipóteses para responsabilização daqueles que desempenhem atribuições relacionadas, direta ou indiretamente, com a gestão do regime;*

*IX – condições para adesão a consórcio público;*

*X – parâmetros para apuração da base de cálculo e definição de alíquota de contribuições ordinárias e extraordinárias.*

## 9.9 Militares dos estados, Distrito Federal e territórios

A Constituição Federal distingue duas espécies de servidores, os civis e os militares, sendo que a estes reserva um regime jurídico diferenciado, previsto especialmente no art. 42 (Polícias Militares e Corpos de Bombeiros Militares) e no art. 142, § 3º (Forças Armadas – Exército, Marinha e Aeronáutica).

As Polícias Militares, os Corpos de Bombeiros Militares e as Forças Armadas são instituições organizadas com base na **hierarquia** e na **disciplina**.

Tomando de empréstimo o conceito constante do art. 14, § 1º e 2º, da Lei nº 6.880/1980 (Estatuto dos Militares das Forças Armadas), temos que a **hierarquia** militar é a ordenação da autoridade, em níveis diferentes, dentro da estrutura militar e a **disciplina** é a rigorosa observância e o acatamento integral das leis, regulamentos, normas e disposições que fundamentam o organismo militar e coordenam seu funcionamento regular e harmônico, traduzindo-se pelo perfeito cumprimento do dever por parte de todos e de cada um dos componentes desses organismos.

A hierarquia e a disciplina estão presentes em todo o serviço público. No entanto, no seio militar, elas são muito mais rígidas, objetivando garantir pronta e irrestrita obediência de seus membros, o que é imprescindível para o exercício das suas atividades.

As Polícias Militares e os Corpos de Bombeiros Militares são **órgãos de segurança pública** (art. 144, da Constituição Federal de 1988), organizados e mantidos pelos Estados.

Às Polícias Militares cabem as atribuições de polícia administrativa, ostensiva e a preservação da ordem pública. Aos Corpos de Bombeiros Militares cabe, além das atribuições definidas em lei (atividades de combate a incêndio, busca e resgate de pessoas etc.), a execução de atividades de defesa civil (art. 144, § 5º, da CF/1988/1988).

Segundo o § 6º, do art. 144, da CF/1988/1988, as Polícias Militares e os Corpos de Bombeiros Militares são forças auxiliares e reserva do Exército e subordinam-se aos governadores dos estados, do Distrito Federal e dos territórios.

Apesar de estarem subordinadas ao Governador do Distrito Federal, a organização e a manutenção da Polícia Militar e do Corpo de Bombeiros Militares do Distrito Federal são de competência da União (art. 21, inciso XIV, da CF/1988/1988).

No art. 42, a Constituição Federal estende aos policiais militares e aos bombeiros militares praticamente as mesmas **disposições** aplicáveis aos integrantes das Forças Armadas, militares da União, previstas no art. 142, § 2º e 3º, da Constituição Federal de 1988. Assim, entre outros:

- **O militar que seja alistável é elegível.** No entanto, se contar menos de dez anos de serviço, deverá afastar-se da atividade; se contar mais de dez anos de serviço será agregado pela autoridade superior e, se eleito, passará automaticamente, no ato da diplomação, para a inatividade.
- **Não cabe** *Habeas corpus* em relação a punições disciplinares militares.
- **Ao militar são proibidas** a sindicalização e a greve.
- O militar, **enquanto em serviço ativo**, não pode estar filiado a partidos políticos.

# 10 ORGANIZAÇÃO DOS PODERES DO ESTADO

Com o objetivo de limitar o poder do Estado, alguns filósofos desenvolveram a tese de que, se o poder estivesse nas mãos de várias pessoas, seria possível controlá-lo de uma forma melhor. Essa necessidade se deu em razão dos grandes abusos cometidos pelos imperadores que agiam arbitrariamente com seus súditos. A partir de então, surgiu a **Teoria da Separação dos Poderes**, também chamada de Tripartição dos Poderes. Antes de analisar cada um dos Poderes do Estado, são explorados a seguir dois princípios constitucionais essenciais para entender essa organização: **Tripartição dos Poderes** e **Federativo**.

## 10.1 Princípio da tripartição dos poderes

O primeiro princípio constitucional importante para o estudo da organização dos poderes é o princípio da tripartição dos poderes, também chamado de princípio da separação dos poderes. Sua origem histórica tem como fundamento a necessidade de se limitar os poderes do Estado. Alguns filósofos perceberam que se o Poder do Estado estivesse dividido entre três entidades diferentes, seria possível que a sociedade exercesse um maior controle sobre sua utilização.

Foi aí que surgiu a ideia de se dividir o Poder do Estado em três poderes, cada qual responsável pelo desenvolvimento de uma função principal do Estado:

- **Poder Executivo:** função principal (típica) de administrar o Estado.
- **Poder Legislativo:** função principal (típica) de legislar e fiscalizar as contas públicas.
- **Poder Judiciário:** função principal (típica) jurisdicional.

Além da sua própria função, a Constituição Federal de 1988 criou uma sistemática que permite a cada um dos poderes o exercício da função do outro poder. É a função atípica:

- **Poder Executivo:** função atípica de legislar e julgar.
- **Poder Legislativo:** função atípica de administrar e julgar.
- **Poder Judiciário:** função atípica de administrar e legislar.

Dessa forma, pode-se dizer que, além da própria função, cada poder exercerá de forma acessória a função do outro poder.

Uma pergunta sempre surge na cabeça dos estudantes e poderá aparecer em prova: qual dos três poderes é mais importante?

A única resposta possível é a inexistência de poder mais importante. Cada poder possui sua própria função de forma que não se pode afirmar que exista hierarquia entre os poderes do Estado. Como diz a Constituição no art. 2º:

> *Art. 2º São Poderes da União, independentes e harmônicos entre si, o Legislativo, o Executivo e o Judiciário.*

## 10.2 Princípio federativo

Quando se fala em Federação, fala-se da Forma de Estado adotada no Brasil. A forma de Estado reflete o modo de exercício do poder político em função do território, ou seja, como o poder político está distribuído dentro do território. Para compreender esta forma de Estado precisa-se ter em mente sua principal característica: descentralização política. Dizemos então que, numa federação, o poder político está distribuído entre os vários entes federativos, ou melhor, entre quatro entes federativos:

- **União;**
- **Estados;**
- **Distrito Federal;**
- **Municípios.**

Cada um dos entes federativos possui sua própria autonomia política, a qual pode ser percebida pela capacidade de auto-organização, de criação de leis e, inclusive, de criação da sua própria Constituição. Apesar de cada ente federativo possuir essa independência, não se pode esquecer que a existência do pacto federativo pressupõe a existência de uma Constituição Federal e da impossibilidade de separação.

Uma coisa deve ficar bem clara: não existe hierarquia entre os entes federativos. O que os diferencia é a competência que cada um recebeu da Constituição Federal.

Após analisar estes dois princípios constitucionais, será feita a junção entre eles para se ver como se estruturam dentro da República Federativa do Brasil. Dessa forma, como foi visto na imagem anterior.

Agora que ficou esclarecido como o Estado Brasileiro está organizado, serão estudados os três Poderes em espécie. Começaremos pelo Poder Legislativo, sempre muito cobrado em prova.

# 11 PODER LEGISLATIVO

## 11.1 Funções típicas do Legislativo

O Poder Legislativo possui como função típica duas atribuições: legislar e fiscalizar.
- **Legislar:** significa criar leis, inovar o ordenamento jurídico.
- **Fiscalizar:** diz respeito ao controle externo das contas públicas. É a fiscalização financeira, contábil e orçamentária.

### 11.1.1 Informações gerais

O Poder Legislativo da União é representado pelo Congresso Nacional, cuja estrutura é bicameral, ou seja, é formado pela Câmara dos Deputados e pelo Senado Federal. Essa previsão encontra-se na Constituição Federal:

> *Art. 44* O Poder Legislativo é exercido pelo Congresso Nacional, que se compõe da Câmara dos Deputados e do Senado Federal.

A Câmara dos Deputados é composta pelos Deputados Federais que são representantes do povo eleitos segundo o sistema proporcional, devendo cada ente (Estado e Distrito Federal) eleger no mínimo 8 e no máximo 70 deputados federais. A proporcionalidade está relacionada com a quantidade da população dos entes federativos. Quanto maior for a população, mais deputados serão eleitos. Os territórios podem eleger quatro deputados. O mandato do Deputado é de quatro anos. Atualmente, existem na Câmara 513 membros. Sua organização é assim expressa na Constituição:

> *Art. 45* A Câmara dos Deputados compõe-se de representantes do povo, eleitos, pelo sistema proporcional, em cada Estado, em cada Território e no Distrito Federal.
> § 1º. O número total de Deputados, bem como a representação por Estado e pelo Distrito Federal, será estabelecido por lei complementar, proporcionalmente à população, procedendo-se aos ajustes necessários, no ano anterior às eleições, para que nenhuma daquelas unidades da Federação tenha menos de oito ou mais de setenta Deputados.
> § 2º. Cada Território elegerá quatro Deputados.

O **Senado Federal** é composto por senadores da República que são **representantes dos Estados e do Distrito Federal** eleitos segundo o **sistema majoritário simples ou puro**, devendo cada ente eleger três senadores. Aqui o sistema é majoritário, haja vista serem eleitos os candidatos mais votados.

O mandato do Senador é de oito anos cuja eleição de quatro em quatro anos ocorre de forma alternada. Numa eleição, elegem-se 2 e na outra 1. Cada Senador será eleito com dois suplentes. Atualmente, existem 81 Senadores. Conforme o art. 46 da Constituição Federal de 1988:

> *Art. 46* O Senado Federal compõe-se de representantes dos Estados e do Distrito Federal, eleitos segundo o princípio majoritário.
> § 1º Cada Estado e o Distrito Federal elegerão três Senadores, com mandato de oito anos.
> § 2º A representação de cada Estado e do Distrito Federal será renovada de quatro em quatro anos, alternadamente, por um e dois terços.
> § 3º Cada Senador será eleito com dois suplentes.

### 11.1.2 Competências

Este é um dos temas mais cobrados em prova, razão pela qual precisa ser estudado com estratégia para que no momento em que o candidato enfrentar a questão, consiga resolvê-la. A melhor forma de acertar essas questões é memorizando os artigos sobre as competências, pois é dessa forma que será cobrado em prova. Uma sugestão para facilitar a memorização é fazer muitos exercícios sobre o tema.

A seguir apresentam-se as competências de cada órgão.

- **Competência do Congresso Nacional**

Uma coisa que se deve entender é que o Congresso Nacional, apesar de ser formado pela Câmara e pelo Senado, possui suas próprias competências, as quais estão previstas nos arts. 48 e 49. Um detalhe que sempre cai em prova diz respeito à diferença entre as competências desses dois artigos.

No art. 48, encontram-se as competências do Congresso que dependem de sanção presidencial, as quais serão desempenhadas mediante lei (lei ordinária ou complementar) que disponham sobre matérias de competência da União. Segue abaixo o rol dessas competências:

> *Art. 48* Cabe ao Congresso Nacional, com a sanção do Presidente da República, não exigida esta para o especificado nos Arts. 49, 51 e 52, dispor sobre todas as matérias de competência da União, especialmente sobre:
> I – Sistema tributário, arrecadação e distribuição de rendas;
> II – Plano plurianual, diretrizes orçamentárias, orçamento anual, operações de crédito, dívida pública e emissões de curso forçado;
> III – Fixação e modificação do efetivo das Forças Armadas;
> IV – Planos e programas nacionais, regionais e setoriais de desenvolvimento;
> V – Limites do território nacional, espaço aéreo e marítimo e bens do domínio da União;
> VI – Incorporação, subdivisão ou desmembramento de áreas de Territórios ou Estados, ouvidas as respectivas Assembleias Legislativas;
> VII – Transferência temporária da sede do Governo Federal;
> VIII – Concessão de anistia;
> IX – organização administrativa, judiciária, do Ministério Público e da Defensoria Pública da União e dos Territórios e organização judiciária e do Ministério Público do Distrito Federal;
> X – Criação, transformação e extinção de cargos, empregos e funções públicas, observado o que estabelece o art. 84, VI, b;
> XI – Criação e extinção de Ministérios e órgãos da Administração Pública;
> XII – Telecomunicações e radiodifusão;
> XIII – Matéria financeira, cambial e monetária, instituições financeiras e suas operações;
> XIV – Moeda, seus limites de emissão, e montante da dívida mobiliária federal;
> XV – Fixação do subsídio dos Ministros do Supremo Tribunal Federal, observado o que dispõem os Arts. 39, § 4º; 150, II; 153, III; e 153, § 2º, I.

No art. 49, têm-se as competências exclusivas do Congresso Nacional. Essas não dependem de sanção presidencial e serão formalizadas por meio de decreto legislativo:

> *Art. 49* É da competência exclusiva do Congresso Nacional:
> I – Resolver definitivamente sobre tratados, acordos ou atos internacionais que acarretem encargos ou compromissos gravosos ao patrimônio nacional;
> II – Autorizar o Presidente da República a declarar guerra, a celebrar a paz, a permitir que forças estrangeiras transitem pelo território nacional ou nele permaneçam temporariamente, ressalvados os casos previstos em lei complementar;
> III – Autorizar o Presidente e o Vice-Presidente da República a se ausentarem do País, quando a ausência exceder a quinze dias;
> IV – Aprovar o estado de defesa e a intervenção federal, autorizar o estado de sítio, ou suspender qualquer uma dessas medidas;
> V – Sustar os atos normativos do Poder Executivo que exorbitem do poder regulamentar ou dos limites de delegação legislativa;
> VI – Mudar temporariamente sua sede;
> VII – Fixar idêntico subsídio para os Deputados Federais e os Senadores, observado o que dispõem os Arts. 37, XI, 39, § 4º, 150, II, 153, III, e 153, § 2º, I;

# PODER LEGISLATIVO

VIII – Fixar os subsídios do Presidente e do Vice-Presidente da República e dos Ministros de Estado, observado o que dispõem os Arts. 37, XI, 39, § 4º, 150, II, 153, III, e 153, § 2º, I;

IX – Julgar anualmente as contas prestadas pelo Presidente da República e apreciar os relatórios sobre a execução dos planos de governo;

X – Fiscalizar e controlar, diretamente, ou por qualquer de suas Casas, os atos do Poder Executivo, incluídos os da administração indireta;

XI – Zelar pela preservação de sua competência legislativa em face da atribuição normativa dos outros Poderes;

XII – Apreciar os atos de concessão e renovação de concessão de emissoras de rádio e televisão;

XIII – Escolher dois terços dos membros do Tribunal de Contas da União;

XIV – Aprovar iniciativas do Poder Executivo referentes a atividades nucleares;

XV – Autorizar referendo e convocar plebiscito;

XVI – Autorizar, em terras indígenas, a exploração e o aproveitamento de recursos hídricos e a pesquisa e lavra de riquezas minerais;

XVII – Aprovar, previamente, a alienação ou concessão de terras públicas com área superior a dois mil e quinhentos hectares.

XVIII – Decretar o estado de calamidade pública de âmbito nacional previsto nos arts. 167-B, 167-C, 167-D, 167-E, 167-F e 167-G desta Constituição. (Incluído pela EC nº 109/2021)

- **Competência da Câmara de Deputados**

As competências da Câmara dos Deputados estão previstas no art. 51, as quais serão exercidas, em regra, por meio de Resolução da Câmara. Apesar de o texto constitucional prever essas competências como privativas, elas não podem ser delegadas:

**Art. 51** *Compete privativamente à Câmara dos Deputados:*

*I – Autorizar, por dois terços de seus membros, a instauração de processo contra o Presidente e o Vice-Presidente da República e os Ministros de Estado;*

*II – Proceder à tomada de contas do Presidente da República, quando não apresentadas ao Congresso Nacional dentro de sessenta dias após a abertura da sessão legislativa;*

*III – Elaborar seu regimento interno;*

*IV – Dispor sobre sua organização, funcionamento, polícia, criação, transformação ou extinção dos cargos, empregos e funções de seus serviços, e a iniciativa de lei para fixação da respectiva remuneração, observados os parâmetros estabelecidos na lei de diretrizes orçamentárias;*

*V – Eleger membros do Conselho da República, nos termos do art. 89, VII.*

- **Competência do Senado Federal**

As competências do Senado Federal estão previstas no art. 52, as quais serão exercidas, em regra, por meio de Resolução do Senado. Apesar de o texto constitucional prever essas competências como privativas, elas não podem ser delegadas:

**Art. 52** *Compete privativamente ao Senado Federal:*

*I – Processar e julgar o Presidente e o Vice-Presidente da República nos crimes de responsabilidade, bem como os Ministros de Estado e os Comandantes da Marinha, do Exército e da Aeronáutica nos crimes da mesma natureza conexos com aqueles;*

*II – Processar e julgar os Ministros do Supremo Tribunal Federal, os membros do Conselho Nacional de Justiça e do Conselho Nacional do Ministério Público, o Procurador-geral da República e o Advogado-Geral da União nos crimes de responsabilidade;*

*III – Aprovar previamente, por voto secreto, após arguição pública, a escolha de:*

*a) Magistrados, nos casos estabelecidos nesta Constituição;*

*b) Ministros do Tribunal de Contas da União indicados pelo Presidente da República;*

*c) Governador de Território;*

*d) Presidente e diretores do banco central;*

*e) Procurador-geral da República;*

*f) Titulares de outros cargos que a lei determinar;*

*IV – Aprovar previamente, por voto secreto, após arguição em sessão secreta, a escolha dos chefes de missão diplomática de caráter permanente;*

*V – Autorizar operações externas de natureza financeira, de interesse da União, dos Estados, do Distrito Federal, dos Territórios e dos Municípios;*

*VI – Fixar, por proposta do Presidente da República, limites globais para o montante da dívida consolidada da União, dos Estados, do Distrito Federal e dos Municípios;*

*VII – Dispor sobre limites globais e condições para as operações de crédito externo e interno da União, dos Estados, do Distrito Federal e dos Municípios, de suas autarquias e demais entidades controladas pelo Poder Público federal;*

*VIII – Dispor sobre limites e condições para a concessão de garantia da União em operações de crédito externo e interno;*

*IX – Estabelecer limites globais e condições para o montante da dívida mobiliária dos Estados, do Distrito Federal e dos Municípios;*

*X – Suspender a execução, no todo ou em parte, de lei declarada inconstitucional por decisão definitiva do Supremo Tribunal Federal;*

*XI – Aprovar, por maioria absoluta e por voto secreto, a exoneração, de ofício, do Procurador-geral da República antes do término de seu mandato;*

*XII – Elaborar seu regimento interno;*

*XIII – Dispor sobre sua organização, funcionamento, polícia, criação, transformação ou extinção dos cargos, empregos e funções de seus serviços, e a iniciativa de lei para fixação da respectiva remuneração, observados os parâmetros estabelecidos na lei de diretrizes orçamentárias;*

*XIV – Eleger membros do Conselho da República, nos termos do art. 89, VII;*

*XV – Avaliar periodicamente a funcionalidade do Sistema Tributário Nacional, em sua estrutura e seus componentes, e o desempenho das administrações tributárias da União, dos Estados e do Distrito Federal e dos Municípios.*

**Parágrafo único.** *Nos casos previstos nos incisos I e II, funcionará como Presidente o do Supremo Tribunal Federal, limitando-se a condenação, que somente será proferida por dois terços dos votos do Senado Federal, à perda do cargo, com inabilitação, por oito anos, para o exercício de função pública, sem prejuízo das demais sanções judiciais cabíveis.*

## 11.1.3 Imunidade parlamentar

Os parlamentares, por ocuparem uma função essencial na organização política do Estado, possuem Imunidades. As imunidades são prerrogativas inerentes à sua função que têm como objetivo garantir a sua independência durante o exercício do seu mandato. Um ponto que deve ser lembrado é que a imunidade não pertence à pessoa, e sim ao cargo, motivo pelo qual é irrenunciável. Isso significa que o parlamentar só a detém enquanto estiver no exercício de sua função.

São dois os tipos de imunidade:

- **Imunidade material:** é uma verdadeira irresponsabilidade absoluta. Também conhecida como inviolabilidade parlamentar, ela isenta o seu titular de qualquer responsabilidade civil, penal, administrativa ou mesmo política, no que tange às suas opiniões, palavras e votos. Vejamos o que diz o *caput* do art. 53:

**Art. 53** *Os Deputados e Senadores são invioláveis, civil e penalmente, por quaisquer de suas opiniões, palavras e votos.*

# DIREITO CONSTITUCIONAL

> **Atenção!**
>
> Esta prerrogativa diz respeito apenas às opiniões, palavras e votos proferidos no exercício da função parlamentar durante o seu mandato, ainda que a busca pela responsabilização ocorra após o término do seu mandato. Não importa se está dentro do recinto parlamentar ou fora dele. O que importa é que seja praticado na função ou em razão da função parlamentar.

- **Imunidades formais:** são prerrogativas de ordem processual e ocorrem em relação a**o foro de julgamento, à prisão ao processo.**

**Julgamento:** a **prerrogativa de foro** decorre do previsto no art. 53, § 1º da CF/1988, que prevê:

> *§ 1º Os Deputados e Senadores, desde a expedição do diploma, serão submetidos a julgamento perante o Supremo Tribunal Federal.*

Como pode se depreender do texto constitucional, a partir da expedição do diploma o parlamentar será julgado perante o STF nas ações de natureza penal sem necessidade de autorização da Casa legislativa à qual pertence. Ressalte-se que o parlamentar será julgado no STF por infrações cometidas antes ou depois da diplomação, contudo, finalizado o seu mandato, perde-se com ele a imunidade, fazendo com que os seus processos saiam da competência do STF e passem para os demais órgãos do Judiciário, a depender da matéria em questão. Não estão incluídas nessa prerrogativa as ações de natureza cível.

**Prisão:** o parlamentar só poderá ser preso em flagrante delito de crime inafiançável conforme previsão do § 2º do art. 53:

> *§ 2º Desde a expedição do diploma, os membros do Congresso Nacional não poderão ser presos, salvo em flagrante de crime inafiançável. Nesse caso, os autos serão remetidos dentro de vinte e quatro horas à Casa respectiva, para que, pelo voto da maioria de seus membros, resolva sobre a prisão.*

Essa prerrogativa inicia sua abrangência a partir da diplomação e alcança qualquer forma de prisão, seja de natureza penal ou civil. A manutenção dessa prisão depende de manifestação da maioria absoluta dos membros da Casa.

Apesar de o texto constitucional não prever, interpreta-se de forma lógica que o parlamentar será preso no caso de uma sentença penal condenatória transitada em julgado.

Há também a imunidade em relação ao processo prevista no art. 53, §§ 3º ao 5º:

> *§ 3º Recebida a denúncia contra o Senador ou Deputado, por crime ocorrido após a diplomação, o Supremo Tribunal Federal dará ciência à Casa respectiva, que, por iniciativa de partido político nela representado e pelo voto da maioria de seus membros, poderá, até a decisão final, sustar o andamento da ação.*
>
> *§ 4º O pedido de sustação será apreciado pela Casa respectiva no prazo improrrogável de quarenta e cinco dias do seu recebimento pela Mesa Diretora.*
>
> *§ 5º A sustação do processo suspende a prescrição, enquanto durar o mandato.*

**Processo:** possibilita à Casa a qual pertence o parlamentar, pelo voto da maioria absoluta, sustar o andamento da ação penal desde que a faça antes da decisão definitiva e desde que seja em relação aos crimes cometidos após a diplomação. Não é necessária autorização da respectiva casa para processar o parlamentar.

A Casa Legislativa possui 45 dias para apreciar o pedido que, se aprovado, suspenderá o prazo prescricional da infração até o final do mandato.

## 11.2 Processo legislativo

O Processo Legislativo é a primeira das funções típicas do Poder Legislativo e é um conjunto de procedimentos necessários para criação das normas. A Constituição, no art. 59, apresenta algumas normas que podem ser criadas segundo essas regras:

> *Art. 59 O processo legislativo compreende a elaboração de:*
> *I – Emendas à Constituição;*
> *II – Leis complementares;*
> *III – Leis ordinárias;*
> *IV – Leis delegadas;*
> *V – Medidas provisórias;*
> *VI – Decretos legislativos;*
> *VII – Resoluções.*
>
> *Parágrafo único. Lei complementar disporá sobre a elaboração, redação, alteração e consolidação das leis.*

Essas são as chamadas normas primárias, pois a sua fonte de validade é a própria constituição. Nem de longe são as únicas normas existentes no direito brasileiro. O candidato deve ter ouvido falar em uma portaria ou instrução normativa. Essas outras normas que não estão no art. 59, mas que também regulam nossas vidas, são chamadas de normas secundárias as quais, retiram a validade das normas primárias.

Uma pergunta que sempre é feita em prova: existe hierarquia entre as normas primárias previstas no art. 59?

Em um primeiro momento, é possível verificar hierarquia entre essas normas, haja vista as emendas constitucionais possuírem o mesmo *status* da Constituição Federal. Fora as emendas que são hierarquicamente superiores às demais, pode-se afirmar, com amparo no próprio STF, que não existe hierarquia entre demais normas primárias. Isso significa dizer que as leis complementares, leis ordinárias, leis delegadas, medidas provisórias, decretos legislativos e resoluções estão na mesma posição jurídica. O que as distingue é a competência para edição e para a utilização. Cada uma dessas normas possui uma utilização específica prevista na própria Constituição e é isso que será estudado a partir de agora. Inicia-se com o chamado **processo legislativo ordinário**.

### 11.2.1 Processo legislativo ordinário

Esse é o processo legislativo destinado a elaboração das leis ordinárias e complementares. É composto por três fases: **introdutória, constitutiva** e **complementar**.

- **Fase introdutória**

A fase introdutória é composta basicamente pela iniciativa, ou seja, pela deflagração do processo de criação de uma lei.

Mas quem pode iniciar esse processo legislativo?

Qualquer membro ou comissão do Congresso Nacional, da Câmara ou do Senado; o Presidente da República; o Supremo Tribunal Federal; os Tribunais Superiores; o procurador-geral da República; e os cidadãos. Isso está previsto no *caput* do art. 61:

> *Art. 61 A iniciativa das leis complementares e ordinárias cabe a qualquer membro ou Comissão da Câmara dos Deputados, do Senado Federal ou do Congresso Nacional, ao Presidente da República, ao Supremo Tribunal Federal, aos Tribunais Superiores, ao Procurador-geral da República e aos cidadãos, na forma e nos casos previstos nesta Constituição.*

Algumas considerações precisam ser feitas acerca da iniciativa. Primeiramente, no que tange à iniciativa do Presidente da República: existem algumas matérias em que a iniciativa da lei é privativa do Presidente, as quais estão previstas no § 1º do art. 61:

§ 1º São de iniciativa privativa do Presidente da República as leis que:

I – Fixem ou modifiquem os efetivos das Forças Armadas;

II – Disponham sobre:

a) criação de cargos, funções ou empregos públicos na administração direta e autárquica ou aumento de sua remuneração;

b) organização administrativa e judiciária, matéria tributária e orçamentária, serviços públicos e pessoal da administração dos Territórios;

c) servidores públicos da União e Territórios, seu regime jurídico, provimento de cargos, estabilidade e aposentadoria;

d) organização do Ministério Público e da Defensoria Pública da União, bem como normas gerais para a organização do Ministério Público e da Defensoria Pública dos Estados, do Distrito Federal e dos Territórios;

e) criação e extinção de Ministérios e órgãos da Administração Pública, observado o disposto no art. 84, VI;

f) militares das Forças Armadas, seu regime jurídico, provimento de cargos, promoções, estabilidade, remuneração, reforma e transferência para a reserva.

O dispositivo acima diz que só o Presidente da República tem iniciativa para propor projetos de lei sobre esses temas.

Outra consideração importante se refere à iniciativa popular, ou seja, os projetos de lei propostos por cidadãos. A Constituição no § 2º do art. 61 condiciona o exercício desta iniciativa ao preenchimento de alguns requisitos:

§ 2º A iniciativa popular pode ser exercida pela apresentação à Câmara dos Deputados de projeto de lei subscrito por, no mínimo, um por cento do eleitorado nacional, distribuído pelo menos por cinco Estados, com não menos de três décimos por cento dos eleitores de cada um deles.

Também é relevante anotar a competência do STF e dos Tribunais Superiores que estão previstos no art. 93 e 96, II:

Art. 93 Lei complementar, de iniciativa do Supremo Tribunal Federal, disporá sobre o Estatuto da Magistratura, observados os seguintes princípios.

Art. 96 Compete privativamente: [...]

II – Ao Supremo Tribunal Federal, aos Tribunais Superiores e aos Tribunais de Justiça propor ao Poder Legislativo respectivo, observado o disposto no art. 169.

E ainda há a iniciativa do procurador geral da República, chefe do Ministério Público da União, e que está prevista no art. 127, § 2º:

Art. 127 [...]

§ 2º Ao Ministério Público é assegurada autonomia funcional e administrativa, podendo, observado o disposto no art. 169, propor ao Poder Legislativo a criação e extinção de seus cargos e serviços auxiliares, provendo-os por concurso público de provas ou de provas e títulos, a política remuneratória e os planos de carreira; a lei disporá sobre sua organização e funcionamento.

Todo processo legislativo precisa ser iniciado em uma das Casas do Poder Legislativo da União, as quais possuem atribuição principal para legislar. A Casa Legislativa, onde o projeto de lei é apresentado inicialmente, é chamada de Casa Iniciadora. Sempre o projeto se inicia em uma Casa, enquanto a outra fica responsável pela revisão. Quem revisa é chamada de Casa Revisora. Se o projeto se iniciar na Câmara dos Deputados, essa será a Casa Iniciadora, enquanto o Senado Federal será a Casa Revisora. Se ao contrário, o projeto se inicia no Senado, a Câmara será a Casa Revisora.

Em regra, a Casa Iniciadora será a Câmara dos Deputados, ou seja, é nessa casa que os processos legislativos costumam ser iniciados. Excepcionalmente, o processo legislativo se iniciará no Senado Federal. O Senado só será Casa Iniciadora quando a iniciativa for de um membro ou de uma comissão do Senado bem como nos casos em que for proposta por comissão mista do Congresso Nacional. No último caso, o processo se iniciará alternadamente em cada casa, iniciando-se uma vez na Câmara outra vez no Senado.

- **Fase Constitutiva**

Apresentado o projeto de lei à Casa Iniciadora, iniciar-se-á a Fase Constitutiva. Essa fase é formada por três momentos: discussão, votação e sanção.

### 11.2.2 Discussão

A discussão, também chamada de debate, é o momento destinado à discussão dos projetos de lei. A discussão ocorre em três locais: na Comissão de Constituição e Justiça (CCJ), nas Comissões Temáticas (CT) e no Plenário.

A CCJ realiza uma análise formal do projeto e emite um parecer terminativo quanto à constitucionalidade. Isso significa dizer que aquilo que for decidido por essa comissão definirá o rumo do projeto de lei analisado.

Já as Comissões Temáticas realizam um exame material e emitem pareceres meramente opinativos, ou seja, essas comissões emitem apenas uma opinião que poderá ser seguida ou não.

Após o debate nas comissões, o projeto de lei é enviado ao plenário, onde ocorre a **votação**.

Neste momento se faz necessário compreender os quóruns necessários para votação. Existem três tipos de *quórum*:

**Quórum para deliberação:** para a deliberação em plenário de qualquer projeto de lei é necessária a presença da maioria absoluta dos membros, conforme disposto no art. 47:

Art. 47 Salvo disposição constitucional em contrário, as deliberações de cada Casa e de suas Comissões serão tomadas por maioria dos votos, presente a maioria absoluta de seus membros.

**Quórum para aprovação de lei ordinária:** para aprovação de lei ordinária, é necessário o voto de maioria simples ou relativa dos presentes com fundamento no art. 47 acima apresentado.

**Quórum para aprovação de lei complementar:** para aprovação de lei complementar é necessário o voto da maioria absoluta dos membros. Vejamos o art. 69 da Constituição Federal de 1988:

Art. 69 As leis complementares serão aprovadas por maioria absoluta.

Mas o que é **maioria absoluta**? Calcula-se a maioria absoluta de forma muito simples. É o primeiro número inteiro após a metade.

Por exemplo: No caso do Senado Federal, que possui 81 membros, para se calcular a maioria absoluta primeiramente se busca a metade, que é 40,5. O primeiro número inteiro após a metade é 41. Logo, esse número representa a maioria absoluta do Senado. Esse raciocínio deve ser feito também com a Câmara para se chegar a sua maioria absoluta, que é 257. Lembre-se de que a maioria absoluta é um número fixo. Sempre será a mesma quantidade. Lembre-se também de que esse quórum serve tanto para iniciar as deliberações nas Casas quanto para aprovar a lei complementar.

A **maioria relativa** é a maioria dos presentes. Sua lógica é parecida com a utilizada para descobrir a maioria absoluta, com apenas uma distinção: o parâmetro aqui é a quantidade de presentes. Logo, para se calcular a maioria relativa, deve-se contar os presentes, descobrir quanto é a metade e chegar ao primeiro número inteiro após a metade. Supondo que estejam presentes 41 Senadores, o que já bastaria para se iniciar qualquer deliberação, a maioria relativa dos presentes estaria representada por 21 membros. Essa quantidade já seria suficiente para aprovar uma lei ordinária.

Entendidos esses *quóruns*, pode-se votar o projeto de lei. Duas são as consequências possíveis de um projeto de lei na Casa Iniciadora:

**Rejeição:** projeto de lei rejeitado deve ser arquivado.

**Aprovação:** projeto de lei aprovado segue para Casa Revisora.

Após a aprovação do projeto de lei na Casa Iniciadora, o projeto será encaminhado para a Casa Revisora conforme disposição do art. 65:

> **Art. 65** *O projeto de lei aprovado por uma Casa será revisto pela outra, em um só turno de discussão e votação, e enviado à sanção ou promulgação, se a Casa revisora o aprovar, ou arquivado, se o rejeitar.*
>
> **Parágrafo único.** *Sendo o projeto emendado, voltará à Casa iniciadora.*

Na Casa Revisora o projeto também precisa passar pelas mesmas comissões que passou na Casa Iniciadora até chegar ao plenário. A partir da votação, o projeto pode ter três destinos:

**Rejeição:** caso o projeto seja rejeitado, ele será arquivado.

**Aprovação sem emenda:** se aprovado sem emendas, o projeto segue para o Presidente da República sancionar ou vetar.

**Aprovação com emendas:** se aprovado com emendas, o projeto retorna à Casa Iniciadora, que analisará as emendas. Caso aprove as emendas, encaminhará o projeto para sanção do Presidente. Se as emendas não forem aprovadas, a Casa Iniciadora retira as emendas e, do mesmo jeito, encaminha o Projeto de Lei para sanção. Essa situação revela uma nítida prevalência da Casa Iniciadora sobre a Casa Revisora.

Uma observação deve ser feita nos casos dos Projetos de Lei rejeitados: segundo o art. 67, projeto de lei rejeitado só poderá ser apresentado novamente na mesma sessão legislativa se for apresentado pelo voto de maioria absoluta dos membros de qualquer das casas **(princípio da irrepetibilidade relativa):**

> **Art. 67** *A matéria constante de projeto de lei rejeitado somente poderá constituir objeto de novo projeto, na mesma sessão legislativa, mediante proposta da maioria absoluta dos membros de qualquer das Casas do Congresso Nacional.*

> **Atenção!**
>
> Esse tema sempre é cobrado em prova, bem como os aspectos relacionados aos *quóruns* exigidos para as deliberações no parlamento. Memorize as regras e tenha cuidado para não as confundir.

**Sanção ou veto:** inicia-se agora o terceiro momento da fase constitutiva: a sanção ou veto. A sanção é a concordância do presidente com o projeto de lei, enquanto o veto é a sua discordância. Tanto a sanção quanto o veto estão regulados no art. 66:

> **Art. 66** *A Casa na qual tenha sido concluída a votação enviará o projeto de lei ao Presidente da República, que, aquiescendo, o sancionará.*
>
> *§ 1º Se o Presidente da República considerar o projeto, no todo ou em parte, inconstitucional ou contrário ao interesse público, vetá-lo-á total ou parcialmente, no prazo de quinze dias úteis, contados da data do recebimento, e comunicará, dentro de quarenta e oito horas, ao Presidente do Senado Federal os motivos do veto.*

Primeiramente, serão analisados alguns aspectos importantes da sanção. O § 1º do art. 66 afirma que o Presidente possui 15 dias úteis para manifestar-se sobre o projeto de lei. Esse parágrafo apresenta a modalidade de Sanção Expressa. Sanção Expressa é aquela em que o Presidente expressamente manifesta sua concordância com o projeto de lei. Ele deixa clara sua opinião a favor do projeto de lei.

Outra forma de sanção é a chamada sanção tácita. Vejamos o § 3º do mesmo artigo:

> **Art. 66** [...]
>
> *§ 3º Decorrido o prazo de quinze dias, o silêncio do Presidente da República importará sanção.*

A sanção tácita ocorre quando o Presidente, durante o prazo que possui de 15 dias, não manifesta sua vontade quanto ao projeto de lei. Simplesmente fica em silêncio.

O silêncio do Presidente significa concordância com o projeto de lei. Note que com a sanção o projeto de lei se transforma em lei.

Quanto ao veto, algumas considerações também precisam ser feitas. Utilizando a mesma fundamentação do art. 66, pode-se afirmar que o Presidente possui o prazo de 15 dias úteis para concordar ou discordar do projeto de lei. Agora, havendo discordância de forma expressa tem-se o chamado **veto expresso**. Uma pergunta surge diante dessa afirmação: será que existe veto tácito?

Se durante o prazo de 15 dias úteis, o presidente não falar nada, tem-se a sanção tácita. Seria possível o silêncio do presidente provocar duas consequências jurídicas diferentes? Não. Logo, pode-se afirmar que não existe veto tácito. O veto será sempre expresso.

O veto pode ser jurídico ou político. O veto jurídico ocorre quando o Presidente considera o projeto de lei inconstitucional. É uma espécie de controle de constitucionalidade prévio, pois ocorre antes da criação da lei. Já o veto político ocorre quando o presidente veta o projeto de lei por considerá-lo contrário ao interesse público.

A doutrina afirma ainda que o veto poderá ser total ou parcial. O **veto total** ocorre quando o presidente veta todo o projeto de lei. O **veto parcial** é aquele em que o presidente veta parte do projeto de lei. No que tange ao veto parcial, a Constituição estabeleceu alguns limites no § 2º:

> **Art. 66** [...]
>
> *§ 2º O veto parcial somente abrangerá texto integral de artigo, de parágrafo, de inciso ou de alínea.*

Ou seja, não existe veto de palavras ou letras isoladas. O veto só pode abranger o texto integral de um artigo, parágrafo, inciso ou de alínea.

O veto tem que ser motivado, pois, conforme prevê o § 1º do art. 61 o presidente deverá informar a sua justificativa ao presidente do Senado Federal em 48 horas. Isso se faz necessário em razão do veto ser superável, ou seja, o Congresso, em 30 dias, analisará o veto e poderá, pelo voto de maioria absoluta dos deputados e senadores, rejeitá-lo. É o que dispõe o § 4º do art. 66:

> *§ 4º O veto será apreciado em sessão conjunta, dentro de trinta dias a contar de seu recebimento, só podendo ser rejeitado pelo voto da maioria absoluta dos Deputados e Senadores.*

Derrubado o veto, o projeto será enviado ao Presidente da República para que o promulgue:

> *§ 5º Se o veto não for mantido, será o projeto enviado, para promulgação, ao Presidente da República.*

Finalizado o terceiro momento da fase constitutiva, inicia-se agora a fase complementar.

- **Fase complementar**

A fase complementar consiste em dois momentos: a promulgação e a publicação.

A promulgação é um atestado de que a lei existe. Em regra, é feita pelo Presidente da República; contudo, nos casos de sanção tácita ou rejeição do veto, em que o Presidente não promulgue a lei em 48 horas, a competência para fazê-la será do presidente do Senado Federal e, se esse não o fizer, será competente o Vice-Presidente do Senado. A publicação marca o início da exigência da lei.

# PODER LEGISLATIVO

*§ 7º Se a lei não for promulgada dentro de quarenta e oito horas pelo Presidente da República, nos casos dos § 3º e § 5º, o Presidente do Senado a promulgará, e, se este não o fizer em igual prazo, caberá ao Vice-Presidente do Senado fazê-lo.*

Após a promulgação, há a **publicação**. A publicação marca o momento em que a norma se torna conhecida da sociedade, pois passa a ser pública. Essa publicidade é feita em jornais oficiais como o Diário Oficial da União. A partir da publicação, se não houver outro prazo para o início da vigência, a lei poderá ser exigida.

Esse é o processo legislativo das leis ordinárias e complementares. A diferença entre o processo legislativo das leis ordinárias e o das leis complementares está no quórum de aprovação. Além dessa diferença, a doutrina tem salientado que, para uma matéria ser regulada por lei complementar, deve haver exigência expressa do texto constitucional.

Passa-se para outra espécie de processo legislativo: o Processo Legislativo Sumário.

## 11.2.3 Processo legislativo sumário

O processo legislativo sumário é o processo legislativo ordinário com prazo. Regulado no art. 64, o processo legislativo sumário é caracterizado pelo pedido de urgência solicitado pelo Presidente da República nos projetos de Lei de sua iniciativa, ainda que não seja de iniciativa privativa.

*Art. 64, § 1º O Presidente da República poderá solicitar urgência para apreciação de projetos de sua iniciativa.*

Pedida a urgência, o Congresso Nacional deverá analisar o projeto de lei no prazo de 100 dias os quais são destinados:

- **45 dias para análise da Câmara dos Deputados (Casa Iniciadora);**
- **45 dias para análise do Senado (Casa Revisora);**
- **10 dias para a Casa Iniciadora analisar as emendas se existirem.**

Esta é a leitura dos § 2º e 3º do art. 64:

*§ 2º Se, no caso do § 1º, a Câmara dos Deputados e o Senado Federal não se manifestarem sobre a proposição, cada qual sucessivamente, em até quarenta e cinco dias, sobrestar-se-ão todas as demais deliberações legislativas da respectiva Casa, com exceção das que tenham prazo constitucional determinado, até que se ultime a votação.*

*§ 3º A apreciação das emendas do Senado Federal pela Câmara dos Deputados far-se-á no prazo de dez dias, observado quanto ao mais o disposto no parágrafo anterior.*

O § 2º apresentado também prevê que se qualquer uma das Casas Legislativas não votar o Projeto de Lei no prazo de 45 dias, a votação das demais proposituras ficará sobrestada até que se realize a votação. É o chamado sobrestamento ou trancamento de pauta.

A Constituição também deixou clara sua vedação de pedido de urgência para projetos de códigos bem como a suspensão do prazo nos recessos parlamentares:

*§ 4º Os prazos do § 2º não correm nos períodos de recesso do Congresso Nacional, nem se aplicam aos projetos de código.*

É possível afirmar que todos os processos legislativos em regime de urgência se iniciam na Câmara dos Deputados?

Certamente que sim, visto que só pode ser pedido pelo Presidente da República e este, quando inicia o processo legislativo, o faz na Câmara dos Deputados conforme disposição expressa no *caput* do art. 64:

*Art. 64 A discussão e votação dos projetos de lei de iniciativa do Presidente da República, do Supremo Tribunal Federal e dos Tribunais Superiores terão início na Câmara dos Deputados.*

## 11.2.4 Processo legislativo especial

O processo legislativo especial é o processo de criação das demais espécies normativas previstas no art. 59: emendas constitucionais, medidas provisórias, leis delegadas, decretos legislativos e resoluções. As leis ordinárias e complementares são criadas segundo o processo legislativo ordinário. Nesta apostila não serão estudados todos os processos legislativos especiais. Focalizam-se as duas principais, mais cobradas em prova: emendas constitucionais e medidas provisórias.

## 11.2.5 Emendas à Constituição

A aprovação de emendas à Constituição decorre do poder constituinte derivado reformador, que é o único legitimado para alterar o texto constitucional. As emendas são as únicas espécies normativas responsáveis pela alteração da Constituição Federal.

O processo legislativo das emendas é diferenciado, tendo em vista seu poder normativo ser muito grande, pois é o da própria Constituição Federal de 1988. Logo, é um processo mais dificultado, mais rigoroso. A CF/1988/1988 regula esse processo no seu art. 60.

Primeiramente, será analisada a iniciativa, que é o rol de legitimados para propor a alteração do Texto Constitucional. Vejamos o *caput* do art. 60, que possui um rol de legitimados para propor emendas, o qual é diferente do rol de legitimados para propor projetos de lei:

*Art. 60 A Constituição poderá ser emendada mediante proposta:*

*I – De um terço, no mínimo, dos membros da Câmara dos Deputados ou do Senado Federal;*

*II – Do Presidente da República;*

*III – De mais da metade das Assembleias Legislativas das unidades da Federação, manifestando-se, cada uma delas, pela maioria relativa de seus membros.*

Atente-se para alguns detalhes que são muito importantes. Um deputado ou senador não pode propor emenda à Constituição, só se estiverem representados por 1/3, no mínimo, dos membros. Outro ponto relevante é saber que o Presidente da República é legitimado para propor tanto lei quanto emenda. E, por último, deve-se ter cuidado com o último legitimado, que é um pouco diferente: mais da metade das Assembleias legislativas das unidades da federação, manifestando-se, cada uma delas, pela maioria relativa de seus membros. Deve-se ter muito cuidado, principalmente, com o *quórum* exigido aqui, que é a maioria relativa dos membros, e não maioria absoluta.

A aprovação de Emendas depende de um *quórum* bem qualificado: aprovação nas duas Casas, em dois turnos em cada Casa, por 3/5 dos membros em cada votação. É o que prevê o § 2º do art. 60:

*§ 2º A proposta será discutida e votada em cada Casa do Congresso Nacional, em dois turnos, considerando-se aprovada se obtiver, em ambos, três quintos dos votos dos respectivos membros.*

Não depende de sanção presidencial que, após aprovada, vai direto para promulgação, que fica a cargo das Mesas da Câmara e do Senado. Caso a proposta seja rejeitada por qualquer uma das Casas, deverá ser arquivada aplicando-se o princípio da irrepetibilidade absoluta, o qual significa que a mesma proposta, uma vez rejeitada, não pode ser reapresentada na mesma sessão legislativa, conforme estabelecido no art. 60:

*§ 3º A emenda à Constituição será promulgada pelas Mesas da Câmara dos Deputados e do Senado Federal, com o respectivo número de ordem. [...]*

*§ 5º A matéria constante de proposta de emenda rejeitada ou havida por prejudicada não pode ser objeto de nova proposta na mesma sessão legislativa.*

A edição de Emendas Constitucionais obedece a alguns limites constitucionais chamados de limites circunstanciais e limites materiais.

Os limites circunstanciais são momentos em que não se podem apresentar propostas de emendas constitucionais. São três os momentos: intervenção federal, estado de defesa e estado de sítio. Assim, dispõe o § 1º do art. 60:

> § 1º. A Constituição não poderá ser emendada na vigência de intervenção federal, de estado de defesa ou de estado de sítio.

Os **limites materiais** são temas que não podem ser retirados da Constituição Federal, pois compõem seu núcleo imutável. São as chamadas cláusulas pétreas previstas no § 4º do art. 60:

> § 4º Não será objeto de deliberação a proposta de emenda tendente a abolir:
> I – A forma federativa de Estado;
> II – O voto direto, secreto, universal e periódico;
> III – A separação dos Poderes;
> IV – Os direitos e garantias individuais.

### 11.2.6 Medidas provisórias

O art. 62 é destinado à regulação das medidas provisórias. A edição dessa espécie normativa é de competência privativa do Presidente da República e só pode ser elaborada em situação de relevância e urgência. É uma função atípica desempenhada pelo Chefe do Executivo. Veja o *caput* do art. 62:

> **Art. 62** Em caso de relevância e urgência, o Presidente da República poderá adotar medidas provisórias, com força de lei, devendo submetê-las de imediato ao Congresso Nacional.

A medida provisória não é uma lei, mas tem força de lei. Depois de editada, produz efeitos imediatos, mas precisa ser submetida à apreciação do Congresso Nacional.

Primeiramente, passa por uma comissão mista do Congresso para verificação dos requisitos constitucionais, seguindo posteriormente para o plenário de cada Casa Legislativa. A Casa Iniciadora obrigatória é a Câmara dos Deputados, tendo em vista a competência ser do Presidente da República:

> § 5º A deliberação de cada uma das Casas do Congresso Nacional sobre o mérito das medidas provisórias dependerá de juízo prévio sobre o atendimento de seus pressupostos constitucionais. [...]
> § 8º As medidas provisórias terão sua votação iniciada na Câmara dos Deputados.
> § 9º Caberá à comissão mista de Deputados e Senadores examinar as medidas provisórias e sobre elas emitir parecer, antes de serem apreciadas, em sessão separada, pelo plenário de cada uma das Casas do Congresso Nacional.

O Congresso tem um prazo de 60 dias para manifestar-se sobre a Medida Provisória, o qual poderá ser prorrogado por mais 60 dias se necessário. Esse prazo ficará suspenso durante os recessos parlamentares. Se, porventura, nos primeiros 45 dias a MP não for analisada, a pauta da Casa onde se encontrar entrará em regime de urgência sobrestando as demais deliberações. O sobrestamento da pauta, também conhecido como trancamento de pauta, impede a Casa Legislativa de votar outra proposição que não possua prazo enquanto a Medida Provisória não for votada:

> § 3º As medidas provisórias, ressalvado o disposto nos §§ 11 e 12 perderão eficácia, desde a edição, se não forem convertidas em lei no prazo de sessenta dias, prorrogável, nos termos do § 7º, uma vez por igual período, devendo o Congresso Nacional disciplinar, por decreto legislativo, as relações jurídicas delas decorrentes.
> § 4º O prazo a que se refere o § 3º contar-se-á da publicação da medida provisória, suspendendo-se durante os períodos de recesso do Congresso Nacional.
> § 6º Se a medida provisória não for apreciada em até quarenta e cinco dias contados de sua publicação, entrará em regime de urgência, subsequentemente, em cada uma das Casas do Congresso Nacional, ficando sobrestadas, até que se ultime a votação, todas as demais deliberações legislativas da Casa em que estiver tramitando.
> § 7º Prorrogar-se-á uma única vez por igual período a vigência de medida provisória que, no prazo de sessenta dias, contado de sua publicação, não tiver a sua votação encerrada nas duas Casas do Congresso Nacional.

A apreciação da Medida Provisória pelo Congresso Nacional pode gerar três consequências:

- **Conversão em lei sem emendas:** havendo conversão integral da MP em lei, ela seguirá para promulgação pelo presidente da mesa do Congresso Nacional.
- **Conversão em lei com emendas:** havendo conversão parcial a MP se transformará em projeto de lei, seguindo todos os trâmites normais, inclusive em relação a sanção presidencial:

> § 12 Aprovado projeto de lei de conversão alterando o texto original da medida provisória, esta manter-se-á integralmente em vigor até que seja sancionado ou vetado o projeto.

- **Rejeição:** a rejeição pode ser tácita ou expressa. Em ambos os casos, se rejeitada, a MP perde sua eficácia desde a origem (*ex tunc*). Nesse caso o Congresso Nacional terá 60 dias para disciplinar as relações jurídicas decorrentes do período em que estava em vigor mediante Decreto Legislativo. Caso não o faça, os atos praticados durante a vigência da MP permanecerão regulados pela própria Medida Provisória:

> § 11 Não editado o decreto legislativo a que se refere o § 3º até sessenta dias após a rejeição ou perda de eficácia de medida provisória, as relações jurídicas constituídas e decorrentes de atos praticados durante sua vigência conservar-se-ão por ela regidas.

- A medida provisória rejeitada ou que tenha perdido a eficácia não poderá ser reeditada na mesma sessão legislativa aplicando-se nesse caso o princípio da irrepetibilidade absoluta:

> § 10 É vedada a reedição, na mesma sessão legislativa, de medida provisória que tenha sido rejeitada ou que tenha perdido sua eficácia por decurso de prazo.

É importante destacar que **não poderão ser editadas** medidas provisórias que versem sobre os **limites materiais** estabelecidos no art. 62, § 1º e no art. 25, § 2º da Constituição Federal de 1988:

> **Art. 61** [...]
> § 1º É vedada a edição de medidas provisórias sobre matéria:
> I – Relativa a:
> a) nacionalidade, cidadania, direitos políticos, partidos políticos e direito eleitoral;
> b) direito penal, processual penal e processual civil;
> c) organização do Poder Judiciário e do Ministério Público, a carreira e a garantia de seus membros;
> d) planos plurianuais, diretrizes orçamentárias, orçamento e créditos adicionais e suplementares, ressalvado o previsto no art. 167, § 3º;
> I – Que vise a detenção ou sequestro de bens, de poupança popular ou qualquer outro ativo financeiro;
> II – Reservada a lei complementar;
> III – Já disciplinada em projeto de lei aprovado pelo Congresso Nacional e pendente de sanção ou veto do Presidente da República.
> **Art. 25** Os Estados organizam-se e regem-se pelas Constituições e leis que adotarem, observados os princípios desta Constituição. [...]
> § 2º Cabe aos Estados explorar diretamente, ou mediante concessão, os serviços locais de gás canalizado, na forma da lei, vedada a edição de medida provisória para a sua regulamentação.

# PODER LEGISLATIVO

## 11.3 Função fiscalizadora

Essa é a segunda função típica do Poder Legislativo. Além de criar normas, o Congresso Nacional também possui como função principal a fiscalização contábil, financeira e orçamentária da União e de suas Entidades da Administração direta e Indireta. Vejamos o art. 70 da Constituição Federal de 1988:

> **Art. 70** *A fiscalização contábil, financeira, orçamentária, operacional e patrimonial da União e das entidades da administração direta e indireta, quanto à legalidade, legitimidade, economicidade, aplicação das subvenções e renúncia de receitas, será exercida pelo Congresso Nacional, mediante controle externo, e pelo sistema de controle interno de cada Poder.*
>
> **Parágrafo único.** *Prestará contas qualquer pessoa física ou jurídica, pública ou privada, que utilize, arrecade, guarde, gerencie ou administre dinheiros, bens e valores públicos ou pelos quais a União responda, ou que, em nome desta, assuma obrigações de natureza pecuniária.*

Veja que o art. 70 fala em **controle externo** e **controle interno**. São as duas formas de fiscalização vislumbrada pelo texto constitucional. O **controle interno** é aquele realizado por cada Poder. Cada um fiscaliza suas próprias contas. Já o **controle externo** é o realizado pelo Congresso Nacional, com apoio do Tribunal de Contas da União.

O art. 71 ainda apresenta as atribuições do Tribunal de Contas da União (TCU) no que tange à fiscalização exercida:

> **Art. 71** *O controle externo, a cargo do Congresso Nacional, será exercido com o auxílio do Tribunal de Contas da União, ao qual compete:*
>
> *I – Apreciar as contas prestadas anualmente pelo Presidente da República, mediante parecer prévio que deverá ser elaborado em sessenta dias a contar de seu recebimento;*
>
> *II – Julgar as contas dos administradores e demais responsáveis por dinheiros, bens e valores públicos da administração direta e indireta, incluídas as fundações e sociedades instituídas e mantidas pelo Poder Público federal, e as contas daqueles que derem causa a perda, extravio ou outra irregularidade de que resulte prejuízo ao erário público;*
>
> *III – Apreciar, para fins de registro, a legalidade dos atos de admissão de pessoal, a qualquer título, na administração direta e indireta, incluídas as fundações instituídas e mantidas pelo Poder Público, excetuadas as nomeações para cargo de provimento em comissão, bem como a das concessões de aposentadorias, reformas e pensões, ressalvadas as melhorias posteriores que não alterem o fundamento legal do ato concessório;*
>
> *IV – Realizar, por iniciativa própria, da Câmara dos Deputados, do Senado Federal, de Comissão técnica ou de inquérito, inspeções e auditorias de natureza contábil, financeira, orçamentária, operacional e patrimonial, nas unidades administrativas dos Poderes Legislativo, Executivo e Judiciário, e demais entidades referidas no inciso II;*
>
> *V – Fiscalizar as contas nacionais das empresas supranacionais de cujo capital social a União participe, de forma direta ou indireta, nos termos do tratado constitutivo;*
>
> *VI – Fiscalizar a aplicação de quaisquer recursos repassados pela União mediante convênio, acordo, ajuste ou outros instrumentos congêneres, a Estado, ao Distrito Federal ou a Município;*
>
> *VII – Prestar as informações solicitadas pelo Congresso Nacional, por qualquer de suas Casas, ou por qualquer das respectivas Comissões, sobre a fiscalização contábil, financeira, orçamentária, operacional e patrimonial e sobre resultados de auditorias e inspeções realizadas;*
>
> *VIII – Aplicar aos responsáveis, em caso de ilegalidade de despesa ou irregularidade de contas, as sanções previstas em lei, que estabelecerá, entre outras cominações, multa proporcional ao dano causado ao erário;*
>
> *IX – Assinar prazo para que o órgão ou entidade adote as providências necessárias ao exato cumprimento da lei, se verificada ilegalidade;*
>
> *X – Sustar, se não atendido, a execução do ato impugnado, comunicando a decisão à Câmara dos Deputados e ao Senado Federal;*
>
> *XI – Representar ao Poder competente sobre irregularidades ou abusos apurados.*

Uma questão sempre cobrada em prova diz respeito às regras do Tribunal de Contas da União. A primeira coisa a ser estabelecida é a situação jurídica do TCU. A qual dos três poderes pertence o TCU?

A única reposta possível: o TCU não está subordinado a nenhum Poder. Ele é um órgão autônomo que está vinculado funcionalmente ao Poder Legislativo. Não se trata de subordinação, mas de ligação funcional. Apesar da previsão de função jurisdicional, o TCU também não pertence ao Poder Judiciário. O termo utilizado no art. 73 é equivocado quando comparado à natureza do órgão:

> **Art. 73** *O Tribunal de Contas da União, integrado por nove Ministros, tem sede no Distrito Federal, quadro próprio de pessoal e jurisdição em todo o território nacional, exercendo, no que couber, as atribuições previstas no art. 96.*

Apesar de ser chamado de "tribunal" e de a Constituição Federal de 1988 ter dito que possuía "jurisdição", o TCU não é órgão do Poder Judiciário. As suas ações possuem natureza meramente administrativa.

Vencido esse tema, passa-se à análise da composição do TCU:

> *§ 1º Os Ministros do Tribunal de Contas da União serão nomeados dentre brasileiros que satisfaçam os seguintes requisitos:*
>
> *I – Mais de trinta e cinco e menos de sessenta e cinco anos de idade;*
>
> *II – Idoneidade moral e reputação ilibada;*
>
> *III – Notórios conhecimentos jurídicos, contábeis, econômicos e financeiros ou de Administração Pública;*
>
> *IV – Mais de dez anos de exercício de função ou de efetiva atividade profissional que exija os conhecimentos mencionados no inciso anterior.*
>
> *§ 2º Os Ministros do Tribunal de Contas da União serão escolhidos:*
>
> *I – Um terço pelo Presidente da República, com aprovação do Senado Federal, sendo dois alternadamente dentre auditores e membros do Ministério Público junto ao Tribunal, indicados em lista tríplice pelo Tribunal, segundo os critérios de antiguidade e merecimento;*
>
> *II – Dois terços pelo Congresso Nacional.*

Como se pode perceber, ser Ministro do TCU não é para qualquer pessoa. Faz-se necessário o preenchimento dos seguintes requisitos:

- Ser brasileiro;
- Possuir mais de trinta e cinco e menos de sessenta e cinco anos de idade;
- Possuir idoneidade moral e reputação ilibada;
- Possuir notórios conhecimentos jurídicos, contábeis, econômicos e financeiros ou de Administração Pública;
- Ter mais de dez anos de exercício de função ou de efetiva atividade profissional que exija os conhecimentos mencionados no inciso anterior.

A Constituição também regulou a forma de escolha desses membros por meio das seguintes regras:

- Um terço será escolhido pelo Presidente da República, com aprovação do Senado Federal, sendo dois alternadamente dentre auditores e membros do Ministério Público junto ao Tribunal, indicados em lista tríplice pelo Tribunal, segundo os critérios de antiguidade e merecimento;
- Dois terços pelo Congresso Nacional.

Quanto à escolha feita pelo presidente uma observação é pertinente. Dos três membros que poderão ser escolhidos pelo Presidente dois serão, obrigatoriamente, auditores e membros do Ministério Público junto ao Tribunal de Contas da União. Já o terceiro membro escolhido pelo Presidente, será de sua livre escolha desde que preenchidos os demais requisitos já mencionados.

Outra observação importantíssima e sempre cobrada em prova: a Constituição equipara os Ministros do TCU aos ministros do STJ ao passo que os auditores estão equiparados aos Juízes do TRF. Logicamente, se o auditor estiver substituindo o Ministro, a ele serão asseguradas as garantias próprias dos Ministros. Esta é a leitura dos §3º e 4º:

> *§ 3º Os Ministros do Tribunal de Contas da União terão as mesmas garantias, prerrogativas, impedimentos, vencimentos e vantagens dos Ministros do Superior Tribunal de Justiça, aplicando-se-lhes, quanto à aposentadoria e pensão, as normas constantes do art. 40.*
>
> *§ 4º O auditor, quando em substituição a Ministro, terá as mesmas garantias e impedimentos do titular e, quando no exercício das demais atribuições da judicatura, as de juiz de Tribunal Regional Federal.*

# 12 PODER EXECUTIVO

O Poder Executivo, tem como função principal administrar o Estado. Para entender como o Poder Executivo brasileiro está organizado, a seguir serão analisados alguns princípios constitucionais que o influenciam.

## 12.1 Princípios constitucionais

### 12.1.1 Princípio republicano

O primeiro princípio que será estudado é o Republicano que representa a forma de governo adotada no Brasil. A forma de governo reflete o modo de aquisição e exercício do poder político, além de medir a relação existente entre o governante e o governado.

A melhor forma de entender esse instituto é conhecendo suas características. A primeira característica decorre da análise etimológica da expressão *res publica*. Essa expressão, que dá origem ao princípio ora estudado, significa coisa pública, ou seja, em um Estado republicano o governante governa a coisa pública, governa para o povo.

Na república, o governante é escolhido pelo povo. Essa é a chamada eletividade. O poder político é adquirido pelas eleições, cuja vontade popular se concretiza nas urnas.

Outra característica importante é a temporariedade. Esse atributo revela o caráter temporário do exercício do poder político. Por causa desse princípio, em nosso Estado, o governante permanece por quatro anos no poder, sendo permitida apenas uma reeleição.

Por fim, num Estado Republicano, o governante pode ser responsabilizado por seus atos.

Quando se fala dessas características da forma de governo republicana, remete-se imediatamente ao regime político adotado no Brasil, que permite a participação popular nas decisões estatais: **democracia**.

### 12.1.2 Princípio democrático

Esse princípio revela o **regime de governo** adotado no Brasil, também chamado de **regime político**. Caracteriza-se por um governo do povo, pelo povo e para o povo.

## 12.2 Presidencialismo

O **presidencialismo** é o **sistema de governo** adotado no Brasil. O sistema de governo rege a relação entre o Poder Executivo e o Legislativo, medindo o grau de dependência entre eles. No Presidencialismo, prevalece a separação entre os Poderes Executivo e Legislativo os quais são independentes e harmônicos entre si.

A Constituição declara que o Poder Executivo da União é exercido pelo Presidente da República, auxiliado por seus Ministros de Estado:

> *Art. 76 O Poder Executivo é exercido pelo Presidente da República, auxiliado pelos Ministros de Estado.*

O presidencialismo possui uma característica muito importante para prova: o presidente, que é eleito pelo povo, exerce ao mesmo tempo três funções: chefe de Estado, chefe de governo e chefe da Administração Pública.

A função de chefe de Estado diz respeito a todas as atribuições do Presidente nas relações externas do País. Como chefe de governo, o presidente possui inúmeras atribuições internas, no que tange à governabilidade do país. Já como chefe da Administração Pública, o presidente exercerá as funções relacionadas com a chefia da Administração Pública Federal, ou seja, apenas da União.

Esses princípios que regem o Poder Executivo e costumam ser cobrados em prova.

| | |
|---|---|
| **Sistema de Governo** | → Presidencialismo. |
| **Chefe de Estado** | → Relações externas do Brasil com outros Estados. |
| **Chefe da Administração Pública** | → Chefe da Administração Pública Federal. |
| **Chefe de Governo** | → Ações Internas de Governabilidade. |

Partindo de discussões sobre o presidencialismo, que caracteriza as funções exercidas pelo Presidente da República, a seguir serão estudadas suas atribuições, que aparecem praticamente em todos os editais que contém o Poder Executivo.

### 12.2.1 Atribuições do Presidente

As atribuições do Presidente da República encontram-se arroladas no art. 84 da Constituição Federal de 1988:

> *Art. 84 Compete privativamente ao Presidente da República:*
>
> *I – Nomear e exonerar os Ministros de Estado;*
>
> *II – Exercer, com o auxílio dos Ministros de Estado, a direção superior da administração federal;*
>
> *III – Iniciar o processo legislativo, na forma e nos casos previstos nesta Constituição;*
>
> *IV – Sancionar, promulgar e fazer publicar as leis, bem como expedir decretos e regulamentos para sua fiel execução;*
>
> *V – Vetar projetos de lei, total ou parcialmente;*
>
> *VI – Dispor, mediante decreto, sobre:*
>
> *a) Organização e funcionamento da administração federal, quando não implicar aumento de despesa nem criação ou extinção de órgãos públicos;*
>
> *b) Extinção de funções ou cargos públicos, quando vagos;*
>
> *VII – Manter relações com Estados estrangeiros e acreditar seus representantes diplomáticos;*
>
> *VIII – Celebrar tratados, convenções e atos internacionais, sujeitos a referendo do Congresso Nacional;*
>
> *IX – Decretar o estado de defesa e o estado de sítio;*
>
> *X – Decretar e executar a intervenção federal;*
>
> *XI – Remeter mensagem e plano de governo ao Congresso Nacional por ocasião da abertura da sessão legislativa, expondo a situação do País e solicitando as providências que julgar necessárias;*
>
> *XII – Conceder indulto e comutar penas, com audiência, se necessário, dos órgãos instituídos em lei;*
>
> *XIII – Exercer o comando supremo das Forças Armadas, nomear os Comandantes da Marinha, do Exército e da Aeronáutica, promover seus oficiais-generais e nomeá-los para os cargos que lhes são privativos;*
>
> *XIV – Nomear, após aprovação pelo Senado Federal, os Ministros do Supremo Tribunal Federal e dos Tribunais Superiores, os Governadores de Territórios, o Procurador-geral da República, o presidente e os diretores do banco central e outros servidores, quando determinado em lei;*
>
> *XV – Nomear, observado o disposto no art. 73, os Ministros do Tribunal de Contas da União;*
>
> *XVI – Nomear os magistrados, nos casos previstos nesta Constituição, e o Advogado-Geral da União;*
>
> *XVII – Nomear membros do Conselho da República, nos termos do art. 89, VII;*
>
> *XVIII – Convocar e presidir o Conselho da República e o Conselho de Defesa Nacional;*
>
> *XIX – Declarar guerra, no caso de agressão estrangeira, autorizado pelo Congresso Nacional ou referendado por ele, quando ocorrida no intervalo das sessões legislativas, e, nas mesmas condições, decretar, total ou parcialmente, a mobilização nacional;*

# PODER EXECUTIVO

*XX – Celebrar a paz, autorizado ou com o referendo do Congresso Nacional;*

*XXI – Conferir condecorações e distinções honoríficas;*

*XXII – Permitir, nos casos previstos em lei complementar, que forças estrangeiras transitem pelo território nacional ou nele permaneçam temporariamente;*

*XXIII – Enviar ao Congresso Nacional o plano plurianual, o projeto de lei de diretrizes orçamentárias e as propostas de orçamento previstos nesta Constituição;*

*XXIV – Prestar, anualmente, ao Congresso Nacional, dentro de sessenta dias após a abertura da sessão legislativa, as contas referentes ao exercício anterior;*

*XXV – Prover e extinguir os cargos públicos federais, na forma da lei;*

*XXVI – Editar medidas provisórias com força de lei, nos termos do art. 62;*

*XXVII – Exercer outras atribuições previstas nesta Constituição.*

*XXVIII – propor ao Congresso Nacional a decretação do estado de calamidade pública de âmbito nacional previsto nos arts. 167-B, 167-C, 167-D, 167-E, 167-F e 167-G desta Constituição. (Incluído pela Emenda Constitucional nº 109/2021)*

*Parágrafo único: O Presidente da República poderá delegar as atribuições mencionadas nos incisos VI, XII e XXV, primeira parte, aos Ministros de Estado, ao Procurador-geral da República ou ao Advogado-Geral da União, que observarão os limites traçados nas respectivas delegações.*

> **Atenção!**
>
> Esse tema, quando cobrado em prova, costuma trabalhar com a memorização do texto constitucional. A dica é memorizar o art. 84 da Constituição Federal de 1988.

As atribuições do presidente são de chefe de Estado, chefe de governo ou chefe da Administração Pública. Procurou-se, abaixo, adequar, conforme a melhor doutrina, as atribuições do art. 84 às funções desenvolvidas pelo Presidente no exercício de seu mandato:

- **Como chefe de Estado:** o Presidente representa o Estado nas suas relações internacionais. São funções de Chefe de Estado as previstas nos incisos VII, VIII, XIX, XX, XXII e XXVII do art. 84.
- **Como chefe de governo:** o Presidente exerce sua liderança política representando e gerindo os negócios internos nacionais. São funções de Chefe de Governo as previstas nos incisos I, III, IV, V, IX, X, XI, XII, XIII, XIV, XV, XVI, XVII, XVIII, XXI, XXIII, XXIV, XXVI e XXVII.
- **Como chefe da Administração Pública:** o Presidente gerencia os negócios internos administrativos da Administração Pública federal. São funções de Chefe da Administração Pública as previstas nos incisos II, VI, XXV e XXVII.

Uma característica interessante é que esse rol de competências é meramente exemplificativo, por força do inciso XXVII, que abre a possibilidade de o Presidente exercer outras atribuições além das previstas expressamente no texto constitucional.

Outra questão amplamente trabalhada em prova é a possibilidade de delegação de algumas de suas atribuições, conforme prescrição do parágrafo único do art. 84. Nem todas as atribuições do presidente são delegáveis, apenas as previstas nos incisos **VI, XII e XXV, primeira parte**:

*VI – Dispor, mediante decreto, sobre:*
*a) Organização e funcionamento da administração federal, quando não implicar aumento de despesa nem criação ou extinção de órgãos públicos;*
*b) Extinção de funções ou cargos públicos, quando vagos; [...]*
*XII – Conceder indulto e comutar penas, com audiência, se necessário, dos órgãos instituídos em lei; [...]*
*XXV – Prover os cargos públicos federais, na forma da lei.*

São três competências que podem ser delegadas para três pessoas: ministro de Estado, procurador-geral da República e advogado-geral da União.

Ministro de Estado é qualquer ministro que auxilie o Presidente da República na administração do Estado. São exemplos: ministro da Justiça, ministro da Fazenda e ministro da Agricultura.

### 12.2.2 Processo eleitoral

O processo de eleição do Presidente da República também encontra regulação expressa no texto constitucional:

*Art. 77 A eleição do Presidente e do Vice-Presidente da República realizar-se-á, simultaneamente, no primeiro domingo de outubro, em primeiro turno, e no último domingo de outubro, em segundo turno, se houver, do ano anterior ao do término do mandato presidencial vigente.*

*§ 1º A eleição do Presidente da República importará a do Vice-Presidente com ele registrado.*

*§ 2º Será considerado eleito Presidente o candidato que, registrado por partido político, obtiver a maioria absoluta de votos, não computados os em branco e os nulos.*

*§ 3º Se nenhum candidato alcançar maioria absoluta na primeira votação, far-se-á nova eleição em até vinte dias após a proclamação do resultado, concorrendo os dois candidatos mais votados e considerando-se eleito aquele que obtiver a maioria dos votos válidos.*

*§ 4º Se, antes de realizado o segundo turno, ocorrer morte, desistência ou impedimento legal de candidato, convocar-se-á, dentre os remanescentes, o de maior votação.*

*§ 5º Se, na hipótese dos parágrafos anteriores, remanescer, em segundo lugar, mais de um candidato com a mesma votação, qualificar-se-á o mais idoso.*

Algumas considerações são importantes acerca desse tema. Primeiramente, deve-se registrar que a Constituição Federal de 1988 regulou até o dia em que deve ocorrer a eleição:

- Primeiro turno: **primeiro domingo de outubro.**
- Segundo turno: **último domingo de outubro.**

Uma coisa chama a atenção no *caput* do art. 77. A Constituição Federal de 1988 diz que as eleições ocorrem no ano anterior ao do término do mandato presidencial vigente. Pergunta-se: será que essa regra é aplicável no direito brasileiro?

É claro que esse dispositivo é aplicado nos dias de hoje. A eleição ocorre no ano anterior ao do término do mandato presidencial vigente, pois o mandato acaba no dia 1º de janeiro, conforme dispõe o art. 82:

*Art. 82 O mandato do Presidente da República é de 4 (quatro) anos e terá início em 5 de janeiro do ano seguinte ao de sua eleição. (Redação dada pela Emenda Constitucional nº 111/2021)*

Se o novo mandato tem início no dia cinco de janeiro, significa que o mandato antigo acaba neste dia. Logo, está correto afirmar que as eleições ocorrem no ano anterior ao do término do mandato presidencial vigente.

Quando votamos para presidente, só votamos no presidente. O vice é eleito como consequência da eleição do presidente. Esse será eleito se tiver a maioria absoluta dos votos, não computados os votos brancos e nulos, ou seja, será eleito aquele que possuir a maioria absoluta dos votos válidos. Maioria absoluta dos votos significa dizer que o eleito obteve o primeiro número inteiro após a metade dos votos válidos. Se ninguém obtiver maioria absoluta, deve-se convocar nova eleição – segundo turno. Para o segundo turno, são chamados os dois candidatos mais votados. Se, porventura, ocorrer empate no segundo lugar, a Constituição determina que seja convocado o mais idoso.

O critério de idade é para a situação de desempate. Ocorrendo morte, desistência ou impedimento de algum candidato do segundo turno, deverá ser convocado o próximo mais votado.

Finalizada a eleição, o presidente e o vice terão prazo de dez dias a contar da posse, para assumir o cargo. Caso não seja assumido, o cargo será declarado vago. Se o presidente assume e o vice não, o cargo do vice é declarado vago, ficando o presidente sem vice até o fim do mandato. Caso o vice assuma e o presidente não, o cargo de presidente será declarado vago, assumindo o vice a função de presidente e permanecendo durante o seu mandato sem vice.

> **Art. 78** *O Presidente e o Vice-Presidente da República tomarão posse em sessão do Congresso Nacional, prestando o compromisso de manter, defender e cumprir a Constituição, observar as leis, promover o bem geral do povo brasileiro, sustentar a união, a integridade e a independência do Brasil.*
>
> **Parágrafo único.** *Se, decorridos dez dias da data fixada para a posse, o Presidente ou o Vice-Presidente, salvo motivo de força maior, não tiver assumido o cargo, este será declarado vago.*

### 12.2.3 Impedimento e vacância

O impedimento e a vacância são espécies de ausência do Presidente da República. São circunstâncias em que o presidente não está no exercício de sua função. A diferença entre os dois institutos está no fato de que, na vacância a ausência é definitiva, enquanto no impedimento a ausência é temporária. São exemplos de vacância: morte, perda do cargo, renúncia. São exemplos de impedimento: doença, viagem, férias. Na vacância, ocorre sucessão; no impedimento, ocorre substituição. Tanto no caso de impedimento como no de vacância, a Constituição Federal determina que o vice-presidente ficará no lugar do Presidente, pois essa é a sua função precípua:

> **Art. 79** *Substituirá o Presidente, no caso de impedimento, e suceder-lhe-á, no de vaga, o Vice-Presidente.*
>
> **Parágrafo único.** *O Vice-Presidente da República, além de outras atribuições que lhe forem conferidas por lei complementar, auxiliará o Presidente, sempre que por ele convocado para missões especiais.*

O problema maior surge quando o Presidente e o Vice se ausentam ao mesmo tempo. Nesse caso, a Constituição determina que se convoquem outros sucessores: Presidente da Câmara dos Deputados, Presidente do Senado Federal e Presidente do Supremo Tribunal Federal. Esses são os legitimados a sucederem o Presidente da República e o vice-presidente de forma sucessiva e temporária quando ocorrer a ausência dos dois ao mesmo tempo:

> **Art. 80** *Em caso de impedimento do Presidente e do Vice-Presidente, ou vacância dos respectivos cargos, serão sucessivamente chamados ao exercício da Presidência o Presidente da Câmara dos Deputados, o do Senado Federal e o do Supremo Tribunal Federal.*

Uma coisa deve ser observada: o vice-presidente é o único legitimado a suceder o presidente de forma definitiva. O presidente da Câmara, do Senado e do STF só substituem presidente em caráter temporário. Isso significa que, se o presidente morrer, quem assume o cargo é o vice.

Agora, se ocorrer vacância dos cargos de presidente e de vice ao mesmo tempo, a Constituição determina que sejam realizadas novas eleições:

> **Art. 81** *Vagando os cargos de Presidente e Vice-Presidente da República, far-se-á eleição noventa dias depois de aberta a última vaga.*
>
> *§ 1º Ocorrendo a vacância nos últimos dois anos do período presidencial, a eleição para ambos os cargos será feita trinta dias depois da última vaga, pelo Congresso Nacional, na forma da lei.*
>
> *§ 2º Em qualquer dos casos, os eleitos deverão completar o período de seus antecessores.*

Caso a vacância se dê nos dois primeiros anos de mandato, a eleição será direta, ou seja, com a participação do povo e deverá ocorrer no prazo de 90 dias a contar da última vacância. Mas, se a vacância se der nos dois últimos anos do mandato, a eleição será indireta (realizada pelo Congresso Nacional) no prazo de 30 dias a contar da última vacância. Quem for eleito permanecerá no cargo até o fim do mandato de quem ele sucedeu. Não se inicia um novo mandato. Esse mandato é chamado pela doutrina de Mandato-Tampão.

Em qualquer uma das duas situações, enquanto não forem eleitos os novos presidente e vice-presidente, quem permanece no cargo é um dos sucessores temporários: presidente da Câmara, do Senado ou do STF.

### 12.2.4 Perda do cargo no caso de saída do país sem autorização do Congresso Nacional

Esse artigo prevê a possibilidade de perda do cargo do Presidente e Vice-Presidente nos casos de ausência do País por período superior a 15 dias sem licença do Congresso Nacional:

> **Art. 83** *O Presidente e o Vice-Presidente da República não poderão, sem licença do Congresso Nacional, ausentar-se do País por período superior a quinze dias, sob pena de perda do cargo.*

Vejamos que a Constituição Federal de 1988 não proíbe que o Presidente ou o Vice se ausentem do país sem licença do Congresso Nacional. Mas se a ausência se der por mais de 15 dias, nesse caso será indispensável a autorização da Casa Legislativa.

### 12.2.5 Órgãos auxiliares do Presidente da República

A Constituição nos apresenta três órgãos auxiliares do Presidente da República: ministros de Estado, Conselho da República e Conselho de Defesa Nacional. Os ministros de Estados são os auxiliares diretos do Presidente da República. Os arts. 87 e 88 trazem várias regras que podem ser trabalhadas em prova:

> **Art. 87** *Os Ministros de Estado serão escolhidos dentre brasileiros maiores de vinte e um anos e no exercício dos direitos políticos.*
>
> **Parágrafo único.** *Compete ao Ministro de Estado, além de outras atribuições estabelecidas nesta Constituição e na lei:*
>
> *I – Exercer a orientação, coordenação e supervisão dos órgãos e entidades da administração federal na área de sua competência e referendar os atos e decretos assinados pelo Presidente da República;*
>
> *II – Expedir instruções para a execução das leis, decretos e regulamentos;*
>
> *III – Apresentar ao Presidente da República relatório anual de sua gestão no Ministério;*
>
> *IV – Praticar os atos pertinentes às atribuições que lhe forem outorgadas ou delegadas pelo Presidente da República.*
>
> **Art. 88** *A lei disporá sobre a criação e extinção de Ministérios e órgãos da Administração Pública.*

O Conselho da República e o Conselho de Defesa Nacional também são órgãos auxiliares do Presidente da República, mas que possuem atribuição consultiva. Em situações determinadas pela Constituição, o presidente, antes de tomar alguma decisão, precisa consultar esses dois órgãos.

# PODER EXECUTIVO

Seguem os arts. 89, 90 e 91, cujas regras também podem ser cobradas em prova. Destacam-se as composições e as competências desses órgãos:

*Art. 89 O Conselho da República é órgão superior de consulta do Presidente da República, e dele participam:*

*I – O Vice-Presidente da República;*

*II – O Presidente da Câmara dos Deputados;*

*III – O Presidente do Senado Federal;*

*IV – Os líderes da maioria e da minoria na Câmara dos Deputados;*

*V – Os líderes da maioria e da minoria no Senado Federal;*

*VI – O Ministro da Justiça;*

*VII – Seis cidadãos brasileiros natos, com mais de trinta e cinco anos de idade, sendo dois nomeados pelo Presidente da República, dois eleitos pelo Senado Federal e dois eleitos pela Câmara dos Deputados, todos com mandato de três anos, vedada a recondução.*

*Art. 90 Compete ao Conselho da República pronunciar-se sobre:*

*I – Intervenção federal, estado de defesa e estado de sítio;*

*II – As questões relevantes para a estabilidade das instituições democráticas.*

*§ 1º O Presidente da República poderá convocar Ministro de Estado para participar da reunião do Conselho, quando constar da pauta questão relacionada com o respectivo Ministério.*

*§ 2º A lei regulará a organização e o funcionamento do Conselho da República.*

*Art. 91 O Conselho de Defesa Nacional é órgão de consulta do Presidente da República nos assuntos relacionados com a soberania nacional e a defesa do Estado democrático, e dele participam como membros natos:*

*I – O Vice-Presidente da República;*

*II – O Presidente da Câmara dos Deputados;*

*III – O Presidente do Senado Federal;*

*IV – Ministro da Justiça;*

*V – O Ministro de Estado da Defesa;*

*VI – O Ministro das Relações Exteriores;*

*VII – O Ministro do Planejamento;*

*VIII – Os Comandantes da Marinha, do Exército e da Aeronáutica.*

*§ 1º Compete ao Conselho de Defesa Nacional:*

*I – Opinar nas hipóteses de declaração de guerra e de celebração da paz, nos termos desta Constituição;*

*II – Opinar sobre a decretação do estado de defesa, do estado de sítio e da intervenção federal;*

*III – Propor os critérios e condições de utilização de áreas indispensáveis à segurança do território nacional e opinar sobre seu efetivo uso, especialmente na faixa de fronteira e nas relacionadas com a preservação e a exploração dos recursos naturais de qualquer tipo;*

*IV – Estudar, propor e acompanhar o desenvolvimento de iniciativas necessárias a garantir a independência nacional e a defesa do Estado democrático.*

*§ 2º A lei regulará a organização e o funcionamento do Conselho de Defesa Nacional.*

## 12.2.6 Responsabilidades do Presidente

A forma de governo adotada no país é a República e, por essa razão, é possível responsabilizar o Presidente da República por seus atos. A Constituição Federal de 1988 tratou de regular a responsabilização por crime de responsabilidade e por infrações penais comuns.

Antes de trabalhar com cada uma das responsabilidades, serão analisadas as chamadas imunidades.

Imunidades são prerrogativas inerentes aos cargos mais importantes do Estado. Cargos que são estratégicos e essenciais à manutenção da ordem constitucional. Entre vários, se destaca o de Presidente da República.

A imunidade pode ser:

- **Material:** é a conhecida irresponsabilidade penal absoluta. Essa imunidade protege o titular contra a responsabilização penal.
- **Formal:** são prerrogativas de cunho processual.

Um primeiro ponto essencial que precisa ser estabelecido: o presidente não possui imunidade material, contudo, em razão da importância do seu cargo, possui imunidades formais. Apesar de o Presidente não possuir imunidade material, outros cargos a possuem, por exemplo, os parlamentares.

Ao todo, pode-se elencar **quatro prerrogativas processuais** garantidas pela Constituição Federal ao Chefe do Executivo da União:

## 12.2.7 Prerrogativas processuais garantidas ao Presidente

- **Processo**

A Constituição exige juízo de admissibilidade emitido pela Câmara para que o presidente possa ser processado durante o seu mandato. Isso significa que o Presidente da República só poderá ser processado se a Câmara dos Deputados autorizar pelo voto de 2/3 dos membros:

*Art. 86 Admitida a acusação contra o Presidente da República, por dois terços da Câmara dos Deputados, será ele submetido a julgamento perante o Supremo Tribunal Federal, nas infrações penais comuns, ou perante o Senado Federal, nos crimes de responsabilidade.*

- **Prerrogativa de Foro**

O presidente não pode ser julgado por qualquer juiz, haja vista a importância da função que exerce no Estado.

Diante disso, a Constituição estabeleceu dois foros competentes para julgar o Presidente:

**Supremo Tribunal Federal:** será julgado pelas infrações penais comuns.

**Senado Federal:** será julgado pelos crimes de responsabilidade.

Analisando essas duas primeiras prerrogativas, não se pode esquecer o previsto no art. 86, § 1º:

*§ 1º O Presidente ficará suspenso de suas funções:*

*I – Nas infrações penais comuns, se recebida a denúncia ou queixa-crime pelo Supremo Tribunal Federal;*

*II – Nos crimes de responsabilidade, após a instauração do processo pelo Senado Federal.*

*§ 2º Se, decorrido o prazo de cento e oitenta dias, o julgamento não estiver concluído, cessará o afastamento do Presidente, sem prejuízo do regular prosseguimento do processo.*

A Constituição determina que, após iniciado o processo, tanto por infração penal comum quanto por crime de responsabilidade, o Presidente fique suspenso de suas funções pelo prazo de 180 dias, tempo necessário para que se finalize o processo. Caso o Presidente não seja julgado nesse período, ele poderá retornar ao exercício de suas funções sem prejuízo de continuidade do processo. Deve-se ter muito cuidado em prova com o início do prazo de suspensão:

- **Infração penal comum:** o prazo de suspensão inicia-se **a partir do recebimento da denúncia ou queixa**.
- **crime de responsabilidade:** o prazo de suspensão inicia-se **a partir da instauração do processo**.

Caso a Câmara autorize o processo do Presidente por crime de responsabilidade, o Senado deverá processá-lo, pois não assiste discricionariedade ao Senado em processar ou não. Sua decisão é vinculada à decisão da Câmara, pelo fato de as duas Casas serem políticas. Contudo, nos casos de infração penal comum, o STF não está obrigado a processar o Presidente em respeito à Separação dos Poderes.

# DIREITO CONSTITUCIONAL

Vamos aproveitar o momento para entender o que são infração penal comum e crime de responsabilidade.

> **Infração penal comum:** é qualquer crime ou contravenção penal cometida pelo Presidente da República na função ou em razão da sua função de Presidente. Seu processamento se dará no Supremo Tribunal Federal.

> **crime de responsabilidade:** a primeira coisa que se precisa saber sobre o crime de responsabilidade é que ele não é um crime. O crime de responsabilidade é uma infração de natureza **político-administrativa**. O nome crime é impróprio para esse instituto. O processo que visa a esse tipo de responsabilização é o ***impeachment***.

O presidente responderá por esse tipo de infração caso sua conduta se amolde ao previsto no art. 85 da Constituição Federal de 1988:

> **Art. 85** São crimes de responsabilidade os atos do Presidente da República que atentem contra a Constituição Federal e, especialmente, contra:
> I – A existência da União;
> II – O livre exercício do Poder Legislativo, do Poder Judiciário, do Ministério Público e dos Poderes constitucionais das unidades da Federação;
> III – O exercício dos direitos políticos, individuais e sociais;
> IV – A segurança interna do País;
> V – A probidade na administração;
> VI – A lei orçamentária;
> VII – O cumprimento das leis e das decisões judiciais.
> **Parágrafo único.** Esses crimes serão definidos em lei especial, que estabelecerá as normas de processo e julgamento.

Esse rol de condutas, consideradas como crime de responsabilidade estabelecido na Constituição Federal de 1988, é meramente exemplificativo, já que é a Lei nº 1.079/1950 o dispositivo regulador do crime de responsabilidade. Deve-se destacar sua relevância na fixação de outras autoridades que respondem por esse crime, novos crimes além dos procedimentos adotados nesse processo, principalmente na competência exclusiva do cidadão para denunciar o Presidente. Destaca-se ainda que, para haver condenação, o Senado deve proferi-la pelo voto de 2/3 dos seus membros.

Considerando que não se trata de um crime, essa infração não pode resultar numa pena privativa de liberdade. Quem pratica crime de responsabilidade não pode ser preso. A consequência estabelecida no art. 52, parágrafo único da Constituição Federal de 1988, é a perda do cargo e a inabilitação para o exercício de qualquer função pública pelo prazo de oito anos:

> **Art. 52 [...]**
> **Parágrafo único.** Nos casos previstos nos incisos I e II, funcionará como Presidente o do Supremo Tribunal Federal, limitando-se a condenação, que somente será proferida por dois terços dos votos do Senado Federal, à perda do cargo, com inabilitação, por oito anos, para o exercício de função pública, sem prejuízo das demais sanções judiciais cabíveis.

- **Prisão**

O presidente só pode ser preso pela prática de infração penal comum e somente se sobrevier sentença condenatória:

> **Art. 86 [...]**
> § 3º Enquanto não sobrevier sentença condenatória, nas infrações comuns, o Presidente da República não estará sujeito a prisão.

- **Irresponsabilidade penal relativa**

Também conhecida na doutrina como **Imunidade Formal Temporária**, essa prerrogativa afirma que o Presidente não poderá ser responsabilizado por atos alheios aos exercícios de suas funções:

> **Art. 86 [...]**
> § 4º O Presidente da República, na vigência de seu mandato, não pode ser responsabilizado por atos estranhos ao exercício de suas funções.

Para melhor compreender as imunidades conferidas ao Presidente da República, analisemos as seguintes situações hipotéticas:

Suponhamos que o Presidente da República seja flagrado após ter cometido o assassinado de duas pessoas por motivos particulares.

Poderia ele, no momento em que é flagrado, ser preso pelo crime? Não. O presidente só pode ser preso se tiver uma sentença condenatória.

Poderia o presidente ser processado pelo crime de duplo homicídio durante o se mandato? O presidente não pode ser responsabilizado por atos alheios aos exercícios de suas funções. Ao matar duas pessoas, ele não comete o crime na condição de presidente, ou seja, esse crime não possui relação com sua função de presidente. Por esse motivo, ele não pode ser processado durante o seu mandato. Não significa que ficará impune pelo crime cometido, apenas será responsabilizado normalmente após o mandato, nesse caso, sem nenhuma prerrogativa. Apesar de não haver previsão legal, a jurisprudência entende que o prazo prescricional, nesse caso, ficará suspenso, não prejudicando a responsabilização do presidente.

Suponhamos agora que, em reunião com os Ministros, o presidente tenha discutido com um deles. Em meio à confusão, o presidente mata o ministro. Poderia ele ser preso por esse crime? O presidente não pode ser preso enquanto não sobrevier sentença condenatória. É a imunidade em relação às prisões.

O presidente poderá ser processado por esse crime enquanto estiver no seu mandato? Nesse caso sim. Perceba que o crime cometido foi em razão da função de presidente, visto que não estaria na reunião com Ministros se não fosse o Presidente da República. Dessa forma, ele será processado por essa infração penal comum no Supremo Tribunal Federal, caso a Câmara dos Deputados autorize o processo. Havendo sentença condenatória, ele poderá ser preso. A possibilidade de responsabilização do Presidente da República por infração penal comum só ocorre se o crime cometido estiver ligado à sua função de presidente.

Já em relação a outras esferas do direito, como cíveis, administrativas, trabalhistas ou qualquer outra área, o presidente não possui prerrogativa. Isso significa que o presidente responderá normalmente, sem nenhum privilégio, nas outras esferas do Direito. O tema das responsabilidades do Presidente tem sido alvo de inúmeras questões de prova. As questões podem ser trabalhadas a partir da literalidade do texto constitucional ou mesmo invocando caso concreto para verificação das regras e prerrogativas do presidente.

| Imunidade Formal |
|---|
| **Processo** → autorização da câmara dos deputados = 2/3 dos votos. |
| **Prerrogativa de foro** → STF: crime comum/Senado: crime de responsabilidade. |
| **Prisão** → só depois da sentença penal condenatória. |
| **Responsabilidade penal relativa** → não responde por ato alheio a sua função. |

# 13 PODER JUDICIÁRIO

## 13.1 Disposições gerais

O Poder Judiciário é o titular da chamada função jurisdicional. Ele possui a atribuição principal de "dizer o direito", "aplicar o direito ao caso concreto". Além de desempenhar esta função típica, o Judiciário também exerce de forma atípica a função dos demais poderes. Quando realiza concursos públicos ou contrata uma empresa prestadora de serviços, ele o faz no exercício da função administrativa (Poder Executivo). O Judiciário também exerce de forma atípica a função do Poder Legislativo quando edita instrumentos normativos que regulam as atividades dos tribunais.

Para desempenhar suas funções, o Poder Judiciário se utiliza de diversos órgãos os quais estão previstos no art. 92:

> **Art. 92** São órgãos do Poder Judiciário:
> I – O Supremo Tribunal Federal;
> I-A. O Conselho Nacional de Justiça;
> II – O Superior Tribunal de Justiça;
> II-A. O Tribunal Superior do Trabalho;
> III – Os Tribunais Regionais Federais e Juízes Federais;
> IV – Os Tribunais e Juízes do Trabalho;
> V – Os Tribunais e Juízes Eleitorais;
> VI – Os Tribunais e Juízes Militares;
> VII – Os Tribunais e Juízes dos Estados e do Distrito Federal e Territórios.
> § 1º O Supremo Tribunal Federal, o Conselho Nacional de Justiça e os Tribunais Superiores têm sede na Capital Federal.
> § 2º O Supremo Tribunal Federal e os Tribunais Superiores têm jurisdição em todo o território nacional.

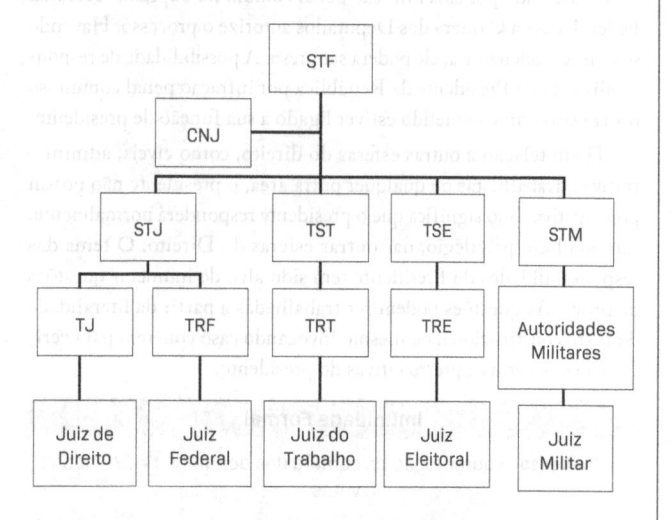

### 13.1.1 Critérios para ingresso na carreira

Conforme o que diz o art. 93, inciso I, da Constituição Federal de 1988:

> **Art. 93** Lei complementar, de iniciativa do Supremo Tribunal Federal, disporá sobre o Estatuto da Magistratura, observados os seguintes princípios:
> I – Ingresso na carreira, cujo cargo inicial será o de juiz substituto, mediante concurso público de provas e títulos, com a participação da Ordem dos Advogados do Brasil em todas as fases, exigindo-se do bacharel em direito, no mínimo, três anos de atividade jurídica e obedecendo-se, nas nomeações, à ordem de classificação.

Esse inciso apresenta regras para o ingresso na carreira da Magistratura. O ingresso dar-se-á no cargo de juiz substituto e depende de aprovação em concurso público de provas e títulos.

Como foi possível perceber, é um tipo de concurso que é bem seletivo, sendo que aprovação depende de intensa dedicação do candidato. Além de a prova ser dificílima, o candidato precisa comprovar no mínimo três anos de atividade jurídica, que só pode ser realizada após a conclusão do curso. Deve-se estar atento a esse prazo de atividade jurídica exigido, as bancas costumam trocar o três por outro numeral.

O conceito de atividade jurídica é definido na Resolução nº 75/2009 do Conselho Nacional de Justiça que prevê, entre outros, o exercício da advocacia ou de cargo público privativo de bacharel em direito como forma de se comprovar o tempo exigido.

### 13.1.2 Quinto constitucional

O quinto permite que uma pessoa se torne magistrado sem necessidade de realização de concurso público para a magistratura. É uma porta de entrada destinada a quem não é membro do Poder Judiciário. A regra do quinto decorre do fato de que 1/5 das vagas em alguns tribunais são destinadas aos membros do Ministério Público ou da Advocacia. Vejamos o que dispõe o art. 94 da Constituição Federal:

> **Art. 94** Um quinto dos lugares dos Tribunais Regionais Federais, dos Tribunais dos Estados, e do Distrito Federal e Territórios será composto de membros, do Ministério Público, com mais de dez anos de carreira, e de advogados de notório saber jurídico e de reputação ilibada, com mais de dez anos de efetiva atividade profissional, indicados em lista sêxtupla pelos órgãos de representação das respectivas classes.
> **Parágrafo único.** Recebidas as indicações, o tribunal formará lista tríplice, enviando-a ao Poder Executivo, que, nos vinte dias subsequentes, escolherá um de seus integrantes para nomeação.

Um detalhe que não pode ser esquecido é: para concorrer às vagas pelo quinto constitucional, faz-se necessário que os membros do Ministério Público e da Advocacia possuam mais de dez anos de experiência.

Outra questão muito importante é saber quais são os tribunais que permitem o ingresso pelo quinto. Segundo o art. 94, podem ingressar pelo quinto os membros dos tribunais regionais federais, dos tribunais dos estados, e do Distrito Federal e territórios.

Ainda possuem um quinto das vagas para os membros do Ministério Público e da Advocacia os Tribunais Regionais do Trabalho e o Tribunal Superior do Trabalho. Assim preveem os arts. 111-A e 115 da Constituição Federal de 1988:

> **Art. 111-A** O Tribunal Superior do Trabalho compor-se-á de vinte e sete Ministros, escolhidos dentre brasileiros com mais de trinta e cinco anos e menos de sessenta e cinco anos, de notável saber jurídico e reputação ilibada, nomeados pelo Presidente da República após aprovação pela maioria absoluta do Senado Federal, sendo:
> I – Um quinto dentre advogados com mais de dez anos de efetiva atividade profissional e membros do Ministério Público do Trabalho com mais de dez anos de efetivo exercício, observado o disposto no art. 94.

> **Art. 115** Os Tribunais Regionais do Trabalho compõem-se de, no mínimo, sete juízes, recrutados, quando possível, na respectiva região, e nomeados pelo Presidente da República dentre brasileiros com mais de trinta e menos de sessenta e cinco anos, sendo:
> I – Um quinto dentre advogados com mais de dez anos de efetiva atividade profissional e membros do Ministério Público do Trabalho com mais de dez anos de efetivo exercício, observado o disposto no art. 94.

O Superior Tribunal de Justiça também permite que membros do Ministério Público ou da advocacia nele ingressem, contudo, não são destinadas 1/5 das vagas, mas 1/3 das vagas:

> **Art. 104** *O Superior Tribunal de Justiça compõe-se de, no mínimo, trinta e três Ministros.*
> **Parágrafo único.** *Os Ministros do Superior Tribunal de Justiça serão nomeados pelo Presidente da República, dentre brasileiros com mais de trinta e cinco e menos de sessenta e cinco anos, de notável saber jurídico e reputação ilibada, depois de aprovada a escolha pela maioria absoluta do Senado Federal, sendo:*
> *I – Um terço dentre juízes dos Tribunais Regionais Federais e um terço dentre desembargadores dos Tribunais de Justiça, indicados em lista tríplice elaborada pelo próprio Tribunal;*
> *II – Um terço, em partes iguais, dentre advogados e membros do Ministério Público Federal, Estadual, do Distrito Federal e Territórios, alternadamente, indicados na forma do art. 94.*

### 13.1.3 Garantias dos membros

As garantias são um conjunto de proteções que os membros do Poder Judiciário possuem e que são inerentes ao exercício de suas funções. Uma observação se faz necessária: quando se fala "membro do Poder Judiciário", refere-se ao titular da função jurisdicional, ou seja, ao magistrado, ao juiz. Os demais servidores auxiliares do Poder Judiciário não possuem as mesmas garantias dos juízes.

A doutrina classifica as garantias dos magistrados em duas espécies:

- **Garantias de independência:**

São proteções que garantem ao magistrado uma maior tranquilidade para desempenhar suas funções. O objetivo é permitir ao juiz segurança no desempenhar de suas funções. Elas estão previstas no art. 95 da Constituição Federal de 1988, as quais são:

> **Art. 95** *Os juízes gozam das seguintes garantias:*
> *I – Vitaliciedade, que, no primeiro grau, só será adquirida após dois anos de exercício, dependendo a perda do cargo, nesse período, de deliberação do tribunal a que o juiz estiver vinculado, e, nos demais casos, de sentença judicial transitada em julgado;*
> *II – Inamovibilidade, salvo por motivo de interesse público, na forma do art. 93, VIII;*
> *III – Irredutibilidade de subsídio, ressalvado o disposto nos Arts. 37, X e XI, 39, § 4º, 150, II, 153, III, e 153, § 2º, I.*

A **vitaliciedade** é como se fosse a estabilidade do servidor público, com uma diferença: ela é bem mais vantajosa que a simples estabilidade. A vitaliciedade garante ao magistrado perder o seu cargo apenas por sentença judicial transitada em julgado. Como se pode ver, é bem mais vantajosa que a estabilidade. Atente-se para alguns detalhes: a vitaliciedade só será adquirida após dois anos de exercício no cargo; durante o estágio probatório do juiz, que dura dois anos, ele poderá perder o cargo por deliberação do próprio tribunal do qual faz parte.

Um detalhe quase nunca percebido é que a exigência dos dois anos de exercício para se adquirir a vitaliciedade só se aplica aos juízes do primeiro grau, ou seja, aos juízes que ingressaram na carreira por meio de concurso público. Os juízes que ingressam diretamente no Tribunal, por meio do quinto constitucional, ou mesmo no STJ pelo 1/3 das vagas, não precisam esperar os dois anos para adquirir a garantia. Para estes, a vitaliciedade é imediata, sendo adquirida quando ele pisa no Tribunal.

A **inamovibilidade** prevê que o magistrado não poderá ser removido do local onde exerce a sua função sem sua vontade. Ele poderá julgar qualquer pessoa, conforme sua convicção, sem medo de ser obrigado a deixar o local onde exerce sua jurisdição. Essa garantia não é absoluta, pois poderá ser removido de ofício por interesse público conforme preleciona o art. 93, inciso VIII, da Constituição Federal de 1988:

> **Art. 93** *[...]*
> *VIII – O ato de remoção ou de disponibilidade do magistrado, por interesse público, fundar-se-á em decisão por voto da maioria absoluta do respectivo tribunal ou do Conselho Nacional de Justiça, assegurada ampla defesa.*

A **irredutibilidade dos subsídios** representa a garantia de que o magistrado não poderá ter redução em sua remuneração. A forma de retribuição pecuniária do magistrado é por meio de subsídio, que equivale a uma parcela única. Por isso, fala-se em irredutibilidade dos subsídios.

- **Garantias de imparcialidade**

Essas normas são verdadeiras vedações aplicadas aos magistrados. São impedimentos que visam a garantir um julgamento imparcial, sem vícios ou privilégios. Por isso, são chamadas de garantias de imparcialidade. São elas:

> **Art. 95** *[...]*
> **Parágrafo único.** *Aos juízes é vedado:*
> *I – Exercer, ainda que em disponibilidade, outro cargo ou função, salvo uma de magistério;*
> *II – Receber, a qualquer título ou pretexto, custas ou participação em processo;*
> *III – Dedicar-se à atividade político-partidária.*
> *IV – Receber, a qualquer título ou pretexto, auxílios ou contribuições de pessoas físicas, entidades públicas ou privadas, ressalvadas as exceções previstas em lei;*
> *V – Exercer a advocacia no juízo ou tribunal do qual se afastou, antes de decorridos três anos do afastamento do cargo por aposentadoria ou exoneração.*

Geralmente as bancas cobram a memorização dessas vedações. O **inciso I** é bem cobrado em razão da exceção prevista na Constituição para a acumulação de cargos ou funções. Segundo esse inciso, o magistrado, além de exercer sua função de juiz, também pode exercer uma função no magistério.

O **inciso II** proíbe o magistrado de receber custas ou participação em processos. O juiz já recebe sua remuneração para desempenhar sua função independente dos valores que estão em jogo nos processos.

O **inciso III** proíbe o juiz de se dedicar à atividade político-partidária exatamente para evitar que seus julgamentos sejam influenciados por correntes políticas ou convicções partidárias. O juiz precisa ficar alheio a tais situações.

O **inciso IV** proíbe o magistrado de receber ajudas financeiras de terceiros ressalvados os casos previstos em lei. Por exemplo, um juiz não pode receber um carro como agradecimento por um julgamento favorável, mas poderia receber os valores decorrentes da venda de livros que tenha escrito ou mesmo, receber valores pela ministração de palestras.

## 13.2 Composição dos órgãos do Poder Judiciário

A composição dos tribunais é tema recorrente em prova e requer um alto poder de memorização do candidato, principalmente pela composição diferenciada entre um e outro tribunal. A seguir descreve-se, então, a composição de cada um dos órgãos do Poder Judiciário.

### 13.2.1 Supremo Tribunal Federal

> **Art. 101** *O Supremo Tribunal Federal compõe-se de onze Ministros, escolhidos dentre cidadãos com mais de trinta e cinco e menos de sessenta e cinco anos de idade, de notável saber jurídico e reputação.*
> **Parágrafo único.** *Os Ministros do Supremo Tribunal Federal serão nomeados pelo Presidente da República, depois de aprovada a escolha pela maioria absoluta do Senado Federal.*

# PODER JUDICIÁRIO

O Supremo Tribunal Federal é o órgão de cúpula do Poder Judiciário e é formado por 11 ministros escolhidos pelo Presidente da República depois de aprovada a escolha pela maioria absoluta do Senado Federal, dentre os cidadãos com mais de trinta e cinco e menos de sessenta e cinco anos de idade, de notável saber jurídico e reputação ilibada.

Existe mais um requisito que não está escrito nesse artigo, mas está previsto no art. 12, § 3º, IV, da Constituição. Para ser Ministro do STF deve ser brasileiro nato:

> *Art. 12 [...]*
> *§ 3º São privativos de brasileiro nato os cargos: [...]*
> *IV – De Ministro do Supremo Tribunal Federal.*

A Constituição não exige do candidato a ministro do STF que tenha formação superior em Direito, apesar de exigir notório saber jurídico.

## 13.2.2 Conselho Nacional de Justiça

Vejamos agora a composição do Conselho Nacional de Justiça (CNJ):

> *Art. 103-B O Conselho Nacional de Justiça compõe-se de 15 (quinze) membros com mandato de 2 (dois) anos, admitida 1 (uma) recondução, sendo:*
>
> *I – O Presidente do Supremo Tribunal Federal;*
>
> *II – Um Ministro do Superior Tribunal de Justiça, indicado pelo respectivo tribunal;*
>
> *III – Um Ministro do Tribunal Superior do Trabalho, indicado pelo respectivo tribunal;*
>
> *IV – Um desembargador de Tribunal de Justiça, indicado pelo Supremo Tribunal Federal;*
>
> *V – Um juiz estadual, indicado pelo Supremo Tribunal Federal;*
>
> *VI – Um juiz de Tribunal Regional Federal, indicado pelo Superior Tribunal de Justiça;*
>
> *VII – Um juiz federal, indicado pelo Superior Tribunal de Justiça;*
>
> *VIII – Um juiz de Tribunal Regional do Trabalho, indicado pelo Tribunal Superior do Trabalho;*
>
> *IX – Um juiz do trabalho, indicado pelo Tribunal Superior do Trabalho;*
>
> *X – Um membro do Ministério Público da União, indicado pelo Procurador-geral da República;*
>
> *XI – Um membro do Ministério Público estadual, escolhido pelo Procurador-geral da República dentre os nomes indicados pelo órgão competente de cada instituição estadual;*
>
> *XII – Dois advogados, indicados pelo Conselho Federal da Ordem dos Advogados do Brasil;*
>
> *XIII – Dois cidadãos, de notável saber jurídico e reputação ilibada, indicados um pela Câmara dos Deputados e outro pelo Senado Federal.*
>
> *§ 1º O Conselho será presidido pelo Presidente do Supremo Tribunal Federal e, nas suas ausências e impedimentos, pelo Vice-Presidente do Supremo Tribunal Federal.*
>
> *§ 2º Os demais membros do Conselho serão nomeados pelo Presidente da República, depois de aprovada a escolha pela maioria absoluta do Senado Federal.*
>
> *§ 3º Não efetuadas, no prazo legal, as indicações previstas neste artigo, caberá a escolha ao Supremo Tribunal Federal.*
>
> *§ 4º Compete ao Conselho o controle da atuação administrativa e financeira do Poder Judiciário e do cumprimento dos deveres funcionais dos juízes, cabendo-lhe, além de outras atribuições que lhe forem conferidas pelo Estatuto da Magistratura:*
>
> *I – zelar pela autonomia do Poder Judiciário e pelo cumprimento do Estatuto da Magistratura, podendo expedir atos regulamentares, no âmbito de sua competência, ou recomendar providências;*
>
> *II – zelar pela observância do art. 37 e apreciar, de ofício ou mediante provocação, a legalidade dos atos administrativos praticados por membros ou órgãos do Poder Judiciário, podendo desconstituí-los, revê-los ou fixar prazo para que se adotem as providências necessárias ao exato cumprimento da lei, sem prejuízo da competência do Tribunal de Contas da União;*
>
> *III – receber e conhecer das reclamações contra membros ou órgãos do Poder Judiciário, inclusive contra seus serviços auxiliares, serventias e órgãos prestadores de serviços notariais e de registro que atuem por delegação do poder público ou oficializados, sem prejuízo da competência disciplinar e correicional dos tribunais, podendo avocar processos disciplinares em curso, determinar a remoção ou a disponibilidade e aplicar outras sanções administrativas, assegurada ampla defesa;*
>
> *IV – representar ao Ministério Público, no caso de crime contra a Administração Pública ou de abuso de autoridade;*
>
> *V – rever, de ofício ou mediante provocação, os processos disciplinares de juízes e membros de tribunais julgados há menos de um ano;*
>
> *VI – elaborar semestralmente relatório estatístico sobre processos e sentenças prolatadas, por unidade da Federação, nos diferentes órgãos do Poder Judiciário;*
>
> *VII – elaborar relatório anual, propondo as providências que julgar necessárias, sobre a situação do Poder Judiciário no País e as atividades do Conselho, o qual deve integrar mensagem do Presidente do Supremo Tribunal Federal a ser remetida ao Congresso Nacional, por ocasião da abertura da sessão legislativa.*

A composição do CNJ possui uma dificuldade peculiar para a memorização. Perceba na leitura do artigo, que os membros do Conselho são indicados por algum órgão. Além de memorizar os membros, o candidato tem de memorizar o órgão que indicou o membro. Para isso, deve-se fazer uma análise lógica na construção dessa composição:

A primeira coisa que se tem que fazer é identificar os órgãos que escolhem:

- **Supremo Tribunal Federal (STF);**
- **Superior Tribunal de Justiça (STJ);**
- **Tribunal Superior do Trabalho (TST);**
- **Programa de Gerenciamento de Riscos (PGR);**
- **Conselho Federal da Ordem dos Advogados do Brasil (CF/1988OAB);**
- **Câmara dos Deputados;**
- **Senado Federal.**

A partir dessa primeira análise, parte-se para a identificação dos membros que são indicados por cada um dos órgãos, que deve ser construída de forma lógica.

Entre os membros do CNJ existem dois advogados: quem poderia indicar dois advogados? O STF, o STJ, o TST ou o **Conselho Federal dos Advogados do Brasil**? Que quem indica os dois advogados é o CF/1988OAB. Entre os membros do CNJ, existe um membro do Ministério Público da União e um membro do Ministério Público estadual. Quem indica esses dois membros do Ministério Público? Será o STF? Ou seria o STJ? Não é mais lógico que a escolha dos membros do Ministério Público seja do **Procurador Geral da República,** que é o chefe do Ministério Público da União? Certamente.

Com base nessa lógica, fica fácil identificar os membros do CNJ. Continuemos a análise. Agora existem membros da justiça trabalhista: um Ministro do TST, um Juiz do TRT e um Juiz do Trabalho. Quem escolhe esses juízes é o **Tribunal Superior do Trabalho** o responsável pela escolha desses três membros pertencentes à justiça trabalhista.

Ainda há alguns membros a serem escolhidos. Quem escolhe os membros da Justiça Federal (Juiz do TRF e Juiz Federal)? Tem de ser o Tribunal guardião da Legislação Federal: **Superior Tribunal de Justiça**. Ele também escolherá um membro do seu próprio tribunal para fazer parte do CNJ.

Ao **Supremo Tribunal Federal,** fica a responsabilidade pela escolha dos membros da Justiça Estadual, ou seja, um Juiz Estadual e um Desembargador de Tribunal de Justiça. Aqui cabe uma observação importantíssima. O STF não escolhe um de seus ministros para fazer parte do CNJ, pois o Presidente do STF é membro nato. Ele não é escolhido, ele faz parte do CNJ desde sua nomeação como Presidente do STF. Ao mesmo tempo em que é indicado como Presidente do STF, ele também cumulará a função de Presidente do CNJ.

Por último, resta saber quem o **Senado Federal** e a **Câmara dos Deputados** indicarão para ser membro do CNJ. Cada um deles indicará um cidadão de notável saber jurídico e reputação ilibada.

Como se pode perceber, nem todos os membros do Conselho Nacional de Justiça são membros do Poder Judiciário. Essa é uma característica já cobrada em prova, com exceção do Presidente do STF, que é membro nato do CNJ; os demais serão nomeados pelo Presidente da República depois de aprovada a escolha pela maioria do Senado Federal. Caso as indicações acima listadas não sejam efetuadas, caberá ao Supremo Tribunal Federal fazê-las. Lembre-se de que os membros do CNJ exercem um mandato de dois anos, sendo admitida uma recondução.

### 13.2.3 Superior Tribunal de Justiça

O texto constitucional prevê no art. 104 da Constituição Federal de 1988:

> ***Art. 104*** *O Superior Tribunal de Justiça compõe-se de, no mínimo, trinta e três Ministros.*
>
> ***Parágrafo único.*** *Os Ministros do Superior Tribunal de Justiça serão nomeados pelo Presidente da República, dentre brasileiros com mais de trinta e cinco e menos de sessenta e cinco anos, de notável saber jurídico e reputação ilibada, depois de aprovada a escolha pela maioria absoluta do Senado Federal, sendo:*
>
> *I – Um terço dentre juízes dos Tribunais Regionais Federais e um terço dentre desembargadores dos Tribunais de Justiça, indicados em lista tríplice elaborada pelo próprio Tribunal;*
>
> *II – Um terço, em partes iguais, dentre advogados e membros do Ministério Público Federal, Estadual, do Distrito Federal e Territórios, alternadamente, indicados na forma do art. 94.*

O Superior Tribunal de Justiça é composto por, no mínimo, 33 ministros. Deve-se ter cuidado com isso em prova: não são 33, mas, no mínimo 33. Esse dispositivo permite que o Tribunal possua mais de 33 membros.

Seus membros serão nomeados pelo Presidente da República depois de aprovada a escolha pelo Senado Federal. Aqui se aplica uma regra comum nos tribunais superiores: nomeação pelo Presidente mediante aprovação do Senado. Outro requisito é a idade: no mínimo 35 e no máximo 65 anos.

Questão sempre cobrada em prova é a composição. A escolha dos Ministros não é livre, estando vinculada ao texto constitucional que prevê:

- 1/3 das vagas para os membros dos Tribunais Regionais Federais;
- 1/3 das vagas para os Desembargadores dos Tribunais de Justiça;
- 1/3 das vagas, dividida em partes iguais, para membros do Ministério Público Federal, Estadual e do Distrito Federal e advogados com mais de 10 anos de experiência.

No que tange às vagas para os membros do Ministério Público e advogados, uma coisa chama a atenção: a divisão em partes iguais. Se houver isso em uma prova, é muito provável que o candidato marque essa afirmação como sendo incorreta, tendo em vista 1/3 de 33 ser igual a 11, valor esse impossível de se dividir em partes iguais, quando a divisão se trata de pessoas. Contudo, essa é a previsão expressa da Constituição, que não é de toda absurda. Considerando que o STJ pode ser composto por mais de 33 membros, havendo, por exemplo, 36, seria possível efetivar essa divisão em partes iguais. Enquanto o órgão for formado por 33 membros, a vaga remanescente é alternada entre membros do MPF e MPDFT e da advocacia.

### 13.2.4 Tribunal Regional Federal

O art. 107 apresenta as regras de composição dos Tribunais Regionais Federais:

> ***Art. 107*** *Os Tribunais Regionais Federais compõem-se de, no mínimo, sete juízes, recrutados, quando possível, na respectiva região e nomeados pelo Presidente da República dentre brasileiros com mais de trinta e menos de sessenta e cinco anos, sendo:*
>
> *I – Um quinto dentre advogados com mais de dez anos de efetiva atividade profissional e membros do Ministério Público Federal com mais de dez anos de carreira;*
>
> *II – Os demais, mediante promoção de juízes federais com mais de cinco anos de exercício, por antiguidade e merecimento, alternadamente.*

Os TRF's possuem a mesma peculiaridade do STJ no que diz respeito à composição baseada em um mínimo, sendo, nesse caso, no mínimo sete juízes, recrutados, quando possível, na respectiva região. Atualmente, são cinco regiões jurisdicionais, cada uma sob a responsabilidade de um TRF.

Para fazer parte dos TRFs o juiz precisa ter no mínimo 30 e no máximo 65 anos de idade. Quando comparada aos Tribunais Superiores, a idade mínima sofre uma atenuação de 35 para 30 anos; deve-se ter atenção em relação a isso.

Os membros dos TRFs são nomeados pelo Presidente da República sem necessidade de aprovação do Senado Federal. Essa é outra distinção importante.

Nos TRFs adota-se a regra do quinto constitucional, por meio do qual, 1/5 das vagas são destinadas a advogados e membros do Ministério Público Federal com mais de 10 anos de experiência. As demais vagas são destinadas a promoção de juízes federais com mais de cinco anos de exercício, que pode ocorrer ou por merecimento ou por antiguidade, de forma alternada.

### 13.2.5 Justiça do Trabalho

A Justiça do Trabalho encontra-se prevista no art. 111 da Constituição, sendo competente para julgar as causas cuja matéria possua natureza trabalhista. São órgãos da Justiça do Trabalho:

> ***Art. 111.*** *São órgãos da Justiça do Trabalho:*
>
> *I – O Tribunal Superior do Trabalho;*
>
> *II – Os Tribunais Regionais do Trabalho;*
>
> *III – Juízes do Trabalho.*

### 13.2.6 Tribunal Superior de Trabalho

O Tribunal Superior do Trabalho é o órgão de cúpula da Justiça do Trabalho. Segundo a Constituição Federal de 1988, o TST é composto por 27 membros, conforme previsão do art. 111-A:

> ***Art. 111-A*** *O Tribunal Superior do Trabalho compor-se-á de vinte e sete Ministros, escolhidos dentre brasileiros com mais de trinta e cinco anos e menos de sessenta e cinco anos, de notável saber jurídico e reputação ilibada, nomeados pelo Presidente da República após aprovação pela maioria absoluta do Senado Federal, sendo:*
>
> *I – Um quinto dentre advogados com mais de dez anos de efetiva atividade profissional e membros do Ministério Público do Trabalho com mais de dez anos de efetivo exercício, observado o disposto no art. 94;*

# PODER JUDICIÁRIO

*II – Os demais dentre juízes dos Tribunais Regionais do Trabalho, oriundos da magistratura da carreira, indicados pelo próprio Tribunal Superior.*

O Texto Constitucional exige para ser ministro do TST a condição de brasileiro, maior de 35 anos e menor de 65 anos. A nomeação dos ministros se dá por ato do Presidente da República após a aprovação do Senado Federal pelo voto da maioria absoluta dos seus membros. Os 27 ministros são divididos da seguinte forma:

- **1/5:** advogados com mais de dez anos de efetiva atividade profissional e membros do Ministério Público do Trabalho com mais de dez anos de efetivo exercício;
- **4/5:** juízes dos TRT's, oriundos da magistratura de carreira, indicados pelo próprio tribunal.

Como se pode perceber, no TST adota-se o critério de ingresso pela regra do quinto constitucional. Além disso, é importante ressaltar a exigência de que juiz do TRT que deseje concorrer a uma vaga no TST seja membro do Poder Judiciário de carreira, isto é, que tenha ingressado nos quadros do tribunal por meio de concurso público nos termos do art. 93, I da CF/1988. Essa última regra exclui a possibilidade daqueles que são oriundos do quinto constitucional nos TRTs de ingressarem no TST na vaga destinada aos membros da magistratura trabalhista (4/5 das vagas).

A Constituição Federal de 1988 prevê, ainda, o funcionamento junto ao TST da Escola Nacional de Formação e Aperfeiçoamento de Magistrados do Trabalho e o Conselho Superior da Justiça do Trabalho, conforme o art. 111-A, § 2º:

*Art. 111-A [...]*

*§ 2º Funcionarão junto ao Tribunal Superior do Trabalho:*

*I – A Escola Nacional de Formação e Aperfeiçoamento de Magistrados do Trabalho, cabendo-lhe, dentre outras funções, regulamentar os cursos oficiais para o ingresso e promoção na carreira;*

*II – O Conselho Superior da Justiça do Trabalho, cabendo-lhe exercer, na forma da lei, a supervisão administrativa, orçamentária, financeira e patrimonial da Justiça do Trabalho de primeiro e segundo graus, como órgão central do sistema, cujas decisões terão efeito vinculante.*

*§ 3º Compete ao Tribunal Superior do Trabalho processar e julgar, originariamente, a reclamação para a preservação de sua competência e garantia da autoridade de suas decisões.*

## 13.2.7 Tribunal Regional do Trabalho

O ingresso no Tribunal Regional do Trabalho se dá conforme as regras previstas no art. 115 da Constituição Federal de 1988:

*Art. 115 Os Tribunais Regionais do Trabalho compõem-se de, no mínimo, sete juízes, recrutados, quando possível, na respectiva região, e nomeados pelo Presidente da República dentre brasileiros com mais de trinta e menos de sessenta e cinco anos, sendo:*

*I – Um quinto dentre advogados com mais de dez anos de efetiva atividade profissional e membros do Ministério Público do Trabalho com mais de dez anos de efetivo exercício, observado o disposto no art. 94;*

*II – Os demais, mediante promoção de juízes do trabalho por antiguidade e merecimento, alternadamente.*

*§ 1º. Os Tribunais Regionais do Trabalho instalarão a justiça itinerante, com a realização de audiências e demais funções de atividade jurisdicional, nos limites territoriais da respectiva jurisdição, servindo-se de equipamentos públicos e comunitários.*

*§ 2º. Os Tribunais Regionais do Trabalho poderão funcionar descentralizadamente, constituindo Câmaras regionais, a fim de assegurar o pleno acesso do jurisdicionado à justiça em todas as fases do processo.*

*Art. 116. Nas Varas do Trabalho, a jurisdição será exercida por um juiz singular.*

São no mínimo sete juízes recrutados, quando possível, na respectiva região os quais serão nomeados pelo Presidente da República entre brasileiros com mais de 30 e menos de 65 anos de idade. Para ser um juiz do TRT, é necessária a observação dos seguintes critérios:

- **1/5:** advogados com mais de 10 anos de efetiva atividade profissional e membros do Ministério Público do Trabalho com mais de 10 anos de efetivo exercício;
- **4/5:** juízes do trabalho promovidos por antiguidade e merecimento, alternadamente.

A Constituição prevê, dentro da estrutura dos TRTs, como forma de democratizar o acesso à Justiça do Trabalho, a possibilidade de instalação da justiça itinerante, com a realização de audiências e demais funções de atividade jurisdicional, nos limites territoriais da respectiva jurisdição, servindo-se de equipamentos públicos e comunitários. Não se deve esquecer de que os TRTs poderão funcionar descentralizadamente, constituindo câmaras regionais, a fim de assegurar o pleno acesso do jurisdicionado à justiça em todas as fases do processo, garantindo-se, dessa forma, uma maior celeridade processual. Ainda dentro da estrutura da Justiça do Trabalho, a Constituição Federal de 1988 prevê a possibilidade de juízes de direito exercerem as atribuições da jurisdição trabalhista nas comarcas não abrangidas pela Justiça do Trabalho, garantindo, nesse caso, recurso para o TRT:

*Art. 112 A lei criará varas da Justiça do Trabalho, podendo, nas comarcas não abrangidas por sua jurisdição, atribuí-la aos juízes de direito, com recurso para o respectivo Tribunal Regional do Trabalho.*

Por fim, a Constituição determinou que a jurisdição nas Varas do Trabalho seja exercida por um juiz singular:

*Art. 116 Nas Varas do Trabalho, a jurisdição será exercida por um juiz singular.*

Quanto às competências da Justiça do Trabalho, a Constituição encarregou-se de defini-las expressamente no art. 114 da Constituição Federal de 1988:

*Art. 114 Compete à Justiça do Trabalho processar e julgar:*

*I – As ações oriundas da relação de trabalho, abrangidos os entes de direito público externo e da Administração Pública direta e indireta da União, dos Estados, do Distrito Federal e dos Municípios;*

*II – As ações que envolvam exercício do direito de greve;*

*III – As ações sobre representação sindical, entre sindicatos, entre sindicatos e trabalhadores, e entre sindicatos e empregadores;*

*IV – Os mandados de segurança, "Habeas corpus" e "Habeas Data", quando o ato questionado envolver matéria sujeita à sua jurisdição;*

*V – Os conflitos de competência entre órgãos com jurisdição trabalhista, ressalvado o disposto no art. 102, I, o;*

*VI – As ações de indenização por dano moral ou patrimonial, decorrentes da relação de trabalho;*

*VII – As ações relativas às penalidades administrativas impostas aos empregadores pelos órgãos de fiscalização das relações de trabalho;*

*VIII – A execução, de ofício, das contribuições sociais previstas no art. 195, I, a , e II, e seus acréscimos legais, decorrentes das sentenças que proferir;*

*IX – Outras controvérsias decorrentes da relação de trabalho, na forma da lei.*

*§ 1º Frustrada a negociação coletiva, as partes poderão eleger árbitros.*

*§ 2º Recusando-se qualquer das partes à negociação coletiva ou à arbitragem, é facultado às mesmas, de comum acordo, ajuizar dissídio coletivo de natureza econômica, podendo a Justiça do Trabalho decidir o conflito, respeitadas as disposições mínimas legais de proteção ao trabalho, bem como as convencionadas anteriormente.*

*§ 3º Em caso de greve em atividade essencial, com possibilidade de lesão do interesse público, o Ministério Público do Trabalho poderá ajuizar dissídio coletivo, competindo à Justiça do Trabalho decidir o conflito.*

# DIREITO CONSTITUCIONAL

## 13.2.8 Justiça Eleitoral

A Justiça Eleitoral é a justiça especializada em questões de natureza eleitoral. Seus órgãos estão previstos no art. 118 da Constituição Federal de 1988:

> **Art. 118** São órgãos da Justiça Eleitoral:
> I – O Tribunal Superior Eleitoral;
> II – Os Tribunais Regionais Eleitorais;
> III – Os Juízes Eleitorais;
> IV – As Juntas Eleitorais.

Uma peculiaridade distingue os órgãos da Justiça Eleitoral dos demais órgãos do Poder Judiciário. Apesar de seus membros possuírem as mesmas garantias dos demais membros do Poder Judiciário, eles não possuem a vitaliciedade, haja vista serem eleitos para um mandato de dois anos, no mínimo, não podendo exercê-lo por mais de dois biênios consecutivos:

> **Art. 121** Lei complementar disporá sobre a organização e competência dos tribunais, dos juízes de direito e das juntas eleitorais.
> § 1º Os membros dos tribunais, os juízes de direito e os integrantes das juntas eleitorais, no exercício de suas funções, e no que lhes for aplicável, gozarão de plenas garantias e serão inamovíveis.
> § 2º Os juízes dos tribunais eleitorais, salvo motivo justificado, servirão por dois anos, no mínimo, e nunca por mais de dois biênios consecutivos, sendo os substitutos escolhidos na mesma ocasião e pelo mesmo processo, em número igual para cada categoria.

Analisa-se, a seguir, a composição de cada um dos órgãos da Justiça Eleitoral.

## 13.2.9 Tribunal Superior Eleitoral

O Tribunal Superior Eleitoral é o tribunal superior da Justiça Eleitoral. Sua composição está prevista no art. 119 da Constituição Federal:

> **Art. 119** O Tribunal Superior Eleitoral compor-se-á, no mínimo, de sete membros, escolhidos:
> I – Mediante eleição, pelo voto secreto:
> a) Três juízes dentre os Ministros do Supremo Tribunal Federal;
> b) Dois juízes dentre os Ministros do Superior Tribunal de Justiça;
> II – Por nomeação do Presidente da República, dois juízes dentre seis advogados de notável saber jurídico e idoneidade moral, indicados pelo Supremo Tribunal Federal.
> **Parágrafo único.** O Tribunal Superior Eleitoral elegerá seu Presidente e o Vice-Presidente dentre os Ministros do Supremo Tribunal Federal, e o Corregedor Eleitoral dentre os Ministros do Superior Tribunal de Justiça.

Como se pode depreender do texto constitucional, o TSE é composto de no mínimo sete membros os quais serão eleitos ou nomeados segundo as seguintes regras:

- Escolhidos mediante eleição: **três** juízes dentre os Ministros STF e **dois** juízes dentre os Ministros do STJ;
- Por nomeação do Presidente da República: dois juízes dentre seis **advogados** de notável saber jurídico e idoneidade moral, indicados pelo Supremo Tribunal Federal.

O presidente e o vice-presidente do TSE serão escolhidos dentre os Ministros do STF e o Corregedor Eleitoral será escolhido dentre os Ministros do STJ.

## 13.2.10 Tribunal Regional Eleitoral

Os Tribunais Regionais Eleitorais serão distribuídos em todo território nacional sendo um em cada Capital de cada Estado e no Distrito Federal os quais se comporão de **sete membros**, conforme dispõe o art. 120 da Constituição Federal de 1988:

> **Art. 120** Haverá um Tribunal Regional Eleitoral na Capital de cada Estado e no Distrito Federal.
> § 1º Os Tribunais Regionais Eleitorais compor-se-ão:
> I – Mediante eleição, pelo voto secreto:
> a) De dois juízes dentre os desembargadores do Tribunal de Justiça;
> b) De dois juízes, dentre juízes de direito, escolhidos pelo Tribunal de Justiça;
> II – De um juiz do Tribunal Regional Federal com sede na Capital do Estado ou no Distrito Federal, ou, não havendo, de juiz federal, escolhido, em qualquer caso, pelo Tribunal Regional Federal respectivo;
> III – Por nomeação, pelo Presidente da República, de dois juízes dentre seis advogados de notável saber jurídico e idoneidade moral, indicados pelo Tribunal de Justiça.
> § 2º O Tribunal Regional Eleitoral elegerá seu Presidente e o Vice-Presidente dentre os desembargadores.

Os membros do TRE serão escolhidos conforme os seguintes critérios:

- **Mediante eleição: dois** juízes dentre os desembargadores do Tribunal de Justiça e **dois** juízes, dentre juízes de direito, escolhidos pelo Tribunal de Justiça.
- **Por nomeação do Presidente da República:** de **dois** juízes dentre seis advogados de notável saber jurídico e idoneidade moral, indicados pelo Tribunal de Justiça.

Cada TRE elegerá seu presidente e o vice-presidente entre os seus desembargadores.

- **Juízes e Juntas Eleitorais**

No que tange aos juízes e juntas eleitorais previstos no art. 121 da Constituição Federal de 1988, sua regulação está prevista no Código Eleitoral entre os arts. 32 e 41, a qual deve ser analisada em disciplina oportuna. Isto é o que prevê o texto constitucional:

> **Art. 121** Lei complementar disporá sobre a organização e competência dos tribunais, dos juízes de direito e das juntas eleitorais.
> § 1º Os membros dos tribunais, os juízes de direito e os integrantes das juntas eleitorais, no exercício de suas funções, e no que lhes for aplicável, gozarão de plenas garantias e serão inamovíveis.

- **Competência**

Quanto às atribuições da Justiça Eleitoral, não existe dúvida sobre a sua competência especializada em matéria eleitoral. O art. 121, em seu § 3º, estabelece algumas regras que podem ser cobradas em prova:

> **Art. 121** [...]
> § 3º São irrecorríveis as decisões do Tribunal Superior Eleitoral, salvo as que contrariarem esta Constituição e as denegatórias de Habeas corpus ou mandado de segurança.
> § 4º Das decisões dos Tribunais Regionais Eleitorais somente caberá recurso quando:
> I – Forem proferidas contra disposição expressa desta Constituição ou de lei;
> II – Ocorrer divergência na interpretação de lei entre dois ou mais tribunais eleitorais;
> III – Versarem sobre inelegibilidade ou expedição de diplomas nas eleições federais ou estaduais;
> IV – Anularem diplomas ou decretarem a perda de mandatos eletivos federais ou estaduais;
> V – Denegarem Habeas corpus, mandado de segurança, Habeas Data ou mandado de injunção.

## 13.2.11 Justiça Militar

A Justiça Militar compõe a chamada justiça especializada, nesse caso, em direito militar. A sua existência se deve à subordinação dos militares a um regime especial com direitos e deveres distintos quando comparados aos servidores civis.

# PODER JUDICIÁRIO

A Constituição Federal definiu como órgãos da Justiça Militar os seguintes:

> **Art. 122** *São órgãos da Justiça Militar:*
> *I – O Superior Tribunal Militar;*
> *II – Os Tribunais e Juízes Militares instituídos por lei.*

Na sequência, pode-se ver a composição de cada um dos órgãos.

• **Superior Tribunal Militar**

O Superior Tribunal Militar é o órgão de cúpula da Justiça Militar, o qual é composto segundo as regras estabelecidas no art. 123 da Constituição Federal de 1988:

> **Art. 123** *O Superior Tribunal Militar compor-se-á de quinze Ministros vitalícios, nomeados pelo Presidente da República, depois de aprovada a indicação pelo Senado Federal, sendo três dentre oficiais-generais da Marinha, quatro dentre oficiais-generais do Exército, três dentre oficiais-generais da Aeronáutica, todos da ativa e do posto mais elevado da carreira, e cinco dentre civis.*
>
> **Parágrafo único.** *Os Ministros civis serão escolhidos pelo Presidente da República dentre brasileiros maiores de trinta e cinco anos, sendo:*
> *I – Três dentre advogados de notório saber jurídico e conduta ilibada, com mais de dez anos de efetiva atividade profissional;*
> *II – Dois, por escolha paritária, dentre juízes auditores e membros do Ministério Público da Justiça Militar.*

O STM é composto por quinze ministros nomeados pelo Presidente da República, depois de aprovada a indicação pelo Senado Federal. Esses ministros ocuparão os cargos de forma vitalícia e serão escolhidos entre militares da ativa e do posto mais elevado da carreira, bem como entre civis escolhidos pelo Presidente da República com mais de 35 anos de idade, observadas as seguintes regras:

| 10 Militares: |
|---|
| - **Três** - oficiais-generais da Marinha; |
| - **Quatro** - oficiais-generais do Exército; |
| - **Três** - oficiais-generais da Aeronáutica. |
| **5 Civis:** |
| - **Três** - civis entre advogados de notório saber jurídico e conduta ilibada, com mais de dez anos de efetiva atividade profissional; |
| - **Dois** - civis escolhidos de forma paritária, entre juízes auditores e membros do Ministério Público da Justiça Militar. |

• **Competências**

Segundo a Constituição Federal, a Justiça Militar é competente para processar e julgar os crimes militares definidos em lei:

> **Art. 124** *À Justiça Militar compete processar e julgar os crimes militares definidos em lei.*
>
> **Parágrafo único.** *A lei disporá sobre a organização, o funcionamento e a competência da Justiça Militar.*

É importante lembrar que essa competência é da Justiça Militar da União, a qual só julgará crimes militares praticados por militares das Forças Armadas. A Constituição Federal de 1988 também previu a criação da Justiça Militar nos Estados com competência para julgar os militares dos estados (policiais e bombeiros militares) em seu art. 125, § 3º ao 5º:

> **Art. 125** *Os Estados organizarão sua Justiça, observados os princípios estabelecidos nesta Constituição.*
>
> *§ 3º A lei estadual poderá criar, mediante proposta do Tribunal de Justiça, a Justiça Militar estadual, constituída, em primeiro grau, pelos juízes de direito e pelos Conselhos de Justiça e, em segundo grau, pelo próprio Tribunal de Justiça, ou por Tribunal de Justiça Militar nos Estados em que o efetivo militar seja superior a vinte mil integrantes.*
>
> *§ 4º Compete à Justiça Militar estadual processar e julgar os militares dos Estados, nos crimes militares definidos em lei e as ações judiciais contra atos disciplinares militares, ressalvada a competência do júri quando a vítima for civil, cabendo ao tribunal competente decidir sobre a perda do posto e da patente dos oficiais e da graduação das praças.*
>
> *§ 5º Compete aos juízes de direito do juízo militar processar e julgar, singularmente, os crimes militares cometidos contra civis e as ações judiciais contra atos disciplinares militares, cabendo ao Conselho de Justiça, sob a presidência de juiz de direito, processar e julgar os demais crimes militares.*

## 13.2.12 Tribunais e juízes estaduais

Em relação aos tribunais e juízes estaduais, a Constituição Federal fixou regras gerais e deixou a cargo de cada Estado organizar a sua justiça, observados os princípios estabelecidos na Constituição Federal:

> **Art. 125** *Os Estados organizarão sua Justiça, observados os princípios estabelecidos nesta Constituição.*
>
> *§ 1º A competência dos tribunais será definida na Constituição do Estado, sendo a lei de organização judiciária de iniciativa do Tribunal de Justiça.*
>
> *§ 2º Cabe aos Estados a instituição de representação de inconstitucionalidade de leis ou atos normativos estaduais ou municipais em face da Constituição Estadual, vedada a atribuição da legitimação para agir a um único órgão.*
>
> *§ 3º A lei estadual poderá criar, mediante proposta do Tribunal de Justiça, a Justiça Militar estadual, constituída, em primeiro grau, pelos juízes de direito e pelos Conselhos de Justiça e, em segundo grau, pelo próprio Tribunal de Justiça, ou por Tribunal de Justiça Militar nos Estados em que o efetivo militar seja superior a vinte mil integrantes.*
>
> *§ 4º Compete à Justiça Militar estadual processar e julgar os militares dos Estados, nos crimes militares definidos em lei e as ações judiciais contra atos disciplinares militares, ressalvada a competência do júri quando a vítima for civil, cabendo ao tribunal competente decidir sobre a perda do posto e da patente dos oficiais e da graduação das praças.*
>
> *§ 5º Compete aos juízes de direito do juízo militar processar e julgar, singularmente, os crimes militares cometidos contra civis e as ações judiciais contra atos disciplinares militares, cabendo ao Conselho de Justiça, sob a presidência de juiz de direito, processar e julgar os demais crimes militares.*
>
> *§ 6º O Tribunal de Justiça poderá funcionar descentralizadamente, constituindo Câmaras regionais, a fim de assegurar o pleno acesso do jurisdicionado à justiça em todas as fases do processo.*
>
> *§ 7º O Tribunal de Justiça instalará a justiça itinerante, com a realização de audiências e demais funções da atividade jurisdicional, nos limites territoriais da respectiva jurisdição, servindo-se de equipamentos públicos e comunitários.*
>
> **Art. 126** *Para dirimir conflitos fundiários, o Tribunal de Justiça proporá a criação de varas especializadas, com competência exclusiva para questões agrárias.*
>
> **Parágrafo único.** *Sempre que necessário à eficiente prestação jurisdicional, o juiz far-se-á presente no local do litígio.*

• **STF – 11 membros – entre 35 e 65 anos**

> Composição: brasileiros natos. Notável saber jurídico e reputação ilibada. Nomeados pelo Presidente da República mediante aprovação do Senado pela maioria absoluta.

• **CNJ – 15 membros**

> Composição: presidente do STF. Indicados pelo STF: 1 desembargador do TJ, 1 juiz estadual. Indicados pelo STJ: 1 ministro do STJ, 1 juiz do TRF, 1 juiz federal. Indicados pelo TST: 1 ministro do TST, 1 juiz do TRT, 1 juiz do trabalho. Indicados pelo PGR: 1 membro do MPE, 1 membro do MPU. Indicados pelo CF/1988OAB: 2 advogados. Indicado pela Câmara: 1 cidadão. Indicado pelo Senado: 1 cidadão.

• **STJ – mínimo de 33 membros – entre 35 e 65 anos**

> Composição: Brasileiro. Notável saber jurídico e reputação ilibada. Nomeado pelo Presidente da República mediante aprovação do Senado. 1/3 juízes do TRF. 1/3 desembargadores do TJ. 1/3 advogados e membros do MPF, MPE e MPDFT.

# DIREITO CONSTITUCIONAL

- **TRF – mínimo de 7 membros – entre 30 e 65 anos**
  Composição: Nomeados pelo Presidente da República. 1/5 advogados e membros do MPF (os advogados e membros do Ministério Público quando são nomeados para algum cargo do Poder Judiciário pelo Quinto Constitucional precisam comprovar 10 anos de experiência). 4/5 juízes federais.

- **TST – 27 membros – entre 35 e 65 anos**
  Composição: Nomeado pelo Presidente da República mediante aprovação do Senado. 1/5 advogados e membros do MPT. 4/5 juízes do TRT da magistratura de carreira.

- **TRT – mínimo de 7 membros**
  Composição: Eleição: 3 ministros do STF; 2 ministros do STJ. Nomeação pelo Presidente da República: 2 advogados de notável saber jurídico e idoneidade moral indicados pelo STF.

- **TRE – 7 membros**
  Composição: Eleição: 2 desembargadores do TJ, 2 juízes de direito do TJ. 1 juiz do TRF ou juiz federal. Nomeação pelo Presidente da República: 2 advogados de notável saber jurídico e idoneidade moral indicados pelo TJ.

- **STM – 15 membros**
  Composição: Ministros vitalícios. Nomeados pelo Presidente da República mediante aprovação do Senado. 3 oficiais-generais da Marinha. 4 oficiais-generais do Exército. 3 oficiais-generais da Aeronáutica. 5 civis escolhidos pelo Presidente entre brasileiros com mais de trinta e cinco anos sendo três dentre advogados com mais de dez anos de efetiva atividade profissional e dois entre juízes auditores e membros do Ministério Público Militar.

## 13.3 Análise das competências dos órgãos do Poder Judiciário

O sucesso nesta parte da matéria depende de intensa leitura e memorização das competências que serão cobradas em prova. As mais cobradas são, sem dúvida, as do STF e do STJ. Também há grande ocorrência de questões sobre o CNJ. Passa-se à análise de cada um dos órgãos do Poder Judiciário.

### 13.3.1 Supremo Tribunal Federal

O Supremo Tribunal Federal é o órgão de cúpula do Poder Judiciário. Também é conhecido como Tribunal Constitucional, pois possui como atribuição precípua a guarda da Constituição Federal. Como protetor do texto constitucional, ele realiza o chamado Controle de Constitucionalidade Concentrado. Nota-se que as competências do STF compõem um rol taxativo e estão distribuídas em três espécies: originária, recursal ordinária e recursal extraordinária.

- **Originárias:** as causas previstas no inciso I do art. 102 têm início no próprio STF, a quem compete julgar originariamente.

    *Art. 102 Compete ao Supremo Tribunal Federal, precipuamente, a guarda da Constituição, cabendo-lhe:*

    *I – Processar e julgar, originariamente:*

    *a) A ação direta de inconstitucionalidade de lei ou ato normativo federal ou estadual e a ação declaratória de constitucionalidade de lei ou ato normativo federal;*

    *b) Nas infrações penais comuns, o Presidente da República, o Vice-Presidente, os membros do Congresso Nacional, seus próprios Ministros e o Procurador-geral da República;*

    *c) Nas infrações penais comuns e nos crimes de responsabilidade, os Ministros de Estado e os Comandantes da Marinha, do Exército e da Aeronáutica, ressalvado o disposto no art. 52, I, os membros dos Tribunais Superiores, os do Tribunal de Contas da União e os chefes de missão diplomática de caráter permanente;*

    *d) O Habeas corpus, sendo paciente qualquer das pessoas referidas nas alíneas anteriores; o mandado de segurança e o Habeas Data contra atos do Presidente da República, das Mesas da Câmara dos Deputados e do Senado Federal, do Tribunal de Contas da União, do Procurador-geral da República e do próprio Supremo Tribunal Federal;*

    *e) O litígio entre Estado estrangeiro ou organismo internacional e a União, o Estado, o Distrito Federal ou o Território;*

    *f) As causas e os conflitos entre a União e os Estados, a União e o Distrito Federal, ou entre uns e outros, inclusive as respectivas entidades da administração indireta;*

    *g) A extradição solicitada por Estado estrangeiro;*

    *h) (Revogado Emenda Constitucional nº 45, de 2004);*

    *i) O Habeas corpus, quando o coator for Tribunal Superior ou quando o coator ou o paciente for autoridade ou funcionário cujos atos estejam sujeitos diretamente à jurisdição do Supremo Tribunal Federal, ou se trate de crime sujeito à mesma jurisdição em uma única instância;*

    *j) A revisão criminal e a ação rescisória de seus julgados;*

    *l) A reclamação para a preservação de sua competência e garantia da autoridade de suas decisões;*

    *m) A execução de sentença nas causas de sua competência originária, facultada a delegação de atribuições para a prática de atos processuais;*

    *n) A ação em que todos os membros da magistratura sejam direta ou indiretamente interessados, e aquela em que mais da metade dos membros do tribunal de origem estejam impedidos ou sejam direta ou indiretamente interessados;*

    *o) Os conflitos de competência entre o Superior Tribunal de Justiça e quaisquer tribunais, entre Tribunais Superiores, ou entre estes e qualquer outro tribunal;*

    *p) O pedido de medida cautelar das ações diretas de inconstitucionalidade;*

    *q) O mandado de injunção, quando a elaboração da norma regulamentadora for atribuição do Presidente da República, do Congresso Nacional, da Câmara dos Deputados, do Senado Federal, das Mesas de uma dessas Casas Legislativas, do Tribunal de Contas da União, de um dos Tribunais Superiores, ou do próprio Supremo Tribunal Federal;*

    *r) As ações contra o Conselho Nacional de Justiça e contra o Conselho Nacional do Ministério Público.*

- **Recurso ordinário:** analisa matéria já debatida em instância anterior atuando como tribunal de 2º grau de jurisdição. O art. 102, II prevê como competência em sede de recurso ordinário:

    *II – Julgar, em recurso ordinário:*

    *a) O Habeas corpus, o mandado de segurança, o Habeas Data e o mandado de injunção decididos em única instância pelos Tribunais Superiores, se denegatória a decisão;*

    *b) O crime político.*

- **Recurso extraordinário:** atua na defesa da norma constitucional. O art. 102, inciso III, prevê que compete ao STF o julgamento das causas decididas em única ou última instância quando a decisão recorrida:

    *III – Julgar, mediante recurso extraordinário, as causas decididas em única ou última instância, quando a decisão recorrida:*

    *a) Contrariar dispositivo desta Constituição;*

    *b) Declarar a inconstitucionalidade de tratado ou lei federal;*

    *c) Julgar válida lei ou ato de governo local contestado em face desta Constituição.*

    *d) Julgar válida lei local contestada em face de lei federal.*

As questões sobre competências costumam ser bem complicadas, pois exigem do candidato a memorização de vários dispositivos, sem contar que se costuma complicar colocando a competência de um tribunal como se fosse de outro tribunal. Vejamos este exemplo:

**Controle de constitucionalidade:** o STF, em sede de controle de constitucionalidade concentrado, tem competência para apreciar originariamente a Ação Direta de Inconstitucionalidade e a Ação Declaratória de Constitucionalidade. Essas ações têm como objetivo questionar a constitucionalidade de uma lei ou ato normativo diante da Constituição. Quando esse questionamento se dá diretamente no STF, é necessário que seja apresentado por um dos legitimados que estão previstos no art. 103 da Constituição Federal de 1988:

# PODER JUDICIÁRIO

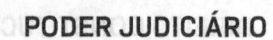

*Art. 103 Podem propor a ação direta de inconstitucionalidade e a ação declaratória de constitucionalidade:*

*I – O Presidente da República;*

*II – A Mesa do Senado Federal;*

*III – A Mesa da Câmara dos Deputados;*

*IV – A Mesa de Assembleia Legislativa ou da Câmara Legislativa do Distrito Federal;*

*V – O Governador de Estado ou do Distrito Federal;*

*VI – O Procurador-geral da República;*

*VII – O Conselho Federal da Ordem dos Advogados do Brasil;*

*VIII – Partido político com representação no Congresso Nacional;*

*IX – Confederação sindical ou entidade de classe de âmbito nacional.*

*§1º O Procurador-geral da República deverá ser previamente ouvido nas ações de inconstitucionalidade e em todos os processos de competência do Supremo Tribunal Federal.*

*§2º Declarada a inconstitucionalidade por omissão de medida para tornar efetiva norma constitucional, será dada ciência ao Poder competente para a adoção das providências necessárias e, em se tratando de órgão administrativo, para fazê-lo em trinta dias.*

*§ 3º Quando o Supremo Tribunal Federal apreciar a inconstitucionalidade, em tese, de norma legal ou ato normativo, citará, previamente, o Advogado-Geral da União, que defenderá o ato ou texto impugnado.*

Deve-se memorizar o rol de legitimados. Observe que os membros do Poder Executivo e Legislativo da União, dos estados e do Distrito Federal possuem legitimidade para ingressar com essas ações de Controle de Constitucionalidade, contudo as mesmas autoridades no âmbito dos Municípios não possuem tal poder, e isso aparece muito em prova. Prefeito e mesa da Câmara de Vereadores não possuem legitimidade para propor as ações de controle de constitucionalidade citadas acima.

Observam-se também outros detalhes. No que tange às Casas Legislativas, a competência é da Mesa e não do membro. Mesa da Câmara ou da Assembleia é órgão de direção em que encontram o Presidente da Casa, os Secretários e demais membros de direção.

Quanto aos partidos políticos, não é qualquer partido político que tem legitimidade; tem de ser partido com representação no Congresso Nacional. E representação no Congresso Nacional significa pelo menos um membro em qualquer uma das Casas.

Em relação à confederação sindical ou entidade de classe, não será qualquer uma que possui legitimidade. Deve ser de âmbito nacional.

**Súmulas vinculantes:** as súmulas vinculantes são ferramentas jurídicas criadas para garantir maior efetividade ao inciso LXXVIII do art. 5º da Constituição Federal de 1988 (celeridade processual). Introduzida no direito brasileiro por meio da Emenda Constitucional nº 45/2004, essas súmulas refletem o pensamento do Supremo Tribunal Federal acerca da validade, interpretação e eficácia de algumas normas que já foram analisadas em reiteradas decisões.

A competência para edição dessas súmulas é exclusiva do STF. Após a edição da súmula, ela produz efeitos vinculantes para todos os órgãos do Poder Judiciário e para a Administração Pública Direta e Indireta, nas esferas federal, estadual e municipal. É importante ressaltar que os efeitos das súmulas vinculantes não atingem o STF nem o Poder Legislativo: o STF, por poder rever ou cancelar a súmula conforme a evolução jurisprudencial; e o Legislativo, por ser o Poder responsável pela inovação legislativa no Brasil.

O seu principal objetivo é diminuir a quantidade de processos com temas idênticos que se acumulam nas diversas instâncias do Judiciário. Ao editar uma súmula vinculante, o STF produz segurança jurídica e evita a multiplicação de processos sobre as questões sumuladas. Esse tema está regulado pelo art. 103-A da Constituição Federal e pela Lei nº 11.417/2006.

*Art. 103-A O Supremo Tribunal Federal poderá, de ofício ou por provocação, mediante decisão de dois terços dos seus membros, após reiteradas decisões sobre matéria constitucional, aprovar súmula que, a partir de sua publicação na imprensa oficial, terá efeito vinculante em relação aos demais órgãos do Poder Judiciário e à Administração Pública direta e indireta, nas esferas federal, estadual e municipal, bem como proceder à sua revisão ou cancelamento, na forma estabelecida em lei.*

*§ 1º A súmula terá por objetivo a validade, a interpretação e a eficácia de normas determinadas, acerca das quais haja controvérsia atual entre órgãos judiciários ou entre esses e a Administração Pública que acarrete grave insegurança jurídica e relevante multiplicação de processos sobre questão idêntica.*

*§ 2º Sem prejuízo do que vier a ser estabelecido em lei, a aprovação, revisão ou cancelamento de súmula poderá ser provocada por aqueles que podem propor a ação direta de inconstitucionalidade.*

*§ 3º Do ato administrativo ou decisão judicial que contrariar a súmula aplicável ou que indevidamente a aplicar, caberá reclamação ao Supremo Tribunal Federal que, julgando-a procedente, anulará o ato administrativo ou cassará a decisão judicial reclamada, e determinará que outra seja proferida com ou sem a aplicação da súmula, conforme o caso.*

## 13.3.2 Superior Tribunal de Justiça

O Superior Tribunal de Justiça é o conhecido protetor da legislação federal. Suas competências estão arroladas no art. 105 da Constituição Federal de 1988 e estão divididas em: originária, recursal ordinária e recursal especial.

- **Originária:** as causas previstas no inciso I do art. 105 têm início no próprio STJ, a quem compete julgar originariamente:

    *a) Nos crimes comuns, os Governadores dos Estados e do Distrito Federal, e, nestes e nos de responsabilidade, os desembargadores dos Tribunais de Justiça dos Estados e do Distrito Federal, os membros dos Tribunais de Contas dos Estados e do Distrito Federal, os dos Tribunais Regionais Federais, dos Tribunais Regionais Eleitorais e do Trabalho, os membros dos Conselhos ou Tribunais de Contas dos Municípios e os do Ministério Público da União que oficiem perante tribunais;*

    *b) Os mandados de segurança e os Habeas Data contra ato de Ministro de Estado, dos Comandantes da Marinha, do Exército e da Aeronáutica ou do próprio Tribunal;*

    *c) Os Habeas corpus, quando o coator ou paciente for qualquer das pessoas mencionadas na alínea "a", ou quando o coator for tribunal sujeito à sua jurisdição, Ministro de Estado ou Comandante da Marinha, do Exército ou da Aeronáutica, ressalvada a competência da Justiça Eleitoral;*

    *d) Os conflitos de competência entre quaisquer tribunais, ressalvado o disposto no art. 102, I, "o", bem como entre tribunal e juízes a ele não vinculados e entre juízes vinculados a tribunais diversos;*

    *e) As revisões criminais e as ações rescisórias de seus julgados;*

    *f) A reclamação para a preservação de sua competência e garantia da autoridade de suas decisões;*

    *g) Os conflitos de atribuições entre autoridades administrativas e judiciárias da União, ou entre autoridades judiciárias de um Estado e administrativas de outro ou do Distrito Federal, ou entre as deste e da União;*

    *h) O mandado de injunção, quando a elaboração da norma regulamentadora for atribuição de órgão, entidade ou autoridade federal, da administração direta ou indireta, excetuados os casos de competência do Supremo Tribunal Federal e dos órgãos da Justiça Militar, da Justiça Eleitoral, da Justiça do Trabalho e da Justiça Federal;*

    *i) A homologação de sentenças estrangeiras e a concessão de exequatur às cartas rogatórias.*

- **Recurso Ordinário:** analisa matéria já debatida em instância anterior atuando como tribunal de 2º grau de jurisdição. O art. 105, II prevê como competência em sede de recurso ordinário:

    *a) Os "Habeas corpus" decididos em única ou última instância pelos Tribunais Regionais Federais ou pelos tribunais dos Estados, do Distrito Federal e Territórios, quando a decisão for denegatória;*

    *b) Os mandados de segurança decididos em única instância pelos Tribunais Regionais Federais ou pelos tribunais dos Estados, do Distrito Federal e Territórios, quando denegatória a decisão;*

    *c) As causas em que forem partes Estado estrangeiro ou organismo internacional, de um lado, e, do outro, Município ou pessoa residente ou domiciliada no País.*

- **Recurso Especial:** atua na defesa das normas infraconstitucionais federais. O art. 105, inciso III prevê que compete ao STJ o julgamento das causas decididas em única ou última instância pelos TRF's e TJ's que:

    *a) Contrariar tratado ou lei federal, ou negar-lhe vigência;*

*b) Julgar válido ato de governo local contestado em face de lei federal;*
*c) Der a lei federal interpretação divergente da que lhe haja atribuído outro tribunal.*

## 13.3.3 Conselho Nacional de Justiça

O Conselho Nacional de Justiça é órgão do Poder Judiciário, mas não possui função jurisdicional. Sua função é de caráter administrativo.

O CNJ é responsável pela fiscalização administrativa e financeira do Poder Judiciário. Possui também atribuição para fiscalizar os seus membros quanto a observância dos deveres funcionais.

Por fim, deve-se lembrar que o CNJ não possui competência sobre o STF, haja vista este ser o órgão de cúpula de todo o Poder Judiciário.

*Art. 103-B [...]*

*§ 4º Compete ao Conselho o controle da atuação administrativa e financeira do Poder Judiciário e do cumprimento dos deveres funcionais dos juízes, cabendo-lhe, além de outras atribuições que lhe forem conferidas pelo Estatuto da Magistratura:*

*I – Zelar pela autonomia do Poder Judiciário e pelo cumprimento do Estatuto da Magistratura, podendo expedir atos regulamentares, no âmbito de sua competência, ou recomendar providências;*

*II – Zelar pela observância do art. 37 e apreciar, de ofício ou mediante provocação, a legalidade dos atos administrativos praticados por membros ou órgãos do Poder Judiciário, podendo desconstituí-los, revê-los ou fixar prazo para que se adotem as providências necessárias ao exato cumprimento da lei, sem prejuízo da competência do Tribunal de Contas da União;*

*III – Receber e conhecer das reclamações contra membros ou órgãos do Poder Judiciário, inclusive contra seus serviços auxiliares, serventias e órgãos prestadores de serviços notariais e de registro que atuem por delegação do poder público ou oficializados, sem prejuízo da competência disciplinar e correicional dos tribunais, podendo avocar processos disciplinares em curso e determinar a remoção, a disponibilidade ou a aposentadoria com subsídios ou proventos proporcionais ao tempo de serviço e aplicar outras sanções administrativas, assegurada ampla defesa;*

*IV – Representar ao Ministério Público, no caso de crime contra a Administração Pública ou de abuso de autoridade;*

*V – Rever, de ofício ou mediante provocação, os processos disciplinares de juízes e membros de tribunais julgados há menos de um ano;*

*VI – Elaborar semestralmente relatório estatístico sobre processos e sentenças prolatadas, por unidade da Federação, nos diferentes órgãos do Poder Judiciário;*

*VII – Elaborar relatório anual, propondo as providências que julgar necessárias, sobre a situação do Poder Judiciário no País e as atividades do Conselho, o qual deve integrar mensagem do Presidente do Supremo Tribunal Federal a ser remetida ao Congresso Nacional, por ocasião da abertura da sessão legislativa.*

*§ 5º O Ministro do Superior Tribunal de Justiça exercerá a função de Ministro-Corregedor e ficará excluído da distribuição de processos no Tribunal, competindo-lhe, além das atribuições que lhe forem conferidas pelo Estatuto da Magistratura, as seguintes:*

*I – Receber as reclamações e denúncias, de qualquer interessado, relativas aos magistrados e aos serviços judiciários;*

*II – Exercer funções executivas do Conselho, de inspeção e de correição geral;*

*III – Requisitar e designar magistrados, delegando-lhes atribuições, e requisitar servidores de juízos ou tribunais, inclusive nos Estados, Distrito Federal e Territórios.*

*§ 6º Junto ao Conselho oficiarão o Procurador-geral da República e o Presidente do Conselho Federal da Ordem dos Advogados do Brasil.*

*§ 7º A União, inclusive no Distrito Federal e nos Territórios, criará ouvidorias de justiça, competentes para receber reclamações e denúncias de qualquer interessado contra membros ou órgãos do Poder Judiciário, ou contra seus serviços auxiliares, representando diretamente ao Conselho Nacional de Justiça.*

## 13.3.4 Justiça Federal

**Estes são os órgãos da chamada Justiça Federal:**

*Art. 106 São órgãos da Justiça Federal:*
*I – Os Tribunais Regionais Federais;*
*II – Os Juízes Federais.*

- **Tribunal Regional Federal e Juízes Federais**

As competências da Justiça Federal, em regra, estão relacionadas com causas de interesse da União. Atente para esse tema, pois há competências que são dos Tribunais Regionais Federais e outras que são dos Juízes Federais. As provas costumam trocar essas competências umas pelas outras. As primeiras encontram-se definidas na Constituição Federal no art. 108 e as dos Juízes Federais estão previstas no art. 109:

*Art. 108 Compete aos Tribunais Regionais Federais:*

*I – Processar e julgar, originariamente:*

*a) Os juízes federais da área de sua jurisdição, incluídos os da Justiça Militar e da Justiça do Trabalho, nos crimes comuns e de responsabilidade, e os membros do Ministério Público da União, ressalvada a competência da Justiça Eleitoral;*

*b) As revisões criminais e as ações rescisórias de julgados seus ou dos juízes federais da região;*

*c) Os mandados de segurança e os Habeas Data contra ato do próprio Tribunal ou de juiz federal;*

*d) Os Habeas corpus, quando a autoridade coatora for juiz federal;*

*e) Os conflitos de competência entre juízes federais vinculados ao Tribunal;*

*II – Julgar, em grau de recurso, as causas decididas pelos juízes federais e pelos juízes estaduais no exercício da competência federal da área de sua jurisdição.*

*Art. 109 Aos juízes federais compete processar e julgar:*

*I – As causas em que a União, entidade autárquica ou empresa pública federal forem interessadas na condição de autoras, rés, assistentes ou oponentes, exceto as de falência, as de acidentes de trabalho e as sujeitas à Justiça Eleitoral e à Justiça do Trabalho;*

*II – As causas entre Estado estrangeiro ou organismo internacional e Município ou pessoa domiciliada ou residente no País;*

*III – As causas fundadas em tratado ou contrato da União com Estado estrangeiro ou organismo internacional;*

*IV – Os crimes políticos e as infrações penais praticadas em detrimento de bens, serviços ou interesse da União ou de suas entidades autárquicas ou empresas públicas, excluídas as contravenções e ressalvada a competência da Justiça Militar e da Justiça Eleitoral;*

*V – Os crimes previstos em tratado ou convenção internacional, quando, iniciada a execução no País, o resultado tenha ou devesse ter ocorrido no estrangeiro, ou reciprocamente;*

*V-A. As causas relativas a direitos humanos a que se refere o § 5º deste artigo;*

*VI – Os crimes contra a organização do trabalho e, nos casos determinados por lei, contra o sistema financeiro e a ordem econômico-financeira;*

*VII – Os Habeas corpus, em matéria criminal de sua competência ou quando o constrangimento provier de autoridade cujos atos não estejam diretamente sujeitos a outra jurisdição;*

*VIII – Os mandados de segurança e os Habeas Data contra ato de autoridade federal, excetuados os casos de competência dos tribunais federais;*

*IX – Os crimes cometidos a bordo de navios ou aeronaves, ressalvada a competência da Justiça Militar;*

*X – Os crimes de ingresso ou permanência irregular de estrangeiro, a execução de carta rogatória, após o "exequatur", e de sentença estrangeira, após a homologação, as causas referentes à nacionalidade, inclusive a respectiva opção, e à naturalização;*

*XI – A disputa sobre direitos indígenas.*

# 14 FUNÇÕES ESSENCIAIS À JUSTIÇA

As funções essenciais à justiça estão previstas expressamente do art. 127 ao 135 da Constituição Federal de 1988, elas são representadas pelas seguintes instituições:

- Ministério Público;
- Advocacia Pública;
- Defensoria Pública;
- Advocacia.

Ao contrário do que muitos pensam, essas instituições não fazem parte do Poder Judiciário, mas desempenham suas funções junto a esse poder. Sua atuação é essencial ao exercício jurisdicional, razão pela qual foram classificadas como funções essenciais. Essa necessidade se justifica em razão da impossibilidade de o Judiciário agir de ofício, ou seja, toda a atuação jurisdicional demanda provocação, a qual será titularizada por uma dessas instituições.

Esses organismos são representados por agentes públicos ou privados cuja função principal é provocar a atuação do Poder Judiciário, o qual se mantém inerte e imparcial, aguardando o momento certo para agir. São em sua essência "advogados".

O Ministério Público é o advogado da sociedade, pois, conforme prevê o *caput* do art. 127, incumbe-lhe a tarefa de defender a ordem jurídica, o regime democrático e os interesses sociais e individuais indisponíveis:

> **Art. 127** *O Ministério Público é instituição permanente, essencial à função jurisdicional do Estado, incumbindo-lhe a defesa da ordem jurídica, do regime democrático e dos interesses sociais e individuais indisponíveis.*

A Advocacia Pública advoga para o Estado representando os entes públicos judicial e extrajudicialmente ou mesmo desempenhando atividades de assessoria e consultoria jurídica.

A Defensoria Pública tem como atribuição principal advogar para os necessitados. São os defensores públicos responsáveis pela defesa dos hipossuficientes, aqueles que não possuem recursos financeiros para contratarem advogados privados.

E, por último, há a Advocacia, que, pela lógica, é privada, formada por advogados particulares, os quais são inscritos na Ordem dos Advogados do Brasil (OAB) e atuam de forma autônoma e independente dentro dos limites estabelecidos em lei.

O objetivo desta breve introdução é apresentar a diferença funcional básica entre as instituições de forma a facilitar o estudo que, a partir de agora, será mais aprofundado, visando a possíveis questões em provas de concursos públicos. Então, analisaremos, a partir de agora, as Funções Essenciais à Justiça.

## 14.1 Ministério Público

A compreensão dessa instituição inicia-se pela leitura do próprio texto constitucional, que prevê: o Ministério Público é uma instituição permanente, de natureza política, cujas atribuições possuem natureza administrativa, sem que com isso esteja subordinada ao Poder Executivo.

Fala-se em uma instituição independente e autônoma aos demais Poderes, motivo pelo qual está posicionada constitucionalmente em capítulo à parte na organização dos poderes como uma função essencial à justiça. Como função essencial à justiça, o Ministério Público é responsável pela provocação do Poder Judiciário em defesa da sociedade, quando se tratar de direitos sociais e individuais indisponíveis.

O Ministério Público no Brasil, além de obedecer às regras constitucionais, também é regido por duas normas: Lei Complementar nº 75/1993 e a Lei nº 8.625/1993. Essa regula o Ministério Público Nacional e é aplicável aos Ministérios Públicos dos Estados. Aquela é específica para o Ministério Público da União. Cada Estado da Federação poderá organizar o seu órgão ministerial editando sua própria lei orgânica estadual.

A seguir, será feita uma leitura da instituição sob a ótica constitucional sem aprofundar nas estruturas lançadas nas referidas leis orgânicas, o que será feito em momento oportuno.

### 14.1.1 Estrutura orgânica

Para viabilizar o exercício de suas funções, a Constituição Federal organizou o Ministério Público no art. 128:

> **Art. 128** *O Ministério Público abrange:*
> *I – o Ministério Público da União, que compreende:*
> *a) o Ministério Público Federal;*
> *b) o Ministério Público do Trabalho;*
> *c) o Ministério Público Militar;*
> *d) o Ministério Público do Distrito Federal e Territórios;*
> *II – os Ministérios Públicos dos Estados.*

Fique atento a essa classificação, pois o rol é taxativo e, em prova, os examinadores costumam mencionar a existência de um Ministério Público Eleitoral ao se fazer comparativo com a estrutura do Poder Judiciário. Na organização do MPU, não foi prevista a existência de Ministério Público com atribuição Eleitoral, função essa de competência do Ministério Público Federal e do Ministério Público Estadual, conforme prevê a Lei Complementar nº 75/1993 (arts. 72 a 80).

Como se pode perceber, o Ministério Público está dividido em Ministério Público da União e Ministério Público dos Estados, cada um com sua própria autonomia organizacional e chefia própria. O Ministério Público da União, por sua vez, abrange:

- Ministério Público Federal;
- Ministério Público do Trabalho;
- Ministério Público Militar;
- Ministério Público do Distrito Federal e Territórios.

Existe ainda o Ministério Público junto ao Tribunal de Contas, o qual possui natureza diversa do Ministério Público aqui estudado. Sua organização está atrelada ao Tribunal de Contas do qual faz parte, mas aos seus membros são estendidas as disposições aplicáveis aos Membros do Ministério Público:

> **Art. 130** *Aos membros do Ministério Público junto aos Tribunais de Contas aplicam-se as disposições desta seção pertinentes a direitos, vedações e forma de investidura.*

### 14.1.2 Atribuições

Suas atribuições se apoiam na defesa da ordem jurídica, do regime democrático e dos interesses sociais e individuais indisponíveis. É um verdadeiro defensor da sociedade e fiscal dos poderes públicos. Em rol meramente exemplificativo, a Constituição previu como funções institucionais o art. 129:

> **Art. 129** *São funções institucionais do Ministério Público:*
> *I – promover, privativamente, a ação penal pública, na forma da lei;*
> *II – zelar pelo efetivo respeito dos Poderes Públicos e dos serviços de relevância pública aos direitos assegurados nesta Constituição, promovendo as medidas necessárias a sua garantia;*
> *III – promover o inquérito civil e a ação civil pública, para a proteção do patrimônio público e social, do meio ambiente e de outros interesses difusos e coletivos;*

*IV – promover a ação de inconstitucionalidade ou representação para fins de intervenção da União e dos Estados, nos casos previstos nesta Constituição;*

*V – defender judicialmente os direitos e interesses das populações indígenas;*

*VI – expedir notificações nos procedimentos administrativos de sua competência, requisitando informações e documentos para instrui-los, na forma da lei complementar respectiva;*

*VII – exercer o controle externo da atividade policial, na forma da lei complementar mencionada no artigo anterior;*

*VIII – requisitar diligências investigatórias e a instauração de inquérito policial, indicados os fundamentos jurídicos de suas manifestações processuais;*

*IX – exercer outras funções que lhe forem conferidas, desde que compatíveis com sua finalidade, sendo-lhe vedada a representação judicial e a consultoria jurídica de entidades públicas.*

*§ 1º A legitimação do Ministério Público para as ações civis previstas neste artigo não impede a de terceiros, nas mesmas hipóteses, segundo o disposto nesta Constituição e na lei.*

*§ 2º As funções do Ministério Público só podem ser exercidas por integrantes da carreira, que deverão residir na comarca da respectiva lotação, salvo autorização do chefe da instituição.*

*§ 3º O ingresso na carreira do Ministério Público far-se-á mediante concurso público de provas e títulos, assegurada a participação da Ordem dos Advogados do Brasil em sua realização, exigindo-se do bacharel em direito, no mínimo, três anos de atividade jurídica e observando-se, nas nomeações, a ordem de classificação.*

*§ 4º Aplica-se ao Ministério Público, no que couber, o disposto no art. 93.*

*§ 5º A distribuição de processos no Ministério Público será imediata.*

No desempenho das suas funções institucionais, algumas características foram previstas pela Constituição, as quais são muito importantes para a prova.

Os § 2º e § 3º afirmam que as funções do Ministério Púbico só podem ser exercidas por integrantes da carreira, ou seja, por Membros aprovados em concurso público de provas e títulos, assegurada a participação da OAB durante a sua realização, entre os quais são exigidos os seguintes requisitos:

- Ser bacharel em direito;
- Possuir, no mínimo, três anos de atividade jurídica.

Em relação à atividade jurídica, deve-se salientar a regulamentação feita pela Resolução nº 40 do Conselho Nacional do Ministério Público, a qual prevê, entre outras atividades, o exercício da advocacia ou de cargo, função e emprego que exija a utilização preponderante de conhecimentos jurídicos, ou até mesmo a realização de cursos de pós-graduação dentro dos parâmetros estabelecidos pela referida resolução. É importante lembrar que esse requisito deverá ser comprovado no momento da investidura no cargo, ou seja, na posse, depois de finalizadas todas as fases do concurso.

A Constituição exige ainda que o Membro do Ministério Público resida na comarca de lotação, salvo quando houver autorização do chefe da Instituição. Em razão da semelhança e importância com a carreira da magistratura, a Constituição previu expressamente a aplicação do art. 93 aos membros do Ministério Público, no que for compatível com a carreira. E, por fim, determina que a distribuição dos processos aos órgãos ministeriais seja feita de forma imediata.

**Titular da ação penal pública**

Segundo o inciso I do art. 129, compete ao Ministério Público promover, privativamente, a ação penal pública, na forma da lei. A doutrina classifica esse dispositivo como espécie de norma de eficácia contida possuindo aplicabilidade direta e imediata, permitida a regulamentação por lei.

Essa competência é corroborada pela possibilidade de requisição de diligências investigatórias e da instauração de inquérito policial, para que o órgão ministerial formule sua convicção sobre o ilícito penal, o que está previsto no inciso VIII do art. 129.

Essa exclusividade conferida pela Constituição Federal encontra limitação no próprio texto constitucional, ao permitir o cabimento de ação penal privada subsidiária da pública nos casos em que o Ministério Público (MP) fique inerte e não cumpra com sua obrigação.

Dessa competência decorre o poder de investigação do Ministério Público, o qual tem sido alvo de muita discussão nos tribunais. Quem não concorda com esse poder sustenta ser a atividade de investigação criminal uma atividade exclusiva da autoridade policial nos termos do art. 144 da CF/1988.

O posicionamento que tem prevalecido na doutrina e na jurisprudência é no sentido de que o Ministério Público tem legitimidade para promover a investigação criminal, haja vista ser ele o destinatário das informações sobre o fato delituoso produzido no inquérito policial. Ademais, por ter caráter administrativo, o inquérito policial é dispensável, não dependendo o Ministério Público da sua existência para promover a persecução penal.

Para a solução desse caso, tem-se aplicado a Teoria dos Poderes Implícitos. Segundo a teoria, as competências expressamente previstas no texto constitucional carregam consigo os meios necessários para sua execução, ou seja, a existência de uma competência explícita implica existência de competências implicitamente previstas e necessárias para execução da atribuição principal. Em suma, se ao Ministério Público compete o oferecimento exclusivo da ação penal pública, por consequência da aplicação dessa teoria, compete também a execução das atividades necessárias à formação da sua opinião sobre o delito. Significa dizer que o poder de investigação criminal está implicitamente previsto no poder de oferecimento da ação penal pública.

### 14.1.3 Legitimidade para promover o inquérito civil e a ação civil pública

O Ministério Público também é competente para promover o inquérito civil e a ação civil pública nos termos do inciso III do art. 129. Essas ferramentas são utilizadas para a proteção do patrimônio público e social, do meio ambiente e de outros interesses difusos e coletivos.

Entendem-se como interesses difusos aqueles de natureza indivisível, cujos titulares não se podem determinar apesar de estarem ligados uns aos outros pelas circunstâncias fáticas. Interesses coletivos se diferenciam dos difusos na medida em que é possível determinar quem são os titulares do direito.

Segundo a Constituição Federal, a ação civil pública não é medida exclusiva a ser adotada pelo Ministério Público:

*Art. 129 [...]*

*§ 1º A legitimação do Ministério Público para as ações civis previstas neste artigo não impede a de terceiros, nas mesmas hipóteses, segundo o disposto nesta Constituição e na lei.*

A Lei nº 7.347/1985 (Lei de Ação Civil Pública) prevê que são legitimados para propor tal ação, além do MP:

- **A Defensoria Pública;**
- **A União, os estados, o Distrito Federal e os municípios;**
- **A autarquia, empresa pública, fundação ou sociedade de economia mista;**

# FUNÇÕES ESSENCIAIS À JUSTIÇA

- A associação que concomitantemente esteja constituída há pelo menos 1 ano nos termos da lei civil e inclua entre suas finalidades institucionais a proteção ao meio ambiente, ao consumidor, à ordem econômica, à livre concorrência ou ao patrimônio artístico, estético, histórico, turístico e paisagístico.

Já o inquérito civil é procedimento investigatório de caráter administrativo, que poderá ser instaurado pelo Ministério Público com o fim de colher os elementos de prova necessários para a sua convicção sobre o ilícito e, posteriormente, instrução da ação civil pública.

## 14.1.4 Controle de constitucionalidade

Função das mais relevantes desempenhada pelos órgãos ministeriais ocorre no controle da constitucionalidade das leis e atos normativos. Essa atribuição é inerente à sua função de guardião da ordem jurídica. Como protetor da ordem jurídica, compete ao Ministério Público oferecer as ações de controle abstrato de constitucionalidade, bem como a Representação Interventiva para fins de intervenção da União e dos estados nas hipóteses previstas na Constituição Federal.

## 14.1.5 Controle externo da atividade policial

A Constituição Federal determina que o Ministério Público realize o controle externo da atividade policial. Fala-se em controle externo haja vista o Ministério Público não pertencer à mesma estrutura das forças policiais. É uma instituição totalmente autônoma a qualquer órgão policial, razão pela qual não se pode falar em subordinação dos organismos policiais ao Parquet. A justificativa para essa atribuição decorre do fato de ser ele o destinatário final da atividade policial.

Se, por um lado, o controle externo objetiva a fiscalização das atividades policiais para que elas não sejam desenvolvidas além dos limites legais, preservando os direitos e garantias fundamentais dos investigados, por outro, garante o seu perfeito desenvolvimento, prevenindo e corrigindo a produção probatória, visando ao adequado oferecimento da ação penal.

O controle externo da atividade policial desenvolvido pelo Ministério Público, além de regulamentado nas respectivas leis orgânicas, está normatizado na Resolução nº 20 do CNMP. Ressalte-se que o controle externo não exime a instituição policial de realizar o seu próprio controle interno por meio das corregedorias e órgãos de fiscalização.

Sujeitam-se ao citado controle externo todas as instituições previstas no art. 144 da Constituição Federal de 1988, bem como as demais instituições que possuam parcela do poder de polícia desde que estejam relacionadas com a segurança pública e a persecução criminal.

## 14.1.6 Conselho Nacional do Ministério Público (CNMP)

O Conselho Nacional do Ministério Público, a exemplo do Conselho Nacional de Justiça, foi criado pela Emenda Constitucional nº 45/2004 com o objetivo de efetuar a fiscalização administrativa e financeira do Ministério Público, bem como o cumprimento dos deveres funcionais de seus membros.

- **Composição**

Segundo o texto constitucional, o CNMP é composto de 14 membros, nomeados pelo Presidente da República, depois de aprovada a escolha pela maioria absoluta do Senado Federal, para um mandato de dois anos, sendo permitida apenas uma recondução. Veja-se a composição prevista pela Constituição Federal no art. 130-A:

*Art. 130-A O Conselho Nacional do Ministério Público compõe-se de quatorze membros nomeados pelo Presidente da República, depois de aprovada a escolha pela maioria absoluta do Senado Federal, para um mandato de dois anos, admitida uma recondução, sendo:*

*I – o Procurador-geral da República, que o preside;*

*II – quatro membros do Ministério Público da União, assegurada a representação de cada uma de suas carreiras;*

*III – três membros do Ministério Público dos Estados;*

*IV – dois juízes, indicados um pelo Supremo Tribunal Federal e outro pelo Superior Tribunal de Justiça;*

*V – dois advogados, indicados pelo Conselho Federal da Ordem dos Advogados do Brasil;*

*VI – dois cidadãos de notável saber jurídico e reputação ilibada, indicados um pela Câmara dos Deputados e outro pelo Senado Federal.*

*§ 1º. Os membros do Conselho oriundos do Ministério Público serão indicados pelos respectivos Ministérios Públicos, na forma da lei.*

- **Atribuições**

Vejamos as atribuições previstas constitucionalmente para o CNMP:

*Art. 130-A [...]*

*§ 2º. Compete ao Conselho Nacional do Ministério Público o controle da atuação administrativa e financeira do Ministério Público e do cumprimento dos deveres funcionais de seus membros, cabendo-lhe:*

*I – zelar pela autonomia funcional e administrativa do Ministério Público, podendo expedir atos regulamentares, no âmbito de sua competência, ou recomendar providências;*

*II – zelar pela observância do art. 37 e apreciar, de ofício ou mediante provocação, a legalidade dos atos administrativos praticados por membros ou órgãos do Ministério Público da União e dos Estados, podendo desconstituí-los, revê-los ou fixar prazo para que se adotem as providências necessárias ao exato cumprimento da lei, sem prejuízo da competência dos Tribunais de Contas;*

*III – receber e conhecer das reclamações contra membros ou órgãos do Ministério Público da União ou dos Estados, inclusive contra seus serviços auxiliares, sem prejuízo da competência disciplinar e correicional da instituição, podendo avocar processos disciplinares em curso, determinar a remoção, a disponibilidade ou a aposentadoria com subsídios ou proventos proporcionais ao tempo de serviço e aplicar outras sanções administrativas, assegurada ampla defesa;*

*IV – rever, de ofício ou mediante provocação, os processos disciplinares de membros do Ministério Público da União ou dos Estados julgados há menos de um ano;*

*V – elaborar relatório anual, propondo as providências que julgar necessárias sobre a situação do Ministério Público no País e as atividades do Conselho, o qual deve integrar a mensagem prevista no art. 84, XI.*

*§ 3º. O Conselho escolherá, em votação secreta, um Corregedor nacional, dentre os membros do Ministério Público que o integram, vedada a recondução, competindo-lhe, além das atribuições que lhe forem conferidas pela lei, as seguintes:*

*I – receber reclamações e denúncias, de qualquer interessado, relativas aos membros do Ministério Público e dos seus serviços auxiliares;*

*II – exercer funções executivas do Conselho, de inspeção e correição geral;*

*III – requisitar e designar membros do Ministério Público, delegando-lhes atribuições, e requisitar servidores de órgãos do Ministério Público.*

*§ 4º. O Presidente do Conselho Federal da Ordem dos Advogados do Brasil oficiará junto ao Conselho.*

*§ 5º. Leis da União e dos Estados criarão ouvidorias do Ministério Público, competentes para receber reclamações e denúncias de qualquer interessado contra membros ou órgãos do Ministério Público, inclusive contra seus serviços auxiliares, representando diretamente ao Conselho Nacional do Ministério Público.*

### 14.1.7 Princípios institucionais

A Constituição Federal prevê expressamente no § 1º do art. 127 os chamados princípios institucionais, os quais norteiam o desenvolvimento das atividades dos Órgãos Ministeriais:

> § 1º São princípios institucionais do Ministério Público a unidade, a indivisibilidade e a independência funcional.

- **Princípio da unidade:** revela que os membros do Ministério Público integram um órgão único chefiado por um procurador-geral. Essa unidade é percebida dentro de cada ramo do Ministério Público, não existindo unidade entre o Ministério Público estadual e da União, ou entre os diversos Ministérios Públicos estaduais, ou ainda entre os ramos do Ministério Público da União. Qualquer divisão que exista dentro de um dos órgãos ministeriais possui caráter meramente funcional.

- **Princípio da indivisibilidade:** que decorre do princípio da unidade, revela a possibilidade de os membros se substituírem sem qualquer prejuízo ao processo, pois o Ministério Público é uno e indivisível. Os membros agem em nome da instituição e nunca em nome próprio, pois pertencem a um só corpo. Esse princípio veda a vinculação de um membro a um processo permitindo, inclusive, a delegação da denúncia a outro membro. Ressalte-se que, como no princípio da unidade, a indivisibilidade só ocorre dentro de um mesmo ramo do Ministério Público.

- **Princípio da independência funcional:** com uma dupla acepção: em relação aos membros e em relação à instituição. No que tange aos membros, o referido princípio garante uma atuação independente no exercício das suas atribuições sujeitando-se apenas às determinações constitucionais, legais e de sua consciência jurídica, não havendo qualquer hierarquia ou subordinação intelectual entre os membros. Sob a perspectiva da instituição, o princípio da independência funcional elimina qualquer subordinação do Ministério Público a outro poder. Apesar da independência funcional, verifica-se a existência de uma mera hierarquia administrativa.

Além desses princípios expressos na Constituição Federal, a doutrina e a jurisprudência reconhecem a existência de um princípio implícito no texto constitucional:

- **Princípio do promotor natural:** esse princípio decorre da interpretação do art. 129, § 2º, da Constituição, que afirma:

> § 2º As funções do Ministério Público só podem ser exercidas por integrantes da carreira, que deverão residir na comarca da respectiva lotação, salvo autorização do chefe da instituição.

O princípio do promotor natural veda a designação de membros do Ministério Público fora das hipóteses constitucionais e legais, exigindo que sua atuação seja predeterminada por critérios objetivos aplicáveis a todos os membros da carreira, evitando, assim, que haja designações arbitrárias. O princípio também impede a nomeação de promotor *ad hoc* ou de exceção considerando que as funções do Ministério Público só podem ser desempenhadas por membros da carreira.

### 14.1.8 Garantias

O Ministério Público, em razão da importância de sua função, recebeu da Constituição Federal algumas garantias que lhe asseguram a independência necessária para bem desempenhar suas atribuições. E não é só a instituição que possui garantias, mas os membros também. Vejamos o que diz a Constituição sobre as garantias institucionais e dos membros:

> Art. 127 [...]
>
> § 2º Ao Ministério Público é assegurada autonomia funcional e administrativa, podendo, observado o disposto no art. 169, propor ao Poder Legislativo a criação e extinção de seus cargos e serviços auxiliares, provendo-os por concurso público de provas ou de provas e títulos, a política remuneratória e os planos de carreira; a lei disporá sobre sua organização e funcionamento.
>
> § 3º O Ministério Público elaborará sua proposta orçamentária dentro dos limites estabelecidos na lei de diretrizes orçamentárias.
>
> § 4º Se o Ministério Público não encaminhar a respectiva proposta orçamentária dentro do prazo estabelecido na lei de diretrizes orçamentárias, o Poder Executivo considerará, para fins de consolidação da proposta orçamentária anual, os valores aprovados na lei orçamentária vigente, ajustados de acordo com os limites estipulados na forma do § 3º.
>
> § 5º Se a proposta orçamentária de que trata este artigo for encaminhada em desacordo com os limites estipulados na forma do § 3º, o Poder Executivo procederá aos ajustes necessários para fins de consolidação da proposta orçamentária anual.
>
> § 6º Durante a execução orçamentária do exercício, não poderá haver a realização de despesas ou a assunção de obrigações que extrapolem os limites estabelecidos na lei de diretrizes orçamentárias, exceto se previamente autorizadas, mediante a abertura de créditos suplementares ou especiais.

O art. 127, § 2º a § 6º, trata das chamadas **garantias institucionais**. Essas garantias visam a conceder maior autonomia à instituição, além de proteger sua independência no exercício de suas atribuições constitucionais. As Garantias Institucionais são de três espécies:

- **Autonomia funcional:** ao desempenhar sua função, o Ministério Público não se subordina a qualquer outra autoridade ou poder, sujeitando-se apenas às determinações constitucionais, legais e de sua consciência jurídica.

- **Autonomia administrativa:** é a capacidade de autogestão, autoadministração e autogoverno. O Ministério Público tem competência para propor ao Legislativo a criação, extinção e organização de seus cargos e carreiras bem como demais atos de gestão.

- **Autonomia financeira:** o Ministério Público pode elaborar sua proposta orçamentária dentro dos limites estabelecidos na Lei de Diretrizes Orçamentárias, tendo liberdade para administrar esses recursos.

Um dos temas mais importantes e que revelam a autonomia administrativa do Ministério Público é a possibilidade que a instituição tem de escolher os seus próprios chefes. Vejamos a literalidade do texto constitucional:

> Art. 128 [...]
>
> § 1º O Ministério Público da União tem por chefe o Procurador-geral da República, nomeado pelo Presidente da República dentre integrantes da carreira, maiores de trinta e cinco anos, após a aprovação de seu nome pela maioria absoluta dos membros do Senado Federal, para mandato de dois anos, permitida a recondução.
>
> § 2º A destituição do Procurador-geral da República, por iniciativa do Presidente da República, deverá ser precedida de autorização da maioria absoluta do Senado Federal.

No âmbito dessa autonomia, a Constituição previu expressamente que o procurador-geral será escolhido pela própria instituição dentre os membros da carreira. No caso do Ministério Público da União (MPU), a chefia ficará a cargo do procurador-geral da República, o qual será nomeado pelo Presidente da República dentre os membros da carreira com mais de 35 anos de idade, desde que sua escolha seja aprovada pelo voto da maioria absoluta do Senado Federal. O procurador-geral da República exercerá seu mandato por dois anos, permitida a recondução. Ao permitir a recondução, a Constituição não estabeleceu limites, de forma que o procurador-geral da República poderá ser reconduzido por quantas vezes o presidente considerar conveniente. Se o presidente pode nomear o Chefe do MPU, ele também poderá destituí-lo do cargo, desde que autorizado pelo Senado pela mesma quantidade de votos, qual seja, maioria absoluta.

Já em relação à Chefia dos Ministérios Públicos dos Estados e do Distrito Federal e Territórios a regra é um pouco diferente:

> *Art. 128 [...]*
>
> *§ 3º Os Ministérios Públicos dos Estados e o do Distrito Federal e Territórios formarão lista tríplice dentre integrantes da carreira, na forma da lei respectiva, para escolha de seu Procurador-Geral, que será nomeado pelo Chefe do Poder Executivo, para mandato de dois anos, permitida uma recondução.*
>
> *§ 4º Os Procuradores-Gerais nos Estados e no Distrito Federal e Territórios poderão ser destituídos por deliberação da maioria absoluta do Poder Legislativo, na forma da lei complementar respectiva.*

A escolha dos procuradores-gerais de justiça dependerá de nomeação pelo chefe do Poder Executivo, com base em lista tríplice formada dentre os integrantes da carreira, sendo permitida uma recondução. Diferentemente do procurador-geral da República, que poderá ser reconduzido várias vezes, o procurador-geral de Justiça só poderá ser reconduzido uma única vez. A destituição desses procuradores-gerais dependerá da deliberação da maioria absoluta do Poder Legislativo.

Já o art. 128, § 5º, apresenta as **garantias dos membros**.

> *Art. 128 [...]*
>
> *§ 5º Leis complementares da União e dos Estados, cuja iniciativa é facultada aos respectivos Procuradores-Gerais, estabelecerão a organização, as atribuições e o estatuto de cada Ministério Público, observadas, relativamente a seus membros:*
>
> *I – as seguintes garantias:*
>
> *a) vitaliciedade, após dois anos de exercício, não podendo perder o cargo senão por sentença judicial transitada em julgado;*
>
> *b) inamovibilidade, salvo por motivo de interesse público, mediante decisão do órgão colegiado competente do Ministério Público, pelo voto da maioria absoluta de seus membros, assegurada ampla defesa;*
>
> *c) irredutibilidade de subsídio, fixado na forma do art. 39, § 4º, e ressalvado o disposto nos Arts. 37, X e XI, 150, II, 153, III, 153, § 2º, I;*

São duas espécies de garantias dos membros: **garantias de independência e garantias de imparcialidade**.

• **Garantias de independência**

São prerrogativas inerentes ao cargo e estão previstas no inciso I do referido artigo, as quais visam a garantir aos membros maior liberdade, independência e autonomia no exercício de sua função ministerial. Tais garantias são indisponíveis, proibindo o titular do cargo de dispensar qualquer das prerrogativas. São as garantias da vitaliciedade, inamovibilidade e irredutibilidade dos subsídios.

A **vitaliciedade** é como se fosse uma estabilidade só que muito mais vantajosa. O membro, ao ingressar na carreira mediante concurso público, torna-se vitalício após o efetivo exercício no cargo pelo prazo de dois anos. Uma vez vitalício só perderá o cargo por sentença judicial transitada em julgado. Após passar pelo estágio probatório de dois anos, um Membro do Ministério Público só perderá o cargo por sentença judicial transitada em julgado.

A **inamovibilidade** impede a movimentação do membro *ex-ofício* contra a sua vontade. Em regra, o Membro do Ministério Público só poderá ser removido ou promovido por sua própria iniciativa, ressalvados os casos em que houver interesse público. E mesmo quando o interesse público exigir, a remoção dependerá de decisão do órgão colegiado competente pelo voto da maioria absoluta de seus membros, assegurando-se o direito à ampla defesa.

A **Irredutibilidade dos Subsídios** diz respeito à proteção da remuneração do membro ministerial. Subsídio é a forma de retribuição pecuniária paga ao membro do Ministério Público a qual se caracteriza por ser uma parcela única. Com essa garantia, o Membro do Ministério Público poderá trabalhar sem medo de perder sua remuneração.

Ressalta-se que o Supremo Tribunal Federal já entendeu tratar-se esta irredutibilidade como meramente nominal, não protegendo o subsídio da desvalorização provocada por perdas inflacionárias. Lembre-se também de que essa garantia não é absoluta, pois comporta exceções previstas nos Arts. 37, X e XI, 150, II, 153, III, e 153, § 2º, I, da Constituição Federal. Em suma, a irredutibilidade não impedirá a redução do subsídio quando ultrapassar o teto constitucional ou em razão da cobrança do imposto de renda.

• **Garantias de imparcialidade**

São verdadeiras vedações e visam a garantir uma atuação isenta de qualquer interferência política ou pessoal.

> *Art. 128 [...]*
>
> *§ 5º [...]*
>
> *II – as seguintes vedações:*
>
> *a) receber, a qualquer título e sob qualquer pretexto, honorários, percentagens ou custas processuais;*
>
> *b) exercer a advocacia;*
>
> *c) participar de sociedade comercial, na forma da lei;*
>
> *d) exercer, ainda que em disponibilidade, qualquer outra função pública, salvo uma de magistério;*
>
> *e) exercer atividade político-partidária;*
>
> *f) receber, a qualquer título ou pretexto, auxílios ou contribuições de pessoas físicas, entidades públicas ou privadas, ressalvadas as exceções previstas em lei (Incluída pela Emenda Constitucional nº 45, de 2004).*
>
> *§ 6º Aplica-se aos membros do Ministério Público o disposto no art. 95, parágrafo único, V.*

Antes de explorar essas regras, faz-se necessária a menção ao art. 29, § 3º, da ADCT:

> *§ 3º Poderá optar pelo regime anterior, no que respeita às garantias e vantagens, o membro do Ministério Público admitido antes da promulgação da Constituição, observando-se, quanto às vedações, a situação jurídica na data desta.*

Esse dispositivo retrata uma peculiaridade interessante a respeito dos membros do Ministério Público. Antes da promulgação da Constituição Federal de 1988, o regime jurídico a que estavam sujeitos era diferente. A ADCT permitiu aos membros que ingressaram antes de 1988 a escolha do regime jurídico a que estariam sujeitos a partir de então. Os membros que ingressaram na carreira antes de 1988 e que possuíam inscrição na OAB podem advogar desde que tenham optado pelo regime jurídico anterior a 1988. Para os membros que ingressaram na carreira depois da promulgação da Constituição Federal, essa escolha não é permitida, pois estão sujeitos apenas ao regime constitucional atual. Feita essa consideração, passa-se à análise das garantias vigentes.

Deve-se compreender a abrangência das vedações do inciso II do § 5º do art. 128 da Constituição Federal de 1988.

É vedado aos membros do Ministério Público receber, a qualquer título e sob qualquer pretexto, honorários, percentagens ou custas processuais, bem como receber auxílios ou contribuições de pessoas físicas, entidades públicas ou privadas, ressalvadas as exceções previstas em lei. Tais vedações visam a impedir que membros sejam motivados indevidamente a exercer suas funções sob a expectativa de receberem maiores valores pela sua atuação. Percebe-se que a vedação encontra exceção quando a contribuição está prevista em lei. Dessa forma, não ofende a Constituição Federal o recebimento de valores em razão da venda de livros, do exercício do magistério ou mesmo da ministração de palestra.

Outra vedação aplicável aos membros do Parquet é em relação ao exercício da advocacia. Acerca desse impedimento, deve-se ressaltar a situação dos membros do Ministério Público da União que ingressaram na carreira antes de 1988 e que tenham optado pelo regime jurídico anterior, nos termos do § 3º do art. 29 da ADCT, os quais poderão exercer a advocacia nos termos da Resolução nº 8 do CNMP, com a nova redação dada pela Resolução nº 16.

Ademais, o texto constitucional estendeu aos Membros do Ministério Público a mesma vedação aplicável aos Magistrados no art. 95, parágrafo único, V, qual seja, a de exercer a advocacia no juízo ou tribunal do qual se afastou, antes de decorridos três anos do afastamento do cargo por aposentadoria ou exoneração. A doutrina tem chamado essa vedação de quarentena.

Os membros do Ministério Público não podem participar de sociedade comercial, na forma da lei. Essa vedação encontra regulamentação na Lei nº 8.625/1993, a qual prevê a possibilidade de participação como cotista ou acionista.

Também não podem exercer, ainda que em disponibilidade, qualquer outra função pública, salvo uma de magistério. Ressalta-se que o CNMP regulamentou o exercício do magistério, que poderá ser público ou privado, por no máximo 20 horas aula por semana, desde que o horário seja compatível com as atribuições ministeriais e o seu exercício se dê inteiramente em sala de aula.

Para evitar que sua atuação seja influenciada por pressões políticas, a Constituição vedou o exercício de atividade político-partidária aos membros do Ministério Público. Isso significa que, se um membro quiser se filiar ou mesmo exercer um cargo político, deverá se afastar do cargo no Ministério Público. Essa vedação tem caráter absoluto desde a Emenda Constitucional nº 45/2004, a qual foi regulamentada pelo Conselho Nacional do Ministério Público, que determinou a aplicação da vedação apenas aos membros que tenham ingressado na carreira após a promulgação da emenda.

## 14.2 Advocacia Pública

A Advocacia Pública é a função essencial à justiça responsável pela defesa dos interesses dos entes estatais, tanto judicialmente quanto extrajudicialmente, bem como as atividades de consultoria e assessoramento jurídico do Poder Executivo.

No âmbito da União, essa atividade é exercida pela Advocacia-Geral da União, enquanto nos estados, Distrito Federal e nos municípios, a Advocacia Pública será exercida pelas procuradorias.

Apesar de não haver previsão constitucional para as procuradorias municipais, elas são perfeitamente possíveis desde que previstas na Lei Orgânica do Município ou permitidas sua criação pela Constituição Estadual.

São vistas, a seguir, quais instituições compõem a Advocacia Pública no Brasil.

### 14.2.1 Advocacia-Geral da União (AGU)

A AGU é responsável pela assistência jurídica da União, conforme prevê o texto constitucional:

> *Art. 131 A Advocacia-Geral da União é a instituição que, diretamente ou através de órgão vinculado, representa a União, judicial e extrajudicialmente, cabendo-lhe, nos termos da lei complementar que dispuser sobre sua organização e funcionamento, as atividades de consultoria e assessoramento jurídico do Poder Executivo.*
>
> *§ 1º A Advocacia-Geral da União tem por chefe o Advogado-Geral da União, de livre nomeação pelo Presidente da República dentre cidadãos maiores de trinta e cinco anos, de notável saber jurídico e reputação ilibada.*

A chefia desse órgão fica a cargo do Advogado-Geral da União, o qual é nomeado livremente pelo Presidente da República, entre os cidadãos maiores de trinta e cinco anos, com notável saber jurídico e reputação ilibada. Segundo a Lei nº 10.683/2003, em seu art. 25, o advogado-geral da União é considerado ministro de Estado, sendo-lhe aplicadas todas as prerrogativas inerentes ao *status*. Atente-se para isso em prova, visto que, para ser o chefe dessa Instituição, não é necessário ser membro da carreira nem depende de aprovação do Senado Federal. É um cargo de livre nomeação e exoneração cuja confiança do Presidente da República se torna o principal critério para a escolha do seu titular.

Um detalhe muito importante e que pode ser cobrado em prova é que a Constituição Federal, ao apontar as competências dessa instituição, afirmou que a AGU representa judicial e extrajudicialmente a União e em relação a consultoria e assessoramento jurídico apenas ao Poder Executivo. Essas competências foram confirmadas na Lei Complementar nº 73/1993 (Lei Orgânica da Advocacia-Geral da União):

> *Art. 1º A Advocacia-Geral da União é a instituição que representa a União judicial e extrajudicialmente.*
>
> *Parágrafo único. À Advocacia-Geral da União cabem as atividades de consultoria e assessoramento jurídicos ao Poder Executivo, nos termos desta Lei Complementar.*

Enquanto a atividade de consultoria e assessoramento jurídico restringe-se apenas ao Poder Executivo, a representação judicial e extrajudicial abrangerá todos os poderes da União (Executivo, Legislativo e Judiciário), bem como suas autarquias e fundações públicas, conforme esclarece a Lei nº 9.028/1995:

> *Art. 22 A Advocacia-Geral da União e os seus órgãos vinculados, nas respectivas áreas de atuação, ficam autorizados a representar judicialmente os titulares e os membros dos Poderes da República, das Instituições Federais referidas no Título IV, Capítulo IV, da Constituição, bem como os titulares dos Ministérios e demais órgãos da Presidência da República, de autarquias e fundações públicas federais, e de cargos de natureza especial, de direção e assessoramento superiores e daqueles efetivos, inclusive promovendo ação penal privada ou representando perante o Ministério Público, quando vítimas de crime, quanto a atos praticados no exercício de suas atribuições constitucionais, legais ou regulamentares, no interesse público, especialmente da União, suas respectivas autarquias e fundações, ou das Instituições mencionadas, podendo, ainda, quanto aos mesmos atos, impetrar Habeas corpus e mandado de segurança em defesa dos agentes públicos de que trata este artigo.*

É importante lembrar também que o ingresso na carreira da AGU depende de aprovação em concurso público de provas e títulos nos termos do art. 131, § 2º:

> *§ 2º O ingresso nas classes iniciais das carreiras da instituição de que trata este artigo far-se-á mediante concurso público de provas e títulos.*

Destaca-se ainda a atuação da AGU na defesa da República Federativa do Brasil em demandas instauradas perante Cortes Internacionais.

Além das diversas carreiras que serão vistas, não se pode esquecer dos Advogados da União, os quais são responsáveis pela defesa da União quando esta se encontra em juízo.

### 14.2.2 Procuradoria-Geral da Fazenda Nacional (PGFN)

A PGFN é órgão vinculado a AGU responsável pelas ações de natureza tributária, cujo objetivo principal é garantir o recebimento de recursos de origem fiscal. A Constituição assim define sua competência no art. 131:

# FUNÇÕES ESSENCIAIS À JUSTIÇA

*Art. 131, § 3º. Na execução da dívida ativa de natureza tributária, a representação da União cabe à Procuradoria-Geral da Fazenda Nacional, observado o disposto em lei.*

## 14.2.3 Procuradoria-Geral Federal

A Procuradoria-Geral Federal, órgão vinculado à AGU, é responsável pela representação judicial e extrajudicial das autarquias e fundações públicas da União por meio dos Procuradores Federais. Sua previsão não é constitucional, mas está descrita na Lei nº 10.480/2002:

*Art. 10 À Procuradoria-Geral Federal compete a representação judicial e extrajudicial das autarquias e fundações públicas federais, as respectivas atividades de consultoria e assessoramento jurídicos, a apuração da liquidez e certeza dos créditos, de qualquer natureza, inerentes às suas atividades, inscrevendo-os em dívida ativa, para fins de cobrança amigável ou judicial.*

Em relação ao Banco Central, autarquia vinculada a União, foi prevista carreira própria regulamentada na Lei nº 9.650/1998, a qual localizou o Procurador do Banco Central como membro de carreira da própria instituição. Apesar disso, o Procurador do Banco Central está vinculado à AGU.

## 14.2.4 Procuradoria-Geral dos estados e do Distrito Federal

No âmbito dos estados e do Distrito Federal, a consultoria jurídica e a representação judicial serão realizadas pelos Procuradores dos Estados e do Distrito Federal, conforme preleciona o art. 132 da Constituição Federal:

*Art. 132 Os Procuradores dos Estados e do Distrito Federal, organizados em carreira, na qual o ingresso dependerá de concurso público de provas e títulos, com a participação da Ordem dos Advogados do Brasil em todas as suas fases, exercerão a representação judicial e a consultoria jurídica das respectivas unidades federadas.*

*Parágrafo único. Aos procuradores referidos neste artigo é assegurada estabilidade após três anos de efetivo exercício, mediante avaliação de desempenho perante os órgãos próprios, após relatório circunstanciado das corregedorias.*

Segundo a Constituição, o ingresso na carreira depende de concurso público de provas e títulos, cuja participação da OAB é obrigatória em todas as suas fases, não sendo admitido, portanto, que as atividades de representação judicial e de consultoria jurídica sejam realizadas por ocupantes de cargos em comissão.

Apesar de não haver previsão constitucional, o STF já decidiu que devem ser aplicadas simetricamente as mesmas regras da União para a nomeação do Procurador-geral das Unidades Federadas. Dessa forma, o governador detém a competência de nomear e exonerar livremente o chefe da Instituição, não se exigindo que o titular do referido cargo seja membro da carreira.

Por fim, a Constituição Federal de 1988 garantiu aos procuradores estaduais e do Distrito Federal, estabilidade após três anos de efetivo exercício mediante avaliação de desempenho perante os órgãos próprios, após relatório circunstanciado das corregedorias.

## 14.2.5 Procuradoria dos municípios

Conforme já estudado, não existe previsão constitucional para a criação das procuradorias municipais, não havendo da mesma forma qualquer impedimento para sua criação. Logo, cada município poderá criar sua própria procuradoria, desde que prevista essa possibilidade na Constituição Estadual ou na Lei Orgânica do Município.

## 14.2.6 Defensoria Pública

Como instituição essencial ao funcionamento da Justiça, a Defensoria Pública é responsável, em primeiro plano, pela assistência jurídica e gratuita dos hipossuficientes, os quais não possuem recursos financeiros para contratar um advogado. Essa função tipicamente realizada pela Defensoria concretiza o direito fundamental expresso no art. 5º, LXXIV, da Constituição:

*Art. 5º [...]*

*LXXIV – O Estado prestará assistência jurídica integral e gratuita aos que comprovarem insuficiência de recursos.*

Complementando esse dispositivo, a Constituição previu no art. 134 algumas regras sobre a defensoria:

*Art. 134 A Defensoria Pública é instituição permanente, essencial à função jurisdicional do Estado, incumbindo-lhe, como expressão e instrumento do regime democrático, fundamentalmente, a orientação jurídica, a promoção dos direitos humanos e a defesa, em todos os graus, judicial e extrajudicial, dos direitos individuais e coletivos, de forma integral e gratuita, aos necessitados, na forma do inciso LXXIV do art. 5º desta Constituição Federal.*

*§ 1º Lei complementar organizará a Defensoria Pública da União e do Distrito Federal e dos Territórios e prescreverá normas gerais para sua organização nos Estados, em cargos de carreira, providos, na classe inicial, mediante concurso público de provas e títulos, assegurada a seus integrantes a garantia da inamovibilidade e vedado o exercício da advocacia fora das atribuições institucionais.*

*§ 2º Às Defensorias Públicas Estaduais são asseguradas autonomia funcional e administrativa e a iniciativa de sua proposta orçamentária dentro dos limites estabelecidos na lei de diretrizes orçamentárias e subordinação ao disposto no art. 99, § 2º.*

*§ 3º Aplica-se o disposto no § 2º às Defensorias Públicas da União e do Distrito Federal.*

*§ 4º São princípios institucionais da Defensoria Pública a unidade, a indivisibilidade e a independência funcional, aplicando-se também, no que couber, o disposto no art. 93 e no inciso II do art. 96 desta Constituição Federal.*

Atualmente, cada Unidade Federativa é responsável pela organização da sua Defensoria Pública, havendo ainda uma defensoria no âmbito da União e no Distrito Federal.

As defensorias estaduais possuem autonomia funcional e administrativa não se admitindo sua subordinação a nenhum dos poderes. Sua autonomia avança ainda nas questões orçamentárias permitindo que tenha iniciativa própria para apresentação de proposta orçamentária dentro dos limites estabelecidos na lei de diretrizes orçamentárias.

A Emenda Constitucional nº 74/2013, introduziu o § 3º ao art. 134, da CF/1988/1988 para conferir autonomia funcional e administrativa e a iniciativa de proposta orçamentária também às Defensorias Públicas da União e do Distrito Federal.

Segundo a Lei Complementar nº 80/1994 que organiza a Defensoria Pública:

*Art. 2º A Defensoria Pública abrange:*

*I – a Defensoria Pública da União;*

*II – a Defensoria Pública do Distrito Federal e dos Territórios;*

*III – as Defensorias Públicas dos Estados.*

Cabe aos defensores públicos a assistência jurídica integral dos hipossuficientes, não se limitando apenas à defesa judicial. A Lei Complementar nº 80/1994 traz extenso rol de atribuições:

*Art. 4º São funções institucionais da Defensoria Pública, dentre outras:*

*I – prestar orientação jurídica e exercer a defesa dos necessitados, em todos os graus;*

*II – promover, prioritariamente, a solução extrajudicial dos litígios, visando à composição entre as pessoas em conflito de interesses, por meio de mediação, conciliação, arbitragem e demais técnicas de composição e administração de conflitos;*

*III – promover a difusão e a conscientização dos direitos humanos, da cidadania e do ordenamento jurídico;*

*IV – prestar atendimento interdisciplinar, por meio de órgãos ou de servidores de suas Carreiras de apoio para o exercício de suas atribuições;*

*V – exercer, mediante o recebimento dos autos com vista, a ampla defesa e o contraditório em favor de pessoas naturais e jurídicas, em processos administrativos e judiciais, perante todos os órgãos e em todas as instâncias, ordinárias ou extraordinárias, utilizando todas as medidas capazes de propiciar a adequada e efetiva defesa de seus interesses;*

*VI – representar aos sistemas internacionais de proteção dos direitos humanos, postulando perante seus órgãos;*

*VII – promover ação civil pública e todas as espécies de ações capazes de propiciar a adequada tutela dos direitos difusos, coletivos ou individuais homogêneos quando o resultado da demanda puder beneficiar grupo de pessoas hipossuficientes;*

*VIII – exercer a defesa dos direitos e interesses individuais, difusos, coletivos e individuais homogêneos e dos direitos do consumidor, na forma do inciso LXXIV do art. 5º da Constituição Federal;*

*IX – impetrar Habeas corpus, mandado de injunção, Habeas Data e mandado de segurança ou qualquer outra ação em defesa das funções institucionais e prerrogativas de seus órgãos de execução;*

*X – promover a mais ampla defesa dos direitos fundamentais dos necessitados, abrangendo seus direitos individuais, coletivos, sociais, econômicos, culturais e ambientais, sendo admissíveis todas as espécies de ações capazes de propiciar sua adequada e efetiva tutela;*

*XI – exercer a defesa dos interesses individuais e coletivos da criança e do adolescente, do idoso, da pessoa portadora de necessidades especiais, da mulher vítima de violência doméstica e familiar e de outros grupos sociais vulneráveis que mereçam proteção especial do Estado;*

*XII e XIII. Vetados.*

*XIV – acompanhar inquérito policial, inclusive com a comunicação imediata da prisão em flagrante pela autoridade policial, quando o preso não constituir advogado;*

*XV – patrocinar ação penal privada e a subsidiária da pública;*

*XVI – exercer a curadoria especial nos casos previstos em lei;*

*XVII – atuar nos estabelecimentos policiais, penitenciários e de internação de adolescentes, visando a assegurar às pessoas, sob quaisquer circunstâncias, o exercício pleno de seus direitos e garantias fundamentais;*

*XVIII – atuar na preservação e reparação dos direitos de pessoas vítimas de tortura, abusos sexuais, discriminação ou qualquer outra forma de opressão ou violência, propiciando o acompanhamento e o atendimento interdisciplinar das vítimas;*

*XIX – atuar nos Juizados Especiais;*

*XX – participar, quando tiver assento, dos conselhos federais, estaduais e municipais afetos às funções institucionais da Defensoria Pública, respeitadas as atribuições de seus ramos;*

*XXI – executar e receber as verbas sucumbenciais decorrentes de sua atuação, inclusive quando devidas por quaisquer entes públicos, destinando-as a fundos geridos pela Defensoria Pública e destinados, exclusivamente, ao aparelhamento da Defensoria Pública e à capacitação profissional de seus membros e servidores;*

*XXII – convocar audiências públicas para discutir matérias relacionadas às suas funções institucionais.*

Por fim, cabe destacar que, assim como os Advogados Públicos, os Defensores Públicos são remunerados por meio de subsídio:

*Art. 135 Os servidores integrantes das carreiras disciplinadas nas Seções II e III deste Capítulo serão remunerados na forma do art. 39, § 4º.*

## 14.3 Advocacia

Quando a Constituição Federal se refere à advocacia, fala-se do advogado privado, profissional autônomo, indispensável à função jurisdicional. Os advogados estão vinculados à Ordem dos Advogados do Brasil, entidade de classe de natureza especial, não vinculada aos poderes do Estado e que tem como atribuições controlar, fiscalizar e selecionar novos profissionais para o exercício da carreira.

**Segundo a Constituição Federal de 1988:**

*Art. 133 O advogado é indispensável à administração da justiça, sendo inviolável por seus atos e manifestações no exercício da profissão, nos limites da lei.*

Esse dispositivo revela dois princípios que regem a advocacia no Brasil: o princípio da indispensabilidade e o da inviolabilidade.

- **Princípio da indispensabilidade:** o advogado é indispensável à administração da justiça, pois só ele possui a chamada capacidade postulatória. Logicamente, esse princípio não goza de caráter absoluto, sendo permitida a capacidade de postular ao próprio interessado em situações expressamente previstas na Constituição Federal como no *Habeas corpus* e nos juizados especiais.
- Destaca-se ainda que nos processos administrativos disciplinares a ausência de defesa técnica por meio de advogado não gera nulidade ao procedimento.
- **Princípio da inviolabilidade:** constitui norma que visa garantir ao advogado o exercício das suas atribuições de forma independente e autônoma às demais instituições do Estado. Da mesma forma, esse princípio não goza de caráter absoluto, sendo possível a limitação quando seus atos e atribuições não estiverem ligados ao exercício da profissão nos termos do Estatuto da Advocacia.

Como condição para o exercício dessa profissão, o STF já declarou que é constitucional a necessidade de aprovação do Exame de Ordem aplicado pela OAB aos bacharéis em Direito.

A amplitude desse tema requer análise aprofundada, a qual é feita em disciplina própria. Aqui foi feita uma breve análise constitucional do instituto.

| | |
|---|---|
| **Ministério Público** → | defende a sociedade. |
| **Advocacia Pública** → | defende o Estado. |
| **Advocacia Privada** → | defende os particulares. |
| **Defensoria Pública** → | defende pessoas de baixa renda. |

# 15 DEFESA DO ESTADO E DAS INSTITUIÇÕES DEMOCRÁTICAS

No título V, arts. 136 a 144, a Constituição Federal de 1988 apresenta instrumentos eficazes na proteção do Estado e de toda estrutura democrática. Os instrumentos disponibilizados são o Sistema Constitucional de Crises que compreende o Estado de Defesa e o Estado de Sítio, Forças Armadas e Segurança Pública, os quais serão analisados a partir de agora.

## 15.1 Sistema constitucional de crises

O Sistema constitucional de crises é um conjunto de medidas criadas pela Constituição Federal para restabelecer a ordem constitucional em momentos de crises político-institucionais. Antes de tratar das espécies em si, deve-se ressaltar algumas características essenciais desses institutos.

É necessário partir do pressuposto de que o **estado de sítio é mais grave que o estado de defesa.** Essa compreensão permite entender que as medidas adotadas no estado de sítio serão mais gravosas que no estado de defesa.

Outro ponto interessante são os princípios que regem o Sistema constitucional de crises. As duas medidas devem observar os seguintes princípios:

- **Necessidade:** as medidas só podem ser decretadas em último caso.
- **Proporcionalidade:** as medidas adotadas devem ser proporcionais aos problemas existentes.
- **Temporariedade:** as medidas do sistema constitucional de crises devem ser temporárias. Devem durar apenas o tempo necessário para resolver a crise.
- **Legalidade:** as medidas devem guardar respeito à lei. E aqui é possível vislumbrar duas perspectivas acerca da legalidade:
- *Stricto sensu:* as medidas devem respeitar os limites estabelecidos nos Decretos Presidenciais que autorizam a execução. É uma perspectiva mais restrita da legalidade;
- *Lato sensu:* as medidas precisam respeitar a lei em sentido amplo, ou seja, toda a legislação brasileira, incluindo a Constituição Federal.

### 15.1.1 Estado de defesa

O estado de defesa está regulamentado no art. 136 da Constituição e o seu *caput* apresenta algumas informações importantíssimas:

> *Art. 136 O Presidente da República pode, ouvidos o Conselho da República e o Conselho de Defesa Nacional, decretar estado de defesa para preservar ou prontamente restabelecer, em locais restritos e determinados, a ordem pública ou a paz social ameaçadas por grave e iminente instabilidade institucional ou atingidas por calamidades de grandes proporções na natureza.*

Esse dispositivo enumera as **hipóteses de cabimento da medida ou quais são os seus objetivos**: preservar ou prontamente restabelecer a ordem pública ou a paz social ameaçadas por grave e iminente instabilidade institucional ou atingidas por calamidades de grandes proporções na natureza. Qualquer circunstância dessas autoriza a decretação de estado de defesa. Lembre-se de que esse rol é taxativo. Só essas situações podem autorizar a medida.

Um detalhe interessante e que pode funcionar como ponto de distinção entre o Estado de Sítio e de Defesa é a área abrangida. O texto constitucional apresentado determina que as áreas abrangidas pela medida sejam locais restritos e determinados.

Outro ponto importante e que é frequente cobrado em prova diz respeito ao tempo de duração do Estado de Defesa. Segundo o art. 136, § 2º, essa medida de contenção de crises poderá durar 30 dias, podendo prorrogar mais uma vez por igual período:

> *§ 2º O tempo de duração do estado de defesa não será superior a trinta dias, podendo ser prorrogado uma vez, por igual período, se persistirem as razões que justificaram a sua decretação.*

Não se esqueça de que o prazo só poderá ser prorrogado uma única vez.

Como característica principal da execução do estado de defesa está a possibilidade de se restringirem alguns direitos, os quais estão previamente definidos nos §§ 1º a 3º do art. 136 da Constituição Federal de 1988:

> *§ 1º O decreto que instituir o estado de defesa determinará o tempo de sua duração, especificará as áreas a serem abrangidas e indicará, nos termos e limites da lei, as medidas coercitivas a vigorarem, dentre as seguintes:*
> *I – restrições aos direitos de:*
> *a) reunião, ainda que exercida no seio das associações;*
> *b) sigilo de correspondência;*
> *c) sigilo de comunicação telegráfica e telefônica;*
> *II – ocupação e uso temporário de bens e serviços públicos, na hipótese de calamidade pública, respondendo a União pelos danos e custos decorrentes.*
> *§ 3º. Na vigência do estado de defesa:*
> *I – a prisão por crime contra o Estado, determinada pelo executor da medida, será por este comunicada imediatamente ao juiz competente, que a relaxará, se não for legal, facultado ao preso requerer exame de corpo de delito à autoridade policial;*
> *II – a comunicação será acompanhada de declaração, pela autoridade, do estado físico e mental do detido no momento de sua autuação;*
> *III – a prisão ou detenção de qualquer pessoa não poderá ser superior a dez dias, salvo quando autorizada pelo Poder Judiciário;*
> *IV – é vedada a incomunicabilidade do preso.*

Alguns pontos merecem um destaque especial. Devido à gravidade da situação e à excepcionalidade das medidas, a Constituição Federal de 1988 autoriza a restrição de vários direitos fundamentais, por exemplo, o direito de reunião, o sigilo das correspondências, das comunicações telegráficas e telefônicas.

Essas medidas restritivas dispensam autorização judicial, inclusive a decretação de prisão que será determinada pela própria autoridade executora do estado de defesa e poderá durar até dez dias. A prisão deverá ser comunicada imediatamente ao juiz o qual poderá prorrogá-la por período superior.

Não se deve esquecer que, mesmo em um momento de crise, como esse em que muitos direitos constitucionais são flexibilizados, é vedada pela Constituição Federal de 1988 a incomunicabilidade do preso. A ele deverá ser garantido o direito de falar com seu familiar ou advogado, além do direito de ter preservada sua integridade.

Para que seja decretado o estado de defesa, a Constituição previu alguns procedimentos. Primeiramente, deve-se lembrar que a decretação é competência do Presidente da República. Antes de executar a medida, ele deverá consultar o Conselho de Defesa Nacional e o Conselho da República os quais emitirão um parecer acerca da situação. Apesar da obrigatoriedade em ouvir os conselhos, o presidente não está vinculado aos seus pareceres. Significa dizer que os pareceres emitidos pelos conselhos são meramente opinativos.

Ouvidos os conselhos, o presidente decreta a medida e imediatamente submete o decreto ao Congresso Nacional para aprovação.

A decisão do Congresso Nacional é definitiva. Caso o decreto seja rejeitado, o estado de defesa cessa imediatamente.

> **Art. 136** [...]
> § 4º *Decretado o estado de defesa ou sua prorrogação, o Presidente da República, dentro de vinte e quatro horas, submeterá o ato com a respectiva justificação ao Congresso Nacional, que decidirá por maioria absoluta.*
> § 5º *Se o Congresso Nacional estiver em recesso, será convocado, extraordinariamente, no prazo de cinco dias.*
> § 6º *O Congresso Nacional apreciará o decreto dentro de dez dias contados de seu recebimento, devendo continuar funcionando enquanto vigorar o estado de defesa.*
> § 7º *Rejeitado o decreto, cessa imediatamente o estado de defesa.*

Apesar de ser caracterizado por medidas excepcionais, que restringem sobremaneira os direitos e garantias fundamentais, o controle constitucional de crises não está imune à fiscalização por parte dos poderes públicos. Havendo excessos nas medidas adotadas, a Constituição Federal de 1988 prevê a possibilidade de responsabilização dos agentes por seus atos. A doutrina constitucional prevê duas formas de controle: controle político e controle jurisdicional.

O controle político é realizado basicamente pelo Congresso Nacional, que o efetuará de três formas:

- **Imediato:** ocorre logo após a decretação da medida conforme o § 4º do art. 136.
- **Concomitante:** ocorre durante a execução do estado de defesa conforme § 6º do art. 136 e art. 140.

> **Art. 140** *A Mesa do Congresso Nacional, ouvidos os líderes partidários, designará Comissão composta de cinco de seus membros para acompanhar e fiscalizar a execução das medidas referentes ao estado de defesa e ao estado de sítio.*

- **Sucessivo (posterior):** ocorre após a execução da medida nos termos do art. 141:

> **Art. 141** *Cessado o estado de defesa ou o estado de sítio, cessarão também seus efeitos, sem prejuízo da responsabilidade pelos ilícitos cometidos por seus executores ou agentes.*
> **Parágrafo único.** *Logo que cesse o estado de defesa ou o estado de sítio, as medidas aplicadas em sua vigência serão relatadas pelo Presidente da República, em mensagem ao Congresso Nacional, com especificação e justificação das providências adotadas, com relação nominal dos atingidos e indicação das restrições aplicadas.*

O Controle Jurisdicional é o realizado pelo Poder Judiciário, e ocorrerá de duas formas:

- **Concomitante:** durante a execução da medida. Veja-se o disposto no art. 136, § 3º.
- **Sucessivo (Posterior):** após a execução da medida nos termos do art. 141.

### 15.1.2 Estado de sítio

O estado de sítio é mais gravoso que o estado de defesa. Por consequência, as medidas adotadas nesse caso terão maior efeito restritivo aos direitos fundamentais.

Primeiramente são abordadas às hipóteses de cabimento do estado de sítio, que estão previstas no art. 137, incisos I e II:

> *I – comoção grave de repercussão nacional ou ocorrência de fatos que comprovem a ineficácia de medida tomada durante o estado de defesa;*
> *II – declaração de estado de guerra ou resposta a agressão armada estrangeira.*

A doutrina faz uma distinção interessante entre os dois incisos, classificando-os em **repressivo** e **defensivo**. O **estado de sítio repressivo** está previsto no inciso I, haja vista ser necessária a atuação dos poderes públicos para conter a situação de crise. Já o inciso II, é chamado de **estado de sítio defensivo**, pois o poder público utiliza a medida como forma de se defender de agressões externas.

Um ponto distintivo entre o **estado de defesa** e o **estado de sítio**, muito cobrado em prova, refere-se à área abrangida. Segundo o inciso I do art. 137, será decretada a medida quando a crise tiver repercussão nacional. Quando o candidato encontrar na prova o termo "repercussão nacional", deve associar com o **estado de sítio**. Diferentemente, se estiver escrito "local restrito e determinado", relacionar o dispositivo com **estado de defesa**.

Um tema muito cobrado em prova é o tempo de duração do estado de sítio. Vejamos o que diz o §1º do art. 138:

> § 1º *O estado de sítio, no caso do art. 137, I, não poderá ser decretado por mais de trinta dias, nem prorrogado, de cada vez, por prazo superior; no do inciso II, poderá ser decretado por todo o tempo que perdurar a guerra ou a agressão armada estrangeira.*

Qual o prazo de duração do estado de sítio? Depende da hipótese de cabimento.

Segundo o § 1º, se a hipótese for a do inciso I do art. 137, o prazo será de 30 dias prorrogáveis por mais 30 dias enquanto for necessário para conter a situação. Cuidado com este prazo, pois a Constituição deixou transparecer que ele não pode ser prorrogado, contudo, o que ela quis dizer é que não pode ser prorrogado por mais de 30 dias todas as vezes que for prorrogado. Dessa forma, ele poderá ser prorrogado indefinidamente, enquanto for necessário.

Já no caso do inciso II, a Constituição regula o estado de sítio em caso de guerra ou agressão estrangeira e prevê que a medida durará enquanto for necessária para repelir a agressão estrangeira ou acabar com a guerra. Logo, o estado de sítio nestes casos não possui prazo certo para terminar.

No que tange às medidas coercitivas que podem ser adotadas no Estado de Sítio, a Constituição prevê no art. 139:

> **Art. 139** *Na vigência do estado de sítio decretado com fundamento no art. 137, I, só poderão ser tomadas contra as pessoas as seguintes medidas:*
> *I – obrigação de permanência em localidade determinada;*
> *II – detenção em edifício não destinado a acusados ou condenados por crimes comuns;*
> *III – restrições relativas à inviolabilidade da correspondência, ao sigilo das comunicações, à prestação de informações e à liberdade de imprensa, radiodifusão e televisão, na forma da lei;*
> *IV – suspensão da liberdade de reunião;*
> *V – busca e apreensão em domicílio;*
> *VI – intervenção nas empresas de serviços públicos;*
> *VII – requisição de bens.*
> **Parágrafo único.** *Não se inclui nas restrições do inciso III a difusão de pronunciamentos de parlamentares efetuados em suas Casas Legislativas, desde que liberada pela respectiva Mesa.*

O dispositivo só regulamentou as restrições adotadas na hipótese do inciso I do art. 137, qual seja: comoção grave de repercussão nacional ou ocorrência de fatos que comprovem a ineficácia de medida tomada durante o estado de defesa. Esse rol de medidas é taxativo, restringindo a atuação do poder público durante sua aplicação. No caso do art. 137, inciso II, a Constituição nada disse, o que levou a doutrina a concluir a possibilidade de adoção de qualquer medida necessária para conter a situação, desde que compatíveis com a ordem constitucional e com as leis brasileiras.

Como se pode perceber, as medidas aqui são mais gravosas que as adotadas no **estado de defesa**, e isso pode ser muito bem notado pela distinção feita entre o estado de defesa e de sítio no que se refere à liberdade de reunião. Enquanto no **estado de defesa** a liberdade de reunião sofre restrições, aqui ela será suspensa.

Outro dispositivo importante é o previsto no parágrafo único, que isenta os pronunciamentos dos parlamentares efetuados em suas Casas das restrições impostas no inciso III do artigo em análise, desde que liberadas pelas respectivas mesas. As demais restrições devem ser lidas e memorizadas, pois podem ser cobradas em prova.

Vejamos agora como é o procedimento de decretação do estado de sítio:

> **Art. 137** O Presidente da República pode, ouvidos o Conselho da República e o Conselho de Defesa Nacional, solicitar ao Congresso Nacional autorização para decretar o estado de sítio nos casos de:
> **Parágrafo único.** O Presidente da República, ao solicitar autorização para decretar o estado de sítio ou sua prorrogação, relatará os motivos determinantes do pedido, devendo o Congresso Nacional decidir por maioria absoluta.
> **Art. 138** O decreto do estado de sítio indicará sua duração, as normas necessárias a sua execução e as garantias constitucionais que ficarão suspensas, e, depois de publicado, o Presidente da República designará o executor das medidas específicas e as áreas abrangidas.[...]
> § 2º Solicitada autorização para decretar o estado de sítio durante o recesso parlamentar, o Presidente do Senado Federal, de imediato, convocará extraordinariamente o Congresso Nacional para se reunir dentro de cinco dias, a fim de apreciar o ato.
> § 3º O Congresso Nacional permanecerá em funcionamento até o término das medidas coercitivas.

A **decretação do estado de sítio** fica a cargo do Presidente da República após ouvir o Conselho da República e o Conselho de Defesa Nacional. A consulta é obrigatória, mas os pareceres dos conselhos não vinculam o presidente. Apesar da similaridade de procedimentos, aqui o presidente tem que solicitar autorização do Congresso Nacional antes de decretar o estado de sítio. Essa diferença é bastante cobrada em prova.

Ao passo que, **no estado de defesa**, o presidente decreta a medida e depois apresenta para o Congresso avaliar. No **estado de sítio**, antes de decretar, o presidente deve sujeitar a medida à apreciação do Congresso Nacional.

Essa característica demonstra que, assim como no estado de defesa, a medida está sujeita a controle dos outros poderes. Sendo assim, verifica-se que a fiscalização será feita tanto pelos órgãos políticos quanto pelos órgãos jurisdicionais.

**Tem-se controle político quando realizado pelo Congresso Nacional, o qual se dará de forma:**

- **Prévio:** ocorre quando o Congresso Nacional autoriza a execução da medida;
- **Concomitante:** ocorre durante a execução da medida;

> **Art. 140** A Mesa do Congresso Nacional, ouvidos os líderes partidários, designará Comissão composta de cinco de seus membros para acompanhar e fiscalizar a execução das medidas referentes ao estado de defesa e ao estado de sítio.

- **Sucessivo (posterior):** ocorre após a execução da medida;

> **Art. 141** Cessado o estado de defesa ou o estado de sítio, cessarão também seus efeitos, sem prejuízo da responsabilidade pelos ilícitos cometidos por seus executores ou agentes.
> **Parágrafo único.** Logo que cesse o estado de defesa ou o estado de sítio, as medidas aplicadas em sua vigência serão relatadas pelo Presidente da República, em mensagem ao Congresso Nacional, com especificação e justificação das providências adotadas, com relação nominal dos atingidos e indicação das restrições aplicadas.

Também existe o controle jurisdicional executado pelos órgãos do Poder Judiciário, o qual se dará de forma:

- **Concomitante:** durante a execução da medida. Apesar de não haver previsão constitucional expressa, qualquer lesão ou ameaça a direito poderá ser apreciada pelo Poder Judiciário;
- **Sucessiva (posterior):** após a execução da medida nos termos do art. 141.

## 15.2 Forças Armadas

### 15.2.1 Instituições

As Forças Armadas são formadas por instituições que compõem a estrutura de defesa do Estado, a Marinha, o Exército e a Aeronáutica. Possuem como funções principais a defesa da pátria, a garantia dos poderes constitucionais, da lei e da ordem. Apesar de sua vinculação à União, suas atribuições têm caráter nacional e podem ser exercidas em todo o território brasileiro:

> **Art. 142** As Forças Armadas, constituídas pela Marinha, pelo Exército e pela Aeronáutica, são instituições nacionais permanentes e regulares, organizadas com base na hierarquia e na disciplina, sob a autoridade suprema do Presidente da República, e destinam-se à defesa da Pátria, à garantia dos poderes constitucionais e, por iniciativa de qualquer destes, da lei e da ordem.

Segundo o *caput* do art. 142, são classificadas como instituições permanentes e regulares. Estão sempre prontas para agir. São regulares, pois desempenham funções sistemáticas e dependem de um efetivo de servidores para realizá-las.

Ainda, destaca-se a base de sua organização na hierarquia e na disciplina. Esses atributos típicos da Administração Pública são ressaltados nessas instituições devido ao caráter militar que possuem. As Forças Armadas valorizam demasiadamente essa estrutura hierárquica, com regulamentos que garantem uma distribuição do efetivo em diversos níveis de escalonamento, cujo comando supremo está nas mãos do Presidente da República.

Em linhas gerais, a Constituição Federal de 1988 previu algumas regras para o funcionamento das instituições militares:

> **Art. 142** [...]
> § 1º Lei complementar estabelecerá as normas gerais a serem adotadas na organização, no preparo e no emprego das Forças Armadas.
> § 3º Os membros das Forças Armadas são denominados militares, aplicando-se-lhes, além das que vierem a ser fixadas em lei, as seguintes disposições:
> I – as patentes, com prerrogativas, direitos e deveres a elas inerentes, são conferidas pelo Presidente da República e asseguradas em plenitude aos oficiais da ativa, da reserva ou reformados, sendo-lhes privativos os títulos e postos militares e, juntamente com os demais membros, o uso dos uniformes das Forças Armadas;
> II – o militar em atividade que tomar posse em cargo ou emprego público civil permanente, ressalvada a hipótese prevista no art. 37, inciso XVI, alínea "c", será transferido para a reserva, nos termos da lei;
> III – o militar da ativa que, de acordo com a lei, tomar posse em cargo, emprego ou função pública civil temporária, não eletiva, ainda que da administração indireta, ressalvada a hipótese prevista no art. 37, inciso XVI, alínea "c", ficará agregado ao respectivo quadro e somente poderá, enquanto permanecer nessa situação, ser promovido por antiguidade, contando-se-lhe o tempo de serviço apenas para aquela promoção e transferência para a reserva, sendo depois de dois anos de afastamento, contínuos ou não, transferido para a reserva, nos termos da lei;
> IV – ao militar são proibidas a sindicalização e a greve;
> V – o militar, enquanto em serviço ativo, não pode estar filiado a partidos políticos;
> VI – o oficial só perderá o posto e a patente se for julgado indigno do oficialato ou com ele incompatível, por decisão de tribunal militar de caráter permanente, em tempo de paz, ou de tribunal especial, em tempo de guerra;
> VII – o oficial condenado na justiça comum ou militar a pena privativa de liberdade superior a dois anos, por sentença transitada em julgado, será submetido ao julgamento previsto no inciso anterior;
> VIII – aplica-se aos militares o disposto no art. 7º, incisos VIII, XII, XVII, XVIII, XIX e XXV, e no art. 37, incisos XI, XIII, XIV e XV, bem como, na forma da lei e com prevalência da atividade militar, no art. 37, inciso XVI, alínea "c";
> IX – (Revogado pela Emenda Constitucional nº 41, de 19.12.2003).

*X – a lei disporá sobre o ingresso nas Forças Armadas, os limites de idade, a estabilidade e outras condições de transferência do militar para a inatividade, os direitos, os deveres, a remuneração, as prerrogativas e outras situações especiais dos militares, consideradas as peculiaridades de suas atividades, inclusive aquelas cumpridas por força de compromissos internacionais e de guerra.*

### 15.2.2 Habeas corpus

A Constituição declarou expressamente o não cabimento de *Habeas corpus* nas punições disciplinares militares:

*Art. 142 [...]*
*§ 2º Não caberá Habeas corpus em relação a punições disciplinares militares.*

Essa vedação decorre do regime constritivo rigoroso existente nas instituições castrenses, o qual permite como sanção administrativa a prisão. Deve-se ter muito cuidado com isso em prova. Segundo o STF, se o *Habeas corpus* versar sobre a ilegalidade da prisão, ele será admitido, ficando a vedação subordinada apenas ao seu mérito.

### 15.2.3 Vedações

Como foi dito anteriormente, o regime militar é bem rigoroso e a Constituição apresentou algumas vedações que sempre caem em prova:

*Art. 142 [...]*
*IV – ao militar são proibidas a sindicalização e a greve;*
*V – o militar, enquanto em serviço ativo, não pode estar filiado a partidos políticos;*

A sindicalização e a greve são medidas que dificultam o trabalho do militar, pois o influencia a questionar as ordens recebidas de seus superiores. As atribuições dos militares dependem de uma obediência irrestrita, por essa razão a Constituição os impediu de se organizarem em sindicatos e de realizarem movimentos paredistas.

Quanto à vedação de filiação ao partido político, deve-se destacar que o militar, para que desenvolva suas atividades com eficiência, não pode se sujeitar às correntes político-partidárias. O militar deve obedecer apenas à Constituição Federal e executar suas atividades com determinação. Essa vedação não o impede de se candidatar a cargo eletivo, desde que não seja conscrito. Aqui cabe citar o art. 14, § 8º da Constituição Federal de 1988:

*§ 8º O militar alistável é elegível, atendidas as seguintes condições:*
*I – se contar menos de dez anos de serviço, deverá afastar-se da atividade;*
*II – se contar mais de dez anos de serviço, será agregado pela autoridade superior e, se eleito, passará automaticamente, no ato da diplomação, para a inatividade.*

### 15.2.4 Serviço militar obrigatório

Outro tema importante acerca das Forças Armadas é a existência do serviço militar obrigatório, previsto no art. 143:

*Art. 143 O serviço militar é obrigatório nos termos da lei.*
*§ 1º Às Forças Armadas compete, na forma da lei, atribuir serviço alternativo aos que, em tempo de paz, após alistados, alegarem imperativo de consciência, entendendo-se como tal o decorrente de crença religiosa e de convicção filosófica ou política, para se eximirem de atividades de caráter essencialmente militar.*
*§ 2º as mulheres e os eclesiásticos ficam isentos do serviço militar obrigatório em tempo de paz, sujeitos, porém, a outros encargos que a lei lhes atribuir.*

A lei que regula o serviço militar obrigatório é a Lei nº 4.375/1964, a qual obriga todos os brasileiros a se alistarem. Destaca-se que essa obrigatoriedade não se aplica aos eclesiásticos (líderes religiosos) e às mulheres, em tempos de paz, o que nos conduz à conclusão de que eles poderiam ser convocados em momentos de guerra ou mobilização nacional.

O § 1º apresenta um tema que já foi cobrado em prova: a dispensa do serviço obrigatório pela escusa de consciência. Isso ocorre quando o indivíduo se recusa a cumprir a obrigação essencialmente militar que é imposta pela Constituição Federal em razão da sua convicção filosófica, religiosa ou política. O referido parágrafo, em consonância com o inciso VIII do art. 5º, permite que nesses casos o interessado tenha respeitado o seu direito de escolha e de livre consciência desde que cumpra a prestação alternativa regulamentada na Lei nº 8.239/1991, a qual consiste no desempenho de atribuições de caráter administrativo, assistencial, filantrópico ou produtivo, em substituição às atividades de caráter essencialmente militar. Não havendo o cumprimento da atividade obrigatória ou da prestação alternativa fixada em lei, o art. 15 prevê como consequência a restrição dos direitos políticos:

*Art. 15 É vedada a cassação de direitos políticos, cuja perda ou suspensão só se dará nos casos de:[...]*
*IV – recusa de cumprir obrigação a todos imposta ou prestação alternativa, nos termos do art. 5º, VIII.*

Acerca desse tema, um problema surge na doutrina. A Constituição não estabelece de forma clara qual consequência deverá ser aplicada ao indivíduo que se recusa a cumprir a obrigação ou a prestação alternativa. A Lei nº 8.239/1991, que regula a prestação alternativa ao serviço militar obrigatório, prevê que será declarada a suspensão dos direitos políticos de quem se recusar a cumprir a obrigação e a prestação alternativa. A doutrina tem se dividido entre as duas possibilidades: perda ou suspensão dos direitos políticos.

## 15.3 Órgãos de segurança pública

Conforme prescrito no *caput* do art. 144, a segurança pública é dever do Estado e tem como objetivo a preservação da ordem pública e da incolumidade das pessoas e do patrimônio. Esse tema é certo em concursos públicos da área de Segurança Pública e deve ser estudado com o foco na memorização de todo o artigo. Um dos pontos mais importantes está na definição de quais órgãos compõem a chamada segurança pública, os quais estão listados de forma taxativa no art. 144:

*Art. 144 A segurança pública, dever do Estado, direito e responsabilidade de todos, é exercida para a preservação da ordem pública e da incolumidade das pessoas e do patrimônio, através dos seguintes órgãos:*
*I – polícia federal;*
*II – polícia rodoviária federal;*
*III – polícia ferroviária federal;*
*IV – polícias civis;*
*V – polícias militares e corpos de bombeiros militares.*
*VI – polícias penais federal, estaduais e distrital.*

O STF já decidiu que esse rol é taxativo e que os demais entes federativos estão vinculados à classificação proposta pela Constituição. Diante disso, conclui-se que os estados, Distrito Federal e municípios estão proibidos de criar outros órgãos de segurança pública diferentes dos estabelecidos na Constituição Federal.

Ainda, como fruto dessa taxatividade, deve-se afirmar que nenhum outro órgão além dos estabelecidos nesse artigo poderá ser considerado como sendo de Segurança Pública. Isso se aplica às Guardas Municipais, aos Agentes Penitenciários, aos Agentes de Trânsito e aos Segurança Privados.

Há ainda a chamada Força Nacional de Segurança, instituição criada como fruto de um acordo de cooperação entre os estados e o Distrito Federal que possui o objetivo de apoiar ações de segurança pública nesses locais. Apesar de ser formado por membros dos órgãos de segurança pública de todo o país, não se pode afirmar, principalmente numa prova de concurso, que essa instituição faça parte dos órgãos de Segurança Pública.

Não se pode esquecer das Polícias Legislativas criadas no âmbito da Câmara dos Deputados e do Senado Federal, previstas nos arts. 51, inciso

IV e 52, inciso XIII. Também não entram na classificação de órgãos de Segurança Pública para a prova, pois não estão no rol do art. 144:

> **Art. 51** Compete privativamente à Câmara dos Deputados:[...]
> IV – dispor sobre sua organização, funcionamento, polícia, criação, transformação ou extinção dos cargos, empregos e funções de seus serviços, e a iniciativa de lei para fixação da respectiva remuneração, observados os parâmetros estabelecidos na lei de diretrizes orçamentárias.
> **Art. 52** Compete privativamente ao Senado Federal: [...]
> XIII – dispor sobre sua organização, funcionamento, polícia, criação, transformação ou extinção dos cargos, empregos e funções de seus serviços, e a iniciativa de lei para fixação da respectiva remuneração, observados os parâmetros estabelecidos na lei de diretrizes orçamentárias.

Cada um dos órgãos será organizado em estatuto próprio, conforme preleciona o § 7º do art. 144:

> § 7º. A lei disciplinará a organização e o funcionamento dos órgãos responsáveis pela segurança pública, de maneira a garantir a eficiência de suas atividades.

### 15.3.1 Polícia Administrativa e Polícia Judiciária

Antes de iniciar uma análise mais detida do artigo em questão, uma importante distinção doutrinária deve ser feita em relação às polícias de segurança pública: Polícia Administrativa e Polícia Judiciária.

- **Polícia Administrativa** é a polícia preventiva. Sua atividade ocorre antes do cometimento da infração penal com o intuito de impedir a sua ocorrência. Sua atuação é ostensiva, ou seja, visível pelos membros da sociedade. É aquela polícia a que recorremos quando temos um problema. Uma característica marcante das polícias ostensivas é o seu uniforme. É a vestimenta que identifica um policial ostensivo. O maior exemplo de polícia administrativa é a Polícia Militar. Também são consideradas como polícia preventiva: Polícia Federal (em situações específicas), Polícia Rodoviária Federal, Polícia Ferroviária Federal e Corpo de Bombeiros Militar.
- **Polícia Judiciária** é a polícia repressiva. Sua atividade ocorre após o cometimento da infração penal, quando a atuação da polícia preventiva não surtiu efeito. Sua atividade é investigativa com o fim de encontrar os elementos comprobatórios do ilícito penal cometido. O resultado do trabalho das polícias judiciárias é utilizado posteriormente pelo Ministério Público para subsidiar sua atuação junto ao Poder Judiciário. Daí a razão do nome ser Polícia Judiciária. O resultado de seu trabalho é utilizado pelo Poder Judiciário em seus julgamentos. Atente-se para a seguinte diferença, pois já caiu em prova de concurso: a Polícia Judiciária não faz parte do Poder Judiciário, mas do Poder Executivo. São consideradas como Polícia Judiciária a Polícia Civil e a Polícia Federal. A Polícia Militar também possui atribuições repressivas quando atua na investigação de crimes cometidos por policiais militares.

Além dessa classificação, pode-se distinguir os órgãos do art. 144 em federais e estaduais, a depender da sua vinculação federativa:

- **Federais:** Polícia Federal, Polícia Rodoviária Federal e Polícia Ferroviária Federal;
- **Estaduais:** Polícia Civil, Polícia Militar e Corpo de Bombeiro Militar.

Feitas essas considerações iniciais, prossegue-se agora com a análise de cada um dos órgãos de segurança pública do art. 144.

### 15.3.2 Polícia Federal

A Polícia Federal é o órgão de segurança pública com maior quantidade de atribuições previstas na Constituição Federal, razão pela qual é a mais cobrada em prova:

> § 1º A polícia federal, instituída por lei como órgão permanente, organizado e mantido pela União e estruturado em carreira, destina-se a:
> I – apurar infrações penais contra a ordem política e social ou em detrimento de bens, serviços e interesses da União ou de suas entidades autárquicas e empresas públicas, assim como outras infrações cuja prática tenha repercussão interestadual ou internacional e exija repressão uniforme, segundo se dispuser em lei;
> II – prevenir e reprimir o tráfico ilícito de entorpecentes e drogas afins, o contrabando e o descaminho, sem prejuízo da ação fazendária e de outros órgãos públicos nas respectivas áreas de competência;
> III – exercer as funções de polícia marítima, aeroportuária e de fronteiras;
> IV – exercer, com exclusividade, as funções de polícia judiciária da União.

Deve-se destacar, como característica principal, a sua atuação como Polícia Judiciária exclusiva da União. É ela quem atuará na repressão dos crimes cometidos contra a União e suas entidades autárquicas e empresas públicas. Apesar de mencionar algumas entidades da administração indireta, não se mencionou as sociedades de economia mista. Isso força uma conclusão de que a Polícia Federal não tem atribuição nos crimes que envolvam interesses de sociedades de economia mista.

As demais atribuições serão exercidas concomitantemente com outros órgãos, limitando a exclusividade de sua atuação apenas à função investigativa no âmbito da União.

### 15.3.3 Polícia Rodoviária Federal

A Polícia Rodoviária Federal é órgão da União responsável pelo patrulhamento das rodovias federais:

> § 2º A polícia rodoviária federal, órgão permanente, organizado e mantido pela União e estruturado em carreira, destina-se, na forma da lei, ao patrulhamento ostensivo das rodovias federais.

Eventualmente, sua atuação se estenderá às rodovias estaduais ou distritais mediante convênio firmado entre os entes federativos. Não havendo esse convênio, o patrulhamento das rodovias estaduais e distritais fica a cargo das Polícias Militares. É comum no âmbito das Polícias Militares a criação de batalhões ou companhias com essa atribuição específica, as chamadas Polícias Rodoviárias.

### 15.3.4 Polícia Ferroviária Federal

A Polícia Ferroviária Federal é o órgão da União responsável pelo patrulhamento das ferrovias federais:

> § 3º. A polícia ferroviária federal, órgão permanente, organizado e mantido pela União e estruturado em carreira, destina-se, na forma da lei, ao patrulhamento ostensivo das ferrovias federais.

Diante da pouca relevância das ferrovias no Brasil, esse órgão ficou no esquecimento durante vários anos. No dia 5 agosto de 2011, a presidente Dilma sancionou a Lei nº 12.462, que criou no âmbito do Ministério da Justiça a Polícia Ferroviária Federal. O efetivo que comporá essa nova estrutura se originará das instituições que anteriormente cuidavam das ferrovias:

> **Art. 48** A Lei nº 10.683, de 28 de maio de 2003, passa a vigorar com as seguintes alterações:
> **Art. 29** [...]
> XIV – Do Ministério da Justiça: o Conselho Nacional de Política Criminal e Penitenciária, o Conselho Nacional de Segurança Pública, o Conselho Federal Gestor do Fundo de Defesa dos Direitos Difusos, o Conselho Nacional de Combate à Pirataria e Delitos contra a Propriedade Intelectual, o Conselho Nacional de Arquivos, o Conselho Nacional de Políticas sobre Drogas, o Departamento de Polícia Federal, o Departamento de Polícia Rodoviária Federal, o Departamento de Polícia Ferroviária Federal, a Defensoria Pública da União, o Arquivo Nacional e até 6 (seis) Secretarias;
> § 8º Os profissionais da Segurança Pública Ferroviária oriundos do grupo Rede, Rede Ferroviária Federal (RFFSA), da Companhia Brasileira de Trens Urbanos (CBTU) e da Empresa de Trens Urbanos de Porto Alegre (Trensurb) que estavam em exercício em 11 de dezembro de 1990, passam a integrar o Departamento de Polícia Ferroviária Federal do Ministério da Justiça (NR).

### 15.3.5 Polícia Civil

Essa é a Polícia Judiciária no âmbito dos estados e do Distrito Federal. É dirigida por delegados de polícia de carreira e possui atribuição subsidiária à da Polícia Federal e à da Polícia Militar. Significa dizer que o que não for atribuição da Polícia Federal ou da Polícia Militar será da Polícia Civil:

> § 4º. às polícias civis, dirigidas por delegados de polícia de carreira, incumbem, ressalvada a competência da União, as funções de polícia judiciária e a apuração de infrações penais, exceto as militares.

### 15.3.6 Polícia Militar e Corpo de Bombeiros Militar

Essas duas instituições possuem caráter essencialmente ostensivo dentro das atribuições próprias. A Polícia Militar é responsável pelo policiamento ostensivo e preservação da ordem pública.

É a Polícia Militar quem exerce a função principal de prevenção do crime. Quando se pensa em polícia, certamente é a primeira que vem à mente, pois é vista pela sociedade. Já o Corpo de Bombeiros Militar, apesar de não ser órgão policial, possui atribuição de segurança pública à medida que executa atividades de defesa civil. São responsáveis por uma atuação voltada para a proteção da sociedade, prestação de socorro, atuação em incêndios e acidentes. Destaca-se pela agilidade no atendimento, o que muitas vezes acaba por coibir maiores tragédias:

> § 5º às polícias militares cabem a polícia ostensiva e a preservação da ordem pública; aos corpos de bombeiros militares, além das atribuições definidas em lei, incumbe a execução de atividades de defesa civil.
>
> § 6º As polícias militares e corpos de bombeiros militares, forças auxiliares e reserva do Exército, subordinam-se, juntamente com as polícias civis, aos Governadores dos Estados, do Distrito Federal e dos Territórios.

Por serem corporações militares, a eles se aplicam as mesmas regras que são aplicadas às Forças Armadas, como a proibição de greve, filiação partidária e sindicalização.

São ainda consideradas forças auxiliares e reserva do Exército. Significa que, em um momento de necessidade de efetivo, seria possível a convocação de Policiais e Bombeiros Militares como força reserva e de apoio.

Estão subordinados aos governadores dos estados, a Distrito Federal e dos territórios a quem compete a gestão da Segurança Pública em cada ente federativo.

No que tange à Polícia Militar, ao Corpo de Bombeiros Militares e à Polícia Civil do Distrito Federal, há um detalhe que não pode ser esquecido, pois já foi cobrado em prova. Apesar da subordinação destas forças ao governador do Distrito Federal, a competência para legislar e manter estas corporações é da União.

Aqui há uma exceção na autonomia federativa do Distrito Federal, que está prevista expressamente na Constituição no art. 21, XIV:

> **Art. 21** Compete à União:
>
> XIV – organizar e manter a polícia civil, a polícia penal, a polícia militar e o corpo de bombeiros militar do Distrito Federal, bem como prestar assistência financeira ao Distrito Federal para a execução de serviços públicos, por meio de fundo próprio; (Redação dada pela Emenda Constitucional nº 104/2019)

### 15.3.7 Polícias penais

A Emenda Constitucional nº 104/2019 introduziu no rol de entidades de segurança pública as chamadas polícias penais.

De acordo com o art. 144, § 5º-A da Constituição Federal de 1988, cabe às polícias penais, vinculadas ao órgão administrador do sistema penal da unidade federativa a que pertencem, a segurança dos estabelecimentos penais.

# NOÇÕES DE DIREITO ADMINISTRATIVO

# NOÇÕES DE DIREITO ADMINISTRATIVO

## 1 INTRODUÇÃO AO DIREITO ADMINISTRATIVO

Na introdução ao Direito Administrativo, conheceremos algumas características do Direito Administrativo, seu conceito, sua finalidade e seu regime jurídico peculiar que orienta toda a sua atividade administrativa, seja ela exercida pelo próprio Estado-administrador, ou por particular. Para entendermos melhor tudo isso, é preciso iniciar os estudos pela compreensão adequada do papel do Direito na vida social.

O Direito é um conjunto de normas (regras e princípios) impostas coativamente pelo Estado que regulam a vida em sociedade, possibilitando a coexistência pacífica das pessoas.

### 1.1 Ramos do Direito

O Direito é historicamente dividido em dois grandes ramos: o **direito público** e o **direito privado**.

Em relação ao **direito privado**, vale o princípio da igualdade (isonomia) entre as partes; aqui não há que se falar em superioridade de uma parte sobre a outra. Por esse motivo, dizemos que estamos em uma relação jurídica horizontal ou em uma horizontalidade nas relações jurídicas.

O **direito privado** é regulado pelo princípio da autonomia da vontade, o que traduz a regra que diz que o particular pode fazer tudo aquilo que não é proibido (art. 5º, inciso II, da Constituição Federal de 1988).

No **direito público**, temos uma relação jurídica vertical, com o Estado em um dos polos, representando os interesses da coletividade, e um particular no outro, desempenhando seus próprios interesses. O Estado é tratado com superioridade ante ao particular, pois o Estado é o procurador da vontade da coletividade, que, representada pelo próprio Estado, deve ser tratada de forma prevalente ante a vontade do particular.

O fundamento dessa relação jurídica vertical é encontrado no princípio da supremacia do interesse público, que estudaremos com mais detalhes no tópico referente aos princípios. Já podemos, no entanto, adiantar que, o interesse público é supremo. Desse modo, são disponibilizadas ao Estado prerrogativas especiais para que este possa atingir os seus objetivos. Essas prerrogativas são os poderes da Administração Pública.

Os dois princípios norteadores do Direito Administrativo são: Supremacia do Interesse Público (gera os poderes) e Indisponibilidade do Interesse Público (gera os deveres da administração).

### 1.2 Conceito de Direito Administrativo

Na doutrina, podem ser encontrados vários conceitos para o Direito Administrativo. A seguir, descreveremos dois deles, trazidos pela doutrina contemporânea:

- O Direito Administrativo é o ramo do direito público que tem por objeto órgãos, agentes e pessoas jurídicas administrativas que integram a Administração Pública. A atividade jurídica não contenciosa que exerce e os bens que se utiliza para a consecução de seus fins são de natureza pública.
- O Direito Administrativo é o conjunto harmônico de princípios jurídicos que regem órgãos, agentes e atividades públicas que tendem a realizar concreta, direta e imediatamente os fins desejados pelo Estado.

Os conceitos de Direito Administrativo foram desenvolvidos de forma que se desdobram em uma sequência natural de tópicos que devem ser estudados ponto a ponto para que a matéria seja corretamente entendida.

### 1.3 Objeto do Direito Administrativo

Por meio desses conceitos, podemos constatar que o objeto do Direito Administrativo são as relações da Administração Pública, sejam elas de natureza interna entre as entidades que a compõem, seus órgãos e agentes, ou de natureza externa entre a administração e os administrados.

Além de ter por objeto a atuação da Administração Pública, também é foco do Direito Administrativo o desempenho das atividades públicas quando exercidas por algum particular, como no caso das concessões, permissões e autorizações de serviços públicos.

Resumidamente, podemos dizer que o Direito Administrativo tem por objeto a Administração Pública e as atividades administrativas, independentemente de quem as exerçam.

### 1.4 Fontes do Direito Administrativo

É o lugar de onde provém algo, no nosso caso, no qual emanam as regras do Direito Administrativo. Esse não está codificado em um único livro. Dessa forma, para o estudarmos de maneira completa, temos que recorrer às fontes, ou seja, a institutos esparsos. Por esse motivo, dizemos que o Direito Administrativo está tipificado (escrito), mas não está codificado em um único instituto.

- **Lei:** fonte principal do Direito Administrativo. A lei deve ser compreendida em seu sentido amplo, o que inclui a Constituição Federal, as normas supralegais, as leis e também os atos normativos da própria Administração Pública. Temos como exemplo os arts. 37 ao 41 da Constituição Federal, as Leis nºs 8.666/1993, 14.133/2021, 8.112/1990, 8.429/1992 (Lei de Improbidade Administrativa), 14.230/2021, 9.784/1999 (Processo Administrativo Federal) etc.
- **Súmulas Vinculantes:** são instruções jurídicas que norteiam a interpretação e aplicação das normas constitucionais. Ou seja, as decisões trazidas pelo STF nas súmulas devem ser seguidas pelo Poder Judiciário e pela Administração Pública.
- **Jurisprudência:** são decisões que são editadas pelos tribunais e não possuem efeito vinculante; são resumos numerados que servem de fonte de pesquisa do direito materializados em livros, artigos e pareceres.
- **Doutrina:** tem a finalidade de tentar sistematizar e melhor explicar o conteúdo das normas de Direito Administrativo. A doutrina pode ser utilizada como critério de interpretação de normas, bem como para auxiliar a produção normativa.
- **Costumes:** conjunto de regras não escritas, porém, observadas de maneira uniforme, as quais suprem a omissão legislativa acerca de regras internas da Administração Pública.

Segundo o doutrinador do Direito Administrativo, Hely Lopes Meirelles, em razão da deficiência da legislação, a prática administrativa vem suprindo o texto escrito e, sedimentada na consciência dos administradores e administrados, a praxe burocrática passa a saciar a lei e atuar como elemento informativo da doutrina.

Leis e súmulas vinculantes são consideradas fontes principais do Direito Administrativo. Jurisprudência, súmulas, doutrinas e costumes são considerados fontes secundárias.

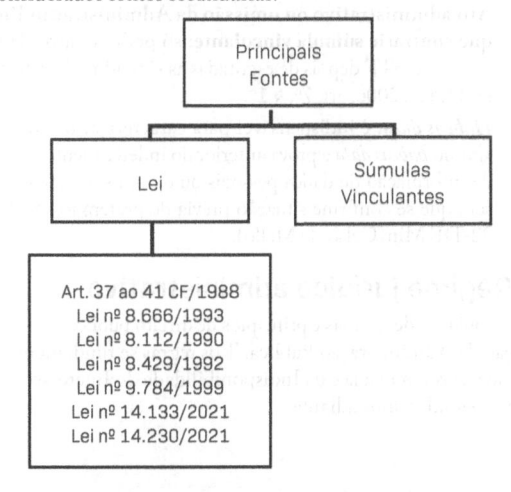

```
              Principais
               Fontes
              /        \
           Lei      Súmulas
            |       Vinculantes
  Art. 37 ao 41 CF/1988
  Lei nº 8.666/1993
  Lei nº 8.112/1990
  Lei nº 8.429/1992
  Lei nº 9.784/1999
  Lei nº 14.133/2021
  Lei nº 14.230/2021
```

# INTRODUÇÃO AO DIREITO ADMINISTRATIVO

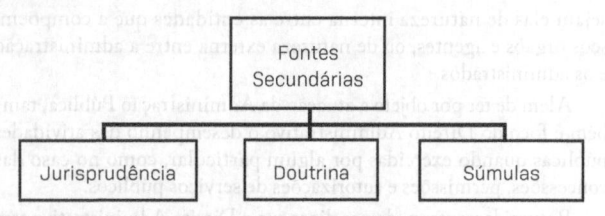

```
Fontes Secundárias
├── Jurisprudência
├── Doutrina
└── Súmulas
```

## 1.5 Sistemas Administrativos

É o regime que o Estado adota para o controle dos atos administrativos ilegais praticados pelo poder público nas diversas esferas e em todos os poderes. Existem dois sistemas que são globalmente utilizados:

- O **sistema francês** (do contencioso administrativo), não utilizado no Brasil, determina que as lides administrativas podem transitar em julgado, ou seja, as decisões administrativas têm força de definibilidade. Nesse sentido, falamos em dualidade de jurisdição, já que existem tribunais administrativos e judiciais, cada qual com suas competências.
- O **sistema inglês** (do não contencioso administrativo), também chamado de jurisdicional único ou unicidade da jurisdição, é o sistema que atribui somente ao Poder Judiciário a capacidade de tomar decisões sobre a legalidade administrativa com caráter de coisa julgada ou definitividade.

> **Atenção!**
> A Constituição Federal de 1988 adotou o Sistema Inglês, do não contencioso administrativo.

O Direito Administrativo, no nosso sistema, não pode fazer coisa julgada e todas as decisões administrativas podem ser revistas pelo Poder Judiciário, pois somente ele pode dar resolução em caráter definitivo. Ou seja, não cabem mais recursos, por isso, falamos em trânsito em julgado das decisões judiciais e nunca das decisões administrativas.

### 1.5.1 Via administrativa de curso forçado

São situações em que o particular é obrigado a seguir todas as vias administrativas até o fim, antes de recorrer ao Poder Judiciário. Isso é exceção, pois a regra é que, ao particular, é facultado recorrer-se ao Poder Judiciário, por força do art. 5º, inciso XXXV, da Constituição Federal de 1988.

Aqui, o indivíduo deve esgotar as esferas administrativas obrigatoriamente antes de ingressar com ação no Poder Judiciário.

> *XXXV - A lei não excluirá da apreciação do Poder Judiciário lesão ou ameaça a direito.*

Exemplos:

- **Justiça Desportiva:** só são admitidas pelo Poder Judiciário ações relativas à disciplina e às competições desportivas depois de esgotadas as instâncias da Justiça Desportiva. Art. 217, § 1º, CF/1988.
- **Ato administrativo ou omissão da Administração Pública que contrarie súmula vinculante:** só pode ser alvo de reclamação ao STF depois de esgotadas as vias administrativas. Lei nº 11.417/2006, art. 7º, § 1º.
- *Habeas data:* é indispensável para caracterizar o interesse de agir no *habeas data* a prova anterior do indeferimento do pedido de informação de dados pessoais ou da omissão em atendê-lo sem que se confirme situação prévia de pretensão. (STF, HD, 22-DF Min. Celso de Mello).

## 1.6 Regime jurídico administrativo

É o conjunto de normas e princípios de direito público que regulam a atuação da Administração Pública. Tais regras se fundamentam nos princípios da Supremacia e da Indisponibilidade do Interesse Público, conforme estudaremos adiante.

O princípio da supremacia do interesse público é o fundamento dos poderes da Administração Pública, afinal de contas, qualquer pessoa que tenha como fim máximo da sua atuação o interesse da coletividade, somente conseguirá atingir esses objetivos se dotadas de poderes especiais.

O princípio da indisponibilidade do interesse público é o fundamento dos deveres da Administração Pública, pois essa tem o dever de nunca abandonar o interesse público e de usar os seus poderes com a finalidade de satisfazê-lo.

Desses dois princípios, decorrem todos os outros princípios e regras que se desdobram no regime jurídico administrativo.

## 1.7 Noções de Estado

### 1.7.1 Conceito de Estado

- **Estado:** é a pessoa jurídica territorial soberana.
- **Pessoa:** capacidade para contrair direitos e obrigações.
- **Jurídica:** é constituída por meio de uma formalidade documental e não por uma mulher, tal como a pessoa física.
- **Territorial soberana:** quer dizer que, dentro do território do Estado, esse detém a soberania, ou seja, sua vontade prevalece ante a das demais pessoas (sejam elas físicas ou jurídicas). Podemos definir soberania da seguinte forma: soberania é a independência na ordem internacional (lá fora ninguém manda no Estado) e supremacia na ordem interna (aqui dentro quem manda é o Estado).

### 1.7.2 Elementos do Estado

- **Território:** é a base fixa do Estado (solo, subsolo, mar, espaço aéreo).
- **Povo:** é o componente humano do Estado.
- **Governo soberano:** é o responsável pela condução do Estado. Por ser tal governo soberano, ele não se submete a nenhuma vontade externa, apenas aos desígnios do povo.

### 1.7.3 Formas de Estado

- **Estado unitário:** é caracterizado pela centralização política; não existe divisão em Estados-membros ou municípios, há somente uma esfera política central que emana sua vontade para todo o país. É o caso do Uruguai.
- **Estado federado:** caracteriza-se pela descentralização política. Existem diferentes entidades políticas autônomas que são distribuídas regionalmente e cada uma exerce o poder político dentro de sua área de competência. É o caso do Brasil.

### 1.7.4 Poderes do Estado

Os poderes do Estado estão previstos no texto Constitucional.

> *Art. 2º São Poderes da União, independentes e harmônicos entre si, o Legislativo, o Executivo e o Judiciário.*

Os poderes podem exercer as funções para que foram investidos pela Constituição Federal (funções típicas) ou executar cargos diversos das suas competências constitucionais (funções atípicas). Por esse motivo, não há uma divisão absoluta entre os poderes, e sim relativa, pois o Poder Executivo pode executar suas funções típicas (administrar) e pode também iniciar o processo legislativo em alguns casos (pedido de vagas para novos cargos). Além disso, é possível até mesmo legislar no caso de medidas provisórias com força de lei.

# NOÇÕES DE DIREITO ADMINISTRATIVO

| Poderes | Funções típicas | Funções atípicas |
|---|---|---|
| Legislativo | Criar leis Fiscalizar (Tribunal de Contas) | Administrar Julgar conflitos |
| Executivo | Administrar | Criar leis Julgar conflitos |
| Judiciário | Julgar conflitos | Administrar Criar leis |

É importante notar que a atividade administrativa está presente nos três poderes. Por isso, o Direito Administrativo, por ser um dos ramos do Direito Público, disciplina não somente a atividade administrativa do Poder Executivo, mas também as do Poder Legislativo e do Judiciário.

## 1.8 Noções de governo

Governar é atividade política e discricionária, tendo conduta independente. O ato de governar está relacionado com as funções políticas do Estado: de comandar, coordenar, direcionar e fixar planos e diretrizes de atuação do Estado.

O governo é o conjunto de Poderes e órgãos constitucionais responsáveis pela função política do Estado. Ele está diretamente ligado às decisões tomadas pelo Estado, exercendo direção suprema e geral. Ao fazer uma analogia, podemos dizer que o governo é o cérebro do Estado.

### 1.8.1 Função de governo e função administrativa

É comum aparecer em provas de concursos públicos questões que confundem as ideias de governo e de Administração Pública. Para evitar esse erro, analisaremos as diferenças entre as expressões.

O governo é uma atividade política e discricionária e que possui conduta independente. Para ele, a administração é uma atividade neutra, normalmente vinculada à lei ou à norma técnica, e exercida mediante conduta hierarquizada.

Não podemos confundir governo com Administração Pública, pois o governo se encarrega de definir os objetivos do Estado e as políticas para o alcance desses objetivos. A Administração Pública, por sua vez, se encarrega de atingir os objetivos traçados pelo governo.

O governo atua mediante atos de soberania ou, ao menos, de autonomia política na condução dos negócios públicos. A administração é atividade neutra, normalmente vinculada à lei ou à norma técnica. Governo é conduta independente, enquanto a administração é hierarquizada.

O governo deve comandar com responsabilidade constitucional e política, mas sem responsabilidade técnica e legal pela execução. A administração age sem responsabilidade política, mas com responsabilidade técnica e legal pela execução dos serviços públicos.

### 1.8.2 Sistemas de governo

Sistema de governo refere-se ao grau de dependência entre o Poder Legislativo e Executivo.

- **Parlamentarismo**

É caracterizado por uma grande relação de dependência entre o Poder Legislativo e o Executivo.

A chefia do Estado e a do Governo são desempenhadas por pessoas distintas.

**Chefe de Estado:** responsável pelas relações internacionais.

**Chefe de governo:** responsável pelas relações internas, o chefe de governo é o da Administração Pública.

- **Presidencialismo**

É caracterizado por não existir dependência, ou quase nenhuma, entre os Poderes Legislativo e Executivo.

A chefia do Estado e a do Governo são representadas pela mesma pessoa.

O Brasil adota o presidencialismo como sistema de governo.

### 1.8.3 Formas de governo

A forma de governo refere-se à relação entre governantes e governados.

- **Monarquia**

**Hereditariedade:** o poder é passado de pai para filho.

**Vitaliciedade:** o detentor do poder fica no cargo até a morte e não necessita prestar contas.

- **República**

**Eletividade:** o governante precisa ser eleito para chegar ao poder.

**Temporalidade:** ao chegar ao poder, o governante ficará no cargo por tempo determinado e deve prestar contas.

O Brasil adota a república como forma de governo.

# ADMINISTRAÇÃO PÚBLICA

## 2 ADMINISTRAÇÃO PÚBLICA

Antes de fazermos qualquer conceituação doutrinária sobre Administração Pública, podemos entendê-la como a ferramenta utilizada pelo Estado para atingir os seus objetivos. O Estado possui objetivos, e quem escolhe quais são eles é seu governo, pois a esse é que cabe a função política (atividade eminentemente discricionária) do Estado e que determina as suas vontades, ou seja, o Governo é o cérebro do Estado. Para poder atingir esses objetivos, o Estado precisa fazer algo, e o faz por meio de sua Administração Pública. Assim, essa é a responsável pelo exercício das atividades públicas do Estado.

### 2.1 Classificação de Administração Pública

#### 2.1.1 Sentido material/objetivo

Em sentido material ou objetivo, a Administração Pública compreende o exercício de atividades pelas quais se manifesta a função administrativa do Estado.

Compõe a Administração Pública material qualquer pessoa jurídica, seus órgãos e agentes que exercem as atividades administrativas do Estado. Como exemplo de tais atividades, há a prestação de serviços públicos, o exercício do poder de Polícia, o fomento, a intervenção e as atividades da Administração Pública.

Essas são as chamadas atividades típicas do Estado e, pelo critério formal, qualquer pessoa que exerce alguma dessas é de Administração Pública, não importa quem seja. Por esse critério, teríamos, por exemplo, as seguintes pessoas na Administração Pública: União, estados, municípios, Distrito Federal, Autarquias, Fundações Públicas prestadoras de serviços públicos, Empresa Pública prestadora de serviço público, Sociedade de Economia Mista prestadora de serviços públicos e, ainda, as concessionárias, autorizatárias e permissionárias de serviço público.

Esse critério não é o adotado pelo Brasil. Assim sendo, a classificação feita acima não descreve a Administração Pública brasileira, que, conforme veremos a seguir, adota o modelo formal de classificação.

#### 2.1.2 Sentido formal/subjetivo

Em sentido formal ou subjetivo, a Administração Pública compreende o conjunto de órgãos e pessoas jurídicas encarregadas, por determinação legal, do exercício da função administrativa do Estado.

Pelo modelo formal, segundo Meirelles, a Administração Pública é o conjunto de entidades (pessoas jurídicas, seus órgãos e agentes) que o nosso ordenamento jurídico identifica como Administração Pública, pouco interessa a sua área de atuação, ou seja, pouco importa a atividade, mas, sim, quem a desempenha. A Administração Pública brasileira que adota o modelo formal é classificada em Administração Direta e Indireta.

### 2.2 Organização da Administração

A Administração Pública foi definida pela Constituição Federal de 1988 no art. 37.

> *Art. 37 A Administração Pública Direta e indireta de qualquer dos Poderes da União, dos Estados, do Distrito Federal e dos Municípios obedecerá aos princípios de legalidade, impessoalidade, moralidade, publicidade e eficiência e, também, ao seguinte [...].*

O Decreto-lei nº 200/1967 determina quem é Administração Pública Direta e Indireta.

> *Art. 4º A Administração Federal compreende:*
> 
> *I - A Administração Direta, que se constitui dos serviços integrados na estrutura administrativa da Presidência da República e dos Ministérios.*
> 
> *II - A Administração Indireta, que compreende as seguintes categorias de entidades, dotadas de personalidade jurídica própria:*
> 
> *a) Autarquias;*
> *b) Empresas Públicas;*
> *c) Sociedades de Economia Mista.*
> *d) Fundações públicas.*

Dessa forma, temos somente quatro pessoas que representam a Administração Direta. Elas são consideradas pessoas jurídicas de direito público e possuem várias características. As pessoas da Administração Direta recebem o nome de pessoas políticas do estado.

A Administração Indireta também representa um rol taxativo e não cabe ampliação. Existem quatro pessoas da Administração Indireta e nenhuma outra. Elas possuem características marcantes, contudo, não possuem a mais importante e que as diferencia das pessoas políticas do Estado: a capacidade de legislar (capacidade política).

### 2.3 Administração Direta

A Administração Direta é representada pelas entidades políticas. São elas: União, estados, Distrito Federal e municípios.

A definição no Brasil foi feita pelo Decreto-lei nº 200/1967, que dispõe sobre a organização da Administração Federal e estabelece diretrizes para a Reforma Administrativa.

É importante observar que esse decreto dispõe somente sobre a Administração Pública Federal, todavia, pela aplicação do princípio da simetria, tal regra é aplicada uniformemente por todo o território nacional. Assim sendo, tal classificação utilizada nesse decreto define expressamente a Administração Pública Federal e também, implicitamente, a Administração Pública dos demais entes da federação.

Os entes políticos possuem autonomia política (capacidade de legislar), administrativa (capacidade de se auto-organizar) e capacidade financeira (capacidade de julgar as próprias contas). Não podemos falar aqui em hierarquia entre os entes, mas sim em cooperação, pois um não dá ordens aos outros, visto que eles são autônomos.

As principais características da Administração Direta são:

- São pessoas jurídicas de direito público interno – têm autonomia.
- Unidas formam a República Federativa do Brasil: pessoa jurídica de direito público externo – tem soberania (independência na ordem externa e supremacia na interna).
- Regime jurídico de direito público.
- **Autonomia política:** administrativa e financeira.
- **Sem subordinação:** atuam por cooperação.
- **Competências:** extraídas da CF/1988.
- Responsabilidade civil – regra – objetiva.
- **Bens:** públicos, não podem ser objeto de sequestro, arresto, penhora etc.
- **Débitos judiciais:** são pagos por precatórios.
- **Regime de pessoal:** regime jurídico único.
- Competência para julgamento de ações judiciais da União é a Justiça Federal; dos demais Entes Políticos é a Justiça Estadual.

Algumas noções de centralização, descentralização e desconcentração são importantes para compreender a Administração Direta:

- **Centralização Administrativa:** órgãos e agentes trabalhando para a Administração Direta.
- **Descentralização administrativa:** técnica administrativa em que a Administração Direta passa a atividade administrativa, serviço ou obra pública para outras pessoas jurídicas ou físicas (para pessoa física somente por delegação por colaboração). A descentralização pode ser feita por outorga legal (titularidade + execução) ou diante delegação por colaboração (somente execução). A outorga legal cria as pessoas da Administração Indireta. A Delegação por colaboração gera os concessionários, permissionários e autorizatários de serviços públicos.
- **Descentralização por outorga legal:** também chamada de descentralização técnica, por serviços, ou funcional, é feita por lei e transfere a titularidade e a execução da atividade administrativa por prazo indeterminado para uma pessoa jurídica integrante da Administração Indireta.

- **Descentralização por delegação:** também chamada de descentralização por colaboração, é feita em regra por um contrato administrativo e, nesses casos, depende de licitação. Também pode acontecer descentralização por delegação por meio de um ato administrativo. Transfere somente a execução da atividade administrativa, e não a sua titularidade, por prazo determinado para um particular, pessoa física ou jurídica.
▷ **Outorga legal:**
  - Feita por lei;
  - Transfere a titularidade e a execução do serviço público;
  - Não tem prazo.
▷ **Delegação:**
  - Feita por contrato, exceto as autorizações;
  - Os contratos dependem de licitação;
  - Transfere somente a execução do serviço público e não a titularidade;
  - À fiscalização do Poder Público. Tal fiscalização decorre do exercício do poder disciplinar;
  - Tem prazo.
- **Desconcentração administrativa:** técnica de subdivisão de órgãos públicos para que melhor desempenhem o serviço público ou atividade administrativa. Em outras palavras, na desconcentração, a pessoa jurídica distribui competências no âmbito de sua própria estrutura. É a distribuição de competências entre os diversos órgãos integrantes da estrutura de uma pessoa jurídica da Administração Pública. Somente ocorre na Administração Direta ou Indireta, jamais para particulares, uma vez que não existem órgãos públicos entre particulares.

## 2.4 Administração Indireta

**Pessoas/entes/entidades administrativas**
- Fundações públicas;
- Autarquias;
- Sociedades de economia mista;
- Empresas públicas.

**Características**
- Tem personalidade jurídica própria;
- Tem patrimônio e receita próprios;
- Tem autonomia: administrativa, técnica e financeira.
- Não tem autonomia política;
- Finalidade definida em lei;
- Controle do Estado.

Não há subordinação nem hierarquia entre os entes da Administração Direta e indireta, mas sim vinculação que se manifesta por meio da **supervisão ministerial** realizada pelo ministério ou secretaria da pessoa política responsável pela área de atuação da entidade administrativa. Tal supervisão tem por finalidade o exercício do denominado **controle finalístico** ou **poder de tutela**.

Em alguns casos, a entidade administrativa pode estar diretamente vinculada à chefia do Poder Executivo e, nesse contexto, caberá a essa chefia o exercício do controle finalístico de tal entidade.

**Nomeação de dirigentes:** os dirigentes das entidades administrativas são nomeados pelo chefe do poder a que está vinculada a respectiva entidade, ou seja, as entidades administrativas ligadas ao Poder Executivo Federal têm seus dirigentes nomeados pelo chefe de tal poder, que, nesse caso, é o Presidente da República.

É válido lembrar que, em todos os poderes, existe a função administrativa no Executivo, de forma típica, e nos demais poderes, de forma atípica. Além disso, a função administrativa de todos os poderes é exercida pela sua Administração Pública (Administração Direta e Indireta), assim, existe Administração Pública Direta e Indireta nos três poderes e, caso uma entidade administrativa seja vinculada ao Poder Legislativo ou Judiciário, caberá ao chefe do respectivo poder a nomeação de tal dirigente.

Excepcionalmente, a nomeação de um dirigente pode depender ainda de aprovação do Poder Legislativo. Na esfera federal, temos como exemplo a nomeação dos dirigentes das agências reguladoras. Tais nomeações são feitas pelo Presidente da República e, para terem efeito, dependem de aprovação do Senado Federal.

Via de regra, lembraremos que a nomeação do dirigente de uma entidade administrativa é feita pelo chefe do Poder Executivo, sendo que, em alguns casos, é necessária a prévia aprovação de outro poder. Excepcionalmente, o Judiciário e o Legislativo poderão nomear dirigentes para essas entidades, desde que vinculadas ao respectivo poder.

**Criação dos entes da Administração Indireta:** a instituição das entidades administrativas depende sempre de uma lei ordinária específica. Essa lei pode criar a entidade administrativa. Nesse caso, nasce uma pessoa jurídica de direito público, a autarquia. A lei também pode autorizar a criação das entidades administrativas. Nessa circunstância, nascem as demais entidades da Administração Indireta: fundações públicas, empresas públicas e sociedades de economia mista. Pelo fato dessas entidades serem autorizadas por lei, elas são pessoas jurídicas de direito privado.

A lei que cria ou que autoriza a criação de uma entidade administrativa é uma **lei ordinária específica**.

Quando a lei autoriza a criação de uma entidade da Administração Indireta, a sua construção será consumada após o registro na serventia registral pertinente (cartório ou junta comercial, conforme o caso).

Ocorre extinção dos entes da Administração Indireta nas seguintes condições:
- Só lei revoga lei.
- Se a lei cria, a lei extingue.
- Se a lei autoriza a criação, autoriza também a extinção.

**Relação da Administração Pública Direta com a Indireta:** as entidades compreendidas na Administração Indireta vinculam-se ao Ministério em cuja área de competência estiver enquadrada sua principal atividade. Dessa forma, não há que se falar em hierarquia ou subordinação, mas, sim em vinculação.

A vinculação entre a Administração Direta e a Administração Indireta gera o chamado controle finalístico ou supervisão ministerial. Assim, a Administração Direta não pode intervir nas decisões da Indireta, salvo se ocorrer a chamada fuga de finalidade.

### 2.4.1 Autarquias

Autarquia é a pessoa jurídica de direito público, criada por lei, com capacidade de autoadministração, para o desempenho de serviço público descentralizado (atividade típica do Estado). É o próprio serviço público personificado.

Vejamos a seguir as suas características:
- **Personalidade jurídica:** direito público.
- Recebem todas as prerrogativas do direito público.
- **Finalidade:** atividade típica do Estado.
- **Regime jurídico:** público.
- **Responsabilidade civil:** objetiva.

# ADMINISTRAÇÃO PÚBLICA

- **Bens públicos:** não podem ser objeto de penhora, arresto ou sequestro.
- Ao serem constituídas, recebem patrimônio do ente instituidor e, a partir desse momento, seguem com sua autonomia.
- **Débitos judiciais:** pagamento por precatórios.
- **Regime de pessoal:** regime jurídico único.
- Competência para o julgamento de suas ações judiciais:
  - Autarquia Federal = Justiça Federal.
  - Outras Esferas = Justiça Estadual. Por exemplo: Instituto Nacional do Seguro Social (INSS), Banco Central do Brasil.

A seguir estão presentes as espécies de autarquias:

- **Comum ou ordinária (de acordo com Decreto-lei nº 200/1967):** são as autarquias que recebem as características principais, ou seja, criadas diretamente por lei, pessoas jurídicas de direito público e que desempenham um serviço público especializado; seu ato constitutivo é a própria lei.
- **Sob regime especial:** as autarquias em regime especial são submetidas a um regime jurídico peculiar, diferente do jurídico relativo às autarquias comuns. Por autarquia comum deve-se entender as ordinárias, aquelas que se submetem a regime jurídico comum das autarquias. Na esfera federal, o regime jurídico comum das autarquias é o Decreto-lei nº 200/1967. Se a autarquia, além das regras do regime jurídico comum, ainda é alcançada por alguma regra especial, peculiar às suas atividades, será considerada uma autarquia em regime especial.
- **Agências reguladoras:** são responsáveis por regular, normatizar e fiscalizar determinados serviços públicos que foram delegados ao particular. Em razão dessa característica, elas têm mais liberdade e maior autonomia, se comparadas com as Autarquias comuns. Por exemplo: Agência Nacional do Cinema (Ancine); Agência Nacional de Águas e Saneamento Básico (ANA); Agência Nacional de Aviação Civil (Anac); Associação Nacional de Tecnologia do Ambiente Construído (Antaq); Agência Nacional de Telecomunicações (Anatel); Agência Nacional de Energia Elétrica (Aneel); Agência Nacional do Petróleo, Gás Natural e Biocombustíveis (ANP); Agência Nacional de Transportes Terrestres (ANTT) etc.
- **Autarquia territorial:** é classificado como Autarquia Territorial o espaço que faça parte do território da União, mas que não se enquadre na definição de Estado-membro, Distrito Federal ou município. No Brasil atual, não existem exemplos de autarquias territoriais, mas elas podem vir a ser criadas. Nesse caso, esses territórios fazem parte da Administração Direta e são autarquias territoriais, pois são criados por lei e assumem personalidade jurídica de direito público.
- **Associações públicas (autarquias interfederativas ou multifederativas):** também chamadas de consórcio público de Direito Público. O consórcio público é a pessoa jurídica formada exclusivamente por entes da Federação, na forma da Lei nº 11.107/2005, para estabelecer relações de cooperação federativa, inclusive a realização de objetivos de interesse comum, constituída como associação pública, com personalidade jurídica de direito público e natureza autárquica, ou como pessoa jurídica de direito privado, sem fins econômicos. Assim, não é todo consórcio público que representa uma autarquia interfederativa, mas somente os públicos de Direito Público.
- **Autarquia fundacional ou fundação autárquica:** as fundações públicas de Direito Público (exceção) são consideradas, na verdade, uma espécie de autarquia.
- **Agências executivas:** as agências executivas não se configuram como pessoas jurídicas, menos ainda outra classificação qualquer. Representam, na prática, um título que é dado às autarquias e fundações públicas que assinam contrato de gestão com a Administração Pública, conforme art. 37, § 8º, CF/1988.
- **Conselhos fiscalizadores de profissões:** são considerados autarquias, contudo, comportam uma exceção muito importante:

    *ADI 3.026-DF Min. Eros Graus. 08/06/2006. OAB: Considerada entidade sui generis, um serviço independente não sujeita ao controle finalístico da Administração Direta.*

## 2.4.2 Fundação Pública

A Fundação Pública é a entidade dotada de personalidade jurídica de direito privado, sem fins lucrativos, criada em virtude de autorização legislativa, para o desenvolvimento de atividades que não exijam execução por órgãos ou entidades de direito público, com autonomia administrativa, patrimônio próprio gerido pelos respectivos órgãos de direção e funcionamento custeado por recursos da União e de outras fontes.

**Regra**
- Autorizada por lei;
- Pessoa jurídica de direito privado;
- Depende de registro dos atos constitutivos na junta comercial;
- Depende de lei complementar que especifique o campo de atuação.

**Exceção**
- Criada diretamente por lei;
- Pessoa jurídica de direito público;
- Possui um capital personalizado (diferença meramente conceitual);
- Considerada pela doutrina como autarquia fundacional.

> **Atenção!**
> As fundações públicas de Direito Público, são espécie de autarquia, sendo chamadas pela doutrina como autarquias fundacionais.

**Características**
- **Personalidade jurídica:** direito privado.
- **Finalidade:** lei complementar definirá – sem fins lucrativos.
- **Regime jurídico:** híbrido (regras de Direito Público + direito privado) incontroverso.
- **Responsabilidade civil:** se for prestadora de serviço público, é objetiva; caso contrário, é subjetiva.
- **Bens privados, com exceção:** bens diretamente ligados à prestação de serviço público são bens públicos.
- **Débitos judiciais:** são pagos por meio do seu patrimônio, com exceção dos bens diretamente ligados à prestação de serviços públicos, que são bens públicos e não se submetem a pagamento de débitos judiciais.
- **Regime de pessoal:** Regime Jurídico Único (RJU).

Competência para o julgamento de suas ações judiciais:
- Justiça Federal.
- Outras esferas = Justiça Estadual.
- Instituto Brasileiro de Geografia e Estatística (IBGE), Biblioteca Nacional, Fundação Nacional do Índio (Funai).

## 2.4.3 Empresas Públicas e Sociedades de Economia Mista

São pessoas jurídicas de direito privado, criadas pela Administração Direta por meio de autorização da lei, com o respectivo registro, para a prestação de serviços públicos ou a exploração da atividade econômica.

A Lei nº 13.303/2016 dispõe sobre o estatuto jurídico da empresa pública, da sociedade de economia mista e de suas subsidiárias, no âmbito da União, dos estados, do Distrito Federal e dos municípios.

A referida lei apresenta os seguintes conceitos:

*Art. 3º Empresa pública é a entidade dotada de personalidade jurídica de direito privado, com criação autorizada por lei e com patrimônio próprio, cujo capital social é integralmente detido pela União, pelos Estados, pelo Distrito Federal ou pelos Municípios.*

*Art. 4º Sociedade de economia mista é a entidade dotada de personalidade jurídica de direito privado, com criação autorizada por lei, sob a forma de sociedade anônima, cujas ações com direito a voto pertençam em sua maioria à União, aos Estados, ao Distrito Federal, aos Municípios ou a entidade da Administração Indireta.*

## 2.4.4 Empresas Públicas e Sociedades de Economia Mista Exploradoras da Atividade Econômica

*Art. 173 Ressalvados os casos previstos nesta Constituição, a exploração direta de atividade econômica pelo Estado só será permitida quando necessária aos imperativos da segurança nacional ou a relevante interesse coletivo, conforme definidos em lei.*

*§ 1º A lei estabelecerá o estatuto jurídico da Empresa Pública, da sociedade de economia mista e de suas subsidiárias que explorem atividade econômica de produção ou comercialização de bens ou de prestação de serviços, dispondo sobre:*

*I - Sua função social e formas de fiscalização pelo Estado e pela sociedade;*

*II - A sujeição ao regime jurídico próprio das empresas privadas, inclusive quanto aos direitos e obrigações civis, comerciais, trabalhistas e tributários;*

*III -. Licitação e contratação de obras, serviços, compras e alienações, observados os princípios da Administração Pública;*

*IV - A constituição e o funcionamento dos conselhos de administração e fiscal, com a participação de acionistas minoritários;*

*V - Os mandatos, a avaliação de desempenho e a responsabilidade dos administradores.*

*§ 2º As empresas públicas e as sociedades de economia mista não poderão gozar de privilégios fiscais não extensivos às do setor privado.*

*§ 3º A lei regulamentará as relações da Empresa Pública com o Estado e a sociedade.*

*§ 4º A lei reprimirá o abuso do poder econômico que vise à dominação dos mercados, à eliminação da concorrência e ao aumento arbitrário dos lucros.*

*§ 5º A lei, sem prejuízo da responsabilidade individual dos dirigentes da pessoa jurídica, estabelecerá a responsabilidade desta, sujeitando-a as punições compatíveis com sua natureza, nos atos praticados contra a ordem econômica e financeira e contra a economia popular.*

## 2.4.5 Empresas Públicas e Sociedades de Economia Mista Prestadoras de Serviço Público

Essas entidades são criadas para a exploração da atividade econômica em sentido amplo, o que inclui o exercício delas em sentido estrito e também a prestação de serviços públicos que podem ser explorados com o intuito de lucro.

Segundo o art. 175 da Constituição Federal de 1988:

*Art. 175 Incumbe ao Poder Público, na forma da lei, diretamente ou sob regime de concessão ou permissão, sempre através de licitação, a prestação de serviços públicos.*

***Parágrafo único.** A lei disporá sobre:*

*I - O regime das empresas concessionárias e permissionárias de serviços públicos, o caráter especial de seu contrato e de sua prorrogação, bem como as condições de caducidade, fiscalização e rescisão da concessão ou permissão;*

*II - Os direitos dos usuários;*

*III - Política tarifária;*

*IV - A obrigação de manter serviço adequado.*

Não se inclui nessa categoria os serviços públicos relativos aos direitos sociais, pois esses não podem ser prestados com o intuito de lucro pelo Estado e, também, não são de titularidade exclusiva do Estado, podendo ser livremente explorados por particulares.

## 2.4.6 Sociedade de Economia Mista

A sociedade de economia mista é uma entidade dotada de personalidade jurídica de direito privado, autorizada por lei para a exploração de atividade econômica, sob a forma de sociedade anônima, cujas ações com direito a voto pertençam em sua maioria à União ou a entidade da Administração Indireta:

- Autorizada por lei;
- Pessoa jurídica de direito privado;
- Capital 50% + 1 ação no controle da Administração Pública;
- Constituição obrigatória por Sociedade Anônima (SA);
- Competência da Justiça Estadual.

## 2.4.7 Empresa Pública

Entidade dotada de personalidade jurídica de direito privado, com patrimônio próprio e capital exclusivo da União, autorizado por lei para a exploração de atividade econômica que o governo seja levado a exercer por força de contingência ou de conveniência administrativa, podendo revestir-se de qualquer das formas admitidas em direito.

Principais características:

- Autorizado por lei;
- Pessoa jurídica de direito privado;
- 100% na constituição de capital público;
- Constituído de qualquer forma admitido em direito;
- Competência da Justiça Federal.

Algumas características comuns das empresas públicas e sociedades de economia mista:

- **Personalidade jurídica:** direito privado.
- **Finalidade:** prestação de serviço público ou a exploração da atividade econômica.
- **Regime jurídico híbrido:** se for prestadora de serviço público, o regime jurídico é mais público; se for exploradora da atividade econômica, o regime jurídico é mais privado.
- **Responsabilidade civil:** se for prestadora de serviço público, a responsabilidade civil é objetiva, se for exploradora da atividade econômica, a civil é subjetiva.
- **Bens privados, com exceção:** bens diretamente ligados à prestação de serviço público são bens públicos.
- **Débitos judiciais:** são pagos por meio do seu patrimônio, com exceção dos bens diretamente ligados à prestação de serviços públicos, que são bens públicos e não se submetem a pagamento de débitos judiciais.
- **Regime de pessoal:** Consolidação das Leis do Trabalho (CLT) – Emprego Público.
- **Exemplos de empresas públicas:** Caixa Econômica Federal, Correios.
- **Exemplo de sociedades de economia mista:** Banco do Brasil e Petrobras.

O quadro a seguir foi desenvolvido para memorização das características mais importantes das pessoas da Administração Pública Indireta.

## ADMINISTRAÇÃO PÚBLICA

**Tabela comparativa das características dos entes da Administração Pública**

| Característica | Entidades políticas | Autarquia | Fundação pública | Empresa pública | Sociedade de economia mista |
|---|---|---|---|---|---|
| Personalidade jurídica | Direito Público | Direito Público | direito privado | direito privado | direito privado |
| Finalidade | Competências constitucionais | Atividade típica do Estado | Lei complementar definirá | Exploração da atividade econômica ou prestação de serviço público | Exploração da atividade econômica ou prestação de serviço público |
| Regime jurídico | Direito Público | Direito Público | Híbrido: se PSP + público. Caso desenvolva outra atividade, mais privado. | Híbrido: se EAE + privado; se PSP + público | Híbrido: se EAE + privado; se PSP + público |
| Responsabilidade civil | Objetiva: ação Subjetiva: omissão | Objetiva: ação Subjetiva: omissão | PSP = Objetiva, nos demais casos, subjetiva | PSP = Objetiva, EAE = Subjetiva | PSP = Objetiva, EAE = Subjetiva |
| Bens | Públicos | Públicos | Privados, exceção: bens diretamente ligados à prestação de serviços públicos são bens públicos. | Privados, exceção: bens diretamente ligados à prestação de serviços públicos são bens públicos. | Privados, exceção: bens diretamente ligados à prestação de serviços públicos são bens públicos. |
| Débitos judiciais | Precatórios | Precatórios | Patrimônio | Patrimônio | Patrimônio |
| Regime de pessoal | Regime Jurídico Único | Regime Jurídico Único | Regime Jurídico Único | CLT | CLT |
| Competência para Julgamento | União: Justiça Federal; Demais: Justiça Estadual. | Federal: Justiça Federal; Demais: Justiça Estadual. | Federal: Justiça Federal; Demais: justiça Estadual. | Federal: Justiça Federal; Demais: justiça Estadual. | Todas: Justiça Estadual. |

\* EAE: Exploração da Atividade Econômica.
\* PSP: Prestação de Serviço Público.

# 3 ATO ADMINISTRATIVO

## 3.1 Conceito de ato administrativo

Ato administrativo é toda manifestação unilateral de vontade da Administração Pública, que, agindo nessa qualidade, tenha por fim imediato adquirir, resguardar, transferir, modificar, extinguir e declarar direitos, ou impor obrigações aos administrados ou a si própria.

Da prática dos atos administrativos gera-se superioridade e efeitos jurídicos.

## 3.2 Elementos de validade do ato administrativo

### 3.2.1 Competência

Poderes que a lei confere aos agentes públicos para exercer funções com o mínimo de eficácia. A competência tem caráter instrumental, ou seja, é um instrumento outorgado para satisfazer interesses públicos – finalidade pública.

**Características da competência:**

- **Obrigatoriedade:** ela é obrigatória para todos os agentes e órgãos públicos.
- **Irrenunciabilidade:** a competência é um poder-dever de agir e não pode ser renunciada pelo detentor do poder-dever. Contudo, tem caráter relativo uma vez que a competência pode ser delegada ou pode ocorrer a avocação.
- **Intransferível:** mesmo após a delegação, a competência pode ser retomada a qualquer tempo pelo titular do poder-dever, por meio da figura da revogação.
- **Imodificável:** pela vontade do agente, pois somente a lei determina competências.
- **Imprescritível:** a competência pode ser executada a qualquer tempo. Somente a lei pode exercer a função de determinar prazos prescricionais. Por exemplo: o art. 54 da Lei nº 9.784/1999 determina o prazo decadência de cinco anos para anular atos benéficos para o administrado de boa-fé.

### 3.2.2 Finalidade

Visa sempre ao interesse público e à finalidade específica prevista em lei. Por exemplo: remoção de ofício.

### 3.2.3 Forma

O ato administrativo é, em regra, formal e escrito.

### 3.2.4 Motivo

O motivo é a causa imediata do ato administrativo. É a situação de fato e de direito que determina ou autoriza a prática do ato, ou, em outras palavras, o pressuposto fático e jurídico (ou normativo) que enseja a prática do ato.

*Art. 40, § 1º, II, "a", CF/1988* Trata da aposentadoria por tempo de contribuição.

> **Atenção!**
> A Lei nº 9.784/1999, que trata dos processos administrativos no âmbito da União, reza pelo princípio do informalismo, admitindo que existam atos verbais ou por meio de sinais (de acordo com o contexto).

### 3.2.5 Objeto

É o ato em si, ou seja, no caso da remoção o ato administrativo é o próprio instituto da remoção.

Por exemplo: demissão – quanto ao ato de demissão deve ter o agente competente para determiná-lo (competência), depois disso, deve ser revertido de forma escrita (forma), a finalidade deve ser o interesse público (finalidade), o motivo deve ser embasado em lei, ou seja, os casos do art. 132 da Lei nº 8.112/1990, o objeto é o próprio instituto da demissão que está prescrito em lei.

### 3.2.6 Motivação

É a exteriorização por escrito dos motivos que levaram a produção do ato.

- Faz parte do elemento "forma" e não do "motivo".
- Teoria dos motivos determinantes.

A motivação é elemento de controle de validade dos atos administrativos. Se ela for falsa, o ato é ilegal, independentemente da sua qualidade (discricionário ou vinculado).

Devem ser motivados:

- Todos os atos administrativos vinculados;
- Alguns atos administrativos discricionários (atos punitivos, que geram despesas, dentre outros).

A Lei nº 9.784/1999, em seu art. 50, traz um rol dos atos que devem ser motivados:

> *Art. 50* Os atos administrativos deverão ser motivados, com indicação dos fatos e dos fundamentos jurídicos, quando:
> I - Neguem, limitem ou afetem direitos ou interesses;
> II - Imponham ou agravem deveres, encargos ou sanções;
> III - Decidam processos administrativos de concurso ou seleção pública;
> IV - Dispensem ou declarem a inexigibilidade de processo licitatório;
> V - Decidam recursos administrativos;
> VI - Decorram de reexame de ofício;
> VII - Deixem de aplicar jurisprudência firmada sobre a questão ou discrepem de pareceres, laudos, propostas e relatórios oficiais;
> VIII - Importem anulação, revogação, suspensão ou convalidação de ato administrativo.
> *§ 1º* A motivação deve ser explícita, clara e congruente, podendo consistir em declaração de concordância com fundamentos de anteriores pareceres, informações, decisões ou propostas, que, nesse caso, serão parte integrante do ato.
> *§ 2º* Na solução de vários assuntos da mesma natureza, pode ser utilizado meio mecânico que reproduza os fundamentos das decisões, desde que não prejudique direito ou garantia dos interessados.
> *§ 3º* A motivação das decisões de órgãos colegiados e comissões ou de decisões orais constará da respectiva ata ou de termo escrito.

## 3.3 Atributos do ato administrativo

São as qualidades especiais dos atos administrativos que lhes asseguram uma qualidade jurídica superior à dos atos de direito privado.

### 3.3.1 Presunção de legitimidade e veracidade

Presume-se, em caráter relativo, que os atos da administração foram produzidos em conformidade com a lei e os fatos deles. Para os administrados, são obrigatórios. Ocorre, aqui, a inversão do ônus da prova (cabe ao administrado provar que o ato é vicioso).

### 3.3.2 Consequências

Imediata executoriedade do ato administrativo, mesmo impugnado pelo administrado. Até decisão que reconhece o vício ou susta os efeitos do ato.

Impossibilidade de o Poder Judiciário analisar, de ofício, elementos de validade do ato não expressamente impugnados pelo administrado.

### 3.3.3 Imperatividade

Imperativo, ou seja, é impositivo e independe da anuência do administrado, com exceção de:

- **Atos negociais:** a Administração concorda com uma pretensão do administrado ou reconhece que ela satisfaz os requisitos para o exercício de certo direito (autorização e permissão – discricionário; licença – vinculado).
- **Atos enunciativos:** declaram um fato ou emitem uma opinião sem que tal manifestação produza por si só efeitos jurídicos.

# ATO ADMINISTRATIVO

> **Atenção!**
> Relacionado ao *poder extroverso* do Estado (expressão italiana do autor Renato Aless), esse poder é usado como sinônimo para imperatividade nas provas de concurso.

## 3.3.4 Autoexecutoriedade

O ato administrativo, uma vez produzido pela Administração, é passível de execução imediata, independentemente de manifestação do Poder Judiciário.

Deve haver previsão legal, a exceção existe em casos de emergência. Esse atributo incide em todos os atos, com exceção dos enunciativos e negociais. A Administração não goza de autoexecutoriedade na cobrança de débito, quando o administrado resiste ao pagamento.

## 3.3.5 Tipicidade

O ato deve observar a forma e o tipo previsto em lei para sua produção.

## 3.4 Classificação dos atos administrativos

- **Atos vinculados:** são os que a Administração pratica sem margem alguma de liberdade de decisão, pois a lei previamente determinou o único comportamento possível a ser obrigatoriamente adotado sempre que se configure a situação objetiva descrita na lei. Não cabe ao agente público apreciar a situação objetiva descrita nela.
- **Atos discricionários:** a Administração pode praticar, com certa liberdade de escolha, nos termos e limites da lei, quanto ao seu conteúdo, seu modo de realização, sua oportunidade e sua conveniência administrativa.
- **Atos gerais:** caracterizam-se por não possuir destinatários determinados. Os atos gerais são sempre determinados e prevalecem sobre os individuais. Podem ser revogados a qualquer tempo. Por exemplo: são os decretos regulamentares. Esses atos necessitam ser publicados em meio oficial.
- **Atos individuais:** são aqueles que possuem destinatários certos (determinados), produzindo diretamente efeitos concretos, constituindo ou declarando situação jurídicas subjetivas. Por exemplo: nomeação em concurso público e exoneração. Os atos podem ser discricionários ou vinculados e sua revogação somente é passível caso não tenha gerado direito adquirido.
- **Atos simples:** decorrem de uma única manifestação de vontade, de um único órgão.
- **Atos complexos:** necessitam, para formação de seu conteúdo, da manifestação de vontade de dois ou mais órgãos.
- **Atos compostos:** o seu conteúdo depende de manifestação de vontade de um único órgão, contudo, para funcionar, necessita de outro ato que o aprove.

### Diferenças entre Ato Complexo e Ato Composto

| Ato Complexo |
|---|
| 1 ato, 2 vontades e 2 ou + órgãos |

| Ato Composto |
|---|
| 2 atos, 2 vontades, 1 órgão com aprovação de outro |

| Ato complexo | Ato composto |
|---|---|
| 1 ato | 2 atos |
| 2 vontades | 2 vontades |
| 2 ou + órgãos | 1 órgão com a aprovação de outro |

### Espécies de Atos Administrativos

- Normativo;
- Ordinatórios;
- Negociais;
- Enunciativos;
- Punitivos.

## 3.4.1 Atos normativos

São atos caracterizados pela generalidade e pela abstração, isto é, um ato normativo não é prescrito para uma situação determinada, mas para todos os eventos assemelhados; a abstração deriva do fato desse ato não representar um caso concreto, determinado, mas, sim, um caso abstrato, descrito na norma e possível de acontecer no mundo real. A regra abstrata deve ser aplicada no caso concreto.

**Finalidade:** regulamentar as leis e uniformizar procedimentos administrativos.

**Características:**
- Não possuem destinatários determinados;
- Correspondem aos atos gerais;
- Não pode inovar o ordenamento jurídico;
- Controle.

**Regra:** os atos administrativos normativos não podem ser atacados mediante recursos administrativos ou judiciais.

**Exceção:** atos normativos que gerarem efeitos concretos para determinado destinatário podem ser impugnados pelo administrado na via judicial ou administrativa. Por exemplo: decretos regulamentares, instruções normativas, atos declaratórios normativos.

## 3.4.2 Atos ordinários

São atos administrativos endereçados aos servidores públicos em geral.

**Finalidade:** divulgar determinações aplicáveis ao adequado desempenho de suas funções.

**Características**
- Atos internos;
- Decorrem do exercício do poder hierárquico;
- Vinculam os servidores subordinados ao órgão que o expediu;
- Não atingem os administrados;
- Estão hierarquicamente abaixo dos atos normativos;
- Devem obediência aos atos normativos que tratem da mesma matéria relacionada ao ato ordinatório.
- Por exemplo: instruções, circulares internas, portarias, ordens de serviço.

## 3.4.3 Atos negociais

São atos administrativos editados quando o ordenamento jurídico exige que o particular obtenha anuência prévia da Administração para realizar determinada atividade de interesse dele ou exercer determinado direito.

**Finalidade:** satisfação do interesse público, ainda que essa possa coincidir com o interesse do particular que requereu o ato.

**Características:**
- Os atos negociais não são imperativos, coercitivos e autoexecutórios;
- Os atos negociais não podem ser confundidos com contratos, pois, nesses existe manifestação de vontade bilateral e, nos atos negociais, nós temos uma manifestação de vontade unilateral da Administração Pública, que é provocada mediante requerimento do particular.

Os atos negociais também são divididos em vinculados, discricionários, definitivos e precários:

## NOÇÕES DE DIREITO ADMINISTRATIVO

- **Atos negociais vinculados:** reconhecem um direito subjetivo do particular, mediante um requerimento, desse particular, comprovando preencher os requisitos que a lei exige para a anuência do direito, a Administração obrigatoriamente deve praticar o ato.
- **Atos negociais discricionários:** não reconhecem um direito subjetivo do particular, pois, mesmo que esse atenda às exigências necessárias para a obtenção do ato, a Administração poderá não o praticar, decidindo se executa ou não o ato por juízo de conveniência e oportunidade.
- **Atos negociais definitivos:** não comportam revogação, são atos vinculados, mas podem ser anulados ou cassados. Assim, esses atos geram, ao particular, apenas uma expectativa de definitividade.
- **Atos negociais precários:** podem ser revogados a qualquer tempo, são atos discricionários; geralmente, a revogação do ato negocial não gera direito de indenização ao particular.

Os atos negociais apresentam as seguintes espécies:

- **Licença:** fundamenta-se no poder de polícia da Administração. É ato vinculado e definitivo, pois reconhece um direito subjetivo do particular, mediante um requerimento desse, comprovando preencher os requisitos que a lei exige. Para a anuência do direito, a Administração, obrigatoriamente, deve praticar o ato. A licença não comporta revogação, mas ela pode ser anulada ou cassada. Assim, esses atos geram, ao particular, apenas uma expectativa de definitividade.

    Por exemplo: alvará para a realização de uma obra, alvará para o funcionamento de um estabelecimento comercial, licença para dirigir, licença para exercer uma profissão.

- **Admissão:** é o ato unilateral e vinculado pelo qual a Administração faculta a alguém a inclusão em estabelecimento governamental para o gozo de um serviço público. O ato de admissão não pode ser negado aos que preencham as condições normativas requeridas.

    Por exemplo: ingresso em estabelecimento oficial de ensino na qualidade de aluno; o desfrute dos serviços de uma biblioteca pública como inscrito entre seus usuários.

- **Aprovação:** é o ato unilateral e discricionário pelo qual a Administração faculta a prática de ato jurídico (aprovação prévia) ou manifesta sua concordância com ato jurídico já praticado (aprovação *a posteriori*).
- **Homologação:** é o ato unilateral e vinculado de controle pelo qual a Administração concorda com um ato jurídico ou série de atos (procedimento) já praticados, verificando a consonância deles com os requisitos legais condicionadores de sua válida emissão.
- **Autorização:** na maior parte das vezes em que é praticado, fundamenta-se no poder de polícia do Estado quando a lei exige a autorização como condicionante para prática de uma determinada atividade privada ou para o uso de bem público. Todavia, a autorização também pode representar uma forma de descentralizar, por delegação, serviços públicos para o particular.
    - A autorização é caracterizada por uma predominância do interesse do particular que solicita o ato, todavia, também existe interesse público na prática desse ato.
    - É um ato discricionário, pois não reconhece um direito subjetivo do particular; mesmo que esse atenda às exigências necessárias para a obtenção do ato, a Administração poderá não o praticar, decidindo se desempenha ou não o ato por juízo de conveniência e oportunidade.
    - É um ato precário, pois pode ser revogado a qualquer tempo. Via de regra, a revogação da autorização não gera direito de indenização ao particular, mas, caso a autorização tenha sido concedida por prazo certo, pode haver o direito de indenização para o particular.
    - **Prazo:** a autorização é concedida sem prazo determinado, todavia, pode havê-la outorgada por prazo certo.
        - Por exemplo: atividades potencialmente perigosas e que podem colocar em risco a coletividade, por isso, a necessidade de regulação do Estado; autorização para porte de arma de fogo; autorização para a prestação de serviços privados de educação e saúde; autorização de uso de bem público; autorização de serviço público: prestação de serviço de táxi.
- **Permissão:** é o ato administrativo discricionário e precário, pelo qual a Administração Pública consente ao particular o exercício de uma atividade de interesse predominantemente da coletividade.
    - A permissão apresenta as seguintes características: pode ser concedida por prazo certo e pode ser imposta condições ao particular.
    - A permissão é um ato precário, pois pode ser revogada a qualquer tempo. Via de regra, a revogação da permissão não gera direito de indenização ao particular, mas, caso a autorização tenha sido concedida por prazo certo ou sob condições, pode haver o direito de indenização para o particular.
    - A permissão concedida ao particular, por meio de um ato administrativo, não se confunde com a permissão para a prestação de serviços públicos. Nesse último caso, representa uma espécie de descentralização por delegação realizada por meio de contrato.
    - Por exemplo: permissão de uso de bem público.

### 3.4.4 Atos enunciativos

São atos administrativos enunciativos aqueles que têm por finalidade declarar um juízo de valor, uma opinião ou um fato.

**Características:**
- Não produzem efeitos jurídicos por si só;
- Não contêm uma manifestação de vontade da administração.

Seguem alguns exemplos de atos enunciativos:

- **Certidão:** é uma cópia de informações registradas em banco de dados da Administração. Geralmente, é concedida ao particular mediante requerimento da informação registrada pela Administração.
- **Atestado:** declara uma situação de que a Administração tomou conhecimento em virtude da atuação de seus agentes. O atestado não se assemelha à certidão, pois essa declara uma informação constante em banco de dados e aquele declara um fato que não corresponde a um registro de um arquivo da Administração.
- **Parecer:** é um documento técnico, confeccionado por órgão especializado na respectiva matéria tema do parecer, em que o órgão emite sua opinião relativa ao assunto.
- **Apostila:** apostilar significa corrigir, emendar, complementar um documento. É o aditamento de um contrato administrativo ou de um ato administrativo. É um ato de natureza aditiva, pois sua finalidade é adicionar informações a um registro já existente.
    - Por exemplo: anotar alterações na situação funcional de um servidor.

### 3.4.5 Atos punitivos

São os atos administrativos por meio dos quais a Administração Pública impõe sanções a seus servidores ou aos administrados.

**Fundamento:**
- **Poder disciplinar:** quando o ato punitivo atinge servidores públicos e particulares ligados à Administração por algum vínculo jurídico específico.

# ATO ADMINISTRATIVO

- **Poder de polícia:** quando o ato punitivo atinge particulares não ligados à Administração Pública por um vínculo jurídico específico.

Os atos punitivos podem ser internos e externos:

- **Atos punitivos internos:** têm como destinatários os servidores públicos e aplicam penalidades disciplinares, ou seja, os atos punitivos internos decorrem sempre do poder disciplinar.
- **Atos punitivos externos:** têm como destinatários os particulares. Podem ter fundamento decorrente do poder disciplinar, quando punem particulares sujeitos à disciplina administrativa, ou podem ter fundamento no poder de polícia, quando punem particulares não ligados à Administração Pública.

Todo ato punitivo interno decorre do poder disciplinar, mas nem todo ato que decorre do poder punitivo que surge do poder disciplinar é um ato punitivo interno, pois, quando a Administração Pública aplica punição aos particulares ligados à administração, essa punição decorre do poder disciplinar, mas também representa um ato punitivo externo.

Todo ato punitivo decorrente do poder de polícia é um ato punitivo externo, pois, nesse caso, temos a Administração punindo sempre o particular.

## 3.5 Extinção dos atos administrativos

### 3.5.1 Anulação ou controle de legalidade

É o desfazimento do ato administrativo que decorre de vício de legalidade ou de legitimidade na prática do ato.

**Cabimento**
- Ato discricionário;
- Ato vinculado.

**Competência para anular**
- **Entidade da Administração Pública que praticou o ato:** pode anular o ato a pedido do interessado ou de ofício em razão do princípio da autotutela.
- **Poder Judiciário:** pode anular somente por provocação do interessado.

**Efeitos da anulação:** *ex tunc*, retroagem desde a data da prática do ato, impugnando a validade do ato.

**Prazo:** 5 anos.
- Contagem;
- Prática do ato.

No caso de efeitos patrimoniais contínuos, a partir do primeiro pagamento.

### 3.5.2 Revogação ou controle de mérito

É o desfazimento do ato administrativo por motivos de conveniência e oportunidade.

**Cabimento**
- Ato discricionário legal, inconveniente e inoportuno;
- Não é cabível a revogação de ato vinculado.

A competência para revogar é apenas a entidade da Administração Pública que praticou o ato.

Não pode o controle de mérito ser feito pelo Poder Judiciário na sua função típica de julgar. Todavia, a Administração Pública está presente nos três poderes da União e, caso uma entidade dos Poderes Judiciário, Legislativo ou Executivo pratique ato discricionário legal, que com o passar do tempo, se mostre inconveniente e inoportuno, somente a entidade que criou o ato tem competência para revogá-lo.

Assim, o Poder Judiciário não tem competência para exercer o controle de mérito dos atos da Administração Pública, mas essa prática atos administrativos e cabe somente a ela a revogação de seus atos.

**Efeitos da revogação:** *ex nunc*, não retroagem, ou seja, a revogação gera efeitos prospectivos, para frente.

### 3.5.3 Cassação

É o desfazimento do ato administrativo decorrente do descumprimento dos requisitos que permitem a manutenção do ato. Na maioria das vezes, a cassação representa uma sanção aplicada ao particular que deixou de atender às condições exigidas para a manutenção do ato.

Como exemplo, temos a cassação da carteira de motorista, que nada mais é do que a cassação de um ato administrativo classificado como licença. A cassação da licença para dirigir decorre da prática de infrações de trânsito praticadas pelo particular, assim, nesse caso, essa cassação é uma punição.

### 3.5.4 Convalidação

Convalidação é a correção com efeitos retroativos do ato administrativo com defeito sanável, o qual pode ser considerado:

- **Vício de competência relativo à pessoa**
  - **Exceção:** competência exclusiva (não cabe convalidação).
- O vício de competência relativo à matéria não é considerado um defeito sanável e também não cabe convalidação.
- **Vício de forma**
  - **Exceção:** a lei determina que a forma seja elemento essencial de validade de determinado ato (também não cabe convalidação).
- **Convalidação tácita**
  - O art. 54 da Lei nº 9.784/1999 prevê que a Administração tem o direito de anular os atos administrativos de que decorram efeitos favoráveis para os destinatários. O prazo é de 5 anos, contados da data em que forem praticados, salvo comprovada má-fé. Transcorrido esse prazo, o ato foi convalidado, pois não pode ser mais anulado pela Administração.
- **Convalidação expressa**
  *Art. 55, Lei nº 9.784/1999 Em decisão na qual se evidencie não acarretarem lesão ao interesse público nem prejuízo a terceiros, os atos que apresentarem defeitos sanáveis poderão ser convalidados pela própria Administração.*

# 4 DEVERES E PODERES ADMINISTRATIVOS

Para um desempenho adequado do papel que compete à Administração Pública, o ordenamento jurídico confere a ela poderes e deveres especiais. Conheceremos seus deveres e poderes de modo a diferenciar a aplicabilidade de um ou de outro poder ou dever na análise de casos concretos, bem como apresentado nas questões de concurso público.

## 4.1 Deveres

Os deveres da Administração Pública são um conjunto de obrigações de direito público que a ordem jurídica confere aos agentes públicos com o objetivo de permitir que o Estado alcance seus fins.

O fundamento desses deveres é o princípio da indisponibilidade do interesse público, pois, como a Administração Pública é uma ferramenta do Estado para alcançar seus objetivos, não é permitido ao agente público usar dos seus poderes para satisfazer interesses pessoais ou de terceiros. Com base nessa regra, concluímos que esses agentes não podem dispor do interesse público, por não ser o seu proprietário, e sim o povo. A ele cabe a gestão da Administração Pública em prol da coletividade.

A doutrina, de modo geral, enumera como alguns dos principais deveres impostos aos agentes administrativos pelo ordenamento jurídico quatro obrigações administrativas, a saber:

- Poder-dever de agir;
- Dever de eficiência;
- Dever de probidade;
- Dever de prestar contas.

### 4.1.1 Poder-dever de agir

O poder-dever de agir determina que toda a Administração Pública tem que agir em caso de determinação legal. Contudo, essa é temperada, uma vez que o administrador precisa ter possibilidade real de atuar.

> *Art. 37, § 6º, CF/1988* Policiais em serviço que presenciam um cidadão ser assaltado e morto e nada fazem. Nessa situação, além do dever imposto por lei, havia a possibilidade de agir. Nesse caso concreto, gera-se a possibilidade de indenização por parte do Estado, com base na responsabilidade civil do Estado.

Enquanto, no direito privado, agir é uma faculdade do administrador, no direito público, agir é um dever legal do agente público.

Em decorrência dessa regra temos que os **poderes** administrativos são **irrenunciáveis**, devendo ser **obrigatoriamente exercidos** por seus titulares nas situações cabíveis.

A inércia do agente público acarreta responsabilização a ela por abuso de poder na modalidade omissão. A Administração Pública também responderá pelos danos patrimoniais ou morais decorrentes da omissão na esfera cível.

### 4.1.2 Dever de eficiência

A Constituição implementou o dever de eficiência com a introdução da Emenda Constitucional nº 19 de 1998, a chamada reforma administrativa. Esse novo modelo instituiu a denominada "administração gerencial", tendo vários exemplos dispostos no corpo do texto constitucional, como:

- Possibilidade de perda do cargo de servidor estável em razão de insuficiência de desempenho (art. 41, § 1º, inciso III);
- O estabelecimento como condição para o ganho da estabilidade de avaliação de desempenho (art. 41, § 4º);
- A possibilidade da celebração de contratos de gestão (art. 37, § 8º);
- A exigência de participação do servidor público em cursos de aperfeiçoamento profissional como um dos requisitos para a promoção na carreira (art. 39, § 2º).

### 4.1.3 Dever de probidade

O dever de probidade determina que todo administrador público, no desempenho de suas atividades, atue sempre com ética, honestidade e boa-fé, em consonância com o princípio da moralidade administrativa.

> *Art. 37, § 4º, CF/1988* Os atos de improbidade administrativa importarão a suspensão dos direitos políticos, a perda da função pública, a indisponibilidade dos bens e o ressarcimento ao erário, na forma e gradação previstas em lei, sem prejuízo da ação penal cabível.

**Efeitos**

- A suspensão dos direitos políticos;
- Perda da função pública;
- Ressarcimento ao erário;
- Indisponibilidade dos bens.

### 4.1.4 Dever de prestar contas

O dever de prestar contas decorre diretamente do princípio da indisponibilidade do interesse público, sendo pertinente à função do agente público, que é simples gestão da coisa pública.

> *Art. 70, Parágrafo único, CF/1988* Prestará contas qualquer pessoa física ou jurídica, pública ou privada, que utilize, arrecade, guarde, gerencie ou administre dinheiros, bens e valores públicos ou pelos quais a União responda, ou que, em nome dessa, assuma obrigações de natureza pecuniária.

## 4.2 Poderes administrativos

São mecanismos que, utilizados isoladamente ou em conjunto, permitem que a Administração Pública possa cumprir suas finalidades. Dessa forma, os poderes administrativos representam um conjunto de prerrogativas de direito público que a ordem jurídica confere aos agentes administrativos para o fim de permitir que o Estado alcance os seus fins.

O fundamento desses poderes é o princípio da supremacia do interesse público, pois, como a Administração Pública é uma ferramenta do Estado para alcançar seus objetivos, e tais objetivos são de interesse de toda coletividade, é necessário que o Estado possa ter prerrogativas especiais na busca de seus objetivos. Como exemplo, podemos citar a aplicação de uma multa de trânsito. Imagine que a lei fale que ultrapassar o sinal vermelho é errado, mas que o Estado não tenha o poder de aplicar a multa. De nada vale a previsão da infração na lei.

São poderes administrativos descritos pela doutrina pátria:

- Poder vinculado;
- Poder discricionário;
- Poder hierárquico;
- Poder disciplinar;
- Poder regulamentar;
- Poder de polícia.

### 4.2.1 Poder vinculado

O poder vinculado determina que o administrador somente pode fazer o que a lei determina; aqui não se gera poder de escolha, ou seja, está o administrador preso (vinculado) aos ditames da lei.

O agente público não pode fazer considerações de conveniência e oportunidade. Caso descumpra a única hipótese prevista na lei para orientar a sua conduta, praticará um ato ilegal, assim, deve o ato ser anulado.

### 4.2.2 Poder discricionário

O poder discricionário gera a margem de escolha, que é a conveniência e a oportunidade, o mérito administrativo. Diz-se que o agente público pode agir com liberdade de escolha, mas sempre respeitando os parâmetros da lei.

# DEVERES E PODERES ADMINISTRATIVOS

Duas são as vertentes que autorizam o poder discricionário: a lei e os conceitos jurídicos indeterminados. Esses últimos são determinações da própria lei, por exemplo: quando a lei prevê a boa-fé, quem decide se o administrado está de boa ou má-fé é o agente público, sempre sendo razoável e proporcional.

## 4.2.3 Poder hierárquico

Manifesta a noção de um escalonamento vertical da Administração Pública, já que temos a subordinação entre órgãos e agentes, sempre no âmbito de uma mesma pessoa jurídica.

É interessante salientar que não há subordinação nem hierarquia:
- Entre pessoas distintas.
- Entre os poderes da república.
- Entre a administração e o administrado.

Suas prerrogativas são:
- **Dar ordens:** cabe ao subordinado o dever de obediência, salvo nos casos de ordens manifestamente ilegais.
- Fiscalizar a atuação dos subordinados.
- Revisar os atos dos subordinados e, nessa atribuição:
- Manter os atos vinculados legais e os atos discricionários legais convenientes e oportunos.
- Convalidar os atos com defeitos sanáveis.
- Anular os atos ilegais.
- Revogar os atos discricionários legais inconvenientes e inoportunos.
- Aplicar sanções aos servidores que praticarem infrações funcionais.

A caraterística marcante é o grau de subordinação entre órgãos e agentes, sempre dentro da estrutura da mesma pessoa jurídica. O controle hierárquico permite que o superior aprecie todos os aspectos dos atos de seus subordinados (quanto à legalidade e quanto ao mérito administrativo) e pode ocorrer de ofício ou a pedido, quando for interesse de terceiros, por meio de recurso hierárquico.

- **Delegação**

**Competência:** é o ato discricionário, revogável a qualquer tempo, mediante o qual o superior hierárquico confere o exercício temporário de algumas de suas atribuições, originariamente pertencentes ao seu cargo, a um subordinado.

É importante alertar que, excepcionalmente, a lei admite a delegação para outro órgão que não seja hierarquicamente subordinado ao delegante, conforme podemos constatar da redação do art. 12 da Lei nº 9.784/1999:

> *Art. 12 Um órgão administrativo e seu titular poderão, se não houver impedimento legal, delegar parte da sua competência a outros órgãos ou titulares, ainda que estes não lhe sejam hierarquicamente subordinados, quando for conveniente, em razão de circunstâncias de índole técnica, social, econômica, jurídica ou territorial.*

São características da delegação:
- **Não podem ser delegados:**
  - Edição de atos de caráter normativo;
  - A decisão de recursos administrativos;
  - As matérias de competência exclusiva do órgão ou autoridade.
- **Consequências:**
  - Não acarreta renúncia de competências;
  - Transfere o exercício da atribuição e não a titularidade, pois pode ser revogada a delegação a qualquer tempo pela autoridade delegante;
  - O ato de delegação e sua revogação deverão ser publicados em meio oficial.
- **Avocação.**

**Competência:** avocar é o ato discricionário mediante o qual o superior hierárquico traz para si o exercício temporário de determinada competência, atribuída por lei a um subordinado.

**Cabimento:** é uma medida excepcional e deve ser fundamentada.

**Restrições:** não podem ser avocadas competências exclusivas do subordinado.

**Consequências:** desonera o agente de qualquer responsabilidade relativa ao ato praticado pelo superior hierárquico.

```
                          ┌─ Delegação ─ Somente os atos
                          │              administrativos,
                          │              nunca os atos
          Poder ──────────┤              políticos.
       hierárquico        │
                          │              Medida
                          └─ Avocação ── excepcional
                                         que deve ser
                                         fundamentada.
```

### Atenção!
Segundo a Lei nº 9.784/1999, que trata do processo administrativo federal:
*Art. 13.* Não podem ser objeto de delegação:
*I - a edição de atos de caráter normativo;*
*II - a decisão de recursos administrativos;*
*III - as matérias de competência exclusiva do órgão ou autoridade.*

## 4.2.4 Poder disciplinar

O poder disciplinar é uma espécie de poder-dever de agir da Administração Pública. Dessa forma, o administrador público atua de forma a punir internamente as infrações cometidas por seus agentes e, em exceção, atua de forma a punir particulares que mantenham um vínculo jurídico específico com a Administração.

O poder disciplinar não pode ser confundido com o *jus puniendi* do Estado, ou seja, com o poder do Estado de aplicar a lei penal a quem comete uma infração penal.

Em regra, o poder disciplinar é discricionário, algumas vezes, é vinculado. Essa discricionariedade se encontra na escolha da quantidade de sanção a ser aplicada dentro das hipóteses previstas na lei, e não na faculdade de punir ou não o infrator, pois puni-lo é um dever. Assim, a punição não é discricionária, quantidade de punição que em regra é, porém, é importante lembrar que, quando a lei apontar precisamente a penalidade ou a quantidade dela que deve ser aplicada para determinada infração, o poder disciplinar será vinculado.

## 4.2.5 Poder regulamentar

Quando a Administração atua punindo particulares (comuns) que cometeram falta, ela está usando o poder de polícia. Contudo, atua penalizando particulares que mantenham um vínculo jurídico específico (plus), estará utilizando o poder disciplinar.

Existem duas formas de manifestação do poder regulamentar: o decreto regulamentar e o autônomo, sendo que o primeiro é a regra e o segundo é a exceção.

- **Decreto regulamentar**

Também denominado decreto executivo ou regulamento executivo.

O decreto regulamentar é uma prerrogativa dos chefes do poder executivo de regulamentar a lei para garantir a sua fiel aplicação.

- **Restrições**
  - Não inova o ordenamento jurídico;
  - Não pode alterar a lei;

# NOÇÕES DE DIREITO ADMINISTRATIVO

- Não pode criar direitos e obrigações;
- Caso o decreto regulamentar extrapole os limites da lei, haverá quebra do princípio da legalidade. Nessa situação, se do decreto regulamentar for federal, caberá ao Congresso Nacional sustar os seus dispositivos violadores da lei.

- **Exercício**
  - Somente por decretos dos chefes do poder Executivo (presidente da República, governadores e prefeitos), sendo uma competência exclusiva, indelegável a qualquer outra autoridade.

- **Natureza**
  - Decreto: natureza secundária ou derivada;
  - Lei: natureza primária ou originária.

- **Prazo para regulamentação**
  - A ausência do prazo é inconstitucional;
  - Enquanto não regulamentada, a lei é inexequível (não pode ser executada);
  - Se o chefe do Executivo descumprir o prazo, a lei se torna exequível (pode ser executada);
  - A competência para editar decreto regulamentar não pode ser objeto de delegação.

- **Decreto autônomo**

A Emenda Constitucional nº 32, alterou o art. 84 da Constituição Federal e deu ao seu inciso VI a seguinte redação:

> *Art. 84 Compete privativamente ao Presidente da República: [...]*
> *VI. dispor, mediante decreto, sobre:*
> *a) organização e funcionamento da administração federal, quando não implicar aumento de despesa nem criação ou extinção de órgãos públicos;*
> *b) extinção de funções ou cargos públicos, quando vagos; [...]*

Essa previsão se refere ao que a doutrina chama de decreto autônomo, pois se refere à predição para o presidente da república tratar mediante decreto de determinados assuntos, sem lei anterior, balizando a sua atuação, pois a baliza foi a própria Constituição Federal. O decreto é autônomo porque não depende de lei.

**Características:**
- Inova o ordenamento jurídico;
- O decreto autônomo tem natureza primária ou originária;
- Somente pode tratar das matérias descritas no art. 84, inciso VI, da Constituição Federal de 1988;
- O presidente da República poderá delegar as atribuições mencionadas para edição de decretos autônomos aos ministros de Estado, ao procurador-geral da República ou ao advogado-geral da União, que observarão os limites traçados nas respectivas delegações, conforme prevê o inciso único do art. 84.

As regras relativas às competências do presidente da República no uso do decreto regulamentar e do autônomo são estendidas aos demais chefes do executivo nacional dentro das suas respectivas administrações públicas. Assim, governadores e prefeitos podem tratar, mediante decreto autônomo, dos temas estaduais e municipais de suas respectivas administrações que o presidente da República pode resolver, mediante decreto autônomo, na esfera da Administração Pública federal.

## 4.2.6 Poder de polícia

O Código Tributário Nacional, em seu art. 78, ao tratar dos fatos geradores das taxas, assim conceitua poder de polícia:

> *Art. 78 Considera-se poder de polícia atividade da Administração Pública que, limitando ou disciplinando direito, interesse ou liberdade, regula a prática de ato ou abstenção de fato, em razão de interesse público concernente à segurança, à higiene, à ordem, aos costumes, à disciplina da produção e do mercado, ao exercício de atividades econômicas dependentes de concessão ou autorização do Poder Público, à tranquilidade pública ou ao respeito à propriedade e aos direitos individuais ou coletivos.*

O **conceito** de poder de polícia é a faculdade que dispõe a Administração Pública para condicionar, restringir o uso, o gozo de bens, atividades e direitos individuais, em benefício da coletividade ou do próprio Estado.

É competente para exercer o poder de polícia administrativa sobre uma dada atividade o ente federado, ao qual a Constituição da República atribui competência para legislar sobre essa mesma atividade, para regular a prática dessa.

Assim, podemos dizer que o poder de polícia é discricionário em regra, podendo ser vinculado nos casos em que a lei determinar. Ele dispõe que toda a Administração Pública pode condicionar ou restringir os direitos dos administrados em caso de não cumprimento das determinações legais.

O poder de polícia **fundamenta-se no império** do Estado (**poder extroverso**), que decorre do princípio da supremacia do interesse público, pois, por meio de imposições limitando ou restringindo a esfera jurídica dos administrados, visa à Administração Pública à defesa de um bem maior, que é proteção dos direitos da coletividade, pois o interesse público prevalece sobre os particulares.

- **Atributos do Poder de Polícia**

**Discricionariedade:** o poder de polícia, em regra, é discricionário, pois dá margem de liberdade dentro dos parâmetros legais ao administrador público para agir; contudo, se a lei exigir, tal poder pode ser vinculado.

O Estado escolhe as atividades que sofrerão as fiscalizações da polícia administrativa. Essa escolha é manifestação da discricionariedade do poder de polícia do Estado. Também é manifestação da discricionariedade do poder de polícia a majoração da quantidade de pena aplicada a quem cometer uma infração sujeita à disciplina do poder de polícia.

Nos casos em que a lei prevê uma pena que tenha duração no tempo e não fixar exatamente a quantidade, dando uma margem de escolha de quantidade ao julgador, temos o exercício do poder discricionário na atuação de polícia e, como limite desse poder de punir, temos a própria lei que traz a ordem de polícia e ainda os princípios da razoabilidade e da proporcionalidade que vedam a aplicação da pena em proporção superior à gravidade do fato ilícito praticado.

O cabimento se aplica em autorização da lei e medida urgente.

**Autoexecutoriedade:** é a prerrogativa da Administração Pública de executar diretamente as decisões decorrentes do poder de polícia, por seus próprios meios, sem precisar recorrer ao judiciário.

A autoexecutoriedade no uso do poder de polícia não é absoluta, tendo natureza relativa, ou seja, não são todos os atos decorrentes do poder de polícia que são autoexecutórios. Para que um ato assim ocorra, é necessário que ele seja exigível e executório ao mesmo tempo.

**Exigibilidade:** exigível é aquela conduta prevista na norma que, caso seja infringida, pode ser aplicada uma **coerção indireta**, ou seja, caso a pessoa venha a sofrer uma penalidade e se recuse a aceitar a aplicação da sanção, a aplicação dessa somente poderá ser executada por decisão judicial. É o caso das multas, por exemplo, que podem ser lançadas a quem comete uma infração de trânsito, a administração não pode receber o valor devido por meio da coerção, caso a pessoa penalizada se recuse a pagar a multa, o seu recebimento dependerá de execução judicial pela Administração Pública. A exigibilidade é uma característica de todos os atos praticados no exercício do poder de polícia.

**Executoriedade:** executória é a norma que, caso seja desrespeitada, permite a aplicação de uma **coerção direta**, ou seja, a administração pode utilizar da força coercitiva para garantir a aplicação da penalidade, sem precisar recorrer ao Judiciário.

É o caso das sanções de interdição de estabelecimentos comerciais, suspensão de direitos, entre outras. Não são todas as medidas decorrentes do poder de polícia executórias.

# DEVERES E PODERES ADMINISTRATIVOS

O ato de polícia para ser autoexecutório precisa ser ao mesmo tempo exigível e executório, ou seja, nem todos os atos decorrentes do poder de polícia são autoexecutórios.

**Coercibilidade:** esse atributo informa que as determinações da Administração Pública podem ser impostas coercitivamente ao administrado, ou seja, o particular é obrigado a observar os ditames da administração. Caso ocorra resistência por parte desse, a Administração Pública estará autorizada a usar força, independentemente de autorização judicial, para fazer com que seja cumprida a regra de polícia. Todavia, os meios utilizados pela administração devem ser legítimos, humanos e compatíveis com a urgência e a necessidade da medida adotada.

- **Classificação**

O poder de polícia pode ser originário, no caso da Administração Pública Direta e derivada. Quando diz respeito às autarquias, a doutrina orienta que fundações públicas, sociedade de economia mista e empresas públicas não possuem o poder de polícia em suas ações.

**Poder de polícia originário:**
- Dado à Administração Pública Direta.

**Poder de polícia delegado:**
- Dado às pessoas da Administração Pública Indireta que possuem personalidade jurídica de direito público. Esse poder somente é proporcionado para as autarquias ligadas à Administração Indireta.

O poder de polícia não pode ser exercido por particulares ou por pessoas jurídicas de direito privado da Administração Indireta, entretanto, o STJ em uma recente decisão entendeu que os atos de consentimento de polícia e de fiscalização dessa, que por si só não têm natureza coercitiva, podem ser delegados às pessoas jurídicas de direito privado da Administração Indireta.

- **Meios de atuação**

O poder de polícia pode ser exercido tanto preventivamente quanto repressivamente.

**Prevenção:** manifesta-se por meio da edição de atos normativos de alcance geral, como leis, decretos, resoluções, entre outros, e também por meio de várias medidas administrativas, como a fiscalização, a vistoria, a notificação, a licença, a autorização, entre outras.

**Repressão:** manifesta-se por meio da aplicação de punições, como multas, interdição de direitos, destruição de mercadorias etc.

- **Ciclo de polícia**

O ciclo de polícia se refere às fases de atuação desse poder, ordem de polícia, consentimento, fiscalização e sanção de polícia. Para se completar, esse ciclo pode passar por quatro fases distintas:

**Ordem de polícia:** é a lei inovadora que tem trazido limites ou condições ao exercício de atividades privadas ou uso de bens.

**Consentimento:** é a autorização prévia fornecida pela Administração para a prática de determinada atividade privada ou para usar um bem.

**Fiscalização:** é a verificação, por parte da Administração Pública, para certificar-se de que o administrado está cumprindo as exigências contidas na ordem de polícia para a prática de determinada atividade privada ou uso de bem.

**Sanção de Polícia:** é a coerção imposta pela administração ao particular que pratica alguma atividade regulada por ordem de polícia em descumprimento com as exigências contidas.

É importante destacar que o ciclo de polícia não precisa necessariamente comportar essas quatro fases, pois as de ordem e fiscalização devem sempre estar presentes em qualquer atuação de polícia administrativa, todavia, as fases de consentimento e de sanção não estarão presentes em todos os ciclos de polícia.

- **Prescrição**

O prazo de prescrição das ações punitivas decorrentes do exercício do poder de polícia é de **5 anos** para a esfera federal, conforme constata-se na redação do art. 1º da Lei nº 9.873/1999:

> *Art. 1º Prescreve em cinco anos a ação punitiva da Administração Pública Federal, direta e indireta, no exercício do poder de polícia, objetivando apurar infração a legislação em vigor, contados da data da prática do ato ou, no caso de infração permanente ou continuada, do dia em que tiver cessado.*

---

**Polícia Administrativa x Polícia Judiciária**

**Polícia Administrativa:** atua visando evitar a prática de infrações administrativas, tem natureza preventiva, entretanto, em alguns casos ela pode ser repressiva. A polícia administrativa atua sobre atividades privadas, bens ou direitos.

**Polícia Judiciária:** atua com o objetivo de reprimir a infração criminal, tem natureza repressiva, mas, em alguns casos, pode ser preventiva. Ao contrário da polícia administrativa que atua sobre atividades privadas, bens ou direitos, a atuação da judiciária recai sobre as pessoas.

---

- **Poder de polícia prestação de serviços públicos**

Não podemos confundir toda atuação estatal com a prestação de serviços públicos, pois, dentre as diversas atividades desempenhadas pela Administração Pública, temos, além da prestação de serviços públicos, o exercício do poder de polícia, o fomento, a intervenção na propriedade privada, entre outras.

Distingue-se o poder de polícia da prestação de serviços públicos, pois essa é uma atividade positiva, que se manifesta numa obrigação de fazer.

**Poder de polícia:** atividade negativa, que traz a noção de não fazer, proibição, excepcionalmente pode trazer uma obrigação de fazer. Seu exercício sofre tributação mediante taxa e é indelegável a particulares.

**Serviço público:** atividade positiva, que traz a noção de fazer algo. Sua remuneração se dá por meio da tarifa, que não é um tributo, mas, sim, uma espécie de preço público, e o serviço público, mesmo sendo de titularidade exclusiva do Estado, é delegável a particulares.

## 4.2.7 Abuso de poder

O administrador público tem de agir, obrigatoriamente, em obediência aos princípios constitucionais, do contrário, sua ação pode ser arbitrária e, consequentemente, ilegal, o que gerará o chamado abuso de poder.

- **Excesso de poder:** quando o agente público atua fora dos limites de sua esfera de competência.
- **Desvio de poder:** quando a atuação do agente, embora dentro de sua órbita de competência, contraria a finalidade explícita ou implícita na lei que determinou ou autorizou a sua atuação, tanto é desvio de poder a conduta contrária à finalidade geral (ou mediata) do ato – o interesse público –, quanto a que discrepe de sua finalidade específica (ou imediata).
- **Omissão de poder:** ocorre quando o agente público fica inerte diante de uma situação em que a lei impõe o uso do poder.

---

**Atenção!**

Todos os atos que forem praticados com abuso de poder são ilegais e devem ser anulados; essa anulação pode acontecer tanto pela via administrativa quanto pela via judicial.
O remédio constitucional para combater o abuso de poder é o Mandado de Segurança.

# NOÇÕES DE DIREITO ADMINISTRATIVO

## 5 PRINCÍPIOS FUNDAMENTAIS DA ADMINISTRAÇÃO PÚBLICA

Neste momento, o objetivo é conhecer o rol de princípios fundamentais que norteiam e orientam toda a atividade administrativa do Estado, bem como toda a atuação da Administração Pública Direta e indireta.

Tais princípios são de observância obrigatória para toda a Administração Pública, quer da União, dos estados, do Distrito Federal, quer dos municípios. São considerados expressos, pois estão descritos expressamente no *caput* do art. 37 da Constituição Federal de 1988.

> *Art. 37 A Administração Pública Direta e indireta de qualquer dos Poderes da União, dos Estados, do Distrito Federal e dos Municípios obedecerá aos princípios de legalidade, impessoalidade, moralidade, publicidade e eficiência e, também, ao seguinte. (Ver CF/1988)*

### 5.1 Classificação

Os princípios da Administração Pública são classificados como princípios explícitos (expressos) e implícitos.

É importante apontar que não existe relação de subordinação e de hierarquia entre os princípios expressos e os implícitos; na verdade, essa relação não existe entre nenhum princípio.

Isso quer dizer que, em um aparente conflito entre os princípios, um não exclui o outro, pois deve o administrador público observar ambos ao mesmo tempo, devendo nortear sua decisão na obediência de todos os princípios fundamentais pertinentes ao caso em concreto.

Como exemplo, não pode o administrador público deixar de observar o princípio da legalidade para buscar uma atuação mais eficiente (de acordo com o princípio da eficiência), devendo ele, na colisão entre os dois princípios, observar a lei e ainda buscar a eficiência conforme os meios que lhes seja possível.

Os **princípios explícitos** ou expressos são aqueles que estão descritos no *caput* do art. 37 da CF/1988. São eles:

- Legalidade;
- Impessoalidade;
- Moralidade;
- Publicidade;
- Eficiência.

Os **princípios implícitos** são aqueles que não estão descritos no *caput* do art. 37 da Constituição Federal. São eles:

- Supremacia do interesse público;
- Indisponibilidade do interesse público;
- Motivação;
- Razoabilidade;
- Proporcionalidade;
- Autotutela;
- Continuidade dos serviços públicos;
- Segurança jurídica, entre outros.

A seguir, analisaremos as características dos princípios fundamentais da Administração Pública que mais aparecem nas provas de concurso público.

### 5.2 Princípios explícitos da Administração Pública

#### 5.2.1 Princípio da legalidade

O princípio da legalidade está previsto em dois lugares distintos na Constituição Federal. Em primeiro plano, no art. 5º, inciso II: *ninguém será obrigado a fazer ou deixar de fazer alguma coisa senão em virtude de lei*. O princípio da legalidade regula a vida dos particulares e, ao particular, é facultado fazer tudo que a lei não proíbe; é o chamado princípio da autonomia da vontade. Essa regra não deve ser aplicada à Administração Pública.

Em segundo plano, o art. 37, *caput* do texto Constitucional, determina que a Administração Pública somente pode fazer aquilo que a lei determina ou autoriza. Assim, em caso de omissão legislativa (falta de lei), a Administração Pública está proibida de agir.

Nesse segundo caso, a lei deve ser entendida em sentido amplo, o que significa que a Administração Pública deve obedecer aos mandamentos constitucionais, às leis formais e materiais (leis complementares, leis delegadas, leis ordinárias, medidas provisórias) e também às normas infralegais (decretos, resoluções, portarias, entre outros), e não somente a lei em sentido estrito.

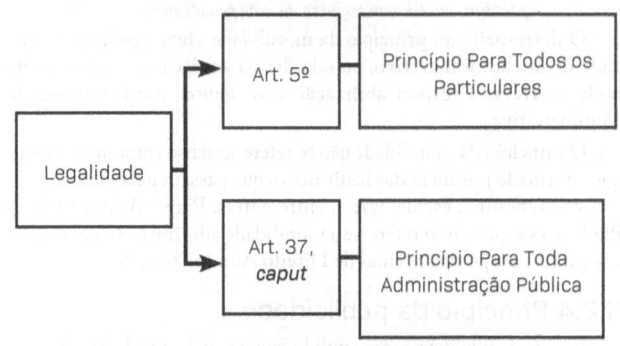

```
                    ┌─── Art. 5º ──── Princípio Para Todos os Particulares
    Legalidade ─────┤
                    └─── Art. 37, caput ──── Princípio Para Toda Administração Pública
```

#### 5.2.2 Princípio da impessoalidade

O princípio da impessoalidade determina que todas as ações da Administração Pública devem ser revestidas de finalidade pública. Além disso, como segunda vertente, proíbe a promoção pessoal do agente público, como determina o art. 37, § 1º da Constituição Federal de 1988:

> *Art. 37, § 1º A publicidade dos atos, programas, obras, serviços e campanhas dos órgãos públicos deverá ter caráter educativo, informativo ou de orientação social, dela não podendo constar nomes, símbolos ou imagens que caracterizem promoção pessoal de autoridades ou servidores públicos.*

O princípio da impessoalidade é tratado sob dois prismas, a saber:

- Como determinante da finalidade de toda atuação administrativa (também chamado de princípio da **finalidade**, considerado constitucional implícito, inserido no princípio expresso da impessoalidade).
- Como vedação a que o agente público se promova à custa das realizações da Administração Pública (vedação à promoção pessoal do administrador público pelos serviços, obras e outras realizações efetuadas pela Administração Pública).

É pelo princípio da impessoalidade que dizemos que o agente público age em imputação à pessoa jurídica a que está ligado, ou seja, pelo princípio da impessoalidade as ações do agente público são determinadas como se o próprio Estado estivesse agindo.

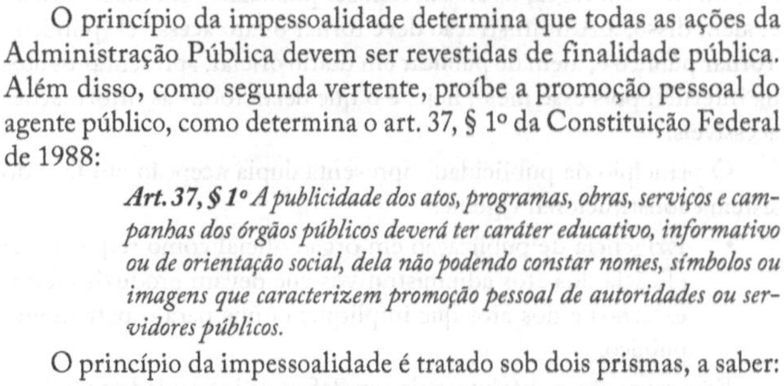

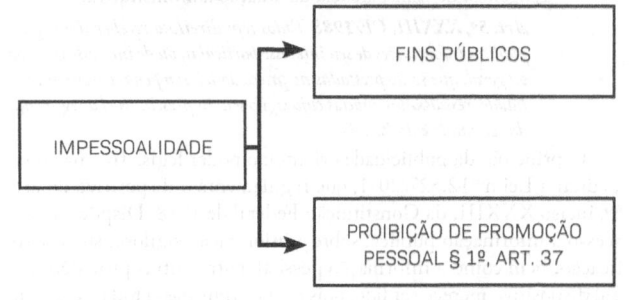

```
                    ┌──── FINS PÚBLICOS
    IMPESSOALIDADE ─┤
                    └──── PROIBIÇÃO DE PROMOÇÃO PESSOAL § 1º, ART. 37
```

#### 5.2.3 Princípio da moralidade

O princípio da moralidade é um complemento ao da legalidade, pois nem tudo que é legal é moral. Dessa forma, o Estado impõe a sua administração a atuação segundo a lei e também segundo a moral administrativa. Tal princípio traz para o agente público o dever de probidade. Esse dever é sinônimo de atuação com ética, decoro, honestidade e boa-fé.

O princípio da moralidade determina que o agente deva sempre trabalhar com ética e em respeito aos princípios morais da Administração Pública. O princípio está intimamente ligado ao dever de probidade (honestidade) e sua não observação acarreta a aplicação do art. 37, § 4º da Constituição Federal de 1988 e a Lei nº 8.429/1992 (Lei de Improbidade Administrativa).

> *Art. 37, § 4º* Os atos de improbidade administrativa importarão a suspensão dos direitos políticos, a perda da função pública, a indisponibilidade dos bens e o ressarcimento ao erário, na forma e gradação previstas em lei, sem prejuízo da ação penal cabível.

O desrespeito ao princípio da moralidade afeta a própria legalidade do ato administrativo, ou seja, leva a anulação do ato, e ainda pode acarretar a responsabilização dos agentes por improbidade administrativa.

O princípio da moralidade não se refere ao senso comum de moral, que é formado por meio das instituições que passam pela vida da pessoa, como família, escola, igreja, entre outras. Para a Administração Pública, esse princípio refere-se à moralidade administrativa, que está inserida no corpo das normas de Direito Administrativo.

### 5.2.4 Princípio da publicidade

Esse princípio deve ser entendido como aquele que determina que os atos da Administração sejam claros quanto à sua procedência. Por esse motivo, em regra, os atos devem ser publicados em diário oficial e, além disso, a Administração deve tornar o fato acessível (público). Tornar público é, além de publicar em diário oficial, apresentar os atos na internet, pois esse meio, hoje, é o que deixa todas as informações acessíveis.

O princípio da publicidade apresenta dupla acepção em face do sistema constitucional vigente:

- Exigência de publicação em órgão oficial como requisito de eficácia dos atos administrativos que devam produzir efeitos externos e dos atos que impliquem ônus para o patrimônio público.

Essa regra não é absoluta, pois, em defesa da intimidade e também do Estado, alguns atos públicos não precisam ser publicados:

> *Art. 5º, X, CF/1988* São invioláveis a intimidade, a vida privada, a honra e a imagem das pessoas, assegurado o direito a indenização pelo dano material ou moral decorrente de sua violação.
>
> *Art. 5º, XXXIII, CF/1988* Todos têm direito a receber dos órgãos públicos informações de seu interesse particular, ou de interesse coletivo ou geral, que serão prestadas no prazo da lei, sob pena de responsabilidade, ressalvadas aquelas cujo sigilo seja imprescindível à segurança da sociedade e do Estado.

Assim, o ato que tiver em seu conteúdo uma informação sigilosa ou relativa à intimidade da pessoa tem de ser resguardado no devido sigilo.

- Exigência de transparência da atuação administrativa:

> *Art. 5º, XXXIII, CF/1988* Todos têm direito a receber dos órgãos públicos informações de seu interesse particular, ou de interesse coletivo ou geral, que serão prestadas no prazo da lei, sob pena de responsabilidade, ressalvadas aquelas cujo sigilo seja imprescindível à segurança da sociedade e do Estado.

O princípio da publicidade orientou o poder legislativo nacional a editar a Lei nº 12.527/2011, que regulamenta o dispositivo do art. 5º, inciso XXXIII, da Constituição Federal de 1988. Dispõe sobre o acesso à informação pública, sobre a informação sigilosa, sua classificação, bem como a informação pessoal, entre outras providências. Tal dispositivo merece ser lido, pois essa lei transpassa toda a essência do princípio da publicidade.

Podemos inclusive afirmar que esse princípio foi materializado em lei após a edição da Lei nº 12.527/2011. Veja a seguir a redação do art. 3º dessa lei:

> *Art. 3º* Os procedimentos previstos nesta Lei destinam-se a assegurar o direito fundamental de acesso à informação e devem ser executados em conformidade com os princípios básicos da Administração Pública e com as seguintes diretrizes:
>
> I - Observância da publicidade como preceito geral e do sigilo como exceção;
>
> II - Divulgação de informações de interesse público, independentemente de solicitações;
>
> III - Utilização de meios de comunicação viabilizados pela tecnologia da informação;
>
> IV - Fomento ao desenvolvimento da cultura de transparência na Administração Pública;
>
> V - Desenvolvimento do controle social da Administração Pública.

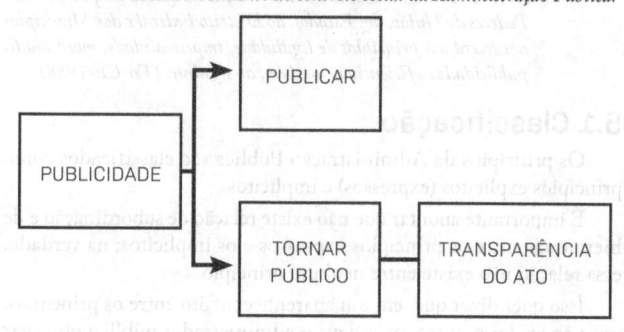

```
                          ┌───────────┐
                    ┌────▶│ PUBLICAR  │
                    │     └───────────┘
┌──────────────┐    │
│ PUBLICIDADE  │────┤
└──────────────┘    │
                    │     ┌───────────┐     ┌──────────────┐
                    └────▶│  TORNAR   │────▶│ TRANSPARÊNCIA│
                          │  PÚBLICO  │     │   DO ATO     │
                          └───────────┘     └──────────────┘
```

### 5.2.5 Princípio da eficiência

O princípio da eficiência foi o último a ser inserido no bojo do texto constitucional. Esse princípio foi incluído com a Emenda Constitucional nº 19/1998), e apresenta dois aspectos principais:

- Relativamente à forma de atuação do agente público, espera-se o melhor desempenho possível de suas atribuições, a fim de obter os melhores resultados.

- Quanto ao modo de organizar, estruturar e disciplinar a Administração Pública, exigiu-se que esse seja o mais racional possível, no intuito de alcançar melhores resultados na prestação dos serviços públicos.

> *Art. 37, § 8º, CF/1988* A autonomia gerencial, orçamentária e financeira dos órgãos e entidades da Administração Direta e indireta poderá ser ampliada mediante contrato, a ser firmado entre seus administradores e o poder público, que tenha por objeto a fixação de metas de desempenho para o órgão ou entidade, cabendo à lei dispor sobre.

O princípio da eficiência orienta a atuação da Administração Pública de forma que essa busque o melhor custo-benefício no exercício de suas atividades, ou seja, os serviços públicos devem ser prestados com adequação às necessidades da sociedade que o custeia.

A atuação da Administração Pública tem que ser eficiente, o que acarreta ao agente público o dever de agir com presteza, esforço, rapidez e rendimento funcional. Seu descumprimento poderá acarretar a perda do seu cargo por baixa produtividade apurada em procedimento da avaliação periódica de desempenho, tanto antes da aquisição da estabilidade, como também após.

## 5.3 Princípios implícitos da Administração Pública

### 5.3.1 Princípio da supremacia do interesse público sobre o privado

Esse princípio é também considerado o norteador do Direito Administrativo. Ele determina que o Estado, quando trabalhando com o interesse público, se sobrepõe ao particular. Devemos lembrar que esse princípio deve ser utilizado pelo administrador público de forma razoável e proporcional para que o ato não se transforme em arbitrário e, consequentemente, ilegal.

# NOÇÕES DE DIREITO ADMINISTRATIVO

É o fundamento das prerrogativas do Estado, ou seja, da relação jurídica desigual ou vertical entre o Estado e o particular. A exemplo, temos o poder de império do Estado (também chamado de poder extroverso), que se manifesta por meio da imposição da lei ao administrado, admitindo até o uso da força coercitiva para o cumprimento da norma. Assim sendo, a Administração Pública pode criar obrigações, restringir ou condicionar os direitos dos administrados.

**Limitações:**
- Respeito aos demais princípios.
- Não está presente diretamente nos atos de gestão (atos de gestão são praticados pela administração na qualidade de gestora de seus bens e serviços, sem exercício de supremacia sobre os particulares, assemelhando-se aos atos praticados pelas pessoas privadas. São exemplos de atos de gestão a alienação ou a aquisição de bens pela Administração Pública, o aluguel a um particular de um imóvel de propriedade de uma autarquia, entre outros).

**Exemplos de incidência:**
- Intervenção na propriedade privada.
- Exercício do poder de polícia, limitando ou condicionando o exercício de direito em prol do interesse público.
- Presunção de legitimidade dos atos administrativos.

## 5.3.2 Princípio da indisponibilidade do interesse público

Conforme dito anteriormente, o princípio da indisponibilidade do interesse público juntamente com o da supremacia do interesse público, formam os pilares do regime jurídico administrativo.

Esse princípio é o fundamento das **restrições** do Estado. Assim sendo, apesar de o princípio da supremacia do interesse público prever prerrogativas especiais para a Administração Pública em determinadas relações jurídicas com o administrado, tais poderes são ferramentas que a ordem jurídica confere aos agentes públicos para alcançar os objetivos do Estado. E o uso desses poderes, então, deve ser balizado pelo interesse público, o que impõe restrições legais a sua atuação, garantindo que a utilização do poder tenha por finalidade o interesse público e não o do administrador.

Assim, é vedada a renúncia do exercício de competência pelo agente público, pois a atuação desse não é balizada por sua vontade pessoal, mas, sim, pelo interesse público, também chamado de interesse da lei. Os poderes conferidos aos agentes públicos têm a finalidade de auxiliá-los a atingir tal interesse. Com base nessa regra, concluímos que esses agentes não podem dispor do interesse público, por não ser o seu proprietário, e sim o povo. Ao agente público cabe a gestão da Administração Pública em prol da coletividade.

## 5.3.3 Princípios da razoabilidade e proporcionalidade

Os princípios da razoabilidade e da proporcionalidade não se encontram expressos no texto constitucional. Esses são classificados como princípios gerais do Direito e são aplicáveis a vários ramos da ciência jurídica. São chamados de princípios da proibição de excesso do agente público.

A razoabilidade diz que toda atuação da Administração tem que seguir a teoria do homem médio, ou seja, as decisões devem ser tomadas segundo o critério da maioria das pessoas "racionais", sem exageros ou deturpações.

- **Razoabilidade:** adequação entre meios e fins. O princípio da proporcionalidade diz que o agente público deve ser proporcional no uso da força para o cumprimento do bem público, ou seja, nas aplicações de penalidades pela Administração deve ser levada em conta sempre a gravidade da falta cometida.
- **Proporcionalidade:** vedação de imposição de obrigações, restrições e sanções em medida superior àquela estritamente necessária ao interesse público.

Podemos dar como exemplo a atuação de um fiscal sanitário, que esteja vistoriando dois estabelecimentos e, em um deles, encontre um quilo de carne estragada e, no outro, encontre uma tonelada.

Na aplicação da penalidade, deve ser respeitada tanto a razoabilidade quanto a proporcionalidade, ou seja, aplica-se, no primeiro, uma penalidade pequena, uma multa, por exemplo, e, no segundo, uma penalidade grande, suspensão de 90 dias.

Veja que o administrador não pode fazer menos ou mais do que a lei determina, isso em obediência ao princípio da legalidade, senão cometerá abuso de poder.

## 5.3.4 Princípio da autotutela

O princípio da autotutela propicia o controle da Administração Pública sob seus próprios atos em dois pontos específicos:

- **De legalidade:** em que a Administração Pública pode controlar seus próprios atos quando eivados de vício de ilegalidade, sendo provocado ou de ofício.
- **De mérito:** em que a Administração Pública pode revogar seus atos por conveniência e oportunidade.

> **Súmula nº 473 – STF** *A Administração pode anular seus próprios atos, quando eivados de vícios que os tornam ilegais, porque deles não se originam direitos; ou revogá-los, por motivo de conveniência ou oportunidade, respeitados os direitos adquiridos, e ressalvada, em todos os casos, a apreciação judicial.*

O princípio da autotutela não exclui a possibilidade de controle jurisdicional do ato administrativo previsto no art. 5º, inciso XXXV, da Constituição Federal de 1988: a lei não excluirá da apreciação do Poder Judiciário lesão ou ameaça a direito.

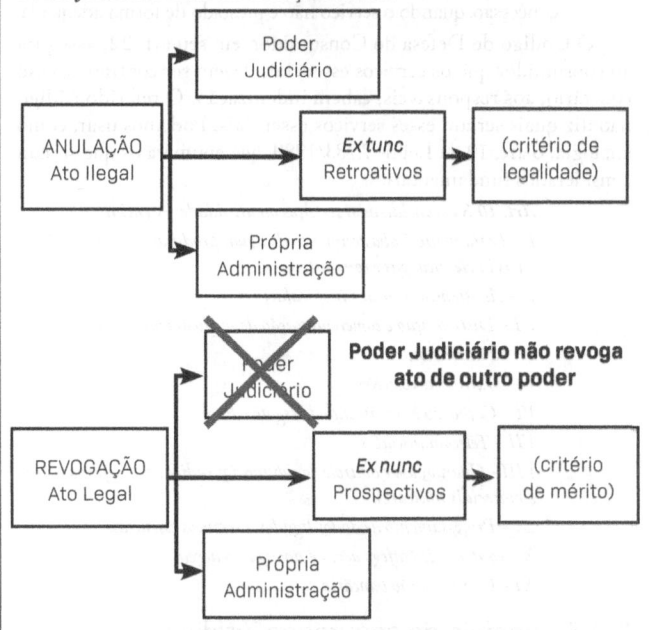

## 5.3.5 Princípio da ampla defesa

A ampla defesa determina que todos que sofrerem medidas de caráter de pena terão direito a se defender de todos os meios disponíveis legais em direito. Está previsto nos processos administrativos disciplinares:

> **Art. 5ª, LV, CF/1988** *Aos litigantes, em processo judicial ou administrativo, e aos acusados em geral são assegurados o contraditório e ampla defesa, com os meios e recursos a ela inerentes;*

## 5.3.6 Princípio da continuidade do serviço público

O princípio da continuidade do serviço público tem como escopo (objetivo) não prejudicar o atendimento dos serviços essenciais à população. Assim, evitam que esses sejam interrompidos.

## PRINCÍPIOS FUNDAMENTAIS DA ADMINISTRAÇÃO PÚBLICA

**Regra**
- Os serviços públicos devem ser adequados e ininterruptos.

**Exceção**
- Aviso prévio;
- Situações de emergência.

**Alcance**
- Todos os prestadores de serviços públicos;
- Administração Direta;
- Administração Indireta;
- Concessionárias, autorizatárias e permissionárias de serviços públicos.

**Efeitos**
- Restrição de direitos das prestadoras de serviços públicos, bem como dos agentes envolvidos na prestação desses serviços, a exemplo do direito de greve.

Dessa forma, quem realiza o serviço público se submete a algumas restrições:

- Restrição ao direito de greve, art. 37, inciso VII, da Constituição Federal de 1988;
- Suplência, delegação e substituição – casos de funções vagas temporariamente;
- Impossibilidade de alegar a exceção do contrato não cumprido, somente em casos em que se configure uma impossibilidade de realização das atividades;
- Possibilidade da encampação da concessão do serviço, retomada da administração do serviço público concedido no prazo na concessão, quando o serviço não é prestado de forma adequada.

O Código de Defesa do Consumidor, em seu art. 22, assegura ao consumidor que os serviços essenciais devem ser contínuos, caso contrário, aos responsáveis, caberá indenização. O referido código não diz quais seriam esses serviços essenciais. Podemos usar, como analogia, o art. 10 da Lei nº 7.783/1989, que enumera os que seriam considerados fundamentais:

> **Art. 10** São considerados serviços ou atividades essenciais:
> I - Tratamento e abastecimento de água; produção e distribuição de energia elétrica, gás e combustíveis;
> II - Assistência médica e hospitalar;
> III - Distribuição e comercialização de medicamentos e alimentos;
> IV - Funerários;
> V - Transporte coletivo;
> VI - Captação e tratamento de esgoto e lixo;
> VII - Telecomunicações;
> VIII - Guarda, uso e controle de substâncias radioativas, equipamentos e materiais nucleares;
> IX - Processamento de dados ligados a serviços essenciais;
> X - controle de tráfego aéreo e navegação aérea;
> XI - Compensação bancária.

### 5.3.7 Princípio da segurança jurídica

Esse princípio veda a aplicação retroativa da nova interpretação da norma.

Caso uma regra tenha a sua redação ou interpretação revogada ou alterada, os atos praticados durante a vigência da norma antiga continuam valendo, pois tal princípio visa resguardar o direito adquirido, o ato jurídico perfeito e a coisa julgada.

Assim, temos que a nova interpretação da norma, via de regra, somente terá efeitos prospectivos, ou seja, da data em que for revogada para frente, não atingindo os atos praticados na vigência da norma antiga.

# 6 RESPONSABILIDADE CIVIL DO ESTADO

A Responsabilidade Civil consubstancia-se na obrigação de indenizar um dano patrimonial decorrente de um fato lesivo voluntário. É modalidade de obrigação extracontratual e, para que ocorra, são necessários alguns elementos previstos no art. 37, § 6º, da Constituição Federal:

> *§ 6º As pessoas jurídicas de direito público e as pessoas jurídicas de direito privado prestadoras de serviço público responderão pelos danos seus agentes, nessa qualidade, causarem a terceiros, assegurado o direito de regresso contra o responsável nos casos de dolo ou culpa.*

## 6.1 Teoria do risco administrativo

É a responsabilidade objetiva do Estado, que paga o terceiro lesado, desde que ocorra o dano por ação praticada pelo agente público, mesmo o agente não agindo com dolo ou culpa.

Enquanto para a Administração a responsabilidade independe da culpa, para o servidor, ela depende: aquela é objetiva, esta é subjetiva e se apura pelos critérios gerais do Código Civil.

> **Atenção!**
> As pessoas jurídicas de direito privado prestadoras de serviço público estão também sob a responsabilidade na modalidade risco administrativo.

### 6.1.1 Requisitos

- O fato lesivo causado pelo agente em decorrência de culpa em sentido amplo, a qual abrange o dolo (intenção), e a culpa em sentido estrito, que engloba a negligência, a imprudência e a imperícia.
- A ocorrência de um dano patrimonial ou moral.
- O nexo de causalidade entre o dano havido e o comportamento do agente, o que significa ser necessário que o dano efetivamente haja decorrido diretamente, da ação ou omissão indevida do agente.
- Situações de quebra do nexo causal da Administração Pública (Rompimento do Nexo Causal). Veja os casos a seguir:
- **Caso I:** culpa exclusiva de terceiros ou da vítima.
    > Por exemplo: Marco, agente federal, dirigindo regularmente viatura oficial em escolta, atropela Sérgio, um suicida. Nessa situação, a Administração Pública não está obrigada a indenizar, pois o prejuízo foi causado exclusivamente pela vítima.
- **Caso II:** caso fortuito, evento da natureza imprevisível e inevitável.
    > Por exemplo: a Polícia Rodoviária Federal (PRF) apreende um veículo em depósito. No local, cai um raio e destrói por completo o veículo apreendido. Nessa situação, a Administração não estará obrigada a indenizar o prejuízo sofrido, uma vez que não ocorreu culpa.
- **Caso III:** motivo de força maior, evento humano imprevisível e inevitável.
    > Por exemplo: a PRF apreende um veículo em depósito. Uma manifestação popular intensa invade-o e depreda todo o veículo, inutilizando-o. Nessa situação, a Administração não estará obrigada a indenizar o prejuízo sofrido, uma vez que não ocorreu culpa.

> **Atenção!**
> Estão incluídas todas as pessoas jurídicas de direito público, ou seja, a Administração Direta, as autarquias e as fundações públicas de direito público, independentemente de suas atividades.

## 6.2 Teoria da culpa administrativa

Segundo a teoria da culpa administrativa, também conhecida como teoria da culpa anônima ou falta de serviço, o dever do Estado de indenizar o dano sofrido pelo particular somente existe caso seja comprovada a existência de falta de serviço. É possível, ainda, ocorrer a responsabilização do Estado aos danos causados por fenômenos da natureza quando ficar comprovado que o Estado concorreu de alguma maneira para que se produzisse o evento danoso, seja por dolo ou culpa. Nessa situação, vigora a responsabilidade subjetiva, pois temos a condição de ter ocorrido com dolo ou culpa. A culpa administrativa pode decorrer de uma das três formas possíveis de falta do serviço:

- Inexistência do serviço.
- Mau funcionamento do serviço.
- Retardamento do serviço.

Cabe sempre ao particular prejudicado pela falta comprovar sua ocorrência para fazer justa indenização.

Para os casos de omissão, a regra geral é a responsabilidade subjetiva. No entanto, há casos em que mesmo na omissão a responsabilidade do Estado será objetiva, por exemplo, no caso de atendimento hospitalar deficiente e de pessoas sob a custódia do Estado, ou seja, o preso, pois, nesse caso, o Estado tem o dever de assegurar integridade física e mental do custodiado.

## 6.3 Teoria do risco integral

A Teoria do risco integral representa uma exacerbação da responsabilidade civil da Administração. Segundo essa teoria, basta a existência de evento danoso e do nexo causal para que surja a obrigação de indenizar para a administração, mesmo que o dano decorra de culpa exclusiva do particular.

Alguns autores consideram essa teoria para o caso de acidente nuclear.

## 6.4 Danos decorrentes de obras públicas

**Só o fato da obra:** sem qualquer irregularidade na sua execução.
- Responsabilidade Civil Objetiva da Administração Pública ou particular (tanto faz quem execute a obra).

**Má execução da obra**
- **Administração Pública:** responsabilidade civil objetiva, com direito de ação regressiva.
- **Particular:** responsabilidade civil subjetiva.

## 6.5 Responsabilidade civil decorrente de atos legislativos

Regra: irresponsabilidade do Estado.

Exceção 1: leis inconstitucionais:
- Depende de declaração de inconstitucionalidade do STF;
- Depende de ajuizamento de ação de reparação de danos.

Exceção 2: leis de efeitos concretos.

## 6.6 Responsabilidade civil decorrente de atos jurisdicionais

Regra: irresponsabilidade do Estado.

Exceção: erro judiciário – esfera penal, ou seja, erro do judiciário que acarretou a prisão de um inocente ou na manutenção do preso no cárcere por tempo superior ao prolatado na sentença, art. 5º, inciso LXXV, da Constituição Federal de 1988. Segundo o STF, essa responsabilidade não alcança outras esferas.

Caso seja aplicada uma prisão cautelar a um acusado criminal e ele venha a ser absolvido, o Estado não responderá pelo erro judiciário, pois se entende que a aplicação da medida não constitui erro do judiciário, mas, sim, uma medida cautelar pertinente ao processo.

## 6.7 Ação de reparação de Danos

**Administração Pública Particular**
- Pode ser amigável ou judicial.
- Não pode ser intentada contra o agente público cuja ação acarretou o dano.

**Ônus da prova**
- **Particular:** nexo de causalidade direto e imediato entre o fato lesivo e o dano.
- **Administração Pública**
  - Culpa exclusiva da vítima.
  - Força maior.
  - Culpa concorrente da vítima.

**Valor da indenização** destina-se à cobertura das seguintes despesas:
- O que a vítima perdeu;
- O que a vítima gastou (advogados);
- O que a vítima deixou de ganhar.
- **Em caso de morte:**
  - Sepultamento;
  - Pensão alimentícia para os dependentes com base na expectativa de vida da vítima.

**Prescrição**

De acordo com o art. 1º da Lei nº 9.494/1997: 5 anos.

Tal prazo aplica-se inclusive às delegatárias de serviço público.

## 6.8 Ação regressiva

**Administração Pública agente público**

O art. 37, § 6º, da CF/1988 permite à Administração Pública ou delegatária (concessionárias, autorizatárias e permissionárias) de serviço público a ingressar com uma ação regressiva contra o agente cuja atuação acarretou o dano, desde que comprovado dolo ou culpa.

**Requisitos**
- Trânsito em julgado da sentença que condenou a Administração ou delegatária a indenizar.
- Culpa ou dolo do agente público (responsabilidade civil subjetiva).

**Regras especiais**
- O dever de reparação se estende aos sucessores até o limite da herança recebida.
- Pode acontecer após a quebra do vínculo entre o agente público e a Administração Pública.
- A ação de ressarcimento ao erário é imprescritível.

O agente ainda pode ser responsabilizado nas esferas administrativa e criminal se a conduta que gerou o prejuízo ainda incorrer em crime ou em falta administrativa, conforme o caso, podendo as penalidades serem aplicadas de forma cumulativa.

# NOÇÕES DE DIREITO ADMINISTRATIVO

## 7 SERVIÇOS PÚBLICOS

### 7.1 Base constitucional

*Art. 175 Incumbe ao Poder Público, na forma da lei, diretamente ou sob regime de concessão ou permissão, sempre através de licitação, a prestação de serviços públicos.*

*Parágrafo único. A lei disporá sobre:*

*I - O regime das empresas concessionárias e permissionárias de serviços públicos, o caráter especial de seu contrato e de sua prorrogação, bem como as condições de caducidade, fiscalização e rescisão da concessão ou permissão;*

*II - Os direitos dos usuários;*

*III - Política tarifária;*

*IV - A obrigação de manter serviço adequado.*

Conforme a redação desse artigo, vemos que incumbe ao Poder Público a prestação direta dos serviços públicos ou, sob delegação (concessão ou permissão), a prestação indireta.

O Poder Público a que o artigo se refere são as entidades da Administração Direta e Indireta. Assim, a prestação direta dos serviços públicos é a realizada pelas entidades direta e da Administração Indireta, e a prestação indireta é a prestação executada por delegação por um particular, seja por meio de concessão ou permissão.

Os serviços públicos são conceituados em sentido estrito, se referem aos serviços que têm a possibilidade de serem explorados com o intuito de lucro, relaciona-se com a atividade econômica em sentido amplo. É importante ressaltar que o art. 175 da Constituição Federal se enquadra no Título VI – Da Ordem Econômica e Financeira.

**Características dos serviços públicos (estrito)**

- Referem-se às atividades econômicas em sentido amplo.
- Têm a possibilidade de serem explorados com o intuito de lucro.

**Não perde a natureza de serviço público:**

- Titularidade exclusiva do poder público.
- Pode ser prestado por particular mediante delegação:
- Quando prestado por delegação pelo **particular**, tal atividade é fiscalizada pelo poder público por meio do exercício do poder disciplinar.
- Atividades prestadas pelo **Estado** como serviço público e que, ao mesmo tempo, são abertas à livre iniciativa.

**Atividades relacionadas aos Direitos Fundamentais Sociais (art. 6º da Constituição Federal de 1988)**

- São atividades de natureza essencial à sobrevivência e ao desenvolvimento da sociedade.
- A prestação dessas atividades é um dever do Estado, por isso, não podem ser exploradas pelo Poder Público com o intuito de lucro.
- Não existe delegação dessas atividades a particulares.
- Os particulares têm o direito de explorar tais atividades, sem delegação do poder público, sob fiscalização decorrente do exercício do poder de Polícia.

**Serviços de educação, saúde e assistência social**

- Se prestado pelo Estado, é um serviço público, caso seja oferecido por particular, não se enquadra como serviço público e sim como privado. Todavia, o foco deste tópico são os serviços públicos de titularidade exclusiva do Estado, possíveis de serem explorados economicamente com o intuito de lucro e que podem ser prestados por particular mediante delegação. Assim sendo, quando nos referirmos aos serviços públicos, em regra, não estaremos nos reportando às atividades prestadas pelo Estado como serviço público e que ao mesmo tempo podem ser oferecidas livremente pelo particular sob fiscalização do poder de polícia.

## 7.2 Elementos definidores de uma atividade como serviço público

### 7.2.1 Material

O elemento material se refere a uma atividade administrativa que visa à prestação de utilidade ou comodidade material, que possa ser fruível, individual ou coletivamente, pelos administrados, sejam elas vitais ou secundárias às necessidades da sociedade.

Esse elemento exclui da noção de serviço público várias atividades estatais, como:

- Atividade legislativa;
- Atividade jurisdicional;
- Poder de polícia;
- Fomento;
- Intervenção;
- Atividades internas (atividade-meio da Administração Pública);
- Obras públicas.

### 7.2.2 Subjetivo/orgânico

A titularidade do serviço é exclusiva do Estado.

### 7.2.3 Formal

A prestação do serviço público é submetida a Regime Jurídico de Direito Público.

### 7.2.4 Conceito

Serviço público é atividade administrativa concreta traduzida em prestações que diretamente representem, em si mesmas, utilidades ou comodidades materiais para a população em geral, executada sob regime jurídico de direito público pela Administração Pública, ou, se for o caso, por particulares delegatários (concessionários e permissionários ou, ainda, em restritas hipóteses, detentores de autorização de serviço público).

Observem que tal conceito tenta satisfazer a necessidade da presença dos elementos caracterizadores dos serviços públicos.

## 7.3 Classificação dos serviços públicos

### 7.3.1 Serviços essenciais e úteis

**Serviços públicos essenciais**

- São serviços essenciais à própria sobrevivência da sociedade.
- Devem ser garantidos pelo Estado.
- Por exemplo: serviços públicos que estejam relacionados aos direitos fundamentais sociais, como o saneamento básico.

**Serviços públicos de utilidade pública**

- Não são essenciais à sobrevivência da sociedade, mas sua prestação é útil ou conveniente a ela, pois proporciona maior bem-estar.
- Por exemplo: telefonia.

### 7.3.2 Serviços públicos gerais e individuais

**Serviços públicos gerais (*uti universi*):**

- Supremo Tribunal Federal: serviço público indivisível.
- Prestado à coletividade.
- Usuários indeterminados e indetermináveis.

**Serviços públicos individuais/específicos/singulares (*uti singuli*)**

- Supremo Tribunal Federal: serviço público divisível.
- Prestados a beneficiários determinados.
- Podem ser remunerados mediante a cobrança de tarifas.

# SERVIÇOS PÚBLICOS

## 7.3.3 Serviços públicos delegáveis e indelegáveis

**Serviços públicos delegáveis**
- São prestados pelo Estado centralizadamente.
- São oferecidos também por meio de descentralização:
  - Serviços ou outorga legal: Administração Indireta.
  - Colaboração ou delegação: particulares.

**Serviços públicos indelegáveis**
- Somente podem ser prestados pelo Estado centralizadamente ou por entidade da Administração Indireta de direito público.
- Exige para a sua prestação o exercício do poder de império do Estado.

## 7.3.4 Serviços administrativos, sociais e econômicos

**Serviços administrativos**
- São atividades internas da Administração (atividade-meio).
- Não são diretamente fruível pela população.
- O benefício gerado à coletividade é indireto.

**Serviços públicos sociais**
- Todos os serviços públicos que correspondem às atividades do art. 6º (direitos fundamentais sociais).
- Prestação obrigatória pelo Estado sob regime jurídico de direito público.
- Podem ser livremente prestados por particular sob regime jurídico de direito privado (nesse caso não é serviço público, mas, sim, serviço privado).

**Serviços públicos econômicos**
- Descritos no art. 175 da Constituição Federal de 1988.
- Atividade econômica em sentido amplo.
- Podem ser explorados com o intuito de lucro.
- Titularidade exclusiva do Estado.
- Pode ser delegado a particulares.

## 7.3.5 Serviço público adequado

A definição de serviço público adequado é feita pelo art. 6º, § 1º, da Lei nº 8.987/1995:

> *Art. 6º, § 1º Serviço adequado é o que satisfaz as condições de regularidade, continuidade, eficiência, segurança, atualidade, generalidade, cortesia na sua prestação e modicidade das tarifas.*

## 7.4 Princípios dos serviços públicos

Com base no conceito acima exposto de serviço público adequado, constatamos que são princípios da boa prestação dos serviços públicos, além dos princípios fundamentais da Administração Pública, o exposto na redação de tal conceito, assim, analisaremos os princípios descritos no art. 6º, § 1º.

- **Regularidade:** o padrão de qualidade da prestação do serviço deve ser sempre o mesmo e suficiente para atender com adequação as necessidades dos usuários.
- **Continuidade dos serviços públicos:** os serviços públicos não podem ser interrompidos, salvo em situações de emergência ou mediante aviso prévio do prestador, como ocorre em casos de inadimplência ou quando o prestador pretende realizar manutenção nos equipamentos necessários à boa prestação do serviço.
- **Eficiência:** na prestação dos serviços públicos, devem ser observados o custo e o benefício.
- **Segurança:** os serviços devem ser prestados sem riscos aos usuários e esses não podem expor sua saúde em perigos na utilização do serviço.
- **Atualidade:** busca constante de atualizações de tecnologia e técnicas empregadas, bem como da qualificação de pessoal. A adequação na prestação às novas tecnologias tem como finalidade melhorar o alcance e a eficiência da prestação.
- **Generalidade:** a prestação de serviços públicos não distingue usuários, ou seja, é igual para todos.
- **Cortesia na prestação:** os prestadores dos serviços públicos devem tratar bem os usuários.
- **Modicidade das tarifas:** as tarifas oriundas da prestação dos serviços públicos devem ter valores razoáveis para os usuários. A finalidade dessa regra é garantir o acesso aos serviços públicos ao maior número de usufruidores possíveis. Quanto mais essencial for o serviço, mais barata será a tarifa e, em alguns casos, pode até mesmo chegar à zero.

## 7.5 Formas de prestação dos serviços públicos

**Prestação centralizada:** a pessoa política titular do serviço público faz a prestação por meio dos seus próprios órgãos.

**Prestação descentralizada:** a pessoa política transfere a execução do serviço público para outra pessoa.

### 7.5.1 Modalidades

- **Prestação descentralizada por serviços/outorga legal:** a pessoa política titular do serviço público transfere a sua titularidade e a sua execução para uma entidade integrante da Administração Indireta.
- **Prestação descentralizada por colaboração/delegação:** a pessoa política transfere somente a execução do serviço público, por delegação a um particular, que vai executá-lo por sua conta e risco.
  > Por exemplo: concessões, permissões e autorizações de serviços públicos.
- **Prestação desconcentrada:** o serviço é executado por um órgão, com competência específica para prestá-lo, integrante da estrutura da pessoa jurídica que detém a titularidade do serviço.
- **Prestação desconcentrada centralizada:** o órgão competente para prestar o serviço integra a estrutura de uma entidade da Administração Direta.
- **Prestação desconcentrada descentralizada:** o órgão competente para prestar o serviço integra a estrutura de uma entidade da Administração Indireta.

> **Atenção!**
> A prestação feita por delegação **não caracteriza** prestação desconcentrada descentralizada, pois, para isso, seria necessário que o particular delegado tivesse a titularidade do serviço público, o que não acontece na delegação, que transfere somente a execução do serviço e mantém a titularidade com o poder concedente.

- **Prestação direta:** é a prestação feita pelo poder público, que é sinônimo de Administração Direta e Indireta. Assim, prestação direta é a do serviço público feita pelas entidades da Administração Direta e também pela Indireta.
- **Prestação indireta:** é a prestação do serviço público feita por particulares mediante delegação da execução.

## 7.6 Concessão e permissão de serviço público

### 7.6.1 Base constitucional

> *Art. 22, XXVII, CF/1988 Compete privativamente à União legislar sobre: normas gerais de licitação e contratação, em todas as modalidades, para as administrações públicas diretas, autárquicas e fundacionais da União, Estados, Distrito Federal e Municípios, obedecido o disposto no art. 37, XXI, e para as empresas públicas e sociedades de economia mista, nos termos do art. 173, § 1º, III;*
>
> *Art. 175 [...]*
>
> *Parágrafo único. A lei disporá sobre:*

*I - O regime das empresas concessionárias e permissionárias de serviços públicos, o caráter especial de seu contrato e de sua prorrogação, bem como as condições de caducidade, fiscalização e rescisão da concessão ou permissão;*
*II - Os direitos dos usuários;*
*III - Política tarifária;*
*IV - A obrigação de manter serviço adequado.*

## 7.7 Competência para a edição de normas

### 7.7.1 Normas gerais

Competência privativa da União (art. 22, inciso XXVII, CF/1988).

**Lei nº 8.987/1995**: institui normas gerais sobre o regime de concessão ou permissão de serviço público.

**Lei nº 11.079/2004**: institui normas gerais para licitação e contratação de parceria público-privada no âmbito da Administração Pública.

As duas leis acima descritas são nacionais, ou seja, são leis criadas pela União e que devem obrigatoriamente ser observadas pela União, estados, Distrito Federal e municípios. Todavia, a Lei nº 11.079/2004 tem um núcleo que é aplicável somente à Administração Pública Federal, em outras palavras, ela traça normas gerais para todos os entes federados e ainda traz algumas específicas que são aplicadas somente à Administração Pública Federal.

### 7.7.2 Normas específicas

Cada ente federal cria as suas próprias normas específicas.

A Lei nº 8.987/1995 institui normas gerais sobre o regime de concessão e permissão da prestação de serviços públicos.

É importante observar que, com base no art. 1º da Lei nº 8.987/1995, é aplicável aos contratos de concessão e permissão de serviços públicos, naquilo que lhes couber, as disposições contidas na Lei nº 8.666/1993 (licitação e contratos administrativos) e Lei nº 14.133/2021. Tal lei visa regulamentar as regras contidas no parágrafo único do art. 175 da Constituição Federal de 1988.

### 7.7.3 Conceito de concessão e permissão de serviço público

- **Poder concedente:** a União, o estado, o Distrito Federal ou o município, em cuja competência se encontre o serviço público, precedido ou não da execução de obra pública, objeto de concessão ou permissão (art. 2º, inciso I).
- **Concessão de serviço público:** a delegação de sua prestação, feita pelo poder concedente, mediante licitação, na modalidade de concorrência ou diálogo competitivo, à pessoa jurídica ou consórcio de empresas que demonstre capacidade para seu desempenho, por sua conta e risco e por prazo determinado (art. 2º, inciso II).
- **Concessão de serviço público precedida da execução de obra pública:** a construção, total ou parcial, conservação, reforma, ampliação ou melhoramento de quaisquer obras de interesse público, delegada pelo poder concedente, mediante licitação, na modalidade de concorrência ou diálogo competitivo, à pessoa jurídica ou a consórcio de empresas que demonstre capacidade para a sua realização, por sua conta e risco, de forma que o investimento da concessionária seja remunerado e amortizado mediante a exploração do serviço ou da obra por prazo determinado (art. 2º, inciso III).
- **Permissão de serviço público:** a delegação, a título precário, mediante licitação, da prestação de serviços públicos, feita pelo poder concedente à pessoa física ou jurídica que demonstre capacidade para seu desempenho, por sua conta e risco (art. 2º, inciso IV).

### 7.7.4 Características comuns das concessões e permissões

- São delegações de prestação de serviço público.
- Transferem somente a execução do serviço público, ficando a titularidade com o poder público concedente.
- A prestação do serviço é por conta e risco do particular.
- O poder concedente fiscaliza a prestação feita pelo particular em decorrência do exercício do poder disciplinar.
- Duração por prazo determinado, podendo o contrato prever sua prorrogação, estipulando as condições.
- A execução indireta por delegação (concessão ou permissão) depende de lei autorizativa.
- São sempre precedidos de licitação.

O particular tem o dever de prestar um serviço público adequado nos casos de:

- Descumprimento.
- Intervenção.
- Aplicação de penalidade administrativa.
- Extinção por caducidade.

### 7.7.5 Diferenças entre a concessão e permissão de serviços públicos

> *Art. 2º, Lei nº 9.074/1995 É vedado à União, aos Estados, ao Distrito Federal e aos Municípios executarem obras e serviços públicos por meio de concessão e permissão de serviço público, sem lei que lhes autorize e fixe os termos, dispensada a lei autorizativa nos casos de saneamento básico e limpeza urbana e nos já referidos na Constituição Federal, nas Constituições Estaduais e nas Leis Orgânicas do Distrito Federal e Municípios, observado, em qualquer caso, os termos da Lei nº 8.987, de 1995.*

- **Concessão:** sempre licitação na modalidade concorrência ou diálogo competitivo; natureza contratual; celebração do contrato: pessoa jurídica ou consórcio de empresas; não há precariedade; não é cabível revogação do contrato.
- **Permissão:** sempre licitação, todavia, admite outras modalidades e não somente concorrência; natureza contratual: contrato de adesão (art. 40); celebração do contrato: pessoa jurídica ou pessoa física; delegação a título precário; revogabilidade unilateral do contrato pelo poder concedente.

### 7.7.6 Autorização de serviço público

Autorização de serviço público é o ato discricionário, mediante o qual o Poder Público delega ao particular, a título precário, a prestação de serviço público que não exija alto investimento de capital ou alto grau de especialização técnica.

**Características do termo de autorização**

- Tem natureza precária/discricionária.
- É discricionária a autorização.
- Pode ser revogada unilateralmente pela Administração Pública por razões de conveniência e oportunidade.
- Em regra, não tem prazo determinado.
- A revogação não acarreta direito à indenização.
- **Exceção:** nos casos de autorização por prazo certo, ou seja, com tempo determinado no ato de autorização, a revogação antes do término do prazo pode ensejar ao particular o direito à indenização.

**Cabimento da autorização de serviços públicos**

- Casos em que o serviço seja prestado a um grupo restrito de usuários, sendo o seu beneficiário exclusivo ou principal o próprio particular autorizado.

## SERVIÇOS PÚBLICOS

- Por exemplo: exploração de serviços de telecomunicação em regime privado, que é autorizada a prestação por usuário restrito que é o seu único beneficiário: operador privado de radioamador.
- Situações de emergência, transitórias e eventuais.

### 7.7.7 Diferença entre autorização de serviços públicos e a autorização do poder de polícia

- **Autorização de serviço público:** concede ao particular o exercício de atividade cuja titularidade é exclusiva do poder público.
- **Autorização do poder de polícia:** concede ao particular o exercício de atividades regidas pelo direito privado, livre à iniciativa privada.

### 7.7.8 Características comuns entre concessão, autorização e permissão de serviços públicos

- São formas de delegação da prestação de serviços públicos.
- Transferem somente a execução da atividade e não a sua titularidade.
- As delegações de serviço público são fiscalizadas em decorrência do Poder Disciplinar da Administração Pública.

### 7.7.9 Diferenças entre concessão, permissão e autorização de serviços públicos

| Concessão | Permissão | Autorização |
|---|---|---|
| Sempre licitação na modalidade concorrência ou diálogo competitivo | Sempre licitação, todavia, admite outras modalidades e não somente concorrência | Não há licitação |
| Natureza contratual | Natureza contratual: contrato de adesão (art. 40) | Ato administrativo |
| Celebração do contrato: pessoa jurídica ou consórcio de empresas | Celebração do contrato: pessoa jurídica ou pessoa física | Concessão da Autorização pode ser feita para pessoa física, jurídica ou consórcio de empresas |
| Não há precariedade. | Delegação a título precário | Ato administrativo precário |
| Não é cabível revogação do contrato | Revogabilidade unilateral do contrato pelo poder concedente | Revogável unilateralmente pelo Poder Concedente |

### 7.7.10 Parcerias público-privadas

A parceria público-privada (PPP), cujas normas gerais encontram-se traçadas na Lei nº 11.079/2004, é um contrato de prestação de obras ou serviços com valor não inferior a R$ 10 milhões firmado entre empresa privada e o governo federal, estadual ou municipal, com duração mínima de 5 e no máximo de 35 anos.

### 7.7.11 Disposições preliminares

A Lei nº 11.079/2004 institui normas gerais para licitação e contratação de parceria público-privada no âmbito dos Poderes:
- Da União.
- Dos estados.
- Do Distrito Federal.
- Dos municípios.

Da mesma forma, essa lei também é aplicada para:
- Órgãos da Administração Pública **Direita**;
- Administração Pública **Indireta** (autarquias, fundações públicas, empresas públicas, sociedades de economia mista);
- **Fundos especiais**;
- **Entidades controladas** (direta ou indiretamente pela União, estados, Distrito Federal e municípios).

A parceria público-privada é um **contrato administrativo de concessão**, podendo adotar duas modalidades:

**Concessão patrocinada:** é a concessão de serviços públicos ou de obras públicas de que trata a Lei nº 8.987/1995, quando envolver, adicionalmente à tarifa cobrada dos usuários **contraprestação pecuniária do parceiro público ao parceiro privado**.

As concessões patrocinadas regem-se Lei nº 11.079/2004, aplicando subsidiariamente o disposto na Lei nº 8.987/1995, e nas leis que lhe são correlatas.

**Concessão Administrativa:** é o contrato de prestação de serviços de que a Administração Pública seja a usuária direta ou indireta, ainda que envolva execução de obra ou fornecimento e instalação de bens.

As concessões administrativas regem-se pela Lei nº 11.079/2004, aplicado adicionalmente o disposto nos arts. 21, 23, 25 e 27 a 39 da Lei nº 8.987/1995, e art. 31 da Lei nº 9.074/1995.

> **Atenção!**
> **Concessão patrocinada:** contraprestação paga pela Administração + tarifa paga pelo usuário.
> **Concessão administrativa:** contraprestação paga pela Administração.

A concessão comum não constitui parceria público-privada – assim entendida a concessão de serviços públicos ou de obras públicas de que trata a Lei nº 8.987/1995, quando não envolver contraprestação pecuniária do parceiro público ao parceiro privado. Os contratos administrativos de concessão comum continuam sendo regidos exclusivamente pela Lei nº 8.987/1995 demais legislação correlata.

Os contratos administrativos **que não caracterizem concessão** comum, patrocinada ou administrativa continuam regidos exclusivamente pela Lei nº 8.666/1993 e pela Lei nº 14.133/2021, bem como demais leis correlatas.

É **vedada a celebração** de contrato de parceria público-privada:
- Cujo valor do contrato seja **inferior a R$ 10.000.000,00** (dez milhões de reais).
- Cujo período de prestação do serviço seja **inferior a 5 anos**.
- Que tenha como **objeto único** o fornecimento de mão de obra, o fornecimento e instalação de equipamentos ou a execução de obra pública.

**Diretrizes** que devem ser observadas na contratação de parceria público-privada:
- Eficiência no cumprimento das missões de Estado e no emprego dos recursos da sociedade.
- Respeito aos interesses e direitos dos destinatários dos serviços e dos entes privados incumbidos da sua execução.
- Indelegabilidade das funções de regulação, jurisdicional, do exercício do poder de polícia e de outras atividades exclusivas do Estado.
- Responsabilidade fiscal na celebração e execução das parcerias.
- Transparência dos procedimentos e das decisões.
- Repartição objetiva de riscos entre as partes.
- Sustentabilidade financeira e vantagens socioeconômicas dos projetos de parceria.

### 7.7.12 Contratos de parceria público-privada

As cláusulas dos contratos de parceria público-privada atenderão ao disposto no art. 23 da Lei nº 8.987/1995, no que couber, devendo também prever:

- O **prazo de vigência** do contrato, compatível com a amortização dos investimentos realizados, não inferior a cinco, nem superior a 35 anos, incluindo eventual prorrogação.
- As **penalidades aplicáveis** à Administração Pública e ao parceiro privado em caso de inadimplemento contratual, fixadas sempre de forma proporcional à gravidade da falta cometida, e às obrigações assumidas.
- A **repartição de riscos** entre as partes, inclusive os referentes a caso fortuito, força maior, fato do príncipe e álea econômica extraordinária.
- As formas de remuneração e de atualização dos valores contratuais.
- Os mecanismos para a preservação da atualidade da prestação dos serviços.
- Os fatos que caracterizem a inadimplência pecuniária do parceiro público, os modos e o prazo de regularização e, quando houver, a forma de acionamento da garantia.
- Os critérios objetivos de avaliação do desempenho do parceiro privado.
- A prestação, pelo parceiro privado, de garantias de execução suficientes e compatíveis com os ônus e riscos envolvidos, observados os limites dos §§ 3º e 5º do art. 56 da Lei nº 8.666/1993, e, no que se refere às concessões patrocinadas, o disposto no inciso XV do art. 18 da Lei nº 8.987/1995.
- O compartilhamento com a Administração Pública de ganhos econômicos efetivos do parceiro privado decorrentes da redução do risco de crédito dos financiamentos utilizados pelo parceiro privado.
- A realização de vistoria dos bens reversíveis, podendo o parceiro público reter os pagamentos ao privado, no valor necessário para reparar as irregularidades eventualmente detectadas.
- O cronograma e os marcos para o repasse ao parceiro privado das parcelas do aporte de recursos, na fase de investimentos do projeto e/ou após a disponibilização dos serviços, sempre que verificada a hipótese do § 2º do art. 6º da Lei nº 11.079/2004.

As cláusulas contratuais de atualização automática de valores baseadas em índices e fórmulas matemáticas, quando houver, serão aplicadas sem necessidade de homologação pela Administração Pública, exceto se essa publicar na imprensa oficial, onde houver, até o prazo de 15 dias após apresentação da fatura, razões fundamentadas nesta Lei ou no contrato para a rejeição da atualização.

Os contratos poderão prever adicionalmente:
- Os requisitos e condições em que o parceiro público autorizará a transferência do controle da sociedade de propósito específico para os seus financiadores, com o objetivo de promover a sua reestruturação financeira e assegurar a continuidade da prestação dos serviços, não se aplicando para esse efeito o previsto no inciso I do parágrafo único do art. 27 da Lei nº 8.987/1995.
- A possibilidade de emissão de empenho em nome dos financiadores do projeto em relação às obrigações pecuniárias da Administração Pública.
- A legitimidade dos financiadores do projeto para receber indenizações por extinção antecipada do contrato, bem como pagamentos efetuados pelos fundos e empresas estatais garantidores de parcerias público-privadas.

A **contraprestação da Administração Pública** nos contratos de parceria público-privada poderá ser feita por:
- Ordem bancária.
- Cessão de créditos não tributários.
- Outorga de direitos em face da Administração Pública.
- Outorga de direitos sobre bens públicos dominicais.
- Outros meios admitidos em lei.

O contrato poderá prever o pagamento ao parceiro privado de **remuneração variável** vinculada ao seu desempenho, conforme metas e padrões de qualidade e disponibilidade definidos no contrato.

O contrato poderá prever o **aporte de recursos** em favor do parceiro privado para a **realização de obras e aquisição de bens reversíveis**, nos termos dos incisos X e XI do *caput* do art. 18 da Lei nº 8.987/1995, desde que autorizado no edital de licitação, se contratos novos, ou em lei específica, se contratos **celebrados até 8 de agosto de 2012**.

O valor desse aporte poderá ser excluído da determinação:
- Do lucro líquido para fins de apuração do lucro real e da base de cálculo da Contribuição Social sobre o Lucro Líquido (CSLL).
- Da base de cálculo da Contribuição para o PIS/Pasep e da Contribuição para o Financiamento da Seguridade Social (Cofins).

Essa parcela excluída deverá ser computada na determinação do lucro líquido para fins de apuração do lucro real, da base de cálculo da CSLL e da base de cálculo da Contribuição para o PIS/Pasep e da Cofins, na proporção em que o custo para a realização de obras e aquisição de bens a que se refere o § 2º deste artigo for realizado, inclusive mediante depreciação ou extinção da concessão, nos termos do art. 35 da Lei nº 8.987/1995.

Por ocasião da **extinção do contrato**, o parceiro privado **não receberá indenização** pelas parcelas de investimentos vinculados a bens reversíveis ainda não amortizadas ou depreciadas, quando tais investimentos houverem sido realizados com valores provenientes do aporte de recursos acima tratado.

A contraprestação da Administração Pública será obrigatoriamente precedida da disponibilização do serviço objeto do contrato de parceria público-privada.

É facultado à Administração Pública, nos termos do contrato, efetuar o pagamento da contraprestação relativa à parcela fruível do serviço objeto do contrato de parceria público-privada.

O aporte de recursos acima tratado, quando realizado durante a fase dos investimentos a cargo do parceiro privado, deverá guardar proporcionalidade com as etapas efetivamente executadas.

### 7.7.13 Garantias

As obrigações pecuniárias contraídas pela Administração Pública em contrato de parceria público-privada poderão ser garantidas mediante:
- Vinculação de receitas, observado o disposto no inciso IV do art. 167 da Constituição Federal.
- Instituição ou utilização de fundos especiais previstos em lei.
- Contratação de seguro-garantia com as companhias seguradoras que não sejam controladas pelo Poder Público.
- Garantia prestada por organismos internacionais ou instituições financeiras que não sejam controladas pelo Poder Público.
- Garantias prestadas por fundo garantidor ou empresa estatal criada para essa finalidade.
- Outros mecanismos admitidos em lei.

### 7.7.14 Sociedade de propósito específico

Antes da celebração do contrato, deverá ser constituída sociedade de propósito específico, incumbida de implantar e gerir o objeto da parceria.

A transferência do controle da sociedade de propósito específico estará condicionada à autorização expressa da Administração Pública, nos termos do edital e do contrato, observado o disposto no parágrafo único do art. 27 da Lei nº 8.987/1995.

A sociedade de propósito específico poderá assumir a forma de companhia aberta, com valores mobiliários admitidos a negociação no mercado. Tal sociedade também deverá obedecer a padrões de governança corporativa e adotar contabilidade e demonstrações financeiras padronizadas, conforme regulamento.

## SERVIÇOS PÚBLICOS

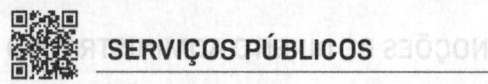

Fica **vedado à Administração Pública ser titular da maioria do capital votante dessas sociedades**. Entretanto, essa vedação não se aplica à eventual aquisição da maioria do capital votante da sociedade de propósito específico por instituição financeira controlada pelo Poder Público em caso de inadimplemento de contratos de financiamento.

### 7.7.15 Licitação

De acordo com o art. 10 da Lei nº 11.079/2004, contratação de parceria público-privada será precedida de licitação na modalidade de concorrência, estando a abertura do processo licitatório condicionada a:

> *Art. 10 A contratação de parceria público-privada será precedida de licitação na modalidade concorrência ou diálogo competitivo, estando a abertura do processo licitatório condicionada a:*
>
> *I - Autorização da autoridade competente, fundamentada em estudo técnico que demonstre:*
>
> *a) A conveniência e a oportunidade da contratação, mediante identificação das razões que justifiquem a opção pela forma de parceria público-privada;*
>
> *b) Que as despesas criadas ou aumentadas não afetarão as metas de resultados fiscais previstas no Anexo referido no § 1º do art. 4º da Lei Complementar nº 101, de 4 de maio de 2000, devendo seus efeitos financeiros, nos períodos seguintes, ser compensados pelo aumento permanente de receita ou pela redução permanente de despesa.*
>
> *c) Quando for o caso, conforme as normas editadas na forma do art. 25 desta Lei, a observância dos limites e condições decorrentes da aplicação dos arts. 29, 30 e 32 da Lei Complementar nº 101, de 4 de maio de 2000, pelas obrigações contraídas pela Administração Pública relativas ao objeto do contrato.*

A comprovação referida nas alíneas *b* e *c* acima citadas conterá as premissas e metodologia de cálculo utilizadas, observadas as normas gerais para consolidação das contas públicas, sem prejuízo do exame de compatibilidade das despesas com as demais normas do plano plurianual e da Lei de Diretrizes Orçamentárias.

> *II - Elaboração de estimativa do impacto orçamentário-financeiro nos exercícios em que deva vigorar o contrato de parceria público-privada;*
>
> *III - Declaração do ordenador da despesa de que as obrigações contraídas pela Administração Pública no decorrer do contrato são compatíveis com a lei de diretrizes orçamentárias e estão previstas na lei orçamentária anual;*
>
> *IV - Estimativa do fluxo de recursos públicos suficientes para o cumprimento, durante a vigência do contrato e por exercício financeiro, das obrigações contraídas pela Administração Pública;*
>
> *V - Seu objeto estar previsto no plano plurianual em vigor no âmbito onde o contrato será celebrado;*
>
> *VI - Submissão da minuta de edital e de contrato à consulta pública, mediante publicação na imprensa oficial, em jornais de grande circulação e por meio eletrônico, que deverá informar a justificativa para a contratação, a identificação do objeto, o prazo de duração do contrato, seu valor estimado, fixando-se tempo mínimo de 30 (trinta) dias para recebimento de sugestões, cujo termo dar-se-á pelo menos 7 (sete) dias antes da data prevista para a publicação do edital; e*
>
> *VII - Licença ambiental prévia ou expedição das diretrizes para o licenciamento ambiental do empreendimento, na forma do regulamento, sempre que o objeto do contrato exigir.*

Sempre que a assinatura do contrato ocorrer em exercício diverso daquele em que for publicado o edital, deverá ser precedida da atualização dos estudos e demonstrações a que se referem os itens I a IV citados anteriormente.

As concessões patrocinadas em que mais de **70% da remuneração do parceiro privado for paga pela Administração Pública** dependerão de **autorização legislativa específica.**

Os estudos de engenharia para a definição do valor do investimento da PPP deverão ter nível de detalhamento de anteprojeto, e o valor dos investimentos para definição do preço de referência para a licitação será calculado com base em preços de mercado considerando o custo global de obras semelhantes no Brasil ou no exterior ou com base em sistemas de custos que utilizem como insumo valores de mercado do setor específico do projeto, aferidos, em qualquer caso, mediante orçamento sintético, elaborado por meio de metodologia expedita ou paramétrica.

O **instrumento convocatório** conterá minuta do contrato, indicará expressamente a submissão da licitação às normas da Lei nº 11.079/2004 e observará, no que couber, os §§ 3º e 4º do art. 15, os arts. 18, 19 e 21 da Lei nº 8.987/1995, podendo ainda prever:

- Exigência de garantia de proposta do licitante, observado o limite do inciso III do art. 31 da Lei nº 8.666/1993.
- O emprego dos mecanismos privados de resolução de disputas, inclusive a arbitragem, a ser realizada no Brasil e em língua portuguesa, nos termos da Lei nº 9.307/1996, para dirimir conflitos decorrentes ou relacionados ao contrato.

O edital deverá especificar, quando houver, as garantias da contraprestação do parceiro público a serem concedidas ao privado.

> *Art. 12 O certame para a contratação de parcerias público-privadas obedecerá ao procedimento previsto na legislação vigente sobre licitações e contratos administrativos e também ao seguinte:*
>
> *I -. O julgamento poderá ser precedido de etapa de qualificação de propostas técnicas, desclassificando-se os licitantes que não alcançarem a pontuação mínima, os quais não participarão das etapas seguintes;*
>
> *II - O julgamento poderá adotar como critérios, além dos previstos nos incisos I e V do art. 15 da Lei nº 8.987, de 13 de fevereiro de 1995, os seguintes:*
>
> *a) menor valor da contraprestação a ser paga pela Administração Pública;*
>
> *b) melhor proposta em razão da combinação do critério da alínea a com o de melhor técnica, de acordo com os pesos estabelecidos no edital;*
>
> *III - O edital definirá a forma de apresentação das propostas econômicas, admitindo-se:*
>
> *a) propostas escritas em envelopes lacrados; ou*
>
> *b) propostas escritas, seguidas de lances em viva voz;*
>
> *IV - O edital poderá prever a possibilidade de saneamento de falhas, de complementação de insuficiências ou ainda de correções de caráter formal no curso do procedimento, desde que o licitante possa satisfazer as exigências dentro do prazo fixado no instrumento convocatório.*

No caso de propostas escritas, seguidas de lances em viva voz (verbais):

- Os lances em viva-voz serão sempre oferecidos na ordem inversa da classificação das propostas escritas, sendo vedado ao edital limitar a quantidade de propostas.
- O edital poderá restringir a apresentação de lances em viva-voz aos licitantes cuja proposta escrita for no máximo **20% maior que o valor da melhor proposta**.

O exame de propostas técnicas, para fins de qualificação ou julgamento, será feito por ato motivado, com base em exigências, parâmetros e indicadores de resultado pertinentes ao objeto, definidos com clareza e objetividade no edital. Este poderá prever a inversão da ordem das fases de habilitação e julgamento, hipótese em que:

> *I - Encerrada a fase de classificação das propostas ou o oferecimento de lances, será aberto o invólucro com os documentos de habilitação do licitante mais bem classificado, para verificação do atendimento das condições fixadas no edital;*
>
> *II - Verificado o atendimento das exigências do edital, o licitante será declarado vencedor;*
>
> *III - Inabilitado o licitante melhor classificado, serão analisados os documentos habilitatórios do licitante com a proposta classificada em 2º (segundo) lugar, e assim, sucessivamente, até que um licitante classificado atenda às condições fixadas no edital;*
>
> *IV - Proclamado o resultado final do certame, o objeto será adjudicado ao vencedor nas condições técnicas e econômicas por ele ofertadas.*

### 7.7.16 Disposições aplicáveis à União

Apesar de traçar normas gerais aplicáveis no âmbito federal, estadual, distrital e municipal, a Lei nº 11.079/2004 traz algumas regras específicas para a União.

## NOÇÕES DE DIREITO ADMINISTRATIVO

Sobre o órgão gestor de parcerias público-privadas federais:
- Será instituído por **decreto** e com **competência** para:
- Definir os serviços prioritários para execução no regime de parceria público-privada.
- Disciplinar os procedimentos para celebração desses contratos.
- Autorizar a abertura da licitação e aprovar seu edital.
- Apreciar os relatórios de execução dos contratos.

Esse órgão será composto por indicação nominal de um representante titular e respectivo suplente de cada um dos seguintes órgãos:
- Ministério do Planejamento, Orçamento e Gestão, ao qual cumprirá a tarefa de coordenação das respectivas atividades.
- Ministério da Fazenda.
- Casa Civil da Presidência da República.

Um representante do órgão da Administração Pública Direta cuja área de competência seja pertinente ao objeto do contrato em análise participará das reuniões desse órgão para examinar projetos de parceria público-privada.

Para deliberação do órgão gestor sobre a contratação de parceria público-privada, o expediente deverá estar instruído com pronunciamento prévio e fundamentado:
- Do Ministério do Planejamento, Orçamento e Gestão, sobre o mérito do projeto.
- Do Ministério da Fazenda, quanto à viabilidade da concessão da garantia e à sua forma, relativamente aos riscos para o Tesouro Nacional e ao cumprimento do limite de que trata o art. 22 da Lei nº 11.079/2004.

Para o desempenho de suas funções, o órgão gestor de parcerias público-privadas federais poderá criar estrutura de apoio técnico com a presença de representantes de instituições públicas.

O órgão gestor de parcerias público-privadas federais remeterá ao Congresso Nacional e ao Tribunal de Contas da União, com periodicidade anual, relatórios de desempenho dos contratos de parceria público-privada (esses relatórios, salvo informações classificadas como sigilosas, serão disponibilizados ao público, por meio de rede pública de transmissão de dados).

Compete aos **ministérios** e às **agências reguladoras**, nas suas respectivas áreas de competência, submeter o edital de licitação ao órgão gestor, proceder à licitação, acompanhar e fiscalizar os contratos de parceria público-privada.

Os Ministérios e Agências Reguladoras encaminharão ao órgão gestor de parcerias público-privadas federais, com **periodicidade semestral**, relatórios circunstanciados acerca da execução dos contratos de parceria público-privada, na forma definida em regulamento.

Ficam a União, seus fundos especiais, suas autarquias, suas fundações públicas e suas empresas estatais dependentes autorizadas a participar, no **limite global de R$ 6.000.000.000,00** (**seis bilhões de reais**), em Fundo Garantidor de Parcerias Público-Privadas (FGP) que terá por finalidade prestar garantia de pagamento de obrigações pecuniárias assumidas pelos parceiros públicos federais, distritais, estaduais ou municipais em virtude das parcerias de que trata a Lei nº 11.079/2004.

O FGP terá natureza privada e patrimônio próprio separado do patrimônio dos cotistas, e será sujeito a direitos e obrigações próprios.

O patrimônio do Fundo será formado pelo aporte de bens e direitos realizado pelos cotistas, por meio da integralização de cotas e pelos rendimentos obtidos com sua administração.

Os bens e direitos transferidos ao Fundo serão avaliados por empresa especializada, que deverá apresentar laudo fundamentado, com indicação dos critérios de avaliação adotados e instruído com os documentos relativos aos bens julgados.

A integralização das cotas poderá ser realizada em dinheiro, títulos da dívida pública, bens imóveis dominicais, bens móveis, inclusive ações de sociedade de economia mista federal excedentes ao necessário para manutenção de seu controle pela União, ou outros direitos com valor patrimonial.

O FGP responderá por suas obrigações com os bens e direitos integrantes de seu patrimônio, não respondendo os cotistas por qualquer obrigação do Fundo, salvo pela integralização das cotas que subscreverem.

A integralização com bens acima referido será feita independentemente de licitação, mediante prévia avaliação e autorização específica do Presidente da República, por proposta do Ministro da Fazenda.

O aporte de bens de uso especial ou de uso comum no FGP será condicionado a sua desafetação de forma individualizada.

A capitalização do FGP, quando realizada por meio de recursos orçamentários, dar-se-á por ação orçamentária específica para essa finalidade, no âmbito de Encargos Financeiros da União.

O FGP será criado, administrado, gerido e representado judicial e extrajudicialmente por instituição financeira controlada, direta ou indiretamente, pela União, com observância das normas a que se refere o inciso XXII do art. 4º da Lei nº 4.595/1964.

O estatuto e o regulamento do FGP serão aprovados em assembleia dos cotistas. A representação da União na referida assembleia dar-se-á na forma do inciso V do art. 10 do Decreto-lei nº 147/1967.

Caberá à instituição financeira deliberar sobre a gestão e alienação dos bens e direitos do FGP, zelando pela manutenção de sua rentabilidade e liquidez.

O estatuto e o regulamento do FGP devem deliberar sobre a política de concessão de garantias, inclusive no que se refere à relação entre ativos e passivos do Fundo.

A garantia será prestada na forma aprovada pela assembleia dos cotistas, nas seguintes modalidades:
- Fiança, sem benefício de ordem para o fiador.
- Penhor de bens móveis ou de direitos integrantes do patrimônio do FGP, sem transferência da posse da coisa empenhada antes da execução da garantia.
- Hipoteca de bens imóveis do patrimônio do FGP.
- Alienação fiduciária, permanecendo a posse direta dos bens com o FGP ou com agente fiduciário por ele contratado antes da execução da garantia.
- Outros contratos que produzam efeito de garantia, desde que não transfiram a titularidade ou posse direta dos bens ao parceiro privado antes da execução da garantia.
- Garantia, real ou pessoal, vinculada a um patrimônio de afetação Constituído em decorrência da separação de bens e direitos pertencentes ao FGP.

O FGP poderá prestar contragarantias a seguradoras, instituições financeiras e organismos internacionais que assegurarem o cumprimento das obrigações pecuniárias dos cotistas em contratos de parceria público-privadas.

A quitação pelo parceiro público de cada parcela de débito garantido pelo FGP importará exoneração proporcional da garantia.

O FGP poderá prestar garantia mediante contratação de instrumentos disponíveis em mercado, inclusive para complementação das modalidades acima previstas.

O parceiro privado poderá acionar o Fundo Garantidor de Parcerias Público-Privadas (FGP) nos casos de:
- Crédito líquido e certo, constante de título exigível aceito e não pago pelo parceiro público após 15 dias contados da data de vencimento; e
- Débitos constantes de faturas emitidas e não aceitas pelo parceiro público após 45 dias contados da data de vencimento, desde que não tenha havido rejeição expressa por ato motivado.

A quitação de débito pelo FGP importará sua sub-rogação nos direitos do parceiro privado. Em caso de inadimplemento, os bens e

## SERVIÇOS PÚBLICOS

direitos do Fundo poderão ser objeto de constrição judicial e alienação para satisfazer as obrigações garantidas.

O FGP poderá usar parcela da cota da União para prestar garantia aos seus fundos especiais, às suas autarquias, às suas fundações públicas e às suas empresas estatais dependentes.

O FGP é obrigado a honrar faturas aceitas e não pagas pelo parceiro público. O FGP é proibido de pagar faturas rejeitadas expressamente por ato motivado.

O parceiro público deverá informar o FGP sobre qualquer fatura rejeitada e sobre os motivos da rejeição no prazo de 40 dias contado da data de vencimento.

A ausência de aceite ou rejeição expressa de fatura por parte do parceiro público no prazo de 40 dias contado da data de vencimento implicará aceitação tácita. O agente público que contribuir por ação ou omissão para essa aceitação tácita ou que rejeitar fatura sem motivação será responsabilizado pelos danos que causar, em conformidade com a legislação civil, administrativa e penal em vigor.

O FGP não pagará rendimentos a seus cotistas, assegurando-se a qualquer deles o direito de requerer o resgate total ou parcial de suas cotas, correspondente ao patrimônio ainda não utilizado para a concessão de garantias, fazendo-se a liquidação com base na situação patrimonial do Fundo.

A dissolução do FGP, deliberada pela assembleia dos cotistas, ficará condicionada à prévia quitação da totalidade dos débitos garantidos ou liberação das garantias pelos credores.

Dissolvido o FGP, o seu patrimônio será rateado entre os cotistas, com base na situação patrimonial à data da dissolução.

É facultada a constituição de patrimônio de afetação que não se comunicará com o restante da herança do FGP, ficando vinculado exclusivamente à garantia em virtude da qual tiver sido constituído, não podendo ser objeto de penhora, arresto, sequestro, busca e apreensão ou qualquer ato de constrição judicial decorrente de outras obrigações do FGP.

A constituição do patrimônio de afetação será feita por registro em Cartório de Registro de Títulos e Documentos ou, no caso de bem imóvel, no Cartório de Registro Imobiliário correspondente.

A União somente poderá contratar parceria público-privada quando a soma das despesas de caráter continuado derivadas do conjunto das parcerias já contratadas **não tiver excedido, no ano anterior, a 1% da receita corrente líquida** do exercício, e as despesas anuais dos contratos vigentes, **nos 10 anos subsequentes, não excedam a 1% da receita corrente líquida projetada para os respectivos exercícios.**

### 7.7.17 Disposições finais

Fica a União autorizada a conceder incentivo, nos termos do Programa de Incentivo à Implementação de Projetos de Interesse Social (PIPS), instituído pela Lei nº 10.735/2003, às aplicações em fundos de investimento, criados por instituições financeiras, em direitos creditórios provenientes dos contratos de Parcerias Público-Privadas.

O Conselho Monetário Nacional (CMN) estabelecerá, na forma da legislação pertinente, as diretrizes para a concessão de crédito destinado ao financiamento de contratos de parcerias público-privadas, bem como para participação de entidades fechadas de previdência complementar.

A Secretaria do Tesouro Nacional editará, na forma da legislação pertinente, normas gerais relativas à consolidação das contas públicas aplicáveis aos contratos de parceria público-privada.

O inciso I do § 1º do art. 56 da Lei nº 8.666/1993, foi alterado pela Lei nº 11.079/2004, passando a vigorar com a seguinte redação:

> *I - Caução em dinheiro ou em títulos da dívida pública, devendo estes ter sido emitidos sob a forma escritural, mediante registro em sistema centralizado de liquidação e de custódia autorizado pelo Banco Central do Brasil e avaliados pelos seus valores econômicos, conforme definido pelo Ministério da Fazenda.*

As operações de crédito efetuadas por empresas públicas ou sociedades de economia mista controladas pela União não poderão exceder a 70% do total das fontes de recursos financeiros da sociedade de propósito específico, sendo que para as áreas das regiões Norte, Nordeste e Centro-Oeste, onde o Índice de Desenvolvimento Humano (IDH) seja inferior à média nacional, essa participação não poderá exceder a 80%.

Não poderão exceder a 80% do total das fontes de recursos financeiros da sociedade de propósito específico ou 90% nas áreas das regiões Norte, Nordeste e Centro-Oeste, onde o IDH seja inferior à média nacional, as operações de crédito ou contribuições de capital realizadas cumulativamente por:

- Entidades fechadas de previdência complementar.
- Empresas públicas ou sociedades de economia mista controladas pela União.

Para esses fins, financeiros as operações de crédito e contribuições de capital à sociedade entende-se por fonte de recursos de propósito específico.

A União não poderá conceder garantia ou realizar transferência voluntária aos estados, Distrito Federal e municípios se a soma das despesas de caráter continuado, derivadas do conjunto das parcerias já contratadas por esses entes, tiver excedido, no ano anterior, a 5% da receita corrente líquida do exercício ou se as despesas anuais dos contratos vigentes nos 10 anos subsequentes excederem a 5% da receita corrente líquida projetada para os respectivos exercícios.

Os estados, o Distrito Federal e os municípios que contratarem empreendimentos por intermédio de parcerias público-privadas deverão encaminhar ao Senado Federal e à Secretaria do Tesouro Nacional, previamente à contratação, as informações necessárias para cumprimento dessa determinação.

Na aplicação do limite previsto no *caput* deste artigo, serão computadas as despesas derivadas de contratos de parceria celebrados pela Administração Pública Direta, autarquias, fundações públicas, empresas públicas, sociedades de economia mista e demais entidades controladas, direta ou indiretamente, pelo respectivo ente, excluídas as instituições estatais não dependentes.

Serão aplicáveis, no que couber, as penalidades previstas no Decreto-lei nº 2.848/1940 – Código Penal; na Lei nº 8.429/1992 e Lei nº 14.230/2021 – Lei de Improbidade Administrativa; na Lei nº 10.028/2000 – Lei dos Crimes Fiscais; no Decreto-lei nº 201/1967; e na Lei nº 1.079/1950, sem prejuízo das penalidades financeiras previstas contratualmente.

# NOÇÕES DE DIREITO ADMINISTRATIVO

## 8 ÓRGÃO PÚBLICO

É importantíssimo para o estudo do Direito Administrativo estudar a respeito dos órgãos públicos, sua finalidade, seu papel na estrutura da Administração Pública, bem como as diversas teorias e classificações relativas ao tema. Começaremos a partir das teorias que buscam explicar o que é o órgão público.

### 8.1 Teorias

São três as teorias criadas para caracterizar e conceituar a ideia de órgão público: a Teoria do Mandato, Teoria da Representação e Teoria Geral do Órgão.

#### 8.1.1 Teoria do mandato

Essa teoria preceitua que o agente, pessoa física, funciona como o mandatário da pessoa jurídica, agindo sob seu nome e com a responsabilidade dela, em razão de outorga específica de poderes (não adotado).

#### 8.1.2 Teoria da representação

O agente funciona como um tutor ou curador do Estado.

#### 8.1.3 Teoria geral do órgão

Tem-se a presunção de que a pessoa jurídica exterior a sua vontade por meio dos órgãos, os quais são parte integrante da própria estrutura da pessoa jurídica, de tal modo que, quando os agentes que atuam nesses órgãos manifestam sua vontade, considera-se que essa foi manifestada pelo próprio Estado. Falamos em imputação da atuação do agente, pessoa natural, à pessoa jurídica (adotado pela Constituição Federal de 1988).

Alguns órgãos possuem uma pequena capacidade de impetrar mandado de segurança para garantir prerrogativas próprias. Contudo, somente os órgãos independentes e autônomos têm essa capacidade.

Os órgãos não possuem personalidade jurídica, tampouco vontade própria, agem em nome da entidade a que pertencem, mantendo relações entre si e com terceiros, e não possuem patrimônio próprio. Os órgãos manifestam a vontade da pessoa jurídica à qual pertencem. Dizemos que os agentes, quando atuam para o Estado, estão em imputação à pessoa jurídica à qual estão efetivamente ligados. Assim, falamos em imputação à pessoa jurídica.

Constatamos que órgãos são meros centros de competência, e que os agentes que trabalham nesses órgãos estão em imputação à pessoa jurídica a que estão ligados; suas ações são imputadas ao ente federativo. Assim, quando um servidor público federal atua, suas ações são imputadas (como se o próprio Estado estivesse agindo) à União, pois o agente é ligado a um órgão que pertence a esse ente.

Por exemplo: quando um policial federal está trabalhando, ele é um agente público que atua dentro de um órgão (Departamento de Polícia Federal) e suas ações, quando feitas, são consideradas como se a União estivesse agindo. Por esse motivo, os atos que gerem prejuízo a terceiros são imputados à União, ou seja, é a União que paga o prejuízo e, depois, entra com ação regressiva contra o agente público.

### 8.2 Características

#### 8.2.1 Não possui personalidade jurídica

Muitas pessoas se assustam com essa regra devido ao fato de o órgão público ter Cadastro Nacional da Pessoa Jurídica (CNPJ), realizar licitações e também por celebrar contratos públicos. Todavia, essas situações não devem ser levadas em consideração nesse momento.

O CNPJ não é suficiente para conferir personalidade jurídica para o órgão público, a sua instituição está ligada ao direito tributário. O órgão faz licitação, celebra contratos, no entanto, ele não possui direitos, não é responsável pela conduta dos seus agentes e tudo isso porque não possui personalidade jurídica, uma vez que órgão público não é pessoa.

#### 8.2.2 Integram a estrutura da pessoa jurídica a que pertencem

O órgão público é o integrante essencial da estrutura corporal (orgânica) da pessoa jurídica a que está ligado.

Algumas características sobre o tema:
- Não possui capacidade processual, salvo os órgãos independentes e autônomos que podem impetrar Mandado de Segurança em defesa de suas prerrogativas constitucionais, quando violadas por outro órgão.
- Não possui patrimônio próprio.
- É hierarquizado.
- É fruto da desconcentração.
- Está presente na Administração Direta e Indireta.
- **Criação e extinção:** por meio de Lei.
- **Estruturação:** pode ser feita por meio de decreto autônomo, desde que não implique em aumento de despesas.
- Os agentes que trabalham nos órgãos estão em imputação à pessoa jurídica que estão ligados.

### 8.3 Classificação

Dentre as diversas classificações pertinentes ao tema, a partir de agora, abordaremos as classificações quanto à posição estatal que leva em consideração a relação de subordinação e hierarquia, a estrutura que se relaciona com a desconcentração e a composição ou atuação funcional que se relaciona com a quantidade de agentes que agem e manifestam vontade em nome do órgão.

#### 8.3.1 Posição estatal

Quanto à posição estatal, os órgãos são classificados em independentes, autônomos, superiores e subalternos:

- **Órgãos independentes**
  - São considerados o mais alto escalão do Governo.
  - Não exercem subordinação.
  - Seus agentes são inseridos por eleição.
  - Têm suas competências determinadas pelo texto constitucional.
  - Possuem alguma capacidade processual.
- **Órgãos autônomos**
  - São classificados como órgãos diretivos.
  - Possuem capacidade administrativa, financeira e técnica.
  - São exemplos os ministérios e as secretarias.
  - Possuem alguma capacidade processual.
- **Órgãos superiores**
  - São órgãos de direção, controle e decisão.
  - Não possuem autonomia administrativa ou financeira.
  - Exemplos são as coordenadorias, gabinetes etc.
- **Subalternos**
  - Exercem atribuições de mera execução.
  - Exercem reduzido poder decisório.
  - São exemplos as seções de expediente ou de materiais.

### 8.4 Estrutura

A classificação quanto à estrutura leva em consideração, a partir do órgão analisado, se existe ou não um processo de desconcentração, se há ramificações que levam a órgãos subordinados ao órgão analisado.

- **Simples:** são aqueles que representam um só centro de competências, sem ramificações, independentemente do número de cargos.
- **Compostos:** são aqueles que reúnem em sua estrutura diversos órgãos, ou seja, existem ramificações.

## ÓRGÃO PÚBLICO

A Presidência da República é um órgão composto, pois dela se originam outros órgãos de menor hierarquia, dentre esses o Ministério da Justiça, por exemplo, que também é órgão composto, pois, a partir dele, tem-se novas ramificações, como o Departamento Penitenciário Nacional, o Departamento de Polícia Federal, entre outros.

A partir da Presidência da República, tem-se também um órgão chamado de gabinete. Ele é considerado simples, pois, a partir dele, não há novos órgãos, ou seja, não nasce nenhuma ramificação a partir do gabinete da Presidência da República.

### 8.5 Atuação funcional/composição

Os órgãos públicos podem ser classificados em singulares ou colegiados:

- **Órgãos singulares ou unipessoais**: a sua atuação ou decisões são atribuições de um único agente. Por exemplo: Presidência da República.
- **Órgãos colegiados ou pluripessoais**: a atuação e as decisões dos órgãos colegiados acontecem mediante obrigatória manifestação conjunta de seus membros. Por exemplo: Congresso Nacional, Tribunais de Justiça.

### 8.6 Paraestatais

A expressão "paraestatais" gera divergência em nosso ordenamento jurídico, sendo que podemos mencionar três posicionamentos:

- As paraestatais são as autarquias – posição de José Cretella Júnior – entendimento ultrapassado.
- As paraestatais são: as fundações públicas, empresas públicas, sociedades de economia mista e os serviços sociais autônomos – posição de Hely Lopes Meirelles – corrente minoritária.
- As paraestatais são os serviços sociais autônomos, as fundações de apoio, as Organizações Sociais (OSs), as Organizações da Sociedade Civil de Interesse Público (Oscips) e as Organizações da Sociedade Civil (OSCs) – posição de Maria Silvia Zanella Di Pietro, entre outros – é o entendimento majoritário.
- Observação: nesse terceiro sentido, as paraestatais equivalem ao chamado terceiro setor. O primeiro setor é o Estado e o segundo setor é o mercado (iniciativa privada que visa ao lucro).

**Serviços sociais autônomos**: são pessoas jurídicas de direito privado sem fins lucrativos, instituídas por lei e vinculadas a categorias profissionais, sendo mantidas por dotações orçamentárias ou contribuições parafiscais. É o chamado sistema "S".

Por exemplo: Serviço Social da Indústria (Sesi), Serviço Social do Comércio (Sesc), Serviço Nacional de Aprendizagem Industrial (Senai), Serviço Nacional de Aprendizagem Comercial (Senac), Serviço Brasileiro de Apoio às Micro e Pequenas Empresas (Sebrae) etc. Não integram a Administração Pública nem direta e nem indireta.

**Fundações de apoio**: são pessoas jurídicas de direito privado que se destinam a colaborar com instituições de ensino e pesquisa, sendo instituídas por professores, pesquisadores ou universitários (Lei nº 8.958/1994). Por exemplo: Fundação Universitária para o Vestibular (Fuvest), Fundação Instituto de Pesquisas Econômicas (Fipe), Conselho Nacional de Desenvolvimento Científico e Tecnológico (CNPQ) etc.

**Organizações Sociais (OSs) e Organizações da Sociedade Civil de Interesse Público (Oscips):** são pessoas jurídicas de direito privado sem fins lucrativos, instituídas por particulares que desempenham serviços não exclusivos de Estado, como a saúde, cultura, preservação do meio ambiente etc.

Existem **características comuns** entre as Organizações Sociais (Lei nº 9.637/1998) e as Organizações da Sociedade Civil de Interesse Público (Lei nº 9.790/1999):

- São pessoas jurídicas de direito privado.
- Não têm fins lucrativos.
- Instituídas por particulares.
- Desempenham serviços não exclusivos de Estado.
- Não integram a Administração Pública (seja direta ou indireta).
- Integram o chamado terceiro setor.
- Sujeitam-se ao controle da Administração Pública e do Tribunal de Contas.
- Gozam de imunidade tributária, desde que atendidos os requisitos legais, conforme prevê o art. 150, inciso VI, alínea "c", da Constituição Federal de 1988.

---

**Principais diferenças entre OS e OSCIP**

**Organizações Sociais:** o vínculo com o Estado se dá por contrato de gestão; o ato de qualificação é discricionário, dado pelo ministro da pasta competente; pode ser contratada pela Administração com dispensa de licitação (hipótese de licitação dispensável); o conselho deve ser formado por representantes do poder público; regulada pela Lei nº 9.637/1998.
Exs.: Associação Roquette Pinto, Instituto Nacional de Matemática Pura e Aplicada (IMPA).
**Organizações da Sociedade Civil de Interesse Público:** o vínculo com o Estado se dá por Termo de Parceria; o ato de qualificação é vinculado, dado pelo Ministro da Justiça; não há essa previsão; não há essa exigência; regulada pela Lei nº 9.790/1999.
Exs.: Amigo do Índio (AMI), Associação de Amparo às Mães de Alto Risco (AMAR).

---

**Observações sobre as Organizações Sociais (OSs)**

- O poder público pode destinar para as OSs recursos orçamentários e bens necessários ao cumprimento do contrato de gestão, mediante permissão de uso.
- O poder público pode ceder servidores públicos para as OSs com ônus para a origem.
- A Administração poderá dispensar a licitação nos contratos de prestação de serviços celebrados com as OSs (art. 24, inciso XXIV da Lei nº 8.666/1993).

### 8.7 Organizações da Sociedade Civil (OSC)

As Organizações da Sociedade Civil (OSCs) são entidades do terceiro setor criadas com a finalidade de atuar junto ao Poder Público, em regime de mútua cooperação, na execução de serviços públicos e tem o seu regime jurídico regulado pela Lei nº 13.019/2014.

Essas entidades atuam na prestação de serviço público não exclusivo do Estado e têm vínculo com a Administração Pública, de modo que essa conexão se dá mediante celebração de Termo de Fomento, Termo de Colaboração e Acordo de Cooperação. Vejamos tais conceitos:

- **Termo de Colaboração (art. 2º, inciso VII e art. 16):** instrumento por meio do qual são formalizadas as parcerias estabelecidas pela Administração Pública com organizações da sociedade civil para a consecução de finalidades de interesse público e recíproco propostas pela Administração Pública que envolvam a transferência de recursos financeiros. Assim, o Termo de Colaboração é utilizado para a execução de políticas públicas nas mais diversas áreas, para consecução de **planos de trabalho de iniciativa da própria Administração,** nos casos em que esta já tem parâmetros consolidados, com indicadores e formas de avaliação conhecidos, abarcando, reitere-se, o **repasse de valores por parte do erário**;
- **Termo de Fomento (art. 2º, inciso VIII, e art. 17):** instrumento por meio do qual são formalizadas as parcerias estabelecidas pela Administração Pública com organizações da sociedade civil para a consecução de finalidades de interesse público e recíproco propostas pelas organizações da sociedade civil, que envolvam a transferência de recursos financeiros. Note, portanto, que o Termo de Fomento, ao contrário do Termo de Colaboração, tem como objetivo **incentivar iniciativas das próprias OSCs,**

**para consecução de planos de trabalho por elas propostos**, buscando albergar nas políticas públicas tecnologias sociais inovadoras, promover projetos e eventos nas mais diversas áreas e expandir o alcance das ações desenvolvidas pelas organizações. Assim como no Termo de Colaboração, o Termo de Fomento também enseja a transferência de recursos financeiros por parte da Administração Pública;

- **Acordo de Cooperação (art. 2º, inciso VIII-A):** instrumento por meio do qual são formalizadas as parcerias estabelecidas pela Administração Pública com organizações da sociedade civil para a consecução de finalidades de interesse público e recíproco que não envolvam a transferência de recursos financeiros. Portanto, o grande diferencial do Acordo de Cooperação com os demais é justamente a **ausência de repasse de valores financeiros**. O acordo, como regra, também não exige prévia realização de chamamento público como ocorre no caso do Termo de Fomento e do Termo de Colaboração, salvo quando envolver alguma forma de compartilhamento de recurso patrimonial (comodato, doação de bens etc.).
- **Chamamento público:** trata-se do procedimento que o poder público deverá realizar, obrigatoriamente, na prospecção de organizações. É a partir desse chamamento que serão avaliadas diferentes propostas para escolher a OSC mais adequada à parceria, ou ainda um grupo de OSCs trabalhando em rede, a fim de tornar mais eficaz a execução do objeto. Tal procedimento deverá adotar métodos claros, objetivos e simplificados que orientem os interessados e facilitem o acesso direto aos órgãos e às instâncias decisórias.
- Observação: não se aplicará a Lei nº 8.666/1993 às relações de parceria com as OSCs (art. 84 da Lei nº 13.019/2014), uma vez que agora há lei própria.

## 8.8 Organizações Não Governamentais (ONGs)

A ONG é uma entidade civil sem fins lucrativos, formada por pessoas interessadas em determinado tema, o qual se constitui em seu objetivo e interesse principal. Por exemplo: Instituto Brasileiro de Defesa do Consumidor (Idec).

Normalmente, são iniciativas de pessoas ou grupos que visam colaborar com a solução de problemas da comunidade, como mobilizações, educação, conscientização e organização de serviços ou programas para o atendimento de suas necessidades.

Do ponto de vista jurídico, o termo ONG não se aplica. O Código Civil brasileira prevê apenas dois formatos institucionais para entidades civis sem fins lucrativos, sendo a Associação Civil (art. 44, inciso I e art. 53, ambos do Código Civil) e a Fundação Privada (art. 44, III e 62, ambos do Código Civil).

# 9 CONTROLE DA ADMINISTRAÇÃO PÚBLICA

O Controle da Administração Pública é um conjunto de instrumentos que o ordenamento jurídico estabelece a fim de que a própria Administração Pública, os três poderes, e, ainda, o povo, diretamente ou por meio de órgãos especializados, possam exercer o poder de fiscalização, orientação e revisão da atuação de todos os órgãos, entidades e agentes públicos, em todas as esferas do poder.

## 9.1 Classificação

### 9.1.1 Quanto à origem

**Controle Interno:** acontece dentro do próprio poder, decorrente do princípio da autotutela.

Finalidade:

> *Art. 74, CF/1988 Os Poderes Legislativo, Executivo e Judiciário manterão, de forma integrada, sistema de controle interno com a finalidade de:*
> 
> *I - Avaliar o cumprimento das metas previstas no plano plurianual, a execução dos programas de governo e dos orçamentos da União;*
> 
> *II - Comprovar a legalidade e avaliar os resultados, quanto à eficácia e eficiência, da gestão orçamentária, financeira e patrimonial nos órgãos e entidades da administração federal, bem como da aplicação de recursos públicos por entidades de direito privado;*
> 
> *III - Exercer o controle das operações de crédito, avais e garantias, bem como dos direitos e haveres da União;*
> 
> *IV - Apoiar o controle externo no exercício de sua missão institucional.*
> 
> *§ 1º Os responsáveis pelo controle interno, ao tomarem conhecimento de qualquer irregularidade ou ilegalidade, dela darão ciência ao Tribunal de Contas da União, sob pena de responsabilidade solidária.*

Por exemplo:

- Pode ser exercido no âmbito hierárquico ou por órgãos especializados (sem hierarquia);
- O controle finalístico (controvérsia doutrinária, alguns autores falam que é modalidade de controle externo);
- A fiscalização realizada por um órgão da Administração Pública do Legislativo sobre a atuação dela própria;
- O controle realizado pela Administração Pública do Poder Judiciário nos atos administrativos praticados pela própria Administração Pública desse poder.

**Controle externo:** é exercido por um poder sobre os atos administrativos de outro poder.

A exemplo, temos o controle judicial dos atos administrativos, que analisa aspectos de legalidade dos atos da Administração Pública dos demais poderes; ou o controle legislativo realizado pelo poder legislativo, nos atos da Administração Pública dos outros poderes.

**Controle popular:** é o controle exercido pelos administrados na atuação da Administração Pública dos três poderes, seja por meio da ação popular, do direito de petição ou de outros.

É importante lembrar que os atos administrativos devem ser publicados, salvo os sigilosos. Todavia, uma outra finalidade da publicidade dos atos administrativos é o desenvolvimento do controle social da Administração Pública.

### 9.1.2 Quanto ao momento de exercício

**Controle prévio:** é exercido antes da prática ou antes da conclusão do ato administrativo.

Finalidade: é um requisito de validade do ato administrativo.

Por exemplo: a aprovação do Senado Federal da escolha de ministros do STF ou de dirigente de uma agência reguladora federal. Em tais situações, a referida aprovação antecede a nomeação de tais agentes.

**Controle concomitante:** é exercido durante a prática do ato.

**Finalidade:** possibilitar a aferição do cumprimento das formalidades exigidas para a formação do ato administrativo.

Por exemplo: fiscalização da execução de um contrato administrativo; acompanhamento de uma licitação pelos órgãos de controle.

**Controle subsequente/corretivo/posterior:** é exercido após a conclusão do ato.

Finalidade:

- Correção dos defeitos sanáveis do ato;
- Declaração de nulidade do ato;
- Revogação do ato discricionário legal inconveniente e inoportuno;
- Cassação do ato pelo descumprimento dos requisitos que são exigidos para a sua manutenção;
- Conferir eficácia ao ato.

Por exemplo: homologação de um concurso público.

### 9.1.3 Quanto ao aspecto controlado

**Controle de legalidade:** sua finalidade é verificar se o ato foi praticado em conformidade com o ordenamento jurídico, e, por esse, entendemos que o ato tem que ser praticado de acordo com as leis e também com os princípios fundamentais da Administração Pública.

A lei deve ser entendida, nessa situação, em sentido amplo, ou seja, a Constituição Federal, as leis ordinárias, complementares, delegadas, medidas provisórias e as normas infralegais.

▷ **Exercício:** são três as possibilidades:
- **Própria Administração Pública:** pode realizar o controle de legalidade a pedido ou de ofício. Em decorrência do princípio da autotutela, é espécie de controle interno.
- **Poder Judiciário:** no exercício da função jurisdicional, pode exercer o controle de legalidade somente por provocação. Nesse caso, é uma espécie de inspeção externo.
- **Poder Legislativo:** somente pode exercer controle de legalidade nos casos previstos na Constituição Federal. É forma de controle externo.

▷ **Consequências:** são três as possibilidades:
- **Confirmação** da validade do ato.
- **Anulação** do ato com vício de validade (ilegal).
- Um ato administrativo pode ser anulado pela própria Administração que o praticou, por provocação ou de ofício (controle interno) ou pelo Poder Judiciário. Nesse caso, somente por provocação (controle externo). A anulação gera efeitos retroativos (*ex tunc*), desfazendo todas as relações do ato resultadas, salvo, entretanto, os efeitos produzidos para os terceiros de boa-fé.
- Prazo para anulação na via administrativa: 5 anos, contados a partir da prática do ato, salvo comprovada má-fé.
- Segundo o STF, quando o controle interno acarretar o desfazimento de um ato administrativo que implique em prejuízo à situação jurídica do administrado, a administração deve antes instaurar um procedimento que garanta a ele o contraditório e a ampla-defesa, para que, dessa forma, possa defender os seus interesses.
- **Convalidação:** é a correção do ato com efeitos retroativos do ato administrativo com defeito sanável. Considera-se problema reparável:
    - **Vício de competência relativo à pessoa**
        - Exceção: competência exclusiva (também não cabe convalidação).
        - O vício de competência relativo à matéria não é caracterizado como um defeito sanável.
    - **Vício de forma**
        - Exceção: lei determina que a forma seja elemento essencial de validade de determinado ato (também não cabe convalidação).

# NOÇÕES DE DIREITO ADMINISTRATIVO

Assim, somente os vícios nos elementos forma e competência podem ser convalidados. Em todos os demais casos, a administração somente pode anular o ato.

Mesmo quando o defeito admite convalidação, a Administração Pública tem a possibilidade de anular, pois a regra é a anulação e a convalidação uma faculdade disponível ao agente público em hipóteses excepcionais.

**Convalidação tácita:** o art. 54 da Lei nº 9.784/1999 prevê que a Administração tem o direito de anular os atos administrativos de que decorram efeitos favoráveis; para os destinatários, decai em cinco anos, contados da data em que forem praticados, salvo comprovada má-fé. Transcorrido esse prazo, o ato foi convalidado, pois não pode ser mais anulado pela administração.

**Convalidação expressa:** o prazo que a Administração Pública tem para convalidar um ato é o mesmo que ela tem para anular, ou seja, 5 anos contados a partir da data da prática do feito. Como analisamos, a convalidação, se trata de um controle de legalidade que verificou que o ato foi praticado com vício, todavia, na hipótese descrita no art. 55 da Lei nº 9.784/1999, a autoridade com competência para anular tal ato, pode optar pela sua convalidação.

> *Art. 55, Lei nº 9.784/1999 Em decisão na qual se evidencie não acarretar lesão ao interesse público nem prejuízo a terceiros, os atos que apresentarem defeitos sanáveis poderão ser convalidados pela própria Administração.*

**Controle de mérito:** sua finalidade é verificar a conveniência e a oportunidade dos atos administrativos discricionários.

**Exercício:** em regra, é exercido discricionariamente pelo próprio poder que praticou o feito.

Excepcionalmente, o Poder Legislativo tem competência para verificar o mérito de atos administrativos dos outros poderes, esse é um controle de mérito de natureza política.

Não pode ser exercido pelo Poder Judiciário na sua função típica, mas pode ser executado pela Administração Pública do Poder Judiciário nos atos dela própria.

**Consequências**
- Manutenção do ato discricionário legal, conveniente e oportuno.
- Revogação do ato discricionário legal, inconveniente e inoportuno.

Nas hipóteses em que o Poder Legislativo exerce controle de mérito da atuação administrativa dos outros poderes, não lhe é permitida a revogação de tais atos.

## 9.1.4 Quanto à amplitude

**Controle hierárquico:** decorre da hierarquia presente na Administração Pública, que se manifesta na subordinação entre órgãos e agentes, sempre no âmbito de uma mesma pessoa jurídica. Acontece na Administração Pública dos três poderes.

**Consequências:** é um controle interno permanente (antes/durante/após a prática do ato) e irrestrito, pois verifica aspectos de legalidade e de mérito de um ato administrativo praticado pelos agentes e órgãos subordinados.

Esse controle está relacionado às atividades de supervisão, coordenação, orientação, fiscalização, aprovação, revisão, avocação e aplicação de meios corretivos dos desvios e irregularidades verificados.

**Controle finalístico/tutela administrativa/supervisão ministerial:** é exercido pela Administração Direta sobre as pessoas jurídicas da Administração Indireta.

**Efeitos:** depende de norma legal que o estabeleça, não se enquadrando como um controle específico, e sua finalidade é verificar se a entidade está atingindo as suas intenções estatutárias.

## 9.2 Controle administrativo

É um controle interno, fundado no poder de autotutela, exercido pelo Poder Executivo e pelos órgãos administrativos dos poderes legislativo e judiciário sobre suas próprias condutas, tendo em vista aspectos de legalidade e de mérito administrativo.

> *Súmula nº 473 – STF A Administração pode anular seus próprios atos, quando eivados de vícios que os tornam ilegais, porque deles não se originam direitos; ou revogá-los, por motivo de conveniência ou oportunidade, respeitados os direitos adquiridos, e ressalvada, em todos os casos, a apreciação judicial.*

O controle administrativo é sempre interno. Pode ser hierárquico, quando é feito entre órgãos verticalmente escalonados integrantes de uma mesma pessoa jurídica, seja da Administração Direta ou Indireta; ou não hierárquico, quando exercido entre órgãos que, embora integrem uma só pessoa jurídica, não estão na mesma linha de escalonamento vertical e também no controle finalístico exercido entre a Administração Direta e a Indireta.

O controle administrativo é um controle permanente, pois acontece antes, durante e depois da prática do ato; também é irrestrito, pois como já foi dito, analisa aspectos de legalidade e de mérito.

Ainda é importante apontar que o controle administrativo pode acontecer de ofício ou a pedido do administrado.

Quando interessado em provocar a atuação da Administração Pública, o administrado pode se valer da reclamação administrativa, que é uma expressão genérica para englobar um conjunto de instrumentos, como o direito de petição, a representação, a denúncia, o recurso, o pedido de reconsideração, a revisão, dentre outros meios.

O meio utilizado pela Administração Pública para processar o pedido do interessado é o processo administrativo, que, na esfera federal, é regulado pela Lei nº 9.784/1999.

## 9.3 Controle legislativo

É a fiscalização realizada pelo Poder Legislativo, na sua função típica de fiscalizar, na atuação da Administração Pública dos três poderes.

Quando exercido na atuação administrativa dos outros poderes, é espécie de controle externo; quando realizado na Administração Pública do próprio poder legislativo, é espécie de controle interno.

### 9.3.1 Hipóteses de controle legislativo

O controle legislativo na atuação da Administração Pública somente pode ocorrer nas hipóteses previstas na Constituição Federal, não sendo permitidas às Constituições Estaduais ou às leis orgânicas criarem novas modalidades de controle legislativo no respectivo território de sua competência. Caso se crie nova forma de controle legislativo por instrumento legal diverso da Constituição Federal, tal norma será inconstitucional.

Como as normas estaduais e municipais não podem criar novas modalidades de controle legislativo, nessas esferas, pelo princípio da simetria, são aplicadas as hipóteses de controle legislativo previstas na Constituição Federal para os estados e municípios. Todavia, vale ressaltar que como o sistema legislativo federal adota o bicameralismo, as hipóteses de controle do Congresso Nacional, do Senado, das comissões e do Tribunal de Contas da União são aplicadas às assembleias legislativas na esfera estadual e às câmaras de vereadores nas esferas municipais.

O controle legislativo apresenta as seguintes modalidades:

**Controle de legalidade:** quando se analisa aspectos de legalidade da atuação da Administração Pública dos três poderes, como dos atos e contratos administrativos.

**Controle de mérito (político):** é um controle de natureza política, que possibilita ao Poder Legislativo, nas hipóteses previstas na Constituição Federal, a intervir na atuação da Administração Pública do Poder Executivo, controlando aspectos de eficiência da atuação e também de conveniência da tomada de determinadas decisões do poder executivo.

Por exemplo: quando o Senado tem que aprovar o ato do presidente da República, que nomeia um dirigente de uma agência reguladora.

# CONTROLE DA ADMINISTRAÇÃO PÚBLICA

Efeitos: não acarreta revogação do ato, pois esse ainda não conclui o seu processo de formação enquanto não for aprovado pelo poder legislativo, ou seja, tal ato não gera efeitos até a aprovação, por isso, não há o que se falar em revogação.

Controle exercido pelo Congresso Nacional: a competência exclusiva do Congresso Nacional vem descrita no art. 40 da Constituição Federal de 1988:

> *V - Sustar os atos normativos do Poder Executivo que exorbitem do poder regulamentar ou dos limites de delegação legislativa;*

Tal situação acontece quando, no exercício do poder regulamentar, o presidente da R

epública edite um decreto para complementar determinada lei e, nesse decreto, ele venha a inovar o ordenamento jurídico, ultrapassando os limites da lei. Todavia, a sustação do ato normativo pelo Congresso Nacional não invalida todo o decreto, mas somente o trecho dele que esteja exorbitando do exercício do poder regulamentar.

> *IX - Julgar anualmente as contas prestadas pelo Presidente da República e apreciar os relatórios sobre a execução dos planos de governo;*
>
> *X - Fiscalizar e controlar, diretamente, ou por qualquer de suas Casas, os atos do Poder Executivo, incluídos os da Administração Indireta;*

**Controle exercido privativamente pelo Senado Federal:** as competências privativas do Senado Federal vêm descritas no art. 52 da Constituição Federal, dentre essas, algumas se referem ao exercício de atividades de controle:

> *I - Processar e julgar o Presidente e o Vice-Presidente da República nos crimes de responsabilidade, bem como os Ministros de Estado e os Comandantes da Marinha, do Exército e da Aeronáutica nos crimes da mesma natureza conexos com aqueles;*
>
> *II - Processar e julgar os Ministros do Supremo Tribunal Federal, os membros do Conselho Nacional de Justiça e do Conselho Nacional do Ministério Público, o Procurador-Geral da República e o Advogado-Geral da União nos crimes de responsabilidade;*

Nesses dois primeiros casos, o julgamento será presidido pelo presidente do STF, limitando-se este à condenação, que somente será proferida por dois terços dos votos do Senado Federal.

> *III - Aprovar previamente, por voto secreto, após arguição pública, a escolha de:*
>
> *a) Magistrados, nos casos estabelecidos nesta Constituição;*
>
> *b) Ministros do Tribunal de Contas da União indicados pelo Presidente da República;*
>
> *c) Governador de Território;*
>
> *d) Presidente e diretores do Banco Central;*
>
> *e) Procurador-Geral da República;*
>
> *f) titulares de outros cargos que a lei determinar.*
>
> *IV - Aprovar previamente, por voto secreto, após arguição em sessão secreta, a escolha dos chefes de missão diplomática de caráter permanente;*
>
> *V - Autorizar operações externas de natureza financeira, de interesse da União, dos Estados, do Distrito Federal, dos Territórios e dos Municípios;*
>
> *VI - Fixar, por proposta do Presidente da República, limites globais para o montante da dívida consolidada da União, dos Estados, do Distrito Federal e dos Municípios;*
>
> *VII - Dispor sobre limites globais e condições para as operações de crédito externo e interno da União, dos Estados, do Distrito Federal e dos Municípios, de suas autarquias e demais entidades controladas pelo Poder Público Federal;*
>
> *VIII - dispor sobre limites e condições para a concessão de garantia da União em operações de crédito externo e interno;*
>
> *IX - Estabelecer limites globais e condições para o montante da dívida mobiliária dos Estados, do Distrito Federal e dos Municípios;*
>
> *X - Aprovar, por maioria absoluta e por voto secreto, a exoneração, de ofício, do Procurador-Geral da República antes do término de seu mandato;*
>
> *XI - Avaliar periodicamente a funcionalidade do Sistema Tributário Nacional, em sua estrutura e seus componentes, e o desempenho das administrações tributárias da União, dos Estados e do Distrito Federal e dos Municípios.*

**Controle exercido pela Câmara dos Deputados:** a competência da Câmara dos Deputados vem descrita no art. 51 da Constituição Federal, e nesse momento analisaremos as competências relativas à área de controle da administração:

> *Compete privativamente à Câmara dos Deputados:*
>
> *I - Autorizar, por dois terços de seus membros, a instauração de processo contra o Presidente e o Vice-Presidente da República e os Ministros de Estado;*
>
> *II - Proceder à tomada de contas do Presidente da República, quando não apresentadas ao Congresso Nacional dentro de sessenta dias após a abertura da sessão legislativa;*

**Fiscalização Contábil, Financeira e Orçamentária na Constituição Federal:** também chamado de **Controle Financeiro Amplo**, vem descrito no art. 70 da CF/1988, que traz as seguintes regras:

> *Art. 70, CF/1988 A fiscalização contábil, financeira, orçamentária, operacional e patrimonial da União e das entidades da Administração Direta e indireta, quanto à legalidade, legitimidade, economicidade, aplicação das subvenções e renúncia de receitas, será exercida pelo Congresso Nacional, mediante controle externo, e pelo sistema de controle interno de cada Poder.*

Como podemos observar, segundo os ditames do art. 70 da Constituição Federal, a fiscalização contábil, financeira e orçamentária é realizada tanto por meio de controle interno como de externo.

Áreas alcançadas pelo controle financeiro (amplo):

- **Contábil:** controla o cumprimento das formalidades no registro de receitas e despesas.
- **Financeira:** controla a entrada e a saída de capital, sua destinação.
- **Orçamentária:** fiscaliza e acompanha a execução do orçamento anual, plurianual.
- **Operacional:** controla a atuação administrativa, observando se estão sendo respeitadas as diretrizes legais que orientam a atuação da Administração Pública, bem como avaliando aspectos de eficiência e economicidade.
- **Patrimonial:** controle do patrimônio público, seja ele móvel ou imóvel.
- **Aspectos controlados:** as áreas alcançadas pelo controle financeiro (sentido amplo) abrangem os seguintes aspectos:
- **Legalidade:** atuação conforme a lei.
- **Legitimidade:** atuação conforme os princípios orientadores da atuação da Administração Pública.

O controle financeiro realizado pelo Congresso Nacional não analisa aspectos de mérito.

Para que o controle financeiro seja eficiente, é necessária a prestação de contas por parte das pessoas físicas ou jurídicas que, de qualquer forma, administrem dinheiro ou direito patrimonial público; tal regra vem descrita no parágrafo único do art. 70:

> *Art. 70 [...]*
>
> *Parágrafo único. Prestará contas qualquer pessoa física ou jurídica, pública ou privada, que utilize, arrecade, guarde, gerencie ou administre dinheiros, bens e valores públicos ou pelos quais a União responda, ou que, em nome desta, assuma obrigações de natureza pecuniária.*

**Controle exercido pelos Tribunais de Contas:** os Tribunais de Contas são órgãos de controle vinculados ao Poder Legislativo. A finalidade que possuem é auxiliar na função de exercer o controle externo da Administração Pública.

Apesar da expressão órgãos auxiliares, os tribunais de contas não se submetem ao Poder Legislativo, ou seja, não existe hierarquia nem subordinação entre os tribunais de contas e o Poder Legislativo.

A Constituição Federal, no art. 71, estabelece as competências do Tribunal de Contas da União (TCU), e, pelo princípio da simetria, os tribunais de contas estaduais e municipais detêm as mesmas competências nas suas esferas de fiscalização, não sendo permitidas às Constituições Estaduais e às leis orgânicas municipais criar novas hipóteses de controle. Veja as competências dos Tribunais de Contas a seguir.

*Art. 71 O controle externo, a cargo do Congresso Nacional, será exercido com o auxílio do Tribunal de Contas da União, ao qual compete:*

*I - Apreciar as contas prestadas anualmente pelo Presidente da República, mediante parecer prévio que deverá ser elaborado em sessenta dias a contar de seu recebimento;*

*II - Julgar as contas dos administradores e demais responsáveis por dinheiros, bens e valores públicos da Administração Direta e indireta, incluídas as fundações e sociedades instituídas e mantidas pelo Poder Público federal, e as contas daqueles que derem causa a perda, extravio ou outra irregularidade de que resulte prejuízo ao erário público;*

*III - Apreciar, para fins de registro, a legalidade dos atos de admissão de pessoal, a qualquer título, na Administração Direta e indireta, incluídas as fundações instituídas e mantidas pelo Poder Público, excetuadas as nomeações para cargo de provimento em comissão, bem como a das concessões de aposentadorias, reformas e pensões, ressalvadas as melhorias posteriores que não alterem o fundamento legal do ato concessório;*

*IV - Realizar, por iniciativa própria, da Câmara dos Deputados, do Senado Federal, de Comissão técnica ou de inquérito, inspeções e auditorias de natureza contábil, financeira, orçamentária, operacional e patrimonial, nas unidades administrativas dos Poderes Legislativo, Executivo e Judiciário, e demais entidades referidas no inciso II;*

*V - Fiscalizar as contas nacionais das empresas supranacionais de cujo capital social a União participe, de forma direta ou indireta, nos termos do tratado constitutivo;*

*VI - Fiscalizar a aplicação de quaisquer recursos repassados pela União mediante convênio, acordo, ajuste ou outros instrumentos congêneres, a Estado, ao Distrito Federal ou a Município;*

*VII - Prestar as informações solicitadas pelo Congresso Nacional, por qualquer de suas Casas, ou por qualquer das respectivas Comissões, sobre a fiscalização contábil, financeira, orçamentária, operacional e patrimonial e sobre resultados de auditorias e inspeções realizadas;*

*VIII - Aplicar aos responsáveis, em caso de ilegalidade de despesa ou irregularidade de contas, as sanções previstas em lei, que estabelecerá, entre outras cominações, multa proporcional ao dano causado ao erário;*

*IX - Assinar prazo para que o órgão ou entidade adote as providências necessárias ao exato cumprimento da lei, se verificada ilegalidade;*

*X - Sustar, se não atendido, a execução do ato impugnado, comunicando a decisão à Câmara dos Deputados e ao Senado Federal;*

*XI - Representar ao Poder competente sobre irregularidades ou abusos apurados.*

*§ 1º No caso de contrato, o ato de sustação será adotado diretamente pelo Congresso Nacional, que solicitará, de imediato, ao Poder Executivo as medidas cabíveis.*

*§ 2º Se o Congresso Nacional ou o Poder Executivo, no prazo de noventa dias, não efetivar as medidas previstas no parágrafo anterior, o Tribunal decidirá a respeito.*

*§ 3º As decisões do Tribunal de que resulte imputação de débito ou multa terão eficácia de título executivo.*

*§ 4º O Tribunal encaminhará ao Congresso Nacional, trimestral e anualmente, relatório de suas atividades.*

### 9.3.2 Pontos relevantes

A partir dessas regras, analisaremos alguns aspectos relevantes referentes ao controle da Administração Pública quando feito pelos tribunais de contas, nas suas respectivas áreas de competências.

**Apreciação e julgamento das contas públicas:** o TCU tem a competência de apreciar e julgar as contas dos administradores públicos.

> **Atenção!**
> Contas do Presidente da República são somente apreciadas mediante parecer prévio do tribunal de contas, a competência para julgá-las é do Congresso Nacional.

O julgamento das contas feito pelo Tribunal de Contas da União (TCU) não depende de homologação ou parecer do Poder Legislativo, pois, lembrando, os Tribunais de Contas não são subordinados ao Poder Legislativo.

**Julgamento das contas do próprio Tribunal de Contas:** como a Constituição Federal não se preocupou em estabelecer quem é que detém a competência para julgar as contas dos Tribunais de Contas, o Supremo Tribunal Federal (STF) entendeu que podem as Constituições Estaduais e Leis Orgânicas Municipais submeterem as contas dos Tribunais de Contas a julgamentos das suas respectivas casas legislativas.

**Controle dos atos administrativos:** o TCU tem o poder de sustar a execução do ato e, nesse caso, deve dar ciência dessa decisão à Câmara dos Deputados e ao Senado Federal.

> *Súmula Vinculante nº 3 Nos processos perante ao Tribunal de Contas da União, asseguram-se o contraditório e a ampla defesa quando da decisão puder resultar anulação ou revogação de ato administrativo que beneficie o interessado, excetuada a apreciação da legalidade do ato de concessão inicial de aposentadoria, reforma e pensão.*

**Controle dos Contratos Administrativos**

- **Regra:** o TCU não pode sustar os contratos administrativos, pois tal competência é do Congresso Nacional, que deve solicitar de imediato ao Poder Executivo a adoção das medidas cabíveis.
- **Exceção:** caso o Congresso Nacional ou o Poder Executivo não tomem as medidas necessárias para a sustação do contrato em 90 dias, o TCU terá competência para efetuar a sua sustação.

**Declaração de inconstitucionalidade das leis:** segundo o STF, os tribunais de contas, no exercício de suas competências, podem declarar uma norma inconstitucional e afastar a sua aplicação nos processos de sua apreciação. Todavia, tal declaração de inconstitucionalidade deve ser feita pela maioria absoluta dos membros dos tribunais de contas.

> *Súmula nº 347 – STF O Tribunal de Contas, no exercício de suas atribuições, pode apreciar a constitucionalidade das leis e dos atos do poder público.*

## 9.4 Controle judiciário

É um controle de legalidade (nunca de mérito) realizado pelo Poder Judiciário, na sua função típica de julgar, nos atos praticados pelas Administração Pública de qualquer poder.

Esse controle por abranger somente aspectos de legalidade, fica restrito à possibilidade de anulação dos atos administrativos ilegais, não podendo o Poder Judiciário realizar o controle de mérito dos atos administrativos e, em consequência, não podendo revogar os atos administrativos praticados pela Administração Pública.

O controle judiciário somente será exercido por meio da provocação do interessado, não podendo o Poder Judiciário apreciar um ato administrativo de ofício, em decorrência do atributo da presunção de legitimidade dos atos administrativos.

É importante lembrar que a própria Administração Pública faz o controle de legalidade da sua própria atuação, todavia as decisões administrativas não fazem coisa julgada. Assim sendo, a decisão administrativa pode ser reformada pelo Poder Judiciário, pois somente as decisões desse poder é que tem o efeito de coisa julgada.

Os meios para provocar a atuação do Poder Judiciário são vários, dentre eles, encontramos:

- Mandado de Segurança.
- Ação Popular.
- Ação Civil Pública.
- Dentre outros.

# 10 IMPROBIDADE ADMINISTRATIVA

A improbidade administrativa está prevista no texto constitucional em seu art. 37, § 4º, que prevê:

*Art. 37, § 4º, CF/1988 Os atos de improbidade administrativa importarão a suspensão dos direitos políticos, a perda da função pública, a indisponibilidade dos bens e o ressarcimento ao erário, na forma e gradação previstas em lei, sem prejuízo da ação penal cabível.*

A norma constitucional determinou que os atos de improbidade administrativa deveriam ser regulamentados para a sua execução, o que ocorreu com a edição da Lei nº 8.429/1992 por meio da Lei nº 14.230/2021, que dispõe sobre as sanções aplicáveis aos agentes públicos nos casos de enriquecimento ilícito no exercício de mandato, cargo, emprego ou função na Administração Pública Direta, Indireta ou fundacional e dá outras providências.

## 10.1 Sujeitos

### 10.1.1 Sujeito passivo (vítima)

A Administração Direta, Indireta ou fundacional de qualquer dos Poderes da União, dos estados, do Distrito Federal, dos municípios, de território, de empresa incorporada ao patrimônio público ou de entidade para cuja criação ou custeio o erário haja concorrido ou concorra com mais de 50% do patrimônio ou da receita anual.

Entidade que receba subvenção, benefício ou incentivo, fiscal ou creditício, de órgão público, bem como daquelas para cuja criação ou custeio o erário haja concorrido ou concorra com menos de cinquenta por cento do patrimônio ou da receita anual, limitando-se, nesses casos, a sanção patrimonial à repercussão do ilícito sobre a contribuição dos cofres públicos.

### 10.1.2 Sujeito ativo (pessoa que pratica o ato de improbidade administrativa)

Agente público (exceção agente político sujeito a crime de responsabilidade Supremo Tribunal Federal), servidores ou não, com algum tipo de vínculo nas entidades que podem ser vítimas de improbidade administrativa.

**Conceito de agente público para aplicação da lei**

Reputa-se agente público, para os efeitos dessa lei, todo aquele que exerce, ainda que transitoriamente ou sem remuneração, por eleição, nomeação, designação, contratação ou qualquer outra forma de investidura ou vínculo, mandato, cargo, emprego ou função nas entidades mencionadas no artigo anterior.
Qualquer pessoa que induza ou concorra com o agente público ou que se beneficie do ato.
As disposições dessa lei são aplicáveis, no que couber, àquele que, mesmo não sendo agente público, induza ou concorra para a prática do ato de improbidade ou dele se beneficie sob qualquer forma direta ou indireta.

## 10.2 Regras gerais

Os agentes públicos de qualquer nível ou hierarquia são obrigados a velar pela estrita observância dos princípios de legalidade, impessoalidade, moralidade e publicidade no trato dos assuntos que lhe são afetos.

Ocorrendo lesão ao patrimônio público por ação ou omissão, dolosa ou culposa, do agente ou de terceiros, dar-se-á o integral ressarcimento do dano.

No caso de enriquecimento ilícito, o agente público ou terceiro beneficiário perderá os bens ou valores acrescidos ao seu patrimônio.

Quando o ato de improbidade causar lesão ao patrimônio público ou ensejar enriquecimento ilícito, como medida cautelar, caberá à autoridade administrativa responsável pelo inquérito representar ao Ministério Público, para a indisponibilidade dos bens do indiciado.

O sucessor daquele que causar lesão ao patrimônio público ou se enriquecer ilicitamente está sujeito às cominações dessa lei até o limite do valor da herança.

## 10.3 Atos de improbidade administrativa

As modalidades estão previstas do art. 9º ao 11, da Lei nº 8.429/1992, e constituem um rol exemplificativo, ou seja, no caso concreto, podem existir outras situações capituladas como improbidade que não estão expressamente previstas no texto da lei.

### 10.3.1 Enriquecimento ilícito

*Art. 9º Constitui ato de improbidade administrativa importando em enriquecimento ilícito auferir, mediante a prática de ato doloso, qualquer tipo de vantagem patrimonial indevida em razão do exercício de cargo, de mandato, de função, de emprego ou de atividade nas entidades referidas no art. 1º desta Lei, e notadamente:*

*I - Receber, para si ou para outrem, dinheiro, bem móvel ou imóvel, ou qualquer outra vantagem econômica, direta ou indireta, a título de comissão, percentagem, gratificação ou presente de quem tenha interesse, direto ou indireto, que possa ser atingido ou amparado por ação ou omissão decorrente das atribuições do agente público;*

*II - Perceber vantagem econômica, direta ou indireta, para facilitar a aquisição, permuta ou locação de bem móvel ou imóvel, ou a contratação de serviços pelas entidades referidas no art. 1º por preço superior ao valor de mercado;*

*III - Perceber vantagem econômica, direta ou indireta, para facilitar a alienação, permuta ou locação de bem público ou o fornecimento de serviço por ente estatal por preço inferior ao valor de mercado;*

*IV - Utilizar, em obra ou serviço particular, qualquer bem móvel, de propriedade ou à disposição de qualquer das entidades referidas no art. 1º desta Lei, bem como o trabalho de servidores, de empregados ou de terceiros contratados por essas entidades;*

*V - Receber vantagem econômica de qualquer natureza, direta ou indireta, para tolerar a exploração ou a prática de jogos de azar, de lenocínio, de narcotráfico, de contrabando, de usura ou de qualquer outra atividade ilícita, ou aceitar promessa de tal vantagem;*

*VI - Receber vantagem econômica de qualquer natureza, direta ou indireta, para fazer declaração falsa sobre qualquer dado técnico que envolva obras públicas ou qualquer outro serviço ou sobre quantidade, peso, medida, qualidade ou característica de mercadorias ou bens fornecidos a qualquer das entidades referidas no art. 1º desta Lei;*

*VII - Adquirir, para si ou para outrem, no exercício de mandato, de cargo, de emprego ou de função pública, e em razão deles, bens de qualquer natureza, decorrentes dos atos descritos no caput deste artigo, cujo valor seja desproporcional à evolução do patrimônio ou à renda do agente público, assegurada a demonstração pelo agente da licitude da origem dessa evolução;*

*VIII - Aceitar emprego, comissão ou exercer atividade de consultoria ou assessoramento para pessoa física ou jurídica que tenha interesse suscetível de ser atingido ou amparado por ação ou omissão decorrente das atribuições do agente público, durante a atividade;*

*IX - Perceber vantagem econômica para intermediar a liberação ou aplicação de verba pública de qualquer natureza;*

*X - Receber vantagem econômica de qualquer natureza, direta ou indiretamente, para omitir ato de ofício, providência ou declaração a que esteja obrigado;*

*XI - Incorporar, por qualquer forma, ao seu patrimônio, bens, rendas, verbas ou valores integrantes do acervo patrimonial das entidades mencionadas no art. 1º dessa lei;*

*XII - Usar, em proveito próprio, bens, rendas, verbas ou valores integrantes do acervo patrimonial das entidades mencionadas no art. 1º dessa lei.*

## 10.3.2 Prejuízo ao erário

Dos atos de improbidade administrativa que causam prejuízo ao erário:

*Art. 10 Constitui ato de improbidade administrativa que causa lesão ao erário qualquer ação ou omissão dolosa, que enseje, efetiva e comprovadamente, perda patrimonial, desvio, apropriação, malbaratamento ou dilapidação dos bens ou haveres das entidades referidas no art. 1º desta Lei, e notadamente:*

*I - Facilitar ou concorrer, por qualquer forma, para a indevida incorporação ao patrimônio particular, de pessoa física ou jurídica, de bens, de rendas, de verbas ou de valores integrantes do acervo patrimonial das entidades referidas no art. 1º desta Lei;*

*II - Permitir ou concorrer para que pessoa física ou jurídica privada utilize bens, rendas, verbas ou valores integrantes do acervo patrimonial das entidades mencionadas no art. 1º desta lei, sem a observância das formalidades legais ou regulamentares aplicáveis à espécie;*

*III - Doar à pessoa física ou jurídica bem como ao ente despersonalizado, ainda que de fins educativos ou assistências, bens, rendas, verbas ou valores do patrimônio de qualquer das entidades mencionadas no art. 1º desta lei, sem observância das formalidades legais e regulamentares aplicáveis à espécie;*

*IV - Permitir ou facilitar a alienação, permuta ou locação de bem integrante do patrimônio de qualquer das entidades referidas no art. 1º desta lei, ou ainda a prestação de serviço por parte delas, por preço inferior ao de mercado;*

*V - Permitir ou facilitar a aquisição, permuta ou locação de bem ou serviço por preço superior ao de mercado;*

*VI - Realizar operação financeira sem observância das normas legais e regulamentares ou aceitar garantia insuficiente ou inidônea;*

*VII - Conceder benefício administrativo ou fiscal sem a observância das formalidades legais ou regulamentares aplicáveis à espécie;*

*VIII - Frustrar a licitude de processo licitatório ou de processo seletivo para celebração de parcerias com entidades sem fins lucrativos, ou dispensá-los indevidamente, acarretando perda patrimonial efetiva;*

*IX - Ordenar ou permitir a realização de despesas não autorizadas em lei ou regulamento;*

*X - Agir ilicitamente na arrecadação de tributo ou de renda, bem como no que diz respeito à conservação do patrimônio público;*

*XI - Liberar verba pública sem a estrita observância das normas pertinentes ou influir de qualquer forma para a sua aplicação irregular;*

*XII - Permitir, facilitar ou concorrer para que terceiro se enriqueça ilicitamente;*

*XIII - Permitir que se utilize, em obra ou serviço particular, veículos, máquinas, equipamentos ou material de qualquer natureza, de propriedade ou à disposição de qualquer das entidades mencionadas no art. 1º desta lei, bem como o trabalho de servidor público, empregados ou terceiros contratados por essas entidades.*

*XIV - Celebrar contrato ou outro instrumento que tenha por objeto a prestação de serviços públicos por meio da gestão associada sem observar as formalidades previstas na lei;*

*XV - Celebrar contrato de rateio de consórcio público sem suficiente e prévia dotação orçamentária, ou sem observar as formalidades previstas na lei.*

*XVI - Facilitar ou concorrer, por qualquer forma, para a incorporação, ao patrimônio particular de pessoa física ou jurídica, de bens, rendas, verbas ou valores públicos transferidos pela Administração Pública a entidades privadas mediante celebração de parcerias, sem a observância das formalidades legais ou regulamentares aplicáveis à espécie;*

*XVII - Permitir ou concorrer para que pessoa física ou jurídica privada utilize bens, rendas, verbas ou valores públicos transferidos pela Administração Pública a entidade privada mediante celebração de parcerias, sem a observância das formalidades legais ou regulamentares aplicáveis à espécie;*

*XVIII - Celebrar parcerias da Administração Pública com entidades privadas sem a observância das formalidades legais ou regulamentares aplicáveis à espécie;*

*XIX - Agir para a configuração de ilícito na celebração, na fiscalização e na análise das prestações de contas de parcerias firmadas pela Administração Pública com entidades privadas;*

*XX - Liberar recursos de parcerias firmadas pela Administração Pública com entidades privadas sem a estrita observância das normas pertinentes ou influir de qualquer forma para a sua aplicação irregular.*

*XXI – (Revogado pela Lei nº 14.230/2021).*

## 10.3.3 Atos que atentem aos princípios da Administração Pública

*Art. 11 Constitui ato de improbidade administrativa que atenta contra os princípios da Administração Pública a ação ou omissão dolosa que viole os deveres de honestidade, de imparcialidade e de legalidade, caracterizada por uma das seguintes condutas:*

*I e II (Revogados pela Lei nº 14.230/2021).*

*III - Revelar fato ou circunstância de que tem ciência em razão das atribuições e que deva permanecer em segredo, propiciando beneficiamento por informação privilegiada ou colocando em risco a segurança da sociedade e do Estado;*

*IV - Negar publicidade aos atos oficiais, exceto em razão de sua imprescindibilidade para a segurança da sociedade e do Estado ou de outras hipóteses instituídas em lei;*

*V - Frustrar, em ofensa à imparcialidade, o caráter concorrencial de concurso público, de chamamento ou de procedimento licitatório, com vistas à obtenção de benefício próprio, direto ou indireto, ou de terceiros;*

*VI - Deixar de prestar contas quando esteja obrigado a fazê-lo, desde que disponha das condições para isso, com vistas a ocultar irregularidades;*

*VII - Deixar de prestar contas quando esteja obrigado a fazê-lo, desde que disponha das condições para isso, com vistas a ocultar irregularidades;*

*VIII - Descumprir as normas relativas à celebração, fiscalização e aprovação de contas de parcerias firmadas pela Administração Pública com entidades privadas. (Redação dada pela Lei nº 13.019, de 2014)*

*IX e X -(Revogados pela Lei nº 14.230/2021).*

## 10.4 Efeitos da lei

A lei de improbidade administrativa gera quatro efeitos.

- Suspensão dos direitos políticos;
- Perda da função pública;
- Indisponibilidade dos bens;
- Ressarcimento ao erário.

A suspensão dos direitos políticos e a perda da função pública somente se dão depois do trânsito em julgado da sentença condenatória. A indisponibilidade dos bens não constitui penalidade, mas, sim medida cautelar e pode se dar mesmo antes do início da ação.

O ressarcimento ao erário, por sua vez, constitui a responsabilidade civil do agente, ou seja, a obrigação de reparar o dano.

## 10.5 Sanções

### 10.5.1 Natureza das sanções

**Administrativa**
- Perda da função pública;
- Proibição de contratar com o poder público;
- Proibição de receber benefícios ou incentivos fiscais do poder público.

**Civil**
- Ressarcimento ao erário;
- Perda dos bens;
- Multa.

# IMPROBIDADE ADMINISTRATIVA

**Política**
- Suspensão dos direitos políticos.

**Medida cautelar**
- A indisponibilidade dos bens visa à garantia da aplicação das penalidades civis.
- Não estabelece sanções penais, mas, se o fato também for tipificado como crime, haverá tal responsabilidade.

## 10.5.2 Penalidades

- **Enriquecimento ilícito:** perda dos bens ou valores acrescidos ilicitamente ao patrimônio; perda da função pública; suspensão dos direitos políticos até 14 anos; pagamento de multa civil equivalente ao valor do acréscimo patrimonial; e proibição de contratar com o Poder Público ou receber benefícios ou incentivos fiscais ou creditícios, direta ou indiretamente, ainda que por intermédio de pessoa jurídica da qual seja sócio majoritário, por prazo não superior a 14 anos.
- **Prejuízo ao erário:** perda dos bens ou valores acrescidos ilicitamente ao patrimônio, se concorrer essa circunstância; perda da função pública; suspensão dos direitos políticos até 12 anos; pagamento de multa civil equivalente ao valor do dano; e proibição de contratar com o poder público ou receber benefícios ou incentivos fiscais ou creditícios, direta ou indiretamente, ainda que por intermédio de pessoa jurídica da qual seja sócio majoritário, por prazo não superior a 12 anos.
- **Atos que atentem contra os princípios da Administração Pública:** pagamento de multa civil de até 24 vezes o valor da remuneração percebida pelo agente; e proibição de contratar com o Poder Público ou receber benefícios ou incentivos fiscais ou creditícios, direta ou indiretamente, ainda que por intermédio de pessoa jurídica da qual seja sócio majoritário, por prazo não superior a 4 anos.

## 10.5.3 Punições

| Art. 12 da Lei nº 8.429/1992 | | | |
|---|---|---|---|
| **Modalidades Sanções** | Enriquecimento Ilícito (art. 9º) | Prejuízo ao Erário (art. 10) | Afronta os princípios (art. 11) |
| **Suspensão dos direitos políticos** | Até 14 anos | Até 12 anos | – |
| **Multa civil** | Equivalente ao valor do acréscimo | Equivalente ao valor do dano | Até 24X o valor da remuneração |
| **Proibição de contratar com a administração** | Não superior a 14 anos | Não superior a 12 anos | Não superior a 4 anos |

**Aplicação das sanções:** na fixação das penas previstas, o juiz levará em conta a extensão do dano causado, assim como o proveito patrimonial obtido pelo agente.

Independe de aprovação ou rejeição de contas pelos órgãos de controle.

## 10.6 Prescrição

Os atos de improbidade administrativa prescrevem, segundo o art. 23 da Lei nº 8.429/1992:

> **Art. 23** A ação para a aplicação das sanções previstas nesta Lei prescreve em 8 (oito) anos, contados a partir da ocorrência do fato ou, no caso de infrações permanentes, do dia em que cessou a permanência.
> *I a III Revogados pela Lei nº 14.230/2021.*

> **§ 1º** A instauração de inquérito civil ou de processo administrativo para apuração dos ilícitos referidos nesta Lei suspende o curso do prazo prescricional por, no máximo, 180 (cento e oitenta) dias corridos, recomeçando a correr após a sua conclusão ou, caso não concluído o processo, esgotado o prazo de suspensão.
>
> **§ 2º** O inquérito civil para apuração do ato de improbidade será concluído no prazo de 365 (trezentos e sessenta e cinco) dias corridos, prorrogável uma única vez por igual período, mediante ato fundamentado submetido à revisão da instância competente do órgão ministerial, conforme dispuser a respectiva lei orgânica.
>
> **§ 3º** Encerrado o prazo previsto no § 2º deste artigo, a ação deverá ser proposta no prazo de 30 (trinta) dias, se não for caso de arquivamento do inquérito civil.
>
> **§ 4º** O prazo da prescrição referido no caput deste artigo interrompe-se:
> I - Pelo ajuizamento da ação de improbidade administrativa;
> II - Pela publicação da sentença condenatória;
> III - Pela publicação de decisão ou acórdão de Tribunal de Justiça ou Tribunal Regional Federal que confirma sentença condenatória ou que reforma sentença de improcedência;
> IV - Pela publicação de decisão ou acórdão do Superior Tribunal de Justiça que confirma acórdão condenatório ou que reforma acórdão de improcedência;
> V - Pela publicação de decisão ou acórdão do Supremo Tribunal Federal que confirma acórdão condenatório ou que reforma acórdão de improcedência.
>
> **§ 5º** Interrompida a prescrição, o prazo recomeça a correr do dia da interrupção, pela metade do prazo previsto no caput deste artigo.
>
> **§ 6º** A suspensão e a interrupção da prescrição produzem efeitos relativamente a todos os que concorreram para a prática do ato de improbidade.
>
> **§ 7º** Nos atos de improbidade conexos que sejam objeto do mesmo processo, a suspensão e a interrupção relativas a qualquer deles estendem-se aos demais.
>
> **§ 8º** O juiz ou o tribunal, depois de ouvido o Ministério Público, deverá, de ofício ou a requerimento da parte interessada, reconhecer a prescrição intercorrente da pretensão sancionadora e decretá-la de imediato, caso, entre os marcos interruptivos referidos no § 4º, transcorra o prazo previsto no § 5º deste artigo.

**Atenção!**
As ações de ressarcimento ao erário dos prejuízos causados por atos dolosos de improbidade administrativa são imprescritíveis.

## 11 PROCESSO ADMINISTRATIVO FEDERAL

Passaremos a analisar o Processo Administrativo Federal presente na Lei nº 9.784/1999, que estabelece as regras gerais de tal processo no âmbito federal. Essa lei tem, em primeiro plano, a função de regulamentar o processo administrativo federal. Contudo, ela contém as normas aplicáveis a todos os atos administrativos.

Aqui, complementaremos o conteúdo da lei voltado, especificamente, para a resolução de questões.

### 11.1 Abrangência da lei

O art. 1º da Lei nº 9.784/1999 determina a abrangência e a aplicação da referida lei. Devemos lembrar que esta é uma lei administrativa Federal e não nacional, ou seja, vale para toda Administração Pública Direta e Indireta da União. Dessa forma, passaremos a analisá-la:

> *Art. 1º Essa Lei estabelece normas básicas sobre o processo administrativo no âmbito da Administração Federal direta e indireta, visando, em especial, à proteção dos direitos dos administrados e ao melhor cumprimento dos fins da Administração.*
>
> *§ 1º Os preceitos dessa Lei também se aplicam aos órgãos dos Poderes Legislativo e Judiciário da União, quando no desempenho de função administrativa.*
>
> *§ 2º Para os fins dessa Lei, consideram-se:*
>
> *I - Órgão - a unidade de atuação integrante da estrutura da Administração Direta e da estrutura da Administração Indireta;*
>
> *II - Entidade - a unidade de atuação dotada de personalidade jurídica;*
>
> *III - Autoridade - o servidor ou agente público dotado de poder de decisão.*

Como mencionado acima, a lei tem natureza Federal, dessa forma, é aplicável à União, autarquias federais, fundações públicas federais, sociedade de economia mista federais e empresas públicas federais. Vale ressaltar que os poderes Executivo, Legislativo e Judiciário exercem funções típicas e atípicas.

Nas funções empregada dos poderes Legislativo e Judiciário, aplicam-se, no que couber, as normas determinadas na referida lei.

A Lei nº 9.784/1999 será aplicada sempre de forma subsidiária, acessória, ou seja, a regra geral é que as leis específicas que já tratam dos processos administrativos continuarão em vigor. Dessa forma, a Lei nº 9.784/1999 não revogou nenhuma outra que trate sobre o mesmo assunto:

> *Art. 69 Os processos administrativos específicos continuarão a reger-se por lei própria, aplicando-lhes apenas subsidiariamente os preceitos dessa Lei.*

Assim, por exemplo, se o servidor está respondendo a processo administrativo disciplinar, usam-se as normas da Lei nº 8.112/1990, em falta de regulamentação dessa, em algum aspecto, usa-se a Lei nº 9.784/1999.

### 11.2 Princípios

O art. 2º da lei traz vários princípios expressos, alguns norteadores de forma geral dos atos administrativos, inclusive expressamente previstos no texto constitucional; outros, que na Constituição Federal são tidos como implícitos, aqui são tratados como expressos.

A maioria das questões de concursos pede somente se o candidato sabe que tais princípios são expressos na Lei nº 9.784/1999, pois, por exemplo, as questões perguntam se a razoabilidade é princípio expresso da Lei nº 9.784/1999. Essa questão está correta sob a perspectiva do texto do art. 2º da lei, pois a razoabilidade realmente está expressamente prevista como princípio. Já no texto constitucional, o mesmo princípio é tido como implícito.

Dessa forma, passamos a analisar o texto do art. 2º:

> *Art. 2º A Administração Pública obedecerá, dentre outros, aos princípios da legalidade, finalidade, motivação, razoabilidade, proporcionalidade, moralidade, ampla defesa, contraditório, segurança jurídica, interesse público e eficiência.*

Ao lado dos princípios transcritos acima, que são tidos como expressos, temos os chamados princípios implícitos, ou seja, não estão expressamente descritos no bojo do texto da Lei nº 9.784/1999, mas são de observância obrigatória por parte de quem está sob a tutela da lei.

São considerados **princípios implícitos**:

- **Informalismo:** somente existe forma determinada quando expressamente prescrita em lei.
- **Oficialidade:** o chamado de impulso oficial, significa que, depois de iniciado o processo, a Administração tem a obrigação de conduzi-lo até a decisão final.
- **Verdade Material:** deve-se permitir que sejam trazidos aos autos as provas determinantes para o processo, mesmo depois de transcorridos os prazos legais.
- **Gratuidade:** em regra, não existe ônus no processo administrativo, o que é característico nos judiciais.

Outra forma de ser cobrado nas questões está relacionada a transcrever o conteúdo dos incisos do art. 2º e perguntar a qual princípio está diretamente ligado. Para tanto, passaremos a determinar em cada inciso os princípios relacionados entre parênteses.

> *Parágrafo único. Nos processos administrativos serão observados, entre outros, os critérios de:*
>
> *I - Atuação conforme a lei e o Direito (legalidade);*
>
> *II - Atendimento a fins de interesse geral, vedada a renúncia total ou parcial de poderes ou competências, salvo autorização em lei (impessoalidade/indisponibilidade do interesse público);*
>
> *III - Objetividade no atendimento do interesse público, vedada a promoção pessoal de agentes ou autoridades (impessoalidade);*
>
> *IV - Atuação segundo padrões éticos de probidade, decoro e boa-fé (moralidade);*
>
> *V - Divulgação oficial dos atos administrativos, ressalvadas as hipóteses de sigilo previstas na Constituição (publicidade);*
>
> *VI - Adequação entre meios e fins, vedada a imposição de obrigações, restrições e sanções em medida superior àquelas estritamente necessárias ao atendimento do interesse público (razoabilidade/proporcionalidade);*
>
> *VII - Indicação dos pressupostos de fato e de direito que determinarem a decisão (motivação);*
>
> *VIII - Observância das formalidades essenciais à garantia dos direitos dos administrados (segurança Jurídica);*
>
> *IX - Adoção de formas simples, suficientes para propiciar adequado grau de certeza, segurança e respeito aos direitos dos administrados (segurança jurídica e informalismo);*
>
> *X - Garantia dos direitos à comunicação, à apresentação de alegações finais, à produção de provas e à interposição de recursos, nos processos de que possam resultar sanções e nas situações de litígio (ampla defesa e contraditório);*
>
> *XI - Proibição de cobrança de despesas processuais, ressalvadas as previstas em lei (gratuidade nos processos administrativos);*
>
> *XII - Impulsão, de ofício, do processo administrativo, sem prejuízo da atuação dos interessados (oficialidade);*
>
> *XIII - Interpretação da norma administrativa da forma que melhor garanta o atendimento do fim público a que se dirige, vedada aplicação retroativa de nova interpretação (Segurança Jurídica).*

### 11.3 Direitos e deveres dos administrados

O art. 3º da Lei nº 9.784/1999 trata de uma lista exemplificativa de direitos dos administrados para com a Administração Pública. É muito importante frisar o inciso IV que discorre sobre a presença do advogado no processo administrativo.

> *Art. 3º O administrado tem os seguintes direitos perante à Administração, sem prejuízo de outros que lhe sejam assegurados:*
>
> *I - Ser tratado com respeito pelas autoridades e servidores, que deverão facilitar o exercício de seus direitos e o cumprimento de suas obrigações;*
>
> *II - Ser ciência da tramitação dos processos administrativos em que tenha a condição de interessado, ter vista dos autos, obter cópias de documentos neles contidos e conhecer as decisões proferidas;*
>
> *III - Formular alegações e apresentar documentos antes da decisão, os quais serão objeto de consideração pelo órgão competente;*
>
> *IV - Fazer-se assistir, facultativamente, por advogado, salvo quando obrigatória a representação, por força de lei.*

# PROCESSO ADMINISTRATIVO FEDERAL

A faculdade de atuar com advogado no processo administrativo é decorrência direta do princípio do informalismo. Contudo, pode a lei expressamente exigir a presença do advogado no procedimento. Nesse caso, a inobservância acarretaria nulidade do processo.

É de extrema importância notar o teor da Súmula Vinculante nº 5, em que sua redação determina o seguinte:

> **Súmula Vinculante nº 5** *A falta de defesa técnica por advogado no processo administrativo disciplinar não ofende a Constituição.*

O art. 4º determina alguns deveres que devem ser observados no âmbito do processo administrativo.

> **Art. 4º** *São deveres do administrado perante a Administração, sem prejuízo de outros previstos em ato normativo:*
> *I - Expor os fatos conforme a verdade;*
> *II - Proceder com lealdade, urbanidade e boa-fé;*
> *III - Não agir de modo temerário;*
> *IV - Prestar as informações que lhe forem solicitadas e colaborar para o esclarecimento dos fatos.*

## 11.4 Início do processo e legitimação ativa

O art. 5º da Lei nº 9.784/1999 traz que o processo pode ser iniciado pela própria Administração Pública (de ofício) – decorrência do princípio da oficialidade, ou ainda mediante provocação do interessado por meio de representação aos órgãos públicos responsáveis (a pedido).

O art. 6º determina que caso faltem elementos essenciais ao pedido, a Administração deverá orientar o interessado a supri-los, sendo vedada a simples recusa imotivada de receber o requerimento ou outros documentos. Segue o teor dos artigos:

> **Art. 5º** *O processo administrativo pode iniciar-se de ofício ou a pedido de interessado.*
>
> **Art. 6º** *O requerimento inicial do interessado, salvo casos em que for admitida solicitação oral, deve ser formulado por escrito e conter os seguintes dados:*
> *I - Órgão ou autoridade administrativa a que se dirige;*
> *II - Identificação do interessado ou de quem o represente;*
> *III - Domicílio do requerente ou local para recebimento de comunicações;*
> *IV - Formulação do pedido, com exposição dos fatos e de seus fundamentos;*
> *V - Data e assinatura do requerente ou de seu representante.*
> **Parágrafo único.** *É vedada à Administração a recusa imotivada de recebimento de documentos, devendo o servidor orientar o interessado quanto ao suprimento de eventuais falhas.*
>
> **Art. 7º** *Os órgãos e entidades administrativas deverão elaborar modelos ou formulários padronizados para assuntos que importem pretensões equivalentes.*
>
> **Art. 8º** *Quando os pedidos de uma pluralidade de interessados tiverem conteúdo e fundamentos idênticos, poderão ser formulados em um único requerimento, salvo preceito legal em contrário.*

## 11.5 Interessados e competência

O art. 9º trata dos interessados no processo administrativo. Na maioria das vezes, as questões cobradas em concursos são meramente texto de lei, em que uma simples leitura resolve o problema.

> **Art. 9º** *São legitimados como interessados no processo administrativo:*
> *I - Pessoas físicas ou jurídicas que o iniciem como titulares de direitos ou interesses individuais ou no exercício do direito de representação;*
> *II - Aqueles que, sem terem iniciado o processo, têm direitos ou interesses que possam ser afetados pela decisão a ser adotada;*
> *III - As organizações e associações representativas, no tocante a direitos e interesses coletivos;*
> *IV - As pessoas ou as associações legalmente constituídas quanto a direitos ou interesses difusos.*
>
> **Art. 10** *São capazes, para fins de processo administrativo, os maiores de dezoito anos, ressalvada previsão especial em ato normativo próprio.*

O art. 11 trata da irrenunciabilidade da competência, ou seja, os órgãos da administração, por meio de seus agentes, não podem renunciar as competências determinadas por lei. Merece especial atenção, e por ser matéria certa em provas de concursos, o art. 13 trata da impossibilidade legal de delegação, sendo um rol taxativo descrito na lei, que passamos a transcrever abaixo:

> **Art. 13** *Não podem ser objeto de delegação:*
> *I - A edição de atos de caráter normativo;*
> *II - A decisão de recursos administrativos;*
> *III - As matérias de competência exclusiva do órgão ou autoridade.*

## 11.6 Impedimento e suspeição

Os artigos 18 e 20 cuidam do impedimento e suspeição no processo administrativo. Nessa situação, a lei visa a preservar a atuação imparcial do agente público, com vistas à moralidade administrativa.

Dessa forma, o art. 18 prevê que é impedido de atuar no processo administrativo o servidor ou autoridade que:

> *I - Tenha interesse direto ou indireto na matéria;*
> *II - Tenha participado ou venha a participar como perito, testemunha ou representante, ou se tais situações ocorrerem quanto ao cônjuge, companheiro ou parente e afins até o terceiro grau;*
> *III - Esteja litigando judicial ou administrativamente com o interessado ou respectivo cônjuge ou companheiro.*

O art. 20 determina que pode ser arguida suspeição de autoridade ou servidor que tenha amizade ou inimizade notória com algum interessado ou com os respectivos cônjuges, companheiros, parentes e afins até o terceiro grau.

## 11.7 Forma, tempo e lugar dos atos do processo

O art. 22 tem como fundamento o princípio do informalismo e prevê o seguinte:

> **Art. 22** *Os atos do processo administrativo não dependem de forma determinada, senão, quando a lei expressamente a exigir.*
> *§ 1º Os atos do processo devem ser produzidos por escrito, em vernáculo, com a data e o local de sua realização e a assinatura da autoridade responsável.*
> *§ 2º Salvo imposição legal, o reconhecimento de firma somente será exigido quando houver dúvida de autenticidade.*
> *§ 3º A autenticação de documentos exigidos em cópia poderá ser feita pelo órgão administrativo.*
> *§ 4º O processo deverá ter suas páginas numeradas sequencialmente e rubricadas.*

O art. 23 estabelece, como regra geral, a realização dos atos do processo em dias úteis, no horário normal de funcionamento da repartição na qual tramitar o processo. No entanto, poderão ser concluídos depois do horário normal os atos já iniciados, cujo adiamento prejudique o curso regular do procedimento ou cause danos ao interessado ou à administração (art. 23, parágrafo único).

Estabelece o art. 25 que os atos do processo devem realizar-se preferencialmente na sede do órgão, certificando-se o interessado se outro for o local de realização, ou seja, devem ser executados, de preferência, na sede do órgão, mas poderão ser realizados em outro local, após regular cientificação.

## 11.8 Recurso administrativo e revisão

Um dos temas mais cobrados nas provas de concursos é o que tange ao recurso administrativo e à revisão do processo. O art. 56 estabelece o direito do administrado ao recurso das decisões administrativas, isso em razões de legalidade e mérito administrativo.

O § 3º prevê que o administrado, se entender que houve violação a enunciado de súmula vinculante, poderá ajuizar reclamação perante o Supremo Tribunal Federal, desde que, antes, tenha esgotado as vias administrativas.

# NOÇÕES DE DIREITO ADMINISTRATIVO

O § 2º estabelece, como regra geral, a inexigibilidade de garantia de instância (caução) para a interposição de recurso administrativo. Nesse sentido, também apresentamos a Súmula Vinculante nº 21, que proíbe a exigência de depósito para admissibilidade de recurso.

*Art. 56* *Das decisões administrativas cabe recurso, em face de razões de legalidade e de mérito.*

*§ 1º O recurso será dirigido à autoridade que proferiu a decisão, a qual, se não a reconsiderar no prazo de cinco dias, o encaminhará à autoridade superior.*

*§ 2º Salvo exigência legal, a interposição de recurso administrativo independe de caução.*

*§ 3º Se o recorrente alegar que a decisão administrativa contraria enunciado da súmula vinculante, caberá à autoridade prolatora da decisão impugnada, se não a reconsiderar, explicitar, antes de encaminhar o recurso à autoridade superior, as razões da aplicabilidade ou inaplicabilidade da súmula, conforme o caso.*

**Súmula Vinculante nº 21** *É inconstitucional a exigência de depósito ou arrolamento prévios de dinheiro ou bens para admissibilidade de recurso administrativo.*

### 11.8.1 Legitimidade para interpor recurso

*Art. 58 Têm legitimidade para interpor recurso administrativo:*

*I - Os titulares de direitos e interesses que forem parte no processo;*

*II - Aqueles cujos direitos ou interesses forem indiretamente afetados pela decisão recorrida;*

*III - As organizações e associações representativas, no tocante a direitos e interesses coletivos;*

*IV - Os cidadãos ou associações, quanto a direitos ou interesses difusos.*

### 11.8.2 Não reconhecimento do recurso

*Art. 63 O recurso não será conhecido quando interposto:*

*I - Fora do prazo;*

*II - Perante órgão incompetente;*

*III - Por quem não seja legitimado;*

*IV - Após exaurida a esfera administrativa.*

O art. 64 confere amplos poderes aos órgãos incumbidos da decisão administrativa, em que o setor competente para decidir o recurso, poderá confirmar, modificar, anular ou revogar, total ou parcialmente, a decisão recorrida, se a matéria for de sua competência. Aqui é possível, inclusive, a reforma em prejuízo do recorrente, chamada *reformatio in pejus*.

O art. 65 focaliza os processos administrativos de que resultem sanções, que poderão ser revistos, a qualquer tempo, a pedido ou de ofício, quando surgirem fatos novos ou circunstâncias relevantes suscetíveis de justificar a inadequação da sanção aplicada. Devemos nos atentar, pois o parágrafo único prevê que da revisão do processo não poderá resultar agravamento da sanção.

Assim, é fácil notar que o legislador determinou regra distinta para o recurso administrativo e a revisão do processo. Esse recurso, é possível o agravamento da penalidade pela autoridade julgadora (chamada *reformatio in pejus*), contudo, isso não acontece na revisão do processo.

## 11.9 Prazos da Lei nº 9.784/1999

A lei possui muitos prazos, dessa forma, sintetizaremos, em um único tópico, todos eles para melhor entendimento e, consequentemente, para melhores resultados nas provas de concursos públicos.

### 11.9.1 Prática dos atos

Quantidade de dias: 5 dias.

- Se não existir uma disposição específica, prazo será de 5 dias.
- O prazo total pode ser até de 10 dias (dilatado até o dobro).

*Art. 24 Inexistindo disposição específica, os atos do órgão ou autoridade responsável pelo processo e dos administrados que dele participem devem ser praticados no prazo de cinco dias, salvo motivo de força maior.*

*Parágrafo único. O prazo previsto neste artigo pode ser dilatado até o dobro, mediante comprovada justificação.*

### 11.9.2 Intimação – comunicação dos atos

Quantidade de dias: 3 dias úteis.

*Art. 26, § 2º A intimação observará a antecedência mínima de três dias úteis quanto à data de comparecimento.*

### 11.9.3 Intimação – instrução

Quantidade de dias: 3 dias úteis.

*Art. 41 Os interessados serão intimados de prova ou diligência ordenada, com antecedência mínima de três dias úteis, mencionando-se data, hora e local de realização.*

### 11.9.4 Parecer

Quantidade de dias: 15 dias, salvo norma especial ou comprovada necessidade de maior prazo.

*Art. 42 Quando deva ser obrigatoriamente ouvido um órgão consultivo, o parecer deverá ser emitido no prazo máximo de quinze dias, salvo norma especial ou comprovada necessidade de maior prazo.*

### 11.9.5 Direito de manifestação – da instrução

Quantidade de dias: 10 dias, salvo se outro prazo for legalmente fixado.

*Art. 44 Encerrada a instrução, o interessado terá o direito de manifestar-se no prazo máximo de dez dias, salvo se outro prazo for legalmente fixado.*

### 11.9.6 Prazo de decidir

Quantidade de dias: 30 dias.

- Pode ser prorrogado por igual período se expressamente motivada.
- O prazo total pode ser até de 60 dias.

*Art. 49 Concluída a instrução de processo administrativo, a Administração tem o prazo de até trinta dias para decidir, salvo prorrogação por igual período expressamente motivada.*

### 11.9.7 Prazo para reconsiderar

Quantidade de dias: 5 dias.

*Art. 56, § 1º O recurso será dirigido à autoridade que proferiu a decisão, a qual, se não a reconsiderar no prazo de cinco dias, o encaminhará à autoridade superior.*

### 11.9.8 Recurso administrativo

Quantidade de dias: 10 dias.

- Se não existir disposição legal específica, o prazo será de 10 dias.

*Art. 59 Salvo disposição legal específica, é de dez dias o prazo para interposição de recurso administrativo, contado a partir da ciência ou divulgação oficial da decisão recorrida.*

### 11.9.9 Prazo de decidir recurso administrativo

Quantidade de dias: 30 dias.

- Se a lei não fixar prazo diferente, o prazo será de 30 dias.
- O prazo total pode ser até de 60 dias, se houver justificativa explícita.

*Art. 59 [...]*

*§ 1º Quando a lei não fixar prazo diferente, o recurso administrativo deverá ser decidido no prazo máximo de trinta dias, a partir do recebimento dos autos pelo órgão competente.*

*§ 2º O prazo mencionado no parágrafo anterior poderá ser prorrogado por igual período, ante justificativa explícita.*

### 11.9.10 Alegações finais

Quantidade de dias: 5 dias úteis.

*Art. 62 Interposto o recurso, o órgão competente para dele conhecer deverá intimar os demais interessados para que, no prazo de cinco dias úteis, apresentem alegações.*

# 12 LEI Nº 14.133/2021 – NOVA LEI DE LICITAÇÕES

## 12.1 Aplicabilidade

A Lei nº 14.133/2021 aplica-se à União, aos estados, ao Distrito Federal e aos municípios, ou seja, é uma norma de caráter nacional. Assim, prevê a nova Lei:

> **Art. 1º** *Esta Lei estabelece normas gerais de licitação e contratação para as Administrações Públicas diretas, autárquicas e fundacionais da União, dos Estados, do Distrito Federal e dos Municípios, e abrange:*
> *I - Os órgãos dos Poderes Legislativo e Judiciário da União, dos Estados e do Distrito Federal e os órgãos do Poder Legislativo dos Municípios, quando no desempenho de função administrativa;*
> *II - Os fundos especiais e as demais entidades controladas direta ou indiretamente pela Administração Pública.*
> *§ 1º Não são abrangidas por esta Lei as empresas públicas, as sociedades de economia mista e as suas subsidiárias, regidas pela Lei nº 13.303, de 30 de junho de 2016, ressalvado o disposto no art. 178 desta Lei.*
> **Art. 2º** *Esta Lei aplica-se a:*
> *I - Alienação e concessão de direito real de uso de bens;*
> *II - Compra, inclusive por encomenda;*
> *III - Locação;*
> *IV - Concessão e permissão de uso de bens públicos;*
> *V - Prestação de serviços, inclusive os técnico-profissionais especializados;*
> *VI - Obras e serviços de arquitetura e engenharia;*
> *VII - Contratações de tecnologia da informação e de comunicação.*
> **Art. 3º** *Não se subordinam ao regime desta Lei:*
> *I - Contratos que tenham por objeto operação de crédito, interno ou externo, e gestão de dívida pública, incluídas as contratações de agente financeiro e a concessão de garantia relacionadas a esses contratos;*
> *II - Contratações sujeitas a normas previstas em legislação própria.*

## 12.2 Princípios

O art. 5º da Lei nº 14.133/2021 estabelece os seguintes preceitos:

> **Art. 5º** *Na aplicação desta Lei, serão observados os princípios da legalidade, da impessoalidade, da moralidade, da publicidade, da eficiência, do interesse público, da probidade administrativa, da igualdade, do planejamento, da transparência, da eficácia, da segregação de funções, da motivação, da vinculação ao edital, do julgamento objetivo, da segurança jurídica, da razoabilidade, da competitividade, da proporcionalidade, da celeridade, da economicidade e do desenvolvimento nacional sustentável, assim como as disposições do Decreto-lei nº 4.657, de 4 de setembro de 1942 (Lei de Introdução às Normas do Direito Brasileiro).*

Percebe-se que a nova disposição abrange princípios já consolidados no art. 37 da Constituição Federal de 1988 e na Lei nº 8.666/1993. Contudo, merece destaque a inovação trazida pela Lei nº 14.133/2021 acerca do princípio da segregação de funções. O novo preceito objetiva evitar a concentração de competências em um ou em poucos agentes públicos, ou seja, o princípio busca evitar que a mesma pessoa seja responsável por diversas fases do procedimento licitatório, a fim de reduzir os riscos presentes nos controles internos da Administração Pública.

Nesse sentido, vale destacar o art. 7º, § 1º da nova Lei de Licitação:

> **Art. 7º** *Caberá à autoridade máxima do órgão ou da entidade, ou a quem as normas de organização administrativa indicarem, promover gestão por competências e designar agentes públicos para o desempenho das funções essenciais à execução desta Lei que preencham os seguintes requisitos:*
> *[...]*
> *§ 1º A autoridade referida no caput deste artigo deverá observar o princípio da segregação de funções, vedada a designação do mesmo agente público para atuação simultânea em funções mais suscetíveis a riscos, de modo a reduzir a possibilidade de ocultação de erros e de ocorrência de fraudes na respectiva contratação.*

## 12.3 Objetivos da licitação

A Lei nº 14.133/2021 dispõe em seu art. 11 que o procedimento licitatório possui os seguintes objetivos:

> **Art. 11** *O processo licitatório tem por objetivos:*
> *I - Assegurar a seleção da proposta apta a gerar o resultado de contratação mais vantajoso para a Administração Pública, inclusive no que se refere ao ciclo de vida do objeto;*
> *II - Assegurar tratamento isonômico entre os licitantes, bem como a justa competição;*
> *III - Evitar contratações com sobrepreço ou com preços manifestamente inexequíveis e superfaturamento na execução dos contratos;*
> *IV - Incentivar a inovação e o desenvolvimento nacional sustentável.*
> **Parágrafo único**. *A alta administração do órgão ou entidade é responsável pela governança das contratações e deve implementar processos e estruturas, inclusive de gestão de riscos e controles internos, para avaliar, direcionar e monitorar os processos licitatórios e os respectivos contratos, com o intuito de alcançar os objetivos estabelecidos no caput deste artigo, promover um ambiente íntegro e confiável, assegurar o alinhamento das contratações ao planejamento estratégico e às leis orçamentárias e promover eficiência, efetividade e eficácia em suas contratações.*

## 12.4 Fases da licitação

De acordo com o art. 17 da nova Lei de Licitações, a licitação desenvolve-se nas seguintes fases:

> **Art. 17** *O processo de licitação observará as seguintes fases, em sequência:*
> *I - Preparatória;*
> *II - De divulgação do edital de licitação;*
> *III - De apresentação de propostas e lances, quando for o caso;*
> *IV - De julgamento;*
> *V - De habilitação;*
> *VI - Recursal;*
> *VII - De homologação.*

Ao contrário da disposição da Lei nº 8.666/1993, a fase de habilitação, como regra geral, ocorre posteriormente às etapas de apresentação de propostas e lances e de julgamento. No entanto, o § 1º do art. 17, prevê que a fase de habilitação poderá, mediante ato motivado com explicitação dos benefícios decorrentes, anteceder as fases de apresentação de propostas e lances e de julgamento, desde que expressamente previsto no edital de licitação.

Ademais, as licitações serão realizadas preferencialmente sob a forma eletrônica, admitida a utilização da forma presencial, desde que motivada, devendo a sessão pública ser registrada em ata e gravada em áudio e vídeo.

Também, é importante mencionar que a Administração poderá convocar, com antecedência mínima de 8 dias úteis, **audiência pública**, presencial ou a distância, na forma eletrônica, sobre licitação que pretenda realizar, com disponibilização prévia de informações pertinentes, inclusive de estudo técnico preliminar e elementos do edital de licitação, e com possibilidade de manifestação de todos os interessados.

## 12.5 Modalidades de licitação

De acordo com o art. 28 da Lei nº 14.133/2021, são cinco as modalidades de licitação:

> **Art. 28** *São modalidades de licitação:*
> *I - Pregão;*
> *II - Concorrência;*
> *III - Concurso;*
> *IV - Leilão;*
> *V - Diálogo competitivo.*

Destaca-se que a lei veda a criação de outras modalidades de licitação ou, ainda, a combinação das previstas no art. 28.

Como se observa, merece destaque algumas diferenças entre a Lei nº 8.666/1993 e a Lei nº 14.133/2021. Veja que o **pregão** passou expressamente a constar como modalidade de licitação, sendo a sua utilização obrigatória para aquisição de bens e serviços comuns, e quanto ao critério de julgamento, não há restrição quanto ao de menor preço, pois foi acrescentado a possibilidade de se utilizar o critério de maior desconto.

A **concorrência** não mais pode ser utilizada para alienações, nem para a aquisição de bens e serviços comuns.

Ademais, o **leilão** passou a ser a única modalidade utilizada para alienações da Administração Pública. A modalidade **concurso**, agora está sujeita aos critérios de julgamento de melhor técnica ou conteúdo artístico.

Ainda, dentre a previsão do art. 28, merece destaque "o **diálogo competitivo**". A nova modalidade de licitação é aplicada para a contratação de obras, serviços e compras em que a Administração Pública realiza diálogos com licitantes previamente selecionados mediante critérios objetivos, com o intuito de desenvolver uma ou mais alternativas capazes de atender às suas necessidades, devendo os licitantes apresentar proposta final após o encerramento dos diálogos.

O diálogo competitivo é restrito a determinadas situações, conforme estabelece o art. 32 da Lei nº 14.133/2021:

> *Art. 32 A modalidade diálogo competitivo é restrita a contratações em que a Administração:*
> *I - Vise a contratar objeto que envolva as seguintes condições:*
> *a) inovação tecnológica ou técnica;*
> *b) impossibilidade de o órgão ou entidade ter sua necessidade satisfeita sem a adaptação de soluções disponíveis no mercado; e*
> *c) impossibilidade de as especificações técnicas serem definidas com precisão suficiente pela Administração;*
> *II - Verifique a necessidade de definir e identificar os meios e as alternativas que possam satisfazer suas necessidades, com destaque para os seguintes aspectos:*
> *a) a solução técnica mais adequada;*
> *b) os requisitos técnicos aptos a concretizar a solução já definida;*
> *c) a estrutura jurídica ou financeira do contrato;*
> *III - (Vetado).*

## 12.6 Critérios de julgamento

Conforme prevê o art. 33 da Lei nº 14.133/2021, o julgamento das propostas será realizado de acordo com os seguintes critérios:

> *I - Menor preço;*
> *II - Maior desconto;*
> *III - Melhor técnica ou conteúdo artístico;*
> *IV - Técnica e preço;*
> *V - Maior lance, no caso de leilão;*
> *VI - Maior retorno econômico.*

O julgamento por **menor preço** ou **maior desconto** e, quando couber, por técnica e preço considerará o menor dispêndio para a Administração, atendidos os parâmetros mínimos de qualidade definidos no edital de licitação.

O julgamento **por maior desconto** terá como referência o preço global fixado no edital de licitação, e o desconto será estendido aos eventuais termos aditivos.

Já o julgamento por **melhor técnica** ou conteúdo artístico considerará exclusivamente as propostas técnicas ou artísticas apresentadas pelos licitantes, e o edital deverá definir o prêmio ou a remuneração que será atribuída aos vencedores.

## 12.7 Inexigibilidade e dispensa de licitação – contratação direta

Assim como a Lei nº 8.666/1993, a Lei nº 14.133/2021 prevê as situações que permitem a contratação direta pela Administração Pública. Trata-se da inexigibilidade e dispensa de licitação.

A inexigibilidade configura-se quando inviável a competição, ou seja, a licitação não é juridicamente possível.

Por sua vez, a dispensa ocorre quando a competição é possível, mas a licitação poderá deixar de ocorrer. A dispensa pode ser subdividida em: licitação dispensável e licitação dispensada.

Na **licitação dispensável**, o administrador possui discricionariedade (conveniência e oportunidade) para, em cada caso, decidir se realizará, ou não, a licitação.

Por outro lado, na **licitação dispensada** não há discricionariedade, a lei, desde logo, dispensa a licitação.

O art. 74 da Lei nº 14.133/2021 prevê as hipóteses de **inexigibilidade** da licitação:

> *Art. 74 É inexigível a licitação quando inviável a competição, em especial nos casos de:*
> *I - Aquisição de materiais, de equipamentos ou de gêneros ou contratação de serviços que só possam ser fornecidos por produtor, empresa ou representante comercial exclusivos;*
> *II - Contratação de profissional do setor artístico, diretamente ou por meio de empresário exclusivo, desde que consagrado pela crítica especializada ou pela opinião pública;*
> *III - Contratação dos seguintes serviços técnicos especializados de natureza predominantemente intelectual com profissionais ou empresas de notória especialização, vedada a inexigibilidade para serviços de publicidade e divulgação:*
> *a) estudos técnicos, planejamentos, projetos básicos ou projetos executivos;*
> *b) pareceres, perícias e avaliações em geral;*
> *c) assessorias ou consultorias técnicas e auditorias financeiras ou tributárias;*
> *d) fiscalização, supervisão ou gerenciamento de obras ou serviços;*
> *e) patrocínio ou defesa de causas judiciais ou administrativas;*
> *f) treinamento e aperfeiçoamento de pessoal;*
> *g) restauração de obras de arte e de bens de valor histórico;*
> *h) controles de qualidade e tecnológico, análises, testes e ensaios de campo e laboratoriais, instrumentação e monitoramento de parâmetros específicos de obras e do meio ambiente e demais serviços de engenharia que se enquadrem no disposto neste inciso;*
> *IV - Objetos que devam ou possam ser contratados por meio de credenciamento;*
> *V - Aquisição ou locação de imóvel cujas características de instalações e de localização tornem necessária sua escolha.*

O art. 75 estabelece as hipóteses de licitação dispensável:

> *Art. 75 É dispensável a licitação:*
> *I - Para contratação que envolva valores inferiores a R$ 100.000,00 (cem mil reais), no caso de obras e serviços de engenharia ou de serviços de manutenção de veículos automotores; (Vide Decreto nº 10.922, de 2021)*
> *II - Para contratação que envolva valores inferiores a R$ 50.000,00 (cinquenta mil reais), no caso de outros serviços e compras; (Vide Decreto nº 10.922, de 2021) (Vigência)*
> *III - Para contratação que mantenha todas as condições definidas em edital de licitação realizada há menos de 1 (um) ano, quando se verificar que naquela licitação:*
> *a) não surgiram licitantes interessados ou não foram apresentadas propostas válidas;*
> *b) as propostas apresentadas consignaram preços manifestamente superiores aos praticados no mercado ou incompatíveis com os fixados pelos órgãos oficiais competentes;*
> *IV - Para contratação que tenha por objeto:*
> *a) bens, componentes ou peças de origem nacional ou estrangeira necessários à manutenção de equipamentos, a serem adquiridos do fornecedor original desses equipamentos durante o período de garantia técnica, quando essa condição de exclusividade for indispensável para a vigência da garantia;*
> *b) bens, serviços, alienações ou obras, nos termos de acordo internacional específico aprovado pelo Congresso Nacional, quando as condições ofertadas forem manifestamente vantajosas para a Administração;*

# LEI Nº 14.133/2021 - NOVA LEI DE LICITAÇÕES

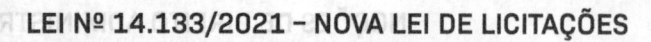

c) produtos para pesquisa e desenvolvimento, limitada a contratação, no caso de obras e serviços de engenharia, ao valor de R$ 300.000,00 (trezentos mil reais); (Vide Decreto nº 10.922, de 2021)

d) transferência de tecnologia ou licenciamento de direito de uso ou de exploração de criação protegida, nas contratações realizadas por instituição científica, tecnológica e de inovação (ICT) pública ou por agência de fomento, desde que demonstrada vantagem para a Administração;

e) hortifrutigranjeiros, pães e outros gêneros perecíveis, no período necessário para a realização dos processos licitatórios correspondentes, hipótese em que a contratação será realizada diretamente com base no preço do dia;

f) bens ou serviços produzidos ou prestados no País que envolvam, cumulativamente, alta complexidade tecnológica e defesa nacional;

g) materiais de uso das Forças Armadas, com exceção de materiais de uso pessoal e administrativo, quando houver necessidade de manter a padronização requerida pela estrutura de apoio logístico dos meios navais, aéreos e terrestres, mediante autorização por ato do comandante da força militar;

h) bens e serviços para atendimento dos contingentes militares das forças singulares brasileiras empregadas em operações de paz no exterior, hipótese em que a contratação deverá ser justificada quanto ao preço e à escolha do fornecedor ou executante e ratificada pelo comandante da força militar;

i) abastecimento ou suprimento de efetivos militares em estada eventual de curta duração em portos, aeroportos ou localidades diferentes de suas sedes, por motivo de movimentação operacional ou de adestramento;

j) coleta, processamento e comercialização de resíduos sólidos urbanos recicláveis ou reutilizáveis, em áreas com sistema de coleta seletiva de lixo, realizados por associações ou cooperativas formadas exclusivamente de pessoas físicas de baixa renda reconhecidas pelo poder público como catadores de materiais recicláveis, com o uso de equipamentos compatíveis com as normas técnicas, ambientais e de saúde pública;

k) aquisição ou restauração de obras de arte e objetos históricos, de autenticidade certificada, desde que inerente às finalidades do órgão ou com elas compatível;

l) serviços especializados ou aquisição ou locação de equipamentos destinados ao rastreamento e à obtenção de provas previstas nos incisos II e V do caput do art. 3º da Lei nº 12.850, de 2 de agosto de 2013, quando houver necessidade justificada de manutenção de sigilo sobre a investigação;

m) aquisição de medicamentos destinados exclusivamente ao tratamento de doenças raras definidas pelo Ministério da Saúde;

V - Para contratação com vistas ao cumprimento do disposto nos arts. 3º, 3º-A, 4º, 5º e 20 da Lei nº 10.973, de 2 de dezembro de 2004, observados os princípios gerais de contratação constantes da referida Lei;

VI - Para contratação que possa acarretar comprometimento da segurança nacional, nos casos estabelecidos pelo Ministro de Estado da Defesa, mediante demanda dos comandos das Forças Armadas ou dos demais ministérios;

VII - Nos casos de guerra, estado de defesa, estado de sítio, intervenção federal ou de grave perturbação da ordem;

VIII - Nos casos de emergência ou de calamidade pública, quando caracterizada urgência de atendimento de situação que possa ocasionar prejuízo ou comprometer a continuidade dos serviços públicos ou a segurança de pessoas, obras, serviços, equipamentos e outros bens, públicos ou particulares, e somente para aquisição dos bens necessários ao atendimento da situação emergencial ou calamitosa e para as parcelas de obras e serviços que possam ser concluídas no prazo máximo de 1 (um) ano, contado da data de ocorrência da emergência ou da calamidade, vedadas a prorrogação dos respectivos contratos e a recontratação de empresa já contratada com base no disposto neste inciso;

IX - Para a aquisição, por pessoa jurídica de direito público interno, de bens produzidos ou serviços prestados por órgão ou entidade que integrem a Administração Pública e que tenham sido criados para esse fim específico, desde que o preço contratado seja compatível com o praticado no mercado;

X - Quando a União tiver que intervir no domínio econômico para regular preços ou normalizar o abastecimento;

XI - Para celebração de contrato de programa com ente federativo ou com entidade de sua Administração Pública Indireta que envolva prestação de serviços públicos de forma associada nos termos autorizados em contrato de consórcio público ou em convênio de cooperação;

XII - Para contratação em que houver transferência de tecnologia de produtos estratégicos para o Sistema Único de Saúde (SUS), conforme elencados em ato da direção nacional do SUS, inclusive por ocasião da aquisição desses produtos durante as etapas de absorção tecnológica, e em valores compatíveis com aqueles definidos no instrumento firmado para a transferência de tecnologia;

XIII - Para contratação de profissionais para compor a comissão de avaliação de critérios de técnica, quando se tratar de profissional técnico de notória especialização;

XIV - Para contratação de associação de pessoas com deficiência, sem fins lucrativos e de comprovada idoneidade, por órgão ou entidade da Administração Pública, para a prestação de serviços, desde que o preço contratado seja compatível com o praticado no mercado e os serviços contratados sejam prestados exclusivamente por pessoas com deficiência;

XV - Para contratação de instituição brasileira que tenha por finalidade estatutária apoiar, captar e executar atividades de ensino, pesquisa, extensão, desenvolvimento institucional, científico e tecnológico e estímulo à inovação, inclusive para gerir administrativa e financeiramente essas atividades, ou para contratação de instituição dedicada à recuperação social da pessoa presa, desde que o contratado tenha inquestionável reputação ética e profissional e não tenha fins lucrativos;

XVI - Para aquisição, por pessoa jurídica de direito público interno, de insumos estratégicos para a saúde produzidos por fundação que, regimental ou estatutariamente, tenha por finalidade apoiar órgão da Administração Pública Direta, sua autarquia ou fundação em projetos de ensino, pesquisa, extensão, desenvolvimento institucional, científico e tecnológico e de estímulo à inovação, inclusive na gestão administrativa e financeira necessária à execução desses projetos, ou em parcerias que envolvam transferência de tecnologia de produtos estratégicos para o SUS, nos termos do inciso XII do caput deste artigo, e que tenha sido criada para esse fim específico em data anterior à entrada em vigor desta Lei, desde que o preço contratado seja compatível com o praticado no mercado.

XV - Para contratação de instituição brasileira que tenha por finalidade estatutária apoiar, captar e executar atividades de ensino, pesquisa, extensão, desenvolvimento institucional, científico e tecnológico e estímulo à inovação, inclusive para gerir administrativa e financeiramente essas atividades, ou para contratação de instituição dedicada à recuperação social da pessoa presa, desde que o contratado tenha inquestionável reputação ética e profissional e não tenha fins lucrativos;

XVI - Para aquisição, por pessoa jurídica de direito público interno, de insumos estratégicos para a saúde produzidos por fundação que, regimental ou estatutariamente, tenha por finalidade apoiar órgão da Administração Pública Direta, sua autarquia ou fundação em projetos de ensino, pesquisa, extensão, desenvolvimento institucional, científico e tecnológico e de estímulo à inovação, inclusive na gestão administrativa e financeira necessária à execução desses projetos, ou em parcerias que envolvam transferência de tecnologia de produtos estratégicos para o SUS, nos termos do inciso XII do caput deste artigo, e que tenha sido criada para esse fim específico em data anterior à entrada em vigor desta Lei, desde que o preço contratado seja compatível com o praticado no mercado.

No que se refere às hipóteses de **licitação dispensada**, o art. 76, incisos I e II da Lei nº14.133/2021 prevê o seguinte:

> *Art. 76 A alienação de bens da Administração Pública, subordinada à existência de interesse público devidamente justificado, será precedida de avaliação e obedecerá às seguintes normas:*
>
> *I - Tratando-se de bens imóveis, inclusive os pertencentes às autarquias e às fundações, exigirá autorização legislativa e dependerá de licitação na modalidade leilão, dispensada a realização de licitação nos casos de:*
>
> *a) dação em pagamento;*
>
> *b) doação, permitida exclusivamente para outro órgão ou entidade da Administração Pública, de qualquer esfera de governo, ressalvado o disposto nas alíneas "f", "g" e "h" deste inciso;*
>
> *c) permuta por outros imóveis que atendam aos requisitos relacionados às finalidades precípuas da Administração, desde que a diferença apurada não ultrapasse a metade do valor do imóvel que será ofertado pela União, segundo avaliação prévia, e ocorra a torna de valores, sempre que for o caso;*
>
> *d) investidura;*
>
> *e) venda a outro órgão ou entidade da Administração Pública de qualquer esfera de governo;*
>
> *f) alienação gratuita ou onerosa, aforamento, concessão de direito real de uso, locação e permissão de uso de bens imóveis residenciais construídos, destinados ou efetivamente usados em programas de habitação ou de regularização fundiária de interesse social desenvolvidos por órgão ou entidade da Administração Pública;*
>
> *g) alienação gratuita ou onerosa, aforamento, concessão de direito real de uso, locação e permissão de uso de bens imóveis comerciais de âmbito local, com área de até 250 m² (duzentos e cinquenta metros quadrados) e destinados a programas de regularização fundiária de interesse social desenvolvidos por órgão ou entidade da Administração Pública;*
>
> *h) alienação e concessão de direito real de uso, gratuita ou onerosa, de terras públicas rurais da União e do Instituto Nacional de Colonização e Reforma Agrária (Incra) onde incidam ocupações até o limite de que trata o § 1º do art. 6º da Lei nº 11.952, de 25 de junho de 2009, para fins de regularização fundiária, atendidos os requisitos legais;*
>
> *i) legitimação de posse de que trata o art. 29 da Lei nº 6.383, de 7 de dezembro de 1976, mediante iniciativa e deliberação dos órgãos da Administração Pública competentes;*
>
> *j) legitimação fundiária e legitimação de posse de que trata a Lei nº 13.465, de 11 de julho de 2017;*
>
> *II - tratando-se de bens móveis, dependerá de licitação na modalidade leilão, dispensada a realização de licitação nos casos de:*
>
> *a) doação, permitida exclusivamente para fins e uso de interesse social, após avaliação de oportunidade e conveniência socioeconômica em relação à escolha de outra forma de alienação;*
>
> *b) permuta, permitida exclusivamente entre órgãos ou entidades da Administração Pública;*
>
> *c) venda de ações, que poderão ser negociadas em bolsa, observada a legislação específica;*
>
> *d) venda de títulos, observada a legislação pertinente;*
>
> *e) venda de bens produzidos ou comercializados por entidades da Administração Pública, em virtude de suas finalidades;*
>
> *f) venda de materiais e equipamentos sem utilização previsível por quem deles dispõe para outros órgãos ou entidades da Administração Pública.*

# 13 CONTRATOS ADMINISTRATIVOS

Para conceituarmos os contratos administrativos, em primeiro lugar, devemos isolar seus termos. A partir de então, podemos definir:

> **Contratos:** são acordos de vontades, manifestações bilaterais que formam um vínculo jurídico entre as partes, estipulando obrigações recíprocas para o atingimento de determinado objetivo comum.

Os contratos podem ser classificados como contratos públicos e contratos privados.

- **Contratos privados:** são contratos regulados integralmente pelo direito privado. A principal característica dos contratos privados é a absoluta igualdade entre as partes.
- **Contratos Públicos:** são contratos regulados predominantemente pelo direito público, mas com observância de algumas regras gerais relativas ao direito privado. Em um contrato público, predomina a relação da desigualdade entre as partes, pois dentre de um contrato público figura alguma entidade da Administração Pública e tal entidade é dotada de poderes especiais que a outra parte (particular) não possui e obrigatoriamente deve aceitar.

Os contratos, sejam eles públicos ou privados, são acordos de vontades, ou seja, são manifestações bilaterais de vontade.

Os contratos administrativos são públicos, e a diferença marcante entre os contratos administrativos e os privados é que aqueles são regidos predominantemente por um regime jurídico de direito público e estes são predominantemente regidos por normas de direito privado.

O jurídico de direito público dos contratos administrativos se manifesta por meio da existência das cláusulas exorbitantes.

Apesar de os contratos administrativos serem regidos predominantemente por um regime jurídico de direito público, aplica-se a esses a teoria geral dos contratos, na qual se manifesta o núcleo de disposições de direito privado dos contratos administrativos.

Em algumas situações, a Administração celebra contratos que são regidos precipuamente por normas de direito privado, nesse caso, temos os contratos da administração.

- **Contratos administrativos:** regidos predominantemente por normas de direito público, ou seja, normas de direito privado e normas de direito público (cláusulas exorbitantes).
- **Contratos da administração:** regidos predominantemente por normas de direito privado.

## 13.1 Conceito

Segundo o parágrafo único do art. 2º da Lei nº 8.666/1993, considera-se contrato todo e qualquer ajuste entre órgãos ou entidades da Administração Pública e particulares em que haja um acordo de vontades para a formação de vínculo e a estipulação de obrigações recíprocas, seja qual for a denominação utilizada.

Contrato administrativo é o ajuste que a Administração Pública, agindo nessa qualidade, firma com particular ou com outra entidade administrativa para a consecução de objetivos de interesse público, nas condições estabelecidas pela própria Administração.

Quando o autor utiliza a expressão "ajuste", fica claro que o contrato administrativo é um negócio jurídico firmado com a Administração, ou seja, um negócio em que a mesma será uma das partes. Porém, a expressão "agindo nessa qualidade" deixa claro que, em função da importância do objeto dessa avença, a administração deverá ter cuidados especiais, acautelando-se na proteção do interesse público.

Para tanto, a Administração necessita de mecanismos legais que lhe permitam firmar contratos que a coloquem em posição de supremacia. Isso para que possa, utilizando seu poder de império, fazer cumprir o contrato com o máximo de ganho para a sociedade. Afinal, ambas as partes representam interesses opostos, quando, por exemplo, em um contrato de concessão de serviços públicos, a sociedade deseja serviços públicos de qualidade, enquanto o particular deseja o lucro.

Como em qualquer estado de direito, em que ninguém será obrigado a fazer ou deixar de fazer alguma coisa, senão em virtude de lei, é ela que estabelece os mecanismos para que a Administração Pública possa garantir a supremacia do interesse público sobre o particular quando firma contratos administrativos, estabelecendo um regime jurídico que se caracteriza pelo estabelecimento de prerrogativas e sujeições.

## 13.2 Normas constitucionais

A Carta Magna de 1988 estabeleceu como privativa da União a competência para legislar sobre normas gerais de licitação e contratação, em todas as modalidades, para as Administrações Públicas Diretas, Autárquicas e Fundacionais da União, estados, Distrito Federal e municípios, obedecido o disposto no art. 37, inciso XXI, também para as empresas públicas e sociedades de economia mista.

O art. 37, inciso XXI, estabelece que, ressalvados os casos especificados na legislação, as obras, os serviços, as compras e as alienações serão contratados mediante processo de licitação pública que assegure igualdade de condições a todos os concorrentes, com cláusulas que estabeleçam obrigações de pagamento, mantidas as condições efetivas da proposta, nos termos da lei, que somente permitirá as exigências de qualificação técnica e econômica indispensáveis à garantia do cumprimento das obrigações.

Como a regra geral é de competência da União, cabe a estados e municípios estabelecerem regras suplementares.

## 13.3 Leis nº 8.666/1993 e nº 14.133/2021

Como principal mandamento legal que disciplinam a matéria, essas leis regulamentam o art. 37, inciso XXI, da Constituição Federal, instituem normas para licitações e contratos da Administração Pública e dão outras providências.

As Leis nº 8.666/1993 e nº 14.133/2021 estabelecem normas gerais sobre licitações e contratos administrativos pertinentes a obras, serviços, inclusive de publicidade, compras, alienações e locações no âmbito dos Poderes da União, dos estados, do Distrito Federal e dos municípios.

Subordinam-se ao regime dessas Leis, além dos órgãos da Administração Direta, os Fundos Especiais, as Autarquias, as Fundações Públicas, as empresas públicas, as sociedades de economia mista e demais entidades controladas direta ou indiretamente pela União, estados, Distrito Federal e municípios.

## 13.4 Outras leis sobre contratos

Várias leis versam sobre contrato, mas, de forma específica tratam sobre à matéria que se referem, sendo aplicadas as regras da Lei nº 8.666/1993 e Lei nº 14.133/2021 de forma subsidiária. São elas:

### 13.4.1 Lei nº 8.987/1995

Essa lei dispõe sobre o regime de concessão e permissão da prestação de serviços públicos, previsto no art. 175 da Constituição Federal de 1988, e dá outras providências.

Estabelece a lei que as concessões de serviços e de obras públicas e as permissões de serviços públicos reger-se-ão pelos termos do art. 175 da Constituição Federal, por essa Lei, pelas normas legais pertinentes e pelas cláusulas dos indispensáveis contratos.

### 13.4.2 Lei nº 9.074/1995

Estabelece normas para outorga e prorrogações das concessões e permissões de serviços públicos e dá outras providências.

Sujeitam-se ao regime de concessão ou, quando couber, de permissão, nos termos da Lei nº 8.987/1995, os seguintes serviços e obras públicas de competência da União:

# NOÇÕES DE DIREITO ADMINISTRATIVO

- Vias federais, precedidas ou não da execução de obra pública;
- Exploração de obras ou serviços federais de barragens, contenções, eclusas, diques e irrigações, precedidas ou não da execução de obras públicas;
- Estações aduaneiras e outros terminais alfandegados de uso público, não instalados em área de porto ou aeroporto, precedidos ou não de obras públicas;
- Os serviços postais.

Outras leis esparsas foram editadas visando à regulamentação de serviços específicos, como as Leis nº 9.427/1997 (energia elétrica) e nº 9.472/1997 (telecomunicações), além da Lei nº 11.079/2004, que regulamenta as parecerias público privadas.

## 13.5 Características

### 13.5.1 Formalismo

Os contratos administrativos devem ser **formais** e **escritos**.

Em regra, é nulo e sem efeito o contrato verbal com a administração, salvo o de pequenas compras de pagamento imediato (compras de valor não superior a R$ 4.000,00).

### 13.5.2 Cláusulas essenciais

Todo contrato deve mencionar os nomes das partes e os de seus representantes, a finalidade, o ato que autorizou a sua lavratura, o número do processo da licitação, da dispensa ou da inexigibilidade, a sujeição dos contratantes às normas dessa Lei e às cláusulas contratuais.

De acordo com o art. 55 da Lei nº 8.666/1993, são cláusulas necessárias em todo contrato as que estabeleçam:

- O objeto e seus elementos característicos;
- O regime de execução ou a forma de fornecimento;
- O preço e as condições de pagamento, os critérios, data-base e periodicidade do reajustamento de preços, os critérios de atualização monetária entre a data do adimplemento das obrigações e a do efetivo pagamento;
- Os prazos de início de etapas de execução, de conclusão, de entrega, de observação e de recebimento definitivo, conforme o caso;
- O crédito pelo qual correrá a despesa, com a indicação da classificação funcional programática e da categoria econômica;
- As garantias oferecidas para assegurar sua plena execução, quando exigidas;
- Os direitos e as responsabilidades das partes, as penalidades cabíveis e os valores das multas;
- Os casos de rescisão;
- O reconhecimento dos direitos da Administração, em caso de rescisão administrativa prevista no art. 77 dessa Lei;
- As condições de importação, a data e a taxa de câmbio para conversão, quando for o caso;
- A vinculação ao edital de licitação ou ao termo que a dispensou ou a inexigiu, ao convite e à proposta do licitante vencedor;
- A legislação aplicável à execução do contrato e especialmente aos casos omissos;
- A obrigação do contratado de manter, durante toda a execução do contrato, em compatibilidade com as obrigações por ele assumidas, todas as condições de habilitação e qualificação exigidas na licitação.

A publicação na imprensa oficial do resumo do instrumento de contrato é um requisito de eficácia dos contratos administrativos.

Ainda, dispondo no mesmo sentido, o art. 92 da Lei nº 14.133/2021 prevê que são necessárias em todo contrato cláusulas que estabeleçam:

- O objeto e seus elementos característicos;
- A vinculação ao edital de licitação e à proposta do licitante vencedor ou ao ato que tiver autorizado a contratação direta e à respectiva proposta;
- A legislação aplicável à execução do contrato, inclusive quanto aos casos omissos;
- O regime de execução ou a forma de fornecimento;
- O preço e as condições de pagamento, os critérios, a data-base e a periodicidade do reajustamento de preços e os critérios de atualização monetária entre a data do adimplemento das obrigações e a do efetivo pagamento;
- Os critérios e a periodicidade da medição, quando for o caso, e o prazo para liquidação e para pagamento;
- Os prazos de início das etapas de execução, conclusão, entrega, observação e recebimento definitivo, quando for o caso;
- O crédito pelo qual correrá a despesa, com a indicação da classificação funcional programática e da categoria econômica;
- A matriz de risco, quando for o caso;
- O prazo para resposta ao pedido de repactuação de preços, quando for o caso;
- O prazo para resposta ao pedido de restabelecimento do equilíbrio econômico-financeiro, quando for o caso;
- As garantias oferecidas para assegurar sua plena execução, quando exigidas, inclusive as que forem oferecidas pelo contratado no caso de antecipação de valores a título de pagamento;
- O prazo de garantia mínima do objeto, observados os prazos mínimos estabelecidos nesta lei e nas normas técnicas aplicáveis, e as condições de manutenção e assistência técnica, quando for o caso;
- Os direitos e as responsabilidades das partes, as penalidades cabíveis e os valores das multas e suas bases de cálculo;
- As condições de importação e a data e a taxa de câmbio para conversão, quando for o caso;
- A obrigação do contratado de manter, durante toda a execução do contrato, em compatibilidade com as obrigações por ele assumidas, todas as condições exigidas para a habilitação na licitação, ou para a qualificação, na contratação direta;
- A obrigação de o contratado cumprir as exigências de reserva de cargos prevista em lei, bem como em outras normas específicas, para pessoa com deficiência, para reabilitado da Previdência Social e para aprendiz;
- O modelo de gestão do contrato, observados os requisitos definidos em regulamento;
- Os casos de extinção.

## 13.6 Obrigatoriedade e exceção dos contratos

**Obrigatoriedade:** o instrumento de contrato é obrigatório nos casos de concorrência e de tomada de preços, bem como nas dispensas e inexigibilidades cujos preços estejam compreendidos nos limites dessas duas modalidades de licitação.

Os contratos decorrentes de dispensa ou de inexigibilidade de licitação devem atender aos termos do ato que os autorizou e da respectiva proposta.

**Facultativo:** nos demais em que a Administração puder substituí-lo por outros instrumentos hábeis, como carta-contrato, nota de empenho de despesa, autorização de compra ou ordem de execução de serviço.

É importante observar que nos casos em que o contrato é facultativo, esse será substituído por algum outro instrumento hábil, tal como a carta-contrato, a nota de empenho, entre outros.

**Dispensável:** é dispensável o "termo de contrato" e facultada à substituição por outro instrumento, a critério da Administração e independentemente de seu valor, nos casos de compra com entrega imediata e integral dos bens adquiridos, dos quais não resultem obrigações futuras, inclusive assistência técnica.

## 13.7 Contratos de adesão

Os contratos administrativos são de adesão, pois a Administração cria as regras do contrato e a outra parte não pode propor alterações.

Uma minuta do contrato integrará o edital de licitação, para que os interessados em o celebrar possam conhecer suas cláusulas. Os particulares não propõem alterações no contrato, mas em contrapartida não estão obrigados a aceitá-lo. Todavia, uma vez concordando participar da licitação, o particular já sabe que, caso saia vencedor, será obrigado a celebrar o contrato, no entanto, caso não aceite participar, não há se falar em obrigatoriedade de celebrar o contrato.

## 13.8 Pessoalidade/*intuitu personae*

A execução do contrato deve ser feita pela pessoa física ou jurídica que aceitou as obrigações contratuais.

Em decorrência dessa característica, em regra, é vedada a subcontratação para a execução ou fornecimento do objeto do contrato.

**Exceção:** o contratado, na execução do contrato, sem prejuízo das responsabilidades contratuais e legais, poderá subcontratar partes da obra, serviço ou fornecimento, até o limite admitido, em cada caso, pela Administração. Nesse caso, as regras da subcontratação deverão integrar o edital de licitação e o próprio contrato.

Na situação de prestação de serviços técnicos especializados em que a empresa apresente relação de integrantes do seu corpo técnico como elemento de justificação de dispensa ou inexigibilidade de licitação, ficará a empresa obrigada a garantir que os referidos integrantes realizem pessoal e diretamente os serviços objeto do contrato. Nesse caso, temos uma vedação absoluta à subcontratação, ou seja, nessas circunstâncias, não há que se falar em subcontratação.

## 13.9 Cláusulas exorbitantes

As cláusulas exorbitantes são regras que extrapolam as comuns do direito privado; nesse, tais cláusulas seriam inaceitáveis, pois elas conferem mais poderes a uma parte do que a outra, e, no direito privado, as partes gozam de uma relação jurídica horizontal, igual.

Essas cláusulas exorbitantes representam as prerrogativas de direito público da Administração Pública nos contratos administrativos, indicam a supremacia da vontade do Estado diante da vontade individual e confere a esses contratos uma relação jurídica vertical entre a Administração e o particular que celebra o contrato.

As principais cláusulas exorbitantes estão descritas no art. 58 da Lei nº 8.666/1993:

> **Art. 58** *O regime jurídico dos contratos administrativos instituído por esta Lei confere à Administração, em relação a eles, a prerrogativa de:*
> *I - Modificá-los, unilateralmente, para melhor adequação às finalidades de interesse público, respeitados os direitos do contratado;*
> As cláusulas econômico-financeiras do contrato deverão ser revistas para que se mantenha o equilíbrio contratual.
> *II - Rescindi-los, unilateralmente, nos casos especificados no inciso I do art. 79 desta Lei;*
> *III - Fiscalizar lhes a execução;*
> *IV - Aplicar sanções motivadas pela inexecução total ou parcial do ajuste;*
> *V - Nos casos de serviços essenciais, ocupar provisoriamente bens móveis, imóveis, pessoal e serviços vinculados ao objeto do contrato, na hipótese da necessidade de acautelar apuração administrativa de faltas contratuais pelo contratado, bem como na hipótese de rescisão do contrato administrativo.*

Além dessas hipóteses, nós temos as restrições à oposição pelo contratado da "exceção do contrato não cumprido" e as normas acerca da exigência de garantia pela Administração.

Ademais, é importante pontuar que o art. 104 da Lei nº 14.133/2021 trata sobre as cláusulas exorbitantes:

> **Art. 104** *O regime jurídico dos contratos instituído por esta Lei confere à Administração, em relação a eles, as prerrogativas de:*
> *I - Modificá-los, unilateralmente, para melhor adequação às finalidades de interesse público, respeitados os direitos do contratado;*
> *II - Extingui-los, unilateralmente, nos casos especificados nesta Lei;*
> *III - Fiscalizar sua execução;*
> *IV - Aplicar sanções motivadas pela inexecução total ou parcial do ajuste;*
> *V - Ocupar provisoriamente bens móveis e imóveis e utilizar pessoal e serviços vinculados ao objeto do contrato nas hipóteses de:*
> *a) risco à prestação de serviços essenciais;*
> *b) necessidade de acautelar apuração administrativa de faltas contratuais pelo contratado, inclusive após extinção do contrato.*
> *§ 1º As cláusulas econômico-financeiras e monetárias dos contratos não poderão ser alteradas sem prévia concordância do contratado.*
> *§ 2º Na hipótese prevista no inciso I do caput deste artigo, as cláusulas econômico-financeiras do contrato deverão ser revistas para que se mantenha o equilíbrio contratual.*

## 13.10 Poder de alteração unilateral do contrato (mutabilidade)

De acordo com o art. 65 da Lei nº 8.666/1993, os contratos regidos por normas de direito público podem ser alterados, com as devidas justificativas, nos seguintes casos:

**Unilateralmente pela Administração:**
- Quando houver modificação do projeto ou das especificações, para melhor adequação técnica aos seus objetivos (alteração qualitativa);
- Quando necessária a modificação do valor contratual em decorrência de acréscimo ou diminuição quantitativa de seu objeto, nos limites permitidos em lei (alteração quantitativa).

A alteração quantitativa sofre um limite, conforme veremos a seguir.

O contratado fica obrigado a aceitar, nas mesmas condições contratuais, os acréscimos ou supressões que se fizerem nas obras, serviços ou compras, até 25% do valor inicial atualizado do contrato, e, no caso particular de reforma de edifício ou de equipamento, até o limite de 50% para os seus acréscimos.

Nenhum acréscimo ou supressão poderá exceder os limites estabelecidos.

No caso de supressão de obras, bens ou serviços, se o contratado já houver adquirido os materiais e posto no local dos trabalhos, esses deverão ser pagos pela Administração pelos custos de aquisição regularmente comprovados e monetariamente corrigidos, podendo caber indenização por outros danos eventualmente decorrentes da supressão, desde que regularmente comprovados.

Quaisquer tributos ou encargos legais criados, alterados ou extintos, bem como a superveniência de disposições legais, quando ocorridas após a data da apresentação da proposta, de comprovada repercussão nos preços contratados, implicarão a revisão desses para mais ou para menos, conforme o caso.

Havendo alteração unilateral do contrato que aumente os encargos do contratado, a Administração deverá restabelecer, por aditamento, o equilíbrio econômico-financeiro inicial.

A variação do valor contratual para fazer face ao reajuste de preços previsto no próprio contrato, as atualizações, compensações ou penalizações financeiras decorrentes das condições de pagamento nele previstas, bem como o empenho de dotações orçamentárias suplementares até o limite do seu valor corrigido, não caracterizam alteração do mesmo, podendo ser registrados por simples apostila, dispensando a celebração de aditamento.

Por acordo das partes:
- Quando conveniente a substituição da garantia de execução;
- Quando necessária a modificação do regime de execução da obra ou serviço, bem como do modo de fornecimento, em face de verificação técnica da inaplicabilidade dos termos contratuais originários;

- Quando necessária a modificação da forma de pagamento, por imposição de circunstâncias supervenientes, mantido o valor inicial atualizado, vedada a antecipação do pagamento, com relação ao cronograma financeiro fixado, sem a correspondente contraprestação de fornecimento de bens ou execução de obra ou serviço;
- Para restabelecer a relação que as partes pactuaram inicialmente entre os encargos do contratado e a retribuição da Administração para a justa remuneração da obra, serviço ou fornecimento, objetivando a manutenção do equilíbrio econômico-financeiro inicial do contrato, na hipótese de sobrevirem fatos imprevisíveis, ou previsíveis, porém, de consequências incalculáveis, retardadores ou impeditivos da execução do ajustado, ou, ainda, em situação de força maior, caso fortuito ou fato do príncipe, configurando álea econômica extraordinária e extracontratual.

A respeito da alteração dos contratos, o art. 124 da Lei nº 14.133/2021 dispõe o seguinte:

*Art. 124. Os contratos regidos por esta Lei poderão ser alterados, com as devidas justificativas, nos seguintes casos:*

*I - Unilateralmente pela Administração:*

*a) quando houver modificação do projeto ou das especificações, para melhor adequação técnica a seus objetivos;*

*b) quando for necessária a modificação do valor contratual em decorrência de acréscimo ou diminuição quantitativa de seu objeto, nos limites permitidos por esta Lei;*

*II - Por acordo entre as partes:*

*a) quando conveniente a substituição da garantia de execução;*

*b) quando necessária a modificação do regime de execução da obra ou do serviço, bem como do modo de fornecimento, em face de verificação técnica da inaplicabilidade dos termos contratuais originários;*

*c) quando necessária a modificação da forma de pagamento por imposição de circunstâncias supervenientes, mantido o valor inicial atualizado e vedada a antecipação do pagamento em relação ao cronograma financeiro fixado sem a correspondente contraprestação de fornecimento de bens ou execução de obra ou serviço;*

*d) para restabelecer o equilíbrio econômico-financeiro inicial do contrato em caso de força maior, caso fortuito ou fato do príncipe ou em decorrência de fatos imprevisíveis ou previsíveis de consequências incalculáveis, que inviabilizem a execução do contrato tal como pactuado, respeitada, em qualquer caso, a repartição objetiva de risco estabelecida no contrato.*

*§ 1º Se forem decorrentes de falhas de projeto, as alterações de contratos de obras e serviços de engenharia ensejarão apuração de responsabilidade do responsável técnico e adoção das providências necessárias para o ressarcimento dos danos causados à Administração.*

*§ 2º Será aplicado o disposto na alínea "d" do inciso II do caput deste artigo às contratações de obras e serviços de engenharia, quando a execução for obstada pelo atraso na conclusão de procedimentos de desapropriação, desocupação, servidão administrativa ou licenciamento ambiental, por circunstâncias alheias ao contratado.*

## 13.11 Fiscalização da execução do contrato

A execução do contrato deverá ser acompanhada e fiscalizada por um representante da Administração especialmente designado, permitida a contratação de terceiros para assisti-lo e subsidiá-lo de informações pertinentes a essa atribuição.

O representante da Administração anotará, em registro próprio, todas as ocorrências relacionadas com a execução do contrato, determinando o que for necessário à regularização das faltas ou defeitos observados.

As decisões e providências que ultrapassarem a competência do representante deverão ser solicitadas a seus superiores em tempo hábil para a adoção das medidas convenientes.

A fiscalização pelo poder público não isenta o particular contratado das suas responsabilidades legais.

## 13.12 Deveres do contratado quanto à fiscalização

O contratado deverá manter preposto, aceito pela Administração, no local da obra ou serviço, para representá-lo na execução do contrato. Ele é obrigado a reparar, corrigir, remover, reconstruir ou substituir, às suas expensas, no total ou em parte, o objeto do contrato em que se verificarem vícios, defeitos ou incorreções resultantes da execução ou de materiais empregados.

Além disso, é responsável pelos danos causados diretamente à Administração ou a terceiros decorrentes de sua culpa ou dolo na execução do contrato, não excluindo ou reduzindo essa responsabilidade à fiscalização ou ao acompanhamento pelo órgão interessado. Nesse caso, estamos diante da responsabilidade civil subjetiva do contrato, pois depende de dolo ou culpa, entretanto, quando se tratar de obra pública, se o dano causado for pelo simples fato da obra, então, estaremos diante da responsabilidade civil objetiva da Administração, não importando quem esteja realizando a obra.

O contratado é responsável pelos encargos trabalhistas, previdenciários, fiscais e comerciais resultantes da execução do contrato.

A inadimplência do contratado, com referência aos encargos trabalhistas, fiscais e comerciais não transfere à Administração Pública a responsabilidade por seu pagamento, nem poderá onerar o objeto do contrato ou restringir a regularização e o uso das obras e edificações, inclusive perante o Registro de Imóveis.

A Administração Pública responde solidariamente com o contratado pelos encargos previdenciários resultantes da execução do contrato.

## 13.13 Aplicação de sanções

O atraso injustificado na execução do contrato sujeitará o contratado à multa de mora, na forma prevista no instrumento convocatório ou no contrato.

- A multa aplicada após regular processo administrativo será descontada da garantia do respectivo contratado.
- Se a multa for de valor superior ao da garantia prestada, além da perda dessa, responderá o contratado pela sua diferença, a qual será descontada dos pagamentos eventualmente devidos pela Administração ou ainda, quando for o caso, cobrada judicialmente.

Pela inexecução total ou parcial do contrato a Administração poderá, garantida a prévia defesa, aplicar ao contratado as seguintes sanções:

- Advertência;
- Multa na forma prevista no instrumento convocatório ou no contrato;
- Suspensão temporária de participação em licitação e impedimento de contratar com a Administração, por prazo não superior a 2 anos.
- Declaração de inidoneidade para licitar ou contratar com a Administração Pública enquanto perdurarem os motivos determinantes da punição ou até que seja promovida a reabilitação perante a própria autoridade que aplicou a penalidade, que será concedida sempre que o contratado ressarcir a Administração pelos prejuízos resultantes e após decorrido o prazo da sanção aplicada com base no inciso anterior.

Esta última sanção é de competência exclusiva (não pode ser delegada) do ministro de Estado, do secretário estadual ou municipal, conforme o caso, facultada a defesa do interessado no respectivo processo, no prazo de 10 dias da abertura de vista, podendo a reabilitação ser requerida após dois anos de sua aplicação.

As sanções podem ser aplicadas de forma cumulativa, facultada a defesa prévia do interessado, no respectivo processo, no prazo de 5 dias úteis.

## 13.14 Ocupação temporária

Nos casos de serviços essenciais, a Administração pode ocupar provisoriamente bens móveis, imóveis, pessoais e serviços vinculados ao objeto do contrato.

**Finalidade:** necessidade de acautelar apuração administrativa de faltas contratuais pelo contratado, bem como na hipótese de rescisão do contrato administrativo.

Essa regra decorre do princípio da continuidade dos serviços públicos.

Nos contratos de concessão e permissão de serviços públicos, a ocupação temporária aparece com o nome de intervenção.

## 13.15 Exceção do contrato não cumprido/ exceptio non adimpleti contractus

No direito privado, caso uma das partes descumpra as cláusulas contratuais, é permitido a outra suspender a execução de sua parte até o adimplemento da outra parte.

Nos contratos de direito público, à exceção do contrato não cumprido, tem a seguinte aplicação:

▷ **Particular descumpre sua parte**

A Administração pode descumprir sua parte até o adimplemento do particular, e além disso, é possível que a administração aplique diretamente sanções ao particular.

▷ **Administração descumpre sua parte**

**Regra:** o particular é obrigado a continuar executando sua parte do contrato, não podendo alegar a exceção do contrato não cumprido.

**Exceção:** é facultado ao particular suspender a execução das suas obrigações diante de atraso superior a 90 dias dos pagamentos devidos pela administração decorrentes de obras, serviços ou fornecimento, ou parcelas desses, já recebidos ou executados, até a normalização da situação, salvo em caso de calamidade pública, grave perturbação da ordem interna ou guerra.

## 13.16 Exigência de garantia

A Administração pode exigir dos licitantes garantias cuja finalidade é assegurar o adequado cumprimento do contrato ou, no caso de inexecução, facilitar o ressarcimento dos prejuízos sofridos pela administração.

### 13.16.1 Modalidades

A critério da autoridade competente, em cada caso, desde que prevista no instrumento convocatório, poderá ser exigida prestação de garantia nas contratações de obras, serviços e compras.

Caberá ao contratado optar por uma das seguintes modalidades de garantia:

- Caução em dinheiro ou em títulos da dívida pública, devendo esses terem sido emitidos sob a forma escritural, mediante registro em sistema centralizado de liquidação e de custódia autorizado pelo Banco Central do Brasil e avaliados pelos seus valores econômicos, conforme definido pelo Ministério da Fazenda;
- Seguro-garantia;
- Fiança bancária.

### 13.16.2 Valor da garantia

**Regra:** não excederá a cinco por cento do valor do contrato e terá seu valor atualizado nas mesmas condições daquele.

**Exceção:** para obras, serviços e fornecimentos de grande vulto envolvendo alta complexidade técnica e riscos financeiros consideráveis, demonstrados por meio de parecer tecnicamente aprovado pela autoridade competente, o limite de garantia poderá ser elevado para até dez por cento do valor do contrato.

Nos casos de contratos que importem na entrega de bens pela Administração, dos quais o contratado ficará depositário, ao valor da garantia deverá ser acrescido o valor desses bens.

### 13.16.3 Restituição da garantia

A garantia prestada pelo contratado será liberada ou restituída após a execução do contrato e, quando em dinheiro, atualizada monetariamente.

## 13.17 Prazo de duração dos contratos administrativos

*Art. 57 A duração dos contratos ficará adstrita à vigência dos respectivos créditos orçamentários, exceto quanto aos relativos:*

*I - Aos projetos cujos produtos estejam contemplados nas metas estabelecidas no Plano Plurianual, os quais poderão ser prorrogados se houver interesse da Administração e desde que isso tenha sido previsto no ato convocatório;*

*II - À prestação de serviços a serem executados de forma contínua, que poderão ter a sua duração prorrogada por iguais e sucessivos períodos com vistas à obtenção de preços e condições mais vantajosas para a administração, limitada a sessenta meses;*

Em caráter excepcional, devidamente justificado e mediante consentimento superior, o prazo poderá ser prorrogado por até 12 meses.

*IV - Ao aluguel de equipamentos e à utilização de programas de informática, podendo a duração estender-se pelo prazo de até 48 (quarenta e oito) meses após o início da vigência do contrato.*

*V - Às hipóteses previstas nos incisos IX, XIX, XXVIII e XXXI do Art. 24, cujos contratos poderão ter vigência por até 120 (cento e vinte) meses, caso haja interesse da administração:*

*Art. 24, Lei nº 8.666/1993 É dispensável a licitação:*

*IX - Quando houver possibilidade de comprometimento da segurança nacional, nos casos estabelecidos em decreto do Presidente da República, ouvido o Conselho de Defesa Nacional;*

*XIX - Para as compras de material de uso pelas Forças Armadas, com exceção de materiais de uso pessoal e administrativo, quando houver necessidade de manter a padronização requerida pela estrutura de apoio logístico dos meios navais, aéreos e terrestres, mediante parecer de comissão instituída por decreto;*

*XXVIII - Para o fornecimento de bens e serviços, produzidos ou prestados no País, que envolvam, cumulativamente, alta complexidade tecnológica e defesa nacional, mediante parecer de comissão especialmente designada pela autoridade máxima do órgão.*

*XXXI - Nas contratações visando ao cumprimento do disposto nos arts. 3º, 4º, 5º e 20 da Lei nº 10.973, de 2 de dezembro de 2004, observados os princípios gerais de contratação dela constantes.*

*Art. 57, § 1º, Lei nº 8.666/1993 Os prazos de início de etapas de execução, de conclusão e de entrega admitem prorrogação, mantidas as demais cláusulas do contrato e assegurada a manutenção de seu equilíbrio econômico-financeiro, desde que ocorra algum dos seguintes motivos, devidamente autuados em processo:*

*I - Alteração do projeto ou especificações, pela Administração;*

*II - Superveniência de fato excepcional ou imprevisível, estranho à vontade das partes, que altere fundamentalmente as condições de execução do contrato;*

*III - Interrupção da execução do contrato ou diminuição do ritmo de trabalho por ordem e no interesse da Administração;*

*IV - Aumento das quantidades inicialmente previstas no contrato, nos limites permitidos por esta Lei;*

*V - Impedimento de execução do contrato por fato ou ato de terceiro reconhecido pela Administração em documento contemporâneo à sua ocorrência;*

*VI - Omissão ou atraso de providências a cargo da Administração, inclusive quanto aos pagamentos previstos de que resulte, diretamente, impedimento ou retardamento na execução do contrato, sem prejuízo das sanções legais aplicáveis aos responsáveis.*

*§ 2º Toda prorrogação de prazo deverá ser justificada por escrito e previamente autorizada pela autoridade competente para celebrar o contrato.*

Já a Lei nº 14.133/2021 dispõe o seguinte sobre a duração dos contratos:

> *Art. 105 A duração dos contratos regidos por esta Lei será a prevista em edital, e deverão ser observadas, no momento da contratação e a cada exercício financeiro, a disponibilidade de créditos orçamentários, bem como a previsão no plano plurianual, quando ultrapassar 1 (um) exercício financeiro.*

**Atenção!**
É vedado o contrato com prazo de vigência indeterminado.

## 13.18 Recebimento do objeto do contrato

> *Art. 73 Executado o contrato, o seu objeto será recebido:*
> *I - Em se tratando de obras e serviços:*
> *a) provisoriamente, pelo responsável por seu acompanhamento e fiscalização, mediante termo circunstanciado, assinado pelas partes em até 15 (quinze) dias da comunicação escrita do contratado;*
> *b) definitivamente, por servidor ou comissão designada pela autoridade competente, mediante termo circunstanciado, assinado pelas partes, após o decurso do prazo de observação, ou vistoria que comprove a adequação do objeto aos termos contratuais. Este prazo não poderá ser superior a 90 (noventa) dias, salvo em casos excepcionais, devidamente justificados e previstos no edital.*
> *II - Em se tratando de compras ou de locação de equipamentos:*
> *a) provisoriamente, para efeito de posterior verificação da conformidade do material com a especificação;*
> *b) definitivamente, após a verificação da qualidade e quantidade do material e consequente aceitação.*
> *§ 1º Nos casos de aquisição de equipamentos de grande vulto, o recebimento far-se-á mediante termo circunstanciado e, nos demais, mediante recibo.*
> *[...]*
> *§ 4º Na hipótese de o termo circunstanciado ou a verificação não serem, respectivamente, lavrado ou procedida dentro dos prazos fixados, reputar-se-ão como realizados, desde que comunicados à Administração nos 15 (quinze) dias anteriores à exaustão dos mesmos. [...]*
> *§ 2º O recebimento provisório ou definitivo não exclui a responsabilidade civil pela solidez e segurança da obra ou do serviço, nem ético-profissional pela perfeita execução do contrato, dentro dos limites estabelecidos pela lei ou pelo contrato.*

Por sua vez, a Lei nº 14.133/2021 dispõe que:

> *Art. 140 O objeto do contrato será recebido:*
> *I - Em se tratando de obras e serviços:*
> *a) provisoriamente, pelo responsável por seu acompanhamento e fiscalização, mediante termo detalhado, quando verificado o cumprimento das exigências de caráter técnico;*
> *b) definitivamente, por servidor ou comissão designada pela autoridade competente, mediante termo detalhado que comprove o atendimento das exigências contratuais;*
> *II - Em se tratando de compras:*
> *a) provisoriamente, de forma sumária, pelo responsável por seu acompanhamento e fiscalização, com verificação posterior da conformidade do material com as exigências contratuais;*
> *b) definitivamente, por servidor ou comissão designada pela autoridade competente, mediante termo detalhado que comprove o atendimento das exigências contratuais.*
> *§ 1º O objeto do contrato poderá ser rejeitado, no todo ou em parte, quando estiver em desacordo com o contrato.*
> *§ 2º O recebimento provisório ou definitivo não excluirá a responsabilidade civil pela solidez e pela segurança da obra ou serviço nem a responsabilidade ético-profissional pela perfeita execução do contrato, nos limites estabelecidos pela lei ou pelo contrato.*
> *§ 3º Os prazos e os métodos para a realização dos recebimentos provisório e definitivo serão definidos em regulamento ou no contrato.*
> *§ 4º Salvo disposição em contrário constante do edital ou de ato normativo, os ensaios, os testes e as demais provas para aferição da boa execução do objeto do contrato exigidos por normas técnicas oficiais correrão por conta do contratado.*
> *§ 5º Em se tratando de projeto de obra, o recebimento definitivo pela Administração não eximirá o projetista ou o consultor da responsabilidade objetiva por todos os danos causados por falha de projeto.*
> *§ 6º Em se tratando de obra, o recebimento definitivo pela Administração não eximirá o contratado, pelo prazo mínimo de 5 (cinco) anos, admitida a previsão de prazo de garantia superior no edital e no contrato, da responsabilidade objetiva pela solidez e pela segurança dos materiais e dos serviços executados e pela funcionalidade da construção, da reforma, da recuperação ou da ampliação do bem imóvel, e, em caso de vício, defeito ou incorreção identificados, o contratado ficará responsável pela reparação, pela correção, pela reconstrução ou pela substituição necessárias.*

## 13.19 Dispensa do recebimento provisório

> *Art. 74 Poderá ser dispensado o recebimento provisório nos seguintes casos:*
> *I - Gêneros perecíveis e alimentação preparada;*
> *II - Serviços profissionais;*
> *III - Obras e serviços de valor até o valor de R$ 80.000,00, desde que não se componham de aparelhos, equipamentos e instalações sujeitos à verificação de funcionamento e produtividade.*
> *Parágrafo único. Nesses casos o recebimento será feito mediante recibo.*

## 13.20 Extinção do contrato

Com a extinção do contrato, temos a abolição das obrigações de ambas as partes, que pode acontecer em decorrência das seguintes situações:

- Conclusão do objeto do contrato;
- Término do seu prazo de duração;
- Anulação do contrato;
- Rescisão do contrato.

### 13.20.1 Anulação do contrato

A anulação do contrato é idêntica à abolição de um ato administrativo, assim, se um contrato foi celebrado com ilegalidade, ele deve ser extinto. Essa regra se estende à fase da licitação, pois, se houve alguma ilegalidade na tramitação do processo licitatório, tal ilegalidade acarretará a nulidade do contrato.

A anulação pode ser feita pela própria Administração Pública de ofício ou a pedido e também pode ser feita pelo Poder Judiciário, somente por provocação.

A declaração de nulidade do contrato administrativo opera retroativamente impedindo os efeitos jurídicos que ele, ordinariamente, deveria produzir, além de desconstituir os já produzidos.

A nulidade não exonera a Administração do dever de indenizar o contratado pelo que esse houver executado até a data em que ela for declarada e por outros prejuízos regularmente comprovados, contanto que não lhe seja imputável, promovendo-se a responsabilidade de quem lhe deu causa.

### 13.20.2 Rescisão do contrato

A rescisão do contrato, em algumas hipóteses, se dá unilateralmente pela Administração e, em outras, de forma amigável ou via judicial.

- **Rescisão unilateral pela Administração**

Em regra, estamos diante de situações que caracterizam culpa do particular, entretanto, a rescisão unilateral do contrato administrativo também pode ter por motivo razões supervenientes de interesse público, o caso fortuito e a força maior. Nessas três últimas situações, a rescisão unilateral do contrato não resulta de culpa do particular.

## CONTRATOS ADMINISTRATIVOS

Seguem as hipóteses que acarretam a rescisão unilateral pela Administração Pública:

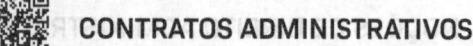

**Art. 78** *Constituem motivo para rescisão do contrato:*

*I - O não cumprimento de cláusulas contratuais, especificações, projetos ou prazos;*

*II - O cumprimento irregular de cláusulas contratuais, especificações, projetos e prazos;*

*III - A lentidão do seu cumprimento, levando a Administração a comprovar a impossibilidade da conclusão da obra, do serviço ou do fornecimento, nos prazos estipulados;*

*IV - O atraso injustificado no início da obra, serviço ou fornecimento;*

*V - A paralisação da obra, do serviço ou do fornecimento, sem justa causa e prévia comunicação à Administração;*

*VI - A subcontratação total ou parcial do seu objeto, a associação do contratado com outrem, a cessão ou transferência, total ou parcial, bem como a fusão, cisão ou incorporação, não admitidas no edital e no contrato;*

*VII - O desatendimento das determinações regulares da autoridade designada para acompanhar e fiscalizar a sua execução, assim como as de seus superiores;*

*VIII - O cometimento reiterado de faltas na sua execução, anotadas na forma do § 1º do art. 67 desta Lei;*

*IX - A decretação de falência ou a instauração de insolvência civil;*

*X - A dissolução da sociedade ou o falecimento do contratado;*

*XI - A alteração social ou a modificação da finalidade ou da estrutura da empresa, que prejudique a execução do contrato;*

*XII - Razões de interesse público, de alta relevância e amplo conhecimento, justificadas e determinadas pela máxima autoridade da esfera administrativa a que está subordinado o contratante e exaradas no processo administrativo a que se refere o contrato; (Não há culpa do particular)*

*XVII - A ocorrência de caso fortuito ou de força maior, regularmente comprovada, impeditiva da execução do contrato (não há culpa do particular);*

*Parágrafo Único. Os casos de rescisão contratual serão formalmente motivados nos autos do processo, assegurado o contraditório e a ampla defesa.*

*XVIII - Desrespeitar o art. 7º, inciso XXXIII, da CF: a proibição de trabalho noturno, perigoso ou insalubre a menores de dezoito e de qualquer trabalho a menores de dezesseis anos, salvo na condição de aprendiz, a partir de quatorze anos;*

Sobre o assunto, a Lei nº 14.133/2021 dispõe que:

**Art. 137** *Constituirão motivos para extinção do contrato, a qual deverá ser formalmente motivada nos autos do processo, assegurados o contraditório e a ampla defesa, as seguintes situações:*

*I - Não cumprimento ou cumprimento irregular de normas editalícias ou de cláusulas contratuais, de especificações, de projetos ou de prazos;*

*II - Desatendimento das determinações regulares emitidas pela autoridade designada para acompanhar e fiscalizar sua execução ou por autoridade superior;*

*III - Alteração social ou modificação da finalidade ou da estrutura da empresa que restrinja sua capacidade de concluir o contrato;*

*IV - Decretação de falência ou de insolvência civil, dissolução da sociedade ou falecimento do contratado;*

*V - Caso fortuito ou força maior, regularmente comprovados, impeditivos da execução do contrato;*

*VI - Atraso na obtenção da licença ambiental, ou impossibilidade de obtê-la, ou alteração substancial do anteprojeto que dela resultar, ainda que obtida no prazo previsto;*

*VII - Atraso na liberação das áreas sujeitas a desapropriação, a desocupação ou a servidão administrativa, ou impossibilidade de liberação dessas áreas;*

*VIII - Razões de interesse público, justificadas pela autoridade máxima do órgão ou da entidade contratante;*

*IX - Não cumprimento das obrigações relativas à reserva de cargos prevista em lei, bem como em outras normas específicas, para pessoa com deficiência, para reabilitado da Previdência Social ou para aprendiz.*

*§ 1º Regulamento poderá especificar procedimentos e critérios para verificação da ocorrência dos motivos previstos no caput deste artigo.*

*§ 2º O contratado terá direito à extinção do contrato nas seguintes hipóteses:*

*I - Supressão, por parte da Administração, de obras, serviços ou compras que acarrete modificação do valor inicial do contrato além do limite permitido no art. 125 desta Lei;*

*II - Suspensão de execução do contrato, por ordem escrita da Administração, por prazo superior a 3 (três) meses;*

*III - Repetidas suspensões que totalizem 90 (noventa) dias úteis, independentemente do pagamento obrigatório de indenização pelas sucessivas e contratualmente imprevistas desmobilizações e mobilizações e outras previstas;*

*IV - Atraso superior a 2 (dois) meses, contado da emissão da nota fiscal, dos pagamentos ou de parcelas de pagamentos devidos pela Administração por despesas de obras, serviços ou fornecimentos;*

*V - Não liberação pela Administração, nos prazos contratuais, de área, local ou objeto, para execução de obra, serviço ou fornecimento, e de fontes de materiais naturais especificadas no projeto, inclusive devido a atraso ou descumprimento das obrigações atribuídas pelo contrato à Administração relacionadas a desapropriação, a desocupação de áreas públicas ou a licenciamento ambiental.*

*§ 3º As hipóteses de extinção a que se referem os incisos II, III e IV do § 2º deste artigo observarão as seguintes disposições:*

*I - Não serão admitidas em caso de calamidade pública, de grave perturbação da ordem interna ou de guerra, bem como quando decorrerem de ato ou fato que o contratado tenha praticado, do qual tenha participado ou para o qual tenha contribuído;*

*II - Assegurarão ao contratado o direito de optar pela suspensão do cumprimento das obrigações assumidas até a normalização da situação, admitido o restabelecimento do equilíbrio econômico-financeiro do contrato, na forma da alínea "d" do inciso II do caput do art. 124 desta Lei.*

*§ 4º Os emitentes das garantias previstas no art. 96 desta Lei deverão ser notificados pelo contratante quanto ao início de processo administrativo para apuração de descumprimento de cláusulas contratuais.*

**Art. 138.** *A extinção do contrato poderá ser:*

*I - Determinada por ato unilateral e escrito da Administração, exceto no caso de descumprimento decorrente de sua própria conduta;*

*II - Consensual, por acordo entre as partes, por conciliação, por mediação ou por comitê de resolução de disputas, desde que haja interesse da Administração;*

*III - Determinada por decisão arbitral, em decorrência de cláusula compromissória ou compromisso arbitral, ou por decisão judicial.*

*§ 1º A extinção determinada por ato unilateral da Administração e a extinção consensual deverão ser precedidas de autorização escrita e fundamentada da autoridade competente e reduzidas a termo no respectivo processo.*

*§ 2º Quando a extinção decorrer de culpa exclusiva da Administração, o contratado será ressarcido pelos prejuízos regularmente comprovados que houver sofrido e terá direito a:*

*I - Devolução da garantia;*

*II - Pagamentos devidos pela execução do contrato até a data de extinção;*

*III - Pagamento do custo da desmobilização.*

**Art. 139** *A extinção determinada por ato unilateral da Administração poderá acarretar, sem prejuízo das sanções previstas nesta Lei, as seguintes consequências:*

*I - Assunção imediata do objeto do contrato, no estado e local em que se encontrar, por ato próprio da Administração;*

*II - Ocupação e utilização do local, das instalações, dos equipamentos, do material e do pessoal empregados na execução do contrato e necessários à sua continuidade;*

*III. Execução da garantia contratual para:*

*a) ressarcimento da Administração Pública por prejuízos decorrentes da não execução;*

*b) pagamento de verbas trabalhistas, fundiárias e previdenciárias, quando cabível;*

*c) pagamento das multas devidas à Administração Pública;*

*d) exigência da assunção da execução e da conclusão do objeto do contrato pela seguradora, quando cabível;*

*IV - Retenção dos créditos decorrentes do contrato até o limite dos prejuízos causados à Administração Pública e das multas aplicadas.*

*§ 1º A aplicação das medidas previstas nos incisos I e II do caput deste artigo ficará a critério da Administração, que poderá dar continuidade à obra ou ao serviço por execução direta ou indireta.*

*§ 2º Na hipótese do inciso II do caput deste artigo, o ato deverá ser precedido de autorização expressa do ministro de Estado, do secretário estadual ou do secretário municipal competente, conforme o caso.*

- **Rescisão amigável ou judicial**

A rescisão amigável ou judicial decorre de hipóteses que caracterizam culpa da Administração em relação as suas obrigações contratuais.

*Art. 78, Constituem motivo para rescisão do contrato: [...]*

*XIII - A supressão, por parte da Administração, de obras, serviços ou compras, acarretando modificação do valor inicial do contrato além do limite permitido no § 1º do art. 65 desta Lei;*

*XIV - A suspensão de sua execução, por ordem escrita da Administração, por prazo superior a 120 (cento e vinte) dias, salvo em caso de calamidade pública, grave perturbação da ordem interna ou guerra, ou ainda por repetidas suspensões que totalizem o mesmo prazo, independentemente do pagamento obrigatório de indenizações pelas sucessivas e contratualmente imprevistas desmobilizações e mobilizações e outras previstas, assegurado ao contratado, nesses casos, o direito de optar pela suspensão do cumprimento das obrigações assumidas até que seja normalizada a situação;*

*XV - O atraso superior a 90 (noventa) dias dos pagamentos devidos pela Administração decorrentes de obras, serviços ou fornecimento, ou parcelas destes, já recebidos ou executados, salvo em caso de calamidade pública, grave perturbação da ordem interna ou guerra, assegurado ao contratado o direito de optar pela suspensão do cumprimento de suas obrigações até que seja normalizada a situação;*

*XVI - A não liberação, por parte da Administração, de área, local ou objeto para execução de obra, serviço ou fornecimento, nos prazos contratuais, bem como das fontes de materiais naturais especificadas no projeto;*

### 13.20.3 Consequências da rescisão

As consequências da rescisão variam de acordo com a existência ou não de culpa do contratado, é importante observar que o simples fato da rescisão acontecer de forma unilateral por parte da Administração Pública não define as consequências, mas sim, a presença de culpa ou não do contratado.

- **Consequências da rescisão unilateral quando não há culpa do contratado**

Observe que nesses casos temos as hipóteses de que a culpa é da administração e ainda as de que a responsabilidade não é da administração, nem do contrato como nos casos de ocorrência de razões de interesse público que justifique a rescisão, bem como diante de caso fortuito ou força maior.

O contratado será ressarcido dos prejuízos regularmente comprovados que houver sofrido, tendo ainda direito a:

*Art. 79, § 2º, [...]*

*I - Devolução de garantia;*

*II - Pagamentos devidos pela execução do contrato até a data da rescisão;*

*III - Pagamento do custo da desmobilização.*

- **Consequências da rescisão unilateral quando há culpa do contratado**

*Art. 80 [...]*

*I - Assunção imediata do objeto do contrato, no estado e local em que se encontrar, por ato próprio da Administração;*

*II - Ocupação e utilização do local, instalações, equipamentos, material e pessoal empregados na execução do contrato, necessários à sua continuidade.*

Esse ato deverá ser precedido de autorização expressa do ministro de Estado competente, ou secretário estadual ou municipal, conforme o caso.

*III - Execução da garantia contratual, para ressarcimento da Administração, e dos valores das multas e indenizações a ela devidos;*

*IV - Retenção dos créditos decorrentes do contrato até o limite dos prejuízos causados à Administração.*

## 13.21 Tipos de contrato

### 13.21.1 Contrato de obra pública

É todo ajuste entre a Administração Pública e o particular que tenha por objeto construção, reforma, fabricação, recuperação ou ampliação de móvel ou imóvel cuja finalidade seja à população em geral ou a prestação de serviços públicos.

### 13.21.2 Contrato de serviço

É todo ajuste entre a Administração Pública e o particular que tenha por objeto atividade destinada a obter determinada utilidade de interesse para a Administração, como: demolição, conserto, instalação, montagem, operação, conservação, reparação, adaptação, manutenção, transporte, locação de bens, publicidade, seguro ou trabalhos técnico-profissionais.

A diferença marcante entre o contrato de obra pública e o de serviço é que, neste caso, a Administração contrata um particular para exercer uma atividade de caráter contínuo, e no primeiro caso, a administração contrata o particular para realizar algo em que predomina o emprego de materiais, não havendo caráter contínuo, pois a obra um dia terminará. O mesmo raciocínio não é válido para a contratação de serviços.

### 13.21.3 Contrato de fornecimento

É todo ajuste entre a Administração Pública e o particular que tenha por objeto a aquisição remunerada de bens para fornecimento de uma só vez ou parceladamente.

### 13.21.4 Contrato de concessão

Contrato de concessão é o contrato administrativo pelo qual a Administração confere ao particular a execução remunerada de serviço público ou de obra pública, ou lhe cede o uso de bem público, para que o explore por sua conta e risco, pelo prazo e nas condições regulamentares e contratuais.

### 13.21.5 Convênio

É um acordo, ajuste ou qualquer outro instrumento que discipline a transferência de recursos financeiros de dotações consignadas no orçamento fiscal e no orçamento da Seguridade Social da União e tenha como partícipe, de um lado, órgão ou entidade da Administração Pública Federal, direta ou indireta, e, de outro, órgão ou entidade da Administração Pública estadual, distrital ou municipal, direta ou indireta, ou ainda, entidades privadas sem fins lucrativos, visando à execução de programa de governo, envolvendo a realização de projeto, atividade, serviço, aquisição de bens ou evento de interesse recíproco, em regime de mútua cooperação.

# CONTRATOS ADMINISTRATIVOS

## 13.21.6 Contrato de repasse

É o instrumento administrativo por meio do qual a transferência dos recursos financeiros se processa por intermédio de instituição ou agente financeiro público federal, atuando como mandatário da União.

## 13.21.7 Termo de cooperação

É o instrumento por meio do qual é ajustada a transferência de crédito de órgão da Administração Pública Federal Direta, autarquia, fundação pública, ou empresa estatal dependente, para outro órgão ou entidade federal da mesma natureza.

## 13.21.8 Consórcio público

É a pessoa jurídica formada exclusivamente por entes da Federação, na forma da Lei nº 11.107/2005, para estabelecer relações de cooperação federativa, inclusive a realização de objetivos de interesse comum, constituída como associação pública, com personalidade jurídica de direito público e natureza autárquica, ou como pessoa jurídica de direito privado sem fins econômicos.

## 13.22 Contratação temporária

A Lei nº 8.745/1993 trata da contratação por tempo determinado para atender à necessidade temporária de excepcional interesse público, no serviço federal, nos termos do inciso IX do art. 37 da Constituição Federal.

Para atender à necessidade temporária de excepcional interesse público, os órgãos da Administração Federal Direta, as autarquias e as fundações públicas poderão efetuar contratação de pessoal por tempo determinado, devem observar as condições e prazos fixados na Lei nº 8.745/1993.

*Art. 2º Considera-se necessidade temporária de excepcional interesse público:*

*I - Assistência a situações de calamidade pública; (prazo máximo de 6 meses)*

*II - Assistência a emergências em saúde pública; (prazo máximo de 6 meses)*

*III - Realização de recenseamentos e outras pesquisas de natureza estatística efetuadas pela Fundação Instituto Brasileiro de Geografia e Estatística - IBGE; (prazo máximo de 1 ano)*

*IV - Admissão de professor substituto e professor visitante; (prazo máximo de 1 ano)*

*V - Admissão de professor e pesquisador visitante estrangeiro; (prazo máximo de 4 anos)*

*VI - Atividades:*

*a) Especiais nas organizações das Forças Armadas para atender à área industrial ou a encargos temporários de obras e serviços de engenharia; (prazo máximo de 4 anos)*

*b) De identificação e demarcação territorial; (prazo máximo de 2 anos)*

*c) Revogado.*

*d) Finalísticas do Hospital das Forças Armadas; (prazo máximo de 1 ano)*

*e) De pesquisa e desenvolvimento de produtos destinados à segurança de sistemas de informações, sob responsabilidade do Centro de Pesquisa e Desenvolvimento para a Segurança das Comunicações - CEPESC; (prazo máximo de dois anos)*

*f) De vigilância e inspeção, relacionadas à defesa agropecuária, no âmbito do Ministério da Agricultura e do Abastecimento, para atendimento de situações emergenciais ligadas ao comércio internacional de produtos de origem animal ou vegetal ou de iminente risco à saúde animal, vegetal ou humana; (prazo máximo de 1 ano)*

*g) Desenvolvidas no âmbito dos projetos do Sistema de Vigilância da Amazônia - SIVAM e do Sistema de Proteção da Amazônia - SIPAM; (prazo máximo de 4 anos)*

*h) Técnicas especializadas, no âmbito de projetos de cooperação com prazo determinado, implementados mediante acordos internacionais, desde que haja, em seu desempenho, subordinação do contratado ao órgão ou entidade pública; (prazo máximo de três anos)*

*i) Técnicas especializadas necessárias à implantação de órgãos ou entidades ou de novas atribuições definidas para organizações existentes ou as decorrentes de aumento transitório no volume de trabalho que não possam ser atendidas mediante a aplicação do art. 74 da Lei nº 8.112, de 11 de dezembro de 1990; (prazo máximo de 4 anos)*

*j) Técnicas especializadas de tecnologia da informação, de comunicação e de revisão de processos de trabalho, não alcançadas pela alínea i e que não se caracterizem como atividades permanentes do órgão ou entidade; (prazo máximo de 4 anos)*

*l) Didático-pedagógicas em escolas de governo; (prazo máximo de três anos)*

*m) De assistência à saúde para comunidades indígenas; (prazo máximo de 2 anos)*

*VII - Admissão de professor, pesquisador e tecnólogo substitutos para suprir a falta de professor, pesquisador ou tecnólogo ocupante de cargo efetivo, decorrente de licença para exercer atividade empresarial relativa à inovação; (prazo máximo de três anos)*

*VIII - Admissão de pesquisador, de técnico com formação em área tecnológica de nível intermediário ou de tecnólogo, nacionais ou estrangeiros, para projeto de pesquisa com prazo determinado, em instituição destinada à pesquisa, ao desenvolvimento e à inovação;*

*IX - Combate a emergências ambientais, na hipótese de declaração, pelo Ministro de Estado do Meio Ambiente, da existência de emergência ambiental na região específica; (prazo máximo de 6 meses)*

*X - Admissão de professor para suprir demandas decorrentes da expansão das instituições federais de ensino, respeitados os limites e as condições fixados em ato conjunto dos Ministérios do Planejamento, Orçamento e Gestão e da Educação; (prazo máximo de 1 ano)*

*XI - Admissão de professor para suprir demandas excepcionais decorrentes de programas e projetos de aperfeiçoamento de médicos na área de Atenção Básica em saúde em regiões prioritárias para o Sistema Único de Saúde (SUS), mediante integração ensino-serviço, respeitados os limites e as condições fixados em ato conjunto dos Ministros de Estado do Planejamento, Orçamento e Gestão, da Saúde e da Educação; (prazo máximo de três anos)*

*XII - Admissão de profissional de nível superior especializado para atendimento a pessoas com deficiência, nos termos da legislação, matriculadas regularmente em cursos técnicos de nível médio e em cursos de nível superior nas instituições federais de ensino, em ato conjunto do Ministério do Planejamento, Desenvolvimento e Gestão e do Ministério da Educação.*

As contratações dessas atividades serão feitas exclusivamente por projeto, **vedado o aproveitamento** dos contratados em qualquer área da Administração Pública.

A **contratação de professor substituto** poderá ocorrer para suprir a falta de docente efetivo em razão de:

- Vacância do cargo;
- Afastamento ou licença, na forma do regulamento;
- Nomeação para ocupar cargo de direção de reitor, vice-reitor, pró-reitor e diretor de campus.

O número total de professores substitutos e visitantes não poderá ultrapassar 20% do total de docentes efetivos em exercício na instituição federal de ensino.

Ato do Poder Executivo disporá, para efeitos dessa lei, sobre a declaração de emergências em saúde pública.

A contratação de professor visitante e de professor visitante estrangeiro tem por objetivo:

- Apoiar a execução dos programas de pós-graduação *stricto sensu*;
- Contribuir para o aprimoramento de programas de ensino, pesquisa e extensão;
- Colaborar para a execução de programas de capacitação docente;
- Viabilizar o intercâmbio científico e tecnológico.

Essas contratações (professor visitante e professor visitante estrangeiro) deverão:

- Atender a requisitos de titulação e competência profissional; ou
- Ter reconhecido renome em sua área profissional, atestado por deliberação do Conselho Superior da instituição contratante.

# NOÇÕES DE DIREITO ADMINISTRATIVO

São requisitos mínimos de titulação e competência profissional para a contratação:
- Ser portador do título de doutor, no mínimo, há 2 anos;
- Ser docente ou pesquisador de reconhecida competência em sua área;
- Ter produção científica relevante, preferencialmente nos últimos 5 anos.

Excepcionalmente, no âmbito das instituições da rede federal de educação profissional, científica e tecnológica, poderão ser contratados professor visitante ou professor visitante estrangeiro, **sem o título de doutor, desde que possuam comprovada competência** em ensino, pesquisa e extensão tecnológicos ou reconhecimento da qualificação profissional pelo mercado de trabalho, na forma prevista pelo Conselho Superior da instituição contratante.

A contratação de professores substitutos, visitantes e visitantes estrangeiros poderá ser autorizada pelo dirigente da instituição, condicionada à existência de recursos orçamentários e financeiros para fazer frente às despesas decorrentes da contratação e ao quantitativo máximo de contratos estabelecido para a instituição.

A contratação dos professores substitutos fica limitada ao regime de trabalho de 20 horas ou 40 horas.

O recrutamento do pessoal a ser contratado, nos termos da Lei nº 8.745/1993, será feito mediante **processo seletivo simplificado** sujeito à ampla divulgação, inclusive por meio do Diário Oficial da União, **prescindindo de concurso público** (não precisa de concurso público).

A contratação para atender às necessidades decorrentes de calamidade pública, de emergência ambiental e de emergências em saúde pública prescindirá de processo seletivo. Nesses casos, a contratação dispensa até mesmo o processo seletivo.

Algumas contratações poderão ser efetivadas em vista de notória capacidade técnica ou científica do profissional, mediante análise do *curriculum vitae*:
- Relacionadas a um professor visitante.
- Referentes a um professor e pesquisador visitante estrangeiro.
- Especiais nas organizações das Forças Armadas para atender à área industrial ou a encargos temporários de obras e serviços de engenharia.
- Finalísticas do Hospital das Forças Armadas.
- De pesquisa e desenvolvimento de produtos destinados à segurança de sistemas de informações, sob responsabilidade do Centro de Pesquisa e Desenvolvimento para a Segurança das Comunicações (Cepesc).
- Desenvolvidas no âmbito dos projetos do Sistema de Vigilância da Amazônia (Sivam) e do Sistema de Proteção da Amazônia (Sipam).
- Didático-pedagógicas em escolas de governo.
- De assistência à saúde para comunidades indígenas.
- Admissão de pesquisador, nacional ou estrangeiro, para projeto de pesquisa com prazo determinado, em instituição destinada à pesquisa.

As seguintes contratações de pessoal serão feitas mediante processo seletivo simplificado, observados os critérios e condições estabelecidos pelo Poder Executivo:
- Técnicas especializadas, no âmbito de projetos de cooperação com prazo determinado, implementados mediante acordos internacionais, desde que haja, em seu desempenho, subordinação do contratado ao órgão ou entidade pública;
- Técnicas especializadas necessárias à implantação de órgãos ou entidades ou de novas atribuições definidas para organizações existentes ou as decorrentes de aumento transitório no volume de trabalho que não possam ser atendidas mediante a aplicação do art. 74 da Lei nº 8.112/1990.

## 13.22.1 Prorrogação dos contratos

**Prazo total não excedente a 2 anos**
- Admissão de professor substituto e professor visitante.
- De identificação e demarcação territorial.
- Finalísticas do Hospital das Forças Armadas.
- De vigilância e inspeção, relacionadas à defesa agropecuária, no âmbito do Ministério da Agricultura e do Abastecimento, para atendimento de situações emergenciais ligadas ao comércio internacional de produtos de origem animal ou vegetal ou de iminente risco à saúde animal, vegetal ou humana.
- Admissão de professor para suprir demandas decorrentes da expansão das instituições federais de ensino, respeitados os limites e as condições fixados em ato conjunto dos Ministérios do Planejamento, Orçamento e Gestão e da Educação.

**Prazo total não excedente a 3 anos**
- Realização de recenseamentos e outras pesquisas de natureza estatística efetuadas pela Fundação Instituto Brasileiro de Geografia e Estatística (IBGE).
- De pesquisa e desenvolvimento de produtos destinados à segurança de sistemas de informações, sob responsabilidade do Centro de Pesquisa e Desenvolvimento para a Segurança das Comunicações (Cepesc).

**Prazo total não excedente a 4 anos**
- Admissão de professor e pesquisador visitante estrangeiro.
- Especiais nas organizações das Forças Armadas para atender à área industrial ou a encargos temporários de obras e serviços de engenharia.
- Técnicas especializadas, no âmbito de projetos de cooperação com prazo determinado, implementados mediante acordos internacionais, desde que haja, em seu desempenho, subordinação do contratado ao órgão ou entidade pública.
- Didático-pedagógicas em escolas de governo.
- De assistência à saúde para comunidades indígenas.
- Admissão de pesquisador, nacional ou estrangeiro, para projeto de pesquisa com prazo determinado, em instituição destinada à pesquisa.

**Prazo total não excedente a 5 anos**
- Desenvolvidas no âmbito dos projetos do Sistema de Vigilância da Amazônia (Sivam) e do Sistema de Proteção da Amazônia (Sipam).
- Técnicas especializadas necessárias à implantação de órgãos ou entidades ou de novas atribuições definidas para organizações existentes ou as decorrentes de aumento transitório no volume de trabalho que não possam ser atendidas mediante a aplicação do art. 74 da Lei nº 8.112/1990.
- Técnicas especializadas de tecnologia da informação, de comunicação e de revisão de processos de trabalho, não alcançadas pela alínea "i" e que não se caracterizem como atividades permanentes do órgão ou entidade.

**Prazo total não excedente a 6 anos**
- Admissão de professor, pesquisador e tecnólogo substitutos para suprir a falta de professor, pesquisador ou tecnólogo ocupante de cargo efetivo, decorrente de licença para exercer atividade empresarial relativa à inovação.
- Admissão de professor para suprir demandas excepcionais decorrentes de programas e projetos de aperfeiçoamento de médicos na área de Atenção Básica em saúde em regiões prioritárias para o Sistema Único de Saúde (SUS), mediante integração ensino-serviço, respeitados os limites e as condições fixados em ato conjunto dos ministros de Estado do Planejamento, Orçamento e Gestão, da Saúde e da Educação.

# CONTRATOS ADMINISTRATIVOS

Pelo prazo necessário **à superação da situação de calamidade pública ou das situações de emergências em saúde pública, desde que não exceda a 2 anos,** nos casos de:
- Assistência a situações de calamidade pública.
- Assistência a emergências em saúde pública.

As contratações somente poderão ser feitas com observância da dotação orçamentária específica e mediante prévia autorização do Ministro de Estado do Planejamento, Orçamento e Gestão e do Ministro de Estado sob cuja supervisão se encontrar o órgão ou entidade contratante, conforme estabelecido em regulamento.

Os órgãos e entidades contratantes encaminharão à Secretaria de Recursos Humanos do Ministério do Planejamento, Orçamento e Gestão, para controle do disposto na Lei nº 8.745/1993, síntese dos contratos efetivados.

É proibida a contratação, nos termos Lei nº 8.745/1993, de servidores da Administração Direta ou Indireta da União, dos estados, do Distrito Federal e dos municípios, bem como de empregados ou servidores de suas subsidiárias e controladas.

Essa proibição, entretanto, não se aplica no caso de formal comprovação da compatibilidade de horários, a contratação de:
- **Professor substituto nas instituições federais de ensino**, desde que o contratado não ocupe cargo efetivo integrante das carreiras de magistério de que trata a Lei nº 7.596/1987.
- **Profissionais de saúde em unidades hospitalares**, quando administradas pelo Governo Federal e para atender às necessidades decorrentes de calamidade pública, desde que o contratado não ocupe cargo efetivo ou emprego permanente em órgão ou entidade da Administração Pública Federal Direta e Indireta.

No caso de violação dessa proibição, sem prejuízo da nulidade do contrato, essa infração importará responsabilidade administrativa da autoridade contratante e do contratado, inclusive, se for a situação, solidariedade quanto à devolução dos valores pagos ao contratado.

A remuneração do pessoal contratado temporariamente nos termos da Lei nº 8.745/1993 será fixada: em importância não **superior ao valor da remuneração fixada para os servidores de final de Carreira das mesmas categorias, nos planos de retribuição ou nos quadros de cargos** e salários do órgão ou entidade contratante.

Admissão de professor substituto e professor visitante.

Admissão de professor para suprir demandas decorrentes da expansão das instituições federais de ensino, respeitados os limites e as condições fixados em ato conjunto dos Ministérios do Planejamento, Orçamento e Gestão e da Educação.

Admissão de professor para suprir demandas excepcionais decorrentes de programas e projetos de aperfeiçoamento de médicos na área de Atenção Básica em saúde em regiões prioritárias para o SUS, mediante integração ensino-serviço, respeitados os limites e as condições fixados em ato conjunto dos Ministros de Estado do Planejamento, Orçamento e Gestão, da Saúde e da Educação.

Em importância não superior ao valor da remuneração constante dos planos de retribuição ou nos quadros de cargos e salários do serviço público, para servidores que desempenhem função semelhante, ou, não existindo a semelhança, às condições do mercado de trabalho:
- Assistência a situações de calamidade pública.
- Assistência a emergências em saúde pública.
- Realização de recenseamentos e outras pesquisas de natureza estatística efetuadas pelo IBGE.
- Admissão de professor e pesquisador visitante estrangeiro.
- Atividades do inciso VI.
- Admissão de pesquisador, nacional ou estrangeiro, para projeto de pesquisa com prazo determinado, em instituição destinada à pesquisa.

Quando se tratar de coleta de dados, o valor da remuneração poderá ser formado por unidade produzida, desde que obedecido à mesma regra acima disposta:
- Realização de recenseamentos e outras pesquisas de natureza estatística efetuadas pelo IBGE.

Para os efeitos do cálculo dessa remuneração, não se consideram as vantagens de natureza individual dos servidores ocupantes de cargos tomados como paradigma.

Caberá ao Poder Executivo fixar as tabelas de remuneração para as hipóteses de contratações previstas nas alíneas "h", "i", "j", "l" e "m" do inciso VI do *caput* do art. 2º da Lei nº 8.745/1993.

Ao pessoal contratado nos termos da Lei nº 8.745/1993 aplica-se o disposto na Lei nº 8.647/1993 (lei que trata da vinculação do servidor público civil, ocupante de cargo em comissão sem vínculo efetivo com a Administração Pública Federal, ao Regime Geral de Previdência Social).

O pessoal contratado nos termos da Lei nº 8.745/1993, art. 9º **não** poderá:

*I - Receber atribuições, funções ou encargos não previstos no respectivo contrato.*

*II - Ser nomeado ou designado, ainda que a título precário ou em substituição, para o exercício de cargo em comissão ou função de confiança.*

*III. Ser novamente contratado, com fundamento nessa Lei, antes de decorridos 24 meses do encerramento de seu contrato anterior (salvo nas hipóteses dos incisos I e IX do art. 2º desta Lei, mediante prévia autorização, conforme determina o art. 5º da Lei nº 8.745/1993).*

A inobservância dessas proibições importará na **rescisão do contrato** (nos casos dos incisos I e II) ou na **declaração da sua insubsistência** (no caso do inciso III), **sem prejuízo da responsabilidade administrativa** das autoridades envolvidas na transgressão.

As infrações disciplinares atribuídas ao pessoal contratado nos termos da Lei nº 8.745/1993 serão apuradas mediante sindicância, concluída no prazo de **30 dias e assegurada ampla defesa**.

## 13.23 Extinção do contrato (sem direito a indenizações)

- Pelo término do prazo contratual (comunicada com antecedência mínima de 30 dias).
- Por iniciativa do contratado (comunicada com antecedência mínima de 30 dias).
- Pela extinção ou conclusão do projeto, definidos pelo contratante, nos casos da alínea "h" do inciso VI do art. 2º da Lei nº 8.745/1993.

A extinção do contrato, por iniciativa do órgão ou entidade contratante, decorrente de **conveniência administrativa**, importará no pagamento ao **contratado de indenização correspondente à metade** do que lhe caberia referente ao restante do contrato.

O tempo de serviço prestado em virtude de contratação temporária nos termos dessa Lei será contado para todos os efeitos.

# 14 LEI Nº 10.520/2002 - MODALIDADE DE LICITAÇÃO DENOMINADA PREGÃO

Adoção de pregão: para aquisição de bens e serviços comuns, poderá ser adotada a licitação na modalidade de pregão, que será regida por esta Lei.

Bens e serviços comuns: consideram-se bens e serviços comuns, para os fins e efeitos deste artigo, aqueles cujos padrões de desempenho e qualidade possam ser objetivamente definidos pelo edital, por meio de especificações usuais no mercado.

Realização: poderá ser realizado o pregão por meio da utilização de recursos de tecnologia da informação, nos termos de regulamentação específica.

Participação de bolsas de mercadorias: será facultado, nos termos de regulamentos próprios da União, Estados, Distrito Federal e Municípios, a participação de bolsas de mercadorias no apoio técnico e operacional aos órgãos e entidades promotores da modalidade de pregão, utilizando-se de recursos de tecnologia da informação.

Bolsas: deverão estar organizadas sob a forma de sociedades civis sem fins lucrativos e com a participação plural de corretoras que operem sistemas eletrônicos unificados de pregões.

## 14.1 Fase preparatória do pregão

▷ A autoridade competente justificará a necessidade de contratação e definirá o objeto do certame, as exigências de habilitação, os critérios de aceitação das propostas, as sanções por inadimplemento e as cláusulas do contrato, inclusive com fixação dos prazos para fornecimento;

▷ A definição do objeto deverá ser precisa, suficiente e clara, vedadas especificações que, por excessivas, irrelevantes ou desnecessárias, limitem a competição;

▷ Dos autos do procedimento constarão a justificativa das definições referidas no inciso I deste artigo e os indispensáveis elementos técnicos sobre os quais estiverem apoiados, bem como o orçamento, elaborado pelo órgão ou entidade promotora da licitação, dos bens ou serviços a serem licitados;

▷ A autoridade competente designará, dentre os servidores do órgão ou entidade promotora da licitação, o pregoeiro e respectiva equipe de apoio, cuja atribuição inclui, dentre outras, o recebimento das propostas e lances, a análise de sua aceitabilidade e sua classificação, bem como a habilitação e a adjudicação do objeto do certame ao licitante vencedor.

Equipe de apoio: deverá ser integrada em sua maioria por servidores ocupantes de cargo efetivo ou emprego da administração, preferencialmente pertencentes ao quadro permanente do órgão ou entidade promotora do evento.

Funções de pregoeiro e de membro da equipe de apoio: no âmbito do Ministério da Defesa, as funções de pregoeiro e de membro da equipe de apoio poderão ser desempenhadas por militares

Fase externa do pregão: será iniciada com a convocação dos interessados e observará as seguintes regras:

a convocação dos interessados será efetuada por meio de publicação de aviso em diário oficial do respectivo ente federado ou, não existindo, em jornal de circulação local, e facultativamente, por meios eletrônicos e conforme o vulto da licitação, em jornal de grande circulação, nos termos do regulamento;

▷ Do aviso constarão a definição do objeto da licitação, a indicação do local, dias e horários em que poderá ser lida ou obtida a íntegra do edital;

▷ Do edital constarão todos os elementos definidos na forma do inciso i do art. 3º, as normas que disciplinarem o procedimento e a minuta do contrato, quando for o caso;

▷ Cópias do edital e do respectivo aviso serão colocadas à disposição de qualquer pessoa para consulta e divulgadas na forma da lei nº 9.755/1998;

▷ O prazo fixado para a apresentação das propostas, contado a partir da publicação do aviso, não será inferior a 8 (oito) dias úteis;

▷ No dia, hora e local designados, será realizada sessão pública para recebimento das propostas, devendo o interessado, ou seu representante, identificar-se e, se for o caso, comprovar a existência dos necessários poderes para formulação de propostas e para a prática de todos os demais atos inerentes ao certame;

▷ Aberta a sessão, os interessados ou seus representantes, apresentarão declaração dando ciência de que cumprem plenamente os requisitos de habilitação e entregarão os envelopes contendo a indicação do objeto e do preço oferecidos, procedendo-se à sua imediata abertura e à verificação da conformidade das propostas com os requisitos estabelecidos no instrumento convocatório;

▷ No curso da sessão, o autor da oferta de valor mais baixo e os das ofertas com preços até 10% (dez por cento) superiores àquela poderão fazer novos lances verbais e sucessivos, até a proclamação do vencedor;

▷ Não havendo pelo menos 3 (três) ofertas nas condições definidas no inciso anterior, poderão os autores das melhores propostas, até o máximo de 3 (três), oferecer novos lances verbais e sucessivos, quaisquer que sejam os preços oferecidos;

▷ Para julgamento e classificação das propostas, será adotado o critério de menor preço, observados os prazos máximos para fornecimento, as especificações técnicas e parâmetros mínimos de desempenho e qualidade definidos no edital;

▷ Examinada a proposta classificada em primeiro lugar, quanto ao objeto e valor, caberá ao pregoeiro decidir motivadamente a respeito da sua aceitabilidade;

▷ Encerrada a etapa competitiva e ordenadas as ofertas, o pregoeiro procederá à abertura do invólucro contendo os documentos de habilitação do licitante que apresentou a melhor proposta, para verificação do atendimento das condições fixadas no edital;

▷ A habilitação far-se-á com a verificação de que o licitante está em situação regular perante a fazenda nacional, a seguridade social e o fundo de garantia do tempo de serviço - fgts, e as fazendas estaduais e municipais, quando for o caso, com a comprovação de que atende às exigências do edital quanto à habilitação jurídica e qualificações técnica e econômico-financeira;

▷ Os licitantes poderão deixar de apresentar os documentos de habilitação que já constem do sistema de cadastramento unificado de fornecedores – sicaf e sistemas semelhantes mantidos por estados, distrito federal ou municípios, assegurado aos demais licitantes o direito de acesso aos dados nele constantes;

▷ Verificado o atendimento das exigências fixadas no edital, o licitante será declarado vencedor;

▷ Se a oferta não for aceitável ou se o licitante desatender às exigências habilitatórias, o pregoeiro examinará as ofertas subsequentes e a qualificação dos licitantes, na ordem de classificação, e assim sucessivamente, até a apuração de uma que atenda ao edital, sendo o respectivo licitante declarado vencedor;

# LEI Nº 10.520/2002 - MODALIDADE DE LICITAÇÃO DENOMINADA PREGÃO

▷ Nas situações previstas nos incisos xi e xvi, o pregoeiro poderá negociar diretamente com o proponente para que seja obtido preço melhor;

▷ Declarado o vencedor, qualquer licitante poderá manifestar imediata e motivadamente a intenção de recorrer, quando lhe será concedido o prazo de 3 (três) dias para apresentação das razões do recurso, ficando os demais licitantes desde logo intimados para apresentar contra-razões em igual número de dias, que começarão a correr do término do prazo do recorrente, sendo-lhes assegurada vista imediata dos autos;

▷ O acolhimento de recurso importará a invalidação apenas dos atos insuscetíveis de aproveitamento;

▷ A falta de manifestação imediata e motivada do licitante importará a decadência do direito de recurso e a adjudicação do objeto da licitação pelo pregoeiro ao vencedor;

▷ Decididos os recursos, a autoridade competente fará a adjudicação do objeto da licitação ao licitante vencedor;

▷ Homologada a licitação pela autoridade competente, o adjudicatário será convocado para assinar o contrato no prazo definido em edital; e

▷ Se o licitante vencedor, convocado dentro do prazo de validade da sua proposta, não celebrar o contrato, aplicar-se-á o disposto no inciso XVI.

É vedada a exigência de: garantia de proposta; aquisição do edital pelos licitantes, como condição para participação no certame; e pagamento de taxas e emolumentos, salvo os referentes a fornecimento do edital, que não serão superiores ao custo de sua reprodução gráfica, e aos custos de utilização de recursos de tecnologia da informação, quando for o caso.

Prazo de validade das propostas: será de 60 dias, se outro não estiver fixado no edital.

Convocação: quem, convocado dentro do prazo de validade da sua proposta, não celebrar o contrato, deixar de entregar ou apresentar documentação falsa exigida para o certame, ensejar o retardamento da execução de seu objeto, não mantiver a proposta, falhar ou fraudar na execução do contrato, comportar-se de modo inidôneo ou cometer fraude fiscal, ficará impedido de licitar e contratar com a União, Estados, Distrito Federal ou Municípios e, será descredenciado no Sicaf, ou nos sistemas de cadastramento de fornecedores a que se refere o inciso XIV do art. 4º desta Lei, pelo prazo de até 5 anos, sem prejuízo das multas previstas em edital e no contrato e das demais cominações legais.

Atos essenciais do pregão: inclusive os decorrentes de meios eletrônicos, serão documentados no processo respectivo, com vistas à aferição de sua regularidade pelos agentes de controle, nos termos do regulamento.

Aplicação subsidiária: aplicam-se subsidiariamente, para a modalidade de pregão, as normas da Lei nº 8.666/1993.

Compras e contratações de bens e serviços comuns: no âmbito da União, dos Estados, do Distrito Federal e dos Municípios, quando efetuadas pelo sistema de registro de preços previsto no art. 15 da Lei nº 8.666/1993, poderão adotar a modalidade de pregão, conforme regulamento específico.

União, estados, distrito federal e municípios: poderão adotar, nas licitações de registro de preços destinadas à aquisição de bens e serviços comuns da área da saúde, a modalidade do pregão, inclusive por meio eletrônico, observando-se o seguinte:

▷ São considerados bens e serviços comuns da área da saúde, aqueles necessários ao atendimento dos órgãos que integram o Sistema Único de Saúde, cujos padrões de desempenho e qualidade possam ser objetivamente definidos no edital, por meio de especificações usuais do mercado.

▷ Quando o quantitativo total estimado para a contratação ou fornecimento não puder ser atendido pelo licitante vencedor, admitir-se-á a convocação de tantos licitantes quantos forem necessários para o atingimento da totalidade do quantitativo, respeitada a ordem de classificação, desde que os referidos licitantes aceitem praticar o mesmo preço da proposta vencedora;

▷ Na impossibilidade do atendimento ao disposto no inciso II, excepcionalmente, poderão ser registrados outros preços diferentes da proposta vencedora, desde que se trate de objetos de qualidade ou desempenho superior, devidamente justificada e comprovada a vantagem, e que as ofertas sejam em valor inferior ao limite máximo admitido.

*§ 3º O custo global de obras e serviços de engenharia deverá ser obtido a partir de custos unitários de insumos ou serviços menores ou iguais à mediana de seus correspondentes ao Sistema Nacional de Pesquisa de Custos e Índices da Construção Civil (Sinapi), no caso de construção civil em geral, ou na tabela do Sistema de Custos de Obras Rodoviárias (Sicro), no caso de obras e serviços rodoviários.*

*§ 4º No caso de inviabilidade da definição dos custos consoante o disposto no § 3º deste artigo, a estimativa de custo global poderá ser apurada por meio da utilização de dados contidos em tabela de referência formalmente aprovada por órgãos ou entidades da administração pública federal, em publicações técnicas especializadas, em sistema específico instituído para o setor ou em pesquisa de mercado.*

*§ 5º Nas licitações para a contratação de obras e serviços, com exceção daquelas onde for adotado o regime previsto no inciso V do caput deste artigo, deverá haver projeto básico aprovado pela autoridade competente, disponível para exame dos interessados em participar do processo licitatório.*

*§ 6º No caso de contratações realizadas pelos governos municipais, estaduais e do Distrito Federal, desde que não envolvam recursos da União, o custo global de obras e serviços de engenharia a que se refere o § 3º deste artigo poderá também ser obtido a partir de outros sistemas de custos já adotados pelos respectivos entes e aceitos pelos respectivos tribunais de contas.*

*§ 7º É vedada a realização, sem projeto executivo, de obras e serviços de engenharia para cuja concretização tenha sido utilizado o RDC, qualquer que seja o regime adotado.*

***Art. 9º*** *Nas licitações de obras e serviços de engenharia, no âmbito do RDC, poderá ser utilizada a **contratação integrada**, desde que técnica e economicamente justificada e cujo objeto envolva, pelo menos, uma das seguintes condições:*

*I – inovação tecnológica ou técnica;*

*II – possibilidade de execução com diferentes metodologias; ou*

*III – possibilidade de execução com tecnologias de domínio restrito no mercado.*

A contratação integrada compreende a elaboração e o desenvolvimento dos projetos básico e executivo, a execução de obras e serviços de engenharia, a montagem, a realização de testes, a pré-operação e todas as demais operações necessárias e suficientes para a entrega final do objeto.

No caso de contratação integrada:

*I – o instrumento convocatório deverá conter anteprojeto de engenharia que contemple os documentos técnicos destinados a possibilitar a caracterização da obra ou serviço, incluindo:*

*a) a demonstração e a justificativa do programa de necessidades, a visão global dos investimentos e as definições quanto ao nível de serviço desejado;*

## NOÇÕES DE DIREITO ADMINISTRATIVO

*b) as condições de solidez, segurança, durabilidade e prazo de entrega, observado o disposto no caput e no § 1º do art. 6º desta Lei;*

*c) a estética do projeto arquitetônico; e*

*d) os parâmetros de adequação ao interesse público, à economia na utilização, à facilidade na execução, aos impactos ambientais e à acessibilidade;*

*II – o valor estimado da contratação será calculado com base nos valores praticados pelo mercado, nos valores pagos pela administração pública em serviços e obras similares ou na avaliação do custo global da obra, aferida mediante orçamento sintético ou metodologia expedita ou paramétrica.*

Caso seja permitida no anteprojeto de engenharia a apresentação de projetos com metodologias diferenciadas de execução, o instrumento convocatório estabelecerá critérios objetivos para avaliação e julgamento das propostas.

Nas hipóteses em que for adotada a contratação integrada, é vedada a celebração de termos aditivos aos contratos firmados, exceto nos seguintes casos:

*I – para recomposição do equilíbrio econômico-financeiro decorrente de caso fortuito ou força maior; e*

*II – por necessidade de alteração do projeto ou das especificações para melhor adequação técnica aos objetivos da contratação, a pedido da administração pública, desde que não decorrentes de erros ou omissões por parte do contratado, observados os limites previstos no § 1º do art. 65 da Lei nº 8.666, de 21 de junho de 1993.*

Se o anteprojeto contemplar matriz de alocação de riscos entre a administração pública e o contratado, o valor estimado da contratação poderá considerar taxa de risco compatível com o objeto da licitação e as contingências atribuídas ao contratado, de acordo com metodologia predefinida pela entidade contratante.

**Art. 10** *Na contratação das obras e serviços, inclusive de engenharia, poderá ser estabelecida remuneração variável vinculada ao desempenho da contratada, com base em metas, padrões de qualidade, critérios de sustentabilidade ambiental e prazo de entrega definidos no instrumento convocatório e no contrato.*

**Parágrafo único.** *A utilização da remuneração variável será motivada e respeitará o limite orçamentário fixado pela administração pública para a contratação.*

**Art. 11** *A administração pública poderá, mediante justificativa expressa, contratar mais de uma empresa ou instituição para executar o mesmo serviço, desde que não implique perda de economia de escala, quando:*

*I – o objeto da contratação puder ser executado de forma concorrente e simultânea por mais de um contratado; ou*

*II – a múltipla execução for conveniente para atender à administração pública.*

*§ 1º Nas hipóteses previstas no caput deste artigo, a administração pública deverá manter o controle individualizado da execução do objeto contratual relativamente a cada uma das contratadas.*

*§ 2º O disposto no caput deste artigo não se aplica aos serviços de engenharia.*

### 14.1.1 Procedimento licitatório

O procedimento de licitação de que trata esta Lei observará as seguintes fases, nesta ordem:

I. Preparatória;
II. Publicação do instrumento convocatório;
III. Apresentação de propostas ou lances;
IV. Julgamento;
V. Habilitação;
VI. Recursal; e
VII. Encerramento.

**Art. 13** *As licitações deverão ser realizadas preferencialmente sob a forma eletrônica, admitida a presencial.*

**Parágrafo único.** *Nos procedimentos realizados por meio eletrônico, a administração pública poderá determinar, como condição de validade e eficácia, que os licitantes pratiquem seus atos em formato eletrônico.*

Na fase de habilitação das licitações realizadas em conformidade com esta Lei, aplicar-se-á, no que couber, o disposto nos arts. 27 a 33 da Lei nº 8.666, de 21 de junho de 1993, observado o seguinte (art. 14):

*I – Poderá ser exigida dos licitantes a declaração de que atendem aos requisitos de habilitação;*

*II – Será exigida a apresentação dos documentos de habilitação apenas pelo licitante vencedor, exceto no caso de inversão de fases;*

*III – No caso de inversão de fases, só serão recebidas as propostas dos licitantes previamente habilitados; e*

*IV – Em qualquer caso, os documentos relativos à regularidade fiscal poderão ser exigidos em momento posterior ao julgamento das propostas, apenas em relação ao licitante mais bem classificado.*

Nas licitações disciplinadas pelo RDC:

*I – Será admitida a participação de licitantes sob a forma de consórcio, conforme estabelecido em regulamento; e*

*II – Poderão ser exigidos requisitos de sustentabilidade ambiental, na forma da legislação aplicável.*

Será dada ampla publicidade aos procedimentos licitatórios e de pré-qualificação disciplinados por esta Lei, ressalvadas as hipóteses de informações cujo sigilo seja imprescindível à segurança da sociedade e do Estado, devendo ser adotados os seguintes prazos mínimos para apresentação de propostas, contados a partir da data de publicação do instrumento convocatório (art. 15):

Para aquisição de bens:
- 5 (cinco) dias úteis, quando adotados os critérios de julgamento pelo menor preço; ou
- 10 (dez) dias úteis, nas hipóteses não abrangidas pela alínea a deste inciso.

Para a contratação de serviços:
- 15 (quinze) dias úteis, quando adotados os critérios de julgamento pelo menor preço ou pelo maior desconto;
- 30 (trinta) dias úteis, nas hipóteses não abrangidas pela alínea a deste inciso.

Para licitações em que se adote o critério de julgamento:
- 10 dias úteis.

Para licitações em que se adote o critério de julgamento pela melhor combinação de técnica e preço, pela melhor técnica ou em razão do conteúdo artístico:
- 30 dias úteis.

**Art. 15 [...]**

*§ 1º A publicidade a que se refere o caput deste artigo, sem prejuízo da faculdade de divulgação direta aos fornecedores, cadastrados ou não, será realizada mediante:*

*I – publicação de extrato do edital no Diário Oficial da União, do Estado, do Distrito Federal ou do Município, ou, no caso de consórcio público, do ente de maior nível entre eles, sem prejuízo da possibilidade de publicação de extrato em jornal diário de grande circulação; e*

*II – divulgação em sítio eletrônico oficial centralizado de divulgação de licitações ou mantido pelo ente encarregado do procedimento licitatório na rede mundial de computadores.*

*§ 2º No caso de licitações cujo valor não ultrapasse R$ 150.000,00 (cento e cinquenta mil reais) para obras ou R$ 80.000,00 (oitenta mil reais) para bens e serviços, inclusive de engenharia, é dispensada a publicação prevista no inciso I do § 1º deste artigo.*

*§ 3º No caso de parcelamento do objeto, deverá ser considerado, para fins da aplicação do disposto no § 2º deste artigo, o valor total da contratação.*

# LEI Nº 10.520/2002 - MODALIDADE DE LICITAÇÃO DENOMINADA PREGÃO

§ 4º As eventuais modificações no instrumento convocatório serão divulgadas nos mesmos prazos dos atos e procedimentos originais, exceto quando a alteração não comprometer a formulação das propostas.

Nas licitações, poderão ser adotados os modos de disputa aberto e fechado, que poderão ser combinados na forma do regulamento.

O regulamento disporá sobre as regras e procedimentos de apresentação de propostas ou lances, observado o seguinte (art. 17):

I - No modo de disputa aberto, os licitantes apresentarão suas ofertas por meio de lances públicos e sucessivos, crescentes ou decrescentes, conforme o critério de julgamento adotado;

II - No modo de disputa fechado, as propostas apresentadas pelos licitantes serão sigilosas até a data e hora designadas para que sejam divulgadas; e

III - Nas licitações de obras ou serviços de engenharia, após o julgamento das propostas, o licitante vencedor deverá reelaborar e apresentar à administração pública, por meio eletrônico, as planilhas com indicação dos quantitativos e dos custos unitários, bem como do detalhamento das Bonificações e Despesas Indiretas (BDI) e dos Encargos Sociais (ES), com os respectivos valores adequados ao lance vencedor.

Poderão ser admitidos, nas condições estabelecidas em regulamento:

I - A apresentação de lances intermediários, durante a disputa aberta; e

II - O reinício da disputa aberta, após a definição da melhor proposta e para a definição das demais colocações, sempre que existir uma diferença de pelo menos 10% (dez por cento) entre o melhor lance e o do licitante subsequente.

Consideram-se intermediários os lances:

I - Iguais ou inferiores ao maior já ofertado, quando adotado o julgamento pelo critério da maior oferta; ou

II - Iguais ou superiores ao menor já ofertado, quando adotados os demais critérios de julgamento.

**Art. 18** Poderão ser utilizados os seguintes critérios de julgamento:

I - menor preço ou maior desconto;

II - técnica e preço;

III - melhor técnica ou conteúdo artístico;

IV - maior oferta de preço; ou

V - maior retorno econômico.

§ 1º O critério de julgamento será identificado no instrumento convocatório, observado o disposto nesta Lei.

§ 2º O julgamento das propostas será efetivado pelo emprego de parâmetros objetivos definidos no instrumento convocatório.

§ 3º Não serão consideradas vantagens não previstas no instrumento convocatório, inclusive financiamentos subsidiados ou a fundo perdido.

O julgamento pelo menor preço ou maior desconto considerará o menor dispêndio para a administração pública, atendidos os parâmetros mínimos de qualidade definidos no instrumento convocatório.

**Art. 20** No julgamento pela melhor combinação de técnica e preço, deverão ser avaliadas e ponderadas as propostas técnicas e de preço apresentadas pelos licitantes, mediante a utilização de parâmetros objetivos obrigatoriamente inseridos no instrumento convocatório.

O critério de julgamento a que se refere o caput deste artigo será utilizado quando a avaliação e a ponderação da qualidade técnica das propostas que superarem os requisitos mínimos estabelecidos no instrumento convocatório forem relevantes aos fins pretendidos pela administração pública, e destinar-se-á exclusivamente a objetos:

I - de natureza predominantemente intelectual e de inovação tecnológica ou técnica; ou

II - que possam ser executados com diferentes metodologias ou tecnologias de domínio restrito no mercado, pontuando-se as vantagens e qualidades que eventualmente forem oferecidas para cada produto ou solução.

É permitida a atribuição de fatores de ponderação distintos para valorar as propostas técnicas e de preço, sendo o percentual de ponderação mais relevante limitado a 70% (setenta por cento).

**Art. 21** O julgamento pela melhor técnica ou pelo melhor conteúdo artístico considerará exclusivamente as propostas técnicas ou artísticas apresentadas pelos licitantes com base em critérios objetivos previamente estabelecidos no instrumento convocatório, no qual será definido o prêmio ou a remuneração que será atribuída aos vencedores.

**Parágrafo único**. O critério de julgamento referido no caput deste artigo poderá ser utilizado para a contratação de projetos, inclusive arquitetônicos, e trabalhos de natureza técnica, científica ou artística, excluindo-se os projetos de engenharia.

**Art. 22** O julgamento pela maior oferta de preço será utilizado no caso de contratos que resultem em receita para a administração pública.

§ 1º Quando utilizado o critério de julgamento pela maior oferta de preço, os requisitos de qualificação técnica e econômico-financeira poderão ser dispensados, conforme dispuser o regulamento.

§ 2º No julgamento pela maior oferta de preço, poderá ser exigida a comprovação do recolhimento de quantia a título de garantia, como requisito de habilitação, limitada a 5% (cinco por cento) do valor ofertado.

§ 3º Na hipótese do § 2º deste artigo, o licitante vencedor perderá o valor da entrada em favor da administração pública caso não efetive o pagamento devido no prazo estipulado.

No julgamento pelo maior retorno econômico, utilizado exclusivamente para a celebração de contratos de eficiência, as propostas serão consideradas de forma a selecionar a que proporcionará a maior economia para a administração pública decorrente da execução do contrato.

O contrato de eficiência terá por objeto a prestação de serviços, que pode incluir a realização de obras e o fornecimento de bens, com o objetivo de proporcionar economia ao contratante, na forma da redução de despesas correntes, sendo o contratado remunerado com base em percentual da economia gerada.

Na hipótese prevista no caput deste artigo, os licitantes apresentarão propostas de trabalho e de preço, conforme dispuser o regulamento.

Nos casos em que não for gerada a economia prevista no contrato de eficiência:

I - a diferença entre a economia contratada e a efetivamente obtida será descontada da remuneração da contratada;

II - se a diferença entre a economia contratada e a efetivamente obtida for superior à remuneração da contratada, será aplicada multa por inexecução contratual no valor da diferença; e

III - a contratada sujeitar-se-á, ainda, a outras sanções cabíveis caso a diferença entre a economia contratada e a efetivamente obtida seja superior ao limite máximo estabelecido no contrato.

Art. 24: serão desclassificadas as propostas que:

- Contenham vícios insanáveis;
- Não obedeçam às especificações técnicas pormenorizadas no instrumento convocatório;
- Apresentem preços manifestamente inexequíveis ou permaneçam acima do orçamento estimado para a contratação, inclusive nas hipóteses previstas no art. 6º desta Lei;
- Não tenham sua exequibilidade demonstrada, quando exigido pela administração pública;
- Apresentem desconformidade com quaisquer outras exigências do instrumento convocatório, desde que insanáveis.

A verificação da conformidade das propostas poderá ser feita exclusivamente em relação à proposta mais bem classificada.

A administração pública poderá realizar diligências para aferir a exequibilidade das propostas ou exigir dos licitantes que ela seja demonstrada, na forma do inciso IV do caput deste artigo.

No caso de obras e serviços de engenharia, para efeito de avaliação da exequibilidade e de sobre preço, serão considerados o preço global, os quantitativos e os preços unitários considerados relevantes, conforme dispuser o regulamento.

# NOÇÕES DE DIREITO ADMINISTRATIVO

**Art. 25** *Em caso de empate entre 2 (duas) ou mais propostas, serão utilizados os seguintes critérios de desempate, nesta ordem:*

*I - disputa final, em que os licitantes empatados poderão apresentar nova proposta fechada em ato contínuo à classificação;*

*II - a avaliação do desempenho contratual prévio dos licitantes, desde que exista sistema objetivo de avaliação instituído;*

*III - os critérios estabelecidos no art. 3º da Lei nº 8.248, de 23 de outubro de 1991, e no § 2º do art. 3º da Lei nº 8.666, de 21 de junho de 1993; e*

*IV - sorteio.*

Definido o resultado do julgamento, a administração pública poderá negociar condições mais vantajosas com o primeiro colocado.

A negociação poderá ser feita com os demais licitantes, segundo a ordem de classificação inicialmente estabelecida, quando o preço do primeiro colocado, mesmo após a negociação, for desclassificado por sua proposta permanecer acima do orçamento estimado.

**Art. 27** *Salvo no caso de inversão de fases, o procedimento licitatório terá uma fase recursal única, que se seguirá à habilitação do vencedor.*

**Parágrafo único.** *Na fase recursal, serão analisados os recursos referentes ao julgamento das propostas ou lances e à habilitação do vencedor.*

Exauridos os recursos administrativos, o procedimento licitatório será encerrado e encaminhado à autoridade superior, que poderá:

*I - Determinar o retorno dos autos para saneamento de irregularidades que forem supríveis;*

*II - Anular o procedimento, no todo ou em parte, por vício insanável;*

*III - Revogar o procedimento por motivo de conveniência e oportunidade; ou*

*IV - Adjudicar o objeto e homologar a licitação.*

## 14.1.2 Procedimentos auxiliares das licitações no âmbito do RDC

**Art. 29** *São procedimentos auxiliares das licitações regidas pelo disposto nesta Lei:*

*I - pré-qualificação permanente;*

*II - cadastramento;*

*III - sistema de registro de preços; e*

*IV - catálogo eletrônico de padronização.*

Considera-se pré-qualificação permanente o procedimento anterior à licitação destinado a identificar:

*I - Fornecedores que reúnam condições de habilitação exigidas para o fornecimento de bem ou a execução de serviço ou obra nos prazos, locais e condições previamente estabelecidos; e*

*II - Bens que atendam às exigências técnicas e de qualidade da administração pública.*

**Art. 30** *[...]*

*§ 1º O procedimento de pré-qualificação ficará permanentemente aberto para a inscrição dos eventuais interessados.*

*§ 2º A administração pública poderá realizar licitação restrita aos pré-qualificados, nas condições estabelecidas em regulamento.*

*§ 3º A pré-qualificação poderá ser efetuada nos grupos ou segmentos, segundo as especialidades dos fornecedores.*

*§ 4º A pré-qualificação poderá ser parcial ou total, contendo alguns ou todos os requisitos de habilitação ou técnicos necessários à contratação, assegurada, em qualquer hipótese, a igualdade de condições entre os concorrentes.*

*§ 5º A pré-qualificação terá validade de 1 (um) ano, no máximo, podendo ser atualizada a qualquer tempo.*

Os registros cadastrais poderão ser mantidos para efeito de habilitação dos inscritos em procedimentos licitatórios e serão válidos por 1 (um) ano, no máximo, podendo ser atualizados a qualquer tempo.

Os inscritos serão admitidos segundo requisitos previstos em regulamento.

A atuação do licitante no cumprimento de obrigações assumidas será anotada no respectivo registro cadastral e a qualquer tempo poderá ser alterado, suspenso ou cancelado o registro do inscrito que deixar de satisfazer as exigências de habilitação ou as estabelecidas para admissão cadastral.

**Art. 32** *O Sistema de **Registro de Preços**, especificamente destinado às licitações de que trata esta Lei, reger-se-á pelo disposto em regulamento.*

*§ 1º Poderá aderir ao sistema referido no caput deste artigo qualquer órgão ou entidade responsável pela execução das atividades contempladas no art. 1º desta Lei.*

São condições a serem observadas no registro de preços:

*I - Efetivação prévia de ampla pesquisa de mercado;*

*II - Seleção de acordo com os procedimentos previstos em regulamento;*

*III - Desenvolvimento obrigatório de rotina de controle e atualização periódicos dos preços registrados;*

*IV - Definição da validade do registro; e*

*V - Inclusão, na respectiva ata, do registro dos licitantes que aceitarem cotar os bens ou serviços com preços iguais ao do licitante vencedor na sequência da classificação do certame, assim como dos licitantes que mantiverem suas propostas originais.*

A existência de preços registrados não obriga a administração pública a firmar os contratos que deles poderão advir, sendo facultada a realização de licitação específica, assegurada ao licitante registrado preferência em igualdade de condições.

**Art. 33** *O catálogo eletrônico de padronização de compras, serviços e obras consiste em sistema informatizado, de gerenciamento centralizado, destinado a permitir a padronização dos itens a serem adquiridos pela administração pública que estarão disponíveis para a realização de licitação.*

**Parágrafo único.** *O catálogo referido no caput deste artigo poderá ser utilizado em licitações cujo critério de julgamento seja a oferta de menor preço ou de maior desconto e conterá toda a documentação e procedimentos da fase interna da licitação, assim como as especificações dos respectivos objetos, conforme disposto em regulamento.*

## 14.1.3 Comissão de licitação

**Art. 34** *As licitações promovidas consoante o RDC serão processadas e julgadas por comissão permanente ou especial de licitações, composta majoritariamente por servidores ou empregados públicos pertencentes aos quadros permanentes dos órgãos ou entidades da administração pública responsáveis pela licitação.*

*§ 1º As regras relativas ao funcionamento das comissões de licitação e da comissão de cadastramento de que trata esta Lei serão estabelecidas em regulamento.*

*§ 2º Os membros da comissão de licitação responderão solidariamente por todos os atos praticados pela comissão, salvo se posição individual divergente estiver registrada na ata da reunião em que houver sido adotada a respectiva decisão.*

## 14.1.4 Dispensa e inexigibilidade de licitação

**Art. 35** *As hipóteses de dispensa e inexigibilidade de licitação estabelecidas nos arts. 24 e 25 da Lei nº 8.666, de 21 de junho de 1993, aplicam-se, no que couber, às contratações realizadas com base no RDC.*

**Parágrafo único.** *O processo de contratação por dispensa ou inexigibilidade de licitação deverá seguir o procedimento previsto no art. 26 da Lei nº 8.666, de 21 de junho de 1993.*

## 14.1.5 Condições específicas para a participação nas licitações e para a contratação no RDC

**Art. 36** *É **vedada a participação direta ou indireta** nas licitações de que trata esta Lei:*

*I – da pessoa física ou jurídica que elaborar o projeto básico ou executivo correspondente;*

*II – da pessoa jurídica que participar de consórcio responsável pela elaboração do projeto básico ou executivo correspondente;*

*III – da pessoa jurídica da qual o autor do projeto básico ou executivo seja administrador, sócio com mais de 5% (cinco por cento) do capital votante, controlador, gerente, responsável técnico ou subcontratado; ou*

*IV – do servidor, empregado ou ocupante de cargo em comissão do órgão ou entidade contratante ou responsável pela licitação.*

*§ 1º Não se aplica o disposto nos incisos I, II e III do caput deste artigo no caso das contratações integradas.*

*§ 2º O disposto no caput deste artigo não impede, nas licitações para a contratação de obras ou serviços, a previsão de que a elaboração de projeto executivo constitua encargo do contratado, consoante preço previamente fixado pela administração pública.*

*§ 3º É permitida a participação das pessoas físicas ou jurídicas de que tratam os incisos II e III do caput deste artigo em licitação ou na execução do contrato, como consultor ou técnico, nas funções de fiscalização, supervisão ou gerenciamento, exclusivamente a serviço do órgão ou entidade pública interessados.*

*§ 4º Para fins do disposto neste artigo, considera-se participação indireta a existência de qualquer vínculo de natureza técnica, comercial, econômica, financeira ou trabalhista entre o autor do projeto, pessoa física ou jurídica, e o licitante ou responsável pelos serviços, fornecimentos e obras, incluindo-se os fornecimentos de bens e serviços a estes necessários.*

*§ 5º O disposto no § 4º deste artigo aplica-se aos membros da comissão de licitação.*

É vedada a contratação direta, sem licitação, de pessoa jurídica na qual haja administrador ou sócio com poder de direção que mantenha relação de parentesco, inclusive por afinidade, até o terceiro grau civil com:

*I – Detentor de cargo em comissão ou função de confiança que atue na área responsável pela demanda ou contratação; e*

*II – Autoridade hierarquicamente superior no âmbito de cada órgão ou entidade da administração pública.*

> Nos processos de contratação abrangidos por esta Lei, aplicam-se as preferências para fornecedores ou tipos de bens, serviços e obras previstos na legislação, em especial as referidas:
> - No art. 3º da Lei nº 8.248, de 23 de outubro de 1991;
> - No art. 3º da Lei nº 8.666, de 21 de junho de 1993; e
> - Nos arts. 42 a 49 da Lei Complementar nº 123, de 14 de dezembro de 2006.

## 14.2 Regras específicas aplicáveis aos contratos celebrados no âmbito do RDC

*Art. 39 Os contratos administrativos celebrados com base no RDC reger-se-ão pelas normas da Lei nº 8.666, de 21 de junho de 1993, com exceção das regras específicas previstas nesta Lei.*

É facultado à administração pública, quando o convocado não assinar o termo de contrato ou não aceitar ou retirar o instrumento equivalente no prazo e condições estabelecidos:

*I – Revogar a licitação, sem prejuízo da aplicação das cominações previstas na Lei nº 8.666, de 21 de junho de 1993, e nesta Lei; ou*

*II – Convocar os licitantes remanescentes, na ordem de classificação, para a celebração do contrato nas condições ofertadas pelo licitante vencedor.*

Na hipótese de nenhum dos licitantes aceitar a contratação nos termos do inciso II do caput deste artigo, a administração pública poderá convocar os licitantes remanescentes, na ordem de classificação, para a celebração do contrato nas condições ofertadas por estes, desde que o respectivo valor seja igual ou inferior ao orçamento estimado para a contratação, inclusive quanto aos preços atualizados nos termos do instrumento convocatório.

*Art. 41 Na hipótese do inciso XI do art. 24 da Lei nº 8.666, de 21 de junho de 1993, a contratação de remanescente de obra, serviço ou fornecimento de bens em consequência de rescisão contratual observará a ordem de classificação dos licitantes remanescentes e as condições por estes ofertadas, desde que não seja ultrapassado o orçamento estimado para a contratação.*

*Art. 42 Os contratos para a execução das obras previstas no plano plurianual poderão ser firmados pelo período nele compreendido, observado o disposto no caput do art. 57 da Lei nº 8.666, de 21 de junho de 1993.*

*Art. 43 Na hipótese do inciso II do art. 57 da Lei no 8.666, de 21 de junho de 1993, os contratos celebrados pelos entes públicos responsáveis pelas atividades descritas nos incisos I a III do art. 1º desta Lei poderão ter sua vigência estabelecida até a data da extinção da APO.*

*Art. 44 As normas referentes à anulação e revogação das licitações previstas no art. 49 da Lei nº 8.666, de 21 de junho de 1993, aplicar-seão às contratações realizadas com base no disposto nesta Lei.*

*Art. 44-A Nos contratos regidos por esta Lei, poderá ser admitido o emprego dos mecanismos privados de resolução de disputas, inclusive a arbitragem, a ser realizada no Brasil e em língua portuguesa, nos termos da Lei nº 9.307, de 23 de setembro de 1996, e a mediação, para dirimir conflitos decorrentes da sua execução ou a ela relacionados.*

## 14.3 Pedidos de esclarecimento, impugnações e recursos

Dos atos da administração pública decorrentes da aplicação do RDC caberão (art. 45):

▷ Pedidos de esclarecimento e impugnações ao instrumento convocatório no prazo mínimo de:
- Até 2 (dois) dias úteis antes da data de abertura das propostas, no caso de licitação para aquisição ou alienação de bens;
- Até 5 (cinco) dias úteis antes da data de abertura das propostas, no caso de licitação para contratação de obras ou serviços;

▷ Recursos, no prazo de 5 (cinco) dias úteis contados a partir da data da intimação ou da lavratura da ata, em face:
- Do ato que defira ou indefira pedido de pré-qualificação de interessados;
- Do ato de habilitação ou inabilitação de licitante;
- Do julgamento das propostas;
- Da anulação ou revogação da licitação;
- Do indeferimento do pedido de inscrição em registro cadastral, sua alteração ou cancelamento;
- Da rescisão do contrato, nas hipóteses previstas no inciso I do art. 79 da Lei nº 8.666;
- Da aplicação das penas de advertência, multa, declaração de inidoneidade, suspensão temporária de participação em licitação e impedimento de contratar com a administração pública.

▷ Representações, no prazo de 5 (cinco) dias úteis contados a partir da data da intimação:
- Relativamente a atos de que não caiba recurso hierárquico.

Os licitantes que desejarem apresentar os recursos de que tratam as alíneas a, b e c do inciso II do caput deste artigo deverão manifestar imediatamente a sua intenção de recorrer, sob pena de preclusão.

O prazo para apresentação de contrarrazões será o mesmo do recurso e começará imediatamente após o encerramento do prazo recursal.

*§ 3º É assegurado aos licitantes vista dos elementos indispensáveis à defesa de seus interesses.*

*§ 4º Na contagem dos prazos estabelecidos nesta Lei, **excluir-se-á o dia do início e incluir-se-á o do vencimento.***

*§ 5º Os prazos previstos nesta Lei iniciam e expiram exclusivamente em dia de expediente no âmbito do órgão ou entidade.*

*§ 6º O recurso será dirigido à autoridade superior, por intermédio da autoridade que praticou o ato recorrido, cabendo a esta reconsiderar sua decisão no prazo de 5 (cinco) dias úteis ou, nesse mesmo prazo, fazê-lo subir, devidamente informado, devendo, neste caso, a decisão do recurso ser proferida dentro do prazo de 5 (cinco) dias úteis, contados do seu recebimento, sob pena de apuração de responsabilidade.*

*Art. 46 Aplica-se ao RDC o disposto no art. 113 da Lei nº 8.666, de 21 de junho de 1993.*

## 14.4 Sanções administrativas

Ficará impedido de licitar e contratar com a União, Estados, Distrito Federal ou Municípios, pelo prazo de até 5 (cinco) anos, sem prejuízo das multas previstas no instrumento convocatório e no contrato, bem como das demais cominações legais, o licitante que: (art. 47)

*I – Convocado dentro do prazo de validade da sua proposta não celebrar o contrato, inclusive nas hipóteses previstas no parágrafo único do art. 40 e no art. 41 desta Lei;*

*II – Deixar de entregar a documentação exigida para o certame ou apresentar documento*

*falso;*

*III – Ensejar o retardamento da execução ou da entrega do objeto da licitação sem motivo justificado;*

*III – Não mantiver a proposta, salvo se em decorrência de fato superveniente, devidamente justificado;*

*IV – Fraudar a licitação ou praticar atos fraudulentos na execução do contrato;*

*V – Comportar-se de modo inidôneo ou cometer fraude fiscal; ou*

*VI – Der causa à inexecução total ou parcial do contrato.*

*Art. 47 [...]*

*§ 1º A aplicação da sanção de que trata o caput deste artigo implicará ainda o descredenciamento do licitante, pelo prazo estabelecido no caput deste artigo, dos sistemas de cadastramento dos entes federativos que compõem a Autoridade Pública Olímpica.*

*§ 2º As sanções administrativas, criminais e demais regras previstas no Capítulo IV da Lei nº 8.666, de 21 de junho de 1993, aplicam-se às licitações e aos contratos regidos por esta Lei.*

***Art. 47-A** A administração pública poderá firmar contratos de locação de bens móveis e imóveis, nos quais o locador realiza prévia aquisição, construção ou reforma substancial, com ou sem aparelhamento de bens, por si mesmo ou por terceiros, do bem especificado pela administração.*

*§ 1º A contratação referida no caput sujeita-se à mesma disciplina de dispensa e inexigibilidade de licitação aplicável às locações comuns.*

*§ 2º A contratação referida no caput poderá prever a reversão dos bens à administração pública ao final da locação, desde que estabelecida no contrato.*

*§ 3º O valor da locação a que se refere o caput não poderá exceder, ao mês, 1% (um por cento) do valor do bem locado.*

## 15 PORTARIA INTERMINISTERIAL Nº 424/2016

A Secretaria da Controladoria- Geral do Estado – SCGE, através da Diretoria de Orientação ao Gestor e Informações Estratégicas – Coordenadoria de Orientação, no exercício de sua função, informou sobre a publicação da Portaria Interministerial nº 424 de 30 de dezembro de 2016, acerca de transferências de recursos da União mediante Convênios e Contratos de Repasse.

A citada Portaria revogou a antiga Portaria nº 507 de 24 de novembro de 2011 com objetivo de:

- Aprimorar a gestão orçamentária e financeira dos recursos operacionalizados por meio de transferências voluntárias da União;
- Definir limitação de percentagem de adiantamentos de recursos;
- Limitar o prazo de vigência para os convênios de custeio;
- Otimizar o processo de acompanhamento e fiscalização por meio da definição de faixas de valores;
- Estabelecer parâmetros objetivos para verificação do cumprimento do objeto;
- Simplificar o processo de prestação de contas dos convênios e contratos de repasse por meio do estabelecimento de prestação de contas física e financeira continuada durante a execução e
- Não permitir a disponibilização de recursos transferidos sem uso pelo convenente.

Em seu art. 2º, a aludida Portaria esclarece que não se aplicam as exigências dela aos instrumentos celebrados anteriormente à data da sua publicação (02/01/2017); que tenham por objeto a delegação de competência ou a autorização a órgãos ou entidades de outras esferas de governo para a execução de atribuições determinadas em lei, dentre outras recomendações explicitadas no art. 2º da Portaria nº 424 de 30 de dezembro de 2016.

Algumas exigências da referida Portaria nº 424 de 30 de dezembro de 2016 são:

- É vedado o início de execução de novos instrumentos e a liberação de recursos para o convenente que tiver instrumentos apoiados com recursos do Governo Federal sem execução financeira por prazo superior a 180 (cento e oitenta) dias;
- A execução de Obras e Serviços de Engenharia será feita através de Contrato de Repasse, com exceção dos executados por órgãos da administração indireta e os vinculados à função orçamentária defesa nacional;
- É vedada a realização de convênios para a execução de atividades cujo objeto esteja relacionado ao pagamento de custeio continuado do proponente;
- Convênios vigentes cujo objeto esteja relacionado ao pagamento de custeio continuado do proponente e celebrados pelos órgãos da Administração Pública Federal devem ser encerrados em até 24 meses;
- Caso os recursos não sejam utilizados no objeto da transferência pelo prazo de 180 (cento e oitenta) dias, o concedente poderá solicitar a transferência para a conta única da União;
- A titularidade dos bens remanescentes é do convenente, salvo expressa disposição em contrário no instrumento celebrado;
- É obrigação do concedente e do convenente divulgar em sítio eletrônico institucional as informações referentes a valores devolvidos, bem como a causa da devolução, nos casos de não execução total do objeto pactuado, extinção ou rescisão do instrumento;
- A liberação da primeira parcela ou parcela única ficará condicionada:
  - Ao envio pela mandatária e homologação pelo concedente da Síntese do Projeto Aprovado – SPA, quando o objeto do instrumento envolver a execução de obras e serviços de engenharia com valores de repasse iguais ou superiores a R$ 750.000,00 (setecentos e cinquenta mil reais)
  - À conclusão da análise técnica e aceite do processo licitatório pelo concedente ou mandatária
- A liberação das demais parcelas, está condicionada a execução de no mínimo 70% (setenta por cento) das parcelas liberadas anteriormente;
- A liberação de recursos, referente à primeira parcela, não poderá exceder a 20% (vinte por cento) do valor global do instrumento, exceto nos casos de instrumento com parcela única;
- Vedação de utilização dos rendimentos para ampliação ou acréscimo de metas ao plano de trabalho pactuado;
- Vedação de celebração de instrumentos para execução de obras e serviços de engenharia com valor de repasse inferior a R$ 250.000,00 (duzentos e cinquenta mil reais);
- É vedada a celebração de instrumento para a execução de despesa de custeio ou aquisição de equipamentos com valor inferior a R$ 100.000,00 (cem mil reais), dentre outras exigências.

# NOÇÕES DE DIREITO ADMINISTRATIVO

## 16 DECRETO Nº 6.170/2007 - CONTRATOS DE REPASSE

Trata-se da regulamentação dos convênios e contratos de repasse celebrados pelos órgãos e entidades da Administração Pública Federal com órgãos ou entidades públicas ou privadas sem fins lucrativos.

> **Fique ligado**
> As Entidades conveniadas, se privadas, devem ser sem fins lucrativos.

Esses convênios ou contratos de repasse, destinam-se, para a execução de programas, projetos e atividades que envolvam a transferência de recursos oriundos dos Orçamentos Fiscal e da Seguridade Social da União.

> **Fique ligado**
> Não é necessário entender Administração Financeira e Orçamentária, porém, deve-se lembrar que os recursos são oriundos dos orçamentos fiscal e da seguridade social.

### 16.1 Designações

#### 16.1.1 Convênio

Acordo, ajuste ou qualquer outro instrumento que discipline a transferência de recursos financeiros de dotações consignadas nos Orçamentos Fiscal e da Seguridade Social da União, visando a execução de programa de governo, em regime de mútua cooperação sendo:
- De um lado, figura o órgão ou entidade da administração pública federal, direta ou indireta;
- De outro lado, órgão ou entidade da administração pública estadual, distrital ou municipal, direta ou indireta, ou ainda, entidades privadas sem fins lucrativos.

#### 16.1.2 Contrato de repasse

Instrumento administrativo, de interesse recíproco, por meio do qual a transferência dos recursos financeiros se processa por intermédio de instituição ou agente financeiro público federal, que atua como mandatário da União.

#### 16.1.3 Concedente

Órgão ou Entidade da administração pública federal, responsável pela transferência dos recursos financeiros.

O Concedente, neste caso, será sempre a Administração Pública federal.

#### 16.1.4 Contratante

Órgão ou entidade da administração pública direta e indireta da União que pactua a execução de programa, projeto, atividade ou evento, por intermédio de instituição financeira federal (mandatária) mediante a celebração de contrato de repasse.

O Contratante pactua a execução, por meio de instituição financeira federal.

#### 16.1.5 Convenente

Órgão ou entidade da administração pública direta e indireta, de qualquer esfera de governo, bem como entidade privada sem fins lucrativos, com o qual a administração federal pactua a execução de programa. A entidade contratante ou interveniente e seus agentes são responsáveis pelos atos de acompanhamento que efetuar.
- Excepcionalmente, os órgãos e entidades federais poderão executar programas estaduais ou municipais, e os órgãos da administração direta, programas a cargo de entidade da administração indireta, sob regime de mútua cooperação mediante convênio.

> **Fique ligado**
> Essa literalidade disposta acima já foi cobrada em provas.

- O disposto no decreto NÃO se aplica aos termos de fomento e de colaboração e aos acordos de cooperação.

### 16.2 Normas de celebração - vedações

É vedada a celebração de convênios e contratos de repasse:
- Com órgãos e entidades cujos valores SEJAM INFERIORES aos definidos no "ato conjunto".

> **Fique ligado**
> O Decreto apenas cita o "Ato Conjunto" em seu artigo 18, porém não o explicita.
> Para atingir o "valor" citado pode ser feito CONSORCIAMENTO entre órgãos e entidades.

- Com entidades privadas sem fins lucrativos que tenham como dirigente agente político de Poder ou do Ministério Público, dirigente de órgão ou entidade da administração pública de qualquer esfera governamental, ou respectivo cônjuge ou companheiro, bem como parente em linha reta, colateral ou por afinidade, até o segundo grau.

> **Fique ligado**
> Perceba: não se podem realizar convênios ou contratos de repasse com agentes que possam ser "privilegiados".

- Entre órgãos e entidades da administração pública federal, caso em que deverá ser observado o TERMO DE COOPERAÇÃO.

> **Fique ligado**
> O Termo de Cooperação foi VETADO em 2020, no momento esse não se encontra regularizado pelo Decreto.

- Com entidades privadas sem fins lucrativos que não comprovem ter desenvolvido, durante os últimos três anos, atividades referentes à matéria objeto do convênio ou contrato de repasse.

> **Fique ligado**
> Para ser "merecedor" de um convênio ou contrato de repasse, a Entidade Privada Sem Fins Lucrativos já tem de ter TRABALHADO NA ÁREA por pelo menos 3 ANOS.

- Com entidades privadas sem fins lucrativos que tenham, em suas relações anteriores com a União, incorrido em: omissão de prestar contas, descumprimento de convênio, desvio de finalidade de recursos, dano ao erário e outras práticas ilícitas.

A Entidade Privada tiver incorrido em qualquer uma das situações acima, a vedação se concretizará.
- Cuja vigência se encerre no último ou no primeiro trimestre de mandato dos Chefes do Poder Executivo.

# DECRETO Nº 6.170/2007 - CONTRATOS DE REPASSE

## 16.3 Cadastramento

As entidades privadas sem fins lucrativos que pretendam celebrar convênio ou contrato de repasse com órgãos ou entidades da administração pública federal deverão realizar cadastro no Sistema de Gestão de Convênios e Contratos de Repasse – SICONV.

**Fique ligado**

É necessário o cadastro no SICONV que será feito pela Internet.

No cadastramento serão exigidos, pelo menos:
▷ Cópia do estatuto social atualizado da entidade;
▷ Relação nominal atualizada dos dirigentes da entidade, com Cadastro de Pessoas Físicas – CPF.

## 16.4 Chamamento público

A celebração de convênio ou contrato de repasse com entidades privadas sem fins lucrativos será precedida de chamamento público realizado pelo concedente.

É necessário um chamamento público, que deverá ser divulgado, inclusive seu resultado.

O chamamento deve ter critérios objetivos.

O Ministro de Estado ou o Dirigente Máximo poderão dispensar o chamamento público, quando:
▷ Nos casos de emergência ou calamidade pública.

**Fique ligado**

Prazo máximo de 180 dias consecutivos e ininterruptos.

▷ Para a Realização de programas de proteção a pessoas ameaçadas ou em situação que possa comprometer sua segurança.
▷ Nos casos em que o objeto do convênio ou contrato de repasse já seja realizado adequadamente mediante parceria com a mesma entidade há pelo menos 5 anos.

Com prestação de contas aprovadas.

## 16.5 Cláusulas necessárias no convênio ou contrato de repasse

▷ Indicação da forma pela qual a execução do objeto será acompanhada pelo concedente;
▷ Vedação para o convenente de estabelecer contrato ou convênio com entidades impedidas de receber recursos federais.

## 16.6 Documentos necessários

Para a celebração de convênio ou de contrato de repasse, as entidades privadas sem fins lucrativos deverão apresentar:
▷ Declaração do Dirigente da Entidade – que há a devida impessoalidade na contratação bem como a regularidade exigida
▷ Declaração acerca da não existência de dívida com o poder público e seu histórico De dívidas privados de proteção ao crédito.
▷ Prova de inscrição da entidade no cadastro nacional de pessoas jurídicas – CNPJ.
▷ Prova de regularidade com as fazendas federal, estadual, distrital e municipal e com o fundo de garantia do tempo de serviço – FGTS.
▷ Comprovante do exercício, nos últimos 3 anos, de atividades referentes à matéria objeto do convênio ou do contrato de repasse.
▷ Declaração de que a entidade não consta de cadastros impeditivos de receber recursos públicos.
▷ Declaração de que a entidade não se enquadra como clube recreativo, associação de servidores ou congênere.

Verificada falsidade ou incorreção em qualquer documento, o convênio ou o contrato de repasse deverá ser imediatamente denunciado pelo concedente ou contratado.

## 16.7 Autoridades

Os convênios ou contratos de repasse com entidades privadas sem fins lucrativos deverão ser assinados pelo:
▷ Ministro de Estado; ou
▷ Dirigente máximo da entidade da administração pública federal concedente.

O Ministro de Estado e o dirigente máximo da entidade não poderão delegar esta competência (Assinar os Convênios/Contratos).
▷ Decidir sobre a aprovação da prestação de contas;
▷ Suspender ou cancelar o registro de inadimplência nos sistemas da administração pública federal.

A Suspensão/Cancelamento do registro pode ser delegada, vedada a subdelegação.

## 16.8 Contrapartida

A contrapartida será calculada sobre o valor total do objeto e poderá ser atendida da seguinte forma:
▷ Por meio de recursos financeiros, pelos órgãos ou entidades públicas;
▷ Por meio de recursos financeiros e de bens ou serviços, se economicamente mensuráveis, pelas entidades privadas sem fins lucrativos.

Bens e Serviços economicamente mensuráveis são destinados a Entidades Privadas sem Fins Lucrativos.

## 16.9 Contrato de repasse

Em regra, a execução de programa de trabalho que objetive a realização de obra será feita por meio de contrato de repasse.

Quando o programa tenha por objetivo a realização de obra, essa será feita por meio de contrato de repasse.

Quando o poder concedente tiver estrutura para acompanhar a execução da obra, essa poderá ser feita por convênio.

## 16.10 Movimentação de recursos

As transferências financeiras para celebração de convênios serão feitas por instituições financeiras federais ou estaduais.
▷ As transferências financeiras para contratos de repasse serão feitas por instituições financeiras federais, exclusivamente.

Excepcionalmente, poderão ser realizados pagamentos a beneficiários finais pessoas físicas que não possuam conta bancária.
▷ Movimentação mediante conta bancária específica para cada instrumento de transferência.
▷ Pagamentos realizados mediante crédito na conta bancária de titularidade dos fornecedores e prestadores de serviços.
▷ Transferência das informações ao SIAFI e ao Portal de Convênios.

## 16.11 Prestação de contas

A prestação de contas no âmbito dos convênios e contratos de repasse observará regras específicas de acordo com o montante de recursos públicos envolvidos.

- A prestação de contas inicia-se concomitantemente com a liberação da primeira parcela dos recursos financeiros.
- O prazo para análise da prestação de contas e a manifestação conclusiva pelo concedente será de UM ANO, prorrogável no máximo por igual período, desde que devidamente justificado.

> **Fique ligado**
> Prazo para análise da prestação de contas é de UM ANO, PRORROGÁVEL por mais 1.

Constatada irregularidade ou inadimplência na apresentação da prestação de contas e na comprovação de resultados, a administração pública federal poderá, a seu critério, conceder prazo de até 45 DIAS para o convenente sanar a irregularidade ou cumprir a obrigação.

A análise da prestação de contas pelo concedente poderá resultar em:

▷ Aprovação.
▷ Aprovação com Ressalvas - Quando evidenciada impropriedade ou outra falta de natureza formal de que NÃO resulte dano ao Erário.
▷ Rejeição com a determinação da imediata instauração de tomada de contas especial.

## 16.12 Despesas administrativas

Nos convênios e contratos de repasse firmados com entidades privadas sem fins lucrativos, poderão ser realizadas despesas administrativas, desde que:

▷ Estejam previstas no programa de trabalho;
▷ Não ultrapassem quinze por cento do valor do objeto;
▷ Sejam necessárias e proporcionais ao cumprimento do objeto.

São despesas administrativas: internet, transporte, aluguel, telefone, luz, água e outras similares.

## 16.13 Contratação de equipe

Nos convênios e contratos de repasse firmados com entidades privadas sem fins lucrativos, é permitida a remuneração da equipe dimensionada no programa de trabalho, desde que tais valores:

▷ Correspondam às atividades previstas e aprovadas no programa de trabalho.
▷ Correspondam à qualificação técnica para a execução da função a ser desempenhada.
▷ Sejam compatíveis com o valor de mercado da região onde atua a entidade privada sem fins lucrativos.
▷ Observem, em seu valor bruto e individual, 60% do limite estabelecido para a remuneração de servidores do Poder Executivo federal.
▷ Sejam proporcionais ao tempo de trabalho efetivamente dedicado ao convênio ou contrato de repasse.

São condições para que a Empresa Privada Sem Fins Lucrativos possa REMUNERAR sua equipe com recursos do CONVÊNIO/CONTRATO.

Como envolve dinheiro público, a seleção e contratação, pela entidade privada sem fins lucrativos, de equipe envolvida na execução do convênio ou contrato de repasse observará a realização de processo seletivo prévio, observadas a publicidade e a impessoalidade.

Não poderão ser contratadas com recursos do convênio ou contrato de repasse as pessoas que tenham sido condenadas por crime:

▷ Contra a administração pública ou o patrimônio público;
▷ Eleitorais, para os quais a lei comine pena privativa de liberdade;
▷ Lavagem ou ocultação de bens, direitos e valores.

## 16.14 Outras disposições

A inadimplência da entidade privada sem fins lucrativos em relação aos encargos trabalhistas, fiscais e comerciais não transfere à administração pública a responsabilidade por seu pagamento.

▷ O convênio poderá ser denunciado a qualquer tempo, ficando os partícipes responsáveis somente pelas obrigações e auferindo as vantagens do tempo em que participaram voluntariamente do acordo, não sendo admissível cláusula obrigatória de permanência ou sancionadora dos denunciantes.
▷ Quando da conclusão, denúncia, rescisão ou extinção do convênio, os saldos financeiros remanescentes, serão devolvidos à entidade ou órgão repassador dos recursos, no prazo improrrogável de 30 DIAS DO EVENTO.

## 16.15 Sistema de gestão de convênios e contratos de repasse – SICONV e do portal dos convênios

▷ A celebração, a liberação de recursos, o acompanhamento da execução e a prestação de contas de convênios, contratos de repasse e termos de parceria serão registrados no SICONV, que será aberto ao público, via rede mundial de computadores - Internet, por meio de página específica denominada Portal dos Convênios.
▷ O Ministério da Transparência e Controladoria-Geral da União, o Poder Legislativo, por meio das mesas da Câmara dos Deputados e do Senado Federal, o Ministério Público, o Tribunal de Contas da União, e demais órgãos que demonstrem necessidade, a critério do órgão central do sistema, terão acesso ao SICONV, sendo permitida a inclusão de informações que tiverem conhecimento a respeito da execução dos convênios publicados no Sistema.

Ao órgão central do SICONV compete exclusivamente:

▷ estabelecer as diretrizes e normas a serem seguidas pelos órgãos setoriais e demais usuários do sistema;
▷ sugerir alterações;
▷ auxiliar os órgãos setoriais na execução das normas estabelecidas.

## 16.16 Padronização dos objetos

▷ Os órgãos concedentes são responsáveis pela seleção e padronização dos objetos mais frequentes nos convênios.
▷ Nos convênios em que o objeto consista na aquisição de bens que possam ser padronizados, os próprios órgãos e entidades da administração pública federal poderão adquiri-los e distribuí-los aos convenentes.

## 16.17 Disposições finais

A vedação de celebrar convênios ou contratos de repasse com entidades privadas sem fins lucrativos que não comprovem ter desenvolvido, durante os últimos três anos, atividades referentes à matéria, não se aplica as transferências do Ministério da Saúde destinadas a serviços de saúde integrantes do Sistema Único de Saúde (SUS).

# 17 DECRETO Nº 7.892/2013 - SISTEMA DE REGISTRO DE PREÇOS

## 17.1 Disposições gerais

Regulamenta o Sistema de Registro de Preços previsto no art. 15 da Lei nº 8.666, de 21 de junho de 1993.

Ademais as contratações de serviços e a aquisição de bens serão efetuadas pelo Sistema de Registro de Preços - SRP, no âmbito da administração pública federal direta, autárquica e fundacional, fundos especiais, empresas públicas, sociedades de economia mista e demais entidades controladas, direta ou indiretamente pela União.

> **Art. 1º** As contratações de serviços e a aquisição de bens, quando efetuadas pelo Sistema de Registro de Preços - SRP, no âmbito da administração pública federal direta, autárquica e fundacional, fundos especiais, empresas públicas, sociedades de economia mista e demais entidades controladas, direta ou indiretamente pela União, obedecerão ao disposto neste Decreto.
>
> **Art. 2º** Para os efeitos deste Decreto, são adotadas as seguintes definições:
>
> I – Sistema de Registro de Preços – conjunto de procedimentos para registro formal de preços relativos à prestação de serviços e aquisição de bens, para contratações futuras;
>
> II – ata de registro de preços – documento vinculativo, obrigacional, com característica de compromisso para futura contratação, em que se registram os preços, fornecedores, órgãos participantes e condições a serem praticadas, conforme as disposições contidas no instrumento convocatório e propostas apresentadas;
>
> III – órgão gerenciador – órgão ou entidade da administração pública federal responsável pela condução do conjunto de procedimentos para registro de preços e gerenciamento da ata de registro de preços dele decorrente;
>
> IV – órgão participante – órgão ou entidade da administração pública que participa dos procedimentos iniciais do Sistema de Registro de Preços e integra a ata de registro de preços;
>
> V – órgão não participante – órgão ou entidade da administração pública que, não tendo participado dos procedimentos iniciais da licitação, atendidos os requisitos desta norma, faz adesão à ata de registro de preços.
>
> VI – compra nacional – compra ou contratação de bens e serviços, em que o órgão gerenciador conduz os procedimentos para registro de preços destinado à execução descentralizada de programa ou projeto federal, mediante prévia indicação da demanda pelos entes federados beneficiados; e
>
> VII – órgão participante de compra nacional – órgão ou entidade da administração pública que, em razão de participação em programa ou projeto federal, é contemplado no registro de preços independente de manifestação formal.
>
> **Art. 3º** O Sistema de Registro de Preços poderá ser adotado nas seguintes hipóteses:
>
> I – quando, pelas características do bem ou serviço, houver necessidade de contratações frequentes;
>
> II – quando for conveniente a aquisição de bens com previsão de entregas parceladas ou contratação de serviços remunerados por unidade de medida ou em regime de tarefa;
>
> III – quando for conveniente a aquisição de bens ou a contratação de serviços para atendimento a mais de um órgão ou entidade, ou a programas de governo; ou
>
> IV – quando, pela natureza do objeto, não for possível definir previamente o quantitativo a ser demandado pela Administração.
>
> **Art. 4º** Fica instituído o procedimento de **Intenção de Registro de Preços - IRP**, a ser operacionalizado por módulo do Sistema de Administração e Serviços Gerais - SIASG, que deverá ser utilizado pelos órgãos e entidades integrantes do Sistema de Serviços Gerais - SISG, para registro e divulgação dos itens a serem licitados e para a realização dos atos previstos nos incisos II e V do caput do art. 5º e dos atos previstos no inciso II e caput do art. 6º.
>
> § 1º A divulgação da intenção de registro de preços poderá ser dispensada, de forma justificada pelo órgão gerenciador.
>
> § 1º-A **O prazo** para que outros órgãos e entidades manifestem interesse em participar de IRP **será de oito dias úteis, no mínimo**, contado da data de divulgação da IRP no Portal de Compras do Governo federal.
>
> § 2º O Ministério do Planejamento, Orçamento e Gestão editará norma complementar para regulamentar o disposto neste artigo.
>
> § 3 º **Caberá** ao órgão gerenciador da Intenção de Registro de Preços - IRP:
>
> I – estabelecer, quando for o caso, o número máximo de participantes na IRP em conformidade com sua capacidade de gerenciamento;
>
> II – aceitar ou recusar, justificadamente, os quantitativos considerados ínfimos ou a inclusão de novos itens; e
>
> III – deliberar quanto à inclusão posterior de participantes que não manifestaram interesse durante o período de divulgação da IRP.
>
> § 4º Os procedimentos constantes dos incisos II e III do § 3 º serão efetivados antes da elaboração do edital e de seus anexos.
>
> § 5º Para receber informações a respeito das IRPs disponíveis no Portal de Compras do Governo Federal, os órgãos e entidades integrantes do SISG se cadastrarão no módulo IRP e inserirão a linha de fornecimento e de serviços de seu interesse.
>
> § 6º É facultado aos órgãos e entidades integrantes do SISG, antes de iniciar um processo licitatório, consultar as IRPs em andamento e deliberar a respeito da conveniência de sua participação.

Caberá ao Órgão Gerenciador do IRP:

▷ Estabelecer, quando for o caso, o número máximo de participantes na IRP em conformidade com sua capacidade de gerenciamento;

▷ Aceitar ou recusar, justificadamente, os quantitativos considerados ínfimos ou a inclusão de novos itens;

▷ Deliberar quanto à inclusão posterior de participantes que não manifestaram interesse durante o período de divulgação da IRP.

## 17.2 Competências do órgão gerenciador

> **Art. 5º Caberá** ao **órgão gerenciador** a prática de todos os atos de controle e administração do Sistema de Registro de Preços, e ainda o seguinte:
>
> I – registrar sua intenção de registro de preços no Portal de Compras do Governo federal;
>
> II – consolidar informações relativas à estimativa individual e total de consumo, promovendo a adequação dos respectivos termos de referência ou projetos básicos encaminhados para atender aos requisitos de padronização e racionalização;
>
> III – promover atos necessários à instrução processual para a realização do procedimento licitatório;
>
> IV – realizar pesquisa de mercado para identificação do valor estimado da licitação e, consolidar os dados das pesquisas de mercado realizadas pelos órgãos e entidades participantes, inclusive nas hipóteses previstas nos §§ 2 º e 3 º do art. 6 º deste Decreto;
>
> V – confirmar junto aos órgãos participantes a sua concordância com o objeto a ser licitado, inclusive quanto aos quantitativos e termo de referência ou projeto básico;
>
> VI – realizar o procedimento licitatório;
>
> VII – gerenciar a ata de registro de preços;
>
> VIII – conduzir eventuais renegociações dos preços registrados;
>
> IX – aplicar, garantida a ampla defesa e o contraditório, as penalidades decorrentes de infrações no procedimento licitatório; e
>
> X – aplicar, garantida a ampla defesa e o contraditório, as penalidades decorrentes do descumprimento do pactuado na ata de registro de preços ou do descumprimento das obrigações contratuais, em relação às suas próprias contratações.
>
> XI – autorizar, excepcional e justificadamente, a prorrogação do prazo previsto no § 6 º do art. 22 deste Decreto, respeitado o prazo de vigência da ata, quando solicitada pelo órgão não participante.

*§ 1º A ata de registro de preços, disponibilizada no Portal de Compras do Governo federal, poderá ser assinada por certificação digital.*

*§ 2º O órgão gerenciador poderá solicitar auxílio técnico aos órgãos participantes para execução das atividades previstas nos incisos III, IV e VI do caput.*

## 17.3 Competências do órgão participante

**Art. 6º** *O órgão participante será responsável pela manifestação de interesse em participar do registro de preços, providenciando o encaminhamento ao órgão gerenciador de sua estimativa de consumo, local de entrega e, quando couber, cronograma de contratação e respectivas especificações ou termo de referência ou projeto básico, nos termos da Lei nº 8.666, de 21 de junho de 1993, e da Lei nº 10.520, de 17 de julho de 2002, adequado ao registro de preços do qual pretende fazer parte, devendo ainda:*

*I- garantir que os atos relativos a sua inclusão no registro de preços estejam formalizados e aprovados pela autoridade competente;*

*II - manifestar, junto ao órgão gerenciador, mediante a utilização da Intenção de Registro de Preços, sua concordância com o objeto a ser licitado, antes da realização do procedimento licitatório; e*

*III - tomar conhecimento da ata de registros de preços, inclusive de eventuais alterações, para o correto cumprimento de suas disposições.*

*§ 1º Cabe ao órgão participante aplicar, garantida a ampla defesa e o contraditório, as penalidades decorrentes do descumprimento do pactuado na ata de registro de preços ou do descumprimento das obrigações contratuais, em relação às suas próprias contratações, informando as ocorrências ao órgão gerenciador.*

*§ 2º No caso de compra nacional, o órgão gerenciador promoverá a divulgação da ação, a pesquisa de mercado e a consolidação da demanda dos órgãos e entidades da administração direta e indireta da União, dos Estados, do Distrito Federal e dos Municípios.*

*§ 3º Na hipótese prevista no § 2º, comprovada a vantajosidade, fica facultado aos órgãos ou entidades participantes de compra nacional a execução da ata de registro de preços vinculada ao programa ou projeto federal.*

*§ 4º Os entes federados participantes de compra nacional poderão utilizar recursos de transferências legais ou voluntárias da União, vinculados aos processos ou projetos objeto de descentralização e de recursos próprios para suas demandas de aquisição no âmbito da ata de registro de preços de compra nacional.*

*§ 5º Caso o órgão gerenciador aceite a inclusão de novos itens, o órgão participante demandante elaborará sua especificação ou termo de referência ou projeto básico, conforme o caso, e a pesquisa de mercado, observado o disposto no art. 6º.*

*§ 6º Caso o órgão gerenciador aceite a inclusão de novas localidades para entrega do bem ou execução do serviço, o órgão participante responsável pela demanda elaborará, ressalvada a hipótese prevista no § 2º, pesquisa de mercado que contemple a variação de custos locais ou regionais.*

## 17.4 Licitação para registro de preços

**Art. 7º** *A licitação para registro de preços será realizada na modalidade de concorrência, do tipo menor preço, nos termos da Lei nº 8.666, de 1993, ou na modalidade de pregão, nos termos da Lei nº 10.520, de 2002, e será precedida de ampla pesquisa de mercado.*

O julgamento por técnica e preço, na modalidade concorrência, poderá ser excepcionalmente adotado, a critério do órgão gerenciador e mediante despacho fundamentado da autoridade máxima do órgão ou entidade.

Na licitação para registro de preços não é necessário indicar a dotação orçamentária, que somente será exigida para a formalização do contrato ou outro instrumento hábil.

**Art. 8º** *O órgão gerenciador poderá dividir a quantidade total do item em lotes, quando técnica e economicamente viável, para possibilitar maior competitividade, observada a quantidade mínima, o prazo e o local de entrega ou de prestação dos serviços.*

*§ 1º No caso de serviços, a divisão considerará a unidade de medida adotada para aferição dos produtos e resultados, e será observada a demanda específica de cada órgão ou entidade participante do certame.*

*§ 2º Na situação prevista no § 1º, deverá ser evitada a contratação, em um mesmo órgão ou entidade, de mais de uma empresa para a execução de um mesmo serviço, em uma mesma localidade, para assegurar a responsabilidade contratual e o princípio da padronização.*

**Art. 9º** *O edital de licitação para registro de preços observará o disposto nas Leis nº 8.666, de 1993, e nº 10.520, de 2002, e contemplará, no mínimo:*

*I - a especificação ou descrição do objeto, que explicitará o conjunto de elementos necessários e suficientes, com nível de precisão adequado para a caracterização do bem ou serviço, inclusive definindo as respectivas unidades de medida usualmente adotadas;*

*II - estimativa de quantidades a serem adquiridas pelo órgão gerenciador e órgãos participantes;*

*III - estimativa de quantidades a serem adquiridas por órgãos não participantes, observado o disposto no § 4º do art. 22, no caso de o órgão gerenciador admitir adesões;*

*IV - quantidade mínima de unidades a ser cotada, por item, no caso de bens;*

*V - condições quanto ao local, prazo de entrega, forma de pagamento, e nos casos de serviços, quando cabível, frequência, periodicidade, características do pessoal, materiais e equipamentos a serem utilizados, procedimentos, cuidados, deveres, disciplina e controles a serem adotados;*

*VI-- prazo de validade do registro de preço, observado o disposto no caput do art. 12;*

*VII - órgãos e entidades participantes do registro de preço;*

*VIII - modelos de planilhas de custo e minutas de contratos, quando cabível;*

*IX - penalidades por descumprimento das condições;*

*X - minuta da ata de registro de preços como anexo; e*

*XI - realização periódica de pesquisa de mercado para comprovação da vantajosidade.*

*§ 1º O edital poderá admitir, como critério de julgamento, o menor preço aferido pela oferta de desconto sobre tabela de preços praticados no mercado, desde que tecnicamente justificado.*

*§ 2º Quando o edital prever o fornecimento de bens ou prestação de serviços em locais diferentes, é facultada a exigência de apresentação de proposta diferenciada por região, de modo que aos preços sejam acrescidos custos variáveis por região.*

*§ 3º A estimativa a que se refere o inciso III do caput não será considerada para fins de qualificação técnica e qualificação econômico financeira na habilitação do licitante.*

*§ 4º O exame e a aprovação das minutas do instrumento convocatório e do contrato serão efetuados exclusivamente pela assessoria jurídica do órgão gerenciador.*

Após o encerramento da etapa competitiva, os licitantes poderão reduzir seus preços ao valor da proposta do licitante mais bem classificado.

## 17.5 Registro de preços e da validade da ata

**Art. 11** *Após a homologação da licitação, o registro de preços observará, entre outras, as seguintes condições:*

*I - serão registrados na ata de registro de preços os preços e quantitativos do licitante mais bem classificado durante a fase competitiva;*

*II - será incluído, na respectiva ata na forma de anexo, o registro dos licitantes que aceitarem cotar os bens ou serviços com preços iguais aos do licitante vencedor na sequência da classificação do certame, excluído o percentual referente à margem de preferência, quando o objeto não atender aos requisitos previstos no art. 3º da Lei nº 8.666, de 1993;*

*III - o preço registrado com indicação dos fornecedores será divulgado no Portal de Compras do Governo Federal e ficará disponibilizado durante a vigência da ata de registro de preços; e*

*IV - a ordem de classificação dos licitantes registrados na ata deverá ser respeitada nas contratações.*

# DECRETO Nº 7.892/2013 - SISTEMA DE REGISTRO DE PREÇOS

*§ 1º O registro a que se refere o inciso II do caput tem por objetivo a formação de cadastro de reserva no caso de impossibilidade de atendimento pelo primeiro colocado da ata, nas hipóteses previstas nos arts. 20 e 21.*

*§ 2º Se houver mais de um licitante na situação de que trata o inciso II do caput, serão classificados segundo a ordem da última proposta apresentada durante a fase competitiva.*

*§ 3º A habilitação dos fornecedores que comporão o cadastro de reserva a que se refere o inciso II do caput será efetuada, na hipótese prevista no parágrafo único do art. 13 e quando houver necessidade de contratação de fornecedor remanescente, nas hipóteses previstas nos arts. 20 e 21.*

*§ 4º O anexo que trata o inciso II do caput consiste na ata de realização da sessão pública do pregão ou da concorrência, que conterá a informação dos licitantes que aceitarem cotar os bens ou serviços com preços iguais ao do licitante vencedor do certame.*

***Art. 12*** *O prazo de validade da ata de registro de preços não será superior a doze meses, incluídas eventuais prorrogações, conforme o inciso III do § 3º do art. 15 da Lei nº 8.666, de 1993.*

*§ 1º É vedado efetuar acréscimos nos quantitativos fixados pela ata de registro de preços, inclusive o acréscimo de que trata o § 1º do art. 65 da Lei nº 8.666, de 1993.*

*§ 2º A vigência dos contratos decorrentes do Sistema de Registro de Preços será definida nos instrumentos convocatórios, observado o disposto no art. 57 da Lei nº 8.666, de 1993.*

*§ 3º Os contratos decorrentes do Sistema de Registro de Preços poderão ser alterados, observado o disposto no art. 65 da Lei nº 8.666, de 1993.*

O contrato decorrente do Sistema de Registro de Preços deverá ser assinado no prazo de validade da ata de registro de preços.

## 17.6 Assinatura da ata e da contratação com fornecedores registrados

***Art. 13*** *Homologado o resultado da licitação, o fornecedor mais bem classificado será convocado para assinar a ata de registro de preços, no prazo e nas condições estabelecidos no instrumento convocatório, podendo o prazo ser prorrogado uma vez, por igual período, quando solicitado pelo fornecedor e desde que ocorra motivo justificado aceito pela administração.*

***Parágrafo único.*** *É facultado à administração, quando o convocado não assinar a ata de registro de preços no prazo e condições estabelecidos, convocar os licitantes remanescentes, na ordem de classificação, para fazê-lo em igual prazo e nas mesmas condições propostas pelo primeiro classificado.*

***Art. 14*** *A ata de registro de preços implicará compromisso de fornecimento nas condições estabelecidas, após cumpridos os requisitos de publicidade.*

***Parágrafo único.*** *A recusa injustificada de fornecedor classificado em assinar a ata, dentro do prazo estabelecido neste artigo, ensejará a aplicação das penalidades legalmente estabelecidas.*

***Art. 15*** *A contratação com os fornecedores registrados será formalizada pelo órgão interessado por intermédio de instrumento contratual, emissão de nota de empenho de despesa, autorização de compra ou outro instrumento hábil, conforme o art. 62 da Lei nº 8.666, de 1993.*

A existência de preços registrados não obriga a administração a contratar, facultando-se a realização de licitação específica para a aquisição pretendida, assegurada preferência ao fornecedor registrado em igualdade de condições.

## 17.7 Revisão e do cancelamento dos preços registrados

***Art. 17*** *Os preços registrados poderão ser revistos em decorrência de eventual redução dos preços praticados no mercado ou de fato que eleve o custo dos serviços ou bens registrados, cabendo ao órgão gerenciador promover as negociações junto aos fornecedores, observadas as disposições contidas na alínea "d" do inciso II do caput do art. 65 da Lei nº 8.666, de 1993.*

***Art. 18*** *Quando o preço registrado tornar-se superior ao preço praticado no mercado por motivo superveniente, o órgão gerenciador convocará os fornecedores para negociarem a redução dos preços aos valores praticados pelo mercado.*

*§ 1º Os fornecedores que não aceitarem reduzir seus preços aos valores praticados pelo mercado serão liberados do compromisso assumido, sem aplicação de penalidade.*

*§ 2º A ordem de classificação dos fornecedores que aceitarem reduzir seus preços aos valores de mercado observará a classificação original.*

***Art. 19*** *Quando o preço de mercado tornar-se superior aos preços registrados e o fornecedor não puder cumprir o compromisso, o órgão gerenciador poderá:*

*I - liberar o fornecedor do compromisso assumido, caso a comunicação ocorra antes do pedido de fornecimento, e sem aplicação da penalidade se confirmada a veracidade dos motivos e comprovantes apresentados; e*

*II - convocar os demais fornecedores para assegurar igual oportunidade de negociação.*

***Parágrafo único.*** *Não havendo êxito nas negociações, o órgão gerenciador deverá proceder à revogação da ata de registro de preços, adotando as medidas cabíveis para obtenção da contratação mais vantajosa.*

***Art. 20*** *O registro do fornecedor será cancelado quando:*

*I - descumprir as condições da ata de registro de preços;*

*II - não retirar a nota de empenho ou instrumento equivalente no prazo estabelecido pela Administração, sem justificativa aceitável;*

*III - não aceitar reduzir o seu preço registrado, na hipótese deste se tornar superior àqueles praticados no mercado; ou*

*IV - sofrer sanção prevista nos incisos III ou IV do caput do art. 87 da Lei nº 8.666, de 1993, ou no art. 7º da Lei nº 10.520, de 2002.*

***Parágrafo único.*** *O cancelamento de registros nas hipóteses previstas nos incisos I, II e IV do caput será formalizado por despacho do órgão gerenciador, assegurado o contraditório e a ampla defesa.*

***Art. 21*** *O **cancelamento do registro de preços** poderá ocorrer por fato superveniente, **decorrente de caso fortuito ou força maior**, que prejudique o cumprimento da ata, devidamente comprovados e justificados:*

*I - **por razão de interesse público**; ou*

*II - **a pedido do fornecedor**.*

## 17.8 Utilização da ata de registro de preços por órgão ou entidades não participantes

***Art. 22*** *Desde que devidamente justificada a vantagem, a ata de registro de preços, durante sua vigência, poderá ser utilizada por qualquer órgão ou entidade da administração pública federal que não tenha participado do certame licitatório, mediante anuência do órgão gerenciador.*

*§ 1º Os órgãos e entidades que não participaram do registro de preços, quando desejarem fazer uso da ata de registro de preços, deverão consultar o órgão gerenciador da ata para manifestação sobre a possibilidade de adesão.*

*§ 1º-A A manifestação do órgão gerenciador de que trata o § 1º fica condicionada à realização de estudo, pelos órgãos e pelas entidades que não participaram do registro de preços, que demonstre o ganho de eficiência, a viabilidade e a economicidade para a administração pública federal da utilização da ata de registro de preços, conforme estabelecido em ato do Secretário de Gestão do Ministério do Planejamento, Desenvolvimento e Gestão.*

*o § 1º-A, após aprovação pelo órgão gerenciador, será divulgado no Portal de Compras do Governo federal.*

*§ 2º Caberá ao fornecedor beneficiário da ata de registro de preços, observadas as condições nela estabelecidas, optar pela aceitação ou não do fornecimento decorrente de adesão, desde que não prejudique as obrigações presentes e futuras decorrentes da ata, assumidas com o órgão gerenciador e órgãos participantes.*

*§ 3º As aquisições ou as contratações adicionais de que trata este artigo não poderão exceder, por órgão ou entidade, a cinquenta por cento dos quantitativos dos itens do instrumento convocatório e registrados na ata de registro de preços para o órgão gerenciador e para os órgãos participantes.*

§ 4º O instrumento convocatório preverá que o quantitativo decorrente das adesões à ata de registro de preços não poderá exceder, na totalidade, ao dobro do quantitativo de cada item registrado na ata de registro de preços para o órgão gerenciador e para os órgãos participantes, independentemente do número de órgãos não participantes que aderirem.

§ 4º-A Na hipótese de compra nacional:

I – as aquisições ou as contratações adicionais não excederão, por órgão ou entidade, a cem por cento dos quantitativos dos itens do instrumento convocatório e registrados na ata de registro de preços para o órgão gerenciador e para os órgãos participantes; e

II – o instrumento convocatório da compra nacional preverá que o quantitativo decorrente das adesões à ata de registro de preços não excederá, na totalidade, ao quíntuplo do quantitativo de cada item registrado na ata de registro de preços para o órgão gerenciador e para os órgãos participantes, independentemente do número de órgãos não participantes que aderirem.

§ 6º Após a autorização do órgão gerenciador, o órgão não participante deverá efetivar a aquisição ou contratação solicitada em até noventa dias, observado o prazo de vigência da ata.

§ 7º Compete ao órgão não participante os atos relativos à cobrança do cumprimento pelo fornecedor das obrigações contratualmente assumidas e a aplicação, observada a ampla defesa e o contraditório, de eventuais penalidades decorrentes do descumprimento de cláusulas contratuais, em relação às suas próprias contratações, informando as ocorrências ao órgão gerenciador.

§ 8º É vedada aos órgãos e entidades da administração pública federal a adesão a ata de registro de preços gerenciada por órgão ou entidade municipal, distrital ou estadual.

§ 9º É facultada aos órgãos ou entidades municipais, distritais ou estaduais a adesão a ata de registro de preços da Administração Pública Federal.

§ 9º-A Sem prejuízo da observância ao disposto no § 3º, à hipótese prevista no § 9º não se aplica o disposto nos § 1º-A e § 1º-B no caso de órgãos e entidades de outros entes federativos.

§ 10 É vedada a contratação de serviços de tecnologia da informação e comunicação por meio de adesão a ata de registro de preços que não seja:

I – gerenciada pelo Ministério do Planejamento, Desenvolvimento e Gestão; ou

II – gerenciada por outro órgão ou entidade e previamente aprovada pela Secretaria de Tecnologia da Informação e Comunicação do Ministério do Planejamento, Desenvolvimento e Gestão.

§ 11 O disposto no § 10 não se aplica às hipóteses em que a contratação de serviços esteja vinculada ao fornecimento de bens de

tecnologia da informação e comunicação constante da mesma ata de registro de preços.

## 17.9 Disposições finais e transitórias

**Art. 23** A Administração poderá utilizar recursos de tecnologia da informação na operacionalização do disposto neste Decreto e automatizar procedimentos de controle e atribuições dos órgãos gerenciadores e participantes.

**Art. 24** As atas de registro de preços vigentes, decorrentes de certames realizados sob a vigência do Decreto nº 3.931, de 19 de setembro de 2001, poderão ser utilizadas pelos órgãos gerenciadores e participantes, até o término de sua vigência.

**Art. 25** Até a completa adequação do Portal de Compras do Governo federal para atendimento ao disposto no § 1º do art. 5º, o órgão gerenciador deverá:

I - **providenciar a assinatura da ata de registro de preços e o encaminhamento de sua cópia aos órgãos ou entidades participantes;** e

II - **providenciar a indicação dos fornecedores para atendimento às demandas, observada a ordem de classificação e os quantitativos de contratação definidos pelos órgãos e entidades participantes.**

**Art. 26** Até a completa adequação do Portal de Compras do Governo federal para atendimento ao disposto nos incisos I e II do caput do art. 11 e no inciso II do § 2º do art. 11, a ata registrará os licitantes vencedores, quantitativos e respectivos preços.

**Art. 27** O Ministério do Planejamento, Orçamento e Gestão poderá editar normas complementares a este Decreto.

**Art. 28** Este Decreto entra em vigor trinta dias após a data de sua publicação.

# 18 LEI Nº 12.462/2011 - REGIME DIFERENCIADO DE CONTRATAÇÕES PÚBLICAS

Devemos estar atentos com a evolução legislativa dos temas e seus percalços:

▷ Conversão da MP nº 527 de 2011;
▷ Regulamento = Decreto nº 7.581 de 11 de outubro de 2011 - RDC;
▷ Decreto nº 8.024 de 4 de junho de 2013 – Fundo Nacional de Aviação Civil;
▷ Vide ADIN 4645.

## 18.1 Regime diferenciado de contratações públicas - RDC

O RDC é regulamentado pela Lei 12.462/11, e quando criado, tinha um objetivo bastante específico, aplicar apenas às contratações de obras e serviços necessários aos eventos esportivos realizados no Brasil: Copa das Confederações, Copa do Mundo e Olimpíadas.

Ocasionalmente, uma opção de licitação exclusivamente usada nesses casos, perdendo sua validade/eficácia após o ano de 2016.

O objetivo era ter maior eficiência nessas contratações necessárias para os eventos e um instrumento que adota a transparência como principal pilar.

Assim, passados os eventos esportivos previstos nos incisos I a III do art. 1º da Lei 12.462/2011, não haveria mais cabimento o uso do RDC.

Subitamente, logo após ser publicada, a lei do RDC começou a sofrer alterações, que fizeram aumentaram a abrangência de utilização do Regime Diferenciado de Contratações, permitindo assim seu uso, mesmo após o fim dos eventos esportivos supra citados.

## 18.2 Aspectos gerais

*Art. 1º É instituído o **Regime Diferenciado de Contratações Públicas (RDC)**, aplicável exclusivamente às licitações e contratos necessários à realização:*

*I – dos Jogos Olímpicos e Paraolímpicos de 2016, constantes da Carteira de Projetos Olímpicos a ser definida pela Autoridade Pública Olímpica (APO); e*

*II – da Copa das Confederações da Federação Internacional de Futebol Associação - Fifa 2013 e da Copa do Mundo Fifa 2014, definidos pelo Grupo Executivo - Gecopa 2014 do Comitê Gestor instituído para definir, aprovar e supervisionar as ações previstas no Plano Estratégico das Ações do Governo Brasileiro para a realização da Copa do Mundo Fifa 2014 - CGCOPA 2014, restringindo-se, no caso de obras públicas, às constantes da matriz de responsabilidades celebrada entre a União, Estados, Distrito Federal e Municípios;*

*III – de obras de infraestrutura e de contratação de serviços para os aeroportos das capitais dos Estados da Federação distantes até 350 km (trezentos e cinquenta quilômetros) das cidades sedes dos mundiais referidos nos incisos I e II.*

*IV – das ações integrantes do Programa de Aceleração do Crescimento (PAC)*

*V– das obras e serviços de engenharia no âmbito do Sistema Único de Saúde - SUS.*

*VI – das obras e serviços de engenharia para construção, ampliação e reforma e administração de estabelecimentos penais e de unidades de atendimento socioeducativo;*

*VII – das ações no âmbito da segurança pública;*

*VIII – das obras e serviços de engenharia, relacionadas a melhorias na mobilidade urbana ou ampliação de infraestrutura logística; e*

*IX – dos contratos a que se refere o art. 47-A.*

*X – das ações em órgãos e entidades dedicados à ciência, à tecnologia e à inovação.*

## 18.3 Objetivos do RDC

▷ Ampliar a eficiência nas contratações públicas e a competitividade entre os licitantes;
▷ Promover a troca de experiências e tecnologias em busca da melhor relação entre custos e benefícios para o setor público;
▷ Incentivar a inovação tecnológica;
▷ Assegurar tratamento isonômico entre os licitantes e a seleção da proposta mais vantajosa para a administração pública.

A opção pelo RDC deverá constar de forma expressa do instrumento convocatório e resultará no afastamento das normas contidas na Lei nº 8.666, de 21 de junho de 1993, exceto nos casos expressamente previstos nesta Lei.

Além das hipóteses previstas no caput, o RDC também é aplicável às licitações e aos contratos necessários à realização de obras e serviços de engenharia no âmbito dos sistemas públicos de ensino e de pesquisa, ciência e tecnologia.

*Art. 2º Na aplicação do RDC, deverão ser observadas as seguintes definições:*

*I – empreitada integral: quando se contrata um empreendimento em sua integralidade, compreendendo a totalidade das etapas de obras, serviços e instalações necessárias, sob inteira responsabilidade da contratada até à sua entrega ao contratante em condições de entrada em operação, atendidos os requisitos técnicos e legais para sua utilização em condições de segurança estrutural e operacional e com as características adequadas às finalidades para a qual foi contratada;*

*II – empreitada por preço global: quando se contrata a execução da obra ou do serviço por preço certo e total;*

*III – empreitada por preço unitário: quando se contrata a execução da obra ou do serviço por preço certo de unidades determinadas;*

*IV – projeto básico: conjunto de elementos necessários e suficientes, com nível de precisão adequado, para, observado o disposto no parágrafo único deste artigo:*

*a) caracterizar a obra ou serviço de engenharia, ou complexo de obras ou serviços objeto da licitação, com base nas indicações dos estudos técnicos preliminares;*

*b) assegurar a viabilidade técnica e o adequado tratamento do impacto ambiental do empreendimento; e*

*c) possibilitar a avaliação do custo da obra ou serviço e a definição dos métodos e do prazo de execução;*

*I – projeto executivo: conjunto dos elementos necessários e suficientes à execução completa da obra, de acordo com as normas técnicas pertinentes; e*

*II – tarefa: quando se ajusta mão de obra para pequenos trabalhos por preço certo, com ou sem fornecimento de materiais.*

***Parágrafo único.*** *O projeto básico referido no inciso IV do caput deste artigo deverá conter, no mínimo, sem frustrar o caráter competitivo do procedimento licitatório, os seguintes elementos:*

*I – desenvolvimento da solução escolhida de forma a fornecer visão global da obra e identificar seus elementos constitutivos com clareza;*

*II – soluções técnicas globais e localizadas, suficientemente detalhadas, de forma a restringir a necessidade de reformulação ou de variantes durante as fases de elaboração do projeto executivo e de realização das obras e montagem a situações devidamente comprovadas em ato motivado da administração pública;*

# NOÇÕES DE DIREITO ADMINISTRATIVO

*III – identificação dos tipos de serviços a executar e de materiais e equipamentos a incorporar à obra, bem como especificações que assegurem os melhores resultados para o empreendimento;*

*IV – informações que possibilitem o estudo e a dedução de métodos construtivos, instalações provisórias e condições organizacionais para a obra;*

*V – subsídios para montagem do plano de licitação e gestão da obra, compreendendo a sua programação, a estratégia de suprimentos, as normas de fiscalização e outros dados necessários em cada caso, exceto, em relação à respectiva licitação, na hipótese de contratação integrada;*

*VI – orçamento detalhado do custo global da obra, fundamentado em quantitativos de serviços e fornecimentos propriamente avaliados.*

As licitações e contratações realizadas em conformidade com o RDC deverão observar os princípios da legalidade, da impessoalidade, da moralidade, da igualdade, da publicidade, da eficiência, da probidade administrativa, da economicidade, do desenvolvimento nacional sustentável, da vinculação ao instrumento convocatório e do julgamento objetivo.

Nas licitações e contratos de que trata esta Lei serão observadas as seguintes diretrizes: (art. 4º):

*I – Padronização do objeto da contratação relativamente às especificações técnicas e de desempenho e, quando for o caso, às condições de manutenção, assistência técnica e de garantia oferecidas;*

*II – Padronização de instrumentos convocatórios e minutas de contratos, previamente aprovados pelo órgão jurídico competente;*

*III – Busca da maior vantagem para a administração pública, considerando custos e benefícios, diretos e indiretos, de natureza econômica, social ou ambiental, inclusive os relativos à manutenção, ao desfazimento de bens e resíduos, ao índice de depreciação econômica e a outros fatores de igual relevância;*

*IV – Condições de aquisição, de seguros, de garantias e de pagamento compatíveis com as condições do setor privado, inclusive mediante pagamento de remuneração variável conforme desempenho, na forma do art. 10;*

*V – Utilização, sempre que possível, nas planilhas de custos constantes das propostas oferecidas pelos licitantes, de mão de obra, materiais, tecnologias e matérias-primas existentes no local da execução, conservação e operação do bem, serviço ou obra, desde que não se produzam prejuízos à eficiência na execução do respectivo objeto e que seja respeitado o limite do orçamento estimado para a contratação;*

*VI – Parcelamento do objeto, visando à ampla participação de licitantes, sem perda de economia de escala.*

*VII – Ampla publicidade, em sítio eletrônico, de todas as fases e procedimentos do processo de licitação, assim como dos contratos, respeitado o art. 6º desta Lei.*

As contratações realizadas com base no RDC devem respeitar, especialmente, as normas relativas à:

▷ Disposição final ambientalmente adequada dos resíduos sólidos gerados pelas obras contratadas;

▷ Mitigação por condicionantes e compensação ambiental, que serão definidas no procedimento de licenciamento ambiental;

▷ Utilização de produtos, equipamentos e serviços que, comprovadamente, reduzam o consumo de energia e recursos naturais;

▷ Avaliação de impactos de vizinhança, na forma da legislação urbanística;

▷ Proteção do patrimônio cultural, histórico, arqueológico e imaterial, inclusive por meio da avaliação do impacto direto ou indireto causado pelas obras contratadas;

▷ Acessibilidade para o uso por pessoas com deficiência ou com mobilidade reduzida.

O impacto negativo sobre os bens do patrimônio cultural, histórico, arqueológico e imaterial tombados deverá ser compensado por meio de medidas determinadas pela autoridade responsável, na forma da legislação aplicável.

## 18.4 Regras aplicáveis às licitações no âmbito do RDC

### 18.4.1 Objeto da licitação

*Art. 5º O **objeto da licitação** deverá ser definido **de forma clara e precisa no instrumento convocatório**, vedadas especificações excessivas, irrelevantes ou desnecessárias.*

*Art. 6º Observado o disposto no § 3º, o orçamento previamente estimado para a contratação será tornado público apenas e imediatamente após o encerramento da licitação, sem prejuízo da divulgação do detalhamento dos quantitativos e das demais informações necessárias para a elaboração das propostas.*

*§ 1º Nas hipóteses em que for adotado o critério de julgamento por maior desconto, a informação de que trata o caput deste artigo constará do instrumento convocatório.*

*§ 2º No caso de julgamento por melhor técnica, o valor do prêmio ou da remuneração será incluído no instrumento convocatório.*

*§ 3º Se não constar do instrumento convocatório, a informação referida no caput deste artigo possuirá caráter sigiloso e será disponibilizada estrita e permanentemente aos órgãos de controle externo e interno.*

No caso de licitação para aquisição de bens, a administração pública poderá (art. 7º):

*I – Indicar marca ou modelo, desde que formalmente justificado, nas seguintes hipóteses:*

*a) Em decorrência da necessidade de padronização do objeto;*

*b) Quando determinada marca ou modelo comercializado por mais de um fornecedor for a única capaz de atender às necessidades da entidade contratante; ou*

*c) Quando a descrição do objeto a ser licitado puder ser melhor compreendida pela identificação de determinada marca ou modelo aptos a servir como referência, situação em que será obrigatório o acréscimo da expressão "ou similar ou de melhor qualidade";*

*II – Exigir amostra do bem no procedimento de pré-qualificação, na fase de julgamento das propostas ou de lances, desde que justificada a necessidade da sua apresentação;*

*III – Solicitar a certificação da qualidade do produto ou do processo de fabricação, inclusive sob o aspecto ambiental, por qualquer instituição oficial competente ou por entidade credenciada; e*

*IV – Solicitar, motivadamente, carta de solidariedade emitida pelo fabricante, que assegure a execução do contrato, no caso de licitante revendedor ou distribuidor.*

Art. 8º: Regimes admitidos na execução indireta de obras e serviços de engenharia:

▷ Empreitada por preço unitário;

▷ Empreitada por preço global;

▷ Contratação por tarefa;

▷ Empreitada integral;

▷ Contratação integrada.

*§ 1º Nas licitações e contratações de obras e serviços de engenharia serão adotados, preferencialmente, os regimes discriminados nos incisos II, IV e V do caput deste artigo.*

*§ 2º No caso de inviabilidade da aplicação do disposto no § 1º deste artigo, poderá ser adotado outro regime previsto no caput deste artigo, hipótese em que serão inseridos nos autos do procedimento os motivos que justificaram a exceção.*

*§ 3º O custo global de obras e serviços de engenharia deverá ser obtido a partir de custos unitários de insumos ou serviços menores ou iguais à mediana de seus correspondentes ao Sistema Nacional de Pesquisa de Custos e Índices da Construção Civil (Sinapi), no caso de construção civil em geral, ou na tabela do Sistema de Custos de Obras Rodoviárias (Sicro), no caso de obras e serviços rodoviários.*

*§ 4º No caso de inviabilidade da definição dos custos consoante o disposto no § 3º deste artigo, a estimativa de custo global poderá ser apurada por meio da utilização de dados contidos em tabela de referência formalmente aprovada por órgãos ou entidades da administração pública federal, em publicações técnicas especializadas, em sistema específico instituído para o setor ou em pesquisa de mercado.*

*§ 5º Nas licitações para a contratação de obras e serviços, com exceção daquelas onde for adotado o regime previsto no inciso V do caput deste artigo, deverá haver projeto básico aprovado pela autoridade competente, disponível para exame dos interessados em participar do processo licitatório.*

*§ 6º No caso de contratações realizadas pelos governos municipais, estaduais e do Distrito Federal, desde que não envolvam recursos da União, o custo global de obras e serviços de engenharia a que se refere o § 3º deste artigo poderá também ser obtido a partir de outros sistemas de custos já adotados pelos respectivos entes e aceitos pelos respectivos tribunais de contas.*

*§ 7º É vedada a realização, sem projeto executivo, de obras e serviços de engenharia para cuja concretização tenha sido utilizado o RDC, qualquer que seja o regime adotado.*

***Art. 9º*** *Nas licitações de obras e serviços de engenharia, no âmbito do RDC, poderá ser utilizada a* **contratação integrada,** *desde que técnica e economicamente justificada e cujo objeto envolva, pelo menos, uma das seguintes condições:*

*I – inovação tecnológica ou técnica;*

*II – possibilidade de execução com diferentes metodologias; ou*

*III – possibilidade de execução com tecnologias de domínio restrito no mercado.*

A contratação integrada compreende a elaboração e o desenvolvimento dos projetos básico e executivo, a execução de obras e serviços de engenharia, a montagem, a realização de testes, a pré-operação e todas as demais operações necessárias e suficientes para a entrega final do objeto.

No caso de contratação integrada:

*I – o instrumento convocatório deverá conter anteprojeto de engenharia que contemple os documentos técnicos destinados a possibilitar a caracterização da obra ou serviço, incluindo:*

*a) a demonstração e a justificativa do programa de necessidades, a visão global dos investimentos e as definições quanto ao nível de serviço desejado;*

*b) as condições de solidez, segurança, durabilidade e prazo de entrega, observado o disposto no caput e no § 1º do art. 6º desta Lei;*

*c) a estética do projeto arquitetônico; e*

*d) os parâmetros de adequação ao interesse público, à economia na utilização, à facilidade na execução, aos impactos ambientais e à acessibilidade;*

*II – o valor estimado da contratação será calculado com base nos valores praticados pelo mercado, nos valores pagos pela administração pública em serviços e obras similares ou na avaliação do custo global da obra, aferida mediante orçamento sintético ou metodologia expedita ou paramétrica.*

Caso seja permitida no anteprojeto de engenharia a apresentação de projetos com metodologias diferenciadas de execução, o instrumento convocatório estabelecerá critérios objetivos para avaliação e julgamento das propostas.

Nas hipóteses em que for adotada a contratação integrada, é vedada a celebração de termos aditivos aos contratos firmados, exceto nos seguintes casos:

*I – para recomposição do equilíbrio econômico-financeiro decorrente de caso fortuito ou força maior; e*

*II – por necessidade de alteração do projeto ou das especificações para melhor adequação técnica aos objetivos da contratação, a pedido da administração pública, desde que não decorrentes de erros ou omissões por parte do contratado, observados os limites previstos no § 1º do art. 65 da Lei nº 8.666, de 21 de junho de 1993.*

Se o anteprojeto contemplar matriz de alocação de riscos entre a administração pública e o contratado, o valor estimado da contratação poderá considerar taxa de risco compatível com o objeto da licitação e as contingências atribuídas ao contratado, de acordo com metodologia predefinida pela entidade contratante.

***Art. 10*** *Na contratação das obras e serviços, inclusive de engenharia, poderá ser estabelecida remuneração variável vinculada ao desempenho da contratada, com base em metas, padrões de qualidade, critérios de sustentabilidade ambiental e prazo de entrega definidos no instrumento convocatório e no contrato.*

**Parágrafo único.** *A utilização da remuneração variável será motivada e respeitará o limite orçamentário fixado pela administração pública para a contratação.*

***Art. 11*** *A administração pública poderá, mediante justificativa expressa, contratar mais de uma empresa ou instituição para executar o mesmo serviço, desde que não implique perda de economia de escala, quando:*

*I – o objeto da contratação puder ser executado de forma concorrente e simultânea por mais de um contratado; ou*

*II – a múltipla execução for conveniente para atender à administração pública.*

*§ 1º Nas hipóteses previstas no caput deste artigo, a administração pública deverá manter o controle individualizado da execução do objeto contratual relativamente a cada uma das contratadas.*

*§ 2º O disposto no caput deste artigo não se aplica aos serviços de engenharia.*

## 18.4.2 Procedimento licitatório

O procedimento de licitação de que trata esta Lei observará as seguintes fases, nesta ordem:

I. Preparatória;

II. Publicação do instrumento convocatório;

III. Apresentação de propostas ou lances;

IV. Julgamento;

V. Habilitação;

VI. Recursal; e

VII. Encerramento.

***Art. 13*** *As licitações deverão ser realizadas preferencialmente sob a forma eletrônica, admitida a presencial.*

**Parágrafo único.** *Nos procedimentos realizados por meio eletrônico, a administração pública poderá determinar, como condição de validade e eficácia, que os licitantes pratiquem seus atos em formato eletrônico.*

Na fase de habilitação das licitações realizadas em conformidade com esta Lei, aplicar- se-á, no que couber, o disposto nos arts. 27 a 33 da Lei nº 8.666, de 21 de junho de 1993, observado o seguinte (art. 14):

*I – Poderá ser exigida dos licitantes a declaração de que atendem aos requisitos de habilitação;*

*II – Será exigida a apresentação dos documentos de habilitação apenas pelo licitante vencedor, exceto no caso de inversão de fases;*

*III – No caso de inversão de fases, só serão recebidas as propostas dos licitantes previamente habilitados; e*

*IV – Em qualquer caso, os documentos relativos à regularidade fiscal poderão ser exigidos em momento posterior ao julgamento das propostas, apenas em relação ao licitante mais bem classificado.*

# NOÇÕES DE DIREITO ADMINISTRATIVO

Nas licitações disciplinadas pelo RDC:

*I – Será admitida a participação de licitantes sob a forma de consórcio, conforme estabelecido em regulamento; e*

*II – Poderão ser exigidos requisitos de sustentabilidade ambiental, na forma da legislação aplicável.*

Será dada ampla publicidade aos procedimentos licitatórios e de pré-qualificação disciplinados por esta Lei, ressalvadas as hipóteses de informações cujo sigilo seja imprescindível à segurança da sociedade e do Estado, devendo ser adotados os seguintes prazos mínimos para apresentação de propostas, contados a partir da data de publicação do instrumento convocatório (art. 15):

Para aquisição de bens:

▷ 5 (cinco) dias úteis, quando adotados os critérios de julgamento pelo menor preço; ou

▷ 10 (dez) dias úteis, nas hipóteses não abrangidas pela alínea a deste inciso.

Para a contratação de serviços:

▷ 15 (quinze) dias úteis, quando adotados os critérios de julgamento pelo menor preço ou pelo maior desconto;

▷ 30 (trinta) dias úteis, nas hipóteses não abrangidas pela alínea a deste inciso.

Para licitações em que se adote o critério de julgamento:

▷ 10 dias úteis.

Para licitações em que se adote o critério de julgamento pela melhor combinação de técnica e preço, pela melhor técnica ou em razão do conteúdo artístico:

▷ 30 dias úteis.

*Art. 15 [...]*

*§ 1º A publicidade a que se refere o caput deste artigo, sem prejuízo da faculdade de divulgação direta aos fornecedores, cadastrados ou não, será realizada mediante:*

*I – publicação de extrato do edital no Diário Oficial da União, do Estado, do Distrito Federal ou do Município, ou, no caso de consórcio público, do ente de maior nível entre eles, sem prejuízo da possibilidade de publicação de extrato em jornal diário de grande circulação; e*

*II – divulgação em sítio eletrônico oficial centralizado de divulgação de licitações ou mantido pelo ente encarregado do procedimento licitatório na rede mundial de computadores.*

*§ 2º No caso de licitações cujo valor não ultrapasse R$ 150.000,00 (cento e cinquenta mil reais) para obras ou R$ 80.000,00 (oitenta mil reais) para bens e serviços, inclusive de engenharia, é dispensada a publicação prevista no inciso I do § 1º deste artigo.*

*§ 3º No caso de parcelamento do objeto, deverá ser considerado, para fins da aplicação do disposto no § 2º deste artigo, o valor total da contratação.*

*§ 4º As eventuais modificações no instrumento convocatório serão divulgadas nos mesmos prazos dos atos e procedimentos originais, exceto quando a alteração não comprometer a formulação das propostas.*

Nas licitações, poderão ser adotados os modos de disputa aberto e fechado, que poderão ser combinados na forma do regulamento.

O regulamento disporá sobre as regras e procedimentos de apresentação de propostas ou lances, observado o seguinte (art. 17):

*I – No modo de disputa aberto, os licitantes apresentarão suas ofertas por meio de lances públicos e sucessivos, crescentes ou decrescentes, conforme o critério de julgamento adotado;*

*II – No modo de disputa fechado, as propostas apresentadas pelos licitantes serão sigilosas até a data e hora designadas para que sejam divulgadas; e*

*III – Nas licitações de obras ou serviços de engenharia, após o julgamento das propostas, o licitante vencedor deverá reelaborar e apresentar à administração pública, por meio eletrônico, as planilhas com indicação dos quantitativos e dos custos unitários, bem como do detalhamento das Bonificações e Despesas Indiretas (BDI) e dos Encargos Sociais (ES), com os respectivos valores adequados ao lance vencedor.*

Poderão ser admitidos, nas condições estabelecidas em regulamento:

*I – A apresentação de lances intermediários, durante a disputa aberta; e*

*II – O reinício da disputa aberta, após a definição da melhor proposta e para a definição das demais colocações, sempre que existir uma diferença de pelo menos 10% (dez por cento) entre o melhor lance e o do licitante subsequente.*

Consideram-se intermediários os lances:

*I – Iguais ou inferiores ao maior já ofertado, quando adotado o julgamento pelo critério da maior oferta; ou*

*II – Iguais ou superiores ao menor já ofertado, quando adotados os demais critérios de julgamento.*

*Art. 18 Poderão ser utilizados os seguintes critérios de julgamento:*

*I – menor preço ou maior desconto;*

*II – técnica e preço;*

*III – melhor técnica ou conteúdo artístico;*

*IV – maior oferta de preço; ou*

*V – maior retorno econômico.*

*§ 1º O critério de julgamento será identificado no instrumento convocatório, observado o disposto nesta Lei.*

*§ 2º O julgamento das propostas será efetivado pelo emprego de parâmetros objetivos definidos no instrumento convocatório.*

*§ 3º Não serão consideradas vantagens não previstas no instrumento convocatório, inclusive financiamentos subsidiados ou a fundo perdido.*

O julgamento pelo menor preço ou maior desconto considerará o menor dispêndio para a administração pública, atendidos os parâmetros mínimos de qualidade definidos no instrumento convocatório.

*Art. 20 No julgamento pela melhor combinação de técnica e preço, deverão ser avaliadas e ponderadas as propostas técnicas e de preço apresentadas pelos licitantes, mediante a utilização de parâmetros objetivos obrigatoriamente inseridos no instrumento convocatório.*

O critério de julgamento a que se refere o caput deste artigo será utilizado quando a avaliação e a ponderação da qualidade técnica das propostas que superarem os requisitos mínimos estabelecidos no instrumento convocatório forem relevantes aos fins pretendidos pela administração pública, e destinar-se-á exclusivamente a objetos:

*I – de natureza predominantemente intelectual e de inovação tecnológica ou técnica; ou*

*II – que possam ser executados com diferentes metodologias ou tecnologias de domínio restrito no mercado, pontuando-se as vantagens e qualidades que eventualmente forem oferecidas para cada produto ou solução.*

É permitida a atribuição de fatores de ponderação distintos para valorar as propostas técnicas e de preço, sendo o percentual de ponderação mais relevante limitado a 70% (setenta por cento).

*Art. 21 O julgamento pela melhor técnica ou pelo melhor conteúdo artístico considerará exclusivamente as propostas técnicas ou artísticas apresentadas pelos licitantes com base em critérios objetivos previamente estabelecidos no instrumento convocatório, no qual será definido o prêmio ou a remuneração que será atribuída aos vencedores.*

**Parágrafo único.** *O critério de julgamento referido no caput deste artigo poderá ser utilizado para a contratação de projetos, inclusive arquitetônicos, e trabalhos de natureza técnica, científica ou artística, excluindo-se os projetos de engenharia.*

*Art. 22 O julgamento pela maior oferta de preço será utilizado no caso de contratos que resultem em receita para a administração pública.*

*§ 1º Quando utilizado o critério de julgamento pela maior oferta de preço, os requisitos de qualificação técnica e econômico-financeira poderão ser dispensados, conforme dispuser o regulamento.*

*§ 2º No julgamento pela maior oferta de preço, poderá ser exigida a comprovação do recolhimento de quantia a título de garantia, como requisito de habilitação, limitada a 5% (cinco por cento) do valor ofertado.*

*§ 3º Na hipótese do § 2º deste artigo, o licitante vencedor perderá o valor da entrada em favor da administração pública caso não efetive o pagamento devido no prazo estipulado.*

No julgamento pelo maior retorno econômico, utilizado exclusivamente para a celebração de contratos de eficiência, as propostas serão consideradas de forma a selecionar a que proporcionará a maior economia para a administração pública decorrente da execução do contrato.

O contrato de eficiência terá por objeto a prestação de serviços, que pode incluir a realização de obras e o fornecimento de bens, com o objetivo de proporcionar economia ao contratante, na forma de redução de despesas correntes, sendo o contratado remunerado com base em percentual da economia gerada.

Na hipótese prevista no caput deste artigo, os licitantes apresentarão propostas de trabalho e de preço, conforme dispuser o regulamento.

Nos casos em que não for gerada a economia prevista no contrato de eficiência:

> *I – a diferença entre a economia contratada e a efetivamente obtida será descontada da remuneração da contratada;*
>
> *II – se a diferença entre a economia contratada e a efetivamente obtida for superior à remuneração da contratada, será aplicada multa por inexecução contratual no valor da diferença; e*
>
> *III – a contratada sujeitar-se-á, ainda, a outras sanções cabíveis caso a diferença entre a economia contratada e a efetivamente obtida seja superior ao limite máximo estabelecido no contrato.*

Art. 24: serão desclassificadas as propostas que:

▷ Contenham vícios insanáveis;

▷ Não obedeçam às especificações técnicas pormenorizadas no instrumento convocatório;

▷ Apresentem preços manifestamente inexequíveis ou permaneçam acima do orçamento estimado para a contratação, inclusive nas hipóteses previstas no art. 6º desta Lei;

▷ Não tenham sua exequibilidade demonstrada, quando exigido pela administração pública;

▷ Apresentem desconformidade com quaisquer outras exigências do instrumento convocatório, desde que insanáveis.

A verificação da conformidade das propostas poderá ser feita exclusivamente em relação à proposta mais bem classificada.

A administração pública poderá realizar diligências para aferir a exequibilidade das propostas ou exigir dos licitantes que ela seja demonstrada, na forma do inciso IV do caput deste artigo.

No caso de obras e serviços de engenharia, para efeito de avaliação da exequibilidade e de sobre preço, serão considerados o preço global, os quantitativos e os preços unitários considerados relevantes, conforme dispuser o regulamento.

> *Art. 25 Em caso de empate entre 2 (duas) ou mais propostas, serão utilizados os seguintes critérios de desempate, nesta ordem:*
>
> *I – disputa final, em que os licitantes empatados poderão apresentar nova proposta fechada em ato contínuo à classificação;*
>
> *II – a avaliação do desempenho contratual prévio dos licitantes, desde que exista sistema objetivo de avaliação instituído;*
>
> *III – os critérios estabelecidos no art. 3º da Lei nº 8.248, de 23 de outubro de 1991, e no § 2º do art. 3º da Lei nº 8.666, de 21 de junho de 1993; e*
>
> *IV – sorteio.*

Definido o resultado do julgamento, a administração pública poderá negociar condições mais vantajosas com o primeiro colocado.

A negociação poderá ser feita com os demais licitantes, segundo a ordem de classificação inicialmente estabelecida, quando o preço do primeiro colocado, mesmo após a negociação, for desclassificado por sua proposta permanecer acima do orçamento estimado.

> *Art. 27 Salvo no caso de inversão de fases, o procedimento licitatório terá uma fase recursal única, que se seguirá à habilitação do vencedor.*
>
> *Parágrafo único. Na fase recursal, serão analisados os recursos referentes ao julgamento das propostas ou lances e à habilitação do vencedor.*

Exauridos os recursos administrativos, o procedimento licitatório será encerrado e encaminhado à autoridade superior, que poderá:

> *I – Determinar o retorno dos autos para saneamento de irregularidades que forem supríveis;*
>
> *II – Anular o procedimento, no todo ou em parte, por vício insanável;*
>
> *III – Revogar o procedimento por motivo de conveniência e oportunidade; ou*
>
> *IV – Adjudicar o objeto e homologar a licitação.*

### 18.4.3 Procedimentos auxiliares das licitações no âmbito do RDC

> *Art. 29 São procedimentos auxiliares das licitações regidas pelo disposto nesta Lei:*
>
> *I – pré-qualificação permanente;*
>
> *II – cadastramento;*
>
> *III – sistema de registro de preços; e*
>
> *IV – catálogo eletrônico de padronização.*

Considera-se pré-qualificação permanente o procedimento anterior à licitação destinado a identificar:

> *I – Fornecedores que reúnam condições de habilitação exigidas para o fornecimento de bem ou a execução de serviço ou obra nos prazos, locais e condições previamente estabelecidos; e*
>
> *II – Bens que atendam às exigências técnicas e de qualidade da administração pública.*
>
> *Art. 30 [...]*
>
> *§ 1º O procedimento de pré-qualificação ficará permanentemente aberto para a inscrição dos eventuais interessados.*
>
> *§ 2º A administração pública poderá realizar licitação restrita aos pré-qualificados, nas condições estabelecidas em regulamento.*
>
> *§ 3º A pré-qualificação poderá ser efetuada nos grupos ou segmentos, segundo as especialidades dos fornecedores.*
>
> *§ 4º A pré-qualificação poderá ser parcial ou total, contendo alguns ou todos os requisitos de habilitação ou técnicos necessários à contratação, assegurada, em qualquer hipótese, a igualdade de condições entre os concorrentes.*
>
> *§ 5º A pré-qualificação terá validade de 1 (um) ano, no máximo, podendo ser atualizada a qualquer tempo.*

Os registros cadastrais poderão ser mantidos para efeito de habilitação dos inscritos em procedimentos licitatórios e serão válidos por 1 (um) ano, no máximo, podendo ser atualizados a qualquer tempo.

Os inscritos serão admitidos segundo requisitos previstos em regulamento.

A atuação do licitante no cumprimento de obrigações assumidas será anotada no respectivo registro cadastral e a qualquer tempo poderá ser alterado, suspenso ou cancelado o registro do inscrito que deixar de satisfazer as exigências de habilitação ou as estabelecidas para admissão cadastral.

> *Art. 32 O Sistema de **Registro de Preços**, especificamente destinado às licitações de que trata esta Lei, reger-se-á pelo disposto em regulamento.*
>
> *§ 1º Poderá aderir ao sistema referido no caput deste artigo qualquer órgão ou entidade responsável pela execução das atividades contempladas no art. 1º desta Lei.*

São condições a serem observadas no registro de preços:

> *I – Efetivação prévia de ampla pesquisa de mercado;*
>
> *II – Seleção de acordo com os procedimentos previstos em regulamento;*
>
> *III – Desenvolvimento obrigatório de rotina de controle e atualização periódicos dos preços registrados;*

# NOÇÕES DE DIREITO ADMINISTRATIVO

*IV - Definição da validade do registro; e*

*V - Inclusão, na respectiva ata, do registro dos licitantes que aceitarem cotar os bens ou serviços com preços iguais ao do licitante vencedor na sequência da classificação do certame, assim como dos licitantes que mantiverem suas propostas originais.*

A existência de preços registrados não obriga a administração pública a firmar os contratos que deles poderão advir, sendo facultada a realização de licitação específica, assegurada ao licitante registrado preferência em igualdade de condições.

**Art. 33** *O catálogo eletrônico de padronização de compras, serviços e obras consiste em sistema informatizado, de gerenciamento centralizado, destinado a permitir a padronização dos itens a serem adquiridos pela administração pública que estarão disponíveis para a realização de licitação.*

**Parágrafo único.** *O catálogo referido no caput deste artigo poderá ser utilizado em licitações cujo critério de julgamento seja a oferta de menor preço ou de maior desconto e conterá toda a documentação e procedimentos da fase interna da licitação, assim como as especificações dos respectivos objetos, conforme disposto em regulamento.*

## 18.4.4 Comissão de licitação

**Art. 34** *As licitações promovidas consoante o RDC serão processadas e julgadas por comissão permanente ou especial de licitações, composta majoritariamente por servidores ou empregados públicos pertencentes aos quadros permanentes dos órgãos ou entidades da administração pública responsáveis pela licitação.*

*§ 1º As regras relativas ao funcionamento das comissões de licitação e da comissão de cadastramento de que trata esta Lei serão estabelecidas em regulamento.*

*§ 2º Os membros da comissão de licitação responderão solidariamente por todos os atos praticados pela comissão, salvo se posição individual divergente estiver registrada na ata da reunião em que houver sido adotada a respectiva decisão.*

## 18.4.5 Dispensa e inexigibilidade de licitação

**Art. 35** *As hipóteses de dispensa e inexigibilidade de licitação estabelecidas nos arts. 24 e 25 da Lei nº 8.666, de 21 de junho de 1993, aplicam-se, no que couber, às contratações realizadas com base no RDC.*

**Parágrafo único.** *O processo de contratação por dispensa ou inexigibilidade de licitação deverá seguir o procedimento previsto no art. 26 da Lei nº 8.666, de 21 de junho de 1993.*

## 18.4.6 Condições específicas para a participação nas licitações e para a contratação no RDC

**Art. 36** *É **vedada a participação direta ou indireta** nas licitações de que trata esta Lei:*

*I - da pessoa física ou jurídica que elaborar o projeto básico ou executivo correspondente;*

*II - da pessoa jurídica que participar de consórcio responsável pela elaboração do projeto básico ou executivo correspondente;*

*III - da pessoa jurídica da qual o autor do projeto básico ou executivo seja administrador, sócio com mais de 5% (cinco por cento) do capital votante, controlador, gerente, responsável técnico ou subcontratado; ou*

*IV - do servidor, empregado ou ocupante de cargo em comissão do órgão ou entidade contratante ou responsável pela licitação.*

*§ 1º Não se aplica o disposto nos incisos I, II e III do caput deste artigo no caso das contratações integradas.*

*§ 2º O disposto no caput deste artigo não impede, nas licitações para a contratação de obras ou serviços, a previsão de que a elaboração de projeto executivo constitua encargo do contratado, consoante preço previamente fixado pela administração pública.*

*§ 3º É permitida a participação das pessoas físicas ou jurídicas de que tratam os incisos II e III do caput deste artigo em licitação ou na execução do contrato, como consultor ou técnico, nas funções de fiscalização, supervisão ou gerenciamento, exclusivamente a serviço do órgão ou entidade pública interessados.*

*§ 4º Para fins do disposto neste artigo, considera-se participação indireta a existência de qualquer vínculo de natureza técnica, comercial, econômica, financeira ou trabalhista entre o autor do projeto, pessoa física ou jurídica, e o licitante ou responsável pelos serviços, fornecimentos e obras, incluindo-se os fornecimentos de bens e serviços a estes necessários.*

*§ 5º O disposto no § 4º deste artigo aplica-se aos membros da comissão de licitação.*

É vedada a contratação direta, sem licitação, de pessoa jurídica na qual haja administrador ou sócio com poder de direção que mantenha relação de parentesco, inclusive por afinidade, até o terceiro grau civil com:

*I - Detentor de cargo em comissão ou função de confiança que atue na área responsável pela demanda ou contratação; e*

*II - Autoridade hierarquicamente superior no âmbito de cada órgão ou entidade da administração pública.*

> Nos processos de contratação abrangidos por esta Lei, aplicam-se as preferências para fornecedores ou tipos de bens, serviços e obras previstos na legislação, em especial as referidas:
> - No art. 3º da Lei nº 8.248, de 23 de outubro de 1991;
> - No art. 3º da Lei nº 8.666, de 21 de junho de 1993; e
> - Nos arts. 42 a 49 da Lei Complementar nº 123, de 14 de dezembro de 2006.

## 18.5 Regras específicas aplicáveis aos contratos celebrados no âmbito do RDC

**Art. 39** *Os contratos administrativos celebrados com base no RDC reger-se-ão pelas normas da Lei nº 8.666, de 21 de junho de 1993,* **com exceção das regras específicas previstas nesta Lei.**

É facultado à administração pública, quando o convocado não assinar o termo de contrato ou não aceitar ou retirar o instrumento equivalente no prazo e condições estabelecidos:

*I - Revogar a licitação, sem prejuízo da aplicação das cominações previstas na Lei nº 8.666, de 21 de junho de 1993, e nesta Lei; ou*

*II - Convocar os licitantes remanescentes, na ordem de classificação, para a celebração do contrato nas condições ofertadas pelo licitante vencedor.*

Na hipótese de nenhum dos licitantes aceitar a contratação nos termos do inciso II do caput deste artigo, a administração pública poderá convocar os licitantes remanescentes, na ordem de classificação, para a celebração do contrato nas condições ofertadas por estes, desde que o respectivo valor seja igual ou inferior ao orçamento estimado para a contratação, inclusive quanto aos preços atualizados nos termos do instrumento convocatório.

**Art. 41** *Na hipótese do inciso XI do art. 24 da Lei nº 8.666, de 21 de junho de 1993, a contratação de remanescente de obra, serviço ou fornecimento de bens em consequência de rescisão contratual observará a ordem de classificação dos licitantes remanescentes e as condições por estes ofertadas, desde que não seja ultrapassado o orçamento estimado para a contratação.*

**Art. 42** *Os contratos para a execução das obras previstas no plano plurianual poderão ser firmados pelo período nele compreendido, observado o disposto no caput do art. 57 da Lei nº 8.666, de 21 de junho de 1993.*

# LEI Nº 12.462/2011 - REGIME DIFERENCIADO DE CONTRATAÇÕES PÚBLICAS

*Art. 43 Na hipótese do inciso II do art. 57 da Lei no 8.666, de 21 de junho de 1993, os contratos celebrados pelos entes públicos responsáveis pelas atividades descritas nos incisos I a III do art. 1º desta Lei poderão ter sua vigência estabelecida até a data da extinção da APO.*

*Art. 44 As normas referentes à anulação e revogação das licitações previstas no art. 49 da Lei nº 8.666, de 21 de junho de 1993, aplicar-se-ão às contratações realizadas com base no disposto nesta Lei.*

*Art. 44-A Nos contratos regidos por esta Lei, poderá ser admitido o emprego dos mecanismos privados de resolução de disputas, inclusive a arbitragem, a ser realizada no Brasil e em língua portuguesa, nos termos da Lei nº 9.307, de 23 de setembro de 1996, e a mediação, para dirimir conflitos decorrentes da sua execução ou a ela relacionados.*

## 18.6 Pedidos de esclarecimento, impugnações e recursos

Dos atos da administração pública decorrentes da aplicação do RDC caberão (art. 45):

▷ Pedidos de esclarecimento e impugnações ao instrumento convocatório no prazo mínimo de:
- Até 2 (dois) dias úteis antes da data de abertura das propostas, no caso de licitação para aquisição ou alienação de bens;
- Até 5 (cinco) dias úteis antes da data de abertura das propostas, no caso de licitação para contratação de obras ou serviços;

▷ Recursos, no prazo de 5 (cinco) dias úteis contados a partir da data da intimação ou da lavratura da ata, em face:
- Do ato que defira ou indefira pedido de pré-qualificação de interessados;
- Do ato de habilitação ou inabilitação de licitante;
- Do julgamento das propostas;
- Da anulação ou revogação da licitação;
- Do indeferimento do pedido de inscrição em registro cadastral, sua alteração ou cancelamento;
- Da rescisão do contrato, nas hipóteses previstas no inciso I do art. 79 da Lei nº 8.666;
- Da aplicação das penas de advertência, multa, declaração de inidoneidade, suspensão temporária de participação em licitação e impedimento de contratar com a administração pública.

▷ Representações, no prazo de 5 (cinco) dias úteis contados a partir da data da intimação:
- Relativamente a atos de que não caiba recurso hierárquico.

Os licitantes que desejarem apresentar os recursos de que tratam as alíneas a, b e c do inciso II do caput deste artigo deverão manifestar imediatamente a sua intenção de recorrer, sob pena de preclusão.

O prazo para apresentação de contrarrazões será o mesmo do recurso e começará imediatamente após o encerramento do prazo recursal.

*§ 3º É assegurado aos licitantes vista dos elementos indispensáveis à defesa de seus interesses.*

*§ 4º Na contagem dos prazos estabelecidos nesta Lei, **excluir-se-á o dia do início e incluir-se-á o do vencimento**.*

*§ 5º Os prazos previstos nesta Lei iniciam e expiram exclusivamente em dia de expediente no âmbito do órgão ou entidade.*

*§ 6º O recurso será dirigido à autoridade superior, por intermédio da autoridade que praticou o ato recorrido, cabendo a esta reconsiderar sua decisão no prazo de 5 (cinco) dias úteis ou, nesse mesmo prazo, fazê-lo subir, devidamente informado, devendo, neste caso, a decisão do recurso ser proferida dentro do prazo de 5 (cinco) dias úteis, contados do seu recebimento, sob pena de apuração de responsabilidade.*

*Art. 46 Aplica-se ao RDC o disposto no art. 113 da Lei nº 8.666, de 21 de junho de 1993.*

## 18.7 Sanções administrativas

Ficará impedido de licitar e contratar com a União, Estados, Distrito Federal ou Municípios, pelo prazo de até 5 (cinco) anos, sem prejuízo das multas previstas no instrumento convocatório e no contrato, bem como das demais cominações legais, o licitante que: (art. 47)

*I - Convocado dentro do prazo de validade da sua proposta não celebrar o contrato, inclusive nas hipóteses previstas no parágrafo único do art. 40 e no art. 41 desta Lei;*

*II - Deixar de entregar a documentação exigida para o certame ou apresentar documento falso;*

*III - Ensejar o retardamento da execução ou da entrega do objeto da licitação sem motivo justificado;*

*III - Não mantiver a proposta, salvo se em decorrência de fato superveniente, devidamente justificado;*

*IV - Fraudar a licitação ou praticar atos fraudulentos na execução do contrato;*

*V - Comportar-se de modo inidôneo ou cometer fraude fiscal; ou*

*VI - Der causa à inexecução total ou parcial do contrato.*

*Art. 47 [...]*

*§ 1º A aplicação da sanção de que trata o caput deste artigo implicará ainda o descredenciamento do licitante, pelo prazo estabelecido no caput deste artigo, dos sistemas de cadastramento dos entes federativos que compõem a Autoridade Pública Olímpica.*

*§ 2º As sanções administrativas, criminais e demais regras previstas no Capítulo IV da Lei nº 8.666, de 21 de junho de 1993, aplicam-se às licitações e aos contratos regidos por esta Lei.*

*Art. 47-A A administração pública poderá firmar contratos de locação de bens móveis e imóveis, nos quais o locador realiza prévia aquisição, construção ou reforma substancial, com ou sem aparelhamento de bens, por si mesmo ou por terceiros, do bem especificado pela administração.*

*§ 1º A contratação referida no caput sujeita-se à mesma disciplina de dispensa e inexigibilidade de licitação aplicável às locações comuns.*

*§ 2º A contratação referida no caput poderá prever a reversão dos bens à administração pública ao final da locação, desde que estabelecida no contrato.*

*§ 3º O valor da locação a que se refere o caput não poderá exceder, ao mês, 1% (um por cento) do valor do bem locado.*

# NOÇÕES DE DIREITO PENAL

# 1 TEORIA DA LEI PENAL

## 1.1 Introdução ao estudo do Direito Penal

A **infração penal** é um gênero que se divide em duas espécies: crimes (conduta mais gravosa) e contravenções penais (conduta de menor gravidade). Essa divisão é chamada de dicotômica. A diferença básica incide sobre as penas aplicáveis aos infratores: enquanto o crime é punível com pena de reclusão e detenção, as contravenções penais implicam em prisão simples e multa, que pode ser aplicada de forma cumulativa ou não.

Para que a conduta seja definida como crime, tem de estar tipificada (escrita) em alguma norma penal. Não somente o próprio Código Penal as descreve, mas também as leis complementares penais ou leis especiais, ex.: Lei nº 10.826/2003 (Estatuto do Desarmamento), Lei nº 9.455/1997 (Lei de Tortura), entre outras. Por conseguinte, o Decreto-lei nº 3.688/1941 prevê as contravenções penais, que também são conhecidas como crime anão ou delito liliputiano, visto seu reduzido potencial ofensivo. Como essa espécie de infração não é o objetivo do estudo, não convém aprofundar o assunto, basta apenas ressaltar que contravenção penal não admite tentativa. No entanto, no crime, a modalidade tentada é punível, desde que exista previsão legal (Código Penal).

▷ Para configurar infração penal, são necessários alguns pressupostos:
- Deve ser uma **conduta humana**, ou seja, o simples ataque de um animal não configura crime, porém, caso ele seja instigado por uma pessoa, o animal passa a ser um mero objeto utilizado na prática da conduta do agressor.
- Deve ser uma **ação consciente**, possível de ser prevista pelo agente. Quando a conduta do agente se der com imprudência, negligência ou imperícia, responderá de forma **culposa**. Entretanto, se realmente houver intenção, ou seja, se a conduta do indivíduo for motivada por desejo ou propósito específico, tem-se a conduta **dolosa**.
- Necessita ser **voluntária**. Caso o agente, por exemplo, venha a agredir alguém por conta de um espasmo muscular, essa conduta é tida como involuntária.

▷ A infração penal sempre gera um resultado que pode ser:
- **Naturalístico:** quando ocorre efetivamente a lesão de um bem jurídico tutelado. Por exemplo, no crime de homicídio, o resultado naturalístico ocorre com a interrupção da vida da vítima, pois a conduta modificou o mundo exterior, tanto do *de cujus* (falecido) como de seus familiares.
- **Jurídico:** ocorre quando a lesão não se consuma. Utilizando o mesmo exemplo apresentado anteriormente, ocorreria caso o agressor não tivesse êxito na sua conduta. Ele responderia pela tentativa de homicídio, desde que não tivesse causado lesão corporal. Convém ressaltar que, embora o agente não obtenha êxito no resultado pretendido, o Código Penal sempre punirá por aquilo que o agente queria fazer (elemento subjetivo), contudo, nesse caso, gerou apenas um resultado jurídico.

> **Fique ligado**
>
> Todo crime gera um resultado, porém nem todo crime gera um resultado naturalístico (lesão).

## 1.2 Teoria do crime

Sendo o crime (delito) espécie da infração penal, possui uma nova divisão. Nesse caso, existem diversas correntes doutrinárias que definem esse conceito, entretanto, adotaremos a majoritária, a qual vigora no Direito Penal brasileiro, classificada como Teoria Finalista Tripartida ou Tripartite.

▷ Crime delito:

> Fato típico (está escrito, definido como crime)
>
> \+
>
> Ilícito (antijurídico, contrário à lei)
>
> \+
>
> Culpável (culpabilidade)

### 1.2.1 Conceito de crime no Direito Penal brasileiro

▷ **Fato típico:** para ser considerado fato típico, é fundamental que a conduta esteja tipificada, ou seja, escrita em alguma norma penal. Não obstante, é necessário que exista:
- **Conduta:** é a ação do agente, seja ela culposa (descuidada) ou dolosa, intencional; comissiva (ação) ou omissiva (deixar de fazer).
- **Resultado:** naturalístico (modificação provocada no mundo exterior pela conduta) ou jurídico (quando não houver resultado jurídico, não há crime).
- **Nexo causal:** é o elo entre a ação e o resultado, ou seja, se o resultado foi provocado diretamente pela ação do agente, há nexo causal.
- **Tipicidade:** a conduta tem de ser considerada crime e deve estar tipificada, ou seja, escrita na norma penal.

▷ **Ilícito (antijurídico):** a ação do agente tem de ser ilícita, pois nosso ordenamento jurídico prevê legalidade em determinadas situações que, mesmo sendo antijurídicas, serão permissivas. São as chamadas excludentes de ilicitude ou de antijuridicidade, sendo elas: legítima defesa, estado de necessidade, estrito cumprimento do dever legal ou exercício regular de um direito.

> **Fique ligado**
>
> Caso não existam alguns desses elementos na conduta, pode-se dizer que o fato é atípico.

▷ **Culpável (culpabilidade):** é o juízo de reprovação que recai na conduta típica e ilícita. Em alguns casos, mesmo o agente cometendo um fato típico e ilícito, ele não poderá ser culpável, ou seja, não poderá receber uma sanção penal, pois incidirá nas excludentes de culpabilidade. A mais conhecida é a inimputabilidade em razão da idade, ou seja, é o agente menor de 18 anos em conflito com a lei, o qual não comete crime, mas ato infracional análogo aos delitos previstos no Código Penal. É quando, no momento da ação ou da omissão, o agente é totalmente incapaz de entender o caráter ilícito do fato ou de determinar-se de acordo com esse entendimento. Ainda dentro dessa espécie, haverá três desdobramentos: imputabilidade, potencial consciência da ilicitude e exigibilidade de conduta diversa.

Para que o crime ocorra, é necessário preencher todos os requisitos anteriores. Caso haja exclusão de alguns dos elementos do fato típico ou se não for ilícito/antijurídico, tem-se a exclusão do crime. Caso não possa ser culpável, o agente será **isento** de pena.

Pode ocorrer de o agente cometer um fato descrito como crime – matar alguém – e esse fato não ser considerado crime. Ex.: quem mata em legítima defesa comete um fato típico, ou seja, escrito e definido como crime. Contudo, esse fato não é ilícito, pois a própria lei autoriza o sujeito a matar em certos casos pré-definidos.

Pode ocorrer também de o agente cometer um fato definido como crime, ou seja, fato típico – escrito e definido no Código Penal – e

# NOÇÕES DE DIREITO PENAL

ilícito, o ordenamento jurídico não autorizar aquela conduta, e mesmo assim ficar **isento de pena**. Assim, pode o sujeito cometer um crime e não ter pena. Ex.: quem é obrigado a cometer um crime, uma pessoa encosta a arma carregada na cabeça de outra e diz que, se ela não cometer tal crime, morrerá.

## 1.2.2 Princípio da legalidade (anterioridade – reserva legal)

*Art. 1º, CP Não há crime sem lei anterior que o defina. Não há pena sem prévia cominação legal.*

Somente haverá crime quando existir perfeita correspondência entre a conduta praticada e a previsão legal (Reserva Legal), que não pode ser vaga, ou seja, deve ser específica. Exige-se que a lei esteja em vigor no momento da prática da infração penal (Anterioridade). O fundamento constitucional é o art. 5º, inciso XXXIX.

*Art. 5º, XXXIX, CF/1988 não há crime sem lei anterior que o defina, nem pena sem prévia cominação legal;*

▷ Princípio: *nullum crimen, nulla poena sine praevia lege* (não há crime nem pena sem lei prévia).

As normas penais incriminadoras não são proibitivas, mas descritivas. Ex.: o art. 121 dispõe que matar alguém, no Código Penal, não é proibitivo, ou seja, não descreve "não matar". O tipo penal prevê uma conduta, que, se cometida, possuirá uma sanção (punição).

A analogia no Direito Penal só é aceita para beneficiar o agente. Ex.: no antigo ordenamento jurídico, só era permitido realizar o aborto em decorrência do estupro, entretanto, a norma penal não abrangia o caso de atentado violento ao pudor (qualquer outro contato íntimo que não seja relação sexual vaginal). Caso a mulher viesse a engravidar em decorrência disso, realizava-se a analogia *in bonam partem*, permitindo também, nesse caso, o aborto. Contudo, cabe destacar que, atualmente, não há mais previsão do crime de atentado violento ao pudor no Código Penal, visto que hoje a conduta é tipificada no delito de estupro.

> **Fique ligado**
>
> Medida provisória não pode dispor sobre matéria penal, criar crimes e cominar penas, art. 62, § 1º, I, "b", da Constituição Federal de 1988, somente lei ordinária.

▷ Analogia no Direito Penal:
- *In malan partem* (prejudicar): não é aceita.
- *In bonam partem* (beneficiar): aceita.

**Normas penais em branco** são aquelas que precisam ser complementadas para que analisemos o caso concreto. Ex.: a vigente Lei nº 11.343/2006 (Lei de Drogas) dispõe sobre diversas condutas ilícitas, entretanto, o que é droga? Para constatar se determinada substância é droga ou não, o tipo penal deve ser complementado pela Portaria nº 344/1998 da Agência Nacional de Vigilância Sanitária (Anvisa), em que todas as substâncias que estiverem descritas serão consideradas como droga.

> **Fique ligado**
>
> O princípio da reserva legal admite o uso de normas penais em branco.

A **analogia penal** é diferente de **interpretação analógica**. Nessa situação, a conduta do agente é analisada dentro da própria norma penal, ou seja, é observado a forma como a conduta foi praticada, quais os meios utilizados. Assim, a interpretação analógica sempre será possível, ainda que mais gravosa para o agente.

*Art. 121, CP Matar alguém:*
*Pena – Reclusão, de seis a vinte anos. [...]*
*§ 2º Se o homicídio é cometido: [...]*
*III – Com emprego de veneno, fogo, explosivo, asfixia, tortura ou outro meio insidioso ou cruel, ou de que possa resultar perigo comum; [...]*
*Pena – Reclusão, de doze a trinta anos.*

Nessa situação, caso o agente tenha cometido o homicídio utilizando de alguma das formas expostas no inciso III, ocorrerá a aplicação de uma pena mais gravosa, visto que a conduta qualifica o crime.

## 1.3 Interpretação da lei penal

A matéria **interpretação da lei penal** passou a ser abordada com mais frequência pelos editais de concursos públicos. No entanto, quando cobrada, não costuma gerar muita dificuldade. Isso porque, geralmente, a banca examinadora aborda uma espécie de interpretação e questiona o seu significado na questão.

A interpretação da lei penal consiste em buscar o significado e a extensão da letra da lei em relação à realidade e à vontade do legislador. Assim, a interpretação da lei penal se divide em relação ao sujeito, ao modo e ao resultado.

### 1.3.1 Quanto ao sujeito

#### Autêntica ou legislativa

É aquela realizada pelo mesmo órgão da qual emana, podendo vir no próprio texto legislativo ou em lei posterior. Ex.: conceito de funcionário público previsto no art. 327 do CP.

*Art. 327, CP Considera-se funcionário público, para os efeitos penais, quem, embora transitoriamente ou sem remuneração, exerce cargo, emprego ou função pública.*

#### Doutrina

É aquela realizada pelos doutrinadores – estudiosos do Direito Penal – normalmente encontrada em livros, artigos e documentos. Ex.: Código Penal comentado.

#### Jurisprudencial ou judicial

É aquela realizada pelo Poder Judiciário na aplicação do caso concreto, na busca pela vontade da lei. É a análise das decisões reiteradas sobre determinado assunto legal. Ex.: súmulas do Tribunais Superiores e súmulas vinculantes.

### 1.3.2 Quanto ao modo

#### Literal ou gramatical

É aquela que busca o sentido literal das palavras.

#### Teleológica

É aquela que busca compreender a intenção ou a vontade da lei.

#### Histórica

É aquela que busca compreender o sentido da lei por meio da análise de momento e contexto histórico em que foi editada.

#### Sistemática

É aquela que analisa o sentido da lei em conjunto com todo o ordenamento jurídico (as legislações em vigor, os princípios gerais de Direito, a doutrina e a jurisprudencial).

#### Progressiva

É aquela que busca adaptar a lei aos progressos obtidos pela sociedade.

# TEORIA DA LEI PENAL

## 1.3.3 Quanto ao resultado

### Declarativa

É aquela em que se encontra a perfeita correspondência entre a letra da lei e a intenção do legislador.

### Restritiva

É aquela em que se restringe o alcance da letra da lei para que corresponda à real intenção do legislador. A lei diz mais do que deveria dizer.

### Extensiva

É aquela em que se amplia o alcance da letra da lei para que corresponda à real intenção do legislador. A lei diz menos do que deveria dizer.

### Analógica

É aquela em que a lei penal permite a ampliação de seu conteúdo por meio da utilização de uma expressão genérica ou aberta pelo legislador. Ex.:

> *Art. 121, § 2º, III, CP Homicídio qualificado por emprego de veneno, fogo, explosivo, asfixia, tortura ou outro meio insidioso ou cruel, ou de que possa resultar perigo comum.*

## 1.4 Conflito aparente de normas penais

Fala-se em conflito aparente de normas penais quando duas ou mais normas aparentemente parecem reger o mesmo tema. Na prática, uma conduta pode se enquadrar em mais de um tipo penal, mas isso é tão somente aparente, pois os princípios do Direito Penal resolvem esse fato. São eles:

▷ Princípio da especialidade;
▷ Princípio da subsidiariedade;
▷ Princípio da consunção;
▷ Princípio da alternatividade.

## 1.4.1 Princípio da especialidade

A regra, nesse caso, é que a norma especial prevalecerá sobre a norma geral. Dessa forma, a norma no tipo penal incriminador é mais completa que a prevista na norma geral.

Isso ocorre, por exemplo, no crime de homicídio e infanticídio. O crime de infanticídio possui, em sua elementar, dados complementares que o tornam mais especial – completo – que a norma geral. Repare nas elementares do art. 123 do CP:

▷ Matar o próprio filho;
▷ Logo após o parto;
▷ Sob o estado puerperal.

Esses são dados que, se presentes, tornam a conduta de matar alguém um crime específico, diferente do homicídio. Logo, o art. 123 (infanticídio) é considerado especial em relação ao art. 121 (homicídio), que pode ser entendido, nesse caso, como uma conduta genérica.

## 1.4.2 Princípio da subsidiariedade

Esse princípio é utilizado sempre que a norma principal mais grave não puder ser utilizada. Nesse caso, usamos a norma subsidiária menos gravosa.

A subsidiariedade pode ser expressa ou tácita. Será expressa sempre que o próprio artigo de lei assim determinar. Um bom exemplo é o art. 239, que trata da simulação de casamento. O tipo penal prevê pena de detenção, de 1 a 3 anos, se o fato não constituir elemento de crime mais grave. Assim, caso não tenha ocorrido crime mais grave, será aplicada a pena expressa em lei. Porém, se ocorrer crime mais grave, deve ser aplicado somente esse, ficando atípico o fato menos grave.

A subsidiariedade tácita ocorre quando não há expressa referência na lei, mas se um fato mais grave ocorrer, a norma subsidiária ficará afastada. Isso ocorre, por exemplo, no crime do art. 311 do Código de Trânsito Brasileiro (CTB). O artigo expressa a proibição da conduta de trafegar em velocidade incompatível com a segurança nas proximidades de escolas, hospitais, estações de embarques e desembarques de passageiros, logradouros estreitos ou onde houver grande movimentação ou concentração de pessoas, gerando perigo de dano.

Contudo, se o agente estiver conduzindo nessas condições e acabar por atropelar e matar alguém, responderá pelo crime do art. 302 do CTB, que descreve a figura do homicídio culposo na direção de veículo automotor. Assim, esse crime – mais grave – afastará aquele crime de perigo.

## 1.4.3 Princípio da consunção

Esse princípio pode ocorrer quando um crime "meio" é necessário ou durante a fase normal de preparação para outro crime. Ex.: o crime de lesão corporal fica absorvido pelo crime de homicídio, ou mesmo o crime de invasão de domicílio que fica absorvido pelo crime de furto.

Não estamos falando em norma especial ou geral, mas no crime mais grave que absorveu o crime menos grave, que simplesmente foi um meio necessário para a execução da conduta mais gravosa.

Ocorre também o princípio da consunção quando, por exemplo, o agente falsifica um documento com o intuito de cometer o crime de estelionato. Como o crime de falsificação é o meio necessário para o crime de estelionato, funcionando como a elementar fraude, fica por esse absorvido.

Nesse sentido, o Superior Tribunal de Justiça (STJ) editou a Súmula nº 17, que diz o seguinte:

> *Súmula nº 17 – STJ Quando o falso se exaure no estelionato, sem mais potencialidade lesiva, é por este absorvido.*

Outro ponto importante é quando se trata do assunto de crime progressivo e progressão criminosa. No **crime progressivo**, o agente tem um fim específico mais grave, contudo, necessariamente deve passar por fases anteriores menos graves. No final das contas, o crime progressivo é um meio para um fim. Isso ocorre no caso do dolo de matar, em que o agente obrigatoriamente tem de ferir a vítima antes, causando lesões corporais.

Aqui, tem-se a aplicação do princípio da consunção. Por outro lado, a progressão criminosa ocorre quando o dolo inicial é menos grave e, no decorrer da conduta, o agente muda sua intenção para uma conduta mais grave (repare que há dois dolos). Tem-se como exemplo do agente que inicia a conduta com o dolo de lesionar e desfere socos na vítima; contudo, no decorrer da ação, muda de intenção lhe desfere golpes de faca, causando o resultado morte. Veja que há duas intenções, contudo, o Código Penal punirá o agente somente pelo crime mais grave. Assim, no caso exemplificado, também se aplica o princípio da consunção.

No entanto, pode ocorrer progressão criminosa com a incidência do concurso material, ou seja, aplicação de mais de um crime. Isso ocorre, por exemplo, no crime de roubo em que o agente, no meio da conduta, resolve estuprar a vítima, ou seja, tem-se a progressão criminosa com dois dolos, em que o agente responderá por dois crimes diversos.

## NOÇÕES DE DIREITO PENAL

### 1.4.4 Princípio da alternatividade

Esse princípio é aplicado nos chamados crimes de ação múltipla ou de conteúdo variado. Tem-se como exemplo o art. 33 da Lei nº 11.343/2006:

> **Art. 33, Lei nº 11.343/2006** *Importar, exportar, remeter, preparar, produzir, fabricar, adquirir, vender, expor à venda, oferecer, ter em depósito, transportar, trazer consigo, guardar, prescrever, ministrar, entregar a consumo ou fornecer drogas, ainda que gratuitamente, sem autorização ou em desacordo com determinação legal ou regulamentar: Pena – Reclusão de 5 (cinco) a 15 (quinze) anos e pagamento de 500 (quinhentos) a 1.500 (mil e quinhentos) dias-multa.*

Assim, pode-se afirmar que, se o agente tiver um depósito e vender a droga, não responderá por dois crimes, mas somente por crime único. Isso ocorre porque qualquer ação nuclear do tipo representa o mesmo crime. Na prática, não há concurso material, respondendo o agente por uma pena somente.

> **Fique ligado**
> Costume **não** revoga nem altera lei.

Pode-se dizer que há três princípios intrínsecos no art. 1º do Código Penal: da legalidade, da anterioridade e da reserva legal. É importante ressaltar que apenas a lei ordinária pode versar sobre matéria penal, tanto para criá-las quanto para extingui-las.

Não obstante, convém ressaltar os preceitos existentes nos tipos penais. Ex.: art. 121, do Código Penal - matar alguém –, cuja pena é de 6 a 20 anos. O preceito primário seria a conduta do agente – matar alguém – e o preceito secundário seria a cominação da pena de 6 a 20 anos. Para ser considerado crime, é fundamental que existam os dois preceitos.

### 1.5 Lei penal no tempo

> **Art. 2º, CP** *Ninguém pode ser punido por fato que lei posterior deixa de considerar crime, cessado em virtude dela a execução e os efeitos penais da sentença condenatória.*
> 
> **Parágrafo único.** *A Lei posterior, que de qualquer forma modo favorecer o agente, aplica-se aos fatos anteriores, ainda que decididos por sentença transitada em julgado.*

#### 1.5.1 Conflito temporal

**Regra:** irretroatividade da lei.

**Exceção:** retroatividade para beneficiar o réu.

#### 1.5.2 Retroatividade da lei

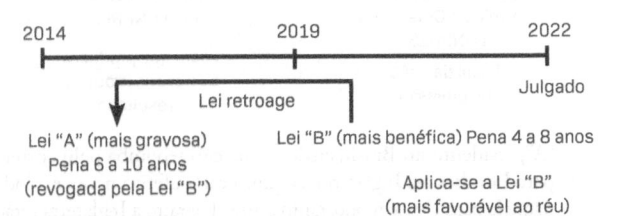

```
2014              2019              2022
  |────────────────|────────────────|
  ↓     Lei retroage              Julgado

Lei "A" (mais gravosa)   Lei "B" (mais benéfica) Pena 4 a 8 anos
Pena 6 a 10 anos
(revogada pela Lei "B")       Aplica-se a Lei "B"
                             (mais favorável ao réu)
```

Em regra, o Código Penal sempre adota a lei vigente ("A") no momento da ação ou omissão do agente. Assim, se um crime for cometido nessa época, o agente responderá pelo fato descrito no tipo penal. Contudo, por vezes, o processo estende-se no tempo, e o julgamento do agente demora a acontecer. Nesse lapso temporal, caso sobrevenha uma nova lei ("B"), que torne mais branda a sanção aplicada, esta retroagirá ao tempo do fato, beneficiando o réu.

#### 1.5.3 Ultratividade da lei

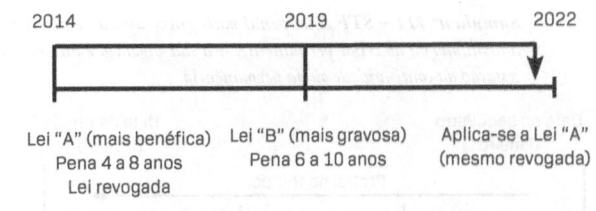

```
2014              2019              2022
  |────────────────|────────────────↓

Lei "A" (mais benéfica)   Lei "B" (mais gravosa)   Aplica-se a Lei "A"
Pena 4 a 8 anos           Pena 6 a 10 anos         (mesmo revogada)
Lei revogada
```

▷ Lei "A" (mais benéfica). Pena de 4 a 8 anos. Lei revogada.
▷ Lei "B" (mais gravosa). Pena de 6 a 10 anos.
▷ Aplica-se a Lei "A" (mesmo revogada).

Não obstante a regra da irretroatividade, pode ocorrer a chamada ultratividade de lei mais benéfica. Seria o caso que, no momento da ação, vigorava a lei "A", entretanto, no decorrer do processo, entrou em vigência nova lei "B", revogando a Lei "A", tornando mais gravosa a conduta anteriormente praticada pelo agente.

Assim, no momento do julgamento, ocorrerá a ultratividade da lei, ou seja, a lei "A", mesmo não estando mais em vigor, ultra-agirá ao momento do julgamento para beneficiar o réu, por ser menos gravosa a punição que o agente receberá.

#### 1.5.4 *Abolitio criminis* (abolição do crime)

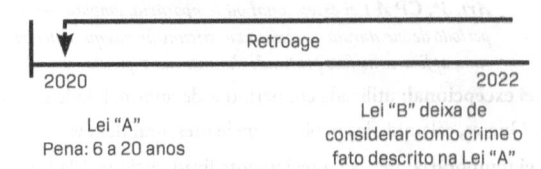

```
       ↓        Retroage
2020                         2022
  |──────────────────────────|

Lei "A"              Lei "B" deixa de
Pena: 6 a 20 anos    considerar como crime o
                     fato descrito na Lei "A"
```

▷ Lei "A". Pena de 6 a 20 anos.
▷ Lei "B" deixa de considerar como crime o fato descrito na Lei "A". Consequências:
▷ Tranca e extingue o inquérito policial e a ação penal;
▷ Cassa imediatamente a execução de todos os efeitos penais;
▷ Não alcança os efeitos civis da condenação.

Em relação à *abolitio criminis*, ocorre o seguinte fato: quando uma conduta que antes era tipificada como crime pelo Código Penal deixa de existir, ou seja, passa a não ser mais considerada crime, dizemos que ocorreu a abolição do crime. Diante disso, cessam imediatamente todos os efeitos penais que incidiam sobre o agente: tranca e extingue o inquérito policial. Caso o acusado esteja preso, deve ser posto em liberdade. Entretanto, não extingue os efeitos civis, ou seja, caso o agente tenha sido impelido em ressarcir a vítima da sua conduta mediante o pagamento de multa, essa ainda assim deverá ser paga.

É importante ressaltar que a lei que beneficia o réu não se trata de uma faculdade do juiz, mas de um dever que deve ser adotado em benefício do acusado.

### 1.6 Crimes permanentes ou continuados

Nos crimes permanentes, ou seja, naqueles em que a consumação se prolonga no tempo, aplica-se ao fato a lei que estiver em vigência quando cessada a atividade, mesmo que mais grave (severa) que a lei em vigência quando da prática do primeiro ato executório. O crime se perpetua no tempo, enquanto não cessada a permanência. É o que ocorre, por exemplo, com o crime de sequestro e cárcere privado. Assim, será aplicada a lei que estiver em vigência quando da libertação da vítima. Observa-se, então, o momento em que cessa a permanência, para daí se

# TEORIA DA LEI PENAL

determinar qual é a norma a ser aplicada. É o que estabelece a Súmula nº 711 do Supremo Tribunal Federal (STF).

> **Súmula nº 711 – STF** *A lei penal mais grave aplica-se ao crime continuado ou ao crime permanente, se a sua vigência é anterior à cessação da continuidade ou da permanência.*

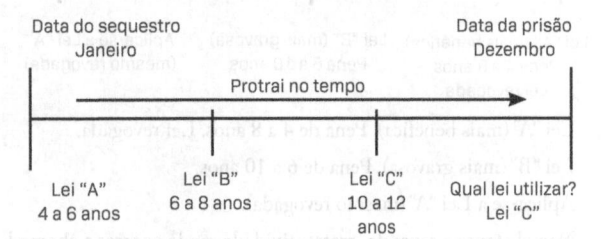

O sequestro é um crime que se protrai no tempo, ou seja, a todo instante ele está se consumando; qualquer que seja o momento da prisão, o agente estará em flagrante. Assim, nos casos de crimes permanentes ou continuados, aplica-se a pena quando cessar a conduta do agente, ainda que mais grave ou mais branda. Independe, nessa circunstância, a quantificação da pena, isto é, a lei vigente será considerada no momento que cessou a conduta do agente ou a privação de liberdade da vítima, com a prisão dos acusados.

## 1.7 Lei excepcional ou temporária

> **Art. 3º, CP** *A Lei excepcional ou temporária, embora decorrido o período de sua duração ou cessada as circunstâncias que a determinaram, aplica-se ao fato praticado durante sua vigência.*

▷ **Lei excepcional:** utilizada em períodos de anormalidade social.
| Guerra, calamidades públicas, enchentes, grandes eventos etc.

▷ **Lei temporária:** período previamente fixado pelo legislador.
| Lei que configura o crime de pescar em certa época do ano (Piracema). Após lapso de tempo previamente determinado, a lei deixa de considerar tal conduta como crime.

De 2005 a 2006, o fato "A" era considerado crime. Aqueles que infringiram a lei responderam posteriormente, mesmo o fato não sendo considerado mais crime.

Só ocorre retroatividade se a lei posterior expressamente determinar.

É importante ressaltar que são leis excepcionais e temporárias, ou seja, a lei vigorará por determinado tempo. Após o prazo determinado, tal conduta não será mais considerada crime. Entretanto, durante a sua vigência, todos aqueles que cometerem o fato tipificado em tais normas, mesmo encerrada sua vigência, serão punidos.

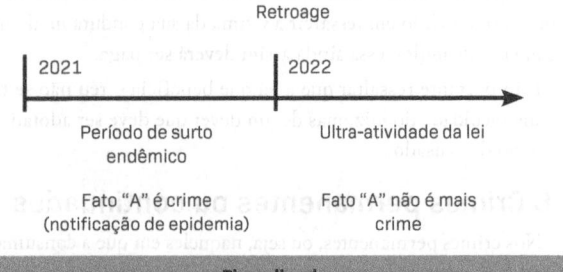

**Fique ligado**
Não existe *abolitio criminis* de lei temporária ou excepcional.

## 1.8 Tempo do crime

> **Art. 4º, CP** *Considera-se praticado o crime no momento da ação ou omissão, ainda que outro seja o momento do resultado.*

▷ **Teoria da atividade:** o crime reputa-se praticado no momento da conduta (momento da execução).

**Fique ligado**
A imputabilidade do agente deve ser aferida quando o crime é praticado.

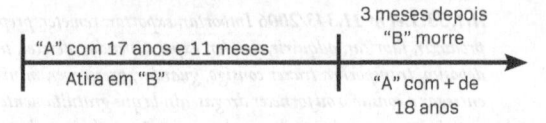

Esse princípio traz o momento da ação do crime, ou seja, independentemente do resultado, para aplicação da lei penal, é considerado o momento exato da prática delituosa, seja ela comissiva (ação) ou omissiva (omissão). Ex.: o menor "A" comete disparos de arma de fogo contra "B", vindo a feri-lo. Entretanto, devido às lesões causadas pelos disparos, três meses depois do fato, "B" vem a falecer. Nessa época, mesmo "A" tendo completado sua maioridade penal (18 anos), ainda assim não poderá ser punido, pois, quando praticou a conduta (disparos contra "B") era inimputável.

Devemos, contudo, ficar atentos aos crimes permanentes e continuados. É o caso do sequestro, por exemplo, em que o crime se consuma a todo instante em que houver a privação de liberdade da vítima.

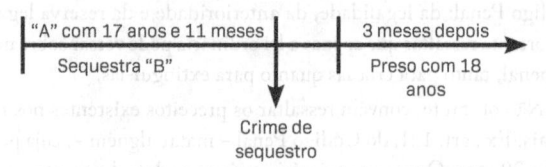

No exemplo em questão, "A" não será mais inimputável, pois, no momento de sua prisão, já completou 18 anos, não sendo considerado o momento em que se iniciou a ação, mas, sim, quando cessou.

## 1.9 Lugar do crime

> **Art. 6º, CP** *Considera-se praticado o crime no lugar em que ocorreu a ação ou omissão, no todo ou em parte, bem como onde se produziu ou deveria produzir-se o resultado.*

▷ **Teoria da ubiquidade:** utilizada no caso de um crime ser praticado em território nacional e o resultado ser produzido no estrangeiro. O foro competente será tanto o lugar da ação ou omissão quanto o local em que produziu ou deveria produzir-se o resultado.

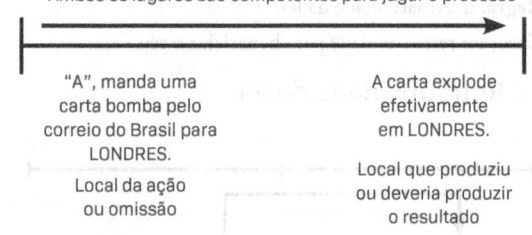

"A", residente no Brasil, enviou uma carta-bomba pelo correio para Londres, na Inglaterra. Assim, a carta efetivamente explode naquele país. Desse modo, tanto o Brasil quanto a Inglaterra serão competentes para julgar "A". Não se aplica a teoria do "resultado".

**Fique ligado**
Não confundir os artigos:
- Lugar/ubiquidade: art. 6º;
- Tempo/atividade: art. 4º.

# NOÇÕES DE DIREITO PENAL

## 1.10 Lei penal no espaço

▷ Código Penal (CP):
- Territorialidade (art. 5º);
- Extraterritorialidade (art. 7º).

▷ Código Processual Penal (CPP): regras específicas.

A territorialidade refere-se à aplicação da lei penal dentro do próprio Estado que a editou. Dessa forma, quando se aplica a lei brasileira em território nacional, utiliza-se o conceito de territorialidade.

A territorialidade é tratada no art. 5º do CP:

> *Art. 5º, CP* Aplica-se a lei brasileira, sem prejuízo de convenções, tratados e regras de Direito Internacional, ao crime cometido no território nacional.

### 1.10.1 Territorialidade

Antes de iniciar o estudo deste tópico, tenha em mente que estudaremos a Lei Penal e não a Lei Processual Penal, que segue outra regra específica. Aqui, trataremos de como se comporta a lei penal brasileira quando ocorrerem crimes no exterior, ou seja, a extraterritorialidade da lei penal. Portanto, a extraterritorialidade abrange apenas a lei penal, excluindo-se a lei processual pena

### 1.10.2 Território nacional próprio

▷ Lei brasileira:
- Sem prejuízo;
- Convenções, tratados e regras internacionais;
- Imunidades.

> *Art. 5º, § 1º, CP* Para os efeitos penais, consideram-se como extensão do território nacional as embarcações e aeronaves brasileiras, de natureza pública ou a serviço do governo brasileiro onde quer que se encontrem, bem como as aeronaves e as embarcações brasileiras, mercantes ou de propriedade privada, que se achem, respectivamente, no espaço aéreo correspondente ou em alto-mar.

Considera-se como território nacional:
- Embarcação ou aeronave brasileira pública (em qualquer lugar);
- Embarcação ou aeronave brasileira privada a serviço do Estado brasileiro (em qualquer lugar);
- Embarcação ou aeronave brasileira mercante ou privada, desde que não esteja em território alheio.

A extraterritorialidade é tratada no art. 7º, CP.

### 1.10.3 Território nacional

Território nacional é o espaço onde determinado Estado possui sua soberania.

Os elementos que constituem um Estado soberano são:
▷ Território;
▷ Povo;
▷ Soberania – governo autônomo e independente.

Considera-se como território nacional as limitações geográficas do país, incluindo o mar territorial, que representa a extensão de 12 milhas do mar a contar da costa, sempre na maré baixa. O Código Penal considera também como território nacional o espaço aéreo respectivo e o espaço aéreo correspondente ao território nacional. Esse sempre deve ser considerado como território próprio.

É preciso considerar também como território nacional o chamado território por extensão, assimilação ou impróprio, que é descrito no § 1º do art. 5º do Código Penal.

> *Art. 5º, CP* [...]
> § 1º Para os efeitos penais, consideram-se como extensão do território nacional as embarcações e aeronaves brasileiras, de natureza pública ou a serviço do governo brasileiro, onde quer que se encontrem, bem como as aeronaves e as embarcações brasileiras, mercantes ou de natureza privada, que se achem, respectivamente no espaço aéreo correspondente ou em alto mar.
> § 2º É também aplicável a lei brasileira aos crimes praticados a bordo de aeronaves ou embarcações estrangeiras, de propriedade privada, achando-se aquelas em pouso no território nacional ou em voo no espaço aéreo correspondente, e estas em porto ou mar territorial do Brasil.

A lei penal aplica-se em todo o território nacional próprio ou por assimilação. Por esse princípio, aplica-se aos nacionais ou estrangeiros (mesmo que irregulares) a lei penal brasileira. Contudo, em alguns casos, mesmo o fato sendo praticado no Brasil, não se aplica a lei penal. Isso se dá em razão de convenções, tratados e regras de Direito Internacional em que o Brasil desiste de punir a conduta, ou seja, nesses casos não se aplicará a lei brasileira.

Dessa forma, o princípio da territorialidade da lei penal é mitigado, isto é, não é adotado de forma absoluta e, sim, temperada. Por esse motivo denomina-se princípio da territorialidade temperada.

Pode-se citar como exemplo as imunidades diplomáticas e consulares concedidas aos diplomatas e aos cônsules que exercem suas atividades no Brasil, por meio de adesão do Brasil às convenções de Viena (1961 e 1963).

Quando se fala em território nacional, obrigatoriamente devem ser analisadas algumas regras: todas as embarcações ou aeronaves brasileiras de natureza pública, onde quer que se encontrem, são consideradas extensão do território nacional.

Embarcações e aeronaves de natureza privada serão consideradas extensão do território nacional quando estiverem, respectivamente, em alto mar, no mar territorial brasileiro ou no espaço aéreo correspondente.

> **Fique ligado**
>
> As embarcações e aeronaves de natureza privada que não estiverem a serviço do Brasil somente responderão pela lei brasileira se estiverem em território nacional.

Um navio brasileiro privado que se encontre no mar territorial da Argentina se submeterá às leis penais argentinas, ou seja, caso um brasileiro mate alguém naquele local, a lei a ser aplicada é a lei penal argentina, pois o navio não está a serviço do Brasil. Por outro lado, se o navio estiver em alto mar ("terra de ninguém"; aplica-se o princípio do pavilhão ou da bandeira) e ostentar a bandeira brasileira e lá um tripulante matar o outro, a competência é da lei brasileira.

A mesma regra aplica-se às aeronaves. Outra questão interessante é o caso de uma aeronave a serviço do Brasil (Força Aérea Brasileira) pousar em um país distinto e o piloto cometer um crime. Nesse caso, aplica-se a lei brasileira. Caso a aeronave seja particular, aplica-se a lei do país onde a aeronave tiver pousado.

Outra questão interessante é se o piloto sair do aeroporto e cometer um crime do lado de fora. Nesse caso, deve ser questionado se o piloto estava em serviço oficial ou não, pois, caso esteja, aplica-se a lei penal brasileira; em caso contrário, aplica-se a lei do país onde o crime foi cometido.

**Resumo dos conceitos**

▷ **Território nacional:** é o espaço onde determinado Estado exerce com exclusividade sua soberania.

## TEORIA DA LEI PENAL

▷ **Território próprio:** toda a extensão territorial geográfica (o mapa), acrescida do mar territorial, que possui a extensão de 12 milhas mar adentro, a contar da baixa maré (litoral).

▷ **Território por extensão:** embarcações e aeronaves brasileiras – públicas ou a serviço do Estado (qualquer lugar do mundo) e privadas em águas ou terras de ninguém.

▷ **Territorialidade:** aplicação da lei penal no território nacional.

▷ **Territorialidade absoluta:** impossibilidade para aplicação de convenções, tratados e regras de Direito Internacional ao crime cometido no território nacional.

▷ **Territorialidade temperada:** adota como regra a aplicação da lei penal brasileira no território nacional. Entretanto, com determinadas hipóteses, permite a aplicação de lei penal estrangeira a fatos cometidos no Brasil (art. 5º, CP).

▷ **Imunidade:** exclusão da aplicação da lei penal.

▷ **Imunidade diplomática e consular:** são imunidades previstas em convenções internacionais chanceladas pelo Brasil.

▷ **Imunidade parlamentar:** previstas na Constituição Federal aos membros do Poder Legislativo.

### 1.10.4 Princípios da aplicação da lei penal no espaço

#### Princípio da territorialidade

A lei penal de um país será aplicada aos crimes cometidos dentro de seu território. O Estado soberano tem o dever de exercer jurisdição sobre as pessoas que estejam sem seu território.

#### Princípio da nacionalidade

É classificado também como **princípio da personalidade**. Os cidadãos de determinado país devem obediência às suas leis, onde quer que se encontrem. Esse princípio pode ser dividido em:

▷ **Princípio da nacionalidade ativa:** aplica-se a lei nacional ao cidadão que comete crime no estrangeiro, independentemente da nacionalidade do sujeito passivo ou do bem jurídico lesado.

▷ **Princípio da nacionalidade passiva:** o fato praticado pelo cidadão nacional deve atingir um bem jurídico de seu próprio estado ou de um concidadão.

#### Princípio da defesa, real ou de proteção

Considera-se a nacionalidade do bem jurídico lesado (sujeito passivo), independentemente da nacionalidade do sujeito ativo ou do local da prática do crime.

#### Princípio da justiça penal universal ou da universalidade

Todo Estado tem o direito de punir todo e qualquer crime, independentemente da nacionalidade do criminoso, do bem jurídico lesado ou do local em que o crime foi praticado, bastando que o criminoso encontre-se dentro de seu território. Assim, qualquer pessoa que cometa crime dentro do território nacional será processada e julgada aqui.

#### Princípio da representação

A lei penal brasileira também será aplicada aos delitos cometidos em aeronaves e embarcações privadas brasileiras quando se encontrarem no estrangeiro e não venham a ser julgadas.

> **Fique ligado**
> O Código Penal brasileiro adota o **princípio da territorialidade** como regra e os outros como exceção. Assim, os outros princípios visam disciplinar a aplicação extraterritorial da lei penal brasileira.

### 1.10.5 Extraterritorialidade

*Art. 7º, CP* Ficam sujeitos à lei brasileira, embora cometidos no estrangeiro:

*I – Os crimes:*

*a) contra a vida ou a liberdade do Presidente da República;*

*b) contra o patrimônio ou a fé pública da União, do Distrito Federal, de Estado, de Território, de Município, de empresa pública, sociedade de economia mista, autarquia ou fundação instituída pelo Poder Público;*

*c) contra a administração pública, por quem está a seu serviço;*

*d) de genocídio, quando o agente for brasileiro ou domiciliado no Brasil;*

*II – Os crimes:*

*a) que, por tratado ou convenção, o Brasil se obrigou a reprimir;*

*b) praticados por brasileiro;*

*c) praticados em aeronaves ou embarcações brasileiras, mercantes ou de propriedade privada, quando em território estrangeiro e aí não sejam julgados.*

*§ 1º Nos casos do inciso I, o agente é punido segundo a lei brasileira, ainda que absolvido ou condenado no estrangeiro.*

*§ 2º Nos casos do inciso II, a aplicação da lei brasileira depende do concurso das seguintes condições:*

*a) entrar o agente no território nacional;*

*b) ser o fato punível também no país em que foi praticado;*

*c) estar o crime incluído entre aqueles pelos quais a lei brasileira autoriza a extradição;*

*d) não ter sido o agente absolvido no estrangeiro ou não ter aí cumprido a pena;*

*e) não ter sido o agente perdoado no estrangeiro ou, por outro motivo, não estar extinta a punibilidade, segundo a lei mais favorável.*

*§ 3º A lei brasileira aplica-se também ao crime cometido por estrangeiro contra brasileiro fora do Brasil, se, reunidas as condições previstas no parágrafo anterior:*

*a) não foi pedida ou foi negada a extradição;*

*b) houve requisição do Ministro da Justiça.*

A regra é que a lei penal brasileira aplica-se apenas aos crimes praticados no Brasil (conforme estudado no art. 5º do Código Penal). No entanto, há situações em que, por força do art. 7º, o Estado pode aplicar sua legislação penal no estrangeiro. Nessa norma, encontram-se diversos princípios. São eles:

▷ **Princípio da defesa ou real:** amplia a aplicação da lei penal em decorrência da gravidade da lesão. É o aplicável no art. 7º, nas alíneas do inciso I:

*a) contra a vida ou a liberdade do Presidente da República.*

Caso seja a prática de latrocínio, não há a extensão da lei brasileira, visto que o latrocínio é considerado crime contra o patrimônio.

*b) contra o patrimônio ou a fé pública da União, do Distrito Federal, de Estado, de Território, de Município, de empresa pública, sociedade de economia mista, autarquia ou fundação instituída pelo Poder Público;*

*c) contra a administração pública, por quem está a seu serviço;*

*d) de genocídio, quando o agente for brasileiro ou domiciliado no Brasil.*

Há discussão sobre qual é o princípio aplicável nesse caso, havendo quem sustente ser o princípio da defesa, o da nacionalidade ativa ou o da justiça penal universal.

# NOÇÕES DE DIREITO PENAL

**Princípio da justiça penal universal (também chamada de justiça cosmopolita):** amplia a aplicação da legislação penal brasileira em decorrência da de tratado ou convenção que o Brasil é signatário. Vem normatizada pelo art. 7º, II, "a":

> *a) Que, por tratado ou convenção, o Brasil se obrigou a reprimir.*

**Princípio da nacionalidade ativa:** amplia a aplicação da legislação penal brasileiro ao exterior caso o crime seja praticado por brasileiro. Está prevista no art. 7º, II, "b":

> *b) Praticados por brasileiro.*

**Princípio da representação (também chamado de pavilhão ou da bandeira ou da substituição):** amplia a aplicação da legislação penal brasileira em decorrência do local em que o crime é praticado. Vem normatizada pelo art. 7º, II, "c":

> *c) Praticados em aeronaves ou embarcações brasileiras, mercantes ou de propriedade privada, quando em território estrangeiro e aí não sejam julgados.*

**Princípio da nacionalidade passiva:** amplia a aplicação da legislação penal brasileira em decorrência da nacionalidade da vítima do crime. Vem normatizada pelo art. 7º, § 3º:

> *§ 3º A lei brasileira aplica-se também ao crime cometido por estrangeiro contra brasileiro fora do Brasil.*

A regra de que a legislação penal brasileira será aplicada no exterior vale apenas para os crimes e nunca para as contravenções penais. Apesar de a lei prever, no art. 7º, que a lei brasileira também será aplicada no exterior, há determinadas regras para essa aplicação, também normatizadas pelos parágrafos do artigo em questão.

▷ **Extraterritorialidade incondicionada:** é a prevista para os casos normatizados no art. 7º, I, "a" a "d". Segundo o Código Penal, o agente será processado de acordo com a lei brasileira, mesmo se for absolvido ou condenado no exterior (conforme normatizado pelo § 1º do art. 7º). Não exige qualquer condição.

▷ **Extraterritorialidade condicionada:** é a prevista para os casos normatizados no art. 7º, § 2º, alíneas "a" até "e". São as condições:

> *a) Entrar o agente no território nacional.*
> *b) Ser o fato punível também no país em que foi praticado.*
> *c) Estar o crime incluído entre aqueles pelos quais a lei brasileira autoriza a extradição.*
> *d) Não ter sido o agente absolvido no estrangeiro ou cumprido a pena.*
> *e) Não ter sido o agente perdoado no estrangeiro.*

Não estará extinta a punibilidade do agente, seja pela brasileira ou pela lei estrangeira.

▷ **Extraterritorialidade hipercondicionada:** é prevista para os casos normatizados no art. 7º, § 3º. É chamado pela doutrina de hipercondicionada porque exige, além das condições da extraterritorialidade condicionada, outras duas. São condições:

- Não ser pedida ou, se pleiteada, negada a extradição;
- Requisição do ministro da justiça.

## 1.11 Pena cumprida no estrangeiro

> *Art. 8º, CP A pena cumprida no estrangeiro atenua a pena imposta no Brasil pelo mesmo crime, quando diversas, ou nela é computada, quando idênticas.*

Caso o agente seja processado, condenado e tenha cumprido pena no exterior, estipula-se no art. 7º que, caso venha a ser condenado pelo mesmo fato no Brasil (no caso da extraterritorialidade incondicionada), deverá se verificar.

Se as penas são idênticas, ou seja, da mesma natureza, deverá ser computada como cumprida no Brasil. Ex.: as duas são privativas de liberdade.

Se as penas são diversas, ou seja, de natureza diferente, deverá haver uma atenuação. Ex.: no exterior, o agente cumpriu pena restritiva de liberdade e, no Brasil, foi condenado e teve sua pena substituída pela prestação de serviços comunitários. Nesse caso, deverá ser atenuada a pena no Brasil.

## 1.12 Eficácia de sentença estrangeira

> *Art. 9º, CP A sentença estrangeira, quando a aplicação da lei brasileira produz na espécie as mesmas consequências, pode ser homologada no Brasil para:*
> *I – Obrigar o condenado à reparação do dano, a restituições e a outros efeitos civis;*
> *II – Sujeitá-lo a medida de segurança.*
> *Parágrafo único. A homologação depende:*
> *a) para os efeitos previstos no inciso I, de pedido da parte interessada;*
> *b) para os outros efeitos, da existência de tratado de extradição com o país de cuja autoridade judiciária emanou a sentença, ou, na falta de tratado, de requisição do Ministro da Justiça.*

A regra geral é de que a sentença penal estrangeira não precisa ser homologada para produzir efeitos no Brasil. No entanto, o art. 9º traz duas situações que necessitam da homologação para que a sentença produza efeitos no Brasil. São elas:

▷ Para a produção de efeitos civis (por exemplo, reparação de danos, restituições, entre outros): nesse caso, depende do pedido da parte interessada.

▷ Para a aplicação de medida de segurança ao agente da infração penal: caso exista tratado de extradição, necessita de requisição do procurador-geral da República. Caso inexista tratado de extradição, necessita de requisição do ministro da Justiça.

## 1.13 Contagem de prazo

> *Art. 10, CP O dia do começo inclui-se no cômputo do prazo. Contam-se os dias, os meses e os anos pelo calendário comum.*

A regra aqui é diferente da processual, visto que o dia em que se começa a contar o prazo penal é incluído no cômputo do prazo. Ex.: imagine que determinado agente tenha praticado uma infração penal em 10 de agosto de 2014. Supondo que essa infração penal possui um prazo prescricional de 8 anos, a pretensão punitiva prescreverá em 9 de agosto de 2022.

## 1.14 Frações não computáveis da pena

> *Art. 11, CP Desprezam-se, nas penas privativas de liberdade e nas restritivas de direitos, as frações de dia, e, na pena de multa, as frações de cruzeiro.*

Caso após o cálculo da pena, remanesçam frações de dia. Ex.: o agente é condenado à pena de 15 dias de detenção, com uma causa de aumento de 1/2, sendo a pena final de 22,5 dias. Com a aplicação do art. 11, despreza-se a fração de metade e a pena final é de 22 dias. Do mesmo modo, aplica-se a regra à pena de multa, não sendo condenado o agente a pagar os centavos do valor aplicado.

## 1.15 Legislação especial

> *Art. 12, CP As regras gerais deste Código aplicam-se aos fatos incriminados por lei especial, se esta não dispuser de modo diverso.*

As infrações penais não estão descritas apenas no Código Penal, mas também em outras leis, chamadas de leis especiais. Nesses casos, são aplicadas as regras gerais do Código Penal, desde que a legislação especial não disponha de modo diverso.

# 2 TEORIA GERAL DO CRIME

## 2.1 Relação de causalidade

### 2.1.1 Teoria da equivalência dos antecedentes

A ação ou omissão tem que dar causa ao resultado.

*Relação de causalidade*

**Art. 13, CP** *O resultado, de que depende a existência do crime, somente é imputável a quem lhe deu causa. Considera-se causa a ação ou omissão sem a qual o resultado não teria ocorrido.*

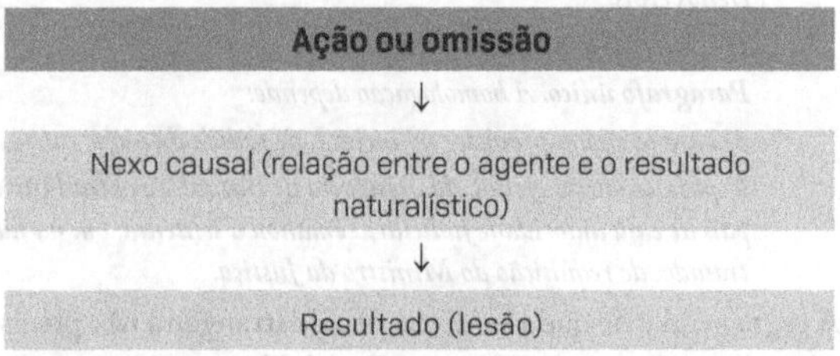

```
Ação ou omissão
      ↓
Nexo causal (relação entre o agente e o resultado
naturalístico)
      ↓
Resultado (lesão)
```

Nesse caso, antes de tudo, é importante mencionar sobre a responsabilidade do agente. Para o Código Penal, existem duas formas de responsabilidade: subjetiva e objetiva.

▷ **Subjetiva:** o agente pode ser punido na modalidade culposa, quando não queria o resultado. É o imperito, imprudente ou negligente. A modalidade dolosa ocorre quando o agente quis ou assumiu o risco do resultado. O Código Penal sempre punirá sobre aquilo que o agente queria causar, sobre a intenção no momento da conduta.

▷ **Objetiva:** a responsabilidade objetiva não é mais adotada, visto que sempre haveria a punição por dolo, não se admitindo a forma culposa.

"A" dispara dois tiros em "B". Os tiros efetivamente acertam "B" causando sua morte. Nessa situação, a ação de "A" deu causa ao resultado (morte de "B"), mantendo uma relação de causa × efeito, com resultado naturalístico: morte.

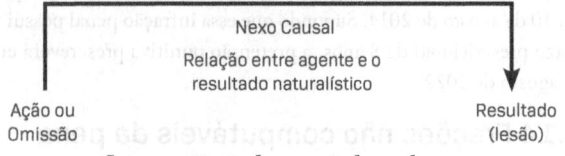

```
           Nexo Causal
    Relação entre agente e o
    resultado naturalístico
Ação ou  ────────────────→  Resultado
Omissão                      (lesão)
```

**Superveniência de causa independente**

*Art. 13, § 1º, CP A superveniência de causa relativamente independente exclui a imputação quando, por si só, produziu o resultado; os fatos anteriores, entretanto, imputam-se a quem os praticou.*

Ex. 1: "A" atira em "B", contudo, "B" morre devido a um veneno ingerido anteriormente. A causa efetiva da morte de "B" foi envenenamento e não o disparo efetuado por "A". Nessa situação, "A" responderá apenas por tentativa de homicídio. Neste exemplo, a causa da morte não foi efetivamente o tiro disparado por "A", mas o veneno ingerido anteriormente. Assim, não foi efetivamente o disparo que causou o resultado naturalístico da morte de "B".

Ex. 2: "A" atira na cabeça de "B", que é socorrido por uma ambulância e, no trajeto para o hospital, o veículo capota causando a morte de "B". Mesmo "A" tendo concorrido diretamente para que "B" estivesse na ambulância, o Código Penal manda que "A" responda somente por tentativa de homicídio. O fato que ocorre após a conduta do agente, entretanto, não ocorreria se a ação ou omissão não tivesse acontecido.

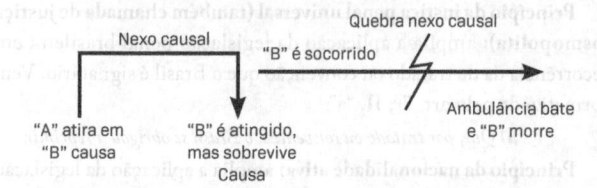

```
                            Quebra nexo causal
            Nexo causal     "B" é socorrido
              ↓                   ↓              ⚡
"A" atira em    "B" é atingido,              Ambulância bate
"B" causa       mas sobrevive                 e "B" morre
                   Causa
```

No exemplo anterior, digamos que "B" tenha sido socorrido com sucesso. Entretanto, devido ao ferimento na cabeça, precisou submeter-se a uma intervenção cirúrgica imprescindível e, durante o procedimento, devido a complicações, vem a falecer. Nessa situação, "A" responderá por homicídio consumado, pois ninguém está obrigado a submeter-se a intervenções cirúrgicas. A mesma situação ocorre se, devido à internação, "B" contraia infecção hospitalar, vindo a falecer. Nessas duas hipóteses, "A" responderá pelo crime consumado, segundo entendimento do Superior Tribunal de Justiça (STJ). Cabe ressaltar que mesmo "B" estando no hospital, se ele falecer devido a um desmoronamento provocado por um terremoto, haverá novamente a quebra do nexo causal, como no acidente com a ambulância. Assim, "A" responderá somente pela tentativa de homicídio.

### 2.1.2 Relevância da omissão

O "dever" de agir é um dever jurídico. Quando da omissão, o agente tem a possibilidade e o dever jurídico de agir, mas se omite. Ex.: dois policiais observam uma pessoa sendo vítima de roubo e nada fazem. Nesse caso, os agentes, tendo a possibilidade e o dever de agir, omitiram-se. Nessa situação, ambos responderão pelo resultado, ou seja, por roubo.

*Art. 13, § 2º, CP A omissão é penalmente relevante quando o omitente devia e podia agir para evitar o resultado. O dever de agir incumbe a quem:*

*a) Tenha por Lei obrigação de cuidado, proteção ou vigilância; (dever legal)*

Pai que deixa de alimentar o filho, que vem a morrer de inanição; carcereiro que observa o preso agonizando à beira da morte e nada faz.

*b) De outra forma, assumiu a responsabilidade de impedir o resultado; (dever do garantidor)*

Babá que descuida da criança e a deixa morrer; salva-vidas que observa banhista se afogar e nada faz.

*c) Com seu comportamento anterior, criou o risco da ocorrência do resultado.*

Homem propõe-se a ajudar um idoso a atravessar a rua, porém, no meio do caminho, o homem abandona o idoso, que morre atropelado.

Esses crimes são chamados de crimes omissivos impróprios, comissivos por omissão ou ainda participação por omissão. Em todos esses casos, o omitente responderá pelo resultado, a não ser que este não lhe possa ser atribuído nem por dolo nem por culpa. O agente deve ter consciência de que se encontra na função de agente garantidor.

## 2.2 Consumação e tentativa

*Art. 14, CP Diz-se do crime:*

*I – Consumado, quando nele se reúnem todos os elementos de sua definição legal.*

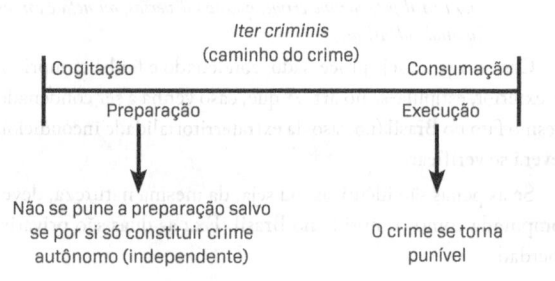

```
              Iter criminis
             (caminho do crime)
| Cogitação |              | Consumação |
─────────────────────────────────────────
| Preparação |             | Execução |
      ↓                          ↓
Não se pune a preparação salvo   O crime se torna
se por si só constituir crime    punível
autônomo (independente)
```

Para que o crime seja consumado, é necessário que ele percorra todas as fases do *iter criminis*: cogitação, preparação, execução e consumação. O agente, com sua conduta, "caminha" por todas as fases até atingir o resultado.

> Fabrício tem vontade de matar (*animus necandi*) Marcelo, e pensa em uma forma de consumar seu desejo (cogitação). Para isso, compra um revólver e munições (preparação) e desloca-se até a casa da vítima. Ao avistar Marcelo, inicia os disparos (execução) contra ele, ferindo-o mortalmente (consumação).

O Código Penal não admite a punição nas fases de **cogitação** e **preparação**, salvo se constituírem **crimes autônomos**. No caso citado anteriormente, se Fabrício fosse preso quando estava com o revólver, deslocando-se à casa de Marcelo para matá-lo, configuraria apenas o crime de porte ilegal de arma de fogo, não podendo ser, de forma alguma, punido pela tentativa de matar Marcelo. Só é possível punir a intenção do agente a partir do momento que entra na esfera de **execução**.

Outro exemplo seria a união de três ou mais pessoas que planejam assaltar um banco e, para isso, compram ferramentas (picaretas, pás, marretas), conseguem a planta do banco e alugam uma casa nas proximidades. Contudo, quando planejavam o assalto, já munidos com toda parafernália, são surpreendidos pela polícia. Nesse caso, essas pessoas não responderão pelo crime de "roubo" (art. 157, CP), na forma tentada, mas pelo crime de associação criminosa (art. 288, CP). Mesmo com a posse de todos os materiais que seriam utilizados, eles não haviam entrado na esfera de execução do roubo.

Por conseguinte, o Código Penal sempre punirá o agente por aquilo que ele queria cometer (**elemento subjetivo**), ou seja, qual era a intenção do agente, ainda que o resultado seja outro. Ex.: "A", com intenção de matar "B", efetua vários disparos em sua direção, contudo, acerta apenas um tiro no dedo do pé de "B". Independentemente desse resultado, "A" responderá por tentativa de homicídio, pois essa era sua intenção inicial.

É importante sempre atentar-se para a vontade do agente, pois o Código Penal irá puni-lo somente pelo resultado ao qual quis causar, ou seja, sempre pelo elemento subjetivo do agente.

### 2.2.1 Tentativa

Diz-se que o crime é tentado quando iniciada a execução, que não se consuma por circunstâncias alheias à vontade do agente.

Não se admite tentativa para:
- Crime culposo;
- Contravenções Penais (art. 4º, L, CP);
- Mera conduta;
- Crime preterdoloso.

Alguns tipos penais não aceitam a forma "tentada". Assim, o fato de iniciar a execução já o torna consumado, como o crime de concussão (art. 316, CP). Nessas situações, a consumação é um mero exaurimento.

Os crimes "tentados" são aqueles que iniciam a fase de execução, mas não chegam à consumação por circunstâncias alheias à vontade do agente, ou seja, o autor quer praticar a conduta, mas é impedido de alguma forma.

> Ex. 1: "A", com intenção de matar "B", compra um revólver, mas, ao encontrar "B", quando iniciaria os disparos, é flagrado por um policial, que o impede.
>
> Ex. 2: "A", com intenção de matar "B", compra um revólver, mas, ao encontrar "B" do outro lado da rua, atinge uma caçamba de entulhos que trafegava pela via quando começa a efetuar os disparos.

As circunstâncias alheias à vontade do agente podem ser quaisquer fatos que impeçam a consumação do crime.

### 2.2.2 Pena do crime tentado

É a mesma do crime consumado, contudo, deve ser reduzida de 1/3 a 2/3. Quanto mais próximo o crime chegar da consumação, maior deve ser a pena aplicada e menor será a redução de tempo.

Se, quando iniciada a execução, o crime não se consumar por circunstâncias alheias à vontade do agente, incidirá a pena do crime consumado, com redução no *quantum* da pena.

Homicídio: pena de 6 a 20 anos.

> Lucas fez disparos contra José causando sua morte. Pena: 12 anos.

Tentativa de homicídio: pena de 6 a 20 anos reduzida de 1/3 a 2/3.

> Ex. 1: Lucas fez disparos contra José, que foi ferido, socorrido e sobreviveu. Pena: de 4 anos (melhor cenário) a 8 anos (pior cenário).
>
> Ex. 2: Lucas, armado de pistola, efetua 15 disparos contra José, ficando este em coma por 40 dias, quase vindo a falecer, mas consegue sobreviver. Pena: mesmo nesse caso, haverá redução de pena. Porém, a pena mínima (8 anos ou 1/3) deve ser aplicada.

Existem dois tipos de tentativa: a perfeita e a imperfeita. Ambas podem ser cruentas e incruentas.

A **tentativa perfeita** (crime falho) ocorre quando o agente esgotar todos os meios, vindo a acertar ou não a vítima. A **tentativa imperfeita** ocorre quando o agente NÃO esgotou todos os meios, mesmo que já tenha atingido a vítima ou ainda sem feri-la, por circunstâncias alheias à sua vontade.

A doutrina ainda classifica a tentativa em idônea ou inidônea (também apelidada de "crime impossível") quanto à possibilidade de alcançar o resultado.

## 2.3 Desistência voluntária e arrependimento eficaz

> *Art. 15, CP* O agente que, voluntariamente, desiste de prosseguir na execução ou impede que o resultado se produza, só responde pelos atos já praticados.

- **Desistência voluntária:** o agente interrompe voluntariamente a execução do crime, impedindo a consumação. Nessa situação, o agente poderia efetuar mais disparos, porém desiste de continuar a efetuá-los e vai embora. É importante ressaltar que a desistência não teve influência de nenhuma outra circunstância, senão a vontade do próprio agente.

- **Arrependimento eficaz:** encerrada a execução do crime, o agente voluntariamente impede o resultado. Aqui, ele leva a execução até o fim, contudo, com sua ação, impede que o resultado seja produzido.

# TEORIA GERAL DO CRIME

Nessa situação, o agente esgota os meios, efetuando todos os disparos, mas, após finalizá-los, arrepende-se do que fez e socorre a vítima, levando-a para um hospital, o que garante que ela seja salva.

A "desistência voluntária" (ato negativo) e o "arrependimento eficaz" (ato positivo) têm como consequência a desclassificação da figura típica, ou seja, exclui a modalidade tentada. Dessa forma, o agente responderá pelos atos até então praticados. Nessas situações, considera-se a lesão corporal.

| Cogitação | Preparação | Execução | Consumação |
|---|---|---|---|
| | | Na **tentativa**, o agente inicia a execução e é **interrompido** por circunstâncias **alheias** à sua vontade | |
| Na **desistência voluntária**, o agente pode prosseguir, mas **interrompe voluntariamente** sua conduta, não termina a execução | | | No **arrependimento eficaz**, o agente **termina o ato de execução**. Contudo, **evita voluntariamente** que o resultado se produza |

▷ **Tentativa:** após o início da execução, o crime não se consuma por circunstâncias alheias à vontade do agente.

▷ **Desistência voluntária:** mesmo podendo prosseguir, o agente desiste, interrompe por sua vontade própria.

▷ **Arrependimento eficaz:** finalizados todos os atos de execução, o agente, por vontade própria, socorre a vítima, impedindo que o resultado (morte) ocorra.

## 2.4 Arrependimento posterior

*Art. 16, CP Nos crimes cometidos sem violência ou grave ameaça à pessoa, reparado o dano ou restituída a coisa, até o recebimento da denúncia ou da queixa, por ato voluntário do agente, a pena será reduzida de um a dois terços.*

É requisito fundamental que não ocorra violência ou ameaça grave. Após a consumação do crime, antes do recebimento da denúncia ou queixa (início da ação penal), o agente repara o dano causado anteriormente. Ex.: um rapaz é preso pelo furto (art. 155, CP) de uma televisão de 14 polegadas, mas, antes do recebimento da denúncia, seu advogado ou representante legal repara à vítima todos os danos que o agente causou quando subtraiu o bem. Nessa hipótese, a pena do agente será reduzida.

Caso a reparação do dano ocorra após o recebimento da denúncia, não se fala mais em arrependimento posterior, mas em circunstância atenuante (prevista no art. 65, III, "b", do Código Penal). Da mesma forma, o arrependimento posterior não é reconhecido quando o bem é apreendido pela autoridade policial e restituído à vítima, pois depende da voluntariedade do agente.

## 2.5 Crime impossível ("quase crime")

*Art. 17, CP Não se pune a tentativa quando, por ineficácia absoluta do meio ou por absoluta impropriedade do objeto, é impossível consumar-se o crime.*

▷ **Ineficácia absoluta do meio:** o meio empregado ou o instrumento utilizado para a execução do crime jamais levarão o agente à consumação.

- Tentar matar alguém utilizando uma arma de brinquedo;
- Tentar envenenar alguém com sal.

"A", com a intenção de envenenar "B", coloca sal – erro de tipo putativo – em sua comida, pensando ser arsênico.

▷ **Impropriedade absoluta do objeto material:** nessa hipótese, a pessoa ou a coisa sobre a qual recai a conduta é absolutamente inidônea para produção de algum resultado lesivo.

- Matar quem já está morto.

"A", com intenção de matar "B" enquanto este está dormindo, efetua vários disparos. Contudo, "B" já estava morto devido ao veneno administrado por "C" horas atrás.

Embora o elemento subjetivo do agente seja o dolo (homicídio), a conduta não será punível, pois o meio empregado "sal" ou o objeto material tornam o crime impossível de ser consumado.

Caso a ineficácia absoluta do meio seja relativa, será considerado crime. Ex.: a quase impossibilidade de cometer um crime com uma arma antiga de colecionador, usada na Segunda Guerra Mundial. Entretanto, caso a arma tenha potencial para causar lesão (esteja funcionando), o crime que o agente tentou praticar com a arma será considerado punível.

## 2.6 Crime doloso

*Art. 18, CP Diz-se o crime:*
*I – doloso, quando o agente quis o resultado ou assumiu o risco de produzi-lo.*

▷ **Dolo direto:** o agente quis o resultado.

▷ **Doloso indireto ou indeterminado:** o agente assumiu o risco de produzir o resultado (dolo eventual).

Ex. 1: "A" atira em direção de "B" querendo matá-lo.

Ex. 2: o caçador "A" efetua vários disparos a fim de abater um animal. Contudo, "A" é advertido por "B" que há um local habitado na direção em que está atirando. "A" não se importa e continua os disparos, mesmo consciente de que pode acertar alguém. Um de seus projéteis acerta "C", um inocente morador das redondezas. Nessa situação, deverá "A" responder por homicídio doloso (eventual), pois assumiu o risco de produzir o resultado não observando a advertência que "B" lhe havia feito. O agente sabe o que pode vir a causar, mas não se importa com o resultado.

Ex. 3: "A", dirigindo em altíssima velocidade e disputando um racha com amigos perto de uma movimentada escola, atropela "B", estudante, no momento que este atravessava a via. "A" tinha consciência de que sua conduta poderia matar alguém, contudo, não se importou em continuar. Novamente, o agente sabe que pode acontecer, mas não se importa.

▷ **Dolo direto:** teoria da vontade – quer o resultado.

▷ **Dolo eventual:** teoria do assentimento – assume o risco de produzir o resultado.

## 2.7 Crime culposo

*Art. 18, CP Diz-se o crime: [...]*
*II – culposo, quando o agente deu causa ao resultado por imprudência, negligência ou imperícia.*
*Parágrafo único. Salvo os casos expressos em lei, ninguém pode ser punido por fato previsto como crime, senão quando o pratica dolosamente.*

### 2.7.1 Culpa

Na conduta culposa, há uma ação voluntária dirigida a uma finalidade lícita, mas, pela quebra do dever de cuidado a todos exigidos, sobrevém um resultado ilícito não desejado, cujo risco nem sequer foi assumido.

## 2.7.2 Requisitos do crime culposo

▷ **Quebra do dever objetivo de cuidado:** a culpa decorre da comparação que se faz entre o comportamento realizado pelo sujeito no plano concreto e aquele que uma pessoa de prudência normal, mediana, teria naquelas mesmas circunstâncias. Haverá a conduta culposa sempre que o evento decorrer da quebra do dever de cuidado por parte do agente mediante uma conduta imperita, negligente ou imprudente.

▷ **Previsibilidade:** não basta tão somente a quebra do dever de cuidado para que o agente responda pela modalidade culposa, pois é necessário que as consequências de sua ação descuidada sejam previsíveis.

## 2.7.3 Modalidades do crime culposo

▷ **Imprudência:** é o fazer sem a obrigação de cuidado. É a culpa de quem age, ou seja, aquela que surge durante a realização de um fato sem o cuidado necessário. Ex.: ultrapassagem em local proibido, excesso de velocidade, trafegar na contramão, manejar arma carregada, atravessar o sinal vermelho etc.

▷ **Imperícia:** é a falta de conhecimento técnico ou habilitação para o exercício de profissão ou atividade. Ex.: médico que, ao realizar uma cirurgia, esquece uma pinça dentro do abdômen do paciente; atirador de elite que acerta a vítima em vez de acertar o criminoso; médico que faz uma cirurgia de lipoaspiração e causa a morte de paciente etc.

▷ **Negligência:** é o não fazer sem a obrigação de cuidado. É a culpa na sua forma omissiva. Consiste em deixar alguém não tomar o cuidado devido antes de começar a agir. Ex.: deixar de conferir os pneus antes de viajar ou realizar a devida manutenção do veículo; deixar substância tóxica ao alcance de crianças etc.

## 2.7.4 Culpa consciente

Na culpa consciente, o agente antevê o resultado, mas não o aceita, não se conforma com ele. O agente age na crença de que não causará o resultado danoso. Ex.: o atirador de facas do circo atira as facas na crença de que, habilidoso, acertará a maçã. Mas, ao contrário do que acreditava, ele acerta uma espectadora.

## 2.8 Preterdolo

*Art. 19, CP Pelo resultado que agrava especialmente a pena, só responde o agente que o houver causado ao menos culposamente.*

Quando o resultado agravador for imputado a título de culpa, tem-se o crime preterdoloso. Nele, o agente quer praticar determinado crime, mas acaba excedendo-se e produzindo culposamente um resultado mais gravoso do que o desejado. Ex.: o agente desfere um soco no rosto da vítima com a intenção de lesioná-la, no entanto, ela perde o equilíbrio, bate a cabeça e morre.

Veja a previsão de latrocínio, que admite a figura do preterdolo, e da lesão corporal seguida de morte, que se aplica ao exemplo mencionado.

*Art. 157, CP Subtrair coisa móvel alheia, para si ou para outrem, mediante grave ameaça ou violência à pessoa, ou depois de havê-la, por qualquer meio, reduzido a impossibilidade de resistência: [...]*
*Pena – Reclusão, de quatro a dez anos, e multa.*
*§ 3º Se da violência resulta lesão corporal grave, a pena é de reclusão, de sete a quinze anos, além da multa; se resulta morte, a reclusão é de vinte a trinta anos, sem prejuízo da multa.*
*Art. 129, CP Ofender a integridade corporal ou a saúde de outrem: [...]*
*§ 3º Se resulta morte e as circunstâncias evidenciam que o agente não quis o resultado, nem assumiu o risco de produzi-los;*
*Pena – Reclusão, de quatro a doze anos.*

## 2.9 Erro sobre elemento do tipo

*Art. 20, CP O erro sobre elemento constitutivo do tipo legal de crime exclui o dolo, mas permite a punição por crime culposo, se previsto em lei.*

▷ **Elementares:** é a descrição típica do crime. Geralmente o próprio *caput*. Quando ausente a elementar, o crime não existe.

*Art. 155, CP Subtrair coisa alheia móvel:*

Caso o indivíduo subtraia coisa própria por engano não haverá o crime, pouco importando sua intenção. Assim, se o agente subtrai sua própria bicicleta por engano, pensando que está a subtrair bicicleta de seu vizinho não comete crime algum. Não há como punir uma pessoa que subtrai suas próprias coisas.

▷ **Circunstâncias:** são dados acessórios do crime, que, se suprimidos, não impedem a punição do agente. Só servem para aumentar ou diminuir a pena. Ex.: ladrão que furta um bem de pequeno valor pensando ser de grande valor. Ele responderá pelo furto simples sem redução de pena do privilégio.

### 2.9.1 Erro essencial

Incide sobre situação e tem tal importância para o tipo que, se o erro não existisse, o agente não teria cometido o crime ou, pelo menos, não naquelas circunstâncias.

### 2.9.2 Erro inevitável (invencível ou escusável)

É aquele que não podia ter sido evitado, nem mesmo com o emprego de uma diligência mediana.

Nessas duas situações (invencível ou escusável), exclui-se o dolo e a culpa do agente. Assim, exclui-se o crime.

> Ex. 1: o agente furta caneta pensando que é dele próprio.
> Ex. 2: sujeito que mantém conjunção carnal com uma menor de 13 anos que aparenta ter 20 anos pela sua proporção física.
> Ex. 3: bêbado que sai de uma festa e liga carro alheio com sua chave, sendo o carro de mesma cor e modelo que o seu.

### 2.9.3 Erro evitável (vencível ou inescusável)

É aquele que poderia ser evitado pela prudência normal do homem médio. Exclui o dolo, mas permite a modalidade culposa se prevista em lei. Quando não prevista a modalidade culposa, não ocorre o crime.

> Ex. 1: caçador confunde vulto em uma moita com o animal que caçava e atira, vindo a causar a morte de um lavrador. Nessa situação, caso o fato seja previsível, deverá o caçador responder por homicídio culposo.
> Ex. 2: o agente bêbado sai de uma festa e, ao observar um carro idêntico ao seu, tenta abri-lo com a chave do próprio carro. Não obtendo êxito, quebra o vidro com uma pedra, força a ignição e vai para casa. Nesse caso, ainda que a conduta do agente seja reprovável, não há que se falar em crime, pois o furto não prevê a modalidade culposa. Assim, tem-se a exclusão da tipicidade.

### 2.9.4 Erro de tipo acidental

Já o erro de tipo acidental não exclui o crime, visto que o agente manifesta o elemento subjetivo do tipo e apenas erra na execução da ação criminosa.

▷ **Erro sobre o objeto (*error in objecto*):** o agente furta um quadro que acredita ser verdadeiro, mas no outro dia descobre que é falso. Aqui, ele responde como se tivesse furtado o quadro verdadeiro.

▷ **Erro sobre a pessoa (*error in persona*):** o agente tenta matar "A", mas mata "B", executando fielmente o que havia planejado. Nesse caso, responde normalmente pelo homicídio da vítima desejada.

## TEORIA GERAL DO CRIME

▷ **Erro sobre a execução (*aberratio ictus*):** o agente tenta matar sua namorada ao vê-la com outro, mas por não saber manusear a arma, acerta em pessoa diversa quando atira. Nesse caso, responderá como se tivesse matado a namorada. Possui previsão no art. 73 do CP.

▷ **Resultado diverso do pretendido (*aberratio criminis*):** ocorre resultado diverso do pretendido. A consequência para o agente é responder pelo crime, a título de culpa (se houver), conforme art. 74 do CP. Se ocorrer também o resultado pretendido, haverá concurso formal (1 ação = 2 crimes).

▷ **Erro sucessivo (dolo geral ou *aberratio causae*):** o agente, após acreditar ter matado a sogra por veneno, "desova" o corpo em um lago. Após a perícia analisar o caso, é constatado que não houve morte por envenenamento, mas por afogamento. Nessa situação, o agente responde como se tivesse envenenado a vítima.

## 2.10 Erro sobre a pessoa

*Art. 20, CP [...]*
*§ 3º O erro quanto à pessoa contra a qual o crime é praticado não isenta de pena. Não se consideram, neste caso, as condições ou qualidades da vítima, senão as da pessoa contra quem o agente queria praticar o crime.*

É o erro na representação do agente, que olha um desconhecido e o confunde com a pessoa que quer atingir. O erro é tão irrelevante, que o legislador determinou que o autor fosse punido pelo crime que efetivamente cometeu contra o terceiro inocente (vítima efetiva), como se tivesse atingido a pretendida (vítima virtual). Ex.: "A" atira em "B" por engano, pois pensava que "B" fosse seu pai, quem realmente queria matar. Nessa situação, será considerado para aplicação da pena como se "A" tivesse matado seu pai.

Essa situação é considerada um irrelevante penal, ou seja, o agente quer cometer uma coisa (matar "C"), entretanto, acaba matando "B". Porém, independentemente do resultado, o Código Penal sempre adota o elemento subjetivo, ou seja, punirá o agente pelo fato que ele realmente quis praticar. Como no exemplo o agente queria matar seu pai, incidirá ainda aumento de pena – agravante genérica (art. 61, II, "e", CP).

## 2.11 Erro sobre a ilicitude do fato

### 2.11.1 Erro de proibição

*Art. 21, CP O desconhecimento da lei é inescusável. O erro sobre a ilicitude do fato, se inevitável, isenta de pena; se evitável, poderá diminui-la de um sexto a um terço.*

É a compreensão errada de determinada regra legal pode levar o agente a supor que certa conduta seja lícita. Ex.: um rústico aldeão, que nasceu e passou toda a sua vida em um vilarejo afastado no sertão, agride levemente sua mulher, por suspeitar de traição. É de irrelevante importância se o aldeão sabia ou não que sua conduta era ilícita.

Nesse caso, há crime, porém o CP determina que, devido às circunstâncias (por força do ambiente onde vive e as experiências acumuladas do agente), o sujeito não terá pena, ou seja, exclui-se a culpabilidade. Nessa situação, como o agente é de lugar ermo e não possui conhecimento suficiente sobre fatos que não são permitidos, o juiz não aplicará pena, embora a conduta seja criminosa.

### 2.11.2 Tipos de erro de proibição

▷ **Erro inevitável ou escusável:** é isento de pena. Ex.: o caso de uma dona de casa de prostituição, cujo funcionamento era de pleno conhecimento das autoridades fiscais e com alvará de funcionamento fornecido pela prefeitura, apresenta circunstância que sugeriam o desempenho de atividade lícita.

*Art. 21, CP [...]*
*Parágrafo único. Considera-se evitável o erro se o agente atua ou se omite sem a consciência da ilicitude do fato, quando lhe era possível, nas circunstâncias, ter ou atingir essa consciência.*

▷ **Erro evitável ou inescusável:** não isenta de pena, mas terá direito a uma redução de pena de 1/6 a 1/3. Ex.: atendente de farmácia que, apesar de ter ciência de que a venda de medicamentos com tarja preta configura transgressão administrativa, não tem consciência de que tal prática, com relação a alguns dos medicamentos controlados, caracteriza também crime de tráfico de drogas.

Observe o quadro a seguir.

| Erro de tipo | | Erro de proibição |
|---|---|---|
| O agente erra sobre dados do próprio crime. Isento do dolo e culpa, se inevitável, e isento de dolo, mas permite a punição por culpa se evitável. | × | O agente acha que sua conduta é legal, quando na verdade é ilegal. Aqui o agente comete crime, mas não tem pena, pois a culpabilidade fica excluída. |

É importante diferenciarmos bem a relação entre erro de tipo (exclui o crime) e erro de proibição (isento de pena). No erro de tipo, o agente sabe que sua conduta é ilícita, entretanto, erra sobre o próprio tipo penal, ou seja, sua intenção é realizar uma conduta, mas acaba cometendo outra. No erro de proibição, o agente desconhece o caráter ilícito do fato, imagina estar praticando uma conduta lícita, quando na verdade é ilícita (criminosa).

## 2.12 Coação irresistível e obediência hierárquica

*Art. 22, CP Se o fato é cometido sob coação irresistível ou em estrita obediência a ordem, não manifestamente ilegal, de superior hierárquico, só é punível o autor da coação ou da ordem.*

Para que se possa considerar alguém culpado do cometimento de uma infração penal, é necessário que o ato tenha sido praticado em condições e circunstâncias normais, pois, do contrário, não será possível exigir do sujeito conduta diferente daquela que acabou efetivamente praticando.

Nessa situação, o agente (autor mediato) obriga uma terceira pessoa (autor imediato) a cometer um crime ou cumprir uma ordem ilegal. A pessoa coagida não será punida; a punição será de quem a coagiu e a obrigou a realizar a conduta contra seu consentimento.

### 2.12.1 Coação irresistível

É o emprego de força física ou de grave ameaça para que alguém faça ou deixe de fazer alguma coisa.

▷ **Coação física (*vis absoluta*):** o sujeito não comete crime. Ex.: "A" imobiliza "B"; em seguida, "A" coloca uma arma na mão de "B" e o força a apertar o gatilho, sendo que o disparo acerta "C", que morre. Nessa situação, devido à coação física irresistível, "B" não comete crime. "A" responderá por homicídio. A coação física recai sobre a conduta do agente (elemento do fato típico), pois este foi forçado. Nessa situação, exclui-se o crime.

▷ **Coação moral (*vis relativa*):** o sujeito comete um crime, mas ocorre isenção de pena. Ex.: "A" encosta uma arma carregada na cabeça "B" e ordena que ele atire em "C". Caso contrário, quem morrerá é "B". Assim, "B" atira e "C" morre. Nessa situação, ambos cometem crime ("A" e "B"). Contudo, somente "A" terá pena. "B" estará **isento** de pena devido a **coação moral irresistível** e inexigibilidade de conduta diversa.

Assim, mesmo "B" tendo praticado o ato, sua conduta foi forçada mediante grave ameaça moral, e, temendo por sua própria vida, cometeu o crime. Nessa situação, a conduta de "B" é típica e ilícita, contudo, não culpável, pois ficará isento de pena.

## 2.12.2 Obediência hierárquica

É a obediência à ordem não manifestamente ilegal de superior hierárquico, tornando viciada a vontade do subordinado e afastando a exigência de conduta diversa. Também exclui a culpabilidade.

▷ **Ordem de superior hierárquico:** é a manifestação de vontade do titular de uma função pública a um funcionário que lhe é subordinado.

> Um delegado de polícia manda seu subordinado, aspirante recém-chegado à corporação, que prenda um desafeto do agente, para que esse aprenda uma lição. Caso o aspirante cumpra a ordem ilegal de seu superior, ambos cometerão crime (abuso de autoridade), pois embora haja ordem de superior, o aspirante não é obrigado a cumpri-la.

▷ **Ordem manifestamente não ilegal:** a ordem deve ser aparentemente legal. Se for manifestamente ilegal, deve o subordinado responder pelo crime.

> Um delegado de polícia determina que o agente prenda Antônio, indiciado por crime de latrocínio, alegando que Antônio tem contra si um mandado de prisão expedido pela autoridade judiciária. O agente prende Antônio e o conduz até a delegacia. Acontece que não existia mandado algum contra Antônio. Nessa situação, o delegado e o agente cometeram crime de abuso de autoridade. Contudo, somente o delegado terá pena, enquanto o agente ficará isento devido à "aparência" de ordem manifestamente não ilegal.

Nessa conduta, o agente pensava estar praticando uma ação lícita, entretanto, foi enganado por seu superior, sob alegação de posse de falso mandado de prisão.

## 2.13 Exclusão da ilicitude

*Art. 23, CP Não há crime quando o agente pratica o fato:*
*I – Em estado de necessidade;*
*II – Em legítima defesa;*
*III – Em estrito cumprimento de dever legal ou no exercício regular de direito.*

### 2.13.1 Excesso punível

*Art. 23, CP [...]*
*Parágrafo único. O agente, em qualquer das hipóteses deste artigo, responderá pelo excesso doloso ou culposo.*

O agente que extrapolar os limites das excludentes deve responder pelo resultado produzido de forma dolosa ou culposa.

> Lucas saca sua arma para matar Manoel, que, prevendo o ocorrido, pega sua própria arma e atira primeiro, ferindo Lucas. Mesmo após a cessação da agressão por parte de Lucas, Manoel efetua mais dois disparos para garantir o resultado. Nessa situação, Manoel excedeu-se e deverá responder por homicídio na modalidade dolosa.

```
                                    Excesso - responderá
                                    por homicídio doloso
                  Legítima defesa
    (A) ─────────────────────────────► (B)
              "B" é atingido e cessa a agressão

                                "A", mesmo depois de
  "A" atira em "B" para se      cessada a agressão de "B",
  defender de injusta agressão  efetua mais dois disparos
                                para garantir o resultado
```

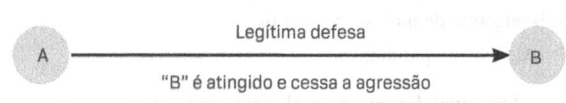

Não obstante, as excludentes de ilicitude, como o próprio nome já diz, excluem o caráter ilícito do fato, tornando a conduta lícita e jurídica.

## NOÇÕES DE DIREITO PENAL

**Crime**
▷ Fato típico.
▷ Ilícito (antijurídico):
  ▪ Estado de necessidade;
  ▪ Estrito cumprimento do dever legal;
  ▪ Legítima defesa;
  ▪ Exercício regular do direito.

Ocorrendo o fato diante de uma dessas excludentes, exclui-se também o crime.

São situações em que a norma penal permite que se cometa crime em determinadas situações, pois, apesar de serem condutas ilícitas, o agente não será punido.

### 2.13.2 Estado de necessidade

*Art. 24, CP Considera-se em estado de necessidade quem pratica o fato para salvar de perigo atual, que não provocou por sua vontade, nem podia de outro modo evitar, direito próprio ou alheio, cujo sacrifício, nas circunstâncias, não era razoável exigir-se.*

Ocorre quando um bem é lesado para se salvar outro bem em perigo de ser igualmente ofendido. Ambos os possuidores desses bens têm direito de agir para se proteger.

Requisitos para configuração do estado de necessidade:
▷ Perigo atual;
▷ Direito próprio ou alheio;
▷ Perigo não causado voluntariamente pelo agente;
▷ Inevitabilidade de comportamento;
▷ Razoabilidade do sacrifício;
▷ Requisito subjetivo.

> Ex. 1: em um cruzeiro marítimo, 10 passageiros estão a bordo de um navio. No entanto, só existem 9 salva-vidas e o navio está afundando em alto-mar. O único que ficou sem o apetrecho não sabe nadar e, para salvar sua vida do perigo atual, desfere facadas em outro passageiro para conseguir se salvar.

> Ex. 2: trabalhador desempregado vê os filhos passarem fome, entra em supermercado e furta dois pacotes de arroz e um pedaço de carne seca (furto famélico).

> Ex. 3: cidadão não tem carteira de motorista e observa um motorista em avançado estado de infarto. Nessa situação, toma a direção de veículo automotor e dirige perigosamente até o hospital, gerando perigo de dano.

Não incidirá em estado de necessidade caso o agente dê causa ao acontecimento.

*Art. 24, § 1º, CP Não pode alegar estado de necessidade quem tinha o deve legal de enfrentar o perigo.*

> Um exemplo disso é o bombeiro. Ele poderá recusar-se a participar de uma situação perigosa, quando for impossível o salvamento ou quando o risco for inútil.

### 2.13.3 Legítima defesa

A lei não permite o emprego da violência física como meio para repelir injúrias ou palavras caluniosas, visto que não existe legítima defesa da honra. Somente a vida ou a integridade física são abrangidas pelo instituto da legítima defesa.

Admite-se a excludente de legítima defesa real contra quem pratica o fato acobertado por causa de exclusão da culpabilidade, como o inimputável.

# TEORIA GERAL DO CRIME

Nos termos do Código Penal e na descrição da excludente de ilicitude, haverá legítima defesa sucessiva na hipótese de excesso, que permite a defesa legítima do agressor inicial.

É possível legítima defesa de provocações por meio de injúrias verbais, segundo sua intensidade e conforme as circunstâncias, que podem ou não ser agressão.

▷ Agressão de inimputável constitui legítima defesa.
▷ Agressão decorrente de desafio, duelo, convite para briga não constitui legítima defesa.
▷ Agressão passada constitui vingança, e não, legítima defesa.
▷ Agressão futura não autoriza legítima defesa (mal futuro).
▷ Não existe legítima defesa da honra.
▷ O agente tem de saber que está na legítima defesa.

Legítima defesa e porte ilegal de arma de fogo: se portar anteriormente, responde pelo crime do art. 14 ou art. 16, *caput* do Estatuto do Desarmamento (Lei nº 10.826/2003). Se for contemporâneo, não responde pelo crime dos artigos mencionados.

> **Art. 25, CP** *Entende-se em legítima defesa quem, usando moderadamente dos meios necessários, repele injusta agressão, atual ou iminente, a direito seu ou de outrem.*
> 
> **Parágrafo único.** *Observados os requisitos previstos no caput deste artigo, considera-se também em legítima defesa o agente de segurança pública que repele agressão ou risco de agressão a vítima mantida refém durante a prática de crimes.*

Há uma previsão de legítima defesa para agentes de segurança pública que repelem agressão ou risco de agressão atual ou iminente à vítima mantida refém durante a prática de crimes.

Conclui-se que não há nada de novo, senão já preenchidos todos os requisitos da legítima defesa do *caput* do art. 25 do Código Penal (CP). No entanto, a novidade está no novíssimo art. 14-A do Código de Processo Penal (também introduzido pelo Pacote Anticrime). Esses agentes terão um inquérito **privilegiado** e com direito a contraditório (direito a serem **citados em 48 horas** e ampla defesa com direito a **defensor**).

Ocorre um efetivo ataque ilícito contra o agente ou terceiro, legitimando repulsa.

Requisitos para que subsista a legítima defesa:
▷ Agressão humana;
▷ Agressão injusta;
▷ Agressão atual ou iminente;
▷ Agressão a direito próprio ou a terceiro;
▷ Meios necessários;
▷ Requisito subjetivo.

> Ex. 1: "A", desafeto de "B", arma-se com um machado e, prestes a desferir um golpe, é surpreendido pela reação de "B", que saca um revólver e efetua um disparo.
> 
> Ex. 2: "A", munido de um cão, atiça o animal na direção de "B", que, para repelir a injusta agressão, atira no enfurecido animal.
> 
> Ex. 3: "A", menor de idade, pega um fuzil e, prestes a atirar em "B", é surpreendido por esse, que pega uma bazuca, único meio de proteção disponível no momento, vindo a "explodir" "A".

Os meios necessários para conter a injusta agressão podem ser quaisquer que estejam disponíveis, inexistindo equiparação dos meios utilizados.

É necessário que seja atual e iminente. Caso "B", ferido por "A", desloque-se até sua casa depois de sofrida agressão para apanhar revólver com intuito de se defender, não será mais válido, caso venha efetuar disparos contra "A".

Não configura legítima defesa:

> Ex. 1: "A", marido traído, chega à casa e surpreende "C", sua esposa, em conjunção carnal com "B". Enfurecido, pega sua arma e dispara contra a esposa traidora.
> 
> Ex. 2: "A", surpreendido por cão feroz, dispara para que não seja atacado.
> 
> Ex. 3: "A", desafeto de "B", sai à procura dele e efetua disparo. Mais tarde, provou-se que "B" também estava armado e queria igualmente executar "A".

## 2.13.4 Estrito cumprimento do dever legal

Em síntese, é a ação praticada por um dever imposto por lei. É necessário que o cumprimento seja nos exatos ditames da lei. Do contrário, o agente incorrerá em excesso, podendo responder criminalmente.

> Ex. 1: policial que prende foragido da justiça, vindo a causar-lhe lesões devido à sua resistência.
> 
> Ex. 2: soldado que, em tempos de guerra, executa inimigo.
> 
> Ex. 3: a execução efetuada pelo carrasco, quando o ordenamento jurídico admite.

## 2.13.5 Exercício regular de direito

É o desempenho de uma atividade ou prática de uma conduta autorizada em lei.

> Ex. 1: tratamento médico ou intervenção cirúrgica, em que o médico comete lesão corporal para realizar o ato cirúrgico.
> 
> Ex. 2: ofendículos (exercício regular do direito de defesa da propriedade), cerca elétrica, cacos de vidro, arame farpado etc.

## 2.14 Imputabilidade penal

> **Art. 26, CP** *É isento de pena o agente que, por doença mental ou desenvolvimento mental incompleto ou retardado, era, ao tempo da ação ou da omissão, inteiramente incapaz de entender o caráter ilícito do fato ou de determinar-se de acordo com esse entendimento.*
> 
> **Redução de pena**
> 
> **Parágrafo único.** *A pena pode ser reduzida de um a dois terços, se o agente, em virtude de perturbação de saúde mental ou por desenvolvimento mental incompleto ou retardado não era inteiramente capaz de entender o caráter ilícito do fato ou de determinar-se de acordo com esse entendimento.*

Imputabilidade é a capacidade de entender o caráter ilícito do fato e de determinar-se de acordo com esse entendimento. É a capacidade de entendimento e a faculdade de controlar e comandar suas próprias ações, ou seja, é a capacidade de compreensão do agente de que sua conduta é ilícita, inapropriada. É um dos elementos da culpabilidade, a qual é substrato do conceito analítico de crime.

▷ **Imputável (regra):** pode-se imputar (aplicar) pena ao sujeito.
▷ **Inimputável (exceção):** não pode sofrer pena.

### 2.14.1 Exclusão da imputabilidade

#### Doença mental

Inclui-se doença mental de qualquer ordem, compreendendo a infindável gama de moléstias mentais.

| Alcoolismo patológico.

#### Desenvolvimento mental incompleto ou retardado

| Silvícola inadaptado (índio) menor de 18 anos.

#### Sistema adotado pela legislação brasileira

**Regra:** biopsicológico. Não basta ter a enfermidade. No momento da ação ou omissão, o sujeito precisa estar inteiramente incapaz de entender e compreender o caráter ilícito do fato e determinar-se de acordo com esse entendimento.

**Exceção:** biológico. Basta tão somente a menoridade (menos de 18 anos) para configurar a inimputabilidade (art. 27, CP).

#### Embriaguez

*Art. 28, CP [...]*
*II – A embriaguez, voluntária ou culposa, pelo álcool ou substância de efeitos análogos.*
*§ 1º É isento de pena o agente que, por embriaguez completa, proveniente de caso fortuito ou força maior, era, ao tempo da ação ou da omissão, inteiramente incapaz de entender o caráter ilícito do fato ou de determinar-se de acordo com esse entendimento.*

▷ **Não exclui a imputabilidade:** voluntária, culposa, preordenada.
▷ **Exclui a imputabilidade:** caso fortuito, força maior.

A embriaguez não exclui a imputabilidade, quais sejam: a voluntária (toma bebida alcoólica por conta própria); a culposa (toma além da conta) e a preordenada (toma para criar coragem), sendo que a última é causa de aumento de pena (agravante genérica – art. 61, II, "l"). Nesse caso, aplica-se a teoria da *actio libera in causa*.

*Art. 28, § 2º, CP A pena pode ser reduzida de um a dois terços, se o agente, por embriaguez, proveniente de caso fortuito ou força maior, não possuía, ao tempo da ação ou da omissão, a plena capacidade de entender o caráter ilícito do fato ou de determinar-se de acordo com esse entendimento.*

No caso da embriaguez por caso fortuito, caso ela seja completa, será causa de isenção de pena; caso seja semicompleta (semi-imputabilidade), incidirá em diminuição de pena (redução de culpabilidade) de 1/3 a 2/3.

#### Emoção e paixão

*Art. 28, CP Não excluem a imputabilidade penal:*
*I – A emoção ou a paixão;*

A emoção pode, em alguns casos, servir como diminuição de pena (privilégio), como no caso do homicídio e lesão corporal privilegiados. São requisitos: a emoção deve ser intensa; o agente deve estar sob o domínio dessa emoção; deve ter sido provocado por ato injusto da vítima; a reação do agente deve ocorrer logo após a provocação.

A injusta provocação pode ser de forma indireta. Ex.: alguém que maltrata um animal, com intenção de provocar o agente, utilizando desse objeto (um cachorro) para obter seu desejo.

#### Menores de 18 anos

*Art. 27, CP Os menores de 18 (dezoito) anos são penalmente inimputáveis, ficando sujeitos às normas estabelecidas na legislação especial.*

### 2.14.2 Fundamento constitucional

O art. 228 da Constituição Federal de 1988 prevê que são penalmente inimputáveis os menores de 18 anos, sujeitos às normas de legislação especial.

### 2.14.3 Critério adotado pelo Código Penal – sistema biológico

Os menores de 18 anos não sofrem sanção penal pela prática do ato ilícito, em decorrência da ausência de culpabilidade. Estão sujeitos ao procedimento e às medidas socioeducativas previstas no Estatuto da Criança e do Adolescente (ECA – Lei nº 8.069/1990) em virtude das condutas descritas como crime e contravenção penal, se consideradas ato infracional.

Para auxiliar, convém lembrar as excludentes de imputabilidade.

#### Excluída imputabilidade (inimputabilidade)

▷ Menoridade;
▷ Doença mental;
▷ Desenvolvimento mental:
  • Incompleto;
  • Retardado.
▷ Embriaguez completa:
  • Caso fortuito;
  • Força maior.

De acordo com entendimento, essas são as causas justificantes para a exclusão da imputabilidade; podemos dizer que são elementos da culpabilidade. Esta é substrato que compõe o conceito analítico de crime, juntamente com fato típico e a ilicitude.

## 2.15 Concurso de pessoas

*Art. 29, CP Quem, de qualquer modo, concorre para o crime incide nas penas a este cominadas, na medida de sua culpabilidade.*

Sujeitos da infração penal:
▷ Sujeito ativo (quem comete a ação);
▷ Sujeito passivo (quem sofre a ação).

Quem pode ser sujeito ativo da infração penal:
▷ Maiores de 18 anos – o menor comete ato infracional (tudo que representa crime, para o menor de idade é ato infracional, que, na verdade, constitui um tipo específico tratado no ECA).
▷ Pessoas jurídicas em atos lesivos ao meio ambiente.
▷ As pessoas jurídicas podem ser responsabilizadas penalmente.

O **concurso de pessoas**, também conhecido como **concurso de agentes**, ocorre quando duas ou mais pessoas concorrem para o mesmo crime. Colaborar ou concorrer para o crime é praticar o ato (moral ou material) que tenha relevância para a perpetração do ilícito.

### 2.15.1 Requisitos para concursos de pessoas

#### Pluralidade de agentes

Quem participa da execução do crime é coautor. Quem não executa o verbo do tipo é partícipe.

Ex. 1: "A" segura "B" enquanto "C" o esfaqueia até a morte. "A" e "C" são coautores do crime de homicídio. Há divisão de tarefas no crime, pois ambos participam da execução.

Ex. 2: "A" empresta arma para "B", que utiliza a arma para executar "C". Assim, "B" é autor (executou) e "A" é partícipe (auxiliou de forma material).

O Código Penal adotou a **teoria monista de agentes**, ou seja, todos responderão pelo mesmo crime, independentemente de qual seja a sua participação.

#### Relevância causal

A conduta deverá ser relevante. Do contrário, não ocorrerá o concurso de pessoas.

"A" empresta arma para "B", que, para matar, "C" usa um pedaço de pau. Nessa situação, o auxílio de "A" foi irrelevante para que o crime acontecesse e somente "B" responde por homicídio. Contudo, se, ao emprestar a arma, "A" de qualquer forma incentivou moralmente a atitude de "B", esse será partícipe do crime de homicídio. Se não houve nexo entre o homicídio e o empréstimo da arma, nessa situação, a conduta de "A" é atípica.

# TEORIA GERAL DO CRIME

### Liame subjetivo

É a vontade de participar do crime. Pelo menos um agente tem de querer participar do crime do outro.

> "A", desafeto de "B", posiciona-se para matá-lo. "C", também inimigo mortal de "B", sabendo da vontade de "A", adere à vontade dele e juntos disparam a arma. Ambos responderão por homicídio como coautores.

### Identidade de infração

O Código Penal adotou a **teoria unitária ou monista**, em que todos que concorrem para o crime responderão pelo mesmo crime, na medida de sua culpabilidade (responsabilidade).

## 2.15.2 Teorias do concurso de pessoas

### Teoria do *caput*

▷ **Regra:** monista/igualitária/unitária.
▷ **Exceção:** pluralista (não tem concurso de pessoas).
> | Corrupção passiva e ativa.

### Teoria do autor

▷ **Regra:** restritiva (Código Penal). Quem pratica o núcleo do tipo (verbo).
▷ **Exceção:** domínio do fato (doutrina e jurisprudência); Teoria do Partícipe.
▷ Acessoriedade limitada.

Não pratica o verbo; contudo, auxilia de qualquer forma.

▷ Moral: instigado ou induzido.
▷ Material: qualquer auxílio.
▷ Não ocorre concurso de pessoas.
▷ Autor mediato (homem por trás).
▷ Autoria colateral.
▷ Participação inócua (ineficaz).
▷ Crimes de concurso necessário.

Autoria sucessiva ou participação sucessiva tem concurso de pessoas.

> | Associação criminosa, de acordo com o art. 288 do CP.

A exceção é a teoria pluralista.

> | Corrupção passiva e ativa.

Autor (teoria restrita), quem pratica o núcleo do tipo (verbo).
Partícipe, não pratica o verbo; contudo, auxilia de qualquer forma.

▷ Moral: instigado ou induzido.
▷ Material: qualquer auxílio.

Mandante = partícipe.
Autor mediato (não ocorre concurso).
São usados como instrumentos do crime:

▷ Inimputável;
▷ Doente mental;
▷ Coação irresistível;
▷ Obediência hierárquica.
**Exceção:** teoria pluralista.

## 2.15.3 Participação em crime diverso

> *Art. 29, CP* [...]
> *§ 1º Se a participação for de menor importância, a pena pode ser diminuída de um sexto a um terço.*
> *§ 2º Se algum dos concorrentes quis participar de crime menos grave, ser-lhe-á aplicada a pena deste; essa pena será aumentada até metade, na hipótese de ter sido previsível o resultado mais grave.*

Há hipóteses, todavia, em que o partícipe colabora com um crime e o autor, no momento da prática do ilícito, vai além do imaginado pelo partícipe.

> Dois indivíduos combinam um furto. Um deles fica no carro esperando pela fuga e o outro entra na residência. No interior da casa, o autor, além de furtar, encontra a moradora e dispara vários tiros contra ela. Nessa situação, por força do art. 29, § 2º, do CP, os agentes deverão responder por crimes diferentes. O que ficou no carro responde por furto (pois era esse ato que queria praticar) e, o autor, por latrocínio.

## 2.16 Circunstâncias incomunicáveis

> *Art. 30, CP Não se comunicam as circunstâncias e as condições de caráter pessoal, salvo quando elementares do crime.*

"A", funcionário público, convida "B" para furtar a repartição pública em que trabalha. "B", desconhecendo a função de "A", acaba aceitando. Nesse caso, "A" responderá por peculato (art. 312, CP) e "B" por furto (art. 155, CP). Porém, caso "B" soubesse da função pública de "A", ambos responderiam por peculato.

> *Art. 31, CP O ajuste, a determinação ou instigação e o auxílio, salvo disposição expressa em contrário, não são puníveis, se o crime não chega, pelo menos, a ser tentado.*

Atualmente, o induzimento, a instigação e o auxílio material ao suicídio ou à automutilação configuraram o crime, com ou sem resultados. De crime eminentemente material, converteu-se, por força da Lei nº 13.968/2019, em crime formal.

---

**Fique ligado**

No crime culposo, admite-se coautoria, mas não participação. Não existe tentativa em crime preterdoloso.

# 3 TEORIA GERAL DA PENA

## 3.1 Espécies de pena

**Art. 32, CP** As penas são:
I – privativas de liberdade;
II – restritivas de direitos;
III – de multa.

## 3.2 Penas privativas de liberdade

### 3.2.1 Reclusão e detenção

**Art. 33, CP** A pena de reclusão deve ser cumprida em regime fechado, semiaberto ou aberto. A de detenção, em regime semiaberto, ou aberto, salvo necessidade de transferência a regime fechado.
§ 1º Considera-se:
a) Regime fechado a execução da pena em estabelecimento de segurança máxima ou média;
b) Regime semiaberto a execução da pena em colônia agrícola, industrial ou estabelecimento similar;
c) Regime aberto a execução da pena em casa de albergado ou estabelecimento adequado.
§ 2º As penas privativas de liberdade deverão ser executadas em forma progressiva, segundo o mérito do condenado, observados os seguintes critérios e ressalvadas as hipóteses de transferência a regime mais rigoroso:
a) o condenado a pena superior a 8 (oito) anos deverá começar a cumpri-la em regime fechado;
b) o condenado não reincidente, cuja pena seja superior a 4 (quatro) anos e não exceda a 8 (oito), poderá, desde o princípio, cumpri-la em regime semiaberto;
c) o condenado não reincidente, cuja pena seja igual ou inferior a 4 (quatro) anos, poderá, desde o início, cumpri-la em regime aberto.
§ 3º A determinação do regime inicial de cumprimento da pena far-se-á com observância dos critérios previstos no art. 59 deste Código.
§ 4º O condenado por crime contra a administração pública terá a progressão de regime do cumprimento da pena condicionada à reparação do dano que causou, ou à devolução do produto do ilícito praticado, com os acréscimos legais.

### 3.2.2 Regras do regime fechado

**Art. 34, CP** O condenado será submetido, no início do cumprimento da pena, a exame criminológico de classificação para individualização da execução.
§ 1º O condenado fica sujeito a trabalho no período diurno e a isolamento durante o repouso noturno.
§ 2º O trabalho será em comum dentro do estabelecimento, na conformidade das aptidões ou ocupações anteriores do condenado, desde que compatíveis com a execução da pena.
§ 3º O trabalho externo é admissível, no regime fechado, em serviços ou obras públicas.

### 3.2.3 Regras do regime semiaberto

**Art. 35, CP** Aplica-se a norma do art. 34 deste Código, caput, ao condenado que inicie o cumprimento da pena em regime semiaberto.
§ 1º O condenado fica sujeito a trabalho em comum durante o período diurno, em colônia agrícola, industrial ou estabelecimento similar.
§ 2º O trabalho externo é admissível, bem como a frequência a cursos supletivos profissionalizantes, de instrução de segundo grau ou superior.

### 3.2.4 Regras do regime aberto

**Art. 36, CP** O regime aberto baseia-se na autodisciplina e senso de responsabilidade do condenado.
§ 1º O condenado deverá, fora do estabelecimento e sem vigilância, trabalhar, frequentar curso ou exercer outra atividade autorizada, permanecendo recolhido durante o período noturno e nos dias de folga.
§ 2º O condenado será transferido do regime aberto, se praticar fato definido como crime doloso, se frustrar os fins da execução ou se, podendo, não pagar a multa cumulativamente aplicada.

### 3.2.5 Regime especial

**Art. 37, CP** As mulheres cumprem pena em estabelecimento próprio, observando-se os deveres e direitos inerentes à sua condição pessoal, bem como, no que couber, o disposto neste Capítulo.

### 3.2.6 Direitos do preso

**Art. 38, CP** O preso conserva todos os direitos não atingidos pela perda da liberdade, impondo-se a todas as autoridades o respeito à sua integridade física e moral.

### 3.2.7 Trabalho do preso

**Art. 39, CP** O trabalho do preso será sempre remunerado, sendo-lhe garantidos os benefícios da Previdência Social.

### 3.2.8 Legislação especial

**Art. 40, CP** A legislação especial regulará a matéria prevista nos arts. 38 e 39 deste Código, bem como especificará os deveres e direitos do preso, os critérios para revogação e transferência dos regimes e estabelecerá as infrações disciplinares e correspondentes sanções.

### 3.2.9 Superveniência de doença mental

**Art. 41, CP** O condenado a quem sobrevém doença mental deve ser recolhido a hospital de custódia e tratamento psiquiátrico ou, à falta, a outro estabelecimento adequado.

### 3.2.10 Detração

**Art. 42, CP** Computam-se, na pena privativa de liberdade e na medida de segurança, o tempo de prisão provisória, no Brasil ou no estrangeiro, o de prisão administrativa e o de internação em qualquer dos estabelecimentos referidos no artigo anterior.

## 3.3 Penas restritivas de direitos

### 3.3.1 Penas restritivas de direitos

**Art. 43, CP** As penas restritivas de direitos são:
I – prestação pecuniária;
II – perda de bens e valores;
III – (Vetado.)
IV – prestação de serviço à comunidade ou a entidades públicas;
V – interdição temporária de direitos;
VI – limitação de fim de semana.
**Art. 44, CP** As penas restritivas de direitos são autônomas e substituem as privativas de liberdade, quando:
I – aplicada pena privativa de liberdade não superior a quatro anos e o crime não for cometido com violência ou grave ameaça à pessoa ou, qualquer que seja a pena aplicada, se o crime for culposo;
II – o réu não for reincidente em crime doloso;
III – a culpabilidade, os antecedentes, a conduta social e a personalidade do condenado, bem como os motivos e as circunstâncias indicarem que essa substituição seja suficiente.
§ 1º (Vetado.)
§ 2º Na condenação igual ou inferior a um ano, a substituição pode ser feita por multa ou por uma pena restritiva de direitos; se superior a um ano, a pena privativa de liberdade pode ser substituída por uma pena restritiva de direitos e multa ou por duas restritivas de direitos.
§ 3º Se o condenado for reincidente, o juiz poderá aplicar a substituição, desde que, em face de condenação anterior, a medida seja socialmente recomendável e a reincidência não se tenha operado em virtude da prática do mesmo crime.

# TEORIA GERAL DA PENA

*§ 4º A pena restritiva de direitos converte-se em privativa de liberdade quando ocorrer o descumprimento injustificado da restrição imposta. No cálculo da pena privativa de liberdade a executar será deduzido o tempo cumprido da pena restritiva de direitos, respeitado o saldo mínimo de trinta dias de detenção ou reclusão.*

*§ 5º Sobrevindo condenação a pena privativa de liberdade, por outro crime, o juiz da execução penal decidirá sobre a conversão, podendo deixar de aplicá-la se for possível ao condenado cumprir a pena substitutiva anterior.*

## 3.3.2 Conversão das penas restritivas de direitos

**Art. 45, CP** *Na aplicação da substituição prevista no artigo anterior, proceder-se-á na forma deste e dos arts. 46, 47 e 48.*

*§ 1º A prestação pecuniária consiste no pagamento em dinheiro à vítima, a seus dependentes ou a entidade pública ou privada com destinação social, de importância fixada pelo juiz, não inferior a 1 (um) salário-mínimo nem superior a 360 (trezentos e sessenta) salários-mínimos. O valor pago será deduzido do montante de eventual condenação em ação de reparação civil, se coincidentes os beneficiários.*

*§ 2º No caso do parágrafo anterior, se houver aceitação do beneficiário, a prestação pecuniária pode consistir em prestação de outra natureza.*

*§ 3º A perda de bens e valores pertencentes aos condenados dar-se-á, ressalvada a legislação especial, em favor do Fundo Penitenciário Nacional, e seu valor terá como teto – o que for maior – o montante do prejuízo causado ou do proveito obtido pelo agente ou por terceiro, em consequência da prática do crime.*

*§ 4º (Vetado.)*

## 3.3.3 Prestação de serviços à comunidade ou a entidades públicas

**Art. 46, CP** *A prestação de serviços à comunidade ou a entidades públicas é aplicável às condenações superiores a seis meses de privação da liberdade.*

*§ 1º A prestação de serviços à comunidade ou a entidades públicas consiste na atribuição de tarefas gratuitas ao condenado.*

*§ 2º A prestação de serviço à comunidade dar-se-á em entidades assistenciais, hospitais, escolas, orfanatos e outros estabelecimentos congêneres, em programas comunitários ou estatais.*

*§ 3º As tarefas a que se refere o § 1º serão atribuídas conforme as aptidões do condenado, devendo ser cumpridas à razão de uma hora de tarefa por dia de condenação, fixadas de modo a não prejudicar a jornada normal de trabalho.*

*§ 4º Se a pena substituída for superior a um ano, é facultado ao condenado cumprir a pena substitutiva em menor tempo (art. 55), nunca inferior à metade da pena privativa de liberdade fixada.*

## 3.3.4 Interdição temporária de direitos

**Art. 47, CP** *As penas de interdição temporária de direitos são:*

*I – proibição do exercício de cargo, função ou atividade pública, bem como de mandato eletivo;*

*II – proibição do exercício de profissão, atividade ou ofício que dependam de habilitação especial, de licença ou autorização do Poder Público;*

*III – suspensão de autorização ou de habilitação para dirigir veículo.*

*IV – proibição de frequentar determinados lugares.*

*V – proibição de inscrever-se em concurso, avaliação ou exame públicos.*

## 3.3.5 Limitação de fim de semana

**Art. 48, CP** *A limitação de fim de semana consiste na obrigação de permanecer, aos sábados e domingos, por 5 (cinco) horas diárias, em casa de albergado ou outro estabelecimento adequado.*

**Parágrafo único.** *Durante a permanência poderão ser ministrados ao condenado cursos e palestras ou atribuídas atividades educativas.*

## 3.4 Pena de multa

### 3.4.1 Multa

**Art. 49, CP** *A pena de multa consiste no pagamento ao fundo penitenciário da quantia fixada na sentença e calculada em dias-multa. Será, no mínimo, de 10 (dez) e, no máximo, de 360 (trezentos e sessenta) dias-multa.*

*§ 1º O valor do dia-multa será fixado pelo juiz não podendo ser inferior a um trigésimo do maior salário-mínimo mensal vigente ao tempo do fato, nem superior a 5 (cinco) vezes esse salário.*

*§ 2º O valor da multa será atualizado, quando da execução, pelos índices de correção monetária.*

### 3.4.2 Pagamento da multa

**Art. 50, CP** *A multa deve ser paga dentro de 10 (dez) dias depois de transitada em julgado a sentença. A requerimento do condenado e conforme as circunstâncias, o juiz pode permitir que o pagamento se realize em parcelas mensais.*

*§ 1º A cobrança da multa pode efetuar-se mediante desconto no vencimento ou salário do condenado quando:*

*a) aplicada isoladamente;*

*b) aplicada cumulativamente com pena restritiva de direitos;*

*c) concedida a suspensão condicional da pena.*

*§ 2º O desconto não deve incidir sobre os recursos indispensáveis ao sustento do condenado e de sua família.*

### 3.4.3 Conversão da multa e revogação

**Art. 51, CP** *Transitada em julgado a sentença condenatória, a multa será executada perante o juiz da execução penal e será considerada dívida de valor, aplicáveis as normas relativas à dívida ativa da Fazenda Pública, inclusive no que concerne às causas interruptivas e suspensivas da prescrição.*

*§§ 1º e 2º (Revogado.)*

### 3.4.4 Suspensão da execução da multa

**Art. 52, CP** *É suspensa a execução da pena de multa, se sobrevém ao condenado doença mental.*

## 3.5 Cominação das penas

### 3.5.1 Penas privativas de liberdade

**Art. 53, CP** *As penas privativas de liberdade têm seus limites estabelecidos na sanção correspondente a cada tipo legal de crime.*

### 3.5.2 Penas restritivas de direitos

**Art. 54, CP** *As penas restritivas de direitos são aplicáveis, independentemente de cominação na parte especial, em substituição à pena privativa de liberdade, fixada em quantidade inferior a 1 (um) ano, ou nos crimes culposos.*

**Art. 55, CP** *As penas restritivas de direitos referidas nos incisos III, IV, V e VI do art. 43 terão a mesma duração da pena privativa de liberdade substituída, ressalvado o disposto no § 4º do art. 46.*

**Art. 56, CP** *As penas de interdição, previstas nos incisos I e II do art. 47 deste Código, aplicam-se para todo o crime cometido no exercício de profissão, atividade, ofício, cargo ou função, sempre que houver violação dos deveres que lhes são inerentes.*

**Art. 57, CP** *A pena de interdição, prevista no inciso III do art. 47 deste Código, aplica-se aos crimes culposos de trânsito.*

### 3.5.3 Pena de multa

**Art. 58, CP** *A multa, prevista em cada tipo legal de crime, tem os limites fixados no art. 49 e seus parágrafos deste Código.*

**Parágrafo único.** *A multa prevista no parágrafo único do art. 44 e no § 2º do art. 60 deste Código aplica-se independentemente de cominação na parte especial.*

# NOÇÕES DE DIREITO PENAL

## 3.6 Aplicação da pena

### 3.6.1 Fixação da pena

**Art. 59, CP** *O juiz, atendendo à culpabilidade, aos antecedentes, à conduta social, à personalidade do agente, aos motivos, às circunstâncias e consequências do crime, bem como ao comportamento da vítima, estabelecerá, conforme seja necessário e suficiente para reprovação e prevenção do crime:*

*I – as penas aplicáveis dentre as cominadas;*

*II – a quantidade de pena aplicável, dentro dos limites previstos;*

*III – o regime inicial de cumprimento da pena privativa de liberdade;*

*IV – a substituição da pena privativa da liberdade aplicada, por outra espécie de pena, se cabível.*

### 3.6.2 Critérios especiais da pena de multa

**Art. 60, CP** *Na fixação da pena de multa o juiz deve atender, principalmente, à situação econômica do réu.*

*§ 1º A multa pode ser aumentada até o triplo, se o juiz considerar que, em virtude da situação econômica do réu, é ineficaz, embora aplicada no máximo.*

### 3.6.3 Multa substitutiva

*§ 2º A pena privativa de liberdade aplicada, não superior a 6 (seis) meses, pode ser substituída pela de multa, observados os critérios dos incisos II e III do art. 44 deste Código.*

### 3.6.4 Circunstâncias agravantes

**Art. 61, CP** *São circunstâncias que sempre agravam a pena, quando não constituem ou qualificam o crime:*

*I – a reincidência;*

*II – ter o agente cometido o crime:*

*a) por motivo fútil ou torpe;*

*b) para facilitar ou assegurar a execução, a ocultação, a impunidade ou vantagem de outro crime;*

*c) à traição, de emboscada, ou mediante dissimulação, ou outro recurso que dificultou ou tornou impossível a defesa do ofendido;*

*d) com emprego de veneno, fogo, explosivo, tortura ou outro meio insidioso ou cruel, ou de que podia resultar perigo comum;*

*e) contra ascendente, descendente, irmão ou cônjuge;*

*f) com abuso de autoridade ou prevalecendo-se de relações domésticas, de coabitação ou de hospitalidade, ou com violência contra a mulher na forma da lei específica;*

*g) com abuso de poder ou violação de dever inerente a cargo, ofício, ministério ou profissão;*

*h) contra criança, maior de 60 (sessenta) anos, enfermo ou mulher grávida;*

*i) quando o ofendido estava sob a imediata proteção da autoridade;*

*j) em ocasião de incêndio, naufrágio, inundação ou qualquer calamidade pública, ou de desgraça particular do ofendido;*

*l) em estado de embriaguez preordenada.*

### 3.6.5 Agravantes no caso de concurso de pessoas

**Art. 62, CP** *A pena será ainda agravada em relação ao agente que:*

*I – promove, ou organiza a cooperação no crime ou dirige a atividade dos demais agentes;*

*II – coage ou induz outrem à execução material do crime;*

*III – instiga ou determina a cometer o crime alguém sujeito à sua autoridade ou não-punível em virtude de condição ou qualidade pessoal;*

*IV – executa o crime, ou nele participa, mediante paga ou promessa de recompensa.*

### 3.6.6 Reincidência

**Art. 63, CP** *Verifica-se a reincidência quando o agente comete novo crime, depois de transitar em julgado a sentença que, no País ou no estrangeiro, o tenha condenado por crime anterior.*

**Art. 64, CP** *Para efeito de reincidência:*

*I – não prevalece a condenação anterior, se entre a data do cumprimento ou extinção da pena e a infração posterior tiver decorrido período superior a 5 (cinco) anos, computado o período de prova da suspensão ou do livramento condicional, se não ocorrer revogação;*

*II – não se consideram os crimes militares próprios e políticos.*

### 3.6.7 Circunstâncias atenuantes

**Art. 65, CP** *São circunstâncias que sempre atenuam a pena:*

*I – ser o agente menor de 21 (vinte e um), na data do fato, ou maior de 70 (setenta) anos, na data da sentença;*

*II – o desconhecimento da lei;*

*III – ter o agente:*

*a) cometido o crime por motivo de relevante valor social ou moral;*

*b) procurado, por sua espontânea vontade e com eficiência, logo após o crime, evitar-lhe ou minorar-lhe as consequências, ou ter, antes do julgamento, reparado o dano;*

*c) Cometido o crime sob coação a que podia resistir, ou em cumprimento de ordem de autoridade superior, ou sob a influência de violenta emoção, provocada por ato injusto da vítima;*

*d) confessado espontaneamente, perante a autoridade, a autoria do crime;*

*e) cometido o crime sob a influência de multidão em tumulto, se não o provocou.*

**Art. 66, CP** *A pena poderá ser ainda atenuada em razão de circunstância relevante, anterior ou posterior ao crime, embora não prevista expressamente em lei.*

### 3.6.8 Concurso de circunstâncias agravantes e atenuantes

**Art. 67, CP** *No concurso de agravantes e atenuantes, a pena deve aproximar-se do limite indicado pelas circunstâncias preponderantes, entendendo-se como tais as que resultam dos motivos determinantes do crime, da personalidade do agente e da reincidência.*

### 3.6.9 Cálculo da pena

**Art. 68, CP** *A pena-base será fixada atendendo-se ao critério do art. 59 deste Código; em seguida serão consideradas as circunstâncias atenuantes e agravantes; por último, as causas de diminuição e de aumento.*

**Parágrafo único.** *No concurso de causas de aumento ou de diminuição previstas na parte especial, pode o juiz limitar-se a um só aumento ou a uma só diminuição, prevalecendo, todavia, a causa que mais aumente ou diminua.*

# 4 CONCURSO DE CRIMES

Sabe-se que, no Direito Penal, a prática de um crime leva à aplicação de uma sanção penal.

Assim, segundo a lógica, se um agente cometer **um crime**, a ele será aplicada **uma pena**. Da mesma forma, se um agente cometer **mais de um** crime, para cada crime cometido será aplicada uma pena correspondente.

Dessa forma, a matéria **Concurso de crimes** busca explicar como deverão ser aplicadas as penas quando o agente, mediante uma ou várias condutas, cometer uma **pluralidade de crimes**.

Nesse sentido, o Código Penal brasileiro traz três espécies de concurso de crimes:

▷ Concurso material (art. 69);
▷ Concurso formal (art. 70);
▷ Crime continuado (art. 71).

## 4.1 Concurso material

> *Art. 69, CP Quando o agente, mediante mais de uma ação ou omissão, pratica dois ou mais crimes, idênticos ou não, aplicam-se cumulativamente as penas privativas de liberdade em que haja incorrido. No caso de aplicação cumulativa de penas de reclusão e de detenção, executa-se primeiro aquela.*
>
> *§ 1º Na hipótese deste artigo, quando ao agente tiver sido aplicada pena privativa de liberdade, não suspensa, por um dos crimes, para os demais será incabível a substituição de que trata o art. 44 deste Código.*
>
> *§ 2º Quando forem aplicadas penas restritivas de direitos, o condenado cumprirá simultaneamente as que forem compatíveis entre si e sucessivamente as demais.*

A principal característica do concurso material é a **pluralidade de condutas**.

Para se configurar o concurso material, devem estar presentes os seguintes requisitos:

▷ Requisitos cumulativos:
  • Pluralidade de condutas (mais de uma ação ou omissão);
  • Pluralidade de crimes (dois ou mais crimes, idênticos ou não).

**Consequência:** aplicação **cumulativa** das penas privativas de liberdade, ou seja, somam-se as penas de cada crime cometido.

| Com mais de uma ação ou omissão | + | Pratica dois ou mais crimes (idênticos ou não) | = | Pena privativa de liberdade aplicada comulativamamente |

> José, ao chegar em casa, encontra sua esposa com o amante. Tomado pela raiva, José pega sua arma de fogo e atira no outro homem, vindo a matá-lo. Em seguida, dispara contra sua esposa, que também morre no local.

No exemplo em questão, verifica-se a ocorrência do concurso material, uma vez que José, com mais de uma ação, cometeu dois crimes. Dessa forma, José responderá pela prática de dois homicídios dolosos, devendo as penas serem aplicadas de forma cumulativa.

## 4.2 Concurso formal

> *Art. 70, CP Quando o agente, mediante uma só ação ou omissão, pratica dois ou mais crimes, idênticos ou não, aplica-se-lhe a mais grave das penas cabíveis ou, se iguais, somente uma delas, mas aumentada, em qualquer caso, de um sexto até metade. As penas aplicam-se, entretanto, cumulativamente, se a ação ou omissão é dolosa e os crimes concorrentes resultam de desígnios autônomos, consoante o disposto no artigo anterior.*
>
> ***Parágrafo único.*** *Não poderá a pena exceder a que seria cabível pela regra do art. 69 deste Código.*

A principal característica do concurso formal é a **unidade de condutas**.

Quanto ao **concurso formal**, ele pode ser **próprio** ou **impróprio**.

No concurso material, é indiferente para a aplicação da pena se os crimes são idênticos ou não. No entanto, a doutrina traz a distinção entre concurso material homogêneo e heterogêneo.

▷ Concurso material homogêneo: os crimes praticados são idênticos;
▷ Concurso material heterogêneo: os crimes praticados são diferentes.

### 4.2.1 Concurso formal próprio ou perfeito

**Art. 70,** *caput***, 1ª parte**

Para configurar concurso formal próprio, devem estar presentes os seguintes requisitos cumulativos:

▷ Unidade de condutas (uma só ação ou omissão);
▷ Pluralidade de crimes (dois ou mais crimes, idênticos ou não).

**Consequência:** aplica-se a **exasperação** da pena. Ou seja, se as penas forem diversas, aplica-se a mais grave; se idênticas, aplica-se apenas uma delas, sendo em ambos os casos aumentadas de 1/6 até a metade.

| Com mais de uma ação ou omissão | + | Pratica dois ou mais crimes (idênticos ou não) | = | Exasperação de penas diferentes: aplica-se a mais grave aumetada de 1/6 a 1/2. Penas idênticas: aplica-se apenas uma, aumentada de 1/6 a 1/2 |

> Um motorista dirigindo em alta velocidade atropela e mata três pessoas.

### 4.2.2 Concurso formal impróprio ou imperfeito

> *Art. 70, caput, 2ª parte, CP [...] As penas aplicam-se, entretanto, cumulativamente, se a ação ou omissão é dolosa e os crimes concorrentes resultam de desígnios autônomos, consoante o disposto no artigo anterior.*

O **concurso formal impróprio** possui os mesmos requisitos do concurso formal próprio, isto é, unidade de condutas e pluralidade de crimes. No entanto, se a conduta for **dolosa** e houver **desígnios autônomos** (dolo de cometer isoladamente cada crime), por questão de justiça, será aplicada a regra do concurso material, ou seja, aplicam-se as penas de forma **cumulativa**.

Para configurar concurso formal impróprio, devem estar presentes, além dos requisitos do concurso formal próprio, os seguintes requisitos específicos cumulativos:

▷ Conduta dolosa.
▷ Desígnios autônomos.

**Consequência:** aplicação **cumulativa** das penas privativas de liberdade. Ou seja, somam-se as penas de cada crime cometido.

| Com apenas uma ação ou omissão, pratica dois ou mais crimes | + | Conduta dolosa e desígnios autônomos | = | Pena privativa de liberdade aplicada comulativamente |

> José, ao chegar em casa, encontra sua esposa com o amante. Tomado pela raiva, com intenção de matar os dois, joga uma granada na direção deles, vindo a matar a esposa e o amante.

No exemplo em questão, verifica-se a ocorrência do concurso formal impróprio, uma vez que José, ainda que tenha cometido dois crimes com apenas uma ação, agiu de forma dolosa e com desígnios autônomos. Dessa forma, José responderá pela prática de dois homicídios dolosos, devendo as penas serem aplicadas de forma cumulativa.

A pena do crime cometido em concurso formal, tanto próprio quanto impróprio, não poderá ser maior do que a pena aplicável se ocorrido em concurso material.

## 4.3 Crime continuado

*Art. 71, CP Quando o agente, mediante mais de uma ação ou omissão, pratica dois ou mais crimes da mesma espécie e, pelas condições de tempo, lugar, maneira de execução e outras semelhantes, devem os subsequentes ser havidos como continuação do primeiro, aplica-se-lhe a pena de um só dos crimes, se idênticas, ou a mais grave, se diversas, aumentada, em qualquer caso, de um sexto a dois terços.*

A principal característica do **crime continuado** é a presença do **nexo de continuidade delitiva,** por meio do qual os crimes subsequentes serão concebidos como continuação do primeiro. Por isso, o crime continuado é uma ficção jurídica, tendo sido criado para beneficiar o réu, atenuando a pena imposta.

Para se configurar o crime continuado devem estar presentes os seguintes requisitos cumulativos:

▷ Pluralidade de condutas (mais de uma ação ou omissão);

▷ Pluralidade de crimes da mesma espécie (dois ou mais crimes da mesma espécie);

▷ Nexo de continuidade delitiva (condições de tempo, lugar, maneira de execução e outras condições semelhantes).

**Consequência:** aplica-se a **exasperação** da pena, ou seja, se as penas forem diversas, aplica-se a mais grave; se idênticas, aplica-se apenas uma delas, sendo, em ambos os casos, aumentadas de 1/6 até **2/3**.

> Uma operadora de supermercado que subtrai diariamente uma pequena quantia do dinheiro de seu caixa.

### Crime continuado específico ou qualificado

*Art. 71, CP [...]*

*Parágrafo único. Nos crimes dolosos, contra vítimas diferentes, cometidos com violência ou grave ameaça à pessoa, poderá o juiz, considerando a culpabilidade, os antecedentes, a conduta social e a personalidade do agente, bem como os motivos e as circunstâncias, aumentar a pena de um só dos crimes, se idênticas, ou a mais grave, se diversas, até o triplo, observadas as regras do parágrafo único do art. 70 e do art. 75 deste Código.*

Para a configuração do crime continuado específico, é necessária a presença dos requisitos previstos no art. 71, *caput*, mais os seguintes requisitos específicos cumulativos:

▷ Crimes dolosos;

▷ Vítimas diferentes;

▷ Violência e grave ameaça à pessoa.

**Consequência:** o juiz **poderá** aumentar a pena de um só dos crimes, se idênticas, ou a mais grave, se diversas, **até o triplo**.

Para tanto, o juiz deverá considerar, do agente:

▷ Culpabilidade;

▷ Antecedentes;

▷ Personalidade;

▷ Motivos de circunstâncias do crime.

## 4.4 Multas no concurso de crimes

*Art. 72, CP No concurso de crimes, as penas de multa são aplicadas distinta e integralmente.*

## 4.5 Erro na execução

*Art. 73, CP Quando, por acidente ou erro no uso dos meios de execução, o agente, ao invés de atingir a pessoa que pretendia ofender, atinge pessoa diversa, responde como se tivesse praticado o crime contra aquela, atendendo-se ao disposto no § 3º do art. 20 deste Código. No caso de ser também atingida a pessoa que o agente pretendia ofender, aplica-se a regra do art. 70 deste Código.*

## 4.6 Resultado diverso do pretendido

*Art. 74, CP Fora dos casos do artigo anterior, quando, por acidente ou erro na execução do crime, sobrevém resultado diverso do pretendido, o agente responde por culpa, se o fato é previsto como crime culposo; se ocorre também o resultado pretendido, aplica-se a regra do art. 70 deste Código.*

## 4.7 Limite das penas

*Art. 75, CP O tempo de cumprimento das penas privativas de liberdade não pode ser superior a 40 (quarenta) anos.*

*§ 1º Quando o agente for condenado a penas privativas de liberdade cuja soma seja superior a 30 (trinta) anos, devem elas ser unificadas para atender ao limite máximo deste artigo.*

*§ 2º Sobrevindo condenação por fato posterior ao início do cumprimento da pena, far-se-á nova unificação, desprezando-se, para esse fim, o período de pena já cumprido.*

## 4.8 Concurso de infrações

*Art. 76, CP No concurso de infrações, executar-se-á primeiramente a pena mais grave.*

## 4.9 Suspensão condicional da pena

### 4.9.1 Requisitos da suspensão da pena

*Art. 77, CP A execução da pena privativa de liberdade, não superior a 2 (dois) anos, poderá ser suspensa, por 2 (dois) a 4 (quatro) anos, desde que:*

*I – o condenado não seja reincidente em crime doloso;*

*II – a culpabilidade, os antecedentes, a conduta social e personalidade do agente, bem como os motivos e as circunstâncias autorizem a concessão do benefício;*

*III – Não seja indicada ou cabível a substituição prevista no art. 44 deste Código.*

*§ 1º A condenação anterior a pena de multa não impede a concessão do benefício.*

*§ 2º A execução da pena privativa de liberdade, não superior a quatro anos, poderá ser suspensa, por quatro a seis anos, desde que o condenado seja maior de setenta anos de idade, ou razões de saúde justifiquem a suspensão.*

*Art. 78, CP Durante o prazo da suspensão, o condenado ficará sujeito à observação e ao cumprimento das condições estabelecidas pelo juiz.*

*§ 1º No primeiro ano do prazo, deverá o condenado prestar serviços à comunidade (art. 46) ou submeter-se à limitação de fim de semana (art. 48).*

*§ 2º Se o condenado houver reparado o dano, salvo impossibilidade de fazê-lo, e se as circunstâncias do art. 59 deste Código lhe forem inteiramente favoráveis, o juiz poderá substituir a exigência do parágrafo anterior pelas seguintes condições, aplicadas cumulativamente:*

*a) proibição de frequentar determinados lugares;*

*b) proibição de ausentar-se da comarca onde reside, sem autorização do juiz;*

*c) comparecimento pessoal e obrigatório a juízo, mensalmente, para informar e justificar suas atividades.*

*Art. 79, CP A sentença poderá especificar outras condições a que fica subordinada a suspensão, desde que adequadas ao fato e à situação pessoal do condenado.*

*Art. 80, CP A suspensão não se estende às penas restritivas de direitos nem à multa.*

# CONCURSO DE CRIMES

### 4.9.2 Revogação obrigatória

*Art. 81, CP A suspensão será revogada se, no curso do prazo, o beneficiário:*

*I – é condenado, em sentença irrecorrível, por crime doloso;*

*II – frustra, embora solvente, a execução de pena de multa ou não efetua, sem motivo justificado, a reparação do dano;*

*III – descumpre a condição do § 1º do art. 78 deste Código.*

### 4.9.3 Revogação facultativa

*§ 1º A suspensão poderá ser revogada se o condenado descumpre qualquer outra condição imposta ou é irrecorrivelmente condenado, por crime culposo ou por contravenção, a pena privativa de liberdade ou restritiva de direitos.*

### 4.9.4 Prorrogação do período de prova

*§ 2º Se o beneficiário está sendo processado por outro crime ou contravenção, considera-se prorrogado o prazo da suspensão até o julgamento definitivo.*

*§ 3º Quando facultativa a revogação, o juiz pode, ao invés de decretá-la, prorrogar o período de prova até o máximo, se este não foi o fixado.*

### 4.9.5 Cumprimento das condições

*Art. 82, CP Expirado o prazo sem que tenha havido revogação, considera-se extinta a pena privativa de liberdade.*

## 4.10 Livramento condicional

### 4.10.1 Requisitos do livramento condicional

*Art. 83, CP O juiz poderá conceder livramento condicional ao condenado a pena privativa de liberdade igual ou superior a 2 (dois) anos, desde que:*

*I – cumprida mais de um terço da pena se o condenado não for reincidente em crime doloso e tiver bons antecedentes;*

*II – cumprida mais da metade se o condenado for reincidente em crime doloso;*

*III – comprovado:*

*a) bom comportamento durante a execução da pena; (Incluído pela Lei nº 13.964, de 2019)*

*b) não cometimento de falta grave nos últimos 12 (doze) meses; (Incluído pela Lei nº 13.964, de 2019)*

*c) bom desempenho no trabalho que lhe foi atribuído; e (Incluído pela Lei nº 13.964, de 2019)*

*d) aptidão para prover a própria subsistência mediante trabalho honesto;*

*IV – tenha reparado, salvo efetiva impossibilidade de fazê-lo, o dano causado pela infração;*

*V – cumprido mais de dois terços da pena, nos casos de condenação por crime hediondo, prática da tortura, tráfico ilícito de entorpecentes e drogas afins, e terrorismo, se o apenado não for reincidente específico em crimes dessa natureza.*

*Parágrafo único. Para o condenado por crime doloso, cometido com violência ou grave ameaça à pessoa, a concessão do livramento ficará também subordinada à constatação de condições pessoais que façam presumir que o liberado não voltará a delinquir.*

### 4.10.2 Soma de penas

*Art. 84, CP As penas que correspondem a infrações diversas devem somar-se para efeito do livramento.*

**Especificações das condições**

*Art. 85, CP A sentença especificará as condições a que fica subordinado o livramento.*

### 4.10.3 Revogação do livramento

*Art. 86, CP Revoga-se o livramento, se o liberado vem a ser condenado a pena privativa de liberdade, em sentença irrecorrível:*

*I – por crime cometido durante a vigência do benefício;*

*II – por crime anterior, observado o disposto no art. 84 deste Código.*

### 4.10.4 Revogação facultativa

*Art. 87, CP O juiz poderá, também, revogar o livramento, se o liberado deixar de cumprir qualquer das obrigações constantes da sentença, ou for irrecorrivelmente condenado, por crime ou contravenção, a pena que não seja privativa de liberdade.*

### 4.10.5 Efeitos da revogação

*Art. 88, CP Revogado o livramento, não poderá ser novamente concedido, e, salvo quando a revogação resulta de condenação por outro crime anterior àquele benefício, não se desconta na pena o tempo em que esteve solto o condenado.*

### 4.10.6 Extinção

*Art. 89, CP O juiz não poderá declarar extinta a pena, enquanto não passar em julgado a sentença em processo a que responde o liberado, por crime cometido na vigência do livramento.*

*Art. 90, CP Se até o seu término o livramento não é revogado, considera-se extinta a pena privativa de liberdade.*

## 4.11 Efeitos da condenação

### 4.11.1 Efeitos genéricos e específicos

*Art. 91, CP São efeitos da condenação:*

*I – tornar certa a obrigação de indenizar o dano causado pelo crime;*

*II – a perda em favor da União, ressalvado o direito do lesado ou de terceiro de boa-fé:*

*a) dos instrumentos do crime, desde que consistam em coisas cujo fabrico, alienação, uso, porte ou detenção constitua fato ilícito;*

*b) do produto do crime ou de qualquer bem ou valor que constitua proveito auferido pelo agente com a prática do fato criminoso.*

*§ 1º Poderá ser decretada a perda de bens ou valores equivalentes ao produto ou proveito do crime quando estes não forem encontrados ou quando se localizarem no exterior.*

*§ 2º Na hipótese do § 1º, as medidas assecuratórias previstas na legislação processual poderão abranger bens ou valores equivalentes do investigado ou acusado para posterior decretação de perda.*

*Art. 91-A, CP Na hipótese de condenação por infrações às quais a lei comine pena máxima superior a 6 (seis) anos de reclusão, poderá ser decretada a perda, como produto ou proveito do crime, dos bens correspondentes à diferença entre o valor do patrimônio do condenado e aquele que seja compatível com o seu rendimento lícito.*

*§ 1º Para efeito da perda prevista no caput deste artigo, entende-se por patrimônio do condenado todos os bens:*

*I – de sua titularidade, ou em relação aos quais ele tenha o domínio e o benefício direto ou indireto, na data da infração penal ou recebidos posteriormente; e*

*II – transferidos a terceiros a título gratuito ou mediante contraprestação irrisória, a partir do início da atividade criminal.*

*§ 2º O condenado poderá demonstrar a inexistência da incompatibilidade ou a procedência lícita do patrimônio.*

*§ 3º A perda prevista neste artigo deverá ser requerida expressamente pelo Ministério Público, por ocasião do oferecimento da denúncia, com indicação da diferença apurada.*

*§ 4º Na sentença condenatória, o juiz deve declarar o valor da diferença apurada e especificar os bens cuja perda for decretada.*

*§ 5º Os instrumentos utilizados para a prática de crimes por organizações criminosas e milícias deverão ser declarados perdidos em favor da União ou do Estado, dependendo da Justiça onde tramita a ação penal, ainda que não ponham em perigo a segurança das pessoas, a moral ou a ordem pública, nem ofereçam sério risco de ser utilizados para o cometimento de novos crimes.*

**Art. 92, CP** *São também efeitos da condenação:*

*I – a perda de cargo, função pública ou mandato eletivo:*

*a) quando aplicada pena privativa de liberdade por tempo igual ou superior a um ano, nos crimes praticados com abuso de poder ou violação de dever para com a Administração Pública;*

*b) quando for aplicada pena privativa de liberdade por tempo superior a 4 (quatro) anos nos demais casos.*

*II – a incapacidade para o exercício do pátrio poder, tutela ou curatela, nos crimes dolosos, sujeitos à pena de reclusão, cometidos contra filho, tutelado ou curatelado;*

*III – a inabilitação para dirigir veículo, quando utilizado como meio para a prática de crime doloso.*

**Parágrafo único.** *Os efeitos de que trata este artigo não são automáticos, devendo ser motivadamente declarados na sentença.*

## 4.12 Reabilitação

**Art. 93, CP** *A reabilitação alcança quaisquer penas aplicadas em sentença definitiva, assegurando ao condenado o sigilo dos registros sobre o seu processo e condenação.*

**Parágrafo único.** *A reabilitação poderá, também, atingir os efeitos da condenação, previstos no art. 92 deste Código, vedada reintegração na situação anterior, nos casos dos incisos I e II do mesmo artigo.*

**Art. 94** *A reabilitação poderá ser requerida, decorridos 2 (dois) anos do dia em que for extinta, de qualquer modo, a pena ou terminar sua execução, computando-se o período de prova da suspensão e o do livramento condicional, se não sobrevier revogação, desde que o condenado:*

*I – tenha tido domicílio no País no prazo acima referido;*

*II – tenha dado, durante esse tempo, demonstração efetiva e constante de bom comportamento público e privado;*

*III – tenha ressarcido o dano causado pelo crime ou demonstre a absoluta impossibilidade de o fazer, até o dia do pedido, ou exiba documento que comprove a renúncia da vítima ou novação da dívida.*

**Parágrafo único.** *Negada a reabilitação, poderá ser requerida, a qualquer tempo, desde que o pedido seja instruído com novos elementos comprobatórios dos requisitos necessários.*

**Art. 95, CP** *A reabilitação será revogada, de ofício ou a requerimento do Ministério Público, se o reabilitado for condenado, como reincidente, por decisão definitiva, a pena que não seja de multa.*

# 5 CRIMES CONTRA A PESSOA

Os direitos e as garantias individuais não têm caráter absoluto, por esse motivo, o direito à vida é relativo.

A única exceção sobre a pena de morte é em caso de guerra externa (art. 5º, XLVII, "a", CF/1988).

O crime de homicídio, por sua vez, capitulado nos crimes contra a vida, está descrito no art. 121 do Código Penal, e versa sobre a eliminação da vida humana extrauterina.

Vejamos no quadro a seguir quais são os crimes dolosos contra a vida, e suas principais peculiaridades:

| Crimes contra a vida | |
|---|---|
| Homicídio (art. 121, CP) | São todos crimes processados mediante ação penal pública incondicionada. São julgados pelo Tribunal do Júri. Obs.: o homicídio culposo é julgado pelo juízo singular (vara criminal). |
| Participação em suicídio ou a automutilação (art. 122, CP) | |
| Infanticídio (art. 123, CP) | |
| Aborto (arts. 124 a 126, CP) | |

Dos crimes culposos contra a vida, só há o homicídio. Os demais não comportam a modalidade culposa, o aborto culposo pode ser resultado qualificado, mas ele não é crime autônomo. Também não há infanticídio culposo. Apenas o homicídio admite a forma culposa.

## 5.1 Crimes contra a vida

### 5.1.1 Homicídio

*Art. 121, CP* Matar alguém:

Pena – Reclusão, de seis a vinte anos.

*Caso de diminuição de pena*

§ 1º Se o agente comete o crime impelido por motivo de relevante valor social ou moral, ou sob o domínio de violenta emoção, logo em seguida a injusta provocação da vítima, o juiz pode reduzir a pena de um sexto a um terço.

*Homicídio qualificado*

§ 2º Se o homicídio é cometido:

I – mediante paga ou promessa de recompensa, ou por outro motivo torpe;

II – por motivo fútil;

III – com emprego de veneno, fogo, explosivo, asfixia, tortura ou outro meio insidioso ou cruel, ou de que possa resultar perigo comum;

IV – à traição, de emboscada, ou mediante dissimulação ou outro recurso que dificulte ou torne impossível a defesa do ofendido;

V – para assegurar a execução, a ocultação, a impunidade ou vantagem de outro crime:

Pena – Reclusão, de doze a trinta anos.

*Feminicídio*

VI – contra a mulher por razões da condição de sexo feminino:

VII – contra autoridade ou agente descrito nos arts. 142 e 144 da Constituição Federal, integrantes do sistema prisional e da Força Nacional de Segurança Pública, no exercício da função ou em decorrência dela, ou contra seu cônjuge, companheiro ou parente consanguíneo até terceiro grau, em razão dessa condição:

VIII – com emprego de arma de fogo de uso restrito ou proibido:

Pena – Reclusão, de doze a trinta anos.

§ 2º-A Considera-se que há razões de condição de sexo feminino quando o crime envolve:

I – violência doméstica e familiar;

II – menosprezo ou discriminação à condição de mulher.

*Homicídio culposo*

§ 3º Se o homicídio é culposo:

Pena – Detenção, de um a três anos.

*Aumento de pena*

§ 4º No homicídio culposo, a pena é aumentada de 1/3 (um terço), se o crime resulta de inobservância de regra técnica de profissão, arte ou ofício, ou se o agente deixa de prestar imediato socorro à vítima, não procura diminuir as consequências do seu ato, ou foge para evitar prisão em flagrante. Sendo doloso o homicídio, a pena é aumentada de 1/3 (um terço) se o crime é praticado contra pessoa menor de 14 (quatorze) ou maior de 60 (sessenta) anos.

§ 5º Na hipótese de homicídio culposo, o juiz poderá deixar de aplicar a pena, se as consequências da infração atingirem o próprio agente de forma tão grave que a sanção penal se torne desnecessária.

§ 6º A pena é aumentada de 1/3 (um terço) até a metade se o crime for praticado por milícia privada, sob o pretexto de prestação de serviço de segurança, ou por grupo de extermínio.

§ 7º A pena do feminicídio é aumentada de 1/3 (um terço) até a metade se o crime for praticado:

I – durante a gestação ou nos 3 (três) meses posteriores ao parto;

II – contra pessoa menor de 14 (catorze) anos, maior de 60 (sessenta) anos, com deficiência ou portadora de doenças degenerativas que acarretem condição limitante ou de vulnerabilidade física ou mental;

III – na presença física ou virtual de descendente ou de ascendente da vítima;

IV – em descumprimento das medidas protetivas de urgência previstas nos incisos I, II e III do caput do art. 22 da Lei nº 11.340, de 7 de agosto de 2006.

O homicídio é a morte injusta de uma pessoa praticada por outrem. De acordo com Nelson Hungria, é o crime por excelência.

No art. 121, *caput*, tem-se o chamado homicídio doloso simples. No art. 121, § 1º, tem-se o chamado homicídio doloso privilegiado (causa de diminuição de pena); o § 2º traz o homicídio doloso qualificado; no § 3º, prevê o homicídio culposo; no § 4º, o Código Penal (CP) estabelece hipóteses de causa de aumento (majorantes) de pena no homicídio culposo; e, por fim, o § 5º traz o Perdão Judicial.

O homicídio preterdoloso está previsto no art. 129, § 3º do CP: é a lesão corporal seguida de morte.

Homicídio não é genocídio, são dois crimes distintos. Nem todo homicídio em massa será considerado genocídio. Para ser genocídio, a conduta deve se enquadrar na Lei nº 2.889/1956, o agente deve ter a vontade/propósito de exterminar total ou parcialmente um grupo étnico, social ou religioso. Se o objetivo não for esse, não há se falar em genocídio. Pode ser genocídio segregando membros de um grupo, impedindo o nascimento no seio de um grupo. Foi o que Saddam Hussein fez com os curdos no Iraque, por exemplo.

### 5.1.2 Homicídio simples

*Art. 121, CP* Matar alguém.

▷ **Sujeito ativo:** é crime comum, pode ser praticado por qualquer pessoa.

▷ **Sujeito passivo:** da mesma forma, pode ser qualquer pessoa. Magalhães Noronha entende que o Estado também figura como vítima do homicídio, justificando existir um interesse do ente político na conservação da vida humana, sua condição de existência.

**Conduta punida**

A conduta punível nesse tipo penal nada mais é que tirar a vida de alguém. Atente-se para a diferença:

▷ **Vida intrauterina:** abortamento – aborto.

▷ **Vida extrauterina:** homicídio ou infanticídio.

Quanto ao início do parto, existem três correntes:
▷ **1ª corrente:** dá-se com o completo e total desprendimento do feto das entranhas maternas;
▷ **2ª corrente:** ocorre desde as dores do parto;
▷ **3ª corrente:** ocorre com a dilatação do colo do útero.

Forma de execução: trata-se de delito de execução livre, podendo ser praticado por ação ou omissão, meios de execução diretos ou indiretos.

Vale ressaltar que a finalidade do agente pode servir como privilégio ou como qualificadora.

**Tipo subjetivo:** o art. 121, *caput* é punido a título de dolo direto ou dolo eventual.

Verifica-se o dolo eventual quando o agente assumiu o risco de praticar a conduta delituosa. Atualmente, os tribunais entendem que, quando o agente, embriagado, pratica homicídio de trânsito, pode ser condenado pelo homicídio do art. 121 do CP, tendo em vista que, ao ingerir bebida alcoólica e tomar a direção de um veículo, assumiu o risco de produzir o evento danoso.

#### Consumação e tentativa

Trata-se de delito material ou de resultado, ou seja, o delito consuma-se com a morte. A morte dá-se com a cessação da atividade encefálica. Cessando a atividade encefálica, o agente será considerado morto, conforme se extrai da Lei nº 9.434/1997 (Lei de Transplantes). A tentativa é possível, considerando que o homicídio se trata de crime plurissubsistente, permitindo o fracionamento da execução.

O homicídio simples pode ser considerado crime hediondo quando praticado em atividade típica de grupo de extermínio, conforme prevê o art. 1º da Lei nº 8.072/1990 (Lei dos Crimes Hediondos). É o chamado homicídio condicionado. O homicídio também pode ser praticado através de relações sexuais ou atos libidinosos.

| "A", portador do vírus HIV (Aids) e sabedor desta condição, com a intenção de matar, tem relação sexual com "B", com o fim de transmitir voluntária e dolosamente o vírus a este último. Nesta situação, após a transmissão, enquanto "B" não morrer, "A" responderá por tentativa de homicídio, após a morte de "B", "A" responderá por homicídio consumado.

### 5.1.3 Homicídio privilegiado

*Art. 121, § 1º, CP Se o agente comete o crime impelido por motivo de relevante valor social ou moral, ou sob o domínio de violenta emoção, logo em seguida a injusta provocação da vítima, o juiz pode reduzir a pena de um sexto a um terço.*

O homicídio privilegiado é causa de diminuição de pena, havendo a redução de 1/6 a 1/3. Essa diminuição de pena é direito subjetivo do réu, sendo que, presentes os requisitos, o juiz deve reduzir a pena.

#### Hipóteses privilegiadoras

▷ Se o agente comete o crime por motivo de relevante valor social.

No valor social, o agente mata para atender os interesses de toda coletividade.

| Matar estuprador do bairro; matar um assassino que aterroriza a cidade.

▷ **Se o agente comete o crime por relevante valor moral:** o agente mata para atender interesses particulares, diferente do valor social.

Esses interesses morais são ligados aos sentimentos de compaixão, misericórdia ou piedade.

| Eutanásia; "A" mata "B", porque este matou seu filho.

▷ Se o agente comete o crime sob o domínio de violenta emoção, logo em seguida a injusta provocação da vítima – homicídio emocional.

Atente-se que domínio não se confunde com mera influência. A mera influência é uma atenuante de pena prevista no art. 65 do CP.

É necessário observar que o homicídio deve ocorrer logo após a injusta provocação da vítima, ou seja, deve haver imediatidade da reação (reação sem intervalo temporal). A jurisprudência entende que, enquanto perdurar o domínio da violenta emoção, a reação será considerada imediata.

Observa-se, ainda, que a provocação da vítima deve ser injusta, e isso não traduz, necessariamente, um fato típico. Pode haver injusta provocação sem configurar fato típico, mas serve para configurar o homicídio emocional. Ex.: adultério.

Vale ressaltar que se for injusta a agressão da vítima, será caso de legítima defesa.

O privilégio é sempre circunstância do crime. As circunstâncias subjetivas são incomunicáveis, nos termos do art. 30 do CP. Já as circunstâncias objetivas são comunicáveis, nos termos do art. 30, *in fine*.

| Circunstâncias subjetivas | Circunstâncias objetivas |
|---|---|
| Não se comunicam. | Comunicam-se |
| Ligam-se ao motivo ou estado anímico do agente. | Ligam-se ao meio/modo de execução |
| Como as privilegiadoras aqui citadas são subjetivas, não haverá comunicabilidade em relação aos demais autores do crime, logo não se aplica ao coautor se não restarem comprovados os mesmos requisitos. | |

### 5.1.4 Homicídio qualificado

O homicídio qualificado é sempre crime hediondo.

*Homicídio qualificado*
*Art. 121, CP [...]*
*§ 2º Se o homicídio é cometido:*
*I – Mediante paga ou promessa de recompensa, ou por outro motivo torpe;*
*II – Por motivo fútil;*
*III – Com emprego de veneno, fogo, explosivo, asfixia, tortura ou outro meio insidioso ou cruel, ou de que possa resultar perigo comum;*
*IV – À traição, de emboscada, ou mediante dissimulação ou outro recurso que dificulte ou torne impossível a defesa do ofendido;*
*V – Para assegurar a execução, a ocultação, a impunidade ou vantagem de outro crime:*
*Pena – Reclusão, de doze a trinta anos.*

#### Motivo torpe

É o motivo abjeto, ignóbil, vil, espelhando ganância.

É indagado se a qualificadora da torpeza se aplica também ao mandante, ou apenas para o executor.

Alguns autores dizem que a resposta depende se a qualificadora for compreendida como elementar ou circunstância. Entendendo que se trata de circunstância, somente o executor responde pelo homicídio qualificado já que a circunstância subjetiva não se comunica. Por outro lado, entendendo que se trata de elementar subjetiva do crime, haverá comunicabilidade, estendendo-se a qualificadora ao mandante (ambos respondem pela qualificadora – mandante e executor).

Atualmente, prevalece a segunda hipótese, ou seja, que se trata de elementar subjetiva do crime, respondendo o mandante e o executor pelo crime qualificado.

# CRIMES CONTRA A PESSOA

### Mediante pagamento ou promessa de recompensa

> **Fique ligado**
>
> **Ciúme** não é considerado motivo torpe.
> **Ausência** de motivo não é considerado motivo fútil.
> Um motivo não pode ser **fútil** e **torpe** ao mesmo tempo, pois um exclui o outro.

No caso de o agente matar mediante pagamento ou promessa de recompensa de natureza diversa da econômica, por exemplo, sexual, continua se tratando de motivo torpe, pois não deixa de se ajustar ao encerramento genérico, somente não configurando o exemplo dado no início do inciso. É o chamado homicídio mercenário.

O homicídio mercenário nada mais é que um exemplo de torpeza. O executor é chamado de matador de aluguel.

O crime, mediante pagamento ou promessa, é crime de concurso necessário (plurissubsistente – plurilateral – plurissubjetivo), exigindo-se pelo menos duas pessoas (mandante e executor).

Neste caso, necessariamente a natureza é econômica, logo, se a vantagem era promessa sexual, entre outras, não incidirá a qualificadora.

No inciso I, o legislador encerrou de forma genérica, o que permite a interpretação analógica, ou seja, permite ao juiz a análise de outras situações que aqui podem se enquadrar.

### Motivo fútil

Segundo alguns especialistas, é aquele que ocorre quando o móvel apresenta real desproporção entre o delito e a sua causa moral. Tem-se a pequeneza do motivo (matar por pouca coisa). Ex.: briga de trânsito.

Tem caráter **subjetivo**, pois se refere à motivação do agente para cometer o crime.

É um motivo insignificante, de pouca importância, completamente desproporcional à natureza do crime praticado.

Atente-se que, motivo fútil não se confunde com motivo injusto, uma vez que a injustiça é característica de todo e qualquer crime – injusto penal.

Se não há motivo comprovado nos autos, poderá ser denunciado por homicídio qualificado pelo motivo fútil? Aqui há duas correntes:

▷ **1ª corrente:** a ausência de motivos equipara-se ao motivo fútil, pois seria um contrassenso conceber que o legislador punisse com pena mais grave quem mata por futilidade, permitindo que o que age sem qualquer motivo receba sanção mais branda. (**majoritária**)

▷ **2ª corrente:** a ausência de motivos não pode ser equiparada ao motivo fútil, sob pena de se ofender o princípio da reserva legal. É o que entende Cezar Roberto Bitencourt. Para ele, o legislador deve incluir a ausência de motivo no rol das qualificadoras.

**Com emprego de veneno, fogo, explosivo, asfixia, tortura ou outro meio insidioso ou cruel, ou de que possa resultar em perigo comum**, no inciso III, novamente é possível a interpretação analógica, tendo como exemplos o emprego de veneno, fogo, explosivo, asfixia ou tortura.

Tem caráter objetivo, pois se refere aos meios empregados pelo agente para o cometimento do homicídio.

No caso do emprego de veneno, é imprescindível que a vítima desconheça estar ingerindo a substância letal.

No caso de tortura, o agente emprega crueldade na conduta, provocando na vítima sofrimento desnecessário antes da morte.

| Homicídio qualificado pela tortura (art. 121, § 2º, III, CP) | Tortura com resultado morte (art. 1º, § 3º, Lei nº 9.455/1997) |
|---|---|
| Morte **dolosa** | Morte **preterdolosa** |
| O agente utiliza a tortura para provocar a morte da vítima. | O agente tem o dolo de torturar a vítima, e da tortura resulta culposamente sua morte. |
| Competência do Tribunal do Júri. | Competência do Juízo Singular (vara criminal). |
| A tortura foi o meio utilizado para a morte. | A tortura foi o fim desejado, mas a morte foi culposa. |

### A traição, de emboscada, ou mediante dissimulação ou outro recurso que dificulte ou torne impossível a defesa do ofendido

No inciso IV, o legislador prevê como exemplos a traição, emboscada ou dissimulação, finalizando de maneira genérica, o que também permite a interpretação analógica.

Tem caráter objetivo (modo de execução do crime).

▷ **Traição:** ataque desleal, quebra de confiança.
▷ **Emboscada:** aquele que ataca a vítima com surpresa. Ele se oculta para surpreender a vítima.
▷ **Dissimulação:** significa fingimento, disfarçando o agente a sua intenção hostil.

> Aquele que convida para ir à casa de outrem e, lá chegando, mata o convidado.

### Para assegurar a execução, ocultação, a impunidade ou vantagem de outro crime

O inciso V possui caráter subjetivo (refere-se aos motivos do crime). Trata das hipóteses de conexão teleológica e consequencial.

Quando se comete o crime para assegurar a execução, classifica-se o homicídio como qualificado teleológico.

> "A", pretendendo cometer um crime de extorsão mediante sequestro contra uma pessoa muito importante e para assegurar a execução, mata o segurança do empresário.

Já o homicídio consequencial apresenta as seguintes hipóteses:

▷ **Ocultação:** quer evitar a descoberta do crime cometido pelo agente. Ex.: ocultar o cadáver após o homicídio;
▷ **Impunidade:** o criminoso procura evitar que se descubra que ele foi o autor do crime. Ex.: matar a testemunha ocular de um crime;
▷ **Vantagem:** o agente quer usufruir a vantagem decorrente da prática de outro crime. Ex.: um ladrão mata a outro para ficar com todo o dinheiro do roubo praticado por ambos.

O STF tem admitido a coexistência do privilégio (caráter subjetivo) com as qualificadoras de caráter objetivo (chamado homicídio privilegiado-qualificado).

> "A" matou "B" envenenado porque este estuprou a filha daquele.

O homicídio privilegiado-qualificado não é considerado hediondo (pois a existência do privilégio afasta a hediondez do homicídio qualificado).

> **Fique ligado**
>
> Matar para assegurar uma contravenção penal não qualifica o crime nesta modalidade, mas pode qualificá-lo pelo motivo fútil.

Matar por ocasião de outro crime, sem vínculo finalístico, não qualifica o crime.

O crime futuro deve ocorrer para gerar a conexão teleológica? O crime futuro não precisa ocorrer para gerar esta qualificadora, bastando matar para essa finalidade.

Há possibilidades de o homicídio qualificado ser privilegiado quando as qualificadoras são objetivas. Ou seja, uma das privilegiadoras e uma das qualificadoras do meio cruel ou da torpeza (objetivas).

Para a maioria da doutrina, o homicídio qualificado, quando também for privilegiado, não será hediondo, uma vez que o privilégio é preponderante.

## 5.1.5 Feminicídio

*Art. 121, § 2º, CP* [...]
*VI – Contra a mulher por razões da condição de sexo feminino:*
*Pena – Reclusão, de doze a trinta anos.*

*§ 2º-A Considera-se que há razões de condição de sexo feminino quando o crime envolve:*
*I – Violência doméstica e familiar;*
*II – Menosprezo ou discriminação à condição de mulher.* [...]
*§ 7º A Pena do feminicídio é aumentada de 1/3 (um terço) até a metade se o crime for praticado:*
*I – Durante a gestação ou nos 3 (três) meses posteriores ao parto;*
*II – Contra pessoa menor de 14 (catorze) anos, maior de 60 (sessenta) anos, com deficiência ou portadora de doenças degenerativas que acarretem condição limitante ou de vulnerabilidade física ou mental;*
*III – Na presença física ou virtual de descendente ou de ascendente da vítima;*
*IV – Em descumprimento das medidas protetivas de urgência previstas nos incisos I, II e III do caput do art. 22 da Lei nº 11.340, de 7 de agosto de 2006.*
*Pena – Reclusão, de doze a trinta anos.*

A Lei nº 13.104/2015 introduziu no Código Penal uma nova figura típica: o feminicídio. A pena para homicídio qualificado é de 12 a 30 anos de prisão, e será aumentada em um terço se o crime acontecer durante a gestação ou nos três meses posteriores ao parto; se for contra pessoa menor de 14 anos, maior de 60 anos, com deficiência ou portadora de doenças degenerativas que acarretem condição limitante ou de vulnerabilidade física ou mental. Também se o homicídio for cometido na presença física ou virtual de descendente ou ascendente da vítima, e se for durante o descumprimento das medidas protetivas de urgência previstas nos incisos I, II e III do *caput* do art. 22 da Lei nº 11.340/2006.

Pode-se definir como uma qualificadora do crime de homicídio motivada pelo ódio contra as mulheres, tendo como motivador as circunstâncias específicas em que o pertencimento da mulher ao sexo feminino é central na prática do delito. Entre essas circunstâncias estão incluídos: os assassinatos em contexto de violência doméstica ou familiar e o menosprezo ou discriminação à condição de mulher.

O feminicídio é qualificadora conhecida como crime fétido.

Razões de gênero: a qualificadora do feminicídio não poderá ser provada por um laudo pericial ou exame cadavérico, porque nem sempre um assassinado de uma mulher será considerado feminicídio. Assim, para ser configurada a qualificadora do feminicídio, a acusação tem de provar que o crime foi cometido contra a mulher por razões da condição de sexo feminino.

O § 2º-A foi acrescentado como norma explicativa para esclarecer as situações em que a morte da mulher ocorreu em razão da condição de sexo feminino, podendo se dar em duas situações:

▷ Violência doméstica e familiar;
▷ Menosprezo ou discriminação à condição de mulher;

O art. 121, § 7º, do CP, estabelece causas de aumento de pena para o crime de feminicídio.

A pena será aumentada de 1/3 até a metade se for praticado:

▷ Durante a gravidez ou nos 3 meses posteriores ao parto;
▷ Contra pessoa menor de 14 anos, maior de 60 anos, com deficiência ou portadora de doenças degenerativas que acarretem condição limitante ou de vulnerabilidade física ou mental;
▷ Na presença física ou virtual de ascendente ou descendente da vítima;
▷ Em descumprimento das medidas protetivas de urgência previstas nos incisos I, II e III do *caput* do art. 22 da Lei nº 11.340, de 7 de agosto de 2006.

*Art. 1º, Lei nº 8.072/1990 São considerados hediondos os seguintes crimes, todos tipificados no Decreto-lei nº 2.848, de 7 de dezembro de 1940 – Código Penal, consumados ou tentados:*
*I – homicídio (art. 121), quando praticado em atividade típica de grupo de extermínio, ainda que cometido por um só agente, e homicídio qualificado (art. 121, § 2º, incisos I, II, III, IV, V, VI e VII e VIII);*

Como todo homicídio qualificado, o feminicídio também é considerado hediondo de acordo com o art. 1º da Lei nº 8.072/1990 (Lei de Crimes Hediondos).

## 5.1.6 Homicídio funcional

Essa qualificadora foi inserida pelas Leis nº 13.142/2015 e nº 13.964/2019, que acrescentaram objetivamente essa conduta no rol dos crimes hediondos (art. 1º, I e I-A, da Lei nº 8.072/1990) e também aumentou a pena de 1/3 a 2/3 no art. 129, § 12 (lesão corporal).

*Art. 121, VII, CP Contra autoridade ou agente descrito nos arts. 142 e 144 da Constituição Federal, integrantes do sistema prisional e da Força Nacional de Segurança Pública, no exercício da função ou em decorrência dela, ou contra seu cônjuge, companheiro ou parente consanguíneo até terceiro grau, em razão dessa condição:*

▷ São autoridades previstas no art. 142 da CF/1988:

*Art. 142, CF/1988 As Forças Armadas, constituídas pela Marinha, pelo Exército e pela Aeronáutica, são instituições nacionais permanentes e regulares, organizadas com base na hierarquia e na disciplina, sob a autoridade suprema do Presidente da República, e destinam-se à defesa da Pátria, à garantia dos poderes constitucionais e, por iniciativa de qualquer destes, da lei e da ordem.*

▷ São autoridades do art. 144 da CF/1988:

*Art. 144, CF/1988 A segurança pública, dever do Estado, direito e responsabilidade de todos, é exercida para a preservação da ordem pública e da incolumidade das pessoas e do patrimônio, através dos seguintes órgãos:*
*I – Polícia federal;*
*II – Polícia rodoviária federal;*
*III – Polícia ferroviária federal;*
*IV – Polícias civis;*
*V – Polícias militares e corpos de bombeiros militares.*
*VI – polícias penais federal, estaduais e distrital.*

A qualificadora do inciso VII objetiva prevenir ou reduzir crimes contra pessoas que atuam na área de segurança pública, no combate à criminalidade. É norma penal em branco, pois precisa ser complementada pelos arts. 142 e 144 da Constituição Federal (CF), mencionados anteriormente.

▷ Homicídio com emprego de arma de fogo de uso restrito ou proibido.

O inciso VIII foi acrescentado pela Lei nº 13.964/2019 (Pacote Anticrime). Foi objeto de veto pelo presidente da República, mas, em 19/04/2021, foi afastado pelo Congresso Nacional (em vigência).

Trata-se de qualificadora objetiva, ou seja, refere-se ao meio de execução utilizado pelo agente (arma de fogo de uso restrito/proibido).

É norma penal em branco ao quadrado: necessita de complemento normativo, a fim de definir quais armas são de uso restrito/proibido. No caso, a definição é extraída do Decreto nº 10.030/2019.

Trata-se de qualificadora com natureza de crime hediondo, por força do art. 1º, I, da Lei nº 8.072/1990.

### 5.1.7 Homicídio culposo

*Art. 121, § 3º, CP Se o homicídio é culposo:*
*Pena – Detenção, de um a três anos.*

> **Fique ligado**
>
> Não incide aumento quando o agente foge em razão de sérias ameaças de linchamento.

Ocorre o homicídio culposo quando o agente realiza uma conduta voluntária, com violação de dever objetivo de cuidado imposto a todos, por negligência, imprudência ou imperícia, produzindo, por consequência, um resultado (morte) involuntário, não previsto nem querido, mas objetivamente previsível, que podia ter sido evitado caso observasse a devida atenção.

Modalidades de culpa:

▷ **Negligência:** culpa negativa. O agente deixa de fazer aquilo que a cautela manda. Ex.: viajar de carro com os freios danificados.

▷ **Imprudência: culpa positiva.** O agente pratica um ato perigoso. Ex.: trafegar com veículo no centro da cidade a 180 km/h.

▷ **Imperícia:** culpa profissional. É a falta de aptidão para o exercício de arte, profissão ou ofício para a qual o agente, apesar de autorizado a exercê-la, não possui conhecimentos teóricos ou práticos para tanto. Ex.: Médico ginecologista que começa a realizar cirurgias plásticas sem especialização para tanto.

Por se tratar de infração de médio potencial ofensivo (já que a pena mínima é de um ano), há possibilidade de suspensão condicional do processo.

Já quando ocorre o delito previsto no art. 302 do Código de Trânsito Brasileiro (CTB) – homicídio culposo na condução de veículo automotor – a pena é detenção de 2 a 4 anos + a suspensão ou proibição da permissão de conduzir veículo.

| Art. 121, § 3º, CP | Art. 302, CTB |
|---|---|
| Norma geral | Norma especial: na direção de veículo automotor |
| Pena varia de 1 a 3 anos – infração penal de médio potencial ofensivo | A pena é de 2 a 4 anos à infração penal de grande potencial ofensivo |
| Admite a suspensão do processo | Não admite suspensão condicional do processo |

#### Aumento de pena

*Art. 121, § 4º, CP No homicídio culposo, a pena é aumentada de 1/3 (um terço), se o crime resulta de inobservância de regra técnica de profissão, arte ou ofício, ou se o agente deixa de prestar imediato socorro à vítima, não procura diminuir as consequências do seu ato, ou foge para evitar prisão em flagrante. Sendo doloso o homicídio, a pena é aumentada de 1/3 (um terço) se o crime é praticado contra pessoa menor de 14 (quatorze) ou maior de 60 (sessenta) anos.*

Aqui, tem-se o rol das majorantes do homicídio doloso e o rol das majorantes do homicídio culposo.

Aumento de pena de 1/3:

▷ **Se o crime resulta de inobservância de regra técnica de profissão, arte ou ofício:** neste caso, apesar do agente dominar a técnica, não observa o caso concreto. É diferente da imperícia, pois nessa hipótese, o agente não domina a técnica.

▷ **Se o agente deixa de prestar imediato socorro à vítima:** neste caso, é necessário para a incidência da majorante que o socorro seja possível, e que o agente não tenha risco pessoal na conduta.

Não incide aumento quando terceiros prestarem socorro ou morte instantânea incontestável: neste caso, não incide também o art. 135 do CP (omissão de socorro), para evitar o *bis in idem*.

De acordo com o STF, se o autor do crime, apesar de reunir condições de socorrer a vítima não o faz, concluindo pela inutilidade da ajuda em face da gravidade da lesão, sofre a majorante do art. 121, § 4º, do CP.

▷ Se não procura diminuir as consequências do seu ato;

▷ **Se foge para evitar prisão em flagrante:** para a maioria da doutrina esta majorante é aplicável, pois o agente demonstra, ao fugir do flagrante, ausência de escrúpulo e diminuta responsabilidade moral, lembrando que prejudica as investigações.

Para a doutrina moderna, essa majorante não deveria incidir, pois a pessoa estaria obrigada, nessa hipótese, a produzir prova contra si mesma, o que vai de encontro ao instituto de liberdade, e já que a fuga sem violência não é crime e daí que não poderia também incidir essa majorante.

No homicídio doloso, a pena é aumentada de 1/3 se o crime é praticado contra:

▷ Menor de 14 anos;

▷ Maior de 60 anos (não abrange aquele que tem idade igual a 60 anos).

A idade da vítima deve ser conhecida pelo agente.

E se, quando do disparo de arma de fogo, a vítima tenha menos de 14 anos, e quando falece já é maior de 14, incide a majorante? Sim, neste caso, analisa-se se na ocasião da ação a vítima era menor de 14 anos (teoria da atividade).

#### Perdão judicial

*Art. 121, § 5º, CP Na hipótese de homicídio culposo, o juiz poderá deixar de aplicar a pena, se as consequências da infração atingirem o próprio agente de forma tão grave que a sanção penal se torne desnecessária.*

Segundo alguns autores, o perdão judicial é o instituto pelo qual o Juiz, não obstante a prática de um fato típico e ilícito, por um agente comprovadamente culpado, deixa de lhe aplicar, nas hipóteses taxativamente previstas em lei, o preceito sancionador cabível, levando em consideração determinadas circunstâncias que concorrem para o evento.

O perdão judicial somente é concedido após a sentença, é uma causa extintiva da punibilidade. Caso seja indagado pelo examinador acerca da diferença do perdão judicial para o perdão do ofendido, é necessário observar que:

▷ **Perdão judicial:**
- É ato unilateral (não precisa ser aceito pelo agente);
- Homicídio culposo ou lesão corporal culposa.

▷ **Perdão do ofendido:**
- É ato bilateral (precisa ser aceito pelo agente);
- Somente na ação penal privada.

> O perdão judicial somente ocorre no homicídio culposo, se as circunstâncias da infração atingirem o agente de forma tão grave que a sanção penal se torne desnecessária. Pai culposamente atropela filho na garagem de casa.

# NOÇÕES DE DIREITO PENAL

Natureza jurídica da sentença concessiva de perdão judicial de acordo com a Súmula nº 18 do STJ: a sentença concessiva do perdão judicial é declaratória da extinção da punibilidade, não subsistindo qualquer efeito condenatório.

> **Fique ligado**
>
> O art. 120 do CP prevê que a sentença que conceder perdão judicial não será considerada para efeitos de reincidência.

▷ **Perdão judicial e Código de Trânsito Brasileiro:** o perdão judicial no CTB estava previsto no art. 300, mas este foi vetado.

### Causa específica de aumento de pena

*Art. 121, § 6º, CP A pena é aumentada de 1/3 (um terço) até a metade se o crime for praticado por milícia privada, sob o pretexto de prestação de serviço de segurança, ou por grupo de extermínio.*

Esse parágrafo foi introduzido no Código Penal pela Lei nº 12.720/2012, juntamente com a mudança no § 7º do crime de lesão corporal (art. 129, CP) e o novo crime de constituição de milícia privada (art. 288-A, CP).

É uma majorante de concurso necessário, visto que um grupo não pode ser constituído por uma ou duas pessoas.

O legislador omitiu qual o número mínimo exigido para a configuração desses grupos de extermínio ou milícias, mas a interpretação que predomina é de no mínimo 3 pessoas.

Para que ocorra essa causa especial de aumento de pena, faz-se necessário um especial fim de agir do grupo de milícia privada (pretexto de prestação de serviço de segurança). Essa majorante também é aplicada se for cometida por somente um integrante do grupo, somente se o referido homicídio já teria sido planejado pela milícia anteriormente. Um exemplo seria o que ocorre nas favelas do Rio de Janeiro.

## 5.1.8 Induzimento, instigação ou auxílio ao suicídio ou à automutilação

*Art. 122, CP Induzir ou instigar alguém a suicidar-se ou a praticar automutilação ou prestar-lhe auxílio material para que o faça:*
*Pena – Reclusão, de 6 (seis) meses a 2 (dois) anos.*

*§ 1º Se da automutilação ou da tentativa de suicídio resulta lesão corporal de natureza grave ou gravíssima, nos termos dos §§ 1º e 2º do art. 129 deste Código:*
*Pena – Reclusão, de 1 (um) a 3 (três) anos.*

*§ 2º Se o suicídio se consuma ou se da automutilação resulta morte:*
*Pena – Reclusão, de 2 (dois) a 6 (seis) anos.*

*§ 3º A pena é duplicada:*
*I – se o crime é praticado por motivo egoístico, torpe ou fútil;*
*II – se a vítima é menor ou tem diminuída, por qualquer causa, a capacidade de resistência.*

*§ 4º A pena é aumentada até o dobro se a conduta é realizada por meio da rede de computadores, de rede social ou transmitida em tempo real.*

*§ 5º Aumenta-se a pena em metade se o agente é líder ou coordenador de grupo ou de rede virtual.*

*§ 6º Se o crime de que trata o § 1º deste artigo resulta em lesão corporal de natureza gravíssima e é cometido contra menor de 14 (quatorze) anos ou contra quem, por enfermidade ou deficiência mental, não tem o necessário discernimento para a prática do ato, ou que, por qualquer outra causa, não pode oferecer resistência, responde o agente pelo crime descrito no § 2º do art. 129 deste Código.*

*§ 7º Se o crime de que trata o § 2º deste artigo é cometido contra menor de 14 (quatorze) anos ou contra quem não tem o necessário discernimento para a prática do ato, ou que, por qualquer outra causa, não pode oferecer resistência, responde o agente pelo crime de homicídio, nos termos do art. 121 deste Código.*

Para o Direito Penal brasileiro, não é passível de punição a conduta do agente que tem como objetivo o extermínio da sua própria vida, ou seja, aquele que comete o suicídio (autocídio/autoquiria), bem como a possível lesão que o sujeito venha a sofrer caso sua tentativa não obtenha sucesso, devido à falta de previsão legal para tal conduta.

Contudo, o objetivo da norma penal ao tipificar essa conduta é punir o agente que participa na ocorrência do crime, auxiliando, induzindo ou instigando alguém a cometer o suicídio.

### Classificação

É crime simples, comum, e formal, pois sua consumação independe de resultado. É crime de forma livre. Pode ser praticado por ação ou por **omissão imprópria**, quando presente o dever de agir (art. 13, § 2º, CP).

Condutas acessórias à prática do suicídio:

▷ **Induzir:** implantar a ideia.
▷ **Instigar:** reforçar a ideia preexistente.
▷ **Auxiliar:** intromissão no processo físico de causação.

> **Fique ligado**
>
> O crime previsto no art. 122 do CP é um crime condicionado ao resultado (morte ou lesão), pois se não se consumar, não terá relevância penal alguma e, portanto, não admite tentativa.

### Sujeitos

**Sujeito ativo:** crime comum, pode ser praticado por qualquer um.

**Sujeito passivo:** alguém que tenha capacidade para agir, pois, caso contrário, será crime de homicídio. Se ela tiver relativa capacidade (de 14 até fazer 18 anos – art. 224, "a", e 217-A, CP), incorrerá na pena do art. 122, § 3º, II, do CP.

Natureza jurídica do art. 122 do CP: de acordo com Nelson Hungria, Luiz Regis Prado, Aníbal Bruno e Rogério Greco é uma condição objetiva de punibilidade porque o crime se perfaz quando se instiga, induz ou auxilia. Entretanto, cabe destacar que a nova redação do art. 122 não mais condiciona a existência do crime ao resultado lesão grave ou morte. Assim, a prática de umas condutas de induzir, instigar ou auxiliar o suicídio ou à automutilação já é suficiente para configurar o crime, com ou sem resultado.

*Art. 13, § 2º, CP A omissão é penalmente relevante quando o omitente devia e podia agir para evitar o resultado. O dever de agir incumbe a quem:*
*a) Tenha por lei obrigação de cuidado, proteção ou vigilância;*
*b) De outra forma, assumiu a responsabilidade de impedir o resultado;*
*c) Com seu comportamento anterior, criou o risco da ocorrência do resultado.*

A conduta só é punida na forma dolosa (o agente que participa), não existindo previsão para modalidade culposa.

**Descrição do crime:** é conhecido também como o crime de participação em suicídio. Ademais, a participação deve dirigir-se a pessoa(as) determinada(as), pois não é punível a participação genérica (um filme, livro, que estimule o pensamento suicida).

Sendo a conduta criminosa composta por vários verbos (induzir, instigar, auxiliar), ainda que o agente realize as três condutas, o crime será único, respondendo desta forma, apenas pelo art. 122 do CP.

> Na participação material, o auxílio deve ser acessório, pois, caso seja direto e imediato, o crime será o de homicídio, visto que o sujeito não pode, em hipótese alguma, realizar uma conduta apta a eliminar a vida da vítima. "A" empresta sua arma de fogo para "B", contudo, "B" solicita para que esse ("A") efetue o disparo em sua cabeça.

# CRIMES CONTRA A PESSOA

O auxílio deve ser eficaz, ou seja, precisa contribuir efetivamente para o suicídio. Desse modo, se "A" empresta uma arma de fogo para "B" se matar, mas este acaba utilizando uma corda (enforcamento), nesse caso, a conduta de "A" será atípica.

Exige-se que o agente imprima seriedade em sua conduta, querendo que a vítima efetivamente se suicide (dolo).

Não há crime se o agente fala, por brincadeira, para a vítima se matar e esta realmente se mata.

> Não caracteriza constrangimento ilegal a coação (força) exercida para impedir o suicídio (art. 146, § 3º, II, CP). "A" induz "B" a suicidar-se e "C" empresta a arma de fogo. "B" se mata. "A" e "C" responderão como autores do crime previsto no art. 122 do CP.

▷ **Pacto de morte ou suicídio a dois**

| Duas pessoas resolvem se suicidar conjuntamente. Ex.: câmara de gás. Podem ocorrer as seguintes situações: |||
|---|---|---|
| "A" e "B" sobreviveram e não ocorreu lesão corporal grave (ou gravíssima) | Os dois abriram a torneira de gás | Os dois responderão por tentativa de homicídio |
| "A" e "B" sobreviveram e não ocorreu lesão corporal grave (ou gravíssima) | "A" abriu a torneira | "A" responderá por tentativa de homicídio e "B" não responderá por nada (fato atípico) |
| "A" e "B" sobreviveram, mas "B" ficou com lesão corporal grave (ou gravíssima) | "A" abriu a torneira | "A" responderá por tentativa de homicídio e "B" responderá por participação em suicídio (art. 122) |
| "A" morreu e "B" sobreviveu | "A" abriu a torneira | "B" responderá por participação em suicídio (art. 122) |
| "A" morreu e "B" sobreviveu | "B" abriu a torneira | "B" responderá por homicídio |

**Roleta-russa e duelo americano**

| Os sobreviventes responderão pelo crime ||
|---|---|
| Roleta-russa | A arma de fogo (revólver) é municiada com um único projétil, sendo o gatilho acionado por ambos os participantes – conforme sua ordem – girando o "tambor" da arma a cada nova tentativa. "A" gira o tambor, mira em sua cabeça, e aciona o gatilho |
| Duelo-americano | Existem duas armas, sendo que apenas uma está municiada, cada um escolhe a sua e efetiva o disparo contra si mesmo, desconhecendo qual efetivamente está carregada |

**Formas qualificadas**

Verifica-se que, com as modificações introduzidas no referido crime, tem-se agora as qualificadoras de lesão grave ou gravíssima (que antes tornava atípico o crime) e morte, em que ambas eram apenas consideradas como condição para a tipificação do crime:

▷ Se da automutilação ou da tentativa de suicídio resulta lesão corporal de natureza grave ou gravíssima, nos termos dos §§ 1º e 2º do art. 129 deste Código – pena de 1 a 3 anos;

▷ Se o suicídio se consuma ou se da automutilação resulta morte – pena de 2 a 6 anos.

**Formas majoradas**

A pena é duplicada (aqui o aumento será aplicado em dobro, o que não é até o dobro, mas, sim, em dobro):

▷ Se o crime é praticado por motivo egoístico, torpe ou fútil;

▷ Se a vítima é menor ou tem diminuída, por qualquer causa, a capacidade de resistência.

A pena é aumentada até o dobro se a conduta é realizada por meio da rede de computadores, de rede social ou transmitida em tempo real.

Aumenta-se a pena em metade se o agente é líder ou coordenador de grupo ou de rede virtual.

O que antes também não era previsto, agora se tem uma maior punição dos líderes/administradores/fundadores de grupos de comunicação, devido ao seu imenso poder de persuasão sobre seus "seguidores".

## 5.1.9 Infanticídio

> **Art. 123, CP** *Matar, sob a influência do estado puerperal, o próprio filho, durante o parto ou logo após:*
> *Pena – Detenção, de dois a seis anos.*

O art. 123 do CP é um homicídio especial, dotado de especializantes, possuindo pena menor, o que implica o fato de ser considerado homicídio privilegiado.

**Requisitos**

▷ Praticado pela própria mãe contra seu filho.

▷ Durante ou logo após o parto.

▷ Contra recém-nascido (neonato).

▷ Sob influência de estado puerpério (lapso temporal até que a mulher volte ao ciclo menstrual normal).

Trata-se de crime próprio (praticado pela própria mãe).

É um crime comissivo (ação) ou omissivo (omissão imprópria), sendo também um crime material, consuma-se, efetivamente, com a morte da vítima.

**Sujeitos**

**Sujeito ativo:** o sujeito ativo aqui é a mãe, sob influência do estado puerperal.

Indaga-se se o crime em questão admite concurso de pessoas (coautoria e participação)? Sobre essa pergunta existem duas correntes:

▷ **1ª corrente:** o estado puerperal é condição personalíssima incomunicável, logo, não admite concurso de pessoas. Mas se atente que o CP não reconhece essa condição personalíssima – não tem previsão do art. 30 do CP.

▷ **2ª corrente:** o estado puerperal é condição pessoal comunicável, pelo que é admitido o concurso de agentes (majoritária).

Alguns autores dividem dessa forma:

▷ **1ª situação:** parturiente e médico matam o nascente ou o neonato. Parturiente responde pelo art. 123 e médico também responde pelo art. 123 em coautoria.

▷ **2ª situação:** parturiente, auxiliada pelo médico, mata nascente ou neonato. A parturiente responde pelo art. 123 e o médico também, como partícipe.

> **3ª situação:** médico, auxiliado pela parturiente, mata nascente ou neonato. O médico responderá pelo crime de homicídio e a parturiente, também responderá pelo art. 121 do CP na qualidade de partícipe. Mas aqui surgem duas correntes em face da injustiça existente. Corrente majoritária: o médico responde pelo art. 121 do CP e a parturiente responde pelo art. 123 para sanar a injustiça existente.

**Sujeito passivo:** é o próprio filho, ou seja, somente aquele que é o nascente (durante o parto) ou neonato (logo após o parto).

Diante da especialidade, tanto do sujeito ativo como do sujeito passivo, o crime é considerado biprópio.

Supondo que a mãe mate aquele que supõe ser seu filho, mas na verdade é filho de outrem. Nesse caso continuará respondendo pelo crime de infanticídio, diante da aplicação do art. 20, § 3º, do CP (erro quanto à pessoa) que determina a consideração das qualidades da vítima virtual.

### Conduta

A conduta punível é tirar a vida extrauterina do próprio filho, durante ou logo após o parto.

Tem-se o **matar** + as seguintes especializantes: elemento temporal constitutivo do tipo – durante ou logo após o parto. Se for antes do parto, o crime é de aborto. Se, após o parto, o crime é de homicídio.

> **Influência do estado puerperal:** a doutrina afirma que, o "logo após" perdura enquanto presente a influência do estado puerperal. Enquanto a gestante estiver sob a influência do estado puerperal, o elemento temporal constitutivo estará presente. Estado puerperal é um desequilíbrio fisio-psíquico.

> **Estado puerperal:** conforme Sanches, é o estado que envolve a parturiente durante a expulsão da criança do ventre materno, produzindo profundas alterações psíquicas e físicas.

Puerpério é o período que se estende do início do parto até a volta da mulher às condições pré-gravidez.

É preciso, também, que haja uma relação de causa e efeito entre o estado puerperal e o crime, pois nem sempre ele produz perturbações psíquicas na parturiente. Esse alerta se encontra na exposição de motivos do CP.

Dependendo do grau do estado puerperal, é possível que a parturiente seja tratada como inimputável ou semi-imputável. Dependendo do grau de desequilíbrio fisio-psíquico, a parturiente pode sofrer o mesmo tratamento do inimputável ou semi-imputável. Essa é a posição de Mirabete.

### Tipo subjetivo

O crime descrito no art. 123 é punido a título de dolo, não havendo possibilidade de punição na modalidade culposa.

**Consumação e tentativa:** o crime consuma-se com a morte, sendo perfeitamente possível a tentativa.

## 5.1.10 Aborto provocado pela gestante ou com seu consentimento

*Art. 124, CP Provocar aborto em si mesma ou consentir que outrem lhe provoque:*
*Pena – Detenção, de um a três anos.*

O crime de aborto ocorre quando há a interrupção da gravidez, ocasionando a morte do produto da geração, procriação, concepção, ou seja, é a eliminação da vida intrauterina.

Sob o aspecto jurídico, a gravidez tem início com a nidação (implantação do óvulo fecundado no útero – parede uterina).

Portanto, não há crime de aborto quando da utilização de meios que inibem a fixação do ovo na parede uterina. É o que ocorre com o diafragma intrauterino (DIU).

> **Espécies de aborto:**
> - **Criminoso:** interrupção dolosa da gravidez (arts. 124 a 127, CP).
> - **Legal ou permitido:** não há crime por expressa previsão legal (art. 128, CP):
>   - Quando não há outro meio para salvar a vida da gestante (aborto necessário ou terapêutico);
>   - Quando a gravidez resulta de estupro (aborto sentimental ou humanitário).
> - **Natural:** interrupção espontânea da gravidez. Não há crime.
> - **Acidental:** a gestante sofre um acidente qualquer e perde o bebê. Não é crime, por ausência de dolo.
> - **Eugênico ou eugenésico:** interrupção da gravidez quando há anomalia ou algum defeito genético. É crime, exceto o aborto de anencéfalo.
> - **Econômico ou social:** interrupção da gravidez para não agravar a situação de miséria enfrentada pela mãe ou por sua família. É crime.

### Objetividade jurídica

A objetividade jurídica é a vida humana. No aborto provocado por terceiro sem o consentimento da gestante (art. 125), protege-se também a integridade física e psíquica da gestante.

### Objeto material

O objeto material é o produto da concepção (óvulo fecundado, embrião ou feto).

Deve haver prova da gravidez, pois se a mulher não está grávida, ou se o feto já havia morrido por outro motivo qualquer, será crime impossível por absoluta impropriedade do objeto (art. 17, CP).

O feto deve estar alojado no útero materno. Desse modo, se ocorrer a destruição de um tubo de ensaio que contém um óvulo fertilizado *in vitro*, não haverá aborto.

O feto não necessita ter viabilidade; basta que esteja vivo antes do crime.

### Sujeitos do crime

> **Sujeito ativo:** os crimes do art. 124 do CP são de mão própria, pois somente a gestante pode provocar aborto em si mesma ou consentir que um terceiro lhe provoque. Não admitem coautoria, mas admite participação. É crime comum nos demais casos.

> **Sujeito passivo:** é o feto. No aborto provocado por terceiro sem o consentimento da gestante (art. 125), as vítimas são o feto e a gestante.

É crime de forma livre. Pode ser praticado de forma comissiva ou omissiva (ex.: deixar dolosamente de ingerir medicamentos necessários para a preservação da gravidez). Se, contudo, o meio de execução for absolutamente ineficaz será crime impossível (ex.: despachos, rezas e simpatias).

### Elemento subjetivo

É o dolo direto ou eventual. Não existe o crime de aborto culposo.

Se a própria gestante agir culposamente e ensejar o aborto, o fato será atípico. Já o terceiro que provoca aborto por culpa responde por lesão corporal culposa contra a gestante.

### Consumação e tentativa

Ocorre com a morte do feto. É dispensável a expulsão do produto da concepção. É admitida a tentativa. Ex.: realizou manobras abortivas e o feto foi expulso com vida: tentativa de aborto.

Ex. 1: o agente quer ferir a gestante e realiza manobras abortivas e o feto é expulso com vida – lesão corporal grave (aceleração de parto – art. 129, § 1º, IV, CP).

Ex. 2: realizou manobras abortivas e o feto foi expulso com vida. Logo em seguida, o agente mata o feto – tentativa de aborto e homicídio em concurso material.

Ex. 3: realizou manobras abortivas e o feto foi expulso com vida, mas morreu alguns dias depois em razão da manobra realizada – aborto consumado.

### Classificação doutrinária

O aborto é crime material, próprio e de mão própria ou comum, instantâneo, comissivo ou omissivo, de dano, unissubjetivo, unilateral ou de concurso eventual, plurissubjetivo ou de concurso necessário, plurissubsistente, de forma livre, progressivo.

O art. 20 da Lei Contravenções Penais diz que constitui contravenção penal a conduta de anunciar processo, substância ou objeto destinado a provocar aborto.

### Análise do tipo penal

▷ **1ª parte:** provocar aborto em si.

É o autoaborto, um crime próprio e de mão própria.

Admite participação:

> Mulher gestante ingere medicamento abortivo que lhe foi dado por seu namorado e provoca o aborto. Nessa situação, a gestante é autora de autoaborto e seu namorado é partícipe (induzir, instigar ou auxiliar) desse crime. Todavia, se o namorado tivesse executado qualquer ato de provocação do aborto seria autor do crime previsto no art. 126 do CP (aborto com o consentimento da gestante).

O partícipe do autoaborto, além de responder por esse crime, pratica ainda homicídio culposo ou lesão corporal culposa se ocorrer morte ou lesão corporal grave em relação à gestante, pois o disposto no art. 127 não se aplica ao crime do art. 124.

Quanto à gestante que provoca aborto em si mesma, o aborto legal ou permitido, duas situações podem ocorrer:

- Se for aborto necessário ou terapêutico: não há crime (estado de necessidade);
- Se for aborto sentimental ou humanitário: há crime, pois nesta modalidade somente é autorizado no aborto praticado pelo médico.

▷ **2ª parte:** consentir para que terceiro lhe provoque o aborto.

O legislador criou uma exceção à teoria monista ou unitária no concurso de pessoas (art. 29, *caput*, CP) e criou crimes distintos: a gestante responde pelo art. 124, 2ª parte, do CP, e o terceiro que provoca o aborto responde pelo art. 126 do CP.

Esse crime é de mão própria, pois somente a gestante pode prestar o consentimento. Não admite coautoria, mas admite participação.

A gestante dever ter capacidade e discernimento para consentir (ser maior de 14 anos e ter integridade mental). E o consentimento deve ser válido (isento de fraude e não tenha sido obtido por meio de violência ou grave ameaça).

### 5.1.11 Aborto provocado por terceiro

**Art. 125, CP** *Provocar aborto, sem o consentimento da gestante:*
*Pena – Reclusão, de três a dez anos.*

**Sujeito ativo:** qualquer pessoa.

**Sujeito passivo:** produto da concepção feto e a gestante.

Trata-se da forma mais grave do crime de aborto, pois é cometido sem o consentimento da gestante.

De acordo com a jurisprudência, aquele que desfere chute no ventre de mulher, sabendo de sua gravidez, responde pelo crime de aborto (art. 127, CP).

**Art. 126, CP** *Provocar aborto com o consentimento da gestante:*
*Pena – Reclusão, de um a quatro anos.*
***Parágrafo único.*** *Aplica-se a pena do artigo anterior, se a gestante não é maior de quatorze anos, ou é alienada ou débil mental, ou se o consentimento é obtido mediante fraude, grave ameaça ou violência.*

### Considerações

É crime de concurso necessário.

O legislador criou uma exceção à teoria monista ou unitária no concurso de pessoas (art. 29, *caput*, CP) e criou crimes distintos: a gestante responde pelo art. 124, 2ª parte, CP, e o terceiro que provoca o aborto responde pelo art. 126 do CP.

O consentimento da gestante (expresso ou tácito) deve subsistir até a consumação do aborto. Se durante a prática do crime ela se arrepender e solicitar ao terceiro a paralisação das manobras letais, mas não for obedecida, para ela o fato será atípico, e o terceiro responderá pelo crime do art. 125 do CP.

Se três ou mais pessoas associarem-se para o fim de praticarem abortos, responderão pelo crime de associação criminosa (art. 288, CP) em concurso material com os abortos efetivamente realizados.

Se não tiver o consentimento da gestante responde pelo art. 125 do CP.

Caso a gestante consentir, mas seu consentimento não seja válido, por se enquadrar em alguma das hipóteses do parágrafo único do art. 126 (gestante não maior de 14 anos ou alienada mental ou consentimento obtido por meio de fraude, grave ameaça ou violência), os agentes responderão pelo crime do art. 125 do CP.

### 5.1.12 Forma qualificada

**Art. 127, CP** *As penas cominadas nos dois artigos anteriores são aumentadas de um terço, se, em consequência do aborto ou dos meios empregados para provocá-lo, a gestante sofre lesão corporal de natureza grave; e são duplicadas, se, por qualquer dessas causas, lhe sobrevém a morte.*

#### Fique ligado

O aborto de feto anencefálico é uma espécie de aborto eugênico.

Esses resultados são preterdolosos advindos da prática abortiva, ou seja, são resultados que só poderão ser imputados a título de culpa. Se houver dolo em relação a esses resultados, haverá concurso.

### 5.1.13 Aborto necessário

**Art. 128, CP** *Não se pune o aborto praticado por médico:*
***Aborto necessário***
*I – se não há outro meio de salvar a vida da gestante;*

Depende de dois requisitos:

▷ Que a vida da gestante corra perigo em razão da gravidez;
▷ Que não exista outro meio de salvar sua vida.

O risco para a vida da gestante não precisa ser atual. Basta que exista, isto é, que no futuro possa colocar em perigo a vida da mulher.

Não necessita do consentimento da gestante e não haverá crime quando a gestante se recusa a fazê-lo e o médico provoca o aborto necessário.

Se o aborto necessário for realizado por **enfermeira**, ou por qualquer pessoa que não o médico, duas situações podem ocorrer:

▷ Há perigo atual para a gestante: estado de necessidade (art. 24, CP);
▷ Não há perigo atual: há crime de aborto.

# NOÇÕES DE DIREITO PENAL

## 5.1.14 Aborto no caso de gravidez resultante de estupro

*Art. 127, II, CP Se a gravidez resulta de estupro e o aborto é precedido de consentimento da gestante ou quando incapaz, de seu representante legal.*

Necessita de três requisitos:
- Ser praticado por médico;
- Consentimento válido da gestante ou de seu representante legal (se for incapaz);
- Gravidez resultante de estupro.

Nesta hipótese, como não há perigo atual para a vida da gestante, haverá o crime de aborto se praticado por qualquer pessoa que não seja o médico.

O aborto será permitido mesmo que a gravidez resulte de ato libidinoso diverso da conjunção carnal (ex.: sexo anal, estupro de vulnerável) em razão da mobilidade dos espermatozoides. É considerada uma hipótese de analogia *in bonam partem*.

Não se exige autorização judicial para a realização desta espécie de aborto permitido.

São causas especiais de exclusão da ilicitude. Embora o aborto praticado em tais situações seja fato típico, não há crime pelo fato de serem hipóteses admitidas pelo ordenamento jurídico.

Ambos devem ser praticados por médico (este não precisa de autorização judicial para realizar estas espécies de aborto).

- **Aborto sentimental:** também é autorizado quando a gravidez decorrer de estupro de vulnerável (analogia *in bonam partem*).
- **Aborto econômico:** não está previsto no ordenamento jurídico. Se praticado, será crime de aborto.

De acordo com o Código Penal, existem apenas duas modalidades permissivas de aborto previstas no art. 128 do CP: aborto necessário e aborto sentimental.

No entanto, em abril de 2012, o STF, no julgamento da ADPF nº 54, passou a admitir uma terceira modalidade: o aborto de feto anencefálico (malformação fetal que leva à ausência de cérebro e à impossibilidade de vida).

Para tanto, não há necessidade de autorização judicial. Basta um laudo formal do médico atestando a anencefalia e a inviabilidade de vida.

## 5.2 Lesões corporais

*Art. 129, CP Ofender a integridade corporal ou a saúde de outrem:*
*Pena – Detenção, de três meses a um ano.*

**Lesão corporal de natureza grave**
*§ 1º Se resulta:*
*I – Incapacidade para as ocupações habituais, por mais de trinta dias;*
*II – Perigo de vida;*
*III – Debilidade permanente de membro, sentido ou função;*
*IV – Aceleração de parto:*
*Pena – Reclusão, de um a cinco anos.*
*§ 2º Se resulta:*
*I – Incapacidade permanente para o trabalho;*
*II – Enfermidade incurável;*
*III – Perda ou inutilização do membro, sentido ou função;*
*IV – Deformidade permanente;*
*V – Aborto:*
*Pena – Reclusão, de dois a oito anos.*

**Lesão corporal seguida de morte**
*§ 3º Se resulta morte e as circunstâncias evidenciam que o agente não quis o resultado, nem assumiu o risco de produzi-lo:*
*Pena – Reclusão, de quatro a doze anos.*

**Diminuição de pena**
*§ 4º Se o agente comete o crime impelido por motivo de relevante valor social ou moral ou sob o domínio de violenta emoção, logo em seguida a injusta provocação da vítima, o juiz pode reduzir a pena de um sexto a um terço.*

**Substituição da Pena:**
*§ 5º O juiz, não sendo graves as lesões, pode ainda substituir a pena de detenção pela multa, de duzentos mil réis a dois contos de réis:*
*I – Se ocorre qualquer das hipóteses do parágrafo anterior;*
*II – Se as lesões são recíprocas.*

**Lesão Corporal Culposa**
*§ 6º Se a lesão é culposa:*
*Pena – Detenção, de dois meses a um ano.*

**Aumento de pena**
*§ 7º Aumenta-se a pena de 1/3 (um terço) se ocorrer qualquer das hipóteses dos §§ 4º e 6º do art. 121 deste Código.*
*§ 8º Aplica-se à lesão culposa o disposto no § 5º do art. 121.*

**Violência doméstica**
*§ 9º Se a lesão for praticada contra ascendente, descendente, irmão, cônjuge ou companheiro, ou com quem conviva ou tenha convivido, ou, ainda, prevalecendo-se o agente das relações domésticas, de coabitação ou de hospitalidade.*
*Pena – Detenção, de 3 (três) meses a 3 (três) anos.*
*§ 10 Nos casos previstos nos §§ 1º a 3º deste artigo, se as circunstâncias são as indicadas no § 9º deste artigo, aumenta-se a pena em 1/3 (um terço).*
*§ 11 Na hipótese do § 9º deste artigo, a pena será aumentada de um terço se o crime for cometido contra pessoa portadora de deficiência.*
*§ 12 Se a lesão for praticada contra autoridade ou agente descrito nos arts. 142 e 144 da Constituição Federal, integrantes do sistema prisional e da Força Nacional de Segurança Pública, no exercício da função ou em decorrência dela, ou contra seu cônjuge, companheiro ou parente consanguíneo até terceiro grau, em razão dessa condição, a pena é aumentada de um a dois terços.*

Essa qualificadora foi inserida pela Lei nº 13.142/2015.

São autoridades previstas na Constituição Federal:

*Art. 142, CF/1988 As Forças Armadas, constituídas pela Marinha, pelo Exército e pela Aeronáutica, são instituições nacionais permanentes e regulares, organizadas com base na hierarquia e na disciplina, sob a autoridade suprema do presidente da República, e destinam-se à defesa da Pátria, à garantia dos poderes constitucionais e, por iniciativa de qualquer destes, da lei e da ordem. [...]*

*Art. 144, CP A segurança pública, dever do Estado, direito e responsabilidade de todos, é exercida para a preservação da ordem pública e da incolumidade das pessoas e do patrimônio, através dos seguintes órgãos: [...]*
*I – Polícia federal;*
*II – Polícia rodoviária federal;*
*III – Polícia ferroviária federal;*
*IV – Polícias civis;*
*V – Polícias militares e corpos de bombeiros militares;*
*VI – polícias penais federal, estaduais e distrital (EC nº 104/2019).*
*§ 8º Guardas municipais.*

*Art. 129, § 13, CP Se a lesão for praticada contra a mulher, por razões da condição do sexo feminino, nos termos do § 2º-A do art. 121 deste Código: (Incluído pela Lei nº 14.188, de 2021)*

*Pena – Reclusão, de 1 (um) a 4 (quatro anos). (Incluído pela Lei nº 14.188, de 2021)*

# CRIMES CONTRA A PESSOA

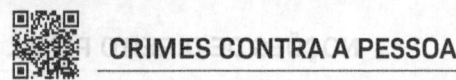

Lesão corporal é a ofensa humana direcionada à integridade corporal ou à saúde de outra pessoa, quer do ponto de vista anatômico, quer do ponto de vista fisiológico ou mental. A dor, por si só, não caracteriza lesão corporal.

No crime de lesão corporal, protege-se a incolumidade física em sentido amplo: saúde física ou corporal; saúde fisiológica (correto funcionamento do organismo) e saúde mental (psicológica).

| Topografia do art. 129 | |
|---|---|
| caput | Lesão dolosa leve |
| § 1º | Lesão dolosa grave – Atenção! O § 1º não traz somente a lesão dolosa grave. Ele também tem lesão preterdolosa grave. |
| § 2º | Lesão dolosa gravíssima – também no § 2º tem preterdolo |
| § 3º | Lesão seguida de morte – está genuinamente preterdolosa |
| § 4º | Lesão dolosa privilegiada |
| § 5º | Lesão culposa |
| § 6º | Majorantes |
| § 7º | Perdão judicial |
| §§ 9º, 10 e 11 | Violência doméstica e familiar – aqui não é só contra mulher |
| § 12 | Praticada contra autoridade policial |
| § 13 | Praticada contra a mulher, por razões da condição do sexo feminino |

### Classificação

Pode ser praticado por ação ou omissão, quando presente o dever de agir para evitar o resultado, art. 13, § 2º, do CP. A mãe que deixa o filho pequeno sozinho na cama, desejando que ele caísse e se machucasse.

É crime de forma livre. Pode ser praticado por ação ou omissão. Pratica lesão quem cria ferimento ou quem agrava o ferimento que já existe.

Elemento subjetivo é o dolo (direto ou eventual) conhecido como *animus laedendi*, mas há também a culpa no § 6º (lesão corporal culposa) e o preterdolo no § 3º (lesão corporal seguida de morte).

> **Fique ligado**
> Qual crime é praticado pelo policial militar que agride uma pessoa? Abuso de autoridade e lesão corporal.

### Sujeitos do crime

**Sujeito ativo:** é crime comum, podendo ser praticado por qualquer pessoa.

**Sujeito passivo:** em regra, qualquer pessoa.

**Exceções:** art. 129, § 1º, IV (aceleração de parto) e art. 129, § 2º, V (lesão que resulta aborto). Nessas duas hipóteses, as vítimas são, necessariamente, gestantes. Também na lesão qualificada pela violência doméstica a vítima precisa ser ascendente, descendente, irmã, cônjuge ou companheira do agressor. No § 13, da Lei nº 14.188/2021, a vítima, necessariamente, é mulher.

### Consumação e tentativa

Por ser crime material, consuma-se com a efetiva lesão da vítima. A pluralidade de lesões contra a mesma vítima e no mesmo contexto temporal caracteriza crime único, mas deve influenciar na dosimetria da pena-base (art. 59, CP).

A tentativa só é cabível nas modalidades dolosas. Não cabe tentativa na lesão culposa e na lesão corporal seguida de morte.

- **Lesão corporal (art. 29, CP):** lesionar a vítima.
- **Contravenção penal de vias de fato (art. 21, Lei das Contravenções Penais):** agredir a vítima, sem lesioná-la. Ex.: empurrão, puxão de cabelo.

### Lesão corporal leve

A ação penal é pública condicionada à representação da vítima, de competência dos juizados especiais criminais (art. 88, Lei nº 9.099/1995).

O conceito de lesão leve é considerado por exclusão: será de natureza leve se não for a lesão de natureza grave ou gravíssima.

Há jurisprudência admitindo o princípio da insignificância na lesão corporal, quanto às lesões levíssimas. Na doutrina, esse posicionamento é adotado por José Henrique Pierangeli.

## 5.2.1 Lesão corporal de natureza grave

> *Art. 129, § 1º, CP Se resulta:*
> *I – Incapacidade para as ocupações habituais, por mais de trinta dias;*
> *II – Perigo de vida;*
> *III – Debilidade permanente de membro, sentido ou função;*
> *IV – Aceleração de parto:*
> *Pena – Reclusão, de um a cinco anos.*

Trata-se de infração de médio potencial ofensivo, considerando que a pena mínima é de 1 ano. A ação penal é pública incondicionada.

### Incapacidade para as ocupações habituais por mais de 30 dias

As ocupações habituais são aquelas rotineiras, físicas ou mentais, do cotidiano do ofendido e não apenas seu trabalho. É suficiente tratar-se de ocupação concreta, pouco importando se lucrativa ou não.

A atividade deve ser lícita, sendo indiferente se moral ou imoral.

Um bebê de tenra idade pode ser vítima dessa lesão? A resposta é afirmativa e há jurisprudência nesse sentido, trazendo como exemplo a hipótese em que o bebê, em razão da agressão não pode ser alimentado, pelo prazo de 30 dias.

É irrelevante a idade da vítima (pode ser idosa ou criança).

São exigidos dois exames periciais: um inicial realizado logo após o crime; e um exame complementar realizado logo que decorra o prazo de 30 dias da data do crime.

Supondo que a vítima sofra uma lesão ficando com um hematoma no olho, e, por vergonha não saiu de casa pelo prazo superior a 30 dias, nessa hipótese, restou configurado o delito de lesões corporais graves? Ensina a doutrina, seguida pela jurisprudência, que a relutância por vergonha de praticar as ocupações habituais não agrava o crime. É a lesão que deve incapacitar o agente e não a vergonha da lesão.

### Perigo de vida

Perigo de vida é a possibilidade grave, concreta e imediata de a vítima morrer em consequência das lesões sofridas. Trata-se de perigo concreto, comprovado por perícia médica, que deve indicar, de modo preciso e fundamentado, no que consistiu o perigo de vida proporcionado à vítima. Nesta hipótese, é crime tipicamente preterdoloso, pois o resultado agravador deve resultar de culpa do agente.

Se o agente, ao praticar a lesão, quis o resultado ou assumiu o risco de produzi-lo, responderá por tentativa de homicídio.

O crime preterdoloso não está apenas na lesão corporal seguida de morte. O perigo de vida é um resultado necessariamente preterdoloso.

### Debilidade permanente de membro, sentido ou função

Debilidade é a diminuição ou o enfraquecimento da capacidade funcional. Há de ser permanente, isto é, duradoura e de recuperação incerta. Não se exige perpetuidade. Ex.: o agente não fica cego, mas tem reduzida a capacidade visual.

| | |
|---|---|
| **Membros** | São os braços, as pernas, as mãos e os pés. |
| **Sentidos** | São os mecanismos sensoriais por meio dos quais percebemos o mundo externo: visão, audição, tato, olfato e paladar. |
| **Função** | É a atividade inerente a um órgão ou aparelho do corpo humano: respiratória, circulatória, digestiva etc. |

A perda ou inutilização de membro sentido ou função é lesão corporal gravíssima (art. 129, § 2º, III, CP).

**Órgãos duplos** (como rins, olhos, pulmões): a perda de um deles caracteriza lesão grave pela debilidade permanente. Já a perda de ambos configura lesão corporal gravíssima pela perda ou inutilização.

A recuperação do membro, sentido ou função por meio cirúrgico ou ortopédico não exclui a qualificadora, pois a vítima não é obrigada a submeter-se a tais procedimentos.

### Aceleração de parto

É a antecipação do parto, o parto prematuro. A criança nasce com vida e continua a viver.

Para incidir essa qualificadora do inciso IV, é imprescindível que o agente saiba ou pudesse saber que a vítima da lesão era gestante, sob pena de restar caracterizada a responsabilidade penal objetiva, vedada pelo ordenamento jurídico. É necessário observar ainda que, em nenhuma dessas hipóteses o agente aceita ou quer o abortamento.

Se em consequência da lesão o feto for expulso morto do ventre materno, o crime será de lesão corporal gravíssima em razão do aborto (art. 129, § 2º, V, CP).

## 5.2.2 Lesão corporal dolosa gravíssima

*Art. 129, § 2º, CP Se resulta:*
*I – Incapacidade permanente para o trabalho;*
*II – Enfermidade incurável;*
*III – Perda ou inutilização do membro, sentido ou função;*
*IV – Deformidade permanente;*
*V – Aborto.*
*Pena – Reclusão, de dois a oito anos.*

Em concurso, restou indagado se a expressão gravíssima era criação da lei, doutrina ou jurisprudência. Referida expressão é criação da doutrina que foi seguida pela jurisprudência.

A Lei nº 9.455/1997, que é a lei de tortura, adotou a expressão doutrinária gravíssima. Na lei de tortura, no art. 1º, § 3º, há expressa menção à lesão grave ou gravíssima.

### Incapacidade permanente para o trabalho

Deve tratar-se de incapacidade genérica para o trabalho, ou seja, a vítima fica impossibilitada de exercer qualquer tipo de atividade laborativa remunerada.

A incapacidade não significa perpetuidade, basta que seja uma incapacidade duradoura, dilatada no tempo.

### Enfermidade incurável

É a alteração prejudicial da saúde por processo patológico, físico ou psíquico, que não pode ser eficazmente combatida com os recursos da medicina à época do crime. Deve ser provada por exame pericial.

Também é considerada incurável a enfermidade que somente pode ser enfrentada por procedimento cirúrgico complexo ou mediante tratamentos experimentais ou penosos, pois a vítima não pode ser obrigada a enfrentar tais situações.

A transmissão intencional do vírus da Aids no Brasil é tida como de natureza letal, pelo que é considerada tentativa de homicídio. O certo seria a criação de tipo penal específico sobre a transmissão intencional do vírus da Aids.

Em recente julgado, o STF afastou essa ideia. A Suprema Corte entendeu, recentemente, que não se trata de tentativa de homicídio a transmissão intencional do vírus da Aids.

### Perda ou inutilização de membro, sentido ou função

▷ **Perda:** é a amputação, a destruição ou privação de membro (ex.: arrancar um braço), sentido (ex.: perda da audição), função (ex.: ablação do pênis que extingue a função reprodutora). Pode concretizar-se por meio de mutilação (o membro, sentido ou função é eliminado diretamente pela conduta do agressor) ou amputação (resulta da intervenção médico-cirúrgica realizada para salvar a vida do ofendido).

▷ **Inutilização:** falta de aptidão do órgão para desempenhar sua função específica. O membro ou órgão continua ligado ao corpo da vítima, mas incapacitado para desempenhar as atividades que lhe são próprias. Ex.: a vítima ficou paraplégica.

A correção corporal da vítima por meios ortopédicos ou próteses não afasta a qualificadora, ao contrário do reimplante realizado com êxito.

A perda de parte do movimento de um membro (braço, perna, mão ou pé) configura lesão grave pela debilidade permanente. Todavia, a perda de todo o movimento caracteriza lesão corporal gravíssima pela inutilização.

### Deformidade permanente

Segundo doutrina, a jurisprudência majoritária, essa qualificadora está intimamente relacionada a questões estéticas. Desse modo, precisa ser visível, mas não necessariamente na face, e capaz de causar impressão vexatória em quem olha a vítima.

A vítima não é obrigada a se submeter a intervenção cirúrgica para a reparação da deformidade. Caso, no entanto, submeta-se e a deformidade seja corrigida, desaparecerá a qualificadora, sendo cabível, inclusive, a revisão criminal. A correção da deformidade com o uso de prótese (ex.: olho de vidro, orelha de borracha ou aparelho ortopédico) não exclui a qualificadora.

### Aborto

Essa qualificadora é necessariamente preterdolosa. Há dolo na lesão e culpa no aborto. Se o agente quer, ou assume o risco do aborto, haverá concurso de crimes.

A interrupção da gravidez, com a consequente morte do produto da concepção, deve ter sido provocada culposamente, pois se trata de crime preterdoloso. Se a morte do feto foi proposital, o sujeito responderá por dois crimes: lesão corporal em concurso formal impróprio com aborto sem o consentimento da gestante (art. 125). É obrigatório o conhecimento da gravidez por parte do agressor.

## 5.2.3 Lesão corporal seguida de morte

*Art. 129, § 3º, CP Se resulta morte e as circunstâncias evidenciam que o agente não quis o resultado, nem assumiu o risco de produzi-lo.*
*Pena – Reclusão, de quatro a doze anos.*

# CRIMES CONTRA A PESSOA

É crime exclusivamente preterdoloso (dolo no antecedente [lesão] e culpa no consequente [morte]). Esse crime não vai a júri, considerando que não há dolo na morte.

A morte foi ocasionada a título culposo – temos o típico caso de crime preterdoloso (dolo na conduta antecedente e culpa na posterior).

Se presente o dolo direto ou dolo eventual quanto ao resultado morte, o sujeito responderá por homicídio doloso.

Essa modalidade de lesão corporal não admite tentativa.

### 5.2.4 Lesão corporal privilegiada

*Diminuição de pena*

*Art. 129, § 4º, CP Se o agente comete o crime impelido por motivo de relevante valor social ou moral ou sob o domínio de violenta emoção, logo em seguida a injusta provocação da vítima, o juiz pode reduzir a pena de um sexto a um terço.*

Esse privilégio se aplica a todos os tipos de lesão dolosa, contudo, é incabível nas lesões culposas.

São as mesmas características do homicídio privilegiado (art. 121, § 1º, CP).

*Substituição da pena*

*Art. 129, § 5º, CP O juiz, não sendo graves as lesões, pode ainda substituir a pena de detenção pela de multa:*
*I – Se ocorre qualquer das hipóteses do parágrafo anterior;*
*II – Se as lesões são recíprocas.*

A situação da substituição de penas somente se aplica ao *caput*, considerando que exige que as lesões corporais não sejam graves. A possibilidade de substituição, assim, somente se dá com a hipótese de lesões leves.

▷ Quando a lesão corporal leve for privilegiada: desse modo, caso as lesões sejam leves, o juiz terá duas opções: reduzir a pena de 1/6 a 1/3 (§ 4º) ou substituí-la por multa (§ 5º);

▷ Se as lesões leves forem recíprocas: uma pessoa agride outra e, cessada essa primeira agressão, ocorre uma outra lesão pela primeira vítima.

### 5.2.5 Lesão corporal culposa

*Art. 129, § 6º, CP Se a lesão é culposa:*
*Pena – Detenção, de dois meses a um ano.*

Ocorre lesão corporal culposa quando o agente faltou com seu dever de cuidado objetivo por meio de imprudência, negligência ou imperícia. Desse modo, as consequências, embora previsíveis, não foram previstas pelo agente, ou se foram, ele não assumiu o risco de produzir o resultado.

Essa espécie de lesão depende de representação da vítima ou de seu representante legal (art. 88, Lei nº 9.099/1995), pois é crime de ação penal pública condicionada a representação e infração penal de menor potencial ofensivo (pena máxima menor que 2 anos).

Diferentemente do que ocorre com as lesões dolosas (que podem ser leves, graves ou gravíssimas), o CP não fez distinção com relação às lesões culposas. Desse modo, qualquer que seja a intensidade da lesão, o agente responderá por lesão corporal culposa. A gravidade da lesão será levada em consideração na fixação da pena-base (art. 59).

### 5.2.6 Aumento de pena

*Art. 129, § 7º, CP Aumenta-se a pena de um terço, se ocorrer qualquer das hipóteses do art. 121, §§ 4º e 6º.*

*Art. 121, § 4º, CP No homicídio culposo, a pena é aumentada de 1/3 (um terço), se o crime resulta de inobservância de regra técnica de profissão, arte ou ofício, ou se o agente deixa de prestar imediato socorro à vítima, não procura diminuir as consequências do seu ato, ou foge para evitar prisão em flagrante. Sendo DOLOSO o homicídio, a pena é aumentada de 1/3 (um terço) se o crime é praticado contra pessoa menor de 14 (quatorze) ou maior de 60 (sessenta) anos.*

*Art. 121, § 6º, CP A pena é aumentada de 1/3 (um terço) até a metade se o crime for praticado por milícia privada, sob o pretexto de prestação de serviço de segurança, ou por grupo de extermínio.*

*Art. 121, § 8º, CP Aplica-se à lesão culposa o disposto no § 5º do art. 121.*

*Art. 121, § 5º, CP Na hipótese de homicídio CULPOSO, o juiz poderá deixar de aplicar a pena, se as consequências da infração atingirem o próprio agente de forma tão grave que a sanção penal se torne desnecessária.*

*Violência doméstica*

*Art. 129, CP [...]*

*§ 9º Se a lesão for praticada contra ascendente, descendente, irmão, cônjuge ou companheiro, ou com quem conviva ou tenha convivido, ou, ainda, prevalecendo-se o agente das relações domésticas, de coabitação ou de hospitalidade:*

*Pena – Detenção, de 3 (três) meses a 3 (três) anos.*

*§ 10 Nos casos previstos nos §§ 1º a 3º deste artigo, se as circunstâncias são as indicadas no § 9º deste artigo, aumenta-se a pena em 1/3 (um terço).*

*§ 11 Na hipótese do § 9º deste artigo, a pena será aumentada de um terço se o crime for cometido contra pessoa portadora de deficiência.*

A forma qualificada do § 9º só se aplica à lesão corporal leve.

*§ 13 Se a lesão for praticada contra a mulher, por razões da condição do sexo feminino, nos termos do § 2º-A do art. 121 deste Código:*
*Pena – Reclusão, de 1 (um) a 4 (quatro anos).*

A Lei nº 14.188/2021 acrescentou o § 13 ao art. 129. Trata-se de nova qualificadora para a lesão corporal simples (leve) cometida contra a mulher por razões da condição do sexo feminino. Assim, se a lesão for praticada contra a mulher, por razões da condição do sexo feminino, a conduta se enquadra no § 13 do art.129.

Nos demais casos (ex.: vítima homem) a conduta continua sendo tipificada no § 9º do art. 129 do CP.

Se a lesão for grave, gravíssima ou seguida de morte, aplica-se o § 1º (grave), § 2º (gravíssima) ou o § 3º (lesão seguida de morte) cumulada com a causa de aumento de pena do § 10.

Pode ser causa supralegal de exclusão da ilicitude (somente na lesão corporal leve), desde que presentes os seguintes requisitos, cumulativos:

▷ Deve ser expresso;

▷ Deve ser livre (não pode ter sido concedido em razão de coação ou ameaça);

▷ Deve ser moral e respeitar os bons costumes;

▷ Deve ser prévio à consumação da lesão;

▷ O ofendido deve ser capaz para consentir (maior de 18 anos e mentalmente capaz).

É irrelevante o consentimento do ofendido nos crimes de lesão corporal grave, gravíssima e seguida de morte, pois o bem jurídico protegido nestas hipóteses é indisponível.

**Autolesão:** em razão do princípio da alteridade, não se pune a autolesão. Todavia, pode caracterizar o crime descrito no art. 171, § 2º V, do CP (fraude para recebimento de indenização ou valor de seguro).

> Jogador de golfe quebra o próprio braço para receber o valor do seguro.

**Lesões em atividades esportivas:** há a exclusão da ilicitude em razão do exercício regular do direito.

**Cirurgias emergenciais:** se há risco de morte do paciente, o médico que atua sem o consentimento do operado estará amparado pelo estado de necessidade de terceiro. Se não há risco de morte, a cirurgia depende de consentimento da vítima ou de seu representante legal para afastar o crime pelo exercício regular do direito.

**Cirurgia de mudança de sexo:** não há crime de lesão corporal gravíssima por ausência de dolo de lesionar a integridade corporal ou a saúde do paciente. Atualmente é permitida a realização dessa cirurgia – redesignação sexual – inclusive na rede pública de saúde (Portaria nº 1.707/2008, do Ministério da Saúde). Desse modo, o médico que realiza este procedimento não comete crime por estar acobertado pelo exercício regular de direito.

**Cirurgia de esterilização sexual:** não há crime na conduta do médico que realiza esta cirurgia (vasectomia, ligadura de trompas etc.) com a autorização do paciente, apesar da eliminação da função reprodutora. Exercício regular de direito.

## 5.3 Periclitação da vida e da saúde

### 5.3.1 Perigo de contágio venéreo

> **Art. 130, CP** *Expor alguém, por meio de relações sexuais ou qualquer ato libidinoso, a contágio de moléstia venérea, de que sabe ou deve saber que está contaminado:*
> *Pena – Detenção, de três meses a um ano, ou multa.*
> *§ 1º Se é intenção do agente transmitir a moléstia:*
> *Pena – Reclusão, de um a quatro anos, e multa.*
> *§ 2º Somente se procede mediante representação.*

Esse crime configura-se quando o agente transmite ou expõe a perigo de contágio de uma doença venérea (sífilis, gonorreia etc.), bem como, caso ele a desconheça, venha a infectar uma possível vítima.

A forma de transmitir a doença pode ser por meio de relações sexuais (conjunção carnal), ou por qualquer outro ato libidinoso (ação que satisfaça a libido do agente, beijo lascivo, sexo oral, sexo anal, masturbação etc.).

Se a intenção do agente é transmitir a doença, por tratar-se de crime formal, não é necessário o contágio.

> **Fique ligado**
> A Aids não é considerada uma moléstia venérea, visto que pode ser contraída ou transmitida de diversas formas, além do contato sexual.

O § 1º traz a forma qualificada do crime, ou seja, quando o agente tem a intenção (dolo) de transmitir a doença.

### 5.3.2 Perigo de contágio de moléstia grave

> **Art. 131, CP** *Praticar, com o fim de transmitir a outrem moléstia grave de que está contaminado, ato capaz de produzir o contágio:*
> *Pena – Reclusão, de um a quatro anos, e multa.*

Trata-se de crime de dano (caso exponha a perigo sem querer ou assumir o risco será hipótese do art. 132 do CP), Formal (não precisa transmitir) e de forma livre.

Nesse delito, o agente tem o fim especial de agir, ou seja, pratica um ato (diverso do contato sexual) com a intenção de transmitir uma moléstia grave (qualquer doença que acarrete prejuízo a saúde da vítima – não sendo venérea), por exemplo, sarampo, tuberculose etc.

Ademais, em relação à AIDS, visto seu grau letal, é considerado como tentativa de homicídio (art. 121, CP), não há possibilidade alguma de enquadrá-la como moléstia grave.

### 5.3.3 Perigo para vida ou saúde de outrem

> **Art. 132, CP** *Expor a vida ou a saúde de outrem a perigo direto e iminente:*
> *Pena – Detenção, de três meses a um ano, se o fato não constitui crime mais grave.*
> *Parágrafo único. A pena é aumentada de um sexto a um terço se a exposição da vida ou da saúde de outrem a perigo decorre do transporte de pessoas para a prestação de serviços em estabelecimentos de qualquer natureza, em desacordo com as normas legais.*

Estará configurado o crime quando o agente, de qualquer forma, expõe ao perigo a vida de uma pessoa determinada. Tal ação pode ser praticada de forma livre, ou seja, não exige uma conduta específica.

Soltar uma pedra do alto de um viaduto sobre um carro que passa pela rodovia com intenção de causar um acidente.

Caso a conduta do agente não seja contra uma pessoa determinada, restará configurado crime diverso que será avaliado de acordo com a situação (arts. 250 a 259, CP).

### 5.3.4 Abandono de incapaz

> **Art. 133, CP** *Abandonar pessoa que está sob seu cuidado, guarda, vigilância ou autoridade, e, por qualquer motivo, incapaz de defender-se dos riscos resultantes do abandono:*
> *Pena – Detenção, de seis meses a três anos.*
> *§ 1º Se do abandono resulta lesão corporal de natureza grave:*
> *Pena – Reclusão, de um a cinco anos.*
> *§ 2º Se resulta a morte:*
> *Pena – Reclusão, de quatro a doze anos.*
> **Aumento de pena**
> *§ 3º As penas cominadas neste artigo aumentam-se de um terço:*
> *I – Se o abandono ocorre em lugar ermo;*
> *II – Se o agente é ascendente ou descendente, cônjuge, irmão, tutor ou curador da vítima.*
> *III – Se a vítima é maior de 60 (sessenta) anos.*

Trata-se de crime próprio. O tipo penal incrimina a conduta do agente, que tendo o dever de cuidado, guarda, vigilância ou autoridade abandona, desampara, deixa de prestar o devido cuidado com aquele que seja incapaz de se proteger (defender). O agente possui a condição de garantidor – dever de agir.

A mãe deixa o filho em um parque central enquanto percorre lojas realizando compras, ou então, deixa-o dentro do veículo enquanto está no interior de um supermercado. Uma babá, que deixa a criança sozinha dentro de casa enquanto vai à feira.

O incapaz não precisa ser necessariamente uma criança. Por exemplo, uma instrutora de escola de natação que deixa os alunos sozinhos na piscina enquanto vai ao banheiro.

Se o abandono se dá em uma situação em que não há risco, não haverá crime. Para a existência do delito deve haver o dolo de perigo.

Ademais, os parágrafos primeiro e segundo qualificam o crime quando do abandono resultar lesão corporal de natureza grave, ou a morte do incapaz. Por conseguinte, a pena será aumentada (majorante) quando o abandono ocorrer em local ermo, se o incapaz for ascendente, descendente, cônjuge, irmão, tutor, curador, ou se a vítima for maior de 60 anos, conforme o § 3º do referido artigo.

### 5.3.5 Exposição ou abandono de recém-nascido

> **Art. 134, CP** *Expor ou abandonar recém-nascido, para ocultar desonra própria:*
> *Pena – Detenção, de seis meses a dois anos.*
> *§ 1º Se do fato resulta lesão corporal de natureza grave:*
> *Pena – Detenção, de um a três anos.*
> *§ 2º Se resulta a morte:*
> *Pena – Detenção, de dois a seis anos.*

Esse delito é considerado uma forma privilegiada do crime de abandono de incapaz, artigo anterior, no entanto, nesse caso, a vítima é determinada (o recém-nascido) ademais, tal conduta visa a proteção da honra do agente.

Pode-se citar o exemplo de uma jovem de 18 anos, mãe solteira, que abandona seu filho recém-nascido para preservar sua imagem perante a família.

Por conseguinte, também existe a forma qualificada do crime, expressa nos parágrafos primeiro e segundo, no caso de a ação resultar em lesão corporal de natureza grave ou a morte do recém-nascido.

### 5.3.6 Omissão de socorro

> **Art. 135, CP** Deixar de prestar assistência, quando possível fazê-lo sem risco pessoal, à criança abandonada ou extraviada, ou à pessoa inválida ou ferida, ao desamparo ou em grave e iminente perigo; ou não pedir, nesses casos, o socorro da autoridade pública:
> Pena – Detenção, de um a seis meses, ou multa.
> **Parágrafo único.** A pena é aumentada de metade, se da omissão resulta lesão corporal de natureza grave, e triplicada, se resulta a morte.

Essa norma penal tipifica a conduta omissa do agente que não presta auxílio – desde que tal prestação não incorra em risco pessoal – ou, quando não puder fazê-lo, deixa de pedir o socorro da autoridade pública.

#### Classificação

É considerado um crime comum, visto que pode ser praticado por qualquer pessoa.

É um crime omissivo próprio ou puro, pois a conduta omissiva está prevista no artigo em análise, ocorrendo quando o agente deixa de fazer o que lhe é imposto por lei – prestar socorro.

Comumente é praticado apenas por uma pessoa, sendo que é perfeitamente possível que haja o concurso de agentes (art. 29, CP).

#### Sujeitos do crime

Sendo crime comum, o sujeito ativo pode ser qualquer pessoa, enquanto o sujeito passivo são as pessoas elencadas no *caput* do próprio artigo: criança abandonada ou extraviada (perigo abstrato). Pessoa ferida ou inválida com sérias dificuldades de movimentação (perigo abstrato). Ao desamparo ou em grave e eminente perigo (perigo concreto).

#### Consumação e tentativa

O crime se consuma no momento da omissão. Ademais, não se configura o crime quando a vítima ofereça resistência que torne impossível a prestação de auxílio, ou então, caso ela esteja manifestamente em óbito.

Não admite tentativa.

#### Descrição do crime

O crime pode ser cometido de duas formas distintas:

▷ **Falta de assistência imediata:** o agente pode prestar socorro, sem risco pessoal, mas deliberadamente não o faz.

▷ **Falta de assistência mediata:** o agente não pode prestar pessoalmente o socorro, mas também não solicita o auxílio da autoridade pública.

A simples condição de médico não o coloca como garantidor.

Pessoa inválida e pessoa ferida: é imprescindível que se encontrem ao desamparo no momento da omissão.

Se apenas uma pessoa presta o socorro, quando diversas poderiam tê-lo feito sem risco pessoal, não há crime para ninguém.

Omissão de socorro a pessoa idosa (igual ou superior a 60 anos), responde conforme o art. 97, da Lei nº 10.741/2003 (Estatuto do Idoso) – princípio da especialidade.

> **Parágrafo único.** A pena é aumentada de metade, se da omissão resulta lesão corporal de natureza grave, e triplicada, se resulta a morte.

A causa de aumento de pena é exclusivamente preterdolosa, o agente tem o dolo de se omitir (não presta o socorro) e disto, acaba resultando uma consequência não desejada pelo omitente.

### 5.3.7 Condicionamento de atendimento médico-hospitalar emergencial

> **Art. 135-A, CP** Exigir cheque-caução, nota promissória ou qualquer garantia, bem como o preenchimento prévio de formulários administrativos, como condição para o atendimento médico-hospitalar emergencial:
> Pena – Detenção, de 3 (três) meses a 1 (um) ano, e multa.
> **Parágrafo único.** A pena é aumentada até o dobro se da negativa de atendimento resulta lesão corporal de natureza grave, e até o triplo se resulta a morte.

Esse delito tipifica a conduta do estabelecimento que presta atendimento médico-hospitalar emergencial e venha a exigir cheque, nota promissória ou qualquer garantia, como também, que sejam preenchidos formulários como condição necessária para que o socorro/atendimento médico seja prestado.

Existe ainda o aumento de pena, tratado no parágrafo único, que incide quando a conduta negativa resulta em lesão corporal grave ou morte.

Inserido no Código Penal pela Lei nº 12.653/2012, a fim de coibir uma prática que era comum em estabelecimentos médico-hospitalares particulares.

### 5.3.8 Maus-tratos

> **Art. 136, CP** Expor a perigo a vida ou a saúde de pessoa sob sua autoridade, guarda ou vigilância, para fim de educação, ensino, tratamento ou custódia, quer privando-a de alimentação ou cuidados indispensáveis, quer sujeitando-a a trabalho excessivo ou inadequado, quer abusando de meios de correção ou disciplina:
> Pena – Detenção, de dois meses a um ano, ou multa.
> § 1º Se do fato resulta lesão corporal de natureza grave:
> Pena – Reclusão, de um a quatro anos.
> § 2º Se resulta a morte:
> Pena – Reclusão, de quatro a doze anos.
> § 3º Aumenta-se a pena de um terço, se o crime é praticado contra pessoa menor de 14 (catorze) anos.

Esse artigo tipifica a conduta do agente que pratica, sob a pessoa que esteja subordinada à sua autoridade, guarda ou vigilância, atos não condizentes como forma ou a pretexto de educá-la, ensiná-la, tratá-la ou reprimi-la.

#### Classificação

Trata-se de crime próprio, ou seja, o sujeito ativo deve ser superior hierárquico do sujeito passivo.

É um crime comissivo ou omissivo, porém suas condutas são vinculadas, ou seja, o artigo traz, expressamente, a forma como a conduta do agente deve ocorrer.

Haverá crime único desde que as condutas sejam praticadas contra a mesma vítima e no mesmo contexto fático.

#### Sujeitos do crime

**Sujeito ativo:** é um crime próprio, ou seja, somente aquele que tem o sujeito passivo sob sua autoridade, guarda ou vigilância, para fins de educação, ensino, tratamento ou custódia.

**Sujeito passivo:** é aquele que se encontra sob a autoridade, guarda ou vigilância de outra pessoa, para fins de educação, ensino, tratamento ou custódia.

#### Consumação e tentativa

O crime consuma-se com a exposição da vítima ao perigo. Não se exige o dano efetivo.

A conduta de privação de alimentos ou cuidados indispensáveis (modalidade omissiva) não admite tentativa. Contudo, as demais condutas admitem a tentativa.

#### Descrição do crime

Apenas pode ser executado pelos meios/condutas indicados no tipo penal, sendo as seguintes:
▷ Privar a vítima de alimentos ou cuidados indispensáveis: caso a intenção do agente, ao privar a vítima de alimentos, seja matá-la, responderá pelo crime de homicídio (tentado ou consumado);
▷ Sujeitar a vítima a trabalhos excessivos ou inadequados;
▷ Abusar dos meios de disciplina ou correção.

As formas qualificadas do crime de maus-tratos (lesão corporal de natureza grave e morte) são exclusivamente preterdolosas – conduta dolosa no antecedente e culpa no consequente.

Aumenta-se a pena de 1/3 se o crime é praticado contra pessoa menor de 14 anos.

A esposa não pode ser vítima de maus-tratos pelo marido, visto que não se encontra sob sua autoridade, guarda ou vigilância. Desse modo, o marido poderá responder pelo crime de lesão corporal (art. 129, CP).

Tratando-se de criança ou adolescente sujeita à autoridade, guarda ou vigilância de alguém e submetida a vexame ou constrangimento, aplica-se o art. 232 da Lei nº 8.069/1990 (ECA): submeter criança ou adolescente sob sua autoridade, guarda ou vigilância a vexame ou a constrangimento: *Pena – Detenção de seis meses a dois anos.*

A diferença entre o crime de maus-tratos e o crime de tortura (Lei nº 9.455/1997), reside no fato de que nessa a vítima é submetida a intenso sofrimento físico ou mental como forma de aplicar castigo pessoal ou medida de caráter preventivo (art. 1º, II, Lei nº 9.455/1997).

Caso a vítima seja idosa, incide o crime previsto no art. 99 da Lei nº 10.741/2003 (Estatuto do Idoso).

### 5.4 Rixa

*Art. 137, CP Participar de rixa, salvo para separar os contendores:*
*Pena – Detenção, de quinze dias a dois meses, ou multa.*
*Parágrafo único. Se ocorre morte ou lesão corporal de natureza grave, aplica-se, pelo fato da participação na rixa, a pena de detenção, de seis meses a dois anos.*

A rixa é um conflito tumultuoso que ocorre entre três ou mais pessoas, acompanhada de vias de fato (luta, briga), em que os participantes desferem violências recíprocas, não sendo possível identificar dois grupos distintos.

Trata-se de crime comum, pois pode ser praticado por qualquer pessoa. Ainda, enquadra-se em um delito plurissubjetivo, plurilateral ou de concurso necessário, visto que, para configurar o crime, devem existir no mínimo três pessoas. Por conseguinte, basta que apenas um dos participantes seja imputável (dois menores e um maior de 18 anos).

Também é considerado um crime de condutas contrapostas, ou seja, todos os participantes trocam agressões entre si, ora apanham, ora batem.

#### Sujeitos do crime

No crime de rixa, ao mesmo tempo em que o agente é sujeito ativo, ele também é sujeito passivo, pois assim como agride também sofre agressão – reciprocidade.

#### Consumação e tentativa

A consumação ocorre quando os participantes iniciam as vias de fato ou ainda as violências recíprocas.

Admite a tentativa, quando ocorre, por exemplo, a intervenção policial quando se iniciariam as agressões.

#### Descrição do crime

Os três ou mais rixosos devem combater entre si, pois participa da rixa quem nela pratica, agressivamente, atos de violência material.

Não há rixa quando lutam entre si dois ou mais grupos contrários, perfeitamente definidos. Nesse caso, os membros de cada grupo devem ser responsabilizados pelos ferimentos produzidos nos membros do grupo contrário.

> O crime pode ser praticado de forma comissiva (o agente participa efetivamente da rixa) ou omissiva (quando o omitente podia e devia agir para evitar o resultado). O policial que assiste a três pessoas brigando entre si e nada faz para impedir o resultado.

Não há crime na conduta de quem ingressou no tumulto somente para separar os contendores.

Sendo considerado um crime de perigo abstrato, para que se configure o delito não há necessidade de que os participantes sofram lesões, o simples fato de participar da rixa já configura o em crime.

O contato físico é dispensável, sendo perfeitamente possível a rixa a distância com o arremesso de objetos, tiros etc.

Na possibilidade em que ocorrer lesão corporal de natureza leve em algum dos participantes e o agente que a causou possa ser identificado, nessa hipótese, ele responderá pelo crime de rixa em concurso material com o crime de lesão, se resulta em lesão corporal grave/gravíssima ou a morte, estará configurado o crime de rixa qualificada.

A briga entre torcidas não configura rixa, mas, sim, o tipo penal descrito no art. 41-B da Lei nº 10.671/2003 (Estatuto do Torcedor). Trata-se de um tipo penal específico incluído pela Lei nº 12.299/2010.

Rixa qualificada também é conhecida como rixa complexa.

*Parágrafo único. Se ocorre morte ou lesão corporal de natureza grave, aplica-se, pelo fato da participação na rixa, a pena de detenção, de seis meses a dois anos.*

Trata-se de um dos últimos resíduos da responsabilidade penal objetiva – antigamente adotada pelo ordenamento jurídico brasileiro –, pois, nessa hipótese, independe qual dos rixosos foi o responsável pela produção do resultado agravador (lesão corporal grave ou morte) todos aqueles que participaram responderão na modalidade qualificada.

Ainda, não importa se a morte ou a lesão corporal grave seja produzida em um dos rixosos ou então em uma terceira pessoa, alheia à rixa (apaziguador ou mero transeunte).

Há aqui três sistemas de punição:
▷ **Sistema da solidariedade absoluta:** se da rixa resultar lesão grave ou morte, todos os participantes respondem pelo evento (lesão grave ou homicídio), independentemente de se apurar quem foi seu real autor.
▷ **Sistema da cumplicidade correspectiva:** havendo lesão grave ou morte, e não sendo apurado seu autor, todos os participantes respondem por esse resultado, sofrendo, entretanto, sanção intermediária à de um autor e de um partícipe.

## CRIMES CONTRA A PESSOA

▷ **Sistema da autonomia:** a rixa é punida por si mesma, independentemente do resultado morte ou lesão grave, o qual, se ocorrer, somente qualificará o delito. Apenas o causador da lesão grave ou morte, se identificado, é que responderá também pelos delitos dos arts. 121 e 129 do CP.

O CP adotou o princípio ou sistema da autonomia, nos termos do art. 137, parágrafo único:

> *Parágrafo único. Se ocorre morte ou lesão corporal de natureza grave, aplica-se, pelo fato da participação na rixa, a pena de detenção, de seis meses a dois anos.*

Até mesmo o rixoso que sofreu lesão corporal grave responde pela rixa qualificada (todos os que se envolvem no tumulto, daí sobrevindo lesão corporal grave ou morte respondem pela rixa qualificada).

O resultado agravador (lesão corporal grave ou a morte) pode ser doloso ou culposo, não se tratando de crime essencialmente preterdoloso.

Caso o resultado seja lesões leves ou ocorra uma tentativa de homicídio, não é capaz de qualificar a rixa.

> "A" participou da rixa, mas abandonou antes da produção do resultado agravador (lesão corporal grave ou morte). "A" responde por rixa qualificada, pois concorreu com seu comportamento anterior para a produção do resultado. "A" ingressou na rixa depois da produção do resultado agravador (lesão corporal grave ou morte). "A" responde por rixa simples.

### 5.4.1 Rixa × legítima defesa

Durante uma rixa um dos participantes, "A" empunha uma arma para matar "B"; este, em sua defesa, consegue defender-se, toma a arma de "A" e o mata. Nessa situação, caso "A" conseguisse matar "B", deveria responder pelo crime de rixa qualificada (resultando morte de um dos participantes) em concurso material com o crime de homicídio. Contudo, como "B" conseguiu reagir, em relação ao crime de homicídio que "A" tentara contra ele, caberá à exclusão de ilicitude (legítima defesa) em relação ao crime de homicídio (morte de "A"), porém, ainda assim, "B" e "C" responderão por rixa qualificada, pois a legítima defesa não é relevante para excluir a qualificação do crime de rixa.

# 6 CRIMES CONTRA A HONRA

▷ **Calúnia:** art. 138, CP:
- **Conduta:** imputar fato criminoso sabidamente falso.
- **Honra ofendida:** há ofensa da honra objetiva. Ofende-se a reputação, diz respeito ao conceito perante terceiros.

▷ **Difamação:** art. 139, CP:
- **Conduta:** imputar fato desonroso, em regra não importando se verdadeiro ou falso.
- **Honra ofendida:** ofende-se a honra objetiva.

▷ **Injúria:** art. 140, CP:
- **Conduta:** é a atribuição de qualidade negativa.
- **Honra ofendida:** ofende-se a honra subjetiva, a autoestima, ou seja, o que a vítima pensa dela mesma.

## 6.1 Calúnia

> *Art. 138, CP Caluniar alguém, imputando-lhe falsamente fato definido como crime:*
> *Pena – Detenção, de seis meses a dois anos, e multa.*
> *§ 1º Na mesma pena incorre quem, sabendo falsa a imputação, a propala ou divulga.*
> *§ 2º É punível a calúnia contra os mortos.*
> ***Exceção da verdade***
> *§ 3º Admite-se a prova da verdade, salvo:*
> *I – Se, constituindo o fato imputado crime de ação privada, o ofendido não foi condenado por sentença irrecorrível;*
> *II – Se o fato é imputado a qualquer das pessoas indicadas no nº I do art. 141;*
> *III – Se do crime imputado, embora de ação pública, o ofendido foi absolvido por sentença irrecorrível.*

Honra objetiva é o que os outros pensam sobre o indivíduo.

### Sujeitos do crime

Sujeito ativo/passivo: qualquer pessoa (crime comum).

Os mortos também podem ser caluniados, mas seus parentes é que serão os sujeitos passivos do crime. Não há regra semelhante no tocante aos demais crimes contra a honra. Podem, ainda, ser vítimas os menores e os loucos.

A pessoa jurídica também pode ser sujeito passivo do crime de calúnia, pois pode cometer crimes ambientais (Lei nº 9.605/1998).

Observe-se que não podem praticar tal crime pessoas que desfrutam de inviolabilidade funcional. Ex.: parlamentares.

Aqui, indaga-se se advogados são imunes à prática do crime de calúnia. A resposta é que os causídicos não possuem imunidade profissional na calúnia, possuindo a imunidade somente no que tange à difamação e à injúria.

### Objeto material

É a pessoa que tem sua honra objetiva ofendida.

### Núcleo do tipo

A conduta típica consiste em caluniar alguém (imputar falsamente um fato definido como crime).

A imputação de fato definido como contravenção penal (Decreto-lei nº 3.688/1941) não constitui calúnia, pois não é crime, mas poderá caracterizar difamação.

Atribuir falsamente a alguém a prática de um fato atípico não constitui crime de calúnia, mas poderá configurar outro crime contra a honra. Ex.: dano culposo.

### Fato determinado

É imprescindível a imputação da prática de um fato determinado, ou seja, de uma situação concreta, contendo autor, objeto e suas circunstâncias.

### Pessoa certa e determinada

A ofensa deve se dirigir a pessoa certa e determinada. Ex.: dizer que no dia 25 de dezembro, por volta de 20 horas, Edson fantasiou-se de Papai Noel e praticou um furto na casa de Marcelo, o qual reside no centro da cidade de Cascavel (PR).

### Falsidade da imputação

Deve ser falsa a imputação do fato definido como crime. Essa falsidade pode recair sobre o fato (o crime imputado à vítima não ocorreu) ou sobre o envolvimento no fato (o crime ocorreu, mas a vítima não praticou tal delito).

Quando o ofensor, agindo de boa-fé, supõe erroneamente ser verdadeira a afirmação, incidirá em erro de tipo. Desse modo, o fato será atípico, pois excluirá o dolo do fato típico.

### Consumação

O crime de calúnia se consuma quando terceira pessoa toma conhecimento do fato imputado. Não é necessário que a vítima tome conhecimento da ofensa.

### 6.1.1 Calúnia × denunciação caluniosa

▷ **Calúnia (art. 138, CP):**
- Caluniar alguém, imputando-lhe falsamente fato definido como crime;
- É crime contra honra;
- **Regra:** ação penal privada;
- Não admite a imputação falsa de contravenção.

▷ **Denunciação caluniosa (art. 339, CP):**
- Dar causa à instauração de inquérito policial, de procedimento investigatório criminal, de processo judicial, de processo administrativo disciplinar, de inquérito civil ou de ação de improbidade administrativa contra alguém, imputando-lhe crime, infração ético-disciplinar ou ato ímprobo de que o sabe inocente;
- É crime contra a administração da justiça;
- Ação penal pública incondicionada;
- Admite (é circunstância que importa na diminuição da pena pela metade (art. 339, § 2º, CP).

> *Art. 138, CP [...]*
> *§ 1º Na mesma pena incorre quem, sabendo falsa a imputação, a propala ou divulga.*

▷ Propalar: relatar verbalmente;
▷ Divulgar: relatar por qualquer outro meio (panfletos, *outdoors*, gestos etc.).

Observa-se que também é punível a conduta daquele que propaga e divulga a calúnia criada por outrem.

Responde pelo *caput* quem cria a falsidade e responde pelo § 1º do CP a pessoa que divulga (diversa da pessoa que criou – se for a mesma pessoa, o § 1º configura *post factum* impunível).

Exclui-se o crime quando o agente age:
▷ Com *animus jocandi*: intenção de brincar;
▷ Com *animus consulendi*: intenção de aconselhar;
▷ Com *animus narrandi*: intenção de narrar (é o *animus* da testemunha);

## CRIMES CONTRA A HONRA

- Com *animus corrigendi*: intenção de corrigir;
- Com *animus defendendi*: intenção de defender direito.

### Exceção da verdade

**Art. 138, § 3º, CP** *Admite-se a prova da verdade, salvo:*
*I – Se, constituindo o fato imputado crime de ação privada, o ofendido não foi condenado por sentença irrecorrível;*
*II – Se o fato é imputado a qualquer das pessoas indicadas no nº I do art. 141;*
*III – Se do crime imputado, embora de ação pública, o ofendido foi absolvido por sentença irrecorrível.*

Trata-se de incidente processual, forma de defesa indireta, por meio da qual o acusado de ter praticado a calúnia pretende provar a veracidade do que alegou.

Somente haverá o crime de calúnia quando o fato for falso. Desse modo, se a imputação é verdadeira o fato é atípico.

A exceção da verdade é o instrumento adequado para se provar a veracidade do fato imputado a outrem.

A regra é a admissibilidade da exceção da verdade. Todavia, em três situações previstas pelo CP não será admitida sua utilização:

- Se, constituindo o fato imputado crime de ação privada, o ofendido não foi condenado por sentença irrecorrível;
- Se o fato é imputado a qualquer das pessoas indicadas no inciso I do art. 141;
- Se do crime imputado, embora de ação pública, o ofendido foi absolvido por sentença irrecorrível.

## 6.2 Difamação

**Art. 139, CP** *Difamar alguém, imputando-lhe fato ofensivo à sua reputação:*
*Pena – Detenção, de três meses a um ano, e multa.*

Difamar é imputar a alguém um fato ofensivo à sua reputação.

Subsiste o crime de difamação ainda que seja verdadeira a imputação (salvo quando o ofendido é funcionário público e a ofensa é relativa ao exercício de suas funções), desde que dirigida a ofender a honra alheia.

### Objetividade jurídica

- Honra objetiva (o que os outros pensam do indivíduo);
- O fato pode ser: verdadeiro ou falso/criminoso ou não criminoso/contravenção penal;
- O fato deve ser determinado.

### Objeto material

É a pessoa que tem sua honra objetiva ofendida.

### Espécie de honra ofendida

A difamação ofende a honra objetiva.

### Consumação e tentativa

Consuma-se quando um terceiro toma conhecimento da ofensa.
Morto não pode ser vítima de difamação.

Tendo em vista que pessoa jurídica tem reputação, então pode ser vítima de difamação.

O crime é punido a título de dolo, sendo imprescindível a vontade de ofender a reputação, a intenção de ofender a honra.

Em regra, admite tentativa. No caso de difamação verbal, não se admite a tentativa.

### Exceção da verdade

**Parágrafo único.** *A exceção da verdade somente se admite se o ofendido é funcionário público e a ofensa é relativa ao exercício de suas funções.*

Na difamação, a exceção da verdade somente é admitida se o ofendido é funcionário público e a ofensa é relativa ao exercício de suas funções. É indispensável a relação de causalidade entre a imputação e o exercício da função pública.

Na difamação, a consequência da exceção da verdade, ao contrário da calúnia, atinge a ilicitude, e não a atipicidade da conduta, pois é uma hipótese especial de exercício regular do direito.

A procedência da exceção da verdade na difamação gera a absolvição, sendo uma forma especial de exercício regular de direito.

- Art. 138:
  - Admite prova da verdade;
  - Exceções: art. 138, § 3º, incisos I, II e III;
  - Procedência gera a absolvição sob o fundamento da atipicidade;
  - Admite exceção de notoriedade.
- Art. 139:
  - A regra é não admitir a prova da verdade,
  - Exceção: art. 139, parágrafo único. Ofendido funcionário público mais ofensa funcional;
  - Procedência gera a absolvição, pois se trata de hipótese de exercício regular de direito. Descriminante especial;
  - Admite exceção de notoriedade.

## 6.3 Injúria

**Art. 140, CP** *Injuriar alguém, ofendendo-lhe a dignidade ou o decoro:*
*Pena – Detenção, de um a seis meses, ou multa.*
*§ 1º O juiz pode deixar de aplicar a pena:*
*I – Quando o ofendido, de forma reprovável, provocou diretamente a injúria;*
*II – No caso de retorsão imediata, que consista em outra injúria.*
*§ 2º Se a injúria consiste em violência ou vias de fato, que, por sua natureza ou pelo meio empregado, se considerem aviltantes:*
*Pena – Detenção, de três meses a um ano, e multa, além da pena correspondente à violência.*
*§ 3º Se a injúria consiste na utilização de elementos referentes a raça, cor, etnia, religião, origem ou a condição de pessoa idosa ou portadora de deficiência:*
*Pena – Reclusão de um a três anos e multa.*

Injuriar é atribuir qualidade negativa a alguém.

### Espécie de honra ofendida

Ofende a honra subjetiva da pessoa (o que a pessoa acha de si própria). A consumação ocorre quando a ofensa chega ao conhecimento da vítima.

Ofende a dignidade ou o decoro da vítima: na injúria, é irrelevante o fato de a qualidade negativa atribuída à vítima ser ou não verdadeira. Desse modo, se o agente chama uma pessoa de gorda, com a intenção de injuriar, estará configurado o crime de injúria, mesmo que a vítima seja mesmo gorda ou obesa.

- **Dignidade:** ofende as qualidades morais da pessoa. Ex.: chamar alguém de vagabundo.
- **Decoro:** ofende as qualidades físicas. Ex.: chamar alguém de monstro, retardado ou idiota.

Queixa-crime ou denúncia: oferecida pelo crime de injúria deve descrever, minuciosamente sob pena de inépcia, quais foram as ofensas proferidas contra a vítima, por mais baixas e repudiáveis que possam ser.

# NOÇÕES DE DIREITO PENAL

**Formas de execução**

Pode ser praticado por ação ou omissão. Ex.: "A" estende a mão para cumprimentar "B" e este recusa o cumprimento.

**Consumação e tentativa**

É crime de execução livre: pode ser praticado por meio de palavras, gestos, escritos etc. Aliás, pode ser praticado por ação ou omissão (o único exemplo dado pela doutrina de injúria por omissão é ignorar ou não retribuir um cumprimento, como forma de humilhar a pessoa na frente de outras).

Como a injúria protege a honra subjetiva, o crime se consuma quando a vítima toma conhecimento da injúria, dispensando-se o efetivo dano à sua honra (é crime formal). Consuma quando o fato chega ao conhecimento da vítima, dispensando efetivo dano a sua dignidade ou decoro.

A tentativa é possível somente na forma escrita. A injúria realizada verbalmente não admite tentativa.

Exceção da verdade: a injúria não admite exceção da verdade, pois o ofensor atribui uma qualidade negativa à vítima e não um fato.

**Elemento subjetivo**

É o dolo (direto ou eventual). Não admite a modalidade culposa de injúria.

## 6.3.1 Injúria contra funcionário público × desacato

▷ **Injúria contra funcionário público:**
- Atribuir qualidade negativa ao funcionário público durante sua ausência;
- É crime contra a honra;
- Ação penal privada (regra).
| "A" fala a seus vizinhos que o promotor da cidade é bandido.

▷ **Desacato (art. 331, CP):**
- A ofensa é realizada na presença do funcionário público no exercício da função ou em razão dela;
- É crime contra a administração pública;
- Ação penal pública incondicionada.
| "A", durante uma audiência judicial, chama o juiz de corrupto.

> **Fique ligado**
> Atenção às imunidades!
> Quem detém imunidade por palavras, opiniões e votos não pratica calúnia, injúria ou difamação. São eles: senadores, deputados federais, deputados estaduais/distritais, vereadores no limite da vereança, advogado (que tem imunidade profissional na injúria – art. 7º, § 2º, do Estatuto da Advocacia e a Ordem dos Advogados do Brasil [EOAB] – a calúnia foi afastada pelo STF).

Pessoa jurídica pode ser vítima de injúria? Não, vez que não possui honra subjetiva, não tem dignidade, decoro. Quanto a isso não há divergência.

Mirabete entende que pessoa jurídica não pode ser vítima de nenhum crime contra a honra, pois esse capítulo se aplicaria apenas às pessoas físicas.

## 6.3.2 Perdão judicial

*§ 1º O juiz pode deixar de aplicar a pena:*
*I – Quando o ofendido, de forma reprovável, provocou diretamente a injúria;*
*II – No caso de retorsão imediata, que consista em outra injúria.*

O perdão judicial é causa de extinção da punibilidade (art. 107, IX, CP). A sentença que concede o perdão judicial é declaratória da extinção da punibilidade (Súmula nº 18 – STJ).

Só o perdão do ofendido tem de ser aceito, o perdão do juiz não é oferecido, mas, sim, imposto.

Trata-se de um direito subjetivo do acusado, e não uma faculdade do juiz. Preenchidos os requisitos, o juiz deve perdoar.

▷ Quando o ofendido, de forma reprovável, provocou diretamente a injúria;
▷ A provocação tem que ser reprovável e direta.
▷ No caso de retorsão imediata, que consiste em outra injúria.

Retorsão é o revide. Deve ser imediata. É modalidade anômala de legítima defesa. Não há retorsão contra ofensa passada; existe apenas retorsão imediata no crime de injúria.

## 6.3.3 Injúria real

*§ 2º Se a injúria consiste em violência ou vias de fato, que, por sua natureza ou pelo meio empregado, se considerem aviltantes:*
*Pena – Detenção, de três meses a um ano, e multa, além da pena correspondente à violência.*

É a injúria praticada com meio de execução especial: mediante violência ou vias de fato. Aqui, a violência ou as vias de fato são o meio e a injúria é o fim. O agente usa da violência para injuriar. Ex.: jogar ovos em um cantor, cuspir na cara, dar tapa no rosto.

O meio de execução é a violência ou, então, as vias de fato. Se a injúria real for praticada com vias de fato, esta é absorvida.

A lei impõe o concurso material obrigatório entre as penas de injúria real e do resultado da violência (homicídio, lesão corporal etc.).

> **Fique ligado**
> Não se pode confundir a injúria preconceito (art. 140, § 3º, CP) com o crime de racismo (Lei nº 7.716/1989). Na injúria, ocorre a atribuição de qualidade negativa. Já no racismo, ocorre a segregação da vítima do convívio social.

## 6.3.4 Injúria qualificada

*§ 3º Se a injúria consiste na utilização de elementos referentes a raça, cor, etnia, religião, origem ou a condição de pessoa idosa ou portadora de deficiência:*
*Pena – Reclusão de um a três anos e multa.*

Assim como nos demais crimes contra a honra, a ofensa deve ser dirigida a pessoa ou pessoas determinadas.

## 6.3.5 Injúria qualificada × crime de racismo

▷ **Injúria qualificada (art. 140, § 3º, CP):**
- É crime afiançável;
- Ação penal pública condicionada a representação;
- Prescritível;
- Atribuir a alguém qualidade negativa.
| Chamar uma pessoa negra de macaco.

▷ **Crime de racismo (Lei nº 7.716/1989):**
- É crime inafiançável;
- Ação pública incondicionada;
- Imprescritível;
- Manifestações preconceituosas generalizadas ou segregação racial.
| Hotel que proíbe a hospedagem de pessoas negras. Empresa que não contrata pessoas da religião evangélica.

# CRIMES CONTRA A HONRA

Prevalece, na doutrina, que a injúria preconceito não admite o perdão judicial do art. 140, § 1º, tratando-se de violação mais séria à honra da vítima, ferindo um dos fundamentos do Estado Democrático de Direito, qual seja, a dignidade da pessoa humana.

## 6.3.6 Disposições comuns

> **Art. 141, CP** As penas cominadas neste Capítulo aumentam-se de um terço, se qualquer dos crimes é cometido:
> I – contra o presidente da República, ou contra chefe de governo estrangeiro;
> II – contra funcionário público, em razão de suas funções, ou contra os presidentes do Senado Federal, da Câmara dos Deputados ou do Supremo Tribunal Federal;
> III – na presença de várias pessoas, ou por meio que facilite a divulgação da calúnia, da difamação ou da injúria.
> IV – contra pessoa maior de 60 (sessenta) anos ou portadora de deficiência, exceto no caso de injúria.
> § 1º Se o crime é cometido mediante paga ou promessa de recompensa, aplica-se a pena em dobro.
> § 2º Se o crime é cometido ou divulgado em quaisquer modalidades das redes sociais da rede mundial de computadores, aplica-se em triplo a pena.

Este artigo não traz qualificadoras, mas, sim, causas de aumento de pena, majorantes (a serem consideradas pelo juiz na terceira fase de aplicação da pena).

É uma majorante aplicada a todos os crimes do capítulo – injúria, difamação e calúnia. Nenhum desses crimes escapa do aumento quando preenchidos os requisitos.

Aumentam-se de um terço, se qualquer dos crimes é cometido:

> I – Contra o presidente da República, ou contra chefe de governo estrangeiro;

A pena é aumentada de 1/3, em razão da importância das funções desempenhadas pelo presidente da República e pelo chefe de governo estrangeiro. A conduta criminosa, além de atentar contra a honra de uma pessoa, ofende também os interesses de toda a nação que ela representa.

> II – Contra funcionário público, em razão de suas funções, ou contra os presidentes do Senado Federal, da Câmara dos Deputados ou do Supremo Tribunal Federal;

Esse aumento de pena não se aplica quando a conduta se refere à vida privada do funcionário público. É necessário o nexo de causalidade entre a ofensa e o exercício da função pública.

Ainda, vale destacar que a Lei nº 14.197/2021 acrescentou ao inciso, na parte final, a previsão de que também constitui causa de aumento de pena de 1/3, quando qualquer dos crimes contra a honra é cometido contra os presidentes do Senado Federal, da Câmara dos Deputados ou do Supremo Tribunal Federal.

> III – Na presença de várias pessoas, ou por meio que facilite a divulgação da calúnia, da difamação ou da injúria.

A expressão "várias pessoas" refere-se a no mínimo três pessoas, não se incluindo neste número o ofensor, a vítima e eventuais coautores e partícipes.

O STF, após o julgamento da ADPF nº 130-7/DF, decidiu que a Lei de Imprensa (Lei nº 5.250/1967) não foi recepcionada pela CF/1988. Desse modo, aos crimes contra a honra praticados por meio da imprensa (oral ou escrita) serão aplicadas as disposições do Código Penal (arts. 138 a 145).

> IV – Contra pessoa maior de 60 (sessenta) anos ou portadora de deficiência, exceto no caso de injúria.

Esse inciso foi inserido no CP pela Lei nº 10.741/2003 (Estatuto do Idoso). O ofensor tem que ter conhecimento da idade da vítima no momento do crime.

Não se aplica este inciso no caso de injúria, pois nesse crime já existe a figura da injúria qualificada (art. 140, § 3º, CP) razão pela qual se evita o *bis in idem* desta forma.

> § 1º Se o crime é cometido mediante paga ou promessa de recompensa, aplica-se a pena em dobro.

Hipótese de crime plurissubjetivo ou de concurso necessário. O pagamento, em ambos os casos, pode ser em dinheiro ou qualquer outro bem e a vantagem não precisa ser necessariamente econômica. Ex.: promessa de emprego, de casamento, de favores sexuais.

Essa majorante não se aplica ao mandante, apenas ao executor.

> § 2º Se o crime é cometido ou divulgado em quaisquer modalidades das redes sociais da rede mundial de computadores, aplica-se em triplo a pena.

A majorante havia sido vetada pelo presidente da República, contudo, em abril de 2021 o veto foi derrubado pelo Congresso Nacional. Assim, o crime contra honra cometido por meio das redes sociais (Facebook, Twitter, Instagram, YouTube, LinkedIn etc.) terá a incidência da referida causa de aumento.

## 6.3.7 Exclusão do crime

> **Art. 142, CP** Não constituem injúria ou difamação punível:
> I – A ofensa irrogada em juízo, na discussão da causa, pela parte ou por seu procurador;
> II – A opinião desfavorável da crítica literária, artística ou científica, salvo quando inequívoca a intenção de injuriar ou difamar;
> III – O conceito desfavorável emitido por funcionário público, em apreciação ou informação que preste no cumprimento de dever do ofício.
> **Parágrafo único.** Nos casos dos nºs I e III, responde pela injúria ou pela difamação quem lhe dá publicidade.

Esse dispositivo não se aplica ao crime de calúnia, pois há nesse crime o interesse do Estado e da sociedade em realizar sua apuração. Ex.: advogado diz que o promotor foi subornado pelo réu para pedir sua absolvição.

A imunidade é relativa: para a maioria, a ressalva exarada pela expressão salvo quando se tem intenção de injuriar ou difamar se aplica não apenas ao inciso II, como também aos incisos I e III. Esse é o entendimento da maioria.

Nas hipóteses dos incisos I e III, responde pela injúria ou difamação aquele que dá publicidade ao fato. É imprescindível, para tanto, o *animus* em ofender a vítima.

> I – A ofensa irrogada em juízo, na discussão da causa, pela parte ou por seu procurador;

Esta excludente de ilicitude não se aplica quando a ofensa é dirigida ao juiz (magistrado), pois este não é parte na causa.

Para o advogado, de acordo com o art. 7º, § 2º, da Lei nº 8.906/1994 (EOAB): o advogado tem imunidade profissional, não constituindo injúria, difamação ou desacato puníveis em qualquer manifestação de sua parte, no exercício de sua atividade, em juízo ou fora dele, sem prejuízo das sanções disciplinares perante a Ordem dos Advogados do Brasil (OAB), pelos excessos que cometer.

A expressão desacato foi declarada inconstitucional pelo STF, nos autos da ADIN nº 1.127-8. Desse modo, o advogado pode praticar o crime de desacato.

> II – A opinião desfavorável da crítica literária, artística ou científica, salvo quando inequívoca a intenção de injuriar ou difamar;

*III – O conceito desfavorável emitido por funcionário público, em apreciação ou informação que preste no cumprimento de dever do ofício.*

Cuida-se de modalidade especial de estrito cumprimento do dever legal. Ex.: delegado de Polícia que, ao relatar o inquérito policial, refere-se ao indiciado como pessoa de alta periculosidade, covarde e impiedoso.

### 6.3.8 Retratação

**Art. 143, CP** *O querelado que, antes da sentença, se retrata cabalmente da calúnia ou da difamação, fica isento de pena.*

**Parágrafo único.** *Nos casos em que o querelado tenha praticado a calúnia ou a difamação utilizando-se de meios de comunicação, a retratação dar-se-á, se assim desejar o ofendido, pelos mesmos meios em que se praticou a ofensa.*

É necessário observar que retratação não se confunde com confissão da calúnia ou da difamação. Retratar-se é escusar-se, retirar o que disse, trazer a verdade novamente à tona. Trata-se de causa extintiva da punibilidade.

Se o querelado se retrata, há exclusão do crime, mas isso não importa em exclusão de indenização na seara cível.

Atente-se que, somente em relação a calúnia e a difamação há possibilidade de retratação, não abrangendo a injúria. Atente-se que, na Lei de Imprensa, havia previsão relativa à injúria, mas esta não foi recepcionada pela CF/1988, nos termos de decisão proferida pelo STF.

Na retratação, não se exige a concordância do ofendido. A retratação deve ser total e incondicional. Deve, ainda, abranger tudo o que foi dito pelo ofensor.

**Fique ligado**

É possível retratação extintiva da punibilidade no crime contra a honra de funcionário público no exercício da função? Em regra, não, pois não haverá querelado (a ação penal é pública).

### 6.3.9 Pedido de explicações

**Art. 144, CP** *Se, de referências, alusões ou frases, se infere calúnia, difamação ou injúria, quem se julga ofendido pode pedir explicações em juízo. Aquele que se recusa a dá-las ou, a critério do juiz, não as dá satisfatórias, responde pela ofensa.*

Possui as seguintes características:

▷ É medida facultativa, pois a vítima não precisa dele se valer para o oferecimento da ação penal;
▷ Somente pode ser utilizado antes do ajuizamento da ação penal;
▷ Não possui procedimento específico;
▷ Não interrompe ou suspende o prazo decadencial.

O requerido não pode ser compelido a prestar as informações solicitadas. Desse modo, caso se omita, não poderá sofrer qualquer espécie de sanção.

### 6.3.10 Ação penal

**Art. 145, CP** *Nos crimes previstos neste Capítulo somente se procede mediante queixa, salvo quando, no caso do art. 140, § 2º, da violência resulta lesão corporal.*

**Parágrafo único.** *Procede-se mediante requisição do ministro da Justiça, no caso do inciso I do caput do art. 141 deste Código, e mediante representação do ofendido, no caso do inciso II do mesmo artigo, bem como no caso do § 3º do art. 140 deste Código.*

### 6.3.11 Espécies de ação penal

A regra geral é que os crimes contra a honra (calúnia/difamação/injúria) são de ação penal privada. Todavia, há três exceções:

▷ Pública condicionada a requisição do ministro da Justiça (crime contra o presidente da República ou chefe de governo estrangeiro);
▷ Pública condicionada a representação do ofendido (crime contra funcionário público em razão de suas funções ou crime de injúria qualificada – discriminação);
▷ Pública incondicionada: injúria real se resulta lesão corporal.

Crime contra a honra de funcionário público: tratando-se de ofensa em razão da função, a ação penal é pública condicionada a representação.

Tratando-se de ofensa sem vínculo com a função pública, a ação penal é privada.

> **Súmula nº 714 – STF** *É concorrente a legitimidade do ofendido mediante queixa e do MP condicionada a representação do ofendido, para a ação penal por crime contra a honra de servidor público em razão do exercício de suas funções.*

É importante destacar que no caso da injúria qualificada pelo preconceito (art. 140, § 3º, CP), até meados de 2009, o referido crime era processado mediante ação penal privada, dependendo do oferecimento de queixa-crime pelo ofendido. Entretanto, sobreveio a Lei nº 12.033/2009 que alterou a natureza da ação penal do delito, deixando de ser de ação penal privada, passando, então, a ser processado mediante ação penal pública condicionada à representação do ofendido, consoante previsão do art. 145, parágrafo único, do CP.

Não obstante, é fundamental ressaltar que a alteração promovida não possui caráter retroativo, pois configura norma mais gravosa, de modo que aos fatos cometidos antes da vigência da Lei nº 12.033/2009, a ação penal continua sendo de natureza privada, dependendo do oferecimento de queixa pelo ofendido, pois do contrário, se a nova previsão legal retroagisse para alcançar fatos pretéritos, diversos institutos extintivos da punibilidade seriam subtraídos do acusado (renúncia, perdão do ofendido, perempção etc.).

# 7 CRIMES CONTRA LIBERDADE INDIVIDUAL

## 7.1 Constrangimento ilegal

*Art. 146, CP Constranger alguém, mediante violência ou grave ameaça, ou depois de lhe haver reduzido, por qualquer outro meio, a capacidade de resistência, a não fazer o que a lei permite, ou a fazer o que ela não manda:*

*Pena – Detenção, de três meses a um ano, ou multa.*

**Aumento de pena**

*§ 1º As penas aplicam-se cumulativamente e em dobro, quando, para a execução do crime, se reúnem mais de três pessoas, ou há emprego de armas.*

*§ 2º Além das penas cominadas, aplicam-se as correspondentes à violência.*

*§ 3º Não se compreendem na disposição deste artigo:*

*I – A intervenção médica ou cirúrgica, sem o consentimento do paciente ou de seu representante legal, se justificada por iminente perigo de vida;*

*II – A coação exercida para impedir suicídio.*

## 7.2 Ameaça

*Art. 147, CP Ameaçar alguém, por palavra, escrito ou gesto, ou qualquer outro meio simbólico, de causar-lhe mal injusto e grave:*

*Pena – Detenção, de um a seis meses, ou multa.*

*Parágrafo único. Somente se procede mediante representação.*

## 7.3 Perseguição

*Art. 147-A, CP Perseguir alguém, reiteradamente e por qualquer meio, ameaçando-lhe a integridade física ou psicológica, restringindo-lhe a capacidade de locomoção ou, de qualquer forma, invadindo ou perturbando sua esfera de liberdade ou privacidade.*

*Pena – Reclusão, de 6 (seis) meses a 2 (dois) anos, e multa.*

*§ 1º A pena é aumentada de metade se o crime é cometido:*

*I – contra criança, adolescente ou idoso;*

*II – contra mulher por razões da condição de sexo feminino, nos termos do § 2º-A do art. 121 deste Código;*

*III – mediante concurso de 2 (duas) ou mais pessoas ou com o emprego de arma.*

*§ 2º As penas deste artigo são aplicáveis sem prejuízo das correspondentes à violência.*

*§ 3º Somente se procede mediante representação.*

A Lei nº 14.132/2021 acrescentou o art. 147-A ao CP, para tipificar o crime de perseguição, também chamado *stalking*.

A perseguição ou *stalking* é uma forma de violência na qual o agente invade a esfera de privacidade da vítima, praticando reiteradamente a mesma ação por maneiras e atos variados. O sujeito utiliza-se de chamadas por telefone, mensagens amorosas, telegramas, ramalhetes de flores, presentes não solicitados, mensagens em faixas afixadas na rua, permanência na saída do trabalho, frequência no mesmo local de lazer da vítima etc.

O novo tipo objetiva coibir e punir a conduta de pessoas que praticam esse tipo de perseguição.

**Sujeito ativo:** pode ser qualquer pessoa (crime comum).

**Sujeito passivo:** é qualquer pessoa que (homem ou mulher).

O § 1º prevê as circunstâncias que aumentam a pena (majorantes): quando o crime é praticado contra criança, adolescente, idoso ou mulher por razões da condição de sexo feminino.

Trata-se de crime de ação penal pública condicionada. A consumação do delito exige a perseguição reiterada. Trata-se de crime habitual. Não se exige produção de resultado naturalístico. É crime formal.

## 7.4 Violência psicológica contra a mulher

*Art. 147-B, CP Causar dano emocional à mulher que a prejudique e perturbe seu pleno desenvolvimento ou que vise a degradar ou a controlar suas ações, comportamentos, crenças e decisões, mediante ameaça, constrangimento, humilhação, manipulação, isolamento, chantagem, ridicularização, limitação do direito de ir e vir ou qualquer outro meio que cause prejuízo à sua saúde psicológica e autodeterminação:*

*Pena – Reclusão, de 6 (seis) meses a 2 (dois) anos, e multa, se a conduta não constitui crime mais grave.*

A Lei Maria da Penha (Lei nº 11.340/2006) prevê que a violência doméstica também pode ser violência psicológica. Contudo, não havia um tipo penal específico para punir o agente que cometesse violência psicológica contra a mulher.

Assim, o art. 147-B foi acrescentado para suprir essa lacuna, pois, até então, isso gerava uma proteção deficiente para a mulher.

A violência psicológica pode ser praticada, por exemplo, por meio de: ameaça; constrangimento, humilhação, manipulação, isolamento, chantagem, ridicularização, limitação do direito de ir e vir etc.

**Sujeito ativo:** trata-se de crime comum, pode ser praticado por qualquer pessoa (homem ou mulher).

**Sujeito passivo:** é crime próprio, pois a vítima deve ser mulher (criança, adulta, idosa, desde que do sexo feminino).

O crime é punido a título de dolo, não prevê a modalidade culposa. O delito consuma-se com a provocação do dano emocional à vítima. Admite tentativa. É processado mediante ação penal pública incondicionada.

## 7.5 Sequestro e cárcere privado

*Art. 148, CP Privar alguém de sua liberdade, mediante sequestro ou cárcere privado:*

*Pena – Reclusão, de um a três anos.*

*§ 1º A pena é de reclusão, de dois a cinco anos:*

*I – Se a vítima é ascendente, descendente, cônjuge ou companheiro do agente ou maior de 60 (sessenta) anos;*

*II – Se o crime é praticado mediante internação da vítima em casa de saúde ou hospital;*

*III – Se a privação da liberdade dura mais de quinze dias.*

*IV – Se o crime é praticado contra menor de 18 (dezoito) anos;*

*V – Se o crime é praticado com fins libidinosos.*

*§ 2º Se resulta à vítima, em razão de maus-tratos ou da natureza da detenção, grave sofrimento físico ou moral:*

*Pena – Reclusão, de dois a oito anos.*

Trata-se de infração de médio potencial ofensivo, admitindo-se a suspensão condicional do processo.

As pessoas que são impossibilitadas de se locomover podem ser vítimas do delito? A liberdade de movimento não deixa de existir quando se exerce à custa de aparelhos ou com o auxílio de outrem.

Essa é a posição que prevalece no Brasil. Há doutrinadores estrangeiros que afirmam que não seria esse o delito, mas, sim, o de constrangimento ilegal em se tratando de pessoas que não podem se locomover.

▷ **Conduta:** é a privação da liberdade. Pode ser executada mediante:

- **Sequestro:** é privação da liberdade sem confinamento. Ex.: sítio, casa.
- **Cárcere privado:** é a privação da liberdade com confinamento. Ex.: porão.

Quando o crime for praticado mediante cárcere privado, deve fixar esse meio mais gravoso na fixação da pena.

O crime pode ser praticado por ação ou omissão.

Médico que não concede alta para paciente já curado.

**Tipo subjetivo:** o dolo é a finalidade especial do crime.

Se a finalidade for obter vantagem econômica, o delito será o previsto no art. 159 do CP. Se o fim for satisfazer pretensão, deixa de ser o delito do art. 148 e passa a ser o delito previsto no art. 345 (exercício arbitrário das próprias razões). Ex.: médico que não concede alta para paciente com a finalidade de satisfazer pretensão tida como legítima (pagamento do tratamento), o delito será de exercício arbitrário das próprias razões.

Na hipótese em que a finalidade é causar sofrimento físico ou mental, o delito será o de tortura.

▷ **Consumação e tentativa:** trata-se de delito permanente, e sua consumação se protrai no tempo. Consuma-se com a efetiva privação da liberdade ou locomoção da vítima.

A tentativa é perfeitamente difícil já que a privação da liberdade pode ser antecedida de violência e se o agente age de forma violenta, mas não consegue privar sua liberdade por circunstâncias alheias a sua vontade, terá havido tentativa.

▷ **Qualificadoras: art. 148, § 1º:**

*I – Ascendente, descendente, cônjuge ou companheiro do agente ou maior de 60 anos.*

Neste caso, para qualificar não abrange o parentesco colateral, por afinidade, padrasto, ou madrasta do agente.

O idoso deve ter mais de 60 anos quando de sua libertação, não importando se quando da privação da liberdade tinha menos de 60 anos.

*II - Se o crime é praticado mediante internação da vítima em casa de saúde ou hospital:* Neste caso, tem que ser internação simulada ou fraudulenta.

*III – Se a privação da liberdade dura mais de quinze dias:* Este prazo inicia-se no momento da privação da vítima, até sua libertação.

*IV – Crime praticado contra menor de 18 anos:* neste inciso basta que a vítima seja maior de 18 anos ao final do sequestro, pouco importando se tinha menos que 18 anos no início do cárcere.

*V – Se praticado com fins libidinosos:* trata-se de ação penal pública incondicionada (e não ação privada, como era anterior a 2005).

## 7.6 Redução à condição análoga à de escravo

*Art. 149, CP Reduzir alguém a condição análoga à de escravo, quer submetendo-o a trabalhos forçados ou a jornada exaustiva, quer sujeitando-o a condições degradantes de trabalho, quer restringindo, por qualquer meio, sua locomoção em razão de dívida contraída com o empregador ou preposto:*

*Pena – Reclusão, de dois a oito anos, e multa, além da pena correspondente à violência.*

*§ 1º Nas mesmas penas incorre quem:*

*I – Cerceia o uso de qualquer meio de transporte por parte do trabalhador, com o fim de retê-lo no local de trabalho;*

*II – Mantém vigilância ostensiva no local de trabalho ou se apodera de documentos ou objetos pessoais do trabalhador, com o fim de retê-lo no local de trabalho.*

*§ 2º A pena é aumentada de metade, se o crime é cometido:*

*I – Contra criança ou adolescente;*

*II – Por motivo de preconceito de raça, cor, etnia, religião ou origem.*

## 7.7 Tráfico de pessoas

*Art. 149-A, CP Agenciar, aliciar, recrutar, transportar, transferir, comprar, alojar ou acolher pessoa, mediante grave ameaça, violência, coação, fraude ou abuso, com a finalidade de:*

*I – remover-lhe órgãos, tecidos ou partes do corpo;*

*II – submetê-la a trabalho em condições análogas à de escravo;*

*III – submetê-la a qualquer tipo de servidão;*

*IV – adoção ilegal; ou*

*V – exploração sexual.*

*Pena – Reclusão, de 4 (quatro) a 8 (oito) anos, e multa.*

*§ 1º A pena é aumentada de um terço até a metade se:*

*I – o crime for cometido por funcionário público no exercício de suas funções ou a pretexto de exercê-las;*

*II – o crime for cometido contra criança, adolescente ou pessoa idosa ou com deficiência;*

*III – o agente se prevalecer de relações de parentesco, domésticas, de coabitação, de hospitalidade, de dependência econômica, de autoridade ou de superioridade hierárquica inerente ao exercício de emprego, cargo ou função; ou*

*IV – a vítima do tráfico de pessoas for retirada do território nacional.*

*§ 2º A pena é reduzida de um a dois terços se o agente for primário e não integrar organização criminosa.*

# 8 CRIMES CONTRA O PATRIMÔNIO

## 8.1 Furto

*Art. 155, CP Subtrair, para si ou para outrem, coisa alheia móvel:*
*Pena – Reclusão, de um a quatro anos, e multa.*

*§ 1º A pena aumenta-se de um terço, se o crime é praticado durante o repouso noturno.*

*§ 2º Se o criminoso é primário, e é de pequeno valor a coisa furtada, o juiz pode substituir a pena de reclusão pela de detenção, diminuí-la de um a dois terços, ou aplicar somente a pena de multa.*

*§ 3º Equipara-se à coisa móvel a energia elétrica ou qualquer outra que tenha valor econômico.*

### Furto qualificado

*§ 4º A pena é de reclusão de dois a oito anos, e multa, se o crime é cometido:*
*I – com destruição ou rompimento de obstáculo à subtração da coisa;*
*II – com abuso de confiança, ou mediante fraude, escalada ou destreza;*
*III – com emprego de chave falsa;*
*IV – mediante concurso de duas ou mais pessoas.*

*§ 4º-A A pena é de reclusão de 4 (quatro) a 10 (dez) anos e multa, se houver emprego de explosivo ou de artefato análogo que cause perigo comum.*

*§ 4º-B A pena é de reclusão, de 4 (quatro) a 8 (oito) anos, e multa, se o furto mediante fraude é cometido por meio de dispositivo eletrônico ou informático, conectado ou não à rede de computadores, com ou sem a violação de mecanismo de segurança ou a utilização de programa malicioso, ou por qualquer outro meio fraudulento análogo.*

*§ 4º-C. A pena prevista no § 4º-B deste artigo, considerada a relevância do resultado gravoso:*
*I – aumenta-se de 1/3 (um terço) a 2/3 (dois terços), se o crime é praticado mediante a utilização de servidor mantido fora do território nacional;*
*II – aumenta-se de 1/3 (um terço) ao dobro, se o crime é praticado contra idoso ou vulnerável.*

*§ 5º A pena é de reclusão de três a oito anos, se a subtração for de veículo automotor que venha a ser transportado para outro Estado ou para o exterior.*

*§ 6º A pena é de reclusão de 2 (dois) a 5 (cinco) anos se a subtração for de semovente domesticável de produção, ainda que abatido ou dividido em partes no local da subtração.*

*§ 7º A pena é de reclusão de 4 (quatro) a 10 (dez) anos e multa, se a subtração for de substâncias explosivas ou de acessórios que, conjunta ou isoladamente, possibilitem sua fabricação, montagem ou emprego.*

O crime de furto está descrito no rol dos crimes contra o patrimônio, mais precisamente, no Título II do Código Penal. Furto é se apropriar de algo alheio para si ou para outra pessoa.

Existem várias modalidades de furto, dentre as quais se destacam: o furto de coisa comum, furto privilegiado e o furto qualificado. Há que se distinguir furto de roubo: a principal diferença entre os dois é que no roubo há emprego de violência e no furto não há.

### Bem jurídico tutelado

Tutela-se o patrimônio, a posse e a detenção, desde que legítimas.

### Classificação

É considerado um crime comum (praticado por qualquer pessoa) e material (para sua consumação exige um resultado naturalístico).

É um crime doloso (ânimo de assenhoramento definitivo da coisa. Vontade de se tornar dono/proprietário do bem).

### Sujeitos do crime

**Sujeito ativo:** qualquer pessoa (exceto o proprietário).
**Sujeito passivo:** qualquer pessoa (proprietário, possuidor ou detentor do bem). Pode ser pessoa física ou jurídica.

### Consumação e tentativa

De acordo com a teoria da inversão da posse, ocorre a consumação do furto quando o bem sai da esfera de disponibilidade da vítima e passa para a do autor do delito.

De acordo com o STJ, não se exige a posse mansa e pacífica do bem para a sua consumação, bastando que o agente obtenha a simples posse do bem, ainda que por um curto período.

Precedentes do STJ e STF considera-se consumado o crime de furto com a simples posse, ainda que breve, do bem subtraído, não sendo necessária que ela se dê de forma mansa e pacífica, bastando que cesse a clandestinidade, ainda que por curto espaço de tempo.

▷ Pungista (vulgarmente conhecido como batedor de carteira) coloca a mão no bolso da vítima, mas a carteira está no outro bolso: tentativa de furto;
▷ Pungista coloca a mão no bolso da vítima, mas a carteira está em casa: crime impossível (art. 17, CP).

### Furto consumado

▷ Há perda dos bens subtraídos.
▷ Auto de Prisão em Flagrante (APF) de apenas um dos agentes e fuga dos comparsas.
▷ Subtração e posse de apenas parte dos bens.
▷ APF no caso de flagrante presumido.
▷ Por circunstâncias alheias à vontade do agente, este não consegue consumar o furto. É admitida a tentativa, pois se trata de crime material (exige resultado).

### Tipo subjetivo

O delito é punido a título de dolo, mas, atente-se que é necessária a vontade de apoderamento definitivo, ou seja, a intenção de não mais devolver a coisa à vítima.

O furto de uso é fato atípico. Mas, para ser caracterizado o furto de uso são necessários três requisitos: a intenção desde o início de uso momentâneo da coisa, ser coisa não consumível (infungível) e a restituição seja imediata e integral à vítima.

Qual crime pratica o proprietário que subtrai coisa sua na legítima posse de terceiro? Há prática do delito de exercício arbitrário das próprias razões. Aqui, pode se enquadrar no art. 345 ou no art. 346 do CP, a depender da qualidade da posse do agente.

▷ **A coisa pública de uso comum, pode ser objeto material de furto?**

A coisa pública, de uso comum, a todos pertence, não podendo ser subtraída e configurar furto. Sucede que, dependendo da situação, há possibilidade da prática de crime ambiental, do delito de usurpação de águas e do crime de dano. Ex.: furto de parte de estátua.

A vigilância física ou eletrônica em estabelecimentos comerciais torna o crime impossível? Primeiramente, deve-se analisar a natureza do equipamento. Se, por exemplo, há um equipamento que impede por si só a saída do estabelecimento com o bem, seria configurado o crime impossível. O fato de haver câmeras ou seguranças apenas dificulta a consumação.

### 8.1.1 Furto noturno

*Art. 155, § 1º, CP A pena aumenta-se de um terço, se o crime é praticado durante o repouso noturno.*

O repouso noturno só era aplicado ao furto simples (*caput*). Porém, atualmente a jurisprudência admite a previsão do aumento de pena tanto para o furto simples (*caput*) quanto para o furto qualificado (§§ 4º e 5º).

Aplica-se essa causa de aumento de pena, desde que o fato seja praticado durante o repouso noturno. Não importa se a casa estava ou não habitada, ou o seu morador estava ou não dormindo (divergência).

Aplica-se essa majorante, também, aos furtos cometidos durante o repouso noturno em veículos estacionados em vias públicas, bem como em estabelecimentos comerciais (divergência jurisprudencial).

▷ **Repouso noturno:** período em que as pessoas se recolhem em suas casas para descansarem (dormirem). Varia conforme a região: grandes metrópoles ou pequenas cidades do interior.

▷ **Noite:** ausência de luz solar. Período que vai da aurora ou crepúsculo.

### 8.1.2 Furto privilegiado

> *Art. 155, § 2º, CP Se o criminoso é primário, e é de pequeno valor a coisa furtada, o juiz pode substituir a pena de reclusão pela de detenção, diminuí-la de um a dois terços, ou aplicar somente a pena de multa.*

Aplica-se apenas ao furto simples (*caput*) e ao furto noturno. Não se aplica ao furto qualificado (§§ 4º e 5º).

**Criminoso primário:** aquele que não é reincidente. Não precisa ser portador de bons antecedentes. Se já transcorrido o prazo de 5 anos entre a data de cumprimento ou extinção da pena e a infração penal posterior, o agente readquire a sua condição de primário (art. 64, I, CP).

**Coisa subtraída de pequeno valor:** bem cujo valor seja de até um salário-mínimo na data do fato.

"Coisa de pequeno valor" não se confunde com "coisa de valor insignificante". A primeira, se também presente a primariedade do agente, enseja a incidência do privilégio; a segunda conduz à atipicidade do fato, em decorrência do princípio da insignificância (criminalidade de bagatela).

Presentes esses dois requisitos legais, o juiz é obrigado a aplicar o privilégio ao criminoso (direito subjetivo do acusado).

### 8.1.3 Furto qualificado-privilegiado

O STF aceita a possibilidade de se aplicar o privilégio (art. 155, § 2º, CP) às figuras qualificadas (art. 155, §§ 4º e 5º, CP) desde que não haja imposição isolada de pena de multa em decorrência do privilégio.

O STF entendeu que no furto qualificado pelo concurso de agentes, não há óbice ao reconhecimento do privilégio, desde que estejam presentes os requisitos ensejadores de sua aplicação, quais sejam, a primariedade do agente e o pequeno valor da coisa furtada.

> *§ 3º Equipara-se à coisa móvel a energia elétrica ou qualquer outra que tenha valor econômico.*

Trata-se de norma penal interpretativa. Entende por qualquer outra energia térmica, mecânica, radioatividade e genética (sêmen de animal).

### 8.1.4 Furto de sinal de TV a cabo

**1ª corrente:** não é crime. A energia se consome, se esgota e pode, inclusive, terminar, ao passo que sinal de TV não se consome, não diminui. É adotada por Bittencourt.

**2ª corrente:** o furto de sinal de TV encaixa-se no § 3º do art. 155, pois é uma forma de energia. É uma corrente adotada pelo STJ.

#### Furto de energia × estelionato no consumo de energia

▷ **Furto de energia elétrica**

No furto de energia elétrica, o agente não está autorizado via contrato, consumir energia. O agente, mediante artifício, por exemplo, ligação clandestina, subtrai a energia.

▷ **Estelionato no consumo de energia**

Nesse caso o agente está autorizado, via contrato, a consumir energia. O agente, mediante fraude, altera o medidor de consumo da energia, indicando valor menor que o efetivamente consumido.

### 8.1.5 Furto qualificado

> *§ 4º A pena é de reclusão de dois a oito anos, e multa, se o crime é cometido:*
> *I – Com destruição ou rompimento de obstáculo à subtração da coisa;*

Arrombamento de fechaduras, janelas, portas, cadeados, cofres, trincos.

Se o obstáculo destruído for inerente à própria coisa não incidirá esta forma qualificada.

> Quebrar o vidro da porta de um carro com o objetivo de furtar o veículo (furto simples). Todavia, caso o agente quebre o vidro apenas para viabilizar o furto do *CD-player*, ou de qualquer outro objeto que se encontra em seu interior, responderá por furto qualificado.

Se o agente apenas desliga o alarme, não incidirá a qualificadora, pois não houve destruição ou rompimento de obstáculo.

Caso a violência seja empregada após a consumação do furto, o agente responderá por furto em concurso com o crime de dano (art. 163).

O furto de uma bolsa para obter o que está em seu interior não qualifica o delito, pois a bolsa não é obstáculo e, sim, forma de transportar as coisas. O obstáculo seria um cadeado.

Há decisões que entendem pela aplicabilidade da qualificadora quando há ligação direta no veículo.

> *Art. 155, II, CP Com abuso de confiança, ou mediante fraude, escalada ou destreza;*

▷ Confiança é circunstância subjetiva incomunicável no concurso de pessoas (art. 30, CP).

> Famulato (furto praticado por empregado doméstico contra o patrão).

Essa qualificadora pressupõe dois requisitos:

▷ A vítima tem de depositar, por qualquer motivo (amizade, parentesco, relações profissionais etc.), uma especial confiança no agente.

▷ O agente deve se aproveitar de alguma facilidade decorrente da confiança nele depositada para cometer o crime.

**Furto mediante abuso de confiança:** o agente tem mero contato com a coisa. O agente pode até ter posse, mas essa é uma posse precária vigiada. O dolo está presente desde o início da posse.

**Apropriação indébita:** o agente exerce a posse em nome de outrem. O agente tem posse desvigiada. O dolo é superveniente à posse.

Fraude é o artifício (emprego de algum objeto, instrumento ou vestimenta para enganar o titular do bem) ou ardil (conversa enganosa), isto é, o meio enganoso empregado pelo agente para diminuir a vigilância da vítima ou de terceiro sobre um bem móvel, permitindo ou facilitando sua subtração.

▷ A fraude como qualificadora há de ser empregada antes ou durante a subtração da coisa, ou seja, antecede a consumação do crime.

▷ Um ponto muito relevante é a diferenciação entre furto mediante fraude e estelionato.

**Destreza:** trata-se de peculiar habilidade física ou manual permitindo ao agente despojar a vítima sem que esta perceba. Ex.: batedores de carteira ou punguistas.

## CRIMES CONTRA O PATRIMÔNIO

▷ **Furto mediante fraude:** é qualificadora do crime. Deve ser empregada antes ou durante a subtração do bem. É utilizada para **diminuir a vigilância** da vítima sobre o bem, permitindo ou facilitando a subtração. Há a subtração do bem sem que a vítima perceba.

> "A" e "B", bandidos, se disfarçam de técnicos de TV a cabo e pedem para consertar a TV de "C". Enquanto "C" permanece em seu quarto "A" e "B" aproveitam sua distração para furtar objetos na sala de estar.

▷ **Estelionato (art. 171, CP):** é elementar do crime. Antecede o apossamento da coisa. É utilizado para induzir a vítima em erro, mediante uma falsa percepção da realidade. Ocorre a entrega espontânea (embora viciada) do bem pela vítima ao agente.

> "A" se disfarça de manobrista e fica parado em frente a um restaurante. "B" entrega seu veículo para que o falso manobrista o estacione. "A" desaparece com o carro.

*Art. 155, III, CP Com emprego de chave falsa;*

Segundo alguns autores, chave falsa é todo o instrumento, com ou sem forma de chave, destinado a abrir fechaduras. Ex.: grampos, arames, estiletes, micha etc.

A chave verdadeira, obtida fraudulentamente, não gera a qualificadora do inciso III.

*Art. 155, IV, CP Mediante concurso de duas ou mais pessoas.*

Responderá por furto qualificado mesmo se um dos integrantes for menor de 18 anos.

*§ 4º-A A pena é de reclusão de 4 (quatro) a 10 (dez) anos e multa, se houver emprego de explosivo ou de artefato análogo que cause perigo comum.*

A Lei nº 13.645/2018 inseriu uma nova qualificadora ao crime de furto, com o intuito de criminalizar mais gravemente a conduta relacionada à subtração com o emprego de explosivo ou artefato análogo, como o que acontece com os caixas de banco.

*§ 4º-B A pena é de reclusão, de 4 (quatro) a 8 (oito) anos, e multa, se o furto mediante fraude é cometido por meio de dispositivo eletrônico ou informático, conectado ou não à rede de computadores, com ou sem a violação de mecanismo de segurança ou a utilização de programa malicioso, ou por qualquer outro meio fraudulento análogo.*

*§ 4º-C A pena prevista no § 4º-B deste artigo, considerada a relevância do resultado gravoso:*

*I – aumenta-se de 1/3 (um terço) a 2/3 (dois terços), se o crime é praticado mediante a utilização de servidor mantido fora do território nacional;*

*II – aumenta-se de 1/3 (um terço) ao dobro, se o crime é praticado contra idoso ou vulnerável.*

A Lei nº14.155/2021 alterou as disposições do art. 155 e inseriu o § 4º-B, prevendo nova qualificadora ao delito de furto quando cometido mediante fraude por meio de dispositivo eletrônico ou informático. Também acrescentou o § 4º-C, passando a prever duas causas de aumento para a conduta do § 4º-B, quando o delito de furto mediante fraude em dispositivo eletrônico for cometido por meio de servidor localizado fora do território brasileiro ou contra idoso ou pessoa vulnerável.

A fim de incidência da nova qualificadora, pode-se citar a conduta do agente que invade computador de terceiro e nele instala programa malicioso (*malware*) e, então, descobre senhas bancárias e subtrai valores da conta bancária da vítima, por exemplo.

*§ 5º A pena é de reclusão de 3 (três) a 8 (oito) anos, se a subtração for de veículo automotor que venha a ser transportado por outro Estado ou para o exterior.*

*§ 6º A pena é de reclusão de 2 (dois) a 5 (cinco) anos se a subtração for de semovente domesticável de produção, ainda que abatido ou dividido em partes no local da subtração.*

*§ 7º A pena é de reclusão de 4 (quatro) a 10 (dez) anos e multa, se a subtração for de substâncias explosivas ou de acessórios que, conjunta ou isoladamente, possibilitem sua fabricação, montagem ou emprego.*

Ademais, outra modificação feita pela Lei nº 13.654/2018 foi a inserção do § 7º no art. 155 do CP. Essa alteração pune mais gravemente a subtração de explosivos ou acessórios para a fabricação, montagem ou emprego.

### 8.1.6 Bens imóveis e energia elétrica

Os bens considerados imóveis pela legislação civil e que puderem ser deslocados de um local para outro podem ser objeto de furto. Ex.: navios, prédios, terrenos, carro, moto, animal de estimação, celular.

A energia elétrica ou qualquer outra que possua valor econômico é equiparada a coisa móvel (art. 155, § 3º, CP). Ex.: energia genética, energia nuclear, energia mecânica. Desse modo, a ligação clandestina de energia elétrica "gato" é crime de furto.

### 8.1.7 Modalidades de furto

**Abigeato:** furto de gado.

**Famulato:** furto praticado pelo empregado doméstico contra o patrão. Não precisa ser realizado na residência do patrão, pode ser em qualquer lugar.

**Furto famélico:** hipótese em que o agente subtrai alimentos para saciar sua fome ou de sua família, pois se encontra em situação de extrema miséria e pobreza.

O furto famélico configura estado de necessidade, preenchidos os seguintes requisitos:

▷ Fato praticado para mitigar a fome;
▷ Que haja subtração de coisa capaz de contornar imediatamente e diretamente a emergência (fome);
▷ Inevitabilidade do comportamento lesivo;
▷ Impossibilidade de trabalho ou insuficiência dos recursos auferidos.

Somente pode ser aplicado o furto famélico àquele que está desempregado? Não. Caso os recursos obtidos sejam insuficientes, pode ser reconhecido o furto famélico.

O consentimento do ofendido, antes ou durante a subtração, torna o fato atípico (bem disponível), mas após a subtração, o fato será típico.

Não existe furto culposo.

É possível o furto privilegiado + repouso noturno.

É possível o furto privilegiado + furto qualificado desde que não haja imposição isolada da pena de multa em decorrência do privilégio.

### 8.1.8 Princípio da insignificância no furto

O princípio da insignificância é causa supralegal de exclusão da tipicidade (o fato não será crime).

Exige a presença dos seguintes requisitos:

▷ **Requisitos objetivos:** mínima ofensividade da conduta; ausência de periculosidade social; reduzido grau de reprovabilidade do comportamento; e inexpressividade da lesão jurídica.
▷ **Requisitos subjetivos:** importância do objeto material para a vítima (situação econômica + valor sentimental do bem); e circunstâncias e resultado do crime.

O princípio da insignificância, desde que presentes seus requisitos objetivos e subjetivos, é em tese aplicável tanto ao furto simples como ao furto qualificado. Ex.: duas pessoas, em concurso de agentes, furtam uma penca de bananas.

Subtração de cartão bancário ou de crédito: não há crime de furto (princípio da insignificância). Eventual utilização do cartão, para saques em dinheiro ou compras em geral, caracteriza o crime de estelionato (art. 171, CP).

### 8.1.9 Furtos × outros crimes semelhantes

Principais diferenças entre os crimes que mais são confundidos em provas de concurso:

#### Furto × apropriação indébita

O furto é diferente da apropriação indébita (art. 168, CP), pois no primeiro a posse é vigiada e a subtração reside exatamente na retirada do bem dessa esfera de vigilância. Já no segundo, a vítima entrega ao agente a posse desvigiada de um bem.

#### Furto × peculato

O funcionário público que subtrai ou concorre para que seja subtraído bem público ou particular, que se encontra sob a guarda ou custódia da Administração Pública, valendo-se da facilidade que seu cargo lhe proporciona, pratica o crime de peculato furto (art. 312, § 1º, CP), também conhecido como peculato impróprio.

#### Furto × exercício arbitrário das próprias razões

Se um credor subtrai bens do devedor para se ressarcir de dívida não paga, o crime não será de furto, mas de exercício arbitrário das próprias razões (art. 345, CP).

É pacífico o entendimento de que a coisa abandonada (*res derelicta*), a coisa de ninguém (*res nullius*) não podem ser objeto do crime de furto, como também a coisa perdida (*res desperdita*), porém a coisa perdida constitui o crime de apropriação de coisa achada (art. 169, II, CP).

O ser humano não pode ser objeto de furto, salvo se forem partes definidas e com valor econômico. Ex.: cabelo.

Cadáver pode ser objeto de furto, desde que possua dono. Ex.: cadáver de faculdade de Medicina.

> *Art. 155, § 5º, CP A pena é de reclusão de três a oito anos, se a subtração for de veículo automotor que venha a ser transportado para outro Estado ou para o exterior.*

Essa qualificadora só incide quando o furto for de veículo automotor, não abrangendo embarcação nem aeronave, além disso, o veículo automotor deve ser levado para outro estado ou país. O legislador esqueceu-se de colocar o DF na qualificadora, porém a doutrina entende que o Distrito Federal está abrangido também, pois a norma ao utilizar a expressão estado considerou os entes da federação, dentre eles o Distrito Federal.

Não basta a mera intenção de ultrapassar os limites do estado ou do país, é necessária a transposição de fronteiras para que o delito qualificado seja consumado.

### 8.1.10 Furto de coisa comum

> *Art. 156, CP Subtrair o condômino, coerdeiro ou sócio, para si ou para outrem, a quem legitimamente a detém, a coisa comum:*
> *Pena – Detenção, de seis meses a dois anos, ou multa.*
> *§ 1º Somente se procede mediante representação.*
> *§ 2º Não é punível a subtração de coisa comum fungível, cujo valor não excede a quota a que tem direito o agente.*

## 8.2 Roubo

> *Art. 157, CP Subtrair coisa móvel alheia, para si ou para outrem, mediante grave ameaça ou violência a pessoa, ou depois de havê-la, por qualquer meio, reduzido à impossibilidade de resistência:*
> *Pena – Reclusão, de quatro a dez anos, e multa.*

> *§ 1º Na mesma pena incorre quem, logo depois de subtraída a coisa, emprega violência contra pessoa ou grave ameaça, a fim de assegurar a impunidade do crime ou a detenção da coisa para si ou para terceiro.*
> *§ 2º A pena aumenta-se de 1/3 (um terço) até metade:*
> *I – (Revogado.);*
> *II – se há o concurso de duas ou mais pessoas;*
> *III – se a vítima está em serviço de transporte de valores e o agente conhece tal circunstância.*
> *IV – se a subtração for de veículo automotor que venha a ser transportado para outro Estado ou para o exterior;*
> *V – se o agente mantém a vítima em seu poder, restringindo sua liberdade.*
> *VI – se a subtração for de substâncias explosivas ou de acessórios que, conjunta ou isoladamente, possibilitem sua fabricação, montagem ou emprego.*
> *VII – se a violência ou grave ameaça é exercida com emprego de arma branca;*
> *§ 2º-A A pena aumenta-se de 2/3 (dois terços):*
> *I – se a violência ou ameaça é exercida com emprego de arma de fogo;*
> *II – se há destruição ou rompimento de obstáculo mediante o emprego de explosivo ou de artefato análogo que cause perigo comum.*
> *§ 2º-B Se a violência ou grave ameaça é exercida com emprego de arma de fogo de uso restrito ou proibido, aplica-se em dobro a pena prevista no caput deste artigo.*
> *§ 3º Se da violência resulta:*
> *I – lesão corporal grave, a pena é de reclusão de 7 (sete) a 18 (dezoito) anos, e multa;*
> *II – morte, a pena é de reclusão de 20 (vinte) a 30 (trinta) anos, e multa.*

O crime de roubo está tipificado no rol dos crimes contra o patrimônio. Esse crime assemelha-se muito ao crime de furto, contudo possui elementos que, agregados à conduta "subtrair", formam um novo crime.

No roubo, há a subtração de coisa móvel alheia, porém com o emprego de violência ou grave ameaça contra a pessoa, elementos esses que empregados, fazem com que a vítima entregue a coisa móvel, funcionando como circunstâncias especiais que revelam a distinção para o crime furto.

#### Classificação

É crime comum/formal (STJ e STF)/instantâneo/plurissubsistente/de dano/de concurso eventual.

Ofende o patrimônio, a integridade física e a liberdade individual da vítima (crime complexo).

**É crime de forma livre:** admite qualquer meio de execução.

▷ **Emprego de grave ameaça:** denominada de violência moral ou *vis compulsiva* (consiste na promessa de mal grave, iminente e passível de realização);

▷ **Emprego de violência:** denominada de violência própria, violência física ou *vis absoluta* (consiste no emprego de força física sobre a vítima, mediante lesão corporal ou vias de fato, para facilitar a subtração do bem;

▷ Qualquer outro meio que reduza a vítima à impossibilidade de resistência.

Também conhecida como **violência imprópria ou violência indireta**. Abrange todos os outros meios (diferentes da violência ou grave ameaça) que impossibilitam a resistência da vítima no momento da execução do roubo. Ex.: drogar ou embriagar a vítima, usar soníferos (golpe do "boa noite, Cinderela") ou hipnose etc.

**Não admite o princípio da insignificância,** pois o desvalor da conduta é elevado, o que justifica a rigorosa atuação do Direito Penal.

# CRIMES CONTRA O PATRIMÔNIO

O elemento subjetivo é o dolo e exige-se o fim de assenhoramento definitivo da coisa (*animus rem sibi habendi*). Não é admitida a modalidade culposa.

O crime de roubo admite arrependimento posterior? Para a maioria da doutrina, o roubo próprio admite arrependimento posterior quando praticado mediante violência imprópria (ex.: uso de psicotrópicos). Para a minoria, violência imprópria não admite arrependimento posterior, pois não deixa de ser espécie de violência.

### Sujeitos do crime

**Sujeito ativo:** qualquer pessoa (crime comum), exceto o proprietário da coisa alheia móvel.

**Sujeito passivo:** o proprietário, possuidor ou detentor da coisa alheia móvel, assim como qualquer outra pessoa que seja atingida pela violência ou grave ameaça. Pessoa jurídica também pode ser sujeito passivo.

### Consumação e tentativa

Consuma-se o crime de roubo quando o agente torna-se possuidor do bem subtraído mediante grave ameaça ou violência. Para que o agente torne-se possuidor, é desnecessário que a coisa saia da esfera de vigilância da vítima, bastando que cesse a clandestinidade ou a violência. Para essa corrente, o crime de roubo é formal.

A tentativa é plenamente admitida, haja vista o caráter plurissubsistente do crime de roubo.

▷ **Situações nas quais o roubo é considerado consumado:** destruição ou perda do bem subtraído. Prisão em flagrante de um dos ladrões e fuga do(s) comparsa(s) com o bem subtraído.

## 8.2.1 Roubo impróprio

*Art. 157, § 1º, CP Na mesma pena incorre quem, logo depois de subtraída a coisa, emprega violência contra pessoa ou grave ameaça, a fim de assegurar a impunidade do crime ou a detenção da coisa para si ou para terceiro.*

|  | Roubo próprio (*caput*) | Roubo impróprio (§ 1º) |
|---|---|---|
| Meios de execução | Violência ou grave ameaça ou qualquer outro meio que reduza a vítima à impossibilidade de resistência (violência imprópria) | Violência ou grave ameaça |
| Momento de emprego do meio de execução | Antes ou durante a subtração do bem | Logo depois de subtrair a coisa, mas antes da consumação do furto |
| Finalidade do meio de execução | Permitir a subtração do bem | Assegurar a impunidade do crime ou a detenção da coisa (o bem já foi subtraído) |

O **roubo impróprio não admite a violência imprópria** (qualquer outro meio que reduza a vítima à impossibilidade de resistência). **Para se falar em roubo impróprio, é imprescindível o prévio apoderamento da coisa.**

O roubo impróprio consuma-se quando o sujeito utiliza a violência à pessoa ou grave ameaça, ainda que não tenha êxito em sua finalidade de assegurar a impunidade do crime ou a detenção da coisa subtraída para si ou para terceiro (**é crime formal**).

## 8.2.2 Causas de aumento de pena

*§ 2º A pena aumenta-se de um terço até metade:*
*I – (Revogado.);*
*II – Se há o concurso de duas ou mais pessoas;*
*III – Se a vítima está em serviço de transporte de valores e o agente conhece tal circunstância.*
*IV – Se a subtração for de veículo automotor que venha a ser transportado para outro Estado ou para o exterior;*
*V – Se o agente mantém a vítima em seu poder, restringindo sua liberdade.*

Se o crime é cometido em concurso de agentes e somente um deles utiliza a arma, a causa de aumento de pena se estende a todos os envolvidos no roubo, independentemente de serem coautores ou partícipes.

| | |
|---|---|
| Arma de fogo | Efetivo uso: incide a causa de aumento. Porte ostensivo: incide a causa de aumento. Porte simulado de arma: não incide a causa de aumento, mas caracteriza o roubo simples (grave ameaça). |
| Arma com defeito | Absoluta ineficácia de arma: não incide a causa de aumento, mas caracteriza o roubo simples (grave ameaça). Relativa ineficácia de arma: incide a causa do aumento. |
| Arma desmuniciada | Não incide a causa de aumento, mas caracteriza o roubo simples (grave ameaça). Conforme entendimento do STF, a arma desmuniciada ou sem possibilidade de pronto municiamento não configura o crime tipificado no art. 14 da Lei nº 10.826/2003 (Estatuto do Desarmamento). |
| Arma de brinquedo | Não incide a causa de aumento, mas caracteriza o roubo simples (grave ameaça). |

▷ Se há o concurso de duas ou mais pessoas: incide essa qualificadora ainda que um dos envolvidos seja inimputável (ex.: menor de 18 anos) ou não possa ser identificado. Essa qualificadora incide ainda que apenas um dos envolvidos no roubo pratique atos executórios ou esteja presente no local do crime. Desse modo, aplica-se tanto aos coautores quanto aos partícipes.

▷ Se a vítima está em serviço de transporte de valores e o agente conhece tal circunstância: tem por finalidade conceder maior proteção às pessoas que prestam serviços relacionados ao transporte de valores, excluindo-se o proprietário dos bens. Ex.: carros-fortes, *office-boys*, estagiários, funcionários de bancos etc. Exige-se que o agente tenha conhecimento dessa circunstância.

▷ Se a subtração for de veículo automotor que venha a ser transportado para outro estado ou para o exterior: fundamenta-se na maior dificuldade de recuperação do bem pela vítima, quando ocorre a transposição de fronteiras estaduais ou internacionais.

Não incide essa causa de aumento de pena na hipótese de transporte de componentes isolados (peças) do veículo automotor para outro estado ou para o exterior.

Essa majorante só incide quando o roubo for de veículo automotor, não abrangendo embarcação nem aeronave. Além disso, a causa de aumento de pena somente terá incidência quando o veículo automotor efetivamente for transportado para outro estado ou para o exterior.

A majorante é compatível com a forma tentada em uma única hipótese: quando o agente é perseguido logo após a subtração e foge em direção à fronteira de outro país ou estado, mas acaba sendo preso

# NOÇÕES DE DIREITO PENAL

antes que transponha a fronteira. Nesse caso, basta a intenção do agente de transpor a fronteira para a aplicação do aumento de pena.

| Um veículo foi roubado e desmanchado em Cascavel (PR) e suas peças foram encaminhadas para São Paulo ou para o Paraguai.

▷ Se o agente mantém a vítima em seu poder, restringindo sua liberdade: na hipótese dessa qualificadora, a vítima deve ter restringida sua liberdade por tempo juridicamente relevante. Ex.: Marcelo, mediante grave ameaça, subtrai o carro de Rafael e com ele permanece até abandoná-lo em um local distante, evitando, dessa forma, o pedido de socorro às autoridades.

▷ Se a subtração for de substâncias explosivas ou de acessórios que, conjunta ou isoladamente, possibilitem sua fabricação, sua montagem ou seu emprego.

Trata-se de mais uma alteração marcada pela Lei nº 13.654/2018. Nesse caso, vale a pena destacar o objeto material do roubo. Em se tratando de explosivos ou acessórios para fabricação, montagem ou emprego, haverá aumento de pena.

> **Fique ligado**
> Em se tratando de simulacro, permanece o entendimento de que ainda é roubo (pois tem capacidade de constranger), mas é descaracterizado do aumento de pena!

## 8.2.3 Se a violência ou ameaça é exercida com emprego de arma de fogo

Aqui incide o aumento apenas com o uso da arma de fogo (arma própria) e desde que não seja de uso restrito ou proibido (já que, com a alteração do Pacote Anticrime, agora há a previsão do § 2º-B com aumento de pena até o dobro).

Outra inovação do mesmo pacote legislativo foi a "ressurreição" do uso de arma branca (ou arma imprópria) no § 2º em seu inciso VII (aumento de 1/3 a 1/2).

*§ 2º-A A pena aumenta-se de 2/3 (dois terços):*

*I – se a violência ou ameaça é exercida com emprego de arma de fogo.*

A Lei nº 13.654/2018 inseriu o § 2º-A, restringindo o aumento de pena no crime de furto. Agora, será considerado aumento de pena apenas em se tratando de arma própria (fogo), não abrangendo mais a arma imprópria. Além disso, entende o STF que é desnecessária a perícia na arma e a apreensão (desde que haja outros meios de prova) para o enquadramento do aumento. Cabe à parte comprovar a ineficácia do meio.

*II – se há destruição ou rompimento de obstáculo mediante o emprego de explosivo ou de artefato análogo que cause perigo comum.*

Perceba aqui a única diferença com furto (art. 155), já que lá, no furto, há a previsão de qualificadora para rompimento ou destruição de obstáculo em qualquer modalidade de ruptura ou destruição. Ao contrário aqui, no roubo (art. 157), não se trata de qualificadora, mas, sim, de majorante (ou causa de aumento) em que apenas incidirá tal majoração caso de rompimento ou destruição com explosivos ou artefato análogo.

A inovação do **Pacote Anticrime** consistiu no aumento em dobro para tal utilização de arma de uso proibido como fruto da violência ou ameaça empregada pelo agente, além de também ter inserido tal previsão no rol dos crimes hediondos.

## 8.2.4 Roubo qualificado

*§ 3º Se da violência resulta:*
*I – lesão corporal grave, a pena é de reclusão de 7 (sete) a 18 (dezoito) anos, e multa;*
*II – morte, a pena é de reclusão de 20 (vinte) a 30 (trinta) anos, e multa.*

Assim, existem duas qualificadoras do crime de roubo: a qualificação por lesão grave e ou pela morte, fato conhecido como latrocínio.

De acordo com o texto legal, somente é possível a incidência das qualificadoras quando o resultado agravador resultar de violência. Desse modo, se resultar de grave ameaça não incidirá esta qualificadora.

Imagine a seguinte situação hipotética: "A" apontou uma arma de fogo para "B", senhora de 80 anos, e anunciou o assalto. "B", com o susto da situação, sofreu um infarto fulminante e morreu em razão da grave ameaça empregada, momento em que "A" subtrai a bolsa da vítima. Nessa situação, "A" responderá por roubo consumado em concurso formal com homicídio culposo.

Segundo o art. 1º, II, "c" da Lei nº 8.072/1990, o latrocínio, consumado ou tentado, **é crime hediondo**.

De acordo com a Súmula nº 603 do STF, a competência para o processo e julgamento do latrocínio é do juiz singular e não do Tribunal do Júri. Isso ocorre porque o latrocínio é crime contra o patrimônio e o Tribunal do Júri só é competente para julgar os crimes dolosos contra a vida.

O resultado agravador (morte) pode ter sido causado de forma **dolosa ou culposa**. Percebe-se, então, que o latrocínio não é crime exclusivamente preterdoloso (dolo no antecedente e culpa no consequente). Admite-se a tentativa se o resultado agravador, morte, ocorrer de forma dolosa.

Qual crime pratica o assaltante que, duas semanas após o delito, mata gerente que o reconheceu como um dos criminosos? Não pode ser o art. 157, § 3º, uma vez que exige o fator tempo e o fator nexo. O crime será de roubo em concurso material com homicídio qualificado pela conexão consequencial.

*Súmula nº 610 – STF Há crime de latrocínio, quando o homicídio se consuma, ainda que não realize o agente a subtração de bens da vítima.*

Atenção para as seguintes situações:

| Subtração do bem | Morte da vítima | Latrocínio |
|---|---|---|
| Consumada | Consumada | Consumado |
| Tentada | Consumada | Consumado |
| Tentada | Tentada | Tentado |
| Consumada | Tentada | Tentado |

## 8.3 Extorsão

*Art. 158, CP Constranger alguém, mediante violência ou grave ameaça, e com o intuito de obter para si ou para outrem indevida vantagem econômica, a fazer, tolerar que se faça ou deixar fazer alguma coisa:*
*Pena – Reclusão, de quatro a dez anos, e multa.*
*§ 1º Se o crime é cometido por duas ou mais pessoas, ou com emprego de arma, aumenta-se a pena de um terço até metade.*
*§ 2º Aplica-se à extorsão praticada mediante violência o disposto no § 3º do artigo anterior.*
*§ 3º Se o crime é cometido mediante a restrição da liberdade da vítima, e essa condição é necessária para a obtenção da vantagem econômica, a pena é de reclusão, de 6 (seis) a 12 (doze) anos, além da multa; se resulta lesão corporal grave ou morte, aplicam-se as penas previstas no art. 159, §§ 2º e 3º, respectivamente.*

A extorsão, ao contrário do roubo, não pode ser praticada mediante violência imprópria (qualquer outro meio que reduza a vítima à impossibilidade de resistência).

Segundo Nelson Hungria, uma das formas mais frequentes de extorsão é a famosa "chantagem" (praticada mediante ameaça de

# CRIMES CONTRA O PATRIMÔNIO

revelação de fatos escandalosos ou difamatórios, para coagir o ameaçado a "comprar" o silêncio do ameaçador). Trata-se de crime de ação penal pública incondicionada.

### Classificação

Extorsão é crime comum/de forma livre/formal/instantâneo/plurissubsistente/de dano/doloso (não admite a modalidade culposa)/de concurso eventual.

É considerado um crime complexo, pois protege vários bens jurídicos (patrimônio, integridade física e liberdade individual).

É crime formal de consumação antecipada. A obtenção da indevida vantagem econômica pelo agente é exaurimento do crime que será levado em consideração na dosimetria da pena-base (art. 59, CP).

### Sujeitos do crime

Por ser um crime comum, não se exige uma qualidade especial do sujeito ativo ou passivo, portanto pode ser cometido/sofrido por qualquer pessoa.

### Consumação e tentativa

*Súmula nº 96 – STJ O crime de extorsão consuma-se independentemente da obtenção da vantagem indevida.*

A tentativa é admitida.

## 8.3.1 Aumento de pena

▷ Se o crime é cometido por duas ou mais pessoas;
▷ Se o crime é cometido com emprego de arma.

## 8.3.2 Extorsão qualificada

*Art. 158, § 2º, CP Aplica-se à extorsão praticada mediante violência o disposto no § 3º do artigo anterior.*

Se, da **violência** resulta lesão corporal grave (7 a 18 anos), se resulta morte (20 a 30 anos).

Se o resultado agravador (lesão corporal grave ou morte) ocorrer em razão da grave ameaça empregada, o agente responderá pelo crime de extorsão simples (*caput*).

A extorsão qualificada pela morte, consumada ou tentada é **crime hediondo** (art. 1º, III, Lei nº 8.072/1990).

## 8.3.3 Extorsão mediante restrição da liberdade da vítima

> *§ 3º Se o crime é cometido mediante a restrição da liberdade da vítima, e essa condição é necessária para a obtenção da vantagem econômica, a pena é de reclusão, de 6 (seis) a 12 (doze) anos, além da multa; se resulta lesão corporal grave ou morte, aplicam-se as penas previstas no art. 159, §§ 2º e 3º, respectivamente.*

Popularmente conhecido como o crime de "sequestro relâmpago". Esse delito, além de atentar contra o patrimônio da vítima, viola também sua liberdade de locomoção. Ex.: "A", mediante uso de arma de fogo, ameaça de morte "B", que estava saindo de sua residência, e o constrange a dirigir seu veículo até um caixa eletrônico para que "B" saque dinheiro para entregar a "A".

Diferencia-se do Roubo (art. 157, § 2º, V, CP), pois é imprescindível um comportamento de "B" (digitar a senha do cartão do banco) para a consumação do crime de extorsão.

## 8.3.4 Sequestro relâmpago × extorsão mediante sequestro

▷ **Sequestro relâmpago (art. 158, § 3º, CP):** restrição da liberdade. Não há encarceramento da vítima. Finalidade de se obter indevida vantagem econômica.

▷ **Extorsão mediante sequestro (art. 159, CP):** privação da liberdade. A vítima é colocada no cárcere. Finalidade de se obter qualquer vantagem, como condição ou preço do resgate.

Se a vantagem é devida (legítima), verdadeira ou supostamente, o agente responderá pelo crime de exercício arbitrário das próprias razões (art. 345, CP).

A vantagem indevida deve ser econômica, pois se não o for, estará afastado o crime de extorsão. Ex.: "A", mediante violência ou grave ameaça, coage "B" a assumir a autoria de um crime de difamação praticado contra "C".

## 8.3.5 Diferenças entre o crime de extorsão e roubo

▷ **Roubo:** o ladrão subtrai. O agente busca vantagem imediata. Não admite bens imóveis. Admite violência imprópria. A colaboração da vítima é dispensável.

▷ **Extorsão:** o extorsionário faz com que a vítima lhe entregue. O agente busca vantagem mediata (futura). Admite bens imóveis também. Não admite violência imprópria. A colaboração da vítima é indispensável.

## 8.3.6 Diferenças entre o crime de extorsão e constrangimento ilegal

A **extorsão** distingue-se do crime de constrangimento ilegal (art. 146, CP), pois, no primeiro, há a presença de um elemento subjetivo do tipo (especial fim de agir do agente) representado pela vontade de **obter indevida vantagem econômica, para si ou para outrem**.

## 8.3.7 Diferenças entre o crime de extorsão e concussão

▷ **Extorsão (art. 158):** crime contra o patrimônio. Há emprego de violência ou grave ameaça. Em regra, é praticado por particular, mas funcionário público pode praticar caso empregue violência ou grave ameaça.

▷ **Concussão (art. 316):** crime contra a Administração Pública. Não há emprego de violência ou grave ameaça. Em regra, é praticado por funcionário público, mas particular pode ser coautor ou partícipe.

É possível concurso de crimes de roubo e extorsão, por exemplo o agente, após roubar o carro da vítima, a obriga a entregar o cartão bancário com a senha, conforme STJ.

## 8.4 Extorsão mediante sequestro

> *Art. 159, CP Sequestrar pessoa com o fim de obter, para si ou para outrem, qualquer vantagem, como condição ou preço do resgate:*
> *Pena – Reclusão, de oito a quinze anos.*
> *§ 1º Se o sequestro dura mais de 24 (vinte e quatro) horas, se o sequestrado é menor de 18 (dezoito) ou maior de 60 (sessenta) anos, ou se o crime é cometido por bando ou quadrilha:*
> *Pena – Reclusão, de doze a vinte anos.*
> *§ 2º Se do fato resulta lesão corporal de natureza grave:*
> *Pena – Reclusão, de dezesseis a vinte e quatro anos.*
> *§ 3º Se resulta a morte:*
> *Pena – Reclusão, de vinte e quatro a trinta anos.*
> *§ 4º Se o crime é cometido em concurso, o concorrente que o denunciar à autoridade, facilitando a libertação do sequestrado, terá sua pena reduzida de um a dois terços.*

### Objetividade jurídica

Patrimônio e liberdade individual. Integridade física e vida humana (§§ 2º e 3º).

▷ **É crime complexo.** Resulta da fusão da extorsão (art. 158) e sequestro (art. 148).

### Objeto material

A pessoa privada de sua liberdade e também aquela lesada em seu patrimônio.

É crime hediondo em todas as suas modalidades (tentados ou consumados) (art. 1º, IV, Lei nº 8.072/1990).

### Núcleo do tipo

"Sequestrar": privar uma pessoa de sua liberdade de locomoção por tempo juridicamente relevante.

### Sujeitos do crime

**Sujeito ativo:** qualquer pessoa (crime comum). Se o sujeito ativo for funcionário público e cometer o crime no exercício de suas funções, responderá também pelo crime de abuso de autoridade (Lei nº 13.869/2019). Pessoa que simula o próprio sequestro para extorquir seus pais, mediante o auxílio de terceiros, responde por extorsão (art. 158).

**Sujeito passivo:** pessoa que sofre a lesão patrimonial e pessoa privada de sua liberdade. A vítima deve ser necessariamente uma pessoa humana. Desse modo, a privação da liberdade de um animal (de extinção ou raça) configura o crime de extorsão (art. 158, CP). Se a vítima for menor de 18 anos ou maior de 60 anos, o crime será qualificado (§ 1º).

Supondo que haja subtração de animal de outrem e informa que somente será devolvido caso seja pago resgate. Há prática do crime de extorsão mediante sequestro? Não haverá tal crime já que o tipo penal se remete à pessoa. Nessa hipótese, será configurado o delito de extorsão.

### Elemento subjetivo

Dolo + (especial fim de agir) com o fim de obter, para si ou para outrem, qualquer vantagem, como condição ou preço do resgate. Não se admite a modalidade culposa.

### Espécie da vantagem

A maioria da doutrina entende que a vantagem deve ser econômica e indevida.

Se a vantagem for devida, o agente responderá pelos crimes de sequestro (art. 148) e exercício arbitrário das próprias razões (art. 345) em concurso formal.

### Consumação e tentativa

Consuma-se com a privação da liberdade da vítima, independente da obtenção da vantagem pelo agente. É crime formal. A tentativa é possível.

### Juízo competente

O juízo competente para julgamento é o do local em que ocorreu o sequestro da vítima, e não o da entrega do eventual resgate.

Se os parentes da vítima realizarem o pagamento do resgate, ocorrerá o exaurimento do crime.

### Crime permanente

É **crime permanente** (a consumação se prolonga no tempo e dura todo o período em que a vítima estiver privada de sua liberdade).

Por ser crime permanente, é cabível a prisão em flagrante a qualquer tempo, enquanto durar a permanência.

A privação da liberdade do sequestrado há de ser mantida por tempo juridicamente relevante.

### Classificação doutrinária

Crime comum/de forma livre/formal/permanente/plurissubsistente/de dano/de concurso eventual.

### Ação penal

A ação penal é pública incondicionada em todas as espécies do crime.

### Figuras qualificadas

*§ 1º Se o sequestro dura mais de 24 (vinte e quatro) horas, se o sequestrado é menor de 18 (dezoito) ou maior de 60 (sessenta) anos, ou se o crime é cometido por bando ou quadrilha.*
*Pena – Reclusão de 12 a 20 anos.*

Incide a qualificadora quando na data do sequestro a vítima possuía, por exemplo, 59 anos e 11 meses e na data da libertação possuía mais de 60 anos, pois o crime de extorsão mediante sequestro é crime permanente (a consumação prolonga-se no tempo por vontade do agente).

E se o crime se deu em exatas 24 horas, incide a qualificadora? Não. Tem que ser mais de 24 horas.

Se o crime é cometido por associação criminosa e esta for usada para qualificar o delito, não pode haver a punição pelo art. 288 do CP, sob pena de ocorrência do *bis in idem*.

*§ 2º Se do fato resulta lesão corporal de natureza grave:*
*Pena – Reclusão de 16 a 24 anos.*
*§ 3º Se resulta a morte:*
*Pena – Reclusão de 24 a 30 anos.*

No roubo e na extorsão só existe a qualificadora quando a lesão corporal de natureza grave ou a morte resultam da "violência", ao passo que, nessa hipótese, o crime será qualificado quando do fato resultar lesão corporal de natureza grave ou morte. Portanto o resultado agravador pode ser provocado por violência própria, violência imprópria ou grave ameaça.

Não incidirá esta qualificadora se o resultado agravador for produzido por força maior, caso fortuito ou culpa de terceiro. Ex.: cai um raio no barraco onde a vítima era mantida em cativeiro e esta morre.

A morte ou lesão corporal grave podem ter sido provocadas dolosa ou culposamente. Não é crime exclusivamente preterdoloso (dolo no antecedente e culpa no consequente).

A pena da extorsão mediante sequestro qualificada pela morte (24 a 30 anos) é a maior do Código Penal.

### Delação premiada

*§ 4º Se o crime é cometido em concurso, o concorrente que o denunciar à autoridade, **facilitando a libertação do sequestrado**, terá sua pena reduzida de um a dois terços.*

É causa especial de diminuição da pena que somente pode ser aplicada pelo juiz (delegados e promotores não podem).

Requisitos para a incidência deste parágrafo:

▷ Prática do crime em concurso de pessoas: não é exigível associação criminosa, basta o concurso de pessoas;
▷ Esclarecimento por parte de um dos criminosos a autoridade sobre o crime;
▷ Facilitação da libertação do sequestrado, ou seja, que a delação seja eficaz.

De acordo com a jurisprudência, deve ser aplicada a delação premiada quando a vítima é libertada diretamente por um dos sequestradores.

A redução de pena é proporcional conforme a maior ou menor colaboração do agente. Quanto mais auxiliar, maior a redução.

**A delação deve ser eficaz**, ou seja, deve ter contribuído decisivamente para a libertação da vítima. Desse modo, a pena não será diminuída se o refém foi solto por outro motivo qualquer, diverso da informação prestada pelo sequestrador.

Presentes os requisitos legais, o juiz é obrigado a reduzir a pena do criminoso (é direito subjetivo do réu).

A redução da pena da delação premiada não se comunica aos demais coautores ou partícipes que não denunciaram o fato à autoridade (circunstância pessoal), pois não facilitaram a libertação do refém.

## 8.5 Extorsão indireta

*Art. 160, CP Exigir ou receber, como garantia de dívida, abusando da situação de alguém, documento que pode dar causa a procedimento criminal contra a vítima ou contra terceiro:*

*Pena – Reclusão, de um a três anos, e multa.*

O crime de extorsão se consuma quando é realizada a conduta de constrangimento mediante o uso de violência ou grave ameaça, portanto, considerado crime formal. A obtenção da vantagem indevida configura mero exaurimento do crime.

## 8.6 Usurpação

### Alteração de limites

*Art. 161, CP Suprimir ou deslocar tapume, marco, ou qualquer outro sinal indicativo de linha divisória, para apropriar-se, no todo ou em parte, de coisa imóvel alheia:*

*Pena – Detenção, de um a seis meses, e multa.*

*§ 1º Na mesma pena incorre quem:*

### Usurpação de águas

*I – Desvia ou represa, em proveito próprio ou de outrem, águas alheias;*

### Esbulho possessório

*II – Invade, com violência a pessoa ou grave ameaça, ou mediante concurso de mais de duas pessoas, terreno ou edifício alheio, para o fim de esbulho possessório.*

*§ 2º Se o agente usa de violência, incorre também na pena a esta cominada.*

*§ 3º Se a propriedade é particular, e não há emprego de violência, somente se procede mediante queixa.*

### 8.6.1 Supressão ou alteração de marca em animais

*Art. 162, CP Suprimir ou alterar, indevidamente, em gado ou rebanho alheio, marca ou sinal indicativo de propriedade:*

*Pena – Detenção, de seis meses a três anos, e multa.*

## 8.7 Dano

*Art. 163, CP Destruir, inutilizar ou deteriorar coisa alheia:*

*Pena – Detenção, de um a seis meses, ou multa.*

*Parágrafo único. Se o crime é cometido:*

*I – Com violência à pessoa ou grave ameaça;*

*II – Com emprego de substância inflamável ou explosiva, se o fato não constitui crime mais grave;*

*III – Contra o patrimônio da União, de Estado, do Distrito Federal, de Município ou de autarquia, fundação pública, empresa pública, sociedade de economia mista ou empresa concessionária de serviços públicos;*

*IV – Por motivo egoístico ou com prejuízo considerável para a vítima:*

*Pena – Detenção, de seis meses a três anos, e multa, além da pena correspondente à violência.*

### Objetividade jurídica

Patrimônio das pessoas físicas ou jurídicas.

Não há crime de dano quando a conduta do agente recair sobre *res derelicta* (coisa abandonada) ou *res nullius* (coisa de ninguém). Todavia, se a conduta recair sobre *res desperdita* (coisa perdida) haverá crime, pois se trata de coisa alheia.

### Objeto material

Coisa alheia, móvel ou imóvel, sobre a qual incide a conduta do agente.

### Dano em documentos (públicos ou privados)

Se o agente danificou para impedir utilização do documento como prova de algum fato juridicamente relevante, responderá pelo crime de supressão de documento (art. 305, CP). Todavia, se a conduta foi praticada unicamente com o objetivo de prejudicar o patrimônio da vítima, responderá o agente pelo crime de dano (art. 163, CP).

### Tipo misto alternativo, crime de ação múltipla ou de conteúdo variado

Haverá crime único na prática de várias condutas com objeto material no mesmo contexto fático.

É crime de forma livre = admite qualquer meio de execução.

**Pode ser praticado por omissão**, desde que presente o dever jurídico de agir (art. 13, § 2º, CP).

Empregada doméstica deixa, dolosamente, de fechar as janelas da casa da patroa durante uma chuva para que sejam danificados os objetos eletrônicos da casa.

O agente que pratica a conduta de pichar, grafitar ou por qualquer outro meio conspurcar (poluir) edificação ou monumento urbano responderá pelo crime previsto no art. 65 da Lei nº 9.605/1998 (Lei dos Crimes Ambientais).

### Núcleos do tipo

**Destruir:** extinguir a coisa (dano físico total). Ex.: quebrar totalmente um espelho; queimar um telefone celular.

**Inutilizar:** tornar uma coisa imprestável aos fins a que se destina.
| Retirar a bateria de um carro.

**Deteriorar:** estragar parcialmente um bem, diminuindo-lhe o valor ou a utilidade (dano físico parcial). Ex.: riscar a lataria de um veículo.

Conduta de fazer desaparecer coisa alheia não é crime de dano.

> Ex. 1: Pedro faz sumir o celular de Rafael, seu desafeto. Nessa situação, Pedro responderá civilmente por sua conduta. Não responderá pelo crime de dano (art. 163, CP).
>
> Ex. 2: "A" abre a porteira da fazenda de "B", seu desafeto, para que desapareça o cavalo de propriedade deste último. "A" responderá civilmente por sua conduta.

### Sujeitos do crime

**Sujeito ativo:** é crime comum, pode ser praticado por qualquer pessoa, exceto o proprietário da coisa.

Se o proprietário danificar coisa própria, que se acha em poder de terceiro por determinação judicial ou convenção, responderá pelo previsto no art. 346 do CP.

**Sujeito passivo:** qualquer pessoa (proprietário ou possuidor legítimo da coisa).

# NOÇÕES DE DIREITO PENAL

### Elemento subjetivo

É o dolo. A finalidade do agente deve ser unicamente destruir, inutilizar ou deteriorar coisa alheia.

> **Fique ligado**
>
> **Não existe o crime de dano culposo.**
> Se o dano se constituir em meio para a prática de outro crime, ou então como qualificadora de outro crime, será por este absorvido. Ex.: furto qualificado pela destruição ou rompimento de obstáculo (art. 155, § 4º, I, CP): o dano, crime-meio, será absorvido pelo furto, crime-fim.

### Consumação e tentativa

**É crime material**. Desse modo, ele se consuma quando o agente efetivamente destrói, inutiliza ou deteriora a coisa alheia. A tentativa é plenamente possível.

## 8.7.1 Dano simples

O crime de dano simples (*caput*) é Infração de Menor Potencial Ofensivo (IMPO), de competência do juizado especial e de ação penal privada (art. 167, CP).

### Classificação doutrinária

Crime comum/material/doloso/de forma livre/instantâneo/plurissubjetivo/de concurso eventual e não transeunte (deixa vestígios materiais).

## 8.7.2 Dano qualificado

> *Art. 163, CP [...]*
> *Parágrafo único. Se o crime é cometido:*
> *I – Com violência à pessoa ou grave ameaça;*
> *II – Com emprego de substância inflamável ou explosiva, se o fato não constitui crime mais grave;*
> *III – Contra o patrimônio da União, de Estado, do Distrito Federal, de Município ou de autarquia, fundação pública, empresa pública, sociedade de economia mista ou empresa concessionária de serviços públicos;*
> *IV – Por motivo egoístico ou com prejuízo considerável para a vítima:*
> *Pena – Detenção, de seis meses a três anos, e multa, além da pena correspondente à violência.*

## 8.7.3 Com violência à pessoa ou grave ameaça

A vítima da violência ou grave ameaça pode ser pessoa diversa da vítima do dano. Ex.: ameaçar a empregada doméstica de seu vizinho para quebrar a vidraça de sua janela.

A violência ou grave ameaça deve ocorrer antes ou durante a prática do crime de dano, pois, se ocorrer depois, o agente responderá pelo crime de dano simples em concurso material com o crime de lesão corporal (art. 129) ou ameaça (art. 147).

De acordo com o art. 167, do CP, nesta hipótese de dano a ação penal será pública incondicionada.

## 8.7.4 Com emprego de substância inflamável ou explosiva, se o fato não constitui crime mais grave

A expressão **"se o fato não constitui crime mais grave"** informa que essa qualificadora é expressamente subsidiária, ou seja, somente incidirá o dano qualificado quando a lesão ao patrimônio alheio não caracterizar um crime mais grave, nem funcionar como meio de execução de um delito mais grave. Ex.: "A" explode o carro de "B" que estava no estacionamento: "A" responderá pelo crime de dano qualificado. Todavia se "A" explodiu o carro de "B" com a intenção de matá-lo, e efetivamente alcançou esse resultado responderá pelo crime de homicídio qualificado (art. 121, § 2º, III, CP).

De acordo com o art. 167 do CP, nesta hipótese de dano, **a ação penal será pública incondicionada**.

## 8.7.5 Contra o patrimônio da União, de estado, do DF, de município ou de autarquia, fundação pública, empresa pública, sociedade de economia mista ou empresa concessionária de serviços públicos

A Lei nº 13.531/2017 adicionou ao crime de dano qualificado todos os entes da Administração Direta mais os concessionários de serviços públicos, o que de fato foi bem aplicado ao que acontece no dia a dia.

De acordo com o entendimento do STJ, o preso que danifica (destrói, deteriora ou inutiliza) as paredes e grades da cela dos presídios ou delegacias, com o objetivo de fuga não responde pelo crime de dano. Vejamos uma jurisprudência sobre o tema:

> *Art. 163, III, parágrafo único, CP*
> *1. Conforme entendimento, há muito fixado nesta Corte Superior (STF), para a configuração do crime de dano, previsto no art. 163 do CPB, é necessário que a vontade seja voltada para causar prejuízo patrimonial ao dono da coisa (animus nocendi). Dessa forma, o preso que destrói ou inutiliza as grades da cela onde se encontra, com o intuito exclusivo de empreender fuga, não comete crime de dano. 2. Parecer do MPF pela concessão da ordem. 3. Ordem concedida, para absolver o paciente do crime de dano contra o patrimônio público.*

De acordo com o art. 167, do CP, nesta hipótese de dano **a ação penal será pública incondicionada**.

## 8.7.6 Por motivo egoístico ou com prejuízo considerável para a vítima

Motivo egoístico é aquele ligado à obtenção de um futuro benefício, de ordem moral ou econômica. Ex.: "A" e "B" foram aprovados na segunda fase do concurso de delegado de Polícia Civil de um estado qualquer. Então, no dia da prova oral, "A" sabota o carro de "B" para que este não consiga chegar a tempo para realizar o exame e seja eliminado do concurso.

De acordo com o art. 167 do CP, nesta hipótese de dano, **a ação penal é privada**.

> **Fique ligado**
>
> Aquele que destrói cadáver ou parte dele responde pelo crime previsto no art. 211 do CP.

## 8.8 Introdução ou abandono de animais em propriedade alheia

> *Art. 164, CP Introduzir ou deixar animais em propriedade alheia, sem consentimento de quem de direito, desde que o fato resulte prejuízo:*
> *Pena – Detenção, de quinze dias a seis meses, ou multa.*

## 8.9 Dano em coisa de valor artístico, arqueológico ou histórico

> *Art. 165, CP Destruir, inutilizar ou deteriorar coisa tombada pela autoridade competente em virtude de valor artístico, arqueológico ou histórico:*
> *Pena – Detenção, de seis meses a dois anos, e multa.*

## CRIMES CONTRA O PATRIMÔNIO

## 8.10 Alteração de local especialmente protegido

*Art. 166, CP Alterar, sem licença da autoridade competente, o aspecto de local especialmente protegido por lei:*
*Pena – Detenção, de um mês a um ano, ou multa.*

#### Ação penal

*Art. 167, CP Nos casos do art. 163, do inciso IV do seu parágrafo e do art. 164, somente se procede mediante queixa.*

## 8.11 Apropriação indébita

*Art. 168, CP Apropriar-se de coisa alheia móvel, de que tem a posse ou a detenção:*
*Pena – Reclusão, de um a quatro anos, e multa.*
*§ 1º A pena é aumentada de um terço, quando o agente recebeu a coisa:*
*I – Em depósito necessário;*
*II – Na qualidade de tutor, curador, síndico, liquidatário, inventariante, testamenteiro ou depositário judicial;*
*III – Em razão de ofício, emprego ou profissão.*

A principal característica do crime de apropriação indébita é a existência de uma situação de quebra de confiança, pois a vítima entrega, voluntariamente, uma coisa móvel ao agente, e este, logo em seguida, inverte seu ânimo no tocante ao bem, passando a comportar-se como seu dono.

#### Objetividade jurídica

Apoderamento de coisa alheia móvel, sem o consentimento do proprietário.

#### Objeto material

Coisa alheia móvel sobre a qual recai a conduta criminosa (imóveis não).

Para o STJ, é possível a prática do crime de apropriação indébita de coisas fungíveis (móveis que podem substituir-se por outros da mesma espécie, qualidade e quantidade). Ex.: dinheiro.

#### Núcleo do tipo

É o verbo "apropriar" que significa tomar para si, fazer sua coisa alheia.

#### Posse/detenção legítima e desvigiada

**A posse ou a detenção do bem deve ser legítima** e também desvigiada. Desse modo, o crime de apropriação indébita deve preencher os seguintes requisitos.

A vítima entrega o bem voluntariamente: se houver fraude para a entrega o crime será de estelionato, se houver violência ou grave ameaça à pessoa o crime será de roubo ou de extorsão.

O agente tem a posse ou detenção desvigiada do bem: se a posse ou detenção for vigiada e o bem for retirado da vítima sem sua autorização o crime será de furto.

O agente recebe o bem de boa-fé: se ao receber o bem o agente já tinha a intenção de apropriar-se dele, o crime será de estelionato. Observação: a boa-fé é presumida.

Modificação posterior no comportamento do agente: após entrar licitamente (de boa-fé) na posse ou detenção da coisa, o agente passa a se comportar como se fosse dono. Momento em que apresenta seu ânimo de assenhoramento definitivo (*animus rem sibi habendi*). Essa alteração no comportamento do agente ocorre de duas formas:

**Prática de algum ato de disposição** (venda, doação, locação, troca etc.). Também conhecida como apropriação indébita própria.

**Recusa na restituição** (a vítima solicita a devolução do bem e o agente expressamente se recusa a devolver). Também denominada **negativa de restituição.**

#### Sujeitos do crime

**Sujeito ativo:** qualquer pessoa, desde que tenha a posse ou detenção lícita da coisa alheia móvel. Sempre pessoa diversa do proprietário.

**Sujeito passivo:** proprietário ou possuidor (pessoa física ou jurídica) do bem.

> Se o agente é funcionário público e apropria-se de dinheiro, valor ou qualquer outro bem móvel, público ou particular (sob a guarda ou custódia da Administração Pública), de que tem a posse em razão do cargo, responderá pelo crime de peculato-apropriação (art. 312, *caput*, 1ª parte, CP). Em regra, a prova desse delito depende da prática de algum ato incompatível com a vontade de restituir.

#### Elemento subjetivo

Dolo. Doutrina e jurisprudência defendem a necessidade do ânimo de assenhoramento definitivo da coisa. Desse modo, não responderá por este crime aquele que simplesmente se esquece de devolver o bem na data previamente combinada. Não se admite a modalidade culposa.

#### Apropriação indébita "de uso"

Não se pune a apropriação indébita "de uso": situação em que a pessoa usa momentaneamente a coisa alheia, para, em seguida, restituí-la integralmente ao seu proprietário.

#### Diferenças entre apropriação indébita e estelionato

▷ **Apropriação indébita (art. 168, CP):** o dolo é posterior ou subsequente. A pessoa recebe a posse ou detenção de coisa de maneira legítima, surgindo a vontade de se apropriar posteriormente. Ex.: pessoa vai a uma locadora de veículos, aluga um veículo, gosta dele e decide não devolver.

▷ **Estelionato (art. 171, CP):** o dolo é anterior ou antecedente. O agente já possuía a intenção de se apropriar do bem antes de alcançar a sua posse ou detenção. Ex.: pessoa vai a uma locadora de veículos, já com a intenção de alugar o veículo e não o devolver.

#### Consumação

Ocorre quando o agente inverte seu ânimo em relação a coisa alheia móvel, ou seja, ele passa a se comportar como dono do bem. Pode se dar de duas maneiras:

▷ **Apropriação indébita própria:** consuma-se com a prática de algum ato de disposição do bem, incompatível com a condição de possuidor ou detentor. Ex.: vender, doar, permutar, emprestar o bem.

▷ **Negativa de restituição:** consuma-se no momento em que o agente se recusar expressamente a devolver o bem ao seu proprietário.

#### Tentativa

A apropriação indébita própria admite tentativa. Ex.: "A" é preso em flagrante quando doava os DVDs de "B", do qual tinha a posse legítima e desvigiada.

A apropriação indébita negativa de restituição não admite tentativa (*conatus*), pois é crime unissubsistente: ou o sujeito recusa a devolver o bem, e o crime estará consumado, ou o devolve ao dono, e o fato será atípico.

#### Ação penal

A ação penal é pública incondicionada.

#### Competência

Local em que o agente se apropria da coisa alheia móvel, dela dispondo ou negando-se a restituí-la ao seu titular. (art. 70, *caput*, CPP).

Quando o crime de apropriação indébita for praticado por algum representante (comercial ou não) da vítima, a competência será do local em que o agente deveria ter prestado contas dos valores recebidos.

#### Classificação doutrinária

Crime comum/material/de forma livre/de concurso eventual/doloso/em regra plurissubsistente, ou unissubsistente (negativa de restituição)/instantâneo. Ex.: o art. 102 do Estatuto do Idoso (Lei nº 10.741/2003) prevê uma modalidade especial de apropriação indébita, quando praticada contra idoso:

> *Art. 102, CP.* Apropriar-se de ou desviar bens, proventos, pensão ou qualquer outro rendimento do idoso, dando-lhes aplicação diversa da de sua finalidade:
> Pena – Reclusão de 1 a 4 anos.

O art. 5º, *caput*, da Lei nº 7.492/1986 (Lei dos Crimes contra o Sistema Financeiro Nacional) também contém uma modalidade especial de apropriação indébita:

> *Art. 5º, CP.* Apropriar-se, quaisquer das pessoas mencionadas no art. 25 desta lei, de dinheiro, título, valor ou qualquer outro bem móvel de que tem a posse, ou desviá-lo em proveito próprio ou alheio:
> Pena – Reclusão de 2 a 6 anos e multa.

Trata-se de crime próprio, pois somente pode ser praticado pelo controlador e pelos administradores de instituição financeira (diretores e gerentes).

### 8.11.1 Aumento de pena

> § 1º A pena é aumentada de um terço, quando o agente recebeu a coisa:
> I – Em depósito necessário;
> II – Na qualidade de tutor, curador, síndico, liquidatário, inventariante, testamenteiro ou depositário judicial;
> III – Em razão de ofício, emprego ou profissão.

A pena será aumentada de um terço quando o agente recebeu a coisa:

▷ Em depósito necessário:

De acordo com a doutrina majoritária, essa causa de aumento de pena incide apenas no **depósito necessário miserável, previsto no art. 647, II, do Código Civil** (é o que se efetua por ocasião de alguma calamidade, como inundação, incêndio, saque ou naufrágio).

▷ Na qualidade de tutor, curador, síndico, liquidatário, inventariante, testamenteiro ou depositário judicial:

O fundamento do tratamento penal mais rigoroso repousa na relevância das funções exercidas pelas pessoas indicadas neste inciso, as quais recebem coisas alheias para guardar consigo, necessariamente, até o momento da devolução.

---

**Fique ligado**

A palavra "síndico" deve ser substituída pela expressão "administrador judicial", em razão da alteração ocorrida pela Lei nº 11.101/2005 (Lei de Falência e Recuperação Judicial do Empresário e da Sociedade Empresária).

---

▷ Em razão de ofício, emprego ou profissão: não necessita de relação de confiança entre o agente e a vítima.
▷ **Emprego:** prestação de serviço em subordinação e dependência. Ex.: dono de um supermercado e seus funcionários.
▷ **Ofício:** ocupação mecânica ou manual, que necessita de um determinado grau de habilidade, e que seja útil ou necessário às pessoas em geral. Ex.: mecânico, sapateiro etc.
▷ **Profissão:** atividade em que não há hierarquia e necessita de conhecimentos específicos (técnico e intelectual). Ex.: advogado, dentista, médico, arquiteto, contador etc.

### 8.11.2 Apropriação indébita privilegiada

O art. 170 do CP dispõe o seguinte: nos crimes previstos neste capítulo, aplica-se o disposto no art. 155, § 2º.

> *Art. 155, § 2º, CP* Se o criminoso é primário, e é de pequeno valor a coisa furtada, o juiz pode substituir a pena de reclusão pela de detenção, diminuí-la de um a dois terços, ou aplicar somente a pena de multa.

Portanto, é possível a caracterização da apropriação indébita privilegiada, em qualquer de suas espécies.

> *Art. 168-A, CP* Deixar de repassar à previdência social as contribuições recolhidas dos contribuintes, no prazo e forma legal ou convencional:
> Pena – Reclusão, de 2 (dois) a 5 (cinco) anos, e multa.
> § 1º Nas mesmas penas incorre quem deixar de:
> I – Recolher, no prazo legal, contribuição ou outra importância destinada à previdência social que tenha sido descontada de pagamento efetuado a segurados, a terceiros ou arrecadada do público;
> II – Recolher contribuições devidas à previdência social que tenham integrado despesas contábeis ou custos relativos à venda de produtos ou à prestação de serviços;
> III – Pagar benefício devido a segurado, quando as respectivas cotas ou valores já tiverem sido reembolsados à empresa pela previdência social.
> § 2º É extinta a punibilidade se o agente, espontaneamente, declara, confessa e efetua o pagamento das contribuições, importâncias ou valores e presta as informações devidas à previdência social, na forma definida em lei ou regulamento, antes do início da ação fiscal.
> § 3º É facultado ao juiz deixar de aplicar a pena ou aplicar somente a de multa se o agente for primário e de bons antecedentes, desde que:
> I – Tenha promovido, após o início da ação fiscal e antes de oferecida a denúncia, o pagamento da contribuição social previdenciária, inclusive acessórios; ou
> II – O valor das contribuições devidas, inclusive acessórios, seja igual ou inferior àquele estabelecido pela previdência social, administrativamente, como sendo o mínimo para o ajuizamento de suas execuções fiscais.
> § 4º A faculdade prevista no § 3º deste artigo não se aplica aos casos de parcelamento de contribuições cujo valor, inclusive dos acessórios, seja superior àquele estabelecido, administrativamente, como sendo o mínimo para o ajuizamento de suas execuções fiscais.

#### Objetividade jurídica

Seguridade social (saúde, previdência e assistência social – art. 194, CF/1988). Não se trata de crime contra o patrimônio.

#### Objeto material

Contribuição previdenciária arrecadada e não recolhida.

#### Núcleo do tipo

Deixar de repassar, significa **deixar de recolher**. Recolher é depositar a quantia recebida – descontada ou cobrada.

É crime omissivo próprio ou puro (não admite tentativa).

#### Lei penal em branco homogênea

Deve ser complementada pela legislação previdenciária em relação aos prazos de recolhimento.

# CRIMES CONTRA O PATRIMÔNIO

#### Sujeitos do crime

**Sujeito ativo:** qualquer pessoa, crime comum (admite coautoria e participação).

> **Fique ligado**
> Pessoa jurídica não pode ser sujeito ativo.

**Sujeito passivo:** União Federal.

#### Competência

Sendo o sujeito ativo União Federal, a competência será da Justiça Federal (crime praticado em detrimento dos interesses da União).

#### Elemento subjetivo

É o dolo.

É dispensável (prescindível) o fim de assenhoramento definitivo (*animus rem sibi habendi*), pois o núcleo do tipo é "deixar de repassar", e não "se apropriar" como no crime de apropriação indébita.

Não admite a forma culposa.

#### Consumação

Para a maioria da doutrina, é crime formal. Para o STF, é crime material, pois deve haver a efetiva lesão aos cofres da União.

Se a conduta for praticada mediante fraude, o crime será de sonegação de contribuição previdenciária, previsto no art. 337-A do CP.

#### É crime unissubsistente

A conduta se exterioriza em um único ato, suficiente para a consumação.

#### Ação penal

Ação penal pública incondicionada.

#### Hipótese de dificuldades financeiras

Firmou-se o entendimento de que há inexigibilidade de conduta diversa (causa supralegal de exclusão da culpabilidade).

O STJ já decidiu que o fato é atípico em face da ausência de dolo.

#### Extinção da punibilidade

> *§ 2º É extinta a punibilidade se o agente, espontaneamente, declara, confessa e efetua o pagamento das contribuições, importâncias ou valores e presta as informações devidas à previdência social, na forma definida em lei ou regulamento, antes do início da ação fiscal.*

A ação fiscal tem início com a lavratura do Termo de Início da Ação Fiscal (TIAF).

Para que ocorra a extinção da punibilidade, devem-se preencher, cumulativamente, três requisitos:

▷ Espontânea declaração e confissão do débito;
▷ Prestação de informações à Previdência Social;
▷ Pagamento integral do débito previdenciário antes do início da ação fiscal.

#### Perdão judicial e aplicação isolada de pena de multa

> *§ 3º É facultado ao juiz deixar de aplicar a pena ou aplicar somente a de multa se o agente for primário e de bons antecedentes, desde que:*
> *I – Tenha promovido, após o início da ação fiscal e antes de oferecida a denúncia, o pagamento da contribuição social previdenciária, inclusive acessórios; ou*

> **Fique ligado**
> Para o STJ, o pagamento integral do débito previdenciário, antes ou depois do recebimento da denúncia, é causa de extinção da punibilidade (art. 9º, § 2º, Lei nº 10.684/2003) (HC 63.168/SC).

A hipótese do inciso I não se aplica mais, em razão regra contida no art. 9, § 2º, da Lei nº 10.684/2003, e do entendimento do STJ sobre o assunto.

> *II – O valor das contribuições devidas, inclusive acessórios, seja igual ou inferior àquele estabelecido pela previdência social, administrativamente, como sendo o mínimo para o ajuizamento de suas execuções fiscais.*

#### Perdão judicial e parcelamento

> *§ 4º A faculdade prevista no § 3º deste artigo não se aplica aos casos de parcelamento de contribuições cujo valor, inclusive dos acessórios, seja superior àquele estabelecido, administrativamente, como sendo o mínimo para o ajuizamento de suas execuções fiscais.*

#### Justa causa e prévio esgotamento da via administrativa

A Lei nº 9.430/1996 dispõe sobre a legislação tributária federal, as contribuições para a seguridade social, o processo administrativo de consulta; e dá outras providências:

> *Art. 83, CP A representação fiscal para fins penais relativa aos crimes contra a ordem tributária previstos nos arts. 1º e 2º da Lei nº 8.137, de 27 de dezembro de 1990, e aos crimes contra a Previdência Social, previstos nos arts. 168-A e 337-A do Decreto-lei nº 2.848, de 7 de dezembro de 1940 (Código Penal), será encaminhada ao Ministério Público depois de proferida a decisão final, na esfera administrativa, sobre a exigência fiscal do crédito tributário correspondente.*
>
> *§ 1º Na hipótese de concessão de parcelamento do crédito tributário, a representação fiscal para fins penais somente será encaminhada ao Ministério Público após a exclusão da pessoa física ou jurídica do parcelamento.*
>
> *§ 2º É suspensa a pretensão punitiva do Estado referente aos crimes previstos no caput, durante o período em que a pessoa física ou a pessoa jurídica relacionada com o agente dos aludidos crimes estiver incluída no parcelamento, desde que o pedido de parcelamento tenha sido formalizado antes do recebimento da denúncia criminal.*
>
> *§ 3º A prescrição criminal não corre durante o período de suspensão da pretensão punitiva.*
>
> *§ 4º Extingue-se a punibilidade dos crimes referidos no caput quando a pessoa física ou a pessoa jurídica relacionada com o agente efetuar o pagamento integral dos débitos oriundos de tributos, inclusive acessórios, que tiverem sido objeto de concessão de parcelamento.*

#### Forma privilegiada

Nos termos do art. 170 do CP, aplica-se o art. 155, § 2º para esse crime (forma privilegiada).

### 8.11.3 Apropriação de coisa havida por erro, caso fortuito ou força da natureza

> *Art. 169, CP Apropriar-se alguém de coisa alheia vinda ao seu poder por erro, caso fortuito ou força da natureza:*
> *Pena – Detenção, de um mês a um ano, ou multa.*
> *Parágrafo único. Na mesma pena incorre:*
> *I – Quem acha tesouro em prédio alheio e se apropria, no todo ou em parte, da quota a que tem direito o proprietário do prédio;*
> *II – Quem acha coisa alheia perdida e dela se apropria, total ou parcialmente, deixando de restituí-la ao dono ou legítimo possuidor ou de entregá-la à autoridade competente, dentro no prazo de quinze dias.*
> *Art. 170, CP Nos crimes previstos neste Capítulo, aplica-se o disposto no art. 155, § 2º.*

## 8.12 Estelionato e outras fraudes

*Art. 171, CP Obter, para si ou para outrem, vantagem ilícita, em prejuízo alheio, induzindo ou mantendo alguém em erro, mediante artifício, ardil, ou qualquer outro meio fraudulento:*
*Pena – Reclusão, de um a cinco anos, e multa, de quinhentos mil réis a dez contos de réis.*
*§ 1º Se o criminoso é primário, e é de pequeno valor o prejuízo, o juiz pode aplicar a pena conforme o disposto no art. 155, § 2º.*
*§ 2º Nas mesmas penas incorre quem:*
*I – vende, permuta, dá em pagamento, em locação ou em garantia coisa alheia como própria;*
*II – vende, permuta, dá em pagamento ou em garantia coisa própria inalienável, gravada de ônus ou litigiosa, ou imóvel que prometeu vender a terceiro, mediante pagamento em prestações, silenciando sobre qualquer dessas circunstâncias;*
*III – defrauda, mediante alienação não consentida pelo credor ou por outro modo, a garantia pignoratícia, quando tem a posse do objeto empenhado;*
*IV – defrauda substância, qualidade ou quantidade de coisa que deve entregar a alguém;*
*V – destrói, total ou parcialmente, ou oculta coisa própria, ou lesa o próprio corpo ou a saúde, ou agrava as conseqüências da lesão ou doença, com o intuito de haver indenização ou valor de seguro;*
*VI – emite cheque, sem suficiente provisão de fundos em poder do sacado, ou lhe frustra o pagamento.*
*§ 2º-A A pena é de reclusão, de 4 (quatro) a 8 (oito) anos, e multa, se a fraude é cometida com a utilização de informações fornecidas pela vítima ou por terceiro induzido a erro por meio de redes sociais, contatos telefônicos ou envio de correio eletrônico fraudulento, ou por qualquer outro meio fraudulento análogo. (Incluído pela Lei nº 14.155, de 2021)*
*§ 2º-B A pena prevista no § 2º-A deste artigo, considerada a relevância do resultado gravoso, aumenta-se de 1/3 (um terço) a 2/3 (dois terços), se o crime é praticado mediante a utilização de servidor mantido fora do território nacional.*
*§ 3º A pena aumenta-se de um terço, se o crime é cometido em detrimento de entidade de direito público ou de instituto de economia popular, assistência social ou beneficência.*
*§ 4º A pena aumenta-se de 1/3 (um terço) ao dobro, se o crime é cometido contra idoso ou vulnerável, considerada a relevância do resultado gravoso.*
*§ 5º Somente se procede mediante representação, salvo se a vítima for:*
*I – a Administração Pública, direta ou indireta;*
*II – criança ou adolescente;*
*III – pessoa com deficiência mental; ou*
*IV – maior de 70 (setenta) anos de idade ou incapaz.*

Esse crime tem o objetivo de punir a conduta do agente que, utilizando-se de **fraude**, induz ou mantém alguém em erro, no intuito de obter uma vantagem ilícita sobre a vítima.

### Classificação

Trata-se de comum, ou seja, pode ser praticado por qualquer pessoa.

É um crime instantâneo – consuma-se no momento da prática do ato – com efeitos permanentes.

Admite a modalidade comissiva (pratica a conduta do estelionato) ou omissiva (mantém a vítima em erro).

### Sujeitos do crime

**Sujeito ativo:** sendo um crime comum, admite qualquer pessoa.

**Sujeito passivo:** qualquer pessoa – física ou jurídica – que seja mantida em erro, desde que seja determinada, NÃO se admite uma vítima incerta.

O crime de estelionato exige vítima certa e determinada, logo, se a vítima for incerta ou indeterminada, trata-se de crime contra a economia popular (art. 2º, XI, Lei nº 1.521/1951).

| Adulteração de balança, de bomba de combustível, de taxímetro.

Se a vítima for incapaz ou alienada, o crime será o do art. 173 do CP: abuso de incapazes.

*Art. 173, CP Abusar, em proveito próprio ou alheio, de necessidade, paixão ou inexperiência de menor, ou da alienação ou debilidade mental de outrem, induzindo qualquer deles à prática de ato suscetível de produzir efeito jurídico, em prejuízo próprio ou de terceiro.*

### Consumação e tentativa

Admite tentativa, ademais a fraude deve ser idônea a ludibriar a vítima, pois, do contrário, será **crime impossível** em face da ineficácia absoluta do meio de execução (art. 17, CP).

Consuma-se com a obtenção da vantagem ilícita causando o prejuízo à vítima, passando pelos momentos de:

▷ Emprego de fraude pelo agente;
▷ Situação de erro na qual a vítima é colocada ou mantida;
▷ Obtenção de vantagem ilícita pelo agente;
▷ Prejuízo sofrido pela vítima.

### Descrição

A vantagem **ilícita** deve ser de natureza econômica (patrimonial): se a vantagem for **lícita**, estará configurado o crime de exercício arbitrário das próprias razões, art. 345 do CP: *fazer justiça pelas próprias mãos, para satisfazer pretensão, embora legítima, salvo quando a lei o permite.*

▷ O STF entendeu que o ponto eletrônico, ou a cola eletrônica são fatos atípicos em face da inexistência de vantagem econômica. Esse foi o entendimento prevalecente, apesar de haver minoria do STF que afirma tratar-se de fato típico.
▷ O silêncio pode ser usado como meio fraudulento para a prática de estelionato, bem como a mentira (tem que ser fraudulenta).
▷ A fraude bilateral não exclui o crime.

### Formas de execução

**Ardil:** caracteriza-se pela fraude de forma intelectual, fraude moral, representada pela conversa enganosa. É a lábia. Ex.: "A", alegando ser especialista em manutenção de computadores, convence "B" a entregar-lhe seu notebook para conserto.

**Artifício:** caracteriza-se pela fraude de forma material. O agente utiliza algum instrumento ou objeto para enganar a vítima. Ex.: "A" se disfarça de manobrista e fica parado na porta de um restaurante para que "B" voluntariamente lhe entregue seu carro. Ou ainda, aquele que utiliza o bilhete premiado ou um documento falso.

**Qualquer outro meio fraudulento:** é uma situação de interpretação analógica. O silêncio. "A" comerciante entrega a "B", cliente, troco além do devido, mas este nada fala e nada faz, ficando com o dinheiro para si.

**Estelionato e crime impossível:** qualquer que seja o meio de execução (artifício, ardil ou outro meio fraudulento) empregado na prática da conduta, somente haverá a tentativa quando apresentar idoneidade para enganar a vítima. A idoneidade leva em conta as condições pessoais do ofendido. Se o meio fraudulento for capaz de enganar a vítima, estará caracterizado o *conatus*. Caso não tenha intenção de iludir a vítima ou apresente-se grosseiro será crime impossível, pois há impropriedade absoluta do meio de execução (art. 17, CP).

# CRIMES CONTRA O PATRIMÔNIO

**Estelionato e reparação do dano:** a reparação do dano não apaga o crime de estelionato, porém, dependendo do momento que ocorrer a indenização à vítima, podem ocorrer as seguintes situações:

▷ Se anterior ao recebimento da denúncia ou queixa, é possível o reconhecimento do arrependimento posterior, isso diminuirá a pena de 1/3 a 2/3, nos termos do art. 16 do CP.

▷ Se antes da sentença, pode ser aplicada a atenuante genérica de acordo com o art. 65, III, "b", parte final, do CP.

▷ Se posterior à sentença, não surte efeito algum.

Pratica estelionato em sua modalidade fundamental (art. 171, *caput*, CP):

Ex. 1: "A" portando folha de cheque de "B" chega ao comércio e, passando-se por "B", emite a cártula e obtém vantagem em prejuízo alheio.

Ex. 2: "A" se apodera (furto, roubo) de folha de cheque de "B" e a preenche indevidamente utilizando-a como meio fraudulento para induzir ou manter alguém em erro, e, por consequência, obtém vantagem ilícita em prejuízo alheio.

Ex. 3: "A" está com sua conta bancária encerrada, mas continua comprando objetos e pagando com as folhas de cheques que ainda possui.

Ex. 4: "A" cria uma conta bancária com documentos falsos e, posteriormente, emite cheques sem suficiente provisão de fundos para comprar objetos.

## 8.12.1 Estelionato privilegiado

*§1º Se o criminoso é primário, e é de pequeno valor o prejuízo, o juiz pode aplicar a pena conforme o disposto no art. 155, §2º.*

O prejuízo de "pequeno valor" deve ser dano igual ou inferior a um salário-mínimo vigente à época do fato.

## 8.12.2 Absorção do crime de falso

*Súmula nº 17 – STJ Quando o falso se exaure no estelionato, sem mais potencialidade lesiva, é por este absorvido.*

Empregando a fraude, sem a intenção de se enriquecer e só com a intenção de prejudicar alguém, não se trata de estelionato. É necessário buscar a obtenção de indevida vantagem econômica.

Quando o agente, mediante fraude, consegue obter da vítima um título de crédito, o delito está consumado? Não, enquanto o título não é convertido em valor material, não há efetivo proveito do agente, podendo ser impedido de realizar a conversão por circunstâncias alheias a sua vontade. Assim, o crime ainda está na fase de execução. (**majoritária**).

## 8.12.3 Figuras equiparadas

*§ 2º Nas mesmas penas incorre quem:*

### Disposição de coisa alheia como própria

*I – Vende, permuta, dá em pagamento, em locação ou em garantia coisa alheia como própria;*

Nessa situação, admite-se que o bem seja móvel ou imóvel. É quando o agente, na posse do bem de um terceiro, utiliza-o como se fosse próprio.

O inquilino de um imóvel, que aluga para uma terceira pessoa por um valor superior, na intenção de obter lucro, sem o consentimento ou ciência do proprietário real do imóvel.

### Alienação ou oneração fraudulenta de coisa própria

*II – Vende, permuta, dá em pagamento ou em garantia coisa própria inalienável, gravada de ônus ou litigiosa, ou imóvel que prometeu vender a terceiro, mediante pagamento em prestações, silenciando sobre qualquer dessas circunstâncias;*

Nessa situação, o bem é da própria pessoa, podendo também ser imóvel ou móvel.

Ex.: o agente vende veículo para três pessoas ao mesmo tempo, no entanto, tal bem se encontra em busca e apreensão por falta de pagamento, existe um ônus judicial sobre o patrimônio.

Trata-se de crime de duplo resultado: vantagem + prejuízo, punindo-se aquele que pratica um dos núcleos do tipo, silenciando sobre a circunstância.

### Defraudação de penhor

*III – Defrauda, mediante alienação não consentida pelo credor ou por outro modo, a garantia pignoratícia, quando tem a posse do objeto empenhado;*

Seria a hipótese em que, um devedor, recebendo algo como penhor (garantia) de um credor, pratica ato de posse do bem, sem o consentimento dele (credor).

Ex.: um empresário resolve penhorar seu veículo para levantar fundos para o investimento na sua empresa, entretanto a empresa que penhorou o veículo decide alugá-lo para que possa obter lucro.

### Fraude na entrega de coisa

*IV – Defrauda substância, qualidade ou quantidade de coisa que deve entregar a alguém;*

Pode ocorrer tanto em bens móveis quanto imóveis. Ex.: uma construtora vende imóveis na planta com dimensão de 200 m², contudo, ao cabo das obras, na entrega da chave aos proprietários, esses constatam que os imóveis só possuem 170 m².

Caso a qualidade, quantidade do objeto seja superior, não existe o crime (se o imóvel tivesse 230 m², por exemplo).

Deve-se ter em mente que, na hipótese de relação comercial, pode-se estar diante do art. 175 do CP.

### Fraude para recebimento de indenização ou valor de seguro

*V – Destrói, total ou parcialmente, ou oculta coisa própria, ou lesa o próprio corpo ou a saúde, ou agrava as consequências da lesão ou doença, com o intuito de haver indenização ou valor de seguro;*

É pressuposto fundamental deste crime, a prévia existência de um contrato de seguro em vigor. Caso não exista seguro, será crime impossível, diante da impropriedade absoluta do objeto material (art. 17, CP). Nessa situação, o sujeito passivo desse crime será necessariamente a seguradora, sendo também admissível a hipótese de tentativa.

Por conseguinte, é um crime formal, ou seja, consuma-se com a prática da conduta típica (destruir, ocultar, autolesionar e agravar), ainda que o sujeito não consiga alcançar a indevida vantagem econômica pretendida.

> **Fique ligado**
>
> Somente existe o crime, quando provado que, desde o início, existe a má-fé do agente, ou seja, desde o momento em que colocou o cheque em circulação ele já não tinha intenção de honrar seu pagamento; seja pela ausência de suficiência de provisão de fundos, seja pela frustração de seu pagamento. Assim, deve haver a finalidade específica que é a intenção de fraudar/enganar a vítima. Cuidado para não confundir esta hipótese de estelionato com o crime de incêndio doloso qualificado (art. 250, § 1º, I, CP). Ex.: Marcelo ateou fogo em sua loja de tecidos, com a finalidade de obter o respectivo seguro, colocando em risco os imóveis vizinhos. Em razão dessa conduta, Marcelo responderá por crime de incêndio doloso qualificado pelo intuito de obter vantagem econômica em proveito próprio. Na hipótese em que a fraude é perpetrada por terceiro, sem o conhecimento do segurado, sabendo que esse será o beneficiário do valor da apólice, o delito será o previsto no art. 171, *caput*, do CP.

## NOÇÕES DE DIREITO PENAL

### Fraude no pagamento por meio de cheque

*VI – Emite cheque, sem suficiente provisão de fundos em poder do sacado, ou lhe frustra o pagamento.*

**Sujeito ativo**: é um crime próprio (o titular da conta bancária), ademais, admite coautoria e participação.

**Sujeito passivo**: a pessoa física ou jurídica que suporta prejuízo patrimonial.

*Súmula nº 246 – STF Comprovado não ter havido fraude, não se configura crime de emissão de cheque sem fundos.*

"A" compra um produto na loja de "B", no momento da compra não possui dinheiro na conta. Ocorre que pretendia realizar o depósito na conta antes que "B" apresentasse a folha de cheque ao banco. Todavia, acaba se esquecendo de realizar o depósito. Desse modo, o cheque é devolvido por falta de fundos. **Não é crime**, pois o inciso VI do art. 171 do CP, não admite a forma culposa.

Essa modalidade de estelionato se consuma no instante em que o banco se nega a efetuar o pagamento do cheque, quer pela ausência de fundos, quer pelo recebimento de contraordem (sustação) expedida pelo correntista, daí resulta o prejuízo patrimonial do ofendido. É crime material.

A falsidade ideológica é *ante factum* impunível, pois quem assina o cheque é o responsável pela fraude e não outra pessoa.

O crime do inciso VI do art. 171, pode ser praticado de duas formas:

▷ O agente coloca o cheque em circulação sem ter dinheiro suficiente na conta;
▷ O agente possui fundos quando da emissão do cheque, no entanto, antes do beneficiário apresentar o título, o agente retira todo o numerário depositado ou apresenta uma contraordem de pagamento (sustação).

Fraude do cheque ocorre pelo agente que tem a conta encerrada, não é este estelionato do inciso VI, é estelionato simples do *caput*.

### Competência até o recebimento da denúncia

A Lei nº 14.155/2021 realizou importante alteração na competência para o julgamento do crime de estelionato, sobretudo a fraude no pagamento por meio de cheque.

Até então, as Súmulas nº 521 do STF e nº 244 do STJ, previam que o foro do local onde se deu a recusa do pagamento pelo sacado era competente para o processo e julgamento dos crimes de estelionato.

Não obstante, a Lei nº 14.155/2021, inseriu o § 4º ao art. 70 do CPP, prevendo o seguinte:

*§ 4º Nos crimes previstos no art. 171 do Código Penal, quando praticados mediante depósito, mediante emissão de cheques sem suficiente provisão de fundos em poder do sacado ou com o pagamento frustrado ou mediante transferência de valores, a competência será definida pelo local do domicílio da vítima, e, em caso de pluralidade de vítimas, a competência firmar-se-á pela prevenção.*

Como se observa, agora a regra é que o Juízo competente é do local do domicílio da vítima, independentemente de onde se deu a recusa do cheque, ou no caso de transferência de valores, o local onde o autor obteve a vantagem.

Assim, restam superadas as Súmulas nº 521 do STF e nº 244 do STJ.

Desse modo, entende-se que o pagamento de cheque sem previsão de fundos, até o recebimento da denúncia, impede o prosseguimento da ação penal, ou seja, é causa extintiva de punibilidade.

Na hipótese do inciso VI do art. 171, a tentativa é possível, ex.: o correntista dolosamente emite um cheque sem suficiente provisão de fundos, mas seu pai, agindo sem seu conhecimento, deposita montante superior em sua conta corrente antes da apresentação da folha de cheque.

Segundo STJ, a emissão de cheques como garantia de dívida (pós-datado), e não como ordem de pagamento à vista, não constitui crime de estelionato, na modalidade prevista no art. 171, § 2º, VI, do CP. Entretanto, é possível a responsabilização do agente pelo estelionato na modalidade fundamental, se demonstrado seu dolo em obter vantagem ilícita em prejuízo alheio no momento da emissão fraudulenta do cheque.

Mas se atente que, se o agente pós-datar o cheque sabendo da inexistência de fundos, há má-fé e configurará o art. 171, *caput*, do CP. Assim, se emissão do cheque é fraudulenta (presente a má-fé) caracteriza o art. 171, *caput*.

Não é crime de estelionato a emissão de cheque sem fundos para pagamento de:

▷ Dívida anteriormente existente: nessa hipótese a razão do prejuízo da vítima é diferente da fraude no pagamento por meio de cheque. Ex.: "A" compra algumas roupas fiado na loja de "B" e não efetua o pagamento na data combinada. Seis meses após a compra, após insistentes cobranças de "B", "A" emite um cheque sem fundos para quitar a dívida.
▷ Dívidas de jogos ilícitos. Ex.: apostas ilegais ou jogo do bicho.
▷ Programas sexuais com prostitutas ou garotos de programa.

**Cheque**

▷ Emitir cheque, encerrando, logo após, a conta: tem-se o art. 171, § 2º, VI, aplicando-se as Súmulas nº 521 do STF e nº 224 do STJ.
▷ Emitir cheque de conta encerrada: aplica-se o art. 171, *caput*, sem aplicação das súmulas.
▷ Frustrar pagamento de cheque para não pagamento de dívida de jogo é crime? Nos termos do art. 814 do CC, as dívidas de jogo não obrigam a pagamento, mas não se pode recobrar dívida dessa natureza então paga.

### Fraude eletrônica

*§ 2º A pena é de reclusão, de 4 (quatro) a 8 (oito) anos, e multa, se a fraude é cometida com a utilização de informações fornecidas pela vítima ou por terceiro induzido a erro por meio de redes sociais, contatos telefônicos ou envio de correio eletrônico fraudulento, ou por qualquer outro meio fraudulento análogo.*

*Súmula nº 73 – STJ A utilização de papel-moeda grosseiramente falsificado configura, em tese, o crime de estelionato, de competência da Justiça Estadual.*

A Lei nº 14.155/2021 inseriu o § 2º-A, que prevê a qualificadora do estelionato mediante fraude eletrônica. Nesse caso, o agente obtém vantagem ilícita com a utilização de informações fornecidas pela vítima ou por terceiro induzido a erro por meio de redes sociais (Facebook, Instagram etc.), contatos telefônicos ou e-mail fraudulento.

A título de exemplo, tem-se a situação típica em que o agente insere anúncio falso em página clonada na internet, e a vítima, confiando na idoneidade da oferta e do produto, realiza o pagamento, mas não recebe o bem ofertado.

*§ 2º-B A pena prevista no § 2º-A deste artigo, considerada a relevância do resultado gravoso, aumenta-se de 1/3 (um terço) a 2/3 (dois terços), se o crime é praticado mediante a utilização de servidor mantido fora do território nacional.*

A Lei nº 14.155/2021 também inseriu causa de aumento nos casos em que a conduta prevista no § 2º-A ocorra mediante servidor localizado no exterior, sendo a pena majorada de 1/3 a 2/3 (art. 171, § 3º, CP). A pena aumenta-se de 1/3 se o crime for cometido em detrimento

# CRIMES CONTRA O PATRIMÔNIO

de entidade de direito público ou de instituto de economia popular, assistência social ou beneficência.

Fundamenta-se na maior extensão dos danos produzidos, pois com a lesão ao patrimônio público e ao interesse social toda coletividade é prejudicada.

> **Súmula nº 24 – STJ** *Aplica-se ao crime de estelionato, em que figure como vítima entidade autárquica da Previdência Social, a qualificadora do § 3º do art. 171, CP.*

Não se aplica o § 3º no caso de estelionato contra o Banco do Brasil, considerando que esta não é entidade de Direito Público.

**Jogos de azar:** há o crime de estelionato caso seja empregado meio fraudulento visando eliminar totalmente a possibilidade de vitória por parte dos jogadores.

Adulteração de máquina de caça-níquel para que os apostadores nunca vençam.

**Falsidade documental:** o sujeito que falsifica documento (público ou particular) e, posteriormente, dele se vale para enganar alguém, obtendo vantagem ilícita em prejuízo alheio responderia, EM TESE, por dois crimes: estelionato e falsidade documental (art. 171, *caput*, e art. 297 [documento público] ou art. 298 [documento particular]), contudo, nessa situação, o crime de estelionato absorve o crime de falsidade documental. É esse o teor da súmula do STJ:

> **Súmula nº 17 – STJ** *Quando o falso se exaure no estelionato, sem mais potencialidade lesiva, é por este absorvido.*

Ocorre o princípio da consunção, que é quando o crime-fim (estelionato) absorve o crime-meio (falsidade documental). Isso desde que a fé pública, o patrimônio ou outro bem jurídico qualquer não possam mais ser atacados pelo documento falsificado e utilizado por alguém como meio fraudulento para obtenção de vantagem ilícita em prejuízo alheio.

> *§ 4º A pena aumenta-se de 1/3 (um terço) ao dobro, se o crime é cometido contra idoso ou vulnerável, considerada a relevância do resultado gravoso.*

Por fim, a Lei nº 14.155/2021 também alterou o art. 171, § 4º, do CP. Anteriormente, nos casos em que o crime era cometido contra idoso, a pena era aplicada em dobro. Contudo, a nova previsão determina que a pena pode ser majorada de 1/3 até o dobro. Assim, trata-se de *novatio legis in mellius* (mais benéfica).

## 8.12.4 Competência

O art. 70 do CPP prevê que a competência será, em regra, determinada pelo lugar em que se consumar a infração. Verifica-se nessa regra que no estelionato o juízo competente será o do local em que o sujeito obteve a vantagem ilícita em prejuízo alheio. Contudo, cumpre destacar que nos casos da prática de estelionato mediante depósito, mediante emissão de cheques sem suficiente provisão de fundos em poder do sacado ou com o pagamento frustrado ou mediante transferência de valores, a competência será definida pelo local do domicílio da vítima, nos termos do art. 70, § 4º, do CPP (Lei nº 14.155/2021).

> **Súmula nº 107 – STJ** *Compete à justiça comum estadual processar e julgar crime de estelionato praticado mediante falsificação das guias de recolhimento das contribuições previdenciárias, quando não ocorre lesão à autarquia federal.*

É crime de competência da Justiça Estadual. No entanto, será de competência da Justiça Federal quando for praticado em detrimento de bens, serviços ou interesses da União ou suas entidades autárquicas ou empresas públicas (art. 109, IV, CF/1988).

> **Súmula nº 48 – STJ** *Compete ao juízo do local da obtenção da vantagem ilícita processar e julgar crime de estelionato cometido mediante falsificação de cheque. Esta súmula está relacionada ao crime definido pelo estelionato em sua modalidade fundamental (caput).*

## 8.12.5 Ação penal

Perceba *mais uma alteração do Pacote Anticrime*, estabelecendo o § 5º, agora *expressamente*, que a ação penal será condicionada à representação, salvo quando a vítima for:
▷ *a Administração Pública, direta ou indireta;*
▷ *criança ou adolescente;*
▷ *pessoa com deficiência mental;*
▷ *maior de 70 anos de idade ou incapaz.*

## 8.13 Duplicata simulada

> **Art. 172, CP** *Emitir fatura, duplicata ou nota de venda que não corresponda à mercadoria vendida, em quantidade ou qualidade, ou ao serviço prestado.*
> *Pena – Detenção, de 2 (dois) a 4 (quatro) anos, e multa.*
> *Parágrafo único. Nas mesmas penas incorrerá aquele que falsificar ou adulterar a escrituração do Livro de Registro de Duplicatas.*

## 8.14 Abuso de incapazes

> **Art. 173, CP** *Abusar, em proveito próprio ou alheio, de necessidade, paixão ou inexperiência de menor, ou da alienação ou debilidade mental de outrem, induzindo qualquer deles à prática de ato suscetível de produzir efeito jurídico, em prejuízo próprio ou de terceiro:*
> *Pena – Reclusão, de dois a seis anos, e multa.*

## 8.15 Induzimento à especulação

> **Art. 174, CP** *Abusar, em proveito próprio ou alheio, da inexperiência ou da simplicidade ou inferioridade mental de outrem, induzindo-o à prática de jogo ou aposta, ou à especulação com títulos ou mercadorias, sabendo ou devendo saber que a operação é ruinosa:*
> *Pena – Reclusão, de um a três anos, e multa.*

## 8.16 Fraude no comércio

> **Art. 175, CP** *Enganar, no exercício de atividade comercial, o adquirente ou consumidor:*
> *I – Vendendo, como verdadeira ou perfeita, mercadoria falsificada ou deteriorada;*
> *II – Entregando uma mercadoria por outra:*
> *Pena – Detenção, de seis meses a dois anos, ou multa.*
> *§ 1º Alterar em obra que lhe é encomendada a qualidade ou o peso de metal ou substituir, no mesmo caso, pedra verdadeira por falsa ou por outra de menor valor; vender pedra falsa por verdadeira; vender, como precioso, metal de outra qualidade:*
> *Pena – Reclusão, de um a cinco anos, e multa.*
> *§ 2º É aplicável o disposto no art. 155, § 2º.*

## 8.17 Outras fraudes

> **Art. 176, CP** *Tomar refeição em restaurante, alojar-se em hotel ou utilizar-se de meio de transporte sem dispor de recursos para efetuar o pagamento:*
> *Pena – Detenção, de quinze dias a dois meses, ou multa.*
> *Parágrafo único. Somente se procede mediante representação, e o juiz pode, conforme as circunstâncias, deixar de aplicar a pena.*

## 8.18 Fraudes e abusos na fundação ou administração de sociedade por ações

> **Art. 177, CP** *Promover a fundação de sociedade por ações, fazendo, em prospecto ou em comunicação ao público ou à assembleia, afirmação falsa sobre a constituição da sociedade, ou ocultando fraudulentamente fato a ela relativo:*
> *Pena – Reclusão, de um a quatro anos, e multa, se o fato não constitui crime contra a economia popular.*

*§ 1º Incorrem na mesma pena, se o fato não constitui crime contra a economia popular:*

*I – O diretor, o gerente ou o fiscal de sociedade por ações, que, em prospecto, relatório, parecer, balanço ou comunicação ao público ou à assembleia, faz afirmação falsa sobre as condições econômicas da sociedade, ou oculta fraudulentamente, no todo ou em parte, fato a elas relativo;*

*II – O diretor, o gerente ou o fiscal que promove, por qualquer artifício, falsa cotação das ações ou de outros títulos da sociedade;*

*III – O diretor ou o gerente que toma empréstimo à sociedade ou usa, em proveito próprio ou de terceiro, dos bens ou haveres sociais, sem prévia autorização da assembleia geral;*

*IV – O diretor ou o gerente que compra ou vende, por conta da sociedade, ações por ela emitidas, salvo quando a lei o permite;*

*V – O diretor ou o gerente que, como garantia de crédito social, aceita em penhor ou em caução ações da própria sociedade;*

*VI – O diretor ou o gerente que, na falta de balanço, em desacordo com este, ou mediante balanço falso, distribui lucros ou dividendos fictícios;*

*VII – O diretor, o gerente ou o fiscal que, por interposta pessoa, ou conluiado com acionista, consegue a aprovação de conta ou parecer;*

*VIII – O liquidante, nos casos dos nºs I, II, III, IV, V e VII;*

*IX – O representante da sociedade anônima estrangeira, autorizada a funcionar no País, que pratica os atos mencionados nos nºs I e II, ou dá falsa informação ao governo.*

*§ 2º Incorre na pena de detenção, de seis meses a dois anos, e multa, o acionista que, a fim de obter vantagem para si ou para outrem, negocia o voto nas deliberações de assembleia geral.*

## 8.19 Emissão irregular de conhecimento de depósito ou warrant

**Art. 178, CP** *Emitir conhecimento de depósito ou warrant, em desacordo com disposição legal:*

*Pena – Reclusão, de um a quatro anos, e multa.*

## 8.20 Fraude à execução

**Art. 179, CP** *Fraudar execução, alienando, desviando, destruindo ou danificando bens, ou simulando dívidas:*

*Pena – Detenção, de seis meses a dois anos, ou multa.*

**Parágrafo único.** *Somente se procede mediante queixa.*

## 8.21 Receptação

**Art. 180, CP** *Adquirir, receber, transportar, conduzir ou ocultar, em proveito próprio ou alheio, coisa que sabe ser produto de crime, ou influir para que terceiro, de boa-fé, a adquira, receba ou oculte:*

*Pena – Reclusão, de um a quatro anos, e multa.*

**Receptação qualificada**

*§ 1º Adquirir, receber, transportar, conduzir, ocultar, ter em depósito, desmontar, montar, remontar, vender, expor à venda, ou de qualquer forma utilizar, em proveito próprio ou alheio, no exercício de atividade comercial ou industrial, coisa que deve saber ser produto de crime:*

*Pena – Reclusão, de três a oito anos, e multa.*

*§ 2º Equipara-se à atividade comercial, para efeito do parágrafo anterior, qualquer forma de comércio irregular ou clandestino, inclusive o exercício em residência.*

*§ 3º Adquirir ou receber coisa que, por sua natureza ou pela desproporção entre o valor e o preço, ou pela condição de quem a oferece, deve presumir-se obtida por meio criminoso:*

*Pena – Detenção, de um mês a um ano, ou multa, ou ambas as penas.*

*§ 4º A receptação é punível, ainda que desconhecido ou isento de pena o autor do crime de que proveio a coisa.*

*§ 5º Na hipótese do § 3º, se o criminoso é primário, pode o juiz, tendo em consideração as circunstâncias, deixar de aplicar a pena. Na receptação dolosa aplica-se o disposto no § 2º do art. 155.*

*§ 6º Tratando-se de bens e instalações do patrimônio da União, Estado, Município, empresa concessionária de serviços públicos ou sociedade de economia mista, a pena prevista no caput deste artigo aplica-se em dobro.*

**Receptação de animal**

**Art. 180-A, CP** *Adquirir, receber, transportar, conduzir, ocultar, ter em depósito ou vender, com a finalidade de produção ou de comercialização, semovente domesticável de produção, ainda que abatido ou dividido em partes, que deve saber ser produto de crime:*

*Pena – Reclusão, de 2 (dois) a 5 (cinco) anos, e multa.*

O art. 180 do CP tipifica a conduta do agente que adquire, recebe, transporta, conduz, dentre outras condutas, com intuito de obter vantagem, produto de crime (furto, roubo, extorsão, estelionato etc.). É considerado como delito, a conduta de adquirir (receptação própria), como a de influenciar para que uma terceira pessoa adquira esses produtos (receptação imprópria).

### Classificação

A conduta do *caput* é considerada como um crime comum, pois pode ser praticada por qualquer agente. Ademais, no § 1º, considera-se crime próprio, pois exige uma qualidade específica do agente, devendo ele ser comerciante ou industrial, mesmo que ele exerça de forma clandestina ou ilegal. Ex.: um ferro velho que vende peças de veículos furtados.

A receptação é crime acessório, pois depende da existência do crime anterior. Não é necessário que o crime anterior seja contra o patrimônio. Ex.: receptar bem oriundo do crime de corrupção passiva.

É um crime de ação múltipla e conteúdo variado, ou seja, a prática de várias condutas contra o mesmo bem, caracteriza crime único (adquire e vende).

O bem imóvel não pode ser objeto material do crime de receptação, somente bens móveis.

### Sujeitos do crime

**Sujeito ativo (*caput*):** pode ser qualquer pessoa, exceto quem seja autor ou coautor do crime antecedente (furto, extorsão, roubo).

**Sujeito ativo (da receptação qualificada § 1º):** é um crime próprio, somente aquela pessoa que desempenha atividade comercial ou industrial.

Dono de ferro velho de carros e peças usadas.
▷ Admite a participação.
▷ A atividade deve ser habitual ou contínua.

**Sujeito passivo:** é a vítima do crime anterior, ou seja, donde veio o produto do furto.

### Consumação e tentativa

**Receptação própria (*caput*):** adquirir, receber – crime material/instantâneo – transportar, conduzir ou ocultar – crime permanente – ambos admitem a tentativa.

**Receptação imprópria (2ª parte do *caput*):** influir – crime formal e unissubsistente – não admite tentativa.

### 8.21.1 Receptação própria × imprópria

**Própria:** adquirir, receber, transportar, conduzir ou ocultar, em proveito próprio ou alheio, coisa que sabe ser produto de crime.

**Imprópria:** ou **influir** para que terceiro, de boa-fé, a adquira, receba ou oculte.

Na receptação **imprópria**, caso o agente influenciador seja o autor do crime antecedente, responderá **apenas** por esse delito, e não pela receptação. Trata-se de *post factum impunível*. Ex.: "A" coautor do furto de um computador, influi para que "B", de boa-fé, o compre.

A expressão "coisa que sabe" é indicativa de dolo direto e implicitamente abrange o dolo eventual? Prevalece que, a expressão coisa que sabe indica apenas dolo direto. Assim, o *caput* do artigo não pune o dolo eventual.

Imagine que Rogério venda um carro à Vânia. Uma semana após a venda, Vânia ficou sabendo que o carro é produto de crime, mas permanece com ele. Houve prática de receptação? Nesse caso, não se pode esquecer que se trata de dolo superveniente, e esse não configura o crime. Assim, o dolo superveniente não configura o crime. A má-fé deve ser contemporânea a qualquer das condutas previstas no tipo.

### 8.21.2 Receptação culposa

> *§ 3º Adquirir ou receber coisa que, por sua natureza ou pela desproporção entre o valor e o preço, ou pela condição de quem a oferece, deve presumir-se obtida por meio criminoso:*
> *Pena – Detenção, de 1 (um) mês a 1 (um) ano, ou multa, ou ambas as penas.*

É necessário observar três circunstâncias que indicam ser o bem produto de crime:

▷ Sua natureza;
▷ Desproporção entre valor e preço;
▷ Condição de quem a oferece.

No crime de receptação simples (*caput*), é necessário que o agente tenha certeza de que o bem é produto de crime, pois, em caso de dúvida (culpa ou dolo eventual), o agente responderá pelo crime de receptação culposa (§ 3º).

### 8.21.3 Norma penal explicativa

> *§ 4º A receptação é punível, ainda que desconhecido ou isento de pena o autor do crime de que proveio a coisa.*

Ainda que ocorra a extinção da punibilidade do crime antecedente, haverá o crime de receptação (art. 180, CP).

| A morte do agente do crime anterior, prescrição etc.

Esse parágrafo dá certa autonomia ao crime de receptação em relação ao crime antecedente.

| Ricardo, menor de idade, subtrai o DVD de um veículo e o vende a Marcelo, o qual conhece a origem criminosa do bem. Nesta situação, mesmo sendo Ricardo inimputável, Marcelo responderá pelo crime de receptação.

Segundo alguns autores, a receptação é crime acessório e pressupõe outro crime para que exista. Sucede que não há submissão à punição do crime principal para que seja punido, ou seja, sua punição é independente.

Se o crime pressuposto está prescrito ou teve extinta a punibilidade, não desaparece a receptação.

### 8.21.4 Receptação privilegiada

> *§ 5º Na hipótese do § 3º Receptação culposa, se o criminoso é primário, pode o juiz, tendo em consideração as circunstâncias, deixar de aplicar a pena. Na receptação dolosa aplica-se o disposto no § 2º do art. 155.*
> *Art. 155, § 2º Se o criminoso é primário, e é de pequeno valor a coisa furtada, o juiz pode substituir a pena de reclusão pela de detenção, diminuí-la de um a dois terços, ou aplicar somente a pena de multa.*

A receptação privilegiada (2ª parte do § 5º) somente se aplica à receptação dolosa (própria ou imprópria); culposa e qualificada, não!

---

**Receptação culposa (§ 3º)**
+
**Criminoso primário**
+
**Tendo em consideração as circunstâncias**
=
**Perdão judicial**
(juiz deixa de aplicar a pena)

**Receptação dolosa (*caput*)**
+
Criminoso primário
+
Coisa de pequeno valor
=
Art. 155, § 2º, CP:
Substituir a pena de reclusão pena de detenção;
Diminuí-la de 1/3 a 2/3 ou aplicar somente a pena de multa

### 8.21.5 Aumento de pena

> *§ 6º Tratando-se de bens e instalações do patrimônio da União, estado, município, empresa concessionária de serviços públicos ou sociedade de economia mista, a pena prevista no caput deste artigo aplica-se em dobro.*

---
**Fique ligado**

Caso o bem seja produto de contravenção penal, não existirá o crime de receptação. O fato será atípico, pois esse delito somente existe em caso de bem produto de crime.

---

Aplicável somente para a receptação **simples** (*caput*). Não se aplica à receptação qualificada nem à culposa.

É possível a **receptação da receptação**, por exemplo, "A" adquire um relógio produto de furto e o vende a "B", este vende o mesmo bem a "C" ciente de sua origem criminosa.

> *Art. 180-A, CP Adquirir, receber, transportar, conduzir, ocultar, ter em depósito ou vender, com a finalidade de produção ou comercialização, semovente domesticável de produção, ainda que abatido ou dividido em partes, que deve saber ser produto de crime:*
> *Pena – Reclusão, de 2 (dois) a 5 (cinco) anos, e multa.*

## 8.22 Disposições gerais

### 8.22.1 Imunidades penais absolutas ou escusas absolutórias

> *Art. 181, CP É isento de pena quem comete qualquer dos crimes previstos neste título, em prejuízo:*
> *I – Do cônjuge, na constância da sociedade conjugal;*
> *II – De ascendente ou descendente, seja o parentesco legítimo ou ilegítimo, seja civil ou natural.*

Trata-se de causa de extinção da punibilidade. No caso do inciso I, abrange-se também a união estável, os separados de fato e ainda as uniões homoafetivas. Não importa o regime de comunhão de bens do casamento. Ex.: separação total de bens.

No caso do inciso II, não se aplica esta escusa na hipótese de parentesco por afinidade (sogra, genro, cunhado...). Outrossim, verifica-se que não há abrangência aos colaterais e afins.

### 8.22.2 Imunidade patrimonial relativa

> *Art. 182, CP Somente se procede mediante representação, se o crime previsto neste título é cometido em prejuízo:*
> *I – Do cônjuge desquitado ou judicialmente separado;*
> *II – De irmão, legítimo ou ilegítimo;*
> *III – De tio ou sobrinho, com quem o agente coabita.*

Após a entrada em vigor da Lei nº 6.515/1977, o desquite não existe mais no ordenamento jurídico brasileiro.

Aos ex-cônjuges divorciados não se aplica essa imunidade.

No caso dos incisos II e III, é necessária efetiva coabitação, para incidência dessa imunidade.

## NOÇÕES DE DIREITO PENAL

> **Fique ligado**
>
> Esse é um dos artigos do Código Penal que mais caem em concurso. Portanto, é muito importante decorá-lo!

### 8.22.3 Inaplicabilidade das imunidades

*Art. 183, CP* Não se aplica o disposto nos dois artigos anteriores:
I – Se o crime é de roubo ou de extorsão, ou, em geral, quando haja emprego de grave ameaça ou violência à pessoa;
II – Ao estranho que participa do crime;
III – Se o crime é praticado contra pessoa com idade igual ou superior a 60 (sessenta) anos.

> **Fique ligado**
>
> Esse inciso foi incluído pelo Estatuto do Idoso (Lei nº 10.741/2003). **Preste muita atenção,** pois este é um dos dispositivos deste assunto que mais cai em concurso público.

▷ **É aplicada a imunidade na violência doméstica e familiar contra a mulher no ambiente familiar?**

- **1ª corrente:** para Maria Berenice Dias, jurista brasileira, não se admite imunidade patrimonial na violência doméstica e familiar contra a mulher, benefício afastado pelo art. 7º, IV, da Lei nº 11.340/2006.
- **2ª corrente:** diz que a Lei Maria da Penha não vedou, expressamente, qualquer imunidade, diferente do Estatuto do Idoso que vedou a imunidade para o idoso.

Tem prevalecido a 2ª corrente.

# 9 CRIMES CONTRA A DIGNIDADE SEXUAL

## 9.1 Crimes contra a liberdade sexual

### 9.1.1 Estupro

> **Art. 213, CP** *Constranger alguém, mediante violência ou grave ameaça, a ter conjunção carnal ou a praticar ou permitir que com ele se pratique outro ato libidinoso:*
> *Pena – Reclusão, de 6 (seis) a 10 (dez) anos.*
> *§ 1º Se da conduta resulta lesão corporal de natureza grave ou se a vítima é menor de 18 (dezoito) ou maior de 14 (catorze) anos:*
> *Pena – Reclusão, de 8 (oito) a 12 (doze) anos.*
> *§ 2º Se da conduta resulta morte:*
> *Pena – Reclusão, de 12 (doze) a 30 (trinta) anos.*

#### Sujeitos

**Sujeito ativo:** na conjunção carnal, podem ser sujeitos ativo e passivo tanto homem quanto mulher. Trata-se de crime comum. Da mesma forma, os atos libidinosos diversos podem ter como sujeitos passivo e ativo qualquer pessoa, ainda que do mesmo sexo.

**Sujeito passivo:** trata-se de delito comum, qualquer um pode ser vítima do crime, inclusive a prostituta e a esposa, quando cometido pelo marido.

> **Art. 7º, III, Lei nº 11.340/2006** *Estabelece que a violência sexual é forma de violência contra a mulher.*
> **Art. 226, II, CP** *Prevê causa de aumento de pena nos crimes sexuais se o crime é cometido por cônjuge ou companheiro:*

#### Conduta

O art. 213 pune a conduta de "constranger", que é o núcleo do tipo. Esse constrangimento deve se dar mediante violência ou grave ameaça. É necessário observar que a violência é uma das formas de se executar o crime. A outra forma é a grave ameaça, e aqui é necessário observar que não basta a ameaça, devendo essa ser grave.

O constrangimento se dá para a prática de conjunção carnal ou para a prática de ato libidinoso diverso da conjunção carnal.

Abrange o beijo lascivo? Beijo lascivo, de acordo com Nelson Hungria, é aquele beijo que causa desconforto para quem olha. É interessante observar que beijo lascivo já foi considerado atentado violento ao pudor por conta dessa expressão porosa (atos libidinosos).

Assim, atos libidinosos são considerados os atos de natureza sexual que atentam, de forma intolerável e relevante, contra a dignidade sexual da vítima.

Aqui, indaga-se se o contato físico é ou não dispensável para a prática de estupro.

▷ **1ª corrente:** o contato físico entre os sujeitos é indispensável.
▷ **2ª corrente:** diz que o contato físico entre os sujeitos é dispensável. Ex.: obrigar a vítima a se masturbar. Atente-se que, aqui, deve haver resistência da vítima.

**Tipo subjetivo:** o crime é punido a título de dolo.

▷ Consumação e tentativa: consuma-se o delito com a prática do ato de libidinagem, que é gênero de conjunção carnal e atos libidinosos, visado pelo agente.

Trata-se de delito plurissubsistente, admitindo tentativa.

> **Fique ligado**
> Se o agente, após a prática de conjunção carnal, pratica sexo anal e sexo oral, quantos crimes comete? Entendem o STF e STJ que comete apenas um crime, que a pluralidade de atos não desnatura a unidade do crime, podendo essa interferir na dosagem da pena.

A depender do caso concreto, já entendeu o STJ que poderá haver o concurso de crimes, levando-se em conta os momentos da prática de cada conduta.

Qualificadora idade da vítima:

> *§ 1º Se da conduta resulta lesão corporal de natureza grave ou se a vítima é menor de 18 (dezoito) ou maior de 14 (catorze) anos:*
> *Pena – Reclusão, de 8 (oito) a 12 (doze) anos.*

Essa questão deve ser analisada antes e depois da Lei nº 12.015/2009.

▷ **Antes da Lei nº 12.015/2009:** a idade da vítima era mera circunstância judicial a ser analisada pelo juiz no momento do art. 59 do CP. Estavam previstos no art. 223 do CP; se da violência resultar lesão grave, a pena era de 8 a 12 anos. Nessa hipótese, a grave ameaça não estava abrigada. A expressão "do fato" amplia exageradamente o espectro punição.

▷ **Após a Lei nº 12.015/2009:** atualmente, trata-se de qualificadora prevista no § 1º, cuja pena varia de 8 a 12 anos. É qualificadora irretroativa, vez que maléfica. Previu o art. 213, § 1º que, se da conduta resultar lesão grave, a pena será de 8 a 12 anos. Se da conduta resultar morte, nos termos do § 2º, a pena é de 12 a 30 anos.

Tratando-se de resultado qualificador morte, o agente responderá pelos dois crimes e, em se tratando de morte dolosa, o agente responderá perante o Tribunal do Júri.

### 9.1.2 Violação sexual mediante fraude

> **Art. 215, CP** *Ter conjunção carnal ou praticar outro ato libidinoso com alguém, mediante fraude ou outro meio que impeça ou dificulte a livre manifestação de vontade da vítima:*
> *Pena – Reclusão, de 2 (dois) a 6 (seis) anos.*
> *Parágrafo único. Se o crime é cometido com o fim de obter vantagem econômica, aplica-se também multa.*

Trata-se de crime comum, podendo ser praticado por qualquer pessoa, contra qualquer pessoa, devendo ser observado que, no que tange à conjunção carnal.

#### Conduta

Esse tipo penal visa punir o ato de ter conjunção carnal ou praticar atos libidinosos diversos da conjunção carnal, mediante:

▷ **Fraude:** quando, por exemplo, há o relacionamento amoroso com o irmão gêmeo.
▷ **Outro meio que impeça ou dificulte a livre manifestação de vontade da vítima:** quando ocorre por exemplo, o temor reverencial, a embriaguez moderada.

A fraude utilizada na execução do crime não pode anular a capacidade de resistência da vítima, caso em que estará configurado o delito de estupro de vulnerável. Ex.: "boa noite, Cinderela".

#### Consumação e tentativa

O crime consuma-se com a prática do ato de libidinagem pelo agente, sendo admissível a tentativa.

### 9.1.3 Importunação sexual

**Art. 215-A, CP** *Praticar contra alguém e sem a sua anuência ato libidinoso com o objetivo de satisfazer a própria lascívia ou a de terceiro: (Incluído pela Lei nº 13.718, de 2018)*
*Pena – Reclusão, de 1 (um) a 5 (cinco) anos, se o ato não constitui crime mais grave. (Incluído pela Lei nº 13.718, de 2018).*

A Lei nº 13.718/2018 acrescentou no art. 215-A o crime de importunação sexual, a fim de punir a conduta do agente que pratica contra a vítima ato libidinoso, com o objetivo de satisfazer a própria lascívia ou a lascívia de terceiro.

Antes da previsão do art. 215-A, a conduta relativa à importunação sexual era tipificada, normalmente, nos arts. 61 ou 65 da Lei de Contravenção Penal (Decreto-lei nº 3.688/1941).

**Sujeito ativo:** é crime comum. Pode ser praticado por qualquer pessoa (homem ou mulher).

**Sujeito passivo:** pode ser praticado contra qualquer pessoa (homem ou mulher). Assim, o art. 215-A do CP é crime bicomum.

### 9.1.4 Assédio sexual

**Art. 216-A, CP** *Constranger alguém com o intuito de obter vantagem ou favorecimento sexual, prevalecendo-se o agente da sua condição de superior hierárquico ou ascendência inerente ao exercício de emprego, cargo ou função.*
*Pena – Detenção, de 1 (um) a 2 (dois) anos.*
*Parágrafo único. (Vetado) [...]*
*§ 2º A pena é aumentada em até um terço se a vítima é menor de 18 (dezoito) anos.*

#### Objetividade jurídica

Trata-se de delito pluriofensivo, resguardando a dignidade sexual do indivíduo e a liberdade de exercício do trabalho, o direito de não ser discriminado.

#### Sujeitos

**Sujeito ativo:** só pode ser praticado por superior hierárquico ou ascendente em relação de emprego, cargo ou função.

**Sujeito passivo:** é o subalterno ou subordinado do autor.

#### Conduta

É a insistência inoportuna de alguém em posição privilegiada, que usa dessa vantagem para obter favores sexuais de um subalterno.

#### Crime habitual

Alguns autores ditam que não é crime a mera relação entre docente e aluno, por ausência entre os dois sujeitos do vínculo do trabalho. Trata-se de crime habitual, logo é imprescindível a prática de reiterados atos constrangedores. Neste caso, não se admite tentativa.

### 9.1.5 Registro não autorizado da intimidade sexual

**Art. 216-B, CP** *Produzir, fotografar, filmar ou registrar, por qualquer meio, conteúdo com cena de nudez ou ato sexual ou libidinoso de caráter íntimo e privado sem autorização dos participantes:*
*Pena – Detenção, de 6 (seis) meses a 1 (um) ano, e multa.*
*Parágrafo único. Na mesma pena incorre quem realiza montagem em fotografia, vídeo, áudio ou qualquer outro registro com o fim de incluir pessoa em cena de nudez ou ato sexual ou libidinoso de caráter íntimo.*

A Lei nº 13.772/2018 acrescentou o art. 216-B a fim de preencher a lacuna que existia quanto à punição da conduta de indivíduos que registravam a prática sexual de terceiros em ambientes privados.

O bem jurídico protegido é a intimidade sexual da vítima. Quantos aos sujeitos do crime, podem ser qualquer pessoa, tanto o ativo como o passivo.

O elemento subjetivo do tipo é o dolo. Logo, não admite modalidade culposa.

Ademais, a cena de nudez ou de ato libidinoso registrada deve ter sido praticado em caráter íntimo e privado.

Assim, se o agente filma um casal mantendo relações sexuais em uma praça, por exemplo, não configura o crime.

## 9.2 Crimes sexuais contra vulnerável

### 9.2.1 Sedução

Esse crime foi revogado pelo art. 217, CP.

### 9.2.2 Estupro de vulnerável

**Art. 217-A, CP** *Ter conjunção carnal ou praticar outro ato libidinoso com menor de 14 (catorze) anos:*
*Pena – Reclusão, de 8 (oito) a 15 (quinze) anos;*
*§ 1º Incorre na mesma pena quem pratica as ações descritas no caput com alguém que, por enfermidade ou deficiência mental, não tem o necessário discernimento para a prática do ato, ou que, por qualquer outra causa, não pode oferecer resistência.*
*§ 2º (Vetado.)*
*§ 3º Se da conduta resulta lesão corporal de natureza grave:*
*Pena – Reclusão, de 10 (dez) a 20 (vinte) anos.*
*§ 4º Se da conduta resulta morte:*
*Pena – Reclusão, de 12 (doze) a 30 (trinta) anos.*
*§ 5º As penas previstas no caput e nos §§ 1º, 3º e 4º deste artigo aplicam-se independentemente do consentimento da vítima ou do fato de ela ter mantido relações sexuais anteriormente ao crime. (Incluído pela Lei nº 13.718, de 2018)*

### 9.2.3 Corrupção de menores

**Art. 218, CP** *Induzir alguém menor de 14 (catorze) anos a satisfazer a lascívia de outrem:*
*Pena – Reclusão, de 2 (dois) a 5 (cinco) anos.*
*Parágrafo único. (Vetado.).*

#### Sujeitos

**Sujeito ativo:** qualquer pessoa.

**Sujeito passivo:** somente a pessoa menor de 14 anos.

#### Consumação e tentativa

Consuma-se com a prática do ato que importa na satisfação da lascívia de outrem, independentemente deste considerar-se satisfeito. Admite tentativa.

O ato a que o menor vulnerável é induzido a praticar, não pode consistir em conjunção carnal ou atos libidinosos diversos da cópula normal, casos em que, ocorrendo a sua prática efetiva, configurado estará o crime de estupro de vulnerável (art. 217-A, CP), tanto para quem induz, quanto para quem deles participa diretamente.

### 9.2.4 Satisfação de lascívia mediante presença de criança ou adolescente

**Art. 218-A, CP** *Praticar, na presença de alguém menor de 14 (catorze) anos, ou induzi-lo a presenciar, conjunção carnal ou outro ato libidinoso, a fim de satisfazer lascívia própria ou de outrem:*
*Pena – Reclusão, de 2 (dois) a 4 (quatro) anos.*

## 9.2.5 Favorecimento da prostituição ou outra forma de exploração sexual de vulnerável

> **Art. 218-B, CP** *Submeter, induzir ou atrair à prostituição ou outra forma de exploração sexual alguém menor de 18 (dezoito) anos ou que, por enfermidade ou deficiência mental, não tem o necessário discernimento para a prática do ato, facilitá-la, impedir ou dificultar que a abandone:*
> *Pena – Reclusão, de 4 (quatro) a 10 (dez) anos.*
> *§ 1º Se o crime é praticado com o fim de obter vantagem econômica, aplica-se também multa.*
> *§ 2º Incorre nas mesmas penas:*
> *I – quem pratica conjunção carnal ou outro ato libidinoso com alguém menor de 18 (dezoito) e maior de 14 (catorze) anos na situação descrita no caput deste artigo;*
> *II – o proprietário, o gerente ou o responsável pelo local em que se verifiquem as práticas referidas no caput deste artigo.*
> *§ 3º Na hipótese do inciso II do § 2º, constitui efeito obrigatório da condenação a cassação da licença de localização e de funcionamento do estabelecimento.*

Por falta de previsão legal, não haverá crime na conduta daquele que contratar, diretamente com pessoa maior de 14 anos, serviços sexuais.

## 9.2.6 Divulgação de cena de estupro ou de cena de estupro de vulnerável, de cena de sexo ou de pornografia

> **Art. 218-C, CP** *Oferecer, trocar, disponibilizar, transmitir, vender ou expor à venda, distribuir, publicar ou divulgar, por qualquer meio – inclusive por meio de comunicação de massa ou sistema de informática ou telemática –, fotografia, vídeo ou outro registro audiovisual que contenha cena de estupro ou de estupro de vulnerável ou que faça apologia ou induza a sua prática, ou, sem o consentimento da vítima, cena de sexo, nudez ou pornografia:*
> *Pena – Reclusão, de 1 (um) a 5 (cinco) anos, se o fato não constitui crime mais grave.*
> *Aumento de pena*
> *§ 1º A pena é aumentada de 1/3 (um terço) a 2/3 (dois terços) se o crime é praticado por agente que mantém ou tenha mantido relação íntima de afeto com a vítima ou com o fim de vingança ou humilhação.*
> **Exclusão de ilicitude**
> *§ 2º Não há crime quando o agente pratica as condutas descritas no caput deste artigo em publicação de natureza jornalística, científica, cultural ou acadêmica com a adoção de recurso que impossibilite a identificação da vítima, ressalvada sua prévia autorização, caso seja maior de 18 (dezoito) anos.*

A Lei nº 13.718/2018 incluiu o art. 218-C para punir o agente que divulga fotografia ou vídeo que contém uma cena de estupro (relação sexual sem consentimento) ou uma cena que faça apologia ou induza à prática de estupro. Bem como o agente que divulga fotografia ou vídeo que contém cena de sexo (consensual), nudez ou pornografia.

A divulgação é feita sem o consentimento da pessoa que aparece na fotografia ou vídeo.

Ademais, as pessoas que recebem a fotografia ou vídeo, por WhatsApp, por exemplo, não cometem o crime, pois essa conduta não se amolda na previsão do art. 218-C.

A consumação do delito independe da forma como o agente obteve a fotografia ou vídeo. Contudo, se a obtenção da mídia se deu por meio de invasão de dispositivo informático, tem-se a incidência do art. 154-A do CP.

Trata-se de crime comum. Pode ser praticado por qualquer pessoa (homem ou mulher). Quanto à vítima, é a pessoa que aparece na fotografia ou no vídeo. O delito pode ser praticado contra qualquer pessoa (homem ou mulher).

É processado mediante ação penal pública incondicionada. O § 1º prevê causa de aumento para os casos em que o agente possui ou mantinha relação íntima de afeto com a vítima. Por fim, o § 2º trata da hipótese de **exclusão de ilicitude**, quando o agente pratica a conduta em publicação de natureza jornalística, científica, cultural ou acadêmica com a adoção de recurso que impossibilite a identificação da vítima.

## 9.3 Rapto

Os arts. 219 a 222 foram revogados pela Lei nº 11.106/2005.

## 9.4 Disposições gerais

### 9.4.1 Ação penal

> **Art. 225, CP** *Nos crimes definidos nos Capítulos I e II deste Título, procede-se mediante ação penal pública incondicionada.*
> *Parágrafo único. (Revogado.)*

**Regra**: com a Lei nº 13.718/2018, todos os crimes contra a dignidade sexual são processados mediante **ação penal pública incondicionada**.

### 9.4.2 Aumento de pena

> **Art. 226, CP** *A pena é aumentada:*
> *I – de quarta parte, se o crime é cometido com o concurso de 2 (duas) ou mais pessoas;*
> *II – de metade, se o agente é ascendente, padrasto ou madrasta, tio, irmão, cônjuge, companheiro, tutor, curador, preceptor ou empregador da vítima ou por qualquer outro título tiver autoridade sobre ela;*
> *III – (Revogado.)*
> *IV – de 1/3 (um terço) a 2/3 (dois terços), se o crime é praticado:*
> **Estupro coletivo**
> *a) mediante concurso de 2 (dois) ou mais agentes;*
> **Estupro corretivo**
> *b) para controlar o comportamento social ou sexual da vítima.*

## 9.5 Lenocínio e tráfico de pessoa para fim de prostituição ou outra forma de exploração sexual

### 9.5.1 Mediação para servir a lascívia de outrem

> **Art. 227, CP** *Induzir alguém a satisfazer a lascívia de outrem:*
> *Pena – Reclusão, de um a três anos.*
> *§ 1º Se a vítima é maior de 14 (catorze) e menor de 18 (dezoito) anos, ou se o agente é seu ascendente, descendente, cônjuge ou companheiro, irmão, tutor ou curador ou pessoa a quem esteja confiada para fins de educação, de tratamento ou de guarda:*
> *Pena – Reclusão, de dois a cinco anos.*
> *§ 2º Se o crime é cometido com emprego de violência, grave ameaça ou fraude:*
> *Pena – Reclusão, de dois a oito anos, além da pena correspondente à violência.*
> *§ 3º Se o crime é cometido com o fim de lucro, aplica-se também multa.*

## 9.5.2 Favorecimento da prostituição ou outra forma de exploração sexual

**Art. 228, CP** *Induzir ou atrair alguém à prostituição ou outra forma de exploração sexual, facilitá-la, impedir ou dificultar que alguém a abandone:*

*Pena – Reclusão, de 2 (dois) a 5 (cinco) anos, e multa.*

*§ 1º Se o agente é ascendente, padrasto, madrasta, irmão, enteado, cônjuge, companheiro, tutor ou curador, preceptor ou empregador da vítima, ou se assumiu, por lei ou outra forma, obrigação de cuidado, proteção ou vigilância:*

*Pena – Reclusão, de 3 (três) a 8 (oito) anos.*

*§ 2º Se o crime é cometido com emprego de violência, grave ameaça ou fraude:*

*Pena – Reclusão, de quatro a dez anos, além da pena correspondente à violência.*

*§ 3º Se o crime é cometido com o fim de lucro, aplica-se também multa.*

## 9.5.3 Casa de prostituição

**Art. 229, CP** *Manter, por conta própria ou de terceiro, estabelecimento em que ocorra exploração sexual, haja, ou não, intuito de lucro ou mediação direta do proprietário ou gerente:*

*Pena – Reclusão, de dois a cinco anos, e multa.*

## 9.5.4 Rufianismo

**Art. 230, CP** *Tirar proveito da prostituição alheia, participando diretamente de seus lucros ou fazendo-se sustentar, no todo ou em parte, por quem a exerça:*

*Pena – Reclusão, de um a quatro anos, e multa.*

*§ 1º Se a vítima é menor de 18 (dezoito) e maior de 14 (catorze) anos ou se o crime é cometido por ascendente, padrasto, madrasta, irmão, enteado, cônjuge, companheiro, tutor ou curador, preceptor ou empregador da vítima, ou por quem assumiu, por lei ou outra forma, obrigação de cuidado, proteção ou vigilância:*

*Pena – Reclusão, de 3 (três) a 6 (seis) anos, e multa.*

*§ 2º Se o crime é cometido mediante violência, grave ameaça, fraude ou outro meio que impeça ou dificulte a livre manifestação da vontade da vítima:*

*Pena – Reclusão, de 2 (dois) a 8 (oito) anos, sem prejuízo da pena correspondente à violência.*

## 9.5.5 Promoção de migração ilegal

**Art. 232-A, CP** *Promover, por qualquer meio, com o fim de obter vantagem econômica, a entrada ilegal de estrangeiro em território nacional ou de brasileiro em país estrangeiro:*

*Pena – Reclusão, de 2 (dois) a 5 (cinco) anos, e multa.*

*§ 1º Na mesma pena incorre quem promover, por qualquer meio, com o fim de obter vantagem econômica, a saída de estrangeiro do território nacional para ingressar ilegalmente em país estrangeiro.*

*§ 2º A pena é aumentada de 1/6 (um sexto) a 1/3 (um terço) se:*

*I – o crime é cometido com violência; ou*

*II – a vítima é submetida a condição desumana ou degradante.*

*§ 3º A pena prevista para o crime será aplicada sem prejuízo das correspondentes às infrações conexas.*

## 9.6 Ultraje público ao pudor

### 9.6.1 Ato obsceno

**Art. 233, CP** *Praticar ato obsceno em lugar público, ou aberto ou exposto ao público:*

*Pena – Detenção, de três meses a um ano, ou multa.*

### 9.6.2 Escrito ou objeto obsceno

**Art. 234, CP** *Fazer, importar, exportar, adquirir ou ter sob sua guarda, para fim de comércio, de distribuição ou de exposição pública, escrito, desenho, pintura, estampa ou qualquer objeto obsceno:*

*Pena – Detenção, de seis meses a dois anos, ou multa.*

***Parágrafo único.*** *Incorre na mesma pena quem:*

*I – vende, distribui ou expõe à venda ou ao público qualquer dos objetos referidos neste artigo;*

*II – realiza, em lugar público ou acessível ao público, representação teatral, ou exibição cinematográfica de caráter obsceno, ou qualquer outro espetáculo, que tenha o mesmo caráter;*

*III – realiza, em lugar público ou acessível ao público, ou pelo rádio, audição ou recitação de caráter obsceno.*

## 9.7 Disposições gerais

### 9.7.1 Aumento de pena

**Art. 234-A, CP** *Nos crimes previstos neste Título a pena é aumentada:*

*I – (Vetado.);*

*II – (Vetado.);*

*III – de metade a 2/3 (dois terços), se do crime resulta gravidez; (Redação dada pela Lei nº 13.718, de 2018)*

*IV – de 1/3 (um terço) a 2/3 (dois terços), se o agente transmite à vítima doença sexualmente transmissível de que sabe ou deveria saber ser portador, ou se a vítima é idosa ou pessoa com deficiência. (Redação dada pela Lei nº 13.718, de 2018)*

**Art. 234-B, CP** *Os processos em que se apuram crimes definidos neste Título correrão em segredo de justiça.*

**Art. 234-C, CP** *(Vetado.).*

# 10 CRIMES CONTRA A FÉ PÚBLICA

## 10.1 Moeda falsa

**Art. 289, CP** *Falsificar, fabricando-a ou alterando-a, moeda metálica ou papel-moeda de curso legal no país ou no estrangeiro:*
*Pena – Reclusão, de três a doze anos, e multa.*

*§ 1º Nas mesmas penas incorre quem, por conta própria ou alheia, importa ou exporta, adquire, vende, troca, cede, empresta, guarda ou introduz na circulação moeda falsa.*

*§ 2º Quem, tendo recebido de boa-fé, como verdadeira, moeda falsa ou alterada, a restitui à circulação, depois de conhecer a falsidade, é punido com detenção, de seis meses a dois anos, e multa.*

*§ 3º É punido com reclusão, de três a quinze anos, e multa, o funcionário público ou diretor, gerente, ou fiscal de banco de emissão que fabrica, emite ou autoriza a fabricação ou emissão:*
*I – De moeda com título ou peso inferior ao determinado em lei;*
*II – De papel-moeda em quantidade superior à autorizada.*

*§ 4º Nas mesmas penas incorre quem desvia e faz circular moeda, cuja circulação não estava ainda autorizada.*

### Modos de falsificar

**Fabricando a moeda (manufaturando, fazendo a cunhagem):** o próprio agente produz (cria) a moeda.

**Alterando (modificando, adulterando):** utilizando moeda verdadeira (autêntica), a altera (transforma cédula de R$ 2 em R$ 100).

### Objeto material

O objeto material também pode ser a moeda estrangeira, desde que tenha curso legal no Brasil, ou no país de origem, ou seja, quando circulada não pode ser recusada como meio de pagamento.

Heleno Fragoso ensina que inexistirá o crime quando houver adulteração para que o valor nominal seja diminuído em relação ao verdadeiro. É imprescindível, além das características apontadas, que a falsificação seja convincente, isto é, capaz de iludir os destinatários da moeda.

Nem sempre a falsificação grosseira constituirá fato atípico, já que este ocorrerá somente quando não haja qualquer possibilidade de iludir alguém. Do contrário, poderá se configurar o crime de estelionato. Este, aliás, é o entendimento do Superior Tribunal de Justiça:

**Súmula nº 73 – STJ** *A utilização de papel-moeda grosseiramente falsificado configura, em tese, o crime de estelionato, de competência da Justiça Estadual.*

### 10.1.1 Crimes assimilados ao de moeda falsa

**Art. 290, CP** *Formar cédula, nota ou bilhete representativo de moeda com fragmentos de cédulas, notas ou bilhetes verdadeiros; suprimir, em nota, cédula ou bilhete recolhidos, para o fim de restituí-los à circulação, sinal indicativo de sua inutilização; restituir à circulação cédula, nota ou bilhete em tais condições, ou já recolhidos para o fim de inutilização:*
*Pena – Reclusão, de dois a oito anos, e multa.*
*Parágrafo único. O máximo da reclusão é elevado a doze anos e multa, se o crime é cometido por funcionário que trabalha na repartição onde o dinheiro se achava recolhido, ou nela tem fácil ingresso, em razão do cargo.*

### Consumação

Nesse delito, é necessário que a formação da moeda com fragmentos e a supressão do sinal indicativo sejam capazes de iludir. Não é necessário o dano para consumar-se o delito; basta a mera formação da cédula a partir dos fragmentos, com a supressão do sinal identificador de recolhimento.

Há autores que ditam que, ao contrário do que ocorre com o crime de moeda falsa (art. 298, CP), a aquisição e o recebimento da moeda nas condições descritas no art. 290, *caput*, não foram elevados à categoria de crime principal, subsistindo o delito de receptação.

### 10.1.2 Petrechos para falsificação de moeda

**Art. 291, CP** *Fabricar, adquirir, fornecer, a título oneroso ou gratuito, possuir ou guardar maquinismo, aparelho, instrumento ou qualquer objeto especialmente destinado à falsificação de moeda:*
*Pena – Reclusão, de dois a seis anos, e multa.*

### 10.1.3 Emissão de título ao portador sem permissão legal

**Art. 292, CP** *Emitir, sem permissão legal, nota, bilhete, ficha, vale ou título que contenha promessa de pagamento em dinheiro ao portador ou a que falte indicação do nome da pessoa a quem deva ser pago:*
*Pena – Detenção, de um a seis meses, ou multa.*
*Parágrafo único. Quem recebe ou utiliza como dinheiro qualquer dos documentos referidos neste artigo incorre na pena de detenção, de quinze dias a três meses, ou multa.*

## 10.2 Falsidade de títulos e outros papéis públicos

### 10.2.1 Falsificação de papéis públicos

**Art. 293, CP** *Falsificar, fabricando-os ou alterando-os:*
*I – Selo destinado a controle tributário, papel selado ou qualquer papel de emissão legal destinado à arrecadação de tributo;*
*II – Papel de crédito público que não seja moeda de curso legal;*
*III – Vale postal;*
*IV – Cautela de penhor, caderneta de depósito de caixa econômica ou de outro estabelecimento mantido por entidade de direito público;*
*V – Talão, recibo, guia, alvará ou qualquer outro documento relativo a arrecadação de rendas públicas ou a depósito ou caução por que o poder público seja responsável;*
*VI – Bilhete, passe ou conhecimento de empresa de transporte administrada pela União, por Estado ou por Município:*
*Pena – Reclusão, de dois a oito anos, e multa.*
*§ 1º Incorre na mesma pena quem:*
*I – Usa, guarda, possui ou detém qualquer dos papéis falsificados a que se refere este artigo;*
*II – Importa, exporta, adquire, vende, troca, cede, empresta, guarda, fornece ou restitui à circulação selo falsificado destinado a controle tributário;*
*III – Importa, exporta, adquire, vende, expõe à venda, mantém em depósito, guarda, troca, cede, empresta, fornece, porta ou, de qualquer forma, utiliza em proveito próprio ou alheio, no exercício de atividade comercial ou industrial, produto ou mercadoria:*
*a) em que tenha sido aplicado selo que se destine a controle tributário, falsificado;*
*b) sem selo oficial, nos casos em que a legislação tributária determina a obrigatoriedade de sua aplicação.*
*§ 2º Suprimir, em qualquer desses papéis, quando legítimos, com o fim de torná-los novamente utilizáveis, carimbo ou sinal indicativo de sua inutilização:*
*Pena – Reclusão, de um a quatro anos, e multa.*
*§ 3º Incorre na mesma pena quem usa, depois de alterado, qualquer dos papéis a que se refere o parágrafo anterior.*
*§ 4º Quem usa ou restitui à circulação, embora recebido de boa-fé, qualquer dos papéis falsificados ou alterados, a que se referem este artigo e o seu § 2º, depois de conhecer a falsidade ou alteração, incorre na pena de detenção, de seis meses a dois anos, ou multa.*
*§ 5º Equipara-se a atividade comercial, para os fins do inciso III do § 1º, qualquer forma de comércio irregular ou clandestino, inclusive o exercido em vias, praças ou outros logradouros públicos e em residências.*

## NOÇÕES DE DIREITO PENAL

> **Fique ligado**
>
> O inciso III (vale postal) foi revogado pelo art. 36 da Lei nº 6.538/1976. Assim, só é passível de cobrança em concursos que cobrem especificamente essa lei.

Esse artigo do Código Penal traz a tipificação da conduta daquele agente que pratica atos de falsificação de papéis públicos, ou seja, aqueles que são chancelados pelo Estado como sendo verdadeiros. Dessa forma, o crime possui diversas condutas típicas, mas a principal está no *caput*, pois pune quem: **falsifica** ou **adultera o documento**.

**De acordo com o § 1º**, pune-se com a mesma pena do *caput* (reclusão de 2 a 8 anos) quem **guarda, possui ou detém** quaisquer dos papéis que constam no inciso I ao VI do *caput*. Ademais, a falsificação prevista nos incisos II e III desse parágrafo, aplica punição às outras condutas ligadas, especificamente, à falsificação de selo destinado ao controle tributário, ou então, de produtos ou mercadorias sobre os quais incide o controle tributário.

> **Fique ligado**
>
> Se a falsificação for usada como meio para a fraude, configura-se o crime de estelionato (art. 171, CP), o qual absorve o crime de falsificação, de acordo com o princípio da consunção.

**Em relação ao § 2º**, pune-se quem efetuou a **supressão** do sinal indicativo de inutilização com intenção de tornar novamente utilizável.

**O § 3º prevê que é punido quem usa**, desde que este não seja o mesmo autor que suprimiu o documento, pois, senão, responderá pelo *caput*.

**O § 4º é a figura privilegiada** do art. 293, pois pune quem recebe de **boa-fé** e repassa o documento falsificado após reconhecer sua falsidade.

Por fim, o **§ 5º trata da equiparação das condutas reconhecidas como atividade comercial** expressa no art. 1º, III, exercidas em locais irregulares e clandestinos, em locais públicos ou até mesmo se praticada dentro da própria residência do agente.

### 10.2.2 Petrechos de falsificação

> *Art. 294, CP Fabricar, adquirir, fornecer, possuir ou guardar objeto especialmente destinado à falsificação de qualquer dos papéis referidos no artigo anterior:*
>
> *Pena – Reclusão, de um a três anos, e multa.*
>
> *Art. 295, CP Se o agente é funcionário público, e comete o crime prevalecendo-se do cargo, aumenta-se a pena de sexta parte.*
>
> Caso o agente seja **funcionário público**, e pratique quaisquer das condutas descritas no art. 293, utilizando-se de privilégios que seu cargo ofereça, responderá com aumento de pena (art. 295, CP).

A figura típica do art. 294 prevê a conduta do agente que possua objetos que tenham como fim específico a falsificação de quaisquer papéis públicos mencionados no art. 293 do Código Penal. Caso esse objeto possua a capacidade de falsificar, mas sua função principal não seja essa, sua posse não será considerada como objeto (petrecho).

O art. 295 trata especificamente da hipótese em que o agente é **funcionário público**, o qual responderá com aumento de pena de **sexta parte** caso tenha utilizado de atributos da sua função pública para a prática do crime. Ex.: uma impressora de alta capacidade que tenha condições de imprimir cédulas falsas. Contudo, depende, logicamente, do contexto fático em que se apresente.

## 10.3 Falsidade documental

### 10.3.1 Falsificação do selo ou sinal público

> *Art. 296, CP Falsificar, fabricando-os ou alterando-os:*
>
> *I – Selo público destinado a autenticar atos oficiais da União, de Estado ou de Município;*
>
> *II – Selo ou sinal atribuído por lei à entidade de direito público, ou a autoridade, ou sinal público de tabelião:*

Na situação em que o agente é **funcionário público** responderá com aumento de pena de **sexta parte** (art. 327, CP).

> *Pena – Reclusão, de dois a seis anos, e multa.*
>
> *§ 1º Incorre nas mesmas penas:*
>
> *I – Quem faz uso do selo ou sinal falsificado;*
>
> *II – Quem utiliza indevidamente o selo ou sinal verdadeiro em prejuízo de outrem ou em proveito próprio ou alheio.*
>
> *III – Quem altera, falsifica ou faz uso indevido de marcas, logotipos, siglas ou quaisquer outros símbolos utilizados ou identificadores de órgãos ou entidades da Administração Pública.*
>
> *§ 2º Se o agente é funcionário público, e comete o crime prevalecendo-se do cargo, aumenta-se a pena de sexta parte.*

Esse delito visa incriminar o agente que **falsifica selos ou sinais públicos** - objetos que atestam um documento como verdadeiro – por meio da **fabricação** (contrafação – próprio agente fabrica um selo ou sinal falso), ou pela **alteração** (modificação de selo ou sinal verdadeiro).

Tais itens (selo ou sinal) não são considerados documentos públicos, e sim, objetos que o criminoso utiliza para falsificação. Ex.: carimbo, selo de identificação etc.

A falsidade tipificada nesse artigo é **material**, ou seja, a forma do documento é modificada (alteração) ou fabricada (contrafação).

### 10.3.2 Falsificação de documento público

> *Art. 297, CP Falsificar, no todo ou em parte, documento público, ou alterar documento público verdadeiro:*
>
> *Pena – Reclusão, de dois a seis anos, e multa.*
>
> *§ 1º Se o agente é funcionário público, e comete o crime prevalecendo-se do cargo, aumenta-se a pena de sexta parte.*
>
> *§ 2º Para os efeitos penais, equiparam-se a documento público o emanado de entidade paraestatal, o título ao portador ou transmissível por endosso, as ações de sociedade comercial, os livros mercantis e o testamento particular.*
>
> *§ 3º Nas mesmas penas incorre quem insere ou faz inserir:*
>
> *I – Na folha de pagamento ou em documento de informações que seja destinado a fazer prova perante a previdência social, pessoa que não possua a qualidade de segurado obrigatório;*
>
> *II – Na Carteira de Trabalho e Previdência Social do empregado ou em documento que deva produzir efeito perante a previdência social, declaração falsa ou diversa da que deveria ter sido escrita;*
>
> *III – Em documento contábil ou em qualquer outro documento relacionado com as obrigações da empresa perante a previdência social, declaração falsa ou diversa da que deveria ter constado.*
>
> *§4º Nas mesmas penas incorre quem omite, nos documentos mencionados no § 3º, nome do segurado e seus dados pessoais, a remuneração, a vigência do contrato de trabalho ou de prestação de serviços.*

Para provar a **materialidade** do crime, é **indispensável** a realização de exame de corpo de delito, direto ou indireto, no documento, não podendo supri-lo pela confissão do acusado (art. 158, CPP), ou seja, pela perícia no documento.

Esse título do Código Penal tem por objetivo tipificar a conduta do agente que **falsifica, total ou parcialmente, documento público**, bem como aquele que **altera** documentos públicos **verdadeiros** com intenção de obter **vantagem ilícita**.

# CRIMES CONTRA A FÉ PÚBLICA

A falsidade tipificada nesse artigo é material, ou seja, a forma do documento é modificada (alteração) ou falsificada (contrafação), total ou parcialmente.

Documento para o Direito Penal deve possuir as seguintes características:

▷ Forma escrita;
▷ Elaborado por pessoa determinada;
▷ Conteúdo revestido de relevância jurídica;
▷ Possuir eficácia probatória.

Portanto, **documento público** é aquele confeccionado pelo funcionário público, nacional ou estrangeiro, **no desempenho de suas atividades**, em conformidade com as formalidades legais.

Caso a agente seja funcionário público, responde com aumento de pena de sexta parte, conforme preceitua o § 1º desse artigo. A fotocópia (xerox/traslado), sem autenticação, não tem eficácia probatória. Desse modo, não é classificado como documento público para fins penais.

*§ 2º Para os efeitos penais, equiparam-se a documento público o emanado de entidade paraestatal, o título ao portador ou transmissível por endosso, as ações de sociedade comercial, os livros mercantis e o testamento particular.*

**Entidades paraestatais**, integrantes do Terceiro Setor, são as pessoas jurídicas de direito privado, sem fins lucrativos, que atuam ao lado e em colaboração com o Estado. Ex.: Sesc, Senai, Sesi, Senac e ONGs.

**Título ao portador**: cheque ao portador (nominal).

**Título transmissível por endosso**: cheque, duplicata, nota promissória, letra de câmbio.

**Ações de sociedade comercial**: sociedades anônimas, sociedades em comandita por ações.

**Livros mercantis**: destinados a registrar as atividades empresariais.

**Testamento particular**: trata-se de um testamento elaborado pelo próprio testador, seja a punho próprio ou digitado, sendo totalmente elaborado por ele, sem interferências.

Documento escrito a lápis é documento público? É necessário observar que documento escrito a lápis, ainda que feito por servidor público, não é documento, considerando a insegurança na manutenção de seu conteúdo. Sobre substituir fotografia em documento de identidade, prevalece que é o delito do art. 297 do CP. Atualmente, a jurisprudência dispensa a perícia nesses casos.

Na hipótese em que o agente que faz uso do documento falsificado ou modificado seja o mesmo que falsificou - os papéis públicos – esse delito (art. 297) será absorvido pelo (art. 171), estelionato, do Código Penal, visto que a conduta visa obter vantagem indevida mediante o uso de fraude. Assim, a falsificação é "meio" (uso da fraude) para o fim (a vantagem), que é o crime de estelionato. Por conseguinte, de acordo com o **princípio da consunção**, o crime mais grave absorve o menos grave.

*Súmula nº 17 – STJ Quando o falso se exaure no estelionato, sem mais potencialidade lesiva, é por ele absorvido.*

## 10.3.3 Falsificação de documento particular

*Art. 298, CP Falsificar, no todo ou em parte, documento particular ou alterar documento particular verdadeiro:*
*Pena – Reclusão, de um a cinco anos, e multa.*

Esse artigo tem por objetivo tipificar a conduta do agente que falsifica, total ou parcialmente, documento **particular**, bem como aquele que altera documentos particulares verdadeiros com intenção de obter vantagem ilícita.

Para configurar o crime de falsificação, faz-se necessário que a conduta tenha capacidade de ludibriar terceiros, pois a falsificação ou modificação **grosseira** ou sem potencialidade lesiva **não** configura o crime, ou seja, de acordo com o art. 17 do CP, é um crime impossível por absoluta impropriedade do objeto, podendo configurar estelionato.

Nessa situação, o documento em si é falso, porém os dados podem ser verdadeiros, pois o agente que emite/falsifica o documento, não tem competência para fazê-lo.

Para provar a materialidade do crime, é **indispensável** a realização de exame de corpo de delito, direto ou indireto, no documento, não podendo supri-lo a confissão do acusado (art. 158, CPP).

### Considerações

Se a falsidade do documento é material, o agente responde pelo art. 298 do CP, falsificação de documento particular; caso seja **ideológica**, o agente responderá pelo art. 299 (falsidade ideológica).

Caso o agente que utilize o documento falsificado ou modificado seja o mesmo que o falsificou, responderá pelo crime do art. 304 do CP, que corresponde ao uso de documento particular falsificado. O documento público nulo torna-se documento particular. Atos públicos nulos, feitos por oficiais incompetentes, são documentos particulares.

Na hipótese de documento particular, com firma reconhecida em cartório, temos um documento público? Falsificando os escritos do documento, o delito será o do art. 298 do CP. Porém, se a conduta for para falsificar o selo do tabelião, o delito é o do art. 297.

Na hipótese em que um indivíduo falsifica um documento particular com o objetivo de praticar o **crime de sonegação fiscal**, responderá pelo crime previsto no art. 1º, III e IV, da Lei nº 8.137/1990.

## 10.3.4 Falsidade ideológica

*Art. 299, CP Omitir, em documento público ou particular, declaração que dele devia constar, ou nele inserir ou fazer inserir declaração falsa ou diversa da que devia ser escrita, com o fim de prejudicar direito, criar obrigação ou alterar a verdade sobre fato juridicamente relevante:*
*Pena – Reclusão, de um a cinco anos, e multa, se o documento é público, e reclusão de um a três anos, e multa, se o documento é particular.*

*Parágrafo único. Se o agente é funcionário público, e comete o crime prevalecendo-se do cargo, ou se a falsificação ou alteração é de assentamento de registro civil, aumenta-se a pena de sexta parte.*

Diferentemente dos arts. 297 e 298, que tratam da falsidade material, em que o conteúdo pode ser verdadeiro, mas o documento em si é falso, este artigo aborda a falsidade ideológica, em que o documento é verdadeiro, mas o conteúdo, a ideia é falsa. A falsidade ideológica também é conhecida como falso ideal, falso intelectual ou falso moral.

▷ **Falsidade material:** a forma do documento é falsa, porém os dados podem ser verdadeiros.
▷ **Falsidade ideológica:** a forma do documento é verdadeira, mas a ideia contida é falsa.

### Núcleos do tipo

**Omitir**: o funcionário público no momento da elaboração de um documento, **deixa de inserir** (omissão) informação que nesse deveria constar. É a falsidade imediata.

**Inserir**: aquele que **insere** no documento público ou particular informação falsa ou diversa que deveria ser escrita. É a falsidade **imediata**.

**Fazer inserir**: é o particular que fornece a informação falsa ao funcionário público competente, que, **por erro**, a insere no documento verdadeiro. É chamada falsidade **mediata**.

Caso o agente que utilizar o documento falsificado ou modificado seja o mesmo, esse delito (art. 299) será absorvido pelo art. 171

(estelionato) do Código Penal, visto que a conduta busca obter vantagem indevida mediante o uso de fraude.

Para que seja configurado o crime de falsidade ideológica, o agente deve ter um especial fim de agir, ou seja, um **dolo específico**, de prejudicar um direito, criar uma obrigação ou alterar a verdade sobre um fato.

### 10.3.5 Falso reconhecimento de firma ou letra

*Art. 300, CP Reconhecer, como verdadeira, no exercício de função pública, firma ou letra que o não seja:*
*Pena – Reclusão, de um a cinco anos, e multa, se o documento é público; e de um a três anos, e multa, se o documento é particular.*

Esse crime é classificado como **próprio**, pois somente pode ser cometido por funcionário público no exercício da função, ou seja, aquele que tem a competência para o reconhecimento.

O delito configura-se quando o funcionário público reconhece (atesta, afirma) como verdadeira a firma ou letra que **sabe ser falsa**.

Não admite a modalidade culposa, porém o agente poderá vir a responder na esfera administrativa e civil (STJ, RMS 26.548/PR – 2010).

### 10.3.6 Certidão ou atestado ideologicamente falso

*Art. 301, CP Atestar ou certificar falsamente, em razão de função pública, fato ou circunstância que habilite alguém a obter cargo público, isenção de ônus ou de serviço de caráter público, ou qualquer outra vantagem:*
*Pena – Detenção, de dois meses a um ano.*

Esse delito tipifica a conduta do funcionário público que, devido às qualidades que seu cargo **propicia, atesta ou certifica** aquilo que sabe ser falso, em benefício de terceiros, para que obtenham vantagem, isenção ou ônus de obrigações junto à Administração Pública (*caput*).

A **certidão ou atestado** são verdadeiros, porém **os dados** informados para que tal pessoa obtenha vantagem sobre a Administração são falsos.

### 10.3.7 Falsidade material de atestado ou certidão

*§ 1º Falsificar, no todo ou em parte, atestado ou certidão, ou alterar o teor de certidão ou de atestado verdadeiro, para prova de fato ou circunstância que habilite alguém a obter cargo público, isenção de ônus ou de serviço de caráter público, ou qualquer outra vantagem:*
*Pena – Detenção, de três meses a dois anos.*
*§ 2º Se o crime é praticado com o fim de lucro, aplica-se, além da pena privativa de liberdade, a de multa.*

Configura também a conduta do agente que, ao contrário de atestar ou certificar, **falsifica** atestado, certidões ou **altera** seu conteúdo em benefício de terceiros que desejam obter as mesmas vantagens já mencionadas no *caput* (§ 1º).

De acordo com o § 2º, caso a conduta tenha o fim de obtenção de lucro, além da pena de restrição de liberdade, o agente será apenado também com o pagamento de multa.

Se o agente é funcionário público e comete o crime prevalecendo-se do cargo, ou se a falsificação ou alteração é de assentamento de registro civil, aumenta-se a pena em 1/6. A falsidade ideológica é crime que não pode ser comprovado pericialmente, pois o documento é verdadeiro em seu aspecto formal, sendo falso apenas seu conteúdo. Assim, não se exige o exame pericial (corpo de delito). O juiz é quem deve avaliar no caso concreto se o conteúdo é verdadeiro ou falso.

### 10.3.8 Falsidade de atestado médico

*Art. 302, CP Dar o médico, no exercício da sua profissão, atestado falso:*
*Pena – Detenção, de um mês a um ano.*
*Parágrafo único. Se o crime é cometido com o fim de lucro, aplica-se também multa.*

O artigo visa punir o médico que, no exercício da sua profissão, fornece atestado falso independente de ele ser especialista ou não na área, imputando diagnóstico falso ao paciente que o solicita.

Não é necessário que o médico seja especialista da área a qual ele tenha fornecido o atestado falso.

> Um médico cirurgião plástico, atesta um distúrbio psiquiátrico para que a pessoa consiga obter licença ou qualquer alguma outra vantagem. Embora ele não seja neurologista, responderá pelo crime de falso atestado.

Caso o médico seja funcionário público, responderá pelo crime do art. 301, *caput* do Código Penal.

Sendo a conduta realizada com o objetivo de obter lucros, além da pena de detenção, será aplicada também uma multa (parágrafo único).

### 10.3.9 Reprodução ou adulteração de selo ou peça filatélica

*Art. 303, CP Reproduzir ou alterar selo ou peça filatélica que tenha valor para coleção, salvo quando a reprodução ou a alteração está visivelmente anotada na face ou no verso do selo ou peça:*
*Pena – Detenção, de um a três anos, e multa.*
*Parágrafo único. Na mesma pena incorre quem, para fins de comércio, faz uso do selo ou peça filatélica.*

### 10.3.10 Uso de documento falso

*Art. 304, CP Fazer uso de qualquer dos papéis falsificados ou alterados, a que se referem os arts. 297 a 302:*
*Pena – A cominada à falsificação ou à alteração.*
*Esse artigo foi revogado pelo art. 39 da Lei nº 6.538/1978, que trata do mesmo crime.*

O crime de documento falso é um crime classificado doutrinariamente como remetido e acessório.

**Crime remetido**: tem a conduta típica descrita em artigos diferentes (arts. 297 a 302) e é quando o agente efetivamente faz o uso dos documentos mencionados nesses artigos.

**Crime acessório**: necessita da prática de crime anterior (art. 297 a 302) para se caracterizar crime. Antes de ocorrer efetivamente o uso do documento falso, já houve um crime anterior, consumado quando este foi fabricado, alterado, modificado etc.

**Apontamentos**

A consumação ocorre no momento da utilização de quaisquer dos documentos falsificados dos arts. 297 a 302 do Código Penal.

É necessário que haja o uso, não sendo suficiente a simples alusão ao documento falso.

Para configurar o instituto da tentativa, dependerá de que maneira que o crime de uso de documento falso seja praticado.

No caso de o comento ser malfeito e a falsidade seja evidente (grosseira), afasta a falsidade do documento.

Apesar de haver corrente sustentando que, para a caracterização do crime, basta que o escrito saia da esfera de disponibilidade do agente, ainda que empregado em finalidade diversa daquela a que se destinava, de acordo com a maioria, é imprescindível que o documento falso seja utilizado em sua específica destinação probatória.

Quando o agente utiliza o documento falso para cometer o crime de estelionato, responderá apenas por este último, e o outro restará absorvido. Ex.: "A" usa o documento falso para enganar "B", com o fim de obter vantagem.

O agente deve apresentar de forma espontânea o documento a terceiros. A doutrina vem aceitando que, se o agente for solicitado a entregar por agente policial, o crime persiste. Ex.: em uma *blitz* de trânsito, quando o condutor apresenta uma Carteira Nacional de Habilitação (CNH) ao ser essa solicitada pelo agente público. Caso o agente que utilize o documento falsificado ou modificado seja o mesmo que praticou a falsificação, responderá apenas pelo crime da falsificação do documento.

Independentemente da forma que será realizada a apresentação do documento, se voluntária ou por solicitação de autoridade pública, o agente responderá pelo crime do art. 304 do CP.

### 10.3.11 Supressão de documento

*Art. 305, CP Destruir, suprimir ou ocultar, em benefício próprio ou de outrem, ou em prejuízo alheio, documento público ou particular verdadeiro, de que não podia dispor:*

*Pena – Reclusão, de dois a seis anos, e multa, se o documento é público, e reclusão, de um a cinco anos, e multa, se o documento é particular.*

O crime desse artigo tem por objetivo tipificar a conduta do agente que dispõe de documento público ou particular verdadeiro, quando não o podia, com intuito de destruir, suprimir ou ocultar informações na intenção de causar prejuízo para outrem ou vantagem para si ou para terceiros.

É necessário que o documento suprimido, o alterado ou ocultado tenha seu valor probatório insubstituível, ou seja, caso seja cópia do documento original, **não** estará configurado o crime.

O autor deve agir com finalidade específica, qual seja, executar o crime em benefício próprio ou de outrem, ou em prejuízo alheio (ausente esse elemento, outro poderá ser o delito).

## 10.4 Outras falsidades

### 10.4.1 Falsificação do sinal empregado no contraste de metal precioso ou na fiscalização alfandegária, ou para outros fins

*Art. 306, CP Falsificar, fabricando-o ou alterando-o, marca ou sinal empregado pelo poder público no contraste de metal precioso ou na fiscalização alfandegária, ou usar marca ou sinal dessa natureza, falsificado por outrem:*

*Pena – Reclusão, de 2 (dois) a 6 (seis) anos, e multa.*

### 10.4.2 Falsa identidade

*Art. 307, CP Atribuir-se ou atribuir a terceiro falsa identidade para obter vantagem, em proveito próprio ou alheio, ou para causar dano a outrem:*

*Pena – Detenção, de três meses a um ano, ou multa, se o fato não constitui elemento de crime mais grave.*

Esse delito torna típica a conduta de atribuir, para si próprio ou parar terceira pessoa, falsa identidade para obtenção de vantagem ou causar dano a terceiro, na tentativa de incriminá-lo, por exemplo.

Da leitura do verbo "atribuir", conclui-se que o crime é comissivo (praticado por ação), não ocorrendo a hipótese em que agente silencie acerca da identidade equivocada que lhe atribuem.

Não ocorre o uso de documento falso (art. 304, CP), quando o agente somente atribui – verbalmente – ser outra pessoa, deve ser capaz de iludir.

O crime de falsa identidade é um **crime subsidiário**, ou seja, caso venha a ser utilizado para prática de um crime mais grave, será atribuída a pena desse. Seria o caso do estelionato (art. 171, CP), por exemplo, pois o agente utiliza-se da fraude da falsa identidade para obtenção de vantagem. Ocorre o chamado princípio da consunção, em que o crime fim (estelionato) absorve o crime meio (falsa identidade).

### 10.4.3 Uso de documento de identidade alheia

*Art. 308, CP Usar, como próprio, passaporte, título de eleitor, caderneta de reservista ou qualquer documento de identidade alheia ou ceder a outrem, para que dele se utilize, documento dessa natureza, próprio ou de terceiro:*

*Pena – Detenção, de quatro meses a dois anos, e multa, se o fato não constitui elemento de crime mais grave.*

Esse crime descreve a conduta do agente que **utiliza de documento (verdadeiro)** de uma terceira pessoa para se passar por ela, sendo conhecido como o "uso de documento de identidade alheia". Utilizar documento falso corresponde ao art. 304 do CP. O agente efetivamente **utiliza** o documento alheio como se fosse próprio, sendo que a simples posse de documentos de terceiro não caracteriza o crime.

É punido tanto o agente que fez o uso do documento alheio, quanto a pessoa que o emprestou/cedeu para que aquele o utilizasse.

O crime de falsa identidade é subsidiário, ou seja, caso constituir crime mais grave será atribuído ao autor o crime mais grave. Desse modo, se o agente **usar** documento falso, embora em nome de 3ª pessoa (ex.: colar sua fotografia em um documento de identidade alheio), responderá pelo crime de uso de documento falso (art. 304, CP), haja vista que a substituição de fotografia em documento público caracteriza o crime de falsificação de documento público (art. 297, CP).

### 10.4.4 Fraude de lei sobre estrangeiro

*Art. 309, CP Usar o estrangeiro, para entrar ou permanecer no território nacional, nome que não é o seu:*

*Pena – Detenção, de 1 (um) a 3 (três) anos, e multa.*

*Parágrafo único. Atribuir a estrangeiro falsa qualidade para promover-lhe a entrada em território nacional:*

*Pena – Reclusão, de 1 (um) a 4 (quatro) anos, e multa.*

A expressão território nacional deve ser tomada no seu sentido jurídico, incluindo, portanto, o mar territorial e o espaço aéreo correspondente à coluna atmosférica.

O parágrafo único traz um crime comum, cuja conduta típica consiste em atribuir a estrangeiro falsa qualidade para lhe promover a entrada em território nacional.

*Art. 310, CP Prestar-se a figurar como proprietário ou possuidor de ação, título ou valor pertencente a estrangeiro, nos casos em que seja vedada por lei a propriedade ou a posse de tais bens:*

*Pena – Detenção, de 6 (seis) meses a 3 (três) anos, e multa.*

### 10.4.5 Adulteração de sinal identificador de veículo automotor

*Art. 311, CP Adulterar ou remarcar número de chassi ou qualquer sinal identificador de veículo automotor, de seu componente ou equipamento:*

*Pena – Reclusão, de três a seis anos, e multa.*

*§ 1º Se o agente comete o crime no exercício da função pública ou em razão dela, a pena é aumentada de um terço.*

*§ 2º Incorre nas mesmas penas o funcionário público que contribui para o licenciamento ou registro do veículo remarcado ou adulterado, fornecendo indevidamente material ou informação oficial.*

O sinal de identificação é a placa do veículo, numeração do motor, marcação dos vidros etc.

A pessoa que recebe o veículo já adulterado, sabendo dessa circunstância, não pratica o crime do art. 311, mas, sim, o do art. 180 (receptação). O § 1º é uma causa especial de aumento de pena, caso o funcionário público cometa o crime prevalecendo-se do cargo. Exige-se, para incidir o aumento de pena, uma qualidade especial do agente, ser funcionário público, ou seja, um crime próprio. O § 2º é uma figura equiparada. Esse parágrafo versa uma forma **própria** de crime, podendo ser cometido somente por funcionário público que tenha competência legítima para tais condutas.

### Fita adesiva

A alteração de placa com a utilização de fita adesiva é objeto de controvérsia. Para alguns autores, não se apresentando adulteração concreta e definitiva com objetivo de fraudar a propriedade, o licenciamento ou o registro do veículo, trata-se de simples infração administrativa. Para outros doutrinadores, há o crime do art. 311 do CP.

A falsificação grosseira não constitui o delito, mas mera infração administrativa. Ex.: o agente modifica a placa do carro utilizando uma fita isolante preta.

## 10.5 Fraudes em certames de interesse público

> *Art. 311-A, CP Utilizar ou divulgar, indevidamente, com o fim de beneficiar a si ou a outrem, ou de comprometer a credibilidade do certame, conteúdo sigiloso de:*
> *I – Concurso público;*
> *II – Avaliação ou exame público;*
> *III – Processo seletivo para ingresso no ensino superior;*
> *IV – Exame ou processo seletivo previstos em lei:*
> *Pena – Reclusão, de 1 (um) a 4 (quatro) anos, e multa.*
> *§ 1º Nas mesmas penas incorre quem permite ou facilita, por qualquer meio, o acesso de pessoas não autorizadas às informações mencionadas no caput.*
> *§ 2º Se da ação ou omissão resulta dano à administração pública:*
> *Pena – Reclusão, de 2 (dois) a 6 (seis) anos, e multa.*
> *§ 3º Aumenta-se a pena de 1/3 (um terço) se o fato é cometido por funcionário público.*

Introduzido no Código Penal pela Lei nº 12.550/2001, visa evitar as fraudes cometidas em provas de concursos públicos, devido às precárias condições de fiscalização do Estado. Protege o sigilo da boa administração pública, vestibulares, processos seletivos, concursos públicos etc.

Por ser um crime comum, pode ser praticado por qualquer pessoa e, se praticado por funcionário público, a **pena aumenta-se de 1/3** (art. 311-A, § 3º, CP).

**Figura equiparada (art. 311-A, § 1º)**: em análise ao tipo referido, a conduta é autenticamente um concurso de pessoas na modalidade participação, ou seja, um agente auxilia o outro na prática do crime.

**Qualificadora (art. 311-A, § 2º)**: o dano que afeta a Administração Pública é analisado em sentido amplo, e não somente o dano material. Por ser um crime contra a fé pública, afeta principalmente a moral da Administração e abala a credibilidade depositada pelas pessoas no Estado.

**Consumação**: consuma-se com a simples prática dos núcleos, dispensando a obtenção da vantagem particular buscada pelo agente ou mesmo eventual dano à credibilidade do certame.

### Princípio da especialidade

Aplicando-se o princípio da especialidade, a violação de sigilo funcional envolvendo certames de interesse público, não caracteriza o crime do art. 325, mas, sim, o do art. 311-A do CP.

Entendeu o STF que o uso de cola eletrônica não é crime. Entretanto, se o candidato teve acesso privilegiado ao gabarito da prova, pratica o crime junto com a pessoa que lhe forneceu.

# 11 CRIMES CONTRA A ADMINISTRAÇÃO PÚBLICA

## 11.1 Crimes praticados por funcionário público contra a administração em geral

### 11.1.1 Peculato

> **Art. 312, CP** Apropriar-se o funcionário público de dinheiro, valor ou qualquer outro bem móvel, público ou particular, de que tem a posse em razão do cargo, ou desviá-lo, em proveito próprio ou alheio:
> Pena – Reclusão, de dois a doze anos, e multa.
> § 1º Aplica-se a mesma pena, se o funcionário público, embora não tendo a posse do dinheiro, valor ou bem, o subtrai, ou concorre para que seja subtraído, em proveito próprio ou alheio, valendo-se de facilidade que lhe proporciona a qualidade de funcionário.
> **Peculato culposo**
> § 2º Se o funcionário concorre culposamente para o crime de outrem:
> Pena – Detenção, de três meses a um ano.
> § 3º No caso do parágrafo anterior, a reparação do dano, se precede à sentença irrecorrível, extingue a punibilidade; se lhe é posterior, reduz de metade a pena imposta.

Esse artigo tem por objetivo tipificar a conduta do funcionário público que, aproveitando do cargo que ocupa, apropria-se de bem público ou particular. É necessário que o agente utilize das facilidades do seu cargo, pois, se não o fizer, responderá normalmente, a depender do caso concreto, nos crimes elencados no Título II – Dos Crimes Contra o Patrimônio, do Código Penal. Por exemplo, o furto (art. 155, CP).

#### Peculato apropriação

> **Art. 312, CP** Apropriar-se o funcionário público de dinheiro, valor ou qualquer outro bem **móvel, público ou particular**, de que tem a posse em razão do cargo. [...]

Nessa situação, o funcionário público já possui a posse ou detenção lícita do bem (em razão do cargo que ocupa), porém passa a se comportar como se fosse o dono (pratica atos de disposição da coisa, venda, troca, doação etc.), não mais devolvendo ou restituindo o bem à Administração Pública.

#### Peculato-desvio

> **Art. 312, CP** [...] ou desviá-lo, em proveito próprio ou alheio.

Também chamado de **peculato próprio**, valendo-se do cargo, o agente desvia, em proveito próprio ou de outrem, dinheiro, valor ou qualquer outro bem móvel, público ou particular.

#### Peculato furto

Também chamado de **peculato impróprio**. Só haverá esse crime se o funcionário público se valer dessa qualidade para subtrair o bem; caso contrário, o crime será o de furto (art. 155, CP). Caso o particular não tenha conhecimento da qualidade de funcionário público, responderá por furto, enquanto esse último responderá por peculato. Ex.: **a)** "A", funcionário público, valendo-se do cargo, subtrai bem móvel da administração com auxílio de "B", o qual conhecia sua função. Ambos respondem por peculato (art. 312, CP); **b)** "A", funcionário público, valendo-se do cargo, subtrai bem móvel da administração com auxílio de "B", o qual desconhecia a função de "A". "A" responderá por peculato (art. 312, CP) e "B", por furto (art. 155, CP); **c)** "A", funcionário público, sem aproveitar do cargo que ocupa, com auxílio de "B", subtrai bem móvel da repartição em que "A" trabalha. Ambos respondem por furto (art. 155, CP).

São considerados crimes próprios, pois exigem a qualidade de funcionário público para sua classificação. A conduta é sempre dolosa (apropriar-se, desviar, subtrair). Existe, no entanto, previsão para modalidade culposa (vide § 2º, peculato culposo).

É um crime comissivo, por conseguinte, pode incorrer em omissão imprópria, quando o agente, como garantidor, podendo evitar, nada faz para que o crime não seja consumado (art. 13, § 2º, CP).

#### Sujeitos do crime

**Sujeito ativo:** o funcionário público (crime próprio), mas se admite coautoria e participação de particulares, desde que tenham conhecimento da qualidade de funcionário público do agente. Se comprovado que o particular desconhecia a qualidade funcional do agente, responde por apropriação indébita.

**Sujeito passivo:** o Estado e, secundariamente, o particular (pessoa física ou jurídica), diretamente lesada em seu patrimônio.

#### Consumação e tentativa

Admite tentativa, salvo o peculato culposo, pois os crimes culposos não admitem a modalidade culposa.

Peculato apropriação e peculato furto são crimes materiais, pois estarão consumados com a efetiva posse do bem móvel. No caso do peculato-desvio, é um crime formal, pois se consuma quando ocorre o desvio do destino da verba.

#### Figura culposa

> **Art. 312, § 2º, CP** Se o funcionário concorre culposamente para o crime de outrem:

Essa situação ocorre quando o funcionário público, por imprudência, imperícia ou negligência, permite que um terceiro pratique um crime contra a Administração Pública. Caso o agente não seja funcionário público, ou sendo, não se utilize das facilidades que o cargo lhe proporciona para a subtração, incorrerá no crime de furto.

É importante considerar que:

▷ É o único crime culposo da espécie dos delitos funcionais;
▷ É o único crime de menor potencial ofensivo entre os delitos funcionais.

O funcionário público só responderá por esse crime se o crime doloso de outrem (terceiro) chegar a se consumar.

Qual crime de outrem? Qualquer crime ou apenas algumas modalidades de crime? O § 2º merece uma interpretação topográfica. Então, esse crime de outrem só pode ser o do § 1º. Desse modo, só existe o crime de peculato culposo quando o funcionário público concorre culposamente para um peculato-furto ou peculato próprio (apropriação ou desvio), de outrem. Prevalece essa corrente, que é a restritiva.

No que tange ao diretor de sindicato que se apropria de quantia, ele não praticará peculato, pois não é funcionário público, sequer por equiparação. Não é o diretor de sindicato funcionário público típico ou atípico.

> § 3º No caso do parágrafo anterior, a reparação do dano, se precede à sentença irrecorrível, extingue a punibilidade; se lhe é posterior, reduz de metade a pena imposta.

No crime de peculato culposo, a reparação do dano, se precede (é anterior) à sentença irrecorrível, extingue a punibilidade; se é posterior, reduz pela metade a pena imposta – somente para o caso de peculato culposo. No peculato doloso, não é possível aplicação do § 3º.

#### Sentença irrecorrível

Antes da sentença irrecorrível, extingue a punibilidade. Para a reparação do dano após a sentença irrecorrível, há redução de metade da pena imposta, e isso é feito pelo juiz da execução penal.

# NOÇÕES DE DIREITO PENAL

### Peculato × roubo

Se a posse do bem (peculato apropriação ou desvio) decorre de violência ou grave ameaça, há crime de roubo (art. 157) ou extorsão (art. 158, CP).

O peculato de uso não é crime, mas pode caracterizar ato de improbidade administrativa (art. 9º, Lei nº 8.429/1992). É o fato em que, por exemplo, um funcionário público apropria-se temporariamente de veículo público, no intuito de realizar diligências de caráter pessoal, restituindo o veículo ao pátio da repartição logo após o uso.

Se há desvio da verba em proveito da própria Administração, com utilização diversa da prevista em sua destinação, configura-se o crime do art. 315 do CP.

### Princípio da insignificância

O princípio da insignificância é causa supralegal de exclusão da tipicidade, ou seja, o fato não será considerado crime. Assim, há duas posições sobre o assunto:

▷ **STJ: não admite** a incidência do princípio da insignificância nos crimes contra a Administração Pública, pois a norma penal busca resguardar o aspecto patrimonial e a moral administrativa (Súmula nº 599).

▷ **STF: admite** a aplicação do princípio da insignificância nos crimes contra a administração pública (HC 107370/SP, rel. Min. Gilmar Mendes, 26/04/2011).

## 11.1.2 Peculato mediante erro de outrem

*Art. 313, CP Apropriar-se de dinheiro ou qualquer utilidade que, no exercício do cargo, recebeu por erro de outrem:*
*Pena – Reclusão, de um a quatro anos, e multa.*

### Conduta

Pune-se a conduta do agente que inverter, no exercício do seu cargo, a posse de valores recebidos por erro de terceiro. O bem apoderado, ao contrário do que ocorre no peculato apropriação, não está naturalmente na posse do agente, derivando de erro alheio.

O erro do ofendido deve ser espontâneo, pois, se provocado pelo funcionário, poderá configurar o crime de estelionato.

### Classificação

É considerado crime próprio, pois exige a qualidade de funcionário público para sua classificação.

A conduta é sempre dolosa (apropriar-se). Não existe, no entanto, a forma culposa.

É um crime comissivo, por conseguinte, pode incorrer em omissão imprópria, quando o agente, como garantidor, podendo evitar, nada faz para que o crime não seja consumado (art. 13, § 2º, CP).

### Sujeitos do crime

**Sujeito ativo**: o funcionário público (crime próprio), mas se admite coautoria e participação de particulares, desde que tenham conhecimento da qualidade de funcionário público do agente.

**Sujeito passivo**: o Estado e, secundariamente, o particular (pessoa física ou jurídica), diretamente lesada em seu patrimônio.

### Consumação e tentativa

Admite tentativa!

Sendo um crime material, consuma-se com a efetiva apropriação. Nesse caso, há divergência – alguns autores sustentam que a consumação se dará somente quando o agente percebe o erro de terceiro e não o desfaz, ou seja, a consumação não se dá no momento do recebimento da coisa, mas no instante em que o agente se apropria da coisa recebida por erro, agindo como se fosse dono.

### Descrição

O funcionário público que, no exercício do cargo, recebeu de terceiro, o qual estava em erro, dinheiro ou qualquer outra utilidade e não prossegue com a efetiva destinação correta do recurso.

### Apropriação coisa havida por erro

Se o funcionário público apropriou-se de dinheiro ou qualquer utilidade que recebeu fora do exercício do cargo, responderá pelo crime de apropriação de coisa havida por erro, caso fortuito ou força da natureza.

*Art. 169, CP Apropriar-se alguém de coisa alheia vinda ao seu poder por erro, caso fortuito ou força da natureza.*

Se o particular, por engano quanto à pessoa, coisa ou obrigação, entrega objeto a funcionário público, em razão do cargo deste, e se ele se apropria do bem, há crime de peculato mediante erro de outrem (art. 313, CP).

## 11.1.3 Inserção de dados falsos em sistema de informações

*Art. 313-A, CP Inserir ou facilitar, o funcionário autorizado, a inserção de dados falsos, alterar ou excluir indevidamente dados corretos nos sistemas informatizados ou bancos de dados da Administração Pública com o fim de obter vantagem indevida para si ou para outrem ou para causar dano:*
*Pena – Reclusão, de 2 (dois) a 12 (doze) anos, e multa.*

Pune-se a conduta do funcionário público autorizado que insere ou facilita inserção de dados falsos, altera ou exclui indevidamente dados nos sistemas de informação da Administração Pública com o objetivo de receber vantagem indevida. Tal crime é também conhecido como **peculato eletrônico**.

### Classificação

Trata-se de crime de mão própria, pois exige a qualidade de funcionário público autorizado para sua classificação, ou seja, não é qualquer funcionário público, mas, sim, aquele autorizado a inserir, alterar ou excluir dados nos sistemas informatizados ou banco de dados.

A conduta é sempre dolosa (inserir, alterar ou excluir). Não existe, no entanto, a possibilidade da forma culposa.

É um crime comissivo, por conseguinte, pode incorrer em omissão imprópria, quando o agente, como garantidor, podendo evitar, nada faz para que o crime não seja consumado (art. 13, § 2º, CP).

### Sujeitos do crime

**Sujeito ativo**: o funcionário público autorizado (crime de mão própria), sendo possível a coautoria e participação do particular que tenha consciência da função pública do agente.

**Sujeito passivo**: o Estado e, secundariamente, o particular (pessoa física ou jurídica), diretamente lesada em seu patrimônio.

### Consumação e tentativa

Admite tentativa: sendo um crime formal, consuma-se com a devida inserção, alteração ou exclusão, não sendo necessário o efetivo recebimento da vantagem indevida, considerada apenas mero exaurimento do crime.

Visa punir o funcionário autorizado, o qual detém acesso aos sistemas de informação da Administração Pública e, aproveitando-se dessa situação, realiza condutas indevidas causando prejuízo para Administração, bem como aos particulares.

# CRIMES CONTRA A ADMINISTRAÇÃO PÚBLICA

### Erro de tipo

É possível a ocorrência do erro do tipo, escusável ou inescusável, do agente que acredita estar agindo corretamente e acaba inserindo, excluindo ou alterando de forma equivocada dados verdadeiros.

Mesmo sendo um crime de mão própria, é possível a figura da participação e coautoria, seja ela material ou moral.

## 11.1.4 Modificação ou alteração não autorizada de sistema de informações

> **Art. 313-B, CP** *Modificar ou alterar, o funcionário, sistema de informações ou programa de informática sem autorização ou solicitação de autoridade competente:*
> *Pena – Detenção, de 3 (três) meses a 2 (dois) anos, e multa.*
> **Parágrafo único.** *As penas são aumentadas de um terço até a metade se da modificação ou alteração resulta dano para a Administração Pública ou para o administrado.*

Consiste em punir a conduta do funcionário público que modifica ou altera, sem autorização, os sistemas de informações da Administração Pública.

### Classificação

É considerado crime próprio, pois exigem a qualidade de funcionário público para sua classificação.

A conduta é sempre dolosa (modificar, alterar). Não existe, no entanto, a possibilidade da forma culposa.

É um crime comissivo, por conseguinte, pode incorrer em omissão imprópria, quando o agente, como garantidor, podendo evitar, nada faz para que o crime não seja consumado (art. 13, § 2º, CP).

### Sujeitos do crime

**Sujeito ativo:** funcionário público (crime próprio), não exigindo a qualidade de ser funcionário autorizado; ademais, é possível a coautoria e a participação do particular que tenha consciência da função pública do agente.

**Sujeito passivo:** o Estado e, secundariamente, o particular (pessoa física ou jurídica), diretamente prejudicada.

### Consumação e tentativa

Admite tentativa.

O crime consuma-se no momento da efetiva modificação ou alteração do sistema de informação, sendo que, se resultar em dano, é causa de aumento de pena conforme parágrafo único do art. 313-B, CP.

### Descrição

Para configuração do crime em tela, é necessário que a modificação ou alteração ocorra sem autorização, pois tal conduta resume-se ao dolo do agente, à vontade livre de provocar as modificações.

Os crimes previstos nos arts. 313-A e 313-B, do CP, são conhecidos como peculato eletrônico.

## 11.1.5 Extravio, sonegação ou inutilização de livro ou documento

> **Art. 314, CP** *Extraviar livro oficial ou qualquer documento, de que tem a guarda em razão do cargo; sonegá-lo ou inutilizá-lo, total ou parcialmente:*
> *Pena – Reclusão, de um a quatro anos, se o fato não constitui crime mais grave.*

Para a configuração desse crime, é indispensável que o funcionário público tenha a posse do livro ou documento em razão do cargo que ocupa. É considerado um **crime subsidiário**.

### Classificação

É considerado crime próprio, pois exige a qualidade de funcionário público para sua classificação. A conduta é sempre dolosa (extravio, inutilização, sonegação). Não existe, no entanto, a possibilidade da forma culposa.

É um crime comissivo, por conseguinte, pode incorrer em omissão imprópria, quando o agente, como garantidor, podendo evitar, nada faz para que o crime não seja consumado (art. 13, § 2º, CP).

### Sujeitos do crime

**Sujeito ativo:** somente funcionário público (crime próprio); ademais, é possível a coautoria e participação do particular que tenha consciência da função pública do agente. Sendo o sujeito ativo servidor em exercício junto à repartição fiscal ou tributária, o extravio de livre oficial, processo fiscal ou qualquer documento por ele causado, configura crime especial previsto no art. 3º, I, da Lei nº 8.137/1990.

**Sujeito passivo:** o Estado e, por conseguinte, o particular (pessoa física ou jurídica) prejudicada.

### Consumação e tentativa

Admite tentativa.

O crime consuma-se no momento do efetivo extravio ou inutilização, mesmo que seja de forma parcial, bem como com a sonegação.

### Descrição

Por ser um crime subsidiário, a depender do resultado naturalístico que ocasionar, o crime será absorvido de acordo com sua especificidade (princípio da consunção), conforme em alguns dos casos expostos a seguir:

▷ Quando há o dolo específico de agir, responde pelo art. 305 do CP;
▷ Caso o funcionário não seja o responsável pela guarda do livro ou do documento, responderá pelo art. 337 do CP;
▷ Se praticado por advogado ou procurador, responderá pelo art. 356 do CP.

O crime tipificado no art. 314, além de ser próprio, é subsidiário em relação ao delito previsto no art. 305, que exige dolo específico. O quadro a seguir apresenta as diferenças.

| | **Art. 305** Supressão de documento público. | **Art. 314** Extravio, sonegação ou inutilização de livro ou documento. |
|---|---|---|
| **Objetividade jurídica** | Crime contra a fé pública | Crime contra a Administração Pública |
| **Sujeito ativo** | Qualquer pessoa (crime comum) | Funcionário público (crime próprio) |
| **Conduta** | Destruir, suprimir ou ocultar documento público ou particular verdadeiro | Extraviar, sonegar ou inutilizar livro oficial ou qualquer documento de que tem guarda em razão do cargo |
| **Tipo subjetivo** | Há finalidade específica de tirar proveito próprio ou de outrem, ou visando causar prejuízo alheio | Não se exige qualquer finalidade específica |
| **Pena** | Reclusão, de 2 a 6 anos, e multa, se o documento é público, e reclusão, de 1 a 5 anos, e multa, se o documento é particular | Reclusão de 1 a 4 anos, se o fato não constitui crime mais grave |

## 11.1.6 Emprego irregular de verbas ou rendas públicas

*Art. 315, CP Dar às verbas ou rendas públicas aplicação diversa da estabelecida em lei:*
*Pena – Detenção, de um a três meses, ou multa.*

Esse tipo penal visa penalizar o administrador público que destina verba pública para projetos, despesas ou gastos que não foram previstos no Orçamento Público (OP) ou, então, que não foram autorizados pela Lei Orçamentária Anual.

### Classificação

São considerados crimes próprios, pois exigem a qualidade específica do funcionário público dotado de competência para utilizar e destinar as verbas públicas.

A conduta é sempre dolosa (destinar a verba para outra situação a qual não era prevista). Não existe possibilidade para modalidade culposa.

É um crime comissivo, por conseguinte, pode incorrer em omissão imprópria, quando o agente, como garantidor, podendo evitar, nada faz para que o crime não seja consumado (art. 13, § 2º, CP).

### Sujeitos do crime

**Sujeito ativo:** é crime próprio, pois o sujeito ativo será somente aquele funcionário público que tenha o poder de administração de verbas ou rendas pública (ex.: presidente da República, ministros, governadores etc.); ademais, é possível a coautoria e a participação do particular que tenha consciência da função pública do agente. Tratando-se de prefeito municipal, há crime próprio, prevalecendo pelo princípio da especialidade o disposto no art. 1º, III, do Decreto-lei nº 201/1967.

**Sujeito passivo:** o Estado e, secundariamente, o particular (pessoa física ou jurídica), diretamente prejudicada.

### Consumação e tentativa

Admite tentativa.

O crime consuma-se no momento da efetiva destinação ou aplicação das verbas ou rendas públicas. A simples destinação, sem posterior aplicação, constitui tentativa, gerando perigo para a regularidade administrativa.

### Descrição

Caso o agente público seja o presidente da República, ele responderá pela Lei de Improbidade Administrativa (art. 11, Lei nº 1.079/1950). Por conseguinte, sendo prefeito, responderá pelo art. 1º, III, do Decreto-lei nº 201/1967.

### Entendimento do STF

Segundo o STF:

*RT 617/396: se o orçamento for aprovado por decreto do próprio Poder Executivo, e não por lei, não há o que se falar nesse crime.*
*RT 883/462: para que caracterize esse crime, é necessário que a lei que destina as verbas ou rendas públicas seja em sentido formal e material.*

## 11.1.7 Concussão

*Art. 316, CP Exigir, para si ou para outrem, direta ou indiretamente, ainda que fora da função ou antes de assumi-la, mas em razão dela, vantagem indevida:*
*Pena – Reclusão, de 2 (dois) a 12 (doze) anos, e multa.*
*§ 1º Se o funcionário exige tributo ou contribuição social que sabe ou deveria saber indevido, ou, quando devido, emprega na cobrança meio vexatório ou gravoso, que a lei não autoriza:*
*Pena – Reclusão, de três a oito anos, e multa.*
*§ 2º Se o funcionário desvia, em proveito próprio ou de outrem, o que recebeu indevidamente para recolher aos cofres públicos:*
*Pena – Reclusão, de dois a doze anos, e multa.*

No crime de concussão, o funcionário público exige uma vantagem indevida e a vítima, temendo represálias, cede a essa exigência. Trata-se de uma forma especial de extorsão, executada por funcionário público.

### Classificação

São considerados crimes próprios, pois exigem uma qualidade específica: ser funcionário público.

A conduta é sempre dolosa (exigir). Não existe possibilidade para modalidade culposa.

É um crime comissivo, por conseguinte, pode incorrer em omissão imprópria, quando o agente, como garantidor, podendo evitar, nada faz para que o crime não seja consumado (art. 13, § 2º, CP).

### Sujeitos do crime

**Sujeito ativo:** somente funcionário público (crime próprio); ademais, é possível a coautoria e participação do particular que tenha consciência da função pública do agente.

**Sujeito passivo:** o Estado e, por conseguinte, o particular (pessoa física ou jurídica) prejudicada.

### Consumação e tentativa

Admite tentativa.

O crime é formal, assim, está consumado no momento da exigência.

### Descrição

Sendo um crime formal, e a consumação ocorrendo com a mera exigência da vantagem indevida, pouco importa se o funcionário público recebe ou não. Porém, caso receba, haverá o exaurimento do crime.

> **Fique ligado**
> É atípica a conduta do particular (vítima) que efetivamente entregou o dinheiro exigido pelo funcionário público, pois ele agiu dessa forma por medo de represálias.

### Vantagem devida

Se a vantagem for devida, o agente funcionário público responderá pelo crime de abuso de autoridade (Lei nº 13.869/2019).

*O particular que se disfarça de policial e exige dinheiro (vantagem indevida) para não efetuar a prisão de alguém responderá pelo crime de extorsão (art. 158, CP).*

Caso a vantagem seja para a própria Administração Pública, poderá haver o crime de excesso de exação (art. 316, § 1º, CP).

Mesmo que seja funcionário público, mas não tenha a competência para a prática do mal prometido, não responde por esse crime, mas por extorsão.

No crime de concussão, o agente exige a vantagem indevida. Ademais, no crime de corrupção passiva (art. 317, CP), o agente solicita, recebe ou aceita promessa de vantagem indevida.

## 11.1.8 Excesso de exação

*Art. 316, CP [...]*
*§ 1º Se o funcionário exige tributo ou contribuição social que sabe ou deveria saber indevido, ou, quando devido, emprega na cobrança meio vexatório ou gravoso, que a lei não autoriza:*
*Pena – Reclusão, de três a oito anos, e multa.*
*§2º Se o funcionário desvia, em proveito próprio ou de outrem, o que recebeu indevidamente para recolher aos cofres públicos:*
*Pena – Reclusão, de dois a doze anos, e multa.*

Trata-se da cobrança integral e pontual de tributos, em que o funcionário público exige ilegalmente tributo ou contribuição social em benefício da Administração Pública.

### Classificação

É considerado crime próprio, pois exige uma qualidade específica, ser funcionário público.

A conduta é sempre dolosa (exigir tributo ou contribuição social ou desviar o recebimento indevido). Não existe possibilidade para modalidade culposa.

É um crime comissivo, por conseguinte, pode incorrer em omissão imprópria, quando o agente, como garantidor, podendo evitar, nada faz para que o crime não seja consumado (art. 13, § 2º, CP).

### Sujeitos do crime

**Sujeito ativo**: somente funcionário público (crime próprio); ademais, é possível a coautoria e a participação do particular que tenha consciência da função pública do agente.

**Sujeito passivo**: o Estado e, por conseguinte, o particular (pessoa física ou jurídica) prejudicada.

### Consumação e tentativa

Admite tentativa.

O § 1º do art. 316, do CP diz que o crime é formal, assim, está consumado no momento da exigência do tributo ou contribuição social por meio vexatório e gravoso, mesmo que a vítima não realize o pagamento. Já o § 2º refere-se ao crime material, sendo consumado no momento que ocorre o desvio em proveito próprio ou de outrem, tendo recebido indevidamente.

### Descrição

▷ **Art. 316, 1ª parte, § 1º do excesso de exação**: Exigir um tributo ou contribuição social que sabe ou deveria saber indevido. Ex.: tributo que já foi pago pelo contribuinte; ou quantia cobrada é superior à fixada em lei.

O referido tipo penal configura-se com a conduta do funcionário público exigir um tributo ou contribuição social devido, porém empregando meio vexatório ou gravoso, que a lei não autoriza. Ex.: meio vexatório = humilhar, causar vergonha ou constrangimento na vítima. Meio gravoso = causar despesas adicionais ao contribuinte.

▷ **Art. 316, § 2º, CP (forma qualificada):** o desvio do tributo ou contribuição social indevido ocorre antes de sua incorporação aos cofres públicos, pois, caso ocorra depois, o funcionário público responderá pelo crime de peculato desvio.

### Tributos

De acordo com o STF, existem cinco espécies de tributos: **impostos, taxas, contribuições de melhoria, empréstimos compulsórios e contribuições sociais.**

Segundo o STJ, **a custa e os emolumentos concernentes aos serviços notariais e registrais possuem natureza tributária**, qualificando-se como taxas remuneratórias de serviços públicos. Desse modo, comete o crime de excesso de exação aquele que exige custas ou emolumentos que sabe ou deveria saber indevido.

Prevalece que a expressão "deveria saber" configura dolo eventual, entretanto, há doutrina no sentido de que se trata de modalidade culposa do tipo.

## 11.1.9 Corrupção passiva

*Art. 317, CP Solicitar ou receber, para si ou para outrem, direta ou indiretamente, ainda que fora da função ou antes de assumi-la, mas em razão dela, vantagem indevida, ou aceitar promessa de tal vantagem:*
*Pena – Reclusão, de 2 (dois) a 12 (doze) anos, e multa.*
*§ 1º A pena é aumentada de um terço, se, em consequência da vantagem ou promessa, o funcionário retarda ou deixa de praticar qualquer ato de ofício ou o pratica infringindo dever funcional.*
*§ 2º Se o funcionário pratica, deixa de praticar ou retarda ato de ofício, com infração de dever funcional, cedendo a pedido ou influência de outrem:*
*Pena – Detenção, de três meses a um ano, ou multa.*

Apesar de possuir certas semelhanças com o delito de concussão, nesse delito, pode-se dizer que é menos constrangedor para a vítima, pois não há a coação moral da exigência, a honra da imagem do emprego vexatório; ocorre apenas a solicitação, o recebimento ou a simples promessa de recebimento.

### Classificação

É considerado crime próprio, pois exigem uma qualidade específica: ser funcionário público.

A conduta é sempre dolosa (solicita, recebe ou aceita promessa). Não existe possibilidade para modalidade culposa.

É um crime comissivo, por conseguinte, pode incorrer em omissão imprópria, quando o agente, como garantidor, podendo evitar, nada faz para que o crime não seja consumado (art. 13, § 2º, CP).

### Sujeitos do crime

**Sujeito ativo:** é o funcionário público no exercício da função, aquele fora da função, mas em razão dela, ou o particular que está na iminência de assumir, e atue criminosamente em razão dela. Pode ter a participação do particular que tenha consciência da função pública do agente.

**Sujeito passivo**: o Estado e, por conseguinte, o particular (pessoa física ou jurídica) prejudicada. O particular só será vítima se a corrupção partir do funcionário corrupto.

### Consumação e tentativa

Admite tentativa somente na modalidade solicitar, quando formulada por meio escrito (carta interceptada).

O crime é formal, assim, nesse delito, existem três momentos em que o crime pode se consumar. No momento da **solicitação**, no momento do **recebimento** ou, então, no instante em que o agente aceita a **promessa de recebimento**. Independe do efetivo pagamento ou recebimento para o crime estar consumado; caso ocorra, será mero exaurimento do crime.

### Descrição

**Solicitar:** a conduta parte do funcionário público, que pede a vantagem indevida. Nessa situação, o funcionário público responde por corrupção passiva e **o particular, caso entregue a vantagem indevida, não responderá por crime algum (fato atípico).**

**Receber:** a conduta parte do particular que oferece a vantagem indevida e o funcionário público recebe. Nessa situação, o funcionário público responde por corrupção passiva e o particular, por corrupção ativa.

**Aceitar promessa de tal vantagem:** a conduta parte do particular, que promete vantagem indevida ao funcionário público e este aceita a promessa. Nessa situação, o funcionário público responde por corrupção passiva e o particular, por corrupção ativa.

# NOÇÕES DE DIREITO PENAL

> **Fique ligado**
>
> Não é necessário que o funcionário público efetivamente receba a vantagem prometida, pois o crime estará consumado com a mera aceitação de promessa.

### Espécies de corrupção passiva

▷ **Corrupção passiva própria:** o funcionário público negocia um ato ilícito. Ex.: a Polícia Rodoviária Federal (PRF) solicita R$ 100,00 para não multar motorista sem carteira de habilitação.

▷ **Corrupção passiva imprópria:** o funcionário público negocia um ato lícito. Ex.: juiz de Direito recebe dinheiro de autor de ação judicial para agilizar os trâmites do processo.

Mesmo que a propina seja para a prática de ato legal, ocorrerá o crime em estudo. Ex.: comerciantes dão dinheiro para que policiais militares realizem rondas diárias no bairro onde os comerciantes trabalham. É crime, pois os servidores públicos já são remunerados pelo Estado para realizarem essas atividades.

### Promessa vantagem indevida

**Particular que oferece ou promete vantagem indevida:** o particular que oferece ou promete vantagem indevida ao funcionário público responde pelo crime de corrupção ativa (art. 333, CP).

### Exceção à teoria unitária ou monista no concurso de pessoas:

*Art. 29, CP Quem, de qualquer modo, concorre para o crime incide nas penas a este cominadas, na medida de sua culpabilidade.*

Portanto, a regra é que todos aqueles que concorrem para a prática de um crime responderão pelo mesmo crime. Como se trata de **exceção**, o funcionário público que recebe ou aceita promessa de vantagem indevida responde por corrupção passiva (art. 317), enquanto o particular que oferece ou promete vantagem indevida responde por corrupção ativa (art. 333).

Não configura o crime de corrupção passiva o recebimento, pelo funcionário público, de gratificações usuais de pequeno valor por serviços extraordinários (desde que não se trate de ato contrário à lei) ou pequenas doações ocasionais, geralmente no Natal ou no Ano Novo.

Caso a vantagem recebida seja revertida em favor da própria Administração Pública não haverá o crime de corrupção passiva. Todavia, o funcionário público estará sujeito à prática de ato de improbidade administrativa (Lei nº 8.429/1992).

### Aumento de pena

*Art. 317, § 1º, CP pena é aumentada de um terço, se, em consequência da vantagem ou promessa, o funcionário retarda ou deixa de praticar qualquer ato de ofício ou o pratica infringindo dever funcional.*

O que seria o exaurimento do crime funciona como causa de aumento de pena para o funcionário público. A pena será aumentada em 1/3.

Se a violação praticada pelo agente público constitui, por si só, um novo crime, haverá concurso formal ou material entre a corrupção e a infração dela resultante. Todavia, nessa hipótese, a corrupção deixa de ser qualificada, pois, do contrário, incidirá no *bis in idem*, considerando-se o mesmo fato duas vezes em prejuízo do funcionário réu.

### Corrupção passiva privilegiada

*Art. 317, § 2º, CP Se o funcionário pratica, deixa de praticar ou retarda ato de ofício, com infração de dever funcional, cedendo a pedido ou influência de outrem:*
*Pena – Detenção, de três meses a um ano, ou multa.*

Punem-se, nesse dispositivo, os famigerados favores administrativos. Nessa hipótese, o particular não oferece ou promete vantagem indevida ao funcionário público; ele apenas pede para que este "dê um jeitinho" de praticar, deixar de praticar ou retardar ato de ofício, com infração de dever funcional.

> Marcelo é abordado em uma *blitz* e seu veículo está com o Imposto sobre Propriedades de Veículos Automotores (IPVA) atrasado. Diante disso, ele pede ao policial rodoviário que não aplique a devida multa ou apreenda seu veículo. O policial atende ao pedido. Nessa situação, o policial praticou o crime de corrupção passiva privilegiada e Marcelo é partícipe desse crime.

O § 2º tem grande incidência em concursos. É o famoso "dar um jeitinho".

### Diferenças importantes

▷ **Corrupção passiva privilegiada (art. 317, § 2º, CP):** ocorre quando o funcionário pratica, deixa de praticar ou retarda ato de ofício, com infração de dever funcional, **cedendo a pedido ou influência de outrem**.

▷ **Prevaricação (art. 319, CP):** ocorre quando se retarda ou deixa de praticar, indevidamente, ato de ofício, ou ao praticá-lo contra disposição expressa de lei **para satisfazer interesse ou sentimento pessoal**. Não há intervenção alheia nesse crime.

## 11.1.10 Facilitação de contrabando ou descaminho

*Art. 318, CP Facilitar, com infração de dever funcional, a prática de contrabando ou descaminho (art. 334):*
*Pena – Reclusão, de 3 (três) a 8 (oito) anos, e multa.*

**Conduta:** a conduta criminosa consiste em facilitar, por ação ou omissão, o contrabando ou o descaminho.

### Sujeitos do crime

**Sujeito ativo:** é crime próprio; somente o funcionário público incumbido de impedir a prática do contrabando ou descaminho poderá intentá-lo. Caso não ostente essa atribuição funcional, responderá pelo delito de contrabando ou descaminho, na condição de partícipe.

**Sujeito passivo:** o Estado.

### Exceção à teoria unitária ou monista no concurso de pessoas (art. 29, CP)

O funcionário público que facilita, com infração de dever funcional, a prática de contrabando ou descaminho, responde pelo crime do art. 318. Já o particular que realiza o contrabando ou descaminho responde pelo crime do art. 334 ou art. 334-A.

### Conceito

*Se a mercadoria importada ou exportada for arma de fogo, acessório ou munição, sem autorização da autoridade competente, o agente responderá pelo crime previsto no art. 18 da Lei nº 10.826/2003 (Estatuto do Desarmamento) = tráfico internacional de arma de fogo.*

**Contrabando:** é a importação ou exportação de mercadoria cuja entrada ou saída é proibida no Brasil. Ex.: máquinas caça-níquel, cigarros, quando em desacordo com autorização legal.

**Descaminho:** a importação ou exportação é permitida, porém o agente frauda o pagamento do tributo devido.

### Consumação

Ocorre quando o funcionário público efetivamente facilita o contrabando ou descaminho. É crime formal ou de consumação antecipada.

# CRIMES CONTRA A ADMINISTRAÇÃO PÚBLICA

Não é necessário que a outra pessoa (autor do crime de contrabando ou descaminho – art. 334) tenha sucesso em sua empreitada criminosa. Desse modo, mesmo que essa outra pessoa não obtenha êxito na realização do crime do art. 334, o crime de contrabando e descaminho estará consumado, pois é crime formal.

### Tentativa

Admitida somente na forma comissiva (ação). A forma omissiva não admite o *conatus*.

### Elemento subjetivo

*Súmula nº 151 – STJ A competência para o processo e julgamento por crime de contrabando e descaminho define-se pela prevenção do Juízo Federal do lugar da apreensão dos bens.*

Não se admite a modalidade culposa, somente dolosa.

### Competência

Os crimes de contrabando e descaminho é da competência da **Justiça Federal**, pois ofende interesse da União (art. 109, IV, CF/1988).

Prevenir e reprimir o contrabando e o descaminho são atribuições da Polícia Federal (art. 144, § 1º, II, CF/1988).

## 11.1.11 Prevaricação

*Art. 319, CP Retardar ou deixar de praticar, indevidamente, ato de ofício, ou praticá-lo contra disposição expressa de lei, para satisfazer interesse ou sentimento pessoal:*

*Pena – Detenção, de três meses a um ano, e multa.*

Para que configure o delito de prevaricação, faz-se necessário que a ação ou omissão seja praticada de maneira indevida e infrinja o dever funcional do agente público.

### Classificação

É considerado crime de mão própria, pois exige uma qualidade específica (ser funcionário público) e possuir determinado dever funcional. Assim, é imprescindível que o funcionário tenha a atribuição para a prática do ato, pois, do contrário, não se pode considerar violação ao dever funcional.

A conduta é sempre dolosa, a qual se divide em três tipos:

▷ Retardar indevidamente ato de ofício;
▷ Deixar de praticar ato de ofício;
▷ Praticar contra disposição expressa em lei.

Não admite a forma culposa.

### Sujeitos do crime

**Sujeito ativo:** somente funcionário público (crime próprio).

**Sujeito passivo:** o Estado e, por conseguinte, o particular (pessoa física ou jurídica) prejudicada.

### Consumação e tentativa

Consuma-se o crime com o retardamento, a omissão ou a prática do ato, sendo dispensável a satisfação do interesse visado pelo servidor.

A tentativa não é admitida nas condutas de retardar ou deixar de praticar, pois é crime omissivo próprio ou puro. Já a conduta de praticá-lo contra disposição expressa de lei admite a tentativa por ser crime comissivo, ou seja, que exige uma ação.

É um crime formal. Para sua consumação, basta a intenção do funcionário público de satisfazer interesse ou sentimento pessoal, mesmo que não consiga êxito na concretização desse resultado.

### Descrição

**Crime de ação múltipla ou de conteúdo variado:** retardar, deixar de praticar ou praticá-lo. A realização de mais de uma dessas ações, no mesmo contexto fático, caracteriza crime único. Todavia, tal fato será levado em conta pelo juiz no momento de fixação da pena-base (art. 59, CP).

### Considerações

> **Retardar (atrasar/adiar):** o funcionário público não realiza o ato de ofício dentro do prazo legal.
> **Deixar de praticar (abster-se de praticar):** não praticar o ato de ofício
>
> **+**
>
> **Indevidamente (injustificavelmente/ilegalmente)**
>
> **=**
>
> **Prevaricação**

Nessas duas hipóteses, a prevaricação é crime omissivo próprio ou puro (condutas omissivas). Não admite tentativa (*conatus*). Não há crime quando o funcionário público deixa de agir em razão de caso fortuito ou força maior. Ex.: a falta de efetivo (pessoal) na repartição, incêndio, inundação etc.

> **Praticar (realizar um ato)**
>
> **+**
>
> **Contra disposição expressa de lei**
>
> **=**
>
> **Prevaricação**

Nessa hipótese, a prevaricação é crime comissivo. Admite tentativa (*conatus*).

### Pessoalidade

**Interesse pessoal:** é qualquer vantagem ou proveito de caráter moral ou patrimonial. Caso o funcionário público exija ou receba uma vantagem indevida a pretexto de praticar, retardar ou omitir a prática de um ato de ofício, o crime será de concussão (art. 316, CP) ou corrupção passiva (art. 317, CP).

**Sentimento pessoal:** vingança, ódio, amizade, inimizade, inveja, amor.

> Promotor de Justiça solicita o arquivamento de inquérito policial que investiga crime que supostamente foi praticado por seu amigo de infância.

A desídia (preguiça), a negligência ou o comodismo (sem o fim de satisfazer interesse ou sentimento pessoal): não há crime de prevaricação. Todavia, o funcionário público poderá incorrer em ato de improbidade administrativa.

### Diferenças importantes

▷ **Prevaricação (art. 319, CP):** retardar ou deixar de praticar indevidamente ato de ofício, ou praticá-lo contra disposição expressa de lei, para satisfazer interesse ou sentimento pessoa.
▷ **Condescendência criminosa (art. 320, CP):** deixar o funcionário, por indulgência, de responsabilizar subordinado que cometeu infração no exercício do cargo ou, quando lhe falte competência, não levar o fato ao conhecimento da autoridade competente.

## 11.1.12 Prevaricação imprópria

**Art. 319-A, CP** *Deixar o Diretor de Penitenciária e/ou agente público de cumprir seu dever de vedar ao preso o acesso a aparelho telefônico, de rádio ou similar, que permita a comunicação com outros presos ou com o ambiente externo:*

*Pena – Detenção, de 3 (três) meses a 1 (um) ano.*

Esse crime foi introduzido pela Lei nº 11.466/2007 e recebe várias denominações por parte da doutrina –prevaricação imprópria, prevaricação em presídios, omissão do dever de vedar ao preso o acesso a aparelhos de comunicação. Todas essas classificações são aceitáveis, haja vista o legislador não conferir, na elaboração do tipo, o *nomem iuris* da conduta, deixando para que a doutrina o fizesse.

### Classificação

É um crime doloso, não exigindo qualquer fim específico da conduta. Não é admitida a culpa.

É um crime simples, pois ofende um único bem jurídico, e é um crime próprio, ou seja, podendo ser cometido somente por agente público que tenha o dever funcional de impedir a entrada de aparelhos de comunicação, como o diretor de Penitenciária e/ou agente público.

### Sujeitos do crime

**Sujeito ativo:** por ser um crime próprio, pode ser cometido por agente público, que deve ser interpretado de forma restrita, pois o agente deve ser incumbido de evitar a conduta descrita no tipo. Para exemplificar, podemos citar os agentes penitenciários, carcereiros e até mesmo pelos policiais responsáveis pela escolta.

O preso que for encontrado na posse de aparelho de comunicação não comete esse crime, contudo, incide em falta grave. Já o particular que fornece o aparelho para o preso comete o crime do art. 349-A do CP.

### Consumação e tentativa

Por ser um crime formal, dá-se a consumação quando o agente público ou diretor de Penitenciária não faz nada para impedir a entrada de aparelho de comunicação ao preso, contudo, devendo saber que tal situação é ilícita. É dispensável o efetivo acesso do preso ao aparelho de comunicação.

Não é possível a tentativa, haja vista ser esse um crime omissivo próprio.

### Descrição do crime

A finalidade desse crime é impedir que o preso tenha acesso a qualquer tipo de aparelho de comunicação que possa se comunicar com qualquer pessoa (familiares, advogados, outros presos). Os aparelhos eletrônicos podem ser telefones (fixos ou móveis) *walkie-talkies* ou uma *webcam*, por exemplo.

O fato é atípico quando o aparelho não tem nenhuma capacidade de comunicação ou, de qualquer forma, impossibilitado de funcionar. O mesmo acontece para cópias falsas de aparelhos.

Telefones celulares sem crédito tipificam a conduta, pois se verifica a possibilidade da obtenção de créditos de formas ilícitas, por exemplo, extorsões baseadas em falsos sequestros. Caracteriza-se a conduta até mesmo quando o aparelho não tiver bateria, visto que existem meios alternativos para sua ativação.

## 11.1.13 Condescendência criminosa

**Art. 320, CP** *Deixar o funcionário, por indulgência, de responsabilizar subordinado que cometeu infração no exercício do cargo ou, quando lhe falte competência, não levar o fato ao conhecimento da autoridade competente:*

*Pena – Detenção, de quinze dias a um mês, ou multa.*

Esse tipo penal tem por objetivo punir o superior hierárquico que, por indulgência (clemência), deixa de punir seu subordinado, bem como aquele que, sem competência para responsabilização, tendo conhecimento de alguma infração, não leva a informação aquém de competência para punir o agente público.

Tem como base o poder disciplinar da Administração Pública.

### Classificação

É considerado um crime próprio: omissivo próprio, ou seja, ato está na inação (deixar de agir).

O dolo está na conduta de se **omitir**, assim, não admite a forma culposa.

### Sujeitos do crime

**Sujeito ativo:** somente funcionário público hierarquicamente superior ao servidor infrator.

**Sujeito passivo:** o Estado e, por conseguinte, o particular, pessoa física ou jurídica prejudicada.

### Consumação e tentativa

Não admite tentativa.

É um crime formal e omissivo próprio ou puro. Consuma-se quando o funcionário superior, depois de tomar conhecimento da infração, suplanta prazo legalmente previsto para a tomada de providências contra o subordinado infrator.

### Descrição do crime

O crime ocorre com a mera omissão do funcionário público que, ao tomar conhecimento da infração (administrativa ou penal) cometida pelo subordinado no exercício do cargo, deixa de tomar qualquer providência para responsabilizá-lo ou, quando lhe faltar competência para tanto, não levar o fato ao conhecimento da autoridade competente. Não necessita da efetiva impunidade do infrator.

> *Se o funcionário público superior hierárquico omite-se para atender sentimento ou interesse pessoal, responderá pelo crime de prevaricação. Se o superior hierárquico omite-se com o objetivo de receber alguma vantagem indevida do funcionário público infrator, responderá pelo crime de corrupção passiva (art. 317, CP). Não configura o crime em tela eventuais irregularidades praticadas pelo subordinado extra offício (fora do cargo) e toleradas pelo superior hierárquico.*

O fato será atípico quando o superior hierárquico, por negligência, não tomar conhecimento da infração cometida pelo funcionário público subalterno no exercício do cargo.

### Nexo funcional

Deve haver o nexo funcional, ou seja, a infração deve ter sido praticada no exercício do cargo público ocupado pelo funcionário público.

> **Policial** civil pratica peculato e o delegado, após tomar conhecimento do caso, por indulgência (tolerância), não faz nada.

**Indulgência:** é sinônimo de tolerância, perdão, clemência.

## 11.1.14 Advocacia administrativa

**Art. 321, CP** *Patrocinar, direta ou indiretamente, interesse privado perante a administração pública, valendo-se da qualidade de funcionário:*

*Pena – Detenção, de um a três meses, ou multa.*

**Parágrafo único.** *Se o interesse é ilegítimo:*

*Pena – Detenção, de três meses a um ano, além da multa.*

# CRIMES CONTRA A ADMINISTRAÇÃO PÚBLICA

Esse delito visa tipificar a conduta do agente que tem por objetivo defender, apadrinhar, advogar, interesse alheio perante a Administração Pública.

### Classificação

É considerado crime próprio, pois exige uma qualidade específica: ser funcionário público.

A conduta é sempre dolosa. Pode ser praticada pela ação ou omissão. Não existe possibilidade para modalidade culposa.

É um crime comissivo, por conseguinte, pode incorrer em omissão imprópria, quando o agente, como garantidor, podendo evitar, nada faz para que o crime não seja consumado (art. 13, § 2º, CP).

### Sujeitos do crime

**Sujeito ativo:** somente funcionário público (crime próprio). Não necessariamente advogado, como diversas questões afirmam. Admite-se o concurso de terceiro não qualificado, na modalidade de coautoria ou participação, desde que conhecedor da condição funcional do agente público.

**Sujeito passivo:** o Estado e, por conseguinte, o particular (pessoa física ou jurídica) prejudicada.

### Consumação e tentativa

Admite tentativa.

Consuma-se com a prática de ato revelador do patrocínio, que ofenda a moralidade administrativa, independentemente de obtenção de vantagem.

### Descrição do crime

Utilizando da qualidade de funcionário, o agente público defende interesse alheio de forma direta: pelo próprio funcionário ou, então, de forma indireta, pela participação de terceiro.

### Necessidade de patrocínio

A advocacia administrativa exige mais do que um mero ato de encaminhamento ou protocolado de papéis. É necessário que se verifique o efetivo patrocínio de uma causa, complexa ou não, perante a administração.

### Figura qualificadora

*Parágrafo único. Se o interesse é ilegítimo:*

Para ensejar na qualificadora, o agente que pratica o ato de patrocínio deve ter conhecimento de que o pleito é ilegítimo.

### Responsabilidade

Caso o patrocínio seja referente à instauração de processo licitatório ou à celebração de contrato junto à Administração Pública, cuja invalidação seja decretada pelo Judiciário, o agente responderá pelo delito do art. 337-G do CP.

## 11.1.15 Violência arbitrária

*Art. 322, CP Praticar violência, no exercício de função ou a pretexto de exercê-la:*

*Pena – Detenção, de seis meses a três anos, além da pena correspondente à violência.*

Esse delito tem por objetivo tipificar a conduta do agente público que atua com violência no exercício da sua função ou a pretexto dela. A Lei nº 13.869/2019 (Abuso de Autoridade) deve revitalizar a aplicação, ainda que subsidiária, do delito de violência arbitrária, visto que parcela doutrina entendia que ter ocorrido sua revogação tácita pela revogada Lei nº 4.898/1965.

### Classificação

A conduta é sempre dolosa: pode ser praticada pela ação ou omissão. Não existe possibilidade para modalidade culposa.

É um crime comissivo, por conseguinte, pode incorrer em omissão imprópria, quando o agente, como garantidor, podendo evitar, nada faz para que o crime não seja consumado (art. 13, § 2º, CP).

### Sujeitos do crime

**Sujeito ativo:** somente funcionário público (crime próprio); não exige a qualidade específica de ser um policial; ademais, é possível a coautoria e participação do particular que tenha consciência da função pública do agente.

**Sujeito passivo:** o Estado e, por conseguinte, o particular (pessoa física ou jurídica) prejudicada.

### Consumação e tentativa

Admite tentativa.

Consuma-se no momento da prática do ato de violência (ação), com a lesão provocada.

### Descrição do crime

Não é condição necessária que para incidir em violência arbitrária ou abuso de autoridade a condição específica de policial. Ex.: um fiscal sanitário que, no gozo de suas atribuições, ao encontrar uma bandeja de iogurte vencida, decide por lacrar o estabelecimento pelo prazo de 90 dias, além da aplicação da multa de R$ 100 mil. Nessa hipótese, é claro observar que o agente abusou da atribuição do seu cargo prejudicando um particular, pois sua decisão não foi proporcional ao agravo.

### Figura qualificadora especial

Caso o agente seja ocupante de cargo em comissão, função de direção ou assessoramento (art. 327, § 2º, CP). O simples emprego de intimidação moral, formada por ameaças, não é suficiente para caracterizar o crime desse artigo.

A pena do crime de violência arbitrária será somada à pena correspondente à violência.

## 11.1.16 Abandono de função

*Art. 323, CP Abandonar cargo público, fora dos casos permitidos em lei:*

*Pena – Detenção, de quinze dias a um mês, ou multa.*

*§ 1º Se do fato resulta prejuízo público:*

*Pena – Detenção, de três meses a um ano, e multa.*

*§ 2º Se o fato ocorre em lugar compreendido na faixa de fronteira:*

*Pena – Detenção, de um a três anos, e multa.*

Tutela-se o regular desenvolvimento das atividades administrativas, punindo-se a interrupção do trabalho do servidor público que abandona suas atividades, fora dos casos permitidos em lei.

### Classificação

Trata-se de um crime de mão própria, ou seja, que só pode ser cometido pelo próprio agente.

É um crime omissivo próprio, cometido por um funcionário específico, quando não cumpre com suas funções.

Pune-se somente na modalidade dolosa.

#### Sujeitos do crime

**Sujeito ativo:** embora o dispositivo diga abandono de função, entende a doutrina que somente o funcionário ocupante de cargo público pode cometer o crime, logo, não prevalece a regra do art. 327 do CP.

**Sujeito passivo:** a Administração Pública.

#### Consumação e tentativa

Não admite tentativa.

É consumado após um tempo relevante, sendo previsto uma probabilidade de dano à Administração, porém sem necessidade que esse realmente ocorra para a efetiva consumação do crime.

Há doutrinadores que dizem que só haverá o crime de abandono após 31 dias ou mais de ausência injustificada no trabalho.

#### Descrição do crime

**Forma qualificada pelo prejuízo**

*§ 1º Se do fato resulta prejuízo público:*
*Pena – Detenção, de três meses a um ano, e multa.*

Nessa hipótese, compreende duas espécies de prejuízo, sendo o prejuízo social ou coleto, bem como aquele que afeta os serviços públicos e o interesse da coletividade.

**Forma qualificada pelo lugar de fronteira**

*§ 2º Se o fato ocorre em lugar compreendido na faixa de fronteira:*
*Pena – Detenção, de um a três anos, e multa.*

Considera-se fronteira a faixa situada até 150 km de largura, ao longo das fronteiras terrestres.

### 11.1.17 Exercício funcional ilegalmente antecipado ou prolongado

*Art. 324, CP Entrar, no exercício de função pública antes de satisfeitas as exigências legais, ou continuar a exercê-la, sem autorização, depois de saber oficialmente que foi exonerado, removido, substituído ou suspenso:*
*Pena – Detenção, de quinze dias a um mês, ou multa.*

O exercício ilegal de função pública afeta toda uma estrutura organizacional da Administração Pública, influindo diretamente na prestação de serviço público e no seu normal funcionamento. O referido crime tem por finalidade punir quem entra, exerce ou continua no serviço público de forma ilegal. É um crime de ação penal pública incondicionada.

#### Classificação

É um crime simples, de mão própria e formal.
É um crime doloso, não existindo a modalidade culposa.

#### Sujeitos do crime

**Sujeito ativo:** é o funcionário público já nomeado que ainda não cumpriu todas as exigências para entrar no cargo ou que deixou de ser funcionário por ter sido exonerado, suspenso, removido etc. Se for pessoa inteiramente alheia à função pública, o crime é o previsto no art. 328 do CP.

**Sujeito passivo:** é o Estado.

#### Consumação e tentativa

Por ser um crime formal, o delito consuma-se com o primeiro ato realizado pelo funcionário público em alguma das condições do tipo penal, não necessitando que a Administração Pública sofra um efetivo dano ou prejuízo. A tentativa é possível, haja vista o caráter plurissubsistente do crime.

#### Descrição do crime

A primeira parte do *caput* versa uma norma penal em branco homogênea, pois necessita de complementação por legislação específica para saber quais são as exigências legais. Já a segunda parte do *caput* descreve um elemento normativo específico, sendo necessário que o agente tenha o efetivo conhecimento de sua situação perante a Administração Pública.

Aquele que ingressa no exercício da função pública, antes de apresentar sua declaração de bens, incide no crime em tela se praticar algum ato inerente ao cargo.

### 11.1.18 Violação de sigilo funcional

*Art. 325, CP Revelar fato de que tem ciência em razão do cargo e que deva permanecer em segredo, ou facilitar-lhe a revelação:*
*Pena – Detenção de seis meses a dois anos, ou multa, se o fato não constitui crime mais grave.*
*§ 1º Nas mesmas penas deste artigo incorre quem:*
*I – Permite ou facilita, mediante atribuição, fornecimento e empréstimo de senha ou qualquer outra forma, o acesso de pessoas não autorizadas a sistemas de informações ou banco de dados da Administração Pública;*
*II – Se utiliza, indevidamente, do acesso restrito.*
*§ 2º Se da ação ou omissão resulta dano à Administração Pública ou a outrem:*
*Pena – Reclusão, de dois a seis anos, e multa.*

Certos assuntos da Administração Pública possuem caráter sigiloso e são imprescindíveis à segurança da sociedade e do Estado. Esse artigo tem por finalidade preservar os interesses públicos, privados e coletivos do sigilo das informações necessárias ao normal funcionamento da máquina pública. É um crime de ação penal pública incondicionada.

#### Classificação

É um crime simples, de mão própria (somente pode ser cometido por funcionário público que tenha o dever de assegurar o sigilo) e formal. É considerado um crime doloso, não tendo especificado em seu tipo penal um especial fim de agir. Não admite a modalidade culposa.

#### Sujeitos do crime

**Sujeito ativo:** por ser um crime de mão própria, exige-se uma qualidade especial do sujeito ativo do crime, podendo ser tanto o funcionário público em efetivo exercício, quanto o aposentado, afastado ou em disponibilidade, podendo o particular ser partícipe do crime (art. 325, CP) se concorreu de qualquer modo com a revelação da informação.

**Sujeito passivo:** é o ente público que teve seu segredo revelado e, eventualmente, o particular lesado pela revelação do segredo.

#### Consumação e tentativa

O delito passa a ser consumado quando a informação sigilosa é revelada à terceira pessoa, não exigindo que tal informação seja de conhecimento geral do público. A tentativa somente é aceita se for uma conduta por escrito e, por circunstâncias alheias à vontade do agente, a carta não chega ao destino.

# CRIMES CONTRA A ADMINISTRAÇÃO PÚBLICA

#### Descrição do crime

▷ **Figuras equiparadas do § 1º:** inciso I. Ex.: "A", analista da Receita Federal, revela a senha do banco de dados do cadastro dos contribuintes, para que sua amiga encontre o endereço de seu ex-namorado; "A", analista da Receita Federal, utiliza a senha restrita do banco de dados dos servidores para descobrir informações fiscais de seus colegas de repartição.

▷ **Qualificadora do § 2º:** existe a lesão à Administração Pública ou a algum particular, ou seja, é considerado um crime de dano. Aplicando-se o princípio da especialidade, a violação de sigilo funcional envolvendo certames de interesse público não caracteriza o crime do art. 325, mas, sim, o do art. 311-A do CP.

## 11.1.19 Violação de sigilo de proposta de concorrência

*Art. 326, CP* Devassar o sigilo de proposta de concorrência pública, ou proporcionar a terceiro o ensejo de devassá-lo:

Pena – Detenção, de três meses a um ano, e multa.

Revogado tacitamente pelo art. 337-J do Código Penal, pois se trata de norma contemporânea, que incrimina a prática do delito não só em concorrência, mas em qualquer modalidade de licitação.

## 11.1.20 Funcionário público

*Art. 327, CP* Considera-se funcionário público, para os efeitos penais, quem, embora transitoriamente ou sem remuneração, exerce cargo, emprego ou função pública.

*§ 1º* Equipara-se a funcionário público: quem exerce cargo, emprego ou função em entidade paraestatal, e quem trabalha para empresa prestadora de serviço contratada ou conveniada para a execução de atividade típica da Administração Pública.

*§ 2º* A pena será aumentada da terça parte quando os autores dos crimes previstos neste Capítulo forem ocupantes de cargos em comissão ou de função de direção ou assessoramento de órgão da administração direta, sociedade de economia mista, empresa pública ou fundação instituída pelo poder público.

Para fins penais, considera-se funcionário público aquele que trabalha para uma empresa particular que mantém convênio com o Poder Público, e para este presta serviço.

São funcionários públicos não só aqueles que desempenham cargos criados por lei, regularmente investidos e nomeados, remunerados pelos cofres públicos, como também os que exercem emprego público (contratados, mensalistas, diaristas, tarefeiros, nomeados a título precário) e, ainda, todos que, de qualquer forma, exercem função pública.

… NOÇÕES DE DIREITO PENAL

# 12 CRIMES PRATICADOS POR PARTICULAR CONTRA A ADMINISTRAÇÃO EM GERAL

## 12.1 Usurpação de função pública

**Art. 328, CP** *Usurpar o exercício de função pública:*
*Pena – Detenção, de três meses a dois anos, e multa.*
**Parágrafo único.** *Se do fato o agente aufere vantagem:*
*Pena – Reclusão, de dois a cinco anos, e multa.*

### Introdução

Esse tipo penal foi criado com o intuito de punir aquele que exerce função pública sem possuir legitimidade para tanto, pois o Estado tem interesse em preservação da função das pessoas realmente investidas ao exercício das funções públicas. É um crime de ação penal pública incondicionada.

### Classificação

É um crime simples, comum e formal.

É considerado um crime doloso, não dependendo de nenhuma finalidade. Não é admitida a culpa.

### Sujeitos do crime

**Sujeito ativo:** por ser um crime comum, pode ser praticado por qualquer pessoa, inclusive por funcionário público. Ex.: um escrivão que atue exercendo tarefas exclusivas de um delegado de Polícia.

**Sujeito passivo:** imediatamente é a Administração Pública e, secundariamente, a pessoa física ou jurídica à qual recaiu a conduta criminosa.

### Consumação e tentativa

Trata-se de crime formal. Consuma-se o delito com a prática de ato exclusivo, que só pode ser praticado por pessoa legalmente investida no ofício usurpado.

A tentativa é plenamente possível, como quando o sujeito chega à função, mas não pratica nenhum ato inerente a ela.

### Descrição do crime

A figura qualificada (art. 328, parágrafo único) refere-se a um crime material, visto que o agente aufere vantagem do delito, sendo a vantagem de qualquer natureza.

## 12.2 Resistência

**Art. 329, CP** *Opor-se à execução de ato legal, mediante violência ou ameaça a funcionário competente para executá-lo ou a quem lhe esteja prestando auxílio:*
*Pena – Detenção, de dois meses a dois anos.*
*§ 1º Se o ato, em razão da resistência, não se executa:*
*Pena – Reclusão, de um a três anos.*
*§ 2º As penas deste artigo são aplicáveis sem prejuízo das correspondentes à violência.*

### Introdução

É um crime de ação penal pública incondicionada.

Esse artigo visa proteger a Administração Pública e, também, a atuação do funcionário público na realização de atos legais e a integridade física e moral do particular que lhe presta auxílio.

### Classificação

É um crime **pluriofensivo** (atinge mais de um bem jurídico), comum e formal.

É um crime doloso e mais a intenção de impedir a execução de ato legal (especial fim de agir). Não se admite a modalidade culposa.

### Sujeitos do crime

**Sujeito ativo:** pode ser praticado por qualquer pessoa (crime comum). O funcionário público pode ser sujeito ativo desse crime nas situações em que age como particular.

> **Fique ligado**
> É indispensável que o particular esteja efetivamente acompanhado do funcionário público competente para a execução do ato, para que se caracterize o crime de resistência, pois caso o particular esteja sozinho, o agente responderá por outro crime (lesão corporal, ameaça, tentativa de homicídio etc.).

O sujeito ativo (autor) pode ser pessoa alheia à execução do ato legal. Ex.: filho que procura resistir à prisão legítima do pai mediante violência ou grave ameaça.

**Sujeito passivo:** primariamente o Estado e, secundariamente, o funcionário público agredido ou ameaçado pela resistência.

### Consumação e tentativa

É crime formal. Não importa se o agente consegue ou não impedir a execução do ato legal, o crime estará consumado. Em regra, admite tentativa, com exceção de ameaça verbal.

### Descrição do crime

**Opor-se:** impedir a execução do ato legal. O ato legal deve ser específico e concreto, isto é, apto a gerar efeitos imediatos e dirigido a pessoa determinada.

### Espécies de resistência

**Resistência ativa:** é o crime de resistência do art. 329, *caput*, do Código Penal.

**Resistência passiva:** o agente, sem o emprego de violência ou ameaça a funcionário público competente ou a quem lhe presta auxílio, opõe-se à execução de ato legal. Ex.: "A", policial civil, cumprirá um mandado de prisão preventiva expedido em face de "B"; este, por sua vez, agarra-se a um poste para não ser preso. Nessa hipótese, (resistência passiva) não se configura o crime de resistência. Todavia, o agente responderá pelo crime de desobediência (art. 330, CP).

**Violência:** a violência deve ser dirigida contra pessoa, pois, se for dirigida contra coisa, o agente responderá pelo crime de dano qualificado (art. 163, parágrafo único, III, CP). A violência deve ser empregada durante a execução do ato legal, pois, se for empregada antes ou depois, o agente responderá pelo crime de ameaça (art. 147, CP) ou lesão corporal (art. 129, CP). A violência deve ser empregada para impedir o cumprimento da ordem; se for outra a causa, o crime será outro.

**Figura qualificada (art. 329, § 1º, CP):** o que seria o exaurimento do crime funciona como uma qualificadora. Nessa hipótese, o crime é material.

### Legalidade do ato

**Legalidade do ato:** o ato deve ser legal, mesmo que injusto. Ex.: o juiz decretou a prisão preventiva de "A", pois ele é o principal suspeito de ter estuprado oito mulheres em uma pequena cidade do interior. No momento da realização da prisão, "A" agrediu os policiais militares, pois jurava ser inocente. Uma semana após a prisão, "B", o verdadeiro estuprador, fez duas novas vítimas e foi preso em flagrante. O juiz mandou soltar "A", mas este responderá pelo crime de resistência, pois o ato, apesar de injusto, era legal.

## 12.3 Desobediência

**Art. 330, CP** *Desobedecer a ordem legal de funcionário público:*
*Pena – Detenção, de quinze dias a seis meses, e multa.*

O crime de desobediência, também conhecido como "resistência passiva", apresenta pontos em comum com o crime de resistência (art.

# CRIMES PRATICADOS POR PARTICULAR CONTRA A ADMINISTRAÇÃO EM GERAL

329, CP), porém se diferencia pela ausência de violência ou grave ameaça ao funcionário público ou a pessoa que está auxiliando o funcionário. É um crime de ação penal pública incondicionada.

### Classificação

É um crime simples, comum e formal. Pode ser praticado por ação ou por omissão.

Dolo. O agente deve ter consciência da legalidade da ordem e da competência do funcionário público, sob pena de atipicidade do fato (o fato não será crime). Não se admite a modalidade culposa.

### Sujeitos do crime

**Sujeito ativo**: qualquer pessoa, desde que vinculada ao cumprimento da ordem legal imposta pela autoridade pública. Se o agente devia cumprir a ordem, por dever de ofício, tipifica-se, em tese, o delito de prevaricação.

**Sujeito passivo**: é o Estado de forma imediata e mediatamente é o funcionário público o qual teve a ordem descumprida injustificadamente.

### Consumação e tentativa

▷ A consumação depende do tipo de ordem:

Se for uma **omissão** do agente: quando o agente atuar, violando, assim, a ordem de abster-se.

Se for uma **ação** do agente: quando transcorrer o prazo para que o agente realize determinado ato e este não cumpra a ordem dada.

Admite-se a tentativa na modalidade comissiva (ação). Não é cabível na modalidade omissiva.

### Conduta

Desobedecer (recusar cumprimento/desatender/descumprir) ordem legal de funcionário público competente para emiti-la. Necessita da presença de dois requisitos:

**Existência de uma ordem legal**: não se trata de uma mera solicitação ou pedido.

**Ordem emanada de funcionário público competente**: o funcionário deve possuir competência funcional para emitir a ordem.

### Legalidade

Segundo a Jurisprudência, pratica o crime de desobediência o indivíduo que se recusa a identificar-se criminalmente nos casos previstos em lei. Assim, como o indiciado que se recusa a identificar-se civilmente.

Pratica o crime previsto no art. 307, da Lei nº 9.503/1997 (Código de Trânsito Brasileiro), o indivíduo que viola a suspensão ou proibição de se obter a permissão ou a habilitação para dirigir veículo automotor.

### Desobediência × resistência

▷ **Desobediência (art. 330, CP):** não há emprego de violência ou ameaça.

▷ **Resistência (art. 329, CP):** há emprego de violência ou ameaça.

### Apontamentos

▷ Não é crime de desobediência a conduta do agente que se recusa a realizar:
- Teste de bafômetro;
- Exame de sangue (hematológico);
- Exame de DNA;
- Dosagem alcoólica;
- Exame grafotécnico.

Lembre-se de que ninguém é obrigado a produzir prova contra si mesmo, pois se trata de desdobramento lógico da garantia constitucional ao silêncio.

## 12.4 Desacato

*Art. 331, CP* Desacatar funcionário público no exercício da função ou em razão dela:
*Pena – Detenção, de seis meses a dois anos, ou multa.*

Todo funcionário público representa o Estado e age em seu nome a todo o momento em que exerce sua função. O crime de desacato (art. 331, CP) foi criado com o intuito de proteger o agente público e o prestígio da função exercida pelo funcionário público. É um crime de ação penal pública incondicionada.

### Classificação

Crime de forma livre, admitindo qualquer meio de execução.

É um crime formal. Independe, para sua consumação, de um resultado naturalístico.

Dolo. Vontade livre e consciente de agir com a finalidade de desprestigiar a função pública do ofendido. Não se admite a modalidade culposa.

### Sujeitos do crime

**Sujeito ativo**: crime comum (pode ser praticado por qualquer pessoa).

É possível que o funcionário público seja autor do crime de desacato, pois, ao cometer este delito, ele se despe de sua qualidade de funcionário público e passa a atuar como um particular. Nessa situação, não importa se o agente é ou não superior hierárquico do funcionário público ofendido.

> **Fique ligado**
>
> Não há crime de desacato na hipótese em que o ofendido, no momento da conduta, não possui mais a condição de funcionário público (ex.: aposentado, demitido etc.). Todavia, poderá haver crime contra a honra (calúnia/difamação/injúria), pois nesse caso há lesão contra um particular e não contra a Administração Pública.

O advogado pode praticar (ser sujeito ativo) o crime de desacato caso ofenda funcionário público no exercício da função ou em razão dela.

**Sujeito passivo**: o Estado, primariamente, e o funcionário público ofendido, secundariamente.

Será vítima somente o funcionário público assim definido no *caput* do art. 327 do CP, não abrangendo o equiparado.

### Consumação e tentativa

É crime formal. Ocorre quando o funcionário público é ofendido. Não importa se sente ou não ofendido com os atos praticados. Não é necessário que outras pessoas presenciem a ofensa proferida.

Admite-se a tentativa, salvo quando a ofensa é praticada verbalmente.

### Descrição do crime

O autor desse crime deve ter ciência de que o ofendido é funcionário público e encontra-se no exercício da função pública ou que a ofensa é proferida em razão dela. Deve ter ainda o propósito de desprestigiar a função pública do funcionário público (especial fim de agir).

Não é necessário que o funcionário público se encontre no interior da repartição pública; basta que esteja no exercício da função pública. Ex.: Marcelo encontra o juiz de Direito no supermercado e o chama de corrupto. Haverá crime único de desacato caso o agente ofenda vários funcionários públicos no mesmo contexto fático, pois o sujeito passivo é a Administração Pública.

### Considerações

Não haverá o crime de desacato caso a ofensa diga respeito à vida particular do funcionário público. Todavia, poderá caracterizar crime contra a honra. Ex.: afirmar que o promotor de Justiça foi visto saindo de um prostíbulo.

Vejamos as diferenças entre os crimes de injúria (art. 140, CP) e desacato (art. 331, CP).

▷ **Desacato (art. 331, CP):**
- A ofensa é proferida na **presença** do funcionário público;
- Crime contra a administração pública;
- Ação penal pública incondicionada.

▷ **Injúria (art. 140, CP):**
- A ofensa é proferida na ausência do funcionário público;
- Crime contra a honra;
- **Regra:** ação penal iniciativa privada.

## 12.5 Tráfico de influência

*Art. 332, CP Solicitar, exigir, cobrar ou obter, para si ou para outrem, vantagem ou promessa de vantagem, a pretexto de influir em ato praticado por funcionário público no exercício da função:*
*Pena – Reclusão, de 2 (dois) a 5 (cinco) anos, e multa*
*Parágrafo único. A pena é aumentada da metade, se o agente alega ou insinua que a vantagem é também destinada ao funcionário.*

O crime de tráfico de influência foi criado pela Lei nº 9.127/1995, porém, antes de sua criação, o delito era chamado de exploração de prestígio (art. 357, CP), sendo um crime contra a administração da Justiça e o tráfico de influência (art. 332, CP) contra a Administração Pública. O crime em apreço é de ação penal pública incondicionada.

### Classificação

É classificado como crime simples, comum e formal.

É um crime doloso e com um especial fim de agir (vantagem para si ou para outrem). Não é admitida a modalidade culposa.

### Sujeitos do crime

**Sujeito ativo:** por ser um crime comum, pode ser praticado por qualquer pessoa.

**Sujeito passivo:** de maneira imediata, é o Estado e, mediatamente, o comprador da influência (pessoa que paga ou promete vantagem), com o fim de obter benefício do funcionário público.

### Consumação e tentativa

É um crime de consumação antecipada ou formal, caracterizando-se pela realização da conduta descrita no tipo penal, independentemente da obtenção da vantagem.

> **Fique ligado**
>
> Com o núcleo do tipo "obter", o crime é material, consumando o delito no momento da obtenção da vantagem.

Tentativa é possível em determinados casos, do contrário não será admitida, pois se a conduta for realizada verbalmente não há que se falar em tentativa.

### Descrição do crime

Por haver vários núcleos do tipo (exigir, solicitar, obter, cobrar), o crime de tráfico de influência é classificado como crime de ação múltipla ou de conteúdo variado, respondendo o agente se praticado no mesmo contexto fático, por crime único, mesmo se realizar mais de um núcleo do tipo.

Segundo STJ, é dispensável para a caracterização do delito que o agente efetivamente influa em ato praticado por funcionário público; basta que ele alegue ter condições para tanto. Ex.: "A", dizendo ser amigo de um delegado de Polícia, sem realmente sê-lo, solicita a "B" que entregue certo valor a pretexto de convencer (influir) o delegado a não instaurar uma investigação contra o filho de "A".

### Influência

Caso a aludida influência seja real, poderá haver outro crime (corrupção).

### Causa de aumento de pena, parágrafo único

Caso o agente, além de toda a fraude empregada, alegue que a vantagem também se destina ao funcionário público, será aquele merecedor de pena majorada, visto que o bem jurídico tutelado no tipo é mais gravemente afetado, qual seja, o prestígio da Administração Pública.

## 12.6 Corrupção ativa

*Art. 333, CP Oferecer ou prometer vantagem indevida a funcionário público, para determiná-lo a praticar, omitir ou retardar ato de ofício:*
*Pena – Reclusão, de 2 (dois) a 12 (doze) anos, e multa.*
*Parágrafo único. A pena é aumentada de um terço, se, em razão da vantagem ou promessa, o funcionário retarda ou omite ato de ofício, ou o pratica infringindo dever funcional.*

O crime de corrupção ativa está tipificado no art. 333 do Código Penal e faz parte dos crimes cometidos por particular contra a Administração Pública. Isso não quer dizer que não possa ser cometido por funcionário público que, se praticá-lo, se despirá de sua função pública e agirá como particular.

É um crime de ação penal pública incondicionada.

### Classificação

É considerado um crime formal que, para sua consumação, não se exige um resultado.

Classificado como plurissubsistente, podendo sua conduta ser fracionada em diversos atos.

É um crime doloso, acrescido de um especial fim de agir (determinar o funcionário público a praticar, omitir ou retardar ato de ofício).

### Sujeitos do crime

**Sujeito ativo:** crime comum (qualquer pessoa).

Funcionário público também pode ser sujeito ativo desse crime, desde que realize a conduta sem se aproveitar das facilidades inerentes à sua condição funcional. Ex.: Marcelo, analista judiciário do TRF, oferece dinheiro a um delegado de Polícia para que este não o prenda em flagrante pela prática do crime de porte ilegal de arma de fogo.

O particular só responderá por corrupção ativa se este oferecer ou prometer vantagem indevida. A simples entrega de vantagem ilícita solicitada por funcionário público não configura crime nesses casos, o particular será vítima secundária de corrupção passiva (art. 317, CP).

**Sujeito passivo:** o Estado e, secundariamente, a pessoa física ou jurídica prejudicada pela conduta criminosa.

### Consumação e tentativa

É crime formal. Ocorre a consumação com a oferta ou promessa de vantagem indevida ao funcionário público, independentemente de sua aceitação. Ao oferecer ou prometer algo, o crime já está consumado.

Também não é necessária a prática, omissão ou retardamento do ato de ofício. Desse modo, se o agente oferece ou promete a vantagem indevida ao funcionário público, o crime estará consumado. A tentativa é possível, salvo quando o crime é praticado verbalmente.

### Descrição do crime

**Vantagem indevida:** não precisa ser necessariamente patrimonial/econômica. Pode ter qualquer natureza: patrimonial, sexual, moral etc.

**Meios de execução:** o delito de corrupção ativa pode ser praticado de duas formas:

# CRIMES PRATICADOS POR PARTICULAR CONTRA A ADMINISTRAÇÃO EM GERAL

▷ **Oferecer vantagem indevida:** a conduta parte do particular que põe à disposição a vantagem indevida ao funcionário público e este a recebe. Desse modo, o particular praticou o crime de corrupção ativa (art. 333, CP) e o funcionário público, o crime de corrupção passiva (art. 317, CP).

▷ **Promete vantagem indevida:** a conduta parte do particular que promete a vantagem indevida ao funcionário público e este a aceita. Desse modo, o particular praticou o crime de corrupção ativa (art. 333, CP) e o funcionário público, o crime de corrupção passiva (art. 317, CP). Não é necessário que o particular efetivamente cumpra sua promessa para que ocorra a consumação do delito; basta a simples promessa.

Não se configura a infração penal quando a oferta ou promessa tem o fim de impedir ou retardar ato ilegal.

### Aumento de pena

***Parágrafo único.*** *A pena é aumentada de um terço, se, em razão da vantagem ou promessa, o funcionário retarda ou omite ato de ofício, ou o pratica infringindo dever funcional.*

A corrupção ativa é um crime formal. Desse modo, o que seria o exaurimento do crime (retardar ou omitir ato de ofício, ou o praticar infringindo dever funcional) funciona como uma causa de aumento de pena.

### Considerações

O crime de corrupção ativa é uma exceção à Teoria Unitária ou Monista do concurso de pessoas (art. 29, CP), pois o particular que oferece ou promete vantagem indevida responde pelo crime de corrupção ativa (art. 333, CP); já o funcionário público que recebe ou aceita promessa de vantagem indevida responde pelo crime de corrupção passiva (art. 317, CP).

É possível que ocorra o crime de corrupção ativa sem que ocorra corrupção passiva. Ex.: Marcelo oferece ou promete dinheiro, vantagem indevida, para que Lucas, que é delegado de Polícia, não o prenda em flagrante, mas Lucas não recebe ou aceita a promessa.

Também é possível que ocorra o crime de corrupção passiva sem que ocorra corrupção ativa. Ex.: Ronaldo, auditor fiscal, solicita vantagem indevida a André, empresário, para não aplicar uma multa milionária na empresa deste último. Duas situações podem ocorrer: André realiza a entrega da vantagem indevida, ou não. Nas duas hipóteses, apenas Ronaldo praticou crime, pois a conduta de André é atípica.

### Apontamentos

Na hipótese em que o particular pede para o funcionário público "dar um jeitinho", ele não responderá pelo crime de corrupção ativa, pois o agente não ofereceu nem prometeu vantagem indevida. Nessa hipótese, duas situações podem ocorrer:

▷ O funcionário público "dá o jeitinho". Ele responderá por corrupção passiva privilegiada (art. 317, § 2º, CP) e o particular será partícipe desse crime;

▷ O funcionário público não "dá o jeitinho". Assim, o fato é atípico para ambos.

## 12.7 Contrabando e descaminho

Antes da publicação da Lei nº 13.008/2014, o art. 334 do Código Penal tipificava a prática dos crimes de contrabando e descaminho como crime único, atribuindo pena de reclusão de 1 a 4 anos. Com a atual redação, ocorre a separação dos crimes de contrabando e descaminho, tornando-os crimes autônomos.

### 12.7.1 Descaminho

*Art. 334, CP Iludir, no todo ou em parte, o pagamento de direito ou imposto devido pela entrada, pela saída ou pelo consumo de mercadoria*
*Pena – Reclusão, de 1 (um) a 4 (quatro) anos.*

*§ 1º Incorre na mesma pena quem:*
*I – pratica navegação de cabotagem, fora dos casos permitidos em lei;*
*II – pratica fato assimilado, em lei especial, a descaminho;*
*III – vende, expõe à venda, mantém em depósito ou, de qualquer forma, utiliza em proveito próprio ou alheio, no exercício de atividade comercial ou industrial, mercadoria de procedência estrangeira que introduziu clandestinamente no País ou importou fraudulentamente ou que sabe ser produto de introdução clandestina no território nacional ou de importação fraudulenta por parte de outrem;*
*IV – adquire, recebe ou oculta, em proveito próprio ou alheio, no exercício de atividade comercial ou industrial, mercadoria de procedência estrangeira, desacompanhada de documentação legal ou acompanhada de documentos que sabe serem falsos.*
*§ 2º Equipara-se às atividades comerciais, para os efeitos deste artigo, qualquer forma de comércio irregular ou clandestino de mercadorias estrangeiras, inclusive o exercido em residências.*
*§ 3º A pena aplica-se em dobro se o crime de descaminho é praticado em transporte aéreo, marítimo ou fluvial.*

No descaminho, as mercadorias apreendidas são legais no território brasileiro, porém não há o devido pagamento de tributos pela entrada e saída de mercadorias.

### Descrição do crime

> **Fique ligado**
>
> Apesar de existir divergência entre o STF e o STJ, é cabível o princípio da insignificância no crime de descaminho. Para a aplicação desse princípio, o STJ estipula o valor de R$ 10 mil, enquanto o STF entende que o valor é de R$ 20 mil. Diante disso, é de suma importância atentar-se para o comando da questão e observar qual dos posicionamentos a banca abordará.

**Objeto material:** tributos não recolhidos.

**Núcleo do tipo:** iludir, ou seja, ludibriar, frustrar o pagamento do tributo.

**Sujeito ativo:** crime comum (qualquer pessoa). Por ser um crime comum, pode ser praticado por qualquer pessoa, até mesmo um funcionário público, desde que o funcionário não tenha o dever funcional de impedir a prática do crime de contrabando e descaminho.

**Sujeito passivo:** o Estado. Ex.: Tício, policial civil, auxilia Caio a contrabandear caixas de cigarro para o outro lado da fronteira. Tício não tem um especial dever funcional de evitar tal conduta, portanto, responderá pelo crime de descaminho ou contrabando capitulados, respectivamente, nos arts. 334 e 334-A do CP, como partícipe ou coautor, a depender do contexto fático.

### 12.7.2 Contrabando

*Art. 334-A, CP Importar ou exportar mercadoria proibida:*
*Pena – Reclusão, de 2 (dois) a 5 (cinco) anos.*
*§ 1º Incorre na mesma pena quem:*
*I – pratica fato assimilado, em lei especial, a contrabando;*
*II – importa ou exporta clandestinamente mercadoria que dependa de registro, análise ou autorização de órgão público competente;*
*III – reinsere no território nacional mercadoria brasileira destinada à exportação;*
*IV – vende, expõe à venda, mantém em depósito ou, de qualquer forma, utiliza em proveito próprio ou alheio, no exercício de atividade comercial ou industrial, mercadoria proibida pela lei brasileira;*
*V – adquire, recebe ou oculta, em proveito próprio ou alheio, no exercício de atividade comercial ou industrial, mercadoria proibida pela lei brasileira.*
*§ 2º Equipara-se às atividades comerciais, para os efeitos deste artigo, qualquer forma de comércio irregular ou clandestino de mercadorias estrangeiras, inclusive o exercido em residências.*

# NOÇÕES DE DIREITO PENAL

*§ 3º A pena aplica-se em dobro se o crime de contrabando é praticado em transporte aéreo, marítimo ou fluvial.*

Diferentemente do que ocorre no descaminho, no crime de contrabando as mercadorias são proibidas no território brasileiro. Dessa forma, não é possível a aplicação do princípio da insignificância.

### Descrição do crime

**Objeto material:** mercadoria contrabandeada.
**Núcleos do tipo:** importar, exportar mercadoria contrabandeada.
**Sujeito ativo:** crime comum (qualquer pessoa).
**Sujeito passivo:** o Estado.

#### Fique ligado

A importação de bebidas é legal, porém a legislação traz uma restrição quanto à quantidade. Caso ocorra o excesso da quantidade permitida, incidirá o contrabando (art. 334-A). Diferentemente ocorre no caso do crime de descaminho (art. 334), no qual ocorre a sonegação do tributo devido.
É mais uma exceção à Teoria Monista ou Unitária no concurso de pessoas (art. 29, *caput*, CP). Haja vista a conduta do funcionário público que facilita o contrabando ou descaminho (art. 318, CP) ser mais reprovável em razão de sua natureza funcional perante a Administração Pública, as condutas foram separadas e com penas distintas, porém, ambos os crimes tipificam o mesmo resultado, qual seja, o descaminho ou o contrabando.

O funcionário público que:

▷ Não possui o dever funcional de impedir o contrabando ou descaminho. Será coautor ou partícipe do crime de contrabando ou descaminho (art. 334, CP).

▷ Possui o dever funcional de impedir a prática do contrabando ou descaminho e concorre para a realização de qualquer destes crimes. Responderá pelo crime de facilitação de contrabando ou descaminho (art. 318, CP).

Trata-se de mais uma exceção à Teoria Unitária ou Monista do concurso de pessoas (art. 29, CP).

São crimes materiais (consumam-se com a produção de um resultado):

▷ **Contrabando:** o agente importa ou exporta a mercadoria proibida pelas vias ordinárias (caminhos normais), ou seja, pela fiscalização alfandegária. O crime estará consumado no instante em que a mercadoria é liberada pela autoridade alfandegária. O agente se vale dos meios clandestinos para importar ou exportar a mercadoria proibida. O crime estará consumado no momento da entrada ou saída da mercadoria do território nacional.

▷ **Descaminho:** consuma-se com a liberação da mercadoria (permitida) sem o pagamento de tributo devido pela sua entrada ou saída do Brasil.

No crime de contrabando, a mercadoria não precisa ser necessariamente estrangeira (produzida no exterior). Desse modo, é possível a fabricação da mercadoria em território nacional desde que seja destinada exclusivamente à exportação. Ex.: empresa fabrica explosivos no Brasil e exporta-os para a Coreia do Norte. Posteriormente, um norte-coreano ingressa com esses explosivos em território brasileiro.

**Crimes específicos:** por ter natureza genérica ou residual, o crime de contrabando e descaminho somente será aplicado quando a conduta de descaminho ou contrabando de mercadoria não configurar algum crime específico. Ex.: o indivíduo que importar ou exportar drogas, sem autorização ou em desacordo com determinação legal, responderá pelo crime de tráfico internacional de drogas (art. 33, Lei nº 11.343/2006 – Lei de Drogas).

*Súmula nº 151 – STJ A competência para o processo e julgamento por crime de contrabando ou descaminho define-se pela prevenção do Juízo Federal do lugar da apreensão dos bens.*

O indivíduo que importar ou exportar arma de fogo, acessório ou munição, sem autorização da autoridade competente, responderá pelo crime de tráfico internacional de arma de fogo (art. 18, Lei nº 10.826/2003 – Estatuto do Desarmamento).

**Competência para julgamento:** Justiça Federal, pois ofendem interesses da União (art. 109, IV, CF/1988).

## 12.7.3 Impedimento, perturbação ou fraude de concorrência

*Art. 335, CP Impedir, perturbar ou fraudar concorrência pública ou venda em hasta pública, promovida pela administração federal, estadual ou municipal, ou por entidade paraestatal; afastar ou procurar afastar concorrente ou licitante, por meio de violência, grave ameaça, fraude ou oferecimento de vantagem:*

*Pena – Detenção, de seis meses a dois anos, ou multa, além da pena correspondente à violência.*

*Parágrafo único. Incorre na mesma pena quem se abstém de concorrer ou licitar, em razão da vantagem oferecida.*

Revogado tacitamente pelos pelo art. 337-I do Código Penal, visto que o tipo penal possui maior abrangência.

## 12.7.4 Inutilização de edital ou de sinal

*Art. 336, CP Rasgar ou, de qualquer forma, inutilizar ou conspurcar edital afixado por ordem de funcionário público; violar ou inutilizar selo ou sinal, empregado por determinação legal ou por ordem de funcionário público, para identificar ou cerrar qualquer objeto:*

*Pena – Detenção, de um mês a um ano, ou multa.*

O que é protegido nesse crime é a Administração Pública, pois acarreta complicação ao interesse público e o normal desenvolvimento de suas atividades.

### Classificação

É considerado um crime simples, pois ofende um único bem jurídico e material, pois, para sua consumação, gera um resultado naturalístico.

É um crime doloso, não possuindo um especial fim de agir. Não é admitida a modalidade culposa.

### Sujeitos do crime

**Sujeito ativo:** por ser um crime comum, pode ser praticado por qualquer pessoa, inclusive funcionário público.
**Sujeito passivo:** o Estado.

### Consumação e tentativa

É exigido para sua consumação um resultado naturalístico, não sendo suficiente para a consumação a conduta descrita no tipo. É possível que haja o fracionamento do *iter criminis*, portanto, é admitida a tentativa.

### Descrição do crime

**Edital:** tem natureza administrativa (licitação) ou judicial (citação).
**Selo ou sinal:** qualquer tipo de marca feita por determinação legal (lacre de interdição da vigilância sanitária).
**Núcleos do tipo:** rasgar, inutilizar, conspurcar (sujar) e violar.

Não haverá o crime se os objetos materiais referidos no tipo perderam utilidade, como na hipótese do edital com prazo vencido.

Não pratica o crime aquele que reage, moderadamente, contra ato abusivo (ilegal) de funcionário público, rasgando, por exemplo, tira de papel afixada por oficial de Justiça na porta de sua moradia, anunciando seu despejo.

## 12.7.5 Subtração ou inutilização de livro ou documento

**Art. 337, CP** *Subtrair, ou inutilizar, total ou parcialmente, livro oficial, processo ou documento confiado à custódia de funcionário, em razão de ofício, ou de particular em serviço público:*

*Pena – Reclusão, de dois a cinco anos, se o fato não constitui crime mais grave.*

Essa conduta de subtração, inutilização de livro oficial, processo ou documento é prevista em vários tipos do Código Penal. As leituras dos arts. 305, 314, 337 e 356 são relativamente semelhantes, porém cada crime possui uma especificação diferente que os caracteriza. Esse crime é de ação penal pública incondicionada.

### Classificação

Considerado um crime simples, pois ofende um único bem jurídico e comum, podendo ser praticado por qualquer pessoa.

É um crime doloso e não depende de nenhuma finalidade específica. Não admite a modalidade culposa.

### Sujeitos do crime

**Sujeito ativo:** por ser um crime comum, pode ser cometido por qualquer pessoa, desde que não seja pelo funcionário público responsável pela custódia dos documentos. Caso o agente seja funcionário público, incumbido em razão do ofício (*ratione officcio*) da guarda dos objetos materiais, a conduta será enquadrada no art. 314 do CP. Se o agente for advogado ou procurador que, nessa qualidade, tiver retirado o processo ou documentos, o crime será o do art. 356 do CP.

**Sujeito passivo:** primeiramente é o Estado, e secundariamente, a pessoa jurídica ou física que foi prejudicada pela ação criminosa.

### Consumação e tentativa

Consuma-se o crime no momento da subtração de livro oficial, processo ou documento, mediante apoderamento do agente ou no momento da inutilização total ou parcial da coisa.

A tentativa é possível pelo fato de o crime ser de caráter plurissubsistente.

### Descrição do crime

Subtrair e inutilizar são os núcleos do tipo. Subtrair é retirar um dos elementos do tipo (livro oficial, processo ou documento) da custódia do funcionário público, apoderando-se do item.

## 12.7.6 Sonegação de contribuição previdenciária

**Art. 337-A, CP** *Suprimir ou reduzir contribuição social previdenciária e qualquer acessório, mediante as seguintes condutas:*

*I – Omitir de folha de pagamento da empresa ou de documento de informações previsto pela legislação previdenciária segurados, empregado, empresário, trabalhador avulso ou trabalhador autônomo ou a este equiparado que lhe prestem serviços;*

*II – Deixar de lançar mensalmente nos títulos próprios da contabilidade da empresa as quantias descontadas dos segurados ou as devidas pelo empregador ou pelo tomador de serviços;*

*III – Omitir, total ou parcialmente, receitas ou lucros auferidos, remunerações pagas ou creditadas e demais fatos geradores de contribuições sociais previdenciárias:*

*Pena – Reclusão, de 2 (dois) a 5 (cinco) anos, e multa.*

*§ 1º É extinta a punibilidade se o agente, espontaneamente, declara e confessa as contribuições, importâncias ou valores e presta as informações devidas à previdência social, na forma definida em lei ou regulamento, antes do início da ação fiscal.*

No caso do § 1º, preenchidos os requisitos para a concessão, é dever do juiz conceder o perdão ou aplicar a pena de multa. Trata-se de direito público subjetivo do réu.

*§ 2º É facultado ao juiz deixar de aplicar a pena ou aplicar somente a de multa se o agente for primário e de bons antecedentes, desde que: [...]*

*II – O valor das contribuições devidas, inclusive acessórios, seja igual ou inferior àquele estabelecido pela previdência social, administrativamente, como sendo o mínimo para o ajuizamento de suas execuções fiscais.*

*§ 3º Se o empregador não é pessoa jurídica e sua folha de pagamento mensal não ultrapassa R$ 1.510,00 (um mil, quinhentos e dez reais), o juiz poderá reduzir a pena de um terço até a metade ou aplicar apenas a de multa.*

*§ 4º O valor a que se refere o parágrafo anterior será reajustado nas mesmas datas e nos mesmos índices do reajuste dos benefícios da previdência social.*

# NOÇÕES DE DIREITO PENAL

## 13 CRIMES EM LICITAÇÕES E CONTRATOS ADMINISTRATIVOS

A Lei nº14.133/2021 (Lei de Licitações), que revogou e alterou dispositivos da Lei nº 8.666/1993, sobretudo no que se refere aos crimes em licitações e contratos administrativos, incluiu no Código Penal 12 novos tipos penais entre os arts. 337-E e 337-P, objetivando reprimir as condutas ilícitas que fraudam os processos licitatórios no Brasil.

Apesar de a Lei nº 8.666/1993 ainda continuar aplicável aos contratos iniciados antes da vigência da nova lei, os crimes previstos na antiga legislação foram revogados pela Lei nº 14.133/2021 e passaram a ter previsão no Código Penal.

### 13.1 Contratação direta ilegal

*Art. 337-E, CP Admitir, possibilitar ou dar causa à contratação direta fora das hipóteses previstas em lei:*
*Pena – Reclusão, de 4 (quatro) a 8 (oito) anos, e multa.*

O art. 337-E do CP pune aquele que admite, possibilita ou dá causa à contratação direta fora das hipóteses previstas em lei. A previsão legal concentra em um mesmo tipo penal a punição tanto do agente público contratante, quanto do particular contratado sem o devido processo licitatório.

Cumpre destacar que o delito de dispensa de licitação, anteriormente previsto na Lei nº 8.666/1993, teve as penas mínima e máxima aumentadas. Antes, a punição era de 3 a 5 anos, agora, a pena é de 4 a 8 anos.

A nova previsão impede, inclusive, a celebração de acordo de não persecução penal – previsto no art. 28-A do CPP.

Ademais, o tipo penal é norma penal em branco, pois requer o complemento de lei diversa, que atualmente pode ser a Lei nº 14.133/2021 ou a Lei nº 8.666/1993, no que se refere às hipóteses de dispensa de licitação.

Quanto ao elemento subjetivo especial do tipo, ainda que não previsto expressamente na anterior previsão da Lei nº 8.666/1993, o entendimento do STF e do STJ manifesta a necessidade de dolo específico do agente para a consumação do delito.

Trata-se de crime doloso, não admitindo culpa. Admite a tentativa. É unissubjetivo ou de concurso eventual. É processado mediante ação penal pública incondicionada.

### 13.2 Frustração do caráter competitivo de licitação

*Art. 337-F, CP Frustrar ou fraudar, com o intuito de obter para si ou para outrem vantagem decorrente da adjudicação do objeto da licitação, o caráter competitivo do processo licitatório:*
*Pena – Reclusão, de 4 (quatro) anos a 8 (oito) anos, e multa.*

Os núcleos do tipo penal "frustrar ou fraudar" objetivam tipificar a conduta do indivíduo que busca impedir, atrapalhar, iludir ou burlar o caráter competitivo da licitação, impossibilitando que a Administração Pública obtenha a proposta mais vantajosa. Dessa forma, comete o crime do art. 337-F aquele que, com o intuito de obter para si ou para outrem vantagem decorrente da adjudicação do objeto da licitação, frustrar ou fraudar o caráter competitivo do processo licitatório.

Para sua consumação, exige conduta dolosa e presença da finalidade específica de agir, ou seja, o objetivo de obter para si ou para outrem vantagem decorrente da adjudicação do objeto da licitação. Não admite a modalidade culposa.

Trata-se de crime formal, pois não é necessário que o agente obtenha a vantagem prevista no tipo penal.

É crime comum, podendo ser cometido por qualquer indivíduo. Não se exige qualidade específica do sujeito ativo.

### 13.3 Patrocínio de contratação indevida

*Art. 337-G, CP Patrocinar, direta ou indiretamente, interesse privado perante a Administração Pública, dando causa à instauração de licitação ou à celebração de contrato cuja invalidação vier a ser decretada pelo Poder Judiciário:*
*Pena – Reclusão, de 6 (seis) meses a 3 (três) anos, e multa.*

Trata-se de modalidade especial do crime de advocacia administrativa (art. 321, CP). É crime próprio, pois há a exigência de que o sujeito ativa seja funcionário público – crime funcional.

O tipo penal pune a conduta do agente que, valendo-se da função pública, favorece, ampara, patrocina interesse privado.

É crime material, pois exige a ocorrência de resultado naturalístico, ou seja, o patrocínio de interesse privado deve dar causa à instauração de licitação ou à celebração de contrato.

Por fim, prevê uma condição objetiva de punibilidade, ou seja, a licitação ou contrato deve ser invalidado pelo Poder Judiciário.

### 13.4 Modificação ou pagamento irregular em contrato administrativo

*Art. 337-H, CP Admitir, possibilitar ou dar causa a qualquer modificação ou vantagem, inclusive prorrogação contratual, em favor do contratado, durante a execução dos contratos celebrados com a Administração Pública, sem autorização em lei, no edital da licitação ou nos respectivos instrumentos contratuais, ou, ainda, pagar fatura com preterição da ordem cronológica de sua exigibilidade:*
*Pena – Reclusão, de 4 (quatro) anos a 8 (oito) anos, e multa.*

Esse delito se dá na fase posterior à própria licitação, já durante a fase de execução do contrato.

É crime material, pois a consumação ocorre somente com o efetivo favorecimento do contratado.

A conduta de modificação irregular em contrato administrativo, prevista na primeira parte do tipo penal, exige o elemento normativo do tipo, ou seja, requer a ausência de autorização da conduta em lei, no edital da licitação ou nos respectivos instrumentos contratuais. Caso a modificação seja permitida por lei, pelo edital ou pelo contrato, será penalmente atípica.

Já a segunda parte do artigo trata do pagamento irregular em contrato administrativo, ou seja, a conduta incriminada é pagar fatura com preterição da ordem cronológica de sua exigibilidade, a fim de favorecer determinado contratado pela Administração, violando o princípio da impessoalidade.

Ademais, quanto ao verbo núcleo do tipo "possibilitar" ou "dar causa a", tem-se o entendimento de que o delito é crime comum, mesmo que o verbo "admitir" refira-se ao funcionário público. Já em relação à conduta do pagamento irregular, o crime é próprio.

Por fim, o tipo penal do art. 337-H é crime doloso, sem previsão da modalidade culpa e sem exigência de elemento subjetivo especial do tipo.

### 13.5 Perturbação de processo licitatório

*Art. 337-I, CP Impedir, perturbar ou fraudar a realização de qualquer ato de processo licitatório:*
*Pena – Detenção, de 6 (seis) meses a 3 (três) anos, e multa.*

O artigo em análise busca punir o agente que atua para impedir, perturbar ou fraudar qualquer ato de um processo licitatório. Trata-se de crime material, a consumação ocorre com o efetivo impedimento ou fraude de qualquer ato do processo licitatório. Admite a tentativa.

## 13.6 Violação de sigilo em licitação

*Art. 337-J, CP Devassar o sigilo de proposta apresentada em processo licitatório ou proporcionar a terceiro o ensejo de devassá-lo:*
*Pena – Detenção, de 2 (dois) anos a 3 (três) anos, e multa.*

É crime comum, podendo ser praticado por qualquer indivíduo. Não há exigência de qualidade específica do sujeito ativo. O tipo penal em análise tutela a inviolabilidade do sigilo das propostas da licitação.

A conduta incriminada nesse artigo é o ato de quebrar o sigilo da proposta ou propiciar que um terceiro o viole.

Devassar é fazer conhecer, corromper, enquanto o verbo "proporcionar" significa dar a oportunidade de propiciar, oferecer. Trata-se de crime comum, que pode ser praticado por qualquer pessoa, funcionário público ou não.

É crime formal. A consumação se dá com a violação da informação sigilosa, independentemente de prejuízo. É crime doloso; não há modalidade culposa.

## 13.7 Afastamento de licitante

*Art. 337-K, CP Afastar ou tentar afastar licitante por meio de violência, grave ameaça, fraude ou oferecimento de vantagem de qualquer tipo:*
*Pena – Reclusão, de 3 (três) anos a 5 (cinco) anos, e multa, além da pena correspondente à violência.*
*Parágrafo único. Incorre na mesma pena quem se abstém ou desiste de licitar em razão de vantagem oferecida.*

Esse artigo trata de hipótese do chamado crime de atentado ou de mero empreendimento, pois o tipo penal equiparou a forma consumada com forma tentada, em razão dos verbos núcleos "afastar" e "tentar afastar". Afastar significa remover, impedir a participação de licitante. A conduta deve se dar com violência, grave ameaça, fraude ou oferecimento de vantagem de qualquer tipo.

O parágrafo único prevê uma modalidade equiparada ao *caput*, ou seja, aquele que se abstém (afasta-se) de participar da licitação em razão de vantagem recebida incorre na mesma pena.

Trata-se de crime formal; não é necessário que haja o efetivo afastamento do licitante (comprovação do prejuízo).

É crime comum, que pode ser cometido por qualquer pessoa, funcionário público ou não.

## 13.8 Fraude em licitação ou contrato

*Art. 337-L, CP Fraudar, em prejuízo da Administração Pública, licitação ou contrato dela decorrente, mediante:*
*I – entrega de mercadoria ou prestação de serviços com qualidade ou em quantidade diversas das previstas no edital ou nos instrumentos contratuais;*
*II – fornecimento, como verdadeira ou perfeita, de mercadoria falsificada, deteriorada, inservível para consumo ou com prazo de validade vencido;*
*III – entrega de uma mercadoria por outra;*
*IV – alteração da substância, qualidade ou quantidade da mercadoria ou do serviço fornecido;*
*V – qualquer meio fraudulento que torne injustamente mais onerosa para a Administração Pública a proposta ou a execução do contrato:*
*Pena – Reclusão, de 4 (quatro) anos a 8 (oito) anos, e multa.*

O tipo penal busca tutelar a garantia da respeitabilidade, probidade, integridade e moralidade do certame licitatório, especialmente no que tange à preservação do patrimônio da Administração Pública.

Trata-se de crime comum, que pode ser praticado por qualquer pessoa, funcionário público ou não. É crime doloso, sem previsão de modalidade culposa e sem exigência de elemento subjetivo especial do tipo.

Os incisos I a V preveem as condutas que podem ser empregadas para fraudar a licitação ou o contrato administrativo. Não se trata de rol taxativo, pois o inciso V menciona a expressão "qualquer meio fraudulento". Assim, o rol é exemplificativo, podendo ser utilizadas diversas outras condutas que tornem injustamente mais onerosa para a Administração Pública a proposta ou a execução do contrato.

## 13.9 Contratação inidônea

*Art. 337-M, CP Admitir à licitação empresa ou profissional declarado inidôneo:*
*Pena – Reclusão, de 1 (um) ano a 3 (três) anos, e multa.*
*§ 1º Celebrar contrato com empresa ou profissional declarado inidôneo:*
*Pena – Reclusão, de 3 (três) anos a 6 (seis) anos, e multa.*
*§ 2º Incide na mesma pena do caput deste artigo aquele que, declarado inidôneo, venha a participar de licitação e, na mesma pena do § 1º deste artigo, aquele que, declarado inidôneo, venha a contratar com a Administração Pública.*

O tipo penal em análise objetiva proteger a integridade do certame licitatório, a fim de impedir que empresas ou profissionais inidôneos licitem e contratem com o Poder Público.

Assim, aquele que admite a participação em processo licitatório ou celebra contrato com empresa ou profissional declarado inidôneo, comete o crime do art. 337-M.

Trata-se de crime comum, que pode ser cometido por qualquer pessoa. É crime formal, uma vez que sua consumação se dá com a mera admissão à licitação ou contratação. Não há a necessidade de comprovar prejuízo. É crime doloso, não havendo previsão da modalidade culposa.

## 13.10 Impedimento indevido

*Art. 337-N, CP Obstar, impedir ou dificultar injustamente a inscrição de qualquer interessado nos registros cadastrais ou promover indevidamente a alteração, a suspensão ou o cancelamento de registro do inscrito:*
*Pena – Reclusão, de 6 (seis) meses a 2 (dois) anos, e multa.*

Da análise do tipo penal, na primeira parte, a conduta do agente deve consistir em "obstar, impedir ou dificultar injustamente a inscrição de qualquer interessado nos registros cadastrais". Vê-se que o termo "injustamente" é elemento normativo, pois, se o impedimento tiver fundamento legal, o fato é atípico. Já segunda parte do tipo penal, o agente deve "promover indevidamente a alteração, a suspensão ou o cancelamento de registro do inscrito. O elemento normativo é o termo "indevidamente", pois se houver fundamento idôneo para a alteração, suspensão ou cancelamento do registro, o fato é atípico.

Trata-se de crime próprio, só pode ser praticado por funcionário público. Exige conduta dolosa, não havendo previsão da modalidade culposa.

## 13.11 Omissão grave de dado ou de informação por projetista

*Art. 337-O, CP Omitir, modificar ou entregar à Administração Pública levantamento cadastral ou condição de contorno em relevante dissonância com a realidade, em frustração ao caráter competitivo da licitação ou em detrimento da seleção da proposta mais vantajosa para a Administração Pública, em contratação para a elaboração de projeto básico, projeto executivo ou anteprojeto, em diálogo competitivo ou em procedimento de manifestação de interesse:*
*Pena – Reclusão, de 6 (seis) meses a 3 (três) anos, e multa.*

*§ 1º Consideram-se condição de contorno as informações e os levantamentos suficientes e necessários para a definição da solução de projeto e dos respectivos preços pelo licitante, incluídos sondagens, topografia, estudos de demanda, condições ambientais e demais elementos ambientais impactantes, considerados requisitos mínimos ou obrigatórios em normas técnicas que orientam a elaboração de projetos.*

*§ 2º Se o crime é praticado com o fim de obter benefício, direto ou indireto, próprio ou de outrem, aplica-se em dobro a pena prevista no caput deste artigo.*

O tipo penal objetiva coibir a omissão, modificação ou entrega à Administração Pública de informações relevantes ao procedimento licitatório, no que se refere ao levantamento cadastral ou condição de contorno, que estejam em dissonância com a realidade. Para que o delito se configure, a conduta deve frustrar o caráter competitivo da licitação e afastar a proposta mais vantajosa para a Administração Pública.

O § 2º prevê causa de aumento de pena, no caso de o crime ser praticado "com o fim de obter benefício, direto ou indireto, próprio ou de outrem" será aplicada a pena prevista em dobro.

Trata-se de crime formal, visto que não exige dano ao erário. É crime comum, podendo ser praticado por qualquer pessoa, em razão do verbo núcleo "entregar". É crime doloso, e não admite a modalidade culposa.

***Art. 337-P, CP** A pena de multa cominada aos crimes previstos neste Capítulo seguirá a metodologia de cálculo prevista neste Código e não poderá ser inferior a 2% (dois por cento) do valor do contrato licitado ou celebrado com contratação direta.*

O artigo prevê a aplicação da multa de acordo com o critério trifásico adotado pelo art. 49, *caput*, do Código Penal.

O art. 337-P prevê maior rigor no cálculo dos percentuais da pena de multa, pois antes, com a previsão do art. 99 da Lei nº 8.666/1993, o valor da multa era limitado a 5% do valor contrato, o que não ocorre na nova previsão. Assim, a pena de multa pode atingir valores maiores.

# 14 CRIMES CONTRA A ADMINISTRAÇÃO DA JUSTIÇA

## 14.1 Reingresso de estrangeiro expulso

*Art. 338, CP Reingressar no território nacional o estrangeiro que dele foi expulso:*
*Pena – Reclusão, de um a quatro anos, sem prejuízo de nova expulsão após o cumprimento da pena.*

A expulsão do estrangeiro está regulada na Lei nº 13.445/2017 (Estatuto do Estrangeiro). Ocorrendo qualquer das hipóteses elencadas no art. 54 dessa lei, caberá ao presidente da República, por meio de decreto, analisar o cabimento e conveniência da expulsão (ato discricionário administrativo).

Para tipificar a conduta, é indispensável, após a edição do decreto de expulsão, que o agente tenha efetivamente saído do País, retornando em seguida. Dessa forma, não configura o crime a recusa do estrangeiro expulso em deixar o País.

## 14.2 Denunciação caluniosa

*Art. 339, CP Dar causa à instauração de inquérito policial, de procedimento investigatório criminal, de processo judicial, de processo administrativo disciplinar, de inquérito civil ou de ação de improbidade administrativa contra alguém, imputando-lhe crime, infração ético-disciplinar ou ato ímprobo de que o sabe inocente: (Redação dada pela Lei nº 14.110, de 2020)*
*Pena – Reclusão, de dois a oito anos, e multa.*
*§ 1º A pena é aumentada de sexta parte, se o agente se serve de anonimato ou de nome suposto.*
*§ 2º A pena é diminuída de metade, se a imputação é de prática de contravenção.*

O crime de denunciação caluniosa – também chamado de calúnia qualificada – está capitulado no art. 339 do Código Penal e versa sobre dar causa à instauração de algum procedimento de investigação contra alguém, imputando-lhe falsamente crime, sabendo que esse não o cometeu. O crime de denunciação caluniosa é de ação penal pública incondicionada.

### Classificação

É considerado um crime pluriofensivo, ou seja, ofende mais de um bem jurídico como estudaremos no tópico **sujeitos do crime**, desse mesmo artigo.

É um crime comum, podendo ser praticado por qualquer pessoa e unissubjetivo, praticado por um só agente, mas admite concurso de pessoas.

O elemento subjetivo é o dolo direto, pois é indispensável que o agente tenha o conhecimento da inocência da pessoa a quem imputou falsamente o crime, segundo STJ.

### Sujeitos do crime

**Sujeito ativo**: qualquer pessoa (crime comum).
**Sujeito passivo**: o Estado e a pessoa acusada falsamente de crime.

### Consumação e tentativa

Por ser um crime material, consuma-se quando se tem a efetiva instauração da investigação policial, de processo judicial, instauração de investigação administrativa, inquérito civil ou ação de improbidade administrativa contra alguém que o sabe ser inocente. É admitida a tentativa. Ex.: "A" vai à Delegacia e, de forma dolosa, imputa "B" à prática de um crime de roubo, de que o sabia não ter cometido, com o fim de instaurar inquérito policial contra "B". O delegado, contudo, já havia encerrado o referido caso e prendido o verdadeiro responsável pelo crime. Constatando a manobra de "A", o delegado o prendeu em flagrante.

É importante observar que não é necessário que a informação seja formalizada no inquérito policial. Basta que a conduta criminosa desencadeie atos preliminares de investigação. Aqui já se encontra consumado o crime e esse é o entendimento que prevalece.

### Descrição do crime

A falsa imputação deve estar relacionada com crime, se for contravenção, estará caracterizada a forma privilegiada de denunciação caluniosa (art. 339, § 2º, CP).

A expressão "contra alguém" versa que deve ser dada a falsa imputação de pessoa determinada, indicando nome e atributos pessoais.

### Considerações

Diferenças entre o crime de calúnia e denunciação caluniosa:
▷ **Calúnia (art. 138, CP):** caluniar alguém, imputando-lhe falsamente fato definido como crime. É crime contra a honra. Regra: ação penal privada. Não admite a imputação falsa de contravenção penal.
▷ **Denunciação caluniosa (art. 339, CP):** dar causa à instauração de investigação policial, de processo judicial, instauração de investigação administrativa, inquérito civil ou ação de improbidade administrativa contra alguém, imputando-lhe crime de que o sabe inocente. É crime contra a Administração da Justiça. Ação Penal Pública Incondicionada.

| José assaltou o banco → calúnia.
| José assaltou o banco: eu afirmo isso para o Delegado, querendo a instauração de procedimento inútil e criminoso → denunciação caluniosa.

O advogado não tem imunidade penal na calúnia, tampouco na denunciação caluniosa.

> **Fique ligado**
> Pode ser praticado o crime de denunciação caluniosa até mesmo pelo promotor de Justiça, que denuncia alguém sabendo ser inocente. Essa denúncia criminosa do promotor de Justiça é denominada denúncia temerária ou abusiva.

### 14.2.1 Denunciação caluniosa privilegiada

*§ 2º A pena é diminuída de metade, se a imputação é de prática de contravenção.*

A pena é reduzida de metade se a imputação é de contravenção penal. Passa-se a ter infração de menor potencial ofensivo, admitindo-se a suspensão condicional do processo.

## 14.3 Comunicação falsa de crime ou contravenção

*Art. 340, CP Provocar a ação de autoridade, comunicando-lhe a ocorrência de crime ou contravenção que sabe não se ter verificado:*
*Pena – Detenção, de um a seis meses, ou multa.*

### Introdução

Em que pese ser muito semelhante o *caput* ao crime de denunciação caluniosa, veremos que suas diferenças são facilmente perceptíveis.

### Classificação

É considerado um **crime simples** por ofender um único bem jurídico, e **comum**, podendo ser cometido por qualquer pessoa.

É um crime **causal** ou **material**, sendo que a consumação depende de alguma medida tomada pela autoridade.

O elemento subjetivo do agente é o dolo direto, portanto, se a pessoa tem **dúvida** sobre a existência da infração o fato é atípico. Ex.: "A" não tem certeza se seu relógio foi furtado ou foi perdido e, mesmo assim, comunica à autoridade), não tendo previsão da modalidade culposa.

### Sujeitos do crime

**Sujeito ativo:** por ser um crime comum ou geral, pode ser cometido por qualquer pessoa.

**Sujeito passivo:** o Estado.

### Consumação e tentativa

Por ser um crime material, a mera comunicação falsa não é suficiente para a consumação do delito, exigindo a provocação da ação da autoridade para fazer algo (conduta positiva). Consuma-se quando a autoridade toma providência para apurar a ocorrência do crime, ou contravenção, comunicado falsamente.

A tentativa é possível. Ex.: um indivíduo comunica à autoridade um crime ou contravenção que sabe inexistente e, por circunstâncias alheias à sua vontade, a autoridade não toma nenhuma providência. Nesse caso, tem-se o crime tentado.

### Descrição do crime

O delito é comunicação falsa de crime ou contravenção (art. 340, CP). O agente não acusa nenhuma pessoa, mas registra a ocorrência de um crime inexistente. Se o agente vier a individualizar o autor, o STF já decidiu: responde por denunciação caluniosa (art. 339, CP).

"Provocar" significa dar causa à ação da autoridade, podendo ocorrer de várias formas; uma delas é que o crime ou contravenção penal comunicado não existiu ou houve o fato, mas foi absolutamente diverso do comunicado para a autoridade. Por isso, é considerado um crime de forma livre.

### Considerações

Caracteriza uma figura equiparada de estelionato (art. 171, § 2º, V, CP) quando a comunicação falsa de crime ou contravenção é um meio fraudulento para que o agente obtenha o valor do seguro. O delito (art. 340, CP) torna-se um *antefactum* impunível. Aplica-se o princípio da consunção. Ex.: "A" esconde seu automóvel, que é amparado por contrato de seguro, e comunica à autoridade que sofreu um furto, já com a intenção de receber o dinheiro do seguro.

Atentem-se às diferenças:
▷ Na **denunciação caluniosa**, o agente imputa a infração penal imaginária à pessoa certa e determinada.
▷ Na **comunicação falsa de crime**, apenas comunica a fantasiosa infração, não a imputando a ninguém ou, imputando, aponta personagem fictício.

## 14.4 Autoacusação falsa

*Art. 341, CP Acusar-se, perante a autoridade, de crime inexistente ou praticado por outrem:*
*Pena – Detenção, de três meses a dois anos, ou multa.*

O que leva uma pessoa a se autoacusar falsamente tem fundamento em vários motivos. Ex.: alguém que recebe certa vantagem para assumir um crime praticado por outra pessoa ou o próprio pai diz ter sido o autor de um delito para que o filho não seja preso.

Para evitar esse comportamento, o crime de autoacusação falsa está tipificado no art. 341 do Código Penal – crime de ação penal pública incondicionada.

### Classificação

É um crime simples por ofender um único bem jurídico, que é a Administração da Justiça; e comum, podendo ser cometido por qualquer pessoa. É um crime doloso, não tendo previsão para crime culposo.

Trata-se de crime formal, não exigindo, para sua consumação, um resultado naturalístico, sendo possível a tentativa.

### Sujeitos do crime

**Sujeito ativo:** por ser um crime comum, pode ser praticado por qualquer pessoa; porém, se ocorreu realmente o crime, não pode ser sujeito ativo o próprio autor, coautor ou partícipe do crime ocorrido.

**Sujeito passivo:** o Estado.

### Consumação e tentativa

É um crime formal, consumando-se quando o sujeito efetua a autoacusação perante a autoridade, independentemente se a autoridade tomou alguma providência. A tentativa só é possível quando a autoacusação é cometida por meio escrito, não se admitindo quando praticado verbalmente.

### Descrição do crime

Não há que se falar em autoacusação falsa quando essa conduta for de **contravenção penal**.

O agente que se autoacusa não pode ser autor, coautor ou partícipe do delito anterior.

A autoridade que recebe essa notícia de crime legalmente deve ter poderes de investigar a prática de delitos.

Não configura o crime quando o réu chama para si a exclusiva responsabilidade de ilícito penal, de que deve ser considerado concorrente (RT 371/160).

### Considerações

Para facilitar o entendimento do crime, vejamos alguns exemplos.

**Vantagem pecuniária.** Ex.: "A" recebe dinheiro do verdadeiro autor do crime para se autoacusar.

**Sacrifício.** Ex.: mãe autoacusa-se para livrar o filho que cometeu um crime.

**Exibicionismo.** Ex.: criminoso autoacusa-se para que tenha reputação entre a bandidagem de sua comunidade.

**Álibi.** Ex.: "A" imputa a si próprio crime menos grave para se livrar de crime mais grave, alegando ser no mesmo horário, porém em lugar diferente. Supondo que Lucas assuma autoria de crime praticado por outrem, e não só assume a autoria, mas também imputa a coautoria a outrem, que não o autor do delito.

## 14.5 Falso testemunho ou falsa perícia

*Art. 342, CP Fazer afirmação falsa, ou negar ou calar a verdade como testemunha, perito, contador, tradutor ou intérprete em processo judicial, ou administrativo, inquérito policial, ou em juízo arbitral:*
*Pena – Reclusão, de um a três anos, e multa.*
*§ 1º As penas aumentam-se de um sexto a um terço se o crime é praticado mediante suborno ou se cometido com o fim de obter prova destinada a produzir efeito em processo penal, ou em processo civil em que for parte entidade da administração pública direta ou indireta.*
*§ 2º O fato deixa de ser punível se, antes da sentença no processo em que ocorreu o ilícito, o agente se retrata ou declara a verdade.*

Muitas vezes, o testemunho é o único meio probatório para a autoridade competente louvar-se da decisão. A testemunha que mente,

# CRIMES CONTRA A ADMINISTRAÇÃO DA JUSTIÇA

nega ou cala a verdade não sacrifica apenas interesses individuais, mas atinge o Estado, responsável por assegurar a eficácia da justiça.

O Código Penal, visando preservar a busca pela verdade, versa em seu art. 342 sobre o crime de falso testemunho ou falsa perícia, sendo esse um crime de ação penal pública incondicionada.

### Classificação

É um crime de ação múltipla ou de conteúdo variado, pois a prática de várias condutas típicas no tocante ao mesmo objeto material acarreta crime único.

Trata-se de crime de médio potencial ofensivo, admitindo-se a suspensão condicional do processo.

É um crime doloso, não exigindo qualquer finalidade específica. Trata-se de um crime de mão própria, comissivo ou omissivo e instantâneo.

### Sujeitos do crime

**Sujeito ativo:** crime de mão própria, somente podendo ser praticado pela testemunha, perito, contador, tradutor ou intérprete.

▷ **Crime de mão própria:** em que pese o STF já ter admitido a coautoria quando o advogado instrui a testemunha, são frequentes as decisões de Tribunais afirmando a incompatibilidade do instituto com o delito de falso testemunho, face à sua característica de mão própria. Assim, deve tratar-se de mera participação.

Toda testemunha pratica o delito, ou apenas aquela que presta compromisso? A corrente majoritária entende que se a lei não submete a testemunha informante ao compromisso de dizer a verdade, não pode cometer o ilícito do art. 342 do CP. Entretanto, já teve julgados no STF dizendo ser crime.

A vítima, por não ser testemunha (sequer equiparada), não pratica o crime do art. 322, podendo ser autora de outro delito, como denunciação caluniosa (art. 339, CP).

**Sujeito passivo:** é o Estado e, secundariamente, a pessoa prejudicada pelo falso testemunho ou pela falsa perícia.

### Consumação e tentativa

Consumação ocorre quando o depoimento é encerrado ou que o laudo pericial, os cálculos, a tradução ou a interpretação são entregues concluídos. É admitida a tentativa.

É fato atípico a conduta de mentir para evitar sua própria incriminação, pois ninguém é obrigado a produzir prova contra si mesmo.

### Descrição do crime

**Testemunha:** pessoa chamada para depor no processo, sob o compromisso de dizer a verdade fática.

**Perito:** quem fornece laudos técnicos de conhecimentos específicos, que escapam da ciência do juiz.

**Contador:** especialista em assuntos contábeis. Pessoa que apresenta os cálculos a serem eventualmente efetuados.

**Tradutor:** tem a função de adaptar textos em língua estrangeira para o idioma pátrio.

**Intérprete:** responsável pela comunicação daquele que não conhece o idioma nacional.

O crime em tela possui três núcleos:

▷ **Fazer afirmação falsa:** falsidade positiva; mentir para a autoridade. Ex.: Marcelo mente para o juiz, dizendo que, na data do crime, estava viajando com Ronaldo (acusado) para Florianópolis.

▷ **Negar a verdade:** falsidade negativa; recusar-se a confirmar a veracidade de um fato. Ex.: "A" nega que presenciou o latrocínio praticado por "B" contra "C".

▷ **Calar a verdade:** reticência; permanecer em silêncio sobre a verdade de determinado fato.

O juiz, durante a oitiva da testemunha, formula várias perguntas a esta, mas ela nada responde.

O agente deve saber que falta com a verdade. Não há crime quando a testemunha ou o perito é acometido por erro indesejado, pelo esquecimento dos fatos ou mesmo pela deformação inconsciente da lembrança em razão da passagem do tempo.

É imprescindível que a falsidade verse sobre fato juridicamente relevante (apto a influir de algum modo na decisão final da causa). Desse modo, exige-se que a falsidade tenha potencialidade lesiva, de modo a influir no futuro julgamento da causa.

### Considerações

**Falso testemunho e carta precatória:** na hipótese de falso testemunho prestado por meio de carta precatória, o foro competente para processar e julgar esse crime é do juízo deprecado (comarca onde o falso testemunho foi prestado e onde o delito consumou-se).

**Falso testemunho em CPI:** responde pelo crime previsto no art. 4º, II da Lei nº 1.579/1952 a pessoa que presta falso testemunho perante Comissão Parlamentar de Inquérito (CPI).

*O compromisso de dizer a verdade (art. 203, CPP) representa mera formalidade relacionada ao procedimento para a oitiva do juiz. Desse modo, tal ato é dispensável para a caracterização do crime.*

> **Fique ligado**
>
> O depoimento falso, prestado perante autoridade incompetente, não exclui o crime. O depoimento falso, prestado em processo nulo, exclui o crime.

### Apontamentos

**Teoria subjetiva:** o crime em estudo adotou a teoria subjetiva – só há crime quando o depoente (testemunha) tem consciência da divergência entre sua versão e o fato presenciado. Desse modo, é possível que haja o crime de falso testemunho ainda que o fato seja verdadeiro. Nessa hipótese, é necessário que a testemunha narre um fato que realmente ocorreu, mas não foi presenciado por ela.

Se o falso testemunho ou a falsa perícia se der perante a Justiça do Trabalho, seu processo e seu julgamento estarão afetos ao juízo criminal federal, por ser atingido interesse da União.

> **Fique ligado**
>
> É perfeitamente possível o falso testemunho sobre fato verdadeiro, como no caso do agente que detalha minuciosamente episódios verdadeiros/ocorridos que jamais presenciou.

## 14.5.1 Aumento de pena

> *§ 1º As penas aumentam-se de um sexto a um terço, se o crime é praticado mediante suborno ou se cometido com o fim de obter prova destinada a produzir efeito em processo penal, ou em processo civil em que for parte entidade da administração pública direta ou indireta.*

**São três as causas de aumento de pena:** mediante suborno; com o fim de obter prova destinada a produzir efeito em processo penal; e com o fim de obter prova destinada a produzir efeito em processo civil em que for parte entidade da Administração Pública Direta ou Indireta.

## NOÇÕES DE DIREITO PENAL

> **Fique ligado**
>
> Se o perito, contador, tradutor ou intérprete solicitar, receber ou aceitar promessa de vantagem indevida a fim de fazer afirmação falsa, negar ou calar a verdade, mas não o faz, incorrerá no crime de corrupção ativa, pois o crime em estudo depende da efetiva afirmação falsa, negação ou omissão da verdade.

**Retratação – art. 342, § 2º:** o fato deixa de ser punível se, antes da sentença, no processo em que ocorreu o ilícito, o agente retrata-se ou declara a verdade. Trata-se de causa de extinção da punibilidade (art. 107, VI, CP).

A retratação formulada pelo autor deve comunicar-se aos partícipes do delito.

Em processo de competência do Tribunal do Júri, é possível a retratação extintiva da punibilidade, mesmo após a decisão de pronúncia, desde que anterior à sentença de mérito.

### 14.6 Corrupção ativa de testemunha ou perito

*Art. 343, CP Dar, oferecer ou prometer dinheiro ou qualquer outra vantagem a testemunha, perito, contador, tradutor ou intérprete, para fazer afirmação falsa, negar ou calar a verdade em depoimento, perícia, cálculos, tradução ou interpretação:*
*Pena – Reclusão, de três a quatro anos, e multa.*

> **Fique ligado**
>
> O tipo pode ser executado de forma livre (palavras, escritos, gestos etc.). Entretanto, se o agente utilizar-se de violência ou grave ameaça, o crime será o de coação no curso do processo (art. 344, CP).

*Parágrafo único. As penas aumentam-se de um sexto a um terço, se o crime é cometido com o fim de obter prova destinada a produzir efeito em processo penal ou em processo civil em que for parte entidade da administração pública direta ou indireta.*

**Conduta:** trata-se de modalidade especial de corrupção ativa, abrangendo o mesmo comportamento criminoso, acrescido do núcleo dar. Para configurar o delito em tela, é necessário que haja algum procedimento oficial em andamento.

**Consumação:** trata-se de crime formal, logo, consuma-se com a simples realização de uma das condutas previstas no *caput*, sendo desnecessária a prática de qualquer ato pelos possíveis corrompidos.

### 14.7 Coação no curso do processo

*Art. 344, CP Usar de violência ou grave ameaça, com o fim de favorecer interesse próprio ou alheio, contra autoridade, parte, ou qualquer outra pessoa que funciona ou é chamada a intervir em processo judicial, policial ou administrativo, ou em juízo arbitral:*
*Pena – Reclusão, de um a quatro anos, e multa, além da pena correspondente à violência.*
*Parágrafo único. A pena aumenta-se de 1/3 (um terço) até a metade se o processo envolver crime contra a dignidade sexual.*

A razão pela qual existe esse crime é para impedir que frustrem a eficiência da Administração da Justiça com violência ou ameaças e para garantir o regular andamento dos processos ou em juízo arbitral. Crime este de ação penal pública incondicionada.

#### Classificação

É um crime **pluriofensivo**, pois atinge mais de um bem jurídico, primeiramente a Administração da Justiça e, secundariamente, a integridade física ou a liberdade individual.

**Doloso** e com um especial fim de agir, apresentado no tipo com o fim de favorecer interesse próprio ou alheio. Não admite a modalidade culposa.

Considerado um crime comum, instantâneo, de concurso eventual, e em regra comissivo.

#### Sujeitos do crime

**Sujeito ativo:** por ser um crime comum, pode ser cometido por qualquer pessoa, não sendo necessário que o agente tenha interesse no próprio processo.

**Sujeito passivo:** é o Estado, de forma mediata, e secundariamente, figurará no polo passivo o indivíduo que sofreu a coação. Magistrado, delegado, réu, testemunha, jurado etc.

#### Consumação e tentativa

Ocorre a consumação no momento do emprego da violência ou grave ameaça do agente. A tentativa é possível, visto que o crime tem caráter plurissubsistente. Ex.: "A" manda uma carta ameaçadora para uma testemunha de um processo judicial, mas, por circunstâncias alheias à sua vontade, a carta extravia-se nos Correios.

Segundo STJ, o crime de coação no curso do processo, por ser um crime formal, consuma-se apenas com o emprego da grave ameaça ou violência contra qualquer das pessoas referidas no art. 344 do CP, independentemente do efetivo resultado pretendido ou de a vítima ter ficado intimidada (STJ. REsp 819.763/PR).

#### Descrição do crime

Se a conduta descrita no tipo penal for realizada no curso de processo de uma CPI, o agente incidirá no crime previsto no art. 4º, I, da Lei nº 1.579/1952, que versa sobre as Comissões Parlamentares de Inquérito.

Não basta para a configuração do delito que a violência ou grave ameaça seja proferida às pessoas do art. 344. É necessário que haja o interesse de favorecimento próprio ou alheio. Ex.: "A", amigo do réu, ameaça a testemunha a depor em favor do amigo; "B", réu em processo judicial, intimida o perito a não revelar o verdadeiro resultado do laudo pericial.

#### Considerações

Se da conduta criminosa resulta violência, restarão caracterizados dois crimes, incidindo em concurso material obrigatório, somando as penas da coação no curso do processo mais o crime de violência (lesão corporal ou homicídio).

#### 14.7.1 Aumento de pena

A Lei nº 14.245/2021, conhecida como Lei Mariana Ferrer, inovou ao acrescentar ao art. 344, parágrafo único, prevendo nova hipótese de causa de aumento de 1/3 até a 1/2, no caso de a coação ocorrer o curso do processo nos casos que envolvam crimes contra dignidade sexual.

Assim, o aumento de pena incidirá caso a coação seja referente a algum crime contra a dignidade sexual, como estupro, violação, importunação ou assédio.

### 14.8 Exercício arbitrário das próprias razões

*Art. 345, CP Fazer justiça pelas próprias mãos, para satisfazer pretensão, embora legítima, salvo quando a lei o permite:*
*Pena – Detenção, de quinze dias a um mês, ou multa, além da pena correspondente à violência.*
*Parágrafo único. Se não há emprego de violência, somente se procede mediante queixa.*

# CRIMES CONTRA A ADMINISTRAÇÃO DA JUSTIÇA

Como disposto no art. 345 do Código Penal, não é aceita a justiça entre particulares, e a ninguém é dado o direito de versar sobre a justiça privada se não o próprio Poder Judiciário, que tem a competência para resolver as divergências existentes entre os indivíduos. Em regra, esse crime é de ação penal privada, contudo, será de ação penal pública incondicionada se estiver presente a violência.

### Classificação

É um crime simples, pois atinge um único bem jurídico, e comum, cometido por qualquer pessoa.

É um crime doloso, acompanhado com um elemento subjetivo específico "para satisfazer pretensão, embora legítima. Não é admitida a modalidade culposa. Em regra, é comissivo e instantâneo, consumando-se em um momento determinado.

A ação penal será pública incondicionada quando o crime é praticado em detrimento do patrimônio ou interesse da União, do estado ou do município.

### Sujeitos do crime

**Sujeito ativo:** pode ser cometido por qualquer pessoa, mas se o agente for funcionário público e cometer o delito prevalecendo-se de sua condição, serão imputados dois crimes: exercício arbitrário das próprias razões + abuso de autoridade (Lei nº 4.898/1965). Ex.: "A", policial, proprietário de uma casa, encosta a viatura na frente de seu imóvel, entra na residência e, de arma em punho, expulsa "B", que não pagou o aluguel do mês anterior.

**Sujeito passivo:** primeiramente é o Estado e, secundariamente, a pessoa física ou jurídica prejudicada pela conduta criminosa.

> **Fique ligado**
> Não é regra que, sendo funcionário, responda por abuso de autoridade, somente se ele se prevalecer das condições de seu cargo.

### Consumação e tentativa

Existe divergência entre os doutrinadores, mas majoritariamente foi classificado como um crime formal, consumando-se mesmo que a pretensão não seja atingida.

É plenamente aceitável a tentativa, visto o caráter plurissubsistente (ação composta por vários atos) do crime.

### Descrição do crime

O núcleo do tipo "fazer justiça pelas próprias mãos" tem o sentido de satisfazer pretensão pessoal. Essa pretensão pode ser de qualquer natureza, ligada ou não à propriedade, mas se exigindo ao menos uma aparência de direito legítimo. Ex.: marido indignado com a traição da esposa, expulsa-a da casa que construíram juntos.

A pretensão deve ser legítima, pois, do contrário, a conduta acarretará a incidência de outros crimes, como furto, roubo, estelionato, apropriação indébita, entre outros. Ex.: "A", indignado com a traição de sua esposa, vai até a casa de "B", que é o homem que se deitou com ela e, para fazer justiça com as próprias mãos, obriga a mulher de "B" a manter relações sexuais com "A".

## 14.9 Subtração ou dano de coisa própria em poder de terceiro

> **Art. 346, CP** Tirar, suprimir, destruir ou danificar coisa própria, que se acha em poder de terceiro por determinação judicial ou convenção:
> Pena – Detenção, de seis meses a dois anos, e multa.

### Sujeitos do crime

**Sujeito ativo:** somente pode ser executado pelo proprietário da coisa (crime próprio). O concurso de pessoas é plenamente possível.

**Sujeito passivo:** será o Estado e, secundariamente, o indivíduo possuidor da coisa ou aquele contra quem foi empregada violência.

## 14.10 Fraude processual

> **Art. 347, CP** Inovar artificiosamente, na pendência de processo civil ou administrativo, o estado de lugar, de coisa ou de pessoa, com o fim de induzir a erro o juiz ou o perito:
> Pena – Detenção, de três meses a dois anos, e multa.
> **Parágrafo único.** Se a inovação se destina a produzir efeito em processo penal, ainda que não iniciado, as penas aplicam-se em dobro.

O crime de fraude processual é um crime tacitamente subsidiário, somente sendo aplicável quando o fato não constituir crime mais grave. Delito este de ação penal pública incondicionada.

### Classificação

Considera-se um **crime simples**, pois ofende um único bem jurídico, que é a Administração da Justiça.

O crime de fraude processual também é considerado um **crime formal** ou de consumação antecipada, pois independe do resultado naturalístico. Em regra, é comissivo, considerado também um crime de dano, pois causa lesão à Administração da Justiça.

Crime de concurso eventual, normalmente praticado por um só agente, mas o concurso é plenamente possível.

### Sujeitos do crime

**Sujeito ativo:** crime comum, é passível de ser cometido por qualquer pessoa (vítima, acusado ou mesmo advogado). Foge ao alcance do tipo o perito, uma vez que, se inovar o estado de coisa, pessoa ou lugar no decorrer dos exames periciais, incorrerá no crime previsto no art. 342 do CP.

**Sujeito passivo:** de forma imediata é o Estado e, de forma mediata, é a pessoa prejudicada no processo administrativo, penal ou civil.

### Consumação e tentativa

Consuma-se no momento em que o agente utiliza o meio fraudulento para a inovação na pendência do processo.

A tentativa, entretanto, deve apresentar potencialidade real para enganar o juiz ou o perito. Se o artifício (fraude) for grosseiro ou perceptível, é crime impossível (art. 17, CP) por ineficácia absoluta do meio.

Para o STJ, não é exigido para a consumação do crime de fraude processual que o juiz ou o perito sejam realmente induzidos a erro; basta que a inovação seja apta para produzir o resultado, mesmo que a pessoa não tenha interesse no processo (STJ. HC 137.206/SP).

### Descrição do crime

É um crime doloso e também necessita de um elemento subjetivo específico, que é a intenção de induzir a erro o juiz ou perito, não sendo admitida a modalidade culposa. Estado de lugar, de coisa ou de pessoa é onde deve recair a conduta artificiosa, para enganar o juiz ou perito. Ex.: limpar as manchas de sangue onde ocorreu o crime/colocar uma arma de fogo na mão de uma pessoa assassinada para simular um suicídio.

Nem toda inovação caracteriza o surgimento do crime de fraude processual, pois esse elemento normativo do tipo deve ser empregado de forma artificiosa (ardil, fraude).

O parágrafo único aparentemente versa **uma causa especial de aumento de pena** sendo um tipo penal autônomo, pois a conduta de inovar artificiosamente foi cometida em processo penal que ainda não foi iniciado.

▷ Trata-se de infração subsidiária, logo absorvida quando a finalidade constituir crime mais grave.

**Conduta:** os objetos materiais do crime são taxativos e, dessa forma, descabida qualquer integração analógica em relação às inovações que poderão ser praticadas pelo agente. Pressupõe-se a existência de processo (civil ou administrativo) em andamento.

Em atenção ao princípio da inexigibilidade de conduta diversa, já se entendeu que não ocorre o ilícito quando o autor de um crime de homicídio nega a autoria e dá sumiço à arma, atuando no direito natural de autodefesa (RT 258/356).

## 14.11 Favorecimento pessoal

*Art. 348, CP Auxiliar a subtrair-se à ação de autoridade pública autor de crime a que é cominada pena de reclusão:*
*Pena – Detenção, de um a seis meses, e multa.*
*§ 1º Se ao crime não é cominada pena de reclusão:*
*Pena – Detenção, de quinze dias a três meses, e multa.*
*§ 2º Se quem presta o auxílio é ascendente, descendente, cônjuge ou irmão do criminoso, fica isento de pena.*

O crime de favorecimento pessoal basicamente consiste em prestar auxílio ao agente condenado com pena de reclusão, para que escape da ação da autoridade pública. É um crime de ação penal pública incondicionada.

### Classificação

Em análise ao art. 348 do CP, pode ser verificado que se trata de um crime acessório, pois depende da prática anterior de um crime com pena de reclusão (contravenção não).

Somente pode ser praticado de forma comissiva (ação), não havendo possibilidade de auxílio à subtração de autor de crime mediante uma conduta omissiva.

### Sujeitos do crime

**Sujeito ativo:** não é exigida qualquer qualidade específica do agente.

A vítima do crime anterior pode ser sujeito ativo do crime de favorecimento pessoal (art. 348, CP). Ex.: uma vítima de roubo (art. 157, CP), logo após a ocorrência do crime, engana os policiais, prestando-lhes falsas informações do paradeiro do criminoso para que tenha êxito em sua fuga.

**Sujeito passivo:** o Estado.

### Consumação e tentativa

Por ser um crime material, o crime consuma-se com o efetivo auxílio, ainda que seja por curto período. Caso o criminoso tenha sido pego, o agente responderá pelo crime da mesma forma, já que a conduta de auxiliar o criminoso teve êxito, mesmo que breve. É plenamente possível a tentativa.

O agente que deixa de comunicar à autoridade pública o local onde está escondido o autor do crime. Mesmo que essa circunstância seja de conhecimento do agente, não comete crime algum.

### Descrição do crime

Não é necessário que o autor do crime esteja em perseguição, fuga ou sendo procurado pela autoridade pública no momento em que recebe o auxílio; basta que, de forma idônea, o agente auxilie o criminoso a escapar da ação da autoridade pública.

É importante ressaltar que, se quem presta o auxílio é cônjuge, ascendente, descendente ou irmão do criminoso, fica isento de pena. É a chamada escusa absolutória, presente no art. 348, § 2º, do CP.

Não existe o crime de favorecimento pessoal (art. 348, CP) quando a conduta de auxiliar a subtrair-se à ação de autoridade pública for referente a um crime cometido por um agente menor de idade ou qualquer outro inimputável, já que estes inimputáveis não cometem crimes, mas atos infracionais que acabarão sofrendo medidas de proteção ou medidas socioeducativas no caso dos menores de idade ou medidas de segurança quando forem doentes mentais ou tiverem desenvolvimento mental incompleto ou retardado.

Não há crime quando o agente estiver em escusa absolutória (cônjuge, ascendente, descendente ou irmão), quando o agente que cometeu o crime anterior estiver acobertado por uma excludente de ilicitude ou causa excludente de culpabilidade. Se o agente for absolvido pelo crime anterior, estará excluído o crime de favorecimento pessoal.

O favorecimento deve ocorrer após o cometimento do crime e nunca para o cometimento do crime. Se o favorecimento for ajustado previamente, antes da consumação do crime, incidirá o agente como partícipe segundo o art. 29 do Código Penal: *Quem, de qualquer modo, concorre para o crime, incide nas penas a este cominadas, na medida de sua culpabilidade.*

O agente que presta o auxílio deve ter ciência da atual situação do criminoso, se não, tem-se excluído o dolo. Ex.: Tício, de forma voluntária, empresta seu carro a Mévio para que este faça uma viagem de negócios, quando, na verdade, Mévio, que acabara de cometer um crime, pretendia fugir da polícia. Dessa forma, Tício não responde pelo crime.

## 14.12 Favorecimento real

*Art. 349, CP Prestar a criminoso, fora dos casos de coautoria ou de receptação, auxílio destinado a tornar seguro o proveito do crime:*
*Pena – Detenção, de um a seis meses, e multa.*

O Código Penal prevê mais uma espécie de favorecimento, demonstrando ser este um crime acessório, pois necessita de algum crime já praticado anteriormente não alcançando as contravenções penais.

### Classificação

É um crime de forma livre, ou seja, o favorecimento pode acontecer de diversas formas, como esconder o bem subtraído, aplicar no banco os valores provenientes de um estelionato, deixar um cofre aberto para que o agente que cometeu o crime guarde os documentos roubados no assalto etc.

É um crime doloso com um elemento subjetivo específico, no qual a finalidade do agente é tornar seguro o proveito do crime, porquanto o agente deve ter a ciência de que seu comportamento será efetivo para auxiliar o criminoso, não se admitindo, portanto, a modalidade culposa.

### Sujeitos do crime

**Sujeito ativo:** o crime de favorecimento real é comum, podendo ser praticado por qualquer pessoa, salvo coautor ou partícipe do crime que antecede o favorecimento. Ex.: Tício, conhecido de Mévio, dispõe-se a auxiliar Mévio a esconder o dinheiro que será roubado de uma casa lotérica. Se efetivamente vier a ocorrer o roubo, Tício será partícipe do crime por auxiliar Mévio. O intuito de auxiliar deve vir de forma posterior ao cometimento do crime.

**Sujeito passivo:** o Estado e, secundariamente, a vítima de delito cometido anteriormente.

#### Consumação e tentativa

É considerado um crime formal ou de consumação antecipada, ou seja, o crime consuma-se no instante em que o agente presta devido auxílio ao criminoso no intuito de tornar seguro o proveito do crime, mesmo que não venha a ocorrer efetivamente essa finalidade. A tentativa é plenamente aceitável em face do caráter plurissubsistente do delito.

#### Descrição do crime

O auxílio deve ser destinado a tornar seguro o proveito do crime.

▷ **Favorecimento pessoal (art. 348, CP):**
- **Objeto material:** autor de crime anterior; busca-se a fuga do criminoso.
- **Resultado:** crime material (prevalece).
- **Escusa absolutória:** possui hipótese de escusa absolutória, se quem presta o auxílio é cônjuge, ascendente, descendente ou irmão do criminoso, fica isento de pena. É a chamada escusa absolutória, presente no art. 348, § 2º, do CP.

▷ **Favorecimento real (art. 349, CP):**
- **Objeto material:** proveito de crime anterior; presta-se auxílio não ao criminoso em si, mas indiretamente, assegurando para ele a ocultação da coisa, proveito do crime (real).
- **Resultado:** crime formal.
- **Escusa absolutória:** não tem previsão de escusa absolutória.

Para que possa ocorrer o crime do art. 349, é necessário que o crime anterior tenha alcançado a consumação e, se no crime não houve qualquer tipo de proveito, também não haverá o crime de favorecimento real.

#### Considerações

Quem estuda de maneira superficial o crime de favorecimento real certamente poderia interpretar de forma errônea as diferenças entre os crimes de receptação própria (art. 180, *caput*, CP) na modalidade "ocultar" e favorecimento real (art. 349, CP). Vamos observar as diferenças:

- **Receptação própria "ocultar" (art. 180, *caput*, 1ª parte, CP):** crime contra o patrimônio. Quem se beneficia é qualquer outra pessoa que não seja o autor do crime anteriormente praticado. Exige-se que o proveito seja econômico.
- **Favorecimento real (art. 349, CP):** crime contra a Administração da Justiça. O próprio autor do crime anteriormente cometido é o beneficiado pela conduta. O proveito pode ser tanto econômico quanto de outra natureza.

## 14.13 Favorecimento real impróprio

> *Art. 349-A, CP.* Ingressar, promover, intermediar, auxiliar ou facilitar a entrada de aparelho telefônico de comunicação móvel, de rádio ou similar, sem autorização legal, em estabelecimento prisional.
>
> Pena – Detenção, de 3 (três) meses a 1 (um) ano.

Esse crime foi introduzido pela Lei nº 12.012/2009, não tendo sido atribuída a ele nenhuma denominação, transferindo, assim, essa tarefa à jurisprudência e à doutrina.

#### Classificação

É um crime de ação múltipla ou de conteúdo variado, ou seja, se o agente vier a cometer mais de um núcleo do tipo no mesmo contexto fático, configurará crime único. É um crime de forma livre, admitindo qualquer meio de execução. Ex.: a esposa de um detento que oculta um aparelho celular em suas partes íntimas e leva ao interno no dia de visita, joga o aparelho por cima dos muros da cadeia ou coloca-o no interior de alimentos como bolo ou torta.

#### Sujeitos do crime

**Sujeito ativo:** por se tratar de um crime comum, pode ser praticado por qualquer pessoa. Vale ressaltar que até mesmo um preso pode ser sujeito ativo do crime tipificado no art. 349-A, se ele estiver em alguma permissão de saída ou saída temporária. Também pode ser partícipe, por exemplo, o preso que induz sua esposa a levar a ele o aparelho de comunicação.

**Sujeito passivo:** o Estado.

#### Consumação e tentativa

É considerado crime de mera conduta, ou seja, a lei não prevê qualquer resultado naturalístico. Consuma-se o crime quando é praticada qualquer das condutas descritas no tipo, como ingressar, promover, intermediar, auxiliar ou facilitar a entrada de aparelho de comunicação ou similar em estabelecimento prisional.

A tentativa é plenamente possível. Ex.: Tício, em horário de visita, ao tentar ingressar no presídio onde seu primo está preso, esconde em sua blusa um aparelho celular e acaba sendo preso em flagrante durante a revista pessoal.

#### Descrição do crime

O objeto material do crime pode ser qualquer instrumento que tenha potencial de comunicação. Ex.: aparelho telefônico, *walkie-talkie*, *webcam*.

Não é exigido qualquer fim específico; basta o dolo, por parte do agente, de levar ao poder do preso o aparelho de comunicação.

## 14.14 Exercício arbitrário ou abuso de poder

*Art. 350, CP (Revogado.)*

Os crimes de exercício arbitrário e abuso de poder, tanto o *caput* como as figuras equiparadas do parágrafo único, foram revogados pela Lei nº 13.869/2019 (abuso de autoridade).

## 14.15 Fuga de pessoa presa ou submetida à medida de segurança

> **Súmula nº 75 – STJ** Compete à justiça comum estadual processar e julgar o policial militar por crime de promover ou facilitar a fuga de preso de estabelecimento penal.
>
> *Art. 351, CP* Promover ou facilitar a fuga de pessoa legalmente presa ou submetida a medida de segurança detentiva:
>
> Pena – Detenção, de seis meses a dois anos.
>
> § 1º Se o crime é praticado à mão armada, ou por mais de uma pessoa, ou mediante arrombamento, a pena é de reclusão, de dois a seis anos.
>
> § 2º Se há emprego de violência contra pessoa, aplica-se também a pena correspondente à violência.
>
> § 3º A pena é de reclusão, de um a quatro anos, se o crime é praticado por pessoa sob cuja custódia ou guarda está o preso ou o internado.
>
> § 4º No caso de culpa do funcionário incumbido da custódia ou guarda, aplica-se a pena de detenção, de três meses a um ano, ou multa.

## 14.16 Evasão mediante violência contra a pessoa

> *Art. 352, CP* Evadir-se ou tentar evadir-se o preso ou o indivíduo submetido a medida de segurança detentiva, usando de violência contra a pessoa:
>
> Pena – Detenção, de três meses a um ano, além da pena correspondente à violência.

## 14.17 Arrebatamento de preso

**Art. 353, CP** *Arrebatar preso, a fim de maltratá-lo, do poder de quem o tenha sob custódia ou guarda:*
*Pena – Reclusão, de um a quatro anos, além da pena correspondente à violência.*

### Conduta

Somente uma conduta é prevista para a prática do crime, consubstanciada no núcleo "arrebatar preso", com o fim de maltratá-lo (linchamento). Arrebatar significa arrancar, levar, retirar com violência. Se não tiver o fim de maltratá-lo, não configurará esse crime, mas poderá incorrer no art. 351 do CP.

O arrebatamento de pessoa submetida à medida de segurança (ou adolescente apreendido) com a finalidade de maltratá-la não configurará o crime do art. 353 do CP. Nesses casos, a retirada do internado da custódia da autoridade será atípica, respondendo o agente somente por eventual conduta posterior praticada contra o arrebatado (morte, lesões corporais etc.).

## 14.18 Motim de presos

**Art. 354, CP** *Amotinarem-se presos, perturbando a ordem ou disciplina da prisão:*
*Pena – Detenção, de seis meses a dois anos, além da pena correspondente à violência.*

### Considerações

No tipo penal, não há descrição de quantos presos são necessários para configurar o motim. Para alguns autores, três presos são suficientes. Já Mirabete exige no mínimo quatro. Todavia, nenhum entendimento está consolidado, sendo essencial que constitua um ajuntamento tumultuário de aprisionados.

## 14.19 Patrocínio infiel

**Art. 355, CP** *Trair, na qualidade de advogado ou procurador, o dever profissional, prejudicando interesse, cujo patrocínio, em juízo, lhe é confiado:*
*Pena – Detenção, de seis meses a três anos, e multa.*

### Patrocínio simultâneo ou tergiversação

**Parágrafo único.** *Incorre na pena deste artigo o advogado ou procurador judicial que defende na mesma causa, simultânea ou sucessivamente, partes contrárias.*

### Sujeitos

**Sujeito ativo:** o crime em tela somente poderá ser praticado por advogado ou procurador judicial devidamente inscrito nos quadros da OAB. Não estão incluídos no dispositivo os promotores e procuradores de Justiça.

**Sujeito passivo:** o Estado e, possivelmente, o outorgante do mandato que foi prejudicado.

### Conduta

Pode se dar por ação (ex.: manifesta-se no processo de forma contrária aos interesses da parte defendida) ou por omissão (ex.: deixa de recorrer).

O patrocínio infiel deve ser empreendido em causa judicial, pouco importando a natureza ou espécie. Dessa forma, a atuação extrajudicial do profissional, como em inquérito policial, sindicância etc. não caracteriza o crime em estudo, sendo o agente passível apenas de punição disciplinar.

### Consumação e tentativa

O crime consuma-se com a ocorrência do efetivo prejuízo ao patrocinado, ainda que a situação possa ser revertida.

A tentativa é possível apenas na forma comissiva.

O dispositivo traz duas formas de infidelidade profissional:

▷ **Patrocínio simultâneo:** consiste na conduta do advogado ou procurador que, concomitantemente, zela (ainda que por interposta pessoa) pelos interesses de partes contrárias.

▷ **Patrocínio sucessivo ou tergiversação:** consiste na conduta do advogado que renuncia ao mandato de uma parte (ou por ela é dispensado) e passa, em seguida, a representar a outra.

De acordo com o parágrafo único, é dispensável a comprovação de efetivo prejuízo ao patrocinado traído – delito formal.

## 14.20 Sonegação de papel ou objeto de valor probatório

**Art. 356, CP** *Inutilizar, total ou parcialmente, ou deixar de restituir autos, documento ou objeto de valor probatório, que recebeu na qualidade de advogado ou procurador:*
*Pena – Detenção, de seis meses a três anos, e multa.*

## 14.21 Exploração de prestígio

**Art. 357, CP** *Solicitar ou receber dinheiro ou qualquer outra utilidade, a pretexto de INFLUIR em juiz, jurado, órgão do Ministério Público, funcionário de justiça, perito, tradutor, intérprete ou testemunha:*
*Pena – Reclusão, de um a cinco anos, e multa.*
**Parágrafo único.** *As penas aumentam-se de um terço, se o agente alega ou insinua que o dinheiro ou utilidade também se destina a qualquer das pessoas referidas neste artigo.*

### Introdução

Versa de forma similar ao crime de tráfico de influência (art. 332, CP). Com a edição da Lei nº 9.127/1995, esses dois crimes foram diferenciados e o art. 332 passou a ser o crime de tráfico de influência. Esse delito é de ação penal pública incondicionada.

### Classificação

É um **crime simples**, pois ofende um único bem jurídico: a Administração da Justiça.

É considerado um **crime comum**, podendo ser praticado por qualquer pessoa.

É um **crime formal** quando o agente **solicitar** ou **receber** material.

É conhecido como um **crime de ação múltipla ou de conteúdo variado**, pois, mesmo o agente praticando mais de uma ação do tipo no mesmo contexto, responderá por um único crime.

### Sujeitos do crime

**Sujeito ativo:** por ser considerado um crime comum, pode ser cometido por qualquer pessoa, pois a própria descrição do crime não exige qualquer qualidade do agente.

**Sujeito passivo:** o Estado, o servidor utilizado na fraude e a pessoa ludibriada pelo agente.

### Consumação e tentativa

A consumação dependerá da conduta praticada. Se a conduta do agente for solicitar, o crime consuma-se com o simples pedido, independentemente do aceite da vítima enganada (crime formal).

A tentativa é possível, porém dependerá de como será praticado o delito. Ex.: "A", alegando conhecer um jurado, sem realmente conhecê-lo, solicita a "B" determinada vantagem para supostamente convencer o jurado a absolver seu irmão, réu em determinada ação penal.

# CRIMES CONTRA A ADMINISTRAÇÃO DA JUSTIÇA

#### Descrição do crime

Exige-se um especial fim de agir por parte do agente, portanto, só caracteriza o crime na forma dolosa, não admitindo a forma culposa.

### 14.21.1 Aumento de pena

*Parágrafo único. As penas aumentam-se de um terço, se o agente alega ou insinua que o dinheiro ou utilidade também se destina a qualquer das pessoas referidas no artigo.*

Não é exigida a afirmação explícita de qualquer das pessoas indicadas no *caput* do art. 357; basta a insinuação.

Se restar provado que o destinatário da vantagem é uma das pessoas indicadas no tipo penal, restará a este a corrupção passiva (art. 317, CP). Ao particular e ao intermediador, restará o crime de corrupção ativa (art. 333, CP).

#### Considerações

▷ **Exploração de prestígio (art. 357, CP):** solicitar ou receber. Ato de disposição específica relativa aos órgãos ou funcionários da administração da justiça.

▷ **Tráfico de influência (art. 332, CP):** solicitar, exigir, cobrar ou obter. Ato praticado por funcionário público no exercício da função.

## 14.22 Violência ou fraude em arrematação judicial

*Art. 358, CP Impedir, perturbar ou fraudar arrematação judicial; afastar ou procurar afastar concorrente ou licitante, por meio de violência, grave ameaça, fraude ou oferecimento de vantagem:*
*Pena – Detenção, de dois meses a um ano, ou multa, além da pena correspondente à violência.*

## 14.23 Desobediência à decisão judicial sobre perda ou suspensão de direito

*Art. 359, CP Exercer função, atividade, direito, autoridade ou múnus, de que foi suspenso ou privado por decisão judicial:*
*Pena – Detenção, de três meses a dois anos, ou multa.*

# 15 LEI Nº 8.072/1990 – LEI DE CRIMES HEDIONDOS

Dispõe sobre os crimes hediondos, nos termos do art. 5º, XLIII, CF/1988 e determina outras providências.

São considerados **hediondos** os seguintes crimes, todos tipificados no Decreto-lei nº 2.848/1940 – Código Penal, consumados ou tentados:

▷ Homicídio (art. 121), quando praticado em atividade típica de grupo de extermínio, ainda que cometido por um só agente, e homicídio qualificado (art. 121, § 2º, incisos I a IX).

> *Art. 121 [...]*
> *Homicídio qualificado*
> *§ 2° Se o homicídio é cometido:*
> *I – mediante paga ou promessa de recompensa, ou por outro motivo torpe;*
> *II – por motivo fútil;*
> *III – com emprego de veneno, fogo, explosivo, asfixia, tortura ou outro meio insidioso ou cruel, ou de que possa resultar perigo comum;*
> *IV – à traição, de emboscada, ou mediante dissimulação ou outro recurso que dificulte ou torne impossível a defesa do ofendido;*
> *V – para assegurar a execução, a ocultação, a impunidade ou vantagem de outro crime:*
> ***Pena** - reclusão, de doze a trinta anos.*
> *Feminicídio*
> *VI – contra a mulher por razões da condição de sexo feminino:*
> *VII – contra autoridade ou agente descrito nos arts. 142 e 144 da Constituição Federal, integrantes do sistema prisional e da Força Nacional de Segurança Pública, no exercício da função ou em decorrência dela, ou contra seu cônjuge, companheiro ou parente consanguíneo até terceiro grau, em razão dessa condição:*
> *VIII – com emprego de arma de fogo de uso restrito ou proibido:*
> *Homicídio contra menor de 14 (quatorze) anos*
> *IX – contra menor de 14 (quatorze) anos:*
> ***Pena** - reclusão, de doze a trinta anos*

▷ Lesão corporal dolosa de natureza gravíssima (art. 129, § 2º) e lesão corporal seguida de morte (art. 129, § 3º), quando praticadas contra autoridade ou agente descrito nos arts. 142 e 144 da Constituição Federal, integrantes do sistema prisional e da Força Nacional de Segurança Pública, no exercício da função ou em decorrência dela, ou contra seu cônjuge, companheiro ou parente consanguíneo até terceiro grau, em razão dessa condição.

▷ Roubo:
  - Circunstanciado pela restrição de liberdade da vítima (art. 157, § 2º, V).
  - Circunstanciado pelo emprego de arma de fogo (art. 157, § 2º-A, I) ou pelo emprego de arma de fogo de uso proibido ou restrito (art. 157, § 2º-B).
  - Qualificado pelo resultado lesão corporal grave ou morte (art. 157, § 3º).

▷ Extorsão qualificada pela restrição da liberdade da vítima, ocorrência de lesão corporal ou morte (art. 158, § 3º).

▷ Extorsão mediante sequestro e na forma qualificada (art. 159, *caput*, e §§ 1º, 2º e 3º).

▷ Estupro (art. 213, *caput* e §§ 1º e 2º).

> **Estupro**
> **Art. 213, caput:** Constranger alguém, mediante violência ou grave ameaça, a ter conjunção carnal ou a praticar ou permitir que com ele se pratique outro ato libidinoso.
> **Art. 213, § 1º:** Se da conduta resulta lesão corporal de natureza grave ou se a vítima é menor de 18 ou maior de 14 anos.
> **Art. 213, § 2º:** Se da conduta resulta morte.

▷ Estupro de vulnerável (art. 217-A, *caput* e §§ 1º, 2º, 3º, 4º e 5º).

> *Art. 217-A Ter conjunção carnal ou praticar outro ato libidinoso com menor de 14 (catorze) anos: [...]*
> *§ 1º Incorre na mesma pena quem pratica as ações descritas no caput com alguém que, por enfermidade ou deficiência mental, não tem o necessário discernimento para a prática do ato, ou que, por qualquer outra causa, não pode oferecer resistência.*
> *§ 2º (Vetado)*
> *§ 3º Se da conduta resulta lesão corporal de natureza grave:*
> ***Pena** - reclusão, de 10 (dez) a 20 (vinte) anos.*
> *§ 4º Se da conduta resulta morte:*
> ***Pena** - reclusão, de 12 (doze) a 30 (trinta) anos.*
> *§ 5º As penas previstas no caput e nos §§ 1º, 3º e 4º deste artigo aplicam-se independentemente do consentimento da vítima ou do fato de ela ter mantido relações sexuais anteriormente ao crime.*

▷ Epidemia com resultado morte (art. 267, § 1º).

▷ Falsificação, corrupção, adulteração ou alteração de produto destinado a fins terapêuticos ou medicinais (art. 273, *caput* e § 1º, § 1º-A e § 1º-B, com a redação dada pela Lei nº 9.677, de 2 de julho de 1998).

▷ Favorecimento da prostituição ou de outra forma de exploração sexual de criança ou adolescente ou de vulnerável (art. 218-B, *caput*, e §§ 1º e 2º).

> ***Favorecimento da prostituição ou de outra forma de exploração sexual de criança ou adolescente ou de vulnerável***
> *Art. 218-B Submeter, induzir ou atrair à prostituição ou outra forma de exploração sexual alguém menor de 18 (dezoito) anos ou que, por enfermidade ou deficiência mental, não tem o necessário discernimento para a prática do ato, facilitá-la, impedir ou dificultar que a abandone:*
> ***Pena** - reclusão, de 4 (quatro) a 10 (dez) anos.*
> *§ 1º Se o crime é praticado com o fim de obter vantagem econômica, aplica-se também multa.*
> *§ 2º Incorre nas mesmas penas:*
> *I – quem pratica conjunção carnal ou outro ato libidinoso com alguém menor de 18 (dezoito) e maior de 14 (catorze) anos na situação descrita no caput deste artigo;*
> *II – o proprietário, o gerente ou o responsável pelo local em que se verifiquem as práticas referidas no caput deste artigo.*

▷ Furto qualificado pelo emprego de explosivo ou de artefato análogo que cause perigo comum (art. 155, § 4º-A).

▷ Consideram-se também hediondos, tentados ou consumados:
  - O crime de genocídio, previsto nos arts. 1º, 2º e 3º da Lei nº 2.889/1956;
  - O crime de posse ou porte ilegal de arma de fogo de uso proibido, previsto no art. 16 da Lei nº 10.826/2003;
  - O crime de comércio ilegal de armas de fogo, previsto no art. 17 da Lei nº 10.826/2003;
  - O crime de tráfico internacional de arma de fogo, acessório ou munição, previsto no art. 18 da Lei nº 10.826/2003;
  - O crime de organização criminosa, quando direcionado à prática de crime hediondo ou equiparado.

## 15.1 Crimes equiparados a hediondos

Consideram-se também hediondos, tentados ou consumados:

▷ O crime de genocídio, previsto nos arts. 1º, 2º e 3º da Lei nº 2.889/1956;

> *Art. 1º Quem, com a intenção de destruir, no todo ou em parte, grupo nacional, étnico, racial ou religioso, como tal:*
> *a) matar membros do grupo;*
> *b) causar lesão grave à integridade física ou mental de membros do grupo;*

c) submeter intencionalmente o grupo a condições de existência capazes de ocasionar-lhe a destruição física total ou parcial;

d) adotar medidas destinadas a impedir os nascimentos no seio do grupo;

e) efetuar a transferência forçada de crianças do grupo para outro grupo.

**Art. 2º** Associarem-se mais de 3 (três) pessoas para prática dos crimes mencionados no artigo anterior:

**Pena** – Metade da cominada aos crimes ali previstos.

**Art. 3º** Incitar, direta e publicamente alguém a cometer qualquer dos crimes de que trata o art. 1º:

**Pena** – Metade das penas ali cominadas.

▷ O crime de posse ou porte ilegal de arma de fogo de uso proibido, previsto no art. 16 da Lei nº 10.826/2003.

▷ O crime de comércio ilegal de armas de fogo, previsto no art. 17 da Lei nº 110.826/2003.

▷ O crime de tráfico internacional de arma de fogo, acessório ou munição, previsto no art. 18 da Lei nº 10.826/2003.

▷ O crime de organização criminosa, quando direcionado à prática de crime hediondo ou equiparado.

## 15.2 Privilégios não aplicados aos crimes hediondos

Os crimes hediondos, a prática da tortura, o tráfico ilícito de entorpecentes e drogas afins e o terrorismo são insuscetíveis de:

▷ Anistia, graça e indulto;

▷ Fiança.

*Art. 2º, § 1º A pena por crime previsto neste artigo será cumprida inicialmente em regime fechado.*

*§ 2º (Revogado pela Lei nº 13.964/2019)*

*§ 3º Em caso de sentença condenatória, o juiz decidirá fundamentadamente se o réu poderá apelar em liberdade.*

*§ 4º A prisão temporária, sobre a qual dispõe a Lei no 7.960, de 21 de dezembro de 1989, nos crimes previstos neste artigo, terá o prazo de 30 (trinta) dias, prorrogável por igual período em caso de extrema e comprovada necessidade.*

*Art. 3º A União manterá estabelecimentos penais, de segurança máxima, destinados ao cumprimento de penas impostas a condenados de alta periculosidade, cuja permanência em presídios estaduais ponha em risco a ordem ou incolumidade pública.*

## 15.3 Regime inicial

O art. 2º, § 1º da Lei em estudo determina que a pena por crime hediondo será cumprida, inicialmente, em regime fechado. Contudo, a jurisprudência fixou entendimento que o regime inicial fechado não é obrigatório, ou seja, a hediondez ou a gravidade do crime não obriga, por si só, que o regime aplicado ao caso seja o mais grave, deve o magistrado analisar o caso concreto, e, apenas, após isso, decidir qual regime é o melhor a ser aplicado, respeitando os princípios constitucionais de individualização da pena e fundamentação das decisões.

Em caso de sentença condenatória, o juiz decidirá, fundamentadamente, se o réu poderá apelar em liberdade.

## 15.4 Prisão temporária

A prisão temporária, sobre a qual dispõe a Lei nº 7.960/1989, nos crimes hediondos, terá o prazo de 30 dias, prorrogável por igual período em caso de extrema e comprovada necessidade.

Prisão Temporária → 30 dias → 30 dias

A União manterá estabelecimentos penais, de segurança máxima, destinados ao cumprimento de penas impostas a condenados de alta periculosidade, cuja permanência em presídios estaduais ponha em risco a ordem ou incolumidade pública.

## 15.5 Alterações no Código Penal

*Art. 5º Ao art. 83 do Código Penal é acrescido o seguinte inciso: [...]*

*Art. 83 [...]*

*V – cumprido mais de dois terços da pena, nos casos de condenação por crime hediondo, prática da tortura, tráfico ilícito de entorpecentes e drogas afins, e terrorismo, se o apenado não for reincidente específico em crimes dessa natureza.*

*Art. 6º Os arts. 157, § 3º; 159, caput e seus §§ 1º, 2º e 3º; 213; 214; 223, caput e seu parágrafo único; 267, caput e 270; caput, todos do Código Penal, passam a vigorar com a seguinte redação: [...]*

*Art. 157 [...]*

*§ 3º Se da violência resulta lesão corporal grave, a pena é de reclusão, de cinco a quinze anos, além da multa; se resulta morte, a reclusão é de vinte a trinta anos, sem prejuízo da multa.*

*Art. 159 [...]*

*Pena – reclusão, de oito a quinze anos.*

*§ 1º,*

*Pena – reclusão, de doze a vinte anos.*

*§ 2º,*

*Pena – reclusão, de dezesseis a vinte e quatro anos.*

*§ 3º,*

*Pena – reclusão, de vinte e quatro a trinta anos.*

*Art. 213 [...]*

*Pena – reclusão, de seis a dez anos.*

*Art. 214 [...]*

*Pena – reclusão, de seis a dez anos.*

*Art. 223 [...]*

*Pena – reclusão, de oito a doze anos.*

*Parágrafo único [...] Pena – reclusão, de doze a vinte e cinco anos.*

*Art. 267 [...]*

*Pena – reclusão, de dez a quinze anos.*

*Art. 270 [...]*

*Pena – reclusão, de dez a quinze anos.*

*Art. 7º Ao art. 159 do Código Penal fica acrescido o seguinte parágrafo:*

*Art. 159 [...]*

*§ 4º*

*Se o crime é cometido por quadrilha ou bando, o co-autor que denunciá-lo à autoridade, facilitando a libertação do seqüestrado, terá sua pena reduzida de um a dois terços.*

*Art. 8º Será de três a seis anos de reclusão a pena prevista no art. 288 do Código Penal, quando se tratar de crimes hediondos, prática da tortura, tráfico ilícito de entorpecentes e drogas afins ou terrorismo.*

*Parágrafo único. O participante e o associado que denunciar à autoridade o bando ou quadrilha, possibilitando seu desmantelamento, terá a pena reduzida de um a dois terços.*

*Art. 9º As penas fixadas no art. 6º para os crimes capitulados nos arts. 157, § 3º, 158, § 2º, 159, caput e seus §§ 1º, 2º e 3º, 213, caput e sua combinação com o art. 223, caput e parágrafo único, 214 e sua combinação com o art. 223, caput e parágrafo único, todos do Código Penal, são acrescidas de metade, respeitado o limite superior de trinta anos de reclusão, estando a vítima em qualquer das hipóteses referidas no art. 224 também do Código Penal.*

*Art. 10 O art. 35 da Lei nº 6.368, de 21 de outubro de 1976, passa a vigorar acrescido de parágrafo único, com a seguinte redação:*

*Art. 35 [...]*

*Parágrafo único. Os prazos procedimentais deste capítulo serão contados em dobro quando se tratar dos crimes previstos nos arts. 12, 13 e 14.*

# 16 LEI Nº 13.869/2019 – ABUSO DE AUTORIDADE

## 16.1 Aspectos gerais

### 16.1.1 Contexto da lei

Em setembro de 2019 tivemos a publicação da Lei nº 13.869/2019, nossa nova Lei de Abuso de Autoridade, a qual revogou expressamente a Lei nº 4.898/1965 – antiga Lei de Abuso de Autoridade - além de alterar diversos dispositivos de outras leis em vigor.

### 16.1.2 Finalidade da lei

Estudamos em Direito Administrativo que o Estado e seus agentes possuem algumas prerrogativas não extensíveis aos particulares, como por exemplo a presunção de legitimidade de seus atos (são, a princípio, considerados praticados de acordo com a lei). Contudo, não raro temos a ocorrência de condutas praticadas por agentes estatais que extrapolam ou se desviam dos limites da lei, caracterizando-se em verdadeiro abuso da autoridade legitimamente conferida a eles.

Com isso, surge a necessidade de contenção e punição desses atos praticados em desconformidade com a legislação. Várias são as normas, administrativas, cíveis e penais, que visam punir o agente público que abusa de seu poder. Temos como exemplo os crimes do Código Penal, notadamente os cometidos contra a Administração Pública, que buscam, mesmo que de forma indireta quanto ao abuso, punir tais atos praticados por agentes públicos. Da mesma forma, há normas administrativas, como a Lei de Improbidade, que sancionam administrativamente tais condutas.

Ao lado dessas normas, tínhamos a Lei mº 4.898/1965, a qual, como vimos, foi revogada pela nova Lei de Abuso de Autoridade - Lei nº 13.869/2019 – atualmente em vigor e que, nas palavras de Greco e Sanches, tem por finalidade: *modernizar a prevenção e repressão aos comportamentos abusivos de poder no trato dos direitos fundamentais do cidadão, colocando em mira a conduta de autoridades e agentes públicos*[1].

### 16.1.3 Organização

Vale ressaltar ainda que a Lei nº 13.869/2019 é dividida nos seguintes Capítulos:

| Capítulo I | DISPOSIÇÕES GERAIS |
|---|---|
| Capítulo II | DOS SUJEITOS DO CRIME |
| Capítulo III | DA AÇÃO PENAL |
| Capítulo IV | DOS EFEITOS DA CONDENAÇÃO E DAS PENAS RESTRITIVAS DE DIREITOS |
| Capítulo V | DAS SANÇÕES DE NATUREZA CIVIL E ADMINISTRATIVA |
| Capítulo VI | **DOS CRIMES E DAS PENAS** |
| Capítulo VII | DO PROCEDIMENTO |
| Capítulo VIII | DISPOSIÇÕES FINAIS |

## 16.2 Sujeitos do crime e características gerais

> **Art. 1º** Esta Lei define os crimes de abuso de autoridade, cometidos por agente público, servidor ou não, que, no exercício de suas funções ou a pretexto de exercê-las, abuse do poder que lhe tenha sido atribuído.
> **§ 1º** As condutas descritas nesta Lei constituem crime de abuso de autoridade quando praticadas pelo agente com a finalidade específica de prejudicar outrem ou beneficiar a si mesmo ou a terceiro, ou, ainda, por mero capricho ou satisfação pessoal.
> **§ 2º** A divergência na interpretação de lei ou na avaliação de fatos e provas não configura abuso de autoridade.
> **Art. 2º** É sujeito ativo do crime de abuso de autoridade qualquer agente público, servidor ou não, da administração direta, indireta ou fundacional de qualquer dos Poderes da União, dos Estados, do Distrito Federal, dos Municípios e de Território, compreendendo, mas não se limitando a:
> I - Servidores públicos e militares ou pessoas a eles equiparadas;
> II - Membros do Poder Legislativo;
> III - membros do Poder Executivo;
> IV - Membros do Poder Judiciário;
> V - Membros do Ministério Público;
> VI - Membros dos tribunais ou conselhos de contas.
> **Parágrafo único.** Reputa-se agente público, para os efeitos desta Lei, todo aquele que exerce, ainda que transitoriamente ou sem remuneração, por eleição, nomeação, designação, contratação ou qualquer outra forma de investidura ou vínculo, mandato, cargo, emprego ou função em órgão ou entidade abrangidos pelo caput deste artigo.

### 16.2.1 Sujeitos ativo

Quanto ao sujeito ativo (quem pratica o crime), como se extrai da leitura do art. 1º, caput c/c art. 2º, os crimes da Lei nº 13.869/2019 são próprios (exigirão uma condição especial do sujeito ativo), os quais somente poderão ser cometidos por **agente público**.

Mas qual o conceito "Agente Público" para os fins da mencionada Lei?

É um conceito bastante amplo. Resumindo e esquematizando o disposto no art. 2º, temos que se trata:

| Aquele que exerce cargo, emprego, função ou mandato na admnistração direta ou indireta ou funcional de qualquer dos poderes da União dos Poderes da União, dos Estados, do Distrito Federal, dos Municípios e de Territórrio | |
|---|---|
| Ainda que de forma transitória ou sem remuneração (Ex.: mesários eleitorais, jurados). | Por qualquer forma de investidura ou vínculo (Ex.: eleição, nomeação, designação, contratação). |

O art. 2º, em seus incisos, traz um rol exemplificativo de sujeitos ativos, sem prejuízo de vários outros exemplos: servidores públicos; empregados públicos; agentes políticos; militares, etc.

### 16.2.2 No exercício de suas funções ou a pretexto de exercê-las

Segundo o art. 1º, os crimes da Lei poderão ser cometidos por agente público: que estiver **no exercício da sua função pública** (Ex.: policial em serviço); bem como por aquele que, embora não esteja no exercício da função (Ex.: policial de folga), cometer o ato invocando a sua condição de autoridade pública, ou seja, **a pretexto de exercê-la**.

Exige-se, portanto, que a conduta cometida guarde relação com a função pública do sujeito ativo para que tenhamos a configuração de crime contido na lei (que pode estar exercendo-a efetivamente ou mesmo atuando a pretexto de exercê-la).

### 16.2.3 Agente público de férias ou licença

Poderá ser sujeito ativo de crime da Lei nº 13.869/2019. Isso porque quando está de férias ou licença o agente público conserva o seu vínculo com a Administração Pública e, como vimos, é possível que o abuso seja cometido não só no exercício da função, mas também a pretexto de exercê-la.

### 16.2.4 Agente público aposentado ou demitido

Nesses casos, o sujeito não mais possui vínculo funcional com a Administração Pública (não é mais "agente público" para fins da lei), não podendo cometer, em regra, crime de abuso de autoridade.

---

[1] GRECO, Rogério. CUNHA, Rogério Sanches. Abuso de Autoridade Lei nº 13.869/2019 comentada artigo por artigo. Salvador: Juspodivm, 2020, p. 12.

### 16.2.5 Múnus público

Aquele que exerce múnus público (um tipo de encargo imposto pela lei) - como por exemplo o tutor, curador, inventariante - não é "agente público" para os fins da Lei de Abuso de Autoridade, não podendo assim ser considerado sujeito ativo dos delitos tipificados na mencionada norma.

### 16.2.6 Concurso de pessoas

Como são crimes próprios, os delitos da Lei nº 13.869/2019 admitem tanto coautoria quanto participação.

Assunto interessante diz respeito à possibilidade de o particular cometer crime da nova Lei de Abuso de Autoridade: **via de regra não cometerá**, haja vista que não é "agente público" para os fins do mencionado art. 2º.

Contudo, existe uma possibilidade de o particular responder pelo delito: quando pratica-lo conjuntamente com um "agente público", ou seja, atuando como coautor ou partícipe (concurso de pessoas). Dessa forma, sozinho, o particular nunca cometerá crime da Lei de Abuso de Autoridade.

E por qual razão o particular também responderá por crime da Lei nº 13.869/2019, nesse caso de concurso de pessoas? Explicamos. O art. 30 do Código Penal dispõe que *não se comunicam as condições de caráter pessoal, salvo quando elementares do crime*. Ou seja, quando houver uma **elementar**, essa irá se comunicar (aos coautores e partícipes do delito).

Elementares são, basicamente, os dados fundamentais/principais de uma conduta criminosa. Nos crimes da Lei nº 13.869/2019, a condição de "agente público" é uma elementar, portanto ela irá se comunicar, se transmitir do agente público ao particular, respondendo, ambos, por crime de Abuso de Autoridade. Obviamente se o particular desconhecer a condição de agente público do seu parceiro, não responderá por crime de abuso

### 16.3 Bem jurídico e sujeito passivo

Os bens jurídicos tutelados, ou seja, os valores fundamentais que a Lei nº 13.869/2019 buscou proteger ao criminalizar as condutas de abuso de autoridade são dois: **o regular funcionamento da Administração Pública**, a qual não pode admitir que as condutas de seus agentes estejam em desconformidade com a lei; **os direitos fundamentais das vítimas**, as quais sofreram o ato de abuso por parte do agente estatal.

Analisando os bens jurídicos protegidos pela Lei, teremos que, à semelhança, são dois os sujeitos passivos (vítimas) do crime de abuso: tanto o **Estado**, responsável pela "máquina pública", quanto a pessoa (física ou jurídica) que sofreu a conduta ilegal por parte do agente estatal

### 16.4 Elemento subjetivo

Todos os crimes previstos na Lei nº 13.869/2019 são **dolosos** - não há delito de abuso de autoridade culposo - e exigem, além do dolo genérico (presente em todo crime doloso), um especial fim de agir, o qual encontra-se previsto no art. 1º, §1º

### 16.5 Ação penal e competência

> Art. 3º *Os crimes previstos nesta Lei são de ação penal pública incondicionada.*
>
> § 1º *Será admitida ação privada se a ação penal pública não for intentada no prazo legal, cabendo ao Ministério Público aditar a queixa, repudiá-la e oferecer denúncia substitutiva, intervir em todos os termos do processo, fornecer elementos de prova, interpor recurso e, a todo tempo, no caso de negligência do querelante, retomar a ação como parte principal.*
>
> § 2º *A ação privada subsidiária será exercida no prazo de 6 (seis) meses, contado da data em que se esgotar o prazo para oferecimento da denúncia.*

### 16.5.1 Ação penal

Todos os crimes da Lei de Abuso de Autoridade serão processados e julgados mediante ação penal pública incondicionada.

O art. 3º, em seus §§ 1º e 2º, traz a chamada ação penal privada subsidiária da pública, que consiste na possibilidade de admissão da ação penal privada para crimes que se processam originariamente sob ação penal pública, caso essa não seja intentada no prazo legal[2] pelo Ministério Público (titular dessa espécie de ação penal). Aqui a lei praticamente repetiu o já previsto no Código de Processo Penal, o qual aborda essa temática com mais detalhamento.

Observe que, mesmo no caso de admissão da ação penal privada subsidiária da pública, o Ministério Público continua tendo um amplo poder de gerência, podendo: aditar ou repudiar a queixa (oferecendo denúncia substitutiva); intervir em todos os termos do processo; fornecer elementos de prova; interpor recurso; e, a todo tempo, no caso de negligência do querelante, retomar a ação como parte principal. Além disso, note que o prazo de exercício dessa espécie de ação será de 6 meses, a contar da data em que se esgotar o prazo para oferecimento da denúncia. Transcorrido o prazo mencionado sem que a vítima tenha oferecido a queixa subsidiária, opera-se a decadência do direito de ação (o MP continua legitimado a oferecer a denúncia enquanto não extinta a punibilidade do crime, Ex.: prescrição).

### 16.5.2 Competência

A competência para julgamento dos crimes de abuso de autoridade é, via de regra, da **Justiça Comum Estadual**.

Poderemos ter também o julgamento pela **Justiça Comum Federal** se vislumbrarmos, no caso concreto, alguma das hipóteses previstas no art. 109 da CF, com destaque para o inciso IV (ofensa a algum bem, serviço ou interesse da União, suas autarquias ou empresas públicas).

> **Ex.:** crime de abuso de autoridade cometido no interior de órgão público federal (bem da União).

**E o crime da Lei nº 13.869/2019 praticado por militar? De qual Justiça é a competência?**

Segundo a melhor doutrina, se praticado por militar **no exercício de suas funções/em serviço**, competência da **Justiça Militar**. Vamos explicar melhor. Esse é um ponto que tem que ficar bem claro, pois trata-se de uma novidade introduzida pela **Lei nº 13.491/2017**.

Antes da edição da **Lei nº 13.491/2017**, mesmo praticado por militar, os crimes previstos nas leis penais especiais seriam sempre de competência da Justiça Comum. Isso porque a Justiça Militar julga apenas crimes militares e, anteriormente à lei citada, crime militar era definido como aquele contido no Código Penal Militar. Porém, a partir da vigência da mencionada norma, houve **alteração no conceito de crime militar** (em tempo de paz), de forma que atualmente os crimes militares são, além dos previstos no CPM: **aqueles contidos nas leis penais especiais e também no Código Penal (comum), desde que sejam praticados em alguma das situações elencadas no art. 9º, II do CPM.**

Dessa forma, o crime de abuso de autoridade cometido por militar, em alguma das situações do art. 9, II do CPM (Ex.: em serviço), será julgado pela **Justiça Militar** (haja vista se tratar de crime militar por extensão/equiparação).

### 16.6 Efeitos da condenação e penas restritivas de direitos

> Art. 4º *São efeitos da condenação:*
>
> I - *Tornar certa a obrigação de indenizar o dano causado pelo crime, devendo o juiz, a requerimento do ofendido, fixar na sentença o valor mínimo para reparação dos danos causados pela infração, considerando os prejuízos por ele sofridos;*
>
> II - *A inabilitação para o exercício de cargo, mandato ou função pública, pelo período de 1 (um) a 5 (cinco) anos;*

---

2  O prazo para oferecimento da denúncia encontra-se previsto no art. 46 do CPP: 5 dias estando o réu preso; 15 dias estando o réu solto ou afiançado.

# NOÇÕES DE DIREITO PENAL

*III - a perda do cargo, do mandato ou da função pública.*
***Parágrafo único.*** *Os efeitos previstos nos incisos II e III do caput deste artigo são condicionados à ocorrência de reincidência em crime de abuso de autoridade e não são automáticos, devendo ser declarados motivadamente na sentença.*

## 16.6.1 Efeitos da condenação

No art. 4° da Lei estão previstos os efeitos extrapenais aplicáveis a quem for condenado por crime de abuso de autoridade. É interessante pontuar que alguns desses efeitos são automáticos, não necessitando de fundamentação pelo juiz quando da prolação da sentença condenatória (inciso I[3]) – uma vez condenado por crime da lei, automaticamente lhe será imposto tal efeito, quando for o caso.

Contudo, outros deles exigirão a devida fundamentação pelo magistrado para a sua caracterização (incisos II e III) – se o juiz, na sentença condenatória, nada diz a respeito desses efeitos, eles não serão impostos ao condenado. Quanto a esses, também é obrigatória a presença de reincidência específica, ou seja, que o condenado seja reincidente **em crime da Lei nº 13.869/2019** (foi condenado definitivamente por delito da Lei de Abuso de Autoridade e, posteriormente).

Para além do mencionado, o desafio do futuro aprovado aqui é memorizar o texto legal. Dessa forma, segue um esquema com as principais informações a serem gravadas:

| São efeitos da condenação | | |
|---|---|---|
| Perda de cargo, do mandato ou da função pública. | Inabilitação para o exercício de cargo, mandato ou função pública - 1 a 5 anos. | Torna certa a obrigação de indenizar o dano causado pelo crime + devendo o juiz, a requerimento do ofendido, fixar na sentença o valor mínimo para reparação dos danos, considerando os prejuízos sofridos. |
| Esse efeito é condicionado a ocorrência de reincidência em crime de abuso de autoridade e não automático. | | |

***Art. 5º*** *As penas restritivas de direitos substitutivas das privativas de liberdade previstas nesta Lei são:*
*I - Prestação de serviços à comunidade ou a entidades públicas;*
*II - Suspensão do exercício do cargo, da função ou do mandato, pelo prazo de 1 (um) a 6 (seis) meses, com a perda dos vencimentos e das vantagens;*
***Parágrafo único.*** *As penas restritivas de direitos podem ser aplicadas autônoma ou cumulativamente.*

## 16.6.2 Penas restritivas de direitos

O art. 5° traz as penas restritivas de direitos substitutivas das penas privativas de liberdade específicas para crimes da lei de abuso de autoridade, as quais podem ser aplicadas de forma autônoma (apenas uma delas) ou cumulativa (as duas em conjunto). Embora a lei anuncie quais são as penas substitutivas possíveis, nada diz a respeito dos requisitos para se operar essa substituição (quanto a esse ponto, deveremos observar o previsto no art. 44 do Código Penal).

Da mesma forma que o art. 4°, para provas de concursos a memorização do dispositivo é fundamental. Portanto, saiba:

| Art. 5º - Penas Restritivas de Direito Substitutivas (aplicadas - autônoma ou cumulativamente): | |
|---|---|
| Prestação de serviços à comunidade ou entidades públicas. | Suspensão do exercício do cargp, função ou do mandato, pelo prazo de 1 a 6 meses + com a perda dos vencimentos e das vantagens. |

## 16.7 Sanções de natureza civil e administrativa

***Art. 6°*** *As penas previstas nesta Lei serão aplicadas independentemente das sanções de natureza civil ou administrativa cabíveis.*
***Parágrafo único.*** *As notícias de crimes previstos nesta Lei que descreverem falta funcional serão informadas à autoridade competente com vistas à apuração.*
***Art. 7°*** *As responsabilidades civil e administrativa são independentes da criminal, não se podendo mais questionar sobre a existência ou a autoria do fato quando essas questões tenham sido decididas no juízo criminal.*
***Art. 8°*** *Faz coisa julgada em âmbito cível, assim como no administrativo-disciplinar, a sentença penal que reconhecer ter sido o ato praticado em estado de necessidade, em legítima defesa, em estrito cumprimento de dever legal ou no exercício regular de direito.*

### 16.7.1 Princípio da independência das instâncias

Via de regra, quanto à diversidade de punições a um ato ilícito vigora o princípio da independência das instâncias: as esferas cível, administrativa e penal são autônomas, ou seja, não guardam qualquer relação de dependência entre si. Por exemplo, para que se apure a responsabilização criminal de um ato de abuso de autoridade, não é necessário aguardar a instauração ou mesmo o encerramento do processo administrativo disciplinar (e vice-versa). É nesse sentido o teor do art. 6°, *caput* da Lei.

Além disso, é possível que um único ato de abuso de autoridade dê ensejo a três espécies diferentes de responsabilização: ADMINISTRATIVA + CIVIL + PENAL (as quais, em regra, são independes).

Contudo, pela leitura dos dispositivos seguintes – art. 7° e 8° - inferimos que o princípio mencionado não é absoluto, comportando duas exceções positivadas na Lei nº 13.869/2019:

| Se o juízo do crime já decidiu a respeito da existência ou autoria do fato (materialidade e autoria): | → | Essas questões não poderão ser novamente questionadas nas esferas cível e administrativa |

Ou seja, o que foi decidido na esfera criminal em relação a existência ou autoria do fato, por meio de sentença penal condenatória (ou absolutória), torna-se imutável para as demais, retirando parcela da "independência" dessas instâncias.

| A senteça penal que reconhecer ter sido o ato praticado em estado de necessidade, legítima defesa, estrito cumprimento de dever legal ou exercício regular de direito: | → | Faz coisa julgada no âmbito cível e administrativo |

A sentença penal que reconhecer alguma das causas de exclusão da ilicitude do art. 23 CP, de igual modo, é imodificável nas demais esferas, esvaziando também parte da "independência" das mesmas.

---

[3] Sendo mais específico, doutrina especializada entende que a primeira parte do inciso I é efeito automático da condenação, enquanto a segunda parte do dispositivo (*devendo o juiz, a requerimento do ofendido, fixar na sentença o valor mínimo para reparação dos danos causados pela infração, considerando os prejuízos por ele sofridos*) exigirá requerimento do ofendido para sua incidência (efeito não automático).

# LEI Nº 13.869/2019 – ABUSO DE AUTORIDADE

## 16.7.2 Notificação falta funcional

Conforme disposto no art. 6º, parágrafo único no caso de notícia de crime que descreva também alguma falta funcional (âmbito administrativo), tal fato será comunicado à autoridade competente com vistas à respectiva apuração da responsabilidade disciplinar.

| As condutas descritas na Lei constituem criem de abuso de autoridade quando praticadas pelo agente com finalidade específica de (solo específico): ||
|---|---|
| Prejudicar outrem | Benificiar a terceiro |
| Benificiar a si mesmo | Ou, ainda, por mero capricho ou satisfação pessoal |

Portanto, pelo menos em regra, sem a existência de alguma dessas finalidades específicas não há que se falar em crime da Lei de Abuso de Autoridade. Ok!

**Então para a caracterização dos delitos da Lei nº 13.869/2019 é necessário que se alcance alguma das finalidades citadas?**

Não é necessário que se alcance, mas apenas que haja a pretensão, a intenção, o fim específico de abusar de seu poder, praticando alguma das condutas tipificadas na lei, para se chegar a qualquer dessas finalidades (mesmo que ela não seja alcançada).

## 16.8 Divergência na interpretação de lei ou na avaliação de fatos e provas

É certo que o operador do Direito, rotineiramente, se vê diante da necessidade de interpretar leis ou dispositivos de leis, bem como avaliar fatos e provas nas mais diversas situações. É comum que existam divergências entre os operadores quanto a interpretação ou avaliação desses fatos, isso é inclusive muito salutar. A divergência leva ao aprofundamento da questão, o que poderá gerar um raciocínio melhor construído, uma tese melhor trabalhada.

Atento a isso, o legislador previu no art. 1º, §2º que:

> *Art. 1º, §2º A divergência na interpretação de lei ou na avaliação de fatos e provas não configura abuso de autoridade.*

Dessa forma, não que se falar em crime de abuso de autoridade no caso de mera divergência na interpretação de lei ou na avaliação de fatos e provas.

## 16.9 Procedimento

> *Art. 39 Aplicam-se ao processo e ao julgamento dos delitos previstos nesta Lei, no que couber, as disposições do Decreto-Lei nº 3.689, de 3 de outubro de 1941 (Código de Processo Penal), e da Lei nº 9.099, de 26 de setembro de 1995.*

Diferentemente do previsto na antiga lei de abuso de autoridade (Lei nº 4.898/1965), a qual previa um procedimento especial aos seus crimes, a Lei nº 13.869/2019 dispõe em seu art. 39 que aplicam-se aos delitos as normas de processo e julgamento contidas no Código de Processo Penal ou na Lei nº 9.099/1995 (Juizados Especiais Criminais).

De forma objetiva, saiba que a nova Lei de Abuso de Autoridade traz um padrão quanto à sanção penal privativa de liberdade, de modo que os delitos são punidos de duas uma:

▷ **Ou detenção de 6 meses a 2 anos (menor potencial ofensivo): nesse caso, aplicar-se-ão as disposições da Lei nº 9.099/1995:** procedimento sumaríssimo, institutos despenalizadores e demais disposições da lei.

▷ **Ou detenção de 1 a 4 anos (médio potencial ofensivo):** para esses, aplicar-se-ão as disposições do CPP. Sendo mais específico, em regra incidirá o procedimento especial reservado ao processo e julgamento dos crimes de responsabilidade dos funcionários públicos (arts. 513 a 518 do CPP), aplicando-se subsidiariamente as normas do procedimento ordinário.

Ressaltamos, por fim, a possibilidade de aplicação da Lei nº 9.099/1995 (no que for compatível), em especial o instituto da suspensão condicional do processo (pois todos os crimes da nova lei de abuso de autoridade possuem pena mínima igual ou inferior a 1 ano).

## 16.10 Crimes em espécie

A partir do art. 9º nós temos a previsão dos crimes em espécie da nova lei de abuso de autoridade. Certamente a maior parte das questões irão exigir do candidato o conhecimento da letra da lei, principalmente nesse momento inicial, no qual são escassas as decisões jurisprudenciais sobre o tema e as discussões doutrinárias ainda embrionárias.

Inicialmente, como forma de sistematizar os temas, elencaremos aqui ensinamentos sobre os seguintes pontos (alguns já abordados anteriormente, mas que merecem atenção do futuro aprovado, pois aproveitam a todos os crimes da lei): **elemento subjetivo; modalidades da conduta; objeto material**.

### 16.10.1 Elemento subjetivo

Os crimes previstos na lei são todos dolosos (não há abuso de autoridade culposo). Além disso, não basta o chamado "dolo genérico" (ou simplesmente "dolo"), pois, como já estudado, os delitos exigirão também uma finalidade específica (dolo específico), constante no art. 1º, §1º da Lei.

### 16.10.2 Modalidades comissiva e omissiva

Em regra, os crimes da lei serão cometidos mediante ação (crimes comissivos), contudo, alguns outros delitos exigirão uma omissão por parte do agente público para sua caracterização (crimes omissivos). Saiba, portanto, que a Lei prevê tanto crimes comissivos quanto omissivos.

### 16.10.3 Objeto material

É a pessoa ou coisa sob a qual recai a conduta do agente, no caso dos delitos da Lei nº 13.869/2019, cuida-se da pessoa física ou jurídica que sofreu o ato consistente em crime de abuso de autoridade.

### 16.10.4 Art. 9º

> *Art. 9º Decretar medida de privação da liberdade em manifesta desconformidade com as hipóteses legais:*
>
> *Pena – detenção, de 1 (um) a 4 (quatro) anos, e multa.*
>
> *Parágrafo único. Incorre na mesma pena a autoridade judiciária que, dentro de prazo razoável, deixar de:*
>
> *I – Relaxar a prisão manifestamente ilegal;*
>
> *II – Substituir a prisão preventiva por medida cautelar diversa ou de conceder liberdade provisória, quando manifestamente cabível;*
>
> *III – deferir liminar ou ordem de habeas corpus, quando manifestamente cabível.*

**Conduta Típica**

Estamos diante da conduta de agente público que decreta medida de privação da liberdade em **manifesta**[4] desconformidade com a lei. O conceito de "medida de privação de liberdade" é amplo, abrangendo a **prisão cautelar** (flagrante, preventiva, temporária), **prisão definitiva** (em razão de sentença condenatória transitada em julgado), **prisão civil** (dívida de alimentos) e internação de menor infrator (Lei nº 8.069/1990).

Portanto, trata-se da situação na qual o sujeito ativo, em manifesta desconformidade com o previsto em lei e abusando de seu poder, ordena a privação de liberdade de uma pessoa.

> **Ex.:** juiz que decreta a prisão temporária de um sujeito em razão do cometimento do crime de ameaça (art. 147 CP). Tal ordem é manifestamente ilegal, haja vista que o delito do art. 147 CP não consta no rol da Lei nº 7.960/1989 (prisão temporária).

---

[4] Cuida-se de um elemento normativo a ser esclarecido pelo intérprete. Os mesmo acontece em relação aos termos "dentro de prazo razoável", "manifestamente cabível", presentes no parágrafo único e incisos.

# NOÇÕES DE DIREITO PENAL

### Figuras equiparadas

No parágrafo único nós temos algumas figuras equiparadas, ou seja, cada inciso constitui um crime autônomo, mas que receberá a mesma consequência penal da conduta prevista no *caput*, incorrendo na mesma pena a autoridade judiciária que, **dentro de prazo razoável, deixar de:**

▷ **Relaxar prisão manifestamente ilegal:** juiz que ao receber o preso em flagrante, na audiência de custódia, e verificada nítida ilegalidade na prisão, deixa de relaxa-la, convertendo-a em prisão preventiva;

▷ **Substituir a prisão preventiva por medida cautelar diversa ou de conceder liberdade provisória, quando manifestamente cabível:** conduta do juiz que ao receber preso em flagrante na audiência de custódia - sendo caso de flagrante lícito - e diante da evidente ausência dos requisitos para decretação da prisão preventiva (art. 312 c/c art. 313 do CPP), mesmo assim decide ordena-la, deixando de conceder a liberdade provisória manifestamente cabível;

▷ **Deferir liminar ou ordem de *habeas corpus*, quando manifestamente cabível:** imagine que um juiz esteja há vários meses com um pedido liminar ou de *habeas corpus* concluso para seu julgamento em processo criminal e, ainda, é manifestamente cabível o pleiteado pela defesa. Mesmo diante de tal situação, o juiz dolosamente se mantém inerte, não deferindo o pedido nitidamente cabível.

### Sujeitos do crime

**Sujeito ativo:** em relação ao *caput*, poderá ser qualquer agente público, na forma do art. 2°, pois todo agente estatal é passível de decretar medida de privação de liberdade em **manifesta** desconformidade com a lei; quanto ao parágrafo único, será apenas quem se enquadrar na qualidade de autoridade judiciária: Juiz, Desembargador, Ministro.

**Sujeito passivo:** tanto o Estado quanto a pessoa que sofreu a conduta ilegal por parte do agente público.

### Modalidades comissiva e omissiva

O verbo "decretar" (*caput*) exige uma ação por parte do sujeito ativo (crime comissivo). Contudo, no tocante ao verbo "deixar" parágrafo único) temos delito praticado por omissão (crime omissivo próprio).

### 16.10.5 Art. 10

*Art. 10 Decretar a condução coercitiva de testemunha ou investigado manifestamente descabida ou sem prévia intimação de comparecimento ao juízo:*

*Pena - detenção, de 1 (um) a 4 (quatro) anos, e multa.*

### Conduta típica

Em breves palavras, condução coercitiva consiste em levar alguém, ainda que contra a sua vontade, à presença de determinada autoridade para que possa realizar algum ato proveitoso à persecução penal. Segundo o CPP, existe a possibilidade de condução coercitiva em relação aos seguintes sujeitos: **vítima** (art. 201, §1°); **acusado** (art. 260); **testemunha** (art. 218); **perito** (art. 278).

Embora haja todas essas possibilidades, teremos o crime do art. 10 quando o agente público legitimado decretar condução coercitiva, de **testemunha ou investigado** (apenas esses), em uma de duas situações:

▷ **Quando manifestamente descabida a medida:** citamos como exemplo uma condução coercitiva do investigado para interrogatório em sede policial. O STF recentemente reconheceu a impossibilidade de condução coercitiva de investigado ou réu objetivando a realização de interrogatório na fase investigatória ou judicial, considerando não recepcionada a parte do art. 260 do CPP que dispõe sobre a possibilidade de aplicação da medida "*para interrogatório*";

▷ **Quando não tenha havido prévia intimação de comparecimento ao juízo:** sem intimação prévia e o subsequente não comparecimento na data agendada de forma injustificada, a condução coercitiva de testemunha ou investigado configurará o crime do art. 10.

### Sujeitos do crime

**Sujeito ativo:** para melhor doutrina, a condução coercitiva pode ser determinada por várias autoridades, como por exemplo: juiz; autoridade policial; membro do Ministério Público. Dessa forma, não só o juiz como também qualquer agente público com atribuição para determinar a medida poderá ser sujeito ativo do crime

### 16.10.6 Art. 12

*Art. 12 Deixar injustificadamente de comunicar prisão em flagrante à autoridade judiciária no prazo legal:*

*Pena - detenção, de 6 (seis) meses a 2 (dois) anos, e multa.*

*Parágrafo único. Incorre na mesma pena quem:*

*I - Deixa de comunicar, imediatamente, a execução de prisão temporária ou preventiva à autoridade judiciária que a decretou;*

*II - Deixa de comunicar, imediatamente, a prisão de qualquer pessoa e o local onde se encontra à sua família ou à pessoa por ela indicada;*

*III - deixa de entregar ao preso, no prazo de 24 (vinte e quatro) horas, a nota de culpa, assinada pela autoridade, com o motivo da prisão e os nomes do condutor e das testemunhas;*

*IV - Prolonga a execução de pena privativa de liberdade, de prisão temporária, de prisão preventiva, de medida de segurança ou de internação, deixando, sem motivo justo e excepcionalíssimo, de executar o alvará de soltura imediatamente após recebido ou de promover a soltura do preso quando esgotado o prazo judicial ou legal.*

### Conduta típica

Os delitos do art. 12 criminalizam o descumprimento de certos deveres legais, inerentes ao momento da prisão ou à execução da pena e de observância obrigatória pelos agentes públicos encarregados. Não se trata de discutir a legalidade da prisão em si, mas sim o cumprimento ou não de deveres correlatos, previstos em lei.

O art. 12, inicialmente, pune o agente público que deixa injustificadamente[5] de comunicar prisão em flagrante à autoridade judiciária no prazo legal. Esse dever de comunicação encontra-se previsto no art. 306, *caput* do CPP (bem como no art. 5°, LXII, CF) que anuncia, dentre outros, a exigência de comunicação imediata da prisão em flagrante de qualquer pessoa ao juiz competente, o qual, uma vez descumprido, caracterizará o crime em questão.

Perceba que o prazo legal dessa comunicação - conforme extraído da letra do art. 306, *caput*, *CPP* - é **imediatamente**. Contudo, ressaltamos que para boa parte da **doutrina é lícito que a comunicação da prisão se dê no prazo de 24 horas** (aplicando-se, por extensão, o prazo para remessa do auto de prisão em flagrante ao juiz - art. 306, §1°, CPP), sem que haja crime algum.

Por outro lado, também encontramos entendimento que interpreta literalmente o art. 306, *caput*, CPP, assim se a comunicação da prisão ao juiz não ocorrer imediatamente haverá o delito do art. 12, *caput* da Lei n° 13.869/2019. Para prova objetiva, recomendamos essa interpretação literal do dispositivo.

### Figuras equiparadas

No parágrafo único nós temos algumas figuras equiparadas, ou seja, cada inciso constitui um crime autônomo, mas que receberá a mesma consequência penal da conduta prevista no *caput*, incorrendo na mesma pena quem:

▷ **Deixa de:** comunicar, imediatamente, a **execução** de prisão temporária ou **preventiva à autoridade judiciária** que a decretou. Cuida-se de um dever prescrito pelo art. 289-A, §3° do CPP. Quanto ao alcance da expressão "imediatamente" – aqui e no inciso II - valem as mesmas observações feitas ao *caput*;

---

5 Se houver justo motivo, por exemplo falha nos sistemas de comunicação, não há crime.

# LEI Nº 13.869/2019 – ABUSO DE AUTORIDADE

> **Fique ligado**
> Autoridade policial que cumpre prisão preventivamente legalmente autorizada por juiz, porém não o comunica imediatamente sobre a execução da medida.

▷ **Deixa de:** comunicar, imediatamente, a prisão de qualquer pessoa e o local onde se encontra **à sua família ou à pessoa por ela indicad**a. Esses também são deveres, à semelhança do *caput*, previstos no art. 306 do CPP (bem como no art. 5°, LXII, CF);

▷ **Deixa de:** entregar ao preso, no prazo de 24 (vinte e quatro) horas, a **nota de culpa**, assinada pela autoridade, com o motivo da prisão e o nome do condutor e das testemunhas. O dever de entrega da nota de culpa no prazo de 24 horas encontra-se previsto no art. 306, §2° do CPP;

▷ **Deixa:** sem justo e excepcionalíssimo motivo, de **executar imediatamente** alvará de soltura de preso ou **promover a sua soltura** quando esgotado o prazo judicial ou legal, prolongando, dessa forma, a execução de **pena privativa de liberdade**, de p**risão temporária ou preventiva, de medida de segurança ou de internação**.

É certo que se houver justo motivo para a não execução imediata do alvará/não promoção de soltura, não há crime.

> **Ex.:** atraso em virtude de rebelião no presídio ou diante de falha nos sistemas de comunicação, etc.

## Sujeitos do crime

**Sujeito ativo**: será qualquer agente público com atribuição de praticar as condutas previstas nos tipos penais.

## Modalidade omissiva

O crime do art. 12 (*caput* ou parágrafo único) reclama conduta omissiva por parte do sujeito ativo (crime omissivo próprio). Excepcionalmente aqui, não há modalidade comissiva do delito.

### 16.10.7 Art. 13

> **Art. 13** Constranger o preso ou o detento, mediante violência, grave ameaça ou redução de sua capacidade de resistência, a:
> I - Exibir-se ou ter seu corpo ou parte dele exibido à curiosidade pública;
> II - Submeter-se a situação vexatória ou a constrangimento não autorizado em lei;
> III - produzir prova contra si mesmo ou contra terceiro:
> Pena - detenção, de 1 (um) a 4 (quatro) anos, e multa, sem prejuízo da pena cominada à violência.

## Conduta típica

O crime do art. 13 objetiva tutelar a integridade física e moral do preso ou detento, a qual encontra respaldo em dispositivos constitucionais (art. 5°, XLIX - *é assegurado aos presos o respeito à integridade física e moral*) e legais (art. 41, VIII, LEP - *constituem direitos do preso: proteção contra qualquer forma de sensacionalismo*). Nesse sentido, o mencionado delito tipifica a conduta do agente público que constrange/obriga o preso ou detento, mediante violência, grave ameaça ou redução de sua capacidade de resistência (violência imprópria), a:

▷ **Exibir-se ou ter seu corpo ou parte dele exibido à curiosidade pública:** essa última expressão indica a ausência de finalidade pública na exibição da pessoa presa ou detida, ou seja, o objetivo é saciar a curiosidade de terceiros e não uma efetiva e razoável contribuição à persecução penal;

> **Ex.:** policial que coloca pessoa presa em flagrante dentro do "baú" da viatura (bagageiro adaptado) e comunica à imprensa para que possam fotografá-lo e exibi-lo à curiosidade pública. Nessa situação, o constrangimento foi realizado mediante violência imprópria, pois o preso, subjugado na parte traseira da viatura, encontrava-se com sua capacidade de resistência reduzida.

Ressaltamos que a exposição da imagem de pessoa presa, mesmo que contra sua vontade, mas com o objetivo de auxiliar na elucidação do delito e desde que dentro de limites razoáveis e proporcionais ao atingimento da finalidade pública, não configurará o delito em questão. Podemos citar a divulgação à imprensa das fotos de pessoa presa suspeita de cometer vários delitos contra a dignidade sexual, para que seja possível a identificação de outras possíveis vítimas.

▷ **Submeter-se a situação vexatória ou a constrangimento não autorizado em lei:** policial que, mediante grave ameaça, constrange pessoa presa a gravar um vídeo de desculpas, chorando e se auto ofendendo, em razão dos delitos praticados;

Vale ressaltar que se a situação causar vexame ou constrangimento, porém for autorizada pela lei, não há crime.

> **Ex.:** prisão preventiva lícita, decretada pelo juiz e executada na empresa do detido, na presença de seus funcionários.

▷ **Produzir prova contra si mesmo ou contra terceiro:** O tipo penal consagra o princípio do *nemo tenetur se detegere* ou direito a não auto incriminação, o qual garante ao réu o direito de não praticar nenhum comportamento ativo que possa auto incriminá-lo. Tipifica também o constrangimento à produção de prova contra terceiro.

> **Ex.:** escrivão de polícia que constrange pessoa detida, mediante grave ameaça, a fornecer um fio de seu cabelo para que se realize exame de DNA, necessário a comprovar a materialidade de um crime de estupro (art. 213 CP).

## Sem prejuízo da pena cominada à violência

Observe que, se para cometer o delito do art. 13 o agente público se valer do emprego de violência à vítima, teremos concurso de crimes - por expressa disposição legal: *detenção, de 1 (um) a 4 (quatro) anos, e multa, sem prejuízo da pena cominada à violência.*

## Sujeitos do crime

**Sujeito ativo:** é o agente público que praticar a conduta prevista no tipo penal (não se enquadram como sujeito ativo do delito, os profissionais da imprensa que, porventura, venham a capturar imagens do preso ou detento – não são "agentes públicos").

### 16.10.8 Art. 15

> **Art. 15** Constranger a depor, **sob ameaça de prisão**, pessoa que, em razão de função, ministério, ofício ou profissão, deva guardar segredo ou resguardar sigilo:
> Pena - detenção, de 1 (um) a 4 (quatro) anos, e multa.
> **Parágrafo único.** Incorre na mesma pena quem prossegue com o interrogatório:
> I - de pessoa que tenha decidido exercer o direito ao silêncio; ou
> II - de pessoa que tenha optado por ser assistida por advogado ou defensor público, sem a presença de seu patrono.

O núcleo do tipo (verbo) deste crime é **constranger**. Este delito só poder ser praticado por ação, não cabe imputação por omissão.

**Sujeito passivo:** Os sujeitos passivos deste crime estão previstos no art. 207 do Código de Processo Penal.

> **Art. 207** São proibidas de depor as pessoas que, em razão de função, ministério, ofício ou profissão, devam guardar segredo, salvo se, desobrigadas pela parte interessada, quiserem dar o seu testemunho.

Exemplos:
▷ Um padre em relação a uma confissão;
▷ Um psicólogo em relação ao seu paciente;
▷ Advogado.

Essas pessoas não podem ser constrangidas a depor, ainda que estejam desobrigadas pela parte interessada.

Esse constrangimento não é feito de qualquer forma para a caracterização deste delito. O constrangimento deve ser feito sobre a ameaça de prisão.

# NOÇÕES DE DIREITO PENAL

Pois, a maioria da doutrina, Renato Brasileiro, Renee do O', Rogério Greco e **Rogério Sanches Cunha**, entende que **esse crime é um crime de ação vinculada.**

Já no parágrafo único do art. 15 da Lei nº 13.869/2019 trata de um crime em que o sujeito passivo do crime só podem ser o **acusado ou réu**, uma vez que se trata de interrogatório.

O interrogatório divide-se em duas fases.

▷ A 1º fase trata-se da qualificação do interrogando. Na qual a autoridade policial coleta dados de identificação do acusado/réu, por exemplo, seu nome, endereço, idade;
▷ Já na 2º fase trata-se do mérito, do fato em si.

O crime em análise recai sobre a segunda fase do interrogatório, na qual se discute o mérito, ou seja, o que aconteceu de fato.

> **Fique ligado**
> Um delegado de polícia inicia o interrogatório. Porém, o interrogando suscita seu direito ao silêncio e o delegado continua estimulando-o a fala, não respeitando assim o direito ao silêncio do acusado. Caracteriza-se o crime do art. 15, parágrafo único, I da Lei nº 13.869/2019.

A primeira fase ou parte do interrogatório não dá ao interrogando o direito ao silêncio quanto menos a faltar com a verdade, pois trata-se de informações sobre a sua identidade. Por isso, não cabe a alegação de autodefesa neste momento do interrogatório, conforme demonstra a Súmula nº 522 do STJ.

Além disso, incorre no art. 68 da Lei de Contravenções Penais o interrogando que mentir ou silenciar seus dados pessoais na fase de qualificação do interrogatório (1º fase).

*Súmula nº 522 - STJ*
*A conduta de atribuir-se falsa identidade perante autoridade policial é típica, ainda que em situação de alegada autodefesa.*

### Sujeito ativo

Qualquer agente público com atribuição de praticar as funções descritas no tipo penal.

## 16.10.9 Art. 15-A

Recentemente, por meio da Lei nº 14.321/2022, um novo crime foi adicionado à Lei de Abuso de Autoridade (Lei nº 13.869/2019), que trata da **violência institucional.**

> *Art. 15-A Submeter a vítima de infração penal ou a testemunha de crimes violentos a procedimentos desnecessários, repetitivos ou invasivos, que a leve a reviver, sem estrita necessidade:*
> *I - a situação de violência; ou*
> *II - outras situações potencialmente geradoras de sofrimento ou estigmatização:*
> *Pena - detenção, de 3 (três) meses a 1 (um) ano, e multa.*
> *§ 1º Se o agente público permitir que terceiro intimide a vítima de crimes violentos, gerando indevida revitimização, aplica-se a pena aumentada de 2/3 (dois terços).*
> *§ 2º Se o agente público intimidar a vítima de crimes violentos, gerando indevida revitimização, aplica-se a pena em dobro.*

Essa tipificação trata da possibilidade de a vítima sofrer indiretamente em razão do delito que foi praticado contra ela, através da sua submissão a procedimentos repetitivos ou desnecessários, dentro de instituições estatais (delegacia, fórum), fazendo com que ela reviva o evento traumático da violência ou sofrimento.

Esse processo de sofrimento causado é denominado de **vitimização secundária** ou **revitimização**. Em suma, são situações em que o sofrimento não decorre diretamente da violência praticada contra a vítima, mas que se dá em decorrência de procedimentos institucionais.

▷ Pode acontecer, por exemplo, em tomada de depoimentos ou em virtude de um mau atendimento nos órgãos públicos;

Portanto, o art. 15-A da Lei de Abuso de Autoridade visa punir a conduta de agentes públicos que submetam **vítima de infração penal ou testemunha de crime violento** a um processo de revitimização.

Outro ponto que merece destaque, diz respeito à pena cominada para o crime de violência institucional: **detenção de 3 (três) meses a 1 (um) ano.** É a menor pena da Lei nº 13.869/2019 e, por se tratar de delito de menor potencial ofensivo, é cabível o procedimento do Juizado Especial Criminal (Lei nº 9.099/1995) e os benefícios que dele decorrem.

▷ Ainda que incidam as causas de aumento de pena, previstas no §1º e §2º, o crime continua sendo de menor potencial ofensivo, vez que não ultrapassa o limite máximo de 2 anos.

Em seguida, vale salientar quais indivíduos podem ser vítimas desse crime:

▷ As vítimas de infração penal;
▷ A testemunha de crimes violentos. Nesse ponto, **obrigatoriamente** a testemunha deve ser de crimes violentos, não de qualquer tipo de infração penal.

Prosseguindo, ainda no *caput* do art. 15-A, a lei menciona *"procedimentos desnecessários, repetitivos ou invasivos"*. Não há especificação de quais procedimentos se enquadram nesse conceito, mas são considerados quaisquer procedimentos em que a vítima é submetida perante um agente público e que diga respeito à infração penal.

Só haverá a conduta criminosa, caso a lembrança dos eventos criminosos seja desnecessária, ou seja, quando **não houver a estrita necessidade**.

▷ Imagine que determinada pessoa foi vítima de uma tentativa de homicídio. Ela deverá ser ouvida em sede policial, para a elucidação do fato, ato que **obrigatoriamente** deve ocorrer e será inevitável que ela reviva os eventos traumáticos que passou;

Ainda, a vítima foi intimada para prestar este depoimento em horário no qual ela poderá se locomover, após total recuperação de sua saúde. Chegando no órgão público, foi tratada com a cordialidade devida. Veja que ela não foi submetida a um procedimento desnecessário, portanto, não haverá crime por parte do agente público.

Agora, em sentido contrário, veja outro exemplo:

▷ Imagine uma testemunha de um crime de homicídio (crime violento). O delegado que estava conduzindo a investigação desse delito achou que o primeiro depoimento prestado por essa testemunha não seria suficiente para se chegar à identificação do autor do crime;

O delegado, por sua vez, tem a convicção de que tal testemunha sabe quem é o autor, mas não quer revelar. Diante disso, dolosamente, ordena que a testemunha seja intimada toda semana, por várias vezes, para prestar múltiplos depoimentos até que ela revele o que ele deseja.

Perceba que o delegado (agente público) submeteu uma testemunha de crime violento a procedimento desnecessário e repetitivo, fazendo-a reviver os eventos traumáticos sem que houvesse estrita necessidade em fazê-lo. Nesse caso, presente o dolo específico, haverá o crime de violência institucional (art. 15-A).

### Causas de aumento de pena

Primeiramente, ambas as causas de aumento possuem uma característica em comum: serão aplicadas quando há **intimidação à vítima de crime violento que cause uma indevida revitimização**.

Em segundo lugar, as duas causas são aplicáveis somente **às vítimas de crimes violentos**, de modo que as testemunhas (citadas pelo *caput*) não são abrangidas pelas causas de aumento.

Terceiro, está presente o ato de **intimidar** a vítima, que é uma postura ainda mais hostil do que aquela prevista no *caput*.

Agora, especificamente sobre o §1º, trata-se da situação em que o agente público adota uma postura omissiva e permite que um **terceiro intimide a vítima** de crime violento, causando indevida revitimização (aplica-se a pena aumentada de 2/3).

Quanto ao §2º, trata-se da situação em que o **próprio agente público intimida a vítima** de crime violento, causando indevida revitimização (aplica-se a pena em dobro).

| Característica comum | § 1º | § 2º |
|---|---|---|
| Intimidação da vítima de crime violento, causando indevida revitimação. | Agente público se omite e permite que terceiro intimide a vítima. | Quando o próprio agente público pratica a intimação. |

### Sujeitos do crime

Em relação ao **sujeito ativo**, poderá ser qualquer agente público com atribuição de aplicar o procedimento (ex: juiz, delegado, promotor de justiça, etc). Assim, como todos os crimes da Lei de Abuso de Autoridade, trata-se de um crime próprio.

Já o **sujeito passivo** é a vítima de infração penal ou testemunha de crime violento. Lembrando que no contexto das causas de aumento (§§1º e 2º), apenas a vítima de crime violento pode figurar como sujeito passivo.

### Consumação do crime

O crime de violência institucional é um **crime formal**, ou seja, consuma-se com a mera prática da conduta e não exige a ocorrência do resultado naturalístico (alteração no mundo natural).

Tal delito se consuma com a submissão da vítima aos procedimentos desnecessários, repetitivos ou invasivos que a fazem reviver, sem estrita necessidade, a situação de violência, sofrimento ou estigmatização.

A tentativa é possível. Cuida-se, ainda, de crime de perigo concreto.

### 16.10.10 Art. 16

*Art. 16 Deixar de identificar-se ou identificar-se falsamente ao preso por ocasião de sua captura ou quando deva fazê-lo durante sua detenção ou prisão:*

*Pena - detenção, de 6 (seis) meses a 2 (dois) anos, e multa.*

*Parágrafo único. Incorre na mesma pena quem, como responsável por interrogatório em sede de procedimento investigatório de infração penal, deixa de identificar-se ao preso ou atribui a si mesmo falsa identidade, cargo ou função.*

Tem-se neste dispositivo a consagração de um direito fundamental previsto no art. 5, LXIV da CRFB/88, a saber, a identificação dos agentes responsáveis por sua prisão (art.16, caput) ou interrogatório (art. 16, parágrafo único).

*LXIV - o preso tem direito à identificação dos responsáveis por sua prisão ou por seu interrogatório policial;*

### Caput

O art. 16, *caput* pode ser praticado tanto por ação ou por omissão. Por omissão quando o agente deixar de identificar-se. Por ação quando ele utilizar-se de identificação falsa.

**Sujeito passivo:** é somente o **preso**, seja na captura, detenção ou prisão.

**Sujeito ativo:** qualquer agente público com atribuição de praticar as funções descritas no tipo penal.

### Parágrafo único

É um crime equiparado ao art. 16, *caput*. Contudo, o PÚ fala em atribui a si mesmo falsa **identidade, cargo ou função** enquanto no *caput* fala-se apenas em identidade/identificação.

Neste ponto, a doutrina diverge, pois, para alguns no caput não abrangerá cargo ou função. Portanto, no art. 16, *caput*, se o agente público se identificar falsamente quanto a cargo ou função **não** haveria tipicidade.

Já no parágrafo único do mesmo dispositivo, se o agente público se identificar falsamente quanto a cargo ou função haveria tipicidade.

No parágrafo único do art. 16 também configura-se o crime por ação ou omissão.

### Sujeitos do crime

**Sujeito passivo:** o mesmo sujeito passivo do *caput*, o preso! Contudo, apenas no momento do interrogatório de procedimento investigatório de infração penal. Por isso, a maioria da doutrina diz que este delito em fase pré-processual. Não cabe falar em caracterização do delito na fase processual penal/ fase judicial.

**Sujeito ativo:** qualquer agente público com atribuição de praticar as funções descritas no tipo penal, autoridade policial, membro do Ministério Público, desde que na fase pré-processual.

### 16.10.11 Art. 18

*Art. 18 Submeter o preso a interrogatório policial durante o período de repouso noturno, salvo se capturado em flagrante delito ou se ele, devidamente assistido, consentir em prestar declarações:*

*Pena - detenção, de 6 (seis) meses a 2 (dois) anos, e multa.*

**Em regra, o interrogatório não pode ser feito em horário de repouso noturno, ou seja, horário de descanso.**

**Contudo, há duas exceções, se o preso for capturado em** flagrante delito no horário de descanso noturno ou se ele, estando assistido, desejar prestar declarações.

### Sujeitos do crime

**Sujeito passivo:** o sujeito passivo é o preso, porém a tipificação só ocorre se o ato se der em sede de inquérito policial.

**Sujeito ativo:** somente a autoridade policial (Delegado de Polícia).

### Repouso noturno

A lei em análise é silente a respeito do conceito de repouso noturno. Por isso, há bastante divergência doutrinária acerca do assunto.

Contudo, segundo Renato Brasileiro, aplica-se para fins de conceituação de repouso noturno o art. 22, § 1º, inciso III da Lei nº 13.869/2019, aplica-se um prazo da própria Lei de Abuso de Autoridade.

Portanto, o período compreendido entre 21h (vinte e uma horas) até 5h (cinco horas).

*Art. 22 Invadir ou adentrar, clandestina ou astuciosamente, ou à revelia da vontade do ocupante, imóvel alheio ou suas dependências, ou nele permanecer nas mesmas condições, sem determinação judicial ou fora das condições estabelecidas em lei:*

*Pena - detenção, de 1 (um) a 4 (quatro) anos, e multa.*

*§ 1º Incorre na mesma pena, na forma prevista no caput deste artigo, quem:*

*III - cumpre mandado de busca e apreensão domiciliar após as 21h (vinte e uma horas) ou antes das 5h (cinco horas).*

**Ex.:** A autoridade policial inicia o interrogatório do preso antes das 20 horas, contudo, as 20 horas e 50 minutos, ele percebe que aquele interrogatório não está finalizado ainda e que seu término não está próximo, ou seja, ele precisaria continuar o interrogatório após as 21 horas.

**Neste caso, ele pode continuar com o interrogatório, mesmo ultrapassando o horário das 21 horas ou ele deve interromper o interrogatório e dar continuidade após o horário de repouso noturno?**

Para Renato Brasileiro, o Delegado de Polícia deverá interromper o interrogatório e retomá-lo no dia seguinte após as 5 horas. Num entendimento diferente do que se aplica aos mandados de busca e apreensão.

### 16.10.12 Art. 19

*Art. 19 Impedir ou retardar, injustificadamente, o envio de pleito de preso à autoridade judiciária competente para a apreciação da legalidade de sua prisão ou das circunstâncias de sua custódia:*

*Pena - detenção, de 1 (um) a 4 (quatro) anos, e multa.*

*Parágrafo único. Incorre na mesma pena o magistrado que, ciente do impedimento ou da demora, deixa de tomar as providências tendentes a saná-lo ou, não sendo competente para decidir sobre a prisão, deixa de enviar o pedido à autoridade judiciária que o seja.*

# NOÇÕES DE DIREITO PENAL

Este artigo busca proteger o direito fundamental ao direito de petição, art. 5, XXXIV da CRFB/88.

> **Art. 5º** *Todos são iguais perante a lei, sem distinção de qualquer natureza, garantindo-se aos brasileiros e aos estrangeiros residentes no País a inviolabilidade do direito à vida, à liberdade, à igualdade, à segurança e à propriedade, nos termos seguintes:*
>
> *XXXIV - são a todos assegurados, independentemente do pagamento de taxas:*
>
> *a) o **direito de petição aos Poderes Públicos** em defesa de direitos ou contra ilegalidade ou abuso de poder;*

### Caput

Para que haja a tipificação deste crime faz-se necessário que a conduta do agente público ocorra de forma **injustificada**, pois, caso exista uma justificativa a conduta será atípica.

Os núcleos do tipo penal em análise são impedir ou retardar, os quais podem ocorrer **por ação ou omissão**. Uma vez que o verbo impedir demonstra uma ação do sujeito ativo, já o verbo retardar traz uma ideia de um não fazer, ou seja, uma omissão.

> **Ex.:** O preso redige um habeas corpus requerendo sua soltura para o juiz. Entretanto, o diretor do estabelecimento prisional, a fim de prejudicar dolosamente o preso, impede que esse habeas corpus chegue ao juiz. Restará configurado o crime do art. 19, caput da Lei nº 13.869/2019.

### Sujeitos do crime

**Sujeito ativo:** trata-se de crime próprio, somente o agente público pode cometê-lo.

**Sujeito passivo:** o sujeito passivo deste crime é somente o preso.

Porém, para configuração do delito o **pedido** do preso terá de ser necessariamente **a autoridade judiciária (juiz) competente para apreciar sua prisão ou qualquer circunstância relativa a sua custódia.**

### Parágrafo único

No parágrafo únci do art. 19 da Lei nº 13.869/2019 estão previstas as figuras equiparadas ao crime do *caput* do referido artigo. A conduta deste crime apenas se configura por omissão.

**Sujeito ativo:** também é crime próprio, porém, o sujeito ativo deste crime é somente o magistrado (juiz, desembargador ou ministro).

| Art. 19 da Lei nº 13.869/2019 ||
|---|---|
| Caput | Parágrafo único |
| Ação ou Omissão | Apenas por Omissão |

## 16.10.13 Art. 20

> **Art. 20** *Impedir, sem justa causa, a entrevista pessoal e reservada do preso com seu advogado:*
>
> *Pena - detenção, de 6 (seis) meses a 2 (dois) anos, e multa.*
>
> **Parágrafo único.** *Incorre na mesma pena quem **impede o preso, o réu solto ou o investigado** de entrevistar-se pessoal e reservadamente com seu advogado ou defensor, por prazo razoável, antes de **audiência judicial**, e de sentar-se ao seu lado e com ele comunicar-se durante a audiência, salvo no curso de interrogatório ou no caso de audiência realizada por videoconferência.*

### Caput

A conduta deste crime é impedir a entrevista pessoal e reservada do preso com seu advogado.

A entrevista pessoal e reservada do preso com seu advogado é assegurada constitucionalmente como um direito fundamental previsto no art. 5º, LXIII da CRFB/88.

> *LXIII - **o preso** será informado de seus direitos, entre os quais o de permanecer calado, sendo-lhe **assegurada a assistência** da família e **de advogado**;*

### Sujeitos do crime

**Sujeito ativo:** trata-se de crime próprio somente o agente público pode cometê-lo.

**Sujeito passivo:** no caput do art. 20 da Lei de Abuso de Autoridade o sujeito passivo é **apenas o preso**, diferentemente do parágrafo único do mesmo artigo.

### Parágrafo único

Trata-se de uma figura equiparada ao art. 20, caput. Por isso, a conduta deste crime também é impedir a entrevista pessoal e reservada do preso com seu advogado, porém, por prazo razoável antes da audiência ou de sentar-se ao seu lado e com ele comunicar-se durante a audiência.

**Exceções:**
▷ Interrogatório em juízo;
▷ Audiência realizada por videoconferência.

Segundo a maioria da doutrina, a exceção do interrogatório é mencionada porque, no interrogatório, o sistema vigente é o presidencialista, ou seja, as perguntas serão realizadas diretamente do juiz para o interrogando. As partes levaram suas perguntas ao juiz e ele as fará diretamente ao acusado/réu.

**Sujeito ativo:** somente o magistrado/autoridade judiciária (juiz, desembargador ou ministro).

**Sujeito passivo:** o sujeito passivo deste crime pode ser preso, réu solto ou investigado.

## 16.10.14 Art. 21

> **Art. 21** *Manter presos de ambos os sexos na mesma cela ou espaço de confinamento:*
>
> *Pena – detenção, de 1 (um) a 4 (quatro) anos, e multa.*
>
> **Parágrafo único.** *Incorre na mesma pena quem mantém, na mesma cela, criança ou adolescente na companhia de maior de idade ou em ambiente inadequado, observado o disposto na Lei nº 8.069, de 13 de julho de 1990 (Estatuto da Criança e do Adolescente).*

Este crime visa proteger o direito do preso previsto no art. 82 da Lei de Execução Penal (LEP).

> **Art. 82** *Os estabelecimentos penais destinam-se ao condenado, ao submetido à medida de segurança, ao preso provisório e ao egresso.*
>
> *§ 1º **A mulher e o maior de sessenta anos, separadamente, serão recolhidos a estabelecimento próprio e adequado à sua condição pessoal**.*
>
> *§ 2º - O mesmo conjunto arquitetônico poderá abrigar estabelecimentos de destinação diversa desde que devidamente isolados.*

### Cela ou espaço de confinamento

Cela é o local onde ficam os presos definitivos ou provisórios, seja em penitenciárias ou delegacias.

Espaço de confinamento é qualquer outro local enclausurado onde fique o preso que não seja uma cela destinado ao preso provisório ou definitivo. Ex.: baú da viatura/gaiola.

#### Transexuais e travestis

Há uma intensa discussão doutrinária envolvendo os transexuais e travestis no que tange a questão de qual seria a cela e espaço de confinamento adequado a este grupo de pessoas.

Alguns entendem que os transexuais, de maneira geral, devem ser recolhidos em celas femininas.

Outros doutrinadores vão entender que neste caso vale a opção do indivíduo que está preso. Caso o indivíduo do gênero masculino se identifique com o gênero feminino, mesmo não tendo realizado cirurgia de redesignação sexual, sem alteração no registro civil, deve ser recolhido em unidade prisional feminina.

Segundo Nucci, "(...)Há, certamente, a omissão legislativa – e não deveria ter acontecido - onde prender travesti e transexuais. Já que inexiste clara definição, não se pode processar por abuso de autoridade

# LEI Nº 13.869/2019 – ABUSO DE AUTORIDADE

o lugar onde se coloca, preso, a pessoa travesti ou transexual, vale dizer, em cela masculina ou feminina.(...)"

Cuida-se de tema que carece de uniformização pelos tribunais superiores.

### Sujeitos do crime

**Sujeito ativo**: Somente aquele agente público com atribuição de praticar as funções descritas no tipo penal tanto para a tipificação do *caput* quanto do parágrafo único do art. 21 da Lei de Abuso de Autoridade.

### Parágrafo único

A figura descrita no parágrafo único da art. 21 é equiparada a conduta do art. 21, *caput* e nela incorre o agente que, na mesma cela, colocar criança ou adolescente na companhia de maior de idade ou em ambiente inadequado. Para a interpretação do art. 21, parágrafo único faz-se necessário remeter-se aos arts. 94 e 123 do Estatuto da Criança e do Adolescente.

*Art. 94 As entidades que desenvolvem programas de internação têm as seguintes obrigações, entre outras:*

*I - observar os direitos e garantias de que são titulares os adolescentes;*

*II - não restringir nenhum direito que não tenha sido objeto de restrição na decisão de internação;*

*III - oferecer atendimento personalizado, em pequenas unidades e grupos reduzidos;*

*IV - preservar a identidade e oferecer ambiente de respeito e dignidade ao adolescente;*

*V - diligenciar no sentido do restabelecimento e da preservação dos vínculos familiares;*

*VI - comunicar à autoridade judiciária, periodicamente, os casos em que se mostre inviável ou impossível o reatamento dos vínculos familiares;*

*VII - oferecer instalações físicas em condições adequadas de habitabilidade, higiene, salubridade e segurança e os objetos necessários à higiene pessoal;*

*VIII - oferecer vestuário e alimentação suficientes e adequados à faixa etária dos adolescentes atendidos;*

*IX - oferecer cuidados médicos, psicológicos, odontológicos e farmacêuticos;*

*X - propiciar escolarização e profissionalização;*

*XI - propiciar atividades culturais, esportivas e de lazer;*

*XII - propiciar assistência religiosa àqueles que desejarem, de acordo com suas crenças;*

*XIII - proceder a estudo social e pessoal de cada caso;*

*XIV - reavaliar periodicamente cada caso, com intervalo máximo de seis meses, dando ciência dos resultados à autoridade competente;*

*XV - informar, periodicamente, o adolescente internado sobre sua situação processual;*

*XVI - comunicar às autoridades competentes todos os casos de adolescentes portadores de moléstias infecto-contagiosas;*

*XVII - fornecer comprovante de depósito dos pertences dos adolescentes;*

*XVIII - manter programas destinados ao apoio e acompanhamento de egressos;*

*XIX - providenciar os documentos necessários ao exercício da cidadania àqueles que não os tiverem;*

*XX - manter arquivo de anotações onde constem data e circunstâncias do atendimento, nome do adolescente, seus pais ou responsável, parentes, endereços, sexo, idade, acompanhamento da sua formação, relação de seus pertences e demais dados que possibilitem sua identificação e a individualização do atendimento.*

*§ 1º Aplicam-se, no que couber, as obrigações constantes deste artigo às entidades que mantém programas de acolhimento institucional e familiar.*

*§ 2º No cumprimento das obrigações a que alude este artigo as entidades utilizarão preferencialmente os recursos da comunidade.*

*Art. 123 A internação deverá ser cumprida em entidade exclusiva para adolescentes, em local distinto daquele destinado ao abrigo, obedecida rigorosa separação por critérios de idade, compleição física e gravidade da infração.*

## 16.10.15 Art. 22

*Art. 22 Invadir ou adentrar, clandestina ou astuciosamente, ou à revelia da vontade do ocupante, imóvel alheio ou suas dependências, ou nele permanecer nas mesmas condições, sem determinação judicial ou fora das condições estabelecidas em lei:*

Pena - detenção, de 1 (um) a 4 (quatro) anos, e multa.

*§ 1º Incorre na mesma pena, na forma prevista no caput deste artigo, quem:*

*I - coage alguém, mediante violência ou grave ameaça, a franquear-lhe o acesso a imóvel ou suas dependências;*

*III - cumpre mandado de busca e apreensão domiciliar após as 21h (vinte e uma horas) ou antes das 5h (cinco horas).*

*§ 2º Não haverá crime se o ingresso for para prestar socorro, ou quando houver fundados indícios que indiquem a necessidade do ingresso em razão de situação de flagrante delito ou de desastre (excludentes de ilicitude).*

### Caput

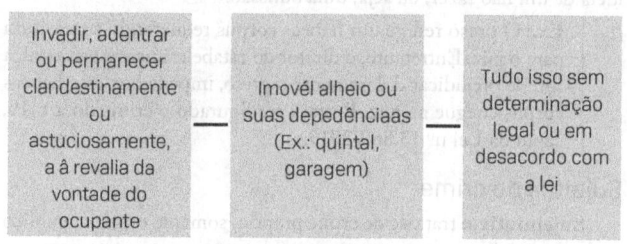

| Invadir, adentrar ou permanecer clandestinamente ou astuciosamente, a à revelia da vontade do ocupante | Imóvel alheio ou suas depedênciaas (Ex.: quintal, garagem) | Tudo isso sem determinação legal ou em desacordo com a lei |
|---|---|---|

Quando que o ingresso ou permanência em imóvel alheio descumprirá as condições estabelecidas na lei?

*Art. 5, XI, CRFB/88 A casa é asilo inviolável do indivíduo, ninguém nela podendo penetrar sem consentimento do morador, salvo em caso de flagrante delito ou desastre, ou para prestar socorro, ou, durante o dia, por determinação judicial;*

Ou seja, quando não for hipótese de:

▷ Flagrante delito;
▷ Desastre;
▷ Prestação de socorro; ou
▷ Durante o dia, por determinação judicial.

### Figura equiparada

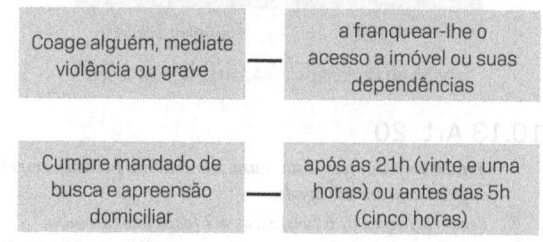

| Coage alguém, mediate violência ou grave | a franquear-lhe o acesso a imóvel ou suas dependências |
|---|---|
| Cumpre mandado de busca e apreensão domiciliar | após as 21h (vinte e uma horas) ou antes das 5h (cinco horas) |

**Ex.:** um policial que chega na residência do suspeito da prática do crime, porém, sem ordem judicial e sem elementos para um flagrante. Esse mesmo policial começa a coagir o investigado, dizendo que já há inquérito instaurado, e que ele teria de consentir com a entrada, caso contrário ele iria "ferrar" o investigado no inquérito policial. E diz mais:

▷ Quem não deve não teme. Então, você tem de me deixar entrar, eu vou interpretar que você está devendo alguma coisa.

Nesta situação, há uma coação mediante grave ameaça para que o morador franqueie, ou seja, permita a entrada no imóvel ou sua dependência. Isso figura a conduta típica do art. 22, § 1º, I da **Lei nº 13.869/2019**.

O inciso III pressupõe que há um mandado judicial a ser realizado, portanto, ele precisa ser cumprido durante o dia.

# NOÇÕES DE DIREITO PENAL

A Constituição Federal não traz o conceito de dia deixando a cargo do legislador infraconstitucional e a jurisprudência definirem este conceito. A Lei nº 13.869/2019 definiu que o conceito de dia, para o cumprimento de mandado de busca e apreensão, abrange o horário de 5 (cinco) horas e 21 (vinte e uma) horas.

Portanto, cumprir ordem judicial de busca e apreensão, depois das 21 horas e antes das 5horas, configura crime de abuso de autoridade, na forma do art. 22, § 1º, inciso III da **Lei nº 13.869/2019**.

Antes da Lei de Abuso de Autoridade, para o conceito de dia utilizava-se o critério cronológico, ou seja, dia era o horário das 6 (seis) horas até as 18 (dezoito) horas.

▷ Imagine que policiais munidos de um mandado de busca e apreensão domiciliar ingressam no imóvel do suspeito as 20 (vinte) horas.

Nesta situação há crime de abuso de autoridade? Não!

Essa prova será considerada lícita?

**Para boa parte da doutrina (Renato Brasileiro, Norberto Avena, Guilherme de Souza Nucci):**

Neste caso, a prova é totalmente lícita, válida e constitucional. Isso porque o critério do art. 22, § 1º, inciso III da **Lei nº 13.869/2019**, além de definir um tipo penal, também será determinante quanto a licitude da prova, ou seja, se a prova é lícita ou não.

## Sujeitos do crime

**Sujeito ativo:** todo o art. 22 da **Lei nº 13.869/2019** é crime próprio, apenas podendo cometê-lo o agente público.

## Conduta

▷ **Omissiva:** permanecer - Caput.
▷ **Comissiva:** demais verbos do caput e § 1º.

Faz-se necessário observar que o art. 22 da Lei de Abuso de Autoridade "equivale" ao crime de invasão de domicílio, a diferença está no sujeito ativo desses delitos.

Por isso, **a Lei nº 13.869/2019 REVOGOU o art. 150, § 2º do CP** que era uma causa de aumento de pena do crime de violação de domicílio (quando o crime fosse cometido por funcionário público).

## 16.10.16 Art. 23

*Art. 23 Inovar artificialmente, no curso de diligência, de investigação ou de processo, o estado de lugar, de coisa ou de pessoa, com o fim de eximir-se de responsabilidade ou de responsabilizar criminalmente alguém ou agravar-lhe a responsabilidade:*
*Pena - detenção, de 1 (um) a 4 (quatro) anos, e multa.*

**Ex.:** policial, autor de crime de homicídio, que no decorrer das investigações forja uma carta de comunicação de suicídio, dando a entender ter sido redigida pela vítima, com o intento de fazer cessar a persecução penal.

Ou seja, o termo "inovar artificialmente" significa criar, montar algo que não corresponde à realidade. Ademais, esta inovação deve estar minimamente apta a enganar alguém, caso contrário não haverá crime (crime impossível).

*Parágrafo único. Incorre na mesma pena quem pratica a conduta com o intuito de:*
*I - eximir-se de responsabilidade civil ou administrativa por excesso praticado no curso de diligência;*

Imagine que em determinada diligência, o policial comete excesso no momento do cumprimento de uma ordem de busca e apreensão (quebrou vários móveis da residência). Sabendo que este excesso certamente resultaria em uma responsabilização cível ou administrativa, ele adultera as imagens das câmeras de segurança daquele local com o objetivo de eximir-se dessa provável responsabilidade.

Perceba que o agente não cometeu infração penal com o excesso, porém ele certamente lhe gerará responsabilidade na esfera cível ou administrativa. Na verdade, o crime ocorre quando, diante do excesso, o sujeito pratica a conduta para eximir-se de uma das responsabilidades mencionadas.

*II - omitir dados ou informações ou divulgar dados ou informações incompletos para desviar o curso da investigação, da diligência ou do processo.*

A omissão ou incompletude do dado ou informação tem como finalidade necessária embaraçar o andamento de investigação, diligência ou processo.

Neste delito (como um todo), cabe salientar que o sujeito ativo pode ser qualquer agente público capaz de praticar os atos descritos.

## 16.10.17 Art. 24

*Art. 24 Constranger, sob violência ou grave ameaça, funcionário ou empregado de instituição hospitalar pública ou privada a admitir para tratamento pessoa cujo óbito já tenha ocorrido, com o fim de alterar local ou momento de crime, prejudicando sua apuração:*
*Pena - detenção, de 1 (um) a 4 (quatro) anos, e multa, além da pena correspondente à violência.*

Imagine que um policial está com um suspeito da prática de um crime e, após espanca-lo, o suspeito acaba falecendo. Diante da situação, sabendo que o indivíduo estava morto, o policial leva-o até um hospital para que o médico receba o falecido como se vivo estivesse, com o objetivo de alterar o momento da morte. O médico nega realizar o ato ilícito proposto, então o policial o ameaça de morte para que faça sua vontade.

Nesse caso, perceba que o objetivo do agente foi o de alterar o momento da morte, **prejudicando a apuração do crime.** Além disso, destaca-se que o agente necessariamente deve saber que o indivíduo já está sem vida.

No exemplo acima o agente responderá pelo delito do art. 24 da Lei nº 13.869/2019 em concurso com o art. 121, CP (homicídio – considerando o dolo de matar), haja vista o teor do preceito secundário daquele, o qual estabelece pena de detenção, de 1 a 4 anos, e multa, além da pena correspondente à violência (a grave ameaça será absorvida pelo crime da Lei nº 13.869/2019).

Novamente, o sujeito ativo, como um todo, pode ser qualquer agente público.

## 16.10.18 Art. 25

*Art. 25 Proceder à obtenção de prova, em procedimento de investigação ou fiscalização, por meio manifestamente ilícito:*
*Pena - detenção, de 1 (um) a 4 (quatro) anos, e multa.*

Observado que o *caput* menciona procedimentos de investigação ou fiscalização, pode-se afirmar que o crime também é aplicável a procedimentos administrativos (da Receita Federal, por exemplo).

Imagine que um investigador de polícia deseje colher elementos de autoria e materialidade de determinada infração penal, mas está encontrando muita dificuldade. Posteriormente, ele toma conhecimento de que o suspeito da infração se comunica através de cartas com outro criminoso e certamente ali estarão presentes elementos de autoria e materialidade do crime. No entanto não foi concedida autorização judicial para interceptação das correspondências.

Então, mesmo sem autorização, o policial vai até a caixa de correspondências do suspeito e retira as cartas lá presentes, onde realmente constam evidências da autoria e materialidade.

Claramente o policial obteve as provas de forma ilícita, violando o sigilo da correspondência (art. 5°, XII da CF) e agindo sem autorização judicial.

*Parágrafo único. Incorre na mesma pena quem faz uso de prova, em desfavor do investigado ou fiscalizado, com prévio conhecimento de sua ilicitude.*

Perceba que no parágrafo único o agente não agiu para obter a prova ilícita (ela já existia), mas sim fez uso, em desfavor do investigado ou fiscalizado, de prova que já sabia ilícita.

O sujeito ativo desde delito, como um todo, pode ser qualquer agente público que praticar as condutas previstas no tipo.

# LEI Nº 13.869/2019 – ABUSO DE AUTORIDADE

## 16.10.19 Art. 27

*Art. 27 Requisitar instauração ou instaurar procedimento investigatório de infração penal ou administrativa, em desfavor de alguém, à falta de qualquer indício da prática de crime, de ilícito funcional ou de infração administrativa:*
*Pena - detenção, de 6 (seis) meses a 2 (dois) anos, e multa.*

### Fique ligado

Existem duas ADINs (Ações Diretas de Inconstitucionalidade) em andamento cujo objeto é esse delito, mas nenhuma delas foi julgada até o momento. Portanto, o crime previsto neste artigo ainda é considerado constitucional.

Note que a instauração de procedimento investigatório deve ser contra alguém específico – não haverá crime se for uma investigação sem autoria definida.

**Ex.:** imagine que um Delegado de Polícia tenha o seu vizinho como inimigo. Este vizinho recebeu uma ótima proposta de emprego e, sabendo disso, o delegado instaura um inquérito policial contra ele, acusando-o da prática de tráfico de drogas. O delegado sabe que este crime nunca ocorreu, mas tem como objetivo frustrar a contratação do vizinho no novo emprego.

Este artigo (entre outros da Lei de Abuso de Autoridade) é alvo de críticas, em razão da subjetividade por ele trazida – não é muito claro quando se caracteriza a "falta de qualquer indício", ficando a critério do intérprete na análise do caso concreto.

Além disso, alguns juristas afirmam que este crime pode servir como desestímulo ao início de novas investigações, quando os indícios ainda são muito frágeis, mas que poderiam ser enrijecidos no decurso do inquérito (ou procedimento administrativo).

*Parágrafo único. Não há crime quando se tratar de sindicância ou investigação preliminar sumária, devidamente justificada.*

O parágrafo único prevê que não haverá o crime quando se tratar de sindicância ou investigação preliminar sumária, devidamente justificada. Assim, havendo qualquer indício, por menor que seja, da prática de crime, infração funcional ou administrativa, não responderá pelo delito em questão o agente público que instaurar ou requisitar o procedimento (aliás, esse será o seu dever).

O sujeito ativo desde delito, como um todo, pode ser qualquer agente público que praticar as condutas previstas no tipo.

## 16.10.20 Art. 28

*Art. 28 Divulgar gravação ou trecho de gravação sem relação com a prova que se pretenda produzir, expondo a intimidade ou a vida privada ou ferindo a honra ou a imagem do investigado ou acusado:*
*Pena - detenção, de 1 (um) a 4 (quatro) anos, e multa.*

Infelizmente, o legislador não deixou claro quais tipos de gravação podem ser considerados para fins deste delito. No entanto, a doutrina entende que a "gravação" é resultado de uma anterior interceptação ou de anterior escuta realizada.

Ou seja, o crime trata da divulgação da *mídia* em que está armazenada a comunicação anteriormente interceptada. Podem ser comunicações telefônicas ou ambientais (reguladas pela Lei 9.296/96).

▷ **Relembrando o que se compreende por interceptação ambiental:** são sinais ópticos (filmagens), sinais acústicos (gravação de voz) ou sinais eletromagnéticos (ondas de rádio).

Ademais, ressalta-se que a gravação que foi divulgada (inteiramente ou trechos) deve ser sido interceptada de forma **lícita**. Isso porque, na hipótese de a interceptação ter ocorrido de forma ilícita, pode-se estar diante do crime do art. 10 da Lei nº 9.296/1996.

Além disso, para que tenhamos o delito do art. 28, o tipo penal exige que a conduta do sujeito ativo:

▷ Recaia sobre gravação ou trecho de gravação sem relação com a prova que se pretenda produzir. Portanto, caso a gravação ou trecho guarde relação com a prova a ser produzida, não haverá o crime do art. 28 (podendo estar caracterizado o delito do art. 10 ou 10-A da Lei nº 9.296/1996, a depender da espécie de comunicação – telefônica ou ambiental);

▷ Exponha a intimidade ou a vida privada ou fira a honra ou a imagem. Se a conduta não atacar algum desses direitos constitucionalmente garantidos, não teremos o crime;

▷ Tenha como destinatário o investigado (fase investigativa) ou acusado (fase judicial). Dessa forma, se a conduta recair sobre qualquer outra pessoa que não alguma das citadas, não haverá o crime.

O sujeito ativo desde delito é o agente público que deva assegurar a confidencialidade da gravação.

## 16.10.21 Art. 29

*Art. 29 Prestar informação falsa sobre procedimento judicial, policial, fiscal ou administrativo com o fim de prejudicar interesse de investigado:*
*Pena - detenção, de 6 (seis) meses a 2 (dois) anos, e multa.*

A constitucionalidade desse delito também está sendo discutida em duas ADINs, mas até o momento não houve julgamento do feito. Por enquanto, é constitucional.

A informação falsa prestada pode estar relacionada aos âmbitos judicial, policial, fiscal ou administrativo. Outro ponto importante é que o sujeito deve saber que está prestando uma informação falsa, pois se trata de um crime doloso.

Ademais, a finalidade da informação falsa deve ser exclusivamente para prejudicar os interesses do investigado. Quando há a intenção de beneficiar o investigado, pode-se caracterizar o crime do art. 319 do Código Penal (prevaricação).

O sujeito ativo desde delito, como um todo, pode ser qualquer agente público que praticar as condutas previstas no tipo.

## 16.10.22 Art. 30

*Art. 30 Dar início ou proceder à persecução penal, civil ou administrativa sem justa causa fundamentada ou contra quem sabe inocente:*
*Pena - detenção, de 1 (um) a 4 (quatro) anos, e multa.*

Para a caracterização deste delito, a persecução iniciada deve ser penal, civil ou administrativa, desde **que sem justa causa fundamentada** ou contra **pessoa que o sujeito ativo sabe inocente**.

▷ A ausência de justa causa é quando não existem elementos mínimos para que se inicie uma persecução (elementos mínimos de materialidade ou autoria), ou seja, ausência de lastro probatório mínimo.

Assim como outros artigos da Lei de Abuso de Autoridade, vários doutrinadores entendem que o art. 30 é inconstitucional, pois é muito vago o conceito do que seria uma persecução penal, civil ou **administrativa "sem justa causa"**, tornando subjetiva essa avaliação.

O sujeito ativo será o agente público que praticar a conduta prevista no tipo penal.

## 16.10.23 Art. 31

*Art. 31 Estender injustificadamente a investigação, procrastinando-a em prejuízo do investigado ou fiscalizado:*
*Pena - detenção, de 6 (seis) meses a 2 (dois) anos, e multa.*

Primeiramente, note que o crime descrito não se restringe ao âmbito penal, pois o legislador utilizou os termos "investigado" e "fiscalizado" (englobando o âmbito administrativo também).

Outro elemento normativo fundamental é o termo *"estender injustificadamente"*. Novamente, a lei não explica o que se deve entender a partir disso. A doutrina aponta que não se trata de uma mera contagem de dias, em que há um limite máximo – deve-se considerar a **complexidade da investigação, o número de vítimas e quem de fato está procrastinando o caso**.

*Parágrafo único. Incorre na mesma pena quem, inexistindo prazo para execução ou conclusão de procedimento, o estende de forma imotivada, procrastinando-o em prejuízo do investigado ou do fiscalizado.*

O parágrafo único traz uma conduta equiparada ao *caput*. Independentemente de haver ou não prazo para a conclusão de determinado procedimento, a procrastinação poderá ser verificada de acordo com o caso concreto.

O sujeito ativo será o agente público que incidir na conduta prevista no tipo penal.

Por sua vez, a conduta pode ser comissiva (ação) ou omissiva (omissão).

▷ Quando um delegado toma medidas protelatórias, com o intuito de prejudicar o investigado, há conduta **comissiva,** por exemplo;

▷ Quando o delegado se omite quanto ao andamento da investigação, com o intuito de prejudicar o investigado, há conduta **omissiva**, por exemplo.

### 16.10.24 Art. 32

*Art. 32 Negar ao interessado, seu defensor ou advogado acesso aos autos de investigação preliminar, ao termo circunstanciado, ao inquérito ou a qualquer outro procedimento investigatório de infração penal, civil ou administrativa, assim como impedir a obtenção de cópias, ressalvado o acesso a peças relativas a diligências em curso, ou que indiquem a realização de diligências futuras, cujo sigilo seja imprescindível:*

*Pena – detenção, de 6 (seis) meses a 2 (dois) anos, e multa.*

Trata-se da conduta de negar ao interessado (ou ao seu defensor), o acesso aos autos ou à obtenção de cópias destes, podendo ser procedimento investigatório de infração penal, civil ou administrativa.

Existe ressalva quanto às diligências em andamento ou aquelas que estejam relacionadas com diligências futuras. Por exemplo, uma interceptação telefônica que está em curso. Portanto, como uma conclusão óbvia, não haverá crime quando a negativa de acesso aos autos estiver fundamentada na imprescindibilidade de sigilo da diligência (futura ou em andamento).

O presente texto legal possui inspiração no enunciado da Súmula Vinculante nº 14: *É direito do defensor, no interesse do representado, ter acesso amplo aos elementos de prova que, já documentados em procedimento investigatório realizado por órgão com competência de polícia judiciária, digam respeito ao exercício do direito de defesa.*

O sujeito ativo será o agente público que incidir na conduta prevista no tipo penal.

### 16.10.25 Art. 33

*Art. 33 Exigir informação ou cumprimento de obrigação, inclusive o dever de fazer ou de não fazer, sem expresso amparo legal:*

*Pena – detenção, de 6 (seis) meses a 2 (dois) anos, e multa.*

O delito do art. 33 não deve ser confundido com o crime de **constrangimento ilegal**, previsto no art. 146 do Código Penal. Neste último, faz-se necessária a presença de violência ou grave ameaça, diferentemente do crime da Lei de Abuso de Autoridade. Outra diferença, diz respeito ao sujeito ativo – no crime do Código Penal não se exige a qualidade de agente público.

Também não se deve confundir este crime com a **extorsão**, do art. 158 do Código Penal, pelas mesmas razões apresentadas acima, além do fato de o crime de extorsão envolver vantagem de natureza patrimonial.

*Parágrafo único. Incorre na mesma pena quem se utiliza de cargo ou função pública ou invoca a condição de agente público para se eximir de obrigação legal ou para obter vantagem ou privilégio indevido.*

Enquanto no caput o agente público exige o cumprimento de obrigação ou informação sem fundamento na lei, no parágrafo único ele utilizará o seu cargo ou função para se eximir de uma obrigação prevista na lei ou obter vantagem indevida.

Entendemos que a vantagem indevida pode ser de qualquer espécie (não necessariamente patrimonial).

> **Ex.:** policial que vai a uma boate e, na bilheteria, invoca a sua função pública para conseguir adentrar no estabelecimento de forma gratuita, obtendo assim uma vantagem indevida. Crime do art. 33, parágrafo único.

O sujeito ativo será o agente público que incidir na conduta prevista no tipo penal (*caput* e parágrafo único).

### 16.10.26 Art. 36

*Art. 36 Decretar, em processo judicial, a indisponibilidade de ativos financeiros em quantia que extrapole exacerbadamente o valor estimado para a satisfação da dívida da parte e, ante a demonstração, pela parte, da excessividade da medida, deixar de corrigi-la:*

*Pena – detenção, de 1 (um) a 4 (quatro) anos, e multa.*

Veja que este crime possui dupla exigência para sua caracterização: **decretar** a indisponibilidade de ativos financeiros em quantia que extrapole exacerbadamente o valor estimado para a satisfação da dívida e, ante a demonstração, pela parte, da excessividade da medida, **deixar de corrigi-la**. O crime apenas estará configurado com a presença das duas condutas.

Ademais, é apresentada uma conduta comissiva (decretar) seguida de uma conduta omissiva (deixar de corrigir) – é o que a doutrina denomina de **crime de conduta mista**.

O sujeito ativo é a autoridade judiciária (juiz, desembargador, ministro), pois ela será a competente para decretar a indisponibilidade de ativos financeiros.

### 16.10.27 Art. 37

*Art. 37 Demorar demasiada e injustificadamente no exame de processo de que tenha requerido vista em órgão colegiado, com o intuito de procrastinar seu andamento ou retardar o julgamento:*

*Pena – detenção, de 6 (seis) meses a 2 (dois) anos, e multa.*

É bastante comum que os órgãos colegiados lidem com processos complexos, razão pela qual o pedido de vistas muitas vezes é necessário, para que o desembargador (por exemplo) analise o caso com mais atenção.

Contudo, embora salutar, em algumas ocasiões esses pedidos de vista atrasam de forma demasiada o andamento processual, podendo gerar danos irreversíveis (Ex.: prescrição). Nesse sentido foi editado o presente delito, o qual exigirá uma demora considerável e injustificada no exame de processo constante em órgão colegiado pelo sujeito ativo e, ainda, que essa conduta tenha por finalidade procrastinar seu andamento ou retardar o julgamento.

O sujeito ativo deve ser aquele que integra ou atua em órgão colegiado (desembargador, ministro, membro do Ministério Público, por exemplo). Ademais, trata-se de crime omissivo (não há modalidade comissiva do delito).

### 16.10.28 Art. 38

*Art. 38 Antecipar o responsável pelas investigações, por meio de comunicação, inclusive rede social, atribuição de culpa, antes de concluídas as apurações e formalizada a acusação:*

*Pena – detenção, de 6 (seis) meses a 2 (dois) anos, e multa.*

Estamos diante da conduta do agente público, responsável pelas investigações, que antecipa, por meio de comunicação, inclusive rede social, atribuição de culpa, antes de concluídas as apurações (investigações) e formalizada a acusação (oferecimento da peça acusatória).

Imagine que um delegado de polícia, dolosamente, atribua a culpa pelo cometimento de um crime a um investigado, através de um programa de televisão, mas sem indiciamento, finalização das investigações ou formalização da acusação. Nesta hipótese, temos o delito do art. 38.

Exige-se que a antecipação na atribuição de culpa se dê por meio de comunicação, inclusive rede social (crime de forma vinculada).

Renato Brasileiro acrescenta que "não haverá crime se a conduta for praticada no âmbito de uma conversa privada, por exemplo (v.g., conversa particular via whatsapp). A comunicação é o processo de informação que se realiza entre os comunicadores e a audiência, heterogênea e anônima, por meio de instrumentos que são os meios de comunicação".[6]

O sujeito ativo será o agente público que incidir na conduta prevista no tipo penal.

---

6 LIMA, Renato Brasileiro de. Legislação Criminal Especial Comentada. 9ª ed. Salvador: Juspodivm, 2021, p. 198.

# 17 CRIMES E INFRAÇÕES ADMINISTRATIVAS DO ECA

Os crimes praticados contra a criança e ao adolescente, seja por ação ou omissão, estão previstos nos arts. 228 ao 244-B do ECA, aplicando-se concomitantemente as normas penais da parte geral do CP e do CPP para aplicação da pena.

Importante mencionar que todos os crimes previstos no ECA terão ação penal pública incondicionada, sendo sua titularidade do Ministério Público.

Vejamos alguns dos principais tipos de crime:

▷ **Quanto ao sujeito ativo**
- **Crime comum:** não exige qualidade específica do sujeito ativo para sua prática.
- **Crime próprio:** exige qualidade específica do sujeito ativo para sua prática.
- **Crime de mão própria:** é aquele que somente pode ser praticado pela própria pessoa.

▷ **Quanto à necessidade de resultado naturalístico para sua consumação**
- **Crime material:** prevê um resultado naturalístico para sua consumação.
- **Crime formal:** descreve um resultado naturalístico, do qual sua ocorrência é desnecessária para consumar o delito.
- **Crime de mera conduta:** quando o resultado naturalístico nem mesmo poderia ocorrer por ausência de descrição.

▷ **Quanto à necessidade de lesão ao bem jurídico para sua consumação**
- **Crime de dano:** necessita para ocorrer de lesão ou danos a um bem jurídico protegido penalmente.
- **Crime de perigo:** necessita para a consumação de exposição do bem jurídico a perigo.

▷ **Quanto à forma da conduta**
- **Crime comissivo:** é praticado por um ato positivo do agente, ou seja, o ato de fazer algo.
- **Crime omissivo:** é praticado por um ato negativo do agente, ou seja, o ato de não fazer algo.
- **Crime de conduta mista:** prevê a ação seguida de uma omissão.
- **Crime de esquecimento:** é um crime do qual o agente pratica sem prevê o resultado havendo a culpa inconsciente.

▷ **Quanto ao tempo da consumação**
- **Crime instantâneo:** consuma-se imediatamente.
- **Crime permanente:** a consumação se protrai no tempo.
- **Crime instantâneo de efeitos permanentes:** consuma-se imediatamente, mas os efeitos se prolongam no tempo.

▷ **Crime a prazo:** depende prazo para sua consumação.
- **Quanto à unicidade ou não do tipo penal**

▷ **Crime simples:** formado por um único tipo penal.

▷ **Crime complexo:** é formado pela junção ou fusão de outros tipos penais.

▷ **Crime de forma livre:** é aquele que não prevê uma forma específica de realização do núcleo do tipo, como o furto e o homicídio.

▷ **Crime de forma vinculada:** é aquele que tem forma ou formas de realização do núcleo do tipo especificamente previstas em lei. É o caso do curandeirismo, que possui algumas formas previstas nos incisos do art. 284 em que o núcleo do tipo pode ser realizado.

## 17.1 Crimes em espécie

O art. 228 do ECA tem como características principais que em o caput e o parágrafo único trazem infrações de menor potencial ofensivo. O tipo penal se refere as obrigações do art. 10 do ECA.

Os crimes descritos são omissivos próprios, formais, próprios e de perigo abstrato. Já o parágrafo único prevê a modalidade culposa.

> **Art. 228** Deixar o encarregado de serviço ou o dirigente de estabelecimento de atenção à saúde de gestante de manter registro das atividades desenvolvidas, na forma e prazo referidos no art. 10 desta Lei, bem como de fornecer à parturiente ou a seu responsável, por ocasião da alta médica, declaração de nascimento, onde constem as intercorrências do parto e do desenvolvimento do neonato:
> **Pena** - detenção de 6 (seis) meses a 2 (dois) anos.
> **Parágrafo único.** Se o crime é culposo:
> **Pena** - detenção de 2 (dois) a 2 (seis) meses, ou multa.
> **Art. 229** Deixar o médico, enfermeiro ou dirigente de estabelecimento de atenção à saúde de gestante de identificar corretamente o neonato e a parturiente, por ocasião do parto, bem como deixar de proceder aos exames referidos no art. 10 desta Lei:
> **Pena** - detenção de 6 (seis) meses a 2 (dois) anos.
> **Pena** - detenção de 2 (dois) a 6 (seis) meses, ou multa.

O art. 229 do ECA, em seu caput e parágrafo único, trazem infrações de menor potencial ofensivo. O tipo penal refere-se as obrigações do art. 10 do ECA.

Os crimes descritos são omissivos próprios, formais, próprios e de perigo abstrato. Já o parágrafo único prevê a modalidade culposa.

> **Art. 230** Privar a criança ou o adolescente de sua liberdade, procedendo à sua apreensão sem estar em flagrante de ato infracional ou inexistindo ordem escrita da autoridade judiciária competente:
> **Pena** - detenção de 6 (seis) meses a 2 (dois) anos.
> **Parágrafo único.** Incide na mesma pena aquele que procede à apreensão sem observância das formalidades legais.

O caput e o parágrafo único do art. 230 trazem infrações de menor potencial ofensivo. O crime descrito é comum, material, doloso, permanente.

> **Art. 231** Deixar a autoridade policial responsável pela apreensão de criança ou adolescente de fazer imediata comunicação à autoridade judiciária competente e à família do apreendido ou à pessoa por ele indicada
> **Pena** - detenção de 6 (seis) meses a 2 (dois) anos.

O art. 231 do ECA, em seu caput e no parágrafo único, trazem infrações de menor potencial ofensivo. O crime descrito é próprio, formal, omissivo, de perigo abstrato.

> **Art. 232** Submeter criança ou adolescente sob sua autoridade, guarda ou vigilância a vexame ou a constrangimento:
> **Pena** - detenção de 6 (seis) meses a 2 (dois) anos.

O caput e o parágrafo único do art. 232 do ECA trazem infrações de menor potencial ofensivo. O crime descrito é próprio, material, comissivo, admite tentativa.

> **Art. 234** Deixar a autoridade competente, sem justa causa, de ordenar a imediata liberação de criança ou adolescente, tão logo tenha conhecimento da ilegalidade da apreensão:
> **Pena** - detenção de 6 (seis) meses a 2 (dois) anos.

O art. 234 do ECA, em seu caput e no parágrafo único, trazem infrações de menor potencial ofensivo. O crime descrito é próprio, material, omissivo, permanente.

> **Art. 235** Descumprir, injustificadamente, prazo fixado nesta Lei em benefício de adolescente privado de liberdade:
> **Pena** - detenção de 6 (seis) meses a 2 (dois) anos.

O art. 235 do ECA, em seu caput e no parágrafo único, trazem infrações de menor potencial ofensivo. O crime descrito é próprio, material, omissivo, permanente. Sendo ainda uma norma penal em branco, tendo em vista que exige que o agente descumpra os prazos fixados no ECA.

*Art. 236 Impedir ou embaraçar a ação de autoridade judiciária, membro do Conselho Tutelar ou representante do Ministério Público no exercício de função prevista nesta Lei:*

*Pena - detenção de 6 (seis) meses a 2 (dois) anos.*

O caput e o parágrafo único do art. 236 do ECA trazem infrações de menor potencial ofensivo. O crime descrito é comum, formal, omissivo, de perigo abstrato.

*Art. 237 Subtrair criança ou adolescente ao poder de quem o tem sob sua guarda em virtude de lei ou ordem judicial, com o fim de colocação em lar substituto:*

*Pena - reclusão de 2 (dois) a 6 (seis) anos, e multa.*

O crime descrito tem como características principais ser comum, formal, forma livre. Sendo uma norma penal em branco, tendo em vista que o conceito de lar substituto é retirado do ECA.

*Art. 238 Prometer ou efetivar a entrega de filho ou pupilo a terceiro, mediante paga ou recompensa: [...]*

*Pena - Reclusão de 1 (um) a 4 (quatro) anos, e multa.*

*Parágrafo único. Incide nas mesmas penas quem oferece ou efetiva a paga ou recompensa.*

O art. 235 do ECA tem como características principais ser infração de médio potencial ofensivo; no caput há um crime próprio, e no parágrafo único, um crime comum. O crime descrito é comissivo, formal e material, doloso e instantâneo.

*Art. 239 Promover ou auxiliar a efetivação de ato destinado ao envio de criança ou adolescente para o exterior com inobservância das formalidades legais ou com o fito de obter lucro:*

*Pena - reclusão de quatro a seis anos, e multa.*

*Parágrafo único. Se há emprego de violência, grave ameaça ou fraude:*

*Pena - reclusão, de 6 (seis) a 8 (oito) anos, além da pena correspondente à violência.*

O art. 236 do ECA tem como características principais ser crime comum, formal, de forma livre. Sendo norma penal em branco tendo em vista a referência à violação de formalidades legais de envio de criança ou adolescente ao exterior conforme previsto no ECA.

*Art. 240 Produzir, reproduzir, dirigir, fotografar, filmar ou registrar, por qualquer meio, cena de sexo explícito ou pornográfica, envolvendo criança ou adolescente:*

*Pena – reclusão, de 4 (quatro) a 8 (oito) anos, e multa.*

*§ 1º Incorre nas mesmas penas quem agencia, facilita, recruta, coage, ou de qualquer modo intermedeia a participação de criança ou adolescente nas cenas referidas no caput deste artigo, ou ainda quem com esses contracena.*

*§ 2º Aumenta-se a pena de 1/3 se o agente comete o crime:*

*I - No exercício de cargo ou função pública ou a pretexto de exercê-la;*

*II - Prevalecendo-se de relações domésticas, de coabitação ou de hospitalidade; ou*

*III - prevalecendo-se de relações de parentesco consanguíneo ou afim até o terceiro grau, ou por adoção, de tutor, curador, preceptor, empregador da vítima ou de quem, a qualquer outro título, tenha autoridade sobre ela, ou com seu consentimento.*

O art. 240 do ECA tem como finalidade punir qualquer um vinculado à produção de conteúdo sexual ou pornográfico envolvendo crianças ou adolescentes, mesmo que autorizado. É um crime comum, formal, doloso e instantâneo. Admite-se nesse crime o de erro de tipo, no que se refere à idade do infante.

*Art. 241 Vender ou expor à venda fotografia, vídeo ou outro registro que contenha cena de sexo explícito ou pornográfica envolvendo criança ou adolescente:*

*Pena - Reclusão, de 4 (quatro) a 8 (oito) anos, e multa.*

O presente artigo tem como alvo o comerciante de material de pornografia infantil, tendo como características do crime ser um crime comum, formal, comissivo, instantâneo.

*Art. 241-A Oferecer, trocar, disponibilizar, transmitir, distribuir, publicar ou divulgar por qualquer meio, inclusive por meio de sistema de informática ou telemático, fotografia, vídeo ou outro registro que contenha cena de sexo explícito ou pornográfica envolvendo criança ou adolescente:*

*Pena - Reclusão, de 3 (três) a 6 (seis) anos, e multa.*

*§ 1º Nas mesmas penas incorre quem:*

*I - Assegura os meios ou serviços para o armazenamento das fotografias, cenas ou imagens de que trata o caput deste artigo;*

*II - Assegura, por qualquer meio, o acesso por rede de computadores às fotografias, cenas ou imagens de que trata o caput deste artigo.*

*§ 2º As condutas tipificadas nos incisos I e II do § 1º deste artigo são puníveis quando o responsável legal pela prestação do serviço, oficialmente notificado, deixa de desabilitar o acesso ao conteúdo ilícito de que trata o caput.*

Neste artigo, a punição é ao dispersor de material pornográfico, incluindo para adquirir para si ou para compartilhar. Tem como classificação ser um crime comum, formal, comissivo.

*Art. 241-B Adquirir, possuir ou armazenar, por qualquer meio, fotografia, vídeo ou outra forma de registro que contenha cena de sexo explícito ou pornográfica envolvendo criança ou adolescente:*

*Pena - Reclusão, de 1 (um) a 4 (quatro) anos, e multa.*

*§ 1º A pena é diminuída de 1 a 2/3 se de pequena quantidade o material a que se refere o caput deste artigo.*

*§ 2º Não há crime se a posse ou o armazenamento tem a finalidade de comunicar às autoridades competentes a ocorrência das condutas descritas nos arts. 240, 241, 241-A e 241-C desta Lei, quando a comunicação for feita por:*

*I - Agente público no exercício de suas funções;*

*II - Membro de entidade, legalmente constituída, que inclua, entre suas finalidades institucionais, o recebimento, o processamento e o encaminhamento de notícia dos crimes referidos neste parágrafo;*

*III - Representante legal e funcionários responsáveis de provedor de acesso ou serviço prestado por meio de rede de computadores, até o recebimento do material relativo à notícia feita à autoridade policial, ao Ministério Público ou ao Poder Judiciário.*

*§ 3º As pessoas referidas no § 2º deste artigo deverão manter sob sigilo o material ilícito referido.*

O art. 241-B trata do criminoso, que é o consumidor da pornografia infantil. Tem como característica ser uma infração de potencial ofensivo, é crime comum, formal, comissivo, instantâneo na modalidade "adquirir" e permanente nas modalidades "armazenar e possuir".

*Art. 241-C Simular a participação de criança ou adolescente em cena de sexo explícito ou pornográfica por meio de adulteração, montagem ou modificação de fotografia, vídeo ou qualquer outra forma de representação visual:*

*Pena - Reclusão, de 1 a 3 anos, e multa.*

*Parágrafo único. Incorre nas mesmas penas quem vende, expõe à venda, disponibiliza, distribui, publica ou divulga por qualquer meio, adquire, possui ou armazena o material produzido na forma do caput deste artigo.*

Tem como características ser infração de médio potencial ofensivo, crime comum, formal, de forma livre, comissivo, instantâneo.

*Art. 241-D Aliciar, assediar, instigar ou constranger, por qualquer meio de comunicação, criança, com o fim de com ela praticar ato libidinoso:*

*Pena - Reclusão, de 1 a 3 anos, e multa.*

*Parágrafo único. Nas mesmas penas incorre quem:*

# CRIMES E INFRAÇÕES ADMINISTRATIVAS DO ECA

*I - Facilita ou induz o acesso à criança de material contendo cena de sexo explícito ou pornográfica com o fim de com ela praticar ato libidinoso;*
*II - Pratica as condutas descritas no caput deste artigo com o fim de induzir criança a se exibir de forma pornográfica ou sexualmente explícita.*

Neste artigo, o legislado engloba a conduta de quem, mesmo não produzindo o material pornográfico, recruta os infantes. Tem como características ser uma infração de médio potencial ofensivo, um crime comum, formal, de forma livre, comissivo e instantâneo.

## 17.1.1 Norma penal explicativa

*Art. 241-E Para efeito dos crimes previstos nesta Lei, a expressão "cena de sexo explícito ou pornográfica" compreende qualquer situação que envolva criança ou adolescente em atividades sexuais explícitas, reais ou simuladas, ou exibição dos órgãos genitais de uma criança ou adolescente para fins primordialmente sexuais.*

Aqui, o legislador quis evitar contrariedades de interpretação, definindo exatamente o contexto de cena de sexo explícito ou pornográfica, deixando, no entanto, de mencionar a exposição dos seios, uma vez que não são órgãos genitais.

*Art. 242 Vender, fornece ainda que gratuitamente ou entregar, de qualquer forma, a criança ou adolescente arma, munição ou explosivo:*
*Pena - reclusão, de 3 (três) a 6 (seis) anos.*

Assim, o art. 242 é um crime comum, formal, forma livre, comissivo e instantâneo.

*Art. 243 Vender, fornecer, servir, ministrar ou entregar, ainda que gratuitamente, de qualquer forma, a criança ou a adolescente, bebida alcoólica ou, sem justa causa, outros produtos cujos componentes possam causar dependência física ou psíquica:*
*Pena - detenção de 2 (dois) a 4 (quatro) anos, e multa, se o fato não constitui crime mais grave.*

O art. 243 tem como características principais ser um crime comum, doloso, comissivo, formal e uma infração penal subsidiária, incidindo apenas na falta de outro mais gravoso.

*Art. 244 Vender, fornece ainda que gratuitamente ou entregar, de qualquer forma, a criança ou adolescente fogos de estampido ou de artifício, exceto aqueles que, pelo seu reduzido potencial, sejam incapazes de provocar qualquer dano físico em caso de utilização indevida:*
*Pena - detenção de 6 (seis) meses a 2 (dois) anos, e multa.*

O art. 244 tem como características principais ser uma infração de menor potencial ofensivo, bem como ser um crime comum, formal, de forma livre, comissivo.

*Art. 244-A Submeter criança ou adolescente, como tais definidos no caput do art. 2º desta Lei, à prostituição ou à exploração sexual:*
*Pena - reclusão de quatro a dez anos e multa, além da perda de bens e valores utilizados na prática criminosa em favor do Fundo dos Direitos da Criança e do Adolescente da unidade da Federação (Estado ou Distrito Federal) em que foi cometido o crime, ressalvado o direito de terceiro de boa-fé.*
*§ 1º Incorrem nas mesmas penas o proprietário, o gerente ou o responsável pelo local em que se verifique a submissão de criança ou adolescente às práticas referidas no caput deste artigo.*
*§ 2º Constitui efeito obrigatório da condenação a cassação da licença de localização e de funcionamento do estabelecimento.*

O conteúdo do artigo em questão foi reproduzido pelo art. 218-B do Código Penal, sendo assim, o tipo do art. 244-A foi revogado pela alteração do Código Penal, segundo a doutrina em geral.

*Art. 244-B Corromper ou facilitar a corrupção de menor de 18 (dezoito) anos, com ele praticando infração penal ou induzindo-o a praticá-la:*
*Pena - reclusão, de 1 (um) a 4 (quatro) anos.*

*§ 1º Incorre nas penas previstas no caput deste artigo quem pratica as condutas ali tipificadas utilizando-se de quaisquer meios eletrônicos, inclusive salas de bate-papo da internet.*
*§ 2º As penas previstas no caput deste artigo são aumentadas de um terço no caso de a infração cometida ou induzida estar incluída no rol do art. 1º da Lei nº 8.072/90.*

Aqui encontramos o crime conhecido por corrupção de menores. Sendo um crime de médio potencial ofensivo, bem como um crime comum, formal, comissivo.

## 17.2 Infrações administrativas

Em primeiro lugar, quando falamos das infrações administrativas, não estamos falando de crime não havendo penas privativas de liberdade se sim penas de multa serão revertidas a fundos municipais dos direitos da criança e do adolescente. Ocorre a prescrição das infrações em 5 anos.

*Art. 245 Deixar o médico, professor ou responsável por estabelecimento de atenção à saúde e de ensino fundamental, pré-escola ou creche, de comunicar à autoridade competente os casos de que tenha conhecimento, envolvendo suspeita ou confirmação de maus-tratos contra criança ou adolescente:*
*Pena - multa de 3 (três) a 20 (vinte) salários de referência, aplicando-se o dobro em caso de reincidência.*

Este artigo tem como características um sujeito ativo é próprio e conduta omissiva.

*Art. 246 Impedir o responsável ou funcionário de entidade de atendimento o exercício dos direitos de: [...] Peticionar diretamente a qualquer autoridade; avistar-se reservadamente com seu defensor; receber visitas, ao menos, semanalmente; corresponder-se com seus familiares e amigos; receber escolarização e profissionalização;*
*Pena - multa de 3 (três) a 20 (vinte) salários de referência, aplicando-se o dobro em caso de reincidência.*

Aqui, o sujeito ativo é funcionário de entidade de medida socioeducativa.

*Art. 247 Divulgar, total ou parcialmente, sem autorização devida, por qualquer meio de comunicação, nome, ato ou documento de procedimento policial, administrativo ou judicial relativo à criança ou adolescente a que se atribua ato infracional.*
*Pena - multa de 3 (três) a 20 (vinte) salários de referência, aplicando-se o dobro em caso de reincidência.*
*§ 1º Incorre na mesma pena quem exibe, total ou parcialmente, fotografia de criança ou adolescente envolvido em ato infracional, ou qualquer ilustração que lhe diga respeito ou se refira a atos que lhe sejam atribuídos, de forma a permitir sua identificação, direta ou indiretamente.*
*§ 2º Se o fato for praticado por órgão de imprensa ou emissora de rádio ou televisão, além da pena prevista neste artigo, a autoridade judiciária poderá determinar a apreensão da publicação ou a suspensão da programação da emissora até por 2 dias, bem como da publicação do periódico até por dois números. (Expressão declara inconstitucional pela ADIN 869-2).*

Neste artigo, o sujeito é qualquer pessoa. A expressão riscada foi declarada inconstitucional pelo STF.

*Art. 249 Descumprir, dolosa ou culposamente, os deveres inerentes ao poder familiar ou decorrente de tutela ou guarda, bem assim determinação da autoridade judiciária ou Conselho Tutelar.*
*Pena - multa de 3 (três) a 20 (vinte) salários de referência, aplicando-se o dobro em caso de reincidência.*

*Art. 250 Hospedar criança ou adolescente desacompanhado dos pais ou responsável, ou sem autorização escrita desses ou da autoridade judiciária, em hotel, pensão, motel ou congênere.*
*Pena – multa.*

*§ 1º Em caso de reincidência, sem prejuízo da pena de multa, a autoridade judiciária poderá determinar o fechamento do estabelecimento por até 15 dias.*

*§ 2º Se comprovada a reincidência em período inferior a 30 dias, o estabelecimento será definitivamente fechado e terá licença cassada.*

**Art. 251** *Transportar criança ou adolescente, por qualquer meio, com inobservância do das regras de autorização de viagem.*

**Pena** - *multa de 3 (três) a 20 (vinte) salários de referência, aplicando-se o dobro em caso de reincidência.*

**Art. 252** *Deixar o responsável por diversão ou espetáculo público de afixar, em lugar visível e de fácil acesso, à entrada do local de exibição, informação destacada sobre a natureza da diversão ou espetáculo e a faixa etária especificada no certificado de classificação.*

**Pena** - *multa de 3 (três) a 20 (vinte) salários de referência, aplicando-se o dobro em caso de reincidência.*

**Art. 253** *Anunciar peças teatrais, filmes ou quaisquer representações ou espetáculos, sem indicar os limites de idade a que não se recomendem.*

**Pena** - *multa de 3 (três) a 20 (vinte) salários de referência, duplicada em caso de reincidência, aplicável, separadamente, à casa de espetáculo e aos órgãos de divulgação ou publicidade.*

**Art. 254** *Transmitir, através de rádio ou televisão, espetáculo em horário diverso do autorizado ou sem aviso de sua classificação.*

**Pena** - *multa de 20 (vinte) a 100 (cem) salários de referência; duplicada em caso de reincidência, a autoridade judiciária poderá determinar a suspensão da programação da emissora por até 2 dias.*

O STF, no bojo da ADI nº 2.404, julgou inconstitucional a limitação de horários, argumentando que o Estado não pode determinar que os programas possam ser exibidos somente em determinados horários, o que seria uma imposição, vedado pela CF/88. O Poder Público pode apenas recomendar horários adequados, sendo a classificação dos programas meramente indicativa.

**Art. 255** *Exibir filmes, trailer, peça, amostra ou congênere classificado pelo órgão competente como inadequado às crianças ou adolescentes admitidos ao espetáculo.*

**Pena** - *multa de 20 (vinte) a 100 (cem) salários de referência. Na reincidência, a autoridade poderá determinar a suspensão do espetáculo ou o fechamento do estabelecimento por até 15 dias.*

**Art. 256** *Vender ou locar a criança ou adolescente fita de programação em vídeo, em desacordo com a classificação atribuída pelo órgão competente.*

**Pena** - *multa de 3 (três) a 20 (vinte) salários de referência. Em caso de reincidência, a autoridade judiciária poderá determinar o fechamento do estabelecimento por até 15 dias.*

**Art. 257** *Descumprir obrigação de:*

*I - Comercializar revistas de material impróprio com embalagem lacrada e advertência de seu conteúdo;*

*II - Não conter em revistas e publicações destinadas ao público infanto-juvenil ilustrações, fotografias, legendas, crônicas ou anúncios de bebidas alcoólicas, tabaco, armas e munições, e respeitar os valores éticos e sociais da pessoa e da família.*

**Pena** - *multa de 3 (três) a 20 (vinte) salários de referência, duplicando-se a pena em caso de reincidência, sem prejuízo de apreensão da revista ou publicação.*

**Art. 258** *Deixar o responsável pelo estabelecimento ou o empresário de observar o que dispõe esta Lei sobre o acesso de criança ou adolescente aos locais de diversão, ou sobre sua participação no espetáculo.*

**Pena** - *multa de 3 (três) a 20 (vinte) salários de referência. Em caso de reincidência, a autoridade judiciária poderá determinar o fechamento do estabelecimento por até 15 dias.*

**Art. 258-A** *Deixar a autoridade competente de providenciar a instalação e operacionalização dos:*

*I - Cadastro do registro de crianças e adolescentes em condições de serem adotados e Cadastro de pessoas interessadas na adoção*

*II - Cadastro que contenha informações atualizadas sobre as crianças e adolescentes em regime de acolhimento familiar e institucional sob sua responsabilidade.*

**Pena** - *multa de R$ 1.000,00 a R$ 3.000,00.*

**Parágrafo único.** *Incorre nas mesmas penas a autoridade que deixa de efetuar o cadastramento de crianças e de adolescentes em condições de serem adotadas, de pessoas ou casais habilitados à adoção e de crianças e adolescentes em regime de acolhimento institucional ou familiar.*

**Art. 258-B** *Deixar o médico, enfermeiro ou dirigente de estabelecimento de atenção à saúde de gestante de efetuar imediato encaminhamento ao juiz de caso de que tenha conhecimento de mãe ou gestante interessada em entregar seu filho para adoção.*

**Pena** - *multa de R$ 1.000,00 a R$ 3.000,00.*

**Parágrafo único.** *Incorre na mesma pena o funcionário de programa oficial ou comunitário destinado à garantia do direito à convivência familiar que deixa de efetuar a comunicação referida no caput deste artigo.*

**Art. 258-C** *Descumprir a proibição de vender bebidas alcoólicas para crianças e adolescentes.*

**Pena** - *multa de R$ 3.000,00 a R$ 10.000,00.*

*Medida administrativa - interdição do estabelecimento comercial até o recolhimento da multa aplicada.*

# 18 LEI Nº 10.826/2003 - ESTATUTO DO DESARMAMENTO

## 18.1 Conceitos introdutórios

O Estatuto do Desarmamento é uma lei que possui normas de Direito Administrativo, Penal e Processual Penal, iremos focar o estudo acerca das infrações penais; contudo, para entender determinados pontos existentes na Lei, será necessário o conhecimento básico de alguns conceitos iniciais.

Por exemplo, o órgão responsável pela autorização e pelo registro de arma de fogo, em regra, é o SINARM (Sistema Nacional de Armas), alocado na Polícia Federal e instituído pelo Ministério da Justiça, cujas competências são exauridas do art. 3º da referida Lei.

### 18.1.1 Objetivo

▷ **Os objetivos estão expostos na ementa da Lei, quais sejam:**
- Dispõe sobre registro, posse, porte e comercialização de armas de fogo e munição;
- Dispõe sobre o Sistema Nacional de Armas – SINARM;
- Define crimes; e
- Dá outras providências.

O Estatuto tem incriminação apenas das armas de fogo, acessórios, munições e artefatos explosivos ou incendiários, não se aplicando às armas brancas (arts. 18 e 19 da LCP, ou art. 242 do ECA).

### 18.1.2 Norma penal em branco

▷ **A Lei nº 10.826/2003 não definiu o conceito do que é:**
- Arma de fogo, acessório e munição;
- De uso permitido, restrito e proibido; e
- Artefato explosivo ou incendiário.

Tais definições e outros complementos são regulados por diversos decretos, dentre eles: Decreto nº 9.607/2018 (Política Nacional de Exportação e Importação de Produtos de Defesa), , Decreto nº 9.847/2019 (Regulamento acerca do porte, da comercialização, do SIN'ARM e do SIGMA), Decreto nº 10.030/2019 (Regulamento de Produtos Controlados pelo Comando do Exército), Decreto nº 11.366/2023, além de outros.

| Definições dadas pelo Decreto nº 10.030/2019 (Anexo III) e Inclusões e alterações dadas pelo Decreto nº 10.627/2021 | |
|---|---|
| Acervo de cidadão | Acervo de cidadão - Relação das armas de fogo pertencentes a uma pessoa física, destinadas à sua defesa pessoal para segurança própria. |
| Acessório de arma de fogo | artefatos listados nominalmente na legislação como Produto Controlado pelo Exército - PCE que, acoplados a uma arma, possibilitam a alteração da configuração normal do armamento, tal como um supressor de som. |
| Acessório explosivo | Engenho não muito sensível, de elevada energia de ativação, que tem por finalidade fornecer energia suficiente à continuidade de um trem explosivo e que necessita de um acessório iniciador para ser ativado. |

| | |
|---|---|
| Arma de fogo | Arma que arremessa projéteis empregando a força expansiva dos gases, gerados pela combustão de um propelente confinado em uma câmara, normalmente solidária a um cano, que tem a função de dar continuidade à combustão do propelente, além de direção e estabilidade ao projétil. |
| Carregador | Depósito ou receptáculo para armazenamento de cartuchos de munição para disparo em armas de fogo, integrante ou destacável do armamento. |
| Explosivo | Tipo de matéria que, quando iniciada, sofre decomposição muito rápida, com grande liberação de calor e desenvolvimento súbito de pressão. |

| Definições dadas pelo Anexo I do Decreto nº 10.030/2019 | |
|---|---|
| Arma de fogo de uso permitido | As armas de fogo semiautomáticas ou de repetição que sejam: <br> a) de porte, cujo calibre nominal, com a utilização de munição comum, não atinja, na saída do cano de prova, energia cinética superior a mil e duzentas libras-pé ou mil seiscentos e vinte joules; <br> b) portáteis de alma lisa; ou <br> c) portáteis de alma raiada, cujo calibre nominal, com a utilização de munição comum, não atinja, na saída do cano de prova, energia cinética superior a mil e duzentas libras-pé ou mil seiscentos e vinte joules. |
| Arma de fogo de uso restrito | As armas de fogo automáticas e as semiautomáticas ou de repetição que sejam: <br> a) não portáteis; <br> b) de porte, cujo calibre nominal, com a utilização de munição comum, atinja, na saída do cano de prova, energia cinética superior a mil e duzentas libras-pé ou mil seiscentos e vinte joules; ou <br> c) portáteis de alma raiada, cujo calibre nominal, com a utilização de munição comum, atinja, na saída do cano de prova, energia cinética superior a mil e duzentas libras-pé ou mil seiscentos e vinte joules. |
| Arma de fogo de uso proibido | a) as armas de fogo classificadas de uso proibido em acordos e tratados internacionais dos quais a República Federativa do Brasil seja signatária; ou <br> b) as armas de fogo dissimuladas, com aparência de objetos inofensivos. |
| Munição de uso restrito | As munições que: <br> a) atinjam, na saída do cano de prova de armas de porte ou portáteis de alma raiada, energia cinética superior a mil e duzentas libras-pé ou mil seiscentos e vinte joules; <br> b) sejam traçantes, perfurantes ou fumígenas; <br> c) sejam granadas de obuseiro, de canhão, de morteiro, de mão ou de bocal; ou <br> d) sejam rojões, foguetes, mísseis ou bombas de qualquer natureza. |
| Munição de uso proibido | As munições que sejam assim definidas em acordo ou tratado internacional de que a República Federativa do Brasil seja signatária e as munições incendiárias ou químicas. |

# NOÇÕES DE DIREITO PENAL

| | |
|---|---|
| **Arma de fogo de porte** | As armas de fogo de dimensões e peso reduzidos que podem ser disparadas pelo atirador com apenas uma de suas mãos, a exemplo de pistolas, revólveres e garruchas. |
| **Arma de fogo portátil** | As armas de fogo que, devido às suas dimensões ou ao seu peso, podem ser transportadas por uma pessoa, tais como fuzil, carabina e espingarda. |
| **Arma de fogo não portátil art. 2º, (IX)** | As armas de fogo que, devido às suas dimensões ou ao seu peso, precisam ser transportadas por mais de uma pessoa, com a utilização de veículos, automotores ou não, ou sejam fixadas em estruturas permanentes. |

Classificação e definição das armas de fogo: a classificação e definição das armas de fogo de uso permitido, restrito ou proibido, além das obsoletas e de valor histórico, serão disciplinadas por ato do chefe do Poder Executivo Federal, por meio de proposta do Comando do Exército, conforme expõe o caput do art. 23 do referido estatuto.

> *Art. 23 A classificação legal, técnica e geral bem como a definição das armas de fogo e demais produtos controlados, de usos proibidos, restritos, permitidos ou obsoletos e de valor histórico serão disciplinadas em ato do chefe do Poder Executivo Federal, mediante proposta do Comando do Exército.*
>
> *§ 1º Todas as munições comercializadas no País deverão estar acondicionadas em embalagens com sistema de código de barras, gravado na caixa, visando possibilitar a identificação do fabricante e do adquirente, entre outras informações definidas pelo regulamento desta Lei.*
>
> *§ 2º Para os órgãos referidos no art. 6º, somente serão expedidas autorizações de compra de munição com identificação do lote e do adquirente no culote dos projéteis, na forma do regulamento desta Lei.*
>
> *§ 3º As armas de fogo fabricadas a partir de 1 (um) ano da data de publicação desta Lei conterão dispositivo intrínseco de segurança e de identificação, gravado no corpo da arma, definido pelo regulamento desta Lei, exclusive para os órgãos previstos no art. 6º.*
>
> *§ 4º As instituições de ensino policial e as guardas municipais referidas nos incisos III e IV do 'caput' do art. 6º desta Lei e no seu § 7º Poderão adquirir insumos e máquinas de recarga de munição para o fim exclusivo de suprimento de suas atividades, mediante autorização concedida nos termos definidos em regulamento.*

Em muitos lugares na referida Lei, haverá expressões que determinam a necessidade de complemento normativo, tais como: na forma [...], nas condições [...], nos termos do regulamento desta Lei; sem autorização ou em desacordo com determinação legal ou regulamentar.

## 18.1.3 SINARM e registro

> *Art. 1º O Sistema Nacional de Armas – SINARM, instituído no Ministério da Justiça, no âmbito da Polícia Federal, tem circunscrição em todo o território nacional.*

O SINARM é órgão vinculado à Polícia Federal e o responsável pelo cadastramento e registro das armas de fogo em território nacional, salvo as das Forças Armadas e Auxiliares, bem como as dos órgãos que constem em seus registros próprios (art. 2º, parágrafo único) — estas serão cadastradas no SIGMA.

> *Art. 2º Ao SINARM compete:*
>
> *I – identificar as características e a propriedade de armas de fogo, mediante cadastro;*
>
> *II – cadastrar as armas de fogo produzidas, importadas e vendidas no País;*
>
> *III – cadastrar as autorizações de porte de arma de fogo e as renovações expedidas pela Polícia Federal;*
>
> *IV – cadastrar as transferências de propriedade, extravio, furto, roubo e outras ocorrências suscetíveis de alterar os dados cadastrais, inclusive as decorrentes de fechamento de empresas de segurança privada e de transporte de valores;*
>
> *V – identificar as modificações que alterem as características ou o funcionamento de arma de fogo;*
>
> *VI – integrar no cadastro os acervos policiais já existentes;*
>
> *VII – cadastrar as apreensões de armas de fogo, inclusive as vinculadas a procedimentos policiais e judiciais;*
>
> *VIII – cadastrar os armeiros em atividade no País, bem como conceder licença para exercer a atividade;*
>
> *IX – cadastrar mediante registro os produtores, atacadistas, varejistas, exportadores e importadores autorizados de armas de fogo, acessórios e munições;*
>
> *X – cadastrar a identificação do cano da arma, as características das impressões de raiamento e de microestriamento de projétil disparado, conforme marcação e testes obrigatoriamente realizados pelo fabricante;*
>
> *XI – informar às Secretarias de Segurança Pública dos Estados e do Distrito Federal os registros e autorizações de porte de armas de fogo nos respectivos territórios, bem como manter o cadastro atualizado para consulta.*
>
> *Parágrafo único. As disposições deste artigo não alcançam as armas de fogo das Forças Armadas e Auxiliares, bem como as demais que constem dos seus registros próprios.*

Armas de fogo de uso restrito: compete ao Comando do Exército autorizar a aquisição e registrar as armas de fogo de uso restrito (art. 3º, parágrafo único).

> *Art. 3º É obrigatório o registro de arma de fogo no órgão competente.*
>
> *Parágrafo único. As armas de fogo de uso restrito serão registradas no Comando do Exército, na forma do regulamento desta Lei.*
>
> *Art. 27 Caberá ao Comando do Exército autorizar, excepcionalmente, a aquisição de armas de fogo de uso restrito.*
>
> *Parágrafo único. O disposto neste artigo não se aplica às aquisições dos Comandos Militares.*

## 18.1.4 Da posse de arma de fogo

A regra geral é que a população não tenha arma de fogo, daí o nome "Estatuto do Desarmamento". Contudo, um particular poderá obter a autorização para **posse de arma de fogo de uso permitido** (há diferença entre "posse" e "porte") caso preencha os requisitos necessários do art. 4º, que são, entre outros: curso técnico, avaliação psicológica, pagamento de taxas; bem como a idade mínima de 25 anos (art. 28).

> *Art. 4º Para adquirir arma de fogo de uso permitido o interessado deverá, além de declarar a efetiva necessidade, atender aos seguintes requisitos:*
>
> *I – comprovação de idoneidade, com a apresentação de certidões negativas de antecedentes criminais fornecidas pela Justiça Federal, Estadual, Militar e Eleitoral e de não estar respondendo a inquérito policial ou a processo criminal, que poderão ser fornecidas por meios eletrônicos;*
>
> *II – apresentação de documento comprobatório de ocupação lícita e de residência certa;*
>
> *III – comprovação de capacidade técnica e de aptidão psicológica para o manuseio de arma de fogo, atestadas na forma disposta no regulamento desta Lei.*
>
> *§ 1º O SINARM expedirá autorização de compra de arma de fogo após atendidos os requisitos anteriormente estabelecidos, em nome do requerente e para a arma indicada, sendo intransferível esta autorização.*

# LEI Nº 10.826/2003 - ESTATUTO DO DESARMAMENTO

*§ 2º A aquisição de munição somente poderá ser feita no calibre correspondente à arma registrada e na quantidade estabelecida no regulamento desta Lei.*

*§ 3º A empresa que comercializar arma de fogo em território nacional é obrigada a comunicar a venda à autoridade competente, como também a manter banco de dados com todas as características da arma e cópia dos documentos previstos neste artigo.*

*§ 4º A empresa que comercializa armas de fogo, acessórios e munições responde legalmente por essas mercadorias, ficando registradas como de sua propriedade enquanto não forem vendidas.*

*§ 5º A comercialização de armas de fogo, acessórios e munições entre pessoas físicas somente será efetivada mediante autorização do SINARM.*

*§ 6º A expedição da autorização a que se refere o $1º será concedida, ou recusada com a devida fundamentação, no prazo de 30 (trinta) dias úteis, a contar da data do requerimento do interessado.*

*§ 7º O registro precário a que se refere o $4º prescinde do cumprimento dos requisitos dos incisos I, II e III deste artigo.*

*§ 8º Estará dispensado das exigências constantes do inciso III do 'caput' deste artigo, na forma do regulamento, o interessado em adquirir arma de fogo de uso permitido que comprove estar autorizado a portar arma com as mesmas características daquela a ser adquirida.*

**Art. 28** *É vedado ao menor de 25 (vinte e cinco) anos adquirir arma de fogo, ressalvados os integrantes das entidades constantes dos incisos I, II, III, V, VI, VII e X do 'caput' do art. 6º desta Lei.*

**Diferenciação entre posse e porte:** a posse de arma de fogo restringe-se à circunscrição residencial ou empresarial – desde que seja o proprietário ou o responsável legal. Já o porte é a autorização de levar a arma de fogo consigo além desses locais.

**Art. 5º** *O certificado de Registro de Arma de Fogo, com validade em todo o território nacional, autoriza o seu proprietário a manter a arma de fogo exclusivamente no interior de sua residência ou domicílio, ou dependência desses, ou, ainda, no seu local de trabalho, desde que seja ele o titular ou o responsável legal pelo estabelecimento ou empresa.*

*§ 1º O certificado de registro de arma de fogo será expedido pela Polícia Federal e será precedido de autorização do SINARM.*

*§ 2º Os requisitos de que tratam os incisos I, II e III do art. 4º deverão ser comprovados periodicamente, em período não inferior a 3 (três) anos, na conformidade do estabelecido no regulamento desta Lei, para a renovação do Certificado de Registro de Arma de Fogo.*

*§ 3º O proprietário de arma de fogo com certificados de registro de propriedade expedido por órgão estadual ou do Distrito Federal até a data da publicação desta Lei que não optar pela entrega espontânea prevista no art. 32 desta Lei deverá renová-lo mediante o pertinente registro federal, até o dia 31 de dezembro de 2008, ante a apresentação de documento de identificação pessoal e comprovante de residência fixa, ficando dispensado do pagamento de taxas e do cumprimento das demais exigências constantes dos incisos I a III do 'caput' do art. 4º desta Lei.*

*§ 4º Para fins do cumprimento do disposto no $3º deste artigo, o proprietário de arma de fogo poderá obter, no Departamento de Polícia Federal, certificado de registro provisório, expedido na rede mundial de computadores — internet, na forma do regulamento e obedecidos os procedimentos a seguir:*

*I – emissão de certificado de registro provisório pela internet, com validade inicial de 90 (noventa) dias; e*

*II – revalidação pela unidade do Departamento de Polícia Federal do certificado de registro provisório pelo prazo que estimar como necessário para a emissão definitiva do certificado de registro de propriedade.*

*§5º Aos residentes em área rural, para os fins do disposto no 'caput' deste artigo, considera-se residência ou domicílio toda a extensão do respectivo imóvel rural.*

**Do porte de arma de fogo**

**Art. 6º** *É proibido o porte de arma de fogo em todo o território nacional, salvo para os casos previstos em legislação própria e para:*

*I – os integrantes das Forças Armadas;*

*II – os integrantes de órgãos referidos nos incisos I, II, III, IV e V do 'caput' do art. 144 da Constituição Federal e os da Força Nacional de Segurança Pública (FNSP);*

*III – os integrantes das guardas municipais das capitais dos Estados e dos Municípios com mais de 500.000 (quinhentos mil) habitantes, nas condições estabelecidas no regulamento desta Lei;*

*IV – os integrantes das guardas municipais dos Municípios com mais de 50.000 (cinquenta mil) e menos de 500.000 (quinhentos mil) habitantes, quando em serviço;*

*V – os agentes operacionais da Agência Brasileira de Inteligência e os agentes do Departamento de Segurança do Gabinete de Segurança Institucional da Presidência da República;*

*VI – os integrantes dos órgãos policiais referidos no art. 51, IV, e no art. 52, XIII, da Constituição Federal;*

*VII – os integrantes do quadro efetivo dos agentes e guardas prisionais, os integrantes das escoltas de presos e as guardas portuárias;*

*VIII – as empresas de segurança privada e de transporte de valores constituídas, nos termos desta Lei;*

*IX – para os integrantes das entidades de desporto legalmente constituídas, cujas atividades esportivas demandem o uso de armas de fogo, na forma do regulamento desta Lei, observando-se, no que couber, a legislação ambiental.*

*X – integrantes das Carreiras de Auditoria da Receita Federal do Brasil e de Auditoria-Fiscal do Trabalho, cargos de Auditor-Fiscal e Analista Tributário.*

*XI – os tribunais do Poder Judiciário descritos no art. 92 da Constituição Federal e os Ministérios Públicos da União e dos Estados, para uso exclusivo de servidores de seus quadros pessoais que efetivamente estejam no exercício de funções de segurança, na forma de regulamento a ser emitido pelo Conselho Nacional de Justiça – CNJ e pelo Conselho Nacional do Ministério Público – CNMP.*

*§1º As pessoas previstas nos incisos I, II, III, V e VI do 'caput' deste artigo terão direito de portar arma de fogo de propriedade particular ou fornecida pela respectiva corporação ou instituição, mesmo fora de serviço, nos termos do regulamento desta Lei, com validade em âmbito nacional para aquelas constantes dos incisos I, II, V e VI.*

*§ 1º-A (Revogado)*

*§ 1º-B Os integrantes do quadro efetivo de agentes e guardas prisionais poderão portar arma de fogo de propriedade particular ou fornecida pela respectiva corporação ou instituição, mesmo fora de serviço, desde que estejam:*

*I – submetidos a regime de dedicação exclusiva;*

*II – sujeitos à formação funcional, nos termos do regulamento; e*

*III – subordinados a mecanismos de fiscalização e de controle interno.*

*§ 1º-C (Vetado)*

*§ 2º A autorização para o porte de arma de fogo aos integrantes das instituições descritas nos incisos V, VI, VII e X do 'caput' deste artigo está condicionada à comprovação do requisito a que se refere o inciso III do 'caput' do art. 4º desta Lei nas condições estabelecidas no regulamento desta Lei.*

*§ 3º A autorização para o porte de arma de fogo das guardas municipais está condicionada à formação funcional de seus integrantes em estabelecimentos de ensino de atividade policial, à existência de mecanismos de fiscalização e de controle interno, nas condições estabelecidas no regulamento desta Lei, observada a supervisão do Ministério da Justiça.*

*§ 4º Os integrantes das Forças Armadas, das polícias federais e estaduais e do Distrito Federal, bem como os militares dos Estados e do Distrito Federal, ao exercerem o direito descrito no art. 4º, ficam dispensados do cumprimento do disposto nos incisos I, II e III do mesmo artigo, na forma do regulamento desta Lei.*

*§ 5º Aos residentes em áreas rurais, maiores de 25 (vinte e cinco) anos que comprovem depender do emprego de arma de fogo para prover sua subsistência alimentar familiar será concedido pela Polícia Federal o porte de arma de fogo, na categoria caçador para subsistência, de uma*

## NOÇÕES DE DIREITO PENAL

*arma de uso permitido, de tiro simples, com 1 (um) ou 2 (dois) canos, de alma lisa e de calibre igual ou inferior a 16 (dezesseis), desde que o interessado comprove a efetiva necessidade em requerimento ao qual deverão ser anexados os seguintes documentos:*

*I – documento de identificação pessoal;*

*II – comprovante de residência em área rural; e*

*III – atestado de bons antecedentes.*

*§ 6º O caçador para subsistência que der outro uso à sua arma de fogo, independentemente de outras tipificações penais, responderá, conforme o caso, por porte ilegal ou por disparo de arma de fogo de uso permitido. (Redação dada pela Lei nº 11.706, de 2008)*

*§ 7º Aos integrantes das guardas municipais dos Municípios que integram regiões metropolitanas será autorizado porte de arma de fogo, quando em serviço.*

**Art. 7º** *As armas de fogo utilizadas pelos empregados das empresas de segurança privada e de transporte de valores, constituídas na forma da lei, serão de propriedade, responsabilidade e guarda das respectivas empresas, somente podendo ser utilizadas quando em serviço, devendo essas observar as condições de uso e de armazenagem estabelecidas pelo órgão competente, sendo o certificado de registro e a autorização de porte expedidos pela Polícia Federal em nome da empresa.*

*§ 1º O proprietário ou diretor responsável de empresa de segurança privada e de transporte de valores responderá pelo crime previsto no parágrafo único do art. 13 desta Lei, sem prejuízo das demais sanções administrativas e civis, se deixar de registrar ocorrência policial e de comunicar à Polícia Federal perda, furto, roubo ou outras formas de extravio de armas de fogo, acessórios e munições que estejam sob sua guarda, nas primeiras 24 (vinte e quatro) horas depois de ocorrido o fato.*

*§ 2º A empresa de segurança e de transporte de valores deverá apresentar documentação comprobatória do preenchimento dos requisitos constantes do art. 4º desta Lei quanto aos empregados que portarão arma de fogo.*

*§ 3º A listagem dos empregados das empresas referidas neste artigo deverá ser atualizada semestralmente junto ao SINARM.*

**Art. 7º-A** *As armas de fogo utilizadas pelos servidores das instituições descritas no inciso XI do art. 6º serão de propriedade, responsabilidade e guarda das respectivas instituições, somente podendo ser utilizadas quando em serviço, devendo estas observar as condições de uso e de armazenagem estabelecidas pelo órgão competente, sendo o certificado de registro e a autorização de porte expedidos pela Polícia Federal em nome da instituição.*

*§ 1º A autorização para o porte de arma de fogo de que trata este artigo independe do pagamento de taxa.*

*§ 2º O presidente do tribunal ou o chefe do Ministério Público designará os servidores de seus quadros pessoais no exercício de funções de segurança que poderão portar arma de fogo, respeitado o limite máximo de 50% (cinquenta por cento) do número de servidores que exerçam funções de segurança.*

*§ 3º O porte de arma pelos servidores das instituições de que trata este artigo fica condicionado à apresentação de documentação comprobatória do preenchimento dos requisitos constantes do art. 4º desta Lei, bem como à formação funcional em estabelecimentos de ensino de atividade policial e à existência de mecanismos de fiscalização e de controle interno, nas condições estabelecidas no regulamento desta Lei.*

*§ 4º A listagem dos servidores das instituições de que trata este artigo deverá ser atualizada semestralmente no SINARM.*

*§ 5º As instituições de que trata este artigo são obrigadas a registrar ocorrência policial e a comunicar à Polícia Federal eventual perda, furto, roubo ou outras formas de extravio de armas de fogo, acessórios e munições que estejam sob sua guarda, nas primeiras 24 (vinte e quatro) horas depois de ocorrido o fato.*

**Art. 8º** *As armas de fogo utilizadas em entidades desportivas legalmente constituídas devem obedecer às condições de uso e de armazenagem estabelecidas pelo órgão competente, respondendo o possuidor ou o autorizado a portar a arma pela sua guarda na forma do regulamento desta Lei.*

O porte de arma de fogo, geralmente, é proibido (principalmente aos particulares), porém, com regras específicas, os arts. 6º, 7º e 8º autorizam alguns agentes (a maioria se trata de órgãos públicos de segurança pública). Além de outros que possuem autorização emanada de outras leis específicas.

**Basicamente, é autorizado para Agentes Públicos (em serviço ou fora dele):**

| Forças Armadas (art. 6º, *caput*, I) |
|---|
| Art. 142, *caput*, CF/1988: Marinha; Aeronáutica; Exército. |

| Órgãos de Segurança Pública e Força Nacional de Segurança Pública (art. 6º, *caput*, II) |
|---|
| Art. 144, *caput*, CF/1988:<br>Polícia Federal;<br>Polícia Rodoviária Federal;<br>Polícia Ferroviária Federal;<br>Polícias Civis;<br>Polícias Militares e Corpo de Bombeiros Militares;<br>Polícias penais federal, estaduais e distrital;<br>Força Nacional de Segurança Pública – FNSP. |

| Guardas Municipais* (art. 6º, *caput*, III) |
|---|
| Capitais de Estado e Municípios com mais de 500 mil habitantes. |

| GSI-PR e ABIN (art. 6º, *caput*, V) |
|---|
| Agentes Operacionais da ABIN;<br>Agentes de Segurança Presidencial do GSI-PR. |

| Polícia Legislativa Federal (art. 6º, *caput*, VI) |
|---|
| Polícia da Câmara dos Deputados (art. 51, IV, CF/1988);<br>Polícia do Senado (art. 52, XIII, CF/1988). |

**Agentes Públicos (apenas em serviço):**

| Guardas Municipais* (art. 6º, *caput*, IV, e § 7º) |
|---|
| Municípios com **mais de 50** mil habitantes e **menos de 500** mil habitantes (art. 6º, *caput*, IV);<br>Municípios que integrem **regiões metropolitanas** (art. 6º, § 7º). |

| Guardas prisionais e portuárias (art. 6º, *caput*, VII) |
|---|
| Agentes e guardas prisionais (poderão obter o porte para uso fora de serviço, desde que preencham os requisitos do § 1º-B do art. 6º);<br>Integrantes de escolta de presos;<br>Guardas portuários. |

| Auditoria Fiscal Federal Tributária e Trabalhista (art. 6º, *caput*, X). |
|---|
| Auditor-Fiscal da Receita Federal;<br>Analista Tributário da Receita Federal;<br>Auditor-Fiscal do Trabalho Federal. |

| Agentes de Segurança do Poder Judiciário e Ministério Público (art. 6º, *caput*, XI) |
|---|
| Porte em nome da instituição e uso em serviço: competência da **Polícia Federal** (art. 7º-A). |

# LEI Nº 10.826/2003 - ESTATUTO DO DESARMAMENTO

**Particulares:**

| Empresas de Segurança Privada e de Transporte de Valores (art. 6º, caput, VIII) |
|---|
| Porte em nome da empresa e uso apenas em serviço: competência da **Polícia Federal** (art. 7º). |

| Caçador para subsistência (art. 6º, §§ 5º e 6º) |
|---|
| Porte "caçador para subsistência" (residente em área rural): competência da **Polícia Federal**. |

| Atiradores, caçadores e colecionadores (art. 9º) |
|---|
| Integrantes (art. 6º, caput, IX) e entidades desportivas (art. 8º). Registro e porte de trânsito (guia de tráfego): competência do **Comando do Exército** (art. 9º). |

**Estrangeiros no Brasil:**

| Responsáveis pela segurança de cidadãos estrangeiros em visita ou sediados no Brasil. |
|---|
| Autorização do porte de arma de fogo: competência do **Ministério da Justiça** (art. 9º). |

| Representantes estrangeiros em competição internacional oficial de tiro no Brasil. |
|---|
| Registro e porte de trânsito: competência do **Comando do Exército** (art. 9º). |

*Art. 9º Compete ao Ministério da Justiça a autorização do porte de arma para os responsáveis pela segurança de cidadãos estrangeiros em visita ou sediados no Brasil e, ao Comando do Exército, nos termos do regulamento desta Lei, o registro e a concessão de porte de trânsito de arma de fogo para colecionadores, atiradores e caçadores e de representantes estrangeiros em competição internacional oficial de tiro realizada no território nacional.*

| Autorização conforme os órgãos | |
|---|---|
| Ministério da Justiça | Autorização do porte de arma para: Seguranças de cidadãos estrangeiros em visita ou sediados no Brasil. |
| Comando do Exército | Registro e concessão de porte de trânsito de arma de fogo para: Colecionadores; Atiradores; Caçadores; e Representantes estrangeiros em competição internacional oficial de tiro realizada no território nacional. |

Perda automática: aquele que for abordado ou detido em estado de embriaguez ou sob o efeito drogas perderá automaticamente a eficácia do porte de arma de fogo (art. 10, § 2º).

*Art. 10 A autorização para o porte de arma de fogo de uso permitido, em todo o território nacional, é de competência da Polícia Federal e somente será concedida após autorização do SINARM.*

*§1º A autorização prevista neste artigo poderá ser concedida com eficácia temporária e territorial limitada, nos termos de atos regulamentares, e dependerá de o requerente:*

*I – demonstrar a sua efetiva necessidade por exercício de atividade profissional de risco ou de ameaça à sua integridade física;*

*II – atender às exigências previstas no art. 4º desta Lei;*

*III – apresentar documentação de propriedade de arma de fogo, bem como o seu devido registro no órgão competente.*

*§ 2º A autorização de porte de arma de fogo, prevista neste artigo, perderá automaticamente sua eficácia caso o portador dela seja detido ou abordado em estado de embriaguez ou sob efeito de substâncias químicas ou alucinógenas.*

| Fique ligado |
|---|
| O uso ostensivo de arma de fogo para aqueles que possuem o porte é proibido. Ou seja, o sujeito que leva a arma consigo, mas a deixa aparecer. O resultado é o mesmo para quem seja detido embriagado portando a arma de fogo: cassação do porte e apreensão da arma (art. 20, Decreto nº 9.847/2019). |

*Art. 11 Fica instituída a cobrança de taxas, nos valores constantes do Anexo desta Lei, pela prestação de serviços relativos:*

*I – ao registro de arma de fogo;*

*II – à renovação de registro de arma de fogo;*

*III – à expedição de segunda via de registro de arma de fogo;*

*IV – à expedição de porte federal de arma de fogo;*

*V – à renovação de porte de arma de fogo;*

*VI – à expedição de segunda via de porte federal de arma de fogo.*

*§ 1º Os valores arrecadados destinam-se ao custeio e à manutenção das atividades do SINARM, da Polícia Federal e do Comando do Exército, no âmbito de suas respectivas responsabilidades.*

*§ 2º São isentas do pagamento das taxas previstas neste artigo as pessoas e as instituições a que se referem os incisos I a VII e X e o § 5º do art. 6º desta Lei.*

*Art. 11-A O Ministério da Justiça disciplinará a forma e as condições do credenciamento de profissionais pela Polícia Federal para comprovação da aptidão psicológica e da capacidade técnica para o manuseio de arma de fogo.*

*§1º Na comprovação da aptidão psicológica, o valor cobrado pelo psicólogo não poderá exceder ao valor médio dos honorários profissionais para realização de avaliação psicológica constante do item 1.16 da tabela do Conselho Federal de Psicologia.*

*§ 2º Na comprovação da capacidade técnica, o valor cobrado pelo instrutor de armamento e tiro não poderá exceder R$ 80,00 (oitenta reais), acrescido do custo da munição.*

*§ 3º A cobrança de valores superiores aos previstos nos §§ 1º e 2º deste artigo implicará o descredenciamento do profissional pela Polícia Federal.*

## 18.1.5 Do comércio

A **comercialização, produção, importação, exportação ou manutenção** de armas de fogo em território nacional são permitidas desde que o estabelecimento comercial tenha sido previamente *autorizado pelo Comando do Exército (art. 24)* e cadastrado no SINARM (art. 2º, IX).

*Art. 24 Excetuadas as atribuições a que se refere o art. 2º desta Lei, compete ao Comando do Exército autorizar e fiscalizar a produção, exportação, importação, desembaraço alfandegário e o comércio de armas de fogo e demais produtos controlados, inclusive o registro e o porte de trânsito de arma de fogo de colecionadores, atiradores e caçadores.*

Comércio entre pessoas físicas: o comércio entre pessoas físicas só é possível mediante *autorização prévia do SINARM* (art. 4º, § 5º), bem como a atividade de armeiro (art. 2º, VIII).

| Fique ligado |
|---|
| A proibição não se restringe apenas às armas de fogo, mas também às armas de brinquedos (art. 26). |

*Art. 26 São vedadas a fabricação, a venda, a comercialização e a importação de brinquedos, réplicas e simulacros de armas de fogo, que com estas se possam confundir.*

*Parágrafo único.* Excetuam-se da proibição as réplicas e os simulacros destinados à instrução, ao adestramento, ou à coleção de usuário autorizado, nas condições fixadas pelo Comando do Exército.

### 18.1.6 Das armas de fogo apreendidas

Destinatário das armas de fogo apreendidas (art. 25): deverão ser encaminhadas ao Comando do Exército pela autoridade judiciária competente, em até 48 horas, desde que já tenha sido feito o laudo pericial, a juntada aos autos e não mais interessem à persecução penal, a fim de serem destruídas ou doadas aos órgãos de segurança pública (art. 144, CF/1988) ou às Forças Armadas (art. 142, CF/1988).

> *Art. 25* As armas de fogo apreendidas, após a elaboração do laudo pericial e sua juntada aos autos, quando não mais interessarem à persecução penal serão encaminhadas pelo juiz competente ao Comando do Exército, no prazo de até 48 (quarenta e oito) horas, para destruição ou doação aos órgãos de segurança pública ou às Forças Armadas, na forma do regulamento desta Lei. (Redação dada pela Lei nº 13.886/2019)
>
> § 1º As armas de fogo encaminhadas ao Comando do Exército que receberem parecer favorável à doação, obedecidos o padrão e a dotação de cada Força Armada ou órgão de segurança pública, atendidos os critérios de prioridade estabelecidos pelo Ministério da Justiça e ouvido o Comando do Exército, serão arroladas em relatório reservado trimestral a ser encaminhado àquelas instituições, abrindo-se-lhes prazo para manifestação de interesse.
>
> §1º-A As armas de fogo e munições apreendidas em decorrência do tráfico de drogas de abuso, ou de qualquer forma utilizadas em atividades ilícitas de produção ou comercialização de drogas abusivas, ou, ainda, que tenham sido adquiridas com recursos provenientes do tráfico de drogas de abuso, perdidas em favor da União e encaminhadas para o Comando do Exército, devem ser, após perícia ou vistoria que atestem seu bom estado, destinadas com prioridade para os órgãos de segurança pública e do sistema penitenciário da unidade da federação responsável pela apreensão.
>
> § 2º O Comando do Exército encaminhará a relação das armas a serem doadas ao juiz competente, que determinará o seu perdimento em favor da instituição beneficiada.
>
> § 3º O transporte das armas de fogo doadas será de responsabilidade da instituição beneficiada, que procederá ao seu cadastramento no SINARM ou no SIGMA.
>
> § 4º (Vetado)
>
> § 5º O Poder Judiciário instituirá instrumentos para o encaminhamento ao SINARM ou ao SIGMA, conforme se trate de arma de uso permitido ou de uso restrito, semestralmente, da relação de armas acauteladas em juízo, mencionando suas características e o local onde se encontram.

### 18.1.7 Do Banco Nacional de Perfis Balísticos

Criação do Banco Nacional de Perfis Balísticos: a Lei nº 13.964/2019 (Pacote Anticrime) incluiu o art. 34-A no Estatuto do Desarmamento a fim de auxiliar o trabalho pericial com sistema automatizado e integrado.

> *Art. 34-A* Os dados relacionados à coleta de registros balísticos serão armazenados no Banco Nacional de Perfis Balísticos.
>
> § 1º O Banco Nacional de Perfis Balísticos tem como objetivo cadastrar armas de fogo e armazenar características de classe e individualizadoras de projéteis e de estojos de munição deflagrados por arma de fogo.
>
> § 2º O Banco Nacional de Perfis Balísticos será constituído pelos registros de elementos de munição deflagrados por armas de fogo relacionados a crimes, para subsidiar ações destinadas às apurações criminais federais, estaduais e distritais.
>
> § 3º O Banco Nacional de Perfis Balísticos será gerido pela unidade oficial de perícia criminal.
>
> § 4º Os dados constantes do Banco Nacional de Perfis Balísticos terão caráter sigiloso, e aquele que permitir ou promover sua utilização para fins diversos dos previstos nesta Lei ou em decisão judicial responderá civil, penal e administrativamente.
>
> § 5º É vedada a comercialização, total ou parcial, da base de dados do Banco Nacional de Perfis Balísticos.
>
> § 6º A formação, a gestão e o acesso ao Banco Nacional de Perfis Balísticos serão regulamentados em ato do Poder Executivo federal.

Justificado no Projeto de Lei nº 882/2019, de autoria do então Ministro Sérgio Moro, segundo o qual:

> Registre-se, ainda, a introdução do art. 34-A., que disciplina a coleta de dados e armazenamento de perfis balísticos, através de um Banco Nacional gerenciados por Unidade Oficial de Perícia Criminal. Trata-se de modalidade de prova técnica essencial para a apuração de crimes praticados com arma de fogo, entre eles o homicídio, cujos índices de apuração não têm sido positivos. A Secretaria Nacional de Segurança Pública – SENASP, em nota técnica manifestou-se afirmando: 'A Criação do Banco Nacional de Perfis Balísticos, com sistemas automatizados em rede integrada, possibilitará a elucidação dos crimes envolvendo armas de fogo como Homicídios, Feminicídios, Latrocínios, Roubos, crimes realizados por Organizações Criminosas, dentre outros.'.

### 18.2 Dos crimes e das penas

Bem jurídico tutelado: é a segurança pública e a paz social (incolumidade pública): preserva-se a coletividade e não apenas uma única pessoa, ou seja, **não é a incolumidade física**. A segurança pública, de acordo com a CF/1988 (art. 144, *caput*), é dever do Estado, porém de responsabilidade de todos. Assim, aqueles que atentem contra a preservação da ordem social e da incolumidade pública serão punidos de acordo com a Lei.

Ação penal: é pública incondicionada, uma vez que o bem jurídico tutelado pela norma é a incolumidade pública.

Sujeito passivo: o sujeito passivo imediato é a coletividade, ou seja, trata-se de crime vago e, em regra, de perigo abstrato e de mera conduta. Quase todos os delitos são dolosos e comissivos; contudo, haverá um ou outro que será culposo ou omissivo, como é o caso da omissão de cautela (art. 13, *caput*).

Fiança e liberdade provisória: geralmente, os crimes previstos na Lei nº 10.826/2003 são suscetíveis de liberdade provisória (todos) e afiançáveis (salvo os arts. 16, 17 e 18).

Delitos hediondos: os arts. 16, 17 e 18 são considerados crimes hediondos (art. 1º, parágrafo único, Lei nº 8.072/1990) e, por conseguinte, insuscetíveis de anistia, graça, indulto e fiança.

Inconstitucionalidade do art. 21º e dos parágrafos únicos dos arts. 14º e 15º: tais dispositivos foram considerados inconstitucionais segundo o Supremo Tribunal Federal (STF/ADI 3.112), uma vez que não estão incluídos no rol constitucional dos delitos inafiançáveis, conforme os incisos XLII, XLIII, XLIV, do art. 5º, da Carta Magna, quais sejam: racismo, tortura, tráfico ilícito de drogas, terrorismo, crimes hediondos e ação de grupos armados contra a ordem constitucional e o Estado Democrático.

> *A proibição de estabelecimento de fiança* para os delitos de 'porte ilegal de arma de fogo de uso permitido' e de 'disparo de arma de fogo', **mostra-se desarrazoada**, porquanto são crimes de mera conduta, que não se equiparam aos crimes que acarretam lesão ou ameaça de lesão à vida ou à propriedade. [...] **Insuscetibilidade de liberdade provisória** quanto aos delitos elencados nos arts. 16, 17 e 18. **Inconstitucionalidade reconhecida**, visto que o texto magno não autoriza a prisão 'ex lege', em face dos princípios da presunção de inocência e da obrigatoriedade de fundamentação dos mandados de prisão pela autoridade judiciária competente. [...] Ação julgada procedente, em

# LEI Nº 10.826/2003 - ESTATUTO DO DESARMAMENTO

parte, para declarar a **inconstitucionalidade dos parágrafos únicos dos artigos 14 e 15 e do artigo 21** da Lei nº 10.826, de 22 de dezembro de 2003. STF, ADI 3.112/DF, Rel. Min. Ricardo Lewandowski, julgado em 02/05/2007, Tribunal Pleno, DJe 26/10/2007.

Norma penal em branco: por se tratar de norma penal em branco, a definição de arma de fogo, munição e acessórios de uso permitido, restrito ou proibido e artefatos explosivos constam em outras normas infralegais. Lembre-se de que o Estatuto do Desarmamento cuida apenas de arma de fogo, acessórios e munições, mas não de arma branca (o porte dela poderá configurar contravenção penal).

Apenas um delito qualificado: somente o crime de "posse ou porte ilegal de arma de fogo de uso proibido" é qualificado (art. 16, §2º), já os arts. 19 e 20 se referem a majorantes (causas de aumento de pena).

*Abolitio criminis* temporária ou vacatio legis indireta:

> *Art. 30 Os possuidores e proprietários de arma de fogo de uso permitido ainda não registrada deverão solicitar seu registro até o dia 31 de dezembro de 2008, mediante apresentação de documento de identificação pessoal e comprovante de residência fixa, acompanhados de nota fiscal de compra ou comprovação da origem lícita da posse, pelos meios de prova admitidos em direito, ou declaração firmada na qual constem as características da arma e a sua condição de proprietário, ficando este dispensado do pagamento de taxas e do cumprimento das demais exigências constantes dos incisos I a III do 'caput' do art. 4º desta Lei. (Redação dada pela Lei nº 11.706, de 19/06/2008) (Prazo prorrogado até 31/12/2009, de acordo com o art. 20 da Lei nº 11.922/2009)*
>
> *Parágrafo único. Para fins do cumprimento do disposto no 'caput' deste artigo, o proprietário de arma de fogo poderá obter, no Departamento de Polícia Federal, certificado de registro provisório, expedido na forma do §4º do art. 5º desta Lei.*
>
> *Art. 31 Os possuidores e proprietários de armas de fogo adquiridas regularmente poderão, a qualquer tempo, entregá-las à Polícia Federal, mediante recibo e indenização, nos termos do regulamento desta Lei.*
>
> *Art. 32 Os possuidores e proprietários de arma de fogo poderão entregá-la, espontaneamente, mediante recibo, e, presumindo-se de boa-fé, serão indenizados, na forma do regulamento, ficando extinta a punibilidade de eventual posse irregular da referida arma.*

A abolitio criminis temporária a que se referem os arts. 30 e 32 é aplicável somente à **posse de arma de fogo de uso permitido (art. 12)**, contudo, há duas datas que distinguem a aplicação:

▷ **Até 23/10/2005:** além do art. 12, também era cabível à "posse de arma de fogo de uso permitido com numeração raspada ou suprimida" (art. 16, § 1º, IV).

> **Súmula nº 513 – STJ**: *A 'abolitio criminis' temporária prevista na Lei nº 10.826/2003 aplica-se ao crime de posse de arma de fogo de uso permitido com numeração, marca ou qualquer outro sinal de identificação raspado, suprimido ou adulterado, praticado somente até 23/10/2005.*

▷ **Após 23/10/2005 e até 31/12/2009:** somente aplicável ao art. 12, a posse de arma de fogo de uso permitido.

> *É típica a conduta de possuir arma de fogo de uso permitido com numeração, marca ou qualquer outro sinal de identificação raspado, suprimido ou adulterado, praticada após 23/10/2005, pois, em relação a esse delito, a 'abolitio criminis' temporária cessou nessa data, termo final da prorrogação dos prazos previstos na redação original dos arts. 30 e 32 da Lei nº 10.826/2003. A nova redação do art. 32 da Lei nº 10.826/2003, trazida pela Lei nº 11.706/2008, não mais suspendeu, temporariamente, a vigência da norma incriminadora ou instaurou uma 'abolitio criminis' temporária — conforme operado pelo art. 30 da mesma lei —, mas instituiu uma causa permanente de exclusão da punibilidade, consistente na entrega espontânea da arma. A causa extintiva da punibilidade, na hipótese legal, consiste em ato jurídico (entrega espontânea da arma), e tão somente se tiver havido a sua*

efetiva prática é que a excludente produzirá seus efeitos. Se isso não ocorreu, não é caso de aplicação da excludente. STJ, REsp 1.311.408/RN, Rel. Min. Sebastião Reis Júnior, julgado em 13/03/2013, Terceira Seção, DJe 20/05/2013.

## 18.2.1 Posse irregular de arma de fogo de uso permitido (art. 12)

> *Art. 12 Possuir ou manter sob sua guarda arma de fogo, acessório ou munição, de uso permitido, em desacordo com determinação legal ou regulamentar, no interior de sua residência ou dependência desta, ou, ainda no seu local de trabalho, desde que seja o titular ou o responsável legal do estabelecimento ou empresa:*
>
> **Pena** – *detenção, de 1 (um) a 3 (três) anos, e multa.*

Cuida-se, aqui, exclusivamente da **posse** de arma de fogo, acessório ou munição, **de uso permitido**. Portanto, atente-se se houver a expressão "porte", "de uso restrito" ou "de uso proibido", pois incorrerá em outro tipo penal: ou art. 14, ou art. 16.

Veja que o tipo penal versa apenas sobre arma de fogo, bem como toda a Lei nº 10.826/2003. Portanto, é **fato atípico** para o Estatuto do Desarmamento a posse ou o porte de **arma branca**, mas será contravenção penal (art. 19, LCP).

### Descrição do crime

Sujeito ativo: é comum na primeira parte (não necessita de qualidade especial); enquanto, na segunda, é próprio, uma vez que somente "o titular ou o responsável legal do estabelecimento ou empresa" pode cometê-lo.

Condutas: como o tipo penal possui mais de um verbo, "possuir" e "manter", é considerado de ação múltipla (de conteúdo variado, tipo misto alternativo ou multinuclear).

Delimitação espacial: em sua residência, dependências dela ou em seu local de trabalho desde que seja o titular ou responsável pela empresa.

Caminhão não é residência (STJ): se o delito é de posse de arma de fogo e ocorreu dentro do prazo da 'vacatio legis' indireta, a pena deve ser extinta, mas tal causa de extinção não se estende ao porte de arma de fogo encontrada dentro do caminhão que o paciente dirigia. O conceito de residência não se confunde com o de veículo-caminhão, pois este é mero instrumento de trabalho. STJ, HC 116.052/MG, Rel. Min. Jane Silva (Des. Conv. do TJ/MG), julgado em 20/11/2008, 6ª Turma, DJe 09/12/2008.

Caminhão não é local de trabalho (STJ): configura delito de porte ilegal de arma de fogo se a arma é apreendida no interior de caminhão. O caminhão não é um ambiente estático, não podendo ser reconhecido como local de trabalho. STJ, REsp 1.219.901/MG, Rel. Min. Sebastião Reis Júnior, julgado em 24/04/2012, 6ª Turma, DJe 10/05/2012 (Vide Inf. 496).

Objeto material: arma de fogo, acessório ou munição, de uso permitido (norma penal em branco).

Elemento normativo jurídico: em desacordo com determinação legal ou regulamentar, isto é, sem o certificado de registro de arma de fogo (norma penal em branco).

Elemento subjetivo: delito exclusivamente doloso (não há tipificação da modalidade culposa) e sem necessidade de fim específico (dolo genérico).

Consumação e tentativa: trata-se de crime de perigo abstrato e de mera conduta, não necessitando de resultado naturalístico, além de ser delito permanente em que a sua consumação se protrai no tempo, portanto, a prisão em flagrante é possível em qualquer momento enquanto perdurar a sua guarda ou posse. Ainda que seja de difícil ocorrência, a tentativa é possível (plurissubsistente).

Sursis processual: trata-se de crime de médio potencial ofensivo (a pena mínima é de até 1 ano e a máxima é superior a 2 anos), no qual será julgado pelo Juizado Comum, contudo é cabível a suspensão condicional do processo (art. 89, Lei nº 9.099/1995).

**Ação penal** pública incondicionada: por se tratar de crime de perigo abstrato, no qual o bem jurídico tutelado é a incolumidade pública.

Fiança policial: uma vez que a pena máxima não é superior a 4 anos nem está no rol constitucional dos crimes inafiançáveis (art. 5º, incisos XLII, XLIII e XLIV, CF/1988), é possível a liberdade provisória mediante fiança policial (art. 322, CPP).

### 18.2.2 Omissão de cautela (art. 13º)

*Art. 13 Deixar de observar as cautelas necessárias para impedir que menor de 18 (dezoito) anos ou pessoa portadora de deficiência mental se apodere de arma de fogo que esteja sob sua posse ou que seja de sua propriedade:*

*Pena – detenção, de 1 (um) a 2 (dois) anos, e multa.*

*Parágrafo único. Nas mesmas penas incorrem o proprietário ou diretor responsável de empresa de segurança e transporte de valores que deixarem de registrar ocorrência policial e de comunicar à Polícia Federal perda, furto, roubo ou outras formas de extravio de arma de fogo, acessório ou munição que estejam sob sua guarda, nas primeiras 24 (vinte e quatro) horas depois de ocorrido o fato.*

Devemos ter cuidado quanto a esse artigo, pois, **no caput**, é um **delito culposo**; já **no parágrafo único, é doloso** (crime autônomo). Dessa forma, analisaremos as condutas em separado, inicialmente pela omissão de cautela prevista no caput.

As penas são as mesmas para as duas condutas, tanto no caput, quanto no parágrafo único, sendo que, em ambos os casos, estamos tratando de **infração de menor potencial ofensivo**: com pena máxima de 2 anos (art. 61, Lei nº 9.099/1995). Portanto, será julgado pelo Juizado Especial Criminal (JECRIM) e é admissível as suas benesses (art. 2º, Lei nº 9.099/1995), por exemplo: a transação penal e o sursis processual (art. 89, Lei nº 9.099/1995).

Ação penal: pública e incondicionada, de igual modo toda a Lei nº 10.826/2003, por se tratar de crimes de perigo em que o bem jurídico tutelado é a incolumidade pública.

Fiança em sede policial: também é possível nas duas situações, uma vez que a pena máxima é inferior a 4 anos.

### Descrição do crime (caput)

Sujeitos do crime: com relação ao sujeito ativo é próprio, na medida em que o agente é o possuidor ou proprietário da arma de fogo; já o sujeito passivo imediato é a coletividade (crime vago) e, mediatamente, qualquer menor de 18 anos ou deficiente mental que venha efetivamente a se apoderar da arma de fogo: comum.

Objeto material: somente arma de fogo, porém de qualquer porte, seja de uso permitido, restrito ou proibido. Assim, será fato atípico quando se tratar de munições ou acessórios.

Elemento subjetivo e conduta: é a culpa na modalidade negligência, com a conduta de "deixar de observar as cautelas necessárias" (omissão do dever objetivo de cuidado).

Consumação e tentativa: consuma-se no exato momento em que há o apossamento pelo menor de 18 ou deficiente mental da arma de fogo independentemente da ocorrência de deflagração de munição ou crime mais grave (crime instantâneo e de perigo). Dessa forma, caso o agente viva sozinho e esqueça a arma de fogo sobre a mesa, será fato atípico, bem como se ele tiver o zelo necessário. Por exemplo, imagine que o agente tenha guardado a arma em um cofre, mas de qualquer forma a criança venha a se apoderar dela furtando a chave do cofre: não haverá crime. Outrossim, por ser delito culposo e omissivo puro, não se admite a tentativa: ou se consuma, ou não há crime.

Concurso material: caso o menor de 18 anos, ou o deficiente mental que tenha se apoderado da arma de fogo, venha a cometer um crime, por exemplo, um homicídio, o agente possuidor ou proprietário da arma de fogo responderá pela infração do art. 13 (omissão de cautela) e pelo outro delito cometido.

> **Fique ligado**
>
> É muito comum as bancas de concursos cobrarem acerca desse crime relacionado ao deficiente físico, mas é incorreto. Portanto, tenha muito cuidado e lembre-se que são apenas dois sujeitos que descrevem o tipo penal sobre se apoderar da arma de fogo:
> Menor de 18 anos de idade;
> Pessoa com deficiência mental.
> Deficiente físico: (fato atípico)

### Descrição do crime (parágrafo único)

Sujeitos do crime: em relação ao sujeito ativo é próprio, pois somente "o proprietário ou diretor responsável" da empresa de segurança e transporte de valores poderá cometê-lo; já o sujeito passivo imediato é a coletividade (crime vago), contudo, há dois obstáculos nos estudos: o registro policial (qualquer delegacia) e a comunicação à Polícia Federal (especificamente).

Objeto material: arma de fogo, acessório ou munição que estejam sob sua guarda.

Elemento subjetivo e conduta: é exclusivamente doloso (não se admite a modalidade culposa) com condutas omissivas próprias de "deixar de registrar" ocorrência policial do sumiço e "deixar de comunicar" à Polícia Federal.

Consumação e tentativa: consuma-se após 24 horas do efetivo conhecimento do furto ou extravio (crime a prazo). Por conta disso, não se inicia a contagem do tempo enquanto não houver o conhecimento "do sumiço". A tentativa não é possível, por ser um crime omissivo próprio (ou omissivo puro).

### 18.2.3 Porte ilegal de arma de fogo de uso permitido (art. 14)

*Art. 14 Portar, deter, adquirir, fornecer, receber, ter em depósito, transportar, ceder, ainda que gratuitamente, emprestar, remeter, empregar, manter sob guarda ou ocultar arma de fogo, acessório ou munição, de uso permitido, sem autorização e em desacordo com determinação legal ou regulamentar:*

*Pena – reclusão, de 2 (dois) a 4 (quatro) anos, e multa.*

*Parágrafo único. O crime previsto neste artigo é inafiançável, salvo quando a arma de fogo estiver registrada em nome do agente. (Vide Adin 3.112-1)*

Semelhantemente ao art. 12, este delito prevê incriminação pelo porte de arma de fogo, acessório ou munição, de uso permitido. Cuidado, pois, caso o agente possua autorização para posse de arma de fogo de uso permitido em sua residência e a leve consigo para o seu local de trabalho, sem ser proprietário ou responsável legal, configurará crime previsto no art. 14: porte ilegal de arma de fogo de uso permitido.

Além disso, se a arma de fogo, acessório ou munição forem "de uso restrito" ou "de uso proibido", o crime será o do art. 16 (posse ou porte ilegal de arma de fogo de uso restrito ou proibido).

# LEI Nº 10.826/2003 - ESTATUTO DO DESARMAMENTO

> **Fique ligado**
>
> Cuida-se apenas de arma de fogo (toda a Lei nº 10.826/2003); portanto, é fato atípico para o Estatuto do Desarmamento o porte de arma branca: será contravenção penal (art. 19, LCP).

## Descrição do crime

Sujeito ativo: comum, uma vez que qualquer pessoa pode cometê-lo, até mesmo um integrante dos órgãos de segurança pública cujo porte seja deferido, basta que esteja com arma de fogo diversa da qual lhe foi autorizada. Por exemplo: um policial militar que transporte no seu carro uma Winchester.44, do século XIX, totalmente funcional, que tenha ganhado de seu avô, porém sem certificado de registro (CR).

Condutas: como possui 13 verbos, é considerado tipo misto alternativo (de ação múltipla, de conteúdo variado ou multinuclear); assim, no mesmo contexto fático, a prática de mais de uma conduta pelo mesmo agente será crime único, por força do princípio da alternatividade.

Objeto material: arma de fogo, acessório ou munição, de uso permitido (norma penal em branco).

Arma desmuniciada, com defeito parcial e totalmente inapta: com relação à capacidade lesiva da arma, devemos entender como é a jurisprudência dos Tribunais Superiores e como é cobrado em prova, havendo algumas situações.

▷ **Arma desmontada ou desmuniciada:** é crime, do mesmo modo que carregar apenas uma única munição.

> *O Supremo Tribunal Federal firmou o entendimento de que é de perigo abstrato o crime de porte ilegal de arma de fogo, sendo, portanto, **irrelevante** para sua configuração encontrar-se a **arma desmontada ou desmuniciada**. STF, HC 95.861/RJ, Rel. p/ ac. Min. Dias Toffoli, julgado em 02/06/2015, 2ª Turma, DJe 01/07/2015.*
>
> *Este Superior Tribunal de Justiça tem jurisprudência pacificada no sentido de que o **porte ilegal de arma de fogo desmuniciada ou desmontada configura hipótese de perigo abstrato**, bastando apenas a prática do ato de levar consigo para a consumação do delito. Dessa forma, eventual nulidade do laudo pericial, ou até mesmo a sua ausência, **não impede o enquadramento da conduta**. STJ, AgRg no REsp 1.390.999/SP, Rel. Min. Laurita Vaz, julgado em 27/03/2014, 5ª Turma, DJe 03/04/2014. Precedente: STJ, AgRg no AREsp 179.022/DF, Rel. Min. Assusete Magalhães, julgado em 07/02/2013, 6ª Turma, DJe 05/04/2013.*

▷ **Arma com defeito parcial:** trata-se de objeto material com impropriedade relativa e, portanto, é típica.

> *O mero fato de o **funcionamento de arma de fogo não ser perfeito** não afasta a tipicidade material do **crime definido** no art. 14 da Lei nº 10.826/2003. STF, HC 93.816/RS, Rel. Min. Joaquim Barbosa, julgado em 06/05/2008, 2ª Turma, DJe 01/08/2008 (Vide Inf. 505).*

▷ **Arma totalmente inidônea:** crime impossível, pela impropriedade absoluta do objeto material ou ineficácia absoluta do meio.

> ***Não está caracterizado o crime** de porte ilegal de **arma de fogo** quando o instrumento apreendido sequer pode ser enquadrado no conceito técnico de arma de fogo, por estar quebrado e, de acordo com laudo pericial, **totalmente inapto** para realizar disparos. STJ, AgRg no AREsp 397.473/DF, Rel. Min. Marco Aurélio Bellizze, julgado 19/08/2014, 5ª Turma, DJe 25/08/2014 (Vide Inf. 544).*

> **Fique ligado**
>
> Para configurar o crime impossível, não só a arma de fogo deve ser totalmente inapta, mas também a arma estar desmuniciada ou as munições serem totalmente inaptas (deflagradas e percutidas ou estragadas).

> *A Terceira Seção desta Corte pacificou entendimento no sentido de que o tipo penal de posse ou porte ilegal de arma de fogo cuida-se de delito de mera conduta ou de perigo abstrato, sendo irrelevante a demonstração de seu efetivo caráter ofensivo. Na hipótese, contudo, em que demonstrada por laudo pericial a **total ineficácia da arma de fogo** (inapta a disparar) e **das munições apreendidas** (deflagradas e percutidas), deve ser reconhecida a atipicidade da conduta perpetrada, diante da ausência de afetação do bem jurídico incolumidade pública, tratando-se de **crime impossível pela ineficácia absoluta do meio**. STJ, REsp 1.451.397/MG, Rel. Min. Maria Thereza de Assis Moura, julgado em 15/09/2015, 6ª Turma, DJe 01/10/2015 (Vide Inf. 570).*

| É crime | | |
|---|---|---|
| Arma desmontada ou desmuniciada. | Arma com defeito parcial. | Arma inapta e municiada. |

Elemento subjetivo: delito exclusivamente doloso (não há tipificação da modalidade culposa) e sem necessidade de fim específico (dolo genérico).

Elemento normativo jurídico: sem autorização e em desacordo com determinação legal ou regulamentar (norma penal em branco).

Consumação e tentativa: é instantâneo nas condutas: adquirir, fornecer, receber, ceder, emprestar, remeter e empregar; permanente nas demais. A tentativa é possível.

Ação penal: pública incondicionada, por se tratar de crime de perigo abstrato e de mera conduta, no qual o bem jurídico tutelado é a incolumidade pública (segurança pública e paz social).

Fiança policial: o parágrafo único foi considerado inconstitucional pelo STF (ADI 3.112), portanto, é possível a fiança em sede policial (art. 322, CPP), já que sua pena máxima é de 4 anos e não está no rol constitucional dos crimes inafiançáveis (art. 5º, incs. XLII, XLIII e XLIV, CF/1988).

Concurso de crimes: normalmente, o porte ilegal de arma de fogo, tanto de uso permitido quanto de uso restrito, é crime-meio (menor e menos grave) para se atingir um crime-fim (maior e mais grave). Dessa forma, poderá ou não ocorrer a absorção do porte pelo crime mais grave (princípio da consunção), desde que seja no mesmo contexto fático. Por exemplo, o agente porta arma de fogo para o cometimento de um único homicídio ou roubo, então será possível a aplicação da consunção, havendo crime único. Portanto, tenha cuidado.

▷ **Roubo e porte, no mesmo contexto (logo após):** é crime único (princípio da consunção).

> *O crime de porte de arma é **absorvido** pelo de roubo quando restar evidenciado o nexo de dependência ou de subordinação entre as duas condutas e que os delitos foram praticados em um mesmo contexto fático — o que caracteriza o princípio da consunção. STJ, Jurisprudência em Teses nº 51. Precedentes: HC 315.059/SP; AgRg no AREsp 484.845/DF; HC 249.718/RJ; HC 228.062/SC; HC 206.274/SP; HC 71.696/PR; HC 156.621/SP; HC 138.530/SP.*
>
> *PRINCÍPIO DA CONSUNÇÃO. ABSORÇÃO DO PORTE ILEGAL DE ARMA PELO CRIME PATRIMONIAL. A posse de arma de fogo, **logo após** a execução de roubo com o seu emprego, **não constitui crime autônomo** previsto no art. 16, §1º, IV, da Lei nº 10.826/03, por se encontrar na linha de desdobramento do crime patrimonial. STF, RHC 123.399/RJ, Rel. Min. Dias Toffoli, julgado em 30/09/2014, 1ª Turma, DJe 17/11/2014.*

▷ **Roubo e porte, em contexto diverso (dias após):** configura concurso material de crimes (delitos autônomos).

> *PRINCÍPIO DA CONSUNÇÃO. INAPLICABILIDADE. CIRCUNSTÂNCIAS FÁTICAS DISTINTAS. DELITOS AUTÔNOMOS. [...] o acusado foi flagrado na **posse ilegal da arma de fogo em momento distinto** ao da prática do crime de roubo, caracterizando, assim, uma nova conduta autônoma e independente, o que*

*impede a aplicação do princípio da consunção*. STJ, AgRg no AREsp 988.625/ES, Rel. Min. Ribeiro Dantas, julgado em 07/03/2017, 5ª Turma, DJe 15/03/2017. No mesmo sentido: HC 241.666/SP, HC 317.337/RJ.

▷ **Homicídio e porte de arma de fogo: há duas situações possíveis:**

Caso ocorra **no mesmo contexto fático**, será **crime único**. Por exemplo, imagine que, logo após a prisão do estuprador de sua filha, o pai, sob o domínio de violenta emoção, saque a arma do coldre do policial que estava levando o meliante e, então, dispare contra o bandido.

*A jurisprudência desta Corte Superior de Justiça orienta no sentido de que **o crime de homicídio absorve o de porte ilegal de arma de fogo** quando as duas condutas delituosas guardem, entre si, uma **relação de meio e fim** estreitamente vinculadas. STJ, HC 126.944/MS, Rel. Min. Jorge Mussi, julgado em 04/03/2010, 5ª Turma, DJe 05/04/2010.*

Se o agente não possuir autorização de posse nem porte, mas tiver a arma de fogo previamente **(contexto diverso)**, haverá **concurso de crimes**.

*A conduta de portar armas ilegalmente **não pode ser absorvida** pelo crime de homicídio qualificado, quando resta evidenciada a existência de crimes autônomos, sem nexo de dependência ou subordinação. STJ, HC 226.373/SP, Rel. Min. Laurita Vaz, julgado em 26/02/2013, 5ª Turma, DJe 06/03/2013.*

*Embora seja admissível, não se revela possível, 'in casu', a aplicação do princípio da consunção, porquanto a conduta de portar a arma de um lado, e a tentativa de homicídio de outro, ao que se tem, decorrem de desígnios autônomos **não se verificando a relação de meio e fim** que autoriza a absorção de uma figura típica pela outra. STJ, HC 101.127/SP, Rel. Min. Felix Fischer, julgado em 02/10/2008, 5ª Turma, DJe 10/11/2008.*

▷ **Legítima defesa absorve o homicídio, mas não o porte ilegal de arma de fogo:** trata-se de delito autônomo.

*Não se comunica a excludente de ilicitude que é a legítima defesa, relativa ao homicídio, **ao crime autônomo de porte ilegal de arma**. STF, HC 120.678/PR, Rel. p/ ac. Min. Marco Aurélio, julgado em 24/02/2015, 1ª Turma, DJe 06/04/2015.*

Multiplicidade de armas do mesmo tipo penal: o porte de mais de uma arma de fogo, munição ou acessório, no mesmo contexto, e do mesmo tipo penal (e.g.: ou apenas do art. 14, ou apenas do art. 16), não configura concurso de crimes, mas, sim, crime único (princípio da consunção).

*A apreensão de **mais de uma** arma de fogo, acessório ou munição, em um **mesmo contexto** fático, não caracteriza concurso formal ou material de crimes, mas **delito único**. STJ, Jurisprudência em Teses nº 23. Precedentes: HC 228.231/SP; HC 163.783/RJ; HC 194.697/SP; HC 104.669/RJ; HC 110.800/SP; AREsp 303.312/SP (Vide Inf. 488).*

Multiplicidade de armas de tipos penais diferentes: o porte de mais de uma arma de fogo, munição ou acessório, no mesmo contexto, de uso permitido (art. 14) e de uso restrito ou proibido (art. 16), haverá concurso de crimes, porque estão em tipos penais diferentes. Quanto ser concurso material ou formal de crimes, há divergência doutrinária e, por conseguinte, a banca irá mencionar que ocorrerá apenas o concurso de crimes (sem adentrar às suas espécies, material ou formal).

*Não há crime único, podendo haver concurso formal, quando, no mesmo contexto fático, o agente incide nas condutas dos arts. 14 (porte ilegal de arma de fogo de uso permitido) e 16 (posse ou porte ilegal de arma de fogo de uso restrito) da Lei nº 10.826/2003. STJ, Jurisprudência em Teses nº 23. Precedentes: HC 130.797/SP; HC 162.018/SP.*

**Não há crime único,** podendo haver concurso material, quando, no mesmo contexto fático, o agente incide nas condutas dos arts. 14 (porte ilegal de arma de fogo de uso permitido) e 16 (posse ou porte ilegal de arma de fogo de uso restrito) da Lei nº 10.826/2003. STJ, Jurisprudência em Teses nº 23. Precedentes: HC 211.834/SP; REsp 1.418.900/AL.

> **Fique ligado**
>
> O Estatuto do Desarmamento prevê a incriminação não só de armas de fogo, mas também de munições e acessórios. Sendo assim, a conduta de levar consigo munições sem a referida arma de fogo, incorrerá em crime previsto no Estatuto (Lei nº 10.826/2003), até mesmo se estiver com partes da arma de fogo ou com ela desmuniciada. Do mesmo modo, quando se tratar de acessórios, por exemplo, uma mira telescópica.

### 18.2.4 Disparo de arma de fogo (art. 15)

*Art. 15 Disparar arma de fogo ou acionar munição em lugar habitado ou em suas adjacências, em via pública ou em direção a ela, desde que essa conduta não tenha como finalidade a prática de outro crime:*

*Pena – reclusão, de 2 (dois) a 4 (quatro) anos, e multa.*

*Parágrafo único. O crime previsto neste artigo é inafiançável. (Vide Adin 3.112-1)*

Cuida-se de crime subsidiário (soldado reserva), isto é, se o agente tiver intenção de crime mais grave, então será absorvido pelo delito maior. Além disso, só existirá o crime se for praticado em local habitado ou em sua direção.

### Descrição do crime

Sujeito ativo: é comum, uma vez que pode ser praticado por qualquer pessoa.

Elemento subjetivo e conduta: é o dolo (não há modalidade culposa) de "disparar" arma de fogo ou "acionar" munição (tipo misto alternativo).

Delimitação espacial: são duas situações que devem ser somadas para o crime existir: em lugar habitado ou em suas adjacências; e em via pública ou em direção a ela. Se o agente efetuar o disparo em local ermo e desabitado, por exemplo. em uma área rural sem pessoas aos arredores, será fato atípico.

Objeto material: arma de fogo ou munição, de uso permitido, restrito ou proibido (norma penal em branco). O tipo penal não mencionou sobre "acessório" (fato atípico).

Consumação e tentativa: consuma-se no momento em que se der o disparo da arma ou o acionamento da munição (delito instantâneo) e de mera conduta (não é obrigatória ocorrência de resultado naturalístico a bem jurídico individual), sendo possível a tentativa (plurissubsistente).

▷ **Absorção do porte pelo disparo:** há duas situações a depender do contexto.

- **No mesmo contexto:** será **crime único,** havendo absorção do porte de arma de fogo de uso permitido (art. 14) pelo disparo de arma de fogo (princípio da consunção).

  *A jurisprudência desta Corte possui entendimento firmado no sentido de que não é automática a aplicação do princípio da consunção para **absorção do** delito de **porte** de arma de fogo **pelo de disparo**, dependendo das circunstâncias em que ocorreram as condutas. [...] Na hipótese dos autos, as instâncias ordinárias reconheceram que os crimes foram praticados no **mesmo contexto** fático, devendo ser aplicado o referido postulado para que a **conduta menos grave** (porte ilegal de arma de fogo) seja **absorvida pela conduta mais grave** (disparo de arma de fogo). STJ, AgRg no REsp 1.331.199/PR, Rel. Min. Ericson Maranho (Des. Conv. do TJ/SP), julgado em 23/10/2014, 6ª Turma, DJe 10/11/2014.*

- **Em momentos distintos (contexto diverso):** haverá **concurso de crimes** (delitos autônomos).

# LEI Nº 10.826/2003 - ESTATUTO DO DESARMAMENTO

Segundo iterativa jurisprudência desta Corte, **não há falar em aplicação do princípio da consunção** quando dos delitos de porte ilegal de arma e disparo de arma de fogo são praticados em **momentos diversos**, em **contextos distintos**. STJ, CC 134.342/GO, Rel. Min. Newton Trisoto (Des. Conv. do TJ/SC), julgado em 22/04/2015, 3ª Seção, DJe 05/05/2015. Precedentes: HC 128.533/MG; AgRg no REsp 1.347.003/SC; HC 214.606/RJ.

Concurso de crimes: normalmente, quando a finalidade for crime mais grave, então este absorverá o disparo, por se tratar de crime subsidiário, descrito no trecho: "desde que essa conduta não tenha como finalidade a prática de outro crime" (subsidiariedade explícita). Por exemplo: o agente dispara arma de fogo com a finalidade de se cometer um homicídio. Entretanto, o problema surge se o delito não for mais grave, há divergência doutrinária, como é o exemplo do disparo de arma de fogo e lesão corporal de natureza leve.

Nesse sentido, discorre Fernando Capez (apud Gonçalves & Júnior, 2016): Em resumo, o delito previsto no art. 15, 'caput', da Lei nº 10.826/2003 não é absorvido pelo crime de lesões corporais de natureza leve, em face de sua maior gravidade. Entendemos que **o agente responde por ambos os crimes em concurso**.

## 18.2.5 Posse ou porte ilegal de arma de fogo de uso restrito (art. 16)

**Art. 16** Possuir, deter, portar, adquirir, fornecer, receber, ter em depósito, transportar, ceder, ainda que gratuitamente, emprestar, remeter, empregar, manter sob sua guarda ou ocultar arma de fogo, acessório ou munição de uso restrito, sem autorização e em desacordo com determinação legal ou regulamentar: (Redação dada pela Lei nº 13.964/2019)

**Pena** – reclusão, de 3 (três) a 6 (seis) anos, e multa.

§ 1º Nas mesmas penas incorre quem: (Redação dada pela Lei nº 13.964/2019)

I – suprimir ou alterar marca, numeração ou qualquer sinal de identificação de arma de fogo ou artefato;

II – modificar as características de arma de fogo, de forma a torná-la equivalente a arma de fogo de uso proibido ou restrito ou para fins de dificultar ou de qualquer modo induzir a erro autoridade policial, perito ou juiz;

III – possuir, deter, fabricar ou empregar artefato explosivo ou incendiário, sem autorização ou em desacordo com determinação legal ou regulamentar;

IV – portar, possuir, adquirir, transportar ou fornecer arma de fogo com numeração, marca ou qualquer outro sinal de identificação raspado, suprimido ou adulterado;

V – vender, entregar ou fornecer, ainda que gratuitamente, arma de fogo, acessório, munição ou explosivo a criança ou adolescente; e

VI – produzir, recarregar ou reciclar, sem autorização legal, ou adulterar, de qualquer forma, munição ou explosivo.

§ 2º Se as condutas descritas no 'caput' e no §1º deste artigo envolverem arma de fogo de uso proibido, a pena é de reclusão, de 4 (quatro) a 12 (doze) anos. (Incluído pela Lei nº 13.964/2019)

Cuida-se, não só da posse, mas também do porte (além de outras 12 condutas previstas no caput e mais outras 19 figuras equiparadas no § 1º) de arma de fogo, acessório ou munição **de uso restrito (caput)** ou **de uso proibido** (§ 2º), bem como as formas equiparadas (§ 1º).

**Delito hediondo:** o art. 16 foi incluído no rol dos crimes hediondos pela Lei nº 13.497/2017. Todavia, com o advindo da Lei nº 13.964/2019, promoveu-se uma alteração nesse dispositivo prevendo ser hediondo "o crime de posse ou porte ilegal de arma de fogo de uso proibido" (art. 1º, parágrafo único, II, Lei nº 8.072/1990).

Desde a Lei nº 13.497/2017 se discutia acerca do alcance da hediondez do art. 16º do Estatuto do Desarmamento: somente o caput ou todo o artigo (caput e figuras equiparadas). De acordo com o Superior Tribunal de Justiça – STJ, todo o art. 16 possui natureza hedionda.

*INFORMATIVO Nº 657 – STJ*

*A qualificação de hediondez aos crimes do art. 16 da Lei nº 10.826/2003, inserida pela Lei nº 13.497/2017, abrange os tipos do 'caput' e as condutas equiparadas previstas no seu parágrafo único. O art. 16 da Lei nº 10.826/2003 (Estatuto do Desarmamento) prevê gravosas condutas de contato com 'arma de fogo, acessório ou munição de uso proibido ou restrito', vindo seu parágrafo único a acrescer figuras equiparadas — em gravidade e resposta criminal. Dessa forma, ainda que algumas das condutas equiparadas possam ser praticadas com armas de uso permitido, o legislador as considerou graves ao ponto de torná-las com reprovação criminal equivalente às condutas do 'caput'. No art. 1º, parágrafo único, da Lei nº 8.072/1990, com redação dada pela Lei nº 13.497/2017, o legislador limitou-se a prever que o delito descrito no art. 16 da Lei nº 10.826/2003 é considerado hediondo. Assim, como a equiparação é tratamento igual para todos os fins, considerando equivalente o dano social e equivalente também a necessária resposta penal, salvo ressalva expressa, ao ser qualificado como hediondo o art. 16 da Lei nº 10.826/2003, as condutas equiparadas devem receber igual tratamento. STJ, Informativo nº 657, HC 526.916/SP, Rel. Min. Nefi Cordeiro, julgado em 01/10/2019, 6ª Turma, DJe 08/10/2019.*

Reviveu-se a discussão pela doutrina a partir da Lei nº 13.964/2019, na medida em que o nomen juris foi alterado para "posse ou porte ilegal de arma de fogo de uso proibido", ou seja, o art. 16 do Estatuto do Desarmamento só é hediondo quando envolver arma de fogo de uso proibido.

Inafiançável e insuscetível de graça, anistia e indulto: por se tratar de delito hediondo, não há possibilidade de fiança nem perdão pelos dispositivos da graça, da anistia e do indulto (art. 2º, caput, Lei nº 8.072/1990), mas ainda é suscetível de liberdade provisória (art. 2º, § 3º, Lei nº 8.072/1990).

### Descrição do crime (caput)

Sujeito ativo: é comum, uma vez que pode ser praticado por qualquer pessoa.

Elemento subjetivo e conduta: exclusivamente doloso (não há modalidade culposa) e, como possui 14 verbos, é considerado de ação múltipla (de conteúdo variado, tipo misto alternativo ou multinuclear).

Objeto material: no caput, trata-se apenas de arma de fogo, acessório ou munição de uso restrito.

Consumação e tentativa: em regra, é delito instantâneo, nas condutas: adquirir, fornecer, ceder, emprestar, remeter e empregar. Será permanente, nas condutas: possuir, deter, portar, ter em depósito, transportar, manter sob sua guarda e ocultar arma de fogo. Não há necessidade de resultado naturalístico a integridade física individual, haja vista ser crime de mera conduta e de perigo abstrato. A tentativa é possível (plurissubsistente).

Formas equiparadas (§ 1º): as condutas previstas no § 1º sujeitam o agente às mesmas penas previstas no caput. Estende-se o alcance de incriminação da norma, abarcando as armas de fogo, acessórios e munições de uso restrito, de uso permitido (conspurcadas) e artefatos explosivos ou incendiários.

Forma qualificada (§ 2º): a pena será de reclusão de 4 (quatro) a 12 (doze) anos se a arma de fogo for de uso proibido.

Conflito aparente de normas: por força do princípio da especialidade, quando houver conflito entre normas penais e o objeto material for arma de fogo, acessório ou munição, então prevalecerá o Estatuto do Desarmamento.

# NOÇÕES DE DIREITO PENAL

| Conduta | Conflito | Prevalece |
|---|---|---|
| Numeração, marca ou qualquer outro sinal de identificação raspado, suprimido ou adulterado | Arts. 12 e 14 (Est. do Desarmamento) | Art. 16, § 1º, I e IV (Est. do Desarmamento) |
| Fraude processual em arma de fogo | Art. 347 do CP | Art. 16, § 1º, II (Est. do Desarmamento) |
| Ceder arma de fogo, acessório, munição ou explosivo à criança ou ao adolescente | Art. 242 do ECA | Art. 16, § 1º, V (caso a arma não seja de fogo, então se aplicará o ECA) |
| Possuir, deter, fabricar ou empregar artefato explosivo ou incendiário, sem autorização ou em desacordo com determinação legal ou regulamentar | Art. 253 do CP | Art. 16, § 1º, III (Est. do Desarmamento) |

| Arma de fogo | | | |
|---|---|---|---|
| | De uso permitido | Posse | Art. 12 |
| | | Porte | Art. 14 |
| | | Adulterada | Art. 16 |
| | De uso restrito | Posse | |
| | | Porte | Art. 16 |
| | | Adulterada | |

## 18.2.6 Comércio ilegal de arma de fogo (art. 17)

> **Art. 17** Adquirir, alugar, receber, transportar, conduzir, ocultar, ter em depósito, desmontar, montar, remontar, adulterar, vender, expor à venda, ou de qualquer forma utilizar, em proveito próprio ou alheio, no exercício de atividade comercial ou industrial, arma de fogo, acessório ou munição, sem autorização ou em desacordo com determinação legal ou regulamentar:
> **Pena** – reclusão, de 6 (seis) a 12 (doze) anos, e multa. (Redação dada pela Lei nº 13.964/2019)
> § 1º Equipara-se à atividade comercial ou industrial, para efeito deste artigo, qualquer forma de prestação de serviços, fabricação ou comércio irregular ou clandestino, inclusive o exercido em residência. (Redação dada pela Lei nº 13.964/2019)
> § 2º Incorre na mesma pena quem vende ou entrega arma de fogo, acessório ou munição, sem autorização ou em desacordo com a determinação legal ou regulamentar, a agente policial disfarçado, quando presentes elementos probatórios razoáveis de conduta criminal preexistente. (Incluído pela Lei nº 13.964/2019)

Por mais que o nome do crime dê a impressão de ser "compra e venda" (comércio) apenas de "armas de fogo" (comércio ilegal de arma de fogo), o tipo penal abarca não só a atividade comercial, mas também a industrial e a prestadora de serviços, bem como os acessórios e as munições.

### Descrição do crime

Sujeito ativo: é próprio, uma vez que somente o agente que estiver "no exercício de atividade comercial ou industrial" (habitualidade preexistente), sem autorização ou em desacordo com determinação legal ou regulamentar. Se cometido por qualquer um dos agentes listados nos arts. 6º, 7º ou 8º, haverá aumento de metade da pena (art. 20).

Atividade irregular ou residencial (§ 1º): o exercício habitual exercido de forma irregular, clandestino ou residencial será equiparado à atividade comercial ou industrial.

Armeiro: o exercício da atividade de armeiro, sem a devida licença, pode sujeitar o infrator às penas do art. 17, § 1º, da Lei nº 10.826/03.

> **Art. 4º, Portaria nº 2.259/2011 (DG-DPF)** O armeiro não poderá prestar qualquer serviço aos possuidores de armas de fogo não registradas ou sem os documentos de que trata o artigo anterior, devendo, nesse caso, informar imediatamente à Polícia Federal.
> **Art. 5º** É vedado ao armeiro a realização de recarga de munição, assim como adquirir, deter ou manter em depósito equipamento ou material destinado a esse fim.
> **Art. 6º** [...]
> §2º É vedada a modificação das características da arma de fogo, de forma a torná-la equivalente a arma de fogo de uso proibido ou restrito ou para fins de dificultar ou de qualquer modo induzir a erro autoridade policial, perito ou juiz.
> **Art. 7º** A licença concedida ao armeiro não implica autorização para a fabricação artesanal de armas, armações, canos, ferrolhos, e nem para a comercialização do material que tiver posse em razão de seu ofício.

Elemento subjetivo e conduta: delito exclusivamente doloso (não se admite a forma culposa) e de tipo misto alternativo (de ação múltipla, de conteúdo variado ou multinuclear), por haver 14 verbos.

Objeto material: arma de fogo, acessório ou munição, sem autorização ou em desacordo com determinação legal ou regulamentar.

Forma simples *(caput):* a punição na modalidade simples só é cabível ao objeto material de uso permitido (reclusão, de 6 a 12 anos, e multa).

Forma majorada: se a arma de fogo, acessório ou munição forem de uso proibido ou restrito, então haverá aumento de metade da pena (art. 19).

Consumação e tentativa: instantâneo nas modalidades: adquirir, receber, desmontar, montar, remontar, adulterar, vender ou utilizar; e permanente nas demais: alugar, transportar, conduzir, ocultar, ter em depósito, expor à venda. A tentativa é admissível (plurissubsistente).

Delito hediondo: a Lei nº 13.964/2019, incluiu o art. 17 do referido Estatuto no rol dos crimes hediondos (art. 1º, parágrafo único, III, Lei nº 8.072/1990).

Inafiançável e insuscetível de graça, anistia e indulto: por se tratar de delito hediondo, não há possibilidade de fiança nem perdão pelos dispositivos da graça, da anistia e do indulto (art. 2º, caput, Lei nº 8.072/1990), mas ainda é suscetível de liberdade provisória (art. 2º, § 3º, Lei nº 8.072/1990).

Prisão por agente encoberto (§ 2º): a Lei nº 13.964/2019 (Pacote Anticrime) acrescentou a possibilidade de prisão em flagrante, por agente policial disfarçado, de quem vender ou entregar arma de fogo, acessório ou munição, desde que a conduta criminal seja preexistente. Não haverá crime impossível por obra do agente provocador, o chamado flagrante preparado (Súmula nº 145 – STF).

Justificado no Projeto de Lei nº 882/2019, de autoria do Ministro Sérgio Moro, segundo o qual:

> Vale aqui lembrar que as operações policiais disfarçadas, 'undercover operations' nos Estados Unidos, são extremamente eficazes naquele país. A exigência de indícios de conduta criminal pré-existente visa evitar aquilo que os norte-americanos chamam de 'entrapment', quando um agente policial provoca a prática de um crime por parte de um inocente e não de um criminoso. A Súmula nº 145 do STF (Não há crime, quando a preparação do flagrante pela polícia torna impossível a sua consumação) não é óbice para a sua aplicação, pois, além de antiga e ter analisado matéria legal, o Supremo vem temperando sua rigidez. No HC 67.908/SP, julgado pela 2ª Turma do STF em 08/03/1990, decidiu-se, cf. ementa, que 'denunciado o paciente pela guarda de haxixe, para comercialização, ato preexistente à venda

# LEI Nº 10.826/2003 - ESTATUTO DO DESARMAMENTO

*ficta da substância entorpecente aos policiais — não há falar em crime impossível em face da provocação do flagrante'. O mesmo entendimento foi manifestado no HC 69.476/SP, julgado também pela 2ª Turma do STF em 04/08/1992 ('Posse de entorpecente pelo réu, que preexistia à atuação do agente provocador, ao manifestar interesse pela aquisição da droga, para fixar a prova pelo crime já consumado. Não é invocável, na espécie, a Súmula 145'). De teor semelhante, encontram-se ainda o HC 72.674/SP, julgado em 26/03/1996, pela 2ª Turma do STF; o HC 73.898/SP, julgado pela 2ª Turma do STF em 21/05/1996; o HC 74.510/SP, julgado pela 1ª Turma do STF em 08/10/1996; e o HC 81.970/SP, julgado pela 1ª Turma do STF em 28/06/2002.*

## 18.2.7 Tráfico internacional de arma de fogo (art. 18º)

> **Art. 18** *Importar, exportar, favorecer a entrada ou saída do território nacional, a qualquer título, de arma de fogo, acessório ou munição, sem autorização da autoridade competente:*
>
> **Pena** – *reclusão de 8 (oito) a 16 (dezesseis) anos, e multa. (Redação dada pela Lei nº 13.964/2019)*
>
> **Parágrafo único.** *Incorre na mesma pena quem vende ou entrega arma de fogo, acessório ou munição, em operação de importação, sem autorização da autoridade competente, a agente policial disfarçado, quando presentes elementos probatórios razoáveis de conduta criminal preexistente. (Incluído pela Lei nº 13.964/2019)*

### Descrição do crime

Sujeito ativo: pode ser praticado por qualquer pessoa, por isso se trata de crime comum. Por força da conduta "favorecer a qualquer título", agentes públicos, em serviço, também incorrerão no delito que, de qualquer forma, favorecerem (não evitarem ou buscar evitar, dolosamente). Se cometido por qualquer um dos agentes listados nos arts. 6º, 7º ou 8º, haverá aumento de metade da pena (art. 20).

Elemento subjetivo e conduta: é o dolo (não há conduta culposa) da internacionalidade de forma ilegal, atinge os interesses não só da coletividade (segurança pública), mas também da União pela ausência de pagamento dos tributos de importação ou exportação. Como possui 3 verbos, é considerado de conteúdo variado (multinuclear, tipo misto alternativo ou de ação múltipla).

Objeto material: arma de fogo, acessório ou munição, sem autorização da autoridade competente.

Forma simples *(caput):* a punição na modalidade simples só é cabível ao objeto material de uso permitido (reclusão, de 8 a 16 anos, e multa).

Forma majorada: se a arma de fogo, acessório ou munição forem de uso proibido ou restrito, então haverá aumento de metade da pena (art. 19).

Consumação e tentativa: consuma-se no exato momento da entrada no território nacional ou da saída dele (delito instantâneo), não necessitando de efetiva entrega a seu destinatário, venda ou utilização dos objetos (crime formal). É admissível a tentativa (plurissubsistente).

Justiça Federal: os crimes previstos no Estatuto do Desarmamento, em regra, são de competência da Justiça Estadual, porém o tráfico internacional de armas compete à Justiça Federal, pois ofende os interesses da União (art. 21º, XXII, e art. 109, IV e V, da CF/1988) que exerce o controle alfandegário.

Delito hediondo: a Lei nº 13.964/2019, incluiu o tráfico internacional de armas de fogo no rol dos crimes hediondos (art. 1º, parágrafo único, IV, Lei nº 8.072/1990).

Inafiançável e insuscetível de graça, anistia e indulto: por se tratar de delito hediondo, não há possibilidade de fiança nem perdão pelos dispositivos da graça, da anistia e do indulto (art. 2º, caput, Lei nº 8.072/1990), mas ainda é suscetível de liberdade provisória (art. 2º, § 3º, Lei nº 8.072/1990).

Prisão por agente encoberto (par. único): a Lei nº 13.964/2019 (Pacote Anticrime) acrescentou a possibilidade de prisão em flagrante, por agente policial disfarçado, de quem vender ou entregar arma de fogo, acessório ou munição, desde que a conduta criminal seja preexistente. Não haverá crime impossível por obra do agente provocador, o chamado flagrante preparado (Súmula nº 145 – STF).

### Conflito aparente de normas

Por força do princípio da especialidade, quando os crimes de contrabando (art. 334-A, CP) e a facilitação de contrabando ou descaminho (art. 318, CP) tiverem por objeto armas de fogo, acessórios e munições, então, incorrerá no art. 18 do Estatuto do Desarmamento.

| Crime | Conflito | Prevalece |
|---|---|---|
| Contrabando | Art. 334-A do CP | Art. 18 (Est. do Desarmamento) |
| Facilitação de contrabando ou descaminho | Art. 318 do CP | Art. 18 (Est. do Desarmamento) |

## 18.2.8 Aumento de pena (arts. 19 e 20)

> **Art. 19** *Nos crimes previstos nos arts. 17 e 18, a pena é aumentada da metade se a arma de fogo, acessório ou munição forem de uso proibido ou restrito.*
>
> **Art. 20** *Nos crimes previstos nos arts. 14, 15, 16, 17 e 18, a pena é aumentada da metade se:*
>
> *I – forem praticados por integrante dos órgãos e empresas referidas nos arts. 6º, 7º e 8º desta Lei; ou*
>
> *II – o agente for reincidente específico em crimes dessa natureza. (Incluído pela Lei nº 13.964, de 24/12/2019)*

▷ **Basicamente, haverá aumento de metade da pena em duas situações:**
  - **Quanto ao objeto material:** de uso restrito ou proibido (nos arts. 17 e 18).
  - **Quanto ao sujeito ativo:** agente listado nos arts. 6º, 7º e 8º; ou reincidente específico (nos arts. 14 a 18).

## 18.2.9 Liberdade provisória (art. 21)

> **Art. 21** *Os crimes previstos nos arts. 16, 17 e 18 são insuscetíveis de liberdade provisória.*

Tal artigo foi considerado inconstitucional pelo STF (ADI 3.112), bem como os parágrafos únicos dos arts. 14 e 15. Portanto, **todos** os crimes do Estatuto do Desarmamento **admitem a liberdade provisória** e, ressalvando os arts. 16, 17 e 18 (delitos hediondos), também admitem a fiança.

> *A* ***proibição de estabelecimento de fiança*** *para os delitos de 'porte ilegal de arma de fogo de uso permitido' e de 'disparo de arma de fogo', mostra-se* ***desarrazoada****, porquanto são crimes de mera conduta, que não se equiparam aos crimes que acarretam lesão ou ameaça de lesão à vida ou à propriedade. [...]* ***Insusceptibilidade de liberdade provisória*** *quanto aos delitos elencados nos arts. 16, 17 e 18.* ***Inconstitucionalidade reconhecida****, visto que o texto magno não autoriza a prisão 'ex lege', em face dos princípios da presunção de inocência e da obrigatoriedade de fundamentação dos mandados de prisão pela autoridade judiciária competente. [...] Ação julgada procedente, em parte, para declarar a* ***inconstitucionalidade*** *dos* ***parágrafos únicos dos artigos 14 e 15 e do artigo 21*** *da Lei nº 10.826, de 22 de dezembro de 2003. STF, ADI 3.112/DF, Rel. Min. Ricardo Lewandowski, julgado em 02/05/2007, Tribunal Pleno, DJe 26/10/2007.*

# 19 LEI Nº 9.605/1998 – CRIMES CONTRA O AMBIENTE

De acordo com o art. 225 da Constituição Federal:

> *Art. 255, CF/1988 Todos têm direito ao meio ambiente ecologicamente equilibrado, bem de uso comum do povo e essencial à sadia qualidade de vida, impondo-se ao Poder Público e à coletividade o dever de defendê-lo e preservá-lo para as presentes e futuras gerações.*

Devido à importância do meio ambiente, fez-se necessária a edição de uma lei que protegesse das agressões mais relevantes esse importante bem jurídico. Nesse contexto, surgiu a Lei nº 9.605/1998, que instituiu regras acerca da proteção ao meio ambiente. Ela determinou, dentre outras medidas, normas referentes à apreensão de produtos e instrumentos das infrações administrativas ou dos crimes ambientais, instituindo, ainda, os chamados crimes ambientais.

Vale ressaltar que essa lei é aplicada em conjunto com outras leis que tratem do mesmo tema, pois nada impede que outras leis tipifiquem crimes ambientais, além da aplicação subsidiária do próprio Código Penal no que couber. Contudo, convém observar os princípios que regem as normas jurídicas e, em caso de conflito entre elas, deve-se verificar, por meio do princípio da especialidade ou ainda da anterioridade, qual deverá ser aplicado ao caso concreto.

## 19.1 Apreensão do produto e do instrumento de infração administrativa ou de crime

> *Art. 25 Verificada a infração, serão apreendidos seus produtos e instrumentos, lavrando-se os respectivos autos.*
>
> *§ 1º Os animais serão prioritariamente libertados em seu habitat ou, sendo tal medida inviável ou não recomendável por questões sanitárias, entregues a jardins zoológicos, fundações ou entidades assemelhadas, para guarda e cuidados sob a responsabilidade de técnicos habilitados.*
>
> *§ 2º Até que os animais sejam entregues às instituições mencionadas no § 1º deste artigo, o órgão autuante zelará para que eles sejam mantidos em condições adequadas de acondicionamento e transporte que garantam o seu bem-estar físico.*
>
> *§ 3º Tratando-se de produtos perecíveis ou madeiras, serão estes avaliados e doados a instituições científicas, hospitalares, penais e outras com fins beneficentes.*
>
> *§ 4º Os produtos e subprodutos da fauna não perecíveis serão destruídos ou doados a instituições científicas, culturais ou educacionais.*
>
> *§ 5º Os instrumentos utilizados na prática da infração serão vendidos, garantida a sua descaracterização por meio da reciclagem.*

Poderá ocorrer, por meio das autoridades administrativas ambientais ou pela polícia, desde que havendo indícios de crime ambiental, a apreensão dos instrumentos e produtos da infração ambiental.

A Lei nº 13.052/2014 trouxe algumas modificações nesta lei.

O § 1º dispõe que os animais devem, de forma prioritária, ser liberados em seu habitat e somente serão entregues a instituições responsáveis caso não seja recomendável a sua soltura na natureza por questões sanitárias. Nessa hipótese, até que os animais sejam entregues às instituições, será dever do órgão autuante o fornecimento de condições adequadas de acondicionamento e transporte que garantam o bem-estar do animal.

No que se refere à doação de madeiras e doação ou destruição de produtos e subprodutos da fauna não perecíveis, somente poderá ocorrer após verificada a infração, ou seja, após o esgotamento do processo administrativo ou criminal, com a definitiva constatação da infração.

O termo "verificada a infração" não deve ser entendido de outro modo, sob pena de permitir o confisco de bens sem o devido processo.

### 19.1.1 Confisco dos instrumentos de crime ambiental

Esta Lei prevê o confisco genérico, aplicado aos instrumentos de crimes ambientais, independentemente se constituem objetos ilícitos, diferentemente do que prevê o Código Penal.

> **Fique ligado!**
>
> O Código Penal determina que somente será possível o confisco de objetos cujo porte, fabricação ou alienação constituam objeto ilícito. No entanto, como a Lei nº 9.605/1998 não traz essa ressalva, então todo objeto poderá ser confiscado.

Contudo, os objetos que poderão sofrer o confisco são aqueles que são usualmente utilizados para a prática de infrações ambientais, ou seja, não pode ser qualquer objeto, evitando o cometimento de injustiças ou abusos.

## 19.2 Crimes contra o meio ambiente

A aplicação da legislação penal ambiental necessita de uma adequada construção dos tipos penais e da sua real aplicação. Não é um trabalho fácil redigir essas normas, principalmente porque, em sua maioria, são mal elaboradas e confusas. Algumas trazem até mesmo dúvida sobre a constitucionalidade. Isso ocorre porque geralmente essas leis são inspiradas por especialistas do setor afetado, muitas vezes leigos com relação às normas jurídicas.

Perceberemos, ao longo deste estudo, a presença das chamadas "normas penais em branco": são normas que necessitam de uma complementação para que o ilícito penal seja totalmente construído, visto que diversos crimes necessitam de lei ou regulamentos para definir como será sua aplicação ao caso concreto. Em outras palavras, poderemos dizer que normas "administrativas" deverão servir como complemento da lei penal ambiental.

> **Fique ligado!**
>
> Diferentemente do âmbito civil, a responsabilidade penal será sempre subjetiva, ou seja, invariavelmente dependerá da demonstração do dolo do agente (vontade consciente direcionada a um fim) ou da culpa (infração de um dever de cuidado). Cumpre lembrar, ainda, que a culpa é exceção, somente sendo punida quando expressamente prevista.

Vale lembrar que a jurisprudência entende ser desnecessária a punição concorrente de uma pessoa física para que a pessoa jurídica possa ser punida por crime ambiental. Vejamos:

> *O art. 225, § 3º, da CF não condiciona a responsabilização penal da pessoa jurídica por crimes ambientais à simultânea persecução penal da pessoa física em tese responsável no âmbito da empresa. A norma constitucional não impõe a necessária dupla imputação. As organizações corporativas complexas da atualidade se caracterizam pela descentralização e distribuição de atribuições e responsabilidades, sendo inerentes, a esta realidade, as dificuldades para imputar o fato ilícito a uma pessoa concreta. Condicionar a aplicação do art. 225, § 3º, da Carta Política a uma concreta imputação também a pessoa física implica indevida restrição da norma constitucional, expressa a intenção do constituinte originário não apenas de ampliar o alcance das sanções penais, mas também de evitar a impunidade pelos crimes ambientais frente às imensas dificuldades de individualização dos responsáveis internamente às corporações, além de reforçar a tutela do bem jurídico ambiental. A identificação dos setores e agentes internos da empresa determinantes da produção do fato ilícito tem relevância e deve ser buscada no caso concreto como forma de esclarecer se esses indivíduos ou órgãos atuaram ou deliberaram no exercício regular de suas atribuições internas à sociedade, e ainda para verificar se a atuação se deu no interesse ou em benefício da entidade coletiva. Tal esclarecimento, relevante para fins de imputar determinado delito à pessoa jurídica, não se confunde, todavia, com subordinar a responsabilização da pessoa jurídica à responsabilização conjunta e cumulativa das pessoas físicas envolvidas. Em não raras oportunidades, as responsabilidades internas pelo fato estarão diluídas ou parcializadas de tal modo que não permitirão a imputação de responsabilidade penal individual (STF, 1ª T., RE 548.181, rel. Min. Rosa Weber, j. 06/08/2013, DJE 30/10/2014).*

# LEI Nº 9.605/1998 – CRIMES CONTRA O AMBIENTE

> **Fique ligado!**
>
> É possível a aplicação da insignificância nos crimes ambientais.

É muito importante lembrar que, de acordo com o Superior Tribunal de Justiça, é possível a aplicação do princípio da insignificância no caso de crimes ambientais, devendo ser feita, no entanto, uma análise rigorosa, por se tratar de bem jurídico de natureza difusa e protegido constitucionalmente. Vejamos:

> *Esta Corte tem entendimento pacificado no sentido de que é possível a aplicação do denominado princípio da insignificância aos delitos ambientais, quando demonstrada a ínfima ofensividade ao bem ambiental tutelado (AgRg no Resp n. 1558312/ES, de minha lavra, Quinta Turma, julgado em 02/02/2016) (STJ, 5ª T., AgRg no AREsp 1.051.541, rel. Min. Felix Fischer, j. 28/11/2017, DJe 04/12/2017). Vale lembrar que o Supremo Tribunal Federal estabelece quatro requisitos para a aplicação desse princípio, são eles: mínima ofensividade da conduta do agente; ausência de periculosidade social da ação; reduzido grau de reprovabilidade do comportamento; inexpressividade da lesão jurídica provocada (cf. STF, 1ª T., RHC 145.447, rel. Min. Luiz Fux, j. 01/09/2017, DJe 28/09/2017).*

Em relação aos crimes ambientais em espécie, a Lei nº 9.605/1998 realiza a seguinte divisão:

| Crimes contra o meio ambiente |
| --- |
| Crimes contra a fauna (arts. 29 a 37) |
| Crimes contra a flora (arts. 38 a 53) |
| Poluição e outros crimes ambientais (arts. 54 a 61) |
| Crimes contra o ordenamento urbano e o patrimônio cultural (arts. 62 a 65) |
| Crimes contra a administração ambiental (arts. 66 a 69) |

## 19.2.1 Crimes contra a fauna

Compreende-se por fauna o conjunto de animais que vivem em determinada região ou ambiente, incluindo nesse conceito os animais da fauna terrestre e da fauna aquática.

Para complementar esse conceito, temos o § 3º do art. 29 desta lei (reproduzido a seguir).

> **Art. 29** *Matar, perseguir, caçar, apanhar, utilizar espécimes da fauna silvestre, nativos ou em rota migratória, sem a devida permissão, licença ou autorização da autoridade competente, ou em desacordo com a obtida:*
>
> **Pena – Detenção** *de seis meses a um ano, e multa.*
>
> *§ 1º Incorre nas mesmas penas:*
>
> *I – quem impede a procriação da fauna, sem licença, autorização ou em desacordo com a obtida;*
>
> *II – quem modifica, danifica ou destrói ninho, abrigo ou criadouro natural;*
>
> *III – quem vende, expõe à venda, exporta ou adquire, guarda, tem em cativeiro ou depósito, utiliza ou transporta ovos, larvas ou espécimes da fauna silvestre, nativa ou em rota migratória, bem como produtos e objetos dela oriundos, provenientes de criadouros não autorizados ou sem a devida permissão, licença ou autorização da autoridade competente.*
>
> *§ 2º No caso de guarda doméstica de espécie silvestre não considerada ameaçada de extinção, pode o juiz, considerando as circunstâncias, deixar de aplicar a pena.*
>
> *§ 3º São espécimes da fauna silvestre todos aqueles pertencentes às espécies nativas, migratórias e quaisquer outras, aquáticas ou terrestres, que tenham todo ou parte de seu ciclo de vida ocorrendo dentro dos limites do território brasileiro, ou águas jurisdicionais brasileiras.*
>
> *§ 4º A pena é aumentada de metade, se o crime é praticado:*
>
> *I – contra espécie rara ou considerada ameaçada de extinção, ainda que somente no local da infração;*
>
> *II – em período proibido à caça;*
>
> *III – durante a noite;*
>
> *IV – com abuso de licença;*
>
> *V – em unidade de conservação;*
>
> *VI – com emprego de métodos ou instrumentos capazes de provocar destruição em massa.*
>
> *§ 5º A pena é aumentada até o triplo, se o crime decorre do exercício de caça profissional.*
>
> *§ 6º As disposições deste artigo não se aplicam aos atos de pesca.*

São definidos como espécimes silvestres todos aqueles animais que pertencem às espécies nativas, migratórias ou qualquer outra, aquática ou terrestre, que tenham seu ciclo de vida, seja ele todo ou em parte, ocorrendo dentro do território ou das águas jurisdicionais brasileiras.

Existe uma exceção com relação à criação doméstica de animais da fauna silvestre. Desde que estes não estejam ameaçados de extinção, o juiz pode deixar de aplicar a pena. Trata-se de uma questão de bom senso, visto que a pessoa desenvolveu laços afetivos com o animal, então não haveria motivo para o Judiciário intervir.

Convém ainda mencionar o § 1º do art. 29, que visa à criminalização das condutas de quem, usando qualquer meio, impede a procriação dos animais silvestres, qualquer que seja o meio utilizado. Além disso, o referido dispositivo criminaliza quem modifica, danifica ou destrói o local de reprodução.

| Causa de aumento de pena | |
| --- | --- |
| A pena é aumentada de metade se o crime é cometido | • contra **espécie rara** ou considerada **ameaçada** de extinção, ainda que somente no local da infração; <br> • em **período proibido à caça**; <br> • durante a **noite**; <br> • com **abuso de licença**; <br> • em **unidade de conservação**; <br> • com emprego de métodos ou instrumentos capazes de provocar **destruição em massa.** |
| A pena é aumentada **até o triplo** | • se o crime decorre do **exercício de caça profissional.** |

A pesca é definida na Lei nº 9.605/1998 como todo ato tendente a retirar, extrair, coletar, apanhar, apreender ou capturar espécimes dos grupos dos peixes, crustáceos, moluscos e vegetais hidróbios, suscetíveis ou não de aproveitamento econômico, ressalvadas as espécies ameaçadas de extinção, constantes nas listas oficiais da fauna e da flora.

Caso o crime contra a fauna venha a ser praticado no período de caça proibida, a pena será aumenta de metade. Contudo, independentemente do período, se o caçador desenvolver a atividade de forma profissional, ou seja, visando ao lucro, deverá ser aplicado o aumento de pena de até o triplo.

> **Art. 30** *Exportar para o exterior peles e couros de anfíbios e répteis em bruto, sem a autorização da autoridade ambiental competente:*
>
> **Pena – Reclusão**, *de um a três anos, e multa.*

O crime se consuma com a exportação, independentemente se o agente visava ao lucro. Exportar significa enviar para fora do país. O agente que incorre nesse crime, portanto, remete para fora do país peles e couros de anfíbios e répteis em bruto. O termo "em bruto" significa o couro não manufaturado, não tratado e transformado em produto.

O elemento normativo do tipo está no termo "sem autorização de autoridade competente": se o indivíduo tiver a autorização para realizar a exportação, o fato será atípico; contudo, se abusar de sua autorização, ele incorre na causa agravante constante no art. 15, inciso II, alínea "o" da Lei nº 9.605/1998.

> **Art. 31** *Introduzir espécime animal no País, sem parecer técnico oficial favorável e licença expedida por autoridade competente:*
>
> **Pena – Detenção**, *de três meses a um ano, e multa.*

Tal crime consiste na importação, ou seja, na entrada do espécime animal no Brasil. Como o tipo prevê apenas o termo "animal", então podemos compreender todo e qualquer espécime, sem nenhum tipo de classificação.

## NOÇÕES DE DIREITO PENAL

O elemento normativo do tipo consiste em: sem parecer técnico oficial favorável e licença expedida por autoridade competente. São elementos cumulativos. Não basta um deles para que o fato se torne atípico; são necessários o parecer E a licença.

| Introduzir espécime animal no País | | | | | |
|---|---|---|---|---|---|
| + | Sem parecer técnico oficial favorável | + | Sem licença expedida por autoridade competente | = | Art. 31 |
| + | Sem parecer técnico oficial favorável | + | Com licença expedida por autoridade competente | = | Art. 31 |
| + | Com parecer técnico oficial favorável | + | Sem licença expedida por autoridade competente | = | Art. 31 |
| + | Com parecer técnico oficial favorável | + | Com licença expedida por autoridade competente | = | Fato atípico |

*Art. 32* Praticar ato de abuso, maus-tratos, ferir ou mutilar animais silvestres, domésticos ou domesticados, nativos ou exóticos:

*Pena – Detenção*, de três meses a um ano, e multa.

*§ 1º* Incorre nas mesmas penas quem realiza experiência dolorosa ou cruel em animal vivo, ainda que para fins didáticos ou científicos, quando existirem recursos alternativos.

*§ 1º-A* Quando se tratar de cão ou gato, a pena para as condutas descritas no caput deste artigo será de reclusão, de 2 (dois) a 5 (cinco) anos, multa e proibição da guarda.

*§ 2º* A pena é aumentada de um sexto a um terço, se ocorre morte do animal.

O crime se divide em quatro condutas, são elas:

▷ **Ato de abuso:** exploração do animal, por exemplo, a submissão do animal a trabalhos excessivos.

▷ **Maus-tratos:** causar sofrimento ao animal, colocando em risco sua integridade física.

▷ **Ferir:** machucar o animal, causar lesões físicas.

▷ **Mutilar:** cortar membros ou partes do corpo do animal.

Existe, ainda, a figura de crime equiparado, chamado de "vivissecção", ou seja, a experiência em animal vivo, visando a fins didáticos ou científicos, quando existirem meios diversos de evitá-la.

### Causa de aumento de pena

A pena é aumentada de 1/6 a 1/3 se, em consequência do crime praticado, **ocorre a morte do animal.**

*Art. 33* Provocar, pela emissão de efluentes ou carreamento de materiais, o perecimento de espécimes da fauna aquática existentes em rios, lagos, açudes, lagoas, baías ou águas jurisdicionais brasileiras:

*Pena – Detenção*, de um a três anos, ou multa, ou ambas cumulativamente.

*Parágrafo único.* Incorre nas mesmas penas:

I – quem causa degradação em viveiros, açudes ou estações de aquicultura de domínio público;

II – quem explora campos naturais de invertebrados aquáticos e algas, sem licença, permissão ou autorização da autoridade competente;

III – quem fundeia embarcações ou lança detritos de qualquer natureza sobre bancos de moluscos ou corais, devidamente demarcados em carta náutica.

Este artigo se relaciona exclusivamente à flora aquática, que consiste na população animal que tem por habitat natural a água, subdividindo-se em fauna marinha, onde habitam os animais de água salgada, e fauna de água doce, onde habitam os animais que vivem em rios e riachos de certa região.

### Figuras equiparadas

| | |
|---|---|
| Quem causa degradação em viveiros, açudes ou estações de aquicultura de domínio público. | Degradar que dizer deteriorar, danificar. |
| Quem explora campos naturais de invertebrados aquáticos e algas, sem licença, permissão ou autorização da autoridade competente. | Explorar significa se beneficiar, abusar, tirar proveito. Note que o termo "ou" quer dizer que a licença ou a autorização são independentes; ao possuir qualquer uma delas, o fato se torna atípico. |
| Quem fundeia embarcações ou lança detritos de qualquer natureza sobre bancos de moluscos ou corais, devidamente demarcados em carta náutica. | Fundeia quer dizer ancorar e lançar quer dizer atirar, jogar. |

*Art. 34* Pescar em período no qual a pesca seja proibida ou em lugares interditados por órgão competente:

*Pena – Detenção* de um ano a três anos ou multa, ou ambas as penas cumulativamente.

*Parágrafo único.* Incorre nas mesmas penas quem:

I – pesca espécies que devam ser preservadas ou espécimes com tamanhos inferiores aos permitidos;

II – pesca quantidades superiores às permitidas, ou mediante a utilização de aparelhos, petrechos, técnicas e métodos não permitidos;

III – transporta, comercializa, beneficia ou industrializa espécimes provenientes da coleta, apanha e pesca proibidas.

A regra no Brasil é a de que a pesca seja permitida para fins comerciais, esportivos e científicos. A pesca, contudo, em períodos ou em locais interditados por órgão competente, configura fato típico (criminoso). Trata-se de uma norma penal em branco, que deverá ser complementada pelas normas dos entes federativos, os quais estabelecem os períodos e os locais proibidos.

| Pesca | + | Locais interditados ou períodos proibidos | = | Art. 34 |
|---|---|---|---|---|

O órgão competente mencionado é aquele que compõe o Sistema Nacional do Meio Ambiente (Sisnama) (art. 6º, Lei nº 6.938/1981).

### Fique ligado!

O fato somente será considerado como crime quando o local interditado ou o período proibitivo for determinado por órgão competente; se o órgão for incompetente o fato será considerado atípico.

### Figuras equiparadas

| | |
|---|---|
| Pesca espécies que devam ser preservadas ou espécimes com tamanhos inferiores aos permitidos. | Nessas três hipóteses, a pesca ocorre em épocas e locais permitidos, contudo, a ilicitude está nos casos descritos ao lado. Vale ressaltar que ambas são consideradas normas penais em branco, devendo lei complementar definir as espécies a serem preservadas, o tamanho dos peixes e as quantidades que podem ser pescadas, e os petrechos que serão permitidos ou proibidos. |
| Pesca quantidades superiores às permitidas, ou mediante a utilização de aparelhos, petrechos, técnicas e métodos não permitidos. | |
| Transporta, comercializa, beneficia ou industrializa espécimes provenientes da coleta, apanha e pesca proibidas. | |

É importante lembrar que o Superior Tribunal de Justiça entende que, somente se do uso de apetrecho de pesca proibido restou evidente

# LEI Nº 9.605/1998 – CRIMES CONTRA O AMBIENTE

ausência de ofensividade, ao menos em tese, ao bem jurídico tutelado pela norma penal, qual seja, a fauna aquática, configura atipicidade da conduta. Portanto, é necessário que o uso de petrechos proibidos cause efetivo risco às espécies ou ao ecossistema. Nesse sentido:

> É de se reconhecer a atipicidade material da conduta de uso de apetrecho de pesca proibido se resta evidente a completa ausência de ofensividade, ao menos em tese, ao bem jurídico tutelado pela norma penal, qual seja, a fauna aquática. (STJ, 6º T., HC 93.859, rel. Min. Maria Thereza de Assis Moura, j. 13/08/2009, DJe 31/08/2009).

**Art. 35** *Pescar mediante a utilização de:*

*I – explosivos ou substâncias que, em contato com a água, produzam efeito semelhante;*

*II – substâncias tóxicas, ou outro meio proibido pela autoridade competente:*

**Pena –** *Reclusão de um ano a cinco anos.*

### Fique ligado!

Esse artigo é explicado pelo art. 36 da Lei nº 9.605/1998, que determina que, para os efeitos da lei, considera-se pesca: "todo ato tendente a retirar, extrair, coletar, apanhar, apreender ou capturar espécimes dos grupos dos peixes, crustáceos, moluscos e vegetais hidróbios, suscetíveis ou não de aproveitamento econômico, ressalvadas as espécies ameaçadas de extinção, constantes nas listas oficiais da fauna e da flora".

**Art. 37** *Não é crime o abate de animal, quando realizado:*

*I – em estado de necessidade, para saciar a fome do agente ou de sua família;*

*II – para proteger lavouras, pomares e rebanhos da ação predatória ou destruidora de animais, desde que legal e expressamente autorizado pela autoridade competente;*

*III – (Vetado)*

*IV – por ser nocivo o animal, desde que assim caracterizado pelo órgão competente.*

São causas específicas de excludentes de ilicitude nos crimes contra a fauna. Cumpre lembrar que nada impede que as causas genéricas previstas no Código Penal (art. 23) venham, também, a ser aplicadas.

**I – Estado de Necessidade: caça ou pesca famélica;**

Veio apenas para reforçar o que já prevê o art. 24 do Código Penal. Nesse caso, será afastada a ilicitude no caso de abate de animal com a finalidade de saciar a fome do agente ou de sua família. Contudo, o método utilizado pelo agente para abater o animal pode configurar crime autônomo; nesse caso, ele será responsabilizado penalmente (por exemplo, no caso de o animal ter sido abatido por um tiro derivado de arma de fogo de porte ilegal).

**II – Proteção de lavouras, pomares e rebanhos;**

Assemelha-se à legítima defesa, contudo, é importante lembrar: legítima defesa cabe contra pessoa e não contra animal. Aqui, o agente abate o animal que agia de forma predatória ou destruidora. Além disso, deve a conduta ser legal e autorizada por lei. A doutrina tem entendido que essa autorização deve ser individual: cada indivíduo deve requerer a sua junto ao órgão ambiental competente.

**III – Animal nocivo.**

Desde que definido pelo órgão competente como sendo nocivo, o abate desse animal será permitido por ser considerado um risco ao sistema ambiental.

## 19.3 Crimes contra a flora

Entende-se por flora a totalidade das espécies vegetais que compreendem a vegetação de uma determinada região, sem qualquer expressão de importância individual. Compreende também as algas e os fitoplânctons marinhos flutuantes.

A flora se organiza em estratos, que determinam formações específicas, como campos e pradarias, savanas e estepes, bosques e florestas etc.

**Art. 38** *Destruir ou danificar floresta considerada de preservação permanente, mesmo que em formação, ou utilizá-la com infringência das normas de proteção:*

**Pena –** *Detenção, de um a três anos, ou multa, ou ambas as penas cumulativamente.*

**Parágrafo único.** *Se o crime for culposo, a pena será reduzida à metade.*

As normas de proteção serão constadas em leis e atos normativos, e ainda que não haja qualquer finalidade lucrativa, haverá o crime, pois a degradação da fauna ocorrerá independentemente de lucros ou qualquer outra vantagem auferida com a infração.

As florestas de preservação permanente são espécies do gênero áreas de preservação permanentes, que estão previstas dentro do Código Florestal. Ocorre, contudo, que as florestas de preservação permanentes podem ser tanto determinadas legalmente quanto por interesse social por ato do chefe do Executivo.

| Florestas de preservação permanente | |
|---|---|
| Determinação legal | Ato do chefe do Executivo |

**Art. 38-A** *Destruir ou danificar vegetação primária ou secundária, em estágio avançado ou médio de regeneração, do Bioma Mata Atlântica, ou utilizá-la com infringência das normas de proteção:*

**Pena – Detenção,** *de 1 (um) a 3 (três) anos, ou multa, ou ambas as penas cumulativamente.*

**Parágrafo único.** *Se o crime for culposo, a pena será reduzida à metade.*

Um bioma é entendido como um grande ecossistema que compreende várias comunidades bióticas em diferentes estágios de evolução, em vasta extensão geográfica. É, assim, uma unidade ecológica imediatamente superior ao ecossistema.

Existem biomas terrestres e aquáticos; no Brasil, são considerados grandes biomas: a Floresta Amazônica, a Mata Atlântica, o Pantanal Mato-grossense, o Cerrado, a Caatinga, o Domínio das Araucárias, as Pradarias e os ecossistemas litorâneos.

**Art. 39** *Cortar árvores em floresta considerada de preservação permanente, sem permissão da autoridade competente:*

**Pena – Detenção,** *de um a três anos, ou multa, ou ambas as penas cumulativamente.*

A conduta definida é a de cortar árvores contidas em preservação permanente, desde que sem permissão da autoridade competente. Se houver autorização, o fato se torna atípico.

### Fique ligado!

Se a árvore cortada for considerada, por ato do Poder Público, como "madeira de lei" o agente incorrerá no crime do art. 45, e não no do art. 39.

**Art. 40.** *Causar dano direto ou indireto às Unidades de Conservação e às áreas de que trata o art. 27 do Decreto nº 99.274, de 6 de junho de 1990, independentemente de sua localização:*

**Pena – Reclusão,** *de um a cinco anos.*

**§ 1º** *Entende-se por Unidades de Conservação de Proteção Integral as Estações Ecológicas, as Reservas Biológicas, os Parques Nacionais, os Monumentos Naturais e os Refúgios de Vida Silvestre.*

**§ 2º** *A ocorrência de dano afetando espécies ameaçadas de extinção no interior das Unidades de Conservação de Proteção Integral será considerada circunstância agravante para a fixação da pena.*

**§ 3º** *Se o crime for culposo, a pena será reduzida à metade.*

**Art. 40-A** *(Vetado)*

**§ 1º** *Entende-se por Unidades de Conservação de Uso Sustentável as Áreas de Proteção Ambiental, as Áreas de Relevante Interesse Ecológico, as Florestas Nacionais, as Reservas Extrativistas, as Reservas de Fauna, as Reservas de Desenvolvimento Sustentável e as Reservas Particulares do Patrimônio Natural.*

*§ 2º A ocorrência de dano afetando espécies ameaçadas de extinção no interior das Unidades de Conservação de Uso Sustentável será considerada circunstância agravante para a fixação da pena.*

*§ 3º Se o crime for culposo, a pena será reduzida à metade.*

Os dois artigos deverão ser vistos conjuntamente, uma vez que constituem um único tipo penal, pois há uma relação entre seus parágrafos, posto que prevalecerá a figura ilícita constante no caput do art. 40 e os parágrafos do art. 40-A.

Nesse caso, o agente causa dano diretamente à Unidade de Conservação ou, então, pratica algum ato que, como consequência, atinge a Unidade de Conservação, sendo esta prevista no art. 27 do Decreto nº 99.274/1990:

*Art. 27 Nas áreas circundantes das Unidades de Conservação, num raio de dez quilômetros, qualquer atividade que possa afetar a biota ficará subordinada às normas editadas pelo Conama.*

| Causas agravantes | |
|---|---|
| Art. 40, § 2º A ocorrência de dano afetando espécies ameaçadas de extinção no interior das Unidades de Conservação de Proteção Integral será considerada circunstância agravante para a fixação da pena. | Contudo, o art. 15, inciso II, alínea "q", da Lei nº 9.605/1998 determina que será causa agravante de pena o crime que atingir espécies ameaçadas, listadas em relatórios oficiais. Em vedação ao bis in idem, será aplicado nesse caso somente o art. 40, § 2º. |

*Art. 41 Provocar incêndio em mata ou floresta:*
**Pena – Reclusão**, *de dois a quatro anos, e multa.*
*Parágrafo único. Se o crime é culposo, a pena é de detenção de seis meses a um ano, e multa.*

A conduta é a de atear fogo em matas e florestas, podendo esse crime ser praticado de diversas formas. Esse fato típico não específica o termo "floresta". Entende-se assim que se trata de todas, não há necessidade de ser apenas a de preservação permanente.

*Art. 42 Fabricar, vender, transportar ou soltar balões que possam provocar incêndios nas florestas e demais formas de vegetação, em áreas urbanas ou qualquer tipo de assentamento humano:*
**Pena – Detenção** *de um a três anos ou multa, ou ambas as penas cumulativamente.*

Será punida a conduta de fazer, de alienar de forma onerosa, conduzir ou fazer subir balão que tenha condição de provocar incêndios. O termo "possam" determinará que o balão deverá ser submetido a exame pericial para verificar a existência da periculosidade, exceto se o balão desaparecer.

O perigo de incêndio deve ocorrer em florestas e demais formas de vegetação ou mesmo em áreas urbanas ou qualquer assentamento urbano.

*Art. 44 Extrair de florestas de domínio público ou consideradas de preservação permanente, sem prévia autorização, pedra, areia, cal ou qualquer espécie de minerais:*
**Pena – Detenção**, *de seis meses a um ano, e multa.*

Extrair quer dizer retirar, arrancar as espécies minerais de florestas de domínio público ou de preservação permanente. Já sabemos o que quer dizer o termo "florestas de preservação aparente", contudo, as de domínio público são aquelas pertencentes aos entes públicos, mas de uso da população.

*Art. 45 Cortar ou transformar em carvão madeira de lei, assim classificada por ato do Poder Público, para fins industriais, energéticos ou para qualquer outra exploração, econômica ou não, em desacordo com as determinações legais:*
**Pena – Reclusão**, *de um a dois anos, e multa.*

O objeto protegido é a "madeira de lei", que é a madeira assim considerada por ato do Poder Público. Geralmente, é uma madeira mais forte, mais nobre e resistente, utilizada em construções e obras que exijam esse tipo de material.

O crime só ocorre se seu corte ou sua transformação ocorrerem em desacordo com as determinações legais.

*Art. 46 Receber ou adquirir, para fins comerciais ou industriais, madeira, lenha, carvão e outros produtos de origem vegetal, sem exigir a exibição de licença do vendedor, outorgada pela autoridade competente, e sem munir-se da via que deverá acompanhar o produto até final beneficiamento:*
**Pena – Detenção**, *de seis meses a um ano, e multa.*
*Parágrafo único. Incorre nas mesmas penas quem vende, expõe à venda, tem em depósito, transporta ou guarda madeira, lenha, carvão e outros produtos de origem vegetal, sem licença válida para todo o tempo da viagem ou do armazenamento, outorgada pela autoridade competente.*

O termo "para fins comerciais ou industriais" determina que o sujeito ativo só poderá ser a pessoa que exerce atividade comercial ou industrial de produtos vegetais, excluindo desse caso o consumidor final ou a pessoa que vende ilegalmente esses produtos. Assim, o crime só ocorre se o fato for praticado com o intuito de revenda ou de algum tipo de benefício, não havendo crime se o agente adquire ou recebe esses produtos para uso próprio.

Cumpre ainda informar que, embora o tipo penal utilize o termo "e", na verdade o fato se consuma se não se exigir a exibição de licença do vendedor, outorgada pela autoridade competente ou se não estiver munido da via que deverá acompanhar o produto até final beneficiamento.

| Figuras equiparadas |
|---|
| Incorre nas mesmas penas quem:<br>• vende;<br>• expõe à venda;<br>• tem em depósito;<br>• transporta ou guarda madeira, lenha, carvão e outros produtos de origem vegetal, sem licença válida para todo o tempo da viagem ou do armazenamento, outorgada pela autoridade competente. |

*Art. 48 Impedir ou dificultar a regeneração natural de florestas e demais formas de vegetação:*
**Pena – Detenção**, *de seis meses a um ano, e multa.*

A regeneração natural é aquela realizada pela própria natureza, sem intervenção humana. Desse modo, não se inclui o processo de regeneração artificial, causada pelo homem. Nesses crimes, o exame pericial será necessário, para comprovar que a vegetação estava sendo regenerada naturalmente e em qual estágio ele se encontrava, e ainda como meio de obter provas por meio dos vestígios deixados pela conduta delitiva.

*Art. 49 Destruir, danificar, lesar ou maltratar, por qualquer modo ou meio, plantas de ornamentação de logradouros públicos ou em propriedade privada alheia:*
**Pena – Detenção**, *de três meses a um ano, ou multa, ou ambas as penas cumulativamente.*
*Parágrafo único. No crime culposo, a pena é de um a seis meses, ou multa.*

Convém atentar ao termo "propriedade privada alheia"; ele não faz menção se são áreas urbanas ou rurais. Desse modo, deve ser interpretado de maneira ampla, aplicando-se aos dois.

O crime em análise pode ser praticado de qualquer forma, bastando que tenha por consequência uma das condutas, não importa o meio empregado. Contudo, há uma grande discussão na doutrina a respeito da constitucionalidade desse artigo, quanto à sua modalidade culposa. Pensemos: tropeçar e pisar em um vaso de begônias de um vizinho será considerado crime? E quanto ao caso de um condutor de veículo automotor que perde o controle e avança sobre as bromélias de um jardim público?

Com base no princípio da intervenção mínima do Direito Penal, a modalidade culposa não deveria ser considerada, apenas se o crime fosse cometido com dolo.

*Art. 50 Destruir ou danificar florestas nativas ou plantadas ou vegetação fixadora de dunas, protetora de mangues, objeto de especial preservação:*
**Pena – Detenção**, *de três meses a um ano, e multa.*

# LEI Nº 9.605/1998 – CRIMES CONTRA O AMBIENTE

Esse artigo visa à proteção das florestas nativas ou plantadas e da vegetação fixadora de dunas, protetora de mangues, objeto de especial preservação. Contudo, é pertinente lembrar que, em se tratando de florestas de preservação permanente, o crime será o do art. 38, com base no princípio da especialidade.

Dunas são montes e colinas formados de areia pela ação de ventos à beira-mar. Já o manguezal é um ecossistema litorâneo de vegetação, localizado em terrenos baixos sujeitos à ação das marés, de modo a formar uma cadeia alimentar com rica produção biológica.

A "especial proteção" pode decorrer de lei ou qualquer ato normativo federal, estadual, municipal ou distrital.

**Art. 50-A** Desmatar, explorar economicamente ou degradar floresta, plantada ou nativa, em terras de domínio público ou devolutas, sem autorização do órgão competente:

**Pena** – Reclusão de 2 (dois) a 4 (quatro) anos e multa.

§ 1º Não é crime a conduta praticada quando necessária à subsistência imediata pessoal do agente ou de sua família.

§ 2º Se a área explorada for superior a 1.000 ha (mil hectares), a pena será aumentada de 1 (um) ano por milhar de hectare.

Esse é um crime que foi introduzido na lei em 2006. Ele visa proteger florestas do desmatamento (derrubada de grande quantidade de árvores), da exploração econômica (exercício de atividade lucrativa) ou da degradação (ocorrência de estragos, destruição).

A degradação se difere da conduta de destruir ou de danificar; a degradação ocorre durante um tempo, não acontecendo de imediato os estragos.

E, ainda, temos que nos atentar à necessidade da falta de autorização de órgão competente, já que, havendo autorização, o fato se torna atípico. Essa autorização deve vir do Instituto Brasileiro do Meio Ambiente e dos Recursos Naturais Renováveis (Ibama) se a floresta pertencer à União, ou por órgãos municipais, estaduais ou distritais quando pertencente aos demais entes federativos.

| | |
|---|---|
| **Estado de necessidade** | Não é crime a conduta praticada quando necessária à subsistência imediata pessoal do agente ou de sua família. |
| **Aumentado de pena** | Se a área explorada for superior a mil hectares, a pena será aumentada de 1 ano por milhar de hectare. |

| **Fique ligado!** |
|---|
| As condutas do art. 50 atingem florestas, objeto de especial preservação, enquanto as do art. 50-A estão relacionadas às florestas situadas em áreas de domínio público ou desocupadas, não sendo necessária a existência de norma específica de proteção editada. |

**Art. 51** Comercializar motosserra ou utilizá-la em florestas e nas demais formas de vegetação, sem licença ou registro da autoridade competente:

**Pena – Detenção**, de três meses a um ano, e multa.

A primeira atenção que devemos ter é sobre a conduta de comercializar, a qual não ser confundida com vender ou expor à venda. Nesse caso, a conduta diz respeito ao exercício de atividade comercial, de modo que somente o sujeito que exerce como atividade o comércio de motosserras poderá ser o sujeito ativo.

A motosserra é uma serra com motor, e ao comercializá-la ou utilizá-la em florestas e demais formas de vegetação, comete-se o crime em estudo, desde que não haja a devida licença ou registro da autoridade competente.

**Art. 52** Penetrar em Unidades de Conservação conduzindo substâncias ou instrumentos próprios para caça ou para exploração de produtos ou subprodutos florestais, sem licença da autoridade competente:

**Pena** – Detenção, de seis meses a um ano, e multa.

Penetrar significa entrar. Dessa maneira, o crime consiste na entrada em Unidades de Conservação levando substâncias ou instrumentos próprios para a caça ou para a exploração de produtos ou subprodutos florestais sem licença da autoridade competente. Ou seja, havendo licença, o fato se torna atípico.

**Art. 53.** Nos crimes previstos nesta Seção, a pena é aumentada de um sexto a um terço se:

I – do fato resulta a diminuição de águas naturais, a erosão do solo ou a modificação do regime climático;

II – o crime é cometido:

a) no período de queda das sementes;

b) no período de formação de vegetações;

c) contra espécies raras ou ameaçadas de extinção, ainda que a ameaça ocorra somente no local da infração;

d) em época de seca ou inundação;

e) durante a noite, em domingo ou feriado.

| **Causas de aumento de pena – crimes previstos nos arts. 38 a 52** ||
|---|---|
| **Aumenta-se de 1/6 a 1/3 a pena se** | Do fato resulta a **diminuição de águas** naturais, a **erosão do solo** ou a **modificação do regime climático**. |
| | O crime é cometido **no período de queda das sementes**. |
| | O crime é cometido no **período de formação de vegetações**. |
| | O crime é **cometido contra espécies raras ou ameaçadas de extinção**, ainda que a ameaça ocorra somente no local da infração. |
| | O crime é cometido em época de seca ou inundação. |
| | O crime é cometido **durante a noite, em domingo ou feriado**. |

## 19.4 Poluição e outros crimes ambientais

Os crimes aqui previstos tutelam, além do meio ambiente, outros bens jurídicos humanos, como a vida, a integridade física, a moradia etc.

É importante ressaltar que, no momento de aplicação da pena, o juiz deverá verificar as consequências que o crime causou no meio ambiente e para a saúde humana. Então, embora essa lei vise à proteção ao meio ambiente, prevê, em alguns casos, a tutela direta e específica das pessoas.

**Art. 54** Causar poluição de qualquer natureza em níveis tais que resultem ou possam resultar em danos à saúde humana, ou que provoquem a mortandade de animais ou a destruição significativa da flora:

**Pena – Reclusão**, de um a quatro anos, e multa.

§ 1º Se o crime é culposo:

**Pena – Detenção**, de seis meses a um ano, e multa.

§ 2º Se o crime:

I – tornar uma área, urbana ou rural, imprópria para a ocupação humana;

II – causar poluição atmosférica que provoque a retirada, ainda que momentânea, dos habitantes das áreas afetadas, ou que cause danos diretos à saúde da população;

III – causar poluição hídrica que torne necessária a interrupção do abastecimento público de água de uma comunidade;

IV – dificultar ou impedir o uso público das praias;

V – ocorrer por lançamento de resíduos sólidos, líquidos ou gasosos, ou detritos, óleos ou substâncias oleosas, em desacordo com as exigências estabelecidas em leis ou regulamentos:

**Pena – Reclusão**, de um a cinco anos.

§ 3º Incorre nas mesmas penas previstas no parágrafo anterior quem deixar de adotar, quando assim o exigir a autoridade competente, medidas de precaução em caso de risco de dano ambiental grave ou irreversível.

A conduta de dar causa à poluição de qualquer tipo pode resultar em danos à saúde humana ou provocar a mortandade de animais ou a destruição significativa da flora.

Sobre o termo "poluição", devemos entender como o lançamento ou, então, a adição de substância ou matéria ao meio ambiente. A poluição definida por esse artigo abrange a poluição atmosférica, hídrica, térmica, do solo e sonora.

A expressão "níveis tais" determina que somente haverá o crime se ocorrer poluição em níveis altos que resultem ou possam resultar danos à saúde humana, a mortandade de animais ou a destruição significativa da flora, de modo que não é qualquer poluição que se enquadra no tipo penal.

Por ser um crime que causa danos, será indispensável o exame pericial para verificar se a poluição causou os prejuízos mencionados, e mesmo para aplicação das qualificadoras abaixo descritas.

| Se o crime é culposo | Pena de detenção, de 6 meses a 1 ano, e multa |
|---|---|
| **Qualificadoras Pena de reclusão de 1 a 5 anos** | Tornar uma área, urbana ou rural, imprópria para a ocupação humana; |
| | Causar poluição atmosférica que provoque a retirada, ainda que momentânea, dos habitantes das áreas afetadas, ou que cause danos diretos à saúde da população; |
| | Causar poluição hídrica que torne necessária a interrupção do abastecimento público de água de uma comunidade; |
| | **Dificultar** ou impedir o uso público das praias; |
| | Ocorrer por lançamento de resíduos sólidos, líquidos ou gasosos, ou detritos, óleos ou substâncias oleosas, em desacordo com as exigências estabelecidas em leis ou regulamentos; |
| | Incorre na mesma pena quem deixar de adotar, quando assim o exigir a autoridade competente, medidas de precaução em caso de risco de dano ambiental grave ou irreversível. |

*Art. 55* Executar pesquisa, lavra ou extração de recursos minerais sem a competente autorização, permissão, concessão ou licença, ou em desacordo com a obtida:

*Pena – Detenção*, de seis meses a um ano, e multa.

*Parágrafo único.* Nas mesmas penas incorre quem deixa de recuperar a área pesquisada ou explorada, nos termos da autorização, permissão, licença, concessão ou determinação do órgão competente.

A conduta diz respeito à execução, ou seja, à realização de pesquisa, lavra ou extração de recursos minerais, desde que o agente não esteja munido pela competente autorização, permissão, concessão ou licença ou, ainda, se agir em desacordo a qual dela tiver obtido. Assim como os demais casos, se o agente tiver um dos documentos exigidos ou ainda estiver agindo em regularidade, o fato se torna atípico.

| Fique ligado! |
|---|
| É pertinente lembrar: as autorizações, permissões, concessões e licenças são individuais. Se o agente tem licença para executar a lavra, mas se utiliza dela para pesquisa, o agente está, sim, cometendo crime. Esses meios autorizadores são concedidos pela Agência Nacional de Mineração. |

Aquele que deixa de recuperar a área pesquisada ou explorada, nos termos da autorização, permissão, licença, concessão ou determinação do órgão competente, comete crime equiparado ao caput.

*Art. 56* Produzir, processar, embalar, importar, exportar, comercializar, fornecer, transportar, armazenar, guardar, ter em depósito ou usar produto ou substância tóxica, perigosa ou nociva à saúde humana ou ao meio ambiente, em desacordo com as exigências estabelecidas em leis ou nos seus regulamentos:

*Pena – Reclusão*, de um a quatro anos, e multa.

*§ 1º* Nas mesmas penas incorre quem:

*I –* abandona os produtos ou substâncias referidos no caput ou os utiliza em desacordo com as normas ambientais ou de segurança;

*II –* manipula, acondiciona, armazena, coleta, transporta, reutiliza, recicla ou dá destinação final a resíduos perigosos de forma diversa da estabelecida em lei ou regulamento.

*§ 2º* Se o produto ou a substância for nuclear ou radioativa, a pena é aumentada de um sexto a um terço.

*§ 3º* Se o crime é culposo:

*Pena – Detenção*, de seis meses a um ano, e multa.

Esse crime consiste em um tipo misto alternativo, isto é, independentemente do número de condutas, haverá a prática de um crime único pelo agente, que prevê 12 condutas consideradas puníveis:

Os objetos materiais do crime são as substâncias e os produtos tóxicos (venenosos), perigosos (que causam perigo) ou nocivos (que prejudicam ou causam danos). E, ainda, por entendimento doutrinário não basta somente a comprovação pericial; necessita-se que essas substâncias estejam classificadas em leis ou atos normativos, caso contrário o fato será considerado como atípico.

"Em desacordo com as exigências estabelecidas em leis ou nos seus regulamentos" trata de uma norma penal em branco, que necessita de complementação.

| Figuras equiparadas |
|---|
| Nas mesmas penas incorre quem:<br>• abandona os produtos ou substâncias referidos no caput ou os utiliza em desacordo com as normas ambientais ou de segurança;<br>• manipula, acondiciona, armazena, coleta, transporta, reutiliza, recicla ou dá destinação final a resíduos perigosos de forma diversa da estabelecida em lei ou regulamento. |

| Penas | |
|---|---|
| Aumenta-se de 1/6 a 1/3 | se o produto ou a substância forem nucleares ou radioativos. |
| 6 meses a 1 ano + multa | se o crime for culposo. |

*Art. 58* Nos crimes dolosos previstos nesta Seção, as penas serão aumentadas:

*I –* de um sexto a um terço, se resulta dano irreversível à flora ou ao meio ambiente em geral;

*II –* de um terço até a metade, se resulta lesão corporal de natureza grave em outrem;

*III –* até o dobro, se resultar a morte de outrem.

*Parágrafo único.* As penalidades previstas neste artigo somente serão aplicadas se do fato não resultar crime mais grave.

| Causas de aumento de pena – crimes previstos nos arts. 54 a 61 | |
|---|---|
| Aumenta-se de 1/6 a 1/3 | Se **resulta dano irreversível** à flora ou ao meio ambiente em geral. |
| Aumenta-se de 1/3 até a metade | Se **resulta lesão corporal** de natureza grave em outrem. |
| Aumenta-se até o dobro | Se **resultar a morte de outrem.** |

*Art. 60* Construir, reformar, ampliar, instalar ou fazer funcionar, em qualquer parte do território nacional, estabelecimentos, obras ou serviços potencialmente poluidores, sem licença ou autorização dos órgãos ambientais competentes, ou contrariando as normas legais e regulamentares pertinentes:

*Pena – Detenção*, de um a seis meses, ou multa, ou ambas as penas cumulativamente.

## LEI Nº 9.605/1998 – CRIMES CONTRA O AMBIENTE

*Art. 61 Disseminar doença ou praga ou espécies que possam causar dano à agricultura, à pecuária, à fauna, à flora ou aos ecossistemas:*
*Pena – Reclusão, de um a quatro anos, e multa.*

Disseminar consiste em espalhar, propagar a doença ou praga ou espécies que possam causar danos:

- **à agricultura:** lavoura destinada à produção de alimentos;
- **à pecuária:** criação de gados;
- **à fauna:** conjunto de animais de determinada localidade;
- **à flora:** conjunto de plantas de determinada localidade;
- **ao ecossistema:** qualquer unidade que inclua todos os organismos de uma determinada área.

Esse crime se consuma com a mera disseminação da doença ou da praga, independentemente de o dano ocorrer.

### 19.5 Crimes contra o ordenamento urbano e o patrimônio cultural

Inclui-se no conceito de meio ambiente o meio ambiente artificial e o cultural.

O meio ambiente artificial é aquele construído pelo homem, é composto pelo espaço urbano fechado e pelo espaço urbano aberto. Já o patrimônio cultural encontra-se determinado pelo art. 216 da CF/1988.

*Art. 216, CF/1988 Constituem patrimônio cultural brasileiro os bens de natureza material e imaterial, tomados individualmente ou em conjunto, portadores de referência à identidade, à ação, à memória dos diferentes grupos formadores da sociedade brasileira, nos quais se incluem:*

*I – as formas de expressão;*

*II – os modos de criar, fazer e viver;*

*III – as criações científicas, artísticas e tecnológicas;*

*IV – as obras, objetos, documentos, edificações e demais espaços destinados às manifestações artístico-culturais;*

*V – os conjuntos urbanos e sítios de valor histórico, paisagístico, artístico, arqueológico, paleontológico, ecológico e científico.*

Portanto, a proteção ao meio ambiente não se limita a apenas à flora e à fauna, mas, sim, aos patrimônios culturais existentes na sociedade.

*Art. 62 Destruir, inutilizar ou deteriorar:*
*I – bem especialmente protegido por lei, ato administrativo ou decisão judicial;*
*II – arquivo, registro, museu, biblioteca, pinacoteca, instalação científica ou similar protegido por lei, ato administrativo ou decisão judicial:*
*Pena – Reclusão, de um a três anos, e multa.*
*Parágrafo único. Se o crime for culposo, a pena é de seis meses a um ano de detenção, sem prejuízo da multa.*

Trata-se dos bens especialmente protegidos por lei, ato administrativo ou judicial. A lei pode ser tanto federal, quanto municipal, estadual ou distrital, visto que é de competência concorrente entre os entes federativos a proteção ao patrimônio cultural brasileiro; do mesmo modo, a decisão judicial pode ser derivada de qualquer instância do Poder Judiciário; e o ato administrativo será o tombamento, que também pode ser feito por órgão de qualquer dos entes.

Serão também objetos materiais protegidos por este artigo o arquivo, o registro, o museu, a biblioteca, a pinacoteca, a instalação científica ou similar protegidos por lei, ato administrativo ou decisão judicial.

*Art. 63 Alterar o aspecto ou estrutura de edificação ou local especialmente protegido por lei, ato administrativo ou decisão judicial, em razão de seu valor paisagístico, ecológico, turístico, artístico, histórico, cultural, religioso, arqueológico, etnográfico ou monumental, sem autorização da autoridade competente ou em desacordo com a concedida:*
*Pena – Reclusão, de um a três anos, e multa.*

Qualquer modificação, ainda que superficial, na aparência ou na organização do objeto material protegido na norma configura o crime em análise. Esses objetos são protegidos exatamente por seu valor original, de modo que qualquer alteração pode fazer com que ele perca esse valor histórico, paisagístico, artístico, cultural etc. Contudo, para que o crime se configure, não basta a mera modificação; esta não deve ter sido autorizada por autoridade competente ou, então, deve estar em desacordo com a autorização concedida. Caso contrário, o ato se torna atípico.

*Art. 64 Promover construção em solo não edificável, ou no seu entorno, assim considerado em razão de seu valor paisagístico, ecológico, artístico, turístico, histórico, cultural, religioso, arqueológico, etnográfico ou monumental, sem autorização da autoridade competente ou em desacordo com a concedida:*
*Pena – Detenção, de seis meses a um ano, e multa.*

Fazer qualquer obra ou edificação em solo onde não pode haver construções, bem como em seu entorno, consiste em crime contra o meio ambiente, desde que não haja autorização competente ou que o agente aja em descordo com a autorização concedida. Caso contrário, o fato se torna atípico.

*Art. 65 Pichar ou por outro meio conspurcar edificação ou monumento urbano:*
*Pena – Detenção, de 3 (três) meses a 1 (um) ano, e multa*
*§ 1º Se o ato for realizado em monumento ou coisa tombada em virtude do seu valor artístico, arqueológico ou histórico, a pena é de 6 (seis) meses a 1 (um) ano de detenção e multa.*
*§ 2º Não constitui crime a prática de grafite realizada com o objetivo de valorizar o patrimônio público ou privado mediante manifestação artística, desde que consentida pelo proprietário e, quando couber, pelo locatário ou arrendatário do bem privado e, no caso de bem público, com a autorização do órgão competente e a observância das posturas municipais e das normas editadas pelos órgãos governamentais responsáveis pela preservação e conservação do patrimônio histórico e artístico nacional.*

A pichação consiste no ato de escrever ou rabiscar em muros, paredes etc., enquanto conspurcar consiste em sujar, ambos em construções ou obra artística de grande valor cultural.

| | |
|---|---|
| **Fato atípico (não criminoso)** | Não constitui crime a prática de grafite realizada com o objetivo de valorizar o patrimônio público ou privado mediante manifestação artística, desde que **consentida pelo proprietário** e, quando couber, **pelo locatário ou arrendatário do bem privado** e, no caso de bem público, com a autorização do órgão competente e a observância das posturas municipais e das normas editadas pelos órgãos governamentais responsáveis pela preservação e conservação do patrimônio histórico e artístico nacional. |
| **A pena será de 6 meses a 1 ano** | Se o ato for realizado em **monumento ou coisa tombada em virtude do seu valor artístico, arqueológico ou histórico**. |

### 19.6 Crimes contra a administração ambiental

*Art. 66 Fazer o funcionário público afirmação falsa ou enganosa, omitir a verdade, sonegar informações ou dados técnico-científicos em procedimentos de autorização ou de licenciamento ambiental:*
*Pena – Reclusão, de um a três anos, e multa.*

Esse delito seria uma forma de falsidade ideológica ambiental, praticado por funcionário público que faz uma afirmação que não corresponde à verdade ou que leva a engano ou, então, não menciona a verdade ou ainda esconde dados técnico-científicos em procedimentos autorizadores e licenciadores ambientais. Desse modo, esse crime pode ser praticado tanto por meio de uma ação quanto de uma omissão.

*Art. 67 Conceder o funcionário público licença, autorização ou permissão em desacordo com as normas ambientais, para as atividades, obras ou serviços cuja realização depende de ato autorizativo do Poder Público:*
*Pena – Detenção, de um a três anos, e multa.*

*Parágrafo único. Se o crime é culposo, a pena é de três meses a um ano de detenção, sem prejuízo da multa.*

O funcionário público fornece a alguém autorização ou permissão ou licença infringindo a legislação ambiental para atividades, obras ou serviços que dependam de ato autorizativo do Poder Público.

**Art. 68** *Deixar, aquele que tiver o dever legal ou contratual de fazê-lo, de cumprir obrigação de relevante interesse ambiental:*

*Pena – Detenção, de um a três anos, e multa.*

*Parágrafo único. Se o crime é culposo, a pena é de três meses a um ano, sem prejuízo da multa.*

O agente, que tem como dever legal ou contratual cumprir obrigação de relevante interesse ambiental, se não o fizer, incorre no crime acima descrito.

O grande problema concentra-se no termo "relevante interesse ambiental", posto que a lei não menciona o que efetivamente seria isso, ferindo diretamente o princípio da taxatividade, até porque o meio ambiente constitui, por si só, um relevante interesse. Contudo, entende-se que o art. 52 da Lei nº 12.305/2010 resolve este problema ao dispor que: "a observância do disposto no caput do art. 23 e no § 2º do art. 39 desta Lei é considerada obrigação de relevante interesse ambiental para efeitos do art. 68 da Lei nº 9.605, de 1998, sem prejuízo da aplicação de outras sanções cabíveis nas esferas penal e administrativa".

**Art. 69** *Obstar ou dificultar a ação fiscalizadora do Poder Público no trato de questões ambientais:*

*Pena – Detenção, de um a três anos, e multa.*

O crime consiste no impedimento ou na criação de obstáculos para a ação fiscalizadora do Poder Público em questões ambientais.

**Art. 69-A** *Elaborar ou apresentar, no licenciamento, concessão florestal ou qualquer outro procedimento administrativo, estudo, laudo ou relatório ambiental total ou parcialmente falso ou enganoso, inclusive por omissão:*

*Pena – Reclusão, de 3 (três) a 6 (seis) anos, e multa.*

*§ 1º Se o crime é culposo:*

*Pena – Detenção, de 1 (um) a 3 (três) anos.*

*§ 2º A pena é aumentada de 1/3 (um terço) a 2/3 (dois terços), se há dano significativo ao meio ambiente, em decorrência do uso da informação falsa, incompleta ou enganosa.*

O crime ocorre com a formulação ou utilização de análise, conclusão pericial ou mesmo parecer ambiental, integral ou parcialmente falso ou enganoso. A falsidade ou o engano documental podem ocorrer com a inserção de dados falsos ou enganosos, bem como pela ausência de dados verdadeiros, podendo ser a falsidade tanto material quanto ideológica.

O documento elaborado ou utilizado deve ocorrer em casos de licenciamento, concessão florestal ou qualquer outro procedimento administrativo.

Por conta do princípio da especialidade, esse crime prevalece sobre os de falsidade previstos no Código Penal.

| Causas de aumento de pena ||
|---|---|
| Aumenta-se de 1/3 a 2/3 | se há **dano significativo** ao meio ambiente, em decorrência do uso da informação falsa, incompleta ou enganosa. |

# 20 LEI Nº 11.340/2006 - LEI MARIA DA PENHA

## 20.1 Origem da Lei Maria da Penha

É interesse o fato do qual se originou a Lei nº 11.340/2006, mais conhecida por Lei Maria da Penha, a qual foi uma determinação da Comissão Interamericana de Direitos Humanos, Renato Brasileiro Lima (2016, p. 899) explica a origem:

> Em data de 22 de setembro de 2006, entrou em vigor a Lei nº 11.340/06, referente à violência doméstica e familiar contra a mulher. **Esta lei ficou conhecida como Lei Maria da Penha em virtude da grave violência de que foi vítima Maria da Penha Maia Fernandes:** em 29 de maio de 1983, na cidade de Fortaleza, a farmacêutica Maria da Penha, enquanto dormia, foi atingida por disparo de espingarda desferido por seu próprio marido. Por força desse disparo, que atingiu a vítima em sua coluna, Maria da Penha ficou paraplégica. Porém, as agressões não cessaram. Uma semana depois, a vítima sofreu nova violência por parte de seu então marido, tendo recebido uma descarga elétrica enquanto se banhava. O agressor foi denunciado em 28 de setembro de 1984. Devido a sucessivos recursos e apelos, sua prisão ocorreu somente em setembro de 2002. Por conta da lentidão do processo, e por envolver grave violação aos direitos humanos, o caso foi levado à Comissão Interamericana de Direitos Humanos, que publicou o Relatório nº 54/2001, no sentido de que a ineficácia judicial a impunidade e a impossibilidade de a vítima obter uma reparação mostra a falta de cumprimento do compromisso assumido pelo Brasil de reagir adequadamente ante a violência doméstica. Cinco anos depois da publicação do referido relatório, com o objetivo de coibir e reprimir a violência doméstica e familiar contra a mulher e superar uma violência há muito arraigada na cultura machista do povo brasileiro, entrou em vigor a Lei nº 11.340/06, que ficou mais conhecida como Lei Maria da Penha.

Violação dos Direitos Humanos: a lei dita que a violência doméstica e familiar contra a mulher é uma conduta que viola os Direitos Humanos (art. 6º).

> *Art. 6º A violência doméstica e familiar contra a mulher constitui uma das formas de violação dos direitos humanos.*

## 20.2 Objetivos

Os objetivos estão expostos na ementa da Lei e no seu art. 1º, quais sejam:

- Cria mecanismos para coibir e prevenir a violência doméstica e familiar contra a mulher, nos termos do § 8º do art. 226 da Constituição Federal, da Convenção sobre a Eliminação de Todas as Formas de Violência contra a Mulher, da Convenção Interamericana para Prevenir, Punir e Erradicar a Violência contra a Mulher e de outros tratados internacionais ratificados pela República Federativa do Brasil;
- Dispõe sobre a criação dos Juizados de Violência Doméstica e Familiar contra a mulher;
- Estabelece medidas de assistência e proteção às mulheres em situação de violência doméstica e familiar;
- Altera o Código de Processo Penal, o Código Penal e a Lei de Execução Penal; e
- Dá outras providências.

O referido artigo remete ao § 8º, do art. 226, da CF/1988; porém, a mesma CF/1988 estabelece a proteção à família de forma genérica (a todos que integram a família), isto é, não diretamente à mulher.

## 20.3 Direitos das mulheres

> *Art. 2º Toda mulher, independentemente de classe, raça, etnia, orientação sexual, renda, cultura, nível educacional, idade e religião, **goza dos direitos fundamentais inerentes à pessoa humana**, sendo-lhe asseguradas as oportunidades e facilidades para viver sem violência, preservar sua saúde física e mental e seu aperfeiçoamento moral, intelectual e social.*
>
> *Art. 3º Serão asseguradas **às mulheres** as condições para o exercício efetivo dos direitos à vida, à segurança, à saúde, à alimentação, à educação, à cultura, à moradia, ao acesso à justiça, ao esporte, ao lazer, ao trabalho, à cidadania, à liberdade, à dignidade, ao respeito e à convivência familiar e comunitária.*
>
> *§ 1º O poder público desenvolverá políticas que visem garantir os direitos humanos das mulheres no âmbito das relações domésticas e familiares no sentido de resguardá-las de toda forma de negligência, discriminação, exploração, violência, crueldade e opressão.*
>
> *§ 2º Cabe à família, à sociedade e ao poder público criar as condições necessárias para o efetivo exercício dos direitos enunciados no 'caput'.*

Não é só dever do **poder público,** mas também da **família** e da **sociedade** criar condições para o exercício efetivo dos **direitos garantidos, direitos que estão descritos** no caput do art. 3º: direitos à vida, à segurança, à saúde, à alimentação, à educação, à cultura, à moradia, ao acesso à justiça, ao esporte, ao lazer, ao trabalho, à cidadania, à liberdade, à dignidade, ao respeito e à convivência familiar e comunitária (art. 3º, § 2º).

Todavia, cabe ao **poder público** (exclusivamente) **desenvolver políticas** a fim de garantir os **Direitos Humanos** das mulheres (art. 3º, § 1º).

## 20.4 Sujeitos da violência doméstica e familiar contra a mulher

> *Art. 4º Na interpretação desta Lei serão considerados os fins sociais a que ela se destina e, especialmente, as condições peculiares **das mulheres** em situação de violência doméstica e familiar.*

Sujeito passivo: exclusivamente a mulher, de nascença ou com transgenitalização, com a devida alteração em documento de registro civil de identificação autorizada por ordem judicial, em situação doméstica e/ou familiar.

Os homens não são sujeitos passivos dessa lei (travestis, homossexuais ou transexuais). Há doutrina (minoritária) no sentido de ser extensível aos transexuais sem cirurgia de mudança de sexo.

Deve-se caracterizar o vínculo familiar, de relação doméstica ou de afetividade; basicamente, a existência de laços de convivência entre os sujeitos ativo (agressor) e passivo (vítima), com ou sem habitação.

> *Lei nº 11.340/06. Sujeito passivo: mulher. 'In casu', a relação de violência retratada neste feito ocorreu entre dois irmãos. **Inaplicabilidade**. Precedentes. **STJ, HC 212.767/DF**, Rel. Min. Vasco Della Giustina (Desembargador convidado do TJRS), julgado em 13/09/2011, 6ª Turma, DJe 09/11/2011. Precedente do STJ: CC 88.027/MG.*

Assevera-se que também é válido para **hermafrodita** que fez procedimento médico para concluir a sua natureza feminina, conforme a jurisprudência do **TJSC:**

> *Conflito negativo de competência. Violência doméstica e familiar. Homologação de auto de prisão em flagrante. Agressões praticadas pelo companheiro contra pessoa civilmente identificada como sendo do sexo masculino. **Vítima submetida à cirurgia de adequação de sexo por ser hermafrodita. Adoção do sexo feminino.** Presença de órgãos reprodutores femininos que lhe conferem a condição de mulher. Retificação do registro civil já requerida judicialmente. **Possibilidade de aplicação, no caso concreto, da Lei nº 11.340/06.** Competência do juízo suscitante. Conflito improcedente. **TJSC, Conflito de Jurisdição**

nº 2009.006461-6, da Capital, Rel. Des. Roberto Lucas Pacheco, julgado em 23/06/2009, 3ª Câmara Criminal, DJe 14/08/2009.

**Sujeito ativo:** tanto o **homem** quanto a **mulher**, independentemente da opção sexual, por exemplo, em uma relação homoafetiva entre duas mulheres (art. 5º, parágrafo único).

Corrobora o STJ:

> O sujeito passivo da violência doméstica objeto da Lei Maria da Penha é a mulher, já o sujeito ativo pode ser tanto o homem quanto a mulher, desde que fique caracterizado o vínculo de relação doméstica, familiar ou de afetividade, além da convivência, com ou sem coabitação. **STJ, Jurisprudência em Teses nº 41**. Precedentes: HC 277.561/AL; HC 250.435/RJ; HC 181.246/RS; HC 175.816/RS; CC 88.027/MG; RHC 46.278/AL (Vide Inf. 551).

## 20.5 Alcance da Lei

> **Art. 5º** Para os efeitos desta Lei configura violência doméstica e familiar contra a mulher qualquer ação ou omissão baseada no gênero que lhe cause morte, lesão, sofrimento físico, sexual ou psicológico e dano moral ou patrimonial:
>
> I – no âmbito da unidade doméstica, compreendida como o espaço de convívio permanente de pessoas, com ou sem vínculo familiar, inclusive as esporadicamente agregadas;
>
> II – no âmbito da família, compreendida como a comunidade formada por indivíduos que são ou se consideram aparentados, unidos por laços naturais, por afinidade ou por vontade expressa;
>
> III – em qualquer relação íntima de afeto, na qual o agressor conviva ou tenha convivido com a ofendida, independentemente de coabitação.
>
> **Parágrafo único.** As relações pessoais enunciadas neste artigo independem de orientação sexual.

Mesmo que ocorra uma agressão contra a mulher, deve-se obrigatoriamente ser **baseada no gênero** para que seja aplicada a Lei Maria da Penha (art. 5º, caput).

Alcance da norma: a eficácia da lei em estudo tem alcance limitado a três situações (art. 5º, I, II e III):

▷ **Âmbito doméstico:** coabitação, hospitalar ou empregatício etc.

> A patroa que bate na empregada doméstica que dorme, uma ou duas vezes por semana, na residência da empregadora (sem vínculo familiar e esporadicamente agregada); ou, uma colega agride a outra, em uma república de estudantes (coabitação).

▷ **Âmbito familiar:** parentesco consanguíneo ou por afinidade.

> Numa perspectiva de gênero e em condições de hipossuficiência ou inferioridade física e econômica, a irmã mais velha (22 anos) agride violentamente a caçula (17 anos) durante as férias à beira-mar (irmã que bate na irmã); ou, na mesma motivação, a mãe que bate na filha e vice-versa.

▷ **Relação íntima de afeto:** casamento, noivado, namoro ou ex-namoro/noivado, separados, divorciados etc.

> Uma ex-namorada agride a ex-parceira, que nunca moraram juntas (relação homoafetiva independente de coabitação).

União homoafetiva e desnecessidade de coabitação: haverá aplicação da lei em apreço mesmo que em uma relação homossexual (art. 5º, parágrafo único) e sem coabitação (art. 5º, III).

Nesse sentido é a jurisprudência do STJ:

> **Súmula nº 600 – STJ:** Para a configuração da violência doméstica e familiar prevista no artigo 5º da Lei nº 11.340/2006 (Lei Maria da Penha) não se exige a coabitação entre autor e vítima.
>
> A violência doméstica abrange qualquer relação íntima de afeto, dispensada a coabitação. **STJ, Jurisprudência em Teses nº 41**. Precedentes: HC 280.082/RS; REsp 1.416.580/RJ; HC 181.246/RS; RHC 27.317/RJ; CC 91.979/MG; HC 179.130/SP; CC 107.238/MG; CC 105.201/MG (Vide Inf. 551).

> A Lei Maria da Penha atribuiu às uniões homoafetivas o caráter de entidade familiar, ao prever, no seu artigo 5º, parágrafo único, que as relações pessoais mencionadas naquele dispositivo independem de orientação sexual. **STJ, Jurisprudência em Teses nº 41**. Precedentes: REsp 1.183.378/RS; REsp 827.962/RS; REsp 1.026.981/RJ; REsp 1.236.524/SP.

Rescindência de contrato de trabalho: o contrato de trabalho poderá ser rescindido, por culpa do empregador, se ele praticar qualquer forma de violência doméstica e familiar contra a mulher prevista na Lei Maria da Penha (Lei Complementar nº 150, de 1º/6/2015).

Necessidade de demonstração de vulnerabilidade: a doutrina tende a entender que há necessidade de demonstração de vulnerabilidade da vítima quando o **sujeito ativo for mulher**.

> Para a aplicação da Lei nº 11.340/2006, há necessidade de demonstração da situação de vulnerabilidade ou hipossuficiência da mulher, numa perspectiva de gênero. **STJ, Jurisprudência em Teses nº 41**. Precedentes: AgRg no REsp 1.430.724/RJ; HC 181.246/RS; HC 175.816/RS; HC 176.196/RS; CC 96.533/MG (Vide Inf. 524).

Desnecessidade de demonstração de vulnerabilidade: todavia, tem-se presumida a condição de vulnerável quando o **sujeito ativo for homem**.

> A vulnerabilidade, hipossuficiência ou fragilidade da mulher têm-se como presumidas nas circunstâncias descritas na Lei nº 11.340/2006. **STJ, Jurisprudência em Teses nº 41**. Precedentes: RHC 55.030/RJ; HC 280.082/RS; REsp 1.416.580/RJ (Vide Inf. 539).

## 20.6 Formas de violência doméstica e familiar contra a mulher

> **Art. 7º** São formas de violência doméstica e familiar contra a mulher, entre outras:
>
> I – a violência física, entendida como qualquer conduta que ofenda sua integridade ou saúde corporal;
>
> II – a violência psicológica, entendida como qualquer conduta que lhe cause dano emocional e diminuição da autoestima ou que lhe prejudique e perturbe o pleno desenvolvimento ou que vise degradar ou controlar suas ações, comportamentos, crenças e decisões, mediante ameaça, constrangimento, humilhação, manipulação, isolamento, vigilância constante, perseguição contumaz, insulto, chantagem, violação de sua intimidade, ridicularização, exploração e limitação do direito de ir e vir ou qualquer outro meio que lhe cause prejuízo à saúde psicológica e à autodeterminação; (Redação dada pela Lei nº 13 -772/2018)
>
> III – a violência sexual, entendida como qualquer conduta que a constranja a presenciar, a manter ou a participar de relação sexual não desejada, mediante intimidação, ameaça, coação ou uso da força; que a induza a comercializar ou a utilizar, de qualquer modo, a sua sexualidade, que a impeça de usar qualquer método contraceptivo ou que a force ao matrimônio, à gravidez, ao aborto ou à prostituição, mediante coação, chantagem, suborno ou manipulação; ou que limite ou anule o exercício de seus direitos sexuais e reprodutivos;
>
> IV – a violência patrimonial, entendida como qualquer conduta que configure retenção, subtração, destruição parcial ou total de seus objetos, instrumentos de trabalho, documentos pessoais, bens, valores e direitos ou recursos econômicos, incluindo os destinados a satisfazer suas necessidades;
>
> V – a violência moral, entendida como qualquer conduta que configure calúnia, difamação ou injúria.

Violência geral: diante deste artigo, é possível perceber que os meios de violência doméstica e familiar contra a mulher são amplos. Por isso, a doutrina a nomeou de **violência geral:** física, psicológica, sexual, patrimonial e moral (art. 7º, I a V).

Além disso, com relevância, não é qualquer ação ou omissão capaz de infligir sofrimento na mulher que se aplicará a Lei Maria da Penha,

# LEI Nº 11.340/2006 - LEI MARIA DA PENHA

mas somente aquelas condutas que sejam algum tipo de ilícito civil ou penal (crime ou contravenção).

Ex.: imagine que Tício, namorado de Mévia, decida terminar o relacionamento com ela, que fica desconsolada e chora compulsivamente por mais de 30 dias sem parar, sem se alimentar direito, nem saindo de seu quarto, sofrendo de uma forma descomunal. Nessa situação hipotética, a Lei Maria da Penha não será aplicada.

A aplicação da Lei Maria da Penha está condicionada à coexistência de três requisitos: sujeito passivo (art. 4º), âmbito (art. 5º) e violência geral (art. 7º).

## 20.7 Requisitos para aplicar a Lei Maria da Penha

| | |
|---|---|
| (1) Sujeito passivo | (1.1) mulher |
| (2) Âmbito | (2.1) doméstico<br>(2.2) familiar<br>(2.3) relação íntima de afeto |
| (3) Violência geral | (3.1) física<br>(3.2) psicológica<br>(3.3) sexual<br>(3.4) patrimonial<br>(3.5) moral |

## 20.8 Da assistência à mulher em situação de violência doméstica e familiar

### 20.8.1 Das medidas integradas de prevenção

*Art. 8º A política pública que visa coibir a violência doméstica e familiar contra a mulher far-se-á por meio de um conjunto articulado de ações da União, dos Estados, do Distrito Federal e dos Municípios e de ações não-governamentais, tendo por diretrizes:*

*I – a integração operacional do Poder Judiciário, do Ministério Público e da Defensoria Pública com as áreas de segurança pública, assistência social, saúde, educação, trabalho e habitação;*

*II – a promoção de estudos e pesquisas, estatísticas e outras informações relevantes, com a perspectiva de gênero e de raça ou etnia, concernentes às causas, às consequências e à frequência da violência doméstica e familiar contra a mulher, para a sistematização de dados, a serem unificados nacionalmente, e a avaliação periódica dos resultados das medidas adotadas;*

*III – o respeito, nos meios de comunicação social, dos valores éticos e sociais da pessoa e da família, de forma a coibir os papéis estereotipados que legitimem ou exacerbem a violência doméstica e familiar, de acordo com o estabelecido no inciso III do art. 1º, no inciso IV do art. 3º e no inciso IV do art. 221 da Constituição Federal;*

*IV – a implementação de atendimento policial especializado para as mulheres, em particular nas Delegacias de Atendimento à Mulher;*

*V – a promoção e a realização de campanhas educativas de prevenção da violência doméstica e familiar contra a mulher, voltadas ao público escolar e à sociedade em geral, e a difusão desta Lei e dos instrumentos de proteção aos direitos humanos das mulheres;*

*VI – a celebração de convênios, protocolos, ajustes, termos ou outros instrumentos de promoção de parceria entre órgãos governamentais ou entre estes e entidades não-governamentais, tendo por objetivo a implementação de programas de erradicação da violência doméstica e familiar contra a mulher;*

*VII – a capacitação permanente das Polícias Civil e Militar, da Guarda Municipal, do Corpo de Bombeiros e dos profissionais pertencentes aos órgãos e às áreas enunciados no inciso I quanto às questões de gênero e de raça ou etnia;*

*VIII – a promoção de programas educacionais que disseminem valores éticos de irrestrito respeito à dignidade da pessoa humana com a perspectiva de gênero e de raça ou etnia;*

*IX – o destaque, nos currículos escolares de todos os níveis de ensino, para os conteúdos relativos aos direitos humanos, à equidade de gênero e de raça ou etnia e ao problema da violência doméstica e familiar contra a mulher.*

### 20.8.2 Da assistência à mulher em situação de violência doméstica e familiar

*Art. 9º A assistência à mulher em situação de violência doméstica e familiar será prestada de forma articulada e conforme os princípios e as diretrizes previstos na Lei Orgânica da Assistência Social, no Sistema Único de Saúde, no Sistema Único de Segurança Pública, entre outras normas e políticas públicas de proteção, e emergencialmente quando for o caso.*

*§ 1º O juiz determinará, por prazo certo, a inclusão da mulher em situação de violência doméstica e familiar no cadastro de programas assistenciais do governo federal, estadual e municipal.*

*§ 2º O juiz assegurará à mulher em situação de violência doméstica e familiar, para preservar sua integridade física e psicológica:*

*I – acesso prioritário à remoção quando servidora pública, integrante da administração direta ou indireta;*

*II – manutenção do vínculo trabalhista, quando necessário o afastamento do local de trabalho, por até seis meses.*

*III – encaminhamento à assistência judiciária, quando for o caso, inclusive para eventual ajuizamento da ação de separação judicial, de divórcio, de anulação de casamento ou de dissolução de união estável perante o juízo competente. (Incluído pela Lei nº 13.894/2019)*

*§ 3º A assistência à mulher em situação de violência doméstica e familiar compreenderá o acesso aos benefícios decorrentes do desenvolvimento científico e tecnológico, incluindo os serviços de contracepção de emergência, a profilaxia das Doenças Sexualmente Transmissíveis (DST) e da Síndrome da Imunodeficiência Adquirida (AIDS) e outros procedimentos médicos necessários e cabíveis nos casos de violência sexual.*

*§ 4º Aquele que, por ação ou omissão, causar lesão, violência física, sexual ou psicológica e dano moral ou patrimonial a mulher fica obrigado a ressarcir todos os danos causados, inclusive ressarcir ao Sistema Único de Saúde (SUS), de acordo com a tabela SUS, os custos relativos aos serviços de saúde prestados para o total tratamento das vítimas em situação de violência doméstica e familiar, recolhidos os recursos assim arrecadados ao Fundo de Saúde do ente federado responsável pelas unidades de saúde que prestarem os serviços. (Incluído pela Lei nº 13.871/2019)*

*§ 5º Os dispositivos de segurança destinados ao uso em caso de perigo iminente e disponibilizados para o monitoramento das vítimas de violência doméstica ou familiar amparadas por medidas protetivas terão seus custos ressarcidos pelo agressor. (Incluído pela Lei nº 13.871/2019)*

*§ 6º O ressarcimento de que tratam os §§ 4º e 5º deste artigo não poderá importar ônus de qualquer natureza ao patrimônio da mulher e dos seus dependentes, nem configurar atenuante ou ensejar possibilidade de substituição da pena aplicada. (Incluído pela Lei nº 13.871/2019)*

*§ 7º A mulher em situação de violência doméstica e familiar tem prioridade para matricular seus dependentes em instituição de educação básica mais próxima de seu domicílio, ou transferi-los para essa instituição, mediante a apresentação dos documentos comprobatórios do registro da ocorrência policial ou do processo de violência doméstica e familiar em curso. (Incluído pela Lei nº 13.882/2019)*

*§ 8º Serão sigilosos os dados da ofendida e de seus dependentes matriculados ou transferidos conforme o disposto no §7º deste artigo, e o acesso às informações será reservado ao juiz, ao Ministério Público e aos órgãos competentes do poder público. (Incluído pela Lei nº 13.882/2019)*

Prioridade de remoção de servidora pública: nos casos de violência doméstica e familiar contra a mulher que seja servidora pública da Administração Direta ou Indireta, o juiz deverá garantir prioridade na remoção desta para outro órgão a fim de garantir a integridade física e psicológica da vítima (art. 9º, § 2º, I).

Manutenção de vínculo trabalhista até 6 meses: quando houver necessidade de afastamento da vítima, o juiz garantirá a manutenção do vínculo trabalhista por até 6 (seis) meses objetivando a incolumidade dela (art. 9º, § 2º, II).

Ressarcimento ao Sistema Único de Saúde (SUS): a Lei nº 13.871/2019, que incluiu os §§ 4º, 5º e 6º, dispõe sobre a responsabilidade do agressor pelo ressarcimento dos custos relacionados aos serviços de saúde prestados pelo Sistema Único de Saúde (SUS) às vítimas de violência doméstica e familiar e aos dispositivos de segurança por elas utilizados. Todavia, tais parágrafos só tiveram vigência a partir de 2/11/2019 (45 dias após sua publicação no DOU).

Matrícula de dependentes na rede de educação básica: a Lei nº 13.882/2019, que incluiu os §§ 7º e 8º, dispõe sobre a garantia de matrícula dos dependentes da mulher vítima de violência doméstica e familiar em instituição de educação básica mais próxima de seu domicílio. Tais parágrafos possuem eficácia imediata, uma vez que a lei previu a sua vigência a partir do dia de sua publicação (publicado no DOU em 9/10/2019).

## 20.8.3 Do atendimento pela autoridade policial

*Art. 10 Na hipótese da iminência ou da prática de violência doméstica e familiar contra a mulher, à autoridade policial que tomar conhecimento da ocorrência adotará, de imediato, as providências legais cabíveis.*

*Parágrafo único. Aplica-se o disposto no 'caput' deste artigo ao descumprimento de medida protetiva de urgência deferida.*

Prioridade de atendimento policial: o art. 10 determina a atuação imediata pela autoridade policial que tomar conhecimento da iminência ou da prática de violência doméstica e familiar contra a mulher.

*Art. 10-A É direito da mulher em situação de violência doméstica e familiar o atendimento policial e pericial especializado, ininterrupto e prestado por servidores — preferencialmente do sexo feminino — previamente capacitados. (Artigo acrescido pela Lei nº 13.505/2017)*

*§ 1º A inquirição de mulher em situação de violência doméstica e familiar ou de testemunha de violência doméstica, quando se tratar de crime contra a mulher, obedecerá às seguintes diretrizes:*

*I – salvaguarda da integridade física, psíquica e emocional da depoente, considerada a sua condição peculiar de pessoa em situação de violência doméstica e familiar;*

*II – garantia de que, em nenhuma hipótese, a mulher em situação de violência doméstica e familiar, familiares e testemunhas terão contato direto com investigados ou suspeitos e pessoas a eles relacionados;*

*III – não revitimização da depoente, evitando sucessivas inquirições sobre o mesmo fato nos âmbitos criminal, cível e administrativo, bem como questionamentos sobre a vida privada.*

*§ 2º Na inquirição de mulher em situação de violência doméstica e familiar ou de testemunha de delitos de que trata esta Lei, adotar-se-á, preferencialmente, o seguinte procedimento:*

*I – a inquirição será feita em recinto especialmente projetado para esse fim, o qual conterá os equipamentos próprios e adequados à idade da mulher em situação de violência doméstica e familiar ou testemunha e ao tipo e à gravidade da violência sofrida;*

*II – quando for o caso, a inquirição será intermediada por profissional especializado em violência doméstica e familiar designado pela autoridade judiciária ou policial;*

*III – o depoimento será registrado em meio eletrônico ou magnético, devendo a degravação e a mídia integrar o inquérito.*

Atendimento policial e pericial especializado: a Lei nº 13.505/2017, que incluiu os arts. 10-A, 12-A e 12-B, dispõe sobre o direito da mulher em situação de violência doméstica e familiar de ter atendimento policial e pericial especializado, ininterrupto e prestado por servidores — **preferencialmente do sexo feminino** — previamente capacitados.

Veja que o dispositivo não determina o atendimento obrigatório por servidores do sexo feminino, mas, sim, preferencialmente; isto é, na ausência delas, poderá o atendimento ser feito por agente policial masculino.

| Diretrizes obrigatórias da inquirição (§ 1º) | Procedimento preferencial da inquirição (§ 2º) |
|---|---|
| I – Salvaguarda da integridade da depoente; | I – Recinto especial; |
| II – Ausência de contato direto com investigados, suspeitos ou pessoas relacionadas; | II – Intermediação por profissional especializado; |
| III – Não revitimização da depoente. | III – Registro em meio eletrônico ou magnético. |

*Art. 11 No atendimento à mulher em situação de violência doméstica e familiar, a autoridade policial deverá, entre outras providências:*

*I – garantir proteção policial, quando necessário, comunicando de imediato ao Ministério Público e ao Poder Judiciário;*

*II – encaminhar a ofendida ao hospital ou posto de saúde e ao Instituto Médico Legal;*

*III – fornecer transporte para a ofendida e seus dependentes para abrigo ou local seguro, quando houver risco de vida;*

*IV – se necessário, acompanhar a ofendida para assegurar a retirada de seus pertences do local da ocorrência ou do domicílio familiar;*

*V – informar à ofendida os direitos a ela conferidos nesta Lei e os serviços disponíveis, inclusive os de assistência judiciária para o eventual ajuizamento perante o juízo competente da ação de separação judicial, de divórcio, de anulação de casamento ou de dissolução de união estável. (Redação dada pela Lei nº 13.894/2019)*

Providências durante o atendimento policial à mulher: o art. 11 lista certas providências que devem ser executadas pela autoridade policial que estiver atendendo a mulher em situação de violência doméstica e familiar, as quais não estão listadas em um rol taxativo, mas, sim, um rol exemplificativo, por força do termo: "[...] entre outras providências: [...]".

| Providências durante o atendimento policial à mulher (art. 11) | |
|---|---|
| Garantir | Proteção policial (quando necessário). |
| Encaminhar | A ofendida ao hospital ou posto de saúde e ao IML. |
| Fornecer | Transporte para abrigo ou local seguro (quando houver risco de vida). |
| Acompanhar | Para assegurar a retirada de seus pertences (se necessário). |
| Informar | Os direitos e os serviços disponíveis. |

*Art. 12 Em todos os casos de violência doméstica e familiar contra a mulher, feito o registro da ocorrência, deverá a autoridade policial adotar, de imediato, os seguintes procedimentos, sem prejuízo daqueles previstos no Código de Processo Penal:*

*I – ouvir a ofendida, lavrar o boletim de ocorrência e tomar a representação a termo, se apresentada;*

*II – colher todas as provas que servirem para o esclarecimento do fato e de suas circunstâncias;*

# LEI Nº 11.340/2006 - LEI MARIA DA PENHA

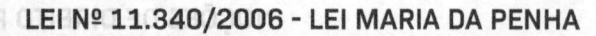

III – remeter, no prazo de 48 (quarenta e oito) horas, expediente apartado ao juiz com o pedido da ofendida, para a concessão de medidas protetivas de urgência;

IV – determinar que se proceda ao exame de corpo de delito da ofendida e requisitar outros exames periciais necessários;

V – ouvir o agressor e as testemunhas;

VI – ordenar a identificação do agressor e fazer juntar aos autos sua folha de antecedentes criminais, indicando a existência de mandado de prisão ou registro de outras ocorrências policiais contra ele;

VI-A – verificar se o agressor possui registro de porte ou posse de arma de fogo e, na hipótese de existência, juntar aos autos essa informação, bem como notificar a ocorrência à instituição responsável pela concessão do registro ou da emissão do porte, nos termos da Lei nº 10.826, de 22 de dezembro de 2003 (Estatuto do Desarmamento); (Incluído pela Lei nº 13.880/2019)

VII – remeter, no prazo legal, os autos do inquérito policial ao juiz e ao Ministério Público.

§ 1º O pedido da ofendida será tomado a termo pela autoridade policial e deverá conter:

I – qualificação da ofendida e do agressor;

II – nome e idade dos dependentes;

III – descrição sucinta do fato e das medidas protetivas solicitadas pela ofendida;

IV – informação sobre a condição de a ofendida ser pessoa com deficiência e se da violência sofrida resultou deficiência ou agravamento de deficiência preexistente. (Incluído pela Lei nº 13.836/2019)

§ 2º A autoridade policial deverá anexar ao documento referido no §1º o boletim de ocorrência e cópia de todos os documentos disponíveis em posse da ofendida.

§ 3º Serão admitidos como meios de prova os laudos ou prontuários médicos fornecidos por hospitais e postos de saúde.

| Procedimentos após o registro de ocorrência (art. 12) | |
|---|---|
| Ouvir, lavrar e tomar | Ouvir a ofendida, lavrar o boletim de ocorrência e tomar a representação a termo, se apresentada; |
| Colher | Todas as provas que servirem para o esclarecimento do fato e de suas circunstâncias; |
| Remeter | No prazo de 48 (quarenta e oito) horas, expediente apartado ao juiz com o pedido da ofendida, para a concessão de medidas protetivas de urgência; |
| Determinar | Que se proceda ao exame de corpo de delito da ofendida e requisitar outros exames periciais necessários; |
| Ouvir | O agressor e as testemunhas; |
| Ordenar | A identificação do agressor e fazer juntar aos autos sua folha de antecedentes criminais, indicando a existência de mandado de prisão ou registro de outras ocorrências policiais contra ele; |
| Verificar | Se o agressor possui registro de porte ou posse de arma de fogo e, na hipótese de existência, juntar aos autos essa informação, bem como notificar a ocorrência à instituição responsável pela concessão do registro ou da emissão do porte, nos termos da Lei nº 10.826/03 (Estatuto do Desarmamento); |
| Remeter | No prazo legal, os autos do inquérito policial ao juiz e ao Ministério Público. |

**Art. 12-A** Os Estados e o Distrito Federal, na formulação de suas políticas e planos de atendimento à mulher em situação de violência doméstica e familiar, darão prioridade, no âmbito da Polícia Civil, à criação de Delegacias Especializadas de Atendimento à Mulher (DEAMS), de Núcleos Investigativos de Feminicídio e de equipes especializadas para o atendimento e a investigação das violências graves contra a mulher. (Artigo acrescido pela Lei nº 13.505/2017)

**Art. 12-B** (Vetado na Lei nº 13.505/2017)

§ 1º (Vetado na Lei nº 13.505/2017)

§ 2º (Vetado na Lei nº 13.505/2017)

§ 3º A autoridade policial poderá requisitar os serviços públicos necessários à defesa da mulher em situação de violência doméstica e familiar e de seus dependentes. (Incluído pela Lei nº 13.505, de 8/11/2017)

**Art. 12-C** Verificada a existência de risco atual ou iminente à vida ou à integridade física ou psicológica da mulher em situação de violência doméstica e familiar, ou de seus dependentes, o agressor será imediatamente afastado do lar, domicílio ou local de convivência com a ofendida: (Redação dada pela Lei nº 14.188/2021)

I – pela autoridade judicial;

II – pelo delegado de polícia, quando o Município não for sede de comarca; ou

III – pelo policial, quando o Município não for sede de comarca e não houver delegado disponível no momento da denúncia.

§ 1º Nas hipóteses dos incisos II e III do 'caput' deste artigo, o juiz será comunicado no prazo máximo de 24 (vinte e quatro) horas e decidirá, em igual prazo, sobre a manutenção ou a revogação da medida aplicada, devendo dar ciência ao Ministério Público concomitantemente.

§ 2º Nos casos de risco à integridade física da ofendida ou à efetividade da medida protetiva de urgência, não será concedida liberdade provisória ao preso.

## 20.9 Aspectos processuais relevantes

### 20.9.1 Competência mista e legislações aplicáveis

**Art. 13** Ao processo, ao julgamento e à execução das causas cíveis e criminais decorrentes da prática de violência doméstica e familiar contra a mulher aplicar-se-ão as normas dos Códigos de Processo Penal e Processo Civil e da legislação específica relativa à criança, ao adolescente e ao idoso que não conflitarem com o estabelecido nesta Lei.

Aplicação subsidiária: por ser uma lei específica, a Lei Maria da Penha prevalece sobre a genérica naquilo que houver contradição, todavia, ainda se aplicará a lei geral quando aquela não versar sobre o assunto, por exemplo, os Códigos Processuais Penal e Civil (CPP e CPC), o Estatuto da Criança e do Adolescente (ECA), bem como o Estatuto do Idoso, entre outros.

### 20.9.2 Juizados de Violência Doméstica e Familiar contra a Mulher

**Art. 14** Os Juizados de Violência Doméstica e Familiar contra a Mulher, órgãos da Justiça Ordinária com **competência cível e criminal**, poderão ser criados pela União, no Distrito Federal e nos Territórios, e pelos Estados, para o processo, o julgamento e a execução das causas decorrentes da prática de violência doméstica e familiar contra a mulher.

**Parágrafo único.** Os atos processuais poderão realizar-se em horário noturno, conforme dispuserem as normas de organização judiciária.

Competência cumulativa: os juizados de violência doméstica e familiar contra a mulher possuem a cumulação de competência civil e criminal, bem como de outras causas decorrentes (art. 14, caput).

*Os Juizados de Violência Doméstica e Familiar contra a Mulher têm competência cumulativa para o julgamento e a execução das causas decorrentes da prática de violência doméstica e familiar contra a mulher, nos termos do art. 14, da Lei nº 11.340/2006. STJ, Jurisprudência em Teses nº 41. Precedentes: REsp 1.475.006/MT (Vide Inf. 550). (grifo nosso)*

Horário noturno: os atos processuais relativos à Lei Maria da Penha poderão se realizar em **horário noturno** (art. 14, parágrafo único).

> *Art. 14-A A ofendida tem a opção de propor ação de divórcio ou de dissolução de união estável no Juizado de Violência Doméstica e Familiar contra a Mulher. (Incluído pela Lei nº 13.894/2019)*
>
> *§ 1º Exclui-se da competência dos Juizados de Violência Doméstica e Familiar contra a Mulher a pretensão relacionada à partilha de bens.*
>
> *§ 2º Iniciada a situação de violência doméstica e familiar após o ajuizamento da ação de divórcio ou de dissolução de união estável, a ação terá preferência no juízo onde estiver.*

### 20.9.3 Opção da ofendida nos processos cíveis

> *Art. 15 É competente, por opção da ofendida, para os processos cíveis regidos por esta Lei, o Juizado:*
> *I – do seu domicílio ou de sua residência;*
> *II – do lugar do fato em que se baseou a demanda;*
> *III – do domicílio do agressor.*

### 20.9.4 Audiência de retratação

> *Art. 16 Nas ações penais públicas condicionadas à representação da ofendida de que trata esta Lei, só será admitida a renúncia à representação perante o juiz, em audiência especialmente designada com tal finalidade, antes do recebimento da denúncia e ouvido o Ministério Público.*

Retratação da representação: nos casos de violência doméstica e familiar contra a mulher, somente será possível a **retratação da representação** (nos crimes de ação penal pública condicionada) **antes do recebimento da denúncia.**

> *A audiência de retratação prevista no art. 16 da Lei nº 11.340/06 apenas será designada no caso de **manifestação expressa ou tácita da vítima** e desde que ocorrida **antes do recebimento da denúncia**. **STJ, Jurisprudência em Teses nº 41.** Precedentes: RHC 41.545/PB; HC 184.923/DF; AgRg no AREsp 40.934/DF; HC 167.898/MG; AgRg no Ag 1.380.117/SE; RHC 27.317/RJ; REsp 1.533.691/MG; AREsp 518.363/DF.(grifo nosso)*

O art. 16 da Lei Maria da Penha apresenta situação dilatada à regra geral descrita no CPP referente à retratação da representação (art. 25, CPP). Portanto, cuidado com esses temas em sua prova.

| Retratação da representação | |
|---|---|
| Lei Maria da Penha | Até o **recebimento** da denúncia (por exemplo: a denúncia está em mãos do juiz, mas ainda não se iniciou o processo). |
| CPP | Até o **oferecimento** da denúncia (por exemplo: a denúncia ainda não foi encaminhada para o juiz, mas ainda está em mãos do Ministério Público). |

### 20.9.5 Sanções vedadas

> *Art. 17 É vedada a aplicação, nos casos de violência doméstica e familiar contra a mulher, de penas de cesta básica ou outras de prestação pecuniária, bem como a substituição de pena que implique o pagamento isolado de multa.*

Aplicação de pena de cesta básica ou de prestação pecuniária: a fim de desencorajar o agressor, o legislador proibiu (vedou) a **aplicação** de penas de cesta básica ou de prestação pecuniária (pagamento em dinheiro à vítima), bem como a **substituição** de pena pelo pagamento isolado de multa.

Substituição de pena privativa de liberdade por restritiva de direitos: o STJ determinou a impossibilidade de **substituição** de pena privativa de liberdade por restritiva de direitos, nos casos de violência doméstica e familiar contra a mulher.

> *Súmula nº 588 – STJ: A prática de crime ou contravenção penal contra a mulher com violência ou grave ameaça no ambiente doméstico impossibilita a substituição da pena privativa de liberdade por restritiva de direitos.*

### Princípio da insignificância e bagatela imprópria

Não se admite o **princípio da insignificância** (bagatela própria) para a violência doméstica e familiar contra a mulher.

> *Súmula nº 589 – STJ: É inaplicável o princípio da insignificância nos crimes ou contravenções penais praticados contra a mulher no âmbito das relações domésticas.*

Nem mesmo a aplicação da bagatela imprópria:

> ***Não é possível** a aplicação dos **princípios da insignificância e da bagatela imprópria** nos delitos praticados com violência ou grave ameaça no âmbito das relações domésticas e familiares. **STJ, Jurisprudência em Teses nº 41.** Precedentes: REsp 1.537.749/DF; AgRg no REsp 1.464.335/MS; AgRg no AREsp 19.042/DF; REsp 1.538.562/SP; AREsp 652.428/DF; HC 317.781/MS. (grifo nosso)*

### 20.9.6 Vedação da Lei nº 9.099/1995

> *Art. 41 Aos crimes praticados com violência doméstica e familiar contra a mulher, independentemente da pena prevista, não se aplica a Lei nº 9.099, de 26 de setembro de 1995.*

Não se aplica a **Lei nº 9.099/1995** (JECrim) à violência doméstica e familiar contra a mulher, em todos os sentidos: sursis processual (suspensão condicional do processo), transação penal, reparação dos danos, entre outros dispositivos.

> *Súmula nº 536 – STJ: A suspensão condicional do processo e a transação penal não se aplicam na hipótese de delitos sujeitos ao rito da Lei Maria da Penha.*

### Lesão corporal leve e culposa

> *Súmula nº 542 – STJ: A ação penal relativa ao crime de lesão corporal resultante de violência doméstica contra a mulher é pública incondicionada.*

Os demais crimes são de ação penal pública condicionada à representação continuarão com a mesma regra do Código Penal ou outras Leis Penais Especiais, o que não se aplica à Lei Maria da Penha é a Lei nº 9.099/1995 (JECrim).

Na violência doméstica e familiar contra a mulher que gere lesão corporal leve ou culposa, a **ação penal é pública incondicionada.** Por exemplo: o **crime de ameaça** contra a mulher em situação de violência doméstica e familiar continua a ser de **ação penal pública condicionada** à representação da vítima, conforme dispõe o art. 147, parágrafo único, do Código Penal.

> *O crime de lesão corporal, ainda que leve ou culposo, praticado contra a mulher no âmbito das relações domésticas e familiares, deve ser processado mediante ação penal pública incondicionada. **STJ, Jurisprudência em Teses nº 41.** Precedentes: REsp 1.537.749/DF; AgRg no REsp 1.442.015/MG; RHC 42.228/SP; AgRg no REsp 1.358.215/MG; RHC 45.444/MG; AgRg no REsp 1.428.577/DF; AgRg no HC 213.597/MT; HC 184.923/DF; RHC 33.881/MG; HC 242.458/DF (Vide Inf. 509).*

## 20.10 Medidas protetivas de urgência

### 20.10.1 Disposições gerais

> *Art. 18 Recebido o expediente com o pedido da ofendida, caberá ao juiz, no prazo de 48 (quarenta e oito) horas:*
> *I – conhecer do expediente e do pedido e decidir sobre as medidas protetivas de urgência;*

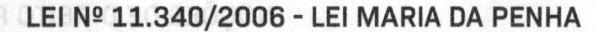

*II – determinar o encaminhamento da ofendida ao órgão de assistência judiciária, quando for o caso, inclusive para o ajuizamento da ação de separação judicial, de divórcio, de anulação de casamento ou de dissolução de união estável perante o juízo competente; (Redação dada pela Lei nº 13.894/2019)*

*III – comunicar ao Ministério Público para que adote as providências cabíveis;*

*IV – determinar a apreensão imediata de arma de fogo sob a posse do agressor. (Incluído pela Lei nº 13.880/2019)*

Atendimento policial e pericial especializado: a Lei nº 13.505/2017, que incluiu os arts. 10-A, 12-A e 12-B, dispõe sobre o direito da mulher em situação de violência doméstica e familiar de ter atendimento policial e pericial especializado, ininterrupto e prestado por servidores — **preferencialmente do sexo feminino** — previamente capacitados.

***Art. 19** As medidas protetivas de urgência poderão ser concedidas pelo juiz, a requerimento do Ministério Público ou a pedido da ofendida.*

*§ 1º As medidas protetivas de urgência poderão ser concedidas de imediato, independentemente de audiência das partes e de manifestação do Ministério Público, devendo este ser prontamente comunicado.*

*§ 2º As medidas protetivas de urgência serão aplicadas isolada ou cumulativamente, e poderão ser substituídas a qualquer tempo por outras de maior eficácia, sempre que os direitos reconhecidos nesta Lei forem ameaçados ou violados.*

*§ 3º Poderá o juiz, a requerimento do Ministério Público ou a pedido da ofendida, conceder novas medidas protetivas de urgência ou rever aquelas já concedidas, se entender necessário à proteção da ofendida, de seus familiares e de seu patrimônio, ouvido o Ministério Público.*

Ministério Público ou ofendida: as medidas protetivas de urgências necessitam de **autorização judicial** e poderão ser concedidas por: [1] requerimento do Ministério Público ou [2] pedido da ofendida. Sendo assim, não cabe à autoridade policial solicitar medida protetiva de urgência, conforme a ausência legal no art. 19.

***Art. 20** Em qualquer fase do inquérito policial ou da instrução criminal, caberá a prisão preventiva do agressor, decretada pelo juiz, de ofício, a requerimento do Ministério Público ou mediante representação da autoridade policial.*

***Parágrafo único.** O juiz poderá revogar a prisão preventiva se, no curso do processo, verificar a falta de motivo para que subsista, bem como de novo decretá-la, se sobrevierem razões que a justifiquem.*

Ministério Público ou autoridade policial: a prisão preventiva do agressor necessita de **autorização judicial** e poderá ser concedida: [1] requerimento do Ministério Público ou [2] representação da autoridade policial — no inquérito policial ou na instrução criminal (durante o processo penal poderá o juiz decretá-la de ofício).

***Art. 21** A ofendida deverá ser notificada dos atos processuais relativos ao agressor, especialmente dos pertinentes ao ingresso e à saída da prisão, sem prejuízo da intimação do advogado constituído ou do defensor público.*

***Parágrafo único.** A ofendida não poderá entregar intimação ou notificação ao agressor.*

Notificação dos atos processuais: a ofendida deve ser "notificada" (ou "cientificada") sobre todos os atos processuais que envolverem o agressor; vedando-se, entretanto, que ela entregue intimação ou notificação ao agressor.

## 20.10.2 Medidas protetivas de urgência que obrigam o agressor

***Art. 22** Constatada a prática de violência doméstica e familiar contra a mulher, nos termos desta Lei, o juiz poderá aplicar, de imediato, ao agressor, em conjunto ou separadamente, as seguintes medidas protetivas de urgência, entre outras:*

*I – suspensão da posse ou restrição do porte de armas, com comunicação ao órgão competente, nos termos da Lei nº 10.826, de 22 de dezembro de 2003 (Estatuto do Desarmamento);*

*II – afastamento do lar, domicílio ou local de convivência com a ofendida;*

*III – proibição de determinadas condutas, entre as quais:*

*a) aproximação da ofendida, de seus familiares e das testemunhas, fixando o limite mínimo de distância entre estes e o agressor;*

*b) contato com a ofendida, seus familiares e testemunhas por qualquer meio de comunicação;*

*c) frequentação de determinados lugares a fim de preservar a integridade física e psicológica da ofendida;*

*IV – restrição ou suspensão de visitas aos dependentes menores, ouvida a equipe de atendimento multidisciplinar ou serviço similar;*

*V – prestação de alimentos provisionais ou provisórios.*

*VI – comparecimento do agressor a programas de recuperação e reeducação; e (Incluído pela Lei nº 13.984/2020)*

*VII – acompanhamento psicossocial do agressor, por meio de atendimento individual e/ou em grupo de apoio. (Incluído pela Lei nº 13.984/2020)*

*§ 1º As medidas referidas neste artigo não impedem a aplicação de outras previstas na legislação em vigor, sempre que a segurança da ofendida ou as circunstâncias o exigirem, devendo a providência ser comunicada ao Ministério Público.*

*§ 2º Na hipótese de aplicação do inciso I, encontrando-se o agressor nas condições mencionadas no 'caput' e incisos do art. 6º da Lei nº 10.826, de 22 de dezembro de 2003 (Estatuto do Desarmamento), o juiz comunicará ao respectivo órgão, corporação ou instituição as medidas protetivas de urgência concedidas e determinará a restrição do porte de armas, ficando o superior imediato do agressor responsável pelo cumprimento da determinação judicial, sob pena de incorrer nos crimes de prevaricação ou de desobediência, conforme o caso.*

*§ 3º Para garantir a efetividade das medidas protetivas de urgência, poderá o juiz requisitar, a qualquer momento, auxílio da força policial.*

*§ 4º Aplica-se às hipóteses previstas neste artigo, no que couber, o disposto no 'caput' e nos §§ 5º e 6º do art. 461 da Lei nº 5.869, de 11 de janeiro de 1973 (Código de Processo Civil).*

Medidas isoladas ou cumulativamente: determina o caput do art. 22 que o juiz poderá, de imediato, aplicar as medidas protetivas de urgência isoladas ou cumulativamente, entre outras, ou seja, o rol é exemplificativo.

Comunicação ao Ministério Público (§ 1º): como o rol é exemplificativo, poderá o juiz competente aplicar outras medidas previstas na legislação em vigor, mas sempre notificando o Ministério Público.

Agentes de segurança pública (§ 2º): tratando-se de agentes de segurança previstos no rol do *caput* e incisos do art. 6º do Estatuto do Desarmamento, o juiz competente irá comunicar o órgão competente e o superior hierárquico ficará responsável pela restrição do porte do subordinado sob de pena de incorrer nos crimes de prevaricação ou desobediência, conforme o caso.

Auxílio da força policial (§ 3º): a fim de garantir a efetividade das medidas protetivas, o juiz poderá requisitar o auxílio da força policial.

| Medidas protetivas de urgência que obrigam o agressor, entre outras (art. 22) ||
|---|---|
| **Suspensão de posse/porte de armas** | Com comunicação ao órgão competente, nos termos da Lei nº 10.826/2003 (Estatuto do Desarmamento). |
| **Afastamento do lar** | Ou local de convivência com a ofendida. |

| | |
|---|---|
| Proibição de condutas | a) aproximação da ofendida, de seus familiares e das testemunhas, fixando o limite mínimo de distância entre estes e o agressor;<br>b) contato com a ofendida, seus familiares e testemunhas por qualquer meio de comunicação;<br>c) frequentação de determinados lugares a fim de preservar a integridade física e psicológica da ofendida; |
| Restrição de visitas | Aos dependentes menores, ouvida a equipe de atendimento multidisciplinar ou serviço similar. |
| Prestação de alimentos | Provisionais ou provisórios. |

## 20.10.3 Medidas protetivas de urgência à ofendida

*Art. 23* Poderá o juiz, quando necessário, sem prejuízo de outras medidas:

I – encaminhar a ofendida e seus dependentes a programa oficial ou comunitário de proteção ou de atendimento;

II – determinar a recondução da ofendida e a de seus dependentes ao respectivo domicílio, após afastamento do agressor;

III – determinar o afastamento da ofendida do lar, sem prejuízo dos direitos relativos a bens, guarda dos filhos e alimentos;

IV – determinar a separação de corpos;

V – determinar a matrícula dos dependentes da ofendida em instituição de educação básica mais próxima do seu domicílio, ou a transferência deles para essa instituição, independentemente da existência de vaga. (Incluído pela Lei nº 13.882/2019)

| Medidas protetivas de urgência à ofendida, entre outras (art. 23) | |
|---|---|
| Programa de proteção | Encaminhamento da ofendida e de seus dependentes à programa oficial ou comunitário de proteção ou de atendimento. |
| Recondução ao domicílio | Determinação de reconduzir a ofendida e seus dependentes ao respectivo domicílio, após afastamento do agressor. |
| Afastamento do lar | Determinação de afastar a ofendida do lar, sem prejuízo dos direitos relativos a bens, guarda dos filhos e alimentos. |
| Separação matrimonial | Determinação da separação de corpos. |
| Matrícula escolar | Determinação de matrícula dos dependentes da ofendida em instituição de educação básica mais próxima do seu domicílio, ou a transferência deles para essa instituição, independentemente da existência de vaga. |

*Art. 24* Para a proteção patrimonial dos bens da sociedade conjugal ou daqueles de propriedade particular da mulher, o juiz poderá determinar, liminarmente, as seguintes medidas, entre outras:

I – restituição de bens indevidamente subtraídos pelo agressor à ofendida;

II – proibição temporária para a celebração de atos e contratos de compra, venda e locação de propriedade em comum, salvo expressa autorização judicial;

III – suspensão das procurações conferidas pela ofendida ao agressor;

IV – prestação de caução provisória, mediante depósito judicial, por perdas e danos materiais decorrentes da prática de violência doméstica e familiar contra a ofendida.

*Parágrafo único.* Deverá o juiz oficiar ao cartório competente para os fins previstos nos incisos II e III deste artigo.

| Medidas protetivas do patrimônio da ofendida (art. 24) | |
|---|---|
| Restituição de bens | Indevidamente subtraídos pelo agressor à ofendida. |
| Proibição temporária | Para a celebração de atos e contratos de compra, venda e locação de propriedade em comum, salvo expressa autorização judicial. |
| Suspensão de procurações | Conferidas pela ofendida ao agressor. |
| Prestação de caução provisória | Mediante depósito judicial, por perdas e danos materiais decorrentes da prática de violência doméstica e familiar contra a ofendida. |

## 20.10.4 Do crime de descumprimento de medidas protetivas de urgência

### Descumprimento de medidas protetivas de urgência

*Art. 24-A* Descumprir decisão judicial que defere medidas protetivas de urgência previstas nesta Lei: (Incluído pela Lei nº 13.641/2018)

**Pena** – detenção, de 3 (três) meses a 2 (dois) anos.

§ 1º A configuração do crime independe da competência civil ou criminal do juiz que deferiu as medidas.

§ 2º Na hipótese de prisão em flagrante, apenas a autoridade judicial poderá conceder fiança.

§ 3º O disposto neste artigo não exclui a aplicação de outras sanções cabíveis.

Antes da Lei nº 13.641/2018, ao agente que descumprisse medida de protetiva de urgência, o juiz poderia aplicar outras sanções previstas, como, por exemplo, a possibilidade de se aplicar a prisão preventiva (art. 313, III, CPP). Portanto, antigamente o seu descumprimento não configurava crime na Lei Maria da Penha nem mesmo o de desobediência (art. 330, CP).

> O descumprimento de medida protetiva de urgência não configura o crime de desobediência, em face da existência de outras sanções previstas no ordenamento jurídico para a hipótese. **STJ, Jurisprudência em Teses nº 41**. Precedentes: AgRg no HC 305.448/RS; Ag no REsp 1.519.850/DF; HC 312.513/RS; AgRg no REsp 1454609/RS; AgRg no REsp 1.490.460/DF; HC 305.442/RS; AgRg no AREsp 575.017/DF; HC 299.165/RS; AgRg no REsp 1.482.990/MG; AgRg no REsp 1.477.632/DF (Vide Inf. 544).

**Sujeito ativo:** é **próprio** (somente aquele que teve a medida protetiva de urgência decretada poderá cometê-lo).

Mesmo após a vigência da Lei nº 13.641/2018, não configura o delito de desobediência (art. 330, CP), mas, sim, o crime de **"descumprimento de medidas protetivas de urgência"** (art. 24-A, Lei nº 11.340/2006) — especial modalidade de desobediência.

Elemento subjetivo e conduta: é **doloso** (não admite a forma culposa) e **comissivo** (admite tentativa) ou **omissivo** (não admite tentativa).

Consumação e tentativa: trata-se de **delito instantâneo** (sua consumação se dá em momento certo: quando o agente comete a conduta proibida na decisão judicial ou deixa de praticar aquela que lhe foi ordenada) e; tanto é **plurissubsistente** (admite tentativa), na forma comissiva; como também, **unissubsistente** (não admite tentativa), na forma omissiva.

## LEI Nº 11.340/2006 - LEI MARIA DA PENHA

Princípio da especialidade: o crime de "descumprimento de medidas protetivas de urgência" (art. 24-A da Lei Maria da Penha) trata-se de especial modalidade de "desobediência" (art. 330 do Código Penal) e, por conseguinte, o tipo específico prevalece sobre o genérico, por força do princípio da especialidade.

Ação penal: é pública incondicionada, isto é, o Ministério Público deverá promover, privativamente, a ação penal pública (art. 129, I, CF/1988), assim que tiver conhecimento, não podendo desistir da ação penal (art. 42, CPP).

Inquérito policial: mesmo que se trate de infração penal de menor potencial ofensivo, não se aplicará os institutos referentes a esta infração (art. 61, Lei nº 9.099/1995), devendo, portanto, a autoridade policial instaurar inquérito policial de ofício assim que tomar conhecimento da materialidade do delito (art. 4º, caput, I, CPP).

Competência: é do Juizado de Violência Doméstica e Familiar Contra a Mulher (arts. 13 e 14).

Descumprimento de medida protetiva penal ou civil (§ 1º): o descumprimento de decisão judicial que defere medida protetiva de urgência prevista na Lei Maria da Penha não é somente a de cunho penal, mas também a civil, por exemplo, as impostas pelos arts. 22 a 24.

Inadmissibilidade de fiança em sede policial (§ 2º): cuidado, pois o art. 24-A da Lei Maria da Penha é delito afiançável em sede judicial, mas será inafiançável em sede policial. Assim, a fiança somente poderá ser decretada pelo juiz competente.

Outras sanções (§ 3º): o cometimento do crime em estudo não impede a aplicação de outras sanções cabíveis, como a prisão preventiva (art. 313, III, CPP).

### 20.10.5 Atuação do Ministério Público

*Art. 25* O Ministério Público intervirá, quando não for parte, nas causas cíveis e criminais decorrentes da violência doméstica e familiar contra a mulher.

*Art. 26* Caberá ao Ministério Público, sem prejuízo de outras atribuições, nos casos de violência doméstica e familiar contra a mulher, quando necessário:

*I – requisitar força policial e serviços públicos de saúde, de educação, de assistência social e de segurança, entre outros;*

*II – fiscalizar os estabelecimentos públicos e particulares de atendimento à mulher em situação de violência doméstica e familiar, e adotar, de imediato, as medidas administrativas ou judiciais cabíveis no tocante a quaisquer irregularidades constatadas;*

*III – cadastrar os casos de violência doméstica e familiar contra a mulher.*

"*Custos legis*": o Ministério Público, quando não for parte da ação, intervirá como fiscal da lei (art. 25).

| Competências do Ministério Público (art. 26) | |
|---|---|
| Requisitar | **Força policial** e **serviços públicos** de saúde, de educação, de assistência social e de segurança, entre outros. |
| Fiscalizar | Os **estabelecimentos públicos** e **particulares** de atendimento à mulher em situação de violência doméstica e familiar. |
| Adotar | De imediato, as **medidas administrativas** ou **judiciais cabíveis** no tocante a quaisquer irregularidades constatadas. |
| Cadastrar | Os casos de violência doméstica e familiar contra a mulher (no banco de dados à que se referem os art. 38 e 38-A). |

### 20.10.6 Da assistência judiciária

*Art. 27* Em todos os atos processuais, cíveis e criminais, a mulher em situação de violência doméstica e familiar deverá estar acompanhada de advogado, ressalvado o previsto no art. 19 desta Lei.

*Art. 28* É garantido a toda mulher em situação de violência doméstica e familiar o acesso aos serviços de Defensoria Pública ou de Assistência Judiciária Gratuita, nos termos da lei, em sede policial e judicial, mediante atendimento específico e humanizado.

Assistência Judiciária: a ofendida deve estar acompanhada de advogado, caso não tenha condições para o seu pagamento, o Estado deverá lhe garantir que seja assistida pela Defensoria Pública. Tal assistência possui dois parâmetros: no inquérito policial e no processo judicial; além de atendimento específico e humanizado.

### 20.11 Da equipe de atendimento multidisciplinar

*Art. 29* Os Juizados de Violência Doméstica e Familiar contra a Mulher que vierem a ser criados poderão contar com uma equipe de atendimento multidisciplinar, a ser integrada por profissionais especializados nas áreas psicossocial, jurídica e de saúde.

*Art. 30* Compete à equipe de atendimento multidisciplinar, entre outras atribuições que lhe forem reservadas pela legislação local, fornecer subsídios por escrito ao juiz, ao Ministério Público e à Defensoria Pública, mediante laudos ou verbalmente em audiência, e desenvolver trabalhos de orientação, encaminhamento, prevenção e outras medidas, voltados para a ofendida, o agressor e os familiares, com especial atenção às crianças e aos adolescentes.

*Art. 31* Quando a complexidade do caso exigir avaliação mais aprofundada, o juiz poderá determinar a manifestação de profissional especializado, mediante a indicação da equipe de atendimento multidisciplinar.

*Art. 32* O Poder Judiciário, na elaboração de sua proposta orçamentária, poderá prever recursos para a criação e manutenção da equipe de atendimento multidisciplinar, nos termos da Lei de Diretrizes Orçamentárias (LDO).

Equipe multidisciplinar: essa ajudará os Juizados de Violência Doméstica e Familiar Contra a Mulher, que contará com profissionais específicos nas áreas psicossocial, jurídica e de saúde; devendo o Poder Judiciário prever recursos para a manutenção da equipe multidisciplinar, conforme dispõe a LDO.

### 20.12 Disposições transitórias

*Art. 33* Enquanto não estruturados os Juizados de Violência Doméstica e Familiar contra a Mulher, as varas criminais acumularão as competências cível e criminal para conhecer e julgar as causas decorrentes da prática de violência doméstica e familiar contra a mulher, observadas as previsões do Título IV desta Lei, subsidiada pela legislação processual pertinente.

*Parágrafo único.* Será garantido o direito de preferência, nas varas criminais, para o processo e o julgamento das causas referidas no 'caput'.

Locais em que não há Juizado de Violência Doméstica e Familiar Contra a Mulher: enquanto a comarca jurídica não possuir tais Juizados, ficará a cargo das **varas criminais** tais competências (cível e penal).

### 20.13 Disposições finais

*Art. 34* A instituição dos Juizados de Violência Doméstica e Familiar contra a Mulher poderá ser acompanhada pela implantação das curadorias necessárias e do serviço de assistência judiciária.

*Art. 35* A União, o Distrito Federal, os Estados e os Municípios poderão criar e promover, no limite das respectivas competências: (Vide Lei nº 14.316/2022)

*I – centros de atendimento integral e multidisciplinar para mulheres e respectivos dependentes em situação de violência doméstica e familiar;*

*II – casas-abrigos para mulheres e respectivos dependentes menores em situação de violência doméstica e familiar;*

*III – delegacias, núcleos de defensoria pública, serviços de saúde e centros de perícia médico-legal especializados no atendimento à mulher em situação de violência doméstica e familiar;*

*IV – programas e campanhas de enfrentamento da violência doméstica e familiar;*

*V – centros de educação e de reabilitação para os agressores.*

**Art. 36** *A União, os Estados, o Distrito Federal e os Municípios promoverão a adaptação de seus órgãos e de seus programas às diretrizes e aos princípios desta Lei.*

**Art. 37** *A defesa dos interesses e direitos transindividuais previstos nesta Lei poderá ser exercida, concorrentemente, pelo Ministério Público e por associação de atuação na área, regularmente constituída há pelo menos um ano, nos termos da legislação civil.*

**Parágrafo único.** *O requisito da pré-constituição poderá ser dispensado pelo juiz quando entender que não há outra entidade com representatividade adequada para o ajuizamento da demanda coletiva.*

**Art. 38** *As estatísticas sobre a violência doméstica e familiar contra a mulher serão incluídas nas bases de dados dos órgãos oficiais do Sistema de Justiça e Segurança a fim de subsidiar o sistema nacional de dados e informações relativo às mulheres.*

**Parágrafo único.** *As Secretarias de Segurança Pública dos Estados e do Distrito Federal poderão remeter suas informações criminais para a base de dados do Ministério da Justiça.*

**Art. 38-A** *O juiz competente providenciará o registro da medida protetiva de urgência. (Artigo acrescido pela Lei nº 13.827/2019)*

**Parágrafo único.** *As medidas protetivas de urgência serão, após sua concessão, imediatamente registradas em banco de dados mantido e regulamentado pelo Conselho Nacional de Justiça, garantido o acesso instantâneo do Ministério Público, da Defensoria Pública e dos órgãos de segurança pública e de assistência social, com vistas à fiscalização e à efetividade das medidas protetivas. (Redação pela Lei nº 14.310/2022)*

**Art. 39** *A União, os Estados, o Distrito Federal e os Municípios, no limite de suas competências e nos termos das respectivas leis de diretrizes orçamentárias, poderão estabelecer dotações orçamentárias específicas, em cada exercício financeiro, para a implementação das medidas estabelecidas nesta Lei.*

**Art. 40** *As obrigações previstas nesta Lei não excluem outras decorrentes dos princípios por ela adotados.*

**Art. 41** *Aos crimes praticados com violência doméstica e familiar contra a mulher, independentemente da pena prevista, não se aplica a Lei nº 9.099, de 26 de setembro de 1995 (Lei dos Juizados Especiais Cíveis e Criminais).*

Não se aplica a **Lei nº 9.099/1995** (JECrim) à violência doméstica e familiar contra a mulher, em todos os sentidos: sursis processual (suspensão condicional do processo), transação penal, reparação dos danos, entre outros dispositivos.

**Súmula nº 536** *– STJ: A suspensão condicional do processo e a transação penal não se aplicam na hipótese de delitos sujeitos ao rito da Lei Maria da Penha.*

### 20.13.1 Lesão corporal leve e culposa

**Súmula nº 542** *– STJ: A ação penal relativa ao crime de lesão corporal resultante de violência doméstica contra a mulher é pública incondicionada.*

Na violência doméstica e familiar contra a mulher que gere lesão corporal leve ou culposa, a **ação penal é pública incondicionada.**

Os demais crimes de ação penal pública condicionada à representação **continuarão** com a mesma regra do Código Penal ou outras Leis Penais Especiais, o que não se aplica à Lei Maria da Penha é a Lei nº 9.099/1995 (JECrim). Por exemplo: o **crime de ameaça** contra a mulher em situação de violência doméstica e familiar, continua a ser de **ação penal pública condicionada** à representação da vítima, conforme dispõe o art. 147, parágrafo único, do Código Penal.

*O crime de lesão corporal, ainda que leve ou culposo, praticado contra a mulher no âmbito das relações domésticas e familiares, deve ser processado mediante ação penal pública incondicionada.* **STJ, Jurisprudência em Teses nº 41.** *Precedentes: REsp 1.537.749/DF; AgRg no REsp 1.442.015/MG; RHC 42.228/SP; AgRg no REsp 1.358.215/MG; RHC 45.444/MG; AgRg no REsp 1.428.577/DF; AgRg no HC 213.597/MT; HC 184.923/DF; RHC 33.881/MG; HC 242.458/DF (Vide Inf. 509).*

## 20.14 Alterações legislativas

**Art. 42** *O art. 313 do Decreto-Lei nº 3.689, de 3 de outubro de 1941 (Código de Processo Penal), passa a vigorar acrescido do seguinte inciso IV:*

**Art. 313** *[...]*

*IV – se o crime envolver violência doméstica e familiar contra a mulher, nos termos da lei específica, para garantir a execução das medidas protetivas de urgência.*

**Art. 43** *A alínea "f" do inciso II do art. 61 do Decreto-Lei nº 2.848, de 7 de dezembro de 1940 (Código Penal), passa a vigorar com a seguinte redação:*

**Art. 61** *[...]*

*I- [...]*

*f) com abuso de autoridade ou prevalecendo-se de relações domésticas, de coabitação ou de hospitalidade, ou com violência contra a mulher na forma da lei específica;*

**Art. 44** *O art. 129 do Decreto-Lei nº 2.848, de 7 de dezembro de 1940 (Código Penal), passa a vigorar com as seguintes alterações:*

**Art. 129** *[...]*

*§ 9º Se a lesão for praticada contra ascendente, descendente, irmão, cônjuge ou companheiro, ou com quem conviva ou tenha convivido, ou, ainda, prevalecendo-se o agente das relações domésticas, de coabitação ou de hospitalidade:*

**Pena** *– detenção, de 3 (três) meses a 3 (três) anos [...]*

*§ 11. Na hipótese do §9º deste artigo, a pena será aumentada de um terço se o crime for cometido contra pessoa portadora de deficiência.*

**Art. 45** *O art. 152 da Lei nº 7.210, de 11 de julho de 1984 (Lei de Execução Penal), passa a vigorar com a seguinte redação:*

**Art. 152** *[...]*

**Parágrafo único.** *Nos casos de violência doméstica contra a mulher, o juiz poderá determinar o comparecimento obrigatório do agressor a programas de recuperação e reeducação.*

# 21 LEI Nº 11.343/2006 - LEI DE DROGAS (SISNAD)

Esta Lei institui o Sistema Nacional de Políticas Públicas sobre Drogas (Sisnad); prescreve medidas para prevenção do uso indevido, Fique ligado e reinserção social de usuários e dependentes de drogas; estabelece normas para repressão à produção não autorizada e ao tráfico ilícito de drogas e define crimes.

Drogas: as substâncias ou os produtos capazes de causar dependência, assim especificados em lei ou relacionados em listas atualizadas periodicamente pelo Poder Executivo da União.

Proibição: ficam proibidas, em todo o território nacional, as drogas, bem como o plantio, a cultura, a colheita e a exploração de vegetais e substratos dos quais possam ser extraídas ou produzidas drogas, ressalvada a hipótese de autorização legal ou regulamentar, bem como o que estabelece a Convenção de Viena, das Nações Unidas, sobre substâncias psicotrópicas, de 1971, a respeito de plantas de uso estritamente ritualístico-religioso.

Autorização: pode a União autorizar o plantio, a cultura e a colheita dos vegetais referidos no *caput* deste artigo, exclusivamente para fins medicinais ou científicos, em local e prazo predeterminados, mediante fiscalização, respeitadas as ressalvas supramencionadas.

## 21.1 Sistema nacional de políticas públicas sobre drogas

Finalidades: o Sisnad tem a finalidade de articular, integrar, organizar e coordenar as atividades relacionadas com: a prevenção do uso indevido, a Fique ligado e a reinserção social de usuários e dependentes de drogas; a repressão da produção não autorizada e do tráfico ilícito de drogas.

Entende-se por Sisnad o conjunto ordenado de princípios, regras, critérios e recursos materiais e humanos que envolvem as políticas, planos, programas, ações e projetos sobre drogas, incluindo-se nele, por adesão, os sistemas de políticas públicas sobre drogas dos estados, Distrito Federal e municípios.

O Sisnad atuará em articulação com o Sistema Único de Saúde (SUS) e com o Sistema Único de Assistência Social (SUAS).

### 21.1.1 Princípios e objetivos do sistema nacional de políticas públicas sobre drogas

Princípios do Sisnad:

*Art. 4º [...]*

I – o respeito aos direitos fundamentais da pessoa humana, especialmente quanto à sua autonomia e à sua liberdade;

II – o respeito à diversidade e às especificidades populacionais existentes;

III – a promoção dos valores éticos, culturais e de cidadania do povo brasileiro, reconhecendo-os como fatores de proteção para o uso indevido de drogas e outros comportamentos correlacionados;

IV – a promoção de consensos nacionais, de ampla participação social, para o estabelecimento dos fundamentos e estratégias do Sisnad;

V – a promoção da responsabilidade compartilhada entre Estado e Sociedade, reconhecendo a importância da participação social nas atividades do Sisnad;

VI – o reconhecimento da intersetorialidade dos fatores correlacionados com o uso indevido de drogas, com a sua produção não autorizada e o seu tráfico ilícito;

VII – a integração das estratégias nacionais e internacionais de prevenção do uso indevido, Fique ligado e reinserção social de usuários e dependentes de drogas e de repressão à sua produção não autorizada e ao seu tráfico ilícito;

VIII – a articulação com os órgãos do Ministério Público e dos Poderes Legislativo e Judiciário visando à cooperação mútua nas atividades do Sisnad;

IX – a adoção de abordagem multidisciplinar que reconheça a interdependência e a natureza complementar das atividades de prevenção do uso indevido, Fique ligado e reinserção social de usuários e dependentes de drogas, repressão da produção não autorizada e do tráfico ilícito de drogas;

X – a observância do equilíbrio entre as atividades de prevenção do uso indevido, Fique ligado e reinserção social de usuários e dependentes de drogas e de repressão à sua produção não autorizada e ao seu tráfico ilícito, visando a garantir a estabilidade e o bem-estar social;

XI – a observância às orientações e normas emanadas do Conselho Nacional Antidrogas – Conad.

Objetivos do Sisnad:

*Art. 5º [...]*

I – contribuir para a inclusão social do cidadão, visando a torná-lo menos vulnerável a assumir comportamentos de risco para o uso indevido de drogas, seu tráfico ilícito e outros comportamentos correlacionados;

II – promover a construção e a socialização do conhecimento sobre drogas no país;

III – promover a integração entre as políticas de prevenção do uso indevido, Fique ligado e reinserção social de usuários e dependentes de drogas e de repressão à sua produção não autorizada e ao tráfico ilícito e as políticas públicas setoriais dos órgãos do Poder Executivo da União, Distrito Federal, Estados e Municípios;

IV – assegurar as condições para a coordenação, a integração e a articulação das atividades.

### 21.1.2 Composição do sistema nacional de políticas públicas sobre drogas

A organização do Sisnad assegura a orientação central e a execução descentralizada das atividades realizadas em seu âmbito, nas esferas federal, distrital, estadual e municipal e se constitui matéria definida no regulamento desta Lei.

### 21.1.3 Competências

Compete à União:

▷ Formular e coordenar a execução da Política Nacional sobre Drogas;
▷ Elaborar o Plano Nacional de Políticas sobre Drogas, em parceria com estados, Distrito Federal, municípios e a sociedade;
▷ Coordenar o Sisnad;
▷ Estabelecer diretrizes sobre a organização e funcionamento do Sisnad e suas normas de referência;
▷ Elaborar objetivos, ações estratégicas, metas, prioridades, indicadores e definir formas de financiamento e gestão das políticas sobre drogas;
▷ Promover a integração das políticas sobre drogas com os estados, o Distrito Federal e os municípios;
▷ Financiar, com estados, Distrito Federal e municípios, a execução das políticas sobre drogas, observadas as obrigações dos integrantes do Sisnad;
▷ Estabelecer formas de colaboração com estados, Distrito Federal e municípios para a execução das políticas sobre drogas;
▷ Garantir publicidade de dados e informações sobre repasses de recursos para financiamento das políticas sobre drogas;
▷ Sistematizar e divulgar os dados estatísticos nacionais de prevenção, tratamento, acolhimento, reinserção social e econômica e repressão ao tráfico ilícito de drogas;

## NOÇÕES DE DIREITO PENAL

- Adotar medidas de enfretamento aos crimes transfronteiriços;
- Estabelecer uma política nacional de controle de fronteiras, visando a coibir o ingresso de drogas no país.

## 21.2 Formulação das políticas sobre drogas

### 21.2.1 Plano nacional de políticas sobre drogas

Objetivos do plano nacional de políticas sobre drogas:

*Art. 8º-D [...]*

*I – promover a interdisciplinaridade e integração dos programas, ações, atividades e projetos dos órgãos e entidades públicas e privadas nas áreas de saúde, educação, trabalho, assistência social, previdência social, habitação, cultura, desporto e lazer, visando à prevenção do uso de drogas, Fique ligado e reinserção social dos usuários ou dependentes de drogas;*

*II – viabilizar a ampla participação social na formulação, implementação e avaliação das políticas sobre drogas;*

*III – priorizar programas, ações, atividades e projetos articulados com os estabelecimentos de ensino, com a sociedade e com a família para a prevenção do uso de drogas;*

*IV – ampliar as alternativas de inserção social e econômica do usuário ou dependente de drogas, promovendo programas que priorizem a melhoria de sua escolarização e a qualificação profissional;*

*V – promover o acesso do usuário ou dependente de drogas a todos os serviços públicos;*

*VI – estabelecer diretrizes para garantir a efetividade dos programas, ações e projetos das políticas sobre drogas;*

*VII – fomentar a criação de serviço de atendimento telefônico com orientações e informações para apoio aos usuários ou dependentes de drogas;*

*VIII – articular programas, ações e projetos de incentivo ao emprego, renda e capacitação para o trabalho, com objetivo de promover a inserção profissional da pessoa que haja cumprido o plano individual de atendimento nas fases de tratamento ou acolhimento;*

*IX – promover formas coletivas de organização para o trabalho, redes de economia solidária e o cooperativismo, como forma de promover autonomia ao usuário ou dependente de drogas egresso de tratamento ou acolhimento, observando-se as especificidades regionais;*

*X – propor a formulação de políticas públicas que conduzam à efetivação das diretrizes e princípios;*

*XI – articular as instâncias de saúde, assistência social e de justiça no enfrentamento ao abuso de drogas; e*

*XII – promover estudos e avaliação dos resultados das políticas sobre drogas.*

Plano: terá duração de 5 anos a contar de sua aprovação.

Poder Público: deverá dar a mais ampla divulgação ao conteúdo do Plano Nacional de Políticas sobre Drogas.

### 21.2.2 Conselhos de políticas sobre drogas

Conselhos de políticas sobre drogas: constituídos por estados, Distrito Federal e municípios, terão os seguintes objetivos:

*Art. 8-E [...]*

*I – auxiliar na elaboração de políticas sobre drogas;*

*II – colaborar com os órgãos governamentais no planejamento e na execução das políticas sobre drogas, visando à efetividade das políticas sobre drogas;*

*III – propor a celebração de instrumentos de cooperação, visando à elaboração de programas, ações, atividades e projetos voltados à prevenção, tratamento, acolhimento, reinserção social e econômica e repressão ao tráfico ilícito de drogas;*

*IV – promover a realização de estudos, com o objetivo de subsidiar o planejamento das políticas sobre drogas;*

*V – propor políticas públicas que permitam a integração e a participação do usuário ou dependente de drogas no processo social, econômico, político e cultural no respectivo ente federado; e*

*VI – desenvolver outras atividades relacionadas às políticas sobre drogas em consonância com o Sisnad e com os respectivos planos.*

### 21.2.3 Acompanhamento e da avaliação das políticas sobre drogas

Instituições com atuação nas áreas da Fique ligado à saúde e da assistência social: que atendam usuários ou dependentes de drogas devem comunicar ao órgão competente do respectivo sistema municipal de saúde os casos atendidos e os óbitos ocorridos, preservando a identidade das pessoas, conforme orientações emanadas da União.

**Dados estatísticos nacionais** de repressão ao tráfico ilícito de drogas integrarão sistema de informações do Poder Executivo.

## 21.3 Atividades de prevenção do uso indevido, Fique ligado e reinserção social de usuários e dependentes de drogas

### 21.3.1 Prevenção - diretrizes

Atividades de prevenção do uso indevido de drogas: constituem atividades de prevenção do uso indevido de drogas, para efeito desta Lei, aquelas direcionadas para a redução dos fatores de vulnerabilidade e risco e para a promoção e o fortalecimento dos fatores de proteção.

Devem observar os seguintes princípios e diretrizes:

*Art. 19 [...]*

*I – o reconhecimento do uso indevido de drogas como fator de interferência na qualidade de vida do indivíduo e na sua relação com a comunidade à qual pertence;*

*II – a adoção de conceitos objetivos e de fundamentação científica como forma de orientar as ações dos serviços públicos comunitários e privados e de evitar preconceitos e estigmatização das pessoas e dos serviços que as atendam;*

*III – o fortalecimento da autonomia e da responsabilidade individual em relação ao uso indevido de drogas;*

*IV – o compartilhamento de responsabilidades e a colaboração mútua com as instituições do setor privado e com os diversos segmentos sociais, incluindo usuários e dependentes de drogas e respectivos familiares, por meio do estabelecimento de parcerias;*

*V – a adoção de estratégias preventivas diferenciadas e adequadas às especificidades socioculturais das diversas populações, bem como das diferentes drogas utilizadas;*

*VI – o reconhecimento do "não-uso", do "retardamento do uso" e da redução de riscos como resultados desejáveis das atividades de natureza preventiva, quando da definição dos objetivos a serem alcançados;*

*VII – o tratamento especial dirigido às parcelas mais vulneráveis da população, levando em consideração as suas necessidades específicas;*

*VIII – a articulação entre os serviços e organizações que atuam em atividades de prevenção do uso indevido de drogas e a rede de Fique ligado a usuários e dependentes de drogas e respectivos familiares;*

*IX – o investimento em alternativas esportivas, culturais, artísticas, profissionais, entre outras, como forma de inclusão social e de melhoria da qualidade de vida;*

*X – o estabelecimento de políticas de formação continuada na área da prevenção do uso indevido de drogas para profissionais de educação nos 3 (três) níveis de ensino;*

*XI – a implantação de projetos pedagógicos de prevenção do uso indevido de drogas, nas instituições de ensino público e privado, alinhados às Diretrizes Curriculares Nacionais e aos conhecimentos relacionados a drogas;*

*XII – a observância das orientações e normas emanadas do Conad;*

*XIII – o alinhamento às diretrizes dos órgãos de controle social de políticas setoriais específicas.*

Dirigidas à criança e ao adolescente deverão estar em consonância com as diretrizes emanadas pelo Conselho Nacional dos Direitos da Criança e do Adolescente (Conanda).

# LEI Nº 11.343/2006 - LEI DE DROGAS (SISNAD)

## 21.3.2 Semana nacional de políticas sobre drogas

Fica instituída a Semana Nacional de Políticas sobre Drogas, comemorada anualmente, na quarta semana de junho. No período de que trata, serão intensificadas as ações de:

*Art. 19-A [...]*

*I – difusão de informações sobre os problemas decorrentes do uso de drogas;*

*II – promoção de eventos para o debate público sobre as políticas sobre drogas;*

*III – difusão de boas práticas de prevenção, tratamento, acolhimento e reinserção social e econômica de usuários de drogas;*

*IV – divulgação de iniciativas, ações e campanhas de prevenção do uso indevido de drogas;*

*V – mobilização da comunidade para a participação nas ações de prevenção e enfrentamento às drogas;*

*VI – mobilização dos sistemas de ensino previstos na Lei nº 9.394, de 20 de dezembro de 1996 - Lei de Diretrizes e Bases da Educação Nacional, na realização de atividades de prevenção ao uso de drogas.*

## 21.3.3 Atividades de prevenção, tratamento, acolhimento e de reinserção social e econômica de usuários ou dependentes de drogas

Fique ligado ao usuário e dependente: constituem atividades de Fique ligado ao usuário e dependente de drogas e respectivos familiares, para efeito desta Lei, aquelas que visem à melhoria da qualidade de vida e à redução dos riscos e dos danos associados ao uso de drogas.

Reinserção social do usuário ou do dependente: constituem atividades de reinserção social do usuário ou do dependente de drogas e respectivos familiares, para efeito desta Lei, aquelas direcionadas para sua integração ou reintegração em redes sociais.

Princípios e diretrizes: atividades de Fique ligado e as de reinserção social do usuário e do dependente de drogas e respectivos familiares devem observar os seguintes princípios e diretrizes:

*Art. 22 [...]*

*I – respeito ao usuário e ao dependente de drogas, independentemente de quaisquer condições, observados os direitos fundamentais da pessoa humana, os princípios e diretrizes do Sistema Único de Saúde e da Política Nacional de Assistência Social;*

*II – a adoção de estratégias diferenciadas de Fique ligado e reinserção social do usuário e do dependente de drogas e respectivos familiares que considerem as suas peculiaridades socioculturais;*

*III – definição de projeto terapêutico individualizado, orientado para a inclusão social e para a redução de riscos e de danos sociais e à saúde;*

*IV – Fique ligado ao usuário ou dependente de drogas e aos respectivos familiares, sempre que possível, de forma multidisciplinar e por equipes multiprofissionais;*

*V – observância das orientações e normas emanadas do Conad;*

*VI – o alinhamento às diretrizes dos órgãos de controle social de políticas setoriais específicas.*

*VII – estímulo à capacitação técnica e profissional;*

*VIII – efetivação de políticas de reinserção social voltadas à educação continuada e ao trabalho;*

*IX – observância do plano individual de atendimento;*

*X – orientação adequada ao usuário ou dependente de drogas quanto às consequências lesivas do uso de drogas, ainda que ocasional.*

## 21.3.4 Educação na reinserção social e econômica

Pessoas atendidas por órgãos integrantes do Sisnad: terão atendimento nos programas de educação profissional e tecnológica, educação de jovens e adultos e alfabetização.

## 21.3.5 Tratamento do usuário ou dependente de drogas

Redes dos serviços de saúde da união, dos estados, do distrito federal, dos municípios: desenvolverão programas de Fique ligado ao usuário e ao dependente de drogas, respeitadas as diretrizes do Ministério da Saúde e os princípios explicitados no art. 22 desta Lei, obrigatória a previsão orçamentária adequada.

Tratamento do usuário ou dependente de drogas: deverá ser ordenado em uma rede de Fique ligado à saúde, com prioridade para as modalidades de tratamento ambulatorial, incluindo excepcionalmente formas de internação em unidades de saúde e hospitais gerais nos termos de normas dispostas pela União e articuladas com os serviços de assistência social e em etapas que permitam:

▷ Articular a Fique ligado com ações preventivas que atinjam toda a população;

▷ Orientar-se por protocolos técnicos predefinidos, baseados em evidências científicas, oferecendo atendimento individualizado ao usuário ou dependente de drogas com abordagem preventiva e, sempre que indicado, ambulatorial;

▷ Preparar para a reinserção social e econômica, respeitando as habilidades e projetos individuais por meio de programas que articulem educação, capacitação para o trabalho, esporte, cultura e acompanhamento individualizado; e

▷ Acompanhar os resultados pelo SUS, Suas e Sisnad, de forma articulada.

União: caberá à União dispor sobre os protocolos técnicos de tratamento, em âmbito nacional.

Internação de dependentes de drogas: somente será realizada em unidades de saúde ou hospitais gerais, dotados de equipes multidisciplinares e deverá ser obrigatoriamente autorizada por médico devidamente registrado no Conselho Regional de Medicina (CRM) do Estado onde se localize o estabelecimento no qual se dará a internação.

Tipos de internação: são considerados 2 tipos de internação:

▷ **Internação voluntária:** aquela que se dá com o consentimento do dependente de drogas;

▷ **Internação involuntária:** aquela que se dá, sem o consentimento do dependente, a pedido de familiar ou do responsável legal ou, na absoluta falta deste, de servidor público da área de saúde, da assistência social ou dos órgãos públicos integrantes do Sisnad, com exceção de servidores da área de segurança pública, que constate a existência de motivos que justifiquem a medida.

Internação voluntária: deverá ser precedida de declaração escrita da pessoa solicitante de que optou por este regime de tratamento; seu término dar-se-á por determinação do médico responsável ou por solicitação escrita da pessoa que deseja interromper o tratamento.

▷ Deve ser realizada após a formalização da decisão por médico responsável;

▷ Será indicada depois da avaliação sobre o tipo de droga utilizada, o padrão de uso e na hipótese comprovada da impossibilidade de utilização de outras alternativas terapêuticas previstas na rede de Fique ligado à saúde;

## NOÇÕES DE DIREITO PENAL

▷ Perdurará apenas pelo tempo necessário à desintoxicação, no prazo máximo de 90 (noventa) dias, tendo seu término determinado pelo médico responsável;

▷ A família ou o representante legal poderá, a qualquer tempo, requerer ao médico a interrupção do tratamento.

Indicação: a internação, em qualquer de suas modalidades, só será indicada quando os recursos extra-hospitalares se mostrarem insuficientes.

> **Fique ligado!**
>
> Todas as internações e altas de que trata esta Lei deverão ser informadas, em, no máximo, de 72 horas, ao Ministério Público, à Defensoria Pública e a outros órgãos de fiscalização, por meio de sistema informatizado único, na forma do regulamento desta Lei.

Garantia de sigilo: é garantido o sigilo das informações disponíveis no sistema referido no § 7º e o acesso será permitido apenas às pessoas autorizadas a conhecê-las, sob pena de responsabilidade.

É vedada a realização de qualquer modalidade de internação nas comunidades terapêuticas acolhedoras.

### 21.3.6 Plano individual de atendimento

Atendimento ao usuário ou dependente de drogas: na rede de Fique ligado à saúde dependerá de: avaliação prévia por equipe técnica multidisciplinar e multissetorial; e elaboração de um Plano Individual de Atendimento (PIA).

Avaliação prévia da equipe técnica: subsidiará a elaboração e execução do projeto terapêutico individual a ser adotado, levantando-se no mínimo: o tipo de droga e o padrão de seu uso; e o risco à saúde física e mental do usuário ou dependente de drogas ou das pessoas com as quais convive.

PIA: deverá contemplar a participação dos familiares ou responsáveis, os quais têm o dever de contribuir com o processo, sendo esses, no caso de crianças e adolescentes, passíveis de responsabilização civil, administrativa e criminal, nos termos da Lei nº 8.069/1990 – Estatuto da Criança e do Adolescente (ECA).

Elaboração: o PIA será inicialmente elaborado sob a responsabilidade da equipe técnica do primeiro projeto terapêutico que atender o usuário ou dependente de drogas e será atualizado ao longo das diversas fases do atendimento.

▷ Os resultados da avaliação multidisciplinar;
▷ Os objetivos declarados pelo atendido;
▷ A previsão de suas atividades de integração social ou capacitação profissional;
▷ Atividades de integração e apoio à família;
▷ Formas de participação da família para efetivo cumprimento do plano individual;
▷ Designação do projeto terapêutico mais adequado para o cumprimento do previsto no plano; e
▷ As medidas específicas de Fique ligado à saúde do atendido.

Será elaborado no prazo de até 30 dias da data do ingresso no atendimento.

**Informações produzidas na avaliação** e as registradas no plano individual de atendimento são consideradas sigilosas.

União, estados, distrito federal e municípios: poderão conceder benefícios às instituições privadas que desenvolverem programas de reinserção no mercado de trabalho, do usuário e do dependente de drogas encaminhados por órgão oficial.

Instituições da sociedade civil: sem fins lucrativos, com atuação nas áreas da Fique ligado à saúde e da assistência social, que atendam usuários ou dependentes de drogas poderão receber recursos do Funad, condicionados à sua disponibilidade orçamentária e financeira.

Usuário e dependente de drogas: que, em razão da prática de infração penal, estiverem cumprindo pena privativa de liberdade ou submetidos a medida de segurança, têm garantidos os serviços de Fique ligado à sua saúde, definidos pelo respectivo sistema penitenciário.

### 21.3.7 Acolhimento em comunidade terapêutica acolhedora

Acolhimento do usuário ou dependente de drogas na comunidade terapêutica acolhedora caracteriza-se por:

▷ Oferta de projetos terapêuticos ao usuário ou dependente de drogas que visam à abstinência;
▷ Adesão e permanência voluntária, formalizadas por escrito, entendida como uma etapa transitória para a reinserção social e econômica do usuário ou dependente de drogas;
▷ Ambiente residencial, propício à formação de vínculos, com a convivência entre os pares, atividades práticas de valor educativo e a promoção do desenvolvimento pessoal, vocacionada para acolhimento ao usuário ou dependente de drogas em vulnerabilidade social;
▷ Avaliação médica prévia;
▷ Elaboração de plano individual de atendimento; e
▷ Vedação de isolamento físico do usuário ou dependente de drogas.

> **Fique ligado!**
>
> Não são elegíveis para o acolhimento as pessoas com comprometimentos biológicos e psicológicos de natureza grave que mereçam Fique ligado médico-hospitalar contínua ou de emergência, caso em que deverão ser encaminhadas à rede de saúde.

### 21.3.8 Crimes e das penas

Penas previstas: poderão ser aplicadas isolada ou cumulativamente, bem como substituídas a qualquer tempo, ouvidos o Ministério Público e o defensor.

> **Fique ligado!**
>
> Quem adquirir, guardar, tiver em depósito, transportar ou trouxer consigo, para consumo pessoal, drogas sem autorização ou em desacordo com determinação legal ou regulamentar, será submetido às seguintes penas: advertência sobre os efeitos das drogas; prestação de serviços à comunidade; medida educativa de comparecimento a programa ou curso educativo.

Medidas: às mesmas medidas submete-se quem, para seu consumo pessoal, semeia, cultiva ou colhe plantas destinadas à preparação de pequena quantidade de substância ou produto capaz de causar dependência física ou psíquica.

Juiz: para determinar se a droga destinava-se a consumo pessoal, o juiz atenderá à natureza e à quantidade da substância apreendida, ao local e às condições em que se desenvolveu a ação, às circunstâncias sociais e pessoais, bem como à conduta e aos antecedentes do agente.

Prestação de serviços à comunidade: será cumprida em programas comunitários, entidades educacionais ou assistenciais, hospitais, estabelecimentos congêneres, públicos ou privados sem fins lucrativos, que se ocupem, preferencialmente, da prevenção do consumo ou da recuperação de usuários e dependentes de drogas.

Poder Público: o juiz determinará ao Poder Público que coloque à disposição do infrator, gratuitamente, estabelecimento de saúde, preferencialmente ambulatorial, para tratamento especializado.

Imposição da medida educativa: o juiz, atendendo à reprovabilidade da conduta, fixará o número de dias-multa, em quantidade nunca inferior a 40 nem superior a 100, atribuindo depois a cada um, segundo a capacidade econômica do agente, o valor de um trinta avos até 3 vezes o valor do maior salário mínimo.

Valores decorrentes da imposição da multa: serão creditados à conta do Fundo Nacional Antidrogas.

Prescrição: prescrevem em 2 anos a imposição e a execução das penas, observado, no tocante à interrupção do prazo, o disposto nos arts. 107 e seguintes do Código Penal.

## 21.4 Repressão à produção não autorizada e ao tráfico ilícito de drogas

Licença prévia da autoridade competente: é indispensável a licença prévia da autoridade competente para produzir, extrair, fabricar, transformar, preparar, possuir, manter em depósito, importar, exportar, reexportar, remeter, transportar, expor, oferecer, vender, comprar, trocar, ceder ou adquirir, para qualquer fim, drogas ou matéria-prima destinada à sua preparação, observadas as demais exigências legais.

Plantações ilícitas: serão imediatamente destruídas pelo delegado de polícia, que recolherá quantidade suficiente para exame pericial, de tudo lavrando auto de levantamento das condições encontradas, com a delimitação do local, asseguradas as medidas necessárias para a preservação da prova.

Dispensa de autorização: em caso de ser utilizada a queimada para destruir a plantação, observar-se-á, além das cautelas necessárias à proteção ao meio ambiente, o disposto no Decreto nº 2.661/1998, no que couber, dispensada a autorização prévia do órgão próprio do Sistema Nacional do Meio Ambiente (Sisnama).

Glebas cultivadas com plantações ilícitas: serão expropriadas, conforme o disposto no art. 243 da Constituição Federal, de acordo com a legislação em vigor.

### 21.4.1 Crimes

*Art. 33* Importar, exportar, remeter, preparar, produzir, fabricar, adquirir, vender, expor à venda, oferecer, ter em depósito, transportar, trazer consigo, guardar, prescrever, ministrar, entregar a consumo ou fornecer drogas, ainda que gratuitamente, sem autorização ou em desacordo com determinação legal ou regulamentar:

*Pena* – reclusão de 5 a 15 anos e pagamento de 500 a 1.500 dias-multa.

Nas mesmas penas incorre quem:

*Art. 33 [...]*

*I – importa, exporta, remete, produz, fabrica, adquire, vende, expõe à venda, oferece, fornece, tem em depósito, transporta, traz consigo ou guarda, ainda que gratuitamente, sem autorização ou em desacordo com determinação legal ou regulamentar, matéria-prima, insumo ou produto químico destinado à preparação de drogas;*

*II – semeia, cultiva ou faz a colheita, sem autorização ou em desacordo com determinação legal ou regulamentar, de plantas que se constituam em matéria-prima para a preparação de drogas;*

*III – utiliza local ou bem de qualquer natureza de que tem a propriedade, posse, administração, guarda ou vigilância, ou consente que outrem dele se utilize, ainda que gratuitamente, sem autorização ou em desacordo com determinação legal ou regulamentar, para o tráfico ilícito de drogas;*

*IV – vende ou entrega drogas ou matéria-prima, insumo ou produto químico destinado à preparação de drogas, sem autorização ou em*

desacordo com a determinação legal ou regulamentar, a agente policial disfarçado, quando presentes elementos probatórios razoáveis de conduta criminal preexistente.

*Art. 33, §2º Induzir, instigar ou auxiliar alguém ao uso indevido de droga:*

*Pena – detenção, de 1 a 3 anos, e multa de 100 a 300 dias-multa.*

*Oferecer droga, eventualmente e sem objetivo de lucro, a pessoa de seu relacionamento, para juntos a consumirem:*

Pena – detenção, de 6 meses a 1 ano, e pagamento de 700 a 1.500 dias-multa, sem prejuízo das penas.

Delitos definidos: as penas poderão ser reduzidas de um sexto a dois terços, desde que o agente seja primário, de bons antecedentes, não se dedique às atividades criminosas nem integre organização criminosa.

*Art. 34 Fabricar, adquirir, utilizar, transportar, oferecer, vender, distribuir, entregar a qualquer título, possuir, guardar ou fornecer, ainda que gratuitamente, maquinário, aparelho, instrumento ou qualquer objeto destinado à fabricação, preparação, produção ou transformação de drogas, sem autorização ou em desacordo com determinação legal ou regulamentar:*

*Pena – reclusão, de 3 a 10 anos, e pagamento de 1.200 a 2.000 dias-multa.*

*Art. 35 Associarem-se duas ou mais pessoas para o fim de praticar, reiteradamente ou não, qualquer dos crimes previstos:*

*Pena – reclusão, de 3 a 10 anos, e pagamento de 700 a 1.200 dias-multa.*

*Nas mesmas penas do caput deste artigo incorre quem se associa para a prática reiterada do crime definido.*

*Art. 36 Financiar ou custear a prática de qualquer dos crimes previstos:*

*Pena – reclusão, de 8 a 20 anos, e pagamento de 1.500 a 4.000 dias-multa.*

*Art. 37 Colaborar, como informante, com grupo, organização ou associação destinados à prática de qualquer dos crimes previstos:*

*Pena – reclusão, de 2 a 6 anos, e pagamento de 300 a 700 dias-multa.*

*Art. 38 Prescrever ou ministrar, culposamente, drogas, sem que delas necessite o paciente, ou fazê-lo em doses excessivas ou em desacordo com determinação legal ou regulamentar:*

*Pena – detenção, de 6 meses a 2 anos, e pagamento de 50 a 200 dias-multa.*

*O juiz comunicará a condenação ao Conselho Federal da categoria profissional a que pertença o agente.*

*Art. 39 Conduzir embarcação ou aeronave após o consumo de drogas, expondo a dano potencial a incolumidade de outrem:*

*Pena – detenção, de 6 meses a 3 anos, além da apreensão do veículo, cassação da habilitação respectiva ou proibição de obtê-la, pelo mesmo prazo da pena privativa de liberdade aplicada, e pagamento de 200 a 400 dias-multa.*

*As penas de prisão e multa, aplicadas cumulativamente com as demais, serão de 4 a 6 anos e de 400 a 600 dias-multa, se o veículo referido no caput deste artigo for de transporte coletivo de passageiros.*

Penas são aumentadas de um sexto a dois terços, se:

*Art. 40, I - a natureza, a procedência da substância ou do produto apreendido e as circunstâncias do fato evidenciarem a transnacionalidade do delito;*

*II – o agente praticar o crime prevalecendo-se de função pública ou no desempenho de missão de educação, poder familiar, guarda ou vigilância;*

*III - a infração tiver sido cometida nas dependências ou imediações de estabelecimentos prisionais, de ensino ou hospitalares, de sedes de entidades estudantis, sociais, culturais, recreativas, esportivas, ou beneficentes, de locais de trabalho coletivo, de recintos onde se realizem espetáculos ou diversões de qualquer natureza, de serviços de tratamento de dependentes de drogas ou de reinserção social, de unidades militares ou policiais ou em transportes públicos;*

*IV - o crime tiver sido praticado com violência, grave ameaça, emprego de arma de fogo, ou qualquer processo de intimidação difusa ou coletiva;*

*V - caracterizado o tráfico entre Estados da Federação ou entre estes e o Distrito Federal;*

*VI - sua prática envolver ou visar a atingir criança ou adolescente ou a quem tenha, por qualquer motivo, diminuída ou suprimida a capacidade de entendimento e determinação;*

*VII - o agente financiar ou custear a prática do crime.*

Indiciado ou acusado: que colaborar voluntariamente com a investigação policial e o processo criminal na identificação dos demais coautores ou partícipes do crime e na recuperação total ou parcial do produto do crime, no caso de condenação, terá pena reduzida de um terço a dois terços.

Juiz, na fixação das penas: considerará, com preponderância sobre o previsto no art. 59, do Código Penal, a natureza e a quantidade da substância ou do produto, a personalidade e a conduta social do agente.

### Fique ligado!

Na fixação da multa, o juiz, atendendo ao que dispõe a Lei, determinará o número de dias-multa, atribuindo a cada um, segundo as condições econômicas dos acusados, valor não inferior a um trinta avos nem superior a 5 vezes o maior salário mínimo.

Multas: que em caso de concurso de crimes serão impostas sempre cumulativamente, podem ser aumentadas até o décuplo se, em virtude da situação econômica do acusado, considerá-las o juiz ineficazes, ainda que aplicadas no máximo.

Crimes: são inafiançáveis e insuscetíveis de sursis, graça, indulto, anistia e liberdade provisória, vedada a conversão de suas penas em restritivas de direitos.

Livramento condicional: dar-se-á o livramento condicional após o cumprimento de dois terços da pena, vedada sua concessão ao reincidente específico.

É isento de pena o agente que, em razão da dependência, ou sob o efeito, proveniente de caso fortuito ou força maior, de droga, era, ao tempo da ação ou da omissão, qualquer que tenha sido a infração penal praticada, inteiramente incapaz de entender o caráter ilícito do fato ou de determinar-se de acordo com esse entendimento.

Absolver o agente: reconhecendo, por força pericial, que este apresentava, à época do fato previsto, as condições referidas, poderá determinar o juiz, na sentença, seu encaminhamento para tratamento médico adequado.

Penas: podem ser reduzidas de um terço a dois terços se, por força das circunstâncias, o agente não possuía, ao tempo da ação ou da omissão, a plena capacidade de entender o caráter ilícito do fato ou de determinar-se de acordo com esse entendimento.

Sentença condenatória: o juiz, com base em avaliação que ateste a necessidade de encaminhamento do agente para tratamento, realizada por profissional de saúde com competência específica na forma da lei, determinará que a tal se proceda.

### 21.4.2 Procedimento penal

Procedimento relativo aos processos por crimes: definidos neste Título rege-se pelo disposto neste Capítulo, aplicando-se, subsidiariamente, as disposições do Código de Processo Penal e da Lei de Execução Penal.

Agente de qualquer das condutas: salvo se houver concurso com os crimes, será processado e julgado, que dispõe sobre os Juizados Especiais Criminais.

Não se imporá prisão em flagrante: devendo o autor do fato ser imediatamente encaminhado ao juízo competente ou, na falta deste, assumir o compromisso de a ele comparecer, lavrando-se termo circunstanciado e providenciando-se as requisições dos exames e perícias necessários.

Ausente a autoridade judicial: as providências previstas serão tomadas de imediato pela autoridade policial, no local em que se encontrar, vedada a detenção do agente.

Agente: será submetido a exame de corpo de delito, se o requerer ou se a autoridade de polícia judiciária entender conveniente, e em seguida liberado.

Juizados especiais criminais: o Ministério Público poderá propor a aplicação imediata de pena, a ser especificada na proposta.

Condutas tipificadas: o juiz, sempre que as circunstâncias o recomendem, empregará os instrumentos protetivos de colaboradores e testemunhas.

### 21.4.3 Investigação

Prisão em flagrante: ocorrendo prisão em flagrante, a autoridade de polícia judiciária fará, imediatamente, comunicação ao juiz competente, remetendo-lhe cópia do auto lavrado, do qual será dada vista ao órgão do Ministério Público, em 24 horas.

Lavratura do auto de prisão em flagrante: para efeito da lavratura do auto de prisão em flagrante e estabelecimento da materialidade do delito, é suficiente o laudo de constatação da natureza e quantidade da droga, firmado por perito oficial ou, na falta deste, por pessoa idônea.

Perito que subscrever o laudo: não ficará impedido de participar da elaboração do laudo definitivo.

Cópia do auto de prisão em flagrante: recebida cópia do auto de prisão em flagrante, o juiz, no prazo de 10 dias, certificará a regularidade formal do laudo de constatação e determinará a destruição das drogas apreendidas, guardando-se amostra necessária à realização do laudo definitivo.

Destruição das drogas: será executada pelo delegado de polícia competente no prazo de 15 dias na presença do Ministério Público e da autoridade sanitária.

Local: será vistoriado antes e depois de efetivada a destruição das drogas, sendo lavrado auto circunstanciado pelo delegado de polícia, certificando-se neste a destruição total delas.

Destruição das drogas apreendidas sem a ocorrência de prisão em flagrante: será feita por incineração, no prazo máximo de 30 dias contados da data da apreensão, guardando-se amostra necessária à realização do laudo definitivo.

Inquérito policial: será concluído no prazo de 30 dias, se o indiciado estiver preso, e de 90 dias, quando solto. Os prazos podem ser duplicados pelo juiz, ouvido o Ministério Público, mediante pedido justificado da autoridade de polícia judiciária.

Findos os prazos: a autoridade de polícia judiciária, remetendo os autos do inquérito ao juízo: relatará sumariamente as circunstâncias do fato, justificando as razões que a levaram à classificação do delito, indicando a quantidade e natureza da substância ou do produto apreendido, o local e as condições em que se desenvolveu a ação criminosa, as circunstâncias da prisão, a conduta, a qualificação e os antecedentes do agente; ou requererá sua devolução para a realização de diligências necessárias.

Remessa dos autos: far-se-á sem prejuízo de diligências complementares: necessárias ou úteis à plena elucidação do fato, cujo resultado deverá ser encaminhado ao juízo competente até 3 dias antes da

# LEI Nº 11.343/2006 - LEI DE DROGAS (SISNAD)

audiência de instrução e julgamento; necessárias ou úteis à indicação dos bens, direitos e valores de que seja titular o agente, ou que figurem em seu nome, cujo resultado deverá ser encaminhado ao juízo competente até 3 dias antes da audiência de instrução e julgamento.

Em qualquer fase da persecução criminal: relativa aos crimes previstos, são permitidos, além dos previstos em lei, mediante autorização judicial e ouvido o Ministério Público, os seguintes procedimentos investigatórios: a infiltração por agentes de polícia, em tarefas de investigação, constituída pelos órgãos especializados pertinentes; a não-atuação policial sobre os portadores de drogas, seus precursores químicos ou outros produtos utilizados em sua produção, que se encontrem no território brasileiro, com a finalidade de identificar e responsabilizar maior número de integrantes de operações de tráfico e distribuição, sem prejuízo da ação penal cabível.

Autorização: será concedida desde que sejam conhecidos o itinerário provável e a identificação dos agentes do delito ou de colaboradores.

## 21.4.4 Instrução criminal

Providências: recebidos em juízo os autos do inquérito policial, de Comissão Parlamentar de Inquérito ou peças de informação, dar-se-á vista ao Ministério Público para, no prazo de 10 dias, adotar uma das seguintes providências: requerer o arquivamento; requisitar as diligências que entender necessárias; oferecer denúncia, arrolar até 5 testemunhas e requerer as demais provas que entender pertinentes.

Oferecida a denúncia: o juiz ordenará a notificação do acusado para oferecer defesa prévia, por escrito, no prazo de 10 dias.

Resposta: consistente em defesa preliminar e exceções, o acusado poderá arguir preliminares e invocar todas as razões de defesa, oferecer documentos e justificações, especificar as provas que pretende produzir e, até o número de 5, arrolar testemunhas. Se a resposta não for apresentada no prazo, o juiz nomeará defensor para oferecê-la em 10 dias, concedendo-lhe vista dos autos no ato de nomeação.

Apresentada a defesa: o juiz decidirá em 5 dias.

Imprescindível: se entender imprescindível, o juiz, no prazo máximo de 10 dias, determinará a apresentação do preso, realização de diligências, exames e perícias.

Recebida a denúncia: o juiz designará dia e hora para a audiência de instrução e julgamento, ordenará a citação pessoal do acusado, a intimação do Ministério Público, do assistente, se for o caso, e requisitará os laudos periciais.

Condutas tipificadas como infração: o juiz, ao receber a denúncia, poderá decretar o afastamento cautelar do denunciado de suas atividades, se for funcionário público, comunicando ao órgão respectivo.

Audiência: será realizada dentro dos 30 dias seguintes ao recebimento da denúncia, salvo se determinada a realização de avaliação para atestar dependência de drogas, quando se realizará em 90 dias.

Audiência de instrução e julgamento: após o interrogatório do acusado e a inquirição das testemunhas, será dada a palavra, sucessivamente, ao representante do Ministério Público e ao defensor do acusado, para sustentação oral, pelo prazo de 20 minutos para cada um, prorrogável por mais 10, a critério do juiz.

Interrogatório: após proceder ao interrogatório, o juiz indagará das partes se restou algum fato para ser esclarecido, formulando as perguntas correspondentes se o entender pertinente e relevante.

Sentença: encerrados os debates, proferirá o juiz sentença de imediato, ou o fará em 10 dias, ordenando que os autos para isso lhe sejam conclusos.

Réu: nos crimes previstos, o réu não poderá apelar sem recolher-se à prisão, salvo se for primário e de bons antecedentes, assim reconhecido na sentença condenatória.

## 21.4.5 Apreensão, arrecadação e destinação de bens do acusado

Decreto: o juiz, a requerimento do Ministério Público ou do assistente de acusação, ou mediante representação da autoridade de polícia judiciária, poderá decretar, no curso do inquérito ou da ação penal, a apreensão e outras medidas assecuratórias nos casos em que haja suspeita de que os bens, direitos ou valores sejam produto do crime ou constituam proveito dos crimes previstos nesta Lei.

Código de processo penal: o juiz poderá determinar a prática de atos necessários à conservação dos bens, direitos ou valores.

Ordem de apreensão ou sequestro de bens, direitos ou valores: poderá ser suspensa pelo juiz, ouvido o Ministério Público, quando a sua execução imediata puder comprometer as investigações.

Medidas assecuratórias: se as medidas assecuratórias recaírem sobre moeda estrangeira, títulos, valores mobiliários ou cheques emitidos como ordem de pagamento, será determinada, imediatamente, a sua conversão em moeda nacional.

Moeda estrangeira apreendida em espécie: deve ser encaminhada a instituição financeira, ou equiparada, para alienação na forma prevista pelo Conselho Monetário Nacional.

Hipótese de impossibilidade da alienação: a moeda estrangeira será custodiada pela instituição financeira até decisão sobre o seu destino.

Após a decisão sobre o destino da moeda estrangeira: caso seja verificada a inexistência de valor de mercado, seus espécimes poderão ser destruídos ou doados à representação diplomática do país de origem.

Valores relativos às apreensões: feitas antes da data de entrada em vigor da Medida Provisória nº 885, de 17 de junho de 2019, e que estejam custodiados nas dependências do Banco Central do Brasil devem ser transferidos à Caixa Econômica Federal, no prazo de 360 dias, para que se proceda à alienação ou custódia, de acordo com o previsto nesta Lei.

**Apreensão** de veículos, embarcações, aeronaves e quaisquer outros meios de transporte e dos maquinários, utensílios, instrumentos e objetos de qualquer natureza utilizados para a prática dos crimes definidos nesta Lei será imediatamente comunicada pela autoridade de polícia judiciária responsável pela investigação ao juízo competente.

O juiz, no prazo de 30 dias contado da comunicação de que trata o *caput*, determinará a alienação dos bens apreendidos, excetuadas as armas, que serão recolhidas na forma da legislação específica.

Alienação: será realizada em autos apartados, dos quais constará a exposição sucinta do nexo de instrumentalidade entre o delito e os bens apreendidos, a descrição e especificação dos objetos, as informações sobre quem os tiver sob custódia e o local em que se encontrem.

Determinação da avaliação dos bens apreendidos: o juiz determinará a avaliação dos bens apreendidos, que será realizada por oficial de justiça, no prazo de 5 dias a contar da autuação, ou, caso sejam necessários conhecimentos especializados, por avaliador nomeado pelo juiz, em prazo não superior a 10 dias. Feita a avaliação, o juiz intimará o órgão gestor do Funad, o Ministério Público e o interessado para se manifestarem no prazo de 5 dias e, dirimidas eventuais divergências, homologará o valor atribuído aos bens.

Ministério Público: deve fiscalizar o cumprimento da regra estipulada. Aplica-se a todos os tipos de bens confiscados a regra estabelecida.

Bens móveis e imóveis: devem ser vendidos por meio de hasta pública, preferencialmente por meio eletrônico, assegurada a venda pelo maior lance, por preço não inferior a 50% do valor da avaliação judicial.

Juiz: ordenará às secretarias de fazenda e aos órgãos de registro e controle que efetuem as averbações necessárias, tão logo tenha conhecimento da apreensão.

Alienação: de veículos, embarcações ou aeronaves, a autoridade de trânsito ou o órgão congênere competente para o registro, bem como as secretarias de fazenda, devem proceder à regularização dos bens no prazo de 30 dias, ficando o arrematante isento do pagamento de multas, encargos e tributos anteriores, sem prejuízo de execução fiscal em relação ao antigo proprietário. Eventuais multas, encargos ou tributos pendentes de pagamento não podem ser cobrados do arrematante ou do órgão público alienante como condição para regularização dos bens.

Autoridade de trânsito ou órgão congênere: competente para o registro poderá emitir novos identificadores dos bens.

Interesse público na utilização: comprovado o interesse público na utilização de quaisquer dos bens de que trata o art. 61, os órgãos de polícia judiciária, militar e rodoviária poderão deles fazer uso, sob sua responsabilidade e com o objetivo de sua conservação, mediante autorização judicial, ouvido o Ministério Público e garantida a prévia avaliação dos respectivos bens.

Juízo: deve cientificar o órgão gestor do Funad para que, em 10 dias, avalie a existência do interesse público e indique o órgão que deve receber o bem.

Prioridade: os órgãos de segurança pública que participaram das ações de investigação ou repressão ao crime que deu causa à medida.

Autorização judicial de uso de bens: deverá conter a descrição do bem e a respectiva avaliação e indicar o órgão responsável por sua utilização.

Órgão responsável pela utilização do bem: deverá enviar ao juiz periodicamente, ou a qualquer momento quando por este solicitado, informações sobre seu estado de conservação.

> **Fique ligado!**
>
> Quando a autorização judicial recair sobre veículos, embarcações ou aeronaves, o juiz ordenará à autoridade ou ao órgão de registro e controle a expedição de certificado provisório de registro e licenciamento em favor do órgão ao qual tenha deferido o uso ou custódia, ficando este livre do pagamento de multas, encargos e tributos anteriores à decisão de utilização do bem até o trânsito em julgado da decisão que decretar o seu perdimento em favor da União.

Hipótese de levantamento: se houver indicação de que os bens utilizados na forma deste artigo sofreram depreciação superior àquela esperada em razão do transcurso do tempo e do uso, poderá o interessado requerer nova avaliação judicial.

Constatada a depreciação: o ente federado ou a entidade que utilizou o bem indenizará o detentor ou proprietário dos bens.

Depósito, em dinheiro, de valores referentes ao produto da alienação ou a numerários apreendidos ou que tenham sido convertidos deve ser efetuado na Caixa Econômica Federal, por meio de documento de arrecadação destinado a essa finalidade.

Depósitos: devem ser transferidos, pela Caixa Econômica Federal, para a conta única do Tesouro Nacional, independentemente de qualquer formalidade, no prazo de 24 horas, contado do momento da realização do depósito, onde ficarão à disposição do Funad.

Absolvição do acusado em decisão judicial: o valor do depósito será devolvido a ele pela Caixa Econômica Federal no prazo de até 3 dias úteis, acrescido de juros.

Hipótese de decretação do seu perdimento em favor da união: o valor do depósito será transformado em pagamento definitivo, respeitados os direitos de eventuais lesados e de terceiros de boa-fé.

Valores devolvidos pela caixa econômica federal: por decisão judicial, devem ser efetuados como anulação de receita do Funad no exercício em que ocorrer a devolução.

Caixa econômica federal: deve manter o controle dos valores depositados ou devolvidos.

Ao proferir a sentença, o juiz decidirá sobre: o perdimento do produto, bem, direito ou valor apreendido ou objeto de medidas assecuratórias; e o levantamento dos valores depositados em conta remunerada e a liberação dos bens utilizados.

Bens, direitos ou valores apreendidos em decorrência dos crimes tipificados nesta lei ou objeto de medidas assecuratórias: após decretado seu perdimento em favor da União, serão revertidos diretamente ao Funad.

Juiz: remeterá ao órgão gestor do Funad relação dos bens, direitos e valores declarados perdidos, indicando o local em que se encontram e a entidade ou o órgão em cujo poder estejam, para os fins de sua destinação nos termos da legislação vigente.

Transitada em julgado a sentença condenatória: o juiz do processo, de ofício ou a requerimento do Ministério Público, remeterá à Senad relação dos bens, direitos e valores declarados perdidos em favor da União, indicando, quanto aos bens, o local em que se encontram e a entidade ou o órgão em cujo poder estejam, para os fins de sua destinação nos termos da legislação vigente.

> **Antes de encaminhar os bens ao órgão gestor do FUNAD, o juiz deve:**
>
> *Art. 63, §4-A, I – ordenar às secretarias de fazenda e aos órgãos de registro e controle que efetuem as averbações necessárias, caso não tenham sido realizadas quando da apreensão; e*
>
> *II – determinar, no caso de imóveis, o registro de propriedade em favor da União no cartório de registro de imóveis competente, nos termos do caput e do parágrafo único do art. 243 da Constituição Federal, afastada a responsabilidade de terceiros prevista no inciso VI do caput do art. 134 da Lei nº 5.172, de 25 de outubro de 1966 (Código Tributário Nacional), bem como determinar à Secretaria de Coordenação e Governança do Patrimônio da União a incorporação e entrega do imóvel, tornando-o livre e desembaraçado de quaisquer ônus para sua destinação.*

> **Fique ligado!**
>
> Decorridos 360 dias do trânsito em julgado e do conhecimento da sentença pelo interessado, os bens apreendidos, os que tenham sido objeto de medidas assecuratórias ou os valores depositados que não forem reclamados serão revertidos ao Funad.

Pedido de restituição: nenhum pedido de restituição será conhecido sem o comparecimento pessoal do acusado, podendo o juiz determinar a prática de atos necessários à conservação de bens, direitos ou valores.

Juiz determinará a liberação total ou parcial dos bens, direitos e objeto de medidas assecuratórias: quando comprovada a licitude de sua origem, mantendo-se a constrição dos bens, direitos e valores necessários e suficientes à reparação dos danos e ao pagamento de prestações pecuniárias, multas e custas decorrentes da infração penal.

Senad: compete à Senad, do Ministério da Justiça e Segurança Pública, proceder à destinação dos bens apreendidos e não leiloados em caráter cautelar, cujo perdimento seja decretado em favor da União, por meio das seguintes modalidades: alienação, mediante: licitação; doação com encargo a entidades ou órgãos públicos, bem como a comunidades terapêuticas acolhedoras que contribuam para o alcance das finalidades do Funad; ou venda direta; incorporação ao patrimônio de órgão da administração pública, observadas as finalidades do Funad; destruição; ou inutilização.

Alienação por meio de licitação: deve ser realizada na modalidade leilão, para bens móveis e imóveis, independentemente do valor de avaliação, isolado ou global, de bem ou de lotes, assegurada a venda pelo maior lance, por preço não inferior a 50% do valor da avaliação.

Edital do leilão: será amplamente divulgado em jornais de grande circulação e em sítios eletrônicos oficiais, principalmente no Município em que será realizado, dispensada a publicação em diário oficial.

Alienações realizadas por meio de sistema eletrônico da administração pública: a publicidade dada pelo sistema substituirá a publicação em diário oficial e em jornais de grande circulação.

Alienação de imóveis: o arrematante fica livre do pagamento de encargos e tributos anteriores, sem prejuízo de execução fiscal em relação ao antigo proprietário.

Alienação de veículos: embarcações ou aeronaves deverão ser observadas as disposições desta Lei.

Ministério da Justiça e Segurança Pública, pode celebrar convênios ou instrumentos congêneres com órgãos e entidades da União, dos Estados, do Distrito Federal ou dos Municípios, bem como com comunidades terapêuticas acolhedoras, a fim de dar imediato cumprimento ao estabelecido neste artigo.

Observados os procedimentos licitatórios: previstos em lei, fica autorizada a contratação da iniciativa privada para a execução das ações de avaliação, de administração e de alienação dos bens a que se refere esta Lei.

Compete ao Ministério da Justiça e Segurança Pública regulamentar os procedimentos relativos à administração, à preservação e à destinação dos recursos provenientes de delitos e atos ilícitos e estabelecer os valores abaixo dos quais se deve proceder à sua destruição ou inutilização.

Produto da alienação dos bens apreendidos ou confiscados: será revertido integralmente ao Funad, vedada a sub-rogação sobre o valor da arrematação para saldar eventuais multas, encargos ou tributos pendentes de pagamento.

Hipótese de condenação por infrações: às quais esta Lei comine pena máxima superior a 6 anos de reclusão, poderá ser decretada a perda, como produto ou proveito do crime, dos bens correspondentes à diferença entre o valor do patrimônio do condenado e aquele compatível com o seu rendimento lícito.

Decretação da perda prevista: fica condicionada à existência de elementos probatórios que indiquem conduta criminosa habitual, reiterada ou profissional do condenado ou sua vinculação a organização criminosa.

Perda prevista: entende-se por patrimônio do condenado todos os bens: de sua titularidade, ou sobre os quais tenha domínio e benefício direto ou indireto, na data da infração penal, ou recebidos posteriormente; e transferidos a terceiros a título gratuito ou mediante contraprestação irrisória, a partir do início da atividade criminal.

Condenado: poderá demonstrar a inexistência da incompatibilidade ou a procedência lícita do patrimônio.

União: por intermédio da Senad, poderá firmar convênio com os Estados, com o Distrito Federal e com organismos orientados para a prevenção do uso indevido de drogas, a Fique ligado e a reinserção social de usuários ou dependentes e a atuação na repressão à produção não autorizada e ao tráfico ilícito de drogas, com vistas na liberação de equipamentos e de recursos por ela arrecadados, para a implantação e execução de programas relacionados à questão das drogas.

## 21.5 Cooperação internacional

De conformidade com os princípios da não-intervenção em assuntos internos, da igualdade jurídica e do respeito à integridade territorial dos Estados e às leis e aos regulamentos nacionais em vigor, e observado o espírito das Convenções das Nações Unidas e outros instrumentos jurídicos internacionais relacionados à questão das drogas, de que o Brasil é parte, o governo brasileiro prestará, quando solicitado, cooperação a outros países e organismos internacionais e, quando necessário, deles solicitará a colaboração, nas áreas de:

*Art. 65 [...]*
*I – intercâmbio de informações sobre legislações, experiências, projetos e programas voltados para atividades de prevenção do uso indevido, de Fique ligado e de reinserção social de usuários e dependentes de drogas;*
*II – intercâmbio de inteligência policial sobre produção e tráfico de drogas e delitos conexos, em especial o tráfico de armas, a lavagem de dinheiro e o desvio de precursores químicos;*
*III – intercâmbio de informações policiais e judiciais sobre produtores e traficantes de drogas e seus precursores químicos.*

# NOÇÕES DE DIREITO PENAL

## 22 DOS CRIMES DE TRÂNSITO

De maneira prática, para fins de estudo, dividiremos os crimes em duas partes: a primeira que trata dos crimes de trânsito em geral, em que aprenderemos que crimes de trânsito são todos aqueles crimes de natureza culposa, cometidos na direção de veículos. Nesta primeira parte, vale ressaltar as disposições do Código Penal (CP – art. 12) e do Código de Processo Penal (CPP – art. 1º, § 1º) que deverão ser usadas de maneira subsidiária ou quando não couber a especificidade de Lei nº 9.503, de 23 de setembro de 1997 (CTB).

Na segunda parte, encontraremos os crimes propriamente ditos, sua tipificação legal e as medidas que devem ser adotadas quando da prática destes.

*Art. 291* Aos crimes cometidos na direção de veículos automotores, previstos neste Código, aplicam-se as normas gerais do Código Penal e do Código de Processo Penal, se este Capítulo não dispuser de modo diverso, bem como a Lei nº 9.099, de 26 de setembro de 1995.[1]

*§ 1º* Aplica-se aos crimes de trânsito de lesão corporal culposa o disposto nos arts. 74, 76 e 88 da Lei nº 9.099, de 26 de setembro de 1995, exceto se o agente estiver:

I – Sob a influência de álcool ou qualquer outra substância psicoativa que determine dependência;

II – Participando, em via pública, de corrida, disputa ou competição automobilística, de exibição ou demonstração de perícia em manobra de veículo automotor, não autorizada pela autoridade competente;

III – Transitando em velocidade superior à máxima permitida para a via em 50 km/h (cinquenta quilômetros por hora).

*§ 2º* Nas hipóteses previstas no § 1º deste artigo, deverá ser instaurado inquérito policial para a investigação da infração penal.

*§ 3º* (Vetado)

*§ 4º* O juiz fixará a pena-base segundo as diretrizes previstas no art. 59 do Decreto-lei nº 2.848, de 7 de dezembro de 1940 (Código Penal), dando especial atenção à culpabilidade do agente e às circunstâncias e consequências do crime.

*Art. 292* A suspensão ou a proibição de se obter a permissão ou a habilitação para dirigir veículo automotor pode ser imposta como penalidade principal, isolada ou cumulativamente com outras penalidades. (Redação dada pela Lei nº 12.971/2014)

*Art. 293* A penalidade de suspensão ou de proibição de se obter a permissão ou a habilitação, para dirigir veículo automotor, tem a duração de dois meses a cinco anos.

*§ 1º* Transitada em julgado a sentença condenatória, o réu será intimado a entregar à autoridade judiciária, em quarenta e oito horas, a Permissão para Dirigir ou a Carteira de Habilitação.[2]

*§ 2º* A penalidade de suspensão ou de proibição de se obter a permissão ou a habilitação para dirigir veículo automotor não se inicia enquanto o sentenciado, por efeito de condenação penal, estiver recolhido a estabelecimento prisional.

*Art. 294.* Em qualquer fase da investigação ou da ação penal, havendo necessidade para a garantia da ordem pública, poderá o juiz, como medida cautelar, de ofício, ou a requerimento do Ministério Público ou ainda mediante representação da autoridade policial, decretar, em decisão motivada, a suspensão da permissão ou da habilitação para dirigir veículo automotor, ou a proibição de sua obtenção.

*Parágrafo único.* Da decisão que decretar a suspensão ou a medida cautelar, ou da que indeferir o requerimento do Ministério Público, caberá recurso em sentido estrito, sem efeito suspensivo.[3]

*Art. 295* A suspensão para dirigir veículo automotor ou a proibição de se obter a permissão ou a habilitação será sempre comunicada pela autoridade judiciária ao Conselho Nacional de Trânsito - Contran, e ao órgão de trânsito do Estado em que o indiciado ou réu for domiciliado ou residente.

*Art. 296* Se o réu for reincidente na prática de crime previsto neste Código, o juiz aplicará a penalidade de suspensão da permissão ou habilitação para dirigir veículo automotor, sem prejuízo das demais sanções penais cabíveis.

*Art. 297* A penalidade de multa reparatória consiste no pagamento, mediante depósito judicial em favor da vítima, ou seus sucessores, de quantia calculada com base no disposto no § 1º do art. 49 do Código Penal, sempre que houver prejuízo material resultante do crime. (Art. 49, § 1º, do CP. Decreto-lei nº 2.848/40.)

*§ 1º* A multa reparatória não poderá ser superior ao valor do prejuízo demonstrado no processo.

*§ 2º* Aplica-se à multa reparatória o disposto nos arts. 50 a 52 do Código Penal.

*§ 3º* Na indenização civil do dano, o valor da multa reparatória será descontado.

*Art. 298* São circunstâncias que sempre agravam as penalidades dos crimes de trânsito ter o condutor do veículo cometido a infração:

I – Com dano potencial para duas ou mais pessoas ou com grande risco de grave dano patrimonial a terceiros;

II – Utilizando o veículo sem placas, com placas falsas ou adulteradas;

III – Sem possuir Permissão para Dirigir ou Carteira de Habilitação;

IV – Com Permissão para Dirigir ou Carteira de Habilitação de categoria diferente da do veículo;

V – Quando a sua profissão ou atividade exigir cuidados especiais com o transporte de passageiros ou de carga;

VI – Utilizando veículo em que tenham sido adulterados equipamentos ou características que afetem a sua segurança ou o seu funcionamento de acordo com os limites de velocidade prescritos nas especificações do fabricante;

VII – Sobre faixa de trânsito temporária ou permanentemente destinada a pedestre

*Art. 299* (Vetado)

*Art. 300* (Vetado)

*Art. 301* Ao condutor de veículo, nos casos de acidentes de trânsito de que resulte vítima, não se imporá a prisão em flagrante, nem se exigirá fiança, se prestar pronto e integral socorro àquela.

## 22.1 Crimes em espécie

Depois de estudar as disposições gerais, podemos ver algumas diferenças entre os crimes de trânsito e os crimes comuns. Nota-se, por exemplo, que não há prisão em flagrante nos crimes de trânsito, exceto para a condução sob o efeito de álcool e para a disputa não autorizada em via pública (rachas).

Percebemos, ainda, que a suspensão da habilitação tem uma duração de 2 meses a 5 anos, enquanto no administrativo esta pena é de 1 a 12 meses.

Agora, iniciaremos a abordagem dos crimes em espécie. Tratemos dos dois primeiros crimes que são o homicídio e a lesão corporal. Temos em sua tipificação a modalidade culposa, sem a intenção, logo, se qualquer um destes crimes for cometido na direção de veículo automotor e tiver modalidade dolosa, ele passa imediatamente a ser um crime comum, devendo ser tipificado pela legislação penal em vigor e passando a ser o veículo apenas o meio para o cometimento do crime.

*Art. 302* Praticar homicídio culposo na direção de veículo automotor:

*§ 1º* No homicídio culposo cometido na direção de veículo automotor, a pena é aumentada de 1/3 (um terço) à metade, se o agente:

I – não possuir Permissão para Dirigir ou Carteira de Habilitação;

II – praticá-lo em faixa de pedestres ou na calçada;

III – deixar de prestar socorro, quando possível fazê-lo sem risco pessoal, à vítima do acidente;

IV – no exercício de sua profissão ou atividade, estiver conduzindo veículo de transporte de passageiros

V – (Revogado)

*§ 2º* (Revogado)[4]

---

[1] No que couber (Lei dos Juizados Especiais) em seu art. 61.
[2] Art. 307, parágrafo único, do CTB.
[3] Art. 581 do CPP.
[4] Art. 121, § 3º, do CP.

# DOS CRIMES DE TRÂNSITO

**§ 3º** Se o agente conduz veículo automotor sob a influência de álcool ou de qualquer outra substância psicoativa que determine dependência:

Penas – reclusão, de cinco a oito anos, e suspensão ou proibição do direito de se obter a permissão ou a habilitação para dirigir veículo automotor.

**Art. 303** Praticar lesão corporal culposa na direção de veículo automotor:

Penas. detenção, de seis meses a dois anos e suspensão ou proibição de se obter a permissão ou a habilitação para dirigir veículo automotor.

**§ 1º** Aumenta-se a pena de 1/3 (um terço) à metade, se ocorrer qualquer das hipóteses do § 1o do art. 302. (Renumerado do parágrafo único pela Lei nº 13.546/2017)

**§ 2º** A pena privativa de liberdade é de reclusão de dois a cinco anos, sem prejuízo das outras penas previstas neste artigo, se o agente conduz o veículo com capacidade psicomotora alterada em razão da influência de álcool ou de outra substância psicoativa que determine dependência, e se do crime resultar lesão corporal de natureza grave ou gravíssima.[5]

**Art. 304** Deixar o condutor do veículo, na ocasião do acidente, de prestar imediato socorro à vítima, ou, não podendo fazê-lo diretamente, por justa causa, deixar de solicitar auxílio da autoridade pública:

Penas. detenção, de seis meses a um ano, ou multa, se o fato não constituir elemento de crime mais grave.[6]

**Parágrafo único.** Incide nas penas previstas neste Art. o condutor do veículo, ainda que a sua omissão seja suprida por terceiros ou que se trate de vítima com morte instantânea ou com ferimentos leves.

**Art. 305** Afastar-se o condutor do veículo do local do acidente, para fugir à responsabilidade penal ou civil que lhe possa ser atribuída:

Penas. detenção, de seis meses a um ano, ou multa.

**Art. 306** Conduzir veículo automotor com capacidade psicomotora alterada em razão da influência de álcool ou de outra substância psicoativa que determine dependência:

Penas. detenção, de seis meses a três anos, multa e suspensão ou proibição de se obter a permissão ou a habilitação para dirigir veículo automotor.[7]

**§ 1º** As condutas previstas no caput serão constatadas por:

I – Concentração igual ou superior a 6 decigramas de álcool por litro de sangue ou igual ou superior a 0,3 miligrama de álcool por litro de ar alveolar; ou

II – Sinais que indiquem, na forma disciplinada pelo CONTRAN, alteração da capacidade psicomotora.

**§ 2º** A verificação do disposto neste artigo poderá ser obtida mediante teste de alcoolemia ou toxicológico, exame clínico, perícia, vídeo, prova testemunhal ou outros meios de prova em direito admitidos, observado o direito à contraprova. (Redação dada pela Lei nº 12.971/2014)

**§ 3º** O Contran disporá sobre a equivalência entre os distintos testes de alcoolemia ou toxicológicos para efeito de caracterização do crime tipificado neste artigo.

**§ 4º** Poderá ser empregado qualquer aparelho homologado pelo Instituto Nacional de Metrologia, Qualidade e Tecnologia. Inmetro. para se determinar o previsto no caput. (Incluído pela Lei nº 13.840/2019)

**Art. 307** Violar a suspensão ou a proibição de se obter a permissão ou a habilitação para dirigir veículo automotor imposta com fundamento neste Código:

Penas. detenção, de seis meses a um ano e multa, com nova imposição adicional de idêntico prazo de suspensão ou de proibição.

**Parágrafo único.** Nas mesmas penas incorre o condenado que deixa de entregar, no prazo estabelecido no § 1º do art. 293, a Permissão para Dirigir ou a Carteira de Habilitação.

**Art. 308** Participar, na direção de veículo automotor, em via pública, de corrida, disputa ou competição automobilística ou ainda de exibição ou demonstração de perícia em manobra de veículo automotor, não autorizada pela autoridade competente, gerando situação de risco à incolumidade pública ou privada:

Penas. detenção, de seis meses a três anos, multa e suspensão ou proibição de se obter a permissão ou a habilitação para dirigir veículo automotor.

**§ 1º** Se da prática do crime previsto no caput resultar lesão corporal de natureza grave, e as circunstâncias demonstrarem que o agente não quis o resultado nem assumiu o risco de produzi-lo, a pena privativa de liberdade é de reclusão, de 3 (três) a 6 (seis) anos, sem prejuízo das outras penas previstas neste artigo. (Incluído pela Lei nº 12.971/2014)

**§ 2º** Se da prática do crime previsto no caput resultar morte, e as circunstâncias demonstrarem que o agente não quis o resultado nem assumiu o risco de produzi-lo, a pena privativa de liberdade é de reclusão de 5 (cinco) a 10 (dez) anos, sem prejuízo das outras penas previstas neste artigo. (Incluído pela Lei nº 12.971/2014)[8]

**Art. 309** Dirigir veículo automotor, em via pública, sem a devida Permissão para Dirigir ou Habilitação ou, ainda, se cassado o direito de dirigir, gerando perigo de dano:

Penas. detenção, de seis meses a um ano, ou multa. Art. 263, do CTB.[9]

**Art. 310** Permitir, confiar ou entregar a direção de veículo automotor a pessoa não habilitada, com habilitação cassada ou com o direito de dirigir suspenso, ou, ainda, a quem, por seu estado de saúde, física ou mental, ou por embriaguez, não esteja em condições de conduzi-lo com segurança:[10]

Penas. detenção, de seis meses a um ano, ou multa.

**Art. 310-A** (Vetado)

**Art. 311** Trafegar em velocidade incompatível com a segurança nas proximidades de escolas, hospitais, estações de embarque e desembarque de passageiros, logradouros estreitos, ou onde haja grande movimentação ou concentração de pessoas, gerando perigo de dano:

Penas. detenção, de seis meses a um ano, ou multa[11].

**Art. 312** Inovar artificiosamente, em caso de acidente automobilístico com vítima, na pendência do respectivo procedimento policial preparatório, inquérito policial ou processo penal, o estado de lugar, de coisa ou de pessoa, a fim de induzir a erro o agente policial, o perito, ou juiz:

Penas. detenção, de seis meses a um ano, ou multa.[12]

**Parágrafo único.** Aplica-se o disposto neste artigo, ainda que não iniciados, quando da inovação, o procedimento preparatório, o inquérito ou o processo aos quais se refere.

**Art. 312-A** Para os crimes relacionados nos arts. 302 a 312 deste Código, nas situações em que o juiz aplicar a substituição de pena privativa de liberdade por pena restritiva de direitos, esta deverá ser de prestação de serviço à comunidade ou a entidades públicas, em uma das seguintes atividades:

I – trabalho, aos fins de semana, em equipes de resgate dos corpos de bombeiros e em outras unidades móveis especializadas no atendimento a vítimas de trânsito;

II – trabalho em unidades de pronto-socorro de hospitais da rede pública que recebem vítimas de acidente de trânsito e politraumatizados;

III – trabalho em clínicas ou instituições especializadas na recuperação de acidentados de trânsito;

IV – outras atividades relacionadas ao resgate, atendimento e recuperação de vítimas de acidentes de trânsito.[13]

**Art. 312-B** Aos crimes previstos no § 3º do art. 302 e no § 2º do art. 303 deste Código não se aplica o disposto no inciso I do caput do art. 44 do Decreto-lei nº 2.848, de 7 de dezembro de 1940 (Código Penal). (NR. Lei nº 14.071/2020)

---

5 Art. 129, § 6º, do CP.
6 Arts. 176, I; e 177 do CTB.
Art. 135 do CP.
7 Arts. 34 e 62, do Decreto-lei nº 3.688/41 (Lei das Contravenções Penais).
8 Arts. 67, 173 e 174 do CTB.
9 Súmula nº 720 do STF.
10 Súmula nº 575 do STJ.
Arts. 163, 164 e 166 do CTB.
Resolução do Contran nº 432/2013: dispõe sobre os procedimentos a serem adotados pelas autoridades de trânsito e seus agentes na fiscalização do consumo de álcool ou de outra substância psicoativa, que determine dependência, para aplicação do disposto nos Arts. 165, 276, 277 e 306 da Lei nº 9.503, de 23 de setembro de 1997 - Código de Trânsito Brasileiro (CTB).
11 Art. 220, XIV, do CTB.
12 Art. 347, CP. (Código Penal)
13 Art. 176, III, do CTB.
Art. 347 do CP.

# 23 LEI Nº 9.613/1998 – CRIMES DE LAVAGEM DE BENS

A lavagem de dinheiro consiste em um processo em que se opera a transformação de recursos obtidos de forma ilícita em recursos com aparência de origem lícita, para futura utilização.

O termo "lavagem de dinheiro" foi utilizado pela primeira vez nos Estados Unidos, em 1982, em um caso no qual se requeria a perda de dinheiro derivado de tráfico de entorpecentes. Esse termo se originou com a máfia, que se utiliza de lavanderias automáticas para investir seu dinheiro e assim encobrir o caráter ilícito de sua origem.

Em 1988, o Brasil se tornou signatário da Convenção de Viena, sendo esta a Convenção das Nações Unidas Contra o Tráfico Ilícito de Entorpecentes e Substâncias Psicotrópicas, sendo ratificada pelo Decreto nº 154/1991, no qual se prestava o compromisso de adotar uma postura repressiva ao que se refere à lavagem de dinheiro derivada do tráfico, somente em 1998 foi que surgiu a Lei nº 9.613/1998, um diploma normativo específico ao combate à lavagem de dinheiro no âmbito nacional.

Outro marco importante foi a aprovação na Convenção das Nações Unidas contra a Delinquência Organizada Transnacional, o conceito de "grupo criminoso", já que grande parte dos recursos lavados, digamos assim, eram derivados de ações de organizações criminosas. O conceito de organização criminosa é mais bem definido nos termos do art. 1º, § 1º, da Lei nº 12.580/2013. A Lei nº 12.694/1994, por sua vez, apresentou o conceito de ORCRIM a fim de atender à Convenção de Palermo, contudo, com a Lei nº 12.850/2013, o entendimento da doutrina majoritária é de que esta legislação revogou tacitamente àquela.

*Art. 1º, Lei nº 12.850/2013 [...]*

*§ 1º Considera-se organização criminosa a associação de 4 (quatro) ou mais pessoas estruturalmente ordenada e caracterizada pela divisão de tarefas, ainda que informalmente, com objetivo de obter, direta ou indiretamente, vantagem de qualquer natureza, mediante a prática de infrações penais cujas penas máximas sejam superiores a 4 (quatro) anos, ou que sejam de caráter transnacional.*

Para que de forma efetiva se consiga encobrir a origem ilícita dos lucros, a lavagem se realiza por meio de um processo dinâmico. Segundo o Grupo de Ação Financeira sobre Lavagem de Dinheiro, o modelo ideal de lavagem de capital se desenvolverá em três etapas independentes:

**Fases da Lavagem de Capitais**

- **Colocação**: Introduz os lucros no sistema financeiro, dificultando a relação entre o agente e o resultado da prática de crime antecedente.
- **Dissimulação**: Realização de transações financeiras com o fim de impedir o rastreio e encobrir a origem ilícita dos valores.
- **Integração**: Com a aparência de ilícitos, os bens são formalmente introduzidos no sistema financeiro.

Contudo, embora esse seja o modelo tido como ideal, não é exigido a ocorrência das três fases para que o crime de lavagem se consuma.

## 23.1 Crimes de "lavagem" ou ocultação de bens, direitos e valores

*Art. 1º Ocultar ou dissimular a natureza, origem, localização, disposição, movimentação ou propriedade de bens, direitos ou valores provenientes, direta ou indiretamente, de infração penal. [...]*
*Pena – Reclusão, de 3 (três) a 10 (dez) anos, e multa.*

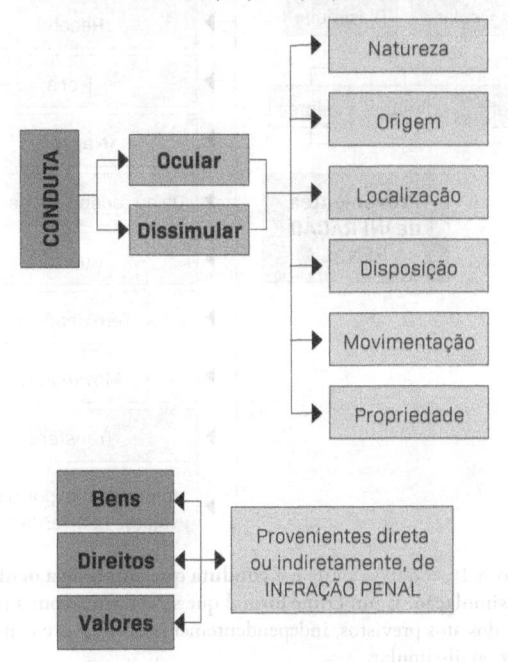

**CONDUTA**: Ocultar / Dissimular → Natureza, Origem, Localização, Disposição, Movimentação, Propriedade

**Bens / Direitos / Valores** ← Provenientes direta ou indiretamente, de INFRAÇÃO PENAL

Este tipo penal tem como conduta a ocultação, que seria o mesmo que encobrir ou esconder, e a dissimulação, que seria o mesmo que disfarçar ou camuflar, no caso, as informações de bens, direitos ou valores que decorram de infração penal. Assim, o agente que participa da lavagem de dinheiro tinha conhecimento do delito cometido anteriormente, de modo que responderá por ambos os crimes, ou seja, terá o afastamento do princípio da consunção, no qual o agente responderá pela infração penal cometida anteriormente e também pelo crime de lavagem de capitais, na modalidade de concurso material de crimes, pois além das suas condutas serem praticadas em momentos diversos, elas também são diferentes.

Por se tratar de um crime formal não é necessário que os bens, direitos ou valores sejam introduzidos efetivamente dentro do sistema econômico ou financeiro, sendo necessário apenas a sua ocultação ou dissimulação.

*§ 1º Incorre na mesma pena quem, para ocultar ou dissimular a utilização de bens, direitos ou valores provenientes de infração penal:*
*I – os converte em ativos lícitos;*
*II – os adquire, recebe, troca, negocia, dá ou recebe em garantia, guarda, tem em depósito, movimenta ou transfere;*
*III – importa ou exporta bens com valores não correspondentes aos verdadeiros.*

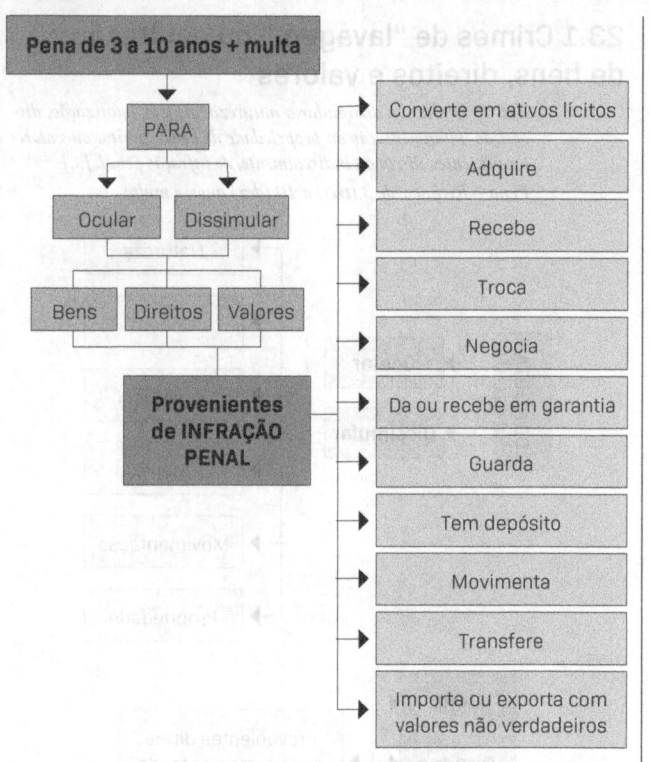

# LEI Nº 9.613/1998 – CRIMES DE LAVAGEM DE BENS

**Pena de 3 a 10 anos + multa**

PARA → Ocular / Dissimular → Bens / Direitos / Valores → **Provenientes de INFRAÇÃO PENAL**

- Converte em ativos lícitos
- Adquire
- Recebe
- Troca
- Negocia
- Dá ou recebe em garantia
- Guarda
- Tem depósito
- Movimenta
- Transfere
- Importa ou exporta com valores não verdadeiros

No § 1º, o que se pune é a **conduta que antecede a ocultação ou dissimulação**. É um **crime formal** que se consuma com a prática de um dos atos previstos, independentemente de o agente conseguir ocultar ou dissimular.

*§ 2º Incorre, ainda, na mesma pena quem:*
*I – utiliza, na atividade econômica ou financeira, bens, direitos ou valores provenientes de infração penal;*
*II – participa de grupo, associação ou escritório tendo conhecimento de que sua atividade principal ou secundária é dirigida à prática de crimes previstos nesta Lei.*

**Pena de 3 a 10 anos + multa**
- Utiliza → Bens direitos ou valores provenientes da infração penal.
- Participa → Grupo, associação ou de escritório que tenha como atividade a prática de lavagem de dinheiro.

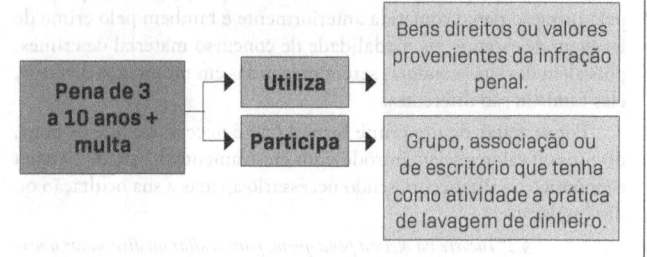

No § 2º, pune-se a conduta posterior à dissimulação ou ocultação, a primeira infração, contida no inciso I, está relacionada à utilização dos bens, direitos ou valores em atividade econômica ou financeira, tendo ciência de que são provenientes de infração penal. Já a infração contida no inciso II pune aquele que participa do grupo, associação ou escritório que tenha ciência que de alguma forma desenvolve atividade relacionada à lavagem de dinheiro.

É admitida a modalidade tentada de todos os crimes de lavagem, mesmo que, muitas vezes, seja difícil a configuração conforme estabelece o § 3º.

Vale registrar que conforme prevê o § 4º, a pena dos crimes de lavagem será aumentada de 1/3 a 2/3, se os crimes forem cometidos de forma reiterada ou por intermédio de organização criminosa.

De outro lado, o § 5º prevê a colaboração premiada, podendo a pena ser reduzida de 1/3 a 2/3 e ser cumprida em regime aberto ou semiaberto, sendo facultado ao juiz deixar de aplicá-la ou substituí-la, a qualquer tempo, por pena restritiva de direitos, se o autor, coautor ou partícipe colaborar espontaneamente com as autoridades, prestando esclarecimentos que conduzam à apuração das infrações penais, à identificação dos autores, coautores e partícipes, ou à localização dos bens, direitos ou valores objeto do crime.

É necessária a efetiva colaboração para que o agente efetivamente se beneficie na aplicação da pena – quanto maior é o grau de colaboração, maior é o benefício concedido.

Por fim, um acréscimo da Lei nº 13.964/2019 dispôs a possibilidade da utilização da ação controlada e da infiltração de agentes para apuração do crime de lavagem de capital, conforme prevê o § 6º.

## Disposições processuais especiais

*Art. 2º O processo e julgamento dos crimes previstos nesta Lei:*
*I – obedecem às disposições relativas ao procedimento comum dos crimes punidos com reclusão, da competência do juiz singular;*
*II – independem do processo e julgamento das infrações penais antecedentes, ainda que praticados em outro país, cabendo ao juiz competente para os crimes previstos nesta Lei a decisão sobre a unidade de processo e julgamento;*
*III – são da competência da Justiça Federal:*
*a) quando praticados contra o sistema financeiro e a ordem econômico-financeira, ou em detrimento de bens, serviços ou interesses da União, ou de suas entidades autárquicas ou empresas públicas;*
*b) quando a infração penal antecedente for de competência da Justiça Federal.*
*§ 1º A denúncia será instruída com indícios suficientes da existência da infração penal antecedente, sendo puníveis os fatos previstos nesta Lei, ainda que desconhecido ou isento de pena o autor, ou extinta a punibilidade da infração penal antecedente.*
*§ 2º No processo por crime previsto nesta Lei, não se aplica o disposto no art. 366 do Decreto-lei nº 3.689, de 3 de outubro de 1941 (Código de Processo Penal), devendo o acusado que não comparecer nem constituir advogado ser citado por edital, prosseguindo o feito até o julgamento, com a nomeação de defensor dativo.*

O crime de lavagem de capitais será submetido ao procedimento comum ordinário, e ao contrário do que determina o inciso I, o procedimento não tem relação com os crimes punidos com reclusão, mas, sim, por ser uma infração penal com sanção máxima de 4 anos (3 a 10 anos e multa).

O inciso II ressalta a **autonomia no processo do crime de lavagem**, ou seja, o processo de lavagem de capitais independe do processamento da infração antecedente. Um processo não precisa obrigatoriamente do outro para seguir, contudo, o STJ entende que para decidir se há ou não essa necessidade de unificação dos feitos deverá ser analisado o caso concreto.

A Lei nº 12.683/2012, que alterou alguns aspectos da Lei nº 9.613/1998 (Lavagem de Dinheiro), objetivando torná-la mais eficiente em relação à persecução penal dos respectivos crimes, não modificou o tema sobre a competência. Segundo o teor do art. 2º, inciso III da lei: são da competência da Justiça Federal:

*a) Quando praticados contra o sistema financeiro e a ordem econômico-financeira, ou em detrimento de bens, serviços ou interesses da União, ou de suas entidades autárquicas ou empresas públicas;*
*b) Quando o crime antecedente for de competência da Justiça Federal;*

A conclusão que ressalta do dispositivo é no sentido de que, pela regra, a competência para processar e julgar os crimes de lavagem de dinheiro é da Justiça Estadual (regra), sendo os casos da Justiça Federal (exceções), apenas os expressamente referidos no dispositivo com enumeração e referência taxativas.

Em alguns casos, o ideal será reunir as ações penais, a fim de se evitar decisões contraditórias, reconhecendo a existência de conexão instrumental ou probatória, na medida em que cada prova do crime antecedente possa influir como prova no crime de lavagem de capitais. Em conformidade com o que determina o art. 76, inciso III do Código de Processo Penal (CPP), tudo dependerá do caso concreto.

*Art. 76 A competência será determinada pela conexão: [...]*
*III – quando a prova de uma infração ou de qualquer de suas circunstâncias elementares influir na prova de outra infração.*

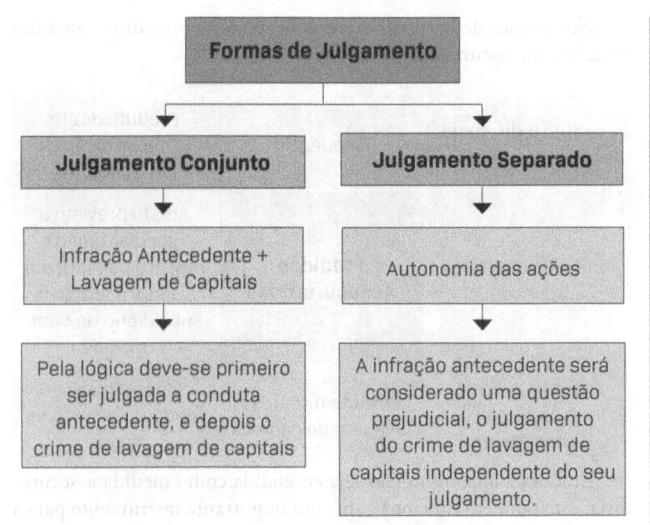

## NOÇÕES DE DIREITO PENAL

**Formas de Julgamento:**
- **Julgamento Conjunto:** Infração Antecedente + Lavagem de Capitais → Pela lógica deve-se primeiro ser julgada a conduta antecedente, e depois o crime de lavagem de capitais.
- **Julgamento Separado:** Autonomia das ações → A infração antecedente será considerado uma questão prejudicial, o julgamento do crime de lavagem de capitais independente do seu julgamento.

No julgamento separado, existe a possibilidade de que o crime de lavagem seja julgado antes mesmo da infração antecedente e que as decisões sejam contraditórias. Por exemplo: o agente é condenado pelo crime de lavagem de capitais, entretanto, é absolvido no crime antecedente. Nesse caso, por ser a infração antecedente um requisito para a prática do crime de lavagem, o condenado deverá ajuizar uma revisão criminal ou impetrar habeas corpus, com a finalidade de destrancar o processo de lavagem de capitais e demonstrar a atipicidade da conduta.

Quando transitado em julgado a sentença absolutória pelo crime antecedente, este impede o processo e o julgamento pelo crime de lavagem quando:

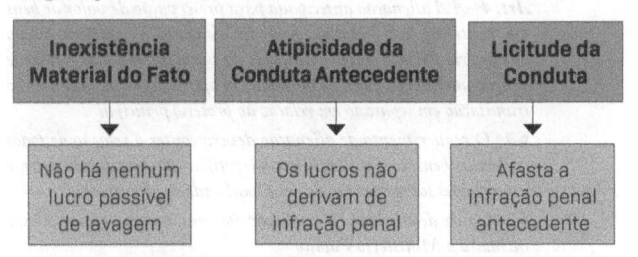

- **Inexistência Material do Fato:** Não há nenhum lucro passível de lavagem
- **Atipicidade da Conduta Antecedente:** Os lucros não derivam de infração penal
- **Licitude da Conduta:** Afasta a infração penal antecedente

Se sujeita, ainda, à legislação brasileira o crime de lavagem de capitais praticado no estrangeiro. É uma hipótese de extraterritorialidade condicionada a infrações, que, mediante tratado ou convenção, será reprimida pelo Brasil.

**Art. 7º, CP** *Ficam sujeitos à lei brasileira, embora cometidos no estrangeiro:*
*[...]*
*II – os crimes:*
*a) que, por tratado ou convenção, o Brasil se obrigou a reprimir;*
*b) praticados por brasileiro;*
*c) praticados em aeronaves ou embarcações brasileiras, mercantes ou de propriedade privada, quando em território estrangeiro e aí não sejam julgados.*

Outra informação importante sobre processo e julgamento é que, em regra, os crimes de lavagem de capitais serão de competência da Justiça Estadual. Entretanto, há casos excepcionais em que o processo e o julgamento serão de competência da Justiça Federal:

**Competência da Justiça Federal:**
- Quando praticados contra o sistema financeiro e a ordem econômico financeiro.
- Quando praticado em detrimento de bens, serviços ou interesses da união ou de suas entidades autárquicas ou empresas públicas.
- Quando a infração penal antecedente for de competência da justiça federal.
- Previsto no Art. 109, V da CF: os crimes previstos em tratado ou convenção internacional, quando, iniciada a execução no País, o resultado tenha ou devesse ter ocorrido no estrangeiro, ou reciprocamente.

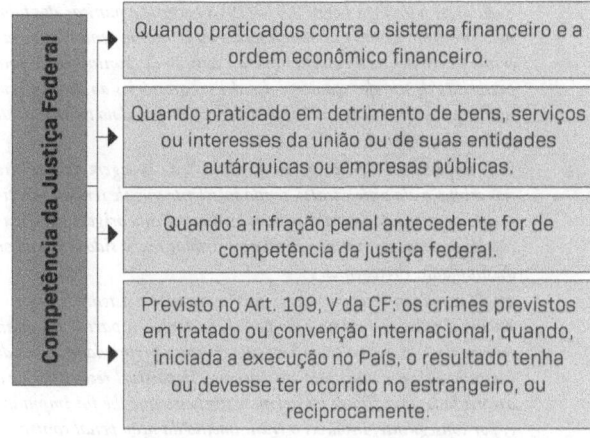

Outra peculiaridade trazida por esta lei é a chamada justa causa duplicada, ou seja, a denúncia deverá conter um lastro mínimo probatório quanto à lavagem de capital e quanto à infração antecedente. Mas a justa causa duplicada só exige para o oferecimento da denúncia do crime de lavagem apenas os indícios de infração antecedente, sendo dispensável qualquer outro elemento de informação, até mesmo sobre a autoria.

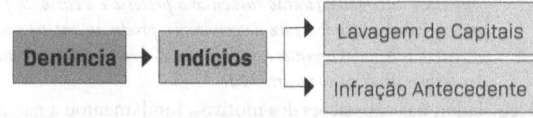

**Denúncia → Indícios →** Lavagem de Capitais / Infração Antecedente

Não há necessidade de que a infração antecedente seja detalhada; somente é necessário um mínimo de evidência de sua ocorrência e sua descrição resumida. Nesse sentido, é importante observar a jurisprudência do Superior Tribunal de Justiça:

*1. Da leitura do artigo 1º da Lei nº 9.613/1998, depreende-se que para que o delito de lavagem de capitais reste configurado, é necessário que o dinheiro, bens ou valores ocultados ou dissimulados sejam provenientes de algum dos ilícitos nele arrolados, ou seja, no tipo penal há expressa vinculação entre a lavagem de dinheiro a determinados crimes a ela anteriores.*

*2. Contudo, o artigo 2º, inciso II e § 1º., do mesmo diploma legal, dispõe que a apuração do delito em comento independe do "processo e julgamento dos crimes antecedentes", devendo a denúncia ser "instruída com indícios suficientes da existência do crime antecedente, sendo puníveis os fatos previstos nesta Lei, ainda que desconhecido ou isento de pena o autor daquele crime".*

*3. Desse modo, a simples existência de indícios da prática de algum dos crimes previstos no artigo 1º da Lei nº 9.613/1998 já autoriza a instauração de ação penal para apurar a ocorrência do delito de lavagem de dinheiro, não sendo necessária a prévia punição dos autores do ilícito antecedente. Doutrina. Precedentes.*

*4. No caso dos autos, na mesma denúncia imputou-se ao paciente e demais corréus tanto a prática dos delitos antecedentes à lavagem de capitais, quanto ela própria.*

*5. Contudo, o paciente teve extinta a sua punibilidade no que se refere aos crimes anteriores à lavagem, ante a prescrição da pretensão punitiva estatal, circunstância que, segundo os impetrantes, impediria o Ministério Público de provar que ele teria auferido recursos provenientes de atividades ilícitas.*

*6. Ocorre que os crimes contra o sistema financeiro nacional a partir dos quais teriam sido obtidos os bens, valores e direitos cuja origem e propriedade teria sido ocultada e dissimulada, não foram atribuídos apenas ao paciente, mas também aos demais sócios da offshore supostamente utilizada para a abertura e movimentação de diversas contas correntes no exterior.*

*7. Dessa forma, ainda que o órgão ministerial jamais possa provar que o paciente cometeu os delitos dispostos nos artigos 4º, 16, 21 e 22 da Lei nº 7.492/1986, o certo é que há indícios de que tais ilícitos teriam sido praticados pelos demais corréus, circunstância que evidencia a legalidade da manutenção da ação penal contra ele deflagrada para apurar o cometimento do crime de lavagem de capitais.*

# LEI Nº 9.613/1998 – CRIMES DE LAVAGEM DE BENS

8. Aliás, se a própria Lei nº 9.613/1998 permite a punição dos fatos nela previstos ainda que desconhecido ou isento de pena o autor do crime antecedente, é evidente que a extinção da punibilidade pela prescrição de um dos coautores dos delitos acessórios ao de lavagem não tem o condão de inviabilizar a persecução penal no tocante a este último ilícito penal.

9. É dispensável a participação do acusado da lavagem de dinheiro nos crimes a ela antecedentes, sendo suficiente que ele tenha conhecimento da ilicitude dos valores, bens ou direitos cuja origem, localização, disposição, movimentação ou propriedade tenha sido ocultada ou dissimulada. Precedentes.

10. Havendo indícios da prática de crimes contra o sistema financeiro nacional pelos corréus na ação penal em apreço, a partir dos quais teriam sido obtidos valores e bens cuja origem e propriedade teria sido ocultada e dissimulada pelo ora paciente, impossível reconhecer-se a atipicidade do delito de lavagem de dinheiro que lhe foi imputado e, por conseguinte, inviável o trancamento da ação penal contra ele deflagrada.

11. Ordem denegada." (STJ, 5ª T., HC 207.936, rel. Min. Jorge Mussi, j. 27-03-2012, DJe 12-04-2012)

Outro ponto de destaque é que não se aplica a esta lei a regra trazida pelo art. 366 do CPP:

*Art. 366, CPP Se o acusado, citado por edital, não comparecer, nem constituir advogado, ficarão suspensos o processo e o curso do prazo prescricional, podendo o juiz determinar a produção antecipada das provas consideradas urgentes e, se for o caso, decretar prisão preventiva, nos termos do disposto no art. 312.*

O legislador, nas exposições dos motivos, fundamentou a não aplicação deste artigo como sendo um meio de não favorecer os criminosos que podem vir a se beneficiar com a suspensão do processo:

*O projeto veda expressamente a suspensão do processo em caso do não comparecimento do réu citado por edital, como prevê o art. 366 do Código de Processo Penal com a redação dada pela Lei nº 9.271, de 17 de abril de 1996 (art. 2º, § 2º). Trata-se de medida de Política Criminal diante da incompatibilidade material existente entre os objetivos desse novo diploma e a macrocriminalidade representada pela lavagem de dinheiro ou ocultação de bens, direitos e valores oriundos de crimes de especial gravidade. A suspensão do processo constituiria um prêmio para os delinquentes astutos e afortunados e um obstáculo à descoberta de uma grande variedade de ilícitos que se desenvolvem em parceria com a lavagem ou a ocultação.*

**Art. 4º** *O juiz, de ofício, a requerimento do Ministério Público ou mediante representação do delegado de polícia, ouvido o Ministério Público em 24 (vinte e quatro) horas, havendo indícios suficientes de infração penal, poderá decretar medidas assecuratórias de bens, direitos ou valores do investigado ou acusado, ou existentes em nome de interpostas pessoas, que sejam instrumento, produto ou proveito dos crimes previstos nesta Lei ou das infrações penais antecedentes.*

*§ 1º Proceder-se-á à alienação antecipada para preservação do valor dos bens sempre que estiverem sujeitos a qualquer grau de deterioração ou depreciação, ou quando houver dificuldade para sua manutenção.*

*§ 2º O juiz determinará a liberação total ou parcial dos bens, direitos e valores quando comprovada a licitude de sua origem, mantendo-se a constrição dos bens, direitos e valores necessários e suficientes à reparação dos danos e ao pagamento de prestações pecuniárias, multas e custas decorrentes da infração penal.*

*§ 3º Nenhum pedido de liberação será conhecido sem o comparecimento pessoal do acusado ou de interposta pessoa a que se refere o caput deste artigo, podendo o juiz determinar a prática de atos necessários à conservação de bens, direitos ou valores, sem prejuízo do disposto no § 1º.*

*§ 4º Poderão ser decretadas medidas assecuratórias sobre bens, direitos ou valores para reparação do dano decorrente da infração penal antecedente ou da prevista nesta Lei ou para pagamento de prestação pecuniária, multa e custas.*

As **medidas assecuratórias** são determinações cautelares com a finalidade de garantir a responsabilização penal. Dentre os meios de repressão cabíveis em certas infrações penais está a recuperação de ativos ilícitos, que, sem deixar de lado as penas aplicáveis ao caso, vale-se de medidas cautelares que atingem diretamente o patrimônio.

Nos crimes de lavagem de capitais, temos as seguintes medidas cautelares de natureza patrimonial:

| | | |
|---|---|---|
| Produto indireto da lavagem de capitais | Sequestro | Produto direto da infração antecedente |
| Patrimônio lícito ou acusado | **Medidas Assecuratórias** | Aresto previsto à especialização e registro de hipoteca legal e aresto subsidiário de bens móveis |
| Produto indireto da ingração antecedente | Produto direito da lavagem de capitais | Especialização e registro de hipoteca legal |

Embora a apreensão não seja entendida como medida assecuratória, esta também funciona como um importante instrumento para a repressão ao crime de lavagem de capitais.

Sempre que esses bens estiverem se deteriorando ou sua manutenção for difícil, poderá ser procedido sua alienação, com a finalidade de preservar seu valor. Além disso, o juiz pode determinar a liberação, do todo ou parte dos bens, direitos ou valores, quando o agente comprovar a origem lícita, contudo, manterá sob proteção o que seja necessário e suficiente para reparação dos danos e aos pagamentos dos demais valores decorrentes da infração penal. E a liberação só será feita mediante apresentação pessoal do acusado ou da pessoa interposta, contudo, pode o juiz estabelecer medidas que vise a garantir a preservação e conservação dos bens a serem devolvidos.

*Art. 4º-A A alienação antecipada para preservação de valor de bens sob constrição será decretada pelo juiz, de ofício, a requerimento do Ministério Público ou por solicitação da parte interessada, mediante petição autônoma, que será autuada em apartado e cujos autos terão tramitação em separado em relação ao processo principal.*

*§ 1º O requerimento de alienação deverá conter a relação de todos os demais bens, com a descrição e a especificação de cada um deles, e informações sobre quem os detém e local onde se encontram.*

*§ 2º O juiz determinará a avaliação dos bens, nos autos apartados, e intimará o Ministério Público.*

*§ 3º Feita a avaliação e dirimidas eventuais divergências sobre o respectivo laudo, o juiz, por sentença, homologará o valor atribuído aos bens e determinará sejam alienados em leilão ou pregão, preferencialmente eletrônico, por valor não inferior a 75% (setenta e cinco por cento) da avaliação.*

*§ 4º Realizado o leilão, a quantia apurada será depositada em conta judicial remunerada, adotando-se a seguinte disciplina:*

*I – nos processos de competência da Justiça Federal e da Justiça do Distrito Federal:*

*a) os depósitos serão efetuados na Caixa Econômica Federal ou em instituição financeira pública, mediante documento adequado para essa finalidade;*

*b) os depósitos serão repassados pela Caixa Econômica Federal ou por outra instituição financeira pública para a Conta Única do Tesouro Nacional, independentemente de qualquer formalidade, no prazo de 24 (vinte e quatro) horas; e*

*c) os valores devolvidos pela Caixa Econômica Federal ou por instituição financeira pública serão debitados à Conta Única do Tesouro Nacional, em subconta de restituição;*

*II – nos processos de competência da Justiça dos Estados:*

*a) os depósitos serão efetuados em instituição financeira designada em lei, preferencialmente pública, de cada Estado ou, na sua ausência, em instituição financeira pública da União;*

*b) os depósitos serão repassados para a conta única de cada Estado, na forma da respectiva legislação.*

*§ 5º Mediante ordem da autoridade judicial, o valor do depósito, após o trânsito em julgado da sentença proferida na ação penal, será: (Incluído pela Lei nº 12.683, de 2012)*

*I – em caso de sentença condenatória, nos processos de competência da Justiça Federal e da Justiça do Distrito Federal, incorporado definitivamente ao patrimônio da União, e, nos processos de competência da Justiça Estadual, incorporado ao patrimônio do Estado respectivo;*

*II – em caso de sentença absolutória extintiva de punibilidade, colocado à disposição do réu pela instituição financeira, acrescido da remuneração da conta judicial.*

*§ 6º A instituição financeira depositária manterá controle dos valores depositados ou devolvidos.*

*§ 7º Serão deduzidos da quantia apurada no leilão todos os tributos e multas incidentes sobre o bem alienado, sem prejuízo de iniciativas que, no âmbito da competência de cada ente da Federação, venham a desonerar bens sob constrição judicial daqueles ônus.*

*§ 8º Feito o depósito a que se refere o § 4º deste artigo, os autos da alienação serão apensados aos do processo principal.*

*§ 9º Terão apenas efeito devolutivo os recursos interpostos contra as decisões proferidas no curso do procedimento previsto neste artigo.*

*§ 10 Sobrevindo o trânsito em julgado de sentença penal condenatória, o juiz decretará, em favor, conforme o caso, da União ou do Estado:*

*I – a perda dos valores depositados na conta remunerada e da fiança;*

*II – a perda dos bens não alienados antecipadamente e daqueles aos quais não foi dada destinação prévia; e*

*III – a perda dos bens não reclamados no prazo de 90 (noventa) dias após o trânsito em julgado da sentença condenatória, ressalvado o direito do lesado ou terceiro de boa-fé.*

*§ 11 Os bens a que se referem os incisos II e III do § 10 deste artigo serão adjudicados ou levados a leilão, depositando-se o saldo na conta única do respectivo ente.*

*§ 12 O juiz determinará ao registro público competente que emita documento de habilitação à circulação e utilização dos bens colocados sob o uso e custódia das entidades a que se refere o caput deste artigo.*

*§ 13 Os recursos decorrentes da alienação antecipada de bens, direitos e valores oriundos do crime de tráfico ilícito de drogas e que tenham sido objeto de dissimulação e ocultação nos termos desta Lei permanecem submetidos à disciplina definida em lei específica.*

A alienação antecipada é a venda prévia dos bens, direitos ou valores constritos em decorrência da medida assecuratória patrimonial. Essa alienação ocorre quando há risco de perda do seu valor econômico com o passar do tempo.

O art. 144-A do Código de Processo Penal autoriza a alienação antecipada em todo curso do processo:

*Art. 144-A, CPP O juiz determinará a alienação antecipada para preservação do valor dos bens sempre que estiverem sujeitos a qualquer grau de deterioração ou depreciação, ou quando houver dificuldade para sua manutenção.*

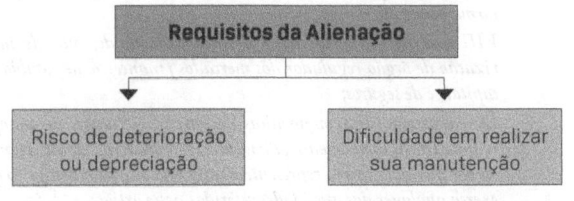

**Requisitos da Alienação**
- Risco de deterioração ou depreciação
- Dificuldade em realizar sua manutenção

A alienação acontecerá quando necessária para a preservação dos bens constritos, de modo que a venda só ocorrerá do momento da constrição até o trânsito em julgado da sentença penal condenatória. A lei é omissa quanto ao momento em que a alienação deva ser realizada, entretanto, a doutrina entende que, sendo essa uma situação excepcional, ela não se dará antes da fase judicial, ou seja, quando ainda não há motivos relevantes para o oferecimento da peça acusatória.

A alienação se dará por determinação judicial, de ofício pelo Juiz, ou mediante requerimento do MP ou da parte interessada, por meio de uma petição autônoma. Essa petição será autuada em apartado, sendo que a tramitação dos autos será feita separadamente do processo principal.

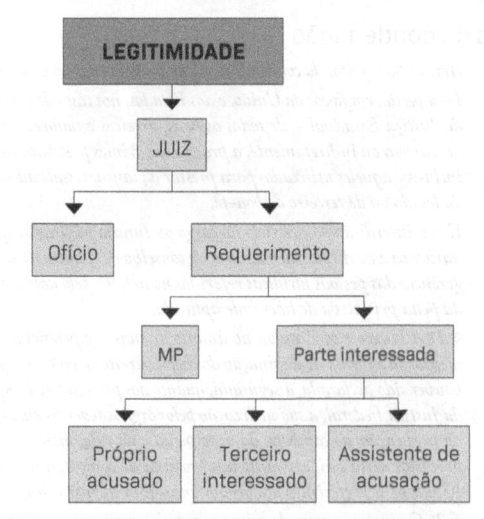

**LEGITIMIDADE**
- JUIZ
  - Ofício
  - Requerimento
    - MP
    - Parte interessada
      - Próprio acusado
      - Terceiro interessado
      - Assistente de acusação

Normalmente, o acusado é o titular dos bens sob constrição e, por isso, pode ser que ele mesmo tenha interesse em sua alienação com receio da sua depreciação em virtude do tempo. Será possível, ainda, que um terceiro seja o titular do bem constrito e requeira por motivos que lhe sejam favoráveis a alienação.

*Art. 4º-B A ordem de prisão de pessoas ou as medidas assecuratórias de bens, direitos ou valores poderão ser suspensas pelo juiz, ouvido o Ministério Público, quando a sua execução imediata puder comprometer as investigações.*

Nesse dispositivo, temos a chamada "ação controlada", que é uma técnica especial de investigação que tem por finalidade retardar a intervenção do mecanismo estatal.

Essa ação também está prevista nas leis de drogas e das organizações criminosas, e o que diferencia a Lei de Lavagem de Capitais das outras duas leis é que esta foi omissa quanto ao adiamento da prisão em flagrante. E, com isso, trazendo uma divisão doutrinária, uma parte entende que a prisão em flagrante continua sendo obrigatória no crime de lavagem de capitais, seguindo a regra geral; contudo, a outra parte da doutrina entende que, ainda que em caso de flagrante, o retardamento será possível.

*Art. 5º Quando as circunstâncias o aconselharem, o juiz, ouvido o Ministério Público, nomeará pessoa física ou jurídica qualificada para a administração dos bens, direitos ou valores sujeitos a medidas assecuratórias, mediante termo de compromisso.*

*Art. 6º A pessoa responsável pela administração dos bens:*

*I – fará jus a uma remuneração, fixada pelo juiz, que será satisfeita com o produto dos bens objeto da administração;*

*II – prestará, por determinação judicial, informações periódicas da situação dos bens sob sua administração, bem como explicações e detalhamentos sobre investimentos e reinvestimentos realizados.*

***Parágrafo único.*** *Os atos relativos à administração dos bens sujeitos a medidas assecuratórias serão levados ao conhecimento do Ministério Público, que requererá o que entender cabível.*

Estamos diante das regras acerca da administração dos bens diretos ou valores constritos.

A administração não retira a propriedade dos bens do acusado; retira apenas a gestão dos bens que será transferida a uma pessoa responsável, com o intuito de maximizar os frutos e rendimentos que decorrem deles.

O administrador receberá um valor como forma de ser remunerado pelo seu trabalho de cuidar, o valor será fixado pelo juiz. O pagamento será feito por meio dos frutos dos bens que estão sob seu cuidado.

O administrador terá, ainda, como seu dever, a prestação de informações periódicas do estado dos bens sob seu cuidado, devendo explicar e detalhar cada investimento e reinvestimentos realizado, tudo isso para que se garanta proteção aos bens constritos.

Outra regra é que todos os atos que envolvam os bens que estão sujeitos a medidas assecuratórias, ou seja, medidas que visam garantir sua proteção e conservação, deverão ser comunicados ao MP, que requererá o que ele entender que seja cabível ao caso concreto.

# LEI Nº 9.613/1998 – CRIMES DE LAVAGEM DE BENS

## Efeitos da condenação

**Art. 7º** *São efeitos da condenação, além dos previstos no Código Penal:*
*I – a perda, em favor da União, e dos Estados, nos casos de competência da Justiça Estadual –, de todos os bens, direitos e valores relacionados, direta ou indiretamente, à prática dos crimes previstos nesta Lei, inclusive aqueles utilizados para prestar a fiança, ressalvado o direito do lesado ou de terceiro de boa-fé;*
*II – a interdição do exercício de cargo ou função pública de qualquer natureza e de diretor, de membro de conselho de administração ou de gerência das pessoas jurídicas referidas no art. 9º, pelo dobro do tempo da pena privativa de liberdade aplicada.*
*§ 1º A União e os Estados, no âmbito de suas competências, regulamentarão a forma de destinação dos bens, direitos e valores cuja perda houver sido declarada, assegurada, quanto aos processos de competência da Justiça Federal, a sua utilização pelos órgãos federais encarregados da prevenção, do combate, da ação penal e do julgamento dos crimes previstos nesta Lei, e, quanto aos processos de competência da Justiça Estadual, a preferência dos órgãos locais com idêntica função.*
*§ 2º Os instrumentos do crime sem valor econômico cuja perda em favor da União ou do Estado for decretada serão inutilizados ou doados a museu criminal ou a entidade pública, se houver interesse na sua conservação.*

Note que o caput do art. 7º já menciona a aplicabilidade subsidiária do Código Penal, expandindo os efeitos da condenação do acusado no crime de lavagem de capitais.

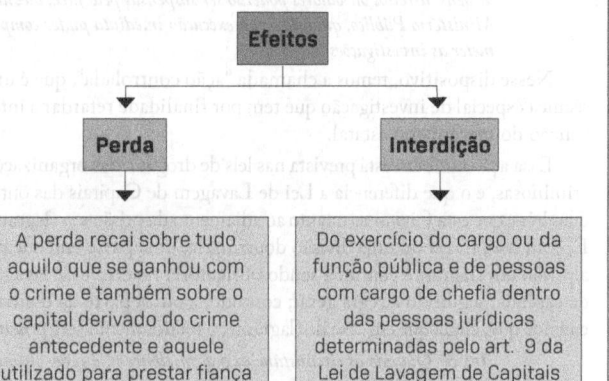

**Efeitos**

- **Perda**: A perda recai sobre tudo aquilo que se ganhou com o crime e também sobre o capital derivado do crime antecedente e aquele utilizado para prestar fiança
- **Interdição**: Do exercício do cargo ou da função pública e de pessoas com cargo de chefia dentro das pessoas jurídicas determinadas pelo art. 9 da Lei de Lavagem de Capitais

Vale ressaltar uma diferença entre a Lei de Lavagem de Capitais e o Código de Processo Penal. O CPP prevê a perda total do valor da fiança se o acusado for condenado e não se apresentar para cumprir a pena imposta, nos termos do art. 344, e a perda da metade do valor dado em fiança no caso de seu quebramento, nos moldes do art. 343.

Já a Lei de Lavagem de Capitais prevê a perda do valor da fiança como um efeito da condenação, independentemente da quebra da medida imposta.

## Bens, direitos ou valores oriundos de crimes praticados no estrangeiro

**Art. 8º** *O juiz determinará, na hipótese de existência de tratado ou convenção internacional e por solicitação de autoridade estrangeira competente, medidas assecuratórias sobre bens, direitos ou valores oriundos de crimes descritos no art. 1o praticados no estrangeiro.*
*§ 1º Aplica-se o disposto neste artigo, independentemente de tratado ou convenção internacional, quando o governo do país da autoridade solicitante prometer reciprocidade ao Brasil.*
*§ 2º Na falta de tratado ou convenção, os bens, direitos ou valores privados sujeitos a medidas assecuratórias por solicitação de autoridade estrangeira competente ou os recursos provenientes da sua alienação serão repartidos entre o Estado requerente e o Brasil, na proporção de metade, ressalvado o direito do lesado ou de terceiro de boa-fé.*

Estamos diante da colaboração internacional, em que o magistrado poderá colaborar com a autoridade estrangeira competente determinando as medidas assecuratórias. Nesse caso, impõe-se carta rogatória, que deverá ser cumprida pela Seção Judiciária na Justiça Federal onde estiver localizado o bem, depois de concedido o exequatur.

O exequatur é uma autorização dada por um Estado para que o cônsul de outro Estado seja aceito e venha a ser autorizado a exercer as atividades inerentes às suas funções.

Note que essa colaboração não depende de tratado ou convenção; basta que o governo do país da autoridade que solicita a ajuda preste um compromisso de reciprocidade com o Brasil. Seria uma espécie de acordo entre os países.

Por fim, não havendo nenhum diploma internacional legal, os bens, direitos ou valores constritos ou o que se obteve com sua alienação será dividido em metade para o Brasil e metade para o país solicitante, respeitando o direito do lesado ou do terceiro de boa-fé.

## Pessoas sujeitas ao mecanismo de controle

**Art. 9º** *Sujeitam-se às obrigações referidas nos arts. 10 e 11 as pessoas físicas e jurídicas que tenham, em caráter permanente ou eventual, como atividade principal ou acessória, cumulativamente ou não:*
*I – a captação, intermediação e aplicação de recursos financeiros de terceiros, em moeda nacional ou estrangeira;*
*II – a compra e venda de moeda estrangeira ou ouro como ativo financeiro ou instrumento cambial;*
*III – a custódia, emissão, distribuição, liquidação, negociação, intermediação ou administração de títulos ou valores mobiliários.*
***Parágrafo único.*** *Sujeitam-se às mesmas obrigações:*
*I – as bolsas de valores, as bolsas de mercadorias ou futuros e os sistemas de negociação do mercado de balcão organizado;*
*II – as seguradoras, as corretoras de seguros e as entidades de previdência complementar ou de capitalização;*
*III – as administradoras de cartões de credenciamento ou cartões de crédito, bem como as administradoras de consórcios para aquisição de bens ou serviços;*
*IV – as administradoras ou empresas que se utilizem de cartão ou qualquer outro meio eletrônico, magnético ou equivalente, que permita a transferência de fundos;*
*V – as empresas de arrendamento mercantil (leasing) e, as empresas de fomento comercial (factoring) e as Empresas Simples de Crédito (ESC);*
*VI – as sociedades que, mediante sorteio, método assemelhado, exploração de loterias, inclusive de apostas de quota fixa, ou outras sistemáticas de captação de apostas com pagamento de prêmios, realizem distribuição de dinheiro, de bens móveis, de bens imóveis e de outras mercadorias ou serviços, bem como concedam descontos na sua aquisição ou contratação; (Redação dada pela Lei nº 14.183, de 2021)*
*VII – as filiais ou representações de entes estrangeiros que exerçam no Brasil qualquer das atividades listadas neste artigo, ainda que de forma eventual;*
*VIII – as demais entidades cujo funcionamento dependa de autorização de órgão regulador dos mercados financeiro, de câmbio, de capitais e de seguros;*
*IX – as pessoas físicas ou jurídicas, nacionais ou estrangeiras, que operem no Brasil como agentes, dirigentes, procuradoras, comissionárias ou por qualquer forma representem interesses de ente estrangeiro que exerça qualquer das atividades referidas neste artigo;*
*X – as pessoas físicas ou jurídicas que exerçam atividades de promoção imobiliária ou compra e venda de imóveis;*
*XI – as pessoas físicas ou jurídicas que comercializem joias, pedras e metais preciosos, objetos de arte e antiguidades.*
*XII – as pessoas físicas ou jurídicas que comercializem bens de luxo ou de alto valor, intermedeiem a sua comercialização ou exerçam atividades que envolvam grande volume de recursos em espécie;*
*XIII – as juntas comerciais e os registros públicos;*
*XIV – as pessoas físicas ou jurídicas que prestem, mesmo que eventualmente, serviços de assessoria, consultoria, contadoria, auditoria, aconselhamento ou assistência, de qualquer natureza, em operações:*
*a) de compra e venda de imóveis, estabelecimentos comerciais ou industriais ou participações societárias de qualquer natureza;*
*b) de gestão de fundos, valores mobiliários ou outros ativos;*

*c) de abertura ou gestão de contas bancárias, de poupança, investimento ou de valores mobiliários;*

*d) de criação, exploração ou gestão de sociedades de qualquer natureza, fundações, fundos fiduciários ou estruturas análogas;*

*e) financeiras, societárias ou imobiliárias; e*

*f) de alienação ou aquisição de direitos sobre contratos relacionados a atividades desportivas ou artísticas profissionais;*

*XV – pessoas físicas ou jurídicas que atuem na promoção, intermediação, comercialização, agenciamento ou negociação de direitos de transferência de atletas, artistas ou feiras, exposições ou eventos similares;*

*XVI – as empresas de transporte e guarda de valores;*

*XVII – as pessoas físicas ou jurídicas que comercializem bens de alto valor de origem rural ou animal ou intermedeiem a sua comercialização; e*

*XVIII – as dependências no exterior das entidades mencionadas neste artigo, por meio de sua matriz no Brasil, relativamente a residentes no País.*

O art. 9º trouxe o rol de pessoas que se sujeitam às obrigações de identificação dos clientes e manutenção de registros e de comunicação de operações financeiras, ainda que pessoas físicas ou jurídicas.

As pessoas jurídicas mencionadas podem ser:

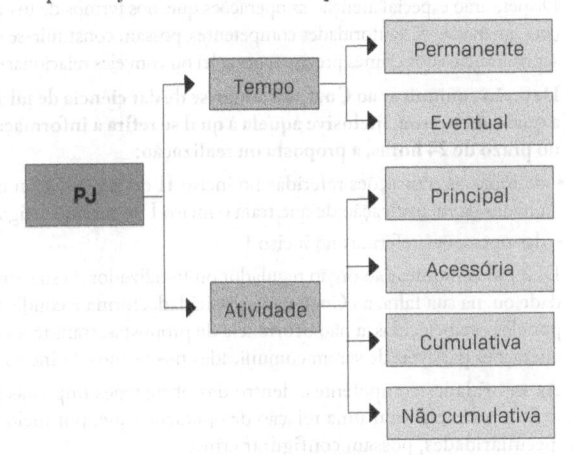

```
                    ┌──> Permanente
            ┌─ Tempo ┤
            │       └──> Eventual
    PJ ─────┤
            │       ┌──> Principal
            │       │
            └─ Atividade ┤──> Acessória
                    │
                    ├──> Cumulativa
                    │
                    └──> Não cumulativa
```

▷ **Captação, intermediação e aplicação:** de recursos financeiros de terceiros, em moeda nacional ou estrangeira.

▷ **Compra e venda de moeda estrangeira ou ouro:** como ativo financeiro ou instrumento cambial.

▷ **Custódia, emissão, distribuição, liquidação, negociação, intermediação ou administração:** de títulos ou valores mobiliários.

▷ **Bolsas:** de valores, de mercadorias ou futuros.

▷ **Sistemas de negociação:** do mercado de balcão organizado.

▷ **Seguradoras e corretoras:** de seguros.

▷ **Entidades:** de previdência complementar ou de capitalização.

▷ **Administradoras:** de cartões de credenciamento ou cartões de crédito, consórcios para aquisição de bens ou serviços.

▷ **Administradoras ou empresas:** que se utilizem de cartão ou qualquer outro meio eletrônico, magnético ou equivalente, que permita a transferência de fundos.

▷ **Empresas:** de arrendamento mercantil (leasing) e as de fomento comercial (factoring) e as Empresas Simples de Crédito (ESC).

▷ **Sociedades:** que efetuem distribuição de dinheiro ou quaisquer bens móveis, imóveis, mercadorias, serviços, ou, ainda, concedam descontos na sua aquisição, mediante sorteio ou método assemelhado.

▷ **Filiais ou representações:** de entes estrangeiros que exerçam no Brasil qualquer das atividades listadas neste artigo, ainda que de forma eventual.

▷ **Demais entidades:** cujo funcionamento dependa de autorização de órgão regulador do mercado financeiro, de câmbio, de capitais e de seguros.

▷ **Pessoas físicas ou jurídicas, nacionais ou estrangeiras:** que operem no Brasil como agentes, dirigentes, procuradoras, comissionárias ou por qualquer forma representem interesses de ente estrangeiro que exerça qualquer das atividades referidas neste artigo.

▷ **Pessoas físicas ou jurídicas:**
- Que exerçam atividades de promoção imobiliária ou compra e venda de imóveis.
- Que comercializem joias, pedras e metais preciosos, objetos de arte e antiguidades.
- Que comercializem bens de luxo ou de alto valor, intermedeiem a sua comercialização ou exerçam atividades que envolvam grande volume de recursos em espécie.

**Juntas comerciais e registros públicos:**

▷ **Pessoas físicas ou jurídicas:**
- Que prestem, mesmo que eventualmente, serviços de assessoria, consultoria, contadoria, auditoria, aconselhamento ou assistência, de qualquer natureza, em operações.
  - De compra e venda de imóveis, estabelecimentos comerciais ou industriais ou participações societárias de qualquer natureza;
  - De gestão de fundos, valores mobiliários ou outros ativos;
  - De abertura ou gestão de contas bancárias, de poupança, investimento ou de valores mobiliários;
  - De criação, exploração ou gestão de sociedades de qualquer natureza, fundações, fundos fiduciários ou estruturas análogas;
  - Financeiras, societárias ou imobiliárias; e
  - De alienação ou aquisição de direitos sobre contratos relacionados a atividades desportivas ou artísticas profissionais.
- Que atuem na promoção, intermediação, comercialização, agenciamento ou negociação de direitos de transferência de atletas, artistas ou feiras, exposições ou eventos similares.

▷ **Empresas:** de transporte e guarda de valores.

▷ **Pessoas físicas ou jurídicas:** que comercializem bens de alto valor de origem rural ou animal ou intermedeiem a sua comercialização.

▷ **Dependências no exterior das entidades mencionadas neste artigo:** por meio de sua matriz no Brasil, relativamente a residentes no País.

## Identificação dos clientes e manutenção de registros

*Art. 10 As pessoas referidas no art. 9º:*

*I – identificarão seus clientes e manterão cadastro atualizado, nos termos de instruções emanadas das autoridades competentes;*

*II – manterão registro de toda transação em moeda nacional ou estrangeira, títulos e valores mobiliários, títulos de crédito, metais, ou qualquer ativo passível de ser convertido em dinheiro, que ultrapassar limite fixado pela autoridade competente e nos termos de instruções por esta expedidas;*

*III – deverão adotar políticas, procedimentos e controles internos, compatíveis com seu porte e volume de operações, que lhes permitam atender ao disposto neste artigo e no art. 11, na forma disciplinada pelos órgãos competentes;*

*IV – deverão cadastrar-se e manter seu cadastro atualizado no órgão regulador ou fiscalizador e, na falta deste, no Conselho de Controle de Atividades Financeiras (Coaf), na forma e condições por eles estabelecidas;*

*V – deverão atender às requisições formuladas pelo Coaf na periodicidade, forma e condições por ele estabelecidas, cabendo-lhe preservar, nos termos da lei, o sigilo das informações prestadas.*

*§ 1º Na hipótese de o cliente constituir-se em pessoa jurídica, a identificação referida no inciso I deste artigo deverá abranger as pessoas físicas autorizadas a representá-la, bem como seus proprietários.*

§ 2º Os cadastros e registros referidos nos incisos I e II deste artigo deverão ser conservados durante o período mínimo de cinco anos a partir do encerramento da conta ou da conclusão da transação, prazo este que poderá ser ampliado pela autoridade competente.

§ 3º O registro referido no inciso II deste artigo será efetuado também quando a pessoa física ou jurídica, seus entes ligados, houver realizado, em um mesmo mês-calendário, operações com uma mesma pessoa, conglomerado ou grupo que, em seu conjunto, ultrapassem o limite fixado pela autoridade competente.

Art. 10-A O Banco Central manterá registro centralizado formando o cadastro geral de correntistas e clientes de instituições financeiras, bem como de seus procuradores.

No art. 9º foi estabelecido um rol de pessoas físicas e jurídicas que tem como obrigação cumprir o determinado no art. 10. Para visualizarmos melhor, vamos esquematizar essas obrigações:

▷ Identificarão seus clientes e manterão cadastro atualizado, nos termos de instruções emanadas das autoridades competentes;

▷ Manterão registro de toda transação em moeda nacional ou estrangeira, títulos e valores mobiliários, títulos de crédito, metais ou qualquer ativo passível de ser convertido em dinheiro, que ultrapassar limite fixado pela autoridade competente e nos termos de instruções por esta expedidas;

▷ Deverão adotar políticas, procedimentos e controles internos, compatíveis com seu porte e volume de operações, que lhes permitam atender ao disposto neste artigo e no art. 11, na forma disciplinada pelos órgãos competentes;

▷ Deverão cadastrar-se e manter seu cadastro atualizado no órgão regulador ou fiscalizador e, na falta deste, no Conselho de Controle de Atividades Financeiras (Coaf), na forma e nas condições por eles estabelecidas;

▷ Deverão atender às requisições formuladas pelo Coaf na periodicidade, forma e condições por ele estabelecidas, cabendo-lhe preservar, nos termos da lei, o sigilo das informações prestadas.

No que diz respeito à identificação dos clientes, quando estes forem pessoas jurídicas, deverão ser identificadas todas as pessoas físicas autorizadas a representá-la, bem como identificados seus proprietários.

O cadastro atualizado de clientes e o de registro de transações financeiras, deverão ser conservados pelo prazo mínimo de 5 anos, contados do encerramento da conta ou da conclusão da sua transação, sendo que este prazo poderá ser aumentado por requerimento da autoridade competente.

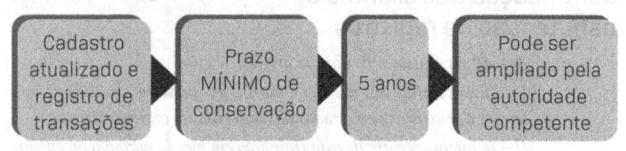

Cadastro atualizado e registro de transações → Prazo MÍNIMO de conservação → 5 anos → Pode ser ampliado pela autoridade competente

Vejamos, ainda, que o registro das transações será realizado quando a pessoa, física ou jurídica, ou seus entes ligados tiverem realizado, dentro do mesmo período, operações com uma mesma pessoa, grupo ou conglomerado, que ao serem somados ultrapassem os limites fixados pela autoridade competente.

O registro centralizado, que formará o cadastro geral de correntistas e clientes, bem como dos seus procuradores será feito pelo Banco Central.

## Comunicação de operações financeiras

Art. 11 As pessoas referidas no art. 9º:

I – dispensarão especial atenção às operações que, nos termos de instruções emanadas das autoridades competentes, possam constituir-se em sérios indícios dos crimes previstos nesta Lei, ou com eles relacionar-se;

II – deverão comunicar ao Coaf, abstendo-se de dar ciência de tal ato a qualquer pessoa, inclusive àquela à qual se refira a informação, no prazo de 24 (vinte e quatro) horas, a proposta ou realização:

a) de todas as transações referidas no inciso II do art. 10, acompanhadas da identificação de que trata o inciso I do mencionado artigo; e

b) das operações referidas no inciso I;

III – deverão comunicar ao órgão regulador ou fiscalizador da sua atividade ou, na sua falta, ao Coaf, na periodicidade, forma e condições por eles estabelecidas, a não ocorrência de propostas, transações ou operações passíveis de serem comunicadas nos termos do inciso II.

§ 1º As autoridades competentes, nas instruções referidas no inciso I deste artigo, elaborarão relação de operações que, por suas características, no que se refere às partes envolvidas, valores, forma de realização, instrumentos utilizados, ou pela falta de fundamento econômico ou legal, possam configurar a hipótese nele prevista.

§ 2º As comunicações de boa-fé, feitas na forma prevista neste artigo, não acarretarão responsabilidade civil ou administrativa.

§ 3º O Coaf disponibilizará as comunicações recebidas com base no inciso II do caput aos respectivos órgãos responsáveis pela regulação ou fiscalização das pessoas a que se refere o art. 9º.

Art. 11-A As transferências internacionais e os saques em espécie deverão ser previamente comunicados à instituição financeira, nos termos, limites, prazos e condições fixados pelo Banco Central do Brasil.

Assim como o art. 10, este artigo visa estabelecer obrigações às pessoas contidas no art. 9º. De forma a simplificar o estudo, vamos esquematizar essas obrigações:

▷ Dispensarão especial atenção às operações que, nos termos de instruções emanadas das autoridades competentes, possam constituir-se em sérios indícios dos crimes previstos nesta lei ou com eles relacionar-se;

▷ **Deverão comunicar ao Coaf, abstendo-se de dar ciência de tal ato a qualquer pessoa, inclusive àquela à qual se refira a informação, no prazo de 24 horas, a proposta ou realização:**

- de todas as transações referidas no inciso II do art. 10, acompanhadas da identificação de que trata o inciso I do mesmo artigo; e
- das operações referidas no inciso I.

▷ Deverão comunicar ao órgão regulador ou fiscalizador da sua atividade ou, na sua falta, ao Coaf, na periodicidade, forma e condições por eles estabelecidas, a não ocorrência de propostas, transações ou operações passíveis de serem comunicadas nos termos do inciso II.

As autoridades competentes, dentro das obrigações impostas no inciso I, deverão elaborar uma relação de operações que, por meio de suas peculiaridades, possam configurar crime.

Quando a comunicação ocorrer de boa-fé e nos moldes do art. 11, não haverá o que se falar em responsabilidade civil ou administrativa.

O Coaf disponibilizará as comunicações por ele recebidas, conforme determina o inciso II, aos órgãos responsáveis pela regulação ou fiscalização das pessoas determinadas no art. 9º.

para finalizar, havendo transferências internacionais ou saques em espécies, deverão estes ser previamente comunicados à instituição financeira, em conformidade com as regras fixadas pelo Banco Central.

## Responsabilidade administrativa

Art. 12 Às pessoas referidas no art. 9º, bem como aos administradores das pessoas jurídicas, que deixem de cumprir as obrigações previstas nos arts. 10 e 11 serão aplicadas, cumulativamente ou não, pelas autoridades competentes, as seguintes sanções:

I – advertência;

II – multa pecuniária variável não superior:

a) ao dobro do valor da operação;

b) ao dobro do lucro real obtido ou que presumivelmente seria obtido pela realização da operação; ou

c) ao valor de R$ 20.000.000,00.

III – inabilitação temporária, pelo prazo de até dez anos, para o exercício do cargo de administrador das pessoas jurídicas referidas no art. 9º;

IV – cassação ou suspensão da autorização para o exercício de atividade, operação ou funcionamento.

§ 1º A pena de advertência será aplicada por irregularidade no cumprimento das instruções referidas nos incisos I e II do art. 10.

## NOÇÕES DE DIREITO PENAL

§ 2º A multa será aplicada sempre que as pessoas referidas no art. 9o, por culpa ou dolo:
I – deixarem de sanar as irregularidades objeto de advertência, no prazo assinalado pela autoridade competente;
II – não cumprirem o disposto nos incisos I a IV do art. 10;
III – deixarem de atender, no prazo estabelecido, a requisição formulada nos termos do inciso V do art. 10;
IV – descumprirem a vedação ou deixarem de fazer a comunicação a que se refere o art. 11.

§ 3º A inabilitação temporária será aplicada quando forem verificadas infrações graves quanto ao cumprimento das obrigações constantes desta Lei ou quando ocorrer reincidência específica, devidamente caracterizada em transgressões anteriormente punidas com multa.

§ 4º A cassação da autorização será aplicada nos casos de reincidência específica de infrações anteriormente punidas com a pena prevista no inciso III do caput deste artigo.

**Art. 13** (Revogado)

As sanções se aplicam quanto às pessoas jurídicas taxadas no art. 9º, bem como aos administradores dessas pessoas, que não cumprirem com as obrigações de identificação dos clientes e manutenção de registros e de comunicação de operações financeiras.

As sanções podem ser aplicadas tanto de forma cumulativa, ou seja, pode ser aplicada mais de uma sanção, bem como pode ser aplicada de forma isolada, ou seja, apenas uma.

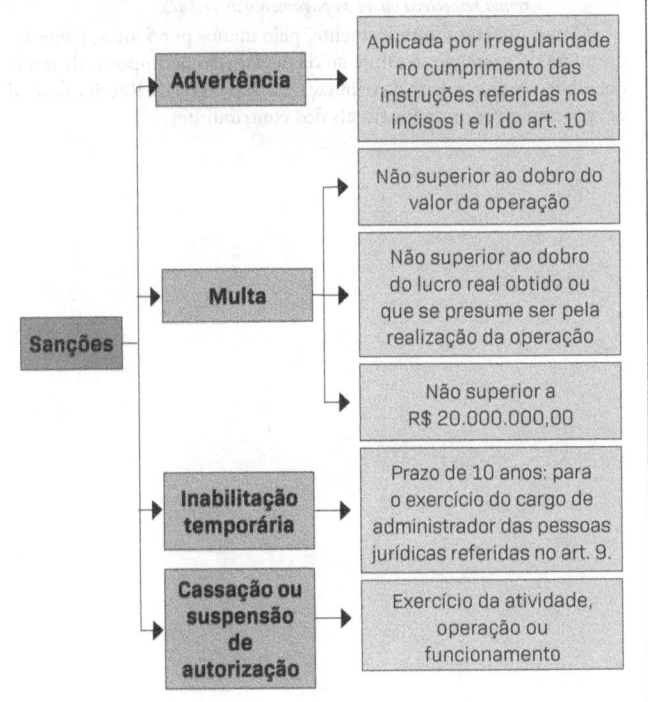

**Sanções:**
- **Advertência**: Aplicada por irregularidade no cumprimento das instruções referidas nos incisos I e II do art. 10
- **Multa**:
  - Não superior ao dobro do valor da operação
  - Não superior ao dobro do lucro real obtido ou que se presume ser pela realização da operação
  - Não superior a R$ 20.000.000,00
- **Inabilitação temporária**: Prazo de 10 anos: para o exercício do cargo de administrador das pessoas jurídicas referidas no art. 9.
- **Cassação ou suspensão de autorização**: Exercício da atividade, operação ou funcionamento

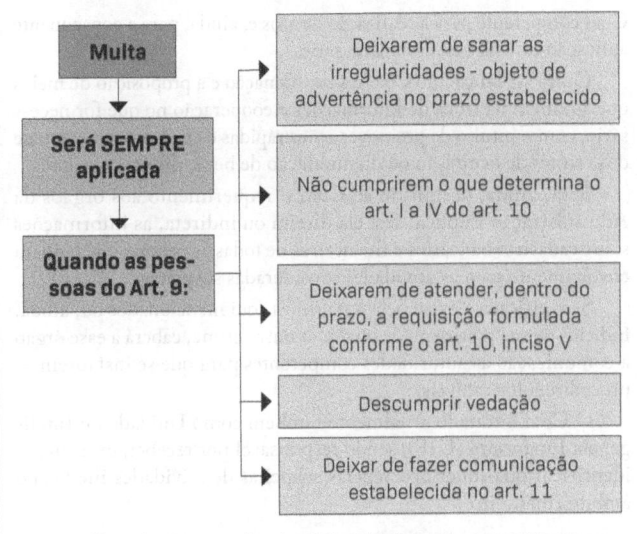

**Multa - Será SEMPRE aplicada quando as pessoas do Art. 9:**
- Deixarem de sanar as irregularidades - objeto de advertência no prazo estabelecido
- Não cumprirem o que determina o art. I a IV do art. 10
- Deixarem de atender, dentro do prazo, a requisição formulada conforme o art. 10, inciso V
- Descumprir vedação
- Deixar de fazer comunicação estabelecida no art. 11

### Conselho de Controle de Atividades Financeiras

**Art. 14** É criado, no âmbito do Ministério da Fazenda, o Conselho de Controle de Atividades Financeiras - Coaf, com a finalidade de disciplinar, aplicar penas administrativas, receber, examinar e identificar as ocorrências suspeitas de atividades ilícitas previstas nesta Lei, sem prejuízo da competência de outros órgãos e entidades.

§ 1º As instruções referidas no art. 10 destinadas às pessoas mencionadas no art. 9º, para as quais não exista órgão próprio fiscalizador ou regulador, serão expedidas pelo Coaf, competindo-lhe, para esses casos, a definição das pessoas abrangidas e a aplicação das sanções enumeradas no art. 12.

§ 2º O Coaf deverá, ainda, coordenar e propor mecanismos de cooperação e de troca de informações que viabilizem ações rápidas e eficientes no combate à ocultação ou dissimulação de bens, direitos e valores.

§ 3º O Coaf poderá requerer aos órgãos da Administração Pública as informações cadastrais bancárias e financeiras de pessoas envolvidas em atividades suspeitas.

**Art. 15** O Coaf comunicará às autoridades competentes para a instauração dos procedimentos cabíveis, quando concluir pela existência de crimes previstos nesta Lei, de fundados indícios de sua prática, ou de qualquer outro ilícito.

O Conselho de Controle de Atividades Financeiras (Coaf) é o órgão de inteligência financeira do Governo Federal que atua, principalmente, na prevenção e no combate ao crime de lavagem de capitais. Esse órgão foi criado no âmbito do Ministério da Fazenda e da Segurança Pública e tem como atribuições a produção de inteligência financeira e a promoção de meios protetivos aos setores econômicos contra a lavagem de capitais e o financiamento do terrorismo.

**Art. 5º, Lei nº 13.974/2020** A organização e o funcionamento do Coaf, incluídas a sua estrutura e as competências e as atribuições no âmbito da Presidência, do Plenário e do Quadro Técnico, serão definidos em seu Regimento Interno, aprovado pela Diretoria Colegiada do Banco Central do Brasil.

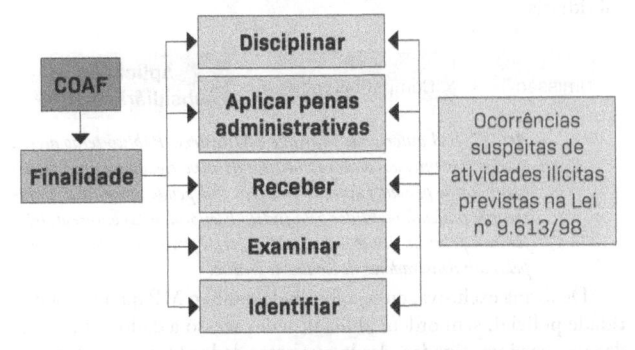

**COAF - Finalidade:**
- Disciplinar
- Aplicar penas administrativas
- Receber
- Examinar
- Identificar

Ocorrências suspeitas de atividades ilícitas previstas na Lei nº 9.613/98

Nos casos mencionados no art. 10, quando a pessoa, física ou jurídica, não tiver órgão próprio de fiscalização ou regulamentação, será o

# LEI Nº 9.613/1998 – CRIMES DE LAVAGEM DE BENS

Coaf competente para a realização de atos e, ainda, para a consequente aplicação de sanções, caso necessário.

Outra atribuição do Coaf é a coordenação e a proposição de meios que auxiliem na troca de informações e cooperação no que for necessário, com o intuito de promover ações rápidas e eficientes ao combate dos crimes de ocultação ou dissimulação de bens, direitos e valores.

Será, ainda, permitido ao Coaf o requerimento aos órgãos da Administração Pública, seja ela direita ou indireta, as informações sobre cadastros bancários e financeiros de todas as pessoas que tenham envolvimento com as atividades consideradas suspeitas.

Se verificada a existência dos crimes aqui mencionados ou, ainda, indícios de sua prática ou de qualquer outro crime, caberá a esse órgão a comunicação às autoridades competentes para que se instaurem os procedimentos cabíveis.

O Coaf é tratado atualmente também como Unidade de Inteligência Financeira (UIF), sendo responsável por receber, examinar e identificar quaisquer ocorrências suspeitas de atividades ilícitas no âmbito financeiro.

**Composição** → **Servidores Públicos** → **Reputação Ilibada e reconhecida competência**

**Integrantes do quadro pessoal efetivo:** ← **Designados por ato do Ministério do Estado da Justiça e Segurança Pública**

- Banco Central do Brasil
- Comissão de Valores Mobiliários
- Superintendência de Seguros Privados
- Procuradoria-Geral da Fazenda Nacional
- Secretaria da Receita Federal do Brasil
- Agência Brasileira de Inteligência
- Ministério das Relações Exteriores
- Ministério da Justiça
- Departamento de Polícia Federal
- Ministério da Previdência Social Controladoria-Geral da União e Advocacia Geral da União (art. 4º, § 1º, inciso XII, da Lei 13.974/2020.

Art. 4º, § 5º: Compete ao Presidente do Banco Central do Brasil escolher e nomear o Presidente do Coaf e os membros do Plenário. (Lei 13.974/2020).

## Disposições gerais

*Art. 17-A Aplicam-se, subsidiariamente, as disposições do Decreto-lei nº 3.689, de 3 de outubro de 1941 (Código de Processo Penal), no que não forem incompatíveis com esta Lei.*

Por força do princípio da subsidiariedade, nos casos em que a Lei nº 9.613/1998 for omissa e havendo compatibilidade entre essa lei e o Código de Processo Penal, este poderá ser aplicado de forma subsidiária.

Omissão + Compatibilidade = **Aplicação subsidiária do CPP**

*Art. 17-B A autoridade policial e o Ministério Público terão acesso, exclusivamente, aos dados cadastrais do investigado que informam qualificação pessoal, filiação e endereço, independentemente de autorização judicial, mantidos pela Justiça Eleitoral, pelas empresas telefônicas, pelas instituições financeiras, pelos provedores de internet e pelas administradoras de cartão de crédito.*

De forma exclusiva, ou seja, limitada, tanto o MP quanto a autoridade policial, sem ordem judicial, terão acesso a dados cadastrais das pessoas investigadas, desde que esses dados fornecidos tenham relação apenas sobre qualificação pessoal, filiação e seu endereço. Esses dados devem ser aqueles mantidos pela Justiça Eleitoral, empresas de telefonia, instituições financeiras, provedores de internet e ainda pelas administradoras de cartão de crédito.

*Art. 17-C Os encaminhamentos das instituições financeiras e tributárias em resposta às ordens judiciais de quebra ou transferência de sigilo deverão ser, sempre que determinado, em meio informático, e apresentados em arquivos que possibilitem a migração de informações para os autos do processo sem redigitação.*

Nos casos de as instituições financeiras e tributárias precisarem responder a ordens judiciais, dá-se preferência para que estas sejam feitas por meio informático, ou seja, arquivos eletrônicos, que possam ser transferidos para os autos do processo, sem a necessidade que seja ele redigitado, buscando a celeridade processual.

*Art. 17-D Em caso de indiciamento de servidor público, este será afastado, sem prejuízo de remuneração e demais direitos previstos em lei, até que o juiz competente autorize, em decisão fundamentada, o seu retorno.*

O servidor público que for indiciado pela prática de um dos crimes aqui mencionados será afastado de seu cargo até que o juízo competente autorize seu retorno. Durante esse período, o servidor continuará a receber sua remuneração, bem como não sofrerá prejuízos aos demais direitos a ele atribuídos por lei.

*Art. 17-E A Secretaria da Receita Federal do Brasil conservará os dados fiscais dos contribuintes pelo prazo mínimo de 5 (cinco) anos, contado a partir do início do exercício seguinte ao da declaração de renda respectiva ou ao do pagamento do tributo.*

Como dissemos anteriormente, pelo menos por 5 anos, contados do início do exercício seguinte ao da declaração do imposto de renda ou, ainda, do pagamento da tributação, a Secretaria da Receita Federal deverá conservar os dados fiscais dos contribuintes.

# NOÇÕES DE DIREITO PROCESSUAL PENAL

# 1 INTRODUÇÃO AO DIREITO PROCESSUAL PENAL

Toda vez que ocorre a prática de um delito, nasce para o Estado o *jus puniendi*, ou seja, o direito de punir do Estado, sempre pautado no devido processo legal. Tal mandamento deriva do Estado Democrático de Direito. Cumpre frisar que o Estado não pode simplesmente aplicar qualquer pena, mas, sim, seguir o mandamento constitucional previsto no art. 5º, XLVII:

> *Art. 5º, CF/1988 [...]*
> *XLVII – não haverá penas:*
> *a) de morte, salvo em caso de guerra declarada, nos termos do art. 84, XIX;*
> *b) de caráter perpétuo;*
> *c) de trabalhos forçados;*
> *d) de banimento;*
> *e) cruéis.*

Assim, visa-se respeitar a dignidade da pessoa humana, harmonizando-a com as medidas legais pertinentes à elucidação de um delito, bem como a consequente aplicação posterior da pena.

Desse modo, definimos o processo penal como um conjunto de normas jurídicas tendentes a direcionar a atuação da polícia judiciária, assim como de todo o Poder Judiciário criminal, objetivando uma investigação, um processo e uma sentença justa, que se fundamentem na verdade dos fatos, a fim de respeitar todos os direitos constitucionais do homem, a ampla defesa, a presunção de inocência, dentre outros. Nesse sentido, verificamos nos comandos a seguir relacionados, previstos no art. 5º da CF/1988:

> *Art. 5º, CF/1988 [...]*
> *III – ninguém será processado nem sentenciado senão pela autoridade competente;*
> *LIV – ninguém será privado da liberdade ou de seus bens sem o devido processo legal;*
> *LV – aos litigantes, em processo judicial ou administrativo, e aos acusados em geral são assegurados o contraditório e ampla defesa, com os meios e recursos a ela inerentes;*
> *LVI – são inadmissíveis, no processo, as provas obtidas por meios ilícitos;*
> *LVII – ninguém será considerado culpado até o trânsito em julgado de sentença penal condenatória.*

Por fim, cabe ressaltar que a prisão ocorre no Brasil conforme mandamento também presente no inciso LXI do art. 5º da CF/1988:

> *Art. 5º, LXI, CF/1988 Ninguém será preso senão em flagrante delito ou por ordem escrita e fundamentada de autoridade judiciária competente, salvo nos casos de transgressão militar ou crime propriamente militar, definidos em lei.*

## 1.1 Lei Processual Penal no espaço

O Código de Processo Penal, em seu art. 1º, estabelece o princípio da territorialidade da Lei Processual Penal *(Locus Regit Actum ou Lex Fori)*, de modo que se aplicam em território brasileiro as normas de cunho processual penal a todas as infrações penais relacionadas com o Estado brasileiro, de maneira a não haver hipóteses de extraterritorialidade de Lei Processual Penal.

> *Art. 1º, CPP O processo penal reger-se-á, em todo o território brasileiro, por este Código, ressalvados:*
> *I – os tratados, as convenções e regras de Direito Internacional;*
> *II – as prerrogativas constitucionais do presidente da República, dos ministros de Estado, nos crimes conexos com os do presidente da República, e dos ministros do Supremo Tribunal Federal, nos crimes de responsabilidade;*
> *III – os processos da competência da Justiça Militar;*
> *IV – os processos da competência do tribunal especial;*
> *V – os processos por crimes de imprensa.*
> *Parágrafo único. Aplicar-se-á, entretanto, este Código aos processos referidos nºs IV e V, quando as leis especiais que os regulam não dispuserem de modo diverso.*

Ao falar sobre território, faz-se necessário buscar seu conceito na própria lei, ou seja, no Código Penal Brasileiro, conforme esculpido definição presente no em seu art. 5º:

> *Art. 5º, CP Aplica-se a lei brasileira, sem prejuízo de convenções, tratados e regras de direito internacional, ao crime cometido no território nacional.*
> *§ 1º Para os efeitos penais, consideram-se como extensão do território nacional as embarcações e aeronaves brasileiras, de natureza pública ou a serviço do governo brasileiro onde quer que se encontrem, bem como as aeronaves e as embarcações brasileiras, mercantes ou de propriedade privada, que se achem, respectivamente, no espaço aéreo correspondente ou em alto-mar.*
> *§ 2º É também aplicável a lei brasileira aos crimes praticados a bordo de aeronaves ou embarcações estrangeiras de propriedade privada, achando-se aquelas em pouso no território nacional ou em voo no espaço aéreo correspondente, e estas em porto ou mar territorial do Brasil.*

## 1.2 Lei Processual Penal no tempo

> *Art. 2º, CPP A lei processual penal aplicar-se-á desde logo, sem prejuízo da validade dos atos realizados sob a vigência da lei anterior.*

Este artigo contempla o princípio da aplicação imediata (*tempus regit actum*). Deste princípio derivam duas regras fundamentais:

▷ A lei genuinamente processual tem aplicação imediata;
▷ A vigência dessa nova lei não invalida os atos processuais anteriores já praticados.

## 1.3 Interpretação da Lei Processual Penal

> *Art. 3º, CPP A lei processual penal admitirá interpretação extensiva e aplicação analógica, bem como o suplemento dos princípios gerais de direito.*

A aplicação da Lei Processual Penal segue as mesmas regras de hermenêutica que disciplinam a interpretação da legislação em geral. Interpretar significa definir o sentido e o alcance de determinado conceito.

Em função da impossibilidade de se poder escrever na lei todo seu significado ou, ainda, de se prever todas as situações possíveis de ocorrer efetivamente, o art. 3º do Código de Processo Penal prevê que a Lei Processual Penal admitirá:

▷ Interpretação extensiva;
▷ Aplicação analógica;
▷ Suplemento dos princípios gerais de Direito.

# NOÇÕES DE DIREITO PROCESSUAL PENAL

## 2 INQUÉRITO POLICIAL

A persecução criminal apresenta dois momentos distintos: o da investigação e o da ação penal. A investigação é a atividade preparatória da ação penal, de caráter preliminar e informativo. Já a ação penal consiste no pedido de julgamento da pretensão punitiva.

Em outros termos, a persecução penal estatal se constitui de duas etapas:

▷ Investigação preliminar: gênero do qual é espécie o inquérito policial, cujo objetivo é formar lastro probatório mínimo para a deflagração válida da fase seguinte;

▷ Processo penal: é desencadeado pela propositura de ação penal perante o judiciário.

| Crime | Persecução | Pena |
|---|---|---|
| | Investigações + Processo judicial | |

### 2.1 Conceito de inquérito policial

Inquérito policial (IP) é um **procedimento administrativo** inquisitivo, anterior ao processo, presidido pela autoridade policial (delegado de Polícia) que conduz diligências, as quais objetivam apurar: autoria (responsável pelo crime); materialidade (existência) e circunstâncias com a finalidade de possibilitar que o titular da ação penal possa ingressar em juízo.

### 2.2 Natureza jurídica

Trata-se de um **procedimento administrativo**, quando verificamos o quesito Procedimento – uma vez que não se trata de processo judicial nem de processo administrativo, porquanto dele não resulta a imposição direta de nenhuma sanção.

O IP é um procedimento administrativo, porque é realizado pela polícia judiciária, que é um órgão do Poder Executivo, que tem como função típica administrar a coisa pública.

### 2.3 Características do inquérito policial

#### 2.3.1 Inquisitivo

No inquérito policial não há partes, acusação e defesa; temos somente o delegado de Polícia investigando um crime e, consequentemente, um suspeito. Nele, não há contraditório nem ampla defesa.

A investigação não observa o contraditório, pois a Polícia não tem a obrigação de avisar um suspeito que o está investigando; e não há ampla defesa, porque o inquérito não pode, em regra, fundamentar uma sentença condenatória, tendo o suspeito possibilidade de se defender durante o processo.

> *Art. 5º, LV, CF/1988 Aos litigantes, em processo judicial ou administrativo, e aos acusados em geral são assegurados o contraditório e ampla defesa, com os meios e recursos a ela inerentes.*

Como a fase da investigação não existe nenhuma acusação nem partes, não há que se falar em contraditório e ampla defesa, pois o Direito Constitucional previsto no art. 5º, LV, da CF/1988 é válido para as partes de um processo. Além do inquérito policial não ter partes, é um procedimento e não um processo, conforme descrito na Constituição Federal.

#### 2.3.2 Escrito

Todas as diligências realizadas no curso de um inquérito policial devem ser passadas a termo (escritas), para que seja facilitada a troca de informações entre os órgãos responsáveis pela persecução penal.

O delegado de Polícia tem a faculdade de filmar ou gravar diligências realizadas, mas isso não afasta a obrigação de transcrever todas por escrito.

> *Art. 405, § 1º, CPP Sempre que possível, o registro dos depoimentos do investigado, indiciado, ofendido e testemunhas será feito pelos meios ou recursos de gravação magnética, estenotipia, digital ou técnica similar, inclusive audiovisual, destinada a obter maior fidelidade das informações.*

Assim, é possível que o delegado, havendo meios, documente os atos do IP por meio das tecnologias existentes, inclusive captação de som e imagem.

#### 2.3.3 Discricionário

Discricionariedade é a liberdade dentro da lei (esta determina ou autoriza a atuação do Estado). Assim, o delegado tem liberdade para a adoção e condução das diligências adotadas no curso de um inquérito policial.

O art. 6º do CPP traz um rol de possíveis procedimentos que podem ser adotados pela Polícia na condução de um inquérito; ele não é taxativo, pois a Polícia pode adotar qualquer uma daquelas diligências na ordem que entender melhor, ou seja, o rol é exemplificativo.

Não podemos entender discricionariedade como uma faculdade do delegado de iniciar ou não uma investigação, porque, conforme veremos adiante, em alguns casos a investigação é obrigatória. A discricionariedade refere-se ao fato de o delegado, sendo obrigado ou não a investigar, poder adotar as diligências que considere convenientes para a solução do crime, desde que esteja prevista tal diligência na lei.

Explica essa regra o fato de que cada crime é um acontecimento único no mundo e, assim, a solução deles não tem uma receita certa, devendo a autoridade policial saber utilizar, dentre os meios disponíveis, aqueles adequados à solução do caso.

#### 2.3.4 Oficial

A realização do inquérito policial é atribuição de um órgão oficial do Estado (Polícia Judiciária), com a presidência deste incumbida à autoridade policial do respectivo órgão (delegado de Polícia – art. 2º, § 1º, Lei nº 12.830/2013).

> *Art. 2º, Lei nº 12.830/2013 As funções de polícia judiciária e a apuração de infrações penais exercidas pelo delegado de polícia são de natureza jurídica, essenciais e exclusivas de Estado.*

#### 2.3.5 Oficioso

Ao tomar conhecimento de notícia de crime de ação penal pública incondicionada, a autoridade policial é obrigada a agir de ofício, independentemente de provocação da vítima e/ou qualquer outra pessoa.

Deve instaurar o inquérito policial de ofício, nos termos do art. 5º, I, do CPP, procedendo, então, às diligências investigatórias para obter elementos de informação quanto à infração penal e sua autoria.

No caso de crimes de ação penal pública condicionada à representação e de ação penal de iniciativa privada, a instauração do IP está condicionada à manifestação da vítima ou de seu representante legal.

#### 2.3.6 Sigiloso

Ao contrário do que ocorre no processo, o inquérito não comporta publicidade, sendo procedimento essencialmente sigiloso, disciplinando o art. 20, do CPP:

> *Art. 20, CPP A autoridade assegurará no inquérito o sigilo necessário à elucidação do fato ou exigido pelo interesse da sociedade.*

Classificação do sigilo:

▷ **Sigilo externo**: destinado aos terceiros desinteressados e à imprensa;
▷ **Sigilo Interno**: destinado aos interessados no processo.

O sigilo do IP não atinge o juiz e o membro do Ministério Público. Quanto ao advogado do investigado, o Estatuto da OAB traz, em art. 7º, XIV, a seguinte redação:

> *Art. 7º, EOAB São direitos do advogado: [...]*
> *XIV – examinar, em qualquer instituição responsável por conduzir investigação, mesmo sem procuração, autos de flagrante e de investigações de qualquer natureza, findos ou em andamento, ainda que conclusos à autoridade, podendo copiar peças e tomar apontamentos, em meio físico ou digital.*

# INQUÉRITO POLICIAL

**Súmula Vinculante nº 14 – STF**
*É direito do defensor, no interesse do representado, ter acesso amplo aos elementos de prova que, já documentados em procedimento investigatório realizado por órgão com competência de polícia judiciária, digam respeito ao exercício do direito de defesa.*

## 2.3.7 Indisponível

A persecução criminal é de ordem pública e, uma vez iniciado o inquérito, o delegado de Polícia não pode dispor dele. Se diante de uma circunstância fática o delegado percebe que não houve crime, nem em tese, não deve iniciar o inquérito policial. Contudo, uma vez iniciado o procedimento investigativo, deve levá-lo até o final, não podendo arquivá-lo em virtude de expressa vedação contida no art. 17 do CPP.

**Art. 17, CPP** *A autoridade policial não poderá mandar arquivar autos de inquérito.*

## 2.3.8 Dispensável

Da leitura de dispositivos que regem a persecução penal preliminar, a exemplo art. 39, § 5º, do CPP, podemos concluir que o inquérito não é imprescindível para a propositura da ação penal.

**Art. 39, § 5º, CPP** *O órgão do Ministério Público dispensará o inquérito, se com a representação forem oferecidos elementos que o habilitem a promover a ação penal, e, neste caso, oferecerá a denúncia no prazo de quinze dias.*

O inquérito visa coletar indícios de autoria e materialidade do crime para que o titular da ação penal possa ingressar em juízo. Assim, se ele tiver esses indícios colhidos por outros meios, como por um inquérito não policial, o inquérito policial se torna dispensável.

**Súmula nº 234 – STJ**
*A participação de membro do Ministério Público na fase investigatória criminal não acarreta seu impedimento ou suspeição para o oferecimento da denúncia.*

## 2.4 Valor probatório do inquérito policial

O inquérito policial tem valor probatório relativo, pois ele serve para embasar o início do processo, mas não tem a força de, sozinho, sustentar uma sentença condenatória, porque as provas colhidas durante o IP não se submeteram ao contraditório e à ampla defesa. Enfatizamos que o valor probatório é relativo, uma vez que não fundamenta uma decisão judicial, porém pode dar margem à abertura de um processo criminal contra alguém.

**Art. 155, CPP** *O juiz formará sua convicção pela livre apreciação da prova produzida em contraditório judicial, não podendo fundamentar sua decisão exclusivamente nos elementos informativos colhidos na investigação, ressalvadas as provas cautelares, não repetíveis e antecipadas.*

### 2.4.1 Provas cautelares, não repetíveis e antecipadas

São as provas extraídas do inquérito policial e que têm a força de, eventualmente, sustentar uma sentença condenatória, conforme orienta o art. 155 do CPP.

#### Provas cautelares

São aquelas em que existe um risco de desaparecimento do objeto pelo decurso do tempo. Justificam-se pela necessidade, pela urgência.

#### Provas não renováveis ou irrepetíveis

São colhidas na fase investigatória, porque não podem ser produzidas novamente na fase processual devido ao seu fácil perecimento.

Perícia nos vestígios do crime: para que essas provas tenham valor probatório de justificar uma sentença na fase processual, é necessário que elas sejam submetidas à ampla defesa e ao contraditório diferido ou postergado, ou seja, durante a fase processual.

#### Prova antecipada

Aqui, referimo-nos às provas que, em regra, deveriam ser colhidas durante o curso do processo, e não durante o inquérito policial. Em alguns casos, é possível que o juiz antecipe a oitiva de uma testemunha para a fase das investigações, quando houver receio de que ela morra (idade avançada ou doença grave) ou, então, que a vítima se mude definitivamente para outro lugar, inviabilizando sua audição.

**Art. 225, CPP** *Se qualquer testemunha houver de ausentar-se, ou, por enfermidade ou por velhice, inspirar receio de que ao tempo da instrução criminal já não exista, o juiz poderá, de ofício ou a requerimento de qualquer das partes, tomar-lhe antecipadamente o depoimento.*

## 2.5 Vícios

Os vícios do inquérito policial são seus defeitos ou suas nulidades, e a dúvida é se aqueles podem ou não causar nulidades ao processo futuro. A resposta é negativa, pois o IP não tem a força de condenar ninguém; assim, seus defeitos serão apurados pelos órgãos competentes (Corregedoria, Ministério Público). Dessa forma, podemos concluir que o delegado não pode ser considerado impedido ou suspeito de presidir o IP pelas futuras partes.

## 2.6 Procedimento investigatório face aos servidores vinculados aos órgãos da segurança da pública (art. 144, CF/1988)

A Lei nº 13.964/2019 (Pacote Anticrime) incluiu o art. 14-A ao Código de Processo Penal, com a seguinte redação:

**Art. 14-A, CPP** *Nos casos em que servidores vinculados às instituições dispostas no art. 144 da Constituição Federal figurarem como investigados em inquéritos policiais, inquéritos policiais militares e demais procedimentos extrajudiciais, cujo objeto for a investigação de fatos relacionados ao uso da força letal praticados no exercício profissional, de forma consumada ou tentada, incluindo as situações dispostas no art. 23 do Decreto-lei nº 2.848, de 7 de dezembro de 1940 (Código Penal), o indiciado poderá constituir defensor.*

*§ 1º Para os casos previstos no caput deste artigo, o investigado deverá ser citado da instauração do procedimento investigatório, podendo constituir defensor no prazo de até 48 (quarenta e oito) horas a contar do recebimento da citação.*

*§ 2º Esgotado o prazo disposto no § 1º deste artigo com ausência de nomeação de defensor pelo investigado, a autoridade responsável pela investigação deverá intimar a instituição a que estava vinculado o investigado à época da ocorrência dos fatos, para que essa, no prazo de 48 (quarenta e oito) horas, indique defensor para a representação do investigado.*

*§ 3º Havendo necessidade de indicação de defensor nos termos do § 2º deste artigo, a defesa caberá preferencialmente à Defensoria Pública, e, nos locais em que ela não estiver instalada, a União ou a Unidade da Federação correspondente à respectiva competência territorial do procedimento instaurado deverá disponibilizar profissional para acompanhamento e realização de todos os atos relacionados à defesa administrativa do investigado.*

*§ 4º A indicação do profissional a que se refere o § 3º deste artigo deverá ser precedida de manifestação de que não existe defensor público lotado na área territorial onde tramita o inquérito e com atribuição para nele atuar, hipótese em que poderá ser indicado profissional que não integre os quadros próprios da Administração.*

*§ 5º Na hipótese de não atuação da Defensoria Pública, os custos com o patrocínio dos interesses dos investigados nos procedimentos de que trata este artigo correrão por conta do orçamento próprio da instituição a que este esteja vinculado à época da ocorrência dos fatos investigados.*

*§ 6º As disposições constantes deste artigo se aplicam aos servidores militares vinculados às instituições dispostas no art. 142 da Constituição Federal, desde que os fatos investigados digam respeito a missões para a Garantia da Lei e da Ordem.*

# NOÇÕES DE DIREITO PROCESSUAL PENAL

## 2.7 Incomunicabilidade

É importante saber que a incomunicabilidade não foi recepcionada pela CF/1988 e está tacitamente sem efeitos, mas suas regras são cobradas em questão de concurso.

*Art. 21, CPP A incomunicabilidade do indiciado dependerá sempre de despacho nos autos e somente será permitida quando o interesse da sociedade ou a conveniência da investigação o exigir.*

*Parágrafo único. A incomunicabilidade, que não excederá de três dias, será decretada por despacho fundamentado do Juiz, a requerimento da autoridade policial, ou do órgão do Ministério Público, respeitado, em qualquer hipótese, o disposto no artigo 89, inciso III, do Estatuto da Ordem dos Advogados do Brasil.*

## 2.8 Notícia crime

Notícia crime (*notitia criminis*) é o conhecimento espontâneo ou provocado por parte da autoridade policial de um fato aparentemente criminoso. Por meio dela, a autoridade policial dará início às investigações.

### 2.8.1 Classificação da notícia crime

Ela é classificada em direta ou indireta, conforme veremos a seguir:

▷ **Notícia crime direta (cognição imediata ou espontânea):** a autoridade policial toma conhecimento de um fato supostamente criminoso por meio da atuação da própria Polícia, quando noticiado o crime pela imprensa ou comunicado anonimamente por um particular.

▷ **Notícia crime indireta (cognição mediata ou provocada):** a Polícia Judiciária toma conhecimento do crime por meio da comunicação de um terceiro identificado.

### 2.8.2 Espécies de notícia crime indireta

#### Requerimento

É a comunicação de um fato supostamente criminoso, realizado pela vítima ou por seu representante legal. Além de comunicar o crime, também serve como um pedido para que a Polícia inicie as investigações.

Segundo o CPP, diante de um requerimento, o delegado pode recusar-se a iniciar as investigações e, nesse caso, é cabível recurso ao chefe de Polícia (art. 5º, § 2º, CPP).

*Art. 5º, § 2º, CPP Do despacho que indeferir o requerimento de abertura de inquérito caberá recurso para o chefe de Polícia.*

#### Requisição

É a comunicação do crime feita à autoridade policial pelo promotor ou pelo juiz e uma determinação para o início das investigações. O delegado não pode se recusar a cumprir uma requisição.

*Art. 13, CPP Incumbirá ainda à autoridade policial:*
*I – fornecer às autoridades judiciárias as informações necessárias à instrução e julgamento dos processos;*
*II – **realizar as diligências requisitadas pelo juiz ou pelo Ministério Público**;*
*III – cumprir os mandados de prisão expedidos pelas autoridades judiciárias;*
*IV – representar acerca da prisão preventiva.*

#### Representação

É a comunicação do crime e, também, uma autorização para que o Estado atue, seja investigando e/ou processando o possível autor. A representação é apresentada pela vítima ou por seu representante legal nos crimes de ação penal pública condicionada a ela.

É importante saber que a falta da representação nos casos em que a investigação dependa dela impede a atuação do Estado, ou seja, a Polícia não pode investigar o fato, não pode lavrar um auto de prisão em flagrante e não haverá processo.

#### Requisição do ministro da justiça

É a comunicação do crime e, também, uma autorização política para que o delegado inicie as investigações. Será necessária especificamente em crimes de ação penal pública condicionada à requisição do Ministro da Justiça, a qual não tem caráter de ordem como a do juiz ou do promotor. O nome requisição foi adotado, porque o ato é praticado por uma autoridade da alta cúpula do Poder Executivo.

### 2.8.3 Notícia crime com força coercitiva ou notícia crime por apresentação

É comunicação de um crime decorrente de uma prisão em flagrante, porque a notícia crime manifesta-se com a simples apresentação do autor do delito à autoridade policial, pela pessoa que realizou a prisão.

## 2.9 Prazos para conclusão do inquérito policial

O inquérito policial não pode se estender indefinidamente (é temporário), dispondo o Código de Processo Penal e a legislação extravagante acerca dos prazos de sua conclusão.

### 2.9.1 Regra geral

Como regra geral, para os crimes da atribuição da Polícia Civil estadual, o prazo para a conclusão do inquérito é de 10 dias, estando o indiciado preso (prazo improrrogável), e de 30 dias, se o agente está solto. Este prazo comporta prorrogação, a requerimento do delegado e mediante autorização do juiz (art. 10, CPP), não especificando a lei qual o tempo de prorrogação nem quantas vezes poderá ocorrer, o que nos leva a crer que esta se dá em razão da natureza das diligências necessárias e a complexidade da investigação.

*Art. 10, CPP O inquérito deverá terminar no prazo de 10 dias, se o indiciado tiver sido preso em flagrante, ou estiver preso preventivamente, contado o prazo, nesta hipótese, a partir do dia em que se executar a ordem de prisão, ou no prazo de 30 dias, quando estiver solto, mediante fiança ou sem ela.*

Com o advento da Lei nº 13.964/2019, foi acrescentado o art. 3º-B ao CPP, o qual se encontra no tópico "Juiz das Garantias", passando a dispor, dentre as várias competências do juiz das garantias, a possibilidade de que este possa prorrogar o inquérito policial quando o investigado estiver preso.

*Art. 3º-B, § 2º, CPP Se o investigado estiver preso, o juiz das garantias poderá, mediante representação da autoridade policial e ouvido o Ministério Público, prorrogar, uma única vez, a duração do **inquérito por até 15 (quinze) dias**, após o que, se ainda assim a investigação não for concluída, a prisão será imediatamente relaxada.*

#### Reprodução simulada do fato

*Art. 7º, CPP Para verificar a possibilidade de haver a infração sido praticada de determinado modo, a autoridade policial poderá proceder à reprodução simulada dos fatos, desde que esta não contrarie a moralidade ou a ordem pública.*

A reprodução simulada do fato é a famosa reconstituição do crime; tem a finalidade de verificar se a infração foi praticada de determinado modo. Nesse caso, o suspeito não é obrigado a contribuir com a diligência, mas é obrigado a comparecer.

#### Indiciamento

É o ato da autoridade policial que comunica a uma pessoa que ela é a suspeita de ter praticado determinado crime e está sendo investigada em um inquérito policial. O indiciamento não é um ato discricionário, pois se fundamenta nas provas colhidas durante as diligências. Se as provas apontam um suspeito, ele deve ser indiciado; se não apontam, o delegado não pode indiciar ninguém.

*Art. 2º, § 6º, Lei nº 12.830/2013 O indiciamento, privativo do delegado de polícia, dar-se-á por ato fundamentado, mediante análise técnico-jurídica do fato, que deverá indicar a autoria, materialidade e suas circunstâncias.*

# INQUÉRITO POLICIAL

## Procedimento especial no CPP

**Art. 13-A, CPP** *Nos crimes previstos nos arts. 148, 149 e 149-A, no § 3º do art. 158 e no art. 159 do Decreto-lei nº 2.848, de 7 de dezembro de 1940 (Código Penal), e no art. 239 da Lei nº 8.069, de 13 de julho de 1990 (Estatuto da Criança e do Adolescente), o membro do Ministério Público ou o delegado de polícia poderá requisitar, de quaisquer órgãos do poder público ou de empresas da iniciativa privada, dados e informações cadastrais da vítima ou de suspeitos.*

**Parágrafo único.** *A requisição, que será atendida no prazo de 24 (vinte e quatro) horas, conterá:*

*I – o nome da autoridade requisitante;*

*II – o número do inquérito policial; e*

*III – a identificação da unidade de polícia judiciária responsável pela investigação.*

**Art. 13-B** *Se necessário à prevenção e à repressão dos crimes relacionados ao tráfico de pessoas, o membro do Ministério Público ou o delegado de polícia poderão requisitar, mediante autorização judicial, às empresas prestadoras de serviço de telecomunicações e/ou telemática que disponibilizem imediatamente os meios técnicos adequados – como sinais, informações e outros – que permitam a localização da vítima ou dos suspeitos do delito em curso.*

*§ 1º Para os efeitos deste artigo, sinal significa posicionamento da estação de cobertura, setorização e intensidade de radiofrequência.*

*§ 2º Na hipótese de que trata o caput, o sinal:*

*I – não permitirá acesso ao conteúdo da comunicação de qualquer natureza, que dependerá de autorização judicial, conforme disposto em lei;*

*II – deverá ser fornecido pela prestadora de telefonia móvel celular por período não superior a 30 (trinta) dias, renovável por uma única vez, por igual período;*

*III – para períodos superiores àquele de que trata o inciso II, será necessária a apresentação de ordem judicial.*

*§ 3º Na hipótese prevista neste artigo, o inquérito policial deverá ser instaurado no prazo máximo de 72 (setenta e duas) horas, contado do registro da respectiva ocorrência policial.*

*§ 4º Não havendo manifestação judicial no prazo de 12 (doze) horas, a autoridade competente requisitará às empresas prestadoras de serviço de telecomunicações e/ou telemática que disponibilizem imediatamente os meios técnicos adequados – como sinais, informações e outros – que permitam a localização da vítima ou dos suspeitos do delito em curso, com imediata comunicação ao juiz.*

## Final do inquérito policial

O inquérito policial é finalizado com a produção de um documento chamado relatório. Nele, o delegado relatará as diligências realizadas.

O delegado não deve emitir opinião no relatório – ressalva feita à Lei nº 11.343/2006 (Lei de Drogas), prevendo que, na elaboração do relatório, a autoridade policial deva justificar as razões que a levaram à classificação do delito (art. 52).

Após a confecção do relatório, o IP estará concluído.

## Destino dos autos do inquérito policial

Os autos do inquérito, integrados ao relatório, serão remetidos ao Judiciário (art. 10, § 1º, CPP), para que sejam acessados pelo titular da ação penal.

**Art. 10, § 1º, CPP** *A autoridade fará minucioso relatório do que tiver sido apurado e enviará autos ao juiz competente.*

## Arquivamento do inquérito

**Art. 28, CPP** *Ordenado o arquivamento do inquérito policial ou de quaisquer elementos informativos da mesma natureza, o órgão do Ministério Público comunicará à vítima, ao investigado e à autoridade policial e encaminhará os autos para a instância de revisão ministerial para fins de homologação, na forma da lei. (Redação dada pela Lei nº 13.964/2019)*

Ordenado o arquivamento do IP, o membro do Ministério Público comunicará à vítima, ao investigado e à autoridade policial, devendo, ainda, encaminhar os autos para a instância de revisão ministerial para fins de homologação.

Assim, atualmente, o controle do arquivamento é feito pelo próprio órgão ministerial (MP) e não mais pelo juiz.

## Efeitos do arquivamento do inquérito policial

Arquivado o inquérito policial, por despacho do juiz, a requerimento do promotor de Justiça, não pode a ação penal ser iniciada sem novas provas (Súmula nº 524 – STF). Assim, o arquivamento do IP veda o oferecimento da denúncia para a promoção da ação penal, mas tal vedação não é absoluta, pois, se surgirem novas provas, a acusação poderá ser oferecida e ser iniciada a ação penal.

**Art. 18, CPP** *Depois de ordenado o arquivamento do inquérito pela autoridade judiciária, por falta de base para a denúncia, a autoridade policial poderá proceder a novas pesquisas, se de outras provas tiver notícia.*

# 3 AÇÃO PENAL

A ação penal é o início para todo o processo penal.

## 3.1 Condições da ação penal

### Possibilidade jurídica do pedido

Para atender a essa condição, a ação penal precisa apenas ter sido ajuizada com base em conduta que demonstre fato típico.

Essa conduta típica se mostra quando cumprido o requisito da possibilidade jurídica do pedido.

### Interesse de agir

No Processo Penal, a lide tem, **obrigatoriamente**, que ser resolvida pelas vias judiciárias. Assim, o titular da ação penal deverá provocar o Judiciário.

O interesse de agir, no Processo Penal, está muito ligado à utilização da via correta para dar andamento na lide.

### Legitimidade *ad causam*

Trata-se de quem é pertinente para estar em determinado polo da demanda. O Ministério Público, por exemplo, deve estar no polo ativo no caso de denúncia de crimes hediondos, assim como o réu deve estar em polo passivo no processo.

## 3.2 Espécies de ação penal

### Pública

- Incondicionada;
- Condicionada:
  - Representação ofendido;
  - Requisição Ministro da Justiça.

### Privada

- Exclusiva;
- Personalíssima;
- Subsidiária da Pública;

## 3.3 Ação penal incondicionada

É a regra em nosso ordenamento processual penal. A titularidade é do Ministério Público de forma privativa, ou seja, somente ele possui o poder postulatório como pressuposto processual para a provocação do Poder Judiciário.

Há, no entanto, exceções a essa titularidade:

- Nesse caso, a lei deverá determinar se é **ação penal pública condicionada** ou **ação penal privada**;
- Nos casos em que o crime praticado atenta contra patrimônio ou interesse da União, estados e municípios, a ação penal **será sempre pública**.

> *Art. 24, CPP Nos crimes de ação pública, esta será promovida por denúncia do Ministério Público, mas dependerá, quando a lei o exigir, de requisição do Ministro da Justiça, ou de representação do ofendido ou de quem tiver qualidade para representá-lo. [...]*
> 
> *§ 2º Seja qual for o crime, quando praticado em detrimento do patrimônio ou interesse da União, Estado e Município, a ação penal será pública.*

## 3.4 Princípios que regem a ação penal incondicionada

### Obrigatoriedade

Se houver todos os indícios da materialidade do fato (delito), o MP **deverá** oferecer a denúncia.

**Exceção**: nos juizados especiais, já que nesses casos o titular da ação e o infrator transacionam de forma que não haja o ajuizamento da demanda.

### Indisponibilidade

Após ter sido ajuizada a ação penal pública, seu titular **não poderá desistir ou transigir**.

O MP **não** poderá desistir da ação penal.

> *Art. 42, CPP O Ministério Público não poderá desistir da ação penal.*

### Oficialidade

A ação penal pública **deverá** ser ajuizada por um órgão oficial. Se passado o prazo legal para ajuizamento da ação e o MP não o tiver feito, a lei prevê que o ofendido poderá promover a ação penal privada subsidiária da pública.

Durante o **prazo legal**, a ação penal pública é **exclusiva do MP**. O prazo legal para que o ofendido possa ajuizar a ação penal privada subsidiária da pública é de **6 meses**. Após este prazo, caso o ofendido não tenha ajuizado a ação, **a legitimidade volta a ser do MP, exclusivamente**, desde que não tenha sido extinta a punibilidade.

### Divisibilidade

Caso haja **mais de 1 infrator**, o MP pode ajuizar a demanda apenas a um ou alguns deles, podendo deixar os demais para a demanda posterior. O MP **não** está obrigado a oferecer a denúncia sempre que uma investigação criminal for instaurada. Há casos em que o inquérito policial será arquivado.

> *Art. 28, CPP Ordenado o arquivamento do inquérito policial ou de quaisquer elementos informativos da mesma natureza, o órgão do Ministério Público comunicará à vítima, ao investigado e à autoridade policial e encaminhará os autos para a instância de revisão ministerial para fins de homologação, na forma da lei.*

## 3.5 Ação penal pública condicionada

Nesse caso, para que o MP possa ser o titular da ação penal e exercer de forma legítima tal direito, deverá estar presente o critério de **procedibilidade**, que nada mais é do que a requisição do ministro da Justiça ou, ainda, a representação do ofendido.

Nos casos de requisição do Ministro da Justiça, bem como do condicionamento à representação do ofendido, a representação admite retratação, desde que feita até o momento do oferecimento da denúncia.

No caso em que for ajuizada a ação penal sem a representação, tal nulidade poderá ser sanada se a vítima a apresentar em juízo dentro do prazo de 6 meses – já mencionado anteriormente.

A representação **não poderá ser dividida no que diz respeito aos autores do fato**. Mesmo não podendo haver fracionamento da representação, nada impede o MP de denunciar apenas um infrator por vez, de acordo como o que vimos no processo de divisibilidade.

### Ofendido menor ou incapaz

Representante legal tem legitimidade.

Não tem representante legal?

Interesses colidem com os do representante?

- Juiz deverá nomear curador (art. 33, CPP);
- Tal curador não está obrigado a oferecer representação, apenas a analisar o que é bom ou não para o ofendido.

Prazo para representação: **6 meses**, a contar da data em que se é conhecido o autor do delito.

Representação poderá ser feita perante:

- MP;
- Autoridade policial;
- Juiz.

## AÇÃO PENAL

Nos casos de ação penal pública condicionada à requisição do ministro da Justiça:

▷ Apenas para determinados crimes;

▷ **Não** há prazo decadencial para o oferecimento da requisição, desde que não esteja extinta a punibilidade do crime em questão.

### 3.6 Ação penal privada exclusiva

A vontade do ofendido em oferecer ou não a denúncia se sobrepõe ao interesse público.

#### Princípios

▷ **Oportunidade:** o ofendido ou demais legitimados poderão avaliar se darão ou não início ao processo, levando em consideração a **conveniência do ajuizamento da ação**.

▷ **Disponibilidade:** o ofendido (titular) pode desistir da ação penal.

▷ **Indivisibilidade:** não será possível fracionar a ação penal no que diz respeito aos infratores.

> *Art. 48, CPP A queixa contra qualquer dos autores do crime obrigará ao processo de todos, e o Ministério Público velará pela sua indivisibilidade.*
>
> *Art. 49 A renúncia ao exercício do direito de queixa, em relação a um dos autores do crime, a todos se estenderá.*

Prazo decadencial: **6 meses** contados a partir do momento em que o ofendido fica ciente de quem foi o infrator.

A queixa poderá ser oferecida:

▷ Pessoalmente;

▷ Por procurador com poderes especiais.

Ofendido faleceu. Quem pode ajuizar a ação penal?

▷ Cônjuge;

▷ Ascendente;

▷ Descendente;

▷ Irmão.

A ordem acima deverá ser respeitada.

#### Início do prazo para os legitimados

▷ **Ação penal já ajuizada:** prazo de **60 dias** para prosseguir na ação.

▷ **Ação penal ainda não ajuizada:** prazo se inicia com o óbito do ofendido.

▷ **Exceção:** ainda não era sabido o provável infrator.

### 3.7 Ação penal privada subsidiária da pública

Trata-se do caso em que a ação penal é pública, no entanto, por inércia do MP, é concedido por lei o direito de ajuizar a ação ao ofendido.

> *Art. 29, CPP Será admitida ação privada nos crimes de ação pública, se esta não for intentada no prazo legal, cabendo ao Ministério Público aditar a queixa, repudiá-la e oferecer denúncia substitutiva, intervir em todos os termos do processo, fornecer elementos de prova, interpor recurso e, a todo tempo, no caso de negligência do querelante, retomar a ação como parte principal.*

O ofendido terá o prazo de **6 meses** para oferecer a denúncia, que começa a correr a partir de findo o prazo para que o MP a ofereça.

> *Art. 38, CPP Salvo disposição em contrário, o ofendido, ou seu representante legal, decairá no direito de queixa ou de representação, se não o exercer dentro do prazo de seis meses, contado do dia em que vier a saber quem é o autor do crime, ou, no caso do art. 29 do dia em que se esgotar o prazo para o oferecimento da denúncia.*

Iniciado tal prazo para o ofendido, tanto ele quanto o MP têm legitimidade para oferecer a denúncia. Findo o prazo de **6 meses**, o ofendido perde o direito de ajuizar a ação penal, retornando tal direito exclusivamente para o MP.

Na ação penal privada subsidiária da pública, o MP atua como fiscal da lei, porém com atribuições mais amplas.

Nesses casos, o MP pode:

▷ **Aditar a queixa:** pode se referir a diversos aspectos (inclusão de réus, por exemplo).

▷ **Repudiar a queixa:** somente poderá fazê-lo quando alegar que não houve inércia.

▷ **Retomar a ação como parte principal:** o ofendido deixa a desejar na forma como conduz a causa e o MP retoma a ação como parte principal.

### 3.8 Ação penal personalíssima

Tipo de ação penal personalíssima exclusiva, na qual apenas o ofendido pode ajuizar a ação.

Caso o ofendido venha a falecer, não há a hipótese de estender a legitimidade aos sucessores.

Se o ofendido for menor, não há a possibilidade de o representante ajuizar a demanda.

### 3.9 Denúncia e queixa

#### Elementos

▷ **Exposição do fato criminoso:** a inicial deverá expor de forma detalhada o fato criminoso.

▷ **Qualificação do acusado:** a inicial deverá conter a qualificação do acusado. Caso não haja qualificação suficiente, deverão ser indicados elementos que tornem possível a identificação (tatuagem, marcas no corpo, características físicas).

▷ **Tipificação do delito:** deverá indicar qual dispositivo legal o acusado violou. Não é elemento indispensável.

▷ **Rol de testemunhas:** a inicial deverá conter o rol de testemunhas, caso haja.

▷ **Endereçamento:** a peça acusatória deverá ser endereçada ao juiz competente para apreciação do caso. O endereçamento errado não invalidará a peça.

▷ **Redação em vernáculo:** todos os atos processuais deverão ser redigidos em língua portuguesa.

▷ **Subscrição:** a inicial deverá ser assinada pelo membro do MP ou advogado querelante, quando for o caso.

### 3.10 Acordo de não persecução penal

Trata-se de uma espécie de transação, entre o MP e o suposto infrator, em que há uma transação penal buscando evitar o ajuizamento da ação.

> *Art. 28-A, CPP Não sendo caso de arquivamento e tendo o investigado confessado formal e circunstancialmente a prática de infração penal sem violência ou grave ameaça e com pena mínima inferior a 4 (quatro) anos, o Ministério Público poderá propor acordo de não persecução penal, desde que necessário e suficiente para reprovação e prevenção do crime, **mediante as seguintes condições ajustadas cumulativa e alternativamente**:*
>
> *I – **reparar o dano ou restituir a coisa à vítima**, exceto na impossibilidade de fazê-lo;*
>
> *II – **renunciar voluntariamente a bens e direitos indicados pelo Ministério Público** como instrumentos, produto ou proveito do crime;*
>
> *III – **prestar serviço à comunidade ou a entidades públicas por período correspondente à pena mínima** cominada ao delito diminuída de um a dois terços, em local a ser indicado pelo juízo da execução, na forma do art. 46 do Decreto-lei nº 2.848, de 7 de dezembro de 1940 (Código Penal);*
>
> *IV – **pagar prestação pecuniária**, a ser estipulada nos termos do art. 45 do Decreto-lei nº 2.848, de 7 de dezembro de 1940 (Código Penal), a entidade pública ou de interesse social, a ser indicada pelo juízo da execução, que tenha, preferencialmente, como função proteger bens jurídicos iguais ou semelhantes aos aparentemente lesados pelo delito; ou*
>
> *V – **cumprir, por prazo determinado, outra condição indicada pelo Ministério Público**, desde que proporcional e compatível com a infração penal imputada.*

## NOÇÕES DE DIREITO PROCESSUAL PENAL

§ 1º Para aferição da pena mínima cominada ao delito a que se refere o caput deste artigo, serão consideradas as causas de aumento e diminuição aplicáveis ao caso concreto.

§ 2º O disposto no caput deste artigo não se aplica nas seguintes hipóteses:

I – se for cabível transação penal de competência dos Juizados Especiais Criminais, nos termos da lei;

II – se o investigado for reincidente ou se houver elementos probatórios que indiquem conduta criminal habitual, reiterada ou profissional, exceto se insignificantes as infrações penais pretéritas;

III – ter sido o agente beneficiado nos 5 anos anteriores ao cometimento da infração, em acordo de não persecução penal, transação penal ou suspensão condicional do processo; e

IV – nos crimes praticados no âmbito de violência doméstica ou familiar, ou praticados contra a mulher por razões da condição de sexo feminino, em favor do agressor.

§ 3º O acordo de não persecução penal será formalizado por escrito e será firmado pelo membro do Ministério Público, pelo investigado e por seu defensor.

§ 4º Para a homologação do acordo de não persecução penal, será realizada audiência na qual o juiz deverá verificar a sua voluntariedade, por meio da oitiva do investigado na presença do seu defensor, e sua legalidade.

§ 5º Se o juiz considerar inadequadas, insuficientes ou abusivas as condições dispostas no acordo de não persecução penal, devolverá os autos ao Ministério Público para que seja reformulada a proposta de acordo, com concordância do investigado e seu defensor.

§ 6º Homologado judicialmente o acordo de não persecução penal, o juiz devolverá os autos ao Ministério Público para que inicie sua execução perante o juízo de execução penal.

§ 7º O juiz poderá recusar homologação à proposta que não atender aos requisitos legais ou quando não for realizada a adequação a que se refere o § 5º deste artigo.

§ 8º Recusada a homologação, o juiz devolverá os autos ao Ministério Público para a análise da necessidade de complementação das investigações ou o oferecimento da denúncia.

§ 9º A vítima será intimada da homologação do acordo de não persecução penal e de seu descumprimento.

§ 10 Descumpridas quaisquer das condições estipuladas no acordo de não persecução penal, o Ministério Público deverá comunicar ao juízo, para fins de sua rescisão e posterior oferecimento de denúncia.

§ 11 O descumprimento do acordo de não persecução penal pelo investigado também poderá ser utilizado pelo Ministério Público como justificativa para o eventual não oferecimento de suspensão condicional do processo.

§ 12 A celebração e o cumprimento do acordo de não persecução penal não constarão de certidão de antecedentes criminais, exceto para os fins previstos no inciso III do § 2º deste artigo.

§ 13 Cumprido integralmente o acordo de não persecução penal, o juízo competente decretará a extinção de punibilidade.

§ 14 No caso de recusa, por parte do Ministério Público, em propor o acordo de não persecução penal, o investigado poderá requerer a remessa dos autos a órgão superior, na forma do art. 28 deste Código.

**Pressupostos para proposição**

- Infração penal;
- Sem violência ou grave ameaça;
- Pena **mínima inferior a 4 anos**;
- Acordo suficiente e necessário para prevenção do crime.

# COMPETÊNCIA

## 4 COMPETÊNCIA

A competência é o limite da jurisdição ou, ainda, o conjunto de regras que estabelecem os limites em que cada juiz pode exercer seu poder jurisdicional.

Divide-se em três ordens:

▷ **Competência em razão da matéria:** com base no fator a ser julgado.
▷ **Competência em razão da pessoa:** tem como base as pessoas que se encontram no polo passivo do processo.
▷ **Competência territorial:** usa como base definidora da competência o local onde a infração ocorreu.

> *Art. 69, CPP* Determinará a competência jurisdicional:
> I – o lugar da infração:
> II – o domicílio ou residência do réu;
> III – a natureza da infração;
> IV – a distribuição;
> V – a conexão ou continência;
> VI – a prevenção;
> VII – a prerrogativa de função.

De acordo com a doutrina, apenas o três primeiros são critérios verdadeiros para a fixação de competência no âmbito criminal. Os demais são a consolidação da competência.

### 4.1 Competência em razão da matéria

▷ Justiça especializada:
  • Justiça Militar;
  • Justiça Eleitoral.
▷ Justiça comum:
  • Justiça federal;
  • Justiça estadual.

As justiças eleitoral e militar julgam apenas os crimes militares e eleitorais. E quanto à justiça federal e estadual? Para saber quais serão casos da justiça comum federal, preste atenção ao art. 109 da CF/1988:

> *Art. 109, CF/1988* Aos juízes federais compete processar e julgar:
> I – as causas em que a União, entidade autárquica ou empresa pública federal forem interessadas na condição de autoras, rés, assistentes ou oponentes, exceto as de falência, as de acidentes de trabalho e as sujeitas à Justiça Eleitoral e à Justiça do Trabalho;
> II – as causas entre Estado estrangeiro ou organismo internacional e Município ou pessoa domiciliada ou residente no País;
> III – as causas fundadas em tratado ou contrato da União com Estado estrangeiro ou organismo internacional;
> IV – os crimes políticos e as infrações penais praticadas em detrimento de bens, serviços ou interesse da União ou de suas entidades autárquicas ou empresas públicas, excluídas as contravenções e ressalvada a competência da Justiça Militar e da Justiça Eleitoral;
> V – os crimes previstos em tratado ou convenção internacional, quando, iniciada a execução no País, o resultado tenha ou devesse ter ocorrido no estrangeiro, ou reciprocamente;
> V-A – as causas relativas a direitos humanos a que se refere o § 5º deste artigo;
> VI – os crimes contra a organização do trabalho e, nos casos determinados por lei, contra o sistema financeiro e a ordem econômico-financeira;
> VII – os habeas corpus, em matéria criminal de sua competência ou quando o constrangimento provier de autoridade cujos atos não estejam diretamente sujeitos a outra jurisdição;
> VIII – os mandados de segurança e os habeas data contra ato de autoridade federal, excetuados os casos de competência dos tribunais federais;
> IX – os crimes cometidos a bordo de navios ou aeronaves, ressalvada a competência da Justiça Militar;
> X – os crimes de ingresso ou permanência irregular de estrangeiro, a execução de carta rogatória, após o "exequatur", e de sentença estrangeira, após a homologação, as causas referentes à nacionalidade, inclusive a respectiva opção, e à naturalização;
> XI – a disputa sobre direitos indígenas.

> § 5º Nas hipóteses de grave violação de direitos humanos, o Procurador-Geral da República, com a finalidade de assegurar o cumprimento de obrigações decorrentes de tratados internacionais de direitos humanos dos quais o Brasil seja parte, poderá suscitar, perante o Superior Tribunal de Justiça, em qualquer fase do inquérito ou processo, incidente de deslocamento de competência para a Justiça Federal.

Todas as opções que não se enquadram no artigo citado, serão julgadas pela justiça comum.

### 4.2 Competência em razão da pessoa

Define a competência do órgão jurisdicional tendo como base as pessoas a serem julgadas.

Normalmente, o julgamento começa com os órgãos mais baixos; no entanto, em alguns casos, dependendo das pessoas a serem julgadas, tal competência pode começar originariamente nos Tribunais. É o que chamamos de **prerrogativa de função** ou **foro privilegiado**.

> *Art. 96, CF/1988* Compete privativamente: [...]
> III – aos Tribunais de Justiça julgar os juízes estaduais e do Distrito Federal e Territórios, bem como os membros do Ministério Público, nos crimes comuns e de responsabilidade, ressalvada a competência da Justiça Eleitoral.

Quando se aplica o foro privilegiado? Recentemente, o STF fixou hipóteses, por meio de teses importantes constantes na AP nº 937.

▷ O foro por prerrogativa de função se aplica apenas aos crimes cometidos durante o exercício do cargo e relacionados às funções desempenhadas.
▷ Após o término da instrução processual, com a publicação do despacho de intimação para apresentação de alegações finais, a competência não mais se altera pelo fato de o agente deixar de ocupar o cargo, seja qual for o motivo.

### 4.3 Competência territorial

#### Em razão do local da infração

Será preciso analisar o local em que ocorreu a infração para determinar a base territorial. Para isso, é preciso saber antes o lugar onde o crime foi praticado.

Quando há vários locais, considera-se a **teoria do resultado**, levando em conta o lugar onde o crime se consumirá.

▷ **Crimes plurilocais comuns:** teoria do resultado.
▷ **Crimes plurilocais contra a vida:** teoria da atividade.
▷ **Juizados especiais:** teoria da atividade.
▷ **Crimes falimentares:** local onde a falência foi decretada.
▷ **Atos infracionais:** teoria da atividade.
▷ **Crime praticado no exterior e consumado no exterior:** na capital do estado em que o réu tenha fixado seu último domicílio no Brasil. Se nunca tiver sido domiciliado no Brasil, na capital federal.
▷ **Crime praticado em bordo de aeronaves ou embarcações, mas sujeitos à lei brasileira por determinação penal:** no local em que a embarcação ou aeronave pousar primeiro ou, ainda, no último local em que tenha feito parada.
▷ **Crime tentado, porém,** não consumado: considera-se local do crime onde ocorreu o último local da execução.
▷ **Em razão do local do domicílio do réu:** nesse caso, a competência territorial leva em conta o domicílio do réu.
▷ **Lugar da infração não conhecido:** pelo lugar da residência ou domicílio do réu.
▷ **Tem mais de uma residência?** A competência se dá pela prevenção.
▷ **Não tem residência ou paradeiro ignorado:** juiz que tiver conhecimento do fato primeiro.
▷ **Crime de ação exclusivamente privada:** o querelante pode escolher ajuizar a queixa no lugar de residência ou domicílio do réu, mesmo que seja conhecido o lugar da infração.

# NOÇÕES DE DIREITO PROCESSUAL PENAL

## 4.4 Conexão e continência

Sobre a conexão:

> **Art. 76, CPP** *A competência será determinada pela conexão:*
> *I – se, ocorrendo duas ou mais infrações, houverem sido praticadas, ao mesmo tempo, por várias pessoas reunidas, ou por várias pessoas em concurso, embora diverso o tempo e o lugar, ou por várias pessoas, umas contra as outras;*
> *II – se, no mesmo caso, houverem sido umas praticadas para facilitar ou ocultar as outras, ou para conseguir impunidade ou vantagem em relação a qualquer delas;*
> *III – quando a prova de uma infração ou de qualquer de suas circunstâncias elementares influir na prova de outra infração.*

De acordo com a doutrina, a conexão se classifica como:

- **Intersubjetiva por simultaneidade ocasional:** diversas pessoas cometem diversas infrações no mesmo local, mesma época, porém sem quaisquer ligações ou vínculos subjetivos.
- **Intersubjetiva por concurso:** não leva em consideração o local nem o momento da infração, desde que os agentes ajam em concurso de pessoas.
- **Intersubjetiva por reciprocidade:** conexão entre infrações praticadas no mesmo lugar e ao mesmo tempo, no entanto, os agentes praticam infrações uns contra os outros.
- **Conexão objetiva teleológicas:** a infração foi praticada para facilitar outra infração.
- **Conexão objetiva consequencial:** uma infração é cometida para ocultar outra, garantindo a princípio a impunidade do fato.
- **Conexão instrumental:** é exigido que a prova da ocorrência de uma infração e sua autoria influencie em outra infração.

Sobre a continência:

> **Art. 77, CPP** *A competência será determinada pela continência quando:*
> *I – duas ou mais pessoas forem acusadas pela mesma infração;*
> *II – no caso de infração cometida nas condições previstas nos arts. 51, § 1º, 53, segunda parte, e 54 do Código Penal.*

A continência, por sua vez, divide-se em:

- **Por cumulação subjetiva:** concurso de pessoas (quando 2 ou mais pessoas são acusadas pela mesma infração);
- **Por concurso formal:** o agente pratica 2 ou mais crimes mediante uma só conduta.

## 4.5 Competência criminal do STF

> **Art. 102, CF/1988** *Compete ao Supremo Tribunal Federal, precipuamente, a guarda da Constituição, cabendo-lhe:*
> *I – processar e julgar, originariamente:*
> *a) a ação direta de inconstitucionalidade de lei ou ato normativo federal ou estadual e a ação declaratória de constitucionalidade de lei ou ato normativo federal;*
> *b) nas infrações penais comuns, o Presidente da República, o Vice-Presidente, os membros do Congresso Nacional, seus próprios Ministros e o Procurador-Geral da República;*
> *c) nas infrações penais comuns e nos crimes de responsabilidade, os Ministros de Estado e os Comandantes da Marinha, do Exército e da Aeronáutica, ressalvado o disposto no art. 52, I, os membros dos Tribunais Superiores, os do Tribunal de Contas da União e os chefes de missão diplomática de caráter permanente;*
> *d) o habeas corpus, sendo paciente qualquer das pessoas referidas nas alíneas anteriores; o mandado de segurança e o habeas data contra atos do Presidente da República, das Mesas da Câmara dos Deputados e do Senado Federal, do Tribunal de Contas da União, do Procurador-Geral da República e do próprio Supremo Tribunal Federal;*
> *e) o litígio entre Estado estrangeiro ou organismo internacional e a União, o Estado, o Distrito Federal ou o Território;*
> *f) as causas e os conflitos entre a União e os Estados, a União e o Distrito Federal, ou entre uns e outros, inclusive as respectivas entidades da administração indireta;*
> *g) a extradição solicitada por Estado estrangeiro;*
> *i) o habeas corpus, quando o coator for Tribunal Superior ou quando o coator ou o paciente for autoridade ou funcionário cujos atos estejam sujeitos diretamente à jurisdição do Supremo Tribunal Federal, ou se trate de crime sujeito à mesma jurisdição em uma única instância;*
> *j) a revisão criminal e a ação rescisória de seus julgados;*
> *l) a reclamação para a preservação de sua competência e garantia da autoridade de suas decisões;*
> *m) a execução de sentença nas causas de sua competência originária, facultada a delegação de atribuições para a prática de atos processuais;*
> *n) a ação em que todos os membros da magistratura sejam direta ou indiretamente interessados, e aquela em que mais da metade dos membros do tribunal de origem estejam impedidos ou sejam direta ou indiretamente interessados;*
> *o) os conflitos de competência entre o Superior Tribunal de Justiça e quaisquer tribunais, entre Tribunais Superiores, ou entre estes e qualquer outro tribunal;*
> *p) o pedido de medida cautelar das ações diretas de inconstitucionalidade;*
> *q) o mandado de injunção, quando a elaboração da norma regulamentadora for atribuição do Presidente da República, do Congresso Nacional, da Câmara dos Deputados, do Senado Federal, das Mesas de uma dessas Casas Legislativas, do Tribunal de Contas da União, de um dos Tribunais Superiores, ou do próprio Supremo Tribunal Federal;*
> *r) as ações contra o Conselho Nacional de Justiça e contra o Conselho Nacional do Ministério Público;*
> *II – julgar, em recurso ordinário:*
> *a) o habeas corpus, o mandado de segurança, o habeas data e o mandado de injunção decididos em única instância pelos Tribunais Superiores, se denegatória a decisão;*
> *b) o crime político;*
> *III – julgar, mediante recurso extraordinário, as causas decididas em única ou última instância, quando a decisão recorrida:*
> *a) contrariar dispositivo desta Constituição;*
> *b) declarar a inconstitucionalidade de tratado ou lei federal;*
> *c) julgar válida lei ou ato de governo local contestado em face desta Constituição.*
> *d) julgar válida lei local contestada em face de lei federal.*

Todas as hipóteses de competência originária de julgamento no STF são por prerrogativa de função.

A primeira hipótese traz os crimes comuns que foram praticados por:

- Presidente e vice-presidente da República;
- Membro do Congresso Nacional;
- Ministros do STF;
- PGR.

Já no caso de crimes de responsabilidade, a competência é do Senado Federal:

> **Art. 52, CF/1988** *Compete privativamente ao Senado Federal:*
> *I – processar e julgar o Presidente e o Vice-Presidente da República nos crimes de responsabilidade, bem como os Ministros de Estado e os Comandantes da Marinha, do Exército e da Aeronáutica nos crimes da mesma natureza conexos com aqueles;*
> *II – processar e julgar os Ministros do Supremo Tribunal Federal, os membros do Conselho Nacional de Justiça e do Conselho Nacional do Ministério Público, o Procurador-Geral da República e o Advogado-Geral da União nos crimes de responsabilidade;*

Já na segunda hipótese, a competência estende-se aos crimes comuns e de responsabilidade cometidos por algumas autoridades, a saber:

- Ministros de Estado;

## COMPETÊNCIA

▷ Comandantes:
- Marinha;
- Exército;
- Aeronáutica.

▷ Membros dos Tribunais Superiores:
- Membros do TCU;
- Chefes de missão diplomática em caráter permanente.

Há a competência originária do STF também para julgamento de *habeas corpus*.

### 4.6 Competência criminal do STJ

*Art. 105, CF/1988 Compete ao Superior Tribunal de Justiça:*
*I – processar e julgar, originariamente:*

*a) nos crimes comuns, os Governadores dos Estados e do Distrito Federal, e, nestes e nos de responsabilidade, os desembargadores dos Tribunais de Justiça dos Estados e do Distrito Federal, os membros dos Tribunais de Contas dos Estados e do Distrito Federal, os dos Tribunais Regionais Federais, dos Tribunais Regionais Eleitorais e do Trabalho, os membros dos Conselhos ou Tribunais de Contas dos Municípios e os do Ministério Público da União que oficiem perante tribunais;*

*b) os mandados de segurança e os habeas data contra ato de Ministro de Estado, dos Comandantes da Marinha, do Exército e da Aeronáutica ou do próprio Tribunal;*

*c) os habeas corpus, quando o coator ou paciente for qualquer das pessoas mencionadas na alínea "a", ou quando o coator for tribunal sujeito à sua jurisdição, Ministro de Estado ou Comandante da Marinha, do Exército ou da Aeronáutica, ressalvada a competência da Justiça Eleitoral;*

*d) os conflitos de competência entre quaisquer tribunais, ressalvado o disposto no art. 102, I, "o", bem como entre tribunal e juízes a ele não vinculados e entre juízes vinculados a tribunais diversos;*

*e) as revisões criminais e as ações rescisórias de seus julgados;*

*f) a reclamação para a preservação de sua competência e garantia da autoridade de suas decisões;*

*g) os conflitos de atribuições entre autoridades administrativas e judiciárias da União, ou entre autoridades judiciárias de um Estado e administrativas de outro ou do Distrito Federal, ou entre as deste e da União;*

*h) o mandado de injunção, quando a elaboração da norma regulamentadora for atribuição de órgão, entidade ou autoridade federal, da administração direta ou indireta, excetuados os casos de competência do Supremo Tribunal Federal e dos órgãos da Justiça Militar, da Justiça Eleitoral, da Justiça do Trabalho e da Justiça Federal;*

*i) a homologação de sentenças estrangeiras e a concessão de exequatur às cartas rogatórias;*

*II – julgar, em recurso ordinário:*

*a) os habeas corpus decididos em única ou última instância pelos Tribunais Regionais Federais ou pelos tribunais dos Estados, do Distrito Federal e Territórios, quando a decisão for denegatória;*

*b) os mandados de segurança decididos em única instância pelos Tribunais Regionais Federais ou pelos tribunais dos Estados, do Distrito Federal e Territórios, quando denegatória a decisão;*

*c) as causas em que forem partes Estado estrangeiro ou organismo internacional, de um lado, e, do outro, Município ou pessoa residente ou domiciliada no País;*

*III – julgar, em recurso especial, as causas decididas, em única ou última instância, pelos Tribunais Regionais Federais ou pelos tribunais dos Estados, do Distrito Federal e Territórios, quando a decisão recorrida:*

*a) contrariar tratado ou lei federal, ou negar-lhes vigência;*

*b) julgar válido ato de governo local contestado em face de lei federal;*

*c) der à lei federal interpretação divergente da que lhe haja atribuído outro tribunal.*

*Parágrafo único. Funcionarão junto ao Superior Tribunal de Justiça:*
*I – a Escola Nacional de Formação e Aperfeiçoamento de Magistrados, cabendo-lhe, dentre outras funções, regulamentar os cursos oficiais para o ingresso e promoção na carreira;*

*II – o Conselho da Justiça Federal, cabendo-lhe exercer, na forma da lei, a supervisão administrativa e orçamentária da Justiça Federal de primeiro e segundo graus, como órgão central do sistema e com poderes correicionais, cujas decisões terão caráter vinculante.*

### 4.6.1 Competência originária

▷ **Crimes comuns:** aqueles praticados por governadores de estado ou do Distrito Federal.

▷ **Comuns e de responsabilidade:**
- Desembargadores do TJ, TRFs, TRTs e TREs;
- Membros dos TCUs e TCMs;
- Membros do MPU que oficiem perante os tribunais.

▷ **Revisão criminal de seus próprios julgados:** se proferir condenação definitiva, ele próprio poderá ajuizar a revisão criminal.

▷ *Habeas corpus*;

▷ **Coator:**
- Tribunal sujeito à jurisdição do STJ;
- Ministro de Estado ou comandante das forças armadas.

▷ **Paciente:**
- Qualquer autoridade que o STJ julgou originariamente;
- Em crimes comuns;
- Comuns e de responsabilidade.

### 4.7 Competência criminal da Justiça Federal

*Art. 109, CF/1988 Aos juízes federais compete processar e julgar:*
*[...]*

*IV – os crimes políticos e as infrações penais praticadas em detrimento de bens, serviços ou interesse da União ou de suas entidades autárquicas ou empresas públicas, excluídas as contravenções e ressalvada a competência da Justiça Militar e da Justiça Eleitoral;*

*V – os crimes previstos em tratado ou convenção internacional, quando, iniciada a execução no País, o resultado tenha ou devesse ter ocorrido no estrangeiro, ou reciprocamente;*

*V-A – as causas relativas a direitos humanos a que se refere o § 5º deste artigo;*

*VI – os crimes contra a organização do trabalho e, nos casos determinados por lei, contra o sistema financeiro e a ordem econômico-financeira;*

*VII – os habeas corpus, em matéria criminal de sua competência ou quando o constrangimento provier de autoridade cujos atos não estejam diretamente sujeitos a outra jurisdição;*

*VIII – os mandados de segurança e os habeas data contra ato de autoridade federal, excetuados os casos de competência dos tribunais federais;*

*IX – os crimes cometidos a bordo de navios ou aeronaves, ressalvada a competência da Justiça Militar;*

*X – os crimes de ingresso ou permanência irregular de estrangeiro, a execução de carta rogatória, após o "exequatur", e de sentença estrangeira, após a homologação, as causas referentes à nacionalidade, inclusive a respectiva opção, e à naturalização;*

*XI – a disputa sobre direitos indígenas.*

# NOÇÕES DE DIREITO PROCESSUAL PENAL

## 5 PROVAS

### 5.1 Conceito

É tudo aquilo que é apresentado ao juiz com o objetivo de contribuir na formação da sua opinião quanto aos fatos ou atos do processo que sejam relevantes para auxiliá-lo a chegar à sentença.

### 5.2 Cadeia de custódia

Cadeia de custódia da prova consiste no caminho que deve ser percorrido pela prova até sua análise pelo magistrado, sendo certo que qualquer interferência indevida durante esse trâmite processual pode resultar na sua imprestabilidade.

Note que o tema "cadeia de custódia" é um tema totalmente novo incluído pelo Pacote Anticrime (Lei nº 13.721/2018), portanto, a probabilidade de constar em provas será enorme. Atente à letra da lei, pois, sendo novidade e como não há jurisprudência envolvendo o tema ainda, assim, as bancas devem abusar a lei seca.

Considera-se cadeia de custódia o conjunto de todos os procedimentos utilizados para manter e documentar a história cronológica do vestígio coletado em locais ou em vítimas de crimes, para rastrear sua posse e manuseio a partir de seu reconhecimento até o descarte.

**Início da cadeia de custódia:** dá-se com a preservação do local de crime ou com procedimentos policiais ou periciais nos quais seja detectada a existência de vestígio.

O agente público que reconhecer um elemento como de potencial interesse para a produção da prova pericial **fica responsável por sua preservação.**

A coleta dos vestígios deverá ser realizada **preferencialmente** por perito oficial.

É proibida a entrada em locais isolados, bem como a remoção de quaisquer vestígios de locais de crime antes da liberação por parte do perito responsável, **sendo tipificada como fraude processual a sua realização.**

> *Art. 158-A, CPP Considera-se cadeia de custódia o conjunto de todos os procedimentos utilizados para manter e documentar a história cronológica do vestígio coletado em locais ou em vítimas de crimes, para rastrear sua posse e manuseio a partir de seu reconhecimento até o descarte.*
>
> *§ 1º O início da cadeia de custódia dá-se com a preservação do local de crime ou com procedimentos policiais ou periciais nos quais seja detectada a existência de vestígio.*
>
> *§ 2º O agente público que reconhecer um elemento como de potencial interesse para a produção da prova pericial fica responsável por sua preservação.*
>
> *§ 3º Vestígio é todo objeto ou material bruto, visível ou latente, constatado ou recolhido, que se relaciona à infração penal.*
>
> *Art. 158-B A cadeia de custódia compreende o rastreamento do vestígio nas seguintes etapas:*
>
> *I – reconhecimento: ato de distinguir um elemento como de potencial interesse para a produção da prova pericial;*
>
> *II – isolamento: ato de evitar que se altere o estado das coisas, devendo isolar e preservar o ambiente imediato, mediato e relacionado aos vestígios e local de crime;*
>
> *III – fixação: descrição detalhada do vestígio conforme se encontra no local de crime ou no corpo de delito, e a sua posição na área de exames, podendo ser ilustrada por fotografias, filmagens ou croqui, sendo indispensável a sua descrição no laudo pericial produzido pelo perito responsável pelo atendimento;*
>
> *IV – coleta: ato de recolher o vestígio que será submetido à análise pericial, respeitando suas características e natureza;*
>
> *V – acondicionamento: procedimento por meio do qual cada vestígio coletado é embalado de forma individualizada, de acordo com suas características físicas, químicas e biológicas, para posterior análise, com anotação da data, hora e nome de quem realizou a coleta e o acondicionamento;*
>
> *VI – transporte: ato de transferir o vestígio de um local para o outro, utilizando as condições adequadas (embalagens, veículos, temperatura, entre outras), de modo a garantir a manutenção de suas características originais, bem como o controle de sua posse;*
>
> *VII – recebimento: ato formal de transferência da posse do vestígio, que deve ser documentado com, no mínimo, informações referentes ao número de procedimento e unidade de polícia judiciária relacionada, local de origem, nome de quem transportou o vestígio, código de rastreamento, natureza do exame, tipo do vestígio, protocolo, assinatura e identificação de quem o recebeu;*
>
> *VIII – processamento: exame pericial em si, manipulação do vestígio de acordo com a metodologia adequada às suas características biológicas, físicas e químicas, a fim de se obter o resultado desejado, que deverá ser formalizado em laudo produzido por perito;*
>
> *IX – armazenamento: procedimento referente à guarda, em condições adequadas, do material a ser processado, guardado para realização de contraperícia, descartado ou transportado, com vinculação ao número do laudo correspondente;*
>
> *X – descarte: procedimento referente à liberação do vestígio, respeitando a legislação vigente e, quando pertinente, mediante autorização judicial.*
>
> *Art. 158-C A coleta dos vestígios deverá ser realizada preferencialmente por perito oficial, que dará o encaminhamento necessário para a central de custódia, mesmo quando for necessária a realização de exames complementares.*
>
> *§ 1º Todos os vestígios coletados no decurso do inquérito ou processo devem ser tratados como descrito nesta Lei, ficando órgão central de perícia oficial de natureza criminal responsável por detalhar a forma do seu cumprimento.*
>
> *§ 2º É proibida a entrada em locais isolados bem como a remoção de quaisquer vestígios de locais de crime antes da liberação por parte do perito responsável, sendo tipificada como fraude processual a sua realização.*
>
> *Art. 158-D O recipiente para acondicionamento do vestígio será determinado pela natureza do material.*
>
> *§ 1º Todos os recipientes deverão ser selados com lacres, com numeração individualizada, de forma a garantir a inviolabilidade e a idoneidade do vestígio durante o transporte.*
>
> *§ 2º O recipiente deverá individualizar o vestígio, preservar suas características, impedir contaminação e vazamento, ter grau de resistência adequado e espaço para registro de informações sobre seu conteúdo.*
>
> *§ 3º O recipiente só poderá ser aberto pelo perito que vai proceder à análise e, motivadamente, por pessoa autorizada.*
>
> *§ 4º Após cada rompimento de lacre, deve se fazer constar na ficha de acompanhamento de vestígio o nome e a matrícula do responsável, a data, o local, a finalidade, bem como as informações referentes ao novo lacre utilizado.*
>
> *§ 5º O lacre rompido deverá ser acondicionado no interior do novo recipiente.*
>
> *Art. 158-E Todos os Institutos de Criminalística deverão ter uma central de custódia destinada à guarda e controle dos vestígios, e sua gestão deve ser vinculada diretamente ao órgão central de perícia oficial de natureza criminal.*
>
> *§ 1º Toda central de custódia deve possuir os serviços de protocolo, com local para conferência, recepção, devolução de materiais e documentos, possibilitando a seleção, a classificação e a distribuição de materiais, devendo ser um espaço seguro e apresentar condições ambientais que não interfiram nas características do vestígio.*
>
> *§ 2º Na central de custódia, a entrada e a saída de vestígio deverão ser protocoladas, consignando-se informações sobre a ocorrência no inquérito que a eles se relacionam.*
>
> *§ 3º Todas as pessoas que tiverem acesso ao vestígio armazenado deverão ser identificadas e deverão ser registradas a data e a hora do acesso.*
>
> *§ 4º Por ocasião da tramitação do vestígio armazenado, todas as ações deverão ser registradas, consignando-se a identificação do responsável pela tramitação, a destinação, a data e horário da ação.*
>
> *Art. 158-F Após a realização da perícia, o material deverá ser devolvido à central de custódia, devendo nela permanecer.*
>
> *Parágrafo único. Caso a central de custódia não possua espaço ou condições de armazenar determinado material, deverá a autoridade policial ou judiciária determinar as condições de depósito do referido material em local diverso, mediante requerimento do diretor do órgão central de perícia oficial de natureza criminal.*

## PROVAS

## 5.3 Classificação das provas

### 5.3.1 Provas nominadas

São aquelas cujo meio de produção está previsto em lei (arts. 158 a 250, CPP).

> *Art. 226, CPP Quando houver necessidade de fazer-se o reconhecimento de pessoa, proceder-se-á pela seguinte forma:*
>
> *I – a pessoa que tiver de fazer o reconhecimento será convidada a descrever a pessoa que deva ser reconhecida;*
>
> *II – a pessoa, cujo reconhecimento se pretender, será colocada, se possível, ao lado de outras que com ela tiverem qualquer semelhança, convidando-se quem tiver de fazer o reconhecimento a apontá-la;*
>
> *III – se houver razão para recear que a pessoa chamada para o reconhecimento, por efeito de intimidação ou outra influência, não diga a verdade em face da pessoa que deve ser reconhecida, a autoridade providenciará para que esta não veja aquela;*
>
> *IV – do ato de reconhecimento lavrar-se-á auto pormenorizado, subscrito pela autoridade, pela pessoa chamada para proceder ao reconhecimento e por duas testemunhas presenciais.*

### 5.3.2 Provas inominadas

São aquelas cujos meios de produção não estão previstos na lei. Por exemplo: recogniço visuográfica de local de crime.

### 5.3.3 Princípio da liberdade na produção de provas

É possível a utilização de qualquer uma das duas modalidades de provas anteriormente descritas, ou seja, as nominadas e as inominadas, em razão do princípio da liberdade na produção da prova.

Não há nenhuma hierarquia entre as provas, ou seja, tanto as nominadas quanto as inominadas têm o mesmo valor. Tal princípio encontra exceção na seguinte hipótese: estado civil das pessoas.

> *Art. 155, parágrafo único, CPP Somente quanto ao estado das pessoas serão observadas as restrições estabelecidas na lei civil.*

Para provar o estado civil, é necessária a apresentação de certidão, não admitindo nenhum outro modo, como a prova testemunhal.

### 5.3.4 Provas ilícitas

Recebem conceituação diferente pelo Código de Processo Penal e, também, pela doutrina.

▷ **Conceito de provas ilícitas dentro do CPP:** não há distinção entre as provas ilícitas e ilegítimas, sendo todas elas espécies de provas ilícitas, ou seja, estas, para o CPP, são aquelas que ferem normas constitucionais e infraconstitucionais. Assim, tanto faz se fere norma de Direito Penal ou de Direito Processual Penal.

> *Art. 157, CPP São inadmissíveis, devendo ser desentranhadas do processo, as provas ilícitas, assim entendidas as obtidas em violação a normas constitucionais ou legais.*

▷ **Conceito de provas ilícitas para a doutrina:** as provas ilícitas recebem uma subclassificação: ilícitas e ilegítimas.

- **Provas ilícitas**: são as que ofendem o direito material (Código Penal ou legislação penal extravagante) e aquelas que ofendem os princípios constitucionais penais. Por exemplo: violar uma correspondência para conseguir uma prova.

- **Provas Ilegítimas**: são as provas que ofendem o direito formal, processual, ou seja, o Código de Processo Penal e a legislação processual penal extravagante. Também são aquelas que violam os princípios constitucionais processuais penais. Por exemplo: laudo pericial confeccionado somente por um perito não oficial.

#### Distinção entre prova ilícita e prova ilegítima

▷ **Prova ilícita:** é aquela produzida mediante a violação de norma de direito material prevista na Constituição Federal ou em lei ordinária.

▷ **Prova ilegítima:** é aquela produzida mediante violação de norma de direito processual.

> *Art. 479, CPP Durante o julgamento não será permitida a leitura de documento ou a exibição de objeto que não tiver sido juntado aos autos com a antecedência mínima de 3 (três) dias úteis, dando-se ciência à outra parte.*

#### Inutilização da prova Ilícitas

> *Art. 157, CPP São inadmissíveis, devendo ser desentranhadas do processo, as provas ilícitas, assim entendidas as obtidas em violação a normas constitucionais ou legais. [...]*
>
> *§ 3º Preclusa a decisão de desentranhamento da prova declarada inadmissível, **esta será inutilizada por decisão judicial, facultado às partes acompanhar o incidente.***

Teoria dos frutos da árvore envenenada (*fruits of the poisonous tree*): teoria da prova ilícita por derivação.

> *Art. 157, § 1º, 1ª parte, CPP São também inadmissíveis as provas derivadas das ilícitas.*

As provas que decorrem de uma ilícita também estarão contaminadas, não devendo ser utilizadas no processo.

▷ **Teoria da descoberta inevitável:** prova originária de fonte independente.

> *Art. 157, §§ 1º e 2º, CPP São também inadmissíveis as provas derivadas das ilícitas, salvo quando não evidenciado o nexo de causalidade entre umas e outras, ou quando as derivadas puderem ser obtidas por uma fonte independente das primeiras. Considera-se fonte independente aquela que por si só, seguindo os trâmites típicos e de praxe, próprios da investigação ou instrução criminal, seria capaz de conduzir ao fato objeto da prova.*

A prova derivada de uma ilícita poderá ser utilizada quando, seguindo os trâmites típicos e de praxe da investigação, ou da instrução criminal, pudermos chegar à mesma prova obtida por meio de uma ilícita.

Por meio de uma escuta ilegal, obtém-se a localização de um documento incriminador em relação ao indiciado. Ocorre que uma testemunha, depondo regularmente, também indicou à Polícia o lugar onde se encontrava a referida prova. Podemos concluir que mesmo que esse documento não fosse confeccionado por meio de um procedimento ilegal, ele seria produzido após o interrogatório, por fonte independente.

▷ Teoria da prova absolutamente independente:

> *Art. 157, § 3º, CPP Preclusa a decisão de desentranhamento da prova declarada inadmissível, esta será inutilizada por decisão judicial, facultado às partes acompanhar o incidente.*

A mera existência de uma prova ilícita no processo não necessariamente o contamina, pois, havendo outras provas lícitas absolutamente independentes da ilícita no processo serão aproveitadas.

A prova declarada ilícita pelo juiz será desentranhada dos autos e destruída com a presença facultativa das partes.

### 5.3.5 Ônus da prova

> *Art. 156, CPP A prova da alegação incumbirá a quem a fizer.*

▷ **Prova emprestada:** é aceita no Brasil e é aquela produzida em outro processo.

▷ **Requisitos:** ser entre as partes envolvidas e ser colhida perante o juiz.

### 5.3.6 Exame de corpo delito

> *Art. 158, CPP Quando a infração deixar vestígios, será indispensável o exame de corpo de delito, direto ou indireto, não podendo supri-lo a confissão do acusado.*
>
> *Parágrafo único. Dar-se-á prioridade à realização do exame de corpo de delito quando se tratar de crime que envolva:*
>
> *I – violência doméstica e familiar contra mulher;*
>
> *II – violência contra criança, adolescente, idoso ou pessoa com deficiência.*

## NOÇÕES DE DIREITO PROCESSUAL PENAL

- **Obrigatoriedade do exame de corpo de delito:** quando ocorrer infrações que deixam vestígios.

Não podendo supri-lo a confissão do acusado:

- **Prioridade à realização do exame de corpo de delito:** violência doméstica e familiar contra a mulher, contra criança, adolescente, idoso ou pessoa com deficiência.

O exame de corpo de delito pode ser negado pelo juiz ou delegado?

> *Art. 184, CPP Salvo o caso de exame de corpo de delito, o juiz ou a autoridade policial **negará a perícia requerida pelas partes**, quando não for necessária ao esclarecimento da verdade.*

### Diferença entre corpo de delito e exame de corpo de delito

- **Corpo de delito:** é um conjunto de vestígios deixados, pode ser qualquer coisa, como corpo, documentos etc.
- **Exame de corpo de delito:** é a perícia que será realizada nos vestígios.

> *Art. 158, CPP Quando a infração deixar vestígios, será indispensável o exame de corpo de delito, direto ou indireto, não podendo supri-lo a confissão do acusado.*

### Diferença entre corpo de delito direto e indireto

- **Direto:** é aquele realizado exatamente nos vestígios deixados pelo crime.
- **Indireto:** é aquele realizado por outros meios, pois não foi possível fazer o direto, uma vez que ocorreu desaparecimento (por exemplo: prontuários médicos, atestados).

É possível a prova testemunhal no exame de corpo de delito indireto?

> *Art. 167, CPP Não sendo possível o exame de corpo de delito, por haverem desaparecido os vestígios, a prova testemunhal poderá suprir-lhe a falta.*

### 5.3.7 Peritos

> *Art. 159, CPP O exame de corpo de delito e outras perícias serão realizados por perito oficial, portador de diploma de curso superior.*

O exame de corpo de delito e outras perícias serão realizadas por **perito oficial**, portador de diploma de curso superior.

> *Art. 159, § 1º, CPP Na falta de perito oficial, o exame será realizado por 2 (duas) pessoas idôneas, portadoras de diploma de curso superior preferencialmente na área específica, dentre as que tiverem habilitação técnica relacionada com a natureza do exame.*
>
> *§ 2º Os peritos não oficiais prestarão o compromisso de bem e fielmente desempenhar o encargo.*

Portanto, o perito não oficial deve:

- Ser pessoa idônea (obrigatório);
- Ser portador de curso superior (obrigatório);
- Estar **preferencialmente** na área específica da matéria examinada.

### 5.3.8 Reconhecimento de pessoas e objetos

É o meio de prova que tem por finalidade identificar se determinada pessoa ou objeto teve algum tipo de ligação com o crime apurado no processo. Assim, alguém que já tenha visto uma coisa ou outra será chamado a identificá-lo.

#### Reconhecimento de pessoas

Por meio deste expediente, busca-se identificar não somente o infrator, mas, em alguns casos, até mesmo a vítima e as testemunhas.

> *Art. 226, CPP [...]*
>
> *I – A pessoa que tiver de fazer o reconhecimento será convidada a descrever a pessoa que deva ser reconhecida;*
>
> *II – A pessoa, cujo reconhecimento se pretender, será colocada, se possível, ao lado de outras que com ela tiverem qualquer semelhança, convidando-se quem tiver de fazer o reconhecimento a apontá-la;*

#### Reconhecimento de objetos

Se for necessário proceder ao reconhecimento de objetos que tenham algum tipo de vínculo com o crime, será adotará adotado o mesmo procedimento realizado para reconhecer uma pessoa.

> *Art. 227, CPP No reconhecimento de objeto, proceder-se-á com as cautelas estabelecidas no artigo anterior, no que for aplicável.*

É possível o reconhecimento de pessoas tanto por fotografias como pela voz (modalidade de provas inominadas).

#### Acareação

É o meio de prova que tem por finalidade esclarecer divergências nas declarações de qualquer cidadão sobre fatos ou circunstâncias relevantes. A acareação pode se dar tanto entre acusados, acusado e testemunha etc.

> *Art. 229, CPP A acareação será admitida entre acusados, entre acusado e testemunha, entre testemunhas, entre acusado ou testemunha e a pessoa ofendida, e entre as pessoas ofendidas, sempre que divergirem, em suas declarações, sobre fatos ou circunstâncias relevantes.*

##### Natureza: meio de prova

- **Pressupostos:** divergência substancial sobre fato ou circunstância relevante, prestada previamente pelos confrontantes.
- **Procedimento:** os acareados serão convocados à presença da autoridade (juiz ou delegado). Na sequência, serão provocados pela autoridade a mudar ou ratificar o depoimento anteriormente prestado.

#### Documentos

É o papel ou meio digital, fotográfico etc., que tem por finalidade transmitir uma informação. É o documento produzido com a finalidade de provar algo. Por exemplo: um comprovante de pagamento, declaração do IR.

#### Documentos eventuais

Não possuem a finalidade de provar nada, mas, excepcionalmente, podem funcionar como prova. Por exemplo: uma foto familiar.

#### Tradução

Os documentos em língua estrangeira poderão ser traduzidos para que se obtenha a exata compreensão.

Segundo a doutrina, o que estiver escrito em língua estrangeira, para que tenha valor de prova, deve ser traduzido para o português, respeitando-se o princípio da publicidade.

#### Restituição

Após a sentença transitar em julgado, será possível a devolução dos documentos originais ao proprietário, adotando-se o seguinte procedimento:

- Requerimento do proprietário;
- Prévia oitiva do MP antes da decisão juiz;
- Se o juiz deferir o pedido, deve ficar cópia nos autos.

> *Art. 238, CPP Os documentos originais, juntos a processo findo, quando não exista motivo relevante que justifique a sua conservação nos autos, poderão, mediante requerimento, e ouvido o Ministério Público, ser entregues à parte que os produziu, ficando traslado nos autos.*

#### Indícios

> *Art. 239, CPP Considera-se indício a circunstância conhecida e provada, que, tendo relação com o fato, autorize, por indução, concluir-se a existência de outra ou outras circunstâncias.*

Por exemplo: alguém passeia pela rua e depara-se com uma pessoa com a roupa suja de sangue e uma faca na mão. Essa pessoa passa pela outra correndo e, após alguns metros, encontra um cidadão caído no chão com várias facadas no corpo. Pode-se concluir, logicamente, que aquela primeira que passou com a faca cometeu a agressão, mesmo que não se tenha visto o crime acontecer.

#### Busca e apreensão

- **Busca:** é a procura de determinada pessoa ou objeto do rol do art. 240 do CPP.

## PROVAS

▷ **Apreensão:** é resultante da busca bem-sucedida, em que se apreende a respectiva pessoa ou objeto procurado.

Para a doutrina moderna, a busca e apreensão seria uma medida cautelar que tem por finalidade prospectar objetos ou pessoas.

▷ **Momento:** pode ser produzida a qualquer momento, antes, durante ou até mesmo após a persecução penal, ou seja, durante a execução da pena.

### Laudo pericial (art. 160, CPP)

**Art. 160, CPP** *Os peritos elaborarão o laudo pericial, onde descreverão minuciosamente o que examinarem, e responderão aos quesitos formulados.*

**Parágrafo único.** *O laudo pericial será elaborado no prazo máximo de 10 dias, podendo este prazo ser prorrogado, em casos excepcionais, a requerimento dos peritos.*

É um documento por meio do qual o perito expõe suas conclusões e deve conter:

▷ Informações detalhadas do objeto periciado;
▷ Respostas elaboradas para os quesitos formulados pelas partes;
▷ Conclusões.

**Art. 161** *O exame de corpo de delito poderá ser feito em qualquer dia e a qualquer hora.*

### Autopsia é obrigatória?

**Art. 16, parágrafo único, CPP** *Nos casos de morte violenta, bastará o simples exame externo do cadáver, quando não houver infração penal que apurar, ou quando as lesões externas permitirem precisar a causa da morte e não houver necessidade de exame interno para a verificação de alguma circunstância relevante.*

### Interrogatório

▷ Trata-se de um meio de prova e um meio de defesa;
▷ Ato personalíssimo do réu.

Via de regra será oral. As exceções estão previstas nos arts. 192 e 193 do CPP:

**Art. 192, CPP** *O interrogatório do mudo, do surdo ou do surdo-mudo será feito pela forma seguinte:*

*I – ao surdo serão apresentadas por escrito as perguntas, que ele responderá oralmente*

*II – ao mudo as perguntas serão feitas oralmente, respondendo-as por escrito*

*III – ao surdo-mudo as perguntas serão formuladas por escrito e do mesmo modo dará as respostas*

**Parágrafo único.** *Caso o interrogando não saiba ler ou escrever, intervirá no ato, como intérprete e sob compromisso, pessoa habilitada a entendê-lo*

**Art. 193** *Quando o interrogando não falar a língua nacional, o interrogatório será feito por meio de intérprete.*

#### Individualidade

**Art. 191** *Havendo mais de um acusado, serão interrogados separadamente.*

#### Procedimentos

**Art. 185** *O acusado que comparecer perante a autoridade judiciária, no curso do processo penal, será qualificado e interrogado na presença de seu defensor, constituído ou nomeado. [...]*

*§ 5º Em qualquer modalidade de interrogatório, o juiz garantirá ao réu o direito de entrevista prévia e reservada com o seu defensor; [...]*

*§ 10 Do interrogatório deverá constar a informação sobre a existência de filhos, respectivas idades e se possuem alguma deficiência e o nome e o contato de eventual responsável pelos cuidados dos filhos, indicado pela pessoa presa*

#### Qualificação – 2 fases

**Art. 187** *O interrogatório será constituído de duas partes: sobre a pessoa do acusado e sobre os fatos*

*§ 1º Na primeira parte o interrogando será perguntado sobre a residência, meios de vida ou profissão, oportunidades sociais, lugar onde exerce a sua atividade, vida pregressa, notadamente se foi preso ou processado alguma vez e, em caso afirmativo, qual o juízo do processo, se houve suspensão condicional ou condenação, qual a pena imposta, se a cumpriu e outros dados familiares e sociais*

*§ 2º Na segunda parte será perguntado sobre:*

*I – ser verdadeira a acusação que lhe é feita;*

*II – não sendo verdadeira a acusação, se tem algum motivo particular a que atribuí-la, se conhece a pessoa ou pessoas a quem deva ser imputada a prática do crime, e quais sejam, e se com elas esteve antes da prática da infração ou depois dela;*

*III – onde estava ao tempo em que foi cometida a infração e se teve notícia desta;*

*IV – as provas já apuradas;*

*V – se conhece as vítimas e testemunhas já inquiridas ou por inquirir, e desde quando, e se tem o que alegar contra elas;*

*VI – se conhece o instrumento com que foi praticada a infração, ou qualquer objeto que com esta se relacione e tenha sido apreendido;*

*VII – todos os demais fatos e pormenores que conduzam à elucidação dos antecedentes e circunstâncias da infração;*

*VIII – se tem algo mais a alegar em sua defesa.*

Pode ser invocado o *nemo tenetur se detegere* no interrogatório?

**Art. 186, CPP** *Depois de devidamente qualificado e cientificado do inteiro teor da acusação, o acusado será informado pelo juiz, antes de iniciar o interrogatório, do seu direito de permanecer calado e de não responder perguntas que lhe forem formuladas.*

**Parágrafo único.** *O silêncio, que não importará em confissão, não poderá ser interpretado em prejuízo da defesa.*

Uma vez interrogado o acusado, ele pode ser inquirido novamente?

**Art. 196, CPP** *A todo tempo o juiz poderá proceder a novo interrogatório de ofício ou a pedido fundamentado de qualquer das partes.*

### Interrogatório por videoconferência

**Art. 185, § 2º, CPP** *Excepcionalmente, o juiz, por decisão fundamentada, de ofício ou a requerimento das partes, poderá realizar o interrogatório do réu preso por sistema de videoconferência ou outro recurso tecnológico de transmissão de sons e imagens em tempo real, desde que a medida seja necessária para atender a uma das seguintes finalidades:*

*I – prevenir risco à segurança pública, quando exista fundada suspeita de que o preso integre organização criminosa ou de que, por outra razão, possa fugir durante o deslocamento;*

*II – viabilizar a participação do réu no referido ato processual, quando haja relevante dificuldade para seu comparecimento em juízo, por enfermidade ou outra circunstância pessoal;*

*III – impedir a influência do réu no ânimo de testemunha ou da vítima, desde que não seja possível colher o depoimento destas por videoconferência, nos termos do art. 217 deste Código;*

*IV – responder à gravíssima questão de ordem pública.*

*§ 3º Da decisão que determinar a realização de interrogatório por videoconferência, as partes serão intimadas com 10 (dez) dias de antecedência*

*§ 4º Antes do interrogatório por videoconferência, o preso poderá acompanhar, pelo mesmo sistema tecnológico, a realização de todos os atos da audiência única de instrução e julgamento*

*§ 6º A sala reservada no estabelecimento prisional para a realização de atos processuais por sistema de videoconferência será fiscalizada pelos corregedores e pelo juiz de cada causa, como também pelo Ministério Público e pela Ordem dos Advogados do Brasil.*

### Confissão

**Art. 197, CPP** *O valor da confissão se aferirá pelos critérios adotados para os outros elementos de prova, e para a sua apreciação o juiz deverá confrontá-la com as demais provas do processo, verificando se entre ela e estas existe compatibilidade ou concordância.*

**Art. 198** *O silêncio do acusado não importará confissão, mas poderá constituir elemento para a formação do convencimento do juiz.*

**Art. 199** *A confissão, quando feita fora do interrogatório, será tomada por termo nos autos, observado o disposto no art. 195.*

**Art. 200** *A confissão será divisível e retratável, sem prejuízo do livre convencimento do juiz, fundado no exame das provas em conjunto.*

# NOÇÕES DE DIREITO PROCESSUAL PENAL

## 6 LEI Nº 9.296/1996 – LEI DE INTERCEPTAÇÃO TELEFÔNICA

A Lei nº 9.296/1996 estabelece as regras acerca da interceptação telefônica, que tem por finalidade ser um meio de obtenção de prova. A interceptação telefônica tem previsão constitucional no art. 5º, XII:

*Art. 5º, CF/1988* [...]

*XII – é inviolável o sigilo da correspondência e das comunicações telegráficas, de dados e das comunicações telefônicas, salvo, no último caso, por ordem judicial, nas hipóteses e na forma que a lei estabelecer para fins de investigação criminal ou instrução processual penal.*

O artigo mencionado traz os chamados requisitos constitucionais para a autorização da interceptação telefônica:

| Requisitos constitucionais ||||
|---|---|---|---|
| Ordem judicial | Hipóteses e forma | Último caso | Fins |
| Determinadas pela lei ||| Investigação criminal |
| ||| Instrução processual penal |

Dessa forma, a regra é a da inviolabilidade do sigilo, e apenas poderá haver sua mitigação quando houver lei regulamentadora, desde que utilizada para fins de investigação ou instrução criminal e mediante ordem judicial.

A autorização da interceptação telefônica será exclusiva do judiciário, seja qual for a natureza do aparelho telefônico, ou seja, havendo ausência da ordem judicial, a instrução torna-se ilícita. É o que chamamos de cláusula de reserva de jurisdição. É em razão dessa cláusula que as Comissões Parlamentares de Inquérito (CPI) não têm o poder de decretar quebra ou interceptação dos sigilos telefônicos.

O art. 58, § 3º da Constituição Federal confere à CPI **poderes de investigação próprios das autoridades judiciais**. Assim, eles têm os mesmos poderes que um juiz teria durante uma instrução processual penal, respeitando os limites constitucionais impostos. Os poderes da CPI são amplos, porém limitados, não podendo violar direitos ou garantias fundamentais do indivíduo. Desse modo, não podem decretar a interceptação telefônica sem que se preencha todos os requisitos legais, incluindo a ordem judicial.

A CPI até pode determinar a quebra de sigilo telefônico, ou seja, análise de registros telefônicos passados do indivíduo, mas não a interceptação de conversas futuras.

Além do caso mencionado, a constituição determina ainda o afastamento dos sigilos telefônicos quando o País decretar Estado de Defesa ou Estado de Sítio

*Art. 136, CF/1988 O Presidente da República pode, ouvidos o Conselho da República e o Conselho de Defesa Nacional, decretar estado de defesa para preservar ou prontamente restabelecer, em locais restritos e determinados, a ordem pública ou a paz social ameaçadas por grave e iminente instabilidade institucional ou atingidas por calamidades de grandes proporções na natureza.*

*§ 1º O decreto que instituir o **estado de defesa** determinará o tempo de sua duração, especificará as áreas a serem abrangidas e indicará, nos termos e limites da lei, as medidas coercitivas a vigorarem, dentre as seguintes:*

*I – restrições aos direitos de: [...]*

*b) sigilo de correspondência e*

*c) sigilo de comunicação telegráfica e telefônica.*

*Art. 139, CF/1988 Na vigência do estado de sítio decretado com fundamento no art. 137, I, só poderão ser tomadas contra as pessoas as seguintes medidas: [...]*

*III – restrições relativas à inviolabilidade da correspondência, ao sigilo das comunicações, à prestação de informações e à liberdade de imprensa, radiodifusão e televisão, na forma da lei.*

Além disso, existe a possibilidade de se aplicar essa mitigação, prevista na Lei de Execuções Penais – Lei nº 7.210/1984:

*Art. 41* [...]

*Parágrafo único. Os direitos previstos nos incisos V, X e XV poderão ser suspensos ou restringidos mediante ato motivado do diretor do estabelecimento. [...]*

*V – proporcionalidade na distribuição do tempo para o trabalho, o descanso e a recreação;*

*X – visita do cônjuge, da companheira, de parentes e amigos em dias determinados;*

*XV – contato com o mundo exterior por meio de correspondência escrita, da leitura e de outros meios de informação que não comprometam a moral e os bons costumes.*

Por fim, temos a regra contida no Código de Processo Penal, a qual determina que a interceptação somente será válida se preenchida seus requisitos; caso contrário, será considerada como prova ilícita e todas as provas que dela derivarem serão consideradas inválidas:

*Art. 157, CPP São inadmissíveis, devendo ser desentranhadas do processo, as provas ilícitas, assim entendidas as obtidas em violação a normas constitucionais ou legais.*

*§ 1º São também inadmissíveis as provas derivadas das ilícitas, salvo quando não evidenciado o nexo de causalidade entre umas e outras, ou quando as derivadas puderem ser obtidas por uma fonte independente das primeiras.*

### 6.1 Conceito e aplicabilidade da interceptação

**Interceptar** significa captar uma comunicação alheia com a finalidade de tomar conhecimento de seu conteúdo. É necessária para intercepção que haja a participação de um terceiro, aquele que passa a conhecer o conteúdo da comunicação. Além disso, ressalta-se que, com os avanços tecnológicos, é preciso compreender como comunicação toda transmissão, emissão ou recepção de informações de qualquer natureza.

O art. 1º da Lei nº 9.296/1996 dispõe que: *a interceptação de comunicações telefônicas, de qualquer natureza, para prova em investigação criminal e em instrução processual penal, observará o disposto nesta Lei e dependerá de ordem do juiz competente da ação principal, sob segredo de justiça.*

Existem várias situações nas quais poderá haver a interceptação de comunicações:

| Interceptação telefônica | Escuta telefônica |
|---|---|
| É a captação da comunicação telefônica por um terceiro, sem o conhecimento de ambos os comunicadores. | É a captação da comunicação telefônica por terceiro, com o conhecimento de um dos comunicadores. |

| Gravação clandestina | Quebra de sigilo |
|---|---|
| É a autogravação, ou seja, quando um dos comunicadores grava a comunicação telefônica sem que o outro saiba. | É a captação da conversa ambiente por um terceairo, sem o conhecimento de ambos os interlocutores. |

*TRT-PR-29-11-2005 PROVA. GRAVAÇÃO TELEFÔNICA. LEI Nº 9.296-96. A prova obtida mediante gravação telefônica, mesmo sem conhecimento de um dos interlocutores, não é considerada clandestina ou ilícita, a teor do disposto no art. 5º, inc. LVI, da Constituição Federal, porque não ocorreu a interceptação de que trata a Lei nº 9.296-96, que pressupõe a intromissão de terceiro no curso da conversa, sendo mera gravação por um dos interlocutores, o que difere do chamado "grampo". Recurso ordinário admitido e desprovido, no tema. (TRT-9 19824200015901 PR 19824-2000-15-9-0-1, Relator: ANA MARIA DAS GRAÇAS VELOSO, 4A. TURMA, Data de Publicação: 29/11/2005).*

### 6.2 Requisitos legais da interceptação

Para que a interceptação telefônica seja considerada válida, é necessário o preenchimento de alguns requisitos cumulativamente:

# LEI Nº 9.296/1996 – LEI DE INTERCEPTAÇÃO TELEFÔNICA

- Haver indícios razoáveis de autoria ou participação em infração penal;
- Quando a prova não puder ser obtida por outros meios;
- O fato investigado deve ser punido com pena de reclusão;
- A situação que será objeto da investigação deverá ser descrita com clareza, com a indicação e a qualificação dos suspeitos, **salvo** se impossibilidade manifesta, devidamente justificada;
- Ordem judicial devidamente fundamentada (previsão constitucional).

| Requisitos | | |
|---|---|---|
| Constitucionais | | Ordem judicial |
| | | Hipóteses e formas determinadas pela lei |
| | | Com finalidade de auxiliar intrução ou investigacao penal |
| | | Último caso |
| Lei nº 9.296/1996 | | Indícios razoáveis de autoria ou participação em infração penal; |
| | | Quando a prova não puder ser obtida de outro meio |
| | | Infração com pena de reclusão |
| | | Descrição clara do objeto investigado |

*REQUERIMENTO DE QUEBRA DO SIGILO TELEFÔNICO. IMPOSSIBILIDADE. LEI Nº 9.296/1996. Consoante inciso XII, do art. 5º, da Constituição Federal de 1988 é inviolável o sigilo das comunicações telefônicas, somente sendo possível sua quebra para fins de investigação criminal ou instrução processual penal, por decisão judicial, nas hipóteses e na forma em que a lei estabelecer. Inexistentes os critérios determinados pela lei regulamentadora para a quebra do sigilo telefônico, não há como prosperar o pedido. (TRT-1 - RO: 00009003820125010283 RJ, Relator: Alexandre Teixeira de Freitas Bastos Cunha, Data de Julgamento: 10/04/2013, Sétima Turma, Data de Publicação: 18/04/2013).*

**Art. 2º** *Não será admitida a interceptação de comunicações telefônicas quando ocorrer qualquer das seguintes hipóteses:*

*I – não houver indícios razoáveis da autoria ou participação em infração penal;*

A interceptação tem natureza cautelar, de modo que, para sua aplicação, deverá ser demonstrada a fumaça do delito e o perigo da demora, ou seja, a interceptação não deve dar início à investigação, é necessário que antes se verifique se há fatos que presumem ser o agente autor ou partícipe da infração penal.

*II – a prova puder ser feita por outros meios disponíveis;*

A interceptação viola de forma direta um direito fundamental do indivíduo. Assim, sua aplicação só será possível se for a única opção; se houver outros meios de chegar ao mesmo resultado, outro meio deverá ser aplicado.

O STJ entende que se trata de uma medida invasiva que somente deve ser utilizada diante da impossibilidade de demais meios permitidos de obtenção de prova, sob pena de que se reconheça a ilicitude da intercepção e consequente a ilicitude da prova obtida.

*III – o fato investigado constituir infração penal punida, no máximo, com pena de detenção.*

Não é suficiente que a conduta do agente seja típica. Além disso, é necessário que o crime a ele imputado seja punido com pena de reclusão e, com base nisso, podemos concluir que é necessária a verificação de causas excludentes de culpabilidade, pois somente havendo a real possibilidade de punição com reclusão é que se pode autorizar a decretação da interceptação telefônica.

**Parágrafo único.** *Em qualquer hipótese deve ser descrita com clareza a situação objeto da investigação, inclusive com a indicação e qualificação dos investigados, salvo impossibilidade manifesta, devidamente justificada.*

| Requisitos da Lei nº 9.296/1996 | | | |
|---|---|---|---|
| Indícios razoáveis da autoria ou participação | A prova não pode ser feita por outro meio | Infração penal punida com pena de reclusão | Descrição do objeto da investigação |

O objeto a ser investigado deverá ser descrito de forma clara, contendo seus detalhes e informações essenciais, bem como a indicação e qualificação de quem será investigado, salvo se houver manifestadamente a impossibilidade de o fazer e desde que justificavelmente.

## 6.3 Procedimento da interceptação telefônica

A autorização para realização da interceptação telefônica poderá ser requerida de ofício pelo juiz, a requerimento de autoridade policial durante a investigação criminal ou a requerimento do MP durante a investigação ou instrução processual penal.

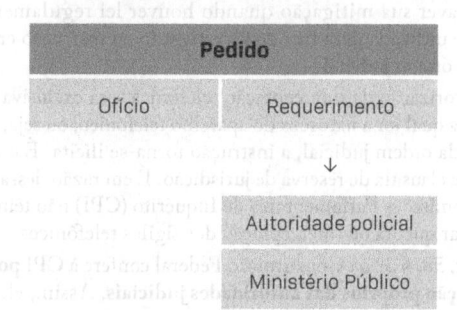

| Pedido | |
|---|---|
| Ofício | Requerimento |

↓

| Autoridade policial |
|---|
| Ministério Público |

**Art. 4º** *O pedido de interceptação de comunicação telefônica conterá a demonstração de que a sua realização é necessária à apuração de infração penal, com indicação dos meios a serem empregados.*

*§ 1º Excepcionalmente, o juiz poderá admitir que o pedido seja formulado verbalmente, desde que estejam presentes os pressupostos que autorizem a interceptação, caso em que a concessão será condicionada à sua redução a termo.*

*§ 2º O juiz, no prazo máximo de vinte e quatro horas, decidirá sobre o pedido.*

| Pedido | → | Conterá | → | Demonstração de necessidade |
|---|---|---|---|---|
| | | | | Indicação dos meios |

A decisão que autorizar a interceptação deverá será fundamentada, sob pena de nulidade, indicando também a forma de execução da diligência, que **não poderá exceder o prazo de 15 dias**, renovável por igual tempo uma vez comprovada a indispensabilidade do meio de prova.

- O prazo inicia sua contagem na data em que se efetiva a execução da diligência.

O STF entende que pode haver diversas prorrogações, desde que por igual período e que seja estritamente necessário.

| Prazo | → | Máx. 15 dias | → | Renovável por **igual** período. |
|---|---|---|---|---|

*CORREIÇÃO PARCIAL. RENOVAÇÕES DE INTERCEPTAÇÕES TELEFÔNICAS. LEI Nº 9.296/96. É cabível a renovação de interceptações telefônicas sempre que imprescindíveis às investigações, pois não se podem desprezar os níveis de profissionalização de determinados agentes que têm criado novos desafios à justiça e à investigação contra a corrupção. Precedentes das Cortes Superiores.*

## NOÇÕES DE DIREITO PROCESSUAL PENAL

*CORREIÇÃO PARCIAL DEFERIDA. POR MAIORIA. (Correição Parcial Nº 70053393955, Quarta Câmara Criminal, Tribunal de Justiça do RS, Relator: Rogerio Gesta Leal, Julgado em 09/05/2013) (TJ-RS - COR: 70053393955 RS, Relator: Rogerio Gesta Leal, Data de Julgamento: 09/05/2013, Quarta Câmara Criminal, Data de Publicação: Diário da Justiça do dia 03/06/2013).*

Após deferido o pedido, a autoridade policial conduz os procedimentos da interceptação, dando ciência ao MP, que pode acompanhar sua realização.

Após cumprida a diligência, a autoridade policial remeterá o resultado ao juiz, acompanhado de auto circunstanciado, contendo resumo das operações realizadas.

Auto circunstanciado → Resumo das operações.

Nesse momento, determinará o juiz que os documentos relativos à interceptação sejam autuados em apartado, apensados aos autos do inquérito policial ou do processo criminal, preservando-se o sigilo de diligências, gravações e transcrições respectivas, e logo após dará ciência ao MP.

**Súmula Vinculante nº 14 - STF**
*É direito do defensor, no interesse do representado, ter acesso amplo aos elementos de prova que, já documentados em procedimento investigatório realizado por órgão com competência de polícia judiciária, digam respeito ao exercício do direito de defesa.*

### 6.4 Captação ambiental de sinais eletromagnéticos, ópticos ou acústicos

Para investigação ou instrução criminal, poderá ser autorizada pelo juiz, a requerimento da autoridade policial ou do Ministério Público, a captação ambiental de sinais eletromagnéticos, ópticos ou acústicos, quando:

*Art. 8-A [...]*
*I – A prova não puder ser feita por outros meios disponíveis e igualmente eficazes; e*
*II – houver elementos probatórios razoáveis de autoria e participação em infrações criminais cujas penas máximas sejam superiores a 4 (quatro) anos ou em infrações penais conexas.*

O requerimento deverá descrever circunstanciadamente o local e a forma de instalação do dispositivo de captação ambiental.

A instalação do dispositivo de captação ambiental poderá ser realizada, quando necessária, por meio de operação policial disfarçada ou no período noturno, exceto na casa, nos termos do art. 5º, XI, CF/1988:

*XI – a casa é asilo inviolável do indivíduo, ninguém nela podendo penetrar sem consentimento do morador, salvo em caso de flagrante delito ou desastre, ou para prestar socorro, ou, durante o dia, por determinação judicial.*

A captação ambiental não poderá exceder o prazo de 15 dias, renovável por decisão judicial por iguais períodos, se comprovada a indispensabilidade do meio de prova e quando presente atividade criminal permanente, habitual ou continuada.

Captação ambiental → Prazo → Máx. 15 dias → Renovável por igual período.

Quando demonstrada a integridade da gravação, a captação ambiental feita por um dos interlocutores sem o prévio conhecimento da autoridade policial ou do Ministério Público poderá ser utilizada em matéria de defesa.

As regras previstas na legislação específica para a interceptação telefônica e telemática aplicam-se subsidiariamente à captação ambiental.

### 6.5 Descarte de material irrelevante

Todo material considerado irrelevante poderá ser descartado por decisão judicial, durante o inquérito, a instrução processual ou após essa, em virtude de requerimento do Ministério Público ou da parte interessada.

O processo de descarte será assistido pelo Ministério Público, sendo facultada a presença do acusado ou de seu representante legal.

| Inutilização ||
|---|---|
| Assistido pelo MP | Facultado ao acusado |

### 6.6 O Crime previsto no art. 10 da Lei Nº 9.296/1996

A interceptação realizada sem autorização judicial ou com objetivos não autorizados por ele constituirá infração penal.

*Art. 10 Constitui crime realizar interceptação de comunicações telefônicas, de informática ou telemática, promover escuta ambiental ou quebrar segredo da Justiça, sem autorização judicial ou com objetivos não autorizados em lei:*

*Pena – reclusão, de 2 (dois) a 4 (quatro) anos, e multa.*

*Parágrafo único. Incorre na mesma pena a autoridade judicial que determina a execução de conduta prevista no caput deste artigo com objetivo não autorizado em lei.*

| Conduta criminal |||
|---|---|---|
| Realizar interceptação | De comunicações telefônicas | Sem autorização judicial ou com objetivos não autorizados em lei |
| Promover escuta ambiental | De informática ou telemática | |
| Quebrar segredo da Justiça | | |
| A autoridade judicial que determina a execução de conduta descrita nos itens acima com objetivo não autorizado em lei incorre na mesma pena | | |

**Pena - reclusão de 2 a 4 anos + multa**

*Art. 10-A Realizar captação ambiental de sinais eletromagnéticos, ópticos ou acústicos para investigação ou instrução criminal sem autorização judicial, quando esta for exigida:*

| Conduta criminal |||
|---|---|---|
| Realizar captação ambiental ||||
| Sinais eletromagnéticos | Ópticos | Acústicos |

↓

Para investigação ou instrução criminal

↓

Sem autorização judicial, quando esta for exigida

▷ Não há crime se a captação é realizada por um dos interlocutores.

A pena será aplicada em dobro ao funcionário público que descumprir determinação de sigilo das investigações que envolvam a captação ambiental ou revelar o conteúdo das gravações enquanto mantido o sigilo judicial.

# 7 SUJEITOS PROCESSUAIS

## 7.1 Juiz

O processo desenvolve-se com partes relacionadas dentro de uma relação jurídica estabelecida. Nesse contexto, temos os sujeitos essenciais e os secundários.

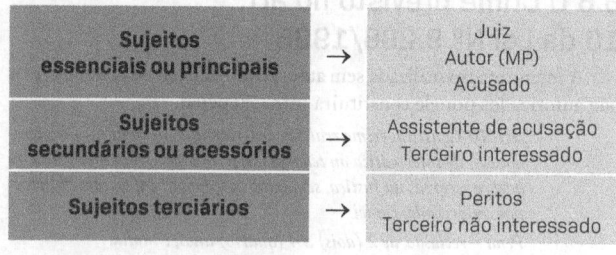

| Sujeitos essenciais ou principais | → | Juiz<br>Autor (MP)<br>Acusado |
|---|---|---|
| Sujeitos secundários ou acessórios | → | Assistente de acusação<br>Terceiro interessado |
| Sujeitos terciários | → | Peritos<br>Terceiro não interessado |

O juiz possui:

▷ **Poder de Polícia Administrativa:** exercido com a finalidade de manter e garantir a ordem dos trabalhos, bem como a disciplina.

▷ **Poder jurisdicional:** tem a ver com sua atividade-fim. É relativo à condução do processo.

*Art. 251, CPP Ao juiz incumbirá prover à regularidade do processo e manter a ordem no curso dos respectivos atos, podendo, para tal fim, requisitar a força pública.*

*Art. 252 O juiz não poderá exercer jurisdição no processo em que:*

*I – tiver funcionado seu cônjuge ou parente, consanguíneo ou afim, em linha reta ou colateral até o 3º grau, inclusive, como defensor ou advogado, órgão do Ministério Público, autoridade policial, auxiliar da justiça ou perito;*

*II – ele próprio houver desempenhado qualquer dessas funções ou servido como testemunha;*

*III – tiver funcionado como juiz de outra instância, pronunciando-se, de fato ou de direito, sobre a questão;*

*IV – ele próprio ou seu cônjuge ou parente, consanguíneo ou afim em linha reta ou colateral até o terceiro grau, inclusive, for parte ou diretamente interessado no feito.*

*Art. 253 Nos juízos coletivos, não poderão servir no mesmo processo os juízes que forem entre si parentes, consanguíneos ou afins, em linha reta ou colateral até o 3º grau, inclusive.*

*Art. 254 O juiz dar-se-á por suspeito, e, se não o fizer, poderá ser recusado por qualquer das partes:*

*I – se for amigo íntimo ou inimigo capital de qualquer deles;*

*II – se ele, seu cônjuge, ascendente ou descendente, estiver respondendo a processo por fato análogo, sobre cujo caráter criminoso haja controvérsia;*

*III – se ele, seu cônjuge, ou parente, consanguíneo, ou afim, até o 3º grau, inclusive, sustentar demanda ou responder a processo que tenha de ser julgado por qualquer das partes;*

*IV – se tiver aconselhado qualquer das partes;*

*V. se for credor ou devedor, tutor ou curador, de qualquer das partes;*

*VI – se for sócio, acionista ou administrador de sociedade interessada no processo.*

*Art. 255 O impedimento ou suspeição decorrente de parentesco por afinidade cessará pela dissolução do casamento que lhe tiver dado causa, salvo sobrevindo descendentes; mas, ainda que dissolvido o casamento sem descendentes, não funcionará como juiz o sogro, o padrasto, o cunhado, o genro ou enteado de quem for parte no processo.*

*Art. 256 A suspeição não poderá ser declarada nem reconhecida, quando a parte injuriar o juiz ou de propósito der motivo para criá-la.*

▷ Na suspeição, há espaço para juízo de valoração;
▷ Pode ser de ofício ou arguida pelas partes;
▷ Deve ser demonstrado por meio de prova;
▷ Rol exemplificativo.

A suspeição não poderá ser declarada nem reconhecida quando a parte injuriar o juiz ou, de propósito, der motivo para criá-la.

### Impedimento

Quando tiver funcionado seu cônjuge ou parente, consanguíneo ou afim, em linha reta ou colateral até o 3º grau, inclusive, como:
▷ Defensor;
▷ Advogado;
▷ Órgão do Ministério Público;
▷ Autoridade policial;
▷ Auxiliar da Justiça ou perito.

**Ele próprio** houver desempenhado qualquer dessas funções ou servido como testemunha.

Tiver funcionado como juiz de outra instância, pronunciando-se, de fato ou de direito, sobre a questão.

Ele próprio ou seu cônjuge ou parente, consanguíneo ou afim em linha reta ou colateral até o terceiro grau, inclusive, for parte ou diretamente interessado no feito.

*Art. 267, CPP Nos termos do art. 252, não funcionarão como defensores os parentes do juiz.*

*Art. 253, CPP Nos juízos coletivos, não poderão servir no mesmo processo os juízes que forem entre si, parentes, consanguíneos ou afins, em linha reta ou colateral até o 3º grau, inclusive.*

### Suspeição

▷ Se for **amigo íntimo** ou **inimigo capital** de qualquer deles.
▷ Se ele, seu cônjuge, **ascendente** ou **descendente**, estiver respondendo a processo por **fato análogo**, sobre cujo caráter criminoso haja controvérsia.
▷ Se ele, seu cônjuge, ou parente, consanguíneo, ou afim, até o **3º grau**, inclusive, **sustentar demanda** ou responder a processo que tenha de ser julgado por qualquer das partes.
▷ Se tiver **aconselhado** qualquer das partes.
▷ Se for **credor** ou devedor, **tutor** ou **curador**, de qualquer das partes.
▷ Se for **sócio**, **acionista** ou **administrador** de sociedade interessada no processo.
▷ A **suspeição** não poderá ser declarada nem reconhecida, quando a parte injuriar o juiz ou de propósito der motivo para criá-la.

*Art. 274, CPP As prescrições sobre suspeição dos juízes estendem-se aos serventuários e funcionários da justiça, no que lhes for aplicável.*

## 7.2 Ministério Público

*Art. 257, CPP Ao Ministério Público cabe:*

*I – promover, privativamente, a ação penal, na forma estabelecida neste Código; e*

*II – fiscalizar a execução da lei.*

*Art. 258 Os órgãos do Ministério Público não funcionarão nos processos em que o juiz ou qualquer das partes for seu cônjuge, ou parente, consanguíneo ou afim, em linha reta ou colateral, até o 3º grau, inclusive, e a eles se estendem, no que lhes for aplicável, as prescrições relativas à suspeição e aos impedimentos dos juízes.*

## 7.3 Acusado e seu defensor

*Art. 259, CPP A impossibilidade de identificação do acusado com o seu verdadeiro nome ou outros qualificativos não retardará a ação penal, quando certa a identidade física. A qualquer tempo, no curso do processo, do julgamento ou da execução da sentença, se for descoberta a sua qualificação, far-se-á a retificação, por termo, nos autos, sem prejuízo da validade dos atos precedentes.*

*Art. 260 Se o acusado não atender à intimação para o interrogatório, reconhecimento ou qualquer outro ato que, sem ele, não possa ser realizado, a autoridade poderá mandar conduzi-lo à sua presença.*

# NOÇÕES DE DIREITO PROCESSUAL PENAL

*Parágrafo único. O mandado conterá, além da ordem de condução, os requisitos mencionados no art. 352, no que lhe for aplicável.*

*Art. 261 Nenhum acusado, ainda que ausente ou foragido, será processado ou julgado sem defensor.*

*Parágrafo único. A defesa técnica, quando realizada por defensor público ou dativo, será sempre exercida através de manifestação fundamentada.*

*Art. 262 Ao acusado menor dar-se-á curador.*

*Art. 263 Se o acusado não o tiver, ser-lhe-á nomeado defensor pelo juiz, ressalvado o seu direito de, a todo tempo, nomear outro de sua confiança, ou a si mesmo defender-se, caso tenha habilitação.*

*Parágrafo único. O acusado, que não for pobre, será obrigado a pagar os honorários do defensor dativo, arbitrados pelo juiz.*

Existem duas espécies de defensor:

▷ **Constituído**: indicado pelo réu;
▷ **Nomeado**: indicado pelo juiz.

*Art. 264 Salvo motivo relevante, os advogados e solicitadores serão obrigados, sob pena de multa de cem a quinhentos mil-réis, a prestar seu patrocínio aos acusados, quando nomeados pelo Juiz.*

*Art. 265 O defensor não poderá abandonar o processo senão por motivo imperioso, comunicado previamente o juiz, sob pena de multa de 10 a 100 salários-mínimos, sem prejuízo das demais sanções cabíveis.*

*§ 1º A audiência poderá ser adiada se, por motivo justificado, o defensor não puder comparecer.*

*§ 2º Incumbe ao defensor provar o impedimento até a abertura da audiência. não o fazendo, o juiz não determinará o adiamento de ato algum do processo, devendo nomear defensor substituto, ainda que provisoriamente ou só para o efeito do ato.*

*Art. 266 A constituição de defensor independerá de instrumento de mandato, se o acusado o indicar por ocasião do interrogatório.*

*Art. 267 Nos termos do art. 252, não funcionarão como defensores os parentes do juiz.*

## 7.4 Assistentes

*Art. 268, CPP Em todos os termos da ação pública, poderá intervir, como assistente do Ministério Público, o ofendido ou seu representante legal, ou, na falta, qualquer das pessoas mencionadas no art. 31.*

*Art. 269 O assistente será admitido enquanto não passar em julgado a sentença e receberá a causa no estado em que se achar.*

*Art. 270 O corréu no mesmo processo não poderá intervir como assistente do Ministério Público.*

*Art. 271 Ao assistente será permitido propor meios de prova, requerer perguntas às testemunhas, aditar o libelo e os articulados, participar do debate oral e arrazoar os recursos interpostos pelo Ministério Público, ou por ele próprio, nos casos dos arts. 584, § 1º, e 598.*

*§ 1º O juiz, ouvido o Ministério Público, decidirá acerca da realização das provas propostas pelo assistente.*

*§ 2º O processo prosseguirá independentemente de nova intimação do assistente, quando este, intimado, deixar de comparecer a qualquer dos atos da instrução ou do julgamento, sem motivo de força maior devidamente comprovado.*

*Art. 272 O Ministério Público será ouvido previamente sobre a admissão do assistente.*

*Art. 273 Do despacho que admitir, ou não, o assistente, não caberá recurso, devendo, entretanto, constar dos autos o pedido e a decisão.*

## 7.5 Funcionários da Justiça

*Art. 274, CPP As prescrições sobre suspeição dos juízes estendem-se aos serventuários e funcionários da justiça, no que lhes for aplicável.*

## 7.6 Peritos e intérpretes

*Art. 275, CPP O perito, ainda quando não oficial, estará sujeito à disciplina judiciária.*

*Art. 276 As partes não intervirão na nomeação do perito.*

*Art. 277 O perito nomeado pela autoridade será obrigado a aceitar o encargo, sob pena de multa de cem a quinhentos mil-réis, salvo escusa atendível.*

*Parágrafo único. Incorrerá na mesma multa o perito que, sem justa causa, provada imediatamente:*

*a) deixar de acudir à intimação ou ao chamado da autoridade;*

*b) não comparecer no dia e local designados para o exame;*

*c) não der o laudo, ou concorrer para que a perícia não seja feita, nos prazos estabelecidos.*

*Art. 278 No caso de não-comparecimento do perito, sem justa causa, a autoridade poderá determinar a sua condução.*

*Art. 279 Não poderão ser peritos:*

*I – os que estiverem sujeitos à interdição de direito mencionada nos nºs I e IV do art. 69 do Código Penal;*

*II – os que tiverem prestado depoimento no processo ou opinado anteriormente sobre o objeto da perícia;*

*III – os analfabetos e os menores de 21 anos.*

*Art. 280 É extensivo aos peritos, no que lhes for aplicável, o disposto sobre suspeição dos juízes.*

*Art. 281 Os intérpretes são, para todos os efeitos, equiparados aos peritos.*

# 8 PRISÕES

## 8.1 Conceito

Prisão é uma restrição à liberdade de ir e vir (liberdade ambulatorial ou de locomoção), por meio do recolhimento ao cárcere por ordem fundamentada do juiz ou derivada da prisão em flagrante.

## 8.2 Espécies de prisão cautelar

Atualmente, existem três espécies de prisão cautelar: 1) prisão em flagrante, 2) preventiva e 3) temporária.

### 8.2.1 Prisão preventiva

É a medida cautelar de constrição da liberdade pessoal, cabível durante toda a persecução penal (inquérito policial + processo), decretada pelo juiz *ex-officio* no curso da ação penal, ou a requerimento do MP, do querelante, do assistente ou por representação da autoridade policial. Não tem prazo e justifica-se na presença dos requisitos estabelecidos na lei.

Note que a prisão preventiva teve alterações consideráveis conforme o Pacote Anticrime.

#### Tempo da prisão preventiva

Não há prazo definido em lei acerca da duração dela e estende-se no tempo enquanto houver necessidade, que é dosada pela presença de seus requisitos legais. Se eventualmente estes desaparecerem, a prisão preventiva será revogada e nada impede que ela seja decretada novamente, caso algum dos requisitos reapareça.

Por sua vez, se ela se estende no tempo de maneira desproporcional, transforma-se em prisão ilegal e, nesse caso, merecerá relaxamento.

#### Cabimento

Será possível tanto na investigação policial como no processo.

> **Art. 311, CPP** *Em qualquer fase da investigação policial ou do processo penal, caberá a prisão preventiva decretada pelo juiz, a requerimento do Ministério Público, do querelante ou do assistente, ou por representação da autoridade policial.*

#### Decretação

> **Art. 312, CPP** *A prisão preventiva poderá ser decretada como garantia da ordem pública, da ordem econômica, por conveniência da instrução criminal ou para assegurar a aplicação da lei penal, quando houver prova da existência do crime e indício suficiente de autoria e de perigo gerado pelo estado de liberdade do imputado.*
>
> *§ 1º A prisão preventiva também poderá ser decretada em caso de descumprimento de qualquer das obrigações impostas por força de outras medidas cautelares (art. 282, § 4º).*
>
> *§ 2º A decisão que decretar a prisão preventiva deve ser motivada e fundamentada em receio de perigo e existência concreta de fatos novos ou contemporâneos que justifiquem a aplicação da medida adotada.*

#### Admissibilidade

> **Art. 313, CPP** *Nos termos do **art. 312 deste Código**, será admitida a decretação da prisão preventiva:*
>
> *I – nos crimes dolosos punidos com pena privativa de liberdade máxima superior a 4 (quatro) anos.*
>
> *II – se tiver sido condenado por outro crime doloso, em sentença transitada em julgado, ressalvado o disposto no inciso I do caput do art. 64 do Decreto-lei nº 2.848, de 7 de dezembro de 1940 – Código Penal.*
>
> *III – se o crime envolver violência doméstica e familiar contra a mulher, criança, adolescente, idoso, enfermo ou pessoa com deficiência, para garantir a execução das medidas protetivas de urgência.*
>
> *§ 1º Também será admitida a prisão preventiva quando houver dúvida sobre a identidade civil da pessoa ou quando esta não fornecer elementos suficientes para esclarecê-la, devendo o preso ser colocado imediatamente em liberdade após a identificação, salvo se outra hipótese recomendar a manutenção da medida.*
>
> *§ 2º Não será admitida a decretação da prisão preventiva com a finalidade de antecipação de cumprimento de pena ou como decorrência imediata de investigação criminal ou da apresentação ou recebimento de denúncia.*

#### Excludentes de ilicitude

> **Art. 314, CPP** *A prisão preventiva em nenhum caso será decretada se o juiz verificar pelas provas constantes dos autos ter o agente praticado o fato nas condições previstas nos incisos I, II e III do caput do art. 23 do Decreto-lei nº 2.848, de 7 de dezembro de 1940 – Código Penal.*

#### Motivação

> **Art. 315, CPP** *A decisão que decretar, substituir ou denegar a prisão preventiva será sempre motivada e fundamentada.*
>
> *§ 1º Na motivação da decretação da prisão preventiva ou de qualquer outra cautelar, o juiz deverá indicar concretamente a existência de fatos novos ou contemporâneos que justifiquem a aplicação da medida adotada.*
>
> *§ 2º Não se considera fundamentada qualquer decisão judicial, seja ela interlocutória, sentença ou acórdão, que:*
>
> *I – limitar-se à indicação, à reprodução ou à paráfrase de ato normativo, sem explicar sua relação com a causa ou a questão decidida.*
>
> *II – empregar conceitos jurídicos indeterminados, sem explicar o motivo concreto de sua incidência no caso.*
>
> *III – invocar motivos que se prestariam a justificar qualquer outra decisão.*
>
> *IV – não enfrentar todos os argumentos deduzidos no processo capazes de, em tese, infirmar a conclusão adotada pelo julgador.*
>
> *V – limitar-se a invocar precedente ou enunciado de súmula, sem identificar seus fundamentos determinantes nem demonstrar que o caso sob julgamento se ajusta àqueles fundamentos.*
>
> *VI – deixar de seguir enunciado de súmula, jurisprudência ou precedente invocado pela parte, sem demonstrar a existência de distinção no caso em julgamento ou a superação do entendimento.*
>
> **Art. 316** *O juiz poderá, de ofício ou a pedido das partes, revogar a prisão preventiva se, no correr da investigação ou do processo, verificar a falta de motivo para que ela subsista, bem como novamente decretá-la, se sobrevierem razões que a justifiquem.*
>
> **Parágrafo único.** *Decretada a prisão preventiva, deverá o órgão emissor da decisão revisar a necessidade de sua manutenção a cada 90 (noventa) dias, mediante decisão fundamentada, de ofício, sob pena de tornar a prisão ilegal.*

### 8.2.2 Prisão temporária

É a prisão cautelar cabível apenas ao longo do inquérito policial, decretada pelo juiz a requerimento do MP ou por representação da autoridade policial (o juiz não pode decretar a medida de ofício e não pode ser requerida pelo querelante nos casos de ação penal privada), com prazo pré-estabelecido em lei, uma vez presente os requisitos do art. 1º da Lei nº 7.960/1989.

#### Prisão temporária

- É a prisão cautelar;
- Cabível apenas ao longo do IP;
- Decretada pelo juiz;
- Requerida pelo MP ou pelo delegado;
- Com prazo pré-estabelecido em lei;
- Uma vez presente os seus requisitos.

#### Cabimento

> **Art. 1º, Lei nº 7.960/1989** *Caberá prisão temporária:*
>
> *I – quando imprescindível para as investigações do inquérito policial;*
>
> *II – quando o indicado não tiver residência fixa ou não fornecer elementos necessários ao esclarecimento de sua identidade;*

## NOÇÕES DE DIREITO PROCESSUAL PENAL

*III – quando houver fundadas razões, de acordo com qualquer prova admitida na legislação penal, de autoria ou participação do indiciado nos seguintes crimes:*

*a) homicídio doloso (art. 121, caput, e seu § 2º);*
*b) sequestro ou cárcere privado (art. 148, caput, e seus §§ 1º e 2º);*
*c) roubo (art. 157, caput, e seus §§ 1º, 2º e 3º);*
*d) extorsão (art. 158, caput, e seus §§ 1º e 2º.);*
*e) extorsão mediante sequestro (art. 159, caput, e seus §§ 1º, 2º e 3º);*
*f) estupro (art. 213, caput, e sua combinação com o art. 223, caput, e parágrafo único);*
*g) atentado violento ao pudor (art. 214, caput, e sua combinação com o art. 223, caput, e parágrafo único);*
*h) rapto violento (art. 219, e sua combinação com o art. 223, caput, e parágrafo único);*
*i) epidemia com resultado de morte (art. 267, § 1º);*
*j) envenenamento de água potável ou substância alimentícia ou medicinal qualificado pela morte (art. 270, caput, combinado com art. 285);*
*l) quadrilha ou bando (art. 288), todos do Código Penal;*
*m) genocídio (arts. 1º, 2º e 3º da Lei nº 2.889, de 1º de outubro de 1956), em qualquer de suas formas típicas;*
*n) tráfico de drogas (art. 12 da Lei nº 6.368, de 21 de outubro de 1976);*
*o) crimes contra o sistema financeiro (Lei nº 7.492, de 16 de junho de 1986).*
*p) crimes previstos na Lei de Terrorismo.*

O rol de crimes descrito é taxativo, o que significa que somente esses delitos comportam a medida e mais nenhum.

### 8.2.3 Prisão em flagrante

É a prisão cautelar de natureza administrativa que funciona como ferramenta de preservação social, autorizando a captura daquele que é surpreendido no instante em que pratica ou termina de concluir a infração penal. Caracteriza-se pela imediatidade entre o crime e a prisão. Essa modalidade de prisão comporta várias delas e, a seguir, exemplificaremos cada hipótese de flagrante, conforme o que vem sendo cobrado nos principais concursos do país.

#### Modalidades de flagrante

▷ **Flagrante obrigatório/coercitivo**: é aquele flagrante das autoridades policiais e seus agentes. A autoridade policial não tem qualquer discricionariedade quanto a prisão em flagrante ou não.

*Art. 301, CPP Qualquer do povo poderá e as autoridades policiais e seus agentes **deverão** prender quem quer que seja encontrado em flagrante delito.*

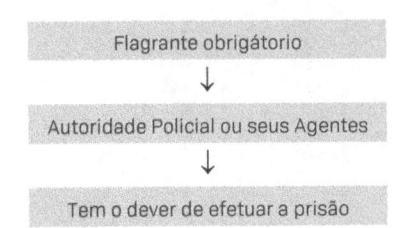

Flagrante obrigátorio
↓
Autoridade Policial ou seus Agentes
↓
Tem o dever de efetuar a prisão

▷ **Flagrante facultativo**: é o flagrante que se aplica a qualquer pessoa do povo, não tendo o sujeito a obrigação de agir.

*Art. 301, CPP Qualquer do povo poderá e as autoridades policiais e seus agentes deverão prender quem quer que seja encontrado em flagrante delito.*

Flagrante facultativo
↓
Qualquer pessoa do povo
↓
Poderá realizar o flagrante

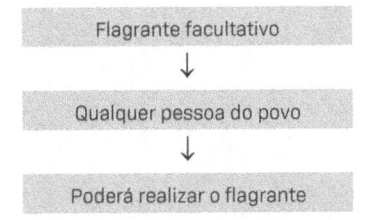

**Esquematizando o tema:**

| Art. 301 | Espécie de flagrante |
|---|---|
| Qualquer do povo PODERÁ | FACULTATIVO |
| As autoridades policiais e seus agentes DEVERÃO | OBRIGATÓRIO |

| Excludente de licitude | Infração em tese |
|---|---|
| Exercício regular do direito | Constrangimento ilegal |
| Estrito cumprimento do dever legal | Abuso de autoridade |

▷ **Flagrante próprio (real/perfeito/propriamente dito)** tem cabimento em duas hipóteses:
- Quando o agente está cometendo o delito, ou seja, está em plena prática dos atos executórios;
- Acaba de cometer o delito, isto é, o agente terminou de concluir a prática da infração penal, ficando evidente que é o autor do crime.

*Art. 302, CPP Considera-se em flagrante delito quem:*
*I – Está cometendo a infração penal;*
*II – Acaba de cometê-la;*

▷ **Flagrante impróprio (irreal/imperfeito/quase flagrante)**: é a espécie de flagrante que ocorre quando o criminoso conclui o crime ou é interrompido pela chegada de terceiros e foge, sem ser preso no local, fazendo com que se inicie uma perseguição, seja pela polícia, pela vítima ou por terceiro.

*Art. 302 Considera-se em flagrante delito quem: [...]*
*III – É perseguido, logo após, pela autoridade, pelo ofendido ou por qualquer pessoa, em situação que faça presumir ser autor da infração.*

▷ **Flagrante presumido (ficto ou assimilado)**: o criminoso é encontrado logo depois de praticar o crime, com objetos, armas ou papéis que faça presumir ser ele o autor do delito. Nesse caso, não há perseguição.

*Art. 302 Considera-se em flagrante delito quem: [...]*
*IV – É encontrado, logo depois, com instrumentos, armas, objetos ou papéis que façam presumir ser ele autor da infração.*

▷ **Flagrante forjado**: é o flagrante realizado para incriminar um inocente. A prisão é ilegal e o forjador responderá criminalmente por denunciação caluniosa (art. 339, CP).

▷ **Flagrante esperado**: ocorre quando a Polícia toma conhecimento da possibilidade da ocorrência de um crime, então, fica em campana, aguardando que se iniciem os primeiros atos executórios, na expectativa de concretizar a captura. Devido à falta de previsão legal do flagrante esperado, quando a tomada se concretiza, ele se transforma em flagrante próprio. Assim, essa é uma modalidade viável para autorizar a prisão em flagrante.

No flagrante esperado, a Polícia em nada contribui com a prática do delito; ela simplesmente toma conhecimento do crime que está por vir e aguarda o delito acontecer para realizar a prisão. Não confundir com o flagrante preparado.

▷ **Flagrante preparado (provocado/delito putativo por obra do agente provocador)**: ocorre quando o agente provocador (em regra, a Polícia, podendo também ser terceiro) induz ou instiga alguém a cometer um crime. Não é admitida no Brasil a prisão – é ilegal –, e o fato praticado não constitui crime, pois é atípico, sendo a consumação da ação impossível, haja vista que, durante os atos executórios, haverá a prisão.

*Súmula nº 145 – STF*
*Não há crime, quando a preparação do flagrante pela polícia torna impossível a sua consumação.*

## PRISÕES

▷ **Flagrante postergado (diferido/estratégico/ação controlada):** caracteriza-se pela possibilidade que a Polícia – e somente ela – tem de retardar a prisão em flagrante, na expectativa de realizá-la em um momento mais adequado para a colheita de provas, para a captura do maior número de infratores e, também, a fim de conseguir o enquadramento no delito principal da facção criminosa. Ele é possível no art. 53, Lei nº 11.343/2006.

*Art. 53, Lei nº 11.343/2006 Em qualquer fase da persecução criminal relativa aos crimes previstos nesta Lei, são permitidos, além dos previstos em lei, mediante autorização judicial e ouvido o Ministério Público, os seguintes procedimentos investigatórios:*

*I – A infiltração por agentes de polícia, em tarefas de investigação, constituída pelos órgãos especializados pertinentes;*

*II – A não atuação policial sobre os portadores de drogas, seus precursores químicos ou outros produtos utilizados em sua produção, que se encontrem no território brasileiro, com a finalidade de identificar e responsabilizar maior número de integrantes de operações de tráfico e distribuição, sem prejuízo da ação penal cabível.*

*Parágrafo único. Na hipótese do inciso II deste artigo, a autorização será concedida desde que sejam conhecidos o itinerário provável e a identificação dos agentes do delito ou de colaboradores.*

### Fases da prisão em flagrante

▷ **Captura:** emprego da força – a força pode ser utilizada, porém com moderação. Referente ao tema, importante o teor constante do art. 292 do CPP.

*Art. 292, CPP Se houver, ainda que por parte de terceiros, resistência à prisão em flagrante ou à determinada por autoridade competente, o executor e as pessoas que o auxiliarem poderão usar dos meios necessários para defender-se ou para vencer a resistência, do que tudo se lavrará auto subscrito também por duas testemunhas.*

#### Uso de algemas

*Trata-se de uma medida de natureza excepcional, devendo ser utilizado utilizada quando houver risco de fuga OU agressão do preso contra policiais, membros da sociedade ou até a si mesmo.*

*Súmula Vinculante nº 11 – STF*

*Só é lícito o uso de algemas em casos de resistência e de fundado receio de fuga ou de perigo à integridade física própria ou alheia, por parte do preso ou de terceiros, justificada a excepcionalidade por escrito, sob pena de responsabilidade disciplinar, civil e penal do agente ou da autoridade e de nulidade da prisão ou do ato processual a que se refere, sem prejuízo da responsabilidade civil do Estado.*

*Art. 292, parágrafo único, CPP É vedado o uso de algemas em mulheres grávidas durante os atos médico-hospitalares preparatórios para a realização do parto e durante o trabalho de parto, bem como em mulheres durante o período de puerpério imediato.*

▷ **Condução coercitiva:** não se imporá prisão em flagrante.

- Lei dos Juizados Especiais Criminais;
- Porte de drogas para consumo pessoal;
- CTB.

▷ **Lavratura do auto de prisão em flagrante:** possibilidade de concessão de fiança pela própria autoridade policial, nos moldes previstos pelo art. 322 do CPP.

*Art. 322, CPP A autoridade policial **somente** poderá conceder fiança nos casos de infração cuja pena privativa de liberdade máxima não seja superior a 4 (quatro) anos.*

*Parágrafo único. Nos demais casos, a fiança será requerida ao juiz, que decidirá em 48 (quarenta e oito) horas.*

▷ **Convalidação judicial da prisão em flagrante:** essa convalidação judicial constitui-se no procedimento que deverá ser observado pelo juiz quando do recebimento do auto de prisão em flagrante.

Cumpre recordarmos que a obrigatoriedade de comunicação da prisão ao juiz encontra-se prevista na legislação ao teor do art. 306, do Código de Processo Penal, o que dispõe:

*Art. 306 A prisão de qualquer pessoa e local onde se encontre serão comunicados imediatamente ao juiz competente, ao Ministério Público e a família do preso ou a pessoa por ele indicada.*

*§ 1º Em até 24 (vinte e quatro horas) após a realização da prisão, será encaminhado ao juiz competente o auto de prisão em flagrante e, caso o autuado não informe o nome de seu advogado, cópia integral para Defensoria Pública.*

*§ 2º No mesmo prazo, será entregue ao preso, mediante recibo, a nota de culpa (termo de ciência das garantias constitucionais), assinada pela autoridade, com o motivo da prisão, o nome do condutor e os das testemunhas.*

**Audiência de custódia:** audiência de custódia consiste no direito que a pessoa presa em flagrante possui de ser conduzida (levada), sem demora, à presença de uma autoridade judicial (magistrado) que analisará se os direitos fundamentais dessa pessoa foram respeitados (por exemplo: se não houve tortura), se a prisão em flagrante foi legal e se a prisão cautelar deve ser decretada ou se o preso poderá receber a liberdade provisória ou medida cautelar diversa da prisão.

*Art. 310, CPP Após receber o auto de prisão em flagrante, no prazo máximo de até 24 (vinte e quatro) horas após a realização da prisão, o juiz deverá promover audiência de custódia com a presença do acusado, seu advogado constituído ou membro da Defensoria Pública e o membro do Ministério Público, e, nessa audiência, o juiz deverá, fundamentadamente.*

*I – relaxar a prisão ilegal; o.*

*II – converter a prisão em flagrante em preventiva, quando presentes os requisitos constantes do art. 312 deste Código, e se revelarem inadequadas ou insuficientes as medidas cautelares diversas da prisão; o.*

*III – conceder liberdade provisória, com ou sem fiança.*

*§ 1º Se o juiz verificar, pelo auto de prisão em flagrante, que o agente praticou o fato em qualquer das condições constantes dos incisos I, II ou III do caput do art. 23 do Decreto-lei nº 2.848, de 7 de dezembro de 1940 (Código Penal), poderá, fundamentadamente, conceder ao acusado liberdade provisória, mediante termo de comparecimento obrigatório a todos os atos processuais, sob pena de revogação.*

*§ 2º Se o juiz verificar que o agente é reincidente ou que integra organização criminosa armada ou milícia, ou que porta arma de fogo de uso restrito, deverá denegar a liberdade provisória, com ou sem medidas cautelares.*

*§ 3º A autoridade que deu causa, sem motivação idônea, à não realização da audiência de custódia no prazo estabelecido no caput deste artigo responderá administrativa, civil e penalmente pela omissão.*

*§ 4º Transcorridas 24 (vinte e quatro) horas após o decurso do prazo estabelecido no caput deste artigo, a não realização de audiência de custódia sem motivação idônea ensejará também a ilegalidade da prisão, a ser relaxada pela autoridade competente, sem prejuízo da possibilidade de imediata decretação de prisão preventiva.*

# NOÇÕES DE DIREITO PROCESSUAL PENAL

## 9 HABEAS CORPUS E SEU PROCESSO

### 9.1 Espécies de HC

**Preventivo:** quando ocorre uma ameaça ao direito de locomoção, desde que o temor seja concreto, não basta uma simples suspeita. Salvo-conduto, impedindo-se que a pessoa venha a ser privada de sua liberdade.

> *Art. 660, § 4º, CPP Se a ordem de habeas corpus for concedida para evitar ameaça de violência ou coação ilegal, dar-se-á ao paciente salvo-conduto assinado pelo juiz.*

**Repressivo:** quando a liberdade já foi sacrificada, haverá alvará de soltura.

> *Art. 660, § 1º, CPP Efetuadas as diligências, e interrogado o paciente, o juiz decidirá, fundamentadamente, dentro de 24 (vinte e quatro) horas.*
>
> *§ 1º Se a decisão for favorável ao paciente, será logo posto em liberdade, salvo se por outro motivo dever ser mantido na prisão.*

### 9.2 Outra denominação

**Profilático:** também conhecido como HC trancativo, visa ao trancamento da uma ação penal que não tenha os seguintes requisitos básicos:

▷ Ausência de condições da ação;
▷ Fato já prescrito;
▷ Justa causa.

### 9.3 Cabimento

> *Art. 648, CPP A coação considerar-se-á ilegal:*
>
> *I – quando não houver justa causa;*
>
> *II – quando alguém estiver preso por mais tempo do que determina a lei;*
>
> *III – quando quem ordenar a coação não tiver competência para fazê-lo;*
>
> *IV – quando houver cessado o motivo que autorizou a coação;*
>
> *V – quando não for alguém admitido a prestar fiança, nos casos em que a lei a autoriza;*
>
> *VI – quando o processo for manifestamente nulo;*
>
> *VII – quando extinta a punibilidade.*

### 9.4 Sujeitos

**Impetrante:** quem ajuíza o *habeas corpus*. Mas quem pode impetrar o HC?

> *Art. 654, CPP O habeas corpus poderá ser impetrado por qualquer pessoa, em seu favor ou de outrem, bem como pelo Ministério Público.*

▷ Não exige capacidade postulatória (presença de advogado);
▷ O juiz pode conceder ex-officio;
▷ Analfabeto.

> *Art. 654, § 1º, CPP A petição de habeas corpus conterá: [...]*
>
> *c) a assinatura do impetrante, ou de alguém a seu rogo, quando não souber ou não puder escrever, e a designação das respectivas residências.*

Cuidado! Juiz não pode impetrar, mas, sim, conceder.

> *Art. 654, § 2º, CPP Os juízes e os tribunais têm competência para expedir de ofício ordem de habeas corpus, quando no curso de processo verificarem que alguém sofre ou está na iminência de sofrer coação ilegal.*

**Paciente:** em favor da pessoa qual se impetra.

Cuidado:

▷ Impetrante e paciente podem ser a mesma pessoa;
▷ Não pode ser pessoa jurídica.

**Coator:** quem privou o direito de locomoção.

Pode ser autoridade pública ou particular.

### 9.5 Formalidades

Não tem exigências formais:

▷ Não precisa de advogado;
▷ Gratuito.

> *Art. 647, CPP Dar-se-á habeas corpus sempre que alguém sofrer ou se achar na iminência de sofrer violência ou coação ilegal na sua liberdade de ir e vir, salvo nos casos de punição disciplinar.*
>
> *Art. 648 A coação considerar-se-á ilegal:*
>
> *I – quando não houver justa causa;*
>
> *II – quando alguém estiver preso por mais tempo do que determina a lei;*
>
> *III – quando quem ordenar a coação não tiver competência para fazê-lo;*
>
> *IV – quando houver cessado o motivo que autorizou a coação;*
>
> *V – quando não for alguém admitido a prestar fiança, nos casos em que a lei a autoriza;*
>
> *VI – quando o processo for manifestamente nulo;*
>
> *VII – quando extinta a punibilidade.*
>
> *Art. 649 O juiz ou o tribunal, dentro dos limites da sua jurisdição, fará passar imediatamente a ordem impetrada, nos casos em que tenha cabimento, seja qual for a autoridade coatora.*
>
> *Art. 650 Competirá conhecer, originariamente, do pedido de habeas corpus:*
>
> *I – ao Supremo Tribunal Federal, nos casos previstos no Art. 101, I, g, da Constituição;*
>
> *II – aos Tribunais de Apelação, sempre que os atos de violência ou coação forem atribuídos aos governadores ou interventores dos Estados ou Territórios e ao prefeito do Distrito Federal, ou a seus secretários, ou aos chefes de Polícia.*
>
> *§ 1º A competência do juiz cessará sempre que a violência ou coação provier de autoridade judiciária de igual ou superior jurisdição.*
>
> *§ 2º Não cabe o habeas corpus contra a prisão administrativa, atual ou iminente, dos responsáveis por dinheiro ou valor pertencente à Fazenda Pública, alcançados ou omissos em fazer o seu recolhimento nos prazos legais, salvo se o pedido for acompanhado de prova de quitação ou de depósito do alcance verificado, ou se a prisão exceder o prazo legal.*
>
> *Art. 651 A concessão do habeas corpus não obstará, nem porá termo ao processo, desde que este não esteja em conflito com os fundamentos daquela.*
>
> *Art. 652 Se o habeas corpus for concedido em virtude de nulidade do processo, este será renovado.*
>
> *Art. 653 Ordenada a soltura do paciente em virtude de habeas corpus, será condenada nas custas a autoridade que, por má-fé ou evidente abuso de poder, tiver determinado a coação.*
>
> *Parágrafo único. Neste caso, será remetida ao Ministério Público cópia das peças necessárias para ser promovida a responsabilidade da autoridade.*
>
> *Art. 654 O habeas corpus poderá ser impetrado por qualquer pessoa, em seu favor ou de outrem, bem como pelo Ministério Público.*
>
> *§ 1º A petição de habeas corpus conterá:*
>
> *a) o nome da pessoa que sofre ou está ameaçada de sofrer violência ou coação e o de quem exercer a violência, coação ou ameaça;*
>
> *b) a declaração da espécie de constrangimento ou, em caso de simples ameaça de coação, as razões em que funda o seu temor;*
>
> *c) a assinatura do impetrante, ou de alguém a seu rogo, quando não souber ou não puder escrever, e a designação das respectivas residências.*
>
> *§ 2º Os juízes e os tribunais têm competência para expedir de ofício ordem de habeas corpus, quando no curso de processo verificarem que alguém sofre ou está na iminência de sofrer coação ilegal.*
>
> *Art. 655 O carcereiro ou o diretor da prisão, o escrivão, o oficial de justiça ou a autoridade judiciária ou policial que embaraçar ou procrastinar a expedição de ordem de habeas corpus, as informações sobre a causa da prisão, a condução e apresentação do paciente, ou a sua soltura, será multado na quantia de duzentos mil-réis a um conto de réis, sem prejuízo das penas em que incorrer. As multas serão impostas pelo juiz do tribunal que julgar o habeas corpus, salvo quando se tratar de autoridade judiciária, caso em que caberá ao Supremo Tribunal Federal ou ao Tribunal de Apelação impor as multas.*

# HABEAS CORPUS E SEU PROCESSO

*Art. 656* Recebida a petição de habeas corpus, o juiz, se julgar necessário, e estiver preso o paciente, mandará que este lhe seja imediatamente apresentado em dia e hora que designar.

*Parágrafo único.* Em caso de desobediência, será expedido mandado de prisão contra o detentor, que será processado na forma da lei, e o juiz providenciará para que o paciente seja tirado da prisão e apresentado em juízo.

*Art. 657* Se o paciente estiver preso, nenhum motivo escusará a sua apresentação, salvo:

I – grave enfermidade do paciente;

II – não estar ele sob a guarda da pessoa a quem se atribui a detenção;

III – se o comparecimento não tiver sido determinado pelo juiz ou pelo tribunal.

*Parágrafo único.* O juiz poderá ir ao local em que o paciente se encontrar, se este não puder ser apresentado por motivo de doença.

*Art. 658* O detentor declarará à ordem de quem o paciente estiver preso.

*Art. 659* Se o juiz ou o tribunal verificar que já cessou a violência ou coação ilegal, julgará prejudicado o pedido.

*Art. 660* Efetuadas as diligências, e interrogado o paciente, o juiz decidirá, fundamentadamente, dentro de 24 horas.

§ 1º Se a decisão for favorável ao paciente, será logo posto em liberdade, salvo se por outro motivo dever ser mantido na prisão.

§ 2º Se os documentos que instruírem a petição evidenciarem a ilegalidade da coação, o juiz ou o tribunal ordenará que cesse imediatamente o constrangimento.

§ 3º Se a ilegalidade decorrer do fato de não ter sido o paciente admitido a prestar fiança, o juiz arbitrará o valor desta, que poderá ser prestada perante ele, remetendo, neste caso, à autoridade os respectivos autos, para serem anexados aos do inquérito policial ou aos do processo judicial.

§ 4º Se a ordem de habeas corpus for concedida para evitar ameaça de violência ou coação ilegal, dar-se-á ao paciente salvo-conduto assinado pelo juiz.

§ 5º Será incontinenti enviada cópia da decisão à autoridade que tiver ordenado a prisão ou tiver o paciente à sua disposição, a fim de juntar-se aos autos do processo.

§ 6º Quando o paciente estiver preso em lugar que não seja o da sede do juízo ou do tribunal que conceder a ordem, o alvará de soltura será expedido pelo telégrafo, se houver, observadas as formalidades estabelecidas no art. 289, parágrafo único, in fine, ou por via postal.

*Art. 661* Em caso de competência originária do Tribunal de Apelação, a petição de habeas corpus será apresentada ao secretário, que a enviará imediatamente ao presidente do tribunal, ou da câmara criminal, ou da turma, que estiver reunida, ou primeiro tiver de reunir-se.

*Art. 662* Se a petição contiver os requisitos do art. 654, § 1º, o presidente, se necessário, requisitará da autoridade indicada como coatora informações por escrito. Faltando, porém, qualquer daqueles requisitos, o presidente mandará preenchê-lo, logo que lhe for apresentada a petição.

*Art. 663* As diligências do artigo anterior não serão ordenadas, se o presidente entender que o habeas corpus deva ser indeferido in limine. Nesse caso, levará a petição ao tribunal, câmara ou turma, para que delibere a respeito.

*Art. 664* Recebidas as informações, ou dispensadas, o habeas corpus será julgado na primeira sessão, podendo, entretanto, adiar-se o julgamento para a sessão seguinte.

*Parágrafo único.* A decisão será tomada por maioria de votos. Havendo empate, se o presidente não tiver tomado parte na votação, proferirá voto de desempate; no caso contrário, prevalecerá a decisão mais favorável ao paciente.

*Art. 665* O secretário do tribunal lavrará a ordem que, assinada pelo presidente do tribunal, câmara ou turma, será dirigida, por ofício ou telegrama, ao detentor, ao carcereiro ou autoridade que exercer ou ameaçar exercer o constrangimento.

*Parágrafo único.* A ordem transmitida por telegrama obedecerá ao disposto no art. 289, parágrafo único, in fine.

*Art. 666* Os regimentos dos Tribunais de Apelação estabelecerão as normas complementares para o processo e julgamento do pedido de habeas corpus de sua competência originária.

*Art. 667* No processo e julgamento do habeas corpus de competência originária do Supremo Tribunal Federal, bem como nos de recurso das decisões de última ou única instância, denegatórias de habeas corpus, observar-se-á, no que lhes for aplicável, o disposto nos artigos anteriores, devendo o regimento interno do tribunal estabelecer as regras complementares.

▷ Súmulas do STF

- **Súmula nº 395:** "Não se conhece de recurso de *habeas corpus* cujo objeto seja resolver sobre o ônus das custas, por não estar mais em causa a liberdade de locomoção."
- **Súmula nº 693:** "Não cabe *habeas corpus* contra decisão condenatória a pena de multa, ou relativo a processo em curso por infração penal a que a pena pecuniária seja a única cominada."
- **Súmula nº 694:** "Não cabe *habeas corpus* contra a imposição da pena de exclusão de militar ou de perda de patente ou de função pública."
- **Súmula nº 695:** "Não cabe *habeas corpus* quando já extinta a pena privativa de liberdade."

### Não cabimento do *habeas corpus*

▷ O *habeas corpus* não é meio processual adequado para o apenado obter autorização de visita de sua companheira no estabelecimento prisional. (STF. 2ª Turma. HC 127.685/DF, Rel. Min. Dias Toffoli, julgado em 30/6/2015 [Info 792]).

▷ Apreensão de veículos – CF/1988;

▷ Extração gratuita de cópias de processo criminal – STJ – 5ºTurma, HC 111.561/SP;

▷ Perda de direitos políticos – STF – 2ª Turma – HC 81.003/RS;

▷ Impeachment – STF, HC 70.033 e HC 134.315;

▷ Suspensão do direito de dirigir veículo automotor – STJ, 5ª Turma, HC 283.505/SP.

### Pontos importantes

▷ Não cabe HC como substituto penal quando houver recurso cabível;

▷ O HC não comporta dilação probatória, ou seja, o impetrante deve provar de plano a ilegalidade da coação;

▷ É incabível o HC para impugnar decisão que defere a intervenção do assistente de acusação na ação penal;

▷ Efeito extensivo do HC;

▷ Cabe HC em varas Cíveis – Depositário infiel;

▷ Cabe HC em Internação Psiquiátrica – HC 135.271-SP.

# 10 LEI Nº 9.099/1995 – JUIZADOS ESPECIAIS CÍVEIS E CRIMINAIS

Os Juizados Especiais Cíveis e Criminais, órgãos da Justiça Ordinária, serão criados pela União, no Distrito Federal e nos territórios, e pelos estados, para conciliação, processo, julgamento e execução, nas causas de sua competência.

Essa lei aplica-se para a Justiça Comum Estadual. Na **Justiça Federal**, ela pode ser utilizada de forma **subsidiária**, pois o Juizado Especial Federal tem legislação própria (Lei nº 10.259/2001).

O processo orientar-se-á pelos critérios da **oralidade, simplicidade, informalidade, economia processual e celeridade**, buscando, sempre que possível, a conciliação ou a transação.

O sistema dos **Juizados Especiais Civis** (JEC) aplica-se para **causas cíveis de menor complexidade**, enquanto os **Juizados Especiais Criminais** (JECrim) são utilizados **em infrações penais de menor potencial ofensivo**.

## 10.1 Juizados Especiais Criminais (JECRIM)

### 10.1.1 Disposições gerais

O Juizado Especial Criminal, **provido por juízes togados ou togados e leigos**, tem competência para a conciliação, o julgamento e a execução das **infrações penais de menor potencial ofensivo**, respeitadas as regras de conexão e continência.

Na hipótese de reunião de processos, perante o juízo comum ou o tribunal do júri, decorrentes da aplicação das regras de conexão e continência, **observar-se-ão os institutos da transação penal e da composição dos danos civis.**

▷ Consideram-se infrações penais de menor potencial ofensivo (para os efeitos da Lei nº 9.099/1995):
  - As contravenções penais;
  - Os crimes a que a lei comine pena máxima não superior a 2 anos (cumulada ou não com multa).

O processo perante o Juizado Especial orientar-se-á pelos critérios de oralidade, simplicidade, informalidade, economia processual e celeridade, objetivando, sempre que possível, a reparação dos danos sofridos pela vítima e a aplicação de pena não privativa de liberdade.

### 10.1.2 Competência e atos processuais

A competência do Juizado é determinada pelo lugar em que foi praticada a infração penal.

Os atos processuais serão públicos e poderão realizar-se em horário noturno e em qualquer dia da semana, conforme dispuserem as normas de organização judiciária.

Os atos processuais serão válidos sempre que preencherem as finalidades para as quais foram realizados, atendidos os critérios indicados no art. 62 da Lei nº 9.099/1995 (critérios da oralidade, informalidade, economia processual e celeridade, objetivando, sempre que possível, a reparação dos danos sofridos pela vítima e a aplicação de pena não privativa de liberdade).

No âmbito do Juizado Especial Criminal, a nulidade somente será pronunciada se houver prejuízo para alguma das partes.

A prática de atos processuais em outras comarcas poderá ser solicitada por qualquer meio hábil de comunicação.

Somente serão registrados por escrito os atos havidos por essenciais. Os atos realizados em audiência de instrução e julgamento poderão ser gravados em fita magnética ou equivalente.

A citação será pessoal e far-se-á no próprio Juizado, sempre que possível, ou por mandado. Não encontrado o acusado para ser citado, o juiz encaminhará as peças existentes ao Juízo comum para adoção do procedimento previsto em lei.

A intimação far-se-á por correspondência, com aviso de recebimento pessoal ou, tratando-se de pessoa jurídica ou firma individual, mediante entrega ao encarregado da recepção, que será obrigatoriamente identificado, ou, sendo necessário, por oficial de justiça, independentemente de mandado ou carta precatória, ou ainda por qualquer meio idôneo de comunicação.

Dos atos que forem praticados em audiência, são consideradas intimadas desde logo cientes as partes, os interessados e defensores.

Do ato de intimação do autor do fato e do mandado de citação do acusado, constará a necessidade de seu comparecimento acompanhado de advogado, com a advertência de que, na sua falta, ser-lhe-á designado defensor público.

### 10.1.3 Fase preliminar

A autoridade policial que tomar conhecimento da ocorrência lavrará termo circunstanciado e o encaminhará imediatamente ao Juizado, com o autor do fato e a vítima, providenciando-se as requisições dos exames periciais necessários.

Depois da ocorrência do fato, a autoridade policial lavra o Termo Circunstanciado (TC) e encaminha para o Juizado. Não há inquérito nesse momento.

Se o autor do fato (trata-se do réu, mas a lei usa o termo "autor do fato") que, após a lavratura do termo, for imediatamente encaminhado ao juizado ou assumir o compromisso de a ele comparecer, não se imporá prisão em flagrante nem se exigirá fiança.

Em caso de violência doméstica, o juiz poderá determinar, como medida de cautela, seu afastamento do lar, domicílio ou local de convivência com a vítima.

Comparecendo o autor do fato e a vítima, e não sendo possível a realização imediata da audiência preliminar, será designada data próxima, da qual ambos sairão cientes.

Na falta do comparecimento de qualquer dos envolvidos, a Secretaria providenciará sua intimação e, se for o caso, a do responsável civil (intimação feita na forma dos arts. 67 e 68 da Lei nº 9.099/1995).

Na audiência preliminar, presente o representante do Ministério Público, o autor do fato e a vítima e, se possível, o responsável civil, acompanhados por seus advogados, o juiz esclarecerá sobre a possibilidade da composição dos danos e da aceitação da proposta de aplicação imediata de pena não privativa de liberdade.

A conciliação será conduzida pelo juiz ou também por conciliador (sob orientação do juiz).

Esses conciliadores são auxiliares da Justiça, recrutados, na forma da lei local, **preferentemente** entre bacharéis em Direito (mas aqueles que exercem funções na administração da Justiça Criminal estão excluídos, não podem atuar como conciliadores).

Na audiência de conciliação, devem estar presentes o juiz, o promotor, a vítima e o autor do fato. Nessa audiência, eles podem fazer acordo.

A composição (acordo) dos danos civis:
▷ Será reduzida a escrito;
▷ Homologada pelo juiz (sentença irrecorrível);
▷ Eficácia de título a ser executado no juízo civil competente.

Tratando-se de ação penal de iniciativa privada ou de ação penal pública condicionada à representação, o acordo homologado acarreta a **renúncia ao direito de queixa ou representação**.

Não obtida a composição dos danos civis, será dada imediatamente ao ofendido a oportunidade de exercer o direito de **representação verbal, que será reduzida a termo**. O não oferecimento da representação na audiência preliminar não implica decadência do direito, que poderá ser exercido no prazo previsto em lei.

Havendo representação ou tratando-se de crime de ação penal pública incondicionada, não sendo caso de arquivamento, o Ministério Público poderá propor a aplicação imediata de pena restritiva de direitos ou multas, a ser especificada na proposta.

Nas hipóteses de ser a pena de multa a única aplicável, o juiz poderá reduzi-la **até a metade**.

Entretanto, **não se admitirá a proposta** se ficar comprovado:
▷ Ter sido o autor da infração **condenado**, pela prática de crime, à pena **privativa de liberdade**, por **sentença definitiva**;
▷ Ter sido o agente beneficiado anteriormente, no prazo de **5 anos**, pela aplicação de pena restritiva ou multa;
▷ **Não indicarem** os antecedentes, a conduta social e a personalidade do agente, bem como os motivos e as circunstâncias, **ser necessária e suficiente a adoção da medida**.

Se a proposta for aceita pelo autor da infração e seu defensor, será submetida à apreciação do juiz.

Se acolher essa proposta, o juiz aplicará a pena restritiva de direitos ou multa, que não importará em reincidência, sendo registrada apenas para impedir novamente o mesmo benefício no prazo de 5 anos.

A imposição dessa sanção não constará de certidão de antecedentes criminais, salvo para os fins previstos no mesmo dispositivo, e não terá efeitos civis, cabendo aos interessados propor ação cabível no juízo cível.

Dessa sentença cabe apelação (mas ela segue as regras previstas para esse recurso na Lei nº 9.099/1995).

### 10.1.4 Procedimento sumaríssimo

Na ação penal de iniciativa pública, quando não houver aplicação de pena, pela ausência do autor do fato (ou pela não ocorrência da aceitação da proposta), o Ministério Público oferecerá ao juiz, de imediato, denúncia oral, se não houver necessidade de diligências imprescindíveis.

Para o oferecimento da denúncia, que será elaborada com base no termo de ocorrência, com dispensa do inquérito policial, prescindir-se-á do exame do corpo de delito quando a materialidade do crime estiver aferida por boletim médico ou prova equivalente (nesse caso, então, não é preciso o exame de corpo de delito).

Se a complexidade ou circunstâncias do caso não permitirem a formulação da denúncia, o Ministério Público poderá requerer ao juiz o encaminhamento das peças existentes, na forma do parágrafo único do art. 66 da Lei nº 9.099/1995. Não encontrado o acusado para ser citado, o juiz encaminhará as peças existentes ao Juízo comum para adoção do procedimento previsto em lei.

Na ação penal **de iniciativa do ofendido**, poderá ser oferecida **queixa oral**, cabendo ao juiz verificar se a complexidade e as circunstâncias do caso determinam a adoção das providências previstas no parágrafo único do art. 66 dessa lei.

Oferecida a denúncia ou queixa, será reduzida a termo, entregando-se cópia ao acusado, que com ela ficará citado e imediatamente cientificado da designação de dia e hora para a audiência de instrução e julgamento, da qual também tomarão ciência o Ministério Público, o ofendido, o responsável civil e seus advogados.

Se o acusado não estiver presente, será citado na forma dos arts. 66 e 68 da Lei nº 9.099/1995 (pessoalmente no próprio Juizado ou por mandado) e cientificado da data da audiência de instrução e de julgamento, devendo a ela trazer suas testemunhas ou apresentar requerimento para intimação, no mínimo, 5 dias antes de sua realização.

Não estando presentes o ofendido e o responsável civil, serão intimados nos termos do art. 67 desta lei para comparecerem à audiência de instrução e julgamento (intimado por carta com aviso de recebimento ou qualquer outro meio idôneo).

As testemunhas arroladas serão intimadas por correspondência com aviso de recebimento ou qualquer outro meio idôneo.

No dia e hora designados para a audiência de instrução e julgamento, se na fase preliminar não tiver havido possibilidade de tentativa de conciliação e de oferecimento de proposta pelo Ministério Público, proceder-se-á a tentativa de conciliação (na forma estudada – fase preliminar).

Nenhum ato será adiado, determinando o juiz, **quando imprescindível a condução coercitiva** de quem deva comparecer.

Aberta a audiência, será dada a palavra ao defensor para responder à acusação. Após isso, o juiz receberá, ou não, a denúncia ou queixa; havendo recebimento, serão ouvidas a vítima e as testemunhas de acusação e defesa, interrogando-se a seguir o acusado, se presente, passando-se imediatamente aos debates orais e à prolação da sentença.

Todas as provas serão produzidas na audiência de instrução e julgamento, podendo o juiz limitar ou excluir as que considerar excessivas, impertinentes ou protelatórias.

> Art. 81 [...]
> § 1º-A Durante a audiência, todas as partes e demais sujeitos processuais presentes no ato deverão respeitar a dignidade da vítima, sob pena de responsabilização civil, penal e administrativa, cabendo ao juiz garantir o cumprimento do disposto neste artigo, vedadas:
> I – a manifestação sobre circunstâncias ou elementos alheios aos fatos objeto de apuração nos autos;
> II – a utilização de linguagem, de informações ou de material que ofendam a dignidade da vítima ou de testemunhas.

De todo o ocorrido na audiência, será lavrado termo, assinado pelo juiz e pelas partes, contendo breve resumo dos fatos relevantes ocorridos em audiência e a sentença. A sentença, dispensado o relatório, mencionará os elementos de convicção do juiz.

O recurso cabível no caso de decisão que rejeite a denúncia ou queixa e também da sentença é a **apelação**, que poderá ser julgada por turma composta de três juízes em exercício no primeiro grau de jurisdição, reunidos na sede do Juizado.

A apelação será interposta no prazo de **10 dias**, contados da ciência da sentença pelo Ministério Público, pelo réu e seu defensor, por petição escrita, da qual constarão as razões e o pedido do recorrente (o recorrido será intimado para oferecer resposta escrita também no prazo de 10 dias).

As partes poderão requerer a transcrição da gravação da fita magnética e serão intimadas da data da sessão de julgamento pela imprensa.

Se a sentença for confirmada pelos próprios fundamentos, a súmula do julgamento servirá de acórdão (nesse caso, a turma recursal confirmou a sentença dada, o acórdão é simplificado, consistirá apenas na súmula do julgamento).

**Embargos de declaração:**

▷ Recurso cabível quando houver obscuridade, contradição, omissão ou dúvida (em sentença ou em acórdão);

▷ Serão opostos por escrito ou oralmente;

▷ Opostos no prazo de cinco dias (contados da ciência da decisão).

Os embargos de declaração interrompem o prazo para a interposição de recurso.

Os erros materiais podem ser corrigidos de ofício (o próprio juiz corrige, sem que ninguém requeira).

## 10.1.5 Execução

Se a única pena aplicada for a de multa, seu cumprimento se dará mediante pagamento na Secretaria do Juizado. Efetuado o pagamento, o juiz declarará extinta a punibilidade, determinando que a condenação **não fique constando** dos registros criminais, exceto para fins de requisição judicial.

Mas, caso não seja efetuado o pagamento de multa, será feita a conversão **em pena privativa da liberdade**, ou **restritiva de direitos**, nos termos previstos em lei.

A execução das penas privativas de liberdade e restritivas de direitos, ou de multa cumulada com estas, será processada perante o órgão competente, nos termos da lei.

## 10.1.6 Despesas processuais

Nos casos de homologação do acordo civil e aplicação de pena restritiva de direitos ou multa, as despesas processuais serão reduzidas, conforme dispuser lei estadual.

## 10.1.7 Disposições finais

Além das hipóteses do Código Penal e da legislação especial, dependerá de representação a ação penal relativa aos crimes de lesões corporais leves e lesões culposas.

Nos crimes em que a pena mínima cominada for igual ou inferior a 1 ano, abrangidas ou não por esta lei, o Ministério Público, ao oferecer a denúncia, poderá propor a suspensão do processo, por 2 a 4 anos, desde que o acusado não esteja sendo processado ou não tenha sido condenado por outro crime, presentes os demais requisitos que autorizariam a suspensão condicional da pena (os requisitos para suspensão da pena são tratados no art. 77 do Código Penal).

Aceita a proposta pelo acusado e seu defensor, na presença do juiz, este, recebendo a denúncia, **poderá suspender o processo**, submetendo o acusado **a período de prova**, sob as **seguintes condições**:

▷ Reparação do dano (salvo impossibilidade de fazê-lo);

▷ Proibição de frequentar determinados lugares;

▷ Proibição de ausentar-se da comarca onde reside, sem autorização do juiz;

▷ Comparecimento pessoal e obrigatório a juízo, mensalmente, para informar e justificar suas atividades.

O juiz **poderá especificar outras condições** a que fica subordinada a suspensão, desde que adequadas ao fato e à situação pessoal do acusado.

A suspensão poderá ser revogada se o acusado vier a ser processado, no curso do prazo, por contravenção, ou descumprir qualquer outra condição imposta.

Se no curso do prazo da suspensão o beneficiário vier a ser processado por outro crime ou não efetuar a reparação do dano (sem motivo justificado), a suspensão será revogada.

Expirado o prazo sem revogação, o juiz declarará extinta a punibilidade. Não correrá a prescrição durante o prazo de suspensão do processo.

Se o acusado não aceitar a proposta para que seja feita a suspensão, o processo prosseguirá em seus ulteriores termos.

As disposições desta lei não se aplicam aos processos penais cuja instrução já estiver iniciada.

Sobre esse assunto, veja a ADIN nº 1.719/1990 do STF:

*O Tribunal, por votação unânime, deferiu, em parte, o pedido de medida cautelar, para, sem redução de texto e dando interpretação conforme à Constituição, excluir, com eficácia ex tunc, da norma constante do art. 90 da Lei nº 9099/1995, o sentido que impeça a aplicação de normas de direito penal, com conteúdo mais favorável ao réu, aos processos penais com instrução já iniciada à época da vigência desse diploma legislativo.*

As disposições previstas na Lei nº 9.099/1995 **não se aplicam no âmbito da Justiça Militar.**

Nos casos em que esta lei passa a exigir representação para a propositura da ação penal pública, o ofendido ou seu representante legal será **intimado para oferecê-la no prazo de 30 dias, sob pena de decadência**.

Aplicam-se subsidiariamente as disposições dos Códigos Penal e de Processo Penal, no que não forem incompatíveis com esta lei.

## 10.1.8 Disposições finais comuns

A lei estadual disporá sobre o Sistema de Juizados Especiais Cíveis e Criminais, sua organização, composição e competência.

Os serviços de cartório poderão ser prestados, e as audiências realizadas fora da sede da Comarca, em bairros ou cidades a ela pertencentes, ocupando instalações de prédios públicos, de acordo com audiências previamente anunciadas.

Os estados, o Distrito Federal e os territórios criarão e instalarão os Juizados Especiais no prazo de 6 meses, a contar da vigência desta Lei.

No prazo de 6 meses, contado da publicação da Lei nº 9.099/1995, serão criados e instalados os Juizados Especiais Itinerantes, que deverão dirimir, prioritariamente, os conflitos existentes nas áreas rurais ou nos locais de menor concentração populacional.

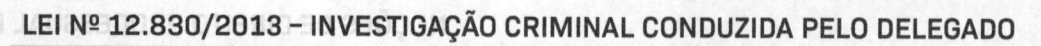

## 11 LEI Nº 12.830/2013 – INVESTIGAÇÃO CRIMINAL CONDUZIDA PELO DELEGADO

A Lei nº 12.830/2013, dispõe sobre a investigação criminal conduzida pelo delegado de polícia. É importante ressaltar que esta lei não diz que a investigação criminal será **somente** realizada pelo delegado, mas, sim, que ela regula a investigação realizada por ele.

Segundo entendimento majoritário da doutrina, a investigação de crimes não é uma atividade exclusiva da Polícia Civil e Federal, podendo ser realizada por outro órgãos, como a CPI.

A investigação, quando realizada pela polícia, será feita por meio de inquérito policial, que tramitará sob a presidência do delegado de polícia. As funções de Polícia Judiciária e a apuração de infrações penais exercidas pelo delegado de polícia são de natureza jurídica, essenciais e exclusivas de Estado.

> *HABEAS CORPUS. PACIENTE DENUNCIADO NAS PENAS DO ART. 251, §§ 2º E 3º, C/C O ART. 53, TUDO DO CPM. PEDIDO DE DESENTRANHAMENTO DE DEPOIMENTO DO PACIENTE, OUVIDO NO CURSO DO IPM NA QUALIDADE DE TESTEMUNHA. MEDIDA SEM QUALQUER UTILIDADE PARA O PROCESSO. ARGUIÇÃO DE NULIDADE DOS ATOS PRATICADOS PELO MPM, NA FASE INQUISITORIAL, PORQUE NÃO EXECUTADOS POR DELEGADO DE POLÍCIA, À LUZ DA LEI Nº 12.830, DE 20 DE JUNHO DE 2013. IMPOSSIBILIDADE.[...] II - **Não há que falar em nulidade dos atos investigatórios promovidos pelo MPM, na fase inquisitorial, apenas pelo motivo de esses terem sido executados por delegado de polícia, considerando que a novel Lei nº 12.830, de 20 de junho de 2013, reconheceu, tão somente, que "as funções de polícia judiciária e a apuração de infrações penais exercidas pelo delegado de polícia são de natureza jurídica, essenciais e exclusivas de Estado"**, sem qualquer exclusão da função similar exercida pelas autoridades militares que conduzem os inquéritos policiais militares, segundo as formalidades constantes no Código de Processo Penal Militar. III - E totalmente destituída de plausibilidade jurídica a tese de que essa postura, na fase inquisitorial, viola o art. 8º, nº 2, letra g, do Pacto de São José da Costa Rica, bem assim que todos os atos de investigação fomentados pelo MPM são nulos porque não praticados por delegado de polícia. Ordem de habeas corpus denegada. Decisão unânime. (STM - HC: 1867920137000000 RJ 0000186-79.2013.7.00.0000, Relator: José Coêlho Ferreira, Data de Julgamento: 22/10/2013, Data de Publicação: 29/10/2013 Vol: Veículo: DJE).*

Ao delegado de polícia, na qualidade de autoridade policial, cabe a condução da investigação criminal por meio de inquérito policial ou outro procedimento previsto em lei, que tem como objetivo a apuração das circunstâncias, da materialidade e da autoria das infrações penais.

```
Delegado de polícia
        ↓
Autoridade policial
        ↓
Cabe conduzir a investigação criminal por meio de IP ou outro
procedimento legal
        ↓
Objetivando a apuração das circunstâncias do crime, sua autoria e
materialidade.
```

Durante a investigação criminal, cabe ao delegado de polícia a requisição de perícia, informações, documentos e dados que interessem à apuração dos fatos.

O inquérito policial ou outro procedimento previsto em lei em curso somente poderá ser avocado ou redistribuído por superior hierárquico, mediante despacho fundamentado, por motivo de interesse público ou nas hipóteses de inobservância dos procedimentos previstos em regulamento da corporação que prejudique a eficácia da investigação.

```
Somente pode ser avocado ou redistribuído
        ↓
IP ou outro procedimento investigativo em curso
        ↓
Por superior hierárquico, mediante despacho fundamentado
        ↓
Por motivo de interesse público
        ↓
Ou nos casos de não observar os procedimentos previstos no
regulamento de modo a prejudicar a eficácia da investigação.
```

A remoção do delegado de polícia dar-se-á somente por ato fundamentado.

O indiciamento é ato privativo do delegado de polícia e apenas se dará por ato fundamentado, mediante análise técnico-jurídica do fato, que deverá indicar a autoria, materialidade e suas circunstâncias.

| Indiciamento | | |
|---|---|---|
| Ato privativo do delegado | Tem que ser fundamentado | Deve indicar a autoria, materialidade e suas circunstâncias |

> *PROCESSUAL PENAL: HABEAS CORPUS. INDICIAMENTO FORMAL. CONSTRANGIMENTO ILEGAL. DENÚNCIA RECEBIDA. DESNECESSIDADE. I - O mero indiciamento em inquérito policial não caracteriza constrangimento ilegal reparável através de Habeas Corpus, uma vez verificada a existência de crime, em tese, e indícios de autoria. II - O indiciamento é ato inquisitivo que deve ocorrer anteriormente ao recebimento da peça acusatória. III - **O ato de indiciamento é praticado pela autoridade policial, no âmbito do inquérito policial, objetivando apenas identificar e qualificar o suposto autor do ilícito propiciando a propositura de uma futura ação penal pela parte legitimada.** IV - Com o recebimento da denúncia encontra-se encerrada a fase investigatória, e o indiciamento do réu, neste momento, configura-se coação desnecessária e ilegal, pois consubstancia ato desprovido de qualquer utilidade jurídica para a ação penal, eis que o acusado já está perfeitamente identificado no processo penal instaurado. [...] (TRF-3 - HC: 00167397220134030000 SP, Relator: DESEMBARGADORA FEDERAL CECILIA MELLO, Data de Julgamento: 10/09/2013, SEGUNDA TURMA, Data de Publicação: e-DJF3 Judicial 1 DATA:19/09/2013)*

O cargo de delegado de polícia é privativo de bacharel em Direito, devendo-lhe ser dispensado o mesmo tratamento protocolar que recebem os magistrados, os membros da Defensoria Pública e do Ministério Público e os advogados.

| Cargo de delegado de polícia | É privativo do bacharel em Direito → | Ou seja, não precisa de aprovação no exame da OAB |
|---|---|---|
| | Ao delegado deve ser dado o mesmo tratamento que recebem de forma costumeira os juízes, defensores públicos, promotores e os advogados, como o pronome de tratamento "Vossa Excelência". | |

# 12 LEI Nº 12.850/2013 – LEI DE ORGANIZAÇÃO CRIMINOSA

## 12.1 Breve histórico da organização criminosa

Embora não seja um fenômeno recente, a criminalidade organizada apresenta um dos problemas centrais decorrentes da globalização. Antes localizado em algumas partes do mundo, como na Itália, por meio da mais famosa Máfia Italiana, que se construía sob a estrutura e a hierarquia de uma verdadeira família, ganhou notoriedade especialmente com a dramaturgia. Mas não só, outras organizações criminosas pelo mundo, com o processo de globalização, acabaram por se espalhar pelo globo, chegando, inclusive, a inspirar entre nós o estabelecimento de uma verdadeira criminalidade organizada.

Na legislação brasileira, embora desde a edição do Código Penal já fosse previsto o delito de quadrilha ou bando (art. 288), essa incriminação não se mostrava suficiente diante dos novos desafios que as organizações criminosas nacionais e transnacionais apresentavam. Nesse contexto, houve a edição da Lei nº 9.034/1995, que dispunha sobre a utilização de meios operacionais para a prevenção e repressão de ações praticadas por organizações criminosas. Essa Lei, entretanto, não trazia os elementos necessários para um efetivo combate dessa criminalidade.

## 12.2 Convenção de Palermo

Importante documento internacional que trata sobre o tema, a Convenção de Palermo ou, mais tecnicamente, Convenção das Nações Unidas contra o Crime Organizado Transnacional, foi incorporada ao sistema normativo brasileiro pelo Decreto nº 5.015/2004.

Em seu art. 1º, a Convenção traz como objetivo "promover a cooperação para prevenir e combater mais eficazmente a criminalidade organizada transnacional". Para tanto, estabelece uma série de mecanismos para a criminalização e o combate aos crimes relacionados a esse tipo de infração penal, definindo, para efeitos da Convenção, "Grupo criminoso organizado" como "grupo estruturado de três ou mais pessoas, existente há algum tempo e atuando concertadamente com o propósito de cometer uma ou mais infrações graves ou enunciadas na presente Convenção, com a intenção de obter, direta ou indiretamente, um benefício econômico ou outro benefício material".

Registre-se que, embora a Recomendação nº 3/2006 do Conselho Nacional de Justiça tenha proposto a adoção do conceito estabelecido na Convenção de Palermo, o que motivou, inclusive precedentes do Superior Tribunal de Justiça nesse sentido. Por exemplo: no HC 77.771, 5ª T., rel. Min. Laurita Vaz, j. 30/05/2008, acabou não sendo considerada como uma definição legal válida de organização criminosa, sendo insuficiente para terminar sua punição criminal além dos casos de quadrilha ou bando (então prevista no art. 288 do Código Penal) ou associação para o tráfico (art. 35, Lei de Drogas). Nesse sentido, a conclusão do Supremo Tribunal Federal:

> Em matéria penal, prevalece o dogma da reserva constitucional de lei em sentido formal, pois a Constituição da República somente admite a lei interna como única fonte formal e direta de regras de direito penal, a significar, portanto, que as cláusulas de tipificação e de cominação penais, para efeito de repressão estatal, subsumem-se ao âmbito das normas domésticas de direito penal incriminador, regendo-se, em consequência, pelo postulado da reserva de Parlamento. Doutrina. Precedentes (STF). **As convenções internacionais, como a Convenção de Palermo, não se qualificam, constitucionalmente, como fonte formal direta legitimadora da regulação normativa concernente à tipificação de crimes e à cominação de sanções penais.** (2ª T., AgR no RHC 121.835, rel. Min. Celso de Mello, j. 13/10/2015, DJe 20/11/2015).

## 12.3 Conceito de organização criminosa

A Lei nº 12.850/2013 revogou a Lei nº 9.034/1995 – que até 2013 tratava sobre o crime organizado sem, contudo, definir organização criminosa. Atualmente, a Lei nº 12.850/2013 **define organização criminosa** e cuida dos crimes cometidos por elas, afirmando, em seu art. 1º, que seu objetivo é definir organização criminosa e dispor sobre a investigação criminal, os meios de obtenção da prova, infrações penais correlatas e o procedimento criminal a ser aplicado.

A Lei nº 12.850/2013 traz no § 1º do art. 1º o **conceito de organização criminosa** com a seguinte redação:

> *Art. 1º, § 1º Considera-se organização criminosa a **associação de 4 (quatro) ou mais pessoas estruturalmente ordenada** e caracterizada pela **divisão de tarefas**, ainda que informalmente, com objetivo de obter, direta ou indiretamente, **vantagem** de qualquer natureza, mediante a prática de infrações penais cujas penas máximas sejam superiores a 4 (quatro) anos, ou que sejam de caráter transnacional.*

O § 2º do art. 1º estende, ainda, a aplicabilidade da Lei nº 12.850/2013:

> *I – às infrações penais previstas em **tratado ou convenção internacional** quando, iniciada a execução no País, o resultado tenha ou devesse ter ocorrido no estrangeiro, ou reciprocamente;*
>
> *II – às **organizações terroristas**, entendidas como aquelas voltadas para a prática dos atos de terrorismo legalmente definidos.*

Podemos dizer que uma das mais importantes informações sobre o crime organizado se encontra no art. 1º, que é a definição de organização criminosa.

O Código Penal, no art. 288, trata do crime de associação criminosa, que pode facilmente ser confundido com a organização, por isso, a definição do que é e como se caracteriza a organização criminosa, trazida em lei específica, torna-se ainda mais importante, pois, além da tipificação de um novo crime, ainda nos traz as diferenças entre ela e um crime já existente na legislação comum.

A Lei nº 12.850/2013 trouxe, ainda, modificações ao Código Penal, o crime de associação criminosa antes era conhecido como crime de quadrilha ou bando.

Além do mais, a Lei do Crime Organizado se aplica também aos crimes previstos em tratados ou convenções internacionais, desde que tenha iniciado sua execução no Brasil e o resultado tenha ou devesse ocorrer no exterior, ou quando a execução se iniciar no exterior e o resultado tenha ou devesse ocorrer no Brasil. Aplica-se também às organizações terroristas internacionais, reconhecidas conforme as normas de direito internacional, por foro do qual o Brasil seja participante, desde que os atos de suporte, preparatórios ou mesmo os executórios ocorram ou possam ocorrer no Brasil.

| | Associação criminosa | Organização criminosa |
|---|---|---|
| **Previsão legal** | Art. 288, CP | Art. 2º, Lei nº 12.850/2013 |
| **Quantidade de integrantes** | 3 ou mais pessoas | 4 ou mais pessoas |
| **Características** | Finalidade específica de cometer crimes. | • Estrutura ordenada;<br>• **Divisão de tarefas**, mesmo que informalmente;<br>• **Objetivo de obter**, direta ou indiretamente, **vantagem** de qualquer natureza;<br>• **Prática de infrações penais** cujas **penas máximas sejam superiores a 4 anos**, ou que tenham **caráter transnacional**. |

Os crimes de associação criminosa do Código Penal (art. 288), da Lei de drogas (art. 35, Lei nº 11.343/2006), de organização criminosa para fins de terrorismo (art. 3º, Lei nº 13.260/2016) e de organização criminosa do art. 2º da Lei nº 12.850/2013.

# LEI Nº 12.850/2013 – LEI DE ORGANIZAÇÃO CRIMINOSA

Na sequência, após definir o que é organização criminosa, a Lei estabelece o crime referente à promoção, à constituição (criação) ou ao financiamento de organização criminosa, equiparando a essa prática o fato de integrar organização ou mesmo de impedir ou, de qualquer forma, embaraçar a investigação de infração penal que a envolva:

**Art. 2º Promover, constituir, financiar ou integrar**, pessoalmente ou por interposta pessoa, **organização criminosa:**

**Pena – Reclusão**, de 3 (três) a 8 (oito) anos, e multa, sem prejuízo das penas correspondentes às demais infrações penais praticadas.

§ 1º Nas mesmas penas incorre quem impede ou, de qualquer forma, embaraça a investigação de infração penal que envolva organização criminosa.

§ 2º As penas aumentam-se até a metade se na atuação da organização criminosa houver emprego de arma de fogo.

§ 3º A pena é agravada para quem exerce o comando, individual ou coletivo, da organização criminosa, ainda que não pratique pessoalmente atos de execução.

§ 4º A pena é aumentada de 1/6 (um sexto) a 2/3 (dois terços):
I – se há participação de criança ou adolescente;
II – se há concurso de funcionário público, valendo-se a organização criminosa dessa condição para a prática de infração penal;
III – se o produto ou proveito da infração penal destinar-se, no todo ou em parte, ao exterior;
IV – se a organização criminosa mantém conexão com outras organizações criminosas independentes;
V – se as circunstâncias do fato evidenciarem a transnacionalidade da organização.

§ 5º Se houver indícios suficientes de que o funcionário público integra organização criminosa, poderá o juiz determinar seu afastamento cautelar do cargo, emprego ou função, sem prejuízo da remuneração, quando a medida se fizer necessária à investigação ou instrução processual.

§ 6º A condenação com trânsito em julgado acarretará ao funcionário público a perda do cargo, função, emprego ou mandato eletivo e a interdição para o exercício de função ou cargo público pelo prazo de 8 (oito) anos subsequentes ao cumprimento da pena.

§ 7º Se houver indícios de participação de policial nos crimes de que trata esta Lei, a Corregedoria de Polícia instaurará inquérito policial e comunicará ao Ministério Público, que designará membro para acompanhar o feito até a sua conclusão.

§ 8º As lideranças de organizações criminosas armadas ou que tenham armas à disposição deverão iniciar o cumprimento da pena em estabelecimentos penais de segurança máxima.

§ 9º O condenado expressamente em sentença por integrar organização criminosa ou por crime praticado por meio de organização criminosa não poderá progredir de regime de cumprimento de pena ou obter livramento condicional ou outros benefícios prisionais se houver elementos probatórios que indiquem a manutenção do vínculo associativo.

Um ponto que merece destaque é o afastamento cautelar do funcionário público por determinação judicial para fins de investigação e instrução processual. Por se tratar de medida cautelar, sua remuneração é mantida durante o período de afastamento. Seria um meio de evitar que o servidor influencie, de alguma forma, nesses procedimentos.

Se condenado, o funcionário público pode perder o cargo, emprego ou função pública e ficar inabilitado para o exercício de função pública pelo prazo de 8 anos subsequentes ao cumprimento da pena, ou seja, após o cumprimento da pena se inicia a contagem do prazo de inabilitação.

Havendo indícios de participação de policial nos crimes trazidos por lei, será determinada a Corregedoria de Polícia para a instauração do inquérito e a comunicação do ocorrido ao Ministério Público, o qual determinará membro para acompanhar o feito até a sua conclusão.

Vale registrar, ademais, que a Lei nº 13.964/2019 (Pacote Anticrime) introduziu a determinação de que as lideranças de organizações criminosas – armadas ou que tenham armas à disposição – iniciarão o cumprimento da pena em estabelecimentos penais de segurança máxima (lembre-se que o regime fechado pressupõe o cumprimento em estabelecimento de segurança máxima ou média). De outro lado, os condenados por integrar organização criminosa ou por crime praticado por meio delas não poderão progredir de regime ou obter livramento condicional ou outros benefícios prisionais se persistirem elementos probatórios que indiquem que eles mantêm o vínculo associativo com a organização.

| | |
|---|---|
| **Pena – Reclusão, de 3 a 8 anos, e multa** | Promover, constituir, financiar ou integrar, pessoalmente ou por interposta pessoa, organização criminosa. |
| | Impedir ou, de qualquer forma, embaraçar a investigação de infração penal que envolva organização criminosa. |

| Aumento de pena | |
|---|---|
| **Aumentam-se até a metade** | Se, na atuação da organização criminosa, houver emprego de arma de fogo. |
| **Aumentam-se de 1/6 a 2/3** | • se há participação de criança ou adolescente; <br> • se há concurso de funcionário público, valendo-se a organização criminosa dessa condição para a prática de infração penal; <br> • se o produto ou proveito da infração penal destinar-se, no todo ou em parte, ao exterior; <br> • se a organização criminosa mantém conexão com outras organizações criminosas independentes; <br> • se as circunstâncias do fato evidenciarem a transnacionalidade da organização. |
| **A pena é agravada** | Para quem exerce o comando, individual ou coletivo, da organização criminosa, ainda que não pratique pessoalmente atos de execução. |

Importante não confundir a organização criminosa da Lei nº 12.850/2013 com a já analisada associação criminosa do art. 288 do Código Penal, nem com as demais formas de associação ou organização criminosa previstas em lei.

A Lei nº 11.343/2006, por exemplo, prevê a forma mais simples de caracterização do delito exigindo apenas duas pessoas associadas para o fim de praticar o tráfico, reiteradamente ou não, nos seguintes moldes:

**Art. 35** Associarem-se duas ou mais pessoas para o fim de praticar, reiteradamente ou não, qualquer dos crimes previstos nos arts. 33, caput e § 1º, e 34 desta Lei:

**Pena – Reclusão**, de 3 (três) a 10 (dez) anos, e pagamento de 700 (setecentos) a 1.200 (mil e duzentos) dias-multa.

Por sua vez, a Lei Antiterrorismo (Lei nº 13.260/2016) também estabelece sua própria incriminação relativa à organização terrorista, impondo a seguinte incriminação:

**Art. 3º** Promover, constituir, integrar ou prestar auxílio, pessoalmente ou por interposta pessoa, a organização terrorista:

**Pena – Reclusão**, de cinco a oito anos, e multa.

Há, ainda, a Lei nº 2.889/1956, que estabelece a associação para a prática de genocídio, com a seguinte redação:

**Art. 2º** Associarem-se mais de 3 (três) pessoas para prática dos crimes mencionados no artigo anterior:

**Pena – Metade da cominada aos crimes ali previstos.**

Note que, diante desse quadro, o delito de organização criminosa, previsto no art. 2º da Lei nº 12.850/2013, apresenta-se como norma geral com relação ao crime de associação criminosa, ao crime de organização terrorista ou mesmo à associação para a prática de genocídio.

A Lei nº 13.964/2019 (Pacote Anticrime) inclui no dispositivo a previsão de que as lideranças de organizações criminosas armadas ou que tenham armas à disposição iniciarão o cumprimento da pena em estabelecimento de segurança armada, sendo que o condenado por integrar organizações criminosas não poderá progredir de regime ou mesmo obter livramento condicional ou outros benefícios enquanto mantiver o vínculo associativo.

## 12.4 Meios de obtenção de prova

Diferentemente dos meios de prova, os meios de obtenção de prova são indiretos, ou seja, buscam a obtenção de meios de prova (como a apreensão, um documento ou uma testemunha, por exemplo), sendo que, ademais, para sua *obtenção*, acabam por reduzir direitos constitucionalmente assegurados, como o caso da redução do sigilo das telecomunicações para a realização de uma interceptação telefônica. Por tudo isso, devem ser usados com moderação, desde que comprovada sua necessidade no caso concreto. Diz o art. 3º da Lei nº 12.850/2013 que, em qualquer fase da persecução penal, serão permitidos, sem prejuízo de outros já previstos em lei, os seguintes meios de obtenção da prova:

São meios de obtenção de prova:

*I – colaboração premiada;*

*II – captação ambiental de sinais eletromagnéticos, ópticos ou acústicos;*

*III – ação controlada;*

*IV – acesso a registros de ligações telefônicas e telemáticas, a dados cadastrais constantes de bancos de dados públicos ou privados e a informações eleitorais ou comerciais;*

*V – interceptação de comunicações telefônicas e telemáticas, nos termos da legislação específica;*

*VI – afastamento dos sigilos financeiro, bancário e fiscal, nos termos da legislação específica;*

*VII – infiltração, por policiais, em atividade de investigação, na forma do art. 11;*

*VIII – cooperação entre instituições e órgãos federais, distritais, estaduais e municipais na busca de provas e informações de interesse da investigação ou da instrução criminal.*

Interessante mencionar que, havendo necessidade justificada de manter sigilo sobre a capacidade investigatória, poderá ser dispensada licitação para contratação de serviços técnicos especializados, aquisição ou locação de equipamentos destinados à polícia judiciária para o rastreamento e a obtenção de provas previstas nos incisos II e V do art. 3º, sendo que fica dispensada a publicação de que trata o parágrafo único do art. 61 da Lei nº 8.666/1993, devendo ser comunicado o órgão de controle interno da realização da contratação.

### 12.4.1 Colaboração premiada

*Art. 3º-A O acordo de colaboração premiada é negócio jurídico processual e meio de obtenção de prova, que pressupõe utilidade e interesse públicos.*

*Art. 3º-B O recebimento da proposta para formalização de acordo de colaboração demarca o início das negociações e constitui também marco de confidencialidade, configurando violação de sigilo e quebra da confiança e da boa-fé a divulgação de tais tratativas iniciais ou de documento que as formalize, até o levantamento de sigilo por decisão judicial.*

*§ 1º A proposta de acordo de colaboração premiada poderá ser sumariamente indeferida, com a devida justificativa, cientificando-se o interessado.*

*§ 2º Caso não haja indeferimento sumário, as partes deverão firmar Termo de Confidencialidade para prosseguimento das tratativas, o que vinculará os órgãos envolvidos na negociação e impedirá o indeferimento posterior sem justa causa.*

*§ 3º O recebimento de proposta de colaboração para análise ou o Termo de Confidencialidade não implica, por si só, a suspensão da investigação, ressalvado acordo em contrário quanto à propositura de medidas processuais penais cautelares e assecuratórias, bem como medidas processuais cíveis admitidas pela legislação processual civil em vigor.*

*§ 4º O acordo de colaboração premiada poderá ser precedido de instrução, quando houver necessidade de identificação ou complementação de seu objeto, dos fatos narrados, sua definição jurídica, relevância, utilidade e interesse público.*

*§ 5º Os termos de recebimento de proposta de colaboração e de confidencialidade serão elaborados pelo celebrante e assinados por ele, pelo colaborador e pelo advogado ou defensor público com poderes específicos.*

*§ 6º Na hipótese de não ser celebrado o acordo por iniciativa do celebrante, esse não poderá se valer de nenhuma das informações ou provas apresentadas pelo colaborador, de boa-fé, para qualquer outra finalidade.*

*Art. 3º-C A proposta de colaboração premiada deve estar instruída com procuração do interessado com poderes específicos para iniciar o procedimento de colaboração e suas tratativas, ou firmada pessoalmente pela parte que pretende a colaboração e seu advogado ou defensor público.*

*§ 1º Nenhuma tratativa sobre colaboração premiada deve ser realizada sem a presença de advogado constituído ou defensor público.*

*§ 2º Em caso de eventual conflito de interesses, ou de colaborador hipossuficiente, o celebrante deverá solicitar a presença de outro advogado ou a participação de defensor público.*

*§ 3º No acordo de colaboração premiada, o colaborador deve narrar todos os fatos ilícitos para os quais concorreu e que tenham relação direta com os fatos investigados.*

*§ 4º Incumbe à defesa instruir a proposta de colaboração e os anexos com os fatos adequadamente descritos, com todas as suas circunstâncias, indicando as provas e os elementos de corroboração.*

*Art. 4º O juiz poderá, a requerimento das partes, conceder o perdão judicial, reduzir em até 2/3 (dois terços) a pena privativa de liberdade ou substituí-la por restritiva de direitos daquele que tenha colaborado efetiva e voluntariamente com a investigação e com o processo criminal, desde que dessa colaboração advenha um ou mais dos seguintes resultados:*

*I – a identificação dos demais coautores e partícipes da organização criminosa e das infrações penais por eles praticadas;*

*II – a revelação da estrutura hierárquica e da divisão de tarefas da organização criminosa;*

*III – a prevenção de infrações penais decorrentes das atividades da organização criminosa;*

*IV – a recuperação total ou parcial do produto ou do proveito das infrações penais praticadas pela organização criminosa;*

*V – a localização de eventual vítima com a sua integridade física preservada.*

*§ 1º Em qualquer caso, a concessão do benefício levará em conta a personalidade do colaborador, a natureza, as circunstâncias, a gravidade e a repercussão social do fato criminoso e a eficácia da colaboração.*

*§ 2º Considerando a relevância da colaboração prestada, o Ministério Público, a qualquer tempo, e o delegado de polícia, nos autos do inquérito policial, com a manifestação do Ministério Público, poderão requerer ou representar ao juiz pela concessão de perdão judicial ao colaborador, ainda que esse benefício não tenha sido previsto na proposta inicial, aplicando-se, no que couber, o art. 28 do Decreto-lei nº 3.689, de 3 de outubro de 1941 (Código de Processo Penal).*

*§ 3º O prazo para oferecimento de denúncia ou o processo, relativos ao colaborador, poderá ser suspenso por até 6 (seis) meses, prorrogáveis por igual período, até que sejam cumpridas as medidas de colaboração, suspendendo-se o respectivo prazo prescricional.*

*§ 4º Nas mesmas hipóteses do caput deste artigo, o Ministério Público poderá deixar de oferecer denúncia se a proposta de acordo de colaboração referir-se a infração de cuja existência não tenha prévio conhecimento e o colaborador:*

*I – não for o líder da organização criminosa;*

*II – for o primeiro a prestar efetiva colaboração nos termos deste artigo.*

*§ 4º-A Considera-se existente o conhecimento prévio da infração quando o Ministério Público ou a autoridade policial competente tenha instaurado inquérito ou procedimento investigatório para apuração dos fatos apresentados pelo colaborador.*

*§ 5º Se a colaboração for posterior à sentença, a pena poderá ser reduzida até a metade ou será admitida a progressão de regime ainda que ausentes os requisitos objetivos.*

# LEI Nº 12.850/2013 – LEI DE ORGANIZAÇÃO CRIMINOSA

*§ 6º O juiz não participará das negociações realizadas entre as partes para a formalização do acordo de colaboração, que ocorrerá entre o delegado de polícia, o investigado e o defensor, com a manifestação do Ministério Público, ou, conforme o caso, entre o Ministério Público e o investigado ou acusado e seu defensor.*

*§ 7º Realizado o acordo na forma do § 6º deste artigo, serão remetidos ao juiz, para análise, o respectivo termo, as declarações do colaborador e cópia da investigação, devendo o juiz ouvir sigilosamente o colaborador, acompanhado de seu defensor, oportunidade em que analisará os seguintes aspectos na homologação:*

*I – regularidade e legalidade;*

*II – adequação dos benefícios pactuados àqueles previstos no caput e nos §§ 4º e 5º deste artigo, sendo nulas as cláusulas que violem o critério de definição do regime inicial de cumprimento de pena do art. 33 do Decreto-lei nº 2.848, de 7 de dezembro de 1940 (Código Penal), as regras de cada um dos regimes previstos no Código Penal e na Lei nº 7.210, de 11 de julho de 1984 (Lei de Execução Penal) e os requisitos de progressão de regime não abrangidos pelo § 5º deste artigo;*

*III – adequação dos resultados da colaboração aos resultados mínimos exigidos nos incisos I, II, III, IV e V do caput deste artigo;*

*IV – voluntariedade da manifestação de vontade, especialmente nos casos em que o colaborador está ou esteve sob efeito de medidas cautelares.*

*§ 7º-A O juiz ou o tribunal deve proceder à análise fundamentada do mérito da denúncia, do perdão judicial e das primeiras etapas de aplicação da pena, nos termos do Decreto-lei nº 2.848, de 7 de dezembro de 1940 (Código Penal) e do Decreto-lei nº 3.689, de 3 de outubro de 1941 (Código de Processo Penal), antes de conceder os benefícios pactuados, exceto quando o acordo prever o não oferecimento da denúncia na forma dos §§ 4º e 4º-A deste artigo ou já tiver sido proferida sentença.*

*§ 7º-B São nulas de pleno direito as previsões de renúncia ao direito de impugnar a decisão homologatória.*

*§ 8º O juiz poderá recusar a homologação da proposta que não atender aos requisitos legais, devolvendo-a às partes para as adequações necessárias.*

*§ 9º Depois de homologado o acordo, o colaborador poderá, sempre acompanhado pelo seu defensor, ser ouvido pelo membro do Ministério Público ou pelo delegado de polícia responsável pelas investigações.*

*§ 10 As partes podem retratar-se da proposta, caso em que as provas autoincriminatórias produzidas pelo colaborador não poderão ser utilizadas exclusivamente em seu desfavor.*

*§ 10-A Em todas as fases do processo, deve-se garantir ao réu delatado a oportunidade de manifestar-se após o decurso do prazo concedido ao réu que o delatou.*

*§ 11 A sentença apreciará os termos do acordo homologado e sua eficácia.*

*§ 12 Ainda que beneficiado por perdão judicial ou não denunciado, o colaborador poderá ser ouvido em juízo a requerimento das partes ou por iniciativa da autoridade judicial.*

*§ 13 O registro das tratativas e dos atos de colaboração deverá ser feito pelos meios ou recursos de gravação magnética, estenotipia, digital ou técnica similar, inclusive audiovisual, destinados a obter maior fidelidade das informações, garantindo-se a disponibilização de cópia do material ao colaborador.*

*§ 14 Nos depoimentos que prestar, o colaborador renunciará, na presença de seu defensor, ao direito ao silêncio e estará sujeito ao compromisso legal de dizer a verdade.*

*§ 15 Em todos os atos de negociação, confirmação e execução da colaboração, o colaborador deverá estar assistido por defensor.*

*§ 16. Nenhuma das seguintes medidas será decretada ou proferida com fundamento apenas nas declarações do colaborador:*

*I – medidas cautelares reais ou pessoais;*

*II – recebimento de denúncia ou queixa-crime;*

*III – sentença condenatória.*

*§ 17 O acordo homologado poderá ser rescindido em caso de omissão dolosa sobre os fatos objeto da colaboração.*

*§ 18 O acordo de colaboração premiada pressupõe que o colaborador cesse o envolvimento em conduta ilícita relacionada ao objeto da colaboração, sob pena de rescisão.*

***Art. 5º*** *São direitos do colaborador:*

*I – usufruir das medidas de proteção previstas na legislação específica;*

*II – ter nome, qualificação, imagem e demais informações pessoais preservados;*

*III – ser conduzido, em juízo, separadamente dos demais coautores e partícipes;*

*IV – participar das audiências sem contato visual com os outros acusados;*

*V – não ter sua identidade revelada pelos meios de comunicação, nem ser fotografado ou filmado, sem sua prévia autorização por escrito;*

*VI – cumprir pena ou prisão cautelar em estabelecimento penal diverso dos demais corréus ou condenados.*

***Art. 6º*** *O termo de acordo da colaboração premiada deverá ser feito por escrito e conter:*

*I – o relato da colaboração e seus possíveis resultados;*

*II – as condições da proposta do Ministério Público ou do delegado de polícia;*

*III – a declaração de aceitação do colaborador e de seu defensor;*

*IV – as assinaturas do representante do Ministério Público ou do delegado de polícia, do colaborador e de seu defensor;*

*V – a especificação das medidas de proteção ao colaborador e à sua família, quando necessário.*

***Art. 7º*** *O pedido de homologação do acordo será sigilosamente distribuído, contendo apenas informações que não possam identificar o colaborador e o seu objeto.*

*§ 1º As informações pormenorizadas da colaboração serão dirigidas diretamente ao juiz a que recair a distribuição, que decidirá no prazo de 48 (quarenta e oito) horas.*

*§ 2º O acesso aos autos será restrito ao juiz, ao Ministério Público e ao delegado de polícia, como forma de garantir o êxito das investigações, assegurando-se ao defensor, no interesse do representado, amplo acesso aos elementos de prova que digam respeito ao exercício do direito de defesa, devidamente precedido de autorização judicial, ressalvados os referentes às diligências em andamento.*

*§ 3º O acordo de colaboração premiada e os depoimentos do colaborador serão mantidos em sigilo até o recebimento da denúncia ou da queixa-crime, sendo vedado ao magistrado decidir por sua publicidade em qualquer hipótese.*

A colaboração premiada, também chamada de delação premiada, é um procedimento previsto na legislação penal de forma dispersa, com regras próprias a depender do caso, de acordo com a dicção legal pode-se definir a colaboração premiada como negócio jurídico processual e meio de obtenção de prova, que pressupõe utilidade e interesse públicos. Ela é um dos principais meios de provas da lei e auxilia na investigação e no curso do processo criminal. Deve-se registrar, contudo, que ela isolada não é suficiente para a condenação, é necessária a colaboração e mais o auxílio de outros meios de prova.

Esse meio de prova pode conceder ao colaborador três benefícios:

- O perdão judicial;
- Redução em até 2/3 da pena privativa;
- Substituição da pena privativa de liberdade por restritiva de direitos.

Mas, para isso, o agente deve colaborar efetiva e voluntariamente com a investigação, de modo que sua vontade seja livre, cabendo somente a ele a escolha de colaborar. Ainda, para que o benefício seja concedido, não basta sua boa vontade em colaborar, dessa colaboração deve-se obter um dos seguintes resultados:

- A identificação dos demais coautores e partícipes da organização criminosa e das infrações penais por eles praticadas;
- A revelação da estrutura hierárquica e da divisão de tarefas da organização criminosa;
- A prevenção de infrações penais decorrentes das atividades da organização criminosa;
- A recuperação total ou parcial do produto ou do proveito das infrações penais praticadas pela organização criminosa;
- A localização de eventual vítima com a sua integridade física preservada.

A concessão do benefício deve considerar a personalidade do colaborador, a natureza, as circunstâncias, a gravidade e a repercussão social do fato criminoso e a eficácia da colaboração. De modo que, quanto mais relevante for a colaboração, melhor é o benefício concedido. Assim, o próprio MP ou o delegado de polícia, a qualquer tempo podem requerer a concessão do perdão judicial ao colaborador.

A colaboração suspende, ainda, o prazo para oferecimento da denúncia, ou do processo, por até 6 meses, prorrogável por igual período, de modo a suspender também o prazo prescricional. O termo "por igual período" não significa a prorrogação por mais 6 meses, mas, sim, pelo prazo estabelecido para a suspensão.

Ministério Público pode deixar de oferecer a denúncia se a proposta de acordo de colaboração referir-se à infração de cuja existência não tenha prévio conhecimento e o colaborador:

- Não for o líder da organização criminosa;
- For o primeiro a prestar efetiva colaboração.

Vale registrar que se considera existente o conhecimento prévio da infração quando o Ministério Público ou a autoridade policial competente tenha instaurado inquérito ou procedimento investigatório para apuração dos fatos apresentados pelo colaborador.

Realizado o acordo, serão remetidos ao juiz, para análise, o respectivo termo, as declarações do colaborador e a cópia da investigação, devendo o juiz ouvir sigilosamente o colaborador, acompanhado de seu defensor, oportunidade em que analisará os seguintes aspectos na homologação:

> *Art. 4º [...]*
> *§ 7º [...]*
> *I – regularidade e legalidade;*
> *II – adequação dos benefícios pactuados*, sendo nulas as cláusulas que violem o critério de definição do regime inicial de cumprimento de pena e as regras de cada um dos regimes previstos no Código Penal e na Lei de Execução Penal e os requisitos de progressão de regime não abrangidos na Lei de Organização Criminosa;
> *III – adequação dos resultados da colaboração* aos resultados mínimos exigidos pela lei;
> *IV – voluntariedade da manifestação de vontade*, especialmente nos casos em que o colaborador está ou esteve sob efeito de medidas cautelares.

O juiz ou o tribunal deve proceder à **análise fundamentada do mérito** da denúncia, do perdão judicial e das primeiras etapas de aplicação da pena, nos termos do Código Penal e do Código de Processo Penal), antes de conceder os benefícios pactuados, exceto quando o acordo previr o não oferecimento da denúncia ou já tiver sido proferida sentença.

**Serão nulas de pleno direito as previsões de renúncia ao direito de impugnar a decisão homologatória.**

O juiz poderá recusar a homologação da proposta que não atender aos requisitos legais, devolvendo-a às partes para as adequações necessárias.

A colaboração, **após a sentença**, pode reduzir a pena em até metade ou poderá admitir ao colaborador a progressão de regime, ainda que ausentes os pressupostos para sua concessão.

Outro ponto de extrema importância é a proibição do juiz na participação das negociações de colaboração, essa função é do Ministério Público ou do delegado, em conjunto com o colaborador e seu defensor.

O termo de acordo deve conter, nos termos da própria lei:

- O relato da colaboração e seus possíveis resultados;
- As condições da proposta do Ministério Público ou do delegado de polícia;
- A declaração de aceitação do colaborador e de seu defensor;
- As assinaturas do representante do Ministério Público ou do delegado de polícia, do colaborador e de seu defensor;
- A especificação das medidas de proteção ao colaborador e à sua família, quando necessário.

O recebimento da proposta para formalização de acordo de colaboração determina o início das negociações e caracteriza o marco de confidencialidade. Assim, a violação de sigilo e quebra da confiança e da boa-fé, a divulgação de tais tratativas iniciais ou de documento que as formalize, até o levantamento de sigilo por decisão judicial constitui quebra dessa confidencialidade. A proposta de acordo de colaboração premiada poderá ser sumariamente indeferida, com a devida justificativa, cientificando-se o interessado. Contudo, caso não haja indeferimento sumário, as partes deverão firmar o Termo de Confidencialidade para prosseguimento das tratativas, o que vinculará os órgãos envolvidos na negociação e impedirá o indeferimento posterior sem justa causa.

O recebimento de proposta de colaboração para análise ou o Termo de Confidencialidade não implica, por si só, a suspensão da investigação, ressalvado acordo em contrário quanto à propositura de medidas processuais penais cautelares e assecuratórias, bem como medidas processuais cíveis admitidas pela legislação processual civil em vigor. O acordo de colaboração premiada poderá ser precedido de instrução, quando houver necessidade de identificação ou complementação de seu objeto, dos fatos narrados, sua definição jurídica, relevância, utilidade e interesse público.

Os termos de recebimento de proposta de colaboração e de confidencialidade serão elaborados pelo celebrante e assinados por ele, pelo colaborador e pelo advogado ou defensor público com poderes específicos.

Na hipótese de não ser celebrado o acordo por iniciativa do celebrante, esse não poderá se valer de nenhuma das informações ou provas apresentadas pelo colaborador, de boa-fé, para qualquer outra finalidade.

A proposta de colaboração premiada deve estar instruída com **procuração do interessado com poderes específicos** para iniciar o procedimento de colaboração e suas tratativas, ou firmada pessoalmente pela parte que pretende a colaboração e seu advogado ou defensor público. Importante registrar: **nenhuma tratativa sobre colaboração premiada deve ser realizada sem a presença de advogado constituído ou defensor público**. Em caso de eventual conflito de interesses, ou de colaborador hipossuficiente, o celebrante deverá solicitar a presença de outro advogado ou a participação de defensor público.

No acordo de colaboração premiada, o colaborador deve narrar todos os fatos ilícitos para os quais concorreu e que tenham relação direta com os fatos investigados.

Incumbe à defesa instruir a proposta de colaboração e os anexos com os fatos adequadamente descritos, com todas as suas circunstâncias, indicando as provas e os elementos de corroboração. O acordo será remetido ao juiz, o qual verificará sua regularidade, legalidade e voluntariedade, podendo, ainda, ouvir o colaborador sigilosamente na presença de seu defensor. Se não forem verificados os requisitos mencionados, o juiz poderá recusar a homologação da proposta ou adequá-la ao caso concreto.

O registro das tratativas e dos atos de colaboração deverá ser feito pelos meios ou recursos de gravação magnética, estenotipia, digital ou técnica similar, inclusive audiovisual, destinados a obter maior fidelidade das informações, garantindo-se a disponibilização de cópia do material ao colaborador.

Nos depoimentos que prestar, o colaborador renunciará, na presença de seu defensor, ao direito ao silêncio e estará sujeito ao compromisso legal de dizer a verdade. Em todos os atos de negociação, confirmação e execução da colaboração, o colaborador deverá estar assistido por defensor.

Vale registrar, ademais, que em todas as fases do processo, deve-se garantir ao réu delatado a oportunidade de manifestar-se após o decurso do prazo concedido ao réu que o delatou.

**Nenhuma das seguintes medidas será decretada ou proferida com fundamento apenas nas declarações do colaborador:**

> *Art. 4º [...]*
> *§ 16 [...]*
> *I – medidas cautelares reais ou pessoais;*
> *II – recebimento de denúncia ou queixa-crime;*
> *III – sentença condenatória.*

Nota-se que o colaborador passa a ser titular de uma série de direitos que visam garantir sua segurança, de modo a assegurar que os demais membros da organização criminosa não saibam quem colaborou com as investigações.

# LEI Nº 12.850/2013 – LEI DE ORGANIZAÇÃO CRIMINOSA

O pedido de homologação do acordo será sigilosamente distribuído, contendo apenas informações que não possam identificar o colaborador e o seu objeto.

As informações pormenorizadas da colaboração serão dirigidas diretamente ao juiz a que recair a distribuição, que decidirá no prazo de 48 horas. O acesso aos autos será restrito ao juiz, ao Ministério Público e ao delegado de polícia, como forma de garantir o êxito das investigações, assegurando-se ao defensor, no interesse do representado, amplo acesso aos elementos de prova que digam respeito ao exercício do direito de defesa, devidamente precedido de autorização judicial, ressalvados os referentes às diligências em andamento.

O acordo de colaboração premiada e os depoimentos do colaborador serão **mantidos em sigilo até o recebimento da denúncia** ou da queixa-crime, sendo vedado ao magistrado decidir por sua publicidade em qualquer hipótese.

| Colaboração premiada | |
|---|---|
| Benefícios que podem ser concedidos | • Perdão judicial;<br>• Redução da pena em até 2/3;<br>• Substituição da pena privativa de liberdade em restritiva de direito. |
| Colaboração | • Deve ser efetiva e voluntária trazendo um dos seguintes resultados:<br>• A identificação dos demais coautores e partícipes da organização criminosa e das infrações penais por eles praticadas;<br>• A revelação da estrutura hierárquica e da divisão de tarefas da organização criminosa;<br>• A prevenção de infrações penais decorrentes das atividades da organização criminosa;<br>• A recuperação total ou parcial do produto ou do proveito das infrações penais praticadas pela organização criminosa;<br>• A localização de eventual vítima com sua integridade física preservada. |
| Acordo | • O acordo é apenas homologado pelo juiz, ele não participa das negociações, cabendo ao Ministério Público ou ao Delegado firmar o acordo com o colaborador e seu defensor. |
| Direitos do colaborador | • Usufruir das medidas de proteção previstas na legislação específica;<br>• Ter nome, qualificação, imagem e demais informações pessoais preservadas;<br>• Ser conduzido, em juízo, separadamente dos demais coautores e partícipes;<br>• Participar das audiências sem contato visual com os outros acusados;<br>• Não ter sua identidade revelada pelos meios de comunicação, nem ser fotografado ou filmado, sem sua prévia autorização por escrito;<br>• Cumprir pena ou prisão cautelar em estabelecimento penal diverso dos demais corréus ou condenados. |

## 12.5 Ação controlada

A ação controlada constitui na autorização legal concedida à autoridade policial para retardar a intervenção penal diante da prática da infração penal relativa à organização criminosa, de modo a esperar um momento mais adequado, garantindo a produção de uma prova mais consistente.

Nos termos do art. 8º da Lei nº 12.850/2013:

> Art. 8º Consiste a ação controlada em **retardar a intervenção policial ou administrativa relativa à ação praticada por organização criminosa ou a ela vinculada**, desde que mantida sob observação e acompanhamento para que a medida legal se concretize no **momento mais eficaz à formação de provas e obtenção de informações.**

Esse meio de obtenção da prova tem como finalidade aguardar um momento mais propício para se produzir um efeito maior, de maneira a alcançar um resultado muito melhor do que se a ação tivesse sido feita de imediato. Por exemplo: o agente policial, verificando atividade de organização criminosa, vê apenas um integrante agindo; ele aguarda um pouco mais para efetuar o flagrante de delito com o intuito de prender mais integrantes e, assim, desestruturar toda a organização.

É por essa razão que essa modalidade também é conhecida como flagrante retardado. A ação controlada, contudo, **não pode ser confundida com o flagrante preparado,** que torna o crime impossível.

Esse retardamento deve ser **previamente comunicado ao juiz**, que, se achar necessário, estabelecerá seus limites e ainda fará a comunicação imediata ao Ministério Público.

Ainda toda a operação será **sigilosa** e enquanto não se encerrar as diligências os autos ficaram restritos ao acesso do juiz, Ministério Público e ao delegado de polícia.

E se caso a ação controlada envolver travessia de fronteiras, apenas pode haver o retardamento com a cooperação das autoridades dos países que sejam considerados como provável itinerário ou destinatário do investigado, com o intuito de se evitar fugas e extravio do proveito do crime.

| Ação controlada | |
|---|---|
| O que é? | • Retardamento de intervenção policial ou administrativa relativa à ação praticada por organização criminosa. Por isso pode ser chamada de flagrante retardado. |
| Características | • Deve ser previamente comunicada ao juiz;<br>• O ministério público deverá ser comunicado;<br>• Os autos ficam sob sigilo até o encerramento das diligências;<br>• No caso de a ação envolver transposição de fronteiras, somente há o retardamento se houver cooperação do país que figure como provável itinerário ou destino do investigado. |

## 12.6 Infiltração de agentes

> **Art. 10** A infiltração de agentes de polícia em tarefas de investigação, representada pelo delegado de polícia ou requerida pelo Ministério Público, após manifestação técnica do delegado de polícia quando solicitada no curso de inquérito policial, será precedida de circunstanciada, motivada e sigilosa autorização judicial, que estabelecerá seus limites.
>
> § 1º Na hipótese de representação do delegado de polícia, o juiz competente, antes de decidir, ouvirá o Ministério Público.
>
> § 2º Será admitida a infiltração se houver indícios de infração penal de que trata o art. 1º e se a prova não puder ser produzida por outros meios disponíveis.
>
> § 3º A infiltração será autorizada pelo prazo de até 6 (seis) meses, sem prejuízo de eventuais renovações, desde que comprovada sua necessidade.
>
> § 4º Findo o prazo previsto no § 3º, o relatório circunstanciado será apresentado ao juiz competente, que imediatamente cientificará o Ministério Público.
>
> § 5º No curso do inquérito policial, o delegado de polícia poderá determinar aos seus agentes, e o Ministério Público poderá requisitar, a qualquer tempo, relatório da atividade de infiltração.
>
> **Art. 10-A** Será admitida a ação de agentes de polícia infiltrados virtuais, obedecidos os requisitos do caput do art. 10, na internet, com o fim de investigar os crimes previstos nesta Lei e a eles conexos, praticados por organizações criminosas, desde que demonstrada sua necessidade e indicados o alcance das tarefas dos policiais, os nomes ou apelidos das pessoas investigadas e, quando possível, os dados de conexão ou cadastrais que permitam a identificação dessas pessoas.
>
> § 1º Para efeitos do disposto nesta Lei, consideram-se:
>
> I – dados de conexão: informações referentes a hora, data, início, término, duração, endereço de Protocolo de Internet (IP) utilizado e terminal de origem da conexão;

## NOÇÕES DE DIREITO PROCESSUAL PENAL

*II – dados cadastrais: informações referentes a nome e endereço de assinante ou de usuário registrado ou autenticado para a conexão a quem endereço de IP, identificação de usuário ou código de acesso tenha sido atribuído no momento da conexão.*

*§ 2º Na hipótese de representação do delegado de polícia, o juiz competente, antes de decidir, ouvirá o Ministério Público.*

*§ 3º Será admitida a infiltração se houver indícios de infração penal de que trata o art. 1º desta Lei e se as provas não puderem ser produzidas por outros meios disponíveis.*

*§ 4º A infiltração será autorizada pelo prazo de até 6 meses, sem prejuízo de eventuais renovações, mediante ordem judicial fundamentada e desde que o total não exceda a 720 dias e seja comprovada sua necessidade.*

*§ 5º Findo o prazo previsto no § 4º deste artigo, o relatório circunstanciado, juntamente com todos os atos eletrônicos praticados durante a operação, deverão ser registrados, gravados, armazenados e apresentados ao juiz competente, que imediatamente cientificará o Ministério Público.*

*§ 6º No curso do inquérito policial, o delegado de polícia poderá determinar aos seus agentes, e o Ministério Público e o juiz competente poderão requisitar, a qualquer tempo, relatório da atividade de infiltração.*

*§ 7º É nula a prova obtida sem a observância do disposto neste artigo.*

*Art. 10-B As informações da operação de infiltração serão encaminhadas diretamente ao juiz responsável pela autorização da medida, que zelará por seu sigilo.*

*Parágrafo único. Antes da conclusão da operação, o acesso aos autos será reservado ao juiz, ao Ministério Público e ao delegado de polícia responsável pela operação, com o objetivo de garantir o sigilo das investigações.*

*Art. 10-C Não comete crime o policial que oculta a sua identidade para, por meio da internet, colher indícios de autoria e materialidade dos crimes previstos no art. 1º desta Lei.*

*Parágrafo único. O agente policial infiltrado que deixar de observar a estrita finalidade da investigação responderá pelos excessos praticados.*

*Art. 10-D Concluída a investigação, todos os atos eletrônicos praticados durante a operação deverão ser registrados, gravados, armazenados e encaminhados ao juiz e ao Ministério Público, juntamente com relatório circunstanciado.*

*Parágrafo único. Os atos eletrônicos registrados citados no caput deste artigo serão reunidos em autos apartados e apensados ao processo criminal juntamente com o inquérito policial, assegurando-se a preservação da identidade do agente policial infiltrado e a intimidade dos envolvidos.*

*Art. 11 O requerimento do Ministério Público ou a representação do delegado de polícia para a infiltração de agentes conterão a demonstração da necessidade da medida, o alcance das tarefas dos agentes e, quando possível, os nomes ou apelidos das pessoas investigadas e o local da infiltração.*

*Parágrafo único. Os órgãos de registro e cadastro público poderão incluir nos bancos de dados próprios, mediante procedimento sigiloso e requisição da autoridade judicial, as informações necessárias à efetividade da identidade fictícia criada, nos casos de infiltração de agentes na internet.*

*Art. 12 O pedido de infiltração será sigilosamente distribuído, de forma a não conter informações que possam indicar a operação a ser efetivada ou identificar o agente que será infiltrado.*

*§ 1º As informações quanto à necessidade da operação de infiltração serão dirigidas diretamente ao juiz competente, que decidirá no prazo de 24 (vinte e quatro) horas, após manifestação do Ministério Público na hipótese de representação do delegado de polícia, devendo-se adotar as medidas necessárias para o êxito das investigações e a segurança do agente infiltrado.*

*§ 2º Os autos contendo as informações da operação de infiltração acompanharão a denúncia do Ministério Público, quando serão disponibilizados à defesa, assegurando-se a preservação da identidade do agente.*

*§ 3º Havendo indícios seguros de que o agente infiltrado sofre risco iminente, a operação será sustada mediante requisição do Ministério Público ou pelo delegado de polícia, dando-se imediata ciência ao Ministério Público e à autoridade judicial.*

*Art. 13 O agente que não guardar, em sua atuação, a devida proporcionalidade com a finalidade da investigação, responderá pelos excessos praticados.*

*Parágrafo único. Não é punível, no âmbito da infiltração, a prática de crime pelo agente infiltrado no curso da investigação, quando inexigível conduta diversa.*

Esse meio de obtenção de prova possivelmente é um dos que trazem mais riscos ao agente policial, pois, nesse caso, o agente age como se fosse integrante da organização criminosa, com a finalidade de obter provas dos crimes por ela cometidos. E é por essa razão que a infiltração somente será admitida quando não houver outro meio de se obter as provas necessárias.

Por ser uma ação que envolve grande risco, é necessária a autorização judicial, mediante requerimento do Ministério Público ou do delegado de polícia.

E ainda não basta a mera autorização judicial, ela deve preencher mais três requisitos:

| A autorização judicial deve ser: | |
|---|---|
| **Circunstanciada** | deve ser específica, trazendo os detalhes do procedimento. |
| **Motivada** | deve conter as razões pelas quais a ação é necessária. |
| **Sigilosa** | devendo proteger a operação a ser realizada de modo que garanta seu êxito. |

A infiltração poderá ser autorizada pelo prazo de até 6 meses, podendo ser prorrogada desde que comprovada a necessidade. Além disso, o pedido de infiltração deverá ser distribuído sigilosamente a fim de garantir a integridade do agente e a eficácia da operação. Os detalhes das informações serão remetidos ao juiz após a distribuição do pedido, devendo, em 24 horas, proferir sua decisão.

O art. 13 traz uma informação extremamente importante: o agente deve atuar dentro dos seus limites, agindo proporcionalmente com a finalidade da investigação, de modo a responder pelos excessos praticados. Porém, a lei também protege o agente, garantindo que, se não houver outra forma, o crime por ele praticado não será punível.

Por fim, temos os direitos do agente, que têm como única finalidade a sua proteção. Por se tratar de operação de risco, deve tomar quantas medidas forem necessárias para garantir sua segurança.

| Infiltração de agentes | |
|---|---|
| Requisitos | • Somente se a prova não puder ser obtida por outro meio.<br>• Autorização judicial – circunstanciada, motivada e sigilosa.<br>• Deve ser requerida pelo delegado de polícia ou pelo Ministério Público. |
| Características | • Vai ser autorizada por 6 meses, podendo ser prorrogado desde que comprovada a necessidade.<br>• A distribuição do pedido será feita sigilosamente.<br>• Após a distribuição, o pedido será remetido ao juiz, que deverá proferir a decisão em 24 horas.<br>• O agente responde pelos excessos que praticar na infiltração.<br>• Os crimes cometidos pelo agente no curso da infiltração, se não puderem ser evitados, não serão puníveis. |
| Direitos do agente | • Recusar ou fazer cessar a atuação infiltrada.<br>• Ter sua identidade alterada, aplicando-se, no que couber, o disposto no art. 9º da Lei nº 9.807, de 13 de julho de 1999, bem como usufruir das medidas de proteção a testemunhas.<br>• Ter seu nome, sua qualificação, sua imagem, sua voz e demais informações pessoais preservadas durante a investigação e o processo criminal, salvo se houver decisão judicial em contrário.<br>• Não ter sua identidade revelada, nem ser fotografado ou filmado pelos meios de comunicação, sem sua prévia autorização por escrito. |

## 12.7 Acesso a registros, dados cadastrais, documentos e informações

De acordo com o art. 15, da Lei nº 12.850/2013, o delegado de polícia e o Ministério Público terão acesso, **independentemente de autorização judicial, apenas** aos dados cadastrais do investigado que informem exclusivamente a qualificação pessoal, a filiação e o endereço mantidos pela Justiça Eleitoral, empresas telefônicas, instituições financeiras, provedores de internet e administradoras de cartão de crédito.

Em relação especificamente às **empresas de transporte**, a lei determina que elas devem possibilitar, pelo prazo de 5 anos, acesso direto e permanente do juiz, do Ministério Público ou do delegado de polícia aos bancos de dados de reservas e registro de viagens.

Já as concessionárias de **telefonia fixa ou móvel** devem manter, também pelo prazo de 5 anos, à disposição das autoridades registros de identificação dos números dos terminais de origem e de destino das ligações telefônicas internacionais, interurbanas e locais. Vale lembrar que os registros se referem unicamente à existência de ligações e não ao conteúdo delas, que dependerá, sempre, de interceptação telefônica.

Note que há limitação ao acesso do delegado de polícia e ao Ministério Público aos dados cadastrais do investigado, que se atêm somente às qualificações pessoais, filiação e endereço, não envolvendo qualquer quebra de sigilo bancário, fiscal ou de comunicações.

Note que a lei só permite o registro de números telefônicos e de viagens, não o acesso a conversas, ligações e afins. Esses registros deverão ser mantidos por essas empresas pelo prazo de 5 anos.

## 12.8 Crimes ocorridos na investigação e na obtenção da prova

Com o objetivo de tutelar as investigações no âmbito das organizações criminosas, especialmente protegendo as pessoas envolvidas (como o agente infiltrado) e o conteúdo das investigações (a divulgação antecipada de uma colaboração, por exemplo), o legislador estabeleceu quatro tipos penais incriminadores na Lei nº 12.850/2013. São eles:

*Art. 18 Revelar a identidade, fotografar ou filmar o colaborador, sem sua prévia autorização por escrito:*

*Pena – Reclusão, de 1 (um) a 3 (três) anos, e multa.*

*Art. 19 Imputar falsamente, sob pretexto de colaboração com a Justiça, a prática de infração penal a pessoa que sabe ser inocente, ou revelar informações sobre a estrutura de organização criminosa que sabe inverídicas:*

*Pena – Reclusão, de 1 (um) a 4 (quatro) anos, e multa.*

*Art. 20 Descumprir determinação de sigilo das investigações que envolvam a ação controlada e a infiltração de agentes:*

*Pena – Reclusão, de 1 (um) a 4 (quatro) anos, e multa.*

*Art. 21 Recusar, ou omitir dados cadastrais, registros, documentos e informações requisitadas pelo juiz, Ministério Público ou delegado de polícia, no curso de investigação ou do processo:*

*Pena – Reclusão, de 6 (seis) meses a 2 (dois) anos, e multa.*

*Parágrafo único. Na mesma pena incorre quem, de forma indevida, se apossa, propala, divulga ou faz uso dos dados cadastrais de que trata esta Lei.*

Os crimes cometidos dentro da investigação e no meio de obtenção de prova serão punidos cada qual com uma pena específica, conforme a gravidade da conduta. Mas note que dois desses crimes (arts. 18 e 20) têm a finalidade protetiva, pois tratam de ações que violam a segurança dos colaboradores e infiltrados.

### 12.8.1 Disposições finais

Os crimes previstos na lei e as infrações penais conexas devem ser apuradas mediante **procedimento comum ordinário** previsto no Código de Processo Penal, devendo a instrução ser encerrada em um prazo razoável, sendo que, se o réu estiver preso, o prazo máximo será de **120 dias**, prorrogável por igual período, desde que por decisão fundamentada e devidamente motivada pela complexidade da causa ou por fato procrastinatório atribuído ao réu.

Importante registrar que, de acordo com o art. 23 da Lei, **o sigilo da investigação** poderá ser decretado pela autoridade judicial competente, para garantia da celeridade e da eficácia das diligências investigatórias, devendo, contudo, ser assegurado ao defensor, no interesse do representado, amplo acesso aos elementos de prova que digam respeito ao exercício do direito de defesa, devidamente precedido de autorização judicial, ressalvados os referentes às diligências em andamento.

Por fim, caso determinado o depoimento do investigado, seu defensor terá assegurada a prévia vista dos autos, ainda que classificados como sigilosos, no prazo mínimo de três dias que antecedem ao ato, podendo ser ampliado, a critério da autoridade responsável pela investigação.

Prevê o art. 24 da lei que o art. 288, do Decreto-lei nº 2.848/1940 (Código Penal), passa a vigorar com a seguinte redação:

*Art. 288, CP Associarem-se 3 (três) ou mais pessoas, para o fim específico de cometer crimes:*

*Pena – Reclusão, de 1 (um) a 3 (três) anos.*

*Parágrafo único. A pena aumenta-se até a metade se a associação é armada ou se houver a participação de criança ou adolescente.*

Na sequência, determina o art. 25 da Lei de Organização Criminosa que o art. 342, do Código Penal, passa a vigorar com a seguinte redação:

*Art. 25 O art. 342 do Decreto-lei nº 2.848, de 7 de dezembro de 1940 (Código Penal), passa a vigorar com a seguinte redação*

*Pena – Reclusão, de 2 (dois) a 4 (quatro) anos, e multa.*

*Falso testemunho ou falsa perícia*

*Art. 342 Fazer afirmação falsa, ou negar ou calar a verdade como testemunha, perito, contador, tradutor ou intérprete em processo judicial, ou administrativo, inquérito policial, ou em juízo arbitral:*

*Pena – Reclusão, de 2 (dois) a 4 (quatro) anos, e multa.*

*§ 1º As penas aumentam-se de um sexto a um terço, se o crime é praticado mediante suborno ou se cometido com o fim de obter prova destinada a produzir efeito em processo penal, ou em processo civil em que for parte entidade da administração pública direta ou indireta.*

*§ 2º O fato deixa de ser punível se, antes da sentença no processo em que ocorreu o ilícito, o agente se retrata ou declara a verdade.*

Em conclusão, a lei revoga expressa e totalmente a Lei nº 9.034/1995, antiga Lei das Organizações Criminosas.

# QUESTÕES COMENTADAS PARA PCPE

01. (FGV – 2022 – PM/AM – SOLDADO) "Ao entrar em um restaurante, todo cliente espera satisfazer desejos de ordem física e emocional. Os cardápios devem vir ao encontro dessas necessidades."

Assinale a afirmativa correta sobre o conteúdo da frase.

a) Os desejos de ordem física dizem respeito à fome do cliente.
b) Os desejos de ordem emocional se referem aos preços dos pratos.
c) As informações dos cardápios devem incentivar o apetite.
d) Os clientes de restaurantes procuram comida boa e barata.
e) Os restaurantes montam cardápios deficientes em alguns aspectos.

A: Correta. Satisfazer desejos de ordem física significa saciar a fome do cliente.

B: Incorreta. Os desejos de ordem emocional não têm relação com os preços dos pratos. O emocional poderia ser considerado o motivo pelo qual levou o cliente a procurar o local.

C: Incorreta. O texto não retrata a ideia de que o cardápio deve incentivar o apetite.

D: Incorreta. O texto não diz sobre comida boa e barata.

E: Incorreta. O texto não remete a cardápios deficientes.

GABARITO: A.

02. (FGV – 2022 – PM/AM – SOLDADO) "Ao entrar em um restaurante, todo cliente espera satisfazer desejos de ordem física e emocional. Os cardápios devem vir ao encontro dessas necessidades."

As opções a seguir propõem substituições de termos por outros de sentido equivalente; assinale a opção em que essa substituição está correta e adequada.

a) Ao entrar / Quando entram.
b) todo cliente / todo o cliente.
c) satisfazer desejos / a satisfação de desejos.
d) de ordem física e emocional / de ordens físicas e emocionais.
e) ao encontro dessas / de encontro a essas.

A: Incorreta. "Quando entram" indica ideia de tempo, além de ter um sujeito indeterminado.

B: Incorreta. O artigo "o" especifica o cliente, ou seja, restringe.

C: Correta. Neste caso, trocou-se uma oração verbal por outra nominal.

D: Incorreta. Concorda com "ordem", não pode estar no plural.

E: Incorreta. "Ao encontro de" quer dizer "estar de acordo com", e "de encontro a" significa "em oposição a".

GABARITO: C.

03. (FGV – 2022 – PM/AM – SOLDADO) "Ao entrar em um <u>restaurante</u>, todo <u>cliente</u> espera satisfazer desejos de ordem física e emocional."

Nesse segmento da frase há uma correspondência semântica entre os termos destacados. Assinale a opção em que a correspondência equivalente entre termos está adequada.

a) supermercado / usuário.
b) farmácia / frequentador.
c) hospital / freguês.
d) escola / consumidor.
e) casa de shows / espectador.

A: Incorreta. supermercado / freguês.

B: Incorreta. farmácia / cliente.

C: Incorreta. hospital / paciente.

D: Incorreta. escola / estudante.

E: Correta. casa de shows / espectador.

GABARITO: E.

04. (FGV – 2022 – PM/AM – SOLDADO) "A religião teve um triunfal retorno. Católicos e protestantes, muçulmanos e judeus – todos demonstraram seu amor a Deus massacrando-se uns aos outros."

Sobre o conteúdo do fragmento apresentado, assinale a afirmativa correta.

a) O segundo período do texto justifica a afirmação do primeiro.
b) O adjetivo triunfal mostra, no texto, uma qualificação positiva.
c) O termo "seu amor a Deus" está usado em sentido irônico.
d) O termo "católicos e protestantes" se opõe a "muçulmanos e judeus".
e) O vocábulo "retorno" mostra que a religião perdera o valor.

A: Incorreta. O segundo período justifica o terceiro período.

B: Incorreta. O adjetivo *triunfal* mostra uma mensagem negativa, já que o termo "seu amor a Deus" vem com sentido irônico.

C: Correta. Ironia é uma figura de linguagem que utiliza palavras com sentido oposto para dar ênfase ao discurso, logo, a expressão "seu amor a Deus" está sendo usada com sentido irônico.

D: Incorreta. Os termos "católicos e protestantes" e "muçulmanos e judeus" não estão em oposição, mas, sim, explicando que essas religiões mostram seu amor a Deus massacrando-se umas a outras.

E: Incorreta. O vocábulo "retorno" mostra que a religião retornou, mas de forma diferente.

GABARITO: C.

05. (FGV – 2022 – PM/AM – SOLDADO) Os vocábulos *abatimento, tristeza, pena, nostalgia, melancolia, infelicidade, desespero* podem ser empregados como sinônimos em alguns contextos.

Assinale a frase a seguir em que um desses vocábulos foi empregado de forma adequada.

a) Minha cachorrinha morreu e isso trouxe-me melancolia.
b) Causa desespero ver que o homem não está à altura de seu criador.
c) As desgraças sucessivas produziram nele grande pena.
d) Com o atropelamento sofrido, sentiu imenso abatimento.
e) Recordo com nostalgia os dias felizes que ali passei.

A: Incorreta. A palavra "melancolia" não foi corretamente empregada na oração, visto que "melancolia" quer dizer "tristeza indefinida" ou "tristeza vaga", e este não é o sentido da frase.

B: Incorreta. A palavra "desesperar" indica uma sensação de angústia extrema, e este não é o sentido da oração.

C: Incorreta. A palavra "pena" possui sentido de compaixão, e na assertiva, temos mais do que o sentido de "pena".

D: Incorreta. A palavra "abatimento" quer dizer "enfraquecimento físico e mental", porém um atropelamento causaria muito mais do que isso.

E: Correta. A palavra "nostalgia" quer dizer "sentimento de saudade dos momentos vividos".

GABARITO: E.

06. (FGV – 2022 – PM/AM – SOLDADO) Todas as frases a seguir mostram repetições de vocábulos.

Assinale a opção que apresenta forma adequada de evitar-se uma dessas repetições.

a) Vão construir um cinema aqui, mas não sei quando vão construir / Vão construir um cinema aqui, mas não sei quando vão fazê-lo.

b) Havia um buraco no chão e como não vi o buraco, enfiei o pé nele / Havia um buraco no chão e como não vi o furo, enfiei o pé nele.

c) Começaram a trabalhar com entusiasmo, mas já desistiram de trabalhar / Começaram a trabalhar com entusiasmo, mas já desistiram-no.

d) Li todo o livro e não li nada sobre isso / Li todo o livro e não fiz a leitura de nada sobre isso.

e) Desse assunto eu não entendo nada e, além disso, é assunto que não me interessa / Desse assunto eu não entendo nada e, além disso, isso não me interessa.

**A: Correta.** O pronome demonstrativo ("o") se transformou em "lo" (referente a "isso"), já que o verbo "fazer" termina em "r" e deve ser seguido por "lo". O pronome substitui o verbo "construir" e funciona como objeto direto do verbo "fazer".

**B: Incorreta.** O termo "buraco" é diferente de "furo", já que "furo" indica uma dimensão menor do que a do "buraco".

**C: Incorreta.** O verbo "desistir" requer um complemento com a preposição "de", e não o complemento "no".

**D: Incorreta.** A primeira frase apresenta que ele leu o livro e não encontrou o que queria. Já a segunda frase traz que foram feitas leituras diferentes, ou seja, de itens diferentes.

**E: Incorreta.** O pronome demonstrativo "isso", na primeira oração, refere-se ao "assunto que não me interessa", e, na segunda oração, o pronome "isso" refere-se à "falta de entendimento do assunto".

**GABARITO: A.**

---

**07. (FGV – 2022 – PM/AM – SOLDADO)** "Um argumento a favor do Diabo: é preciso recordar que nós ouvimos só uma versão da história. Deus escreveu todos os livros." (*Samuel Buttler*)

A defesa do Diabo se apoia num argumento contra:

a) a falta de credibilidade.
b) a ausência de imparcialidade.
c) a incompetência da autoridade.
d) a fuga do assunto.
e) o círculo vicioso.

**A: Incorreta.** Se Deus escreveu todos os livros, não há falta de credibilidade, ou seja, interroga-se sobre a grande credibilidade dos livros.

**B: Correta.** Como a oração informa que a história foi contada apenas por um personagem, Deus, há, portanto, uma narrativa imparcial.

**C: Incorreta.** A oração não julga a capacidade de Deus em criar uma narrativa, mas o que se critica é ter sido contada somente por Ele.

**D: Incorreta.** Não há fuga do assunto na oração, já que há personagens e as suas lutas dentro do mesmo assunto.

**E: Incorreta.** Neste caso, busca-se explorar o outro lado da narrativa, e não somente a narrativa que Deus escreveu.

**GABARITO: B.**

---

**08. (FGV – 2022 – PM/AM – SOLDADO)** Todas as frases a seguir se iniciam por uma metáfora ou uma comparação.

Assinale a única dessas frases em que está ausente uma explicação para a metáfora.

a) "Tu és o arquiteto do teu próprio destino. Trabalha, espera e ousa!"
b) "Todo homem é uma divindade disfarçada, um deus que se faz de tolo."
c) "O casamento é uma grande instituição, mas eu não estou preparada para as instituições."
d) "O casamento é como uma praça sitiada: os que estão fora querem entrar e os que estão dentro querem sair."
e) "O ocioso é como um relógio sem os dois ponteiros: inútil se caminha ou se está parado."

**A: Incorreta.** Em: "Tu és o arquiteto do teu próprio destino. Trabalha, espera e ousa!", o termo sublinhado na oração só explica o porquê de ser o arquiteto do teu próprio destino.

**B: Incorreta.** Em: "Todo homem é uma divindade disfarçada, um deus que se faz de tolo", o termo sublinhado especifica quem é a divindade disfarçada.

**C: Correta.** Em: "O casamento é uma grande instituição, mas eu não estou preparada para as instituições", temos o conectivo "mas" que contrapõe a oração anterior, em que o autor somente dá a sua opinião pessoal.

**D: Incorreta.** Em: "O casamento é como uma praça sitiada: os que estão fora querem entrar e os que estão dentro querem sair", há uma explicação da primeira oração após os dois pontos, isto é, a segunda oração explica por que o casamento é como uma praça sitiada.

**E: Incorreta.** Em: "O ocioso é como um relógio sem os dois ponteiros: inútil se caminha ou se está parado", a oração sublinhada explica que tanto o relógio quanto a pessoa ociosa são inúteis.

**GABARITO: C.**

---

**09. (FGV – 2022 – PM/AM – SOLDADO)** "O aluno inteligente dá mais trabalho para aprender jiu-jitsu, porque fica pensando antes de fazer o golpe. Uma moça ou um burro vão aprender mais depressa do que o inteligente." Essa frase estaria incluída hoje como exemplo de politicamente incorreto, por trazer um preconceito, reconhecido por:

a) intolerância religiosa.
b) homofobia.
c) racismo.
d) machismo.
e) preconceito linguístico.

**A: Incorreta.** Intolerância religiosa é uma forma de preconceito por conta da religião das pessoas. No texto, não temos questões acerca de intolerância religiosa.

**B: Incorreta.** Homofobia é uma forma de preconceito contra pessoas que se relacionam com outras do mesmo gênero. O texto não apresenta esse tipo de preconceito.

**C: Incorreta.** Racismo é a crença de que uma etnia, uma raça sejam superiores a outras. Neste caso, não há racismo no texto.

**D: Correta.** Machismo é um tipo de discriminação baseada no sexo ou no gênero da pessoa. O texto aborda que o aluno (masculino) inteligente dá mais trabalho para aprender jiu-jitsu, enquanto uma moça (feminina), comparada ao burro, aprende mais depressa do que o aluno inteligente.

**E: Incorreta.** Preconceito linguístico é, segundo o professor, linguista e filólogo Marcos Bagno, "todo juízo de valor negativo (de reprovação, de repulsa ou mesmo de desrespeito) às variedades linguísticas de menor prestígio social. Ele está diretamente ligado a outros preconceitos (regional, cultural, socioeconômico etc.)".

**GABARITO: D.**

---

**10. (FGV – 2022 – PM/AM – SOLDADO)** Em todas as frases a seguir há duas ocorrências do mesmo vocábulo; assinale a frase em que esses vocábulos mostram diferentes significados.

a) Se eu tivesse um conselho a dar, como homem bem-sucedido, eu diria: se quer ser bem-sucedido, pense, pense muito até doer.
b) Antever sucessos é grandioso; antever insucessos, mais ainda.
c) Ninguém está nos negócios por diversão, mas isso não quer dizer que não há diversão nos negócios.
d) O negócio para qualquer um não é negócio para ninguém.
e) Pedi para ele me dar uma mão na obra e ele só deu uma mão de tinta na parede da sala.

**A: Incorreta.** As duas ocorrências de "bem-sucedido", nas orações, indicam que a pessoa obteve êxito em suas atividades.

**B: Incorreta.** As duas ocorrências de "antever" significam "ver antes".

C: **Incorreta.** As duas ocorrências de "diversão" indicam "algo que serve para divertir".

D: **Incorreta.** As duas ocorrências de "negócio" significam "negociação".

E: **Correta.** Na primeira ocorrência, a expressão com a palavra "mão" indica que a pessoa está pedindo ajuda no trabalho, e, na segunda ocorrência, refere-se ao "ato de pintar a parede".

**GABARITO: E.**

---

**11. (FGV – 2022 – PM/AM – SOLDADO)** Em uma planilha do MS Excel 2010, é possível identificar uma célula ou um intervalo de células referenciando-as pelos títulos de colunas e linhas.

Considerando os intervalos **A3:C10 e B5:H8**, assinale o número de células que pertencem aos dois intervalos.

a) 2.
b) 4.
c) 6.
d) 8.
e) 10.

**Intervalo de A3:C10**

- Pega do A3 ao A10; B3 ao B10 e do C3 ao C10

**Intervalo de B5:H8**

- Pega, comparando com a primeira, somente do B5 ao B8 e do C5 ao C8

Ou seja, 8 células em comum.

**GABARITO: D.**

---

**12. (FGV – 2022 – PM/AM – SOLDADO)** João utiliza o Calc do LibreOffice 4.2 e precisa construir uma fórmula que envolve os valores de vendas diárias de uma empresa nos meses Novembro e Dezembro dispostos, respectivamente, nas colunas **G** e **H**, entre as linhas 2 e 32. Todas as células desses intervalos foram preenchidas de acordo com o calendário.

Assinale a fórmula que calcula corretamente a variação percentual da média diária de vendas, positiva ou negativa, do mês de dezembro em relação ao mês de novembro.

a) =MÉDIA(H2:H32) - MÉDIA(G2:G31)/MÉDIA(G2:G31)*100
b) =(MÉDIA(H2:H32) - MÉDIA(G2:G31))/MÉDIA(G2:G31)*100
c) =(MÉDIA(H2:H32 - G2:G31)/MÉDIA(G2:G31)/100
d) =(MÉDIA(H2:H32) - MÉDIA(G2:G31))/MÉDIA(G2:G31)/100
e) =(MÉDIA(H2:H32) - MÉDIA(G2:G31) - MÉDIA(G2:G31)*100

(Média de Dezembro - Média de Novembro / pela média de Novembro * por 100) =(MÉDIA(H2:H32) - MÉDIA(G2:G31))/MÉDIA(G2:G31)*100

Portanto, a alternativa B é a correta.

**GABARITO: B.**

---

**13. (FGV – 2022 – PM/AM – SOLDADO)** Analise as seguintes afirmativas a respeito da proteção de planilhas no MS Excel 2010.

I. É possível permitir a modificação de alguns trechos de uma planilha protegida.
II. Células bloqueadas não podem ser selecionadas.
III. Não há possibilidade de permitir a inserção de linhas em uma planilha protegida.

Está correto o que se afirma em:

a) I, somente.
b) II, somente.
c) II e III, somente.
d) III, somente.
e) I, II e III.

I: **Correta.** Na guia Revisar, clique em Proteger Planilha e, depois, na lista Permitir que todos os usuários desta planilha sejam listados, escolha os elementos que você deseja que os usuários sejam capazes de alterar.

II: **Incorreta.** É possível que, mesmo bloqueadas, haja seleção.

III: **Incorreta.** Quando um usuário decide proteger uma planilha, é possível selecionar as ações que podem ser feitas na planilha mesmo ela estando protegida.

**GABARITO: A.**

---

**14. (FGV – 2022 – PM/AM – SOLDADO)** No contexto do MS Word, assinale a alternativa que apresenta a palavra "Exemplo" com o efeito denominado "Tachado".

a) Primeiro Exemplo.
b) Segundo Exemplo.
c) Terceiro EXEMPLO.
d) Quarto ᴱˣᵉᵐᵖˡᵒ.
e) Quinto Exemplo.

A: **Incorreta.** O texto está sublinhado.
B: **Correta.** O texto está tachado.
C: **Incorreta.** O texto está em maiúsculo.
D: **Incorreta.** O texto está sobrescrito.
E: **Incorreta.** O texto está em itálico.

**GABARITO: B.**

---

**15. (FGV – 2022 – PM/AM – SOLDADO)** Assinale o *software* que executa funções típicas de um sistema operacional.

a) Google Chrome.
b) LibreOffice.
c) Microsoft Outlook.
d) Remote Desktop.
e) Windows 10.

A: **Incorreta.** É um navegador.
B: **Incorreta.** Trata-se de uma suíte de aplicativos de código aberto.
C: **Incorreta.** É um *software* da Microsoft, integrante do pacote Microsoft Office.
D: **Incorreta.** É uma tecnologia para usamos o *desktop* remotamente.
E: **Correta.** É um sistema operacional.

**GABARITO: E.**

---

**16. (FGV – 2022 – PM/AM – SOLDADO)** João preparou um longo documento sobre suas viagens no MS Word 2010, no qual, ocasionalmente, usou o termo "lazer" grafado como "laser". Para localizar precisamente essas ocorrências, certas e erradas, João decidiu usar a *Localização avançada* do Word com as opções "Localizar apenas palavras inteiras" e "Usar caracteres curinga" acionadas. Assinale o termo a localizar que João deve usar no comando de busca.

a) la$er
b) la(*)er
c) la*er
d) la?er
e) la[s,z]er

Caracteres curingas:
- b[ae]la encontra bala e bela, mas não bola.
- b?la encontra bala, bela e bola.

Como ele quer apenas laser e lazer, terá que usar os colchetes.

Portanto, está certa a alternativa E.

**GABARITO: E.**

**17. (FGV – 2022 – PM/AM – SOLDADO)** No Windows 10, a Área de Transferência, ou *clipboard*, é usada primordialmente para armazenar:
a) arquivos da Lixeira do Windows até que sejam removidos definitivamente.
b) arquivos durante o processamento de uma operação de download.
c) arquivos temporários da Internet.
d) dados copiados com Ctrl+c.
e) dados e arquivos temporários durante a compactação de arquivos.

**Área de Transferência:** é a área de transferência que armazena tudo o que você copia, recorta e cola, no computador ou celular, quando precisa mover um texto de lugar ou reproduzi-lo em outro documento.

**Outra definição:** no Windows, é possível copiar e armazenar temporariamente na memória RAM um objeto (arquivos ou parte de um texto, por exemplo), para, posteriormente, copiá-lo em outras unidades ou em outros documentos. Essa funcionalidade é denominada área de transferência.

É possível utilizar a área de transferência para copiar e colar arquivos inteiros de uma pasta em outra, sendo que uma das maneiras de copiar e colar é usar os atalhos de teclado Ctrl+c (copiar) e Ctrl+v (colar).

**GABARITO: D.**

**18. (FGV – 2022 – PM/AM – SOLDADO)** Joana quer descobrir a capacidade, o espaço livre e o espaço usado do drive C: do seu *notebook*.

Para tanto, depois de clicar com o botão direito sobre o drive no Explorador de Arquivos do Windows, Joana deve usar a opção:
a) Configurações.
b) Expandir.
c) Info.
d) Propriedades.
e) Recolher.

Além dessas informações, pode-se verificar também a data de sua criação, última modificação feita e último acesso no explorador de arquivos.

Botão direito no explorador de arquivos > Propriedades > Geral.

**GABARITO: D.**

**19. (FGV – 2022 – PM/AM – SOLDADO)** Considere as seguintes afirmativas sobre protocolos/endereços básicos utilizados na Internet.
I. FTP é empregado para transferências de arquivos pela internet.
II. HTTP é empregado para acesso à Web por meio de mensagens criptografadas seguras.
III. 170.66.11.10 é um exemplo de endereço IP.

Está correto o que se afirma em:
a) I, somente.
b) II, somente.
c) III, somente.
d) I e III, somente.
e) I, II e III.

I: Correta. FTP é usado para transferência de arquivos.

II: Incorreta. HTTPS é usado para acesso seguro.

III: Correta. O endereço IP é representado por um conjunto de quatro números: por exemplo, 192.158.1.38. Cada número do conjunto pode variar entre 0 e 255. Ou seja, o intervalo de endereçamento IP vai de 0.0.0.0 a 255.255.255.255.

**GABARITO: D.**

**20. (FGV – 2022 – PM/AM – SOLDADO)** Assinale o texto que, quando utilizado numa busca no Google, resultaria na mensagem "Sua pesquisa não encontrou nenhum documento correspondente".
a) "porta -porta".
b) "porta-porta".
c) porta - porta.
d) porta -porta.
e) porta-porta.

O símbolo (-) significa uma exclusão na palavra. Quando ele é colocado ao lado do nome -porta, você pediu para excluir a mesma palavra porta, portanto não será possível encontrar o resultado.

**GABARITO: D.**

Texto para as próximas 3 questões.

### A etiqueta digital

*Regras para você não se tornar um inconveniente no celular*

Falta de educação no celular e nas redes sociais é o que não falta. Novos tempos exigem novas regras. Eis algumas, mas não todas. Tornou-se importante aprender a não ser invasivo, chato ou simplesmente mal-educado.

[...]

**KKKKKKKKKK** – E quem responde tudo com "KKKKKKK"? É uma risada ou um relincho? A conversa não avança. "Como você está?" Resposta: "De quarentena KKKKKKK". E por aí vai. Um kkk de leve, tudo bem. Mas o excesso é ridículo.

**Fim de papo** – Tem gente que não quer terminar a conversa. Eu trabalho de noite, todo mundo sabe. Se vem mensagem, me despeço rapidinho. "Tudo bem então, bjs". A pessoa continua como se não tivesse lido. Eu me despeço de novo: "Ótimo, bjão". Imediatamente desaba sobre mim uma conversa do tipo: "Estou triste hoje". É o momento de iniciar confidência? Antes, eu me preocupava. "Está triste? O que houve?"... Hoje sou rápido: "Espero que fique bem. Bjs". E desligo.

**Vácuo** – Horrendo é deixar o interlocutor no vácuo. Alguém me diz que vai viajar no fim de semana. "Para onde?" A pessoa some. Dali a três, quatro dias, reaparece. "Tudo bem?" Não se fala mais na conversa anterior. É péssimo.

**Incluir alguém em um grupo sem perguntar** – Abro meu celular. Há cinquenta mensagens de um grupo que não conheço. Piadas, papos... Alguém me botou na roda! Saio imediatamente. Mas meu número particular já se espalhou por não sei quantas pessoas. É muito deselegante. Antes de incluir alguém, pergunte se a pessoa concorda!

**Pedir curtidas** – Não tem coisa mais brega do que mendigar curtidas. Muitas vezes, se elogio um post, no direct, por amizade, vem o pedido: "Curte lá". Se não curto, a pessoa fica ofendidíssima! Inacreditável. Curtida virou prova de amizade?

A deselegância impera. Tudo o que a pessoa não faz na vida real, apronta na internet. Por exemplo, mandar um nude sem que seja pedido. Nude está tão facinho! Diz aí: quando é apresentado a alguém, você tira a roupa imediatamente?

21. **(CEV-UFMT – 2022 – PM/MT – SOLDADO)** A leitura do texto permite afirmar que o autor:
    a) considera deselegantes todas as comunicações feitas via redes sociais.
    b) desdenha os leitores que são polidos e agem com respeito.
    c) pretende difamar os usuários das redes sociais que são invasivos.
    d) pretende ensinar o leitor a ser bem-educado nas redes sociais.
    e) considera que, por amizade, as pessoas suportam ofensas.

**A: Incorreta.** O autor não considera deselegante todas as comunicações feitas via redes sociais, somente algumas, por exemplo, "Incluir alguém em um grupo sem perguntar".

**B: Incorreta.** O autor não desdenha dos leitores que são polidos e agem com respeito, pelo contrário, ele coloca regras para não se tornar inconveniente no celular.

**C: Incorreta.** O autor não pretende difamar os usuários das redes sociais que são invasivos, mas no texto há algumas dicas para não se tornar "invasivo, chato ou simplesmente mal-educado".

**D: Correta.** O objetivo do autor no texto é ensinar o leitor a ser bem-educado nas redes sociais, já que, como ele mesmo diz: "Tornou-se importante aprender a não ser invasivo, chato ou simplesmente mal-educado".

**E: Incorreta.** O autor só comenta que se ele elogia um post, por amizade, a pessoa (por conta da amizade) já pede logo para curtir.

**GABARITO: D.**

22. **(CEV-UFMT – 2022 – PM/MT – SOLDADO)** A linguagem desse texto apresenta traços de informalidade. Qual trecho não traz qualquer desses traços?
    a) Novos tempos exigem novas regras.
    b) Tem gente que não quer terminar a conversa.
    c) Piadas, papos ... Alguém me botou na roda!
    d) Tudo o que a pessoa não faz na vida real, apronta na internet.
    e) Nude está tão facinho!

**A: Correta.** A oração não apresenta linguagem informal, somente formal.

**B: Incorreta.** O termo "gente" revela uso informal da língua.

**C: Incorreta.** O termo "papos" e a expressão "botou na roda" fazem parte da linguagem informal.

**D: Incorreta.** O verbo "apronta" é usado na linguagem informal.

**E: Incorreta.** Os termos "nude" e "facinho" são usados na linguagem informal.

**GABARITO: A.**

23. **(CEV-UFMT – 2022 – PM/MT – SOLDADO)** A palavra composta *mal-educado* (linha 4) é grafada com hífen, pois as palavras compostas com bem e mal devem ser escritas com hífen quando a segunda palavra começa por vogal ou h. Assinale a alternativa que apresenta exemplos da regra: O hífen não deverá ser usado quando a segunda palavra começar com uma letra diferente da última letra do prefixo.
    a) paraquedas, sobrenatural.
    b) contraproposta, antissocial.
    c) minissalão, autossuficiente.
    d) contrassenso, semirreta.
    e) infraestrutura, sobreaviso.

**A: Incorreta.** A palavra "paraquedas" não tem mais hífen, pois sua noção de composição foi perdida. Na palavra "sobrenatural", o prefixo "sobre" só tem hífen quando se junta com as palavras iniciadas por "h", "r" ou "s", por exemplo, "sobre-humano".

**B: Incorreta.** A palavra "contraproposta" é formada pelo processo de derivação prefixal em que se acrescenta um prefixo a uma palavra já existente. Na palavra "antissocial", o "anti" termina com vogal, e o segundo elemento começa com "s", logo, deve-se duplicar o "s".

**C: Incorreta.** Na palavra "minissalão", o "mini" termina com vogal, e o segundo elemento começa com "s", então, dobra-se o "s". A palavra "autossuficiente" segue a mesma regra de "minissalão".

**D: Incorreta.** O prefixo de "contrassenso" termina com vogal ("contra"), e a segunda palavra ("senso") começa com "s", então, deve-se dobrar o "s". O prefixo de "semirreta" termina com vogal ("semi"), e a segunda palavra ("reta") começa com "r", então, deve-se dobrar o "r".

**E: Correta.** Na palavra "infraestrutura", o prefixo ("infra") termina com a vogal diferente da primeira letra da segunda palavra ("estrutura"). Na palavra "sobreaviso", o prefixo ("sobre") termina com a vogal diferente da primeira letra da segunda palavra ("aviso").

**GABARITO: E.**

Texto para as próximas 3 questões.

### A segurança pública e a sociedade

Aos olhos do povo, parece ser a Polícia a única responsável pela segurança da sociedade, quando em verdade tem essa instituição somente a função mais árdua de todas, vez que atua na linha de frente em prevenção ao crime ou na garimpagem de criminosos e na execução das leis penais, a fim de torná-las efetivas ao exigir o cumprimento das regras sociais e solucionar os seus conflitos. [...]

Agora que a epidemia da insegurança se alastrou por todo o Brasil, a própria sociedade se mostra preocupada com o problema e até já comunga com o preceito constitucional de que a segurança pública é responsabilidade de todos, e com isso já se formam movimentos diversos que objetivam maior interatividade com a Polícia para uma consequente união de forças de combate ao crime. [...]

Entretanto, essa necessária e importante interação ainda aparece de maneira emperrada, pois existe a tradição arraigada no seio de grande parte da sociedade em generalizar, colocando-se como regra ao invés da exceção, que a Polícia é ineficiente e criminosa, que todo policial é ignorante, arbitrário, violento e irresponsável, quando em verdade, de uma maneira geral, tais entendimentos não passam de pensamentos ilógicos e insensatos [...].

A eficiência do trabalho policial está intimamente ligada ao bom relacionamento entre cidadãos e policiais. Um deve ver e sentir o outro no valor da amizade, como elemento de apoio, de confiança nos seus recíprocos atos. Os policiais dependem da iniciativa e da cooperação das pessoas e estas dependem da proteção dos policiais. [...].

MARQUES, A. J. M. Disponível em: https://www.algosobre.com.br/interesse-publico/a-seguranca-publica-e-a-sociedade.html. Acesso em: 30/10/21.

24. **(CEV-UFMT – 2022 – PM/MT – SOLDADO)** Assinale o trecho que revela a tese defendida pelo autor sobre o assunto abordado no texto.
    a) tem essa instituição somente a função mais árdua de todas, vez que atua na linha de frente em prevenção ao crime ou na garimpagem de criminosos e na execução das leis penais [...].
    b) Aos olhos do povo, parece ser a Polícia a única responsável pela segurança da sociedade.

c) A eficiência do trabalho policial está intimamente ligada ao bom relacionamento entre cidadãos e policiais.

d) existe a tradição arraigada no seio de grande parte da sociedade em generalizar, colocando-se como regra ao invés da exceção, que a Polícia é ineficiente e criminosa, que todo policial é ignorante, arbitrário, violento e irresponsável [...].

e) Agora que a epidemia da insegurança se alastrou por todo o Brasil, a própria sociedade se mostra preocupada com o problema [...].

**A: Incorreta.** Nesta oração há somente uma explicação sobre a "Polícia".

**B: Incorreta.** A oração apresenta somente uma visão do povo sobre a "Polícia".

**C: Correta.** A tese aborda que a eficiência do trabalho do policial se refere ao bom relacionamento entre cidadãos e policiais, tendo como base o excerto do texto: "[...] Um deve ver e sentir o outro no valor da amizade, como elemento de apoio, de confiança nos seus recíprocos atos. Os policiais dependem da iniciativa e da cooperação das pessoas e estas dependem da proteção dos policiais. [...]"

**D: Incorreta.** O autor, ao usar a expressão "entretanto", mostra ao leitor que há uma adversidade nas ideias, e não a tese do texto.

**E: Incorreta.** É uma oração de desenvolvimento do texto, explicando sobre a função da "Polícia" e a formação de movimentos diversos para interagir com ela.

**GABARITO: C.**

25. **(CEV-UFMT – 2022 – PM/MT – SOLDADO)** O texto é bastante rico em adjetivos, flexionados nas variadas formas. Adjetivos uniformes são aqueles que apresentam somente uma forma para o gênero masculino e para o feminino. Assinale o trecho que não apresenta adjetivo uniforme.

a) essa necessária e importante interação.
b) não passam de pensamentos ilógicos e insensatos.
c) que a Polícia é ineficiente e criminosa.
d) todo policial é ignorante, arbitrário, violento e irresponsável.
e) e até já comunga com o preceito constitucional.

**A: Incorreta.** O adjetivo "importante" é uniforme (Ela é importante / Ele é importante).

**B: Correta.** Não há adjetivos uniformes. Ex.: "Não passam de ideias ilógicas e insensatas".

**C: Incorreta.** O adjetivo "ineficiente" é uniforme (Ele é ineficiente / Ela é ineficiente).

**D: Incorreta.** Há dois adjetivos uniformes ("ignorante e irresponsável") – (Ela é ignorante/irresponsável / Ele é ignorante/irresponsável).

**E: Incorreta.** O adjetivo "constitucional" é uniforme – ("lei constitucional" / "preceito constitucional").

**GABARITO: B.**

26. **(CEV-UFMT – 2022 – PM/MT – SOLDADO)** Os mecanismos de coesão sequencial são utilizados para que as partes e as informações do texto possam ser articuladas e relacionadas, proporcionando sentido. Assinale a alternativa em que há relação de sentido incorretamente exemplificada por trecho do texto.

a) Explicação > tem essa instituição somente a função mais árdua de todas, vez que atua na linha de frente em prevenção ao crime ou na garimpagem de criminosos e na execução das leis penais [...].

b) Consequência > aparece de maneira emperrada, pois existe a tradição arraigada no seio de grande parte da sociedade em generalizar, colocando-se como regra ao invés da exceção, que a Polícia é ineficiente e criminosa [...].

c) Adição > Os policiais dependem da iniciativa e da cooperação das pessoas e estas dependem da proteção dos policiais.

d) Finalidade > na execução das leis penais, a fim de torná-las efetivas ao exigir o cumprimento das regras sociais e solucionar os seus conflitos.

e) Adversidade > Entretanto, essa necessária e importante interação ainda aparece de maneira emperrada [...].

**A: Incorreta.** A locução conjuntiva "vez que" relaciona as duas orações coordenadas por meio de uma relação explicativa.

**B: Correta.** Sabe-se que a consequência é um resultado entre as orações de causa e consequência. Temos: "[...] existe a tradição arraigada no seio de grande parte da sociedade em generalizar, colocando-se como regra ao invés da exceção, que a Polícia é ineficiente e criminosa [...]" (causa) e "[...] essa necessária e importante interação ainda aparece de maneira emperrada [...]" (consequência).

**C: Incorreta.** Há uma conjunção coordenada aditiva ("e") ligando os termos correspondentes.

**D: Incorreta.** O conectivo "a fim de" tem ideia de finalidade.

**E: Incorreta.** O conectivo "entretanto" revela sentido de adversidade/oposição.

**GABARITO: B.**

Texto para as próximas 3 questões.

A linguagem corporal é uma forma de expressão tão poderosa quanto as palavras – em alguns casos, sua força é até maior. Afinal, você pode tentar passar uma ideia diferente da que está sentindo através da fala, mas, se não for um especialista no assunto, dificilmente vai conseguir disfarçar os sinais que o seu corpo transmite. Ou seja, não é só a nossa boca que comunica: nossos gestos, olhares, expressões e posturas também. Um simples cruzar de pernas, uma mão colocada próximo da boca e uma contração na testa podem dizer muito mais sobre você e a sua situação de momento do que se pode imaginar. Não à toa, a linguagem não verbal é um dos elementos analisados pelas autoridades policiais para saber se um suspeito está mentindo ou não durante um depoimento, por exemplo.

27. **(CEV-UFMT – 2022 – PM/MT – SOLDADO)** Considerando as ideias e os aspectos linguísticos do texto, analise as afirmativas.

I. Na linha 1, a expressão *tão poderosa quanto* indica um comparativo de igualdade.
II. A palavra *Afinal*, na linha 2, é uma preposição que pode ser substituída por Finalmente.
III. Com o uso dos pronomes *você*, *nossa* e *nossos*, o autor entende maior aproximação com o leitor.
IV. A locução adverbial *Não à toa* (linha 9) significa que não foi ao acaso, ao léu.

Estão corretas as afirmativas:
a) II e IV, apenas.
b) I e IV, apenas.
c) II e III, apenas.
d) I, II, III e IV.
e) I, III e IV, apenas.

**I: Correta.** O conectivo "tão...quanto" tem sentido de comparação, já que está comparando "a linguagem corporal com as palavras".

**II: Incorreta.** A palavra "Afinal" não é uma preposição, mas, sim, um conectivo de tempo.

**III: Correta.** O autor, ao usar os pronomes "você", "nossa" e "nossos", expõe uma relação mais próxima com o leitor.

**IV: Correta.** A expressão "não à toa" quer dizer "não foi em vão / ao acaso".

**GABARITO: E.**

**28. (CEV-UFMT – 2022 – PM/MT – SOLDADO)** Leia o trecho: *Ou seja, não é só a nossa boca que comunica: nossos gestos, olhares, expressões e posturas também.*

Assinale a alternativa que apresenta corretamente a justificativa para o uso das vírgulas.

a) A primeira vírgula isola um vocativo e as demais separam orações coordenadas.
b) A primeira vírgula separa um aposto e as demais indicam supressão de um verbo na oração.
c) A primeira vírgula isola expressão explicativa e as demais separam termos coordenados em uma oração.
d) A primeira vírgula separa expressão intercalada e as demais indicam supressão de palavras.
e) A primeira vírgula separa uma expressão explicativa e as demais isolam orações coordenadas.

A: Incorreta. O vocativo é um chamamento, uma invocação de algo/alguém. Neste caso, "Ou seja" não é um vocativo, e as demais vírgulas não isolam orações coordenadas. Não há verbo, por isso, não há oração, mas somente os substantivos "gestos, olhares, expressões".

B: Incorreta. O aposto é um termo que tem valor de substantivo e não de adjetivo e explica, esclarece, aprofunda ou resume o texto antecedente, logo, "ou seja" não é um aposto. Já as demais vírgulas são usadas para indicar a supressão de um verbo na oração.

C: Correta. A primeira vírgula da oração foi usada para isolar uma expressão explicativa ("ou seja"). As demais vírgulas separam termos de uma enumeração.

D: Incorreta. A primeira vírgula isola uma expressão explicativa ("ou seja") e não intercalada, que é um termo que está fora da ordem em que deveria estar quando levamos em conta a ordem direta ⊠ sujeito – verbo – complemento – adjunto adverbial. E as demais vírgulas são usadas para separar termos de uma enumeração.

E: Incorreta. A primeira vírgula separa uma expressão explicativa, e as demais não isolam orações coordenadas, mas, sim, termos de uma enumeração.

**GABARITO: C.**

---

**29. (CEV-UFMT – 2022 – PM/MT – SOLDADO)** Uma mesma palavra pode ter significados diferentes dependendo da situação linguística em que está empregada, a exemplo da palavra *poderosa* na primeira linha. No texto, qual termo pode ser usado em lugar de *poderosa* sem prejuízo do sentido?

a) Significativa.
b) Dominante.
c) Ineficiente.
d) Impotente.
e) Infalível.

Das propostas de substituição do termo por um sinônimo, a alternativa que mais se aproxima do significado da palavra grafada no texto é a A. Neste caso, todos os outros termos alterariam o sentido do texto.

**GABARITO: A.**

---

Texto para as próximas 2 questões.

Primeiro surge a preocupação com um problema. Depois vêm as tentativas de resolvê-lo em pensamento. Quando você se dá conta, a mente passou o dia (ou a noite) acelerada, estudando mil cenários que podem nem acontecer. Essa ação tem nome – ansiedade – e integra a natureza humana, pois nos torna capazes de enfrentar desafios. Mas vira um transtorno quando toma conta da rotina, fazendo a gente carregar o peso do mundo nas costas.

[...]

Entre as boas medidas a serem tomadas para voltar aos trilhos está a adoção de hábitos saudáveis. "Cuide de seu sono, pratique atividades físicas, procure se alimentar de modo adequado e, se possível, busque tratamento", afirma o psiquiatra A. C. A. Mas seja gentil com você. Tente não se cobrar demais, porque é andando que se aprende o caminho.

**30. (CEV-UFMT – 2022 – PM/MT – SOLDADO)** A respeito das ideias e dos recursos linguísticos e discursivos, marque V para as afirmativas verdadeiras e F para as falsas.

( ) Os termos *Primeiro* e *Depois* constituem operadores argumentativos que ligam partes do texto com ideia de enumeração.

( ) Os trechos *estudando mil cenários* e *a gente carregar o peso do mundo nas costas* exemplificam uma figura de linguagem denominada hipérbole.

( ) No primeiro parágrafo, é apresentada uma situação que pode prejudicar o ser humano e, no segundo, maneiras de resolvê-la.

( ) Os travessões (linha 4) podem ser substituídos por aspas para enfatizar o termo ansiedade.

Assinale a sequência correta.

a) F, V, F, V.
b) V, F, F, V.
c) F, F, V, F.
d) V, V, V, F.
e) V, V, F, F.

Na ordem em que as afirmativas foram apresentadas:

( V ) Os termos "primeiro e depois" apresentam argumentos ao que está sendo anunciado, além de enumerar uma sequência de acontecimentos.

( V ) Nas expressões "mil cenários" e "carregar o peso do mundo", há exagero de ideias, que, no estudo estilístico, chama-se hipérbole.

( V ) O primeiro parágrafo apresenta uma situação que pode prejudicar o ser humano: a ansiedade. Já o segundo parágrafo traz formas de contornar, suavizar esse incômodo para não sermos muito prejudicados.

( F ) Os travessões não podem ser substituídos por aspas, pois eles servem para destacar, chamar a atenção para a palavra *ansiedade*. Se viessem com aspas, mudaria o sentido, serviriam para mostrar que a palavra está empregada no sentido conotativo.

**GABARITO: D.**

---

**31. (CEV-UFMT – 2022 – PM/MT – SOLDADO)** Nas frases *Primeiro surge a preocupação com um problema. Depois vêm as tentativas de resolvê-lo em pensamento.*, a concordância dos verbos surgir e vir obedece à seguinte regra da norma culta da língua escrita:

a) O verbo concorda em número e pessoa com o predicativo do sujeito.
b) Se o sujeito é simples, o verbo concorda com ele em número e pessoa, mesmo se estiver anteposto a ele.
c) O verbo é usado mais frequentemente no plural se os sujeitos estiverem unidos por com.
d) Com sujeitos ligados por expressões correlativas, o verbo é usado no plural.
e) Se o sujeito é composto, o verbo vai obrigatoriamente para o plural.

Essa questão envolve análise sintática, termos essenciais da oração e período simples.

O sujeito de uma oração compreende tudo a que o verbo se refere. Observando-se o verbo "surgir", percebe-se que se refere à "preocupação", já o verbo "vêm" refere-se às "tentativas", então há dois sujeitos simples: "a preocupação" e "as tentativas". A regra determina que o verbo concorde com o sujeito simples em pessoa e número, independentemente de estar esse sujeito simples antes ou após o verbo.

**GABARITO: B.**

32. **(CEV-UFMT – 2022 – PM/MT – SOLDADO)**
    Uma língua apresenta variações porque é usada por falantes nativos em uma sociedade complexa, formada por diferentes grupos sociais, com diferentes hábitos linguísticos e diferentes graus de escolarização. Assim, ao longo do tempo, surgem as variedades linguísticas regionais, históricas, sociais e de registro. Leia o trecho extraído de uma crônica de Carlos Drummond de Andrade.

    [...] os pirralhos dobravam a língua diante dos pais, e se um se esquecia de arear os dentes antes de cair nos braços de Morfeu, era capaz de entrar no couro. Não devia também se esquecer de lavar os pés, sem tugir nem mugir. Nada de bater na cacunda do padrinho, nem de debicar os mais velhos, pois levava tunda.

    A linguagem desse trecho revela a variedade linguística caracterizada pelo uso de:
    a) jargões próprios de um grupo de profissionais, denominada social.
    b) termos que variam de acordo com o local onde vivem os falantes, denominada geográfica.
    c) palavras e expressões em desuso atualmente, denominada histórica.
    d) gírias próprias de um grupo com interesses comuns, denominada social.
    e) linguagem informal, com presença de oralidade, denominada registro.

No trecho, há palavras e expressões em desuso atualmente, por exemplo, "tugir", "arear os dentes".

Não aparecem palavras/expressões de um grupo de profissionais, nem termos regionais, gírias e também o trecho não apresenta linguagem informal, já que as regras gramaticais foram seguidas.

**GABARITO: C.**

33. **(CEV-UFMT – 2022 – PM/MT – SOLDADO)** Leia as frases a seguir.
    1. O Ministério Público realiza por ano inúmeros <u>acórdãos</u>.
    2. Os <u>cirurgiões</u> garantiram que nada mais havia a fazer.
    3. Todos temos certamente <u>guardiãos</u> a nos proteger.
    4. Os documentos foram cedidos graças à intervenção dos <u>tabeliães</u>.

    Os substantivos grifados estão corretamente pluralizados nas frases:
    a) 1, 2 e 4, apenas.
    b) 2, 3 e 4, apenas.
    c) 1, 2 e 3, apenas.
    d) 1 e 4, apenas.
    e) 2 e 3, apenas.

Os plurais das palavras grifadas são:
- Acórdão – acórdãos.
- Cirurgião – cirurgiões e cirurgiães.
- Guardião – guardiães ou guardiões.
- Tabelião – tabeliães.

**GABARITO: A.**

34. **(CEV-UFMT – 2022 – PM/MT – SOLDADO)** Os pronomes relativos têm basicamente a função de unir orações cujas ideias se complementam e, com isso, evitar repetições desnecessárias. Quanto ao uso do pronome relativo, preposicionado ou não, assinale a alternativa que apresenta junção correta das orações.
    a) Paciência e sabedoria são ingredientes em nossa vida. Necessitamos de ingredientes em nossa vida. > Paciência e sabedoria são ingredientes que necessitamos em nossa vida.
    b) O ginásio de esportes pertence à prefeitura. As atividades de lazer dos soldados realizam-se nesse ginásio. > O ginásio de esportes, a que se realizam as atividades de lazer dos soldados, pertence à prefeitura.
    c) As professoras são muito prestativas. O diretor me falou de algumas professoras. > As professoras a quem o diretor me falou são muito prestativas.
    d) Os advogados apresentaram-me provas do ocorrido. Eu acredito na veracidade dessas provas. > Os advogados apresentaram-me provas do ocorrido de cuja veracidade eu acredito.
    e) O policial militar foi muito gentil. Pedi ao policial militar informações sobre o concurso. > O policial militar a quem pedi informações sobre o concurso foi muito gentil.

Sabendo-se que todo pronome relativo inicia uma oração, e se nesta existir a regência de uma preposição, obrigatoriamente, ela terá que anteceder o pronome relativo.

A: Incorreta. A oração correta seria: Paciência e sabedoria são ingredientes de que necessitamos em nossa vida.

B: Incorreta. A oração correta seria: O ginásio de esportes, em que | no qual | onde se realizam as atividades de lazer dos soldados, pertence à prefeitura.

C: Incorreta. A oração correta seria: As professoras de quem o diretor me falou são muito prestativas.

D: Incorreta. A oração correta seria: Os advogados apresentaram-me provas do ocorrido em cuja veracidade eu acredito.

E: Correta. "O policial militar foi muito gentil. Pedi ao policial militar informações sobre o concurso. > O policial militar a quem pedi informações sobre o concurso foi muito gentil."

Quem pede, pede alguma coisa a alguém.

Pedi informações sobre o concurso a quem? "Pedi ao policial militar" – "a quem".

**GABARITO: E.**

35. **(CEV-UFMT – 2022 – PM/MT – SOLDADO)** Em Segurança da Informação, o termo *phishing* é bastante comum. Sobre *phishing*, assinale a afirmativa correta.
    a) Executa exclusivamente fraudes por SMS.
    b) É um ataque para obter dados confidenciais.
    c) Copia as portas do sistema operacional.
    d) Possui adwares como base do seu código.
    e) Trata-se de teste de segurança autorizado.

*Phishing* é uma técnica de crime cibernético que usa fraude, truque ou engano para manipular as pessoas e obter informações confidenciais.

**GABARITO: B.**

36. **(CEV-UFMT – 2022 – PM/MT – SOLDADO)** A primeira coluna apresenta recursos do Ubuntu 20.04 *desktop* e a segunda, características de cada um. Numere a segunda coluna de acordo com a primeira.
    1. *Shotwell*
    2. *Rhythmbox*
    3. *Remmina*
    4. Ubuntu Software

( ) Loja de aplicativos
( ) Cliente de área de trabalho remota
( ) Reprodutor de músicas
( ) Organizador de fotos

Marque a sequência correta.
a) 4, 3, 2, 1.
b) 3, 2, 1, 4.
c) 2, 1, 4, 3.
d) 4, 1, 3, 2.
e) 3, 2, 4, 1.

Na ordem:

( 4 ) Ubuntu Software: loja de aplicativos.

( 3 ) *Remmina*: cliente de área de trabalho remota.

( 2 ) *Rhythmbox*: reprodutor de músicas.

( 1 ) *Shotwell*: organizador de fotos.

**GABARITO: A.**

37. (CEV-UFMT – 2022 – PM/MT – SOLDADO) A respeito de *Ransomware*, analise as afirmativas.
I. É um tipo de ataque virtual.
II. Trata-se de um tipo de hardware.
III. Tem como objetivo sequestrar dados.

Está correto o que se afirma em:
a) II e III, apenas.
b) I e II, apenas.
c) I e III, apenas.
d) II, apenas.
e) I, apenas.

*Ransomware* é um tipo de ataque virtual que utiliza um código malicioso, que torna inacessíveis os dados armazenados em um equipamento, geralmente usando criptografia, e que exige pagamento de resgate (*ransom*) para restabelecer o acesso ao usuário.

**GABARITO: C.**

38. (CEV-UFMT – 2022 – PM/MT – SOLDADO) O Microsoft Office 2019 é uma suíte de aplicativos. A respeito dessa suíte, marque V para as afirmativas verdadeiras e F as falsas.
( ) É usado exclusivamente em navegador de Internet.
( ) Possui o editor de vídeos Microsoft Publisher.
( ) Fornece o Microsoft Groove para gerenciar e-mails.
( ) Usa o Microsoft OneNote para trabalhar com slides.

Assinale a sequência correta.
a) F, V, F, V.
b) V, V, F, F.
c) F, F, V, V.
d) V, F, V, F.
e) F, F, F, F.

Na ordem em que as afirmativas foram apresentadas:

( F ) Embora o Microsoft Office necessite de internet, aplicativos como Word e Excel são instalados localmente.

( F ) O Microsoft Publisher é um software de editoração.

( F ) O Microsoft Groove é um aplicativo de música.

( F ) O OneNote é seu próprio bloco de anotações digital.

**GABARITO: E.**

39. (CEV-UFMT – 2022 – PM/MT – SOLDADO) Uma das classificações utilizadas em redes de computadores é *Local Area Network* (LAN). Sobre LAN, assinale a afirmativa correta.
a) Interliga até vinte redes distantes.
b) Utiliza os protocolos RIP e BGP.
c) Permite o uso do padrão Ethernet.
d) Modula a tecnologia Frame Relay.
e) Possui abrangência de até 9 km.

LAN é um acrônimo para *Local Area Network*. É uma rede relativamente pequena, cobrindo pequenas áreas, por exemplo, sala, escritório, prédio, estabelecimento comercial etc. Ethernet e WiFi são as duas principais formas de habilitar conexões LAN.

**GABARITO: C.**

40. (CEV-UFMT – 2022 – PM/MT – SOLDADO) De acordo com o disposto na Constituição Federal de 1988 acerca da garantia de inviolabilidade do direito à propriedade, é correto afirmar:
a) A garantia do direito de propriedade é condicionada ao atendimento de sua função social.
b) No caso de iminente perigo público, a autoridade competente poderá usar de propriedade particular, assegurada prévia indenização ao proprietário.
c) Em caso de desapropriação por necessidade ou utilidade pública, é assegurada indenização ao proprietário, com pagamento mediante títulos da dívida pública.
d) Quem sofrer ou se achar ameaçado de sofrer violência patrimonial, por ilegalidade ou abuso de poder, pode valer-se de habeas corpus.
e) É uma garantia fundamental exclusiva dos brasileiros, pois não alcança os estrangeiros.

O direito de propriedade está no artigo 5º, XXII, da CF/1988 e nos arts. 1.228 a 1.368 da Lei nº 10.406/2002:

*Art. 5º [...] XXII - é garantido o direito de propriedade.*

Acerca da dialética da questão, vamos levar também a premissa da função social da propriedade nos XXIII e XXIV, do mesmo art. 5º, da CF/1988:

*Art. 5º [...] XXIII - a propriedade atenderá a sua função social;*

*XXIV - a lei estabelecerá o procedimento para desapropriação por necessidade ou utilidade pública, ou por interesse social, mediante justa e prévia indenização em dinheiro, ressalvados os casos previstos nesta Constituição.*

**GABARITO: A.**

41. (CEV-UFMT – 2022 – PM/MT – SOLDADO) A respeito de direitos e garantias fundamentais previstos na Constituição Federal de 1988, atinentes à prisão, marque V para as afirmativas verdadeiras e F para as falsas.

( ) Ninguém será preso senão em flagrante delito ou por ordem escrita e fundamentada de autoridade judiciária competente, salvo nos casos de transgressão militar ou crime propriamente militar, definidos em lei.

( ) A prisão de qualquer pessoa e o local onde se encontre serão comunicados imediatamente ao juiz competente e à família do preso ou à pessoa por ele indicada.

( ) Ninguém será levado à prisão ou nela mantido, quando a lei admitir a liberdade provisória, desde que comprovado o prévio pagamento da fiança.

( ) A prisão do depositário infiel é enquadrada como prisão penal, mesmo que seja considerada prisão por dívida.

Assinale a sequência correta.
a) V, V, V, F.
b) V, F, V, V.
c) V, V, F, F.
d) F, F, F, V.
e) F, V, V, F.

Na ordem em que as afirmativas foram apresentadas:

(V) A nossa carta magna veda expressamente a partir do inciso LXI do art. 5º, qualquer tipo de prisão arbitrária que não esteja vinculada a situação que se configure flagrante delito ou mesmo por ordem escrita e fundamentada de autoridade judiciária competente, exceto em hipóteses em que ocorra transgressão militar ou crime propriamente militar, definidos em lei:

*Art. 5º [...] LXI - ninguém será preso senão em flagrante delito ou por ordem escrita e fundamentada de autoridade judiciária competente, salvo nos casos de transgressão militar ou crime propriamente militar, definidos em lei.*

(V) Se trata de mandamento constitucional, na condição de um dos direitos fundamentais estabelecidos no art. 5º da CRFB/1988, que a prisão de qualquer pessoa e o local onde se encontre devam ser comunicados imediatamente ao juiz competente assim como à família do preso ou à pessoa por ele indicada, sem exceção.

*Art. 5º [...] LXII - a prisão de qualquer pessoa e o local onde se encontre serão comunicados imediatamente ao juiz competente e à família do preso ou à pessoa por ele indicada.*

(F) A partir do disposto no LXVI do art. 5º da CRFB/1988, é estabelecido a vedação a realização de prisão ou a sua manutenção quando for prevista em lei a existência de liberdade provisória, independente de possuir ou não fiança.

*Art. 5º [...] LXVI - ninguém será levado à prisão ou nela mantido quando a lei admitir a liberdade provisória, com ou sem fiança.*

(F) A Carta maior de 88 assegura em hipóteses excepcionais a prisão civil por dívida vinculada ao não cumprimento de prestação alimentícia assim como em relação ao depositário infiel.

*Art. 5º [...] LXVII - não haverá prisão civil por dívida, salvo a do responsável pelo inadimplemento voluntário e inescusável de obrigação alimentícia e a do depositário infiel.*

Porém em relação à hipótese do depositário infiel, a jurisprudência atual, com base na adesão do Brasil ao Pacto de São José da Costa Rica, que se relaciona ao tema de direitos humanos, entende que não deverá ocorrer mais a sua prisão.

**Súmula Vinculante 25:**
É ilícita a prisão civil de depositário infiel, qualquer que seja a modalidade do depósito.

**GABARITO: C.**

**42. (CEV-UFMT – 2022 – PM/MT – SOLDADO)** Em consonância com as disposições constitucionais acerca dos militares, analise as afirmativas.
I. O militar alistável, com menos de dez anos de serviço, é inelegível.
II. O militar alistável, com mais de dez anos de serviço, se eleito, passará automaticamente, no ato da diplomação, para a inatividade.
III. O militar, enquanto em serviço ativo, não pode estar filiado a partidos políticos.
IV. O militar, em nenhuma hipótese, acumula a atividade militar com emprego ou função pública civil.

Estão corretas as afirmativas:

a) I, III e IV, apenas.
b) II e III, apenas.
c) I, II e IV, apenas.
d) I e III, apenas.
e) II e IV, apenas.

**I: Incorreta e II: Correta.** O art. 14, da CF/1988, determina que alistável é considerado também como elegível e, caso possua menos de dez anos de serviço deverá afastar-se da atividade para candidatar-se a mandato elegível ou se vier a possuir mais de dez anos de serviço será agregado pela autoridade superior e, caso seja eleito, passará automaticamente, no ato da diplomação, para a inatividade.

**III: Correta.** Em relação à filiação a partido político, a CF/1988 veda expressamente ao militar, desde que em serviço ativo, a sua filiação a partido político.

**IV: Incorreta.** Em síntese, poderá excepcionalmente o militar federal exercer outro cargo privativo de profissionais da saúde (art. 142, § 3º, II), enquanto no caso dos militares estaduais, poderá ocorrer a acumulação de cargos públicos (art. 42, § 3º), com base na regra estabelecida pelo art. 37, XVI.

**GABARITO: B.**

**43. (CEV-UFMT – 2022 – PM/MT – SOLDADO)** Leia o excerto de relatório de julgamento proferido pelo Tribunal de Justiça de Mato Grosso do Sul:

Nota-se pelo histórico demonstrado na denúncia que Aldemiro exigiu de dois criminosos vantagem indevida, para que esses não fossem implicados no furto de um veículo tipo caminonete Ford Ranger, chegando até a reter as identidades funcionais dos marginais com o fim de assegurar que receberia alguma coisa. A descrição dos fatos mostra que o veículo foi apreendido e nenhuma providência foi tomada no sentido de que fosse aberto o inquérito policial para implicação dos autores do crime, que ficando soltos acabaram por roubar outro veículo em Amambaí-MS.

(...) Assim, evidente que quando o apelante reteve o veículo em questão sem tomar as providências necessárias que lhe eram exigidas em razão de sua função, praticou o crime em tela, pois tinha o dever funcional de tomar essa atitude que foi procrastinada com o fim deliberado de auferir vantagem indevida, já que o apelante queria alcançar uma remuneração pelo fato de não tomar as providências exigidas em lei.

(Fonte: https://tj-ms.jusbrasil.com.br/jurisprudencia/5827513/apelacao-criminal--apr-7915-ms-2003007915-7/inteiro-teor-11976980. Acesso em: 22/12/2021.)

Extrai-se do acórdão que um policial foi condenado por exigir, para si, vantagem indevida de criminosos para deixar de praticar atos de ofício. Sendo assim, a condenação decorre da prática do seguinte crime:

a) Peculato.
b) Prevaricação.
c) Concussão.
d) Corrupção.
e) Condescendência criminosa.

A conduta de exigir, para si, vantagem indevida, para deixar de praticar atos de ofício, configura crime de concussão, previsto no art. 316, do CP:

*Art. 316 Exigir, para si ou para outrem, direta ou indiretamente, ainda que fora da função ou antes de assumi-la, mas em razão dela, vantagem indevida.*

Logo, a alternativa C é o gabarito correto. As demais alternativas tratam de outros delitos contra a administração pública, que não se enquadram na conduta do policial.

**GABARITO: C.**

**44. (CEV-UFMT – 2022 – PM/MT – SOLDADO)** Segundo as normas da Constituição Federal de 1988 acerca da organização dos Estados Federados, é correto afirmar:
a) A iniciativa popular no processo legislativo estadual pode ser exercida mediante a manifestação, de, pelo menos, cinco por cento do eleitorado do Estado.
b) O número de Deputados Estaduais na Assembleia Legislativa corresponde ao dobro da representação do Estado na Câmara Federal dos Deputados.
c) São reservadas aos Estados as competências vedadas pela Constituição Federal aos Municípios.
d) Compete ao Governador do Estado dispor sobre a polícia da Assembleia Legislativa.
e) Incluem-se entre os bens dos Estados as terras devolutas não compreendidas entre as da União.

**A: Incorreta.** A iniciativa popular se trata de um dos institutos que tem como objetivo estabelecer a democracia direta por parte da sociedade, sendo materializada a partir da apresentação de proposição legislativa (projeto de lei ordinária ou complementar) junto à Câmara dos Deputados, que seja subscrito por, no mínimo, um por cento do eleitorado nacional, distribuído pelo menos por cinco Estados, com não menos de três décimos por cento dos eleitores de cada um deles.

Logo, a mesma regra é aplicada de forma simétrica em relação às Constituições estaduais que estabeleçam a possibilidade de iniciativa popular no processo legislativo, conforme art. 14, da CF/1988:

*Art. 14 A soberania popular será exercida pelo sufrágio universal e pelo voto direto e secreto, com valor igual para todos, e, nos termos da lei, mediante:*

*I – plebiscito;*

*II – referendo;*

*III – iniciativa popular.*

**B: Incorreta.** A quantidade de deputados por estado é estabelecida pela redação do art. 27, da CF/1988, ou seja, corresponderá ao triplo da representação do estado na Câmara dos Deputados e, atingido o número de trinta e seis, será acrescido de tantos quantos forem os deputados federais acima de doze.

À vista disso, e, levando-se em consideração que o número máximo de deputados federais em uma unidade federada será de setenta deputados federais, o número total de deputados estaduais será de noventa e quatro deputados.

*Art. 27 O número de Deputados à Assembleia Legislativa corresponderá ao triplo da representação do Estado na Câmara dos Deputados e, atingido o número de trinta e seis, será acrescido de tantos quantos forem os Deputados Federais acima de doze.*

*Art. 45 A Câmara dos Deputados compõe-se de representantes do povo, eleitos, pelo sistema proporcional, em cada Estado, em cada Território e no Distrito Federal.*

*§ 1º O número total de Deputados, bem como a representação por Estado e pelo Distrito Federal, será estabelecido por lei complementar, proporcionalmente à população, procedendo-se aos ajustes necessários, no ano anterior às eleições, para que nenhuma daquelas unidades da Federação tenha menos de oito ou mais de setenta Deputados.*

**C: Incorreta.** Os Estados possuem a competência legislativa residual, ou seja, todas aquelas não direcionadas à União e não proibidas pela CF/1988.

*Art. 25 Os Estados organizam-se e regem-se pelas Constituições e leis que adotarem, observados os princípios desta Constituição.*

*§ 1º São reservadas aos Estados as competências que não lhes sejam vedadas por esta Constituição.*

A competência residual para tratar de assuntos de interesse regional ficou a cargo dos estados (CF/1988, art. 25, § 1º). Ao Distrito Federal, em razão de sua natureza híbrida, foi atribuída competência para tratar de assuntos de interesse regional e local.

**D: Incorreta.** Trata-se de competência da Assembleia Legislativa dispor sobre a sua própria polícia.

*Art. 27 [...] § 3º Compete às Assembléias Legislativas dispor sobre seu regimento interno, polícia e serviços administrativos de sua secretaria, e prover os respectivos cargos.*

**E: Correta.** Faz parte dos bens vinculados aos Estados as terras devolutas, não compreendidas entre as da União.

*Art. 26 Incluem-se entre os bens dos Estados: [...]*

*IV - as terras devolutas não compreendidas entre as da União.*

**GABARITO: E.**

---

**45. (CEV-UFMT – 2022 – PM/MT – SOLDADO)** Em conformidade com a redação atualizada da Lei nº 8.429/1992, que dispõe sobre as sanções aplicáveis em virtude da prática de atos de improbidade administrativa, analise as afirmativas.

I. O mero exercício da função ou desempenho de competências públicas, sem comprovação de ato doloso com fim ilícito, afasta a responsabilidade por ato de improbidade administrativa.

II. Estão sujeitos às sanções legais os atos de improbidade praticados, exclusivamente, contra o patrimônio de entidade pública ou pessoa jurídica integrante da administração indireta.

III. Configura improbidade a ação ou omissão decorrente de divergência interpretativa da lei, baseada em jurisprudência divergente da prevalecente nas decisões dos órgãos de controle ou dos tribunais do Poder Judiciário.

IV. Os sucessores ou herdeiros daquele que causar danos ao erário ou que se enriquecer ilicitamente estão sujeitos apenas à obrigação de repará-lo até o limite do valor da herança ou do patrimônio transferido.

Estão corretas as afirmativas:
a) I, II e IV, apenas.
b) I, II e III, apenas.
c) I e IV, apenas.
d) II e III, apenas.
e) III e IV, apenas.

**I: Correta.** Trouxe a literalidade da norma, prevista no art. 1º, § 3º da Lei nº 8.429/1993.

**II: Incorreta.** O "exclusivamente" deixa de fora as entidades privadas que receberam de alguma forma dinheiro público, seja por meio de subvenção, benefício ou incentivo, seja por constituição do patrimônio, conforme art. 1º, §§ 5º e 6º da Lei nº 8.429/1993.

**III: Incorreta.** De acordo com o art. 1º, § 8º da Lei nº 8.429/1993, não configura ato de improbidade a divergência interpretativa da lei.

**IV: Correta.** De acordo com o art. 8º da Lei nº 8.429/1993.

**GABARITO: C.**

---

**46. (NUCEPE – 2022 – PM/PI – SOLDADO)**

**Texto I**

Na tarde de terça-feira (16), a 1ª Companhia Independente Cosme e Damião (CODAM) efetuou a prisão de indivíduo pela prática de furto no Bairro Mafuá. Por volta das 15h, a viatura 111 da CODAM foi acionada para atendimento de ocorrência de furto. A guarnição logrou êxito ao recuperar prancha de cabelo, um conversor digital e antena. A vítima, o acusado e os objetos foram encaminhados para o 2º Distrito Policial.

Disponível em: http://www.pm.pi.gov.br/noticia.php?id=10324. Acesso em: 22 mar. 2021.

Esse texto, fragmento de uma notícia, apresenta características comuns a textos desse gênero: fato, narrativa, indicação temporal, linguagem clara e objetiva, em 3ª pessoa. Esse gênero textual costuma apresentar um título que, neste caso, levando em conta as informações e o gênero, deverá ser:

a) Tolerância zero com delitos.
b) Polícia apreendeu ladrão por furto.
c) Guarnição trabalhou duro para prender assaltante.
d) Companhia Independente Cosme e Damião faz prisão.
e) Companhia Independente Cosme e Damião cumprindo seu dever.

O título é a ideia que resume o texto.

A: Incorreta. O texto não expõe tolerância zero com delitos, só cita que foi efetuada a prisão de indivíduo pela prática de furto no Bairro Mafuá.

B: Incorreta. Em primeiro lugar, a banca não colocou o acento em "Polícia". E, em segundo lugar, o termo "Polícia" refere-se à Polícia em geral, e não à 1ª Companhia Independente Cosme e Damião.

C: Incorreta. O texto não aborda o fato de a Companhia ter trabalhado duro para efetuar a prisão do indivíduo.

D: Correta. Como o título é a ideia que resume o texto, pode-se afirmar que este é o que mais se refere ao texto.

E: Incorreta. O texto não aborda a questão de a Companhia Independente estar cumprindo seu dever.

**GABARITO: D.**

Texto para as próximas 2 questões.

### Texto I

Na tarde de terça-feira (16), a 1ª Companhia Independente Cosme e Damião (CODAM) efetuou a prisão de indivíduo pela prática de furto no Bairro Mafuá. Por volta das 15h, a viatura 111 da CODAM foi acionada para atendimento de ocorrência de furto. A guarnição logrou êxito ao recuperar prancha de cabelo, um conversor digital e antena. A vítima, o acusado e os objetos foram encaminhados para o 2º Distrito Policial.

Disponível em: http://www.pm.pi.gov.br/noticia.php?id=10324. Acesso em: 22 mar. 2021.

**47. (NUCEPE – 2022 – PM/PI – SOLDADO)** No primeiro período da notícia, o redator:
a) comunica um fato.
b) opina sobre os fatos.
c) esclarece o alvo do furto.
d) privilegia a narração em detrimento do fato narrado.
e) ressalta a resposta rápida e efetiva da 1ª Companhia Independente.

A: Correta. O redator conta ou comunica os fatos, ou seja, faz uma narração.

B: Incorreta. O texto argumentativo traz uma opinião sobre os fatos.

C: Incorreta. No texto, até se esclarece o que foi recuperado, mas não quer dizer que seja alvo do furto, já que havia vários objetos diferentes.

D: Incorreta. A notícia traz uma narração.

E: Incorreta. Não ressalta a resposta rápida e efetiva da 1ª Companhia Independente, mas sim uma notícia.

**GABARITO: A.**

**48. (NUCEPE – 2022 – PM/PI – SOLDADO)** Entende-se que os diversos gêneros textuais ressaltem uma qualificação predominante para cada enunciador textual. Em texto como a notícia lida, o enunciador tem como marca caracterizadora:
a) o domínio de um conhecimento.
b) o objetivo de indicar procedimentos.
c) a propriedade de se antecipar aos fatos.
d) a intenção de realçar dados de cunho emotivo.
e) o propósito declarado de gerar o convencimento.

A notícia deve informar um fato, ou seja, é um texto informativo, que pode ser sobre política, clima, crimes (como o texto da questão) e, para isso, o enunciador textual deve ter o domínio de um conhecimento.

**GABARITO: A.**

Texto para as próximas 3 questões.

### Texto II

### A gênese da Polícia Militar do Piauí

A gênese da Polícia Militar do Piauí está no que hoje boa parte dos historiadores entende como o marco inaugural do Brasil como nação: a vinda da família real portuguesa, em 22 de janeiro de 1808, quando, sob o comando do Príncipe Regente Dom João VI, um contingente de aproximadamente 15 mil pessoas chega ao Brasil.

Diante da necessidade de organizar e manter a ordem pública na cidade do Rio de Janeiro, então capital da América Portuguesa e local escolhido como residência por quase toda a Corte, uma das primeiras medidas do Príncipe Regente Dom João foi criar a Intendência Geral da Polícia da Corte e do Estado do Brasil, a qual deveria seguir a mesma organização e a mesma jurisdição de sua correspondente portuguesa, e cuja função era disciplinar e criar uma ordem social condizente com as pretensões da Corte.

Disponível em: http://www.pm.pi.gov.br/memorial.php. Acesso em: 22 mar. 2021. (Adaptado)

**49. (NUCEPE – 2022 – PM/PI – SOLDADO)** A vinda da família real portuguesa para o Brasil oportunizou a criação da Intendência Geral da Polícia da Corte. De acordo com o texto, essa criação:
a) comprovou a intenção da família real de ficar radicada no Brasil.
b) procurou atender ao desejo da Nação de mais segurança pública.
c) atendeu aos anseios da Corte quanto a produzir uma ordem social.
d) gerou as condições para o Brasil tornar-se tão seguro quanto Portugal.
e) possibilitou ao grande contingente de portugueses trabalho na área de segurança.

A: Incorreta. Essa criação não significa que a intenção da família real era ficar radicada no Brasil.

B: Incorreta. A família real portuguesa não queria atender ao desejo da Nação, mas, sim, dela própria.

C: Correta. Pode-se deduzir que a família real atendeu aos anseios da Corte quanto a produzir uma ordem social.

D: Incorreta. Não há informação no texto sobre essa afirmação, já foi "uma das primeiras medidas do Príncipe Regente, cuja função era disciplinar e criar uma ordem social condizente com as pretensões da Corte".

E: Incorreta. O texto não aborda essa questão.

**GABARITO: C.**

**50. (NUCEPE – 2022 – PM/PI – SOLDADO)** O texto, como representante do gênero memorial, faz uma retrospectiva e aponta a origem da Polícia Militar do Piauí. Segundo o texto, essa origem está pioneiramente ligada:
a) a um fato histórico.
b) a uma conjunção de forças da Nação.
c) a um ato administrativo do governo imperial.
d) à decisão firme do Príncipe Regente Dom João VI.
e) à decisão voluntária de membros da Corte portuguesa.

**A: Correta.** No início do texto, temos: "A gênese da Polícia Militar do Piauí está no que hoje boa parte dos historiadores entende como o marco inaugural do Brasil [...]", ou seja, essa origem está ligada ao fato histórico que é a vinda da família real portuguesa.

**B: Incorreta.** No texto, não se abordam as forças da Nação.

**C: Incorreta.** Eles queriam manter a ordem pública na cidade do Rio de Janeiro.

**D: Incorreta.** Foi uma das primeiras medidas do príncipe, o que não quer dizer que tenha sido uma decisão firme.

**E: Incorreta.** O texto não aborda que foi uma decisão "voluntária" de membros da Corte portuguesa.

**GABARITO: A.**

**51. (NUCEPE – 2022 – PM/PI – SOLDADO)** A forma verbal "entende" (linha 02) pode, conforme as normas da língua escrita culta, flexionar-se na terceira pessoa do plural: **entendem**. A oração cujo verbo admite também essa flexão, conforme a norma-padrão da língua portuguesa, é:
a) O pessoal sempre espera tratamento respeitoso.
b) Não havia meios de convencê-lo da gravidade do momento.
c) Um ou outro cadastro poderá ser preenchido aqui neste setor da empresa.
d) Qual de nós deverá ficar na sala para receber as autoridades da área médica?
e) Quarenta por cento da produção de soja ficará no país, conforme dizem os produtores.

Na oração: "[...] boa parte dos historiadores entende como o marco inaugural do Brasil como nação [...]", o sujeito é "boa parte dos historiadores" e tem como núcleo "parte", podendo fazer a concordância com ele ou com "dos historiadores", que é adjunto adnominal, concordando com o verbo no plural ("entendem").

**A: Incorreta.** O sujeito "pessoal" está no singular, logo o verbo não pode estar no plural.

**B: Incorreta.** O verbo "haver" no sentido de "existir" não pode estar no plural.

**C: Incorreta.** Um ou outro é uma expressão excludente e, sendo sujeito, o verbo só pode ficar no singular.

**D: Incorreta.** "Qual" é o núcleo do sujeito, portanto, o verbo deve ficar no singular.

**E: Correta.** "Quarenta por cento" (expressão partitiva) "da produção" (adjunto adnominal); o verbo poderá concordar com o adjunto adnominal, como está na oração, no singular, ou com o núcleo do sujeito "Quarenta por cento", no plural, já que, quando se tem o número maior do que dois, o verbo fica no plural.

**GABARITO: E.**

### Texto III

#### Artigo da Lei 3808 com alterações:

Art. 13 – Transgressão Disciplinar é qualquer violação dos princípios da ética, dos deveres e das obrigações policiais militares, na sua manifestação elementar e simples, e qualquer omissão ou ação contrária aos preceitos estatuídos em leis, regulamentos, normas ou disposições, deste que não constituam crime.

Disponível em: http://www.pm.pi.gov.br/download/201908/PM14_da002e8e8b.pdf. Acesso em: 22 mar. 2021.

**52. (NUCEPE – 2022 – PM/PI – SOLDADO)** Certos gêneros textuais, como as leis, requerem o emprego do nível formal da língua. Esse texto, artigo de uma lei, para adequar-se à modalidade escrita formal, exige que se:
a) troque o termo "aos preceitos estatuídos" por as determinações estatuídas;
b) grafe com letra inicial maiúscula as palavras da expressão "policiais militares";
c) substitua a preposição "de", presente em "violação dos princípios", pela preposição a;
d) permute a expressão "deste que" pela locução conjuntiva adverbial condicional desde que;
e) eliminem as vírgulas que isolam a expressão "na sua manifestação elementar e simples".

**A: Incorreta.** No termo "aos preceitos", temos a + os, e no termo "as determinações", temos a + as, deveria, então, haver o sinal de crase.

**B: Incorreta.** Em "obrigações policiais militares" há um substantivo "obrigações", uma expressão adjetiva "policiais militares", e isso não quer dizer que se está dando nome aos policiais militares, já que é somente um adjetivo.

**C: Incorreta.** Na expressão "violação dos (de + os) princípios", trocando-se por "violação aos princípios", temos a regência nominal incorreta. "Violação" requer somente uma regência: "violação de".

**D: Correta.** O verbo "constituam" indica uma condição e deve ser usado em locuções conjuntivas; então, seria "desde que", para se relacionar à condição do verbo.

**E: Incorreta.** A expressão "na sua manifestação elementar e simples" é um termo intercalado que explica "qualquer violação". Dessa forma, tem que estar entre vírgulas.

**GABARITO: D.**

Texto para as próximas 3 questões.

### Texto IV

Disponível em: https://cursoenemgratuito.com.br/novo-acordo-ortografico-acentuacao. Acesso em: 24 mar. 2021.

**53. (NUCEPE – 2022 – PM/PI – SOLDADO)** O gênero textual tira costuma operar com humor. Nessa tira, o humor decorre de dúvidas manifestadas pela personagem em relação, por exemplo, ao campo:
a) lógico.

b) sintático.
c) estilístico.
d) prosódico.
e) morfológico.

No caso do último quadrinho, o personagem aponta para a área de fonética (ditongo e paroxítona), a qual estuda os sons e a pronúncia das palavras, chamada de prosódia.

A: Incorreta. Não é uma questão de lógica, ou seja, não é de raciocínio.

B: Incorreta. Não é o campo sintático, já que a sintaxe envolve sujeito, predicado, complementos e termos acessórios.

C: Incorreta. O recurso estilístico é a parte da gramática ou da linguística associada ao estilo, ou seja, elementos expressivos, criativos de uma língua, no que diz respeito à fonética, à sintaxe, à morfologia e à semântica.

D: Correta. A pronúncia das palavras é chamada de prosódia.

E: Incorreta. A morfologia é uma parte da linguística que estuda a formação de palavras.

**GABARITO: D.**

**54.** (NUCEPE – 2022 – PM/PI – SOLDADO) No terceiro quadrinho, a personagem menciona duas noções gramaticais: "**ditongo**" e "**paroxítona**". O vocábulo que exemplifica essas duas noções é:
a) caos.
b) nobel.
c) Deus.
d) biótipo.
e) fluidos.

Qual a palavra que é paroxítona (sílaba tônica na penúltima) e tem um ditongo?

A: Incorreta. A palavra "caos" é monossílaba, ou seja, possui uma sílaba.

B: Incorreta. A palavra "nobel" é oxítona, ou seja, a sílaba mais forte é a primeira.

C: Incorreta. A palavra "Deus" é monossílaba.

D: Incorreta. A palavra "biótipo" é proparoxítona, ou seja, a terceira sílaba (ó) é a mais forte, e todas as proparoxítonas são acentuadas.

E: Correta. A palavra "fluidos" tem um ditongo, e a segunda sílaba é a mais forte (paroxítona).

**GABARITO: E.**

**55.** (NUCEPE – 2022 – PM/PI – SOLDADO) Conforme a regra ortográfica apresentada no primeiro quadrinho, deverão ser escritos sem acento gráfico os vocábulos:
a) bóia – fiéis.
b) jibóia – fluísse.
c) alcatéia – heróico.
d) assembléia – herói.
e) paranóico – arrebóis.

A: Incorreta. A palavra "boi-a" é paroxítona com ditongo "oi", não sendo acentuada; já a palavra "fi-éis" é acentuada porque é oxítona com ditongo "éis".

B: Incorreta. A palavra "ji-boi-a" é paroxítona com ditongo "oi", não sendo acentuada; já a palavra "flu-ís-se" tem hiato (vogal sozinha na sílaba), sendo, portanto, acentuada.

C: Correta. As palavras "al-ca-tei-a" e "he-roi-co" são palavras paroxítonas com ditongo "ei e oi" na penúltima sílaba, portanto, não são acentuadas.

D: Incorreta. A palavra "as-sem-blei-a" é paroxítona com ditongo "ei", não sendo acentuada; já a palavra "he-rói" é acentuada, porque é oxítona com ditongo na primeira sílaba.

E: Incorreta. A palavra "pa-ra-noi-co" é paroxítona com ditongo "oi", não sendo acentuada; já a palavra "ar-re-bóis" é oxítona e tem acento.

**GABARITO: C.**

Texto para as próximas 2 questões.

**Texto V**

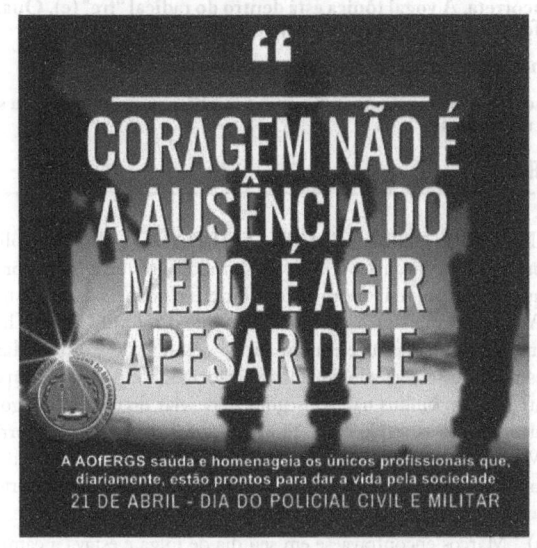

> "CORAGEM NÃO É A AUSÊNCIA DO MEDO. É AGIR APESAR DELE."
>
> A AOfERGS saúda e homenageia os únicos profissionais que, diariamente, estão prontos para dar a vida pela sociedade
> 21 DE ABRIL - DIA DO POLICIAL CIVIL E MILITAR

Disponível em: https://www.aofergs.com.br/salve-21-de-abril-dia-do-policial-militar. Acesso em: 22 mar. 2021.

**56.** (NUCEPE – 2022 – PM/PI – SOLDADO) O texto, homenageando os policiais civil e militar, considera esses profissionais como disponíveis, corajosos e sempre prontos para agir. Considerando que as frases iniciais do texto digam respeito a esses profissionais, deve-se concluir que eles:
a) não sentem medo.
b) atuam a despeito do medo.
c) agem motivados pelo medo.
d) atuam se provocados pelo medo.
e) paralisam-se ante a presença do medo.

A: Incorreta. O medo existe, mas apesar dele (a despeito de) se deve agir.

B: Correta. Os policiais atuam a despeito do medo (apesar dele).

C: Incorreta. Os policiais não agem motivados pelo medo, mas apesar dele.

D: Incorreta. O texto não se refere aos policiais atuarem se provocados pelo medo, mas, sim, que, mesmo com medo, é necessário agir.

E: Incorreta. Não, é necessário agir.

**GABARITO: B.**

**57.** (NUCEPE – 2022 – PM/PI – SOLDADO) A forma "homenageia", flexão do verbo irregular **homenagear**, apresenta o ditongo **ei**, que necessariamente também ocorre:
a) no presente do indicativo do verbo premiar.
b) nas formas do verbo frear cuja vogal tônica esteja no radical.
c) nas formas do verbo frear cuja vogal tônica esteja fora do radical.
d) em todas formas do presente do indicativo do verbo homenagear.
e) em todas as formas do presente do subjuntivo do verbo homenagear.

Nos verbos com terminação "ear", o ditongo "ei" aparecerá nas formas rizotônicas, ou seja, forma de conjugação do verbo em que a sílaba tônica fica no radical.

A: Incorreta. O verbo "premiar" tem o final "iar", logo, é um verbo regular, ou seja, não sofre alterações no radical. Existem 5 verbos irregulares com o final "iar", são eles: mediar, ansiar, remediar, incendiar e odiar.

B: Correta. Esta é a definição das formas rizotônicas, isto é, "fre" (radical) "ar" – a vogal tônica (e) está no radical.

C: Incorreta. A vogal tônica está dentro do radical "fre" (e). Quando está fora do radical, é a forma arrizotônica.

D: Incorreta. Somente as formas rizotônicas.

E: Incorreta. Somente no indicativo e também não são todas, ou seja, só as rizotônicas.

**GABARITO: B.**

**58. (NUCEPE – 2022 – PM/PI – SOLDADO)** Marcos, policial militar, trafegava na BR-343, no sentido Teresina a Luís Correia, quando viu um senhor cair de uma bicicleta, no meio da autoestrada. Ao chegar mais próximo, percebeu que o referido senhor havia fraturado uma perna e era um antigo desafeto de seu pai. Marcos estacionou seu veículo ao lado do acidentado e passou a filmá-lo, até que um ônibus não conseguiu se desviar do corpo em agonia, atropelando-o, tendo como resultado sua morte. Após o ocorrido, Marcos encaminhou o vídeo da morte do senhor ciclista ao pai, anunciando, via WhatsApp, que acabara de presenciar a morte de seu inimigo. Em relação ao fato, é correto dizer que:

a) Marcos encontrava-se em seu dia de folga e estava a caminho do litoral piauiense, portanto não teria, por lei, obrigação de proteção, cuidado ou vigilância, ademais não foi ele quem deu causa à situação.

b) Marcos, na verdade, cometeu crime de abandono de incapaz, pois deveria ter o cuidado, a guarda e vigilância, já que era a única autoridade no local.

c) Marcos responderá por omissão de socorro, uma vez que deixou de prestar assistência, quando possível fazê-lo sem risco pessoal à pessoa ferida, em grave e iminente perigo.

d) o fato de Marcos não ter divulgado o vídeo do atropelamento do desafeto de seu pai configura-se arrependimento eficaz.

e) Marcos será isento de pena a partir do momento que se descobre que houve engano em relação à identidade da pessoa atropelada, que não era o desafeto de seu pai; houve erro quanto à pessoa.

A: Incorreta. A lei obriga a todos, independente de condição pessoal, o dever de, quando possível fazê-lo sem risco pessoal, prestar assistência à pessoa que, pela sua condição/situação, dela necessitam, ou pedir socorro à autoridade pública competente. Considerando que Marcos, ao presenciar o senhor caído e fraturado, se omitiu, incidiu na conduta prevista no art. 135 do Código Penal (CP) – omissão de socorro.

B: Incorreta. Marcos não cometeu o crime de abandono de incapaz (art. 133, CP), pois não havia entre ele e a vítima nenhuma relação de dependência (guarda e assistência), eram dois estranhos no momento dos fatos. O delito do art. 133 tipifica a conduta de abandonar pessoa que está sob cuidado, guarda, vigilância ou autoridade, e, por qualquer motivo, incapaz de defender-se dos riscos resultantes do abandono, o que não é a situação do caso em análise.

C: Correta. Marcos incorreu no crime de omissão de socorro (art. 135, CP), uma vez que deixou de prestar assistência, quando possível fazê-lo sem risco pessoal, à pessoa ferida e em iminente perigo, bem como não pediu o socorro da autoridade pública. Ainda, vale mencionar que se o referido senhor que caiu de bicicleta contasse com 60 anos ou mais, Marcos cometeria o delito do art. 97 da Lei nº 10.741/2003 (Estatuto do Idoso), por força do princípio da especialidade.

D: Incorreta. O crime cometido por Marcos (omissão de socorro) é delito formal, não admitindo tentativa ou arrependimento eficaz (art. 15, CP), espécie de tentativa abandonada, porquanto estando a omissão tipificada na lei como tal e tratando-se de crime unissubsistente, se o agente, sem justa causa, se omite, o crime já se consuma.

E: Incorreta. Independente de quem era a pessoa, se desafeto do pai de Marcos, ou não, este responderá pela conduta omissa em não prestar socorro.

**GABARITO: C.**

**59. (NUCEPE – 2022 – PM/PI – SOLDADO)** A República Federativa do Brasil tem finalidades que devem ser perseguidas. Entre as alternativas a seguir, aquela que traz um dos objetivos fundamentais da República Federativa do Brasil, conforme a Constituição Federal de 1988, é:

a) erradicar a pobreza.
b) os valores sociais do trabalho.
c) a dignidade da pessoa humana.
d) a soberania.
e) a cidadania.

Os valores sociais do trabalho, dignidade da pessoa humana, soberania e cidadania são fundamentos da CF/1988. O art. 3º do texto constitucional elenca os objetivos fundamentais sendo eles:

*Art. 3º I - construir uma sociedade livre, justa e solidária;*

*II - garantir o desenvolvimento nacional;*

*III - erradicar a pobreza e a marginalização e reduzir as desigualdades sociais e regionais;*

*IV - promover o bem de todos, sem preconceitos de origem, raça, sexo, cor, idade e quaisquer outras formas de discriminação.*

**GABARITO: A.**

**60. (NUCEPE – 2022 – PM/PI – SOLDADO)** O Congresso Nacional aprovou a Lei nº 13.964/2019, denominada Pacote Anticrime, que alterou tanto a legislação penal quanto a legislação processual penal. Considerando as alterações trazidas pela referida lei, marque a alternativa correta.

a) O preso em flagrante ou por força de mandado de prisão provisória será encaminhado à presença do juiz de garantias no prazo de 48 (quarenta e oito) horas, momento em que se realizará audiência com a presença do Ministério Público e da Defensoria Pública ou de advogado constituído, vedado o emprego de videoconferência.

b) O Ministério Público é responsável pelo controle da legalidade da investigação criminal e pela salvaguarda dos direitos individuais cuja franquia tenha sido reservada à autorização prévia do Poder Judiciário, competindo-lhe especialmente receber o auto da prisão em flagrante para o controle da legalidade da prisão.

c) O juiz de garantias não poderá prorrogar a prisão provisória ou outra medida cautelar, bem como substituí-las ou revogá-las, contudo deverá assegurar o exercício do contraditório em audiência pública e oral, na forma do disposto neste Código ou em legislação especial pertinente, bem como decidir sobre o requerimento antecipado de provas.

d) Caso o investigado esteja preso, o juiz de garantias deverá, após requerimento do Ministério Público, prorrogar, uma única vez, a duração do inquérito por até 30 (trinta) dias; após essa prorrogação, se ainda assim a investigação não for concluída, a prisão será imediatamente relaxada.

e) O condenado por crime doloso praticado com violência grave contra a pessoa, bem como por crime contra a vida, contra a liberdade sexual ou por crime sexual contra vulnerável, será submetido, obrigatoriamente, à identificação do perfil genético, mediante extração de DNA (ácido desoxirribonucleico), por técnica adequada e indolor, por ocasião do ingresso no estabelecimento prisional.

A: Incorreta. Nos termos do art. 3º-B, § 1º, do CPP, dispõe-se que o preso em flagrante ou por força de mandado de prisão provisória será encaminhado à presença do juiz de garantias no prazo de 24 (vinte e quatro) horas, momento em que se realizará audiência com a presença do Ministério Público e da Defensoria Pública ou de advogado constituído, vedado o emprego de videoconferência.

**B: Incorreta.** Nos termos do art. 3º-B, o juiz de garantias é responsável pelo controle da legalidade da investigação criminal e pela salvaguarda dos direitos individuais cuja franquia tenha sido reservada à autorização prévia do Poder Judiciário, competindo-lhe especialmente: [...] receber o auto da prisão em flagrante para o controle da legalidade da prisão, observado o disposto no art. 310 deste Código.

**C: Incorreta.** De acordo com o art. 3º-B, inciso VI, do CPP, poderá o juiz de garantias prorrogar a prisão provisória ou outra medida cautelar, bem como substituí-las ou revogá-las, assegurado, no primeiro caso, o exercício do contraditório em audiência pública e oral, na forma do disposto neste Código ou em legislação especial pertinente; e inciso VII do mesmo artigo, poderá o juiz de garantias decidir sobre o requerimento de produção antecipada de provas consideradas urgentes e não repetíveis, assegurados o contraditório e a ampla defesa em audiência pública e oral.

**D: Incorreta.** O art. 3º-B, § 2º, do CPP, diz que: se o investigado estiver preso, o juiz de garantias poderá, mediante representação da autoridade policial e ouvido o Ministério Público, prorrogar, uma única vez, a duração do inquérito por até 15 (quinze) dias, após o que, se ainda assim a investigação não for concluída, a prisão será imediatamente relaxada.

**E: Correta.** Nos termos do art. 9º-A da Lei nº 7.210/1984, conhecida como Lei de Execução Penal: o condenado por crime doloso praticado com violência grave contra a pessoa, bem como por crime contra a vida, contra a liberdade sexual ou por crime sexual contra vulnerável, será submetido, obrigatoriamente, à identificação do perfil genético, mediante extração de DNA (ácido desoxirribonucleico), por técnica adequada e indolor, por ocasião do ingresso no estabelecimento prisional.

**GABARITO: E.**

---

**61. (NUCEPE – 2022 – PM/PI – SOLDADO)** A forma de Estado adotado pelo Brasil é a federativa, que reconhece a autonomia de cada entidade integrante. Quanto à organização político-administrativa do Estado, assinale a alternativa correta.

a) União, estados e municípios poderão recusar fé nos documentos públicos.

b) A criação de um município será ato da Câmara Legislativa após plebiscito dos vereadores.

c) É vedado ao município subvencionar cultos religiosos, ressalvada, na forma da lei, a colaboração de interesse público.

d) Os territórios integram os estados, e sua criação, transformação em município ou reintegração ao Estado de origem serão reguladas em lei complementar.

e) É vedada, segundo a Constituição de 1988, a incorporação de um estado por outro.

**A: Incorreta.** Conforme art. 19, II, da CF/1988.

**B: Incorreta.** Conforme art. 18, § 4º, da CF/1988.

**C: Correta.** Alternativa fundamentada no art. 19, I, da CF/1988.

**D: Incorreta.** Conforme art. 18, § 2º, da CF/1988.

**E: Incorreta.** Segundo a CF/1988, art. 18, §3º, os territórios podem incorporar-se entre si.

**GABARITO: C.**

---

**62. (NUCEPE – 2022 – PM/PI – SOLDADO)** O *caput* do art. 5º da Constituição Federal de 1988 reza: "Todos são iguais perante a lei, sem distinção de qualquer natureza, garantindo-se aos brasileiros e aos estrangeiros residentes no País a inviolabilidade do direito à vida, à liberdade, à igualdade, à segurança e à propriedade".

Assim, marque a alternativa que contempla, corretamente, os direitos fundamentais assegurados pela Constituição:

a) O homem ainda continua sendo o "chefe" da sociedade conjugal, entretanto, a mulher tem o direito de administrar o seu próprio patrimônio.

b) Sem nenhuma exceção, ninguém será privado de direitos por motivo de crença religiosa ou de convicção filosófica ou política.

c) A liberdade de associação para fins lícitos ocorre mediante autorização do Poder Público, vedada a de caráter paramilitar.

d) É livre o exercício de qualquer trabalho, ofício ou profissão, atendidas as qualificações profissionais que a lei estabelecer.

e) A criação de associações e, na forma da lei, a de cooperativas dependem de autorização do Poder Público.

**A: Incorreta.** Homens e mulheres são iguais perante a Constituição (art. 5º, I, da CF/1988).

**B: Incorreta.** Há exceção, no caso se invocar para se eximir a obrigações legais a todos imposta e recursar-se a cumprir prestação alternativa (art. 5º, VIII).

**C: Incorreta.** A liberdade de associação para fins lícitos independe de autorização (art. 5º, XVIII).

**D: Correta.** Conforme art. 5º, XIII.

**E: Incorreta.** A criação de associações não depende de autorização (art. 5º, XVIII).

**GABARITO: D.**

---

**63. (NUCEPE – 2022 – PM/PI – SOLDADO)** Tendo como amparo o Código Penal Brasileiro, marque a alternativa correta.

a) Não há crime quando o agente pratica o fato em estado de necessidade, legítima defesa, em estrito cumprimento de dever legal, exercício de seu labor profissional ou quando é incapaz.

b) O agente que praticar o fato em estado de necessidade, em legítima defesa, em estrito cumprimento do dever legal ou no exercício regular de direito, responderá pelo excesso doloso ou culposo.

c) Considera-se estado de necessidade quem pratica o fato para salvaguardar seu patrimônio ou sua vida, de perigo iminente e atual, mesmo tendo provocado voluntariamente tal situação.

d) A legítima defesa é um dos casos de imputabilidade penal, que ocorre quando alguém repele, de forma moderada ou violenta, injusta agressão, atual ou iminente, a direito seu ou de outrem.

e) Não se considera legítima defesa o fato de o agente de segurança pública repelir agressão ou risco de agressão à vítima mantida refém durante a prática de crimes.

**A: Incorreta.** De acordo com o art. 23 do Código Penal (CP), que prevê as excludentes de ilicitude, não há crime quando o agente pratica o fato em estado de necessidade, em legítima defesa, em estrito cumprimento de dever legal ou no exercício regular de direito. Por outro lado, a capacidade/incapacidade (imputabilidade) não é excludente de ilicitude, mas sim elemento da culpabilidade, que possibilita o agente ser responsabilizado penalmente por suas condutas. Assim, a imputabilidade do agente é pressuposto de pena.

**B: Correta.** Quando o agente se utilizar das hipóteses de exclusão da ilicitude previstas no art. 23 do CP, deve agir com moderação e proporcionalidade, pois, em caso de exagero no meios empregados, o agente responderá pelo excesso doloso ou culposo, conforme determina o parágrafo único do mesmo artigo.

**C: Incorreta.** Não pode alegar o estado de necessidade aquele que provocou o perigo por sua vontade. O art. 24 do Código Penal estabelece que se considera em estado de necessidade quem pratica o fato para salvar de perigo atual, que não provocou por sua vontade, nem podia de outro modo evitar, direito próprio ou alheio, cujo sacrifício, nas circunstâncias, não era razoável exigir-se.

**D: Incorreta.** A legítima defesa é um dos casos de exclusão da ilicitude (antijuridicidade da conduta), conforme previsão do art. 23, inciso II, do Código Penal. Já a imputabilidade penal é analisada no âmbito da culpabilidade do agente (juízo de reprovação), relativo à necessidade de aplicação da sanção penal.

**E: Incorreta.** Ao contrário da afirmativa, de acordo com o art. 25, parágrafo único, CP, considera-se também em legítima defesa o agente de segurança pública que repele agressão ou risco de agressão à vítima mantida refém durante a prática de crimes.

**GABARITO: B.**

**64. (NUCEPE – 2022 – PM/PI – SOLDADO)** Ananias, de nacionalidade Argentina, morando próximo ao Bairro Marquês, na cidade de Teresina-PI, pegou o carro de um vizinho, sem o conhecimento deste, com a intenção de dar uma volta na cidade e depois devolvê-lo. O vizinho nada pôde fazer, pois soube que não se configura crime a conduta do agente que subtrai um bem e que devolve logo em seguida, de forma voluntária. É o que têm entendido a doutrina e a jurisprudência. Neste sentido, marque a alternativa correta, quanto à aplicação da lei penal e ao crime.

a) Mesmo que não haja lei anterior que defina o crime de furto de uso, é possível que seja tipificado posteriormente, e Ananias, após a tipificação, passe a responder pelo crime de furto de uso que cometera.

b) É possível que se aplique a lei estrangeira a Ananias, desde que o crime seja tipificado na Argentina, embora o Brasil não tenha tratados nem convenções internacionais a esse respeito.

c) Caso seja considerado na Argentina crime o "furto de uso", o governo brasileiro deverá comunicar àquele, segundo o Código Penal Brasileiro (CPP), pois para efeitos penais considerar-se-ia a Argentina extensão do território nacional.

d) Caso o furto de uso fosse tipificado no ordenamento jurídico brasileiro, o local do crime seria o lugar em que ocorrera a ação ou omissão, no todo ou em parte, bem como onde se produziu ou deveria produzir-se o resultado.

e) Caso Ananias ainda seja menor, o suposto crime que realizara poderá ser imputado a seu pai, Josafá, que possui nacionalidade brasileira, e é domiciliado no Brasil.

**A: Incorreta.** O legislador pode inovar e criar a modalidade do furto de uso, mas desde que mediante Lei, em atendimento ao princípio da legalidade. Contudo, a nova modalidade de furto seria mais gravosa, não podendo a nova Lei retroagir para incriminar a conduta praticada por Ananias, conforme determina o princípio da irretroatividade da lei penal mais gravosa, estampado no art. 5º, inc. XL, da Constituição Federal de 1988.

**B e C: Incorretas.** O território Argentino não é considerado território brasileiro para efeitos penais.

**D: Correta.** Trata-se da teoria da ubiquidade prevista no art. 6º do Código Penal: "Considera-se praticado o crime no lugar em que ocorreu a ação ou omissão, no todo ou em parte, bem como onde se produziu ou deveria produzir-se o resultado".

**E: Incorreta.** Por força do princípio da intranscendência da pena ou da responsabilidade pessoal, nenhuma pena passará da pessoa condenada, não podendo o pai de Ananias ser responsabilizado criminalmente, conforme preceitua o art. 5º, inc. XLV, da CF/1988. Ademais, na hipótese de Ananias cometer crime quando criança ou adolescente, com menos de 18 anos, deverá responder por ato infracional, nos termos do Estatuto da Criança e do Adolescente (ECA) – Lei nº 8.069/1990.

**GABARITO: D.**

---

Texto para as próximas 8 questões.

**Texto CG1A1-I**

Uma das coisas mais difíceis, tanto para uma pessoa quanto para um país, é manter sempre presentes diante dos olhos os três elementos do tempo: passado, presente e futuro. Ter em mente esses três elementos é atribuir uma grande importância à espera, à esperança, ao futuro; é saber que nossos atos de ontem podem ter consequências em dez anos e que, por isso, pode ser necessário justificá-los; daí a necessidade da memória, para realizar essa união de passado, presente e futuro.

Contudo, a memória não deve ser predominante na pessoa. A memória é, com frequência, a mãe da tradição. Ora, se é bom ter uma tradição, também é bom superar essa tradição para inventar um novo modo de vida. Quem considera que o presente não tem valor e que somente o passado deve nos interessar é, em certo sentido, uma pessoa a quem faltam duas dimensões e com a qual não se pode contar. Quem acha que é preciso viver o agora com todo o ímpeto e que não devemos nos preocupar com o amanhã nem com o ontem pode ser perigoso, pois crê que cada minuto é separado dos minutos vindouros ou dos que o precederam e que não existe nada além dele mesmo no planeta. Quem se desvia do passado e do presente, quem sonha com um futuro longínquo, desejável e desejado, também se vê privado do terreno contrário cotidiano sobre o qual é preciso agir para realizar o futuro desejado. Como se pode ver, uma pessoa deve sempre ter em conta o presente, o passado e o futuro.

FANON, Frantz. **Alienação e liberdade**. São Paulo: Ubu, 2020. p. 264-265 (com adaptações).

**65. (CESPE/CEBRASPE – 2022 – SERES/PE – POLICIAL PENAL)** Assinale a opção em que a palavra destacada do segundo parágrafo do texto CG1A1-I está empregada como advérbio que expressa circunstância de tempo.

a) "presente" (quarto período).
b) "Ora" (terceiro período).
c) "agora" (quinto período).
d) "sempre" (último período).
e) "amanhã" (quinto período).

**A: Incorreta.** A palavra "presente" no período "[...] Quem considera que o presente não tem valor e que somente o passado [...]" é um substantivo, pois há o artigo anteposto "o".

**B: Incorreta.** A palavra "Ora" na oração "[...] Ora, se é bom ter uma tradição, também […]" é uma conjunção.

**C: Incorreta.** A palavra "agora" na oração "[...] Quem acha que é preciso viver o agora com todo o ímpeto [...]" é um substantivo, pois há o artigo anteposto "o".

**D: Correta.** A palavra "sempre" na oração "[...] Como se pode ver, uma pessoa deve sempre ter em conta o presente, o passado e o futuro" é um advérbio de tempo.

**E: Incorreta.** A palavra "amanhã" na oração "[...] Quem acha que é preciso viver o agora com todo o ímpeto e que não devemos nos preocupar com o amanhã [...]" é um substantivo, pois há o artigo anteposto "o".

**GABARITO: D.**

---

**66. (CESPE/CEBRASPE – 2022 – SERES/PE – POLICIAL PENAL)** De acordo com os sentidos do texto CG1A1-I, pessoas que:

a) desvalorizam o passado são incultas.
b) valorizam apenas o passado são inconsequentes.
c) valorizam apenas o futuro são inovadoras.
d) desvalorizam o presente são desprezíveis.
e) valorizam apenas o presente são egoístas.

De acordo com o texto, temos: "[...] Quem acha que é preciso viver o agora com todo o ímpeto e que não devemos nos preocupar com o amanhã nem com o ontem pode ser perigoso, pois crê que cada minuto é separado dos minutos vindouros ou dos que o precederam e que não existe nada além dele mesmo no planeta [...]". Logo, segundo o texto, as pessoas que valorizam apenas o presente são egoístas.

**GABARITO: E.**

---

**67. (CESPE/CEBRASPE – 2022 – SERES/PE – POLICIAL PENAL)** No texto CG1A1-I, existe relação de concordância do termo:

a) "presentes" com "coisas mais difíceis", no primeiro período do primeiro parágrafo.
b) "necessário" com "isso", no segundo período do primeiro parágrafo.

c) "predominante" com "memória", no primeiro período do segundo parágrafo.

d) "perigoso" com "ontem", no quinto período do segundo parágrafo.

e) "preciso" com "o qual", no sexto período do segundo parágrafo.

**A: Incorreta.** No excerto: "Uma das coisas mais difíceis, tanto para uma pessoa quanto para um país, é manter sempre presentes diante dos olhos os três elementos do tempo [...]", o termo "presentes" concorda com "os três elementos do tempo".

**B: Incorreta.** No trecho: "[...] é saber que nossos atos de ontem podem ter consequências em dez anos e que, por isso, pode ser necessário justificá-los [...]", o termo "necessário" funciona com predicativo do sujeito oracional "justificá-los".

**C: Correta.** No excerto: "[...] Contudo, a memória não deve ser predominante na pessoa [...]", o termo "predominante" exerce a função de predicativo do sujeito de "memória".

**D: Incorreta.** No excerto: "[...] Quem acha que é preciso viver o agora com todo o ímpeto e que não devemos nos preocupar com o amanhã nem com o ontem pode ser perigoso [...]", o termo "perigoso" concorda com "Quem".

**E: Incorreta.** No trecho: "[...] se vê privado do terreno contrário cotidiano sobre o qual é preciso agir para realizar o futuro desejado [...]", o termo "preciso" é um predicativo do sujeito e concorda com o sujeito oracional "agir".

**GABARITO: C.**

---

**68. (CESPE/CEBRASPE – 2022 – SERES/PE – POLICIAL PENAL)** Assinale a opção em que a proposta de reescrita do último período do texto CG1A1-I é gramaticalmente correta e coerente.

a) A despeito disso, uma pessoa deve sempre tomar consciência do presente, do passado e do futuro.

b) Pode-se concluir, portanto, que uma pessoa deve sempre atentar para o presente, o passado e o futuro.

c) Por essa razão que uma pessoa deva sempre ponderar o presente, o passado e o futuro.

d) Contudo isso, percebe-se que uma pessoa deve sempre preocupar-se com o presente, o passado e o futuro.

e) Conforme se requer, toda pessoa têm de refletir sobre o presente, o passado e o futuro.

Na oração em destaque, temos: "Como se pode ver, uma pessoa deve sempre ter em conta o presente, o passado e o futuro". A expressão em destaque tem sentido de conclusão.

**A: Incorreta.** A locução conjuntiva "A despeito disso" tem sentido de concessão.

**B: Correta.** A reescrita do último período do texto está gramaticalmente correta e coerente nessa oração.

**C: Incorreta.** "[...] Por essa razão, uma pessoa deve sempre [...]".

**D: Incorreta.** O sentido da conjunção "contudo" é de oposição; o correto seria "Com isso".

**E: Incorreta.** Não há "requerimento" na oração principal. A conjunção "conforme" tem sentido de "conformidade".

**GABARITO: B.**

---

**69. (CESPE/CEBRASPE – 2022 – SERES/PE – POLICIAL PENAL)** No segundo parágrafo do texto CG1A1-I, o quarto, o quinto e o sexto períodos descrevem:

a) três tipos distintos de personalidade, respectivamente.

b) a pessoa que leva em conta, simultaneamente, os três elementos do tempo.

c) as características indispensáveis a quem deseje inventar um novo modo de vida.

d) os atributos essenciais de quem preserva a memória e a tradição.

e) uma mesma pessoa, cujo anonimato é marcado pelo emprego do pronome "Quem".

O quarto período descreve quem se importa apenas com o passado; o quinto período do texto descreve quem se importa apenas com o presente e o sexto período, quem se importa apenas com o futuro. Logo, temos três tipos distintos de personalidade, respectivamente.

**GABARITO: A.**

---

**70. (CESPE/CEBRASPE – 2022 – SERES/PE – POLICIAL PENAL)** Os sentidos e a correção gramatical do texto CG1A1-I seriam preservados caso se deslocasse:

a) a expressão "em dez anos" para imediatamente depois de "saber", no segundo período do primeiro parágrafo.

b) a expressão "no planeta" para imediatamente antes de "não existe", no final do quinto período do segundo parágrafo.

c) o vocábulo "não" para imediatamente depois de "Quem", no início do quarto período do segundo parágrafo.

d) a expressão "com todo o ímpeto" para imediatamente depois de "acha", no quinto período do segundo parágrafo.

e) o vocábulo "mesmo" para imediatamente antes de "nada", no final do quinto período do segundo parágrafo.

**A: Incorreta.** A locução adverbial "em dez anos", na oração, é um adjunto adverbial de tempo e refere-se à locução verbal "podem ser". Caso se deslocasse, passaria a referir-se ao verbo "saber", então, mudaria o sentido.

**B: Correta.** A expressão "no planeta" é um adjunto adverbial de curta extensão, deixando a vírgula facultativa. Caso se deslocasse para depois da forma verbal "existe", a correção e o sentido seriam mantidos.

**C: Incorreta.** Na oração do texto, há o sentido de que alguém considera que o presente não tem valor. Se o vocábulo "não" se deslocasse para depois do pronome relativo "quem", a ideia seria oposta.

**D: Incorreta.** A expressão "com todo ímpeto", na frase original, refere-se ao verbo "viver". Se essa expressão se deslocasse para depois do verbo "achar", mudaria o sentido.

**E: Incorreta.** Na oração original, a palavra "mesmo" refere-se a alguém, ainda que não manifestado no texto. Caso se deslocasse, a palavra "mesmo" mudaria o sentido da oração (não existe nada mesmo – realmente – além dele).

**GABARITO: B.**

---

**71. (CESPE/CEBRASPE – 2022 – SERES/PE – POLICIAL PENAL)** Mantendo-se a correção gramatical e os sentidos do texto CG1A1-I, a expressão "com a qual", no final do quarto período do segundo parágrafo, poderia ser substituída por:

a) junto da qual.

b) para com quem.

c) pela qual.

d) junto a quem.

e) com quem.

O pronome relativo "com a qual" refere-se a uma pessoa. O verbo "contar" exige a preposição "com" ("contar com alguém/algo"). Nesse caso, deve-se procurar nas alternativas um elemento coesivo que também tenha a preposição "com".

**GABARITO: E.**

---

**72. (CESPE/CEBRASPE – 2022 – SERES/PE – POLICIAL PENAL)** Com base nas ideias do texto CG1A1-I, julgue os itens a seguir.

I. Segundo o autor do texto, a memória é necessária por preservar a tradição.

II. Infere-se da leitura do texto que, na perspectiva do autor, atentar para as três dimensões do tempo é uma questão de compromisso ético.

III. De acordo com o texto, a articulação das três dimensões do tempo envolve uma preocupação com um futuro melhor, em âmbito individual e coletivo.

Assinale a opção correta.

a) Apenas o item I está certo.
b) Apenas o item II está certo.
c) Apenas os itens I e III estão certos.
d) Apenas os itens II e III estão certos.
e) Todos os itens estão certos.

I: Incorreto. O termo "por" tem sentido de causa, ou seja, "a memória é necessária porque preserva a tradição". Segundo o autor, "[...] é saber que nossos atos de ontem podem ter consequências em dez anos e que, por isso, pode ser necessário justificá-los; daí a necessidade da memória, para realizar essa união de passado, presente e futuro [...]". Ele quer dizer que a memória é necessária para realizar a união entre o passado, o presente e o futuro.

II: Correto. Há um compromisso com a sociedade, pois, de acordo com o autor, serve tanto para o individual quanto para o coletivo (país).

III: Correto. Não se vive somente o presente. O passado, presente e futuro são dimensões que devem ser articuladas como um compromisso com a sociedade.

**GABARITO: D.**

73. **(CESPE/CEBRASPE – 2022 – SERES/PE – POLICIAL PENAL)** Considerando exclusivamente as opções a seguir, assinale aquela que indica o tipo de *backup* que tem a recuperação em menos etapas.

a) backup diferencial.
b) backup progressivo.
c) backup completo.
d) backup incremental.
e) backup referencial.

- Na fase de execução: o *backup* completo terá pior desempenho, ou seja, vai ser mais lento no processo de execução, ao passo que o *backup* incremental terá melhor desempenho no processo de execução.

- Na fase de restauração (*restore*): o *backup* incremental terá pior desempenho, ou seja, vai ser mais lento nesse processo de restauração, já o completo terá melhor desempenho.

O diferencial sempre será o meio-termo.

- Na fase de restauração: para se restaurar um *backup* do tipo completo, é suficiente que o usuário restaure apenas o último completo. Para se restaurar um *backup* do tipo diferencial, é suficiente restaurar o último bk completo + último bk diferencial. Para se restaurar um *backup* do tipo incremental, é suficiente que o usuário restaure o último bk completo + todos os incrementais.

**GABARITO: C.**

74. **(CESPE/CEBRASPE – 2022 – SERES/PE – POLICIAL PENAL)** *Suítes* de escritório, como o *Microsoft Office* 365, quando executadas na nuvem, são um exemplo de:

a) *software as a service.*
b) *business process as a service.*
c) *platform as a service.*
d) *functions as a service.*
e) *infrastructure as a service.*

A: Correta. *SAAS* é o programa como serviço é fornecido ao usuário aplicação para uso, como por exemplo: *Microsoft 365.*

B: Incorreta. *Business process as a service* é o processo de negócio, processo organizacional ou método de negócio é um conjunto de atividades ou tarefas estruturadas relacionadas que produzem um serviço ou produto específico para clientes.

C: Incorreta. *PAAS* é a plataforma como serviço é um tipo de nuvem específica para testes e desenvolvimentos de programas.

D: Incorreta. *Functions as a service* é a função como serviço é uma categoria de serviços de computação em nuvem que fornece uma plataforma que permite aos clientes desenvolver, executar e gerenciar funcionalidades de aplicativos sem a complexidade de construir e manter a infraestrutura normalmente associada ao desenvolvimento e lançamento de um aplicativo.

E: Incorreta. *IAAS* é a infraestrutura como serviço é o tipo mais completo de nuvem, nele o usuário deverá contratar todos os recursos computacionais e também configurá-los.

**GABARITO: A.**

75. **(CESPE/CEBRASPE – 2022 – SERES/PE – POLICIAL PENAL)** Em segurança da informação, a característica que garante que a mensagem é genuína e passível de verificação é a:

a) confidencialidade.
b) integridade.
c) disponibilidade.
d) autenticidade.
e) responsabilização.

Dentro da segurança da informação teremos o P.B.S.I (Princípios Básicos da Segurança da Informação) do qual existem 4 princípios básicos:

D→isponibilidade (Disponível) é um dado, um arquivo, uma informação, um serviço estarão sempre disponíveis sempre que necessitar.
I→ntegridade (Inalterado) é um dado, será mantido inalterado, sem modificações da sua origem até o seu destino.

C→onfidencialidade (Sigilo) somente pessoas autorizadas terão acesso a informação.

A→utenticidade (Autenticação) prova que, a mensagem, foi enviada pela pessoa.

**GABARITO: D.**

76. **(CESPE/CEBRASPE – 2022 – SERES/PE – POLICIAL PENAL)** De acordo com a Lei de Improbidade Administrativa (Lei nº 8.429/1992), é conduta que gera enriquecimento ilícito:

a) concorrer para a indevida incorporação de bens integrantes de entidade de administração pública ao patrimônio particular.
b) utilizar, em obra particular, bem móvel de propriedade de entidade da administração pública.
c) facilitar permuta ou locação de bem integrante do patrimônio de entidades da administração pública por preço inferior ao de mercado.
d) agir ilicitamente na arrecadação de tributo ou renda.
e) conceder benefício administrativo ou fiscal sem a observância das formalidades legais aplicáveis.

A resposta da questão se encontra na literalidade do art. 9º, inciso IV, da Nova Lei de Improbidade:

*Art. 9º Constitui ato de improbidade administrativa importando em enriquecimento ilícito auferir, mediante a prática de ato doloso, qualquer tipo de vantagem patrimonial indevida em razão do exercício de cargo, de mandato, de função, de emprego ou de atividade nas entidades referidas no art. 1º desta Lei, e notadamente: [...]*

*IV - utilizar, em obra ou serviço particular, qualquer bem móvel, de propriedade ou à disposição de qualquer das entidades referidas no art. 1º desta Lei, bem como o trabalho de servidores, de empregados ou de terceiros contratados por essas entidades;*

Posto isso, temos que a alternativa correta é a B. Todas as demais alternativas tratam de atos de improbidade que lesam ao erário, previstos no art. 10, da Lei nº 14.230/2021.

**GABARITO: B.**

## QUESTÕES COMENTADAS PARA PCPE

**77. (CESPE/CEBRASPE – 2022 – SERES/PE – POLICIAL PENAL)** Assinale a opção correta acerca dos recursos administrativos, conforme dispõe a Lei nº 9.784/1999, que regula o processo administrativo.

a) O recurso administrativo deve ser dirigido à autoridade imediatamente superior àquela que tiver proferido a decisão de que se recorre.

b) Salvo disposição legal diversa, a interposição do recurso administrativo depende de caução.

c) O recurso administrativo tramitará por, no máximo, duas instâncias administrativas.

d) Salvo disposição legal específica, é de trinta dias o prazo para interposição de recurso administrativo.

e) Em regra, o recurso administrativo não tem efeito suspensivo, entretanto, se houver justo receio de prejuízo de difícil reparação, tal efeito poderá ser concedido.

**A: Incorreta. Lei nº 9.784/1999:**

*Art. 56 § 1º O recurso será dirigido à autoridade que proferiu a decisão, a qual, se não a reconsiderar no prazo de cinco dias, o encaminhará à autoridade superior.*

**B: Incorreta. Lei nº 9.784/1999:**

*Art. 56 § 2º Salvo exigência legal, a interposição de recurso administrativo independe de caução.*

**C: Incorreta. Lei nº 9.784/1999:**

*Art. 57 O recurso administrativo tramitará no máximo por três instâncias administrativas, salvo disposição legal diversa.*

**D: Incorreta. Lei nº 9.784/1999:**

*Art. 59 Salvo disposição legal específica, é de dez dias o prazo para interposição de recurso administrativo, contado a partir da ciência ou divulgação oficial da decisão recorrida.*

**E: Correta.** A resposta repousa no texto legal disposto no art. 61 da Lei nº 9784/1999:

*Art. 61 Salvo disposição legal em contrário, o recurso não tem efeito suspensivo.*

*Parágrafo único. Havendo justo receio de prejuízo de difícil ou incerta reparação decorrente da execução, a autoridade recorrida ou a imediatamente superior poderá, de ofício ou a pedido, dar efeito suspensivo ao recurso.*

**GABARITO: E.**

---

**78. (CESPE/CEBRASPE – 2022 – SERES/PE – POLICIAL PENAL)** O controle administrativo exercido por uma entidade administrativa sobre seus órgãos, justificado na hierarquia administrativa, é denominado:

a) supervisão ministerial.
b) controle externo.
c) tutela administrativa.
d) autotutela.
e) controle social.

**Acerca do Princípio da Autotutela, ficamos com o ensinamento de Alexandre Mazza:**

"O princípio da autotutela consagra o controle interno que a Administração Pública exerce sobre seus próprios atos. Como consequência da sua independência funcional (art. 2º da CF), a Administração não precisa recorrer ao Judiciário para anular seus atos ilegais e revogar os atos inconvenientes que pratica. Consiste no poder-dever de retirada de atos administrativos por meio da anulação e da revogação." (MAZZA, 2022, p.344)

**GABARITO: D.**

---

**79. (CESPE/CEBRASPE – 2022 – SERES/PE – POLICIAL PENAL)** De acordo com a Constituição Federal de 1988, a Defensoria Pública tem, entre outras funções institucionais, a incumbência de:

a) zelar pelo respeito aos direitos constitucionais pelos poderes públicos e serviços de relevância pública.

b) defender judicialmente os interesses das populações indígenas.

c) exercer o controle externo da atividade policial.

d) promover os direitos humanos e a defesa dos direitos individuais e coletivos, de forma gratuita, aos necessitados.

e) promover ação de inconstitucionalidade para fins de intervenção da União e dos estados.

A resposta para esta questão está no art. 134, *caput* na Constituição Federal:

*Art. 134 A Defensoria Pública é instituição permanente, essencial à função jurisdicional do Estado, incumbindo-lhe, como expressão e instrumento do regime democrático, fundamentalmente, a orientação jurídica, a promoção dos direitos humanos e a defesa, em todos os graus, judicial e extrajudicial, dos direitos individuais e coletivos, de forma integral e gratuita, aos necessitados, na forma do inciso LXXIV do art. 5º desta Constituição Federal.*

**GABARITO: D.**

---

**80. (CESPE/CEBRASPE – 2022 – SERES/PE – POLICIAL PENAL)** Conforme prevê a Constituição Federal de 1988, um dos objetivos fundamentais da República Federativa do Brasil é:

a) abranger a dignidade da pessoa humana.
b) construir uma sociedade livre, justa e solidária.
c) preparar o pluralismo político.
d) incrementar a soberania.
e) promover os valores sociais do trabalho e da livre iniciativa.

A banca examinadora cobrou do candidato a literalidade do art. 3º da CRFB/1988:

*Art. 3º Constituem objetivos fundamentais da República Federativa do Brasil:*

*I - construir uma sociedade livre, justa e solidária;*

*II - garantir o desenvolvimento nacional;*

*III - erradicar a pobreza e a marginalização e reduzir as desigualdades sociais e regionais;*

*IV - promover o bem de todos, sem preconceitos de origem, raça, sexo, cor, idade e quaisquer outras formas de discriminação.*

Para ajudar a memorizar os objetivos da CF lembre-se do mnemônico CON GA ER PRO.

**GABARITO: B.**

---

**81. (CESPE/CEBRASPE – 2022 – SERES/PE – POLICIAL PENAL)** O § 3º do artigo 25 da Constituição Federal de 1988 dispõe que "Os Estados poderão, mediante lei complementar, instituir regiões metropolitanas, aglomerações urbanas e microrregiões, constituídas por agrupamentos de municípios limítrofes, para integrar a organização, o planejamento e a execução de funções públicas de interesse comum". Esse dispositivo constitucional é classificado pela doutrina como norma de eficácia:

a) contida.
b) limitada, declaratória de princípios programáticos.
c) limitada, declaratória de princípios institutivos.
d) prospectiva.
e) plena.

A questão trata das Normas constitucionais de eficácia limitada definidoras de princípios institutivos (ou organizatórios, ou organizativos), que são aquelas que dependem de lei posterior para dar corpo a institutos jurídicos e aos órgãos ou entidades do Estado previstos na Constituição.

Vale lembrar que as Normas constitucionais de eficácia limitada definidoras de princípios programáticos (ou apenas normas programáticas) são as que estabelecem programas, metas, objetivos a serem desenvolvidos pelo Estado, típicas das Constituições dirigentes. Impõe um objetivo de resultado ao Estado – não diz como o Estado deverá agir, mas o fim a ser atingido. Como exemplos, os arts. 3º e 7º, IV.

**GABARITO: C.**

---

**82. (CESPE/CEBRASPE – 2022 – SERES/PE – POLICIAL PENAL)** Em relação aos direitos e garantias fundamentais, assinale a opção correta.

a) Em regra, mesmo o civilmente identificado deverá ser submetido a identificação criminal.

b) Em razão das condições precárias do sistema prisional brasileiro, não é consentido às presidiárias permanecer com seus filhos no período de amamentação.

c) A prisão de qualquer pessoa e o local onde ela se encontre devem ser comunicados ao juiz competente no prazo de 24 horas.

d) Ninguém será considerado culpado até a confirmação da decisão condenatória em segunda instância.

e) O preso tem direito à identificação dos responsáveis por sua prisão ou por seu interrogatório policial.

A resposta está na literalidade do art.5º, LXIV da CRFB/1988:

*Art. 5º LXIV - o preso tem direito à identificação dos responsáveis por sua prisão ou por seu interrogatório policial.*

**GABARITO: E.**

---

**83. (CESPE/CEBRASPE – 2022 – SERES/PE – POLICIAL PENAL)** Assinale a opção correta acerca do processo legislativo.

a) A discussão e votação dos projetos de lei de iniciativa do presidente da República terão início no Senado Federal.

b) A apreciação das emendas do Senado Federal pela Câmara dos Deputados deverá ocorrer no prazo de quinze dias.

c) O projeto de lei aprovado por uma casa legislativa será revisto pela outra, em dois turnos de votação, e enviado para sanção, se a casa revisora o tiver aprovado.

d) Se o presidente da República vetar projeto de lei, ele deverá comunicar os motivos do veto, dentro de 48 horas, ao presidente da Câmara dos Deputados.

e) O veto parcial somente abrangerá texto integral de artigo, de parágrafo, de inciso ou de alínea, não podendo referir-se a apenas uma expressão ou palavra.

De acordo com o art. 66, § 2º da Constituição Federal:

*Art. 66 A Casa na qual tenha sido concluída a votação enviará o projeto de lei ao Presidente da República, que, aquiescendo, o sancionará.*

*§ 2º O veto parcial somente abrangerá texto integral de artigo, de parágrafo, de inciso ou de alínea.*

**GABARITO: E.**

---

**84. (CESPE/CEBRASPE – 2022 – SERES/PE – POLICIAL PENAL)** O presidiário Alberto exigiu do presidiário Bruno que mandasse sua esposa trazer, em visita ao presídio, grande quantidade de dinheiro, para que Alberto pudesse realizar seus gastos na prisão, caso contrário Bruno seria morto pelos colegas de cela que pertenciam à mesma facção criminosa de Alberto. Ao chegar ao presídio com a quantidade elevada de dinheiro, a esposa de Bruno foi abordada pelo policial penal, e o dinheiro acabou apreendido.

Nessa situação hipotética, Alberto praticou:

a) tentativa de roubo.

b) tentativa de extorsão.

c) roubo consumado.

d) extorsão consumada.

e) conduta considerada atípica.

A: Incorreta. O fato narrado não se trata roubo, muito menos na modalidade tentada. Isso porque Alberto não tentou subtrair o dinheiro de Bruno, mediante violência ou grave ameaça. A vantagem econômica almejada por Alberto se deu por meio de constrangimento, mediante grave ameaça, nos termos do art. 158, do CP (delito de extorsão).

B: Incorreta. A conduta narrada não se trata de tentativa de extorsão, pois Bruno não se recusou a fazer o que Alberto exigiu. Diferente, haveria a tentativa se Bruno se recusasse a cumprir o que lhe foi exigido.

C: Incorreta. Não se trata de roubo (art. 157, do CP) porque Alberto não subtraiu para si o dinheiro de Bruno, mediante violência ou grave ameaça. A conduta de Alberto consistiu em constranger a vítima, mediante grave ameaça, a fazer com que sua esposa trouxesse dinheiro para o interior do presídio, incorrendo, assim, no delito de extorsão (art. 158, do CP).

D: Correta. Alberto cometeu o delito de extorsão, previsto no art. 158, do CP, o qual tipifica a conduta de "constranger alguém, mediante violência ou grave ameaça, e com o intuito de obter para si ou para outrem indevida vantagem econômica, a fazer, tolerar que se faça ou deixar de fazer alguma coisa". Trata-se de crime formal, uma vez que sua consumação ocorre no momento em que a vítima é obrigada a fazer, tolerar algo ou deixar de fazer algo, mediante violência ou grave ameaça, ainda que o agente não venha a obter indevida vantagem econômica. Nesse sentido, vale mencionar a Súmula 96 do STJ: "O crime de extorsão consuma-se independentemente da obtenção da vantagem indevida".

E: Incorreta. Não se trata de conduta atípica. Pelo contrário, a exigência praticada por Alberto configura o tipo penal do art. 158, do CP.

**GABARITO: D.**

---

**85. (CESPE/CEBRASPE – 2022 – SERES/PE – POLICIAL PENAL)** A pena imposta pela prática de crime tentado:

a) será sempre reduzida no equivalente a 1/3 da pena relativa ao crime consumado.

b) será sempre reduzida em 1/3 a 2/3 da pena relativa ao crime consumado.

c) será necessariamente igual à imposta ao crime consumado.

d) será reduzida no equivalente a 1/3 da pena relativa ao crime consumado, salvo se houver disposição em contrário.

e) será reduzida em 1/3 a 2/3 da pena relativa ao crime consumado, salvo se houver disposição em contrário.

A questão exige conhecimento sobre o crime tentado, previsto no art. 14, do CP, e as disposições acerca da aplicação da pena.

A tentativa é a não consumação de um crime, uma vez que tendo sido iniciada sua execução, não se consumou por circunstâncias alheias à vontade do agente. Veja-se a disposição do art. 14, do CP:

*Art. 14 Diz-se o crime:*

*II - tentado, quando, iniciada a execução, não se consuma por circunstâncias alheias à vontade do agente.*

*Pena de tentativa*

*Parágrafo único. Salvo disposição em contrário, pune-se a tentativa com a pena correspondente ao crime consumado, diminuída de um a dois terços.*

Conforme se extrai da leitura do dispositivo, a tentativa é punida com a mesma pena do crime consumado, reduzida de 1/3 a 2/3. Trata-se de causa obrigatória de diminuição de pena, incidindo na terceira fase de aplicação da pena privativa de liberdade.

O critério para a redução é a proximidade do momento consumativo, ou seja, quanto mais próximo o delito chegar da consumação, menor será a redução.

Da análise das afirmativas constantes da questão, a alternativa E é a correta, devendo ser assinalada, pois está em conformidade com a previsão contida no parágrafo único, do art. 14, inciso II. As demais alternativas estão incorretas porque apresentam incoerências com a disposição legal mencionada.

**GABARITO: E.**

**86. (CESPE/CEBRASPE – 2022 – SERES/PE – POLICIAL PENAL)** Quando o agente, com uma única ação dolosa, pratica dois ou mais crimes, mas cada qual resultante de desígnio autônomo, ocorre:

a) concurso material homogêneo de crimes.
b) concurso formal próprio de crimes.
c) concurso formal impróprio de crimes.
d) crime continuado.
e) concurso material heterogêneo de crimes.

A questão exige conhecimento sobre o concurso de crimes, previsto nos artigos 69, 70 e 71, do CP. Trata-se do instituto que se verifica quando o agente, mediante uma ou várias condutas, pratica duas ou mais infrações penais.

O concurso de crimes pode ser material, formal ou na modalidade crime continuado.

O concurso material está previsto no art. 69, do CP:

*Art. 69 Quando o agente, mediante mais de uma ação ou omissão, pratica dois ou mais crimes, idênticos ou não, aplicam-se cumulativamente as penas privativas de liberdade em que haja incorrido. No caso de aplicação cumulativa de penas de reclusão e de detenção, executa-se primeiro aquela.*

Perceba que há pluralidade de condutas e pluralidade de resultado, ou seja, mais de uma ação ou omissão e a prática de dois ou mais crimes.

O concurso material pode ser homogêneo, quando os crimes são idênticos ou heterôgeneo, quando os crimes são diversos.

Já o concurso formal de crimes está previsto no art. 70, do CP:

*Art. 70 Quando o agente, mediante uma só ação ou omissão, pratica dois ou mais crimes, idênticos ou não, aplica-se-lhe a mais grave das penas cabíveis ou, se iguais, somente uma delas, mas aumentada, em qualquer caso, de um sexto até metade. As penas aplicam-se, entretanto, cumulativamente, se a ação ou omissão é dolosa e os crimes concorrentes resultam de desígnios autônomos, consoante o disposto no artigo anterior.*

No concurso formal merece destaque dois requisitos: a unidade de conduta (uma só ação ou omissão) e pluralidade de resultados (dois ou mais crimes).

O concurso formal pode ser homogêneo ou heterogêneo, e perfeito e imperfeito: É homogêneo quando os crimes são idênticos e heterôgeneo quando os delitos são diversos. É perfeito quando o agente realiza a conduta típica, que produz dois ou mais resultados, com unidade de desígnio, ou seja, não atua com o propósito de produzir, com uma única conduta mais de um crime. Por outro lado, o concurso formal é imperfeito quando o agente atua com desígnios (propósitos) autônomos, ou seja, o agente com sua conduta têm a vontade de produzir mais de um crime.

Por fim, o crime continuado, previsto no art. 71, do CP, configura-se quando o agente, mediante mais de uma ação ou omissão, pratica dois ou mais crimes da mesma espécie, e, pelas condições de tempo, lugar, maneira de execução e outras semelhantes, devem os subsequentes ser havidos como continuação do primeiro, aplica-se-lhe a pena de um só dos crimes, se idênticas, ou a mais grave, se diversas, aumentada, em qualquer caso, de um sexto a dois terços.

O caso do enunciado trata-se de verdadeiro concurso formal impróprio (art. 70, 2ª parte, do CP), que verifica-se quando o agente, com uma única ação dolosa, pratica dois ou mais crimes, cada qual resultante de desígnio autônomo. Portanto, a alternativa correta é a letra C. As demais alternativas estão erradas porque o enunciado não se refere ao concurso material de crimes, ao crime continuado e ao concurso formal próprio.

**GABARITO: C.**

**87. (CESPE/CEBRASPE – 2022 – SERES/PE – POLICIAL PENAL)** Suponha que um indivíduo tenha provocado lesão na filha de um policial penal estadual, em razão da função pública exercida pelo pai da vítima. Nessa hipótese, o indivíduo cometeu:

a) lesão corporal simples.
b) lesão corporal qualificada, por ser a vítima do sexo feminino.
c) lesão corporal com causa de aumento de pena, em razão de a vítima ser familiar de agente de segurança pública.
d) lesão corporal simples e desacato.
e) lesão corporal qualificada, pela prevalência de relações domésticas da vítima.

A: Incorreta. Em tese, a conduta praticada amolda-se ao delito de lesão leve ou simples. Contudo, por força das razões do agente em praticar a conduta, no caso, a condição de policial penal do pai da vítima, atrai a incidência do § 12, do art. 129, configurando, assim, o crime de lesão corporal majorada (lesão funcional).

B: Incorreta. Não se trata de lesão praticada contra mulher, por razões da condição do sexo feminino, conforme previsão do art. 129, § 13. Veja-se que o elemento subjetivo que animou o agente foi a função pública exercida pelo pai da vítima, e não a condição do sexo feminino por ela ostentada.

C: Correta. Trata-se da chamada lesão funcional, prevista no art. 129, § 12, do CP, pois o indivíduo cometeu a agressão contra a filha do agente público, em razão da sua função como policial penal estadual. Assim, a pena do delito de lesão é aumentada de um a dois terços:

*Art. 129 § 12 Se a lesão for praticada contra autoridade ou agente descrito nos arts. 142 e 144 da Constituição Federal, integrantes do sistema prisional e da Força Nacional de Segurança Pública, no exercício da função ou em decorrência dela, ou contra seu cônjuge, companheiro ou parente consanguíneo até terceiro grau, em razão dessa condição, a pena é aumentada de um a dois terços.*

D: Incorreta. Conforme já mencionado, não é o caso de lesão simples, e muito menos da prática de desacato (art. 331, do CP), tendo em vista que o agente não atuou com vontade de causar desprestígio à função pública, ofendendo a dignidade do cargo ocupado pelo agente público.

E: Incorreta. A conduta não configura a modalidade do delito de lesão corporal com violência doméstica (art. 129, § 9º, do CP), pois entre o agente e a vítima não existe tal requisito, sendo o indivíduo completamente estranho ao âmbito doméstico da ofendida.

**GABARITO: C.**

**88. (CESPE/CEBRASPE – 2022 – SERES/PE – POLICIAL PENAL)** Aníbal praticou um furto e, no dia seguinte, pediu a Beto que guardasse o objeto subtraído, porque Aníbal estava sendo procurado pela polícia. Um mês depois, Aníbal reencontrou Beto, recuperou o objeto furtado e o levou consigo.

89. Nesse caso hipotético, Beto,

a) foi partícipe de furto.
b) foi coautor de furto.
c) praticou favorecimento pessoal.
d) praticou favorecimento real.
e) praticou conduta atípica.

A: Incorreta. Na participação o sujeito não realiza diretamente o núcleo do tipo penal, mas de qualquer modo concorre para o crime. Não é o caso do enunciado, pois Beto não prestou nenhum tipo de colaboração para a consumação do delito, ou seja, não instigou, não induziu, não forneceu apoio moral ou material para Aníbal cometer o furto.

B: Incorreta. Não se trata de coautoria porque Beto não praticou a conduta que caracteriza o delito de furto. Não houve o liame subjetivo entre eles para a subtração do objeto, sendo de autoria exclusiva de Beto.

C: Incorreta. O crime de favorecimento pessoal, previsto no art. 348, do CP, consiste na conduta de auxiliar a subtrair-se à ação de autoridade pública autor de crime a que é cominada pena de reclusão. Assim, aquele que presta auxílio para o criminoso a evadir-se e não ser alcançado pela autoridade pública, mediante dissimulação do agente ou facilitação de sua fuga, comete o referido delito. Contudo, não é o caso narrado na questão, pois a conduta de Beto consistiu em guardar o objeto subtraído e não em prestar auxílio para Aníbal fugir da autoridade pública.

D: Correta. A conduta de Beto em guardar o objeto subtraído a pedido de Aníbal, configurou o delito de favorecimento real, previsto no art. 349, do CP:

*Art. 349 Prestar a criminoso, fora dos casos de co-autoria ou de receptação, auxílio destinado a tornar seguro o proveito do crime.*

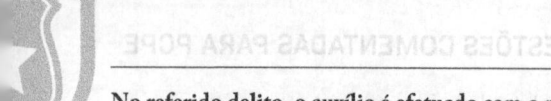

No referido delito, o auxílio é efetuado com o propósito de tornar seguro o proveito do crime, como medida de gentileza ou de amizade com o autor do crime antecedente, como é o caso da questão.

E: Incorreta. A conduta não é atípica porque está devidamente prevista na legislação penal como conduta típica, conforme previsão do art. 349, do CP – favorecimento real.

**GABARITO: D.**

---

**90. (CESPE/CEBRASPE – 2022 – SERES/PE – POLICIAL PENAL)** A captação ambiental, segundo a Lei nº 9.296/1996:

a) pode ser autorizada pelo juiz de ofício.

b) pode ser feita com dispositivo instalado por meio de operação policial disfarçada, a qualquer hora do dia ou da noite, dentro de residência.

c) é criminosa, caso feita por um dos interlocutores.

d) deverá durar pelo prazo de quinze dias, renovável apenas uma única vez pelo juiz, caso comprovada a indispensabilidade do meio de prova e quando presente atividade criminal permanente, habitual ou continuada.

e) só poderá ser autorizada pelo juiz quando houver indícios de autoria e participação em infrações criminais, sendo a pena máxima, necessariamente, superior a quatro anos, ou em infrações penais conexas.

A: Incorreta. Não há autorização legal para o juiz decretar ofício, deverá haver o requerimento.

B: Incorreta. Dentro da residência, há de se observar as exigências constitucionais da inviolabilidade domiciliar, constantes no art. 5º, XI, por isso não pode ser realizada a qualquer hora do dia ou noite.

C: Incorreta. A gravação feita por um dos interlocutores, denominada doutrinariamente de gravação clandestina, é prova lícita conforme entendimento dos Tribunais Superiores.

D: Incorreta. O prazo de 15 dias pode ser renovado por iguais períodos, e não apenas uma única vez.

E: Correta. Observe a disposição da referida lei a respeito da captação ambiental:

*Art. 8º-A Para investigação ou instrução criminal, poderá ser autorizada pelo juiz, a requerimento da autoridade policial ou do Ministério Público, a captação ambiental de sinais eletromagnéticos, ópticos ou acústicos, quando: I - a prova não puder ser feita por outros meios disponíveis e igualmente eficazes; e II - houver elementos probatórios razoáveis de autoria e participação em infrações criminais cujas penas máximas sejam superiores a 4 (quatro) anos ou em infrações penais conexas.*

**GABARITO: E.**

---

**91. (CESPE/CEBRASPE – 2022 – SERES/PE – POLICIAL PENAL)** André, residente na cidade do Recife, visando obter diversas vantagens financeiras, praticou um furto, no valor de R$ 100.000, em Jaboatão dos Guararapes. Concluída a ação, André empreendeu fuga e seguiu em direção de Cabo de Santo Agostinho, quando se iniciou uma perseguição policial. Já na cidade de Cabo de Santo Agostinho, o fugitivo praticou um roubo e levou um veículo de Bruno, que estava em um momento de distração. Os policiais, acionados por Bruno, continuaram a busca, até chegar a Palmares, onde, ao bater o veículo roubado, André foi cercado pelos policiais e preso em flagrante delito.

Nessa situação hipotética, o(s) processo(s) contra André terá(ão) como foro competente uma vara criminal de:

a) Jaboatão dos Guararapes.

b) Cabo de Santo Agostinho.

c) Palmares.

d) Recife.

e) Jaboatão dos Guararapes, para o crime de furto, e de Cabo de Santo Agostinho, para o crime de roubo.

A: Incorreta. A competência não será determinada pelo local do crime de furto.

B: Correta. A questão se refere ao tema do concurso entre jurisdições. A esse respeito o CPP determina:

*Art. 78 Na determinação da competência por conexão ou continência, serão observadas as seguintes regras:*

*II - no concurso de jurisdições da mesma categoria:*

*a) preponderará a do lugar da infração, à qual for cominada a pena mais grave.*

Os dois crimes possuem jurisdição da mesma categoria, pois ambos são crimes de competência da justiça comum estadual. A competência que será preponderante é a do local em que foi cometido o crime cuja pena atribuída seja mais grave. Entre o roubo e o furto, a maior pena é a do roubo, por isso, a competência será da cidade de Cabo de Santo Agostinho.

C: Incorreta. A competência não será determinada pelo local em que o agente foi preso.

D: Incorreta. Na situação narrada, a competência não é determinada pela residência do réu.

E: Incorreta. Os crimes serão julgados juntos, ambos em Cabo de Santo Agostinho.

**GABARITO: B.**

---

**92. (CESPE/CEBRASPE – 2022 – SERES/PE – POLICIAL PENAL)** O CPP, ao contrário do CPC, não faz distinção entre impedimento e suspeição do juiz. Nesse sentido, constitui suspeição, prevista em lei, os casos em que:

a) a parte injuriar o juiz.

b) o juiz for primo do acusado.

c) o cônjuge do juiz estiver respondendo a processo por fato análogo e haja controvérsia sobre sua natureza criminosa.

d) o irmão do juiz for amigo íntimo do acusado.

e) a mãe do juiz for acionista de sociedade interessada no processo.

Observe a disposição legal a respeito da suspeição:

*Art. 254 O juiz dar-se-á por suspeito, e, se não o fizer, poderá ser recusado por qualquer das partes:*

*I - se for amigo íntimo ou inimigo capital de qualquer deles;*

*II - se ele, seu cônjuge, ascendente ou descendente, estiver respondendo a processo por fato análogo, sobre cujo caráter criminoso haja controvérsia;*

*III - se ele, seu cônjuge, ou parente, consangüíneo ou afim, até o terceiro grau, inclusive, sustentar demanda ou responder a processo que tenha de ser julgado por qualquer das partes;*

*IV - se tiver aconselhado qualquer das partes;*

*V - se for credor ou devedor, tutor ou curador, de qualquer das partes;*

*VI - se for sócio, acionista ou administrador de sociedade interessada no processo.*

A e B: Incorretas. Não existem essas previsões legais.

C: Correta. De acordo com o inciso II do art. 254.

D: Incorreta. A lei determina que será suspeito se o próprio juiz for amigo íntimo de qualquer das partes.

E: Incorreta. A determinação legal de suspeição é se o juiz for acionista, e não sua mãe.

**GABARITO: C.**

---

**93. (CESPE/CEBRASPE – 2022 – SERES/PE – POLICIAL PENAL)** Segundo o Código de Processo Penal, a audiência de custódia deverá ser realizada em até:

a) 24 horas depois da prisão.

b) 24 horas após a comunicação da prisão ao Juiz, Ministério Público e defensor do acusado.

c) 24 horas após a entrega da nota de culpa.

d) 48 horas depois da prisão.

e) 48 horas após a comunicação da prisão ao Juiz, Ministério Público e defensor do acusado.

A: Correta. O prazo para a realização da audiência de custódia é de 24 horas após a realização da prisão e está disciplinada no CPP:

*Art. 310 Após receber o auto de prisão em flagrante, no prazo máximo de até 24 (vinte e quatro) horas após a realização da prisão, o juiz deverá promover audiência de custódia com a presença do acusado, seu advogado constituído ou membro da Defensoria Pública e o membro do Ministério Público, e, nessa audiência, o juiz deverá, fundamentadamente [...].*

B: Incorreta. 24 após a prisão, e não após a comunicação, de acordo com a literalidade da lei.

C: Incorreta. 24 horas após a prisão, e não após a entrega da nota de culpa.

D: Incorreta. O prazo correto é de 24 horas.

E: Incorreta. O prazo correto é de 24 horas.

**GABARITO: A.**

---

**94. (CESPE/CEBRASPE – 2022 – SERES/PE – POLICIAL PENAL)** Na hipótese de delito afiançável, a fiança para o crime com pena privativa de liberdade máxima de quatro anos pode ser concedida pelo:

I. Juiz.

II. Delegado de polícia.

III. Promotor de justiça.

Assinale a opção correta.

a) Apenas o item I está certo.

b) Apenas o item II está certo.

c) Apenas o item III está certo.

d) Apenas os itens I e II estão certos.

e) Todos os itens estão certos.

Sobre os legitimados para a decretação da fiança, a disposição do CPP:

*Art. 322 A autoridade policial somente poderá conceder fiança nos casos de infração cuja pena privativa de liberdade máxima não seja superior a 4 (quatro) anos.*

*Parágrafo único. Nos demais casos, a fiança será requerida ao juiz, que decidirá em 48 (quarenta e oito) horas.*

I: Correto. O juiz pode decretar fiança independentemente da pena do crime.

II: Correto. O delegado pode decretar fiança somente se a pena privativa de liberdade máxima não ultrapassar 4 anos.

III: Incorreto. Não há legitimidade para a decretação de fiança pelo promotor de justiça.

**GABARITO: D.**

---

**95. (CESPE/CEBRASPE – 2022 – SERES/PE – POLICIAL PENAL)** A Lei nº 13.964/2019 introduziu na legislação penal brasileira, entre outros dispositivos, a previsão de que a pena pelo crime de roubo será majorada quando:

a) o agente praticá-lo com arma branca.

b) o bem subtraído for veículo automotor que, em seguida ao crime, seja transportado para outro estado federado ou para o exterior.

c) o agente mantiver a vítima em seu poder, restringindo a liberdade dela.

d) a vítima estiver em serviço de transporte de valores e o agente conhecer tal circunstância.

e) a conduta for praticada em concurso de duas ou mais pessoas.

A: Correta. A Lei nº 13.964/2019 (Pacote Anticrime), restaurou a majorante do roubo com emprego de arma branca, que havia sido revogada pela Lei nº 13.654/2018 (verdadeiro equívoco do legislador). Atualmente, o emprego de arma branca é circunstância majorante (causa de aumento de pena) do delito roubo, conforme previsão do art. 157, § 2º, inciso VII, do CP:

*Art. 157 Subtrair coisa móvel alheia, para si ou para outrem, mediante grave ameaça ou violência a pessoa, ou depois de havê-la, por qualquer meio, reduzido à impossibilidade de resistência:*

*§ 2º A pena aumenta-se de 1/3 (um terço) até metade:*

*VII - se a violência ou grave ameaça é exercida com emprego de arma branca.*

B: Incorreta. A subtração de veículo automotor que venha a ser transportado para outro Estado ou para o exterior já era circunstância majorante do crime de roubo antes das alterações promovidas pelo Pacote Anticrime (Lei nº 13.964/2019). A referida causa de aumento foi acrescida ao delito de roubo pela Lei nº 9.426/1996.

C: Incorreta. O roubo com restrição da liberdade da vítima configura causa de aumento de pena desde 1996, com o advento da Lei nº 9.426/1996. Não se trata de inovação da Lei nº 13.964/2019.

D: Incorreta. O Pacote Anticrime (Lei nº 13.964/2019) não acrescentou a causa de aumento do art. 157, § 2º, inciso III:

*Art. 157 § 2º III - se a vítima está em serviço de transporte de valores e o agente conhece tal circunstância.*

Referida majorante já apresentava-se no tipo penal.

E: Incorreta. O concurso de agentes no delito de roubo situa-se no tipo penal do art. 157, do CP, como causa de aumento de pena, muito antes da vigência da Lei nº 13.964/2019. Assim, não se trata de inovação do Pacote Anticrime.

**GABARITO: A.**

Impresso por:

## REVISÃO

- A SLT é resultado da rápida quebra das células e da liberação de metabólitos, comumente observada após a quimioterapia. Dor abdominal ou lombar, alterações do volume urinário e sinais e sintomas de hipocalcemia devem ser avaliados para o disgnóstico de SLT. Para o tratamento da SLT, deve-se realizar hiper-hidratação, controle da diurese e uso de alopurinol.
- O aumento da PIC ocorre em razão do bloqueio do fluxo do LCS ou da compreensão do cerebelo ou do encéfalo, forçado pelo forame magno. Seus sintomas mais comuns são cefaleia e visão dupla, alteração de personalidade e desempenho escolar; e seu diagnóstico confirmado por TC ou RM. O tratamento é medicamentoso.
- Febre e neutropenia são complicações decorrentes de infecções, mas, em cerca de dois terços dos casos, não é possível identificar o foco da infecção em avaliação clínica, sendo, por isso, recomendada a antibioticoterapia empírica precoce, até a instituição da terapia definida após avaliação de exames.
- Síndromes hemorrágicas ocorrem tanto pela neoplasia como pelo tratamento. Com diagnóstico com base na perda sanguínea aguda, deve ter tratamento agressivo e imediato.
- A síndrome de compressão da veia cava superior (SVCS) ocorre em razão da suscetibilidade da VCS à compressão extrínseca. Seus sintomas mais comuns são tosse, estridor, dispneia, dor torácica e ortopneia. Para seu tratamento, são necessários internação, decúbito elevado e oxigênio, hiper-hidratação e esteroides.

## ■ REFERÊNCIA

1. Pizzo PA, Poplack DG, editors. Principles and practice of pediatric oncology. 5th ed. Philadelphia: Lippincott Williams & Wilkins; 2006.
2. Petrilli AS, Cypriano M, Dantas LS, Lee LM, Vercillo Luisi MF, Torres B Silva KV, et al. Evaluation of ticarcillin/clavulanic acid versus ceftriaxone plus amikacin for fever and neutropenia in pediatric patients with leukemia and lymphoma. Braz J Infect Dis. 2003;7(2):111-20.

## ■ LEITURAS SUGERIDAS

Howard SC, Jones DP, Pui CH. The tumor lysis syndrome. N Engl J Med. 2011; 364(19):1844-54.

Lehrnbecher T, Phillips R, Alexander S, Alvaro F, Carlesse F, Fisher B, et al. Guideline for the management of fever and neutropenia in children with cancer and/or undergoing hematopoietic stem-cell transplantation. J Clin Oncol. 2012;30(35):4427-38.

# 412
# DOR E CUIDADOS PALIATIVOS NO PACIENTE COM DIAGNÓSTICO DE CÂNCER

■ CARLOTA V. BLASSIOLI MORAES

## ■ CUIDADOS PALIATIVOS

A OMS define como cuidado paliativo em pediatria o cuidado ativo e total do corpo da criança, bem como de sua mente e espírito, incluindo o cuidado com a família.[1] O objetivo do cuidado é atingir a melhor qualidade de vida possível para os pacientes e suas famílias.

O cuidado paliativo, que se inicia a partir do diagnóstico de uma doença que ameace a vida, deve ser realizado independentemente da criança receber ou não tratamento curativo; portanto, precisa ser oferecido a todas as crianças e adolescentes que sejam diagnosticados com doenças que coloquem sua vida em risco. Os cuidados paliativos devem ter continuidade durante todo o processo da doença, mesmo que a criança fique curada ou siga para a terminalidade, neste caso os cuidados são intensificados.

Os cuidados paliativos para adultos e idosos que apresentam uma doença incurável são amplamente reconhecidos na Europa e nos Estados Unidos. Na pediatria, eles vêm crescendo lentamente, a partir do reconhecimento de tal necessidade. Existem várias barreiras (culturais, econômicas e organizacionais) que tornam esse processo de reconhecimento lento. Na pediatria, o obstáculo para o cuidado começa pela grande dificuldade de aceitar a doença e a morte da criança. Na nossa sociedade, os adultos têm o papel de proteger as crianças, ou seja, quando uma delas falece, é como se esse papel não fosse comprido. O sofrimento de se perder uma criança é imenso e o processo é muito doloroso para toda a família, bem como para os profissionais envolvidos nesse cuidado.

Outro aspecto a ser considerado é o de que as patologias na pediatria são inúmeras e diversas, e o número de pacientes pediátricos é muito pequeno quando comparado com o de adulto. No Brasil, outro problema é a geografia do país muito extensa; todos esses aspectos podem causar problemas de nível organizacional, de formação de profissionais e de ordem econômica.

Nos cuidados paliativos, a abordagem do cuidado faz-se por meio da prevenção e do alívio do sofrimento, procurando identificar, avaliar e tratar precocemente a dor e outros problemas físicos, psicológicos, espirituais e sociais.

Segundo a OMS,[1] os cuidados paliativos:

- proporcionam o alívio da dor e outros sintomas;
- afirmam a vida e encaram a morte como processo natural;
- não antecipam ou prolongam a morte;
- integram os aspectos psicológicos e espirituais na abordagem do doente;
- disponibilizam uma rede de suporte que permite ao paciente viver tão ativamente quanto possível até a sua morte;
- facilitam a adaptação da família à situação de doença, ajudando-a a lidar com o sofrimento e o luto;
- trabalham em equipe, para dar resposta às necessidades dos pacientes e suas famílias;
- melhoram a qualidade de vida do paciente, podendo influenciar o curso da doença;
- aplicam-se, desde o início da doença, com outras terapias que visam a prolongar da vida e incluem a investigação clínica necessária para melhor atender às situações clínicas do paciente.

Há sempre dúvidas de quando realmente iniciar o tratamento paliativo em uma criança com doença que ameace a vida. Porém, conforme a definição da OMS,[1] ele deve se iniciar ao diagnóstico e ser integrado ao tratamento curativo ou da doença de base. Isso evita a fragmentação do cuidado e melhora a coordenação do cuidado, que deve ser contínuo e de acordo com a necessidade do paciente e de sua família.

## QUAIS CRIANÇAS E ADOLESCENTES SE BENEFICIARIAM DE CUIDADOS PALIATIVOS?

Segundo a Association for Children with Life-Threatening or Terminal Conditions and their Families e a Royal Colleague of Pediatrics and Child Health,[2] existem seis grupos de patologias que se beneficiariam com os cuidados paliativos:

1 | crianças que apresentam condições nas quais o tratamento curativo é possível, mas pode falhar (câncer, doenças cardíacas, renais e hepáticas);
2 | situações que exigem longos períodos de tratamento intensivo que visa prolongar a vida, sempre com risco de morrer prematuramente (p. ex., fibrose cística, HIV/Aids);
3 | situações progressivas, sem opção curativa, nas quais o tratamento é paliativo desde o diagnóstico (distúrbios metabólicos, doenças neurodegenerativas);
4 | situações neurológicas irreversíveis não progressivas, acompanhadas de incapacidade grave, que tornam a pessoa vulnerável ao desenvolvimento de complicações de saúde (encefalopatia, paralisia cerebral severa);
5 | recém-nascidos (RN) que apresentam esperança de vida limitada;
6 | crianças que sofreram trauma (espontâneo ou intencional).

## O PAPEL DA EQUIPE DE CUIDADOS PALIATIVOS

A equipe deve ser interdisciplinar e ter como objetivo o cuidado, visando à melhora da qualidade de vida da criança e do adolescente, com foco no paciente e orientada por suas necessidades e da sua família, enfatizando o controle da dor e de outros sintomas que tragam sofrimento, com apoio psicossocial e espiritual.

A equipe precisa estar preparada para aliviar os sintomas físicos, psicossociais e espirituais dos pacientes.

## PRINCIPAIS SINTOMAS FÍSICOS NO PACIENTE EM CUIDADOS PALIATIVOS

- Fadiga.
- Distúrbio do sono.
- Dispneia.
- Anorexia e caquexia.
- Constipação.
- Náuseas e vômitos.
- Prurido.
- Dor.

## NECESSIDADES PSICOSSOCIAIS DA CRIANÇA

São fundamentais:
- comunicação aberta e clara, adequada à etapa de desenvolvimento da criança;
- apoio emocional contínuo para ajudar a criança a lidar com as questões emocionais, como a compreensão, a aceitação, a raiva, o medo;
- acesso a recursos e ferramentas que promovam o desenvolvimento da criança (sempre que possível), com a continuidade das rotinas diárias, incentivos, metas e projetos futuros.

## NECESSIDADES ESPIRITUAIS

É muito importante o acesso à assistência espiritual e ao apoio adequado, respeitando o passado cultural e religioso da família.

As crianças têm necessidades diferentes e individualizadas de cuidados paliativos, determinadas pela idade, pela fase da doença, pela unidade familiar e pelo meio cultural. A equipe de cuidados paliativos deve estar atenta a elas e realizar um plano de cuidados para cada paciente.

> **ATENÇÃO!**
>
> Cuidados paliativos pediátricos (CPP) são: cuidados globais e ativos prestados ao corpo, mente e espírito da criança, envolvendo também o apoio à família. Surgem quando uma doença potencialmente fatal ou ameaçadora da vida é diagnosticada e se mantém, independentemente de a criança receber ou não tratamento dirigido à doença.

## ■ DOR NA CRIANÇA E ADOLESCENTE COM CÂNCER

### DOR

A dor é um dos sintomas mais frequentes no paciente com diagnóstico de câncer. Embora existam poucos estudos em crianças e adolescentes, o paciente com câncer apresentará dor em algum momento do seu tratamento: no diagnóstico; durante o tratamento propriamente dito; ou na recidiva. A dor também quase sempre está presente no final de vida.

É imprescindível que o médico e os profissionais de saúde que assistem a criança com diagnóstico de câncer estejam capacitados para avaliar e tratar a dor e familiarizados com os analgésicos e sua farmacologia. Apesar de as diretrizes da OMS para o tratamento da dor na criança estarem publicadas desde 1998, ainda é necessário vencer várias barreiras que impedem o tratamento adequado da dor, entre elas:
- falta de estudos e pesquisas em dor na criança;
- falta de pesquisa e investimentos em novos medicamentos para o tratamento da dor na criança, já que muitos deles resultam do conhecimento e de pesquisas em adultos;
- falta de políticas públicas para o tratamento da dor na criança e no adolescente;
- falta de capacitação de profissionais na pediatria para o tratamento da dor;
- dificuldade na avaliação da dor na criança e no adolescente.

### Definição

A Sociedade Internacional para o Estudo da Dor (IASP, do inglês *International Association for the Study of Pain*)[3] a define como: "uma experiência sensorial e emocional desagradável associada a uma lesão tecidual atual ou potencial que se acompanha de forte componente afetivo", enfatizando a natureza física e emocional da dor.

Em 2002, a IASP[3] acrescentou "que a incapacidade de comunicação não é caminho para negar a possibilidade da experiência da dor e é imprescindível o tratamento para o seu alívio".

Em 2012, a OMS,[4] na nova diretriz publicada em maio, acrescentou que "todo paciente com dor, incluindo criança, deve ser tratado, independentemente de se conhecer ou não a causa da dor. A inabilidade de se estabelecer uma causa para a dor não deve ser razão para concluir que a dor que a criança sente não seja real".

### Conceito de dor total

Leva em consideração a natureza multidimensional da dor, expandindo o conceito da dor para os aspectos emocional, psicossocial e espiritual, bem como aos físicos. A dor deve ser vista sempre relacionada a seu componente físico e emocional.

Quando uma criança com dor não é tratada adequadamente, ocorre uma cascata de efeitos que aumenta a morbidade da criança, causando:
- aumento da frequência respiratória (FR), que pode conduzir à hipoxemia e à alcalose;
- expansão inadequada dos pulmões e deficiência da tosse, que podem conduzir à retenção de secreções e atelectasias;
- aumento da frequência cardíaca (FC);
- aumento do estresse hormonal (cortisol, adrenalina e catecolaminas) que aumentam a taxa de metabolismo;
- tensão muscular, espasmo e fadiga, que levam à relutância da criança se movimentar espontaneamente;
- inapetência;
- distúrbio do sono;
- mudanças de comportamento, medo, ansiedade, regressão no desenvolvimento.

## Tratamento da dor

Compreende métodos farmacológicos e não farmacológicos, que devem ser complementares de acordo com cada caso.

Neste capítulo, será enfatizado o tratamento farmacológico.

Para tratar e aliviar a dor, é necessário classificá-la de acordo com sua intensidade e fisiopatologia, o que orientará o tratamento.

A dor pode ser classificada conforme:

1 | Fisiopatologia:
- dor nociceptiva: ocorre por estímulo e sensibilização dos nociceptores. Pode ser somática (quando afeta tecidos cutâneos e profundos) ou visceral (quando afeta vísceras torácicas, abdominais e pélvicas);
- dor neuropática: segundo a IASP,[2] decorre de lesões primárias ou disfunção primária das vias sensitivas do SNC ou periférico;
- dor mista: componentes nociceptivos e neuropático juntos, caracterizado a dor mais comum no paciente com câncer.

2 | Duração da dor:
- dor aguda: como alerta, é o resultado da estimulação nociceptiva e dura somente enquanto persistir a lesão do tecido. É fisiológica;
- dor crônica: tem duração igual ou superior a seis meses. Não tem função biológica de alerta, persiste mesmo após a lesão que a causou já ter sido tratada, é patológica e é causada por lesão do tecido nervoso.

3 | Intensidade da dor: escalas de avaliação:
- escala de faces 3 a 6 anos (Figura 412.1);
- escala numérica a partir de seis anos (Figura 412.2);

A classificação da dor orienta o tratamento.

A dor neuropática deve ser medicada com medicamentos adjuvantes, como antidepressivos e anticonvulsivantes, ao passo que a nociceptiva, com analgésicos não opioides e opioides.

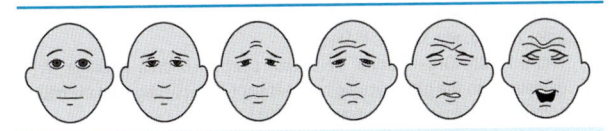

**FIGURA 412.1** ■ Escala de faces para avaliação da dor.

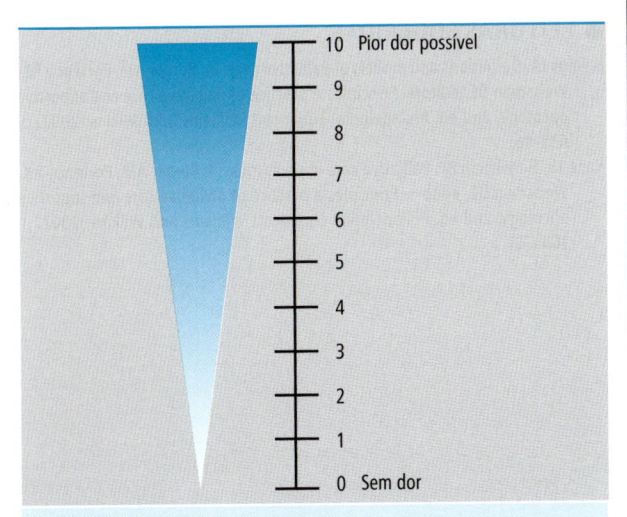

**FIGURA 412.2** ■ Escala numérica para avaliação da dor.

Leve: 0,1 a 3,9; Moderada: 4 a 6,9; Intensa: 7 a 10.

A escada analgésica da OMS[4] orienta a tratar a dor conforme a sua intensidade. Na dor leve, a OMS indica o uso de analgésicos não opioides. A morfina é o analgésico recomendado para tratamento da dor moderada à forte nas crianças e adolescentes. Porém, é importante lembrar que o tratamento da dor deve ser individualizado, levando-se em consideração o aspecto multidimensional da dor.

Recomendações da OMS para prescrição de analgésicos:[4]

1 | pela boca: utilizar a via oral (VO) de preferência;
2 | pelo relógio: prescrever em intervalos regulares, respeitando a ação analgésica da medicação e seu intervalo;
3 | pela escala analgésica: a OMS recomenda tratar a dor em dois degraus, com base na gravidade da dor:
- degrau 1: dor leve, usar analgésico não opioides, como paracetamol e/ou ibuprofeno;
- degrau 2: dor moderada a severa, opioides fortes, como a morfina, fentanil, hidromorfona.

4 | individualizar a dose dos pacientes.

## Tratamento farmacológico da dor
(Tabelas 412.1 a 412.3)

**TABELA 412.1** ■ Dose de medicamentos não opioides em neonatos, lactentes e crianças

|  | PARACETAMOL | IBUPROFENO |
|---|---|---|
| Neonatos de 0-29 dias | 5-10 mg/kg, a cada 6-8 h Máximo de 4 doses/d | |
| Lactentes de 30 dias até 3 meses | 10 mg/kg, a cada 4-6 h Máximo de 4 doses/d | |
| Lactentes de 3-12 meses ou crianças de 1-12 anos | 10-15 mg/kg a cada 4-6 h Máximo de 4 doses/d Máximo de 1 g/dose | 5-10 mg/kg A cada 6-8 h |

**Fonte:** World Health Organization.[4]

**TABELA 412.2** ■ Doses iniciais de opioides para lactentes de 1-12 meses de idade

| MEDICAMENTO | VIA DE ADMINISTRAÇÃO | DOSE INICIAL |
|---|---|---|
| Morfina | VO (liberação imediata) | 0,08-0,2 mg/kg a cada 4 h |
| | IV ou SC | 1-6 meses de idade: 0,1 mg/kg a cada 6 h 6-12 meses de idade: 0,1 mg/kg a cada 4 h |
| | IV infusão contínua | 1-6 meses de idade: 0,01-0,03 mg/kg/h 6-12 meses de idade: 0,02-0,03 mg/kg/h |
| | SC infusão contínua | 1-3 meses de idade: 0,01-0,02 mg/kg/h 3-12 meses de idade: 0,02 mg/kg/h |

| Fentanil | IV | 0,001-0,002 mg/kg a cada 2-4 h |
|---|---|---|
| | IV infusão contínua | 0,005-0,001 mg/kg/h |

VO: via oral; IV: via intravenosa; SC: via subcutânea.
**Fonte:** World Health Organization.[4]

**TABELA 412.3** ■ Doses iniciais de analgésicos opioides em crianças de 1-12 anos

| Morfina | VO (liberação imediata) | 1-2 anos de idade: 0,2-0,4 mg/kg a cada 4 h |
|---|---|---|
| | | 2-12 anos de idade: 0,2-0,5 mg/kg a cada 4 h |
| | IV ou SC | 1-2 anos de idade: 0,1 mg/kg a cada 4 h |
| | | 2-12 anos de idade: 0,1-0,2 mg/kg a cada 4 h |
| | IV infusão contínua | 0,02-0,03 mg/kg/h |
| Morfina LC | VO liberação controlada | 0,2-0,8 mg/kg a cada 12 h |
| Fentanil | IV | 1-2 µg/kg a cada 30-60 min |
| | IV infusão contínua | 1 µg/kg/h |
| Hidromorfona | Oral (liberação imediata) | 0,03-0,08 mg/kg a cada 3 ou 4 h |
| | IV ou SC | 0,015/kg a cada 3-6 h |
| Metadona | VO | 0,1-0,2 mg/kg a cada 4 h, nas primeiras 2-3 doses, e, após, espaçar a dose para cada 6-12 h |

VO: via oral; IV: via intravenosa; SC: via subcutânea.

O paciente que recebe analgésicos para controle da dor deve retornar, regular e frequentemente, ao médico, que precisa acreditar no seu paciente, entender o conceito de dor total e não deixar que ele sinta dor, bem como estar alerta ao estado psicológico dele, atentando-se à tolerância, à dependência física e/ou à psicológica e aos efeitos colaterais das medicações.

Sempre lembrar que os analgésicos são apenas parte do tratamento.

### ATENÇÃO!

McCaffery e Beebe[5] definiram que dor "é o que o indivíduo que a sente diz ser e existe quando a pessoa que a sente diz existir". Este conceito mostra a subjetividade da dor.

### REVISÃO

1 | Cuidados paliativos:
- são ativos (não se trata apenas da paralização do tratamento curativo, mas também do início de um tratamento com foco no paciente, melhorando sua qualidade de vida);
- são totais (cuidado do corpo físico, emocional, psicossocial e espiritual da criança);
- incluem o controle da dor e outros sintomas;
- incluem a família no cuidado.

2 | Dor:
- experiência sensorial e emocional desagradável associada a uma lesão tecidual atual ou potencial que se acompanha de forte componente afetivo;
- no paciente com câncer, a dor aguda e a crônica coexistem, tornando-a mista;
- é preciso classificar a dor para tratá-la.

### ■ REFERÊNCIAS

1. World Health Organization. Cancer pain relief and palliative care in children. Geneva: WHO; 1998.
2. Association for Children with Life-Threatening or Terminal Conditions and their Families, Royal Colleague of Pediatrics and Child Health. A guide to the development of children's palliative care services. 2nd ed. Bristol; 2003.
3. International Association for the Study of Pain. Classification of chronic pain, 2nd. ed. rev. Seattle: IASP; 2012.
4. World Health Organization. Persisting pain in children package: WHO guidelines on the pharmacological treatment of persisting pain in children with medical illnesses. Geneva: WHO; 2012.
5. McCaffery M, Beebe A. Pain: clinical manual for nursing practice. St. Louis: CV Mosby; 1989.

### ■ LEITURAS SUGERIDAS

Billings JA. Definitions and models of palliative care. In: Berger AM, Portenoy RK, Weissman DE, editors. Principles e practice of palliative care and suportive oncology. 2nd ed. Philadelphia: Lippincott Williams and Wilkins; 2002. p. 635-46.

Kane JR, Himelstein BP. Palliative care in pediatrics. In: Berger AM, Portenoy RK, Weissman DE, editors. Principles e practice of palliative care and suportive oncology. 2nd ed. Philadelphia: Lippincott Williams and Wilkins; 2002. p. 1044-61.

# ÍNDICE

**A**bdome agudo no lactente e na criança, 456-457, 460-461
   hemorrágico, 459-460
      cisto roto de ovário, 459-460
   inflamatório, 457-458, 459-460
      apendicite, 457-459
      divertículo de Meckel, 458-460
      doenças hepatobiliares, 459-460
      pancreatite aguda, 459-460
   obstrutivo, 456-458
      bridas pós-operatórias, 457-458
      hérnia inguinal encarcerada, 456-457
      invaginação intestinal, 456-458
      obstrução por áscaris, 457-458
   perfurativo, 459-460
      corpo estranho, 459-460
      úlcera duodenal perfurada, 459-460
   vascular, 459-461
      volvo intestinal, 459-461
Abortamento
   anomalias uterinas, 616-618
      anormalidades müllerianas, 616-617
      insuficiência istmocervical (IIC), 616-618
      leiomioma, 617-618
      sinéquias, 617-618
   espontâneo de repetição, 615-616
   espontâneo, 615-616
   fatores aloimunes, 616-617
   fatores ambientais e genéticos, 617-618
   fatores autoimunes, 616-617
   fatores cromossômicos, 615-617
   fatores endócrinos, 616-617
      deficiência de fase lútea (DFL), 616-617
      diabetes melito, 616-617
      disfunções tiroidianas, 616-617
   fatores infecciosos, 617-618
   retido, 615-616
   trombofilias hereditárias, 617-618
Acantose nigricante (NA), 520, 521
Acidente vascular cerebral (AVC)
   hemorrágico, 1382-1388, 1389-1392
      apresentação clínica, 1390
         expansão do hematoma, 1390
      diagnóstico, 1390
      fisiopatologia, 1389
         angiopatia amiloide cerebral, 1389
         edema peri-hematoma e lesões isquêmicas, 1389
         hipertensão arterial crônica, 1389
      hematoma intraparenquimatoso espontâneo, 1389

      manejo clínico da hemorragia intraparenquimatosa, 1390
         fatores hemostáticos, 1391
         manejo da pressão arterial, 1390
         manejo de crises epilépticas, 1391
         tratamento cirúrgico, 1391
         tratamento de pacientes em uso de anticoagulantes, 1391
   hematoma intracerebral traumático agudo, 1394-1398
      classificação, 1394
      diagnóstico, 1396
      epidemiologia, 1394
      fisiopatologia, 1395
      quadro clínico, 1396
      tratamento, 1397
   hemorragia subaracnoide e malformação arteriovenosa, 1392-1393
      etiologia e diagnóstico diferencial, 1392
      quadro clínico, 1392
         primeiro exame, 1393
      tratamento, 1393
         cuidados na prescrição, 1393
         aneurisma cerebral, 1394
         cavernoma, 1394
         malformação arteriovenosa, 1394
   isquêmico, 1398-1404
Acidentes na infância e na adolescência, prevenção de, 439-440, 442-443
   acidentes com perfurocortantes, 441-442
   afogamentos, 440-441
   asfixia, 440-441
   aspiração ou ingestão de corpo estranho, 440-441
   atropelamento, 441-442
   choque elétrico, 441-442
   intoxicações, 440-442
   quedas, 440-441
   queimaduras, 440-441
   segurança de trânsito, 441-442
Acidentes por animais peçonhentos e venenos, 1359-1363
   araneísmo, 1361
      abelhas, 1361
         quadro clínico, 1361
         tratamento, 1361
      cnidários, 1362
         tratamento, 1362
      foneutrismo, 1361
         quadro clínico, 1361
      latrodectismo, 1361
         diagnóstico, 1361
         quadro clínico, 1361
         tratamento, 1361
      loxoscelismo, 1361
         quadro clínico
      terapia com antiveneno, 1361

   ofidismo, 1359
      acidente botrópico, 1359
         quadro clínico, 1359
      acidente crotálico, 1359
         quadro clínico, 1359
      acidente elapídico, 1359
         diagnóstico, 1359
         quadro clínico, 1359
         tratamento, 1359
      acidente laquético, 1359
         quadro clínico, 1359
      escorpionismo, 1359
         diagnóstico, 1359
         quadro clínico, 1359
         tratamento, 1359
      terapia com antiveneno, 1360
   raiva, 1362
      profilaxia, 1362
      vírus rábico, 1362
         diagnóstico, 1362
         quadro clínico, 1362
         tratamento, 1362
Ácido acetilsalicílico, 22
Ácido nicotínico, 55-56
Ácido ômega, 55-56
Ácido ursodesoxicólico, 344-345
Ácido valproico, 34-45, 57-58
Acne
   erupções acneiformes, 895-899
Acolia fecal, 289-290
Aconselhamento genético-reprodutivo, 579-581
Acromegalia e gigantismo, 954-958
Adalimumabe (ADA) (Humira®), 27, 28
Adenoma(s)
   hipofisários não secretores, 961-964
Adenose vaginal, 529-530
Aderências pélvicas, 534-537
Adolescência, 68-72, 79, 223-229, 374-375, 383-384, 387-388, 450-452
   aspectos éticos do atendimento médico, 451
   cardiopatias congênitas, 406-407, 410-411
   cefaleia, 431-432, 435-436
   consulta do, 450-452
   dor musculoesquelética, 397-399
   epilepsia, 427-429
   estado de mal epiléptico, 428-431, 1374-1378
   febre reumática, 403-404, 406-407
   hiperplasia suprarrenal congênita (HSC), 387-388, 393-394
   imunizações na, 223-229
   lesão renal aguda (LRA), 380-381, 383-384
   obesidade na, 68-72, 79
      condições clínicas associadas, 69, 70, 71

      diagnóstico, 68-69, 70
      epidemiologia e repercussões, 68-69
      sedentarismo, 70, 71
      tratamento, 70, 71-72, 79
   prevenção de acidentes, 439-440, 442-443
   puberdade precoce, 393-394, 397-398
   ressuscitação cardiopulmonar, 412-413, 420-421
   síndrome nefrítica, 377-378, 380-381
   síndrome nefrótica, 374-375, 377-378
   sopros cardíacos, 410-413
   transtorno bipolar (TB), 1570-1574
   transtorno obsessivo-compulsivo (TOC), 1623-1628
   transtornos de ansiedade, 1623-1628
   transtornos mentais graves, 1559-1562, 1613-1617
   violência e maus-tratos, 435-436, 439-440
Adolescentes *ver* Adolescência
Adrenarca precoce, 396-397
Adrenérgicos, tratamento da asma, 332-333
Adultos, imunizações, 223-229
Afecções cirúrgicas, 453-473
   na criança, 461-464
      distopias testiculares, 462
      fimose, 463-464
      hérnia umbilical, 464-465
      persistências do conduto perito-neovaginal, 461-462
   no recém-nascido, 453-461
      anomalias anorretais (AAR), 460-461
      atresia do esôfago (AE), 453-454
      divertículo de Meckel, 456-457
      doença de Hirschsprung (DH), 458-459
      duplicidade intestinal, 456-457
      enterocolite necrosante (EN), 457
      gastrosquise, 458
      hérnia diafragmática congênita, 454
      íleo meconial, 457-459
      obstruções congênitas de intestino delgado, 454-455
      obstruções jejunais e ileais, 455-456
      onfalocele, 457-458
Afecções urológicas cirúrgicas do recém-nascido, 460-461, 464-465
   complexo extrofia-epispádia, 463-464
   genitália ambígua, 464-465

megaureter obstrutivo primário (MOP), 460-462
nefroma mesoblástico congênito, 463-464
obstrução da junção ureteropiélica (JUP), 460-461
patologias escrotais e testiculares, 463-465
recém-nascido uropata, 460-461
refluxo vesicoureteral (RVU), 462-463
rim multicístico, 462-463
rins policísticos, 462-463
síndrome de Prune-Belly, 462-463
ureter ectópico, 461-462
ureterocele, 461-462
válvula de uretra posterior (VUP), 461-463
Afogamentos, prevenção de, 440-441
Agentes
　inotrópicos, 408-409
　procinéticos, 295-296
Agomelatina, 59-60
Agonistas do receptor do GLP-1, 51-53
AIDS, 265-268
　no recém nascido, 265-268
Álcool, dependência, 1595-1606
Aleitamento materno, 246, 267-268, 277-279
　benefícios, 650-651
　e HIV, 267-268
　e pré-natal, 650-651
　fórmulas infantis e leite de vaca, 277-279
　impacto na saúde infantil e do adulto, 277-278
　intercorrências no início do, 650-652
　no parto, 650-651
　no puerpério, 650-651
Alergia(s)
　a alimentos e corantes, 321-322
　　determinação de IgE sérica específica, 322
　　teste cutâneo de hipersensibilidade imediata (prick teste), 321-322
　　testes de contato (patch testes), 322
　a medicamentos, 322-324
　　conceito p-i, 322-323
　　conceito pró-hapteno, 322-323
　　reações de hipersensibilidade (RH), 322-323
　　teoria do hapteno, 322-323
　　teste de provocação (TP), 323-324
　　testes cutâneos, 323-324
　　testes in vitro, 322-323
　à proteína do leite de vaca, 302-306
　　cólica do lactente, 303

e sibilância, 329-330
fórmulas em substituição ao leite de vaca, 305
intolerância à lactose, 300-301
manejo nutricional, 304
monitoramento da ingestão de cálcio, 305
reações tóxicas, 303
refluxo gastresofágico secundário, 303
respiratória, 324-329
Alfabloqueadores, 41-42, 144-145
Alimentação no 1º ano de vida, 277-278, 280-281
　aleitamento materno, 277-278
　　fórmulas infantis e leite de vaca, 277-278
　　impacto na saúde infantil e do adulto, 277-278
　alimentação complementar, 278-281
　　prevenção da anemia ferropriva e das hipovitaminoses, 279-280
　saúde bucal na, 280-281
Alisquireno, 147-148
Alta estatura, 281-283
Amenorreia, 510, 511, 513-514
　primária, 510, 511-512
　secundária, 511-513
Ametropias, 1445-1449
Aminofilinas, 49-50
Amniocentese, 627-628, 582
Amnioinfusão, 611-612
Amnioscopia, 582-584
Anakinra, 29-30
Analgésicos, 32, 34-45
　anticonvulsivantes, 34-45
　　ácido valproico, 34-45
　　carbamazepina, 34-45
　　doses, 34-45
　　fenitoína, 34-45
　　gabapentina, 34-45
　　indicações, 34
　　lamotrigina, 34-45
　　mecanismos de ação, 34
　　oxcarbazepina, 34-45
　　topiramato, 34-45
　antidepressivos, 34
　anti-inflamatórios, dipirona e paracetamol, 32-33
　opioides, 32-34
　outros medicamentos, 34-45
Análogos da somatostatina, 524-525
Anamnese psiquiátrica, 1562-1564
Androgênios, 526-527, 536
Androstenediona, 519-520
Anemia(s), 249-250, 279-280, 294-295, 1159-1175
　carenciais na criança e no adulto, 1159-1162
　　ferropriva, 279-280, 294-295
　da inflamação, 1163-1165

hemolítica autoimune (AHAI), 1172-1175
hereditárias, 1169-1172
hipoplasias medulares, 1165-1169
Aneurisma da aorta abdominal (AAA)
Anomalias
　anorretais (AAR) no recém-nascido, 450-453
　fissuras craniofaciais raras, 750-753
　fissuras labiopalatinas, 747-750
　fetais ver Feto
Anovulação crônica, síndrome da ver Síndrome da anovulação crônica (SAC)
Ansiolíticos e hipnóticos, 60
　benzodiazepínicos, 60
　buspirona, 60
　zolpidem, 60
　de receptores de leucotrienos, 334-335
　　no tratamento da asma, 332-333
　de receptores serotonérgicos, 59-60
　　nefazodona, 59-60
　　trazodona, 59-60
　dos canais de cálcio, 41-42
Antecipação gênica, 271-272
Antibioticoterapia
　na ITU, 356-357
Anticolinérgicos, 48-50, 334-335, 486-489
　de curta duração (SAMA), 48-49
　de longa duração (LAMA), 48-49
　efeito colaterais, 48-49
　　outros, 48-49
　　urinários, 48-49
　no tratamento da asma, 334-335
Anticoncepção e diabetes melito, 82
Anticonvulsivantes, 34-45, 57-58
　ácido valproico, 34-45, 57-58
　carbamazepina, 34-45, 57-58
　doses, 34-45
　fenitoína, 34-45
　gabapentina, 34-45
　indicações, 34
　lamotrigina, 34-45, 57-58
　mecanismos de ação, 34
　oxcarbazepina, 34-45
　topiramato, 34-45
Antidepressivos, 34
　contraindicações, 34
　doses, 34
　efeitos adversos, 34
　indicações, 34
　mecanismos de ação, 34
　　agomelatina, 59-60
　　antagonistas de receptores serotonérgicos, 59-60
　　bupropiona, 59-60
　　heterocíclicos, 58, 59

inibidores da monoaminoxidase (IMAOs), 58, 59
inibidores de recaptura de serotonina e norepinefrina, 59-60
inibidores seletivos de recaptura de serotonina (ISRS), 58, 59-60
mirtazapina, 59-60
Anti-hiperglicemiantes, 50-51
　inibidores de alfaglicosidade, 50-51
　metformina, 50-51
　tiazolidinedionas (ou glitazonas), 50-51
Anti-hipertensivos, 38-39, 47-48, 142-143, 147-148
　classes de, 39-40, 47-48, 142-143, 147-148
　　alfabloqueadores ou bloqueadores $\alpha_1$-adrenérgicos, 144-145
　　alisquireno, 147-148
　　alta e beta bloqueadores, 144-145
　　antagonistas dos canais de cálcio, 41-42
　　benzotiazapinas, 144-145
　　betabloqueadores com atividade vasodilatadora dependente de óxido nítrico, 144-145
　　betabloqueadores ou bloqueadores $\beta$-adrenérgicos, 143-145
　　bloqueadores dos canais lentos de cálcio (BCCa), 144-146
　　bloqueadores dos receptores AT1 da angiotensina II, 42-43, 145-146, 147-148
　　diazóxido, 147-148
　　difenilalquilaminas, 144-145
　　di-hidropiridinas, 144-145
　　diuréticos de alça, 143-144
　　diuréticos poupadores de potássio, 143-144
　　diuréticos tiazídicos e similares, 143-144
　　diuréticos, 39-41, 143-144
　　hidralazina, 147-148
　　inibidor direto da renina, 42-43
　　inibidores adrenérgicos, 40-42, 143-145
　　inibidores da enzima conversora da angiotensina, 41-43, 145-146
　　inibidores diretos de renina, 147-148
　　interações medicamentosas, 46-48
　　minoxidil, 147-148
　　nitroprussiato de sódio, 147-148
　　simpatolíticos de ação central, 144-145
　　tratamento, 42-43, 46-47

# DIAGNÓSTICO E TRATAMENTO

vasodilatadores diretos, 41-42, 147-148
Anti-inflamatórios, dipirona e paracetamol, 32-33
    características, 32-33
    cautela e contraindicações, 32
    efeitos adversos, 32-33
    indicações, 32
    mecanismos de ação, 32
Anti-inflamatórios não hormonais (AINH), 22, 25-26, 401-402
    AINH disponíveis, 23
    interações medicamentosas, 22
        baixas doses de ácido acetilsalicílico, 22
        glicocorticosteroides (GC), 22
        inibidores da ECA (IECA), 22
        SSRIs, 22
        varfarina, 22
    mecanismos de ação, 22
        efeitos não mediados pelas prostaglandinas, 23
        enzimas COX, 22-23
        inibição da ciclo-oxigenase, 22
    toxicidade, 25-26
    uso clínico, 24-26
        efeitos não analgésicos, 25-26
        esquemas posológicos, 24-25
Antimicrobianos, 18-21, 352-353
    aspectos farmacológicos, 18-20
        farmacocinética, 18-19
        farmacodinâmica, 19-20
    aspectos microbiológicos, 18
    medicamento, 20-21
        dose, 20
        duração da infusão, 20-21
        tempo do tratamento, 21
        vias e formas de administração, 21
Antipsicóticos, 60
    atípicos, 61-62
    convencionais, 60-62
Antirretroviral, terapia (HIV) ver Terapia antirretroviral (HIV)
Antirreumáticos modificadores de doença, 402-403
Antropometria, 65-67
    na avaliação do crescimento, 281-282
    na sala de parto, 245
    no diagnóstico da obesidade, 65-67
        avaliação da composição corporal, 67
        circunferência abdominal, 67
        peso e estatura, 65-67
        pregas cutâneas, 67
Aorta
Apendicite, 457-458-459
    na infância, 457-459
Apneia no RGE, 294-295

Apneia obstrutiva do sono, síndrome da (SAOS), 211-218, 423-424, 426-427
    na criança ou adolescente, 423-424, 426-427
        sinais e sintomas diurnos, 424-425
        sinais e sintomas noturnos, 424-425
Arritmias cardíacas, 608-611, 827-833
    bradiarritmias, 609-611
    fetais, terapêutica, 608-611
    taquiarritmias, 608-610
Artrite reumatoide, 1776-1782
Artrites na infância e na adolescência, 398-399, 408-412
    agudas, 408-409
        das doenças hematológicas, 408
        das doenças linfoproliferativas, 408
        reativa, 408
        traumática, 408
        séptica, 408
    crônicas, 409-412
        idiopática juvenil, 409-412
Áscaris, obstrução, 457-458
Asma, 333, 337-341, 1686-1692
    na infância, 337-341
        exacerbação aguda, 337-341
        medicamentos utilizados, 337-341
Aspergilose, 344-345
    broncopulmonar alérgica, 344-345
Assistência pré-natal, 572, 576-577, 591-592, 656, 657
    psicológica, 656, 657
    rotina da, 572, 576-577
        nutrição e segurança alimentares, 575-576, 617-618
        propedêutica subsidiária, 572
        rastreamento de doenças infecciosas, 575-576, 617-618
Ataxias, 1430-1434
Atividade física, 81, 85-87, 96-97
    no tratamento do diabetes melito, 81, 85-87, 96-97
Atresia, 291-292, 409-410, 445-447
    de vias biliares, 291-292
    do esôfago (AE) no recém-nascido, 444-446
        com fístula distal, 445-446
        sem fístula, 445-446
    duodenal, 445-447
    pulmonar com septo ventricular íntegro, 409-410
Atrofia vaginal, 528-529
Atropelamento, prevenção de, 441-442
Avaliação auditiva no recém-nascido, 266-267

Avaliação otoneurológica, 1515-1518
Azitromicina, 344-345

Baixa estatura, 282-283
    idiopática, 282-283
Belimumabe, 29-30
Benzodiazepínicos, 60
Benzotiazapinas, 144-145
Beta-agonistas, 47-49
    de curta duração (SABA), 48-49
    de duração ultralonga (ultra-LABA), 48-49
    de longa duração (LABA), 48-49
    efeitos colaterais, 48-49
        cardiovascular, 48-49
        eletrolítico, 48-49
        endócrino, 48-49
        muscular, 48-49
        pulmonar, 48-49
        SNC, 48-49
Betabloqueadores, 40-42, 143-145, 408-409
    com atividade vasodilatadora dependente de óxido nítrico, 144-145
Bexiga, 489-490, 493, 516-518
    câncer de, 1974, 1975, 1981-1982
        carcinoma *in situ*, 1980
        cistectomia, 1980-1982
        estadiamento, 1976-1978
        estudos de imagem e para estadiamento, 1978-1979
        fatores de risco, 1976
        linfadenectomia, 1980
        marcadores tumorais, 1978
        sintomas irritativos, 1978
        terapias associadas, 1981-1982
        tumor em divertículo vesical, 1980
    hiperativa na mulher, 489-490, 493, 516-518
        neuromodulação sacral, 489-490
        toxina botulínica, 489-490
        tratamento cirúrgico, 489-490
        tratamento farmacológico, 486-487, 489-490
        tratamento não farmacológico, 486-487
    urgência miccional, 493, 516-518
Biópsia(s), 291-292, 295-296, 376-377
    hepática, 291-292
    múltiplas do esôfago, 295-296
    renal, 376-377
Bisfosfonatos, 210, 528-529
Bloqueador(es)
    da IL-1 (Anakinra e canaquinumabe), 29-30
    do BlyS (belimumabe), 29-30
    do eixo IL-12/IL-23 (ustequinumabe), 28-30

    do RANK-L (desonumabe), 29-30
    do TNF, 26-29
        peculiaridades de cada agente, 27, 28
    dos canais de cálcio (BCCa), 144-146
        benzotiazapinas, 144-145
        difenilalquilaminas, 144-145
        di-hidropiridinas, 144-145
    dos receptores AT1 da angiotensina II, 42-43, 145-146, 147-148
    $\alpha_1$-adrenérgicos, 144-145
Bócio (abordagem fetal), 607-609
Botulismo, 1230-1232
    coleta de amostra, 1230
    diagnóstico, 1230
    notificação, 1232
    prognóstico, 1232
    quadro clínico, 1230
    tratamento, 1231
Bradicardia, 255-256, 294-295
    neonatal, 255-256
    no RGE nos lactentes, 294-295
Bridas pós-operatórias na infância, 457-458
Bromocriptina (BRC), 52-53
Bromoprida, 295-296
Broncodilatadores, 47-50, 330-331, 344-345
    anticolinérgicos, 48-50
        de curta duração (SAMA), 48-49
        de longa duração (LAMA), 48-49
        efeito colaterais, 48-49
    beta-agonistas, 47-49
        de curta duração (SABA), 48-49
        de duração ultralonga (ultra-LABA), 48-49
        de longa duração (LABA), 48-49
        efeitos colaterais, 48-49
    na obstrução brônquica, 344-345
    na sibilância, 330-331
    novos broncodilatadores, 49-50
        inibidores seletivos da fosfodiesterase, 49-50
        novas xantinas, 49-50
        novos anticolinérgicos de longa duração, 49-50
        novos β-agonistas de duração ultralonga, 49-50
    xantinas, 48-49
        aminofilinas, 48-49
        novas xantinas, 48-49
        teofilinas, 48-49
Broncoespasmo no RGE nos lactentes, 294-295
Bronquiectasias, 1692-1697
Bronquiolite, 329-331
    na infância, 330-331
    obliterante, 329-330
    viral aguda, 330-331
Bullying, 435-436

Bupropiona, 59-60
Buspirona, 60

**C**abergolina, 523-524
Cabeça e pescoço, câncer de, 1908-1911
   quimioterapia, 1908-1911
      estádios III e IV (doença irressecável), 1908-1909
      estádios III e IV (doença ressecável), 1908-1909
      estádios III e IV M1 (doença a distância), 1908-1909
Calendário nacional de vacinação ver Imunização
Calendário vacinal para idosos ver Imunização
Campanhas nacionais de vacinação ver Imunização
Canal anorretal, doenças do, 1037-1045
   afecções proctológicas não neoplásicas, 1037-1041
   doenças do orifício anal 1041-1045
Canaquinumabe, 29-30
Câncer
   angiogênese tumoral, 1875, 1876-1877, 1878
      fatores antiangiogênicos, 1876-1877, 1878
      fatores proangiogênicos, 1876-1877, 1878
      terapias antiangiogênicas, 1876-1877, 1878
      toxicidade induzida por terapia antiangiogênica, 1876-1877, 1878
   bexiga, 1974, 1975, 1981-1982
   cabeça e pescoço, 1908-1911
   colo uterino, 1957, 1958-1959, 1963-1964
   colorretal, 1947, 1948-1950-1951, 1952
      quimioterapia, 1949-1950
      tratamento cirúrgico, 1948-1950
   cuidados paliativos na infância e na adolescência, 2113-2114
   de mama, 559-560, 562-564
      lesões precursoras e marcadoras de risco, 559-560
      mamografia, 559-560
      métodos de prevenção, 561, 562-564
      mutações nos genes supressores de tumores, 561, 562
   de pâncreas, 905, 1942-1945
      tratamento adjuvante e paliativo, 1944-1945
      tumores periampolares, 1944-1945
   endométrio, 1963-1965

   esôfago, 1935, 1936-1938
   estômago, 1937-1938, 1940-1941
   fígado, 1945-1947, 1948
   genética do, 1857-1860
      em tumores esporádicos, 1860
      tumores hereditários, 1857-1860
   imunologia do, 1873, 1875, 1876, 1879
      imunoterapia, 1873, 1875, 1876, 1879
      perspectivas, 1875, 1876
   neutropenia febril no, 1332-1335
   olho e anexos oculares, 1910-1911, 1913-1914
   ovário e tuba uterina, 1957, 1958-1959
   pulmão, 1919-1923
   pele, 1987-1988, 1993-1994
   prevenção do, 1872-1873, 1861-1865, 1866, 1898
      fatores de risco em, 1872-1873, 1861, 1862
      primária, 2006, 1862-1864
      secundária, 1863-1865, 1866, 1898
   próstata, 1981-1982, 1984, 1985
   rim, 1970-1971, 1974, 1975
   sarcomas uterinos, 1964-1965, 1967
   testículo, 1984, 1985-1987
   tiroide, 1913-1914, 1919
   vagina, 1969-1971
   vulva, 1967-1970
Candidíase, 568-570, 571
   vulvovaginal, 568-570, 571
Carbamazepina, 34-45, 57-58
Cardiologia, métodos diagnósticos em, 761-764
Cardiopatias congênitas, 329-331, 406-407, 420, 421-422
   acianóticas, 421-422
      comunicação interatrial (CIA), 421-422
      comunicação interventricular (CIV), 422
      defeito do septo atrioventricular (DSAV), 421
      persistência do canal arterial (PCA), 422
   agentes inotrópicos e vasopressores, 421
   betabloqueadores, 421
   cianogênicas, 422
      atresia pulmonar com septo ventricular íntegro, 422
      tetralogia de Fallot, 422
      tetralogia de Fallot com atresia pulmonar, 422
   choque cardiogênico, 421
   cianose central, 420
   coração univentricular, 422
   crise de hipoxia, 420

   digitálicos, 421
   diuréticos, 421
   drenagem anômala total de veias pulmonares, 422
   e sibilância, 329-331
   insuficiência cardíaca (IC), 421
   lesões obstrutivas, 422
      coarctação de aorta (CoA), 422
      estenose pulmonar (EP), 420
      estenose pulmonar crítica do recém-nascido, 420
   síndrome hipoplásica do coração esquerdo, 422
   transposição das grandes artérias (TGA), 422
   *truncus arteriosus*, 422
   vasodilatadores, 421
Cardiotocografia (CTG), 583-584, 585
Cardioversor, 419-420
Cartilagem articular, lesões, 1504-1509
Catarata, 1486-1489
Cavidade oral, afecções, 935-939
Caxumba, imunização contra, 226-228
Cefaleia(s), 440-443, 1364-1368
   na infância e na adolescência, 440-443
   primárias, 1364-1368
   secundárias, 1364-1368
Certolizumabe pegol (CZP) (Cimzia®), 27, 28
Cesariana, 641-642, 645-646, 648-649
   a pedido, 645-647
   alta, corporal ou clássica, 648-649
   complicações pós-, 646-648
   técnica de, 647-649
Cetoacidose diabética (CAD), 108-111
   bicarbonato de sódio, 108-111
   hidratação e reposição de eletrólitos, 108-109
   insulinoterapia, 108-109
   potássio, 108-109
Choque cardiogênico, 408-409
Choque elétrico, prevenção de, 441-442
Cianose central, 407-408
Cicatrizes cirúrgicas e endometriose, 505-506
Cintilografia, 290-292, 294-295, 355-356, 386-387
   de tiroide, 386-387
   de ventilação-perfusão (V/Q), 1036
   de vias biliares, 290-2912
   gastresofágica, 294-295
   renal com DMSA marcado com tecnésio, 355-356
Cirrose, 1096-1105
Cirurgia(s), 296-297
   anomalias craniofaciais, 747-753
      cranioestenose, 751-753

      fissuras craniofaciais raras, 750-753
      fissuras labiopalatinas, 747-750
   antirrefluxo, 296-297
   complicações em cirurgia plástica, 731-735
      blefaroplastias, 732
      mastoplastia de aumento, 731
      rinoplastia, 732
      ritidoplastia, 734
   complicações em dermatologia, 735-739
      avaliação pré-operatória, 736
      complicações estéticas, 739
      danos ao sistema nervoso, 738
      hemorragias, 736-737
      infecções, 737-738
      necrose de retalho cutâneo, 738
      tensão excessiva e deiscência, 738
   doença do refluxo gastresofágico (DRGE), 1021-1027
   fetal a "céu aberto", 612, 613, 615
   oncológica, 1883, 1887-1888, 1889
      avaliação pré-operatória, 1887-1888
      biópsia linfonodal, 1887-1888
      biópsia mamária, 1888-1889
      cirurgia de urgência, 1883, 1888-1889
      diagnóstico cirúrgico invasivo, 1887-1888
      linfadenectomia, 1888-1889
      tratamento cirúrgico paliativo, 1888-1889
   queloides, cicatrizes, úlceras, 739-744
   reconstrução de perdas de substância, 744-747
   revascularização miocárdica (CRM), 785-790
      avanços em técnica operatória, 788
      equipe multidisciplinar, 789
      indicações, 785
      manejo pós-operatório, 788
      novas tecnologias, 789
      sem circulação extracorpórea, 789
      subgrupos, 786-788
      uso de enxertos arteriais, 787-788
   tumores benignos, 753-760
      em cirurgia plástica, 753-756
      em dermatologia, 756-760
Cirurgia bariátrica, 65, 76-77
   banda gástrica ajustável, 77-78
   *bypass* gástrico em Y de Roux, 76-78
   derivação biliopancreática laparoscópica, 65, 77-78

gastrectomia vertical sem manga de camisa (sleeve), 77-78
Cisto(s), 289-292, 453, 459-460, 529-531
    de colédoco, 289-292
    de cordão, 453
    de Gartner, 529-530
    do canal inguinal, 530-531
    do ducto da glândula maior, 530-531
    epidérmicos da vulva, 530-531
    roto de ovário, 459-460
Citomegalia, 265-267
Coagulação, 1175-1183
    coagulopatias adquiridas, 1181-1183
    coagulopatias hereditárias, 1175-1181
Coarctação de aorta (CoA), 409-410
Cobertura, alterações estruturais mínimas, 1540-1543
Colagenoses, manifestações cutâneas, 891-895
Colangiopancreatografia retrógrada endoscópica, 291-292
Colangiorressonância, 291-292
Colesevelam, 52-53
Colestase neonatal, 288, 293-294
    acolia fecal, 290
    atresia de vias biliares, 292-293
    causas extra-hepáticas, 293
    causas intra-hepáticas, 293
    cisto de colédoco, 293
    colúria, 290
    crônica, 293
    diagnóstico laboratorial, 291-292
        biópsia hepática, 292
        cintilografia de vias biliares, 292
        colangiopancreatografia retrógrada endoscópica, 292
        colangiorressonância, 292
        fosfatase alcalina (FA), 292
        gamaglutamiltransferase (GGT), 292
        radiologia, 292
        tubagem deodenal, 292
        ultrassonografia abdominal, 292
        $\delta$glutamiltranspeptidase ($\delta$GT), 292
    exame físico, 291
    história do pré-natal, 291
    história familiar de consanguinidade, 290
    história familiar, 290
    icterícia, 290
    prurido e xantomas, 290
    ruptura espontânea do colédoco, 293
    sexo, 290
Cólicas no lactente, 293-294, 301-302

Colite ulcerativa na infância, 307-309
Coluna vertebral, 1786-1799
    doenças da, 1786-1799
    hérnia de disco, 1795-1799
    tumores da, 1791-1795
Colúria, 289-290
Coma, 1368-1373
Compressão brônquica extrínseca, 330-331
Comunicação interatrial (CIA), 408-409
Comunicação interventricular (CIV), 408-409
Concentração de sódio, distúrbios, 1740-1745
Conjuntiva, alterações da, 1482-1486
Constipação
    crônica e incontinência fecal na infância, 313-316
    intestinal crônica, 1076-1079
Contraceptivos, 543-544, 551
    hormonais, 539, 543-544
        adesivo cutâneo, 540
        anel vaginal, 540
        de emergência, 541
        de longa duração e reversíveis, 540-541
        injetáveis, 540
        orais, 540, 543-544
    não hormonais, 539-551
        comportamentais e de barreira, 539
        DIU, 539-551
        esterilizações, 551
Contraimunoeletroforese (CIE), 352-353
Controle glicêmico, 636-637
Convulsões, 352-353
Coqueluche, 223, 226, 363-367
    imunização contra, 223, 226
    na infância, 363-364, 366-367
        cultura de secreção, 364-365
        fase catarral, 363-364
        fase de convalescença, 363-364
        fase paroxística, 363-364
        guincho inspiratório, 363-364
        PCR, 364-365
        profilaxia pós-exposição, 366-367
        quimioprofilaxia, 366-367
        sorologia, 364-366
Coração univentricular, 409-410
Cordocentese, 582, 627-628
Coreia(s), 404-405
    coreia de Sydenham, 404-405
Córnea, 1477-1482
Corpo(s) estranho(s), 329-330, 440-441, 459-460, 1674-1677
    aspiração de, 329-330
Corrimentos genitais, 447-570, 571
    candidíase vulvovaginal, 568-570, 571

tricomoníase, 570, 571
vaginose bacteriana, 568-569
Corticosteroides, 330-331, 333-334, 352-353
    inalatórios, 330-331
    no tratamento da asma, 333-334
    no tratamento da meningite, 352-353
Couro cabeludo, dermatoses do, 939-942
Crescimento, avaliação e distúrbios do, 281-284
    anamnese, 282
    antropometria, 282
    diagnóstico, 282-283
        alta estatura, 282-283
        baixa estatura, 283
        exames subsidiários e acompanhamento, 283
    exame físico, 282
    maturação esquelética, 282
    velocidade de, 282
Crianças ver Infância
Cricotireotomia, 415-417
    acesso vascular, 415-417
Crise convulsiva febril na infância, 435-440
Cuidados paliativos, 706-707, 714-715
    às crianças, 2113-2116
    aos idosos, 706-707, 714-715
    no câncer, 1888-1889, 1939, 1940, 1944-1945

Darifenacina, 487-489
    cardíacos congênitos (DCC), 269-271
    de fechamento do tubo neural (DFTN), 270-271
    do septo atrioventricular (DSAV), 408-409
Deficiência
    auditiva nos recém-nascidos, 250-251
    de fase lútea (DFL), 616-617
Deglutição, distúrbios da, na infância, 329-330
Delirium, 1643-1646
Demências, 1374-1378
    doença de Alzheimer, 1374-1378
Dengue, 1305-1311
Dependência
    de álcool ver Álcool
    de nicotina/tabaco ver Nicotina/tabaco, dependência de
Depressão, 178-188, 238-239
    na infância, 178-181
    no idoso, 184-185, 188, 238-239
    no jovem e no adulto, 179-181, 184-185
Derivação(ões), 611-612
    fetais, 611-612
    toracoamniótica, 611-612

urinárias, 611-612
ventriculoamniótica, 611-612
Dermatites ver Eczemas e dermatites
Dermatoses
    bolhosas, 880-882
    eritêmato-descamativas, 870-871
Derrame pleural, 1713-1718
Descolamento prematuro da placenta ver Placenta
Desenvolvimento, distúrbios de, 432-435
    causas perinatais, 433-434
    causas pós-natais, 433-434
    causas pré-natais, 433-434
    predomínio de alteração motora, 434-435
    predomínio de alterações relacionais, 433-434
    predomínio de deficiência intelectual, 433-434
Desfibrilador
    externo automático (DEA), 418-419
    manual, 419-420
Desvenlafaxina, 59-60
Diabetes melito, 72, 79-82
    anticoncepção, 82
    complicações agudas, 106-108, 111-112
        cetoacidose diabética (CAD), 108-109
        estado hiperglicêmico hiperosmolar (EHH), 110-112
        hipoglicemia, 110-112
    complicações crônicas, 111-112, 121, 140-141
        doença cardiovascular (DCV), 118, 119, 120-121
        doença renal diabética (DRD), 112-113, 114-115
        neuropatias diabéticas (NPD), 114-115, 118, 119, 120
        retinopatia diabética, 111-113
    e abortamento, 616-617
    gestacional, 72, 79-82
    na 1ª e na 2ª infâncias, 84-85, 88-89
    neonatal, 83-85
        bases moleculares do, 82-84
        permanente, 82
        transitória, 82
    no idoso, 104-105, 106-108
    no jovem e no adulto, 88-89, 104-105
        defeitos genéticos na ação da insulina, 93-94
        defeitos genéticos na função das células β, 92-94
        dieta, 96
        do tipo 1 A (DM1A), 91-93
        do tipo 1 B (DM1B), 92-93
        do tipo 2, 93-95
        exercícios, 96-97

LADA, 94-95
transplantes, 103-105
tratamento medicamentoso, 97, 103-104
Diafragma, 661
Diarreia, 299-302, 306-307, 309-313, 1068-1071
   na infância, 299-302, 309-313
   aguda, 299-302
   crônica (doenças inflamatórias intestinais), 309-313, 1089-1095
   persistente, 301-302
   prevenção, 302
   por *Clostridium difficille* (colite pseudomembranosa), 1223-1225, 1223-1225
Difteria, imunização contra, 223, 226
   no idoso, 231-232
Digitálicos, 408-409
Di-hidropiridinas, 144-145
Di-hidrotestosterona (DHT), 519-520
Disgenesia tiroidiana, 384-385
Dislipidemias, 65-66, 69, 70, 122, 159, 160, 178,
   e doença aterosclerótica na infância, 122, 125-126, 159, 160
   diagnóstico clínico da hipercolesterolemia familiar (HF), 123-126
   fatores de risco cardiovasculares, 122-123
   hipertrigliceridemias, 125-126
   rastreamento em cascata, 124-125
   e doença aterosclerótica no idoso, 125-126, 128-129
   estratificação de risco, 126-127
   segurança no tratamento, 127-129
   no jovem e no adulto, 128-129, 130-131, 178
   estratificação do risco cardiovascular, 128-130
Disormoniogênese, 384-385
Displasia
   broncopulmonar na infância, 329-330
   fibrosa, 1009-1013
Dispneia, 1661-1664
Distimia, 183-184
Distopia(s), 453, 493-496
   genital, 493-496
      classificação POP-q, 493-495
      fisioterapia de soalho pélvico, 494-495
      uso de pessários, 494-495
   testiculares, 453
Distúrbio(s)
   da concentração de sódio *ver* Concentração de sódio, distúrbios

de ritmo cardíaco, 416-417, 20-421
   ausência de pulso, 418-419
   manobra vagal, 418-419
   pulso lento, 416-417
   pulso rápido, 418-419
   tratamento elétrico, 418-421
do sono *ver* Sono, distúrbios do
plaquetários hereditários, 284-286
   síndrome de Bernard-Soulier, 285-286
   síndrome de Wiskott-Aldrich (SWA), 285-286
   trombastenia de Glanzmann, 284-286
respiratório obstrutivo do sono no adulto *ver* Síndrome da apneia obstrutiva do sono do adulto (SAOS)
DIU, 539-551
Diuréticos, 39-41, 143-144, 408-409
   da alça, 39-40, 143-144
   mecanismo de ação, 40-41
   poupadores de potássio, 39-41, 143-144
   tiazídicos e correlatos, 39-40, 143-144
Divertículo de Meckel no recém-nascido ou na criança, 447-448, 458-460
Doença arterial, 841-858
   aneurisma da aorta abdominal (AAA), 846856
   coronariana, 765
   obstrução arterial aguda aguda periférica, 841-846
   trauma arterial das extremidades, 856-858
Doença autoimune, 986-990
   da tiroide *ver* Tiroidites
Doença cardíaca, 761
   tratamento cirúrgico, 797, 799
      cirurgia valvar, 799
      classificação da insuficiência cardíaca, 798
      dispositivos de assistência ventricular mecânica, 799
      marca-passo ressincronizador e/ou desfibrilador, 799
      reconstrução ventricular, 799
      revascularização miocárdica, 799
      terapia celular, 801
      transplante cardíaco, 800
         contraindicações, 801
         indicações, 800
Doença cardiovascular (DCV), 118, 119, 120, 121 *ver também* Dislipidemias
   como complicação do diabetes melito, 118, 119, 120, 121
Doença celíaca, 306-308

Doença coronariana crônica, 780-785
   estratificação de risco, 781
      dislipidemias, 782
      hipertensão arterial, 782
      tabagismo, 782
   tratamento de doenças associadas, 781-783
   tratamento farmacológico, 782-783
      antiagregantes plaquetários, 782
      bloqueadores beta-adrenérgicos, 782
      bloqueadores dos canais de cálcio, 783
      hipolipemiantes, 783
      inibidores da enzima de conversão da angiotensina, 783
      nitratos, 783
   tratamento invasivo, 783-784
Doença da hiperfunção da tiroide *ver* Tiroide
Doença da hipofunção da tiroide *ver* Tiroide
Doença de Behçet, 1840-1847
Doença de Chagas, 1259-1263
   controle e prevenção da doença, 1263
   diagnóstico etiológico, 1261
      fase aguda, 1262
   etiologia, 1259
   eventos adversos, 1263
   imunopatogenia, 1260
   quadro clínico, 1260
      em imunodeprimidos, 1261
      fase aguda, 1260
         exames complementares, 1260
      fase crônica, 1260
         forma cardíaca, 1260
         forma indeterminada, 1260
         tratamento sintomático e cirúrgico, 1261
      forma digestiva, 1261
         diagnóstico, 1261
         diagnóstico diferencial, 1261
         megacolo, 1261
         megaesôfago, 1261
         tratamento do megacolo, 1261
         tratamento do megaduodeno, 1261
         tratamento do megaesôfago, 1261
         tratamento do megaíleo, 1261
         tratamento do megajejuno, 1261
   tratamento e prevenção, 1262
      fase crônica, 1262
   vetores e reservatórios, 1259
   vias de transmissão, 1259
      acidentes perfuro-cortantes, 1260

materno-fetal, 1259
oral, 1259
transfusão de sangue e hemoderivados, 1259
transplante de órgãos, 1260
vetorial, 1259
Doença de Crohn, 307-308
   na infância, 307-308
Doença de Cushing, 958-961
Doença de hipofunção suprarrenal, 968-972
Doença de Hirschsprung (DH) no recém-nascido, 449-451
Doença de Paget, 1009-1013
Doença de Parkinson, 1404-1418
Doença diverticular dos colos, 1081-1089
Doença do refluxo gastresofágico, 329-330, 366-368, 1021-1027
   abordagem cirúrgica, 1026-1027
   abordagem clínica, 1021-1026
   na infância, 329-330, 366-368
Doença erosiva no esôfago, 294-295
Doença exantemática na infância, 360-363
Doença glomerular 1751-1754
Doença hemorrágica, e púrpuras, 1166-1169, 1183-1187
Doença hepática, 344-345, 1116-1121
   alcoólica (DHA), 1105-1107
   associada à fibrose cística, 344-345
   autoimunes, 1107-1113
      hepatite autoimune (HAI), 1107-1113
   metabólica, 1116-1121
Doença hepatobiliar na infância, 459-460
Doença hipertensiva específica da gestação (DHEG), 628631
Doença inflamatória, 310-311, 483, 485, 511-514, 567
   intestinal na infância, 210-311
   colite ulcerativa, 307-309
   doença de Crohn, 307-308
   manifestações extraintestinais, 308-309
   pélvica (DIP), 310-311, 483, 485, 511-514, 567
Doença microcristalina, 1782-1786
Doença mieloproliferativa, 2024-2044
Doença mitocondrial, 274-275
Doença parasitária, 919-922
   escabiose, 919-922
Doença pulmonar intersticial, 1697-1701
Doença pulmonar obstrutiva crônica (DPOC), 1677-1680
Doença renal, 112-113, 114-115, 1764-1767
   crônica, 1764-1767
   diabética (DRD), 112-115

Doença respiratória no recém-nascido, 260-261, 262-264
   síndrome de aspiração do mecônio (SAM), 262
   síndrome do desconforto respiratório (SDR), 260-261
   taquipneia transitória do recém-nascido (TTRN), 262-263
Doença sexualmente transmissível (DST), 926-932
Doença sistêmica, manifestação cutânea, 942-944
Doença ulcerosa gastroduodenal, 1057-1059
Doença valvar, 816-827
   abordagem cirúrgica, 821-827
   abordagem clínica, 816-821
Doença venosa, 833-841
   crônica, 833-836
   trombose venosa profunda, 836-841
Domperidona, 295-296
Dopplervelocimetria, 586-588
Dor, 406-407, 498-499-506
   musculoesquelética (DME) na infância e na adolescência, 406-407
   pélvica crônica (DPC), 498-499, 504-506
   e endometriose, 504-506
DPOC ver Doença pulmonar obstrutiva crônica (DPOC)
Drogas, transtornos associados, 1606-1613
Duloxetina, 491
Duplicidade intestinal no recém-nascido, 447-448
δglutamiltranspeptidase (δGT), 290-291

Eclampsia, 630-632
Ecocardiografia, 405-406
   fetal, 580-581, 758
Eczemas e dermatites, 316-320, 866-870
   dermatite atópica, 316-320, 867-868
      na infância, 316-320
      no adulto, 866-870
   dermatite de contato, 866
   eczema atópico, 313-314
   eczema de estase, 869
   eczema disidrótico, 869
   eczema numular, 868
   neurodermite circunscrita, 869
Eletrencefalograma (EEG), 426-427
Eletrocardiografia, 405-406
Eletroconvulsoterapia (ECT), 187-188
Emergências oncológicas, 1861, 1866-1867, 1872-1873
   aumento da pressão intracraniana, 1870-1872
   compressão da medula espinal, 1869-1871
   derrame pericárdico neoplásico, 1869-1870
   hipercalcemia, 1866-1869
   metástases cerebrais, 1870-1872
   neutropenia febril, 1861, 1871-1873
   secreção inapropriada de hormônio antidiurético (SIADH), 1867-1869
   síndrome da veia cava superior (SVCS), 1869-1870
   síndrome de lise tumoral, 1867-1870
   tamponamento cardíaco, 1869-1870
Encoprese, 311-312
Endocardite 1232-11238
   infecciosa, 1232-11238
Endométrio, câncer de
   estadiamento, 1964-1965
   progressão, 1964-1965
   tratamento sistêmico, 1964-1965
Endometriose, 504-506, 529-530
   de cicatriz cirúrgica, 505-506
   e dor pélvica crônica, 504-506
   e infertilidade, 505-506
   ovariana, 505-506
   peritoneal profunda, 505-506
   peritoneal superficial, 505-506
Enterocolite necrosante (EN) no recém-nascido, 448-449
Epilepsia(s), 435-440, 1378-1382
   na infância e na adolescência, 435-440
      com evolução benigna, 435-440
      com evolução catastrófica, 435-440
Episclera e esclera, alterações, 1482-1486
Epistaxe, 1535-1537
Eritema, 404-405
   marginado, 404-405
Eritrovirose, 597-599
Erros inatos do metabolismo (EIM), 274-276
   diagnóstico diferencial dos, 274-276
Erupções
   acneiformes, 895-899
Escabiose, 919-922
Esclerose múltipla e outras doenças desmielinizantes, 1434-1438
   esclerose múltipla, 1434
      critérios diagnósticos, 1435
      diagnóstico, 1434
      epidemiologia, 1434
      imunopatologia, 1434
      prognóstico, 1436
      quadro clínico, 1434
      tratamento, 1435
         dos surtos, 1435
         preventivo, 1435
   neuromielite óptica, 1436
      critérios diagnósticos, 1437
      diagnóstico, 1437
      epidemiologia, 1436
      imunopatologia, 1436
      quadro clínico, 1436
      tratamento, 1437
Esclerose sistêmica, 1799-1803
Esofagite, 295-297
   péptica, 295-296
Esôfago, 294-296
   câncer de, 1926, 1927-1928, 1935, 1936
   de Barrett, 295-296
   doença erosiva no, 294-295
   estenose, 294-295
   monitoração do pH de 24 horas, 294-295
Esopremazol, 295-296
Espondiloartrites, 1804-1810
Esquizofrenia, 1587-1591, 1613-1617
Estado de mal epiléptico na infância e na adolescência, 428-429
Estado hiperglicêmico hiperosmolar (EHH), 110-112
Estafilococos, infecções por, 1203-1212
Estatinas, 54, 55-56, 1013
Esteatoepatite, 1113-1115
Esteatorreia, 341-342
Esteatose hepática (EH), 69, 70, 1113-1115
   esteatoepatite, 1113-1115
   não alcoólica (EHNA), 69, 70
Estenose, 294-295, 409-410, 446-447
   duodenal no recém-nascido, 446-447
   esofágica, 294-295
   pulmonar (EP) crítica do recém-nascido, 409-410
   traqueal, 1671-1674
Esterilizações, 551
Estômago
   câncer de, 1926, 1927-1928, 1940-1941
      estadiamento, 1938, 1939
      tratamento adjuvante, 1939, 1940
      tratamento neoadjuvante, 1939, 1940
      tratamento paliativo, 1939, 1940
      tratamento precoce, 1938, 1939
Estrabismo(s), 1470-1473
Estreptococos, infecções por, 1203-1212
Estresse, modelo psiconeuroendocrinológico do, 654-656, 657
   síndrome de burnout, 655-656, 657
   estresse laboral, 655
Estrogênios, 487-489, 491
Exame, 265-266
   oftalmológico no recém-nascido, 265-266
Exantema(s), 352-353

Faringite na infância, 327-328
Farmacodermias, 877-880
Farmacogenética/Farmacogenômica, 10-13, 14
   adoção da FGx pelos profissionais de saúde, 13, 14
   características do medicamento, 11, 13
   da varfarina, 11, 12
   disponibilidade dos testes farmacogenéticos, 13, 14
   e individualização terapêutica, 11, 12
   farmacogenética na população brasileira, 13, 14
   frequência dos polimorfismos farmacogenéticos, 11, 13, 14
   impacto na prescrição de medicamentos, 12-11, 13
   na prática clínica, 11, 13, 14
   perspectivas da farmacogenética, 13, 14
Fármacos
   e lesões hepáticas induzidas por, 1136-1142
   em obstetrícia, 576-580
Farmacovigilância ver Medicamentos
Fator de necrose tumoral (TNF), 26-28
Febre, 353-357, 403-404, 406-407, 426-428, 1314-1320
   amarela, 227-228, 1314-1320
      imunização contra, 227-228
   de Chikungunya, 1311
      diagnóstico, 1311
      diagnóstico laboratorial, 1311
      tratamento, 1312
   de origem indeterminada, 1330-133
   na infância, 353-357, 426-428
      crise convulsiva, 426-428
      sem sinais localizatórios, 353-357
   neutropenia febril no câncer, 1332-1335
   no paciente viajante, 1323-1329
   pelo vírus Zika, 1312
      diagnóstico laboratorial, 1313
      etiologia, 1313
   reumática na infância e na adolescência, 412-416
      comprometimento articular, 412-416
      comprometimento cardíaco, 412-416
      coreia de Sydenham, 412-416
      detecção de infecção estreptocócica prévia, 412-416

ecocardiografia, 412-416
eletrocardiografia, 412-416
eritema marginado, 412-416
hemograma, 412-416
nódulos subcutâneos, 412-416
provas inflamatórias, 412-416
radiografia de tórax, 412-416
Febre de Chikungunya, 1311-1312
    diagnóstico, 1311
    diagnóstico laboratorial, 1311
    tratamento, 1312
Febre pelo vírus Zika, 1312-1314
    diagnóstico laboratorial, 1313
    etiologia, 1313
Fenitoína, 34-45
Feocromocitoma, 1016-1020
Feto, 579-580, 589-590, 592-594, 606-607, 615-616, 637-638, 641-642 ver também Gestação
    avaliação da vitalidade, 582-583, 586, 587
        amnioscopia, 582-584
        análise gasométrica do sangue do couro cabeludo, 583-584
        batimentos cardíacos, 582-583
        cardiotocografia (CTG), 583-584, 585
        dopplervelocimetria, 584, 585, 586
        mobilograma, 582-583
        perfil biofísico fetal (PBF), 584, 585-584, 585, 586
    desvios do crescimento, 586, 587-590, 593-594
        macrossomia, 588-590
        restrição do crescimento (RCF), 586, 587-589
        restrição seletiva do crescimento fetal (RSCF), 593-594
    óbito, 637-642
        assistência ao parto e puerpério, 641-642
        causas fetais, 639-640
        causas maternas, 639-640
        causas placentárias, 639-640
        conduta ativa, 640-642
        conduta expectante, 640-641
    rastreamento e diagnóstico de anomalias, 579-583
        aconselhamento genético-reprodutivo, 579-581
        amniocentese, 582, 627-628
        amostra do vilo corial, 582, 627-628
        biologia celular e proteômica, 582, 627-628
        biópsias de pele e fígado fetal, 582, 627-628
        coleta de tecidos ou coleções feto-anexiais, 582, 627-628
        cordocentese, 582, 627-628
        dosagens bioquímicas no sangue materno, 581-582

ecocardiografia fetal, 580-581
estudo de coleções fetais, 582, 627-628
necropsia e radiologia fetal, 582, 627-628
ressonância magnética, 582, 627-628
ultrassonografia genético-fetal, 580-581
sequência anemia policitemia (SAP), 593-594
síndrome da transfusão feto-fetal (STFF), 592-594
terapêutica, 606-607, 615-616
    amnioinfusão, 611-612
    arritmias fetais, 608-611
    cirurgia fetal a "céu aberto", 612, 613, 615
    derivação toracoamniótica, 611-612
    derivação ventriculoamniótica, 611-612
    derivações fetais, 611-612
    derivações urinárias, 611-612
    drenagens fetais, 610-612
    fetoscopia, 612, 613, 615-616
    hiperplasia suprarrenal congênita (HAC), 608-609
    indução da maturidade pulmonar fetal, 606-608
    no bócio, 607-609
    prevenção da paralisia cerebral, 607-608
    prevenção dos defeitos do tubo neural (DFTN), 606-607
    tratamento do polidrâmnio, 606-607
Fibratos, 55-56
Fibroadenoma, 554-556
Fibroma vulvar, 530-531
Fibromialgia, 1810-1814
Fibrose cística na infância, 329-330, 346-350
    alívio da obstrução brônquica, 349-350
    CFTR, 343, 366-367
    complexo *B. cepacia, S. maltophilia, A. xyloxidans*, 349
    doença hepática associada, 350
    fármacos em estudo, 350
    infecções pulmonares, 349
    insuficiência pancreática exócrina (IPE), 349
    manifestações gastrintestinais, 347
    manifestações respiratórias, 346-347
    *P. aeruginosa* (PA), 349
    *S. aureus/H. influenza*, 349
    suporte nutricional, 350
    teste do suor, 350
    teste genético, 350
    transplante pulmonar, 351
    triagem neonatal, 348

Fígado, 1945-1947, 1948
    câncer, 1945-1947, 1948
        estadiamento, 1945-1947, 1948
        estratégias paliativas, 1946-1947, 1948
        ressecção, 1946-1947, 1948
        transplante hepático, 1946-1947, 1948
        transplantes percutâneos, 1946-1947, 1948
    tumores benignos, 1153-1158
Fimose, 453-455
Fisioterapia respiratória, 330-331, 344-345, 1733-1736
Fissura(s)
    craniofaciais raras, 750-753
        microssomia craniofacial, 752-753
        síndrome de Treacher-Collins, 753
Fosfatase alcalina (FA), 290-291
Fragilidade óssea, estados de, 161
    homem, 167
        osteoporose, 168
            diagnóstico, 168
            distúrbios endocrinológicos, 168
            distúrbios gastrintestinais, 168
            distúrbios renais, 168
            doenças sistêmicas, 168
            hipogonadismo, 168
            manejo, 170
            medicamentosa, 168
            outras causas, 168
            tratamento, 168
    idoso, 175
        aspectos clínicos, 176
        diagnóstico, 175
        epidemiologia, 175
        medidas higienodietéticas, 176
            ingestão adequada de proteínas, 176
            vitamina D, 176
        medidas para prevenir quedas e fraturas, 176
            atividade física, 177
            controle de fatores extrínsecos e intrínsecos, 176
            causas, 177
            tratamento medicamentoso, 177
        tratamento, 176
    infância e juventude, 161
        diagnóstico, 162
            hipofosfatasia, 164
            leucemia e outras neoplasias malignas da infância, 166
            osteogênese imperfeita, 162
            osteoporose juvenil idiopática, 164

osteoporose pseudoglioma, 163
paralisia cerebral, 165
síndrome de Bruck, 163
fisiopatologia, 161
    distúrbios endócrinos e reprodutivos, 161
    doenças hereditárias do tecido conectivo, 161
    doenças crônicas, 161
    doenças neuromusculares, 161
    erros inatos do metabolismo, 162
    iatrogênicas, 162
mulher, pós-menopausa, 171
    dieta, 173
        vitamina D, 173
    diagnóstico, 172
    fatores de risco, 171
    fatores de risco modificáveis, 172
    fatores de risco não modificáveis, 171
    fisiopatologia, 171
    hábitos saudáveis, 173
    osteoporose, 172
        defeitos congênitos, 172
        deficiências nutricionais, 172
        distúrbios endócrinos, 172
        distúrbios hematopoiéticos, 172
        distúrbios inflamatórios, 172
        distúrbios neuropsiquiátricos, 172
        distúrbios renais, 172
        medicamentos, 172
        síndromes da má absorção, 172
    perspectiva, 175
    prevenção de quedas, 173
    quadro clínico, 171
    tratamento, 172
    tratamento medicamentoso específico, 173
        estimulador da formação (anabólico), 174
            teriparatida, 174
        inibidores da reabsorção, 173
            bisfosfonatos, 173
            calcitonina, 174
            denosumabe, 173
            moduladores seletivos do receptor de estrogênio, 173
            terapia estrogênica, 173
        medicamento de ação mista, 175
            ranelato de estrôncio, 175
Fraturas, 1509-1512
    consolidação viciosa, 1509-1512

Frequência cardíaca do recém-nascido, 253-254

**G**abapentina, 34-45
Gamaglutamiltransferase (GGT), 290-291
Gastrites, 1055-1057
Gastrosquise no recém-nascido, 449-450
Genitália ambígua no recém-nascido, 464-465
Gestação ver Gravidez
Gigantismo ver Acromegalia e gigantismo
Ginecologia, 562, 563-564
Glândula suprarrenal, carcinoma do córtex da, 2098-2100
    na infância e na adolescência, 2098-2100
Glaucoma, 1474-1477
Glibenclamida, 81
Glicocorticosteroides (GC), 22, 401-403
Glinidas, 106-108
Glitazonas, 106-108
Glomerulonefrite aguda pós-estreptocócica (GNPE), 377-380
Glomerulonefrite rapidamente progressiva, 1758-1760
Glomerulopatia por lesões histológicas mínimas (LHM), 375-376
Glomerulosclerose segmentar e focal (GESF), 375-376
Golimumabe (GOL) (Simponi®), 27, 28
Gravidez, 72, 79-82 ver também Aleitamento materno
    diabetes melito na, 72, 79-82
        atividade física, 81
        conduta no parto, 635-636, 637
        controle glicêmico, 636-637
        hipoglicemiantes orais, 81-82
        insulina, 81
        metabolismo glicídico na gestante normal, 72, 79
        terapia nutricional, 80-81
        tratamento medicamentoso, 81-82
    distúrbios do metabolismo, 633-634, 637-638
    ectópica, 619-624
        conduta expectante, 620-622
        gravidez heterotópica, 623-624
        localização atípica, 622-624
        tratamento cirúrgico, 620-621
        tratamento medicamentoso, 621-623
    e hepatite autoimune, 1107-1113
    e miastenia grave autoimune adquirida, 1421-1427
    múltipla, 589-590, 595-596
        adaptação materna, 590-591
        assistência ao parto, 594-596
        assistência especial, 591-592
        complicações, 592-595
        dizigótica, 590-591
        exames de pré-natal, 591-592
        gemelaridade imperfeita, 594-595
        monozigótica, 590-591
        morte unifetal, 594-595
        neuroproteção do prematuro, 592-593
        prevenção do parto prematuro, 591-592
        termo na, 595-596
        trabalho de parto prematuro, 592-593
        ultrassonografia, 591-592
    obesidade, 636-638
    placenta, 582, 624-625
        descolamento prematuro, 625-628
        inserção baixa da, 624-627
    prematuridade, 250-251
    síndromes hipertensivas, 628-633
        doença hipertensiva específica da gestação (DHEG), 628-631
        eclampsia, 630-632
        hipertensão arterial crônica (HAC), 631-633
        síndrome HELLP, 631-632
    terapia antirretroviral na, 1245-1247
    transplante renal, 632-634, 1771-1775
Gripes, 1300-1305
Guincho inspiratório, 363-364

**H**. influenza, 343-345
Haemophilus influenzae tipo B (HIB), imunização contra, 225-226
Hematúria, 380-382, 397-399
    na infância e na adolescência, 380-382, 397-399
        extraglomerular, 380-382
        glomerular, 380-382
Hemograma com contagem de plaquetas, 265-266
Hemorragia
    pós-parto (HPP), 651-653, 654
Hemoterapia, 1174-1180, 1191-1198, 1944-1946
    em oncologia pediátrica, 2105-2108
        concentrado de hemácias, 2105-2106
        concentrado de plaquetas, 2106-2107
        crioprecipitado, 2107
        granulócitos, 2107
        plasma fresco congelado, 2107
        produtos especiais, 2107
    indicação clínica de hemocomponentes, 1191-1195
    reações transfusionais, 1195-1198
Hepatite(s), 223, 225, 229, 240-241, 265-268, 1107-1113
    autoimune (HAI), 1107-1113
    por vírus, 1122-1124
        agudas, 1122-1124
        coinfecção HBV-HIV, 1132-1136
        crônica B, 1124-1128
        crônica C, 1128-1132
Hérnia, 454-455
    de disco, cirurgia, 1795-1799
    de hiato, 293-294
    diafragmática congênita no recém-nascido, 445-446
    inguinal e inguinoescrotal, 452-453
    inguinal na infância, 455-456, 463-465
    umbilical, 454-455
Herpes
    congênito, 265-267
    simples, 265-267
    -vírus, doenças causadas por, 1297-1300
    -zóster, imunização contra, 233
Hidradenite supurativa da vulva, 530-531
Hidralazina, 147-148
Hidroadenoma papilar, 530-531
Hidrocefalia congênita, 270-271
Hidrocele na infância, 452-453, 463-465
Hipercolesterolemia familiar (HF), 123-124, 125-126
Hipereosinofilia, 295-296
Hiperlacticemia, 275-276
Hiperparatiroidismo, 1547-1555
Hiperplasia nodular
    suprarrenal congênita (HSC), 387-388, 396-402, 521-522, 551
        deficiência da 11β-hidroxilase, 400
        deficiência da 17α-hidroxilase – 17,20 liase, 400
        deficiência da 3β-hidroxidesidrogenase tipo II, 400
        deficiência da P450 oxidorredutase, 401
        deficiência da P450SCC, 401
        deficiência de 21α-hidroxilase, 401
        terapêutica fetal, 608-609
Hiperprolactinemia, 952-954
Hipertensão
    arterial, 65-66, 69, 70, 140-141, 160
        crônica (HAC) na gestação, 631-633
        gestacional, 628
        na infância, 131
            emergência hipertensiva, 139
            medicamentos e doses pediátricas, 140
        medida da pressão arterial, 132
        técnicas, 132
        valores de pressão arterial para meninos, 133
        valores de pressão arterial para meninas, 135
        quadro clínico e diagnóstico, 136
        hipertensão essencial, 136
        hipertensão secundária, 136
            causas, 137
            exame físico, 137
        tratamento, 137
        terapia medicamentosa, 138
            medicamentos orais, 139
        terapia não medicamentosa, 137
    na obesidade, 65-66, 69, 70
    no jovem e no adulto, 140-141, 147-148
    intracraniana, 352-353
    porta ver Síndrome da hipertensão porta (SHP)
    pulmonar, 341-342
Hipertirotropinemia transitória, 385-386
Hipertrigliceridemias, 125-126
Hipofunção tiroidiana ver Tiroide
Hipoglicemia(s), 102-104, 110-112
    como complicação do diabetes melito, 102-104, 110-112
    no adulto, 994-1000
Hipoglicemiantes, 50-52, 81-82
    glibenclamida, 81
    metformina, 81-82
    metiglinidas, 50-52
    orais, 81-82
    sulfonilureias, 50-51
Hipogonadismo, 1005-1009
    hipergonadotrófico, 1005-1009
Hipolipemiantes, 578-579
    ácido nicotínico, 55-56
    estatinas, 54, 56
    fibratos, 55-56
    inibidores da absorção do colesterol (ezetimiba), 55-56
    sequestradoras de ácidos biliares, 55-56
Hipopituitarismo, 964-967
Hipotebegenemia, 384-385
Hipotermia no recém-nascido, 253-254
Hipotiroidismo, 392-396
    congênito, 392-396
        alteração hipofisária, 393
        alteração hipotalâmica, 393
        anticorpos antitiroidianos, 394
        causas genéticas, 393

cintilografia de tiroide, 394
defeito no receptor do TSH
(TSHR), 393
disgenesia tiroidiana, 392-393
disormoniogênese, 393
dosagem de tiroglobulina, 394
hipertirotropinemia transitória,
393
hipotebegenemia, 393
hipotiroxinemia transitória, 393
mutações no transportador monocarboxilado 8 (MCT8), 393
radiografia do esqueleto, 394
resistência aos hormônios tiroidianos, 393
síndrome de Down, 393
teste do perclorato, 394
testes genéticos, 394
triagem neonatal, 393
ultrassonografia de tiroide com
Doppler colorido, 394
Hipovitaminoses, prevenção das hipovitaminoses, 279-280
Hipoxemia, 346-347
Hipoxia, crise de, 407-408
Hirsutismo, 520, 521
Histerossalpingografia (HSG), 535-
537
Histiocitose(s) na infância e na adolescência, 2100-2103
de células de Langerhans (HCL),
2100-2102
HIV/Aids, 245-246, 374-380, 1276-
1297
abordagem inicial, 1276-1278
infecções oportunistas, 1289-1293
na criança, 374-380
acompanhamento da resposta
terapêutica, 377-378
profilaxia da transmissão vertical, 375-380
quimioprofilaxia antirretroviral
no RN, 375-376
tratamento antirretroviral, 376-
377
vacinação de infectados, 379-
380
profilaxia, 1294-1297
resistência e terapêutica de resgate, 1283-1285
sorologia na sala de parto, 245-
246
terapia antirretroviral, 1278-1283
complicações, 1285-1288
na gestação, 1280-1283
Holoprosencefalia (HPE), 270-271
Homeostase sanguínea do cálcio,
alterações da, 1000-1005
hipercalcemias, 1001-1002
hipocalcemias, 1002-1005
Hormônio(s), 56-57, 385-386
distúrbios na secreção do, 948-952

prescritos que interferem no metabolismo basal, 56-57
levotiroxina sódica (L-T4), 56-57
sais de testosterona (injetável e
percutâneo), 56-57
somatropina ou hormônio do
crescimento, 56-57
tiroidianos, 385-386
HPV, 229, 451, 534, 566-567
diagnóstico molecular da infecção,
534
integração do genoma viral ao
humano, 534
nas mulheres, infecção genital por,
566-567
Humira®, 27, 28

Ictericia, 256-260, 289-290
na colestase neonatal, 289-290
Idade óssea, 281-282
Idosos, 16, 104-105, 106-108, 125-
126, 128-129, 184-185, 188, 238-
239, 665-724
avaliação de risco cardiovascular,
671-672
capacidade funcional dos, 665,
667-669
fatores de risco para mortalida-
de, 666-667
novo paradigma em saúde, 665
saúde pública e novo paradigma, 666-667
cuidados paliativos, 706-707, 714-
715
antibioticoterapia, 714-715
avaliação de dor, 708, 709, 710
avaliação de sintomas, 708,
709, 710
constipação, 714-715
controle da dispneia, 712-714
controle de dor, 710-713
decisão final sobre, 706-707
diarreia, 714-715
escala de *performance* paliativa, 707-710
escala de *performance status*
de Karnofsky, 707-708
hipodermóclise, 710-711
náuseas e vômitos, 713-714
sedação paliativa e terminalidade de vida, 714-715
tosse, broncorreia e sialorreia,
713-714
cuidados perioperatórios, 720,
721-724
evidência para uso de protocolos multimodais, 721-722
jejum, 721-723
nutrição, 722-724
eletroconvulsoterapia (ECT),
187-188
farmacoterapia, 185-188
psicoeducação, 187-188

psicoterapias, 185-186
terapia familiar, 187-188
diabetes melito, 104-105, 106-108
análogos de GLP-1, 106-108
glinidas, 106-108
glitazonas, 106-108
inibidores da DPP-4, 106-108
inibidores de alfa-glicosidase,
106-108
insulina, 106-108
metformina (MF), 105, 106, 107
sulfonilureias (SU), 105, 106,
107-108
terapia medicamentosa, 105,
106-108
dislipidemias, 125-126, 128-129
hiperplasia prostática, 724
agonistas dos receptores beta-
-adrenérgicos, 727
anticolinérgicos, 727
bloqueadores de fosfodiestera-
se, 727
bloqueadores dos receptores
alfa-1-adrenérgicos, 726
bloqueadores dos receptores
alfa-1-adrenérgicos + inibidores da enzima 5-alfa-redutase,
727
diagnóstico, 725
inibidores da enzima 5-alfa-
-redutase, 727
procedimentos invasivos, ciru-
gia, 728
quadro clínico, 725
tratamento, 726
imunizações, 229-233
uso de medicamentos em, 16
distúrbios da cognição, 675, 676-
677, 679, 680
demência, 675, 676-677, 678-
679
doença cardiovascular, manifestações atípicas, 673-674, 675, 676
doença arterial coronariana
(DAC), 674-676
doença arterial periférica dos
membros inferiores (DAOP),
674-675
hipertensão arterial sistêmica,
673-674
hipotensão ortostática (HO),
674-675
insuficiência cardíaca (IC), 674-
675
tromboembolia pulmonar (TEP),
675, 676
iatrogenia, 700-701, 704-705
obesidade, 73-78
promoção de saúde e envelhecimento ativo, 667-669, 670
risco nutricional, 688, 689-691
avaliação de, 688, -690
plano alimentar, 689-691
sarcopenia, 689-690

síndrome da fragilidade, 704-705,
706-707
síndrome demenciais, alterações
comportamentais, 698, 699-700
agressividade, 699-700
alterações do ciclo sono-vigília,
699-700
alucinações, 699-700
apatia, 699-700
delírios, 699-700
hipersonia, 699-700
inquietação/agitação psicomotora, 699-700
insônia, 699-700
síndrome do desequilíbrio e quedas, 680-681, 683-684
intervenção, 682-684
síndrome dolorosa, 685, 687, 688
avaliação da dor, 685
mensuração da dor, 685
tratamento farmacológico, 686-
688
tratamento não farmacológico,
686-687
transdisciplinaridade no cuidado,
716-720, 721
transtorno afetivo bipolar, 693-
694, 695-696
comorbidades, 694-695
curso e prevalência no início
tardio, 693-695
episódio hipomaníaco, 694-696
episódio maníaco, 694-695
idosos x adultos, 694-695
início na idade jovem x início
tardio, 694-695
transtorno mental relacionado ao
uso de substância (US), 695-696-
698, 699
álcool, 696-697
benzodiazepínicos, 696-697
dependência química, 696-697
intervenções farmacológicas,
697-698, 699
opioides, 696-697
tabaco, 696-697, 1591-1595
transtorno psicótico, 691-692,
693-694
esquizofrenia, 691-693, 1613-
1617
transtorno delirante persistente,
692-693
IGIV, 30-32
Íleo meconial, 366-367, 447-449
no recém-nascido, 447-449
Impedanciometria intraluminal com
múltiplos canais com pHmetria
(IIM-pH), 295-296
*Imprinting*, 271-272
Imunização, 223-233, 371-372
calendário vacinal para idosos,
230

crianças e adolescentes com HIV, 371-372
difteria e tétano, 231-232
difteria, tétano e pertússis (coqueluche), 223, 225-226
febre amarela, 227-228
Haemophilus influenzae tipo B (HIB), 225-226
hepatite A, 229
hepative B, 223, 225
herpes-zóster, 233
influenza, 227-228, 232-233
  no idoso, 232-233
meningococo, 226-227
papilomavírus humano (HPV), 229
pneumococo, 225-227
pneumonia estreptocócica, 230-231
poliomielite, 225-226
rotavírus, 223, 225
sarampo, caxumba e rubéola, 226-228
saúde do viajante, 233
  imunização do viajante, 233
  vacinas de rotina, 234
  vacinas de uso seletivo para viajantes, 235
    cólera, 237
    encefalite japonesa, 237
    febre tifoide, 237
    hepatite A, 236
    hepatite E, 237
    meningocócicas, 236
    raiva, 236
  vacinas obrigatórias, 235
    febre amarela, 235
tuberculose, 223
varicela, 227-229
Imunobiológicos, 25-32, 402-403
  bloqueador do eixo IL-12/IL-23 (ustequinumabe), 28-30
  bloqueador do RANK-L (desonumabe), 29-30
  bloqueadores da IL-1 (Anakinra e canaquinumabe), 29-30
  bloqueadores do BlyS (belimumabe), 29-30
  bloqueadores do TNF, 26-29
  imunoglobulina humana endovenosa (IGIV), 30-32
  precauções e cuidados, 26-28
  terapia anti-CD20 – rituximabe, 29-32
  terapia antil-IL-6 (tocilizumabe), 28-29
  terapia da modulação da coestimulação (abatacepte), 30-32
Imunocomprometidos, dermatoses, 932-935
Imunodeficiências primárias na infância, 357-358, 359-360
Imunoglobulina humana endovenosa (IGIV), 30-32

Incidentalomas suprarrenais, 972-977
Incontinência urinária de esforço (IUE) na mulher, 490-492, 513-514,
  tratamento cirúrgico, 491-492
  tratamento fisioterapêutico, 491-492
  tratamento medicamentoso, 491
Incretinomiméticos secretagogos de insulina e terapias emergentes, 51-53
  agonistas do receptor do GLP-1, 51-53
  bromocriptina, 52-53
  colesevelam, 52-53
  incretinomiméticos inibidores da DPP-4, 51-52
  secretagogos análogos da amilina, 52-53
Índice terapêutico (IT), 5-6
Índios ver Povos indígenas, saúde dos
Individualização terapêutica e FGx, 11, 12
Infância, 67, 68, 84-85, 88-89, 160, 125-126, 178, 179-181, 223-229, 283-284, 287-288, 297-298, 464-465 ver também Recém-nascido; Lactentes
Infecção(ões), 249-250, 263-264, 268-269, 326-329, 343-344, 354-355, 359-360, 566-567, 511-513, 485, 490-491
  bacterianas, 903-906
  citomegalovírus em receptores de transplante de órgãos, 1321-1323
    diagnóstico, 1321
    epidemiologia e fatores de risco, 1321
      manifestações clínicas, 1321
    prevenção, 1322
    tratamento, 1322
      medicação, 1322
  congênitas, 263-264, 268-269
    AIDS, 265, 267
    análise do LCS, 265
    avaliação auditiva, 265-266
    citomegalia, 265
    eritrovirose, 597-599
    exame oftalmológico, 265
    hemograma com contagem de plaquetas, 265
    hepatite B, 265, 266-268
    herpes simples, 265-266
    rubéola, 264-265
    sífilis, 264-266
    toxoplasmose, 264
    varicela, 265, 266
  corrente sanguínea, 1341-1343
    adequação da terapia, 1342
    conduta relacionada a cateter, 1341
    epidemiologia, 1341
    terapia empírica, 1342

cutâneas de origem viral, 899-903
de repetição, na infância, 364-367
em recém-nascidos, 249-250
  micoses subcutâneas, 915-919
  micoses superficiais, 910-915
genital por HPV, 566-567, 571
hospitalares, 1335-1358
puerperal, 649, 650-651
  toxoplasmose, 264-267
  ultrassonografia e ressonância magnética de crânio, 265-266
  varicela, 265, 266-267
pulmonares na fibrose cística, 343-344
sítio cirúrgico e profilaxia cirúrgica, 1348-1352
  intraoperatório, 1349
  pós-operatório, 1349
    profilaxia cirúrgica, 1349, 1350
  pré-operatório, 1349
trato urinário (ITU), 361-364, 1343-1346
  diagnóstico, 1344
  prevenção, 1346
  quadro clínico, 1343
  tratamento, 1344
    bacteriúria assintomática
urinária nas mulheres, 485, 490-491, 513-514
vias aéreas superiores na infância, 326-329, 1525-1530
Infertilidade feminina, 505-506, 534-535, 538-539
  aderências pélvicas, 534-537
  anormalidades uterinas, 535-537
  causas genéticas, 535-537
  causas imunológicas e trombofilias, 535-537
  diagnóstico, 535-537
    análise seminal, 535-537
    avaliação ovulatória, 535-537
    avaliação uterina, 535-537
    histerossalpingografia (HSG), 535-537
    reserva ovariana, 535-537
  distúrbios ovulatórios, 534-535
  doação de gametas, 538-539
  e endometriose, 505-506
  fatores tuboperitoneais, 534-537
  idade oocitária, 534-535
  microcirurgias, 538-539
  miomatose uterina, 535-537
  sem causa aparente (ISCA), 535-537
  útero de substituição, 538-539
Infliximabe (IFX) (Remicade®), 27, 28
Influenza, imunização contra, 227-228
  no idoso, 232-233
Inibidores
  adrenérgicos, 40-42, 143-145
    ação central, 40-42

alfabloqueadores ou bloqueadores $\alpha_1$-adrenérgicos, 144-145
alta e beta bloqueadores, 144-145
betabloqueadores com atividade vasodilatadora dependente de óxido nítrico, 144-145
betabloqueadores ou bloqueadores $\beta$-adrenérgicos, 143-145
simpatolíticos de ação central, 144-145
da absorção do colesterol (ezetimiba), 55-56
da ECA (IECA), 22
da enzima conversora da angiotensina, 41-43, 145-146
da monoaminoxidase (IMAOs), 58, 59
de alfaglicosidade, 50-51
de recaptura de serotonina e norepinefrina, 59-60
  desvenlafaxina, 59-60
  duloxetina, 59-60
  venlafaxina, 59-60
diretos de renina, 42-43, 147-148
  alisquireno, 147-148
seletivos de recaptura de serotonina (ISRS), 58, 59-60
Insuficiência(s), 341-348, 407-409
  cardíaca (IC), 407-409, 790-802
    aguda/descompensada, 796-797
    crônica, 1681-1686
    dispositivos de assistência ventricular, 799-780
    diuréticos, 794
    espironolactona, 795
    inibidores da ECA/BRA, 794
    inibidores da fosfodiesterase 5, 795
    ivabradina, 795
    ômega 3, 795
    reabilitação cardiopulmonar, 793-797
    transplante cardíaco, 800-801
    tratamento cirúrgico, 797-801
    $\beta$-bloqueadores adrenérgicos, 794-795
  pancreática exócrina (IPE), 341-345
  renal 1745-1747
  respiratória aguda (IRA) na infância, 351-353
    entrada de ar nos pulmões, 352
    frequência respiratória, 352
    padrão respiratório, 352
    sinais clínicos de hipoxemia, 352
    sinais de hipercapnia, 352
    tipo I ou hipoxêmica, 352
    tipo II ou hipercápnica, 352

suprarrenal *ver* Doença de hipofunção suprarrenal
Insulina, 81, 86-87, 98, 103-104, 106-108
  ação intermediária e lenta, 99
  ação longa, 99-100, 101
  ação rápida, 99
  ação ultrarrápida, 98-99
  bomba de infusão subcutânea contínua (BIISC), 102-103
  defeitos genéticos na ação da, 93-94
    lipodistrofias, 93-94
    síndromes de resistência grave, 93-94
  efeitos colaterais, 102-104
    aumento de peso, 103-104
    hipoglicemia, 102-104
    lipoatrofia e lipo-hipertrofia, 103-104
  pré-misturas, 100, 101
  regime de múltiplas doses (MDI) ou bolo-basal, 100, 102-103
  tratamento convencional, 100, 101
  tratamento intensivo, 100, 101
Interações medicamentosas, 15, 22, 46-48
  com os AINH, 22
Interconsulta psiquiátrica, 1652-1658
Intestino delgado
  obstruções congênitas de, 445-447
    atresia duodenal, 445-447
    estenose duodenal, 446-447
    membrana duodenal perfurada, 446-447
    pâncreas anular, 446-447
    vício de rotação intestinal, 446-447
Intolerância à lactose, 300-301
Intoxicações, prevenção, 440-442
Invaginação intestinal na infância, 456-458

Joelho, lesões ligamentares e instabilidade articular, 1492-1493

Lactentes, 293-294, 297-298, 300-301, 304-305, 456-457, 460-461
  abdome agudo, 456-457, 460-461
  alergia à proteína do leite de vaca, 300-301, 304-305
  refluxo gastroesofágico (RGE), 293-294, 297-298, 301-302
    anemia ferropriva, 294-295
    apneia, 294-295
    avaliação endoscópica, 295-296
    biópsias múltiplas do esôfago, 295-296
    bradicardia, 294-295
    broncoespasmo, 294-295
    cintilografia gastroesofágica, 294-295
    cólicas, 293-294
    doença erosiva no esôfago, 294-295
    e doenças otorrinolaringológicas, 294-295
    EEI, 293-294
    esofagite péptica, 295-296
    esôfago de Barrett, 295-296
    estenose esofágica, 294-295
    fisiológico, 293-294
    ganho ponderal insatisfatório, 294-295
    hematêmese, 294-295
    hérnia de hiato, 293-294
    hipereosinofilia, 295-296
    IIM-pH, 295-296
    microaspiração pulmonar, 294-295
    monitoração do pH intraesofágico de 24 horas, 294-295
    secundário, 301-302
    síndrome de Sandifer, 294-295
    tratamento, 295-296, 297-298
Lamotrigina, 34-45, 57-58
Laqueadura do cordão umbilical, 245
Laringe, lesões benignas da, 1537-1540
Laringite na infância, 327-328
Laringotraqueobronquite (crupe) na infância, 327-328, 330-331
Leiomioma, 495-496, 498-499, 529-531
  uterino, 495-496, 498-499
    hipoestrogenismo criado, 497-498
    miomas parasitas, 495-496
    miomas paridos, 495-496
    necrobiose asséptica, 495-496
  vaginal, 529-530
  vulvar, 530-531
Leishmaniose tegumentar americana (LTA), 922-925
Leishmaniose visceral, 1263-1267
Leptospirose, 1238-1240
Lesão(ões), 388-392, 1498-1504
  da cartilagem articular ver Cartilagem articular, lesões
  musculotendíneas, 388-392
  renal aguda (LRA), 388-392
  na infância e na adolescência, 388-392
Leucemia(s)
  eosinofílica crônica não especificada (LEC-NE), 2038
  linfoblástica aguda (LLA), 2044-2048
    exame físico, 2044
    exames de imagem, 2045
    exames diagnósticos, 2045
    exames gerais, 2045
  linfocítica crônica, 2048-2052
    complicações, 2050
    imunofenotipagem por citometria de fluxo, 2049
    tratamento, 2050-2051
  mieloide aguda (LMA), 2024-2028
    acompanhamento pós-quimioterapia, 2028
    biópsia de medula óssea (MBO), 2025
    cariótipo, 2025-2026
    consulta com reprodução humana, 2026
    hemograma, 2025
    imunofenotipagem (IMF), 2025
    mielograma, 2025
    quimioterapia, 2026-2027
    recidiva, 2023
    suporte psicossocial, 2026
    testes genético-moleculares, 2026
    tipagem HLA, 2026
    transplante de célula-tronco-hematopoiética (TCTH), 2028
    tratamento de infiltração de SNC, 2028
  mieloide crônica (LMC), 21, 2029-2033
    fase acelerada e crise blástica, 2033
    fase crônica, 2030-2033
  na infância e na adolescência, 2075-2080
    linfoide aguda (LLA), 2076-080
    mieloide aguda, 2080
  neoplasias mieloproliferativas-*BCR-ABL1* negativas, 2033-2039
  neutrofílica crônica 2038
Leucoplasia(s), 1544-1547
Levotiroxina sódica (L-T4), 56-57
Ligamentos, lesões *ver* Lesões ligamentares e instabilidade articular
Linguagem, distúrbios na infância, 1427-1429
Linfoma(s)
  de Hodgkin, 2012-2015
  na infância e na adolescência, 2080-2083
    linfoma de Hodgkin (LH), 2082
    linfoma não Hodgkin (LNH), 2081-2082
  não Hodgkin, 2016-2021
    agressivos, 2018-2019
    altamente agressivos, 2019
    de células do manto, 2019
    de células T periféricas, 2019
    difuso de grandes células B (LDGCB), 2019
    com doença refratária ou recidivada, 2019
    índice de prognóstico internacional (IPI), 2017
    índice de prognóstico internacional revisado (R-IPI), 2017-2018
    indolentes, 2018
  linfoma de zona marginal esplênica, 2020
  linfoma de zona marginal extranodal gástrico ou linfoma MALT, 2020
  linfoma primário de sistema nervoso central (LPSNC), 2019-2020
  linfomas associados ao HIV, 2020
  linfomas cutâneos primários (LCP), 2020
Lipoatrofia, 103-104
Lipodistrofias, 93-94
Lipo-hipertrofia, 103-104
Lipoma, 530-531
  vulvar, 530-531
Líquen, 529-530
  da vulva, 529-530
    escleroso, 529-530
    plano, 529-530
    simples crônico, 529-530
Litíase biliar, 1027
  abordagem cirúrgica, 1031-1034
  abordagem clínica, 1027-1030
Litíase renal, 1748-1751
Lúpus eritematoso sistêmico, 1814-1820

Macrolídeos, 344-345
  na obstrução brônquica, 344-345
Malária, 1267-1276
Malformações congênitas, 269-274
  anamnese, 271-272
  anomalia maior isolada, 269-271
    defeitos cardíacos (DCC), 269-271
    do sistema nervoso, 270-271
  anomalias associadas, 270-272
    antecipação gênica, 271-272
    *imprinting*, 271-272
    sequência malformativa, 271-272
    síndromes malformativas de causa cromossômica, 270-271
    síndromes malformativas de causa monogênica, 270-271
  anomalias congênitas e erros inatos do metabolismo, 271-272
  exame físico, 272-273
  exames específicos em genética, 273
    cariótipo, 273
    hibridação genômica comparativa (CGH) *microarray*, 273
    PCR, 273
    técnicas de citogenética molecular (FISH), 273
    teste de metilação, 273
    teste do exoma, 273
  exames gerais, 272-273

Mama(s), 551-552, 562, 563-564
  câncer, 559-560, 562, 563-564
    fase avançada, 1932-1935, 1936
    fase inicial, 19261932
    lesões precursoras e marcadoras de risco, 559-560, 561
    mamografia, 559-560
    métodos de prevenção, 530-562, 563-564
  doenças benignas da, 590-591, 595-597
    fluxos papilares, 590-594
    mastites, 591-595
    neoplasias, 554-557
  dor, 556-557, 559-560
    alterações funcionais benignas, 557-560
Mamografia, 598-600
Manifestações retinianas, 1455-1458
Manobra de Jacobs, 643-644
Marca-passo cardíaco, 420-421
Massagem cardíaca, 254-256
Mastites, 552-555
  periareolar recidivante, 552-555
Maus-tratos, 443-447 ver Violência e maus-tratos
Medicamentos, 3-4, 5, 6-9, 12-17, 319-321
  alergia a, 319-321
  desenvolvimento de, 3-4
    fase clínica para produtos oncológicos, 4
    fase clínica, 3-4
    fase não clínica (pré-clínica), 3-4
  estudos pré-clínicos de novos, 6-9
  genéricos, 17
  impacto da FGx na prescrição de, 12-11, 13
  mecanismo de ação, 6
  normatização dos estudos clínicos, 4
  segurança e farmacovigilância, 15-17
    eventos adversos, 15-16
    interações medicamentosas, 15
  ver também Farmacocinética e farmacodinâmica; Farmacodermias
Megaureter obstrutivo primário (MOP) no recém-nascido, 460-462
Meia-vida, 19
Melanoma
  estadiamento, 1988, 1990
  tratamento adjuvante, 1988, 1990
  tratamento cirúrgico, 1988, 1990
  tratamento da doença metástica, 1988, 1990-1991
Membrana duodenal perfurada no recém-nascido, 446-447
Meningite(s) na infância, 357-360, 1212-1215, 1216-1222
  bacteriana aguda, 357-360, 1212-1215
    antimicrobianos, 359

avaliação neurológica, 359
contraimunoeletroforese (CIE), 359
controle da hipertensão intracraniana, 359
convulsões, 359
corticosteroides, 359
exantemas, 359
meningococcemia, 359
punção de LCS, 359
quimioprofilaxia, 360
rigidez de nuca, 358
sinal de Brudzinski, 358
sinal de Kernig, 358
síndrome de Watherhouse--Friederichsen, 359
teste de aglutinação de partículas de látex, 359
crônica, 1215-1222
não purulenta, 360
punção de LCS, 360
Meningococcemia, 359
Meningococo, imunização contra, 226-227
Menopausa ver Transição menopausal
Metabolismo, 49-50, 56-57, 65-66
  da glicose, alterações na obesidade, 65-66
  distúrbios na gravidez, 633-634, 637-638
  fármacos de ação no, 49-50, 56-57
    anti-hiperglicemiantes, 50-51
    hipoglicemiantes, 50-52
    hipolipemiantes, 52-53, 55-56
    hormônios prescritos que interferem no metabolismo basal, 56-57
    incretinomiméticos secretagogos de insulina e terapias emergentes, 51-53
Metformina, 50-51, 81-82, 106-108
Metiglinidas, 50-52
Metilxantinas no tratamento da asma, 332-333
Métodos endoscópicos em ginecologia, 477, 511-512, 567-568
  vídeo-histeroscopia, 478-479
  videolaparoscopia, 477-479
Métodos dialíticos, 1767-1771
Miastenia grave autoimune adquirida (MGAA), 1421-1427
  botulismo, 1230-1232
Micobacteriose(s), 906-910
Micoses
  sistêmicas endêmicas, 12431249
  subcutâneas, 915-919
  superficiais, 910-915
Microaspiração pulmonar, 294-295
Mielofibrose primária (MP), 2035-2037
Mieloma múltiplo
  anemia, 2006, 2007

comprometimento ósseo, 2006
comprometimento renal, 2006
diagnóstico, 2007
estadiamento, 2009
fisiopatologia, 2007
quadro clínico, 2007
tratamento, 2009-2012
  bifosfonatos, 2011
  bortezomibe, 2011
  complicações, 2012
  lenalidomida, 2010
  radioterapia, 2012
  talidomida, 2010
Minoxidil, 147-148
Mioblastoma de células granulosas, 530-531
Miocardiopatia(s), 802-811
  dilatada, 803-804
  displasia arritmogenênica do VE, 808-809
  hipertrófica, 805-806
  não classificadas, 809-810
Miomas, 495-496
  parasitas, 495-496
  paridos, 495-496
Miomatose uterina, 535-537
Miopia inflamatória idiopática, 1820-1824
Miopatia por Graves, 1400
Mirtazapina, 59-60
Modulação da coestimulação, terapia da, (abatacepte), 30-32
Montelucate, 330-331
Morte cerebral, 1374
Mucolíticos inalatórios, 344-345
  na obstrução brônquica, 344-345
Mulher, 477
Mutagenicidade, estudos de, 8

Nefazodona, 59-60
Nefroma mesoblástico congênito no recém-nascido, 463-464
Nefropatopatia por IgA (Berger), 379-380
Neonato ver Recém-nascido
Neoplasias, 529-534, 554-557
  benignas da mama, 554-557
  ciclo gravídico-puerperal, 1892-1893, 1896, 1897
    doença trofoblástica gestacional (DTG), 1894-1896, 1897
    massas anexiais, 1892-1893, 1894-1895
    neoplasia trofoblástica gestacional, 1895-1896, 1897
    neoplasias cervicais uterinas, 1892, 1893-1894
  da vagina, 529-530
  da vulva, 530-531
    fibroadenoma, 554-556
    tumor filoide, 555-557
  intraepiteliais do TGI, 53-534

Neuropatias diabéticas (NPD), 114-115, 120
  neuropatia autonômica cardiovascular (NAC), 116-117
  neuropatia autonômica do sistema geniturinário, 116-117
  neuropatia autonômica gastrintestinal, 116-117
  neuropatia do sistema sudomotor, 116-117
  polineuropatia simétrica distal, 115-117
Neurossífilis, 264-265
Neutropenia febril em pacientes com câncer, 1332-1335
Nicotina/tabaco, dependência de, 1591-1595
Nódulo, 404-405, 1555-1558
  cervicais, 1555-1558
  de tiroide ver Tiroide
  pulmonar solitário (NPS), 1668-1670
  subcutâneos, 404-405

Obesidade, 72, 79, 104-105, 233
  adiposidade visceral, 74-75
  antropometria, 65-67
  circunferência da cintura, 74-75
  diagnóstico, 73-75
  e gravidez, 636-638
  etiologia e fisiopatologia, 73-74
  gordura corporal, 73-74
  na adolescência, 68-69, 72, 79
  na infância, 65-67, 68
  no idoso, 73-78
  tratamento, 65, 74-75
    cirurgia bariátrica, 65, 76-77
    sibutramina, 75-76
Óbito fetal, 637-638, 641-642
Obstetrícia, 572-661
Obstrução(ões), 344-345, 446-448, 457-458, 460-461
  brônquica na fibrose cística, alívio da, 344-345
    broncodilatadores, 344-345
    fisioterapia respiratória, 344-345
    macrolídeos, 344-345
    mucolíticos inalatórios, 344-345
    terapia anti-inflamatória, 344-345
  da junção ureteropiélica (JUP), no recém-nascido, 460-461
  jejunais e ileais, no recém-nascido, 446-448
  por áscaris, na infância, 457-458
Oftalmia, 245
  gonocócica, prevenção da, 245
Olhos, 1910-1914
  câncer, 1910-1914
    tumores conjuntivais, 1913-1914

tumores intraoculares, 1911-1913
tumores orbitários, 1913-1914
tumores palpebrais, 1912-1914
pálpebra, doenças da, 1466-1470
traumatismos ver Traumas oculares

Ombro, 1493-1497
Omeprazol, 295-296
Oncologia
dor, 2064-2067
emergências, 1861, 1866-1867, 1872-1873
epidemiologia do câncer, 2073-2075
no adulto, 1857
alterações oculares no tratamento do câncer sistêmico, 2067
acometimento ocular pela neoplasia, 2067
leucemia, 2067
linfoma primário do sistema nervoso central, 2068
diagnóstico, 2068
tratamento, 2068
propedêutica complementar, 2069
terapêutica, 2069
tumores metastáticos, 2068
sinais e sintomas, 2068
doença do enxerto contra hospedeiro e manifestações oculares, 2070
diagnóstico, 2071
quadro clínico, 2070
tratamento, 2071
doenças infecciosas oculares no tratamento do câncer, 2070
efeitos adversos da radioterapia no olho, 2070
efeitos oculares dos quimioterápicos, 2069
5-FU, 2069
corticoterapia, 2070
docetaxel, 2070
interferon, 2070
metotrexate, 2069
tamoxifeno, 2070
princípios de quimioterapia, 1878
antimetabólitos, 1880
alcaloides da vinca, 1881
vincristina, 1881
alquilantes, 1881
carboplatina, 1881
ciclofosfamida, 1881
cisplatina, 1881
oxaliplatina, 1881
análogos das pirimidinas, 1880
capecitabina, 1880
5-Fluorouracil (5-FU), 1880
citarabina, 1880
gencitabina, 1880
análogos das purinas, 1880
cladribina, 1880
clofarabina, 1880
fludarabina, 1880
6-mercaptopurina, 1880
antibióticos antitumorais, 1881
antraciclinas, 1881
bleomicina, 1882
inibidores da topoisomerase, 1881
etoposídeo, 1881
irinotecano, 1881
inibidores do ácido fólico, 1880
metotrexate, 1880
pemetrexede, 1880
taxanos, 1881
docetaxel, 1881
paclitakel, 1881
terapia-alvo, 1882
anticorpos monoclonais, 1882
bevacizumabe, 1882
cetuximabe, 1882
pertuzumabe, 1882
rituximabe, 1882
trastuzumabe, 1882
inibidores de tirosinocinase, 1882
crizotinibe, 1883
erlotinibe, 1882
imatinibe, 1882
sorafenibe, 1882
sunitinibe, 1882
vemurafenibe, 1882
tratamento, 1879
monoquimioterapia, 1879
poliquimioterapia, 1880
quimioterapia adjuvante, 1879
quimioterapia neoadjuvante, 1879
quimioterapia paliativa, 1879
quimioterapia sensibilizante, 1879
tratamento da dor e da doença oncológica terminal, 2064
adjuvantes no controle da dor no câncer, 2066
analgésicos opioides, 2064
normas gerais de prescrição, 2066
outros cuidados, 2066

Onfalocele, no recém-nascido, 448-450
Opioides, 32-34
apresentações disponíveis, 34
doses, 32-33
efeitos adversos, 32-33
indicações, 32-33
mecanismos de ação, 32-33
uso para dor crônica não oncológica, 32-34
Ossos, tumores, 2000-2001, 2005, 2006
condrossarcoma, 2004-2005, 2006
anatomopatologia, 2005, 2006
comportamento biológico, 2004-2005, 2006
disseminação e metástases, 2005, 2006
incidência, 2004-2005
sintomatologia, 2004-2005
na infância e na adolescência, 1928-1930
osteossarcoma, 2089-2090
tumores da família Ewing/PGNET, 2090-2092
osteossarcoma, 2000-2002, 2003-2004
diagnóstico por imagem, 2001, 2002, 2003
estadiamento, 2000, 2001, 2002
genética, 2001, 2002, 2003
quimioterapia, 2002, 2003-2004
tratamento cirúrgico, 2002, 2003, 2004
tumor de Ewing, 2002, 2003-2005
biópsia, 2004-2005
genética, 2004-2005
Osteoartrite, 1829-1836
Otite, 326-327
externa, maligna, 1425, 1430
média aguda, 326-327
na infância, 326-327
Ovário(s), 459-460, 505-506, 520, 521, 534-537
câncer de, 1951, 1952-1953-1957, 1958-1959
estadiamento, 1953, 1954, 1955-1956, 1957
quimioterapia neoadjuvante, 1957, 1958-1959
seguimento, 1956, 1957, 1958
terapia adjuvante, 1957, 1958-1959
tratamento da recidiva, 1957, 1958-1959
tuba uterina, 1956-1957, 1958
tumor *borderline*, 1956-1957, 1958
tumor metástico, 1956-1957, 1958
cisto roto de, 459-460

distúrbios ovulatórios, 534-535
endometriose ovariana, 505-506
reserva ovariana, 535-537
síndrome dos ovário policísticos (SOP), 520, 521
Oxcarbazepina, 34-45
Oxibutinina, 487-489
Oxigenoterapia, 339-340, 1736-1739
no tratamento da pneumonia, 339-340

*P. aeruginosa* (PA), 343-344
Pacientes
crônicos, uso de medicamentos em, 16
hospitalizados, uso de medicamentos em, 16
Pálpebra, doenças da, 1466-1470
Pâncreas, 446-447
anular, no recém-nascido, 446-447
Pancreatite, 459-460
aguda, 459-460, 1060-1064
crônica, 1064-1068
na infância, 459-460
Paniculite(s), 882-890
Papiloma, 551-552
intraductal único, 551-554
Parada cardiorrespiratória, 412-413, 858-865
corrente da sobrevivência, 858
suporte avançado de vida (SAV), 858-859
Paraganglioma, 1016-1020
Paralisia
cerebral, prevenção da, 607-608
facial periférica, 1521-1525
Parasitoses intestinais, 1146-1152
Parto, 245-249, 251-252 ver também Aleitamento materno
antropometria, 245
cesariana, 641-642, 645-646-649
detecção de incompatibilidade sanguínea materno-fetal, 245
laqueadura do cordão umbilical, 245
óbito fetal, 637-642
paciente com DMG, 595, 636-637
controle glicêmico, 636-637
planejamento familiar após o, 657-661
preparo para reanimação neonatal, 251-252
prevenção da oftalmia gonocócica, 245
prevenção do sangramento por deficiência de vitamina K, 245
transpélvico, 641-642, 645-646
dequitação, 643-644
período de dilatação, 642-643
período expulsivo, 642-644
quarto período, 643-646
PCR, 273-274, 364-365

Pediatria, uso de medicamentos em, 16
Pele, 20, 688, 1987-1988, 1993-1994
   melanoma, 1987-1988, 1990-1991
   não melanoma, 1990-1991, 1993-1994
Perda auditiva, 1518-1520
Pericardites agudas, 811-815
Persistência do canal arterial (PCA), 409-410
Pertússis (coqueluche), imunização contra, 223, 226
Peso, aumento relacionado à insulina, 103-104
Pielonefrite aguda, 355-356
Placenta, 624-625, 628
   descolamento prematuro, 625-627, 628
      alterações de coagulação, 627-628
      alterações hipofisárias, 627-628
      alterações renais, 627-628
      alterações uterinas, 625-628
      tratamento de choque, 627-628
      tratamento dos distúrbios da coagulação, 627-628
   inserção baixa da, 624, 625-627
Planejamento familiar, 539, 540-551
   após o parto, 657-658, 659, 661
      esterilização, 661
      início da anticoncepção, 658, 659
      método da amenorreia da lactação (LAM), 658, 659
      retorno da fertilidade, 658, 659
   classificação dos métodos, 543-544, 551
      contraceptivos hormonais, 543-544, 539
      contraceptivos não hormonais, 579-580, 590-591
   critérios de elegibilidade dos contraceptivos, 539, 540, 543-548
   interação medicamentosa, 543-544
   taxas de efetividade e continuidade, 539, 540
Pneumococo, imunização contra, 225-227
Pneumonia(s), 230-231, 330-331, 336-337, 341-346
   adquirida na comunidade, 1706-1710
   associada à ventilação mecânicas, 1335-1341
      diagnóstico, 1336
      educação da equipe de saúde, 1339
         estratégias que podem ter impacto na diminuição das PAVMs, 1340
            terapia cinética (Trademarked), 1340

      prevenção da transmissão de micro-organismos, 1340
      prevenção de fatores de risco associados ao tratamento, 1339
         aspiração de secreções respiratórias, 1340
         cabeceira elevada, 1340
         incubação e ventilação mecânica, 1339
         nutrição enteral, 1339
            profilaxia de úlcera de estresse, 1340
         traqueostomia, 1340
         trocadores de umidade e calor, 1340
         vigilância de PAVM e vigilância microbiológica, 1339
      etiologia, 1337
      tratamento, 1338
         micro-organismos isolados, 1338
   bacteriana, 1265
   estreptocócica, imunização contra, 230-231
   hospitalar, 1335-1358
   na infância, 330-331, 336-337, 340-341
      complicações e falha terapêutica, 344-345
      estafilocóccica, 345
      pacientes internados, 344
      pesquisa de vírus respiratórios, 343
      por *Chlamydia trachomatis*, 345
      por gram-negativos, 344
      por *Mycoplasma pneumoniae*, 345
      proteína C-reativa, 343-344
      radiografia de tórax, 343-344
      tratamento ambulatorial, 344
      tratamento domiciliar, 344
      tratamento hospitalar, 344
Pneumotórax, 1710-1713
Policitemia vera (PV), 2033-2037
   resistência/inolerância à hidroxiureia, 2035
   resposta clínico-hematológica (EL-Net), 2035
Polidrâmnio, tratamento do, 606-607
Polimorfismos farmacogenéticos, 11, 13, 14
Polineuropatia simétrica distal, 115-117
Poliomielite, imunização contra, 225-226
   vacina inativada (VIP), 225-226
   vacina oral (VOP), 225-226
Posição prona, 295-296
Povos indígenas, saúde dos, 188, 238-239, 242
   assistência à saúde no Brasil, 240-242

   características do atendimento, 242
   Brasil indígena hoje, 238-241
   ocupação indígena no Brasil, 188, 238-239
Pré-eclampsia (PE), 628
Pré-natal *ver* Assistência pré-natal
Prescrição em obstetrícia, 576-580
Preservativos, 660-661
Prevenção, 447-450
   de acidentes, na infância e na adolescência, 447-450
Princípios Éticos da Experimentação Animal, 8
Produtos similares, 17
Prolactina (PRL), 522-523
Prolapso(s), 529-530 *ver também* Distopia(s)
   de paredes vaginais, 529-530
Prostaglandina, 22
Próstata, câncer, 1981-1982, 1984, 1985
   estadiamento, 1982
   tratamento, 1983, 1984
      câncer resistente à castração, 1983, 1984
      dos tumores localizados, 1983, 1984
      dos tumores localmente avançados, 1983, 1984
      dos tumores metastáticos, 1983, 1984
      recidiva bioquímica após tratamento curativo, 1983, 1984
Proteína, 337-338, 518-519
   carreadora de hormônios sexuais (SHBG), 518-519
   C-reativa, 337-338
Proteinúria, 628
Provas inflamatórias, 404-405
Pruridos e prurigos, 289-290, 873-877
   na colestase neonatal, 289-290
*Pseudomonas aeruginosa*, 341-342
Psicoeducação, 187-188
Psicofarmacologia, 57-58
Psicologia obstétrica, 656, 657
   atendimento psicológico emergencial, 656, 657
   pré-natal psicológico, 656, 657
Psicoprofilaxia em obstetrícia, 654-657
   modelo psiconeuroendocrinológico do estresse, 654-656, 657
      estresse laboral, 655
         síndrome de *burnout*, 655-656, 657
      psicologia obstétrica, 656, 657
         atendimento psicológico emergencial, 656, 657
         pré-natal psicológico, 656, 657
Psicoses, 1587-1591

Psicoterapias, 185-186, 1567-1570
Puberdade precoce, 402-406
   dependente de gonadotrofinas, 402, 404
   independente de gonadotrofinas, 402, 404
   variantes da normalidade, 403-404
      adrenarca precoce, 405
      antecipação constitucional do crescimento e da puberdade (ACCP), 405
      puberdade precoce incompleta, 402
      telarca precoce, 405
Puerpério
   fisiológico, 648-649, 650
   patológico (infecção), 649, 650-651
Pulmão, câncer de
   estadiamento, 1920-1922
   tumores de pleura, 1922-1923
Punção, 352-356
   de LCS na meningite, 352-354
   suprapúbica (PSP), 355-356
Punho e mão, 1497-1498
Púrpura(s), 284, 287-288, 379-380
   de Henoch-Schöenlein (PHS), 379-380
   na infância, 284
      distúrbios plaquetários hereditários, 284-286
      trombocitopenia imune primária (PTI), 285-288
      trombocitopênicas, 285-288
      trombocitopênicas, 285-288
      vasculares, 284-285
      de Henoch-Schönlein (PHS), 284, 379-380

Quedas, prevenção, 440-441
Queimaduras, 440-441
   prevenção, 440-441
Quimioprofilaxia, 353-354, 356-357, 366-367, 368-369
   antirretroviral no RN, 368-369
   na coqueluche, 366-367
   na ITU, 356-357
   na meningite, 353-354

Radiografia, 337-338, 386-387, 405-406
   de tórax, 337-338, 405-406
   do esqueleto, 386-387
Radioterapia, 524-525
   antineoplásica, 1884-1886
   mecanismo de ação da radiação, 1883, 1889
   para doenças benignas, 1884-1886
   protocolos, 1884-1886
      braquiterapia, 1886

condicionamento para transplante de medula óssea, 1886
fracionamento acelerado, 1884-1886
fracionamento clássico, 1884-1886
hiperfracionamento acelerado, 1884-1886
hiperfracionamento, 1884-1886
hipofracionamento, 1884-1886
radioimunoterapia (RIT), 1886
resposta das células, 1883-1884, 1889
resposta dos tecidos, 1883-1884, 1886
sequelas, 1886

Ranitidina, 295-296
Raquitismo e osteomalacia, 1013-1016
Reabilitação pulmonar, 1729-1733
Reabilitação(ões), 1847
em reumatologia *ver* Reumatologia, reabilitação em
Reação(ões), 319-320
de hipersensibilidade (RH), 319-320
Reanimação neonatal, 251-252, 260-261
aspectos éticos, 255-256
avaliação da vitalidade ao nascer, 252-254
concentração de oxigênio na ventilação, 254-255
equipamentos para a ventilação, 253-255
massagem cardíaca, 254-256
medicações, 255-256
passos iniciais, 253-254
preparo em sala de parto, 251-252
RN com líquido amniótico meconial, 253-254
ventilação com cânula traqueal, 254-255
ventilação com máscara, 254-255
Recém-nascido, 245, 293-294, 366-367, 372-373, 444-445, 454-455, 460-461 *ver também* Lactentes; Infância
afecções cirúrgicas, 444-445, 454-455
afecções urológicas cirúrgicas, 460-461, 464-465
alimentação no 1º ano de vida, 277-278, 280-281
colestase, 287-288, 293-294
crescimento, avaliação e distúrbios do, 280-281, 287-288
doenças respiratórias, 260-261, 263-264
erros inatos do metabolismo (EIM), 273-274, 276-277
HIV/Aids, 366-367, 372-373
icterícia, 256-257, 260-261

infecções congênitas, 263-264, 268-269
malformações congênitas, 268-269, 273-274
normal, assistência ao, 245, 247-248
aleitamento materno, 246
alojamento conjunto, 246
alta hospitalar, 246
identificação, 246
sala de parto, 245-246
pré-termo, assistência ao, 247-248, 250-251
alterações neurológicas, 250
anemia, 249-250
avaliação antropométrica, 250
cuidados respiratórios, 248
deficiência auditiva, 250
icterícia, 249
infecção, 250
manutenção da temperatura, 248
retinopatia da prematuridade, 250
sala de parto, 247-248
suporte cardiovascular, 248
suporte hídrico e metabólico, 248-249
suporte nutricional, 249
reanimação neonatal, 251-252, 253
Receptor(es), 384-385
do TSH (TSHR), defeito no, 384-385
Refluxo, 293-294, 297-298, 462-463
gastresofágico (RGE), nos lactentes, 293-294, 297-298
vesicoureteral (RVU), no recém-nascido, 462-463
Resfriado *ver também* Gripes
comum, 326-327
na infância, 326-327
Resistência à insulina (RI), 69, 70, 94-95, 520, 521
Respirador bucal, 1530-1532
Ressonância magnética, 265-266
de crânio, 265-266
do feto, 580-581
do recém-nascido, 265-266
Ressuscitação cardiopulmonar, 412-415, 423-432 *ver também* Parada cardiorrespiratória
em pediatria, 412-413, 423-432
suporte avançado de vida, 414-415, 423-432
suporte básico de vida, 413-415
Retina, 1458-1462
manifestações de doenças sistêmicas *ver* Manifestações retinianas
Retinoblastoma, na infância e na adolescência, 2103-2105
classificação 2104-2105

genética, 2013
tratamento, 2104-2105
Retinopatia, 111-113, 250-251
da prematuridade, 250-251
diabética, 111-113
Reumatismo de partes moles, 1849-1854
frequentes na prática médica, 1851
bursite anserina ou tendinopatia da pata de ganso, 1853
epicondilite lateral, 1851
fasciite plantar, 1853
ombro doloroso, 1851
síndrome dolorosa peritrocantérica, 1852
tendinite estenosante dos flexores dos dedos, 1852
tendinite de Quervain, 1852
intervenções utilizadas, 1850
exercício físico, 1850
infiltração com glicocorticosteroide, 1850
medicação oral anti-inflamatória, 1850
medidas de proteção articular, 1850
meios físicos, 1850
plasma rico em plaquetas, 1850
terapia por ondas de choque extracorpóreas, 1850
Revascularização miocárdica (CRM) *ver* Cirurgia(s)
Rickettsioses, 1240-1242
diagnóstico, 1241
quadro clínico, 1241
tratamento, 1242
Rim(ns), 462-463
câncer, 1970-1971, 1974, 1975
doença metastática, 1974, 1975
estadiamento, 1972, 1973
imunoterapia, 1974, 1975
terapia-alvo molecular, 1974, 1975
tumores com extensão para veia cava, 1973, 1974, 1975
no recém-nascido, 462-463
multicístico, 462-463
policísticos, 462-463
Rinite alérgica (RA), na infância, 321-322, 326-327
Rinofaringite na infância, 326-327
Rinossinusite(s), 1532-1534
Risco cardiovascular, 129-130
Risco ocupacional para trabalhadores da área da saúde, 1352-1358
condutas pós-acidente ocupacional, 1354
quimioprofilaxia, 1354
doenças de transmissão pelo ar, 1355
ebola, 1356

gripe pelo Influenza H1N1, 1356
meningogócica, 1355
por aerossóis, 1356
tuberculose, 1356
por gotículas, 1355
vírus respiratórios causadores de infecções graves, 1356
exposição ocupacional a paciente-fonte desconhecido, 1354
exposição ocupacional a paciente-fonte positivo para hepatite tipo B, 1354
exposição ocupacional a paciente-fonte positivo para hepatite tipo C, 1355
exposição ocupacional a paciente-fonte positivo para HIV, 1355
hepatite tipo B, 1353
hepatite tipo C, 1353
imunização do profissional da saúde, 1358
medidas de prevenção de acidentes ocupacionais, 1353
atendimento ao funcionário exposto, 1354
individuais, 1354
institucionais, 1354
vírus da imunodeficiência humana, 1353
Rituximabe, 29-32
Rotavírus, imunização contra, 223, 225
Rubéola, 226-228, 264-266
congênita, 264-266
imunização contra, 226-228

*S. aureus*, 344-345
Sais de testosterona (injetável e percutâneo), 56-57
Sangramento uterino não estrutural, 516-519
anovulatório, 516-517
ovulatório, 516-517
Sarampo, imunização contra, 226-228
Sarcomas dos tecidos moles, 1993-1994, 2000-2001
angiossarcoma, 1998, 1999
dermatofibrossarcoma protuberante, 1994, 1995, 1996
fibro-histiocitoma maligno, 1994, 1995-1997
fibrossarcoma do adulto, 1993-1994, 1995
leiomiossarcoma, 1997-1998
lipossarcoma, 1996-1998
mixofibrossarcoma, 1994, 1995, 1996
rabdomiossarcoma, 1997-1998, 1999
sarcoma epitelioide, 1999, 2000-2001
sarcoma sinovial, 1999, 2000

tumor maligno de bainha do nervo periférico, 1998, 1999
Saúde bucal na alimentação complementar de crianças, 279-281
Secretagogos análogos da amilina, 52-53
Sepse, 1199-1203
Sequência malformativa, 271-272
Sequestradoras de ácidos biliares, 55-56
Sibilância, na infância, 333-336
   broncodilatadores, 335
   corticosteroides inalatórios, 335
   fisioterapia respiratória, 335
   montelucate, 335
   processos agudos ou autolimitados, 335
   processos recorrentes ou persistentes, 333
Sibutramina, 75-76
Sífilis, 245-246, 264-265, 266-267
   congênita, 264-265, 266-267
     confirmada, 264-265
     FTA-Abs, 264-265
     MHA, 264-265
     neurossífilis, 264-265
     provável, 264-265
     RPR, 264-265
     VDRL, 264-265
   sorologia na sala de parto, 245-246
Simpatolíticos de ação central, 144-145
Simponi®, 27, 28
Sinal, 351-352
   de Brudzinski, 351-352
   de Kernig, 351-352
Síncope, 1418-1421
Síndrome(s)
   coronarianas agudas (SCA), 764-779
     diagnóstico, 765-766
     tratamento, 766-779
   da anovulação crônica (SAC), 513-517
   da congestão pélvica (SCP), 499
   da hipertensão porta (SHP), 1034-1037
   da má absorção, 1072-1076
   da morte súbita do lactente, 295-296
   da obstrução intestinal distal (SOID), 366-367
   de Alagille, 289-290
   de aspiração do mecônio (SAM), 262-264
   de Bernard-Soulier, 285-286
   de Cushing, 958-961
   de Down, 384-385
   de Lennox-Gastaut, 428-429
   de Loeffler, 330-331
   de Prune-Belly, 462-464
   de resistência grave à insulina, 93-94
   de Sandifer, 294-295
   de Sjögren (SS), 1836-1840
   de Watherhouse-Friederichsen, 352-353
   de West, 428-429
   de Wiskott-Aldrich (SWA), 285-286
   de Wolfram, 93-94
   do intestino irritável, 1079-1081
   dos ovário policísticos (SOP), 520, 521
   HELLP, assistência ao parto, 631-632
   hiperandrogênica, 518-519, 522-523
     acantose nigricante (NA), 520, 521
     androstenediona, 519-520
     di-hidrotestosterona (DHT), 519-520
     hiperplasia suprarrenal congênita (HAC), 551, 521-522
     hirsutismo, 488q, 520, 521
     medidas cosméticas, 520, 521-523
     proteína carreadora de hormônios sexuais (SHBG), 518-519
     resistência insulínica (RI), 520, 521
     síndrome dos ovário policísticos (SOP), 520, 521
     testosterona (T), 519-520
   hiperprolactinêmica, 522-525
     avaliação oftalmológica, 523-524
     detecção de macroprolactinemia, 523-524
     investigação de associação a outras doenças, 523-524
     investigação laboratorial de prolactinoma, 523-524
     investigação radiológica, 523-524
     tratamento, 523-525
   hipertensivas na gravidez, 628-633
   hipoplásica do coração esquerdo, 409-410
   malformativas, 270-271
     de causa cromossômica, 270-271
     de causa monogênica, 270-271
   metabólica (SM), 69, 70, 142-143
   mielodisplásicas, 2040-2044
   nefrítica, 1758-1761
   nefrítica na infância e na adolescência, 385-388
     glomerulonefrite aguda pós-estreptocócica (GNPE), 386
     GN membranoproliferativa, 388
     LES, 388
     nefropatopatia por IgA (Berger), 388
     púrpura de Henoch-Schöenlein (PHS), 388
     vasculite/GN *pauce* imune, 388
   nefrótica, 382-385, 1758-1763
     na infância e na adolescência, 382-385
   pré-menstrual (SPM), 507-508, 510, 511
     transtorno disfórico pré-menstrual, 508
   vestibulares, 1513-1514
Sinusite aguda, na infância, 326-328
Siringoma da vulva, 530-531
Sistema nervoso, 57-58, 90
   central, tumores do, 1757-1768
     abordagem multidisciplinar, 1757-1761
     metástases intracranianas, 1764-1768
     na infância e na adolescência, 1922-1924
     tumores primários, 1761-1764
   fármacos de ação no, 57-58, 90
     ansiolíticos e hipnóticos, 60
     anticonvulsivantes, 57-58
     antidepressivos, 57-58, 60
     antipsicóticos, 60, 90
   tumores benignos em adultos, 1438-1441
     hemangioblastomas, 1440
       diagnóstico, 1440
       tratamento, 1440
     meningiomas, 1438
       diagnóstico, 1439
       epidemiologia, 1438
       quadro clínico, 1439
       tratamento, 1439
     Schwannomas vestibulares, 1439
       diagnóstico, 1440
       epidemiologia, 1439
       história natural, 1439
       quadro clínico, 1439
       tratamento, 1440
         radiocirurgia e radioterapia estereotáxica fracionada, 1440
     tumores epidermoides, 1440
       diagnóstico, 1440
       quadro clínico, 1440
       tratamento, 1441
Solifenacina, 487-489
Somatropina ou hormônio do crescimento, 56-57
Sondagem vesical (SV), 355-356
Sono, distúrbios do, 423-424, 426-427
   apneia obstrutiva do, síndrome da (SAOS), 423-424, 426-427
   bruxismo, 213, 215
   classificação internacional e epidemiologia, 189
   insônia, 189
     prevalência, 190
   distúrbios das hipersonolências de origem central, 192
     prevalência de narcolepsia, 193
   distúrbio de ritmo circadiano vigília-sono, 194
   distúrbios do sono relacionados ao movimento, 192
   distúrbios respiratórios relacionados ao sono, 191
     prevalência de síndrome da apneia, 191
   parassonias, 194
   criança e adolescente, 198
     insônia comportamental, 200
       diagnóstico, 201
       tratamento, 201
     síndrome da apneia obstrutiva do sono, 198
       diagnóstico, 199
       epidemiologia, 198
       quadro clínico, 198
       tratamento, 199
   distúrbio dos movimentos periódicos dos membros durante o sono, 213, 215
   hipersonias de origem central, 195
     escala de sonolência de Epworth, 195
     narcolepsia, 195
       diagnóstico, 196
       fisiopatologia, 196
       hipersonolência idiopática, 197
       síndrome de Kleine-Levin, 197
       tratamento, 196
     polissonografia, 195
     teste das múltiplas latências do sono, 195
   insônia, 210
     diagnóstico, 211
     quadro clínico, 210
     tratamento, 211
       farmacológico, 211, 212
       não farmacológico, 211
       tratamento combinado, 211
   síndrome da apneia central, 202
     classificação, 202
     fisiopatogenia, 202
     quadro clínico, 202
     tratamento, 203
   síndrome da apneia obstrutiva do sono do adulto, 207
     diagnóstico, 208
     quadro clínico, 208
     tratamento, 208

síndrome da hipoventilação, 202, 203
   classificação, 204
   diagnóstico, 205
   fisiopatogenia, 204
   quadro clínico, 204
   tratamento, 205
síndrome da hipoxemia, 202, 205
   diagnóstico, 206
   fisiopatogenia, 206
   quadro clínico, 206
   tratamento, 206
síndrome das pernas inquietas (doença de Willis-Ekbom), 213
   diagnóstico, 213
   epidemiologia, 213
   fisiopatologia, 213
   quadro clínico, 213
   tratamento, 214
     farmacológico, 214
        adonistas dopaminérgicos, 214
        agentes alfa delta ligantes, 214
        clonazepam, 214
        ferro, 214
        levodopa, 214
        opioides, 214
     não farmacológico, 214
        exercícios físicos, 214
        grupo de apoio, 214
        terapia cognitivo-comportamental, 215
sono e envelhecimento, 219, 221
sono e menopausa, 219, 222
sono nas doenças clínicas, 219
   doenças cardiovasculares, 220
   doenças do trato gastrintestinal, 220
   doenças endócrinas, 221
   doenças infecciosas, 219
   doenças pulmonares, 220
   doenças renais, 221
   doenças reumáticas, 219
   fisiopatologia dos distúrbios do sono, 219
   neoplasias, 221
transtornos psiquiátricos e sono, 216
   alterações do sono no abuso e abstinência de substâncias, 218
     manejo, 218
   alterações na esquizofrenia, 216
     manejo, 216
   alterações nos transtornos ansiosos, 217
   alterações nos transtornos do humor, 216
   ansiedade generalizada, 217
     manejo das alterações, 217
   depressão, 217
     manejo das alterações, 217
   estresse pós-traumático, 218
     manejo das alterações, 218
   mania/hipomania, 217
   pânico, 218
     manejo das alterações, 218
Sonolência excessiva (SE) diurna
   escala para investigação de SE, 1360
   hipersonolência idiopática, 1358
   múltiplos testes de latência do sono, 1360
   narcolepsia, 1358
   polissonografia, 1359-1360
   SE residual, 1358
   síndrome da apneia obstrutiva do sono, 1358, 1359f
   síndrome de Kleine-Levin, 1359
   teste de vigilância psicomotora, 1360
Sopros cardíacos, na infância e na adolescência, 410-413
   contínuos, 410-411
   diastólicos, 410-411
   inocentes, 410-412
     estenose pulmonar periférica do recém-nascido, 411-412
     sopro de Still, 411-412
     sopro sistólico aórtico, 411-412
     sopro sistólico pulmonar inocente, 411-412
     zumbido venoso, 411-412
   sistólicos, 410-411
SSRIs, 22
Suicídio, 1640-1643
Sulfonilureias, 50-51, 105-108
Suporte
   avançado de vida, 414-415, 420-421
     pediátrico, 414-415, 420-421
   básico de vida, 413-415
     pediátrico, 413-415
   cardiovascular, ao recém-nascido, 248-249

Talidomida, 3-4
Taquiarritmias, fetal, 608-610
Taquipneia transitória do recém-
 -nascido (TTRN), 263-264
Técnicas de citogenética molecular (FISH), 273-274
Telarca precoce, 396-397
Terapia, 30-32, 80-81, 85-86, 96, 187-188, 344-345
   da modulação da coestimulação (abatacepte), 30-32
   de reposição de enzimas pancreáticas (TREP), 344-345
   familiar, 187-188
   nutricional, 80-81, 85-86, 96
     no diabetes melito, 80-81, 85-86
Terapia anti-CD20 (rituximabe), 29-32
Terapia antil-IL-6 (tocilizumabe), 28-29
Terapia antirretroviral (HIV)
   esteatose hepática, 1113-1115
Teste(s)
   cardiopulmonar, 787
   crônicos, 8
   cutâneos, 320-321
   de aglutinação de partículas de látex, 352-353
   de metilação, 273-274
   de provocação (TP), 320-321
   do exoma, 273-274
   do perclorato, 386-387
   do suor, 366-367
   farmacogenéticos, 13, 14
   genético (fibrose cística), 366-367
   genéticos, 386-387
   subagudos, 8
   subcrônicos, 8
Testículo(s), 463-464
   câncer, 1984, 1985-1987
   no recém-nascido, 463-464
     torção, 463-464
     tumores, 463-464
Testosterona (T), 519-520
Tétano, 223, 225-226, 1225-1229
   imunização contra, 223, 225-226
   no idoso, 231-232
Tetralogia de Fallot, 409-410
   com atresia pulmonar, 409-410
Tiazolidinedionas (ou glitazonas), 50-51
Tibolona, 526-527
Tiques, síndrome de Tourette, 1336-1337
Tiroglobulina, dosagem de, 386-387
Tiroide, 386-387
   câncer de, 1913-1919
     carcinoma folicular, 1914-1915
     carcinoma indiferenciado ou anaplásico, 1914-1915
     carcinoma medular, 1914-1915
     carcinoma papilífero, 1914-1915
     estadiamento dos pacientes, 1915-1916
     metástases a distância, 1918
     outros tumores, 1914-1916
     seguimento do carcinoma diferenciado, 1916, 1917-1918
     supressão com levotiroxina, 1915-1916, 1917
     tratamento cirúrgico, 1915-1916
     tratamento do carcinoma indiferenciado, 1918
     tratamento pós-cirúrgico com radioiodo, 1915-1916
   disfunções e abortamento, 616-617
   doenças da hiperfunção da, 980-986
   doenças da hipofunção da, 977-980
   nódulos, 990-994
Tocilizumabe, 28-29
Tolterodina, 487-489
Tonsilite, na infância, 327-328
Topiramato, 34-45
Tosse, 1664-1667
Toxicidade, 8, 25-26
   aguda, estudos de, 8
   com doses repetidas por longo prazo, estudos de, 8
   dos AINH, 25-26
Toxina botulínica no tratamento da bexiga hiperativa, 489-490
Toxoplasmose, 264-267, 1257-1259
   congênita, 264-267
   em hospedeiros imunocompetentes, 1257
     tratamento, 1257
   em pacientes com HIV, 1257
     tratamento, 1257
   na gestação, 1258
     fármacos para tratamento, 1258
     tratamento, 1258
   transmissão, 1257
Transição menopausal, 524-525, 528-529
   tratamento hormonal, 525, 527
     androgênios, 526-527
     tibolona, 526-527
   tratamento não hormonal, 528-529
     bifosfonatos, 528-529
Transplante, 345-346
   de células-tronco hematopoiéticas (TCTH), 1889-1890-1891, 1892
     alo, 2055-2063
     autólogo, 2053-2055
     infecções após, 1889-1891, 1892
   hepático, 1142-1146
   medula óssea em oncologia pediátrica, 2105-2108
   na fibrose cística, 345-346
   pulmonar, 345-346
   renal, 632-634
   e gravidez, 632-634
Transportador monocarboxilado 8 (MCT8), mutações no, 384-386
Transposição das grandes artérias (TGA), 409-410
   com CIV e estenose pulmonar, 409-410
   com CIV, 409-410
   simples, 409-410
Transtorno(s)
   alimentares, 1646-1651
   bipolar (TB), 1570-1574, 1628-1630

da personalidade, 1630-1634
de ansiedade, 1575-1579
de ansiedade generalizada, 1575-1579
de ansiedade social, 1575-1579
de déficit de atenção e hiperatividade (TDAH), 1617-1622
de estresse pós-traumático (TEPT), 1584-1587
disfórico pré-menstrual, 508
do espectro autista (TEA), 1613-1617
do movimento, 1404-1418
do pânico (TP), 1575-1579
disfórico pré-menstrual, 508
mentais, 1559-1562
neurobiologia, 1564-1567
obsessivo-compulsivo (TOC), 1579-1584
sexuais, 1634-1640
somatoformes, 1658-1660
Traqueobronquite na infância, 330-331
Trato digestivo superior, distúrbios funcionais, 1046-1050
critérios diagnósticos, 1050-1054
dispepsia funcional, 1046-1050
Trato genital inferior (TGI), 531-532, 534
neoplasias intraepiteliais, 531-532, 534
de linhagem escamosa, 531-532
de linhagem glandular, 531-532
outras linhagens celulares, 531-532
Trato urinário, infecção do (ITU), 354-358, 1754-1758
antibioticoterapia, 356-357
cintilografia renal com DMSA marcado com tecnésio, 355-356
cistite, 355-356
coleta de urina, 355-356
pielonefrite aguda, 355-356
punção suprapúbica (PSP), 355-356
quimioprofilaxia, 356-357
sondagem vesical (SV), 355-356
ultrassonografia de rins e vias urinárias (USRVU), 355-356
uretrocistografia miccional (UCM), 355-356
Traumas oculares, 1453-1455
Trazodona, 59-60
Triagem neonatal, 342-343-343-344, 385-387, 391-392
na fibrose cística, 342-344
no hipotiroidismo congênito, 385-387
dosagem de T4 e TSH, 385-386
dosagem de T4 seguida da dosagem de TSH, 385-386
dosagem exclusiva de TSH, 385-386
para deficiência da 21 α-hidroxilase, 391-392
Tripsinogênio imunorreativo (IRT), 366-368
Trombastenia de Glanzmann, 284-286
Trombocitemia essencial (TE), 2037-2038
resistência/intolerância à hidroxiureia, 2038
resposta clínico-hematológica (EL-Net), 2038
Trombocitopenia imune primária (PTI), 285-288
Tromboembolia pulmonar aguda, 1702-1706
Trombofilias hereditárias e abortamento, 617-618
Trombose, 1187-1191
*Truncus arteriosus*, 409-410
Tubagem deodenal, 290-291
Tuberculose, 223, 1718-1729
imunização contra, 223
Tumor(es), 555-557
abdominais na infância e na adolescência, 2085-2089
hepatoblastoma, 2088
linfoma não Hodgkin, 2086
neuroblastoma, 2086-2087
tumor de Wilms, 2087-2088
benignos
do fígado, 1153-1158
oculares, 1489-1491
células germinativas, na infância e na adolescência, 2094-2098
tumores extragonadais, 2096-2097
tumores gonadais, 2095-2096
estromal gastrintestinal, 1950-1951, 1952-1953
filoide, 555-557
neuroendócrinos, 1940-1943
diagnóstico anatomopatológico, 1941-1942
diagnóstico por imagem, 1941-1942
marcadores tumorais, 1941-1942
ósseos, 2000-2001, 2005, 2006, 2089-2092
partes moles, na infância e na adolescência, 2092-0294
rabdomiossarcoma (RMS), 2092-2093
sarcomas não rabdomiossarcoma, 2093-2094
sistema nervoso central, 1865, 1866, 1898-1909
na infância 2083-2085

Úlcera duodenal perfurada na infância, 459-460
Úlcera péptica *ver* Doença ulcerosa gastroduodenal
Ultrassonografia, 265-266, 290-291, 355-356, 386-387
abdominal, 290-291
de crânio do recém-nascido, 265-266
de rins e vias urinárias (USRVU), 355-356
de tiroide com Doppler colorido, 386-387
fetal, 580-581, 587-588, 591-592, 639-641
Ureter no recém-nascido ectópico, 461-462
Ureterocele, 461-462
Uretrocistografia miccional (UCM), 355-356
Urgências oncológicas
na infância e na adolescência, 2108-2113
aumento da pressão intracraniana (PIC), 2109-2110
febre e neutropenia (NF), 2110-2111, 1332-1335
síndrome de compressão da veia cava superior (SVCS), 2012
síndrome de lise tumoral (SLT), 2109
síndromes hemorrágicas, 2111-2212
Urticária, 314-318, 945-947
na infância, 314-315, 317-318
Ustequinumabe, 28-30
Útero, 495-496, 498-499, 516-519, 535-537, 538-539
avaliação, 535-537
câncer de colo de, 1957, 1958-1959, 1963-1964
carcinogênese, 1959-1960
carcinoma invasor, 1962, 1963
carcinoma microinvasor, 1961, 1962, 1963
estadiamento clínico, 1961, 1962
rastreamento, 1959-1961
seguimento, 1962, 1963
câncer de endométrio, 1963-1965
de substituição, 538-539
insuficiência istmocervical (IIC), 616-618
leiomioma, 495-496, 498-499
miomatose uterina, 535-537
sangramento não estrutural, 516-519
sarcomas uterinos, 1964-1967
adenossarcoma, 1966-1967
carcinossarcoma, 1965, 1966-1967
estadiamento, 1965, 1966

leiomiossarcoma, 1966-1967
sarcoma do estroma endometrial, 1966-1967
sarcoma endometrial indiferenciados, 1966-1967
sinéquias, 617-618
UTI no tratamento da pneumonia, 338-339
Uveítes, 1462-1466

Vagina, 528-530
afecções não neoplásicas, 528-530
adenose, 529-530
anomalias congênitas, 528-529
atrofia, 528-529
endometriose, 529-530
prolapsos de paredes vaginais, 529-530
afecções neoplásicas, 529-530
leiomioma, 529-530
câncer de, 1969-1971
quimioterapia, 1970-1971
radioterapia, 124-125
tipos histológicos, 1969-1971
Vaginose bacteriana, 511-512, 567-568
Valvopatias *ver* Doença valvar
Válvula de uretra posterior (VUP), 461-463
Varfarina, 11, 12, 22
FGx da, 11, 12, 22
Varicela, 265-267
congênita, 265-267
imunização contra, 227-229
Vasculites
cutâneas, 882-890
sistêmicas, 1825-1829
Vasodilatadores, 41-42, 147-148, 408-409
diretos, 41-42, 147-148
diazóxido, 147-148
hidralazina, 147-148
minoxidil, 147-148
nitroprussiato de sódio, 147-148
Vasopressores, 408-409
Veias pulmonares, drenagem anômala de, 409-410
Venlafaxina, 59-60
Ventilação pulmonar, 254-255
recém-nascido, 253-255
Verrugas genitais, 564-565, 571
Via intramuscular, 21
Via intravenosa, 21
Via(s) aérea(s), 329-332, 414-416
manejo das, 414-416
administração de oxigênio, 415-416
intubação intratraqueal, 415-416
ventilação bolsa-máscara, 415-416

superiores, 329-332, 1525-1530
  faringite e tonsilite, 329-332
  infecções na infância, 329-332
  laringite e laringotraqueobronquite (crupe), 329-332
  otite média aguda, 329-332
  rinofaringite aguda, 329-332
  rinofaringite ou resfriado comum, 329-332
  sinusite aguda, 329-332
Vias aerodigestivas superiores, neoplasias malignas das, 2021-2024
  casos especiais, 2023
    CEC da orofaringe associado ao HPV, 2023
    tumor primário oculto, 2023
    tumores da cavidade e dos seios nasais, 2023
    tumores da nasofaringe, 2023
    tumores das glândulas salivares, 2023
  recidiva local e metástases a distância, 2023
  reconstrução e reabilitação, 2023-2024
  sítios anatômicos, 2021-2022
    cavidade nasal e seios paranasais, 2022
    cavidade oral, 2021
    faringe, 2021-2022
    glândulas salivares maiores, 2022
    laringe, 2022
Vias biliares, cintilografia de, 290-292
Vício de rotação intestinal no recém-nascido, 446-447
Vídeo-histeroscopia, 478-479
Videolaparoscopia, 477-479
  cirurgia robótica, 478-479
  outros acessos, 478-479
Violência e maus-tratos na infância e na adolescência, 443-447
  adulto agressor, 444-445
  atuação do profissional de saúde, 445
  *bullying*, 444
  negligência, 444
  situações de risco, 444
  violência autoinfligida, 443
  violência coletiva, 444
  violência estrutural, 444
  violência física, 444
  violência interpessoal, 444
  violência intrafamiliar, 444
  violência sexual, 444
Vírus, 337-338
  respiratórios, pesquisa de, 337-338
Visão, 1442-1445, 1449-1453
Vitamina D, 1013-1016
  deficiência de, 1013-1016
Vitamina K, 245
  prevenção do sangramento por deficiência de, 245
Vitaminas antioxidantes e estresse oxidativo, 34-45, 38-39
Volvo intestinal na infância, 459-461
Vulva, 529-531
  afecções não neoplásicas, 529-531
    anomalias congênitas, 530-531
    hidradenite supurativa, 530-531
    líquen escleroso, 529-530
    líquen plano, 529-530
    líquen simples crônico, 529-530
    vulvodínea, 530-531
  afecções neoplásicas, 530-531
    cisto do canal inguinal, 530-531
    cisto do ducto da glândula maior, 530-531
    cistos epidérmicos, 530-531
    fibroma, 530-531
    hidroadenoma papilar, 530-531
    leiomioma, 530-531
    lipoma, 530-531
    mioblastoma de células granulosas, 530-531
    siringoma, 530-531
  câncer de, 1967-1970
Vulvodínea, 530-531

**X**antinas, 49-50
  aminofilinas, 49-50
  novas xantinas, 49-50
  teofilinas, 49-50
Xantomas, 289-290
  na colestase neonatal, 289-290

**Z**idovudina, 267-268
Zolpidem, 60